Amico Lettore

Questa 41 esima edizione della Guida Michelin Italia propone una selezione aggiornata di alberghi e ristoranti.

Realizzata dai nostri ispettori in piena autonomia offre al viaggiatore di passaggio un'ampia scelta a tutti i livelli di confort e prezzo.

Con l'intento di fornire ai nostri lettori l'informazione più recente, abbiamo aggiornato questa edizione con la massima cura.

Per questo solo la Guida dell'anno in corso merita pienamente la vostra fiducia.

Grazie delle vostre segnalazioni sempre gradite.

Michelin vi augura « Buon Viaggio ! »

Sommario

La scelta di un albergo, di un ristorante

Questa guida vi propone una selezione di alberghi e ristoranti stabilita ad uso dell'automobilista di passaggio. Gli esercizi, classificati in base al confort che offrono, vengono citati in ordine di preferenza per ogni categoria.

Categorie

	Gran lusso e tradizione
	Gran confort
	Molto confortevole
	Di buon confort
	Abbastanza confortevole
	Semplice, ma conveniente
senza rist	*L'albergo non ha ristorante*
con cam	*Il ristorante dispone di camere*

Amenità e tranquillità

Alcuni esercizi sono evidenziati nella guida dai simboli rossi indicati qui di seguito. Il soggiorno in questi alberghi si rivela particolarmente ameno o riposante.

Ciò grazie alle caratteristiche dell'edificio, alle decorazioni non comuni, alla sua posizione ed al servizio offerto, nonchè alla tranquillità dei luoghi.

a	*Alberghi ameni*
a	*Ristoranti ameni*
« Parco fiorito »	*Un particolare piacevole*
	Albergo molto tranquillo o isolato e tranquillo
	Albergo tranquillo
mare	*Vista eccezionale*
	Vista interessante o estesa

Le località che possiedono degli esercizi ameni o tranquilli sono riportate sulle carte da pagina 54 a 63.

Consultatele per la preparazione dei vostri viaggi e, al ritorno, inviateci i vostri pareri ; in tal modo agevolerete le nostre indagini.

Installazioni

Le camere degli alberghi che raccomandiamo possiedono, generalmente, delle installazioni sanitarie complete. È possibile tuttavia che nelle categorie 🏘, 🏠 e 🏡 alcune camere ne siano sprovviste.

30 cam	*Numero di camere*
	Ascensore
	Aria condizionata
TV	*Televisione in camera*
	Esercizio riservato in parte ai non fumatori
	Telefono in camera comunicante direttamente con l'esterno
	Camere di agevole accesso per portatori di handica[p]
	Pasti serviti in giardino o in terrazza
	Cura termale, Idroterapia
	Piscina : all'aperto, coperta
	Sauna – Palestra
	Spiaggia attrezzata – Giardino da riposo
18	*Tennis appartenente all'albergo – Golf e numero di buche*
25 a 150	*Sale per conferenze : capienza minima e massima dell[e] sale*
	Garage gratuito (una notte) per chi presenta la guida dell'anno
	Garage a pagamento
P	*Parcheggio riservato alla clientela*
	Accesso vietato ai cani (in tutto o in parte dell'esercizio)
Fax	*Trasmissione telefonica di documenti*
20 aprile-5 ottobre	*Periodo di apertura, comunicato dall'albergatore*
stagionale	*Probabile apertura in stagione, ma periodo non precisato. Gli esercizi senza tali menzioni sono aperti tutto l'anno.*

La tavola

Le stelle

*Alcuni esercizi meritano di essere segnalati alla vostra attenzione per la qualità tutta particolare della loro cucina. Noi li evidenziamo con le « **stelle di ottima tavola** ».*
Per questi ristoranti indichiamo tre specialità culinarie che potranno aiutarvi nella scelta.

✿✿✿ **Una delle migliori tavole, vale il viaggio**
Vi si mangia sempre molto bene, a volte meravigliosamente, grandi vini, servizio impeccabile, ambientazione accurata... Prezzi conformi.

✿✿ **Tavola eccellente, merita una deviazione**
Specialità e vini scelti... Aspettatevi una spesa in proporzione.

✿ **Un'ottima tavola nella sua categoria**
La stella indica una tappa gastronomica sul vostro itinerario.
Non mettete però a confronto la stella di un esercizio di lusso, dai prezzi elevati, con quella di un piccolo esercizio dove, a prezzi ragionevoli, viene offerta una cucina di qualità.

Pasti accurati a prezzi contenuti

Per quando desiderate trovare delle tavole più semplici a prezzi contenuti abbiamo selezionato dei ristoranti che, per un rapporto qualità-prezzo particolarmente favorevole, offrono un pasto accurato spesso a carattere tipicamente regionale. Questi ristoranti sono evidenziati nel testo con la sigla **Pasto**, *evidenziata in rosso, davanti ai prezzi.*

Consultate le carte delle località con stelle e con **Pasto** *(pagine 54 a 63).*
I vini e le vivande : vedere p. 52 e 53

I prezzi

I prezzi che indichiamo in questa guida sono stati stabiliti nell'estate 1995. Potranno pertanto subire delle variazioni in relazione ai cambiamenti dei prezzi di beni e servizi. Essi s'intendono comprensivi di tasse e servizio (salvo specifica indicazione, es. 15 %).

In occasione di alcune manifestazioni commerciali o turistiche i prezzi richiesti dagli albergatori possono subire un sensibile aumento nelle località interessate e nei loro dintorni.

Gli alberghi e i ristoranti vengono menzionati in carattere grassetto quando gli albergatori ci hanno comunicato tutti i loro prezzi e si sono impegnati, **sotto loro responsabilità**, *ad applicarli ai turisti di passaggio, in possesso della nostra guida.*

In bassa stagione, alcuni esercizi applicano condizioni più vantaggiose, informatevi al momento della prenotazione.

Entrate nell'albergo o nel ristorante con la guida in mano, dimostrando in tal modo la fiducia in chi vi ha indirizzato.

Pasti

Menu a prezzo fisso :

Pasto 25/50000 — *minimo* 25000, *massimo* 50000

bc — *Bevanda compresa*

Pasto alla carta :

Pasto carta 40/70000 — *Il primo prezzo corrisponde ad un pasto semplice comprendente : primo, piatto del giorno e dessert.*
Il secondo prezzo corrisponde ad un pasto più completo (con specialità) comprendente : antipasto, due piatti, formaggio e dessert.
Talvolta i piatti del giorno sono proposti a voce.

Camere

cam 60/90000	*Prezzo* 60000 *per una camera singola/prezzo massimo* 90000 *per una camera per due persone*
cam ☕ 75/110000	*Prezzo della camera compresa la prima colazione*
☕ 10000	*Prezzo della prima colazione (supplemento eventuale se servita in camera)*
▤ 5000	*Supplemento per l'aria condizionata*

Mezza pensione

½ P 90/110000

Prezzo minimo e massimo della mezza pensione (camera, prima colazione ed un pasto) ***per persona*** *e al giorno, in alta stagione. Questi prezzi sono validi per la camera doppia occupata da due persone, per un soggiorno minimo di tre giorni;* ***la persona singola che occupi una camera doppia, potrà talvolta vedersi applicata una maggiorazione****. La maggior parte degli alberghi pratica anche, su richiesta, la pensione completa. E' comunque consigliabile prendere accordi preventivi con l'albergatore per stabilire le condizioni definitive.*

La caparra

Alcuni albergatori chiedono il versamento di una caparra. Si tratta di un deposito-garanzia che impegna sia l'albergatore che il cliente. Vi raccomandiamo di farvi precisare le norme riguardanti la reciproca garanzia di tale caparra.

Carte di credito

AE ⓢ ⓓ E VISA JCB

Carte di credito accettate dall'esercizio American Express, Carta Si, Diners Club, Eurocard-MasterCard, Visa, Japan Credit Bureau

Le città

20100	*Codice di Avviamento Postale*
✉ 28042 Baveno	*Numero di codice e sede dell'Ufficio Postale*
☎ 0371	*Prefisso telefonico interurbano. Dall'estero non comporre lo 0*
P	*Capoluogo di Provincia*
Piacenza	*Provincia alla quale la località appartiene*
428 D9 988 ②	*Numero della carta Michelin e del riquadro o numero della piega*
108 872 ab	*Popolazione residente al 31-12-1993*
alt. 175	*Altitudine*
Stazione termale Sport invernali	*Genere della stazione*
1500/2000 m	*Altitudine della stazione e altitudine massima raggiungibile con le risalite meccaniche*
3	*Numero di funivie o cabinovie*
7	*Numero di sciovie e seggiovie*
	Sci di fondo
a.s. luglio-settembre	*Periodo di alta stagione*
EX A	*Lettere indicanti l'ubicazione sulla pianta*
18	*Golf e numero di buche*
	Panorama, vista
	Aeroporto
	Località con servizio auto su treno. Informarsi al numero di telefono indicato
	Trasporti marittimi
	Trasporti marittimi (solo passeggeri)
	Ufficio informazioni turistiche
A.C.I.	*Automobile Club d'Italia*

Le curiosità

Grado di interesse

★★★	*Vale il viaggio*
★★	*Merita una deviazione*
★	*Interessante*

I musei sono generalmente chiusi il lunedì

Ubicazione

Vedere	*Nella città*
Dintorni	*Nei dintorni della città*
Escursioni	*Nella regione*
N, S, E, O	*La curiosità è situata : a Nord, a Sud, a Est, a Ovest*
per ① o ④	*Ci si va dall'uscita ① o ④ indicata con lo stesso segno sulla pianta*
6 km	*Distanza chilometrica*

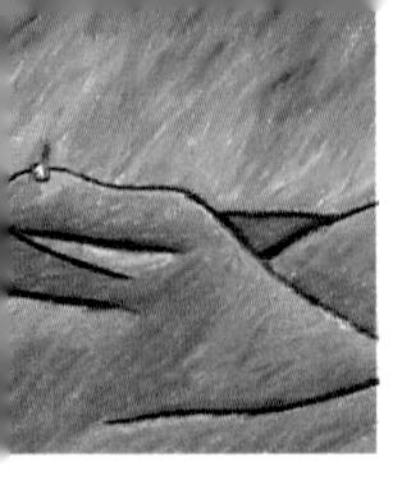

Le carte dei dintorni

Avete pensato a consultarle ?

Desiderate, per esempio, trovare un buon indirizzo nei dintorni di Siena ?

D'ora in avanti potrete consultare la carta che accompagna la pianta della città.

La « carta dei dintorni » (qui accanto) richiama la vostra attenzione su tutte le località citate nella Guida che si trovano nei dintorni della città prescelta, e in particolare su quelle raggiungibili nel raggio di 50 km (limite di colore).

In tal modo, le « carte dei dintorni » vi permettono la localizzazione rapida di tutte le risorse proposte dalla Guida nei dintorni delle metropoli regionali.

Nota :

Quando una località è presente su una « carta dei dintorni », la città a cui è ricollegata è scritta in BLU nella linea delle distanze da città a città.

Esempio :

Troverete MONTEPULCIANO sulla carta dei dintorni di SIENA.

MONTEPULCIANO **53045** Siena 988 ⑮, 430 M 17 -
Vedere Città Antica ★ – Piazza Grande ★
Roma 176 - Siena 65 - Arezzo 60 - ◆Firenze 119 - ◆Perugia 74

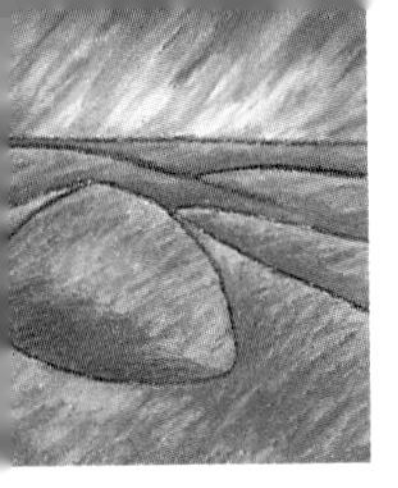

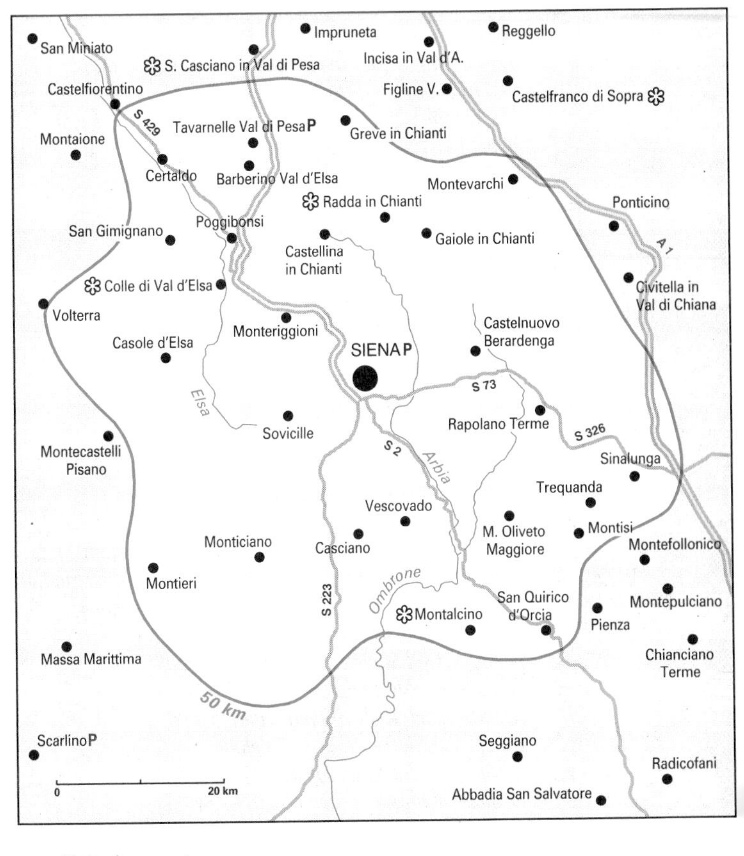

San Miniato
Impruneta
Reggello
S. Casciano in Val di Pesa
Incisa in Val d'A.
Castelfiorentino
Figline V.
Castelfranco di Sopra
S 429
Tavarnelle Val di Pesa P
Greve in Chianti
Montaione
Certaldo
Barberino Val d'Elsa
Montevarchi
Radda in Chianti
Ponticino
San Gimignano
Poggibonsi
Gaiole in Chianti
Castellina
in Chianti
A 1
Colle di Val d'Elsa
Civitella in
Val di Chiana
Volterra
Castelnuovo
Berardenga
Monteriggioni
Casole d'Elsa
SIENA P
S 73
Elsa
Rapolano Terme
Sovicille
S 326
Montecastelli
Pisano
S 2
Arbia
Sinalunga
Trequanda
Vescovado
M. Oliveto
Maggiore
Montisi
Monticiano
Casciano
Montefollonico
Montieri
Ombrone
S 223
San Quirico
d'Orcia
Montepulciano
Montalcino
Pienza
Chianciano
Terme
Massa Marittima
50 km
Scarlino P
Seggiano
Radicofani
0
20 km
Abbadia San Salvatore

Tutte le « carte dei dintorni » sono localizzate sull'Atlante alla fine della Guida.

Le piante

Alberghi – Ristoranti

Curiosità

Edificio interessante ed entrata principale
Costruzione religiosa interessante :
cattedrale, chiesa o cappella

Viabilità

Autostrada, strada a carreggiate separate
numero dello svincolo
Grande via di circolazione
Senso unico
Via impraticabile, a circolazione regolamentata
Via pedonale – Tranvia
Pasteur *Via commerciale – Sottopassaggio (altezza inferiore a m 4,40) – Parcheggio*
Porta – Sottopassaggio – Galleria
Stazione e ferrovia
Funicolare – Funivia, Cabinovia
Ponte mobile – Battello per auto

Simboli vari

Ufficio informazioni turistiche
Moschea – Sinagoga
Torre – Ruderi – Mulino a vento
Giardino, parco, bosco – Cimitero – Calvario
Stadio – Golf – Ippodromo
Piscina : all'aperto, coperta
Vista – Panorama
Monumento – Fontana – Fabbrica – Centro commerciale
Porto turistico – Faro – Torre per telecomunicazioni
Aeroporto – Stazione della Metropolitana – Autostazione
Trasporto con traghetto :
passeggeri ed autovetture, solo passeggeri
③ *Simbolo di riferimento comune alle piante ed alle carte Michelin particolareggiate*
Ufficio postale centrale – Telefono
Ospedale – Mercato coperto
Edificio pubblico indicato con lettera :
P H - *Prefettura – Municipio*
J - *Palazzo di Giustizia*
M T - *Museo – Teatro*
U - *Università, grande scuola*
POL. - *Polizia (Questura, nelle grandi città)*
A.C.I. *Automobile Club d'Italia*

Ami lecteur

Cette 41e édition du Guide Michelin Italia propose une sélection actualisée d'hôtels et de restaurants.

Réalisée en toute indépendance par nos inspecteurs, elle offre au voyageur de passage un large choix d'adresses à tous les niveaux de confort et de prix.

Toujours soucieux d'apporter à nos lecteurs l'information la plus récente, nous avons mis à jour cette édition avec le plus grand soin.

C'est pourquoi, seul le Guide de l'année en cours mérite votre confiance.

Merci de vos commentaires toujours appréciés.

Michelin vous souhaite « Bon voyage ! ».

Sommaire

Le choix d'un hôtel, d'un restaurant

Ce guide vous propose une sélection d'hôtels et restaurants établie à l'usage de l'automobiliste de passage. Les établissements, classés selon leur confort, sont cités par ordre de préférence dans chaque catégorie.

Catégories

	XXXXX	*Grand luxe et tradition*
	XXXX	*Grand confort*
	XXX	*Très confortable*
	XX	*De bon confort*
	X	*Assez confortable*
		Simple mais convenable
senza rist		*L'hôtel n'a pas de restaurant*
	con cam	*Le restaurant possède des chambres*

Agrément et tranquillité

Certains établissements se distinguent dans le guide par les symboles rouges indiqués ci-après. Le séjour dans ces hôtels se révèle particulièrement agréable ou reposant.

Cela peut tenir d'une part au caractère de l'édifice, au décor original, au site, à l'accueil et aux services qui sont proposés, d'autre part à la tranquillité des lieux.

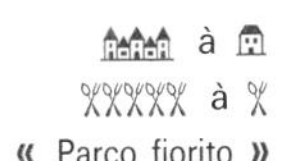

à	*Hôtels agréables*
XXXXX à X	*Restaurants agréables*
« Parco fiorito »	*Élément particulièrement agréable*
	Hôtel très tranquille ou isolé et tranquille
	Hôtel tranquille
mare	*Vue exceptionnelle*
	Vue intéressante ou étendue.

Les localités possédant des établissements agréables ou tranquilles sont repérées sur les cartes pages 54 à 63.

Consultez-les pour la préparation de vos voyages et donnez-nous vos appréciations à votre retour, vous faciliterez ainsi nos enquêtes.

L'installation

Les chambres des hôtels que nous recommandons possèdent, en général, des installations sanitaires complètes. Il est toutefois possible que dans les catégories, et, certaines chambres en soient dépourvues.

30 cam	*Nombre de chambres*
	Ascenseur
	Air conditionné
TV	*Télévision dans la chambre*
	Établissement en partie réservé aux non-fumeurs
	Téléphone dans la chambre, direct avec l'extérieur
	Chambres accessibles aux handicapés physiques
	Repas servis au jardin ou en terrasse
	Cure thermale, Balnéothérapie
	Piscine : de plein air ou couverte
	Sauna – Salle de remise en forme
	Plage aménagée – Jardin de repos
18	*Tennis à l'hôtel – Golf et nombre de trous*
25 a 150	*Salles de conférences : capacité des salles*
	Garage gratuit (une nuit) aux porteurs du Guide de l'année
	Garage payant
P	*Parking réservé à la clientèle*
	Accès interdit aux chiens (dans tout ou partie de l'établissement)
Fax	*Transmission de documents par télécopie*
20 aprile-5 ottobre	*Période d'ouverture, communiquée par l'hôtelier*
stagionale	*Ouverture probable en saison mais dates non précisées. En l'absence de mention, l'établissement est ouvert toute l'année.*

La table

Les étoiles

Certains établissements méritent d'être signalés à votre attention pour la qualité de leur cuisine. Nous les distinguons par **les étoiles de bonne table.**

Nous indiquons, pour ces établissements, trois spécialités culinaires qui pourront orienter votre choix.

✿✿✿ **Une des meilleures tables, vaut le voyage**

On y mange toujours très bien, parfois merveilleusement, grands vins, service impeccable, cadre élégant... Prix en conséquence.

✿✿ **Table excellente, mérite un détour**

Spécialités et vins de choix... Attendez-vous à une dépense en rapport.

✿ **Une très bonne table dans sa catégorie**

L'étoile marque une bonne étape sur votre itinéraire. Mais ne comparez pas l'étoile d'un établissement de luxe à prix élevés avec celle d'une petite maison où à prix raisonnables, on sert également une cuisine de qualité.

Repas soignés a prix modérés

Vous souhaitez parfois trouver des tables plus simples, à prix modérés ; c'est pourquoi nous avons sélectionné des restaurants proposant, pour un rapport qualité-prix particulièrement favorable, un repas soigné, souvent de type régional. Ces restaurants sont signalés par les lettres **Pasto** *en rouge.*

Consultez les cartes des localités (étoiles de bonne table et **Pasto***) pages 54 à 63.*

Les vins et les mets : voir p. 52 et 53

Les prix

Les prix que nous indiquons dans ce guide ont été établis en été 1995. Ils sont susceptibles de modifications, notamment en cas de variations des prix des biens et services. Ils s'entendent taxes et services compris (sauf indication spéciale, ex. 15 %).

A l'occasion de certaines manifestations commerciales ou touristiques, les prix demandés par les hôteliers risquent d'être sensiblement majorés dans certaines villes jusqu'à leurs lointains environs.

Les hôtels et restaurants figurent en gros caractères lorsque les hôteliers nous ont donné tous leurs prix et se sont engagés, ***sous leur propre responsabilité****, à les appliquer aux touristes de passage porteurs de notre guide.*

Hors saison, certains établissements proposent des conditions avantageuses, renseignez-vous lors de votre réservation.

Entrez à l'hôtel le Guide à la main, vous montrerez ainsi qu'il vous conduit là en confiance.

Repas

Menus à prix fixe :

Pasto 25/50000 — *minimum* 25000 *maximum* 50000

bc — *Boisson comprise*

Repas à la carte :

Pasto carta 40/70000 — *Le premier prix correspond à un repas normal comprenant : entrée, plat du jour et dessert. Le 2e prix concerne un repas plus complet (avec spécialité) comprenant : hors-d'œuvre, deux plats, fromage et dessert.*

En l'absence de menu et de carte, les plats du jour sont proposés verbalement.

Chambres

cam 60/90000	*Prix* 60000 *pour une chambre d'une personne/prix maximum* 90000 *pour une chambre de deux personnes.*
cam ☕ 75/110000	*Prix des chambres petit déjeuner compris*
☕ 10 000	*Prix du petit déjeuner (supplément éventuel si servi en chambre).*
▤ 5000	*Supplément pour l'air conditionné*

Demi-pension

½ P 90/110000	*Prix minimum et maximum de la demi-pension (chambre, petit déjeuner et un repas) par personne et par jour ; en saison, ces prix s'entendent pour une chambre double occupée par deux personnes, pour un séjour de trois jours minimum.*

Une personne seule occupant une chambre double se voit parfois appliquer une majoration.
La plupart des hôtels saisonniers pratiquent également, sur demande, la pension complète.
Dans tous les cas, il est indispensable de s'entendre par avance avec l'hôtelier pour conclure un arrangement définitif.

Les arrhes

Certains hôteliers demandent le versement d'arrhes. Il s'agit d'un dépôt-garantie qui engage l'hôtelier comme le client. Bien faire préciser les dispositions de cette garantie.

Cartes de crédit

AE Si ⦿ E VISA JCB	*Cartes de crédit acceptées par l'établissement American Express, Carta Si, Diners Club, Eurocard-MasterCard, Visa, Japan Credit Bureau*

Les villes

20100	*Numéro de code postal*
✉ 28042 Baveno	*Numéro de code postal et nom du bureau distributeur du courrier*
☎ 0371	*Indicatif téléphonique interurbain (de l'étranger ne pas composer le zéro)*
P	*Capitale de Province*
Piacenza	*Province à laquelle la localité appartient*
428 D9 988 ②	*Numéro de la Carte Michelin et carroyage ou numéro du pli*
108 872 ab	*Population résidente au 31-12-1993*
alt. 175	*Altitude de la localité*
Stazione termale	*Station thermale*
Sport invernali	*Sports d'hiver*
1500/2000 m	*Altitude de la station et altitude maximum atteinte par les remontées mécaniques*
3	*Nombre de téléphériques ou télécabines*
7	*Nombre de remonte-pentes et télésièges*
	Ski de fond
a.s. luglio-settembre	*Période de haute saison*
EX A	*Lettres repérant un emplacement sur le plan*
18	*Golf et nombre de trous*
✻ <	*Panorama, point de vue*
	Aéroport
	Localité desservie par train-auto. Renseignements au numéro de téléphone indiqué
	Transports maritimes
	Transports maritimes pour passagers seulement
	Information touristique
A.C.I.	*Automobile Club d'Italie*

Les curiosités

Intérêt

★★★	*Vaut le voyage*
★★	*Mérite un détour*
★	*Intéressant*

Les musées sont généralement fermés le lundi

Situation

Vedere	*Dans la ville*
Dintorni	*Aux environs de la ville*
Escursioni	*Excursions dans la ville*
N, S, E, O	*La curiosité est située : au Nord, au Sud, à l'Est, à l'Ouest*
per ① o ④	*On s'y rend par la sortie ① ou ④ repérée par le même signe sur le plan du Guide et sur la carte*
6 km	*Distance en kilomètres*

Les cartes de voisinage

Avez-vous pensé à les consulter ?

Vous souhaitez trouver une bonne adresse, par exemple, aux environs de Siena (Sienne) ?

Consultez désormais la carte qui accompagne le plan de la ville.

La « carte de voisinage » (ci-contre) attire votre attention sur toutes les localités citées au Guide autour de la ville choisie, et particulièrement celles situées dans un rayon de 50 km (limite de couleur).

Les « cartes de voisinage » vous permettent ainsi le repérage rapide de toutes les ressources proposées par le Guide autour des métropoles régionales.

Nota :

Lorsqu'une localité est présente sur une « carte de voisinage », sa métropole de rattachement est imprimée en BLEU sur la ligne des distances de ville à ville.

Vous trouverez MONTEPULCIANO sur la carte de voisinage de SIENA.

Exemple :

MONTEPULCIANO **53045** Siena 988 ⑮, 430 M 17 -
Vedere Città Antica ★ - Piazza Grande ★
Roma 176 - Siena 65 - Arezzo 60 - ◆Firenze 119 - ◆Perugia 74

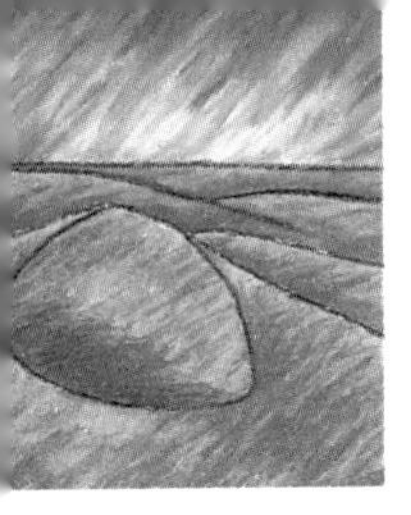

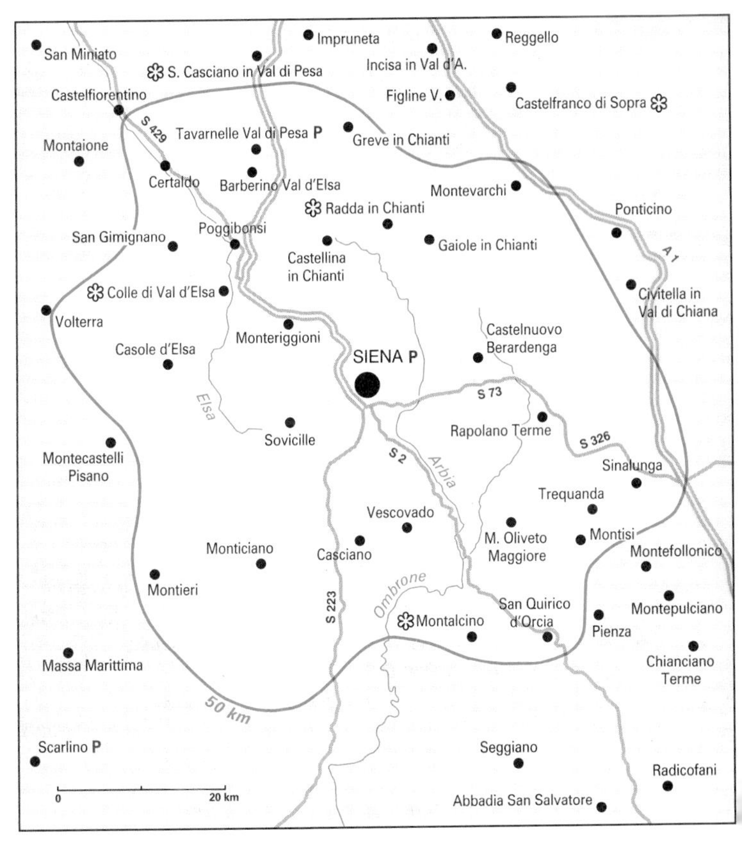

Toutes les « Cartes de voisinage » sont localisées sur l'Atlas en fin de Guide.

Les plans

Hôtels – Restaurants

Curiosités

Bâtiment intéressant et entrée principale
Édifice religieux intéressant :
Cathédrale, église ou chapelle

Voirie

Autoroute, route à chaussées séparées
numéro d'échangeur
Grande voie de circulation
Sens unique
Rue impraticable, réglementée
Rue piétonne – Tramway
Pasteur *Rue commerçante – Passage bas (inf. à 4 m 40)*
Parc de stationnement
Porte – Passage sous voûte – Tunnel
Gare et voie ferrée
Funiculaire – Téléphérique, télécabine
F *Pont mobile – Bac pour autos*

Signes divers

Information touristique
Mosquée – Synagogue
Tour – Ruines – Moulin à vent
Jardin, parc, bois – Cimetière – Calvaire
Stade – Golf – Hippodrome
Piscine de plein air, couverte
Vue – Panorama
Monument – Fontaine – Usine – Centre commercial
Port de plaisance – Phare – Tour de télécommunications
Aéroport – Station de métro – Gare routière
Transport par bateau :
passagers et voitures, passagers seulement
③ *Repère commun aux plans et aux cartes Michelin détaillées*
Bureau principal de poste – Téléphone
Hôpital – Marché couvert
Bâtiment public repéré par une lettre :
P H *- Préfecture – Hôtel de ville*
J *- Palais de justice*
M T *- Musée – Théâtre*
U *- Université, grande école*
POL. *- Police (commissariat central)*
A.C.I. *Automobile Club*

Lieber Leser

Die 41. Ausgabe des Michelin-Hotelführers Italia bietet Ihnen eine aktualisierte Auswahl an Hotels und Restaurants.

Von unseren unabhängigen Hotelinspektoren ausgearbeitet, bietet der Hotelführer dem Reisenden eine große Auswahl an Hotels und Restaurants in jeder Kategorie sowohl was den Preis als auch den Komfort anbelangt.

Stets bemüht, unseren Lesern die neueste Information anzubieten, wurde diese Ausgabe mit größter Sorgfalt erstellt.

Deshalb sollten Sie immer nur dem aktuellen Hotelführer Ihr Vertrauen schenken.

Ihre Kommentare sind uns immer willkommen.

Michelin wünscht Ihnen « Gute Reise ! »

Inhaltsverzeichnis

Wahl eines Hotels, eines Restaurants

Die Auswahl der in diesem Führer aufgeführten Hotels und Restaurants ist für Durchreisende gedacht. In jeder Kategorie drückt die Reihenfolge der Betriebe (sie sind nach ihrem Komfort klassifiziert) eine weitere Rangordnung aus.

Kategorien

	XXXXX	*Großer Luxus und Tradition*
	XXXX	*Großer Komfort*
	XXX	*Sehr komfortabel*
	XX	*Mit gutem Komfort*
	X	*Mit Standard Komfort*
		Bürgerlich
senza rist		*Hotel ohne Restaurant*
	con cam	*Restaurant vermietet auch Zimmer*

Annehmlichkeiten

Manche Häuser sind im Führer durch rote Symbole gekennzeichnet (s. unten.) Der Aufenthalt in diesen ist wegen der schönen, ruhigen Lage, der nicht alltäglichen Einrichtung und Atmosphäre sowie dem gebotenen Service besonders angenehm und erholsam.

bis	*Angenehme Hotels*
XXXXX bis X	*Angenehme Restaurants*
« Parco fiorito »	*Besondere Annehmlichkeit*
	Sehr ruhiges, oder abgelegenes und ruhiges Hotel
	Ruhiges Hotel
mare	*Reizvolle Aussicht*
	Interessante oder weite Sicht

Die Übersichtskarten S. 54 bis 63, auf denen die Orte mit besonders angenehmen oder ruhigen Häusern eingezeichnet sind, helfen Ihnen bei der Reisevorbereitung. Teilen Sie uns bitte nach der Reise Ihre Erfahrungen und Meinungen mit. Sie helfen uns damit, den Führer weiter zu verbessern.

Einrichtung

Die meisten der empfohlenen Hotels verfügen über Zimmer, die alle oder doch zum größten Teil mit Bad oder Dusche ausgestattet sind.
In den Häusern der Kategorien 🏠, 🏠 und ⛱ kann diese jedoch in einigen Zimmern fehlen.

30 cam	*Anzahl der Zimmer*
	Fahrstuhl
	Klimaanlage
TV	*Fernsehen im Zimmer*
	Haus teilweise reserviert für Nichtraucher
☎	*Zimmertelefon mit direkter Außenverbindung*
♿	*Für Körperbehinderte leicht zugängliche Zimmer*
	Garten-, Terrassenrestaurant
	Thermalkur, Badeabteilung
	Freibad, Hallenbad
	Sauna – Fitneßraum
	Strandbad – Liegewiese, Garten
18	*Hoteleigener Tennisplatz – Golfplatz und Lochzahl*
25 a 150	*Konferenzräume (Mindest- und Höchstkapazität)*
	Garage kostenlos (nur für eine Nacht) für die Besitzer des Michelin-Führers des laufenden Jahres
	Garage wird berechnet
P	*Parkplatz reserviert für Gäste*
	Hunde sind unerwünscht (im ganzen Haus bzw. in den Zimmern oder im Restaurant)
Fax	*Telefonische Dokumentenübermittlung*
20 aprile-5 ottobre	*Öffnungszeit, vom Hotelier mitgeteilt*
stagionale	*Unbestimmte Öffnungszeit eines Saisonhotels. Häuser ohne Angabe von Schließungszeiten sind ganzjährig geöffnet.*

Küche

Die Sterne

*Einige Häuser verdienen wegen ihrer überdurchschnittlich guten Küche Ihre besondere Beachtung. Auf diese Häuser weisen die Sterne hin. Bei den mit « **Stern** » ausgezeichneten Betrieben nennen wir drei kulinarische Spezialitäten, die Sie probieren sollten.*

✿✿✿ **Eine der besten Küchen : eine Reise wert**
Man ißt hier immer sehr gut, öfters auch hervorragend, edle Weine, tadelloser Service, gepflegte Atmosphäre ... entsprechende Preise.

✿✿ **Eine hervorragende Küche : verdient einen Umweg**
Ausgesuchte Menus und Weine ... angemessene Preise.

✿ **Eine sehr gute Küche : verdient Ihre besondere Beachtung**
Der Stern bedeutet eine angenehme Unterbrechung Ihrer Reise.
Vergleichen Sie aber bitte nicht den Stern eines sehr teuren Luxusrestaurants mit dem Stern eines kleineren oder mittleren Hauses, wo man Ihnen zu einem annehmbaren Preis eine ebenfalls vorzügliche Mahlzeit reicht.

Sorgfältig zubereitete, preiswerte mahlzeiten

Für Sie wird es interessant sein, auch solche Häuser kennenzulernen, die eine sehr gute, vorzugsweise regionale Küche zu einem besonders günstigen Preis/Leistungs-Verhältnis bieten. Im Text sind die betreffenden Restaurants durch die roten Buchstaben **Pasto** *vor dem Menupreis kenntlich gemacht.*

Siehe Karten der Orte mit « Stern » und **Pasto** *S. 54 bis S. 63.*

Welcher Wein zu welchem Gericht : siehe S. 52 und 53

Preise

Die in diesem Führer genannten Preise wurden uns im Sommer 1995 angegeben. Sie können sich mit den Preisen von Waren und Dienstleistungen ändern. Sie enthalten Bedienung und MWSt. (wenn kein besonderer Hinweis gegeben wird, z B 15 %).

Erfahrungsgemäß werden bei größeren Veranstaltungen, Messen und Ausstellungen in vielen Städten und deren Umgebung erhöhte Preise verlangt.

Die Namen der Hotels und Restaurants, die ihre Preise genannt haben, sind fett gedruckt. Gleichzeitig haben sich diese Häuser verpflichtet, die von den Hoteliers selbst angegebenen Preise den Benutzern des Michelin-Führers zu berechnen.

Außerhalb der Saison bieten einige Betriebe günstigere Preise an. Erkundigen Sie sich bei Ihrer Reservierung danach.

Halten Sie beim Betreten des Hotels den Führer in der Hand. Sie zeigen damit, daß Sie aufgrund dieser Empfehlung gekommen sind.

Mahlzeiten

Feste Menupreise :

Pasto 25/50000 bc

Mindestpreis 25000, *Höchstpreis* 50000
Getränke inbegriffen

Mahlzeiten « à la carte » :

Pasto carta 40/70000

Der erste Preis entspricht einer einfachen Mahlzeit und umfaßt Vorspeise, Hauptgericht, Dessert.
Der zweite Preis entspricht einer reichlicheren Mahlzeit (mit Spezialität) bestehend aus : Vorspeise, zwei Hauptgängen, Käse, Dessert
Falls weder eine Menu- noch eine « à la carte » – Karte vorhanden ist, wird das Tagesgericht mündlich angeboten

Zimmer

cam 60/90000	*Preis* 60000 *für ein Einzelzimmer, Höchstpreis* 90000 *für ein Doppelzimmer*
cam ☕ 75/110000	*Zimmerpreis inkl. Frühstück*
☕ 10000	*Preis des Frühstücks (wenn es im Zimmer serviert wird kann ein Zuschlag erhoben werden)*
▤ 5000	*Zuschlag für Klimaanlage*

Halbpension

½ P 90/110000

Mindestpreis und Höchstpreis für Halbpension (Zimmerpreis inkl Frühstück und eine Mahlzeit) pro Person und Tag während der Hauptsaison bei einem von zwei Personen belegten Doppelzimmer für einen Aufenthalt von mindestens drei Tagen. Falls eine Einzelperson ein Doppelzimmer belegt, kann ein Preisaufschlag verlangt werden. In den meisten Hotels können Sie auf Anfrage auch Vollpension erhalten. Auf jeden Fall sollten Sie den Endpreis vorher mit dem Hotelier vereinbaren.

Anzahlung

Einige Hoteliers verlangen eine Anzahlung. Diese ist als Garantie sowohl für den Hotelier als auch für den Gast anzusehen. Es ist ratsam, sich beim Hotelier nach den genauen Bestimmungen zu erkundigen.

Kreditkarten

AE 🅂 ◐ E VISA JCB

Vom Haus akzeptierte Kreditkarten American Express, Carta Si, Diners Club, Eurocard-MasterCard, Visa, Japan Credit Bureau

Städte

20100	*Postleitzahl*
✉ 28042 Baveno	*Postleitzahl und Name des Verteilerpostamtes*
☏ 0371	*Vorwahlnummer (bei Gesprächen vom Ausland wird die erste Null weggelassen)*
P	*Provinzhauptstadt*
Piacenza	*Provinz, in der der Ort liegt*
428 D9	*Nummer der Michelin-Karte mit Koordinaten bzw*
988 ②	*Faltseite*
108872 ab	*Einwohnerzahl (Volkszählung vom 31.12.1993)*
alt. 175	*Höhe*
Stazione termale	*Thermalbad*
Sport invernali	*Wintersport*
1500/2000 m	*Höhe des Wintersportortes und Maximal-Höhe, die mit Kabinenbahn oder Lift erreicht werden kann*
3	*Anzahl der Kabinenbahnen*
7	*Anzahl der Schlepp- oder Sessellifts*
	Langlaufloipen
a. s. luglio-settembre	*Hauptsaison von ... bis ...*
EX A	*Markierung auf dem Stadtplan*
18	*Golfplatz und Lochzahl*
	Rundblick – Aussichtspunkt
	Flughafen
	Ladestelle für Autoreisezüge – Nähere Auskunft unter der angegebenen Telefonnummer
	Autofähre
	Personenfähre
	Informationsstelle
A.C.I.	*Automobilclub von Italien*

Sehenswürdigkeiten

Bewertung

★★★	*Eine Reise wert*
★★	*Verdient einen Umweg*
★	*Sehenswert*

Museen sind im allgemeinen montags geschlossen.

Lage

Vedere	*In der Stadt*
Dintorni	*In der Umgebung der Stadt*
Escursioni	*Ausflugsziele*
N, S, E, O	*Im Norden (N), Süden (S), Osten (E), Westen (O) der Stadt*
per ① o ④	*Zu erreichen über die Ausfallstraße ① bzw. ④, die auf dem Stadtplan und auf der Michelin-Karte identisch gekennzeichnet sind*
6 km	*Entfernung in Kilometern*

Umgebungskarten

Denken sie daran sie zu benutzen

Die Umgebungskarten sollen Ihnen die Suche eines Hotels oder Restaurants in der Nähe der größeren Städte erleichtern.

Wenn Sie beispielsweise eine gute Adresse in der Nähe von Siena brauchen, gibt Ihnen die Karte schnell einen Überblick über alle Orte, die in diesem Michelin-Führer erwähnt sind. Innerhalb der in Kontrastfarbe gedruckten Grenze liegen Gemeinden, die im Umkreis von 50 km sind.

Anmerkung :

Auf der Linie der Entfernungen zu anderen Orten erscheint im Ortstext die jeweils nächste größere Stadt mit Umgebungskarte in BLAU.

Beispiel :

Sie finden MONTEPULCIANO auf der Umgebungskarte von SIENA.

MONTEPULCIANO **53045** Siena 988 ⑮, 430 M 17 -
Vedere Città Antica ★ - Piazza Grande ★
Roma 176 - Siena 65 - Arezzo 60 - ◆Firenze 119 - ◆Perugia 74

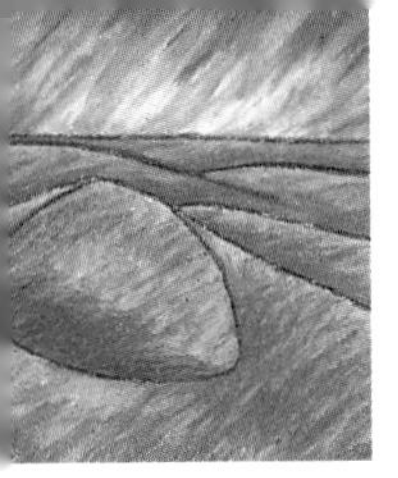

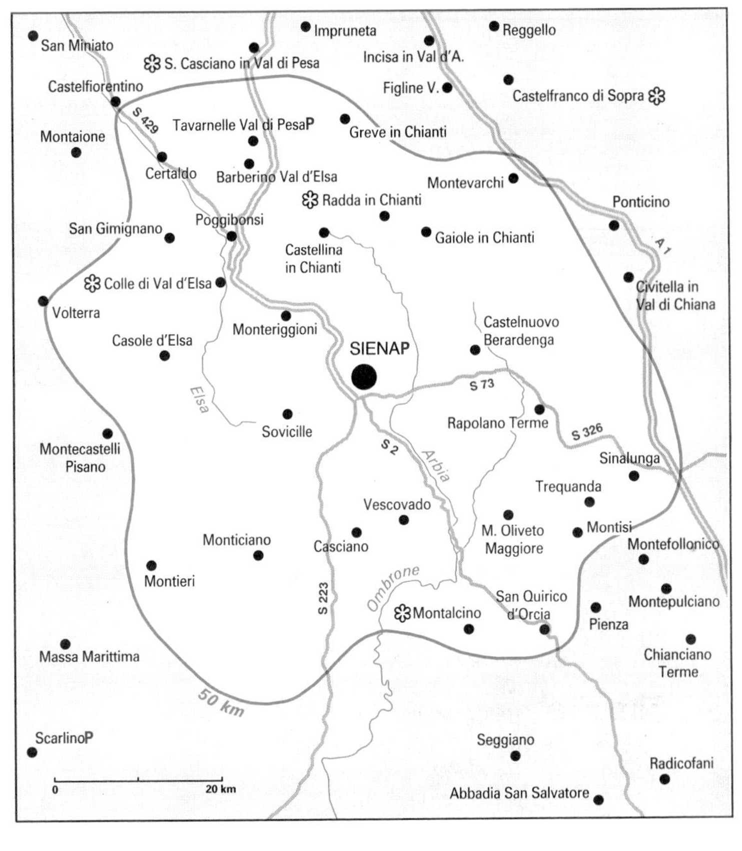

Alle Umgebungskarten sind schematisch im Kartenteil am Ende des Bandes eingezeichnet.

• • *Hotels – Restaurants*

Sehenswürdigkeiten

Sehenswertes Gebäude mit Haupteingang
Sehenswerter Sakralbau
Kathedrale, Kirche oder Kapelle

Straßen

Autobahn, Schnellstraße
Nummer der Anschlußstelle
Hauptverkehrsstraße
Einbahnstraße
Gesperrte Straße, mit Verkehrsbeschränkungen
Fußgängerzone – Straßenbahn
Pasteur 4m4 *Einkaufsstraße – Unterführung (Höhe bis 4,40 m)*
P *Parkplatz*
Tor – Passage – Tunnel
Bahnhof und Bahnlinie
Standseilbahn – Seilschwebebahn
F *Bewegliche Brücke – Autofähre*

Sonstige Zeichen

Informationsstelle
Moschee – Synagoge
Turm – Ruine – Windmühle
Garten, Park, Wäldchen – Friedhof – Bildstock
Stadion – Golfplatz – Pferderennbahn
Freibad – Hallenbad
Aussicht – Rundblick
Denkmal – Brunnen – Fabrik – Einkaufszentrum
Jachthafen – Leuchtturm – Funk-, Fernsehturm
Flughafen – U-Bahnstation – Autobusbahnhof
Schiffsverbindungen :
Autofähre – Personenfähre
③ *Straßenkennzeichnung (identisch auf Michelin – Stadtplänen und – Abschnittskarten)*
Hauptpostamt – Telefon
Krankenhaus – Markthalle
Öffentliches Gebäude, durch einen Buchstaben gekennzeichnet :
P H *- Präfektur – Rathaus*
J *- Gerichtsgebäude*
M T *- Museum – Theater*
U *- Universität, Hochschule*
POL. *- Polizei (in größeren Städten Polizeipräsidium)*
A.C.I. *Automobilclub von Italien*

Dear Reader

This 41th edition of the Michelin Guide to Italia offers the latest selection of hotels and restaurants.

Independently compiled by our inspectors, the Guide provides travellers with a wide choice of establishments at all levels of comfort and price.

We are committed to providing readers with the most up to date information and this edition has been produced with the greatest care.

That is why only this year's guide merits your complete confidence.

Thank you for your comments, which are always appreciated.

Bon voyage

Contents

Choosing a hotel or restaurant

This guide offers a selection of hotels and restaurants to help the motorist on his travels. In each category establishments are listed in order of preference according to the degree of comfort they offer.

Categories

Hotel	Restaurant	
		Luxury in the traditional style
		Top class comfort
		Very comfortable
		Comfortable
		Quite comfortable
		Simple comfort
senza rist		*The hotel has no restaurant*
	con cam	*The restaurant also offers accommodation*

Peaceful atmosphere and setting

Certain establishments are distinguished in the guide by the red symbols shown below.

Your stay in such hotels will be particularly pleasant or restful, owing to the character of the building, its decor, the setting, the welcome and services offered, or simply the peace and quiet to be enjoyed there.

to	*Pleasant hotels*
to	*Pleasant restaurants*
« Parco fiorito »	*Particularly attractive feature*
	Very quiet or quiet, secluded hotel
	Quiet hotel
mare	*Exceptional view*
	Interesting or extensive view

The maps on pages 54 to 63 indicate places with such peaceful, pleasant hotels and restaurants. By consulting them before setting out and sending us your comments on your return you can help us with our enquiries.

Hotel facilities

In general the hotels we recommend have full bathroom and toilet facilities in each room. However, this may not be the case for certain rooms in categories 🏨, 🏠 *and* 🌴.

30 cam	*Number of rooms*
	Lift (elevator)
	Air conditioning
TV	*Television in room*
	Hotel partly reserved for non-smokers
☎	*Direct-dial phone in room*
♿	*Rooms accessible to disabled people*
	Meals served in garden or on terrace
	Hydrotherapy
	Outdoor or indoor swimming pool
	Sauna – Exercise-room
	Beach with bathing facilities – Garden
18	*Hotel tennis court – Golf course and number of holes*
25 a 150	*Equipped conference hall (minimum and maximum capacity)*
	Free garage (one night) for those having the current Michelin Guide
	Hotel garage (additional charge in most cases)
P	*Car park for customers only*
	Dogs are not allowed in all or part of the hotel
Fax	*Telephone document transmission*
20 aprile-5 ottobre	*Dates when open, as indicated by the hotelier*
stagionale	*Probably open for the season – precise dates not available. Where no date or season is shown, establishments are open all year round.*

Cuisine

Stars

Certain establishments deserve to be brought to your attention for the particularly fine quality of their cooking. ***Michelin stars*** *are awarded for the standard of meals served.*

For each of these restaurants we indicate three culinary specialities to assist you in your choice.

✿✿✿ **Exceptional cuisine, worth a special journey**

One always eats here extremely well, sometimes superbly. Fine wines, faultless service, elegant surroundings. One will pay accordingly !

✿✿ **Excellent cooking, worth a detour**

Specialities and wines of first class quality. This will be reflected in the price.

✿ **A very good restaurant in its category**

The star indicates a good place to stop on your journey.
But beware of comparing the star given to an expensive « de luxe » establishment to that of a simple restaurant where you can appreciate fine cuisine at a reasonable price.

Good food at moderate prices

You may also like to know of other restaurants with less elaborate, moderately priced menus that offer good value for money and serve carefully prepared meals, often of regional cooking.

In the guide such establishments are shown with the word **Pasto** *in red just before the price of the menu.*

Please refer to the map of star-rated restaurants and good food at moderate prices **Pasto** *(pp 54 to 63).*

Food and wine : see pages 52 and 53

Prices

Prices quoted are valid for summer 1995. Changes may arise if goods and service costs are revised. The rates include tax and service charge (unless otherwise indicated, eg. 15 %).

In the case of certain trade exhibitions or tourist events prices demanded by hoteliers are liable to reasonable increases in certain cities and for some distance in the area around them.

Hotels and restaurants in bold type have supplied details of all their rates and ***have assumed responsibility*** *for maintaining them for all travellers in possession of this Guide.*

Out of season certain establishments offer special rates. Ask when booking.

Your recommendation is self-evident if you always walk into a hotel, Guide in hand.

Meals

Set meals :

Pasto 25/50000 — *Lowest* 25000 *and highest* 50000 *prices for set meals*

bc — *House wine included*

« A la carte » meals :

Pasto carta 40/70000 — *The first figure is for a plain meal and includes entrée, main dish of the day with vegetables and dessert. The second figure is for a fuller meal (with « spécialité ») and includes hors-d'œuvre, 2 main courses, cheese, and dessert*

When the establishment has neither table-d'hôte nor « à la carte » menus, the dishes of the day are given verbally.

Rooms

cam 60/90000	*Price* 60000 *for a single room and highest price* 90000 *for a double*
cam ☕ 75/110000	*Price includes breakfast*
☕ 10000	*Price of continental breakfast (additional charge when served in the bedroom)*
▤ 5000	*Additional charge for air conditioning*

Half board

½ P 90/110000 — *Lowest and highest prices of half board (room, breakfast and a meal) per person, per day in the season. These prices are valid for a double room occupied by two people for a minimum stay of three days. When a single person occupies a double room he may have to pay a supplement. Most of the hotels also offer full board terms on request. It is essential to agree on terms with the hotelier before making a firm reservation.*

Deposits

Some hotels will require a deposit, which confirms the commitment of customer and hotelier alike. Make sure the terms of the agreement are clear.

Credit cards

AE S ⓓ E VISA JCB — *Credit cards accepted by the establishment American Express, Carta Si, Diners Club, Eurocard-MasterCard, Visa, Japan Credit Bureau*

Towns

20100	*Postal number*
✉ 28042 Baveno	*Postal number and name of the post office serving the town*
☏ 0371	*Telephone dialling code. Omit 0 when dialling from abroad*
P	*Provincial capital*
Piacenza	*Province in which a town is situated*
428 D9 988 ②	*Number of the appropriate sheet and co-ordinates or fold of the Michelin road map*
108872 ab	*Population (figures from 31.12.93 census)*
alt. 175	*Altitude (in metres)*
Stazione termale	*Spa*
Sport invernali	*Winter sports*
1500/2000 m	*Altitude (in metres) of resort and highest point reached by lifts*
3	*Number of cable-cars*
7	*Number of ski and chair-lifts*
	Cross-country skiing
a. s. luglio-settembre	*High season period*
EX A	*Letters giving the location of a place on the town plan*
18	*Golf course and number of holes*
	Panoramic view, viewpoint
	Airport
	Place with a motorail connection; further information from phone no. listed
	Shipping line
	Passenger transport only
	Tourist Information Centre
A.C.I.	*Italian Automobile Club*

Sights

Star-rating

★★★	*Worth a journey*
★★	*Worth a detour*
★	*Interesting*

Museums and art galleries are generally closed on Mondays

Location

Vedere	*Sights in town*
Dintorni	*On the outskirts*
Escursioni	*In the surrounding area*
N, S, E, O	*The sight lies north, south, east or west of the town*
per ①, ④	*Sign on town plan and on the Michelin road map indicating the road leading to a place of interest*
6 km	*Distance in kilometres*

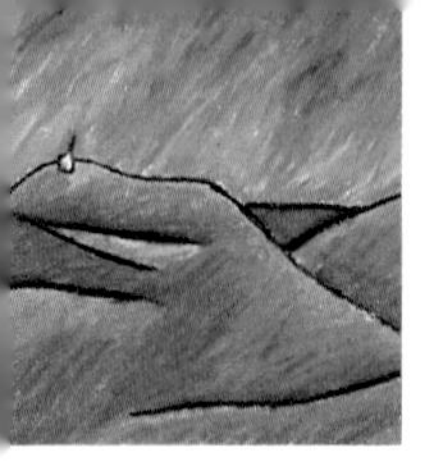

Local maps

May we suggest that you consult them

Should you be looking for a hotel or restaurant not too far from Siena, for example, you can now consult the map along with the town plan.

The local map (opposite) draws your attention to all places around the town or city selected, provided they are mentioned in the Guide. Places located within a range of 50 km are clearly identified by the use of a different coloured background.

The various facilities recommended near the different regional capitals can be located quickly and easily.

Note :

Entries in the Guide provide information on distances to nearby towns. Whenever a place appears on one of the local maps, the name of the town or city to which it is attached is printed in BLUE.

Example :

MONTEPULCIANO is to be found on the local map SIENA

MONTEPULCIANO **53045** Siena 988 ⑮, 430 M 17 -
Vedere Città Antica ★ - Piazza Grande ★
Roma 176 - Siena 65 - Arezzo 60 - ◆Firenze 119 - ◆Perugia 74

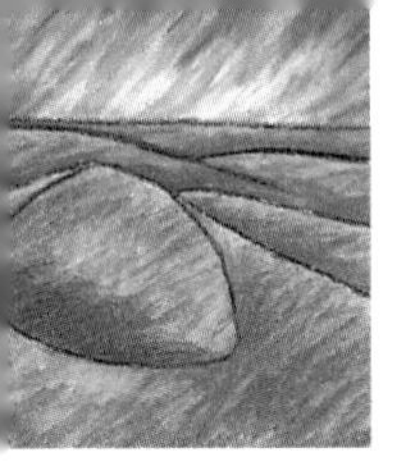

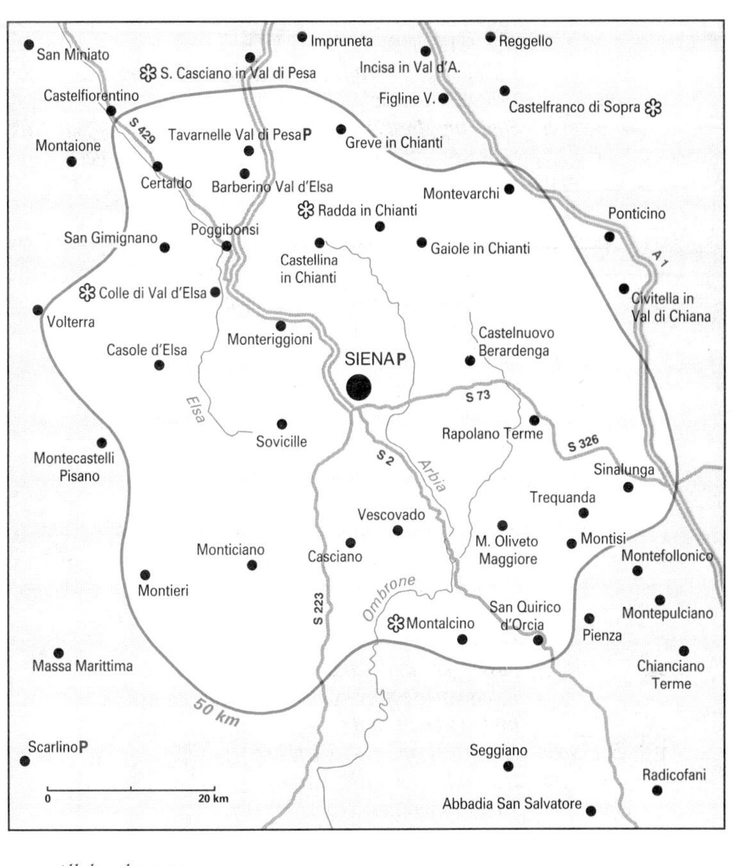

All local maps are located on the Atlas at the end of the Guide.

Town plans

Hotels – Restaurants

Sights

Place of interest and its main entrance
Interesting place of worship: cathedral, church or chapel

Roads

Motorway, dual carriageway
number of
Major thoroughfare
One-way street
Unsuitable for traffic, street subject to restrictions
Pedestrian street – Tramway
Pasteur *Shopping street – Low headroom (15 ft max) – Car park*
Gateway – Street passing under arch – Tunnel
Station and railway
Funicular – Cable-car
Lever bridge – Car ferry

Various signs

Tourist Information Centre
Mosque – Synagogue
Tower – Ruins – Windmill
Garden, park, wood – Cemetery – Cross
Stadium – Golf course – Racecourse
Outdoor or indoor swimming pool
View – Panorama
Monument – Fountain – Factory – Shopping centre
Pleasure boat harbour – Lighthouse
Communications tower
Airport – Underground station – Coach station
Ferry services: passengers and cars, passengers only
(3) *Reference number common to town plans and Michelin maps*
Main post office – Telephone
Hospital – Covered market
Public buildings located by letter:
P H *- Prefecture – Town Hall*
J *- Law Courts*
M T *- Museum – Theatre*
U *- University, College*
POL. *- Police (in large towns police headquarters)*
A.C.I. *Italian Automobile Club*

I vini e le vivande

Vivande e vini di una stessa regione si associano in genere con buoni risultati. Un piatto preparato con una salsa al vino si accorda, di preferenza, con lo stesso vino. Qualche consiglio sull' accostamento vini – vivande.

Les vins et les mets

Cuisine et vins d'une même région s'associent souvent harmonieusement. Un mets préparé avec une sauce au vin s'accommode, si possible, du même vin. Voici quelques suggestions de vins selon les mets.

Welcher Wein zu welchem Gericht

Speisen und Weine aus der gleichen Region harmonieren oft geschmacklich besonders gut. Wenn die Sauce eines Gerichts mit Wein zubereitet ist, so wählt man nach Möglichkeit diesen als Tischwein. Nebenstehend Vorschläge zur Wahlder Weine

Food and wine

Food and wines from the same region usually go very well together. Dishes prepared with a wine sauce are best accompanied by the same kind of wine. Here are a few hints on selecting the right wine with the right dish.

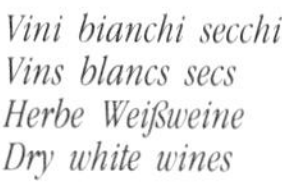

Vini bianchi secchi
Vins blancs secs
Herbe Weißweine
Dry white wines

1 *Cortese di Gavi • Erbaluce di Caluso*
2 *Lugana • Pinot • Riesling Oltrepò*
3 *Gewürztraminer • Pinot Bianco • Sylvaner*
4 *Sauvignon • Soave • Tocai • Colli Orientali*
5 *Albana secco • Trebbiano*
6 *Montecarlo • Vernaccia di S. Gimignano*
7 *Colli Albani • Frascati • Torgiano*
8 *Martina Franca • Ostuni*
9 *Nuragus di Cagliari • Vermentino*
10 *Alcamo • Etna Bianco • Mamertino*

Vini rossi leggeri
Vins rouges légers
Leichte Rotweine
Light red wines

1 *Dolcetto • Ghemme • Grignolino*
2 *Barbacarlo • Bonarda d'Oltrepò • Chiaretto del Garda • Franciacorta*
3 *Blauburgunder • Caldaro • Lagrein Kretzer*
4 *Pinot Nero • Valpolicella*
5 *Gutturnio • Lambrusco*
6 *Rosato di Bolgheri*
7 *Cerveteri Rosso • Colli del Trasimeno Rosso*
8 *Castel del Monte*
10 *Ciclopi • Faro*

Vini rossi robusti
Vins rouges corsés
Kräftige Rotweine
Full bodied red wines

1 *Barbaresco • Barbera • Barolo • Gattinara*
2 *Barbera d'Oltrepò • Inferno • Sassella*
3 *Santa Maddalena • Teroldego Rotaliano*
4 *Amarone • Cabernet • Merlot • Refosco*
5 *Sangiovese*
6 *Brunello • Chianti • Montecarlo*
7 *Cesanese del Piglio • Torgiano Rosso*
8 *Primitivo di Gioia*
9 *Campidano di Terralba • Cannonau • Oliena*
10 *Cerasuolo di Vittoria • Corvo*

Vini da dessert
Vins de dessert
Fessertweine
Dessert wines

1 *Brachetto • Caluso Passito • Moscato*
2 *Moscato Oltrepò*
3 *Moscato • Vin Santo di Toblino*
4 *Picolit • Ramandolo • Recioto Bianco*
5 *Albana amabile*
6 *Aleatico di Portoferraio*
7 *Aleatico di Gradoli*
8 *Aleatico di Puglia • Moscato di Trani*
9 *Ogliastra • Torbato Passito*
10 *Malvasia di Lipari • Marsala • Passito*

Oltre ai vini più conosciuti, esistono in molte regioni d'Italia dei vini locali che, bevuti sul posto, vi riserveranno piacevoli sorprese.

En dehors des vins les plus connus, il existe en maintes régions d'Italie des vins locaux qui, bus sur place, vous réserveront d'heureuses surprises.

Neben den bekannten Weinen gibt es in manchen italienischen Regionen Landweine, die Sie am Anbauort trinken sollten. Sie werden angenehm überrascht sein.

In addition to the fine wines there are many Italian wines, best drunk in their region of origin and which you will find extremely pleasant.

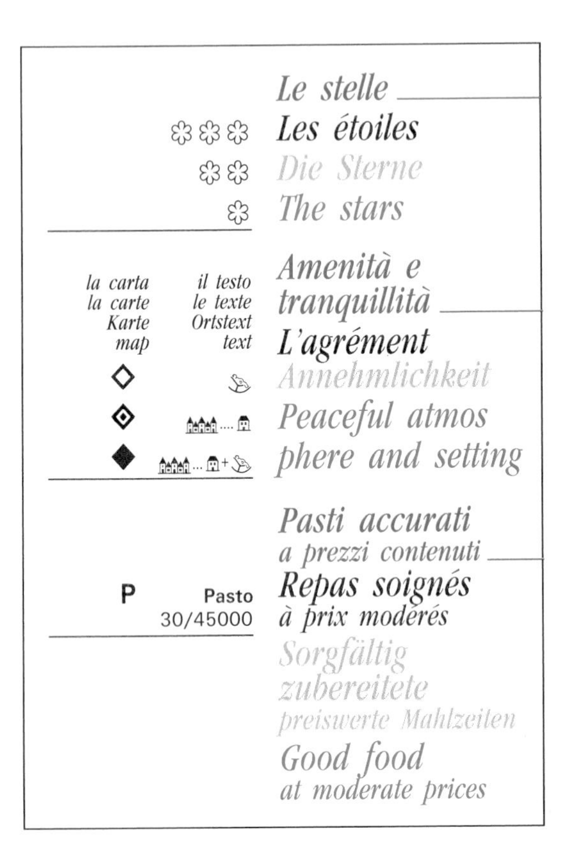
Le stelle
Les étoiles
Die Sterne
The stars
la carta
la carte
Karte
map
il testo
le texte
Ortstext
text
Amenità e tranquillità
L'agrément
Annehmlichkeit
Peaceful atmosphere and setting
P
Pasto
30/45000
Pasti accurati a prezzi contenuti
Repas soignés à prix modérés
Sorgfältig zubereitete preiswerte Mahlzeiten
Good food at moderate prices

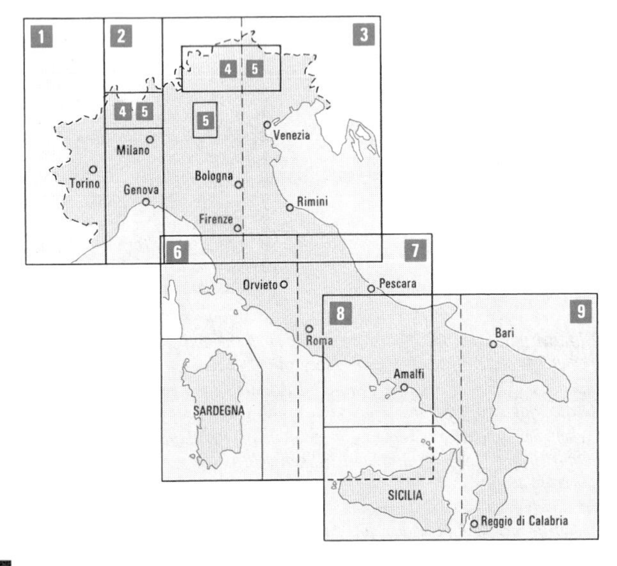
1
2
3
4
5
4
5
5
Milano
Torino
Genova
Venezia
Bologna
Rimini
Firenze
6
7
Orvieto
Pescara
8
9
Roma
Bari
Amalfi
SARDEGNA
SICILIA
Reggio di Calabria

La carta tematica raggruppa l'insieme delle risorse a lato ed indica le località che ne possiedono almeno una.

La carte regroupe l'ensemble de ces ressources, elle situe les localités possédant au moins l'une d'entre elles.

Jede Ortschaft auf der Karte besitzt mindestens ein Haus, das mit einem der nebenstehenden Symbole ausgezeichnet ist.

The map shows places with at least one of these special attributes.

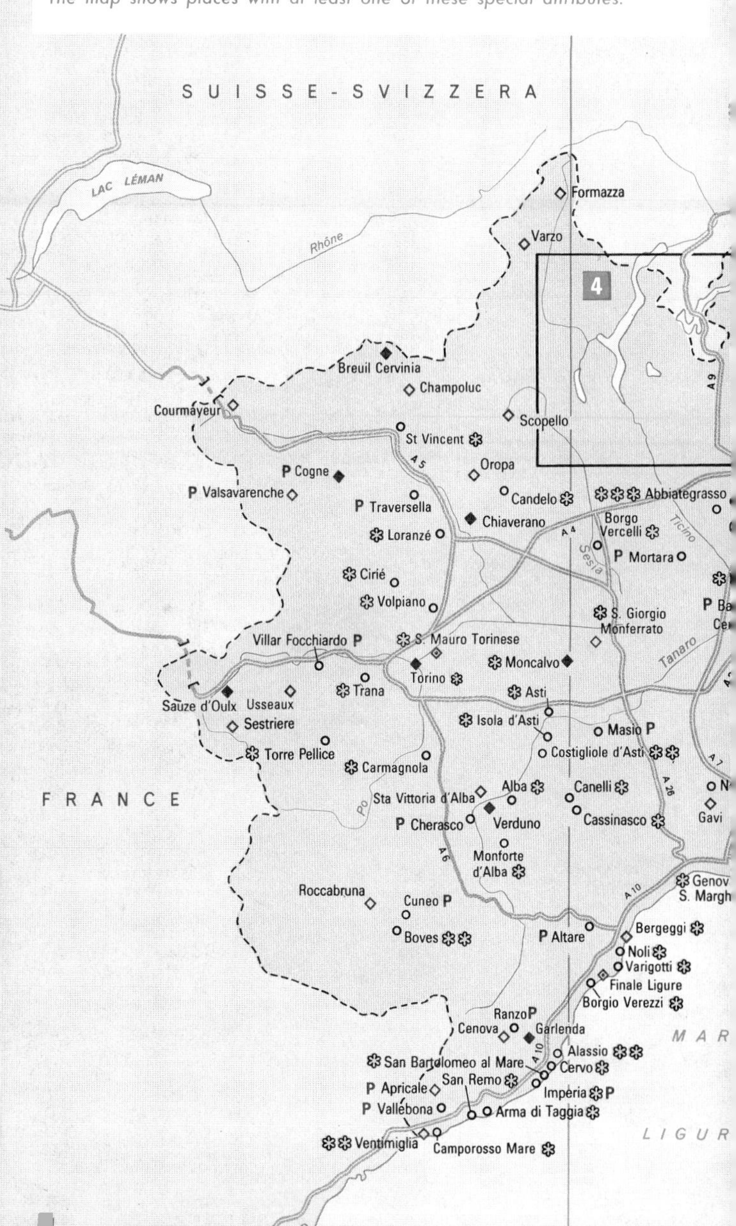

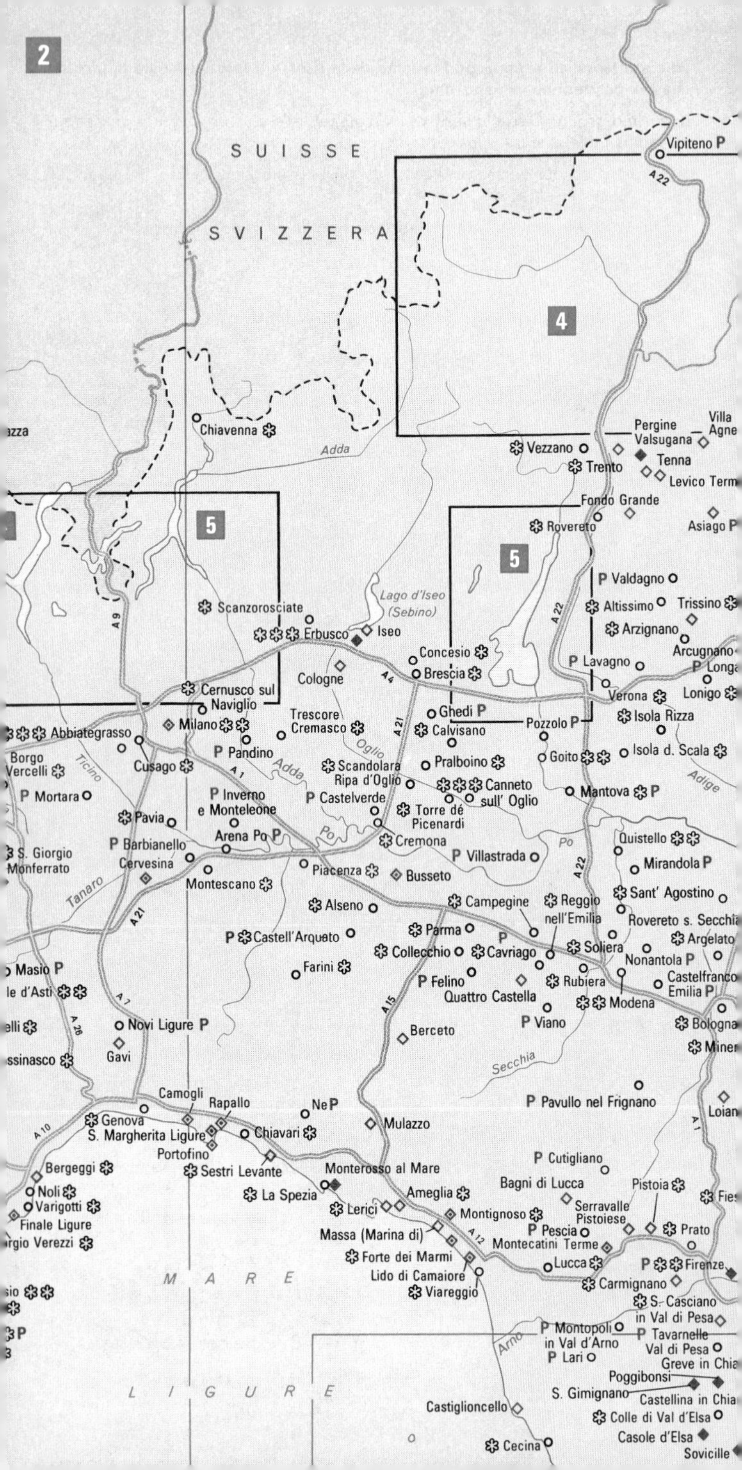

2
SUISSE
SVIZZERA
Vipiteno P
A22
4
Chiavenna
Adda
Pergine Valsugana
Villa Agne
Vezzano
Tenna
Trento
Levico Term
Fondo Grande
Asiago P
Rovereto
5
5
P Valdagno
Altissimo
Trissino
Arzignano
Arcugnano
Scanzorosciate
Lago d'Iseo (Sebino)
Erbusco
Iseo
Concesio
Brescia
P Lavagno
P Longa
Cologne
A4
A22
Verona
Lonigo
A9
Cernusco sul Naviglio
Ghedi P
Isola Rizza
Milano
Trescore Cremasco
A21
Calvisano
Pozzolo P
Abbiategrasso
Borgo Vercelli
Cusago
P Pandino
Oglio
Scandolara Ripa d'Oglio
Pralboino
Goito
Isola d. Scala
Ticino
Adda
Canneto sull' Oglio
Mantova P
Adige
P Mortara
A1
P Castelverde
P Inverno e Monteleone
Pavia
Torre dé Picenardi
Arena Po P
Po
Cremona
Po
Quistello
S. Giorgio Monferrato
P Barbianello
Cervesina
P Villastrada
Mirandola P
Tanaro
Montescano
Piacenza
Busseto
A22
Sant' Agostino
A21
Alseno
Campegine
Reggio nell'Emilia
Rovereto s. Secchia
P Castell'Arquato
Parma
P
Argelato
Collecchio
Cavriago
Soliera
Masio P
Farini
Nonantola P
le d'Asti
P Felino
Rubiera
Castelfranco Emilia P
A7
Quattro Castella
Modena
elli
A26
Novi Ligure P
A15
P Viano
Bologna
Berceto
Miner
ssinasco
Gavi
Secchia
P Pavullo nel Frignano
Camogli
Rapallo
Ne P
Loian
Genova
A10
S. Margherita Ligure
Chiavari
Mulazzo
A1
Portofino
P Cutigliano
Bergeggi
Sestri Levante
Monterosso al Mare
Bagni di Lucca
Pistoia
Noli
La Spezia
Ameglia
Fies
Varigotti
Lerici
Montignoso
Serravalle Pistoiese
Finale Ligure
P Pescia
Prato
rgio Verezzi
Massa (Marina di)
A12
Montecatini Terme
Forte dei Marmi
Lucca
P Firenze
M A R E
Lido di Camaiore
Carmignano
sio
Viareggio
S. Casciano in Val di Pesa
P Montopoli in Val d'Arno
P Tavarnelle Val di Pesa
Arno
P Lari
Greve in Chia
Poggibonsi
L I G U R E
S. Gimignano
Castellina in Chia
Castiglioncello
Colle di Val d'Elsa
Casole d'Elsa
Cecina
Sovicille

3
ÖSTERREICH
SLOVENIJA
HRVATSKA
MARE ADRIATICO
5
S 48
A 23
A 4
A 14
A 1
Piave
Po
Valli di Comacchio
San Quirino
Dolegna del Collio
Buttrio P
Cormons P
Lavariano
Mossa P
Pocenia P
Marostica P
Bassano del Grappa
P Segusino
Follina
Miane
Conegliano
Portobuffolè
Cavaso d. Tomba
Montebelluna
S. Polo di Piave
Maserada sul Piave P
San Biagio di Callalta P
Castelfranco Veneto P
Ponzano Veneto
Mogliano Veneto
Asolo
Galliera Veneta P
Mussolente
Mestre
Venezia P
Rubano
Padova
Chioggia P
Rosolina
Ferrara P
Comacchio
Ravenna (Marina di)
P Imola
Tossignano
P Brisighella
Castrocaro Terme
Marradi P
Vicchio
P Longiano
P Montebello
Misano Adriatico
P Novafeltria
Rimini P
Riccione
Pesaro
Montegridolfo
Bagno di Romagna
P Urbino
Verghereto
Senigallia
Falconara Marittima
Ancona
Cartoceto
Sirolo
Numana
S. Lorenzo in Campo
Reggello
Castelfranco di Sopra
Sansepolcro P
Radda in Chianti
Gaiole in Chianti
Arezzo P
Gubbio
Montecassiano
Cortona
Castelnuovo Berardenga
Isola Maggiore
P Montegiorgio
Sarnano

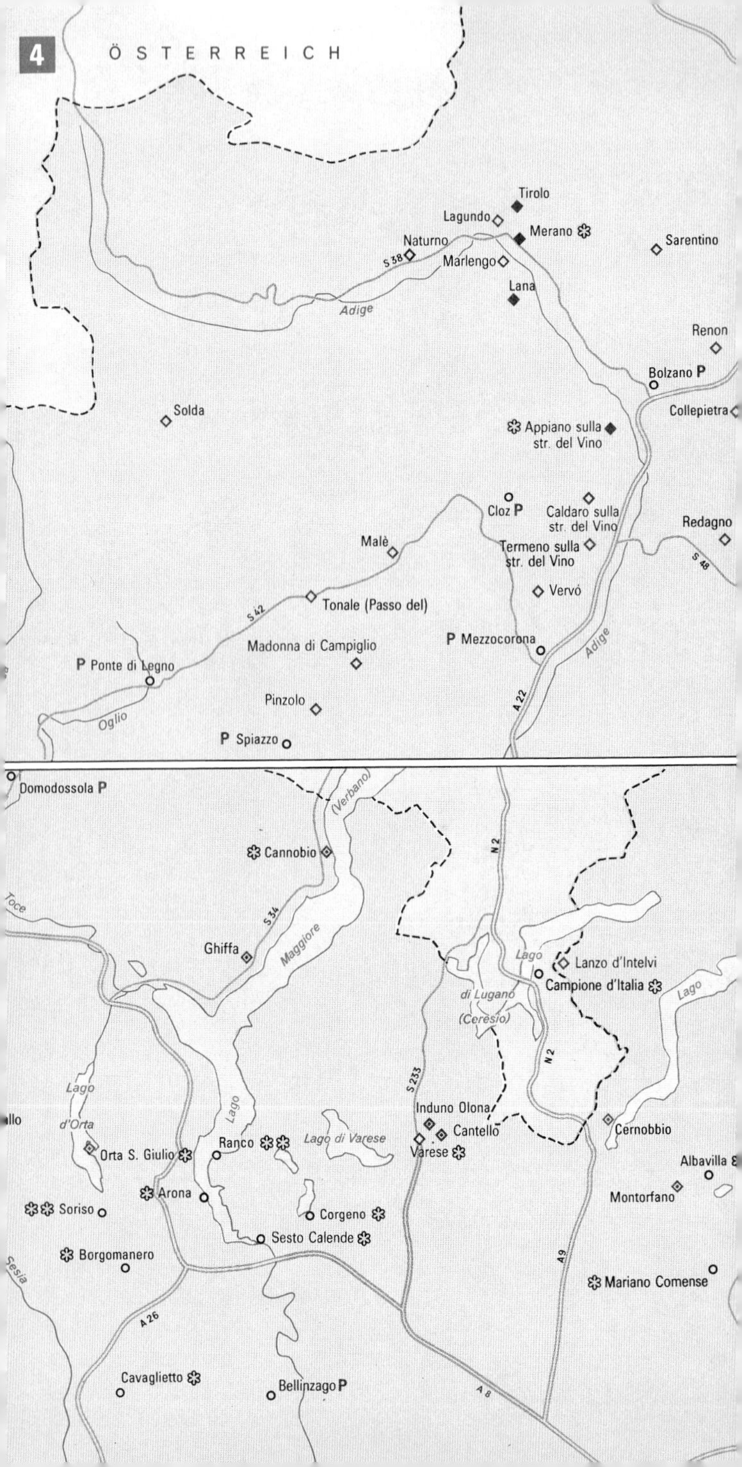
4
ÖSTERREICH
Tirolo
Lagundo
Merano
Naturno
S 38
Marlengo
Sarentino
Lana
Adige
Renon
Bolzano P
Collepietra
Solda
Appiano sulla
str. del Vino
Cloz P
Caldaro sulla
str. del Vino
Redagno
Malè
Termeno sulla
str. del Vino
S 48
Vervò
Tonale (Passo del)
S 42
P Mezzocorona
Adige
Madonna di Campiglio
P Ponte di Legno
A 22
Pinzolo
Oglio
P Spiazzo
Domodossola P
(Verbano)
Cannobio
N 2
Toce
S 34
Ghiffa
Maggiore
Lago
Lanzo d'Intelvi
Campione d'Italia
di Lugano
(Ceresio)
Lago
N 2
S 233
Lago
d'Orta
Lago
Induno Olona
Cantello
Cernobbio
Ranco
Lago di Varese
Varese
Orta S. Giulio
Albavilla
Arona
Montorfano
Soriso
Corgeno
Sesto Calende
Borgomanero
A 9
Sesia
Mariano Comense
A 26
Cavaglietto
Bellinzago P
A 8

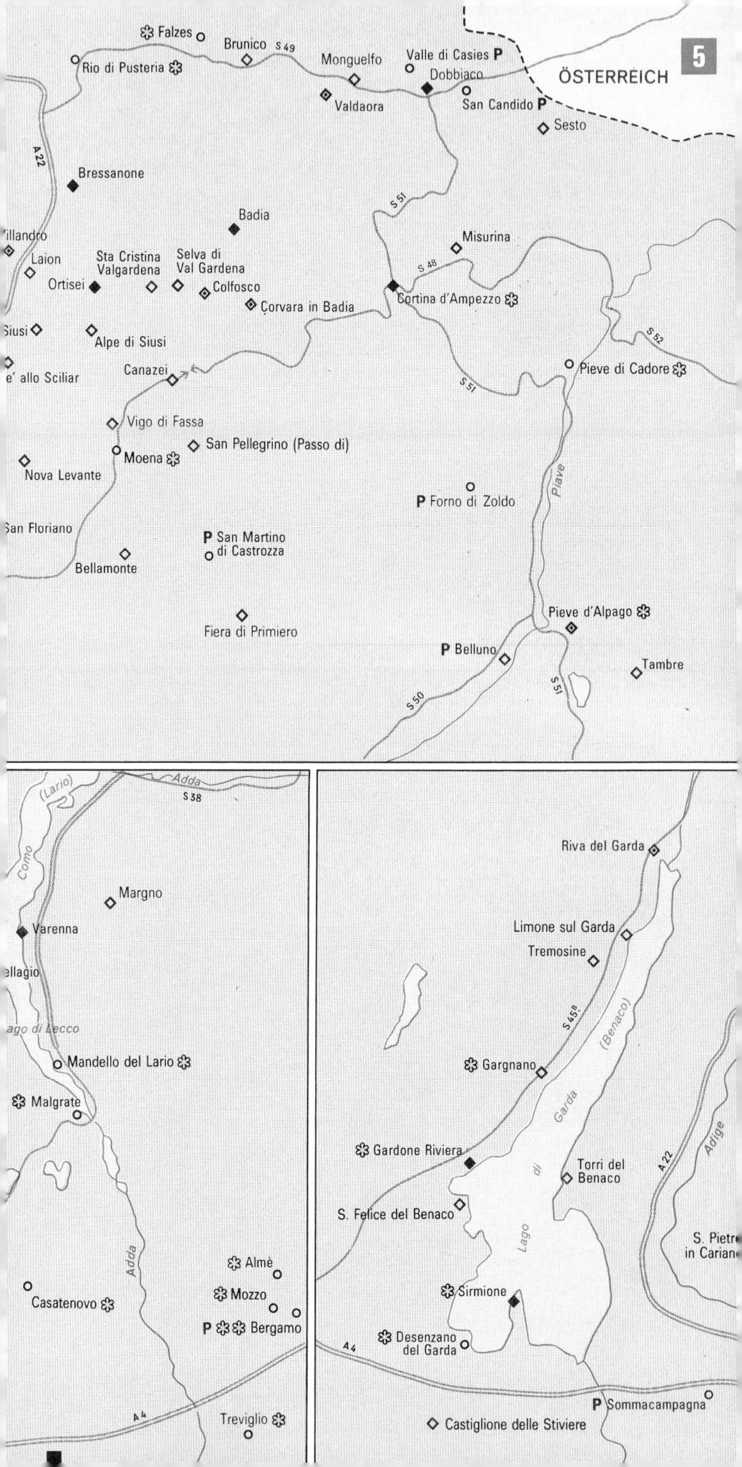

5
ÖSTERREICH
Falzes
Brunico
S 49
Rio di Pusteria
Monguelfo
Valle di Casies P
Dobbiaco
Valdaora
San Candido P
Sesto
A 22
Bressanone
Badia
S 51
Misurina
Villandro
Laion
Sta Cristina Valgardena
Selva di Val Gardena
Colfosco
S 48
Ortisei
Corvara in Badia
Cortina d'Ampezzo
Siusi
Alpe di Siusi
S 52
Canazei
Pieve di Cadore
Fiè allo Sciliar
S 51
Vigo di Fassa
San Pellegrino (Passo di)
Moena
Nova Levante
Piave
Forno di Zoldo
P
San Floriano
P San Martino di Castrozza
Bellamonte
Fiera di Primiero
Pieve d'Alpago
P Belluno
Tambre
S 50
S 51
(Lario)
Adda
S 38
Como
Margno
Varenna
Bellagio
Lago di Lecco
Mandello del Lario
Malgrate
Adda
Almè
Casatenovo
Mozzo
P Bergamo
A 4
Treviglio
Riva del Garda
Limone sul Garda
Tremosine
S 45 bis
(Benaco)
Gargnano
Garda
Gardone Riviera
di
Torri del Benaco
A 22
Adige
S. Felice del Benaco
Lago
S. Pietro in Cariano
Sirmione
Desenzano del Garda
A 4
P Sommacampagna
Castiglione delle Stiviere

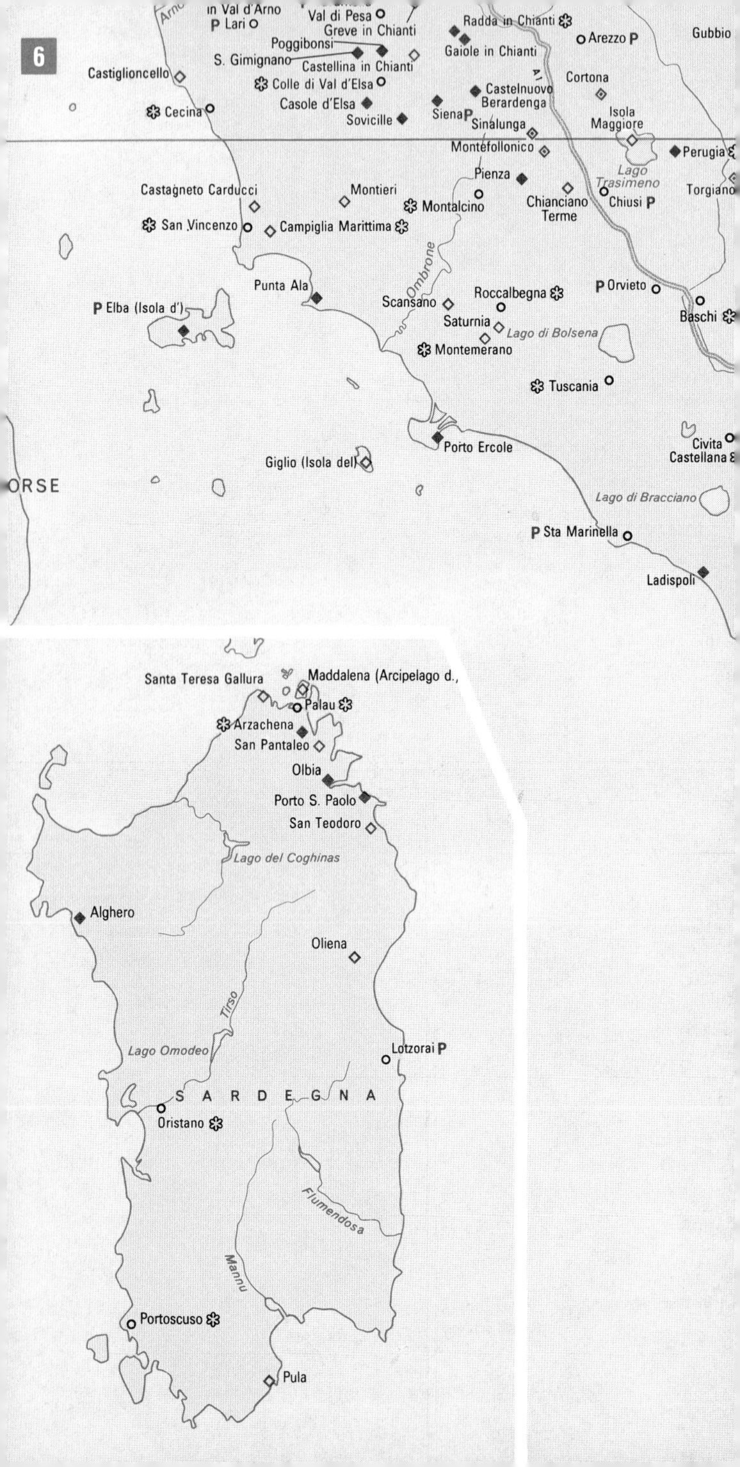
6
in Val d'Arno
Lari
Val di Pesa
Greve in Chianti
Radda in Chianti
Arezzo
Gubbio
Poggibonsi
S. Gimignano
Castellina in Chianti
Gaiole in Chianti
Castiglioncello
Colle di Val d'Elsa
Cortona
Castelnuovo Berardenga
Casole d'Elsa
Cecina
Sovicille
Siena
Sinalunga
Isola Maggiore
Montefollonico
Perugia
Lago Trasimeno
Pienza
Castagneto Carducci
Montieri
Chianciano Terme
Chiusi
Torgiano
Montalcino
San Vincenzo
Campiglia Marittima
Ombrone
Punta Ala
Orvieto
Elba (Isola d')
Scansano
Roccalbegna
Baschi
Saturnia
Lago di Bolsena
Montemerano
Tuscania
Porto Ercole
Civita Castellana
Giglio (Isola del)
ORSE
Lago di Bracciano
Sta Marinella
Ladispoli
Santa Teresa Gallura
Maddalena (Arcipelago d.
Palau
Arzachena
San Pantaleo
Olbia
Porto S. Paolo
San Teodoro
Lago del Coghinas
Alghero
Oliena
Tirso
Lago Omodeo
Lotzorai
S A R D E G N A
Oristano
Flumendosa
Mannu
Portoscuso
Pula

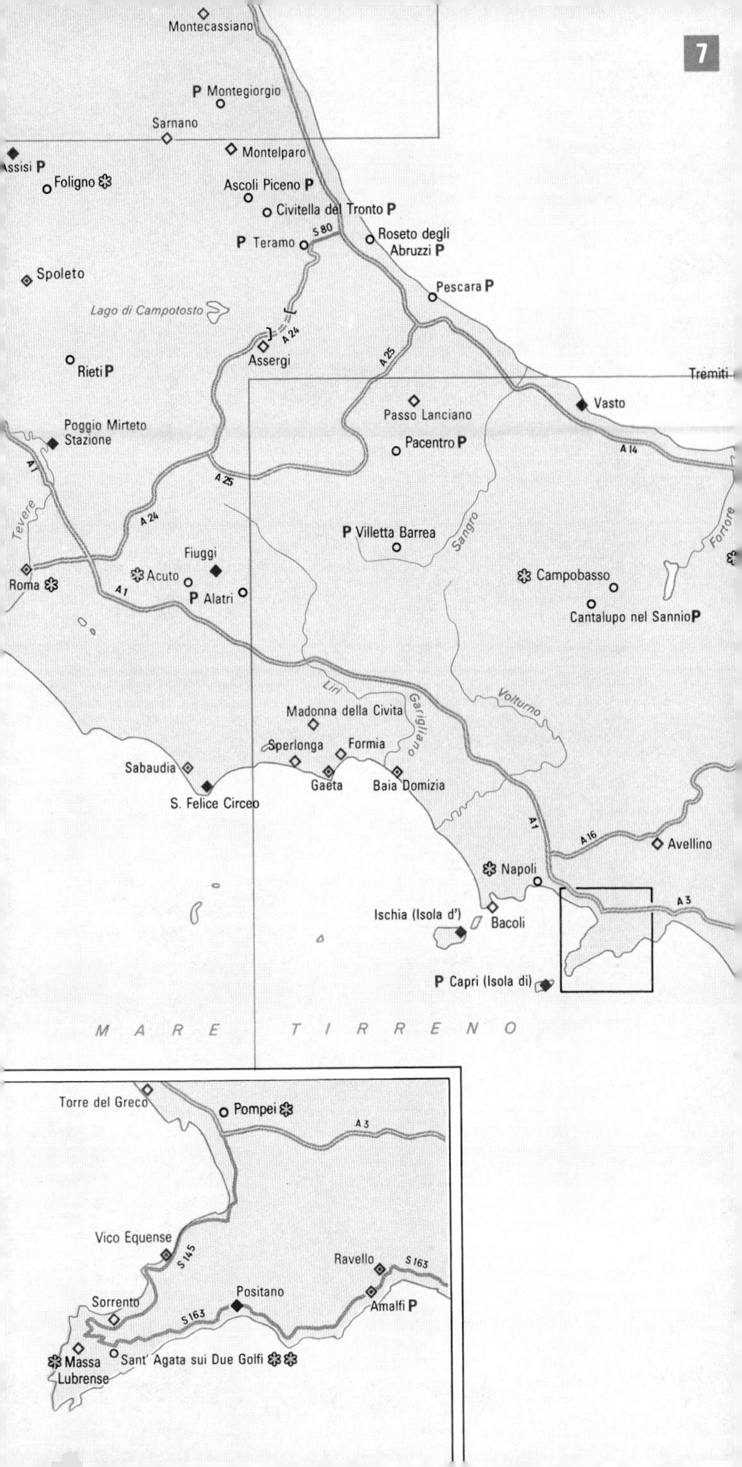
7
Montecassiano
P Montegiorgio
Sarnano
Montelparo
Assisi P
Foligno
Ascoli Piceno P
Civitella del Tronto P
S 80
P Teramo
Roseto degli Abruzzi P
Spoleto
Pescara P
Lago di Campotosto
A 24
Assergi
A 25
Rieti P
Tremiti
Passo Lanciano
Vasto
Poggio Mirteto Stazione
Pacentro P
A 14
A 1
A 25
Tevere
A 24
P Villetta Barrea
Sangro
Fortore
Fiuggi
Acuto
Roma
P Alatri
A 1
Campobasso
Cantalupo nel Sannio P
Liri
Garigliano
Volturno
Madonna della Civita
Sperlonga
Formia
Sabaudia
Gaeta
Baia Domizia
S. Felice Circeo
A 1
A 16
Avellino
Napoli
A 3
Ischia (Isola d')
Bacoli
P Capri (Isola di)
MARE TIRRENO
Torre del Greco
Pompei
A 3
Vico Equense
S 145
Ravello
S 163
Positano
Sorrento
Amalfi P
S 163
Massa Lubrense
Sant' Agata sui Due Golfi

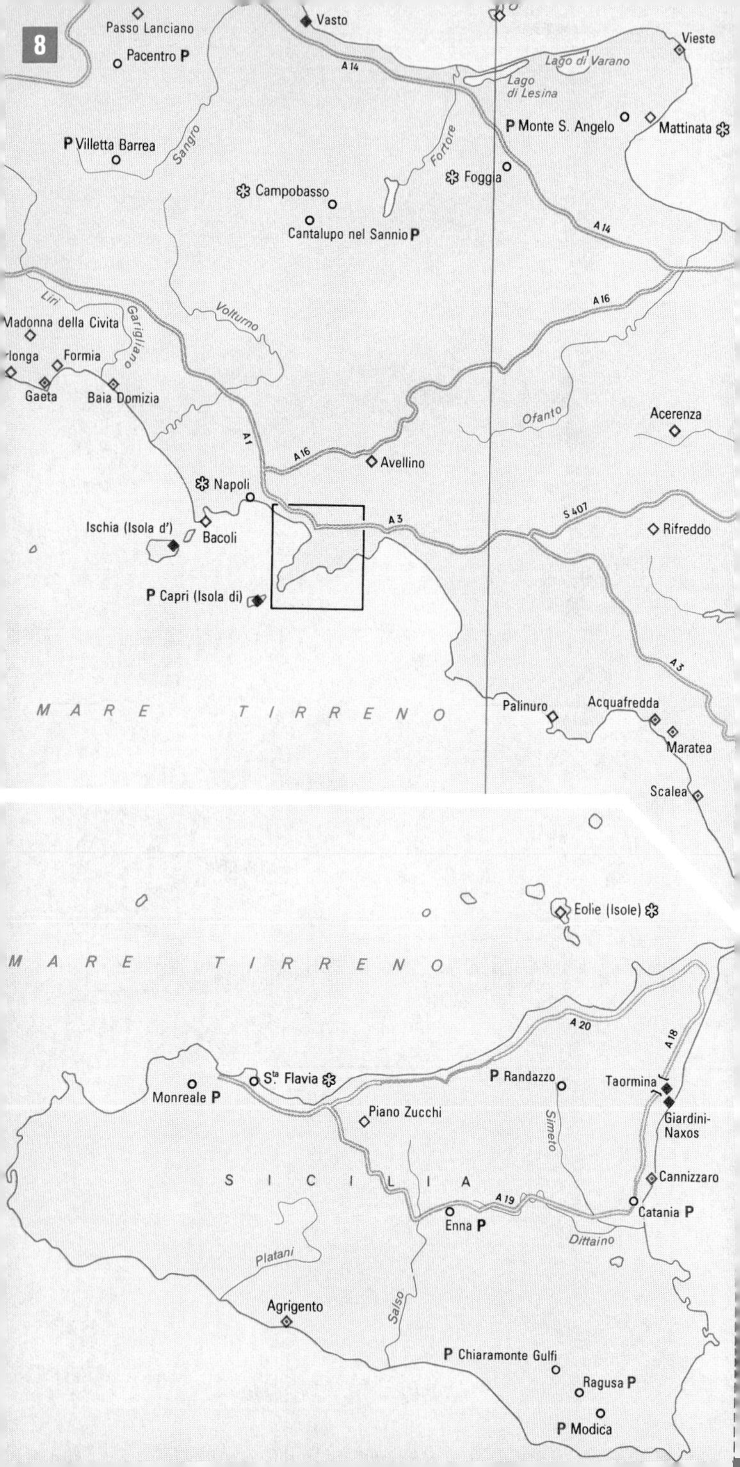

8
Passo Lanciano
Vasto
Pacentro P
A 14
Vieste
Lago di Varano
Lago di Lesina
P Villetta Barrea
Sangro
Fortore
P Monte S. Angelo
Mattinata
Foggia
Campobasso
Cantalupo nel Sannio P
A 14
Liri
A 16
Madonna della Civita
Garigliano
Volturno
Formia
Gaeta
Baia Domizia
Ofanto
Acerenza
A 1
A 16
Avellino
Napoli
S 407
Ischia (Isola d')
Bacoli
A 3
Rifreddo
P Capri (Isola di)
A 3
M A R E T I R R E N O
Palinuro
Acquafredda
Maratea
Scalea
Eolie (Isole)
M A R E T I R R E N O
A 20
A 18
Monreale P
Sta Flavia
P Randazzo
Taormina
Piano Zucchi
Giardini-Naxos
Simeto
S I C I L I A
Cannizzaro
A 19
Catania P
Enna P
Dittaino
Platani
Agrigento
Salso
P Chiaramonte Gulfi
Ragusa P
P Modica

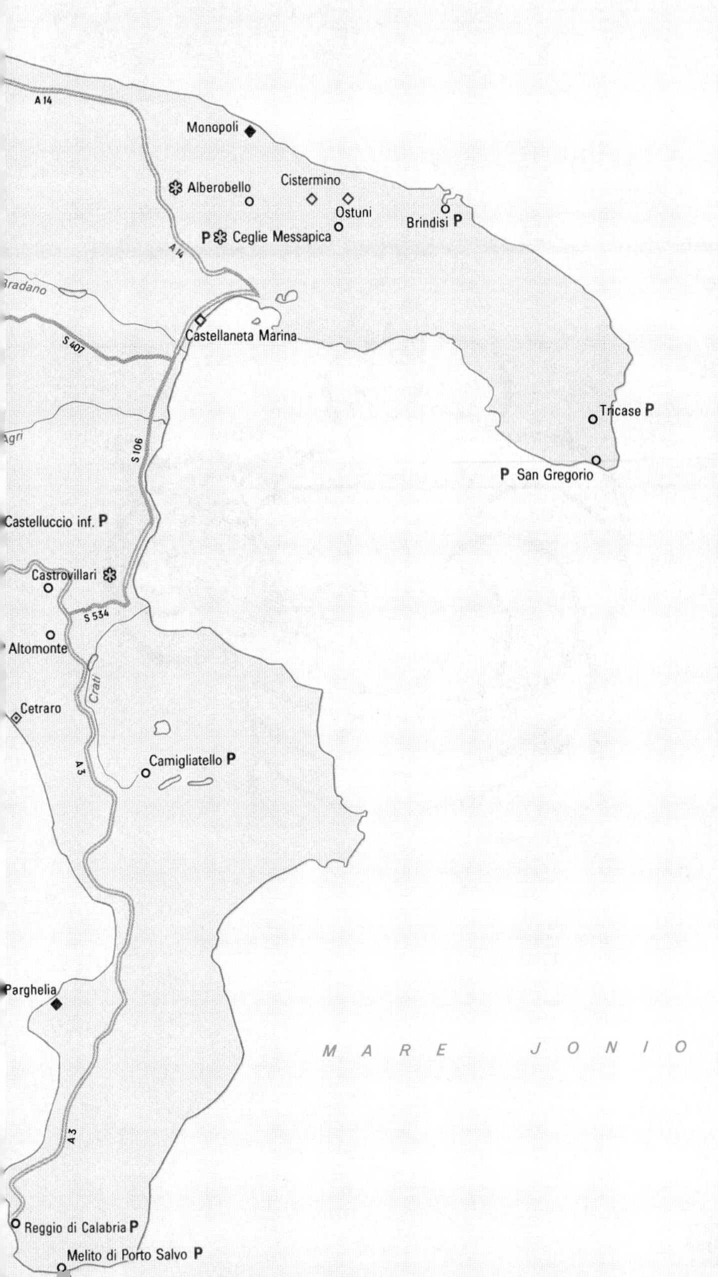
MARE ADRIATICO
A 14
Monopoli
Alberobello
Cistermino
Ostuni
Brindisi P
P Ceglie Messapica
A 14
Bradano
Castellaneta Marina
S 407
Agri
S 106
Tricase P
P San Gregorio
Castelluccio inf. P
Castrovillari
S 534
Altomonte
Crati
Cetraro
Camigliatello P
A 3
Parghelia
MARE JONIO
A 3
Reggio di Calabria P
Melito di Porto Salvo P

Località
Localités
Ortsverzeichnis
Places

ABANO TERME 35031 Padova 988 ⑤, 429 F 17 – 18 095 ab. alt. 14 – Stazione termale, a.s. aprile-ottobre e Natale – 049. Vedere Guida Verde.

via Pietro d'Abano 18 8669055, Telex 431417, Fax 8669053.

Roma 485 ③ – Padova 11 ① – Ferrara 69 ③ – Milano 246 ① – Rovigo 35 ③ – Venezia 56 ① – Vicenza 44 ①.

Pianta pagina seguente

Bristol Buja, via Monteortone 2 8669390, Telex 430210, Fax 667910, « Giardino-pineta con riscaldata », – 100. rist AY **g**
chiuso dal 25 novembre al 10 febbraio – **Pasto** 50/60000 – 18000 – **116 cam** 137/206000, 25 appartamenti – ½ P 150/170000.

President, via Montirone 31 8668288, Fax 667909, termale, – rist AY **t**
Pasto 50/60000 – 15000 – **114 cam** 135/220000, 5 appartamenti – ½ P 175/185000.

Trieste e Victoria, via Pietro d'Abano 1 8669101, Telex 430250, Fax 8669779, « Parco-giardino con termale », – rist AZ **v**
13 marzo-20 novembre – **Pasto** carta 60/80000 – 16000 – **113 cam** 150/240000, 15 appartamenti – ½ P 176/229000.

La Residence, via Monte Ceva 8 8668333, Fax 8668396, termale, – 40. AY **d**
chiuso dal 12 novembre a dicembre – **Pasto** 60000 – 18000 – **111 cam** 165/220000, 5 appartamenti – ½ P 142/177000.

Due Torri, via Pietro d'Abano 18 8669277, Fax 8669927, « Giardino-pineta », termale, – rist AZ **b**
chiuso dall'8 gennaio al 15 marzo – **Pasto** 45000 – 10000 – **77 cam** 100/150000, 3 appartamenti – ½ P 130/140000.

Ritz, via Monteortone 19 8669990, Fax 667549, termale, – – 80. rist AY **f**
Pasto 53000 – **147 cam** 145/240000, 2 appartamenti – P 145/175000.

Savoia, via Pietro d'Abano 49 667111, Fax 779080, « Parco-giardino », termale, – – 100. rist AZ **q**
chiuso dal 2 gennaio al 12 marzo e dal 21 novembre al 22 dicembre – **Pasto** (solo per clienti alloggiati) 50000 – 20000 – **170 cam** 165/205000, 6 appartamenti – ½ P 141/154000.

Metropole, via Valerio Flacco 99 8600777, Telex 431509, Fax 8600935, « Giardino con termale e minigolf », –
chiuso dal 6 gennaio al 5 marzo – **Pasto** 55/75000 – **145 cam** 135/200000, 6000 – P 125/197000. BZ **n**

Mioni Pezzato, via Marzia 34 8668377, Fax 8669338, « Parco-giardino con termale », – rist AZ **u**
10 marzo-24 novembre – **Pasto** 45000 – 15000 – **151 cam** 95/160000, 8 appartamenti – ½ P 110/133000.

Quisisana Terme, viale delle Terme 67 8600099, Telex 430285, Fax 8600039, « Giardino », termale, – – 200. rist
Pasto *(chiuso dal 26 gennaio al 17 marzo)* 50/70000 – **91 cam** 130/200000, 4 appartamenti – ½ P 145/175000. BY **v**

Terme Astoria, piazza Cristoforo Colombo 1 8601530, Fax 8600730, « Giardino con termale », – BZ **m**
chiuso dal 5 dicembre al 20 febbraio – **Pasto** 40000 – 18000 – **93 cam** 100/130000 – ½ P 102/112000.

Ariston Molino, via Augure 5 8669061, Fax 8669153, « Giardino con termale », – – 60. rist AZ **n**
marzo-novembre – **Pasto** 55000 – 16000 – **175 cam** 126/185000 – ½ P 111/136000.

Harrys' Terme, via Marzia 50 667011, Fax 8668500, « Grande giardino ombreggiato con termale », – rist AZ **a**
15 febbraio-novembre – **Pasto** 35000 – 10000 – **66 cam** 90/140000, 6000 ½ P 101000.

Smeraldo, via Flavio Busonera 174 8669555, Fax 8669752, termale, – rist rist ABZ **c**
chiuso dall'8 gennaio al 16 febbraio e dal 25 novembre al 19 dicembre – **Pasto** (solo per clienti alloggiati) 40/44000 – **132 cam** 112/180000 – ½ P 99/108000.

Universal, via Valerio Flacco 28 8669349, Fax 8669772, termale, – rist rist BZ **b**
Pasto 48000 – 14000 – **114 cam** 95/150000 – P 98/126000.

Terme Columbia, via Augure 15 8669606, Fax 8669430, termale, – rist AY **b**
chiuso dall'8 gennaio al 1° marzo e dal 25 novembre al 19 dicembre – **Pasto** (solo per clienti alloggiati) 40/44000 – **102 cam** 112/180000, 9000 – ½ P 103/112000.

Terme Patria, viale delle Terme 56 8600644, Fax 8600635, termale, – rist rist – *chiuso dal 5 gennaio a febbraio e dal 1° al 20 dicembre* – **Pasto** 26/35000 – 8000 – **95 cam** 70/110000 – ½ P 74/77000. BY **a**

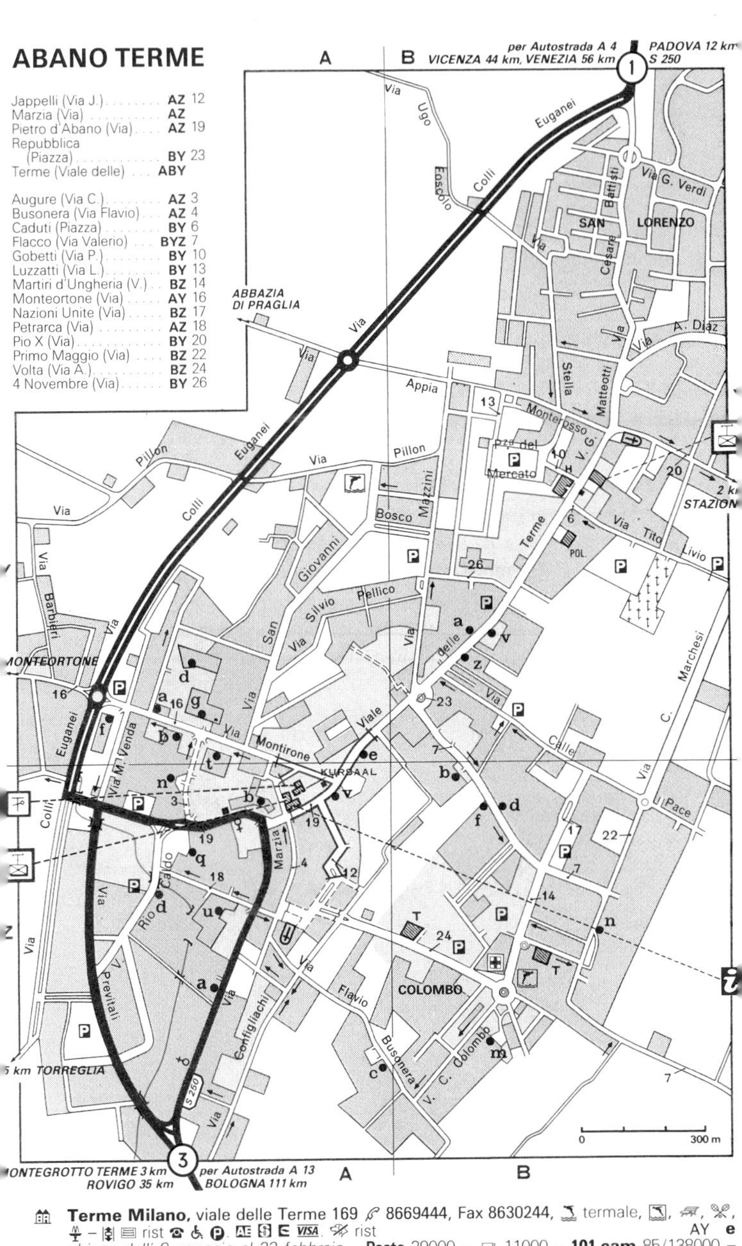

Terme Milano, viale delle Terme 169 ☎ 8669444, Fax 8630244, termale, rist ☎ P. AE VISA. rist AY **e**
chiuso dall' 8 gennaio al 23 febbraio – **Pasto** 39000 – ☐ 11000 – **101 cam** 85/138000 – ½ P 91/97000.

Bologna, via Valerio Flacco 29 ☎ 8669499, Fax 8668110, termale, rist ☎ P. AE VISA JCB. rist BZ **d**
marzo-novembre – **Pasto** 35000 – ☐ 12000 – **121 cam** 85/140000 – ½ P 93/96000.

Principe, viale delle Terme 87 ☎ 8600844, Fax 8601031, termale, rist ☎ P. AE VISA. rist BY **z**
marzo-novembre – **Pasto** 42/45000 – ☐ 10000 – **70 cam** 84/126000 – ½ P 82/90000.

XX **Aubergine,** via Ghislandi 5 ☏ 8669910 – P. AE SI E VISA — AZ **d**
chiuso mercoledì – **Pasto** carta 33/64000.

XX **Victoria,** via Monteortone 30 ☏ 667684 – ▤. AE SI — AY **a**
chiuso lunedì e dal 20 luglio al 20 agosto – **Pasto** carta 32/53000.

a Monteortone O : 2 km AY – ✉ **35030** :

Reve Monteortone, ☏ 8668633, Fax 8669042, « Piccolo parco Kinderheim », ℔, ≘s, termale, ▢, ≠, ⅹ, ⚘ – |♦| ▤ rist TV ☎ P. AE SI. ✗ rist
chiuso dal 7 gennaio al 19 febbraio – **Pasto** (solo per clienti alloggiati) 35/40000 – ▭ 15000 – **109 cam** 100/150000, 5 appartamenti – ½ P 131000.

Atlantic, ☏ 8669015, Fax 8669188, ℔, ≘s, termale, ▢, ≠, ⚘ – |♦| ▤ rist TV ☎ P. SI E VISA. ✗
marzo-novembre – **Pasto** 28/32000 – **56 cam** ▭ 75/105000 – ½ P 84/89000.

ABBADIA SAN SALVATORE **53021** Siena 988 ⑮ ㉕, 430 N 17 – 7 165 ab. alt. 825 – Sport invernali : al Monte Amiata : 1 350/1 730 m ≴8, ⛷ – ☎ 0577.

ℹ via Mentana 97-La Piazzetta ☏ 778608, Fax 779013.

Roma 181 – Siena 73 – ♦Firenze 143 – Grosseto 80 – Orvieto 65 – Viterbo 82.

K 2 ⛰, via del Laghetto 15 ☏ 778609, Fax 776337, ← – TV ☎ P. ✗
chiuso dal 20 settembre al 10 ottobre – **Pasto** *(chiuso giovedì)* carta 26/40000 – ▭ 7000 – **14 cam** 80/110000 – P 70/105000.

ABBAZIA Vedere nome proprio dell'abbazia.

ABBIATEGRASSO **20081** Milano 988 ③, 428 F 8 – 27 501 ab. alt. 120 – ☎ 02.

Roma 590 – Alessandria 80 – ♦Milano 24 – Novara 29 – Pavia 33.

XX **Il Ristorante di Agostino Campari,** via Novara 81 ☏ 9420329, ⛱, Cucina lombarda – ▤ P. AE SI ⦿ E VISA
chiuso lunedì e dal 16 al 31 agosto – **Pasto** carta 39/61000.

X Da Nico il Tarantino, via Dante 140 ☏ 94966498, Specialità di mare P.

a Cassinetta di Lugagnano N : 3 km – ✉ **20081** :

XXXX ✿✿✿ **Antica Osteria del Ponte,** ☏ 9420034, Fax 9420610, ⛱, Coperti limitati; prenotare – ▤ P. AE SI ⦿ E VISA JCB. ✗
chiuso domenica, lunedì, dal 25 dicembre al 12 gennaio ed agosto – **Pasto** 75000 (a mezzogiorno) 150000 (alla sera) e carta 98/153000
Spec. Lasagnetta ai cipollotti e tartufi neri (gennaio-aprile), Brandade di stoccafisso, Crépinette di carne di capretto alle mandorle (novembre-giugno).

ABETONE **51021** Pistoia 988 ⑭, 428 429 430 J 14 – 752 ab. alt. 1 388 – a.s. Pasqua, 29 luglio-agosto e Natale – Sport invernali : 1 388/1 892 m ⛡3 ≴20, ⛷ – ☎ 0573.

ℹ piazzale delle Piramidi ☏ 60231, Fax 60232.

Roma 361 – Pisa 85 – ♦Bologna 109 – ♦Firenze 90 – Lucca 65 – ♦Milano 271 – ♦Modena 96 – Pistoia 51.

Regina, ☏ 60007, Fax 60257, ← – |♦| TV ☎ ⇔ P. AE SI ⦿ E VISA. ✗ rist
20 dicembre-14 aprile e 29 giugno-15 settembre – **Pasto** carta 38/54000 – ▭ 12000 – **25 cam** 130/160000 – ½ P 110/130000.

XX **Da Pierone,** ☏ 60068, ← – AE SI ⦿ E VISA. ✗
chiuso dal 15 al 30 giugno, dal 10 al 30 ottobre e giovedì (escluso dal 23 dicembre al 2 gennaio e dal 15 luglio a settembre) – **Pasto** carta 32/54000.

a Le Regine SE : 2,5 km – ✉ **51020** :

Da Tosca, ☏ 60317, Fax 60317, ← – P. ✗
20 dicembre-20 aprile e luglio-15 settembre – **Pasto** carta 30/38000 – ▭ 11000 – **13 cam** 60/90000 – ½ P 82000.

ABRUZZI (Massiccio degli) L'Aquila 988 ㉗. Vedere Guida Verde.

ABTEI = Badia.

ACCEGLIO **12021** Cuneo 988 ⑪, 428 I 2 – 226 ab. alt. 1 200 – a.s. Pasqua, luglio-agosto e Natale – ☎ 0171.

Roma 698 – Cuneo 56 – ♦Milano 269 – ♦Torino 118.

Le Marmotte ⛰, località Frere E : 1,5 km ☏ 99041, Fax 99041, ←, ≠ – ⇔ P. ✗
chiuso novembre – **Pasto** *(chiuso ottobre e novembre)* carta 35/49000 – ▭ 12000 – **9 cam** 65/90000 – ½ P 85000.

ACCETTURA **75011** Matera 988 ㉙, 431 F 30 – 2 711 ab. alt. 799 – ☎ 0835.

Roma 433 – Potenza 79 – Matera 81 – ♦Taranto 134.

San Giuliano, ☏ 675747 – |♦| ☎
15 cam.

ACERENZA **85011** Potenza 431 E 29 – 3 024 ab. alt. 833 – ☎ 0971.

Roma 364 – Potenza 40 – Bari 120 – Foggia 98 – Napoli 186.

- **Il Casone**, località Bosco San Giuliano NO : 6 km ☎ 741141, Fax 741039, – TV ☎ & P.
Pasto carta 35/55000 – **18 cam** 60/110000 – 1/2 P 75000.

ACI CASTELLO Catania 988 ㉗, 432 O 27 – Vedere Sicilia alla fine dell'elenco alfabetico.

ACILIA **00125** Roma 430 Q 19 – alt. 50 – ☎ 06.

Roma 18 – Anzio 45 – Civitavecchia 65.

- **Aris Garden Hotel,** via Aristofane 101 ☎ 52362443, Fax 52352968, – TV ☎ P – 80 a 150. AE VISA JCB. rist
Pasto 50000 – **72 cam** 333/353000 – 1/2 P 227000.
- XX **Cavalieri del Buongusto,** via di Acilia 172 ☎ 52353889 – AE E VISA.
chiuso mercoledì e dal 5 al 31 agosto – **Pasto** carta 40/80000.

ACIREALE Catania 988 ㉗, 432 O 27 – Vedere Sicilia alla fine dell'elenco alfabetico.

ACI TREZZA Catania 988 ㉗, 432 O 27 – Vedere Sicilia (Aci Castello) alla fine dell'elenco alfabetico.

ACQUAFREDDA Potenza 431 G 29 – Vedere Maratea.

ACQUAPARTITA Forlì – Vedere Bagno di Romagna.

ACQUARIA Modena 430 J 14 – Vedere Montecreto.

ACQUASPARTA **05021** Terni 988 ㉖, 430 N 19 – 4 431 ab. alt. 320 – ☎ 0744.

Roma 111 – Terni 22 – Orvieto 61 – Perugia 61 – Spoleto 24 – Viterbo 70.

- **Villa Stella** senza rist, ☎ 930758, Fax 930063, – TV ☎ P.
aprile-settembre – 5000 – **10 cam** 60/84000.
- **Martini,** ☎ 943696, Fax 943696 – TV ☎ P. AE E VISA JCB
Pasto 18/40000 e al Rist. ***Taverna da Franz*** *(chiuso martedì da ottobre a giugno)* carta 23/37000 – 8000 – **19 cam** 55/80000 – 1/2 P 63000.

ACQUAVIVA Livorno – Vedere Elba (Isola d') : Portoferraio.

ACQUAVIVA PICENA **63030** Ascoli Piceno 430 N 23 – 3 138 ab. alt. 360 – ☎ 0735.

Roma 239 – Ascoli Piceno 47 – Ancona 96 – Macerata 76 – Pescara 75 – Teramo 57.

- **Abbadetta**, ☎ 764041, Fax 764945, ← campagna e mare, « Terrazze-giardino con », – ☎ P. E VISA.
15 maggio-settembre – **Pasto** 30000 – **53 cam** 70/100000 – 1/2 P 100000.

ACQUI TERME **15011** Alessandria 988 ⑫ ⑬, 428 H 7 – 20 165 ab. alt. 164 – Stazione termale – ☎ 0144 – corso Bagni 8 ☎ 322142, Fax 322143.

Roma 573 – Alessandria 35 – Genova 74 – Asti 47 – Milano 130 – Savona 59 – Torino 106.

- XX **La Schiavia,** vicolo della Schiavia ☎ 55939, solo su prenotazione – AE E VISA
chiuso domenica e dal 6 al 21 agosto – **Pasto** carta 50/75000.
- XX Il Ciarlocco, via Don Bosco 1 ☎ 57720, Coperti limitati; prenotare.
- XX **Parisio 1933,** via Cesare Battisti 7 ☎ 57034 – AE E VISA
chiuso lunedì, dal 24 dicembre al 10 gennaio e dal 25 luglio al 9 agosto – **Pasto** carta 33/60000.
- XX **Carlo Parisio,** via Mazzini 14 ☎ 56650, prenotare – AE E VISA.
chiuso lunedì e dal 1° al 20 agosto – **Pasto** carta 30/53000.
- X **San Marco,** via Ghione 5 ☎ 322456 – P
chiuso gennaio, dal 1° al 14 luglio e lunedì in dicembre – **Pasto** carta 28/42000.

ACRI **87041** Cosenza 988 ㊴, 431 I 31 – 22 354 ab. alt. 700 – ☎ 0984.

Roma 560 – Cosenza 44 – Taranto 168.

- **Panoramik** senza rist, ☎ 954885, Fax 941618 – TV ☎ P. VISA.
25 cam 50/70000.
- X **Panoramik,** ☎ 941551, Fax 941258 – P. AE E VISA.
chiuso venerdì – **Pasto** carta 23/36000.

ACUTO **03010** Frosinone 430 Q 21 – 1 856 ab. alt. 724 – ☎ 0775.

Roma 77 – Frosinone 36 – Avezzano 99 – Latina 87 – Napoli 180.

- XXX ✿ **Colline Ciociare,** via Prenestina 27 ☎ 56049, Fax 56049, ←, Coperti limitati; prenotare – AE E VISA.
chiuso lunedì, martedì a mezzogiorno e dal 10 al 20 ottobre – **Pasto** 65/75000.
Spec. Baccalà e patate in foglie di verza, Zuppa di fagioli e porcini, Polpettine di coniglio.

ADRIA **45011** Rovigo 988 ⑮, 429 G 18 – 21 107 ab. alt. 4 – ☎ 0426.
ℹ piazza Bocchi 6 ☎ 42554, Fax 42458.
Roma 478 – ◆Padova 60 – Chioggia 33 – ◆Ferrara 55 – ◆Milano 290 – Rovigo 22 – ◆Venezia 64.

- ✗ **Molteni** con cam, via Ruzzina 2 ☎ 42520, – TV ☎. AE E VISA.
  Pasto *(chiuso sabato e dal 23 dicembre al 6 gennaio)* carta 36/69000 – ☐ 10000 – **8 cam** 80/120000.

AGLIANO **14041** Asti 428 H 6, 219 ⑮ – 1 743 ab. alt. 262 – ☎ 0141.
Roma 603 – Alessandria 43 – Asti 19 – ◆Milano 139 – ◆Torino 79.

- **Fons Salutis** , O : 2 km ☎ 954018, Fax 954554, , « Parco ombreggiato », , – TV ☎ P. AE ⓢ ⓓ E VISA.
  chiuso dal 9 dicembre a gennaio – **Pasto** carta 35/60000 – ☐ 12000 – **30 cam** 85/110000 – ½ P 85/95000.

AGLIENTU Sassari 433 D 9 – Vedere Sardegna alla fine dell'elenco alfabetico.

AGNANO TERME Napoli 431 E 24 – Vedere Napoli.

AGNONE **86061** Isernia 988 ㉗, 430 Q 25, 431 B 25 – 6 168 ab. alt. 800 – ☎ 0865.
Roma 220 – Campobasso 86 – Isernia 45.

- **Sammartino,** largo Pietro Micca 44 ☎ 78239, Fax 78239 – ⧉ TV ☎ – 100. ⓢ E VISA. – **Pasto** carta 27/40000 – ☐ 5000 – **22 cam** 60/85000 – ½ P 65000.

AGORDO **32021** Belluno 988 ⑤, 429 D 18 – 4 380 ab. alt. 611 – ☎ 0437.
Dintorni Valle del Cordevole★★ NO per la strada S 203 – ℹ via 4 Novembre 4 ☎ 62105.
Roma 646 – Belluno 32 – Cortina d'Ampezzo 59 – ◆Bolzano 85 – ◆Milano 338 – ◆Venezia 135.

- **Erice** , via 4 Novembre 13/b ☎ 65011 – TV ☎ P. AE ⓓ VISA.
  Pasto *(chiuso lunedì)* carta 36/57000 – ☐ 8000 – **15 cam** 80/100000 – ½ P 100000.

AGRATE BRIANZA **20041** Milano 988 ③, 428 F 10 – 12 332 ab. alt. 162 – ☎ 039.
Roma 587 – ◆Milano 23 – ◆Bergamo 31 – ◆Brescia 77 – Monza 7.

- **Colleoni,** via Cardano 2 ☎ 68371, Fax 654495 – ⧉ ▤ TV ☎ ♿ P – 25 a 200. AE ⓢ ⓓ E VISA. rist
  Pasto *(chiuso sabato e domenica a mezzogiorno)* 50/55000 – ☐ 24000 – **165 cam** 215/255000, 8 appartamenti – ½ P 200/240000.
- ✗✗ **Hostaria la Carbonara,** a Cascina Offelera SO : 3 km ☎ 651896, prenotare – P. AE ⓢ ⓓ E VISA.
  chiuso sabato, domenica, agosto e dal 24 dicembre al 2 gennaio – **Pasto** carta 50/77000.

AGRIGENTO P 988 ㊱, 432 P 22 – Vedere Sicilia alla fine dell'elenco alfabetico.

AGROPOLI **84043** Salerno 988 ㉘ ㊳, 431 F 26 – 18 302 ab. – a.s. Pasqua e 15 giugno-15 settembre – ☎ 0974 – **Dintorni** Rovine di Paestum★★★ N : 11 km.
Roma 312 – Potenza 106 – Battipaglia 33 – ◆Napoli 107 – Salerno 57 – Sapri 110.

- **Il Ceppo,** SE : 1,5 km ☎ 825558, Fax 826950 – ⧉ ▤ TV ☎ P. AE ⓢ ⓓ E VISA
  Pasto vedere rist **Il Ceppo** – **4 cam** ☐ 70/100000, 6 appartamenti 160/180000, ▤ 15000 – ½ P 85/95000.
- **Serenella,** ☎ 823333, Fax 825562, ≤ – ⧉ ▤ rist TV ☎ P. ⓢ VISA. rist
  Pasto carta 20/41000 (10%) – ☐ 9000 – **32 cam** 75/85000 – ½ P 85000.
- ✗✗ **Il Ceppo,** SE : 1,5 km ☎ 824308, , Rist. e pizzeria alla sera – P. AE ⓢ ⓓ E VISA.
  chiuso lunedì e dal 1° al 21 novembre – **Pasto** carta 28/52000 (10%).
- ✗✗ **Carola** con cam, ☎ 826422, « Servizio rist. estivo all'aperto » – ☎ P. AE ⓢ ⓓ E VISA.
  chiuso dall'8 gennaio all'8 febbraio – **Pasto** 33000 – ☐ 10000 – **34 cam** 77/93000 – ½ P 100/105000.

AGUGLIANO **60020** Ancona 430 L 22 – 3 485 ab. alt. 203 – ☎ 071.
Roma 279 – ◆Ancona 16 – Macerata 44 – Pesaro 67.

- **Al Belvedere,** ☎ 907190, Fax 908008, – TV ☎ P – 60. ⓢ E VISA.
  Pasto *(chiuso mercoledì)* carta 27/40000 – ☐ 8000 – **18 cam** 60/80000 – ½ P 65000.

AHRNTAL = Valle Aurina.

AIELLI **67040** L'Aquila 430 P 22 – 1 492 ab. alt. 1030 – ☎ 0863.
Roma 127 – L'Aquila 69 – Avezzano 20 – ◆Pescara 98 – Sulmona 43.

- ✗ **Al Castello,** via Cipresso ☎ 78347, « Caratteristiche decorazioni » – P. AE ⓢ ⓓ
  chiuso martedì, mercoledì e novembre – **Pasto** carta 25/35000.

ALA DI STURA **10070** Torino 988 ⑫, 219 ⑫ – 487 ab. alt. 1075 – a.s. dicembre-aprile – ☎ 0123.
Roma 729 – ◆Torino 44 – Balme 7,5 – ◆Milano 177 – Vercelli 117.

- **Raggio di Sole,** ☎ 55191, Fax 55313, ≤ – ⧉ ☎ P. ⓢ E VISA
  chiuso ottobre – **Pasto** *(chiuso giovedì)* carta 30/47000 – ☐ 10000 – **28 cam** 90/110000 – ½ P 90000.

ALANNO 65020 Pescara 430 P 23 – 3 783 ab. alt. 295 – ☎ 085.
Roma 188 – ◆Pescara 37 – L'Aquila 84.

XX **Villa Alessandra** con cam, ☎ 8573108, Fax 8573687, ≤, 余 – ▤ TV ☎ P. AE ⑤ ⓓ E VISA.
Pasto *(chiuso martedì e novembre)* carta 31/48000 – ☐ 8000 – **6 cam** 70/100000 – ½ P 70/90000.

During the season, particularly in resorts, it is wise to book in advance.

ALASSIO 17021 Savona 988 ⑫, 428 J 6 – 11 382 ab. – ☎ 0182.
18 Garlenda (chiuso mercoledì escluso luglio-agosto) a Garlenda ✉ 17030 ☎ 580012, Fax 580561, NO : 17 km Y.
ℹ via Gibb 26 ☎ 640346, Fax 644690.
Roma 597 ① – Imperia 23 ② – Cuneo 117 ① – ◆Genova 98 ① – ◆Milano 221 ① – San Remo 47 ② – Savona 52 ① – ◆Torino 160 ①.

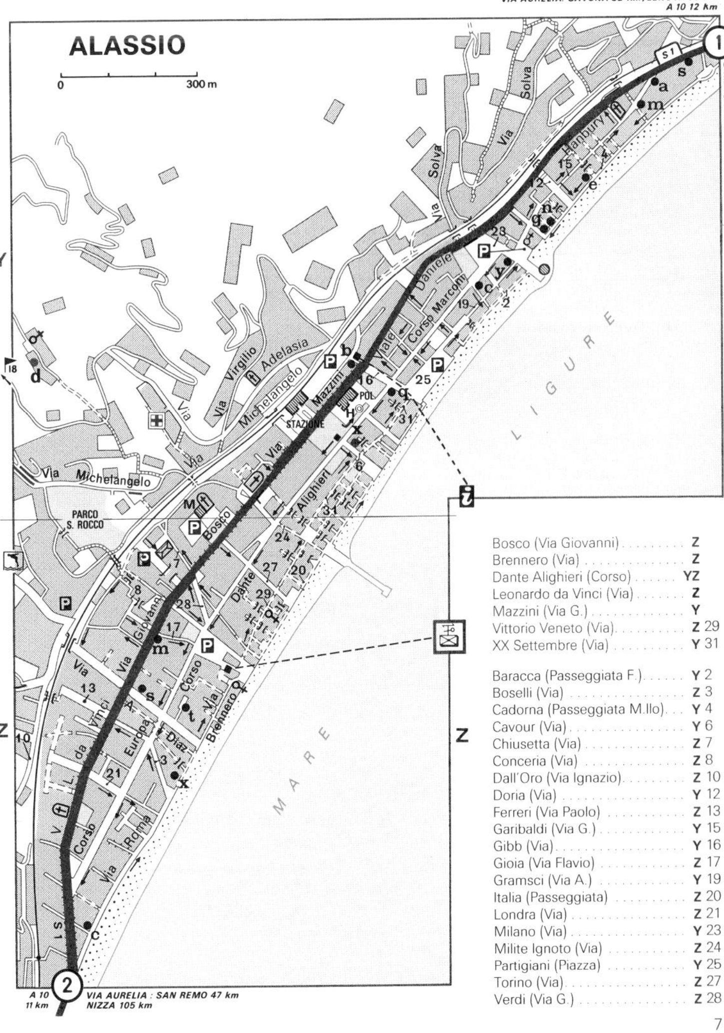

Gd H. Diana, via Garibaldi 110 ✆ 642701, Fax 640304, ≤, 🍴, « Terrazza-giardino ombreggiata », 🏋, ≘s, 🏊, 🏖 – 🛗 ▤ 📺 ☎ 🅿 – 🏃 100. AE 🅂 ⊙ E VISA. ✼ rist
chiuso dal 10 gennaio al 10 febbraio e dal 20 novembre al 26 dicembre – **Pasto** self-service (solo a mezzogiorno) e carta 54/85000 (solo la sera) – **47 cam** ☕ 220/310000, 5 appartamenti – ½ P 180/210000. Y **a**

Spiaggia, via Roma 78 ✆ 643403, Fax 640279, ≤, « 🏊 in terrazza panoramica », 🏖 – 🛗 ▤ 📺 ☎ ♿ 🚗 – 🏃 50. AE 🅂 ⊙ E VISA. ✼ Z **c**
chiuso dal 20 ottobre al 23 dicembre – **Pasto** 50000 – **89 cam** ☕ 180/285000 – ½ P 190000.

Regina, viale Hanbury 220 ✆ 640215, Fax 660092, ≤, 🍴, 🏖 – 🛗 📺 ☎ ♿ 🅿 – 🏃 60. 🅂 E VISA. ✼ rist Y **s**
15 marzo-ottobre – **Pasto** 25/40000 – ☕ 25000 – **40 cam** 90/165000 – P 85/180000.

Toscana, via Flavio Gioia 4 ✆ 640657, Fax 643146, 🏋, 🏖 – 🛗 ▤ rist 📺 ☎ – 🏃 80. AE 🅂 ⊙ E VISA. ✼ rist Z **m**
chiuso dal 15 ottobre al 19 dicembre – **Pasto** *(chiuso lunedì)* carta 30/41000 – **65 cam** ☕ 70/121000, 3 appartamenti – ½ P 85000.

Columbia, passeggiata Cadorna 12 ✆ 640329, Fax 642893, ≤, 🏖 – 📺 ☎. AE 🅂 E VISA. ✼ Y **n**
chiuso dal 21 ottobre al 20 dicembre – **Pasto** *(chiuso lunedì)* 35/45000 – ☕ 10000 – **26 cam** 90/180000 – ½ P 110/140000.

Enrico, corso Dante 368 ✆ 640000, Fax 640075, 🍴 – 🛗 ▤ rist 📺 ☎. 🅂 E VISA. ✼
chiuso novembre – **Pasto** *(chiuso lunedì)* carta 35/67000 (10%) – ☕ 15000 – **32 cam** 80/110000 – ½ P 95/110000. Y **q**

Dei Fiori e Ausonia, viale Marconi 78 ✆ 640519, Fax 644116, 🏖 – 🛗 ▤ rist 📺 ☎ – 🏃 50. AE 🅂 ⊙ E VISA. ✼ rist Y **c**
Pasto 30/38000 – ☕ 15000 – **63 cam** 90/140000 – ½ P 68/113000.

Beau Sejour, via Garibaldi 102 ✆ 640303, Fax 646391, ≤, « Servizio rist. estivo in terrazza », 🏖 – 🛗 📺 ☎ 🅿. AE 🅂 E VISA. ✼ rist Y **m**
Pasqua-ottobre – **Pasto** 40/50000 – **51 cam** ☕ 129/193000 – ½ P 140/166000.

Corso, via Diaz 28 ✆ 642494, Fax 642495 – 🛗 📺 ☎ 🚗. AE 🅂 ⊙ E VISA. ✼ rist Z **s**
chiuso dal 5 novembre al 23 dicembre – **Pasto** (solo per clienti alloggiati) 30000 – ☕ 15000 – **45 cam** 90/125000 – ½ P 103000.

Lido, via 4 Novembre 9 ✆ 640158, Fax 660198, ≤, 🏖 – 🛗 ▤ ☎. 🅂 E VISA. ✼ rist
aprile-ottobre – **Pasto** (solo per clienti alloggiati) 30/60000 – **55 cam** ☕ 120/220000 – ½ P 99/160000. Y **g**

Lamberti, via Gramsci 57 ✆ 642747, Fax 642438 – 🛗 ▤ 📺 ☎ 🅿. AE 🅂 E VISA. ✼
chiuso dal 20 ottobre al 18 dicembre – **Pasto** (solo per clienti alloggiati) 35/45000 – **25 cam** ☕ 100/160000 – ½ P 75/125000. Y **y**

Nuovo Suisse, via Mazzini 119 ✆ 640192, Fax 660267, 🏖 – 🛗 📺 ☎. 🅂 E VISA. ✼
chiuso dal 15 ottobre al 20 dicembre – **Pasto** 27/35000 – **49 cam** ☕ 90/145000 – ½ P 68/117000. Y **b**

Beau Rivage, via Roma 82 ✆ 640585, Fax 640585, ≤ – 📺 ☎ 🅿. AE 🅂 E VISA. ✼ Z **c**
chiuso dal 2 novembre al 26 dicembre – **Pasto** (solo per clienti alloggiati) – **20 cam** ☕ 110/190000.

Rosa, via Conti 10 angolo corso Diaz ✆ 640821, Fax 660028 – 🛗 📺 ☎ ♿ 🚗. AE 🅂 ⊙ E VISA JCB. ✼ Z **t**
chiuso da novembre al 9 o 15 dicembre – **Pasto** 30/35000 – ☕ 15000 – **56 cam** 80/135000 – ½ P 90/110000.

Danio Lungomare, via Roma 23 ✆ 640683, Fax 640347, ≤, 🍴 – 🛗 📺 ☎. AE 🅂 E VISA. ✼ Z **x**
chiuso dal 2 novembre al 26 dicembre – **Pasto** carta 30/55000 – ☕ 10000 – **27 cam** 70/130000 – ½ P 70/105000.

Eden, passeggiata Cadorna 20 ✆ 640281, Fax 643037, ≤, « Servizio rist. estivo in terrazza », 🏖 – 🛗 📺 ☎. 🅂 E VISA. ✼ rist Y **d**
Pasto (solo per clienti alloggiati) 30/35000 – ☕ 8000 – **29 cam** 140/150000 – ½ P 60/150000.

XXX ✿✿ **Palma,** via Cavour 5 ✆ 640314, Fax 640314, Coperti limitati; prenotare – AE 🅂 ⊙ E VISA. ✼ Y **x**
chiuso mercoledì e novembre – **Pasto** 95/130000
Spec. Insalata di calamaretti con patate pomodoro basilico al profumo di pesto, Raviolo di branzino con gamberi e zucchine fondenti, Bocconcini di coda di rospo alla provenzale.

ALATRI 03011 Frosinone 988 ㉖, 430 Q 22 – 26 089 ab. alt. 502 – ☎ 0775.
Vedere Acropoli★ : ≤★★ – Chiesa di Santa Maria Maggiore★.
Roma 93 – Frosinone 14 – Avezzano 89 – Latina 65 – Rieti 125 – Sora 39.

X **La Rosetta** con cam, via Duomo 37 ✆ 434568 – 📺. AE 🅂 ⊙ E VISA. ✼
chiuso dal 5 al 30 novembre – **Pasto** *(chiuso martedì)* carta 30/42000 – ☕ 7000 – **10 cam** 42/75000 – ½ P 70000.

sulla strada statale 155 S : 6,5 km :

XX **Le Tre Stelle,** ✉ 03011 Alatri ✆ 407833, Fax 409048 – ▤ 🅿 – 🏃 160. AE 🅂 ⊙ E VISA JCB. ✼ – *chiuso lunedì* – **Pasto** 30/50000.

ALBA 12051 Cuneo 988 ⑫, 428 H 6 – 29 013 ab. alt. 172 – ☎ 0173.

Dintorni Strada panoramica★ delle Langhe verso Ceva.

piazza Medford ☎ 35833, Fax 363878.

Roma 644 – Cuneo 64 – ♦Torino 62 – Alessandria 65 – Asti 30 – ♦Milano 155 – Savona 99.

Savona, via Roma 1 ☎ 440440, Fax 364312 – 🛗 ▤ TV ☎ P – 🚶 70 a 150. AE 🅂 ⦿ E VISA. ✗
Pasto *(chiuso martedì)* carta 40/63000 – ☐ 12000 – **96 cam** 90/130000 – ½ P 105000.

Motel Alba senza rist, corso Asti 5 ☎ 363251, Fax 362990, 🏊 – ▤ TV ☎ ♿ P – 🚶 150. AE 🅂 ⦿ E VISA. ✗ – **94 cam** ☐ 100/150000.

Daniel's, corso Canale 28 (NO : 1 km) ☎ 441977, Fax 441977, 🍴 – P. AE 🅂 ⦿ E VISA
chiuso dal 27 dicembre al 3 gennaio, dal 1° al 25 agosto e domenica (escluso da ottobre a dicembre) – **Pasto** carta 45/63000.

✿ **Il Vicoletto,** via Bertero 6 ☎ 363196, Fax 363196, Coperti limitati; prenotare – AE 🅂 E VISA
chiuso lunedì e dal 20 luglio al 15 agosto – **Pasto** carta 50/75000
Spec. Tagliolini ai porcini, Petto di faraona al rosmarino, Tortino di mele caramellate con frutti di bosco e crema.

Porta San Martino, via Einaudi 5 ☎ 362335 – AE 🅂 ⦿ E VISA
chiuso lunedì – **Pasto** carta 41/58000.

Osteria dell'Arco, piazza Savona 5 ☎ 363974, Coperti limitati; prenotare – ▤. AE 🅂 ⦿ E VISA
chiuso domenica e lunedì a mezzogiorno (escluso dal 25 settembre al 25 novembre) – **Pasto** carta 32/49000.

ALBA Trento 429 C 17 – Vedere Canazei.

ALBA ADRIATICA 64011 Teramo 988 ⑰, 430 N 23 – 9 650 ab. – a.s. luglio-agosto – ☎ 0861.

lungomare Marconi 1 ☎ 712426, Fax 713993.

Roma 219 – Ascoli Piceno 40 – ♦Pescara 57 – ♦Ancona 104 – L'Aquila 110 – Teramo 37.

Meripol, lungomare Marconi 390 ☎ 714744, Fax 752292, ≤, 🏊, 🏖, 🌳 – 🛗 ▤ TV ☎ P. AE 🅂 ⦿ E VISA. ✗ rist
aprile-settembre – **Pasto** (solo per clienti alloggiati) – ☐ 15000 – **44 cam** 120/200000 – ½ P 93/150000.

Impero, lungomare Marconi 216 ☎ 712422, Fax 751615, ≤, 🏊, 🏖, 🌳 – 🛗 ▤ rist TV ☎ P. ✗
maggio-settembre – **Pasto** 33/40000 – **60 cam** ☐ 70/130000 – P 90/130000.

Eden, lungomare Marconi 328 ☎ 714251, Fax 713785, ≤, 🏊, 🏖 – 🛗 ☎ P. 🅂 E VISA. ✗
maggio-settembre – **Pasto** 35/45000 – ☐ 16000 – **56 cam** 72/120000 – ½ P 105000.

Doge, lungomare Marconi 292 ☎ 712508, Fax 711862, ≤, 🏊, 🏖 – 🛗 TV ☎ P. VISA. ✗ rist
maggio-settembre – **Pasto** (solo per clienti alloggiati) 24000 – ☐ 8000 – **54 cam** 75/120000 – ½ P 85/110000.

Royal, lungomare Marconi 208 ☎ 712644, Fax 712645, ≤, 🏊, 🏖 – 🛗 ▤ rist TV ☎ P. ✗ rist
10 maggio-20 settembre – **Pasto** 30/40000 – ☐ 15000 – **64 cam** 90/140000 – ½ P 80/110000.

Riccione, viale della Vittoria 257 ☎ 712337, Fax 710489, 🏊, 🏖, 🎾 – 🛗 ☎ P. AE 🅂 E VISA. ✗ rist
28 maggio-20 settembre – **Pasto** (solo per clienti alloggiati) 20/25000 – **70 cam** ☐ 75/125000 – ½ P 68/110000.

ALBAIRATE 20080 Milano 428 F 8, 219 ⑱ – 3 481 ab. alt. 125 – ☎ 02.

Roma 590 – ♦Milano 23 – Novara 36 – Pavia 37.

Charlie, via Pisani Dossi 28 ☎ 9406635, Fax 94920288, Coperti limitati; prenotare – P – 🚶 110. AE 🅂 ⦿ E VISA. ✗
chiuso domenica sera, mercoledì, dal 1° al 10 gennaio e dal 7 al 26 agosto – **Pasto** 40/60000 (a mezzogiorno) 85/110000 (alla sera) e carta 69/117000.

ALBANO LAZIALE 00041 Roma 988 ㉖, 430 Q 19 – 33 446 ab. alt. 384 – ☎ 06.

Vedere Villa Comunale★ – Chiesa di Santa Maria della Rotonda★.

viale Risorgimento 1 ☎ 9384081, Fax 9320040.

Roma 23 – Anzio 33 – Frosinone 75 – Latina 43 – Terracina 77.

Miralago, via dei Cappuccini 12 (NE : 1,5 km) ☎ 9322253, Fax 9322253, « Servizio rist. estivo in giardino », 🌳 – TV ☎ P. AE 🅂 VISA
Pasto 40/55000 – **45 cam** ☐ 90/130000 – ½ P 150000.

ALBARELLA (Isola di) Rovigo – Vedere Rosolina.

ALBAVILLA 22031 Como 428 E 9, 219 ⑨ – 5 695 ab. alt. 331 – ☎ 031.
Roma 628 – Como 11 – Lecco 20 – ◆Milano 48 – Varese 38.

XXX ❀ **Il Cantuccio,** ✆ 628736, Fax 627189, Coperti limitati;prenotare – 🅂 E VISA. ✻
chiuso lunedì, martedì a mezzogiorno ed agosto – **Pasto** carta 60/85000 (10%)
Spec. Conchiglie dei pellegrini con basilico e patate (aprile-giugno), Sella di coniglio alla brianzola (marzo-luglio), Filetto di salmerino con verze stufate in salsa di Grignolino (dicembre-febbraio).

ALBENGA 17031 Savona 988 ⑫, 428 J 6 – 22 327 ab. – ☎ 0182 – **Vedere** Città vecchia★.
Roma 589 – Imperia 32 – Cuneo 109 – ◆Genova 90 – ◆Milano 213 – San Remo 57 – Savona 44.

Sole e Mare, lungomare Cristoforo Colombo 15 ✆ 51817, Fax 52752 – TV ☎. AE 🅂 E VISA. ✻
chiuso dal 15 ottobre al 15 novembre – **Pasto** (solo per clienti alloggiati; *chiuso sabato e domenica escluso da maggio a settembre*) – **26 cam** ☕ 80/160000 – ½ P 90/110000.

XX **Minisport,** viale Italia 35 ✆ 53458, Specialità di mare – AE 🅂 ⓓ VISA
chiuso gennaio e mercoledì (escluso da giugno a settembre) – **Pasto** carta 55/70000.

ALBEROBELLO 70011 Bari 988 ㉙, 431 E 33 – 10 655 ab. alt. 416 – ☎ 080.
Vedere Località★★★ – Trullo Sovrano★.
Roma 502 – ◆Bari 55 – ◆Brindisi 77 – Lecce 106 – Matera 69 – ◆Taranto 45.

Dei Trulli ⛰, via Cadore 32 ✆ 9323555, Fax 9323560, ⛱, « Caratteristiche costruzioni indipendenti », ⛱, 🌳 – ▤ TV ☎ P – 🏛 200. AE 🅂 E VISA JCB. ✻ rist
Pasto carta 44/84000 (20%) – ☕ 30000 – 19 appartamenti 240/260000 – ½ P 170/200000.

Colle del Sole, via Indipendenza 63 ✆ 721814, Fax 721370, ⛱ – ☎ 🚗. AE 🅂 ⓓ E VISA. ✻ – **Pasto** carta 25/37000 – ☕ 10000 – **24 cam** 50/75000 – ½ P 50/70000.

XXX ❀ **Il Poeta Contadino,** via Indipendenza 21 ✆ 721917, Fax 721917 – ▤. AE ⓓ VISA
chiuso dal 9 al 21 gennaio, dal 26 giugno al 7 luglio, domenica sera e lunedì (escluso dal 7 luglio al 20 settembre e i giorni festivi) – **Pasto** 60/80000 e carta 50/75000
Spec. Burrata con piccolo timballo di "cicorielle" selvatiche, Tagliolini neri alle vongole veraci e punte d'asparagi, Branzino ai pomodori appesi.

XX **Trullo d'Oro,** via Cavallotti 27 ✆ 9323909, Fax 721820, « Cucina tipica in ambiente caratteristico » – ▤. AE 🅂 ⓓ E VISA
chiuso lunedì e dal 7 gennaio al 6 febbraio – **Pasto** carta 37/67000.

XX **L'Olmo Bello,** via Indipendenza 33 ✆ 9323607, Fax 721991, « In una caratteristica casa colonica a trulli », 🌳 – P. 🅂 ⓓ VISA. ✻
chiuso novembre o gennaio e martedì (escluso agosto) – **Pasto** carta 25/47000.

sulla strada statale 172 NO : 4 km :

XX **La Chiusa di Chietri,** ✉ 70011 ✆ 9325481, Fax 9325481, « Grazioso giardino ombreggiato » – ▤ P – 🏛 100 a 200. AE 🅂 E VISA. ✻
chiuso martedì e novembre – **Pasto** carta 38/74000.

ALBIGNASEGO 35020 Padova 429 F 17 – 18 454 ab. alt. 11 – ☎ 049.
Roma 487 – ◆Padova 7 – ◆Ferrara 71 – ◆Venezia 49.

sulla strada statale 16 :

Master, SO : 7 km ✉ 35020 ✆ 8629111, Fax 8629145 – 🛗 ▤ TV ☎ P. 🅂 E VISA. ✻ rist
Pasto *(chiuso agosto)* carta 26/39000 – ☕ 10000 – **47 cam** 80/120000, ▤ 5000 – ½ P 75000.

ALBINO 24021 Bergamo 428 429 E 11 – 16 296 ab. alt. 347 – ☎ 035.
Roma 621 – ◆Bergamo 14 – ◆Brescia 65 – ◆Milano 67.

XX **Angelo Bianco,** via Mazzini 78 ✆ 754255, solo su prenotazione la sera – AE 🅂 ⓓ E VISA JCB. ✻
chiuso domenica, lunedì ed agosto – **Pasto** 25/70000 e carta 37/57000.

XX **Becco Fino,** via Mazzini 200 ✆ 773900 – AE 🅂 E VISA JCB
chiuso mercoledì – **Pasto** carta 45/64000.

ALBIONS Bolzano – Vedere Laion.

ALBISANO Verona – Vedere Torri del Benaco.

ALBISSOLA MARINA 17012 Savona 988 ⑬, 428 J 7 – 5 947 ab. – ☎ 019.
Vedere Parco★ e sala da ballo★ della Villa Faraggiana – 🛈 via dell'Oratorio 2 ✆ 481648.
Roma 541 – ◆Genova 43 – Alessandria 90 – Cuneo 103 – ◆Milano 164 – Savona 4,5 – ◆Torino 146.

Pianta : vedere Savona

Garden, viale Faraggiana 6 ✆ 485253, Fax 485255, 🏋, ≘ – 🛗 ▤ TV ☎ ♿ 🚗 – 🏛 25 a 60. AE 🅂 ⓓ E VISA. ✻ rist — CV **b**
Pasto carta 44/64000 – **34 cam** ☕ 110/160000 – ½ P 120/150000.

Corallo, via Repetto 116 ✆ 481784, 🌳 – TV ☎. AE 🅂 ⓓ E VISA. ✻ — CV **a**
aprile-novembre – **Pasto** *(chiuso lunedì)* 35/40000 – ☕ 10000 – **20 cam** 80/120000 – P 95/120000.

XX **Al Cambusiere,** via Repetto 86 ℘ 481663, Specialità di mare – AE 🅂 ◑ E VISA. CV **a**
chiuso lunedì, dal 15 al 30 gennaio e dal 15 al 30 settembre – **Pasto** carta 47/75000.

XX **Da Mario,** corso Bigliati 70 ℘ 481640 – ▤. AE 🅂 ◑ E VISA CV **y**
chiuso mercoledì e settembre – **Pasto** carta 45/65000.

ad Albisola Superiore N : 1,5 km – ✉ **17011** :

X **Au Fùndegu,** via Spotorno 87 ℘ 480341 – AE 🅂 ◑ E VISA CV **e**
chiuso a mezzogiorno e mercoledì – **Pasto** carta 43/62000.

ad Albisola Capo E : 2 km : – ✉ **17011**

Park Hotel, via Alba Docilia 3 ℘ 482355, Fax 482355 – ▤ TV ☎. rist CV **d**
15 marzo-15 novembre – **Pasto** (solo per clienti alloggiati) 35/50000 – ☕ 20000 – **11 cam** 95/115000, ▤ 5000 – 1/2 P 100/110000.

ad Ellera NO : 6 km – ✉ **17040** :

X **Trattoria del Mulino,** ℘ 49043
chiuso a mezzogiorno (escluso sabato-domenica) e martedì – **Pasto** carta 28/49000.

ALBOGASIO Como 219 ⑧ – Vedere Valsolda.

ALESSANDRIA 15100 **P** 988 ⑬, 428 H 7 – 90 224 ab. alt. 95 – ☎ 0131.
9, 9 e 9 Margara (chiuso lunedì e gennaio) a Fubine ✉ 15043 ℘ 778555, Fax 778772, per ④ 17,5 km; 9 La Serra (marzo-novembre; chiuso lunedì) a Valenza ✉ 15048 ℘ 954778, Fax 954778, per ① : 7 km – **i** via Savona 26 ℘ 251021, Fax 253656 – **A.C.I.** corso Cavallotti 19 ℘260553.
Roma 575 ② – ♦Genova 81 ② – ♦Milano 90 ② – Piacenza 94 ② – ♦Torino 91 ④.

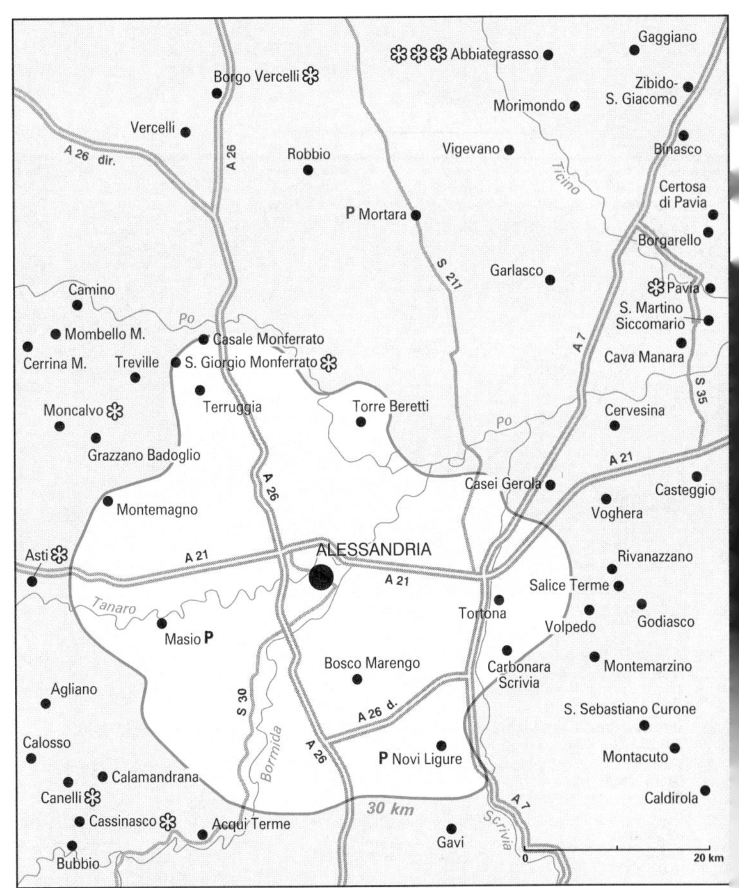

ALESSANDRIA

S 494 MORTARA 49 km
V. Teresa Michel
Viale Milite Ignoto
CITTADELLA
TANARO
STADIO
Spalto Rovereto
Via Duccio Galimberti
Monteverde
VERCELLI 55 km
ASTI
S 10
AUTOSTRADA A 21: 37 km ASTI 91 km TORINO
Borgoglio
C° Monferrato
Via Milano
Via Verona
Via Guasco
Via Dei
Mazzini
Spalto Marengo
PAL. D. SPORT
SINAGOGA
Spalto
V. Piacenza
Corso Roma
Via Parma
Via Faà Di Bruno
Cavour
P^za Matteotti
Via G. Claro
V. Massobrio
Via Marengo
Via Piave
Spalto Gamondio
C.I.
STAZIONE
Corso Cento Cannoni
C° T. Borsalino
V^le D. Orione
Bosco
Via San Giovanni
S 10
TORTONA 21 km
AUTOSTRADA A7: GENOVA 81 km MILANO 90 km
AUTOSTRADA A 21: PIACENZA 94 km
C° 20 Settembre
C. Lombroso
V^le Medaglie d'Oro
Corso 4 Novembre
Via Galileo Galilei
Via S. Pellico
Corso Carlo Alberto
V. Maggioli
P^za Mentana
Corso Giuseppe Romita
0 400 m

26 : 93 km SAVONA
30 : 34 km ACQUI TERME

Alli Due Buoi Rossi, via Cavour 32 ☏ 445252, Telex 211397, Fax 445255 – |♦| ▤ TV ☎ – 🚗 – 🏔 100. AE Ⓢ ⊙ E VISA. ✂ Z **v**
chiuso agosto – **Pasto** carta 42/74000 – ☕ 21000 – **50 cam** 278000, appartamento – ½ P 150/180000.

Domus senza rist, via Castellani 12 ☏ 43305, Fax 232019 – |♦| ▤ TV ☎. Ⓢ E VISA Z **t**
☕ 10000 – **27 cam** 110/165000.

Lux senza rist, via Piacenza 72 ☏ 251661, Fax 441091 – |♦| ▤ TV ☎ ♿ 🚗 – 🏔 30 a 100. AE Ⓢ ⊙ E VISA Y **a**
52 cam ☕ 125/175000.

Europa, via Palestro 1 ☏ 236226, Fax 252498 – |♦| ▤ TV ☎ 🚗 – 🏔 35. AE Ⓢ ⊙ E VISA JCB. ✂ Y **s**
Pasto *(chiuso domenica ed agosto)* carta 39/55000 – ☕ 14000 – **30 cam** 80/120000 – ½ P 100000.

XX **Il Grappolo,** via Casale 28 ☎ 253217 – AE ⑤ ⓓ E VISA. ✂ Y e
chiuso lunedì sera, martedì, dal 15 al 24 gennaio edal 1° al 21 agosto – **Pasto** carta 43/61000.

X **Il Gallo d'Oro,** via Chenna 44 ☎ 43160 – ⑤ E VISA. ✂ Y b
chiuso lunedì, dal 7 al 15 gennaio ed agosto – **Pasto** carta 25/45000.

ALFONSINE 48011 Ravenna 988 ⑮, 429 430 I 18 – 11 993 ab. alt. 6 – ☎ 0544.

Roma 396 – ◆Ravenna 16 – ◆Bologna 73 – ◆Ferrara 57 – ◆Firenze 133 – Forlì 42 – ◆Milano 283.

XX **Stella** con cam, corso Matteotti 12 ☎ 81148 – ▤ rist ☎. AE ⑤ ⓓ E VISA. ✂
chiuso dal 1° al 10 gennaio e dal 7 al 28 agosto – **Pasto** *(chiuso sabato)* 22000 bc (solo a mezzogiorno) e carta 27/41000 e al Rist. ***Della Rosa*** 36000 bc e carta 30/50000 – ☕ 8000 – **10 cam** 48/65000 – P 68000.

ALGHERO Sassari 988 ㉝, 433 F 6 – Vedere Sardegna alla fine dell'elenco alfabetico.

ALGUND = Lagundo.

ALLEGHE 32022 Belluno 988 ⑤, 429 C 18 – 1 453 ab. alt. 979 – Sport invernali : 1 000/2 100 m 2 ⛷20, a Caprile ⛷ (vedere anche Zoldo Alto) – ☎ 0437.

Vedere Lago★.

Escursioni Valle del Cordevole★★ Sud per la strada S 203.

ℹ piazza Kennedy 17 ☎ 523333, Fax 723881.

Roma 665 – Cortina d'Ampezzo 40 – Belluno 48 – ◆Bolzano 84 – ◆Milano 357 – ◆Venezia 154.

Sport Hotel Europa ⑤, ☎ 523362, Fax 723906, ≤ lago e monti, ⅓, ≘s – |⇕| ⅍ rist TV ☎ 🚗 P. AE ⑤ E VISA. ✂
15 dicembre-aprile e 20 giugno-settembre – **Pasto** *(chiuso mercoledì)* carta 40/71000 – ☕ 18000 – **33 cam** 120/160000 – ½ P 140/160000.

a Caprile NO : 4 km – ✉ **32023** :

Alla Posta, ☎ 721171, Fax 721677, ≘s, ▣ – |⇕| TV ☎ 🚗 P. ⑤ ⓓ VISA. ✂
20 dicembre-aprile e 15 giugno-25 settembre – **Pasto** *(chiuso mercoledì)* carta 25/60000 – ☕ 12000 – **56 cam** 130/190000 – ½ P 75/185000.

Monte Civetta, ☎ 721680 – TV ☎ P. AE ⑤ ⓓ E VISA. ✂ rist
dicembre-aprile e giugno-settembre – **Pasto** carta 32/50000 – **26 cam** ☕ 80/160000 – ½ P 70/125000.

ALMÈ 24011 Bergamo 428 E 10, 219 ⑳ – 5 792 ab. alt. 289 – ☎ 035.

Roma 610 – ◆Bergamo 9 – Lecco 26 – ◆Milano 49 – San Pellegrino Terme 15.

XXX ✿ **Frosio,** piazza Unità 1 ☎ 541633, prenotare, « In un edificio del 17° secolo; servizio estivo in giardino » – AE ⑤ ⓓ E VISA
chiuso mercoledì e dal 9 al 29 agosto – **Pasto** 40/50000 e carta 50/77000
Spec. Fiori di zucchine ripieni di scampi e porcini (luglio-ottobre). Filetto di branzino ai carciofi (novembre-febbraio). Flan di cioccolato caldo.

a Paladina SO : 7 km – ✉ **24030** :

X **Paladina,** via Piave 6 ☎ 545603, 🏠 – AE ⑤ E VISA
chiuso martedì, mercoledì a mezzogiorno, dal 7 al 17 gennaio ed agosto – **Pasto** carta 36/69000.

ALMENNO SAN SALVATORE 24031 Bergamo 428 E 10, 219 ⑳ – 5 654 ab. alt. 325 – ☎ 035.

Roma 612 – ◆Bergamo 13 – Lecco 27 – ◆Milano 54 – San Pellegrino Terme 17.

X **Palanca,** ☎ 640800, ≤ – P. AE ⑤ ⓓ E VISA
chiuso martedì e luglio – **Pasto** carta 29/45000.

ALPE DI MERA Vercelli 428 E 6, 219 ⑤ – Vedere Scopello.

ALPE DI SIUSI (SEISER ALM) 39040 Bolzano 429 C 16 – alt. 1 826 – Sport invernali : 1 826/2 212 m 1 ⛷21, ⛷ – ☎ 0471.

La limitazione d'accesso degli autoveicoli è regolata da norme legislative.

Vedere Posizione pittoresca★★.

ℹ ☎ 727904, Fax 727828.

Roma 674 – ◆Bolzano 23 – Bressanone 28 – ◆Milano 332 – Ortisei 15 – Trento 89.

Plaza, ☎ 727973, Fax 727820, ≤, ≘s, 🌳 – TV ☎ 🚗 P. ⑤ E VISA. ✂ rist
chiuso aprile e maggio – **Pasto** 40/80000 – **39 cam** solo ½ P 154/195000, 3 appartamenti.

Sporthotel Floralpina ⑤, a Saltria E : 7 km ☎ 727907, Fax 727803, ≤ monti e pinete, 🏠, ≘s, ⛱ riscaldata, ▣, 🌳, ✂ – TV ☎ 🚗 P. ✂ rist
20 dicembre-10 aprile e 8 giugno-12 ottobre – **Pasto** carta 44/67000 – **48 cam** solo ½ P 120/200000.

ALPINO Novara 428 E 7, 219 ⑤ – alt. 800 – ✉ **28040** Gignese – ☎ 0323.

(aprile-novembre; chiuso martedì escluso dal 27 giugno al 5 settembre) a Vezzo ✉ 28040 ☎ 20642, Fax 20642, SE : 1,5 km.

Roma 666 – Stresa 9 – Milano 89 – Novara 65 – Orta San Giulio 17 – Torino 141.

Alpino Fiorente, ☎ 20103, Fax 20104, ≤, – P.
10 giugno-10 settembre – **Pasto** carta 35/55000 – **39 cam** 70/120000 – ½ P 85/90000.

ALSENO **29010** Piacenza 428 429 H 11 – 4 541 ab. alt. 79 – ☎ 0523.

Roma 487 – Parma 32 – Piacenza 30 – Milano 93.

a Cortina Vecchia SO : 5 km – ✉ **29010** :

Da Giovanni, ☎ 948304, Fax 948355, Coperti limitati; prenotare – P. AE VISA JCB.
chiuso lunedì sera, martedì, dal 1° al 18 gennaio e dal 15 agosto al 5 settembre – **Pasto** 46/55000 e carta 39/64000
Spec. Pâté di fegato d'anatra al Sauternes, Ravioli di piccione al burro aromatizzato ai peperoni, Rognone di vitello in crosta di pane e salsa all'arancia (ottobre-marzo).

ALTAMURA **70022** Bari 988 ㉙, 431 E 31 – 59 434 ab. alt. 473 – ☎ 080.

Vedere Rosone★ e portale★ della Cattedrale.

Roma 461 – Bari 46 – Brindisi 128 – Matera 19 – Potenza 102 – Taranto 84.

San Nicola, via Luca De Samuele Cagnazzi 29 ☎ 8705199, Fax 844752, « In un antico palazzo del 1700 » – cam – 150. AE E VISA JCB
Pasto *(chiuso domenica sera)* carta 50/86000 – **27 cam** 110/220000, appartamento – ½ P 130/135000.

Svevia, via Matera 2/a ☎ 8712570, Fax 8712677, – P – 50. AE E VISA. rist
Pasto carta 33/43000 – 8000 – **20 cam** 80/110000 – ½ P 82/98000.

Del Corso, corso Federico di Svevia 76 ☎ 841453 – AE E VISA.
chiuso mercoledì e dal 15 al 30 luglio – **Pasto** carta 37/65000.

ALTARE **17041** Savona 428 I 7 – 2 415 ab. alt. 397 – ☎ 019.

Roma 567 – Genova 68 – Asti 101 – Cuneo 80 – Milano 191 – Savona 14 – Torino 123.

Quintilio con cam, ☎ 58000 – AE VISA.
chiuso luglio – **Pasto** *(chiuso domenica sera e lunedì)* carta 40/50000 – 5000 – **7 cam** 35/60000.

ALTAVILLA VICENTINA **36077** Vicenza 429 F 16 – 8 186 ab. alt. 45 – ☎ 0444.

Roma 541 – Padova 42 – Milano 198 – Venezia 73 – Verona 44 – Vicenza 8.

Genziana, località Selva SO : 2,5 km ☎ 572159, Fax 574310, ≤, – P. AE E VISA.
Pasto *(chiuso sabato a mezzogiorno, domenica ed agosto)* carta 34/46000 – 10000 – **24 cam** 105/150000, 3 appartamenti.

ALTE Vicenza – Vedere Montecchio Maggiore.

ALTICHIERO Padova – Vedere Padova.

ALTISSIMO **36070** Vicenza 429 F 15 – 1 935 ab. alt. 672 – ☎ 0444.

Roma 568 – Verona 65 – Milano 218 – Trento 102 – Vicenza 36.

Casin del Gamba, strada per Castelvecchio NE : 2,5 km ☎ 687709, Coperti limitati; prenotare – P. AE E VISA.
chiuso domenica sera, lunedì, dal 1° al 15 gennaio e dal 15 al 31 agosto – **Pasto** carta 56/82000
Spec. Insalata di asparagi con suprême di pollo (primavera), Tortelli di ricotta con carote zucchine e tartufo nero (estate), Fettine di costata di bue e porcini al forno su salsa al timo (autunno).

ALTOMONTE **87042** Cosenza 431 H 30 – 4 653 ab. alt. 485 – ☎ 0981.

Vedere Tomba★ di Filippo Sangineto nella Cattedrale – San Ladislao★ di Simone Martini nel museo.

Roma 482 – Cosenza 60 – Castrovillari 38.

Barbieri, via San Nicola 30 ☎ 948072, Fax 948073, ≤, – cam P – 100. AE E VISA JCB
Pasto carta 34/71000 – **24 cam** 60/110000 – ½ P 85/110000.

Un conseil Michelin :

pour réussir vos voyages, préparez-les à l'avance.
Les cartes et guides Michelin, vous donnent toutes indications utiles sur :
itinéraires, visite des curiosités, logement, prix, etc.

ALTOPASCIO 55011 Lucca [988] ⑭, [428] [429] [430] K 14 – 10 012 ab. alt. 19 – ☎ 0583.
Roma 332 – Firenze 57 – Pisa 40 – Livorno 60 – Lucca 18 – Milano 288 – Pistoia 27 – Siena 86.

🏨 **RestHotel Primevère,** località Tei 10 ☎ 216260, Fax 216250 – 🛗 ⊁ cam ▤ ☎ ♿ [P] – 👥 40. [AE] [§] ◑ [E] [VISA]. ✂
Pasto 28000 – **52 cam** ☕ 135/160000.

🏨 **Cavalieri del Tau,** via Gavinana 32 ☎ 25131, Fax 24283, ⛱ – 🛗 ▤ [TV] ☎ [P]. [§] [E] [VISA]
Pasto carta 30/50000 – ☕ 10000 – **30 cam** 80/120000 – ½ P 90/100000.

ALZANO LOMBARDO 24022 Bergamo [428] [429] E 11 – 11 966 ab. alt. 294 – ☎ 035.
Roma 608 – Bergamo 8 – Brescia 59 – Milano 54.

🍴🍴🍴 **Al Catenone** con cam, ☎ 516134, prenotare – [AE] [§] ◑ [E] [VISA]
chiuso dal 1° al 15 gennaio e dal 20 luglio al 20 agosto – **Pasto** *(chiuso domenica sera e lunedì)* carta 49/71000 – ☕ 5000 – **8 cam** 50/65000 – ½ P 75000.

a Ranica S : 1 km – ✉ 24020 :

🍴🍴 **Vinicio,** via Gavazzeni 5 ☎ 512318, Fax 512318, prenotare – ▤. [AE] [§] ◑ [E] [VISA]. ✂
chiuso domenica ed agosto – **Pasto** carta 38/64000.

Europe Se il nome di un albergo è stampato in carattere magro, chiedete al vostro arrivo le condizioni che vi saranno praticate.

ALZATE BRIANZA 22040 Como [428] E 9, [219] ⑲ – 4 129 ab. alt. 371 – ☎ 031.
Roma 621 – Como 10 – Bergamo 46 – Milano 42.

🏨 **Villa Odescalchi** 🔇, ☎ 630822, Fax 632079, « Villa del 17° secolo in un parco », 🏋, ≘s, 🏊, 🏊, 🎾, ⛳ – 🛗 ▤ [TV] ☎ ♿ 🚗 – 👥 30 a 300. [AE] [§] ◑ [E] [VISA]. ✂ rist
Pasto *(chiuso martedì)* carta 49/75000 – **64 cam** ☕ 170/250000 – ½ P 146/163000.

AMALFI 84011 Salerno [988] ㉗, [431] F 25 – 5 699 ab. – a.s. Pasqua, giugno-settembre e Natale – ☎ 089.
Vedere Posizione e cornice pittoresche★★★ – Duomo di Sant'Andrea★ : chiostro del Paradiso★★ – Vie★ Genova e Capuano.
Dintorni Atrani★ E : 1 km – Ravello★★★ NE : 6 km – Grotta dello Smeraldo★★ O : 5 km – Vallone di Furore★★ O : 7 km.
[i] corso delle Repubbliche Marinare 19/21 ☎ 871107, Fax 872619.
Roma 272 – Napoli 70 – Avellino 61 – Caserta 85 – Salerno 25 – Sorrento 34.

🏨 **Santa Caterina** 🔇, ☎ 871012, Telex 770093, Fax 871351, ≤ golfo, ⛱, « Terrazze fiorite digradanti sul mare con ascensori per la spiaggia », 🏊, 🏖 – 🛗 ▤ [TV] ☎ 🚗 [P] – 👥 50. [AE] [§] ◑ [E] [VISA]. ✂
Pasto 75/90000 – **70 cam** ☕ 420/520000, 12 appartamenti – ½ P 300/330000.

🏨 **Luna Convento,** ☎ 871002, Fax 871333, ≤ Golfo, « Soggiorno in un chiostro del 13° secolo », 🏊 – [TV] ☎ 🚗. [AE] [§] ◑ [E] [VISA] [JCB]. ✂
Pasto 60/70000 – ☕ 20000 – **45 cam** 190000, 2 appartamenti – ½ P 180000.

🏨 **Marina Riviera** senza rist, ☎ 871104, Fax 871024, ≤ Golfo – ☎. [AE] [§] [E] [VISA]
Pasqua-ottobre – **20 cam** ☕ 100/150000.

🏨 **Residence** senza rist, ☎ 871183, Fax 873070, ≤ – 🛗 ☎. [AE] [§] [E] [VISA]. ✂
aprile-ottobre – ☕ 10000 – **27 cam** 100/140000.

🏨 **Dei Cavalieri,** ☎ 831333, Telex 770073, Fax 831354, ≤ Amalfi e golfo, ⛱ – 🛗 ▤ ☎ [P]. [AE] [§] ◑ [E] [VISA]. ✂
Pasto (solo per clienti alloggiati) 20/30000 – ☕ 20000 – **60 cam** 130000, ▤ 10000 – ½ P 110000.

🏨 **Aurora** senza rist, ☎ 871209, Fax 872980, ≤, 🌳 – 🛗 ☎ 🚗 [P]. [AE] [§] [VISA]. ✂
aprile-15 ottobre – **29 cam** ☕ 150/180000.

🍴🍴 **La Caravella,** ☎ 871029, Fax 871029 – ▤. [AE] [§] [E] [VISA]. ✂
chiuso dal 10 al 30 novembre e martedì (escluso luglio-agosto) – **Pasto** carta 45/70000.

🍴 **Lo Smeraldino,** ☎ 871070, ≤, ⛱, Rist. e pizzeria – [P]. [AE] [§] ◑ [E] [VISA] [JCB]. ✂
chiuso dal 7 gennaio al 7 febbraio e mercoledì (escluso da giugno a settembre) – **Pasto** carta 41/71000 (10%).

🍴 **Da Ciccio Cielo-Mare-Terra,** O : 3 km ☎ 831265, Fax 831265, ≤ mare e costa – [P]. [AE] [§] ◑ [E] [VISA]
chiuso febbraio e martedì (escluso da luglio a settembre) – **Pasto** carta 32/58000.

🍴 La Taverna del Doge, ☎ 872303, Fax 872303.

🍴 **Il Tarì,** ☎ 871832 – [AE] [§] [VISA]
chiuso dal 5 novembre al 5 dicembre e martedì (escluso dal 15 giugno al 15 settembre) – **Pasto** carta 43/78000 (10%).

AMANTEA 87032 Cosenza 988 ㉟, 431 J 30 – 12 499 ab. – ☎ 0982.
Roma 514 – ♦Cosenza 38 – Catanzaro 67 – ♦Reggio di Calabria 160.

Palmar, S : 1,5 km ☎ 41673, Fax 42043, – P – 200. AE VISA.
Pasto *(chiuso lunedì)* 34/60000 – 7000 – **39 cam** 80/100000 – ½ P 85000.

Mediterraneo, via Dogana 64 ☎ 426364, Fax 426247 – TV P. AE VISA. rist
Pasto 26/35000 – **31 cam** 90/100000 – ½ P 101000.

a Corica S : 4 km – ✉ **87032** Amantea :

Mare Blu, ☎ 46296, Fax 46507, ←, – TV P. rist
Pasto carta 36/59000 – **26 cam** 80000 – ½ P 100/120000.

AMATRICE 02012 Rieti 988 ㉖, 430 O 21 – 2 996 ab. alt. 955 – ☎ 0746.
Roma 144 – Ascoli Piceno 50 – L'Aquila 75 – Rieti 66 – Terni 91.

Roma, ☎ 85777, Fax 85779, ← – TV P. AE VISA
Pasto *(chiuso giovedì)* carta 28/37000 – 5000 – **30 cam** 55/95000 – ½ P 70/80000.

Lo Scoiattolo, S : 1,5 km ☎ 85086, ←, « Laghetto con pesca sportiva », – P.
chiuso lunedì escluso da luglio a settembre – **Pasto** carta 33/46000.

AMBIVERE 24030 Bergamo 219 ⑳ – 2 060 ab. alt. 261 – ☎ 035.
Roma 607 – ♦Bergamo 18 – ♦Brescia 58 – ♦Milano 49.

Antica Osteria dei Camelì, ☎ 908000, , solo su prenotazione – P. AE VISA.
chiuso lunedì, martedì sera, dal 28 dicembre al 3 gennaio e dal 10 al 28 agosto – **Pasto** carta 55/80000.

AMBRIA Bergamo – Vedere Zogno.

AMEGLIA 19031 La Spezia, 428 429 430 J 11 – 4 219 ab. alt. 80 – ☎ 0187.
Roma 400 – ♦La Spezia 18 – ♦Genova 107 – Massa 17 – ♦Milano 224 – Pisa 57.

✿ **Paracucchi-Locanda dell'Angelo**, SE : 4,5 km strada provinciale Sarzana-Marinella ☎ 64391, Fax 64393, prenotare, – TV P – 250. AE VISA.
Pasto *(chiuso dal 7 al 28 gennaio e lunedì escluso dal 15 luglio al 15 settembre)* carta 70/120000 – 21000 – **37 cam** 75/151000 – ½ P 140000
Spec. Rana pescatrice tiepida con caponatina passata, Tagliatelle nere con calamaretti e "piccolo pesto", Piccione in "beccaccia".

Locanda delle Tamerici con cam, località Fiumaretta SE : 3,5 km ☎ 64262, Fax 64627, ←, – rist TV. AE VISA.
chiuso martedì e mercoledì a mezzogiorno (escluso dal 15 giugno al 15 settembre – **Pasto** carta 39/66000 – **4 cam** 100/190000 – ½ P 135000.

a Montemarcello S : 5,5 km – ✉ **19030** :

Il Gabbiano , ☎ 600066, « Servizio rist. estivo in terrazzacon ← », – P.
stagionale – **11 cam.**

Trattoria dai Pironcelli, ☎ 601252, Trattoria rustica con cucina casalinga, prenotare
chiuso mercoledì e a mezzogiorno (escluso domenica) – **Pasto** carta 44/61000.

AMELIA 05022 Terni 988 ㉕ ㉖, 430 O 19 – 11 317 ab. alt. 406 – ☎ 0744.

ℹ via Orvieto 1 ✆ 981453, Fax 981566.

Roma 93 – Terni 24 – Viterbo 43 – ◆Perugia 92.

Scoglio dell'Aquilone, O : 2 km ✆ 982445, Fax 983025, ←, – 🅿 **38 cam.**

ANACAPRI Napoli 431 F 24 – Vedere Capri (Isola di).

ANAGNI 03012 Frosinone 988 ㉖, 430 Q 21 – 19 522 ab. alt. 460 – ☎ 0775.

Roma 65 – Frosinone 30 – Anzio 78 – Avezzano 106 – Rieti 131 – Tivoli 60.

Villa la Floridiana, strada statale Casilina km 63,700 ✆ 767845, Fax 767845 – 🅿 **9 cam.**

ANCONA 60100 P 988 ⑯, 429 430 L 22 – 100 597 ab. – a.s. luglio-agosto – ☎ 071.

Vedere Duomo di San Ciriaco★ AY – Loggia dei Mercanti★ AZ **F** – Chiesa di Santa Maria della Piazza★ AZ **B.**

18 e 9 Conero (chiuso lunedì e dal 15 gennaio al 15 febbraio) a Sirolo ✉ 60020 ✆ 7360613, Fax 7360380, per ① : 12 km.

✈ di Falconara per ③ : 13 km ✆ 204016, Fax 2070096 – Alitalia, piazza Roma 21 ✉ 60121 ✆ 2075892, Telex 560067, Fax 203700.

ℹ Stazione Ferrovie Stato ✉ 60126 ✆ 41703 – via Thaon de Revel 4 ✉ 60124 ✆ 33249, Fax 31966.

A.C.I. corso Stamira 78 ✉ 60122 ✆ 55335.

Roma 319 ③ – ◆Firenze 263 ③ – ◆Milano 426 ③ – ◆Perugia 166 ③ – ◆Pescara 156 ② – ◆Ravenna 161 ③.

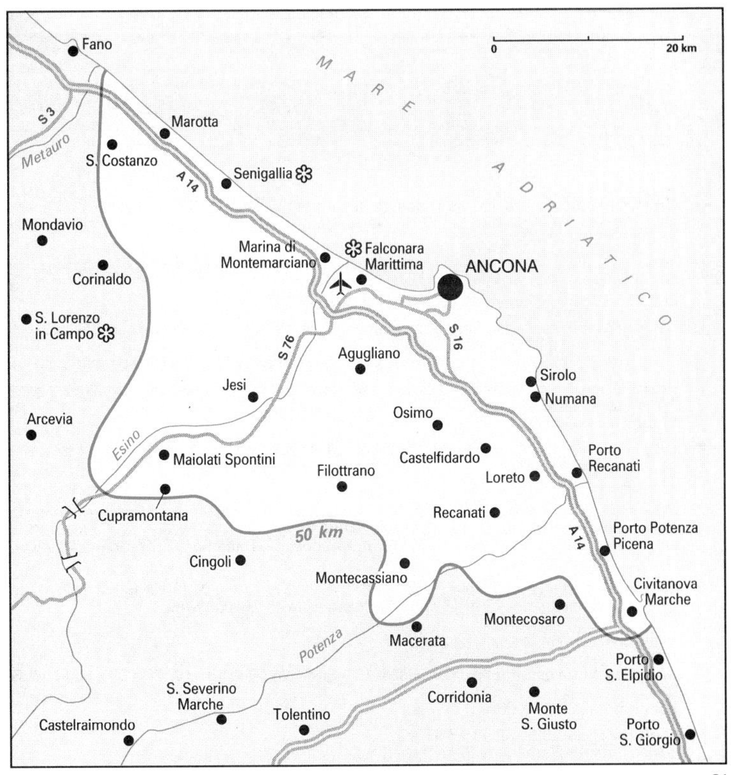

Gd H. Passetto senza rist, via Thaon de Revel 1 ✉ 60124 ☎ 31307, Fax 32856, ≤, – 45 a 150. AE ⑤ ⓪ E VISA — CZ **d**
45 cam ☐ 150/270000.

Jolly, rupi di via 29 Settembre 14 ✉ 60122 ☎ 201171, Telex 560343, Fax 206823, ≤ – 180. AE ⑤ ⓪ E VISA. — AZ **a**
Pasto 55/70000 – **89 cam** ☐ 200/230000 – ½ P 166000.

Gd H. Palace senza rist, lungomare Vanvitelli 24 ✉ 60121 ☎ 201813, Fax 2074832 – 30 a 100. AE ⑤ ⓪ E VISA — AY **k**
chiuso dal 22 dicembre al 7 gennaio – ☐ 20000 – **40 cam** 130/230000, appartamento.

Fortuna senza rist, piazza Rosselli 15 ✉ 60126 ☎ 42663, Telex 561286, Fax 42662 – AE ⑤ ⓪ E VISA — CY **a**
57 cam ☐ 85/145000.

City senza rist, via Matteotti 112/114 ✉ 60121 ☎ 2070949, Fax 2070372 – 80. AE ⑤ ⓪ E VISA — BZ **a**
39 cam ☐ 90/140000.

Passetto, piazza 4 Novembre ✉ 60124 ☎ 33214, Fax 33214, ≤, « Servizio estivo in terrazza » – – 40. AE ⑤ ⓪ E VISA. — CZ **a**
chiuso domenica sera, lunedì e dal 10 al 25 agosto – **Pasto** 60/70000 e carta 48/77000 (13%).

La Moretta, piazza Plebiscito 52 ✉ 60122 ☎ 202317, – AE ⑤ ⓪ E VISA — AZ **n**
chiuso domenica e dal 13 al 18 agosto – **Pasto** carta 45/55000 (10%).

a Torrette per ③ : 4 km – ✉ **60020** :

Sporting senza rist, ☎ 888294, Fax 888813 – – 30 a 300. AE ⑤ ⓪ E VISA
100 cam ☐ 125/170000.

Carloni, ☎ 888239 – AE ⑤ ⓪ E VISA
chiuso lunedì – **Pasto** carta 32/51000 (10%).

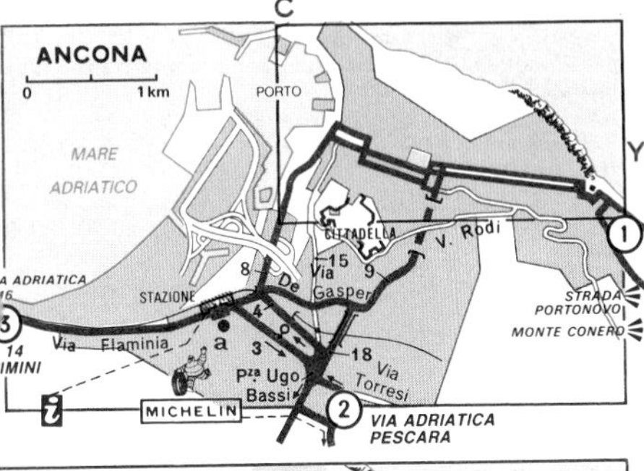

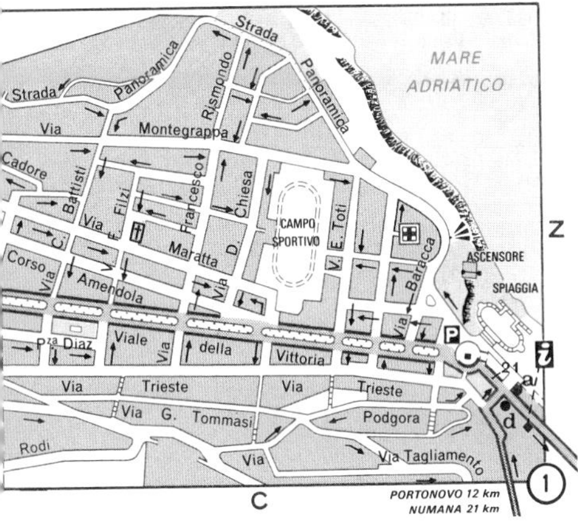

a Portonovo per ① : 12 km – ✉ **60020.**

Vedere Chiesa di Santa Maria★.

Fortino Napoleonico ⛰, ☏ 801450, Fax 801454, ⛱, « In una fortezza ottocentesca », ⛱, ⛱ – ▤ TV ☎ ♿ P. AE ⑤ ⑩ E VISA. ✻ rist
Pasto (prenotare) carta 60/85000 (10 %) – ☕ 15000 – **26 cam** 200/230000, 4 appartamenti – ½ P 190/200000.

Excelsior la Fonte ⛰, ☏ 801470, Fax 801474, ⛱, ✗ – TV ☎ P – 🪑 30 a 300. AE ⑤ E VISA. ✻ rist
Pasto 50/70000 – ☕ 15000 – **62 cam** 130/150000 – ½ P 140/160000.

Emilia ⛰, in collina O : 2 km ☏ 801145, Fax 801330, ≤ mare, ⛱, « Collezione di quadri d'arte moderna », ⛱, ⛱, ✗ – |☰| ▤ cam TV ☎ ♿ P – 🪑 30. AE ⑤ ⑩ E VISA JCB. ✻ rist
Pasto carta 59/88000 – **27 cam** ☕ 200/250000, 3 appartamenti – ½ P 180/200000.

Internazionale ⛰, ☏ 801001, Fax 801082, ≤ mare e costa, ⛱ – TV ☎ P – 🪑 80. AE ⑤ ⑩ E VISA. ✻
Pasto carta 51/75000 – ☕ 8000 – **25 cam** 115/150000 – ½ P 120/130000.

MICHELIN, strada statale 16 - Adriatica km 307 - località Baraccola (zona P.I.P.) CY - ✉ 60131, ☏ 2865333, Fax 2872085.

ANDALO **38010** Trento 988 ④, 428 429 D 15 – 998 ab. alt. 1 050 – a.s. febbraio, Pasqua e Natale – Sport invernali : 1 050/2 200 m ⛡1 ⛷8, ⛷ (vedere anche Fai della Paganella e Molveno) – ☏ 0461.

Dintorni ☀★★ dal Monte Paganella 30 mn di funivia – ℹ piazza Dolomiti ☏ 585836, Fax 585570.

Roma 625 – Trento 40 – ♦Bolzano 60 – ♦Milano 214 – Riva del Garda 48.

Piccolo Hotel ⛰, ☏ 585710, Fax 585436, ≤ gruppo di Brenta – |☰| ▤ rist TV ☎ 🚗 P. AE ⑤ ⑩ E VISA. ✻
20 dicembre-20 aprile e 15 giugno-16 settembre – **Pasto** carta 35/46000 – ☕ 15000 – **26 cam** 87/136000, 5 appartamenti – ½ P 108000.

Dal Bon ⛰, ☏ 585839, Fax 585910, ≤ – |☰| TV ☎ P
stagionale – **30 cam.**

Maria, ☏ 585828, Fax 585855 – |☰| TV ☎ ♿ P – 🪑 150. AE ⑤ VISA. ✻
Natale-Pasqua e 15 giugno 15 settembre – **Pasto** 30000 – **70 cam** ☕ 95/180000 – ½ P 70/140000.

Continental ⛰, ☏ 585689, Fax 585815, ≤ – |☰| ☎ P. AE ⑩. ✻
chiuso da novembre al 20 dicembre – **Pasto** 14/20000 – **27 cam** ☕ 125/220000 – ½ P 80/99000.

Bass, ☏ 585560, Fax 585482, ≤ – |☰| ▤ rist TV ☎ 🚗 P. AE ⑤ VISA. ✻
dicembre-20 aprile e luglio-settembre – **Pasto** (solo per clienti alloggiati) 25000 – ☕ 10000 – **20 cam** 80/120000 – ½ P 75/110000.

Cristallo, ☏ 585744, Fax 585970, ≤ – |☰| TV ☎ P. ⑤ VISA. ✻
dicembre-23 aprile e 15 giugno-15 settembre – **Pasto** carta 24/38000 – ☕ 10000 – **31 cam** 70/130000 – ½ P 90/98000.

Alaska, ☏ 585631, Fax 585631, ≤ – |☰| ☎ 🚗 P. ✻
dicembre-marzo e 15 giugno-10 settembre – **Pasto** (solo per clienti alloggiati) 22000 – ☕ 8000 – **26 cam** 80/120000 – ½ P 90000.

Olimpia, ☎ 585715, Fax 585458, ≤, – ⬆ TV ☎ 🚗 P. AE 🅢 VISA. ✻
15 dicembre-22 aprile e 20 giugno-15 settembre – **Pasto** (solo per clienti alloggiati) 25/35000 – ☕ 15000 – **27 cam** 70/110000 – ½ P 80/100000.

Serena, ☎ 585727, Fax 585702, ≤ – ⬆ TV ☎ 🚗 P. AE 🅢 ⓓ E VISA. ✻
20 dicembre-22 aprile e 15 giugno-15 settembre – **Pasto** (solo per clienti alloggiati) 30000 – ☕ 10000 – **33 cam** 60/90000 – ½ P 84000.

Ambiez, ☎ 585556, Fax 585343 – ⬆ TV ☎ P. ✻
20 dicembre-Pasqua e 15 giugno-25 settembre – **Pasto** (solo per clienti alloggiati) 20/35000 – **26 cam** ☕ 65/100000 – P 85/105000.

Lo Scoiattolo, ☎ 585912, Fax 585912, ≤, ≘s, – ⬆ TV ☎ 🚗 P. ✻
Natale-Pasqua e giugno-settembre – **Pasto** (solo per clienti alloggiati) 25/35000 – ☕ 10000 – **20 cam** 80/120000 – ½ P 85/98000.

ANDORA 17020 Savona 428 K 6 – 6 520 ab. – ☎ 0182.

🅘 via Fontana 1 ☎ 85796, Fax 85797.

Roma 601 – Imperia 16 – ♦Genova 102 – ♦Milano 225 – Savona 56 – Ventimiglia 63.

Liliana, via del Poggio 23 ☎ 85083, Fax 684694, ⚒ – ⬆ TV ☎ ♿ 🚗. AE 🅢 E VISA. ✻
chiuso dal 20 ottobre al 20 dicembre – **Pasto** 30/45000 – ☕ 12000 – **38 cam** 70/120000, 8 appartamenti – ½ P 75/90000.

Moresco, via Aurelia 96 ☎ 89141, Fax 85414, ≤ – ⬆ ▤ rist TV ☎. AE 🅢 ⓓ E VISA. ✻ rist
chiuso da novembre al 22 dicembre – **Pasto** (solo per clienti alloggiati) 33/40000 – ☕ 13000 – **35 cam** 73/110000 – ½ P 100000.

Garden, via Aurelia 60 ☎ 87653, Fax 88678 – TV ☎ P. AE 🅢 ⓓ E VISA. ✻ rist
chiuso da ottobre a Natale – **Pasto** 35000 – ☕ 9000 – **16 cam** 80/100000 – P 69/100000.

Rocce di Pinamare, via Aurelia 39 ☎ 85223, Fax 684478, ≤, 🏠, « Terrazze fiorite sul mare », 🏖 – P. AE 🅢 ⓓ E VISA
chiuso mercoledì e novembre – **Pasto** carta 70/95000.

La Casa del Priore, via Castello 34 (N : 2 km) ☎ 87330, ≤, prenotare, « Ambiente caratteristico » – P. AE 🅢 ⓓ E VISA
chiuso a mezzogiorno (escluso i giorni festivi), lunedì e dal 3 gennaio all'11 febbraio – **Pasto** 80000 e alla ***Brasserie*** carta 70/105000.

Pan de Cà, via Conna 13 (N : 4 km) ☎ 80290, 🏠 – P. AE 🅢 ⓓ E VISA JCB
chiuso dal 30 ottobre al 7 dicembre e martedì da dicembre a maggio – **Pasto** 40000.

ANDRIA 70031 Bari 988 ㉙, 431 D 30 – 91 384 ab. alt. 151 – ☎ 0883.

Roma 399 – ♦Bari 57 – Barletta 12 – ♦Foggia 82 – Matera 78 – Potenza 119.

Cristal Palace Hotel, via Firenze 35/a ☎ 556444 e rist ☎ 550260, Fax 556444 – ⬆ ▤ TV ☎ ♿ 🚗 – 🏛 150. AE 🅢 ⓓ E VISA JCB. ✻
Pasto al Rist. ***La Fenice*** *(chiuso domenica sera, lunedì e dal 1° al 20 agosto)* carta 40/68000 – **40 cam** ☕ 120/180000.

L'Ottagono, via Barletta ☎ 557888, Fax 556098, Campi calcetto, ✻ – ⬆ ▤ TV ☎ P – 🏛 100 a 250. AE 🅢 ⓓ E VISA. ✻ rist
Pasto carta 30/45000 – **25 cam** ☕ 110/160000 – ½ P 105000.

La Siepe, via Bonomo 97/b ☎ 594413, Fax 557047 – ▤. AE 🅢 ⓓ E VISA. ✻
chiuso venerdì (escluso i giorni festivi) e dal 20 luglio al 20 agosto – **Pasto** carta 26/43000.

ANGERA 21021 Varese 988 ②, 428 E 7 – 5 403 ab. alt. 205 – ☎ 0331.

Vedere Affreschi dei maestri lombardi** e Museo della Bambola* nella Rocca.

Roma 640 – Stresa 34 – ♦Milano 63 – Novara 47 – Varese 31.

Dei Tigli, via Paletta 20 ☎ 930836, Fax 960333 – ⬆ TV ☎. AE 🅢 ⓓ E VISA JCB
chiuso dal 19 dicembre al 18 gennaio – **Pasto** (*luglio-settembre;* solo per clienti alloggiati) – **28 cam** ☕ 95/135000 – P 130000.

ANGHIARI 52031 Arezzo 430 L 18 – 5 873 ab. alt. 429 – ☎ 0575.

Dintorni Cimitero di Monterchi cappella con Madonna del Parto* di Piero della Francesca SE : 11 km.

Roma 242 – ♦Perugia 68 – Arezzo 28 – ♦ Firenze 105 – Sansepolcro 8.

Oliver, via della Battaglia 14 ☎ 789933, Fax 789944, 🏊 – ⬆ ▤ TV ☎ P – 🏛 180. 🅢 E VISA. ✻ rist
Pasto 22/28000 – ☕ 9000 – **32 cam** 60/95000 – ½ P 80000.

La Meridiana, piazza 4 Novembre 8 ☎ 788365, Fax 788102 – ⬆ TV ☎. AE 🅢 ⓓ E VISA
Pasto 24000 – ☕ 6000 – **22 cam** 42/78000 – ½ P 55000.

ANGOLO TERME 25040 Brescia 428 429 E 12 – 2 534 ab. alt. 420 – Stazione termale, a.s. luglio-settembre – ☎ 0364.

Roma 618 – ♦Brescia 60 – ♦Bergamo 55 – ♦Bolzano 174 – Edolo 48 – ♦Milano 100.

Terme, ☎ 548066, Fax 548666, ≤ – ⬆ TV ☎ ♿ 🚗 P
stagionale – **80 cam.**

Dovina, ☎ 548218, – P
stagionale – **20 cam.**

ANGUILLARA SABAZIA 00061 Roma 430 P 18 – 11 246 ab. alt. 175 – ☎ 06.
Roma 39 – Viterbo 50 – Civitavecchia 59 – Terni 90.

- **Da Zaira,** ☎ 9968082, ←, ☂ – ℗. AE ⓢ ⓞ E VISA. ✗
  chiuso martedì e dal 20 dicembre al 10 gennaio – **Pasto** carta 35/56000 (10 %).
- **Il Grottino da Norina,** ☎ 9968181, Ambiente caratteristico in grottino di tufo – AE ⓢ ⓞ E VISA. ✗
  chiuso lunedì sera, mercoledì, dal 24 dicembre al 2 gennaio e dal 20 agosto al 10 settembre – **Pasto** carta 34/45000.

a Vigna di Valle SO : 5,5 km – ✉ **00062** :

- **Corte de' Principi** ✈, ☎ 99607080, Fax 9968440 – TV ☎ ℗. AE ⓢ ⓞ E VISA. ✗
  Pasto *(chiuso mercoledì)* carta 35/55000 – **14 cam** ☕ 110/140000, 20 appartamenti 160000 – P 120000.

ANNONE (Lago di) Lecco 428 E 10, 219 ⑨ – Vedere Oggiono.

ANTAGNOD Aosta 428 E 5, 219 ④ – Vedere Ayas.

ANTERSELVA (ANTHOLZ) Bolzano 988 ⑤, 429 B 18 – Vedere Rasun Anterselva.

ANTEY SAINT ANDRÉ 11020 Aosta 428 E 4, 219 ③ – 554 ab. alt. 1 080 – a.s. Pasqua, luglio-agosto e Natale – ☎ 0166.
ℹ località Grand Moulin ☎ 48266, Fax 48388.
Roma 729 – Aosta 35 – Breuil-Cervinia 20 – ♦Milano 167 – ♦Torino 96.

- **Filey,** località Filey ☎ 548212, Fax 548582, ←, 🌳 – 🛗 TV ☎ 🚗 ℗. ✗
  chiuso dall'11 settembre al 21 dicembre – **Pasto** *(chiuso martedì)* carta 40/57000 – ☕ 15000 – **39 cam** 70/130000 – ½ P 90/115000.
- **La Grolla,** località Filey ☎ 548277, ←, 🌳 – ℗. ✗ rist
  20 dicembre-aprile e giugno-15 settembre – **Pasto** carta 30/44000 – ☕ 7000 – **12 cam** 90000 – ½ P 75/80000.
- **Des Roses,** località Poutaz ☎ 548527, ←, 🌳 – ☎ 🚗 ℗. ✗ rist
  6 dicembre-5 maggio e 25 giugno-20 settembre – **Pasto** 25/30000 – ☕ 9000 – **21 cam** 60/88000 – ½ P 57/79000.

ANTIGNANO Livorno 428 430 L 12 – Vedere Livorno.

ANZIO 00042 Roma 988 ㉖, 430 R 19 – 37 256 ab. – ☎ 06. Vedere Guida Verde.
⛳18 (chiuso mercoledì) a Nettuno ✉ 00048 ☎ 9819419, Fax 9819419, E : 4 km.
⛴ per Ponza 15 giugno-15 settembre giornalieri (2 h 30 mn) – Caremar-agenzia La Goletta, via Calafati 5 ☎ 9830804, Fax 9846291.
⛴ per Ponza giornalieri (1 h 10 mn) – Agenzia Helios, via Porto Innocenziano 18 ☎ 9845085, Telex 613086, Fax 9845097.
ℹ riviera Zanardelli 3/5 ☎ 9846119, Fax 9848135.
Roma 52 – Frosinone 81 – Latina 25 – Ostia Antica 49.

- **Lido Garda,** piazza Caboto 8 ☎ 9870354, Fax 9865386, ←, 🏊, 🏖, 🌳 – 🛗 TV ☎ – 🏛 30 a 300. AE ⓢ ⓞ E VISA. ✗ rist
  marzo-ottobre – **Pasto** 45000 – **42 cam** ☕ 100/130000 – ½ P 95/140000.
- All'Antica Darsena, piazza Sant'Antonio 1 ☎ 9845146, ←
- **Trattoria Pierino,** piazza Cesare Battisti 3 ☎ 9845683, ☂ – AE ⓢ ⓞ E VISA. ✗
  chiuso dal 15 al 28 febbraio, dal 15 al 30 novembre, lunedì e da luglio a settembre anche a mezzogiorno (escluso sabato-domenica) – **Pasto** carta 40/57000 (12 %).

a Lavinio Lido di Enea NO : 8 km – ✉ **00040** – a.s. 15 giugno-agosto :

- **Succi** ✈, località Tor Materno ☎ 9873923, Telex 610448, Fax 9871798, ←, ☂, 🏖 – 🛗 ▤ TV ☎ 🚗. AE ⓢ ⓞ E VISA JCB. ✗
  Pasto 40/45000 – **47 cam** ☕ 120/160000, 2 appartamenti – ½ P 95/110000.

ANZOLA DELL'EMILIA 40011 Bologna 429 430 I 15 – 10 017 ab. alt. 40 – ☎ 051.
Roma 381 – ♦Bologna 13 – ♦Ferrara 57 – ♦Modena 26.

- **Garden** senza rist, via Emilia 29 ☎ 735200, Fax 735673 – 🛗 ▤ TV ☎ ♿ ℗ – 🏛 70. AE ⓢ ⓞ E VISA JCB
  chiuso dal 22 dicembre al 6 gennaio ed agosto – **56 cam** ☕ 180/250000.
- **Alan** senza rist, via Emilia 46/b ☎ 733562, Fax 735376 – 🛗 ▤ TV ☎ 🚗 ℗. AE ⓢ ⓞ E VISA
  ☕ 15000 – **61 cam** 110/150000.
- **Lu King** senza rist, via Emilia 65 ☎ 734273, Fax 735098 – 🛗 ⚭ ▤ TV ☎ ℗. AE ⓢ ⓞ E VISA
  42 cam ☕ 175/270000.
- **Il Ristorantino-da Dino,** via 25 Aprile 11 ☎ 732364, Fax 732364 – ▤. AE ⓢ ⓞ E VISA. ✗
  chiuso domenica sera, lunedì, dal 7 al 14 gennaio ed agosto – **Pasto** carta 34/51000.

AOSTA (AOSTE) 11100 P 988 ②, 428 E 3 – 35 777 ab. alt. 583 – a.s. Pasqua, luglio-settembre e Natale – Sport invernali : a Pila : 1 814/2 709 m 4 8, – 0165.

Vedere Collegiata di Sant'Orso Y : capitelli** del chiostro* – Finestre* del Priorato di Sant'Orso Y – Monumenti romani* : Porta Pretoria Y **A**, Arco di Augusto Y **B**, Teatro Y **D**, Anfiteatro Y **E**, Ponte Y **G**.

Escursioni Valle d'Aosta** : ≤*** Est, Sud-Ovest.

(aprile-ottobre; chiuso mercoledì escluso agosto) località Arsanières ✉ 11010 Gignod ☎ 56020, Fax 56020, N : 9 km.

piazza Chanoux 8 ☎ 236627, Fax 34657.

A.C.I. località Borgnalle 10 ☎ 262208.

Roma 746 ② – Chambéry 197 ③ – •Genève 139 ③ – Martigny 72 ① – •Milano 184 ② – Novara 139 ② – •Torino 113 ②.

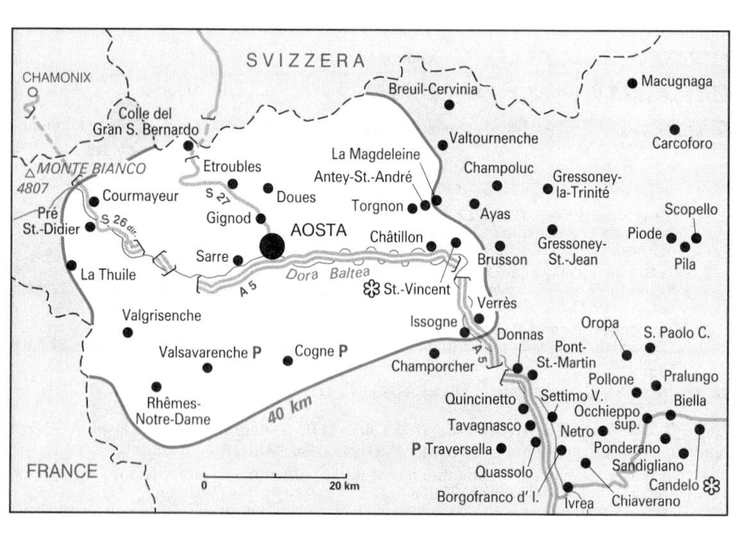

Europe, piazza Narbonne 8 ☎ 236363, Fax 40566, – 100. AE VISA. rist — Y **c**
Pasto *(chiuso domenica)* 32/40000 – 17000 – **71 cam** 175/250000, 8 appartamenti – ½ P 163000.

Holiday Inn Aosta, corso Battaglione Aosta 30 ☎ 236356, Fax 236837 – cam . AE VISA. rist — X **d**
Pasto al Rist. ***La Taverne Provençale*** *(chiuso domenica)* carta 30/48000 – 15000 – **45 cam** 180/240000, 5 appartamenti – ½ P 150000.

Montfleury, viale Piccolo San Bernardo 26 ☎ 555252 e rist 554655, Fax 555251, – – 50. AE VISA JCB. — X **f**
Pasto al Rist. ***La Vie en Rose*** *(chiuso domenica)* carta 28/70000 – 12000 – **44 cam** 120/180000 – ½ P 112/137000.

Ambassador, via Duca degli Abruzzi 2 ☎ 42230, Fax 236851, ≤ – . VISA. — X **c**
Pasto *(chiuso domenica da ottobre a marzo)* carta 45/56000 – 12000 – **39 cam** 80/110000, 2 appartamenti – ½ P 105/125000.

Milleluci senza rist, località Porossan Roppoz 15 ☎ 235278, Fax 235284, ≤, , – . AE VISA. — X **a**
12 cam 100/140000.

Le Charaban senza rist, regione Saraillon 38 ☎ 238289, Fax 361230 – . AE VISA. — X **e**
chiuso novembre – 10000 – **22 cam** 100/130000.

Turin senza rist, via Torino 14 ☎ 44593, Fax 361377 – . AE VISA — Y **a**
chiuso dal 15 novembre al 20 dicembre – 10000 – **50 cam** 78/116000.

Bus, via Malherbes 18 ☎ 43645, Fax 236962 – rist . AE VISA JCB. rist — Z **f**
Pasto *(chiuso lunedì in bassa stagione)* 30/45000 – 14000 – **39 cam** 88/130000 – ½ P 90/125000.

Roma senza rist, via Torino 7 ☎ 41000, Fax 32404 – . AE VISA — Y **n**
chiuso dal 7 gennaio al 6 febbraio – 10000 – **33 cam** 78/116000.

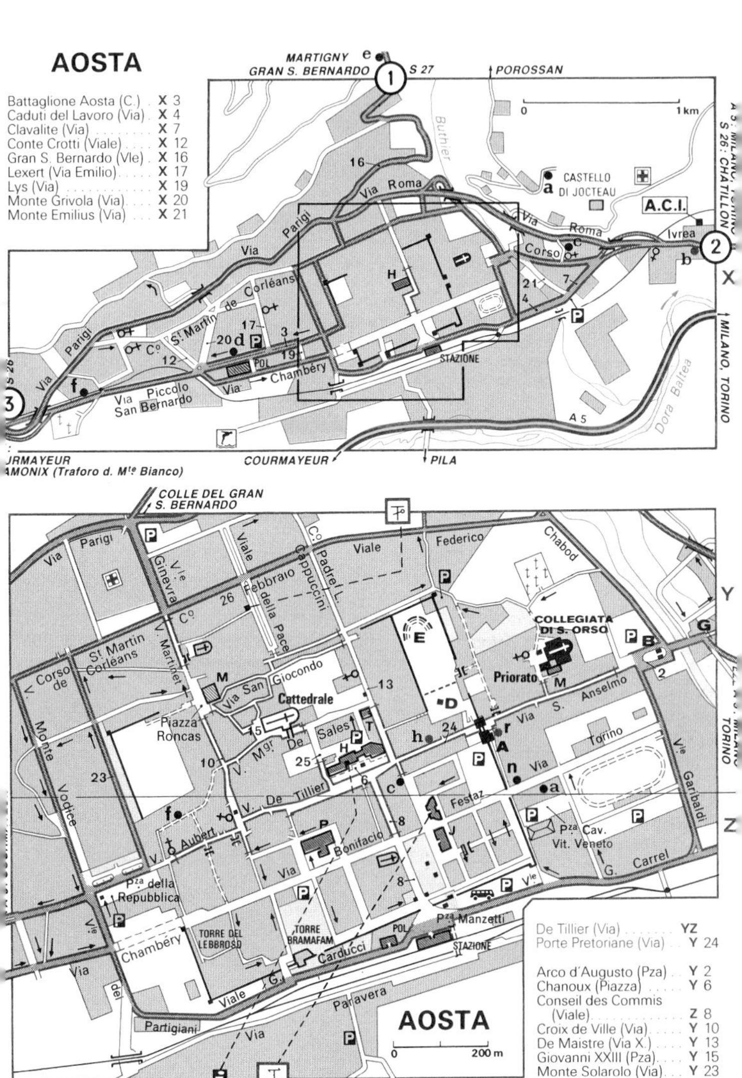

XX **Le Foyer,** corso Ivrea 146 ☎ 32136, Fax 239474 – P. AE $ ⊙ E VISA. ✂ X **b**
chiuso lunedì sera, martedì, dal 15 al 31 gennaio e dal 5 al 20 luglio – **Pasto** carta 41/71000 (10%).

XX **Vecchia Aosta,** piazza Porta Pretoria 4 ☎ 361186, Fax 361186, 余 – AE $ ⊙ E VISA. ✂ Y **r**
chiuso martedì sera, mercoledì, dal 5 al 20 giugno e dal 15 al 30 ottobre – **Pasto** 28/40000 e carta 38/52000.

X **Piemonte,** via Porta Pretoria 13 ☎ 40111 – $ E VISA Y **h**
chiuso venerdì e novembre – **Pasto** carta 37/55000.

a Charvensod S : 4 km Z – alt. 746 – ✉ **11020** :

Miage, località Ponte Suaz ☎ 238585, Fax 236355, ←, 余 – |$| ▤ TV ☎ ⇔ P – 🏛 50. AE $ ⊙ E VISA. ✂
Pasto al Rist. ***Glacier*** *(chiuso lunedì)* carta 38/62000 – ☕ 18000 – **32 cam** 95/140000 – ½ P 108000.

a Pollein SE : 5 km – alt. 608 – ✉ **11020** :

Diana, ✆ 53120, Fax 53321, ≤, – |‡| TV ☎ P – 50. AE ⑤ ⓓ E VISA JCB. ✻ rist
chiuso dal 10 al 30 giugno – **Pasto** *(chiuso lunedì)* carta 27/56000 – **30 cam** ☐ 97/130000 – ½ P 90000.

a Saint Christophe E : 4 km – alt. 700 – ✉ **11020** :

Casale, ✆ 541203, Fax 541962, ≤ – |‡| TV ☎ ♿ P – 60. AE ⑤ ⓓ E VISA
chiuso dal 5 al 20 gennaio e dal 5 al 20 giugno – **Pasto** *(chiuso domenica sera e lunedì in bassa stagione)* 65000 – ☐ 15000 – **25 cam** 80/120000 – ½ P 90/100000.

Hotelalp senza rist, località Aeroporto 8 ✆ 236900, Fax 239119, ≤, – TV ☎ ♿ P. AE ⑤ E VISA JCB
chiuso novembre – ☐ 10000 – **51 cam** 80/120000.

Sanson, ✆ 541410, prenotare – P. ⑤ E VISA. ✻
chiuso mercoledì, giovedì a mezzogiorno e luglio – **Pasto** carta 45/70000.

a Quart-Villefranche E : 9 km – ✉ **11020** :

Cavallo Bianco, frazione Larey 5 ✆ 765503, Coperti limitati; prenotare – P. AE ⑤ ⓓ E VISA
chiuso lunedì, dal 1° al 15 febbraio e dal 22 settembre al 10 ottobre – **Pasto** carta 38/65000.

Le Bourricot Fleuri-Motel Village, con cam, prossimità casello autostrada ✆ 765333, ≤, « Chalets indipendenti », – ▤ rist TV ☎ P
20 cam.

a Pila S : 17 km ✕ – alt. 1 814 – ✉ **11020** Gressan :

Printemps ⛰, ✆ 521246, Fax 521232, ≘s – |‡| TV ☎ P – 40. AE ⑤ E VISA. ✻ rist
8 dicembre-Pasqua e 6 luglio-agosto – **Pasto** carta 34/61000 – **49 cam** ☐ 160/240000 – ½ P 103/146000.

APPIANO GENTILE **22070** Como 428 E 8, 219 ⑱ – 6 830 ab. alt. 368 – ☎ 031.

18 e 18 La Pinetina (chiuso martedì) ✆ 933202, Fax 890342.

Roma 617 – Como 20 – ♦Milano 43 – Saronno 18 – Varese 20.

Tarantola, strada per Tradate NO : 2,5 km ✆ 930990, Fax 891101 – P. AE ⑤ ⓓ E VISA
chiuso lunedì sera, martedì e dal 1° al 15 gennaio – **Pasto** carta 42/70000.

APPIANO SULLA STRADA DEL VINO (EPPAN AN DER WEINSTRASSE) **39057** Bolzano 988 ④, 429 C 15 – 11 152 ab. alt. (frazione San Michele) 418 – ☎ 0471.

Roma 641 – ♦Bolzano 10 – Merano 32 – ♦Milano 295 – Trento 57.

a San Michele (St. Michael) – ✉ **39057** San Michele Appiano.

ℹ piazza Municipio 1 ✆ 662206, Fax 663546 :

Tschindlhof ⛰, ✆ 662225, Fax 663649, ≤, « Giardino-frutteto con ⛱ » – TV ☎ P. AE ⑤ ⓓ E VISA. ✻ rist
25 marzo-5 novembre – **Pasto** (solo per clienti alloggiati e *chiuso a mezzogiorno*) 25/35000 – **13 cam** ☐ 120/185000, 4 appartamenti – ½ P 120/160000.

Castello Aichberg ⛰ senza rist, ✆ 662247, Fax 660908, « Giardino-frutteto con ⛱ riscaldata », ≘s – TV ☎ P. AE ⑤ VISA. ✻
aprile-15 novembre – **10 cam** ☐ 70/170000, 3 appartamenti.

Ansitz Angerburg, ✆ 662107, Fax 660993, « Grazioso giardino con ⛱ » – ☎ P. ✻
20 marzo-5 novembre – **Pasto** 38/42000 – **33 cam** ☐ 102/190000 – ½ P 96/106000.

✿ **Zur Rose,** ✆ 662249, Coperti limitati; prenotare – AE ⑤ ⓓ E VISA
chiuso domenica, lunedì a mezzogiorno e luglio – **Pasto** carta 54/80000
Spec. Carpaccio di patate con petto di quaglia e vinaigrette alle erbe, Strudel di baccalà con ragù di pomodori e olive nere, Ossobuco d'agnello al rosmarino con purea di patate e lenticchie (inverno).

a Pigeno (Pigen) NO : 1,5 km – ✉ **39057** San Michele Appiano :

Schloss Englar ⛰ senza rist, ✆ 662628, ≤, « In un castello medioevale », ⛱, – ☎ P
aprile-novembre – ☐ 20000 – **10 cam** 85/170000, appartamento.

a Cornaiano (Girlan) NE : 2 km – ✉ **39050** :

Girlanerhof ⛰ ✆ 662442, Fax 661259, ≤, ≘s, ⛱ riscaldata, – TV ☎ P
Pasqua-5 novembre – **Pasto** *(chiuso martedì)* 40/55000 – ☐ 20000 – **20 cam** 94/209000 – ½ P 100/110000.

Marklhof-Bellavista, ✆ 662407, Fax 661522, ≤, « Servizio estivo in terrazza » – P. AE ⑤ E VISA
chiuso dal 25 giugno al 7 luglio, domenica sera e lunedì – **Pasto** carta 56/76000.

a Monte (Berg) NO : 2 km – ✉ **39057** San Michele Appiano :

Schloss Freudenstein ⑤, ✆ 660638, Fax 660122, ≤ monti e frutteti, « In un castello medioevale », 🏊, 🌳 – ☎ 🅿. 🚫
Pasqua-15 novembre – **Pasto** (solo per clienti alloggiati) 45/65000 – **10 cam** ☕ 180/320000, 4 appartamenti – ½ P 150/170000.

Steinegger ⑤, ✆ 662248, Fax 660517, ≤ vallata, 🏊, 🏊, 🏊, 🌳, 🎾 – ☎ 🅿. 🚫 rist
aprile-novembre – **Pasto** *(chiuso mercoledì)* 25/40000 – **29 cam** ☕ 80/150000 – ½ P 70/90000.

a San Paolo (St. Pauls) N : 3 km – ✉ **39050** San Paolo Appiano :

Weingarten ⑤, ✆ 662299, Fax 661166, 🍴, 🏊, 🏊, 🌳, 🎾 – ☎ 🅿. 🚫 rist
25 marzo-12 novembre – **Pasto** carta 32/56000 – **29 cam** ☕ 78/156000 – ½ P 80/91000.

Michaelis Hof ⑤ senza rist, ✆ 664432, Fax 664432, ≤, 🌳 – 🚭 📺 ☎ 🅿. 🚫
Pasqua-5 novembre – **12 cam** ☕ 65/140000.

a Missiano (Missian) N : 4 km – ✉ **39050** San Paolo Appiano :

Schloss Korb ⑤, ✆ 636000, Fax 636033, ≤ vallate, 🍴, « In un castello medioevale », 🏊, 🏊, 🏊, 🌳, 🎾 – 🛗 📺 ☎ 🅿 – 🎤 30 a 100
aprile-5 novembre – **Pasto** 70000 – **56 cam** ☕ 110/140000, 4 appartamenti – ½ P 140/220000.

APRICA **23031** Sondrio 988 ③ ④, 428 429 D 12 – 1 638 ab. alt. 1 181 – Sport invernali : 1 181/2 309 m 🚡3 ⛷12, ⛷ – ☎ 0342.

ℹ corso Roma 150 ✆ 746113, Fax 747732.

Roma 674 – Sondrio 30 – •Bolzano 141 – •Brescia 116 – •Milano 157 – Passo dello Stelvio 79.

Park Hotel Bozzi, via Europa ✆ 746169, Fax 747766, ≤, « Giardino » – 🛗 📺 ☎ 🚗 🅿 – 🎤 50. 🚫 rist
dicembre-Pasqua e luglio-agosto – **Pasto** 28/38000 – ☕ 10000 – **45 cam** 100/200000 – P 76/150000.

Eden, via Adamello 34 ✆ 746253, Fax 745393, ≤ – 🛗 📺 ☎ 🅿. AE 🅢 E VISA. 🚫 rist
dicembre-aprile e 20 giugno-20 settembre – **Pasto** *(chiuso venerdì)* carta 32/51000 – ☕ 13000 – **21 cam** 70/110000 – ½ P 105000.

Larice Bianco, via Adamello 38 ✆ 746275, Fax 745454, ≤ – 🛗 📺 ☎ 🅿. 🚫
dicembre-aprile e giugno-settembre – **Pasto** *(chiuso mercoledì)* 30/35000 – ☕ 17000 – **25 cam** 70/120000 – P 100/120000.

Sport, via Europa 140 ✆ 746134, Fax 746836 – 🛗 📺 ☎ 🅿. 🅢 ⓓ E VISA. 🚫 rist
dicembre-aprile e giugno-3 ottobre – **Pasto** *(chiuso martedì)* 35000 – **22 cam** ☕ 70/110000 – ½ P 115000.

Di Arrigo, via Roma 238 ✆ 746131, 🍴 – AE 🅢 ⓓ E VISA JCB. 🚫
chiuso martedì (escluso luglio-agosto), maggio e dal 15 al 30 settembre – **Pasto** carta 35/49000 (10%).

APRICALE **18030** Imperia 428 K 4, 115 ⑲ – 561 ab. alt. 273 – ☎ 0184.

Roma 668 – Imperia 63 – •Genova 169 – •Milano 292 – San Remo 30 – Ventimiglia 16.

La Capanna-da Bacì, ✆ 208137, Fax 208137, ≤ monti, 🍴, prenotare – AE 🅢 ⓓ E VISA
chiuso lunedì sera, martedì, dal 1° al 22 dicembre e dal 13 al 23 giugno – **Pasto** carta 36/45000.

La Favorita ⑤ con cam, località Richelmo ✆ 208186, 🍴, prenotare – 🅿. AE 🅢 ⓓ VISA
chiuso dal 20 al 30 giugno e dal 4 al 28 novembre – **Pasto** *(chiuso mercoledì)* carta 31/42000 – ☕ 6000 – **7 cam** 55000 – ½ P 75000.

APRILIA **04011** Latina 988 ㉖, 430 R 19 – 51 032 ab. alt. 80 – ☎ 06.

⛳18 Eucalyptus (chiuso martedì) ✆ 926252, Fax 9268502.

Roma 44 – Latina 26 – •Napoli 190.

Il Focarile, via Pontina al km 46,5 ✆ 9282549, Fax 9280392, 🌳 – ▤ 🅿. AE 🅢 ⓓ E VISA. 🚫
chiuso domenica sera, lunedì, Natale e dal 10 al 20 agosto – **Pasto** carta 53/76000.

Da Elena, via Matteotti 14 ✆ 924098, Fax 924098 – ▤ 🅿. AE 🅢 ⓓ E VISA. 🚫
chiuso domenica ed agosto – **Pasto** carta 39/63000.

AQUILEIA **33051** Udine 988 ⑥, 429 E 22 – 3 313 ab. alt. 5 – a.s. luglio-agosto – ☎ 0431.
Vedere Basilica** : affreschi** della cripta carolingia, pavimenti** della cripta degli Scavi – Rovine romane*.
Roma 635 – Udine 41 – Gorizia 32 – Grado 11 – •Milano 374 – •Trieste 45 – •Venezia 124.

Patriarchi, via Augusta 12 ✆ 919595, Fax 919596, – TV ☎ P. AE 🅢 ⓓ E VISA. ✂ rist
chiuso dal 10 al 25 novembre – **Pasto** al Rist. ***Fonzari*** *(chiuso mercoledì escluso da aprile a settembre)* carta 29/59000 – **21 cam** ☐ 90/140000 – ½ P 95/100000.

XX **La Colombara,** NE : 2 km ✆ 91513, Fax 919560, – P. AE 🅢 ⓓ E VISA. ✂
chiuso lunedì – **Pasto** carta 31/51000.

ARABBA **32020** Belluno 988 ⑤, 429 C 17 – alt. 1 602 – Sport invernali : 1 602/2 950 m 2 24, – ☎ 0436.
🅘 ✆ 79130, Fax 79300.
Roma 709 – Cortina d'Ampezzo 36 – Belluno 74 – •Milano 363 – Passo del Pordoi 11 – Trento 127 – •Venezia 180.

Sport Hotel Arabba, ✆ 79321, Fax 79121, ≤ Dolomiti, – TV ☎ P. 🅢 E VISA. ✂
20 dicembre-9 aprile e luglio-15 settembre – **Pasto** carta 65/88000 – ☐ 20000 – **38 cam** 160/260000 – ½ P 215000.

Evaldo, ✆ 79281, Fax 79358, ≤, – TV ☎ P. AE 🅢 E VISA. ✂
18 dicembre-20 aprile e 20 maggio-20 ottobre – **Pasto** 50000 – ☐ 35000 – **35 cam** 150/220000 – ½ P 80/140000.

Malita , ✆ 79103, Fax 79391, – TV ☎ P. AE 🅢 ⓓ E VISA. ✂ rist
chiuso maggio o giugno e novembre – **Pasto** carta 32/52000 – ☐ 20000 – **24 cam** 115/195000 – ½ P 115/135000.

Olympia, ✆ 79135, Fax 79354, ≤ Dolomiti, – TV ☎ P. 🅢 E VISA. ✂ rist
21 dicembre-14 aprile e giugno-ottobre – **Pasto** *(chiuso a mezzogiorno dal 21 dicembre al 14 aprile)* carta 26/47000 – ☐ 20000 – **29 cam** 150/240000 – ½ P 95/165000.

Royal senza rist, ✆ 79293, Fax 79293, ≤, – ☎ P. ✂
☐ 12000 – **12 cam** 80/120000.

Das italienische Straßennetz wird laufend verbessert.
Die rote **Michelin-Straßenkarte** *Nr.* 988 *im Maßstab 1:1 000 000 trägt diesem Rechnung.*
Beschaffen Sie sich immer die neuste Ausgabe.

ARBOREA Oristano 988 ㉝, 433 H 7 – Vedere Sardegna alla fine dell'elenco alfabetico.

ARCETO Reggio nell'Emilia 428 429 430 I 14 – Vedere Scandiano.

ARCETRI Firenze 430 K 15 – Vedere Firenze.

ARCEVIA **60011** Ancona 988 ⑯, 430 L 20 – 5 744 ab. alt. 535 – ☎ 0731.
Roma 240 – •Ancona 73 – Foligno 83 – Pesaro 74.

Park Hotel , ✆ 9595, Fax 9596, rist ☎ P – 30 a 80. AE 🅢 E VISA. ✂
Pasto *(chiuso lunedì)* carta 37/51000 – ☐ 12500 – **38 cam** 62/92000 – ½ P 72/92000.

ARCISATE **21051** Varese 428 E 8, 219 ⑧ – 9 069 ab. alt. 381 – ☎ 0332.
Roma 631 – Como 33 – •Lugano 27 – •Milano 63 – Varese 6.

XXX **Amadeus,** località Brenno E : 2 km ✆ 473709, Fax 473709, , prenotare – P. AE 🅢 ⓓ E VISA
chiuso domenica sera e lunedì – **Pasto** carta 55/72000.

ARCO **38062** Trento 988 ④, 428 429 E 14 – 13 247 ab. alt. 91 – a.s. Pasqua e Natale – ☎ 0464.
🅘 viale delle Palme 1 ✆ 532255, Fax 532353.
Roma 576 – Trento 33 – •Brescia 81 – •Milano 176 – Riva del Garda 6 – Vicenza 95.

Palace Hotel Città, ✆ 531100, Fax 516208, , riscaldata, – TV ☎ P – 50. AE 🅢 ⓓ E VISA. ✂ rist
chiuso dal 4 novembre al 22 dicembre e dal 7 gennaio a marzo – **Pasto** *(chiuso martedì)* carta 40/62000 – ☐ 18000 – **80 cam** 125/190000 – P 180000.

Villa delle Rose, ✆ 519091, Fax 516617, , , riscaldata, , – TV ☎ P – 200. AE 🅢 ⓓ E VISA. ✂ rist
Pasto *(chiuso giovedì in bassa stagione)* carta 33/52000 – **49 cam** ☐ 160/190000 – ½ P 115000.

Everest, località Vignole E : 2 km ✆ 519277, Fax 519280, ≤, , , , , – TV ☎ P – 60. 🅢 E VISA. ✂
Pasto *(chiuso lunedì escluso da giugno a settembre)* carta 34/52000 – **55 cam** ☐ 100/135000 – ½ P 85/90000.

Pace, ✆ 516398, Fax 518421, , – rist TV ☎. AE 🅢 ⓓ E VISA. ✂
Pasto *(chiuso lunedì)* carta 25/36000 – ☐ 10000 – **42 cam** 56/104000 – ½ P 72000.

Al Sole, ℘ 516676, Fax 518585, – |‡| TV ☎. AE 🅂 ⓓ E VISA
chiuso novembre – **Pasto** *(chiuso lunedì)* carta 30/45000 – ☕ 7000 – **20 cam** 62/114000 – ½ P 72000.

La Lanterna, località Prabi 30 (N : 2,5 km) ℘ 517013, prenotare – Ⓟ. 🅂 E VISA
chiuso martedì, dal 20 gennaio al 10 febbraio e dal 20 giugno al 10 luglio – **Pasto** carta 41/71000.

ARCORE 20043 Milano 428 F 9, 219 ⑲ – 16 300 ab. alt. 193 – ☎ 039.
Roma 594 – ◆Milano 31 – ◆Bergamo 39 – Como 43 – Lecco 30 – Monza 7.

Sant'Eustorgio, ℘ 6013718, Fax 617531, « Giardino ombreggiato » – |‡| TV ☎ Ⓟ. AE 🅂 ⓓ E VISA
chiuso dal 26 dicembre al 7 gennaio e dal 7 al 30 agosto – **Pasto** *(chiuso venerdì e domenica sera)* carta 52/68000 – **35 cam** ☕ 125/180000, 5 appartamenti.

ARCUGNANO 36057 Vicenza 429 F 16 – 6 323 ab. alt. 160 – ☎ 0444.
Roma 530 – ◆Padova 40 – ◆ Milano 211 – Vicenza 7.

Villa Michelangelo ⑤, ℘ 550300, Fax 550490, ≤ Colli Berici, « In un parco », coperta in inverno – |‡| ▤ TV ☎ Ⓟ – 🏠 25 a 300. AE 🅂 ⓓ E VISA. ⅔ rist
Pasto 60000 e al Rist. ***La Loggia*** *(chiuso domenica)* carta 50/80000 – **34 cam** ☕ 200/295000 – ½ P 186000.

Antica Osteria da Penacio, località Soghe S : 10 km ℘ 273540, Fax 273081 – Ⓟ. E VISA. ⅔
chiuso mercoledì e dal 20 gennaio al 10 febbraio – **Pasto** carta 32/43000.

ARDENZA Livorno 428 430 L 12 – Vedere Livorno.

ARDORE MARINA 89037 Reggio di Calabria 431 M 30 – 5 056 ab. alt. 250 – ☎ 0964.
Roma 711 – ◆Reggio di Calabria 88 – Catanzaro 107.

L'Aranceto, ℘ 629271, Fax 629030, – Ⓟ. AE 🅂 ⓓ E VISA. ⅔
chiuso martedì ed ottobre – **Pasto** carta 31/68000.

AREMOGNA L'Aquila 430 Q 24, 431 B 24 – Vedere Roccaraso.

ARENA PO 27040 Pavia 428 G 10 – 1 538 ab. alt. 60 – ☎ 0385.
Roma 537 – Piacenza 31 – Alessandria 81 – ◆Milano 67 – Pavia 29.

a Parpanese S : 6 km – ✉ 27040 Arena Po :

Parpanese, ℘ 70476, Coperti limitati; prenotare – ▤ Ⓟ. 🅂 VISA. ⅔
chiuso domenica sera, lunedì e dall'8 agosto all'8 settembre – **Pasto** carta 41/60000.

ARENZANO 16011 Genova 988 ⑬, 428 I 8 – 11 554 ab. – a.s. 15 dicembre-15 gennaio, 22 marzo-maggio e ottobre – ☎ 010.
Della Pineta (chiuso martedì ed ottobre) ℘ 9111817, Fax 9111270, O : 1 km.
via Cambiaso 2 ℘ 9127581, Fax 9127581.
Roma 527 – ◆Genova 24 – Alessandria 77 – ◆Milano 151 – Savona 23.

Gd H. Arenzano, ℘ 91091, Fax 9109444, ≤, – |‡| ▤ TV ☎ ♿ Ⓟ – 🏠 30 a 250. AE 🅂 ⓓ E VISA. ⅔
Pasto carta 54/78000 – **105 cam** ☕ 210/290000, 5 appartamenti – ½ P 183000.

Ena senza rist, ℘ 9127379, Fax 9123139, ≤ – |‡| TV ☎. AE 🅂 ⓓ E VISA
☕ 12000 – **24 cam** 90/130000.

Poggio Hotel, in prossimità casello autostrada O : 2 km ℘ 9135320, Fax 9135320, – TV ☎ ♿ Ⓟ. AE 🅂 ⓓ E VISA. ⅔ rist
Pasto carta 48/67000 – ☕ 12000 – **36 cam** 90/130000, 4 appartamenti – ½ P 95000.

ARESE 20020 Milano 428 F 9, 219 ⑱ – 18 750 ab. alt. 160 – ☎ 02.
Roma 597 – ◆Milano 16 – Como 36 – Varese 50.

Castanei, viale Alfa Romeo NO : 1,5 km ℘ 9380053, Fax 9380053 – ▤ Ⓟ. AE 🅂 ⓓ E VISA JCB. ⅔
chiuso domenica, mercoledì sera, dal 24 dicembre al 2 gennaio ed agosto – **Pasto** carta 33/54000.

Segnalateci il vostro parere sui ristoranti che raccomandiamo, indicandoci le loro specialità ed i vini di produzione locale da essi serviti.

AREZZO 52100 P 988 ⑮, 430 L 17 – 91 367 ab. alt. 296 – ☎ 0575.

Vedere Affreschi di Piero della Francesca*** nella chiesa di San Francesco ABY – Chiesa di Santa Maria della Pieve* : facciata** BY – Crocifisso** nella chiesa di San Domenico BY – Piazza Grande* BY – Museo d'Arte Medievale e Moderna* : maioliche** AY **M1** – Portico* e ancona* della chiesa di Santa Maria delle Grazie AZ – Opere d'arte* nel Duomo BY.

ℹ piazza della Repubblica 28 ☎ 377678, Fax 28042.

A.C.I. viale Luca Signorelli 24/a ☎ 303603.

Roma 214 ④ – ◆Perugia 74 ③ – ◆Ancona 211 ② – ◆Firenze 81 ④ – ◆Milano 376 ④ – Rimini 153 ①.

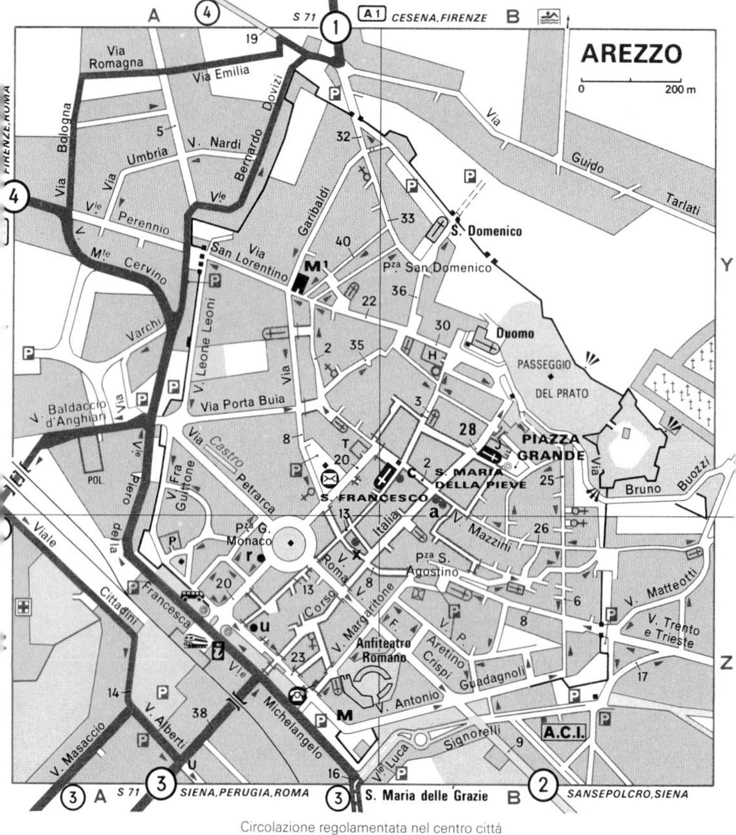

Circolazione regolamentata nel centro città

Etrusco, via Fleming 39 ☎ 984067, Fax 382131 – |♦| ▤ TV ☎ 🚗 P – 🏛 40 a 400. AE 🅢 ● E VISA. ✈ 1 km per ④
Pasto *(chiuso domenica)* carta 41/55000 – ☕ 15000 – **80 cam** 130/160000 – ½ P 130000.

Minerva, via Fiorentina 6 ☎ 370390, Fax 302415 – |♦| ▤ TV ☎ ♿ 🚗 P – 🏛 30 a 400. AE 🅢 ● E VISA. ✈ AY **n**
Pasto *(chiuso dal 1° al 20 agosto)* carta 34/50000 (15 %) – ☕ 15000 – **129 cam** 125/150000 – ½ P 130000.

Continentale, piazza Guido Monaco 7 ✆ 20251, Fax 350485 – |‡| ▤ TV ☎ – 🏛 70 a 100. AE ⓢ ⓞ E VISA. ✂ rist AZ **r**
Pasto *(chiuso domenica sera e dal 15 luglio al 15 agosto)* carta 34/52000 – ☕ 15000 – **74 cam** 100/155000 – P 163000.

Europa senza rist, via Spinello 43 ✆ 357701, Fax 357703 – |‡| ▤ TV ☎ – 🏛 25. AE ⓢ E VISA. ✂ AZ **u**
☕ 15000 – **45 cam** 100/150000.

XX **Buca di San Francesco,** piazza San Francesco 1 ✆ 23271, Fax 23271, « Ambiente d'intonazione trecentesca » – AE ⓢ ⓞ E VISA JCB BY **c**
chiuso lunedì sera, martedì e luglio – **Pasto** carta 38/54000 (10%).

XX **Le Tastevin,** via de' Cenci 9 ✆ 28304, Fax 28304, Piano-bar – ▤. AE ⓢ E VISA. ✂ AZ **x**
chiuso lunedì e dal 5 al 27 agosto – **Pasto** carta 34/48000.

X **Trattoria il Saraceno,** via Mazzini 6/a ✆ 27644 – AE ⓢ ⓞ E VISA BY **a**
chiuso mercoledì, dal 3 al 15 gennaio e dal 7 al 20 luglio – **Pasto** carta 24/41000.

X **Antica Osteria l'Agania,** via Mazzini 10 ✆ 25381, Trattoria con cucina casalinga – AE ⓢ E VISA BY **a**
chiuso lunedì e dal 10 al 25 giugno – **Pasto** 30/40000.

a Giovi per ① : 8 km – ✉ **52010** :

XX **Antica Trattoria al Principe,** ✆ 362046 – AE ⓢ ⓞ E VISA JCB. ✂
chiuso lunedì e dal 25 luglio al 20 agosto – **Pasto** carta 37/64000.

a Chiassa per ① : 9 km – ✉ **52030** :

X **Il Mulino,** ✆ 361878, ⛱, 🌳 – Ⓟ. AE ⓢ ⓞ E VISA. ✂
chiuso martedì e dal 1° al 25 agosto – **Pasto** carta 25/45000.

ARGEGNO

22010 Como 428 E 9, 219 ⑨ – 681 ab. alt. 220 – ☎ 031.
Roma 645 – Como 20 – •Lugano 43 – Menaggio 15 – •Milano 68 – Varese 44.

X **La Griglia** 🐕 con cam, strada per Schignano SO : 3 km ✆ 821147, Fax 821427, « Servizio estivo all'aperto », 🌳 – ☎ Ⓟ. AE ⓢ ⓞ E VISA
chiuso gennaio e febbraio – **Pasto** *(chiuso martedì escluso da luglio a settembre)* carta 50/73000 – ☕ 8000 – **6 cam** 65/80000 – ½ P 60/70000.

ARGELATO

40050 Bologna 429 430 I 16 – 7 691 ab. alt. 21 – ☎ 051.
Roma 393 – •Bologna 20 – •Ferrara 34 – •Milano 223 – •Modena 41.

XX ✿ **L'800,** via Centese 33 ✆ 893032, Fax 893032 – ▤ Ⓟ. ⓢ ⓞ E VISA. ✂
chiuso domenica sera, lunedì ed agosto – **Pasto** carta 35/50000 (10%)
Spec. Tagliatelle alle lumache, Guazzetto di rane, Medaglione di filetto ai finferli.

a Funo SE : 9 km – ✉ **40050** :

XX **Il Gotha,** ✆ 864070 – ▤. AE ⓢ ⓞ E VISA. ✂
chiuso domenica e dal 1° al 20 agosto – **Pasto** carta 43/62000.

ARGENTA

44011 Ferrara 988 ⑮, 429 430 I 17 – 22 381 ab. alt. 4 – ☎ 0532.
⛳18 (chiuso martedì e da gennaio al 15 febbraio) località Bosco Vecchio ✉ 44011 Argenta ✆ 852545, Fax 805466.
Roma 432 – •Bologna 53 – •Ravenna 40 – •Ferrara 34 – •Milano 261.

Villa Reale senza rist, viale Roiti 16/a ✆ 852334, Fax 852353 – |‡| ▤ TV ☎ ♿ 🚗 Ⓟ – 🏛 80. AE ⓢ ⓞ E VISA. ✂
☕ 15000 – **30 cam** 110/140000.

ARIANO NEL POLESINE

45012 Rovigo 988 ⑮, 429 H 18 – 5 172 ab. alt. 4 – ☎ 0426.
Roma 473 – •Padova 66 – •Ravenna 72 – •Ferrara 50 – •Milano 304 – Rovigo 36 – •Venezia 97.

XX **Due Leoni** con cam, corso del Popolo 21 ✆ 372129, Fax 372129 – ▤ rist ☎. AE ⓢ E VISA. ✂ rist
chiuso dal 3 al 17 luglio – **Pasto** *(chiuso lunedì)* carta 45/61000 – **13 cam** ☕ 60/80000 – ½ P 75000.

ARICCIA 00040 Roma 430 Q 20 – 17 495 ab. alt. 412 – ☎ 06 – Vedere Guida Verde.

Roma 25 – Latina 39.

Villa Aricia, via Appia Nuova ✆ 9321161, Fax 9320065, « Servizio rist. estivo all'aperto nel parco secolare » – 30 a 180. AE VISA
Pasto carta 32/58000 – ☐ 7500 – **63 cam** 100/130000 – ½ P 95/105000.

ARITZO Nuoro 988 ㉝, 433 H 9 – Vedere Sardegna alla fine dell'elenco alfabetico.

ARMA DI TAGGIA 18011 Imperia 988 ⑫, 428 K 5 – ☎ 0184.

Vedere Dipinti★ nella chiesa di San Domenico a Taggia★ N : 3,5 km.

☐ via Blengino 5 ✆ 43733, Fax 43333.

Roma 631 – Imperia 22 – ◆Genova 132 – ◆Milano 255 – Ventimiglia 25.

Vittoria Grattacielo, Lungomare 1 ✆ 43495, Fax 448578, ≤, « Giardino con » – 200. AE VISA rist
chiuso dal 12 ottobre al 22 dicembre – **Pasto** 38/50000 – **77 cam** ☐ 160/220000 – ½ P 100/110000.

XXX ⊛ **La Conchiglia,** Lungomare 33 ✆ 43169, Coperti limitati; prenotare – AE VISA
chiuso dal 1° al 15 giugno, dal 16 novembre al 1° dicembre e mercoledì (escluso luglio-agosto) – **Pasto** 45000 (a mezzogiorno) 65/90000 (alla sera) e carta 47/103000
Spec. Calamaretti farciti alle erbette di Liguria e patate fondenti (autunno-inverno), Tortelli di aragosta e mostella (pesce) ai carciofi (inverno-primavera), Gratin di pesce spada e melanzane (primavera-estate).

XX **Da Pino,** via Andrea Doria 66 ✆ 42463, prenotare – AE VISA JCB
chiuso giovedì e dal 30 novembre al 20 dicembre – **Pasto** carta 30/70000.

ARMENZANO Perugia 430 M 20 – Vedere Assisi.

AROLA 28010 Verbania 428 E 7, 219 ⑥ – 309 ab. alt. 615 – ☎ 0323.

Roma 663 – Stresa 28 – Domodossola 38 – ◆Milano 95 – Novara 53 – Varese 62.

XX **La Zucca,** via Colma 18 bis ✆ 821114, prenotare, –
chiuso martedì e dal 27 agosto al 15 settembre – **Pasto** carta 42/78000.

AROLO Varese 428 E 7, 219 ⑦ – alt. 225 – ✉ **21038** Leggiuno Sangiano – ☎ 0332.

Roma 651 – Stresa 45 – Laveno Mombello 8 – ◆Milano 74 – Novara 61 – Sesto Calende 22 – Varese 23.

X **Campagna** con cam, ✆ 647107, Fax 647107 – AE VISA
chiuso dal 24 dicembre a gennaio – **Pasto** *(chiuso martedì)* carta 36/72000 – ☐ 8000 – **18 cam** 55/75000 – ½ P 66000.

ARONA 28041 Novara 988 ② ③, 428 E 7 – 15 377 ab. alt. 212 – ☎ 0322.

Vedere Lago Maggiore★★★ – Colosso di San Carlone★ – Polittico★ nella chiesa di Santa Maria – ≤★ sul lago e Angera dalla Rocca.

☐ piazzale Duca d'Aosta ✆ 243601, Fax 243601.

Roma 641 – Stresa 16 – ◆Milano 40 – Novara 64 – ◆Torino 116 – Varese 32.

Concorde, via Verbano 1 ✆ 249321, Fax 249372, ≤ Rocca di Angera e lago, – 30 a 200. AE VISA JCB rist
Pasto al Rist. ***La Gioconda*** carta 54/85000 – ☐ 20000 – **82 cam** 120/240000 – ½ P 160/230000.

Atlantic, corso Repubblica 124 ✆ 46521, Fax 48358, « Rist.-piano bar in terrazza con ≤ Rocca d'Angera e lago » – 30 a 100. AE VISA JCB rist
Pasto 45000 e al Rist. ***Arc en Ciel*** *(chiuso a mezzogiorno, domenica ed agosto)* carta 50/75000 – ☐ 18000 – **77 cam** 155/195000, 2 appartamenti – P 140/160000.

Giardino, corso Repubblica 1 ✆ 45994, Fax 249401, ≤ – AE VISA
Pasto carta 35/54000 – ☐ 14000 – **55 cam** 130/142000 – ½ P 85/123000.

Florida senza rist, piazza del Popolo 32 ✆ 46212, ≤ –
11 marzo-7 novembre – ☐ 11000 – **21 cam** 75/110000.

XXX ⊛ **Taverna del Pittore,** piazza del Popolo 39 ✆ 243366, Fax 48016, ≤ Rocca di Angera e lago, prenotare, « Terrazza sul lago » – AE VISA
chiuso lunedì, Natale e novembre – **Pasto** 98000 (10%) e carta 66/103000 (10%)
Spec. Foie gras e scalogno al balsamico (ottobre-dicembre), Gnocchi al nero di seppia, Riccioli di sogliola astice e scampi ai finferli (luglio-settembre).

XX **Al Cantuccio,** piazza del Popolo 1 ✆ 243343 – AE VISA
chiuso lunedì ed agosto – **Pasto** carta 50/78000 (10%).

XX **Del Barcaiolo,** piazza del Popolo 20/23 ✆ 243388, « Taverna caratteristica » – AE VISA JCB
chiuso mercoledì, dal 25 gennaio al 7 febbraio e dal 20 luglio al 20 agosto – **Pasto** carta 48/72000.

ad Oleggio Castello O : 3 km – ✉ **28040** :

X **Bue D'Oro,** via Vittorio Veneto 2 ☏ 53624, prenotare – AE VISA
chiuso mercoledì, dal 2 al 12 gennaio e dal 20 agosto al 10 settembre – **Pasto** carta 37/67000.

ARQUÀ PETRARCA **35032** Padova 429 G 17 – 1 923 ab. alt. 56 – ☎ 0429.
Vedere Guida Verde.
Roma 478 – ◆Padova 22 – Mantova 85 – ◆Milano 268 – Rovigo 27 – ◆Venezia 61.

XXX **La Montanella,** ☏ 718200, Fax 777177, ≤, – AE E VISA
chiuso martedì sera, mercoledì, da gennaio al 15 febbraio e dall'8 al 20 agosto – **Pasto** 38000 (solo a mezzogiorno) 60/62000 e carta 41/59000.

ARTA TERME **33022** Udine 429 C 21 – 2 257 ab. alt. 442 – Stazione termale (maggio-ottobre), a.s. 10 luglio-14 settembre e Natale – ☎ 0433.
via Umberto I 15 ☏ 929290, Fax 92104.
Roma 696 – Udine 56 – ◆Milano 435 – Monte Croce Carnico 25 – Tarvisio 71 – Tolmezzo 8 – ◆Trieste 129.

a Piano d'Arta N : 2 km – alt. 564 – ✉ **33020** :

Gardel, ☏ 92588, Fax 92153, AE VISA. rist
chiuso dal 16 al 30 gennaio e dal 16 novembre al 16 dicembre – **Pasto** 25/40000 – **55 cam** 50/90000 – ½ P 90000.

ARTIMINO Prato 428 430 K 15 – Vedere Carmignano.

ARZACHENA Sassari 988 ㉓, 433 D 10 – Vedere Sardegna alla fine dell'elenco alfabetico.

ARZIGNANO **36071** Vicenza 988 ④, 429 F 15 – 21 346 ab. alt. 116 – ☎ 0444.
Roma 536 – ◆Verona 48 – ◆Venezia 87 – Vicenza 22.

XXX ✿ **Principe** con cam, via Caboto 16 ☏ 675131, Fax 675921, AE E VISA JCB.
chiuso dal 1° al 23 agosto – **Pasto** *(chiuso domenica)* carta 54/75000 – **12 cam** 110/180000
Spec. Tortino di farro con torcione d'oca al Sauternes e millefoglie di taccole, Risotto al branzino con crema di peperoni, Composta di San Pietro con scaloppa di fegato d'anatra e piccole melanzane farcite.

ASCOLI PICENO **63100** P 988 ⑯, 430 N 22 – 52 956 ab. alt. 153 – ☎ 0736.
Vedere Piazza del Popolo★★ B : palazzo dei Capitani del Popolo★, chiesa di San Francesco★, Loggia dei Mercanti★ A – Quartiere vecchio★ AB : ponte di Solestà★, chiesa dei Santi Vicenzo ed Anastasio★ N – Corso Mazzini★ ABC – Polittico del Crivelli★ nel Duomo C – Battistero★ C E.
piazza del Popolo 1 ☏ 253045, Fax 252391.
A.C.I. viale Indipendenza 38/a ☏ 45920.
Roma 191 ② – ◆Ancona 122 ① – L'Aquila 101 ② – ◆Napoli 331 ② – ◆Perugia 175 ② – ◆Pescara 88 ① – Terni 150 ②.

Pianta pagina seguente

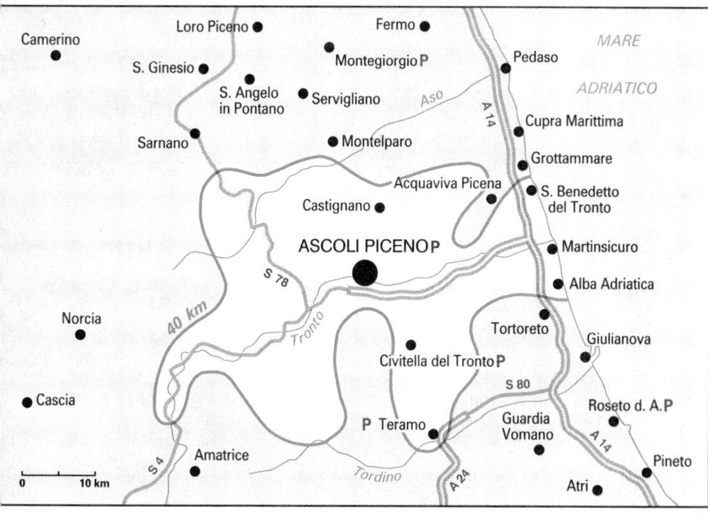

Villa Pigna ⑤, località Pigna Bassa ✉ 63040 Folignano ℘ 491868, Fax 491868, « Giardino ombreggiato » – |‡| ▤ TV ☎ P – 🏃 60 a 300
52 cam. 5 km per ①

Gioli senza rist, viale De Gasperi 14 ℘ 255550, Fax 255550, – |‡| TV ☎ 🚗. AE ⓢ ⓞ E VISA. ✂ C **a**
56 cam ☕ 90/135000.

Gallo d'Oro, corso Vittorio Emanuele 13 ℘ 253520 – ▤. AE ⓢ ⓞ E VISA. ✂ C **n**
chiuso domenica sera, lunedì, dal 23 dicembre al 3 gennaio e dal 5 al 20 agosto – **Pasto** carta 31/43000.

Tornasacco, piazza del Popolo 36 ℘ 254151, Fax 258579 – ▤. AE ⓢ ⓞ E VISA JCB
chiuso venerdì e dal 1° al 15 luglio – **Pasto** carta 34/46000. B **a**

Kursaal, via Luigi Mercantini 66 ℘ 253140, Fax 253140 – ▤. AE ⓢ ⓞ E VISA C **b**
chiuso domenica – **Pasto** carta 29/50000.

ASIAGO 36012 Vicenza 988 ④ ⑤, 429 E 16 – 6 573 ab. alt. 1 001 – Sport invernali : sull'Altopiano : 1 001/2 005 m ⛷48, ⛷ – ☎ 0424.

⛳ (maggio-ottobre) ℘ 462721, Fax 462721.

ℹ piazza Carli 56 ℘ 462221, Fax 462445.

Roma 589 – Trento 64 – ◆Milano 261 – ◆Padova 88 – Treviso 83 – ◆Venezia 121 – Vicenza 55.

Linta Park Hotel ⑤, via Linta 6 ℘ 462753, Fax 463477, ← Altopiano, 🏋, ≘s, 🏊, 🌳, 🎾 – |‡| TV ☎ 🚗 P – 🏃 100. VISA. ✂ rist
chiuso dal 30 ottobre al 23 dicembre – **Pasto** *(aperto dicembre-gennaio e giugno-agosto)* 60000 – ☕ 19000 – **98 cam** 147/183000 – ½ P 183000.

La Baitina ⑤ località Kaberlaba SO : 5 km ℘ 462149, Fax 463677, ← Altopiano, ≘s, 🌳 – |‡| TV ☎ P – 🏃 300. VISA
chiuso novembre – **Pasto** (solo per clienti alloggiati) carta 34/44000 – ☕ 15000 – **27 cam** 90/120000 – ½ P 115000.

Erica, via Garibaldi 55 ℘ 462113, Fax 462861, 🌳 – |‡| ▤ rist TV ☎ 🚗 P. AE VISA. ✂
dicembre-18 aprile e 10 giugno-20 settembre – **Pasto** 35/50000 – ☕ 13000 – **35 cam** 100/130000 – ½ P 100/120000.

Miramonti ⑤, località Kaberlaba SO : 4 km ℘ 462526, Fax 463533, ←, 🌳, 🎾 – |‡| TV ☎ P. ✂
dicembre-aprile e giugno-settembre – **Pasto** 25/30000 – ☕ 15000 – **29 cam** 100/130000 ½ P 90/95000.

Europa, via 4 Novembre 65 ℘ 462399, Fax 462659 – TV ☎. AE ⓢ ⓞ E VISA. ✂ rist
dicembre-Pasqua e giugno-15 ottobre – **Pasto** carta 30/41000 – **27 cam** ☕ 70/90000 ½ P 100000.

Vescovi ⑤, via Don Viero 80 ℘ 462614, Fax 462840, ← – TV ☎ 🚗 P. ✂ rist
20 dicembre-marzo e 15 giugno-15 settembre – **Pasto** 30000 – ☕ 12000 – **19 cam** 110/120000 – ½ P 60/110000.

Casa Rossa, località Kaberlaba SO : 3,5 km ℘ 462017, ← – P. AE ⓢ ⓞ E VISA
chiuso ottobre e giovedì (escluso da aprile a settembre) – **Pasto** carta 30/45000.

Aurora ⑤ con cam, via Ebene 71 ℘ 462469, Coperti limitati; prenotare – ☎ P. AE ⓢ VISA. ✂ rist
chiuso dal 1° al 15 maggio e dal 1° al 15 ottobre – **Pasto** *(chiuso lunedì)* carta 35/45000 ☕ 8000 – **8 cam** 45/90000, 4 appartamenti.

ASCOLI PICENO

Popolo (Piazza del) . **B**
Roma (Piazza) . . . . . **B** 22
Trento e Trieste (Corso) . . . . **B** 33

Alighieri (Via D.) . . . . **C** 2
Arringo (Piazza) . . . . . **BC** 3
Bonaccorsi (Via del) . . . . **BC** 5
Buonaparte (Via) . **C** 6

Cairoli (Via) . . . . B 7
Cecco d'Ascoli (Piazza) . . . . A 9
Corfino (Via di) . . . . . . A 10
Fortezza (V. della) . . . . B 13
Lazzari Tullio (Via) . . . A 14
Manilia (Via) . . . . A 15
Matteotti (Piazza) . . . . C 17
Ponte Maggiore . . . . C 18
Ponte Pta Cartara . . . A 20
Ponte Pta Tuffilla (Nuovo) . . . . C 21
S. Agostino (Piazza) . . . . B 24
S. Angelo (Via) . . . . B 25
S. Giuliano (Via) . . . . A 26
Solestà (Via di) . . . . . B 28
Templari (Via de) . . . . A 29
Trebbiani (Via) . . . . . B 32
Trivio (Via del) . . . . . B 34
Vidacilio (Via) . . . . . . B 35
20 Settembre (Via) . . . . B 37

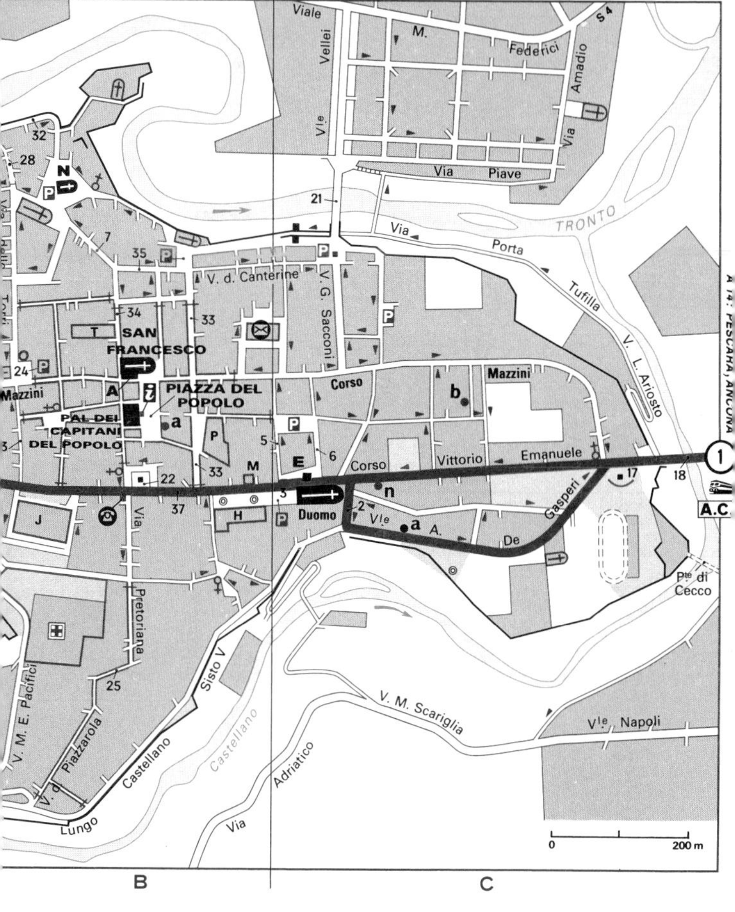

ASOLO 31011 Treviso 988 ⑤, 429 E 17 – 6 714 ab. alt. 204 – ☎ 0423 – Vedere Guida Verde.
ℹ via Santa Caterina 258 (Villa De Mattia) ☎ 529046, Fax 524137.
Roma 559 – ◆Padova 52 – Belluno 65 – ◆Milano 255 – Trento 104 – Treviso 35 – ◆Venezia 66 – Vicenza 51.

Villa Cipriani ⛓, ☎ 952166, Telex 411060, Fax 952095, ≤ pianura e colline, – ⊞ ▤ TV ☎ ⇔ P. AE ⑤ ⊕ E VISA JCB. ✂
Pasto carta 82/138000 – ☐ 27000 – **31 cam** 385/484000 – ½ P 344/382000.

XX ✿ **Bacco e Tabacco,** località Pagnano O : 1 km ☎ 529475, Coperti limitati; prenotare – ⑤ E VISA
chiuso lunedì, martedì a mezzogiorno ed agosto – **Pasto** carta 50/78000
Spec. Sfogliatina di asparagi con zabaione, Gnocchi di zucca al cucchiaio con ricotta affumicata di Sauris, Petto d'anatra con composta di mele profumata al Calvados e salsa al porto.

XX **Ai Due Archi,** ☎ 952201, – AE ⑤ E VISA
chiuso mercoledì sera, giovedì e dal 15 al 30 gennaio – **Pasto** carta 33/49000.

XX **Da Gigi Bindi,** località Casonetto N : 1 km ☎ 952842, Specialità di mare, prenotare – Ⓟ. AE 🅂 E VISA. ✂
chiuso a mezzogiorno (escluso i giorni festivi), domenica sera e lunedì – **Pasto** carta 44/70000.

XX **Tavernetta,** via Schiavonesca 45 (S : 2 km) ☎ 952273, Coperti limitati; prenotare – Ⓟ. AE
chiuso martedì e dal 15 al 30 luglio – **Pasto** carta 34/48000.

ASSAGO Milano 219 ⑲ – Vedere Milano, dintorni.

ASSEMINI Cagliari 988 ㉝, 433 J 8 – Vedere Sardegna alla fine dell'elenco alfabetico.

ASSERGI **67010** L'Aquila 988 ㉖, 430 O 22 – alt. 867 – ☎ 0862.

Dintorni Campo Imperatore★★ E : 22 km : funivia per il Gran Sasso★★.

Roma 134 – L'Aquila 14 – ◆Pescara 109 – Rieti 72 – Teramo 88.

a Fonte Cerreto NE : 4 km – alt. 1 120 – ✉ **67010** Assergi :

Cristallo 🐎, alla base della funivia del Gran Sasso ☎ 606678, Fax 606688, « Servizio estivo all'aperto » – |♦| TV ☎. AE 🅂 E VISA. ✂
Pasto 30/40000 e al Rist. ***Il Geranio*** carta 39/57000 – **21 cam** ☐ 90/120000 – ½ P 100000.

Fiordigigli 🐎 alla base della funivia del Gran Sasso ☎ 606171, Fax 606674, ≤ – |♦| TV ☎ 🚗 Ⓟ – 🏛 70. AE 🅂 ⓓ E VISA. ✂
Pasto carta 29/48000 – **55 cam** ☐ 70/100000 – ½ P 75/95000.

La Villetta 🐎 senza rist, alla base della funivia del Gran Sasso ☎ 606134 – TV ☎ Ⓟ. AE 🅂 ⓓ E VISA. ✂
10 cam ☐ 80/100000.

ASSISI **06081 e 06082** Perugia 988 ⑯, 430 M 19 – 24 932 ab. alt. 424 – ☎ 075.

Vedere Basilica di San Francesco★★★ A : affreschi★★★ nella Basilica inferiore, affreschi di Giotto★★★ nella Basilica superiore.
Chiesa di Santa Chiara★★ BC – Rocca Maggiore★★ B : ✻★★★ – Duomo di San Rufino★ C : facciata★★ – Piazza del Comune★ B 3 : tempio di Minerva★ – Via San Francesco★ AB – Chiesa di San Pietro★ A.

Dintorni Eremo delle Carceri★★ E : 4 km C – Convento di San Damiano★ S : 2 km BC – Basilica di Santa Maria degli Angeli★ SO : 5 km A.

ℹ piazza del Comune 12 ✉ 06081 ☎ 812534, Telex 660122, Fax 813727.

Roma 177 ① – ◆Perugia 23 ③ – Arezzo 99 ② – ◆Milano 475 ② – Siena 131 ② – Terni 76 ①.

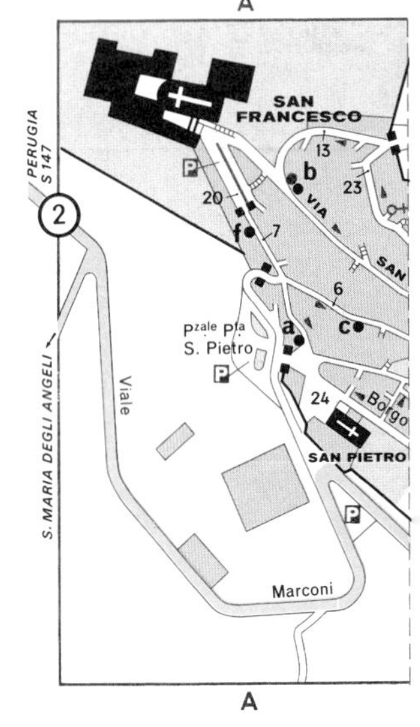

Subasio, via Frate Elia 2 ✉ 06081 ☎ 812206, Telex 662029, Fax 816691, ≤, 🌳, « Terrazze fiorite » – |♦| TV ☎. AE 🅂 ⓓ E VISA JCB. ✂ rist — A f
Pasto carta 45/60000 – ☐ 15000 – **43 cam** 145/230000, 5 appartamenti – ½ P 160000.

Giotto, via Fontebella 41 ✉ 06082 ☎ 812209, Telex 563259, Fax 816479, ≤, 🌳 – TV ☎ 🚗 Ⓟ – 🏛 50. AE 🅂 ⓓ E VISA. ✂ — A c
Pasto *(chiuso a mezzogiorno)* 45/55000 – ☐ 20000 – **70 cam** 110/180000, appartamento – ½ P 135/155000.

Fontebella, via Fontebella 25 ✉ 06082 ☎ 812883, Fax 812941, ≤ – |♦| TV ☎. AE 🅂 ⓓ E VISA JCB — B e
Pasto vedere rist **Il Frantoio** – ☐ 19000 – **46 cam** 140/210000, 3 appartamenti – P 185000.

Umbra 🐎, vicolo degli Archi 6 ✉ 06081 ☎ 812240, Fax 813653, « Servizio rist. estivo all'aperto » – TV ☎. AE 🅂 ⓓ E VISA. ✂ — B x
chiuso dal 10 gennaio al 15 marzo – **Pasto** *(chiuso martedì e dal 15 novembre al 15 dicembre)* carta 35/63000 – ☐ 15000 – **21 cam** 100/140000.

Dei Priori, corso Mazzini 15 ✉ 06081 ☎ 812237, Fax 816804 – |♦| ☎. AE 🅂 ⓓ E VISA JCB. ✂ — B n
20 marzo-10 novembre – **Pasto** 25/35000 – ☐ 12000 – **34 cam** 105/145000 – ½ P 140000.

San Francesco, via San Francesco 48 ✉ 06082 ☎ 812281, Fax 816237, ≤ – |♦| ▤ TV ☎. AE 🅂 ⓓ E VISA JCB. ✂ rist — A b
Pasto (solo per clienti alloggiati) 50/65000 – ☐ 25000 – **44 cam** 125/170000 – ½ P 130/160000.

Berti senza rist, piazza San Pietro 24 ✉ 06081 ✆ 813466 – TV ☎. AE ⓢ ⓞ E VISA JCB. A **a**
chiuso dall'11 gennaio a febbraio – ☕ 8000 – **10 cam** 60/90000.

Sole, corso Mazzini 35 ✉ 06081 ✆ 812373, Fax 813706 – ☎. AE ⓢ ⓞ E VISA JCB.
Pasto (*aprile-ottobre; solo per clienti alloggiati*) – ☕ 12000 – **37 cam** 60/90000 – ½ P 75/80000. B **z**

Del Viaggiatore, via Sant'Antonio 14 ✉ 06081 ✆ 816297, Fax 813051 – ☎. AE ⓢ ⓞ VISA. B **g**
Pasto carta 28/42000 – ☕ 8000 – **16 cam** 65/95000 – ½ P 90000.

Ideale senza rist, piazza Matteotti 1 ✉ 06081 ✆ 813570, ≤ – TV ☎ P. AE ⓢ E VISA.
☕ 10000 – **11 cam** 65/100000. C **a**

Medio Evo, via Arco dei Priori 4/b ✉ 06081 ✆ 813068, Fax 812870, « Rinvenimenti archeologici » – ▤. AE ⓢ ⓞ E VISA JCB. B **h**
chiuso mercoledì, dal 7 gennaio al 1° febbraio e dal 3 al 21 luglio – **Pasto** carta 50/70000.

San Francesco, via San Francesco 52 ✉ 06081 ✆ 813302, Fax 815201, ≤ Basilica di San Francesco, prenotare – ▤. AE ⓢ ⓞ E VISA JCB A **b**
chiuso mercoledì e dal 1° al 15 luglio – **Pasto** carta 50/78000.

Buca di San Francesco, via Brizi 1 ✉ 06081 ✆ 812204, Fax 813780 – AE ⓢ ⓞ E VISA B **v**
chiuso lunedì, dal 7 gennaio a febbraio e dal 1° al 28 luglio – **Pasto** carta 36/60000.

Taverna de l'Arco - da Bino, via San Gregorio 8 ✉ 06081 ✆ 812383, Fax 812383 – ⓢ E VISA B **t**
chiuso martedì, dal 7 gennaio al 13 febbraio e dal 30 giugno al 10 luglio – **Pasto** carta 28/47000.

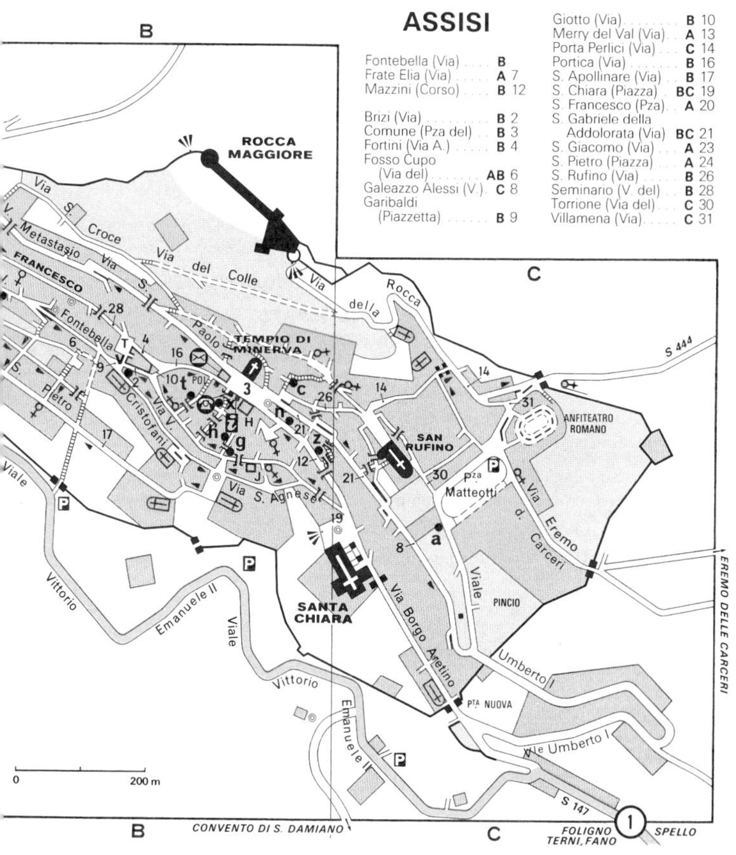

XX **Il Frantoio,** vicolo Illuminati ✉ 06081 ☎ 812977, Fax 812941 – AE ⓢ ⓓ E VISA JCB
Pasto carta 52/78000. B e

XX **La Fortezza** con cam, vicolo della Fortezza 2/b ✉ 06081 ☎ 812418, Fax 812418, Coperti limitati; prenotare – ☎. AE ⓢ ⓓ E VISA JCB. ✻ cam B c
Pasto *(chiuso giovedì)* carta 25/38000 – ☐ 10000 – **7 cam** 85000.

a Santa Maria degli Angeli SO : 5 km – ✉ **06088** :

Cristallo, ☎ 8043094, Fax 8043538 – |‡| ▤ TV ☎ ♿ P – 🏛 50. AE ⓢ ⓓ E VISA. ✻ rist
Pasto (solo per clienti alloggiati) 30/45000 – ☐ 10000 – **52 cam** 85/120000 – 1/2 P 95000.

a Petrignano NO : 9 km per ② – ✉ **06086** :

La Torretta senza rist, ☎ 8038778, Fax 8039474, ⛱, ⛲ – TV ☎ P. ⓢ E VISA. ✻
chiuso dal 5 al 30 gennaio – ☐ 10000 – **31 cam** 70/100000.

XX **Poppy Inn-Locanda del Papavero** con cam, ☎ 8039255, Fax 8039255, « Servizio rist estivo in giardino » – ☎ P. ⓢ E VISA
chiuso Natale – **Pasto** *(chiuso mercoledì da settembre a marzo)* carta 36/57000 – ☐ 12000 - **9 cam** 80/120000 – 1/2 P 110000.

a Rocca Sant'Angelo NO : 12 km – ✉ **06086** Petrignano :

X **La Rocchicciola,** ☎ 8038161, ⛱, Coperti limitati; prenotare, ⛲ – P. VISA. ✻
chiuso martedì e luglio o agosto – **Pasto** carta 31/55000.

ad Armenzano E : 12 km – alt. 759 – ✉ **06081** Assisi :

Le Silve , ☎ 8019000, Fax 8019005, <, ⛱, « In un casale del 10° secolo », ⛱, ⛲, ✻ – TV ☎ P. AE ⓢ ⓓ E VISA JCB. ✻
chiuso sino al 15 marzo – **Pasto** (solo su prenotazione) carta 54/68000 – **13 cam** ☐ 260/270000 – 1/2 P 175000.

a San Gregorio NO : 13 km – ✉ **06081** Assisi :

Castel San Gregorio , ☎ 8038009, Fax 8038904, <, ⛲ – ☎ P. AE ⓢ E VISA JCB ✻ rist
chiuso dal 15 al 30 gennaio – **Pasto** 42000 – ☐ 13000 – **12 cam** 85/130000 – 1/2 P 110000

ASTI 14100 P 988 ⑫, 428 H 6 – 73 786 ab. alt. 123 – ☎ 0141.

Vedere Battistero di San Pietro★ B A – **Dintorni** Monferrato★ per ①.

ℹ piazza Alfieri 34 ☎ 530357, Fax 538200 – A.C.I. piazza Medici 21 ☎ 557676.

Roma 615 ② – Alessandria 38 ② – ♦Torino 60 ④ – ♦Genova 116 ② – ♦Milano 127 ② – Novara 103 ②.

Pianta pagina seguente

Salera, via Monsignor Marello 19 ☎ 410169, Fax 410372 – |‡| ▤ TV ☎ 🚗 P. AE ⓢ ⓓ E VISA. ✻ rist per strada Fortino B
Pasto *(chiuso lunedì)* 35/50000 – **48 cam** ☐ 120/180000 – 1/2 P 100000.

Lis senza rist, viale Fratelli Rosselli 10 ☎ 595051, Fax 353845 – ▤ TV ☎ 🚗. AE ⓢ ⓓ E VISA – **29 cam** ☐ 110/160000. B

Palio senza rist, via Cavour 106 ☎ 34371, Fax 34373 – |‡| ▤ TV ☎ – 🏛 25. AE ⓢ ⓓ E VISA JCB B
chiuso dal 1° al 15 agosto – **29 cam** ☐ 130/220000, 5 appartamenti.

Aleramo senza rist, via Emanuele Filiberto 13 ☎ 595661, Fax 30039 – |‡| ▤ TV ☎ 🚗. AE ⓢ ⓓ E VISA B
chiuso dal 24 al 26 dicembre e dal 9 al 25 agosto – ☐ 15000 – **42 cam** 100/170000.

Rainero senza rist, via Cavour 85 ☎ 353866, Fax 594985 – |‡| ▤ TV ☎ 🚗 – 🏛 25 a 100. ⓢ ⓓ E VISA B
chiuso dal 1° all'8 gennaio – ☐ 14000 – **49 cam** 75/115000, ▤ 10000.

XXX ✿ **Gener Neuv,** lungo Tanaro 4 ☎ 557270, Fax 436723, Coperti limitati; prenotare – ▤ P. AE ⓢ ⓓ E VISA. ✻ per ③
chiuso agosto, dicembre o gennaio, lunedì, domenica sera e in luglio anche domenica a mezzogiorno – **Pasto** 50/90000 (a mezzogiorno) 70/90000 (alla sera) e carta 63/88000
Spec. Sfoglia al raschera, Lasagne rustiche alle verdure, Piccione in agrodolce (settembre-marzo).

XX **L'Angolo del Beato,** via Guttuari 12 ☎ 531668 – ▤. AE ⓢ ⓓ E VISA. ✻ B
chiuso domenica, dal 1° al 10 gennaio e dal 1° al 20 agosto – **Pasto** carta 45/75000.

XX Il Cenacolo, viale Pilone 59 ☎ 531110, ⛱, Coperti limitati; prenotare B

X **La Greppia,** corso Alba 140 ☎ 593262 – P. AE ⓢ ⓓ E VISA A
chiuso lunedì – **Pasto** carta 29/46000.

X **Falcon Vecchio,** via San Secondo 8 ☎ 593106 – ⓢ ⓓ E VISA B
chiuso domenica sera, lunedì e dal 9 al 21 agosto – **Pasto** carta 45/70000.

X **Il Convivio Vini e Cucina,** via G.B. Giuliani 6 ☎ 594188, Coperti limitati; prenotare – AE ⓢ ⓓ E VISA. ✻ B
chiuso domenica, dal 24 dicembre al 2 gennaio e dal 10 al 19 agosto – **Pasto** carta 42/61000

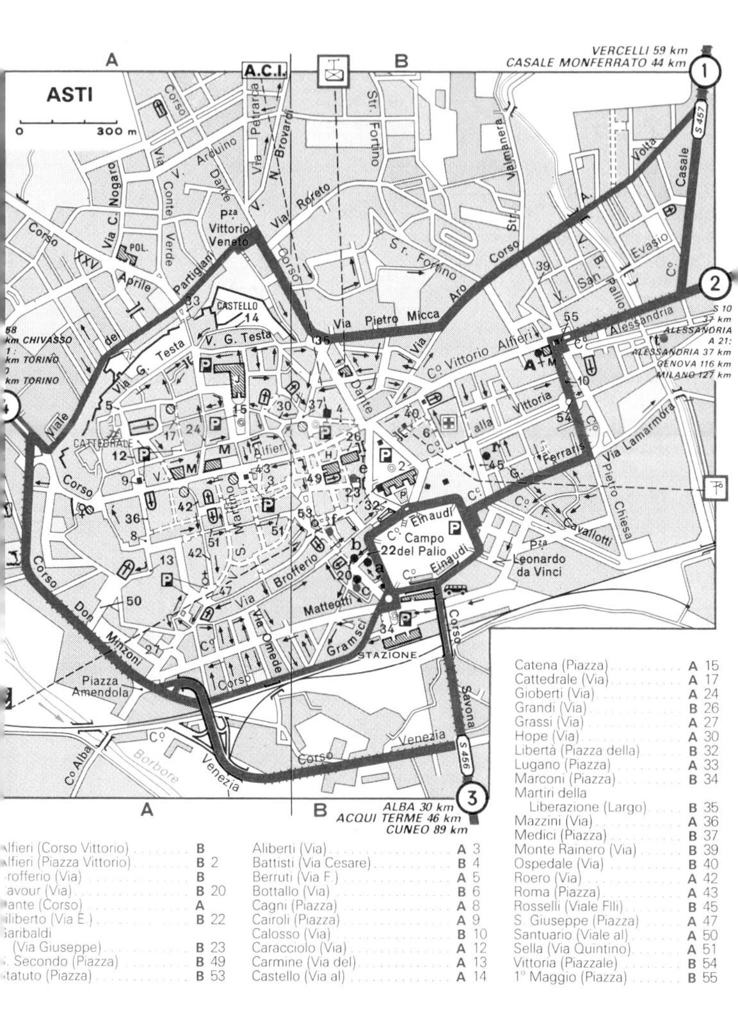

sulla strada statale 10 per ④ : 4 km (Valle Benedetta) :

Hasta Hotel ⛰, ✉ 14100 ✆ 213312, Fax 219580, ≤, « Servizio rist. estivo in giardino », 🍴 – ▤ TV ☎ 🚗 P – 🏛 40 a 200. AE ⓢ ⓓ E VISA. ✂
Pasto *(chiuso domenica)* carta 50/86000 – ☕ 16000 – **26 cam** 120/160000 – 1/2 P 135/165000.

a Castiglione per ② : 8 km – ✉ **14037** :

✗ **Da Aldo,** ✆ 206008 – P. AE ⓢ ⓓ E VISA. ✂
chiuso mercoledì, dal 7 al 31 gennaio e dal 25 al 31 luglio – **Pasto** carta 36/63000.

ATENA LUCANA 84030 Salerno 431 F 28 – 2 348 ab. alt. 642 – ☎ 0975.
Roma 346 – Potenza 54 – ♦Napoli 140 – Salerno 89.

Kristall Palace, ✆ 71152, Fax 71153 – 🛗 ▤ TV ☎ 🚗 P – 🏛 700. AE ⓢ ⓓ E VISA. ✂
Pasto 18/25000 – ☕ 3000 – **22 cam** 60/80000 – 1/2 P 65000.

Jährlich eine neue Ausgabe
Aktuellste Informationen,
jährlich für Sie!

ATRANI 84010 Salerno [431] F 25 – 1 034 ab. alt. 12 – ✆ 089.
Roma 270 – ♦ Napoli 69 – Amalfi 2 – Avellino 59 – Salerno 23 – Sorrento 36.

🍴 **'A Paranza,** ✆ 871840, Specialità di mare, prenotare – ❄. AE [S] ⓞ E VISA. ✗
chiuso dal 1° al 20 febbraio, dal 10 al 25 dicembre e martedì (escluso dal 15 giugno a 15 settembre) – **Pasto** carta 35/55000.

ATRI 64032 Teramo [988] [27], [430] O 23 – 11 344 ab. alt. 442 – ✆ 085.
Vedere Cattedrale★.
Dintorni Paesaggio★★ (Bolge) NO verso Teramo.
Roma 203 – Ascoli Piceno 80 – ♦ Pescara 26 – Teramo 45.

🏨 **Du Parc,** viale Umberto I 6 ✆ 870260, Fax 8798326, 🏊 – |♦| ❄ rist [TV] ☎ 🚗 – 🏛 200. AE [S] E VISA. ✗ rist
Pasto *(marzo-ottobre)* carta 27/49000 – **35 cam** ☕ 90/120000 – ½ P 95/100000.

ATRIPALDA 83042 Avellino [431] E 26 – 11 330 ab. alt. 280 – ✆ 0825.
Roma 249 – Potenza 136 – Avellino 4 – ♦ Napoli 61 – Salerno 38.

🍴🍴 **Al Cenacolo,** via Appia III Traversa 7 ✆ 623586, Fax 623586 – ❄ [P]. AE [S] ⓞ E VISA
chiuso martedì – **Pasto** carta 37/58000.

ATTIGLIANO 05012 Terni [988] [25], [430] O 18 – 1 708 ab. alt. 95 – ✆ 0744.
Dintorni Sculture★ nel parco della villa Orsini a Bomarzo SO : 6 km.
Roma 87 – Viterbo 27 – Orvieto 34 – Terni 42.

🏨 **Umbria,** in prossimità casello autostrada A1 ✆ 994222, Fax 994340, 🏊, 🌳, 🎾 – |♦| ❄ [TV] ☎ 🚗 [P]. AE [S] ⓞ E VISA. ✗
Pasto *(chiuso lunedì escluso da luglio a settembre)* carta 33/51000 – ☕ 12000 – **62 cam** 75/105000 – ½ P 90/100000.

AUER = Ora.

AUGUSTA Siracusa [988] [37], [432] P 27 – Vedere Sicilia alla fine dell'elenco alfabetico.

AULLA 54011 Massa Carrara [988] [14], [428] [429] J 11 – 10 304 ab. alt. 64 – ✆ 0187.
Roma 418 – ♦ La Spezia 23 – ♦ Parma 92.

🍴🍴 **Il Rigoletto,** quartiere Matteotti 29 ✆ 409879, 🌂, Coperti limitati; prenotare – [P]. AE [S] ⓞ E VISA. ✗
chiuso lunedì e dal 10 al 25 settembre – **Pasto** carta 50/75000.

AURONZO DI CADORE 32040 e 32041 Belluno [988] [5], [429] C 19 – 3 744 ab. alt. 864 – Sport invernali : 864/2 220 m ⛷6, ⛷ (vedere anche Misurina) – ✆ 0435.
ℹ via Roma 10 ✉ 32041 ✆ 9426, Fax 400161.
Roma 663 – Cortina d'Ampezzo 34 – Belluno 62 – ♦ Milano 402 – Tarvisio 135 – Treviso 123 – Udine 124 – ♦ Venezia 152.

🏨 **Panoramic** 🐦, via Padova 17 ✉ 32040 ✆ 400578, ≤, 🌳 – [TV] ☎ [P]. ✗
20 giugno-20 settembre – **Pasto** carta 34/51000 – ☕ 10000 – **31 cam** 100/120000 ½ P 60/100000.

🏨 **La Montanina** 🐦, via Monti 3 ✉ 32040 ✆ 400005, Fax 400090, 🌳 – ☎ [P]. [S] ⓞ E VISA. ✗
20 dicembre-20 marzo e 15 giugno-15 settembre – **Pasto** 22000 – ☕ 7000 – **17 cam** 90/160000 – ½ P 90000.

🏨 **Victoria** senza rist, Via Cella 23 ✆ 99933, Fax 400305 – [TV] ☎ [P]
20 cam ☕ 70/120000.

AVEGNO 16030 Genova [428] I 9 – 2 091 ab. alt. 92 – ✆ 0185.
Roma 486 – ♦ Genova 37 – ♦ Milano 161 – Portofino 22 – ♦ La Spezia 88.

🍴 **Lagoscuro-da Ferreccio** 🐦 con cam, ✆ 79017 – ☎. [S] E VISA. ✗
chiuso dal 15 gennaio al 15 febbraio – **Pasto** *(chiuso martedì)* carta 26/42000 – ☕ 7000 **13 cam** 60/90000 – ½ P 55/65000.

AVELENGO (HAFLING) 39010 Bolzano [429] C 15, [218] [20] – 630 ab. alt. 1 290 – Sport invernali a Merano 2000 : 1 946/2 302 m 🚡2 ⛷6, ⛷ – ✆ 0473.
ℹ ✆ 99457, Fax 99540.
Roma 680 – ♦ Bolzano 37 – Merano 15 – ♦ Milano 341.

🏨 **Viktoria** 🐦, ✆ 279422, Fax 279522, ≤, 🏋, ♨, 🌳, 🎾 – [TV] ☎ [P]. ✗ rist
chiuso novembre – **Pasto** carta 50/66000 – **25 cam** ☕ 140/190000 – ½ P 80/100000.

🏨 **Viertlerhof** 🐦, ✆ 279428, Fax 279446, ≤, 🏋, ♨, 🏊, 🌳 – |♦| [TV] ☎ 🚗. ✗ rist
chiuso da novembre al 25 dicembre – **Pasto** (solo per clienti alloggiati) – **23 cam** ☕ 90/150000 – ½ P 90000.

🏨 **Messnerwirt** 🐦, ✆ 279493, Fax 279530, ≤, 🌂, ♨ – [TV] ☎ [P]. ✗
chiuso dal 15 novembre al 20 dicembre – **Pasto** *(chiuso lunedì)* carta 30/57000 – **10 cam** ☕ 60/116000, 3 appartamenti – ½ P 75/80000.

AVELLINO 83100 P 988 ㉗ ㉘, 431 E 26 – 55 781 ab. alt. 351 – ☎ 0825.

piazza Libertà 50 ✆ 74732, Fax 74757.

A.C.I. via Montesarchio ✆ 36459.

Roma 245 – ◆Napoli 57 – Benevento 39 – Caserta 58 – ◆Foggia 118 – Potenza 138 – Salerno 38.

- **De la Ville,** via Palatucci 20 ✆ 780911, Fax 780921 – 350. AE VISA
  Pasto al Rist. ***Il Cavallino*** carta 50/90000 (10%) – **63 cam** 180/240000, 6 appartamenti – ½ P 170000.
- **Jolly,** via Tuoro Cappuccini 97/a ✆ 25922, Telex 722584, Fax 780029 – 300. AE VISA JCB. rist
  Pasto 42/48000 – **72 cam** 165/200000 – P 205/285000.
- **Malaga,** via Tedesco 347 ✆ 626045, Specialità di mare – AE VISA
  chiuso martedì ed agosto – **Pasto** 40/60000.

sulla strada statale 88 SO : 5 km :

- **Hermitage** , ✉ 83020 Contrada ✆ 674788, Fax 674772, ←, « Costruzione del XVII secolo in un parco », – rist – 250. AE VISA JCB. rist
  aprile-ottobre – **Pasto** carta 48/81000 – **30 cam** 160/210000 – ½ P 155000.

AVEZZANO 67051 L'Aquila 988 ㉖, 430 P 22 – 38 222 ab. alt. 697 – ☎ 0863.

Roma 105 – L'Aquila 52 – Latina 133 – ◆Napoli 188 – ◆Pescara 107.

- **Velino,** via Montello 9 ✆ 412696, Fax 34263 – AE VISA. rist
  Pasto vedere rist **La Stia** – **25 cam** 100/140000, appartamento – ½ P 100/110000.
- **Le Jardin,** via Sabotino 40 ✆ 414710, Coperti limitati; prenotare, « Servizio estivo in giardino » – AE VISA
  chiuso domenica e dal 15 al 30 luglio – **Pasto** carta 42/65000.
- **Napoleone,** via Tiburtina Valeria al km 112.700 ✆ 413687, Fax 413687, solo su prenotazione la sera – AE VISA.
  chiuso lunedì – **Pasto** carta 29/44000.
- **La Stia,** via Montello 7 ✆ 410572, prenotare – AE VISA.
  chiuso domenica e dal 14 al 24 agosto – **Pasto** carta 34/60000.

AVIGLIANA 10051 Torino 988 ⑫, 428 G 4 – 10 411 ab. alt. 390 – ☎ 011.

Dintorni Sacra di San Michele*** : ←*** NO : 13,5 km.

18 Le Fronde (chiuso martedì, gennaio e febbraio) ✆ 935083, Fax 930928.

piazza del Popolo 6 ✆ 938650, Fax 938650.

Roma 689 – ◆Torino 26 – ◆Milano 161 – Col du Mont Cenis 59 – Pinerolo 33.

- **Corona Grossa,** piazza Conte Rosso 38 ✆ 938371
  chiuso a mezzogiorno escluso i giorni festivi.

ai laghi S : 3 km :

- **Hermitage** con cam, ✆ 9369234, Fax 9369150, ← lago e monti, – VISA.
  Pasto 50/70000 – 8000 – **8 cam** 105/135000.
- **Caccia Reale,** ✆ 938717 – AE VISA.
  chiuso mercoledì e dal 25 agosto al 10 settembre – **Pasto** carta 29/52000.

AYAS 11020 Aosta 428 E 5, 219 ④ – 1 262 ab. alt. 1 453 – Sport invernali : 1 267/2 714 m 5, – ☎ 0125.

a Champoluc, via Varasc ✆ 307113.

Roma 732 – Aosta 61 – Ivrea 57 – ◆Milano 170 – ◆Torino 99.

ad Antagnod N : 3,5 km – alt. 1 699 – ✉ 11020 Ayas – a.s. febbraio-Pasqua, luglio-agosto e Natale :

- **Chalet,** ✆ 306616, ←, –
  chiuso maggio ed ottobre – **Pasto** 28/32000 – 8000 – **8 cam** 60/98000 – ½ P 75/85000.

BACOLI 80070 Napoli 988 ㉗, 431 E 24 – 27 663 ab. – a.s. luglio-settembre – ☎ 081.

Vedere Cento Camerelle* – Piscina Mirabile*.

Roma 242 – ◆Napoli 27 – Formia 77 – Pozzuoli 8.

- **La Misenetta,** ✆ 5234169, Fax 5231510 – AE VISA.
  chiuso lunedì, dal 23 dicembre al 3 gennaio e dal 12 al 28 agosto – **Pasto** carta 53/78000 (15%).

a Capo Miseno SE : 2 km – ✉ **80070** :

- **Cala Moresca** , via del Faro 44 ✆ 5235595, Fax 5235557, ← golfo e costa, , , – 70. AE VISA JCB. rist
  Pasto 55/85000 e al Rist. ***La Cala*** carta 55/85000 – **28 cam** 95/150000 – ½ P 120000.

a Baia N : 3,5 km – ✉ **80070.**

Vedere Terme★★ :

XX **Dal Tedesco** ⛯ con cam, via Temporini 8 (N : 1,5 km) ☏ 8687175, Fax 8687336, ←, « Servizio estivo in terrazza » – ☎ P. AE 🄱 ⦿ E VISA. ✂ cam
Pasto *(chiuso martedì e dal 20 dicembre al 4 gennaio)* carta 36/60000 (15 %) – ☕ 10000 – **9 cam** 70/100000 – ½ P 90/100000.

BADALUCCO **18010** Imperia 428 K 5 – 1 344 ab. alt. 179 – ☏ 0184.

Roma 643 – Imperia 31 – Cuneo 124 – San Remo 24 – Savona 103.

XX **Il Ponte,** via Ortai 3/5 ☏ 408000, prenotare – AE 🄱 ⦿ E VISA. ✂
chiuso mercoledì e dal 5 al 15 novembre – **Pasto** 40000.

BADIA (ABTEI) Bolzano 429 C 17 – 2 783 ab. – a.s. Pasqua, agosto e Natale – Sport invernali : 1 315/2 085 m 🚡1 ⛷16, ⛷ – ☏ 0471.

Da Pedraces : Roma 712 – Cortina d'Ampezzo 35 – Belluno 92 – ◆Bolzano 71 – ◆Milano 366 – Trento 132.

a Pedraces (Pedratsches) – alt. 1 315 – ✉ **39036.**

🅸 ☏ 839695, Fax 839573 :

Sporthotel Teresa, ☏ 839623, Fax 839823, ←, Ls, ≘s, 🏊, 🌳, ✂ – |‡| ▤ rist 📺 ☎ 🚗 P. VISA. ✂
chiuso maggio e novembre – **Pasto** *(chiuso lunedì)* carta 57/87000 – ☕ 25000 – **42 cam** 125/220000, 8 appartamenti – ½ P 240/270000.

Serena, ☏ 839664, Fax 839854, ← Dolomiti, Ls, ≘s, 🏊, 🌳 – |‡| ⇔ rist 📺 ☎ 🚗 P. 🄱 E VISA. ✂ rist
8 dicembre-10 aprile e 22 giugno-22 settembre – **Pasto** carta 27/47000 – **45 cam** ☕ 85/170000, appartamento – P 100/150000.

Lech da Sompunt ⛯, SO : 3 km ☏ 847015, Fax 847464, ←, 🏞, « Parco con laghetto » ≘s – 📺 ☎ P. 🄱 ⦿ E VISA. ✂ rist
dicembre-aprile e giugno-settembre – **Pasto** carta 32/50000 – **30 cam** ☕ 100/180000 – ½ P 120000.

Gran Ander ⛯, ☏ 839718, Fax 839741, ← Dolomiti – ▤ rist 📺 ☎ P. 🄱 E VISA. ✂ rist
dicembre-15 aprile e luglio-settembre – **Pasto** (solo per clienti alloggiati) 30/50000 – ☕ 18000 – **16 cam** 75/150000 – ½ P 105/120000.

a La Villa (Stern) S : 3 km – alt. 1 484 – ✉ **39030.**

🅸 ☏ 847037, Fax 847277 :

Christiania, ☏ 847016, Fax 847056, ← Dolomiti, ≘s, 🏊, 🌳 – |‡| 📺 ☎ P. 🄱 E. ✂
15 dicembre-marzo e luglio-settembre – **Pasto** (solo per clienti alloggiati) – ☕ 24000 – **27 cam** 140/280000 – ½ P 145/215000.

La Villa ⛯, ☏ 847035, Fax 847393, ← Dolomiti, « Giardino-pineta », Ls, ≘s – |‡| 📺 ☎ P. ✂
15 dicembre-10 aprile e 22 giugno-24 settembre – **Pasto** 35/45000 – ☕ 18000 – **39 cam** 70/160000 – ½ P 150000.

Dolomiti, ☏ 847143, Fax 847390, ←, ≘s, 🌳 – |‡| 📺 ☎ P. ⦿. ✂ rist
chiuso maggio e novembre – **Pasto** carta 37/66000 – **45 cam** ☕ 125/230000 – ½ P 125/148000.

XX **L'Fanà,** ☏ 847022, Fax 847022, 🏞, Rist. e pizzeria, « Stube caratteristica » – ▤ P. AE 🄱 E VISA
chiuso maggio e novembre – **Pasto** carta 40/56000.

a San Cassiano (St. Kassian) SE : 6 km – alt. 1 535 – ✉ **39030.**

🅸 ☏ 849422, Fax 849249 :

Rosa Alpina, ☏ 849500, Fax 849377, Ls, ≘s, 🏊, 🌳 – |‡| 📺 ☎ ♿ 🚗 P. AE 🄱 ⦿ E VISA. ✂ rist
dicembre-15 aprile e 15 giugno-10 ottobre – **Pasto** carta 47/68000 – **35 cam** ☕ 180/320000, 2 appartamenti – ½ P 185/270000.

Armentarola, SE : 2 km ☏ 849522, Fax 849389, ← pinete e Dolomiti, 🏞, ≘s, 🏊, 🌳, ✂ – |‡| 📺 ☎ 🚗 P
8 dicembre-10 aprile e 14 giugno-13 ottobre – **Pasto** carta 46/69000 – **42 cam** ☕ 150/300000, 8 appartamenti – ½ P 150/240000.

Ciasa Salares ⛯, SE : 2 km ☏ 849445, Fax 849369, ← pinete e Dolomiti, 🏞, Ls, ≘s 🏊, 🌳 – 📺 ☎ 🚗 P. 🄱 ⦿ E VISA. ✂
15 dicembre-15 aprile e 20 giugno-settembre – **Pasto** 45/65000 – **42 cam** ☕ 170/240000, appartamento – ½ P 185/210000.

Fanes ⛯, ☏ 849470, Fax 849403, ← pinete e Dolomiti, Ls, ≘s, 🌳, ✂ – 📺 ☎ P. 🄱 E VISA. ✂ rist
4 dicembre-7 aprile e luglio-29 settembre – **Pasto** 30/50000 – **40 cam** ☕ 150/360000 – ½ P 220/360000.

La Stüa ⛯, ☏ 849456, Fax 849311, ← pinete e Dolomiti, ≘s – ⇔ rist ▤ rist ☎ P. ✂ rist
7 dicembre-20 aprile e 25 giugno-settembre – **Pasto** (solo per clienti alloggiati) 20/27000 – **27 cam** ☕ 64/120000 – ½ P 135000.

🏨 **Ciasa Antersìes** 🐚, ☎ 849417, Fax 849319, ← pinete e Dolomiti, 🌳 – 🚭 rist [TV] ☎ [P]. [VISA]. 🐕 rist
4 dicembre-10 aprile e luglio-settembre – **Pasto** (solo per clienti alloggiati) 20/50000 – **25 cam** ☕ 70/100000 – ½ P 120000.

🏨 **Gran Ancëi** 🐚, SE : 2,5 km ☎ 849540, Fax 849210, ← Dolomiti, « In pineta », [S], 🌳 – ☎ [P]. 🐕
4 dicembre-25 aprile e giugno-settembre – **Pasto** 20/30000 – **30 cam** ☕ 117/220000 – ½ P 125000.

🍴🍴🍴 **La Siriola,** SE : 2 km ☎ 849445, Fax 849369 – [P]. [AE] [S] [D] [E] [VISA]. 🐕
7 dicembre - Pasqua e giugno-settembre – **Pasto** carta 59/69000.

BADIA DI DULZAGO Novara – Vedere Bellinzago Novarese.

BAGNACAVALLO 48012 Ravenna [988] ⑮, [429] [430] I 17 – 16 571 ab. alt. 11 – ☎ 0545.
Roma 360 – ◆Ravenna 23 – ◆Bologna 61 – Faenza 16 – ◆Ferrara 64 – Forlì 33.

🍴🍴 **Al Palazzo Tesorieri,** via Garibaldi 75 ☎ 61156, prenotare – [AE] [S] [D] [E] [VISA] [JCB]
chiuso lunedì – **Pasto** carta 44/62000.

BAGNAIA 01031 Viterbo [430] O 18 – alt. 441 – ☎ 0761 – **Vedere** Villa Lante★★.
Roma 109 – Viterbo 5 – Civitavecchia 63 – Orvieto 52 – Terni 57.

🍴 **Biscetti** con cam, via Gandin 11 ☎ 288252, Fax 289254 – [P]. [AE]. 🐕
chiuso luglio – **Pasto** *(chiuso giovedì)* carta 28/49000 (10 %) – ☕ 8000 – **10 cam** 60/90000 – ½ P 75000.

BAGNARA Perugia [430] M 20 – Vedere Nocera Umbra.

BAGNARA CALABRA 89011 Reggio di Calabria [988] ㊴, [431] M 29 – 11 317 ab. alt. 50 – ☎ 0966.
Roma 679 – ◆Reggio di Calabria 33 – Catanzaro 135 – ◆Cosenza 164.

🍴 **Taverna Kerkira,** ☎ 372260, Specialità greche – [AE]
chiuso lunedì, martedì, dal 20 dicembre al 10 gennaio e luglio – **Pasto** carta 39/68000.

BAGNI DI LUCCA 55021 e 55022 Lucca [988] ⑭, [428] [429] [430] J 13 – 7 166 ab. alt. 150 – Stazione termale (15 maggio-15 ottobre), a.s. luglio-agosto e Natale – ☎ 0583.
[i] via Umberto I 139 ☎ 87946.
Roma 375 – Pisa 48 – ◆Bologna 113 – ◆Firenze 101 – Lucca 27 – Massa 72 – ◆Milano 301 – Pistoia 53 – ◆La Spezia 101.

🏨 **Bridge** senza rist, piazza di Ponte a Serraglio 5 (O : 1,5 km) ✉ 55021 ☎ 805324, Fax 805324 – [lift] [TV] ☎. [AE] [S] [D] [E] [VISA] [JCB]. 🐕
☕ 8000 – **12 cam** 50/70000.

🍴 **Locanda Maiola** 🐚 con cam, località Maiola di Sotto N : 2 km ✉ 55022 ☎ 86296 – [P]. [AE] [S] [D]
chiuso dal 1° al 15 febbraio e dal 15 al 30 ottobre – **Pasto** *(chiuso martedì)* carta 25/42000 – ☕ 10000 – **4 cam** 40/75000 – ½ P 60/75000.

BAGNI DI TIVOLI Roma [430] Q 20 – Vedere Tivoli.

BAGNO A RIPOLI 50012 Firenze [988] ⑮, [430] K 15 – 26 816 ab. alt. 77 – ☎ 055.
Roma 270 – ◆Firenze 9 – Arezzo 74 – Montecatini Terme 63 – Pisa 106 – Siena 71.

🍴🍴 **Centanni,** ☎ 630122, Fax 630533, ← colline, « Servizio estivo serale in giardino » – ❄ [P]. [AE] [S] [E] [VISA]
chiuso sabato a mezzogiorno, domenica ed agosto – **Pasto** carta 51/70000.

BAGNO DI ROMAGNA 47021 Forlì [988] ⑮, [429] [430] K 17 – 6 250 ab. alt. 491 – Stazione termale (marzo-novembre), a.s. 10 luglio-20 settembre – ☎ 0543.
[i] via Lungo Savio 14 ☎ 911046, Fax 911026.
Roma 289 – Rimini 90 – Arezzo 65 – ◆Bologna 125 – ◆Firenze 90 – Forlì 62 – ◆Milano 346 – ◆Ravenna 86.

🏨 **Tosco Romagnolo,** ☎ 911260, Fax 911014, « Terrazza-solarium con 🏊 », [gym], [S] – [lift] ❄ [TV] ☎ ♿ 🚗. [AE] [S] [D] [E] [VISA] [JCB]. 🐕
11 aprile-12 novembre – **Pasto** carta 30/45000 vedere anche Rist. **Paolo Teverini** – ☕ 15000 – **51 cam** 139/155000 – ½ P 54/157000.

🏨 **Gd H. Terme Roseo,** ☎ 911016, Fax 911360, [gym], 🏊 termale, ♀ – [lift] ❄ rist [TV] ☎. [AE] [S] [D] [E] [VISA] [JCB]. 🐕
aprile-novembre – **Pasto** 35/40000 – **73 cam** ☕ 95/150000, 3 appartamenti – ½ P 94000.

🏨 **Balneum,** ☎ 911085, Fax 911252, 🌳 – [lift] [TV] ☎ 🚗 [P]. [AE] [S] [D] [E] [VISA]. 🐕
aprile-dicembre – **Pasto** carta 28/42000 – ☕ 9000 – **40 cam** 66/106000 – P 52/78000.

🏨 **Al Tiglio,** ☎ 911266, 🌳 – [lift] [TV] [P]. [AE] [S] [D] [E] [VISA] [JCB]. 🐕 rist
Pasto carta 26/36000 – ☕ 10000 – **16 cam** 50/80000 – ½ P 62000.

🍴🍴🍴 ✿ **Paolo Teverini,** ☎ 911260, Fax 911014, Coperti limitati; prenotare – ❄. [AE] [S] [D] [E] [VISA] [JCB]. 🐕
aprile-12 novembre – **Pasto** carta 57/99000
Spec. Ravioli ripieni di zucchine e acciughe su succo di pomodoro e basilico, Gamberi di fiume su ratatouille di verdure e loro succo gelatinato allo zafferano (giugno-settembre), Piccione arrosto con fagiolini finissimi e julienne di tartufo scorzone.

ad Acquapartita NE : 10 km – ✉ **47021** Bagno di Romagna :

X **Belvedere-da Crescio** con cam, ☎ 917352, ←, 🏠 – Ⓟ
chiuso dal 15 gennaio al 15 febbraio – **Pasto** carta 40/60000 – **10 cam** *(giugno-settembre)* ☐ 60/80000 – P 60/85000.

BAGNOLO IN PIANO **42011** Reggio nell'Emilia 429 H 14 – 7 482 ab. alt. 32 – ☎ 0522.

Roma 433 – ♦ Parma 38 – ♦Modena 30 – Reggio nell'Emilia 8.

X **Trattoria da Probo,** via Provinciale nord 13 ☎ 951300 – ▤ Ⓟ. AE Ⓢ ⓓ E VISA JCB. ✱
chiuso lunedì e dal 5 al 20 agosto – **Pasto** carta 36/58000.

BAGNOLO SAN VITO **46031** Mantova 428 429 G 14 – 5 260 ab. alt. 18 – ☎ 0376.

Roma 460 – ♦ Verona 48 – Mantova 13 – ♦Milano 188 – ♦Modena 58.

XX **Villa Eden,** via Gazzo 2 ☎ 415684, Fax 415738, 🏠, prenotare, 🌳 – Ⓟ – 🏛 30. Ⓢ ⓓ. ✱
chiuso a mezzogiorno (escluso sabato-domenica), martedì e dal 6 al 27 agosto – **Pasto** carta 45/72000.

a San Giacomo Po S : 2,5 km – ✉ **46031** Bagnolo San Vito :

X **Da Alfeo,** ☎ 414046 – Ⓟ. ✱
chiuso martedì ed agosto – **Pasto** carta 21/36000.

BAGNOREGIO **01022** Viterbo 988 ㉕, 430 O 18 – 3 858 ab. alt. 485 – ☎ 0761.

Roma 125 – Viterbo 28 – Orvieto 20 – Terni 82.

X **Da Nello il Fumatore,** piazza Marconi 5 ☎ 792642 – Ⓢ E VISA. ✱
chiuso venerdì e giugno – **Pasto** carta 23/41000.

BAGNO VIGNONI Siena 430 M 16 – Vedere San Quirico d'Orcia.

BAIA Napoli 431 E 24 – Vedere Bacoli.

BAIA DOMIZIA **81030** Caserta 430 S 23 – a.s. 15 giugno-15 settembre – ☎ 0823.

Roma 167 – Frosinone 98 – Caserta 53 – Gaeta 29 – Abbazia di Montecassino 53 – ♦Napoli 67.

Della Baia ⛰, ☎ 721344, Fax 721556, ←, 🏖, 🌳, 🎾 – ☎ Ⓟ. AE Ⓢ ⓓ E VISA. ✱ rist
11 maggio-29 settembre – **Pasto** 55/60000 – ☐ 15000 – **56 cam** 155000 – ½ P 150000.

Domizia Palace, ☎ 930100, Fax 930068, ←, « Giardino-pineta con 🏊 », 🏖 – |♦| ▤ ☎ Ⓟ – 🏛 220. AE Ⓢ ⓓ E VISA. ✱
aprile-20 ottobre – **Pasto** 40000 – ☐ 15000 – **110 cam** 85/120000 – ½ P 132000.

BAIARDO **18031** Imperia 428 K 5, 115 ⑲ ⑳ – 354 ab. alt. 900 – ☎ 0184.

Roma 668 – Imperia 56 – ♦Genova 169 – ♦Milano 292 – San Remo 27 – Ventimiglia 23.

La Greppia ⛰, ☎ 673310, ←, 🌳 – Ⓟ. AE Ⓢ ⓓ E VISA. ✱
chiuso dal 1º al 15 maggio e dal 1º al 15 novembre – **Pasto** *(chiuso venerdì)* carta 30/44000 – **10 cam** ☐ 50/100000 – ½ P 90000.

BAIA SARDINIA Sassari 988 ㉓ ㉔, 433 D 10 – Vedere Sardegna (Arzachena) alla fine dell'elenco alfabetico.

BALDISSERO TORINESE **10020** Torino 428 G 5 – 2 977 ab. alt. 421 – ☎ 011.

Roma 656 – ♦Torino 13 – Asti 42 – ♦Milano 140.

XX **Osteria del Paluch,** via Superga 44 (O : 3 km) ☎ 9408750, Fax 9407592, Coperti limitati; prenotare, « Servizio estivo all'aperto » – Ⓟ. AE Ⓢ ⓓ E VISA
chiuso domenica sera e lunedì escluso da giugno a settembre – **Pasto** 60/70000.

a Rivodora NO : 5 km – ✉ **10099** :

X **Torinese,** ☎ 9460025 – AE Ⓢ ⓓ E VISA. ✱
chiuso a mezzogiorno (escluso sabato-domenica), martedì, mercoledì ed agosto – **Pasto** carta 31/53000.

BALOCCO **13040** Vercelli 428 F 6 – 269 ab. alt. 166 – ☎ 0161.

Roma 646 – Stresa 66 – Biella 25 – ♦Milano 80 – ♦Torino 66 – Vercelli 21.

XX **L'Osteria,** piazza Castello 1 ☎ 853210 – AE Ⓢ ⓓ E VISA
chiuso domenica sera, lunedì, dal 2 al 10 gennaio e dal 1º al 25 agosto – **Pasto** carta 41/62000.

BALZE Forlì 430 K 18 – Vedere Verghereto.

BANCHETTE D'IVREA Torino – Vedere Ivrea.

BARANO D'ISCHIA Napoli 431 E 23 – Vedere Ischia (Isola d').

BARATTI Livorno 430 N 13 – Vedere Piombino.

BARBARANO Brescia – Vedere Salò.

BARBARESCO 12050 Cuneo 428 H 6 – 656 ab. alt. 274 – ☎ 0173.

Roma 642 – ◆Genova 129 – ◆Torino 57 – Alessandria 63 – Asti 28 – Cuneo 64 – Savona 101.

XX **Rabaya,** via Rabaya 9 ☎ 635223, Fax 635226, Coperti limitati; prenotare, « Servizio estivo in terrazza con ← sulle langhe » – P. AE 🅢 ⓞ E VISA. ⚡
chiuso giovedì, dal 4 al 14 febbraio e dal 20 al 30 agosto – **Pasto** carta 30/53000.

BARBERINO DI MUGELLO 50031 Firenze 988 ⑭ ⑮, 429 430 J 15 – 8 834 ab. alt. 268 – ☎ 055.

Roma 308 – ◆Firenze 34 – ◆Bologna 79 – ◆Milano 273 – Pistoia 49.

in prossimità casello autostrada A 1 SO : 4 km :

XX Cosimo de' Medici, ✉ 50030 Cavallina ☎ 8420370 – P

BARBIANELLO 27041 Pavia 428 G 9 – 762 ab. alt. 67 – ☎ 0385.

Roma 557 – Piacenza 45 – Alessandria 68 – ◆Milano 56 – Pavia 18.

X **Da Roberto,** via Barbiano 21 ☎ 57396 – AE 🅢 ⓞ VISA
chiuso domenica sera, lunedì, dal 1° al 7 gennaio ed agosto – **Pasto** carta 20/40000.

BARCELLONA POZZO DI GOTTO Messina 988 ㉔, 432 M 27 – Vedere Sicilia alla fine dell'elenco alfabetico.

BARCUZZI Brescia – Vedere Lonato.

BARDASSANO Torino – Vedere Gassino Torinese.

BARDINETO 17020 Savona 988 ⑫, 428 J 6 – 650 ab. alt. 711 – ☎ 019.

Roma 604 – ◆Genova 100 – Cuneo 84 – Imperia 65 – ◆Milano 228 – Savona 59.

Piccolo Ranch, ☎ 7907038, Fax 7907377, ← – |¢| TV ☎ P – 🏠 100. AE 🅢 ⓞ E VISA. ⚡
chiuso dal 15 gennaio a febbraio – **Pasto** *(chiuso mercoledì)* carta 18/55000 – **23 cam** ☕ 120/160000 – ½ P 100/160000.

Maria Nella, via Cave 1 ☎ 7907018, Fax 7907017, 🌳 – |¢| TV ☎ 🚗 P. AE 🅢 ⓞ E. ⚡
Pasto *(chiuso venerdì)* carta 30/47000 – ☕ 10000 – **45 cam** 85/100000 – ½ P 80000.

BARDOLINO 37011 Verona 988 ④, 428 429 F 14 – 6 129 ab. alt. 68 – ☎ 045.

Vedere Chiesa★.

⛳18 e ⛳9 Cà degli Ulivi a Marciaga-Castion di Costermano ✉ 37010 ☎ 6279030, Fax 6279039, N : 7 km.

ℹ piazza Matteotti 53 ☎ 7210078.

Roma 517 – ◆Verona 27 – ◆Brescia 60 – Mantova 59 – ◆Milano 147 – Trento 84 – ◆Venezia 145.

San Pietro, ☎ 7210588, Fax 7210023, ⛱, 🌳 – |¢| ▤ ☎ P. AE 🅢 E VISA. ⚡
10 marzo-ottobre – **Pasto** *(chiuso venerdì)* carta 37/51000 – **44 cam** ☕ 120/190000 – ½ P 101000.

Kriss Internazionale, ☎ 6212433, Fax 7210242, 🏖, 🌳 – |¢| ▤ cam TV ☎ 🚗 P – 🏠 35. VISA. ⚡ rist
Pasto *(chiuso martedì)* carta 31/45000 – **33 cam** ☕ 95/169000 – ½ P 92/102000.

Cristina, ☎ 7210339, Fax 6212697, ⛱, 🌳, 🎾 – |¢| TV ☎ P. VISA. ⚡ rist
aprile-ottobre – **Pasto** (solo per clienti alloggiati) 35000 – **48 cam** ☕ 105/160000 – ½ P 110000.

Maria Pia, ☎ 7210233, ⛱, 🌳, 🎾 – ☎ P. ⚡ rist
aprile-ottobre – **Pasto** (solo per clienti alloggiati) 30000 – **28 cam** ☕ 80/135000 – ½ P 90000.

Speranza, ☎ 7210355, Fax 7210858 – |¢| ▤ TV ☎. AE 🅢 E VISA. ⚡
chiuso dal 15 gennaio al 20 febbraio – **Pasto** *(chiuso mercoledì)* carta 32/46000 – **22 cam** ☕ 70/110000 – ½ P 70/80000.

Bologna, ☎ 7210003, Fax 7210003 – |¢| ☎ P. AE ⓞ. ⚡ rist
10 marzo-20 ottobre – **Pasto** *(chiuso venerdì)* 29/60000 – ☕ 15000 – **21 cam** 65/88000 – ½ P 52/70000.

Benacus senza rist, ☎ 6210282, Fax 6210283 – |¢| TV ☎ P
28 marzo-16 ottobre – **13 cam** ☕ 90/130000.

XXX **Aurora,** ☎ 7210038, Fax 7210038, 🌂 – ▤. AE 🅢 ⓞ E VISA. ⚡
chiuso lunedì – **Pasto** carta 38/54000.

BARDONECCHIA 10052 Torino 988 ⑪, 428 G 2 – 3 084 ab. alt. 1 312 – a.s. 13 febbraio-7 aprile e luglio-agosto – Sport invernali : 1 312/2 740 m ⛷19, ⛷ – ☎ 0122.

ℹ viale della Vittoria 44 ☎ 99032, Fax 980612.

Roma 754 – Briançon 46 – ◆Milano 226 – Col du Mont Cenis 51 – Sestriere 36 – ◆Torino 89.

Des Geneys-Splendid, viale Einaudi 21 ☎ 99001, Fax 999295, 🏋, 🌳 – |¢| TV ☎ P. 🅢 ⓞ VISA. ⚡
15 dicembre-15 aprile e 15 giugno-15 settembre – **Pasto** 40000 – ☕ 18000 – **57 cam** 115/165000 – ½ P 160000.

XX **Tabor** con cam, via Stazione 6 ℘ 999857, Fax 999857 – TV ☎. AE ⑤ ◑ E VISA. ✻ cam
chiuso maggio e novembre – **Pasto** carta 40/58000 – **21 cam** ☕ 90/144000 – 1/2 P 110/145000.

XX **Ca' Fiore** con cam, strada del Melezet 2 ℘ 96591 – TV ☎. AE ⑤ ◑ E VISA
chiuso maggio ed ottobre – **Pasto** *(chiuso martedì in bassa stagione)* carta 33/50000 – **9 cam** ☕ 100/140000 – 1/2 P 90/140000.

a Melezet SO : 2 km – ✉ **10052** Bardonecchia :

XX **La Ciaburna,** via della Scala 48 ℘ 999849, Fax 999849 – P. AE ⑤ E VISA
chiuso dal 15 al 30 maggio, dal 15 al 30 ottobre e mercoledì in bassa stagione – **Pasto** carta 39/60000.

BAREGGIO **20010** Milano 428 F 8, 219 ⑱ – 14 758 ab. alt. 138 – ☏ 02.

Roma 590 – ♦Milano 19 – Novara 33 – Pavia 49.

Novara Fiera, strada statale ℘ 90361322, Fax 90276224 – |♦| ▤ TV ☎ P – 🏛 100. AE ⑤ ◑ E VISA. ✻
Pasto carta 33/49000 – **51 cam** ☕ 91/140000 – 1/2 P 96000.

XX **Joe il Marinaio,** via Roma 69 ℘ 9028693, Specialità di mare – P. AE ⑤ ◑ E VISA
chiuso domenica sera, lunedì, dal 1° al 10 gennaio e dal 16 agosto all'8 settembre – **Pasto** carta 45/72000 (10%).

BARGA **55051** Lucca 428 429 430 J 13 – 10 170 ab. alt. 410 – ☏ 0583.

Roma 385 – Pisa 58 – ♦Firenze 111 – Lucca 37 – Massa 56 – ♦Milano 277 – Pistoia 71 – ♦La Spezia 95.

La Pergola, ℘ 711239, Fax 710433 – |♦| TV ☎ P. AE. ✻
Pasto vedere rist **La Pergola** – ☕ 10000 – **23 cam** 78/99000.

X **La Pergola,** ℘ 723086 – AE. ✻
chiuso dal 21 novembre a gennaio e venerdì (escluso da luglio a settembre) – **Pasto** carta 34/47000.

BARGE **12032** Cuneo 428 H 3 – 7 079 ab. alt. 355 – ☏ 0175.

Roma 694 – ♦Torino 61 – Cuneo 50 – Sestriere 75.

XX **San Giovanni,** piazza San Giovanni 10 ℘ 346078 – ⑤ E VISA. ✻
chiuso lunedì e martedì a mezzogiorno – **Pasto** carta 35/55000.

X **Belvedere,** via Bagnolo 37 ℘ 346387, prenotare – P. AE ⑤ E VISA. ✻
chiuso martedì e dal 27 luglio al 14 agosto – **Pasto** carta 30/60000.

BARGECCHIA Lucca 428 429 430 K 12 – Vedere Massarosa.

BARGHE **25070** Brescia 428 429 E 13 – 1 091 ab. alt. 295 – ☏ 0365.

Roma 564 – ♦Brescia 32 – Gardone Riviera 23 – ♦Milano 122 – ♦Verona 79.

XX **Da Girelli Benedetto,** ℘ 84140, prenotare – AE ⑤. ✻
chiuso martedì, Natale, Pasqua e dal 15 al 30 giugno – **Pasto** 60/70000.

BARI **70100** P 988 ㉙, 431 D 32 – 338 949 ab. – a.s. 21 giugno-settembre – ☏ 080.

Vedere Città vecchia★ CDY : basilica di San Nicola★★ DY, Cattedrale★ DY **B**, castello★ CY – Cristo★ in legno nella pinacoteca BX **M**.

✈ di Palese per viale Europa : 9 km AX ℘ 5370910, Fax 379519 – Alitalia, via Calefati 37/41 ✉ 70121 ℘ 5244441.

🚗 ℘ 5216801.

i piazza Aldo Moro 32/a ✉ 70122 ℘ 5242244, Fax 5242329 – corso Vittorio Emanuele 68 ✉ 70121 ℘ 5219951.

A.C.I. via Serena 26 ✉ 70126 ℘ 339494.

Roma 449 ④ – ♦Napoli 261 ④.

Piante pagine seguenti

Palace Hotel, via Lombardi 13 ✉ 70122 ℘ 5216551, Telex 810111, Fax 5211499, ⛱ – |♦| ✻ cam ▤ TV ☎ ♿ 🚗 – 🏛 50 a 420. AE ⑤ ◑ E VISA JCB. ✻ CY **b**
Pasto al Rist. ***Murat*** *(chiuso a mezzogiorno, domenica ed agosto)* carta 42/71000 – **200 cam** ☕ 225/285000, 7 appartamenti – 1/2 P 225/270000.

Sheraton Nicolaus Hotel, via Cardinale Agostino Ciasca 9 ✉ 70124 ℘ 5042626, Telex 811212, Fax 5042058, ≘s, 🏊, ⛱ – |♦| ▤ TV ☎ ♿ 🚗 P – 🏛 50 a 750 AX **e**
172 cam.

Villa Romanazzi-Carducci, via Capruzzi 326 ✉ 70124 ℘ 5427400, Telex 812292, Fax 5560297, « Parco con 🏊 », 🏋, ≘s – |♦| ▤ TV ☎ ♿ 🚗 P – 🏛 25 a 500. AE ⑤ ◑ E VISA. ✻ CZ **c**
Pasto (solo per clienti alloggiati) 45/65000 – 89 appartamenti ☕ 150/230000 – 1/2 P 160000.

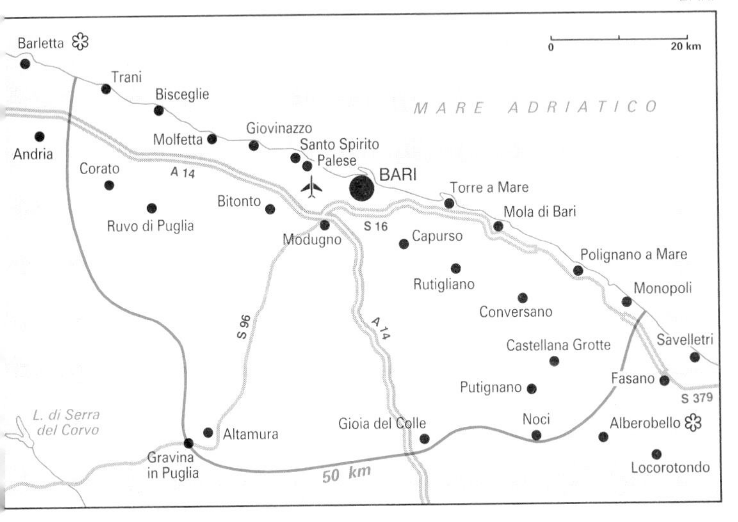
Barletta
0
20 km
Trani
Bisceglie
MARE ADRIATICO
Andria
Molfetta
Giovinazzo
Santo Spirito
Palese
Corato
A 14
BARI
Torre a Mare
Bitonto
Ruvo di Puglia
Mola di Bari
S 16
Modugno
Capurso
Polignano a Mare
Rutigliano
Monopoli
Conversano
S 96
A 14
Castellana Grotte
Savelletri
Fasano
Putignano
S 379
L. di Serra del Corvo
Altamura
Gioia del Colle
Noci
Alberobello
Gravina in Puglia
50 km
Locorotondo

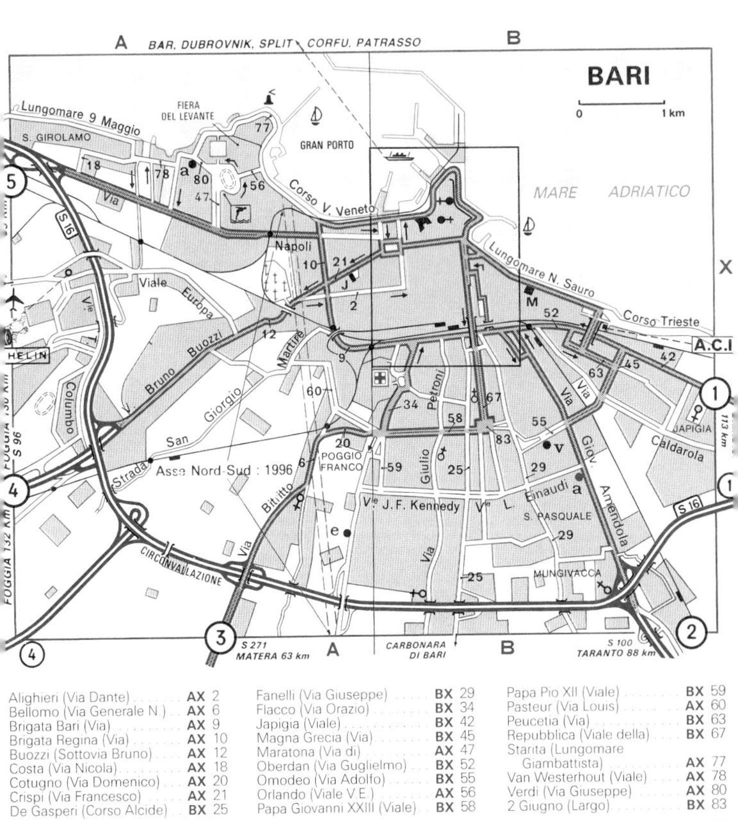
A
BAR, DUBROVNIK, SPLIT
CORFU, PATRASSO
B
BARI
0
1 km
FIERA DEL LEVANTE
Lungomare 9 Maggio
S. GIROLAMO
GRAN PORTO
MARE
ADRIATICO
Corso V. Veneto
Via
Napoli
Lungomare N. Sauro
X
Viale
Europa
M
Corso Trieste
52
A.C.I.
HELIN
Bruno
Buozzi
Martiri
Columbo
Giorgio
San
Petroni
Via
Giov.
Amendola
JAPIGIA
Caldarola
Strada
Asse Nord-Sud : 1996
POGGIO FRANCO
Giulio
Bitritto
V^le J.F. Kennedy
V^le L. Einaudi
S. PASQUALE
Via
CIRCONVALLAZIONE
MUNGIVACCA
S 16
FOGGIA 132 km
S 96
S 271
MATERA 63 km
A
CARBONARA DI BARI
B
S 100
TARANTO 88 km
113 km

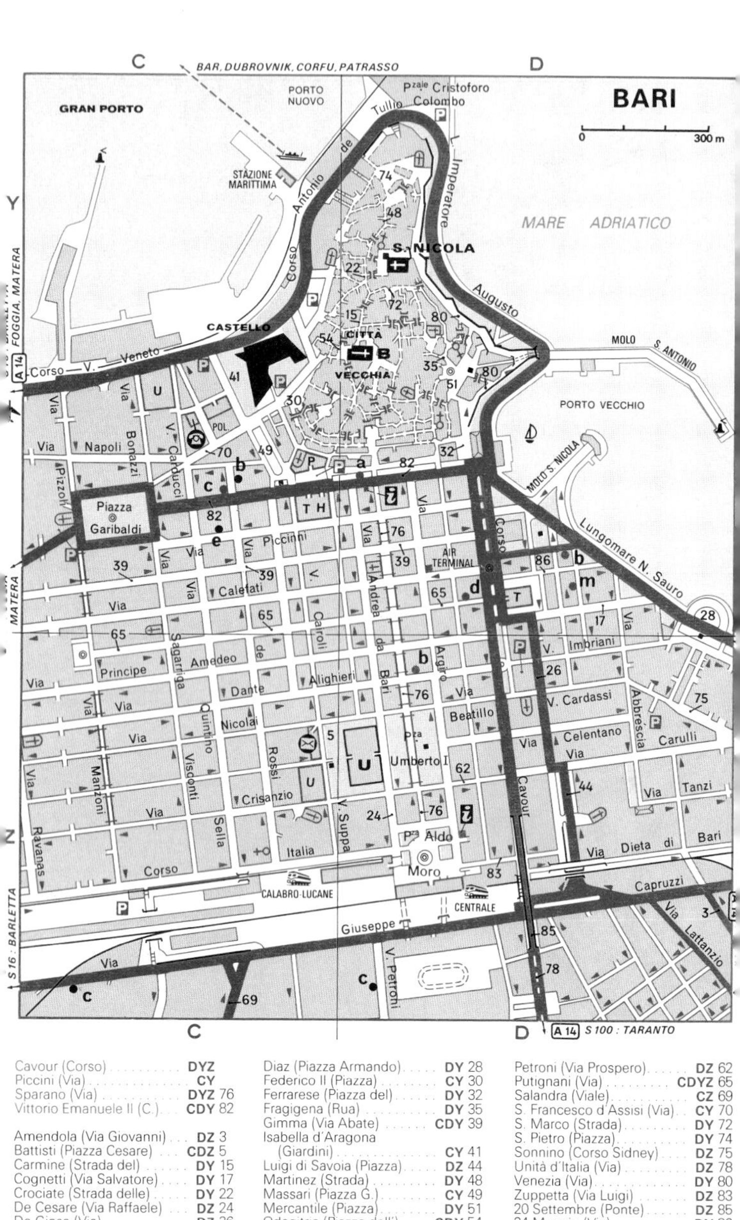

Cavour (Corso) .... **DYZ**
Piccini (Via) .... **CY**
Sparano (Via) .... **DYZ** 76
Vittorio Emanuele II (C.) .... **CDY** 82

Amendola (Via Giovanni) ... **DZ** 3
Battisti (Piazza Cesare) .... **CDZ** 5
Carmine (Strada del) .... **DY** 15
Cognetti (Via Salvatore) .... **DY** 17
Crociate (Strada delle) ..... **DY** 22
De Cesare (Via Raffaele) .... **DZ** 24
De Giosa (Via) .... **DZ** 26

Diaz (Piazza Armando) ..... **DY** 28
Federico II (Piazza) .... **CY** 30
Ferrarese (Piazza del) ...... **DY** 32
Fragigena (Rua) .... **DY** 35
Gimma (Via Abate) ...... **CDY** 39
Isabella d'Aragona (Giardini) .... **CY** 41
Luigi di Savoia (Piazza) ..... **DZ** 44
Martinez (Strada) .... **DY** 48
Massari (Piazza G.) .... **CY** 49
Mercantile (Piazza) .... **DY** 51
Odegitria (Piazza dell') .... **CDY** 54

Petroni (Via Prospero) ...... **DZ** 62
Putignani (Via) .... **CDYZ** 65
Salandra (Viale) .... **CZ** 69
S. Francesco d'Assisi (Via) .. **CY** 70
S. Marco (Strada) .... **DY** 72
S. Pietro (Piazza) .... **DY** 74
Sonnino (Corso Sidney) .... **DZ** 75
Unità d'Italia (Via) .... **DZ** 78
Venezia (Via) .... **DY** 80
Zuppetta (Via Luigi) ...... **DZ** 83
20 Settembre (Ponte) ...... **DZ** 85
24 Maggio (Via) .... **DY** 86

Non confondete :

Confort degli alberghi : 🏨🏨🏨🏨 ... 🏨, 🏠
Confort dei ristoranti : XXXXX ... X
Qualità della tavola : ✿✿✿, ✿✿, ✿

Gd H. Ambasciatori, via Omodeo 51 ✉ 70125 ☎ 5010077, Telex 810405, Fax 5021678, ≤, piscina panoramica, – ascensore ▤ TV ☎ ♿ – 🚗 25 a 400. AE ⓢ ⓓ E VISA. ✂ rist
Pasto *(chiuso agosto)* carta 50/80000 – **177 cam** ☕ 225/300000, 14 appartamenti – ½ P 170000. BX **v**

Boston senza rist, via Piccinni 155 ✉ 70122 ☎ 5216633, Fax 5246802 – ascensore ▤ TV ☎ – 🚗 – 50. AE ⓢ ⓓ E VISA JCB. ✂ CY **e**
70 cam ☕ 140/200000.

Jolly, via Giulio Petroni 15 ✉ 70124 ☎ 5564366, Telex 810274, Fax 5565219 – ascensore ▤ TV ☎ 🚗 – 25 a 700. AE ⓢ ⓓ E VISA JCB. ✂ rist DZ **c**
Pasto 38/58000 – **164 cam** ☕ 210/275000 – ½ P 155/187000.

7 Mari, via Verdi 60 ✉ 70123 ☎ 5341500, Fax 5344482, ≤ – ascensore ▤ TV ☎ Ⓟ – 100 AX **a**
56 cam.

La Pignata, corso Vittorio Emanuele 173 ✉ 70122 ☎ 5232481 – ▤ CY **c**

Ai 2 Ghiottoni, via Putignani 11 ✉ 70121 ☎ 5232240, Fax 5233330 – ▤. AE ⓢ ⓓ E VISA. ✂ DY **d**
chiuso domenica e dal 5 al 20 agosto – **Pasto** carta 48/71000.

Executive, via Amendola 197/G-N ✉ 70126 ☎ 5486025, Specialità di mare – ▤ BX **a**

La Nuova Vecchia Bari, via Dante Alighieri 47 ✉ 70121 ☎ 5216496 – AE ⓢ ⓓ E VISA. ✂ DZ **b**
chiuso venerdì e domenica sera – **Pasto** carta 39/56000.

Al Sorso Preferito, via Vito Nicola De Nicolò 46 ✉ 70121 ☎ 5235747, prenotare – ▤. AE ⓢ ⓓ E VISA DY **m**
chiuso domenica – **Pasto** carta 33/57000.

Al Sorso Preferito 2, lungomare Araldo Crollalanza 1 ✉ 70121 ☎ 5240022 – ▤. AE ⓢ ⓓ E VISA DY **b**
chiuso domenica sera e lunedì – **Pasto** carta 35/57000.

Lo Sprofondo, corso Vittorio Emanuele 111 ✉ 70122 ☎ 5213697, Rist. e pizzeria – ▤. AE ⓢ ⓓ E VISA. ✂ DY **a**
chiuso sabato a mezzogiorno, domenica, dal 23 dicembre al 3 gennaio e dal 9 al 26 agosto – **Pasto** carta 45/68000.

sulla tangenziale sud-complanare ovest SE : 5 km per ① :

Majesty, ✉ 70126 ☎ 5491099, Fax 5492397, 🌳, 🎾 – ascensore ▤ TV ☎ Ⓟ – 25 a 150. AE ⓢ E VISA. ✂
chiuso dal 22 dicembre al 7 gennaio e dal 26 luglio al 26 agosto – **Pasto** *(chiuso le sere di venerdì e domenica)* carta 42/64000 – **75 cam** ☕ 126/193000 – ½ P 136000.

a Carbonara di Bari S : 6,5 km BX – ✉ **70012** :

Taberna, via Ospedale di Venere 6 ☎ 5650557, « Ambiente caratteristico » – ▤ Ⓟ. AE ⓢ ⓓ E VISA JCB. ✂
chiuso lunedì ed agosto – **Pasto** carta 42/75000.

MICHELIN, contrada Prete 5 (zona industriale - strada per l'aeroporto) AX - ✉ 70123, ☎ 5341511, Fax 5387867.

BARI SARDO Nuoro 433 H 10 – Vedere Sardegna alla fine dell'elenco alfabetico.

BARLETTA **70051** Bari 988 ㉘ ㉙, 431 D 30 – 89 770 ab. – a.s. 21 giugno-settembre – ☎ 0883.

Vedere Colosso★★ – Castello★ – Museo Civico★ **M** – Reliquiario★ nella basilica di San Sepolcro.

ℹ via Ferdinando d'Aragona 95 ☎ 331331.

Roma 397 ③ – ♦Bari 69 ② – ♦Foggia 79 ③ – ♦Napoli 208 ③ – Potenza 128 ③ – ♦Taranto 145 ②.

Pianta pagina seguente

Itaca, viale Regina Elena 30 ☎ 37741, Fax 37786, ≤, piscina, 🎾 – ascensore ▤ TV ☎ 🚗 Ⓟ – 100 a 300. AE ⓢ ⓓ E VISA. ✂ per ①
Pasto *(chiuso lunedì a mezzogiorno)* carta 35/57000 – **27 cam** ☕ 120/190000 – ½ P 135/150000.

Artù, piazza Castello 67 ☎ 332121, Fax 332214, 🌳 – ▤ TV ☎ Ⓟ. AE ⓢ ⓓ E VISA. ✂ **b**
Pasto *(chiuso domenica sera)* carta 40/68000 – **32 cam** ☕ 130/200000 – ½ P 145/155000.

Royal senza rist, via Leontina de Nittis 13 ☎ 531139, Fax 331466 – ascensore ▤ TV ☎. AE ⓢ ⓓ E VISA **e**
34 cam ☕ 98/159000.

Garibaldi (Corso)
Vittorio Emanuele (Corso)

Baccarini (Via)	2	Conteduca (Piazza)	8	Nanula (Via A.)	23
Brigata Barletta (V.)	3	Discanno (V. Geremia)	9	Nazareth (Via)	24
Caduti in Guerra (Piazza dei)	4	Duomo (Via del)	10	Pier delle Vigne (Via)	25
Colombo (Via Cristoforo)	6	Ferdinando d'Aragona (V.)	14	Plebiscito (Piazza)	27
Consalvo da Cordova (Via)	7	Fraganzano (V.)	16	Principe Umberto (Piazza)	28
		Giannone (Viale)	17	Regina Elena (Via)	29
		Marina (Piazza)	18	Regina Margherita (Via)	30
		Monfalcone (V.)	20	S. Andrea (Via)	31
		Municipio (Via)	21	3 Novembre (Via)	33

XX ✪ **Antica Cucina,** via Milano 73 ☏ 521718, prenotare – ▤. AE 🅂 ⊙ E VISA JCB. ✂ **f**
chiuso dal 25 al 31 gennaio, dal 19 al 31 luglio, lunedì e la sera dei giorni festivi – **Pasto** carta 38/61000
Spec. Strascinati con scarola e ricotta stagionata (primavera-autunno), Filetto di cavallo con stufato di cipolle (autunno-inverno), Tortino tiepido di mandorle amare (autunno-inverno).

XX **Il Brigantino,** litoranea di Levante ☏ 533345, ←, 余, ⛱, ⛵, ✂ – ▤ P – 🏂 100. AE 🅂 ⊙ VISA per ①
chiuso mercoledì e gennaio – **Pasto** carta 37/57000 (15 %).

BAROLO 12060 Cuneo 428 I 5 – 682 ab. alt. 301 – ☎ 0173.

Roma 627 – Cuneo 68 – Asti 42 – ◆Milano 164 – Savona 83 – ◆Torino 72.

🏨 **Barolo** ⛰, via Lomondo 2 ☏ 56354, Fax 56354, ←, 余 – |♦| ☎ P. 🅂 ⊙ E VISA
chiuso dal 1° al 15 febbraio – **Pasto** 25/45000 e al Rist. ***Brezza*** *(chiuso martedì)* carta 35/51000 – ☕ 10000 – **30 cam** 100000 – ½ P 100000.

XX **Locanda nel Borgo Antico,** piazza Municipio 2 ☏ 56355, Fax 56355, Coperti limitati; prenotare – AE 🅂 ⊙ E VISA. ✂
chiuso dal 25 febbraio al 15 marzo, dal 25 luglio al 14 agosto, mercoledì e giovedì a mezzogiorno – **Pasto** 38/50000 e carta 40/65000.

X **Del Buon Padre,** località Vergne O : 3 km ☏ 56192, Fax 56192, prenotare – 🅂 E VISA. ✂
chiuso mercoledì, dal 1° al 15 gennaio e dal 15 al 30 luglio – **Pasto** carta 44/68000.

BARZANÒ 22062 Lecco 428 E 9, 219 ⑱ – 4 609 ab. alt. 370 – ☎ 039.

Roma 605 – Como 27 – ◆Bergamo 36 – Lecco 19 – ◆Milano 34.

X **I Ronchi** con cam, ☏ 957612, 余, prenotare – TV ☎. 🅂 E VISA
chiuso dal 2 al 10 gennaio e dal 16 agosto al 7 settembre – **Pasto** *(chiuso sabato a mezzogiorno e lunedì)* carta 30/52000 – ☕ 10000 – **9 cam** 70/120000 – ½ P 70000.

Carta Michelin n° 429 ITALIA Nord-Est scala 1:400 000.

BASCHI 05023 Terni 988 ㉕, 430 N 18 – 2 741 ab. alt. 165 – ☎ 0744.

Roma 118 – Viterbo 46 – Orvieto 10 – Terni 70.

XX **La Marroca,** via Roma 11 ☎ 957193, 🍽 – AE 🏦 E VISA
chiuso martedì e novembre – **Pasto** carta 31/63000.

sulla strada statale 448 :

🏨 **Villa Bellago** 🌳, N : 4 km ✉ 05023 ☎ 950521, Fax 950524, « Servizio estivo all'aperto », Fitness, 🏊, 🎾 – TV ☎ P. AE 🏦 ◐ E VISA. 🚫 rist
Pasto *(chiuso martedì e dal 9 gennaio al 9 febbraio)* carta 33/50000 – **10 cam** ☕ 135/175000 – ½ P 125000.

XXX ✿✿ **Vissani,** N : 12 km ✉ 05020 Civitella del Lago ☎ 950396, Fax 950396, Coperti limitati; prenotare – 🚭 ▤ P. AE 🏦 ◐ E VISA. 🚫
chiuso domenica sera e mercoledì – **Pasto** 100/140000 (a mezzogiorno) 140000 (alla sera) e carta 130/205000 (15%)
Spec. Insalata di scampi al profumo di senape cinese e pomodori secchi, Risotto con zucca gialla e moscardini salsa di cardi gobbi e mozzarella di bufala, Pernice rossa con gnocchi di fegatini allo zibibbo con salsa di olive nere e mentuccia.

a Civitella del Lago NE : 12 km – ✉ **05020** :

XX **Trippini,** ☎ 950316, Fax 950316, ≤ lago e dintorni – AE 🏦 ◐ E VISA. 🚫
chiuso mercoledì e dal 15 al 30 gennaio – **Pasto** carta 50/75000.

BASELGA DI PINÈ 38042 Trento 988 ④, 429 D 15 – 4 128 ab. alt. 964 – a.s. Pasqua e Natale – ☎ 0461.

ℹ a Serraia via Cesare Battisti 98 ☎ 557028, Fax 557577.

Roma 606 – Trento 19 – Belluno 116 – ◆Bolzano 75 – ◆Milano 260 – ◆Padova 136 – ◆Venezia 169.

🏨 **Edera,** a Tressilla ☎ 557221, Fax 558977 – 🛗 TV ☎ P. AE 🏦 E VISA. 🚫
chiuso dal 23 ottobre al 10 novembre – **Pasto** *(chiuso lunedì escluso da Natale-6 gennaio, Pasqua e luglio-settembre)* carta 35/50000 – **40 cam** ☕ 80/120000 – ½ P 100/110000.

🏨 **Villa Anita,** a Serraia ☎ 557106, Fax 558694, 🏊 – 🛗 ▤ TV ☎ P. 🚫 rist
Pasto *(chiuso giovedì)* carta 20/30000 – ☕ 5000 – **23 cam** 70/110000 – P 95/100000.

XX **2 Camini** con cam, a Vigo ☎ 557200, Fax 558833, 🌳 – TV P. AE 🏦 E VISA. 🚫 cam
chiuso dal 15 ottobre al 15 novembre – **Pasto** *(chiuso domenica sera e lunedì escluso dal 15 giugno al 15 settembre)* carta 36/55000 – ☕ 8000 – **10 cam** 80/120000 – ½ P 105000.

XX La Scardola, con cam, a Miola ☎ 557647, Fax 557647 – P – **9 cam.**

BASSANO DEL GRAPPA 36061 Vicenza 988 ⑤, 429 E 17 – 39 607 ab. alt. 129 – ☎ 0424.

Vedere Museo Civico★ – Escursioni Monte Grappa★★★ NE : 32 km.

ℹ largo Corona d'Italia 35 ☎ 524351, Fax 525301.

Roma 543 – ◆Padova 45 – Belluno 80 – ◆Milano 234 – Trento 88 – Treviso 47 – ◆Venezia 76 – Vicenza 35.

🏨 **Belvedere,** piazzale Generale Giardino 14 ☎ 529845, Fax 529849 – 🛗 ▤ TV ☎ 🚗 – 🏛 40 a 120. AE 🏦 ◐ E VISA JCB. 🚫
Pasto vedere rist **Belvedere** – **91 cam** ☕ 140/200000 – ½ P 115/125000.

🏨 **Palladio,** via Gramsci 2 ☎ 523777, Fax 524050, Fitness, sauna – 🛗 ▤ TV ☎ 🚗 P – 🏛 40 a 160. AE 🏦 ◐ E VISA. 🚫 rist
chiuso dal 7 al 27 agosto – **Pasto** al Rist. ***La Rotonda*** *(chiuso domenica ed agosto)* carta 44/49000 – **66 cam** ☕ 140/220000 – ½ P 98/138000.

🏨 **Alla Corte,** località Sant'Eusebio via Corte 54 (N : 2 km) ☎ 502114, Fax 502410 – 🛗 TV ☎ P. AE 🏦 ◐ E VISA
Pasto *(chiuso lunedì sera, martedì, dal 4 al 18 gennaio e dal 17 luglio al 2 agosto)* carta 35/46000 – ☕ 7000 – **30 cam** 70/105000 – ½ P 75/85000.

🏨 **Victoria** senza rist, viale Diaz 33 ☎ 503620, Fax 503130 – 🛗 ▤ TV ☎ P. AE 🏦 E VISA
23 cam ☕ 68/105000.

🏨 **Brennero** senza rist, via Torino 7 ☎ 228544, Fax 227021 – TV ☎. AE 🏦 ◐ E VISA JCB
☕ 6000 – **22 cam** 65/95000.

XXX **Belvedere,** via delle Fosse 1 ☎ 524988 – ▤. AE 🏦 ◐ E VISA JCB. 🚫
chiuso domenica – **Pasto** carta 43/65000.

XXX ✿ **San Bassiano,** viale dei Martiri 36 ☎ 521453, Fax 525111, prenotare – AE 🏦 ◐ E VISA. 🚫
chiuso domenica ed agosto – **Pasto** carta 56/89000
Spec. Piccola tartare di salmone selvaggio marinato allo zenzero con verdure , Fettuccine allo speck e funghi misti (estate-autunno), Funghi misti trifolati con formaggio vezzena e polenta (primavera-autunno).

XX **Al Sole-da Tiziano,** via Vittorelli 41/43 ☎ 523206 – AE 🏦 ◐ E VISA JCB
chiuso lunedì e luglio – **Pasto** carta 39/55000 (10%).

XX **Al Ponte-da Renzo,** via Volpato 60 ☎ 503055, ≤, « Servizio estivo in giardino » – 🚭 P. 🏦 E VISA
chiuso lunedì sera, martedì e gennaio – **Pasto** 41/65000 (10%).

X **Bauto,** via Trozzetti 27 ☎ 34696, Fax 34696 – AE 🏦 E VISA. 🚫
chiuso domenica ed agosto – **Pasto** carta 40/65000.

X **Al Giardinetto,** via Fontanelle 30 (N : 1,5 km) ☎ 502277, 🍽 – P. 🏦 E VISA
chiuso martedì sera e mercoledì – **Pasto** carta 27/38000.

sulla strada statale 47 :

🏨 Al Camin, SE : 2 km ✉ 36022 Cassola ℘ 566134, Fax 566822, « Servizio rist. estivo in giardino » – ⇅ ❄ [TV] ☎ [P] – 👥 20 a 80
43 cam.

BASTIA **06083** Perugia [430] M 19 – 16 673 ab. alt. 201 – ☏ 075.
Roma 176 – ◆ Perugia 17 – Assisi 9,5 – Terni 77.

🏨 **La Villa,** strada statale 147 Assisana 124 ℘ 8010011, Fax 8010574, « Giardino con 🏊 » – ⇅ ❄ [TV] ☎ [P] – 👥 30 a 400. [AE] [S] ⊙ [E] [VISA]. 🚫🐕
Pasto carta 44/67000 – **23 cam** ☕ 120/210000 – ½ P 140/170000.

🏨 **Turim,** strada statale 147 Assisana ℘ 8001616, Fax 8001723, 🏊 – ⇅ ☎ [P]. [AE] [S] ⊙ [E] [VISA]. 🚫🐕
Pasto *(chiuso venerdì)* carta 34/45000 – ☕ 13000 – **46 cam** 85/130000 – ½ P 85/100000.

ad Ospedalicchio O : 5 km – ✉ **06080** :

🏨 **Lo Spedalicchio,** ℘ 8010323, Fax 8010323, « In una fortezza trecentesca », ☂ – ⇅ ❄ [TV] ☎ [P] – 👥 90. [AE] [S] ⊙ [E] [VISA]. 🚫🐕
Pasto *(chiuso lunedì e dal 15 al 30 luglio)* carta 38/58000 – ☕ 14000 – **25 cam** 110/125000 – ½ P 95/105000.

BAVENO **28042** Verbania [988] ②, [428] E 7 – 4 544 ab. alt. 205 – ☏ 0323.
Vedere Guida Verde.

⛴ per le Isole Borromee giornalieri (10 mn) – Navigazione Lago Maggiore-agenzia Verbano Viaggi, corso Garibaldi 27 ℘ 923196, Fax 922303.

ℹ corso Garibaldi 16 ℘ 924632, Fax 924632.

Roma 661 – Stresa 4 – Domodossola 37 – Locarno 51 – ◆Milano 84 – Novara 60 – ◆Torino 137.

🏨 **Gd H. Dino,** corso Garibaldi 52 ℘ 922201, Fax 924515, ≤ isole Borromee, « Giardino sul lago con 🏊 », 🏋, 🧖, 🏊, 🏖, 🎾 – ⇅ ❄ [TV] ☎ 🚗 [P] – 👥 30 a 1300. [AE] [S] ⊙ [E] [VISA]. 🚫🐕 rist
Pasto carta 60/85000 – ☕ 25000 – **376 cam** 280/330000, 65 appartamenti 450/650000 – ½ P 140/270000.

🏨 **Splendid,** ℘ 924583, Fax 922200, ≤ lago e monti, « Giardino ombreggiato », 🏊, 🏖, 🎾 – ⇅ ❄ cam [TV] ☎ [P]. [AE] [S] ⊙ [E] [VISA]. 🚫🐕 rist
20 marzo-5 novembre – **Pasto** carta 50/70000 – ☕ 20000 – **105 cam** 150/240000 – ½ P 120/160000.

🏨 **Simplon,** ℘ 924112, Fax 924112, ≤, « Parco ombreggiato con 🏊 e 🎾 » – ⇅ ❄ cam [TV] ☎ [P]. [AE] [S] ⊙ [E] [VISA]. 🚫🐕 rist
23 marzo-7 novembre – **Pasto** 45/60000 – ☕ 20000 – **124 cam** 130/240000 – ½ P 120/160000.

🏨 **Rigoli** 🔕, via Piave 48 ℘ 924756, Fax 925156, ≤ lago e isole Borromee, 🏖, ☂ – ⇅ [TV] ☎ [P]. [AE] [S] ⊙ [E] [VISA]. 🚫🐕 rist
Pasqua-ottobre – **Pasto** carta 37/63000 – ☕ 15000 – **31 cam** 80/130000 – ½ P 100/110000.

🍴🍴 **Ascot,** via Libertà 9 ℘ 925226 – [AE] [S] ⊙ [E] [VISA] [JCB]
chiuso mercoledì – **Pasto** carta 40/69000.

Vedere anche : ***Borromee (Isole)*** SE : 10/30 mn di battello.

BAZZANO **40053** Bologna [988] ⑭, [429] [430] I 15 – 5 420 ab. alt. 93 – ☏ 051.
Roma 382 – ◆ Bologna 24 – ◆Modena 23 – Ostiglia 86.

🍴 **Trattoria al Parco,** viale Carducci 13/a ℘ 830800 – [S] [E] [VISA]. 🚫🐕
chiuso lunedì sera, martedì ed agosto – **Pasto** carta 38/56000.

BEDIZZOLE **25081** Brescia [428] [429] F 13 – 8 295 ab. alt. 184 – ☏ 030.
Roma 539 – ◆ Brescia 17 – ◆Milano 111 – ◆Verona 54.

🍴🍴 **La Casa,** via Capuzzi 3 ℘ 675280 – [P]. [AE] [S] ⊙ [E] [VISA]. 🚫🐕
chiuso domenica sera, lunedì e dal 1° al 10 agosto – **Pasto** carta 40/80000.

🍴 **Borgo Antico,** località Masciaga O: 1 km ℘ 674291, ☂ – [P]. [AE] [S] ⊙ [E] [VISA] [JCB]
chiuso lunedì sera e dal 5 al 20 agosto – **Pasto** carta 27/53000.

BEDONIA **43041** Parma [988] ⑬, [428] I 10 – 4 339 ab. alt. 500 – a.s. luglio-agosto – ☏ 0525.
Roma 483 – ◆ La Spezia 86 – ◆Bologna 177 – ◆Genova 91 – ◆Milano 151 – ◆Parma 81 – Piacenza 87.

🏨 San Marco, piazza Senatore Micheli ℘ 824436 – ⇅ [TV] ☎
25 cam.

🍴🍴 **La Pergola,** via Garibaldi 19 ℘ 826612, Fax 826612, Coperti limitati; prenotare, « Servizio estivo all'aperto », ☂ – [S] ⊙ [E] [VISA]. 🚫🐕
chiuso giovedì escluso i giorni festivi e da maggio ad ottobre – **Pasto** carta 45/68000.

When visiting **northern Italy** *use* **Michelin maps** [428] *and* [429].

BELGIRATE 28040 Verbania 428 E 7, 219 ⑦ – 518 ab. alt. 200 – ☎ 0322.

Roma 651 – Stresa 6 – Locarno 61 – Milano 74 – Novara 50 – Torino 127.

Villa Carlotta, ☎ 76461, Telex 200490, Fax 76705, ≤, « Parco ombreggiato », riscaldata, – – 30 a 600. AE VISA. rist
Pasto carta 48/79000 – 15000 – **128 cam** 139/192000, appartamento, 25000 – ½ P 95/140000.

Milano, ☎ 76525, Fax 76295, ≤, « Servizio rist. estivo in terrazza sul lago », – – 40. AE
Pasto carta 51/75000 – 15000 – **52 cam** 105/165000 – ½ P 85/110000.

BELLAGIO 22021 Como 988 ③, 428 E 9 – 2 948 ab. alt. 216 – ☎ 031.

Vedere Posizione pittoresca★★★ – Giardini★★ di Villa Serbelloni – Giardini★★ di Villa Melzi.

per Varenna giornalieri (da 15 a 30 mn) – Navigazione Lago di Como, al pontile ☎ 950180.

piazza della Chiesa 14 ☎ 950204.

Roma 643 – Como 29 – Bergamo 55 – Lecco 22 – Lugano 63 – Milano 78 – Sondrio 104.

Gd H. Villa Serbelloni , ☎ 950216, Telex 380330, Fax 951529, ≤ lago e monti, , « Parco digradante sul lago », , , , , – – 40 a 400. AE VISA. rist
aprile-ottobre – **Pasto** carta 75/110000 – **78 cam** 313/620000, 10 appartamenti – ½ P 305/387000.

Belvedere, ☎ 950410, Fax 950102, ≤ lago e Grigna, , , – – 90. AE VISA. rist
29 marzo-25 ottobre – **Pasto** carta 45/70000 – **58 cam** 120/198000 – ½ P 130/138000.

Florence, piazza Mazzini 46 ☎ 950342, Fax 951722, ≤, « Servizio rist. estivo in terrazza ombreggiata in riva al lago » – . AE VISA
aprile-20 ottobre – **Pasto** carta 50/75000 – **31 cam** 140/190000, appartamento – ½ P 140/160000.

Du Lac, ☎ 950320, Fax 951624, ≤ lago e monti, « Terrazza roof-garden » – . VISA. rist
15 marzo-ottobre – **Pasto** carta 43/75000 – **48 cam** 115/180000 – ½ P 130000.

Silvio, SO : 2 km ☎ 950322, Fax 950912, « Servizio rist. estivo in terrazza con ≤ lago e monti » – .
chiuso gennaio e febbraio – **Pasto** carta 29/50000 – 7000 – **20 cam** 70/90000 – ½ P 72/80000.

Bilacus, ☎ 950480, « Servizio estivo sotto un pergolato » – VISA
15 marzo-ottobre; chiuso lunedì escluso da luglio a settembre – **Pasto** carta 34/57000.

Barchetta, salita Mella 13 ☎ 951389, , prenotare la sera – AE VISA.
15 marzo-25 ottobre; chiuso martedì escluso dal 15 giugno al 15 settembre – **Pasto** carta 45/77000 (10%).

BELLAMONTE 38030 Trento 429 D 16 – alt. 1 372 – a.s. 23 gennaio-Pasqua e Natale – Sport invernali : 1 372/1 700 m 4, – ☎ 0462.

(Natale-Pasqua e giugno-settembre) ☎ 576047.

Roma 668 – Belluno 75 – Bolzano 61 – Cortina d'Ampezzo 90 – Milano 322 – Trento 84.

Sole , ☎ 576299, Fax 576394, ≤, –
stagionale – **37 cam.**

Stella Alpina, ☎ 576114, ≤, – .
chiuso novembre – **Pasto** *(chiuso lunedì)* 27/30000 – 8000 – **34 cam** 57/92000 – ½ P 85000.

Margherita, ☎ 576140, ≤ – .
6 dicembre-aprile e 21 giugno-settembre – **Pasto** 25/30000 – 8000 – **28 cam** 80/120000 – ½ P 80/85000.

BELLARIA IGEA MARINA Rimini 988 ⑮, 429 430 J 19 – 13 287 ab. – a.s. 15 giugno-agosto – ☎ 0541.

Roma 350 – Ravenna 39 – Rimini 15 – Bologna 111 – Forlì 49 – Milano 321 – Pesaro 55.

a Bellaria – ✉ 47041.

via Leonardo da Vinci 10 (Palazzo del Turismo) ☎ 344108, Fax 345491 :

Miramare, lungomare Colombo 37 ☎ 344131, Fax 347316, ≤, – cam rist . VISA. rist
20 maggio-25 settembre – **Pasto** 30/35000 – **64 cam** 90/140000 – ½ P 110000.

Elizabeth, via Rovereto 11 ☎ 344119, Fax 345680, ≤, riscaldata – . AE VISA.
20 dicembre-10 gennaio e Pasqua-novembre – **Pasto** 40/50000 – **45 cam** 120/160000 – ½ P 110/120000.

Gambrinus, viale Panzini 101 ☎ 349421, Fax 345778, ≤, , , , –
15 aprile-settembre – **63 cam** solo ½ P 90/130000.

Ermitage, via Ala 11 ℘ 347633, Fax 343083, ≤, Ⅎ̶, ≘, ⛱ riscaldata – |⇕| ▣ ☎ ⓟ. AE 🄱 ⓞ E VISA. ✂ rist
20 dicembre-10 gennaio e Pasqua-20 settembre – **Pasto** 35/45000 – **50 cam** ☐ 120/180000, 2 appartamenti – ½ P 110/120000.

Nautic-Riccardi, viale Panzini 128 ℘ 345600, Fax 344299, ⛱, ☐ – |⇕| ▤ rist ☎ ⓟ. AE 🄱 ⓞ E VISA. ✂
maggio-20 settembre – **Pasto** 30/35000 – ☐ 10000 – **33 cam** 100/110000 – ½ P 75/95000.

Semprini, via Volosca 18 ℘ 346337, Fax 346564, ≤, ⛱ – |⇕| ▤ rist ☎ ⇔ ⓟ. ✂ rist
15 maggio-settembre – **Pasto** 25/30000 – **45 cam** ☐ 50/60000 – P 60/87000.

La Pace, via Zara 10 ℘ 347519, Fax 347519, ≤, ⛱ riscaldata – |⇕| ☎ ⓟ. VISA. ✂
15 maggio-20 settembre – **Pasto** (solo per clienti alloggiati) – ☐ 15000 – **37 cam** 80/100000 – ½ P 66/86000.

Roma, via Arbe 13 ℘ 344225, Fax 344225, ≤, ⛱ riscaldata – |⇕| ☎ ⓟ. AE VISA. ✂
15 maggio-settembre – **Pasto** (solo per clienti alloggiati) – ☐ 15000 – **67 cam** 60/100000 – ½ P 66/86000.

Orizzonte, via Rovereto 10 ℘ 344298, Fax 346804, ≤, ☐ – ▤ rist ☎ ⓟ. 🄱 E VISA. ✂
maggio-settembre – **Pasto** (solo per clienti alloggiati) – ☐ 12000 – **38 cam** 80/130000 – ½ P 65/75000.

Orchidea, viale Panzini 37 ℘ 347425, Fax 340120, « Giardino ombreggiato », ⛱ – ☎ ⓟ. AE 🄱 ⓞ E VISA JCB. ✂ rist
maggio-settembre – **Pasto** 30/39000 – ☐ 12000 – **33 cam** 63/103000 – ½ P 45/91000.

Elite, viale Italia 29 ℘ 346615, Fax 346716, ≤ – |⇕| ▤ rist ☎ ⓟ. ✂ rist
15 maggio-settembre – **Pasto** 25/30000 – **30 cam** ☐ 80/90000 – ½ P 59/73000.

a Igea Marina – ✉ **47044.**

ℹ (aprile-settembre), via Catullo 6 ℘ 330052 :

Agostini, viale Pinzon 68 ℘ 331510, Fax 330085, ≤ – |⇕| ▤ ☎ ⓟ. 🄱 E VISA. ✂ rist
aprile-25 settembre – **Pasto** (solo per clienti alloggiati) 20/50000 – **57 cam** ☐ 60/90000 – ½ P 59/85000.

Touring senza rist, viale Pinzon 217 ℘ 331619, Fax 330319, ≤, ⛱, ⛱ – |⇕| ☎ ⓟ. 🄱 E VISA. ✂
aprile-settembre – ☐ 18000 – **33 cam** 96/160000.

Globus, viale Pinzon 193 ℘ 330195, ≤ – |⇕| ▤ rist ☎ ⓟ. ✂ rist
10 maggio-25 settembre – **Pasto** 20/30000 – ☐ 10000 – **57 cam** 40/80000 – ½ P 67/70000.

K 2, viale Pinzon 212 ℘ 330064, Fax 331828, ≤ – |⇕| ▤ rist ☎ ⓟ. 🄱 E VISA. ✂
maggio-settembre – **Pasto** (solo per clienti alloggiati) 25/35000 – ☐ 15000 – **62 cam** 50/70000 – ½ P 37/73000.

Strand Hotel, viale Pinzon 161 ℘ 331726, Fax 331900, ≤, ≘ – |⇕| ▤ rist ☎ ⓟ. VISA. ✂ rist
marzo-settembre, Natale e Capodanno – **Pasto** (solo per clienti alloggiati) carta 30/35000 – ☐ 15000 – **31 cam** 70/100000 – ½ P 75/100000.

Elios, viale Pinzon 116 ℘ 331300, Fax 331772, ≤, ⛱ – |⇕| ☎ ⓟ. ✂ rist
aprile-settembre – **Pasto** (solo per clienti alloggiati) 30/35000 – ☐ 10000 – **29 cam** 65/90000 – ½ P 79/90000.

Sirocco, via Ovidio 57 ℘ 330590, ☂

BELLARIVA Rimini 430 J 19 – Vedere Rimini.

BELLINZAGO NOVARESE **28043** Novara 428 F 7 – 8 161 ab. alt. 191 – ☏ 0321.

Roma 634 – ♦Milano 60 – Novara 15 – Varese 45.

a Badia di Dulzago O : 3 km – ✉ **28043** Bellinzago Novarese

Osteria San Giulio, ℘ 98101 – 🚶 40. ✂
chiuso domenica sera, lunedì, dal 23 al 28 dicembre ed agosto – **Pasto** carta 23/42000.

BELLUNO **32100** Ⓟ 988 ⑤, 429 D 18 – 35 623 ab. alt. 389 – ☏ 0437.

Vedere Piazza del Mercato★ **8** – Piazza del Duomo★ **2** : palazzo dei Rettori★ **P**, polittico★ nel Duomo – Via del Piave : ≤★.

ℹ via Psaro 21 ℘ 940083, Fax 940073 – piazza dei Martiri 27/e ℘ 941746, Telex 440077.

A.C.I. piazza dei Martiri 46 ℘ 943132.

Roma 617 ① – Cortina d'Ampezzo 71 ① – ♦Milano 320 ② – Trento 112 ② – Udine 117 ① – ♦Venezia 106 ① – Vicenza 120 ②.

Pianta pagina seguente

Delle Alpi, via Jacopo Tasso 13 ℘ 940545, Fax 940565 – |⇕| ▣ ☎. AE 🄱 ⓞ E VISA **a**
Pasto vedere rist **Delle Alpi** – **40 cam** ☐ 120/160000, 2 appartamenti.

Villa Carpenada ⛰, via Mier 158 ℘ 948343, Fax 948345, « Villa settecentesca in un bosco » – ▣ ☎ ⓟ. AE 🄱 VISA 2 km per ②
Pasto carta 37/53000 – ☐ 15000 – **19 cam** 120/140000, 2 appartamenti – ½ P 100/120000.

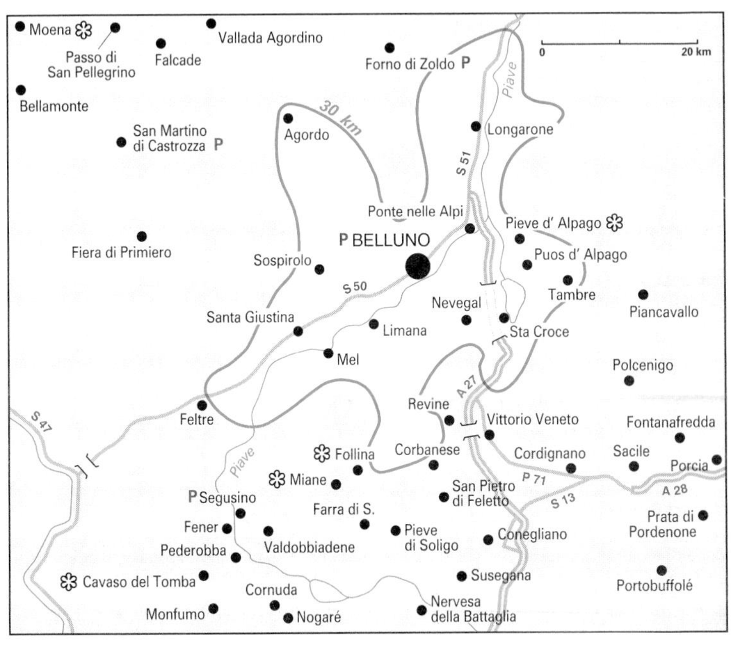

🏠 **Alle Dolomiti** senza rist, via Carrera 46 ℘ 941660, Fax 941436 – 🛗 TV ☎. AE ⑤ ⓞ E VISA **s**
☕ 10000 – **32 cam** 80/125000.

🏠 **Astor** senza rist, piazza dei Martiri 26/e ℘ 942094, Fax 942493, ≤ – 🛗 TV ☎. AE ⑤ ⓞ E VISA JCB **n**
☕ 5000 – **32 cam** 100/150000.

XXX **Delle Alpi,** via Jacopo Tasso 15 ℘ 940302 – AE ⑤ ⓞ E VISA **a**
chiuso domenica, dal 1° al 7 gennaio e dall'11 al 25 agosto – **Pasto** 20/35000 (a mezzogiorno) 30/50000 (alla sera) e carta 38/55000.

XX **Al Borgo,** via Anconetta 8 ℘ 926755, Fax 926411, 🏡, « Villa settecentesca in un parco » – 🅿. AE ⑤ ⓞ E VISA. ✻ per ④
chiuso lunedì sera, martedì e dal 15 al 30 gennaio – **Pasto** carta 36/54000.

X Terracotta, borgo Garibaldi 61 ℘ 942644, 🏡 **b**

Le carte stradali Michelin sono costantemente aggiornate.

BENACO – Vedere Garda (Lago di).

BENEVENTO 82100 [P] [988] ㉗, [430] S 26, [431] D 26 – 63 451 ab. alt. 135 – ☎ 0824.

Vedere Arco di Traiano★★ – Museo del Sannio★ : Chiostro★.

[i] piazza Roma ℘ 25424, Fax 312309.

[A.C.I.] via Salvator Rosa 24/26 ℘ 314849.

Roma 241 – ◆Napoli 71 – ◆Foggia 111 – Salerno 75.

🏨 **Gd H. Italiano,** viale Principe di Napoli 137 ℘ 24111, Fax 21758 – [lift] ▤ [TV] ☎ – 🧑‍🏫 50 a 200. [AE] [$] [O] [E] [VISA]. ✗ rist
Pasto carta 35/47000 – **71 cam** ☕ 90/140000 – ½ P 80/100000.

🍴🍴 **Antica Taverna,** via Annunziata 134 ℘ 21212 – [AE] [$] [O] [VISA]. ✗
chiuso domenica sera – **Pasto** carta 28/47000 (10%).

BERCETO 43042 Parma [988] ⑭, [428] [429] [430] I 11 – 2 726 ab. alt. 790 – ☎ 0525.

Roma 463 – ◆Parma 60 – ◆La Spezia 65 – ◆Bologna 156 – Massa 80 – ◆Milano 165.

🍴 **Vittoria-da Rino** con cam, piazza Micheli 12 ℘ 64306, Fax 64306 – [TV] ☎ [P]. [AE] [$] [O] [E] [VISA]. ✗
chiuso dal 20 dicembre al 15 febbraio – **Pasto** *(chiuso lunedì)* carta 41/72000 – ☕ 10000 – **15 cam** 60/80000 – P 95000.

in prossimità dello svincolo autostrada A 15 :

🍴🍴 **La Foresta di Bard** 🐦 con cam, località Prà Grande ✉ 43042 ℘ 60248, Fax 64477, prenotare, « Al limitare di un bosco » – ☎ [P] – 🧑‍🏫 150. [AE] [$] [O] [VISA]
chiuso gennaio – **Pasto** *(chiuso martedì)* carta 39/60000 – ☕ 6000 – **8 cam** 70/100000 – ½ P 80000.

BERGAMO 24100 [P] [988] ③, [428] E 11 – 115 899 ab. alt. 249 – ☎ 035.

Vedere Città alta★★★ ABY – Piazza del Duomo★★ AY **12** : Cappella Colleoni★★, Basilica di Santa Maria Maggiore★ : arazzi★★, arazzo della Crocifissione★★, pannelli★★, abside★, Battistero★ – Piazza Vecchia★ AY **38** – ≤★ dalla Rocca AY – Città bassa★ : Accademia Carrara★★BY **M1** – Quartiere vecchio★ BYZ – Piazza Matteotti★ BZ **19**.

⛳9, ⛳9 e ⛳9 L'Albenza (chiuso lunedì) ad Almenno San Bartolomeo ✉ 24030 ℘ 640028, Fax 643066, per ⑧ : 15 km;

⛳9 La Rossera (chiuso martedì) a Chiuduno ✉ 24060 ℘ 838600, Fax 4427047 per ② : 15 km.

✈ di Orio al Serio per ③ : 3,5 km ℘ 326323, Fax 313432 – Alitalia, via Casalino 5 ℘ 224425, Fax 235127.

[i] viale Papa Giovanni XXIII 106 ✉ 24121 ℘ 242226, Fax 242994.

[A.C.I.] via Angelo Maj 16 ✉ 24121 ℘ 247621.

Roma 601 ④ – ◆Brescia 52 ④ – ◆Milano 47 ④.

Pianta pagina seguente

🏨 **Pantheon,** via Borgo Palazzo 154 ✉ 24125 ℘ 308111, Fax 308308, ♿ – [lift] ▤ [TV] ☎ 🚗 [P] – 🧑‍🏫 50 a 300. [AE] [$] [O] [E] [VISA] [JCB]. ✗ rist — 1,5 km per ②
Pasto carta 39/55000 – **86 cam** ☕ 188/236000, 8 appartamenti – ½ P 130/260000.

🏨 **Starhotel Cristallo Palace,** via Betty Ambiveri 35 ✉ 24126 ℘ 311211, Telex 304090, Fax 312031 – [lift] ▤ [TV] ☎ 🚗 – 🧑‍🏫 500. [AE] [$] [O] [E] [VISA] [JCB]. ✗ rist
Pasto 43000 e al Rist. ***L'Antica Perosa*** *(chiuso domenica)* carta 48/69000 – **90 cam** ☕ 255/350000 – ½ P 130/300000. — per via San Giovanni Bosco BZ

🏨 **Excelsior San Marco,** piazza della Repubblica 6 ✉ 24122 ℘ 366111, Telex 301295, Fax 223201 – [lift] ▤ [TV] ☎ 🚗 – 🧑‍🏫 30 a 400. [AE] [$] [O] [E] [VISA] [JCB] — AZ **a**
Pasto al Rist. ***San Marco*** carta 59/93000 – **162 cam** ☕ 238/301000 – ½ P 210000.

🏨 **Arli** senza rist, largo Porta Nuova 12 ✉ 24122 ℘ 222014, Fax 239732 – [lift] [TV] ☎. [AE] [$] [E] [VISA] — BZ **s**
☕ 16000 – **56 cam** 97/140000.

🍴🍴🍴 ✿✿ **Da Vittorio,** viale Papa Giovanni XXIII 21 ✉ 24121 ℘ 218060, Fax 218060 – 🚭 ▤. [AE] [$] [O] [E] [VISA] — BZ **b**
chiuso mercoledì e dal 5 al 25 agosto – **Pasto** 60/95000 (a mezzogiorno) 95/130000 (alla sera) e carta 80/120000
Spec. Lasagnetta aperta con scampi e insalata trevisana brasata, Filetto di branzino al basilico fritto e salsa al timo, Soufflé caldo al frutto della passione.

🍴🍴 ✿ **Lio Pellegrini,** via San Tomaso 47 ✉ 24121 ℘ 247813, Fax 247813, ⛱, Coperti limitati; prenotare – [AE] [O] — BY **e**
chiuso lunedì, martedì a mezzogiorno, dal 2 al 9 gennaio e dal 6 al 27 agosto – **Pasto** carta 53/111000
Spec. Delizie di mare calde, Crespelle ai fiori di zucchine (febbraio-ottobre), Scampi nostrani cotti in padella con cipollotti ed olio del Chianti.

🍴🍴 **Le Stagioni,** via Orio 97 ✉ 24126 ℘ 311613, Fax 311321 – [P]. [AE] [$] [O] [E] [VISA]. ✗
chiuso martedì – **Pasto** carta 40/60000. — 2 km per via San Giovanni Bosco BZ

🍴🍴 **Taverna Valtellinese,** via Tiraboschi 57 ✉ 24122 ℘ 243331, Cucina valtellinese – ▤. [AE] [$] [O] [VISA] — BZ **r**
chiuso lunedì – **Pasto** carta 46/64000.

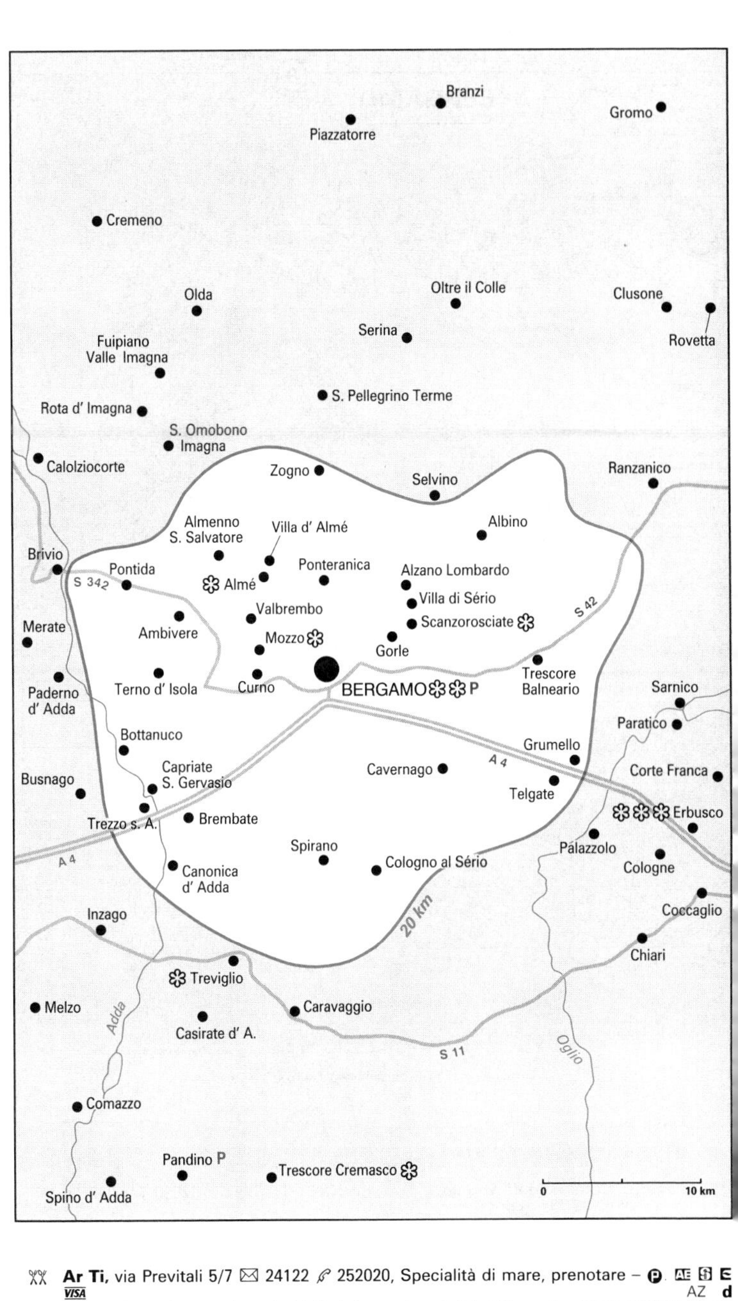

XX **Ar Ti,** via Previtali 5/7 ✉ 24122 ☎ 252020, Specialità di mare, prenotare – P. AE $ E VISA AZ **d**
chiuso domenica sera, lunedì, dal 1° al 6 gennaio e dal 5 al 25 agosto – **Pasto** 50000 bc (solo a mezzogiorno) e carta 45/70000.

XX **Öl Giopì e la Margì,** via Borgo Palazzo 27 ✉ 24125 ☎ 242366, Fax 249206, Cucina tipica bergamasca – ▤. AE $ E VISA. ✂ BZ **c**
chiuso domenica sera, lunedì, dal 1° al 10 gennaio ed agosto – **Pasto** 42/60000 bc.

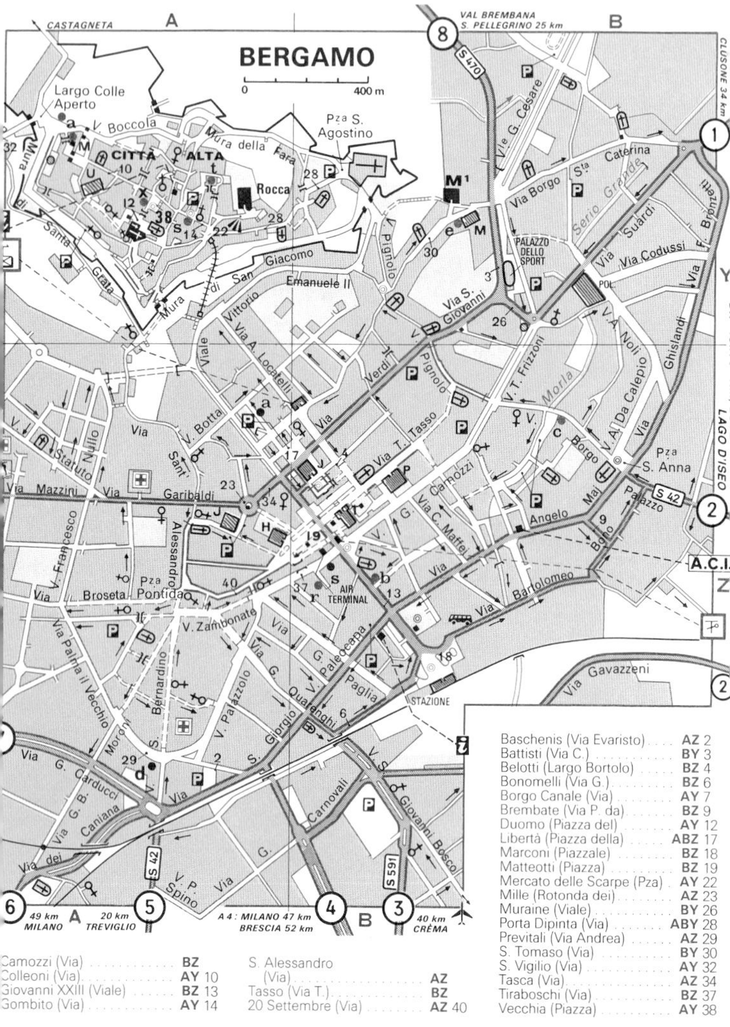

Circolazione stradale regolamentata nella « Città Alta »

alla città alta – alt. 366.

ℹ (marzo-ottobre) vicolo Aquila Nera 2 ☎ 232730 ;

XXX **Taverna Colleoni dell'Angelo,** piazza Vecchia 7 ✉ 24129 ☎ 232596, Fax 232596, – ▤. AE ⓢ ⊙ E VISA JCB. ✂ AY **x**
chiuso lunedì e dal 13 al 25 agosto – **Pasto** carta 65/96000.

XX **Alla Nicchia,** piazza Mercato del Fieno 13 ✉ 24129 ☎ 220114, Coperti limitati; prenotare – ⓢ ⊙ E VISA AY **t**
chiuso domenica sera, martedì ed agosto – **Pasto** carta 40/77000.

XX **Il Gourmet** ⛲ con cam, via San Vigilio 1 ✉ 24129 ☎ 4373004, Fax 4373004, « Servizio estivo in terrazza panoramica » – ▤ rist TV ☎ P. AE ⓢ ⊙ E VISA. ✂ AY
chiuso dal 27 dicembre al 5 gennaio – **Pasto** *(chiuso martedì)* carta 60/80000 – ☕ 18000 – **10 cam** 90/130000 – ½ P 170000.

XX **I Musicanti** con cam, via San Vigilio 15 ✉ 24129 ✆ 253179, Fax 402081, ≤, Coperti limitati; prenotare, « Servizio estivo in terrazza panoramica » – TV ☎ P. AE ⑤ ⓞ E VISA AY
Pasto *(chiuso dal 1° al 10 gennaio)* carta 50/88000 – ☐ 15000 – **7 cam** 150000 – ½ P 125000.

XX Il Pianone, vicolo al Pianone 21 ✉ 24129 ✆ 216016, ≤, « Servizio estivo in terrazza panoramica » – P 2,5 km per via Castagneta AY
chiuso a mezzogiorno.

XX La Marianna, largo Colle Aperto 2/4 ✉ 24129 ✆ 237027, Fax 211314, ☂, « Servizio estivo in terrazza-giardino ». AY a

XX **Trattoria del Teatro,** piazza Mascheroni 3 ✉ 24129 ✆ 238862, prenotare – ▤
chiuso lunedì e dal 15 al 30 luglio – **Pasto** carta 37/55000. AY a

XX **La Valletta,** via Castagneta 19 ✉ 24129 ✆ 239587, Fax 239587, prenotare, « Servizio estivo in terrazza » – AE ⑤ ⓞ E VISA JCB. ✂ AY
chiuso domenica sera, lunedì, dal 5 al 15 gennaio e dal 10 al 20 agosto – **Pasto** carta 47/75000.

X **Da Ornella,** via Gombito 15 ✉ 24129 ✆ 232736, prenotare – AE ⑤ ⓞ E VISA AY s
chiuso giovedì, venerdì a mezzogiorno, dal 22 dicembre all'8 gennaio e luglio – **Pasto** carta 36/55000.

BERGEGGI 17042 Savona 428 J 7 – 1 047 ab. alt. 110 – ☎ 019.

Roma 556 – ♦ Genova 58 – Cuneo 102 – Imperia 63 – ♦Milano 180 – Savona 11.

XXX ✿ **Claudio** con cam, ✆ 859750, Fax 859750, prenotare, « Servizio estivo in terrazza con ≤ mare e costa », ⛱, ☂ – |♦| ▤ TV ☎ ⇔ P – 🔬 100. AE ⑤ E VISA. ✂
chiuso dal 2 al 25 gennaio – **Pasto** *(chiuso lunedì e martedì a mezzogiorno)* 90/120000 bc – **15 cam** ☐ 130/240000 – ½ P 175/220000
Spec. Bouquet di crostacei agli agrumi, Insalata di mare al profumo di basilico, Branzino alla Ligure.

BERGIOLA MAGGIORE Massa-Carrara – Vedere Massa.

BERTINORO 47032 Forlì 988 ⑮, 429 430 J 18 – 8 787 ab. alt. 257 – ☎ 0543.

Vedere ≤★ dalla terrazza vicino alla Colonna dell'Ospitalità.

Roma 343 – ♦ Ravenna 46 – Rimini 54 – ♦Bologna 77 – Forlì 14 – ♦Milano 296.

🏨 **Panorama** senza rist, piazza della Libertà 11 ✆ 445465, Fax 445465, ≤ – |♦| TV ☎. AE ⑤ ⓞ VISA. ✂
senza ☐ – **16 cam** 60/120000.

X **Belvedere,** via Mazzini 7 ✆ 445127, « Servizio estivo in terrazza panoramica » – ⑤ ⓞ E VISA JCB. ✂
chiuso mercoledì e novembre – **Pasto** carta 43/60000.

BESNATE 21010 Varese 428 E 8, 219 ⑰ – 4 681 ab. alt. 300 – ☎ 0331.

Roma 622 – Stresa 37 – Gallarate 7 – ♦Milano 45 – Novara 40 – Varese 17.

XX **La Maggiolina,** via per Gallarate 9 ✆ 274225 – ▤ P. AE ⑤ ⓞ E VISA
chiuso martedì ed agosto – **Pasto** carta 42/67000.

BETTOLA 29021 Piacenza 988 ⑬, 428 429 H 10 – 3 412 ab. alt. 329 – ☎ 0523.

Roma 546 – Piacenza 34 – ♦Bologna 184 – ♦Milano 99.

X **Due Spade,** piazza Cristoforo Colombo 62 ✆ 917789, ☂ – ⑤ E VISA. ✂
chiuso martedì escluso da giugno a settembre – **Pasto** carta 30/48000.

BIANCO 89032 Reggio di Calabria 988 ㊴, 431 M 30 – 4 139 ab. – ☎ 0964.

Roma 722 – ♦ Reggio di Calabria 73 – Catanzaro 118.

🏨 **Vittoria,** ✆ 911015, Fax 911014, 🏖 – |♦| ☎ P. AE ⑤ ⓞ E VISA. ✂ rist
Pasto *(giugno-ottobre)* 25/45000 – ☐ 8000 – **64 cam** 80/90000 – ½ P 70/85000.

BIBBIENA 52011 Arezzo 988 ⑮, 430 K 17 – 11 119 ab. alt. 425 – ☎ 0575.

Roma 249 – Rimini 113 – Arezzo 32 – ♦Firenze 60 – ♦Ravenna 122.

X **Brogi da Marino** con cam, piazza Mazzoni 5 ✆ 536222, Fax 536223, ☂ – TV ☎. AE ⑤ ⓞ E VISA
Pasto carta 29/41000 – ☐ 5000 – **15 cam** 50/70000 – ½ P 65/70000.

BIBBONA (Marina di) 57020 Livorno 430 M 13 – ☎ 0586.

Roma 285 – Cecina 14 – Grosseto 92 – ♦Livorno 45 – Piombino 43 – Siena 100.

🏨 **Hermitage,** via dei Melograni 13 ✆ 600218, Fax 600760, ☂, ⛱ – ▤ TV ☎ P. AE E VISA. ✂
chiuso novembre – **Pasto** 22/26000 e al Rist. ***Eldorado*** carta 33/60000 (15%) – **39 cam** ☐ 180/260000 – ½ P 160000.

BIBIONE 30020 Venezia 988 ⑥, 429 F 21 – ☎ 0431.

ℹ viale Aurora 101 ☏ 43362, Telex 450377, Fax 439997.

Roma 613 – Udine 59 – Latisana 19 – ♦Milano 352 – Treviso 89 – ♦Trieste 98 – ♦Venezia 102.

Principe, via Ariete 41 ☏ 43256, Fax 439234, ←, 🏊, 🏖, 🎾 – 🛗 ☎ 🅿. AE 🅂 ⦿ E VISA. ✻ rist
15 maggio-15 settembre – **Pasto** (solo per clienti alloggiati) 25/30000 – **80 cam** ☕ 143/235000 – ½ P 130/160000.

Corallo, via Pegaso 38 ☏ 43222, Fax 439928, ←, 🏊, 🏖, 🌳, 🎾 – 🛗 ▤ rist TV ☎ 🅿.
stagionale – **80 cam.**

Astoria, corso Europa 86 ☏ 43148, Fax 439383, 🏖, 🎾 – 🛗 ▤ rist ☎ 🚗 🅿. AE 🅂 ⦿ E VISA. ✻ rist
16 maggio-19 settembre – **Pasto** 35000 – **56 cam** ☕ 70/130000 – ½ P 82/92000.

Leonardo da Vinci, corso Europa 92 ☏ 43416, Fax 438009, 🏖 – 🛗 ☎ 🅿. ✻ rist
20 maggio-15 settembre – **Pasto** (solo per clienti alloggiati) 30/38000 – ☕ 15000 – **54 cam** 95/150000 – ½ P 79/90000.

Nevada, località Lido del Sole O : 2,5 km ☏ 430000, Telex 450417, Fax 439291, 🏖 – 🛗 ⇹ cam ☎ 🚗 🅿. AE ⦿
maggio-settembre – **Pasto** carta 40/59000 – **40 cam** ☕ 100/120000 – P 70/140000.

Concordia, via Maia 149 ☏ 43433, ←, 🏊 riscaldata, 🏖 – 🛗 ☎ 🚗 🅿. ✻ rist
20 maggio-20 settembre – **Pasto** 30000 – **44 cam** ☕ 80/140000 – ½ P 78/88000.

a Bibione Pineda O : 5 km – ✉ **30020** Bibione.

ℹ viale dei Ginepri 244 ☏ 43362 :

Esplanada 🔇, via delle Dune 6 ☏ 43260, Fax 430832, « Pineta con 🏊 e 🎾 », 🏖 – 🛗 ▤ rist ☎ 🅿. 🅂 E VISA. ✻
15 maggio-settembre – **Pasto** 45/50000 – **74 cam** ☕ 130/250000 – ½ P 95/140000.

San Marco, via delle Ortensie 2 ☏ 43301, Fax 438381, « Giardino fiorito con 🏊 », ≘s, 🏖 – 🛗 ☎ 🅿. ✻
15 maggio-15 settembre – **Pasto** (solo per clienti alloggiati) 33/35000 – ☕ 15000 – **57 cam** 95/140000 – ½ P 105000.

Horizonte, via degli Ontani 31 ☏ 43218, Fax 439246, « Giardino ombreggiato » – ▤ rist ☎ 🅿. 🅂 E VISA. ✻ rist
15 maggio-20 settembre – **Pasto** 28/30000 – **25 cam** ☕ 55/130000 – ½ P 70/85000.

BIELLA 13051 P 988 ②, 428 F 6 – 48 091 ab. alt. 424 – ☎ 015.

⛳ Le Betulle (aprile-novembre; chiuso lunedì escluso agosto) a Magnano ✉ 13050 ☏ 679151, Fax 679276, per ④ 18 km.

ℹ piazza Vittorio Veneto 3 ☏ 351128, Fax 34612.

A.C.I. viale Matteotti 11 ☏ 351047.

Roma 676 ② – Aosta 88 ④ – ♦Milano 102 ② – Novara 56 ② – Stresa 72 ① – ♦Torino 74 ③ – Vercelli 42 ②.

Astoria senza rist, viale Roma 9 ☏ 402750, Fax 8491691 – 🛗 ▤ TV ☎ – 🏛 75. AE 🅂 ⦿ E VISA **v**
chiuso agosto – **49 cam** ☕ 150/190000.

Augustus senza rist, via Orfanotrofio ☏ 27554, Fax 29257 – 🛗 ▤ TV ☎ 🅿. AE 🅂 ⦿ E VISA. ✻ **s**
chiuso dal 3 al 26 agosto – **36 cam** ☕ 140/190000.

Michelangelo, piazza Adua 5 ☏ 8492362, Fax 8492649, Rist. a buffet – 🛗 ▤ TV ☎ 🚗 – 🏛 40. AE 🅂 ⦿ E VISA. ✻ **r**
Pasto *(chiuso alla sera, sabato e domenica)* 45/70000 – **21 cam** ☕ 150/190000.

Coggiola senza rist, via Cottolengo 5 ✆ 8491912, Fax 8493427, – |‡| TV ☎. AE ⓢ ⓞ E VISA b
☕ 12000 – **24 cam** 80/120000.

XXX **Prinz Grill,** via Torino 14 ✆ 23876, Coperti limitati; prenotare – AE ⓢ ⓞ E VISA. u
chiuso domenica, dal 1° al 10 gennaio ed agosto – **Pasto** carta 44/69000.

XX **L'Orso Poeta,** via Orfanotrofio 7 ✆ 21252, « Rist. caratteristico » – AE ⓢ E VISA
chiuso sabato a mezzogiorno, domenica, dal 1° al 10 gennaio e dal 14 al 28 agosto – **Pasto** carta 42/73000. h

XX **San Paolo,** viale Roma 4 ✆ 8493236, prenotare – ▤. AE ⓢ ⓞ E VISA JCB. a
chiuso venerdì ed agosto – **Pasto** carta 44/76000.

X **Trattoria della Rocca,** via della Vittoria 90-rione Chiavazza ✆ 351027 – Ⓟ. ⓢ ⓞ E VISA
chiuso martedì – **Pasto** carta 30/47000. 2 km per ①

a Vaglio NE : 4 km – ✉ 13050 :

X **Al Peschereccio,** ✆ 562740 – Ⓟ. AE ⓢ ⓞ E VISA
chiuso lunedì e dal 25 agosto al 15 settembre – **Pasto** carta 33/64000.

BIGOLINO Treviso – Vedere Valdobbiadene.

BINASCO 20082 Milano 988 ③ ⑬, 428 G 9 – 6 484 ab. alt. 101 – ☎ 02.

18 Ambrosiano, a Bubbiano ✉ 20088 ✆ 90849365, O : 8 km;

9 Castello di Tolcinasco (chiuso lunedì) località Tolcinasco ✉ 20080 Pieve Emanuele ✆ 904671, Fax 90467201, NE : 12 km.

Roma 573 – Alessandria 76 – ◆Milano 21 – Novara 63 – Pavia 19 – ◆Torino 152.

Corona, via Matteotti 20 ✆ 9052280, Fax 9054353 – |‡| ▤ TV ☎ Ⓟ. AE ⓢ ⓞ E VISA JCB. rist
chiuso agosto – **Pasto** *(chiuso sabato)* carta 31/56000 – ☕ 8000 – **50 cam** 80/100000 – P 100000.

BIODOLA Livorno 430 N 12 – Vedere Elba (Isola d') : Portoferraio.

BISCEGLIE 70052 Bari 988 ㉙, 431 D 31 – 48 079 ab. – ☎ 080.

Roma 422 – ◆Bari 39 – ◆Foggia 105 – ◆Taranto 124.

Salsello, via Siciliani 32/33 ✆ 8755953, Fax 8755951, – |‡| ▤ TV ☎ Ⓟ – 500. AE ⓢ ⓞ E VISA.
Pasto carta 29/50000 (15 %) – **52 cam** ☕ 100/135000 – ½ P 100/130000.

XX **Memory** con cam, Panoramica Paternostro 63 ✆ 9580149, Fax 9580304, – ▤ TV ☎ Ⓟ. AE ⓢ E VISA. rist
chiuso novembre – **Pasto** *(chiuso lunedì)* carta 31/63000 – ☕ 3000 – **8 cam** 74000 – ½ P 79000.

BITONTO 70032 Bari 988 ㉙, 431 D 32 – 54 981 ab. alt. 118 – ☎ 080.

Roma 450 – ◆Bari 16 – ◆Foggia 113 – ◆Taranto 97.

X **La Tabernetta-Sala Dante,** viale Papa Giovanni XXIII 163/E ✆ 9518511, , Rist. e pizzeria – ▤. AE ⓢ ⓞ E VISA.
chiuso lunedì sera – **Pasto** carta 35/50000.

BOARIO TERME Brescia 988 ④, 428 429 E 12 – Vedere Darfo Boario Terme.

BOBBIO 29022 Piacenza 988 ⑬, 428 H 10 – 3 923 ab. alt. 272 – Stazione termale (maggio-ottobre) – ☎ 0523.

ℹ (giugno-settembre) piazzetta Santa Chiara ✆ 932419.

Roma 558 – ◆Genova 90 – Piacenza 45 – Alessandria 84 – ◆Bologna 196 – ◆Milano 110 – Pavia 88.

Piacentino, ✆ 936563, Fax 936266 – TV ☎ Ⓟ. AE ⓢ ⓞ E VISA JCB.
Pasto *(chiuso lunedì)* carta 34/60000 – ☕ 10000 – **20 cam** 80/130000 – ½ P 80/95000.

XX **Enoteca San Nicola,** ✆ 932355, Coperti limitati; prenotare – AE ⓢ ⓞ E VISA JCB
chiuso lunedì sera, martedì e novembre – **Pasto** carta 35/50000.

BOCCA DI MAGRA 19030 La Spezia 428 429 430 J 11 – ☎ 0187.

Roma 404 – ◆La Spezia 22 – ◆Genova 110 – Lucca 60 – Massa 21 – ◆Milano 227.

XX **Capannina Ciccio,** ✆ 65568, ←, – AE ⓢ ⓞ E VISA
chiuso novembre e martedì (escluso luglio-agosto) – **Pasto** carta 48/86000.

BODIO LOMNAGO 21020 Varese 219 ⑦ – 1 940 ab. alt. 275 – ☎ 0332.

Roma 627 – Stresa 40 – Gavirate 14 – ◆Milano 59 – Varese 8.

X Il Gallione, sulla strada provinciale ✆ 947383, prenotare – ▤ Ⓟ.

BOGLIACO Brescia 428 E 13 – Vedere Gargnano.

[BOGLIASCO] 16031 Genova [428] I 9 – 4 575 ab. – ☏ 010.

Roma 491 – ◆Genova 13 – ◆Milano 150 – Portofino 23 – ◆La Spezia 92.

🍴🍴 **Il Tipico,** località San Bernardo 20 (N : 4 km) ℘ 3470754, Fax 3471061, ≤ mare e costa – ▤ [P]. [AE] [$] ⓞ [E] [VISA]. ✗
chiuso lunedì, dall'8 al 31 gennaio e dal 12 al 23 agosto – **Pasto** carta 52/80000.

[BOGNANCO (Fonti)] 28030 Verbania [988] ②, [428] D 6 – 359 ab. alt. 986 – ☏ 0324.

[i] piazzale Giannini 5 ℘ 234127.

Roma 709 – Stresa 40 – Domodossola 11 – ◆Milano 132 – Novara 102 – ◆Torino 176.

🏨 **Villa Elda,** ℘ 46975, Fax 46975 – |♦| ☎ [P]. ✗
Pasqua-settembre – **Pasto** 25/30000 – **38 cam** ☐ 40/70000 – P 60/80000.

[BOJANO] 86021 Campobasso [988] ㉗, [430] R 25 – 8 528 ab. alt. 488 – ☏ 0874.

Roma 197 – Campobasso 24 – Benevento 56 – Isernia 29 – ◆Napoli 134.

🏨 **Pleiadi's,** via Molise 40 ℘ 773088, Fax 773088 – |♦| ▤ [TV] ☎ 🚗 [P] – 🏛 200. [AE] [$] ⓞ [E] [VISA]. ✗
Pasto carta 28/46000 – **28 cam** ☐ 70/120000 – P 110000.

[BOLETO] Novara [428] E 7, [219] ⑥ – alt. 696.

Vedere Santuario della Madonna del Sasso★★ NO : 4 km.

Roma 664 – Domodossola 54 – ◆Milano 87 – Novara 49 – Stresa 35 – ◆Torino 123 – Varese 55.

[BOLLATE] 20021 Milano [428] F 9, [219] ⑱ ⑲ – 44 110 ab. alt. 154 – ☏ 02.

Roma 595 – ◆Milano 10 – Como 37 – Novara 45 – Varese 40.

Pianta d'insieme di Milano (Milano p. 6)

🏨 **La Torretta,** strada statale Varesina NO : 2 km ℘ 3505996, Fax 33300826, 🌴 – |♦| ▤ cam [TV] ☎ [P] – 🏛 100. [AE] [$] ⓞ [E] [VISA]. ✗ AO **d**
Pasto *(chiuso venerdì, domenica sera e dal 2 al 23 agosto)* carta 43/65000 – ☐ 14000 – **60 cam** 110/160000, appartamento – P 175000.

ad Ospiate O : 1 km – ✉ **20021** Ospiate di Bollate :

🍴🍴 **Al Mulino** ⛲ con cam, viale Repubblica 75 ℘ 38302190, Fax 38302218, 🌴 – ▤ [TV] ☎ [P]. [AE] [$] [E] [VISA]. ✗ AO **b**
chiuso dal 7 al 28 agosto – **Pasto** *(chiuso lunedì)* carta 70/89000 – **7 cam** ☐ 98/150000.

[BOLOGNA] 40100 [P] [988] ⑭ ⑮, [429] [430] I 15 – 394 969 ab. alt. 55 – ☏ 051.

Vedere Piazze Maggiore BY **45** e del Nettuno★★★ BY **58** : fontana del Nettuno★★, basilica di San Petronio★★ BY **A**, palazzo Comunale★ BY **H**, palazzo del Podestà★ BY **B** – Piazza di Porta Ravegnana★★ CY **74**: Torri Pendenti★★ (✳★★) – Mercanzia★ CY **C** – Chiesa di Santo Stefano★ CY **F** – Museo Civico Archeologico★★ BY **M1** – Pinacoteca Nazionale★★ CX **M2** – Chiesa di San Giacomo Maggiore★ CX **D** – Strada Maggiore★ CY – Chiesa di San Domenico★ BZ **K**: arca★★ del Santo, tavola★ di Filippino Lippi – Palazzo Bevilacqua★ BY **E** – Postergale★ nella chiesa di San Francesco AX **N**.

Dintorni Madonna di San Luca: portico★, ≤★ su Bologna e gli Appennini SO : 5 km EU.

⛳18 (chiuso lunedì e gennaio) a Chiesa Nuova di Monte San Pietro ✉ 40050 ℘ 69100, Fax 6720017, O : 16 km DU;

⛳9 Castenaso (chiuso lunedì) a Castenaso ✉ 40055 ℘ 6050164, Fax 789006, E : 10 km.

✈ di Borgo Panigale NO : 6 km DET ℘ 311578 – Alitalia, via Marconi 34 ✉ 40122 ℘ 6300333.

🚘 ℘ 246490.

[i] piazza Maggiore 6 ✉ 40121 ℘ 239660, Fax 231454 – Stazione Ferrovie Stato ✉ 40121 ℘ 246541 – Aeroporto ℘ 6472036.

[A.C.I.] via Marzabotto 2 ✉ 40122 ℘ 389908.

Roma 379 ⑥ – ◆Firenze 105 ⑥ – ◆Milano 210 ⑧ – ◆Venezia 152 ①.

Piante pagine seguenti

🏨 **Gd H. Baglioni,** via dell'Indipendenza 8 ✉ 40121 ℘ 225445, Telex 510242, Fax 234840 – |♦| ⚡ cam ▤ [TV] ☎ – 🏛 30 a 80. [AE] [$] ⓞ [E] [VISA]. ✗ BX **e**
Pasto al Rist. ***I Carracci*** *(chiuso domenica e dal 1° al 25 agosto)* carta 55/85000 – **117 cam** ☐ 370/560000, 3 appartamenti – ½ P 325/340000.

🏨 **Royal Hotel Carlton,** via Montebello 8 ✉ 40121 ℘ 249361, Telex 510356, Fax 249724 – |♦| ▤ [TV] ☎ ♿ 🚗 – 🏛 30 a 450. [AE] [$] ⓞ [E] [VISA]. ✗ BV **g**
Pasto *(chiuso domenica)* 65/80000 – **228 cam** ☐ 320/395000, 22 appartamenti 450/670000.

🏨 **Jolly,** piazza 20 Settembre 2 ✉ 40121 ℘ 248921, Telex 510076, Fax 249764 – |♦| ⚡ cam ▤ [TV] ☎ – 🏛 25 a 270. [AE] [$] ⓞ [E] [VISA]. ✗ rist CV **a**
Pasto 35/50000 e al Rist. ***Amarcord*** carta 61/100000 – **168 cam** ☐ 260/390000, 8 appartamenti – ½ P 230/260000.

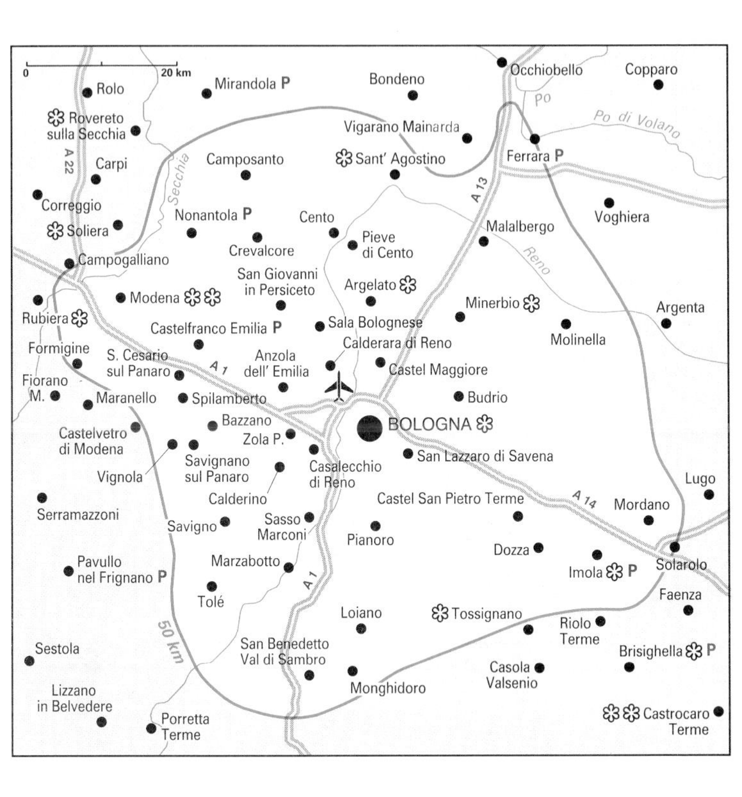

Sofitel, viale Pietramellara 59 ✉ 40121 ☎ 248248, Telex 520643, Fax 249421 – cam – 35 a 80. AE VISA. BV **q**
Pasto vedere rist **Risbo'** – **244 cam** 280/395000.

Holiday Inn Bologna Tower, viale Lenin 43 ✉ 40138 ☎ 6010909, Fax 6010700 – – 450. AE VISA JCB. GU **e**
Pasto carta 51/79000 – **136 cam** 235/310000, 14 appartamenti – ½ P 150/245000.

Holiday Inn Bologna City, piazza della Costituzione 1 ✉ 40128 ☎ 372172, Telex 510676, Fax 357662, riscaldata, – cam – 35 a 350. AE VISA JCB. rist FT **h**
Pasto carta 61/96000 – **162 cam** 280/420000, appartamento.

Corona d'Oro 1890 senza rist, via Oberdan 12 ✉ 40126 ☎ 236456, Fax 262679 – – 30. AE VISA JCB CX **r**
chiuso dal 24 luglio al 22 agosto – **35 cam** 260/340000.

Roma, via Massimo d'Azeglio 9 ✉ 40123 ☎ 226322, Telex 512863, Fax 239909 – . AE VISA JCB. rist BY **x**
Pasto carta 40/50000 – 20000 – **80 cam** 130/180000, 4 appartamenti – ½ P 150000.

Residence Executive senza rist, via Ferrarese 161 ✉ 40128 ☎ 372960, Fax 372127 – . AE VISA FT **a**
15000 – **40 cam** 110/150000.

Internazionale senza rist, via dell'Indipendenza 60 ✉ 40121 ☎ 245544, Telex 511038, Fax 249544 – . AE VISA BCV **p**
114 cam 260/300000.

Al Cappello Rosso senza rist, via de' Fusari 9 ✉ 40123 ☎ 261891, Fax 227179 – – 25. AE VISA BY **v**
33 cam 270/390000.

Gd H. Elite, via Aurelio Saffi 36 ✉ 40131 ☎ 6491432, Fax 6492426 – – 100. AE VISA. rist AV **c**
Pasto al Rist. ***Cordon Bleu*** carta 57/72000 – **105 cam** 220/320000.

BOLOGNA

PIANTA D'INSIEME

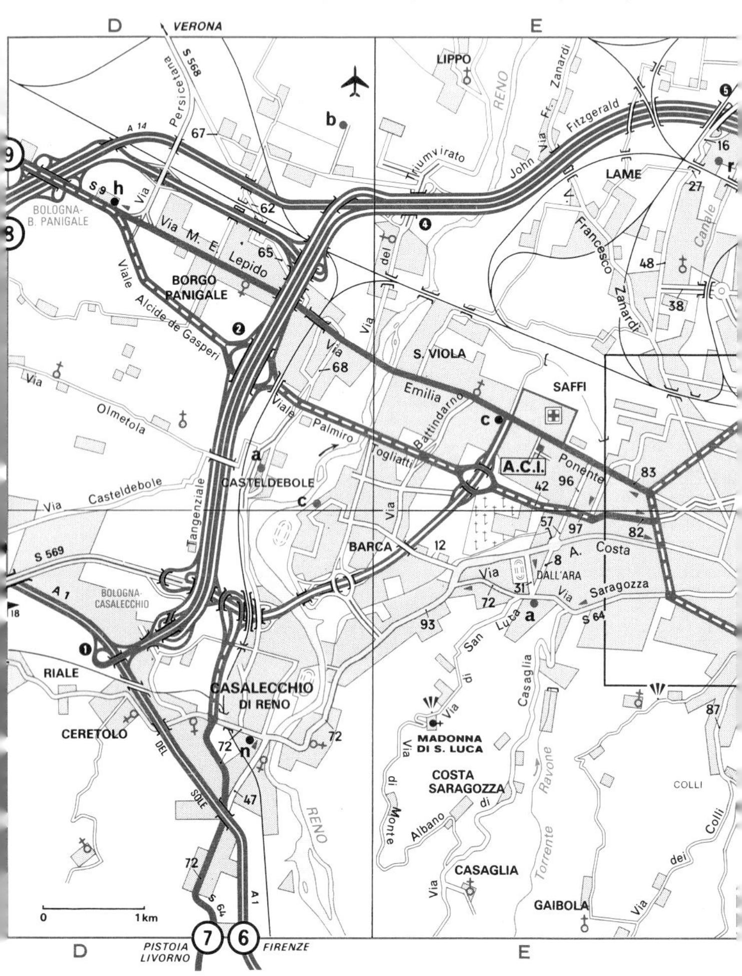

Tre Vecchi senza rist, via Indipendenza 47 ✉ 40121 ℘ 231991, Fax 224143 – – 30. AE ⓓ E VISA CX **a**
20000 – **96 cam** 220/340000.

Savoia, via San Donato 161 ✉ 40127 ℘ 6332366, Fax 6332366 – – 25 a 400. AE ⓓ E VISA. rist GT **a**
Pasto *(chiuso lunedì)* 30/40000 – **42 cam** 260/380000.

Dei Commercianti senza rist, via de' Pignattari 11 ✉ 40124 ℘ 233052, Fax 224733 – AE ⓓ E VISA JCB BY **n**
35 cam 150/230000.

Regina senza rist, via dell'Indipendenza 51 ✉ 40121 ℘ 248878, Fax 224143 – AE ⓓ E VISA
18000 – **61 cam** 121/170000. CX **a**

Jacopo della Lana (Via) .... **FU** 43
Marconi (Via Guglielmo) .... **DU** 47
Marco Polo (Via) .... **ET** 48
Martelli (Via Tommaso) .... **GU** 49
Matteotti (Via Giacomo) .... **FT** 52
Mazzini (Via Giuseppe) ..... **FU** 54
Mezzofanti (Via Giuseppe) .. **FU** 55
Montefiorino (Via) .... **EU** 57
Oriani (Viale Alfredo) ...... **FU** 61

Ospedaletto (Via dell') ..... **DT** 62
Palagi (Via Pelagio) .... **FU** 64
Panigale (Via) .... **DT** 65
Persicetana Vecchia (Via) ... **DT** 67
Pietra (Via della) .... **DT** 68
Pirandello (Via Luigi) .... **GT** 69
Porrettana (Via) .... **DEU** 72
Putti (Via Vittorio) .... **FU** 75
Sabbioni (Via dei) .... **FU** 81

Sabotino (Via) .... **EU** 82
Saffi (Via Aurelio) .... **ET** 83
San Mamolo (Via) .... **EU** 87
Santa Barbara (Via) .... **FU** 89
Sigonio (Via Carlo) .... **FU** 92
Sturzo (Via Don Luigi) ...... **EU** 93
Timavo (Via del) .... **ET** 96
Tolmino (Via) .... **EU** 97
Tosarelli (Via Bruno) .... **GT** 98

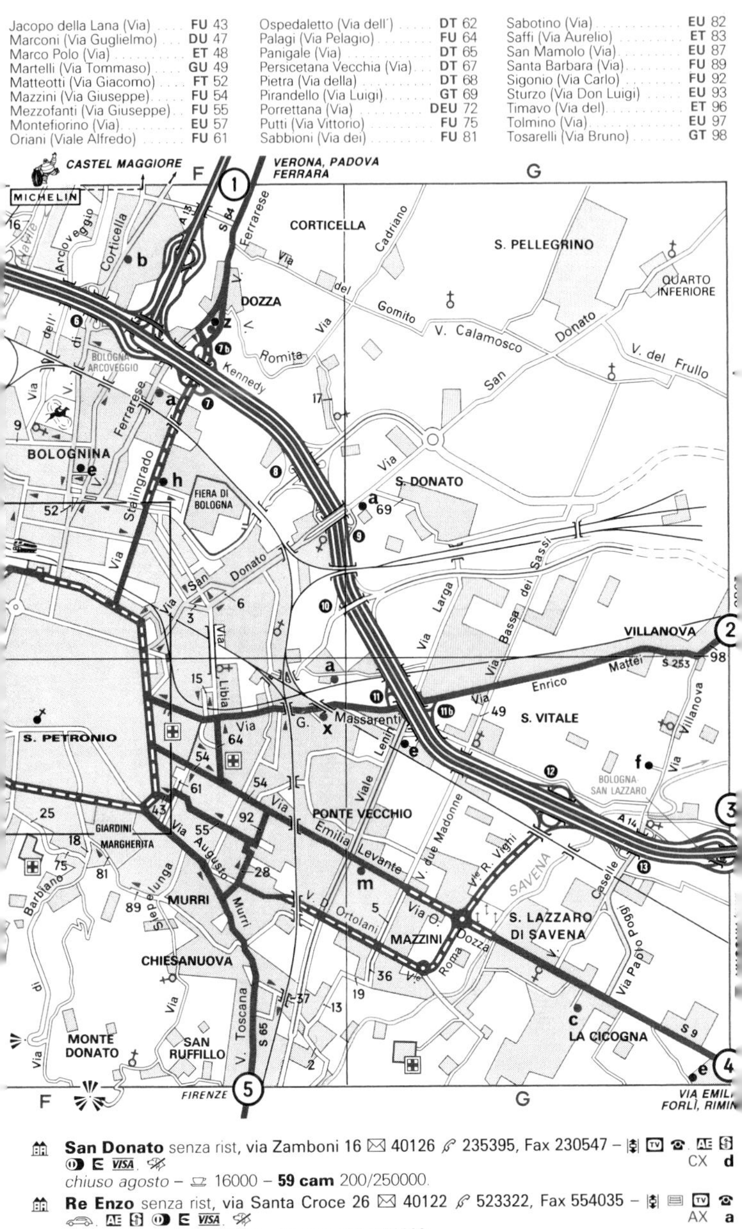

San Donato senza rist, via Zamboni 16 ✉ 40126 ✆ 235395, Fax 230547 – AE VISA CX **d**
chiuso agosto – ☕ 16000 – **59 cam** 200/250000.

Re Enzo senza rist, via Santa Croce 26 ✉ 40122 ✆ 523322, Fax 554035 – AE VISA AX **a**
chiuso agosto – ☕ 20000 – **51 cam** 155/230000.

Orologio senza rist, via IV Novembre 10 ✉ 40123 ✆ 231253, Fax 260552 – AE VISA JCB BY **x**
31 cam ☕ 150/230000.

City Hotel senza rist, via Magenta 10 ✉ 40128 ✆ 372676, Fax 372032 – 40. AE VISA FT **e**
60 cam ☕ 175/270000.

Maxim, via Stalingrado 152 40128 323235, Fax 320535 – AE VISA FT **z**
Pasto vedere rist **Al Cambio** – **28 cam** 200/250000, appartamento – ½ P 110/175000.

Donatello senza rist, via dell'Indipendenza 65 40121 248174, Fax 248174 – AE VISA CV **c**
15000 – **38 cam** 115/150000.

Maggiore senza rist, via Emilia Ponente 62/3 40133 381634, Fax 312161 – 35. AE VISA ET **c**
chiuso dal 24 dicembre al 3 gennaio e dal 1° al 23 agosto – **60 cam** 110/175000.

San Felice senza rist, via Riva di Reno 2 40122 557457, Fax 558258 – AE VISA AX **f**
chiuso agosto – 13000 – **36 cam** 120/160000.

Touring senza rist, via dè Mattuiani 1/2 40124 584305, Fax 334763 – AE VISA BZ **b**
33 cam 130/180000, appartamento.

Pappagallo, piazza della Mercanzia 3 c 40125 232807, Fax 232807, Confort accurato; prenotare – AE VISA CY **n**
chiuso domenica – **Pasto** carta 70/110000.

Battibecco, via Battibecco 4 40123 223298, – AE VISA BY **v**
chiuso domenica e dal 10 al 20 agosto – **Pasto** carta 57/102000.

Torre de' Galluzzi, Corte de' Galluzzi 5/a 40124 267638, Fax 223297 – BY **a**

Bitone, via Emilia Levante 111 40139 546110 – AE VISA GU **m**
chiuso lunedì, martedì, dal 15 al 31 gennaio ed agosto – **Pasto** carta 50/75000
Spec. Manicaretto "Petroniano" (inverno), Filetto al limone con insalata nizzarda (estate), Costoletta di vitello "Montebianco" (inverno).

Franco Rossi, via Goito 3 40126 238818, Fax 238818, Coperti limitati; prenotare – AE VISA BX **p**
chiuso domenica – **Pasto** carta 70/90000.

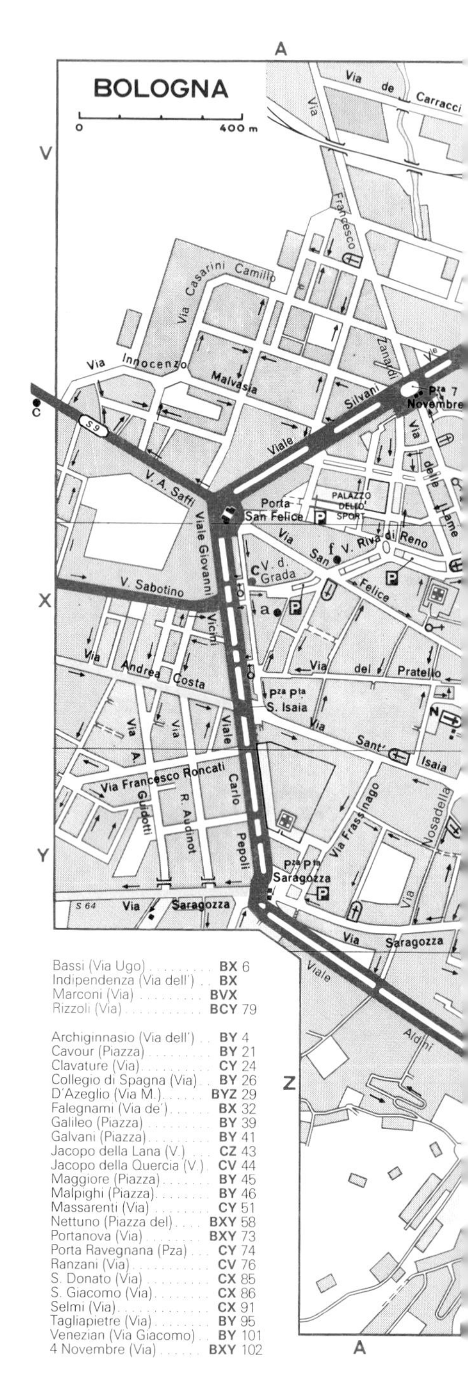

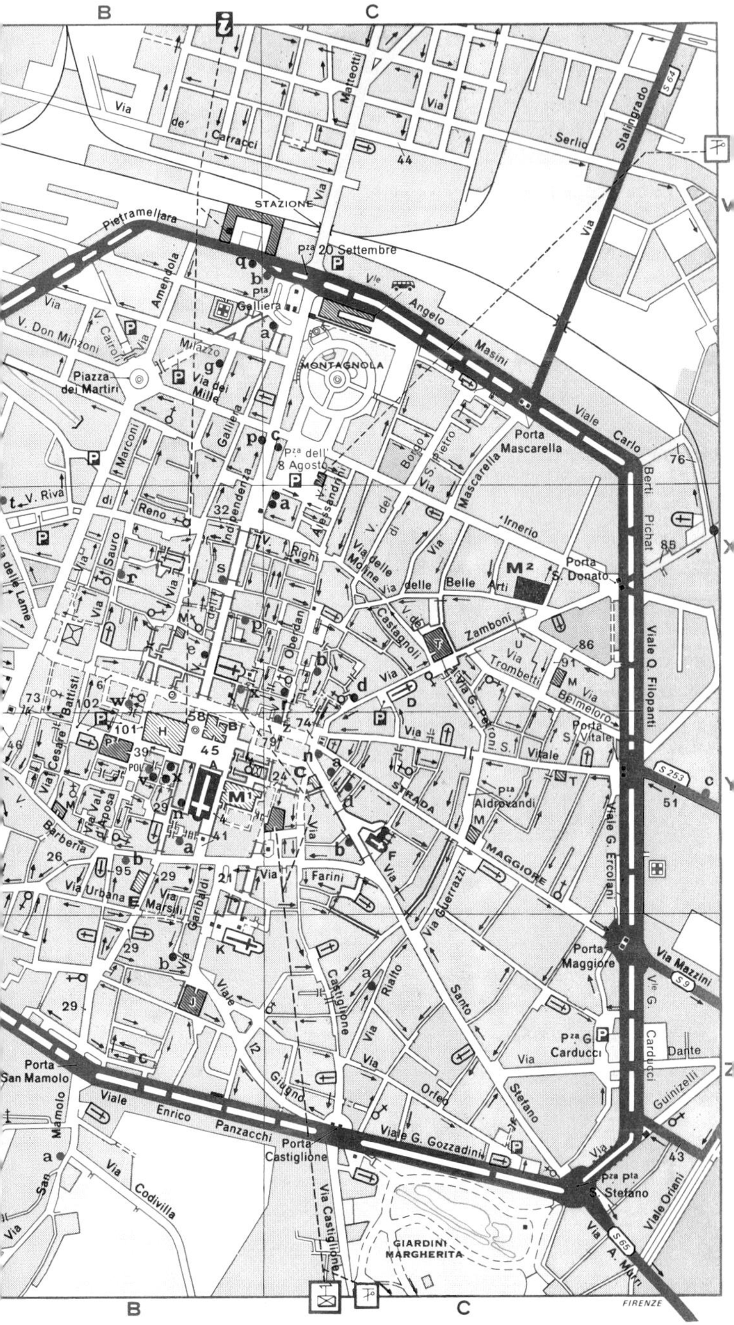
B
C
STAZIONE
Pza 20 Settembre
Pietramellara
Vle Angelo Masini
Via Stalingrado
Serlio
Via Matteotti
Via de' Carracci
MONTAGNOLA
Via Amendola
V. Don Minzoni
Piazza dei Martiri
Via dei Mille
Galliera
Pza dell' 8 Agosto
Via Marconi
V. Riva di Reno
Indipendenza
Porta Mascarella
Viale Carlo Berti Pichat
Irnerio
Porta S. Donato
Via delle Belle Arti
Zamboni
Via Trombetti
Belmeloro
Viale Q. Filopanti
Porta S. Vitale
Vitale
Pta Aldrovandi
STRADA MAGGIORE
Viale G. Ercolani
Via Mazzini
Porta Maggiore
Via Guerrazzi
Santo Stefano
Via Rialto
Castiglione
Via Farini
Via Urbana
Via Marsili
Via Garibaldi
Viale 12 Giugno
Pza G. Carducci
Via Carducci
Dante
Guinizelli
Porta San Mamolo
Viale Enrico Panzacchi
Porta Castiglione
Viale G. Gozzadini
Pza Pta S. Stefano
Viale Oriani
Via A. Murri
Via San Mamolo
Via Codivilla
Via Castiglione
GIARDINI MARGHERITA
FIRENZE
Via Cesare Battisti
Via Val d'Aposa
Barberia
Via delle Lame
Via Sauro
Via Righi
Oberdan
Via Alessandrini
Via delle Moline
Castagnoli
Via G. Petroni
Via Orfeo
S 64
S 253
S 9
S 65
V
X
Y
Z

XX **Rodrigo,** via della Zecca 2/h ✉ 40121 ℘ 220445, Fax 220445 – ▤. AE ⑤ ⊙ E VISA. ✻
chiuso domenica e dal 4 al 24 agosto – **Pasto** carta 47/90000 (12%). BX **w**

XX **Rosteria Luciano,** via Nazario Sauro 19 ✉ 40121 ℘ 231249, Coperti limitati; prenotare – ▤. AE ⑤ ⊙ E VISA. ✻ BX **r**
chiuso mercoledì ed agosto – **Pasto** carta 33/59000.

XX **Diana,** via dell'Indipendenza 24 ✉ 40121 ℘ 231302, Fax 228162, 余 – ▤. AE ⑤ ⊙ E VISA. ✻ BX **s**
chiuso lunedì, dal 1° al 15 gennaio e dal 1° al 28 agosto – **Pasto** carta 53/86000.

XX **La Cesoia-da Pietro,** via Massarenti 90 ✉ 40138 ℘ 342854, Specialità umbro-laziali – AE ⑤ ⊙ E VISA. ✻ CY **c**
chiuso domenica sera e lunedì – **Pasto** carta 43/63000.

XX **Risbo',** via Pietramellara 59/2 ✉ 40121 ℘ 246270, 余 – ▤. AE ⑤ ⊙ E VISA CV **b**
chiuso domenica – **Pasto** carta 47/72000.

XX **Panoramica,** via San Mamolo 31 ✉ 40136 ℘ 580337, 余 – AE ⑤ ⊙ E VISA JCB
chiuso domenica – **Pasto** carta 48/59000. BZ **a**

XX **Grassilli,** via del Luzzo 3 ✉ 40125 ℘ 222961, Fax 222961, 余, Coperti limitati; prenotare – ▤. AE ⑤ ⊙ E VISA CY **a**
chiuso dal 23 dicembre al 1° gennaio, dal 15 luglio al 15 agosto, le sere dei giorni festivi, mercoledì e domenica in luglio-agosto – **Pasto** carta 59/85000 (14%).

XX Cesarina, via Santo Stefano 19 ✉ 40125 ℘ 232037, 余 CY **b**

XX **Da Sandro al Navile,** via del Sostegno 15 ✉ 40131 ℘ 6343100, Fax 6347592, 余, Rist. con enoteca, prenotare – ▤ P – 🔏 50. AE ⑤ ⊙ E VISA. ✻ ET **r**
chiuso domenica, dal 29 dicembre al 6 gennaio e dal 1° al 26 agosto – **Pasto** carta 48/68000.

XX Dal Duttòur Balanzon, via Fossalta 3 ✉ 40125 ℘ 232098, Fax 224126 BX **x**

XX **Al Cambio,** via Stalingrado 150 ✉ 40128 ℘ 328118 – ▤. AE ⑤ ⊙ E VISA JCB. ✻
chiuso domenica, dal 1° all'8 gennaio ed agosto – **Pasto** carta 32/53000. FT **z**

XX **Posta,** via della Grada 21/a ✉ 40122 ℘ 6492106, Fax 6491022, Specialità toscane – AE ⑤ ⊙ E VISA. ✻ AX **c**
chiuso lunedì ed agosto – **Pasto** carta 42/58000.

XX **Trattoria da Leonida,** vicolo Alemagna 2 ✉ 40125 ℘ 239742, 余, prenotare – ▤. AE ⑤ ⊙ E VISA. ✻ CY **d**
chiuso domenica ed agosto – **Pasto** carta 39/56000.

XX **Cesari,** via de' Carbonesi 8 ✉ 40123 ℘ 237710 – ▤. AE ⑤ ⊙ E VISA JCB. ✻ BY **b**
chiuso domenica, dal 1° al 5 gennaio ed agosto – **Pasto** carta 45/63000.

XX **Nonno Rossi,** via dell'Aeroporto 38 ✉ 40132 ℘ 401295, Fax 406975, 余 – P – 🔏 50 a 120. AE ⑤ ⊙ VISA. ✻ DT **b**
chiuso dal 5 al 20 agosto – **Pasto** carta 36/49000 (10%).

X **Il Cortile,** via Mirasole 19 ✉ 40124 ℘ 585857 – ⊙ VISA. ✻ BZ **c**
chiuso domenica – **Pasto** carta 39/53000.

X **Ciacco Ristorante Enoteca,** via San Simone 1 ✉ 40126 ℘ 265441 – AE ⑤ ⊙ E VISA CX **b**
chiuso domenica e dal 6 al 16 agosto – **Pasto** carta 39/60000 (8%).

X **Antica Osteria Romagnola,** via Rialto 13 ✉ 40124 ℘ 263699, Coperti limitati; prenotare – ▤. AE ⑤ ⊙ E VISA CZ **a**
chiuso lunedì, martedì a mezzogiorno ed agosto – **Pasto** carta 44/65000.

X **Trattoria Re di Coppe,** via Scandellara 7/2 ✉ 40138 ℘ 513294, Fax 513294, 余 – P. ✻ FU **a**
chiuso sabato a mezzogiorno e domenica – **Pasto** carta 29/42000.

X **La Terrazza,** via del Parco 20 ✉ 40138 ℘ 531330, 余, Coperti limitati; prenotare – AE ⑤ ⊙ E VISA. ✻ FU **x**
chiuso domenica e dal 10 al 20 agosto – **Pasto** carta 40/56000.

X **Teresina,** via Oberdan 4 ✉ 40126 ℘ 228985, 余, Coperti limitati; prenotare CY **z**
chiuso domenica e dal 5 al 23 agosto – **Pasto** carta 40/55000 bc.

X **Da Bertino,** via delle Lame 55 ✉ 40122 ℘ 522230, Trattoria d'habitués – AE ⑤ ⊙ E VISA. ✻ BX **t**
chiuso Natale, Capodanno, dal 4 al 31 agosto, domenica, sabato sera dal 20 giugno a luglio e lunedì sera negli altri mesi – **Pasto** carta 33/44000.

X **Trattoria Meloncello,** via Saragozza 240/a ✉ 40135 ℘ 6143947, 余 EU **a**
chiuso lunedì sera e martedì – **Pasto** carta 37/45000.

Trattoria Gigina, via Stendhal 1 ✉ 40128 ☎ 322132 – AE ⑤ ⓞ E VISA. ✗ FT b
chiuso sabato – **Pasto** carta 33/48000.

Il Paradisino, via C. Vighi 33 ☎ 566401, « Servizio estivo all'aperto » – ⑤ E VISA. ✗ DT c
chiuso martedì e dal 27 dicembre al 15 gennaio – **Pasto** carta 39/50000.

a Casteldebole O : 7 km DT – ✉ **40132** Bologna :

Antica Trattoria del Cacciatore, via Caduti di Casteldebole 25 ☎ 564203, Fax 567128, Ambiente rustico – AE ⑤ ⓞ E VISA. ✗ DT a
chiuso domenica sera, lunedì, dal 1° all'8 gennaio e dal 3 al 19 agosto – **Pasto** carta 51/65000 (13%).

a Borgo Panigale NO : 7,5 km DT – ✉ **40132** Bologna :

Forte Agip, via Lepido 203/214 ☎ 401130, Telex 512566, Fax 405969 – cam ▤ TV ☎ P – 30 a 200. AE ⑤ ⓞ E VISA JCB. ✗ rist DT h
Pasto carta 39/64000 – **143 cam** 164/204000.

Fratelli Ballarini, via Lepido 224 ☎ 401357, Fax 401357, – ▤ P. AE ⑤ ⓞ E VISA. ✗ DT
chiuso lunedì sera e martedì – **Pasto** carta 42/69000.

a Villanova E : 7,5 km GU – ✉ **40050** :

Novotel Bologna, via Villanova 31 ☎ 6053434, Telex 521071, Fax 6053300, – cam ▤ TV ☎ P – 25 a 400. AE ⑤ ⓞ E VISA. ✗ rist GU f
Pasto carta 43/66000 – **206 cam** 193/215000.

MICHELIN, a Castel Maggiore (N : 10 km per via di Corticella FT), via Bonazzi 32 (zona industriale) - ✉ 40013 Castel Maggiore, ☎ 713157, Fax 712354.

BOLSENA 01023 Viterbo 988 ㉕, 430 O 17 – 4 140 ab. alt. 348 – ☎ 0761.

Vedere Chiesa di Santa Cristina★.

Roma 138 – Viterbo 31 – Grosseto 121 – Siena 109.

Columbus, viale Colesanti 27 ☎ 799009, Fax 798172 – ▤ TV ☎ P. ⑤ E VISA. ✗
Pasto al Rist. ***La Conchiglia*** *(aprile-ottobre)* carta 32/43000 – 13000 – **38 cam** 125/155000 – ½ P 103000.

Lido, via Cassia NO : 1,5 km ☎ 799026, Fax 798479, ≤, – ▤ TV ☎ P – 250. AE ⑤ E VISA. ✗
Pasto *(chiuso mercoledì escluso da Pasqua ad ottobre)* carta 38/57000 (15%) – 15000 – **12 cam** 100/155000, ▤ 15000 – ½ P 95000.

BOLZANO (BOZEN) 39100 P 988 ④, 429 C 16 – 97 924 ab. alt. 262 – ☎ 0471.

Vedere Via dei Portici★ B – Duomo★ B – Pala★ nella chiesa dei Francescani B – Pala d'altare scolpita★ nella chiesa parrocchiale di Gries per corso Libertà A.

Dintorni Gole della Val d'Ega★ SE per ①.

Escursioni Dolomiti★★★ Est per ①.

☎ 972072.

piazza Walther 8 ☎ 970660, Fax 980128 – piazza Parrocchia 11 ☎ 993808, Fax 975448.

A.C.I. corso Italia 19/a ☎ 280003.

Roma 641 ② – ♦Innsbruck 118 ① – ♦Milano 283 ② – ♦Padova 182 ② – ♦Venezia 215 ② – ♦Verona 154 ②.

Pianta pagina seguente

Park Hotel Laurin, via Laurin 4 ☎ 311000, Fax 311148, « Parco fiorito con riscaldata » – ▤ TV ☎ – 30 a 200. AE ⑤ ⓞ E VISA. ✗ rist B e
Pasto 50/64000 e al Rist. ***Belle Epoque*** carta 48/64000 – **96 cam** 268/335000 – ½ P 200000.

Alpi, via Alto Adige 35 ☎ 970535, Fax 971929 – ▤ TV ☎ – 100. AE ⑤ ⓞ E VISA. ✗ rist B u
Pasto *(chiuso domenica)* carta 34/54000 – **110 cam** 160/230000 – ½ P 120/140000.

Scala-Stiegl, via Brennero 11 ☎ 976222, Fax 976222, « Giardino ombreggiato con » – cam TV ☎ P – 60. AE ⑤ ⓞ E VISA B b
chiuso dal 24 dicembre al 15 gennaio – **Pasto** carta 36/67000 – **63 cam** 120/180000, 5 appartamenti – ½ P 130000.

Magdalenerhof, via Rencio 48 ☎ 978267, Fax 981076, ≤, – TV ☎ P. AE ⑤ ⓞ E VISA. ✗ rist per via Renon B
Pasto *(chiuso domenica sera e lunedì)* carta 47/81000 – **21 cam** 100/160000 – ½ P 120000.

Rentschner Hof, via Rencio 70 ☎ 975346, Fax 977098, ≤, – TV ☎ P. AE ⑤ ⓞ E VISA. ✗ per via Renon B
Pasto carta 35/61000 – **20 cam** 80/150000 – ½ P 88/103000.

Gurhof, via Rafenstein 17 ☎ 975012, Fax 975247, ≤, – TV ☎ P. AE ⑤ ⓞ E VISA per via Cadorna A
Pasto *(chiuso mercoledì)* 25/35000 – **18 cam** 75/100000 – ½ P 80000.

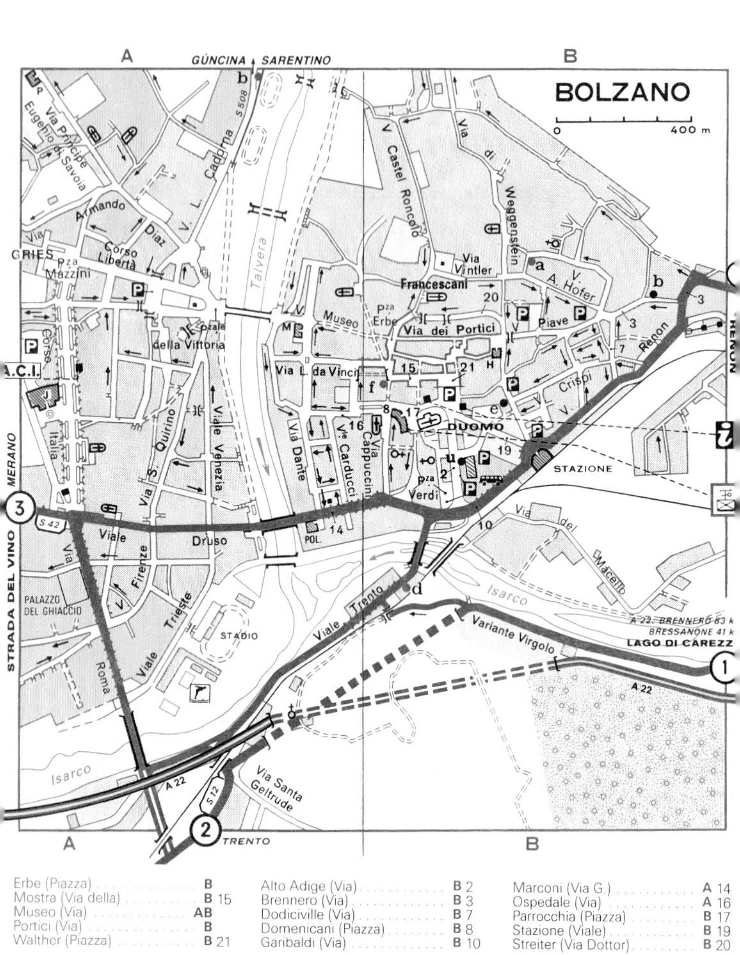

Erbe (Piazza) . . . . B
Mostra (Via della) . . . . B 15
Museo (Via) . . . . AB
Portici (Via) . . . . B
Walther (Piazza) . . . . B 21

Alto Adige (Via) . . . . B 2
Brennero (Via) . . . . B 3
Dodiciville (Via) . . . . B 7
Domenicani (Piazza) . . . . . . B 8
Garibaldi (Via) . . . . B 10

Marconi (Via G.) . . . . A 14
Ospedale (Via) . . . . A 16
Parrocchia (Piazza) . . . . B 17
Stazione (Viale) . . . . B 19
Streiter (Via Dottor) . . . . . . B 20

XXX **Da Abramo,** piazza Gries 16 ✆ 280141, Fax 288214, « Servizio estivo all'aperto » – AE 🅂 ⓓ E VISA per corso Libertà A
chiuso domenica e dal 1° al 20 agosto – **Pasto** carta 45/65000.

XXX **Amadè,** vicolo ca' de Bezzi 8 ✆ 971278, Fax 971278, ☼, Coperti limitati; prenotare – AE 🅂 ⓓ E VISA B **a**
chiuso domenica e dal 20 giugno al 10 luglio – **Pasto** carta 50/77000.

XX Rastbichler, via Cadorna 1 ✆ 261131, Fax 261131, « Servizio estivo all'aperto » – Ⓟ. A **b**

XX **Da Franco,** viale Trento 8 ✆ 979590, Specialità di mare – Ⓟ. AE 🅂 ⓓ E VISA B **d**
chiuso domenica, lunedì e dal 1° al 15 agosto – **Pasto** carta 38/61000.

X **Vögele,** via Goethe 3 ✆ 973938, Cucina tradizionale locale, « Ambiente tipico » – 🅂 B **f**
chiuso la sera, sabato, domenica e dal 15 al 30 luglio – **Pasto** carta 34/57000.

sulla strada statale 12 per ② : 4 km :

🏨 **Park Hotel Werth** senza rist, ✉ 39050 San Giacomo ✆ 250103, Fax 251514, 🚲, 🏊, 🌳, 🎾 – 🛗 📺 ☎ 🚗 Ⓟ. 🅂 ⓓ E VISA
32 cam ☕ 120/180000.

XX **Lewald** con cam, ✉ 39050 San Giacomo ✆ 250330, Fax 251916, « Servizio estivo all'aperto », 🎾 – 📺 ☎ Ⓟ. AE 🅂 ⓓ E VISA
chiuso dal 10 al 25 febbraio e dal 21 giugno al 10 luglio – **Pasto** (*chiuso sabato sera e domenica*) carta 50/80000 – ☕ 10000 – **14 cam** 85/150000 – ½ P 100/110000.

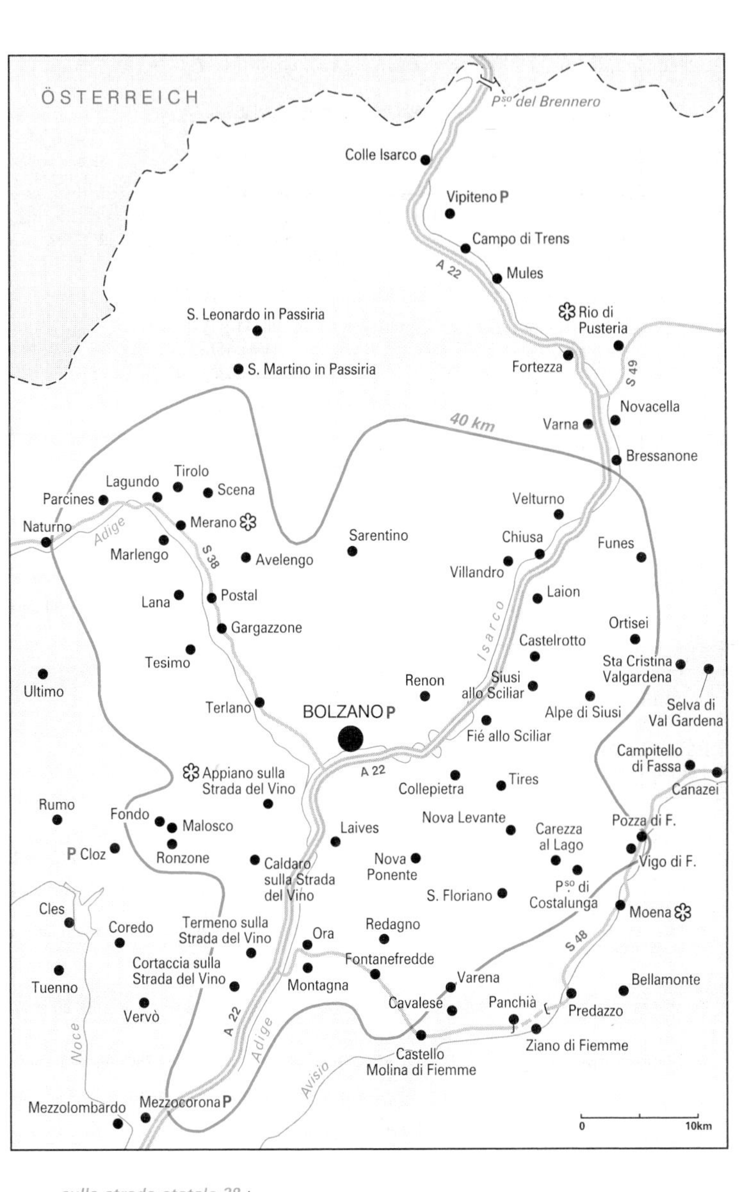

sulla strada statale 38 :

Pircher, via Merano 52 (per ③ : 4 km) ✉ 39100 ✆ 917513, Fax 202433, 🏊, 🌳 – |♦| 📺 ☎ 🅿. AE 🅂 ⓓ E VISA. ✂
Pasto vedere rist **Pircher** – **22 cam** ☐ 110/140000 – ½ P 110000.

Pircher - Hotel Pircher, via Merano 52 (per ③ : 4 km) ✉ 39100 ✆ 917513, Fax 202433, 🏡 – ▤ 🅿. AE 🅂 ⓓ E VISA. ✂
chiuso sabato sera e domenica – **Pasto** carta 40/63000.

Moritzingerhof, via Merano 113 (per ③ : 5 km) ✉ 39100 ✆ 917491, 🏡 – 🅿. AE 🅂 ⓓ VISA. ✂
chiuso domenica sera e lunedì – **Pasto** carta 40/58000.

BOLZANO VICENTINO 36050 Vicenza [429] F 16 – 4 630 ab. alt. 44 – ☎ 0444.
Roma 539 – Padova 41 – Treviso 54 – Vicenza 9.

- **Locanda Grego**, ☎ 350588, Fax 350695 – [TV] ☎ [P] – 35.
19 cam.

BOLZONE Cremona – Vedere Ripalta Cremasca.

BONASSOLA 19011 La Spezia [988] ⑬, [428] J 10 – 1 036 ab. – ☎ 0187.
Roma 456 – La Spezia 38 – Genova 83 – Milano 218.

- **Belvedere**, ☎ 813709, Fax 814240, ≤, « Giardino-uliveto » – ☎ [P]. [VISA]
2 marzo-9 ottobre – **Pasto** carta 30/50000 – **24 cam** ☕ 80/120000 – ½ P 85/90000.
- **Delle Rose**, ☎ 813713 – ☎. [AE] [VISA]
aprile-ottobre – **Pasto** 25/30000 – **30 cam** ☕ 80/115000 – ½ P 80/85000.

BONDENO 44012 Ferrara [988] ⑭ ⑮, [429] H 16 – 16 701 ab. alt. 11 – ☎ 0532.
Roma 443 – Bologna 69 – Ferrara 20 – Mantova 72 – Milano 227 – Modena 57 – Rovigo 52.

- **Tassi** con cam, viale Repubblica 23 ☎ 893030, Fax 893030 – [TV] ☎ [P]. [VISA] cam
Pasto *(chiuso lunedì e dal 1° al 20 luglio)* carta 35/60000 – **11 cam** ☕ 90/100000, 20000 – ½ P 70000.

BONDONE (Monte) Trento [988] ④, [428] [429] D 15 – 670 ab. alt. 2 098 – a.s. Pasqua e Natale – Sport invernali : 1 350/2 090 m 1 8, – ☎ 0461.
[i] (dicembre-aprile e luglio-agosto) a Vaneze ☎ 947128, Fax 947188.
Roma 611 – Trento 24 – Bolzano 78 – Milano 263 – Riva del Garda 57.

a Vason N : 2 km – alt. 1 680 – ✉ 38040 Vaneze :

- **Montana**, ☎ 948200, Fax 948177, ≤ gruppo di Brenta, – ☎ [P]. [AE] [VISA] rist
dicembre-15 aprile e 20 giugno-15 settembre – **Pasto** carta 30/45000 – ☕ 10000 – **30 cam** 75/140000 – ½ P 105000.

BONFERRARO 37060 Verona [428] [429] G 15 – alt. 20 – ☎ 045.
Roma 481 – Verona 35 – Ferrara 35 – Mantova 17 – Modena 79.

- **Sarti**, ☎ 7320233, « Servizio estivo in giardino » – [P]. [AE] [VISA]
chiuso martedì e dal 10 al 20 agosto – **Pasto** carta 37/68000.

BORDIGHERA 18012 Imperia [988] ⑫, [428] K 4 – 11 132 ab. – ☎ 0184.
Vedere Località★★.
[i] via Roberto 1 (palazzo del Parco) ☎ 262322, Fax 264455.
Roma 654 – Imperia 45 – Genova 155 – Milano 278 – Monte Carlo 32 – San Remo 12 – Savona 109.

- **Gd H. del Mare**, via Portico della Punta 34 (E : 2 km) ☎ 262201, Fax 262394, ≤ mare, « Giardino pensile con », – [TV] ☎ [P] – 100 a 180. [AE] [VISA] rist
chiuso da ottobre a Natale – **Pasto** *(chiuso lunedì)* carta 63/97000 – ☕ 24000 – **107 cam** 245/345000, appartamento – ½ P 230/290000.
- **Gd H. Cap Ampelio**, via Virgilio 5 ☎ 264333, Fax 264244, ≤ mare e costa, « Giardino con » – [TV] ☎ [P] – 170. [AE] [VISA] rist
chiuso dal 14 novembre al 22 dicembre – **Pasto** *(chiuso martedì)* 69000 – ☕ 22000 – **104 cam** 138/235000 – P 187/232000.
- **Parigi**, lungomare Argentina 16/18 ☎ 261405, Fax 260421, ≤, – cam [TV] ☎. [AE] [VISA] rist
Pasto 45/50000 – **52 cam** ☕ 160/230000, 10000 – ½ P 180000.
- **Britannique et Jolie**, via Regina Margherita 35 ☎ 261464, Fax 260375, « Giardino fiorito » – rist [TV] ☎ [P]. [AE] [VISA] rist
chiuso dal 26 settembre al 19 dicembre – **Pasto** *(chiuso lunedì)* 50000 – ☕ 8000 – **56 cam** 75/120000 – ½ P 95/115000.
- **Villa Elisa**, via Romana 70 ☎ 261313, Fax 261942, « Giardino fiorito », – rist [TV] ☎ [P]. [AE] [VISA] rist
chiuso da novembre al 20 dicembre – **Pasto** 60000 – ☕ 20000 – **35 cam** 120/160000 – ½ P 173000.
- **Piccolo Lido**, lungomare Argentina 2 ☎ 261297, Fax 262316, ≤ – [TV] ☎. [AE] [VISA] rist
chiuso da ottobre al 15 dicembre – **Pasto** (solo per clienti alloggiati; *chiuso lunedì dal 15 febbraio a marzo e dal 15 aprile a maggio*) 45/65000 – **33 cam** ☕ 160/210000 – ½ P 160/180000.
- **Centrohotel** senza rist, piazza Eroi della Libertà ☎ 265265, Fax 265265, – cam [TV] ☎. [AE] [VISA]
chiuso dal 5 al 30 novembre – ☕ 12000 – **38 cam** 80/125000.
- **Aurora**, via Pelloux 42/b ☎ 261311, Fax 261312 – ☎ [P]. [AE] [VISA]
chiuso dal 21 ottobre al 19 dicembre – **Pasto** (solo per clienti alloggiati) 25/45000 – ☕ 17000 – **30 cam** 80/125000 – ½ P 80/115000.

XXX **Carletto,** via Vittorio Emanuele 339 ☎ 261725, Coperti limitati; prenotare – ▤. AE ⓢ ◑ E VISA JCB
chiuso mercoledì, dal 20 giugno al 12 luglio e dal 5 novembre al 20 dicembre – **Pasto** 65000 (10%) e carta 58/90000 (10%).

XXX **La Via Romana,** via Romana 57 ☎ 266681, prenotare – ▤. AE ⓢ ◑ E VISA
chiuso mercoledì e giovedì a mezzogiorno – **Pasto** 50/85000 bc (a mezzogiorno) 65/85000 (alla sera) e carta 67/95000.

XXX **Le Chaudron,** piazza Bengasi 2 ☎ 263592, Coperti limitati; prenotare – AE ⓢ ◑ E VISA
chiuso lunedì, dal 1° al 15 febbraio e dal 1° al 15 luglio – **Pasto** 50/65000 e carta 57/76000 (10%).

XX **Chez Louis,** corso Italia 30 ☎ 261602, 余 – AE ⓢ ◑ VISA. ⚘
chiuso martedì escluso da luglio a settembre – **Pasto** carta 48/68000 (15%).

XX **Piemontese,** via Roseto 8 ☎ 261651 – AE ⓢ E VISA
chiuso martedì e dal 20 novembre al 20 dicembre – **Pasto** carta 32/50000.

BORETTO **42022** Reggio nell'Emilia 428 429 H 13 – 4 354 ab. alt. 23 – ☎ 0522.
Roma 448 – ♦Parma 26 – Mantova 42 – ♦Modena 54 – Reggio nell'Emilia 28.

X **La Bussola,** località Santa Croce O: 2 km ☎ 684643, 余, Specialità di mare, prenotare – Ⓟ. ⓢ E VISA. ⚘
chiuso mercoledì – **Pasto** carta 34/68000.

BORGARELLO **27010** Pavia 428 G 9 – 1 077 ab. alt. 91 – ☎ 0382.
Roma 564 – Alessandria 72 – ♦Bergamo 86 – ♦Milano 34 – Pavia 6 – Piacenza 58.

XX **Locanda degli Eventi,** ☎ 933303, Fax 933303 – AE ⓢ ◑ E VISA. ⚘
chiuso mercoledì, dal 1° al 7 gennaio e dal 5 al 25 agosto – **Pasto** 35000 (solo a mezzogiorno escluso sabato-domenica) e carta 55/79000.

BORGARO TORINESE **10071** Torino 428 G 4 – 10 886 ab. alt. 254 – ☎ 011.
Roma 689 – ♦Torino 10 – ♦Milano 142.

🏨 **Atlantic,** via Lanzo 163 ☎ 4500055, Telex 221440, Fax 4701783, « Terrazza panoramica con ⛱ » – |♦| ▤ TV ☎ ♿ ⇔ Ⓟ – 🏛 500. AE ⓢ ◑ E VISA. ⚘ rist
Pasto 45/70000 e al ***Rist. Rubino*** *(chiuso domenica e dal 5 al 21 agosto)* carta 37/67000 – **110 cam** ☐ 190/290000 – ½ P 165/225000.

🏨 **Pacific** senza rist, viale Martiri della Libertà 76 ☎ 4704666, Fax 4703293 – |♦| ▤ TV ☎ ♿ ⇔ Ⓟ. AE ⓢ ◑ E VISA JCB
56 cam ☐ 180/245000.

BORGHETTO Verona – Vedere Valeggio sul Mincio.

BORGHETTO D'ARROSCIA **18020** Imperia 428 J 5 – 571 ab. alt. 155 – ☎ 0183.
Roma 604 – Imperia 28 – ♦Genova 105 – ♦Milano 228 – Savona 59.

a Gazzo NO : 6 km – alt. 610 – ✉ **18020** Borghetto d'Arroscia :

XX **La Baita,** ☎ 31083, Fax 31083, prenotare – Ⓟ. ⓢ VISA
luglio-settembre; chiuso mercoledì, da ottobre a giugno aperto da venerdì a domenica ed i giorni festivi – **Pasto** 55000 bc.

BORGIO VEREZZI **17022** Savona 428 J 6 – 2 229 ab. – ☎ 019.
ℹ (maggio-settembre) via 25 Aprile 1 ☎ 610412.
Roma 574 – ♦Genova 75 – Imperia 47 – ♦Milano 198 – Savona 29.

🏨 **Ideal,** via 25 Aprile 32 ☎ 610438, Fax 612095 – |♦| ▤ rist TV ☎. AE VISA. ⚘
chiuso ottobre e novembre – **Pasto** carta 45/75000 – **31 cam** ☐ 85/120000 – ½ P 55/105000.

XXX ✿ **Doc,** via Vittorio Veneto 1 ☎ 611477, Fax 611477, 余, Coperti limitati; prenotare, 余 – AE VISA. ⚘
chiuso lunedì a mezzogiorno da giugno a settembre, tutto il giorno negli altri mesi – **Pasto** carta 55/80000
Spec. Tortino di acciughe fresche patate e maggiorana, Lasagnette di branzino alle erbe di Liguria, Orata in crosta di olive con purea di sedano bianco.

XX **Da Casetta,** piazza San Pietro ☎ 610166, Coperti limitati; prenotare – AE ⓢ ◑ VISA
chiuso a mezzogiorno (escluso i giorni festivi), martedì e novembre – **Pasto** carta 36/80000.

BORGO A BUGGIANO **51011** Pistoia 428 429 430 K 14 – 7 718 ab. alt. 41 – ☎ 0572.
Roma 326 – ♦Firenze 52 – Pisa 49 – ♦Livorno 68 – Lucca 24 – ♦Milano 296 – Pistoia 18.

XX **Da Angiolo,** ☎ 32014, Specialità di mare – ▤. AE ⓢ
chiuso a mezzogiorno (escluso i giorni festivi), lunedì, dal 1° al 7 gennaio e dal 1° al 21 agosto – **Pasto** carta 37/54000 (12%).

BORGO A MOZZANO 55023 Lucca [428] [429] [430] K 13 – 7 484 ab. alt. 97 – ☎ 0583.

Roma 368 – Pisa 42 – ♦Firenze 96 – Lucca 22 – ♦Milano 296 – Pistoia 65.

🏨 **Milano,** località Socciglia ☎ 889191, Fax 889180, ⛰ – 🛗 📺 ☎ 🅿 – 👥 100. [AE] [S] [O] [E] [VISA]
chiuso novembre – **Pasto** *(chiuso lunedì)* carta 33/60000 – ☕ 10000 – **34 cam** 70/120000 – ½ P 80000.

BORGOFRANCO D'IVREA 10013 Torino [428] F 5, [219] ⑭ – 3 702 ab. alt. 253 – ☎ 0125.

Roma 688 – Aosta 62 – Ivrea 6 – ♦Milano 121 – ♦Torino 56.

XX **Casa Vicina-da Roberto,** località Ivozio N : 2,5 km ☎ 752180, ≤, prenotare a mezzogiorno, « Servizio estivo in terrazza panoramica » – 🅿. [AE] [S] [O] [E] [VISA]
chiuso mercoledì e dal 18 gennaio al 3 febbraio – **Pasto** 40/70000 e carta 50/70000.

BORGOMANERO 28021 Novara [988] ②, [428] E 7 – 19 199 ab. alt. 306 – ☎ 0322.

⛳ 9, ⛳ 9 e ⛳ 9 Castelconturbia (chiuso lunedì) ad Agrate Conturbia ✉ 28010 ☎ 832093, Fax 832428, SE : 10 km.

Roma 647 – Stresa 27 – Domodossola 59 – ♦Milano 70 – Novara 32 – ♦Torino 106 – Varese 38.

🏨 **Ramoverde** senza rist, via Matteotti 1 ☎ 81479, Fax 844594, 🌳 – 🛗 🚭 📺 ☎ 🚗 🅿. [AE] [S] [O] [E] [VISA] [JCB]
chiuso dal 20 dicembre al 6 gennaio e dal 26 luglio all'8 agosto – ☕ 13000 – **40 cam** 73/106000.

XXX ✿ **Pinocchio,** via Matteotti 147 ☎ 82273, Fax 835075, prenotare, « Giardino » – 🅿. [AE] [S] [O] [E] [VISA] [JCB]
chiuso lunedì, martedì a mezzogiorno, dal 24 al 30 dicembre e dal 1° al 20 agosto – **Pasto** 50/90000 (a mezzogiorno) 75/90000 (alla sera) e carta 80/110000
Spec. Cosce di rana dorate con verdure croccanti (autunno), Zuppetta di pesci del lago con crostini all'aglio (estate), Aspic di fegato grasso gallina e mele al Porto (primavera).

XXX **Il Bersagliere,** corso Mazzini 11 ☎ 835322, Fax 82277, prenotare – [AE] [S] [O] [E] [VISA]
chiuso lunedì, dal 7 al 21 gennaio e dal 24 luglio al 7 agosto – **Pasto** carta 44/81000.

XX **Da Paniga,** via Maggiora 86 ☎ 82259, Fax 82259 – ▤ 🅿 – 👥 100. [AE] [S] [O] [E] [VISA]
chiuso la sera (escluso venerdì-sabato), martedì e dal 5 agosto al 2 settembre – **Pasto** carta 28/50000.

XX **San Pietro,** piazza Martiri 6 ☎ 82285, Fax 82285 – [AE] [S] [E] [VISA]. 🚫🐕
chiuso mercoledì, dal 1° al 10 gennaio e dal 5 al 25 agosto – **Pasto** carta 35/62000.

BORGO PACE 61040 Pesaro e Urbino [429] [430] L 18 – 711 ab. alt. 469 – a.s. 25 giugno-agosto – ☎ 0722.

Roma 291 – Rimini 99 – ♦Ancona 134 – Arezzo 69 – Pesaro 74 – San Marino 67 – Urbino 38.

XX **Da Rodolfo-la Diligenza** con cam, ☎ 89124 – 📺 ☎. [AE] [S] [O] [E] [VISA]. 🚫🐕 rist
chiuso dal 1° al 15 settembre – **Pasto** *(chiuso mercoledì)* carta 25/35000 – ☕ 12000 – **7 cam** 35/45000 – ½ P 50000.

BORGO PANIGALE Bologna [430] I 15 – Vedere Bologna.

BORGO SABOTINO Latina [430] R 20 – Vedere Latina.

BORGO SAN DALMAZZO 12011 Cuneo [988] ⑫, [428] J 4 – 11 091 ab. alt. 641 – ☎ 0171.

Roma 651 – Cuneo 8 – ♦Milano 224 – Savona 106 – Colle di Tenda 25 – ♦Torino 102.

🏨 **Oasis** senza rist, via Po 28 ☎ 262121, Fax 262680 – 🛗 📺 ☎ 🚗 🅿 – 👥 50. [S] [E] [VISA]
☕ 12000 – **49 cam** 85/105000.

BORGO SAN LORENZO 50032 Firenze [988] ⑮, [429] [430] K 16 – 15 316 ab. alt. 193 – ☎ 055.

Roma 308 – ♦Firenze 25 – ♦Bologna 89 – Forlì 97.

sulla strada statale 302 SO : 15 km :

XX **Feriolo,** ✉ 50032 ☎ 8409928, « In un edificio del 1300 » – 🅿. [AE] [S] [O] [E] [VISA]. 🚫🐕
chiuso martedì, dal 7 al 31 gennaio e dal 16 agosto al 1° settembre – **Pasto** carta 37/57000.

BORGOSESIA 13011 Vercelli [988] ②, [428] E 6 – 14 531 ab. alt. 354 – ☎ 0163.

Roma 665 – Stresa 51 – Biella 45 – ♦Milano 91 – Novara 45 – ♦Torino 107 – Vercelli 51.

🏨 **La Campagnola,** via Varallo 244 (N : 2 km) ☎ 22676, Fax 25448 – 🛗 📺 ☎ 🅿 – 👥 120. [AE] [S] [O] [E] [VISA]
Pasto *(chiuso venerdì)* carta 35/60000 – ☕ 10000 – **33 cam** 70/90000 – ½ P 70000.

BORGO VERCELLI 13012 Vercelli [428] F 7 – 2 134 ab. alt. 126 – ☎ 0161.

Roma 640 – Alessandria 59 – ♦Milano 68 – Novara 15 – Pavia 62.

XX ✿ **Osteria Cascina dei Fiori,** ☎ 32827, Coperti limitati; prenotare – ▤ 🅿. [AE] [S] [E] [VISA]. 🚫🐕
chiuso domenica, dal 1° al 15 gennaio e luglio – **Pasto** carta 43/111000
Spec. Risotto con le rane disossate e fiori di zucchine (estate), Carciofi e animelle brasate all'Arneis (inverno), Piccione in casseruola e fegato grasso d'oca (primavera).

BORMIO **23032** Sondrio 988 ④, 428 429 C 13 – 4 165 ab. alt. 1 225 – Stazione termale : febbraio-8 aprile e Natale – Sport invernali : 1 225/3 012 m 3 14, – 0342.

(15 aprile-1° novembre) 910730 o 903768, Fax 903790.

via Roma 131/b 903300, Fax 904696.

Roma 763 – Sondrio 64 – Bolzano 123 – Milano 202 – Passo dello Stelvio 20.

Palace Hotel, 903131, Fax 903366, « Piccolo parco », – rist – 110.
chiuso maggio, ottobre e novembre – **Pasto** 50000 – 20000 – **70 cam** 230/320000, 12 appartamenti – 1/2 P 275000.

Posta, 904753, Fax 904484, – – 30.
dicembre-aprile e 20 giugno-settembre – **Pasto** carta 47/70000 (15 %) – 18000 – **54 cam** 140/220000, 2 appartamenti – 1/2 P 190000.

Rezia, 904721, Fax 905197, – – 45. rist
chiuso maggio e novembre – **Pasto** 40/60000 – **45 cam** 160/260000 – 1/2 P 140/190000.

Baita dei Pini, 904346, Fax 904700, – – 100.
dicembre-20 aprile e 15 giugno-20 settembre – **Pasto** 40/45000 – 15000 – **51 cam** 140/220000 – 1/2 P 180000.

Baita Clementi, 904473, Fax 903649, –
dicembre-aprile e giugno-ottobre – **Pasto** 25/35000 – **40 cam** 100/170000 – 1/2 P 110/145000.

Alù, 904504, Fax 910444, –
4 dicembre-aprile e luglio-15 settembre – **Pasto** 35/45000 – 15000 – **30 cam** 90/140000 – 1/2 P 140000.

Larice Bianco, 904693, Fax 904614, –
dicembre-Pasqua e giugno-settembre – **Pasto** 45000 – 20000 – **45 cam** 95/170000 – 1/2 P 140000.

Nazionale, 903361, Fax 905294, –
dicembre-aprile e giugno-ottobre – **Pasto** 25/45000 – 20000 – **48 cam** 95/170000 – 1/2 P 155000.

Funivia, 903242, Fax 905337, – rist
chiuso maggio e novembre – **Pasto** carta 36/64000 – 15000 – **39 cam** 90/170000 – 1/2 P 155000.

Astoria, 910900, Fax 905253 –
dicembre-aprile e 10 giugno-20 settembre – **Pasto** 25/40000 – 12000 – **44 cam** 85/140000 – 1/2 P 130000.

Silene, 905455, Fax 905311 –
chiuso maggio e novembre – **Pasto** 25/35000 – 12000 – **15 cam** 70/120000 – 1/2 P 105000.

Vallecetta, strada statale S : 1 km 911400, Fax 904334, « Giardino ombreggiato » – rist
4 dicembre-29 aprile e 15 giugno-settembre – **Pasto** 30/37000 – 13000 – **38 cam** 85/140000 – 1/2 P 120000.

Genzianella, 904485, Fax 904158, –
dicembre-aprile e 20 giugno-settembre – **Pasto** 30000 – 10000 – **34 cam** 70/100000 – 1/2 P 84/115000.

Adele, 910175, Fax 901526 –
dicembre-aprile e giugno-ottobre – **Pasto** 30000 – 10000 – **31 cam** 65/100000 – 1/2 P 90000.

La Baitina dei Pini senza rist, 903022, –
dicembre-20 aprile e giugno-20 settembre – 15000 – **10 cam** 60/120000.

Taulà, 904771, « Ambiente caratteristico » –
chiuso maggio, novembre e martedì in bassa stagione – **Pasto** carta 42/66000.

Kuerc, 904738

Piccolo Mondo 905054 –
chiuso mercoledì e giugno – **Pasto** carta 30/52000.

a Ciuk SE : 5,5 km o 10 mn di funivia – alt. 1 690 – **23030** Valdisotto :

Baita de Mario con cam, 901424, Fax 910880, – cam
dicembre-25 aprile e luglio-20 settembre – **Pasto** carta 35/47000 – 10000 – **22 cam** 110000 – P 98/120000.

BORNO **25042** Brescia 428 429 E 12 – 2 751 ab. alt. 903 – a.s. febbraio, Pasqua, 14 luglio-18 agosto e Natale – Sport invernali : 903/1 780 m 1 5, – 0364.

Roma 634 – Brescia 79 – Bergamo 72 – Bolzano 171 – Milano 117.

Belvedere con cam, 41052 – cam
chiuso dal 15 settembre al 15 ottobre – **Pasto** *(chiuso mercoledì)* carta 33/49000 – 5000 – **24 cam** 45/75000 – 1/2 P 60000.

BORROMEE (Isole) Novara 428 E 7, 219 ⑦ – alt. 200 – a.s. aprile e luglio-15 settembre – ☎ 0323.

Vedere Isola Bella★★★ – Isola Madre★★★ – Isola dei Pescatori★★.

per Baveno, Verbania-Pallanza e Stresa giornalieri (da 10 a 30 mn) – Navigazione Lago Maggiore: Isola Bella ☎ 30391 e Isola dei Pescatori ☎ 30392.

Piante delle Isole : vedere Stresa

Isola Superiore o dei Pescatori – ✉ **28049** Stresa :

Verbano, ☎ 30408, Fax 33129, ≤ Isola Bella e lago, servizio motoscafo, « Servizio rist. estivo in terrazza », – ☎. AE ⑤ ⓞ E VISA Z e
chiuso dall'8 gennaio al 28 febbraio – **Pasto** *(chiuso mercoledì escluso dal 15 aprile a ottobre)* carta 43/68000 – **12 cam** ☐ 100/170000 – ½ P 120000.

BOSA Nuoro 988 ⑬, 433 G 7 – Vedere Sardegna alla fine dell'elenco alfabetico.

BOSCO Perugia – Vedere Perugia.

BOSCO CHIESANUOVA **37021** Verona 988 ④, 428 429 F 15 – 2 973 ab. alt. 1 104 – Sport invernali : 1 104/1 806 m ⚡12 – ☎ 045.

piazza della Chiesa 34 ☎ 7050088.

Roma 534 – Verona 32 – Brescia 101 – Milano 188 – Venezia 145 – Vicenza 82.

Lessinia, piazzetta degli Alpini 2/3 ☎ 6780151, Fax 6780098 – ☎ P. rist
chiuso dal 1° al 15 giugno e dal 10 al 30 settembre – **Pasto** *(chiuso mercoledì)* carta 27/37000 – ☐ 7000 – **21 cam** 40/80000 – ½ P 75/85000.

BOSCO MARENGO **15062** Alessandria 428 H 8 – 2 416 ab. alt. 121 – ☎ 0131.

Roma 565 – Alessandria 18 – Genova 60 – Milano 96.

Pio V, ☎ 299666, Fax 299666, Coperti limitati; prenotare, « Edificio settecentesco con giardino fiorito » – AE ⑤ ⓞ E VISA.
chiuso mercoledì e dal 1° al 15 agosto – **Pasto** carta 40/60000.

BOTTANUCO **24040** Bergamo – 4 069 ab. alt. 211 – ☎ 035.

Roma 597 – Bergamo 21 – Milano 41 – Lecco 45.

Cavour, via Cavour 49 ☎ 907242, Fax 906434 – TV ☎ P. AE ⑤ ⓞ E VISA. rist
Pasto *(chiuso lunedì)* carta 44/85000 – ☐ 10000 – **12 cam** 100/115000 – ½ P 100/110000.

BOTTICINO Brescia 428 429 F 12 – 9 683 ab. alt. 160 – ✉ **25080** Botticino Mattina – ☎ 030.

Roma 560 – Brescia 9 – Milano 103 – Verona 44.

Eva, a Botticino Mattina NE : 2,5 km ☎ 2691522 – P. AE ⑤ ⓞ E VISA.
chiuso mercoledì, dal 1° al 18 gennaio e dal 1° al 20 agosto – **Pasto** carta 46/66000.

BOVES **12012** Cuneo 988 ⑫, 428 J 4 – 8 867 ab. alt. 590 – ☎ 0171.

18 Santa Croce (aprile-novembre; chiuso mercoledì escluso da giugno a settembre) ☎ 387041, Fax 387512.

Roma 645 – Cuneo 15 – Milano 225 – Savona 100 – Colle di Tenda 32 – Torino 103.

Trieste, corso Trieste 33 ☎ 380375, Fax 387362, – TV ☎ P. ⑤ E VISA.
Pasto *(chiuso lunedì)* carta 35/54000 – ☐ 8500 – **19 cam** 75/95000 – P 82/85000.

La Taverna, corso Bisalta 61 ☎ 380390 – AE ⑤ ⓞ E VISA JCB
chiuso lunedì e dal 15 al 30 novembre – **Pasto** carta 25/50000 (10%).

a Fontanelle O : 2 km – ✉ **12012** Fontanelle di Boves :

Fontanelle-da Politano, ☎ 380383, Fax 380383, – ☎ P. ⑤ VISA. rist
Pasto *(chiuso lunedì sera e martedì)* 25000 – ☐ 5000 – **14 cam** 40/80000 – ½ P 60000.

✿ **Della Pace**, ☎ 380398, Fax 387604, Coperti limitati; prenotare – AE ⑤ ⓞ E VISA JCB
chiuso domenica sera, lunedì e dal 2 al 18 gennaio – **Pasto** 40000 (a mezzogiorno) 70/100000 (alla sera) e carta 56/88000
Spec. Agnolotti di patate e funghi al burro fuso e timo (estate), Tartara di bue grasso di Carrù con tartufo bianco (autunno), Spalla di capretto disossata al forno (primavera).

a San Giacomo S : 6 km – ✉ **12012** San Giacomo di Boves :

✿✿ **Al Rododendro**, ☎ 380372, solo su prenotazione – AE ⑤ ⓞ E VISA.
chiuso domenica sera, lunedì e dal 10 al 20 giugno – **Pasto** 130000 e carta 65/103000
Spec. Crêpe di patate con salmone affumicato, Ravioli ai funghi (estate-autunno), Sottofiletto allo zafferano.

BOVOLONE **37051** Verona 988 ④, 429 G 15 – 13 060 ab. alt. 24 – ☎ 045.

Roma 498 – Verona 23 – Ferrara 76 – Mantova 41 – Milano 174 – Padova 74.

Sasso, via San Pierino SE : 3 km ☎ 7100228, Fax 7100433 – TV ☎ P. AE ⑤ ⓞ E VISA.
Pasto *(chiuso sabato e dal 2 al 20 gennaio)* 30/40000 – ☐ 12000 – **32 cam** 90/120000 – ½ P 85/100000.

Nuovo Sole, via Madonna 332 (NO : 2 km) ℘ 6900122, Fax 6900122 – TV P.
23 cam.

La Düja, via Garibaldi 48 ℘ 7102558, Cucina piemontese – E VISA
Pasto carta 26/52000.

BOZEN = Bolzano.

BRA 12042 Cuneo 988 ⑫, 428 H 5 – 27 285 ab. alt. 280 – 0172.
Roma 648 – Cuneo 47 – Torino 49 – Asti 46 – Milano 170 – Savona 103.

Elisabeth senza rist, piazza Giolitti 8 ℘ 422486, Fax 412214 – TV AE VISA
10000 – **27 cam** 85/115000.

Badellino con cam, piazza 20 Settembre 3 ℘ 439050, Fax 432231 – TV AE E VISA
chiuso dal 1° al 22 agosto – **Pasto** *(chiuso martedì)* carta 32/50000 – 6000 – **20 cam** 60/90000 – ½ P 75000.

Battaglino, piazza Roma 18 ℘ 412509 – AE E VISA
chiuso lunedì ed agosto – **Pasto** carta 54/66000.

BRAIES (PRAGS) Bolzano 988 ⑤ – 631 ab. alt. 1 383 – 39030 – 0474.
Vedere Lago★★★.
Roma 744 – Cortina d'Ampezzo 47 – Bolzano 106 – Brennero 97 – Milano 405 – Trento 166.

Erika, ℘ 748684, Fax 748755, ←, – TV P. E.
20 dicembre-20 aprile e 15 maggio-2 novembre – **Pasto** carta 31/41000 – 10000 – **19 cam** 60/120000 – ½ P 110000.

Lisez attentivement l'introduction : c'est la clé du guide.

BRALLO DI PREGOLA 27050 Pavia 988 ⑬, 428 H 9 – 1 133 ab. alt. 951 – 0383.
Roma 586 – Genova 82 – Piacenza 65 – Milano 110 – Pavia 78 – Varzi 17.

Normanno, ℘ 550038 – TV P. rist
Pasto *(chiuso mercoledì escluso dal 15 giugno al 15 settembre)* carta 30/50000 – 6000 – **25 cam** 50/90000 – P 80/95000.

BRANZI 24010 Bergamo 428 429 D 11 – 798 ab. alt. 874 – a.s. luglio-agosto – 0345.
Roma 650 – Bergamo 48 – Foppolo 9 – Lecco 71 – Milano 91 – San Pellegrino Terme 24.

Branzi, ℘ 71121, Fax 71121 – P. VISA
Pasto *(chiuso martedì)* carta 34/47000 – 6000 – **24 cam** 50/90000 – ½ P 60/80000.

Corona, con cam, ℘ 71042 – P
14 cam.

BRATTO Bergamo 428 I 11 – Vedere Castione della Presolana.

BREGANZE 36042 Vicenza 988 ④ ⑤, 429 E 16 – 7 459 ab. alt. 110 – 0445.
Roma 552 – Padova 52 – Belluno 97 – Milano 235 – Trento 78 – Venezia 84 – Vicenza 20.

Al Toresan con cam, ℘ 873622, Fax 873260 – TV P. AE VISA.
Pasto *(chiuso giovedì e dal 20 luglio al 14 agosto)* carta 22/47000 – 7500 – **18 cam** 80/120000 – ½ P 75/90000.

BREGUZZO 38081 Trento 428 429 D 14 – 555 ab. alt. 798 – a.s. 22 gennaio-19 marzo, Pasqua e Natale – 0465.
Roma 617 – Trento 45 – Bolzano 107 – Brescia 83 – Milano 174.

Carlone, ℘ 901014, Fax 901014 – rist TV P – 45.
chiuso novembre – **Pasto** *(chiuso martedì)* carta 28/46000 – 7000 – **60 cam** 60/90000 – ½ P 55/85000.

BREMBATE 24041 Bergamo 428 F 10 – 6 348 ab. alt. 173 – 035.
Roma 537 – Bergamo 13 – Lecco 44 – Milano 41.

Guglielmotel senza rist, via delle Industrie 1 ℘ 4826248, Fax 4826222 – TV
P. AE E VISA
84 cam 140/200000.

BRENTA (Massiccio di) Trento 988 ④, 428 429 D 14 – Vedere Guida Verde.

BRENZONE 37010 Verona 428 429 E 14 – 2 307 ab. alt. 75 – 045.
(15 giugno-15 settembre) via Colombo località Assenza 4 ℘ 7420076.
Roma 547 – Verona 50 – Brescia 85 – Mantova 86 – Milano 172 – Trento 69 – Venezia 172.

Piccolo Hotel , ℘ 7420024, Fax 7420688, ← – P. rist
Pasto *(chiuso dal 6 al 25 novembre)* 30/35000 – 10000 – **22 cam** 55/110000 – ½ P 80000.

a Castelletto di Brenzone SO : 3 km – ✉ **37010** Brenzone :

Rabay, ✆ 6599103, Fax 6599103, – ◻ ◻ ◻. ◻ rist
10 marzo-20 ottobre – **Pasto** 35/40000 – ◻ 20000 – **37 cam** 90/150000 – ½ P 100/115000.

Alla Fassa, ✆ 7430319, – ◻. AE ◻ E VISA. ◻
chiuso martedì e dall'11 dicembre a febbraio – **Pasto** carta 38/52000.

BRESCIA **25100** P 988 ④, 428 429 F 12 – 191 875 ab. alt. 149 – ☎ 030.

Vedere Piazza della Loggia★ BY **9** -Duomo Vecchio★ BY – Pinacoteca Tosio Martinengo★ CZ – Via dei Musei★ CY – Museo romano★ costruito sulle rovine di untempio Capitolino★ CY – Croce di Desiderio★★ nel monastero★ di San Salvatore e Santa Giulia CY – Chiesa di San Francesco★ AY – Facciata★ della chiesa di Santa Maria dei Miracoli AYZ **A** – Incoronazione della Vergine★ nella chiesa dei SS. Nazaro e Celso AZ – Annunciazione★ e Deposizione dalla Croce★ nella chiesa di Sant'Alessandro BZ – Interno★, polittico★ e affresco★ nella chiesa di Sant'Agata BY

18 e 9 Franciacorta (chiuso martedì) località Castagnola ✉ 25040 Corte Franca ✆ 984167, Fax 984393, per ⑤ : 20 km.

corso Zanardelli 34 ✉ 25121 ✆ 43418, Fax 293284.

A.C.I. via 25 Aprile 16 ✉ 25123 ✆ 37461.

Roma 535 ④ – ◆Milano 93 ⑤ – ◆Verona 66 ②.

Vittoria, via delle 10 Giornate 20 ✉ 25121 ✆ 280061, Fax 280065 – ◻ ◻ TV ☎ ♿ – ◻ 35 a 200. AE ◻ ◻ E VISA. ◻ rist BY **a**
Pasto *(chiuso domenica ed agosto)* carta 62/100000 – **65 cam** ◻ 310/410000.

Park Hotel Ca' Nöa, via Triumplina 66 ✉ 25060 ✆ 398762, Fax 398764, ◻, ◻ – ◻ ◻ TV ☎ ♿ ◻ P – ◻ 50 a 300. AE ◻ ◻ E VISA JCB 2,5 km per ①
Pasto vedere rist **Ca' Nöa** – ◻ 12000 – **79 cam** 135/200000 – ½ P 150000.

Novotel Brescia 2, via Pietro Nenni 22 ✉ 25124 ✆ 2425858, Telex 300024, Fax 2425959, ◻ – ◻ ◻ cam ◻ TV ☎ ♿ ◻ P – ◻ 50 a 180. AE ◻ ◻ E VISA. ◻ rist per via C. Zima CZ
Pasto carta 43/65000 – **120 cam** ◻ 170/240000 – ½ P 235000.

Euroresidence Hotel, via Europa 45 ✉ 25060 ✆ 2091824, Telex 304074, Fax 2009741 – ◻ ◻ TV ☎ ◻ P – ◻ 30 a 180. AE ◻ ◻ E VISA. ◻ rist 2,5 km per via Lombroso CY
Pasto *(chiuso venerdì)* carta 43/69000 – ◻ 14000 – **107 cam** 108/152000, 19 appartamenti – ½ P 130000.

Ambasciatori, via Santa Maria Crocifissa di Rosa 92 ✆ 399114, Fax 381883 – ◻ ◻ TV ☎ ◻ P – ◻ 200. AE ◻ ◻ E VISA. ◻ rist CY
Pasto *(chiuso domenica)* carta 40/60000 – ◻ 13000 – **64 cam** 102/152000 – ½ P 130000.

Igea, viale Stazione 15 ✆ 44221, Fax 44224 – ◻ ◻ rist TV ☎. AE ◻ ◻ E VISA JCB. ◻ AZ **a**
Pasto *(chiuso domenica)* carta 25/46000 – ◻ 10000 – **85 cam** 90/150000 – ½ P 100/109000.

Master, via Apollonio 72 ✉ 25124 ✆ 399037, Fax 3701331 – ◻ ◻ rist TV ☎ P – ◻ 25 a 100. AE ◻ ◻ E VISA. ◻ rist BY **m**
Pasto *(chiuso lunedì)* carta 41/57000 – ◻ 10000 – **76 cam** 120/180000 – ½ P 120000.

Ai Ronchi-Motor Hotel, viale Bornata 22 ✉ 25123 ✆ 362061, Fax 3366315 – ◻ ◻ TV ☎ ◻ P – ◻ 50. ◻ ◻ E VISA. ◻ rist 2,5 km per ②
Pasto *(chiuso sabato a mezzogiorno, domenica ed agosto)* carta 33/54000 – ◻ 12000 – **44 cam** 90/140000 – ½ P 120000.

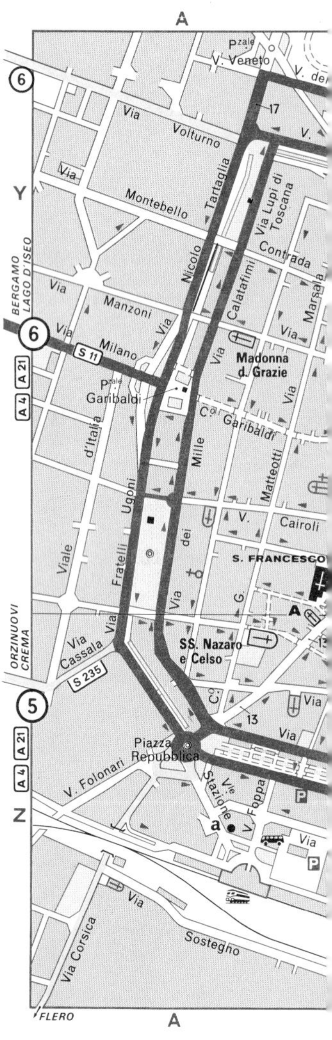

XXX **La Sosta,** via San Martino della Battaglia 20 ✉ 25121 ℘ 295603, Fax 292589, 😊, « Edificio del 17° secolo » – AE ⓢ ◑ E VISA BZ **n**
chiuso domenica sera, lunedì, dal 1° all'8 gennaio e dal 4 al 26 agosto – **Pasto** carta 60/100000.

XX **Il Labirinto,** via Corsica 224 ✉ 25125 ℘ 3541607, Fax 3541607 – ▤ Ⓟ. AE ⓢ ◑ E VISA. ✂ AZ
chiuso domenica – **Pasto** carta 44/77000.

XX Taverna del Moretto, via Bixio 19 ✉ 25122 ℘ 40847 BY **b**

XX **Olimpo-il Torricino,** via Fura 131 ✉ 25125 ℘ 347565, Fax 3533175, 😊, « In un antico cascinale », 🌿 – Ⓟ. AE ⓢ ◑ E VISA per ⑤
chiuso lunedì e dal 1° al 20 agosto – **Pasto** carta 34/58000.

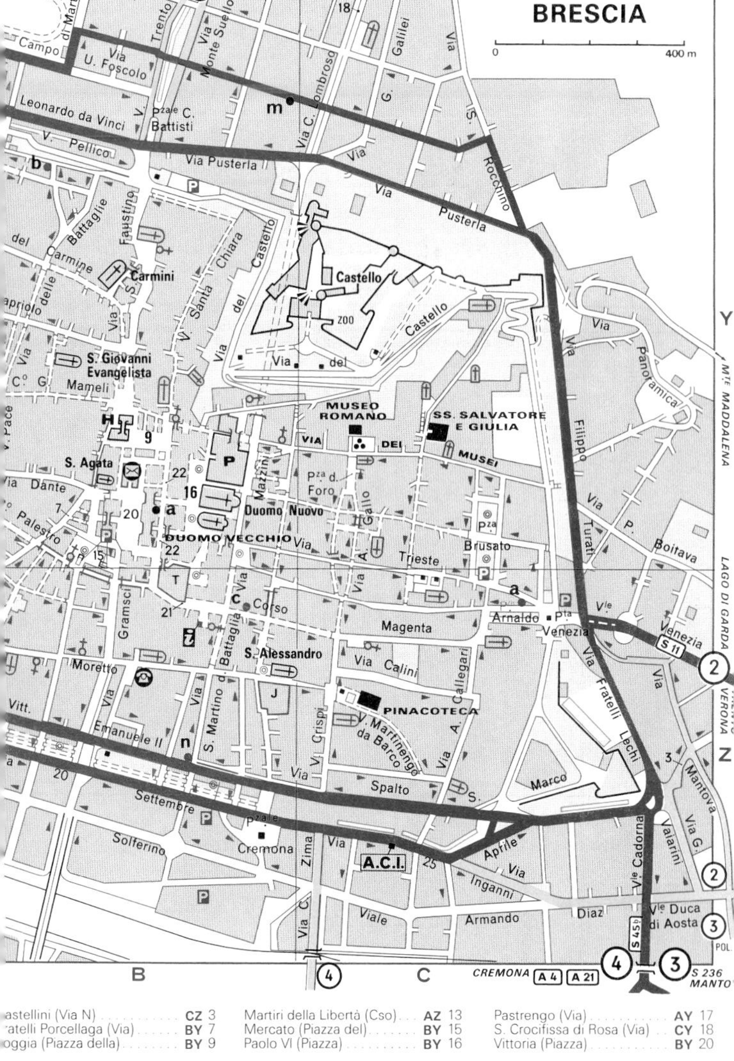

astellini (Via N) .... CZ 3
·atelli Porcellaga (Via) .... BY 7
oggia (Piazza della) .... BY 9
Martiri della Libertà (Cso) .... AZ 13
Mercato (Piazza del) .... BY 15
Paolo VI (Piazza) .... BY 16
Pastrengo (Via) .... AY 17
S. Crocifissa di Rosa (Via) .... CY 18
Vittoria (Piazza) .... BY 20

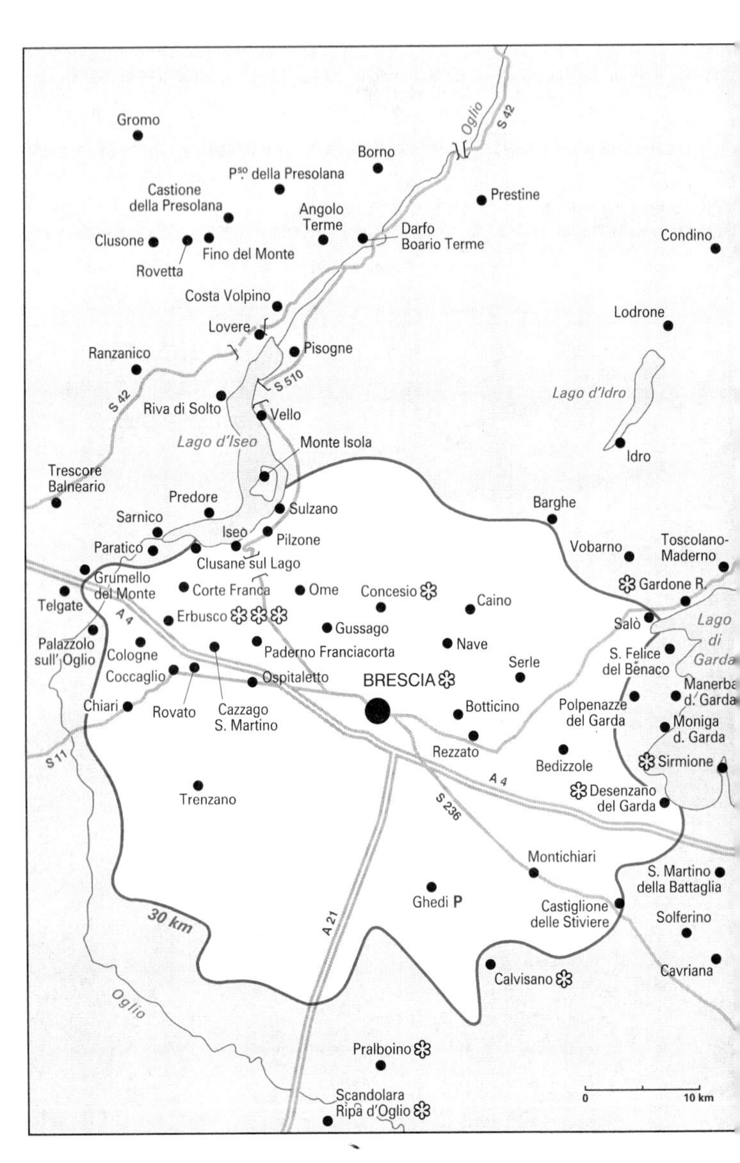

XX **Alla Stretta,** via Stretta 63 ✉ 25128 ☎ 2002367, Fax 2002367 – ▤ Ⓟ. AE ⓢ ⓓ E VISA
3,5 km per
chiuso lunedì e dall'11 al 26 agosto – **Pasto** carta 70/90000.

XX **Ca' Nöa** - Hotel Park Hotel Ca' Nöa, via Branze 61 ✉ 25123 ☎ 381528, « Servizio estivo giardino » – ▤ Ⓟ. AE ⓢ ⓓ E VISA JCB
2,5 km per
Pasto carta 43/64000.

XX **Raffa,** corso Magenta 15 ✉ 25121 ☎ 49037 – AE ⓢ ⓓ E VISA BZ
chiuso domenica ed agosto – **Pasto** carta 39/69000 (10%).

XX **Antica Fonte,** via Fontane 45 ✉ 25060 Mompiano ☎ 2004480, « Servizio estivo sotto un pergolato » – AE
2,5 km per via Lombroso CY
chiuso lunedì ed agosto – **Pasto** carta 40/60000.

XX **La Mezzeria,** via Trieste 66 ✉ 25121 ☎ 40306, prenotare – AE 🅂 ◑ E VISA JCB. ⚘
chiuso domenica, luglio ed agosto – **Pasto** carta 35/52000. CZ **a**

X **La Campagnola,** via Val Daone 25 ✉ 25123 ☎ 300678, ☂ – Ⓟ. ⚘
chiuso lunedì sera, martedì ed agosto – **Pasto** carta 39/54000.
2 km per via Lombroso CY

X **Nuovo Nando,** via Amba d'Oro 119 ✉ 25123 ☎ 364288, ≤, « Servizio estivo in terrazza » – Ⓟ. AE ◑ VISA per ②
chiuso giovedì ed agosto – **Pasto** carta 32/55000.

Sant'Eufemia della Fonte per ② : 2 km – ✉ **25080** :

⌂ **Capri** senza rist, viale Sant'Eufemia 37 ☎ 3761069, Fax 3761079 – ▤ TV ☎ Ⓟ. AE 🅂 ◑ E VISA
chiuso dal 20 luglio al 5 agosto – ☕ 12000 – **22 cam** 75/130000.

XXX ✿ **La Piazzetta,** via Indipendenza 87/c ☎ 362668, Fax 362668, Specialità di mare, Coperti limitati; prenotare – ▤. AE 🅂 ◑ E VISA. ⚘
chiuso sabato a mezzogiorno, domenica, dal 1° al 7 gennaio e dal 5 al 26 agosto – **Pasto** carta 45/75000
Spec. Polpo caldo all'olio extravergine con mousseline di patate. Farfalle con mazzancolle zucchine e dadolata di provolone cremonese. Rombo al forno alla Vernaccia con asparagi e buccia di limone (primavera).

XX **Hosteria,** via 28 Marzo 2/A ☎ 360605, Coperti limitati; prenotare – AE 🅂 ◑ E VISA JCB
chiuso martedì e dal 1° al 29 agosto – **Pasto** carta 41/75000.

a Roncadelle per ⑤ : 7 km – ✉ **25030** :

🏨 **President,** ☎ 2584444, Fax 2780260 – |‡| ▤ TV ☎ ♿ 🚗 Ⓟ – 🎤 70 a 500. AE 🅂 ◑ E VISA. ⚘
Pasto *(chiuso domenica)* carta 47/71000 – **104 cam** ☕ 120/220000 – P 190/230000.

🏨 **Continental** senza rist, ☎ 2582721, Fax 2583108 – |‡| ▤ TV ☎ ♿ 🚗 Ⓟ – 🎤 25 a 110. AE 🅂 ◑ E VISA JCB. ⚘
chiuso dal 5 al 18 agosto – ☕ 15000 – **52 cam** 135/170000.

a Castenedolo per ③ : 7 km : – ✉ **25014** :

🏨 **Majestic,** ☎ 2130222, Fax 2130077 – |‡| ▤ TV ☎ ♿ Ⓟ – 🎤 250. AE 🅂 ◑ E VISA. ⚘
chiuso dal 31 luglio al 20 agosto – **Pasto** carta 40/57000 – ☕ 12000 – **70 cam** 100/160000 – ½ P 110000.

BRESSANONE (BRIXEN) 39042 Bolzano 988 ④ ⑤, 429 B 16 – 17 326 ab. alt. 559 – Sport invernali : a La Plose-Plancios : 1 900/2 502 m ⛷1 ⛷8, ⛷ – ☎ 0472.
Vedere Duomo : chiostro★ A – Palazzo Vescovile: cortile★, museo Diocesano★, sculture lignee★★, pale scolpite★, collezione di presepi★, tesoro★.
Dintorni Plose★★★ : ✻★★★ SE per via Plose.
viale Stazione 9 ☎ 836401, Fax 836067.
Roma 681 ② – ◆Bolzano 40 ② – Brennero 43 ① – Cortina d'Ampezzo 109 ② – ◆Milano 336 ② – Trento 100 ②.

Pianta pagina seguente

🏨 **Elefante,** via Rio Bianco 4 ☎ 832750, Fax 836579, ☂, « Costruzione del 16° secolo con arredamento antico; giardino con ⛱ riscaldata », ⚘ – ▤ rist TV ☎ 🚗 Ⓟ – 🎤 50. AE ◑ E VISA. ⚘ rist **a**
Natale-7 gennaio e marzo-10 novembre – **Pasto** *(chiuso lunedì escluso dal 30 luglio al 10 novembre)* carta 66/95000 – ☕ 22000 – **44 cam** 110/220000 – ½ P 200/250000.

🏨 **Dominik** ⛰, via Terzo di Sotto 13 ☎ 830144, Fax 836554, ≤, « Servizio rist. estivo sotto un pergolato », ⌂, ⛱, 🚘 – |‡| TV ☎ 🚗 Ⓟ. AE 🅂 ◑ E VISA. ⚘ rist **b**
dicembre-7 gennaio e aprile-10 novembre – **Pasto** *(chiuso martedì escluso agosto-settembre)* carta 45/87000 – **29 cam** ☕ 170/340000 – ½ P 165/248000.

🏨 **Temlhof** ⛰, via Elvas 76 ☎ 836658, Fax 835539, ≤ monti e città, « Giardino con ⛱; raccolta di attrezzi agricoli e mobili antichi », Fб, ⌂, ⛱, ⚘ – TV ☎ Ⓟ. AE 🅂 ◑ E VISA. ⚘ rist **v**
chiuso dal 10 novembre al 20 dicembre – **Pasto** *(chiuso martedì e a mezzogiorno escluso luglio-agosto; prenotare)* carta 48/75000 – **48 cam** ☕ 135/300000, 4 appartamenti – ½ P 160000.

🏨 **Grüner Baum,** via Stufles 11 ☎ 832732, Fax 832607, « Giardino con ⛱ riscaldata », Fб, ⌂, ⛱ – |‡| ▤ rist TV ☎ 🚗 – 🎤 100. AE 🅂 ◑ E VISA. ⚘ rist **e**
chiuso dal 3 novembre al 16 dicembre – **Pasto** carta 30/50000 – ☕ 20000 – **80 cam** 102/160000 – ½ P 110/185000.

🏨 **Corona d'Oro-Goldene Krone,** via Fienili 4 ☎ 835154, Fax 835014, ☂ – |‡| TV ☎ ♿ 🚗 Ⓟ. 🅂 E VISA. ⚘ rist **d**
chiuso dal 15 al 25 dicembre e dal 6 gennaio al 15 febbraio – **Pasto** *(chiuso lunedì e da ottobre a marzo anche domenica sera)* carta 35/55000 – **30 cam** ☕ 100/180000, 2 appartamenti – ½ P 95/110000.

🏨 **Senoner-Unterdrittel,** lungo Rienza 22 ☎ 832525, Fax 832436, ☂, 🚘 – TV ☎ 🚗 Ⓟ. AE 🅂 ◑ E VISA **r**
chiuso novembre – **Pasto** *(chiuso da novembre al 20 dicembre)* carta 39/63000 – **22 cam** ☕ 95/170000 – ½ P 120000.

BRESSANONE

Portici Maggiori 22
Portici Minori 23

Angelo Custode (Via) 2
Bastioni Maggiori (Via) 3
Bastioni Minori (Via) 4
Bruno (Via G.) 8
Duomo (Piazza) 10
Fienili (Via) 12
Guggenberg (Via Otto V.) 13
Hartwig (Via) 14
Lungo Rienza 15
Mercato Vecchio (Via) 16
Platsch (Via) 17
Ponte Aquila (Via) 18
Ponte Widmann (Via) 19
Rio Bianco (Via) 26
San Albuino (Via) 27
Seminario (Via del) 28
Stufles (Via) 29
Torre Bianca (Via) 30
Tratten (Via) 31

Non fate rumore negli alberghi : i vicini vi saranno riconoscenti.

Ne faites pas de bruit à l'hôtel, vos voisins vous en sauront gré.

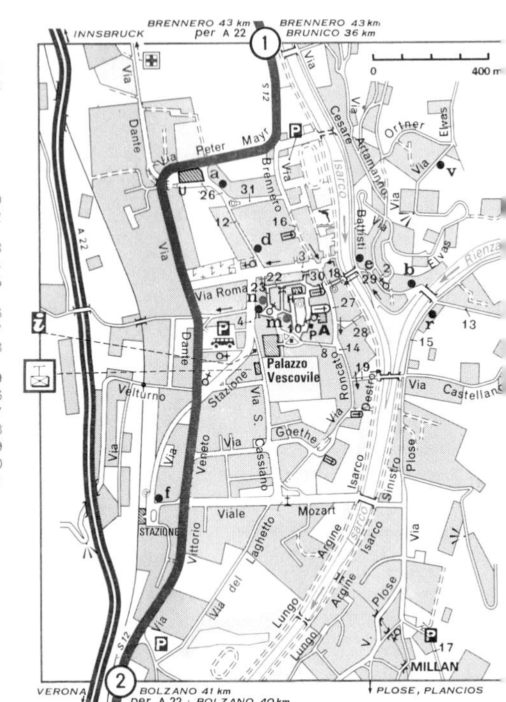

🏨 **Sole-Sonne** senza rist, via Sant'Erardo 8 ☏ 836271, Fax 837347 – 🛗 TV ☎. AE 🅂 ⓓ VISA
chiuso dal 7 gennaio a febbraio – **16 cam** ☕ 90/150000.

🏨 **Jarolim,** piazza Stazione 1 ☏ 836230, Fax 833155, « Giardino ombreggiato con 🏊 » – TV ☎ 🅟. AE 🅂 ⓓ E VISA. ⚮ rist
Pasto *(chiuso giovedì)* carta 35/50000 – **35 cam** ☕ 95/160000 – ½ P 120000.

XX **Oste Scuro-Finsterwirt,** vicolo del Duomo 3 ☏ 835343, Fax 835624, « Ambiente tipico tirolese con arredamento antico » – AE 🅂 ⓓ E VISA. ⚮ r
chiuso domenica sera, lunedì, dal 10 gennaio al 5 febbraio e dal 20 giugno al 6 luglio – **Past** carta 38/71000.

XX **Fink,** via Portici Minori 4 ☏ 834883, Fax 835268 – ▤. AE 🅂 ⓓ E VISA
chiuso martedì sera (escluso da luglio ad ottobre), mercoledì e dal 1° al 18 luglio – **Past** carta 34/58000.

ad Elvas NE : 4 km – alt. 814 – ✉ **39042** Bressanone :

🏠 **Hofstatt** 🐎, ☏ 835420, Fax 836249, ≤ – ☎ 🚗 🅟. 🅂 E VISA. ⚮ rist
chiuso dall'8 gennaio a febbraio, dal 20 giugno al 9 luglio e da novembre al 26 dicembre
Pasto (solo per clienti alloggiati) – **18 cam** ☕ 50/100000 – ½ P 75000.

a Cleran (Klerant) S : 5 km – alt. 856 – ✉ **39040** Sant'Andrea in Monte :

🏨 **Fischer** 🐎, ☏ 852075, Fax 852060, ≤ Bressanone e valle d'Isarco, 🏡 – 🛗 ☎ ♿ 🚗 🅟 🅂 E VISA
chiuso novembre – **Pasto** *(chiuso lunedì)* carta 36/59000 – **23 cam** ☕ 75/130000 – ½ P 75 85000.

Gli alberghi o ristoranti ameni sono indicati nella guida con un simbolo rosso.
Contribuite a mantenere la guida aggiornata segnalandoci gli alberghi ed i ristoranti dove avete soggiornato piacevolmente.

🏨🏨🏨 ... 🏠

XXXXX ... X

BREUIL-CERVINIA 11021 Aosta 988 ②, 428 E 4 – alt. 2 050 – a.s. 27 marzo-10 aprile, agosto e Natale – Sport invernali : 2 050/3 480 m 8 16, (anche sci estivo) – 0166.

Vedere Località★★.

Cervino (luglio-10 settembre) 949131, Fax 949131 o (011) 5818432, Fax 5818432.

via Carrel 29 949136, Fax 949731.

Roma 749 – Aosta 55 – Biella 104 – ◆Milano 187 – ◆Torino 116 – Vercelli 122.

Hermitage, 948998, Fax 949032, ≤ Cervino e Grandes Murailles, – cam – 40. AE E VISA.
dicembre-1° maggio e 8 luglio-7 settembre – **Pasto** 70/90000 – 30000 – **32 cam** 280/400000, 4 appartamenti – ½ P 220/300000.

Excelsior-Planet, 949426, Fax 948827, ≤ Cervino e Grandes Murailles, – AE E VISA JCB.
novembre-aprile e luglio-agosto – **Pasto** 40/55000 – 20000 – **20 cam** 150/160000, 24 appartamenti 150/255000 – ½ P 120/185000.

Bucaneve, 949119, Fax 948308, ≤ Cervino e Grandes Murailles, – AE E VISA. rist
15 novembre-aprile e luglio-15 settembre – **Pasto** carta 47/72000 – 20000 – **23 cam** 100/300000, 5 appartamenti – ½ P 110/220000.

Europa, 948660, Fax 949650, ≤ Cervino e Grandes Murailles, – – 50. AE E VISA JCB.
novembre-10 maggio e luglio-20 settembre – **Pasto** 35/45000 – 25000 – **61 cam** 180/280000, 6 appartamenti – ½ P 110/200000.

Punta Maquignaz, 949145, Fax 948290, ≤, –
stagionale – **33 cam.**

Breithorn, 949042, Fax 948363, ≤ Cervino e Grandes Murailles – AE E VISA. rist
dicembre-15 maggio e luglio-25 settembre – **Pasto** carta 35/45000 – 15000 – **24 cam** 75/140000 – ½ P 90/120000.

Cime Bianche con cam, 949046, Fax 949046, ≤ Cervino e Grandes Murailles, , prenotare, « Ambiente tipico » – VISA.
chiuso giugno – **Pasto** *(chiuso lunedì in bassa stagione)* carta 42/76000 – 15000 – **15 cam** 75/150000 – ½ P 135000.

sulla strada statale 406 :

Chalet Valdôtain, SO : 1,4 km ✉ 11021 949428, Fax 948874, ≤ Cervino e Grandes Murailles, – AE E VISA.
dicembre-aprile e giugno-settembre – **Pasto** carta 43/72000 – 20000 – **35 cam** 140/250000 – ½ P 150/200000.

Les Neiges d'Antan , SO : 4 km ✉ 11021 948775, Fax 948852, ≤ Cervino e Grandes Murailles – VISA. rist
6 dicembre-12 maggio e 28 giugno-15 settembre – **Pasto** carta 45/75000 – **28 cam** 100/200000 – ½ P 95/140000.

Lac Bleu, SO : 1 km ✉ 11021 949103, Fax 949902, ≤ monti e Cervino – rist
3 dicembre-aprile e luglio-25 settembre – **Pasto** *(chiuso lunedì)* carta 38/58000 – 15000 – **20 cam** 60/110000 – ½ P 85/105000.

BRIAN Venezia – Vedere Caorle.

BRINDISI 72100 P 988 ㉚, 431 F 35 – 95 549 ab. – a.s. 18 luglio-settembre – ☎ 0831.

Vedere Colonna romana★ (termine della via Appia) Y **A**.

✈ di Papola-Casale per ④ : 6 km ☎ 418805, Fax 413231 – Alitalia, corso Garibaldi 53 ☎ 529091, Fax 560241.

☎ 521975.

ℹ piazza Dionisi ☎ 521944.

A.C.I. via Aldo Moro ☎ 583053.

Roma 563 ④ – ◆Bari 113 ④ – ◆Napoli 375 ④ – ◆Taranto 72 ③.

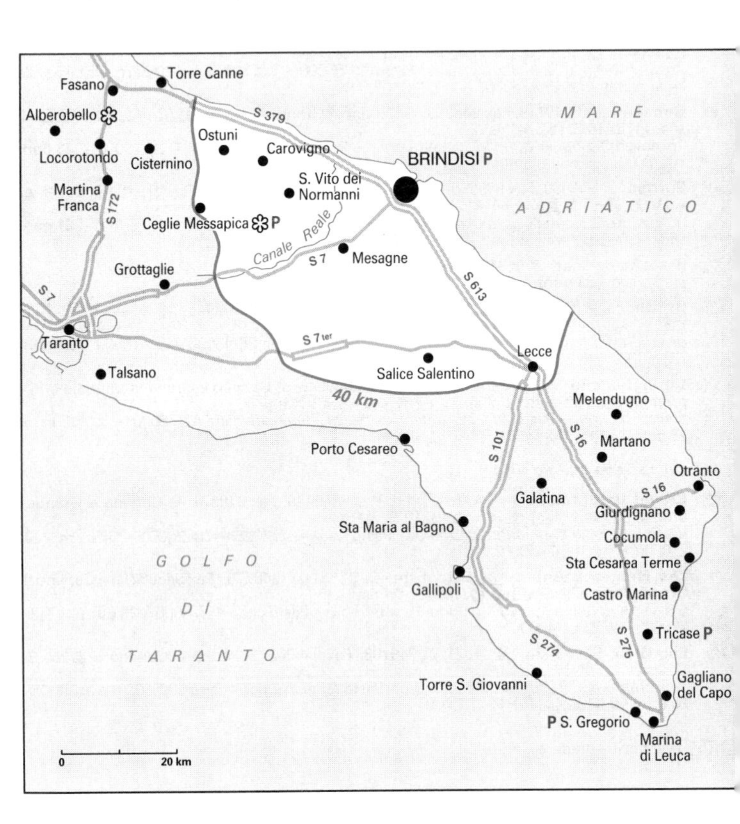

Majestic, corso Umberto I 151 ☎ 222941, Telex 813378, Fax 524071 – 70 a 80. AE. rist — Z
Pasto *(chiuso venerdì)* 38/45000 – **68 cam** ☕ 145/195000 – ½ P 120/138000.

Mediterraneo, viale Aldo Moro 70 ☎ 582811, Fax 587858 – 40. — X
66 cam.

La Rosetta, via San Dionisio 2 ☎ 590461, Fax 563110 – AE. rist — Y
Pasto al Rist. ***Le Privè*** *(chiuso domenica)* carta 33/53000 – ☕ 15000 – **40 cam** 120/180000, appartamento – ½ P 140000.

La Lanterna, via Tarantini 14 ☎ 564026, « In un antico palazzo con servizio estivo in giardino » – AE. — Y
chiuso domenica sera, lunedì e dal 10 al 30 agosto – **Pasto** carta 39/66000.

Cascipò, via San Benedetto 45/47 ☎ 528348 – AE. — Y
chiuso mercoledì – **Pasto** carta 25/55000.

Antica Trattoria della Nassa, via Colonne 49/51 ☎ 526005 – — Y

BRINDISI

Garibaldi (Corso) . . . . Y
Umberto I (Corso) . . . . . YZ

Amalfi (Via) . . . . V 2
Amena (Via) . . . . Y 3
Annunziata (Via) . . . . Y 4
Betolo (Via) . . . . Z 8
Cagni (Via Amm.) . . . . V 9
Cappellini (Via) . . . . Z 10
Ciciriello (Via E.) . . . . V 12
Cittadella (Via) . . . . Y 13
Colonne (Via) . . . . Y 15
Commenda (Viale) . . . . X 16
De Marco (Via C.) . . . . Z 17
Duca degli Abruzzi (Vle) . . V 19
Imperatore Augusto (V.) . . X 22
Maddalena
(Vle Umberto) . . . . V 23
Madonna della Neve (V.) . Y 25
Madonna della Scala (V.) . Z 26
Magaldi (Via Nicola) . . . . . V 27
Maria Ausiliatrice (Via) . . . X 29
Matteotti (Piazza) . . . . Y 30
Mecenate (Via) . . . . X 31
Montenegro (Via) . . . . Y 33
Osanna (Via) . . . . VXZ 34
Pace Brindisina (Via) . . . . X 35
Pontinia (Via) . . . . X 37
Pozzo Traiano (Via) . . . . . Y 38
Regina Margherita
(Lungomare) . . . . Y 39
Ruggero di Flores (Via) . . . V 41
S. Dionisio (Via) . . . . Y 42
S. Barbara (Via) . . . . Y 43
S. Margherita (Via) . . . . . . Y 45
Santi (Via) . . . . Y 46
Sauro (Via Nazario) . . . . . . Z 47
Tarantini (Via) . . . . Y 49
Tirolo (Via) . . . . X 51
Tunisi (Via) . . . . Y 53

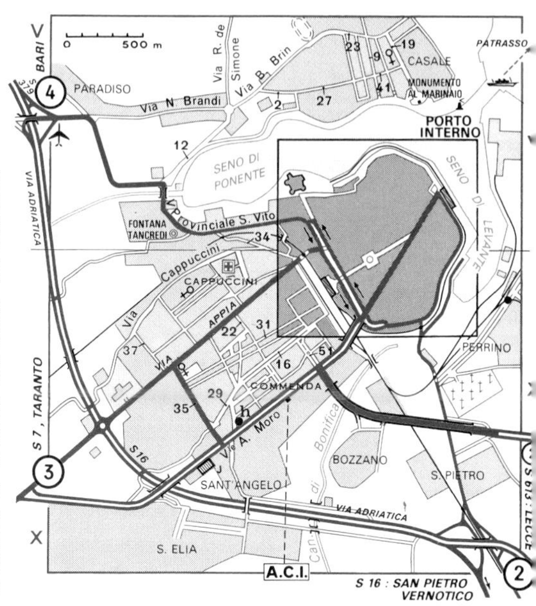

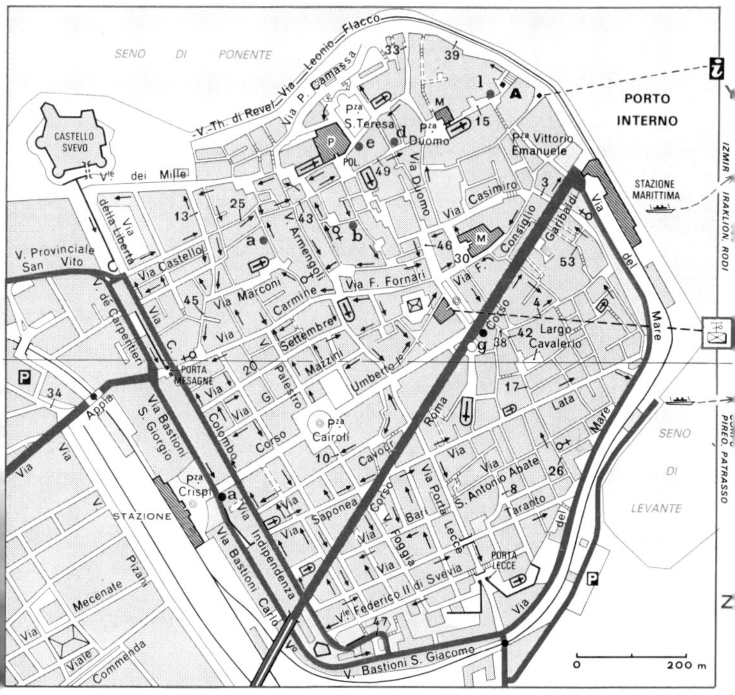

Vecchia Brindisi, via San Giovanni al Sepolcro 5/7 ✆ 528400, Rist. e pizzeria – AE VISA — Y b
chiuso agosto, mercoledì e in luglio anche a mezzogiorno – **Pasto** carta 28/45000.

Il Cantinone, via De Leo 4 ✆ 562122 – VISA — Y e
chiuso martedì e dal 5 al 17 agosto – **Pasto** carta 24/35000.

BRIONA 28072 Novara 428 F 7, 219 ⑯ – 1 117 ab. alt. 216 – ✆ 0321.
Roma 636 – Stresa 51 – ♦Milano 63 – Novara 17 – Vercelli 32.

a Proh SE : 5 km – ✉ **28072** Briona :

Trattoria del Ponte, ✆ 826282 – ▤ P.
chiuso lunedì sera, martedì e dal 29 luglio al 14 agosto – **Pasto** carta 31/51000.

BRISIGHELLA 48013 Ravenna 988 ⑮, 429 430 J 17 – 7 686 ab. alt. 115 – Stazione termale, a.s. 20 luglio-settembre – ✆ 0546.
ℹ via De Gasperi 6 ✆ 81166, Fax 81166.
Roma 355 – ♦Bologna 71 – ♦Ravenna 48 – Faenza 13 – ♦Ferrara 110 – ♦Firenze 90 – Forlì 27 – ♦Milano 278.

La Meridiana, ✆ 81590, Fax 81590, « Giardino ombreggiato » – TV ☎ P – 50. AE VISA
20 aprile-20 ottobre – **Pasto** *(giugno-settembre; solo per clienti alloggiati)* 32/35000 – 9000 – **56 cam** 90/130000 – ½ P 85000.

Terme, ✆ 81144, Fax 81144, ≤, « Giardino ombreggiato », – TV ☎ P. AE VISA JCB. rist
maggio-15 ottobre – **Pasto** carta 30/36000 – **57 cam** 100/120000 – ½ P 70/85000.

Gigiolè con cam, ✆ 81209, Fax 81209, prenotare – AE VISA
chiuso dal 16 febbraio al 15 marzo – **Pasto** *(chiuso lunedì)* carta 58/80000 – **10 cam** 90/120000 – ½ P 90000
Spec. Ravioli di piccione (autunno-inverno), Coniglio porchettato (estate), Costata di castrato con gnocchetti di patate

La Grotta, ✆ 81829, prenotare – ▤. AE VISA JCB.
chiuso martedì e dal 7 al 30 gennaio – **Pasto** 30/70000 bc
Spec. Zuppa d'orzo e midollo con olio extravergine di Brisighella (inverno), Capretto nostrano con tortino e patate (primavera), Tulipano alla yogurt con frutti di bosco (estate).

La Rocca, con cam, via Delle Volte 10 ✆ 81180, Fax 80289 – TV ☎
18 cam.

a Cavina SO : 8 km – ✉ **48013** Brisighella :

Torre Pratesi, ✆ 84545, Fax 84558, ≤ monti e vallata, « In una torre di guardia medioevale », – ▤ TV ☎ P. AE VISA JCB. rist
Pasto *(chiuso martedì)* 40/55000 bc – **4 cam** 140/180000, 3 appartamenti 220000 – ½ P 140/160000.

a La Strada Casale SO : 8 km – ✉ **48010** Fognano :

Strada Casale, ✆ 88054, , prenotare – P. AE VISA JCB
chiuso mercoledì e dal 10 al 31 gennaio – **Pasto** 35000.

BRIVIO 22050 Lecco 428 E 10, 219 ⑳ – 3 845 ab. alt. 207 – ✆ 039.
Roma 608 – ♦Bergamo 22 – Como 34 – Lecco 15 – ♦Milano 38.

La Bella Venezia, via Bella Venezia 2 ✆ 5320007, prenotare, « Servizio estivo in giardino ombreggiato in riva all'Adda » – P

BRIXEN = Bressanone.

BRONI 27043 Pavia 988 ⑮, 428 G 9 – 9 899 ab. alt. 88 – ✆ 0385.
Roma 548 – Piacenza 37 – Alessandria 62 – ♦Milano 58 – Pavia 20.

sulla strada statale 10 NE : 2 km :

Liros, ✉ 27043 ✆ 51007, Fax 51007 o 52000 – ▤ cam TV ☎ P – 30 a 120. AE VISA JCB
chiuso dal 1° all'8 gennaio – **Pasto** *(chiuso lunedì)* carta 35/61000 – 8000 – **22 cam** 70/85000.

BRUNECK = Brunico.

BRUNICO (BRUNECK) 39031 Bolzano 988 ⑤, 429 B 17 – 12 818 ab. alt. 835 – Sport invernali Plan de Corones : 835/2 273 m 11 21, – ✆ 0474.
Vedere Museo etnografico★ di Teodone – ℹ via Europa 24 ✆ 555722, Fax 555544.
Roma 715 – Cortina d'Ampezzo 59 – ♦Bolzano 77 – Brennero 68 – Dobbiaco 28 – ♦Milano 369 – Trento 137.

Andreas Hofer, via Campo Tures 1 ✆ 551469, Fax 551283, – TV ☎ P. VISA. rist
chiuso dal 21 aprile al 20 maggio e dal 13 al 25 dicembre – **Pasto** *(chiuso sabato)* carta 27/49000 – **54 cam** 85/150000 – ½ P 80/120000.

a San Giorgio (St. Georgen) N : 2 km – alt. 823 – ✉ **39031** :

Gissbach, ✆ 551173, Fax 550714, – rist
dicembre-Pasqua e giugno-ottobre – **Pasto** carta 38/60000 – **24 cam** 182/216000 – ½ P 112/118000.

a Riscone (Reischach) SE : 3 km – alt. 960 – ✉ **39031** :

Royal Hotel Hinterhuber, ✆ 548221, Fax 548048, ≤ monti e pinete, « Giardino con riscaldata », – rist rist AE E VISA JCB. rist
20 dicembre-14 aprile e giugno-6 ottobre – **Pasto** (solo per clienti alloggiati) 30000 – **55 cam** 160/280000 – ½ P 160/180000.

Rudolf, ✆ 21223, Fax 550806, ≤, – E VISA. rist
Pasto *(chiuso novembre)* carta 34/66000 – **37 cam** 205/274000 – P 113/170000.

Majestic, ✆ 84887, Fax 550821, ≤, riscaldata, – rist
6 dicembre-14 aprile e giugno-13 ottobre – **Pasto** *(chiuso lunedì)* carta 33/52000 – **33 cam** 93/172000 – ½ P 80/106000.

Heinz, ✆ 548163, Fax 20031, – E VISA. cam
dicembre-20 aprile e luglio-settembre – **Pasto** carta 32/54000 – **10 cam** 95/170000 – ½ P 105000.

BRUSSON **11022** Aosta 988 ②, 428 E 5 – 917 ab. alt. 1 331 – a.s. Pasqua, febbraio, marzo e Natale – Sport invernali : 1 331/2 714 m 3, – ☎ 0125.

piazza Municipio 1 ✆ 300240, Fax 300691.

Roma 726 – Aosta 53 – Ivrea 51 – Milano 164 – Torino 93.

Laghetto, località Diga ✆ 300179, ≤ –
chiuso da novembre al 7 dicembre – **Pasto** *(chiuso mercoledì)* carta 30/45000 – 14000 – **17 cam** 40/75000 – P 70/85000.

BUBBIO **14051** Asti 428 I 6 – 916 ab. alt. 224 – ☎ 0144.

Roma 589 – Alessandria 52 – Genova 91 – Torino 98 – Asti 38 – Milano 142 – Savona 76.

Teresio con cam, ✆ 8128 –
chiuso gennaio – **Pasto** *(chiuso mercoledì)* carta 22/50000 – 8000 – **8 cam** 45/75000 – ½ P 60/65000.

BUCCINASCO **20090** Milano 428 F 9, 219 ⑲ – 21 888 ab. alt. 112 – ☎ 02.

Roma 575 – Milano 13 – Alessandria 88 – Novara 63 – Pavia 30 – Vigevano 36.

Molin de la Paja ✆ 4406231, – AE E VISA JCB
chiuso domenica sera, lunedì ed agosto – **Pasto** carta 39/62000.

BUDONI Nuoro 433 E 11 – Vedere Sardegna alla fine dell'elenco alfabetico.

BUDRIO **40054** Bologna 988 ⑮, 428 429 430 I 16 – 14 698 ab. alt. 25 – ☎ 051.

Roma 401 – Bologna 22 – Ferrara 46 – Ravenna 66.

Elle 70, via Garibaldi 10 ✆ 801678, Coperti limitati; prenotare – AE E VISA.
chiuso domenica, dal 1° al 5 gennaio ed agosto – **Pasto** carta 36/55000.

BUDRIO Reggio nell'Emilia – Vedere Correggio.

BULLA (PUFELS) Bolzano – Vedere Ortisei.

BURAGO DI MOLGORA **20040** Milano 428 F 10, 219 ⑲ – 4 311 ab. alt. 182 – ☎ 039.

Roma 591 – Milano 22 – Bergamo 37 – Lecco 33 – Monza 9.

Brianteo, via Martin Luther King 3/5 ✆ 6082118, Telex 352650, Fax 6082118 – – 60. AE E VISA JCB.
chiuso dal 23 dicembre al 3 gennaio e dal 1° al 24 agosto – **Pasto** *(chiuso venerdì e domenica sera)* carta 45/70000 – 12000 – **50 cam** 115/173000, 2 appartamenti – ½ P 122/133000.

BURANO Venezia – Vedere Venezia.

BURGSTALL = Postal.

BURGUSIO (BURGEIS) Bolzano 428 B 13, 218 ⑧ – Vedere Malles Venosta.

BUSCA **12022** Cuneo 428 I 4 – 9 060 ab. alt. 500 – ☎ 0171.

Roma 647 – Cuneo 17 – Asti 91 – Sestriere 101 – Torino 75.

a Ceretto N : 3 km – ✉ **12022** Busca :

Ceretto con cam, ✆ 945437, Fax 945437 – cam AE E VISA.
chiuso agosto – **Pasto** *(chiuso mercoledì)* carta 25/39000 – 12000 – **19 cam** 55/80000 – P 85000.

BUSCATE 20010 Milano [428] F 8, [219] ⑰ – 4 329 ab. alt. 177 – ☎ 0331.

Roma 611 – ◆Milano 38 – Gallarate 15 – Novara 21.

🍴🍴 **Scià on Martin** con cam, ℘ 670112, Fax 670093, 🏞, prenotare – ❄ cam [TV] ☎ [P]. [AE] [$] [E] [VISA] [JCB]. ✂
chiuso Natale ed agosto – **Pasto** *(chiuso sabato a mezzogiorno e domenica)* carta 44/56000 – **12 cam** ☕ 100/130000, appartamento – ½ P 100000.

BUSNAGO 20040 Milano [428] F 10, [219] ⑳ – 3 972 ab. alt. 210 – ☎ 039.

Roma 594 – ◆Bergamo 22 – ◆Milano 36 – ◆Brescia 68 – Piacenza 95.

🏠 **Pianura Inn,** viale Lombardia 20 ℘ 6957412, Fax 6959025, 🏞 – [lift] [TV] ☎ [P] – 🎓 50 a 150. [AE] [$] [O] [E] [VISA] [JCB]. ✂
Pasto carta 39/62000 – **20 cam** ☕ 105/120000.

BUSSANA Imperia – Vedere San Remo.

BUSSETO 43011 Parma [988] ⑭, [428] [429] H 12 – 6 964 ab. alt. 39 – ☎ 0524.

[i] piazza Verdi 10 ℘ 92487.

Roma 490 – ◆Parma 35 – Piacenza 32 – ◆Bologna 128 – Cremona 25 – Fidenza 15 – ◆Milano 93.

🍴🍴 **Ugo,** via Mozart 3 ℘ 92307, Fax 91811, Coperti limitati; prenotare – ❄. [AE] [$] [O] [E] [VISA] ✂
chiuso lunedì, martedì, dal 5 al 25 gennaio e dal 5 al 25 luglio – **Pasto** carta 37/56000.

a Frescarolo E : 3 km – ✉ **43011** Busseto :

🍴 **Vernizzi,** ℘ 92423, « Ambiente tipico » – [P]. ✂
chiuso martedì, luglio ed agosto – **Pasto** carta 20/40000.

a Samboseto E : 8 km – alt. 37 – ✉ **43011** Busseto :

🍴🍴🍴 **Palazzo Calvi** 🌿 con cam, ℘ 90211, Fax 90213, « In un palazzo del 17° secolo » – ❄ [TV] ☎ [P] – 🎓 60. [AE] [$] [O] [E] [VISA]. ✂
Pasto *(chiuso lunedì, martedì a mezzogiorno, dal 1° al 10 gennaio e dal 1° al 24 agosto)* carta 50/84000 – **6 cam** ☕ 140/180000, 2 appartamenti.

🍴🍴 **Vecchia Samboseto,** ℘ 90136, Specialità di mare – [P]. [O]. ✂
chiuso martedì sera, mercoledì, dal 7 al 17 gennaio e dal 5 al 25 agosto – **Pasto** carta 34/76000.

BUSSOLENGO 37012 Verona [988] ④, [428] [429] F 14 – 14 851 ab. alt. 127 – ☎ 045.

Roma 504 – ◆Verona 13 – Garda 20 – Mantova 43 – ◆Milano 150 – Trento 87 – ◆Venezia 128.

🏨 **Krystal** senza rist, via Dante Alighieri 8 ℘ 6700433, Fax 6700447 – [lift] ❄ [TV] ☎ 🚗 [P]. [AE] [$] [O] [E] [VISA]
60 cam ☕ 130/170000.

sulla strada statale 11 S : 3 km :

🏨 **Crocioni Hotel Rizzi** senza rist, ✉ 37012 ℘ 6700200, Fax 6767490 – [lift] ❄ [TV] ☎ 🚗 [P] – 🎓 40. [AE] [$] [O] [E] [VISA]. ✂
chiuso dal 22 dicembre al 10 gennaio – **58 cam** ☕ 110/145000.

BUSSOLINO GASSINESE Torino – Vedere Gassino Torinese.

BUSTO ARSIZIO 21052 Varese [988] ③, [428] F 8 – 77 698 ab. alt. 224 – ☎ 0331.

⛳18 Le Robinie, via per Busto Arsizio ✉ 21058 Solbiate Olona ℘ 329260, Fax 329266.

Roma 611 – ◆Milano 35 – Stresa 52 – Como 40 – Novara 30 – Varese 27.

🏨 **Pineta,** via Sempione 150 (N : 2 km) ℘ 381220 e rist ℘ 685343, Fax 381220, 🌳 – [lift] ❄ [TV] ☎ [P] – 🎓 200. [AE] [$] [O] [E] [VISA] [JCB]. ✂ rist
Pasto al Rist. ***Mosaico*** *(chiuso domenica e lunedì a mezzogiorno)* carta 38/88000 – **58 cam** ☕ 125/160000.

🏨 **Astoria,** viale Duca d'Aosta 14 ℘ 636422, Fax 679610 – ❄ [TV] ☎ 🚗 – 🎓 200. [AE] [$] [O] [E] [VISA]. ✂ rist
Pasto al Rist. ***Da Moreno*** *(chiuso sabato ed agosto)* carta 45/80000 (15 %) – ☕ 10000 – **47 cam** 120/160000.

🍴🍴🍴 **Casa Radice,** via Roma 8 ℘ 620454 – ❄. [AE] [$] [E] [VISA]. ✂
chiuso domenica ed agosto – **Pasto** carta 52/72000.

BUTTRIO 33042 Udine [429] D 21 – 3 669 ab. alt. 79 – ☎ 0432.

Roma 641 – Udine 12 – Gorizia 26 – ◆Milano 381 – ◆Trieste 57.

🏨 **Locanda alle Officine,** strada statale SE : 1 km ℘ 673304, Fax 673408 – [lift] ❄ [TV] ☎ 🚗 [P] – 🎓 50. [AE] [$] [O] [E] [VISA]
Pasto *(chiuso domenica)* carta 30/60000 – **30 cam** ☕ 120/180000 – P 170/190000.

🍴 **Trattoria al Parco,** ℘ 674025, « Servizio estivo in giardino » – [P]. [AE] [VISA]
chiuso martedì sera, mercoledì, dal 2 al 10 gennaio e dal 10 al 25 agosto – **Pasto** carta 32/48000.

CACCAMO Palermo [988] ㊱, [432] N 22 – Vedere Sicilia alla fine dell'elenco alfabetico.

CADEO 29010 Piacenza 428 429 H 11 – 5 412 ab. alt. 67 – ☎ 0523.
Roma 501 – Piacenza 15 – Cremona 34 – •Milano 76 – •Parma 46.

- **Lanterna Rossa** con cam, località Saliceto NE : 4 km ☎ 509774, Fax 500563, – TV ☎ P. AE SI E VISA.
chiuso agosto – **Pasto** *(chiuso lunedì sera e martedì)* carta 43/68000 – ☐ 8000 – **7 cam** 80/120000 – ½ P 90/95000.

CAERANO DI SAN MARCO 31031 Treviso 429 E 17 – 6 739 ab. alt. 123 – ☎ 0423.
Roma 548 – •Padova 50 – Belluno 59 – •Milano 253 – Trento 109 – Treviso 26 – •Venezia 57 – Vicenza 48.

- **Europa** senza rist, ☎ 650341, Fax 650397 – TV ☎. AE SI E VISA.
☐ 12000 – **24 cam** 78/110000.

CAFRAGNA Parma 428 429 430 H 12 – Vedere Collecchio.

CAGLIARI P 988 ㉝, 433 J 9 – Vedere Sardegna alla fine dell'elenco alfabetico.

CAINO 25070 Brescia 428 429 F12 – 1 393 ab. alt. 398 – ☎ 030.
Roma 539 – •Brescia 15 – Bergamo 62 – •Milano 110.

sulla strada statale 237 E : 3 km :

- **Il Miramonti,** ✉ 25070 ☎ 6830023 – P.
chiuso lunedì – **Pasto** carta 40/70000.

CALA GINEPRO Nuoro – Vedere Sardegna (Orosei) alla fine dell'elenco alfabetico.

CALA GONONE Nuoro 988 ㉞, 433 G 10 – Vedere Sardegna (Dorgali) alla fine dell'elenco alfabetico.

CALALZO DI CADORE 32042 Belluno 429 C 19 – 2 400 ab. alt. 806 – ☎ 0435.
☎ 32300.
bivio Stazione 9 ☎ 32348, Fax 32349.
Roma 646 – Cortina d'Ampezzo 34 – Belluno 45 – •Milano 388 – •Venezia 135.

- **Ferrovia,** bivio Stazione ☎ 500705, Fax 500384, – TV ☎ P – 60. AE SI VISA.
Pasto *(chiuso domenica)* carta 26/54000 – **36 cam** ☐ 100/140000, 3 appartamenti – P 130000.
- **Calalzo,** bivio Stazione ☎ 32248, Fax 33600, – TV ☎. AE SI E VISA
chiuso dal 25 ottobre al 15 novembre – **Pasto** *(chiuso venerdì)* carta 28/44000 – ☐ 10000 – **45 cam** 90/140000 – ½ P 80/120000.

CALAMANDRANA 14042 Asti 428 H 7 – 1 502 ab. alt. 314 – ☎ 0141.
Roma 599 – Alessandria 38 – •Genova 98 – Asti 35 – •Milano 130 – •Torino 95.

- **Doc,** località Borgo San Vito ☎ 718066 – TV ☎ P. AE SI E VISA JCB
Pasto *(chiuso domenica)* 50000 – ☐ 15000 – **7 cam** 100/160000.
- **Violetta,** valle San Giovanni 1 (N : 2,5 km) ☎ 75151, prenotare – P. SI E VISA.
chiuso domenica sera, mercoledì e gennaio – **Pasto** carta 35/50000.

CALASETTA Cagliari 988 ㉝, 433 J 7 – Vedere Sardegna alla fine dell'elenco alfabetico.

CALAVINO 38072 Trento – 1 181 ab. alt. 409 – a.s. Pasqua e Natale – ☎ 0461.
Roma 605 – Trento 15 – •Bolzano 77 – •Brescia 100.

- **Da Cipriano,** ☎ 564720, – SI VISA.
chiuso a mezzogiorno, mercoledì e dal 20 giugno al 10 luglio – **Pasto** carta 28/45000.

CALCERANICA AL LAGO 38050 Trento 429 D 15 – 1 104 ab. alt. 463 – a.s. Pasqua e Natale – ☎ 0461.
(giugno-settembre) ☎ 723301.
Roma 606 – Trento 18 – Belluno 95 – •Bolzano 75 – •Milano 260 – •Venezia 147.

- **Micamada,** ☎ 723328, Fax 723349, – TV ☎ P. rist
Pasto carta 32/43000 – **18 cam** ☐ 50/96000 – ½ P 55/73000.

CALCINAIA Firenze 428 429 K 13 – Vedere Lastra a Signa.

CALDARO SULLA STRADA DEL VINO (KALTERN AN DER WEINSTRASSE) 39052 Bolzano 988 ④, 429 C 15 – 6 475 ab. alt. 426 – ☎ 0471.
piazza Principale 8 ☎ 963169, Fax 963469.
Roma 635 – •Bolzano 15 – Merano 37 – •Milano 292 – Trento 53.

- **Cavallino Bianco-Weisses Rössl,** ☎ 963137, Fax 964069 – ☎ P
marzo-novembre – **Pasto** *(chiuso mercoledì)* 30/32000 – **20 cam** ☐ 68/138000.
- **Stella d'Oro-Goldener Stern,** ☎ 963153, Fax 964232, – ☎ P. SI E VISA
aprile-ottobre – **Pasto** *(chiuso lunedì)* carta 29/45000 – **30 cam** ☐ 70/120000 – ½ P 75/80000.

al lago S : 5 km :

Seehof-Ambach, ✉ 39052 ☎ 960098, Fax 960099, ←, « Prato-giardino », – ☎ 🅿. rist
aprile-2 novembre – **Pasto** carta 45/70000 – **29 cam** 140/260000 – ½ P 190000.

Seeleiten, ✉ 39052 ☎ 960200, Fax 960064, ←, – ☎ 🅿. AE. rist
aprile-15 novembre – **Pasto** carta 41/59000 – **38 cam** 130/240000 – ½ P 132/148000.

Seegarten, ✉ 39052 ☎ 960260, Fax 960066, ←, « Servizio rist. estivo in terrazza », – ☎ 🅿
aprile-ottobre – **Pasto** (*chiuso mercoledì*) carta 35/51000 – **22 cam** 75/150000 – ½ P 100000.

Seeberg senza rist, ✉ 39052 ☎ 960038, ←, – ☎ 🅿
aprile-ottobre – **16 cam** 55/110000.

Ritterhof, ✉ 39052 ☎ 963330 – 🅿. AE E VISA.
chiuso domenica sera, lunedì e dal 10 luglio al 10 agosto – **Pasto** carta 57/103000.

CALDERARA DI RENO 40012 Bologna 429 430 I 15 – 11 236 ab. alt. 30 – ☎ 051.

Roma 373 – Bologna 11 – Ferrara 54 – Modena 40.

Meeting Hotel, via Garibaldi 4 (S: 1 km) ☎ 720729, Fax 720478 – ☎ 🅿 – 25 a 240. AE E VISA. rist
Pasto al Rist. ***Rendez Vous*** (*chiuso domenica e dal 10 al 20 agosto*) carta 29/49000 – **95 cam** 225/270000 – ½ P 150/170000.

CALDERINO 40050 Bologna 429 430 I 15 – alt. 112 – ☎ 051.

Roma 373 – Bologna 16 – Milano 213 – Modena 45.

Nuova Roma, S : 1 km ☎ 6760140, – 🅿. AE E VISA.
chiuso martedì, dal 1° all'8 gennaio ed agosto – **Pasto** carta 31/65000.

Il Portico, via Lavino 89 ☎ 6760100 – AE VISA
chiuso domenica da giugno ad agosto, mercoledì negli altri mesi – **Pasto** carta 33/58000.

CALDIERO 37042 Verona 429 F 15 – 4 928 ab. alt. 44 – ☎ 045.

Roma 517 – Verona 15 – Milano 174 – Padova 66 – Venezia 99 – Vicenza 36.

Bareta senza rist, ☎ 6150722, Fax 6150723 – ☎ 🅿. AE E VISA JCB.
chiuso dal 20 dicembre al 15 gennaio – 12000 – **32 cam** 93/140000.

Renato, strada statale 11 (NO : 1,5 km) ☎ 982572 – 🅿. AE E VISA
chiuso lunedì sera, martedì e dal 20 luglio al 30 agosto – **Pasto** carta 46/74000.

CALDIROLA 15050 Alessandria 988 ⑬, 428 H 9 – alt. 1 180 – Sport invernali : 1 012/1 400 m 2, – ☎ 0131.

Roma 577 – Alessandria 64 – Genova 93 – Milano 110 – Piacenza 81.

La Gioia, ☎ 78912, Fax 781181 – 🅿. AE E VISA.
chiuso lunedì e novembre – **Pasto** carta 35/61000.

CALDOGNO 36030 Vicenza 429 F 16 – 9 508 ab. alt. 54 – ☎ 0444.

Roma 548 – Padova 48 – Trento 86 – Vicenza 8.

Locanda Calcara con cam, via Roma 20 ☎ 905544, Fax 905533 – ☎ 🅿. AE E VISA.
chiuso agosto – **Pasto** (*chiuso domenica*) carta 31/46000 – 7000 – **15 cam** 100/150000.

Molin Vecio, via Giaroni 56 ☎ 585168, Fax 905447, « Ambiente caratteristico » – 🅿. AE E VISA.
chiuso lunedì sera e martedì – **Pasto** carta 31/46000 (10%).

CALDONAZZO 38052 Trento 429 E 15 – 2 498 ab. alt. 485 – a.s. Pasqua e Natale – ☎ 0461.

(giugno-settembre) ☎ 723192, Fax 723192.

Roma 608 – Trento 22 – Belluno 93 – Bolzano 77 – Milano 262 – Venezia 145.

Due Spade, ☎ 723113, Fax 723113, – ☎.
aprile-settembre – **Pasto** 25000 – 8000 – **24 cam** 45/80000 – ½ P 68000.

CALENZANO 50041 Firenze 429 430 K 15 – 15 207 ab. alt. 109 – ☎ 055.

Roma 290 – Firenze 15 – Bologna 94 – Milano 288 – Prato 6.

Pianta di Firenze : percorsi di attraversamento

First Hotel senza rist, via Ciolli 5 ☎ 88724, Telex 574036, Fax 8825755, – ☎ 🅿 – 40 a 250. AE E VISA. AR
102 cam 150/200000, 14 appartamenti.

Valmarina senza rist, via Baldanzese 146 ☎ 8825336, Fax 8825250 – ☎. AE E VISA. AR
15000 – **34 cam** 140/180000.

La Terrazza, via del Castello 25 ☎ 8873302, ← – 🅿. AE E VISA AR
chiuso domenica, lunedì, dal 25 dicembre al 1° gennaio ed agosto – **Pasto** carta 31/56000.

a Carraia N : 4 km – ✉ **50041** Calenzano :

✗ **Gli Alberi,** ✆ 8819912, Fax 8819912 – Ⓟ. AE Ⓢ ⓞ E VISA JCB. ✗
chiuso martedì e dal 15 al 28 febbraio – **Pasto** carta 26/41000.

a Croci di Calenzano N : 11 km – alt. 427 – ✉ **50041** Calenzano :

✗✗ **Carmagnini del 500,** a Pontenuovo S : 3 km ✆ 8819930, Fax 8819611 – 40. AE Ⓢ ⓞ E VISA. ✗
chiuso lunedì e dal 15 al 28 febbraio – **Pasto** carta 37/48000.

CALICE (KALCH) Bolzano – Vedere Vipiteno.

CALIGNAIA Livorno – Vedere Livorno.

CALITRI **83045** Avellino 988 ㉘, 431 E 28 – 6 365 ab. alt. 530 – ☎ 0827.
Roma 318 – Potenza 84 – Avellino 73 – Benevento 93 – ♦Foggia 91 – Salerno 103.

Ambasciatori, via Toscana ✆ 34873, Fax 34779 – TV ☎ Ⓟ – 250. AE Ⓢ VISA. ✗
Pasto *(chiuso venerdì)* carta 26/42000 – **29 cam** ☐ 60/100000.

CALIZZANO **17020** Savona 988 ⑫, 428 J 6 – 1 587 ab. alt. 660 – ☎ 019.
Roma 588 – ♦Genova 94 – Alba 75 – Cuneo 69 – Imperia 70 – Savona 49.

Villa Elia, ✆ 79619, Fax 79633, – |♦| ☎ Ⓟ. AE Ⓢ ⓞ E VISA. ✗
maggio-ottobre – **Pasto** carta 29/42000 – ☐ 8000 – **35 cam** 65/85000 – ½ P 70/80000.

carte stradali MICHELIN 1/400 000 :
428 ITALIA Nord-Ovest/ 429 ITALIA Nord-Est/ 430 ITALIA Centro
431 ITALIA Sud/ 432 SICILIA/ 433 SARDEGNA

Le località sottolineate in rosso su queste carte sono citate in guida.

CALLIANO **38060** Trento 429 E 15 – 975 ab. alt. 186 – a.s. dicembre-aprile – ☎ 0464.
Roma 570 – Trento 17 – ♦Milano 225 – Riva del Garda 31 – Rovereto 9.

Aquila, ✆ 834566, Fax 834110, « Giardino con » – |♦| ▤ rist ☎ Ⓟ. ✗
Pasto *(chiuso domenica)* carta 31/40000 – ☐ 9000 – **47 cam** 70/120000 – ½ P 80000.

CALOLZIOCORTE **24032** Lecco 988 ③, 428 E 10 – 14 487 ab. alt. 237 – ☎ 0341.
Roma 616 – ♦Bergamo 28 – Como 36 – Lecco 7 – ♦Milano 47.

✗✗ **Lavello,** S : 1 km ✆ 641088, Fax 641088, ≤, « Servizio estivo in giardino ombreggiato in riva all'Adda » – Ⓟ. AE Ⓢ ⓞ E VISA. ✗
chiuso martedì sera, mercoledì e dal 2 al 31 gennaio – **Pasto** carta 39/60000.

CALOSSO **14052** Asti 428 H 6 – 1 346 ab. alt. 399 – ☎ 0141.
Roma 636 – Alessandria 48 – Asti 24 – ♦Genova 112 – ♦Milano 142 – ♦Torino 84.

✗ **Da Elsa,** località San Bovo E : 1 km ✆ 853142 – Ⓟ
chiuso la sera da domenica a mercoledì – **Pasto** 30/50000.

CALTAGIRONE Catania 988 ㊱ ㊲, 432 P 25 – Vedere Sicilia alla fine dell'elenco alfabetico.

CALTANISSETTA P 988 ㊱, 432 O 24 – Vedere Sicilia alla fine dell'elenco alfabetico.

CALTIGNAGA **28010** Novara 219 ⑰ – 2 189 ab. alt. 179 – ☎ 0321.
Roma 633 – Stresa 53 – ♦Milano 59 – Novara 8,5 – ♦Torino 99.

✗✗ **Cravero** con cam, strada statale ✆ 652696, Fax 652697 – TV ☎ Ⓟ. AE Ⓢ E VISA. ✗
chiuso dal 1° al 15 gennaio ed agosto – **Pasto** *(chiuso lunedì sera e martedì)* carta 38/69000 – ☐ 12000 – **12 cam** 70/95000 – ½ P 70/80000.

CALUSO **10014** Torino 988 ⑫, 428 G 5 – 7 395 ab. alt. 303 – ☎ 011.
Roma 678 – ♦Torino 32 – Aosta 88 – ♦Milano 121 – Novara 75.

✗✗ **Gardenia,** corso Torino 9 ✆ 9833297, , Coperti limitati; prenotare – Ⓟ
chiuso giovedì, venerdì a mezzogiorno e dal 25 luglio al 25 agosto – **Pasto** carta 38/55000.

CALVISANO **25012** Brescia 428 429 F 13 – 6 891 ab. alt. 63 – ☎ 030.
Roma 523 – ♦Brescia 27 – Cremona 44 – Mantova 55 – ♦Milano 117 – ♦Verona 66.

✗✗ ✿ **Al Gambero,** ✆ 968009, Fax 9968161, Coperti limitati; prenotare – ▤. Ⓢ ⓞ E VISA. ✗
chiuso dall'8 al 10 gennaio, agosto, mercoledì e la sera del 24 dicembre – **Pasto** 40000 bc (solo a mezzogiorno dei giorni feriali) e carta 48/79000
Spec. Risotto con asparagi e crema di formaggi, Costata di manzo con sugo di coda (inverno), Gratin di zabaione e gelato.

✗✗ **Fiamma Cremisi,** località Viadana N : 2 km ✆ 9686300, prenotare – Ⓟ. ✗
chiuso martedì, dal 1° all'8 gennaio ed agosto – **Pasto** carta 32/58000.

[CAMAIORE] **55041** Lucca [988] ⑭, [428] [429] [430] K 12 – 30 808 ab. alt. 47 – a.s. Carnevale, Pasqu 15 giugno-15 settembre e Natale – ☎ 0584.
Roma 376 – Pisa 29 – ✈Livorno 51 – Lucca 18 – ✈La Spezia 59.

🍴🍴 **Emilio e Bona,** località Lombrici N : 3 km ☎ 989289, ☂, « Vecchio frantoio in riva a un torrente » – [P]. [AE] [$] [O] [E] [VISA] [JCB]. ✗
chiuso gennaio e lunedì (escluso luglio-agosto) – **Pasto** carta 49/73000.

🍴🍴 **Locanda le Monache** con cam, piazza XXIX Maggio 36 ☎ 989258, Fax 984011 – [|$|] [
☎. [AE] [$] [O] [E] [VISA]. ✗ cam
chiuso dal 15 febbraio al 6 marzo – **Pasto** *(chiuso mercoledì escluso luglio-agosto)* carta 3 56000 – ☕ 5000 – **14 cam** 40/90000 – ½ P 75/85000.

🍴 **Il Centro Storico,** via Cesare Battisti 66 ☎ 989786, ☂ – [P]. [AE] [$] [O] [E] [VISA] [JCB]. ✗
chiuso lunedì e dal 7 al 18 gennaio – **Pasto** carta 26/52000.

a Capezzano Pianore O : 4 km – ✉ **55040** :

🍴 **Il Campagnolo,** via Italica 344 ☎ 913675, Fax 913675, ☂, Rist. e pizzeria – [P]. [AE] [$] (
[E] [VISA]. ✗
chiuso mercoledì e novembre – **Pasto** carta 30/56000.

[CAMALDOLI] **52010** Arezzo [988] ⑮, [429] [430] K 17 – alt. 816 – ☎ 0575.
Vedere Località★★ – Eremo★ N : 2,5 km.
Roma 261 – Rimini 117 – Arezzo 46 – ✈Firenze 71 – Forlì 90 – ✈Perugia 123 – ✈Ravenna 113.

a Moggiona SO : 5 km strada per Poppi – alt. 708 – ✉ **52010** :

🍴 **Il Cedro,** ☎ 556080, prenotare i giorni festivi
chiuso Natale, Capodanno e lunedì escluso dal 15 luglio ad agosto – **Pasto** carta 28/3900(

[CAMARDA] L'Aquila [430] O 22 – Vedere L'Aquila.

[CAMBIANO] **10020** Torino [428] H 5 – 5 784 ab. alt. 257 – ☎ 011.
Roma 651 – ✈Torino 19 – Asti 41 – Cuneo 76.

Pianta d'insieme di Torino (Torino p. 3)

🍴🍴 **Il Cigno,** via IV Novembre 4 ☎ 9441456 – [P]. [AE] [$] [O] [E] [VISA]. ✗ HU
chiuso lunedì, martedì a mezzogiorno, dal 1° al 15 gennaio e dal 7 al 31 agosto – **Pas** carta 32/59000.

[CAMERINO] **62032** Macerata [988] ⑯, [430] M 16 – 7 364 ab. alt. 661 – ☎ 0737.
[i] piazza Cavour 9 ☎ 2534.
Roma 203 – Ascoli Piceno 82 – ✈Ancona 90 – Fabriano 37 – Foligno 52 – Macerata 46 – ✈Perugia 85.

🏨 **I Duchi,** via Varino Favorino 72 ☎ 630440, Fax 630440 – [|$|] [TV] ☎ – 🪑 30. [$] [O] [E] [VISA]
Pasto *(chiuso lunedì)* carta 23/42000 – ☕ 7000 – **49 cam** 66/95000 – ½ P 85000.

🍴 **Rocca del Borgia,** piazzale Marconi 1 ☎ 636769, « In un convento roccaforte » – [AE]
[O] [E] [VISA]. ✗
chiuso lunedì e dal 15 al 30 luglio – **Pasto** carta 24/52000.

[CAMIGLIATELLO SILANO] **87052** Cosenza [988] ㊴, [431] I 31 – alt. 1 272 – Sport inverna 1 272/1 786 m 🚡1 ⛷4 – ☎ 0984.
Escursioni Massiccio della Sila★★ Sud.
Roma 553 – ✈Cosenza 32 – Catanzaro 128 – Rossano 83.

🏨 **Sila,** ☎ 578484, Fax 578286, ≘s – [|$|] [TV] ☎ 🚗. [AE] [$] [O] [E] [VISA] [JCB]. ✗
Pasto carta 34/51000 – ☕ 12000 – **32 cam** 105/160000 – ½ P 120000.

🏨 **Camigliatello,** ☎ 578496, Fax 578628 – [|$|] ▤ [TV] ☎ [P]. [AE] [$] [O] [E] [VISA]. ✗
Pasto 30/45000 – **40 cam** ☕ 125/160000 – ½ P 110/140000.

🏨 **Aquila-Edelweiss,** ☎ 578044, Fax 578753, prenotare – [|$|] [TV] ☎ – 🪑 50. [$] [E] [VISA]. ✗
Pasto *(chiuso lunedì)* carta 35/70000 – ☕ 8000 – **48 cam** 100/150000 – P 110/160000.

🏨 **Cristallo,** ☎ 578013, Fax 578763, ≘s – [|$|] [TV] ☎. [AE] [$] [O] [E] [VISA]. ✗
Pasto (solo per clienti alloggiati) – ☕ 7000 – **47 cam** 75/110000 – ½ P 95000.

🏨 **Tasso,** ☎ 578113 – [|$|] ☎ 🚗 [P]. ✗ rist
12 dicembre-febbraio e 15 giugno-20 settembre – **Pasto** 25/35000 – ☕ 8000 – **82 ca** 70/100000 – ½ P 95/105000.

🏨 **Cozza,** ☎ 578034, Fax 578034 – [|$|] [TV] ☎. [AE] [$] [O] [E] [VISA]. ✗
Pasto carta 27/39000 – ☕ 5000 – **38 cam** 65/95000 – ½ P 85000.

a Croce di Magara E : 4 km – ✉ **87052** :

🏨 **Magara,** ☎ 578712, Fax 578115, 🏋, ≘s, 🏊 – [|$|] [TV] ☎ ♿ [P] – 🪑 50 a 200. [AE] [$] [O]
[VISA]. ✗
Pasto carta 35/50000 – **101 cam** ☕ 135/175000.

verso il lago di Cecita :

🍴🍴 **La Tavernetta,** NE : 5 km ✉ 87052 Camigliatello Silano ☎ 579026, ☂ – [P]. [AE] [$] [E] [V
✗
chiuso mercoledì e dal 15 al 30 novembre – **Pasto** carta 35/59000.

[CAMIN] Padova – Vedere Padova.

CAMINO 15020 Alessandria [428] G 6 – 859 ab. alt. 252 – ☎ 0142.
Roma 633 – Alessandria 51 – ♦Torino 60 – Asti 40 – ♦Milano 94 – Vercelli 25.

🍴 **Del Peso,** ☎ 469122 – [P]
chiuso giovedì – **Pasto** carta 25/50000.

a Rocca delle Donne NO : 7 km – ✉ **15020** Camino :

🍴 **Della Rocca,** ☎ 469150 – [S] E VISA. ⚔
chiuso martedì e dal 20 gennaio al 10 febbraio – **Pasto** carta 29/42000.

CAMNAGO VOLTA Como – Vedere Como.

CAMOGLI 16032 Genova [988] ⑬, [428] I 9 – 5 909 ab. – a.s. Pasqua, 15 giugno-ottobre e Natale – ☎ 0185.
Vedere Località★★.
Dintorni Penisola di Portofino★★★ – San Fruttuoso★★ SE : 30 mn di motobarca.
ℹ via 20 Settembre 33/r ☎ 771066, Fax 771066.
Roma 486 – ♦Genova 26 – ♦Milano 162 – Portofino 15 – Rapallo 11 – ♦La Spezia 88.

🏨 **Cenobio dei Dogi** ⛰, via Cuneo 34 ☎ 770041, Telex 281116, Fax 772796, ⩽, « Parco e terrazze sul mare », ⛱, 🏖, 🎾 – |♦| ▤ 📺 ☎ [P] – 🎤 200. AE [S] E VISA. ⚔ rist
chiuso dal 7 gennaio al 10 marzo – **Pasto** carta 66/94000 – **109 cam** ☕ 250/520000, 4 appartamenti – ½ P 265/325000.

🍴🍴 **Rosa,** largo Casabona 11 ☎ 773411, Fax 771088, ⩽ porticciolo e golfo Paradiso, ⛱ – AE [S] (O) E VISA
chiuso martedì, dall'8 gennaio all'8 febbraio e dall'11 novembre al 6 dicembre – **Pasto** carta 54/90000.

🍴🍴 **Vento Ariel,** calata Porto ☎ 771080, Specialità di mare, Coperti limitati; prenotare – AE [S] (O) E VISA
chiuso mercoledì e febbraio – **Pasto** carta 50/70000.

🍴 **Da Paolo,** via San Fortunato 14 ☎ 773595, Specialità di mare, Coperti limitati; prenotare – AE [S] (O) E VISA JCB. ⚔
chiuso lunedì e febbraio – **Pasto** carta 56/96000.

a Ruta E : 4 km – alt. 265 – ✉ **16030.**
Vedere Portofino Vetta★★ S 2 km (strada a pedaggio) – Trittico★ nella chiesa di San Lorenzo a San Lorenzo della Costa E : 1 km :

🍴 **Bana,** via Costa di Bana 26 ☎ 772478, ⩽, ⛱, prenotare – [P]. ⚔
chiuso lunedì, martedì e dal 3 novembre al 7 dicembre – **Pasto** carta 38/53000.

a San Rocco S : 6 km – alt. 221 – ✉ **16030** San Rocco di Camogli.
Vedere Belvedere★★ dalla terrazza della chiesa :

🍴 **La Cucina di Nonna Nina,** ☎ 773835, Coperti limitati; prenotare – ⚔
chiuso mercoledì e a mezzogiorno (escluso sabato-domenica) – **Pasto** carta 40/70000.

CAMPALTO Venezia – Vedere Mestre.

CAMPEGINE 42040 Reggio nell'Emilia [428] [429] H 13 – 4 037 ab. alt. 34 – ☎ 0522.
Roma 442 – ♦Parma 22 – Mantova 59 – Reggio nell'Emilia 16.

in prossimità strada statale 9 - via Emilia SO : 3,5 km :

🍴🍴 ✿ **Trattoria Lago di Gruma,** ✉ 42040 ☎ 679336, Fax 679336, ⛱, Coperti limitati; prenotare – [P]. AE [S] (O) VISA. ⚔
chiuso martedì, gennaio e luglio – **Pasto** carta 57/85000
Spec. Tartelle di grana e pere al miele (autunno-primavera), Crespelle alle ortiche con fonduta di parmigiano (primavera-autunno), Treccia di branzino con pomodorini e olive nere (estate).

CAMPELLO SUL CLITUNNO 06042 Perugia [430] N 20 – 2 280 ab. alt. 290 – ☎ 0743.
Vedere Fonti del Clitunno★ N : 1 km – Tempietto di Clitunno★ N : 3 km.
Roma 141 – ♦Perugia 53 – Foligno 16 – Spoleto 11 – Terni 42.

🏨 **Benedetti,** via Giuseppe Verdi 32 ☎ 520080, Fax 520045 – ▤ 📺 ☎ [P]. AE [S] (O) E VISA. ⚔
Pasto *(chiuso martedì e dal 15 al 31 luglio)* carta 33/51000 – ☕ 10000 – **22 cam** 60/95000 – ½ P 85000.

🍴🍴 **Le Casaline** ⛰ con cam, verso Silvignano E : 4 km ✉ 06049 Spoleto ☎ 521113, Fax 275099, ⛱, « In un tipico casolare di campagna », 🌳 – [P]. AE [S] (O) E VISA
Pasto *(chiuso lunedì)* carta 29/45000 (10%) – ☕ 8000 – **7 cam** 70/80000 – ½ P 100000.

CAMPESE Grosseto [430] O 14 – Vedere Giglio (Isola del) : Giglio Porto.

CAMPESTRI Firenze – Vedere Vicchio.

CAMPI BISENZIO 50013 Firenze [988] ⑭, [429] [430] K 15 – 34 933 ab. alt. 41 – ☎ 055.
Roma 291 – ♦Firenze 12 – ♦Livorno 97 – Pistoia 20.

🍴🍴 **L'Ostrica Blu,** via Buozzi 1/3 ☎ 891036, prenotare – ▤. AE [S] (O) E VISA. ⚔
chiuso sabato a mezzogiorno, domenica ed agosto – **Pasto** carta 49/82000.

CAMPIGLIA **19023** La Spezia 428 430 J 11 – alt. 382 – ☎ 0187.

Roma 427 – La Spezia 8 – Genova 111 – Milano 229 – Portovenere 15.

✕ **La Lampara,** ✆ 758035, ≤, , prenotare
chiuso lunedì, dal 2 gennaio al 1° marzo e dal 25 settembre al 25 ottobre – **Pasto** carta 39/59000.

CAMPIGLIA MARITTIMA **57021** Livorno 988 ⑭, 430 M 13 – 12 590 ab. alt. 276 – ☎ 0565.

Roma 252 – Grosseto 65 – Livorno 68 – Piombino 18 – Siena 101.

✕ ✿ **Dal Cappellaio Pazzo** con cam, località S. Antonio N : 2,2 km ✆ 838358, prenotare, « Servizio estivo sotto un pergolato » – P. AE E VISA
chiuso febbraio e dal 4 al 24 novembre – **Pasto** *(chiuso martedì)* carta 49/78000 – ☐ 8000 – **6 cam** 40/80000 – ½ P 80/100000
Spec. Tartara di scampi, Spaghetti alle alghe marine e vongole, Coniglio disossato con purea d'aglio dolce e patate alla salvia.

CAMPIONE D'ITALIA **22060** (e **CH 6911**) Como 988 ③, 428 E 8 – 2 274 ab. alt. 280 – ☎ 091 da Lugano, dall'Italia 00.41.91.

Roma 648 – Como 27 – Lugano 10 – Milano 72 – Varese 30.

I prezzi sono indicati in franchi svizzeri

✕✕ ✿ **Da Candida,** ✆ 6497541, Fax 6497541, Coperti limitati; prenotare – AE E VISA
chiuso lunedì e dal 18 giugno al 20 luglio – **Pasto** carta 38/55
Spec. Composizione di pesce spada e salmone affumicati, "Alga di Mare" in salsa ai crostacei, Sorbetto alle fragole.

✕✕ **Taverna,** ✆ 6494797, – AE E VISA
chiuso mercoledì, giovedì a mezzogiorno e Natale – **Pasto** carta 58/86 (15 %).

CAMPITELLO DI FASSA **38031** Trento 429 C 17 – 720 ab. alt. 1 442 – a.s. febbraio-Pasqua e Natale – Sport invernali : 1 442/2 400 m (passo Sella) 1 7, – ☎ 0462.

✆ 61137, Fax 62771.

Roma 684 – Bolzano 48 – Cortina d'Ampezzo 61 – Milano 342 – Moena 13 – Trento 102.

Rubino Executive , ✆ 750225, Fax 750138, , – TV P – 80. E VISA
20 dicembre-aprile e 20 giugno-settembre – **Pasto** carta 61/92000 – ☐ 27000 – **35 cam** 224/298000 – ½ P 220000.

Gran Paradis, ✆ 750135, Fax 750148, ≤ Catinaccio e pinete, , , – TV P
18 dicembre-10 aprile e 18 giugno-15 ottobre – **Pasto** 20/30000 – ☐ 12000 – **39 cam** 75/150000 – ½ P 89/108000.

Salvan, ✆ 61427, Fax 61427, ≤ Dolomiti, , , , – TV P. E VISA.
20 dicembre-aprile e 20 giugno-settembre – **Pasto** 37/40000 – ☐ 12000 – **27 cam** 105/190000 – ½ P 105/135000.

Alaska, ✆ 750430, Fax 750503, ≤ Dolomiti e pinete, , , – TV P.
20 dicembre-aprile e giugno-settembre – **Pasto** 25/35000 – ☐ 15000 – **30 cam** 85/140000 – ½ P 98/115000.

Crepes de Sela, ✆ 61538, Fax 61534, ≤ Dolomiti, – TV P.
15 dicembre-aprile e giugno-15 ottobre – **Pasto** carta 32/42000 – **16 cam** ☐ 120000 – ½ P 80/110000.

CAMPITELLO MATESE Campobasso 988 ㉗, 430 R 25, 431 C 25 – alt. 1 429 – ✉ **86027** San Massimo – Sport invernali : 1 429/1 850 m 6 – ☎ 0874.

Roma 216 – Campobasso 44 – Benevento 76 – Caserta 114 – Isernia 39.

Kristall, ✆ 784127, Fax 784127, ≤, , – P. AE VISA. rist
dicembre-aprile e luglio-agosto – **Pasto** carta 28/35000 – **67 cam** ☐ 120000 – P 85/110000

CAMPO Trento – Vedere Lomaso.

CAMPO ALL'AIA Livorno – Vedere Elba (Isola d') : Marciana Marina.

CAMPOBASSO **86100** P 988 ㉗, 430 R 25, 431 C 25 – 51 484 ab. alt. 700 – ☎ 0874.

piazza Vittoria 14 ✆ 415662, Fax 415663.

A.C.I. via Cavour 10/14 ✆ 92941.

Roma 226 – Benevento 63 – Foggia 88 – Isernia 49 – Napoli 131 – Pescara 161.

Eden , contrada Colle delle Api N : 3 km ✆ 698441, Fax 698443 – TV P. AE E VISA
Pasto carta 28/45000 – ☐ 8000 – **58 cam** 80/120000 – ½ P 65/75000.

✕✕ ✿ **Vecchia Trattoria da Tonino,** corso Vittorio Emanuele 8 ✆ 415200, – AE E VISA
chiuso domenica sera, lunedì e dal 15 al 30 agosto – **Pasto** carta 31/50000
Spec. Ravioli di baccalà e patate con julienne di peperoni e cipolle rosse (autunno-inverno), Filetto di vitello con caciocavallo e rosmarino, Torta agli agrumi con aspic di cedro e limoncello.

✕✕ Il Potestà, vico Persichillo 1 ✆ 311101, Specialità di pesce e frutti di mare

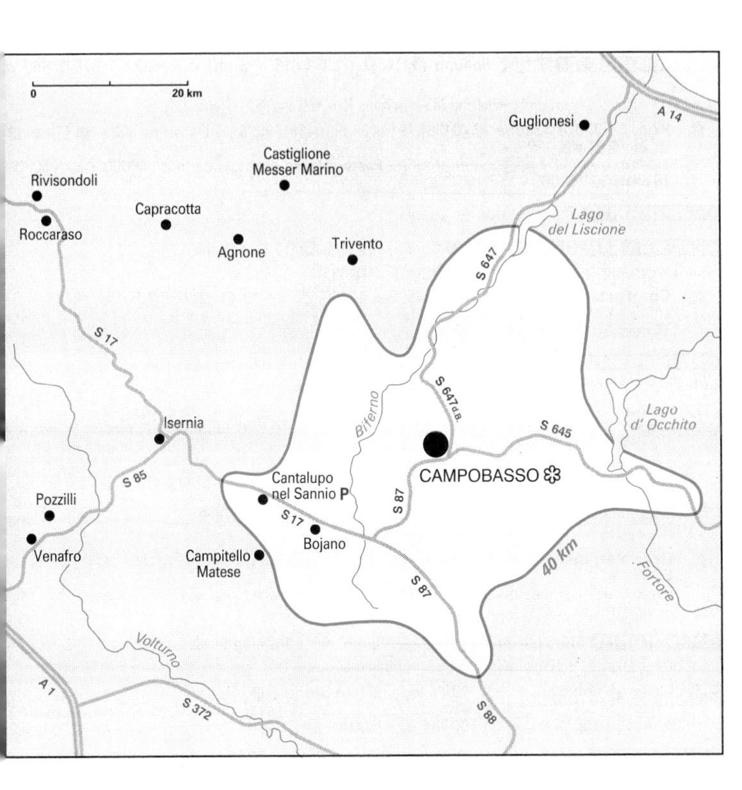

a Ferrazzano SE : 4 km – alt. 872 – ✉ **86010** :

XX **Da Emilio,** ☎ 416576, 余 – AE E VISA. ✻
chiuso martedì e dal 1° al 15 luglio – **Pasto** carta 27/42000.

CAMPO CARLO MAGNO Trento 988 ④, 218 ⑱ ⑲ – Vedere Madonna di Campiglio.

CAMPO DI TRENS (FREIENFELD) 39040 Bolzano 429 B 16 – 2 430 ab. alt. 993 – ☎ 0472.
Roma 703 – ◆Bolzano 62 – Brennero 19 – Bressanone 25 – Merano 94 – ◆Milano 356.

Bircher, località Maria Trens O : 0,5 km ☎ 67122, Fax 67350, 余, ≘s, ⊠ – |‡| TV ☎ P. 🅂 E VISA. ✻
chiuso dall'8 gennaio al 9 febbraio e dal 22 novembre a Natale – **Pasto** *(chiuso martedì)* carta 45/69000 – **32 cam** ☐ 70/130000 – ½ P 90/100000.

CAMPOFELICE DI ROCCELLA Palermo 432 N 23 – Vedere Sicilia alla fine dell'elenco alfabetico.

CAMPO FISCALINO (FISCHLEINBODEN) Bolzano – Vedere Sesto.

CAMPOGALLIANO 41011 Modena 988 ⑭, 428 429 430 H 14 – 7 028 ab. alt. 43 – ☎ 059.
Roma 412 – ◆Bologna 50 – ◆Milano 168 – ◆Modena 11 – ◆Parma 54 – ◆Verona 94.

Mercure, prossimità svincolo autostrada ☎ 851505, Telex 521070, Fax 851505 – |‡| ✻ cam ▤ TV ☎ & P – 🔺 35 a 80. AE 🅂 ⦿ E VISA
Pasto al Rist. ***Il Ghibellino*** carta 23/60000 – **94 cam** ☐ 140/175000, 3 appartamenti.

X **Trattoria del Cacciatore,** località Saliceto Buzzalino ☎ 526227, « Servizio estivo sotto un pergolato » – AE 🅂 ⦿ E VISA. ✻
chiuso lunedì, mercoledì sera, dal 1° al 21 gennaio e dal 23 agosto al 27 settembre – **Pasto** carta 39/52000.

Per escursioni nel Nord della Lombardia e nella Valle d'Aosta
utilizzate la carta stradale n. 219 scala 1/200 000.

CAMPOLONGO (Passo di) Belluno 429 C 17 – alt. 1 875 – Sport invernali : 1 875/2 450 m 9, .

Roma 711 – Cortina d'Ampezzo 41 – Belluno 78 – Bolzano 70 – Milano 367 – Trento 131.

Boé, ✉ 32020 Arabba ℘ (0436) 79144, Fax (0436)79275, ≤ Dolomiti, – AE E VISA.
dicembre-aprile e giugno-settembre – **Pasto** *(chiuso martedì)* carta 27/46000 – ☐ 25000 – **36 cam** 80/160000 – ½ P 100/130000.

CAMPOMORTO Pavia – Vedere Siziano.

CAMPORA SAN GIOVANNI 87030 Cosenza 988 ㊴, 431 J 30 – 0982.

Roma 522 – Cosenza 58 – Catanzaro 59 – Reggio di Calabria 152.

Comfortable, N : 1,5 km ℘ 46048, Fax 48106, – AE E VISA.
chiuso novembre – **Pasto** *(chiuso lunedì da ottobre a maggio)* carta 31/45000 – ☐ 5000 – **38 cam** 50/80000 – ½ P 70/85000.

CAMPOROSSO MARE 18030 Imperia 428 K 4, 115 ㉙ – 4 700 ab. – 0184.

Roma 655 – Imperia 45 – Genova 156 – Milano 278 – San Remo 15.

XXX ✿ **Gino,** ℘ 291493, , Coperti limitati; prenotare – AE E VISA
chiuso dal 9 al 20 dicembre, dal 4 al 15 marzo, dal 26 giugno al 5 luglio, lunedì e a mezzogiorno (escluso domenica) in luglio-agosto, martedì e la sera (escluso sabato) da settembre a giugno – **Pasto** carta 56/78000
Spec. Trenette al pesto, Zuppetta di pesce, Filetto di branzino con carciofi (autunno-inverno).

CAMPOSANTO 41031 Modena 429 H 15 – 2 943 ab. alt. 20 – 0535.

Roma 409 – Bologna 40 – Ferrara 45 – Mantova 73 – Modena 27.

Gran Paradiso, località Cadecoppi E : 4,5 km ℘ 87391, Fax 87391, – E VISA.
Pasto (solo per clienti alloggiati; *chiuso a mezzogiorno, sabato, domenica e dal 1° a 27 agosto*) 28/35000 – ☐ 15000 – **30 cam** 75/100000.

CAMPOTOSTO 67013 L'Aquila 430 O 22 – 789 ab. alt. 1 442 – 0862.

Roma 162 – L'Aquila 47 – Pescara 111 – Rieti 92 – Teramo 63.

X **Valle** con cam, ℘ 900119, ≤ lago e Gran Sasso – . cam
Pasto *(chiuso lunedì escluso da marzo a settembre)* carta 32/45000 – ☐ 6000 – **9 cam** *(maggio-settembre)* 60/80000 – P 80000.

CAMPO TURES (SAND IN TAUFERS) 39032 Bolzano 988 ⑤, 429 B 17 – 4 570 ab. alt. 874 – Sport invernali : a Monte Spico : 874/2 253 m 6, – 0474.

℘ 678076, Fax 678922.

Roma 730 – Cortina d'Ampezzo 73 – Bolzano 92 – Brennero 83 – Dobbiaco 43 – Milano 391 – Trento 152.

Feldmüllerhof , ℘ 678127, Fax 678935, ≤, , , , , – E VISA rist
15 dicembre-20 aprile e 15 maggio-ottobre – **Pasto** (solo per clienti alloggiati e *chiuso lunedì*) 40/50000 – **30 cam** ☐ 135/240000 – ½ P 135/145000.

a Molini di Tures (Mühlen) S : 2 km – ✉ 39032 Campo Tures :

Schöfflmair, ℘ 678126, Fax 679149, ≤, , , – rist VISA.
25 dicembre-15 aprile e giugno-ottobre – **Pasto** (solo per clienti alloggiati) – **27 cam** solo ½ P 109000.

Royal , ℘ 678212, Fax 679293, ≤, , , – rist . rist
20 dicembre-16 aprile e giugno-settembre – **Pasto** (solo per clienti alloggiati e *chiuso lunedì*) carta 36/47000 – **32 cam** ☐ 95/150000 – ½ P 120000.

CANAZEI 38032 Trento 988 ⑤, 429 C 17 – 1 781 ab. alt. 1 465 – a.s. 22 gennaio-Pasqua e Natale – Sport invernali : 1 465/2 650 m 2 7, – 0462.

Dintorni Passo di Sella*** : *** N : 11,5 km – Passo del Pordoi*** NE : 12 km.

Escursioni ≤** dalla strada S 641 sulla Marmolada SE.

via Roma 34 ℘ 61113, Fax 62502.

Roma 687 – Bolzano 51 – Belluno 85 – Cortina d'Ampezzo 58 – Milano 345 – Trento 105.

Croce Bianca, ℘ 61111, Fax 62646, ≤, – AE E VISA. rist
5 dicembre-20 aprile e 15 giugno-15 ottobre – **Pasto** *(chiuso lunedì)* 35000 ed al Rist. ***Husky Club*** *(chiuso a mezzogiorno dal 5 dicembre al 20 aprile)* carta 40/61000 – **45 cam** ☐ 130/220000 – ½ P 165/185000.

Dolomiti, ℘ 601106, Fax 601527, ≤, , – E VISA.
dicembre-aprile e giugno-settembre – **Pasto** carta 35/69000 – ☐ 25000 – **82 cam** 150/260000 – ½ P 170000.

Tyrol , ℘ 601156, Fax 602354, ≤ Dolomiti e pinete, « Giardino ombreggiato » – AE E VISA.
20 dicembre-20 aprile e 20 giugno-10 ottobre – **Pasto** carta 33/46000 – ☐ 15000 – **36 cam** 85/155000 – ½ P 100/130000.

Andreas, ℘ 62106, Fax 62284, ≤, – TV ☎ P. AE 🅂 E VISA. ✻
20 dicembre-6 aprile e luglio-settembre – **Pasto** carta 44/86000 – ☕ 28000 – **32 cam** 130/200000 – ½ P 120/180000.

Faloria, ℘ 61118, Fax 62715, ≤, – TV ☎ P. 🅂 E VISA. ✻ rist
dicembre-aprile e giugno-settembre – **Pasto** carta 31/41000 – ☕ 20000 – **35 cam** 85/150000 – ½ P 75000.

La Perla, ℘ 62453, Fax 62501, ≤, – TV ☎ P
36 cam.

Chalet Pineta ⛰, ℘ 601162, Fax 602183, ≤ – TV ☎ P. ✻
dicembre-aprile e giugno-settembre – **Pasto** 25000 – **20 cam** ☕ 95/190000 – ½ P 130000.

ad Alba SE : 1,5 km – ✉ **38030** :

La Cacciatora ⛰, ℘ 61411, Fax 61718, ≤, – TV ☎ P
stagionale – **18 cam.**

CANDELI Firenze 430 K 16 – Vedere Firenze.

CANDELO **13062** Biella 428 F 6, 219 ⑮ – 7 689 ab. alt. 340 – ☎ 015.
Roma 671 – Aosta 96 – Biella 5 – ♦Milano 97 – Novara 51 – ♦Torino 77 – Vercelli 37.

XXX ✿ **Angiulli,** ℘ 2538998, Coperti limitati; solo su prenotazione – ▤. AE 🅂 E VISA. ✻
chiuso a mezzogiorno (escluso sabato-domenica), lunedì ed agosto – **Pasto** 70/80000 (alla sera) e carta 55/85000
Spec. Spada marinato al balsamico ed alle erbe aromatiche, Ravioli di carni miste al tartufo nero, Rolatina di piccione disossato e farcito in salsa bordolese.

XX **Fuori le Mura,** ℘ 2536155, Coperti limitati; prenotare – AE 🅂 E VISA. ✻
chiuso lunedì e dal 1° al 15 agosto – **Pasto** 20000 (solo a mezzogiorno, escluso i festivi) e carta 26/53000.

Se cercate un albergo tranquillo,
oltre a consultare le carte dell'introduzione,
rintracciate nell'elenco degli esercizi quelli con il simbolo ⛰ o ⛰.

CANELLI **14053** Asti 988 ⑫, 428 H 6 – 10 393 ab. alt. 157 – ☎ 0141.
Roma 603 – Alessandria 43 – ♦Genova 104 – ♦Torino 92 – Asti 29 – ♦Milano 131.

Asti ⛰ senza rist, viale Risorgimento 174 ℘ 824220, Fax 822449 – TV ☎ P. AE 🅂 E VISA JCB
☕ 12000 – **24 cam** 80/115000.

XXX ✿ **San Marco,** via Alba 136 ℘ 823544, Fax 823544, Coperti limitati; prenotare – ▤. AE 🅂 E VISA
chiuso martedì sera, mercoledì e dal 20 luglio al 20 agosto – **Pasto** 30/75000 (a mezzogiorno) 55/75000 (alla sera) e carta 47/69000
Spec. Agnolotti del "plin" ai profumi dell'orto e tartufo (autunno), Finanziera all'astigiana, Carrè d'agnello al Barbaresco e tartufo nero.

CANICATTÌ Agrigento 988 ㊱, 432 O 23 – Vedere Sicilia alla fine dell'elenco alfabetico.

CANNERO RIVIERA **28051** Verbania 988 ② ③, 428 D 8 – 1 228 ab. alt. 225 – ☎ 0323.
Vedere Insieme★★.
Roma 687 – Stresa 30 – Locarno 25 – ♦Milano 110 – Novara 87 – ♦Torino 161.

Cannero ⛰, ℘ 788046, Fax 788048, ≤ lago e monti, , riscaldata, – rist ▤ ☎ P. AE 🅂 E. ✻ rist
11 marzo-4 novembre – **Pasto** carta 40/75000 – **40 cam** ☕ 150/160000 – ½ P 110/140000.

Park Hotel Italia ⛰, ℘ 788488, Fax 788498, ≤, , , , – ☎ P. 🅂 E VISA JCB. ✻ rist
aprile-ottobre – **Pasto** 60000 – **25 cam** ☕ 140/160000 – ½ P 105/110000.

CANNETO SULL'OGLIO **46013** Mantova 428 429 G 13 – 4 591 ab. alt. 35 – ☎ 0376.
Roma 493 – ♦Parma 44 – ♦Brescia 51 – Cremona 32 – Mantova 38 – ♦Milano 123.

X **Alla Torre,** piazza Matteotti 5 ℘ 70121, Fax 70121 – AE 🅂 E VISA. ✻
chiuso mercoledì, dal 1° al 15 gennaio e dal 1° al 15 agosto – **Pasto** carta 41/59000.

verso Carzaghetto NO : 3 km :

XXXX ✿✿✿ **Dal Pescatore,** ✉ 46013 ℘ 723001, Fax 70304, Coperti limitati; prenotare, « Servizio serale estivo in giardino » – ▤ P. AE 🅂 E VISA JCB. ✻
chiuso lunedì, martedì, Natale, dal 2 al 17 gennaio e dal 12 agosto al 1° settembre – **Pasto** 120000 e carta 86/129000
Spec. Tortelli di pecorino ricotta e parmigiano, Piedini di maiale con verze e legumi (novembre-marzo), Anatra all'aceto balsamico.

CANNIZZARO Catania 432 O 27 – Vedere Sicilia alla fine dell'elenco alfabetico.

CANNOBIO 28052 Verbania 988 ② ③, 428 D 8 – 5 170 ab. alt. 224 – ☎ 0323.
Vedere Orrido di Sant'Anna★ O : 3 km.
Roma 694 – Stresa 37 – Locarno 18 – ♦Milano 117 – Novara 94 – ♦Torino 168.

Pironi senza rist, nel centro storico ☎ 70624, Fax 72184, « In un monastero del 1400 » – AE VISA
marzo-ottobre – **12 cam** 110/170000.

Belvedere, O : 1 km ☎ 70159, « Parco giardino con riscaldata » – VISA
20 marzo-10 ottobre – **Pasto** (solo per clienti alloggiati) – **18 cam** 100/160000 – ½ P 100/110000.

Scalo, piazza Vittorio Emanuele ☎ 71480, – AE E VISA
chiuso lunedì, dal 15 gennaio all'8 febbraio e dal 15 al 30 novembre – **Pasto** carta 49/81000.

Grotto-Sant'Anna, località Traffiume O : 2 km ☎ 70682, prenotare, « Servizio estivo all'aperto con ≤ sull'orrido » – P.
chiuso lunedì e dal 10 novembre a febbraio – **Pasto** carta 41/68000.

sulla strada statale 34 :

✿ **Del Lago** con cam, località Carmine Inferiore S : 3 m ✉ 28052 ☎ 70595, Fax 70595, ≤, prenotare, « Terrazze-giardino in riva al lago », – TV P. AE E VISA.
chiuso dal 20 gennaio al 1° marzo e dall'11 novembre al 7 dicembre – **Pasto** *(chiuso martedì e mercoledì a mezzogiorno)* 70/90000 (a mezzogiorno) 110000 (alla sera) e carta 75/130000 – 20000 – **10 cam** 110/125000
Spec. Tagliolini con funghi e zucchine, Triglie in salsa di zafferano, Papillons di rombo con caviale in salsa di scalogno.

CANONICA D'ADDA 24040 Bergamo 219 ⑳ – 3 657 ab. alt. 143 – ☎ 02.
Roma 602 – ♦Bergamo 16 – ♦Brescia 66 – Lecco 43 – ♦Milano 31 – Piacenza 73.

Adda-da Manzotti, piazza Libertà ☎ 9094048, ≤ – AE VISA
chiuso martedì e dal 16 al 24 agosto – **Pasto** carta 37/58000.

CANONICA LAMBRO Milano 428 F 9, 219 ⑲ – alt. 231 – ✉ **20050** Triuggio – ☎ 0362.
Roma 597 – ♦Como 34 – ♦Milano 35 – ♦Bergamo 37 – Lecco 31 – Monza 9.

Fossati senza rist, ☎ 970402, Fax 971396, riscaldata, – TV P – 40. AE E VISA
10000 – **45 cam** 100/135000.

Canonica-Fossati, ☎ 997799, Fax 997788, « Caratteristica antica costruzione in luogo verdeggiante » – P. E VISA
chiuso lunedì, dal 3 al 10 gennaio e dall' 8 al 22 agosto – **Pasto** carta 45/72000 (15%).

La Zuccona, N : 2 km ☎ 919720, prenotare – AE E VISA.
chiuso lunedì sera, martedì ed agosto – **Pasto** carta 45/62000.

CANOVE DI ROANA 36010 Vicenza 429 E 16 – alt. 1 001 – a.s. febbraio, luglio-agosto e Natale – ☎ 0424.
Roma 585 – Trento 68 – Asiago 4 – ♦Milano 66 – ♦Venezia 117 – Vicenza 51.

Paradiso, ☎ 692037 – TV.
Pasto *(chiuso lunedì)* carta 29/44000 – 15000 – **37 cam** 80/120000 – ½ P 80000.

CANTALUPO Milano – Vedere Cerro Maggiore.

CANTALUPO NEL SANNIO 86092 Isernia 430 R 25, 431 C 25 – 758 ab. alt. 587 – ☎ 0865.
Roma 227 – Campobasso 32 – ♦Foggia 120 – Isernia 19 – ♦Napoli 132.

Del Riccio, ☎ 814246 –
chiuso la sera, lunedì, dal 1° al 15 giugno e dal 1° al 20 settembre – **Pasto** carta 28/41000.

CANTELLO 21050 Varese 428 E 8, 219 ⑧ – 4 084 ab. alt. 404 – ☎ 0332.
Roma 640 – Como 26 – ♦Lugano 29 – ♦Milano 59 – Varese 9.

Madonnina con cam, località Ligurno ☎ 417731, Fax 418403, « Parco-giardino » – TV P – 100. AE E VISA JCB
Pasto *(chiuso lunedì)* carta 54/75000 – 15000 – **14 cam** 99/130000 – ½ P 135000.

CANTÙ 22063 Como 988 ③, 428 E 9 – 35 968 ab. alt. 369 – ☎ 031.
Roma 608 – Como 10 – ♦Bergamo 53 – Lecco 33 – ♦Milano 38.

Canturio senza rist, via Vergani 28 ☎ 716035, Fax 720211 – TV P – 35. AE E VISA JCB.
chiuso dal 24 al 31 dicembre ed agosto – 12000 – **30 cam** 125/165000.

Le Querce, località Mirabello SE : 2 km ☎ 731336, Fax 735038, « Nel bosco », – P. AE VISA
chiuso lunedì sera, martedì e dal 1° al 28 agosto – **Pasto** 35000 (a mezzogiorno) e carta 50/73000.

Al Ponte, via Vergani 25 ☎ 712561,
chiuso lunedì ed agosto – **Pasto** carta 50/60000.

CANZO 22035 Como 428 E 9, 219 ⑨ – 4 564 ab. alt. 387 – ☎ 031.
Roma 620 – Como 20 – Bellagio 20 – ◆Bergamo 56 – Lecco 23 – ◆Milano 52.

Volta, via Volta 58 ☎ 681225, Fax 670167 – 🛗 📺 ☎ 🅿. AE 🅂 ⓓ E VISA. ✻ rist
chiuso dal 24 dicembre al 10 gennaio – **Pasto** carta 45/64000 – ☐ 20000 – **16 cam** 110/160000 – ½ P 110/130000.

La Zuppiera, ☎ 681431, Fax 681431, – 🅿. AE 🅂 ⓓ E VISA. ✻
chiuso mercoledì e giugno – **Pasto** carta 42/68000.

CANZOLINO Trento – Vedere Pergine Valsugana.

CAORLE 30021 Venezia 988 ⑤, 429 F 20 – 11 171 ab. – a.s. luglio-agosto – ☎ 0421.
Prà delle Torri (chiuso martedì) località Valle Altanea ✉ 30020 Porto Santa Margherita ☎ 299570, Fax 299035, S : 7 km.
piazza Giovanni XXIII 3 ☎ 81401, Fax 84251.
Roma 587 – Udine 74 – ◆Milano 326 – ◆Padova 96 – Treviso 63 – ◆Trieste 112 – ◆Venezia 76.

Airone, via Pola 1 ☎ 81570, Fax 81570, ≤, « Parco-pineta con 🏊 e 🎾 », 🏖 – 🛗 ▤ ☎ 🅿. AE ⓓ VISA. ✻
26 maggio-22 settembre – **Pasto** (solo per clienti alloggiati) – **77 cam** ☐ 135/210000 – ½ P 145000.

Metropol, via Emilia 1 ☎ 82091, Fax 81416, 🏊, 🏊 riscaldata, 🏖, 🎾 – 🛗 ▤ rist ☎ 🅿. AE 🅂 E VISA. ✻
10 maggio-23 settembre – **Pasto** 30/40000 – **44 cam** ☐ 100/180000 – ½ P 90/120000.

Sara, piazza Veneto 6 ☎ 81123, Fax 210378, ≤, 🏖 – 🛗 ▤ rist ☎ 🅿. AE 🅂 E VISA. ✻ rist
marzo-15 ottobre – **Pasto** *(chiuso marzo)* 40/110000 – **42 cam** ☐ 90/160000 – ½ P 90/110000.

Savoy, riviera Marconi ☎ 81879, Fax 83379, ≤, 🏊, 🏖 – 🛗 ▤ rist 📺 ☎ 🅿. ✻ rist
27 aprile-29 settembre – **Pasto** 32/37000 – **44 cam** ☐ 100/160000 – ½ P 95/105000.

Stellamare, via del Mare 8 ☎ 81203, Fax 83752, ≤, 🏖 – 🛗 ☎ 🅿. AE 🅂 ⓓ E VISA. ✻ rist
Pasqua-15 ottobre – **Pasto** carta 38/47000 – ☐ 18000 – **30 cam** 90/120000 – ½ P 90/110000.

Serena senza rist, lungomare Trieste 39 ☎ 210757, Fax 210830, ≤, 🏖 – 🛗 ☎ 🅿. 🅂 E VISA. ✻
23 aprile-25 settembre – **36 cam** ☐ 65/135000.

Duilio con cam, strada Nuova 19 ☎ 81087, Fax 210089, 🌳, prenotare – 📺 ☎ 🅿 – 🏛 50. AE 🅂 ⓓ E VISA JCB. ✻
Pasto *(chiuso dal 3 al 25 gennaio e lunedì escluso da maggio ad agosto)* carta 27/44000 – ☐ 7500 – **22 cam** 60/85000.

a Porto Santa Margherita SO : 6 km oppure 2 km e traghetto – ✉ 30021 Caorle.
(maggio-settembre) corso Genova 21 ☎ 260230 :

Grand Hotel San Giorgio, ☎ 260050, Fax 261077, ≤, « Parco-pineta con 🏊 », 🏖, 🎾 – 🛗 ▤ rist ☎ 🅿. AE 🅂 E VISA. ✻
24 maggio-15 settembre – **Pasto** 35/40000 – ☐ 20000 – **100 cam** 135/155000 – ½ P 143000.

Oliver, ☎ 260002, Fax 261330, ≤, « Piccola pineta », 🏊, 🏖 – 🛗 ▤ rist ☎ 🅿. 🅂. ✻
maggio-settembre – **Pasto** carta 43/59000 – ☐ 16000 – **66 cam** 95/150000 – ½ P 95/115000.

Ausonia senza rist, al Centro Vacanze Prà delle Torri SO : 3 km ☎ 299445, Fax 299035, 🏊, 🏖, 🎾, 🏌 9 – ☎ 🅿. 🅂 E VISA. ✻
6 maggio-24 settembre – **63 cam** ☐ 75/130000.

a Brian O : 8 km – ✉ 30020 Eraclea :

Brian, ☎ 237444 – 🅿

a Duna Verde SO : 10 km – ✉ 30021 Caorle :

Playa Blanca, ☎ 299282, Fax 299283, ≤, « Piccola pineta con 🏊 », 🏖 – 🛗 ☎ 🅿. ✻
18 maggio-15 settembre – **Pasto** (solo per clienti alloggiati) 35/50000 – **45 cam** ☐ 130/160000 – ½ P 100/105000.

a San Giorgio di Livenza NO : 12 km – ✉ 30020 :

Al Cacciatore, ☎ 80331, Specialità di mare – ▤ 🅿. AE 🅂 ⓓ E VISA JCB. ✻
chiuso mercoledì e dal 1° al 25 luglio – **Pasto** carta 39/77000.

CAPALBIO 58011 Grosseto 988 ㉕, 430 O 16 – 4 015 ab. alt. 217 – a.s. Pasqua e 15 giugno-15 settembre – ☎ 0564.
Roma 139 – Grosseto 60 – Civitavecchia 63 – Orbetello 25 – Viterbo 75.

Valle del Buttero 🐎 senza rist, ☎ 896097, Fax 896518, ≤ – 📺 ☎ 🅿. AE 🅂 E VISA. ✻
chiuso febbraio – ☐ 12000 – **42 cam** 80/190000.

Da Maria, ℰ 896014, 余 – ▤. AE ⓢ ⓞ E VISA JCB
chiuso dal 10 gennaio al 10 febbraio e martedì in bassa stagione – **Pasto** carta 38/5400 (15 %).

La Porta, ℰ 896311 – AE ⓢ ⓞ E VISA. ✻
chiuso dal 2 al 25 dicembre e martedì in bassa stagione – **Pasto** carta 32/50000.

CAPANNETTE DI PEJ Piacenza – Vedere Pian dell'Armà.

CAPANNORI **55012** Lucca 428 430 K 13 – 43 947 ab. alt. 16 – ☎ 0583.
Roma 344 – Pisa 25 – ♦Firenze 70 – ♦Livorno 52 – Lucca 6 – ♦Milano 280 – Pistoia 39.

Forino, via Carlo Piaggia 15 ℰ 935302, Specialità di mare – Ⓟ. AE ⓢ ⓞ E VISA. ✻
chiuso domenica sera, lunedì, dal 27 dicembre al 3 gennaio ed agosto – **Pasto** carta 31/58000.

sulla strada statale 435 :

Country, NE : 8 km ✉ 55010 Gragnano ℰ 434404, Fax 974344, ⛱, 🌳 – |‡| ▤ TV ☎ ♿ – 🏛 70. AE ⓢ ⓞ E VISA. ✻
Pasto carta 28/50000 – ☐ 12000 – **88 cam** 90/130000 – 1/2 P 95000.

Hambros-il Parco 🕊 senza rist, N : 1,5 km ✉ 55010 Lunata ℰ 935355, Fax 935396, 🌳 – |‡| TV ☎ ♿ Ⓟ – 🏛 50. AE ⓢ ⓞ E VISA
chiuso dal 24 al 30 dicembre – ☐ 15000 – **57 cam** 95/150000.

CAPEZZANO PIANORE Lucca 428 429 430 K 12 – Vedere Camaiore.

CAPIAGO INTIMIANO **22070** Como 428 E 9, 219 ⑨ – 4 534 ab. alt. 424 – ☎ 031.
Roma 600 – Como 4 – Bergamo 65 – Lecco 27 – ♦Milano 41.

Grillo, località Chigollo NE : 1,3 km ℰ 460185, Fax 560132, 余, Elegante trattoria di campagna, « Servizio estivo all'aperto » – Ⓟ. AE ⓢ ⓞ VISA
chiuso martedì e dal 1° al 20 gennaio – **Pasto** carta 50/73000.

CAPO D'ORLANDO Messina 988 ㊱ ㊲ ㊳, 432 M 26 – Vedere Sicilia alla fine dell'elenco alfabetico.

CAPO D'ORSO Sassari – Vedere Sardegna (Palau) alla fine dell'elenco alfabetico.

CAPODRISE **81020** Caserta 431 D 24 – 6 682 ab. alt. 33 – ☎ 0823.
Roma 200 – ♦Napoli 237 – Benevento 48 – Caserta.

Novotel Caserta Sud, prossimità casello autostrada Caserta Sud ℰ 826553, Fax 827238, ⛱, 🌳 – ⇔ ▤ TV ☎ ♿ Ⓟ – 🏛 25 a 250. AE ⓢ ⓞ E VISA. ✻ rist
Pasto carta 37/64000 – **126 cam** ☐ 180/220000 – 1/2 P 160000.

CAPO LA GALA Napoli – Vedere Vico Equense.

CAPOLAGO Varese 219 ⑦ ⑧ – Vedere Varese.

CAPOLIVERI Livorno 430 N 13 – Vedere Elba (Isola d').

CAPO MISENO Napoli – Vedere Bacoli.

CAPORIACCO Udine – Vedere Colloredo di Monte Albano.

CAPO VATICANO Vibo Valentia 431 L 29 – Vedere Tropea.

CAPPELLE L'Aquila 430 P 22 – Vedere Scurcola Marsicana.

CAPRACOTTA **86077** Isernia 988 ㉗, 430 Q 24 – 1 267 ab. alt. 1421 – ☎ 0865.
Roma 212 – Campobasso 86 – Avezzano 127 – Isernia 43 – ♦Pescara 107.

Il Pioppo da Tony, ℰ 949312, ≤ – Ⓟ

CAPRESE MICHELANGELO **52033** Arezzo 429 430 L 17 – 1 665 ab. alt. 653 – ☎ 0575.
Roma 260 – Rimini 121 – Arezzo 45 – ♦Firenze 123 – ♦Perugia 95 – Sansepolcro 26.

Buca di Michelangelo 🕊 con cam, ℰ 793921, Fax 793941, ≤ – TV ☎. AE ⓢ VISA. ✻
chiuso dal 10 al 25 febbraio – **Pasto** *(chiuso mercoledì)* carta 24/38000 – ☐ 6000 – **19 cam** 45/70000 – 1/2 P 55/65000.

CAPRI (Isola di) Napoli 988 ㉗, 431 F 24 – 12 810 ab. alt. da 0 a 589 (monte Solaro) – a.s. Pasqua e giugno-settembre – ☎ 081.

La limitazione d'accesso degli autoveicoli è regolata da norme legislative.

Vedere Marina Grande★ BY – Escursioni in battello : giro dell'isola★★★ BY, grotta Azzurra★★ BY (partenza da Marina Grande).

⛴ per Napoli (1 h 15 mn) e Sorrento (45 mn), giornalieri – Caremar-agenzia Angelina, Marina Grande ☎ 8370700, Fax 8376147; per Ischia aprile-ottobre giornaliero (1 h) – Linee Lauro, Marina Grande 2/4 ☎ 8377577.

🚤 per Napoli giornalieri (40 mn), Sorrento giornalieri (1 h) e Ischia aprile-ottobre giornalieri (50 mn) – Alilauro e Linee Lauro, Marina Grande 2/4 ☎ 8377577; per Sorrento giornalieri (20 mn) – Navigazione Libera del Golfo, Marina Grande ☎ 8370819; per Napoli giornalieri (45 mn) – a Marina Grande, Aliscafi SNAV-agenzia Staiano ☎ 8377577, Caremar-agenzia Angelina ☎ 8370700, Fax 8376147 e Navigazione Libera del Golfo ☎ 8370819.

CAPRI

Camerelle (Via)	BZ	
Croce (Via)	BZ	
Fuorlovado (Via)	BZ	9
Le Botteghe (Via)	BZ	10
Umberto I (Pza)	BZ	
Vittorio Emanuele (Via)	BZ	23
Certosa (Via)	BZ	6
Fenicia (Scala)	BY	8
Madre Serafina (Via)	BZ	12
S. Francesco (V.)	BZ	14
Serena (Via)	BZ	16
Sopramonte (V.)	BZ	17
Tiberio (Via)	BZ	18
Tragara (Via)	BZ	21

ANACAPRI

Munthe (V. A.)	AZ	13
Vittoria (Pza d.)	AZ	27

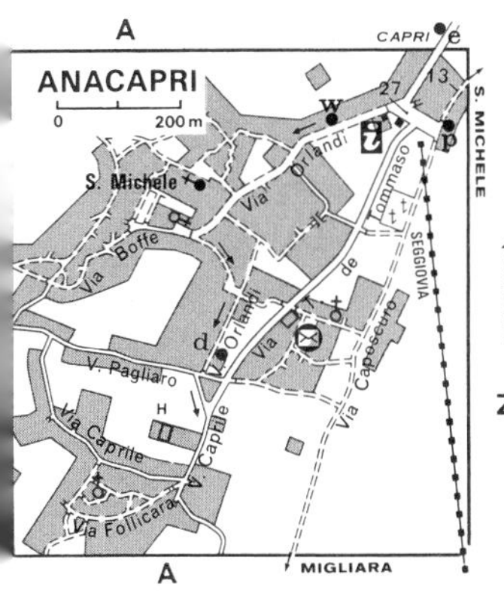

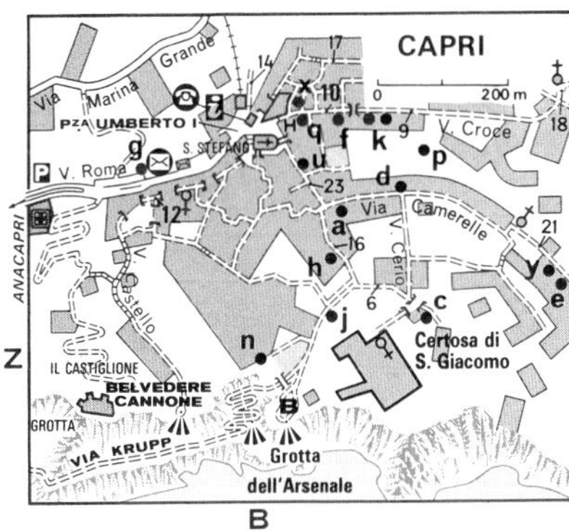

Anacapri 431 F 24 – 5 558 ab. alt. 275 – ✉ **80071.**

Vedere Monte Solaro★★★ BY : ✻★★★ per seggiovia 15 mn – Villa San Michele★ BY : ✻★★★ – Belvedere di Migliara★ BY 1 h AR a piedi – Pavimento in maiolica★ nella chiesa di San Michele AZ – 🅸 via Orlandi 19/a ☎ 8371524.

Europa Palace, via Capodimonte 2 ☎ 8373800, Telex 710397, Fax 8373191, ≤, 🌴, « Terrazze fiorite con 🏊 », 🏋, ≘s, 🏊 – |♦| ▤ 📺 ☎ – 🔬 30 a 200. AE 🅱 ⓞ E VISA JCB. ✻ — AZ **p**
aprile-ottobre – **Pasto** carta 69/98000 – **90 cam** ☐ 250/480000, appartamento – ½ P 210/290000.

Bella Vista 🔇, via Orlandi 10 ☎ 8371463, ≤, 🌴 – ☎ 🅿. AE 🅱 VISA. ✻ — AZ **e**
aprile-ottobre – **Pasto** *(chiuso lunedì)* carta 37/51000 – **15 cam** ☐ 90/150000 – P 140000.

Biancamaria senza rist, via Orlandi 54 ☎ 8371000 – ☎. AE 🅱 E VISA. ✻ — AZ **w**
aprile-ottobre – **15 cam** ☐ 120/180000.

XX **La Rondinella,** via Orlandi 245 ✆ 8371223, 🏖, Rist. e pizzeria alla sera – AE ⓢ E VISA
chiuso febbraio e giovedì in bassa stagione – **Pasto** carta 39/55000 (11%). AZ **d**

a Damecuta NE : 3 km :

X **Il Cucciolo,** ✆ 8371917, prenotare, « Servizio estivo in terrazza con ≤ mare e golfo di Napoli » – AE ⓢ ⓓ E VISA BY **t**
15 marzo-ottobre; chiuso martedì escluso dal 21 giugno al 20 settembre – **Pasto** carta 42/75000.

a Punta Carena SO : 4 km :

X **Lido del Faro,** ✆ 8371798, ≤ mare e scogli, 🏖, « Stabilimento balneare con 🏊 » – AE ⓢ VISA BY **v**
15 aprile-15 ottobre; chiuso la sera escluso luglio-agosto – **Pasto** carta 43/73000.

alla Migliara SO : 30 mn a piedi :

X **Da Gelsomina,** ✆ 8371499, Fax 8371499, ≤ Ischia e golfo di Napoli, su prenotazione servizio navetta da Anacapri, « Servizio estivo in terrazza panoramica », 🏊 – AE ⓢ E VISA BY **r**
chiuso dal 1° al 15 febbraio e martedì in bassa stagione – **Pasto** carta 37/54000 (12%).

Capri 988 ㉗, 431 F 24 – 7 252 ab. alt. 142 – ✉ **80073.**

Vedere Belvedere Cannone★★ BZ accesso per la via Madre Serafina★ BZ **12** – Belvedere di Tragara★★ BY – Villa Jovis★★ BY : ✵★★, salto di Tiberio★ – Giardini di Augusto ≤★★ BZ **B** – Via Krupp★ BZ – Marina Piccola★ BY – Piazza Umberto I★ BZ – Via Le Botteghe★ BZ **10** – Arco Naturale★ BY.

ℹ piazza Umberto I 19 ✆ 8370686

🏨 **Gd H. Quisisana,** via Camerelle 2 ✆ 8370788, Telex 710520, Fax 8376080, ≤ mare e Certosa, 🏖, « Giardino con 🏊 », Fб, ≘s, 🏊, ✂ – 🛗 ▤ TV ☎ – 🏛 25 a 550. AE ⓢ ⓓ E VISA. ✂ BZ **a**
Pasqua-ottobre – **Pasto** al Rist. ***La Colombaia*** carta 55/87000 e al Rist. ***Quisy*** *(chiuso a mezzogiorno)* carta 75/148000 – **150 cam** ☕ 350/650000, 14 appartamenti – ½ P 285/385000.

🏨 **Scalinatella** 🐦 senza rist, via Tragara 8 ✆ 8370633, Fax 8378291, ≤ mare e Certosa, 🏊 riscaldata – 🛗 ▤ TV ☎. AE ⓢ VISA BZ **e**
15 marzo-5 novembre – **28 cam** ☕ 450/630000.

🏨 **Punta Tragara** 🐦, via Tragara 57 ✆ 8370844, Telex 710261, Fax 8377790, ≤ Faraglioni e costa, 🏖, « Terrazza panoramica con 🏊 riscaldata » – 🛗 ▤ TV ☎. AE ⓢ ⓓ E VISA JCB. ✂ BY **p**
Pasqua-ottobre – **Pasto** carta 54/79000 (15%) – **10 cam** ☕ 300/420000, 30 appartamenti ☕ 400/550000 – ½ P 250/330000.

🏨 **Luna** 🐦, viale Matteotti 3 ✆ 8370433, Fax 8377459, ≤ mare, Faraglioni e Certosa, 🏖, « Terrazze e giardino con 🏊 » – 🛗 ▤ TV ☎. AE ⓢ ⓓ E VISA. ✂ rist BZ **j**
aprile-ottobre – **Pasto** carta 57/70000 – **50 cam** ☕ 300/450000, 4 appartamenti – ½ P 200/275000.

🏨 **La Palma,** via Vittorio Emanuele 39 ✆ 8370133, Telex 722015, Fax 8376966, 🏖, ≘s – 🛗 ▤ TV ☎ – 🏛 25 a 200. AE ⓢ ⓓ E VISA. ✂ rist BZ **u**
Pasto 40000 e al Rist. ***Relais la Palma*** *(aprile-ottobre)* carta 43/68000 – **74 cam** ☕ 250/420000 – ½ P 290000.

🏨 **La Pazziella** 🐦 senza rist, via Fuorlovado 36 ✆ 8370044, Fax 8370085, « Giardino fiorito » – ▤ TV ☎. AE ⓢ ⓓ E VISA. ✂ BZ **p**
Capodanno e 15 marzo-15 ottobre – **19 cam** ☕ 220/320000, appartamento.

🏨 **Flora** 🐦, via Serena 26 ✆ 8370211, Fax 8378949, ≤ mare e Certosa, 🏖, « Terrazza fiorita » – ▤ TV ☎. AE ⓢ ⓓ E VISA. ✂ rist BZ **h**
chiuso dal 9 gennaio al 1° marzo – **Pasto** 40/60000 e al Rist. ***La Certosa di San Giacomo*** *(chiuso da ottobre al 15 dicembre)* carta 50/70000 – **10 cam** ☕ 350000.

🏨 **Villa Brunella** 🐦, via Tragara 24 ✆ 8370122, Fax 8370430, ≤ mare e costa, 🏖, « Terrazze fiorite », 🏊 riscaldata – ▤ cam TV ☎. AE ⓢ ⓓ E VISA. ✂ BY **w**
19 marzo-5 novembre – **Pasto** carta 33/66000 (12%) – **18 cam** ☕ 345000.

🏨 **Villa delle Sirene,** via Camerelle 51 ✆ 8370102, Fax 8370957, ≤, 🏖, « Giardino-limonaia con 🏊 » – 🛗 ▤ TV ☎. AE ⓢ ⓓ E VISA JCB. ✂ BZ **d**
aprile-ottobre – **Pasto** *(chiuso martedì escluso da giugno a settembre)* carta 45/56000 – **35 cam** ☕ 260/340000 – ½ P 230000.

🏨 La Pineta 🐦, via Tragara 6 ✆ 8370644, Fax 8376445, ≤ mare e Certosa, « Terrazze fiorite in pineta », Fб, ≘s, 🏊 – ▤ TV ☎ – 🏛 30 BZ **y**
45 cam.

🏨 **Canasta** senza rist, via Campo di Teste ✆ 8370561, Fax 8370244, 🚗 – ▤ TV ☎. AE ⓢ E VISA. ✂ BZ **c**
Pasqua-ottobre – **17 cam** ☕ 150/250000.

Villa Krupp senza rist, via Matteotti 12 8370362, Fax 8376489, Faraglioni e costa – . E VISA. BZ n
12 cam 100/200000.

Florida senza rist, via Fuorlovado 34 8370710, Fax 8370042, – TV . AE O E VISA JCB BZ k
marzo-11 novembre – 18000 – **17 cam** 80/130000.

Villa Sarah senza rist, via Tiberio 3/a 8377817, Fax 8377215, , « Giardino ombreggiato » – . AE E VISA. BY a
Pasqua-ottobre – **20 cam** 145/250000.

La Capannina, via Le Botteghe 14 8370732, Fax 8376990, prenotare la sera – . AE O E VISA. BZ q
15 marzo-10 novembre; chiuso mercoledì escluso agosto – **Pasto** carta 52/80000 (15%).

Casanova, via Le Botteghe 46 8377642 – AE O E VISA BZ f
chiuso dal 3 gennaio a marzo e giovedì (escluso da luglio a settembre) – **Pasto** carta 36/76000 (12%).

Tavernetta Namarì, via Lo Palazzo 23/a 8376864, Fax 8377195, – BZ g

Buca di Bacco-da Serafina, via Longano 35 8370723, Rist. e pizzeria – . AE O E VISA. BZ x
chiuso mercoledì e novembre – **Pasto** carta 30/65000 (12%).

Aurora, via Fuorlovando 18 8370181, Fax 8376533, Rist. e pizzeria – AE O VISA. BZ k
chiuso martedì e da gennaio a marzo – **Pasto** carta 45/73000 (15%).

all'arco naturale E : 20 mn a piedi :

Le Grottelle, 8375719, mare, « Servizio estivo in terrazza panoramica » – AE VISA BY g
Pasqua-ottobre; chiuso giovedì, aperto solo a mezzogiorno sino a maggio ed ottobre – **Pasto** carta 44/67000 (10%).

ai Faraglioni SE : 30 mn a piedi oppure 10 mn di barca da Marina Piccola :

Da Luigi, 8370591, « Servizio estivo all'aperto con Faraglioni e mare », – AE E VISA. BY z
Pasqua-settembre; chiuso la sera – **Pasto** carta 60/90000.

Marina Grande 80070 431 F 24 – banchina del Porto 8370634.

Palatium, 8376144, Fax 8376150, golfo di Napoli, , – TV – 150. AE O E VISA JCB. rist BY b
Pasqua-15 ottobre – **Pasto** al Rist. ***La Scogliera*** carta 50/80000 – **10 cam** 280/340000, 36 appartamenti 440/480000 – 1/2 P 220/250000.

Da Paolino, 8375611, Fax 8376102, , « Servizio estivo in giardino-limonaia » – AE O E VISA JCB BY s
chiuso da febbraio a Pasqua, a mezzogiorno in luglio-agosto e lunedì in bassa stagione – **Pasto** carta 47/69000.

Marina Piccola 431 F 24 – 80073 Capri :

Canzone del Mare, 8370104, Fax 8370541, Faraglioni e mare, , « Stabilimento balneare con » – AE VISA. BY x
Pasqua-ottobre; chiuso la sera – **Pasto** 70/80000 e carta 70/105000.

CAPRIATE SAN GERVASIO 24042 Bergamo 428 F 10, 219 ⑳ – 6 924 ab. alt. 186 – 02.

Roma 601 – Bergamo 16 – Lecco 38 – Milano 38 – Treviglio 17.

Vigneto con cam, 90939351, Fax 9090179, Adda, « Servizio estivo all'aperto in riva al fiume », – rist TV – 25. AE O E VISA. cam
chiuso dal 1° al 15 gennaio ed agosto – **Pasto** *(chiuso lunedì)* carta 60/80000 – 10000 – **11 cam** 120/180000.

CAPRILE Belluno – Vedere Alleghe.

CAPURSO 70010 Bari 988 ㉙, 431 D 32 – 13 759 ab. alt. 74 – 080.

Roma 459 – Bari 10 – Foggia 143 – Taranto 84.

90, 6953419, Fax 6959003, – TV – 50 a 250. AE O E VISA.
chiuso dal 31 luglio al 19 agosto – **Pasto** carta 43/70000 – **54 cam** 130/200000 – 1/2 P 150000.

CARAGLIO 12023 Cuneo 428 I 4 – 5 817 ab. alt. 575 – 0171.

Roma 655 – Cuneo 12 – Alessandria 138 – Genova 156 – Torino 106.

Quadrifoglio, senza rist, via C.L.N. 20 817666, Fax 817666 – TV – 100
40 cam.

Il Portichetto, via Roma 178 817575 – . AE E VISA
chiuso mercoledì e dal 5 al 25 agosto – **Pasto** carta 30/45000.

CARAMANICO TERME 65023 Pescara 988 ㉗, 430 P 23 – 2 241 ab. alt. 700 – ☎ 085.

☐ viale della Libertà 19 ☎ 922202, Fax 922202.

Roma 202 – ♦Pescara 54 – L'Aquila 88 – Chieti 43 – Sulmona 45.

Cercone, ☎ 922118, Fax 922271, – . VISA. rist
maggio-novembre – **Pasto** (solo per clienti alloggiati) carta 30/45000 – **38 cam** 80/120000 – ½ P 70/90000.

Petit Hotel Viola, ☎ 922292 – . VISA.
15 aprile-15 novembre – **Pasto** 18/22000 – 5000 – **28 cam** 60/110000 – P 60/75000.

CARANO 38033 Trento 429 D 16 – 891 ab. alt. 1 086 – a.s. 23 gennaio-Pasqua e Natale – ☎ 0462.

☐ (luglio-settembre) ☎ 241160.

Roma 648 – Trento 62 – ♦Bolzano 46 – Cortina d'Ampezzo 100.

Bagni e Miramonti, ☎ 340220, Fax 340210, ≤ monti e vallata, , – . VISA.
15 dicembre-15 aprile e 15 giugno-15 settembre – **Pasto** carta 34/49000 – **32 cam** 92/130000 – ½ P 115000.

CARASCO 16030 Genova 428 I 10 – 3 131 ab. alt. 31 – ☎ 0185.

Roma 466 – ♦Genova 53 – ♦Parma 164 – Portofino 27 – ♦La Spezia 72.

Beppa, località Graveglia E : 3 km ☎ 380725 – .
chiuso martedì e dal 10 al 31 gennaio – **Pasto** carta 30/44000.

CARATE BRIANZA 20048 Milano 428 E 9, 219 ⑲ – 15 620 ab. alt. 252 – ☎ 0362.

Roma 598 – Como 28 – ♦Bergamo 38 – ♦Milano 31 – Monza 12.

Taverna degli Artisti, a Costa Lambro N : 2 km ☎ 902729, « In un vecchio fienile » – AE E VISA
chiuso lunedì, dal 7 al 14 gennaio e dal 1° al 22 agosto – **Pasto** carta 45/78000.

CARAVAGGIO 24043 Bergamo 428 F 10 – 13 833 ab. alt. 111 – ☎ 0363.

Roma 564 – ♦Bergamo 26 – ♦Brescia 55 – Crema 19 – Cremona 57 – ♦Milano 37 – Piacenza 57.

al Santuario SO : 1,5 km :

Verri, ✉ 24040 Misano di Gera d'Adda ☎ 84622, Fax 340350, – – 200. AE E VISA.
Pasto *(chiuso mercoledì ed agosto)* carta 39/70000 – 12000 – **44 cam** 68/92000 – P 110000.

CARBONARA DI BARI Bari 431 D 32 – Vedere Bari.

CARBONARA DI PO 46020 Mantova 429 G 15 – 1 357 ab. alt. 14 – ☎ 0386.

Roma 457 – ♦Verona 58 – ♦Ferrara 51 – Mantova 55 – ♦Modena 59.

Passacör, ☎ 41461, Fax 41895 – . AE E VISA. rist
Pasto *(chiuso a mezzogiorno)* 20/30000 – **38 cam** 80/120000 – ½ P 75000.

CARBONARA SCRIVIA 15050 Alessandria 428 H 8 – 1 017 ab. alt. 177 – ☎ 0131.

Roma 563 – Alessandria 27 – ♦Genova 69 – ♦Milano 79 – Piacenza 82 – ♦Torino 118.

Locanda Malpassuti, via Cantù 16 ☎ 892643, , Coperti limitati; prenotare, . E VISA
chiuso a mezzogiorno e martedì – **Pasto** carta 30/90000.

CARBONERA 31030 Treviso 429 E 18 – 9 111 ab. alt. 17 – ☎ 0422.

Roma 536 – ♦Venezia 33 – ♦Padova 55 – Treviso 5.

a Pezzan N : 2 km – ✉ 31030 Carbonera :

La Sosta, via Cal di Breda 2 ☎ 397867, – AE E VISA.
chiuso domenica sera, lunedì, dal 7 al 12 gennaio e dal 1° al 20 luglio – **Pasto** carta 30/70000.

CARBONIA Cagliari 988 ㉝, 433 J 7 – Vedere Sardegna alla fine dell'elenco alfabetico.

CARCARE 17043 Savona 988 ⑫, 428 I 6 – 5 780 ab. alt. 350 – ☎ 019.

Roma 562 – ♦Genova 68 – Alba 68 – Cuneo 72 – Imperia 88 – Savona 20.

Il Quadrifoglio, via 25 Aprile 29 ☎ 517289 – AE VISA
chiuso martedì e dal 1° all'8 agosto – **Pasto** carta 26/49000.

CARCOFORO 13026 Vercelli 428 E 6, 219 ⑤ – 85 ab. alt. 1 304 – ☎ 0163.

Roma 705 – Aosta 191 – Biella 85 – ♦Milano 132 – Novara 85 – ♦Torino 147 – Vercelli 91.

Scoiattolo, ☎ 95612, Coperti limitati; prenotare – . VISA.
chiuso lunedì, dal 10 gennaio al 10 febbraio e dal 1° all'8 settembre – **Pasto** carta 31/48000.

CARDANO AL CAMPO 21010 Varese 219 ⑰ – 11 336 ab. alt. 238 – ☎ 0331.
Roma 620 – Stresa 45 – Gallarate 3 – ♦Milano 43 – Novara 34 – Varese 21.

Cardano senza rist, via al Campo 10 ☎ 261011, Telex 328577, Fax 730829 – 70. AE VISA
16000 – **33 cam** 160/220000.

CAREZZA AL LAGO (KARERSEE) Bolzano 429 C 16 – alt. 1 609 – ✉ **39056** Nova Levante – Sport invernali : vedere Costalunga (Passo di) e Nova Levante – ☎ 0471.
Vedere Lago★.
(13 maggio-15 ottobre) località Carezza ✉ 39056 Nova Levante ☎ 612200, Fax 612200.
Roma 672 – ♦Bolzano 26 – Passo Costalunga 2 – ♦Milano 330 – Trento 91.

Moser Alm, O : 3 km ☎ 612171, Fax 612406, ≤ monti Latemar e Catinaccio,
20 dicembre-Pasqua e giugno-ottobre – **Pasto** carta 36/56000 – **36 cam** 160/290000 – ½ P 145/165000.

Sport Hotel Alpenrose, ☎ 612139, Fax 612336, ≤, VISA. rist
dicembre-aprile e giugno-ottobre – **Pasto** carta 28/40000 – **28 cam** 75/140000 – ½ P 90/120000.

CAREZZA (Passo di) (KARERPASS) Bolzano e Trento – Vedere Costalunga (Passo di).

CARIMATE 22060 Como 219 ⑲ – 3 556 ab. alt. 296 – ☎ 031.
(chiuso lunedì) ☎ 790226, Fax 790226.
Roma 620 – Como 19 – ♦Milano 30.

Il Castello, ☎ 791770, Fax 790683, ≤, « Castello del 14° secolo con parco » – 25 a 140. AE VISA. rist
Pasto carta 48/87000 – **54 cam** 110/180000.

Al Torchio di Carimate, ☎ 791486, prenotare – AE VISA JCB.
chiuso domenica sera, lunedì e dal 2 al 22 agosto – **Pasto** carta 49/76000.

CARISIO 13040 Vercelli 988 ②, 428 F 6 – 969 ab. alt. 183 – ☎ 0161.
Roma 648 – ♦Torino 58 – Aosta 103 – Biella 26 – Novara 39 – Vercelli 26.

sulla strada statale 230 NE : 6 km :

La Bettola, località Fornace Crocicchio ✉ 13040 ☎ 858045, Fax 858101 – 50. AE VISA JCB.
Pasto *(chiuso giovedì ed agosto)* carta 31/53000 – 5000 – **26 cam** 70/130000 – ½ P 75/85000.

CARISOLO 38080 Trento 428 429 D 14 – 824 ab. alt. 824 – ☎ 0465.
Roma 630 – Trento 55 – ♦Bolzano 104 – ♦Brescia 104 – Madonna di Campiglio 13.

Orso Grigio, ☎ 502189, Fax 502189 – rist
Pasto carta 31/45000 – 9000 – **21 cam** 75/104000 – ½ P 78/95000.

CARLINO 33050 Udine 429 E 21 – 2 736 ab. – ☎ 0431.
Roma 603 – Udine 38 – Gorizia 46 – Pordenone 55 – Portogruaro 31 – ♦Trieste 64.

Trattoria alla Risata, via Marano 94 (SO : 1,5 km), VISA
chiuso martedì sera e mercoledì – **Pasto** carta 36/64000.

CARLOFORTE Cagliari 988 ㉝, 433 J 6 – Vedere Sardegna (San Pietro, isola di) alla fine dell'elenco alfabetico.

CARMAGNOLA 10022 Torino 988 ⑫, 428 H 5 – 24 611 ab. alt. 240 – ☎ 011.
I Girasoli (chiuso martedì) ☎ 9795088, Fax 9254691;
La Margherita (chiuso martedì) ☎ 9795113, Fax 97975204x 9795204.
Roma 663 – ♦Torino 29 – Asti 58 – Cuneo 71 – ♦Milano 184 – Savona 118 – Sestriere 92.

La Carmagnole, via Sottotenente Chiffi 31 ☎ 9712673, solo su prenotazione, « In un antico palazzo » –
chiuso a mezzogiorno (escluso domenica), domenica sera, lunedì e dal 1° al 21 agosto – **Pasto** 120000
Spec. Vellutata di pollo con mandorle al curry e limoncini verdi, Lucioperca con confit d'oca e arancia al Cointreau, Medaglioni di stinco marinati alle erbe e spezie.

San Marco, via San Francesco di Sales 18 ☎ 9720485, Fax 9720485, AE VISA.
chiuso domenica sera, lunedì e dal 1° al 21 agosto – **Pasto** carta 30/51000.

CARMIGNANO 50042 Prato 429 430 K 15 – 9 891 ab. alt. 200 – ☎ 055.
Roma 298 – ♦Firenze 24 – ♦Milano 305 – Pistoia 23 – Prato 15.

ad Artimino S : 7 km – alt. 260 – ✉ **50040** :

Paggeria Medicea, ☎ 8718081, Telex 571502, Fax 8718080, ≤, « Edificio del '500 », – 50 a 300. AE VISA
chiuso dal 18 al 27 dicembre – **Pasto** vedere rist **Biagio Pignatta** – **37 cam** 190/260000.

XX ✪ **Da Delfina,** ℘ 8718074, Fax 8718175, prenotare, « Servizio estivo in terrazza con colline » – Ⓟ. ✂
chiuso domenica sera, lunedì, dal 28 dicembre al 10 gennaio ed agosto – **Pasto** carta 45 65000 (10%)
Spec. Ribollita, Stufato di baccelli con bocconcini di vitello (primavera), Manzo alla frantoiana.

XX **Biagio Pignatta,** ℘ 8718086, ← – Ⓟ. AE Ⓢ ⓞ E VISA
chiuso mercoledì, giovedì a mezzogiorno e dal 1° al 15 novembre – **Pasto** carta 44/66000

CARMIGNANO DI BRENTA 35010 Padova 429 F 17 – 6 910 ab. alt. 45 – ☎ 049.
Roma 505 – ♦Padova 33 – Belluno 96 – Tarvisio 47 – ♦Venezia 57.

Zenit, piazza del Popolo 5 ℘ 9430388 – |‡| ▤ TV ☎ Ⓟ
22 cam.

CARNIA 33010 Udine 988 ⑥, 429 C 21 – alt. 257 – ☎ 0432.
Roma 681 – Udine 47 – ♦Milano 420 – Tarvisio 51 – ♦Trieste 114 – ♦Venezia 170.

Carnia, ℘ 978106, Fax 978187 – TV ☎ ⇔ Ⓟ – 🏛 40. AE Ⓢ ⓞ E VISA. ✂
Pasto carta 35/47000 – ☐ 10000 – **41 cam** 90/110000 – ½ P 70/85000.

CARONNO PERTUSELLA 21042 Varese 428 F 9, 219 ⑱ – 11 730 ab. alt. 192 – ☎ 02.
Roma 593 – ♦Milano 19 – Bergamo 61 – Como 29 – Novara 54 – Varese 33.

XX Da Piero, corso Della Vittoria 439 ℘ 9655488 – ▤

CAROVIGNO 72012 Brindisi 988 ㉚, 431 E 34 – 14 817 ab. alt. 171 – ☎ 0831.
Roma 538 – ♦Brindisi 28 – ♦Bari 88 – ♦Taranto 61.

Villa Jole, via Ostuni 45 (O : 1 km) ℘ 991311, Fax 996888, 🌳 – |‡| ▤ TV ☎ Ⓟ. AE Ⓢ ⓞ E VISA. ✂
Pasto *(chiuso dal 2 al 19 novembre)* carta 30/43000 – ☐ 9000 – **34 cam** 75/105000 ½ P 80/90000.

X **Gallo d'Oro,** via Benedetto Croce 51 ℘ 994215 – ✂
chiuso martedì e dal 25 giugno al 20 luglio – **Pasto** carta 24/36000.

CARPI 41012 Modena 988 ⑭, 428 429 H 14 – 60 707 ab. alt. 28 – ☎ 059.
Vedere Piazza dei Martiri★ – Castello dei Pio★.
Roma 424 – ♦Bologna 60 – ♦Ferrara 73 – Mantova 53 – ♦Milano 176 – ♦Modena 18 – Reggio nell'Emilia 27 – ♦Verona 87.

Duomo senza rist, via Cesare Battisti 25 ℘ 686745, Fax 686745 – |‡| ▤ TV ☎ Ⓟ. AE ⓞ E VISA. ✂
chiuso dal 3 al 26 agosto – ☐ 18000 – **16 cam** 110/160000, ▤ 18000.

CARPIANO 20080 Milano 428 F 9 – 2 285 ab. alt. 91 – ☎ 02.
Roma 558 – ♦Milano 19 – Piacenza 53 – Pavia 23.

XX **Portone 2,** località Francolino NE : 1,5 km ℘ 9815538 – ▤ Ⓟ. AE Ⓢ ⓞ E VISA. ✂
chiuso martedì e dal 1° al 15 gennaio – **Pasto** carta 39/82000.

CARRAIA Firenze – Vedere Calenzano.

CARRARA 54033 Massa-Carrara 988 ⑭, 428 429 430 J 12 – 66 455 ab. alt. 80 – ☎ 0585.
Dintorni Cave di marmo di Fantiscritti★★ NE : 5 km – Cave di Colonnata★ E : 7 km.
Roma 400 – ♦La Spezia 31 – ♦Firenze 126 – Massa 7 – ♦Milano 233 – Pisa 55.

a Colonnata E : 7 km – ✉ **54030** :

X **Venanzio,** ℘ 73617, Coperti limitati; prenotare – Ⓢ VISA. ✂
chiuso domenica sera, giovedì e dal 22 dicembre al 20 gennaio – **Pasto** carta 55/64000.

CARRARA (Marina di) 54036 Massa-Carrara 988 ⑭, 430 J 12 – a.s. Pasqua e luglio-agosto – ☎ 0585.
ℹ piazza Menconi 5/b ℘ 632218.
Roma 396 – ♦La Spezia 26 – Carrara 7 – ♦Firenze 122 – Massa 10 – ♦Milano 229 – Pisa 53.

Mediterraneo, via Genova 2/h ℘ 785222, Fax 785222, 🌳 – |‡| ▤ TV ☎ ♿ Ⓟ – 🏛 80. AE Ⓢ ⓞ E VISA. ✂
Pasto carta 30/80000 – **48 cam** ☐ 120/180000, appartamento.

Carrara senza rist, via Petacchi 21 ✉ 54031 Avenza ℘ 52371, Fax 50344 – |‡| TV ☎ Ⓟ. AE Ⓢ ⓞ E VISA
32 cam ☐ 90/130000.

🍴🍴 Il Muraglione, via del Parmignola 13 ✉ 54031 Avenza ☎ 52337, [terrace], prenotare – [P]

🍴🍴 **Da Gero,** viale 20 Settembre 305 ☎ 55255, [terrace] – [no dogs]
chiuso domenica, dal 23 dicembre al 10 gennaio e dal 28 luglio al 15 agosto – **Pasto** carta 40/68000.

CARRE' **36010** Vicenza [429] E 16 – 2 893 ab. alt. 219 – ☎ 0445.

Roma 545 – ♦Padova 66 – Trento 63 – Belluno 106 – Treviso 73 – Verona 72 – Vicenza 29.

[hotel] **La Rua** [quiet], località Cà Vecchia O : 4 km ☎ 893088, Fax 893147, [gym], [lift] – ☎ [P]. [AE] [S] [VISA]. [no dogs] rist
Pasto (solo per clienti alloggiati; *chiuso a mezzogiorno e dal 22 al 31 agosto*) carta 35/45000 – **13 cam** [breakfast] 75/105000 – ½ P 75/80000.

CARRÙ **12061** Cuneo [988] ⑫, [428] I 5 – 3 958 ab. alt. 364 – ☎ 0173.

Roma 620 – Cuneo 31 – ♦Milano 203 – Savona 75 – ♦Torino 74.

🍴 **Moderno,** via della Misericordia 12 ☎ 75493 – [S] [E] [VISA]
chiuso lunedì sera, martedì ed agosto – **Pasto** carta 32/49000.

🍴 **Vascello d'Oro,** via San Giuseppe 9 ☎ 75478, « Ambiente tipico » – [no dogs]
chiuso domenica sera, lunedì e luglio – **Pasto** carta 35/59000.

CARSOLI **67061** L'Aquila [988] ㉖, [430] P 21 – 5 102 ab. alt. 640 – ☎ 0863.

Roma 68 – L'Aquila 63 – Avezzano 45 – Frosinone 81 – Rieti 56.

🍴🍴 **L'Angolo d'Abruzzo,** ☎ 997429, Fax 997429 – [AE] [S] [DC] [E] [VISA]. [no dogs]
chiuso lunedì, dal 15 al 30 gennaio e dal 1° al 15 luglio – **Pasto** carta 41/63000.

🍴🍴 **Al Caminetto,** ☎ 995105, Fax 995479, [terrace] – [AE] [S] [DC] [E] [VISA]
chiuso dal 3 al 17 luglio e lunedì (escluso dal 15 luglio al 15 ottobre) – **Pasto** carta 30/53000.

in prossimità dello svincolo Carsoli-Oricola SO : 2 km :

🍴🍴 **Nuova Fattoria** con cam, via Tiburtina km. 68.3 ✉ 67061 ☎ 997388, Fax 992173, [terrace], [garden] – [TV] ☎ [P]. [AE] [S] [DC] [E] [VISA]
Pasto *(chiuso lunedì)* carta 38/50000 (10%) – **23 cam** [breakfast] 60/85000 – ½ P 70/80000.

CARTOCETO **61030** Pesaro e Urbino [429] [430] L 20 – 5 833 ab. alt. 235 – ☎ 0721.

Roma 280 – Rimini 83 – ♦Ancona 78 – Pesaro 30 – Urbino 33.

🍴🍴🍴 ✿ **Symposium,** O : 1,5 km ☎ 898320, Fax 898493, Coperti limitati; prenotare, « Giardino fiorito con piscina » – [P]. [AE] [S] [DC] [E] [VISA]. [no dogs]
chiuso lunedì, martedì, dal 10 gennaio al 10 febbraio e dal 10 luglio al 20 agosto – **Pasto** 79/129000 bc e carta 56/96000
Spec. Terrina di manzo e verdure con salsa verde (estate), Bigoli al sugo di beccaccia e rigaglie (inverno), Carré di vitello con patata tartufata e crostino al tartufo bianco (autunno).

CARTOSIO **15015** Alessandria [428] I 7 – 830 ab. alt. 236 – ☎ 0144.

Roma 578 – ♦Genova 83 – Acqui Terme 13 – Alessandria 47 – ♦Milano 137 – Savona 46 – ♦Torino 115.

🍴🍴 **Cacciatori** [quiet] con cam, ☎ 40123, Fax 40524, Coperti limitati; prenotare – [P]. [S] [E] [VISA]. [no dogs]
chiuso dal 23 dicembre al 24 gennaio e dal 1° al 15 luglio – **Pasto** *(chiuso giovedì)* carta 36/59000 – [breakfast] 10000 – **12 cam** 55/75000, 2 appartamenti.

CASAL BORSETTI **48010** Ravenna [429] [430] J 18 – ☎ 0544.

Roma 386 – ♦Ravenna 20 – ♦Bologna 94 – ♦Ferrara 71 – ♦Firenze 156 – ♦Venezia 129.

🍴 **La Botte,** via Casal Borsetti 181 ☎ 445153 – [air conditioning] rist. [AE] [S] [DC] [E] [VISA] [JCB]. [no dogs]
chiuso martedì e novembre – **Pasto** carta 47/62000.

CASALECCHIO DI RENO **40033** Bologna [988] ⑭, [429] [430] I 15 – 33 607 ab. alt. 60 – ☎ 051.

[i] autostrada A 1-Cantagallo ☎ 572263.

Roma 372 – ♦Bologna 6 – ♦Firenze 98 – ♦Milano 205 – ♦Modena 36.

Pianta d'insieme di Bologna

[hotel] **Pedretti,** via Porrettana 255 ☎ 572149, Fax 578286, [terrace] – [TV] ☎ [P] – [conference] 30. [AE] [S] [DC] [E] [VISA] [JCB]. [no dogs] DU **n**
Pasto *(chiuso venerdì e dal 1° al 15 agosto)* carta 41/60000 (14%) – [breakfast] 5000 – **24 cam** 80/120000.

CASALE CORTE CERRO **28022** Verbania [428] E 7, [219] ⑥ – 3 119 ab. alt. 372 – ☎ 0323.

Roma 671 – Stresa 14 – Domodossola 32 – Locarno 53 – ♦Milano 94 – Novara 61 – ♦Torino 135.

🍴🍴 **Da Cicin** con cam, strada statale E : 1 km ☎ 840045, Fax 840046, [tennis] – [TV] ☎ [P] – [conference] 120. [S] [DC] [E] [VISA]. [no dogs]
chiuso dal 1° al 23 agosto – **Pasto** *(chiuso lunedì)* carta 38/62000 – [breakfast] 8000 – **26 cam** 48/69000 – ½ P 60000.

CASALE MARITTIMO **56040** Pisa 430 M 13 – 925 ab. alt. 214 – ☎ 0586.

Roma 282 – Pisa 67 – •Firenze 120 – Grosseto 104 – •Livorno 47 – Piombino 54 – Siena 79.

X **L'Erba Voglio,** via Roma 6 ✆ 652384, Fax 652384, « Servizio estivo in terrazza con ≤ sulla campagna toscana » – AE 🅂 ⓞ E VISA JCB
chiuso lunedì e gennaio o febbraio – **Pasto** carta 34/62000.

CASALE MONFERRATO **15033** Alessandria 988 ⑫, 428 G 7 – 38 545 ab. alt. 116 – ☎ 0142.

🅘 via Marchino 2 ✆ 70243, Fax 781811.

Roma 611 – Alessandria 31 – Asti 42 – •Milano 75 – Pavia 66 – •Torino 70 – Vercelli 23.

🏨 **Business** senza rist, strada per Valenza 4 G ✆ 456400, Fax 456446 – ▤ TV ☎ 🅟 – 🏛 40. AE 🅂 E VISA
chiuso dal 22 al 30 dicembre – ☕ 10000 – **50 cam** 90/105000.

XXX **La Torre,** via Garoglio 3 per salita Sant'Anna ✆ 70295, Fax 70295 – 🅟. AE 🅂 ⓞ E VISA JCB
chiuso mercoledì, dal 24 dicembre al 6 gennaio e dal 1° al 20 agosto – **Pasto** carta 52/88000.

XX Alfeo, viale Montebello 1/i ✆ 452493 – ▤

CASALINCONTRADA **66012** Chieti 430 P 24 – 2 816 ab. alt. 300 – ☎ 0871.

Roma 216 – •Pescara 31 – Campobasso 130 – Chieti 13 – L'Aquila 110.

X **La Buca del Grano,** largo degli Alberelli 1 ✆ 370016, prenotare, « Ambiente caratteristico »
chiuso a mezzogiorno – **Pasto** carta 29/52000.

CASALPUSTERLENGO **20071** Lodi 988 ⑬, 428 G 10 – 14 111 ab. alt. 61 – ☎ 0377.

Roma 524 – Piacenza 18 – Cremona 32 – •Milano 51 – Pavia 42.

🏨 **Fiesta,** viale della Stazione ✆ 84871 e rist ✆ 833196, Fax 84945 – 🛗 ▤ TV ☎ 🅟. 🅂 E VISA. ✂ rist
chiuso dal 10 al 20 agosto – **Pasto** al Rist. ***Cà Rosada*** *(chiuso domenica sera, lunedì e dal 1° al 7 gennaio)* carta 30/50000 – ☕ 9500 – **36 cam** 83/105000.

CASAMICCIOLA TERME Napoli 988 ㉗, 431 E 23 – Vedere Ischia (Isola d').

CASARSA DELLA DELIZIA **33072** Pordenone 988 ⑤, 429 E 20 – 7 682 ab. alt. 44 – ☎ 0434.

Roma 608 – Udine 40 – Pordenone 20 – •Venezia 95.

🏨 **Al Posta,** ✆ 870808, Fax 870804, 🌳, 🌿 – ▤ TV ☎ 🅟 – 🏛 50. AE 🅂 ⓞ E VISA. ✂ rist
chiuso dal 1° al 10 gennaio e dal 1° al 15 agosto – **Pasto** *(chiuso domenica sera e lunedì)* carta 36/50000 – ☕ 8500 – **33 cam** 90/150000, 2 appartamenti – ½ P 85/95000.

CASARZA LIGURE **16030** Genova 428 J 10 – 5 296 ab. alt. 34 – ☎ 0185.

Roma 457 – •Genova 50 – Portofino 38 – La Spezia 59.

XX **San Giovanni,** via Monsignor Podestà 1 ✆ 467244, 🌳 – 🅟. AE 🅂 ⓞ E VISA
chiuso novembre e lunedì (escluso luglio-agosto) – **Pasto** carta 50/71000.

CASATEIA (GASTEIG) Bolzano – Vedere Vipiteno.

CASATENOVO **22064** Lecco 428 E 9, 219 ⑲ – 11 011 ab. alt. 359 – ☎ 039.

Roma 590 – Como 31 – •Bergamo 47 – Lecco 21 – •Milano 30.

XX ✿ **La Fermata,** via De Gasperi 2 (S : 1,5 km) ✆ 9202153, Fax 9202715, solo su prenotazione – AE 🅂 E VISA. ✂
chiuso lunedì, dal 15 al 30 gennaio e giugno o luglio – **Pasto** carta 50/95000
Spec. Piccolo timballo con ragù di animelle e finferli, Costoletta d'agnello al profumo d'aglio su ventaglio di patate, Trancio di branzino al sesamo.

CASCIA **06043** Perugia 988 ⑯ ㉖, 430 N 21 – 3 243 ab. alt. 645 – ☎ 0743.

🅘 piazza Garibaldi 1 ✆ 71147, Fax 76630.

Roma 138 – Ascoli Piceno 75 – •Perugia 104 – Rieti 60 – Terni 66.

🏨 **Monte Meraviglia,** ✆ 76142, Telex 564007, Fax 71127 – 🛗 ☎ ♿ 🚗 🅟 – 🏛 150. 🅂 E VISA. ✂ rist
Pasto 30/35000 e al Rist. ***Il Tartufo*** carta 39/57000 – ☕ 10000 – **130 cam** 100/130000 – ½ P 70/100000.

🏨 **Delle Rose,** ✆ 76241, Telex 563243, Fax 76240, 🌿 – 🛗 ☎ 🅟 – 🏛 600. ⓞ. ✂ rist
aprile-19 ottobre – **Pasto** carta 37/49000 – ☕ 6000 – **160 cam** 60/100000 – ½ P 70000.

🏨 **Cursula,** ✆ 76206, Fax 76262 – 🛗 TV ☎ 🅟. AE 🅂 ⓞ E VISA
chiuso gennaio e febbraio – **Pasto** *(chiuso mercoledì)* carta 40/56000 – **31 cam** ☕ 75/100000 – ½ P 65/85000.

*a **Roccaporena*** O : 5 km – alt. 707 – ✉ **06043** Cascia :

🏨 **Hotel Roccaporena,** ✆ 76348, Fax 76948, ≤, 🚲, 🌿 – 🛗 TV ☎ ♿ 🅟 – 🏛 120 a 600. AE 🅂 ⓞ E VISA. ✂
aprile-ottobre – **Pasto** carta 37/51000 – ☕ 6000 – **56 cam** 75/85000 – ½ P 65/70000.

[CASCIANA TERME] **56034** Pisa [988] ⑭, [428] [430] L 13 – 3 244 ab. alt. 125 – Stazione termale (giugno-settembre) – ☎ 0587.

[i] via Cavour 9 ☎ 646258.

Roma 335 – ♦Firenze 77 – ♦Livorno 41 – ♦Pisa 39 – Pistoia 61 – Siena 100.

🏨 **Villa Margherita,** via Marconi 20 ☎ 646113, Fax 646153, « Giardino ombreggiato » – [ascensore] ☎ ♿ 🅿 – 150. [AE] [$] ⊙ E VISA. ✂ rist
aprile-novembre – **Pasto** (solo per clienti alloggiati) 35000 – ☕ 10000 – **62 cam** 70/90000 – ½ P 75000.

🏨 **La Speranza,** via Cavour 42 ☎ 646215, Fax 646000, 🌳 – [ascensore] ▤ rist [TV] ☎ 🅿 – 100. [AE] [$] ⊙ E VISA
marzo-novembre – **Pasto** *(chiuso venerdì)* 35000 – ☕ 10000 – **42 cam** 70/85000 – ½ P 78000.

[CASCIANO] **53010** Siena [430] M 15 – alt. 452 – ☎ 0577.

Roma 244 – Siena 25 – Grosseto 57 – ♦Perugia 117.

🏨 **Mirella,** ☎ 817667, Fax 817575, 🌳 – [ascensore] [TV] ☎ 🅿. [$] E VISA. ✂
chiuso gennaio e febbraio – **Pasto** *(chiuso mercoledì)* carta 26/42000 – ☕ 10000 – **29 cam** 55/90000 – ½ P 65/70000.

[CASEI GEROLA] **27050** Pavia [988] ⑬, [428] G 8 – 2 623 ab. alt. 81 – ☎ 0383.

Roma 574 – Alessandria 36 – ♦Milano 57 – Novara 61 – Pavia 36.

🏨 **Bellinzona,** via Mazzini 71 ☎ 61525, Fax 61374 – [ascensore] ▤ ☎ 🚗 🅿. [AE] [$] ⊙ E VISA JCB. ✂ cam
Pasto *(chiuso sabato)* carta 30/60000 – **18 cam** ☕ 80/100000 – ½ P 90000.

[CASELLA] **16015** Genova [428] I 8 – 3 043 ab. alt. 407 – ☎ 010.

Roma 532 – ♦Genova 32 – Alessandria 78 – ♦Milano 47 – Piacenza 127.

🍴🍴 **Caterina,** località Cortino ☎ 9677146, Coperti limitati; prenotare – 🅿
chiuso lunedì e martedì – **Pasto** 50/60000.

[CASELLE TORINESE] **10072** Torino [988] ⑫, [428] G 4 – 14 176 ab. alt. 277 – ☎ 011.

✈ Città di Torino N : 1 km ☎ 5676361, Telex 225119, Fax 5676420.

Roma 691 – ♦Torino 13 – ♦Milano 144.

🏨 **Jet Hotel,** via Della Zecca 9 ☎ 9913733, Fax 9961544, « Edificio del 16° secolo » – [ascensore] ▤ [TV] ☎ ♿ 🅿 – 200. [AE] [$] ⊙ E VISA. ✂ rist
chiuso dal 6 al 21 agosto – **Pasto** al Rist. ***Antica Zecca*** *(chiuso lunedì)* carta 50/80000 – ☕ 17000 – **76 cam** 190/270000.

[CASE NUOVE] Varese – Vedere Somma Lombardo.

[CASERTA] **81100** [P] [988] ㉗, [431] D 25 – 70 522 ab. alt. 68 – ☎ 0823.

Vedere La Reggia★★.

Dintorni Caserta Vecchia★ NE : 10 km – Museo Campano★ a Capua NO : 11 km.

[i] corso Trieste 39 (angolo piazza Dante) ☎ 321137 – [A.C.I.] via Nazario Sauro 10 ☎ 321442.

Roma 192 – ♦Napoli 31 – Avellino 58 – Benevento 48 – Campobasso 114 – Abbazia di Montecassino 81.

🏨 **Jolly,** via Vittorio Veneto 9 ☎ 325222, Telex 710548, Fax 354522 – [ascensore] ▤ [TV] ☎ ♿ – 30 a 100. [AE] [$] ⊙ E VISA. ✂ rist
Pasto *(chiuso venerdì)* carta 53/84000 – **103 cam** ☕ 195/230000, 3 appartamenti – ½ P 147/165000.

🏨 Europa senza rist, via Roma 29 ☎ 325400, Telex 710537, Fax 245805 – [ascensore] ▤ [TV] ☎ 🚗 🅿 – 80
58 cam.

🍴🍴 **Ciacco,** via Maielli 37 ☎ 327505, prenotare – ▤. [AE] [$] ⊙ E VISA JCB. ✂
chiuso domenica e dal 15 al 18 agosto – **Pasto** carta 39/63000.

🍴🍴 **Leucio,** località San Leucio NO : 4 km ✉ 81020 San Leucio ☎ 301241, Fax 301241, Specialità di mare – 🅿. [AE] [$] E VISA. ✂
chiuso domenica sera, lunedì, Natale, Pasqua ed agosto – **Pasto** carta 33/60000 (15 %).

a Caserta Vecchia NE : 10 km – alt. 401 – ✉ **81020** :

🍴 **Al Ritrovo dei Patriarchi,** località Sommana ☎ 371510, Specialità carne e cacciagione – ▤ 🅿. ✂
chiuso giovedì ed agosto – **Pasto** carta 30/49000 (10 %).

[CASIER] **31030** Treviso [429] F 18 – 7 142 ab. alt. 5 – ☎ 0422.

Roma 539 – ♦Venezia 32 – ♦Padova 52 – Treviso 6.

a Dosson SO : 3,5 km – ✉ **31030** :

🍴 **Alla Pasina,** ☎ 382112, Fax 382112 – ▤. [AE] [$] ⊙ E VISA JCB. ✂
chiuso lunedì sera, martedì, sabato a mezzogiorno, dal 26 dicembre al 4 gennaio ed agosto – **Pasto** carta 27/49000.

CASIRATE D'ADDA 24040 Bergamo 428 F 10 – 2 998 ab. alt. 115 – ☎ 0363.
Roma 574 – Bergamo 26 – ♦Brescia 59 – Cremona 60 – ♦Milano 34 – Piacenza 60.

XX **Il Portico,** via Rimembranze 9 ✆ 87574, Fax 87574, 帘 – Ⓟ. AE 🅂 E VISA. ✻
chiuso martedì e dal 5 al 20 agosto – **Pasto** carta 53/81000.

CASOLA VALSENIO 48010 Ravenna 429 430 J 16 – 2 904 ab. alt. 195 – ☎ 0546.
🅘 (aprile-settembre) via Roma 50 ✆ 73033.
Roma 380 – ♦Bologna 64 – ♦Firenze 82 – Forlì 42 – ♦Milano 277 – ♦Ravenna 60.

XX **Mozart,** ✆ 73508, Coperti limitati; prenotare, 帘 – Ⓟ. AE 🅂 ⓞ E VISA
chiuso lunedì, martedì a mezzogiorno, gennaio e giugno – **Pasto** 25/35000 (a mezzogiorno) 40/50000 (alla sera).

X **Valsenio,** località Valsenio NE : 2 km ✆ 73179 – Ⓟ. ✻
chiuso a mezzogiorno (escluso sabato-domenica), lunedì e dal 10 gennaio al 12 febbraio – **Pasto** carta 24/33000.

CASOLE D'ELSA 53031 Siena 430 L 15 – 2 654 ab. alt. 417 – ☎ 0577.
Roma 269 – Siena 48 – ♦Firenze 63 – ♦Livorno 97.

XX **Gemini** con cam, ✆ 948622, Fax 948241, ≤, ⛱, 帘 – TV ☎ ♿ Ⓟ. AE 🅂 E VISA. ✻ cam
aprile-dicembre – **Pasto** *(chiuso martedì)* carta 32/61000 (10%) – ☐ 10000 – **15 cam** 90/115000 – ½ P 88/93000.

a Pievescola SE : 12 km – ✉ **53030** :

🏨 **Relais la Suvera** ⊗, ✆ 960300, Fax 960220, ≤ dintorni, 帘, « Complesso patrizio del 16° secolo », ⛱, 帘, ✗ – 🛗 ▤ TV ☎ ♿ Ⓟ – 🏛 25 a 80. AE 🅂 ⓞ E VISA. ✻ rist
aprile-ottobre – **Pasto** carta 60/90000 – **19 cam** ☐ 280/330000, 13 appartamenti 420/600000 – ½ P 225/360000.

CASSANIGO Ravenna – Vedere Cotignola.

CASSINA SAVINA Milano 219 ⑲ – Vedere Cesano Maderno.

CASSINASCO 14050 Asti 428 H 6 – 603 ab. alt. 447 – ☎ 0141.
Roma 594 – Alessandria 49 – ♦Genova 95 – ♦Torino 98 – Asti 34 – ♦Milano 137.

XX ✿ **I Caffi,** O : 2 km ✆ 851121, Fax 851197, Coperti limitati; prenotare – ✻
chiuso domenica sera, mercoledì, dal 1° al 20 gennaio e dal 10 al 20 luglio – **Pasto** 45/85000 e carta 37/56000
Spec. Sfogliatina di formaggio con crema di pere (autunno-inverno), Ravioli di robiola, Capretto all'Arneis (primavera).

CASSINETTA DI LUGAGNANO Milano 428 F 8, 219 ⑱ – Vedere Abbiategrasso.

CASSINO 03043 Frosinone 988 ㉗, 430 R 23 – 32 941 ab. alt. 45 – ☎ 0776.
Dintorni Abbazia di Montecassino★★ – Museo dell'abbazia★★ O : 9 km.
🅘 corso Repubblica 27 ✆ 26842, Fax 25692.
Roma 130 – Frosinone 53 – Caserta 71 – Gaeta 47 – Isernia 48 – ♦Napoli 98.

🏨 **Forum Palace Hotel,** via Casilina Nord ✆ 301211, Telex 610641, Fax 302116 – 🛗 ▤ TV ☎ 🚗 Ⓟ – 🏛 30 a 300. AE 🅂 ⓞ E VISA. ✻
Pasto carta 35/50000 – **100 cam** ☐ 110/145000 – ½ P 100/150000.

🏨 **Rocca,** via Sferracavallo 105 ✆ 311212, Fax 311212, Parco acquatico con ⛱, 🏋, ≘s, ✗ – 🛗 ▤ rist TV ☎ Ⓟ. AE 🅂 ⓞ E VISA. ✻
Pasto carta 24/37000 – ☐ 8000 – **35 cam** 70/90000 – ½ P 75/80000.

🏨 **Al Boschetto,** via Ausonia 54 (SE : 2 km) ✆ 301227, Fax 301227, 帘, 帘 – 🛗 ▤ TV ☎ Ⓟ. AE 🅂 ⓞ E VISA. ✻
Pasto carta 30/61000 – ☐ 10000 – **46 cam** 90/115000 – ½ P 95/100000.

🏨 **Alba,** via G. di Biasio 53 ✆ 21873, Fax 25700, 帘 – ▤ TV ☎ 🚗 Ⓟ – 🏛 50. AE 🅂 E VISA
Pasto 25/38000 e al Rist. ***Da Mario*** carta 31/44000 – **26 cam** ☐ 80/110000 – P 90/95000.

CASTAGNETO CARDUCCI 57022 Livorno 430 M 13 – 8 333 ab. alt. 194 – a.s. 15 giugno-15 settembre – ☎ 0565.
Roma 272 – ♦Firenze 143 – Grosseto 84 – ♦Livorno 57 – Piombino 33 – Siena 119.

🏨 Zì Martino, località San Giusto 264/a (O : 2 km) ✆ 766000, Fax 763444, 帘 – 🛗 ▤ TV ☎ ♿ Ⓟ
23 cam.

🏨 **La Torre** ⊗, SO : 6 km ✆ 775268, Fax 775268, ≤, 帘, « In campagna », 帘 – TV ☎ Ⓟ. AE 🅂 VISA. ✻
Pasto *(chiuso lunedì)* carta 36/48000 – ☐ 15000 – **11 cam** 90/120000 – ½ P 95000.

a Donoratico NO : 6 km – ✉ **57024** :

🏨 **Nuovo Hotel Bambolo,** N : 1 km ✆ 775206, Fax 775346, ≘s, ⛱, 帘 – TV ☎ Ⓟ. AE 🅂 E VISA JCB. ✻
Pasto *(chiuso dal 15 dicembre al 15 febbraio e lunedì escluso da maggio a settembre)* carta 37/69000 (10%) – **35 cam** ☐ 110/140000.

a Marina di Castagneto NO : 9 km – ✉ **57024** Donoratico :

🏨 **Alle Dune** 🌲, ℘ 745790, Fax 744478, « Parco-pineta », 🏋, 🏊, 🏖 – [TV] ☎ ♿ [P]. 🚫
8 aprile-10 ottobre – **Pasto** carta 38/56000 (10%) – ☕ 10000 – **34 cam** 80/145000 – P 105/185000.

🏨 **I Ginepri,** ℘ 744029, Fax 744344, « Giardino ombreggiato », 🏋, 🏊, 🏖 – 🛗 ❄ rist [TV] ☎. [AE] [S] (D) E VISA. 🚫 rist
marzo-ottobre – **Pasto** (solo per clienti alloggiati) carta 45/60000 (10%) – ☕ 15000 – **50 cam** 125000 – P 88/160000.

🏨 **Il Tirreno,** ℘ 744036, Fax 744187 – ❄ rist [TV] ☎. [AE] [S] (D) E VISA. 🚫
febbraio-ottobre – **Pasto** carta 41/63000 – **29 cam** ☕ 95/140000 – 1/2 P 90/120000.

🍴 **La Tana del Pirata,** via Milano 17 ℘ 744143, ⛱, 🏖 – [P]. [AE] [S] (D) E VISA. 🚫
10 aprile-10 ottobre; chiuso martedì escluso da giugno a settembre – **Pasto** carta 47/85000.

CASTAGNETO PO **10090** Torino [428] G 5 – 1 313 ab. alt. 473 – ☏ 011.
Roma 685 – ◆Torino 26 – Aosta 105 – ◆Milano 122 – Novara 77 – Vercelli 59.

🍴 **La Pergola,** ℘ 912933, ⛱ – [S] E VISA
chiuso dall'8 gennaio al 4 febbraio, martedì a mezzogiorno in luglio-agosto, tutto il giorno negli altri mesi – **Pasto** carta 34/51000.

CASTEGGIO **27045** Pavia [988] (13), [428] G 9 – 7 088 ab. alt. 90 – ☏ 0383.
Roma 549 – Alessandria 47 – ◆Genova 101 – ◆Milano 59 – Pavia 21 – Piacenza 51.

🍴🍴 **Ai Colli di Mairano,** località Mairano ℘ 83296 – [P]. [AE] [S] (D) E VISA. 🚫
chiuso lunedì e luglio – **Pasto** carta 25/50000.

CASTELBELLO CIARDES (**KASTELBELL TSCHARS**) **39020** Bolzano [428] [429] C 14, [218] (19) – 2 316 ab. alt. 586 – ☏ 0473.
Roma 688 – ◆Bolzano 51 – Merano 23.

sulla strada statale 38 E : 4,5 km :

🏨 **Sand,** ✉ 39020 ℘ 624130, Fax 624406, <, « Giardino con 🏊 », ♨, [🏊], 🎾 – 🛗 [TV] ☎ [P]. [S] E VISA. 🚫 rist
chiuso dal 10 gennaio al 15 marzo – **Pasto** *(chiuso mercoledì)* carta 50/60000 – **30 cam** ☕ 85/160000 – 1/2 P 90/130000.

CASTEL D'APPIO Imperia – Vedere Ventimiglia.

CASTEL D'ARIO **46033** Mantova [428] [429] G 14 – 3 968 ab. alt. 24 – ☏ 0376.
Roma 478 – ◆Verona 47 – ◆Ferrara 96 – Mantova 15 – ◆Milano 188.

🍴 **Edelweiss** con cam, strada statale O : 1 km ℘ 661001 (prenderà il 665885), Fax 661221 o 665893 – [TV] ☎ [P]. [AE] [S] (D) E VISA JCB. 🚫 rist
chiuso dal 3 al 24 gennaio – **Pasto** *(chiuso mercoledì)* carta 32/51000 – ☕ 15000 – **7 cam** 65/85000 – P 85000.

🍴 **Stazione,** ℘ 660217 – ❄. 🚫
chiuso lunedì sera, martedì, dal 3 al 17 gennaio e luglio – **Pasto** carta 29/44000.

CASTEL D'AZZANO **37060** Verona [428] [429] F 14 – 9 429 ab. alt. 44 – ☏ 045.
Roma 495 – ◆Verona 12 – Mantova 32 – ◆Milano 162 – ◆Padova 92.

🏨 **Cristallo,** ℘ 8520932 e rist ℘ 8520512, Fax 8520244 – 🛗 ❄ [TV] ☎ ♿ 🚗 [P] – 👥 40. [AE] [S] (D) E VISA. 🚫
chiuso dal 15 dicembre al 15 gennaio – **Pasto** al Rist. ***Allo Scudo d'Orlando*** *(chiuso mercoledì e dal 1° al 15 gennaio)* carta 40/55000 – **80 cam** ☕ 110/180000 – 1/2 P 70/120000.

CASTELDEBOLE Bologna – Vedere Bologna.

CASTELDIMEZZO Pesaro e Urbino [429] [430] K 20 – alt. 197 – ✉ **61010** Fiorenzuola di Focara – ☏ 0721.
Roma 312 – Rimini 27 – ◆Milano 348 – Pesaro 12 – Urbino 41.

🍴🍴 **Taverna del Pescatore,** ℘ 208116, Specialità di mare, « Servizio estivo in terrazza con < mare e dintorni » – [AE] [S] (D) E VISA. 🚫
11 marzo-ottobre; chiuso martedì – **Pasto** carta 48/95000.

CASTEL DI TUSA Messina [432] M 24 – Vedere Sicilia alla fine dell'elenco alfabetico.

CASTELFIDARDO **60022** Ancona [988] (16), [430] L 22 – 15 557 ab. alt. 199 – ☏ 071.
Roma 303 – ◆Ancona 27 – Macerata 40 – ◆Pescara 125.

🏨 **Parco** senza rist, ℘ 7821605, Fax 7820309 – 🛗 ❄ [TV] ☎ [P]. [AE] [S] (D) E VISA
☕ 10000 – **32 cam** 90/180000, appartamento.

CASTELFIORENTINO **50051** Firenze [988] (14), [429] L 14 – 17 077 ab. alt. 50 – ☏ 0571.
Roma 278 – ◆Firenze 44 – Siena 51 – ◆Livorno 69.

🍴 **La Carrozza,** via Sant'Antonio 35 ℘ 633581, ⛱ – ❄. 🚫
chiuso martedì ed agosto – **Pasto** carta 30/50000.

[CASTELFRANCO DI SOPRA] 52020 Arezzo [429] [430] L 16 – 2 681 ab. alt. 280 – ☎ 055.

Roma 238 – ◆Firenze 43 – Siena 68 – Arezzo 46 – Forlì 140.

🍴🍴 ✿ **Vicolo del Contento,** località Mandri N : 1,5 km ☎ 9149277, Fax 9149906, ⛱, prenotare – [P]. [AE] [S] [O] [E] [VISA]. ✂
chiuso a mezzogiorno, lunedì e martedì – **Pasto** 70000 e carta 55/83000
Spec. Insalata di mazzancolle in salsa di basilico, Tagliatelle al nero di seppia con calamaretti e pomodoro fresco, Filetto di branzino avvolto in scaglie di porcini (giugno-novembre).

[CASTELFRANCO EMILIA] 41013 Modena [988] ⑭, [429] [430] I 15 – 21 650 ab. alt. 42 – ☎ 059.

Roma 398 – ◆Bologna 25 – ◆Ferrara 69 – ◆Firenze 125 – ◆Milano 183 – ◆Modena 13.

🏨 Aquila, senza rist, via Leonardo Da Vinci 5 ☎ 923208, Fax 927159 – ▤ [TV] ☎ [P]
27 cam.

🍴 Il Gabbiano, corso Martiri 113 ☎ 921035, Specialità di mare, « Servizio estivo all'aperto » – ▤ [P]

🍴 **La Lumira,** corso Martiri 74 ☎ 926550, « Ristorante caratteristico » – [P]. [AE] [S] [O] [E] [VISA]. ✂
chiuso domenica, lunedì a mezzogiorno, dal 1° al 7 gennaio, Pasqua ed agosto – **Pasto** carta 35/55000.

a Rastellino NE : 6 km – ✉ **41013** :

🍴 **Osteria di Rastellino,** ☎ 937151, « Servizio estivo all'aperto » – [P]. [AE] [S] [O] [VISA]. ✂
chiuso lunedì, sabato a mezzogiorno e dal 10 agosto al 5 settembre – **Pasto** carta 35/40000.

[CASTELFRANCO VENETO] 31033 Treviso [988] ⑤, [429] E 17 – 29 765 ab. alt. 42 – ☎ 0423.

Vedere Madonna col Bambino★★ del Giorgione nella Cattedrale.

⛳9 Ca' Amata (chiuso dal 18 dicembre al 3 febbraio, dal 30 luglio al 1° settembre e lunedì, solo su prenotazione negli altri mesi.

Roma 532 – ◆Padova 34 – Belluno 74 – ◆Milano 239 – Trento 109 – Treviso 27 – ◆Venezia 56 – Vicenza 34.

🏨 **Alla Torre** senza rist, piazzetta Trento e Trieste 7 ☎ 498707, Fax 498737 – [‡] ▤ [TV] ☎ 🚗 – 🎤 70. [AE] [S] [O] [E] [VISA]
☕ 14000 – **39 cam** 95/140000.

🏨 **Al Moretto** senza rist, via San Pio X 10 ☎ 721313, Fax 721066, 🌳 – [‡] [TV] ☎ [P] – 🎤 40. [E] [VISA]. ✂
☕ 15000 – **35 cam** 92/135000.

🍴🍴 **Alle Mura,** via Preti 69 ☎ 498098, Specialità di mare, « Servizio estivo in giardino » – ✂
chiuso giovedì, gennaio ed agosto – **Pasto** carta 45/72000.

🍴🍴 **Al Teatro,** via Garibaldi 17 ☎ 721425, prenotare – [AE] [S] [E] [VISA] [JCB]
chiuso lunedì ed agosto – **Pasto** carta 39/66000.

🍴🍴 Dolce Garbo, borgo Padova 77 ☎ 720593, Specialità di mare, prenotare – ▤ [P]

a Salvarosa NE : 3 km – ✉ **31033** Castelfranco Veneto :

🏨 **Fior** 🔇, via dei Carpani 18 ☎ 721212, Fax 498771, « Grande giardino con 🏊 e 🎾 », 🏊 – [‡] ▤ [TV] ☎ 🚗 [P] – 🎤 25 a 250. [AE] [S] [O] [E] [VISA]. ✂
Pasto carta 44/58000 – **43 cam** ☕ 120/160000 – ½ P 120/140000.

🏨 Ca' delle Rose, ☎ 490232, 🌳 – [‡] ▤ [TV] ☎ [P]
Pasto vedere rist **Barbesin** – **19 cam.**

🍴🍴 **Barbesin,** ☎ 490446 – ▤ [P]. [AE] [S] [O] [E] [VISA]
chiuso mercoledì sera, giovedì, dal 29 dicembre al 15 gennaio ed agosto – **Pasto** carta 32/48000.

🍴🍴 **Da Rino Fior,** ☎ 490462, Fax 720280, ⛱ – ▤ [P]. [AE] [S] [O] [E] [VISA]. ✂
chiuso lunedì sera, martedì e dal 29 luglio al 22 agosto – **Pasto** carta 32/44000.

[CASTEL GANDOLFO] 00040 Roma [988] ㉖, [430] Q 19 – 7 186 ab. alt. 426 – ☎ 06.

Vedere Guida Verde.

⛳18 (chiuso lunedì) ☎ 9313084, Fax 9312244.

[i] (aprile-ottobre) piazza della Libertà 5 ☎ 9380340.

Roma 25 – Anzio 36 – Frosinone 76 – Latina 46 – Terracina 80.

🏨 **Castelvecchio** 🔇, viale Pio XI ☎ 9360308, Fax 9360579, ≤ lago, « Terrazza », 🏋, 🏊 – [‡] [TV] ☎ [P] – 🎤 100. [AE] [S] [O] [E] [VISA]. ✂
Pasto carta 50/70000 – **48 cam** ☕ 110/160000.

CASTELLABATE 84048 Salerno 988 ㉘ ㊳, 431 G 26 – 7 471 ab. alt. 278 – a.s. luglio-agosto – ☎ 0974.

Roma 328 – Potenza 126 – Agropoli 13 – ♦Napoli 122 – Salerno 71 – Sapri 123.

a Santa Maria NO : 5 km – ✉ **84072** :

Sonia, ✆ 961172, Fax 961172, ≤, ▲ – AE ⑤ ⓓ E VISA JCB. ✽ rist
Pasto carta 24/42000 – ☕ 8000 – **20 cam** 55/85000 – ½ P 80/85000.

XX **I Due Fratelli,** N : 1,5 km ✆ 968004, ≤, 斎 – Ⓟ. AE ⑤ ⓓ E VISA. ✽
chiuso mercoledì escluso dal 15 giugno al 15 settembre – **Pasto** carta 29/55000 (10%).

XX **La Taverna del Pescatore,** via Lamia ✆ 961261, 斎, Specialità di mare, prenotare – Ⓟ. AE ⓓ. ✽
marzo-novembre; chiuso lunedì escluso dal 15 giugno al 15 settembre – **Pasto** carta 32/62000 (10%).

a San Marco SO : 5 km – ✉ **84071** :

L'Approdo, via Porto 49 ✆ 966001, Fax 966500, ≤, 斎, ⛱, ▲ – |♦| ⇔ cam ▤ cam TV ☎ Ⓟ. AE ⑤ ⓓ E VISA JCB. ✽
aprile-2 ottobre – **Pasto** carta 30/42000 (13%) – **52 cam** ☕ 100/140000, 8 appartamenti – ½ P 130/150000.

CASTELLAMMARE DEL GOLFO Trapani 988 ㉟, 432 M 20 – Vedere Sicilia alla fine dell'elenco alfabetico.

CASTELLAMMARE DI STABIA 80053 Napoli 988 ㉗, 431 E 25 – 67 505ab. – Stazione termale, a.s. luglio-settembre – ☎ 081.

Vedere Antiquarium★.

Dintorni Scavi di Pompei★★★ N : 5 km – Monte Faito★★ : ✻★★★ dal belvedere dei Capi e ✻★★★ dalla cappella di San Michele (strada a pedaggio).

ℹ piazza Matteotti 34/35 ✆ 8711334.

Roma 238 – ♦Napoli 31 – Avellino 50 – Caserta 55 – Salerno 31 – Sorrento 19.

Stabia, corso Vittorio Emanuele 101 ✆ 8722577, Fax 8722577, « Rist roof-garden con ≤ mare e costa » – |♦| ▤ TV ☎ 🚗. AE ⑤ ⓓ E VISA. ✽ rist
Pasto 40000 – **92 cam** ☕ 100/150000 – ½ P 110000.

La Medusa 🐦, via Passeggiata Archeologica 5 ✆ 8723383, Fax 8717009, ≤, 斎, ⛱, 🌳 – |♦| TV ☎ Ⓟ – 🔬 60. AE ⑤ ⓓ E VISA. ✽
Pasto carta 33/65000 – **54 cam** ☕ 150/200000 – ½ P 110/150000.

Torre Varano, via Passeggiata Archeologica ✉ 80054 Gragnano ✆ 8718200, Fax 8718396, ≤, ⛱, 🎾 – |♦| TV ☎ Ⓟ – 🔬 150. AE ⑤ ⓓ VISA. ✽ rist
Pasto *(aprile-novembre)* 40000 – ☕ 12000 – **67 cam** 70/98000 – ½ P 95000.

CASTELLANA GROTTE 70013 Bari 988 ㉙, 431 E 33 – 18 063 ab. alt. 290 – ☎ 080.

Vedere Grotte★★★ SO : 2 km.

Roma 488 – ♦Bari 40 – ♦Brindisi 82 – Lecce 120 – Matera 65 – Potenza 154 – ♦Taranto 60.

Le Soleil, via Conversano N : 1 km ✆ 8965133, Fax 8961409 – ▤ TV ☎ Ⓟ – 🔬 120. AE ⑤ ⓓ E VISA. ✽
Pasto *(chiuso novembre)* carta 26/42000 – ☕ 10000 – **60 cam** 90/110000, ▤ 10000 – ½ P 100000.

XX **Le Jardin** 🐦 con cam, via Conversano N : 1,5 km ✆ 8966300, Fax 8965520, 斎 – ▤ TV ☎ Ⓟ. AE ⑤ ⓓ E VISA. ✽
Pasto *(chiuso lunedì)* 45/62000 – ☕ 15000 – **10 cam** 100/160000 – ½ P 120/135000.

X **Da Ernesto e Rosa-Taverna degli Artisti,** alle grotte SO : 2 km ✉ 70013 ✆ 8968234, 斎 – AE ⑤ E VISA. ✽
chiuso dicembre, la sera da gennaio al 15 marzo e giovedì (escluso da luglio a settembre) – **Pasto** carta 26/43000 (15%).

CASTELLANETA MARINA 74011 Taranto 431 F 32 – 17 390 ab. – a.s. 20 giugno-agosto – ☎ 099.

⛳ 18 (chiuso martedì da ottobre a maggio) a Riva dei Tessali ✉ 74011 Castellaneta ✆ 6439251, Telex 860086, Fax 6439255, SO : 10 km.

Roma 487 – Matera 56 – ♦Bari 99 – Potenza 128 – ♦Taranto 33.

a Riva dei Tessali SO : 10 km – ✉ **74025** Marina di Ginosa :

Golf Hotel 🐦, ✆ 6439251, Telex 860086, Fax 6439255, 斎, « In un vasto parco-pineta », ⛱, ▲, 🎾, ⛳9 ⛳18 – ▤ TV ☎ Ⓟ – 🔬 150
70 cam.

CASTELL'APERTOLE Vercelli – Vedere Livorno Ferraris.

CASTELLARO 18011 Imperia [428] K 5 – 920 ab. alt. 280 – ☎ 0184.

Roma 623 – Imperia 25 – Menton 37 – San Remo 13.

🍴🍴 Au Becu Fin, piazza Matteotti 2 ✆ 460179, Cucina di terra con prodotti di stagione, Coperti limitati; prenotare

CASTELL'ARQUATO 29014 Piacenza [988] [13], [428] [429] H 11 – 4 526 ab. alt. 225 – ☎ 0523.

⛳ (chiuso lunedì) località Bacedasco Terme ✉ 29014 Castell'Arquato ✆ 895544, Fax 895544.

[i] (aprile-settembre) viale Remondini 1 ✆ 803091.

Roma 495 – Piacenza 34 – ◆Bologna 134 – Cremona 39 – ◆Milano 96 – ◆Parma 41.

🍴🍴 **La Rocca-da Franco,** ✆ 805154, ≤ – [S] E VISA. ⊗
chiuso martedì sera, mercoledì, gennaio e luglio – **Pasto** carta 40/60000.

🍴🍴 ✿ **Maps,** piazza Europa 3 ✆ 804411, ⛱, Coperti limitati; prenotare – [AE] [S] ◑ E VISA. ⊗
chiuso Natale, gennaio, dal 1° all'8 settembre, martedì e da novembre a marzo anche lunedì sera – **Pasto** carta 58/70000
Spec. Pisarei e fasö, Involtini di sogliola "primavera", Tortino alle pere William's.

🍴 **Faccini,** località Sant'Antonio N : 3 km ✆ 896340, ⛱ – [P] – 🏛 70. [AE] [S] ◑ E VISA JCB. ⊗
chiuso mercoledì, dal 20 al 30 gennaio e dal 4 al 15 luglio – **Pasto** carta 39/56000.

CASTELLETTO DI BRENZONE Verona [428] E 14 – Vedere Brenzone.

CASTELLINA IN CHIANTI 53011 Siena [988] [14] [15], [430] L 15 – 2 516 ab. alt. 578 – ☎ 0577.

Roma 251 – ◆Firenze 61 – Siena 24 – Arezzo 67 – Pisa 98.

🏨 **Villa Casalecchi** 🐦, S : 1 km ✆ 740240, Fax 741111, ≤, 🏊, 🌳, 🎾 – ☎ [P]. [AE] [S] ◑ E VISA. ⊗ rist
28 marzo-ottobre – **Pasto** carta 80/120000 – **16 cam** ☕ 310/340000, 3 appartamenti – ½ P 240/270000.

🏨 **Salivolpi** 🐦 senza rist, ✆ 740484, Fax 740998, ≤, 🏊, 🌳 – ☎ [P]. [AE] [S] E VISA. ⊗
19 cam ☕ 125000.

🍴 **Antica Trattoria la Torre,** ✆ 740236 – [AE] [S] ◑ E VISA. ⊗
chiuso venerdì e dal 1° al 15 settembre – **Pasto** carta 34/51000.

a Ricavo N : 4 km – ✉ 53011 Castellina in Chianti :

🏨 **Tenuta di Ricavo** 🐦, ✆ 740221, Fax 741014, ≤, « Borgo rustico », 🏊, 🌳 – ☎ [P]. [S] E VISA. ⊗
marzo-novembre – **Pasto** (*chiuso lunedì e martedì a mezzogiorno*; prenotare) carta 46/77000 – **19 cam** ☕ 300/345000, 4 appartamenti.

a San Leonino S : 9 km – ✉ 53011 Castellina in Chianti :

🏨 **Belvedere di San Leonino** 🐦, ✆ 740887, Fax 740924, ≤, ⛱, 🏊, 🌳 – ☎ [P]. [AE] [S] E VISA. ⊗
26 dicembre-6 gennaio e 20 marzo-15 novembre – **Pasto** (solo per clienti alloggiati e *chiuso a mezzogiorno*) 25/38000 – **28 cam** ☕ 140000 – ½ P 98/110000.

sulla strada statale 222 - Chiantigiana S : 11 km :

🏨 **Casafrassi** 🐦, località Casafrassi ✉ 53011 ✆ 740621, Fax 741047, ≤, 🏊, 🌳, 🎾 – [|$|] ▤ cam ☎ [P]. [AE] [S] ◑ E VISA. ⊗ rist
marzo-novembre – **Pasto** (*chiuso mercoledì*) carta 40/65000 – **20 cam** ☕ 170/270000 – ½ P 150/185000.

CASTELLINA MARITTIMA 56040 Pisa [430] L 13 – 1 869 ab. alt. 375 – ☎ 050.

Roma 308 – ◆Pisa 49 – ◆Firenze 105 – ◆Livorno 40 – Pistoia 89 – Siena 103.

🏨 **Il Poggetto** 🐦, ✆ 695205, Fax 695246, ≤, « Giardino ombreggiato », 🏊, 🎾 – ☎ [P]. [AE] [S] ◑ E VISA. ⊗
chiuso gennaio – **Pasto** (*chiuso da ottobre a gennaio e lunedì escluso da luglio a settembre*) 25000 – ☕ 10000 – **31 cam** 70/101000 – ½ P 52/71000.

CASTELLO Brescia [428] [429] F 13 – Vedere Serle.

CASTELLO MOLINA DI FIEMME 38030 Trento [429] D 16 – 1 997 ab. alt. 963 – a.s. 23 gennaio-Pasqua e Natale – ☎ 0462.

[i] (luglio-settembre) a Castello di Fiemme ✆ 241150 – (luglio-settembre) a Molina di Fiemme ✆ 241155.

Roma 645 – ◆Bolzano 41 – Trento 64 – Belluno 95 – Cortina d'Ampezzo 100 – ◆Milano 303.

🏨 **Los Andes** 🐦, ✆ 330098, Fax 332230, ≤, 🏋, ♨, 🏊 – [|$|] [TV] ☎ [P]. [S] ◑ E VISA. ⊗ rist
dicembre-aprile e giugno-ottobre – **Pasto** 25/35000 – ☕ 18000 – **39 cam** 100/160000 – ½ P 100/120000.

🍴 **Vecchia Stazione,** ✆ 230571 – [P]. [AE] [S] E VISA
chiuso dal 15 al 30 maggio, dal 15 al 30 ottobre e giovedì (escluso luglio-agosto) – **Pasto** carta 39/65000.

CASTELLUCCIO INFERIORE 85040 Potenza [431] G 29 – 2 558 ab. alt. 479 – ✪ 0973.

Roma 402 – ♦Cosenza 118 – Potenza 138 – Salerno 146.

✗✗ **Il Beccaccino,** ℰ 662129, Fax 662129, ≤ – ▤ ℙ. [$] E VISA. ✗
chiuso mercoledì, dall'8 al 14 giugno e dal 10 al 30 novembre – **Pasto** carta 27/40000.

CASTEL MADAMA 00024 Roma [988] [26], [430] Q 20 – 6 647 ab. alt. 453 – ✪ 0774.

Roma 42 – Avezzano 70.

✗ **Sgommarello,** a Collerminio SO : 4 km ℰ 411431, ≤, 🍴, 🌳 – ℙ. AE [$] ⓞ E VISA. ✗
chiuso domenica sera, mercoledì e dal 20 luglio al 10 agosto – **Pasto** carta 36/50000.

CASTEL MAGGIORE 40013 Bologna [429] [430] I 16 – 15 024 ab. alt. 20 – ✪ 051.

Roma 387 – ♦Bologna 10 – ♦Ferrara 38 – ♦Milano 214.

🏨 **Olimpic,** via Galliera 23 ℰ 700861, Fax 700776 – [$] ▤ [TV] ☎ 🚗 ℙ – 🎤 40. AE [$] ⓞ E VISA JCB
Pasto carta 32/42000 – ☕ 5000 – **62 cam** 80/110000 – ½ P 90/100000.

✗✗ **Alla Scuderia,** località Castello E : 1,5 km ℰ 713302, prenotare – ▤ ℙ. AE [$] ⓞ E VISA. ✗
chiuso domenica e dal 6 al 27 agosto – **Pasto** carta 37/60000.

sulla strada statale 64 SE : 3 km :

🏨 **Nettuno,** via Serenari 13 ✉ 40013 ℰ 704050, Fax 702292 – [$] 🚭 cam ▤ [TV] ☎ ♿ 🚗 ℙ – 🎤 150. AE [$] ⓞ E VISA. ✗
Pasto carta 35/40000 – **114 cam** ☕ 170/195000 – ½ P 127000.

a Trebbo di Reno SO : 6 km – ✉ **40060** :

✗✗ **Il Sole-Antica Locanda del Trebbo,** via Lame 67 ℰ 700102, Fax 701138, 🍴, Coperti limitati; prenotare – ▤ ℙ. AE [$] ⓞ E VISA
chiuso sabato a mezzogiorno, domenica, dal 2 al 10 gennaio e dal 13 al 31 agosto – **Pasto** 50/70000.

MICHELIN, via Bonazzi 32 (zona Industriale), ℰ 713157, Fax 712952.

CASTELMASSA 45035 Rovigo [988] [14], [429] G 15 – 4 617 ab. alt. 12 – ✪ 0425.

Roma 460 – ♦Verona 64 – ♦Ferrara 37 – Mantova 51 – ♦Modena 73 – ♦Padova 82.

✗✗ **Portoncino Rosso,** via Matteotti 15/a ℰ 81698 (prenderà il 840597), Coperti limitati; prenotare – ▤. AE [$] ⓞ E VISA. ✗
chiuso domenica sera, lunedì ed agosto – **Pasto** carta 24/47000.

CASTELMOLA Messina – Vedere Sicilia (Taormina) alla fine dell'elenco alfabetico.

CASTELNOVATE Varese – Vedere Vizzola Ticino.

CASTELNOVO DI BAGANZOLA Parma – Vedere Parma.

CASTELNOVO DI SOTTO 42024 Reggio nell'Emilia [428] [429] H 13 – 7 205 ab. alt. 27 – ✪ 0522.

Roma 440 – ♦Parma 26 – ♦Bologna 78 – Mantova 56 – ♦Milano 142 – Reggio nell'Emilia 15.

🏨 **Poli,** ℰ 683168, Fax 683774, 🌳 – [$] ▤ [TV] ☎ ♿ ℙ. AE [$] ⓞ E VISA
Pasto vedere rist **Poli alla-Stazione** – **42 cam** ☕ 95/130000.

✗✗ **Poli-alla Stazione,** ℰ 682342, 🍴, 🏊 – ℙ. AE [$] ⓞ E VISA. ✗
chiuso domenica sera ed agosto – **Pasto** carta 50/80000.

CASTELNOVO NE' MONTI 42035 Reggio nell'Emilia [988] [14], [428] [429] [430] I 13 – 9 678 ab. alt. 700 – a.s. luglio-13 settembre – ✪ 0522.

[i] piazza Martiri della Libertà 12 ℰ 810430, Fax 810430.

Roma 470 – ♦Parma 58 – ♦Bologna 108 – ♦Milano 180 – Reggio nell'Emilia 43 – ♦La Spezia 90.

🏨 **Bismantova,** via Roma 73 ℰ 812218 – [TV] ☎. AE [$] E VISA. ✗ cam
chiuso novembre – **Pasto** *(chiuso martedì escluso luglio-agosto)* carta 30/54000 (10 %) – ☕ 10000 – **18 cam** 65/90000 – ½ P 95/100000.

CASTELNUOVO Padova [429] G 17 – Vedere Teolo.

CASTELNUOVO BERARDENGA 53019 Siena [988] [15], [430] L 16 – 6 696 ab. alt. 351 – ✪ 0577.

Roma 215 – Siena 19 – Arezzo 50 – ♦Perugia 93.

🏨 **Villa Arceno** 🐦, località Arceno N: 4,5 km ℰ 359292, Telex 574047, Fax 359276, « Villa seicentesca in una tenuta agricola, giardino con 🏊 🎾 e parco con lago » – [$] ▤ [TV] ☎ ℙ. AE [$] ⓞ E VISA JCB. ✗
aprile-4 novembre – **Pasto** 85/110000 – **14 cam** ☕ 298/399000, 2 appartamenti – ½ P 285000.

🏨 **Relais Borgo San Felice** 🐦, località San Felice N : 10 km ℰ 359260, Fax 359089, ≤, 🍴, « In un borgo medioevale tra i vigneti », 🏊 riscaldata, 🌳, 🎾 – ▤ [TV] ☎ ℙ – 🎤 60. AE [$] ⓞ E VISA. ✗
aprile-ottobre – **Pasto** 90/120000 – **33 cam** ☕ 275/400000, 12 appartamenti 525000 – ½ P 310000.

X **La Bottega del 30**, località Villa a Sesta N : 5 km ✆ 359226, ⛱, Coperti limitati; prenotare – ✂
chiuso a mezzogiorno (escluso domenica e i giorni festivi), martedì e mercoledì – **Pasto** carta 46/80000.

CASTELNUOVO DELLA DAUNIA 71034 Foggia 988 ㉘, 431 C 27 – 1 934 ab. alt. 553 – ✆ 0881.

Roma 332 – ◆Foggia 38 – San Severo 31 – Termoli 78.

XX **Il Cenacolo**, ✆ 559587, ⛱ – 🅢 E VISA
chiuso domenica sera, lunedì, febbraio ed agosto – **Pasto** carta 30/46000.

CASTELNUOVO DI GARFAGNANA 55032 Lucca 988 ⑭, 428 429 430 J 13 – 6 249 ab. alt. 277 – ✆ 0583.

Roma 395 – Pisa 67 – ◆Bologna 141 – ◆Firenze 121 – Lucca 47 – ◆Milano 263 – ◆La Spezia 81.

XX La Lanterna, località Piano Pieve N : 1,5 km ✆ 63364 – 🅟

X **Da Carlino** con cam, via Garibaldi 15 ✆ 644270, ⛱ – TV ☎. 🅢 E VISA
chiuso dal 6 al 27 gennaio – **Pasto** *(chiuso lunedì)* carta 33/46000 – ☕ 8000 – **30 cam** 60/100000 – ½ P 85000.

CASTELNUOVO MAGRA 19030 La Spezia, 428 429 430 J 12 – 8 011 ab. alt. 188 – ✆ 0187.

Roma 404 – ◆La Spezia 24 – Pisa 61 – Reggio nell'Emilia 149.

X **Armanda**, piazza Garibaldi 6 ✆ 674410, Coperti limitati; prenotare – 🅢 VISA. ✂
chiuso mercoledì, dal 24 dicembre al 6 gennaio e dal 15 al 30 giugno – **Pasto** carta 32/52000.

CASTELRAIMONDO 62022 Macerata 988 ⑯, 430 M 21 – 4 323 ab. alt. 307 – ✆ 0737.

Roma 217 – ◆Ancona 85 – Fabriano 27 – Foligno 60 – Macerata 42 – ◆Perugia 93.

🏨 **Bellavista** ⛰, via Sant'Anna 11 ✆ 640717, Fax 642110, ← – 🛗 TV ☎ 🅟. AE 🅢 ⓓ E VISA. ✂
chiuso dal 23 dicembre al 7 gennaio – **Pasto** *(chiuso sabato)* carta 35/49000 – ☕ 8000 – **23 cam** 60/95000 – ½ P 70/90000.

CASTEL RIGONE 06060 Perugia 430 M 18 – alt. 653 – ✆ 075.

Roma 208 – ◆Perugia 26 – Arezzo 58 – Siena 90.

🏨 **Relais la Fattoria** ⛰, ✆ 845322, Fax 845197, 🏊 – 🛗 TV ☎ 🅟 – 🏛 50 a 120. AE 🅢 ⓓ E VISA. ✂
Pasto al Rist. ***La Corte*** carta 37/66000 – **29 cam** ☕ 145/290000 – ½ P 160/185000.

CASTELROTTO (KASTELRUTH) 39040 Bolzano 988 ④, 429 C 16 – 5 697 ab. alt. 1 060 – Sport invernali : vedere Alpe di Siusi – ✆ 0471.

ℹ ✆ 706333, Fax 705188.

Roma 667 – ◆Bolzano 26 – Bressanone 25 – ◆Milano 325 – Ortisei 12 – Trento 86.

🏨 **Agnello Posta-Post Hotel Lamm**, ✆ 706343, Fax 707063, ←, ≘s, 🏊 – 🛗 TV ☎ 🅟. AE 🅢 E VISA
chiuso maggio e dal 15 novembre al 10 dicembre – **Pasto** *(chiuso lunedì da ottobre a marzo)* carta 48/70000 – **42 cam** ☕ 150/270000, 4 appartamenti – ½ P 170000.

🏨 **Cavallino d'Oro-Goldenes Rössl**, ✆ 706337, Fax 707172, ←, « Ambiente tipico tirolese » – TV ☎. AE 🅢 ⓓ E VISA. ✂ rist
chiuso dal 10 novembre al 5 dicembre – **Pasto** *(chiuso martedì)* carta 32/49000 – **20 cam** ☕ 94/140000 – ½ P 97/120000.

🏨 **Belvedere-Schönblick** senza rist, ✆ 706336, Fax 706172, ←, ≘s – ☎ 🅟
21 dicembre-Pasqua e giugno-ottobre – **34 cam** ☕ 65/118000.

CASTEL SAN GIOVANNI 29015 Piacenza 988 ⑬, 428 G 10 – 11 772 ab. alt. 74 – ✆ 0523.

Roma 532 – Piacenza 21 – Alessandria 76 – ◆Genova 130 – ◆Milano 62 – Pavia 34.

🏨 **Palace Hotel** senza rist, via Emilia Pavese 4 ✆ 849441, Fax 849441 – 🛗 ▤ TV ☎ 🅟. AE 🅢 ⓓ E VISA
chiuso agosto – ☕ 15000 – **52 cam** 135/170000.

CASTEL SAN PIETRO TERME 40024 Bologna 988 ⑮, 429 430 I 16 – 18 578 ab. alt. 75 – Stazione termale (aprile-novembre), a.s. luglio-13 settembre – ✆ 051.

ℹ piazza 20 Settembre 3 ✆ 6954157, Fax 6954141.

Roma 395 – ◆Bologna 24 – ◆Ferrara 67 – ◆Firenze 109 – Forlì 41 – ◆Milano 235 – ◆Ravenna 55.

🏨 **Castello**, viale delle Terme 1010/b ✆ 943509, Fax 944573 – 🛗 ▤ TV ☎ 🅟 – 🏛 50. 🅢 ⓓ E VISA. ✂
Pasto vedere rist **Da Willy** – ☕ 15000 – **54 cam** 110/150000, 3 appartamenti.

🏨 **Park Hotel**, viale Terme 1010 ✆ 941101, Fax 944374, ⛱ – 🛗 ▤ TV ☎ 🅟 – 🏛 50. AE VISA. ✂
chiuso dal 20 dicembre a gennaio – **Pasto** (solo per clienti alloggiati) – ☕ 7000 – **40 cam** 80/120000 – ½ P 70000.

XX **Terantiga** con cam, località Varignana O : 9 km ✉ 40060 Osteria Grande ☎ 6957248, Fax 6957234, 🌳 – ❄ rist [TV] ☎. [$] ⦿ E VISA. 🐕
Pasto *(chiuso lunedì)* carta 41/57000 – ☕ 8000 – **10 cam** 60/100000 – ½ P 60/90000.

XX **Maraz,** piazzale Vittorio Veneto 1 ☎ 941236, Fax 944422 – AE [$] ⦿ E VISA JCB. 🐕
chiuso mercoledì e dal 25 agosto al 5 settembre – **Pasto** carta 45/63000.

XX **Da Willy** - Hotel Castello, via Terme 1010/b ☎ 944264 – ❄. AE [$] ⦿ E VISA. 🐕
chiuso lunedì – **Pasto** carta 35/50000.

X **Trattoria Trifoglio,** località San Giovanni dei Boschi N : 13 km ☎ 949066, Fax 949266, 🌳 – [P]. AE [$] ⦿ E VISA. 🐕
chiuso lunedì ed agosto – **Pasto** carta 37/61000.

CASTELSARDO Sassari [988] ㉓, [433] E 8 – Vedere Sardegna alla fine dell'elenco alfabetico.

CASTEL TOBLINO Trento [429] D 14 – alt. 243 – ✉ **38070** Sarche – a.s. dicembre-Pasqua – ☎ 0461.
Roma 605 – Trento 18 – ◆Bolzano 78 – ◆Brescia 100 – ◆Milano 195 – Riva del Garda 25.

XX **Castel Toblino,** ☎ 864036, Fax 864036, « In un castello medioevale; piccolo parco » – [P]. [$] E VISA. 🐕
10 marzo-10 novembre; chiuso martedì escluso agosto – **Pasto** carta 45/62000.

Se cercate un albergo tranquillo,
oltre a consultare le carte dell'introduzione,
rintracciate nell'elenco degli esercizi quelli con il simbolo 🌿 *o* 🌿.

CASTELVECCANA 21010 Varese [428] E 8, [219] ⑦ – 1 891 ab. alt. 281 – ☎ 0332.
Roma 666 – Bellinzona 46 – Como 59 – ◆Milano 87 – Novara 79 – Varese 29.

🏨 **Da Pio** 🌿, località San Pietro ☎ 520511, Fax 520510, 🌳 – [TV] ☎ [P]. AE [$] E VISA JCB. 🐕
15 maggio-settembre – **Pasto** carta 40/80000 – **20 cam** ☕ 80/120000.

CASTELVERDE 26022 Cremona [428] [429] G 11 – 4 570 ab. alt. 53 – ☎ 0372.
Roma 526 – ◆Parma 70 – Piacenza 39 – ◆Brescia 55 – Cremona 6 – ◆Milano 86.

a Livrasco E : 1 km – ✉ **26022** Castelverde :

X **Valentino,** ☎ 427557 – [P]. [$] VISA. 🐕
chiuso martedì e dal 20 luglio al 10 agosto – **Pasto** carta 25/43000.

CASTELVETRO DI MODENA 41014 Modena [428] [429] [430] I 14 – 8 333 ab. alt. 152 – ☎ 059.
Roma 406 – ◆Bologna 50 – ◆Milano 189 – ◆Modena 19.

🏨 **Zoello,** località Settecani N : 5 km - via Modena 181 ☎ 702635, Fax 702000, 🌳, 🎾 – |‡| ❄ [TV] ☎ [P]. AE [$] ⦿ E VISA. 🐕
chiuso dal 24 dicembre al 6 gennaio ed agosto – **Pasto** al Rist. ***Zoello*** *(chiuso venerdì)* carta 30/43000 – ☕ 10000 – **35 cam** 70/100000 – P 90/100000.

XX **Al Castello,** piazza Roma 7 ☎ 790276, Fax 790736, ≤, « Servizio estivo all'aperto » – AE [$] ⦿ E VISA. 🐕
chiuso lunedì e gennaio – **Pasto** carta 41/68000 (10 %).

CASTEL VOLTURNO 81030 Caserta [988] ㉗, [431] D 23 – 15 867 ab. – a.s. 15 giugno-15 settembre – ☎ 081.
Roma 190 – ◆Napoli 40 – Caserta 37.

XX **Scalzone,** via Domiziana al km 34,200 ☎ 851217, Fax 851217 – ❄ [P]. AE [$] VISA
chiuso lunedì, Natale e Pasqua – **Pasto** carta 27/47000 (15 %).

CASTENEDOLO Brescia [428] [429] F 12 – Vedere Brescia.

CASTIGLIONCELLO 57012 Livorno [988] ⑭, [430] L 13 – a.s. 15 giugno-15 settembre – ☎ 0586.
[i] (maggio-settembre) via Aurelia 967 ☎ 752017, Fax 752291.
Roma 300 – Pisa 40 – ◆Firenze 137 – ◆Livorno 21 – Piombino 61 – Siena 109.

🏨 **Atlantico** 🌿, via Martelli 12 ☎ 752440, Fax 752494, 🌲 – |‡| [TV] ☎ [P]. [$] E VISA. 🐕 rist
marzo-4 ottobre – **Pasto** 30/45000 – ☕ 10000 – **44 cam** ☕ 70/120000 – ½ P 110/120000.

🏨 **Martini** 🌿, via Martelli 3 ☎ 752140, Fax 752140, 🌳, « Giardino ombreggiato », 🌲 – |‡| [TV] ☎ [P]. AE [$] E VISA
Pasqua-ottobre – **Pasto** 30/50000 – **35 cam** ☕ 120/160000 – ½ P 80/110000.

🏨 **Villa Parisi** 🌿, via Monti 10 ☎ 751698, Fax 751167, ≤, « Parco con discesa a mare », 🏊, 🎾 – |‡| ❄ [TV] ☎ [P] – 🏛 50. AE [$] ⦿ E VISA. 🐕
Pasto *(giugno-settembre)* 40000 – **20 cam** ☕ 230/330000 – ½ P 165/205000.

X **Nonna Isola,** statale Aurelia 558 ☎ 753492, Specialità di mare, Coperti limitati; prenotare – ❄. [$] E VISA. 🐕
Pasqua-settembre; chiuso lunedì escluso agosto – **Pasto** carta 39/53000.

CASTIGLIONE Asti – Vedere Asti.

CASTIGLIONE DEL LAGO **06061** Perugia 988 ⑮, 430 M 18 – 13 528 ab. alt. 304 – ☎ 075.

Panicale-Lamborghini, località Soderi ✉ 06064 Panicale ✆ 837582, Fax 837582, S : 8 km.

piazza Mazzini 10 ✆ 9652484, Fax 9652763.

Roma 182 – Perugia 46 – Arezzo 46 – Firenze 126 – Orvieto 74 – Siena 78.

Duca della Corgna senza rist, via Buozzi 143 ✆ 953238, Fax 9652446 – 60. AE VISA
7000 – **16 cam** 80/105000, 20000.

Fazzuoli senza rist, piazza Marconi 11 ✆ 951119, Fax 951112 – VISA
chiuso dal 7 gennaio a febbraio – 6000 – **27 cam** 70/80000.

Miralago, piazza Mazzini 6 ✆ 951157, Fax 951924, « Servizio rist. estivo in giardino con lago » – AE E VISA
Pasto *(chiuso giovedì)* carta 34/54000 – **19 cam** 90/140000 – ½ P 90000.

La Cantina, via Vittorio Emanuele 81 ✆ 9652463, Fax 951003 – AE E VISA
chiuso lunedì escluso da giugno ad agosto – **Pasto** carta 36/52000.

a Panicarola SE : 11 km – ✉ **06060** :

Il Bisteccaro, ✆ 9589327 – AE E VISA
chiuso martedì e dal 7 al 31 gennaio – **Pasto** carta 38/68000.

CASTIGLIONE DELLA PESCAIA **58043** Grosseto 988 ㉔, 430 N 14 – 7 676 ab. – a.s. Pasqua e 15 giugno-15 settembre – ☎ 0564 – piazza Garibaldi ✆ 933678, Fax 933154.

Roma 205 – Grosseto 23 – Firenze 162 – Livorno 114 – Siena 94 – Viterbo 141.

L'Approdo, via Ponte Giorgini 29 ✆ 933466, Fax 933086 – AE E VISA
chiuso novembre e gennaio – **Pasto** 37000 – 14000 – **48 cam** 237000 – ½ P 115/180000.

Miramare, via Veneto 35 ✆ 933524, Fax 933695
stagionale – **34 cam.**

Sabrina, via Ricci 12 ✆ 933568, Fax 933592 – AE E VISA
giugno-settembre – **Pasto** (solo per clienti alloggiati) 35000 – 12000 – **37 cam** 85/110000 – ½ P 110000.

Piccolo Hotel, via Montecristo 7 ✆ 937081 – AE VISA rist
Pasqua e 15 maggio-settembre – **Pasto** 34000 – **22 cam** 162000 – ½ P 116000.

Perla, via Arenile 3 ✆ 938023 –
Pasqua-ottobre – **Pasto** 33000 – 8000 – **13 cam** 52/80000 – ½ P 75/88000.

Corallo con cam, via Nazario Sauro 1 ✆ 933668, Fax 936268 – AE E VISA cam
chiuso novembre – **Pasto** *(chiuso martedì escluso da Pasqua ad ottobre)* carta 41/84000 – **14 cam** 80/110000, 10000 – ½ P 110000.

Pierbacco, piazza Repubblica 24 ✆ 933522 – AE E VISA
chiuso a mezzogiorno in luglio-agosto e mercoledì (escluso da giugno a settembre) – **Pasto** carta 39/54000.

Da Romolo, corso della Libertà 10 ✆ 933533 – AE E VISA
chiuso martedì e novembre – **Pasto** carta 34/53000.

CASTIGLIONE DELLE STIVIERE **46043** Mantova 988 ④, 428 F 13 – 16 980 ab. alt. 116 – ☎ 0376.

Roma 509 – Brescia 28 – Cremona 57 – Mantova 38 – Milano 122 – Verona 49.

La Grotta senza rist, viale dei Mandorli 22 ✆ 632530, Fax 639295 – AE E VISA
chiuso dal 20 al 30 dicembre – 12500 – **27 cam** 75/110000.

Hostaria Viola, località Fontane, via Verdi 32 ✆ 638277, Fax 632336, Coperti limitati; prenotare – AE E VISA JCB
chiuso dal 10 luglio al 20 agosto, lunedì e da ottobre a Pasqua anche domenica sera – **Pasto** carta 36/55000.

Palazzina, rione Palazzina 40 ✆ 632143 – AE E VISA
chiuso mercoledì e dal 15 al 30 agosto – **Pasto** carta 37/67000.

a Grole SE : 3 km – ✉ **46043** Castiglione delle Stiviere :

Tomasi, ✆ 632968, Fax 672586, prenotare – AE E VISA
chiuso lunedì, dal 1° al 7 gennaio e dal 1° al 21 agosto – **Pasto** carta 38/60000.

CASTIGLIONE MESSER MARINO **66033** Chieti 988 ㉗, 430 Q 25 – 2 536 ab. alt. 1 081 – ☎ 0873.

Roma 224 – Campobasso 74 – Isernia 56 – Termoli 86.

a Santa Maria del Monte N : 9 km – ✉ **66033** Castiglione Messer Marino :

Rifugio del Cinghiale con cam, ✆ 978675, Fax 978675, prenotare –
Pasto *(chiuso lunedì)* carta 29/46000 – 5000 – **13 cam** 40/70000 – ½ P 70/80000.

CASTIGLIONE TINELLA **12053** Cuneo 428 H 6 – 947 ab. alt. 408 – ☎ 0141.

Roma 622 – Genova 102 – Torino 80 – Acqui Terme 27 – Alessandria 58 – Asti 22.

Palmira, piazza 20 Settembre 18 ✆ 855176, prenotare – AE E VISA
chiuso lunedì sera, martedì e luglio – **Pasto** carta 25/40000.

CASTIGNANO 63032 Ascoli Piceno 430 N 22 – 3 036 ab. alt. 474 – ☎ 0736.

Roma 225 – Ascoli Piceno 34 – ◆Ancona 120 – ◆Pescara 95.

Teta, via Borgo Garibaldi 100 ✆ 821412, Fax 821593, ≤ – |♦| ☎ P – 🏊 200. AE 🅂 E VISA.
chiuso dall'8 al 25 novembre – **Pasto** *(chiuso venerdì)* 25/35000 – **19 cam** ☕ 45/90000 – ½ P 70/80000.

CASTIONE DELLA PRESOLANA 24020 Bergamo 428 E 12 – 3 227 ab. alt. 870 – a.s. luglio-agosto e Natale – Sport invernali : al Monte Pora : 1 350/1 900 m 11, – ☎ 0346.

Roma 643 – ◆Brescia 89 – ◆Bergamo 42 – Edolo 80 – ◆Milano 88.

Aurora, ✆ 60004, Fax 60246, ≤, – |♦| TV ☎ P. AE ①. rist
chiuso dal 15 al 30 ottobre – **Pasto** *(chiuso martedì)* carta 36/60000 – ☕ 10000 – **26 cam** 120000 – P 65/110000.

a Bratto NE : 2 km – alt. 1 007 – ✉ **24020** :

Milano, ✆ 31211, Fax 36236, ≤, « Piccolo parco ombreggiato », – |♦| TV ☎ & P – 🏊 25 a 180. AE 🅂 ① E VISA JCB. rist
Pasto al Rist. ***Al Caminone*** carta 38/67000 – **63 cam** ☕ 220000, 4 appartamenti – ½ P 130/190000.

Pineta, ✆ 31121, Fax 36133, ≤, – |♦| TV ☎ P. AE. rist
Pasto *(chiuso lunedì)* carta 27/38000 – **40 cam** ☕ 100/130000 – P 80/110000.

Cascina delle Noci, ✆ 31251, Fax 36246, prenotare, « Giardino ombreggiato con mini-golf » – P. 🅂 E VISA
chiuso da lunedì a venerdì da ottobre a maggio – **Pasto** 40/60000 bc e carta 45/70000.

CASTROCARO TERME 47011 Forlì 988 ⑮, 429 430 J 17 – 5 513 ab. alt. 68 – Stazione termale (aprile-novembre), a.s. 15 luglio-settembre – ☎ 0543.

via Garibaldi 1 ✆ 767162, Fax 767162.

Roma 342 – ◆Bologna 74 – ◆Ravenna 40 – Rimini 65 – ◆Firenze 98 – Forlì 11 – ◆Milano 293.

Gd H. Terme, ✆ 767114, Fax 768135, « Parco ombreggiato », – |♦| TV ☎ & P – 🏊 da 50 a 150. AE 🅂 ① E VISA. rist
15 aprile-ottobre – **Pasto** 40/50000 – ☕ 15000 – **95 cam** 130/210000, appartamento – ½ P 90/140000.

Ambasciatori, ✆ 767345, Fax 767345, – |♦| TV ☎ P. AE 🅂 ① E VISA. rist
chiuso gennaio – **Pasto** *(aprile-novembre)* 25/40000 (20%) – **28 cam** ☕ 75/110000 – P 90/98000.

Garden, ✆ 766366, Fax 766366, – |♦| ≡ rist TV ☎ P – 🏊 60. AE 🅂 ① E VISA.
Pasto 30/38000 – **29 cam** ☕ 85/125000 – ½ P 85/100000.

Eden, ✆ 767600, Fax 768233, ≤, – |♦| ☎ P. AE 🅂 ① E VISA.
aprile-15 novembre – **Pasto** 28/33000 – **32 cam** ☕ 65/105000 – ½ P 60/65000.

XXXX ✿✿ **La Frasca,** ✆ 767471, Fax 766625, Coperti limitati; prenotare, « Servizio estivo in giardino », – P – 🏊 30. AE 🅂 ① E VISA.
chiuso lunedì, dal 1º al 20 gennaio e dal 1º al 16 agosto – **Pasto** 60000 (a mezzogiorno) 90/130000 (alla sera) e carta 60/90000
Spec. Savarin di riso con salame d'oca e funghi porcini (estate-autunno), Sogliola al rosmarino tartufo nero e spinaci croccanti, Sformato di verdure artusiano con rigaglie.

X **Al Laghetto,** ✆ 767230, – P. AE 🅂 ① VISA.
chiuso lunedì ed ottobre – **Pasto** carta 48/56000 bc.

CASTROCIELO 03030 Frosinone 430 R 23 – 3 790 ab. alt. 250 – ☎ 0776.

Roma 116 – Frosinone 42 – Caserta 85 – Gaeta 61 – Isernia 82 – ◆Napoli 112.

XX **Al Mulino,** via Casilina 47 (S : 2 km) ✆ 79306, Fax 79824, Specialità di mare, – ≡ P. AE 🅂 ① E VISA.
chiuso lunedì e dal 23 dicembre al 10 gennaio – **Pasto** carta 47/73000.

CASTROCUCCO Potenza 431 H 29 – Vedere Maratea.

CASTRO MARINA 73030 Lecce 431 G 37 – 2 469 ab. – a.s. luglio-agosto – ☎ 0836.

Roma 660 – ◆Brindisi 86 – ◆Bari 199 – Lecce 48 – Otranto 23 – ◆Taranto 125.

Degli Ulivi, ✆ 943037, Fax 943084, ≤, – |♦| ≡ rist TV ☎ P. AE 🅂 E VISA
Pasto carta 30/44000 – **30 cam** ☕ 80/100000 – ½ P 80/95000.

alla grotta Zinzulusa N : 2 km – Vedere Guida Verde :

Piccolo Mondo , ✉ 73030 ✆ 97035, Fax 97139, ≤, « Costruzioni indipendenti sulla scogliera », – ☎ P. AE 🅂 VISA.
maggio-settembre – **Pasto** 30/45000 – **48 cam** ☕ 69/147000 – ½ P 80/150000.

Orsa Maggiore , ✉ 73030 ✆ 97029, Fax 97766, ≤, – |♦| ≡ ☎ P – 🏊 50. AE 🅂 ① E VISA
Pasto carta 24/47000 – ☕ 9000 – **30 cam** 84/94000 – ½ P 86000.

CASTROVILLARI 87012 Cosenza 988 ㊴, 431 H 30 – 23 081 ab. alt. 350 – ☎ 0981.

Roma 453 – ♦ Cosenza 74 – Catanzaro 168 – ♦Napoli 247 – ♦Reggio di Calabria 261 – ♦Taranto 152.

- **La Locanda di Alìa,** via Jetticelle 69 ✆ 46370, Fax 46370, – – TV ☎ P – 70. AE VISA. cam
  Pasto *(chiuso domenica)* 40/55000 (10%) a mezzogiorno 50/70000 (10%) alla sera e carta 40/62000 (10%) – **14 cam** 90/140000, 3 appartamenti – ½ P 125000
  Spec. Ravioli di spinaci all'anice silano, Gamberoni in sfoglia di zucchine, Insalata di fichi con salsa di cioccolato alla menta.
- **President Joli Hotel,** corso Luigi Saraceni 22 ✆ 21122, Fax 28653 – TV ☎ P – 80. AE VISA.
  Pasto carta 35/47000 – 7000 – **42 cam** 95/140000 – ½ P 95000.

CATANIA P 988 ㊲, 432 O 27 – Vedere Sicilia alla fine dell'elenco alfabetico.

Le continue modifiche ed il costante miglioramento apportato alla rete stradale italiana consigliano l'acquisto dell'edizione più aggiornata della **carta Michelin** 988 *scala 1:1 000 000.*

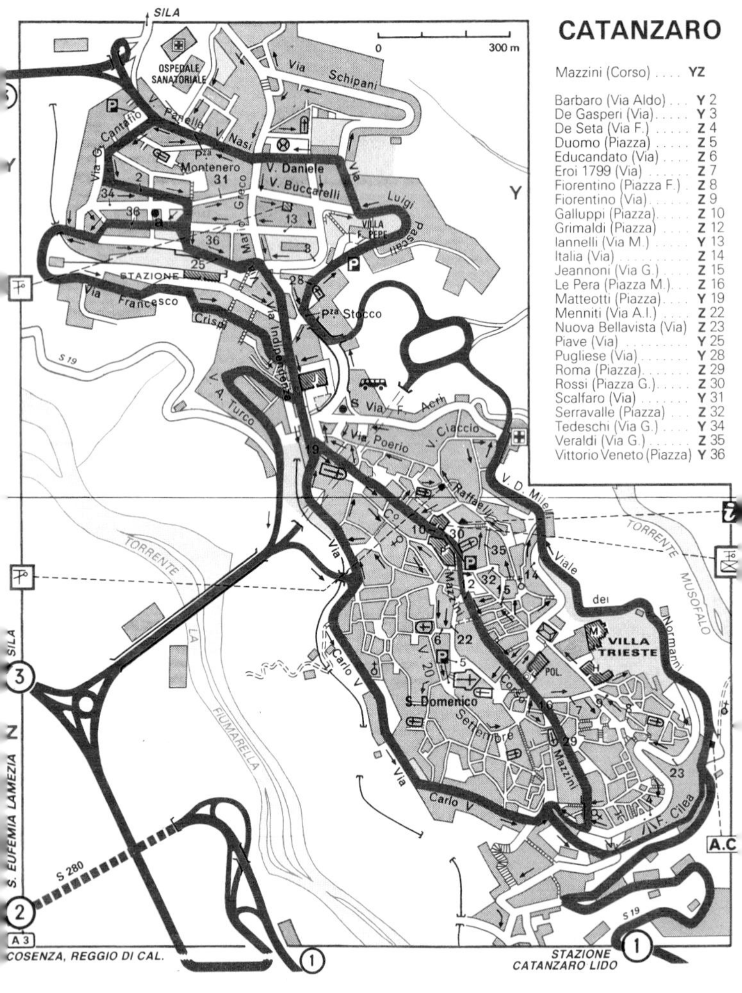

CATANZARO 88100 P 988 ㊴, 431 K 31 – 96 886 ab. alt. 343 – ☎ 0961.

Vedere Villa Trieste★ Z – Pala★ della Madonna del Rosario nella chiesa di San Domenico Z.

Porto d'Orra (chiuso lunedì) a Catanzaro Lido ✉ 88063 ☎ 791045, Fax 791444, NE : 7 km.

piazza Prefettura ☎ 741764.

A.C.I. viale dei Normanni 99 ☎ 754131.

Roma 612 ③ – ◆Cosenza 97 ③ – ◆Bari 364 ③ – ◆Napoli 406 ③ – ◆Reggio di Calabria 161 ③ – ◆Taranto 298 ③.

Pianta pagina precedente

Guglielmo, via Tedeschi 1 ☎ 741922, Telex 880025, Fax 722181 – 200. AE VISA. rist Y a
Pasto carta 36/55000 – **46 cam** 160/230000 – ½ P 180000.

Grand Hotel senza rist, piazza Matteotti ☎ 701256, Fax 741621 – AE E VISA. Y s
79 cam 160/180000.

a Catanzaro Lido per ② : 14 km – ✉ **88063** :

Stillhotel, via Melito Porto Salvo 102/A ☎ 32851, Fax 33818, ≤ – AE E VISA JCB
Pasto vedere rist **La Brace** – **30 cam** 90/120000 – ½ P 90000.

La Brace, via Melito di Porto Salvo 102 ☎ 31340, ≤,
chiuso lunedì e dal 1° al 15 luglio – **Pasto** carta 35/55000.

CATENA Pistoia – Vedere Quarrata.

CATTOLICA 47033 Rimini 988 ⑯, 429 430 K 20 – 15 205 ab. – a.s. 15 giugno-agosto – ☎ 0541.

piazza Nettuno 1 ☎ 963341, Fax 963344.

Roma 315 – Rimini 22 – ◆Ancona 92 – ◆Bologna 130 – Forlì 69 – ◆Milano 341 – Pesaro 17 – ◆Ravenna 74.

Caravelle, via Padova 6 ☎ 962416, Fax 962417, ≤, – 50. E VISA JCB. rist
Pasto *(chiuso a mezzogiorno escluso da maggio a settembre)* carta 44/58000 – **44 cam** 100/200000 – P 150/190000.

Park Hotel, lungomare Rasi Spinelli 46 ☎ 953732, Fax 961503, – AE E VISA. rist
Pasto *(16 marzo-9 novembre)* 30/55000 – **48 cam** 160/260000 – ½ P 160000.

Negresco, viale del Turismo 6 ☎ 963281, Fax 954932, ≤, – E VISA. rist
10 maggio-settembre – **Pasto** 30/40000 – 14000 – **80 cam** 101/158000 – ½ P 94/114000.

Napoleon, viale Carducci 52 ☎ 963439, Fax 961434, ≤, – AE E VISA. rist
aprile-ottobre – **Pasto** 50000 – 20000 – **40 cam** 120/180000, 10000 – P 90/180000.

Victoria Palace, viale Carducci 24 ☎ 962921, Fax 962921, ≤ – rist AE E VISA JCB.
Natale e aprile-ottobre – **Pasto** 35/45000 – **88 cam** 180/259000 – ½ P 100/153000.

Diplomat senza rist, viale del Turismo 9 ☎ 967442, Fax 967445, ≤, – E VISA
19 maggio-19 settembre – **81 cam** 120/170000.

Cristallo, via Matteotti 37 ☎ 953614, Fax 963474, – AE E VISA. rist
Pasto 30000 – **36 cam** 140/230000 – ½ P 140000.

Europa Monetti, via Curiel 39 ☎ 954159, Fax 958176, – rist – 30. VISA. rist
15 maggio-20 settembre – **Pasto** 22/35000 – **70 cam** 95/140000 – ½ P 98/115000.

Moderno-Majestic, via D'Annunzio 15 ☎ 954169, Fax 953292, ≤, – AE E. rist
20 maggio-20 settembre – **Pasto** 25/35000 – 12000 – **60 cam** 70/130000 – ½ P 105000.

Columbia, lungomare Rasi Spinelli 36 ☎ 953122, Fax 952355, ≤, – E.
maggio-settembre – **Pasto** (solo per clienti alloggiati) – **52 cam** (solo pens) – P 80/110000.

Beaurivage, viale Carducci 82 ☎ 963101, Fax 963101, ≤, – AE E VISA. rist
maggio-settembre – **Pasto** 28/38000 – 15000 – **69 cam** 75/130000 – ½ P 60/110000.

Splendid, viale Carducci 84 ☎ 961520, Fax 967149, ≤, – VISA. rist
Natale e Pasqua-ottobre – **Pasto** carta 25/32000 – 15000 – **60 cam** 120/190000 – ½ P 85/120000.

Regina, viale Carducci 40 ☎ 954167, Fax 961261, ≤, riscaldata – rist
15 maggio-27 settembre – **Pasto** 20/25000 – 15000 – **62 cam** 65/110000 – ½ P 100/110000.

Maxim, via Facchini 7 ✆ 962137, Fax 967650, ♨, ⌂, ⛱ riscaldata – |♦| ▤ rist ▣ ☎ Ⓟ – ♣ 50. ▣ E VISA. ✗ rist
20 maggio-20 settembre – **Pasto** carta 28/38000 – **66 cam** ☐ 60/96000 – ½ P 65/85000.

Belsoggiorno, viale Carducci 88 ✆ 963133, Fax 963133, ≤, ⛺ – |♦| ☎ Ⓟ. ▣ E VISA. ✗ rist
20 maggio-20 settembre – **Pasto** (solo per clienti alloggiati) – ☐ 8500 – **44 cam** 50/120000 – ½ P 45/63000.

Astoria, viale Carducci 22 ✆ 961328, Fax 963074, ≤ – |♦| ☎ Ⓟ. ✗ rist
maggio-settembre – **Pasto** (solo per clienti alloggiati) – ☐ 18000 – **54 cam** 75/110000 – ½ P 86/96000.

La Rosa, viale Carducci 80 ✆ 958000, ≤ – |♦| ☎ ♿ Ⓟ. ✗ rist
20 maggio-20 settembre – **Pasto** 25/28000 – ☐ 7000 – **53 cam** 48/90000 – ½ P 63/86000.

Sole, via Verdi 7 ✆ 961248, Fax 963946 – |♦| ☎. AE ▣ E VISA. ✗ rist
20 maggio-20 settembre – **Pasto** (solo per clienti alloggiati) 25/30000 – ☐ 10000 – **46 cam** 65/120000 – P 50/100000.

Protti con cam, via Emilia Romagna 185 ✆ 958181, Fax 954457 – |♦| ▤ ▣ ☎ Ⓟ. AE ▣ ⓓ E VISA. ✗
Pasto *(chiuso lunedì escluso dal 16 maggio a settembre)* carta 33/50000 – ☐ 6000 – **25 cam** 50/70000.

Stazione con cam, via Nazario Sauro 3 ✆ 830421 – ▣ ☎. AE ▣ ⓓ E VISA. ✗ rist
Pasto *(chiuso dal 15 al 30 ottobre e martedì escluso da giugno a settembre)* carta 30/60000 – **9 cam** ☐ 65/100000 – ½ P 50/70000.

CAVA DE' TIRRENI

84013 Salerno 988 ㉗, 431 E 26 – 53 089 ab. alt. 196 – a.s. Pasqua, giugno-settembre e Natale – ☎ 089.

corso Umberto I 208 ✆ 341572.

Roma 254 – ♦Napoli 47 – Avellino 43 – Caserta 76 – Salerno 8.

Da Vincenzo, via Garibaldi 7 ✆ 464654, Fax 464654 – ▤. AE ▣ ⓓ E VISA JCB. ✗
chiuso lunedì e dal 20 al 31 agosto – **Pasto** carta 25/35000 (10%).

Le Bistrot, corso Umberto I 203 ✆ 341617 – ▤

L'Incanto, località Annunziata NE : 3 km ✆ 561820, « Servizio estivo in terrazza con ≤ dintorni » – Ⓟ. ✗
chiuso lunedì a mezzogiorno, martedì e dal 18 dicembre al 5 gennaio – **Pasto** carta 31/61000.

a Corpo di Cava SO : 4 km – alt. 400 – ✉ **84010** Badia di Cava de' Tirreni :

Scapolatiello ⛰, ✆ 443611, Fax 443611, ≤, « Terrazze-giardino con ⛱ » – |♦| ▣ ☎ Ⓟ – ♣ 80. AE ▣ ⓓ E VISA. ✗ rist
Pasto carta 32/45000 (15%) – ☐ 10000 – **44 cam** 110/140000, 2 appartamenti – ½ P 120/130000.

CAVAGLIÀ

13042 Biella 988 ② ⑫, 428 F 6 – 3 648 ab. alt. 272 – ☎ 0161.

Roma 657 – ♦Torino 54 – Aosta 99 – ♦Milano 93 – Vercelli 28.

sulla strada statale 143 SE : 3,5 km :

Green Park Hotel, ✉ 13042 ✆ 966771, Telex 223212, Fax 966620, ⛱, ⛺, ✗ – |♦| ▤ ▣ ☎ 🚗 Ⓟ – ♣ 30 a 150. AE ▣ ⓓ E VISA JCB. ✗
Pasto *(chiuso domenica sera)* carta 36/63000 – ☐ 12000 – **38 cam** 130/185000.

CAVAGLIETTO

28010 Novara 428 F 7, 219 ⑯ – 406 ab. alt. 233 – ☎ 0322.

Roma 647 – Stresa 42 – ♦Milano 74 – Novara 22.

✿ **Arianna** con cam, ✆ 806134, prenotare – ▤ rist Ⓟ. AE ▣ E VISA. ✗
chiuso dal 1° al 15 gennaio e dal 22 luglio al 12 agosto – **Pasto** *(chiuso martedì e mercoledì a mezzogiorno)* 55000 bc (a mezzogiorno) 70000 (alla sera) e carta 50/94000 – ☐ 7000 – **6 cam** 50/70000
Spec. Risotto con le rane disossate (estate), Carpaccio di fegato grasso d'oca (inverno), Piccione al Gattinara (autunno).

CAVAGNANO

Varese 219 ⑧ – Vedere Cuasso al Monte.

CAVAION VERONESE

37010 Verona 428 429 F 14 – 3 564 ab. alt. 190 – ☎ 045.

Roma 521 – ♦Verona 24 – ♦Brescia 81 – ♦Milano 169 – Trento 74.

Andreis, via Berengario 26 ✆ 7235035 – Ⓟ. ✗
Pasto *(chiuso lunedì escluso da luglio a settembre)* 30/35000 – ☐ 10000 – **15 cam** 50/65000 – ½ P 60/65000.

San Fiorenzo con cam, via Vittorio Veneto 18 ✆ 7235141 – ▣ Ⓟ. ▣ E VISA. ✗
Pasto *(chiuso domenica sera, lunedì e dal 10 al 25 agosto)* carta 35/48000 – **7 cam** ☐ 60/90000.

Read carefully the introduction it is the key to the Guide.

CAVALESE 38033 Trento 988 ④, 429 D 16 – 3 555 ab. alt. 1 000 – a.s. 25 gennaio-Pasqua e Natale – Sport invernali : ad Alpe Cermis : 1 000/2 200 m 2 6, – 0462.

via Fratelli Bronzetti 60 241111, Fax 230649.

Roma 648 – Bolzano 43 – Trento 50 – Belluno 92 – Cortina d'Ampezzo 97 – Milano 302.

Park Hotel Bella Costa, 231154, Fax 231646, – AE E VISA. rist
Pasto *(chiuso giovedì)* 35/50000 – **38 cam** 110/200000 – ½ P 170000.

Park Hotel Villa Trunka Lunka, 340233, Fax 340233, – AE VISA.
dicembre-aprile e giugno-settembre – **Pasto** (solo per clienti alloggiati) 35/50000 – 15000 – **21 cam** 90/140000 – ½ P 135000.

La Roccia, 231133, Fax 231135, vallata e monti, – AE E VISA. rist
dicembre-Pasqua e giugno-settembre – **Pasto** 30000 – 20000 – **41 cam** 140000 – ½ P 130000.

Park Hotel Azalea , 340109, Fax 231200, , « Giardino fiorito » – AE E VISA.
dicembre-aprile e giugno-ottobre – **Pasto** carta 43/60000 – 12000 – **35 cam** 70/120000 – ½ P 110000.

Orso Grigio, 341481, Fax 31035 – AE E VISA. rist
chiuso novembre – **Pasto** carta 33/62000 – **27 cam** 100/170000 – ½ P 120/135000.

Fiemme senza rist, 341720, Fax 231151, monti e vallata, – AE E VISA.
10000 – **9 cam** 110000, 3 appartamenti 144/198000.

Al Cantuccio, 340140, Fax 340140, Coperti limitati; prenotare – E VISA.
chiuso novembre, lunedì sera e martedì (escluso Natale, Pasqua, luglio-agosto) – **Pasto** 30/60000 (solo a mezzogiorno) e carta 45/63000.

a Tesero E : 4 km – 38033.

via Roma 35 83032 :

Shandrany, località Stava 814737, Fax 814764, , , –
93 cam.

Park Hotel Rio Stava, località Stava 814446, Fax 813785, , « Giardino-pineta », , – AE E VISA.
chiuso dal 15 maggio al 15 giugno e dal 16 ottobre a novembre – **Pasto** carta 32/53000 – 12000 – **46 cam** 90/120000, appartamento – ½ P 75/115000.

CAVALLINO 30013 Venezia 429 F 19 – 041.

da Treporti (O : 11 km) per le isole di : Burano (20 mn), Torcello (25 mn), Murano (1 h) e Venezia-Fondamenta Nuove (1 h 10 mn), giornalieri – Informazioni : ACTV-Azienda Consorzio Trasporti Veneziano, piazzale Roma 30135 5287886, Fax 5207135.

Roma 571 – Venezia 53 – Belluno 117 – Milano 310 – Padova 80 – Treviso 61 – Trieste 136 – Udine 105.

Park Hotel Union Lido, 968043, Fax 5370355, riscaldata, , , – –
200. E VISA.
aprile-settembre – **Pasto** carta 35/59000 – 10000 – **72 cam** 90/140000 – ½ P 100/110000.

Trattoria Laguna, via Pordelio 444 968058, Fax 968058 – . AE E VISA.
chiuso giovedì a mezzogiorno dal 15 giugno al 15 settembre, tutto il giorno negli altri mesi – **Pasto** carta 44/75000.

Da Achille, piazza Santa Maria Elisabetta 16 968005 –
chiuso dicembre, lunedì a mezzogiorno da giugno a settembre, tutto il giorno negli altri mesi – **Pasto** carta 44/69000.

CAVALLIRIO 28010 Novara 428 F 7, 219 ⑯ – 1 062 ab. alt. 367 – 0163.

Roma 654 – Stresa 40 – Biella 36 – Milano 80 – Novara 34 – Torino 97.

sulla strada statale 142 S : 2 km :

Imazio, 28010 80944, – .
chiuso martedì, dal 9 al 29 gennaio e dal 12 al 27 agosto – **Pasto** carta 37/57000.

CAVA MANARA 27051 Pavia 428 G 9 – 4 891 ab. alt. 79 – 0382.

Roma 560 – Alessandria 61 – Genova 117 – Milano 46 – Pavia 8 – Piacenza 62.

sulla strada statale 35 SE : 2 km :

Le Gronde, località Tre Re 27051 553942, Fax 553943 – –
30 a 180. AE E VISA JCB
Pasto carta 39/55000 – 8000 – **28 cam** 90/130000, 8000 – ½ P 100000.

Bixio, località Tre Re 27051 553588, Coperti limitati; prenotare – . AE VISA
chiuso lunedì ed agosto – **Pasto** 25000 (solo a mezzogiorno) e carta 37/60000.

CAVANELLA D'ADIGE Venezia – Vedere Chioggia.

CAVASO DEL TOMBA 31034 Treviso [429] E 17 – 2 442 ab. alt. 248 – ☎ 0423.
Roma 550 – Belluno 51 – ◆Padova 67 – Treviso 40 – ◆Venezia 71.

🍴🍴 ✿ **Al Ringraziamento,** ☎ 543271, Coperti limitati; prenotare – [AE] [$] [E] [VISA]
chiuso lunedì, martedì a mezzogiorno ed agosto – **Pasto** carta 43/66000
Spec. Lumache alle erbe (inverno), Gnocchi di patate ai porcini (autunno), Coniglio farcito alle melanzane.

🍴 **Locanda alla Posta** con cam, piazza Martiri 13 ☎ 543112, ☂, prenotare – [TV] ☎. [$] [E] [VISA]. ✗
chiuso dal 14 al 30 giugno – **Pasto** *(chiuso mercoledì sera e giovedì)* carta 34/45000 – **7 cam** ☕ 40/80000.

CAVAZZALE Vicenza – Vedere Vicenza.

CAVERNAGO 24050 Bergamo [428] [429] F 11 – 1 283 ab. alt. 202 – ☎ 035.
Roma 600 – ◆Bergamo 13 – ◆Brescia 45 – ◆Milano 54.

🏨 **Giordano** ⛺, via Leopardi 1 ☎ 840266, Fax 840212, ☂ – [TV] ☎ [P]. [AE] [$] [O] [E] [VISA]. ✗
chiuso agosto – **Pasto** *(chiuso lunedì)* carta 38/64000 – ☕ 14000 – **22 cam** 60/95000 – P 145000.

CAVI Genova [428] J 10 – Vedere Lavagna.

CAVINA Ravenna – Vedere Brisighella.

CAVO Livorno [988] (24), [430] N 13 – Vedere Elba (Isola d') : Rio Marina.

CAVOUR 10061 Torino [988] (12), [428] H 4 – 5 284 ab. alt. 300 – ☎ 0121.
Roma 698 – ◆Torino 54 – Asti 93 – Cuneo 51 – Sestriere 67.

🏨 **Locanda La Posta,** via dei Fossi 4 ☎ 69989, Fax 69790 – ▤ [TV] ☎ [P]. [AE] [$] [O] [E] [VISA] [JCB]
chiuso dal 23 luglio al 5 agosto – **Pasto** *(chiuso venerdì)* carta 30/55000 – **18 cam** ☕ 90/115000 – ½ P 85000.

CAVRIAGO 42025 Reggio nell'Emilia [428] [429] [430] H 13 – 8 372 ab. alt. 78 – ☎ 0522.
Roma 436 – ◆Parma 26 – ◆Milano 145 – Reggio nell'Emilia 9.

🍴🍴🍴 ✿ **Picci,** ☎ 371801, Fax 577180, Coperti limitati; prenotare – ▤. [AE] [$] [O] [E] [VISA]. ✗
chiuso domenica sera, lunedì, dal 26 dicembre al 20 gennaio e dal 5 al 25 agosto – **Pasto** 45/70000 e carta 46/74000
Spec. Composizione di gamberi e fegato d'oca all'aceto balsamico tradizionale, Cannelloni gratinati ai funghi, Coscia di coniglio alla reggiana in agrodolce con cipollotti brasati.

CAVRIANA 46040 Mantova [428] [429] F 13 – 3 567 ab. alt. 170 – ☎ 0376.
Roma 502 – ◆Brescia 39 – ◆Verona 42 – Mantova 32 – ◆Milano 131.

🍴🍴🍴 **La Capra,** ☎ 82101, Fax 82002, Coperti limitati; prenotare – [P] – 🏛 120. [$] [O] [E] [VISA]. ✗
chiuso martedì, dal 1° al 15 gennaio e dal 1° al 14 agosto – **Pasto** carta 53/90000.

CAZZAGO SAN MARTINO 25046 Brescia [428] [429] F 12 – 9 146 ab. alt. 200 – ☎ 030.
Roma 560 – ◆Brescia 17 – ◆Bergamo 40 – ◆Milano 81.

🏨 **Papillon,** strada statale S : 2,5 km ☎ 7750843, Fax 7750843, 🎾 – |♦| ▤ [TV] ☎ ♿ 🚗 [P] – 🏛 150. [AE] [$] [O] [E] [VISA] [JCB]. ✗
chiuso agosto – **Pasto** carta 29/53000 – ☕ 8000 – **32 cam** 65/120000 – P 86/106000.

🍴🍴 **Il Priore,** località Calino via Sala 70 (O : 1 km) ☎ 7254665, « Servizio estivo in terrazza panoramica » – [P]. [$] [O] [VISA]
chiuso martedì, dal 7 al 30 gennaio e dal 15 al 30 novembre – **Pasto** carta 40/78000.

CECINA 57023 Livorno [988] (14), [430] M 13 – 25 108 ab. alt. 15 – ☎ 0586.
Roma 285 – Pisa 55 – ◆Firenze 122 – Grosseto 98 – ◆Livorno 36 – Piombino 46 – Siena 98.

🏨 **Il Palazzaccio** senza rist, via Aurelia Sud 300 ☎ 682510, Fax 686221 – |♦| [TV] ☎ [P]. [AE] [$] [E] [VISA]. ✗
☕ 15000 – **34 cam** 87/122000.

🏨 **Posta** senza rist, piazza Gramsci 12 ☎ 685573, Fax 680724 – |♦| ▤ [TV] ☎ ♿. [AE] [$] [E] [VISA]. ✗
☕ 15000 – **14 cam** 100/150000.

🍴🍴 ✿ **Scacciapensieri,** via Verdi 22 ☎ 680900, Fax 680900, Coperti limitati; prenotare – [AE] [$] [O] [E] [VISA]. ✗
chiuso lunedì e dal 10 al 28 ottobre – **Pasto** carta 50/80000
Spec. Insalata di mare tiepida, Spaghetti all'astice, Dentice con frutti di mare al cartoccio.

🍴🍴 **Trattoria Senese,** via Diaz 23 ☎ 680335, Specialità di mare – ▤. [AE] [$] [E] [VISA]. ✗
chiuso martedì e dal 10 al 31 gennaio – **Pasto** carta 51/77000.

CECINA (Marina di) 57023 Livorno [430] M 13 – a.s. 15 giugno-15 settembre – ☎ 0586.
Roma 288 – Pisa 57 – Cecina 3 – ◆Firenze 125 – ◆Livorno 39.

🏨 **Il Gabbiano,** viale della Vittoria 109 ☎ 620248, Fax 620867, ≤, 🏖 – [TV] ☎ [P]. [AE] [$] [E] [VISA]. ✗
chiuso dal 15 gennaio al 15 febbraio e novembre – **Pasto** carta 42/59000 – ☕ 15000 – **23 cam** 87/122000 – P 80/130000.

🍴🍴 **Olimpia-da Gianni,** viale della Vittoria 68 ☎ 621193, 🍴 – [AE] [S] [O] [E] [VISA]. ✂
chiuso novembre, lunedì e da gennaio a marzo anche domenica sera – **Pasto** carta 55/85000.

🍴🍴 **Bagatelle,** via Ginori 51 ☎ 620089, 🍴 – ❄. [AE] [S] [E] [VISA]. ✂
chiuso lunedì e dal 1° al 15 novembre – **Pasto** carta 31/61000 (10%).

🍴 **El Faro,** viale della Vittoria 70 ☎ 620164, Fax 620274, ⇐, Specialità di mare, ⛱ – [AE] [S] [O] [E] [VISA]. ✂
chiuso mercoledì e novembre – **Pasto** carta 48/68000.

[CEFALÙ] Palermo [988] ㊱, [432] M 24 – Vedere Sicilia alla fine dell'elenco alfabetico.

[CEGLIE MESSAPICA] **72013** Brindisi [988] ㉚, [431] F 34 – 20 856 ab. alt. 303 – ☎ 0831.
Roma 564 – ◆Brindisi 38 – ◆Bari 92 – ◆Taranto 38.

🍴🍴 ✿ **Al Fornello-da Ricci,** contrada Montevicoli ☎ 377104, Fax 377104, « Servizio estivo in giardino » – 🅿. [S] [O] [E] [VISA]. ✂
chiuso lunedì sera, martedì, dal 1° al 10 febbraio e dal 10 al 30 settembre – **Pasto** 40/60000 e carta 40/66000
Spec. Orecchiette con cime di rapa (novembre-marzo), Minestra di grano con ceci, Agnello da latte "al Fornello".

🍴 **Da Gino,** contrada Montevicoli ☎ 377916 – 🅿. [AE] [S] [O] [E] [VISA]. ✂
chiuso venerdì e settembre – **Pasto** carta 30/46000.

[CELANO] **67043** L'Aquila [988] ㉖, [430] P 22 – 11 262 ab. alt. 800 – ☎ 0863.
Roma 118 – L'Aquila 44 – Avezzano 16 – Pescara 94.

🍴🍴 **Le Gole-da Guerrinuccio,** via Sardellino S : 1,5 km ✉ 67041 Aielli ☎ 791471, Fax 792654, « Giardino ombreggiato » – ❄ 🅿. [AE] [S] [O] [E] [VISA]
chiuso lunedì escluso da giugno ad agosto – **Pasto** carta 29/42000.

[CELLE LIGURE] **17015** Savona [988] ⑬, [428] I 7 – 5 398 ab. – ☎ 019.
[i] via Boagno (palazzo Comunale) ☎ 990021.
Roma 538 – ◆Genova 40 – Alessandria 86 – ◆Milano 162 – Savona 7,5.

🏨 **Piccolo Hotel,** via Lagorio 25 ☎ 990015 – $ ☎ 🅿. [AE] [S] [O] [E] [VISA]. ✂
aprile-settembre – **Pasto** 35000 – ☕ 10000 – **26 cam** 75/100000 – ½ P 90000.

🏨 **La Giara,** via Dante Alighieri 3 ☎ 993773, Fax 993973 – [TV] ☎. [AE] [S] [E] [VISA] [JCB]. ✂ rist
chiuso dal 15 novembre al 24 dicembre – **Pasto** *(chiuso a mezzogiorno)* 25/40000 – **18 cam** ☕ 110/140000 – ½ P 90/110000.

🍴🍴 **Mosè,** via Colla 30 ☎ 991560, prenotare – ❄. [AE] [S] [O] [E] [VISA]
chiuso mercoledì e dal 15 ottobre al 15 dicembre – **Pasto** carta 49/63000.

🍴 **Sotto in Su,** via Sanda 143 (NO : 1,3 km) ☎ 991619, 🍴 – 🅿. [AE] [S] [O] [E] [VISA]. ✂
chiuso lunedì e novembre – **Pasto** carta 33/60000.

sulla strada statale 1 - via Aurelia E : 1,5 km :

🍴🍴 **Villa Alta,** ✉ 17015 ☎ 990939, ⇐, 🍴, Coperti limitati; prenotare, 🌳 – [AE] [S] [O] [E] [VISA]
chiuso martedì e dal 7 gennaio al 10 marzo – **Pasto** carta 65/80000.

[CELLORE] Verona – Vedere Illasi.

[CEMBRA] **38034** Trento [429] D 15 – 1 682 ab. alt. 677 – a.s.Pasqua e Natale – ☎ 0461.
[i] via 4 Novembre 3 ☎ 683110, Fax 683257.
Roma 611 – Trento 22 – Belluno 130 – ◆Bolzano 63 – ◆Milano 267.

🏨 **Europa** 🌙, ☎ 683032, Fax 683032, ⇐, 🌳 – $ ☎ ♿ 🅿. [S] [E] [VISA]. ✂
Pasto *(chiuso domenica)* carta 26/38000 – **28 cam** ☕ 74/98000 – ½ P 58/64000.

[CENERENTE] Perugia – Vedere Perugia.

[CENOVA] Imperia [428] K 6 – alt. 558 – ✉ **18020** Rezzo – ☎ 0183.
Roma 613 – Imperia 27 – ◆Genova 114.

🏨 **Negro** 🌙, ☎ 34089, Fax 324991, ⇐ monti – [TV] ☎ 🅿. [S] [O] [E] [VISA]. ✂
Pasto 35/45000 e al Rist. ***I Cavallini*** *(chiuso mercoledì e dal 10 gennaio a Pasqua)* carta 37/62000 – ☕ 12000 – **12 cam** 50/65000 – ½ P 78/80000.

[CENTO] **44042** Ferrara [988] ⑭ ⑮, [429] H 15 – 28 941 ab. alt. 15 – ☎ 051.
⛳ (chiuso lunedì) località Parco del Reno ✉ 44042 Cento ☎ 6830504, Fax 6835287.
Roma 410 – ◆Bologna 34 – ◆Ferrara 35 – ◆Milano 207 – ◆Modena 37 – ◆Padova 103.

🏨 **Europa,** via 4 Novembre 16 ☎ 903319, Fax 902213 – $ ❄ [TV] ☎ 🅿. [S] [E] [VISA]. ✂
Pasto *(chiuso venerdì)* carta 26/52000 – ☕ 10000 – **44 cam** 100/152000 – ½ P 80/115000.

🏨 **Al Castello,** via Giovannina 57 (O : 2 km) ☎ 6836066, Fax 6835990 – $ ❄ [TV] ☎ 🅿 – 🎤 120 a 300. [AE] [S] [E] [VISA]. ✂
Pasto *(chiuso venerdì)* 33/47000 – ☕ 6000 – **68 cam** 170/240000, 2 appartamenti, ❄ 19000 – P 120/130000.

🍴🍴 Il Gambero, via Malagodi 8/A ☎ 6835057 – ❄

CEPRANO 03024 Frosinone 988 ㉖, 430 R 22 – 8 585 ab. alt. 120 – ☎ 0775.
Roma 99 – Frosinone 23 – Avezzano 84 – Isernia 78 – Latina 71 – Napoli 122.

Ida, in prossimità casello autostrada A 1 ☎ 950040, Fax 950040 – rist – **Pasto** carta 29/44000 – 6000 – **35 cam** 70/90000 – ½ P 60/80000.

CERBAIA Firenze 430 K 15 – Vedere San Casciano in Val di Pesa.

CERCENASCO 10060 Torino 428 H 4 – 1 689 ab. alt. 256 – ☎ 011.
Roma 689 – Torino 34 – Cuneo 60 – Milano 183 – Sestriere 70.

Centro, ☎ 9809247,
chiuso mercoledì e dal 1° al 10 agosto – **Pasto** carta 32/48000.

CERESE DI VIRGILIO Mantova 428 G 14 – Vedere Mantova.

CERESOLE REALE 10080 Torino 988 ⑫, 428 F 3 – 162 ab. alt. 1 620 – ☎ 0124.
Roma 738 – Torino 77 – Aosta 126 – Milano 176.

Blanchetti, ☎ 953174,
11 cam.

CERETTO Cuneo – Vedere Busca.

CERIGNOLA 71042 Foggia 988 ㉘, 431 D 29 – 55 374 ab. alt. 124 – ☎ 0885.
Roma 366 – Foggia 31 – Bari 90 – Napoli 178.

Il Bagatto, via Tiro a Segno 7 ☎ 427850,
chiuso domenica sera, lunedì e dal 10 al 25 luglio – **Pasto** carta 33/79000.

CERMENATE 22072 Como 428 E 9, 219 ⑱ – 8 322 ab. alt. 332 – ☎ 031.
Roma 612 – Como 15 – Milano 32 – Varese 28.

Gardenia senza rist, via Europa Unita ☎ 722571, Fax 722570 – 100.
20000 – **34 cam** 120/175000.

Castello, via Castello 26/28 ☎ 771563, Fax 770608
chiuso lunedì, martedì sera, dal 24 dicembre al 6 gennaio ed agosto – **Pasto** carta 37/57000.

CERNOBBIO 22012 Como 988 ③, 428 E 9 – 7 107 ab. alt. 202 – ☎ 031.
Villa d'Este (chiuso gennaio, febbraio e martedì escluso agosto) a Montorfano ✉ 22030 ☎ 200200, Fax 200786, SE : 11 km.
via Regina 33/b ☎ 510198.
Roma 630 – Como 5 – Lugano 33 – Milano 53 – Sondrio 98 – Varese 30.

Gd. H. Villa d'Este, ☎ 3481, Telex 380025, Fax 348844, « Grande parco digradante sul lago », – 250. rist
marzo-novembre – **Pasto** al Rist. ***Grill*** *(29 aprile-settembre; chiuso a mezzogiorno e lunedì)* carta 95/180000 – **151 cam** 575/775000, 7 appartamenti.

Asnigo, NE : 2 km ☎ 510062, Fax 510249, lago e monti, « Terrazza panoramica » – rist – 30 a 60. rist
Pasto carta 43/62000 – 20000 – **25 cam** 148/205000, 5 appartamenti – ½ P 120/130000.

Regina Olga, ☎ 510171 e rist. ☎ 512710, Telex 380821, Fax 340604, « Servizio estivo in giardino », – 120. rist
chiuso dicembre e gennaio – **Pasto** 40/50000 e al Rist. ***Cenobio*** carta 50/70000 – **80 cam** 200/295000 – ½ P 160/195000.

Miralago, ☎ 510125, Fax 248126,
chiuso da novembre a febbraio – **Pasto** carta 43/65000 – **42 cam** 110/165000, 10000 – ½ P 105/120000.

Centrale, via Regina 39 ☎ 511411, Fax 341900, Terrazza ombreggiata – rist
Pasto *(chiuso a mezzogiorno)* carta 50/75000 – **20 cam** 125/190000 – ½ P 126/150000.

Trattoria del Vapore, via Garibaldi 17 ☎ 510308, prenotare la sera –
chiuso martedì – **Pasto** carta 43/72000 (10%).

a Rovenna NE : 2,5 km – ✉ **22012** Cernobbio :

Il Gatto Nero, via Monte Santo 69 ☎ 512042, Fax 513560, lago e monti, Rist. tipico con specialità regionali, prenotare la sera –
chiuso lunedì e martedì a mezzogiorno – **Pasto** carta 40/60000.

CERNUSCO LOMBARDONE 22052 Lecco 428 E 10, 219 ⑳ – 3 412 ab. alt. 267 – ☎ 039.
Roma 593 – Como 35 – Bergamo 28 – Lecco 19 – Milano 37.

Osteria Santa Caterina, via Lecco 34 ☎ 9902396, Fax 9902396,
chiuso lunedì, dal 10 al 25 gennaio e dal 16 al 31 agosto – **Pasto** carta 35/70000.

CERNUSCO SUL NAVIGLIO **20063** Milano [428] F 10, [219] ⑲ – 27 239 ab. alt. 133 – ☏ 02.
⛳18 Molinetto (chiuso lunedì) ☎ 92105128, Fax 92106635.
Roma 583 – Milano 14 – Bergamo 38.

🍴🍴🍴 ✿ **Vecchia Filanda,** via Pietro da Cernusco 2/A ☎ 9249200, Coperti limitati; prenotare – ❄ P. AE $ ⓓ E VISA. 🚫🐕
chiuso sabato a mezzogiorno, domenica, dal 24 dicembre al 7 gennaio, Pasqua, 25 aprile, 1° maggio ed agosto – **Pasto** carta 58/119000
Spec. Cappesante con asparagi, Pennette di pasta fresca con gamberoni, San Pietro con marmellata di cipolle.

🍴🍴 **Lo Spiedo da Odero,** via Verdi 48 ☎ 9242781, ☂ – AE $ E VISA
chiuso domenica sera, lunedì, dal 1° al 15 gennaio ed agosto – **Pasto** carta 46/72000.

CERRETO GUIDI **50050** Firenze [429] [430] K 14 – 9 043 ab. alt. 123 – ☏ 0571.
Roma 300 – Firenze 40 – Lucca 44 – Montecatini Terme 30 – Pisa 59 – Pistoia 32.

🍴 **Adriano,** via Vittorio Veneto 102 ☎ 55023, ☂ – $ E VISA. 🚫🐕
chiuso mercoledì ed agosto – **Pasto** carta 33/53000.

CERRINA MONFERRATO **15020** Alessandria [428] G 6 – 1 596 ab. alt. 225 – ☏ 0142.
Roma 626 – Alessandria 49 – Torino 56 – Asti 37 – Milano 98 – Vercelli 40.

a Montalero O : 3 km – ✉ **15020** :

🍴🍴 **Castello di Montalero,** ☎ 94146, solo su prenotazione, « Costruzione settecentesca in un parco ombreggiato » – P. ⓓ. 🚫🐕
chiuso lunedì – **Pasto** 80000 bc.

CERRO AL LAMBRO **20077** Milano – 4 428 ab. alt. 84 – ☏ 02.
Roma 558 – Milano 23 – Piacenza 56 – Lodi 14 – Pavia 32.

🍴🍴 **Hostaria le Cascinette,** località Cascinette ☎ 9832159 – ❄ P. AE $. 🚫🐕
chiuso martedì, dal 10 al 25 gennaio ed agosto – **Pasto** carta 58/75000.

CERRO MAGGIORE **20023** Milano [219] ⑱ – 14 358 ab. alt. 206 – ☏ 0331.
Roma 603 – Milano 26 – Como 31 – Varese 32.

a Cantalupo SO : 3 km – ✉ **20020** :

🍴🍴🍴 **Corte Lombarda,** ☎ 535604, Fax 535604, « In una vecchia cascina con servizio estivo all'aperto » – P. AE $ ⓓ E VISA
chiuso domenica sera, lunedì, dal 26 dicembre all'8 gennaio ed agosto – **Pasto** 47000 (solo a mezzogiorno) e carta 60/75000.

CERTALDO **50052** Firenze [988] ⑭, [430] L 15 – 16 151 ab. alt. 67 – ☏ 0571.
Roma 270 – Firenze 57 – Siena 42 – Livorno 75.

🍴🍴 **Charlie Brown,** via Guido Rossa 13 ☎ 664534, prenotare – ❄. $ VISA. 🚫🐕
chiuso martedì e dal 10 al 25 agosto – **Pasto** carta 25/60000.

CERTOSA DI PAVIA **27012** Pavia [988] ③ ⑬, [428] G 9 – 3 136 ab. alt. 91 – ☏ 0382.
Vedere Certosa★★★ E : 1,5 km.
Roma 572 – Alessandria 74 – Bergamo 84 – Milano 31 – Pavia 9 – Piacenza 62.

🍴🍴 **Vecchio Mulino,** via al Monumento 5 ☎ 925894, Coperti limitati; prenotare, « Servizio estivo in giardino » – P. AE $ ⓓ E VISA. 🚫🐕
chiuso domenica sera, lunedì, dal 1° al 10 gennaio e dal 10 al 20 agosto – **Pasto** carta 39/79000.

🍴🍴 **Chalet della Certosa,** sul piazzale antistante il Monastero ☎ 925615, « Servizio estivo in giardino » – ❄ P. AE $ ⓓ E VISA
chiuso lunedì e dall'11 al 24 gennaio – **Pasto** carta 37/53000.

🍴 **Trattoria Certosa,** viale Certosa 20 ☎ 925960, ☂ – AE $ ⓓ E VISA
chiuso martedì – **Pasto** carta 45/72000.

CERVERE **12040** Cuneo [428] I 5 – 1 716 ab. alt. 304 – ☏ 0172.
Roma 656 – Cuneo 43 – Torino 58 – Asti 52.

🏠 **La Tour** senza rist, ☎ 474691, Fax 474693 – 🛗 📺 ☎ P. $ E VISA. 🚫🐕
chiuso dal 10 al 31 agosto – ☕ 10000 – **13 cam** 90/120000.

🍴 **Antica Corona Reale-Da Renzo,** ☎ 474132, prenotare la sera – P. $ E VISA
chiuso martedì sera, mercoledì e dal 1° al 20 settembre – **Pasto** carta 35/52000.

CERVESINA **27050** Pavia [428] G 9 – 1 212 ab. alt. 72 – ☏ 0383.
Roma 580 – Alessandria 46 – Genova 102 – Milano 72 – Pavia 25.

🏨 **Castello di San Gaudenzio** 🐦, S : 3 km ☎ 3331, Telex 311399, Fax 333409, « Castello del 14° secolo in un parco », 🏊 – ❄ 📺 ☎ ♿ P – 🎤 80 a 400. AE $ ⓓ E VISA. 🚫🐕
Pasto *(chiuso martedì; prenotare)* carta 77/117000 – ☕ 15000 – **42 cam** 165/240000, 3 appartamenti – ½ P 175/235000.

CERVETERI Roma 988 ㉕, 430 Q 18 – alt. 81.

Vedere Necropoli della Banditaccia** N : 2 km.

Roma 42 – Civitavecchia 33 – Ostia Antica 42 – Tarquinia 52 – Viterbo 72.

CERVIA 48015 Ravenna 988 ⑮, 429 430 J 19 – 25 555 ab. – Stazione termale (aprile-ottobre), a.s. Pasqua, luglio-agosto e ottobre-dicembre – ☎ 0544.

(chiuso gennaio e lunedì da ottobre a marzo) ☎ 992786, Fax 993410.

(maggio-settembre) viale Roma 86 ☎ 974400.

Roma 382 – ◆Ravenna 22 – Rimini 31 – ◆Bologna 96 – ◆Ferrara 98 – Forlì 28 – ◆Milano 307 – Pesaro 76.

Gd H. Cervia, lungomare Grazia Deledda 9 ☎ 970500, Fax 972086, ←, – rist – 200. AE VISA. rist
marzo-ottobre – **Pasto** 50/100000 – 18000 – **56 cam** 200/300000 – ½ P 150/200000.

Nettuno, lungomare D'Annunzio 34 ☎ 971156, Fax 972082, ←, riscaldata, – rist. VISA.
25 aprile-settembre – **Pasto** 35/75000 – 15000 – **45 cam** 80/120000 – ½ P 115/130000.

Strand e Gambrinus, lungomare Grazia Deledda 104 ☎ 971773, Fax 973984, ← – – 50. AE VISA.
25 maggio-15 settembre – **Pasto** 30000 – 8000 – **66 cam** 80000 – ½ P 100000.

Universal, lungomare Grazia Deledda 118 ☎ 71418, Fax 971746, ←, riscaldata – rist. AE VISA. rist
marzo-ottobre – **Pasto** carta 30/40000 – 10000 – **42 cam** 70/100000 – ½ P 90/105000.

Beau Rivage, lungomare Grazia Deledda 116 ☎ 971010, ←, riscaldata – rist. AE VISA. rist
Pasqua-settembre – **Pasto** carta 30/40000 – 10000 – **40 cam** 70/100000 – ½ P 90/105000.

Ascot, viale Titano 14 ☎ 72318, riscaldata, – rist. rist
15 maggio-15 settembre – **Pasto** (solo per clienti alloggiati) – 10000 – **30 cam** 60/80000 – P 75/80000.

Al Teatro, via 20 Settembre 169 ☎ 71639, Solo specialità di mare, prenotare – . AE VISA.
chiuso lunedì e dal 1° al 15 gennaio – **Pasto** carta 45/70000.

La Pescheria, via Nazario Sauro 122 ☎ 971108 –

a Pinarella S : 2 km – ✉ 48015 Pinarella di Cervia.

(maggio-settembre) viale Titano 51 ☎ 988869 :

Garden, viale Italia 250 ☎ 987144, Fax 980006, riscaldata, – . VISA. rist
aprile-ottobre – **Pasto** 40/50000 – 16000 – **55 cam** 80/130000, 10000 – ½ P 105/110000.

Cinzia, viale Italia 252 ☎ 987241, Fax 987620, « riscaldata in terrazza panoramica », – . VISA. rist
aprile-ottobre – **Pasto** 35/45000 – 15000 – **25 cam** 70/110000, 10000 – ½ P 85/95000.

Buratti, viale Italia 194 ☎ 987549, Fax 988716, – .
Pasqua-settembre – **Pasto** 30/35000 – 15000 – **40 cam** 60/90000 – P 60/90000.

a Milano Marittima N : 2 km – ✉ 48016 Cervia - Milano Marittima.

viale Romagna 107 ☎ 993435, Fax 992515 :

Mare e Pineta, viale Dante 40 ☎ 992262, Fax 992739, « Parco pineta », riscaldata, – – 250. AE VISA. rist
6 aprile-settembre – **Pasto** 60/75000 – **163 cam** 230/350000 – ½ P 250/270000.

Le Palme, VII Traversa 12 ☎ 994661, Fax 994179, ←, « Giardino ombreggiato », riscaldata, – – 150. AE VISA.
Pasto (solo per clienti alloggiati) 60000 – 30000 – **103 cam** 159/216000 – ½ P 204000.

Exclusive Waldorf, VII Traversa 17 ☎ 994343, Fax 993428, ←, riscaldata – . AE VISA. rist
aprile-10 ottobre – **Pasto** carta 60/70000 – 20000 – **23 cam** 160/260000 – ½ P 184/216000.

Aurelia, viale 2 Giugno 34 ☎ 975451, Fax 972773, ←, « Giardino », – – 150. AE VISA. rist
aprile-settembre – **Pasto** (solo per clienti alloggiati) 50/70000 – **97 cam** 130/200000 – ½ P 160/200000.

Miami, III Traversa 31 ☎ 991628, Fax 992033, ←, riscaldata, – – 25 a 250. AE VISA. rist
marzo-novembre – **Pasto** (solo per clienti alloggiati) 45/50000 – **78 cam** 220/320000 – ½ P 150/185000.

Rouge, III Traversa 26 ☎ 992201, Fax 994379, ←, riscaldata, – . AE VISA. rist
aprile-settembre – **Pasto** carta 65/95000 – **84 cam** 125/180000 – ½ P 190000.

Gallia, piazzale Torino 16 ☎ 994692, Fax 994693, « Giardino ombreggiato », riscaldata, – . AE VISA. rist
Pasqua-settembre – **Pasto** 35/55000 – 15000 – **99 cam** 110/170000 – ½ P 115/180000.

Deanna Golf Hotel, viale Matteotti 131 ✆ 991365, Fax 994251, « Giardino », riscaldata – rist – 150. rist
marzo-ottobre – **Pasto** carta 65/75000 – **68 cam** 90/130000 – ½ P 120000.

Globus, viale 2 Giugno 59 ✆ 992115, Fax 992931, riscaldata, – rist
aprile-settembre – **Pasto** 45/60000 – 18000 – **50 cam** 130/165000 – P 85/165000.

Michelangelo, viale 2 Giugno 113 ✆ 994470, Fax 993534, « Giardino ombreggito », riscaldata – rist
marzo-novembre – **Pasto** 50/70000 – 18000 – **48 cam** 160/190000 – ½ P 150/200000.

Metropolitan, via XVII Traversa 7 ✆ 994735, Fax 994735, riscaldata –
Pasqua- 25 settembre – **Pasto** (solo per clienti alloggiati) – **83 cam** 90/150000 – ½ P 110/129000.

Ariston, viale Corsica 16 ✆ 994659, Fax 991555, – rist rist
10 maggio-settembre – **Pasto** 30/35000 – **52 cam** 80/140000 – ½ P 130000.

Kent, viale 2 Giugno 142 ✆ 992048, Fax 994472, « Piccolo giardino ombreggiato » – rist
maggio-settembre – **Pasto** 40/50000 – 15000 – **35 cam** 70/120000, 2 appartamenti – ½ P 100/130000.

Acapulco, VI Traversa 19 ✆ 992396, Fax 993833, riscaldata – rist
15 maggio-20 settembre – **Pasto** (solo per clienti alloggiati) 45000 – 15000 – **45 cam** 70/110000 – ½ P 122/131000.

Parco, viale 2 Giugno 49 ✆ 991130, – rist
15 maggio-15 settembre – **Pasto** (solo per clienti alloggiati) 32000 – 11000 – **41 cam** 102/104000 – ½ P 96000.

Sorriso, VIII Traversa 19 ✆ 994063, Fax 993123, riscaldata –
15 marzo-settembre – **Pasto** (solo per clienti alloggiati) – 20000 – **32 cam** 80/125000 – ½ P 98/118000.

Alexander, viale 2 Giugno 68 ✆ 991516, riscaldata, – rist rist
aprile-20 settembre – **Pasto** 40/55000 – 15000 – **51 cam** 115/126000 – P 73/126000.

Majestic, X Traversa 23 ✆ 994122, Fax 994123, riscaldata –
Pasqua-14 ottobre – **Pasto** 40000 bc – 15000 – **50 cam** 85/110000, 5000 – P 72/120000.

Mazzanti, via Forlì 51 ✆ 991207, Fax 991258, riscaldata, – rist rist
10 maggio-20 settembre – **Pasto** (solo per clienti alloggiati) 30000 – **42 cam** 60/100000 – ½ P 105/110000.

Nadir, viale Cadorna 3 ✆ 991322, Fax 991431, –
stagionale – **49 cam.**

Flora, viale Dante 42 ✆ 991209, Fax 991209, riscaldata, –
Pasto 35/45000 – 10000 – **28 cam** 60/100000 – P 100000.

Ridolfi, anello del Pino 18 ✆ 994547, Fax 991506, – rist rist
maggio-settembre – **Pasto** 30000 – **36 cam** 55/100000 – ½ P 92000.

Abahotel, IV Traversa 19 ✆ 991701, Fax 993969 – rist
23 maggio-19 settembre – **Pasto** 30000 – 15000 – **32 cam** 80/120000 – ½ P 90/120000.

Santiago, viale 2 Giugno 42 ✆ 975477, Fax 975477 – rist rist
Pasto 30/40000 – 12000 – **26 cam** 80/100000 – P 66/98000.

Al Caminetto, viale Matteotti 46 ✆ 994479, Rist. e pizzeria, « Servizio estivo all'aperto » –
Natale-Epifania e marzo-15 ottobre; chiuso a mezzogiorno escluso i giorni festivi – **Pasto** carta 74/96000.

Dal Marinaio, viale Puccini 8 ✆ 975479, Specialità di mare –
chiuso lunedì dal 16 maggio al 14 settembre e mercoledì negli altri mesi – **Pasto** carta 50/70000.

Acquario, viale Oriani 71 ✆ 975300, Specialità di mare e pizzeria –
chiuso dal 15 ottobre al 15 novembre e mercoledì (escluso da giugno ad agosto) – **Pasto** carta 33/55000.

a Tagliata SE : 3,5 km – ✉ **48015** Tagliata di Cervia.

(maggio-settembre) via Sicilia 61 ✆ 987945 :

La Tortuga, viale Sicilia 26 ✆ 987193, Rist. e pizzeria, « Servizio estivo in giardino » –
chiuso gennaio e mercoledì (escluso da giugno a settembre) – **Pasto** carta 45/60000.

CERVIGNANO DEL FRIULI 33052 Udine 988 ⑥, 429 E 21 – 12 107 ab. alt. 3 – ☎ 0431.

Roma 627 – Udine 34 – Gorizia 28 – ♦Milano 366 – ♦Trieste 47 – ♦Venezia 116.

- **Internazionale,** via Ramazzotti 2 ☎ 30751, Fax 34801 – rist – 30 a 250. AE VISA
  Pasto 40/45000 e al Rist. ***La Rotonda*** *(chiuso domenica sera e lunedì)* carta 44/62000 – **62 cam** ☐ 99/168000 – ½ P 84/94000.
- **Al Campanile** con cam, località Scodovacca E : 1,5 km ☎ 32018 –
  chiuso settembre ed ottobre – **Pasto** *(chiuso lunedì sera e martedì)* carta 30/42000 – ☐ 5000 – **12 cam** 38/60000 – ½ P 60000.

CERVINIA Aosta 988 ②, 219 ③ – Vedere Breuil-Cervinia.

CERVO 18010 Imperia 428 K 6 – 1 247 ab. alt. 66 – ☎ 0183.

piazza Santa Caterina (nel Castello) ☎ 408197, Fax 403133.

Roma 605 – Imperia 10 – Alassio 12 – ♦Genova 106 – ♦Milano 228 – San Remo 35.

- **San Giorgio,** centro storico ☎ 400175, Specialità di mare, Coperti limitati; prenotare
  chiuso dal 10 gennaio al 10 febbraio, novembre, lunedì sera e in luglio-agosto anche martedì a mezzogiorno – **Pasto** 50000 bc (alla sera) e carta 50/80000
  Spec. Gamberi di Oneglia alla mediterranea, Gnocchetti di patate con pomodoro fresco verdure e gamberi, Grigliata di pesce misto.
- Da Serafino, centro storico ☎ 408185, « Servizio estivo in terrazza panoramica »

CESANA TORINESE 10054 Torino 988 ⑪, 428 H 2 – 966 ab. alt. 1 354 – a.s. febbraio-Pasqua, luglio-agosto e Natale – Sport invernali : a Sansicario, Monti della Luna e Claviere : 1 360/2 701 m 2 35, – ☎ 0122.

(dicembre-aprile e luglio-settembre) piazza Vittorio Amedeo 3 ☎ 89202.

Roma 752 – Bardonecchia 25 – Briançon 21 – ♦Milano 224 – Sestriere 11 – ♦Torino 87.

- **Chaberton,** ☎ 89147, Fax 897163, – VISA
  chiuso maggio e novembre – **Pasto** carta 30/50000 – ☐ 14000 – **27 cam** 100/138000 – ½ P 125000.

a Mollières N : 2 km – ✉ **10054** Cesana Torinese :

- **La Selvaggia,** ☎ 89290 – AE VISA
  chiuso mercoledì, giugno ed ottobre – **Pasto** carta 39/58000.

a San Sicario E : 5 km – alt. 1 700 – ✉ **10054** Cesana Torinese :

- **Fraiteve,** al borgo S : 2 km ☎ 832490, « Ambiente caratteristico » –
  chiuso maggio, novembre e martedì in bassa stagione – **Pasto** carta 36/75000.

CESANO Ancona 430 K 21 – Vedere Senigallia.

CESANO BOSCONE 20090 Milano 428 F 9, 219 ⑱ – 26 262 ab. alt. 120 – ☎ 02.

Roma 582 – ♦Milano 10 – Novara 48 – Pavia 35 – Varese 54.

Pianta d'insieme di Milano (Milano p. 6)

- **Roma** senza rist, via Poliziano 2 ☎ 4581805, Fax 4500473 – – 25. AE VISA JCB AP **k**
  chiuso dal 10 al 20 agosto – ☐ 25000 – **34 cam** 170/270000, 2 appartamenti.

CESANO MADERNO 20031 Milano 428 F 9, 219 ⑲ – 31 804 ab. alt. 198 – ☎ 0362.

Roma 613 – ♦Milano 20 – ♦Bergamo 52 – Como 29 – Novara 61 – Varese 41.

a Cassina Savina E : 4 km – ✉ **20030** :

- **La Cometa,** via Podgora 12 ☎ 504102, Specialità di mare – VISA
  chiuso lunedì ed agosto – **Pasto** carta 28/49000.

CESENA 47023 Forlì 988 ⑮, 429 430 J 18 – 89 315 ab. alt. 44 – ☎ 0547.

Vedere Biblioteca Malatestiana★.

piazza del Popolo 1 ☎ 356327, Fax 356329.

Roma 336 – ♦Ravenna 31 – Rimini 30 – ♦Bologna 89 – Forlì 19 – ♦Milano 300 – ♦Perugia 168 – Pesaro 69.

- **Casali,** via Benedetto Croce 81 ☎ 22745, Fax 22828 – – 25 a 150. AE VISA JCB
  Pasto vedere rist **Casali** – ☐ 16000 – **45 cam** 115/170000.
- **Meeting Hotel** senza rist, via Romea 545 ☎ 333160, Fax 334394 – – 60. VISA
  chiuso dal 20 al 30 dicembre – ☐ 15000 – **20 cam** 100/150000, 10000.
- **Alexander,** piazzale Karl Marx 10 ☎ 27474, Fax 27874 – – 50. AE VISA rist
  Pasto *(giugno-agosto)* 28/40000 – ☐ 12000 – **32 cam** 115/160000 – ½ P 120000.

XXX **Casali,** via Benedetto Croce 81 ☎ 27485, Fax 27485, – ▤. AE Ⓢ ⓓ E VISA. ⌘
chiuso venerdì e dal 1° al 15 agosto – **Pasto** carta 53/88000.

XX **Gianni,** via Dell'Amore 9 ☎ 21328, Fax 21328, , Rist. e pizzeria – AE Ⓢ ⓓ E VISA JCB
chiuso giovedì – **Pasto** carta 35/69000.

XX **Il Circolino,** corte Dandini 10 ☎ 21875, , Coperti limitati; solo su prenotazione a mezzogiorno – AE Ⓢ VISA. ⌘
chiuso martedì e settembre – **Pasto** carta 34/58000.

CESENATICO 47042 Forlì 988 ⑮, 429 430 J 19 – 20 829 ab. – a.s. 21 giugno-agosto – ☎ 0547.
viale Roma 112 ☎ 80091, Fax 80129.
Roma 358 – ♦Ravenna 31 – Rimini 22 – ♦Bologna 98 – ♦Milano 309.

Pino, via Anita Garibaldi 7 ☎ 80645, Fax 84788 – ▤ ☎ – 40. AE Ⓢ ⓓ E VISA. ⌘
Pasto vedere rist **Pino** – 15000 – **66 cam** 110/170000.

Britannia, viale Carducci 129 ☎ 672500, Fax 81799, ≤, « Giardino-terrazza », , – ▤ ☎ & ⓟ – 50. AE Ⓢ ⓓ E VISA. ⌘
aprile-15 settembre – **Pasto** *(chiuso sino al 25 maggio)* carta 40/64000 – 18000 – **37 cam** 130/200000 – P 120/190000.

San Pietro, viale Carducci 194 ☎ 82496, Fax 81830, ≤, – ☎ ⓟ – 250. AE Ⓢ ⓓ E VISA. ⌘
9 marzo-13 ottobre – **Pasto** (solo per clienti alloggiati e *chiuso sino all'11 maggio*) 32/45000 – **80 cam** 95/160000 – ½ P 90/110000.

Torino, viale Carducci 55 ☎ 80044, Fax 672510, ≤, riscaldata – ▤ rist ☎ ⓟ. AE Ⓢ ⓓ E VISA. ⌘
15 maggio-settembre – **Pasto** (solo per clienti alloggiati) 50/70000 – 10000 – **45 cam** 140000 – ½ P 94/118000.

Esplanade, viale Carducci 120 ☎ 82405, Fax 672214 – ☎
stagionale – **61 cam.**

Miramare, viale Carducci 2 ☎ 80006, Fax 84785, ≤, – ▤ ☎ ⓟ – 70. AE Ⓢ ⓓ E VISA. ⌘ rist
Pasto *(chiuso martedì)* carta 40/60000 – 15000 – **30 cam** 100/180000, ▤ 10000 – ½ P 100/130000.

Sporting, viale Carducci 191 ☎ 83082, Fax 672172, ≤, – ▤ rist ☎ ⓟ. ⌘
20 maggio-20 settembre – **Pasto** (solo per clienti alloggiati) – 20000 – **40 cam** 80/100000 – ½ P 75/90000.

Roxy, viale Carducci 193 ☎ 82004, Fax 672406, ≤, riscaldata, – ▤ rist ☎ ⓟ. ⌘
Pasqua e 20 maggio-20 settembre – **Pasto** (solo per clienti alloggiati) 25/60000 – 15000 – **40 cam** 60/110000 – ½ P 68/85000.

Atlantica, viale Bologna 28 ☎ 83630, Fax 75758, ≤ – ☎ ⓟ. AE Ⓢ VISA. ⌘
Pasqua-settembre – **Pasto** carta 45/64000 – 15000 – **35 cam** 90/150000 – ½ P 70/120000.

Da Marchino, via Mazzini 93/95 ☎ 83192 e rist ☎ 83777, Fax 83777, , – ☎ ⓟ
35 cam.

Ori, viale da Verrazzano 14 ☎ 81880 – ☎ ⓟ. E. ⌘ rist
maggio-settembre – **Pasto** 18/30000 – 12000 – **27 cam** 70/90000 – ½ P 65/72000.

Domus Mea senza rist, via del Fortino 7 ☎ 82119, Fax 82441 – ☎. AE Ⓢ ⓓ E VISA. ⌘
maggio-settembre – 7500 – **29 cam** 75/90000.

Tiboni , via Abba 86 ☎ 82089 – AE. ⌘
15 maggio-15 settembre – **Pasto** 16/25000 – 7000 – **18 cam** 40/70000 – ½ P 40/62000.

XXX **Pino,** via Anita Garibaldi 7 ☎ 75350, Fax 84788, – ▤. AE Ⓢ ⓓ E VISA. ⌘
chiuso lunedì e dal 2 al 30 novembre – **Pasto** 32/55000 e carta 45/73000.

XX Teresina, viale Trento ☎ 81108, ≤ – ▤ ⓟ

XX **Al Gallo-da Giorgio,** via Baldini 21 ☎ 81067, Fax 672454, – AE Ⓢ ⓓ E VISA JCB
chiuso mercoledì e dal 2 al 16 gennaio – **Pasto** carta 45/55000.

XX **La Buca,** corso Garibaldi 41 ☎ 82474, Fax 82474, , Specialità di mare – AE Ⓢ ⓓ E VISA. ⌘
chiuso lunedì e dal 2 al 10 gennaio – **Pasto** carta 43/72000.

XX **Gambero Rosso,** molo Levante 21 ☎ 81260, ≤ – ▤. AE Ⓢ ⓓ E VISA JCB
chiuso dal 10 al 31 gennaio e martedì (escluso dal 15 giugno al 15 settembre) – **Pasto** carta 49/65000.

XX **Bistrot Claridge,** viale dei Mille 55 ☎ 82055, , Coperti limitati; prenotare – AE Ⓢ E VISA. ⌘
chiuso a mezzogiorno e lunedì – **Pasto** carta 39/65000.

Trocadero-da Valeria, via Pasubio-spiaggia levante ✆ 81173, ≤ – P. AE ⑤ ⊙ E VISA
chiuso lunedì e dal 1° al 15 novembre – **Pasto** carta 45/60000.

Marengo, via Canale Bonificazione 71 ✆ 83200, Solo piatti di carne, – P. ⑤ ⊙. ✻
chiuso martedì, gennaio e febbraio – **Pasto** carta 31/48000.

a Valverde S : 2 km – ✉ **47042** Cesenatico :

Caesar, viale Carducci 290 ✆ 86500, Fax 86654, ≤, Fā, riscaldata, ✂ – |♦| ☎ ♿ P. ⑤ E VISA. ✻ rist
15 aprile-settembre – **Pasto** 25/40000 – ☐ 14000 – **45 cam** 80/120000 – P 94/132000.

Colorado, viale Carducci 306 ✆ 86242, Fax 680194, – |♦| ☎ P. AE. ✻
maggio-settembre – **Pasto** 40/55000 – **47 cam** ☐ 100/140000 – P 75/110000.

Wivien, via Guido Reni angolo via Canova 89 ✆ 85388, Fax 85455, – |♦| ☎ P. AE ✻ rist
aprile-ottobre – **Pasto** (solo per clienti alloggiati) – ☐ 12000 – **37 cam** 80/120000 – ½ P 80/100000.

Tridentum, viale Michelangelo 25 ✆ 86287, Fax 87522, – |♦| ▤ ☎ P. AE ⑤ VISA ✻ rist
aprile-settembre – **Pasto** 28/35000 – **60 cam** ☐ 80/105000 – ½ P 92/100000.

a Zadina Pineta N : 2 km – ✉ **47042** Cesenatico :

Beau Soleil-Wonderful ⑤, viale Mosca 43/45 ✆ 82209, Fax 82069, riscaldata – |♦| ▤ ☎ P. ⑤ ⊙ E VISA. ✻ rist
Pasqua-settembre – **Pasto** (solo per clienti alloggiati) 30/50000 – **86 cam** ☐ 90/150000 – ½ P 100/105000.

Renzo ⑤, viale dei Pini 55 ✆ 82316, Fax 82316 – |♦| ▤ rist ☎ P. AE ⑤. ✻
15 maggio-settembre – **Pasto** (solo per clienti alloggiati) 20000 – ☐ 8000 – **24 cam** 50/80000 – ½ P 77000.

La Scogliera-da Roberto, via Londra 36 ✆ 83281, – ▤. ✻
chiuso lunedì e settembre – **Pasto** carta 35/85000.

a Villamarina S : 3 km – ✉ **47042** Cesenatico :

David, viale Carducci 297 ✆ 86154, Fax 86154, ≤, « Grande terrazza con riscaldata » – |♦| TV ☎ P. ⑤ VISA. ✻ rist
Pasqua-ottobre – **Pasto** 30/40000 – ☐ 15000 – **46 cam** 100/155000 – ½ P 98/119000.

Park Hotel Grilli ⑤, viale Torricelli 12 ✆ 87174, Fax 87255, « Giardino ombreggiato », Fā, ≘s, riscaldata, ✂ – |♦| ⇔ rist ▤ TV ☎ – 150 – **44 cam.**

Duca di Kent, viale Euclide 23 ✆ 86307, Fax 86488, Fā, ≘s, – |♦| ☎ P. ⑤ E VISA ✻ rist
15 maggio-25 settembre – **Pasto** 25/40000 – ☐ 10000 – **40 cam** 70/110000 – ½ P 75/115000.

CESSALTO 31040 Treviso 988 ⑤, 429 E 19 – 3 099 ab. alt. 5 – ☎ 0421.

Roma 562 – ♦Venezia 48 – Belluno 81 – ♦Milano 301 – Treviso 33 – Udine 77.

Romana senza rist, ✆ 327194, Fax 327194 – ▤ TV ☎ P. VISA. ✻
☐ 5000 – **19 cam** 56/70000.

CESUNA 36010 Vicenza 429 E 16 – alt. 1 052 – ☎ 0424.

Roma 582 – Trento 72 – Asiago 8 – ♦Milano 263 – ♦Venezia 114 – Vicenza 48.

Belvedere, ✆ 67000, Fax 67309, – TV ☎ P. ✻ rist
Pasto *(chiuso martedì)* carta 30/42000 – ☐ 9000 – **24 cam** 85/115000 – ½ P 85000.

CETARA 84010 Salerno 431 F 26 – 2 468 ab. alt. 15 – ☎ 089.

Roma 255 – ♦Napoli 56 – Amalfi 15 – Avellino 45 – Salerno 10 – Sorrento 49.

Cetus, ✆ 261388, Fax 261388, ≤ golfo di Salerno, – |♦| ▤ rist TV ☎ P – 70. AE ⑤ E VISA JCB. ✻ rist
Pasto carta 35/57000 – **38 cam** ☐ 147/210000 – ½ P 90/165000.

CETONA 53040 Siena 430 N 17 – 2 975 ab. alt. 384 – ☎ 0578.

Roma 155 – ♦Perugia 59 – Orvieto 62 – Siena 89.

Osteria Vecchia, via Cherubini 11 ✆ 239040, Fax 239040 – TV ☎. AE ⑤ ⊙ E VISA
chiuso martedì escluso dal 15 giugno al 15 settembre – **Pasto** carta 36/50000.

a Piazze S : 9 km – ✉ **53040** :

Bottega delle Piazze, ✆ 244295 – AE ⑤ ⊙ E VISA
chiuso lunedì e dal 10 al 20 settembre – **Pasto** carta 30/44000.

CETRARO 87022 Cosenza 988 ㊴, 431 I 29 – 10 640 ab. alt. 120 – ☎ 0982.

San Michele, località Bosco ✉ 87022 Cetraro ✆ 91012, Fax 91430, NO : 6 km.

Roma 466 – ♦Cosenza 55 – Catanzaro 115 – Paola 21.

Il Casello, al porto NO : 2,5 km ✆ 971355 – P. AE ⑤
chiuso lunedì escluso da giugno a settembre – **Pasto** carta 40/55000.

sulla strada statale 18 NO : 6 km :

Gd H. San Michele, ✉ 87022 ☎ 91012, Fax 91430, ≤, « Giardino-frutteto e ascensore per la spiaggia », – 80 a 220. rist
chiuso novembre – **Pasto** carta 72/100000 – **67 cam** ☐ 200/340000 – 1/2 P 230/330000.

CEVA 12073 Cuneo 988 ⑫, 428 I 6 – 5 615 ab. alt. 388 – ☎ 0174.
Roma 595 – Cuneo 50 – ◆Milano 219 – Savona 50 – ◆Torino 95.

Italia, via Moretti 19 ☎ 701340 –
chiuso giovedì – **Pasto** carta 31/50000.

CHAMPLAS JANVIER Torino – Vedere Sestriere.

CHAMPOLUC 11020 Aosta 988 ②, 428 E 5 – alt. 1 570 – a.s. 13 febbraio-aprile, luglio-agosto e Natale – Sport invernali : 1 570/2 714 m 1 15, – ☎ 0125.
via Varasch ☎ 307113.
Roma 737 – Aosta 64 – Biella 92 – ◆Milano 175 – ◆Torino 104.

Castor, ☎ 307117, ≤, – rist
Pasto *(dicembre-26 aprile e 26 giugno-20 settembre)* carta 32/53000 – ☐ 15000 – **32 cam** 75/120000 – 1/2 P 95/120000.

Villa Anna Maria, ☎ 307128, ≤, « Giardino e pineta » –
5 dicembre-25 aprile e 20 giugno-20 settembre – **Pasto** 32/38000 – ☐ 10000 – **20 cam** 75/105000 – 1/2 P 110/120000.

Lesen Sie die Einleitung, sie ist der Schlüssel zu diesem Führer.

CHAMPORCHER 11020 Aosta 988 ②, 428 F 4 – 421 ab. alt. 1 427 – a.s. Pasqua e Natale – Sport invernali : 1 427/2 500 m 1 3, – ☎ 0125.
Roma 716 – Aosta 61 – Ivrea 43 – ◆Milano 156 – ◆Torino 85.

Beau Séjour, frazione Mellier ☎ 37122, ≤ –
Pasto 20/40000 – **21 cam** ☐ 50/70000 – 1/2 P 60000.

CHANAVEY Aosta 428 F 3, 219 ⑪ ⑫ – Vedere Rhêmes Notre Dame.

CHARVENSOD Aosta 428 E 3 – Vedere Aosta.

CHATILLON 11024 Aosta 988 ②, 428 E 4 – 4 629 ab. alt. 549 – a.s. luglio-agosto – ☎ 0166.
Roma 723 – Aosta 28 – Breuil-Cervinia 27 – ◆Milano 160 – ◆Torino 89.

Rendez Vous, prossimità casello autostrada ☎ 563150, Fax 62480, ≤ –
Pasto 30/32000 ed al Rist. ***Da Beppe*** carta 35/48000 – ☐ 10000 – **35 cam** 75/100000 – 1/2 P 75/82000.

Marisa, via Pellissier 10 ☎ 563112, Fax 563110, ≤, –
chiuso novembre – **Pasto** *(chiuso lunedì escluso dal 15 luglio al 15 settembre)* carta 35/63000 – ☐ 10000 – **28 cam** 70/100000 – 1/2 P 70/85000.

La Rocca senza rist, località Perolle ☎ 563214, Fax 563215, –
☐ 10000 – **30 cam** 80/120000.

Le Verger senza rist, via Tour de Grange 53 ☎ 563066, ≤ –
☐ 6500 – **14 cam** 60/75000.

Parisien, regione Panorama 1 ☎ 537053, Coperti limitati; prenotare –
chiuso a mezzogiorno (escluso i giorni festivi e prefestivi), giovedì e dal 7 al 25 luglio – **Pasto** 60/80000 e carta 63/100000.

La Terrazza, regione Panorama 3 ☎ 512548, Fax 512548, –
chiuso mercoledì, dal 15 al 30 giugno e dal 10 al 20 novembre – **Pasto** carta 30/53000.

CHERASCO 12062 Cuneo 428 I 5 – 6 594 ab. alt. 288 – ☎ 0172.
(chiuso dicembre, gennaio e martedì) località Fraschetta ✉ 12062 Cherasco ☎ 489772, Fax 4883304.
Roma 646 – Cuneo 52 – ◆Torino 53 – Asti 51 – Savona 97.

Napoleon, via Aldo Moro 1 ☎ 488238, Fax 488435 – cam – 200. rist
Pasto al Rist. ***L'Escargot*** *(chiuso mercoledì)* carta 27/55000 – **22 cam** ☐ 100/130000 – 1/2 P 90000.

Osteria della Rosa Rossa, via San Pietro 31 ☎ 488133 –
chiuso lunedì, martedì, dal 15 gennaio al 15 febbraio e dal 24 al 31 agosto – **Pasto** carta 25/38000.

CHIANCIANO TERME **53042** Siena 988 ⑮, 430 M 17 – 7 328 ab. alt. 550 – Stazione termale (1… aprile-ottobre) – ☎ 0578.

Vedere Guida Verde.

piazza Italia 67 ℘ 63167, Fax 64623 – (maggio-settembre) piazza Gramsci ℘ 31292.

Roma 167 – Siena 74 – Arezzo 73 – ♦Firenze 132 – ♦Milano 428 – ♦Perugia 65 – Terni 120 – Viterbo 104.

Gd H. Excelsior, via Sant'Agnese 6 ℘ 64351, Fax 63214, riscaldata, – 50 a 700. AE VISA.
Pasqua-ottobre – **Pasto** 60000 – 20000 – **66 cam** 150/240000, 9 appartamenti – ½ P 200000.

Grande Alb. Le Fonti, viale della Libertà 523 ℘ 63701, Fax 63701, ← – 250. VISA. rist
Pasto 50/60000 – 20000 – **66 cam** 170/250000, 4 appartamenti – ½ P 180/200000.

Michelangelo, via delle Piane 146 ℘ 64004, Fax 60480, ← dintorni, « Parco ombreggiato », riscaldata, – – 40. AE E VISA. rist
Capodanno, Pasqua e maggio-20 ottobre – **Pasto** 75000 – 20000 – **63 cam** 120/170000 – ½ P 155000.

Moderno, viale Baccelli 10 ℘ 63754, Fax 60656, « Terrazza-giardino con riscaldata » – AE E VISA JCB.
Pasto 35/40000 – 10000 – **70 cam** 120/200000 – ½ P 120/180000.

Ambasciatori, viale della Libertà 512 ℘ 64371, Fax 64371, « riscaldata in terrazza panoramica », – – 350. AE E VISA.
Pasto 45000 – **115 cam** 120/170000 – ½ P 105/130000.

Raffaello, via dei Monti 3 ℘ 657000, Fax 64923, « Giardino con e », – . AE E VISA. rist
15 aprile-ottobre – **Pasto** 35/45000 – 10000 – **70 cam** 100/150000 – ½ P 130/150000.

Gd H. Capitol, viale della Libertà 492 ℘ 64681, Fax 64686, « in terrazza panoramica », – . AE E VISA JCB.
Pasqua-ottobre – **Pasto** 35/40000 – 10000 – **68 cam** 100/150000 – ½ P 140000.

Majestic, via Buozzi 70 ℘ 63042, Fax 62101, riscaldata, – . E VISA. rist
15 aprile-ottobre – **Pasto** 40/55000 – 12000 – **68 cam** 115/140000 – ½ P 130000.

Milano, viale Roma 46 ℘ 63227, Fax 63227, – . AE E VISA. rist
15 aprile-15 novembre – **Pasto** 45000 – **56 cam** 120/170000 – P 100/140000.

Sole, via delle Rose 40 ℘ 60194, Fax 60196, – – 100. AE E VISA. rist
Pasqua-ottobre – **Pasto** 35/45000 – **81 cam** 95/130000 – ½ P 105000.

Montecarlo, viale della Libertà 478 ℘ 63903, Fax 63093, « riscaldata in terrazza panoramica », – rist . rist
maggio-ottobre – **Pasto** 30/38000 – 8000 – **41 cam** 70/100000 – ½ P 88/95000.

Alba, viale della Libertà 288 ℘ 64300, Fax 60577, – rist – 40 a 200
66 cam.

Continentale, piazza Italia 56 ℘ 63272, Fax 63272, riscaldata – . AE E VISA. rist
aprile-ottobre – **Pasto** *(chiuso martedì)* carta 36/52000 – 10000 – **42 cam** 100/140000 – ½ P 75/110000.

Ricci, via Giuseppe di Vittorio 51 ℘ 63906, Fax 63906, – rist – 25… AE E VISA. rist
Pasto 35/50000 – 10000 – **60 cam** 70/110000 – ½ P 65/83000.

Macerina, via Macerina 27 ℘ 64241, –
stagionale – **86 cam.**

Carlton Elite, via Ugo Foscolo 21 ℘ 64395, Fax 64440, , – . rist
aprile-ottobre – **Pasto** 35/38000 – 10000 – **54 cam** 70/100000 – ½ P 90000.

Irma, viale della Libertà 302 ℘ 63941, Fax 63941, – rist . rist
16 aprile-ottobre – **Pasto** 35/40000 – 10000 – **70 cam** 90/110000 – P 80/115000.

Cosmos, via delle Piane 44 ℘ 60496, , – . AE E VISA JCB. rist
Pasqua-ottobre – **Pasto** (solo per clienti alloggiati) – 8000 – **37 cam** 65/100000 – ½ P 80000.

Firenze, via della Valle 52 ℘ 63706, Fax 63700, – rist . VISA. rist
Pasqua-ottobre – **Pasto** 35000 – 10000 – **33 cam** 70/90000 – ½ P 70000.

San Paolo, via Ingegnoli 22 ℘ 60221, Fax 63753 – rist . AE.
marzo-novembre – **Pasto** (solo per clienti alloggiati) – **38 cam** 70/95000 – P 55/90000.

Patria, viale Roma 56 ℘ 64506 – . AE E VISA. rist
maggio-15 novembre – **Pasto** 40000 – **30 cam** 80/110000 – P 85/110000.

Bellaria, via Verdi 57 ☎ 64691, Fax 63979, – |‡| rist ▤ ☎ **P**. ✗
aprile-ottobre – **Pasto** 30000 – **52 cam** ☐ 90/130000 – ½ P 58/78000.

Suisse, via delle Piane 62 ☎ 63820, Fax 63430, – |‡| TV ☎ **P**. AE $ ⓘ VISA. ✗ rist
aprile-ottobre – **Pasto** 25000 – ☐ 6000 – **33 cam** 60/100000 – ½ P 80000.

Gallo Nero, via delle Piane 54 ☎ 63680, Rist. e pizzeria – $ E VISA
chiuso giovedì – **Pasto** carta 28/43000.

CHIARAMONTE GULFI Ragusa 988 ㊲, 432 P 26 – Vedere Sicilia alla fine dell'elenco alfabetico.

CHIARAVALLE MILANESE Milano 428 F 9, 219 ⑲ – Vedere Milano, dintorni.

CHIARI 25032 Brescia 988 ③, 428 429 F 11 – 17 276 ab. alt. 148 – ☎ 030.

Roma 578 – ♦Bergamo 40 – ♦Brescia 25 – Cremona 74 – ♦Milano 82 – ♦Verona 93.

Zucca, via Andreoli 10 ☎ 711739, – ▤. AE $ ⓘ E VISA
chiuso lunedì e dal 1° al 20 agosto – **Pasto** carta 31/46000.

CHIASSA Arezzo 430 L 17 – Vedere Arezzo.

CHIAVARI 16043 Genova 988 ⑬, 428 J 9 – 28 692 ab. – ☎ 0185.

Vedere Basilica dei Fieschi★.

corso Assarotti 1 ☎ 310241, Fax 324796.

Roma 467 – ♦Genova 38 – ♦Milano 173 – ♦Parma 134 – Portofino 22 – ♦La Spezia 69.

Monterosa, via Monsignor Marinetti 6 ☎ 300321, Fax 312868 – |‡| ☎. AE $ ⓘ E VISA. ✗
Pasto carta 36/61000 – ☐ 12000 – **70 cam** 90/120000 – ½ P 90/110000.

Torino senza rist, corso Colombo 151 ☎ 312231, Fax 312233 – TV ☎ &. AE $ ⓘ E VISA. ✗
32 cam ☐ 110/140000.

Mignon, via Salietti 7 ☎ 324977, Fax 309420 – |‡| TV ☎. AE $ ⓘ E VISA. ✗
chiuso da novembre al 4 dicembre – **Pasto** *(chiuso dal 15 ottobre al 20 dicembre)* 35/38000 – **32 cam** ☐ 90/110000 – ½ P 75/85000.

Lord Nelson Pub con cam, corso Valparaiso 27 ☎ 302595, Fax 310397, ≤, Coperti limitati; prenotare, « Veranda in riva al mare » – ▤ cam TV ☎. AE $ ⓘ E VISA. ✗
chiuso dal 5 novembre al 5 dicembre – **Pasto** *(chiuso mercoledì escluso agosto)* 70000 bc e carta 64/113000 – 5 appartamenti ☐ 300000.

Copetin, piazza Gagliardo 15/16 ☎ 309064, , Specialità di mare – VISA. ✗
chiuso martedì sera, mercoledì, dicembre e gennaio – **Pasto** carta 54/91000 (10 %).

Piazzetta, piazza Cademartori 34 ☎ 301419, , Coperti limitati; prenotare – ▤. AE $ E VISA
chiuso lunedì e dall'8 gennaio all'8 febbraio – **Pasto** carta 37/65000.

Il Portico, corso Assarotti 21 ☎ 310049, prenotare – ▤. AE $ ⓘ E VISA. ✗
chiuso martedì e dal 15 agosto al 15 settembre – **Pasto** carta 45/75000.

Camilla, corso Colombo 87 ☎ 309682 – $ E VISA JCB
chiuso lunedì e dal 10 al 20 novembre – **Pasto** carta 43/73000.

Da Felice, via Risso 71 ☎ 308016, Specialità di mare, Coperti limitati; prenotare – ▤. AE $ E VISA. ✗
chiuso lunedì e novembre – **Pasto** carta 32/58000.

Da Renato, corso Valparaiso 1 ☎ 303033, – AE VISA
chiuso mercoledì e dal 14 al 19 maggio – **Pasto** carta 41/62000.

a Leivi N : 6,5 km – alt. 300 – ✉ 16040 :

Cà Peo con cam, sulla strada panoramica E : 2 km ☎ 319696, Fax 319671, ≤ mare e città, solo su prenotazione – **P**. AE ⓘ VISA. ✗ rist
chiuso novembre – **Pasto** *(chiuso lunedì e martedì a mezzogiorno)* carta 65/90000 – ☐ 30000 – 5 appartamenti 160000
Spec. Terrina ai funghi porcini (autunno), Cappellacci alle melanzane e sarazzu (ricotta) al pomodoro e timo (estate-autunno), Sella di coniglio alla sanremese.

Pepèn, largo Marconi 1 ☎ 319010, Fax 319731, Ambiente tipico, prenotare – AE $ E VISA. ✗
chiuso martedì e a mezzogiorno (escluso domenica) – **Pasto** 50000 bc.

Per spostarvi più rapidamente utilizzate le carte Michelin "Grandi Strade" :
n° 970 Europa, *n°* 976 Rep. Ceca/Slovacchia, *n°* 980 Grecia, *n°* 984 Germania, *n°* 985 Scandinavia-Finlandia, *n°* 986 Gran Bretagna-Irlanda, *n°* 987 Germania-Austria-Benelux, *n°* 988 Italia, *n°* 989 Francia, *n°* 990 Spagna-Portogallo, *n°* 991 Jugoslavia.

CHIAVENNA 23022 Sondrio 988 ③, 428 D 10 – 7 395 ab. alt. 333 – 0343.

Vedere Fonte battesimale* nel battistero.

piazza Caduti per la Libertà 36384, Fax 36384.

Roma 684 – Sondrio 61 – Bergamo 96 – Como 85 – Lugano 77 – Milano 115 – Saint-Moritz 49.

Aurora, località Campedello E : 1 km 32708, Fax 35145 – 600. E VISA.
Pasto *(chiuso giovedì da ottobre a maggio)* carta 39/67000 – 15000 – **48 cam** 110000 – ½ P 75/100000.

Crimea, 34343, Fax 35935 – AE E VISA. rist
chiuso dal 30 settembre al 25 ottobre – **Pasto** *(chiuso giovedì)* carta 32/56000 – 13000 – **35 cam** 63/90000 – ½ P 70/80000.

Passerini, 36166, Fax 36166, Coperti limitati; prenotare – AE E VISA
chiuso lunedì, dall'8 al 12 gennaio e dal 24 giugno al 12 luglio – **Pasto** 26000 (solo a mezzogiorno) 48/62000 e carta 34/61000.

Al Cenacolo, 32123, Coperti limitati; prenotare
chiuso martedì sera, mercoledì e giugno – **Pasto** 30000 e carta 48/70000
Spec. Terrina alla campagnola, Pizzoccheri alla chiavennasca, Capretto arrosto (primavera).

a Mese SO : 2 km – 23020 :

Crotasc, 41003, Fax 41003, « Servizio estivo in terrazza ombreggiata », – AE E VISA.
chiuso lunedì, martedì e dal 5 al 20 giugno – **Pasto** carta 34/45000.

CHIAVERANO 10010 Torino 428 F 5, 219 ⑭ – 2 227 ab. alt. 329 – 0125.

Roma 689 – Aosta 69 – Torino 55 – Biella 32 – Ivrea 6.

Castello San Giuseppe, O : 1 km 424370, Fax 641278, vallata e laghi, Coperti limitati; prenotare, « Edificio del 17° secolo in un giardino ombreggiato » – 25. AE E VISA.
Pasto *(chiuso a mezzogiorno e domenica)* carta 46/70000 – **16 cam** 125/175000, appartamento – ½ P 135000.

CHIENES (KIENS) 39030 Bolzano 429 B 17 – 2 533 ab. alt. 778 – Sport invernali : Plan de Corones : 800/2 273 m 11 21, – 0474.

565245, Fax 565611.

Roma 705 – Cortina d'Ampezzo 68 – Bolzano 67 – Brennero 58 – Brunico 10 – Milano 366 – Trento 127.

a San Sigismondo (St. Sigmund) O : 2,5 km – 39030 :

Tauber's Vital Hotel, 569500, Fax 569673,
chiuso dall'11 aprile al 9 maggio e da novembre al 24 dicembre – **Pasto** (solo per clienti alloggiati) – **18 cam** 90/160000, 2 appartamenti – ½ P 105/115000.

Rastbichler, 569563, Fax 569628, rist E VISA.
chiuso da novembre al 20 dicembre – **Pasto** *(chiuso lunedì)* 35/55000 – **39 cam** 85/160000 – ½ P 80/100000.

CHIERI 10023 Torino 988 ⑫, 428 G 5 – 31 904 ab. alt. 315 – 011.

Roma 649 – Torino 18 – Asti 35 – Cuneo 96 – Milano 159 – Vercelli 77.

La Maddalena, via Fenoglio 4 9472729, Fax 9472729,
chiuso dal 4 al 20 agosto – **Pasto** (prenotare la sera; *chiuso sabato*) carta 28/35000 – 5000 – **17 cam** 90/120000 – ½ P 80000.

CHIESA IN VALMALENCO 23023 Sondrio 988 ③, 428 429 D 11 – 2 798 ab. alt. 1 000 – Sport invernali : 1 000/2 336 m 1 4, (vedere anche Caspoggio) – 0342.

piazza Santi Giacomo e Filippo 1 451150, Fax 452505.

Roma 712 – Sondrio 14 – Bergamo 129 – Milano 152.

Tremoggia, 451106, Fax 451718, – 80. AE E VISA JCB.
Pasto *(chiuso mercoledì)* carta 34/51000 – 16000 – **43 cam** 98/156000 – ½ P 83/130000.

Rezia, 451271, Fax 451271, monti e vallata,
20 dicembre-15 aprile e 20 giugno-15 settembre – **Pasto** (solo per clienti alloggiati e *chiuso lunedì*) – 12000 – **27 cam** 50/80000 – ½ P 80/95000.

La Betulla senza rist, 556415, Fax 556294,
dicembre-aprile e 20 giugno-settembre – **30 cam** 75/120000.

La Lanterna, 451438, Fax 451438 – AE E VISA.
chiuso giugno, ottobre e novembre – **Pasto** carta 26/40000 – 7000 – **20 cam** 47/85000 – ½ P 60/75000.

Malenco, 452182 – AE E VISA
chiuso mercoledì, dal 20 giugno al 5 luglio e dal 23 al 30 novembre – **Pasto** carta 34/55000.

CHIESSI Livorno – Vedere Elba (Isola d') : Marciana.

CHIETI 66100 P 988 ㉗, 430 O 24 – 56 010 ab. alt. 330 – a.s. 20 giugno-agosto – ☎ 0871.

Vedere Giardini★ della Villa Comunale – Guerriero di Capestrano★ nel museo Archeologico degli Abruzzi **M1**.

Abruzzo (chiuso lunedì) a Brecciarola ☎ 684969, Fax 684969, O : 2 km.

via Spaventa 29 (palazzo Inail) ☎ 65231, Fax 65232.

A.C.I. piazza Garibaldi 3 ☎ 345304.

Roma 205 ③ – ♦Pescara 14 ① – L'Aquila 101 ③ – Ascoli Piceno 103 ① – ♦Foggia 186 ① – ♦Napoli 244 ③.

✗ **Nino,** via Principessa di Piemonte 7 ☎ 63781 – ▤. AE ⓢ ⓓ E VISA JCB
chiuso venerdì e dal 1° al 7 agosto – **Pasto** carta 25/39000. **a**

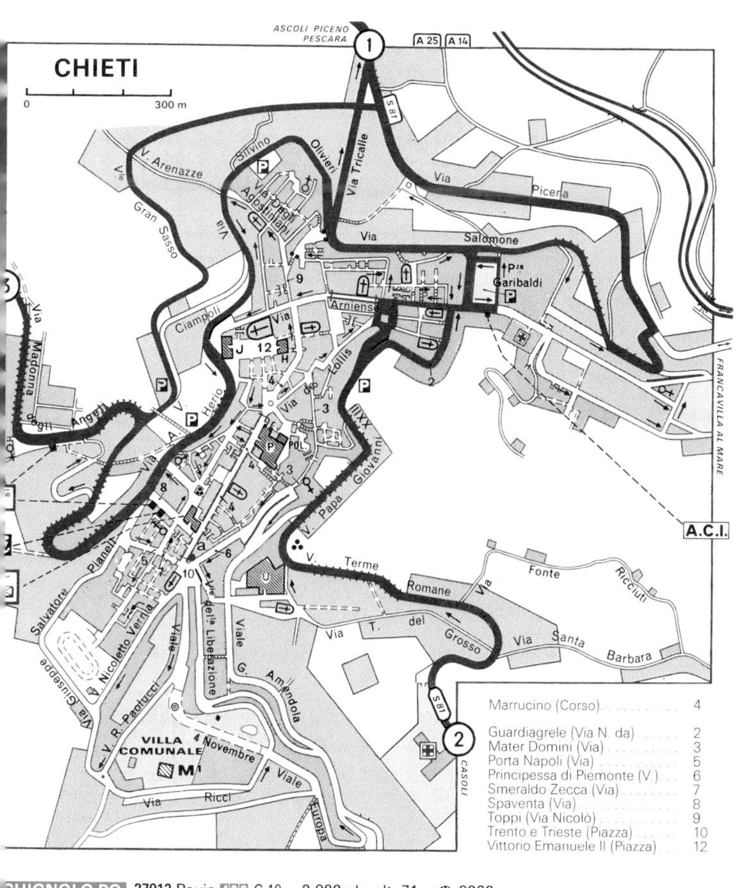

CHIGNOLO PO 27013 Pavia 428 G 10 – 3 088 ab. alt. 71 – ☎ 0382.

Croce di Malta (chiuso martedì, dicembre e gennaio) ☎ 766476, Fax 303549.

Roma 537 – Piacenza 29 – Cremona 48 – Lodi 22 – ♦Milano 55 – Pavia 30.

sulla strada statale 234 NE : 3 km :

✗✗ **Da Adriano,** ✉ 27013 ☎ 76119, 余, 余 – ⓟ. ⓢ
chiuso lunedì sera, martedì, dal 24 dicembre al 2 gennaio e dal 1° al 20 agosto – **Pasto** carta 41/62000.

CHIOGGIA 30015 Venezia 988 ⑤, 429 G 18 – 53 800 ab. – ☎ 041.

Vedere Duomo★.

Roma 510 – ♦Venezia 53 – ♦Ferrara 93 – ♦Milano 279 – ♦Padova 42 – ♦Ravenna 98 – Rovigo 55.

✗✗ **Bella Venezia,** calle Corona 51 ☎ 400500, Fax 5500750, 余 – ▤. AE ⓢ ⓓ E VISA
chiuso giovedì e dal 2 gennaio al 1° febbraio – **Pasto** carta 39/56000.

XX ✿ **El Gato,** campo Sant'Andrea 653 ✆ 401806, Fax 405224, 🏖 – ▤. AE 🅂 ⓓ E VISA
chiuso dal 2 gennaio al 10 febbraio, lunedì e da novembre a marzo anche martedì a mezzogiorno – **Pasto** carta 35/60000
Spec. Sarde in saor, Risotto agli scampi e verdure fresche, "Luserna incovercià" con polenta.

XX **Ai Dogi,** calle Ponte Zitelle Vecchie 708 ✆ 401525, 🏖, Specialità di mare – ▤. 🅂 E VISA
chiuso lunedì – **Pasto** carta 37/54000.

a Lido di Sottomarina E : 1 km – ✉ **30019** Sottomarina.

🅸 lungomare Adriatico 101 ✆ 401068, Fax 5540855 :

Bristol, lungomare Adriatico 46 ✆ 5540389, Fax 5541813, ≤, 🏊, 🏖 – 🛗 ▤ TV ☎ P. AE 🅂 ⓓ E VISA. ✂
marzo-novembre – **Pasto** (solo per clienti alloggiati) – ☕ 10000 – **65 cam** 140/180000 ▤ 10000 – ½ P 135000.

Airone, lungomare Adriatico 50 ✆ 492266, Fax 5541325, 🏊, 🏖, 🏝 – 🛗 ▤ TV ☎ 🚗 P – 🎤 500. AE 🅂 E VISA. ✂
chiuso dal 20 al 29 dicembre – **Pasto** 25/55000 – **95 cam** ☕ 140/170000 – ½ P 119000.

Ritz, lungomare Adriatico 48 ✆ 491700, Fax 493900, ≤, 🏊, 🏖, 🏝 – 🛗 ☎ P – 🎤 200. AE 🅂 ⓓ E VISA. ✂
maggio-settembre – **Pasto** carta 44/67000 – **84 cam** ☕ 110/160000 – ½ P 110000.

Park Hotel, lungomare Adriatico ✆ 490740, Fax 490111, ≤, 🏖, 🏝 – 🛗 TV ☎ P. AE 🅂 ⓓ E VISA JCB. ✂
marzo-ottobre – **Pasto** *(chiuso lunedì)* 35000 – **41 cam** ☕ 100/125000 – ½ P 90000.

Ideal, lungomare Adriatico 34 ✆ 5541867, Fax 5540502, 🏖 – 🛗 ▤ TV ☎ P
stagionale – **27 cam.**

X **Garibaldi,** via San Marco 1924 ✆ 5540042, 🏖, Specialità di mare – ▤. AE 🅂 ⓓ E VISA ✂
chiuso lunedì e dal 20 ottobre al 14 novembre – **Pasto** carta 45/75000.

X **Ai Vaporetti,** campo Traghetto 1256 ✆ 400841, ≤, 🏖 – AE 🅂 ⓓ E VISA
chiuso martedì e dal 10 al 30 novembre – **Pasto** carta 40/55000.

sulla strada statale 309 - Romea S : 8 km :

XX **Al Bragosso del Bepi el Ciosoto,** ✉ 30010 Sant'Anna di Chioggia ✆ 4950395, Specialità di mare – ▤ P. 🅂 E VISA. ✂
chiuso mercoledì e gennaio – **Pasto** carta 32/51000.

a Cavanella d'Adige S : 13 km – ✉ **30010** :

X **Al Centro da Toni,** ✆ 497501 – ▤. ✂
chiuso lunedì e gennaio – **Pasto** carta 41/71000.

X **Al Pin,** ✆ 497800 – P. 🅂. ✂
chiuso mercoledì e dal 1° al 20 novembre – **Pasto** carta 30/60000.

CHIRIGNAGO Venezia – Vedere Mestre.

CHIUSA (KLAUSEN) Bolzano 988 ④, 429 C 16 – 4 377 ab. alt. 525 – ✉ **39043** Chiusa d'Isarco ☎ 0472.
Vedere Guida Verde.
Roma 671 – ◆Bolzano 30 – Bressanone 11 – Cortina d'Ampezzo 98 – ◆Milano 329 – Trento 90.

Posta-Post, piazza Tinne 3 ✆ 847514, Fax 846251, « Giardino con 🏊 » – 🛗 TV ☎ 🚗 🅂 E VISA
chiuso dal 10 novembre al 20 dicembre – **Pasto** *(chiuso giovedì)* carta 39/81000 – **58 cam** ☕ 80/160000 – ½ P 100/120000.

CHIUSI 53043 Siena 988 ⑮, 430 M 17 – 9 051 ab. alt. 375 – ☎ 0578.
Vedere Museo Etrusco★.
Roma 159 – ◆Perugia 52 – Arezzo 67 – Chianciano Terme 12 – ◆Firenze 126 – Orvieto 51 – Siena 79.

XX **Zaira,** via Arunte 12 ✆ 20260, Fax 21638, « Cantina ricavata in camminamenti etruschi » – AE 🅂 ⓓ E VISA. ✂
chiuso lunedì escluso da luglio a settembre – **Pasto** carta 40/60000.

a Querce al Pino O : 4 km – ✉ **53043** Chiusi :

Il Patriarca 🐦, ✆ 274407, Fax 274594, ≤, « Parco » – 🛗 TV ☎ ♿ P – 🎤 30. 🅂 E VISA. ✂ rist
Pasto carta 62/71000 – ☕ 10000 – **24 cam** 130/150000, 2 appartamenti – ½ P 100/115000.

al lago N : 3,5 km :

XX **La Fattoria** 🐦 con cam, ✉ 53043 ✆ 21407, Fax 20644, ≤, 🏝 – TV ☎ P. AE 🅂 ⓓ E VISA JCB. ✂ cam
chiuso febbraio – **Pasto** *(chiuso lunedì escluso luglio-settembre)* carta 36/59000 – ☕ 10000 – **8 cam** 85/100000 – ½ P 95000.

CHIVASSO 10034 Torino 988 ⑫, 428 G 5 – 24 395 ab. alt. 183 – ☎ 011.
Roma 684 – ♦Torino 22 – Aosta 103 – ♦Milano 120 – Vercelli 57.

Ritz senza rist, via Roma 17 ☎ 9102191, Fax 9116068 – ⎮ ☎ ⇔ P – 🏛 80. AE ⑤ ⓓ E VISA. ✻
⊑ 12000 – **36 cam** 89/119000.

Europa, piazza d'Armi 5 ☎ 9171886, Fax 9102025 – ⎮ TV ☎ P – 🏛 80. AE ⑤ ⓓ E VISA
Pasto *(chiuso domenica)* carta 27/52000 – ⊑ 15000 – **32 cam** 99/123000 – ½ P 90000.

Locanda del Sole, via del Collegio 8 ☎ 9101724 – ⑤ E VISA
chiuso lunedì ed agosto – **Pasto** carta 35/52000.

CIAMPINO Roma 430 Q 19 – Vedere Roma.

CIANO Modena – Vedere Zocca.

CICOGNARA Mantova 428 429 H 13 – Vedere Viadana.

CIGLIANO 13043 Vercelli 988 ⑫, 428 G 6 – 4 653 ab. alt. 237 – ☎ 0161.
Roma 655 – ♦Torino 40 – Asti 60 – Biella 32 – Novara 57 – Vercelli 39.

Del Moro con cam, ☎ 423186 – P. VISA. ✻ cam
chiuso agosto – **Pasto** *(chiuso lunedì)* carta 29/48000 – ⊑ 3500 – **10 cam** 40/70000 – P 80/85000.

CIMA SAPPADA Belluno – Vedere Sappada.

CINGOLI 62011 Macerata 988 ⑯, 430 L 21 – 9 992 ab. alt. 631 – a.s. 10 luglio-13 settembre – ☎ 0733.
ℹ via Ferri 17 ☎ 602444, Fax 602444.
Roma 250 – ♦Ancona 52 – Ascoli Piceno 122 – Gubbio 96 – Macerata 30.

Miramonti ⛰, via dei Cerquatti 31 ☎ 604027, Fax 602239, ← vallata, « Giardino ombreggiato », ✂ – TV ☎ P. AE ⓓ VISA. ✻
chiuso novembre – **Pasto** *(chiuso lunedì)* carta 36/49000 – ⊑ 8000 – **22 cam** 55/75000 – ½ P 70000.

Diana con cam, via Cavour 21 ☎ 602313, Fax 603479 – TV ☎. AE ⑤ ⓓ VISA. ✻
chiuso febbraio ed ottobre – **Pasto** *(chiuso lunedì)* carta 31/45000 – ⊑ 8000 – **14 cam** 60/79000 – ½ P 75/79000.

CINISELLO BALSAMO 20092 Milano 428 F 9, 219 ⑲ – 76 041 ab. alt. 154 – ☎ 02.
Roma 583 – ♦Milano 13 – ♦Bergamo 42 – Como 41 – Lecco 44 – Monza 7.

Pianta d'insieme di Milano (Milano p. 7)

Lincoln senza rist, via Lincoln 65 ☎ 6172657, Fax 6185524 – ⎮ ▤ TV ☎ P. AE ⑤ ⓓ E VISA JCB — BO k
chiuso dal 10 al 16 agosto – ⊑ 8000 – **18 cam** 115/170000.

New Garden, viale Brianza 50 ☎ 66012480, Fax 66048900, 🌳, 🏊 riscaldata – ⎮ ▤ TV ☎ P – 🏛 30 a 200. AE ⑤ ⓓ E VISA — CO a
chiuso dal 24 dicembre al 6 gennaio e dal 10 al 24 agosto – **Pasto** (solo per clienti alloggiati) 30/70000 e al Rist. ***Da Maxim*** *(chiuso a mezzogiorno e venerdì)* carta 30/70000 – **52 cam** ⊑ 130/170000 – ½ P 115/125000.

L'Angolo, via Liberta' 86 ☎ 6120419, Rist. d'Habituès con specialità di mare – AE — BO e
chiuso sabato, domenica ed agosto – **Pasto** carta 54/90000 (10%).

CINQUALE Massa 428 430 K 12 – Vedere Montignoso.

CIOCCARO Asti 428 G 6 – Vedere Moncalvo.

CIPRESSA 18010 Imperia 428 K 5 – 1 142 ab. alt. 240 – 0183.
Roma 628 – Imperia 19 – San Remo 12 – Savona 83.

La Torre, piazza Mazzini 2 ☎ 98000 – ⑤ VISA
chiuso lunedì ed ottobre – **Pasto** carta 29/48000.

CIRIÉ 10073 Torino 988 ⑫, 428 G 4 – 18 266 ab. alt. 344 – ☎ 011.
Roma 698 – ♦Torino 20 – Aosta 113 – ♦Milano 144 – Vercelli 74.

Mario, corso Martiri della Libertà 41 ☎ 9203490, prenotare – ▤. ⑤ E VISA. ✻
chiuso agosto, domenica sera, lunedì e a mezzogiorno da martedì a venerdì – **Pasto** carta 39/59000.

✿ **Dolce Stil Novo,** via Matteotti 8 ☎ 9211110, Coperti limitati; prenotare – ▤. AE ⑤ ⓓ E VISA. ✻
chiuso domenica sera, lunedì, martedì a mezzogiorno ed agosto – **Pasto** carta 52/79000
Spec. Lingua di vitello tiepida con carpaccio di barbabietola e succo di scalogno, Striscie di pasta firmate con riduzione di scorfano, Carpione scomposto di lavarello con verdure croccanti (estate).

Roma, via Roma 17 ☎ 9203572 – ▤. AE ⑤ E VISA. ✻
chiuso mercoledì ed agosto – **Pasto** carta 34/54000.

CIRÒ MARINA 88072 Crotone 988 ㊴ ㊵, 431 I 33 – 14 218 ab. – ☎ 0962.

Roma 561 – ♦Cosenza 133 – Catanzaro 114 – Crotone 36 – ♦Taranto 210.

Il Gabbiano, località Punta Alice N : 2 km ☎ 31339, Fax 31338, ←, – 150. AE E VISA.
Pasto carta 31/56000 – **35 cam** 80/108000 – 1/2 P 85000.

CISANO SUL NEVA 17035 Savona 428 J 6 – 1 398 ab. alt. 52 – ☎ 0182.

Roma 586 – Imperia 30 – Alassio 15 – Cuneo 96 – Genova 92 – San Remo 60 – Savona 46.

A me' Cantina, regione Ciamboschi 52 ☎ 595197 – E VISA
chiuso a mezzogiorno (escluso domenica), lunedì e gennaio – **Pasto** 30/50000.

CISTERNINO 72014 Brindisi 988 ㉙ ㉚, 431 E 34 – 12 040 ab. alt. 393 – ☎ 080.

Roma 524 – ♦Brindisi 56 – ♦Bari 74 – Lecce 87 – Matera 87 – ♦Taranto 42.

Lo Smeraldo, località Monti NE : 3 km ☎ 718709, Fax 718044, ← mare e costa, – 250. AE E VISA.
Pasto *(chiuso martedì escluso luglio-agosto)* carta 26/38000 – **51 cam** 90/130000 – 1/2 P 80/90000.

Arcobaleno, ☎ 718247, –

verso Ceglie Messapica SE : 2 km :

Villa Cenci, ✉ 72014 ☎ 718208, Fax 718208, « Piccola masseria con casa padronale e trulli », –
stagionale – **13 cam.**

CITARA Napoli – Vedere Ischia (Isola d') : Forio.

CITTADELLA 35013 Padova 988 ⑤, 429 F 17 – 18 238 ab. alt. 49 – ☎ 049.

Vedere Cinta muraria★.

Roma 527 – ♦Padova 31 – Belluno 94 – ♦Milano 227 – Trento 102 – Treviso 38 – ♦Venezia 66 – Vicenza 22.

2 Mori, borgo Bassano 143 ☎ 9401422, Fax 9400200, « Servizio rist. estivo in giardino » – rist – 100 a 300. AE E VISA.
Pasto *(chiuso domenica sera, lunedì e dal 5 al 20 agosto)* carta 46/61000 – 10000 – **26 cam** 80/100000 – 1/2 P 80000.

CITTÀ DI CASTELLO 06012 Perugia 988 ⑮, 430 L 18 – 28 133 ab. alt. 288 – ☎ 075.

viale De Cesare 2/b ☎ 8554817, Fax 8552100.

Roma 258 – ♦Perugia 49 – Arezzo 42 – ♦Ravenna 137.

Tiferno, piazza Raffaello Sanzio 13 ☎ 8550331, Telex 661020, Fax 8521196 – – 120. AE E VISA JCB.
Pasto *(chiuso lunedì e dal 20 luglio al 10 agosto)* carta 37/61000 – **38 cam** 105/170000 – P 145/165000.

Le Mura via Borgo Farinario 24/26 ☎ 8521070, Fax 8521350 – – 30 a 190. AE E VISA. rist
Pasto al Rist. ***Raffaello*** *(chiuso lunedì e dal 7 al 14 luglio)* carta 28/49000 – 10000 – **35 cam** 80/110000 – 1/2 P 80000.

Garden, viale Bologni NE : 1 km ☎ 8550587, Fax 8550593 – – 100. AE E VISA JCB. rist
Pasto carta 30/45000 – **57 cam** 85/120000 – 1/2 P 62/65000.

Il Bersaglio, viale Orlando 14 ☎ 8555534, prenotare – AE E VISA JCB
chiuso mercoledì e dal 1° al 15 luglio – **Pasto** carta 36/58000.

CITTÀ SANT'ANGELO 65013 Pescara 988 ㉗, 430 O 24 – 10 328 ab. alt. 320 – a.s. luglio-agosto – ☎ 085.

Roma 223 – ♦Pescara 25 – L'Aquila 120 – Chieti 34 – Teramo 58.

in prossimità casello autostrada A 14 E : 9,5 km :

Villa Nacalua senza rist, ☎ 959225, Fax 959267, – – 20 a 90. AE E VISA.
32 cam 220/350000, 2 appartamenti.

Motel Amico, ✉ 65013 ☎ 95174, Fax 95151 – – 60. E VISA. rist
Pasto carta 33/48000 – 12000 – **62 cam** 75/110000.

Villa Sabelli con cam, ✉ 65013 ☎ 95303, Fax 95431, – AE E VISA JCB.
Pasto carta 24/37000 – 5000 – **10 cam** 65/100000, appartamento – P 95000.

CITTIGLIO 21033 Varese 428 E 7, 219 ⑦ – 3 619 ab. alt. 275 – ☎ 0332.

Roma 650 – Stresa 53 – Bellinzona 52 – Como 45 – ♦Milano 73 – Novara 65 – Varese 18.

La Bussola con cam, ☎ 602291, Fax 602291 – E VISA.
Pasto *(chiuso martedì e dal 5 al 20 agosto)* carta 48/89000 (10%) – 11000 – **21 cam** 80/110000 – 1/2 P 82000.

CIUK Sondrio 218 ⑰ – Vedere Bormio.

CIVATE 22040 Lecco 428 E 10, 219 ⑨ – 3 727 ab. alt. 269 – 0341.

Roma 619 – Como 24 – Bellagio 23 – Lecco 5 – Milano 51.

Cascina Edvige, via Roncaglio 11 550350, Fax 550350, « In un cascinale » – AE E VISA
chiuso martedì ed agosto – **Pasto** carta 33/50000.

CIVEZZANO Trento – Vedere Trento.

CIVIDALE DEL FRIULI 33043 Udine 988 ⑥, 429 D 22 – 11 179 ab. alt. 138 – 0432.

Vedere Tempietto★★ – Museo Archeologico★★.

largo Boiani 4 731398, Fax 731398.

Roma 655 – Udine 16 – Gorizia 30 – Milano 394 – Tarvisio 102 – Trieste 65 – Venezia 144.

Roma senza rist, piazza Picco 731871, Fax 701033 – AE E VISA
10000 – **50 cam** 75/110000.

Zorutti, borgo di Ponte 7 731100 –

Al Fortino, via Carlo Alberto 46 731217, Fax 731192 –

Locanda al Castello con cam, via del Castello 20 (NO : 1,5 km) 733242, Fax 700901, AE E VISA. rist
chiuso dal 1° al 15 novembre – **Pasto** *(chiuso mercoledì)* carta 35/62000 – 10000 – **10 cam** 85/110000 – ½ P 85000.

CIVITA CASTELLANA 01033 Viterbo 988 ㉖, 430 P 19 – 15 633 ab. alt. 145 – 0761.

Vedere Portico★ del Duomo.

Roma 55 – Viterbo 50 – Perugia 119 – Terni 50.

L'Altra Bottiglia, via delle Palme 18 517403, Coperti limitati; prenotare – E VISA
chiuso a mezzogiorno, domenica sera, mercoledì e dal 10 al 20 agosto – **Pasto** 80/90000
Spec. Tagliolini con fiori di zucchine verdure e peperoncino (primavera-estate), Agnello al forno con carciofi (primavera), Oca con cipolle e cannella (inverno).

La Giaretta, via Ferretti 108 53398 – AE E VISA
chiuso lunedì e dal 5 al 25 agosto – **Pasto** carta 34/55000.

a Quartaccio NO : 5,5 km – 01034 Fabrica di Roma :

Aldero, 514757 – 25. AE E VISA
Pasto *(chiuso domenica e dal 5 al 20 agosto)* carta 30/50000 – **26 cam** 75/110000 – P 110/120000.

CIVITANOVA MARCHE 62012 Macerata 988 ⑯, 430 M 23 – 37 807 ab. – a.s. luglio-agosto – 0733.

via IV Novembre 20 813967, Fax 815027.

Roma 276 – Ancona 47 – Ascoli Piceno 79 – Macerata 27 – Pescara 113.

Miramare, viale Matteotti 1 811511, Fax 810637, – 100. AE E VISA JCB
Pasto *(chiuso domenica in bassa stagione)* 50/60000 – 15000 – **77 cam** 100/148000, 2 appartamenti – ½ P 105000.

Palace senza rist, piazza Rosselli 6 810464, Fax 810769 – AE E VISA
10000 – **28 cam** 85/130000.

Pamir, via Santorre di Santarosa 17/19 816816, Fax 816817 – AE E VISA
Pasto *(giugno-settembre)* 25/35000 – 10000 – **26 cam** 60/100000 – ½ P 65/75000.

Girasole, via Cristoforo Colombo 204 771316, Fax 816100 – rist – 70. AE E VISA
Pasto *(chiuso venerdì e dal 1° al 15 settembre)* carta 30/50000 – 10000 – **30 cam** 68/100000 – ½ P 90000.

Da Enzo, corso Dalmazia 213 814877, Specialità di mare, « Servizio estivo all'aperto » – AE E VISA
chiuso lunedì e dal 9 al 22 settembre – **Pasto** carta 30/54000.

CIVITAVECCHIA 00053 Roma 988 ㉕, 430 P 17 – 51 700 ab. – 0766.

Vedere Guida Verde.

per Cagliari giornaliero (13 h), Olbia giornaliero (da 3 h 30 mn a 7 h 30 mn) ed Arbatax mercoledì, venerdì e dal 25 luglio al 18 settembre anche sabato (10 h 30 mn) – Tirrenia Navigazione, Stazione Marittima 28801, Telex 610376, Fax 28804.

viale Garibaldi 42 25341, Fax 21834.

Roma 78 – Viterbo 59 – Grosseto 111 – Napoli 293 – Perugia 186 – Terni 117.

XX **Villa dei Principi,** via Borgo Odescalchi 11/a ✆ 21200, ≤ – P – 100. AE VISA.
chiuso lunedì e luglio – **Pasto** carta 55/75000.

XX **La Scaletta,** lungoporto Gramsci 65 ✆ 24334, – VISA.
chiuso martedì e dal 10 al 20 settembre – **Pasto** carta 52/74000.

XX **L'Angoletto,** via Pietro Guglielmotti 2 ang. viale della Vittoria ✆ 32825 – . AE E VISA
chiuso lunedì dal 3 al 18 gennaio e dal 20 luglio al 7 agosto – **Pasto** carta 38/73000.

X **Alla Lupa,** viale della Vittoria 45 ✆ 25703, – . AE E VISA.
chiuso martedì, dal 22 al 28 dicembre e dal 1° al 15 settembre – **Pasto** carta 27/50000.

CIVITELLA DEL LAGO Terni 430 O 18 – Vedere Baschi.

CIVITELLA DEL TRONTO 64010 Teramo 988 ⑯, 430 N 23 – 5 468 ab. alt. 580 – ☎ 0861.

Roma 200 – Ascoli Piceno 24 – ◆Ancona 123 – ◆Pescara 75 – Teramo 18.

XX **Zunica** con cam, ✆ 91319, Fax 91319, ≤ vallata – TV ☎. AE E VISA.
chiuso dal 23 novembre al 2 dicembre – **Pasto** *(chiuso mercoledì)* carta 31/44000 – **21 cam** 70/95000 – ½ P 55/60000.

CIVITELLA PAGANICO 58040 Grosseto 430 N 15 – 3 123 ab. alt. 591 – ☎ 0564.

Roma 198 – Grosseto 24 – Siena 45 – Follonica 65.

Terme di Petriolo, località Pari strada statale 223 ✆ 908871, Fax 908712, termale, – TV ☎ P – 25 a 180. AE E VISA JCB.
Pasto *(chiuso lunedì)* 40/55000 – **58 cam** 155/260000 – ½ P 165000.

XX **Park H. La Steccaia** con cam, strada statale 223 km 20 ✆ 905590, Fax 905590, – TV ☎ P – 40. AE E VISA. rist
Pasto *(chiuso lunedì)* carta 38/52000 – 8000 – **16 cam** 120/200000 – ½ P 75/120000.

When visiting northern Italy use Michelin maps 428 *and* 429.

CLAUZETTO 33090 Pordenone 429 D 20 – 472 ab. alt. 553 – ☎ 0427.

Roma 658 – Udine 44 – Pordenone 53.

Corona, ✆ 80668 – P
12 cam.

CLAVIERE 10050 Torino 988 ⑪, 428 H 2 – 186 ab. alt. 1760 – a.s. febbraio-Pasqua, luglio-agosto e Natale – Sport invernali : ai Monti della Luna, Cesana Torinese e Sansicario : 1 360/2 290 m 2 35, – ☎ 0122.

(giugno-settembre) ✆ 878917 o ✆ (011) 2398346, Fax 2398324.

via Nazionale 30 ✆ 878856, Fax 878888.

Roma 758 – Bardonecchia 31 – Briançon 15 – ◆Milano 230 – Sestriere 17 – Susa 40 – ◆Torino 93.

Miramonti , ✆ 878804, Fax 878804, ≤ – ☎ P. rist
dicembre-aprile e luglio-agosto – **Pasto** (solo per clienti alloggiati) – 7500 – **21 cam** 75/110000 – ½ P 100000.

Piccolo Chalet, ✆ 878806, Fax 878884, ≤ –
20 dicembre-Pasqua – **Pasto** (solo per clienti alloggiati) 35/40000 – 10000 – **23 cam** 70/100000 – ½ P 100000.

XX **'l Gran Bouc,** via Nazionale 24/a ✆ 878830, Fax 878730 – AE E VISA JCB
chiuso dal 15 novembre all'8 dicembre e mercoledì in bassa stagione – **Pasto** carta 35/59000.

CLERAN (KLERANT) Bolzano – Vedere Bressanone.

CLES 38023 Trento 988 ④, 428 429 C 15 – 6 267 ab. alt. 658 – a.s. Pasqua e Natale – ☎ 0463.

Dintorni Lago di Tovel★★★ SO : 15 km.

corso Dante 30 ✆ 21376, Fax 21376.

Roma 626 – ◆Bolzano 68 – Passo di Gavia 73 – Merano 57 – ◆Milano 284 – Trento 44.

Cles, ✆ 421300, Fax 424342, – TV ☎. AE E VISA. rist
chiuso dal 1° al 15 giugno – **Pasto** *(chiuso domenica in bassa stagione)* carta 34/46000 – 10000 – **37 cam** 75/105000 – ½ P 80000.

X **Antica Trattoria** con cam, ✆ 421631 – E VISA.
chiuso giugno – **Pasto** *(chiuso sabato)* carta 37/58000 – 10000 – **7 cam** 65/110000 – ½ P 90000.

CLOZ 38020 Trento 429 C 15 – 719 ab. alt. 793 – a.s. dicembre-aprile – ☎ 0463.

Roma 647 – ◆Bolzano 44 – ◆Brescia 167 – Trento 50.

XX **Al Molin,** ✆ 874617, Coperti limitati; prenotare – E VISA.
chiuso dal 29 giugno al 15 luglio, dal 15 al 30 ottobre e giovedì in bassa stagione – **Pasto** carta 33/56000.

CLUSANE SUL LAGO 25040 Brescia 428 429 F 12 – alt. 195 – ☎ 030.

Roma 580 – Brescia 29 – Bergamo 34 – Iseo 5 – Milano 75.

- **Dossello**, via Risorgimento 14 (O: 1 km) ✆ 9829130, Fax 9829131, ≤ lago e monti – TV ☎ P. AE ⓢ ⓞ E VISA
  Pasto carta 39/61000 – ☐ 20000 – **24 cam** 80/100000 – P 120/140000.
- **La Punta-da Dino**, ✆ 989037, 余 – P. ⓢ E VISA. ✻
  chiuso novembre e mercoledì (escluso da giugno a settembre) – **Pasto** carta 36/53000.
- **Villa Giuseppina**, via Risorgimento 2 (O : 1 km) ✆ 989172, 余 – P. AE ⓢ ⓞ E VISA JCB. ✻
  chiuso mercoledì, dal 15 febbraio al 1° marzo e dal 20 agosto al 5 settembre – **Pasto** carta 36/55000.

CLUSONE 24023 Bergamo 988 ③, 428 429 E 11 – 8 018 ab. alt. 648 – a.s. luglio-agosto – ☎ 0346.

Roma 635 – Bergamo 36 – Brescia 64 – Edolo 74 – Milano 80.

- **Erica**, ✆ 21667, Fax 25268 – |♦| TV ☎ P. AE E VISA. ✻
  chiuso dal 15 febbraio al 15 marzo – **Pasto** carta 45/64000 – ☐ 8000 – **23 cam** 68/110000 – ½ P 85000.

COAREZZA Varese 219 ⑰ – Vedere Somma Lombardo.

COAZZE 10050 Torino 428 G 3 – 2 671 ab. alt. 747 – ☎ 011.

Roma 694 – Torino 43 – Milano 174 – Pinerolo 28 – Susa 42.

- Piemonte, con cam, ✆ 9349130, Fax 9349130, 🌳 – |♦| TV ☎ P
  29 cam.

COCCAGLIO 25030 Brescia 428 429 F 11 – 6 656 ab. alt. 162 – ☎ 030.

Roma 573 – Bergamo 35 – Brescia 20 – Cremona 69 – Milano 77 – Verona 88.

- **Touring**, via Vittorio Emanuele 40-strada statale 11 ✆ 7721084, Fax 7721084 – ▤ cam TV ☎ ⇔ P. AE ⓢ ⓞ E VISA JCB. ✻
  Pasto *(chiuso martedì)* carta 35/53000 – ☐ 7000 – **41 cam** 60/95000.

COCCONATO 14023 Asti 428 G 6 – 1 565 ab. alt. 491 – ☎ 0141.

Roma 649 – Torino 50 – Alessandria 67 – Asti 32 – Milano 118 – Vercelli 50.

- **Cannon d'Oro** con cam, ✆ 907024, Fax 907024 – ▤ TV ☎. AE ⓢ ⓞ E VISA. ✻ cam
  chiuso dal 10 gennaio al 10 febbraio – **Pasto** *(chiuso lunedì sera e martedì)* carta 39/57000 – **9 cam** ☐ 65/130000 – P 100000.

COCQUIO TREVISAGO 21034 Varese 219 ⑦ – 4 698 ab. alt. 319 – ☎ 0332.

Roma 636 – Stresa 52 – Milano 67 – Varese 13.

- **Taverna del Chat Botte'**, via Roma 74 ✆ 700041 – AE ⓢ ⓞ E VISA JCB
  chiuso lunedì, martedì a mezzogiorno, dal 1° al 15 gennaio e dal 15 al 30 agosto – **Pasto** carta 48/69000.

COCUMOLA 73020 Lecce 431 G 37 – alt. 105 – ☎ 0836.

Roma 607 – Brindisi 80 – Lecce 44 – Taranto 123.

- **Da Cazzatino**, ✆ 954455, Rist. e pizzeria – ⓢ E VISA
  chiuso martedì e novembre – **Pasto** carta 23/40000.

CODEMONDO Reggio nell'Emilia – Vedere Reggio nell'Emilia.

CODIGORO 44021 Ferrara 988 ⑮, 429 H 18 – 13 756 ab. – ☎ 0533.

Roma 404 – Ravenna 56 – Bologna 93 – Chioggia 53 – Ferrara 42.

- **La Capanna** località Ponte Vicini 8 km ✆ 712154 – P. AE ⓢ ⓞ E VISA. ✻
  chiuso mercoledì sera, giovedì e dal 15 agosto al 12 settembre – **Pasto** carta 37/47000.

CODROIPO 33033 Udine 988 ⑤ ⑥, 429 E 20 – 14 291 ab. alt. 44 – ☎ 0432.

Roma 612 – Udine 29 – Belluno 93 – Milano 351 – Treviso 86 – Trieste 77.

- **Ai Gelsi**, via Circonvallazione Ovest 12 ✆ 907064, Fax 908512, 余, 🌳 – |♦| ▤ TV ☎ P – 🔬 30 a 300. AE ⓢ ⓞ E VISA. ✻ rist
  Pasto *(chiuso lunedì)* 55000 – ☐ 10000 – **38 cam** 110/150000 – ½ P 115000.

COGNE 11012 Aosta 988 ②, 428 F 4 – 1 448 ab. alt. 1 534 – a.s. 9 gennaio-marzo, Pasqua e Natale – Sport invernali : 1 534/2 252 m ⛷1 ⛷2, ⛷ – ☎ 0165.

ℹ piazza Chanoux 36 ✆ 74040, Fax 749125.

Roma 774 – Aosta 27 – Courmayeur 52 – Colle del Gran San Bernardo 60 – Milano 212.

- **Bellevue**, ✆ 74825, Fax 749192, ≤ Gran Paradiso, « Piccolo museo d'arte popolare valdostana », ≘s, 🏊, 🌳 – |♦| TV ☎ ⇔ P – 🔬 40 a 120. ⓢ ⓞ E VISA JCB. ✻
  chiuso da ottobre a dicembre – **Pasto** 50000 e al Rist. ***Le Petit Restaurant*** (Coperti limitati, prenotare; *chiuso mercoledì in bassa stagione*) carta 35/84000 – ☐ 25000 – **24 cam** 178/390000, 13 appartamenti 334/422000 – ½ P 150/245000.

Miramonti, ☎ 74030, Fax 749378, ≤, – |‡| TV ☎ . AE E VISA. rist
Pasto 30/35000 – ☐ 15000 – **46 cam** 140/260000 – ½ P 140/170000.

Mont Blanc, ☎ 74211, Fax 749293, ≤, – |‡| TV ☎ . AE ⓘ E VISA.
20 dicembre-Pasqua e 3 giugno-settembre – **Pasto** carta 41/57000 – ☐ 11000 – **22 cam** 68/126000 – ½ P 88/99000.

Sant'Orso, ☎ 74821, Fax 74822, ≤ Gran Paradiso, – |‡| TV ☎ . AE E VISA.
chiuso dal 2 novembre al 3 dicembre – **Pasto** carta 37/54000 – **30 cam** ☐ 91/160000 – ½ P 87/111000.

Grand Paradis, ☎ 74070, Fax 74275, – |‡| TV ☎. AE ⓘ E VISA. rist
21 dicembre-6 gennaio, febbraio-2 aprile e giugno-settembre – **Pasto** carta 33/58000 – **30 cam** ☐ 78/130000 – ½ P 95000.

Petit Hotel, ☎ 74010, Fax 749131, ≤, , – |‡| TV ☎ Ⓟ. AE ⓘ E VISA.
14 dicembre-8 gennaio, 3 febbraio-10 marzo e giugno-6 ottobre – **Pasto** *(chiuso mercoledì)* 25/30000 – **23 cam** ☐ 90/180000 – ½ P 90/110000.

La Madonnina del Gran Paradiso, ☎ 74078, Fax 749392, ≤, – TV ☎ . VISA
rist
chiuso maggio e novembre – **Pasto** *(chiuso mercoledì)* carta 33/47000 – **22 cam** ☐ 70/130000 – ½ P 95/100000.

Lou Ressignon, ☎ 74034, Fax 74034 – Ⓟ. AE ⓘ E VISA
chiuso lunedì sera, martedì, dal 15 al 30 giugno, dal 15 al 30 settembre e dal 15 al 30 novembre – **Pasto** 39000 e carta 33/58000 (5%).

Les Trompeurs, ☎ 74804, Fax 74804 – E VISA
chiuso dal 1° al 10 giugno, ottobre e mercoledì (escluso luglio-agosto) – **Pasto** carta 26/47000.

a Cretaz N : 1,5 km – ✉ **11012** Cogne :

Notre Maison con cam, ☎ 74104, Fax 749186, ≤, « Caratteristico chalet; giardino-solarium » – TV ☎ Ⓟ. ⓘ E VISA
chiuso ottobre e novembre – **Pasto** *(chiuso lunedì)* carta 36/63000 – **9 cam** solo ½ P 140000.

a Lillaz SE : 4 km – alt. 1 615 – ✉ **11012** Cogne :

Lou Tchappè, ☎ 74379 – Ⓟ.
chiuso maggio, novembre e lunedì (escluso luglio-agosto) – **Pasto** carta 34/41000.

in Valnontey SO : 3 km – ✉ **11012** Cogne :

La Barme ☎ 749177, Fax 749213, ≤ Gran Paradiso, – TV ☎ Ⓟ.
chiuso maggio e novembre – **Pasto** carta 33/50000 – ☐ 10000 – **9 cam** 120000 – ½ P 85000.

COGNOLA Trento – Vedere Trento.

COGOLETO 16016 Genova 428 I 7 – 9 540 ab. – ☎ 010.
Roma 527 – ◆ Genova 28 – Alessandria 75 – ◆ Milano 151 – Savona 19.

Gustin, ☎ 9181925, Fax 9182935 – Ⓟ. AE ⓘ E VISA.
chiuso mercoledì – **Pasto** carta 36/68000.

COGOLLO DEL CENGIO 36010 Vicenza 429 E 16 – 3 159 ab. alt. 357 – ☎ 0445.
Roma 570 – Trento 57 – ◆ Milano 252 – Treviso 83 – Vicenza 31.

sulla strada statale 350 NO : 3,5 km :

All'Isola ✉ 36010 ☎ 880341, Coperti limitati; prenotare – Ⓟ. E VISA.
chiuso domenica, mercoledì sera ed agosto – **Pasto** carta 37/55000.

COGÒLO Trento 428 429 C 14 – Vedere Peio.

COLAZZA 28010 Novara 428 E 7, 219 ⑥ – 420 ab. alt. 540 – ☎ 0322.
Roma 650 – Stresa 14 – ◆ Milano 61 – Novara 48.

Al Vecchio Glicine, ☎ 218123, Fax 218123 – Ⓟ. AE ⓘ E VISA JCB
chiuso martedì e dal 15 al 30 luglio – **Pasto** carta 45/65000.

COLFIORITO 06030 Perugia 988 ⑯, 430 M 20 – alt. 760 – ☎ 0742.
Roma 182 – ◆ Perugia 62 – ◆ Ancona 121 – Foligno 26 – Macerata 66.

Villa Fiorita, ☎ 681326, Fax 681327, ≤, , , – |‡| TV ☎ Ⓟ – 130. AE E VISA
chiuso dal 24 gennaio al 7 febbraio – **Pasto** *(chiuso giovedì)* carta 22/43000 – ☐ 10000 – **40 cam** 70/140000 – ½ P 90/110000.

COLFOSCO (**KOLFUSCHG**) Bolzano – Vedere Corvara in Badia.

COLICO Lecco 988 ③, 428 D 10 – alt. 209 – ☎ 0341.
Vedere Lago di Como ★★★.
Roma 661 – Sondrio 42 – Chiavenna 26 – Como 66 – Lecco 41 – ◆ Milano 97.

COLLALBO (**KLOBENSTEIN**) Bolzano – Vedere Renon.

[COLLE] Vedere nome proprio del colle.

[COLLECCHIO] 43044 Parma [988] ⑭, [428] [429] H 12 – 11 403 ab. alt. 106 – ☎ 0521.

⛳18 La Rocca (chiuso lunedì) a Sala Baganza ✉ 43038 ☎ 834037, Fax 834575, SE : 4 km.

Roma 469 – ◆Parma 11 – ◆Bologna 107 – ◆Milano 126 – Piacenza 65 – ◆La Spezia 101.

Pineta, ☎ 805226, Fax 806198 – [AE] [VISA] – 200. Pasto (*chiuso martedì a mezzogiorno*) carta 32/46000 – ☕ 8000 – **43 cam** 82/115000, ▤ 6000 – ½ P 95000.

Ilga Hotel senza rist, via Pertini 2 ☎ 802645, Fax 802484 – [AE] [VISA] [JCB]
☕ 10000 – **48 cam** 85/110000, ▤ 10000.

✻ **Villa Maria Luigia-di Ceci,** ☎ 805489, Fax 805711, « Giardino ombreggiato » – [P] – 100. [AE] [E] [VISA]
chiuso giovedì e dall'11 al 31 gennaio – **Pasto** 50/75000 e carta 38/62000
Spec. Ravioli di fegato grasso in brodo ristretto di verdure, Sella di coniglio in crosta di pane su pesto leggero, Brasato al Barolo con polenta.

a Cafragna SO : 9 km – ✉ 43030 Gaiano :

Cafragna-Camorali, ☎ (0525) 2363, Coperti limitati; prenotare – [P]. [E] [VISA]
chiuso dal 24 dicembre al 15 gennaio, agosto, lunedì, domenica sera e in luglio anche domenica a mezzogiorno – **Pasto** carta 41/69000.

[COLLE DI VAL D'ELSA] 53034 Siena [988] ⑭ ⑮, [430] L 15 – 17 326 ab. alt. 223 – ☎ 0577.

Roma 255 – ◆Firenze 50 – Siena 24 – Arezzo 88 – Pisa 87.

La Vecchia Cartiera, via Oberdan 5/9 ☎ 921107, Fax 923688 – [TV] ☎ [P] – 70. [AE] [E] [VISA]
Pasto vedere rist La Vecchia Cartiera – ☕ 12000 – **38 cam** 84/142000 – ½ P 106/112000.

Villa Belvedere, località Belvedere E : 3,5 km ☎ 920966, Fax 924128, « Villa settecentesca », – [TV] ☎ [P] – 80. [AE] [E] [VISA]
Pasto (*chiuso mercoledì, novembre e dicembre*) carta 32/47000 – **15 cam** ☕ 161/214000 – ½ P 130/150000.

Arnolfo senza rist, via Campana 8 ☎ 922020, Fax 922324 – [TV] ☎. [AE] [E] [VISA]
☕ 9000 – **32 cam** 71/97000.

✻ **Arnolfo,** piazza Santa Caterina 2 ☎ 920549, Fax 920549, Coperti limitati; prenotare – [AE] [E] [VISA]
chiuso martedì, dal 10 gennaio al 10 febbraio e dal 1° al 10 agosto – **Pasto** 80/90000 e carta 70/105000
Spec. Lasagnetta ai gamberi con crema di fagioli e maggiorana all'extravergine di oliva (primavera), Medaglioni di rana pescatrice e sogliola con salsa di peperoni al profumo di basilico (estate), Torta calda alle pere caramellate e gelato alla vaniglia (inverno).

L'Antica Trattoria, piazza Arnolfo 23 ☎ 923747, Fax 921635, Coperti limitati; prenotare – [AE] [E] [VISA]
chiuso martedì – **Pasto** carta 53/88000.

La Vecchia Cartiera, via Oberdan 5 ☎ 924116 – ▤

[COLLEFERRO] 00034 Roma [988] ㉖, [430] Q 21 – 21 385 ab. alt. 238 – ☎ 06.

Roma 52 – Frosinone 38 – Fiuggi 33 – Latina 48 – Tivoli 44.

Muraccio di S. Antonio, via Latina O : 2 km ☎ 974011, ≤, – [P]. [AE] [E] [VISA]
chiuso mercoledì – **Pasto** carta 34/52000.

[COLLE ISARCO] (GOSSENSASS) 39040 Bolzano [988] ④, [429] B 16 – alt. 1 098 – Sport invernali : 1 098/2 750 m 3, – ☎ 0472.

[i] piazza Ibsen ☎ 632372, Fax 632580.

Roma 714 – ◆Bolzano 76 – Brennero 7 – Bressanone 36 – Merano 64 – ◆Milano 375 – Trento 136.

Erna, ☎ 632307, Fax 632183, ≤, – ☎ [P].
chiuso da ottobre al 15 dicembre – **Pasto** (solo per clienti alloggiati e *chiuso giovedì*) carta 38/54000 – ☕ 12000 – **15 cam** 60/106000 – ½ P 82/89000.

[COLLEPIETRA] (STEINEGG) 39050 Bolzano [429] C 16 – alt. 820 – ☎ 0471.

Roma 656 – ◆Bolzano 15 – ◆Milano 314 – Trento 75.

Steineggerhof, NE : 1 km ☎ 376573, Fax 376661, ≤ Dolomiti, – ☎ [P].
3 aprile-1° novembre – **Pasto** carta 30/41000 – **31 cam** ☕ 72/132000 – ½ P 75/90000.

[COLLESECCO] Perugia [430] N 19 – Vedere Gualdo Cattaneo.

Leggete attentamente l'introduzione : è la « chiave » della guida.

COLLODI 51014 Pistoia [988] ⑭, [428] [429] [430] K 13 – alt. 120 – ☏ 0572.

Vedere Villa Garzoni★★ e giardino★★★ – Parco di Pinocchio★.

Roma 337 – Pisa 37 – ◆Firenze 63 – Lucca 17 – ◆Milano 293 – Pistoia 32 – Siena 99.

🍴 **All'Osteria del Gambero Rosso,** ✆ 429364, Fax 429654 – ▤. [$] [E] [VISA]
chiuso lunedì sera, martedì e novembre – **Pasto** carta 33/49000.

COLLOREDO DI MONTE ALBANO 33010 Udine [429] D 21 – 2 254 ab. alt. 213 – ☏ 0432.

Roma 652 – Udine 15 – Tarvisio 80 – ◆Trieste 85 – ◆Venezia 141.

🍴🍴 **La Taverna,** ✆ 889045, Fax 889676, ⇐, 🌳, 🏡 – [AE] [$] ⦿ [E] [VISA]
chiuso mercoledì e domenica sera – **Pasto** carta 66/92000.

a Mels NO : 3 km – ✉ 33030 :

🍴🍴 **Là di Pètros,** ✆ 889626, 🌳 – ▤ 🅿. [AE] [$] ⦿ [E] [VISA]
chiuso martedì e dall'8 al 28 luglio – **Pasto** carta 42/55000.

a Caporiacco SO : 5 km – ✉ 33010 :

🍴 **Gabry,** via San Daniele 39 ✆ 889057, « Servizio estivo all'aperto » – 🅿
chiuso mercoledì e dall'8 agosto al 19 settembre – **Pasto** carta 22/30000.

COLMEGNA Varese [219] ⑦ – Vedere Luino.

COLOGNA VENETA 37044 Verona [988] ④, [429] G 16 – 7 425 ab. alt. 24 – ☏ 0442.

Roma 482 – ◆Verona 39 – Mantova 62 – ◆Padova 61 – Vicenza 36.

🏠 **La Torre,** ✆ 410111, Fax 410111 – ▤ [TV] ☎ 🅿. [AE] [$] [E] [VISA]. ✂
chiuso martedì – **Pasto** carta 35/60000 (10 %) – ☕ 10000 – **10 cam** 70/100000 – P 150000.

COLOGNE 25033 Brescia [428] [429] F 11 – 5 732 ab. alt. 184 – ☏ 030.

Roma 575 – ◆Bergamo 31 – ◆Brescia 27 – Cremona 72 – Lovere 33 – ◆Milano 74.

🍴🍴 **Cappuccini** 🐌 con cam, via Cappuccini 54 (E : 1,5 km) ✆ 7157254, Fax 7157257, prenotare, « In un convento del 16° secolo » – [lift] ▤ [TV] ☎ 🅿 – 🧑‍🏫 60. [$] ⦿ [E] [VISA]. ✂
chiuso dal 7 al 20 gennaio e dal 1° al 20 agosto – **Pasto** *(chiuso mercoledì)* carta 54/86000 – ☕ 20000 – **6 cam** 160/240000, appartamento.

COLOGNO AL SERIO 24055 Bergamo [428] F 11 – 8 986 ab. alt. 156 – ☏ 035.

Roma 562 – Bergamo 13 – ◆Brescia 47 – ◆Milano 50 – Piacenza 65.

🏠 **Villa Manzoni,** piazza Garibaldi 2 ✆ 891300, Fax 891300, 🏡 – [TV] ☎ 🅿 – 🧑‍🏫 30. [AE] [$] [E] [VISA]. ✂ cam
Pasto *(chiuso lunedì)* 50000 bc – **8 cam** ☕ 90/140000 – ½ P 100/110000.

COLOGNOLA AI COLLI 37030 Verona [429] F 15 – 6 714 ab. alt. 177 – ☏ 045.

Roma 519 – ◆Verona 17 – ◆Milano 176 – ◆Padova 68 – ◆Venezia 101 – Vicenza 38.

sulla strada statale 11 SO : 2,5 km :

🍴🍴 **Posta Vecia** con cam, ✉ 37030 ✆ 7650243, Fax 6150859, « Piccolo zoo » – ▤ rist [TV] ☎ 🅿 – 🧑‍🏫 80. [AE] [$] ⦿ [E] [VISA]. ✂
chiuso agosto – **Pasto** *(chiuso domenica sera e lunedì)* carta 45/90000 – ☕ 15000 – **13 cam** 95/150000.

COLOMBARE Brescia [428] F 13 – Vedere Sirmione.

COLOMBARO Brescia – Vedere Corte Franca.

COLONNATA Massa-Carrara [428] [429] [430] J 12 – Vedere Carrara.

COLORNO 43052 Parma [988] ⑭, [428] [429] H 13 – 7 718 ab. alt. 29 – ☏ 0521.

Roma 466 – ◆Parma 16 – ◆Bologna 104 – ◆Brescia 79 – Cremona 49 – Mantova 47 – ◆Milano 130.

🏠 **Versailles** senza rist, ✆ 312099, Fax 816960 – [lift] ▤ [TV] ☎ ♿ 🅿. [AE] [$] ⦿ [E] [VISA]. ✂
chiuso dal 23 dicembre al 10 gennaio ed agosto – ☕ 12000 – **48 cam** 75/105000.

a Vedole SO : 2 km – ✉ 43052 Colorno :

🍴 **Al Vedel,** ✆ 816169, 🌳 – 🅿. [AE] [$] [E] [VISA]
chiuso lunedì sera, martedì e luglio – **Pasto** carta 30/48000.

a Sacca N : 4 km – ✉ 43052 Colorno :

🍴 **Stendhal-da Bruno,** ✆ 815493, « Servizio estivo all'aperto » – 🅿. [AE] [$] ⦿ [E] [VISA] [JCB]. ✂
chiuso martedì, dal 1° al 15 gennaio e dal 22 luglio all'8 agosto – **Pasto** carta 50/70000.

COMABBIO 21020 Varese [428] E 8, [219] ⑦ – 849 ab. alt. 307 – ☏ 0331.

Roma 634 – Stresa 35 – Laveno Mombello 20 – ◆Milano 57 – Sesto Calende 10 – Varese 23.

al lago S : 1,5 km :

🍴🍴 **Da Cesarino,** ✉ 21020 ✆ 968472, ⇐ – 🅿. [AE] [$] [E] [VISA]. ✂
chiuso mercoledì, dal 1° al 13 febbraio e dal 12 al 30 agosto – **Pasto** carta 50/74000.

COMACCHIO 44022 Ferrara 988 ⑮, 429 430 H 18 – 21 695 ab. – 20 giugno-agosto – ☎ 0533.

Dintorni Abbazia di Pomposa** N : 15 km – Regione del Polesine* Nord.

Roma 419 – Ravenna 37 – Bologna 93 – Ferrara 53 – Milano 298 – Venezia 121.

a Porto Garibaldi E : 5 km – ✉ 44029.

(maggio-settembre) S.S. Romea bivio Collinara ✆ 327580 :

XX **Il Sambuco,** via Caduti del Mare 30 ✆ 327478, Solo piatti di mare – ▤. AE ⓢ ⓓ E VISA. ✂
chiuso lunedì e dall'8 al 29 gennaio – **Pasto** carta 80/100000.

XX ✿ **Pacifico-da Franco,** via Caduti del Mare 10 ✆ 327169, Specilità di mare – ▤. AE ⓢ ⓓ E VISA. ✂
chiuso lunedì e dal 25 dicembre al 6 gennaio – **Pasto** carta 45/71000
Spec. Insalata di polpo, Strigoli al ragù di scampi e trevigiana, Fritto di calamaretti e scampi.

X **Europa,** viale dei Mille ✆ 327362, Specialità di mare, – AE ⓢ ⓓ E VISA. ✂
chiuso venerdì e settembre – **Pasto** carta 44/67000.

X **Bagno Sole,** via dei Mille 28 ✆ 327924, – Ⓟ. AE ⓢ ⓓ E VISA JCB. ✂
chiuso martedì e dal 20 settembre al 10 ottobre – **Pasto** carta 46/68000.

a Lido degli Estensi SE : 7 km – ✉ 44024.

(maggio-settembre) viale Carducci 31 ✆ 327464 :

Logonovo, viale delle Querce 109 ✆ 327520, Fax 327531, – |‡| ▤ TV ☎ Ⓟ. AE ⓢ E VISA. ✂ rist
Pasto *(aprile-settembre)* carta 44/71000 – ▭ 12000 – **40 cam** 85/110000, ▤ 16000 – ½ P 80/90000.

XX **Setaccio,** viale Carducci 48 ✆ 327424, – AE ⓢ ⓓ E VISA. ✂
chiuso lunedì escluso da maggio a settembre – **Pasto** carta 45/70000 (10 %).

a Lido di Spina SE : 9 km – ✉ 44024 Lido degli Estensi :

Caravel, viale Leonardo 56 ✆ 330106, Fax 330107, « Giardino ombreggiato » – |‡| TV ☎ Ⓟ. AE ⓢ ⓓ E VISA. ✂ rist
chiuso dal 24 dicembre al 6 gennaio – **Pasto** *(aprile-settembre)* 35/40000 – ▭ 12000 – **22 cam** 75/95000 – ½ P 88/98000.

XX **Aroldo,** viale delle Acacie 26 ✆ 330948, Fax 334100, , Specialità di mare – AE ⓢ ⓓ E VISA. ✂
chiuso martedì e da gennaio a marzo (escluso sabato-domenica) – **Pasto** carta 52/95000.

COMAZZO 20060 Lodi 428 F 10, 219 ⑳ – 1 221 ab. alt. 99 – ☎ 02.

Roma 566 – Bergamo 44 – Milano 28 – Piacenza 70.

X **Bocchi,** località Bocchi SO : 1,5 km ✆ 9061038, – Ⓟ. ⓢ VISA
chiuso lunedì sera, martedì, dal 2 al 15 gennaio e dal 16 al 31 agosto – **Pasto** carta 23/42000.

COMELICO SUPERIORE 32040 Belluno 429 C 19 – 2 809 ab. alt. (frazione Candide) 1 210 – ☎ 0435.

Roma 678 – Cortina d'Ampezzo 52 – Belluno 77 – Dobbiaco 32 – Milano 420 – Venezia 167.

a Padola NO : 4 km da Candide – ✉ 32040 :

D'la Varda , ✆ 67031, ← – Ⓟ. ✂
dicembre-15 aprile e 15 giugno-settembre – **Pasto** carta 29/40000 – ▭ 6000 – **20 cam** 55/100000 – ½ P 60/90000.

Comelico, ✆ 470015, Fax 67229, ← – TV ☎ Ⓟ. AE ⓢ ⓓ E VISA. ✂
Pasto 22/25000 – ▭ 8000 – **13 cam** 75/100000 – ½ P 80/95000.

COMERIO 21025 Varese 219 ⑦ – 2 393 ab. alt. 382 – ☎ 0332.

Roma 631 – Stresa 54 – Lugano 39 – Milano 63 – Varese 10.

XX **Da Beniamino,** via Garibaldi 36 ✆ 737046, Fax 737620 – AE ⓢ ⓓ E VISA
chiuso martedì, mercoledì a mezzogiorno e dal 10 al 20 agosto – **Pasto** carta 39/69000.

COMISO Ragusa 988 ㊲, 432 Q 25 – Vedere Sicilia alla fine dell'elenco alfabetico.

COMMEZZADURA 38020 Trento 218 ⑲ – 900 ab. alt. 852 – ☎ 0463.

Roma 656 – Bolzano 86 – Passo del Tonale 35 – Peio 32 – Pinzolo 54 – Trento 84.

Tevini, località Almazzago ✆ 974985, Fax 974892 – |‡| TV ☎ ♿ Ⓟ. ⓢ ⓓ E VISA. ✂
dicembre-Pasqua e giugno-settembre – **Pasto** 26/31000 – **46 cam** ▭ 90/120000 – ½ P 73/88000.

Pour voyager rapidement, utilisez les cartes Michelin "Grandes Routes" :
970 Europe, 976 République Tchèque-République Slovaque, 980 Grèce, 984 Allemagne, 985 Scandinavie-Finlande, 986 Grande-Bretagne-Irlande, 987 Allemagne-Autriche-Benelux, 988 Italie, 989 France, 990 Espagne-Portugal, 991 Yougoslavie.

COMO 22100 P 988 ③, 428 E 9 – 86 443 ab. alt. 202 – ☎ 031.

Vedere Lago★★★ – Duomo★★ AY – Broletto★★ AY **A** – Chiesa di San Fedele★ AZ – Basilica di Sant'Abbondio★ AZ – ≤★ su Como e il lago da Villa Olmo 3 km per ④.

Villa d'Este (chiuso gennaio, febbraio e martedì escluso agosto) aMontorfano ✉ 22030 ☎ 200200, Fax 200786, per ② : 6 km;

18 e 18 Monticello (chiuso lunedì) a Monticello di Cassina Rizzardi ✉ 22070 ☎ 928055, Fax 880207, per ③ : 10 km;

18 (chiuso lunedì) a Carimate ✉ 22060 ☎ 790226, Fax 790226, per ③ : 18 km;

18 e 18 La Pinetina (chiuso martedì) ad Appiano Gentile ✉ 22070 ☎ 933202, Fax 890342, per ③ : 15 km.

per Tremezzo-Bellagio-Colico giornalieri (da 1 h 30 mn a 3 h 30 mn) e Tremezzo-Bellaggio-Lecco luglio-settembre giornalieri (2 h 40 mn) – Navigazione Lago di Como, piazza Cavour ☎ 304060, Fax 270305.

piazza Cavour 17 ☎ 274064, Fax 301051 – Stazione Centrale ☎ 269712, Fax 261152.

A.C.I. viale Masia 79 ☎ 573433.

Roma 625 ③ – ◆Bergamo 56 ② – ◆Milano 48 ③ – Monza 42 ② – Novara 76 ③.

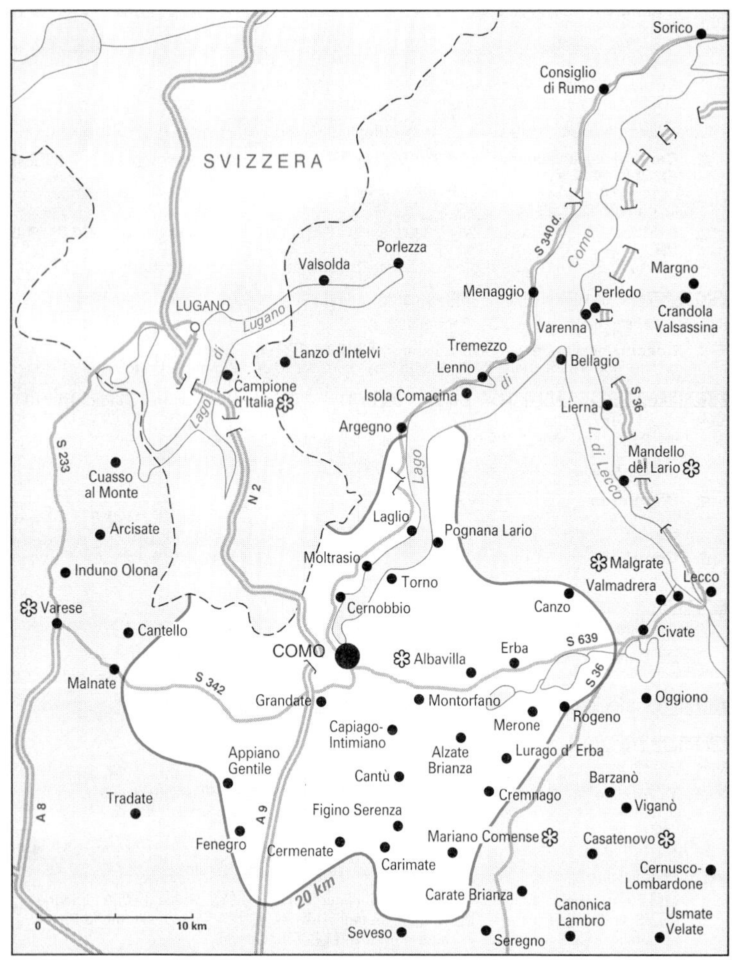

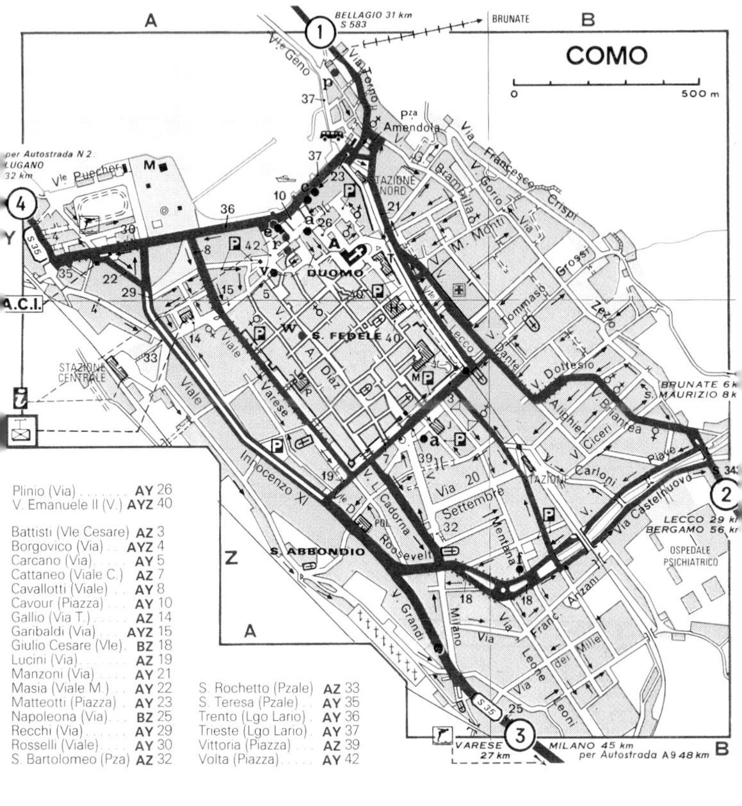

Il Grand Hotel di Como, strada per Cernobbio ☎ 5161, Fax 516600, 🏊, 🌳 – |♦| ▤ TV ☎ ♿ 🚗 P – 🏢 25 a 300. AE 🅂 ◑ E VISA. ✻ rist 1,5 km per ④
Pasto carta 45/80000 – ☕ 20000 – **153 cam** 170/240000.

Barchetta Excelsior, piazza Cavour 1 ☎ 3221, Fax 302622, ≤ – |♦| ▤ TV ☎ – 🏢 60. AE 🅂 ◑ E VISA JCB. ✻ AY **a**
Pasto *(chiuso domenica ed agosto)* carta 58/103000 – **80 cam** ☕ 230/250000, 4 appartamenti – ½ P 165000.

Palace Hotel senza rist, lungo Lario Trieste 16 ☎ 303303, Fax 303170, ≤ – |♦| ▤ TV ☎ ♿ 🚗 P – 🏢 30 a 250. AE 🅂 ◑ E VISA AY **c**
100 cam ☕ 175/260000.

Terminus, lungo Lario Trieste 14 ☎ 329111, Fax 302550, ≤ lago e monti, 🌳, « In un palazzo in stile liberty », 🏋, 🏊 – |♦| ▤ TV ☎ ♿ 🚗. AE 🅂 ◑ E VISA AY **c**
Pasto vedere hotel *Villa Flori* – ☕ 22000 – **38 cam** 190/280000, appartamento.

Metropole Suisse senza rist, piazza Cavour 19 ☎ 269444, Telex 380376, Fax 300808, ≤, 🏊 – |♦| ▤ TV ☎ ♿ 🚗. AE 🅂 ◑ E VISA JCB AY **e**
chiuso dal 18 dicembre al 7 gennaio – ☕ 22000 – **68 cam** 170/220000, 3 appartamenti.

Villa Flori, via per Cernobbio 12 ☎ 573105, Telex 380413, Fax 570379, ≤ lago, monti e città, 🌳, « Giardino e terrazze » – |♦| ▤ rist TV ☎ 🚗 P – 🏢 100. AE 🅂 ◑ E VISA. ✻ rist 1 km per ④
chiuso dicembre e gennaio – **Pasto** al Rist. ***Raimondi*** *(chiuso lunedì, dal 25 dicembre al 15 gennaio e dal 1° al 17 agosto)* carta 54/75000 – ☕ 22000 – **44 cam** 230/280000, appartamento.

Como, via Mentana 28 ☎ 266173, Fax 266020, « Terrazza fiorita e panoramica con 🏊 riscaldata » – |♦| ▤ TV ☎ ♿ 🚗 P – 🏢 80. AE 🅂 ◑ E VISA JCB. ✻ rist BZ **f**
Pasto 40/70000 – **72 cam** ☕ 187/275000, 4 appartamenti – ½ P 165000.

Le Due Corti senza rist, piazza Vittoria 12/13 ☎ 328111, Fax 328800, 🏊 riscaldata, 🌳 – |♦| ▤ TV ☎ 🚗. AE 🅂 ◑ E VISA AZ **a**
☕ 22000 – **52 cam** 160/250000, 15 appartamenti 300/350000.

Firenze senza rist, piazza Volta 16 ✆ 300333, Fax 300101 – AE VISA JCB AY v
40 cam 105/150000.

Sant'Anna 1907, via Turati 1/3 ✆ 505266, Fax 520531, prenotare la sera – AE E VISA JCB per ③
chiuso venerdì, sabato a mezzogiorno e dal 25 luglio al 25 agosto – **Pasto** 34/40000 (solo a mezzogiorno) e carta 59/85000.

Imbarcadero, piazza Cavour 20 ✆ 270166, – AE E VISA JCB AY r
chiuso dal 1° all'8 gennaio – **Pasto** 38000 e carta 53/95000.

Terrazzo Perlasca, piazza De Gasperi 8 ✆ 303936, Fax 303936, ≤ – AE E VISA AY p
chiuso lunedì e dal 6 al 20 agosto – **Pasto** 35000 (solo a mezzogiorno) e carta 49/74000.

Er Più, via Pastrengo 1 ✆ 272154 – AE E VISA per via Milano AZ
chiuso martedì, dal 2 al 10 gennaio ed agosto – **Pasto** carta 43/70000.

La Colombetta, via Diaz 40 ✆ 262703, Fax 262703, – AE E VISA JCB AZ w
chiuso martedì e dal 10 al 25 agosto – **Pasto** carta 49/82000.

Crotto del Lupo, località Cardina via Pisani Dossi 17 ✆ 570881, prenotare la sera, « Servizio estivo in terrazza ombreggiata » – P. AE E VISA 3 km per ④
chiuso lunedì ed agosto – **Pasto** carta 36/53000.

Ul Pinchett, via Fontana 19 ✆ 263266, Fax 263266 – AE E VISA AY r
chiuso domenica ed agosto – **Pasto** carta 45/73000.

Al Giardino, via Montegrappa 52 ✆ 265016, Fax 300143, Osteria con cucina, Coperti limitati; prenotare, « Servizio estivo all'aperto » – AE VISA
chiuso lunedì e dal 7 al 28 gennaio – **Pasto** carta 33/48000. per via Leone Leoni BZ

a Camnago Volta per ② : 3 km – ✉ **22030** :

Navedano, via Pannilani ✆ 308080, Fax 308080, prenotare la sera, « Servizio estivo in terrazza », – P. AE E VISA
chiuso martedì e dal 1° al 15 agosto – **Pasto** carta 50/80000 (10%).

COMO (Lago di) o LARIO Como 988 ③, 428 E 9 – Vedere Guida Verde.

CONCA DEI MARINI **84010** Salerno 431 F 25 – 686 ab. – a.s. Pasqua, giugno-settembre e Natale – ☎ 089.

Roma 272 – ♦Napoli 58 – Amalfi 5 – Salerno 30 – Sorrento 35.

Belvedere, ✆ 831282, Fax 831439, ≤ mare e costa, , « Terrazza con », – P. AE E VISA JCB rist
Pasqua-ottobre – **Pasto** 45000 – 15000 – **34 cam** 165/200000 – P 160/190000.

CONCESIO **25062** Brescia 428 429 F 12 – 12 504 ab. alt. 218 – ☎ 030.

Roma 544 – ♦Brescia 10 – ♦Bergamo 50 – ♦Milano 91.

✿ **Miramonti l'Altro,** località Costorio ✆ 2751063, prenotare – P – 25. E VISA
chiuso lunedì ed agosto – **Pasto** carta 50/85000
Spec. Triglie con marinata di verdure e pomodori (marzo-settembre), Risotto ai porcini e formaggi dolci (maggio-novembre), Capretto in coccio alla bresciana con polenta (marzo-giugno).

Vecchio Podere, località Roncaglie ✆ 2751065 – AE E VISA
chiuso dal 6 al 31 agosto, domenica in luglio e giovedì negli altri mesi – **Pasto** carta 39/59000.

CONCOREZZO **20049** Milano 428 F 10, 219 ⑲ – 12 940 ab. alt. 171 – ☎ 039.

Roma 587 – ♦Milano 26 – ♦Bergamo 33 – Como 43.

Via del Borgo, via Libertà 136 ✆ 6042615, Fax 6042615, – P. AE E VISA JCB
chiuso lunedì, dal 1° all'8 gennaio e dal 10 al 30 agosto – **Pasto** carta 43/64000.

CONDINO **38083** Trento 428 429 E 13 – 1 473 ab. alt. 444 – ☎ 0465.

Roma 598 – ♦Brescia 65 – ♦Milano 155 – Trento 64.

Rita, ✆ 621225, Fax 621225, ≤, – TV P. E VISA
Pasto *(chiuso lunedì)* carta 23/32000 – 10000 – **16 cam** 55/85000 – 1/2 P 65000.

CONEGLIANO **31015** Treviso 988 ⑤, 429 E 18 – 35 455 ab. alt. 65 – ☎ 0438.

Vedere Sacra Conversazione★ nel Duomo – ★ dal castello – Affreschi★ nella Scuola dei Battuti.

via Colombo 45 ✆ 21230, Fax 21230.

Roma 571 – Belluno 54 – Cortina d'Ampezzo 109 – ♦Milano 310 – Treviso 28 – Udine 81 – ♦Venezia 60 – Vicenza 88.

Sporting Hotel Ragno d'Oro senza rist, via Diaz 37 412300, Fax 412310, – 30. AE E VISA
12000 – **17 cam** 108/148000.

Città di Conegliano, via Parrilla 1 21440, Fax 410950 – – 40. AE E VISA
chiuso dal 3 al 23 agosto – **Pasto** (solo per clienti alloggiati; *chiuso a mezzogiorno e sabato*) carta 35/40000 – 13000 – **57 cam** 80/120000 – ½ P 90000.

Canon d'Oro, via 20 Settembre 131 34246, Fax 34246, « Terrazze fiorite » – cam . AE E VISA
Pasto *(chiuso domenica)* carta 36/53000 – 10000 – **35 cam** 80/130000.

Tre Panoce, via Vecchia Trevigiana 50 (O : 2 km) 60071, Fax 62230, prenotare, – . AE E VISA
chiuso domenica sera, lunedì, dal 26 dicembre al 15 gennaio ed agosto – **Pasto** carta 40/55000
Spec. Radicchio trevisano con soppressa e lardo (dicembre-febbraio), Risotti tipici della cucina veneta, Pollo in casseruola con prezzemolo e polenta.

Al Salisà, via 20 Settembre 2 24288, Fax 35639, prenotare – AE E VISA JCB.
chiuso martedì sera, mercoledì ed agosto – **Pasto** carta 44/76000.

Città di Venezia, via 20 Settembre 77/79 23186, , Specialità di mare – . AE E VISA
chiuso domenica sera, lunedì, dal 2 al 9 gennaio e dal 10 al 30 agosto – **Pasto** carta 40/54000.

CONERO (Monte) Ancona 430 L 22 – Vedere Sirolo.

CONSUMA 50060 Firenze ed Arezzo 988 ⑮, 430 K 16 – alt. 1 058 – 055.

Roma 279 – ◆ Firenze 34 – Arezzo 57 – Pontassieve 16.

Sbaragli con cam, 8306500 – VISA
aprile-ottobre – **Pasto** *(chiuso martedì)* carta 33/43000 – 7000 – **32 cam** 60/80000 – ½ P 70/85000.

CONTARINA 45014 Rovigo 988 ⑮, 429 G 18 – 8 259 ab. alt. 2 – 0426.

Roma 499 – ◆ Ravenna 74 – Chioggia 25 – Rovigo 45 – ◆Venezia 74.

Delta Park, via Zara 12 631763, Fax 631763 – – 35. AE E VISA. rist
Pasto *(chiuso venerdì)* carta 30/50000 – 10000 – **21 cam** 80/120000 – ½ P 80000.

CONTIGLIANO 02043 Rieti 988 ㉖, 430 O 20 – 3 269 ab. alt. 488 – 0746.

Roma 88 – Terni 26 – L'Aquila 68 – Avezzano 81 – Rieti 10.

Le Vigne, 706213, Fax 707077 – . AE E VISA
Pasto *(chiuso venerdì)* carta 28/36000 – 8000 – **19 cam** 73/93000 – ½ P 50/60000.

CONVENTO Vedere nome proprio del convento.

CONVERSANO 70014 Bari 988 ㉙, 431 E 33 – 23 188 ab. alt. 219 – 080.

Roma 440 – ◆ Bari 31 – ◆Brindisi 87 – Matera 68 – ◆Taranto 80.

Gd H. D'Aragona, strada provinciale per Cozze 9952344, Fax 9954265, , – 25 a 60. AE E VISA.
Pasto carta 34/53000 (15 %) – **68 cam** 137/149000 – ½ P 125/149000.

COPPARO 44034 Ferrara 988 ⑮, 429 H 17 – 18 866 ab. alt. 74 – 0532.

Roma 443 – Bologna 71 – ◆ Ravenna 83 – ◆ Ferrara 20 – ◆ Milano 274 – ◆ Venezia 103.

a Fossalta SO : 9 km – 44030 :

Cavalier Uliva, via San Marco 46 866126, prenotare, « Ambiente caratteristico », – . E VISA.
chiuso a mezzogiorno, lunedì e dal 1° al 15 agosto – **Pasto** 42000.

CORATO 70033 Bari 988 ㉙, 431 D 31 – 43 159 ab. alt. 232 – 080.

Roma 414 – ◆ Bari 44 – Barletta 27 – ◆Foggia 97 – Matera 64 – ◆Taranto 132.

Il Mulino, via Castel del Monte 135 (SO : 1 km) 8723925 –

sulla strada statale 98 S : 3 km :

Appia Antica, 70033 8722504, Fax 8724053, – – 60. AE E VISA. rist
Pasto *(chiuso domenica sera)* 35000 – 5000 – **48 cam** 86/107000 – ½ P 84000.

CORBANESE 31010 Treviso 429 E 18 – – ☎ 0438.

Roma 566 – Belluno 38 – Cortina d'Ampezzo 100 – Treviso 38 – Udine 98 – Vicenza 90.

XX **Il Capitello,** ☎ 564279, Ambiente rustico-elegante, Coperti limitati; prenotare – P. AE ⓢ E VISA
chiuso mercoledì – **Pasto** carta 39/57000.

CORBETTA 20011 Milano 428 F 8 – 13 410 ab. alt. 140 – ☎ 02.

Roma 589 – ♦Milano 24 – Novara 23 – Pavia 59.

XXX **La Corte del Re-al Desco,** via Parini 4 ☎ 9771600, Fax 9771600, – 100. AE ⓢ E VISA
chiuso domenica sera, lunedì, dal 1° al 9 gennaio e dall'8 al 22 agosto – **Pasto** 28/60000 (a mezzogiorno) 50/88000 (alla sera) e carta 40/66000.

CORCIANO 06073 Perugia 430 M 18 – 13 364 ab. alt. 368 – ☎ 075.

Roma 185 – ♦Perugia 13 – Arezzo 65 – Siena 97 – Terni 96.

X Il Convento, ☎ 6978946, « In un convento francescano del 13° secolo » – P

a Strozzacapponi S : 7,5 km – ✉ 06073 Corciano :

XX **Ottavi,** ☎ 774718, Fax 774849, – P. AE ⓢ E VISA
chiuso domenica ed agosto – **Pasto** carta 42/61000.

Lisez attentivement l'introduction : c'est la clé du guide.

CORDIGNANO 31016 Treviso 429 E 19 – 5 863 ab. alt. 56 – ☎ 0438.

Roma 577 – Belluno 47 – Treviso 42 – Udine 70 – ♦Venezia 71.

X **Da Piero,** ☎ 999139, Specialità alla brace – P
chiuso lunedì e luglio – **Pasto** carta 19/32000.

COREDO 38010 Trento 429 C 15 – 1 336 ab. alt. 831 – a.s.Pasqua e Natale – ☎ 0463.

Roma 624 – ♦Bolzano 66 – Sondrio 130 – Trento 38.

XX **Roen,** ☎ 536295, Fax 536295, Coperti limitati; prenotare – ⓢ E VISA
chiuso lunedì sera, martedì, dal 15 al 30 giugno e dal 5 al 20 novembre – **Pasto** carta 35/56000.

CORGENO Varese 219 ⑰ – alt. 270 – ✉ 21029 Vergiate – ☎ 0331.

Roma 631 – Laveno Mombello 25 – ♦Milano 54 – Sesto Calende 7 – Varese 22.

XXX ✿ **La Cinzianella** con cam, ☎ 946337, Fax 948890, ≤, « Servizio estivo in terrazza panoramica », – TV ☎ P – 80. AE ⓢ E VISA
chiuso gennaio e dal 16 al 25 agosto – **Pasto** *(chiuso martedì e da ottobre ad aprile anche lunedì sera)* 50000 e carta 59/85000 – **10 cam** 100/135000 – ½ P 120/140000
Spec. Sformato di verdure dell'orto alle due salse, Scaloppa di salmerino al Barbera e scarola, Bianco di pollo farcito.

CORICA Cosenza – Vedere Amantea.

CORINALDO 60013 Ancona 988 ⑯, 429 430 L 21 – 5 199 ab. alt. 203 – ☎ 071.

Roma 285 – ♦Ancona 51 – Macerata 74 – Pesaro 46 – Urbino 47.

XX **I Tigli** con cam, ☎ 7975849, Fax 7975856, , « In un monastero seicentesco » – TV ☎. AE ⓢ E VISA
Pasto *(chiuso lunedì escluso dal 15 giugno al 15 settembre)* carta 30/48000 – 6000 – **13 cam** 50/75000 – ½ P 45/60000.

CORLO Modena – Vedere Formigine.

CORMANO 20032 Milano 219 ⑲ – 18 667 ab. alt. 146 – ☎ 02.

Roma 580 – ♦Milano 12 – ♦Bergamo 45 – Como 35.

XX **Al Carrello,** strada statale 35 dei Giovi ☎ 66303221, Fax 66300302, – P. AE ⓢ E VISA JCB
chiuso domenica ed agosto – **Pasto** carta 44/63000.

CORMONS 34071 Gorizia 988 ⑥, 429 E 22 – 7 510 ab. alt. 56 – ☎ 0481.

Roma 645 – Udine 25 – Gorizia 13 – ♦Milano 384 – ♦Trieste 49 – ♦ Venezia 134.

Felcaro, via San Giovanni 45 ☎ 60214, Fax 630255, « Servizio rist. estivo all'aperto », , , , – TV ☎ P – 50 a 120. AE ⓢ E VISA. rist
Pasto *(chiuso lunedì e dal 2 al 31 gennaio)* carta 39/57000 – **42 cam** 80/145000, 19 appartamenti 100000 – ½ P 115000.

🍴🍴 **Al Cacciatore-della Subida,** NE : 2 km ☎ 60531, Fax 60531, ⛱, « Ambiente caratteristico », 🪑, 🎾 – [P]
chiuso martedì, mercoledì, dal 1° al 15 febbraio e dal 1° al 10 luglio – **Pasto** carta 47/70000.

🍴🍴 **Al Giardinetto,** via Matteotti 54 ☎ 60257, ⛱, Coperti limitati; prenotare – [P]. [AE] [S] [D] [E] [VISA]
chiuso lunedì, martedì e luglio – **Pasto** carta 40/60000.

🍴🍴 **Da Biagi-la Pentolaccia,** via Isonzo 37 ☎ 60397, ⛱ – [P]. [AE] [VISA]
chiuso domenica – **Pasto** carta 30/50000.

[CORNAIANO] **(GIRLAN)** Bolzano [218] ⑳ – Vedere Appiano.

[CORNEDO VICENTINO] **36073** Vicenza [429] F 16 – 9 639 ab. alt. 200 – ☎ 0445.
Roma 559 – ♦Verona 58 – ♦Milano 212 – ♦Venezia 93 – Vicenza 29.

sulla strada statale 246 SE : 4 km :

🍴🍴 **Due Platani,** via Campagnola 16 ✉ 36073 ☎ 947007, Coperti limitati; prenotare – ❄ [P]. [AE] [S] [D] [E] [VISA]. ✂
chiuso domenica ed agosto – **Pasto** carta 36/74000.

[CORNIGLIANO LIGURE] Genova – Vedere Genova.

[CORNUDA] **31041** Treviso [988] ⑤, [429] E 18 – 5 458 ab. alt. 163 – ☎ 0423.
Roma 553 – Belluno 54 – ♦Milano 258 – ♦Padova 62 – Trento 109 – Treviso 28 – ♦Venezia 58 – Vicenza 58.

🍴 **Cavallino,** ☎ 83301, ⛱, Specialità di mare – [P]. [AE] [S] [D] [E] [VISA]. ✂
chiuso domenica sera, lunedì e dal 6 al 28 agosto – **Pasto** carta 42/59000.

[CORPO DI CAVA] Salerno [431] E 26 – Vedere Cava de' Tirreni.

[CORREGGIO] **42015** Reggio nell'Emilia [988] ⑭, [428] [429] H 14 – 20 174 ab. alt. 33 – ☎ 0522.
Roma 422 – ♦Bologna 60 – ♦Milano 167 – ♦Verona 88.

🏨 **Dei Medaglioni,** corso Mazzini 8 ☎ 632233 e rist. ☎ 641000, Fax 693258 – [lift] ❄ [TV] ☎ ♿ – 🎤 70. [AE] [S] [D] [E] [VISA]. ✂
chiuso agosto – **Pasto** 40000 (a mezzogiorno) 50000 (alla sera) e al Rist. ***Il Correggio*** *(chiuso domenica)* carta 47/73000 – **29 cam** ☕ 170/230000, 2 appartamenti – ½ P 150000.

🍴🍴 **Bel Sit,** viale Cottafavi 11 ☎ 692393 – ❄ [P]. [AE] [S] [D] [E] [VISA]. ✂
chiuso lunedì ed agosto – **Pasto** carta 36/57000.

a Budrio SO : 4 km – ✉ **42015** Correggio :

🏨 **Locanda delle Vigne** 🐦, ☎ 697345, Fax 697181, ≤, ⛱, 🪑 – [TV] ☎ [P]. [AE] [S] [E] [VISA]. ✂
chiuso dal 10 al 25 agosto – **Pasto** *(chiuso lunedì a mezzogiorno)* carta 36/55000 – **12 cam** ☕ 110/165000 – ½ P 140000.

[CORRIDONIA] **62014** Macerata [988] ⑯, [430] M 22 – 12 663 ab. alt. 255 – ☎ 0733.
Roma 266 – ♦Ancona 61 – Ascoli Piceno 90 – Macerata 10 – ♦Perugia 121 – ♦Pescara 132.

🏨 **Grassetti,** allo svincolo della superstrada NO : 3 km ☎ 281261, Fax 281261 – [lift] [TV] ☎ [P] – 🎤 130. [AE] [S] [D] [VISA]. ✂ rist
Pasto carta 38/48000 – ☕ 9000 – **60 cam** 95/140000 – ½ P 100/110000.

🏨 Camerlengo, via Santa Maria 2 ☎ 432743, Fax 433893 – [lift] [TV] ☎ [P] – 🎤 30
18 cam.

[CORTACCIA SULLA STRADA DEL VINO] **(KURTATSCH AN DER WEINSTRASSE)** **39040** Bolzano [429] D 15, [218] ⑳ – 1 896 ab. alt. 333 – ☎ 0471.
Roma 623 – ♦Bolzano 20 – ♦Trento 37.

🏨 **Schwarz-Adler Turm Hotel,** ☎ 880600, Fax 880601, ≤, « Giardino con 🏊 », 🏊 – [lift] [TV] ☎ ♿ 🚗 [P]. [AE] [S] [E] [VISA]. ✂ rist
Pasto carta 27/38000 – **24 cam** ☕ 135/230000 – ½ P 124/140000.

[CORTALE] Udine – Vedere Reana del Roiale.

[CORTE BRUGNATELLA] **29020** Piacenza [428] H 10 – 933 ab. alt. 320 – ☎ 0523.
Roma 558 – Piacenza 55 – Alessandria 91 – ♦Genova 84.

🍴 **Rocca Rosa,** località Brugnello ☎ 934500, « In un villaggio caratteristico », 🪑 – ✂
chiuso lunedì e dal 7 al 31 gennaio – **Pasto** carta 36/48000.

[CORTE FRANCA] **25040** Brescia [429] F 11 – 5 544 ab. alt. 214 – ☎ 030.
⛳18 e ⛳9 Franciacorta (chiuso martedì) località Castagnola ✉ 25040 Corte Franca ☎ 984167, Fax 984393, S : 2 km.
Roma 576 – ♦Bergamo 32 – ♦Brescia 28 – ♦Milano 76.

a Timoline E : 1 km – ✉ **25040** Corte Franca :

🍴🍴 **Santa Giulia,** ☎ 9828348, ⛱ – ❄ [P]. [S] [E] [VISA]. ✂
chiuso lunedì sera e martedì – **Pasto** carta 29/53000.

a Colombaro N : 2 km – ✉ **25040** Corte Franca :

XX **Trattoria la Colombara,** ✆ 9826461, Fax 9826461, 🏡 – 🅟. AE 🅢 ⓓ E VISA
chiuso lunedì sera, martedì e gennaio – **Pasto** carta 47/83000.

CORTEMILIA

12074 Cuneo 988 ⑫, 428 I 6 – 2 595 ab. alt. 247 – a.s. giugno-agosto – ☎ 0173.

Roma 613 – •Genova 108 – Alessandria 71 – Cuneo 106 – •Milano 166 – Savona 68 – •Torino 90.

🏨 **San Carlo,** corso Divisioni Alpine 41 ✆ 81546, Fax 81235, 🏡, « Giardino con 🏊 » – |♦| TV ☎ 🚗 🅟. AE 🅢 ⓓ E VISA. ✂
chiuso dal 22 al 30 dicembre e dal 3 gennaio al 25 febbraio – **Pasto** carta 26/44000 – **22 cam** ☐ 95/138000.

CORTENO GOLGI

25040 Brescia 428 429 D 12 – 2 093 ab. alt. 1 000 – ☎ 0364.

Roma 632 – Sondrio 38 – •Bergamo 104 – •Brescia 101 – Lecco 117.

🏠 Parco, strada per l'Aprica O : 2 km ✆ 74346 – 🅟
14 cam.

CORTINA D'AMPEZZO

32043 Belluno 988 ⑤, 429 C 18 – 6 982 ab. alt. 1 224 – a.s. febbraio-10 aprile e Natale – Sport invernali : 1 224/3 243 m 🚡6 ⛷30, ⛷ – ☎ 0436.

Vedere Posizione pittoresca★★★.

Dintorni Tofana di Mezzo : ✻★★★ 15 mn di funivia – Tondi di Faloria : ✻★★★ 20 mn di funivia – Belvedere Pocol : ✻★★ 6 km per ④.

Escursioni Dolomiti★★★ per ④.

ℹ piazzetta San Francesco 8 ✆ 3231, Fax 3235.

Roma 672 ③ – Belluno 71 ③ – •Bolzano 133 ① – •Innsbruck 165 ① – •Milano 411 ③ – Treviso 132 ③.

Pianta pagina seguente

🏨 **Miramonti Majestic** 🌿, località Pezziè 103 ✆ 4201, Telex 440069, Fax 867019, ≤ conca di Cortina e Dolomiti, « Parco con ⛳9 », ≘s, 🏊, 🎾 – |♦| TV ☎ 🚗 🅟 – 🏛 25 a 280. AE 🅢 ⓓ E VISA. ✂ rist — 2 km per ③
23 dicembre-4 aprile e 8 luglio-28 agosto – **Pasto** 95000 e al Rist. ***Grill Enrose*** *(23 dicembre-4 aprile)* carta 76/115000 – **95 cam** ☐ 550/850000, 10 appartamenti – ½ P 290/510000.

🏨 **De la Poste,** piazza Roma 14 ✆ 4271, Fax 868435, ≤ Dolomiti – |♦| TV ☎ 🚗 🅟. AE ⓓ VISA. ✂ — Z **s**
20 dicembre-8 aprile e 15 giugno-9 ottobre – **Pasto** carta 75/130000 – **79 cam** ☐ 370/520000, 3 appartamenti – ½ P 370000.

🏨 **Parc Hotel Victoria,** corso Italia 1 ✆ 3246, Fax 4734, ≤ Dolomiti, « Arredamento rustico elegante; piccolo parco ombreggiato » – |♦| TV ☎ 🅟. AE 🅢 ⓓ E VISA. ✂ rist
21 dicembre-7 aprile e 10 luglio-15 settembre – **Pasto** carta 45/73000 – **40 cam** ☐ 250/380000, 3 appartamenti – ½ P 220/340000. — Z **y**

🏨 **Ancora,** corso Italia 62 ✆ 3261, Fax 3265, ≤ – |♦| TV ☎ 🅟. AE 🅢 ⓓ E VISA JCB. ✂ rist
20 dicembre-Pasqua e luglio-settembre – **Pasto** carta 53/87000 – **67 cam** ☐ 300/420000, 3 appartamenti – ½ P 210/360000. — Z **t**

🏨 **Europa,** corso Italia 207 ✆ 3221, Telex 440043, Fax 868204, ≤ Dolomiti – |♦| TV ☎ 🅟. AE 🅢 ⓓ E VISA JCB. ✂ rist — Y **g**
chiuso dal 15 ottobre al 5 dicembre – **Pasto** 60/90000 – **48 cam** ☐ 240/440000, 3 appartamenti – ½ P 185/370000.

🏨 **Bellevue,** corso Italia 197 ✆ 883400, Fax 867510, ≤ Dolomiti – |♦| TV ☎ 🚗. 🅢 E. ✂ — Y **f**
chiuso maggio e novembre – **Pasto** (solo per clienti alloggiati) 50000 – **19 cam** ☐ 245/390000, 20 appartamenti 395/540000 – ½ P 185/235000.

🏨 **Cortina,** corso Italia 92 ✆ 4221, Fax 860760 – |♦| TV ☎. AE 🅢 ⓓ E VISA. ✂ rist
18 dicembre-10 aprile e 15 giugno-20 settembre – **Pasto** 50/100000 – **48 cam** ☐ 300/420000 – ½ P 210/340000. — Z **u**

🏨 **Franceschi Park Hotel,** via Cesare Battisti 86 ✆ 867041, Fax 2909, ≤ Dolomiti, « Parco », ≘s, 🎾 – |♦| ⇆ rist TV ☎ 🅟. VISA. ✂ — Y **k**
22 dicembre-10 aprile e 21 giugno-22 settembre – **Pasto** 42/75000 – ☐ 12000 – **49 cam** 210/380000, 3 appartamenti – ½ P 140/270000.

🏨 **Menardi,** via Majon 110 ✆ 2400, Fax 862183, ≤ Dolomiti, « Elegante arredamento; parco ombreggiato » – TV ☎ 🚗 🅟. 🅢 E VISA. ✂ — Y **p**
22 dicembre-26 marzo e 17 giugno-17 settembre – **Pasto** 35/50000 – **51 cam** ☐ 170/320000 – ½ P 160/210000.

🏨 **Columbia** senza rist, via Ronco 75 ✆ 3607, Fax 3607, ≤ Dolomiti, 🌳 – TV ☎ 🅟. 🅢 E VISA. ✂ — Y **c**
dicembre-18 aprile e 9 giugno-14 ottobre – ☐ 10000 – **20 cam** 140/190000.

🏨 **Capannina,** via dello Stadio 11 ✆ 2950, Fax 868317, ≘s, 🌳 – |♦| TV ☎ 🚗 🅟. AE 🅢 VISA. ✂ — Y **m**
6 dicembre-marzo e luglio-10 settembre – **Pasto** (*chiuso a mezzogiorno* e solo su prenotazione alla sera) carta 57/90000 – **30 cam** ☐ 180/340000, 2 appartamenti – ½ P 150/250000.

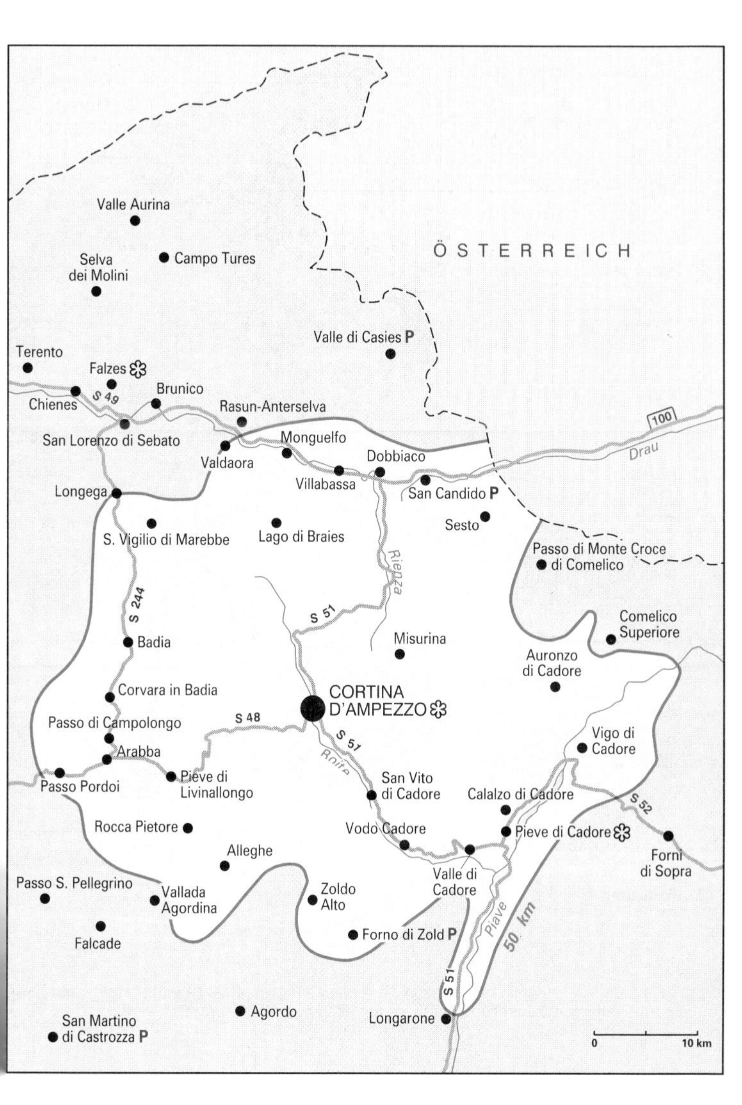

Fanes, via Roma 136 ☎ 3427, Fax 5027, ≤ Dolomiti, — TV ☎ P. AE ⑤ ⓓ E VISA. ✻ rist Z **a**
21 dicembre-marzo e 15 giugno-15 ottobre – **Pasto** carta 33/66000 (15%) – ☐ 25000 – **25 cam** 160/210000 – ½ P 145/165000.

Pontechiesa, via Marangoni 3 ☎ 2523, Fax 867343, ≤ Dolomiti, – |♦| TV ☎ P. VISA. ✻ Y **s**
dicembre-13 aprile e 15 giugno-27 settembre – **Pasto** carta 38/59000 – ☐ 15000 – **31 cam** 112/200000 – ½ P 100/180000.

Concordia Parc Hotel, corso Italia 28 ☎ 4251, Telex 440066, Fax 868151, « Parco ombreggiato » – |♦| TV ☎ P. AE ⑤ E VISA. ✻ Z **v**
23 dicembre-25 marzo e 10 luglio-agosto – **Pasto** 45/70000 – ☐ 15000 – **58 cam** 205/370000 – ½ P 160/275000.

Aquila, corso Italia 168 ☎ 2618, Fax 867315, ≘s, ▭ – |♦| TV ☎ P. ⑤ E VISA. ✻
dicembre-aprile e giugno-settembre – **Pasto** 30/60000 – **39 cam** ☐ 200/250000 – P 100/210000. Y **n**

Trieste, via Majon 28 ✆ 2245, Fax 868173, ≤ Dolomiti, – TV ☎ P. AE ⓘ E VISA JCB. Y **b**
20 dicembre-marzo e luglio-20 settembre – **Pasto** 35/65000 – ☕ 25000 – **33 cam** 150/220000 – ½ P 100/180000.

Nord Hotel, via La Verra 1 ✆ 4707, Fax 868164, ≤ Dolomiti e conca di Cortina – P. E VISA. rist 2 km per ①
6 dicembre-10 aprile e 20 giugno-settembre – **Pasto** 40/60000 – ☕ 20000 – **34 cam** 170/200000 – ½ P 130/185000.

Cornelio, via Cantore 1 ✆ 2232, Fax 867360 – TV ☎ P Y **h**
stagionale – **20 cam.**

Natale senza rist, corso Italia 229 ✆ 861210, Fax 867730, – TV ☎ P. E VISA. Y **w**
dicembre-5 maggio e giugno-5 novembre – **14 cam** ☕ 170/250000.

Panda senza rist, via Roma 64 ✆ 860344, Fax 860345, ≤ Dolomiti – TV ☎ P. AE ⓘ VISA. Z **e**
chiuso dal 5 maggio al 20 giugno e dal 2 novembre al 5 dicembre – ☕ 11000 – **18 cam** 110/200000.

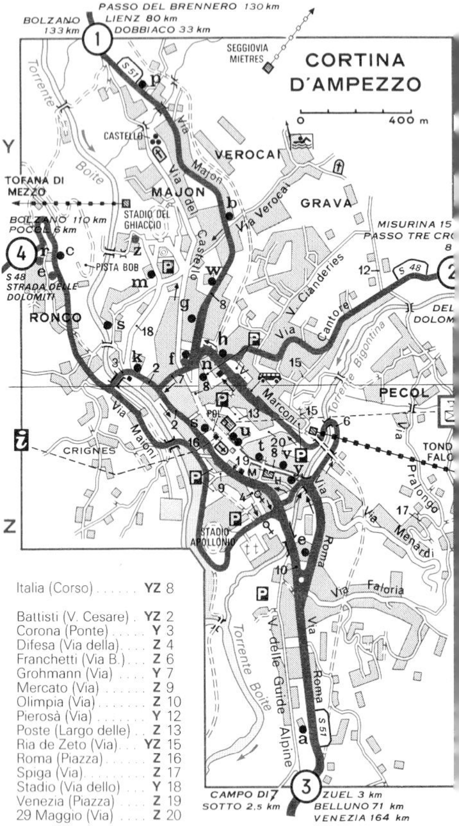

Italia (Corso) . . . . . . YZ 8

Battisti (V. Cesare) . YZ 2
Corona (Ponte) . . . . . Y 3
Difesa (Via della) . . . . Z 4
Franchetti (Via B.) . . . Z 6
Grohmann (Via) . . . . Y 7
Mercato (Via) . . . . . . Z 9
Olimpia (Via) . . . . Z 10
Pierosà (Via) . . . . Y 12
Poste (Largo delle) . . Z 13
Ria de Zeto (Via) . . . YZ 15
Roma (Piazza) . . . . . . Z 16
Spiga (Via) . . . . Z 17
Stadio (Via dello) . . . Y 18
Venezia (Piazza) . . . . Z 19
29 Maggio (Via) . . . . Z 20

Montana senza rist, corso Italia 94 ✆ 862126, Fax 868211 – TV ☎ P. AE ⓘ E VISA JCB. Z **u**
chiuso dal 25 maggio al 25 giugno e dal 10 novembre al 15 dicembre – **30 cam** ☕ 88/158000.

XXX **El Toulà,** via Ronco 123 ✆ 3339, ≤ conca di Cortina e Dolomiti, prenotare, « Ambiente caratteristico ricavato in un vecchio fienile » – P. AE ⓘ VISA Y **r**
20 dicembre-12 aprile e 20 luglio-agosto; chiuso lunedì in gennaio – **Pasto** carta 57/85000 (13%).

XX ✿ **Tivoli,** località Lacedel ✆ 866400, Fax 3413, ≤ Dolomiti, Coperti limitati; prenotare, « Servizio estivo in terrazza » – P. AE ⓘ E VISA 2 km per ④
6 dicembre-20 aprile e 10 luglio-28 settembre; chiuso lunedì in gennaio, luglio e settembre – **Pasto** carta 44/60000
Spec. Fegato grasso d'anatra affumicato con confettura di more di gelso (estate), Orecchioni di ricotta affumicata e rape rosse fritte, Soufflé di vaniglia e gelato ai fiori di lavanda (estate).

XX **Il Meloncino,** località Gilardon 17/a ✆ 861043, ≤ Dolomiti e conca di Cortina, Coperti limitati; prenotare, « Caratteristico chalet con servizio estivo in terrazza » – P. E. 5 km per ④
chiuso martedì, giugno e novembre – **Pasto** carta 32/77000.

XX **Il Meloncino al Bellevue,** via del Castello ✆ 866278, prenotare – VISA. Y **f**
chiuso lunedì, giugno e novembre – **Pasto** carta 57/77000.

XX **Da Beppe Sello** con cam, via Ronco 68 ✆ 3236, Fax 3237, ≤ Dolomiti – ☎ P. AE ⓘ E VISA. rist Y **e**
chiuso dal 10 aprile al 15 maggio e dal 20 settembre ad ottobre – **Pasto** *(chiuso martedì)* carta 49/78000 – ☕ 15000 – **13 cam** 120/200000 – ½ P 130/170000.

XX Malga Lareto, verso Passo Tre Croci ☎ 867004, Fax 868545, ≤ Dolomiti, « Servizio estivo in terrazza » – P 4 km per ②

XX **El Zoco,** via Cademai 18 ☎ 860041, Coperti limitati; prenotare – P. VISA.
chiuso dal 9 aprile a maggio, dall'8 al 27 novembre, a mezzogiorno dal 9 gennaio al 20 febbraio e lunedì (escluso dicembre, marzo ed agosto) – **Pasto** 30/40000 (solo a mezzogiorno) e carta 44/76000. 1,5 km per ①

X **Baita Fraina** con cam, località Fraina ☎ 3634, ≤ Dolomiti, « Servizio estivo in terrazza », – TV ☎ P. AE VISA. 2 km per ③
15 dicembre-20 aprile e luglio-28 settembre – **Pasto** *(chiuso lunedì in bassa stagione)* carta 46/72000 – **4 cam** 150000 – 1/2 P 110/115000.

a Pocol per ④ : 6 km – alt. 1 530 – ✉ **32043** Cortina d'Ampezzo :

Sport Hotel Tofana, ☎ 3281, Fax 868074, ≤ Dolomiti, – ☎ P. AE E VISA. rist
21 dicembre-6 aprile e 30 giugno-8 settembre – **Pasto** carta 44/64000 – **83 cam** 160/250000 – P 105/205000.

Villa Argentina, ☎ 5641, Fax 5078, ≤ Dolomiti, – ☎ P. AE. rist
20 dicembre-8 aprile e luglio-10 settembre – **Pasto** carta 38/56000 – 15000 – **95 cam** 120/220000 – 1/2 P 160/205000.

sulla strada statale 51 per ① : 11 km :

X **Ospitale,** ✉ 32043 ☎ 4585 – AE E VISA.
chiuso giugno e lunedì in bassa stagione – **Pasto** carta 46/62000.

CORTINA VECCHIA Piacenza – Vedere Alseno.

We suggest:

for a successful tour, that you prepare it in advance.

Michelin maps and guides, will give you much useful information on route planning, places of interest, accommodation, prices etc.

CORTONA 52044 Arezzo 988 ⑮, 430 M 17 – 22 530 ab. alt. 650 – ☎ 0575.

Vedere Museo Diocesano★★ – Palazzo Comunale : sala del Consiglio★ **H** – Museo dell'Accademia Etrusca★ nel palazzo Pretorio★ **M1** – Tomba della Santa★ nel santuario di Santa Margherita – Chiesa di Santa Maria del Calcinaio★ 3 km per ②.

via Nazionale 42 ☎ 630352.

Roma 200 ② – Perugia 51 ② – Arezzo 29 ② – Chianciano Terme 55 ② – Firenze 117 ② – Siena 70 ②.

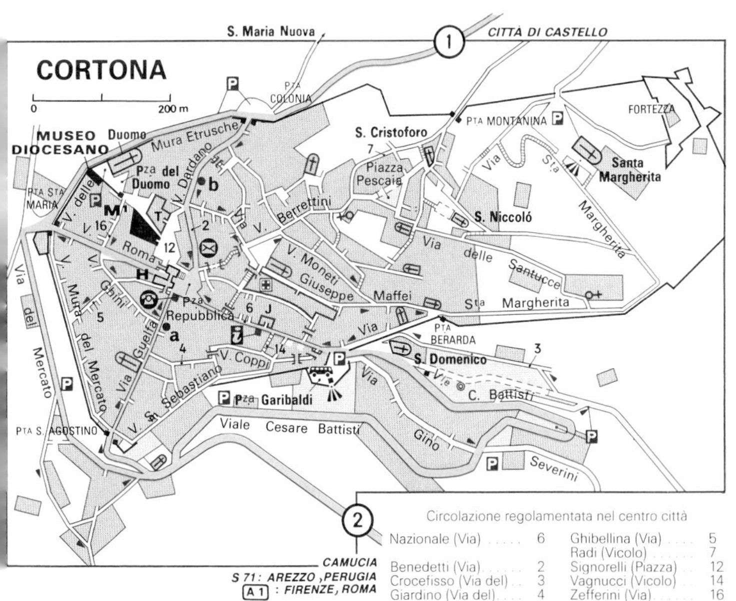

Circolazione regolamentata nel centro città

Nazionale (Via)	6	Ghibellina (Via)	5
		Radi (Vicolo)	7
Benedetti (Via)	2	Signorelli (Piazza)	12
Crocefisso (Via del)	3	Vagnucci (Vicolo)	14
Giardino (Via del)	4	Zefferini (Via)	16

San Michele senza rist, via Guelfa 15 ℘ 604348, Fax 630147, « In un palazzo cinquecentesco » – |‡| ▤ TV ☎. AE ⑤ ① E VISA. ✻ **a**
chiuso dal 10 gennaio al 15 marzo – **34 cam** ☐ 110/150000, 3 appartamenti.

XXX **Il Falconiere** ⑤ con cam, località San Martino a Bocena N : 3 km ℘ 612679, Fax 612927, « Servizio estivo in terrazza con ≤ Cortona e vallata », – |‡| ▤ cam TV ☎ ♿ P. AE ⑤ ① E VISA. ✻
chiuso dal 1° al 15 novembre – **Pasto** *(chiuso mercoledì escluso da marzo ad ottobre)* carta 57/80000 – **9 cam** ☐ 160/250000 – ½ P 175000.

X Dardano, via Dardano 24 ℘ 601944 **b**

CORVARA IN BADIA 39033 Bolzano 988 ⑤, 429 C 17 – 1 255 ab. alt. 1 568 – a.s. Pasqua, agosto e Natale – Sport invernali : 1 568/2 530 m 3 54, – ✆ 0471.

ℹ Municipio ℘ 836176, Fax 836540.

Roma 704 – Cortina d'Ampezzo 36 – Belluno 85 – ♦Bolzano 65 – Brunico 37 – ♦Milano 364 – Trento 125.

Sassongher ⑤, a Pescosta ℘ 836085, Fax 836542, ≤ gruppo Sella e vallata, Fø, ≘s, ◻ – |‡| ▤ rist TV ☎ P – 🏲 90. AE ⑤ E VISA. ✻
dicembre-10 aprile e 20 giugno-settembre – **Pasto** carta 50/60000 – **50 cam** ☐ 120/240000, appartamento – ½ P 200/230000.

La Perla, ℘ 836132, Fax 836568, ≤ Dolomiti, « Giardino con ⛱ riscaldata », Fø, ≘s – |‡| ✻ rist ▤ rist TV ☎ 🚗 P. AE ⑤ E VISA. ✻
3 dicembre-10 aprile e 25 giugno-settembre – **Pasto** 48/60000 (a mezzogiorno) 58/68000 (alla sera) e al Rist. ***La Stuä de Michil*** (prenotare e *chiuso a mezzogiorno*) carta 55/81000 – **50 cam** ☐ 260/480000, 5 appartamenti – ½ P 228/278000.

Sport Hotel Panorama ⑤, ℘ 836083, Fax 836449, ≤ gruppo Sella e vallata, ≘s, ◻, ✻, ✻ – |‡| ▤ rist TV ☎ P. ⑤ ① E VISA. ✻
20 dicembre-20 aprile e luglio-22 settembre – **Pasto** carta 35/70000 – ☐ 30000 – **35 cam** 155/310000 – ½ P 141/230000.

Posta-Zirm, ℘ 836175, Fax 836580, ≤ gruppo Sella, ≘s, ◻ – |‡| ▤ rist TV ☎ 🚗 P. ⑤ E VISA. ✻
chiuso dal 15 aprile a maggio e dal 15 ottobre a novembre – **Pasto** carta 43/84000 – **70 cam** solo ½ P 165/205000.

Villa Eden, ℘ 836041, Fax 836489, ≤ gruppo Sella e Sassongher, ≘s, ✻ – |‡| TV ☎ P. ⑤ E VISA. ✻ rist
5 dicembre-20 aprile e 15 giugno-20 settembre – **Pasto** (solo per clienti alloggiati) 30/40000 – **38 cam** ☐ 110/220000 – ½ P 140/165000.

Col Alto, ℘ 836009, Fax 836066, ≤ gruppo Sella, ≘s, ◻ – |‡| ☎ P. ✻
chiuso dal 15 aprile a maggio e novembre – **Pasto** carta 33/53000 – **62 cam** ☐ 120/210000 – P 120/180000.

Tablè, ℘ 836144, Fax 836313, ≤ gruppo Sella, ≘s – |‡| TV ☎ P. AE ⑤ E VISA. ✻
5 dicembre-marzo e luglio-10 settembre – **Pasto** (solo per clienti alloggiati) – **26 cam** solo ½ P 110/170000.

sulla strada statale 244 S : 2,5 km :

Planac ⑤, ✉ 39033 ℘ 836210, Fax 836598, ≤ gruppo Sella, Fø, ≘s, ✻ – |‡| TV ☎ P. AE ⑤ ① E VISA. ✻ rist
20 dicembre-10 aprile e giugno-10 ottobre – **Pasto** 35/80000 – **39 cam** ☐ 200/400000 – ½ P 175/200000.

a Colfosco (Kolfuschg) O : 3 km – alt. 1 645 – ✉ **39030.**

ℹ ℘ 836145, Fax 836744 :

Cappella, ℘ 836183, Fax 836561, ≤ gruppo Sella e vallata, « Mostra d'arte permanente, giardino », Fø, ≘s, ◻, ✻ – |‡| ▤ rist TV ☎ 🚗 P. AE ⑤ ① E VISA. ✻
21 dicembre-10 aprile e 15 giugno-28 settembre – **Pasto** *(chiuso lunedì)* carta 42/70000 – ☐ 20000 – **40 cam** 160/280000, 2 appartamenti – ½ P 160/225000.

Colfosco-Kolfuschgerhof ⑤, verso Passo Gardena O : 2 km ℘ 836188, Fax 836351, ≤ gruppo Sella, Fø, ≘s, ◻, ✻ – |‡| ✻ rist ▤ rist TV ☎ 🚗 P. ⑤ E VISA. ✻ cam
17 dicembre-10 aprile e 18 giugno-settembre – **Pasto** 40/55000 – **32 cam** ☐ 150/220000, 6 appartamenti – ½ P 150/210000.

XX **Stria,** ℘ 836620, prenotare la sera – AE ⑤ E VISA. ✻
chiuso giugno, novembre, domenica sera e lunedì in aprile-maggio – **Pasto** carta 47/70000.

Sono utili complementi di questa guida, per i viaggi in ITALIA :

– *La carta stradale Michelin n° 988 in scala 1/1 000 000.*
– *Le carte 428, 429, 430, 431, 432, 433 in scala 1/400 000.*
– *Le guide Verdi turistiche Michelin "Italia", "Roma" e "Toscana" :*
itinerari regionali,
musei, chiese,
monumenti e bellezze artistiche.

COSENZA 87100 P 988 ㊴, 431 J 30 – 83 899 ab. alt. 237 – ☎ 0984.

Vedere Tomba d'Isabella d'Aragona* nel Duomo Z.

corso Mazzini 92 ☎ 27821, Fax 27821.

A.C.I. via Tocci 2/A ☎ 398139.

Roma 519 ⑤ – •Napoli 313 ⑤ – •Reggio di Calabria 190 ⑤ – •Taranto 205 ⑤.

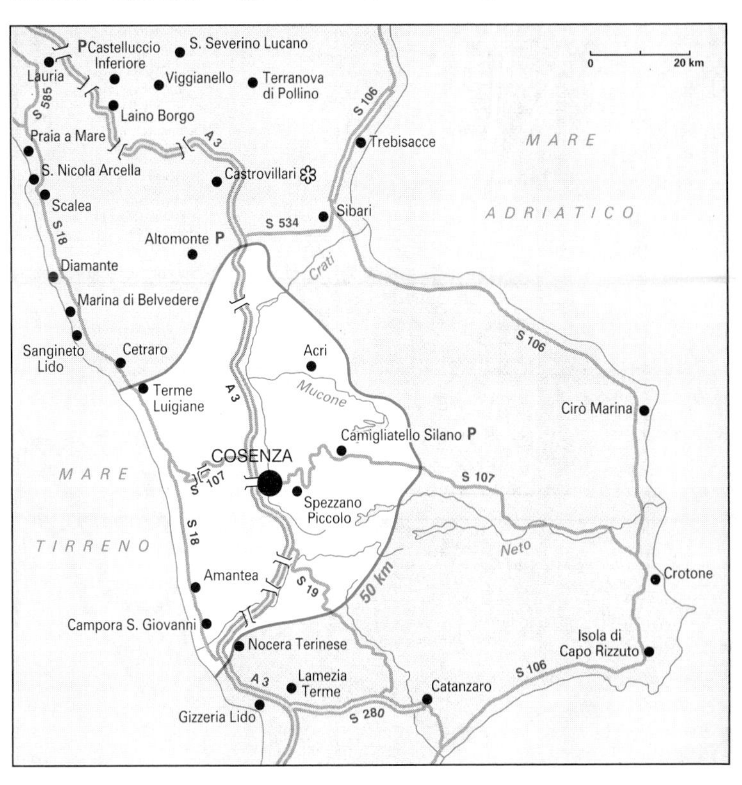

Royal, via Molinella 24/c ☎ 412165, Fax 412461 – ▤ TV ☎ ♿ P – 🏛 25. AE 🅂 ⊙ E VISA JCB. ✻ — Y **a**
Pasto carta 31/45000 – **44 cam** ☐ 115/150000 – ½ P 90/130000.

Centrale, via del Tigrai 3 ☎ 73681, Fax 75750 – 🛗 ▤ TV ☎ 🚗 P. AE 🅂 ⊙ VISA. ✻ rist — Y **s**
Pasto carta 37/54000 – ☐ 10000 – **48 cam** 88/118000 – ½ P 86000.

Da Giocondo, via Piave 53 ☎ 29810 – ▤. AE — Y **n**
chiuso domenica ed agosto – **Pasto** carta 31/47000.

in prossimità uscita nord autostrada A 3 o sulla strada statale 19 per ① :

Executive, via Marconi 59 ☎ 401010, Fax 402020, 🏊, 🌳 – 🛗 ▤ TV ☎ 🚗 P – 🏛 300. AE 🅂 ⊙ E VISA. ✻ rist
Pasto carta 65/87000 – **96 cam** ☐ 205/250000, 2 appartamenti – ½ P 165000.

San Francesco, contrada Commenda ✉ 87036 Rende ☎ 461721, Fax 464520 – 🛗 ▤ TV ☎ P – 🏛 500. AE 🅂 ⊙ E VISA. ✻
Pasto carta 35/50000 – **144 cam** ☐ 140/156000, 2 appartamenti – ½ P 106/115000.

Domus Residence, via Bernini 4 ✉ 87030 Castiglione Cosentino Scalo ☎ 839652, Fax 839967 – 🛗 ⇔ rist ▤ TV ☎ ♿ 🚗 P – 🏛 50. AE 🅂 E VISA. ✻ rist
Pasto *(chiuso domenica)* carta 30/45000 – ☐ 8000 – **74 cam** 86/130000 – ½ P 90/130000.

Forte Agip, bivio strada statale 107 ✉ 87030 Castiglione Cosentino Scalo ☎ 839101, Telex 912553, Fax 837522 – 🛗 ▤ TV ☎ P – 🏛 50 – **65 cam.**

Sant'Agostino senza rist, contrada Roges, via Modigliani 49 ✉ 87036 Rende ☎ 461782, Fax 465358 – ▤ TV ☎ P. AE 🅂 E VISA. ✻
24 cam ☐ 65/105000.

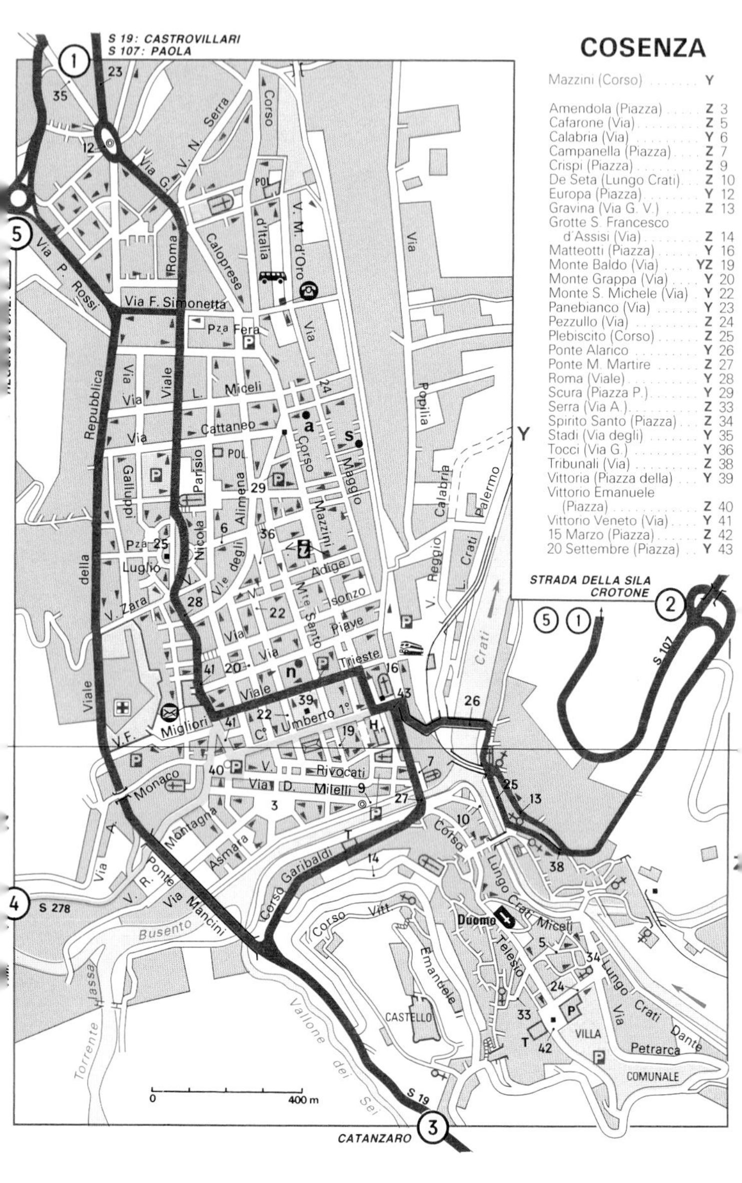

✗ **Il Setaccio-Osteria del Tempo Antico,** contrada Santa Rosa 62 ✉ 87036 Rende ☎ 837211 – ▤ P. AE $ ⊙ E VISA
chiuso domenica sera e dal 10 al 20 agosto – **Pasto** carta 30/45000.

COSSANO BELBO 12054 Cuneo 428 I 6 – 1 124 ab. alt. 244 – ☎ 0141.

Roma 614 – ◆Genova 114 – ◆Torino 90 – Alessandria 52 – Asti 31 – Cuneo 89.

✗ **Della Posta-da Camulin,** ☎ 88126, Fax 88559, Coperti limitati; prenotare – AE $ ⊙ E VISA
chiuso domenica sera, lunedì e dal 15 luglio al 13 agosto – **Pasto** carta 32/51000.

COSSATO 13014 Biella 988 ②, 428 F 6 – 15 304 ab. alt. 253 – ☎ 015.
Roma 668 – Stresa 59 – Biella 11 – •Milano 94 – •Torino 82 – Vercelli 43.

XX **Tina** con cam, via Matteotti 21 ☎ 93403, Fax 93403 – TV. AE E VISA
Pasto *(chiuso domenica e dal 1° al 27 agosto)* carta 30/61000 – ☕ 10000 – **10 cam** 58/80000 – P 80000.

COSTA Trento – Vedere Folgaria.

COSTABISSARA 36030 Vicenza 429 F 16 – 5 110 ab. alt. 51 – ☎ 0444.
Roma 546 – •Padova 47 – •Milano 209 – •Venezia 78 – Vicenza 7.

X **Da Lovise** con cam, ☎ 971026, 🌳 – ▤ TV P. AE E VISA. ✻ cam
chiuso dal 2 al 21 agosto – **Pasto** *(chiuso lunedì)* carta 31/39000 – **9 cam** ☕ 80/120000 – ½ P 105000.

COSTA DORATA Sassari 433 E 10 – Vedere Sardegna (Porto San Paolo) alla fine dell'elenco alfabetico.

COSTALOVARA (WOLFSGRUBEN) Bolzano – Vedere Renon.

COSTALUNGA (Passo di) (KARERPASS) Trento 988 ④ ⑤, 429 C 16 – alt. 1 753 – a.s. febbraio-Pasqua e Natale – Sport invernali : 1 753/1 900 m ⚡3 (vedere anche Nova Levante).
Vedere ≤★ sul Catinaccio – Lago di Carezza★★★ O : 2 km.
Roma 674 – •Bolzano 28 – Cortina d'Ampezzo 81 – •Milano 332 – Trento 93.

🏨 **Savoy,** ✉ 38039 Vigo di Fassa ☎ (0471) 612124, Fax (0471) 612132, ≤ Dolomiti e pinete, ≘s, 🏊, 🌳 – 🛗 TV ☎ 🚗 P. AE. ✻ rist
chiuso novembre – **Pasto** carta 39/43000 – ☕ 10000 – **30 cam** 85/195000, 4 appartamenti – P 95/140000.

COSTA MERLATA Brindisi 431 E 34 – Vedere Ostuni.

COSTA PARADISO Sassari 433 D 8 – Vedere Sardegna (Trinità d'Agultu) alla fine dell'elenco alfabetico.

COSTA REI Cagliari 433 J 10 – Vedere Sardegna (Muravera) alla fine dell'elenco alfabetico.

COSTA SMERALDA Sassari 988 ㉓ ㉔, 433 D 10 – Vedere Sardegna (Arzachena) alla fine dell'elenco alfabetico.

COSTA VOLPINO 24062 Bergamo 428 429 E 12 – 8 439 ab. alt. 251 – a.s. luglio-agosto – ☎ 035.
Roma 608 – •Brescia 47 – •Bergamo 43 – •Milano 88 – Sondrio 102.

XX **Franini** con cam, ☎ 988242, Fax 988243 – TV ☎ P. AE AE ① E VISA. ✻ cam
Pasto *(chiuso mercoledì)* carta 42/64000 – ☕ 9000 – **14 cam** 70/110000 – ½ P 85/90000.

COSTERMANO 37010 Verona 428 429 F 14 – 2 435 ab. alt. 254 – ☎ 045.
⛳18 e ⛳9 Cà degli Ulivi a Marciaga-Castion di Costermano ✉ 37010 ☎ 6279030, Fax 6279039.
Roma 531 – •Verona 35 – •Brescia 68 – Mantova 69 – Trento 78.

a Marciaga N : 3 km – ✉ 37010 Costermano :

🏨 **Madrigale** 🐦, ☎ 6279001, Fax 6279125, ≤ lago, 🌳, « In collina tra il verde », 🏊 – 🛗 TV ☎ P. AE AE ① E VISA. ✻
marzo-novembre – **Pasto** *(marzo-ottobre)* carta 41/58000 – **47 cam** ☕ 139/268000 – ½ P 139/154000.

COSTIERA AMALFITANA Napoli e Salerno 988 ㉗ ㉘, 431 F 25 – Vedere Guida Verde.

COSTIGLIOLE D'ASTI 14055 Asti 988 ⑫, 428 H 6 – 5 932 ab. alt. 242 – ☎ 0141.
Roma 629 – •Torino 77 – Acqui Terme 34 – Alessandria 51 – Asti 15 – •Genova 108.

XXX ✿✿ **Guido,** piazza Umberto I 27 ☎ 966012, Fax 966012, solo su prenotazione – AE AE ① E VISA
chiuso a mezzogiorno, domenica, i giorni festivi, dal 23 dicembre al 10 gennaio e dal 1° al 20 agosto – **Pasto** 110000
Spec. Zuppa di porcini (autunno), Agnolotti al sugo di stinco, Stracotto di bue al Barolo (inverno).

X **Collavini,** via Asti-Nizza 84 ☎ 966440, Fax 961616, prenotare – AE E VISA. ✻
chiuso martedì sera, mercoledì, dal 6 al 30 gennaio e dal 20 luglio al 20 agosto – **Pasto** carta 38/60000.

COSTOZZA Vicenza – Vedere Longare.

COTIGNOLA 48010 Ravenna 429 430 I 17 – 6 834 ab. alt. 19 – ☎ 0545.
Roma 396 – •Ravenna 26 – •Bologna 53 – Forlì 28.

X **Da Giovanni** con cam, ☎ 40138, Fax 40138, 🌳 – TV ☎. AE AE ① E VISA. ✻
Pasto *(chiuso sabato, dal 26 dicembre al 3 gennaio e dal 10 al 25 agosto)* carta 33/56000 – **10 cam** ☕ 70/95000 – ½ P 80000.

a Cassanigo SO : 8 km – ✉ 48010 Cotignola :

X **Mazzoni**, ☎ 78332, « Servizio estivo in giardino », – P. AE ⑤ ⓓ E VISA
chiuso mercoledì, dal 18 gennaio al 3 febbraio e dal 16 luglio al 12 agosto – **Pasto** carta 26/36000.

COURMAYEUR 11013 Aosta 988 ①, 428 E 2 – 3 000 ab. alt. 1 228 – a.s. 26 marzo-Pasqua, 15 luglio-agosto e Natale – Sport invernali : 1 224/2 755 m ⛷9 ⛷17, ⛷; anche sci estivo – ☎ 0165.

Vedere Località★★.

Escursioni Valle d'Aosta★★ : ≤★★★ per ②.

⛳ (luglio-10 settembre) in Val Ferret ✉ 11013 Courmayeur ☎ 89103 o ☎ (011) 3185040, NE : 4 km BX.

ℹ piazzale Monte Bianco 3 ☎ 842060, Fax 842072.

Roma 784 ② – Aosta 35 ② – Chamonix 24 ① – Colle del Gran San Bernardo 70 ② – ◆Milano 222 ② – Colle del Piccolo San Bernardo 28 ②.

Pianta pagina seguente

Pavillon, strada Regionale 62 ☎ 846120, Fax 846122, ≤ monti, ₺, ≘s, ⛱ – |‡| TV ☎ ⇔ P – 🔔 50 a 250. AE ⑤ ⓓ E VISA JCB. ⛔ rist BY t
2 dicembre-1° maggio e 16 giugno-2 ottobre – **Pasto** 60000 e al Rist. ***Grill Le Bistroquet*** *(dicembre-aprile; chiuso a mezzogiorno e lunedì)* carta 60/85000 – ☐ 22000 – **42 cam** 230/360000, 8 appartamenti – ½ P 200/280000.

Royal e Golf, via Roma 87 ☎ 846787, Telex 214312, Fax 842093, ≤ monti e ghiacciai, « Giardino-solarium con ⛱ riscaldata », ≘s – |‡| TV ☎ ♿ ⇔ P – 🔔 25 a 90. AE ⑤ ⓓ E VISA. ⛔ rist AZ a
dicembre-Pasqua e luglio-15 settembre – **Pasto** carta 54/79000 vedere anche Rist. ***Grill Royal e Golf*** – ☐ 25000 – **85 cam** 270/510000, 4 appartamenti – ½ P 315/335000.

Gallia Gran Baita, Strada Larzey ☎ 844040, Fax 844805, ≘s, ⛱ riscaldata, ⛱, – |‡| TV ☎ ♿ ⇔ – 🔔 100. AE ⑤ ⓓ E VISA JCB. ⛔ BY e
dicembre-14 aprile e 28 giugno-22 settembre – **Pasto** carta 52/67000 – **53 cam** ☐ 230/380000, 3 appartamenti – ½ P 230/280000.

Palace Bron ⛰, a Plan Gorret E : 2 km ☎ 846742, Fax 844015, ≤ Dente del Gigante e vallata, « Posizione panoramica in pineta », – |‡| TV ☎ P. AE ⑤ ⓓ E VISA. ⛔ rist
4 dicembre-25 aprile e 2 luglio-19 settembre – **Pasto** *(chiuso lunedì)* 55/75000 – ☐ 25000 – **26 cam** 180/340000, appartamento – ½ P 175/265000. BY u

Mont Blanc, superstrada Traforo del Monte Bianco ☎ 846555, Fax 846633, ≤, ≘s – |‡| TV ☎ ♿ ⇔ P – 🔔 80. AE ⑤ ⓓ E VISA. ⛔ rist AZ y
3 dicembre-15 maggio e 4 luglio-24 ottobre – **Pasto** vedere rist **Le Relais** – **40 cam** ☐ 230/250000 – ½ P 175000.

Bouton d'Or senza rist, superstrada Traforo del Monte Bianco ☎ 846729, Fax 842152, ≤ monti e vallata, ≘s, – |‡| TV ☎ ♿ ⇔ P. AE ⑤ ⓓ E VISA AZ x
chiuso dal 5 al 30 giugno e da novembre al 7 dicembre – **35 cam** ☐ 120/160000.

Cristallo, via Roma 142 ☎ 846666, Fax 846327 – |‡| TV ☎ P AZ g
stagionale – **37 cam.**

Del Viale, viale Monte Bianco 74 ☎ 846712, Telex 214509, Fax 844513, ≤ monti, – TV ☎ ⇔ P. AE ⑤ ⓓ E VISA. ⛔ BY c
chiuso maggio e novembre – **Pasto** carta 38/54000 – **23 cam** ☐ 120/180000 – P 90/180000.

Courmayeur, via Roma 158 ☎ 846732, Fax 845125 – |‡| TV ☎ P. AE ⑤ ⓓ E VISA. ⛔ AZ h
20 dicembre-maggio e 15 giugno-15 settembre – **Pasto** 35/45000 – ☐ 15000 – **26 cam** 110/180000 – P 98/200000.

Cresta et Duc, via Circonvallazione 7 ☎ 842585, Fax 842591, ≤ monti – |‡| ▤ rist TV ☎ P. AE ⑤ ⓓ E VISA. ⛔ rist AZ e
18 dicembre-21 aprile e 24 giugno-9 settembre – **Pasto** 35000 – **39 cam** ☐ 90/200000 – ½ P 100/210000.

Crampon senza rist, strada la Villette 8 ☎ 842385, Fax 842385, ≤ monti e vallata, – |‡| ☎ P. ⑤ E VISA. ⛔ AZ b
20 dicembre-aprile e luglio-15 settembre – **24 cam** ☐ 105/150000.

Centrale, via Mario Puchoz 7 ☎ 846644, Fax 846403, ≤, – |‡| TV ☎ ⇔ P. AE ⑤ ⓓ E VISA. ⛔ rist AZ t
dicembre-Pasqua e 20 giugno-15 settembre – **Pasto** *(chiuso sino al 20 dicembre)* carta 45/55000 – ☐ 18000 – **34 cam** 130/160000 – P 125/198000.

Chetif, strada la Villette 11 ☎ 843503, Fax 846345, ≤ monti, – |‡| TV ☎ ⇔ P. AE ⑤ ⓓ E VISA. ⛔ rist AZ f
dicembre-aprile e luglio-25 settembre – **Pasto** 50/55000 – ☐ 18000 – **20 cam** 90/130000 – ½ P 130/150000.

Croux senza rist, via Circonvallazione 94 ☎ 846735, Fax 845180, ≤ monti, « Giardino ombreggiato » – |‡| TV ☎ P. AE ⑤ ⓓ E VISA. ⛔ AZ d
20 dicembre-15 aprile e 24 giugno-24 settembre – **31 cam** ☐ 105/150000.

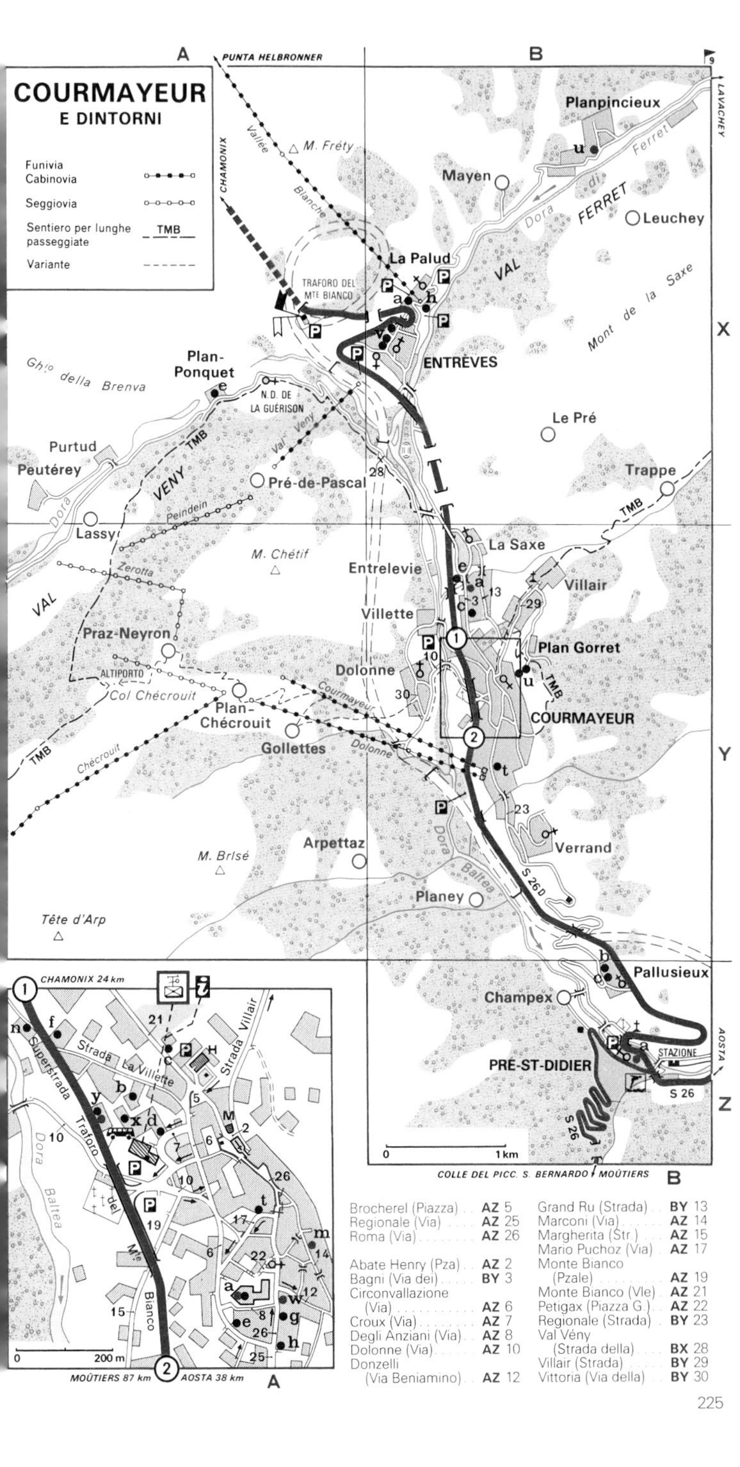

Brocherel (Piazza)	AZ	5
Regionale (Via)	AZ	25
Roma (Via)	AZ	26
Abate Henry (Pza)	AZ	2
Bagni (Via dei)	BY	3
Circonvallazione (Via)	AZ	6
Croux (Via)	AZ	7
Degli Anziani (Via)	AZ	8
Dolonne (Via)	AZ	10
Donzelli (Via Beniamino)	AZ	12
Grand Ru (Strada)	BY	13
Marconi (Via)	AZ	14
Margherita (Str.)	AZ	15
Mario Puchoz (Via)	AZ	17
Monte Bianco (Pzale)	AZ	19
Monte Bianco (Vle)	AZ	21
Petigax (Piazza G.)	AZ	22
Regionale (Strada)	BY	23
Val Vény (Strada della)	BX	28
Villair (Strada)	BY	29
Vittoria (Via della)	BY	30

Lo Scoiattolo, viale Monte Bianco 48 ☎ 846721, Fax 843785 – |‡| TV ☎ P. AE E VISA. ✻
Pasto *(chiuso a mezzogiorno escluso dal 20 giugno al 20 settembre)* 30/50000 – **24 cam** 80/120000 – ½ P 105/110000. AZ **c**

Svizzero, superstrada Traforo del Monte Bianco ☎ 842035 e rist ☎ 842920, ≤ monti, – ☎ P AZ **n**
stagionale – **27 cam.**

Grill Royal e Golf - Royal e Golf, via Roma 87 ☎ 846787, Fax 842093, Coperti limitati; prenotare – AE ⓢ ⊙ E VISA AZ **a**
23 dicembre-Pasqua e luglio-agosto; chiuso a mezzogiorno e lunedì (escluso agosto e Natale) – **Pasto** 90000 e carta 57/87000.

Le Cadran Solaire, via Roma 122 ☎ 844609, Fax 844609, – AE ⓢ E VISA
novembre-maggio e luglio-15 settembre; chiuso martedì – **Pasto** carta 30/70000. AZ **w**

Le Relais, superstrada Traforo del Monte Bianco ☎ 846777 – P. AE ⓢ ⊙ E VISA. ✻
4 dicembre-23 maggio e 4 luglio-24 ottobre; chiuso martedì e mercoledì a mezzogiorno – **Pasto** 25/50000 e carta 44/83000. AZ **y**

Pierre Alexis 1877, via Marconi 54 ☎ 843517 – P. VISA AZ **m**
chiuso ottobre, novembre, lunedì (escluso agosto) e da dicembre a Pasqua i mezzogiorno di lunedì e martedì – **Pasto** carta 39/71000.

Al Camin, località Larzey via dei Bagni 32 ☎ 844687 – P. AE ⓢ ⊙ E VISA BY **a**
chiuso dal 6 novembre al 1° dicembre e martedì in bassa stagione – **Pasto** carta 58/84000.

Chalet Plan Gorret con cam, a Plan Gorret 45 ☎ 844832, Fax 844842, ≤, – TV ☎ P. ⓢ E VISA. ✻ rist BY **u**
chiuso dal 5 maggio a giugno e da novembre al 20 dicembre – **Pasto** *(chiuso martedì)* carta 43/60000 – 15000 – **6 cam** 130000 – ½ P 160000.

ad Entrèves N : 4 km – alt. 1 306 – ✉ **11013** Courmayeur :

Pilier d'Angle , ☎ 869760, Fax 869770, ≤ Monte Bianco, – TV ☎ P. AE ⓢ ⊙ E VISA. ✻ BX **v**
chiuso maggio, ottobre e novembre – **Pasto** carta 47/72000 – 16000 – **23 cam** 120/170000, 3 appartamenti – ½ P 110/170000.

La Grange senza rist, ☎ 869733, Fax 869744, , – |‡| TV ☎ P. AE ⓢ E VISA. ✻
dicembre-aprile e luglio-settembre – **24 cam** 150/200000. BX **v**

La Brenva con cam, ☎ 869780, Fax 869726, ≤ – TV ☎. AE ⓢ ⊙ E VISA. ✻ rist ABX **v**
chiuso maggio – **Pasto** carta 52/76000 – 15000 – **14 cam** 140/160000 – ½ P 150000.

in Val Ferret :

Astoria, a La Palud N : 5 km alt. 1 360 ✉ 11013 ☎ 869740, Fax 869750, ≤ – |‡| TV ☎ P. ⓢ E VISA. ✻ BX **h**
15 dicembre-aprile e luglio-20 settembre – **Pasto** *(chiuso giovedì)* carta 39/66000 – 15000 – **34 cam** 65/100000 – ½ P 95/110000.

Vallée Blanche senza rist, a La Palud N : 5 km alt. 1 360 ✉ 11013 ☎ 89933, ≤ – |‡| ☎ BX **a**
chiuso dal 4 novembre al 4 dicembre – **23 cam** 70/120000.

La Clotze, a Planpincieux N : 7 km alt. 1 600 ✉ 11013 ☎ 869720, , – P. AE ⓢ E VISA. ✻ BX **u**
chiuso mercoledì, dal 12 giugno al 14 luglio e dal 5 novembre al 5 dicembre – **Pasto** carta 43/62000.

in Val Veny :

Val Veny , a Plan-Ponquet NO : 4 km alt. 1 480 ✉ 11013 ☎ 869717, ≤, – P. ✻ rist AX **e**
luglio-agosto – **Pasto** carta 35/50000 – 10000 – **19 cam** 45/90000 – ½ P 90000.

Chalet del Miage, a Plan-de-Lognan NO : 12 km alt. 1 689 ✉ 11013, ≤, – P AY
stagionale.

CRANDOLA VALSASSINA 22050 Lecco 219 ⑩ – 258 ab. alt. 769 – ☎ 0341.

Roma 647 – Como 59 – Lecco 30 – ♦Milano 87 – Sondrio 65.

Da Gigi con cam, ☎ 840124, ≤ – ⓢ E VISA. ✻
chiuso dal 10 al 20 giugno e dal 5 al 20 settembre – **Pasto** *(chiuso mercoledì escluso luglio-agosto)* carta 40/52000 – **9 cam** 50/80000 – ½ P 65/75000.

CRAVANZANA 12050 Cuneo 428 I 6 – 442 ab. alt. 583 – ☎ 0173.

Roma 610 – ♦Genova 122 – Alessandria 74 – Cuneo 48 – Mondovì 42 – Savona 72 – ♦Torino 88.

Mercato da Maurizio con cam, ☎ 855019, Fax 855019, prenotare – P. ⓢ E VISA. ✻
Pasto *(chiuso mercoledì)* carta 29/45000 – 10000 – **7 cam** 50/70000 – ½ P 55000.

CREMA 26013 Cremona 988 ③, 428 F 11 – 33 107 ab. alt. 79 – ☎ 0373.

9 (chiuso lunedì, dicembre e gennaio) frazione Ombrianello ✉ 26013 ☎ 230269, Fax 230270.

Roma 546 – Piacenza 40 – ♦Bergamo 40 – ♦Brescia 51 – Cremona 38 – ♦Milano 44 – Pavia 52.

Park Hotel Residence senza rist, via IV Novembre 51 ☎ 86353, Fax 85082 – AE VISA
chiuso dall'8 al 23 agosto – **20 cam** 110/160000.

Palace Hotel senza rist, via Cresmiero 10 ☎ 81487, Fax 86876 – AE E VISA
chiuso agosto – **47 cam** 100/150000.

In Contrada Serio, via Mazzini 80 ☎ 83814, « In palazzo ottocentesco » – AE E VISA
chiuso domenica sera, lunedì, dal 28 dicembre all'8 gennaio e dal 25 luglio al 15 agosto – **Pasto** carta 45/70000.

Openhouse, via IV Novembre 51 ☎ 82341, Fax 82341 – AE E VISA
chiuso domenica sera – **Pasto** carta 41/80000.

Guada'l Canal, via Ombrianello 21 (Golf Crema O : 3 km) ☎ 230045, Coperti limitati; prenotare –

Cartes routières MICHELIN à 1/400 000 :

428 ITALIE Nord-Ouest/ 429 ITALIE Nord-Est/ 430 ITALIE Centre

431 ITALIE Sud/ 431 ITALIE Sud/ 432 SICILE/ 433 SARDAIGNE

Les villes soulignées en rouge sur ces cartes sont citées dans le guide.

CREMENO 22040 Lecco 428 E 10, 219 ⑩ – 925 ab. alt. 797 – Sport invernali : a Piani di Artavaggio : 1 649/2 000 m 1 6, – ☎ 0341.

Roma 635 – ♦Bergamo 49 – Como 43 – Lecco 14 – ♦Milano 70 – Sondrio 83.

a Maggio SO : 2 km – ✉ **22040** :

Maggio, ☎ 996440, – E VISA
Pasto *(maggio-settembre; chiuso martedì)* carta 37/56000 – 8000 – **19 cam** 50/90000 – ½ P 55/75000.

CREMNAGO 22040 Como 219 ⑲ – alt. 335 – ☎ 031.

Roma 605 – Como 17 – ♦Bergamo 44 – Lecco 23 – ♦Milano 37.

Letizia, ☎ 698207, « Servizio estivo in giardino » – E VISA
chiuso lunedì sera, martedì e dall'8 al 22 febbraio – **Pasto** carta 38/60000.

Vignetta, ☎ 698212, « Servizio estivo all'aperto » –
chiuso martedì e dal 1° al 25 agosto – **Pasto** carta 40/62000.

CREMOLINO 15010 Alessandria 428 I 7 – 928 ab. alt. 405 – ☎ 0143.

Roma 559 – ♦Genova 61 – Alessandria 50 – ♦Milano 124 – Savona 71 – ♦Torino 135.

Bel Soggiorno, ☎ 879012 – AE E VISA
chiuso mercoledì, dal 10 al 25 gennaio e dal 15 al 30 luglio – **Pasto** carta 42/71000.

CREMONA 26100 P 988 ⑬ ⑭, 428 429 G 12 – 73 383 ab. alt. 45 – ☎ 0372.

Vedere Piazza del Comune★★ BZ : campanile del Torrazzo★★★, Duomo★★, Battistero★ BZ **L** – Palazzo Fodri★ BZ **D** – Museo Civico★ ABY – Ritratti★ e ancona★ nella chiesa di Sant'Agostino AZ **B** – Interno★ della chiesa di San Sigismondo 2 km per ③.

9 Il Torrazzo (chiuso lunedì e gennaio) ☎ 471563, Fax 471563.

piazza del Comune 5 ☎ 21722, Fax 21722.

A.C.I. via 20 Settembre 19 ☎ 29601.

Roma 517 ④ – ♦Parma 65 ③ – Piacenza 34 ④ – ♦Bergamo 98 ② – ♦Brescia 52 ② – ♦Genova 180 ④ – Mantova 66 ② – ♦Milano 95 ④ – Pavia 86 ④.

Pianta pagina seguente

Continental, piazza della Libertà 26 ☎ 434141, Fax 434141 – cam – 200. AE E VISA JCB BY **x**
Pasto carta 45/72000 – **57 cam** 120/180000 – ½ P 135000.

Ibis, via Mantova ☎ 452222, Telex 312154, Fax 452700 – cam – 25 a 100 BY **a**
100 cam.

Ceresole, via Ceresole 4 ☎ 30990, Coperti limitati; prenotare – E VISA
chiuso domenica sera, lunedì, dal 22 al 30 gennaio e dal 6 al 28 agosto – **Pasto** carta 56/86000 BZ **u**
Spec. Marubini ai tre brodi, Stracotto di bue in salsa al vino rosso, Spuma di torrone in salsa di nocciole.

Alla Borgata, via Bergamo 205 ☎ 25648 – – 50. AE E VISA 2 km : per ⑦
chiuso lunedì sera, martedì, dal 1° all'8 gennaio ed agosto – **Pasto** carta 36/54000.

Il Ceppo, via Casalmaggiore Bassa 222 ☎ 496363, –
4 km per via San Rocco BZ

CREMONA

Campi (Corso) . . . . BZ
Cavour (Piazza) . . . . BZ 6
Garibaldi (Corso) . . . . . AYZ
Matteotti (Corso) . . . . . BYZ

Boccaccino (Via) . . . . . . BZ 3
Cadorna (Piazza L.) . . . . AZ 4
Comune (Piazza del) . . . BZ 7
Geromini (Via Felice) . . . BY 9
Ghinaglia (Via F.) . . . . AY 12
Ghisleri (Via A.) . . . . BY 13
Libertà (Piazza della) . . . . BY 14
Mantova (Via) . . . . BY 17
Manzoni (Via) . . . . BY 18
Marconi (Piazza) . . . . BZ 19
Marmolada (Via) . . . . BZ 22
Mazzini (Corso) . . . . BZ 23
Melone (Via Altobello) . . . . BZ 24
Mercatello (Via) . . . . BZ 25
Monteverdi (Via Claudio) . . . . . . BZ 27
Novati (Via) . . . . BZ 28
Risorgimento (Piazza) . . . . AY 29
S. Maria in Betlem (Via) . . . . . . BZ 32
S. Rocco (Via) . . . . BZ 33
Spalato (Via) . . . . AY 35
Stradivari (Corso) . . . . BZ 37
Tofane (Via) . . . . BZ 39
Ugolani Dati (Via) . . . . BY 40
Vacchelli (Corso) . . . . BZ 42
Verdi (Via) . . . . BZ 43
Vittorio Emanuele II (Corso) . . . . AZ 45
4 Novembre (Piazza) . . . . BZ 46
20 Settembre (Corso) . . . . BZ 48

✕ **La Locanda** con cam, via Pallavicino 4 ✆ 457835, Fax 457834 – TV ☎. AE 🅂 ◐ E VISA
Pasto *(chiuso martedì e dal 10 al 31 agosto)* carta 39/60000 – **9 cam** ☐ 70/100000 – ½ P 80000. BYZ **c**

✕ **Alba,** via Persico 40 ✆ 433700, prenotare – 🅂 E VISA. ✈ BY **b**
chiuso domenica, lunedì, dal 24 dicembre al 7 gennaio ed agosto – **Pasto** carta 28/39000.

✕ **Tre Spade,** via Buoso da Dovara 4 ✆ 434764 – ✈ BZ **a**
chiuso giovedì sera, venerdì ed agosto – **Pasto** carta 27/38000.

CRESPINO 45030 Rovigo 988 ⑮, 429 H 17 – 2 288 ab. alt. 1 – ✆ 0425.
Roma 460 – ◆ Padova 62 – ◆ Ravenna 100 – ◆ Ferrara 39 – Rovigo 17.

✕✕✕ **Rizzi,** via Passodoppio 31 (O : 3 km) ✆ 77238, 🏵, Coperti limitati; prenotare, ✈ – ▤ 🅟. AE 🅂 E VISA
chiuso martedì – **Pasto** carta 31/53000.

CRETAZ Aosta 428 F 4, 219 ⑫ – Vedere Cogne.

CREVACUORE 13015 Biella 988 ②, 428 E 6 – 1 919 ab. alt. 377 – ✆ 015.
Roma 663 – Stresa 54 – Biella 34 – Novara 54 – Vercelli 57.

✕✕ **Fontana San Rocco** con cam, via Monte Orfano ✆ 7680034, prenotare – TV ☎ 🅟. 🅂 ◐ E VISA. ✈
chiuso gennaio e dal 20 al 30 agosto – **Pasto** *(chiuso mercoledì)* 40/80000 e carta 60/85000 – ☐ 10000 – **8 cam** 75/110000 – ½ P 80/90000.

Lesen Sie die Einleitung, sie ist der Schlüssel zu diesem Führer.

CREVALCORE 40014 Bologna [988] (14), [429] H 15 – 11 565 ab. alt. 20 – ☎ 051.
Roma 402 – ♦Bologna 31 – ♦Ferrara 49 – ♦Milano 195 – ♦Modena 25.

🍴🍴 **Trattoria Papi,** via Paltrinieri 62 ☎ 981651, 🌳 – 🅿. AE 🅂 ⓞ E VISA. ✂
chiuso domenica, dal 25 dicembre al 6 gennaio ed agosto – **Pasto** carta 36/49000.

CROCE DI MAGARA Cosenza [431] J 31 – Vedere Camigliatello Silano.

CROCI DI CALENZANO Firenze [430] K 15 – Vedere Calenzano.

CRODO 28036 Verbania [428] D 6, [217] (19) – 1 632 ab. alt. 508 – ☎ 0324.
Roma 712 – Stresa 46 – Domodossola 14 – ♦Milano 136 – Novara 105 – ♦Torino 179.

a Viceno NO : 4,5 km – alt. 896 – ✉ **28036** Crodo :

🏨 **Edelweiss** 🐚, ☎ 618791, Fax 618791, ≤, 🌳 – 🛗 ☎ 🅿. AE 🅂 ⓞ E VISA
chiuso dal 22 al 31 gennaio e dal 14 al 30 ottobre – **Pasto** *(chiuso mercoledì escluso dal 15 giugno al 15 settembre)* carta 31/47000 – ☕ 5000 – **21 cam** 40/75000 – ½ P 70000.

🏨 **Pizzo del Frate** 🐚, località Foppiano NO : 3,5 km alt. 1 250, ☎ 61233, ≤ monti, 🌳 – 🅿. AE 🅂 ⓞ E VISA. ✂ rist
chiuso febbraio e dal 5 al 30 novembre – **Pasto** *(chiuso martedì escluso dal 15 giugno al 15 settembre)* carta 33/47000 – ☕ 6500 – **16 cam** 40/70000 – ½ P 63000.

CROSA Vercelli [428] E 6, [219] (6) – Vedere Varallo.

CROTONE 88074 [P] [988] (39) (40), [431] J 33 – 59 287 ab. – ☎ 0962.
ℹ via Torino 148 ☎ 23185.
Roma 593 – Cosenza 112 – Catanzaro 73 – ♦Napoli 387 – ♦Reggio di Calabria 228 – ♦Taranto 242.

🏨 **Helios** 🐚, via per Capocolonna S : 2 km ☎ 901291, Fax 27997, 🏊, 🎾 – 🛗 ▤ TV ☎ ♿ 🅿 – 🎤 70. AE 🅂 ⓞ E VISA JCB. ✂ rist
Pasto carta 25/44000 – **33 cam** ☕ 80/130000 – ½ P 85000.

🍴🍴 **La Sosta,** via Corrado Alvaro ☎ 23831 – ▤. AE ⓞ
chiuso domenica – **Pasto** (menu suggerito dal proprietario) carta 50/77000 (15 %).

🍴🍴 **Casa di Rosa,** viale Colombo 117 ☎ 21946, Fax 21946, Specialità di mare – ▤. AE 🅂 E VISA
chiuso domenica – **Pasto** carta 38/65000.

🍴🍴 **Sale e Pepe,** viale Gramsci 122 ☎ 901425, 🌳, Specialità di mare – 🚭. AE 🅂 ⓞ E VISA. ✂
chiuso dal 24 dicembre all'8 gennaio e venerdì (escluso agosto) – **Pasto** carta 40/60000.

CUASSO AL MONTE 21050 Varese [428] E 8, [219] (8) – 2 854 ab. alt. 532 – ☎ 0332.
Roma 648 – Como 43 – ♦Lugano 31 – ♦Milano 72 – Varese 16.

a Cavagnano SO : 2 km – ✉ **21050** Cuasso al Monte :

🏨 **Alpino** 🐚, ☎ 939083, Fax 939094, 🌳 – 🛗 TV ☎ 🅿. 🅂 E VISA. ✂
Pasto *(chiuso lunedì)* carta 45/70000 – **14 cam** ☕ 85/115000, appartamento – ½ P 70/85000.

CUGLIERI Oristano – Vedere Sardegna alla fine dell'elenco alfabetico.

CUNARDO 21035 Varese [428] E 8, [219] (8) – 2 444 ab. alt. 450 – ☎ 0332.
Roma 641 – Como 43 – Bellinzona 28 – ♦Lugano 20 – ♦Milano 73 – Novara 74 – Stresa 69 – Varese 16.

🏨 **Delle Arti,** ☎ 990003, Fax 990033, 🌳 – TV ☎ ♿ 🅿 – 🎤 40. AE 🅂 ⓞ E VISA
Pasto *(chiuso giovedì)* carta 46/76000 – **14 cam** ☕ 150/200000 – ½ P 210000.

Per viaggiare in EUROPA, utilizzate :

Le carte Michelin scala 1/400 000 e 1/1 000 000 **Le Grandi Strade ;**

Le carte Michelin dettagliate ;

Le guide Rosse Michelin (alberghi e ristoranti) :

Benelux, Deutschland, España Portugal, Europe, France, Great Britain and Ireland, Italia, Svizzera

Le guide Verdi Michelin che descrivono le curiosità e gli itinerari di visita : musei, monumenti, percorsi turistici interessanti.

CUNEO 12100 P 988 ⑫, 428 I 4 – 55 415 ab. alt. 543 – ☎ 0171.

I Pioppi (marzo-novembre; chiuso mercoledì) a Madonna dell'Olmo ✉ 12020 ☎ 412101, per ① : 3 km.

corso Nizza 17 ☎ 693258, Fax 695440.

A.C.I. corso Brunet 19/b ☎ 695962.

Roma 643 ② – Alessandria 126 ① – Briançon 198 ① – ♦Genova 144 ② – ♦Milano 216 ① – ♦Nice 126 ③ – San Remo 111 ③ – Savona 98 ② – ♦Torino 94 ①.

Pianta pagina seguente

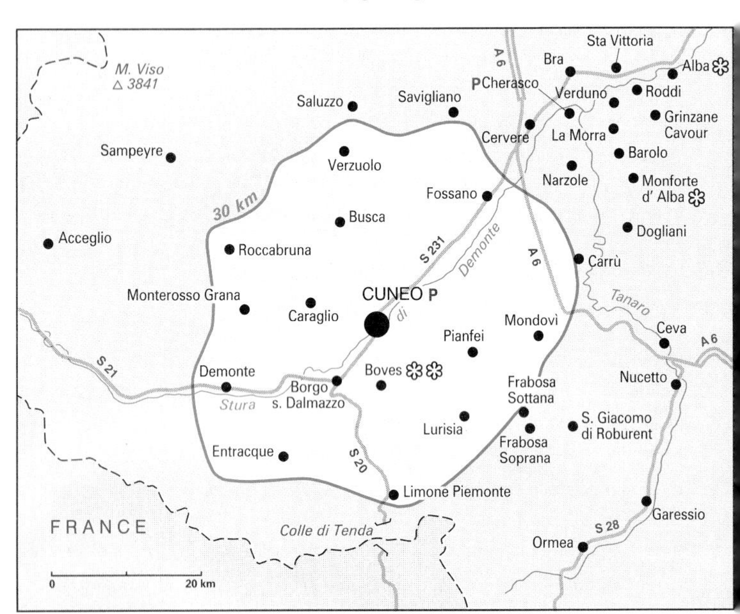

Principe senza rist, piazza Galimberti 5 ☎ 693355, Fax 67562 – 30. AE – Y c
☐ 15000 – **42 cam** 140/180000, ▤ 10000.

Royal Superga senza rist, via Pascal 3 ☎ 693223, Fax 699101 – AE E VISA – Y a
☐ 12500 – **24 cam** 85/110000.

Fiamma senza rist, via Meucci 36 ☎ 66651, Fax 66652 – E VISA – Z a
☐ 15000 – **13 cam** 90/110000.

Smeraldo senza rist, corso Nizza 27 ☎ 696367, Fax 696367 – AE E VISA – Z f
☐ 12000 – **21 cam** 75/95000.

Siesta senza rist, via Vittorio Amedeo 2 ☎ 681960, Fax 697128 – AE E VISA – Y x
☐ 10000 – **20 cam** 80/100000.

Le Plat d'Etain, corso Giolitti 18 ☎ 681918, Cucina francese, Coperti limitati; prenotare – AE E VISA – Z r
chiuso domenica – **Pasto** carta 82/117000.

Osteria della Chiocciola, via Fossano 1 ☎ 66277, prenotare – AE E VISA – Y s
chiuso domenica e dal 10 al 20 agosto – **Pasto** carta 34/54000.

Ligure con cam, via Savigliano 11 ☎ 681942, Fax 634545 – AE E VISA – Y v
chiuso dal 10 gennaio al 1° febbraio – **Pasto** *(chiuso domenica sera)* carta 28/46000 – ☐ 10000 – **26 cam** 65/82000 – 1/2 P 70/75000.

Trattoria Toscana, via 20 Settembre 33 ☎ 681958, Specialità toscane, prenotare – VISA – Z t
chiuso lunedì e dal 10 al 18 agosto – **Pasto** carta 37/58000.

a Madonna dell'Olmo per ① : 3 km – ✉ **12020** :

Locanda da Peiu, ☎ 412174 – E VISA
chiuso lunedì ed agosto – **Pasto** carta 33/55000.

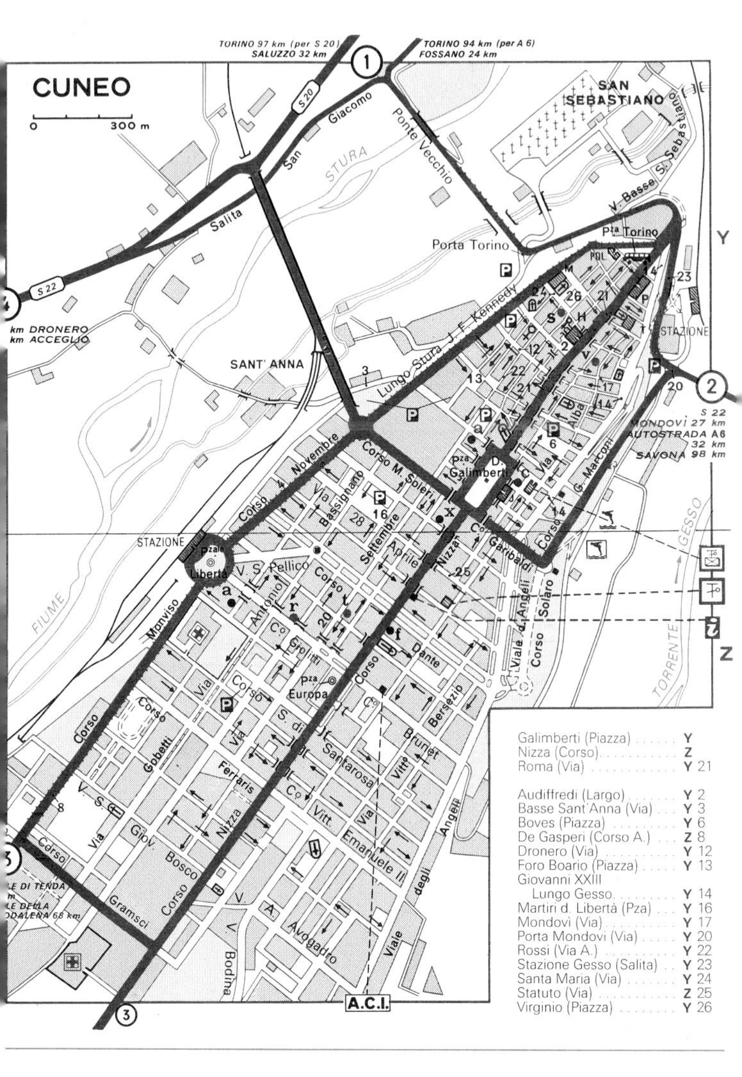

CUORGNÈ **10082** Torino 988 ⑫, 428 F 4 – 10 257 ab. alt. 414 – ☎ 0124.

Roma 700 – ♦Torino 38 – Aosta 86 – Ivrea 24 – ♦Milano 137 – Novara 90.

XX **Da Mauro,** piazza Martiri della Libertà ☎ 666001, Fax 666001, 余 – AE 🗗 ⊙ E VISA
chiuso gennaio, le sere del 25-26 dicembre, domenica sera e lunedì a mezzogiorno (escluso luglio-agosto) – **Pasto** carta 20/36000.

CUOTTO Napoli – Vedere Ischia (Isola d') : Forio.

CUPRA MARITTIMA **63012** Ascoli Piceno 430 M 23 – 4 678 ab. – a.s. luglio-agosto – ☎ 0735.

Dintorni Montefiore dell'Aso : polittico★★ del Crivelli nella chiesa NO : 12 km.

Roma 240 – Ascoli Piceno 47 – ♦Ancona 80 – Macerata 60 – ♦Pescara 78 – Porto San Giorgio 19.

Europa, ☎ 778034, Fax 778033, 余 – |‡| TV ☎. 🗗 E VISA JCB. ✂
chiuso dal 1° al 20 novembre – **Pasto** *(chiuso lunedì)* carta 32/48000 – ☕ 6000 – **30 cam** 50/85000 – ½ P 60/80000.

CUPRAMONTANA 60034 Ancona 988 ⑯, 430 L 21 – 4 819 ab. alt. 506 – ☎ 0731.

Roma 246 – Ancona 48 – Gubbio 69 – Macerata 59.

X **Da Orietta,** piazza IV Novembre 1/2 ☎ 780119, Rist. e pizzeria – VISA.
chiuso lunedì – **Pasto** carta 29/42000.

CURAVECCHIA Vercelli – Vedere Roasio.

CURNO 24035 Bergamo 428 E 10, 219 ⑳ – 6 790 ab. alt. 242 – ☎ 035.

Roma 607 – Bergamo 6 – Lecco 28 – Milano 49.

XX **Trattoria del Tone,** via Roma 4 ☎ 613166 – P. AE E VISA.
chiuso martedì sera, mercoledì e dal 1° al 21 agosto – **Pasto** carta 42/67000.

CUSAGO 20090 Milano 428 F 9 – 2 279 ab. alt. 126 – ☎ 02.

Roma 582 – Milano 12 – Novara 45 – Pavia 40.

Le Moran, viale Europa 90 ☎ 90119894, Fax 9016207 – TV ☎ P – 60 a 300. AE E VISA.
Pasto carta 55/65000 – **80 cam** 192/204000 – ½ P 137000.

XX ✿ **Da Orlando,** piazza Soncino 19 ☎ 90390318, Fax 90390318, – AE E VISA.
chiuso sabato a mezzogiorno, domenica, dal 25 dicembre al 2 gennaio ed agosto – **Pasto** carta 52/89000
Spec. Garganelli "Gran Gourmet", Petto di piccione con tortino di funghi e patate in salsa maremmana (giugno-ottobre), Filetto al foie gras in salsa al Muffato della Sala.

CUTIGLIANO 51024 Pistoia 428 429 430 J 14 – 1 794 ab. alt. 670 – a.s. Pasqua, luglio-agosto e Natale – Sport invernali : a Doganaccia : 1 600/1 800 m 2 3; a Pian di Novello : 1 125/1 780 m 5, – ☎ 0573.

via Tigri 24 ☎ 68029, Fax 68200.

Roma 348 – Firenze 70 – Pisa 72 – Lucca 52 – Milano 285 – Modena 111 – Montecatini Terme 44 – Pistoia 38.

Italia, ☎ 68008, Fax 68008, « Giardino ombreggiato » – . AE E VISA.
20 dicembre-aprile e 20 giugno-15 ottobre – **Pasto** (solo per clienti alloggiati) 40000 – 10000 – **31 cam** 70/100000 – ½ P 70/90000.

Villa Patrizia, ☎ 68024, Fax 68608, ←, – TV ☎ P. AE VISA. rist
Pasto *(20 dicembre-aprile e 25 giugno-20 settembre;* solo per clienti alloggiati*)* – 10000 – **18 cam** 80/125000 – ½ P 85/120000.

Miramonte, ☎ 68012, Fax 68013, ←, « Giardino ombreggiato » – TV ☎.
20 dicembre-aprile e giugno-settembre – **Pasto** *(chiuso dal 20 dicembre ad aprile escluso Natale-Pasqua)* 30/40000 – 15000 – **35 cam** 60/100000 – ½ P 80/100000.

X **Trattoria da Fagiolino,** ☎ 68014 – AE E VISA
chiuso martedì sera, mercoledì e novembre – **Pasto** carta 32/49000.

CUVIO 21030 Varese 428 E 8, 219 ⑦ – 1 418 ab. alt. 309 – ☎ 0332.

Roma 652 – Stresa 57 – Luino 16 – Milano 75 – Novara 67 – Varese 20.

X **Corona** con cam, ☎ 624150, Fax 624189, – TV ☎ P. AE E VISA.
Pasto *(chiuso lunedì)* carta 22/38000 – 5000 – **30 cam** 60/75000 – ½ P 75000.

DAMECUTA Napoli – Vedere Capri (Isola di) : Anacapri.

DARFO BOARIO TERME 25047 Brescia 988 ④, 428 429 E 12 – 13 239 ab. alt. 221 – Stazione termale, a.s. giugno-settembre – ☎ 0364.

a Boario Terme, piazzale Autostazione ☎ 531609, Fax 532280.

Roma 613 – Brescia 54 – Bergamo 54 – Bolzano 170 – Milano 99 – Sondrio 89.

a Boario Terme – ✉ **25041** :

Rizzi, ☎ 531617, Fax 536135, – rist TV ☎ . AE E VISA. rist
10 maggio-10 ottobre – **Pasto** 45000 e carta 55/88000 – 10000 – **55 cam** 130/140000, 3 appartamenti – P 90/135000.

Brescia, ☎ 531409, Fax 532969 – TV ☎ P – 50. AE E VISA JCB. rist
Pasto *(chiuso venerdì da novembre a maggio)* carta 30/45000 – 10000 – **50 cam** 68/115000 – P 64/90000.

Diana, ☎ 531403, Fax 531403 – rist TV ☎ P. E VISA. rist
aprile-ottobre – **Pasto** 30/40000 – 7000 – **43 cam** 65/100000 – P 58/88000.

Aprica, NE : 2 km ☎ 531256, Fax 532726, « Giardino fiorito » – rist TV ☎ P – 70
42 cam.

Mina, ☎ 531098, Fax 536327 – TV ☎ P. rist
aprile-ottobre – **Pasto** carta 29/44000 – 3000 – **42 cam** 75/110000 – P 55/90000.

La Montanina, ☎ 531020, Fax 531020 – TV ☎ P. rist
maggio-ottobre – **Pasto** carta 31/45000 – 6000 – **51 cam** 60/80000 – ½ P 65/70000.

XX **Landò,** ☎ 535292 – . AE E VISA.
chiuso lunedì – **Pasto** carta 35/51000.

Vedere anche : ***Gianico*** S : 6 km.

DEIVA MARINA **19013** La Spezia 988 ⑬, 428 J 10 – 1 577 ab. – ☎ 0187.

Roma 450 – ♦Genova 74 – Passo del Bracco 14 – ♦Milano 202 – ♦La Spezia 52.

Lido, località Fornaci ✆ 815997, Fax 816476, ≤ – TV ☎ P. AE SI ① E VISA. ✻ *Pasqua-settembre* – **Pasto** carta 45/85000 – ☕ 15000 – **12 cam** 100/120000 – ½ P 90/125000.

Clelia, ✆ 815827, Fax 816234, ✻ – 🛗 TV ☎ 🚗 P. AE SI ① E VISA JCB. ✻ rist *chiuso dall'8 gennaio al 2 febbraio e dal 4 novembre al 4 dicembre* – **Pasto** carta 28/59000 – **24 cam** ☕ 110/160000 – ½ P 95/110000.

DEMONTE **12014** Cuneo 428 J 3 – 2 115 ab. alt. 778 – a.s. dicembre-marzo e luglio-agosto – ☎ 0171.

Roma 669 – Cuneo 26 – Barcelonnette 74 – ♦Milano 242 – Colle di Tenda 42 – ♦Torino 120.

Moderno, ✆ 95116, Fax 95116 – P. AE SI E VISA
Pasto *(chiuso mercoledì)* carta 24/36000 – **14 cam** ☕ 52/72000 – ½ P 52/60000.

DENICE **15010** Alessandria 428 I 7 – 240 ab. alt. 387 – ☎ 0144.

Roma 608 – ♦Genova 94 – Alessandria 56 – Asti 62 – ♦Milano 147 – ♦Torino 122.

Cacciatori, ✆ 92025, solo su prenotazione – SI VISA
chiuso a mezzogiorno (escluso i giorni festivi), mercoledì, dal 24 al 30 dicembre e dal 15 luglio al 10 agosto – **Pasto** carta 44/67000.

DERUTA **06053** Perugia 988 ⑮ ⑯, 430 N 19 – 7 800 ab. alt. 218 – ☎ 075.

Roma 153 – ♦Perugia 20 – Assisi 33 – Orvieto 54 – Terni 63.

Melody, strada statale 3 bis-E 45 (SO : 1,5 km) ✆ 9711186, Fax 9711018 – 🛗 TV ☎ ♿ 🚗 P – 🏛 60. AE SI ① E VISA. ✻
Pasto carta 35/53000 – ☕ 10000 – **47 cam** 100/120000.

DESENZANO DEL GARDA **25015** Brescia 988 ④, 428 429 F 13 – 22 180 ab. alt. 96 – a.s. Pasqua e luglio-15 settembre – ☎ 030.

Vedere Ultima Cena★ del Tiepolo nella chiesa parrocchiale – Mosaici romani★ nella Villa Romana.

18 e 9 Gardagolf (chiuso lunedì da novembre ad aprile) a Soiano del Lago ✉ 25080 ✆ 674707, Fax 674788, SE : 10 km.

ℹ via Porto Vecchio (Palazzo del Turismo) ✆ 9141510, Fax 9144209.

Roma 528 – ♦Brescia 31 – Mantova 67 – ♦Milano 118 – Trento 130 – ♦Verona 43.

Park Hotel, lungolago Cesare Battisti 19 ✆ 9143494, Fax 9142280, ≤ – 🛗 ≡ TV ☎ 🚗 – 🏛 80. AE SI ① E VISA. ✻ rist
Pasto 38/42000 – ☕ 15000 – **65 cam** 110/160000 – ½ P 120000.

Desenzano senza rist, viale Cavour 40/42 ✆ 9141414, Fax 9140294, ⛱ – 🛗 ≡ TV ☎ 🚗 P – 🏛 25 a 150. AE SI ① E VISA JCB. ✻
☕ 10000 – **40 cam** 130000.

Piccola Vela, viale Dal Molin 36 ✆ 9914666, Fax 9914666, « Giardino con ⛱ » – 🛗 TV ☎ ♿ 🚗 P – 🏛 25. AE SI ① E VISA. ✻ rist
Pasto carta 39/56000 – ☕ 10000 – **43 cam** 80/140000 – ½ P 105/110000.

City senza rist, via Nazario Sauro 29 ✆ 9911704, Fax 9912837 – 🛗 ≡ TV ☎ ♿ P. AE SI ① E VISA JCB
chiuso dal 20 dicembre al 7 gennaio – ☕ 15000 – **39 cam** 85/125000.

Sole e Fiori senza rist, via Desenzano 85 ✆ 9121021, Fax 9912530 – 🛗 ≡ TV ☎ 🚗. SI E VISA. ✻
aprile-settembre – ☕ 10000 – **46 cam** 105/160000.

Villa Rosa senza rist, lungolago Cesare Battisti 89 ✆ 9141974, Fax 9143782, 🌳 – 🛗 ≡ TV ☎ 🚗 P. AE SI ① E VISA
☕ 12500 – **38 cam** 90/130000.

Tripoli senza rist, piazza Matteotti 18 ✆ 9144333, Fax 9141305 – 🛗 ≡ TV ☎ P. AE SI ① E VISA JCB. ✻
☕ 15000 – **24 cam** 88/127000.

Benaco senza rist, viale Cavour 30 ✆ 9141710, Fax 9141273, ⛱, 🌳 – 🛗 TV ☎ P. AE SI ① E VISA
chiuso dicembre e gennaio – ☕ 10000 – **37 cam** 90/110000.

✿ **Esplanade,** via Lario 10 ✆ 9143361, Fax 9143361, ≤, « Servizio estivo in giardino sul lago » – P. AE SI ① E VISA. ✻
chiuso mercoledì – **Pasto** carta 60/89000
Spec. Carpaccio di storione gratinato al cedro (aprile-settembre), Risotto con scorfano code di gamberi e finocchietto selvatico, Agnello in crosta di erbe con salsa al timo (aprile-settembre).

✿ **Cavallino,** via Gherla 30 (ang. via Murachette) ✆ 9120217, Fax 9912751, « Servizio estivo all'aperto » – AE SI ① E VISA. ✻
chiuso gennaio, lunedì e martedì a mezzogiorno (escluso agosto) – **Pasto** carta 44/80000 (15 %)
Spec. Bigoli alla cernia, Luccio con fagioli bianchi e capperi, Spiedino d'anguilla e coda di rospo.

XX **Bagatta alla Lepre,** via Bagatta 33 ℘ 9142313, prenotare – AE VISA JCB
chiuso martedì escluso da giugno a settembre – **Pasto** carta 40/65000.

XX **Enrichetta** con cam, a Rivoltella E : 1,5 km ✉ 25010 ℘ 9119231, Fax 9901132 – AE E VISA
chiuso novembre – **Pasto** carta 39/59000 – 15000 – **14 cam** 80/100000 – ½ P 80000.

XX **Il Molino,** piazza Matteotti 16 ℘ 9141340, Specialità di mare – AE E VISA
chiuso lunedì, martedì a mezzogiorno e dal 20 dicembre al 20 gennaio – **Pasto** carta 46/87000.

X **Toscana,** via San Benedetto 10 ℘ 9121586, Specialità toscane – AE E VISA JCB.
chiuso mercoledì e gennaio – **Pasto** carta 30/50000.

X **La Bicocca,** vicolo Molini 6 ℘ 9143658 – AE E VISA JCB.
Pasto carta 40/60000 (15%).

DESIO 20033 Milano 988 ③, 428 F 9 – 34 376 ab. alt. 196 – 0362.

Roma 590 – Milano 20 – Bergamo 49 – Como 32 – Lecco 35 – Novara 62.

Selide, via Matteotti 1 ℘ 624441, Fax 627406 – – 100. AE E VISA. rist
Pasto *(chiuso domenica, dal 24 dicembre al 6 gennaio ed agosto)* carta 35/56000 – 12000 – **72 cam** 115/165000 – ½ P 105000.

X **San Carlo,** via Milano 199 ℘ 622316 – E VISA JCB
chiuso sabato ed agosto – **Pasto** carta 40/65000.

DEUTSCHNOFEN = Nova Ponente.

Si vous écrivez à un hôtel à l'étranger,

joignez à votre lettre un coupon-réponse international.

(disponible dans les bureaux de poste).

DIAMANTE 87023 Cosenza 988 ㊳, 431 H 29 – 5 272ab. – 0985.

Roma 444 – Cosenza 78 – Castrovillari 88 – Catanzaro 137 – Sapri 60.

Ferretti, ℘ 81428, Fax 81114, ≤, « Servizio estivo sulla spiaggia », – AE E VISA. rist
aprile-settembre – **Pasto** carta 52/72000 – **45 cam** 130/170000 – P 90/155000.

Riviera Bleu, ℘ 81363, Fax 81363, ≤, – AE E VISA. rist
aprile-settembre – **Pasto** carta 25/38000 – 7000 – **51 cam** 90/120000 – ½ P 105000.

X **Solemare** con cam, strada statale 18 (E : 1 km) ℘ 87550, ≤, – AE VISA. rist
Pasto *(chiuso ottobre)* carta 29/51000 – 8000 – **16 cam** 60/80000 – ½ P 70/90000.

DIANO MARINA 18013 Imperia 988 ⑫, 428 K 6 – 6 290 ab. – 0183.

Vedere Guida Verde.

piazza Martiri della Libertà 1 ℘ 496956, Fax 494365.

Roma 608 – Imperia 6 – Genova 109 – Milano 232 – San Remo 31 – Savona 63.

Bellevue et Mediterranée, via Generale Ardoino 2 ℘ 402693, Fax 402693, ≤, con acqua di mare riscaldata, – AE E VISA. rist
chiuso da ottobre al 20 dicembre – **Pasto** 45/60000 – 15000 – **70 cam** 110/170000 – ½ P 82/139000.

Caravelle, via Sausette 24 ℘ 405311, Fax 405657, ≤, – E VISA. rist
maggio-settembre – **Pasto** (solo per clienti alloggiati) – 20000 – **58 cam** 110/150000 – ½ P 137000.

Gabriella, via dei Gerani 9 ℘ 403131, Fax 405055, riscaldata, – AE E VISA. rist
chiuso da novembre al 27 dicembre – **Pasto** 30/35000 – 10000 – **46 cam** 90/130000 – ½ P 99/122000.

Torino, via Milano 42 ℘ 495106, Fax 404602, – cam – 40. VISA.
chiuso novembre e dicembre – **Pasto** 35/45000 – 14000 – **82 cam** 95/130000, 7000 – ½ P 80/94000.

Jasmin, via Torino 3 ℘ 495300, Fax 495964, ≤, – rist
chiuso dal 15 ottobre al 20 dicembre – **Pasto** (solo per clienti alloggiati) – 15000 – **30 cam** 95000 – ½ P 85/105000.

Sasso, via Biancheri 7 ℘ 494319, Fax 494310 – rist rist AE VISA. rist
chiuso dal 18 ottobre al 19 dicembre – **Pasto** 25/35000 – 12000 – **46 cam** 75/115000 – ½ P 109000.

Palace, viale Torino 2 ℘ 495479, Fax 496123, ≤, – AE E VISA. rist
chiuso da novembre al 22 dicembre – **Pasto** 42000 – 18000 – **46 cam** 105/128000 – ½ P 95/105000.

Golfo e Palme, viale Torino 12 ✆ 495096, Fax 494304, ≤, ▲s – |♦| ▤ rist ☎ Ⓟ. AE ⑤ ⓞ E VISA. ✻ rist
aprile-ottobre – **Pasto** (solo per clienti alloggiati) 45000 – ☐ 18000 – **41 cam** 84/108000 – ½ P 98/135000.

Arc en Ciel, viale Torino 21 ✆ 495283, Fax 496930, ≤, « Terrazze sul mare », ▲s – |♦| TV ☎. AE ⑤ ⓞ E VISA. ✻ rist
Pasqua-settembre – **Pasto** 25/40000 – ☐ 15000 – **43 cam** 85/120000 – ½ P 105/115000.

Caprice, corso Roma est 19 ✆ 498021, Fax 495061 – |♦| ▤ rist TV ☎ Ⓟ. AE ⑤ ⓞ E VISA. ✻
chiuso novembre – **Pasto** carta 46/67000 – ☐ 12000 – **20 cam** 65/95000 – ½ P 85000.

Riviera, viale Torino 8 ✆ 495888, ≤ – |♦| ☎. AE ⑤ E VISA. ✻
chiuso dal 12 ottobre al 22 dicembre – **Pasto** 25/35000 – ☐ 12000 – **32 cam** 80/120000 – ½ P 90/100000.

Piccolo Hotel, via Sant'Elmo 10 ✆ 407022, Fax 407122 – |♦| ⇔ rist ▤ rist TV ☎. ⑤ ⓞ E VISA. ✻
chiuso dal 5 novembre al 26 dicembre – **Pasto** (solo per clienti alloggiati) 38000 – ☐ 18500 – **29 cam** 80/108000 – ½ P 99000.

Palm Beach, via 20 Settembre 4 ✆ 495284, Fax 495284, ≤, ☘ – |♦| ☎. AE ⑤ E VISA. ✻
chiuso dal 12 ottobre al 22 dicembre – **Pasto** 25/35000 – ☐ 12000 – **30 cam** 80/120000 – ½ P 90/100000.

XX **Il Caminetto,** via Olanda 1 ✆ 494700 – Ⓟ. AE ⑤ ⓞ E VISA
chiuso lunedì, dal 25 febbraio al 10 marzo e dal 5 al 20 novembre – **Pasto** carta 50/65000.

XX Il Fondo, via Nizza 25 ✆ 498219, Specialità di mare

DIGONERA Belluno – Vedere Rocca Pietore.

DOBBIACO **(TOBLACH) 39034** Bolzano 988 ⑤, 429 B 18 – 3 202 ab. alt. 1 243 – Sport invernali : 1 243/1 615 m ⛷5, ⛷ – ☎ 0474.

Vedere Guida Verde.

ℹ via Dolomiti 3 ✆ 972132, Fax 972730.

Roma 705 – Cortina d'Ampezzo 33 – Belluno 104 – ♦Bolzano 105 – Brennero 96 – Lienz 47 – ♦Milano 404 – Trento 165.

Santer, ✆ 972142, Fax 972797, ≤, ≘s, ⛆, ☘ – |♦| TV ☎ ♿ Ⓟ – 🏛 100. ⑤ VISA. ✻ rist
chiuso da novembre al 15 dicembre – **Pasto** *(chiuso lunedì)* 49/63000 – **52 cam** ☐ 210/305000 – ½ P 205000.

Cristallo, ✆ 972138, Fax 972755, ≤ Dolomiti, ℱ₆, ≘s, ⛆, ☘ – ⇔ rist TV ☎ 🚗 Ⓟ. AE ⑤ E VISA. ✻ rist
21 dicembre-26 marzo e 10 giugno-8 ottobre – **Pasto** (solo per clienti alloggiati) 23/31000 – ☐ 16000 – **30 cam** 110/190000 – P 105/177000.

Park Hotel Bellevue, ✆ 972101, Fax 972807, « Parco ombreggiato » – |♦| ⇔ rist TV ☎ Ⓟ. AE ⑤ ⓞ E VISA. ✻
20 dicembre-Pasqua e giugno-settembre – **Pasto** carta 40/52000 – **43 cam** ☐ 140/220000 – ½ P 140000.

Moritz, ✆ 972510, Fax 973141, ≘s – TV ☎ Ⓟ. ✻
chiuso dal 21 aprile al 21 maggio e novembre – **Pasto** *(chiuso a mezzogiorno e giovedì)* carta 43/69000 – ☐ 20000 – **16 cam** 78/140000 – ½ P 110000.

Laurin, ✆ 972206, Fax 973096, ≤, ☘ – |♦| ☎ Ⓟ. ⑤ ⓞ VISA. ✻ rist
20 dicembre-marzo e giugno-ottobre – **Pasto** 18/25000 – **27 cam** ☐ 75/100000 – ½ P 85/95000.

Urthaler, ✆ 972241, Fax 973050 – |♦| TV ☎ Ⓟ
chiuso novembre – **Pasto** *(chiuso martedì da marzo a giugno)* 25/33000 – **28 cam** ☐ 80/135000 – ½ P 100/110000.

Monica ⛰, ✆ 972216, Fax 972557, ≤ – ☎ Ⓟ. ✻
chiuso da novembre al 20 dicembre – **Pasto** carta 36/51000 – **25 cam** ☐ 110/170000 – ½ P 70/105000.

X Winkelkeller, ✆ 972022 – Ⓟ

sulla strada statale 49 :

Hubertus Hof, SO : 1 km ✉ 39034 ✆ 972276, Fax 972313, ≤ Dolomiti, ≘s, ☘ – TV ☎ Ⓟ
20 dicembre-10 aprile e giugno-15 ottobre – **Pasto** carta 35/53000 – **26 cam** ☐ 100/180000 – ½ P 120000.

XX **Gratschwirt** con cam, SO : 1,5 km ✉ 39034 ✆ 972293, Fax 972915, ≘s, ☘ – TV ☎ Ⓟ. AE ⑤ ⓞ E VISA. ✻ rist
20 dicembre-Pasqua, maggio-15 giugno e luglio-15 ottobre – **Pasto** *(chiuso martedì)* carta 52/75000 – ☐ 18000 – **11 cam** 80/140000 – ½ P 75/130000.

X Gustav Mahler Stube, SO : 2 Km ✆ 972347 – ⇔ Ⓟ

a Santa Maria (Aufkirchen) O : 2 km – ✉ **39034** Dobbiaco :

Oberhammer, ℘ 972195, Fax 972366, ≤ Dolomiti – P. E VISA
chiuso novembre – **Pasto** *(chiuso lunedì)* carta 25/43000 – **20 cam** ☐ 60/120000 – ½ P 90000.

al monte Rota (Radsberg) NO : 5 km o 10 mn di seggiovia alt. 1 650 :

Alpenhotel Ratsberg-Monte Rota, ✉ 39034 ℘ 972213, Fax 972916, ≤ Dolomiti, – rist P. rist
21 dicembre-21 aprile e 30 maggio-24 ottobre – **Pasto** carta 32/46000 – ☐ 10000 – **25 cam** 65/120000 – P 75/123000.

DOGANA NUOVA Modena 428 429 430 J 13 – Vedere Fiumalbo.

DOGLIANI **12063** Cuneo 988 ⑫, 428 I 5 – 4 675 ab. alt. 295 – 0173.

Roma 613 – Cuneo 42 – Asti 54 – ◆Milano 178 – Savona 69 – ◆Torino 70.

Il Giardino senza rist, ℘ 742005, Fax 742033, – P. AE E VISA
12 cam ☐ 60/100000.

DOLCEACQUA **18035** Imperia 428 K 4, 115 ⑲ – 1 747 ab. alt. 57 – 0184.

Roma 662 – Imperia 57 – ◆Genova 163 – ◆Milano 286 – San Remo 23 – Ventimiglia 9,5.

Gastone, ℘ 206577, , Tipica cucina ligure – AE E VISA JCB.
chiuso dal 10 al 20 ottobre, lunedì sera e martedì escluso luglio-agosto – **Pasto** carta 25/45000.

La Vecchia, ℘ 206024, Fax 206024, Tipica cucina ligure, , – P. AE
chiuso mercoledì – **Pasto** 50000 bc.

Trattoria Re, ℘ 206137 – AE E VISA
chiuso lunedì – **Pasto** carta 39/82000 (10%).

DOLEGNA DEL COLLIO **34070** Gorizia 429 D 22 – 525 ab. alt. 88 – 0481.

Roma 656 – Udine 25 – Gorizia 25 – ◆Milano 396 – ◆Trieste 61.

Da Venica con cam, via Mernico 37 ℘ 60177, Fax 639906, , prenotare, – P. AE E VISA.
aprile-ottobre – **Pasto** *(chiuso lunedì sera e martedì)* carta 37/49000 – ☐ 10000 – **6 cam** 70/110000 – ½ P 95000.

a Ruttars S : 6 km – ✉ **34070** Dolegna del Collio :

Al Castello dell'Aquila d'Oro, ℘ 60545, prenotare, « Servizio estivo all'aperto » – P. E VISA.
chiuso mercoledì e giovedì – **Pasto** carta 60/92000
Spec. Purea di patate della Carnia con foie gras in torcione, Risotto alle verdure di stagione, Anatra al miele tartufato.

DOLO **30031** Venezia 988 ⑤, 429 F 18 – 13 894 ab. – 041.

Dintorni Villa Nazionale★ di Strà : Apoteosi della famiglia Pisani★★ del Tiepolo SO : 6 km.

Escursioni Riviera del Brenta★★ Est per la strada S 11.

Roma 510 – ◆Padova 18 – Chioggia 38 – ◆Milano 249 – Rovigo 60 – Treviso 35 – ◆Venezia 27.

Alla Villa Fini con cam, riviera Martiri della Libertà 27 (E : 2 km) ℘ 422277, – P. AE E VISA. cam
chiuso dal 27 gennaio al 9 febbraio e dal 6 al 26 luglio – **Pasto** *(chiuso lunedì)* carta 27/43000 – **8 cam** ☐ 65/90000 – ½ P 60000.

DOLOMITI Belluno, Bolzano e Trento 988 ④ ⑤ – Vedere Guida Verde.

DOMAGNANO – Vedere San Marino.

DOMODOSSOLA **28037** Verbania 988 ②, 428 D 6 – 18 894 ab. alt. 277 – 0324.

corso Ferraris 49 ℘ 481308, Fax 47974.

A.C.I. corso P. Ferraris 38 ℘ 242008.

Roma 698 – Stresa 32 – Locarno 78 – ◆Lugano 79 – ◆Milano 121 – Novara 92.

Corona, via Marconi 8 ℘ 242114, Fax 242842 – cam P. AE E VISA JCB
Pasto carta 30/50000 – ☐ 10000 – **32 cam** 90/160000 – ½ P 110000.

Eurossola, piazza Matteotti 36 ℘ 481326, Fax 248748, – P. AE E VISA.
Pasto carta 37/66000 – ☐ 9000 – **23 cam** 80/110000 – ½ P 85000.

Sciolla con cam, piazza Convenzione 5 ℘ 242633, Cucina tipica locale – AE E VISA JCB. cam
chiuso dall'8 al 20 gennaio e dal 23 agosto all'11 settembre – **Pasto** *(chiuso mercoledì)* carta 28/50000 – **6 cam** ☐ 40/70000 – ½ P 60000.

sulla strada statale 33 S : 1 km :

🏨 **Internazionale,** ✉ 28037 ✆ 481180, Fax 44586 – 🛗 📺 ☎ ♿ 🚗 [P] – 🏢 30 a 100. [AE] [Sì] ⓓ [E] [VISA]. 🚫 rist
Pasto carta 33/53000 – ☕ 15000 – **43 cam** 80/120000 – ½ P 80/90000.

ONNAS 11020 Aosta [428] F 5, [219] ⑭ – 2 574 ab. alt. 322 – ☎ 0125.
Vedere Fortezza di Bard★ NO : 2,5 km.
oma 701 – Aosta 49 – Ivrea 26 – ♦Milano 139 – ♦Torino 68.

🍴 **Les Caves,** via Roma 99 ✆ 807737, Fax 807512, 🌳 – [P]. [AE] [Sì] [E] [VISA]. 🚫
chiuso giovedì e dal 7 al 20 novembre – **Pasto** carta 25/43000.

ONORATICO Livorno [430] M 13 – Vedere Castagneto Carducci.

ORGALI Nuoro [988] ㉞, [433] G 10 – Vedere Sardegna alla fine dell'elenco alfabetico.

ORMELLETTO 28040 Novara [219] ⑰ – 2 521 ab. alt. 235 – ☎ 0322.
oma 639 – Stresa 19 – ♦Milano 62 – Novara 38.

🍴 **Locanda Anna,** ✆ 497113 – [P]
chiuso lunedì e dal 1° al 15 agosto – **Pasto** carta 24/35000.

OSOLO 46030 Mantova [428] [429] H 13 – 3 147 ab. alt. 25 – ☎ 0375.
oma 449 – ♦Parma 37 – ♦Verona 74 – Mantova 35 – ♦Modena 50.

🍴🍴 **Corte Brandelli,** via Argini dietro 11/a (O : 2 km) ✆ 89497, 🌳, prenotare – [P]. [Sì] [E] [VISA]
chiuso martedì, mercoledì sera, dal 24 al 31 dicembre e dal 24 luglio al 24 agosto – **Pasto** carta 44/77000.

OSSON Treviso – Vedere Casier.

OUES 11010 Aosta [428] E 3 – 408 ab. alt. 1175 – ☎ 0165.
oma 760 – Aosta 14 – Colle del Gran San Bernardo 28 – ♦Milano 198 – ♦Torino 127.

🍴 **Lo Bon Mégnadzo,** S : 4 km ✆ 738045 – [P]. [AE] [Sì] ⓓ [E] [VISA]. 🚫
chiuso dal 1° al 20 settembre, lunedì sera e martedì (escluso luglio-agosto) – **Pasto** 35/45000.

OZZA 40050 Bologna [429] [430] I 16 – 5 070 ab. alt. 190 – ☎ 0542.
oma 392 – ♦Bologna 32 – ♦Ferrara 76 – Forlì 38 – ♦Milano 244 – ♦Ravenna 52.

🏨 **Monte del Re** 🐦, O : 3 km ✆ 678400, Fax 678444, « In un convento ristrutturato del XIII secolo », 🌳 – 🛗 ❄ 📺 ☎ ♿ [P] – 🏢 200. [AE] [Sì] ⓓ [E] [VISA]. 🚫 rist
Pasto *(chiuso lunedì)* carta 53/80000 – **34 cam** ☕ 180/220000, 4 appartamenti – ½ P 150000.

🍴🍴 **Canè** con cam, ✆ 678120, Fax 678522, ←, « Servizio estivo in terrazza » – 📺 ☎ [P]. [AE] [Sì] ⓓ [E] [VISA]. 🚫
chiuso dal 2 al 24 gennaio – **Pasto** *(chiuso lunedì)* carta 38/60000 – ☕ 9500 – **10 cam** 65/85000 – ½ P 84000.

a Toscanella N : 5 km – ✉ **40060** :

🏨 **Gloria,** via Emilia 42 ✆ 673438, Fax 673438 – 🛗 ❄ 📺 ☎ [P]. [AE] [Sì] ⓓ [E] [VISA]. 🚫 rist
chiuso dal 1° al 21 agosto – **Pasto** *(chiuso a mezzogiorno, domenica e luglio)* 35/70000 – ☕ 15000 – **24 cam** 220/320000 – ½ P 160/200000.

RAGA SANT'ELIA Trieste – Vedere Pese.

RUENTO 10040 Torino [428] G 4 – 7 917 ab. alt. 285 – ☎ 011.
ma 678 – ♦Torino 18 – Asti 73 – Pinerolo 38 – Susa 48.

🍴🍴 Rosa d'Oro, strada provinciale Torino-San Gillio ✆ 98446675, Fax 9844383, 🌳 – ❄ [P]

UINO AURISINA 34013 Trieste [988] ⑥, [429] E 22 – 8 633 ab. – ☎ 040.
ma 649 – Udine 50 – Gorizia 23 – Grado 32 – ♦Milano 388 – ♦Trieste 22 – ♦Venezia 138.

🏨 **Duino Park Hotel** 🐦 senza rist, ✆ 208184, Fax 208526, 🏊 – 🛗 ❄ 📺 ☎ [P]. [AE] [Sì] ⓓ [E] [VISA]. 🚫
chiuso dal 15 dicembre al 15 gennaio – ☕ 18000 – **18 cam** 115/170000.

🏨 **Forte Agip,** sull'autostrada A 4 o statale 14 ✆ 208273, Telex 461098, Fax 208836 – 🛗 ❄ 📺 ☎ [P]. [AE] [Sì] ⓓ [E] [VISA]. 🚫 rist
Pasto carta 42/74000 – **77 cam** ☕ 149/179000 – P 135/200000.

🍴 **Al Cavalluccio,** sul porticciolo di Duino ✆ 208133, 🌳 – [AE] [Sì] ⓓ [E] [VISA]
chiuso martedì e dal 25 gennaio al 5 febbraio – **Pasto** carta 50/71000.

🍴 **Gruden,** località San Pelagio N : 3 km ✉ 34011 San Pelagio ✆ 200151, 🌳, Cucina carsolina – [AE] [Sì] [VISA]. 🚫
chiuso lunedì, martedì e settembre – **Pasto** carta 30/45000.

a Sistiana S : 3 km – ✉ 34019.

ℹ (maggio-settembre) bivio per Sistiana Mare ☎ 299166 :

Posta senza rist, ☎ 299103, Fax 291001, – TV ☎ P. AE ⓢ ⓓ E VISA.
chiuso dal 20 dicembre al 15 gennaio e sabato-domenica (escluso da giugno a settembre)
☕ 10000 – **30 cam** 90/120000.

DUNA VERDE Venezia – Vedere Caorle.

EAU ROUSSE Aosta 219 ⑫ – Vedere Valsavarenche.

EBOLI 84025 Salerno 988 ㉘, 431 F 27 – 34 923 ab. – ☎ 0828.

Roma 286 – Potenza 76 – Avellino 64 – ♦Napoli 86 – Salerno 30.

Konig Hotel Sentacruz, SO : 2,5 km ☎ 361062, Fax 361062, – TV ☎ P
100 a 800. AE ⓢ ⓓ E VISA JCB.
Pasto carta 29/45000 (7 %) – **33 cam** ☕ 90/120000 – ½ P 120000.

Prezzo del pasto : *salvo indicazione specifica* **bc**
le bevande non sono comprese nel prezzo.

EDOLO 25048 Brescia 988 ④, 428 429 D 12 – 4 398 ab. alt. 699 – a.s. luglio-agosto – ☎ 0364.

ℹ piazza Martiri della Libertà 2 ☎ 71065.

Roma 653 – Sondrio 45 – ♦Bergamo 96 – ♦Bolzano 126 – ♦Brescia 100 – ♦Milano 141.

Eurohotel senza rist, via Marconi 40 ☎ 72621 – TV ☎ P. ⓢ E VISA.
chiuso domenica sera e lunedì a mezzogiorno – **17 cam** ☕ 100/120000.

EGADI (Isole) Trapani 988 ㉟, 432 N 18 19 – Vedere Sicilia alla fine dell'elenco alfabetico.

ELBA (Isola d') Livorno 988 ㉔, 430 N 12 13 – 29 019 ab. alt. da 0 a 1 019 (monte Capanne)
Stazione termale a San Giovanni (20 aprile-31 ottobre), a.s. 15 giugno-15 settembre
☎ 0565.

⛳9 dell'Acquabona (chiuso lunedì in bassa stagione) ✉ 57037 Portoferraio ☎ 940066, Fax 933410, SE : 7 km da Portoferraio.

⛴ vedere Portoferraio, Rio Marina e Porto Azzurro.

⛴ vedere Portoferrario e Cavo.

ℹ vedere Portoferraio

Capoliveri 430 N 13 – 2 435 ab. – ✉ **57031.**

Vedere ☼★★ dei Tre Mari.

Porto Azzurro 5 – Portoferraio 16.

✗ **Il Chiasso,** via Cavour 34 ✆ 968709, ☂, Coperti limitati; prenotare, « Ambiente caratteristico » – AE ⑤ ⓓ E VISA
aprile-ottobre; chiuso a mezzogiorno e martedì (escluso dal 15 giugno al 15 settembre) – **Pasto** carta 44/75000 (10 %).

a Pareti S : 4 km – ✉ **57031** Capoliveri :

Dino ⑤, ✆ 939103, Fax 968172, ≤ mare e costa, ☂, ▲, ✉ – ☎ ℗. ⑤ E VISA. ✻ rist
Pasqua-ottobre – **Pasto** 39000 – ☐ 15000 – **30 cam** 55/110000 – ½ P 63/105000.

a Lido NO : 7,5 km – ✉ **57031** Capoliveri :

Antares ⑤, ✆ 940131, Fax 940084, ≤, ☂, ⛱, ▲, ✉, ✗ – ☎ ℗. ✻ rist
22 aprile-11 ottobre – **Pasto** 20000 (a mezzogiorno) 50000 (alla sera) – ☐ 20000 – **43 cam** 85/160000 – ½ P 168000.

Marciana 430 N 12 – 2 281 ab. alt. 375 – ✉ **57030.**

Vedere ≤★.

Dintorni Monte Capanne★★ : ☼★★.

Porto Azzurro 37 – Portoferraio 28.

a Poggio E : 3 km – alt. 300 – ✉ **57030** :

✗✗ **Publius,** ✆ 99208, Fax 904174, « Servizio estivo all'aperto con ≤ Marciana e golfo » – AE ⑤ ⓓ E VISA
20 marzo-6 novembre; chiuso lunedì in bassa stagione – **Pasto** carta 36/59000.

✗ **Da Luigi,** località Lavacchio S : 3,5 km ✆ 99413, ☂, Solo piatti di carne – ℗. ⑤ ⓓ E VISA
Pasqua-22 ottobre; chiuso lunedì a mezzogiorno in luglio-agosto, tutto il giorno negli altri mesi – **Pasto** carta 39/58000.

a Sant'Andrea NO : 6 km – ✉ **57030** Marciana :

Cernia ⑤, ✆ 908194, Fax 908253, ≤, « Giardino fiorito sul mare e ortobotanico con ⛱ », ✗ – TV ☎ ℗. ✻ rist
aprile-25 ottobre – **Pasto** carta 35/55000 – ☐ 20000 – **27 cam** 100/125000 – ½ P 77/130000.

Piccolo Hotel Barsalini ⑤, ✆ 908013, Fax 908264, « Giardino e terrazze fiorite con ⛱ » – TV ☎ ℗. ⑤ E VISA. ✻ rist
20 marzo-20 ottobre – **Pasto** carta 38/53000 – ☐ 19000 – **28 cam** 110/135000 – ½ P 145000.

Gallo Nero ⑤, ✆ 908017, Fax 908078, ≤, « Terrazza-giardino con ⛱ », ✗ – ☎ ℗. ⑤ E VISA. ✻ rist
aprile-ottobre – **Pasto** carta 35/50000 – ☐ 20000 – **20 cam** 120/126000 – ½ P 100/126000.

Da Giacomino ⑤, ✆ 908010, Fax 908294, ≤ mare, « Giardino pineta sul mare », ⛱ – ☎ ℗. ⑤ E VISA. ✻ rist
Pasqua-ottobre – **Pasto** carta 30/55000 (5 %) – ☐ 20000 – **25 cam** 90/100000 – ½ P 115000.

a Chiessi SO : 12 km – ✉ **57030** Pomonte :

✗✗ **Il Perseo** con cam, ✆ 906010, Fax 906010, ≤ – TV ☎ ℗. AE ⑤. ✻
chiuso dal 7 gennaio a febbraio e dal 5 novembre al 20 dicembre – **Pasto** carta 38/54000 – **21 cam** ☐ 150000 – ½ P 90000.

a Spartaia E : 12 km – ✉ **57030** Procchio :

Désirée ⑤, ✆ 907311, Fax 907884, ≤, « Giardino in riva al mare », ⛱, ▲, ✗ – ▤ TV ☎ ℗. AE ⑤ ⓓ E VISA. ✻ rist
16 aprile-4 ottobre – **Pasto** 60000 – **75 cam** ☐ 300/400000, 4 appartamenti – ½ P 238/260000.

Valle Verde, ✆ 907545, Fax 907965, ≤, ▲, ✉ – ☎ ℗. AE ⑤ E VISA. ✻
6 aprile-6 ottobre – **Pasto** (solo per clienti alloggiati) 50/70000 – ☐ 27000 – **42 cam** 200000 – ½ P 160/190000.

a Campo all'Aia E : 15 km – ✉ **57030** Procchio :

Brigantino ⑤, ✆ 907453, Fax 907994, ☂, ⛱, ▲, ✉, ✗ – |‡| ☎ ℗. ⑤. ✻ rist
aprile-settembre – **Pasto** (solo per clienti alloggiati) 35/44000 – ☐ 16000 – **40 cam** 70/130000 – ½ P 110/130000.

a Pomonte SO : 15 km – ✉ **57030** :

Da Sardi ⑤, ✆ 906045, Fax 906253 – ☎ ℗. AE ⑤ VISA. ✻ rist
Pasto *(chiuso mercoledì in bassa stagione)* carta 35/49000 – **20 cam** ☐ 51/102000 – ½ P 98000.

Corallo ⑤, ✆ 906042, Fax 906270 – TV ☎ ℗. AE ⑤ ⓓ E VISA. ✻ rist
marzo-10 novembre – **Pasto** 25/30000 – **10 cam** ☐ 90/115000 – ½ P 75/93000.

Marciana Marina 988 ㉔, 430 N 12 – 1 955 ab. – ✉ **57033.**

Porto Azzurro 29 – Portoferraio 20.

Gabbiano Azzurro 2 senza rist, ✆ 997035, Fax 997034, ≘s, – TV ☎ P. E VISA
aprile-14 ottobre – **14 cam** 400000, 7 appartamenti 130/250000.

Marinella, ✆ 99018, Fax 99018, ≤, – TV ☎ P. AE E VISA
aprile-ottobre – **Pasto** (solo per clienti alloggiati) 30000 – 10000 – **57 cam** 120/150000 – ½ P 77/125000.

Imperia senza rist, ✆ 99082, Fax 904259, – TV ☎. AE VISA
9000 – **19 cam** 65/100000.

Rendez-Vous da Marcello, ✆ 99251, ≤, – AE E VISA
chiuso dall'8 gennaio a febbraio, novembre e mercoledì in bassa stagione – **Pasto** carta 40/58000.

Da Loris, ✆ 99496, – AE E VISA
Pasqua-ottobre; chiuso mercoledì – **Pasto** carta 32/52000 (10 %).

La Fiaccola, ✆ 99094, ≤, – AE E VISA
aprile-5 novembre; chiuso giovedì escluso dal 15 giugno al 15 settembre – **Pasto** carta 30/47000 (10 %).

Marina di Campo 988 ㉔, 430 N 12 – ✉ **57034.**

Marciana Marina 13 – Porto Azzurro 26 – Portoferraio 17.

Riva del Sole, ✆ 976316, Fax 976778, – TV ☎ P. AE E VISA
Pasqua-ottobre – **Pasto** (solo per clienti alloggiati) – 30000 – **57 cam** 210/280000 ½ P 195000.

Dei Coralli, ✆ 976336, Fax 977748, – TV ☎ P. AE E VISA rist
15 aprile-15 ottobre – **Pasto** (solo per clienti alloggiati) – **62 cam** 180/240000 – ½ P 105/165000.

Puntoverde, senza rist, ✆ 977482, Fax 977486 – TV ☎ P
stagionale – **32 cam.**

Meridiana senza rist, ✆ 976308, Fax 977191, – ☎ P. AE E VISA
aprile-20 ottobre – **27 cam** 130/200000.

Santa Caterina, ✆ 976452, Fax 976745, – TV ☎ P. E VISA
10 aprile-settembre – **Pasto** (solo per clienti alloggiati) 25/40000 – 20000 – **41 cam** 100/150000 – ½ P 78/131000.

Bologna, ✆ 976105, Fax 976105, – AE E VISA
aprile-15 ottobre; chiuso martedì in bassa stagione – **Pasto** carta 38/63000.

La Lucciola, ✆ 976395, – AE VISA
Pasqua-settembre; chiuso mercoledì in bassa stagione – **Pasto** carta 40/64000.

a La Pila N : 2,5 km – ✉ **57034** Marina di Campo :

Da Gianni, all'aeroporto ✆ 976965, Fax 976965, Specialità pugliesi – P. AE
marzo-ottobre – **Pasto** 30/35000.

a Seccheto O : 6 km – ✉ **57030** :

Locanda dell'Amicizia, località Vallebuia N : 1 km ✆ 987051, Fax 987277, ≤,
P
17 cam.

a Fetovaia O : 8 km – ✉ **57030** Seccheto :

Galli, ✆ 988035, Fax 988029, ≤, – ☎ P.
aprile-20 ottobre – **Pasto** (solo per clienti alloggiati) 35/41000 – 20000 – **28 cam** 103/140000 – ½ P 130000.

Montemerlo, ✆ 988051, Fax 988051, ≤, – rist TV ☎ P. E VISA
aprile-6 ottobre – **Pasto** (solo per clienti alloggiati) 30000 – 20000 – **36 cam** 100/145000 ½ P 88/123000.

Lo Scirocco, ✆ 988033, Fax 988067, ≤, – TV ☎ P. E VISA rist
aprile-20 ottobre – **Pasto** carta 40/53000 – 30000 – **30 cam** 125/140000 – P 70/145000

Porto Azzurro 988 ㉔, 430 N 13 – 3 162 ab. – ✉ **57036.**

per Rio Marina-Piombino giornalieri (da 25 a 45 mn) – Toremar-agenzia Rodrigu banchina IV Novembre 19 ✆ 95004, Fax 95004.

Marciana Marina 29 – Portoferraio 15.

Belmare, ✆ 95012, Fax 958245, ≤ – TV ☎. AE E VISA
chiuso novembre – **Pasto** *(chiuso a mezzogiorno)* carta 40/58000 – 10000 – **27 cam** 70/100000 – ½ P 80/100000.

Portoferraio 988 ㉔, 430 N 12 – 11 639 ab. – ✉ **57037.**

Dintorni Villa Napoleone di San Martino★ SO : 6 km.

Escursioni Strada per Cavo e Rio Marina : ≤★★.

per Piombino giornalieri (1 h) – Toremar-agenzia Palombo, calata Italia 22 ℘ 918080, Telex 590018, Fax 917444; Navarma, viale Elba 12 ℘ 914133, Telex 590590, Fax 916758; Elba Ferries, al porto ℘ 930676.

per Piombino giornalieri (30 mn) – Toremar-agenzia Palombo, calata Italia 22 ℘ 918080, Telex 590018, Fax 917444.

calata Italia 26 ℘ 914671, Fax 916350.

Marciana Marina 20 – Porto Azzurro 15.

Acquamarina senza rist, O : 1,2 km ℘ 914057, Fax 915672, ≤ – TV P. AE E VISA
Pasqua-ottobre – 34000 – **35 cam** 110/165000.

La Ferrigna, piazza Repubblica 22 ℘ 914129, – E VISA
16 febbraio-14 novembre; chiuso martedì in bassa stagione – **Pasto** carta 38/57000 (5 %).

a San Giovanni S : 3 km – ✉ **57037** Portoferraio :

Airone ℘ 929111, Telex 501829, Fax 917484, ≤, , , , , , – TV P – 180. AE E VISA. rist
Pasto carta 42/70000 – **85 cam** 105/260000 – ½ P 168000.

ad Acquaviva O : 4 km – ✉ **57037** Portoferraio :

Acquaviva Park Hotel ℘ 915392, Fax 916903, ≤, , « Percorsi nel bosco », – TV P. AE E VISA.
24 aprile-settembre – **Pasto** (solo per clienti alloggiati e *chiuso a mezzogiorno escluso dal 15 giugno al 31 agosto*) – **39 cam** 146/252000 – ½ P 97/148000.

a Viticcio O : 5 km – ✉ **57037** Portoferraio :

Paradiso ℘ 939034, Fax 939041, ≤, , , – P. rist
aprile-15 ottobre – **Pasto** *(chiuso a mezzogiorno)* carta 35/52000 (10 %) – 22000 – **37 cam** 120/160000 – ½ P 99/140000.

a San Martino SO : 6 km – ✉ **57037** Portoferraio :

Park Hotel Napoleone località San Martino ℘ 918502, Fax 917836, , « Parco ombreggiato con », – TV P – 50 a 120. AE E VISA.
Pasto *(aprile-ottobre)* 55/85000 – **63 cam** 180/340000, appartamento – ½ P 160/225000.

Il Caminetto, ℘ 915700, Fax 915271, , « Giardino con » – P. rist
aprile-settembre – **Pasto** carta 24/48000 – 18000 – **17 cam** 90/122000 – ½ P 110000.

a Picchiaie S : 7 km – ✉ **57037** Portoferraio :

Le Picchiaie Residence ℘ 933110, Fax 933186, ≤ colline e golfo, , , – TV P – 50. E VISA.
Pasto 40000 – 20000 – **51 cam** 200/240000 – ½ P 140000.

a Magazzini SE : 8 km – ✉ **57037** Portoferraio :

Fabricia ℘ 933181, Fax 933185, ≤ golfo e Portoferraio, « Grande giardino sul mare con », , , – TV P. AE E VISA. rist
aprile-ottobre – **Pasto** 35/70000 – **76 cam** 300/420000 – ½ P 115/220000.

a Biodola O : 9 km – ✉ **57037** Portoferraio :

Hermitage ℘ 936911, Fax 969984, ≤ baia, Golf 6 buche, « Giardino con », , – TV P – 300. AE E VISA. rist
maggio-ottobre – **Pasto** 55/85000 – **110 cam** solo ½ P 271/364000.

Biodola ℘ 936811, Fax 969852, ≤ mare e costa, Golf 6 buche, « Giardino fiorito con », , – TV P. AE E VISA. rist
aprile-20 ottobre – **Pasto** 50/80000 – **80 cam** solo ½ P 229/292000.

a Scaglieri O : 9 km – ✉ **57037** Portoferraio :

Danila ℘ 969915, Fax 969865, – TV P. E VISA. rist
aprile-15 ottobre – **Pasto** (solo per clienti alloggiati) 35/50000 – **27 cam** 90/120000 – ½ P 103/123000.

Da Luciano, ℘ 969952, ≤, – P. AE E VISA
Pasqua-19 ottobre; chiuso mercoledì fino al 15 giugno e dal 15 settembre al 19 ottobre – **Pasto** carta 31/50000 (10 %).

ad Ottone SE : 11 km – ✉ **57037** Portoferraio :

Villa Ottone ℘ 933042, Fax 933257, ≤, , « Parco ombreggiato », , , – TV P. AE E VISA. rist
15 maggio-2 ottobre – **Pasto** 35/60000 – **64 cam** 250/350000 – ½ P 210/230000.

Rio Marina [430] N 13 – 2 333 ab. – ✉ **57038.**

⛴ per Piombino giornalieri (45 mn) – Toremar-agenzia Leonardi, banchina dei Voltoni 4 ☎ 962073, Fax 962973.

⛴ a Cavo, per Piombino giornalieri (15 mn) – Toremar, via Appalto 114 ☎ 949871.

Porto Azzurro 12 – Portoferraio 20.

🏨 **Rio,** ☎ 924225, Fax 924162, ⛱ – 🛗 📺 ☎. AE 💳 VISA. ✗ rist
aprile-settembre – **Pasto** *(chiuso a mezzogiorno)* carta 30/50000 – **37 cam** ☕ 110/160000 – ½ P 126000.

🏨 **Mini Hotel Easy Time** 🔇, ☎ 962531, Fax 962531, ≤ – ▤ cam ☎ 🅿. 💳 E VISA
Pasto (solo per clienti alloggiati e *chiuso a mezzogiorno*) – ☕ 20000 – **8 cam** 80/128000 – ½ P 75/128000.

🍴 **La Canocchia,** ☎ 962432, prenotare – ▤. 💳 E VISA. ✗
marzo-ottobre; chiuso lunedì in bassa stagione – **Pasto** carta 44/61000.

a Cavo N : 7,5 km – ✉ **57030** :

🏨 **Marelba** 🔇, ☎ 949900, Fax 949776, ⛱, « Giardino ombreggiato » – ☎ 🅿. ✗
15 maggio-20 settembre – **Pasto** (solo per clienti alloggiati) 35000 – **52 cam** ☕ 150000 – ½ P 128000.

🏨 **Pierolli,** ☎ 931188, Fax 931044, ≤, 🍽 – ☎ 🅿. AE 💳 ⓓ E VISA JCB. ✗
Pasto *(aprile-settembre)* 45000 – ☕ 20000 – **22 cam** 80/130000 – ½ P 125000.

ELLERA Savona [428] J 7 – Vedere Albissola Marina.

ELVAS Bolzano – Vedere Bressanone.

EMPOLI 50053 Firenze [988] ⑭, [429] [430] K 14 – 43 372 ab. alt. 27 – ☎ 0571.

Roma 294 – ◆Firenze 30 – ◆Livorno 62 – Siena 68.

🍴🍴 **Il Galeone,** via Curtatone e Montanara 67 ☎ 72826 – ▤. AE 💳 ⓓ E VISA JCB. ✗
chiuso domenica ed agosto – **Pasto** carta 26/55000.

🍴 **La Panzanella,** via dei Cappuccini 10 ☎ 922182, Specialità toscane – AE
chiuso sabato a mezzogiorno, domenica, dal 24 dicembre al 2 gennaio e dal 7 al 21 agosto – **Pasto** carta 28/48000.

ENNA [P] [988] ㊱, [432] O 24 – Vedere Sicilia alla fine dell'elenco alfabetico.

ENTRACQUE 12010 Cuneo [428] J 4, [115] ⑦ – 878 ab. alt. 904 – a.s. luglio-agosto e Natale ☎ 0171.

Roma 667 – Cuneo 24 – ◆Milano 240 – Colle di Tenda 40 – ◆Torino 118.

🏨 **Miramonti,** ☎ 978222, ≤ – 🅿. ✗
chiuso dal 20 al 30 ottobre – **Pasto** (solo per clienti alloggiati e *chiuso dal 17 aprile al 31 maggio*) 22/25000 – ☕ 10000 – **14 cam** 65/85000 – ½ P 80000.

ENTRÈVES Aosta [988] ①, [428] E 2 – Vedere Courmayeur.

EOLIE (Isole) Messina [988] ㊱ ㊲ ㊳, [431] K 26 27, [432] L 26 27 – Vedere Sicilia alla fine dell'elenco alfabetico.

EPPAN AN DER WEINSTRASSE = Appiano sulla Strada del Vino.

EQUI TERME 54022 Massa Carrara [428] [429] [430] J 12 – alt. 250 – ☎ 0585.

Roma 437 – Pisa 80 – ◆La Spezia 45 – Massa 48 – ◆Parma 122.

🏨 Terme 🔇, ☎ 97830, Fax 97831, ≤, ⛱, 🏊 termale, 🍽 – 🛗 ▤ ☎ ♿ 🅿
20 cam.

🍴 **La Posta** con cam, ☎ 97937, ⛱ – 🅿. 💳. ✗
chiuso dal 7 gennaio al 25 marzo – **Pasto** *(chiuso martedì)* carta 20/36000 – **7 cam** ☕ 60/70000 – ½ P 70000.

ERACLEA 30020 Venezia [988] ⑤, [429] F 20 – 12 228 ab. alt. 2 – ☎ 0421.

[i] via Marinella 56 ☎ 66134, Fax 66500.

Roma 569 – Udine 79 – ◆Venezia 46 – Belluno 102 – ◆Milano 308 – ◆Padova 78 – Treviso 45 – ◆Trieste 120.

ad Eraclea Mare SE : 10 km – ✉ **30020** :

🏨 **Park Hotel Pineta** 🔇, ☎ 66063, Fax 66196, « Giardino ombreggiato », 🏊, 🎾 – ▤ rist ☎ 🅿. ✗
15 maggio-25 settembre – **Pasto** carta 35/40000 – **45 cam** ☕ 100/150000 – ½ P 100/110000.

I prezzi

Per ogni chiarimento sui prezzi riportati in guida, consultate le pagine dell'introduzione.

ERBA 22036 Como 988 ③, 428 E 9 – 16 356 ab. alt. 323 – ✆ 031.

Roma 622 – Como 14 – Lecco 15 – ♦Milano 44.

Castello di Pomerio, via Como 5 ✆ 627516, Fax 628245, « In un antico maniero », – – 25 a 200. AE VISA rist
Pasto 65000 – **54 cam** 250/350000.

Leonardo da Vinci, via Leonardo da Vinci ✆ 611556 – – 120 a 220. AE VISA
Pasto carta 45/77000 – **53 cam** 100/160000 – P 140/160000.

La Vispa Teresa, via XXV Aprile 115 ✆ 640141, Fax 640141, Rist. e pizzeria – AE VISA
chiuso lunedì e dall'8 al 25 agosto – **Pasto** carta 45/84000.

ERBUSCO 25030 Brescia 428 429 F 11 – 6 412 ab. alt. 251 – ✆ 030.

Roma 578 – ♦Bergamo 35 – ♦Brescia 22 – ♦Milano 69.

L'Albereta, località Bellavista N : 1,5 km ✆ 7760550, Fax 7760573, « In collina tra i vigneti », – – 25 a 250. AE VISA
chiuso dal 1° al 26 gennaio – **Pasto** vedere rist **Gualtiero Marchesi** – 20000 – **44 cam** 220/350000, appartamento.

Gualtiero Marchesi, località Bellavista N : 1,5 km ✆ 7760562, Fax 7760573, ≤ lago e monti, Confort accurato; prenotare – AE VISA
chiuso domenica sera, lunedì, dal 1° al 26 gennaio ed agosto – **Pasto** 65000 (a mezzogiorno) 100/150000 (alla sera) e carta 85/135000
Spec. Raviolo aperto, Filetto di vitello alla Rossini secondo Gualtiero Marchesi, Cotoletta di vitello alla milanese.

Da Bertoli, via per Iseo 31 (NE : 5 km) ✆ 7709761, Fax 7709761, – AE VISA
chiuso lunedì, dal 2 al 20 gennaio e dal 10 al 20 agosto – **Pasto** carta 49/83000.

ERCOLANO 80056 Napoli 988 ㉗, 431 E 25 – 60 502 ab. – ✆ 081.

Vedere Terme★★★ – Casa a Graticcio★★ – Casa dell'Atrio a mosaico★★ – Casa Sannitica★★ – Casa del Mosaico di Nettuno e Anfitrite★★ – Pistrinum★★ – Casa dei Cervi★★ – Casa del Tramezzo carbonizzato★ – Casa del Bicentenario★ – Casa del Bel Cortile★ – Casa del Mobilio carbonizzato★ – Teatro★ – Terme Suburbane★.

Dintorni Vesuvio★★★ NE : 14 km e 45 mn a piedi AR.

Roma 224 – ♦Napoli 11 – Pozzuoli 26 – Salerno 46 – Sorrento 39.

Puntaquattroventi, via Marittima 59 ✆ 7773041, Fax 7773757, ≤, – – 60 a 180. AE VISA rist
Pasto 30/40000 – **37 cam** 130/195000 – ½ P 130/135000.

ERICE Trapani 988 ㉟, 432 M 19 – Vedere Sicilia alla fine dell'elenco alfabetico.

ESTE 35042 Padova 988 ⑤, 429 G 16 – 17 617 ab. alt. 15 – ✆ 0429.

Vedere Museo Nazionale Atestino★ – Mura★.

Roma 480 – ♦Padova 33 – ♦Ferrara 64 – Mantova 76 – ♦Milano 220 – Rovigo 29 – ♦Venezia 69 – Vicenza 45.

Beatrice d'Este, viale della Rimembranza 1 ✆ 600533, Fax 601957 – rist – 30 a 100. AE rist
Pasto *(chiuso domenica sera)* carta 30/40000 – 6000 – **30 cam** 50/85000 – ½ P 60000.

ETNA Catania 988 ㊲, 432 N 26 – Vedere Sicilia alla fine dell'elenco alfabetico.

ETROUBLES 11014 Aosta 428 E 3, 219 ② – 422 ab. alt. 1280 – a.s. Pasqua, 15 giugno-settembre e Natale – ✆ 0165.

Roma 760 – Aosta 14 – Colle del Gran San Bernardo 18 – ♦Milano 198 – ♦Torino 127.

Col Serena, ✆ 78420, Fax 78421, ≤ –
16 cam.

Croix Blanche, ✆ 78238, – VISA
chiuso maggio, da novembre al 15 dicembre e mercoledì (escluso agosto) – **Pasto** carta 36/66000.

FABRIANO 60044 Ancona 988 ⑯, 430 L 20 – 28 941 ab. alt. 325 – ✆ 0732.

Vedere Piazza del Comune★ – Piazza del Duomo★.

Dintorni Grotte di Frasassi★★ N : 11 km.

piazza del Comune ✆ 5887.

Roma 216 – ♦Perugia 72 – ♦Ancona 76 – Foligno 58 – Gubbio 36 – Macerata 69 – Pesaro 116.

Janus Hotel Fabriano, piazza Matteotti 45 ✆ 4191, Fax 5714 – – 300. AE VISA rist
Pasto al Rist. *La Pergola* *(chiuso venerdì e dal 30 luglio al 25 agosto)* carta 50/70000 – 15000 – **68 cam** 120/180000, 4 appartamenti – ½ P 140000.

Il Convivio, via Piersanti Mattarella 62 (E : 3 km) ✆ 4448, Fax 4448, « Servizio estivo in terrazza » – AE VISA
chiuso lunedì – **Pasto** carta 45/72000.

sulla strada statale 76 :

XX **Villa del Grillo,** NE : 6 km ✉ 60044 ✆ 625690, Fax 627958, « Servizio serale estivo in terrazza » – P. AE ① E VISA. ✗
chiuso lunedì e dal 7 al 22 gennaio – **Pasto** carta 37/51000.

XX **Old Ranch** ⛱ con cam, NE : 5 km ✉ 60044 ✆ 627610, « Servizio estivo in giardino » – P. AE E VISA
chiuso dal 5 al 30 luglio – **Pasto** *(chiuso martedì)* carta 40/65000 (10%) – senza ☕ – **9 cam** 60/100000.

FABRO 05015 Terni 430 N 18 – 2 800 ab. alt. 364 – ✆ 0763.

Roma 144 – •Perugia 57 – Viterbo 73 – Arezzo 83 – Siena 95 – Terni 94.

X **La Bettola del Buttero** con cam, al casello autostrada A 1 ✆ 82446 e hotel ✆ 82063 Fax 82016, ⛱, 🌳 – TV ☎ P. AE ① E VISA. ✗
Pasto *(chiuso domenica)* carta 37/57000 – ☕ 10500 – **15 cam** 70/110000.

FAENZA 48018 Ravenna 988 ⑮, 429 430 J 17 – 53 885 ab. alt. 35 – ✆ 0546.

Vedere Museo Internazionale della Ceramica★★.

⛳18 La Torre a Riolo Terme ✉ 48028 ✆ 74035, Fax 74076, per ④ : 17 km.

Roma 368 ② – •Bologna 58 ④ – •Ravenna 35 ① – •Firenze 104 ③ – •Milano 264 ① – Rimini 67 ①.

🏨 **Cavallino,** via Forlivese 185 ✆ 634411, Fax 634440 – 🛗 ▤ TV ☎ ♿ P – 🏛 150. AE ① E VISA JCB
1 km per
Pasto carta 29/61000 – **80 cam** ☕ 200000 – ½ P 140000.

🏨 **Vittoria,** corso Garibaldi 23 ✆ 21508, Fax 29136 – 🛗 ▤ TV ☎ – 🏛 100. AE ① E VISA JCB. ✗ rist
Pasto *(chiuso a mezzogiorno, lunedì ed agosto)* carta 30/45000 – **49 cam** ☕ 98/160000 ½ P 105/125000.

XX Le Volte, corso Mazzini 54 (Galleria Gessi) ✆ 661600, prenotare *a Santa Lucia delle Spianate* SE : 6,5 km per via Mons. Vincenzo Cimatti – ✉ **48018** Faenza :

X **Monte Brullo,** ✆ 642014, 🏠, « Giardino ombreggiato » – P. VISA. ✗
chiuso martedì, febbraio e novembre – **Pasto** carta 27/40000.

a San Biagio SE : 9 km per via Mons. Vincenzo Cimatti – ✉ **48018** Faenza :

XX **San Biagio Vecchio,** salita di Oriolo ✆ 642057, « Servizio estivo in terrazza con ≤ colline e pianura » – P. AE 🅂 ⓓ E VISA
chiuso dal 1° al 25 novembre, dal 7 gennaio al 2 febbraio e i mezzogiorno di mercoledì-giovedì – **Pasto** carta 28/45000.

FAGAGNA 33034 Udine 429 D 21 – 5 959 ab. alt. 177 – ✆ 0432.

Roma 634 – Udine 14 – Gemona del Friuli 30 – Pordenone 54.

🏨 **Roma,** via Zoratti 22 ✆ 810371, Fax 810309 – |‡| ▤ rist TV ☎ ♿ 🚗 P – 🎤 100. AE 🅂 ⓓ E VISA. ✗
Pasto *(chiuso domenica sera e lunedì)* carta 34/46000 – ☕ 10000 – **16 cam** 80/120000 – ½ P 110000.

FAI DELLA PAGANELLA 38010 Trento 429 D 15 – 857 ab. alt. 958 – a.s. febbraio-10 marzo, Pasqua e Natale – Sport invernali : 958/2 103 m ⛷5, ⛷ (vedere anche Andalo e Molveno) – ✆ 0461.

ℹ via Cesare Battisti ✆ 583130, Fax 583410.

Roma 616 – Trento 33 – ◆Bolzano 55 – ◆Milano 222 – Riva del Garda 57.

🏨 **Arcobaleno,** ✆ 583306, Fax 583306, ≤ – |‡| ▤ rist TV ☎ 🚗 P – 🎤 120. ✗
chiuso da novembre al 15 dicembre – **Pasto** carta 30/45000 – ☕ 10000 – **36 cam** 60/100000 – ½ P 50000.

🏨 **Negritella** 🌿, ✆ 583145, Fax 583145, ≤ – TV ☎ P. ✗
dicembre-Pasqua e giugno-settembre – **Pasto** 27000 – ☕ 10000 – **19 cam** 50/98000 – ½ P 85000.

FAITO (Monte) Napoli 431 E 25 – alt. 1 103.

Vedere ✳★★★dal Belvedere dei Capi – ✳★★★ dalla cappella di San Michele.

Roma 253 – Castellammare di Stabia 15 (per strada a pedaggio) oppure 10 mn di funivia – ◆Napoli 44 – Salerno 46 – Vico Equense 15.

FALCADE 32020 Belluno 988 ⑤, 429 C 17 – 2 296 ab. alt. 1 145 – Sport invernali : 1 145/2 550 m ⛷1 ⛷8, ⛷ – ✆ 0437.

ℹ piazza Municipio 1 ✆ 599241, Fax 599242.

Roma 667 – Belluno 52 – Cortina d'Ampezzo 59 – ◆Bolzano 64 – ◆Milano 348 – Trento 108 – ◆Venezia 156.

🏨 **Molino** 🌿, località Molino ✆ 599070, Fax 599588, ≤, ≘, 🏊 – TV ☎ P – 🎤 180. 🅂 ⓓ VISA. ✗
dicembre-aprile e 15 giugno-15 settembre – **Pasto** carta 31/44000 – ☕ 20000 – **41 cam** 80/160000 – ½ P 80/160000.

🏨 **Scoiattolo,** località Caviola ✆ 590346, Fax 590346, ≤, 🌳 – |‡| ⚡ rist TV ☎ P. AE 🅂 ⓓ E VISA. ✗
dicembre-aprile e giugno-settembre – **Pasto** 30000 – ☕ 10000 – **28 cam** 100/160000 – ½ P 120000.

🏨 **Mulaz** 🌿 senza rist, ✆ 599556, Fax 599648 – |‡| TV ☎ 🚗 P
dicembre-aprile e luglio-settembre – ☕ 10000 – **13 cam** 100/170000.

FALCONARA MARITTIMA 60015 Ancona 988 ⑯, 429 430 L 22 – 29 891 ab. – a.s. luglio-agosto – ✆ 071.

✈ O : 0,5 km, ✆ 204016, Fax 2070096.

ℹ via Cavour 3 ✆ 910458.

Roma 279 – ◆Ancona 13 – Macerata 61 – Pesaro 63.

🏨 **Touring** 🌿, via degli Spagnoli 18 ✆ 9160005, Fax 913000, 🏊 riscaldata – |‡| TV ☎ 🚗 P – 🎤 200. AE 🅂 E VISA
Pasto vedere rist **Da Ilario** – ☕ 8000 – **80 cam** 76/120000 – ½ P 75/85000.

XX ✿ **Villa Amalia** con cam, via degli Spagnoli 4 ✆ 9160550, Fax 912045, 🌳 – ▤ TV ☎ 🚗 – 🎤 25. 🅂 ⓓ E VISA. ✗
Pasto *(chiuso martedì)* carta 48/70000 – ☕ 12000 – **7 cam** 120/170000
Spec. Zuppa di scarola e frutti di mare. Spaghetti con triglie cime di rapa e pecorino fresco. Fracosta di vitellone marchigiano con pâté e tartufo.

XX **Da Ilario,** via Tito Speri 2 ✆ 9170678, Fax 9170678 – 🅂 ⓓ E VISA JCB
chiuso domenica sera e lunedì escluso luglio-agosto – **Pasto** carta 33/50000.

XX **Paradiso,** via Toscana 9 ✆ 911672 – AE 🅂 ⓓ E VISA
chiuso lunedì e dal 7 al 23 agosto – **Pasto** carta 34/59000.

7

FALZES **(PFALZEN) 39030** Bolzano 429 B 17 – 2 086 ab. alt. 1 022 – Sport invernali : Plan de Corones : 1 022/2 273 m 11 21, – 0474.

528159, Fax 528413.

Roma 711 – Cortina d'Ampezzo 64 – ◆Bolzano 65 – Brunico 5.

ad Issengo (Issing) NO : 1,5 km – ✉ **39030** Falzes :

XX **Al Tanzer** con cam, 565366, Fax 565646, prenotare, – . AE E VISA
chiuso dal 10 al 27 novembre – **Pasto** *(chiuso martedì e mercoledì a mezzogiorno)* carta 43/89000 – **23 cam** 75/110000 – ½ P 130/186000.

a Molini (Mühlen) NO : 2 km – ✉ **39030** Chienes :

XX ✿ **Schöneck,** 565550, Fax 564167, <, , prenotare – rist . AE E VISA JCB
chiuso lunedì, martedì a mezzogiorno e dal 26 febbraio al 29 marzo – **Pasto** carta 50/95000
Spec. Farfalle di pasta fresca con astice e zucchine, Coda di rospo alle fave con salsa al limone e zenzero, Profiteroles caramellati con crema di mandorle, fragole e gelato.

Toute l'Italie septentrionale est couverte par les deux cartes Michelin 428 et 429, afin de vous permettre de voyager plus aisément.

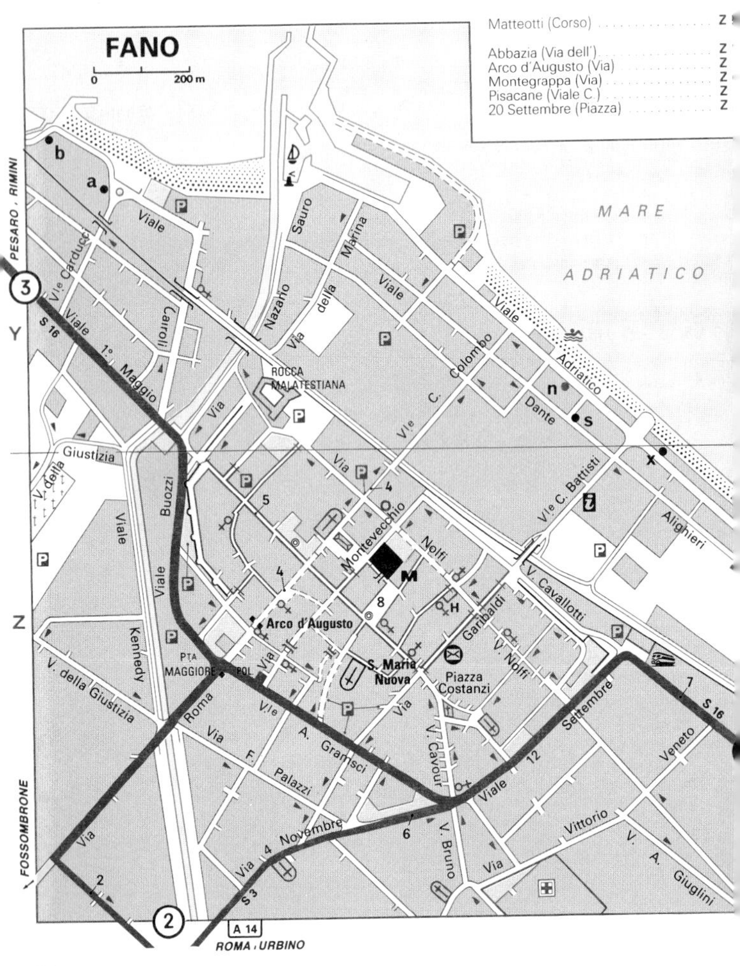

FANO 61032 Pesaro e Urbino 988 ⑯, 429 430 K 21 – 54 601 ab. – a.s. 25 giugno-agosto – ☎ 0721.

Vedere Corte Malatestiana* – Dipinti del Perugino* nella chiesa di Santa Maria Nuova.

viale Cesare Battisti 10 ☎ 803534, Fax 824292.

Roma 289 ③ – Ancona 65 ② – Perugia 123 ③ – Pesaro 11 ④ – Rimini 51 ②.

Pianta pagina precedente

Elisabeth Due, piazzale Amendola 2 ☎ 823146, Fax 823147, ← – |♦| ▤ TV ☎ P. AE 🅢 ⊙ E VISA. ✱ Y a
Pasto al Rist. ***Il Galeone*** carta 45/70000 – ☐ 15000 – **32 cam** 150/200000, 4 appartamenti – ½ P 130/160000.

Corallo, via Leonardo da Vinci 3 ☎ 804200, Fax 803637 – |♦| ▤ rist TV ☎ – 🅐 80. AE 🅢 ⊙ E VISA. ✱ Y s
chiuso dal 24 dicembre al 6 gennaio – **Pasto** carta 38/50000 – ☐ 12000 – **22 cam** 70/90000 – ½ P 65/90000.

Angela, viale Adriatico 13 ☎ 801239, Fax 803102, ←, 🏖 – |♦| TV ☎. AE 🅢 ⊙ E VISA JCB. ✱ YZ x
Pasto carta 39/72000 – ☐ 10000 – **28 cam** 75/100000 – ½ P 85/90000.

Excelsior, via Simonetti 21 ☎ 803558, Fax 803558, ← – |♦| ▤ cam TV ☎ P – 🅐 50. 🅢. ✱ rist Y b
giugno-25 settembre – **Pasto** carta 30/63000 – ☐ 10000 – **26 cam** 85/110000 – ½ P 92/95000.

XX **Il Ristorantino-da Giulio,** viale Adriatico 100 ☎ 805680, 🏠, Specialità di mare – 🅢 E VISA. ✱ Y n
chiuso martedì e novembre – **Pasto** carta 50/70000.

FARDELLA 85030 Potenza 431 G 30 – 799 ab. alt. 756 – ☎ 0973.

Roma 434 – Potenza 143 – Matera 129 – Sapri 76 – Taranto 141.

Borea, ☎ 572004, 🌳 – |♦|. ✱
Pasto *(chiuso lunedì)* 25000 – **40 cam** ☐ 30/50000 – ½ P 45000.

FARINI 29023 Piacenza 988 ⑬, 428 H 10 – 2 226 ab. alt. 426 – ☎ 0523.

Roma 560 – Piacenza 43 – Genova 123.

XX ✿ **Georges Cogny-Locanda Cantoniera,** strada statale 654 (S : 4,5 km) ☎ 919113, solo su prenotazione
chiuso martedì a mezzogiorno e mercoledì escluso luglio-agosto – **Pasto** carta 64/89000
Spec. Raviolo di lumache alle punte d'ortica (marzo-luglio), Suprême di piccione farcita di piedini di maiale, Soufflè al cioccolato.

FARRA DI SOLIGO 31010 Treviso 429 E 18 – 7 544 ab. alt. 163 – ☎ 0438.

Roma 590 – Belluno 40 – Treviso 35 – Venezia 72.

a Soligo E : 3 km – ✉ **31020** :

XX **Casa Rossa,** località San Gallo ☎ 840131, Fax 840016, ← vallata, « Servizio estivo in terrazza-giardino » – P. AE 🅢 E VISA. ✱
chiuso gennaio, febbraio, mercoledì e giovedì – **Pasto** carta 37/54000.

FASANO 72015 Brindisi 988 ㉙, 431 E 34 – 39 445 ab. alt. 111 – a.s. 20 giugno-agosto – ☎ 080.

Dintorni Regione dei Trulli*** Sud.

Roma 507 – Bari 60 – Brindisi 56 – Lecce 96 – Matera 86 – Taranto 49.

XX **Coccodrillo,** presso zoo safari O : 1,5 km ☎ 791830, Fax 791766, 🏠 – ▤ P. AE 🅢 ⊙ E VISA. ✱
chiuso martedì – **Pasto** carta 31/45000.

X **Rifugio dei Ghiottoni,** via Nazionale dei Trulli 116 ☎ 714800 – ▤. 🅢 ⊙ E VISA
chiuso mercoledì e luglio – **Pasto** carta 29/44000.

a Selva O : 5 km – alt. 396 – ✉ **72010** Selva di Fasano.

(giugno-settembre) viale Toledo ☎ 713086 :

Sierra Silvana 🐦, ☎ 9331322, Telex 813344, Fax 9331207, « Palazzine e trulli in un giardino mediterraneo », 🏊 – |♦| ▤ TV ☎ ♿ P – 🅐 40 a 350. AE 🅢 ⊙ E VISA. ✱
aprile-ottobre – **Pasto** 25/35000 – ☐ 11000 – **120 cam** 170000 – ½ P 158000.

Miramonti, ☎ 9331300, Fax 9331569, 🏠 – ▤ rist TV ☎ P. AE 🅢 ⊙ E VISA. ✱
chiuso dal 20 dicembre al 7 gennaio – **Pasto** *(chiuso martedì escluso luglio-agosto)* 29/33000 – ☐ 12000 – **20 cam** 86/125000 – ½ P 110/130000.

La Silvana 🐦, ☎ 9331161, Fax 9331980, ← – ☎ 🚗 P. AE 🅢 E VISA. ✱
Pasto *(chiuso venerdì)* carta 30/43000 – ☐ 7000 – **18 cam** 65/85000 – ½ P 75/80000.

XXX Fagiano, ☎ 9331157, Fax 9331211, « Servizio estivo in giardino » – P

XX **Club Monacelle** 🐦 con cam, N : 2 km ☎ 9309942, Fax 9307291, 🏠, « In un'antica masseria con caratteristici trulli », 🌳 – TV ☎ P. VISA. ✱
Pasto *(chiuso martedì)* carta 31/49000 – **7 cam** ☐ 110/150000 – ½ P 140000.

XX Rifugio dei Ghiottoni 2, ☎ 9331520, 🏠 – ▤ P

FASANO DEL GARDA Brescia – Vedere Gardone Riviera.

FAUGLIA 56043 Pisa 428 430 L 13 – 3 002 ab. alt. 91 – 050.
Roma 323 – Pisa 24 – Firenze 83 – Livorno 24 – Siena 106.

XX **Vallechiara,** NO : 2 km 650553, – P. VISA.
chiuso lunedì, martedì, dal 20 dicembre al 7 gennaio e Ferragosto – **Pasto** carta 33/48000.

FAVARI Torino – Vedere Poirino.

FAVIGNANA (Isola di) Trapani 432 N 18 – Vedere Sicilia (Egadi, isole) alla fine dell'elenco alfabetico.

FEISOGLIO 12050 Cuneo 428 I 6 – 441 ab. alt. 706 – 0173.
Roma 616 – Genova 117 – Alessandria 69 – Cuneo 60 – Milano 163 – Savona 75 – Torino 87.

XX **Piemonte-da Renato,** 831116, solo su prenotazione – P.
Pasqua-15 dicembre – **Pasto** (menu suggeriti dal proprietario) 50000.

FELINO 43035 Parma 428 429 430 H 12 – 6 508 ab. alt. 187 – 0521.
Roma 469 – Parma 17 – Cremona 74 – La Spezia 113 – Modena 76.

X **Antica Hostaria Felinese,** via Marconi 4/a 831165, – AE E VISA
chiuso martedì – **Pasto** carta 30/41000.

FELTRE 32032 Belluno 988 ⑤, 429 D 17 – 19 668 ab. alt. 324 – 0439.
Vedere Piazza Maggiore★ – Via Mezzaterra★.
piazzetta Trento e Trieste 9 2540, Fax 2839.
Roma 593 – Belluno 32 – Milano 288 – Padova 93 – Trento 81 – Treviso 58 – Venezia 88 – Vicenza 84.

Doriguzzi, viale Piave 2 2003, Fax 83660 – rist TV P – 60. AE E VISA JCB. rist
Pasto *(chiuso agosto)* carta 25/51000 – 15000 – **23 cam** 130/160000 – 1/2 P 100/130000.

Nuovo senza rist, vicolo Fornere Pazze 5 2110, Fax 89241 – TV P. AE E VISA JCB
14000 – **23 cam** 75/110000.

FENEGRÒ 22070 Como 219 ⑱ – 2 383 ab. alt. 290 – 031.
Roma 604 – Como 26 – Milano 34 – Saronno 10 – Varese 24.

XX **In,** via Monte Grappa 20 935702, prenotare – P. AE VISA
chiuso domenica sera, lunedì ed agosto – **Pasto** carta 24/69000.

FENER 32030 Belluno 988 ⑤, 429 E 17 – alt. 198 – 0439.
Roma 564 – Belluno 42 – Milano 269 – Padova 63 – Treviso 39 – Venezia 69.

X **Tegorzo** con cam, via Nazionale 25 779547, Fax 779706, – TV P. AE E VISA.
Pasto *(chiuso domenica sera da ottobre a marzo e mercoledì negli altri mesi)* carta 35/58000 – 12000 – **30 cam** 75/110000 – P 75/95000.

FERENTILLO 05034 Terni 430 O 20 – 2 004 ab. alt. 252 – 0744.
Roma 122 – Terni 18 – Rieti 54.

X **Piermarini,** via della Vittoria 53 780714 – . AE E VISA
chiuso lunedì e dal 1° al 15 settembre – **Pasto** carta 27/60000.

FERENTINO 03013 Frosinone 988 ㉖, 430 Q 21 – 19 690 ab. alt. 393 – 0775.
Dintorni Anagni : cripta★★★ nella cattedrale★★, quartiere medioevale★, volta★ del palazzo Comunale NO : 15 km.
Roma 75 – Frosinone 14 – Fiuggi 23 – Latina 66 – Sora 42.

Bassetto, via Casilina Sud al km 74,600 244931, Fax 244399 – TV P – 40. AE E VISA.
Pasto carta 37/63000 – **99 cam** 105/135000 – 1/2 P 112/120000.

FERIOLO 28040 Novara 428 E 7, 219 ⑥ – alt. 195 – a.s. 28 giugno-15 settembre – 0323.
Roma 664 – Stresa 7 – Domodossola 35 – Locarno 48 – Milano 87 – Novara 63.

Carillon senza rist, 28115, Fax 28550, lago, « Giardino in riva al lago », – P. E VISA
Pasqua-ottobre – 15000 – **32 cam** 100/110000.

XX **Serenella,** 28112, , – P. AE E VISA
chiuso mercoledì escluso da aprile ad ottobre – **Pasto** carta 36/60000.

FERMIGNANO 61033 Pesaro e Urbino 430 K 19 – 6 886 ab. alt. 199 – 0722.
Roma 258 – Rimini 70 – Ancona 99 – Gubbio 49 – Pesaro 43.

Bucci senza rist, NE : 2 km 356050, Fax 356050 – TV . AE E VISA.
5000 – **16 cam** 75/100000.

FERMO 63023 Ascoli Piceno 988 ⑯, 430 M 23 – alt. 321 – a.s. luglio-13 settembre – ☎ 0734.
Vedere Posizione pittoresca★ – ≤★★ dalla piazza del Duomo★ – Facciata★ del Duomo.
🛈 piazza del Popolo 5 ℘ 228738, Fax 228325.
Roma 263 – Ascoli Piceno 75 – ♦Ancona 69 – Macerata 41 – ♦Pescara 102.

al lido E : 8 km :

Royal, ✉ 63023 ℘ 642244, Fax 642254, ≤ – 🛗 cam 📺 ☎ ♿ – 🏛 40 a 300. AE 🅢 ⓓ E VISA JCB. ✂ rist
Pasto *(chiuso lunedì da ottobre a marzo)* 50/70000 – ☕ 10000 – **56 cam** 110/150000 – ½ P 120/130000.

FERRARA 44100 **P** 988 ⑮, 429 H 16 – 137 384 ab. alt. 10 – ☎ 0532.
Vedere Duomo★★ BYZ – Castello Estense★ BY **B** – Palazzo Schifanoia★ BZ **E** : affreschi★★ – Palazzo dei Diamanti★ BY : pinacoteca nazionale★, affreschi★★ nella sala d'onore – Corso Ercole I d'Este★ BY – Palazzo di Ludovico il Moro★ BZ **M1** – Casa Romei★ BZ – Palazzina di Marfisa d'Este★ BZ **N**.
🛈 via Kennedy 2 ℘ 765728, Fax 760225.
A.C.I. via Padova 17/17a ℘ 52721.
Roma 423 ③ – ♦Bologna 51 ③ – ♦Milano 252 ③ – ♦Padova 73 ④ – ♦Venezia 110 ④ – ♦Verona 102 ④.

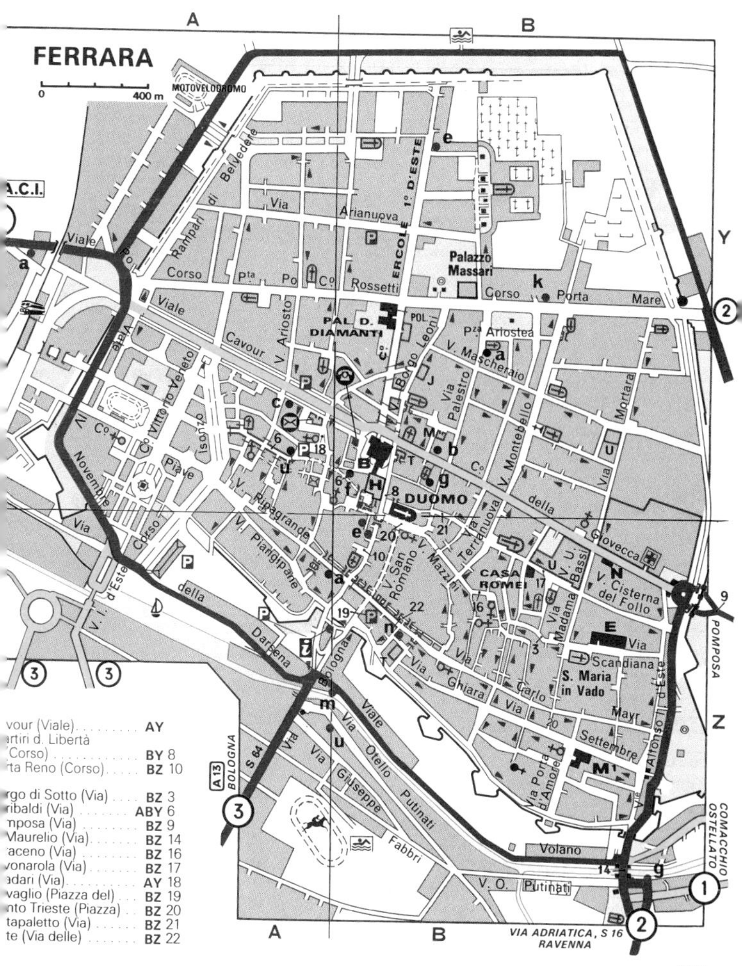

🏨 **Duchessa Isabella,** via Palestro 70 ℘ 202121 e rist ℘ 202122, Fax 202638, ⛱, « In un palazzo del 15° secolo », ⛱ – 🛗 ❄ [TV] ☎ [P]. [AE] [$] [O] [E] [VISA] BY
chiuso dal 1° al 28 agosto – **Pasto** *(chiuso lunedì sera)* carta 65/111000 – **21 cam** ☕ 330 430000, 6 appartamenti – ½ P 260/280000.

🏨 **Astra,** viale Cavour 55 ℘ 206088, Fax 247002 – 🛗 ❄ [TV] ☎ – 👥 50 a 160. [AE] [$] [O] [E] [VISA] AY
🚫 rist
Pasto carta 49/73000 – **66 cam** ☕ 210/290000, 2 appartamenti.

🏨 **Ripagrande,** via Ripagrande 21 ℘ 765250, Telex 521169, Fax 764377, « Palazzo del 16° secolo; servizio rist. estivo in cortile » – 🛗 ❄ [TV] ☎ – 👥 30 a 80. [AE] [$] [O] [E] [VISA] [JCB] ABZ
🚫 rist
Pasto *(chiuso lunedì e dal 25 luglio al 25 agosto)* carta 41/59000 (10%) – **40 cam** ☕ 220 300000.

🏨 **Annunziata** senza rist, piazza Repubblica 5 ℘ 201111, Fax 203233 – 🛗 ❄ [TV] ☎ – 👥 5… BY
[AE] [$] [O] [E] [VISA]
24 cam ☕ 190/300000, appartamento.

🏨 **Carlton** senza rist, via Garibaldi 93 ℘ 211130, Fax 205766 – 🛗 ❄ [TV] ☎ – 👥 50. [AE] [$] [O] [E] [VISA] AY
☕ 15000 – **58 cam** 140/200000.

🏨 **Europa** senza rist, corso della Giovecca 49 ℘ 205456, Fax 212120 – ❄ [TV] ☎ [P]. [AE] [$] [O] [E] [VISA]. 🚫 BY
39 cam ☕ 115/160000.

🏨 **Locanda Borgonuovo** senza rist, via Cairoli 29 ℘ 211100 – ❄ [TV] ☎. [AE] [$] [E] [VISA] BY
4 cam ☕ 85/140000.

🍴🍴 **La Provvidenza,** corso Ercole I d'Este 92 ℘ 205187, Fax 205018, ⛱ – ❄. [AE] [$] [O] [VISA]. 🚫 BY
chiuso lunedì e dall'11 al 17 agosto – **Pasto** carta 42/65000 (10%).

🍴🍴 **Centrale,** via Boccaleone 8 ℘ 206735, ⛱ – [AE] [$] [O] [E] [VISA] [JCB] BZ
chiuso domenica, mercoledì sera e dal 12 al 31 luglio – **Pasto** carta 40/60000.

🍴🍴 **Quel Fantastico Giovedì,** via Castelnuovo 9 ℘ 760570, Coperti limitati; prenotare – ❄ [AE] [$] [O] [E] [VISA]. 🚫 BZ
chiuso mercoledì e dal 20 luglio al 20 agosto – **Pasto** 20/28000 (a mezzogiorno) 45000 (alla sera) e carta 37/59000.

🍴🍴 **Il Bagattino,** via Correggiari 6 ℘ 206387 – ❄. [AE] [$] [O] [VISA] BZ
chiuso lunedì – **Pasto** carta 39/51000.

🍴 Vecchia Chitarra, via Ravenna 13 ℘ 62204 BZ

🍴 **La Trattoria,** via del Lavoro 13 ℘ 55103, ⛱ – 🚭 rist. [AE] [$] [O] [E] [VISA] [JCB]. 🚫 AY
chiuso sabato a mezzogiorno e domenica – **Pasto** carta 30/57000.

🍴 **Trattoria il Testamento del Porco,** via Putinati 24 ℘ 760460 – [AE] [$] [E] [VISA]. 🚫 ABZ
chiuso martedì e dal 10 al 31 gennaio – **Pasto** carta 35/54000.

🍴 **Antica Trattoria Volano,** viale Volano 20 ℘ 761421, ⛱ – [AE] [$] [O] [E] [VISA] ABZ
chiuso venerdì – **Pasto** carta 30/49000.

a Gaibanella per ② : 6 km – ✉ **44040** :

🍴 La Fenice, ℘ 718704, ⛱ – [P]

a Marrara per ② : 17 km – ✉ **44040** :

🍴🍴 **Trattoria da Ido,** ℘ 421064, Fax 421064, Coperti limitati; prenotare – ❄ [P]. [AE] [$] [O] [VISA]. 🚫
chiuso domenica, lunedì, dal 1° al 15 gennaio, dal 1° al 15 luglio e dal 1° al 10 settembre – **Pasto** carta 45/63000.

FERRAZZANO Campobasso [430] R 26, [431] C 26 – Vedere Campobasso.

FERRO DI CAVALLO Perugia [430] M 19 – Vedere Perugia.

FERTILIA Sassari [988] ㉝, [433] F 6 – Vedere Sardegna (Alghero) alla fine dell'elenco alfabetico.

FETOVAIA Livorno [430] N 12 – Vedere Elba (Isola d') : Marina di Campo.

FIASCHERINO La Spezia [428] [429] [430] J 11 – Vedere Lerici.

FIDENZA **43036** Parma [988] ⑭, [428] [429] H 12 – 23 182 ab. alt. 75 – ☎ 0524.

Vedere Duomo★ : portico centrale★★.

Roma 478 – ◆Parma 21 – Piacenza 43 – ◆Bologna 116 – Cremona 47 – ◆Milano 103.

🏨 **Astoria** senza rist, via Gandolfi 5 ℘ 524314, Fax 527263 – 🛗 ❄ [TV] ☎. [$] [E] [VISA]
☕ 12000 – **30 cam** 75/105000.

🍴🍴 **Astoria,** via Gandolfi 7 ℘ 524588 – ❄. [AE] [$] [O] [E] [VISA]
chiuso lunedì – **Pasto** carta 36/56000.

🍴 **Ugolini** con cam, via Malpeli 90 ℘ 522422 – [TV]. [AE] [$] [E] [VISA]. 🚫
chiuso dal 24 dicembre al 15 gennaio – **Pasto** *(chiuso giovedì)* carta 38/52000 – ☕ 8000 – **13 cam** 50/77000 – ½ P 75000.

FIÈ ALLO SCILIAR (VÖLS AM SCHLERN) 39050 Bolzano [429] C 16 – 2 771 ab. alt. 880 – ☏ 0471.
ℹ ℘ 725047, Fax 725488.
Roma 657 – ♦Bolzano 16 – Bressanone 40 – ♦Milano 315 – Trento 76.

Emmy 🐦, ℘ 725006, Fax 725484, ≤ monti e pinete, ☂, Ⓛ, ≘s, [🏊] – [lift] [TV] ☎ 🚗. [$] [E] [VISA]. ✗ rist
chiuso dal 4 novembre al 20 dicembre – **Pasto** carta 62/94000 – **23 cam** ☕ 270/290000, 22 appartamenti 300/380000 – ½ P 140/160000.

Turm 🐦, ℘ 725014, Fax 725474, ≤ monti e vallata, « Raccolta di quadri d'autore », ≘s, 🏊, [🏊], 🌳 – [lift] [TV] ☎. [$] [E] [VISA]. ✗ rist
chiuso dal 6 novembre al 20 dicembre – **Pasto** *(chiuso giovedì)* carta 59/83000 – **23 cam** ☕ 134/278000 – P 130/187000.

Völserhof 🐦, ℘ 725421, Fax 725602, ≤, ☂, 🏊 riscaldata, 🌳 – [lift] [TV] ☎ [P]. [$] [E] [VISA]. ✗ rist
chiuso dal 7 al 30 gennaio – **Pasto** *(chiuso lunedì escluso agosto-settembre)* carta 53/74000 – **29 cam** ☕ 90/160000 – ½ P 100/120000.

Heubad 🐦, ℘ 725020, Fax 725425, ≤, ☂, Cura bagni di fieno, ≘s, 🏊 riscaldata, 🌳 – [lift] [TV] ☎ 🚗 [P]. [$] [E] [VISA]. ✗ rist
chiuso novembre e dal 10 al 29 gennaio – **Pasto** *(chiuso mercoledì)* carta 35/52000 – **30 cam** ☕ 80/160000 – ½ P 100/115000.

Rose-Wenzer 🐦, ℘ 725016, Fax 725253, ≤, ☂, ≘s, [🏊], 🌳 – [lift] ☎. [$] [E] [VISA]. ✗ rist
chiuso dal 15 gennaio al 7 febbraio – **Pasto** *(chiuso mercoledì da ottobre a marzo)* carta 35/46000 – **34 cam** ☕ 65/110000 – ½ P 75/90000.

a San Costantino (St. Konstantin) N : 3 km – ✉ **39040** Siusi :

Parc Hotel Miramonti 🐦, ℘ 707035, Fax 705422, ≤, Ⓛ, ≘s, 🏊 riscaldata, [🏊], 🌳 – [lift] [TV] ☎ ♿ [P]
Pasto carta 40/80000 – **44 cam** ☕ 180/360000 – ½ P 180/200000.

FIERA DI PRIMIERO 38054 Trento [988] ⑤, [429] D 17 – 555 ab. alt. 717 – a.s. Pasqua e Natale – ☏ 0439.
ℹ piazza Municipio 7 ℘ 62407, Fax 62992.
Roma 616 – Belluno 65 – ♦Bolzano 99 – ♦Milano 314 – Trento 101 – Vicenza 103.

Iris, ℘ 762000, Fax 762204, ≤, « Giardino ombreggiato », ≘s – [lift] [TV] ☎ [P]. [AE] [$] [O] [E] [VISA] [JCB]. ✗
5 dicembre-24 aprile e giugno-settembre – **Pasto** carta 33/54000 – **90 cam** ☕ 95/145000, 7 appartamenti – ½ P 130000.

Tressane, ℘ 762205, Fax 762204, « Giardino ombreggiato » – [lift] [TV] ☎ [P]. [AE] [$] [O] [E] [VISA] [JCB]. ✗
Pasto carta 31/46000 – **37 cam** ☕ 70/120000 – ½ P 100000.

Mirabello, ℘ 64241, Fax 762366, ≤, ≘s, [🏊] – [lift] [TV] ☎ [P]. ✗
20 dicembre-Pasqua e giugno-10 ottobre – **Pasto** 20/60000 – **43 cam** ☕ 90/140000 – ½ P 70/120000.

La Perla 🐦, ℘ 762115, Fax 762115 – [lift] [TV] ☎ [P]. ✗ rist
Pasto carta 23/37000 – **41 cam** ☕ 58/100000 – ½ P 85000.

in Val Canali NE : 7 km :

🍴 **Rifugio Chalet Piereni** 🐦 con cam, alt. 1 100 ✉ 38054 ℘ 62348, Fax 64792, ≤ Pale di San Martino, ☂ – [P]. [$] [E] [VISA]. ✗ rist
Pasqua-1° novembre – **Pasto** *(chiuso mercoledì in bassa stagione)* carta 30/45000 – **15 cam** ☕ 50/90000 – ½ P 70/85000.

FIESOLE 50014 Firenze [988] ⑭ ⑮, [429] [430] K 15 – 15 188 ab. alt. 295 – ☏ 055.
Vedere Paesaggio★★★ – ≤★★ su Firenze – Convento di San Francesco★ – Duomo★ : interno★ e opere★ di Mino da Fiesole – Zona archeologica : sito★, Teatro romano★, museo★ M1 – Madonna con Bambino e Santi★ del Beato Angelico nella chiesa di San Domenico SO : 2,5 km FT(pianta di Firenze).
ℹ piazza Mino da Fiesole 37 ℘ 598720, Fax 598822.
Roma 285 – ♦Firenze 8 – Arezzo 89 – Livorno 124 – ♦Milano 307 – Pistoia 45 – Siena 76.

Pianta di Firenze : percorsi di attraversamento

Villa San Michele ⊛, via Doccia 4 ☎ 59451, Telex 570643, Fax 598734, ≤ Firenze e colli, « Costruzione quattrocentesca con parco e giardino », riscaldata – ▤ ☎ Ⓟ. AE Ⓢ ⓓ E VISA JCB. ✻ rist BR b
28 marzo-1° dicembre – **Pasto** carta 110/188000 – **24 cam** ☐ 650/1240000, 3 appartamenti 1750/2200000 – ½ P 620000.

Villa Aurora, piazza Mino da Fiesole 39 ☎ 59100, Fax 59587, ≤, – ▤ TV ☎ Ⓟ – 25 a 150. AE Ⓢ ⓓ E VISA JCB. ✻ rist a
Pasto *(chiuso lunedì, novembre o febbraio)* carta 40/66000 (10%) – ☐ 18500 – **26 cam** 190/298000.

Villa Fiesole senza rist, via Beato Angelico 35 ☎ 597252, Fax 599133, ≤ Firenze e colli, – |‡| ▤ TV ☎ ♿ Ⓟ. AE Ⓢ ⓓ E VISA BR b
28 cam ☐ 220/320000.

Villa Bonelli senza rist, via Francesco Poeti 1 ☎ 598941, Fax 598942 – |‡| TV ☎ . AE Ⓢ ⓓ E VISA e
20 cam ☐ 115/180000.

I' Polpa, piazza Mino da Fiesole 21/22 ☎ 59485, prenotare – AE Ⓢ ⓓ E VISA JCB c
chiuso mercoledì ed agosto – **Pasto** carta 43/60000.

a San Domenico S : 2,5 km FT – ✉ **50016** :

Bencistà ⊛, ☎ 59163, Fax 59163, ≤ Firenze e colli, « Fra gli oliveti », – rist ☎ Ⓟ. ✻ rist BR
Pasto 45000 – **42 cam** solo ½ P 125000.

ad Olmo NE : 9 km FT – ✉ **50014** Fiesole :

Dino, ☎ 548932, Fax 548934, ≤, – TV ☎ Ⓟ. AE Ⓢ ⓓ E VISA. ✻ rist
Pasto *(chiuso mercoledì escluso giugno-settembre)* carta 25/38000 (12%) – ☐ 10000 – **18 cam** 90/120000 – ½ P 95000.

✻ **La Panacea del Bartolini,** ☎ 548972, Fax 484116, « Servizio estivo in terrazza con ≤ colline fiesolane », – Ⓟ. AE Ⓢ ⓓ E VISA. ✻
chiuso a mezzogiorno (escluso domenica), lunedì da ottobre a maggio e dal 6 gennaio al 1° febbraio – **Pasto** carta 51/78000
Spec. Terrina di coniglio al Vin Santo. Crespella agli scampi su letto di asparagi (primavera-estate). Bistecca alla fiorentina.

FIESSO D'ARTICO

30032 Venezia 429 F 18 – 5 860 ab. – ☎ 041.
Roma 508 – ♦Padova 15 – ♦Milano 247 – Treviso 42 – ♦Venezia 30.

Villa Giulietta, via Riviera del Brenta 169 ☎ 5161500, Fax 5161212, – ▤ TV ☎ Ⓟ – 200. AE Ⓢ ⓓ E VISA JCB. ✻
Pasto vedere rist **Da Giorgio** – ☐ 12000 – **36 cam** 80/130000.

Da Giorgio, via Riviera del Brenta 228 ☎ 5160204, Specialità di mare – ▤ Ⓟ. AE Ⓢ ⓓ E VISA JCB. ✻
chiuso mercoledì ed agosto – **Pasto** carta 41/70000.

FIGINO SERENZA

22060 Como 428 E 9, 219 ⑲ – 4 535 ab. alt. 330 – ☎ 031.
Roma 622 – Como 14 – ♦Milano 34.

Park Hotel e Villa Argenta, ☎ 780792, Fax 780117, – |‡| ▤ TV ☎ Ⓟ – 30 a 200. AE Ⓢ ⓓ E VISA JCB. ✻
chiuso agosto – **Pasto** *(chiuso domenica)* carta 39/68000 – ☐ 15000 – **40 cam** 120/155000.

FIGLINE VALDARNO

50063 Firenze 988 ⑮, 429 430 L 16 – 15 720 ab. alt. 126 – ☎ 055.
Roma 241 – ♦Firenze 34 – Siena 59 – Arezzo 45 – ♦Perugia 121.

Torricelli, via San Biagio 2 ☎ 958139, Fax 958481 – |‡| ▤ TV ☎ Ⓟ – 80. AE Ⓢ ⓓ VISA JCB. ✻
Pasto *(chiuso sabato a mezzogiorno)* carta 30/50000 – ☐ 10000 – **39 cam** 80/110000.

FILIANO

85020 Potenza 431 E 29 – 3 323 ab. alt. 600 – ☎ 0971.
Roma 381 – Potenza 31 – ♦Foggia 83 – ♦Napoli 191.

sulla strada statale 93 N : 2 km :

Dei Castelli, ✉ 85020 ☎ 88256, Fax 88275, – |‡| ▤ TV ☎ Ⓟ – 200
34 cam.

FILOTTRANO

60024 Ancona 988 ⑯, 430 L 22 – 9 058 ab. alt. 270 – ☎ 071.
Roma 277 – ♦Ancona 41 – Macerata 22 – ♦Perugia 136.

7 Colli ⊛, ☎ 7220833, Fax 7220833 – |‡| ▤ rist TV ☎ Ⓟ
22 cam.

FINALE LIGURE

17024 Savona 988 ⑫, 428 J 7 – 12 643 ab. – ☎ 019.
Vedere Finale Borgo★ NO : 2 km.
Escursioni Castel San Giovanni : ≤★ 1 h a piedi AR (da via del Municipio).
via San Pietro 14 ☎ 692581, Fax 680052.
Roma 571 – ♦Genova 72 – Cuneo 116 – Imperia 52 – ♦Milano 195 – Savona 26.

🏨 **Punta Est,** via Aurelia 1 ✆ 600611, Fax 600611, ≤, 🌳, « Antica dimora in un parco ombreggiato », 🏊 – 🛗 ▤ rist [TV] ☎ [P] – 🎤 100. [AE] [$] E VISA. 🚫
maggio-settembre – **Pasto** 50/75000 – ☕ 20000 – **40 cam** 200/300000, 5 appartamenti – ½ P 170/220000.

🏨 **Boncardo,** corso Europa 4 ✆ 601751, Fax 680419, ≤, 🏖 – 🛗 ▤ rist [TV] ☎ [P]. [AE] [$] VISA. 🚫 rist
chiuso dall'8 gennaio al 5 marzo – **Pasto** *(giugno-settembre)* carta 48/83000 – ☕ 14000 – **52 cam** 105/155000 – ½ P 145000.

🏨 **Miramare,** via San Pietro 9 ✆ 692467, Fax 695467, ≤ – 🛗 ▤ rist [TV] ☎ ♿. [AE] [$] ◑ E VISA. 🚫 rist
chiuso dal 3 ottobre al 23 dicembre – **Pasto** carta 40/60000 – ☕ 15000 – **35 cam** 100/130000 – ½ P 90/125000.

🏨 **Palace,** via Lungo Sciusa 1 ✆ 601840, Fax 601649 – 🛗 [TV] ☎. [$] E VISA
Pasto (solo per clienti alloggiati) 25/35000 – ☕ 15000 – **32 cam** 75/100000 – ½ P 55/93000.

🍴🍴 **Harmony,** corso Europa 67 ✆ 601728, 🌳 – [AE] [$] ◑ E VISA. 🚫
chiuso ottobre, novembre e martedì da ottobre a marzo – **Pasto** carta 45/79000.

🍴🍴 **La Lampara,** vico Tubino 4 ✆ 692430, prenotare – [$] VISA
chiuso mercoledì e novembre – **Pasto** carta 60/70000.

a Finalborgo NO : 2 km – ✉ **17024** Finale Ligure :

🍴🍴 **Ai Torchi,** ✆ 690531, prenotare – [AE] [$] ◑ E VISA. 🚫
chiuso dal 7 gennaio al 10 febbraio, martedì (escluso agosto) e da ottobre a maggio anche lunedì – **Pasto** carta 46/88000.

a Perti Alto NO : 6 km – alt. 145 – ✉ **17024** Finale Ligure :

🍴 **Osteria del Castel Gavone,** ✆ 692277, « Servizio estivo in terrazza con ≤ colline e mare » – [AE] [$] E VISA
chiuso martedì escluso da marzo ad ottobre e Natale – **Pasto** carta 37/56000.

FINO DEL MONTE **24020** Bergamo – 1 019 ab. alt. 670 – ☎ 0346.

Roma 615 – ♦Brescia 70 – ♦Bergamo 39 – Edolo 76 – ♦Milano 89.

🏨 **Garden** 🌿, via Papa Giovanni XXIII 1 ✆ 72369, Fax 72369 – 🛗 [TV] ☎ 🚗 [P] – 🎤 25. [AE] [$] VISA. 🚫
chiuso dal 5 al 15 ottobre – **Pasto** *(chiuso lunedì)* carta 33/60000 – ☕ 7000 – **21 cam** 60/100000 – P 90/110000.

FIORANO MODENESE **41042** Modena [428] [429] [430] I 14 – 15 744 ab. alt. 155 – ☎ 059.

Roma 421 – ♦Bologna 57 – ♦Modena 15 – Reggio nell'Emilia 35.

🏨 **Executive,** circondariale San Francesco 2 ✆ (0536) 832010 e rist ✆ 832673, Telex 522070, Fax 830229 – 🛗 ▤ [TV] ☎ 🚗 [P] – 🎤 150. [AE] [$] ◑ E VISA. 🚫
Pasto al Rist. ***Exè*** *(chiuso sabato a mezzogiorno e domenica)* carta 47/77000 – ☕ 18000 – **51 cam** 167/258000, 9 appartamenti.

FIORENZUOLA D'ARDA **29017** Piacenza [988] ⑬ ⑭, [428] [429] H 11 – 13 396 ab. alt. 82 – ☎ 0523.

Roma 495 – Piacenza 24 – Cremona 31 – ♦Milano 87 – ♦Parma 37.

🏨 **Concordia** senza rist, via XX Settembre ✆ 982827, Fax 981098 – ▤ [TV] ☎ – 🎤 25. [AE] [$] ◑ E VISA JCB
chiuso dal 5 al 20 agosto – ☕ 6000 – **20 cam** 60/110000, 2 appartamenti, ▤ 10000.

🍴🍴 **La Campana,** via Emilia 11 ✆ 943833 – ▤ [P]. [AE] [$] ◑ E VISA. 🚫
chiuso lunedì e dal 1° al 25 luglio – **Pasto** carta 38/54000.

Firenze

50100 P 988 ⑮, 429 430 K 15 – 392 800 ab. alt. 49 – ☎ 055

Vedere Duomo★★★ Y : esterno dell'abside★★★, cupola★★★ (※★★) – Campanile★★★ Y **B** : ※★★ – Battistero★★★ Y **C** : porte★★★, mosaici★★★ – Museo dell'Opera del Duomo★★ Y **M1** – Piazza della Signoria★★ Z – Loggia della Signoria★★ Z **D** : Perseo★★★ di B. Cellini – Palazzo Vecchio★★★ Z **H** – Galleria degli Uffizi★★★ Z – Palazzo e museo del Bargello★★★ Z – San Lorenzo★★★ Y : chiesa★★, Biblioteca Laurenziana★★, tombe dei Medici★★★ nelle Cappelle Medicee★★ – Palazzo Medici-Riccardi★★ Y : Cappella★★★, sala di Luca Giordano★★ – Chiesa di Santa Maria Novella★★ Y : affreschi del Ghirlandaio★★★ – Ponte Vecchio★★ Z – Palazzo Pitti★★ DV : galleria Palatina★★★, museo degli Argenti★★, opera dei Macchiaioli★★ nella galleria d'Arte Moderna★ – Giardino di Boboli★ DV : ※★★ dal Forte del Belvedere – Museo delle Porcellane★ DV – Convento e museo di San Marco★★ ET : opere★★★ del Beato Angelico – Galleria dell'Accademia★★ ET : galleria delle opere di Michelangelo★★★ – Piazza della Santissima Annunziata★ ET **168** : affreschi★ nella chiesa, portico★★ ornato di medaglioni★★ nell'Ospedale degli Innocenti★ – Chiesa di Santa Croce★★ EU : Cappella dei Pazzi★★ – Passeggiata ai Colli★★ : ≤★★★ da piazzale Michelangiolo EFV, chiesa di San Miniato al Monte★★ EFV.
Palazzo Strozzi★★ Z **E** – Palazzo Rucellai★★ Z **F** – Santa Maria del Carmine★★ DUV – Cenacolo di Fuligno (Ultima Cena★) DT, Cenacolo di San Salvi★ BS **G** – Orsanmichele★ Z **N** : tabernacolo★★ dell'Orcagna – La Badia Z : campanile★, bassorilievo in marmo★★, tombe★, Apparizione della Vergine a San Bernardo★ di Filippino Lippi – Cappella Sassetti★★ e cappella dell'Annunciazione★ nella chiesa di Santa Trinità Z – Chiesa di Santo Spirito★ DUV – Cenacolo★ di Sant'Apollonia ET – Ognissanti DU : Cenacolo★ del Ghirlandaio – Palazzo Davanzanti★ Z **M2** – Loggia del Mercato Nuovo★ Z **K** – Musei : Archeologico★★ (Chimera d'Arezzo★★ – vaso François★★) ET, di Storia della Scienza★ Z **M6** – Museo Marino Marini★ Z **M7** – Museo Bardini★ EV – Museo La Specola★ DV – Casa Buonarroti★ EU **M3** – Opificio della Pietre Dure★ ET **M4**.

Dintorni Ville Medicee★ BR **B**, villa di Castello★ AR **C** – Villa di Poggio a Caiano★★ per S 66 : 17 km – Certosa del Galluzzo★★ ABS.

18 Dell'Ugolino (chiuso lunedì) a Grassina ✉ 50015 ☎ 2301009, Fax 2301141, S : 12 km BS.

✈ di Peretola NO : 4 km AR ☎ 373498 – Alitalia, lungarno Acciaiuoli 10/12 r, ✉ 50123 ☎ 27888.

ℹ via Cavour 1 r ✉ 50129 ☎ 290832, Fax 2760383.

A.C.I. viale Amendola 36 ✉ 50121 ☎ 24861.

Roma 277 ③ – ♦Bologna 105 ⑦ – ♦Milano 298 ⑦.

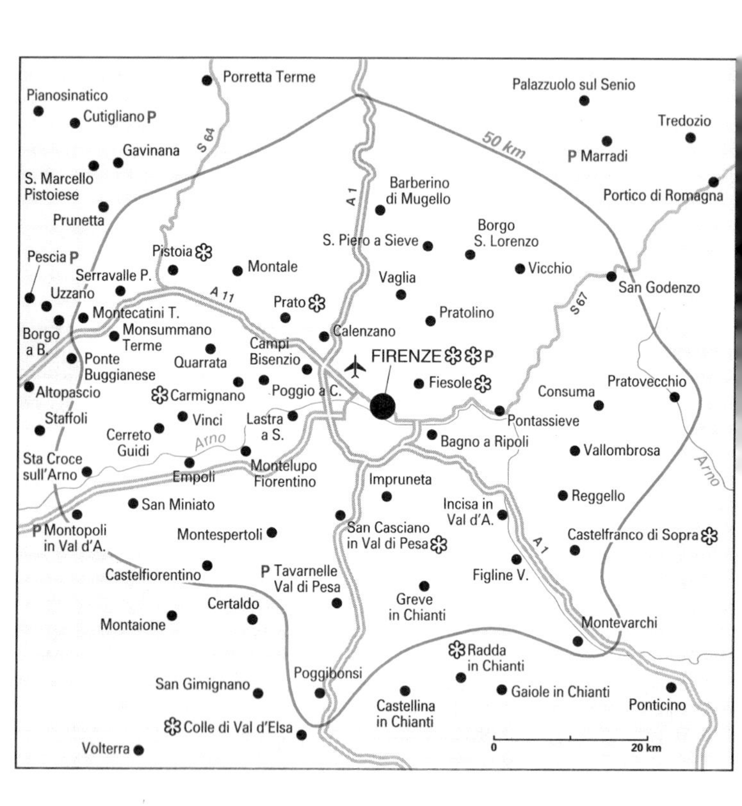

Excelsior, piazza Ognissanti 3 ✉ 50123 ✆ 264201, Telex 570022, Fax 210278 – |♦| ▤ TV ☎ ♿ – 🏛 300. AE ⓢ ⓞ E VISA JCB. ✻ rist DU **b**
Pasto carta 90/132000 – ☕ 47500 – **190 cam** 396/605000, 4 appartamenti.

Grand Hotel Ciga, piazza Ognissanti 1 ✉ 50123 ✆ 288781, Telex 570055, Fax 217400 – |♦| ▤ TV ☎ ♿ 🚗 – 🏛 25 a 220. AE ⓢ ⓞ E VISA JCB. ✻ rist DU **a**
Pasto carta 94/151000 – ☕ 47500 – **102 cam** 473/682000, 17 appartamenti.

Savoy, piazza della Repubblica 7 ✉ 50123 ✆ 283313, Telex 570220, Fax 284840 – |♦| ▤ TV ☎ ♿ – 🏛 150. AE ⓢ ⓞ E VISA. ✻ rist Z **a**
Pasto carta 75/120000 – **101 cam** ☕ 350/530000, appartamento.

Villa Medici, via Il Prato 42 ✉ 50123 ✆ 2381331, Telex 570179, Fax 2381336, ⛱, 🏊, 🌳 – |♦| ▤ TV ☎ – 🏛 30 a 90. AE ⓢ ⓞ E VISA JCB. ✻ CT **c**
Pasto 70/85000 e al Rist. ***Lorenzo de' Medici*** carta 57/106000 – ☕ 25000 – **88 cam** 382/543000, 13 appartamenti.

Regency, piazza Massimo D'Azeglio 3 ✉ 50121 ✆ 245247, Telex 571058, Fax 2346735, 🌳 – |♦| ▤ TV ☎ 🚗. AE ⓢ ⓞ E VISA JCB. ✻ rist FU **a**
Pasto al Rist. ***Relais le Jardin*** *(chiuso domenica;* prenotare*)* carta 70/110000 – **34 cam** ☕ 370/550000, 5 appartamenti.

Helvetia e Bristol, via dei Pescioni 2 ✉ 50123 ✆ 287814, Telex 572696, Fax 288353 – |♦| ▤ TV ☎. AE ⓢ ⓞ E VISA. ✻ Z **b**
Pasto carta 62/104000 – ☕ 30500 – **52 cam** 363/545000, 15 appartamenti.

Albani, via Fiume 12 ✉ 50123 ✆ 26030, Telex 573316, Fax 211045 – |♦| ▤ TV ☎ – 🏛 40
75 cam. DT **a**

Brunelleschi, piazza Santa Elisabetta 3 ✉ 50122 ✆ 562068, Telex 575805, Fax 219653, ≤, « Piccolo museo privato » – |♦| ⇎ cam ▤ TV ☎ – 🏛 100. AE ⓢ ⓞ E VISA JCB Z **c**
Pasto (solo per clienti alloggiati) carta 60/90000 – **94 cam** ☕ 330/440000, appartamento.

Plaza Hotel Lucchesi, lungarno della Zecca Vecchia 38 ✉ 50122 ✆ 26236, Telex 570302, Fax 2480921, ≤ – |♦| ⇎ cam ▤ TV ☎ ♿ 🚗 – 🏛 70 a 160. AE ⓢ ⓞ E VISA JCB. ✻ rist EV **b**
Pasto (solo per clienti alloggiati e *chiuso domenica*) carta 56/90000 – **97 cam** ☕ 310/440000, 10 appartamenti – ½ P 173/294000.

FIRENZE

PERCORSI DI ATTRAVERSAMENTO E DI CIRCONVALLAZIONE

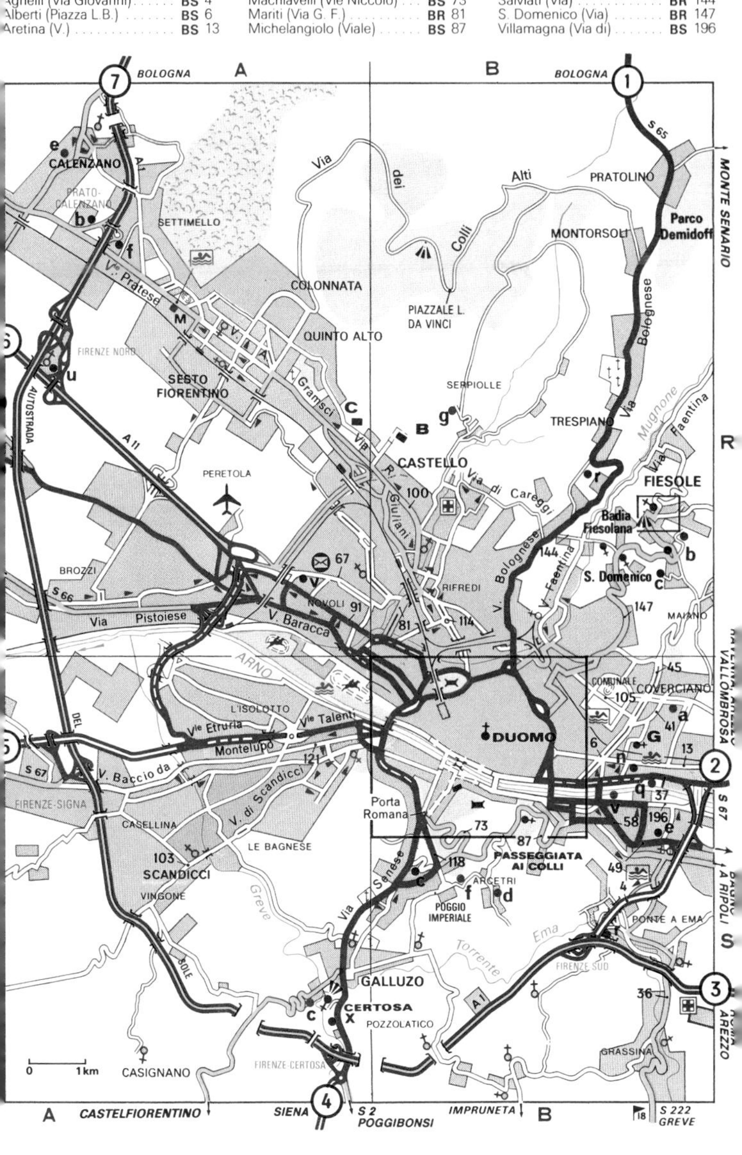

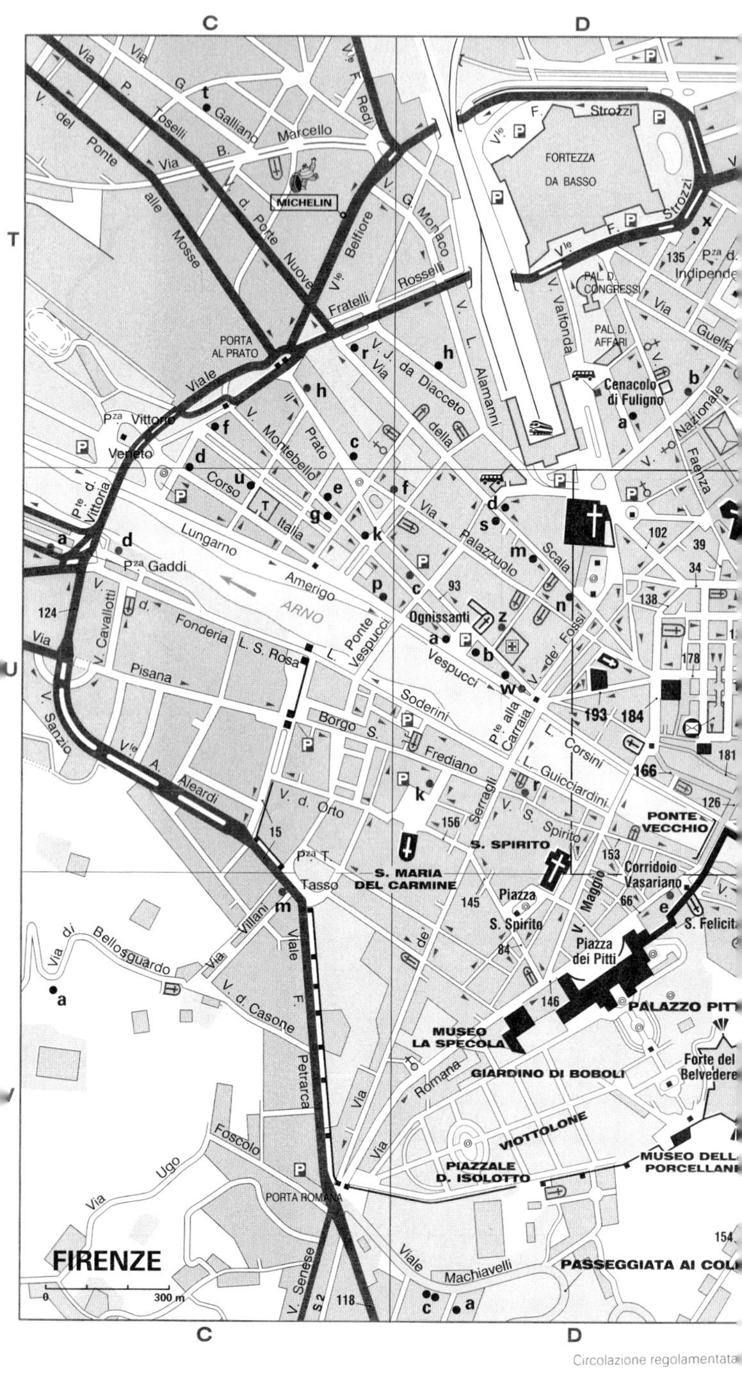

Circolazione regolamentata

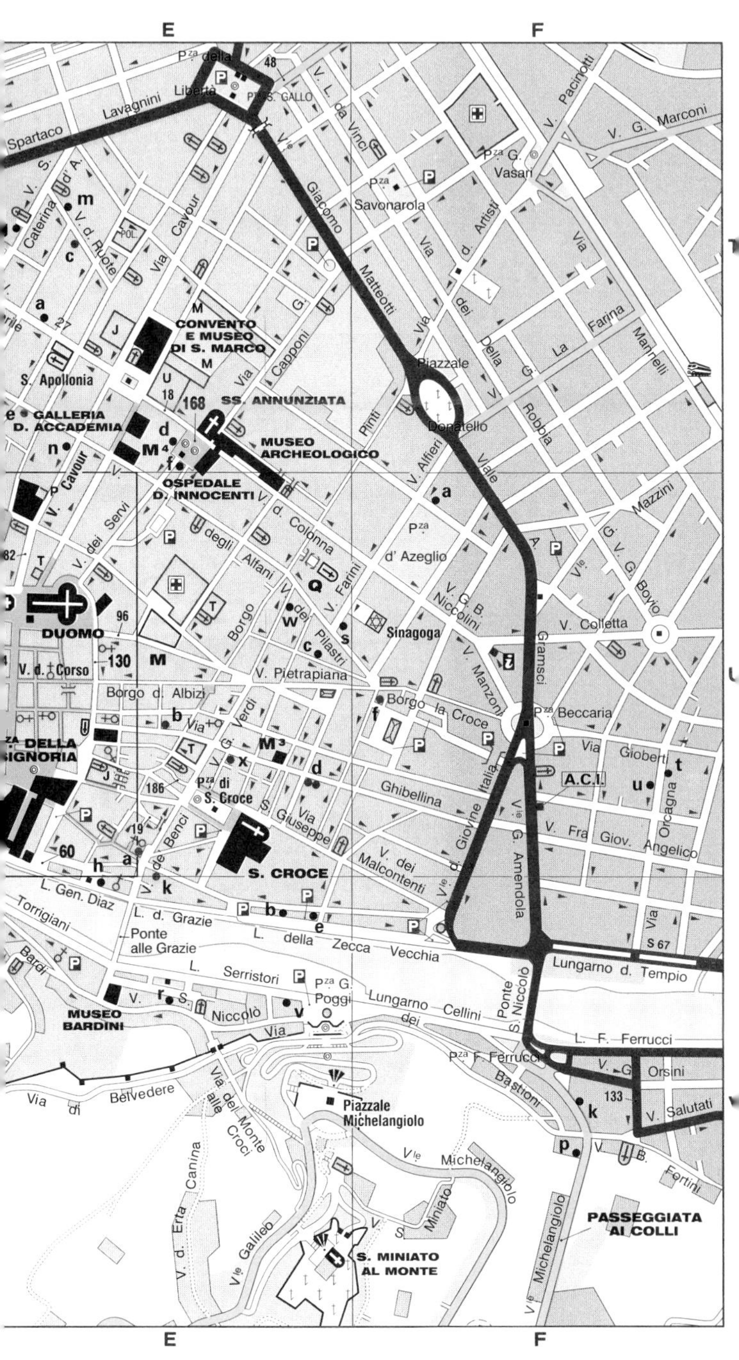

nel centro città

FIRENZE

Calimala . . . . Z 24
Calzaiuoli (Via dei) . . . . YZ
Por S. Maria (Via) . . . . Z 126
Porta Rossa (Via) . . . . Z
Roma (Via) . . . . YZ
S. Jacopo (Borgo) . . . . Z
Strozzi (Via degli) . . . . Z
Tornabuoni (Via) . . . . Z
Vecchio (Ponte) . . . . Z

Agli (Via degli) . . . . Y 3
Albizi (Borgo degli) . . . . Z 7
Antinori (Piazza degli) . . . . . . Y 10
Archibusieri (Lungarno) . . . . . Z 12
Avelli (Via degli) . . . . Y 16
Brunelleschi (Via de') . . . . . YZ 22
Canto de' Nelli (Via del) . . . . . Y 27
Castellani (Via de') . . . . Z 31
Dante Alighieri (Via) . . . . Z 42
Davanzati (Piazza) . . . . Z 43
Faenza (Via) . . . . Y 51
Fiordaliso (Via del) . . . . Z 52
Fossi (Via de') . . . . Y 54
Ghibellina (Via) . . . . Z 57
Gondi (Via dei) . . . . Z 61
Guicciardini (Lungarno) . . . . . . Z 64
Lambertesca (Via) . . . . Z 69
Leoni (Via dei) . . . . Z 70
Madonna degli Aldobrandini
(Piazza di) . . . . Y 75
Magazzini (Via dei) . . . . Z 76
Melarancio (Via del) . . . . Y 85
Monalda (Via) . . . . Z 88
Nazionale (Via) . . . . Y 90
Oriulo (Via d.) . . . . Y 96
Orsanmichele (Via) . . . . Z 99
Parte Guelfa
(Piazza di) . . . . Z 106
Pellicceria (Via) . . . . Z 109
Pescioni (Via de') . . . . YZ 111
Rondinelli (Via de') . . . . Y 138
S. Giovanni (Piazza) . . . . Y 150
S. Spirito (Via) . . . . Z 162
S. Trinità (Piazza) . . . . Z 163
Sassetti (Via de') . . . . Z 171
Spada (Via della) . . . . Z 173
Speziali (Via degli) . . . . Z 174
Strozzi (Piazza) . . . . Z 177
Tavolini (Via dei) . . . . Z 180
Terme (Via delle) . . . . Z 181
Trebbio (Via del) . . . . Y 187
Uffizi (Piazzale degli) . . . . Z 188
Vaccchereccia (Via) . . . . Z 189
Vigna Nuova (Via della) . . . . . . Z 193

Circolazione regolamentata nel centro città

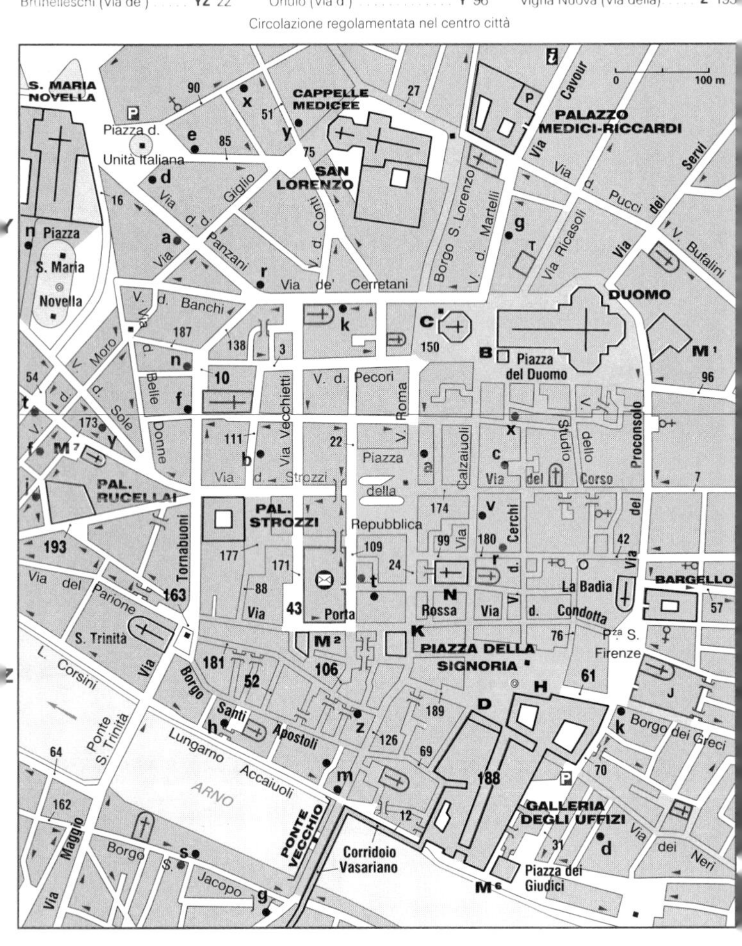

Le Ottime Tavole

Per voi abbiamo contraddistinto

alcuni alberghi (🏠 ... 🏠🏠🏠🏠🏠) e ristoranti (✕ ... ✕✕✕✕✕) con ✿, ✿✿ o ✿✿✿.

INDICE TOPONOMASTICO DELLE PIANTE DI FIRENZE

Calimala **Z** 24
Calzaiuoli (Via dei) **YZ**
Guicciardini (Via de') **DV** 66
Por S. Maria (Via) **Z** 126
Porta Rossa (Via) **Z**
Roma (Via) **DU** 136
S. Jacopo (Borgo) **DU** 153
Strozzi (Via degli) **DU** 178
Tornabuoni (Via) **DTU** 184
Vecchio (Ponte) **Z**

Acciaiuoli (Lungarno) **Z**
Agli (Via degli) **Y** 3
Agnelli (Via G.) **BS** 4
Alamanni (Via L.) **DT**
Alberti (Piazza L. B.) **BS** 6
Albizi (Borgo degli) **Z** 7
Aleardi (Viale A.) **CU**
Alfani (Via degli) **ETU**
Alfieri (Via V.) **FTU**
Amendola (Viale G.) **FUV**
Antinori (Piazza degli) **Y** 10
Archibusieri (Lungarno) **Z** 12
Aretina (Via) **BS** 13
Ariosto (Viale F.) **CU** 15
Artisti (Via degli) **FT**
Avelli (Via degli) **Y** 16
Azeglio (Piazza d') **FU**
Baccio da Montelupo (Via) **AS**
Banchi (Via dei) **Y**
Bardi (Via de) **DEV**
Barraca (Via) **AR**
Bastioni (Via dei) **EFV**
Battisti (Via C.) **ET** 18
Beccaria (Piazza) **FU**
Belfiore (Viale) **CT**
Belle Donne (Via delle) **Y**
Bellosguardo (Via di) **CV**
Belvedere (Via di) **EV**
Benci (Via de') **EUV**
Bentaccordi (Via) **EU** 19
Bolognese (Via) **BR**
Bovio (Via G.) **FU**
Brunelleschi (Via de') **YZ** 22
Bufalini (Via) **Y**
Canto de' Nelli (Via del) **Y** 27
Capponi (Via G.) **ET**
Careggi (Via di) **BR**
Carraia (Ponte alla) **DU** 28
Casone (Via del) **CV** 30
Castellani (Via de') **Z**
Cavallotti (Via F.) **CU**
Cavour (Via) **Y**
Cellini (Lungarno) **FV**
Cerchi (Via de') **Z**
Cerretani (Via de') **DU** 34
Chiantigiana (Via) **BS** 36
Colletta (Via P.) **FU**
Colli Alti (Via dei) **ABR**
Colombo (Lungarno C.) **BS** 37
Colonna (Via della) **EU**
Condotta (Via della) **Z**
Conti (Via de') **DU** 39
Corsini (Lungarno) **Z**
Corso (Via del) **Z**
Croce (Borgo la) **FU**
D'Annunzio (Via G.) **BS** 41
Dante Alighieri (Via) **Z** 42
Davanzati (Piazza) **Z** 43
De Amicis (Viale E.) **BS** 45
Della Robbia (Via dei) **FT**
Diacceto (Via J. da) **DT**
Diaz (Lungarno Generale) **EV**
Don G. Minzoni (Viale) **ET** 48
Donatello (Piazzale) **FT**
Duomo (Piazza del) **Y**
Etruria (Viale) **AS**
Europa (Viale) **BS** 49
Faentina (Via) **BR**
Faenza (Via) **Y** 51
Farina (Via G. La) **FT**
Farini (Via) **EFU**
Ferrucci (Lungarno F.) **FV**
Ferrucci (Piazza) **FV**

Fiordaliso (Via del) **Z** 52
Fonderia (Via della) **CU**
Fortini (Via B.) **FV**
Fossi (Via de') **Y** 54
Fratelli Rosselli (Viale) **CDT**
Gaddi (Piazza) **CU**
Galileo (Viale) **EV**
Galliano (Via G.) **CT**
Ghibellina (Via) **Z** 57
Giannotti (Viale D.) **BS** 58
Giglio (Via del) **Y**
Gioberti (Via V.) **FU**
Giovine Italia (Viale della) **FUV**
Giudici (Piazza dei) **EU** 60
Giuliani (Via R.) **ABR**
Gondi (Via dei) **Z** 61
Gramsci (Viale) **FTU**
Grazie (Lungarno delle) **EV**
Grazie (Ponte alle) **EV**
Greci (Borgo dei) **Z**
Guelfa (Via) **DET**
Guicciardini (Lungarno) **Z** 64
Guidoni (Viale A.) **AR** 67
Indipendenza (Piazza della) **DT**
Italia (Corso) **CU**
Lambertesca (Via) **Z** 69
Lavagnini (Viale S.) **DET**
Leoni (Via dei) **Z** 70
Libertà (Piazza della) **ET**
Machiavelli (Viale N.) **BS** 73
Madonna degli Aldobrandini (Piazza di) **Y** 75
Magazzini (Via dei) **Z** 76
Maggio (Via) **Z**
Malcontenti (Via dei) **FUV**
Mannelli (Via) **FT**
Manzoni (Via A.) **FU**
Marcello (Via B.) **CT**
Marconi (Via G.) **FT**
Mariti (Via G. F.) **BR** 81
Martelli (Via de') **EU** 82
Matteotti (Viale G.) **EFT**
Mazzetta (Via) **DV** 84
Mazzini (Viale G.) **FU**
Melarancio (Via del) **Y** 85
Michelangiolo (Piazzale) **EFV**
Michelangiolo (Viale) **BS** 87
Monaco (Via G.) **CDT**
Monalda (Via) **Z** 88
Monte alle Croci (Via del) **EV**
Montebello (Via) **CTU**
Moro (Via del) **Y**
Nazionale (Via) **Y** 90
Neri (Via dei) **Z**
Niccolini (Via G. B.) **FU**
Novoli (Via di) **AR** 91
Ognissanti (Borgo) **DU** 93
Orcagna (Via) **FUV**
Oriuolo (Via d.) **Y** 96
Orsanmichele (Via) **Z** 99
Orsini (Via G.) **FV**
Orto (Via d.) **CU**
Pacinotti (Via A.) **FT**
Palazzuolo (Via) **DU**
Panche (Via delle) **BR** 100
Panzani (Via) **DU** 102
Paoli (Via) **AS** 103
Paoli (Viale P.) **BS** 105
Parione (Via del) **Z**
Parte Guelfa (Piazza di) **Z** 106
Pecori (Via de') **Y**
Pellicceria (Via) **Z** 109
Pescioni (Via de') **YZ** 111
Petrarca (Viale F.) **CV**
Pietrapiana (Via) **EU**
Pietro Leopoldo (Piazza) **BR** 114
Pilastri (Via dei) **EFU**
Pinti (Borgo) **EFTU**
Pisana (Via) **CU**
Pistoiese (Via) **AR**
Pitti (Piazza dei) **DV**
Poggi (Piazza G.) **EV**
Poggio Imperiale (Viale del) **CV** 118

Pollaiuolo (Via A. del) **AS** 121
Ponte alle Mosse (Via del) **CT**
Ponte Sospeso (Via del) **CU** 124
Porte Nuove (Via delle) **CT**
Pratese (Viale) **AR**
Prato (il) **CT**
Proconsolo (Via del) **EU** 130
Pucci (Via de') **Y**
Redi (Viale F.) **CT**
Repubblica (Piazza della) **DU** 132
Ricasoli (Via) **Y**
Ricorborli (Via di) **FV** 133
Ridolfi (Via C.) **DT** 135
Romana (Via) **CDV**
Rondinelli (Via de') **Y** 138
Ruote (Via delle) **ET**
Salutati (Via C.) **FV**
Salviati (Via) **BR** 144
S. Agostino (Via) **DV** 145
S. Caterina d'Alessandria (Via) **ET**
S. Croce (Piazza di) **EU**
S. Domenico (Via) **BR** 147
S. Firenze (Piazza) **Z**
S. Frediano (Borgo) **CDU**
S. Giorgio (Costa di) **EV** 148
S. Giovanni (Piazza) **Y** 150
S. Giuseppe (Via di) **EU**
S. Leonardo (Via di) **DV** 154
S. Lorenzo (Borgo) **Y**
S. Maria Novella (Piazza) **Y**
S. Monaca (Via) **DU** 156
S. Niccolò (Ponte) **FV**
S. Niccolò (Via) **EV**
S. Rosa (Lungarno di) **CU**
S. Spirito (Piazza) **DV**
S. Spirito (Via) **Z** 162
S. Trinità (Piazza) **Z** 163
S. Trinità (Ponte) **Z** 165
Santi Apostoli (Borgo) **DU** 166
Santissima Annunziata (Piazza della) **ET** 168
Sanzio (Viale R.) **CU**
Sassetti (Via de') **Z** 171
Savonarola (Piazza) **FT**
Scala (Via della) **DTU**
Scandicci (Via di) **AS**
Senese (Via) **ABS**
Serragli (Via de') **DUV**
Serristori (Lungarno) **EV**
Servi (Via dei) **Y**
Signoria (Piazza della) **Z**
Soderini (Lungarno) **CDU**
Sole (Via del) **YZ**
Spada (Via della) **Z** 173
Speziali (Via degli) **Z** 174
Strozzi (Piazza) **Z** 177
Strozzi (Viale F.) **DT**
Studio (Via dello) **YZ**
Talenti (Viale) **AS**
Tasso (Piazza T.) **CUV**
Tavolini (Via dei) **Z** 180
Tempio (Lungarno del) **FV**
Terme (Via delle) **Z** 181
Torrigiani (Lungarno) **EV**
Torta (Via) **EU** 186
Toselli (Via P.) **CT**
Trebbio (Via del) **Y** 187
Uffizi (Piazzale degli) **Z** 188
Unità Italiana (Piazza d.) **Y**
Vaccherecccia (Via) **Z** 189
Valfonda (Via) **DT**
Vasari (Piazza G.) **FT**
Vecchietti (Via de') **YZ**
Veneto (Piazza Vittorio) **CT**
Verdi (Via G.) **EU**
Vespucci (Lungarno A.) **CDU**
Vespucci (Ponte) **CU**
Vigna Nuova (Via della) **Z** 193
Villamagna (Via di) **BS** 196
Villani (Via) **CV**
Vinci (Via L. da) **EFT**
Vittoria (Ponte della) **CU**
Zecca Vecchia (Lungarno della) **EFV**
27 Aprile (Via) **ET**

Grand Hotel Baglioni, piazza Unità Italiana 6 ✉ 50123 ☎ 23580, Telex 570225, Fax 2358895, « Rist roof-garden con ≤ » – |♦| ▤ TV ☎ ♿ – 🏛 25 a 200. AE ⓢ ⓞ E VISA JCB. ✻ rist Y d
Pasto carta 55/85000 – **193 cam** ☕ 275/380000, appartamento.

Majestic, via del Melarancio 1 ✉ 50123 ☎ 264021, Telex 570628, Fax 268428 – |♦| ▤ TV ☎ ♿ 🚗 – 🏛 80. AE ⓢ ⓞ E VISA JCB. ✻ rist Y e
Pasto 50/55000 – **103 cam** ☕ 310/440000, appartamento – ½ P 180/290000.

Berchielli senza rist, piazza del Limbo 6 r ✉ 50123 ☎ 264061, Telex 575582, Fax 218636, ≤ – |♦| ▤ TV ☎ – 🏛 100. AE ⓢ ⓞ E VISA JCB. ✻ Z h
73 cam ☕ 370/400000, 3 appartamenti.

Bernini Palace senza rist, piazza San Firenze 29 ✉ 50122 ☎ 288621, Telex 573616, Fax 268272 – |♦| ▤ TV ☎ – 🏛 40. AE ⓢ ⓞ E VISA. ✻ Z k
83 cam ☕ 300/420000, 3 appartamenti.

Montebello Splendid, via Montebello 60 ✉ 50123 ☎ 2398051, Telex 574009, Fax 211867, 🌳 – |♦| ▤ TV ☎ – 🏛 100. AE ⓢ ⓞ E VISA JCB. ✻ rist CU e
Pasto *(chiuso domenica)* carta 52/95000 – **53 cam** ☕ 300/410000, appartamento – ½ P 205/245000.

Sofitel, via de' Cerretani 10 ✉ 50123 ☎ 2381301, Telex 580515, Fax 2381312 – |♦| ⚹ cam ▤ TV ☎ ♿. AE ⓢ ⓞ E VISA JCB. ✻ rist Y r
Pasto carta 48/83000 – **84 cam** ☕ 300/360000 – ½ P 240000.

Rivoli senza rist, via della Scala 33 ✉ 50123 ☎ 282853, Telex 571004, Fax 294041, ≘s, 🌳 – |♦| ▤ TV ☎ ♿ – 🏛 100. AE ⓢ ⓞ E VISA JCB. ✻ DU m
65 cam ☕ 270/350000.

Continental senza rist, lungarno Acciaiuoli 2 ✉ 50123 ☎ 282392, Telex 580525, Fax 283139, « Terrazza fiorita con ≤ » – |♦| ▤ TV ☎ ♿. AE ⓢ ⓞ E VISA JCB Z m
☕ 25000 – **47 cam** 290/370000, appartamento.

Lungarno senza rist, borgo Sant'Jacopo 14 ✉ 50125 ☎ 264211, Telex 570129, Fax 268437, ≤, « Collezione di quadri moderni » – |♦| ▤ TV ☎ – 🏛 30. AE ⓢ ⓞ E VISA JCB Z s
☕ 25000 – **54 cam** 270/360000, 6 appartamenti.

De la Ville, piazza Antinori 1 ✉ 50123 ☎ 2381805, Telex 570518, Fax 2381809 – |♦| ▤ TV ☎ – 🏛 60. AE ⓢ ⓞ E VISA JCB Y f
Pasto (solo per clienti alloggiati) carta 51/64000 – **75 cam** ☕ 328/448000, 4 appartamenti.

Jolly, piazza Vittorio Veneto 4/a ✉ 50123 ☎ 2770, Telex 570191, Fax 294794, « 🏊 su terrazza panoramica » – |♦| ▤ TV ☎ – 🏛 30 a 100. AE ⓢ ⓞ E VISA. ✻ rist CTU d
Pasto carta 43/98000 – **167 cam** ☕ 260/360000 – ½ P 190/270000.

Holiday Inn, viale Europa 205 ✉ 50126 ☎ 6531841, Telex 570376, Fax 6531806, 🏋, 🏊 – |♦| ⚹ cam ▤ TV ☎ ♿ P – 🏛 50 a 120 BS e
92 cam.

Londra, via Jacopo da Diacceto 18 ✉ 50123 ☎ 2382791, Telex 571152, Fax 210682, 🏋 – |♦| ▤ TV ☎ ♿ 🚗 – 🏛 200. AE ⓢ ⓞ E VISA. ✻ rist DT h
Pasto carta 55/80000 – **158 cam** ☕ 280/380000 – ½ P 245000.

Croce di Malta, via della Scala 7 ✉ 50123 ☎ 218351, Telex 570540, Fax 287121, 🏊, 🌳 – |♦| ▤ TV ☎ ♿ – 🏛 50. AE ⓢ ⓞ E VISA JCB. ✻ rist DU n
Pasto 35/50000 (a mezzogiorno) ed al Rist. ***Al Coccodrillo*** *(chiuso domenica e lunedì a mezzogiorno)* carta 45/75000 – **83 cam** ☕ 270/360000, 15 appartamenti – ½ P 165/220000.

Augustus senza rist, piazzetta dell'Oro 5 ✉ 50123 ☎ 283054, Telex 570110, Fax 268557 – |♦| ▤ TV ☎ – 🏛 70. AE ⓢ ⓞ E VISA JCB Z m
54 cam ☕ 350/410000, 2 appartamenti.

Kraft, via Solferino 2 ✉ 50123 ☎ 284273, Telex 571523, Fax 2398267, « Rist. roof-garden con ≤ », 🏊 – |♦| ▤ TV ☎ – 🏛 40 a 50. AE ⓢ ⓞ E VISA JCB. ✻ rist CU g
Pasto carta 52/86000 – **77 cam** ☕ 280/410000 – ½ P 290/490000.

Pierre senza rist, via de' Lamberti 5 ✉ 50123 ☎ 217512, Telex 573175, Fax 2396573 – |♦| ▤ TV ☎. AE ⓢ ⓞ E VISA JCB Z t
☕ 25000 – **39 cam** 240/290000.

Starhotel Michelangelo, viale Fratelli Rosselli 2 ✉ 50123 ☎ 2784, Telex 571113, Fax 2382232 – |♦| ▤ TV ☎ 🚗 – 🏛 50 a 250. AE ⓢ ⓞ E VISA JCB. ✻ rist CT f
Pasto (solo per clienti alloggiati) – **138 cam** ☕ 250/340000 – ½ P 170/289000.

Gd H. Minerva, piazza Santa Maria Novella 16 ✉ 50123 ☎ 284555, Telex 570414, Fax 268281, 🏊 – |♦| ▤ TV ☎ – 🏛 30 a 90. AE ⓢ ⓞ E VISA JCB. ✻ rist Y n
Pasto carta 45/72000 – **96 cam** ☕ 320/440000, 3 appartamenti – ½ P 245000.

Executive senza rist, via Curtatone 5 ✉ 50123 ☎ 217451, Telex 574522, Fax 268346, ≘s – |♦| ▤ TV ☎ 🚗 – 🏛 50. AE ⓢ ⓞ E VISA JCB CU k
☕ 30000 – **38 cam** 260/340000.

Principe senza rist, lungarno Vespucci 34 ✉ 50123 ☎ 284848, Telex 571400, Fax 283458, ≤, 🌳 – |♦| ▤ TV ☎. AE ⓢ ⓞ E VISA JCB. ✻ CU p
16 cam ☕ 300/405000.

Alexander, viale Guidoni 101 ✉ 50127 ☎ 4378951, Telex 574026, Fax 416818 – |♦| ▤ TV ☎ ♿ P – 🏛 50 a 300. AE ⓢ ⓞ E VISA AR v
Pasto carta 36/74000 – **88 cam** ☕ 190/260000 – ½ P 164000.

J and J senza rist, via di Mezzo 20 ✉ 50121 ✆ 2345005, Telex 570554, Fax 240282 – AE Ⓢ ⓓ E VISA JCB. EU **c**
19 cam ☕ 350/395000, 2 appartamenti.

Il Guelfo Bianco senza rist, via Cavour 29 ✉ 50129 ✆ 288330, Fax 295203 – AE Ⓢ E VISA. ET **n**
29 cam ☕ 170/240000.

Malaspina senza rist, piazza dell'Indipendenza 24 ✉ 50129 ✆ 489869, Fax 474809 – AE Ⓢ ⓓ E VISA. ET **g**
31 cam ☕ 154/242000.

Palazzo Benci senza rist, piazza Madonna degli Aldobrandini 3 ✉ 50123 ✆ 2382821, Fax 288308 – 30. AE Ⓢ ⓓ E VISA JCB. Y **y**
34 cam ☕ 150/220000.

Le Due Fontane senza rist, piazza della SS. Annunziata 14 ✉ 50122 ✆ 280086, Telex 575550, Fax 294461 – 40. AE Ⓢ ⓓ E VISA. ETU **f**
56 cam ☕ 135/245000.

Royal senza rist, via delle Ruote 52 ✉ 50129 ✆ 483287, Fax 490976, « Giardino » – AE Ⓢ E VISA ET **m**
39 cam ☕ 150/240000.

Villa Azalee senza rist, viale Fratelli Rosselli 44 ✉ 50123 ✆ 214242, Fax 268264, – AE Ⓢ ⓓ E VISA CT **r**
24 cam ☕ 145/218000.

Calzaiuoli senza rist, via Calzaiuoli 6 ✉ 50122 ✆ 212456, Telex 580589, Fax 268310 – AE Ⓢ ⓓ E VISA Z **v**
45 cam ☕ 180/209000.

Fenice Palace senza rist, via dei Martelli 10 ✉ 50129 ✆ 289942, Telex 575580, Fax 210087 – AE Ⓢ ⓓ E VISA. Y **g**
72 cam ☕ 243/319000.

Select senza rist, via Giuseppe Galliano 24 ✉ 50144 ✆ 330342, Telex 572626, Fax 351506 – AE Ⓢ ⓓ E VISA CT **t**
☕ 10000 – **36 cam** 135/160000.

David senza rist, viale Michelangiolo 1 ✉ 50125 ✆ 6811695, Fax 680602, – AE Ⓢ ⓓ E VISA. FV **k**
☕ 15000 – **26 cam** 110/180000.

Villa Liberty senza rist, viale Michelangiolo 40 ✉ 50125 ✆ 6810581, Fax 6812595, – AE Ⓢ ⓓ E VISA FV **p**
14 cam ☕ 180/210000, 2 appartamenti.

Goldoni senza rist, via Borgo Ognissanti 8 ✉ 50123 ✆ 284080, Fax 282576 – AE Ⓢ ⓓ E VISA DU **w**
20 cam ☕ 130/200000.

Balestri senza rist, piazza Mentana 7 ✉ 50122 ✆ 214743, Fax 2398042 – 50. AE Ⓢ ⓓ E VISA. EUV **h**
49 cam ☕ 170/230000, appartamento.

City senza rist, via Sant'Antonino 18 ✉ 50123 ✆ 211543, Fax 295451 – AE Ⓢ ⓓ E VISA Y **x**
18 cam ☕ 160/210000.

Privilege senza rist, lungarno della Zecca Vecchia 26 ✉ 50122 ✆ 2341221, Fax 243287 – AE Ⓢ ⓓ E VISA EV **e**
18 cam ☕ 150/200000.

Loggiato dei Serviti senza rist, piazza SS. Annunziata 3 ✉ 50122 ✆ 289592, Fax 289595 – AE Ⓢ ⓓ E VISA JCB ET **d**
29 cam ☕ 185/255000, 4 appartamenti.

Della Signoria senza rist, via delle Terme 1 ✉ 50123 ✆ 214530, Fax 216101 – AE Ⓢ ⓓ E VISA JCB Z **z**
27 cam ☕ 215/280000.

Byron senza rist, via della Scala 49 ✉ 50123 ✆ 280852, Telex 570278, Fax 213273 – AE Ⓢ ⓓ E VISA JCB DU **s**
45 cam ☕ 140/210000.

Silla senza rist, via dei Renai 5 ✉ 50125 ✆ 2342888, Fax 2341437 – AE Ⓢ ⓓ E VISA EV **r**
32 cam ☕ 150/200000.

Pitti Palace senza rist, via Barbadori 2 ✉ 50125 ✆ 2398711, Fax 2398867 – AE Ⓢ ⓓ E VISA. Z **g**
72 cam ☕ 165/260000.

Laurus senza rist, via Cerretani 8 ✉ 50123 ✆ 2381752, Fax 268308 – AE Ⓢ ⓓ E VISA. Y **k**
59 cam ☕ 180/260000.

Rapallo, via di Santa Caterina d'Alessandria 7 ✉ 50129 ✆ 472412, Telex 574251, Fax 470385 – rist ET g
Pasto (solo per clienti alloggiati) 33000 – ☕ 16000 – **30 cam** 105/160000 – ½ P 120000.

Ariele senza rist, via Magenta 11 ✉ 50123 ✆ 211509, Fax 268521 CU u
☕ 18000 – **39 cam** 130/155000.

Sanremo senza rist, lungarno Serristori 13 ✉ 50125 ✆ 2342823, Fax 2342269 EV v
chiuso dal 15 gennaio al 15 febbraio – **20 cam** ☕ 130/170000.

Jane senza rist, via Orcagna 56 ✉ 50121 ✆ 677382, Fax 677383 FU t
24 cam ☕ 98/145000.

Ariston senza rist, via Fiesolana 40 ✉ 50122 ✆ 2476693, Fax 2476980 EU w
29 cam ☕ 90/150000.

Orcagna senza rist, via Orcagna 57 ✉ 50121 ✆ 669959, Fax 669959 FU u
18 cam ☕ 110/140000.

Fiorino senza rist, via Osteria del Guanto 6 ✉ 50122 ✆ 210579, Fax 210579 Z d
☕ 15000 – **23 cam** 80/120000.

Alba senza rist, via della Scala 22 50123 ✆ 282610, Fax 288358 DU d
24 cam ☕ 160/240000.

Arizona senza rist, via Farini 2 ✉ 50121 ✆ 245321, Fax 2346130 EFU s
21 cam ☕ 125/190000.

Cellai senza rist, via 27 Aprile 14 ✉ 50129 ✆ 489291, Fax 470387 ET a
47 cam ☕ 180/230000.

XXXX ✿✿ **Enoteca Pinchiorri,** via Ghibellina 87 ✉ 50122 ✆ 242777, Fax 244983, Coperti limitati; prenotare, « Servizio estivo in un fresco cortile »
chiuso dal 18 al 27 dicembre, dal 4 al 28 agosto, domenica e i mezzogiorno di lunedì e mercoledì – **Pasto** 90/150000 (a mezzogiorno) 150000 (alla sera) e carta 125/210000
Spec. Filetto di coniglio marinato al rosmarino con crema di fagioli e fegato grasso, Garganelli con farina di grano farro saltati con porri rucola e ceci, Triglie impanate alle erbe con cavolfiore gratinato. EU x

XXXX **Sabatini,** via de' Panzani 9/a ✉ 50123 ✆ 211559, Fax 210293, Gran tradizione Y a
chiuso lunedì – **Pasto** carta 59/96000 (13%).

XXX **Harry's Bar,** lungarno Vespucci 22 r ✉ 50123 ✆ 2396700, Fax 2396700, Coperti limitati; prenotare DU w
chiuso domenica e dal 15 dicembre al 5 gennaio – **Pasto** carta 54/82000 (16%).

XXX ✿ **Don Chisciotte,** via Ridolfi 4 r ✉ 50129 ✆ 475430, Fax 485305, Coperti limitati; prenotare DT x
chiuso domenica, lunedì a mezzogiorno ed agosto – **Pasto** carta 62/98000
Spec. Carpaccio di gamberoni con arance e olio d'oliva, Taglierini verdi con scampi in mantello di zucchine, Filetto di vitello in crosta di pane e salsa al Brunello.

XX **Osteria n. 1,** via del Moro 20 r ✉ 50123 ✆ 284897 Z f
chiuso domenica e dal 3 al 26 agosto – **Pasto** carta 54/80000 (10%).

XX **Dino,** via Ghibellina 51 r ✉ 50122 ✆ 241452, Fax 241378 EU d
chiuso domenica sera e lunedì – **Pasto** carta 45/68000.

XX Le Fonticine, via Nazionale 79 r ✉ 50123 ✆ 282106 DT b

XX **Taverna del Bronzino,** via delle Ruote 25/27 r ✉ 50129 ✆ 495220 ET c
chiuso domenica ed agosto – **Pasto** carta 53/76000.

XX **Cantinetta Antinori,** piazza Antinori 3 ✉ 50123 ✆ 292234, Specialità toscane Y n
chiuso sabato, domenica, Natale ed agosto – **Pasto** carta 54/79000 (10%).

XX **Acquerello,** via Ghibellina 156 r ✉ 50122 ✆ 2340554, Fax 2340554 EU b
chiuso giovedì – **Pasto** carta 41/59000 (12%).

XX **Mamma Gina,** borgo Sant'Jacopo 37 r ✉ 50125 ✆ 2396009 Z s
chiuso domenica e dal 7 al 21 agosto – **Pasto** carta 41/71000 (12%).

XX **Ottorino,** via delle Oche 12-16 r ✉ 50122 ✆ 215151, Fax 287140 YZ x
chiuso domenica – **Pasto** carta 52/73000.

XX **Buca Mario,** piazza Ottaviani 16 r ✉ 50123 ✆ 214179, Fax 214179, Trattoria caratteristica YZ t
chiuso mercoledì, giovedì a mezzogiorno ed agosto – **Pasto** carta 42/76000 (12%).

XX **Paoli,** via dei Tavolini 12 r ✉ 50122 ✆ 216215, Rist. caratteristico, « Decorazioni imitanti lo stile trecentesco » – ▤. AE ⓢ ◉ E VISA. ✻ Z **r**
chiuso martedì ed agosto – **Pasto** carta 48/79000.

XX **Pierot,** piazza Taddeo Gaddi 25 r ✉ 50142 ✆ 702100 – ▤. AE ⓢ ◉ E VISA CU **a**
chiuso domenica e dal 15 al 31 luglio – **Pasto** carta 31/51000 (12%).

XX **La Posta,** via de' Lamberti 20 r ✉ 50123 ✆ 212701, ☂ – ▤. ⓢ ◉ E VISA JCB Z **t**
chiuso martedì – **Pasto** carta 38/67000 (13%).

X **La Capannina di Sante,** piazza Ravenna ang. Ponte da Verrazzano ✉ 50126 ✆ 688345, Fax 6580841, ≤, ☂, Specialità di mare – ▤. AE ⓢ ◉ E VISA. ✻ BS **v**
chiuso a mezzogiorno, domenica e dal 10 al 20 agosto – **Pasto** carta 60/90000.

X Cibreo, via dei Macci 118 ✉ 50122 ✆ 2341100, Fax 244966, Coperti limitati; prenotare. FU **f**

X **La Baraonda,** via Ghibellina 67 r ✉ 50122 ✆ 2341171, Fax 2341171 – AE ◉ EU **d**
chiuso domenica, lunedì a mezzogiorno ed agosto – **Pasto** carta 31/53000 (10%).

X Pepolino, via Borgognissanti 1 /r ✉ 50123 ✆ 290978, Coperti limitati; prenotare. BS **a**

X **Il Latini,** via dei Palchetti 6 r ✉ 50123 ✆ 210916, Trattoria tipica – AE ⓢ ◉ E VISA. ✻ Z **j**
chiuso lunedì, dal 24 dicembre al 1° gennaio e luglio o agosto – **Pasto** carta 39/55000.

X **Il Cigno,** via Varlungo 3 r ✉ 50136 ✆ 691762, Fax 691762, ☂ – Ⓟ. ⓢ E VISA. ✻
chiuso lunedì e novembre – **Pasto** carta 38/60000. BS **q**

X **Il Profeta,** borgo Ognissanti 93 r ✉ 50123 ✆ 212265 – ▤. AE ⓢ ◉ VISA. ✻ DU **c**
chiuso domenica e dal 15 al 31 agosto – **Pasto** carta 38/58000 (12%).

X **Baldini,** via il Prato 96 r ✉ 50123 ✆ 287663, Fax 287663 – ▤. AE ⓢ ◉ E VISA. ✻
chiuso sabato,domenica sera, dal 24 dicembre al 3 gennaio e dal 1° al 20 agosto – **Pasto** carta 35/50000. CT **h**

X **La Martinicca,** via del Sole 27 r ✉ 50123 ✆ 218928 – ▤. AE ⓢ ◉ E VISA Z **y**
chiuso domenica ed agosto – **Pasto** carta 40/58000.

X **Cafaggi,** via Guelfa 35 r ✉ 50129 ✆ 294989 – ▤. AE ⓢ E VISA ET **e**
chiuso domenica e dal 15 luglio al 15 agosto – **Pasto** carta 35/76000.

X **Del Carmine,** piazza del Carmine 18 r ✉ 50124 ✆ 218601 – AE ⓢ ◉ E VISA DU **k**
chiuso domenica e dal 7 al 21 agosto – **Pasto** carta 29/41000.

X **Trattoria Vittoria,** via della Fonderia 52 r ✉ 50142 ✆ 225657, Specialità di mare – ▤. AE ⓢ ◉ E VISA CU **d**
chiuso mercoledì – **Pasto** carta 58/74000.

X **Angiolino,** via Santo Spirito 36/r ✉ 50125 ✆ 2398976, Trattoria tipica – ✻ DU **r**
chiuso domenica sera, lunedì e dal 27 giugno al 25 luglio – **Pasto** carta 34/47000.

X **Del Fagioli,** corso Tintori 47 r ✉ 50122 ✆ 244285, Trattoria tipica toscana EV **k**
chiuso agosto, domenica e da giugno a settembre anche sabato – **Pasto** carta 37/48000.

X **Alla Vecchia Bettola,** viale Ludovico Ariosto 32 r ✉ 50124 ✆ 224158, « Ambiente caratteristico » – ✻ CV **m**
chiuso domenica, lunedì, dal 23 dicembre al 2 gennaio ed agosto – **Pasto** carta 32/58000.

X **La Carabaccia,** via Palazzuolo 190 r ✉ 50123 ✆ 214782 – AE ⓢ E VISA CDU **f**
chiuso domenica, lunedì a mezzogiorno e dal 13 agosto al 4 settembre – **Pasto** carta 40/62000.

X Osteria de' Benci, via de' Benci 10/13 r ✉ 50122, prenotare – ▤ EU **a**

ai Colli S : 3 km FU :

Gd H. Villa Cora ♨, viale Machiavelli 18 ✉ 50125 ✆ 2298451, Telex 570604, Fax 229086, ☂, « Parco fiorito con ⛱ » – |♦| ▤ TV ☎ Ⓟ – 🏛 50 a 150. AE ⓢ ◉ E VISA JCB DV **c**
Pasto al Rist. ***Taverna Machiavelli*** carta 70/100000 – **32 cam** ☕ 420/750000, 10 appartamenti 900/1500000.

Torre di Bellosguardo ♨ senza rist, via Roti Michelozzi 2 ✉ 50124 ✆ 2298145, Fax 229008, ✻ città e colli, « Parco e terrazza con ⛱ » – |♦| ☎ Ⓟ. AE ⓢ ◉ E VISA
☕ 25000 – **10 cam** 290/390000, 6 appartamenti 490/590000. CV **a**

Villa Belvedere ♨ senza rist, via Benedetto Castelli 3 ✉ 50124 ✆ 222501, Fax 223163, ≤ città e colli, « Parco-giardino con ⛱ », ✻ – |♦| ▤ TV ☎ ♿ Ⓟ. AE ⓢ ◉ E VISA. ✻
marzo-novembre – **23 cam** ☕ 250/290000, 3 appartamenti. BS **c**

Villa Carlotta ♨, via Michele di Lando 3 ✉ 50125 ✆ 2336134, Telex 573485, Fax 2336147, ☂ – |♦| ▤ TV ☎ Ⓟ. AE ⓢ ◉ E VISA JCB. ✻ rist DV **a**
Pasto (solo per clienti alloggiati) carta 44/77000 – **27 cam** ☕ 250/350000 – ½ P 170/280000.

Classic senza rist, viale Machiavelli 25 ✉ 50125 ✆ 229351, Fax 229353, ☂ – |♦| TV ☎ Ⓟ. AE ⓢ E VISA DV **c**
☕ 10000 – **19 cam** 120/180000, 3 appartamenti.

ad Arcetri S : 5 km BS – ✉ **50125** Firenze :

Omero, via Pian de' Giullari 11 r ✆ 220053, Trattoria di campagna con ⩽, « Servizio estivo in terrazza » – AE ⑤ ⦿ E VISA. ✻ BS **d**
chiuso martedì ed agosto – **Pasto** carta 39/59000 (13%).

a Galluzzo S : 6,5 km AS – ✉ **50124** Firenze :

Relais Certosa, via Colle Ramole 2 ✆ 2047171, Telex 574332, Fax 268575, ⩽, « Parco-giardino », ✻ – ⦿ ▤ TV ☎ P – 🏟 35 a 70. AE ⑤ ⦿ E VISA JCB. ✻ AS **x**
Pasto 45000 – **63 cam** ☕ 297/340000, 6 appartamenti.

Trattoria Bibe, via delle Bagnese 15 ✉ 50124 ✆ 2049085, Fax 2047167, ☂ – P. AE ⑤ VISA AS **c**
chiuso mercoledì, giovedì a mezzogiorno, dal 15 al 28 febbraio e dal 10 al 20 novembre – **Pasto** carta 35/50000.

a Candeli E : 7 km – ✉ **50010** :

Villa La Massa ⑤, via La Massa 24 ✆ 6510101, Fax 6510109, ⩽, ☂, « Dimora seicentesca con arredamento in stile », ⛱, ⚘, ✻ – ⦿ ▤ TV ☎ & P – 🏟 120. AE ⑤ ⦿ E VISA. ✻ rist
25 marzo-ottobre – **Pasto** al Rist. ***Il Verrocchio*** *(chiuso lunedì)* carta 65/98000 – ☕ 25000 – **33 cam** 283/450000, 5 appartamenti – ½ P 225000.

verso Trespiano N : 7 km BR :

Villa le Rondini ⑤, via Bolognese Vecchia 224 ✉ 50139 Firenze ✆ 400081, Fax 268212, ⩽ città, « Ville fra gli olivi », ⛱, ⚘, ✻ – TV ☎ P – 🏟 200. AE ⑤ ⦿ E VISA. ✻ rist BR **r**
Pasto 45/130000 – **31 cam** ☕ 170/250000, 2 appartamenti – ½ P 155/170000.

a Serpiolle N : 8 km BR – ✉ **50141** Firenze :

Lo Strettoio, ✆ 4250044, ⩽, ☂, prenotare, « Villa seicentesca fra gli olivi » – ▤ P BR **g**
chiuso a mezzogiorno.

sull'autostrada al raccordo A 1 - A 11 NO : 10 km AR :

Forte Agip, ✉ 50013 Campi Bisenzio ✆ 4205081, Fax 4219015 – ⦿ ▤ TV ☎ & P – 🏟 40 a 200. AE ⑤ ⦿ E VISA. ✻ rist AR **u**
Pasto carta 39/64000 – **163 cam** ☕ 184/224000.

in prossimità casello autostrada A1 Firenze Sud SE : 6 km :

Sheraton Firenze Hotel, ✉ 50126 ✆ 64901, Telex 575860, Fax 680747, ⛱, ✻ – ⦿ ⊭ cam ▤ TV ☎ & ⇔ P – 🏟 30 a 1500. AE ⑤ ⦿ E VISA JCB. ✻ BS **r**
Pasto carta 52/82000 – **307 cam** ☕ 340/360000, 6 appartamenti.

MICHELIN, viale Belfiore 41 CT - ✉ 50144, ✆ 332641, Fax 360098.

FISCHLEINBODEN = Campo Fiscalino.

FIUGGI **03014** Frosinone 988 ㉖, 430 Q 21 – 8 504 ab. alt. 747 – Stazione termale (aprile-novembre) – ✪ 0775.

⛳ (chiuso martedì) a Fiuggi Fonte ✉ 03015 ✆ 515250, Fax 506742, S : 4 km.

🛈 (aprile-novembre) piazza Frascara 4 ✆ 515019.

Roma 82 – Frosinone 33 – Avezzano 94 – Latina 88 – ♦Napoli 183.

Anticoli, via Verghetti 70 ✆ 515667, ⩽, ⚘ – ⦿ ☎. AE ⑤ E VISA
chiuso dal 10 gennaio a febbraio – **Pasto** 50000 – ☕ 8000 – **18 cam** 40/70000 – ½ P 65000.

La Torre, piazza Trento e Trieste 18 ✆ 515382, Fax 515382 – AE ⑤ ⦿ E VISA
chiuso martedì escluso da giugno a settembre – **Pasto** carta 45/55000.

Il Rugantino, via Diaz 300 ✆ 515400, Fax 505196 – AE ⑤ ⦿ E VISA JCB. ✻
chiuso mercoledì escluso da maggio a settembre – **Pasto** carta 25/54000.

a Fiuggi Fonte S : 4 km – alt. 621 – ✉ **03015** :

Palazzo della Fonte ⑤, via Dei Villini 7 ✆ 5081, Telex 620014, Fax 506752, ⩽, « Parco con ⛱ », Fō, ≘, ⛱, ✻ – ⦿ ▤ TV ☎ P – 🏟 30 a 600. AE ⑤ ⦿ E VISA JCB. ✻
chiuso dall'11 dicembre a gennaio – **Pasto** carta 80/115000 – **153 cam** ☕ 330000, 7 appartamenti – P 235/330000.

Silva Hotel Splendid, corso Nuova Italia 40 ✆ 515791, Fax 506546, « Giardino ombreggiato con ⛱ », Fō, ≘ – ⦿ ▤ cam TV ☎ & P – 🏟 250. AE ⑤ ⦿ E VISA. ✻ rist
maggio-ottobre – **Pasto** 55/65000 – ☕ 18000 – **120 cam** 143/254000 – P 138/230000.

Fiuggi Terme, via Prenestina 9 ✆ 515212, Fax 506566, ⛱, ⚘, ✻ – ⦿ ▤ rist TV ☎ P – 🏟 250. AE ⑤ ⦿ E VISA JCB. ✻ rist
Pasto 40/50000 – **51 cam** ☕ 120/150000 – P 95/150000.

🏨 **San Giorgio,** via Prenestina 31 ☎ 515313, Fax 515012, « Giardino Ombreggiato » – ⇅ ▤ rist [TV] ☎ [P]. [AE] [VISA]. 🚫🐕
maggio-ottobre – **Pasto** 30/40000 – **85 cam** ☕ 100/150000 – ½ P 120000.

🏨 **Mondial Park Hotel,** via Sant'Emiliano 82 ☎ 515848, Fax 506671, 🏊 – ⇅ ▤ rist [TV] ☎ 🚗 [P] – 👥 80. 🚫🐕 rist
maggio-ottobre – **Pasto** 25/35000 – **43 cam** ☕ 65/100000 – ½ P 110000.

🏨 **Casina dello Stadio e del Golf,** via 4 Giugno 19 ☎ 515027, Fax 515176, ⛱ – ⇅ ☎ 🚗 [P]. [AE]. 🚫🐕
aprile-ottobre – **Pasto** 38000 – ☕ 13000 – **49 cam** 75/100000 – ½ P 70/90000.

🏨 **Ariston,** via Parco Macchiadoro 11 ☎ 515514, Fax 515521, ⛱ – ⇅ ☎ [P]. [VISA]. 🚫🐕 rist
aprile-ottobre – **Pasto** 40000 – ☕ 7000 – **54 cam** 90/110000 – ½ P 100000.

🏨 **Fiore,** via XV Gennaio 5 ☎ 515126, Fax 515633 – ⇅ ☎ [P]. [AE]. 🚫🐕
maggio-novembre – **Pasto** (solo per clienti alloggiati) – **38 cam** ☕ 80/100000 – ½ P 90000.

🏨 **Argentina,** via Vallombrosa 22 ☎ 515117, Fax 515748, « Piccolo parco ombreggiato », 🏋 – ⇅ ▤ ☎ [P]. [$]. 🚫🐕 rist
chiuso novembre – **Pasto** 30/40000 – ☕ 5000 – **61 cam** 50/90000 – ½ P 65000.

🏨 **Mirage,** via Diaz 295 ☎ 515496 – ⇅ ☏ [P]. ⊙. 🚫🐕
15 maggio-15 ottobre – **Pasto** 30/35000 – ☕ 3500 – **32 cam** 58/70000.

🍴🍴🍴 **Hernicus** con cam, corso Nuova Italia 30 ☎ 515254, Fax 505502, prenotare – ⇅ ▤ [TV] ☎. [AE] [$] E [VISA]. 🚫🐕 cam
Pasto *(chiuso dal 1° al 20 agosto e lunedì escluso da giugno a settembre)* carta 45/60000 – 4 appartamenti ☕ 300000.

FIUMALBO 41022 Modena [428] [429] [430] J 13 – 1 515 ab. alt. 935 – a.s. luglio-agosto e Natale – ☎ 0536.
Roma 369 – Pisa 95 – ◆Bologna 104 – Lucca 73 – Massa 101 – ◆Milano 263 – ◆Modena 88 – Pistoia 59.

a Dogana Nuova S : 2 km – ✉ **41020** :

🏨 **Bristol,** ☎ 73912, Fax 74136, <, ⛱ – [TV] ☎ [P]. [AE] [$] ⊙ E [VISA]. 🚫🐕 rist
Pasto 25/30000 – ☕ 10000 – **23 cam** 60/95000 – ½ P 70/80000.

🏨 **Val del Rio,** ☎ 73901, Fax 73901, < – ⇅ [TV] ☎ [P]. [$] E [VISA]. 🚫🐕
Pasto carta 32/46000 – ☕ 12000 – **26 cam** 75/115000 – ½ P 75/95000.

FIUMARA Messina – Vedere Sicilia (Capo d'Orlando) alla fine dell'elenco alfabetico.

FIUME VENETO 33080 Pordenone [429] E 20 – 9 568 ab. alt. 20 – ☎ 0434.
Roma 590 – Udine 51 – Pordenone 6 – Portogruaro 20 – Treviso 57 – ◆Trieste 105.

🏨 **L'Ultimo Mulino** 🔇, località Bannia ☎ 957911, Fax 958483, « Parco con laghetto » – ▤ [TV] ☎ [P] – 👥 50. [AE] [$] ⊙ E [VISA]
chiuso dal 4 al 9 gennaio e dal 6 al 27 agosto – **Pasto** *(chiuso mercoledì)* carta 49/72000 – **8 cam** ☕ 130/160000.

FIUMICELLO DI SANTA VENERE Potenza [431] H 29 – Vedere Maratea.

FIUMICINO 00054 Roma [988] ㉕ ㉖, [430] Q 18 – ☎ 06.
✈ Leonardo da Vinci, NE : 3,5 km ☎ 6595.
Roma 31 – Anzio 52 – Civitavecchia 66 – Latina 78.

🍴🍴🍴 **Bastianelli al Molo,** via Torre Clementina 312 ☎ 6505358, Fax 6506210, <, ⛱, Specialità di mare – [AE] [$] E [VISA] JCB. 🚫🐕
chiuso lunedì – **Pasto** 45000 (a mezzogiorno) e carta 50/111000.

🍴🍴 **Gina al Porto,** viale Traiano 141 ☎ 6522422, Fax 6522422, <, ⛱, Specialità di mare – [AE] [$] ⊙ E [VISA]. 🚫🐕
chiuso dall'8 al 15 gennaio e dal 15 agosto al 1° settembre – **Pasto** carta 52/76000.

🍴🍴 **Bastianelli dal 1929,** via Torre Clementina 86/88 ☎ 6505095, Fax 6507113, Specialità di mare – ▤. [AE] [$] ⊙ E [VISA] JCB
chiuso mercoledì – **Pasto** carta 50/60000.

🍴🍴 **La Perla** con cam, via Torre Clementina 214 ☎ 6505038, Fax 6507701, ⛱, Specialità di mare – [P]. [AE] [$] ⊙ [VISA]. 🚫🐕
Pasto *(chiuso martedì e dal 20 agosto al 15 settembre)* carta 46/84000 – ☕ 10000 – **7 cam** 65/85000.

FIVIZZANO 54013 Massa-Carrara [988] ⑭, [428] [429] [430] J 12 – 10 011 ab. alt. 373 – ☎ 0585.
Roma 437 – ◆La Spezia 40 – ◆Firenze 163 – Massa 41 – ◆Milano 221 – ◆Parma 116 – Reggio nell'Emilia 94.

🏨 **Il Giardinetto,** ☎ 92060, « Terrazza-giardino ombreggiata » – [$] [VISA]. 🚫🐕
chiuso dal 4 al 30 ottobre – **Pasto** *(chiuso lunedì da novembre a giugno)* carta 23/36000 – ☕ 6000 – **19 cam** 35/60000 – ½ P 60000.

FOGGIA 71100 P 988 ㉘, 431 C 28 – 155 892 ab. alt. 70 – a.s. Pasqua e agosto-settembre – ☎ 0881.

Vedere Guida Verde.

i via Senatore Emilio Perrone 17 ☎ 723141, Fax 723650.

A.C.I. via Mastelloni (Palazzo Insalata) ☎ 637103.

Roma 363 ④ – •Bari 132 ① – •Napoli 175 ④ – •Pescara 180 ①.

Pianta pagina a lato

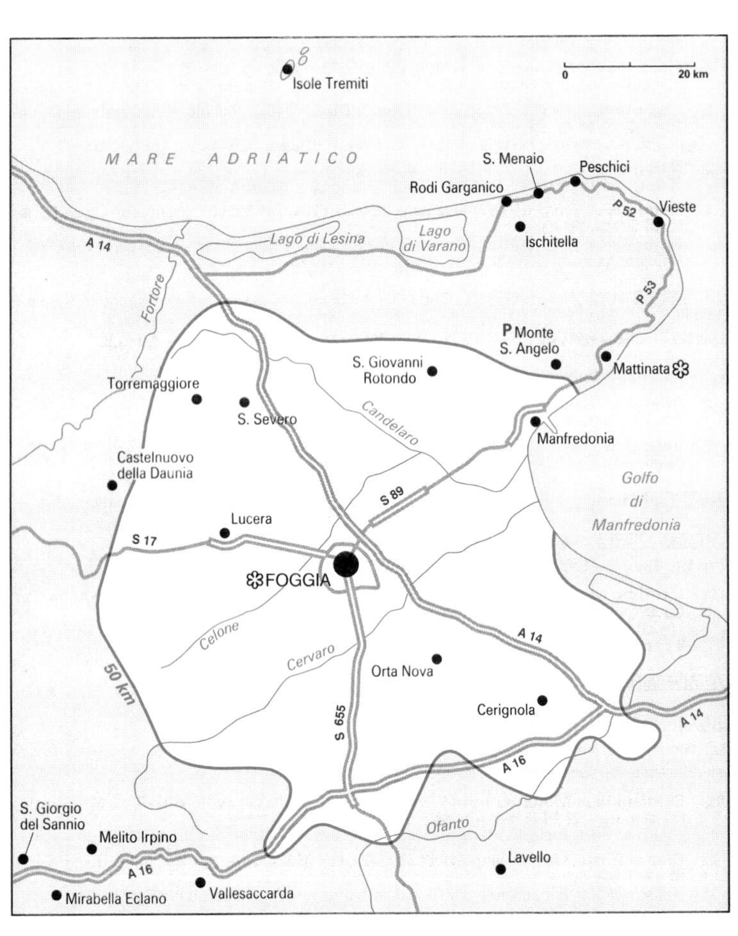

Cicolella, viale 24 Maggio 60 ☎ 688890, Telex 810273, Fax 778984 – 🛗 ▤ TV ☎ ♿ – 🏛 50 a 150. AE 🏦 ⦿ VISA — Y c
Pasto *(chiuso dal 24 dicembre al 1° gennaio e dal 1° al 20 agosto)* carta 42/57000 (15%) – ☕ 15000 – **98 cam** 185/290000 – ½ P 220000.

White House senza rist, via Monte Sabotino 24 ☎ 621644, Fax 621646 – 🛗 ▤ TV ☎. AE 🏦 ⦿ E VISA — Y b
☕ 15000 – **40 cam** 168/288000 – ½ P 160/235000.

President, via degli Aviatori 130 ☎ 618010, Fax 617930 – 🛗 ▤ TV ☎ 🚗 P – 🏛 150 a 500. AE 🏦 ⦿ E VISA. ✂ — X a
Pasto *(chiuso venerdì)* carta 37/53000 (10%) – ☕ 10000 – **129 cam** 90/115000, ▤ 5000 – ½ P 89000.

FOGGIA

SAN SEVERO 28 km · MANFREDONIA 39 km · per A 14 : BARLETTA 79 km, BARI 132 km, PESCARA 180 km
OSPEDALE PSICHIATRICO
BARLETTA 67 km · S 544
VILLA COMUNALE
A.C.I.
CAMPO FIERA
VIA ADRIATICA
BENEVENTO
A 16 37 km · NAPOLI 175 km · AEROPORTO
CERIGNOLA 37 km · BARLETTA 72 km, BARI 130 km

Arpi (Via)	Y
Vittorio Emanuele (Corso)	Y
Aporti (Viale Ferrante)	Z 2
Conte Appiano (Via)	Y 4
Dante (Via)	Y 7
Della Rocca (Via Vincenzo)	Z 8
Di Vittorio (Viale G.)	X 9
Fuiani (Via Pasquale)	Y 10
Galliani (Via)	Z 12
Giardino (Via)	Z 13
Lamarmora (Via)	Z 15
Lanza (Via V.)	Y 16
Lucera (Via)	X,Y 19
Michelangelo (Viale)	X 20
Oberdan (Via Guglielmo)	Y 21
Puglia (Piazza)	Z 22
S. Lorenzo (Via)	Z 25
Scillitani (Via L.)	X,Y 27
Tiro a Segno (Via)	Z 28
Vittime Civili (Via)	X,Z 29
1° Maggio (Viale)	X 30
4 Novembre (Via)	Z 31
20 Settembre (Piazza)	Y 32

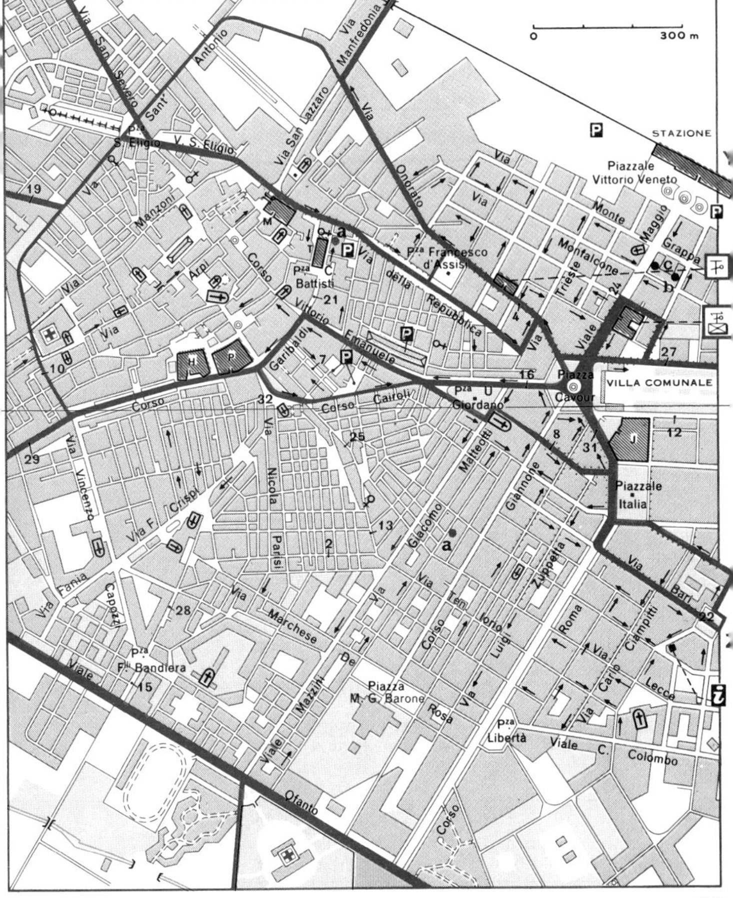

XX ✿ **Il Ventaglio,** via Postiglione 6 ✆ 661500, 余 – ▤. 🅂 VISA. ✗ X **d**
chiuso dal 23 al 31 dicembre, dal 13 al 31 agosto, sabato-domenica in luglio-agosto e domenica sera-lunedì negli altri mesi – **Pasto** carta 55/70000
Spec. Orecchiette di grano arso con nero di seppia, Pescatrice con patate e pomodorini "d'inserta", Spigola marinata con olive del Gargano.

XX **In Fiera-Cicolella,** viale Fortore angolo via Bari ✆ 632166, Fax 632167, 余, 🌳 – ▤ 🅟 X **r**
chiuso lunedì, martedì e dal 7 al 24 novembre – **Pasto** carta 41/56000 (15%).

XX **La Pietra di Francia,** viale 1° Maggio 2 ✆ 634880 – ▤. AE 🅂 ⓓ E VISA. ✗ X **q**
chiuso dal 23 dicembre al 7 gennaio, dal 10 al 31 agosto, domenica sera, lunedì e in luglio-agosto anche domenica a mezzogiorno – **Pasto** carta 33/59000 (10%).

XX **Giordano-Da Pompeo,** vico al Piano 14 ✆ 724640 – ▤. ✗ Y **a**
chiuso domenica e dal 15 al 31 agosto – **Pasto** carta 28/49000.

X La Locanda di Hansel, via Ricci 59 ✆ 673871 – ▤ Z **a**

FOIANA **(VOLLAN)** Bolzano 218 ⑳ – Vedere Lana.

FOLGARIA **38064** Trento 988 ④, 429 E 15 – 3 105 ab. alt. 1 168 – a.s. 4 febbraio-18 marzo, Pasqua e Natale – Sport invernali : 1 168/2 000 m 2 23, – 0464.

Trentino (maggio-ottobre) ✆ (0461) 720480 o ✆ (0461) 981682, Fax (0461) 981682, NE : 2 km.

via Roma 67 ✆ 721133, Fax 720250.

Roma 582 – Trento 29 – •Bolzano 87 – •Milano 236 – Riva del Garda 42 – Rovereto 20 – •Verona 95 – Vicenza 73.

Villa Wilma ⛰, ✆ 721278, Fax 721278, ≤, 🌳 – 🛗 TV ☎ 🅟. 🅂 E VISA. ✗
dicembre-marzo e 15 giugno-20 settembre – **Pasto** 29/35000 – ☕ 12000 – **24 cam** 95/160000 – ½ P 100/120000.

Antico Albergo Stella d'Italia, ✆ 721135, Fax 721848, ≤, 🌳 – 🛗 TV ☎ ♿ 🅟 – 🎤 110
42 cam.

Vittoria, ✆ 721122, Fax 720227, ≤, Fø, ⌂ – 🛗 ▤ rist TV ☎ ♿ 🅟 – 🎤 50. AE 🅂 ⓓ E VISA. ✗ rist
dicembre-aprile e giugno-settembre – **Pasto** 25/40000 – ☕ 10000 – **42 cam** 80/140000 – ½ P 75/130000.

Rosalpina ⛰, ✆ 721240, Fax 721240, ≤, 🌳 – 🛗 TV ☎ 🅟. ✗
dicembre-aprile e giugno-settembre – **Pasto** 24/28000 – ☕ 10000 – **26 cam** 100/160000 – ½ P 80/110000.

a Costa NE : 2 km – alt. 1 257 – ✉ **38064** Folgaria :

Gd. H Biancaneve, ✆ 721272, Fax 720580, ≤, ⌂, 🏊, 🌳, 🎾 – 🛗 TV ☎ ♿ 🚗 🅟 – 🎤 180. AE 🅂 VISA. ✗ rist
dicembre-marzo e giugno-settembre – **Pasto** 20/50000 – **78 cam** ☕ 100/140000 – ½ P 85/115000.

XX **L'Antica Pineta,** ✆ 720327, 余, Coperti limitati; prenotare – 🅟. 🅂 ⓓ E VISA. ✗
20 dicembre-20 gennaio e 25 giugno-3 settembre; chiuso mercoledì – **Pasto** carta 38/52000.

a Fondo Grande SE : 3 km – alt. 1 335 – ✉ **38064** Folgaria :

Cristallo ⛰, ✆ 721320, Fax 720509, ≤, ⌂ – 🛗 ☎ 🚗 🅟. ⓓ VISA. ✗ rist
dicembre-10 aprile e 20 giugno-10 settembre – **Pasto** carta 40/50000 – ☕ 10000 – **30 cam** 80/128000 – P 100/120000.

FOLGARIDA Trento 428 429 D 14, 218 ⑲ – alt. 1 302 – ✉ **38025** Dimaro – a.s. febbraio-12 marzo, Pasqua e Natale – Sport invernali : 1 302/2 141 m 4 19 (vedere anche Mezzana-Marilleva), a Mezzana – 0463.

✆ 986113, Fax 986594.

Roma 653 – Trento 70 – •Bolzano 75 – Madonna di Campiglio 11 – •Milano 225 – Passo del Tonale 33.

Luna, ✆ 986305, Fax 986305, Fø, ⌂ – 🛗 ▤ TV ☎. AE 🅂 ⓓ E VISA. ✗
dicembre-Pasqua e 15 giugno-15 settembre – **Pasto** 50000 – ☕ 15000 – **34 cam** 100/160000 – ½ P 104000.

Sun Valley, ✆ 986208, Fax 986204, ≤, 🌳 – TV ☎ 🚗 🅟. 🅂 E VISA. ✗
dicembre-aprile e 15 giugno-15 settembre – **Pasto** carta 40/59000 – **20 cam** ☕ 107/186000 – ½ P 85/130000.

Piccolo Hotel Taller ⛰, ✆ 986234, Fax 986234, ≤ – ☎. 🅂 VISA. ✗
dicembre-Pasqua e luglio-15 settembre – **Pasto** 28/30000 – ☕ 15000 – **21 cam** 90/150000 – ½ P 85/120000.

FOLIGNO **06034** Perugia [988] ⑯, [430] N 20 – 53 026 ab. alt. 234 – ☎ 0742.

Vedere Guida Verde.

Dintorni Spello★ : affreschi★★ nella chiesa di Santa Maria Maggiore NO : 6 km – Montefalco★ : ✻★★★ dalla torre Comunale, affreschi★★ nella chiesa di San Francesco (museo), affresco★ di Benozzo Gozzoli nella chiesa di San Fortunato SO : 12 km.

[i] porta Romana 126 ℘ 354459.

Roma 158 – ◆Perugia 36 – ◆Ancona 134 – Assisi 18 – Macerata 92 – Terni 59.

🏨 **Poledrini,** viale Mezzetti 2 ℘ 341041, Fax 341042 – [ascensore] ▤ [TV] ☎ ♿ 🚗 – 🎤 90 a 200. [AE] [$] [VISA]. ✂ rist
Pasto 25/28000 – **43 cam** ☕ 120/135000 – ½ P 72/90000.

🏨 **Le Mura,** via Bolletta 27 ℘ 357344, Fax 353327 – ▤ [TV] ☎ 🚗. [AE] [$] [E] [VISA]. ✂ cam
Pasto carta 25/33000 – ☕ 6000 – **27 cam** 90/100000 – ½ P 75000.

🍴🍴 ✿ **Villa Roncalli** 🌙 con cam, via Roma 25 (S : 1 km) ℘ 391091, Fax 391001, ☂, 🏊, 🌳 – [TV] ☎ [P] – 🎤 30. [AE] [$] [DC] [E] [VISA] [JCB]. ✂
Pasto *(chiuso lunedì e dall'11 al 26 agosto)* carta 52/75000 – ☕ 7000 – **10 cam** 70/100000 – ½ P 115000
Spec. Gnocchi di patate farciti di ricotta con melanzane gamberi di fiume e tartufo bianco (ottobre-novembre). Piccione in coccio con lenticchie e tartufo nero (gennaio-marzo). Tortino di pere caramellate con salsa di cacao amaro e gelato di mandorle.

a Ponte Santa Lucia NE : 8 km – ✉ **06024** Foligno :

🏨 **Guesia,** strada Maceratese ℘ 311515, Fax 660216 – [ascensore] ▤ [TV] ☎ [P] – 🎤 130. [AE] [$] [DC] [E] [VISA]. ✂
chiuso novembre – **Pasto** *(chiuso giovedì)* carta 30/58000 – **13 cam** ☕ 100/140000, 4 appartamenti – ½ P 100000.

When visiting **northern Italy** *use* **Michelin maps** [428] *and* [429].

FOLLINA **31051** Treviso [988] ⑤, [429] E 18 – 3 478 ab. alt. 200 – ☎ 0438.

Roma 590 – Belluno 30 – Trento 119 – Treviso 36 – ◆Venezia 72.

🏨 **Abbazia** senza rist, via Martiri della Libertà ℘ 971277, Fax 970001 – ▤ [TV] ☎ [P]. [AE] [$] [DC] [E] [VISA]. ✂
☕ 20000 – **16 cam** 110/180000, 5 appartamenti 220/320000.

🍴 **Al Caminetto,** ℘ 970402 – [AE] [$] [E] [VISA]
chiuso lunedì, Natale, dal 10 al 20 gennaio e luglio – **Pasto** carta 37/60000.

FOLLONICA **58022** Grosseto [988] ⑭ ㉔, [430] N 14 – 21 326 ab. – a.s. Pasqua e 15 giugno-15 settembre – ☎ 0566.

[i] viale Roma 70 ℘ 44537.

Roma 234 – Grosseto 47 – ◆Firenze 152 – ◆Livorno 91 – Pisa 110 – Siena 84.

🏨 **Giardino,** piazza Vittorio Veneto 10 ℘ 41546, Fax 44457, ⛱ – [ascensore] ▤ rist [TV] ☎. [AE] [$] [E] [VISA]. ✂
Pasto *(giugno-settembre)* carta 30/40000 – ☕ 12000 – **40 cam** 80/115000, 3 appartamenti – ½ P 91/130000.

🏨 Martini, via Pratelli 14/16 ℘ 43248 e rist ℘ 44102, Fax 43248, ⛱ – [ascensore] [TV] ☎ ♿
20 cam.

🏨 **Parco dei Pini,** via delle Collacchie 7 ℘ 53280, Fax 53218 – [ascensore] [TV] ☎ [P]. [AE] [$] [DC] [E] [VISA] [JCB]. ✂ rist
Pasto *(chiuso martedì)* carta 32/50000 – ☕ 12000 – **24 cam** 75/110000 – ½ P 85/115000.

🏨 **Aziza** senza rist, lungomare Italia 142 ℘ 44441, Fax 40413, ≤, « Giardino ombreggiato », ⛱ – [TV] ☎. [$] [DC] [E] [VISA]
Pasqua-ottobre – **20 cam** ☕ 100/160000.

🍴 **Il Veliero,** località Puntone Vecchio SE : 3 km ℘ 866219, Fax 866219, Specialità di mare – ▤ [P]. [AE] [$] [DC] [E] [VISA] [JCB]
chiuso mercoledì escluso luglio-agosto – **Pasto** carta 35/59000.

🍴 **San Leopoldo,** via IV Novembre 6/8 ℘ 40645, ☂, Specialità di mare – [AE] [$] [DC] [E] [VISA]
chiuso dal 10 al 30 ottobre e lunedì o mercoledì (escluso dal 15 giugno al 15 settembre) – **Pasto** carta 31/58000.

FONDI **04022** Latina [988] ㉖, [430] R 22 – 31 901 ab. alt. 8 – ☎ 0771.

Roma 131 – Frosinone 60 – Latina 59 – ◆Napoli 110.

🍴🍴 **Vicolo di Mblo,** corso Italia 126 ℘ 502385, « Rist. caratteristico » – [AE] [$] [DC] [E] [VISA]
chiuso martedì e dal 23 dicembre al 2 gennaio – **Pasto** carta 40/60000.

sulla strada statale 213 SO : 12 km :

🏨 **Martino Club Hotel** 🌙, ✉ 04020 Salto di Fondi ℘ 57464, Fax 57293, ≤, ☂, « Villini in pineta », 🏋, ≘s, 🏊 con acqua di mare, ⛱, 🌳, 🎾 – ☎ [P]. ✂
Pasto 40000 – ☕ 15000 – **45 cam** 100/130000 – ½ P 70/130000.

FONDO **38013** Trento 988 ④, 429 C 15 – 1 377 ab. alt. 988 – a.s. 5 febbraio-5 marzo, Pasqua e Natale – ☎ 0463.

Roma 637 – ◆Bolzano 36 – Merano 39 – ◆Milano 294 – Trento 55.

Lady Maria, via Garibaldi 20 ✆ 830380, Fax 831013, – |‡| ▤ rist TV ☎ ♿ P – 🏛 100. ✻ rist
chiuso gennaio – **Pasto** carta 31/45000 – **43 cam** ☕ 70/120000, 2 appartamenti – ½ P 70/80000.

FONDO GRANDE Trento – Vedere Folgaria.

FONDOTOCE Verbania 428 429 E 7, 219 ⑥ – Vedere Verbania.

FONNI Nuoro 988 ㉝, 433 G 9 – Vedere Sardegna alla fine dell'elenco alfabetico.

FONTANA BIANCA (Lago di) **(WEISSBRUNNER SEE)** Bolzano 428 429 C 14, 218 ⑲ – Vedere Ultimo-Santa Gertrude.

FONTANAFREDDA **33074** Pordenone 429 E 19 – 9 101 ab. alt. 42 – ☎ 0434.

Roma 590 – Belluno 59 – ◆Milano 329 – Pordenone 7 – Treviso 50 – ◆Trieste 120 – Udine 58 – ◆Venezia 79.

Fassina, ✆ 99196, 🍽, prenotare, « Giardino ombreggiato in riva ad un laghetto » – P. AE 🅂 ◑ E VISA JCB. ✻
chiuso mercoledì, sabato a mezzogiorno, dal 1° al 6 gennaio e dal 15 al 30 agosto – **Pasto** carta 33/45000 (12 %).

FONTANE Treviso – Vedere Villorba.

FONTANE BIANCHE Siracusa 432 Q 27 – Vedere Sicilia (Siracusa) alla fine dell'elenco alfabetico.

FONTANEFREDDE **(KALTENBRUNN)** Bolzano 429 D 16 – alt. 950 – ✉ **39040** Montagna – ☎ 0471.

Roma 638 – ◆Bolzano 32 – Trento 56 – Belluno 102 – ◆Milano 296.

Pausa, sulla statale NO : 1 km ✆ 887035, Fax 887038, ≤, 🍽 – |‡| ⅹ rist ☎ P. 🅂 ◑ E VISA. ✻ rist
chiuso dal 10 al 25 gennaio e dal 10 al 25 giugno – **Pasto** *(chiuso martedì sera e mercoledì)* carta 29/39000 – ☕ 12000 – **30 cam** 57/96000 – ½ P 53/79000.

FONTANELLATO **43012** Parma 428 429 H 12 – 6 083 ab. alt. 43 – ☎ 0521.

Vedere Affresco★ del Parmigianino nella Rocca di San Vitale.

Roma 477 – ◆Parma 17 – Cremona 58 – ◆Milano 109 – Piacenza 49.

sulla strada statale 9 - via Emilia S : 5 km :

Tre Pozzi, ✉ 43012 ✆ 825347 e rist ✆ 825119, Fax 825294 – |‡| ▤ cam TV ☎ P – 🏛 60. 🅂 E VISA. ✻
Pasto *(chiuso domenica sera, lunedì e dal 1° al 28 agosto)* carta 37/56000 – **39 cam** ☕ 75/130000, appartamento – ½ P 80000.

FONTANELLE Cuneo 428 J 4 – Vedere Boves.

FONTEBLANDA **58010** Grosseto 430 O 15 – alt. 10 – a.s. Pasqua e 15 giugno-15 settembre – ☎ 0564.

Roma 163 – Grosseto 24 – Civitavecchia 87 – ◆Firenze 164 – Orbetello 19 – Orvieto 112.

Rombino senza rist, ✆ 885516, Fax 885524, 🏊 – |‡| ▤ TV ☎ ♿ P. AE 🅂 E VISA. ✻
40 cam ☕ 100/150000.

sulla strada statale 1-via Aurelia S : 2 km :

Corte dei Butteri 🐚 ✉ 58010 ✆ 885546, Fax 886282, ≤, « Parco con 🏊 e 🎾 », 🏖 – |‡| ▤ TV ☎ P – 🏛 80. AE 🅂 ◑ E VISA. ✻ rist
6 maggio-27 ottobre – **Pasto** 60000 – **56 cam** ☕ 319/748000, 24 appartamenti 462/792000 (apertura annuale) – P 357/467000.

a Talamone SO : 4 km – ✉ **58010** :

Il Telamonio senza rist, ✆ 887008, Fax 887380, « Terrazza-solarium con ≤ » – ▤ TV ☎. ✻
Pasqua-settembre – **30 cam** ☕ 120/198000.

Capo d'Uomo 🐚 senza rist, ✆ 887077, Fax 887298, ≤ mare, – ☎ P. 🅂 E VISA. ✻
aprile-settembre – **22 cam** ☕ 110/160000, 2 appartamenti.

La Buca, ✆ 887067, 🍽, Specialità di mare – ▤. AE 🅂 ◑ E VISA JCB
chiuso novembre e lunedì (escluso luglio-agosto) – **Pasto** carta 40/70000.

Da Flavia, ✆ 887091, 🍽, Specialità di mare – 🅂 E VISA. ✻
chiuso martedì e dal 15 gennaio al 15 febbraio – **Pasto** carta 40/70000.

FONTE CERRETO L'Aquila 430 O 22 – Vedere Assergi.

FOPPOLO **24010** Bergamo 988 ③, 428 429 D 11 – 199 ab. alt. 1 515 – a.s. luglio-agosto e Natale – Sport invernali : 1 515/2 160 m 11, – 0345.

Roma 659 – Sondrio 93 – Bergamo 58 – Brescia 110 – Lecco 80 – Milano 100.

- **Des Alpes**, via Cortivo 9 74037, Fax 74078, – – 40. AE VISA. rist
  8 dicembre-20 aprile e luglio-agosto – **Pasto** 35000 – 10000 – **30 cam** 70/110000 – ½ P 98000.
- **Rododendro**, via Piave 2 74015, – . VISA JCB.
  Pasto carta 35/53000 – 12000 – **10 cam** 55/100000 – P 75/80000.

FORCOLA **23010** Sondrio 428 D 11 – 920 ab. alt. 276 – 0342.

Roma 684 – Sondrio 18 – Lecco 61.

- **La Brace** con cam, strada statale 38 NE : 2 km 660408, Fax 661466, – cam . AE VISA. cam
  Pasto *(chiuso lunedì)* carta 37/52000 – **8 cam** 60/100000 – ½ P 75/80000.

FORIO Napoli 988 ㉗, 431 E 23 – Vedere Ischia (Isola d').

FORLÌ **47100** P 988 ⑮, 429 430 J 18 – 108 693 ab. alt. 34 – 0543 – Vedere Guida Verde.

Luigi Ridolfi per ② : 6 km 780049, Fax 780678.

corso della Repubblica 23 25532, Fax 25026.

A.C.I. corso Garibaldi 45 32314.

Roma 354 ③ – Ravenna 29 ① – Rimini 54 ② – Bologna 63 ④ – Firenze 109 ③ – Milano 282 ①.

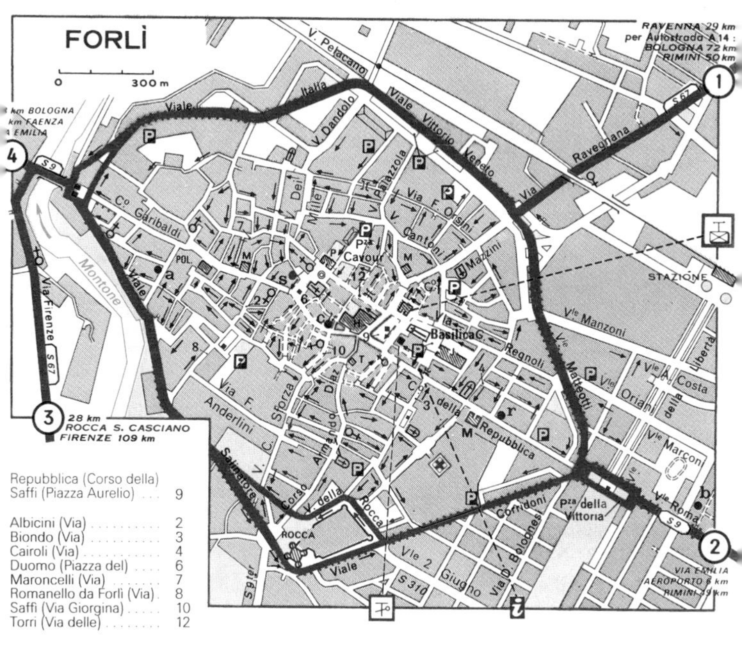

- **Della Città et De La Ville**, corso Repubblica 117 28297, Fax 30630 – – 100 a 300. AE VISA. rist — **r**
  Pasto carta 38/55000 – **55 cam** 135/180000, 25 appartamenti 200000 – ½ P 125/150000.
- **Michelangelo** senza rist, via Buonarroti 4/6 400233, Fax 400615 – . AE VISA JCB. — **b**
  20 cam 180/250000.
- **Masini** senza rist, corso Garibaldi 28 28072, Fax 21915, – – 25 — **c**
  42 cam.
- **Lory** senza rist, via Lazzarini 20 25007 – — **a**
  32 cam 50/80000.
- **A m'arcörd...**, via Solferino 1/3 27349, – AE . — **s**
  chiuso mercoledì ed agosto – **Pasto** carta 33/55000.

in prossimità casello autostrada A 14 per ① : 4 km :

🏨 S. Giorgio, via Ravegnana 538/d ✉ 47100 ℘ 796699, Fax 796799 – ⇅ ❄ [TV] ☎ 🚗 [P] – 👥 25 a 110
36 cam.

FORLIMPOPOLI 47034 Forlì [988] ⑮, [429] [430] J 18 – 11 287 ab. alt. 30 – ✆ 0543.
Roma 362 – ♦ Ravenna 42 – Rimini 50 – ♦ Bologna 71 – Cesena 11 – Forlì 8 – ♦ Milano 290 – Pesaro 80.

XX **Edo** con cam, via Mazzini 10 ℘ 745175, Fax 745249 – ❄ [TV] ☎ 🚗 [P] – 👥 100. [AE] [$] [O] [E] [VISA]. 🚫🐕
Pasto *(chiuso sabato, domenica sera e dal 10 al 20 agosto)* carta 29/43000 – ☕ 8000 – **20 cam** 55/80000.

FORMAZZA 28030 Verbania [988] ②, [428] C 7, [217] ⑲ – 455 ab. alt. 1280 – ✆ 0324.
Roma 738 – Domodossola 40 – ♦ Milano 162 – Novara 131 – ♦ Torino 205 – Verbania 81.

🏨 **Pernice Bianca-Schneehendli** 🔇, piano cascata del Toce N : 5 km alt. 1700 ℘ 63200, ≤ monti e piano della cascata, 🍴, 🌳 – [TV] ☎ [P]. [$] [E] [VISA]
Pasto 35/40000 – ☕ 7000 – **6 cam** 50/80000 – ½ P 75/80000.

FORMIA 04023 Latina [988] ㉖ ㉗, [430] S 22 – 35 376 ab. – a.s. Pasqua e luglio-agosto – ✆ 0771.
⛴ per Ponza giornalieri (2 h 30 mn) – Caremar-agenzia Jannaccone, banchina Azzurra ℘ 22710, Fax 21000.
🚤 per Ponza giornalieri (1 h 20 mn) – Caremar-agenzia Jannaccone, banchina Azzurra ℘ 22710, Fax 21000 e Agenzia Helios, banchina Azzurra ℘ 700710, Fax 700711.
[i] viale Unità d'Italia 30/34 ℘ 771490, Fax 771386.
Roma 153 – Frosinone 90 – Caserta 71 – Latina 76 – ♦ Napoli 86.

🏨 **Grande Albergo Miramare,** via Appia 44 (E : 2 km) ℘ 267181, Fax 267188, ≤, « Villa d'epoca in un grosso parco », 🏊, 🏖 – ⇅ [TV] ☎ [P] – 👥 120. [AE] [$] [O] [E] [VISA]. 🚫🐕
Pasto carta 36/59000 (15 %) – ☕ 14000 – **60 cam** 100/140000 – ½ P 160000.

🏨 **Fagiano Palace,** via Appia 80 (E : 3 km) ℘ 723511, Fax 723517, ≤, 🍴, 🏖, 🌳, 🎾 – ⇅ ❄ rist [TV] ☎ [P] – 👥 200. [AE] [$] [O] [E] [VISA]. 🚫🐕 rist
Pasto carta 41/76000 (15 %) – ☕ 12000 – **45 cam** 110000 – ½ P 120000.

🏨 **Appia Grand Hotel,** via Appia angolo Mergataro E : 4 km ℘ 726041, Fax 722156, 🏋, ♨, 🏊, 🏊, 🌳, 🎾 – ⇅ ❄ [TV] ☎ [P] – 👥 200. [AE] [$] [O] [VISA]. 🚫🐕
Pasto 35/55000 e al Rist. *L'Invito* carta 35/55000 – **70 cam** ☕ 120/150000, 9 appartamenti – ½ P 110000.

🏨 **Bajamar,** a Marina di Santo Janni E : 4 km ℘ 720441, Fax 725169, ≤, 🏖, 🌳 – ⇅ ❄ [TV] ☎ [P]. [AE] [$] [E] [VISA]. 🚫🐕 rist
Pasto 32000 – ☕ 12000 – **73 cam** 90/115000, 3 appartamenti, ❄ 12000 – ½ P 95/115000.

XXX **Castello Miramare** 🔇 con cam, località Pagnano ℘ 700138, Fax 700139, ≤ golfo di Gaeta, 🍴, « Parco-giardino » – ❄ [TV] ☎ [P] – 👥 30 a 80. [AE] [$] [O] [E] [VISA]. 🚫🐕 rist
Pasto carta 38/66000 – ☕ 16000 – **10 cam** 110/150000 – P 150/180000.

XX **Italo,** viale Unità d'Italia O : 2,5 km ℘ 771264, Fax 771265 – ❄ [P]. [AE] [$] [O] [E] [VISA]. 🚫🐕
chiuso lunedì e dal 23 dicembre al 4 gennaio – **Pasto** carta 40/64000.

XX **Sirio,** viale Unità d'Italia O : 3,5 km ℘ 790047, Fax 772705, 🍴 – [P]. [AE] [$] [O] [E] [VISA]. 🚫🐕
chiuso dal 14 al 30 novembre, lunedì sera (escluso da aprile a settembre) e martedì – **Pasto** carta 35/57000.

X **Il Gatto e la Volpe,** via Tosti 83 ℘ 21354, 🍴, « Rist. caratteristico » – [AE] [$] [O] [E] [VISA]
chiuso dal 21 dicembre al 5 gennaio e mercoledì (escluso luglio-agosto) – **Pasto** carta 31/44000 (10 %).

FORMIGINE 41043 Modena [988] ⑭, [428] [429] [430] I 14 – 27 474 ab. alt. 82 – ✆ 059.
Roma 415 – ♦ Bologna 48 – ♦ Milano 181 – ♦ Modena 11.

a Corlo O : 3 km – ✉ **41040** :

🏨 **Due Pini,** strada statale 486 (E : 0,5 km) ℘ 572697, Fax 556904 – ⇅ ❄ cam [TV] ☎ ♿ [P]. [AE] [$] [O] [E] [VISA] [JCB]. 🚫🐕
Pasto *(chiuso sabato e domenica)* carta 30/61000 – ☕ 10000 – **41 cam** 90/120000.

FORNI DI SOPRA 33024 Udine [988] ⑤, [429] C 19 – 1 178 ab. alt. 907 – a.s. 15 luglio-agosto e Natale – Sport invernali : 907/2 100 m ⛷7, ⛷ – ✆ 0433.
[i] via Cadore 1 ℘ 886767, Fax 886686.
Roma 676 – Cortina d'Ampezzo 64 – Belluno 75 – ♦ Milano 418 – Tolmezzo 43 – ♦ Trieste 165 – Udine 95.

🏨 **Edelweiss,** ℘ 88016, Fax 88017, ≤, 🌳 – ⇅ [TV] ☎ [P]. [AE] [$] [E] [VISA]. 🚫🐕
chiuso ottobre e novembre – **Pasto** *(chiuso martedì in bassa stagione)* carta 28/38000 – **23 cam** ☕ 60/100000 – ½ P 76000.

🏨 **Villa Alpina,** ℘ 88120, Fax 88655, ≤ – [TV] ☎ ♿ [P]. [AE] [$] [O] [VISA]
chiuso da ottobre al 15 dicembre – **Pasto** *(chiuso mercoledì in bassa stagione)* carta 34/48000 – **36 cam** ☕ 80/120000 – ½ P 90/110000.

🏨 Coton, ℘ 88066, Fax 886675 – ⇅ [TV] ☎ ♿ [P] – **21 cam.**

FORNO DI ZOLDO 32012 Belluno [988] ⑤, [429] C 18 – 3 066 ab. alt. 848 – ☏ 0437.

[i] via Roma 10/a ℘ 787349, Fax 787340.

Roma 638 – Belluno 34 – Cortina d'Ampezzo 42 – ◆Milano 380 – Pieve di Cadore 31 – ◆Venezia 127.

🏨 **Corinna,** ℘ 78564, Fax 787593, <, 🌳 – [TV] ☎ 🚗 [P]. [S] [E] [VISA]. 🚫
novembre-15 aprile e 15 giugno-20 settembre – **Pasto** *(chiuso lunedì)* carta 35/66000 – **27 cam** ☕ 105/160000 – ½ P 80/115000.

a Mezzocanale SE : 10 km – alt. 620 – ✉ **32012** Forno di Zoldo :

🍴 **Mezzocanale-da Ninetta,** ℘ 78240 – [P]. 🚫
chiuso mercoledì, dal 20 al 30 giugno e settembre – **Pasto** carta 33/48000.

FORTE DEI MARMI 55042 Lucca [988] ⑭, [428] [429] [430] K 12 – 9 274 ab. – a.s. Carnevale, Pasqua, 15 giugno-15 settembre e Natale – ☏ 0584.

⛳ Versilia, a Pietrasanta ✉ 55045 ℘ 881574, Fax 752272, E : 1 km.

[i] viale Achille Franceschi 8/b ℘ 80091, Fax 83214.

Roma 378 – Pisa 35 – ◆La Spezia 42 – ◆Firenze 104 – ◆Livorno 54 – Lucca 34 – Massa 10 – ◆Milano 241 – Viareggio 14.

🏨 **Byron,** viale Morin 46 ℘ 787052, Fax 787152, ⛱, 🏊, 🌳 – 🛗 ❄ [TV] ☎ [P] – 👥 60. [AE] [S] [O] [E] [VISA]. 🚫
Pasto al Rist. ***La Magnolia*** carta 58/99000 – ☕ 40000 – **24 cam** 390/500000, 6 appartamenti – ½ P 400/450000.

🏨 **California Park Hotel** 🌙, via Colombo 32 ℘ 787121, Fax 787268, « Ampio giardino ombreggiato con 🏊 » – 🛗 ❄ cam [TV] ☎ [P] – 👥 200. [AE] [S] [O] [E] [VISA]. 🚫
aprile-ottobre – **Pasto** (solo per clienti alloggiati) 50/70000 – **42 cam** ☕ 300/390000 – ½ P 220/260000.

🏨 **St. Mauritius,** via 20 Settembre 28 ℘ 787131, Fax 787157, ⛱, « Giardino con 🏊 » – 🛗 ❄ [TV] ☎ [P]. [AE] [S] [O] [E] [VISA]. 🚫 rist
aprile-15 ottobre – **Pasto** carta 42/55000 – ☕ 25000 – **39 cam** 190/220000 – ½ P 110/240000.

🏨 **Hermitage** 🌙, via Cesare Battisti 50 ℘ 787144, Fax 787044, « Giardino con 🏊 », 🏖 – 🛗 ❄ [TV] ☎ [P]. [AE] [S] [O] [E]. 🚫 rist
18 maggio-16 settembre – **Pasto** 55/75000 – ☕ 25000 – **63 cam** 220/400000 – ½ P 230/270000.

🏨 **President,** via Caio Duilio ang. viale Morin ℘ 787421, Fax 787519, 🏖, 🌳 – 🛗 ❄ [TV] ☎ [P]. [AE] [S] [E] [VISA]. 🚫 rist
Pasqua-settembre – **Pasto** (solo per clienti alloggiati) 40/80000 – ☕ 18000 – **48 cam** 220/260000 – P 170/260000.

🏨 **Augustus Lido** senza rist, viale Morin 72 ℘ 787442, « Giardino ombreggiato », 🏖 – 🛗 [TV] ☎ [P]. [AE] [S] [O] [E] [VISA]
19 aprile-10 ottobre – ☕ 25000 – **19 cam** 260/450000.

🏨 **Il Negresco,** viale Italico 82 ℘ 787133, Fax 787535, <, 🏊 – 🛗 ❄ [TV] ☎ [P] – 👥 60. [AE] [S] [O] [E] [VISA]. 🚫
Pasto *(chiuso a mezzogiorno escluso da aprile a settembre)* carta 52/85000 – **34 cam** ☕ 282/344000 – ½ P 250000.

🏨 **Ritz,** via Flavio Gioia 2 ℘ 787531, Fax 787522, ⛱, 🏊, 🌳 – 🛗 ❄ [TV] ☎ [P]. [AE] [S] [O] [E] [VISA]. 🚫
Pasto 75000 – ☕ 25000 – **32 cam** 220/330000 – ½ P 280000.

🏨 **Goya,** via Carducci 69 ℘ 787221, Fax 787269, ⛱ – 🛗 ❄ [TV] ☎ 🚗 – 👥 60. [AE] [S] [O] [E] [VISA]. 🚫
Pasto 50/90000 ed al Rist. ***Gambrinus*** *(chiuso dal 7 al 31 gennaio)* carta 58/88000 – **48 cam** ☕ 230/350000, appartamento – ½ P 250000.

🏨 **Adams Villa Maria,** viale Italico 110 ℘ 752424, Fax 752112, <, « Terrazza-solarium con piccola 🏊 », 🏖, 🌳 – 🛗 [TV] ☎ [P]. [AE] [S] [O] [E] [VISA]. 🚫 rist
giugno-settembre – **Pasto** (solo per clienti alloggiati) – ☕ 15000 – **38 cam** 150/280000 – ½ P 180/210000.

🏨 **Alcione,** viale Morin 137 ℘ 787452, Fax 787097, 🏊 – 🛗 ❄ [TV] ☎ [P]. [AE] [S] [O] [VISA]. 🚫
25 maggio-settembre – **Pasto** 50/60000 – ☕ 20000 – **41 cam** 170/220000 – ½ P 160/210000.

🏨 **Raffaelli Park Hotel,** via Mazzini 37 ℘ 787294, Fax 787418, 🏊 alla 🏖, 🌳 – 🛗 ❄ [TV] ☎ [P] – 👥 90. [AE] [S] [O] [E] [VISA]. 🚫 rist
chiuso dal 15 novembre al 23 dicembre – **Pasto** 40/60000 – **28 cam** ☕ 220/360000 – ½ P 205/225000.

🏨 **Kyrton** 🌙, via Raffaelli 16 ℘ 787461, Fax 89632, 🏋, ♨, 🏊, 🌳 – 🛗 ❄ cam [TV] ☎ ♿ [P]. [S] [E] [VISA]. 🚫 rist
aprile-settembre – **Pasto** (solo per clienti alloggiati) 50000 – ☕ 20000 – **24 cam** 120/190000, ❄ 10000 – ½ P 175000.

🏨 **Tarabella** 🌙, viale Versilia 13/b ℘ 787070, Fax 787260, 🏊, 🌳 – [TV] ☎ [P]. [AE] [S] [E] [VISA]. 🚫
Pasqua-ottobre – **Pasto** 40/50000 – **26 cam** ☕ 110/160000 – ½ P 80/140000.

🏨 **Astoria Garden** 🌙, via Leonardo da Vinci 10 ℘ 787054, Fax 787109, « In pineta » – ☎ [P]. [AE] [S] [O] [E] [VISA]. 🚫 rist
15 maggio-settembre – **Pasto** 35/45000 – **30 cam** ☕ 135/220000 – ½ P 160/180000.

Tirreno, viale Morin 7 ℘ 787444, Fax 787137, « Giardino ombreggiato » – AE VISA
Pasqua-settembre – **Pasto** (solo per clienti alloggiati) – 16000 – **59 cam** 90/160000 – P 145/190000.

Raffaelli Villa Angela, via Mazzini 64 ℘ 787472, Fax 787115, « Giardino ombreggiato », alla – AE VISA rist
15 maggio-25 settembre – **Pasto** 40/60000 – **41 cam** 150/260000 – ½ P 130/165000.

Sonia, via Matteotti 42 ℘ 787146, Fax 787409, – VISA
Pasto (solo per clienti alloggiati) 30/50000 – 15000 – **20 cam** 100/150000 – ½ P 160000.

Le Pleiadi, via Civitali 51 ℘ 881188, Fax 881653, « Giardino-pineta » – AE VISA
Pasqua-settembre – **Pasto** (solo per clienti alloggiati) 35/50000 – 20000 – **30 cam** 95/140000 – ½ P 85/150000.

Piccolo Hotel, viale Morin 24 ℘ 787433, Fax 787503, – cam AE VISA rist
aprile-settembre – **Pasto** (solo per clienti alloggiati) carta 50/70000 – 20000 – **32 cam** 180/250000 – ½ P 160/210000.

Viscardo, via Cesare Battisti 4 ℘ 787188, Fax 787026, – AE VISA
20 maggio-settembre – **Pasto** (solo per clienti alloggiati) 40000 – 13000 – **18 cam** 120/150000 – P 120/150000.

La Barca, viale Italico 3 ℘ 89323, – AE VISA JCB
chiuso dal 20 novembre al 5 dicembre, lunedì e martedì a mezzogiorno dal 15 giugno al 15 settembre; lunedì o martedì negli altri mesi – **Pasto** carta 53/81000.

Lorenzo, via Carducci 61 ℘ 84030, Fax 84030, Coperti limitati; prenotare – AE VISA
chiuso a mezzogiorno in luglio-agosto, lunedì e dal 15 dicembre al 31 gennaio – **Pasto** carta 63/93000 (10%)
Spec. Carpaccio di branzino tiepido, Bavette sul pesce, Filetto di rombo alle erbe aromatiche.

in prossimità casello autostrada A 12 - Versilia :

Versilia Holidays, SE : 3 km ✉ 55042 ℘ 787100, Fax 787468, – – 100 a 400. AE VISA rist
Pasto 60/80000 e al Rist. ***La Vela*** carta 50/80000 – 20000 – **78 cam** 170/250000 – ½ P 220000.

FORTEZZA (FRANZENSFESTE) 39045 Bolzano 429 B 16 – 917 ab. alt. 801 – 0472.
Roma 688 – Bolzano 50 – Brennero 33 – Bressanone 10 – Brunico 33 – Milano 349 – Trento 110.

Posta-Reifer, ℘ 458639, Fax 458828, –
chiuso dal 16 novembre al 19 dicembre – **Pasto** *(chiuso lunedì)* carta 25/50000 – 12000 – **33 cam** 90000 – ½ P 60/80000.

FOSSALTA Ferrara – Vedere Copparo.

FOSSALTA MAGGIORE Treviso 429 E 19 – ✉ 31040 Chiarano – 0422.
Roma 568 – Venezia 53 – Milano 307 – Pordenone 34 – Treviso 36 – Trieste 115 – Udine 84.

Tajer d'Oro, ℘ 746392, Fax 746122, Specialità di mare, « Arredamento stile marina inglese » – AE VISA
chiuso martedì, dal 7 al 16 gennaio e dal 4 al 27 agosto – **Pasto** carta 45/100000.

FOSSANO 12045 Cuneo 988 ⑫, 428 I 5 – 23 297 ab. alt. 377 – 0172.
Roma 631 – Cuneo 26 – Asti 65 – Milano 191 – Savona 87 – Sestriere 112 – Torino 70.

Romanisio, viale della Repubblica 8 ℘ 692888, Fax 692891 – – 200. AE VISA
Pasto vedere rist **La Porta del Salice** – 15000 – **33 cam** 85/130000, 10000.

La Porta del Salice, viale della Repubblica 8 ℘ 693570, Fax 693570, – VISA
chiuso lunedì – **Pasto** carta 34/50000.

Castello d'Acaja-Villa San Martino con cam, località San Martino 30 (O : 2,5 km) ℘ 691301, « Dimora patrizia del 700 con parco » – AE VISA
Pasto *(chiuso lunedì)* carta 33/54000 – **2 cam** 90/120000 – ½ P 110000.

Apollo, viale Regina Elena 19 ℘ 694309, Coperti limitati; prenotare – VISA
chiuso lunedì sera, martedì e dal 10 luglio al 10 agosto – **Pasto** carta 35/50000.

FOSSOMBRONE 61034 Pesaro e Urbino 988 ⑯, 429 430 K 20 – 9 534 ab. alt. 118 – a.s. 25 giugno-agosto – 0721.
Roma 261 – Rimini 79 – Ancona 87 – Fano 28 – Gubbio 53 – Pesaro 39 – San Marino 68 – Urbino 19.

sulla via Flaminia Vecchia O : 3 km :

Al Lago, ✉ 61034 ℘ 726129, Fax 726129, – AE VISA
chiuso dal 23 dicembre al 2 gennaio – **Pasto** *(chiuso sabato escluso da giugno ad agosto)* carta 30/45000 – 6000 – **26 cam** 60/80000 – ½ P 75/80000.

FRABOSA SOPRANA 12082 Cuneo 988 ⑫, 428 J 5 – 1 016 ab. alt. 891 – a.s. giugno-agosto e Natale – Sport invernali : 891/1 896 m 1 12 – 0174.

piazza Municipio 244010, Fax 244632.

Roma 632 – Cuneo 35 – Milano 228 – Savona 87 – Torino 96.

Miramonti, 244533, Fax 244534, ←, « Piccolo parco e terrazza », , – . VISA. rist
Pasto (prenotare) 30/35000 – 7000 – **49 cam** 60/90000 – P 60/89000.

Gildo, 244009 e rist 244767, Fax 244230 – . VISA
15 dicembre-15 aprile e giugno-15 settembre – **Pasto** 20/25000 (a mezzogiorno) 18/20000 (alla sera) ed al Rist. ***La Douja*** carta 20/35000 – 5000 – **18 cam** 90/100000 – ½ P 60/90000.

FRABOSA SOTTANA 12083 Cuneo 428 J 5 – 1 291 ab. alt. 641 – Sport invernali : a Prato Nevoso : 1 497/1 925 m 9, ; ad Artesina : 1 315/2 100 m 12 – 0174.

via IV Novembre 12 (dicembre-aprile e giugno-settembre) 244481, Fax 244481.

Roma 629 – Cuneo 33 – Milano 225 – Savona 84 – Torino 93.

Italia, 244000 – . VISA. rist
15 dicembre-aprile e giugno-15 settembre – **Pasto** carta 25/33000 – **24 cam** 50/70000 – ½ P 50/60000.

Delle Alpi, località Miroglio SO : 1,5 km 244066, Fax 244066, – – 70. E VISA. rist
Pasto *(chiuso martedì)* 18/20000 – 8000 – **21 cam** 35/70000 – P 55/65000.

FRANCAVILLA AL MARE 66023 Chieti 988 ㉗, 430 O 24 – 22 642 ab. – a.s. 20 giugno-agosto – 085.

viale Nettuno 107/b 817169, Fax 816649.

Roma 216 – Pescara 7 – L'Aquila 115 – Chieti 19 – Foggia 171.

Sporting Hotel Villa Maria, contrada Pretaro NE : 3 km 4511001, Fax 693042, ←, « Parco ombreggiato », , – – 25 a 220. AE E VISA. rist
Pasto carta 50/65000 – **66 cam** 150/195000, 4 appartamenti – ½ P 108/140000.

Punta de l'Est, viale Alcione 188 4982076, Fax 4981689, ←, – . E VISA.
10 maggio-settembre – **Pasto** 30/40000 – **48 cam** 110/120000 – ½ P 90/120000.

La Fenice, viale Nettuno 125 4914683, Fax 815815 – – 50. AE E VISA.
chiuso dal 20 dicembre al 10 gennaio – **Pasto** *(15 giugno-agosto)* 35/50000 – **22 cam** 100/130000 – ½ P 95/115000.

La Nave, viale Kennedy 2 817115, ←, Specialità di mare – – 40. AE E VISA
chiuso mercoledì (escluso luglio-agosto) – **Pasto** carta 35/64000 (10%).

Apollo 12, viale Nettuno 43 817177, Specialità di mare – AE E VISA
chiuso dal 24 dicembre al 22 gennaio e martedì (escluso luglio-agosto) – **Pasto** carta 32/50000 (10%).

FRANCAVILLA DI SICILIA Messina 988 ㊲, 432 N 27 – Vedere Sicilia alla fine dell'elenco alfabetico.

FRANCAVILLA IN SINNI 85034 Potenza 431 G 30 – 4 013 ab. alt. 421 – 0973.

Roma 426 – Cosenza 157 – Matera 119 – Potenza 138 – Sapri 75.

Mango con cam, via Alcide De Gasperi 46 577700, Fax 577700, – .
Pasto carta 23/33000 – 5000 – **20 cam** 25/45000 – ½ P 50000.

FRANZENSFESTE = Fortezza.

FRASCATI 00044 Roma 988 ㉖, 430 Q 20 – 20 566 ab. alt. 322 – 06.

Vedere Villa Aldobrandini*.

Escursioni Castelli romani** Sud, SO per la strada S 216 e ritorno per la via dei Laghi (circuito di 60 km).

piazza Marconi 1 9420331, Fax 9425498.

Roma 19 – Castel Gandolfo 10 – Fiuggi 66 – Frosinone 68 – Latina 51 – Velletri 22.

Flora senza rist, viale Vittorio Veneto 8 9416110, Fax 9420198, – . AE E VISA JCB.
12000 – **28 cam** 130/170000.

Eden Tuscolano, via Tuscolana 15 (O : 2,5 km) 9408589, Fax 9408591, – . AE E VISA
Pasto carta 32/40000 – 10000 – **32 cam** 75/110000 – P 90/110000.

Giadrina, via Diaz 15 9419415 – . AE E VISA
Pasto vedere rist **Cacciani** – 8000 – **22 cam** 100/120000.

Cacciani, via Diaz 13 9420378, Fax 9420440, « Servizio estivo in terrazza con ← dintorni » – AE E VISA
chiuso dal 7 al 17 gennaio, dal 17 al 27 agosto, la sera dei giorni festivi (escluso da aprile ad ottobre) e lunedì – **Pasto** carta 51/73000.

FREGENE **00050** Roma 988 ㉕, 430 Q 18 – a.s. 15 giugno-luglio – ☎ 06.
Roma 37 – Civitavecchia 52 – Rieti 106 – Viterbo 97.

La Conchiglia, ✆ 6685385, Fax 6685385, ≤, « Servizio rist. estivo in giardino » – ▤ TV ☎ P – 40. AE S ① E VISA. ✻
Pasto carta 51/73000 – **36 cam** ☐ 130/150000 – ½ P 140000.

FREIBERG Bolzano – Vedere Merano.

FREIENFELD = Campo di Trens.

FRESCAROLO Parma – Vedere Busseto.

FROSINONE **03100** P 988 ㉖, 430 R 22 – 46 297 ab. alt. 291 – ☎ 0775.
Dintorni Abbazia di Casamari** E : 15 km.
piazzale De Matthaeis 41 ✆ 872525, Fax 870844.
A.C.I. via Firenze 51/57 ✆ 250006.
Roma 83 – Avezzano 78 – Latina 55 – •Napoli 144.

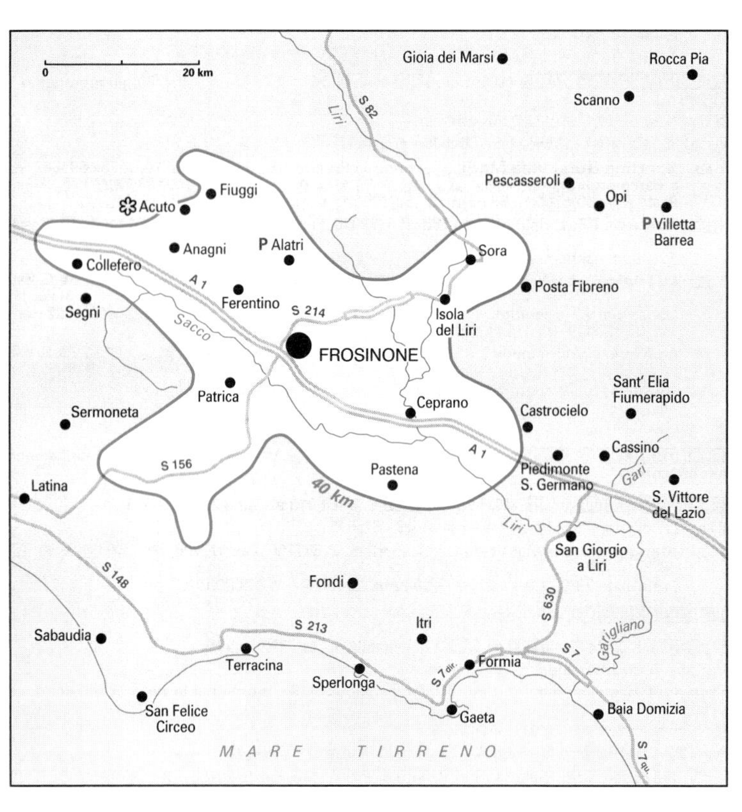

Cesari, in prossimità casello autostrada A 2 ✆ 291581, Fax 293322 – |‡| ▤ TV ☎ ⇔ P – 30 a 200. AE S ① E VISA. ✻ rist
Pasto carta 35/55000 – **60 cam** ☐ 130/160000 – ½ P 110000.

Henry, via Piave 10 ✆ 211222, Fax 853713 – |‡| ▤ TV ☎ P – 25 a 350. AE S ① E VISA. ✻
Pasto carta 43/65000 – **63 cam** ☐ 135/180000 – ½ P 105000.

Palombella, via Maria 234 ✆ 873549, Fax 270402, ⇌ – |‡| TV ☎ ⇔ P – 150. AE S ① E VISA. ✻
Pasto vedere rist **Palombella** – **34 cam** ☐ 100/135000 – ½ P 90000.

XXX **Palombella** - Hotel Palombella, via Maria 234 ℘ 873549 – P. AE S O E VISA. ※
Pasto 30000 e carta 41/69000.

XX **Il Quadrato,** piazzale De Matthaeis 53 ℘ 874474 – ▤ P. AE O VISA. ※
chiuso domenica e dal 9 al 15 agosto – **Pasto** carta 27/50000 (15%).

X **Hostaria Tittino,** vicolo Cipresso 2/4 ℘ 251227 – ▤. AE S O E VISA
chiuso domenica e dal 7 al 30 agosto – **Pasto** carta 39/65000.

FUIPIANO VALLE IMAGNA 24030 Bergamo 428 E 10, 219 ⑩ – 241 ab. alt. 1001 – ☎ 035.

Roma 633 – ◆Bergamo 31 – Lecco 46 – ◆Milano74.

X Canella ⑤, con cam, ℘ 866042 o 856133, ←, ⛱ – P
7 cam.

FUNES (VILLNOSS) 39040 Bolzano 988 ④ ⑤, 429 C 17 – 2 320 ab. alt. 1 159 – ☎ 0472.

Roma 680 – ◆Bolzano 38 – Bressanone 19 – ◆Milano 337 – Ortisei 33 – Trento 98.

Sport Hotel Tyrol ⑤, località Santa Maddalena ℘ 840104, Fax 840536, ← gruppo delle Odle e pinete, ≘s, ⛱ riscaldata, ⛱ – |♣| TV ☎ ♿ P. AE S E VISA. ※
giugno-ottobre – **Pasto** carta 38/56000 – **28 cam** ⊒ 90/160000 – ½ P 110000.

Kabis ⑤, località San Pietro ℘ 840126, Fax 840395, ←, Ꮁ, ≘s, ⛱ – TV ☎ ⇔ P. S
marzo-ottobre – **Pasto** *(chiuso mercoledì fino a giugno ed ottobre)* 30/35000 – **39 cam** ⊒ 85/145000 – ½ P 95/105000.

FUNO Bologna – Vedere Argelato.

FURLO (Gola del) Pesaro e Urbino 430 L 20 – alt. 177 – a.s. 25 giugno-agosto.

Roma 259 – Rimini 87 – ◆Ancona 97 – Fano 38 – Gubbio 43 – Pesaro 49 – Urbino 19.

XX **La Ginestra** ⑤ con cam, ✉ 61040 Furlo ℘ (0721) 797033, Fax 700040, ⛱, ⛱, ※ – ▤ rist TV ☎ P – ⚑ 130. AE S O E VISA. ※
Pasto *(chiuso gennaio e lunedì escluso luglio-agosto)* carta 37/56000 – ⊒ 10000 – **10 cam** 55/80000 – ½ P 80000.

X Furlo, al Passo ✉ 61040 Furlo ℘ (0721) 700096, Fax (0721) 700117, ⛱ – P

FURORE 84010 Salerno 431 F 25 – 803 ab. alt. 300 – a.s. luglio-agosto – ☎ 089.

Vedere Vallone★★.

Roma 264 – ◆Napoli 55 – Salerno 35 – Sorrento 40.

Hostaria di Bacco, ℘ 830352 e rist. ℘ 830360, Fax 830352, ←, « Servizio rist. estivo in terrazza panoramica » – ☎ P. AE S O E VISA. ※
Pasto *(chiuso venerdì in bassa stagione)* carta 30/50000 – ⊒ 7500 – **18 cam** 70/90000 – ½ P 70/80000.

GABBIA Verona – Vedere Isola della Scala.

GABICCE MARE 61011 Pesaro e Urbino 988 ⑯, 429 430 K 20 – 5 449 ab. – a.s. 25 giugno-agosto – ☎ 0541.

ℹ viale della Vittoria 42 ℘ 954424, Fax 953500.

Roma 316 – Rimini 23 – ◆Ancona 93 – Forlì 70 – ◆Milano 342 – Pesaro 16.

Venus, via Panoramica 29 ℘ 960667, Fax 952220, ←, ⛱, ⛱ – |♣| ▤ rist TV ☎ P. AE S O E VISA. ※
maggio-settembre – **Pasto** (solo per clienti alloggiati) – ⊒ 20000 – **42 cam** 110/135000 – ½ P 100/165000.

Alexander, via Panoramica 35 ℘ 954166, Fax 960144, ←, ⛱ riscaldata, ⛱ – |♣| ▤ ☎ P. AE S O E VISA. ※ rist
maggio-settembre – **Pasto** 40/45000 – ⊒ 15000 – **48 cam** 120/150000 – ½ P 110/150000.

Gd H. Michelacci, piazza Giardini Unità d'Italia 1 ℘ 954361, Fax 954544, ⛱ riscaldata, ⛱ – |♣| ▤ TV ☎ P – ⚑ 100. AE S O E VISA JCB. ※ rist
marzo-ottobre – **Pasto** 40/80000 – ⊒ 15000 – **60 cam** 150/230000, appartamento – ½ P 160/180000.

Majestic, via Balneare 10 ℘ 953744, Fax 961358, ←, ⛱ riscaldata – |♣| ▤ rist ☎ P. AE S E VISA. ※ rist
10 maggio-settembre – **Pasto** 35/45000 – ⊒ 15000 – **42 cam** 95/150000 – ½ P 100/140000.

Losanna, piazza Giardini Unità d'Italia 3 ℘ 950367, Fax 960120, ⛱ riscaldata, ⛱ – |♣| ▤ rist ☎ P. AE S E VISA. ※
10 maggio-settembre – **Pasto** 30/45000 – ⊒ 15000 – **62 cam** 90/150000 – ½ P 90/130000.

Giovanna Regina, via Vittorio Veneto 173 ℘ 958181, Fax 954728, ← – |♣| ☎. AE S O E VISA. ※ rist
27 maggio-20 settembre – **Pasto** (solo per clienti alloggiati) – **43 cam** ⊒ 90/125000 – ½ P 100000.

Club Hotel, via Panoramica 33 ℘ 968419, ←, ⛱ – |♣| ☎ P. ※ rist
maggio-settembre – **Pasto** (solo per clienti alloggiati) – ⊒ 12000 – **46 cam** 80/100000 – P 63/108000.

Nobel, via Vittorio Veneto 99 ✆ 954039, Fax 954039 – rist
15 maggio-settembre – **Pasto** 35000 – 10000 – **35 cam** 85/130000 – ½ P 84/105000.

Bellavista, piazza Giardini Unità d'Italia 9 ✆ 954640, Fax 950224, ← – rist
65 cam.

Marinella, via Vittorio Veneto 127 ✆ 950453, Fax 950426, ← – . AE E VISA. rist
Pasqua-settembre – **Pasto** 20/35000 – 10000 – **44 cam** 80/120000 – ½ P 90/110000.

Sans Souci, via Mare 9 ✆ 950164, Fax 952612, ← – . E VISA.
aprile-settembre – **Pasto** 30/50000 – 15000 – **39 cam** 90/140000 – P 70/120000.

Tre Stelle, via Gabriele D'Annunzio 12 ✆ 954697, Fax 951303 – rist .
20 maggio-settembre – **Pasto** carta 35/62000 – 15000 – **50 cam** 80/90000 – ½ P 60/90000.

Il Traghetto, via del Porto 27 ✆ 958151, – AE E VISA
chiuso dal 2 novembre al 3 dicembre e martedì (escluso da giugno a settembre) – **Pasto** carta 49/70000.

Das italienische Straßennetz wird laufend verbessert.
Die rote **Michelin-Straßenkarte** *Nr.* 988 *im Maßstab 1:1 000 000*
trägt diesem Rechnung.
Beschaffen Sie sich immer die neuste Ausgabe.

GABRIA Gorizia 429 E 22 – Vedere Savogna d'Isonzo.

GAETA 04024 Latina 988 ㉖ ㉗, 430 S 23 – 22 337 ab. – a.s. Pasqua e luglio-agosto – 0771.

Vedere Golfo★ – Duomo : Candelabro pasquale★.

piazza Traniello 19 ✆ 462767, Fax 465738 – (15 giugno-15 settembre) piazza 19 Maggio ✆ 461165.

Roma 141 – Frosinone 99 – Caserta 79 – Latina 74 – ◆Napoli 94.

Gd H. Villa Irlanda, lungomare Caboto 6 (N : 4 km) ✆ 712581, Fax 712172, – – 150. AE E VISA.
Pasto 50/65000 – **34 cam** 110/180000, 5 appartamenti – ½ P 125/145000.

Sèrapo, a Sèrapo via Firenze 11 ✆ 741403, Fax 741507, ←, , , , , , – – 100. AE E VISA.
Pasto carta 43/61000 – **146 cam** 90/160000 – ½ P 94/124000.

Antico Vico, vico II del Cavallo 2/4 ✆ 465116, – . AE E VISA.
chiuso mercoledì e novembre – **Pasto** carta 51/66000.

Zürich, piazza 19 Maggio 15 ✆ 460053, – . AE E VISA.
chiuso mercoledì escluso dal 15 giugno al 15 settembre – **Pasto** carta 24/69000 (10 %).

La Scarpetta, piazza Conca 1 ✆ 462142, , prenotare – AE E VISA.
chiuso dal 10 al 20 novembre, a mezzogiorno in luglio-agosto (escluso domenica) e martedì negli altri mesi – **Pasto** carta 35/50000.

Taverna del Marinaio, via Faustina 43 ✆ 461342, – AE VISA
chiuso mercoledì escluso dal 15 giugno al 15 settembre – **Pasto** carta 20/35000 (15 %).

sulla strada statale 213 O : 7 km :

Summit, O : 7,1 km ✉ 04024 ✆ 741741, Fax 741741, ← mare e costa, « Terrazza-giardino », , , – – 25 a 150. AE E VISA.
marzo-ottobre – **Pasto** carta 44/83000 – **66 cam** 230/270000 – ½ P 165/190000.

Grand Hotel Le Rocce, O : 6,8 km ✉ 04024 ✆ 740985, Fax 741633, ← mare e costa, « Terrazze fiorite sul mare », , – . AE E VISA.
maggio-settembre – **Pasto** 55/60000 – **54 cam** 180/260000 – ½ P 160/190000.

Aenea' Landing , O : 6,5 km ✉ 04024 ✆ 741713, Fax 741356, ←, , « Bungalows tra il verde e terrazze fiorite », , , – cam
stagionale – **25 cam.**

GAGGIANO 20083 Milano 428 F 9 – 8 010 ab. alt. 116 – 02.

Roma 580 – Alessandria 92 – ◆Milano 14 – Novara 37 – Pavia 33.

Osteria degli Angeli, ✆ 9081696, , prenotare – AE E VISA.
chiuso sabato a mezzogiorno, domenica, dal 1° al 10 gennaio ed agosto – **Pasto** carta 45/64000.

Rattattù, località San Vito NO 2 km ✆ 9081598, , Specialità di mare – AE E VISA.
chiuso mercoledì, a mezzogiorno (escluso domenica), dal 23 dicembre al 5 gennaio, agosto e dal 25 ottobre al 5 novembre – **Pasto** carta 50/96000.

GAIBANELLA Ferrara 429 H 17 – Vedere Ferrara

GAIOLE IN CHIANTI 53013 Siena 430 L 16 – 2 315 ab. alt. 356 – ☎ 0577.

Roma 252 – ♦Firenze 60 – Siena 28 – Arezzo 56.

Park Hotel Cavarchione ⛰ senza rist, ☎ 749550, Fax 749550, ≤, « Parco fiorito con ⛱ » – P
stagionale – **11 cam.**

a San Sano SO : 9,5 km – ✉ 53010 Lecchi :

San Sano ⛰, ☎ 746130, Fax 746156, ≤, ☂, « In un antico borgo », ⛱, 🌳 – ☎ P. AE S O E VISA. ✻ rist
marzo-novembre – **Pasto** (solo per clienti alloggiati e *chiuso a mezzogiorno*) 30000 – **14 cam** ☐ 150/190000 – ½ P 125000.

GAIONE Parma 429 H 12 – Vedere Parma.

GALATINA 73013 Lecce 988 ㉚, 431 G 36 – 29 062 ab. alt. 78 – ☎ 0836.

Roma 588 – Brindisi 58 – Gallipoli 22 – Lecce 20 – ♦Taranto 95.

Hermitage, strada statale 476 (N : 1 km) ☎ 565422, Fax 528114, ☂, ✻ – |♦| ▤ TV ☎ P – 🏛 150
48 cam.

Borgo Antico, via Siciliani 80 ☎ 566800 – ▤. AE S O E VISA. ✻
chiuso la sera in luglio, lunedì ed agosto – **Pasto** carta 27/49000.

GALEATA 47010 Forlì 988 ⑮, 429 430 K 17 – 2 264 ab. alt. 235 – ☎ 0543.

Roma 308 – Rimini 85 – ♦Firenze 99 – Forlì 34 – ♦Perugia 134.

Locanda Romagna, ☎ 981695 – ✻
chiuso sabato, dal 2 al 10 gennaio e dal 1° al 21 luglio – **Pasto** carta 29/55000.

GALLARATE 21013 Varese 988 ③, 428 F 8 – 45 238 ab. alt. 238 – ☎ 0331.

Roma 617 – Stresa 43 – Como 50 – ♦Milano 40 – Novara 34 – Varese 18.

Jet Hotel ⛰ senza rist, via Tiro a Segno 22 ☎ 772100, Fax 772686, ⛱ riscaldata – |♦| ▤ TV ☎ 🚗. AE S O E VISA. ✻
40 cam ☐ 180/270000.

Astoria, piazza Risorgimento 9/a ☎ 791043, Fax 772671 – |♦| ▤ TV ☎. AE S O E VISA
Pasto vedere rist **Astoria** – **50 cam** ☐ 140/180000.

Raffieri, via Trombini 1/a ☎ 793384, ☂ – AE S O E VISA. ✻
chiuso domenica sera, lunedì e dall'8 al 20 agosto – **Pasto** carta 40/79000.

Risorgimento-da Damiano, piazza Risorgimento 8 ☎ 793594, Fax 793594 – ▤

Astoria, piazza Risorgimento 9 ☎ 786777, Fax 792702 – ▤ – 🏛 50 a 200. AE S O E VISA
chiuso venerdì e dal 5 al 12 gennaio – **Pasto** carta 44/66000.

Vedere anche : ***Vizzola Ticino*** SO : 9,5 km.

GALLIATE 28066 Novara 988 ③, 428 F 8 – 13 402 ab. alt. 154 – ☎ 0321.

Roma 617 – Stresa 58 – Como 68 – ♦Milano 43 – Novara 7 – ♦Torino 100 – Varese 45.

Le Due Colonne, piazza Martiri 18 ☎ 864861, Fax 864861 – ▤ TV ☎ – 🏛 70. AE S E VISA. ✻ cam
chiuso dal 31 luglio al 22 agosto – **Pasto** (*chiuso sabato a mezzogiorno e domenica*) carta 35/60000 – ☐ 8000 – **17 cam** 85/120000 – ½ P 75/85000.

al Ponte di Turbigo NE : 4 km – ✉ 28066 Galliate :

Chalet Bovio, ☎ 861664, ☂, 🌳 – P. AE S O E VISA
chiuso lunedì sera, martedì e dal 17 al 29 agosto – **Pasto** carta 41/57000 (10 %).

GALLICO MARINA 89055 Reggio di Calabria 431 M 28 – ☎ 0965.

Roma 700 – ♦Reggio di Calabria 9 – Catanzaro 156 – Gambarie d'Aspromonte 32 – Villa San Giovanni 7.

Fata Morgana, ☎ 370009, Fax 370000, ≤, ⛱ – |♦| ▤ TV ☎ P. AE S O VISA
Pasto (*chiuso martedì escluso dal 15 luglio al 15 settembre*) carta 32/40000 (15 %) – **32 cam** ☐ 100/140000 – ½ P 80000.

GALLIERA VENETA 35015 Padova 429 F 17 – 6 425 ab. alt. 30 – ☎ 049.

Roma 535 – ♦Padova 37 – Trento 109 – Treviso 32 – ♦Venezia 71 – Vicenza 34.

Al Palazzino, via Roma 29 ☎ 5969224, Coperti limitati; prenotare, 🌳 – P. AE S O E VISA
chiuso mercoledì, dal 6 al 20 gennaio e dal 1° al 15 agosto – **Pasto** 50000 bc e carta 30/65000.

Al Palazzon, località Mottinello Nuovo ☎ 5965020, ☂, solo su prenotazione domenica sera – P. AE VISA. ✻
chiuso lunedì ed agosto – **Pasto** carta 36/52000.

GALLIPOLI **73014** Lecce 988 ㉚, 431 G 35 – 20 532 ab. – ☎ 0833.

Vedere Interno★ della chiesa della Purissima.

Roma 628 – ◆Brindisi 78 – ◆Bari 190 – Lecce 37 – Otranto 47 – ◆Taranto 93.

- ✗ L'Aragosta, piazza Imbriani 26 ✆ 262032, Specialità di mare –
- ✗ Al Pescatore con cam, riviera Cristoforo Colombo 39 ✆ 263656, Fax 263656 – ☎ **18 cam.**

sulla strada Litoranea SE : 6 km :

- **Gd H. Costa Brada** ⛱, ✉ 73014 ✆ 202551, Fax 202555, ≤, « Giardino ombreggiato », – ☎ – 200. AE E VISA JCB.
  Pasto carta 41/67000 – **78 cam** 140/230000, 4 appartamenti – ½ P 240000.
- **Le Sirenuse** ⛱, ✉ 73014 ✆ 202536, Fax 202539, « Pineta in riva al mare », – ☎ – 100 a 200. VISA. rist
  Pasto carta 36/55000 – **120 cam** 82/136000 – ½ P 130/150000.

GALLUZZO Firenze 430 K 15 – Vedere Firenze.

GALZIGNANO TERME **35030** Padova – 4 207 ab. alt. 22 – Stazione termale (marzo-novembre) – ☎ 049.

(chiuso lunedì e gennaio) a Valsanzibio di Galzignano ✉ 35030 ✆ 9130078, Fax 9131193, S : 3 km.

Roma 477 – ◆Padova 20 – Mantova 94 – ◆Milano 255 – Rovigo 34 – ◆Venezia 60.

verso Battaglia Terme SE : 3,5 km :

- **Sporting Hotel Terme** ⛱, ✉ 35030 ✆ 525500, Fax 525223, ≤, riscaldata, – ☎.
  marzo-15 novembre – **Pasto** 50000 – 20000 – **108 cam** 115/172000, 10 appartamenti, 13000 – ½ P 151000.
- **Majestic Hotel Terme** ⛱, ✉ 35030 ✆ 525444, Telex 430223, Fax 526466, ≤, « Giardino ombreggiato con termale », – ☎ – 100.
  chiuso dal 7 gennaio a febbraio – **Pasto** 50000 – 20000 – **109 cam** 130/190000, 8 appartamenti, 13000 – ½ P 135/142000.
- **Splendid Hotel Terme** ⛱, ✆ 525333, Fax 9100337, ≤, « Giardino ombreggiato con termale », – rist ☎.
  10 marzo-12 novembre – **Pasto** 50000 – 20000 – **108 cam** 125/182000, appartamento – ½ P 135000.
- **Green Park Hotel Terme** ⛱, ✉ 35030 ✆ 525511, Fax 526520, ≤, « Giardino ombreggiato con riscaldata », – rist ☎.
  marzo-10 novembre – **Pasto** 50000 – 20000 – **92 cam** 108/160000, 7 appartamenti – ½ P 119000.

GAMBARIE D'ASPROMONTE **89050** Reggio di Calabria 988 ㊴, 431 M 29 – alt. 1 300 – ☎ 0965.

Roma 672 – ◆Reggio di Calabria 43.

- **Miramonti,** via degli Sci 10 ✆ 743048, Fax 743190, – ☎. VISA
  Pasto 20/35000 – 8000 – **42 cam** 90/100000 – ½ P 70/90000.
- **Centrale,** piazza Mangeruca 23 ✆ 743133, Fax 743141 – ☎. AE E VISA
  Pasto 25/28000 – 10000 – **48 cam** 90/100000 – ½ P 60/90000.

GARBAGNATE MILANESE **20024** Milano 428 F 9, 219 ⑱ – 27 039 ab. alt. 179 – ☎ 02.

Roma 588 – ◆Milano 16 – Como 33 – Novara 48 – Varese 36.

- ✗✗✗ **La Refezione,** via Milano 166 ✆ 9958942, Coperti limitati; prenotare – . AE E VISA
  chiuso domenica, lunedì a mezzogiorno, dal 25 dicembre al 6 gennaio ed agosto – **Pasto** carta 65/93000.

GARDA **37016** Verona 988 ④, 428 429 F 14 – 3 461 ab. alt. 68 – ☎ 045.

Vedere Punta di San Vigilio★★ O : 3 km.

18 e 9 Cà degli Ulivi a Marciaga-Castion di Costermano ✉ 37010 ✆ 6279030, Fax 6279039, N : 3 km.

lungolago Regina Adelaide ✆ 7255194, Fax 7256720.

Roma 527 – ◆Verona 30 – ◆Brescia 64 – Mantova 65 – ◆Milano 151 – Trento 82 – ◆Venezia 151.

- **Regina Adelaide,** ✆ 7255977, Fax 7256263, « Giardino » – ☎ – 60. AE E VISA. rist
  Pasto *(marzo-ottobre)* carta 41/65000 – **58 cam** 150/220000, 3 appartamenti – ½ P 110/170000.

Flora, 7255348, Fax 7255348, « Giardino con e » – 30
stagionale – **63 cam.**

Bisesti, 7255766, Fax 7255927, – – 150. E VISA. rist
marzo-15 novembre – **Pasto** *(chiuso sino a Pasqua e dal 15 ottobre al 15 novembre)* 24/45000 – **90 cam** 103/146000 – ½ P 94/108000.

Gabbiano, 7256655, Fax 7255363, – . E VISA.
Pasqua-settembre – **Pasto** 25000 – 15000 – **36 cam** 80/150000 – ½ P 80/90000.

San Marco, 7255008, Fax 7256749 – . cam
15 marzo-ottobre – **Pasto** carta 38/54000 – 15000 – **15 cam** 80/90000 – ½ P 90000.

Tre Corone, 7255033, Fax 7255033, – . E VISA.
marzo-ottobre – **Pasto** *(chiuso mercoledì)* carta 38/70000 – **26 cam** 88/130000 – ½ P 90000.

Ancora, 7255202, – cam
25 marzo-ottobre – **Pasto** carta 25/42000 – 12000 – **18 cam** 55/88000 – ½ P 65/70000.

Tobago con cam, via Bellini 1 7256340, Fax 7256753, – . AE E VISA JCB. cam
Pasto *(chiuso lunedì da ottobre a marzo)* carta 57/94000 – **9 cam** 90/140000 – ½ P 90000.

verso Costermano :

Poiano, E : 2 km ⊠ 37010 Costermano 7200100, Fax 7200900, lago, « In collina tra il verde », –
stagionale – **91 cam.**

Stafolet, E : 1,5 km ⊠ 37016 7255427, – . E VISA.
chiuso lunedì e gennaio – **Pasto** carta 29/43000.

Ferienreisen wollen gut vorbereitet sein.
Die Straßenkarten *und* Führer *von* Michelin
geben Ihnen Anregungen und praktische Hinweise zur Gestaltung Ihrer Reise :
Streckenvorschläge, Auswahl und Besichtigungsbedingungen
der Sehenswürdigkeiten, Unterkunft, Preise... u. a. m.

GARDA (Lago di) o BENACO Brescia, Trento e Verona 988 ④, 428 429 F 13.
Vedere Guida Verde.

GARDONE RIVIERA 25083 Brescia 988 ④, 428 429 F 13 – 2 490 ab. alt. 85 – a.s. Pasqua e luglio-15 settembre – 0365.
Vedere Posizione pittoresca★★ – Tenuta del Vittoriale★ (residenza e tomba di Gabriele d'Annunzio) NE : 1 km.
(chiuso martedì escluso agosto) a Bogliaco ⊠ 25080 643006, Fax 643006, E : 10 km.
via Repubblica 35 20347, Fax 20347.
Roma 551 – Brescia 34 – Bergamo 88 – Mantova 90 – Milano 129 – Trento 91 – Verona 66.

Grand Hotel, 20261, Fax 22695, « Terrazza fiorita sul lago con riscaldata », – – 50 a 350. AE E.
aprile-ottobre – **Pasto** 60/70000 – **180 cam** 190/320000 – ½ P 140/190000.

Villa Capri senza rist, 21537, Fax 22720, « Parco in riva al lago con », – . AE E VISA.
aprile-ottobre – **50 cam** 120/250000.

Monte Baldo, 20951, Fax 20952, « Terrazza-giardino sul lago con », – . E VISA JCB. rist
20 aprile-20 ottobre – **Pasto** 38/48000 – 16000 – **45 cam** 78/114000 – ½ P 94/107000.

Bellevue, 290088, Fax 290088, « Giardino fiorito », – . VISA. rist
aprile-10 ottobre – **Pasto** 38000 – **30 cam** 90/126000 – ½ P 90000.

Villa Fiordaliso con cam, 20158, Fax 290011, « Villa storica in un piccolo parco; servizio estivo in terrazza sul lago » – . AE E VISA.
chiuso dal 7 gennaio al 12 febbraio e da novembre al 20 dicembre – **Pasto** *(chiuso lunedì e martedì a mezzogiorno)* carta 68/98000 – **6 cam** 500000, appartamento
Spec. Melanzane con passata di pomodoro e ratatouille di verdure novelle, Cannoli di coregone ai fiori di zucchine, Spigola con ragù di finferli e vongole veraci.

Casinò, al bivio per il Vittoriale 20387, Fax 20387, « Servizio estivo in terrazza sul lago » – . AE E VISA
chiuso lunedì, gennaio e febbraio – **Pasto** carta 55/85000.

La Stalla, strada per il Vittoriale 21038, Fax 21038, – . AE E VISA.
chiuso gennaio e martedì (escluso da luglio a settembre) – **Pasto** carta 41/71000.

Agli Angeli con cam, verso il Vittoriale 20832, Fax 20832, – AE E VISA
chiuso dal 10 gennaio al 10 febbraio – **Pasto** *(chiuso lunedì e martedì da ottobre al 15 marzo; solo lunedì dal 15 marzo a maggio)* carta 38/55000 – 6000 – **11 cam** 55/90000 – P 65/70000.

a Fasano del Garda NE : 2 km – ✉ **25080** :

Gd H. Fasano e Villa Principe, ✆ 290220, Fax 290221, ≤ lago, « Terrazza-giardino sul lago con riscaldata », – cam ☎ – 25 a 150. ✻ rist
Pasqua-novembre – **Pasto** carta 49/69000 – ☕ 27500 – **75 cam** (**Villa Principe** 12 cam annuali) 218/385000 – 1/2 P 143/237000.

Villa del Sogno , ✆ 290181, Fax 290230, ≤ lago, « Parco e terrazze con », – ☎ – 50. AE E VISA JCB. ✻
aprile-15 ottobre – **Pasto** 80000 – **32 cam** ☕ 240/400000, 4 appartamenti – 1/2 P 250000.

Lidò 84, ✆ 20019, Fax 20019, ≤, « Servizio estivo in terrazza-giardino sul lago » – E VISA – *chiuso dal 1° dicembre al 15 febbraio e martedì in bassa stagione* – **Pasto** carta 51/83000 (10%).

GARESSIO **12075** Cuneo 988 ⑫, 428 J 6 – 3 884 ab. alt. 621 – Stazione termale (giugno-settembre) – Sport invernali : 621/ 2 000 m 4, – ✆ 0174.

via del Santuario 2 ✆ 81122, Fax 82098.

Roma 615 – Cuneo 68 – Imperia 62 – ♦Milano 239 – Savona 70 – ♦Torino 115.

Italia, corso Paolini 28 ✆ 81027, Fax 81027, – ☎ . E VISA. ✻ rist
giugno-settembre – **Pasto** carta 29/49000 – ☕ 9000 – **54 cam** 65/80000 – P 77/85000.

GARGANO (Promontorio del) Foggia 988 ㉘, 431 B 28 30 – Vedere Guida Verde.

GARGAZON = Gargazzone.

GARGAZZONE **(GARGAZON) 39010** Bolzano 429 C 15, 218 ⑳ – 1 165 ab. alt. 267 – ✆ 0473.

Roma 563 – ♦Bolzano 17 – Merano 11 – ♦Milano 315 – Trento 75.

Alla Torre-Zum Turm, ✆ 292325, Fax 292399, , « Giardino-frutteto con riscaldata » – ☎ . ✻ rist
chiuso dal 15 gennaio al 1° marzo – **Pasto** *(chiuso giovedì)* carta 39/51000 – **21 cam** ☕ 45/80000 – 1/2 P 70/80000.

GARGNANO **25084** Brescia 988 ④, 428 429 E 13 – 3 136 ab. alt. 98 – a.s. Pasqua e luglio-15 settembre – ✆ 0365 – Vedere Guida Verde.

(chiuso martedì escluso agosto) a Bogliaco ✉ 25080 ✆ 643006, Fax 643006, S : 1,5 km.

Roma 563 – ♦Verona 51 – ♦Bergamo 100 – ♦Brescia 46 – ♦Milano 141 – Trento 79.

Villa Giulia , ✆ 71022, Fax 72774, ≤, , « Giardino in riva al lago », , , – ☎ . ✻ rist
aprile-ottobre – **Pasto** carta 59/86000 – **20 cam** ☕ 125/300000 – 1/2 P 180000.

Palazzina, ✆ 71118, Fax 71118, ≤, « su terrazza panoramica », – ☎ . AE E VISA. ✻
aprile-settembre – **Pasto** carta 31/48000 – ☕ 13000 – **25 cam** 70/100000 – 1/2 P 85000.

Meandro, ✆ 71128, Fax 72012, ≤, , , – ☎ . AE E VISA. ✻ rist
chiuso dal 15 gennaio a febbraio – **Pasto** carta 32/52000 – ☕ 15000 – **38 cam** 95/130000 – 1/2 P 83/100000.

✿ **La Tortuga,** ✆ 71251, Coperti limitati; prenotare – AE E VISA. ✻
chiuso lunedì sera (escluso da giugno a settembre), martedì, dal 23 al 29 dicembre e dal 23 gennaio al 22 febbraio – **Pasto** 60000 (a mezzogiorno) e 80/95000 (alla sera)
Spec. Tagliolini alle delizie del lago, Orata in salsa mediterranea, Bocconcini di vitello tartufati.

Bartabel con cam, ✆ 71330, ≤, – ☎. AE VISA. ✻
chiuso dal 15 al 30 novembre – **Pasto** *(chiuso lunedì in bassa stagione)* carta 40/54000 – ☕ 10000 – **10 cam** 50/75000 – 1/2 P 75000.

a Villa S : 1 km – ✉ **25084** Gargnano :

Livia, ✆ 71233, Fax 72841, , – ☎ . VISA. ✻
Pasqua-15 ottobre – **Pasto** 27000 – ☕ 11000 – **25 cam** 65/94000 – 1/2 P 86000.

Baia d'Oro con cam, ✆ 71171, Fax 72568, ≤, « Servizio estivo in terrazza sul lago » – ☎ . AE E VISA
aprile-ottobre – **Pasto** carta 54/145000 – ☕ 15000 – **12 cam** 75/120000 – 1/2 P 140000.

a Bogliaco S : 1,5 km – ✉ **25080** :

Allo Scoglio, ✆ 71030, « Servizio estivo in terrazza-giardino sul lago » – ✻
chiuso venerdì, gennaio e febbraio – **Pasto** carta 43/60000.

verso Navazzo O : 7 km – alt. 497 :

Roccolino , località Roccolino ✉ 25080 Navazzo ✆ 71443, Fax 72059, ≤ lago e monti, , , – ☎ – 30. AE E VISA. ✻
chiuso dal 1° gennaio al 15 febbraio – **Pasto** *(chiuso mercoledì)* carta 41/64000 – **10 cam** ☕ 80/120000 – 1/2 P 95/100000.

GARLASCO **27026** Pavia 988 ⑬, 428 G 8 – 9 420 ab. alt. 94 – ✆ 0382.

Roma 585 – Alessandria 61 – ♦Milano 44 – Novara 40 – Pavia 22 – Vercelli 48.

I Diamanti senza rist, via Leonardo da Vinci 59 ✆ 821504, Fax 800981 – ☎ – 50. AE VISA. ✻
☕ 10000 – **39 cam** 83/110000.

GARLATE 22050 Lecco 428 E 10, 219 ⑩ – 2 512 ab. alt. 212 – ☎ 0341.

Roma 615 – ♦Bergamo 29 – Como 34 – Lecco 6 – ♦Milano 47.

- **Nuovo,** via Statale 82 ✆ 680243, Fax 650073 – TV ☎ P – 60. AE 🅂 ⓓ E VISA. ✻
  Pasto vedere rist **Nuovo** – ☕ 15000 – **48 cam** 95/135000, 4 appartamenti.
- **Nuovo,** via Statale 78 ✆ 680255, ☂ – P. AE 🅂 ⓓ E VISA. ✻
  chiuso dal 9 al 22 agosto e venerdì (escluso da aprile a settembre) – **Pasto** carta 52/80000.

GARLENDA 17033 Savona 428 J 6 – 820 ab. alt. 70 – ☎ 0182.

18 (chiuso mercoledì escluso luglio-agosto) ✆ 580012, Fax 580561.

Roma 592 – Imperia 37 – Albenga 10 – ♦Genova 93 – ♦Milano 216 – Savona 47.

- **La Meridiana** ⛰, ✆ 580271, Fax 580150, ☂, « Residenza di campagna », ≘s, ⛱, 🌳 – 🛗 TV ☎ ♿ P – 45. AE 🅂 ⓓ E VISA. ✻ rist
  marzo-novembre – **Pasto** al Rist. ***Il Rosmarino*** *(chiuso a mezzogiorno escluso da giugno a settembre; prenotare)* carta 70/122000 – ☕ 27000 – **18 cam** 250/355000, 15 appartamenti 380/460000 – ½ P 158/180000.
- **Claro de Luna,** strada per Caso E : 3 km ✉ 17038 Villanova d'Albenga ✆ 580348, ☂, Specialità di mare, prenotare – 🅂 ⓓ E VISA
  chiuso a mezzogiorno (escluso i giorni festivi), martedì ed ottobre – **Pasto** carta 45/70000.

GASSINO TORINESE 10090 Torino 988 ⑫, 428 G 5 – 8 451 ab. alt. 219 – ☎ 011.

Roma 665 – ♦Torino 16 – Asti 52 – ♦Milano 130 – Vercelli 60.

a Bussolino Gassinese E : 2,5 km – ✉ **10090** :

- **Defilippi,** ✆ 9606274, Fax 9606274 – P. AE 🅂 E VISA
  chiuso lunedì a mezzogiorno e martedì (escluso da giugno ad ottobre) – **Pasto** carta 40/62000.

a Bardassano SE : 5 km – ✉ **10090** Gassino Torinese :

- **Ristoro Villata,** frazione Bardassano, via Val Villata 25 ✆ 9605818, ☂, solo su prenotazione – P. ✻
  chiuso a mezzogiorno (escluso i giorni festivi), venerdì e dal 12 al 28 agosto – **Pasto** carta 50/85000.

GATTEO A MARE 47043 Forlì 429 430 J 19 – 5 992 ab. – a.s. 21 giugno-agosto – ☎ 0547.

ℹ piazza Libertà 5 ✆ 85393, Fax 85393.

Roma 353 – ♦Ravenna 35 – Rimini 18 – ♦Bologna 102 – Forlì 41 – ♦Milano 313.

- **Capitol,** viale Giulio Cesare 27 ✆ 680680, Fax 87626, ≤, ⛱ riscaldata, 🎾 – 🛗 ☎ P. 🅂 VISA. ✻ rist
  10 maggio-27 settembre – **Pasto** (solo per clienti alloggiati) – **50 cam** ☕ 80/140000 – ½ P 85/98000.
- **Flamingo,** viale Giulio Cesare 31 ✆ 87171, Fax 680532, ≤, Fø, ⛱ riscaldata, 🎾 – 🛗 ▤ rist ☎ 🚗 P. 🅂 ⓓ E VISA. ✻ rist
  maggio-settembre – **Pasto** (solo per clienti alloggiati) – ☕ 15000 – **48 cam** 130/240000 – ½ P 95/115000.
- **Miramare,** viale Giulio Cesare 63 ✆ 87313, Fax 87614, ≤, ⛱ – 🛗 ☎ P. ✻ rist
  maggio-settembre – **Pasto** (solo per clienti alloggiati) 30/38000 – ☕ 18000 – **52 cam** 95/125000 – ½ P 90/100000.
- **Imperiale,** viale Giulio Cesare 82 ✆ 86875, Fax 86484 – 🛗 TV ☎ P. 🅂 E VISA. ✻ rist
  maggio-settembre – **Pasto** 30/50000 – **37 cam** ☕ 70/120000 – ½ P 65/90000.
- **Estense,** via Gramsci 30 ✆ 87068, Fax 87489 – 🛗 ▤ TV ☎ P – 70. AE 🅂 ⓓ E VISA JCB. ✻ rist
  chiuso novembre – **Pasto** 20/28000 – ☕ 7000 – **36 cam** 60/96000 – ½ P 55/84000.
- **Simon,** viale Matteotti 41 ✆ 85224, Fax 85885, ⛱ – 🛗 ▤ rist ☎ P. ✻
  chiuso dal 7 gennaio al 10 febbraio – **Pasto** (solo per clienti alloggiati) carta 14/29000 – ☕ 5000 – **43 cam** 120/160000 – ½ P 90/98000.
- **Magnolia,** via Trieste 31 ✆ 86814, Fax 87285, 🌳 – 🛗 ☎ P. 🅂 E VISA. ✻ rist
  15 maggio-20 settembre – **Pasto** (solo per clienti alloggiati) 25/38000 – **38 cam** ☕ 60/95000 – ½ P 75000.
- **Sant'Andrea,** viale Matteotti 66 ✆ 85360 – P. VISA. ✻
  22 maggio-20 settembre – **Pasto** (solo per clienti alloggiati) 25/30000 – **18 cam** ☕ 40/70000 – ½ P 54/64000.
- **Fantini,** viale Matteotti 10 ✆ 87009, Fax 87009 – 🛗 P. ✻
  giugno-20 settembre – **Pasto** (solo per clienti alloggiati) 20/28000 – ☕ 12000 – **35 cam** 54/82000 – ½ P 50/65000.

GATTINARA 13045 Vercelli 988 ②, 428 F 7 – 8 646 ab. alt. 265 – ☎ 0163.

Roma 653 – Stresa 42 – Biella 29 – ♦Milano 79 – Novara 33 – ♦Torino 91 – Vercelli 35.

- **Il Vigneto** con cam, piazza Paolotti 2 ✆ 834803 – 🛗 ▤ rist TV ☎ 🚗. 🅂 ⓓ E VISA
  chiuso dal 27 luglio al 9 agosto – **Pasto** *(chiuso lunedì)* carta 40/69000 – ☕ 10000 – **11 cam** 45/80000.

GAVI 15066 Alessandria 988 ⑬, 428 H 8 – 4 579 ab. alt. 215 – ☎ 0143.

Riasco (chiuso mercoledì, dicembre e gennaio) località Fara Nuova ✉ 15060 Tassarolo ☎ 342331, Fax 342342, N : 5 km.

Roma 554 – Alessandria 34 – ◆Genova 48 – Acqui Terme 42 – ◆Milano 97 – Savona 84 – ◆Torino 136.

Cantine del Gavi, via Mameli 67 ☎ 642458, Coperti limitati; prenotare – AE.
chiuso lunedì, dal 7 al 20 gennaio e dal 10 al 25 luglio – **Pasto** carta 42/63000.

Le Volte, via Roma 19 r ☎ 643686, Specialità di mare
chiuso mercoledì e a mezzogiorno (escluso domenica e i giorni festivi) – **Pasto** carta 54/87000.

verso Tassarolo NO : 5 km :

Da Marietto, ✉ 15066 Rovereto di Gavi ☎ 682118, – P.
chiuso domenica sera, lunedì e gennaio – **Pasto** carta 29/47000.

GAVINANA 51025 Pistoia 428 429 430 J 14 – alt. 820 – a.s. luglio-agosto – ☎ 0573.

Roma 337 – ◆Firenze 60 – Pisa 75 – ◆Bologna 87 – Lucca 53 – ◆Milano 288 – Pistoia 27.

Franceschi, piazza Aiale 7 ☎ 66451, Fax 66452 – TV ☎. AE E VISA.
Pasto *(chiuso lunedì)* carta 34/57000 – **26 cam** 75/110000 – ½ P 60/82000.

GAVIRATE 21026 Varese 988 ③, 428 E 8 – 9 075 ab. alt. 261 – ☎ 0332.

Roma 641 – Stresa 53 – ◆Milano 66 – Varese 10.

Tipamasaro, via Cavour 31 ☎ 743524, , prenotare i festivi – P
chiuso lunedì e dal 16 al 31 agosto – **Pasto** carta 27/41000.

GAZOLDO DEGLI IPPOLITI 46040 Mantova 428 429 G 13 – 2 463 ab. alt. 35 – ☎ 0376.

Roma 490 – ◆Parma 59 – ◆Brescia 58 – Mantova 21 – ◆Verona 45.

Casa Nodari, via Roma 14-16 ☎ 657122, prenotare – P – 40. E VISA
chiuso i giorni festivi, domenica e dal 1° al 22 agosto – **Pasto** carta 35/48000.

GAZZO Imperia – Vedere Borghetto d'Arroscia.

GELA Caltanissetta 988 ㊱, 432 P 24 – Vedere Sicilia alla fine dell'elenco alfabetico.

GEMONA DEL FRIULI 33013 Udine 988 ⑥, 429 D 21 – 11 355 ab. alt. 272 – ☎ 0432.

Roma 665 – Udine 26 – ◆Milano 404 – Tarvisio 64 – ◆Trieste 98.

Glemone Park Hotel, via Divisione Julia 23 ☎ 980915, Fax 970654 – TV ☎ P – 80. AE E VISA
Pasto vedere rist **Ai Celti** – **40 cam** 85/125000 – ½ P 80/90000.

Pittini senza rist, piazzale della Stazione 1 ☎ 971195, Fax 971380 – TV ☎ P – 80. AE E VISA
10000 – **15 cam** 80/120000, appartamento.

Ai Celti, via Divisione Julia 23 ☎ 983229 – P. AE E VISA.
chiuso domenica e dal 7 al 21 agosto – **Pasto** carta 22/46000.

GENOVA 16100 P 988 ⑬, 428 I 8 – 659 754 ab. – ☎ 010.

Vedere Porto★★ AXY – Quartiere dei marinai★ BY – Piazza San Matteo★ BY **85** – Cattedrale di San Lorenzo★ : facciata★★ BY **K** – Via Garibaldi★ : galleria dorata★ nel palazzo Cataldi BY **B** pinacoteca★ nel palazzo Bianco BY **D**, galleria d'arte★ nel palazzo Rosso BY **E** – Palazzo dell'Università★ AX **U** – Galleria Nazionale di palazzo Spinola★ : Adorazione dei Magi★★ di Joos Van Cleve BY – Acquario★ – Campanile★ della chiesa di San Donato BY **L** – San Sebastiano★ di Puget nella chiesa di Santa Maria di Carignano BZ **N** – Villetta Di Negro CXY : ≤★ sulla città e sul mare, museo Chiossone★ **M1** – ≤★ sulla città dal Castelletto BX per ascensore – Cimitero di Staglieno★ F.

Escursioni Riviera di Levante★★★ Est e SE.

Cristoforo Colombo di Sestri Ponente per ④ : 6 km ☎ 2411, Fax 2415487 – Alitalia, via 12 Ottobre 188 r ✉ 16121 ☎ 54938.

☎ 586891.

per Cagliari 18 giugno-17 settembre martedì e giovedì (20 h 45 mn) ed Olbia giugno-settembre giornalieri e negli altri mesi lunedì, mercoledì e venerdì (13 h); per Arbatax venerdì da ottobre a maggio e dal 21 luglio al 17 settembre anche lunedì (18 h 30 mn) e Porto Torres giornalieri (12 h); per Palermo martedì, giovedì, sabato e dal 18 giugno al 31 dicembre anche domenica (24 h) – Tirrenia Navigazione, Stazione Marittima, Pontile Colombo ✉ 16126 ☎ 2758041, Telex 271130, Fax 2698241; per Palermo martedì e giovedì (22 h) – Grandi Traghetti, via Fieschi 17 ✉ 16128 ☎ 55091, Telex 270164, Fax 550933.

via Roma 11/3 ✉ 16121 ☎ 541541, Fax 581408 – Stazione Principe ✉ 16126 ☎ 2462633 – all'Aeroporto ✉ 16154 ☎ 2415247.

A.C.I. viale Brigate Partigiane 1 ✉ 16129 ☎ 567001.

Roma 501 ② – ◆Milano 142 ⑦ – ◆Nice 194 ⑤ – ◆Torino 170 ⑤.

Starhotel President, corte Lambruschini 4 ✉ 16129 ✆ 5727, Telex 272508, Fax 5531820 – 🛗 ✂ cam ▤ TV ☎ ♿ – 🅐 600. AE ⑤ ⓞ E VISA JCB. ✂ rist DZ **c**
Pasto carta 50/65000 – **193 cam** ☐ 340/450000, 9 appartamenti – ½ P 242/410000.

Jolly Hotel Plaza, via Martin Piaggio 11 ✉ 16122 ✆ 8393641, Telex 283142, Fax 8391850 – 🛗 ✂ cam ▤ TV ☎ – 🅐 140. AE ⑤ ⓞ E VISA ✂ CY **q**
Pasto carta 54/99000 – **147 cam** ☐ 285/360000, appartamento – ½ P 235000.

Savoia Majestic (dipendenza **Londra e Continentale**), via Arsenale di Terra 5 ✉ 16126 ✆ 261641, Telex 270426, Fax 261883 – 🛗 ▤ TV ☎ – 🅐 100. AE ⑤ ⓞ E VISA. ✂ rist AX **h**
Pasto carta 50/92000 – **121 cam** ☐ 220/340000, 2 appartamenti – ½ P 195/220000.

City Hotel senza rist, via San Sebastiano 6 ✉ 16123 ✆ 5545, Fax 586301 – 🛗 ▤ TV ☎ – 🅐 25. AE ⑤ ⓞ E VISA JCB CY **e**
64 cam ☐ 250/350000.

Columbus Sea, via Milano 63 ✉ 16126 ✆ 535056, Fax 255226, ≤ – 🛗 ▤ TV ☎ ♿ 🅟 – 🅐 90. AE ⑤ ⓞ E VISA. ✂ rist E **a**
Pasto *(chiuso sabato e domenica)* carta 39/77000 – **77 cam** ☐ 230/254000, 3 appartamenti – P 208/312000.

Bristol senza rist, via 20 Settembre 35 ✉ 16121 ✆ 592541, Telex 286550, Fax 561756 – 🛗 ▤ TV ☎ – 🅐 60 a 200. AE ⑤ ⓞ E VISA JCB CY **n**
98 cam ☐ 250/350000, 5 appartamenti.

Astoria senza rist, piazza Brignole 4 ✉ 16122 ✆ 873316, Fax 8317326 – 🛗 TV ☎ – 🅐 100. AE ⑤ ⓞ E VISA CY **d**
72 cam ☐ 140/160000.

Moderno Verdi senza rist, piazza Verdi 5 ✉ 16121 ✆ 5532104, Fax 581562 – 🛗 ▤ TV ☎ – 🅐 100. AE ⑤ ⓞ E VISA JCB DY **b**
100 cam ☐ 180/250000.

Britannia senza rist, via Balbi 38 ✉ 16126 ✆ 26991, Fax 2462742, Fб, ≘s – 🛗 ▤ TV ☎ – 🅐 60. AE ⑤ ⓞ E VISA JCB AX **a**
☐ 18000 – **82 cam** 170/250000, 8 appartamenti.

Novotel Genova Ovest, via Cantore 8/C ✉ 16126 ✆ 64841, Fax 6484844, 🏊 – 🛗 ✂ cam ▤ TV ☎ ♿ – 🅐 35 a 250. AE ⑤ ⓞ E VISA. ✂ rist E **b**
Pasto carta 39/69000 – **222 cam** ☐ 180/230000 – P 215000.

Europa senza rist, via Monachette 8 ✉ 16126 ✆ 2463537, Fax 261047 – 🛗 ▤ TV ☎ 🅟. AE ⑤ ⓞ E VISA AX **t**
☐ 15000 – **38 cam** 148/198000.

Alexander senza rist, via Bersaglieri d'Italia 19 ✉ 16126 ✆ 261371, Fax 265257 – 🛗 ▤ TV ☎. AE ⑤ ⓞ E VISA AX **u**
35 cam ☐ 120/150000.

Metropoli senza rist, piazza Fontane Marose ✉ 16123 ✆ 284141, Fax 281816 – 🛗 TV ☎ – 🅐 25. AE ⑤ ⓞ E VISA BY **c**
48 cam ☐ 155/210000.

Galles senza rist, via Bersaglieri d'Italia 13 ✉ 16126 ✆ 2462820, Fax 2462822 – 🛗 TV ☎. AE ⑤ ⓞ E VISA AX **s**
☐ 15000 – **20 cam** 120/140000.

Brignole senza rist, vico del Corallo 13 r ✉ 16122 ✆ 561651, Fax 565990 – ▤ TV ☎. ⑤ E VISA. ✂ DY **k**
26 cam ☐ 160/180000.

Viale Sauli senza rist, viale Sauli 5 ✉ 16121 ✆ 561397, Fax 590092 – 🛗 ▤ TV ☎. AE ⑤ ⓞ E VISA CY **f**
49 cam ☐ 120/150000.

Agnello d'Oro senza rist, via Monachette 6 ✉ 16126 ✆ 2462084, Fax 2462327 – 🛗 TV ☎ 🅟. AE ⑤ ⓞ E VISA JCB AX **t**
☐ 12000 – **29 cam** 110/140000.

La Capannina 🐦, via Tito Speri 7 ✉ 16146 ✆ 317131, Fax 3622692 – TV ☎. AE ⑤ E VISA G **b**
Pasto *(chiuso a mezzogiorno)* carta 23/31000 – **31 cam** ☐ 98/135000 – ½ P 105/110000.

XXX ✿ **Gran Gotto**, viale Brigate Bisagno 69 r ✉ 16129 ✆ 564344, Fax 564344 – ▤. AE ⑤ E VISA. ✂ DZ **m**
chiuso sabato a mezzogiorno, domenica, i giorni festivi e dal 12 al 31 agosto – **Pasto** carta 65/107000
Spec. Ratatouille di verdure e gamberi al vapore, Cappellacci di borragine in salsa di pinoli, Gallinella di mare alla mediterranea.

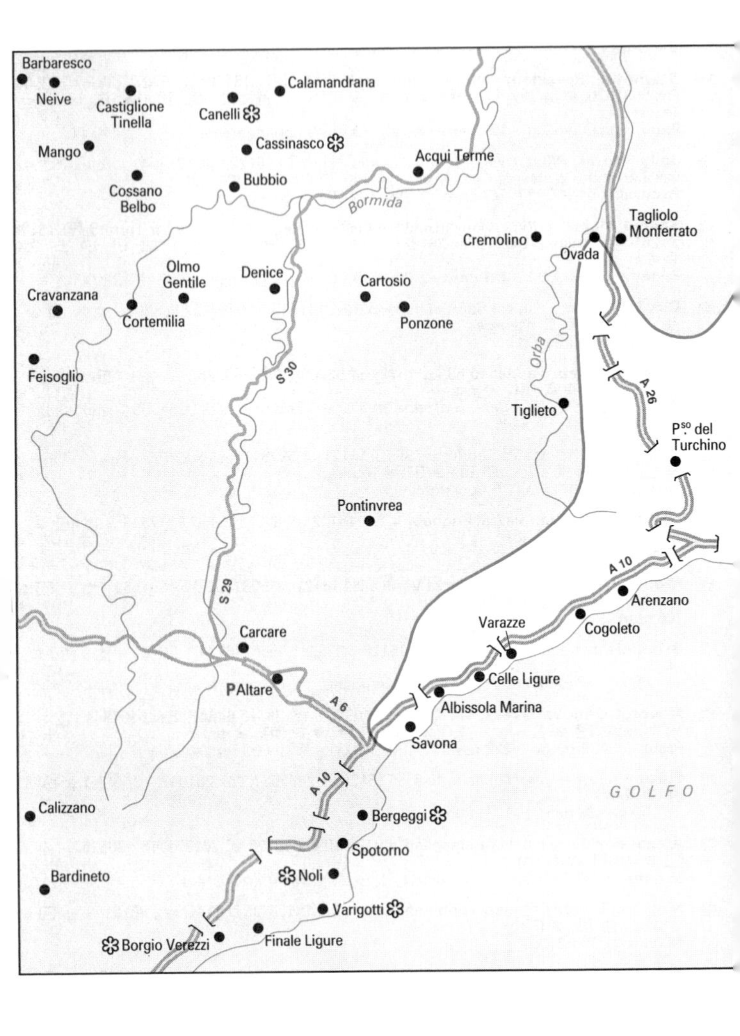

XXX **Zeffirino,** via 20 Settembre 20 ✉ 16121 ✆ 591990, Fax 586464, Rist. rustico moderno – ▤. AE Ⓢ ⓞ E VISA JCB CY b
chiuso mercoledì – **Pasto** 60/120000 e carta 78/100000.

XXX **Vittorio al Mare e Pizzeria la Cambusetta,** a Boccadasse, Belvedere Edoardo Firpo 1 ✉ 16146 ✆ 3760141, Fax 3760141, ≤ – ▤. AE Ⓢ ⓞ E VISA G w
chiuso lunedì escluso da giugno a settembre – **Pasto** carta 62/99000.

XXX **Edilio,** corso De Stefanis 104/R ✆ 811260, Fax 811260 – Ⓟ. AE Ⓢ ⓞ E VISA DX a
chiuso lunedì e dal 1° al 22 agosto – **Pasto** carta 57/80000.

XX ✿ **La Bitta nella Pergola,** via Casaregis 52 r ✉ 16129 ✆ 588543 – ▤ Ⓟ. AE Ⓢ ⓞ E VISA ✻ DZ a
chiuso lunedì e dall'8 al 31 agosto – **Pasto** carta 48/84000
Spec. "Bagnun" di acciughe, Scialatielli (pasta) ai frutti di mare, Scampi alla "Rosetta".

XX **Saint Cyr,** piazza Marsala 8 ✉ 16122 ✆ 886897, Rist. elegante moderno – ▤. AE Ⓢ ⓞ E VISA CY
chiuso sabato a mezzogiorno, domenica, dal 23 al 27 dicembre e dal 12 al 22 agosto – **Pasto** carta 60/90000 (10%).

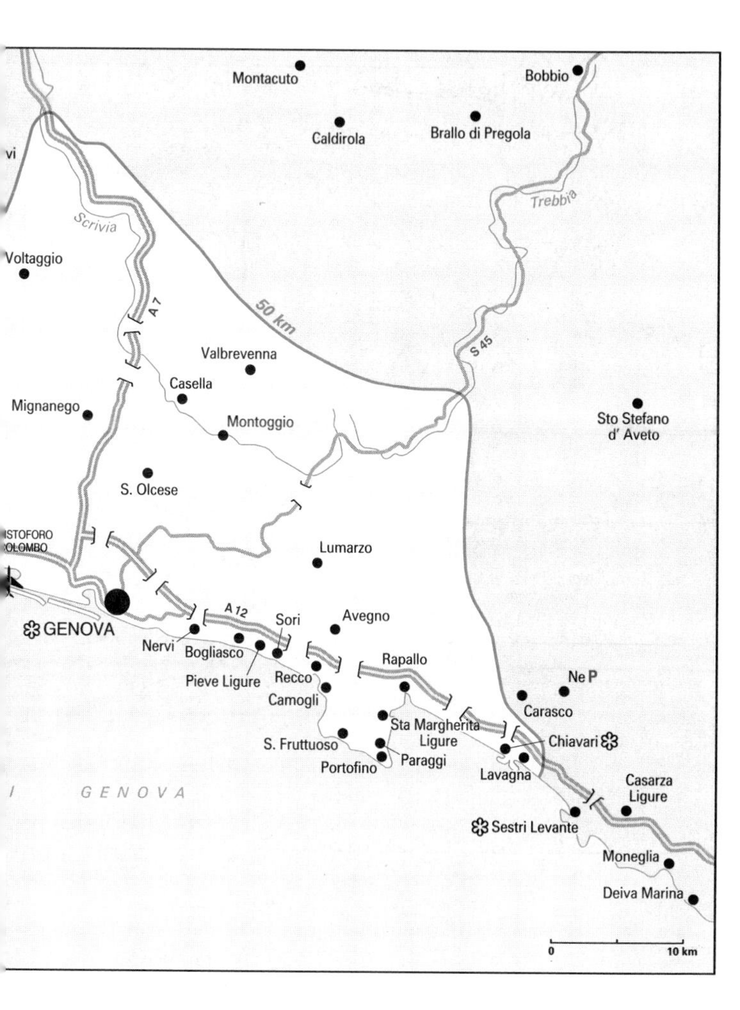

XX Mata Hari, via Gropallo 1 r ✉ 16122 ✆ 870027, Coperti limitati; prenotare – ▤ DY **a**

XX **Santa Chiara,** a Boccadasse, via Capo Santa Chiara 69 r ✉ 16146 ✆ 3770081, ←, « Servizio estivo in terrazza sul mare » – AE Ⓢ ◑ E VISA G **w**
chiuso domenica, dal 20 dicembre al 7 gennaio e dal 5 al 25 agosto – **Pasto** carta 55/84000.

XX **Gheise,** via Boccadasse 37 r ✉ 16146 ✆ 3770086, Fax 3770086, « Servizio estivo in giardino » – AE Ⓢ ◑ E VISA G **e**
chiuso lunedì ed agosto – **Pasto** carta 46/74000.

XX **Da Genio,** salita San Leonardo 61 r ✉ 16128 ✆ 588463, prenotare. Ⓢ E VISA CZ **a**
chiuso domenica ed agosto – **Pasto** carta 36/72000.

XX **Da Tiziano,** corso Italia 34 r ✉ 16145 ✆ 314165, ← – AE Ⓢ ◑ E VISA F **g**
chiuso luglio, mercoledì e in agosto anche a mezzogiorno – **Pasto** carta 51/75000.

XX **La Piazzetta,** via Calatafimi 9 r ✉ 16122 ✆ 816497 – ▤. AE Ⓢ ◑ E VISA CY **a**
chiuso sabato a mezzogiorno, domenica e dal 10 al 31 agosto – **Pasto** carta 51/87000.

XX **Al Veliero,** via Ponte Calvi 10 r ✉ 16124 ✆ 291829, Specialità di mare – ▤. AE Ⓢ ◑ E VISA ABX **b**
chiuso lunedì – **Pasto** carta 44/76000.

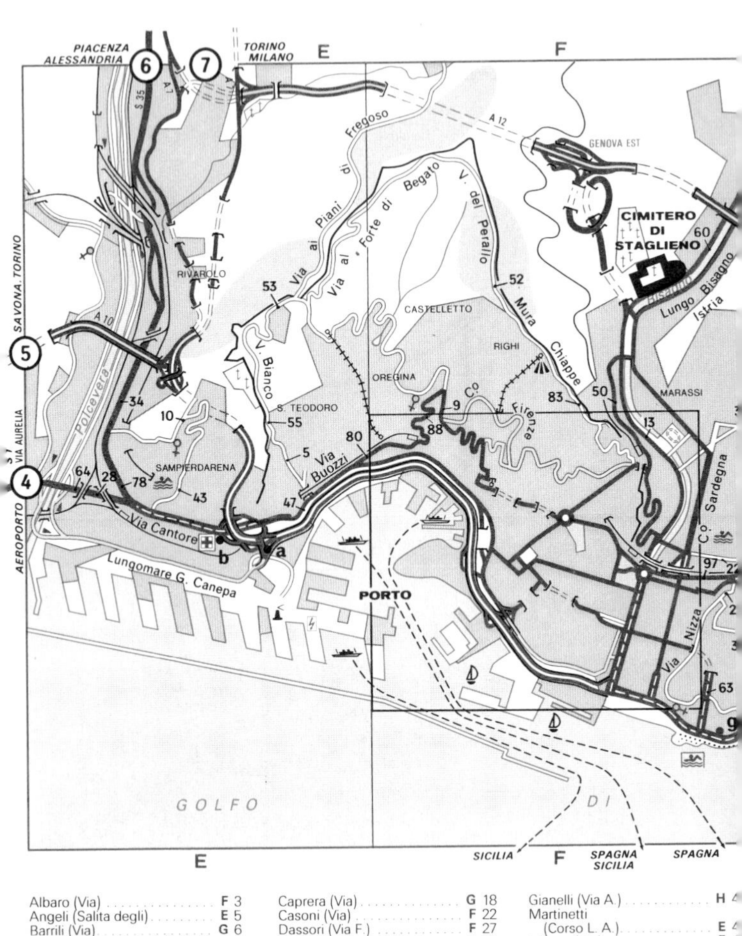

Albaro (Via)	F 3	Caprera (Via)	G 18	Gianelli (Via A.)	H 4
Angeli (Salita degli)	E 5	Casoni (Via)	F 22	Martinetti (Corso L. A.)	E 4
Barrili (Via)	G 6	Dassori (Via F.)	F 27	Milano (Via)	E 4
Bassi (Corso U.)	F 9	Degola (Via)	E 28	Mille (Via dei)	G 4
Belvedere (Corso)	E 10	Fereggiano (Via)	F 32	Monaco Simone (Via)	G 4
Bobbio (Via)	F 13	Fillak (Via W.)	E 34	Montaldo (Via L.)	F 5
Boselli (Via)	G 14	Fontanarossa (Via S.)	G 35		

a Sturla per ② o ③ : 6 km G – ✉ **16147** Genova :

XX **Il Primo Piatto,** via del Tritone 12 r ✆ 393456, 🏵 – 🅂 ⦿ E VISA G
chiuso sabato a mezzogiorno, lunedì e Ferragosto – **Pasto** carta 41/75000.

verso Molassana per ① : 6 km

XX **La Pineta,** via Gualco 82 ✉ 16165 ✆ 802772, 🏵 – 🅿. AE 🅂 E VISA. ✂
chiuso domenica sera, lunedì, dal 20 al 28 febbraio e dal 10 al 30 agosto – **Pasto** carta 4…
67000.

a Quarto dei Mille per ② o ③ : 7 km GH – ✉ **16148** Genova :

XXX ✿ **Antica Osteria del Bai,** via Quarto 12 ✆ 387478, Fax 392684, <, 🏵 – AE 🅂 ⦿ E VIS…
✂ H
chiuso lunedì, dal 10 al 20 gennaio e dal 1° al 20 agosto – **Pasto** 55/90000 e carta 6…
94000
Spec. Filetti di triglia brasati, Spaghetti con pesce cappone e crema di cipollotti, Scampi con salsa al basilico.

XX **7 Nasi,** via Quarto 16 ✆ 3731344, Fax 3731342, 🏵, Rist. a mare con <, ⛱, 🏕 – 🅿. …
🅂 ⦿ E VISA H
chiuso martedì e novembre – **Pasto** carta 42/76000 (12%).

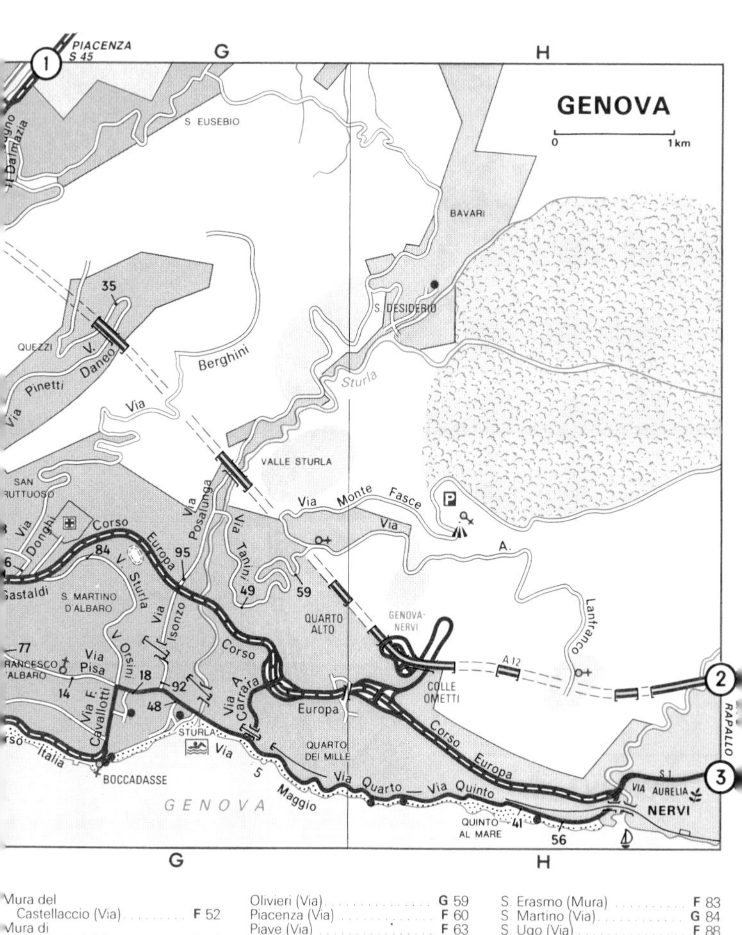

Mura del Castellaccio (Via)	F	52
Mura di Granorolo (Via)	E	53
Mura di Porta Murata (Via delle)	E	55
Murcarolo (Via)	H	56
Olivieri (Via)	G	59
Piacenza (Via)	F	60
Piave (Via)	F	63
Pieragostini (Via R.)	E	64
Ricci (Via)	G	77
Rolando (Via C.)	E	78
S. Benedetto (Via)	EF	80
S. Erasmo (Mura)	F	83
S. Martino (Via)	G	84
S. Ugo (Via)	F	88
Sturla (Via)	G	92
Timavo (Via)	G	95
Tolemaide (Via)	F	97
Torti (Via G.)	G	98

a Cornigliano Ligure per ④ : 7 km – ✉ **16152** Genova :

X **Da Marino,** via Rolla 36 r ✆ 6518891, Rist. d'habituès, prenotare la sera – AE ⓢ VISA
chiuso sabato, domenica ed agosto – **Pasto** carta 46/74000.

a Quinto al Mare per ② o ③ : 8 km H – ✉ **16166** Genova :

XX **Cicchetti 1860,** via Gianelli 41 r ✆ 331641, Trattoria tipica — H **u**
chiuso martedì, mercoledì ed agosto – **Pasto** carta 42/62000.

a San Desiderio NE : 8 km per via Timavo H – ✉ **16133** Genova :

X **Bruxaboschi,** via Francesco Mignone 8 ✆ 3450302, Fax 3451423, « Servizio estivo in giardino » – Ⓟ – 30. AE ⓢ ⓓ E VISA — H **a**
chiuso domenica sera, lunedì, Natale ed agosto – **Pasto** carta 40/60000.

a Sestri Ponente per ④ : 10 km – ✉ **16154** Genova :

XX **Baldin,** piazza Tazzoli 20 r ✆ 6531400 – ▤. AE ⓢ ⓓ VISA
chiuso domenica, dal 1° al 6 gennaio e dal 6 al 21 agosto – **Pasto** carta 41/63000.

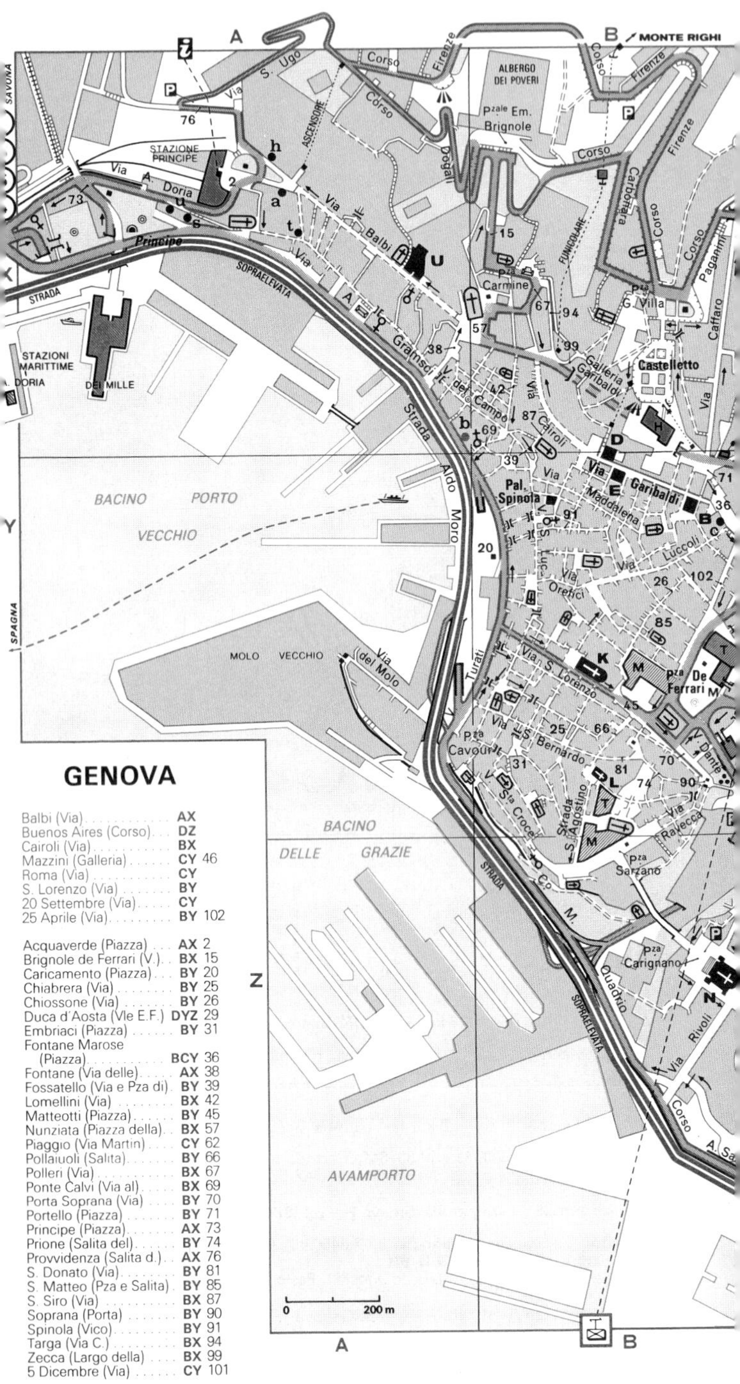

GENOVA
MONTE RIGHI
SAVONA
SPAGNA
ALBERGO DEI POVERI
Pzale Em. Brignole
STAZIONE PRINCIPE
ASCENSORE
FUNICOLARE
Castelletto
Pal. Spinola
STAZIONI MARITTIME
DEI MILLE
DORIA
BACINO PORTO VECCHIO
MOLO VECCHIO
BACINO DELLE GRAZIE
AVAMPORTO
Via S. Ugo
Corso Firenze
Corso Dogali
Corso Carbonara
Corso Paganini
Via A. Doria
Principe
Via Balbi
Via A. Gramsci
STRADA SOPRAELEVATA
Strada Aldo Moro
Pza Carmine
Pza G. Villa
Caffaro
Galleria Garibaldi
Via Garibaldi
Via Cairoli
V. del Campo
Via Maddalena
Via Luccoli
Via Orefici
V. S. Luca
Via del Molo
Via Turati
Via S. Lorenzo
Pza De Ferrari
Pza Cavour
Via S. Bernardo
V. Dante
Via Ravecca
Strada S. Agostino
V. Sta Croce
Pza Sarzano
Pza Carignano
Co. M. Quadrio
Via Rivoli
Corso A. Sa
0
200 m
Balbi (Via) . . . AX
Buenos Aires (Corso) . . . DZ
Cairoli (Via) . . . BX
Mazzini (Galleria) . . . CY 46
Roma (Via) . . . CY
S. Lorenzo (Via) . . . BY
20 Settembre (Via) . . . CY
25 Aprile (Via) . . . BY 102
Acquaverde (Piazza) . . . AX 2
Brignole de Ferrari (V.) . . . BX 15
Caricamento (Piazza) . . . BY 20
Chiabrera (Via) . . . BY 25
Chiossone (Via) . . . BY 26
Duca d'Aosta (Vle E.F.) DYZ 29
Embriaci (Piazza) . . . BY 31
Fontane Marose (Piazza) . . . BCY 36
Fontane (Via delle) . . . AX 38
Fossatello (Via e Pza di) . BY 39
Lomellini (Via) . . . BX 42
Matteotti (Piazza) . . . BY 45
Nunziata (Piazza della) . . BX 57
Piaggio (Via Martin) . . . CY 62
Pollaiuoli (Salita) . . . BY 66
Polleri (Via) . . . BX 67
Ponte Calvi (Via al) . . . BX 69
Porta Soprana (Via) . . . BY 70
Portello (Piazza) . . . BY 71
Principe (Piazza) . . . AX 73
Prione (Salita del) . . . BY 74
Provvidenza (Salita d.) . . AX 76
S. Donato (Via) . . . BY 81
S. Matteo (Pza e Salita) . BY 85
S. Siro (Via) . . . BX 87
Soprana (Porta) . . . BY 90
Spinola (Vico) . . . BY 91
Targa (Via C.) . . . BX 94
Zecca (Largo della) . . . BX 99
5 Dicembre (Via) . . . CY 101

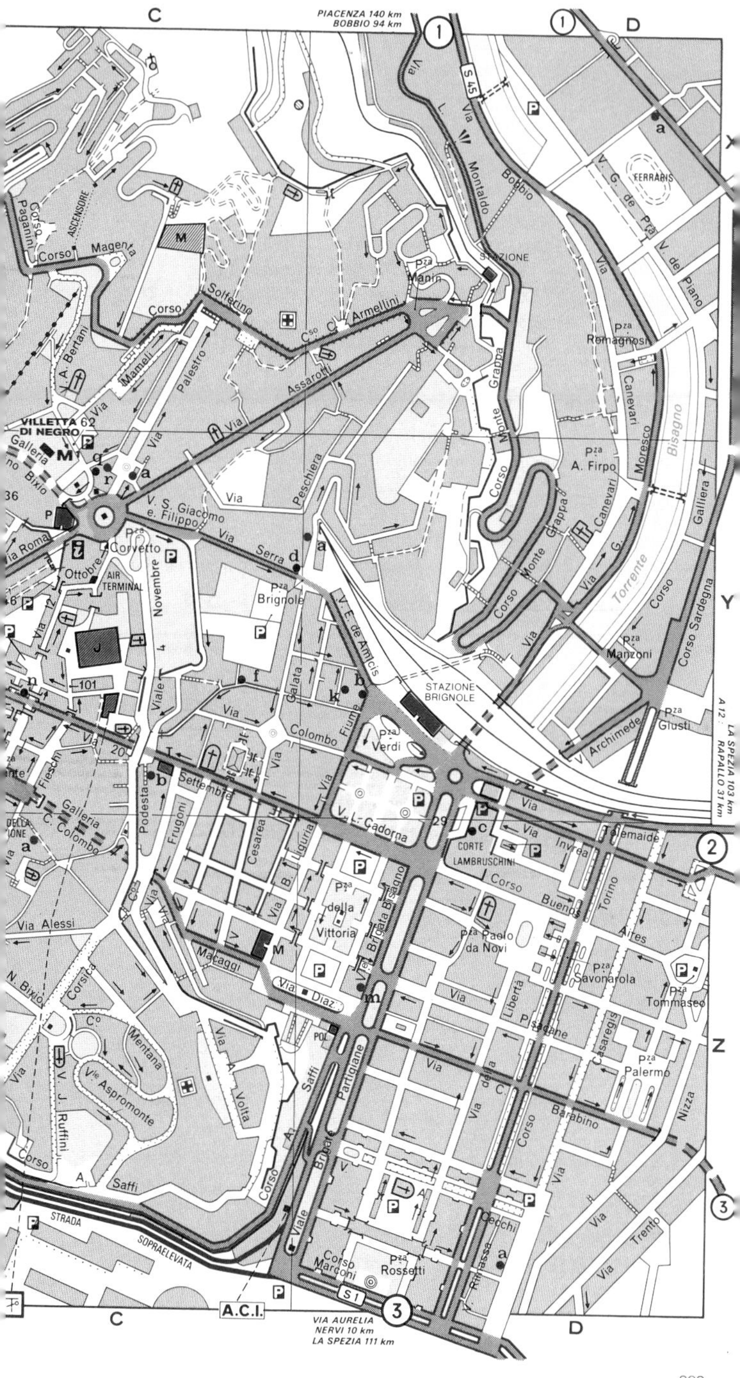
PIACENZA 140 km
BOBBIO 94 km
LA SPEZIA 103 km
RAPALLO 31 km
A 12
VIA AURELIA
NERVI 10 km
LA SPEZIA 111 km
A.C.I.
STAZIONE
STAZIONE BRIGNOLE
AIR TERMINAL
VILLETTA DI NEGRO
FERRARIS
CORTE LAMBRUSCHINI
STRADA SOPRAELEVATA
Torrente Bisagno
Corso Solferino
Corso Magenta
Corso Paganini
Corso Armellini
Via Assarotti
Via Montaldo
Via Bobbio
Corso Monte Grappa
Via G. Canevari
Via Moresco
Corso Galliera
Corso Sardegna
Via Serra
Via Peschiera
Via Palestro
Via Mameli
Via A. Bertani
Viale 4 Novembre
V. S. Giacomo e Filippo
Via XX Settembre
Via Colombo
Via Fiume
V. E. de Amicis
Via Galata
V. L. Cadorna
Via Tolemaide
Corso Buenos Aires
Via B. Bisagno
Via Diaz
Via Macaggi
Via Podestà
Via Frugoni
Via Cesarea
Corso Torino
Via Casaregis
Via Barabino
Via della Libertà
Corso Saffi
Viale Brigate Partigiane
Corso Marconi
Via Rimassa
Via Cecchi
Via Trento
Via Nizza
Via Corsica
Via Alessi
V. J. Ruffini
Vle Aspromonte
C° Mentana
Via A. Volta
Galleria C. Colombo
Galleria Bixio
Via Fieschi
Pza Manin
Pza Corvetto
Pza Brignole
Pza Verdi
Pza della Vittoria
Pza Paolo da Novi
Pza Savonarola
Pza Tommaseo
Pza Palermo
Pza Rossetti
Pza Romagnosi
Pza A. Firpo
Pza Manzoni
Pza Giusti
V. G. de Prà
V. de Piano
S 45
S 1
POL
C
D
Y
Z

a Pegli per ④ : 13 km – ✉ **16155** Genova :

Mediterranée, Lungomare 69 ✆ 6973850 e rist ✆ 6974050, Fax 6969850, ≤, – rist – 25 a 150. AE VISA
Pasto 35/42000 (a mezzogiorno) 40/50000 (alla sera) ed al Rist. ***Torre Antica*** *(chiuso sabato a mezzogiorno, domenica e dal 6 al 28 agosto)* carta 40/68000 – **88 cam** 130/170000.

MICHELIN, a San Quirico (in Val Polcevera per ⑥: 12 km) lungo torrente Secca 36/L nero – ✉ 16163, ✆ 710871, Fax 713133.

GENZANO DI LUCANIA **85013** Potenza 988 ㉘, 431 E 30 – 6 257 ab. alt. 588 – 0971.

Roma 383 – Potenza 56 – ◆Bari 98 – ◆Foggia 101.

Kristall, piazza Municipio 8 ✆ 775955, Fax 774543 – . cam
Pasto carta 22/41000 – 3000 – **16 cam** 35/60000 – ½ P 50000.

GENZANO DI ROMA **00045** Roma 988 ㉖, 430 Q 20 – 21 228 ab. alt. 435 – 06.

Roma 28 – Anzio 33 – Castel Gandolfo 7 – Frosinone 71 – Latina 39.

Villa Vittoria, via Fratelli Rosselli 35 ✆ 9364333, Fax 9364277, – rist – 180. AE VISA.
Pasto carta 37/55000 – **21 cam** 120/200000 – ½ P 125000.

Villa Robinia, viale Fratelli Rosselli 19 ✆ 9396409, Fax 9396409, – – 50. AE VISA.
Pasto 35000 – 10000 – **30 cam** 70/85000 – ½ P 80000.

Dal Bracconiere, piazza Frasconi 16 ✆ 9396621, – AE
chiuso mercoledì e dal 16 al 30 agosto – **Pasto** carta 42/60000.

Osteria dell'Infiorata, via Italo Belardi 55 ✆ 9399933, Fax 9363715, – – 100. AE VISA JCB
chiuso lunedì – **Pasto** carta 35/44000.

GERACI SICULO Palermo 432 N 24 – Vedere Sicilia alla fine dell'elenco alfabetico.

GERENZANO **21040** Varese 428 F 9, 219 ⑱ – 8 462 ab. alt. 225 – 02.

Roma 603 – ◆Milano 26 – Como 24 – ◆Lugano 53 – Varese 27.

Concorde, senza rist, strada statale ✆ 9682317, Fax 9681002 – – 30 a 100
44 cam.

GERMAGNANO **10070** Torino 428 G 4 – 1 311 ab. alt. 485 – 0123.

Roma 689 – ◆Torino 29 – Aosta 132 – Ivrea 68 – Vercelli 95.

La Locanda dell'Alambicco, località Pian Bausano O : 3 km ✆ 27765, solo su prenotazione – .
chiuso a mezzogiorno e martedì – **Pasto** 45/55000.

GEROLA ALTA **23010** Sondrio 988 ③, 428 D 10 – 267 ab. alt. 1 050 – 0342.

Roma 689 – Sondrio 39 – Lecco 71 – ◆Lugano 85 – ◆Milano 127 – Passo dello Spluga 80.

Pineta , località Fenile SE : 3 km alt. 1 238 ✆ 690050, Fax 690180, ≤, – .
chiuso novembre – **Pasto** *(chiuso martedì escluso da giugno ad agosto)* carta 31/53000 – 12000 – **20 cam** 40/56000 – ½ P 65000.

GHEDI **25016** Brescia 988 ④, 428 429 F 12 – 14 315 ab. alt. 85 – 030.

Roma 525 – ◆Brescia 21 – Mantova 56 – ◆Milano 118 – ◆Verona 65.

Trattoria Santi, via Calvisano 15 (SE : 4 km) ✆ 901345, – . AE VISA.
chiuso mercoledì e gennaio – **Pasto** carta 25/38000.

GHIFFA **28055** Verbania 428 E 7, 219 ⑦ – 2 548 ab. alt. 202 – 0323.

Roma 679 – Stresa 22 – Locarno 33 – ◆Milano 102 – Novara 78 – ◆Torino 153.

Ghiffa, ✆ 59285, Fax 59585, ≤ lago e monti, , « Terrazza-giardino con riscaldata », – . AE VISA. rist
aprile-20 ottobre – **Pasto** carta 46/72000 – **37 cam** 190/220000 – ½ P 125/135000.

Park Hotel Paradiso , ✆ 59548, , « Piccolo parco con riscaldata e ≤ lago »
15 marzo-ottobre – **Pasto** carta 30/44000 – 15000 – **15 cam** 90/150000 – ½ P 115000.

GHIRLANDA Grosseto – Vedere Massa Marittima.

GHISLARENGO **13030** Vercelli 428 F 7 – 823 ab. alt. 206 – 0161.

Roma 639 – Stresa 55 – Biella 39 – ◆Milano 73 – Novara 30 – ◆Torino 80 – Vercelli 25.

Roma, via Vittorio Emanuele II 22 (E : 0,5 km) ✆ 860143, Fax 860143 – . VISA
chiuso mercoledì e dal 12 al 31 agosto – **Pasto** carta 28/56000.

GIANICO 25040 Brescia 429 E 12 – 1 846 ab. alt. 281 – ☎ 0364.
Roma 612 – ◆Bergamo 55 – ◆Bolzano 176 – ◆Brescia 55 – ◆Milano 102.

XX **Rustichello,** via Tadini 12 ☎ 532976, Coperti limitati; prenotare – AE VISA
chiuso mercoledì, giovedì a mezzogiorno, dal 1° al 10 febbraio e dal 1° al 20 agosto – **Pasto** carta 30/50000.

GIARDINI NAXOS Messina 988 ㊲, 432 N 27 – Vedere Sicilia alla fine dell'elenco alfabetico.

GIAROLO Alessandria – Vedere Montacuto.

GIAVENO 10094 Torino 988 ⑫, 428 G 4 – 13 261 ab. alt. 506 – a.s. luglio-agosto – ☎ 011.
Roma 698 – ◆Torino 38 – ◆Milano 169 – Susa 38.

XX **San Roch,** via Parco Abbaziale 1 ☎ 9376913, solo su prenotazione – AE E VISA
chiuso lunedì, dall'8 al 20 gennaio e dal 20 al 30 agosto – **Pasto** 35/50000 bc (a mezzogiorno) e 55/70000 bc (alla sera).

GIGLIO (Isola del) Grosseto 988 ㉔, 430 O 14 – 1 574 ab. alt. da 0 a 498 (Poggio della Pagana) – a.s. Pasqua e 15 giugno-15 settembre – ☎ 0564.
La limitazione d'accesso degli autoveicoli è regolata da norme legislative.

Giglio Porto 988 ㉔, 430 O 14 – ✉ 58013.

per Porto Santo Stefano giornalieri (1 h) – Toremar-agenzia Cavero, via Umberto I ☎ 809349, Telex 502122.

Arenella , NO : 2,5 km ☎ 809340, Fax 809443, ≤ mare e costa, – .
Pasto *(chiuso dal 25 settembre al 15 maggio)* carta 49/61000 – ☐ 12000 – **24 cam** 95/170000 – ½ P 110/135000.

Castello Monticello, bivio per Arenella N: 1 km ☎ 809252, Fax 809473, ≤, , – TV ☎ . VISA. rist
aprile-settembre – **Pasto** 25/40000 – **29 cam** ☐ 100/160000 – ½ P 100/120000.

Bahamas senza rist, ☎ 809254, Fax 809254, ≤ – ☎ . AE E VISA.
28 cam ☐ 65/110000.

X **La Vecchia Pergola,** ☎ 809080, Fax 809080, ≤, « Servizio estivo in terrazza » – E VISA
chiuso febbraio, dal 15 ottobre a dicembre e martedì (escluso da giugno a settembre) – **Pasto** carta 39/60000.

a Giglio Castello NO : 6 km – ✉ 58012 Giglio Isola :

X **Da Maria,** ☎ 806062, Fax 806105 – AE E VISA JCB
chiuso gennaio, febbraio e mercoledì (escluso da giugno a settembre) – **Pasto** carta 48/63000.

X **Da Santi,** ☎ 806188, Coperti limitati; prenotare – AE E VISA.
chiuso febbraio e lunedì escluso dal 15 giugno al 15 settembre – **Pasto** carta 38/68000.

a Campese NO : 8,5 km – ✉ 58012 Giglio Isola :

Campese , ☎ 804003, ≤, « Sulla spiaggia », – cam ☎ . AE . rist
Pasqua-settembre – **Pasto** carta 41/63000 – **39 cam** ☐ 85/140000 – ½ P 110/125000.

GIGNOD 11010 Aosta 428 E 3 – 1 090 ab. alt. 994 – ☎ 0165.
(aprile-ottobre; chiuso mercoledì agosto) località Arsanières ✉ 11010 Gignod ☎ 56020, Fax 56020.
Roma 753 – Aosta 7 – Colle del Gran San Bernardo 25.

XX **La Clusaz** con cam, NO : 4,5 km ☎ 56075, Cucina tipica valdostana, solo su prenotazione – TV ☎ .
chiuso dal 27 maggio al 15 giugno e dal 28 ottobre al 15 novembre – **Pasto** *(chiuso a mezzogiorno e martedì escluso i giorni festivi ed agosto)* 35/50000 – ☐ 10000 – **12 cam** 60/120000 – ½ P 80/90000.

GIOIA DEI MARSI 67055 L'Aquila 430 Q 23 – 2 343 ab. alt. 735 – ☎ 0863.
Roma 137 – Frosinone 93 – Isernia 90 – L'Aquila 83 – ◆Pescara 102.

Filippone, via Duca degli Abruzzi ☎ 88111, Fax 889842, , – TV ☎ – 150. AE E VISA. cam
Pasto carta 24/40000 – **55 cam** ☐ 95/130000, appartamento – ½ P 85000.

GIOIA DEL COLLE 70023 Bari 988 ㉙, 431 E 32 – 26 212 ab. alt. 358 – ☎ 080.
Roma 443 – ◆Bari 39 – ◆Brindisi 107 – ◆Taranto 35.

Svevo, via per Santeramo 319 ☎ 9982739, Fax 9982797 – TV ☎ – 150. AE E VISA.
Pasto carta 35/55000 – **67 cam** ☐ 140/170000, 2 appartamenti – ½ P 140000.

GIOVI Arezzo 430 L 17 – Vedere Arezzo.

Leggete attentamente l'introduzione : è la « chiave » della guida.

GIOVINAZZO 70054 Bari 988 ㉙, 431 D 32 – 21 199 ab. – ☎ 080.

Dintorni Cattedrale★ di Bitonto S : 9 km.

Roma 432 – ◆Bari 21 – Barletta 37 – ◆Foggia 115 – Matera 62 – ◆Taranto 106.

✗ **Toruccio,** ☎ 8942432, ≤, 余 – P. AE Ⓢ Ⓓ E VISA
chiuso martedì e dal 5 al 28 novembre – **Pasto** carta 25/47000.

sulla strada statale 16 SE : 3 km :

Gd H. Riva del Sole ⛵, ✉ 70054 ☎ 8943166, Telex 810430, Fax 8943260, 余, ⛱, ▲, 🌳, ✂ – 🛗 ▤ TV ☎ P – 🏨 50 a 150. AE Ⓢ Ⓓ E VISA. ✗
Pasto carta 38/54000 – **90 cam** ☕ 150/200000 – ½ P 120/150000.

GIULIANOVA LIDO 64022 Teramo 988 ⑰, 430 N 23 – 21 865 ab. – a.s. luglio-agosto – ☎ 085.

ℹ via Galilei 18 ☎ 8003013.

Roma 209 – Ascoli Piceno 50 – ◆Pescara 47 – ◆Ancona 113 – L'Aquila 100 – Teramo 27.

Gd H. Don Juan, lungomare Zara 97 ☎ 8008341, Telex 600061, Fax 8004805, ≤, ⛱, ▲, 🌳, ✂ – 🛗 ▤ TV ☎ ♿ P – 🏨 400. AE Ⓢ Ⓓ E VISA. ✗ rist
18 maggio-settembre – **Pasto** 40/50000 – **148 cam** ☕ 140/220000 – ½ P 170/200000.

Cristallo, lungomare Zara 73 ☎ 8003780, Fax 8005953, ≤, ▲ – 🛗 ▤ TV ☎ ♿ – 🏨 60. AE Ⓢ Ⓓ E VISA. ✗
Pasto *(chiuso dal 21 dicembre al 2 gennaio)* carta 35/73000 – **53 cam** ☕ 110/190000, 2 appartamenti – ½ P 125/140000.

Europa, lungomare Zara 57 ☎ 8003600, Fax 8000091 – 🛗 ▤ TV ☎. AE Ⓢ Ⓓ E VISA. ✗ rist
Pasto carta 30/51000 – ☕ 10000 – **78 cam** 80/130000, ▤ 6000 – ½ P 105/135000.

Ritz, via Quinto 3 ☎ 8008470, Fax 8004748, ▲ – 🛗 ▤ TV ☎ P. AE Ⓢ Ⓓ E VISA. ✗ rist
maggio-settembre – **Pasto** 30/35000 – ☕ 10000 – **50 cam** 70/120000 – ½ P 100000.

Riviera, lungomare Zara 47 ☎ 8006413, Fax 8003022, ≤, ⛱, ▲ – 🛗 ▤ TV ☎ ♿ 🚗 P – 🏨 250. AE Ⓢ Ⓓ E VISA. ✗
Pasto 40/45000 – **115 cam** ☕ 100/150000, 5 appartamenti – ½ P 120/150000.

Baltic, lungomare Zara ☎ 8008241, Fax 8008241, « Giardino ombreggiato », ⛱, ▲ – 🛗 ▤ rist ☎ P
stagionale – **45 cam.**

✗✗ **Da Beccaceci,** via Zola 18 ☎ 8003550, Fax 8007073 – ▤. AE Ⓢ Ⓓ E VISA
chiuso domenica sera, lunedì e dal 15 al 31 dicembre – **Pasto** carta 50/82000.

✗✗ **Del Torrione,** piazza Buozzi 63 ✉ 64021 Giulianova Alta ☎ 8003307, Fax 8003307 « Servizio estivo in terrazza con ≤ » – Ⓢ Ⓓ VISA
chiuso lunedì, martedì a mezzogiorno e dall'8 gennaio al 16 febbraio – **Pasto** carta 32/66000

✗✗ **Martin Pescatore,** via La Spezia 5 ☎ 8003782, 余 – AE Ⓢ Ⓓ E VISA. ✗
chiuso lunedì e dal 25 settembre al 15 ottobre – **Pasto** carta 36/60000.

✗✗ **L'Ancora,** via Turati 142 angolo via Cermignani ☎ 8005321 – ▤ P. AE Ⓢ Ⓓ E VISA. ✗
chiuso dal 16 agosto al 7 settembre e domenica (escluso da giugno a settembre) – **Pasto** carta 32/69000.

✗ **Lucia,** via Lampedusa 12 ☎ 8005807 – AE Ⓢ Ⓓ E VISA. ✗
chiuso novembre e lunedì (escluso da giugno a settembre) – **Pasto** carta 34/56000.

GIURDIGNANO 73020 Lecce 431 G 37 – 1 782 ab. alt. 78 – ☎ 0836.

Roma 610 – ◆Brindisi 84 – Gallipoli 39 – Lecce 38 – ◆Taranto 117.

✗ **Osteria degli Amici,** piazza Municipio 13 ☎ 83001, 余 – AE Ⓢ E VISA
chiuso martedì da ottobre a maggio – **Pasto** carta 26/46000.

GIZZERIA LIDO 88040 Catanzaro 431 K 30 – 3 648 ab. – ☎ 0968.

Roma 576 – ◆Cosenza 60 – Catanzaro 39 – Lamezia Terme (Nicastro) 13 – Paola 57 – ◆Reggio di Calabria 132.

✗✗ **Marechiaro** con cam, ☎ 51251, 余 – ▤ TV ☎ – 🏨 60. AE Ⓢ VISA. ✗ cam
chiuso lunedì e dicembre – **Pasto** carta 55/75000 – ☕ 10000 – **8 cam** 180/280000 P 220000.

✗ **Pesce Fresco** con cam, strada statale NO : 2 km ☎ 466200, Fax 466383 – TV ☎ P. ✗ cam
Pasto carta 33/51000 – **23 cam** ☕ 50/95000 – ½ P 70/75000.

GLORENZA (GLURNS) 39020 Bolzano 428 429 C 13, 218 ⑧ – 812 ab. alt. 920 – ☎ 0473.

Roma 720 – Sondrio 119 – ◆Bolzano 83 – ◆Milano 260 – Passo di Resia 24.

Posta, ☎ 831208, Fax 830432, ⛺ – 🛗 ♿ 🚗 P. Ⓢ E VISA
chiuso dal 7 gennaio a marzo – **Pasto** 27/30000 – **30 cam** ☕ 60/110000 – ½ P 78000.

GLURNS = Glorenza.

GODIA Udine – Vedere Udine.

Lisez attentivement l'introduction : c'est la clé du guide.

GOITO 46044 Mantova 988 ④ ⑭, 428 429 G 14 – 9 176 ab. alt. 30 – ☎ 0376.
Roma 487 – ♦Verona 38 – ♦Brescia 50 – Mantova 16 – ♦Milano 141.

XXX ✿✿ **Al Bersagliere,** via Statale 258 ☎ 688399, Fax 688363, 余 – ▤ P. AE 🅂 ⓓ E VISA. ✻
chiuso lunedì, martedì a mezzogiorno, Natale, dal 9 al 16 gennaio e dal 7 al 30 agosto – **Pasto** 95000 e carta 80/120000
Spec. Maccheroni al pettine con pomodoro e rucola (primavera-estate). Astice brasato con verdura e fegato grasso d'oca in salsa al Porto. Capretto al forno con aglio timo e patate alla fornaia.

GOLFO ARANCI Sassari 988 ㉔, 433 E 10 – Vedere Sardegna alla fine dell'elenco alfabetico.

GOLFO DI MARINELLA Sassari 433 D 10 – Vedere Sardegna (Olbia) alla fine dell'elenco alfabetico.

GONZAGA 46023 Mantova 428 429 H 14 – 8 506 ab. alt. 22 – ☎ 0376.
Roma 439 – ♦Verona 71 – Cremona 82 – Mantova 27 – ♦Modena 41 – ♦Parma 52.

🏠 **Villa le Rose,** piazza Matteotti 35 ☎ 528270, Fax 528271, 余 – TV ☎ P. AE 🅂 E VISA. ✻ rist
Pasto (solo per clienti alloggiati; *chiuso dal 15 dicembre al 7 gennaio, agosto e a mezzogiorno escluso venerdì-sabato-domenica*) 25/35000 – ☕ 15000 – **12 cam** 80/115000.

GORGO AL MONTICANO 31040 Treviso 429 E 19 – 3 809 ab. alt. 11 – ☎ 0422.
Roma 574 – ♦Venezia 60 – Treviso 32 – ♦Trieste 116 – Udine 85.

🏨 **Villa Revedin** 🐚, via Palazzi 4 ☎ 800033, Fax 800033, 余, « Villa veneta del 17° secolo in un parco » – ▤ TV ☎ P – 🔬 50 a 200. AE 🅂 ⓓ E VISA. ✻
Pasto (Solo piatti di pesce; *chiuso gennaio, dal 10 al 20 agosto, domenica sera e lunedì*) carta 50/75000 – ☕ 14000 – **32 cam** 100/160000 – ½ P 140/160000.

GORIZIA 34170 P 988 ⑥, 429 E 22 – 38 220 ab. alt. 86 – ☎ 0481.
⛳9 (chiuso lunedì, gennaio e febbraio) a San Floriano del Collio ✉ 34070 ☎ 884252, Fax 884252.
✈ di Ronchi dei Legionari SO : 25 km ☎ 773224, Telex 460220, Fax 474150 – Alitalia, Agenzia Appiani, corso Italia 60 ☎ 530266.
🅸 via Diaz 16 ☎ 533870, Fax 533870 – A.C.I. via Trieste 171 ☎ 21266.
Roma 649 – Udine 35 – Ljubljana 113 – ♦Milano 388 – ♦Trieste 45 – ♦Venezia 138.

🏨 **Palace Hotel** senza rist, corso Italia 63 ☎ 82166 , Fax 31658 – |‡| ▤ TV ☎ P – 🔬 80. AE 🅂 ⓓ E VISA
☕ 8000 – **70 cam** 90/130000.

X Locanda Goriziana, via Vallone dell'Acqua 1 ☎ 531166, 余 – P

sulla strada statale 351 SO : 5 km :

X **Al Fogolar,** ✉ 34070 Lucinico ☎ 390107, 余, Rist. e pizzeria, 余 – P. VISA. ✻
chiuso lunedì – **Pasto** carta 35/55000.

GORLE 24020 Bergamo 428 E 11 – 4 543 ab. alt. 268 – ☎ 035.
Roma 603 – ♦Bergamo 6 – ♦Milano 49.

XX **Del Baio,** viale Zavaritt 224 ☎ 342262, Fax 346277, 余 – AE 🅂 ⓓ E VISA. ✻
chiuso domenica e dal 12 al 26 agosto – **Pasto** carta 51/72000.

GORO 44020 Ferrara 988 ⑮, 429 H 18 – 4 378 ab. – ☎ 0533.
Roma 487 – ♦Ravenna 67 – ♦Ferrara 64 – ♦Padova 87 – ♦Venezia 98.

X **Da Primon,** via Cesare Battisti 150 ☎ 996071, Specialità di mare – P. ✻
chiuso martedì e dal 1° al 15 luglio – **Pasto** carta 28/73000.

X **Ferrari,** via Brugnoli 244 ☎ 996448, Fax 996546, Specialità di mare – ▤. AE 🅂 E VISA. ✻
chiuso mercoledì sera – **Pasto** carta 45/69000.

GOSSENSASS = Colle Isarco.

GOSSOLENGO 29020 Piacenza 428 G 10 – 3 117 ab. alt. 90 – ☎ 0523.
Roma 525 – Piacenza 8 – Alessandria 102 – ♦Genova 134 – ♦Milano 85.

XX **La Rossia,** via Rossia 17 (SO : 1,5 km) ☎ 56843 – P. 🅂 E VISA. ✻
chiuso martedì sera e mercoledì – **Pasto** carta 30/58000.

GOZZANO 28024 Novara 988 ②, 428 E 7 – 5 947 ab. alt. 359 – ☎ 0322.
Dintorni Santuario della Madonna del Sasso** NO : 12,5 km.
Roma 653 – Stresa 32 – Domodossola 53 – ♦Milano 76 – Novara 38 – ♦Torino 112 – Varese 44.

sulla strada statale 229 N : 2,5 km :

X **Poncetta,** ✉ 28024 ☎ 94392, ≤ lago – P. AE 🅂 E VISA. ✻
chiuso mercoledì ed ottobre – **Pasto** carta 33/56000.

GRADARA 61012 Pesaro e Urbino 988 ⑯, 429 430 K 20 – 2 842 ab. alt. 142 – ☎ 0541.

Vedere Rocca★.

Roma 315 – Rimini 28 – ◆Ancona 89 – Forlì 76 – Pesaro 15 – Urbino 44.

XX **La Botte,** ☎ 964404, « Caratteristico ambiente medioevale; servizio estivo in giardino » – AE 🏦 ⓓ E VISA
chiuso mercoledì e dal 7 al 25 novembre – **Pasto** carta 45/60000.

XX Mastin Vecchio di Adriano, ☎ 964024, « Tipico ambiente medioevale; servizio estivo in terrazza »

GRADISCA D'ISONZO 34072 Gorizia 988 ⑥, 429 E 22 – 6 684 ab. alt. 32 – a.s. agosto-settembre – ☎ 0481.

ℹ via Ciotti (Palazzo Torriani) ☎ 99217, Fax 99880.

Roma 639 – Udine 33 – Gorizia 12 – ◆Milano 378 – ◆Trieste 42 – ◆Venezia 128.

🏨 **Franz** senza rist, viale Trieste 45 ☎ 99211, Fax 960510 – 🛗 ▤ TV ☎ ♿ 🅿 – 🏛 30. AE 🏦 ⓓ E VISA
☕ 18000 – **50 cam** 118/148000.

XX **Al Ponte,** viale Trieste 122 (SO : 2 km) ☎ 99213, Fax 99213, « Servizio estivo sotto un pergolato » – ⅹ ▤ 🅿. AE 🏦 ⓓ E VISA JCB. ✻
chiuso lunedì sera, martedì e dal 7 al 24 luglio – **Pasto** carta 34/58000.

X **Al Commercio,** via della Campagnola 6 ☎ 99358 – AE 🏦 ⓓ E VISA. ✻
chiuso domenica sera, lunedì, dal 1° all'11 febbraio e dal 1° al 20 agosto – **Pasto** carta 29/50000.

GRADISCUTTA Udine 429 E 20 – alt. 22 – ✉ **33030** Varmo – ☎ 0432.

Roma 606 – Udine 37 – ◆Milano 345 – Pordenone 35 – ◆Trieste 88 – ◆Venezia 95.

XX **Da Toni,** ☎ 778003, Fax 778655, 🍴, « Giardino » – 🅿 – 🏛 80. AE 🏦 ⓓ E VISA. ✻
chiuso lunedì, martedì a mezzogiorno e dal 25 luglio al 15 agosto – **Pasto** carta 40/58000.

GRADO 34073 Gorizia 988 ⑥, 429 E 22 – 9 145 ab. – Stazione termale (giugno-settembre), a.s luglio-agosto – ☎ 0431.

Vedere Quartiere antico★ : postergale★ nel Duomo.

ℹ (giugno-settembre) viale Dante Alighieri 72 ☎ 899220, Fax 899278.

Roma 646 – Udine 50 – Gorizia 43 – ◆Milano 385 – Treviso 122 – ◆Trieste 54 – ◆Venezia 135.

🏨 **Gd H. Astoria,** largo San Grisogono 2 ☎ 83550, Fax 83355, « Piscina riscaldata panoramica », Ⅎδ, ≘s – 🛗 ▤ TV ☎ ♿ 🚗 – 🏛 30 a 250. AE 🏦 ⓓ E VISA. ✻ rist
marzo-ottobre – **Pasto** 60000 – **118 cam** ☕ 190/280000, appartamento – ½ P 170/190000.

🏨 **Savoy,** via Carducci 33 ☎ 81171, Fax 83305, Ⅎδ, ≘s, ⛱ riscaldata, 🏊, 🌳 – 🛗 ▤ TV ☎ 🅿. AE 🏦 ⓓ E VISA. ✻ rist
aprile-27 ottobre – **Pasto** (solo per clienti alloggiati) 40/46000 – **96 cam** ☕ 145/320000 – ½ P 120/200000.

🏨 **Abbazia,** via Colombo 12 ☎ 80038, Fax 81722, 🏊 – 🛗 ▤ TV ☎ 🅿. AE 🏦 E VISA. ✻ rist
aprile-ottobre – **Pasto** 35/40000 – ☕ 20000 – **50 cam** 160/200000 – ½ P 150/170000.

🏨 **Antares** senza rist, via delle Scuole 4 ☎ 84961, Fax 82385, Ⅎδ, ≘s – 🛗 ▤ TV ☎ 🅿
19 cam ☕ 115/170000, ▤ 10000.

🏨 **Alla Città di Trieste,** piazza XXVI Maggio 22 ☎ 83571, Fax 83571 – 🛗 ▤ TV ☎ ♿. AE 🏦 E VISA. ✻ rist
chiuso gennaio e novembre – **Pasto** 30/45000 – **25 cam** ☕ 90/160000, ▤ 8000 – ½ P 83/105000.

🏨 **Diana,** via Verdi 3 ☎ 82247, Fax 83330 – 🛗 TV ☎. AE 🏦 ⓓ E VISA. ✻ rist
marzo-5 novembre – **Pasto** 30/48000 – ☕ 15000 – **63 cam** 120/190000 – ½ P 100/135000.

🏨 **Il Guscio** senza rist, via Venezia 2 ☎ 82200, « Giardino » – 🛗 ☎ 🅿. VISA
maggio-settembre – **12 cam** ☕ 65/98000.

🏨 **Park Spiaggia** senza rist, via Mazzini 1 ☎ 82366, Fax 83519 – 🛗 TV ☎ ♿. AE 🏦 E VISA
maggio-ottobre – ☕ 10000 – **30 cam** 80/120000.

🏠 **Serena** senza rist, riva Sant'Andrea 31 ☎ 80697, Fax 85199 – ☎. AE 🏦 ⓓ E VISA
16 marzo-3 novembre – **16 cam** ☕ 52/104000.

🏠 **Cristina,** viale Martiri della Libertà 11 ☎ 80989, 🌳 – ☎ 🅿. 🏦. ✻ rist
aprile-settembre – **Pasto** 30000 – ☕ 10000 – **26 cam** 60/110000 – ½ P 80000.

XX **Al Balaor,** calle Zanini 3 ☎ 80150, 🍴 – ▤. AE 🏦 E VISA. ✻
chiuso giovedì escluso da giugno a settembre – **Pasto** carta 50/70000.

X **All'Androna,** calle Porta Piccola 4 ☎ 80950, Fax 83185, 🍴 – ▤. AE 🏦 E VISA. ✻
chiuso dal 20 dicembre al 1° marzo e martedì in bassa stagione – **Pasto** carta 43/65000.

X **Al Canevon,** calle Corbatto 11 ☎ 81662 – ▤. AE 🏦 ⓓ E VISA
chiuso mercoledì – **Pasto** carta 41/68000.

X **De Toni,** piazza Duca d'Aosta 37 ☎ 80104, 🍴 – AE 🏦 ⓓ E VISA. ✻
chiuso mercoledì e gennaio – **Pasto** carta 36/64000.

alla pineta E : 4 km :

Plaza, via Pegaso 1 ℘ 80226, Fax 82082, – AE VISA. rist
20 maggio-20 settembre – **Pasto** 30000 – ☐ 15000 – **45 cam** 75/120000 – ½ P 104000.

Tanit, viale dei Pesci 13 ℘ 81845, Fax 84866, –
marzo-novembre – **Pasto** (solo per clienti alloggiati) 25/30000 – **16 cam** ☐ 55/110000 – ½ P 80000.

GRADOLI **01010** Viterbo 430 O 17 – 1 528 ab. alt. 470 – 0761.
Roma 130 – Viterbo 42 – Siena 112.

La Ripetta, via Roma 38 ℘ 456100, – AE E VISA.
chiuso lunedì e novembre – **Pasto** carta 41/65000.

GRANCONA **36040** Vicenza 429 F 16 – 1 619 ab. alt. 36 – 0444.
Roma 553 – ♦Padova 54 – ♦Verona 42 – Vicenza 24.

a Pederiva E : 1,5 km – ✉ **36040** Grancona :

Isetta con cam, ℘ 889521, Fax 889992 – AE VISA.
chiuso luglio – **Pasto** *(chiuso martedì sera e mercoledì)* carta 35/55000 – ☐ 10000 – **7 cam** 50/65000.

GRANDATE **22070** Como 428 E 9, 219 ⑧ – 2 965 ab. alt. 342 – 031.
Roma 614 – Como 6 – ♦Bergamo 65 – Lecco 35 – ♦Milano 43.

Arcade, strada statale dei Giovi 38 ℘ 450100, Fax 450100 – AE E VISA
chiuso domenica ed agosto – **Pasto** carta 35/51000.

GRAN SAN BERNARDO (Colle del) Aosta 988 ① ②, 428 E 3, 219 ② – alt. 2 469 – a.s. Pasqua,luglio-agosto e Natale.
Roma 778 – Aosta 41 – ♦Genève 148 – ♦Milano 216 – ♦Torino 145 – Vercelli 151.

Italia, ✉ 11010 Saint Rhémy ℘ (0165) 780908, Fax 780063 –
stagionale – **15 cam.**

Read carefully the introduction it is the key to the Guide.

GRAPPA (Monte) Belluno, Treviso e Vicenza 988 ⑤ – alt. 1 775.
Vedere Monte★★★.
Roma 575 – Bassano del Grappa 32 – Belluno 63 – ♦Milano 271 – ♦Padova 74 – Trento 120 – ♦Venezia 107 – Vicenza 67.

GRAVINA IN PUGLIA **70024** Bari 988 ㉙, 431 E 31 – 40 049 ab. alt. 350 – 080.
Roma 417 – ♦Bari 58 – Altamura 12 – Matera 30 – Potenza 81.

Madonna della Stella, via Madonna della Stella ℘ 856383, ≤ città antica, , « In una grotta naturale » – VISA
chiuso martedì – **Pasto** carta 17/32000.

GRAZZANO BADOGLIO **14035** Asti 428 G 6 – 686 ab. alt. 299 – 0141.
Roma 616 – Alessandria 43 – Asti 25 – ♦Milano 101 – ♦Torino 68 – Vercelli 47.

Natalina-L'Albergotto con cam, località Madonna dei Monti N : 2 km ℘ 925185, Fax 925185, , Coperti limitati; prenotare – AE VISA.
chiuso gennaio – **Pasto** *(chiuso giovedì e venerdì a mezzogiorno)* carta 40/70000 – **9 cam** ☐ 80/150000, 2 appartamenti.

GRECCIO **02040** Rieti 988 ㉖, 430 O 20 – 1 506 ab. alt. 705 – 0746.
Vedere Convento★.
Roma 94 – Terni 25 – Rieti 16.

Il Nido del Corvo, ℘ 753181, Fax 753181, ≤ monti e vallata – AE.
chiuso martedì – **Pasto** carta 37/50000.

GRESSONEY LA TRINITÉ **11020** Aosta 988 ②, 428 E 5 – 274 ab. alt. 1 639 – a.s. 13 febbraio-3 marzo, luglio-agosto e Natale – Sport invernali : 1 637/2 861 m 2 8 – 0125.
Municipio ℘ 366143, Fax 366323.
Roma 733 – Aosta 86 – Ivrea 58 – ♦Milano 171 – ♦Torino 100.

Residence Hotel, località Edelboden ℘ 366148, Fax 366076, ≤ – AE E VISA.
dicembre-aprile e luglio-settembre – **Pasto** carta 31/49000 – **33 cam** ☐ 90/170000 – ½ P 100/130000.

Jolanda Sport, località Edelboden ℘ 366140, Fax 366202, ≤ – AE VISA.
chiuso maggio, ottobre e novembre – **Pasto** carta 32/54000 – ☐ 12000 – **28 cam** 90/156000 – ½ P 90/120000.

GRESSONEY SAINT JEAN 11025 Aosta 988 ②, 428 E 5 – 803 ab. alt. 1 385 – a.s. febbraio-Pasqua, luglio-agosto e Natale – Sport invernali : 1 385/2 020 m 3 – 0125.

Monte Rosa (giugno-ottobre) 356314, Fax 355796 o 355988.

Villa Margherita 355185, Fax 355895.

Roma 727 – Aosta 80 – Ivrea 52 – Milano 165 – Torino 94.

Il Braciere, 355526 – AE E VISA.
chiuso mercoledì (escluso luglio-agosto), dal 24 al 31 maggio e da novembre al 4 dicembre – **Pasto** carta 35/59000.

GREVE IN CHIANTI 50022 Firenze 988 ⑮, 430 L 15 – 11 741 ab. alt. 241 – 055.

Roma 260 – Firenze 31 – Siena 43 – Arezzo 64.

Del Chianti, 853763, Fax 853763, – AE VISA.
Pasto (solo per clienti alloggiati) carta 26/57000 – **16 cam** 120/150000.

La Camporena, 853184, Fax 8544784, ≤, « Fattoria fra vigneti ed uliveti », – AE E VISA. rist
Pasto (solo per clienti alloggiati) – **15 cam** 80/90000 – ½ P 70/90000.

a Panzano S : 6 km – alt. 478 – **50020** :

Villa le Barone, E : 1,5 km 852621, Fax 852277, ≤, « In un'antica dimora di campagna », – AE E VISA.
aprile-ottobre – **Pasto** (solo per clienti alloggiati) 50/60000 – **27 cam** solo ½ P 185/210000.

Villa Sangiovese, 852461, Fax 852463, ≤, « Servizio rist. estivo in terrazza-giardino panoramica », – E VISA.
chiuso da Natale a febbraio – **Pasto** *(chiuso mercoledì)* carta 32/51000 – **17 cam** 120/220000, 2 appartamenti.

Il Vescovino, 852464, « Servizio estivo all'aperto con ≤ colline » – AE E VISA JCB
chiuso martedì, mercoledì a mezzogiorno, gennaio o febbraio – **Pasto** carta 45/77000 (13 %).

Un conseil Michelin :

pour réussir vos voyages, préparez-les à l'avance.

Les cartes et guides Michelin, vous donnent toutes indications utiles sur :

itinéraires, visite des curiosités, logement, prix, etc.

GREZZANA 37023 Verona 988 ④, 428 429 F 15 – 9 636 ab. alt. 166 – 045.

Roma 514 – Verona 12 – Milano 168 – Venezia 125.

La Pergola, via La Guardia 1 907071, Fax 907111, – AE E VISA
Pasto carta 31/49000 – 12000 – **34 cam** 75/110000, 10000 – ½ P 110000.

a Stallavena N : 4 km – **37020** :

Antica Pesa, 907183 – AE E VISA.
chiuso martedì sera e mercoledì – **Pasto** 29000 (a mezzogiorno) e carta 40/55000.

GRIGNANO 34014 Trieste 429 E 23 – alt. 74 – 040.

Roma 677 – Udine 59 – Trieste 8 – Venezia 150.

Riviera e Maximilian's, strada costiera 22 224551, Fax 224300, ≤, – 60 a 150. AE E VISA. rist
Pasto carta 45/68000 – **65 cam** 140/210000, 4 appartamenti.

GRINZANE CAVOUR 12060 Cuneo 428 I 5 – 1 674 ab. alt. 260 – 0173.

Roma 633 – Cuneo 71 – Torino 74 – Alessandria 75 – Asti 39 – Milano 163 – Savona 88.

Trattoria Enoteca del Castello, 262159, « Castello-museo del 13° secolo » – AE E VISA.
chiuso martedì e gennaio – **Pasto** 50/60000.

GRISIGNANO DI ZOCCO 36040 Vicenza 988 ⑤, 429 F 17 – 4 021 ab. alt. 23 – 0444.

Roma 499 – Padova 17 – Bassano del Grappa 48 – Venezia 57 – Verona 63 – Vicenza 18.

Magnolia, via Mazzini 1 414222, Fax 414227 – 150. AE E VISA JCB.
Pasto *(chiuso venerdì, sabato e domenica)* carta 31/54000 – 20000 – **29 cam** 125/185000 – ½ P 105/125000.

GRÖDNER JOCH = Gardena (Passo di).

GROLE Mantova – Vedere Castiglione delle Stiviere.

GROMO 24020 Bergamo 428 429 E 11 – 1 246 ab. alt. 675 – Sport invernali : 1 153/1 715 m – 0346.

Roma 623 – Bergamo 43 – Brescia 86 – Edolo 84 – Milano 85.

Posta al Castello, piazza Dante 3 41002, Fax 41002 – AE E VISA.
chiuso venerdì – **Pasto** carta 32/60000.

GROSIO **23033** Sondrio 988 ④, 428 429 D 12 – 4 954 ab. alt. 653 – ☎ 0342.
Roma 739 – Sondrio 40 – ♦Milano 178 – Passo dello Stelvio 44 – Tirano 14.

XX **Sassella** con cam, ✆ 847272, Fax 847550 – |♦| TV ☎ ♿ – 🏊 50. AE ⑤ ⓞ E VISA
Pasto *(chiuso lunedì dal 15 settembre al 15 giugno)* carta 35/58000 – ☕ 10000 – **18 cam** 57/92000 – ½ P 88/93000.

GROSSETO **58100** P 988 ㉔ ㉕, 430 N 15 – 71 680 ab. alt. 10 – ☎ 0564.
Vedere Museo Archeologico e d'Arte della Maremma*.
🅱 viale Monterosa 206 ✆ 454510, Fax 454606.
A.C.I. via Mazzini 105 ✆ 415777.
Roma 187 – ♦Livorno 134 – ♦Milano 428 – ♦Perugia 176 – Siena 73.

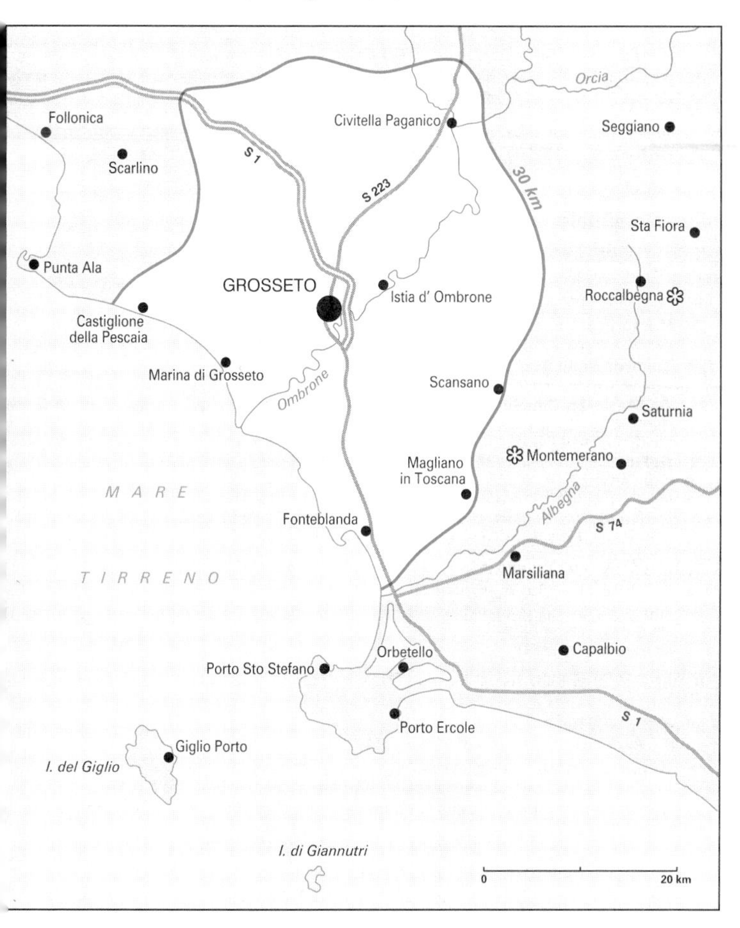

🏨 **Bastiani Grand Hotel** senza rist, piazza Gioberti 64 ✆ 20047, Telex 502051, Fax 29321 – |♦| ▤ TV ☎. AE ⑤ ⓞ E VISA. ✂
☕ 18000 – **44 cam** 158/296000, 3 appartamenti.

🏨 **Nuova Grosseto** senza rist, piazza Marconi 26 ✆ 414105, Fax 414105 – |♦| ▤ TV ☎ P. AE ⑤ ⓞ E VISA. ✂ – ☕ 6000 – **40 cam** 70/110000.

🏨 **Sanlorenzo** senza rist, via Piave 22 ✆ 27918, Fax 25338 – |♦| ▤ TV ☎. AE ⑤ ⓞ VISA. ✂
☕ 7000 – **31 cam** 60/110000.

🏨 **Leon d'Oro,** via San Martino 46 ✆ 22128, Fax 22578 – TV ☎. AE ⑤ ⓞ E VISA. ✂ cam
Pasto *(chiuso domenica)* carta 28/42000 – ☕ 10000 – **39 cam** 90/120000 – ½ P 100/150000.

XXX **Buca San Lorenzo,** via Manetti 1 ℘ 25142, Fax 413125, Coperti limitati; prenotare, « Nelle mura medicee » – AE ⑤ ⓓ E VISA. ⚘
chiuso lunedì – **Pasto** 35/80000 e carta 47/76000.

XX **Ximenes,** viale Ximenes 43 ℘ 29310 – ▤. AE ⑤ ⓓ E VISA JCB. ⚘
chiuso domenica ed agosto – **Pasto** carta 50/80000.

X **Canapone,** piazza Dante 3 ℘ 24546 – AE ⑤ E VISA
chiuso domenica e dal 1° al 15 agosto – **Pasto** carta 38/58000.

GROSSETO (Marina di) 58046 Grosseto 988 ㉔, 430 N 14 – a.s. Pasqua e 15 giugno-15 settembre – ☎ 0564.
Roma 196 – Grosseto 14 – ♦Firenze 153 – ♦Livorno 125 – Orbetello 53 – Siena 85.

Rosmarina, via delle Colonie 35 ℘ 34408, Fax 34684, ▲, ☞ – ▮ ▤ ▭ ☎ ♿. AE ⓓ. ⚘
Pasto carta 37/50000 – ☐ 12000 – **18 cam** 100/120000 – ½ P 80/120000.

a Principina a Mare S : 6 km – ✉ 58046 Marina di Grosseto :

Principe ⊗, ℘ 31400, Fax 31027, « In pineta », ⅃, ⛱ riscaldata, ▲, ☞ – ▮ ▤ ▭ ☎ Ⓟ – 🏃 40 a 120. ⑤ E VISA. ⚘
Pasqua-15 ottobre – **Pasto** 30/40000 e al Rist. ***Il Putto*** *(Pasqua-ottobre; chiuso domenica sera e lunedì)* carta 40/58000 – ☐ 18000 – **44 cam** 160/240000, 3 appartamenti.

Grifone ⊗, ℘ 31300, Fax 31164, « In pineta », ☞ – ▮ ▤ ☎. AE ⑤ ⓓ E VISA. ⚘
aprile-15 ottobre – **Pasto** carta 45/60000 – ☐ 12000 – **40 cam** 110/140000 – ½ P 115/140000.

GROTTA... GROTTE Vedere nome proprio della o delle grotte.

GROTTAFERRATA 00046 Roma 430 Q 20 – 16 847 ab. alt. 329 – ☎ 06.
Vedere Guida Verde.
Roma 21 – Anzio 44 – Frascati 3 – Frosinone 71 – Latina 49 – Terracina 83.

XX **Hostaria al Vecchio Fico,** via Anagnina 257 ℘ 9459261, ⛱ – Ⓟ. AE ⑤ ⓓ. ⚘
chiuso martedì e i mezzogiorno di lunedì, giovedì e venerdì – **Pasto** carta 55/71000.

XX **Taverna dello Spuntino,** via Cicerone 20 ℘ 9459366 – ⚘
chiuso mercoledì e dal 10 al 31 agosto – **Pasto** carta 52/80000.

XX **Da Mario-La Cavola d'Oro,** via Anagnina 35 ℘ 94315755, ⛱ – ▤ Ⓟ. AE ⑤ ⓓ E VISA JCB. ⚘
chiuso lunedì e dal 10 al 30 agosto – **Pasto** carta 42/60000.

XX **Al Fico,** via Anagnina 134 ℘ 94315390, « Giardino-pineta con servizio estivo all'aperto » – Ⓟ. AE ⑤ ⓓ. ⚘
chiuso mercoledì e dal 16 al 24 agosto – **Pasto** carta 48/66000.

X **Da Nando,** via Roma 4 ℘ 9459989, Fax 9459989 – ▤. AE ⑤ ⓓ E VISA. ⚘
chiuso lunedì e dal 15 al 31 luglio – **Pasto** carta 40/68000.

GROTTAGLIE 74023 Taranto 988 ㉙, 431 F 34 – 31 660 ab. alt. 133 – ☎ 099.
Roma 514 – ♦Brindisi 49 – ♦Bari 96 – ♦Taranto 22.

Gill senza rist, via Brodolini 75 ℘ 8638756, Fax 8638207 – ▮ ▤ ▭ ☎ ⇔ – 🏃 40. AE ⑤ ⓓ E VISA
48 cam ☐ 70/95000.

GROTTAMMARE 63013 Ascoli Piceno 988 ⑯ ⑰, 430 N 23 – 13 346 ab. – a.s. luglio-agosto – ☎ 0735.
ℹ piazzale Paricle Fazzini 5 ℘ 631087.
Roma 236 – Ascoli Piceno 43 – ♦Ancona 84 – Macerata 64 – ♦Pescara 72 – Teramo 53.

Roma, ℘ 631145, Fax 633249, ≤, ▲, ☞ – ▮ ▭ ☎ Ⓟ. ⑤ E VISA. ⚘ rist
giugno-20 settembre – **Pasto** 25/45000 – **60 cam** ☐ 100000 – ½ P 85/105000.

XX **Osteria dell'Arancio,** località Grottammare Alta ℘ 631059, ⛱, « Locale caratteristico con menu tipico »
chiuso a mezzogiorno e mercoledì (escluso da giugno a settembre) – **Pasto** 50000.

verso San Benedetto del Tronto :

Parco dei Principi, S : 1 km ✉ 63013 ℘ 735066, Fax 735080, ⛱ riscaldata, ▲, ☞, ℅ – ▮ ▤ ▭ ☎ Ⓟ – 🏃 100 a 300. AE ⑤ ⓓ E VISA. ⚘ rist
Pasto *(chiuso sabato e domenica in bassa stagione)* 30/50000 – **54 cam** ☐ 100/150000 – ½ P 100/130000.

Paradiso, S : 2 km ✉ 63013 ℘ 581412, Fax 581257, ≤, ⛱, ▲, ☞ – ▮ ▤ rist ▭ ☎ ⇔ Ⓟ. AE ⑤ E VISA. ⚘
Pasqua-settembre – **Pasto** 20/35000 – **50 cam** ☐ 120/140000 – ½ P 100/120000.

XX **Lacchè** S : 2,5 km ✉ 63013 ℘ 583573, ⛱, Specialità di mare – ▤. AE ⑤ ⓓ E VISA. ⚘
chiuso lunedì e dal 24 dicembre al 2 gennaio – **Pasto** carta 48/70000.

XX **Tropical,** S : 2 km ✉ 63013 ℘ 581000, ⛱, Specialità di mare, ▲ – AE ⑤ ⓓ E VISA
chiuso dal 20 ottobre al 10 novembre, lunedì e domenica sera (escluso da giugno ad agosto) – **Pasto** carta 38/62000.

GRUMELLO DEL MONTE 24064 Bergamo [428] [429] F 11 – 6 106 ab. alt. 208 – ☎ 035.
Roma 583 – ♦Bergamo 19 – ♦Brescia 32 – Cremona 80 – ♦Milano 62.

🍴🍴 **Cascina Fiorita,** N : 1 km ☎ 830005, ≤, 帝 – [P]. [AE] [S] ⓓ E VISA JCB
chiuso domenica sera, lunedì ed agosto – **Pasto** carta 45/71000.

GRUMENTO NOVA 85050 Potenza [431] G 29 – 1 949 ab. alt. 762 – ☎ 0975.
Roma 384 – Potenza 74 – Lagonegro 45 – Napoli 184 – Salerno 128.

sulla strada statale 598 svincolo Viggiano N : 3 km:

🏨 **Likos,** ✉ 85050 ☎ 311055, Fax 311055 – |‡| ▤ [TV] ☎ [P]. [AE] [S] ⓓ E VISA. ✂ rist
Pasto carta 25/40000 – **56 cam** ☕ 70000 – P 80000.

GSIES = Valle di Casies.

GUALDO CATTANEO 06035 Perugia [430] N 19 – 5 948 ab. alt. 535 – ☎ 075.
Roma 160 – ♦Perugia 48 – Assisi 28 – Foligno 32 – Orvieto 77 – Terni 54.

a Collesecco SO ; 9 km – ✉ 06030 Marcellano :

🍴 **La Vecchia Cucina,** via delle Scuole 2 ☎ 97237 – [P]. [AE] [S] ⓓ VISA. ✂
chiuso lunedì e dal 15 al 30 agosto – **Pasto** carta 28/50000.

GUALTIERI 42044 Reggio nell'Emilia [428] [429] H 13 – 6 091 ab. alt. 22 – ☎ 0522.
Roma 450 – ♦Parma 32 – Mantova 36 – ♦Milano 152 – ♦Modena 48 – Reggio nell'Emilia 25.

🏨 **A. Ligabue,** piazza 4 Novembre ☎ 828120, Fax 829294 – ▤ [TV] ☎ [P] – 🏛 40. [AE] [S] ⓓ E VISA. ✂
Pasto *(chiuso lunedì e dal 1° al 16 agosto)* carta 40/55000 – **36 cam** ☕ 70/100000 – ½ P 85000.

GUARDAMIGLIO 20070 Lodi [428] G 11 – 2 491 ab. alt. 49 – ☎ 0377.
Roma 516 – Piacenza 8 – Cremona 34 – ♦Milano 58 – Pavia 49.

🍴🍴 **Hostaria il Cavallo,** località Valloria E : 4 km ☎ 51016 – ▤ [P]. [AE] [S] E VISA. ✂
chiuso martedì e dal 27 luglio al 5 settembre – **Pasto** carta 52/86000.

GUARDIA VOMANO 64020 Teramo [430] O 23 – alt. 192 – ☎ 085.
Roma 200 – Ascoli Piceno 73 – ♦Pescara 46 – ♦Ancona 137 – L'Aquila 85 – Teramo 26.

sulla strada statale 150 S : 1,5 km :

🍴 **3 Archi,** ✉ 64020 ☎ 898140, Fax 898888 – [P]. [AE] [S] ⓓ VISA. ✂
chiuso mercoledì e novembre – **Pasto** carta 34/51000.

GUASTALLA 42016 Reggio nell'Emilia [988] ⑭, [428] [429] H 13 – 13 391 ab. alt. 25 – ☎ 0522.
Roma 453 – ♦Parma 35 – ♦Bologna 91 – Mantova 33 – ♦Milano 156 – ♦Modena 51 – Reggio nell'Emilia 28.

sulla strada per Novellara S : 5 km :

🍴🍴 **La Briciola,** ☎ 831378, Specialità di mare ed emiliane, Coperti limitati; prenotare, 帝 – ▤ [P]. [AE] [S] ⓓ E VISA. ✂
chiuso mercoledì – **Pasto** carta 45/60000.

GUBBIO 06024 Perugia [988] ⑮ ⑯, [430] L 19 – 30 924 ab. alt. 529 – ☎ 075.
Vedere Città vecchia★★ – Palazzo dei Consoli★★ B – Palazzo Ducale★ – Affreschi★ di Ottaviano Nelli nella chiesa di San Francesco – Affresco★ di Ottaviano Nelli nella chiesa di Santa Maria Nuova.
ℹ piazza Oderisi 6 ☎ 9220693, Fax 9273409.
Roma 217 ② – ♦Perugia 40 ③ – ♦Ancona 109 ② – Arezzo 92 ④ – Assisi 54 ③ – Pesaro 92 ④.

Pianta pagina seguente

🏨 **Park Hotel ai Cappuccini** ⛰, via Tifernate ☎ 9234, Fax 9220323, ≤ città e campagna, 🏋, ≘s, 🏊, 帝 – |‡| ▤ [TV] ☎ ♿ 🚗 [P] – 🏛 25 a 500. [AE] [S] ⓓ E VISA. ✂ rist per ④
Pasto carta 55/85000 – **91 cam** ☕ 265/300000, 5 appartamenti – ½ P 200000.

🏨 **Villa Montegranelli** ⛰, località Monteluiano ☎ 9220185, Fax 9273372, ≤ città e campagna, ≤, « Villa settecentesca di campagna », 帝 – |‡| [TV] ☎ [P] – 🏛 40 a 80. [AE] [S] ⓓ E VISA. ✂ 4 km per via Buozzi
Pasto carta 46/73000 – ☕ 12000 – **20 cam** 128/160000, appartamento – ½ P 138000.

🏨 **Bosone Palace,** via 20 Settembre 22 ☎ 9220698, Fax 9220552 – |‡| [TV] ☎ ♿. [AE] [S] ⓓ E VISA **d**
Pasto vedere rist **Taverna del Lupo** – ☕ 10000 – **28 cam** 120/140000 – ½ P 105000.

🏨 **San Marco,** via Perugina 5 ☎ 9220234, Fax 9273716, 帝 – |‡| [TV] ☎ – 🏛 150. [AE] [S] ⓓ E VISA JCB. ✂ rist **x**
Pasto carta 34/58000 (10 %) – ☕ 10000 – **63 cam** 95/120000 – ½ P 90000.

🏨 Gattapone, via Ansidei 6 ☎ 9272489 – ☎ **n**
Pasto vedere rist **Taverna del Lupo** – **13 cam.**

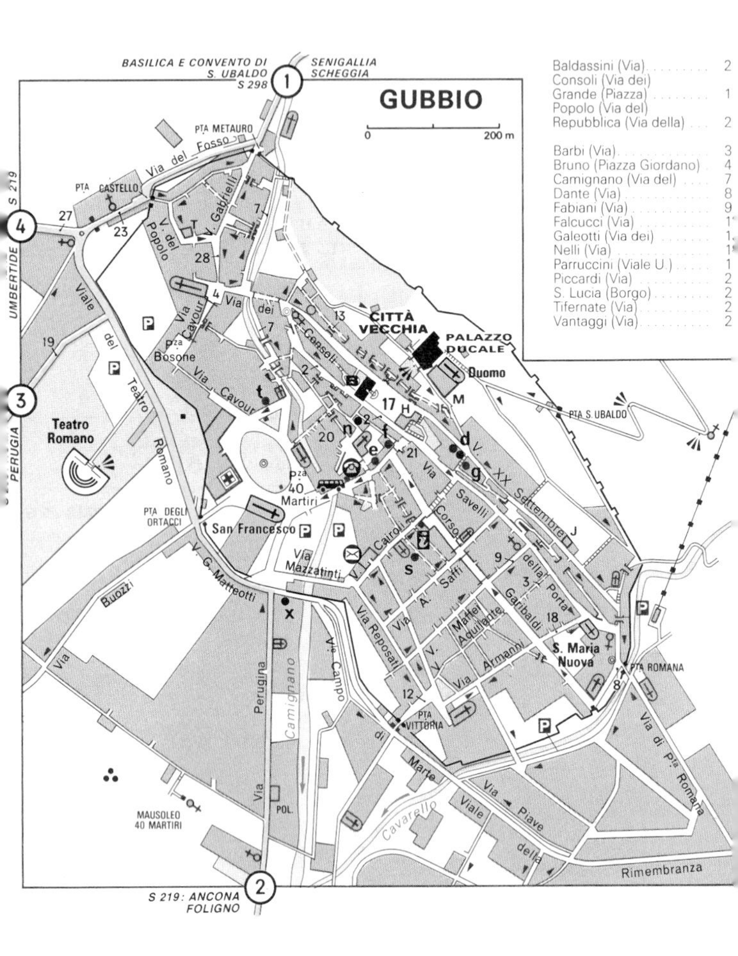

XXX Alla Fornace di Mastro Giorgio, via Mastro Giorgio 2 ✆ 9275740, Fax 9220401, « In u edificio trecentesco »

XXX **Taverna del Lupo,** via della Repubblica 47 ✆ 9274368, Fax 9271269 – ▤. AE Ⓢ ⓞ VISA
chiuso lunedì e dal 7 gennaio al 6 febbraio – **Pasto** 35/45000 e carta 50/74000 (15 %).

XX **Bosone Garden,** via Mastro Giorgio 1 ✆ 9221246, ☂ – AE Ⓢ ⓞ E VISA
chiuso mercoledì – **Pasto** carta 37/56000 (15 %).

XX **Fabiani,** piazza 40 Martiri 26/B ✆ 9274639, Fax 9220638, ☂ – AE Ⓢ ⓞ E VISA JCB
chiuso martedì e gennaio – **Pasto** carta 35/47000 (15 %).

XX **Federico da Montefeltro,** via della Repubblica 35 ✆ 9273949, ☂ – AE Ⓢ ⓞ E VISA
chiuso febbraio e giovedì (escluso agosto-settembre) – **Pasto** carta 43/67000.

X **Grotta dell'Angelo** con cam, via Gioia 47 ✆ 9273438, Fax 9273438, ☂ – TV ☎. AE Ⓢ ⓞ E VISA
chiuso dal 10 al 31 gennaio – **Pasto** carta 34/46000 – ☕ 5000 – **18 cam** 48/70000 ½ P 65/70000.

Le Ottime Tavole

Per voi abbiamo contraddistinto

alcuni alberghi (🏠 ... 🏨) e ristoranti (X ... XXXXX) con ✿, ✿✿ o ✿✿✿.

GUGLIONESI 86034 Campobasso 988 ㉗, 430 Q26 – 5 456 ab. alt. 370 – ☏ 0875.

Roma 271 – Campobasso 59 – •Foggia 103 – Isernia 103 – •Pescara 108 – Termoli 15.

verso Termoli NE : 5,5 km

XX **Ribo,** contrada Malecoste 7 ✉ 86034 ✆ 680655 – P. AE Ⓢ ⊙ E VISA. ✂
chiuso lunedì – **Pasto** carta 29/70000.

GUIDONIA MONTECELIO 00012 Roma 988 ㉖, 430 Q 20 – 60 425 ab. alt. 105 – ☏ 0774.

18 e 18 Marco Simone (chiuso martedì) ✆ 366469, Fax 366476.

Roma 31 – L'Aquila 108 – Rieti 71 – Terni 100.

a Montecelio NE : 5 km – alt. 389 – ✉ 00014 :

X **Spadaro,** ✆ 510042 – ✂. AE Ⓢ ⊙ E VISA. ✂
chiuso martedì ed agosto – **Pasto** carta 35/54000.

GUSSAGO 25064 Brescia 428 429 F 12 – 13 543 ab. alt. 180 – ☏ 030.

Roma 539 – •Brescia 14 – •Bergamo 45 – •Milano 86.

X **Da Renato,** via Casaglio 46 ✆ 2770386, Fax 2770386, ⛱ – P. AE Ⓢ ⊙ E VISA. ✂
chiuso lunedì, dal 1° al 21 gennaio e dal 30 luglio al 16 agosto – **Pasto** carta 26/42000.

HAFLING = Avelengo.

IDRO 25074 Brescia 988 ④, 428 429 E 13 – 1 434 ab. alt. 391 – Pasqua e luglio-15 settembre – ☏ 0365.

Roma 577 – •Brescia 45 – •Milano 135 – Salò 33.

XX **Alpino** ⛰ con cam, località Crone ✆ 83146, Fax 823143, ≤ – |‡| TV ☎ ⇔. AE Ⓢ ⊙ E VISA. ✂
chiuso dal 7 gennaio al 15 febbraio – **Pasto** *(chiuso martedì)* carta 39/55000 – ☕ 9500 – **24 cam** 70/90000 – ½ P 69/83000.

IGEA MARINA Rimini 430 J 19 – Vedere Bellaria Igea Marina.

IL GIOVO Savona – Vedere Pontinvrea.

ILLASI 37031 Verona 429 F 15 – 4 607 ab. alt. 174 – ☏ 045.

Roma 517 – •Verona 20 – •Padova 74 – Vicenza 44.

a Cellore N : 1,5 km – ✉ 37030 :

X **Dalla Lisetta,** ✆ 7834059, Fax 7834059, ⛱ – ▤. ⊙ E. ✂
chiuso domenica sera, martedì e dal 29 luglio al 20 agosto – **Pasto** carta 25/40000.

IMOLA 40026 Bologna 988 ⑮, 429 430 I 17 – 63 311 ab. alt. 47 – ☏ 0542.

18 La Torre a Riolo Terme ✉ 48025 ✆ 74035, Fax 74076, SE : 16 km.

Roma 384 – •Bologna 35 – •Ferrara 81 – •Firenze 98 – Forlì 30 – •Milano 249 – •Ravenna 44.

🏨 **Donatello e dei Congressi,** via Rossini 25 ✆ 680800 e rist ✆680300, Telex 522114, Fax 680514, ⛲ – |‡| ▤ TV ☎ ♿ ⇔ P – 🏛 30 a 300. AE Ⓢ ⊙ E VISA. ✂ rist
Pasto al Rist. ***Nettuno*** *(chiuso mercoledì e dal 6 al 20 agosto)* carta 34/67000 – **150 cam** ☕ 140/200000.

XXX ✿ **San Domenico,** via Sacchi 1 ✆ 29000, Fax 39000, Coperti limitati; prenotare – ▤. AE Ⓢ ⊙ E VISA
chiuso dal 1° all'11 gennaio, dal 28 luglio al 26 agosto, domenica sera e lunedì, da giugno ad agosto anche domenica a mezzogiorno – **Pasto** 55000 bc (a mezzogiorno) 80000 bc (alla sera) e carta 101/165000
Spec. Cappesante arrosto con indivia brasata, Tortelli di ricotta con sugo di vitello e tartufo bianco, Petto d'anatra all'agro di uva passa e pepe nero.

XX **Naldi,** via Santerno 13 ✆ 29581 – ▤ P. AE Ⓢ ⊙ E VISA. ✂
chiuso domenica, dal 1° al 7 gennaio e dall'11 al 18 agosto – **Pasto** carta 44/65000.

X **E Parlamintè,** via Mameli 33 ✆ 30144, ⛱ – AE Ⓢ E VISA
chiuso dal 25 dicembre al 6 gennaio, agosto, giovedì e da maggio a luglio anche domenica – **Pasto** carta 31/44000.

in prossimità casello autostrada A 14 N : 4 km :

🏨 **Molino Rosso,** ✉ 40026 ✆ 640300, Fax 640249, ⛲ riscaldata, 🎾 – |‡| ▤ TV ☎ ♿ ⇔ P – 🏛 25 a 100. AE Ⓢ ⊙ E VISA. ✂
Pasto carta 38/65000 (15 %) – **120 cam** ☕ 206/280000 – P 159/273000.

IMPERIA 18100 P 988 ⑫, 428 K 6 – 41 058 ab. – ☎ 0183.

ℹ viale Matteotti 54/a ☎ 24947, Fax 24950 – viale Matteotti 22 ☎ 60730.

A.C.I. piazza Unità Nazionale 23 ☎ 720052.

Roma 615 ② – ♦Genova 116 ② – ♦Milano 239 ② – San Remo 23 ④ – Savona 70 ② – ♦Torino 178 ②.

Pianta pagina seguente

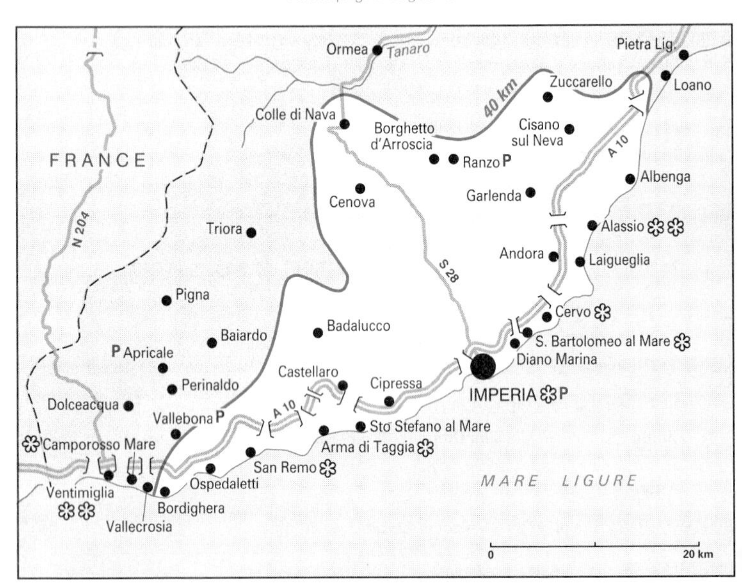

ad Oneglia – ✉ 18100 Imperia :

🏨 **Centro** senza rist, piazza Unità Nazionale 4 ☎ 273771, Fax 273772 – AE ⓢ ⓓ E VISA — AX **n**
21 cam ☐ 88/130000.

✗✗ **Chez Braccio Forte,** via De Genejs 46 ☎ 294752 – AE ⓢ ⓓ E VISA — AX **a**
chiuso lunedì e gennaio – **Pasto** carta 58/93000 (10 %).

✗✗ **Salvo-Cacciatori,** via Vieusseux 12 ☎ 293763, Rist. di tradizione – AE ⓢ ⓓ E VISA — AX **e**
chiuso lunedì e dal 1° al 15 luglio – **Pasto** carta 45/69000 (10 %).

✗ **Clorinda,** via Garessio 96 ☎ 21982, Trattoria d'habituès — BX **u**
chiuso lunedì e dal 7 al 23 agosto – **Pasto** carta 28/45000.

✗ **La Patria,** piazza De Amicis 13 ☎ 25739, – ▤. AE ⓢ ⓓ VISA — AX **f**
chiuso martedì e dal 7 al 25 gennaio – **Pasto** carta 32/56000.

a Porto Maurizio – ✉ 18100 Imperia :

🏨 **Corallo,** corso Garibaldi 29 ☎ 666264, Fax 666265, ← – 🅿 – 70. AE ⓢ ⓓ E VISA JCB — BZ **n**
Pasto *(chiuso a mezzogiorno e venerdì)* 30/60000 – ☐ 15000 – **42 cam** 126/170000 – ½ P 115000.

✗✗✗ ✿ **Lanterna Blu-da Tonino,** borgo Marina ☎ 63859, Fax 63859, prenotare – ▤ 🅿. AE ⓢ E VISA — BZ **f**
chiuso dal 20 ottobre al 15 novembre, a mezzogiorno da luglio al 20 agosto, martedì sera e mercoledì negli altri mesi – **Pasto** 75000 (a mezzogiorno) 90000 (alla sera) e carta 60/110000
Spec. Quadrucci di borragine con gamberoni, Guazzetto di pesce locale, Coniglio al timo con olive taggiasche.

✗✗ **Lucio,** strada Lamboglia 16 lungomare Colombo ☎ 652523, Cucina di tradizione marinara – ▤. AE ⓢ VISA — AZ **a**
chiuso dal 15 al 30 gennaio, dal 2 al 18 novembre, a mezzogiorno da lunedì a giovedì in luglio-agosto, negli altri mesi domenica sera e mercoledì – **Pasto** carta 39/61000.

✗ **Le Tamerici,** lungomare Colombo 142 ☎ 667105 – AE ⓢ ⓓ E VISA — AZ **b**
chiuso giovedì e dal 1° al 15 febbraio – **Pasto** carta 46/88000.

a Piani N : 5 km per via Caramagna AY – ✉ 18100 Imperia :

✗ **Osteria del Vecchio Forno,** ☎ 780269, , Coperti limitati; prenotare – AE ⓢ ⓓ E VISA
chiuso a mezzogiorno (escluso i giorni festivi) e mercoledì – **Pasto** carta 34/60000.

IMPERIA

Amendola (Via Giovanni) . . . **AX** 2
Bonfante (Via Silvio) . . . . **AX** 9
Cascione (Via Felice) . . . . . . **BZ**
Dante
  (Piazza Alighieri) . . . . **AX** 22
Ospedale (Via dell') . . . . **AX** 44
Repubblica (Via della) . . . . . **AX** 46
S. Giovanni (Via) . . . . **AX** 53

Amoretti (Via Ivanoe) . . . . . **BXY** 3
Battisti (Via Cesare) . . . . **BX** 5
Belgrano (Via Gen.) . . . . **AX** 6
Benza (Via Elia) . . . . **BZ** 7
Berio (Via Giuseppe) . . . . . . **AX** 8
Borgo Peri (Spianata) . . . . . . **AX** 10
Calvi (Piazza Ulisse) . . . . **AX** 13
Carceri (Via) . . . . **BZ** 14
Carducci (Via Giosue) . . . . . . **BZ** 15
Colombo (Lungomare C.) . . . **AZ** 18
D'Annunzio (Via Gabriele) . . . **AZ** 19

Dante (Corso Alighieri) . . . . . **BX** 21
De Amicis (Piazza E.) . . . . . . **AX** 23
Des Geneys (Via) . . . . **AX** 25
Delbecchi
  (Via Antonio) . . . . **BY** 26
De Sonnaz (Via) . . . . **AX** 28
Diano Calderina (Via) . . . . . **ABX** 29
Don Abbo il Santo (Via) . . . . **AX** 30
Doria (Via Andrea) . . . . **AX** 32
Duomo (Piazza) . . . . **BZ** 33
Magenta (Via) . . . . **AX** 37

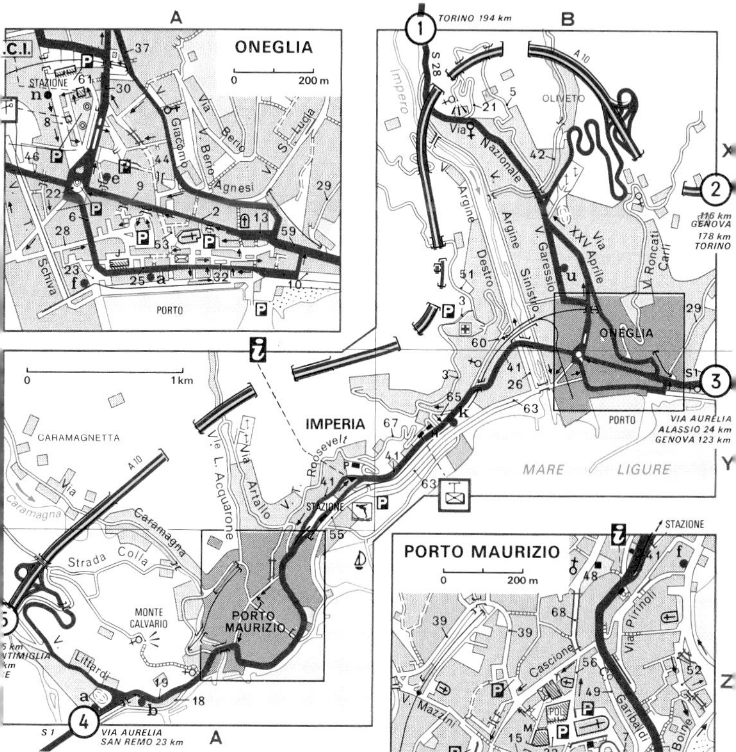

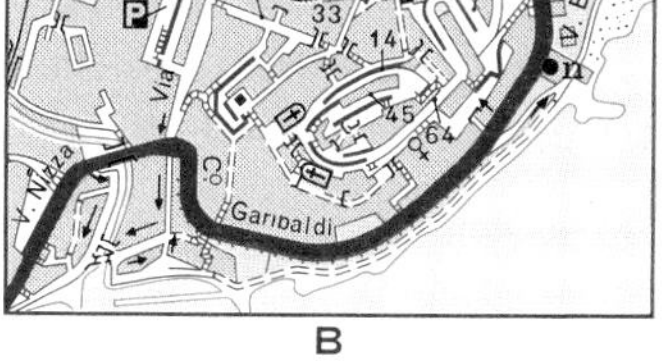

Martiri
  della Libertà (Via) . . **BZ** 39
Matteotti (Viale G.) . **BYZ** 41
Musso (Via Felice) . . . **BX** 42
Parrasio (Via) . . . . **BZ** 45
Roma (Piazza) . . . . **BZ** 48
Saffi (Via Aurelio) . . . . **BZ** 49
S. Agata (Strada) . . . . **BX** 51
S. Antonio
  (Piazza e Via) . . . . . . **BZ** 52
S. Lazzaro (Via) . . . . . . **AY** 55

S. Maurizio (Via) . . . . **BZ** 56
Serrati (Via G. M.) . . . . **AX** 59
Trento (Via) . . . . **BX** 60
Unità Nazionale
  (Piazza) . . . . **AX** 61
Vespucci
  (Lungomare A.) . . . **BY** 63
Vianelli (Via A.) . . . . **BZ** 64
Vittoria (Pza della) . . . **BY** 65
Vittorio Veneto (Vle) . . **BY** 67
20 Settembre (Via) . . . **BZ** 68

IMPRUNETA **50023** Firenze 988 ⑭ ⑮, 429 430 K 15 – 15 087 ab. alt. 275 – ☎ 055.
Roma 278 – ♦Firenze 14 – Siena 66 – Arezzo 82 – Pisa 89.

XX I Cavallacci, viale Aldo Moro 3 ✆ 2313863, « Servizio estivo all'aperto » – Ⓟ

INCISA IN VAL D'ARNO **50064** Firenze 988 ⑮, 429 430 L 16 – 5 449 ab. alt. 122 – ☎ 055.
Roma 248 – ♦Firenze 30 – Siena 62 – Arezzo 52.

Galileo, in prossimità area di servizio Reggello ✆ 863341, Telex 574455, Fax 863238, ⛱, ✕ – |♦| ▤ TV ☎ ♿ 🚗 Ⓟ – 🏃 30 a 120. AE 🗄 ⓞ E VISA. ✕ rist
Pasto *(chiuso domenica)* carta 28/40000 – ☕ 12000 – **63 cam** 92/130000 – P 105/120000.

INDUNO OLONA 21056 Varese 428 E 8, 219 ⑧ – 9 884 ab. alt. 397 – ☎ 0332.

Roma 638 – Como 30 – Lugano 29 – ♦Milano 60 – Varese 4,5.

Villa Castiglioni, via Castiglioni 1 ☎ 200201, Fax 201269, « Villa ottocentesca con parco secolare » – TV ☎ P – 30 a 140. AE VISA. rist
Pasto *(chiuso lunedì)* 55/75000 – **35 cam** ☕ 240/290000 – ½ P 230/250000.

XXX **2 Lanterne,** via Ferrarin 25 ☎ 200368, Fax 202349, prenotare, – P – 60. AE E VISA.
chiuso domenica sera, lunedì, il 26 dicembre, le sere di Natale e Capodanno, dal 9 al 20 gennaio e dal 1° al 20 agosto – **Pasto** carta 44/72000.

XX **Olona-da Venanzio,** via Olona 38 ☎ 200333, prenotare, – P. AE E VISA.
chiuso lunedì, le sere di Natale-Capodanno e dal 22 gennaio al 5 febbraio – **Pasto** carta 50/90000.

INNICHEN = San Candido.

INTRA Verbania 428 E 7, 219 ⑦ – Vedere Verbania.

INVERNO-MONTELEONE 27010 Pavia 428 G 10 – 1 064 ab. alt. 74 – ☎ 0382.

Roma 543 – Piacenza 35 – ♦Milano 44 – Pavia 30.

a Monteleone – ✉ **27010** :

X **Trattoria Righini,** via Miradolo 108 ☎ 73032, prenotare venerdì e sabato
chiuso dal 6 al 30 gennaio, agosto, martedì, a mezzogiorno da giovedì a sabato e la sera negli altri giorni – **Pasto** 25/55000 (a mezzogiorno) 35/60000 alla sera.

INZAGO 20065 Milano 428 F 10, 219 ⑳ – 8 757 ab. alt. 138 – ☎ 02.

Roma 592 – ♦Milano 27 – ♦Bergamo 27.

X **Del Ponte,** ☎ 9549319, – P. AE E VISA JCB
chiuso domenica ed agosto – **Pasto** carta 32/55000.

Un consiglio Michelin:
per la buona riuscita di un viaggio, preparatelo in anticipo.
Le carte e le guide Michelin vi danno tutte le indicazioni
utili su: itinerari, curiosità, sistemazioni, prezzi, ecc.

ISCHIA (Isola d') Napoli 988 ㉗, 431 E 23 – 47 485 ab. alt. da 0 a 788 (monte Epomeo) – Stazione termale, a.s. luglio-settembre – ☎ 081.
La limitazione d'accesso degli autoveicoli è regolata da norme legislative.

per Napoli (1 h 15 mn), Pozzuoli (1) e Procida (30 mn), giornalieri – Caremar-agenzia Schioppa, banchina del Redentore ☎ 991781, Fax 984964; per Pozzuoli giornalieri (1 h), Capri aprile-ottobre giornaliero (1 h) e Napoli (1 h 15 mn) – Alilauro e Linee Lauro, al porto ☎ 991888, Fax 991889.

per Napoli giornalieri (da 30 mn a 45 mn) – Alilauro, al porto ☎ 991888, Fax 991990 e Caremar-agenzia Schioppa, banchina del Redentore ☎ 991781, Fax 984964; per Capri aprile-ottobre giornalieri (50 mn) – Linee Lauro, al porto ☎ 991888, Fax 991889; per Procida-Napoli giornalieri (40 mn) – Aliscafi SNAV-ufficio Turistico Romano, via Porto 5/9 ☎ 991215, Telex 710364, Fax 991167; per Procida giornalieri (15 mn) – Caremar-agenzia Schioppa, banchina del Redentore ☎ 991781, Fax 984964.

Pianta pagina seguente

Barano 431 E 23 – 8 214ab. alt. 224 – ✉ **80070** Barano d'Ischia – a.s. luglio-settembre.

Vedere Monte Epomeo★★★ 4 km NO fino a Fontana e poi 1 h e 30 mn a piedi AR.

a Testaccio S : 2 km – ✉ **80070** Barano d'Ischia :

St. Raphael Terme, ☎ 990508, Fax 990922, ≤, « Terrazza panoramica con termale », – ☎. AE E VISA JCB. rist U s
14 marzo-novembre – **Pasto** (solo per clienti alloggiati) 40000 – ☕ 12000 – **39 cam** 142/206000 – ½ P 125000.

a Maronti S : 4 km – ✉ **80070** Barano d'Ischia :

Parco Smeraldo Terme, ☎ 990127, Telex 720210, Fax 905022, ≤, « Terrazza fiorita con termale », – ☎ P. rist U a
aprile-28 ottobre – **64 cam** (solo pens) – P 147/206000.

Villa San Giorgio, ☎ 990098, ≤, « Terrazza fiorita con termale », – ☎ P rist U b
aprile-28 ottobre – **40 cam** (solo pens) – P 104/137000.

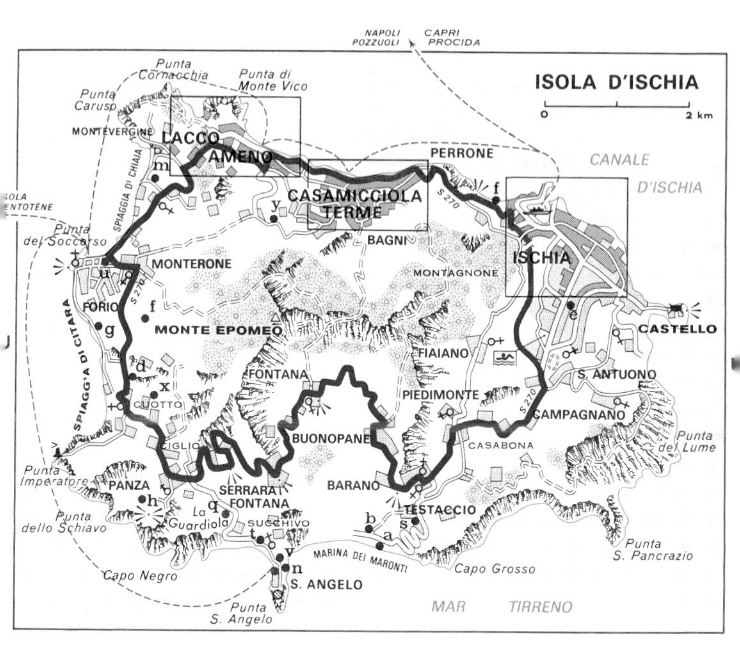

Casamicciola Terme 988 ㉗, 431 E 23 – 6 680 ab. – ✉ 80074.

Stefania Terme 🐚, ☎ 994130, Fax 994295, ⛹, 🏊, ⚘ – ☎ 🅿. AE. ✂ rist — Y **d**
aprile-ottobre – **30 cam** solo ½ P 135/145000.

Forio 988 ㉗, 431 E 23 – 12 187 ab. – ✉ 80075.

Vedere Spiaggia di Citara★.

Mezzatorre 🐚, località Sammontano N : 3 km ☎ 986111, Fax 986015, ≤ mare, ⛱, « 🏊 con acqua di mare riscaldata in parco-pineta », ⛹, ⛺, 🌴, 🎾, ⚘ – |‡| ▤ TV ☎ 🅿 – 🏛 40. AE 🅂 ⓓ E VISA. ✂ rist — Z **c**
maggio-ottobre – **Pasto** carta 83/136000 – **50 cam** ☐ 350/420000, 5 appartamenti – ½ P 270000.

La Bagattella 🐚, località San Francesco ☎ 986072, Fax 989637, « Giardino fiorito con 🏊 », 🏊, ⚘ – |‡| ▤ TV ☎ 🅿. 🅂 E VISA. ✂ — U **m**
aprile-ottobre – **Pasto** 40/60000 – **53 cam** ☐ 200/250000 – P 155/185000.

Parco Maria 🐚, via Provinciale Panza 212 ☎ 907322, Telex 722006, Fax 909100, ≤, « Terrazze con 🏊 termale », 🏊, ⚘ – TV ☎ 🅿. ✂ rist — U **d**
chiuso dal 7 gennaio al 14 febbraio e dal 1° al 19 dicembre – **90 cam** solo ½ P 140000.

Da "Peppina" di Renato, via Bocca 23 ☎ 998312, Ambiente caratteristico, « Servizio estivo in terrazza con ≤ mare » – 🅿. AE — U **f**
marzo-novembre; chiuso a mezzogiorno e mercoledì escluso da giugno a settembre – **Pasto** 30/45000 (10%) e carta 32/49000 (10%).

La Romantica, via Marina 46 ☎ 997345, ⛱ – AE 🅂 ⓓ E VISA. ✂ — U **u**
chiuso gennaio e mercoledì (escluso da maggio ad ottobre) – **Pasto** carta 36/61000 (15%).

a Citara S : 2,5 km – ✉ **80075** Forio :

Providence 🐚, ☎ 997477, Fax 998007, ≤, 🏊 termale – |‡| ☎ 🅿. ✂ rist — U **g**
aprile-ottobre – **Pasto** 25000 – ☐ 15000 – **65 cam** 70/125000 – ½ P 103000.

a Cuotto S : 3 km – ✉ **80075** Forio :

Hotel Paradiso Terme 🐚, ☎ 907014, Fax 907913, ⛱, « 🏊 termale in terrazza-solarium con ≤ mare », ⛹, ♨, 🏊, 🌴, 🎾, ⚘ – |‡| ▤ TV ☎ 🅿. 🅂 E VISA. ✂ — U **x**
chiuso dal 13 gennaio a marzo – **Pasto** (solo per clienti alloggiati) – ☐ 20000 – **48 cam** 130/220000, 18 appartamenti – ½ P 170000.

a Panza S : 4,5 km – alt. 155 – ✉ **80070** :

Da Leopoldo, O : 0,5 km ☎ 907086, ≤, Rist. e pizzeria, « Servizio estivo in terrazza panoramica » – 🅿. AE VISA — U **h**
marzo-novembre; chiuso a mezzogiorno – **Pasto** carta 32/61000 (10%).

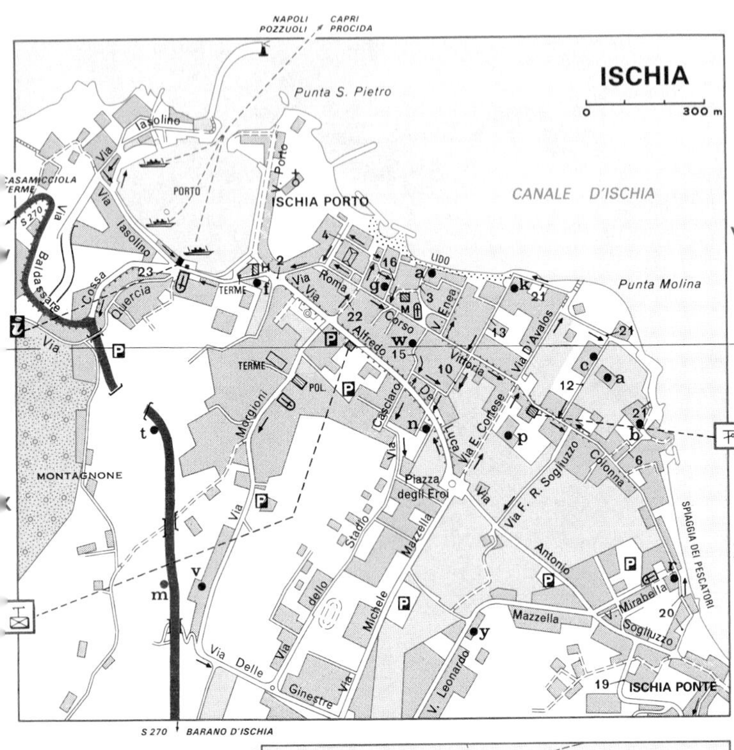

ISCHIA

Colonna (Corso Vittoria) . . VX
De Luca (Via Alfredo) VX
Roma (Via) V

Antica Reggia (Piazza) . . . . V 2
Battistessa (Via) . . . . V 3
Buonocore (Via F.) . . . . V 4
Champault (Via) . . . . X 6
Colombo
(Lungomare Cristoforo) VX 21
Gemito (Via V.) . . . . X 10
Gianturco (Via Emanuele) . X 12
Gianturco (Via Remigia) . . . V 13
Gigante (Via G.) . . . . VX 15
Marone (Via Venanzio) . . . . V 16
Nuova Cartaromana (Via) . . X 19
Pontano (Via) . . . . X 20
Terme (Via delle) . . . . V 22
Trieste (Piazzale) . . . . V 23

CASAMICCIOLA TERME

Garibaldi (Corso) . . . . Y 24
Girardi (Via Salvatore) . . . . . Y 25
Margherita (V. Principessa) Y 26
Marina (Piazza) . . . . Y 27
Morgera (Via) . . . . Y 28
Parrocchiale (Piazza) . . . . . Y 29
Sant'Antonio (Càlata) . . . . . Y 30

LACCO AMENO

Fundera (Via) . . . . Z 31
Roma (Via) . . . . Z 32
San Montano (Via) . . . . Z 33
Santa Restituta (Piazza) . . . Z 35
4 Novembre (Via) . . . . Z 36

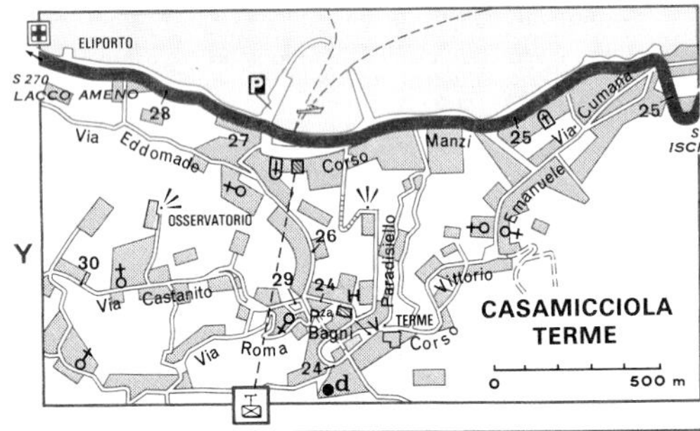

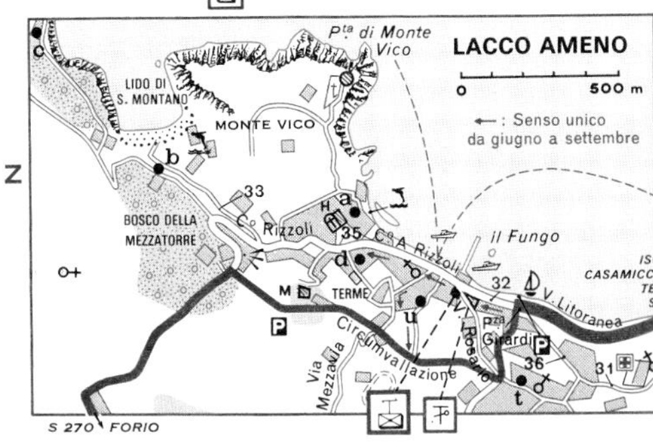

Ischia 988 ㉗, 431 E 23 – 16 340 ab. – ✉ 80077 Porto d'Ischia.

Vedere Castello★★.

ℹ via Jasolino ☎ 991146

Grand Hotel Excelsior ⑤, via Emanuele Gianturco 19 ☎ 991020, Fax 984100, ≤, « Parco-pineta con ⛱ riscaldata », ⛱, ⛱, – ⫶ ▤ TV ☎ P – 60. AE ⑤ ① E VISA. ✻ rist X a
4 aprile-27 ottobre – **Pasto** carta 80/100000 – ☐ 20000 – **72 cam** 260/560000, 2 appartamenti – ½ P 280/300000.

Gd H. Punta Molino Terme ⑤, lungomare Cristoforo Colombo 25 ☎ 991544, Telex 710465, Fax 991562, ≤ mare, « Parco-pineta e terrazza fiorita con ⛱ termale », ⛱, ⛱, ⛱, ✻, – ⫶ ▤ TV ☎ P – 30 a 150. AE ⑤ ① E VISA. ✻ rist X b
15 aprile-ottobre – **Pasto** 80/130000 – **82 cam** ☐ 300/650000, 2 appartamenti – ½ P 280/330000.

Il Moresco ⑤, via Emanuele Gianturco 16 ☎ 981355, Telex 720065, Fax 992338, ≤, « Giardino con ⛱ », ⛱, – ⫶ ▤ TV ☎. AE ⑤ ① E VISA. ✻ X c
marzo-ottobre – **Pasto** 50/85000 – ☐ 30000 – **72 cam** 250/460000 – ½ P 240/350000.

Continental Terme, via Michele Mazzella 74 ☎ 991588, Fax 982929, « Giardino fiorito con ⛱ riscaldata », ⛱, ⛱, ⛱, ✻, – ⫶ ▤ TV ☎ P – 25 a 450. AE ⑤ ① E VISA JCB. ✻ rist U e
aprile-ottobre – **Pasto** 45/60000 – **244 cam** ☐ 170/280000 – ½ P 175000.

Hermitage e Park Terme ⑤, via Leonardo Mazzella 67 ☎ 984242, Telex 722565, Fax 983506, « Terrazze-giardino con ⛱ termale », ✻, – ⫶ ▤ cam TV ☎ P. AE ⑤ ① E VISA. ✻ X y
aprile-ottobre – **Pasto** (solo per clienti alloggiati) 60/70000 – **104 cam** ☐ 170/290000, ▤ 20000 – ½ P 135/165000.

Ischia e Lido, via Remigia Gianturco 33 ☎ 991550, Fax 984108, ≤, ⛱ termale – ⫶ ▤ TV ☎ P. ⑤ VISA. ✻ V k
15 aprile-20 ottobre – **Pasto** (solo per clienti alloggiati) – **76 cam** ☐ 240/400000 – ½ P 150/220000.

Regina Palace, via Cortese 18 ☎ 991344, Fax 983597, « Giardino con ⛱ riscaldata », ⛱, – ⫶ ▤ TV ☎ P. AE ⑤ ① E VISA. ✻ X p
chiuso gennaio e febbraio – **Pasto** 60/80000 – **63 cam** ☐ 180/270000 – ½ P 145/205000.

La Villarosa ⑤, via Giacinto Gigante 5 ☎ 991316, Fax 992425, « Parco ombreggiato con ⛱ termale », – ⫶ TV ☎. AE ⑤ E VISA. ✻ rist VX w
aprile-ottobre – **Pasto** (solo per clienti alloggiati) 40/60000 – **37 cam** ☐ 140/200000, 5 appartamenti – ½ P 140000.

Bellevue, via Morgioni 83 ☎ 991851, Fax 982922, ⛱, ⛱ termale, ⛱, – ⫶ ☎. AE ⑤ ① E VISA. ✻ rist X v
15 marzo-ottobre – **Pasto** (solo per clienti alloggiati) – ☐ 15000 – **37 cam** 75/150000 – ½ P 105000.

Le Querce ⑤, via Baldassarre Cossa 29 ☎ 982378, Fax 993261, ≤ mare, « Terrazze-giardino con ⛱ riscaldata », ⛱ – TV ☎ P U f
stagionale – **42 cam.**

Central Park Terme, via De Luca 6 ☎ 993517, Fax 984215, ⛱ termale, – ⫶ ▤ TV ☎ ♿ P. AE ①. ✻ rist X n
aprile-ottobre – **Pasto** 35/50000 – ☐ 20000 – **44 cam** 120/188000, ▤ 18000 – ½ P 160000.

Mare Blu, via Pontano 44 ☎ 982555, Fax 982938, ≤, ⛱ termale, – ⫶ ▤ TV ☎. AE ⑤ E VISA JCB. ✻ X r
chiuso dal 25 novembre al 10 febbraio – **Pasto** (solo per clienti alloggiati) 55000 – **40 cam** ☐ 160/260000 – ½ P 205/235000.

Bristol Hotel Terme, via Venanzio Marone 10 ☎ 992181, Fax 993201, ⛱ termale, – ⫶ TV ☎ ♿. AE ⑤ ① E VISA. ✻ rist V g
aprile-ottobre – **Pasto** carta 34/41000 – ☐ 8000 – **61 cam** 91/125000 – ½ P 105000.

President, via Osservatorio 65 ☎ 993890, Fax 993725, ≤, ⛱ termale, ⛱, – ⫶ ▤ ☎ P. AE ⑤ ① E VISA. ✻ rist X t
19 marzo-19 novembre – **Pasto** 35000 – **75 cam** solo ½ P 135/155000, ▤ 10000.

Solemar Terme ⑤, via Battistessa 45 ☎ 991822, Fax 991047, ≤, ⛱ termale, – ⫶ ▤ rist ☎ P. AE ⑤ ① E VISA. ✻ rist V a
aprile-ottobre – **Pasto** (solo per clienti alloggiati) – ☐ 10000 – **78 cam** 150/300000 – ½ P 120/170000.

Villa Hermosa, via Osservatorio 4 ☎ 992078 – TV ☎. ✻ V f
aprile-dicembre – **Pasto** 30000 – ☐ 10000 – **19 cam** 70/120000 – ½ P 80/85000.

Damiano, via Nuova Circumvallazione ☎ 983032, ≤ mare – ✻ X m
aprile-settembre; chiuso a mezzogiorno escluso domenica – **Pasto** carta 63/101000.

Lacco Ameno 431 E 23 – 4 064 ab. – ✉ 80076.

Regina Isabella e Royal Sporting ⑤, ☎ 994322, Fax 900190, ≤ mare, 🏖, Fö, ≘s, 🏊 termale, 🏖, 🌳, 🎾, ⛳ – 🛗 ▤ 📺 ☎ 🅿 – 🏛 150. AE 🅂 ◑ E VISA. ✗ rist Z a
4 aprile-3 novembre – **Pasto** 100000 – **117 cam** ☐ 340/680000, 17 appartamenti – ½ P 290/390000.

San Montano ⑤, NO : 1,5 km ☎ 994033, Fax 980242, ≤ mare e costa, 🏖, « Terrazze ombreggiate con 🏊 termale », ≘s, 🎾, ⛳ – 🛗 ▤ cam 📺 ☎ 🅿. AE 🅂 ◑ E VISA. ✗ rist Z b
aprile-27 ottobre – **Pasto** carta 60/80000 – **65 cam** ☐ 245/330000 – ½ P 230/280000.

Terme di Augusto, ☎ 994944, Fax 980244, Fö, ≘s, 🏊 termale, 🏊, ⛳ – 🛗 ▤ 📺 ☎ 🅿 – 🏛 240. 🅂 ◑ E VISA. ✗ rist Z u
Pasto 65000 – **118 cam** ☐ 165/262000 – ½ P 150000.

La Reginella, ☎ 994300, Fax 980481, « Giardino ombreggiato con 🏊 », Fö, 🏊, 🌳, 🎾, ⛳ – 🛗 ▤ 📺 ☎ 🅿 – 🏛 60 a 600. AE 🅂 ◑ E VISA. ✗ Z d
23 marzo-3 novembre – **Pasto** 80000 – **78 cam** ☐ 200/340000 – ½ P 230000.

Grazia ⑤, S : 1,5 km ☎ 994333, Fax 994153, ≤ , « Terrazza solarium con 🏊 termale », 🌳, 🎾, ⛳ – 🛗 ▤ 📺 ☎ 🅿 – 🏛 80. AE 🅂 VISA. ✗ rist U y
aprile-ottobre – **Pasto** (solo per clienti alloggiati) carta 47/62000 – ☐ 13000 – **58 cam** 120/180000, ▤ 15000 – ½ P 130/145000.

Villa Angelica, via 4 Novembre 28 ☎ 994524, Fax 980184, 🏊 termale, 🌳 – ☎. AE 🅂 ◑ E VISA. ✗ Z t
24 dicembre-gennaio e 15 marzo-ottobre – **Pasto** 35/45000 – **20 cam** ☐ 80/130000 – ½ P 95/105000.

Sant'Angelo – ✉ 80070.

Vedere Serrara Fontana : ≤★★ su Sant'Angelo N : 5 km.

Miramare ⑤, ☎ 999219, Fax 999325, ≤ mare, 🏖, 🏖, 🎾 – 📺 ☎ – 🏛 300. 🅂 ◑ E VISA. ✗ U n
marzo-ottobre – **Pasto** 70/75000 – ☐ 20000 – **50 cam** 190/280000 – ½ P 190/250000.

La Palma ⑤, ☎ 999215, Fax 999526, ≤ mare, « Terrazze fiorite », 🏊, 🏊 – 📺 ☎ 🅿. ✗ rist U v
15 marzo-ottobre – **Pasto** 38/48000 – **43 cam** ☐ 100/200000 – ½ P 155/165000.

Casa Celestino ⑤, ☎ 999213, ≤, 🏖 – ☎. ✗ rist U t
Pasqua-ottobre – **Pasto** 35000 – **20 cam** ☐ 80/160000 – ½ P 120000.

Dal Pescatore, ☎ 999206, 🏖 – AE 🅂 ◑ E VISA JCB U n
chiuso dal 15 dicembre al 15 marzo – **Pasto** carta 38/78000 (15 %).

Lo Scoglio, ☎ 999529, « Servizio estivo in terrazza panoramica » – AE 🅂 ◑ E VISA U q
aprile-novembre – **Pasto** carta 31/57000.

ISCHITELLA 71010 Foggia 431 B 29 – 4 320 ab. alt. 310 – a.s. luglio-13 settembre – ☎ 0884.

Roma 385 – ◆Foggia 100 – ◆Bari 184 – Barletta 122 – ◆Pescara 184.

a Isola Varano O : 15 km – ✉ 71010 Ischitella :

La Bufalara, ☎ 97037, Fax 97374, « Parco-pineta », 🏊, 🏖, 🎾 – 🛗 ▤ ☎ 🅿. 🅂 E VISA. ✗ rist
aprile-settembre – **Pasto** *(chiuso martedì)* 35/48000 – ☐ 8000 – **60 cam** 90/120000 – ½ P 120/130000.

Bally, ☎ 97023, Fax 97023, 🌳, 🎾 – 🛗 ▤ rist ☎ 🅿. 🅂 VISA. ✗ rist
aprile-settembre – **Pasto** carta 21/36000 – ☐ 5000 – **39 cam** 72000 – ½ P 96000.

ISEO 25049 Brescia 988 ③ ④, 428 429 F 12 – 8 226 ab. alt. 198 – a.s. Pasqua e luglio-15 settembre – ☎ 030.

Vedere Lago★.

Escursioni Monte Isola★★ : ※★★ dal santuario della Madonna della Ceriola (in battello).

ℹ lungolago Marconi 2/c ☎ 980209, Fax 981361.

Roma 581 – ◆Brescia 22 – ◆Bergamo 39 – ◆Milano 80 – Sondrio 122 – ◆Verona 96.

Ambra senza rist, porto Gabriele Rosa 2 ☎ 980130, Fax 9821361, ≤ – 🛗 📺 ☎ 🅿. 🅂 E VISA
chiuso novembre – ☐ 15000 – **31 cam** 90/120000.

Leon D'Oro, largo Dante 2 ☎ 981233, ≤, 🏖 – 🅂 E VISA
chiuso lunedì, dal 7 al 31 gennaio e dal 1° al 15 novembre – **Pasto** carta 40/61000.

Al Castello, via Mirolte 53 ☎ 981285, « Servizio estivo all'aperto » – AE 🅂 ◑ E VISA
chiuso dal 21 agosto al 21 settembre, lunedì sera, martedì e a mezzogiorno (escluso i giorni festivi) in luglio-agosto – **Pasto** carta 42/70000.

Il Volto, via Manica 2 ☎ 981462 – ✗
chiuso mercoledì, giovedì a mezzogiorno e dal 1° al 15 luglio – **Pasto** carta 37/62000.

sulla strada provinciale per Polaveno

I due Roccoli, via San Bonomelli E : 6 km ✉ 25049 ☎ 9822977, Fax 9822980, ≤ lago e colline, « Elegante residenza di campagna », – P – 120. AE VISA. rist
10 marzo-ottobre – **Pasto** *(chiuso mercoledì)* carta 50/70000 – 15000 – **13 cam** 155/190000 – ½ P 135/150000.

Ginepro, E : 5 km ✉ 25049 ☎ 980119, « Servizio estivo in terrazza panoramica » – P. E VISA.
chiuso lunedì sera e martedì – **Pasto** carta 38/72000.

ISERNIA 86170 P 988 ㉗, 430 R 24, 431 C 24 – 21 011 ab. alt. 457 – ☎ 0865.

via Farinacci 9 ☎ 3992.

A.C.I. Strada Statale 17 38/40 ☎ 50732.

Roma 177 – Campobasso 50 – Avezzano 130 – Benevento 82 – Latina 149 – ♦Napoli 111 – Pescara 147.

Grand Hotel Europa, strada statale per Campobasso (svincolo Isernia Nord) ☎ 411450, Fax 413243 – cam – P – 65 a 210. AE E VISA JCB.
Pasto carta 30/57000 – **61 cam** 130/160000, 6 appartamenti – P 130000.

La Tequila, via San Lazzaro 85 (per strada statale 17 N : 1 km) ☎ 412345, Fax 412345, – P – 30 a 700. AE E VISA. rist
Pasto *(chiuso domenica sera)* carta 28/42000 – **60 cam** 90/130000, appartamento – ½ P 90000.

a Pesche E : 3 km – ✉ **86090** :

Santa Maria del Bagno, ☎ 451143, Fax 451143 – P. VISA.
Pasto *(chiuso lunedì)* carta 24/37000 – 10000 – **32 cam** 60/85000 – ½ P 75000.

ISIATA Venezia – Vedere San Donà di Piave.

IS MOLAS Cagliari – Vedere Sardegna (Pula) alla fine dell'elenco alfabetico.

ISOLA... ISOLE Vedere nome proprio della o delle isole.

ISOLACCIA Sondrio 218 ⑰ – Vedere Valdidentro.

ISOLA COMACINA Como 219 ⑨ – alt. 213 – ✉ **22010** Sala Comacina.

Da Sala Comacina 5 mn di barca.

Locanda dell'Isola, ☎ (0344) 56755, ≤, « Su un isolotto disabitato; servizio e menu tipici »
marzo-ottobre; chiuso martedì escluso dal 15 giugno al 15 settembre – **Pasto** 88000 bc.

ISOLA D'ASTI 14057 Asti 428 H 6 – 2 050 ab. alt. 245 – ☎ 0141.

Roma 623 – ♦Torino 72 – Asti 10 – ♦Genova 124 – ♦Milano 130.

sulla strada statale 231 SO : 2 km :

Il Cascinale Nuovo con cam, ✉ 14057 ☎ 958166, Fax 958828, prenotare, – P. AE E VISA.
chiuso dal 1° al 15 gennaio e dal 10 al 22 agosto – **Pasto** *(chiuso domenica sera, lunedì e in luglio-agosto anche a mezzogiorno)* carta 60/95000 – 15000 – **13 cam** 90/120000, 7 appartamenti – ½ P 170000
Spec. Millefoglie di lingua di vitello e fegato d'oca (primavera-estate), Tajarin al tartufo d'Alba (autunno), Lombatina d'agnello in salsa al vino rosso (inverno).

ISOLA DEL GRAN SASSO D'ITALIA 64045 Teramo 988 ㉖, 430 O 22 – 5 012 ab. alt. 415 – ☎ 0861.

Escursioni Gran Sasso** SO : 6 km.

Roma 190 – L'Aquila 64 – ♦Pescara 69 – Teramo 30.

Insula, borgo San Leonardo 78 ☎ 976202, ≤ – .
chiuso lunedì – **Pasto** carta 30/44000.

ISOLA DELLA SCALA 37063 Verona 988 ④, 428 429 G 15 – 10 298 ab. alt. 31 – ☎ 045.

Roma 497 – ♦Verona 19 – ♦Ferrara 83 – Mantova 34 – ♦Milano 168 – ♦Modena 83 – ♦Venezia 131.

Turismo con cam, ☎ 7300177, Fax 7301250 – P. AE E VISA.
chiuso dal 17 al 30 agosto – **Pasto** *(chiuso venerdì)* carta 31/47000 – 10000 – **12 cam** 60/82000 – ½ P 75000.

a Gabbia SE : 6 km – ✉ **37063** Isola della Scala :

Gabbia d'Oro, ☎ 7330020, Fax 7330020, Coperti limitati; prenotare – P.
chiuso martedì, mercoledì, dal 1° al 18 gennaio e dal 1° al 20 agosto – **Pasto** 60/70000 (a mezzogiorno) 70/83000 (alla sera) e carta 71/97000.
Spec. Filetto d'oca con rucola al balsamico (ottobre-aprile), Spaghetti di pasta fresca con farina di riso al ragù di rane (aprile-ottobre), Petto di cappone farcito con salsa pearà (novembre-febbraio).

ISOLA DEL LIRI 03036 Frosinone 988 ㉖ ㉗, 430 Q 22 – 12 787 ab. alt. 217 – ☎ 0776.

Dintorni Abbazia di Casamari★★ O : 9 km.

Roma 107 – Frosinone 23 – Avezzano 62 – Isernia 91 – ◆Napoli 135.

XX **Ratafià,** vicolo Calderone 8 ☎ 808679, Fax 282938, 余, Coperti limitati; prenotare – AE 🄱 VISA JCB. ✻
chiuso domenica sera (escluso dal 15 giugno al 30 agosto) e lunedì – **Pasto** carta 29/57000.

X **Scala alla Cascata** con cam, piazza Gregorio VII ☎ 808100, Fax 808384, 余 – TV ☎. AE 🄱 ⓓ E VISA. ✻ cam
chiuso mercoledì escluso da giugno a settembre – **Pasto** carta 29/43000 – ☐ 5000 – **11 cam** 50/80000 – 1/2 P 65000.

ISOLA DI CAPO RIZZUTO 88076 Crotone 988 ㊵, 431 K 33 – 12 692 ab. alt. 196 – ☎ 0962.

Roma 612 – Cosenza 125 – Catanzaro 58 – Crotone 17.

a Le Castella SO : 10 km – ✉ 88076 Isola di Capo Rizzuto :

🏠 **Da Annibale,** ☎ 795004, Fax 795384, 余, 🌳, 🎾 – ▤ cam TV ☎ P – 🏟 70. ✻
Pasto carta 48/66000 – ☐ 8000 – **20 cam** 115/150000 – 1/2 P 110/120000.

ISOLA DOVARESE 26031 Cremona 428 429 G 12 – 1 286 ab. alt. 34 – ☎ 0375.

Roma 499 – ◆Parma 54 – ◆Brescia 51 – Cremona 22 – Mantova 44 – ◆Milano 113.

XX Molino Vecchio, ☎ 946039, « Sulla riva del fiume Oglio », 🌳 – P

ISOLA MAGGIORE 06060 Perugia 430 M 18 – alt. 260 – ☎ 075.

Da Passignano 15/30 mn di battello.

X Sauro 🐦 con cam, ☎ 826168, Fax 825130, 🌲 – ☎. 🄱 ⓓ E VISA. ✻
10 cam.

ISOLA RIZZA 37050 Verona 429 G 15 – 2 759 ab. alt. 23 – ☎ 045.

Roma 487 – ◆Verona 27 – ◆Ferrara 91 – Mantova 55 – ◆Padova 84.

XXX ✿ **Perbellini,** via Muselle 11 ☎ 7135352, Fax 7103727, prenotare – |‡| ▤ P. AE 🄱 VISA
chiuso domenica sera, lunedì, dal 1° al 10 gennaio e dal 25 luglio al 10 agosto – **Pasto** 60/85000 (a mezzogiorno) 85000 (alla sera) e carta 56/92000
Spec. Insalata di cappesante su letto di fagiolini e patate, Zuppetta di pesci e crostacei, Filetto avvolto con pancetta in salsa al vino rosso.

ISOLA SUPERIORE (dei Pescatori) Novara 219 ⑦ – Vedere Borromee (Isole).

ISOLA VARANO Foggia – Vedere Ischitella.

ISSENGO (ISSENG) Bolzano – Vedere Falzes.

ISSOGNE 11020 Aosta 428 F 5 – 1 373 ab. alt. 387 – ☎ 0125 – **Vedere** Castello★.

Roma 713 – Aosta 41 – ◆Milano 151 – ◆Torino 80.

X **Al Maniero,** frazione Pied de Ville 58 ☎ 929219, 余 – P. AE 🄱 ⓓ E VISA. ✻
chiuso lunedì escluso dal 15 luglio ad agosto – **Pasto** carta 32/53000.

ISTIA D'OMBRONE 58040 Grosseto 430 N 15 – alt. 39 – ☎ 0564.

Roma 190 – Grosseto 7 – ◆Perugia 178.

XX **Terzo Cerchio,** ☎ 409235, 余, Cucina tipica maremmana, prenotare – AE 🄱 ⓓ E VISA JCB
chiuso lunedì e novembre – **Pasto** carta 35/62000.

ITRI 04020 Latina 988 ㉖ ㉗, 430 S 22 – 8 316 ab. alt. 170 – ☎ 0771.

Roma 144 – Frosinone 65 – Latina 69 – ◆Napoli 77.

X **Il Grottone** con cam, corso Vittorio Emanuele II ☎ 727014 – ▤ TV ☎. AE 🄱 E VISA. ✻
Pasto *(chiuso lunedì)* carta 30/41000 – ☐ 7000 – **8 cam** 35/65000 – 1/2 P 70000.

a Madonna della Civita N : 11 km – ✉ 04020 Itri :

X **Montefusco** 🐦 con cam, ☎ 727560, ≤, 余, 🌳 – P. AE 🄱 E VISA. ✻ rist
aprile-ottobre – **Pasto** *(chiuso martedì escluso dal 15 luglio ad agosto)* carta 35/54000 – ☐ 6000 – **13 cam** 50/60000 – 1/2 P 69000.

IVREA 10015 Torino 988 ②, 428 F 5 – 25 108 ab. alt. 267 – ☎ 0125 – **Vedere** Guida Verde.

🅸 corso Vercelli 1 ☎ 618131, Fax 618140.

A.C.I. via dei Mulini 3 ☎ 641375.

Roma 683 – Aosta 68 – ◆Torino 49 – Breuil-Cervinia 74 – ◆Milano 115 – Novara 69 – Vercelli 50.

🏨 **La Serra,** corso Carlo Botta 30 ☎ 44341 e rist ☎ 49507, Telex 216447, Fax 49313, Fō, ≘s, 🏊 – |‡| ▤ TV ☎ 🚗 P – 🏟 30 a 400. AE 🄱 ⓓ E VISA. ✻
Pasto *(chiuso a mezzogiorno, domenica e dal 29 luglio al 27 agosto)* carta 40/73000 – **49 cam** ☐ 165/225000, 7 appartamenti – 1/2 P 127/195000.

a Banchette d'Ivrea O : 2 km – ✉ 10010 :

Ritz senza rist, via Castellamonte 45 ✆ 611200, Fax 611323 – |‡| TV ☎ P. AE 🅂 ◑ E VISA JCB
15000 – **60 cam** 110/140000.

al lago Sirio N : 2 km :

Sirio 🐚, ✉ 10015 ✆ 424247, Fax 48980, ≤, 🏡, 🌳 – |‡| TV ☎ 🚗 P – 🔔 40. AE 🅂 E VISA
Pasto *(chiuso venerdì e a mezzogiorno escluso domenica)* carta 52/83000 – 17000 – **53 cam** 112/139000 – ½ P 116000.

a San Bernardo S : 3 km – ✉ 10090 :

La Villa senza rist, via Torino 334 ✆ 631696, Fax 631950 – TV ☎ P. AE 🅂 ◑ E VISA
chiuso dal 23 luglio al 10 agosto – 15000 – **22 cam** 95/130000.

JESI 60035 Ancona 988 ⑯, 430 L 21 – 39 879 ab. alt. 96 – ✆ 0731.

Vedere Palazzo della Signoria★ – Pinacoteca★.

Roma 260 – ♦Ancona 32 – Gubbio 80 – Macerata 41 – ♦Perugia 116 – Pesaro 72.

Federico II 🐚, via Ancona 10 ✆ 211079 e rist ✆ 211084, Telex 560619, Fax 57221, ≤, Fø, ≘s, 🏊, 🌳 – |‡| ▤ TV ☎ ♿ 🚗 P – 🔔 30 a 250. AE 🅂 ◑ E VISA. ⚡ rist
Pasto carta 51/81000 – **72 cam** 185/260000, 4 appartamenti – ½ P 160/170000.

XX Hostaria Santa Lucia, via Marche 2/b ✆ 64409, 🏡, Coperti limitati; prenotare – ▤ P

XX **Italia** con cam, viale Trieste 28 ✆ 4844, Fax 59004 – ▤ TV ☎. 🅂 E VISA. ⚡
Pasto *(chiuso sabato e dal 10 al 24 agosto)* carta 37/58000 (10%) – 10000 – **13 cam** 80/120000 – P 120/130000.

Si vous écrivez à un hôtel à l'étranger,
joignez à votre lettre un coupon-réponse international.
(disponible dans les bureaux de poste).

JESOLO 30016 Venezia 988 ⑤, 429 F 19 – 22 329 ab. alt. 2 – luglio-settembre – ✆ 0421.

Roma 560 – ♦Venezia 41 – Belluno 106 – ♦Milano 299 – ♦Padova 69 – Treviso 50 – ♦Trieste 125 – Udine 94.

XX **Da Guido,** via Roma Sinistra 25 ✆ 350380, 🏡, 🌳 – P. AE 🅂 ◑ E VISA. ⚡
chiuso lunedì e gennaio – **Pasto** carta 39/61000.

X **Udinese-da Aldo** con cam, via Cesare Battisti 25 ✆ 951407, Fax 951711, 🏡 – ▤ rist TV ☎ P. AE 🅂 ◑ E VISA. ⚡ rist
Pasto *(chiuso mercoledì escluso dal 15 giugno al 15 settembre)* carta 37/68000 – 9000 – **12 cam** 70/100000 – ½ P 80/85000.

Vedere anche : ***Lido di Jesolo*** S : 4 km.

KALTENBRUNN = Fontanefredde.

KALTERN AN DER WEINSTRASSE = Caldaro sulla Strada del Vino.

KARERPASS = Costalunga (Passo di).

KARERSEE = Carezza al Lago.

KASTELBELL TSCHARS = Castelbello Ciardes.

KASTELRUTH = Castelrotto.

KIENS = Chienes.

KLAUSEN = Chiusa.

KREUZBERGPASS = Monte Croce di Comelico (Passo).

KURTATSCH AN DER WEINSTRASSE = Cortaccia sulla Strada del Vino.

LABRO 02010 Rieti 430 O 20 – 278 ab. alt. 628 – ✆ 0746.

Roma 101 – Terni 21 – L'Aquila 80 – Rieti 23.

X **L'Arcolaio,** ✆ 636172, ≤ – AE 🅂 ◑ E VISA. ⚡
chiuso lunedì escluso luglio-agosto – **Pasto** carta 27/42000.

LA CALETTA Nuoro 433 F 11 – Vedere Sardegna (Siniscola) alla fine dell'elenco alfabetico.

LACCO AMENO Napoli 431 E 23 – Vedere Ischia (Isola d').

LACES (LATSCH) 39021 Bolzano 428 429 C 14, 218 ⑲ – 4 396 ab. alt. 639 – ☎ 0473.

ℹ ✆ 623109, Fax 622042.

Roma 692 – ◆Bolzano 54 – Merano 26 – ◆Milano 352.

Paradies ⛰, ✆ 622225, Fax 662228, ≤, ℒ, ≘s, ⌧, 🐴, ⚔ – |$| ▤ rist ⊡ ☎ ♿ Ⓟ. 🏧 E VISA. ✗ rist
25 marzo-5 novembre – **Pasto** (solo per clienti alloggiati) 35/45000 – **41 cam** ☐ 160/320000, 3 appartamenti – ½ P 170/185000.

Jagdhof ⛰, ✆ 622299, Fax 623590, ℒ, ≘s, ⌧, 🐴 – |$| ⇆ rist ⊡ ☎ ♿ Ⓟ
stagionale – **19 cam.**

LACONI Nuoro 988 ㉝, 433 H 9 – Vedere Sardegna alla fine dell'elenco alfabetico.

LADISPOLI 00055 Roma 988 ㉕, 430 Q 18 – 21 705 ab. – a.s. 15 giugno-agosto – ☎ 06.

Dintorni Cerveteri : necropoli della Banditaccia★★ N : 7 km.

ℹ via Duca del Mare 8/c ✆ 9913049.

Roma 39 – Civitavecchia 34 – Ostia Antica 43 – Tarquinia 53 – Viterbo 79.

La Posta Vecchia ⛰, località Palo Laziale S : 2 km ✆ 9949501, Fax 9949507, ≤, « Dimora del 17° secolo in riva al mare con parco », ⌧, 🏖 – |$| ▤ ⊡ ☎ Ⓟ – 🏛 50. AE 🏧 ⦿ E VISA. ✗
chiuso dal 10 gennaio al 10 marzo – **Pasto** (solo su prenotazione) 140000 – **8 cam** ☐ 770/840000, 5 appartamenti 1340/2140000.

Sora Olga, ✆ 99222006 – ▤. AE 🏧 ⦿ E VISA
chiuso mercoledì escluso da giugno a settembre – **Pasto** carta 46/71000.

LAGLIO 22010 Como 428 E 9, 219 ⑨ – 917 ab. alt. 202 – ☎ 031.

Roma 638 – Como 13 – ◆Lugano 41 – Menaggio 22 – ◆Milano 61.

Plinio au Lac, ✆ 401271, Fax 401278, ≤, 🏡, ≘s – |$| ⊡ ☎. AE 🏧 ⦿ E VISA JCB
chiuso gennaio – **Pasto** al Rist. ***L'Attracco*** *(chiuso lunedì da ottobre a marzo)* carta 46/65000 – **17 cam** ☐ 130/160000, appartamento – ½ P 105/125000.

San Marino con cam, via Regina Nuova 64 ✆ 400383, Fax 400383, ≤, 🏡 – |$| Ⓟ. AE 🏧 VISA
Pasto carta 30/43000 – ☐ 7000 – **10 cam** 50/65000 – P 85000.

LAGO Vedere nome proprio del lago.

LAGO MAGGIORE o VERBANO Novara, Varese e Cantone Ticino 988 ② ③, 428 E 7.

Vedere Guida Verde.

LAGONEGRO 85042 Potenza 988 ㉘ ㊳, 431 G 29 – 6 212 ab. alt. 666 – ☎ 0973.

Roma 384 – Potenza 111 – ◆Cosenza 138 – Salerno 127.

in prossimità casello autostrada A 3 - Lagonegro Sud N : 3 km :

Midi, ✉ 85042 ✆ 411188, Fax 411186, ⚔ – |$| ▤ ⊡ ☎ 🚗 Ⓟ – 🏛 250. AE 🏧 ⦿ E VISA. ✗
Pasto carta 35/51000 – ☐ 7000 – **36 cam** 60/95000 – ½ P 60/70000.

LAGUNDO (ALGUND) 39022 Bolzano 429 B 15, 218 ⑩ – 3 924 ab. alt. 400 – ☎ 0473.

ℹ via Vecchia 33/b ✆ 48600, Fax 48917.

Roma 667 – ◆Bolzano 30 – Merano 2 – ◆Milano 328.

Pianta: Vedere Merano

Algunderhof ⛰, ✆ 448558, Fax 447311, ≤, « Giardino con ⌧ riscaldata » – |$| ⊡ ☎ Ⓟ. AE 🏧 ⦿ E VISA. ✗ rist — A a
marzo-novembre – **Pasto** (prenotare) 60000 – **27 cam** ☐ 120/200000, 2 appartamenti – ½ P 124/155000.

Der Pünthof ⛰, ✆ 448553, Fax 449919, ≤, « Giardino-frutteto e laghetto », ≘s, ⌧, ⚔ – ⊡ ☎ ♿ Ⓟ. ⦿. ✗ rist
15 marzo-10 novembre – **Pasto** *(chiuso a mezzogiorno)* 30/40000 – **12 cam** ☐ 280000 6 appartamenti – ½ P 130/140000.

Ludwigshof ⛰, ✆ 220355, Fax 220420, ≤, « Giardino », ≘s, ⌧ – |$| ☎ Ⓟ. ✗
marzo-novembre – **Pasto** (solo per clienti alloggiati e *chiuso a mezzogiorno*) – **16 cam** ☐ 85/140000 – ½ P 90/100000. — A b

Ruster, ✆ 220202, Fax 44267, « Servizio estivo all'aperto » – Ⓟ. AE 🏧 ⦿ E VISA
chiuso gennaio e febbraio – **Pasto** carta 39/63000. — A c

In questa guida

uno stesso simbolo, una stessa parola
stampati in rosso o in nero, in magro o in ***grassetto***
hanno un significato diverso.

Leggete attentamente le pagine esplicative.

LAIGUEGLIA 17020 Savona 988 ⑫, 428 K 6 – 2 384 ab. – ☎ 0182.
ℹ via Roma 150 ☎ 690059.
Roma 600 – Imperia 19 – ◆Genova 101 – ◆Milano 224 – San Remo 44 – Savona 55.

- **Splendid,** piazza Badarò ☎ 690325, Fax 690894, ⛱, 🏖 – 🛗 📺 ☎ 🅿. AE 🏦 ⓓ E VISA. ✗
  Pasqua-settembre – **Pasto** 55000 – **45 cam** ☕ 90/180000 – ½ P 104/134000.
- **Mediterraneo** 🐚, via Andrea Doria 18 ☎ 690240, Fax 499739 – 🛗 📺 ☎ 🅿. 🏦 E VISA. ✗ rist
  chiuso dal 15 ottobre al 22 dicembre – **Pasto** 25/40000 – ☕ 10000 – **32 cam** 80/110000 – ½ P 80/100000.
- **Mambo,** via Asti 5 ☎ 690122, Fax 690907 – 🛗 ☎ ♿ 🅿. ✗
  chiuso da ottobre al 20 dicembre – **Pasto** carta 31/53000 – **23 cam** ☕ 75/100000 – ½ P 60/65000.
- XX **Vascello Fantasma,** via Dante 105 ☎ 499897, Fax 690847, 🏕 – 🏦 ⓓ E VISA
  chiuso lunedì – **Pasto** carta 65/95000.

LAINO BORGO 87014 Cosenza – 2 426 ab. alt. 250 – ☎ 0981.
Roma 445 – Cosenza 115 – Potenza 131 – Lagonegro 54 – Mormanno 17 – Sala Consilina 94 – Salerno 185.

- X **Chiar di Luna,** località Cappelle ☎ 82550, 🏕, 🌳 – 🅿. 🏦 E VISA
  chiuso martedì e dal 1° al 15 ottobre – **Pasto** carta 28/49000.

LAION (LAJEN) 39040 Bolzano 429 C 16 – 2 007 ab. alt. 1 093 – ☎ 0471.
Roma 681 – ◆Bolzano 23 – Bressanone 19 – Cortina d'Ampezzo 76.

ad Albions N : 4 km – alt. 887 – ✉ **39040** Laion :

- X **Waldruhe** 🐚 con cam, ☎ 655882, ≤, 🏕, prenotare – 🅿. AE 🏦 E
  chiuso dall'11 gennaio al 9 febbraio e dal 26 giugno al 7 luglio – **Pasto** *(chiuso mercoledì)* carta 41/79000 – **6 cam** ☕ 50/100000 – ½ P 60000.

LAIVES (LEIFERS) 39055 Bolzano 429 C 16, 218 ⑳ – 14 049 ab. alt. 257 – ☎ 0471.
Roma 634 – ◆Bolzano 8 – ◆Milano 291 – Trento 52.

- **Rotwand,** via Gamper 2 (NE : 2 km) ✉ 39050 Pineta di Laives ☎ 954512, Fax 954295, ≤, 🏕 – 🛗 📺 ☎ 🅿. 🏦 ⓓ E VISA. ✗ rist
  chiuso dal 2 gennaio al 1° febbraio e dal 17 al 29 giugno – **Pasto** *(chiuso lunedì)* carta 29/55000 – **27 cam** ☕ 60/100000 – ½ P 70/75000.

LAMA Taranto 431 F 33 – Vedere Talsano.

LA MAGDELEINE Aosta 428 E 4, 219 ③ – 108 ab. alt. 1 640 – ✉ **11020** Antey Saint André – a.s. Pasqua, luglio-agosto e Natale – ☎ 0166.
Roma 738 – Aosta 44 – Breuil-Cervinia 28 – ◆Milano 174 – ◆Torino 103.

- **Miravidi** 🐚, ☎ 548259, Fax 548998, ≤ vallata – 🅿. 🏦 E VISA. ✗
  chiuso dal 21 aprile a maggio e novembre – **Pasto** *(chiuso mercoledì)* carta 30/57000 – ☕ 12000 – **24 cam** 40/70000 – ½ P 55/68000.

LAMA MOCOGNO 41023 Modena 428 429 430 J 14 – 3 007 ab. alt. 812 – ☎ 0536.
Roma 382 – ◆Bologna 88 – ◆Modena 58 – Pistoia 76.

- X **Vecchia Lama,** via XXIV Maggio ☎ 44662 – 🏦 ⓓ VISA. ✗
  chiuso lunedì e dal 20 al 30 settembre – **Pasto** carta 35/51000.

LAMEZIA TERME 88046 Catanzaro 431 K 30 – 70 967 ab. alt. 210 (frazione Nicastro) – ☎ 0968.
✈ a Sant'Eufemia Lamezia ☎ 414111.
Roma 580 – ◆Cosenza 66 – Catanzaro 44.

a Nicastro – ✉ **88046** :

- **Savant,** via Manfredi 8 ☎ 26161, Fax 26161 – 🛗 ▤ 📺 ☎ 🚗 – 🏛 80. AE 🏦 VISA
  Pasto carta 37/66000 – **40 cam** ☕ 140/180000, 2 appartamenti – ½ P 115/150000.
- **Rossini,** via Loriedo 12-15 ☎ 441121, Fax 441121 – ▤ 📺 ☎ 🅿. AE 🏦 E VISA. ✗
  Pasto 30/40000 – **10 cam** ☕ 80/100000 – ½ P 85/90000.
- X **Da Enzo,** via Generale Dalla Chiesa ☎ 23349 – ▤ 🅿. AE 🏦 E VISA. ✗
  chiuso sabato sera, domenica, dal 24 dicembre al 2 gennaio e dal 10 al 25 agosto – **Pasto** carta 29/42000.

sulla strada statale 18 NO : 5 km :

- XX La Scaletta, località Terravecchia ✉ 88040 Gizzeria Lido ☎ 51687, 🏕

LA MORRA 12064 Cuneo 428 I 5 – 2 462 ab. alt. 513 – ☎ 0173.
Roma 631 – Cuneo 62 – Asti 45 – ◆Milano 171 – ◆Torino 63.

- XX **Belvedere,** piazza Castello 5 ☎ 50190, Fax 50190, ≤ – 🏛 100. 🏦 E VISA
  chiuso domenica sera, lunedì, gennaio e febbraio – **Pasto** carta 43/73000.
- XX **Bel Sit,** via Alba 17 bis ☎ 50350, Fax 50350, ≤ colli e vigneti, 🏕 – 🅿. 🏦 E VISA
  chiuso lunedì sera, martedì, dal 2 al 15 gennaio e dal 1° al 15 luglio – **Pasto** 35/45000.

LAMPEDUSA (Isola di) Agrigento 432 U 19 – Vedere Sicilia alla fine dell'elenco alfabetico.

LANA Bolzano 988 ④, 429 C 15 – 8 822 ab. alt. 289 – ✉ **39011** Lana d'Adige – Sport invernali : a San Vigilio : 1 485/1 839 m 1 4, – ☎ 0473.

via Andreas Hofer 7/b ☎ 561770, Fax 561979.

Roma 661 – ◆Bolzano 24 – Merano 9 – ◆Milano 322 – Trento 82.

Eichhof , ☎ 561155, Fax 563710, , « Giardino ombreggiato con », , , – TV ☎ P. E VISA. rist
aprile-15 novembre – **Pasto** (solo per clienti alloggiati) – **21 cam** 85/160000 – ½ P 120000.

Rebgut senza rist, S : 2,5 km ☎ 561430, , riscaldata, – TV ☎ P. VISA.
marzo-ottobre – **12 cam** 90/160000.

a San Vigilio (Vigiljoch) NO : 5 mn di funivia – alt. 1 485 – ✉ **39011** Lana d'Adige :

Monte San Vigilio-Berghotel Vigiljoch , ☎ 561236, Fax 561410, ≤ vallata e Dolomiti, , riscaldata, – ☎. rist
maggio-ottobre – **Pasto** carta 38/58000 – **40 cam** 65/130000 – ½ P 98000.

a Foiana (Völlan) SO : 5 km – alt. 696 – ✉ **39011** Lana d'Adige :

Völlanerhof , ☎ 568033, Fax 568143, ≤, , « Giardino con riscaldata », , , – TV ☎ P.
20 marzo-7 novembre – **Pasto** (solo per clienti alloggiati) – **41 cam** solo ½ P 150/195000.

Waldhof , ☎ 568081, Fax 568142, ≤ monti, « Parco », , , , , – rist TV ☎ P. rist
aprile-11 novembre – **Pasto** (solo per clienti alloggiati) – **20 cam** solo ½ P 128/190000, 5 appartamenti.

LANCIANO **66034** Chieti 988 ㉗, 430 P 25 – 34 577 ab. alt. 283 – a.s. 20 giugno-agosto – ☎ 0872.

Roma 199 – ◆Pescara 51 – Chieti 48 – Isernia 113 – ◆Napoli 213 – Termoli 73.

Excelsior, viale della Rimembranza 19 ☎ 713013, Fax 712907 – TV ☎ – 25 a 100. AE E VISA. rist
Pasto *(chiuso venerdì)* 35/55000 – **70 cam** 115/160000, 3 appartamenti, 5000 – ½ P 95000.

Anxanum senza rist, via San Francesco d'Assisi 8/10 ☎ 715142, Fax 715142, – TV ☎ P – 100. AE E VISA
15000 – **42 cam** 100/120000.

Corona di Ferro, corso Roma 28 ☎ 713029, , Coperti limitati; prenotare – AE E VISA.
chiuso domenica sera, lunedì e dal 1° al 15 agosto – **Pasto** carta 40/64000.

Ribot, via Milano 58/60 ☎ 712205, Fax 45004, – . AE E VISA.
chiuso venerdì, dal 20 al 30 dicembre e dal 15 al 30 agosto – **Pasto** 25/35000 e carta 27/44000.

in prossimità casello autostrada A 14 NE : 6 km

Thema, ✉ 66020 Rocca San Giovanni ☎ 715446, Fax 715484 – TV ☎ P – 140
33 cam.

LANZADA **23020** Sondrio 428 429 D 11, 218 ⑮ – 1475 ab. alt. 981 – ☎ 0342.

Roma 707 – Sondrio 16 – Bergamo 131 – Saint-Moritz 95.

Biancospino , ☎ 453066, Fax 453033, ≤ – ☎. AE E VISA.
Pasto 25/35000 – **33 cam** 80/105000 – ½ P 80/100000.

LANZO D'INTELVI **22024** Como 428 E 9, 219 ⑧ – 1 329 ab. alt. 907 – ☎ 031.

Dintorni Belvedere di Sighignola★★★ : ≤ sul lago di Lugano e le Alpi SO : 6 km.

(15 aprile-5 novembre; chiuso lunedì escluso agosto) ☎ 839060, Fax 839060, E : 1 km.

piazza Novi (palazzo Comunale) ☎ 840143.

Roma 653 – Como 30 – Argegno 15 – Menaggio 30 – ◆Milano 83.

Milano, ☎ 840119, « Giardino ombreggiato » – TV ☎ P. AE E VISA.
chiuso novembre – **Pasto** *(chiuso mercoledì)* 40000 – 15000 – **27 cam** 75/125000 – ½ P 100/105000.

Belvedere, N : 1,2 km ☎ 840122, Fax 841461, ≤, – TV ☎ P. AE E VISA.
chiuso da novembre al 23 dicembre – **Pasto** *(chiuso lunedì da settembre a maggio)* 42/50000 – 15000 – **33 cam** 95/140000 – ½ P 100/110000.

Rondanino , via Rondanino 1 (N : 3 km) ☎ 839858, Fax 839858, ≤, « Servizio estivo in terrazza », – P. AE E VISA.
Pasto *(chiuso mercoledì escluso dal 15 giugno al 15 settembre)* carta 28/52000 – 8000 – **14 cam** 50/73000 – ½ P 66/76000.

LA PILA Livorno 430 N 12 – Vedere Elba (Isola d') : Marina di Campo.

L'AQUILA 67100 P 988 ㉖, 430 O 22 – 67 825 ab. alt. 721 – ✆ 0862.

Vedere Basilica di San Bernardino★★ Y – Castello★ Y : museo Nazionale d'Abruzzo★★ – Basilica di Santa Maria di Collemaggio★ Z : facciata★★ – Fontana delle 99 cannelle★ Z

Dintorni itinerario nel Massiccio degli Abruzzi★★★ con escursione al Gran Sasso★★.

piazza Santa Maria di Paganica 5 ✆ 410808, Fax 65442 – corso Vittorio Enanuele 49 ✆ 410859.

A.C.I. via Donadei 3 ✆ 26028.

Roma 119 ① – ♦Napoli 242 ① – ♦Pescara 105 ② – Terni 94 ①.

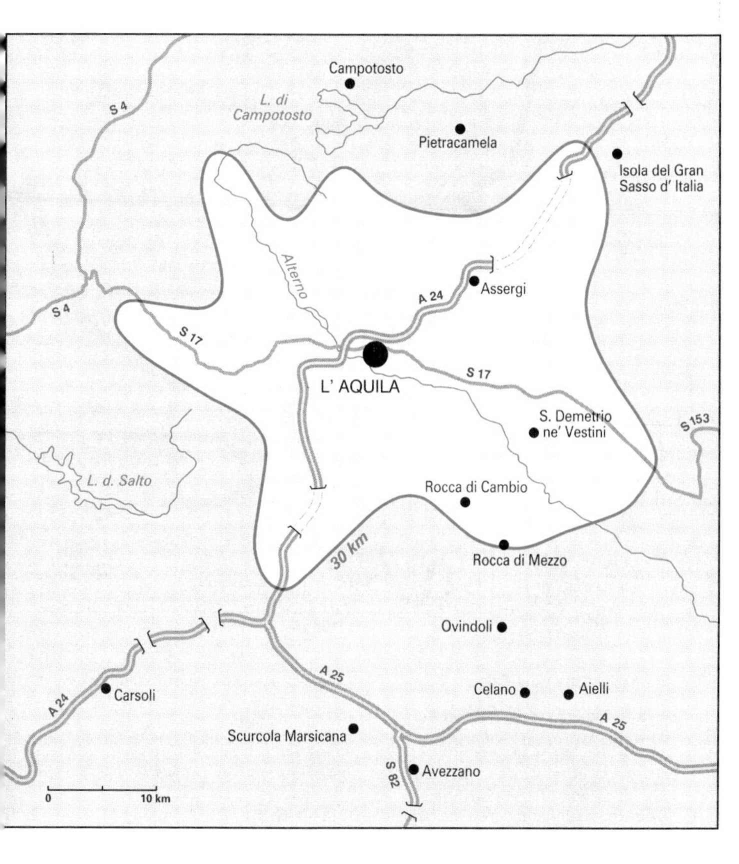

Duca degli Abruzzi, viale Giovanni XXIII 10 ✆ 28341, Fax 61588, « Rist. panoramico » – rist 30 a 260. AE VISA. Y **e**
Pasto al Rist. ***Il Tetto*** carta 42/58000 – **109 cam** 102/150000, 10 appartamenti – ½ P 100/120000.

Gd H. e del Parco, corso Federico II 74 ✆ 413248, Fax 65938, – AE E VISA Z **c**
Pasto vedere rist **La Grotta di Aligi** – **36 cam** 115/178000.

Duomo senza rist, via Dragonetti 10 ✆ 410893, Fax 413058 – AE E VISA. Z **d**
10000 – **25 cam** 88/110000.

Tre Marie, via Tre Marie 3 ✆ 413191, « Caratteristico stile abruzzese » – Z **b**
chiuso domenica sera, lunedì e dal 24 dicembre al 6 gennaio – **Pasto** carta 50/64000 (15%).

La Grotta di Aligi, viale Rendina 2 ✆ 65260, Fax 65260 – AE E VISA. Z **c**
chiuso lunedì – **Pasto** carta 46/92000.

XX **Ernesto,** piazza del Palazzo 22 ☎ 21094, Servizio estivo all'aperto solo la sera – AE ⑤ VISA — Y a
chiuso domenica e lunedì – **Pasto** 25000 e carta 43/62000.

XX **Antiche Mura,** via XXV Aprile 2 ☎ 62422, Cucina tipica aquilana, « Ambiente caratteristico » – [P]. ⑤ E VISA — Y b
chiuso dal 23 al 28 dicembre, dal 10 al 20 agosto e domenica (escluso dal 15 giugno al 15 settembre) – **Pasto** 28/36000.

X **Renato,** via Indipendenza 9 ☎ 25596 – AE ⑤ ⓓ E VISA — Z s
chiuso domenica e dal 20 luglio al 5 agosto – **Pasto** carta 36/54000.

sulla strada statale 17 per ① 2,5 km Y :

L'Aquila Canadian Hotel, ✉ 67100 ☎ 317402, Fax 317398, [TV] ☎ – [P] – 30 a 150. AE ⑤ ⓓ E VISA
Pasto *(chiuso lunedì)* carta 25/42000 – **49 cam** 100/120000, 3 appartamenti – ½ P 90000

XX **Il Baco da Seta,** ✉ 67100 ☎ 318217, Specialità di mare, « In un antico casale » – [P]. AE ⑤ ⓓ E VISA
chiuso lunedì, 25-26 dicembre e dal 2 al 15 gennaio – **Pasto** carta 59/87000.

a Preturo NO : 8 km – ✉ **67010** :

XX **Il Rugantino,** ☎ 461401, Coperti limitati; prenotare, – [P]. AE ⑤ ⓓ E VISA
chiuso domenica sera e mercoledì – **Pasto** carta 42/62000 (10 %).

a Paganica NE : 9 km – ✉ **67016** :

Parco delle Rose, ☎ 680128, Fax 680142 – [TV] ☎ [P]. AE ⑤ ⓓ E VISA
Pasto carta 36/66000 – **18 cam** 110/150000, appartamento – ½ P 90/130000.

a Camarda NE : 14 km – ✉ **67010** :

✗ **Elodia,** strada statale 17 bis ℘ 606219, Fax 606024 – Ⓟ. AE 🅂 E VISA. ✻
chiuso domenica sera e lunedì – **Pasto** carta 32/52000.

LARI **56035** Pisa 428 430 L 13 – 7 930 ab. alt. 129 – ☎ 0587.
Roma 335 – Pisa 37 – •Firenze 75 – •Livorno 33 – Pistoia 59 – Siena 98.

a quattro strade di Lavaiano NO : 6 km :

✗✗ **Lido** con cam, ✉ 56030 Perignano ℘ 616020 – TV ☎ Ⓟ – 🏛 80. AE 🅂 ⓞ E VISA.
✻ cam
chiuso dal 1° al 20 agosto – **Pasto** *(chiuso lunedì sera e martedì)* carta 35/55000 – ☕ 10000
– **7 cam** 75/110000.

a Lavaiano NO : 9 km – ✉ **56030** :

✗✗ **Castero,** ℘ 616121, Fax 616121, 🌳, « Giardino » – Ⓟ. AE 🅂 ⓞ E VISA
chiuso domenica sera, lunedì e dal 15 al 30 agosto – **Pasto** carta 40/53000.

LARIO Vedere Como (Lago di).

LA SPEZIA **19100** Ⓟ 988 ⑬, 428 430 J 11 – 99 863 ab. – ☎ 0187.
Escursioni Riviera di Levante ★★★ NO.
⛳ Marigola (chiuso mercoledì) a Lerici ✉ 19032 ℘ 970193, Fax 970193, per ③ : 6 km.
⛴ per Olbia giugno-settembre giornaliero (5 h 30 mn) – Tirrenia Navigazione-agenzia Lardon, via Crispi 39 ℘ 770250, Fax 27223.
🅸 via Mazzini 45 ℘ 770900, Fax 770908.
A.C.I. via Costantini 18 ℘ 511098.
Roma 418 ② – •Firenze 144 ② – •Genova 103 ② – •Livorno 94 ② – •Milano 220 ② – •Parma 115 ②.

LA SPEZIA

Cavour (Corso e Piazza) . . . . . **AB**
Chiodo (Pza e Via Domenico) . . **B** 8
Prione (Via del) . . . . **AB**

Battisti (Piazza Cesare) . . . . . . **B** 2
Beverini (Piazza G.) . . . . **A** 3
Brin (Piazza Benedetto) . . . . . **A** 4
Caduti del Lavoro (Piazzale) . . **A** 6
Colli (Via dei) . . . . **AB** 9
Da Passano (Via) . . . . **B** 10
Europa (Piazza) . . . . **B** 12
Fieschi (Viale Nicolò) . . . . . . **A** 14
Manzoni (Via) . . . . **B** 15
Milano (Via) . . . . **A** 16
Mille (Via dei) . . . . **A** 17
Napoli (Via) . . . . **A** 18
Rosselli (Via Flli) . . . . **A** 20
Spallanzani (Via e Salita) . . . . **A** 22
Verdi (Pza Giuseppe) . . . . **B** 23
20 Settembre (Via) . . . . **AB** 24
27 Marzo (Via) . . . . **AB** 26

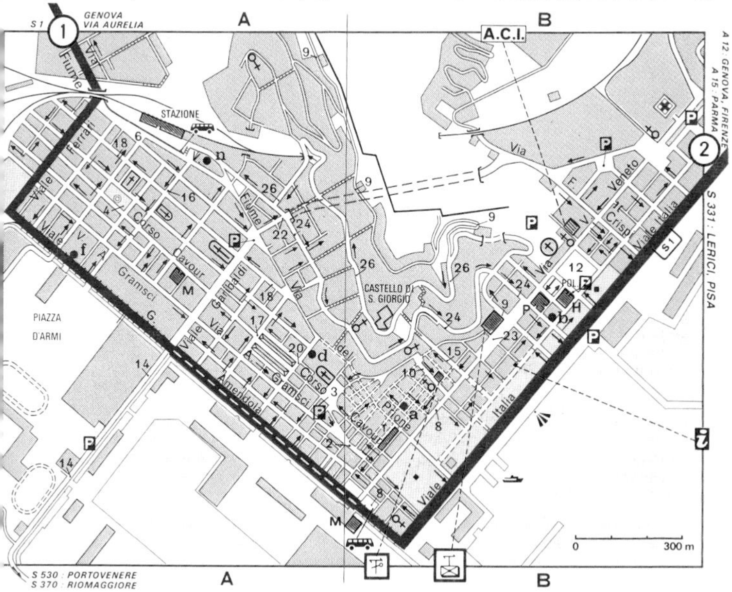

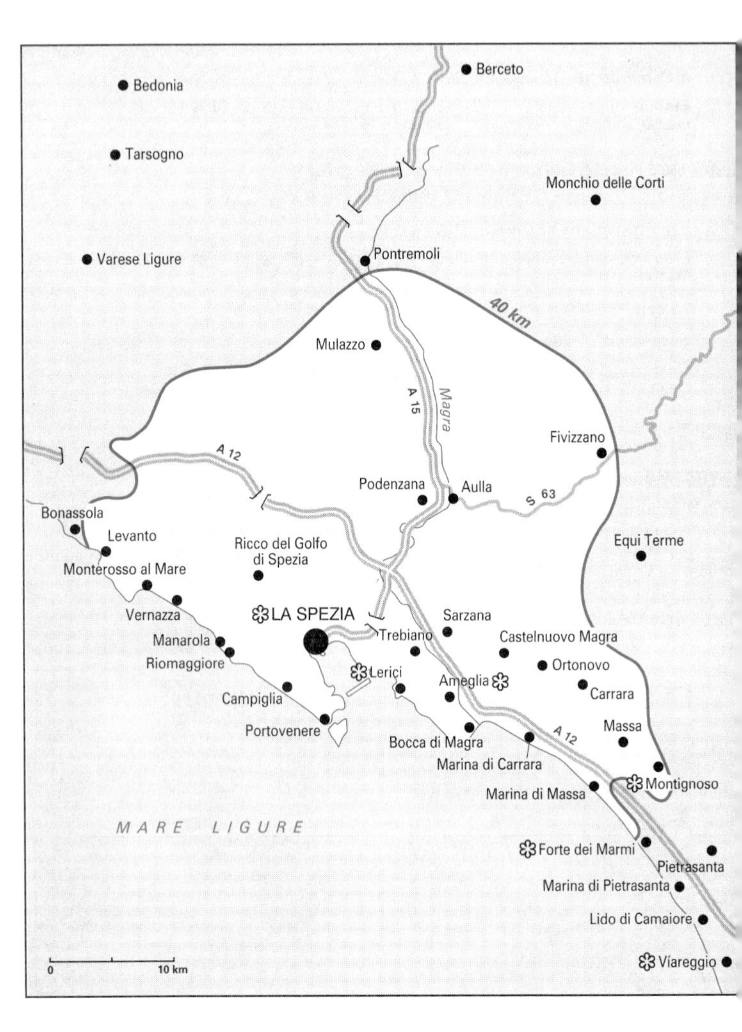

Jolly del Golfo, via 20 Settembre 2 ✉ 19124 ☎ 739555, Telex 281047, Fax 22129, ← – cam ▤ TV ☎ – 80 a 300. AE ⓢ ⓓ E VISA JCB. ✻ rist B
Pasto *(chiuso domenica)* carta 56/85000 – **111 cam** ☕ 235/280000, 2 appartamenti – ½ P 140/158000.

Hotel Ghironi senza rist, via Tino 62 ✉ 19126 ☎ 504141, Fax 524724 – ▤ TV ☎ ♿ 🚗 P. AE ⓢ ⓓ E VISA. ✻ per ②
51 cam ☕ 130/170000.

Firenze e Continentale senza rist, via Paleocapa 7 ✉ 19122 ☎ 713210, Fax 714930 – ▤ TV ☎. AE ⓢ ⓓ E VISA JCB A
chiuso dal 24 al 27 dicembre – **66 cam** ☕ 115/170000.

Genova senza rist, via Fratelli Rosselli 84 ✉ 19121 ☎ 731766, Fax 732923 – TV ☎. AE ⓢ ⓓ E VISA A
☕ 8000 – **31 cam** 100/130000.

XXX ✿ **Parodi,** viale Amendola 212 ✉ 19122 ☎ 715777, ❄, Specialità di mare, prenotare – AE ⓢ ⓓ E VISA A
chiuso domenica – **Pasto** carta 66/108000
Spec. Tavolozza di mare, Rombetti di pasta con triglie e asparagi, Spigola alla mediterranea.

🍴🍴 Da Francesco, via delle Pianazze 35 ✉ 19136 ☎ 980946, Specialità di mare, « Servizio estivo in giardino » 4 km : per ②

🍴🍴 **Antica Osteria Negrao,** via Genova 428 ✉ 19123 ☎ 701564, 🌳 – [AE] $ [E] [VISA] per ①
chiuso lunedì dal 25 dicembre al 1° gennaio e settembre – **Pasto** carta 34/44000.

🍴 **La Pettegola,** via del Popolo 39 ✉ 19126 ☎ 514041, 🌳 – ❄. [AE] $ ● [E] [VISA] per ②
chiuso domenica, dal 2 al 10 gennaio e dal 10 al 27 agosto – **Pasto** carta 39/74000.

🍴 **Il Ristorantino di Bayon,** via Felice Cavallotti 23 ✉ 19121 ☎ 7322091, Coperti limitati; prenotare – [AE] $ [E] [VISA] [JCB] B
chiuso domenica – **Pasto** carta 28/57000.

LASTRA A SIGNA **50055** Firenze [988] ⑭, [429] [430] K 15 – 17 752 ab. alt. 36 – ☎ 055.

Roma 283 – ♦Firenze 12 – ♦Bologna 108 – ♦Livorno 79 – Lucca 63 – Pisa 69 – Pistoia 29 – Siena 74.

🍴🍴 **Edy Piu',** via di Calcinaia 94 ☎ 8721346, Fax 8724562, 🌳 – [P]. [AE] $ ● [E] [VISA]
chiuso mercoledì e dal 5 al 25 agosto – **Pasto** carta 35/55000.

🍴 **Antica Trattoria Sanesi,** via Arione 33 ☎ 8720234, Fax 8720234 – ❄. [AE] $ ● [E] [VISA]. 🐕
chiuso domenica sera, lunedì e dal 20 luglio al 20 agosto – **Pasto** carta 36/50000 (10%).

a Calcinaia S : 1 km – ✉ **50055** :

🍴🍴 **I Cupoli,** ☎ 8721028, Fax 8721028, « Servizio estivo » – [P]. [AE] $ ● [E] [VISA]
chiuso lunedì – **Pasto** carta 53/73000.

LA STRADA CASALE Ravenna [429] [430] J 17 – Vedere Brisighella.

LA THUILE **11016** Aosta [988] ①, [428] E 2 – 777 ab. alt. 1441 – a.s. febbraio-marzo, Pasqua, 11 luglio-11 settembre e Natale – Sport invernali : 1 441/2 642 m 🚡1 ⛷11, ⛷ – ☎ 0165.

ℹ via Collomb 4 ☎ 884179, Fax 885196.

Roma 789 – Aosta 40 – Courmayeur 15 – ♦Milano 227 – Colle del Piccolo San Bernardo 13.

🏨 **Chateau Blanc** senza rist, località Entrèves 39 ☎ 885341, Fax 885343, ≤, 🏊, 🌳 – 🛗 [TV] ☎ 🚗. $ [E] [VISA]. 🐕
dicembre-aprile e luglio-10 settembre – **13 cam** ☕ 120/190000.

🏨 Chalet Eden 🔇, località Villaret 74 ☎ 885050, Fax 885050, ≤, 🌳 – 🛗 [TV] ☎ [P]
stagionale **21 cam.**

🏨 **Martinet** 🔇 senza rist, frazione Petite Golette 159 ☎ 884656, Fax 884656, ≤, 🎾 – [TV] ☎ 🚗. $ [VISA]. 🐕
chiuso giugno – **10 cam** ☕ 70/100000.

🍴🍴 **La Bricole,** località Entrèves ☎ 884149, Fax 884571 – [AE] $
dicembre-aprile e luglio-agosto; chiuso lunedì in bassa stagione – **Pasto** carta 38/56000.

LATINA **04100** [P] [988] ㉖, [430] R 20 – 108 819 ab. alt. 21 – ☎ 0773.

ℹ via Duca del Mare 19 ☎ 498711, Fax 661266.

[A.C.I.] via Aurelio Saffi 23 ☎ 697701.

Roma 68 – Frosinone 52 – ♦Napoli 164.

🏨 **De la Ville,** via Canova 12 ☎ 661281, Telex 680860, Fax 661153, 🌳 – 🛗 🚭 cam ❄ [TV] ☎ 🚗 – 👥 40 a 50. [AE] $ ● [E] [VISA]. 🐕
Pasto carta 60/80000 – **68 cam** ☕ 180/250000 – ½ P 175000.

🏨 **Victoria Residence Palace,** via Vincenzo Rossetti ☎ 663966, Fax 489592, 🏊, 🌳, 🎾 – 🛗 ❄ [TV] ☎ ♿ [P] – 👥 30 a 200. [AE] $ ● [E] [VISA]. 🐕
Pasto carta 40/67000 – **151 cam** ☕ 175/248000 – ½ P 154000.

🍴 **Impero,** piazza della Libertà 19 ☎ 693140 – ❄. $ [VISA]. 🐕
chiuso sabato e dal 14 al 31 agosto – **Pasto** carta 40/50000.

a Borgo Sabotino S : 7 km – ✉ **04010** :

🍴 La Padovana, ☎ 648081, 🌳 – [P]

al Lido di Latina S : 9 km – ✉ **04010** Borgo Sabotino :

🏨 **Gabriele** senza rist, via Lungomare 348 a Foce Verde ☎ 645800, Fax 648696, 🏖, 🌳 – 🛗 ❄ [TV] ☎ [P] – 👥 60. [AE] $ ● [E] [VISA]
39 cam ☕ 90/120000.

🏨 **Miramare** senza rist, a Capo Portiere ☎ 273470, Fax 273862, ≤, 🏖 – [TV] ☎ 🚗 [P]. [AE] $ ● [E] [VISA]. 🐕
chiuso dal 15 dicembre a febbraio – **25 cam** ☕ 150000.

XX **La Risacca,** a Foce Verde ✆ 273223, ≤, 🏖 – ▤ P. AE ⓢ E VISA. ✻
chiuso giovedì e novembre – **Pasto** carta 29/50000 (10 %).

XX **Il Tarantino,** a Foce Verde ✆ 273253, Fax 273253, ≤ – ▤. AE ⓢ ⓓ E VISA. ✻
chiuso mercoledì – **Pasto** carta 35/62000.

LATISANA **33053** Udine 988 ⑤ ⑥, 429 E 20 – 11 245 ab. alt. 9 – a.s. luglio-agosto – ☎ 0431.
Roma 598 – Udine 41 – Gorizia 60 – ♦Milano 337 – Portogruaro 14 – ♦Trieste 80 – ♦Venezia 87.

🏨 Bella Venezia, Parco Gaspari ✆ 59647, Fax 59649, 🏖, « Giardino ombreggiato » – |♦| TV
☎ P – 🏛 25 a 50
23 cam.

LATSCH = Laces.

LAURIA Potenza 988 ㊳, 431 G 29 – 13 960 ab. alt. 430 – ☎ 0973.
Roma 406 – ♦Cosenza 126 – Potenza 129 – ♦Napoli 199.

a Lauria Superiore – ✉ **85045** :

🏨 **Santa Rosa,** ✆ 822113, Fax 822114 – |♦| TV ☎ P. AE ⓢ ⓓ E VISA. ✻
Pasto *(chiuso Natale)* carta 24/34000 – **35 cam** ☕ 52/80000 – ½ P 60/68000.

a Lauria Inferiore – ✉ **85044** :

🏨 **Isola di Lauria** 🐚, ✆ 823905, Fax 823962, ≤ – |♦| ▤ TV ☎ P – 🏛 150 a 400. AE ⓢ ⓓ E VISA. ✻
Pasto carta 27/54000 – ☕ 6000 – **36 cam** 65/95000 – ½ P 80/95000.

a Pecorone N : 5 km – ✉ **85040** :

X **Da Giovanni,** ✆ 821003 – P. ✻
chiuso lunedì escluso da giugno a settembre – **Pasto** carta 26/34000.

LAUZACCO Udine – Vedere Pavia di Udine.

Lesen Sie die Einleitung, sie ist der Schlüssel zu diesem Führer.

LAVAGNA **16033** Genova 988 ⑬, 428 J 10 – 13 352 ab. – ☎ 0185.
ℹ piazza della Libertà 40 ✆ 392766, Fax 392766.
Roma 464 – ♦Genova 41 – ♦Milano 176 – Rapallo 17 – ♦La Spezia 66.

🏨 **Fieschi** 🐚, via Rezza 12 ✆ 313809, Fax 304400, 🌳 – TV ☎ P – 🏛 50. AE ⓢ ⓓ E VISA ✻
chiuso novembre – **Pasto** (solo per clienti alloggiati e *chiuso a mezzogiorno da ottobre a marzo)* 25/35000 – ☕ 12000 – **13 cam** 100/140000 – ½ P 75/120000.

🏨 **Tigullio,** via Matteotti 3 ✆ 392965, Fax 390277 – |♦| TV ☎. ✻
aprile-ottobre – **Pasto** *(chiuso lunedì)* carta 31/51000 – ☕ 7000 – **39 cam** 65/110000 – ½ P 80/85000.

XX **Il Gabbiano,** via San Benedetto 26 (E : 1,5 km) ✆ 390228, Coperti limitati; prenotare – « Servizio estivo in terrazza panoramica » – P. AE ⓢ ⓓ E VISA. ✻
chiuso lunedì e dal 5 novembre al 5 dicembre – **Pasto** carta 41/80000.

XX **Il Bucaniere,** via 24 Aprile 69 ✆ 392830 – AE ⓢ ⓓ E VISA JCB
chiuso dal 10 gennaio al 10 febbraio, lunedì e da novembre a marzo anche martedì – **Pasto** carta 44/93000.

a Cavi SE : 3 km – ✉ **16030** :

XX **A Cantinn-a,** via Torrente Barassi 8 ✆ 390394 – P. ⓢ E VISA
chiuso martedì, dal 15 al 28 febbraio e novembre – **Pasto** carta 37/55000.

X **Raieû,** via Milite Ignoto 25 ✆ 390145 – AE ⓢ ⓓ E VISA
chiuso lunedì, dal 20 gennaio a febbraio e ottobre – **Pasto** carta 35/60000.

X **Cigno,** via del Cigno 1 ✆ 390026, ≤ – VISA
chiuso martedì, febbraio e ottobre – **Pasto** carta 45/65000.

X **A Supressa,** via Aurelia 1028 ✆ 390318, Coperti limitati; prenotare – AE
chiuso a mezzogiorno (escluso i giorni festivi), mercoledì, dal 20 dicembre al 15 gennaio e dal 5 agosto al 5 settembre – **Pasto** 50000 bc.

LAVAGNO **37030** Verona 429 F 15 – 5 303 ab. alt. 70 – ☎ 045.
Roma 513 – ♦Verona 12 – ♦Brescia 80 – Trento 113 – Vicenza 43.

XX **Antica Ostaria de Barco,** località Barco ✉ 37030 San Briccio ✆ 8980420, ≤ dintorni, « Servizio estivo in terrazza » – P. AE ⓢ ⓓ E VISA. ✻
chiuso sabato a mezzogiorno, domenica e dal 1° al 25 gennaio – **Pasto** carta 33/54000.

LAVAIANO Pisa 428 430 L 13 – Vedere Lari.

LAVARIANO 33050 Udine 429 E 21 – alt. 49 – ☎ 0432.
Roma 615 – Udine 14 – ♦Trieste 82 – ♦Venezia 119.

XX ❂ **Blasut,** ✆ 767017, Fax 767017, 余, Coperti limitati; prenotare –
chiuso domenica sera, lunedì, dal 1° all'8 gennaio e dal 7 al 21 agosto – **Pasto** 30000 (a mezzogiorno) 35000 (alla sera) e carta 45/78000
Spec. Pasta e fagioli, Cosce d'oca arrosto (autunno-inverno), Rognone di vitello trifolato (autunno-inverno).

LAVARONE **38046** Trento 429 E 15 – 1 094 ab. alt. 1 172 – a.s. Pasqua e Natale – Sport invernali : 1 172/1 500 m ⛷13, ⛷ – ☎ 0464.
ℹ a Gionghi, palazzo Comunale ✆ 783226, Fax 783118.
Roma 592 – Trento 33 – ♦Milano 245 – Rovereto 29 – Treviso 115 – ♦Verona 104 – Vicenza 64.

Capriolo ⛰, a Bertoldi ✆ 783187, Fax 783176, ≤, – |‡| TV ☎ P. AE ⑤ E VISA. ✻
21 dicembre-9 aprile e 2 giugno-19 settembre – **Pasto** 26/36000 – ☐ 12000 – **29 cam** 70/115000 – ½ P 100000.

Caminetto, a Bertoldi ✆ 783214, Fax 783214, ≤, – |‡| TV ☎ P. ✻ rist
dicembre-Pasqua e giugno-settembre – **Pasto** carta 28/38000 – ☐ 9000 – **18 cam** 65/101000 – ½ P 75/88000.

Esperia, a Chiesa ✆ 783124, Fax 783124 – TV ☎. AE ⑤ E VISA. ✻ rist
Pasto *(chiuso martedì)* carta 22/37000 – ☐ 8000 – **18 cam** 50/80000 – ½ P 65000.

LAVELLO 85024 Potenza 988 ㉘, 431 D 29 – 13 354 ab. alt. 313 – ☎ 0972.
Roma 359 – ♦Foggia 68 – ♦Bari 104 – ♦Napoli 166 – Potenza 77.

San Barbato, SO : 1,5 km ✆ 81392, Fax 83813, « Giardino con ⛱ », ✻ – |‡| ▤ TV ☎ P – 🏟 100. ⑤ ⓓ E VISA. ✻
Pasto *(chiuso venerdì)* 35/45000 – ☐ 5000 – **38 cam** 90/140000, ▤ 8000 – ½ P 95000.

LAVENO MOMBELLO 21014 Varese 988 ② ③, 428 E 7 – 8 906 ab. alt. 200 – ☎ 0332.
Vedere Sasso del Ferro★★ per cabinovia.
⛴ per Verbania-Intra giornalieri (20 mn) – Navigazione Lago Maggiore, ✆ 667128.
ℹ Palazzo Municipale ✆666100.
Roma 654 – Stresa 22 – Bellinzona 56 – Como 49 – ♦Lugano 39 – ♦Milano 77 – Novara 69 – Varese 22.

Moderno senza rist, ✆ 668373, Fax 666175 – |‡| ☎. ⑤ ⓓ E VISA
chiuso dal 15 gennaio a febbraio – ☐ 10000 – **14 cam** 70/105000.

XXX **Il Porticciolo** con cam, via Fortino 40 (O : 1,5 km) ✆ 667257, Fax 666753, ≤ lago, prenotare, « Servizio estivo in terrazza sul lago » – TV ☎ P. AE ⑤ ⓓ E VISA. ✻ cam
chiuso dal 18 gennaio al 2 febbraio – **Pasto** *(chiuso martedì e mercoledì a mezzogiorno e in luglio-agosto solo i mezzogiorno di martedì e mercoledì)* 50000 (a mezzogiorno) 60/80000 (alla sera) e carta 56/88000 – **10 cam** ☐ 105/150000 – ½ P 110/120000.

X **Concordia,** ✆ 667380 – AE ⑤ ⓓ E VISA
chiuso lunedì, dal 4 gennaio al 14 febbraio e dal 10 al 20 novembre – **Pasto** carta 29/60000.

LA VILLA (STERN) Bolzano 988 ⑤ – Vedere Badia.

LAVINIO LIDO DI ENEA Roma 988 ㉖, 430 R 19 – Vedere Anzio.

LAZISE 37017 Verona 988 ④, 428 429 F 14 – 5 560 ab. alt. 76 – ☎ 045.
⛳18 e ⛳9 Cà degli Ulivi a Marciaga-Castion di Costermano ✉ 37010 ✆ 62790630 Fax 6279039, N : 13 km.
ℹ via Francesco Fontana 14 ✆ 7580573, Fax 7581040.
Roma 521 – ♦Verona 22 – ♦Brescia 54 – Mantova 60 – ♦Milano 141 – Trento 92 – ♦Venezia 146.

Lazise senza rist, ✆ 6470466, Fax 6470190, ⛱, ✻ – |‡| ▤ TV ☎ 🚗 P. ✻
marzo-ottobre – ☐ 16000 – **75 cam** 90/125000.

Le Mura senza rist, ✆ 6470100, Fax 7580189, ⛱ – ▤ cam TV ☎ P. ⑤ E. ✻
marzo-novembre – **24 cam** ☐ 90/160000.

XX **Bastia,** ✆ 6470099, Fax 6470099, 余 – AE
chiuso mercoledì – **Pasto** carta 28/55000.

XX **Botticelli,** ✆ 7581194, 余 – ⑤ E VISA. ✻
chiuso gennaio e lunedì (escluso da maggio a settembre) – **Pasto** carta 43/65000.

XX **Il Porticciolo,** ✆ 7580254, 余 – P. AE ⑤ E VISA. ✻
chiuso martedì e novembre – **Pasto** carta 41/62000.

sulla strada statale 249 S : 1,5 km :

Casa Mia, ✉ 37017 ✆ 6470244, Fax 7580554, 余, « Giardino », ≘s, ⛱, ✻ – |‡| ▤ TV ☎ P – 🏟 60. AE ⑤ E VISA. ✻
chiuso dal 21 dicembre al 1° febbraio – **Pasto** *(chiuso lunedì da ottobre a maggio)* carta 38/55000 – ☐ 16000 – **39 cam** 94/135000 – ½ P 141000.

LE CASTELLA Crotone 431 K 33 – Vedere Isola di Capo Rizzuto.

LECCE

Fazzi (Via Vito) . . . . . Y 12
Imperatore Augusto (V.) . . . . Y 15
Mazzini (Piazza G.) . . . . . X 23
Nazario Sauro (Via) . . . . . X 24
S. Oronzo (Piazza) . . . . . Y
Trinchese (Via Salvatore) . . . X 41
Vitt. Emanuele (Cso) . . . . . Y 42

Alfieri (Viale V.) . . . . . X 2
Aragona (Via F. d') . . . . . YZ 3
Boito (Via A.) . . . . . X 4
Bonifacio (Via G.B.) . . . . . X 5
Calasso (Via Francesco) . . . . X 6
Caracciolo (Via Roberto) . . . . Z 7
Costadura (Via M.C.) . . . . X,Y 8
Foscolo (Viale Ugo) . . . . . X 13
Imperatore Adriano (V.) . . . X,Y 14
Jacobis (V. Agostino de) . . . X,Z 17
Liberta (Via della) . . . . . X 19
Ludovico (Via) . . . . . Y 21
Marche (Viale) . . . . . X 22
Orsini del Balzo (Via) . . . . X,Z 25
Palazzo dei Conti
di Lecce (Via del) . . . . . Z 26
Pettorano (Via) . . . . . X 27
Pietro (Via M. de) . . . . . X,Y 28
Realino (Via Bernardino) . . . . X 29
Regina Elena (Via) . . . . . X 30
Rossini (Viale G.) . . . . . X 31
Rubichi (Via Francesco) . . . . Y 32
Salandra (Via) . . . . . X 33
S. Lazzaro (Via) . . . . . X 34
Taranto (Via) . . . . . Y 38
Templari (Via) . . . . . Y 39
Vitt. Emanuele (Pza) . . . . . Y 43
25 Luglio (Via) . . . . . Y 44

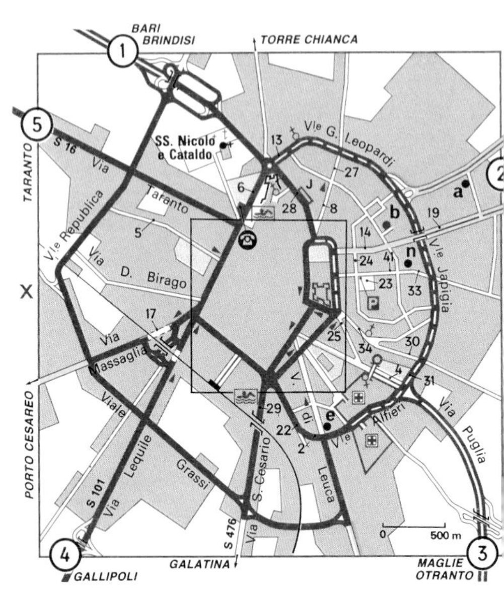

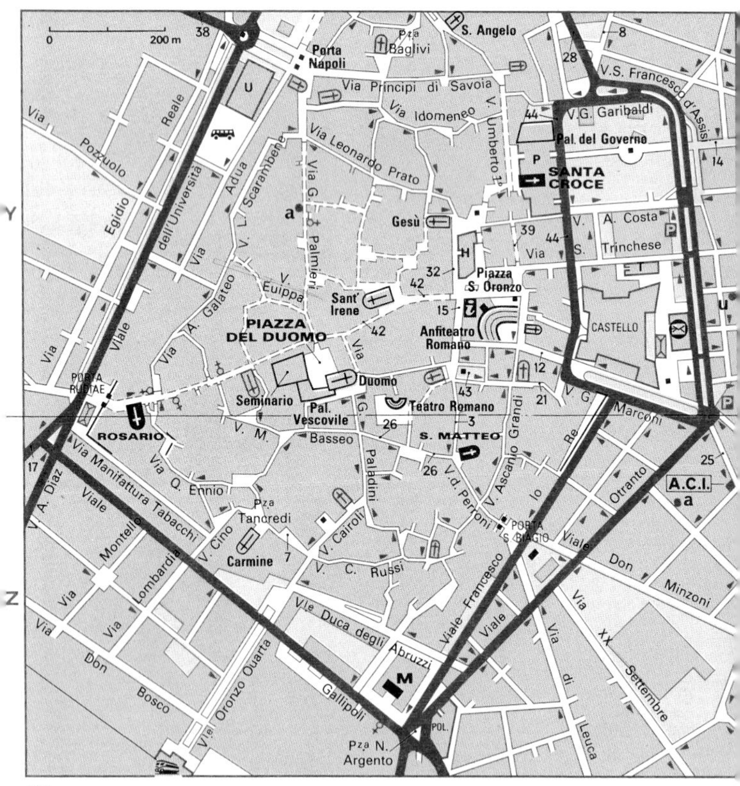

LECCE 73100 P 988 ㉚, 431 F 36 – 100 474 ab. alt. 51 – ☎ 0832.

Vedere Basilica di Santa Croce★★ Y – Piazza del Duomo★★ : pozzo★ del Seminario Y – Museo provinciale★ : collezione di ceramiche★★ Z M – Chiesa di San Matteo★ Z – Chiesa del Rosario★ YZ – Altari★ nella chiesa di Sant'Irene Y.

piazza Sant'Oronzo 25 ☎ 304443.

A.C.I. via Candido 2 ☎ 305829.

Roma 601 ① – Brindisi 38 ① – Napoli 413 ① – Taranto 86 ⑦.

Pianta pagina precedente

President, via Salandra 6 ☎ 311881, Telex 860076, Fax 372283 – 25 a 350. AE E VISA JCB. rist X **n**
Pasto carta 50/68000 – **153 cam** 150/230000, appartamento – 1/2 P 160000.

Cristal senza rist, via Marinosci 16 ☎ 372314, Telex 860014, Fax 315109, – 70. AE E VISA. X **a**
63 cam 110/160000, appartamento.

Delle Palme, via di Leuca 90 ☎ 347171, Fax 347171 – AE E VISA JCB. X **e**
Pasto carta 31/51000 – **96 cam** 90/150000 – 1/2 P 100/125000.

Villa della Monica, via SS. Giacomo e Filippo 40 ☎ 458432, « In un edificio del 16° secolo » – E VISA X **b**
chiuso martedì e dal 1° al 20 novembre – **Pasto** carta 22/44000.

Plaza, via 140° Fanteria 16 ☎ 305093 – AE E VISA Y **u**
chiuso domenica ed agosto – **Pasto** carta 25/36000.

I Tre Moschettieri, via Paisiello 9/a ☎ 308484, « Servizio estivo all'aperto » – E VISA. Z **a**
chiuso domenica e dal 15 al 31 agosto – **Pasto** carta 28/47000.

La Taverna di Carlo V, via Palmieri 46 ☎ 248818 Y **a**

sulla strada provinciale per Torre Chianca :

Gino e Gianni, N : 2 km ✉ 73100 ☎ 399210, Fax 399110 – AE E VISA JCB.
chiuso mercoledì – **Pasto** carta 35/60000.

Il Satirello, N : 9 km ✉ 73100 ☎ 378672, – 80. AE E VISA
chiuso martedì – **Pasto** carta 27/42000.

carte stradali MICHELIN 1/400 000 :
428 ITALIA Nord-Ovest/ 429 ITALIA Nord-Est/ 430 ITALIA Centro
431 ITALIA Sud/ 432 SICILIA/ 433 SARDEGNA

Le località sottolineate in rosso su queste carte sono citate in guida.

LECCO 22053 P 988 ③, 428 E 10 – 45 760 ab. alt. 214 – ☎ 0341.

Vedere Lago★★★.

per Bellagio-Tremezzo-Como luglio-settembre giornalieri (2 h 40 mn) – Navigazione Lago di Como, largo Lario Battisti ☎ 364036.

via Nazario Sauro 6 ☎ 362360, Fax 286231.

Roma 621 – Como 29 – Bergamo 33 – Lugano 61 – Milano 56 – Sondrio 82 – Passo dello Spluga 97.

Pianta pagina seguente

Al Porticciolo 84, via Valsecchi 5/7 ☎ 498103, Solo specialità di mare, Coperti limitati; prenotare – AE E VISA. per via Palestro BY
chiuso a mezzogiorno (escluso i giorni festivi), lunedì, dal 1° al 6 gennaio ed agosto – **Pasto** carta 67/85000.

Larius, via Nazario Sauro 2 ☎ 363558 – AE E VISA AY **v**
chiuso martedì – **Pasto** carta 47/79000.

Cermenati, corso Matteotti 71 ☎ 283017, Coperti limitati; prenotare – E VISA. BY **r**
chiuso lunedì e dal 6 al 27 agosto – **Pasto** carta 51/80000.

Vecchia Lecco, via Anghileri 5 ☎ 365701 AY **c**

Nicolin, a Maggianico S : 3,5 km ☎ 422122, Fax 422122, « Servizio estivo in terrazza » – AE VISA. per ②
chiuso martedì ed agosto – **Pasto** carta 41/63000.

Pizzoccheri, via Aspromonte 21 ☎ 367126, Ambiente rustico; specialità valtellinesi, prenotare – VISA AZ **n**
chiuso mercoledì, dal 23 dicembre al 2 gennaio, dal 7 al 14 aprile ed agosto – **Pasto** carta 35/58000.

Vedere anche : ***Malgrate*** N : 3 km.
Valmadrera N: 4 km.
Garlate S : 6 km.

LECCO

Airoldi (V. Almicare) . . . . **AY** 5
Anghileri (V.) . . . . **AY** 7
Cattaneo (V. Carlo) . . . . **ABY**
Cavour (V.) . . . . **AY**
Dante (Vle) . . . . **BZ**
D'Oggiono (V. Marco) . . . . . **BY**
Fratelli Cairoli (V.) . . . . **ABY**
Mascari (V. Antonio) . . . . . . **AY**
Roma (V.) . . . . **AYZ**
Sassi (V. Salvatore) . . . . **BY** 45
20 Settembre (Pza) . . . . **AY** 60

Adda (V.) . . . . **AZ** 2
Affari (Pza degli) . . . . **AY** 4
Appiani (V. Andrea) . . . . . . **BZ** 8
Bezzeca (V.) . . . . **AZ** 10
Cali (V.) . . . . **AY** 12
Cellini (V.) . . . . **BY** 14
Cornelio (V.) . . . . **AZ** 15
Europa (Largo) . . . . **AY** 17
Fiumicella (V.) . . . . **BY** 19
Foggazzaro (V.) . . . . **BY** 20
Legnano (V.) . . . . **AY** 25
Malpensata (V.) . . . . **AY** 27
Montanara (V.) . . . . **BY** 29
Montenero (Largo) . . . . **AY** 30

Nazario Sauro (V.) . . . . **AY** 32
Ongania (V.) . . . . **AY** 35
Pozzo (V. del) . . . . **AY** 37
Promessi Sposi (Cso) . . . . . **BY** 38
Resinelli (V.) . . . . **AY** 40
S. Francesco (V.) . . . . **AZ** 42
S. Marta (Pza) . . . . **AY** 43
Sirtori (V.) . . . . **AY** 46
Stoppani (Pza) . . . . **AY** 48
Torre (Viccolo della) . . . . . . **AY** 52
Torri Tarelli (V.) . . . . **AY** 53
Varese (V.) . . . . **BZ** 56
4 Novembre
(Lungo lario) . . . . **AY** 58

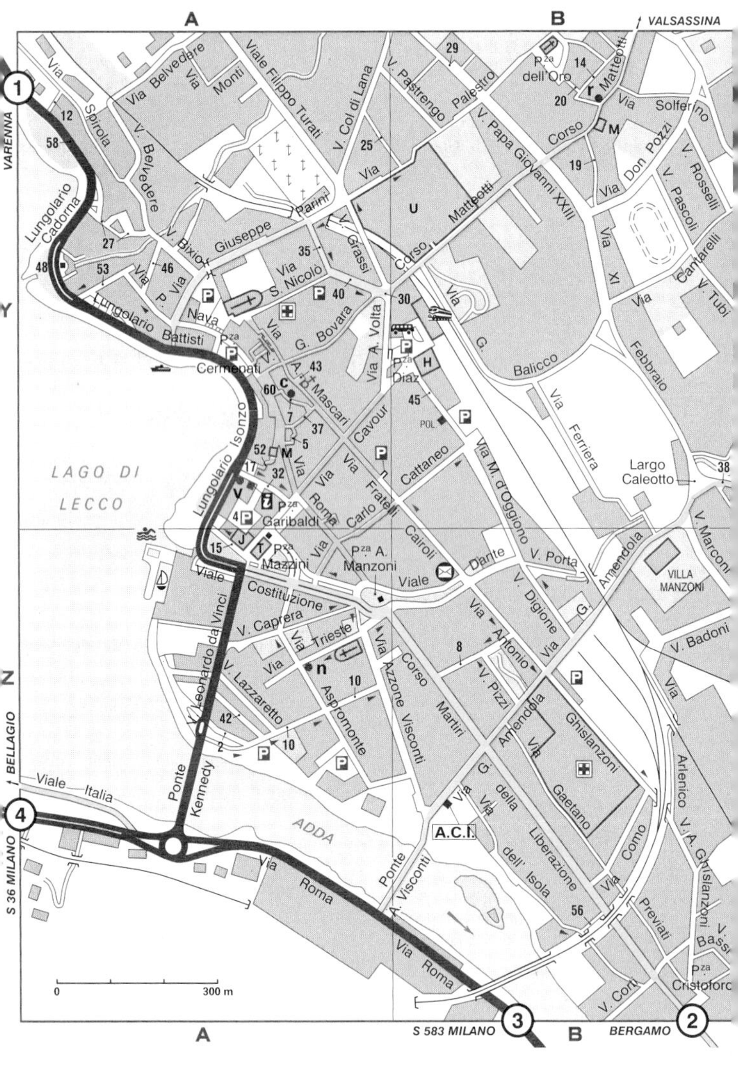

Le carte stradali Michelin sono costantemente aggiornate.

LE CLOTES Torino – Vedere Sauze d'Oulx.

LEGNAGO **37045** Verona [988] ④ ⑭, [429] G 15 – 26 015 ab. alt. 16 – ☏ 0442.

Roma 476 – ◆Verona 43 – Mantova 44 – ◆Milano 195 – ◆Padova 64 – Rovigo 45 – ◆Venezia 101 – Vicenza 49.

🏨 **Salieri** senza rist, viale dei Caduti 64 ✆ 22100, Fax 23422 – |◆| ▤ [TV] ☎. [AE] [$] ⓓ [VISA]. ✗
☕ 11000 – **28 cam** 100/130000.

🍴🍴🍴 **Colombara Volner** via San Vito 14 (NE : 2,5 km) ✆ 629555, Fax 629588, ☂, Coperti limitati; prenotare, « Giardino-frutteto » – ⊁ [P] – 🎤 100. [AE] [$] ⓓ [E] [VISA] [JCB]. ✗
chiuso lunedì sera, martedì, dal 1° al 15 gennaio e dal 1° al 20 agosto – **Pasto** carta 50/80000.

a San Pietro O : 3 km – ✉ **37048** San Pietro di Legnago :

🏨 **Pergola,** ✆ 629103, Fax 629110, ☂ – |◆| ▤ [TV] ☎ ♿ 🚗 [P] – 🎤 150. [AE] [$] [E] [VISA]. ✗
Pasto *(chiuso mercoledì, venerdì sera, dal 1° al 10 gennaio e dal 5 al 20 agosto)* carta 45/73000 – ☕ 15000 – **48 cam** 120/160000 – ½ P 110/140000.

LEGNANO **20025** Milano [988] ③, [428] F 8 – 51 763 ab. alt. 199 – ☏ 0331.

Roma 605 – ◆Milano 28 – Como 33 – Novara 37 – Varese 32.

🏨 Excelsior senza rist, piazza Frua ✆ 593186, Fax 547530 – |◆| ▤ [TV] ☎ ♿ – 🎤 40 a 100
63 cam.

🏨 **Italia** senza rist, viale Toselli 42/a ✆ 597191, Fax 597268 – |◆| [TV] ☎ 🚗 [P]. [AE] [$] [E] [VISA]. ✗
chiuso agosto – ☕ 11000 – **30 cam** 139000.

🏨 **2 C** senza rist, via Colli di Sant'Erasmo 51 ✆ 440159, Fax 440159 – ▤ [TV] ☎ [P]. [AE] [$] ⓓ [E] [VISA]
chiuso dal 1° al 21 agosto – ☕ 10000 – **24 cam** 85/140000.

LE GRAZIE La Spezia [430] J 11 – Vedere Portovenere.

LEIFERS = Laives.

LEIVI Genova [428] I 9 – Vedere Chiavari.

LEMIE **10070** Torino, [428] G 3 – 264 ab. alt. 957 – ☏ 0123.

Roma 734 – ◆Torino 52 – ◆Milano 180.

🏨 **Villa Margherita,** località Villa SE : 2 km ✆ 60225, ≤ – [P]. [$] ⓓ [E] [VISA]. ✗
chiuso gennaio – **Pasto** *(chiuso lunedì)* carta 29/47000 – ☕ 6000 – **19 cam** 85/130000 – ½ P 70000.

LENNO **22016** Como [428] E 9, [219] ⑨ – 1 622 ab. alt. 200 – ☏ 0344.

Roma 652 – Como 27 – Menaggio 8 – ◆Milano 75.

🏨 **San Giorgio,** ✆ 40415, Fax 41591, ≤ lago e monti, « Piccolo parco ombreggiato digradante sul lago », 🎾 – |◆| ☎ [P]. [AE] [$] [E] [VISA]. ✗
aprile-settembre – **Pasto** (solo per clienti alloggiati) 48000 – ☕ 18000 – **26 cam** 120/160000 – ½ P 108/113000.

LE REGINE Pistoia [430] J 14 – Vedere Abetone.

LERICI **19032** La Spezia [988] ⑬ ⑭, [428] [429] [430] J 11 – 12 055 ab. – ☏ 0187.

Vedere Guida Verde.

⛳ Marigola (chiuso mercoledì) ✆ 970193, Fax 970193.

[i] via Gerini 40 ✆ 967346.

Roma 408 – ◆La Spezia 11 – ◆Genova 107 – ◆Livorno 84 – Lucca 64 – Massa 25 – ◆Milano 224 – Pisa 65.

🏨 **Shelley e Delle Palme** senza rist, lungomare Biaggini 5 ✆ 968204, Fax 964271, ≤ golfo, 🏖 – |◆| [TV] ☎. [AE] [$] ⓓ [E] [VISA]
chiuso novembre – ☕ 15000 – **50 cam** 100/135000.

🏨 **Doria Park Hotel** 🔇, via privata Doria ✆ 967124, Fax 966459, ≤ golfo, ☂ – |◆| [TV] ☎ [P]. [AE] [$] ⓓ [E] [VISA]. ✗ rist
Pasto (solo per clienti alloggiati; *chiuso a mezzogiorno, domenica e novembre*) carta 25/50000 – **42 cam** ☕ 110/175000.

🏨 **Europa** 🔇, via Carpanini 1 ✆ 967800, Fax 965957, ≤ golfo, ☂ – |◆| [TV] ☎ [P]. [AE] [$] ⓓ [E] [VISA]. ✗
Pasto carta 40/55000 – ☕ 15000 – **33 cam** 135/150000 – ½ P 100/150000.

🏨 **Florida** senza rist, lungomare Biaggini 35 ✆ 967332, Fax 967344, ≤ golfo – |◆| ▤ [TV] ☎. [AE] [$] ⓓ [E] [VISA] [JCB]. ✗
chiuso dal 6 gennaio al 6 marzo – **36 cam** ☕ 120/180000.

XX **Il Frantoio,** via Cavour 21 ✆ 964174 – AE ⓢ ⓞ E VISA. ✻
chiuso lunedì e dal 1° al 15 luglio – **Pasto** carta 58/85000.

XX **Vecchia Lerici,** piazza Mottino 10 ✆ 967597, ☂, Coperti limitati; prenotare – AE ⓢ ⓞ E VISA JCB
chiuso giovedì, venerdì a mezzogiorno, dal 1° al 15 luglio e dal 25 novembre al 25 dicembre – **Pasto** carta 42/60000.

XX **La Barcaccia,** piazza Garibaldi 8 ✆ 967721, ☂ – AE ⓢ ⓞ E VISA
chiuso febbraio o novembre e giovedì (escluso agosto) – **Pasto** carta 45/60000.

XX **Conchiglia,** piazza del Molo 3 ✆ 967334, ≤, ☂ – AE ⓢ ⓞ E VISA
chiuso dal 15 gennaio al 15 febbraio e mercoledì (escluso dal 15 luglio ad agosto) – **Pasto** carta 45/60000.

X **La Calata,** via Mazzini 7 ✆ 967143, ≤, ☂ – AE ⓢ ⓞ E VISA JCB
chiuso mercoledì e novembre – **Pasto** carta 45/73000.

a Fiascherino SE : 3 km – ✉ **19030** :

🏨 **Cristallo** 🐦, ✆ 967291, Fax 964269, ≤ – 🛗 ▤ TV ☎ P. AE ⓢ ⓞ E VISA. ✻ rist
Pasto *(chiuso a mezzogiorno)* carta 39/63000 – ☕ 15000 – **35 cam** 110/150000 – ½ P 110/120000.

🏨 **Il Nido** 🐦, ✆ 967286, Fax 964225, ≤, « Terrazze-giardino », 🏖 – ▤ cam TV ☎ 🚗 P. AE ⓢ ⓞ E VISA. ✻
marzo-ottobre – **Pasto** carta 43/68000 – ☕ 18000 – **36 cam** 110/150000 – ½ P 120/130000.

🏨 **Villa Maria Grazia** 🐦, ✆ 967507, « Giardino-uliveto con servizio ristorante estivo » – ☎ P. ⓢ E VISA. ✻
marzo-ottobre – **Pasto** (solo per clienti alloggiati e *chiuso a mezzogiorno*) – ☕ 14000 – **9 cam** 95/125000 – ½ P 95/115000.

a Tellaro SE : 4 km – ✉ **19030** :

🏨 **Miramare** 🐦, ✆ 967589, ≤, « Terrazza-giardino » – ☎ P. ✻ cam
22 dicembre-8 gennaio e Pasqua-ottobre – **Pasto** carta 33/49000 – ☕ 9000 – **18 cam** 55/86000 – ½ P 85000.

XX ✿ **Miranda** con cam, ✆ 964012, Fax 964032, Coperti limitati; prenotare – TV ☎ P. AE ⓢ ⓞ E VISA. ✻ cam
chiuso dal 12 gennaio al 18 febbraio – **Pasto** *(chiuso lunedì)* 50/80000 e carta 55/90000 – **4 cam** ☕ 140000, 2 appartamenti 140000 – ½ P 140000
Spec. Insalata di gamberi al vapore con carciofi in marinata di basilico, Gnocchi di asparagi e patate al ragù di scampi, Guazzetto di scampi e carciofi in salsa all'arancia.

LESA 28040 Novara 428 E 7, 219 ⑦ – 2 288 ab. alt. 196 – ☎ 0322.

Roma 650 – Stresa 7 – Locarno 62 – ♦Milano 73 – Novara 49 – ♦Torino 127.

X **Lago Maggiore** con cam, ✆ 7259, Fax 77976, ≤, ☂ – TV ☎. ⓢ ⓞ E VISA
marzo-novembre – **Pasto** carta 35/57000 (10 %) – ☕ 10000 – **15 cam** 70/95000 – ½ P 85000.

verso Comnago O : 2 km :

X **Al Camino,** ✉ 28040 ✆ 7471, Coperti limitati; prenotare, « Locale tipico con servizio estivo in terrazza panoramica » – AE ⓢ E VISA. ✻
chiuso mercoledì ed ottobre – **Pasto** carta 41/60000.

LETOJANNI Messina 432 N 27 – Vedere Sicilia alla fine dell'elenco alfabetico.

LEVADA Treviso – Vedere Ponte di Piave.

LEVANTO 19015 La Spezia 988 ⑬, 428 J 10 – 5 871 ab. – ☎ 0187.

i piazza Cavour 12 ✆ 808125, Fax 808125.

Roma 456 – ♦La Spezia 32 – ♦Genova 83 – ♦Milano 218 – Rapallo 59.

🏨 **Dora,** via Martiri della Libertà 27 ✆ 808168, Fax 808007 – 🛗 ▤ rist ☎ ♿ P. AE ⓢ E VISA. ✻ rist
chiuso da dicembre al 7 gennaio – **Pasto** *(chiuso venerdì)* 30/40000 – ☕ 15000 – **35 cam** 85/95000 – ½ P 100000.

🏨 **Nazionale,** via Jacopo 20 ✆ 808102, Fax 800901, ☂ – 🛗 ☎ P. AE ⓢ ⓞ E VISA. ✻ rist
2 dicembre-6 gennaio e aprile-3 novembre – **Pasto** 35/50000 – ☕ 15000 – **32 cam** 95/130000 – ½ P 115000.

XX **Araldo,** via Jacopo da Levanto 24 ✆ 807253, prenotare – AE ⓢ ⓞ E VISA. ✻
chiuso novembre e martedì (escluso luglio-agosto) – **Pasto** carta 45/68000.

XX **Hostaria da Franco,** via privata Olivi 8 ✆ 808647, ☂ – ✻
chiuso novembre e lunedì (escluso luglio-agosto) – **Pasto** 35/50000 e carta 50/70000.

[LEVICO TERME] **38056** Trento [988] ④, [429] D 15 – 5 849 ab. alt. 506 – Stazione termale (aprile-ottobre), a.s. Pasqua e Natale – Sport invernali : a Panarotta (Vetriolo Terme) : 1 490/2 000 m ⛷5, ⛷ – ☎ 0461.

[i] via Vittorio Emanuele 3 ☎ 706101, Fax 706004.

Roma 610 – Trento 21 – Belluno 90 – ♦Bolzano 82 – ♦Milano 266 – ♦Venezia 141.

- **Gd H. Bellavista,** via Vittorio Emanuele 7 ☎ 706136, Fax 706474, ≤, « Giardino ombreggiato », riscaldata – |♦| ▤ rist [TV] ☎ [P] – 120. [S] E [VISA]. ✻ rist
  Natale-20 gennaio e Pasqua-ottobre – **Pasto** 40/45000 – ☕ 15000 – **87 cam** 110/180000, 2 appartamenti – ½ P 113/149000.
- **Al Sorriso** ⛰, lungolago Segantini 14 ☎ 707029, Fax 706202, ≤, « Grande giardino ombreggiato con riscaldata e ✻ », – |♦| [TV] ☎ ♿ [P]. [AE] [S] E [VISA]. ✻ rist
  Natale-20 gennaio e Pasqua-ottobre – **Pasto** 35/50000 – ☕ 15000 – **64 cam** 100/160000, 2 appartamenti – ½ P 135000.
- **Liberty,** via Vittorio Emanuele 18 ☎ 701521, Fax 701818 – |♦| ▤ rist [TV] ☎. [S] E [VISA]. ✻ rist
  20 dicembre-10 gennaio e maggio-ottobre – **Pasto** 35/45000 – **32 cam** ☕ 85/140000 – ½ P 80/90000.
- **Villa Regina,** via Vittorio Emanuele 8 ☎ 707713, Fax 707713 – |♦| ▤ rist [TV] ☎ ♿. [AE] [S] E [VISA]. ✻ rist
  chiuso dal 15 gennaio al 15 febbriao e novembre – **Pasto** *(chiuso mercoledì escluso da giugno ad agosto)* carta 37/54000 – ☕ 12000 – **17 cam** 100/140000 – ½ P 80/120000.
- **Levico,** via Vittorio Emanuele 54 ☎ 706335, Fax 701760, ≤, – |♦| ☎ [P]. ✻
  giugno-settembre – **Pasto** 30/35000 – ☕ 6000 – **44 cam** 60/110000 – ½ P 65/78000.
- Lucia, viale Roma ☎ 706229, Fax 706229, , – |♦| ☎ [P]
  stagionale – **35 cam.**
- 🍴🍴 **Scaranò** ⛰ con cam, verso Vetriolo Terme N : 2 km ☎ 706810, Fax 706810, ≤ vallata – ☎ [P]. [S]. ✻
  chiuso gennaio – **Pasto** *(chiuso domenica sera e lunedì escluso da luglio al 20 settembre)* carta 29/44000 – **25 cam** ☕ 40/70000 – ½ P 70000.

a Vetriolo Terme N : 13,5 km – alt. 1 490 – ✉ **38056** Levico Terme :

- **Compet** ⛰, S : 1,5 km ☎ 706466, Fax 707815, ≤ – |♦| ☎ [P] – 80. [AE] [S] [VISA]. ✻
  chiuso dall'8 ottobre al 15 novembre – **Pasto** carta 34/54000 – **34 cam** ☕ 55/100000 – ½ P 82000.

[LIDO] Livorno [430] N 13 – Vedere Elba (Isola d') : Capoliveri.

[LIDO DEGLI ESTENSI] Ferrara [988] ⑮, [430] I 18 – Vedere Comacchio.

[LIDO DI CAMAIORE] **55043** Lucca [988] ⑭, [428] [429] [430] K 12 – a.s. Carnevale, Pasqua, 15 giugno-15 settembre e Natale – ☎ 0584.

[i] viale Colombo 342 ☎ 617397, Fax 618696.

Roma 371 – Pisa 23 – ♦La Spezia 57 – ♦Firenze 97 – ♦Livorno 47 – Lucca 27 – Massa 23 – ♦Milano 251.

- **Villa Ariston,** viale Colombo 355 ☎ 610633, Fax 610631, , « Parco con e servizio rist. all'aperto », ✻ – ▤ [TV] ☎ [P] – 300. [AE] [S] [O] E [VISA] JCB. ✻
  chiuso da novembre al 18 dicembre – **Pasto** *(aprile-ottobre)* carta 60/80000 – **37 cam** ☕ 250/350000, 7 appartamenti – ½ P 230/260000.
- **Caesar,** viale Colombo 325 ☎ 617841, Fax 610888, ≤, , , ✻ – |♦| ▤ [TV] ☎ [P] – 60. [AE] [S] [O] E [VISA] JCB. ✻
  Pasto *(giugno-ottobre)* 60000 – ☕ 20000 – **41 cam** 115/210000 – ½ P 170/195000.
- **Piccadilly,** lungomare Pistelli 101 ☎ 617441, Fax 617102, ≤ – |♦| ▤ [TV] ☎. [AE] [S] [O] E [VISA]. ✻
  Pasto (solo per clienti alloggiati) 35/45000 – ☕ 18000 – **40 cam** 100/140000 – ½ P 145/165000.
- **Bracciotti,** viale Colombo 366 ☎ 618401, Fax 617173, , – |♦| [TV] ☎ [P] – 110. [AE] [S] [VISA]. ✻ rist
  Pasto *(Pasqua-ottobre)* 25/35000 – ☕ 10000 – **50 cam** 95/120000 – ½ P 90/110000.
- **Alba sul Mare,** lungomare Pistelli 15 ☎ 67423, Fax 66811, ≤ – |♦| ▤ [TV] ☎. [AE] [S] [O] E [VISA] JCB. ✻
  Pasto 38/55000 – **21 cam** ☕ 90/140000 – P 130/160000.
- **Capri,** lungomare Pistelli 6 ☎ 60001, Fax 60004, ≤ – |♦| ▤ [TV] ☎. [S] E [VISA]. ✻
  Pasqua-novembre – **Pasto** carta 38/48000 – ☕ 15000 – **47 cam** 90/140000 – ½ P 120000.
- **Bacco** ⛰, via Rosi 24 ☎ 619540, Fax 610897, – |♦| ▤ [TV] ☎. ✻ rist
  Pasqua-15 ottobre – **Pasto** (solo per clienti alloggiati) – ☕ 10000 – **21 cam** 140/160000 – ½ P 165000.
- **Villa Iolanda,** lungomare Pistelli 127 ☎ 617296, Fax 618549, ≤, – |♦| ▤ rist [TV] ☎ [P]. [AE] [S] [O] E [VISA]. ✻ rist
  15 aprile-15 ottobre – **Pasto** 40/45000 – ☕ 10000 – **49 cam** 120/140000 – ½ P 115/135000.

Sylvia , via Manfredi 15 ☎ 617994, Fax 617995, – |‡| ☎ P.
20 maggio-settembre – **Pasto** (solo per clienti alloggiati) 30000 – ☐ 8000 – **21 cam** 60/90000 – ½ P 60/80000.

Souvenir, via Roma 247 ☎ 617694, Fax 618883, – TV ☎ P.
chiuso ottobre, novembre e dicembre – **Pasto** 25000 – **18 cam** ☐ 50/80000 – ½ P 80000.

Da Clara, via Aurelia 289 ☎ 904520 – ≡ P. AE 🗓 ⓞ E VISA
chiuso mercoledì e dall'8 al 31 gennaio – **Pasto** carta 48/74000.

L'Arcano, via Papini 9 ☎ 66960, , Rist. e pizzeria – AE 🗓 ⓞ E VISA.
chiuso dal 1° al 25 novembre e mercoledì escluso da giugno a settembre – **Pasto** carta 37/55000.

LIDO DI CLASSE Ravenna 988 ⑮, 429 430 J 19 – ✉ **48020** Savio – a.s. Pasqua e 18 giugno-agosto e Natale – ☎ 0544.

🅸 (giugno-10 settembre) viale Da Verrazzano 107 ☎ 939278.

Roma 384 – ◆Ravenna 19 – ◆Bologna 96 – Forlì 30 – ◆Milano 307 – Rimini 40.

Astor, viale f.lli Vivaldi 94 ☎ 939437, Fax 939437, ←, – |‡| ≡ rist ☎ P. rist
20 maggio-15 settembre – **Pasto** 25000 – ☐ 12000 – **27 cam** 80/100000 – ½ P 64/86000.

LIDO DI JESOLO **30017** Venezia 988 ⑤, 429 F 19 – ☎ 0421.

🅸 piazza Brescia 13 ☎ 370601, Telex 410334, Fax 370606.

Roma 564 – ◆Venezia 44 – Belluno 110 – ◆Milano 303 – ◆Padova 73 – Treviso 54 – ◆Trieste 129 – Udine 98.

Park Hotel Brasilia, via Levantina (2° accesso al mare) ☎ 380851, Fax 92244, ←, , , – |‡| ≡ TV ☎ P. AE 🗓 ⓞ E VISA. rist
Pasqua-settembre – **Pasto** 65000 – **42 cam** ☐ 180/290000, 5 appartamenti – ½ P 140/220000.

Delle Nazioni, via Padova 55 ☎ 971920, Fax 971940, , , – |‡| ≡ TV ☎ P – 120. AE 🗓 ⓞ E VISA. rist
aprile-ottobre – **Pasto** carta 55/80000 – **54 cam** ☐ 165/180000 – ½ P 125/165000.

Byron Bellavista, via Padova 83 ☎ 371023, Fax 371073, ←, , – |‡| ☎ P. AE 🗓 ⓞ E VISA. rist
maggio-settembre – **Pasto** (solo per clienti alloggiati) 30/40000 – ☐ 20000 – **56 cam** 140/240000, 2 appartamenti – ½ P 150/180000.

Palace Cavalieri, via Mascagni 1 ☎ 971969, Fax 972133, ←, , riscaldata, – |‡| ≡ TV ☎ P. AE 🗓 ⓞ E VISA. rist
aprile-15 ottobre – **Pasto** carta 45/60000 – **58 cam** ☐ 142/274000 – ½ P 147000.

Majestic Toscanelli, via Canova 2 ☎ 371331, Fax 371054, ←, , , – |‡| ≡ rist ☎ P. 🗓 E VISA.
15 maggio-21 settembre – **Pasto** (solo per clienti alloggiati) – **55 cam** ☐ 120/200000 – ½ P 160/180000.

Rivamare, via Bafile (17° accesso al mare) ☎ 370432, Fax 370761, ←, , , , – |‡| ≡ TV ☎ P. AE 🗓 E VISA.
10 maggio-settembre – **Pasto** (solo per clienti alloggiati) 35/45000 – ☐ 20000 – **55 cam** 100/180000, ≡ 6000 – ½ P 112/122000.

Montecarlo, via Bafile 5 (16° accesso al mare) ☎ 370200, Fax 370201, ←, – |‡| TV ☎ P. AE VISA.
maggio-24 settembre – **Pasto** (solo per clienti alloggiati) 20/35000 – ☐ 12000 – **40 cam** 80/150000 – ½ P 86/120000.

Universo, via Treviso 11 ☎ 972298, Fax 371300, ←, , , – |‡| ≡ rist ☎ P. 🗓 E VISA. rist
maggio-settembre – **Pasto** 35/70000 – ☐ 16000 – **56 cam** 89/170000 – ½ P 97/122000.

Atlantico, via Bafile 11 (3° accesso al mare) ☎ 381273, Fax 380655, ←, , – |‡| ≡ ☎ P. AE 🗓 ⓞ E VISA. rist
10 maggio-20 settembre – **Pasto** (solo per clienti alloggiati) 36/44000 – **69 cam** ☐ 105/190000 – ½ P 122/136000.

Galassia, via Treviso 7 ☎ 972271, ←, , , – |‡| ≡ rist ☎ P
stagionale – **64 cam.**

Ritz, via Zanella 2 ☎ 972861, Fax 972861, ←, riscaldata, – |‡| ≡ rist ☎ P. AE 🗓 ⓞ E VISA. rist
maggio-settembre – **Pasto** 50/55000 – ☐ 15000 – **45 cam** 130/200000 – ½ P 140/160000.

Nettuno, via Bafile (23° accesso al mare) ☎ 370301, Fax 370789, ←, – |‡| ☎ P. 🗓 E VISA. rist
maggio-settembre – **Pasto** 35/40000 – **74 cam** ☐ 75/130000 – ½ P 90/100000.

Costa Azzurra, via Bafile 452 ☎ 370525, Fax 370566, , – |‡| ≡ rist ☎ P.
9 maggio-22 settembre – **Pasto** 25/55000 – **51 cam** ☐ 85/160000 – ½ P 75/93000.

Vidi, viale Venezia 7 ☎ 93003, Fax 93094, ←, – |‡| ☎ P. AE 🗓 ⓞ E VISA.
aprile-ottobre – **Pasto** 35/50000 – ☐ 12000 – **60 cam** 90/150000 – ½ P 90/110000.

a Jesolo Pineta E : 6 km – ✉ **30017** Lido di Jesolo :

Negresco, via Bucintoro 8 ☏ 961137, Fax 961025, ←, ⛱, ≘s, 🏊, 🏖, 🌳, 🎾 – |♦| ▤ ☎ 🅿. 🅂. ✗
15 maggio-15 settembre – **Pasto** carta 60/80000 – ☕ 18000 – **52 cam** 155/210000, ▤ 10000 – ½ P 160000.

Bellevue, via Oriente 100 ☏ 961233, Fax 961238, ←, ⛱, « Giardino ombreggiato », 🏊 riscaldata, 🏖, 🎾 – |♦| ▤ rist ☎ 🅿. ✗
20 maggio-14 settembre – **Pasto** 40/55000 – ☕ 17000 – **58 cam** 130/250000 – ½ P 140/170000.

Mediterraneo, via Oriente 106 ☏ 961175, Fax 961176, Fб, ≘s, 🏊 riscaldata, 🏖, 🌳, 🎾 – |♦| ▤ 📺 ☎ 🅿. AE 🅂 E VISA. ✗ rist
maggio-settembre – **Pasto** 50/80000 – ☕ 15000 – **60 cam** 140/250000, ▤ 15000 – ½ P 170/190000.

Vina del Mar, via Oriente 58 ☏ 961182, Fax 362872, ≘s, 🏊, 🏖, 🌳 – |♦| ▤ 📺 ☎ 🅿. ✗
15 maggio-settembre – **Pasto** 55000 – **48 cam** ☕ 160000 – ½ P 120000.

Gallia 🐦, via del Cigno Bianco 3/5 ☏ 961018, Fax 363033, « Giardino ombreggiato », 🏊 riscaldata, 🏖, 🎾 – |♦| ▤ ☎ ♿ 🅿. 🅂 E VISA. ✗ rist
14 maggio-20 settembre – **Pasto** 60000 – ☕ 20000 – **52 cam** 100/180000 – ½ P 144/153000.

Bauer, ☏ 961333, Fax 362977, ←, 🏊, 🏖, 🌳 – |♦| ▤ 📺 ☎ 🅿. ✗ rist
maggio-settembre – **Pasto** 40000 – ☕ 15000 – **35 cam** 120/200000 – ½ P 104/130000.

Danmark 🐦, via Airone 1 ☏ 961013, Fax 362389, ←, 🏊, 🏖, 🌳 – |♦| ▤ rist ☎ 🅿. 🅂 E VISA. ✗ rist
maggio-settembre – **Pasto** 20/40000 – ☕ 12000 – **55 cam** 80/120000 – ½ P 90000.

XX **Alla Darsena,** via Oriente 166 ☏ 980081, Fax 980081, « Servizio estivo all'aperto » – 🅿. AE 🅂 ⊙ E VISA. ✗
chiuso dal 15 novembre al 10 dicembre, mercoledì e giovedì (escluso dal 15 maggio al 15 settembre) – **Pasto** carta 46/63000.

IDO DI LATINA Latina 430 R 20 – Vedere Latina.

IDO DI OSTIA o LIDO DI ROMA **00100** Roma 988 ㉕ ㉖, 430 Q 18 – a.s. 15 giugno-agosto – 06.

edere Scavi★★ di Ostia Antica N : 4 km.

ma 36 – Anzio 45 – Civitavecchia 69 – Frosinone 108 – Latina 70.

La Riva senza rist, piazzale Magellano 22 ✉ 00122 ☏ 5622231, Fax 5621667, 🌳 ▤ 📺 ☎ 🅿. AE 🅂 ⊙ E VISA. ✗
15 cam ☕ 120/148000.

XX **Ferrantelli,** via Claudio 7/9 ✉ 00122 ☏ 5625751 – ▤. AE 🅂 ⊙ VISA
chiuso lunedì – **Pasto** carta 47/75000 (12 %).

X **Negri-da Romano e Luciano,** via Claudio 50/54 ✉ 00122 ☏ 5622295, Fax 5622295 – AE ⊙
chiuso mercoledì escluso da giugno a settembre – **Pasto** carta 48/70000.

DO DI PORTONUOVO Foggia 431 B 30 – Vedere Vieste.

DO DI SAVIO **48020** Ravenna 988 ⑮, 429 430 J 19 – a.s. 18 giugno-agosto – ☏ 0544.

(giugno-10 settembre) viale Romagna 168 ☏ 949063.

ma 385 – ♦Ravenna 20 – ♦Bologna 98 – Forlì 32 – ♦Milano 309 – Rimini 38.

Strand Hotel Colorado, viale Romagna 201 ☏ 949002, Fax 939827, ←, 🏊, 🏖 – |♦| ▤ rist 📺 ☎ 🅿. ✗ rist
10 maggio-20 settembre – **Pasto** 40/50000 – ☕ 18000 – **48 cam** 90/130000 – ½ P 125000.

Palace Lido, via Marradi 12 ☏ 949223, Fax 949298, 🏊, 🏖 – |♦| ▤ rist 📺 ☎ 🅿
stagionale – **70 cam.**

Concord, via Russi 1 ☏ 949115, Fax 949115, ←, 🏊, 🌳, 🎾 – |♦| ▤ rist 📺 ☎ 🅿. AE 🅂 E VISA. ✗ rist
7 maggio-20 settembre – **Pasto** 30000 – ☕ 15000 – **55 cam** 75/120000 – ½ P 110/116000.

Caesar, via Massalombarda 21 ☏ 949131, Fax 949196, ← – |♦| ▤ 📺 ☎ 🅿. AE 🅂 ⊙ E VISA. ✗ rist
15 marzo-settembre – **Pasto** (solo per clienti alloggiati) 25/30000 – ☕ 10000 – **33 cam** 70/120000 – ½ P 86/96000.

Tokio, viale Romagna 155 ☏ 949100, Fax 948241, ←, 🏊 – |♦| ▤ rist 📺 ☎ 🅿. AE 🅂 ⊙ VISA. ✗
Pasqua-settembre – **Pasto** 35/50000 – ☕ 12000 – **42 cam** 70/100000 – ½ P 85/95000.

Primavera, via Cesena 30 ✆ 948099, Fax 948099, ≤, ⛱, 🏖 – |♿| ☎ 🅿. ✂ rist
15 maggio-20 settembre – **Pasto** 25/30000 – ☕ 7000 – **42 cam** 95/110000 – ½ P 85/109000

Mediterraneo, via Sarsina 11 ✆ 949018, Fax 949527, ≤, 🏖 – |♿| ☎ 🅿. AE 💳 VISA. ✂ ris
15 maggio-15 settembre – **Pasto** 28000 – **72 cam** ☕ 70/100000 – ½ P 75/87000.

LIDO DI SOTTOMARINA Venezia 988 ⑤ – Vedere Chioggia.

LIDO DI SPINA Ferrara 988 ⑮, 429 430 I 18 – Vedere Comacchio.

LIDO DI SPISONE Messina – Vedere Sicilia (Taormina) alla fine dell'elenco alfabetico.

LIDO DI TARQUINIA Viterbo 430 P 17 – Vedere Tarquinia.

LIDO DI VENEZIA Venezia 988 ⑤ – Vedere Venezia.

LIDO RICCIO Chieti 430 O 25 – Vedere Ortona.

LIERNA 22050 Lecco 428 E 9, 219 ⑨ – 1 768 ab. alt. 205 – ☎ 0341.
Roma 636 – Como 45 – ◆Bergamo 49 – Lecco 16 – ◆Milano 72 – Sondrio 66.

La Breva, ✆ 741490, ≤, « Servizio estivo in terrazza in riva al lago » – 🅿. AE 💳 ⓓ E VISA
JCB. ✂
chiuso lunedì sera, martedì, dal 1° al 7 novembre e gennaio – **Pasto** carta 50/70000.

Crotto di Lierna, ✆ 740134, 🌳, Specialità alla brace – 🅿. ✂
chiuso lunedì sera, martedì ed ottobre – **Pasto** carta 48/74000 (10%).

LIGNANO SABBIADORO 33054 Udine 988 ⑥, 429 E 21 – 5 906 ab. – a.s. luglio-agosto
☎ 0431.

Vedere Spiaggia★★★.

⛳18 ✆ 428025, Fax 423230.

🅸 via Latisana 42 ✆ 71821, Telex 450193, Fax 70449.

Roma 619 – Udine 61 – ◆Milano 358 – Treviso 95 – ◆Trieste 100 – ◆Venezia 108.

Atlantic, lungomare Trieste 160 ✆ 71101, Fax 71103, ≤, ⛱ riscaldata, 🏖, 🌳 – |
▤ cam 📺 ☎ ♿ 🅿. AE 💳 ⓓ E VISA. ✂ rist
18 maggio-20 settembre – **Pasto** carta 43/75000 – ☕ 25000 – **56 cam** 130/21000
▤ 15000 – ½ P 140/150000.

Bristol, lungomare Trieste 132 ✆ 73131, Fax 720420, ≤, « Giardino », 🏖 – |♿| ▤ 📺
🅿 – 🎪 120. 💳 E VISA. ✂
maggio-settembre – **Pasto** 40/70000 – ☕ 15000 – **59 cam** 140/240000 – ½ P 95/130000.

Palace, via Carinzia 13 ✆ 720900, Fax 720920, ⛱, 🏖 – |♿| ▤ 📺 ☎ ♿ 🅿. 💳 E VISA. ✂
15 maggio-20 settembre – **Pasto** (solo per clienti alloggiati) 35/70000 – ☕ 15000 – **76 ca**
120/210000 – ½ P 90/120000.

Bellavista, lungomare Trieste 70 ✆ 71313, Fax 720602, ≤, 🏖 – |♿| ▤ 📺 ☎ 🚗 🅿.
E VISA. ✂ rist
4 aprile-6 ottobre – **Pasto** *(chiuso sino al 15 maggio)* carta 40/58000 – ☕ 20000 – **48 ca**
120/220000 – ½ P 100/130000.

Florida, via dell'Arenile 22 ✆ 720101, Fax 71222, ≘s, 🏖 – |♿| ▤ 📺 ☎ ♿ 🅿. AE 💳
VISA. ✂ rist
aprile-settembre – **Pasto** (solo per clienti alloggiati) 20/30000 – ☕ 15000 – **75 cam** 14
180000 – ½ P 90/120000.

Bidin, viale Europa 1 ✆ 71988, Fax 720738, Coperti limitati; prenotare – ▤ 🅿. AE 💳
E VISA JCB. ✂
chiuso mercoledì a mezzogiorno escluso dal 10 maggio a settembre – **Pasto** carta 50/700
e al Rist. ***L'Osteria*** carta 37/55000.

a Lignano Pineta SO : 5 km – ✉ **33054** Lignano Sabbiadoro.

🅸 (aprile-settembre) via dei Pini 53 ✆ 422169, Fax 422616 :

Greif, arco del Grecale 25 ✆ 422261, Fax 422261, « Parco-pineta con ⛱ riscaldata
≘s, 🏖 – |♿| ▤ 📺 ☎ 🅿 – 🎪 300. AE 💳 ⓓ E VISA JCB. ✂ rist
chiuso dal 20 dicembre a febbraio – **Pasto** *(chiuso dal 16 novembre a febbraio)* 50/9000
66 cam ☕ 220/400000, 18 appartamenti 400/550000 – ½ P 175/250000.

Medusa Splendid, raggio dello Scirocco 33 ✆ 422211, Fax 422251, ⛱, 🏖, 🌳 – |♿|
☎ ♿ 🅿. AE 💳 ⓓ E VISA JCB. ✂
15 maggio-15 settembre – **Pasto** 40/50000 – ☕ 20000 – **56 cam** 135/155000 – ½ P 12
158000.

Park Hotel, viale delle Palme 41/43 ✆ 422380, Fax 428079, ⛱, 🏖 – |♿| ⇔ ▤ 📺 ☎
💳 ⓓ E VISA JCB. ✂ rist
marzo-novembre – **Pasto** 40000 – ☕ 20000 – **44 cam** 130/200000 – ½ P 120000.

Erica, Arco del Grecale 21/23 ☎ 422123, Fax 427363, – TV ☎ ♿ P. AE VISA. rist
maggio-20 settembre – **Pasto** 32000 – ☐ 15000 – **38 cam** 65/115000 – ½ P 88/104000.

Bella Venezia, arco del Grecale 18/a ☎ 422184, Fax 422352, – rist rist TV ☎ P. VISA. rist
15 maggio-15 settembre – **Pasto** 25/35000 – **45 cam** ☐ 120/166000 – ½ P 75/100000.

a Lignano Riviera SO : 7 km – ✉ **33054** Lignano Sabbiadoro :

President, calle Rembrandt 2 ☎ 428777, Fax 428778, riscaldata, – TV ☎. AE VISA. rist
23 marzo-20 ottobre – **Pasto** *(chiuso giovedì sera)* carta 56/78000 – **28 cam** ☐ 230/460000, 12 appartamenti – ½ P 253000.

Marina Uno, viale Adriatico 7 ☎ 427171, Fax 427171, – TV ☎ P – 80. AE VISA
chiuso da novembre al 20 dicembre – **Pasto** *(Pasqua-novembre)* carta 44/67000 – **82 cam** ☐ 225/330000 – ½ P 165/185000.

Eurotel, calle Mendelssohn 13 ☎ 428992, Fax 428731, « Giardino-pineta con », – TV ☎ ♿ P. AE VISA. rist
15 maggio-15 settembre – **Pasto** 40000 – ☐ 18000 – **60 cam** 99/186000 – ½ P 133/149000.

Meridianus, viale della Musica 7 ☎ 428561, Fax 428570, – ☎ P. AE VISA. rist
11 maggio-29 settembre – **Pasto** (solo per clienti alloggiati) 38/42000 – **87 cam** ☐ 134/188000 – ½ P 113/123000.

Smeraldo, viale della Musica 4 ☎ 428781, Fax 423031, – ☎ P. AE VISA.
Pasqua-settembre – **Pasto** 30/35000 – ☐ 15000 – **49 cam** 85/140000 – ½ P 89/107000.

XXX **Newport,** viale Adriatico 7 ☎ 427171, Fax 427171, ←, – . AE VISA
Pasqua-novembre – **Pasto** 35/45000 e carta 44/67000.

XX **Punta Verde,** via Casa Bianca 13 ☎ 428906, ←, , prenotare – P. VISA
chiuso dicembre, gennaio e giovedì (escluso da maggio a settembre) – **Pasto** carta 25/66000.

LLAZ Aosta 428 F 4, 219 ⑫ – Vedere Cogne.

IMANA 32020 Belluno 429 D 18 – 4 245 ab. alt. 319 – ☎ 0437.
ma 614 – Belluno 12 – ◆Padova 117 – Trento 101 – Treviso 72.

X **Piol** con cam, via Roma 116/118 ☎ 967471 – rist TV ☎ P – 200. AE VISA
Pasto *(chiuso martedì e dal 27 dicembre al 5 gennaio)* carta 28/50000 – ☐ 10000 – **23 cam** 70/110000 – ½ P 70/80000.

MIDI Modena – Vedere Soliera.

MONE PIEMONTE 12015 Cuneo 988 ⑫, 428 J 4 – 1 587 ab. alt. 1 010 – a.s. febbraio-Pasqua, glio-15 settembre e Natale – Sport invernali : 1 010/2 100 m 25, – ☎ 0171.
via Roma 30 ☎ 92101, Fax 927064.
ma 670 – Cuneo 28 – ◆Milano 243 – Nice 97 – Colle di Tenda 6 – ◆Torino 121.

Principe, ☎ 92389, Fax 927070, ←, , – TV ☎ P. VISA.
15 dicembre-15 aprile e luglio-agosto – **Pasto** *(luglio-6 settembre)* 30/40000 – ☐ 8000 – **42 cam** 140/188000 – ½ P 170000.

Tripoli, ☎ 92397, Fax 927776 – TV ☎. VISA. rist
15 dicembre-15 aprile – **Pasto** (solo per clienti alloggiati) – ☐ 10000 – **33 cam** 85/130000 – ½ P 94/105000.

Le Ginestre, strada statale S : 1 km ☎ 927596, Fax 927597, ←, « Terrazza-giardino », – TV ☎ P. VISA. rist
Pasto (solo per clienti alloggiati;*chiuso ottobre e novembre*) – ☐ 15000 – **18 cam** 90/110000 – ½ P 70/110000.

XX **Lu Taz,** via San Maurizio 5 (O : 1 km) ☎ 929061, « Ambiente caratteristico » – P
chiuso a mezzogiorno in bassa stagione, martedì, dal 10 al 30 giugno e dal 7 al 14 novembre – **Pasto** 45/60000.

XX **Mac Miche,** ☎ 92449, Coperti limitati; prenotare, « Caratteristica taverna » – AE VISA.
chiuso lunedì sera, martedì, giugno e dal 5 al 30 novembre – **Pasto** carta 50/69000.

MONE SUL GARDA 25010 Brescia 428 429 E 14 – 981 ab. alt. 66 – a.s. Pasqua e luglio-settembre – ☎ 0365.
dere ←★★★ dalla strada panoramica★★ dell'altipiano di Tremosine per Tignale.
ia Comboni 15 ☎ 954070, Fax 954689.
na 586 – Trento 54 – ◆Brescia 65 – ◆Milano 160 – ◆Verona 97.

Park H. Imperial ⑤, via Tamas 10/b ✆ 954591, Fax 954382, ≤, ⅃, ≘s, ⅃, ⅃, ⅃, ⅃ – |‡| ▤ TV ☎ P – 50. AE ⑤ ⓞ E VISA JCB. ✻
chiuso dall'11 al 22 dicembre – **Pasto** carta 57/96000 – **46 cam** ⊡ 290/380000, 2 appartamenti – ½ P 202000.

Capo Reamol ⑤, strada statale N : 3 km ✆ 954040, Fax 954262, ≤, « Piccolo parco con ⅃ », ⅃, ≘s, ⅃ – |‡| ▤ rist TV ☎ P – 50. ✻
maggio-15 ottobre – **Pasto** 45/65000 – ⊡ 15000 – **49 cam** 235/376000, appartamento – ½ P 188/221000.

Coste, via Tamas 11 ✆ 954042, Fax 954393, « Giardino uliveto con ⅃ » – ☎ P. ⑤ E VISA. ✻ rist
chiuso novembre – **Pasto** 20/30000 – ⊡ 14000 – **26 cam** 61/105000 – ½ P 64/80000.

Lido ⑤, via 4 Novembre 34 ✆ 954574, Fax 954659, ≤, ⅃ riscaldata, ⅃, ⅃ – ☎ P. AE ⑤ ⓞ E VISA. ✻ rist
4 aprile-15 ottobre – **Pasto** *(chiuso martedì)* carta 31/50000 – ⊡ 15000 – **26 cam** 76/102000 – ½ P 97000.

LIPARI (Isola) Messina 988 ㊲ ㊳, 431 432 L 26 – Vedere Sicilia (Eolie, isole) alla fine dell'elenco alfabetico.

LISANZA Varese 219 ⑰ – Vedere Sesto Calende.

LIVIGNO 23030 Sondrio 988 ③, 428 429 C 12 – 4 421 ab. alt. 1 816 – Sport invernali : 1 816/2 760 m ⅃3 ⅃19, ⅃ – ⊛ 0342.

ℹ via Dala Gesa 65 ✆ 996379, Fax 996881.

Roma 801 – Sondrio 74 – Bormio 38 – ◆Milano 240 – Passo dello Stelvio 54.

Golf Hotel Parè, via Gerus 3 ✆ 996263, Telex 316307, Fax 997435, ≤, ⅃, ≘s, ⅃ – |‡| ☎ ⇔ P – 50. ⑤ E VISA. ✻
dicembre-16 aprile e 27 giugno-15 settembre – **Pasto** *(chiuso a mezzogiorno)* 35/45000 – ⊡ 15000 – **40 cam** 170/255000, 3 appartamenti – ½ P 113/166000.

Bucaneve, strada statale 6 ✆ 996201, Fax 997588, ≤, ≘s, ⅃, ⅃, ⅃ – TV ☎ ⇔ P. ✻
dicembre-aprile e giugno-settembre – **Pasto** 30/35000 – ⊡ 20000 – **43 cam** 90/130000, 2 appartamenti – ½ P 88/120000.

Concordia, via Plan 22 ✆ 970200, Fax 996914, ≘s – |‡| TV ☎ P. AE ⑤ ⓞ E VISA. ✻
Pasto 25/35000 – **32 cam** ⊡ 120/180000, 2 appartamenti – ½ P 120000.

Posta, plaza dal Comun 6 ✆ 996076, Fax 970097, ≤, ≘s, ⅃ – |‡| TV ☎ ♿ P. AE ⑤ E VISA. ✻
Pasto *(dicembre-aprile)* carta 29/40000 – **31 cam** ⊡ 90/160000 – ½ P 115000.

SportHotel ⑤, via Palipert 10 ✆ 979300, Fax 979343, ≤, ≘s – |‡| ☎ ⇔ P. ⑤ ⓞ E VISA. ✻ rist
dicembre-5 maggio e 16 giugno-settembre – **Pasto** (solo per clienti alloggiati) 27000 – **32 cam** ⊡ 75/110000 – ½ P 120000.

Francesin senza rist, via Ostaria 72 ✆ 970320, Fax 970139, ⅃ – TV ☎ ⇔ P. AE ⑤ VISA
14 cam ⊡ 77/124000.

Paradiso ⑤, via Freita 27 ✆ 996633, Fax 996037, ≤, ≘s – |‡| ☎ ⇔ P. ✻ rist
20 novembre-5 maggio e 3 luglio-settembre – **Pasto** 20/25000 – ⊡ 15000 – **18 cam** 63/85000 – ½ P 90/120000.

Spöl, via della Gesa 27 ✆ 996105, Fax 970205, ≘s – |‡| ⅃ rist TV ☎ ⇔ P. ⑤ E VISA. ✻
6 dicembre-aprile e luglio-ottobre – **Pasto** carta 43/65000 – ⊡ 15000 – **33 cam** 70/125000 – ½ P 110/120000.

Sonne, via Plan 87 ✆ 996433, Fax 970499, ≘s – |‡| TV ☎ ⇔ P. ✻
dicembre-aprile e 15 luglio-settembre – **Pasto** 30000 – ⊡ 16000 – **28 cam** 80/160000 – ½ P 100/110000.

Livigno, via Ostaria 103 ✆ 996104, Fax 997697 – |‡| TV ☎ ⇔ P. AE ⑤ ⓞ E VISA. ✻
dicembre-aprile e luglio-15 settembre – **Pasto** carta 36/61000 (10%) – **18 cam** ⊡ 7.../130000 – ½ P 90/110000.

Krone senza rist, via Bondi 12 ✆ 996015, Fax 970215 – |‡| TV ☎ ⇔ P. AE ⑤ ⓞ E VISA
14 cam ⊡ 75/130000.

Adele, via Rasia 51 ✆ 997269, Fax 997547, ≤ – |‡| TV ☎ ⇔ P. AE ⑤ ⓞ E VISA. ✻ rist
chiuso novembre – **Pasto** 20/26000 – **16 cam** ⊡ 60/98000 – ½ P 86/104000.

Augusta ⑤, via Rasia 60 ✆ 996163, Fax 970008, ≤, ⅃ – P. ⑤ VISA. ✻
dicembre-15 aprile e luglio-15 settembre – **Pasto** (solo per clienti alloggiati e *chiuso a mezzogiorno*) – ⊡ 16500 – **21 cam** 49/80000 – ½ P 98000.

Garden con cam, via Plan 82 ✆ 970310, Fax 970291, ≤ – |‡| ▤ rist TV ☎ ⇔ P. AE ⑤ ⓞ E VISA. ✻
Pasto *(chiuso venerdì)* carta 30/55000 (15%) – **15 cam** ⊡ 85/150000 – ½ P 95/130000.

La Baita con cam, via Bondi 14 ✆ 997070, Fax 997467 – TV ☎ P. AE ⑤ ⓞ E VISA. ✻ rist
chiuso dal 2 al 13 maggio – **Pasto** carta 29/44000 (10%) – **16 cam** ⊡ 70/120000 – ½ P 8.../100000.

🍴🍴 **Il Passatore,** via Rasia 59 B ☎ 997221 – [P]. [AE] [S] [O] [E] [VISA]
chiuso giugno, novembre e mercoledì (escluso dicembre e da febbraio a maggio) – **Pasto** carta 33/50000.

🍴🍴 **La Piöda** con cam, via Saroch 176 ☎ 997428, Fax 997428, prenotare, 🌳 – [TV] ☎ [P]. [AE] [S] [O] [E] [VISA]. ✖
chiuso da maggio al 20 giugno – **Pasto** carta 40/64000 – **14 cam** ☕ 90/150000 – P 95/135000.

🍴 La Calcheira, via Fedaria 3 (NO : 1,5 km) ☎ 997158, ←, 🏠, « Ambiente tipico », 🌳 – [P]
stagionale.

[LIVORNO] 57100 [P] 988 ⑭, 428 430 L 12 – 165 536 ab. – ☎ 0586.

Vedere Monumento★ a Ferdinando I de' Medici AY A.

Dintorni Santuario di Montenero★S : 9 km.

⛴ per Golfo Aranci aprile-settembre giornalieri (9 h 15 mn) – Sardinia Ferries, calata Carrara ✉ 57123 ☎ 881380, Fax 896103; per Palermo martedì, giovedì e sabato (19 h) – Grandi Traghetti-agenzia Ghianda, via Vittorio Veneto 24 ✉ 57123 ☎ 895214, Telex 500044, Fax 888630.

[i] piazza Cavour 6 ✉ 57126 ☎ 898111, Fax 896173.

[A.C.I.] via Verdi 32 ✉ 57126 ☎ 829090.

Roma 321 ③ – Pisa 24 ① – ♦Firenze 85 ① – ♦Milano 294 ②.

Pianta pagina seguente

🏨 **Gd H. Palazzo,** viale Italia 195/197 ✉ 57127 ☎ 805371, Telex 590175, Fax 803206, 🌳 – [|$|] ▤ [TV] ☎ [P] – 🏃 50 a 200. [AE] [S] [O] [E] [VISA] [JCB]. ✖ rist — AZ a
Pasto 45000 – **105 cam** ☕ 200/270000, 6 appartamenti – ½ P 215000.

🏨 **Gran Duca,** piazza Micheli 16 ✉ 57123 ☎ 891024, Fax 891153, ← – [|$|] ▤ [TV] ☎ [P] – 🏃 40. [AE] [S] [O] [VISA] — AY b
Pasto vedere rist **Gran Duca** – ☕ 10000 – **71 cam** 100/140000 – ½ P 110/130000.

🏨 **Touring** senza rist, via Goldoni 61 ✉ 57125 ☎ 898035, Fax 899207 – [|$|] ▤ [TV] ☎. [AE] [S] [O] [E] [VISA] — BY v
☕ 8000 – **35 cam** 85/115000.

🏨 **Giardino** 🐕 senza rist, piazza Mazzini 85 ✉ 57126 ☎ 806330, Fax 806330 – [TV] ☎ [P]. ✖
chiuso dal 24 dicembre al 2 gennaio – ☕ 10000 – **21 cam** 70/90000. — AZ h

🏨 **Città** senza rist, via di Franco 32 ✉ 57123 ☎ 883495, Fax 890196 – ▤ [TV] ☎. [AE] [S] [O] [E] [VISA] — AY a
21 cam ☕ 110/160000.

🍴🍴 **Gran Duca** - Hotel Gran Duca, piazza Micheli 18 ✉ 57123 ☎ 891325, 🏠 – [AE] [S] [O] [E] [VISA] — AY b
chiuso lunedì a mezzogiorno e dal 27 dicembre al 5 gennaio – **Pasto** carta 35/54000.

🍴🍴 La Chiave, scali delle Cantine 52/54 ✉ 57122 ☎ 888609, Fax 888609 — AY c

🍴🍴 Le Volte, via Calafati 4 ✉ 57123 ☎ 896868 — AY h

🍴🍴 **Gennarino,** via Santa Fortunata 11 ✉ 57123 ☎ 888093, 🏠 – [AE] [S] [O] [E] [VISA]. ✖
chiuso mercoledì – **Pasto** carta 36/57000 (10%). — AY x

🍴🍴 **Da Rosina,** via Roma 251 ✉ 57127 ☎ 800200, 🏠, Specialità di mare – ▤. [AE] [S] [O] [E] [VISA]. ✖ — BZ p
chiuso giovedì e dal 10 al 30 agosto – **Pasto** carta 38/67000.

🍴 **La Parmigiana,** piazza Luigi Orlando 6/8/10 ✉ 57126 ☎ 807180 – ▤. [AE] [S] [O] [E] [VISA]
chiuso lunedì – **Pasto** carta 39/61000 (10%). — AZ c

sulla strada statale 1 - via Aurelia per ② : 5 km :

🏨 Forte Agip, ✉ 57017 Stagno ☎ 943067, Telex 502049, Fax 943483 – [|$|] ▤ [TV] ☎ [P] – 🏃 25 a 40
50 cam.

ad Ardenza per ③ : 5 km – ✉ **57128** Livorno :

🍴🍴 **Oscar,** via Franchini 78 ☎ 501258, 🏠 – ▤. [AE] [O]. ✖
chiuso lunedì e dal 7 al 20 settembre – **Pasto** carta 44/70000.

ad Antignano per ③ : 8 km – ✉ **57128** Livorno :

🏨 **Rex,** ☎ 580400, Fax 509586, ←, 🏖 – [|$|] ▤ [TV] ☎ ♿ [P] – 🏃 150. [AE] [S] [O] [E] [VISA]. ✖
Pasto al Rist. ***La Vela*** *(chiuso dal 23 dicembre al 7 gennaio e lunedì da ottobre a marzo)* carta 33/61000 – **63 cam** ☕ 130/180000, 5 appartamenti – ½ P 110/140000.

a Calignaia per ③ : 14 km – ✉ **57015** Quercianella :

🍴🍴 **Il Romito** con cam, ☎ 580520, Fax 580520, ← mare e costa, 🏠 – [TV] ☎ [P]. [AE] [S] [O] [E] [VISA] [JCB]
chiuso dal 10 al 30 novembre – **Pasto** *(chiuso mercoledì escluso da giugno a settembre)* 50000 bc e carta 35/65000 (12%) – ☕ 10000 – **15 cam** 70/100000 – ½ P 95000.

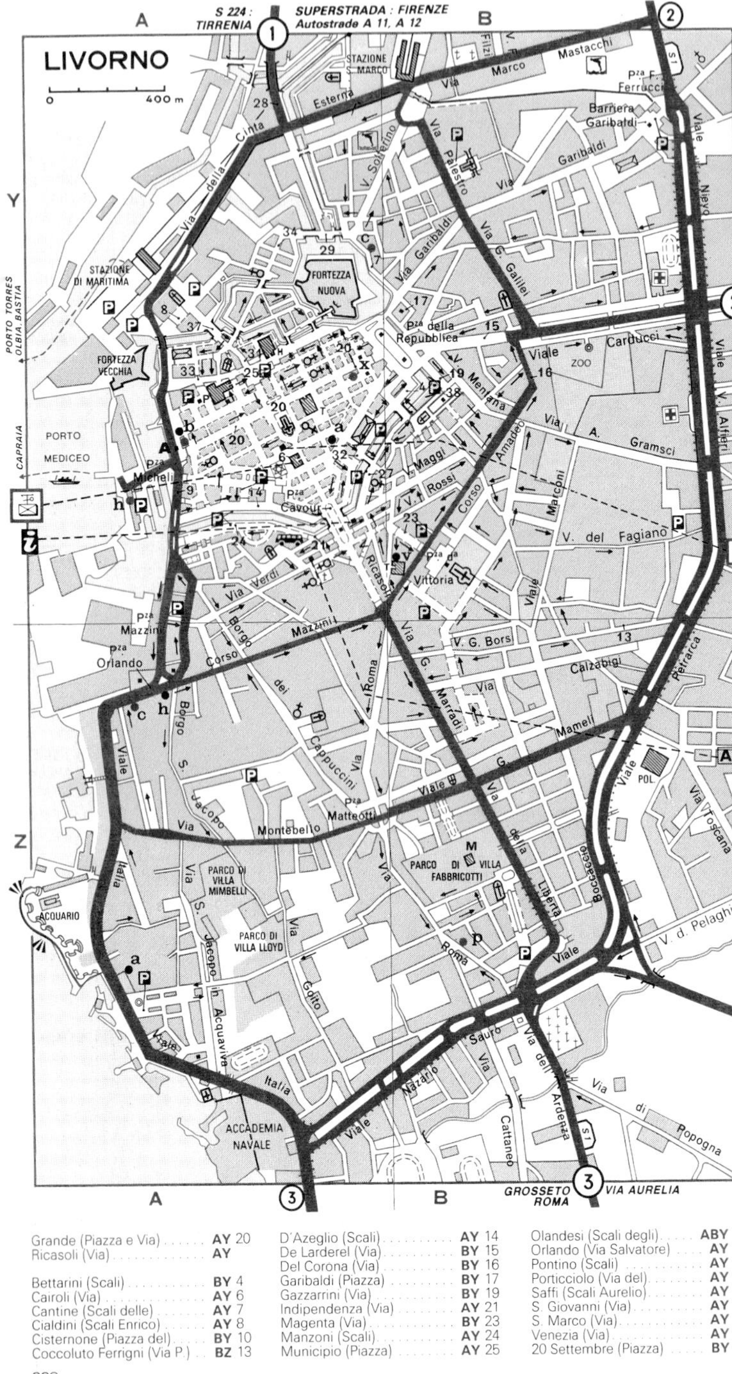
LIVORNO
0
400 m
S 224 : TIRRENIA
SUPERSTRADA : FIRENZE
Autostrade A 11, A 12
PORTO TORRES OLBIA, BASTIA
CAPRAIA
STAZIONE S. MARCO
STAZIONE DI MARITTIMA
FORTEZZA NUOVA
FORTEZZA VECCHIA
PORTO MEDICEO
Pza Micheli
Pza Cavour
Pza della Repubblica
Pza da Vittoria
Pza Mazzini
Pza Orlando
Pza Matteotti
Pza F. Ferrucci
Barriera Garibaldi
Via della Cinta Esterna
Via Marco Mastacchi
Via Garibaldi
Via Palestro
V. Solferino
Via G. Galilei
Viale Carducci
ZOO
Via Mentana
Via A. Gramsci
Viale Marconi
V. del Fagiano
Corso Amadeo
V. Rossi
Maggi
Via Verdi
Via Ricasoli
Borgo dei Cappuccini
Corso Mazzini
Via Roma
Via G. Marradi
V. G. Bors
Calzabigi
Via Mameli
Viale G.
Viale Petrarca
POL.
Via Toscana
Viale Nievo
V. Alfieri
Via Montebello
Borgo S. Jacopo
Via S. Jacopo in Acquaviva
PARCO DI VILLA MIMBELLI
PARCO DI VILLA LLOYD
PARCO DI VILLA FABBRICOTTI
Via della Libertà
Via Boccaccio
V. d. Pelaghi
Viale Italia
ACQUARIO
ACCADEMIA NAVALE
Via Goito
Via Roma
Viale Nazario Sauro
Via Cattaneo
Via dell' Ardenza
Via di Popogna
GROSSETO ROMA
VIA AURELIA
S 1
A
B
Y
Z

LIVORNO FERRARIS 13046 Vercelli 988 ⑫, 428 G 6 – 4 550 ab. alt. 189 – ☎ 0161.
Roma 673 – ♦Torino 41 – ♦Milano 104 – Vercelli 42.

a Castell'Apertole SE : 10 km : – ✉ 13046 Livorno Ferraris :

XX **Da Balin,** ☎ 477536, Fax 477536, Coperti limitati; prenotare – P. AE ⑤ ⓓ E VISA
chiuso lunedì e gennaio – **Pasto** carta 39/57000.

LIVRASCO Cremona – Vedere Castelverde.

LIZZANO IN BELVEDERE 40042 Bologna 988 ⑭, 428 429 430 J 14 – 2 276 ab. alt. 640 – a.s. luglio-agosto e Natale – Sport invernali : a Corno alle Scale : 1 195/1 945 m ⛷8, ⛷ – ☎ 0534.
ℹ piazza Marconi 6 ☎ 51052.
Roma 361 – ♦Bologna 68 – ♦Firenze 87 – Lucca 93 – ♦Milano 271 – ♦Modena 102 – Pistoia 51.

a Vidiciatico NO : 4 km – alt. 810 – ✉ 40049 :

🏠 **Montegrande,** ☎ 53210 – TV ☎. AE ⑤ ⓓ E VISA. ✻
chiuso maggio ed ottobre – **Pasto** carta 30/50000 – ☕ 8000 – **14 cam** 90000 – ½ P 65/75000.

LOANO 17025 Savona 988 ⑫, 428 J 6 – 11 316 ab. – ☎ 019.
ℹ corso Europa 19 ☎ 668044, Fax 669918.
Roma 578 – Imperia 43 – ♦Genova 79 – ♦Milano 202 – Savona 33.

🏨 **Grand Hotel Garden Lido,** lungomare Nazario Sauro 9 ☎ 669666, Fax 668552, ≤, Fб, ≘s, ⛱, ⛵ – |‡| ▤ TV ☎ P – 🏛 30 a 150. AE ⑤ ⓓ E VISA. ✻
chiuso dal 4 novembre al 21 dicembre – **Pasto** 40/50000 – ☕ 15000 – **95 cam** 115/150000 – P 75/195000.

🏨 **Palace Hotel Moderno,** via Carducci 3 ☎ 669266, Fax 669260, « Terrazza » – |‡| ▤ rist TV ☎ P – 🏛 80. AE ⑤ ⓓ E VISA JCB. ✻
chiuso dal 25 ottobre al 27 dicembre – **Pasto** 30/45000 – ☕ 12000 – **86 cam** 99/165000 – ½ P 100/120000.

🏨 **Villa Beatrice,** via Sant'Erasmo 6 ☎ 668244, Fax 668244, Fб, ≘s, ⛱, 🌳 – ▤ rist TV ☎ P. ⑤. ✻
chiuso da ottobre al 15 dicembre – **Pasto** *(chiuso martedì)* 20/25000 – ☕ 8000 – **30 cam** 60/110000 – ½ P 54/100000.

🏨 **Perelli,** corso Roma 13 ☎ 675708, Fax 675722, ≤, ⛵ – |‡| TV ☎. ⑤ E VISA. ✻ rist
Pasqua-settembre – **Pasto** 40000 – ☕ 13000 – **41 cam** 85/128000 – ½ P 95/127000.

🏠 **Concordia,** corso Europa 44 ☎ 668156 – |‡| TV ☎. AE ⑤ ⓓ E VISA. ✻
chiuso maggio e da ottobre al 20 dicembre – **Pasto** carta 28/45000 – ☕ 7000 – **23 cam** 61/88000 – ½ P 55/87000.

🏠 **Villa Mary,** viale Tito Minniti 6 ☎ 668368 – TV ☎ P. ⑤. ✻
chiuso dal 27 settembre al 19 dicembre – **Pasto** *(chiuso martedì)* 20/25000 – ☕ 8000 – **26 cam** 50/100000 – ½ P 55/90000.

XX **La Vecchia Trattoria,** via Raimondi 3 ☎ 667162
chiuso lunedì, dal 15 al 30 maggio e dal 1° al 15 novembre – **Pasto** carta 35/46000.

XX **Da Franco,** via Ghilini 50 ☎ 667095, Coperti limitati; prenotare – ▤. ⑤ ⓓ E VISA. ✻
chiuso lunedì sera e martedì (escluso dal 15 giugno al 15 settembre) – **Pasto** carta 32/85000.

XX Bagatto, via Ricciardi 24 ☎ 669842, Specialità di mare

LOCOROTONDO 70010 Bari 988 ㉙, 431 E 33 – 13 718 ab. alt. 410 – ☎ 080.
Dintorni Valle d'Itria★★ (strada per Martina Franca) – ≤★ sulla città dalla strada di Martina Franca.
Roma 518 – ♦Bari 70 – ♦Brindisi 68 – ♦Taranto 36.

XX Casa Mia, via Cisternino E : 3 km ☎ 9311218, 🌳 – P

X **Centro Storico,** via Eroi di Dogali 6 ☎ 9315473 – AE ⑤ VISA
chiuso mercoledì e dal 5 al 15 marzo – **Pasto** carta 28/43000.

LODI 20075 P 988 ③ ⑬, 428 G 10 – 42 355 ab. alt. 80 – ☎ 0371.
ℹ piazza Broletto 4 ☎ 421391, Fax 421313.
Roma 548 – ♦Milano 37 – Piacenza 38 – ♦Bergamo 49 – ♦Brescia 67 – Cremona 54 – Pavia 36.

🏠 **Europa** senza rist, viale Pavia 5 ☎ 35215, Fax 36281 – |‡| TV ☎ 🚗 P. AE ⑤ E VISA
chiuso dal 22 dicembre al 7 gennaio e dal 12 al 27 agosto – ☕ 15000 – **44 cam** 90/125000, 2 appartamenti.

🏠 **Anelli** senza rist, viale Vignati 7 ☎ 421354, Fax 422156 – |‡| ▤ TV ☎. AE ⑤ ⓓ E VISA. ✻
chiuso dal 1° al 26 agosto – ☕ 16000 – **27 cam** 100/140000.

🍴🍴🍴 **La Quinta,** piazza della Vittoria 20 ☎ 424232 – ▤ – 🏛 80. [AE] [S] ● [E] [VISA]
chiuso domenica sera, lunedì ed agosto – **Pasto** 30/68000 (a mezzogiorno) 50/70000 (alla sera) e carta 44/67000.

🍴🍴🍴 **Isola di Caprera,** via Isola di Caprera 14 ☎ 421316, Fax 421316, 🏠, 🌳 – [P]. [AE] [S] ● [E] [VISA]
chiuso martedì sera, mercoledì, dal 1° al 10 gennaio e dal 16 al 31 agosto – **Pasto** carta 46/70000.

🍴🍴 **3 Gigli-All'Incoronata,** piazza della Vittoria 47 ☎ 421404 – ▤. [AE] [S] ● [E] [VISA]. ✂
chiuso lunedì e dal 7 al 30 agosto – **Pasto** 30000 (solo a mezzogiorno) 55000 e carta 48/72000.

🍴🍴 **Antica Trattoria Sobacchi,** viale Pavia 76 ☎ 35041 – [P]. [VISA]. ✂
chiuso lunedì sera, martedì, dal 24 dicembre al 2 gennaio ed agosto – **Pasto** carta 33/51000.

🍴 **Il Gattino,** corso Mazzini 71 ☎ 31528 – [P]. [AE] [S] ● [E] [VISA]. ✂
chiuso domenica sera, lunedì, dal 27 dicembre al 6 gennaio ed agosto – **Pasto** carta 25/62000.

🍴 **Due Agnelli,** via Castelfidardo 12 ☎ 426777 – [S] [E] [VISA]. ✂
chiuso domenica sera, lunedì ed agosto – **Pasto** carta 33/49000.

a Riolo NE : 4 km

🍴🍴 L'Angolo, ☎ 423720, Coperti limitati; prenotare – ▤

We suggest:

for a successful tour, that you prepare it in advance.

Michelin maps *and* **guides,** *will give you much useful information on route planning, places of interest, accommodation, prices etc.*

LODRONE 38080 Trento [429] E 13 – alt. 379 – a.s. Natale – ☎ 0465.

Roma 589 – ♦Brescia 56 – ♦Milano 146 – Trento 73.

🏨 **Castel Lodron,** ☎ 685002, Fax 685425, 🏋, ≘s, 🏊, 🌳, 🎾 – |♦| [TV] ☎ ♿ [P] – 🏛 200. [E] [E] [VISA]. ✂
Pasto *(chiuso lunedì)* carta 34/49000 – ☕ 10000 – **41 cam** 80/110000 – ½ P 80000.

LOIANO 40050 Bologna [988] ⑭ ⑮, [429] [430] J 15 – 3 222 ab. alt. 714 – a.s. luglio-13 settembre – ☎ 051.

Roma 359 – ♦Bologna 36 – ♦Firenze 85 – ♦Milano 242 – Pistoia 100.

🏨 **Palazzo Loup** 🌿, località Scanello E : 3 km ☎ 6544040, Fax 6544040, « Parco ombreggiato » – |♦| [TV] ☎ [P] – 🏛 60. [AE] [S] ● [E] [VISA] [JCB]. ✂
chiuso dal 10 gennaio al 10 febbraio – **Pasto** *(chiuso lunedì; prenotare a mezzogiorno escluso i giorni festivi)* carta 34/54000 – **37 cam** ☕ 145/210000 – ½ P 135000.

LOMASO 38070 Trento [428] [429] D 14 – 1 249 ab. alt. 700 – Stazione termale, a.s. Pasqua e Natale – ☎ 0465.

ℹ via Prati ☎ 71465, Fax 72281.

Roma 600 – Trento 30 – ♦Brescia 98.

a Campo – alt. 492 – ✉ **38070** Vigo Lomaso :

🏨 Villa Luti 🌿, ☎ 702061, Fax 702410, « Dimora patrizia dell'800 con parco ombreggiato », 🏋, ≘s, 🎾 – |♦| [TV] ☎ [P] – 🏛 40
stagionale – **42 cam.**

a Ponte Arche N : 2 Km – alt. 398 – ✉ **38077** :

🏨 **Cattoni-Plaza,** ☎ 701442, Fax 701444, ←, ≘s, 🏊, 🌳, 🎾 – |♦| ▤ rist [TV] ☎ [P] – 🏛 80. [E] [S] ● [E] [VISA]. ✂
20 dicembre-10 gennaio e aprile-ottobre – **Pasto** 34/40000 – ☕ 15000 – **68 cam** 90/140000 – ½ P 90/120000.

🏨 **Nuovo Hotel Angelo,** ☎ 701438, Fax 701145, 🌳 – |♦| [TV] ☎ [P]. [S] [E] [VISA]. ✂
21 dicembre-10 gennaio e aprile-ottobre – **Pasto** carta 35/47000 – ☕ 10000 – **75 cam** 75/130000 – ½ P 75/90000.

LONATE POZZOLO 21015 Varese [428] F 8, [219] ⑰ – 11 076 ab. alt. 205 – ☎ 0331.

Roma 621 – Stresa 49 – ♦Milano 43 – Novara 30 – Varese 28.

sulla strada statale 527 SO : 2 km :

🍴🍴 **F. Bertoni,** ✉ 21015 Tornavento ☎ 668020, Fax 301483, 🌳 – [P] – 🏛 150. [AE] [S] ● [VISA]. ✂
chiuso domenica sera, lunedì, dal 1° al 10 gennaio ed agosto – **Pasto** carta 50/76000.

LE GUIDE MICHELIN DU PNEUMATIQUE

Qu'est-ce qu'un pneu ?

Produit de haute technologie, le pneu constitue le seul point de liaison de la voiture avec le sol. Ce contact correspond, pour une roue, à une surface équivalente à celle d'une carte postale. Le pneu doit donc se contenter de ces quelques centimètres carrés de gomme au sol pour remplir un grand nombre de tâches souvent contradictoires :

Porter le véhicule à l'arrêt, mais aussi résister aux transferts de charge considérables à l'accélération et au freinage.

Transmettre la puissance utile du moteur, les efforts au freinage et en courbe.

Rouler régulièrement, plus sûrement, plus longtemps pour un plus grand plaisir de conduire.

Guider le véhicule avec précision, quels que soient l'état du sol et les conditions climatiques.

Amortir les irrégularités de la route, en assurant le confort du conducteur et des passagers ainsi que la longévité du véhicule.

Durer, c'est-à-dire, garder au meilleur niveau ses performances pendant des millions de tours de roue.

Afin de vous permettre d'exploiter au mieux toutes les qualités de vos pneumatiques, nous vous proposons de lire attentivement les informations et les conseils qui suivent.

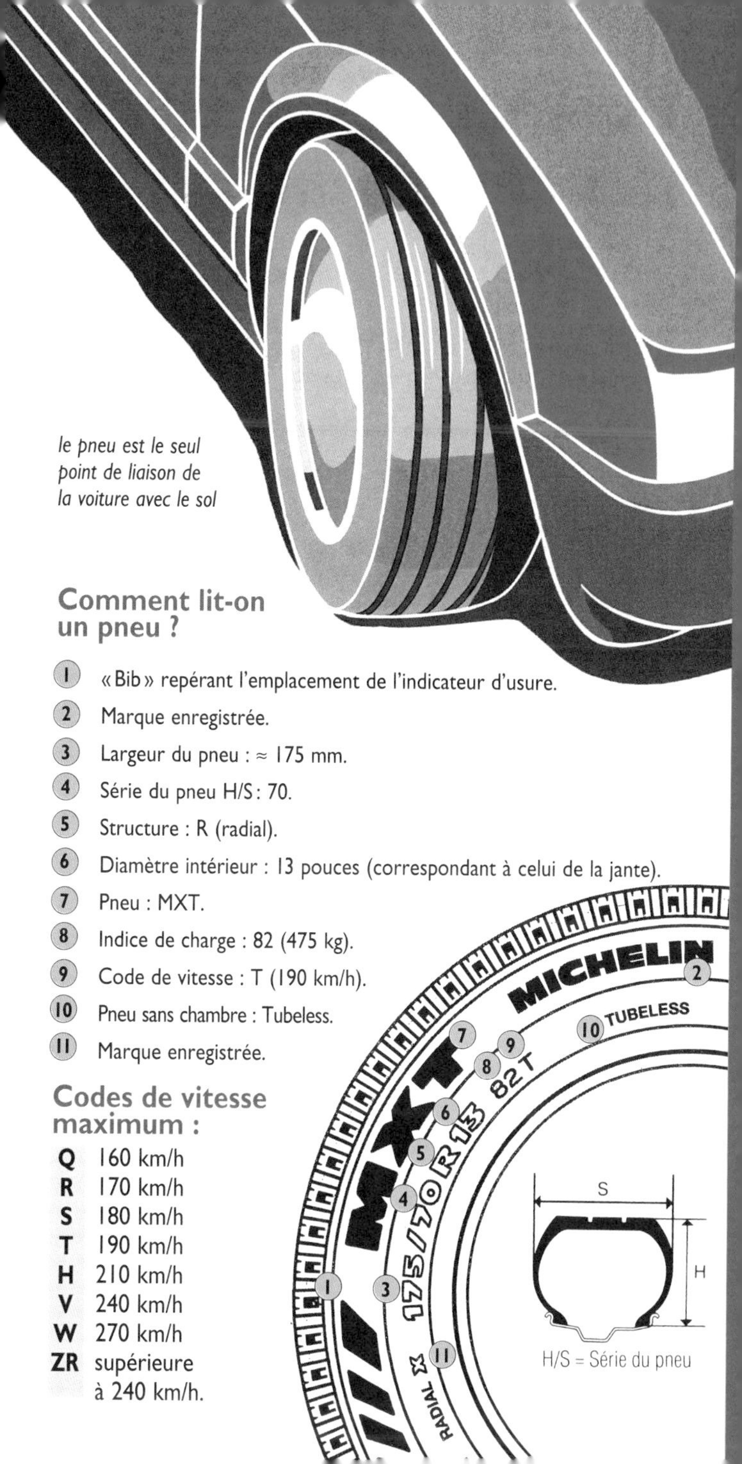

le pneu est le seul point de liaison de la voiture avec le sol

Comment lit-on un pneu ?

1. « Bib » repérant l'emplacement de l'indicateur d'usure.
2. Marque enregistrée.
3. Largeur du pneu : ≈ 175 mm.
4. Série du pneu H/S : 70.
5. Structure : R (radial).
6. Diamètre intérieur : 13 pouces (correspondant à celui de la jante).
7. Pneu : MXT.
8. Indice de charge : 82 (475 kg).
9. Code de vitesse : T (190 km/h).
10. Pneu sans chambre : Tubeless.
11. Marque enregistrée.

Codes de vitesse maximum :

Q 160 km/h
R 170 km/h
S 180 km/h
T 190 km/h
H 210 km/h
V 240 km/h
W 270 km/h
ZR supérieure à 240 km/h.

H/S = Série du pneu

Pourquoi vérifier la pression de vos pneus ?

Pour exploiter au mieux leurs performances et assurer votre sécurité.

Contrôlez la pression de vos pneus, sans oublier la roue de secours, dans de bonnes conditions :

Un pneu perd régulièrement de la pression. Les pneus doivent être contrôlés, une fois toutes les 2 semaines, à froid, c'est-à-dire une heure au moins après l'arrêt de la voiture ou après avoir parcouru 2 à 3 kilomètres à faible allure.

En roulage, la pression augmente ; ne dégonflez donc jamais un pneu qui vient de rouler : considérez que, pour être correcte, sa pression doit être au moins supérieure de 0,3 bar à celle préconisée à froid.

Le surgonflage : si vous devez effectuer un long trajet à vitesse soutenue, ou si la charge de votre voiture est particulièrement importante, il est généralement conseillé de majorer la pression de vos pneus. Attention : l'écart de pression avant-arrière nécessaire à l'équilibre du véhicule doit être impérativement respecté. Consultez les tableaux de gonflage Michelin chez tous les professionnels de l'automobile et chez les spécialistes du pneu, et n'hésitez pas à leur demander conseil.

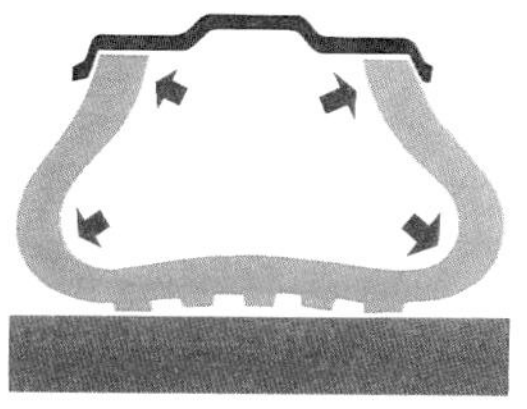

Le sous-gonflage : lorsque la pression de gonflage est insuffisante, les flancs du pneu travaillent anormalement, ce qui entraîne une fatigue excessive de la carcasse, une élévation de température et une usure anormale. Le pneu subit alors des dommages irréversibles qui peuvent entraîner sa destruction immédiate ou future. En cas de perte de pression, il est impératif de consulter un spécialiste qui en recherchera la cause et jugera de la réparation éventuelle à effectuer.

Le bouchon de valve : en apparence, il s'agit d'un détail ; c'est pourtant un élément essentiel de l'étanchéité. Aussi, n'oubliez pas de le remettre en place après vérification de la pression, en vous assurant de sa parfaite propreté.

Voiture tractant caravane, bateau... Dans ce cas particulier, il ne faut jamais oublier que le poids de la remorque accroît la charge du véhicule. Il est donc nécessaire d'augmenter la pression des pneus arrière de votre voiture, en vous conformant aux indications des tableaux de gonflage Michelin. Pour de plus amples renseignements, demandez conseil à votre revendeur de pneumatiques, c'est un véritable spécialiste.

Vérifiez la pression de vos pneus régulièrement et avant chaque voyage.

Comment faire durer vos pneus ?

Afin de préserver longtemps les qualités de vos pneus, il est impératif de les faire contrôler régulièrement, et avant chaque grand voyage. Il faut savoir que la durée de vie d'un pneu peut varier dans un rapport de 1 à 4, et parfois plus, selon son entretien, l'état du véhicule, le style de conduite et l'état des routes ! L'ensemble roue-pneumatique doit être parfaitement équilibré pour éviter les vibrations qui peuvent apparaître à partir d'une certaine vitesse. Pour supprimer ces vibrations et leurs désagréments, vous confierez l'équilibrage à un professionnel du pneumatique car cette opération nécessite un savoir-faire et un outillage très spécialisé.

Les facteurs qui influent sur l'usure et la durée de vie de vos pneumatiques :
les caractéristiques du véhicule (poids, puissance...), le profil des routes (rectilignes, sinueuses), le revêtement (granulométrie : sol lisse ou rugueux), l'état mécanique du véhicule (réglage des trains avant, arrière, état des suspensions et des freins...), le style de conduite (accélérations, freinages, vitesse de passage en courbe...), la vitesse (en ligne droite à 120 km/h un pneu s'use deux fois plus vite qu'à 70 km/h), la pression des pneumatiques (si elle est incorrecte, les pneus s'useront beaucoup plus vite et de manière irrégulière).
D'autres événements de nature accidentelle (chocs contre trottoirs, nids de poule...), en plus du risque de déréglage et de détérioration de certains éléments du véhicule, peuvent provoquer des dommages internes au pneumatique dont les conséquences ne se manifesteront parfois que bien plus tard. Un contrôle régulier de vos pneus vous permettra donc de détecter puis de corriger rapidement les anomalies (usure anormale, perte de pression...). A la moindre alerte, adressez-vous immédiatement à un revendeur spécialiste qui interviendra pour préserver les qualités de vos pneus, votre confort et votre sécurité.

Surveillez l'usure de vos pneumatiques : comment ? Tout simplement en observant la profondeur de la sculpture. C'est un facteur de sécurité, en particulier sur sol mouillé. Tous les pneus possèdent des indicateurs d'usure de 1,6 mm d'épaisseur. Ces indicateurs sont repérés par un Bibendum situé aux « épaules » des pneus Michelin. Un examen visuel suffit pour connaître le niveau d'usure de vos pneumatiques. Attention : même si vos pneus n'ont pas encore atteint la limite d'usure légale (en France, la profondeur restante de la sculpture doit être supérieure à 1,6 mm sur l'ensemble de la bande de roulement), leur capacité à évacuer l'eau aura naturellement diminué avec l'usure.

Les chocs contre les trottoirs, les nids de poule… peuvent endommager gravement vos pneus.

Comment choisir vos pneus ?

Le type de pneumatique qui équipe d'origine votre véhicule a été déterminé pour optimiser ses performances. Il vous est cependant possible d'effectuer un autre choix en fonction de votre style de conduite, des conditions climatiques, de la nature des routes et des trajets effectués.
Dans tous les cas, il est indispensable de consulter un spécialiste du pneumatique, car lui seul pourra vous aider à trouver la solution la mieux adaptée à votre utilisation dans le respect de la législation.

Montage, démontage, équilibrage du pneu ; c'est l'affaire d'un professionnel :
un mauvais montage ou démontage du pneu peut le détériorer et mettre en cause votre sécurité.

Sauf cas particulier et exception faite de l'utilisation provisoire de la roue de secours, les pneus montés sur un essieu donné doivent être identiques. Il est conseillé de monter les pneus neufs ou les moins usés à l'arrière pour assurer la meilleure tenue de route en situation difficile (freinage d'urgence ou courbe serrée) principalement sur chaussée glissante.
En cas de crevaison, seul un professionnel du pneu saura effectuer les examens nécessaires et décider de son éventuelle réparation.
Il est recommandé de changer la valve ou la chambre à chaque intervention.

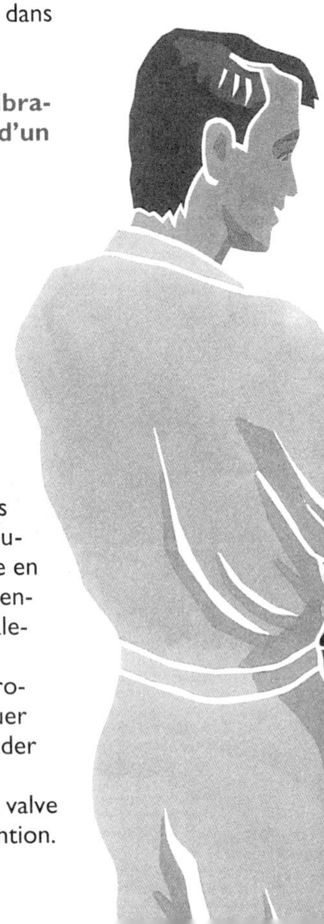

Il est déconseillé de monter une chambre à air dans un ensemble tubeless.

L'utilisation de pneus cloutés est strictement réglementée ; il est important de s'informer avant de les faire monter.

Attention : la capacité de vitesse des pneumatiques Hiver « M+S » peut être inférieure à celle des pneus d'origine. Dans ce cas, la vitesse de roulage devra être adaptée à cette limite inférieure. Une étiquette de rappel de cette vitesse sera apposée à l'intérieur du véhicule à un endroit aisément visible du conducteur.

Innover pour aller plus loin

En 1889, Edouard Michelin prend la direction de l'entreprise qui porte son nom. Peu de temps après, il dépose le brevet du pneumatique démontable pour bicyclette. Tous les efforts de l'entreprise se concentrent alors sur le développement de la technique du pneumatique. C'est ainsi qu'en 1895, pour la première fois au monde, un véhicule baptisé « l'Eclair » roule sur pneumatiques. Testé sur ce véhicule lors de la course Paris-Bordeaux-Paris, le pneumatique démontre immédiatement sa supériorité sur le bandage plein.

Créé en 1898, le Bibendum symbolise l'entreprise qui, de recherche en innovation, du pneu vélocipède au pneu avion, impose le pneumatique à toutes les roues.

En 1946, c'est le dépôt du brevet du pneu radial ceinturé acier, l'une des découvertes majeures du monde du transport.

Cette recherche permanente de progrès a permis la mise au point de nouveaux produits. Ainsi, depuis 1991, le pneu dit « vert » ou « basse résistance au roulement », est devenu une réalité. Ce concept contribue à la protection de l'environnement, en permettant une diminution de la consommation de carburant du véhicule, et le rejet de gaz dans l'atmosphère.

Concevoir les pneus qui font tourner chaque jour 2 milliards de roues sur la terre, faire évoluer sans relâche plus de 3500 types de pneus différents, c'est le combat permanent des 4500 chercheurs Michelin.

Leurs outils : les meilleurs supercalculateurs, des laboratoires à la pointe de l'innovation scientifique, des centres de recherche et d'essais installés sur

6000 hectares en France, en Espagne, aux Etats-Unis et au Japon. Et c'est ainsi que quotidiennement sont parcourus plus d'un million de kilomètres, soit 25 fois le tour du monde.

Leur volonté : écouter, observer puis optimiser chaque fonction du pneumatique, tester sans relâche, et recommencer.

C'est cette volonté permanente de battre demain le pneu d'aujourd'hui pour offrir le meilleur service à l'utilisateur, qui a permis à Michelin de devenir le leader mondial du pneumatique.

Renseignements utiles

• Pour préparer votre voyage :

pour vos itinéraires routiers en France et en Europe :

3615 ou 3616 Michelin (1,27F/mn)

Vous trouverez : itinéraires détaillés, distances, coûts des péages, temps de parcours.
Mais aussi : hôtels-restaurants, curiosités touristiques, renseignements pneumatiques.

3617 Michelin (5,48 F/mn)

Vous recevez sur télecopieur l'information détaillée concernant votre itinéraire.

• Vos pneumatiques :

vous avez des observations, vous souhaitez des précisions concernant l'utilisation de vos pneumatiques Michelin, ... écrivez-nous à :

Manufacture Française des Pneumatiques Michelin
Boîte Postale Consommateurs
63040 Clermont Ferrand Cedex

ou téléphonez-nous à :

Ajaccio	95 20 30 55
Amiens	22 92 47 28
Angers	41 43 65 52
Annecy	50 51 59 70
Arras	21 71 12 08
Aurillac	71 64 90 33
Avignon	90 88 11 10
Bayonne	59 55 13 73
Besançon	81 80 24 53
Bordeaux	56 39 94 95
Bourg	74 45 24 24
Brest	98 47 31 31
Caen	31 26 68 19
Clermont-Ferrand	73 91 29 31
Dijon	80 67 35 38
Grenoble	76 98 51 54
Le Havre	35 25 22 20
Lille	20 98 40 48
Limoges	55 05 18 18
Lorient	97 76 03 60
Lyon	72 48 10 40
Marseille	91 02 08 02
Montélimar	75 01 80 91
Montpellier	67 79 50 79
Nancy	83 21 83 21
Nantes	40 92 15 44
Nice	93 31 66 09
Niort	49 33 00 42
Orléans	38 88 02 20
Pau	59 32 56 33
Périgueux	53 03 98 13
Perpignan	68 54 53 10
Reims	26 09 19 32
Rennes	99 50 72 00
Rodez	65 42 17 88
Rouen	35 73 63 73
Saint-Etienne	77 74 22 88
Strasbourg	88 39 39 40
Toulouse	61 41 11 54
Tours	47 28 60 59
Région parisienne	
Aubervilliers	48 33 07 58
Buc	39 56 10 66
Maisons-Alfort	48 99 55 60
Nanterre	47 21 67 21

LONATO 25017 Brescia [988] ④, [428] [429] F 13 – 11 190 ab. alt. 188 – a.s. Pasqua e luglio-15 settembre – ☎ 030.

Roma 530 – ◆ Brescia 23 – Mantova 50 – ◆ Milano 120 – ◆ Verona 45.

XX **Il Rustichello** con cam, ☎ 9130461, Fax 9131145, ⛱, 🌳 – ▤ rist [TV] ☎ [P]. [AE] [$] [O] [E] [VISA]
Pasto *(chiuso mercoledì, dal 2 all'8 gennaio e dal 25 luglio all'8 agosto)* carta 35/49000 – ☕ 8000 – **10 cam** 60/90000 – ½ P 70/75000.

a Barcuzzi N : 3 km – ✉ **25017** Lonato :

XX **Da Oscar,** ☎ 9130409, « Servizio estivo in terrazza » – [P]. [AE] [$] [E] [VISA]. ⊘
chiuso lunedì, martedì a mezzogiorno e dal 7 al 20 gennaio – **Pasto** 25000 (solo a mezzogiorno) e carta 40/55000.

LONGA Vicenza – Vedere Schiavon.

LONGARE 36023 Vicenza [429] F 16 – 5 238 ab. alt. 29 – ☎ 0444.

Roma 528 – ◆Padova 28 – ◆Milano 213 – ◆Verona 60 – Vicenza 10.

a Costozza SO : 1 km – ✉ **36023** Longare :

XX **Taverna Aeolia,** ☎ 555036, « Edificio del 16° secolo con affreschi » – [AE] [$] [O] [E]. ⊘
chiuso martedì e dal 1° al 15 novembre – **Pasto** 18/32000 (a mezzogiorno) 18/45000 (alla sera) e carta 24/53000.

XX **Al Volto,** ☎ 555118 – [P]. [AE] [$] [O] [E] [VISA]. ⊘
chiuso mercoledì e luglio – **Pasto** carta 27/48000.

When visiting northern Italy *use* Michelin maps [428] *and* [429].

LONGARONE 32013 Belluno [988] ⑤, [429] D 18 – 4 232 ab. alt. 474 – ☎ 0437.

Roma 619 – Belluno 18 – Cortina d'Ampezzo 50 – ◆Milano 358 – Udine 119 – ◆Venezia 108.

🏨 **Posta** senza rist, ☎ 770702, Fax 771189 – [lift] [TV] ☎ 🚗. [AE] [$] [E] [VISA]. ⊘
☕ 10000 – **24 cam** 100/140000.

LONGEGA (ZWISCHENWASSER) 39030 Bolzano [429] B 17 – alt. 1 012 – ☎ 0474.

Roma 720 – Cortina d'Ampezzo 50 – ◆Bolzano 83 – Brunico 14 – ◆Milano 382 – Trento 143.

🏨 **Gader,** ☎ 501008, Fax 501858 – 🚭 rist [TV] ☎ [P]. ⊘ cam
Pasto carta 28/38000 – **12 cam** ☕ 70/116000 – ½ P 74/80000.

LONGIANO 47020 Forlì [429] [430] J 18 – 4 775 ab. alt. 179 – ☎ 0547.

Roma 350 – Rimini 28 – Forlì 32 – ◆ Ravenna 46.

X **Dei Cantoni,** ☎ 665899, « Servizio estivo all'aperto » – [AE] [$] [O] [VISA] [JCB]. ⊘
chiuso mercoledì, dal 7 al 17 gennaio e dal 19 settembre all'8 ottobre – **Pasto** carta 32/36000.

LONIGO 36045 Vicenza [988] ④, [429] F 16 – 12 845 ab. alt. 31 – ☎ 0444.

Roma 533 – ◆Verona 33 – ◆Ferrara 95 – ◆Milano 186 – ◆Padova 56 – Vicenza 24.

XXX ✿ **La Peca,** via Principe Giovanelli 2 ☎ 830214 – [P]. [AE] [$] [O] [E] [VISA]. ⊘
chiuso domenica sera, lunedì, dal 1° al 10 gennaio e dal 1° al 15 agosto – **Pasto** 45/75000 (a mezzogiorno) 75000 (alla sera) e carta 60/88000
Spec. Tortino di baccalà al latte con fonduta di asiago e acciughe, Rotolino di quaglia alle cipolle di Tropea e salsa di olive verdi (estate-autunno), Anguilla in padella con vino bianco e alloro (inverno).

LORANZÈ 10010 Torino [428] F 5, [219] ⑭ – 1 063 ab. alt. 404 – ☎ 0125.

Roma 685 – ◆Torino 46 – Aosta 73 – Ivrea 9,5 – ◆Milano 123.

XXX ✿ **Panoramica** 🌿 con cam, ☎ 669966, Fax 669969, ≤ colline e vallata, prenotare, 🍴 – [TV] ☎ [P]. [AE] [$] [O] [E] [VISA] [JCB]
chiuso dal 23 dicembre al 10 febbraio – **Pasto** *(chiuso domenica e i mezzogiorno di sabato e lunedì)* carta 45/100000 – **16 cam** ☕ 98/125000 – ½ P 97000
Spec. Tortino di cardi con midollo e sale grosso (autunno-inverno), "Tofeja" zuppa di fagioli e cotiche (inverno), Dorso di coniglio con pomodori secchi e olive (primavera-estate).

LOREO 45017 Rovigo [988] ⑮, [429] G 18 – 3 784 ab. – ☎ 0426.

Roma 488 – Padova 64 – ◆Venezia 72 – ◆Ravenna 83 – Rovigo 32 – ◆Venezia 72.

X **Cavalli** con cam, riviera Marconi 67/69 ☎ 369868, Fax 369868 – [TV] ☎. [AE] [$] [E] [VISA]. ⊘
chiuso dal 1° al 15 gennaio e dal 25 settembre al 10 ottobre – **Pasto** *(chiuso lunedì)* carta 43/61000 – ☕ 10000 – **10 cam** 75/90000 – P 80/90000.

LORETO 60025 Ancona 988 ⑯, 430 L 22 – 10 945 ab. alt. 125 – a.s. Pasqua, 15 agosto-10 settembre e 7-12 dicembre – ☎ 071.

Vedere Santuario della Santa Casa** – Piazza della Madonna* – Opere del Lotto* nella pinacoteca **M.**

via Solari 3 ☎ 977139, Fax 970276.

Roma 294 ② – ♦ Ancona 31 ① – Macerata 31 ② – Pesaro 90 ② – Porto Recanati 5 ①.

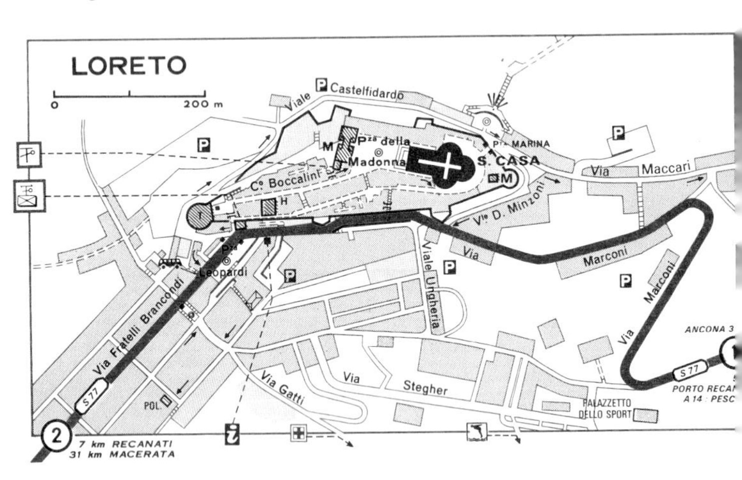

Villa Tetlameya, via Villa Costantina 187 ☎ 978863, Fax 976639 – 2 km per
6 cam.

Orlando da Nino, via Villa Costantina 89 ☎ 978501, Fax 978501, – VISA. E : 1,5 km per via Macca
chiuso dal 15 dicembre al 14 gennaio – **Pasto** *(chiuso lunedì)* carta 30/44000 – 8000
20 cam 72/84000 – ½ P 55/65000.

Dal Baffo Vecchia Fattoria con cam, via Manzoni 19 ☎ 978976, Fax 978962, AE E VISA. cam N : 3 km per via Macca
Pasto *(chiuso lunedì)* carta 32/58000 – 4000 – **13 cam** 70/95000 – ½ P 90000.

Andreina, Via Buffolareccia 14 ☎ 970124 – AE E VISA 2 km per
chiuso martedì – **Pasto** carta 35/49000.

Orlando Barabani, via Villa Costantina 93 ☎ 977696, Fax 7500188, – VISA E : 1,5 km per via Macca
chiuso mercoledì e luglio – **Pasto** carta 35/48000.

LORETO APRUTINO 65014 Pescara 988 ㉗, 430 O 23 – 7 394 ab. alt. 294 – ☎ 085.

Roma 226 – ♦ Pescara 24 – Teramo 77.

La Bilancia, contrada Palazzo 10 (SO : 5 km) ☎ 8289321, Fax 8289610, « Giardino » AE E VISA.
chiuso dal 24 dicembre al 24 gennaio – **Pasto** *(chiuso lunedì)* carta 24/36000 – 3000
19 cam 50/80000 – ½ P 55/65000.

LORO PICENO 62020 Macerata 430 M 22 – 2 495 ab. alt. 436 – ☎ 0733.

Roma 248 – Ascoli Piceno 74 – ♦ Ancona 73 – Macerata 22.

Girarrosto, via Ridolfi 4 ☎ 509119 – VISA
chiuso mercoledì e dal 15 luglio al 5 agosto – **Pasto** carta 30/40000.

LOTZORAI Nuoro 433 H 10 – Vedere Sardegna alla fine dell'elenco alfabetico.

LOVENO Como 219 ⑨ – Vedere Menaggio.

LOVERE 24065 Bergamo [988] ③ ④, [428] [429] E 12 – 5 637 ab. alt. 200 – a.s. luglio-agosto – ☎ 035.

Vedere Lago d'Iseo★.

Dintorni Pisogne★ : affreschi★ nella chiesa di Santa Maria della Neve NE : 7 km.

Roma 611 – ◆Brescia 49 – ◆Bergamo 41 – Edolo 57 – ◆Milano 86.

Moderno, piazza 13 Martiri 21 ☎ 960607, Fax 961451, ≤, 🍴 – |♦| ▤ [TV] ☎ ♿ – 🏛 100. AE [S] ◉ E VISA
Pasto *(chiuso lunedì da ottobre a marzo)* 30/40000 (10%) – ☕ 10000 – **24 cam** 70/100000 – ½ P 90000.

🍴 **Due Ruote-Castello** 🌿 con cam, via del Santo 1 ☎ 960228, Fax 960228, « Servizio rist. estivo in terrazza panoramica » – [TV] ☎ 🚗. AE [S] ◉ VISA. 🚫
Pasto *(chiuso lunedì da ottobre a maggio)* carta 36/80000 – ☕ 6000 – **18 cam** 50/80000 – ½ P 65/70000.

LUCCA 55100 [P] [988] ⑭, [428] [429] [430] K 13 – 86 193 ab. alt. 19 – ☎ 0583.

Vedere Duomo★★ C – Chiesa di San Michele in Foro★★ : facciata★★ B – Chiesa di San Frediano★ B – Città vecchia★ BC – Passeggiata delle mura★.

Dintorni Giardini★★ della villa reale di Marlia per ① : 8 km – Parco★ di villa Mansiper ② : 11 km.

[i] Vecchia Porta San Donato-piazzale Verdi ☎ 419689, Fax 490766.

[A.C.I.] via Catalani 59 ☎ 582626.

Roma 348 ⑤ – Pisa 22 ④ – ◆Bologna 157 ⑤ – ◆Firenze 74 ⑤ – ◆Livorno 46 ⑤ – Massa 45 ⑤ – ◆Milano 274 ⑤ – Pistoia 43 ⑤ – ◆La Spezia 74 ⑤.

Pianta pagina seguente

Celide senza rist, viale Giuseppe Giusti 25 ☎ 954106, Fax 954304, Ꮀ – |♦| ▤ [TV] ☎ [P] – 🏛 40. AE [S] ◉ E VISA. 🚫 D a
☕ 18000 – **58 cam** 98/150000.

San Marco senza rist, via San Marco 368 ☎ 495010, Fax 490513 – |♦| ▤ [TV] ☎ ♿ 🚗 [P]. AE [S] ◉ E VISA. 🚫 per ①
☕ 15000 – **42 cam** 95/150000.

La Luna senza rist, Via Fillungo-Corte Compagni 12 ☎ 493634, Fax 490021 – |♦| [TV] ☎ 🚗 [P]. AE [S] ◉ E VISA. 🚫 B u
chiuso dall'8 al 31 gennaio – ☕ 15000 – **29 cam** 120/150000, appartamento.

Rex senza rist, piazza Ricasoli 19 ☎ 955443, Fax 954348 – |♦| ▤ [TV] ☎. AE [S] ◉ E VISA C c
☕ 15000 – **25 cam** 100/140000.

Universo, piazza del Giglio 1 ☎ 493678 – |♦| [TV] ☎. [S] VISA B e
Pasto vedere rist **Del Teatro** – ☕ 16000 – **62 cam** 160/260000 – ½ P 110/140000.

Piccolo Hotel Puccini senza rist, via di Poggio 9 ☎ 55421, Fax 53487 – [TV] ☎. AE [S] E VISA B c
☕ 11000 – **14 cam** 78/113000.

Stipino senza rist, via Romana 95 ☎ 495077, Fax 490309 – [TV] ☎ [P]. AE [S] E VISA. 🚫 per ③
☕ 15000 – **20 cam** 60/95000.

🍴🍴🍴 ✿ **Buca di Sant'Antonio,** via della Cervia 1/5 ☎ 55881, Fax 312199 – 🚭 ▤. AE [S] ◉ E VISA JCB B a
chiuso domenica sera, lunedì e dal 7 al 28 luglio – **Pasto** 29000 e carta 38/56000
Spec. Tortino di porri in crosta, Ravioli di ricotta alle zucchine, Capretto garfagnino allo spiedo con patate alla salvia.

🍴🍴 **Puccini,** corte San Lorenzo 1 ☎ 316116, Fax 316031, 🍴, Specialità di mare – AE [S] ◉ E VISA B d
chiuso martedì, mercoledì a mezzogiorno e dal 23 dicembre al 24 gennaio – **Pasto** 32/50000 (a mezzogiorno) 32/60000 (alla sera) e carta 42/80000.

🍴🍴 Antica Locanda dell'Angelo, via Pescheria 21 ☎ 47711, Fax 495445, 🍴 – ▤ B x

🍴🍴 **Giglio,** piazza del Giglio ☎ 494058, 🍴 – ▤. AE [S] ◉ E VISA JCB B e
chiuso martedì sera, mercoledì e dal 25 gennaio al 9 febbraio – **Pasto** 28000 e carta 42/59000.

🍴🍴 **Del Teatro,** piazza Napoleone 25 ☎ 493740, Fax 493740 – AE [S] ◉ E VISA JCB B e
chiuso giovedì – **Pasto** 25000 e carta 36/64000 (15%).

🍴 **Canuleia,** via Canuleia 14 ☎ 47470, Coperti limitati; prenotare – AE [S] ◉ E VISA
chiuso sabato, domenica e dal 10 al 20 agosto – **Pasto** carta 32/43000. C n

🍴 **Da Giulio-in Pelleria,** via delle Conce 45 (piazza S. Donato) ☎ 55948, prenotare – AE [S] ◉ E VISA JCB A c
chiuso domenica e lunedì – **Pasto** carta 31/40000.

sulla strada statale 12 r B :

Principessa Elisa ⛫, località Massa Pisana per ④ : 4,5 km ✉ 55050 Massa Pisana ✆ 379737, Fax 379019, « Giardino ombreggiato con ⛱ » – |‡| ▤ TV ☎ Ⓟ. AE Ⓢ ⓪ E VISA. ✂
Pasto 65/75000 (15%) e al Rist. ***Gazebo*** *(chiuso domenica; prenotare)* carta 58/82000 (15%) – ☕ 28000 – 8 appartamenti 485000 – ½ P 340000.

Villa la Principessa ⛫, località Massa Pisana per ④ : 4,5 km ✉ 55050 Massa Pisana ✆ 370037, Fax 379136, 🏵, « Dimora ottocentesca in un bel parco », ⛱ – |‡| ▤ TV ☎ Ⓟ – 🔬 130. AE Ⓢ ⓪ E VISA. ✂
chiuso dal 6 gennaio al 6 febbraio – **Pasto** *(chiuso domenica; prenotare)* carta 58/82000 (15%) – ☕ 22000 – **32 cam** 270/355000, 5 appartamenti – ½ P 269000.

Villa San Michele ⛫ senza rist, località San Michele in Escheto per ④ : 4 km ✉ 55050 Massa Pisana ✆ 370276, Fax 370277, ≤, « Villa seicentesca con parco ombreggiato » – |‡| ▤ TV ☎ Ⓟ. AE Ⓢ ⓪ E VISA. ✂
chiuso da dicembre al 20 febbraio – ☕ 30000 – **22 cam** 190/290000.

sulla strada statale 12 A :

Villa Bongi per ⑤ : 9 km ✉ 55015 Montuolo ✆ 510479, « Servizio estivo all'aperto » – Ⓟ. AE Ⓢ ⓪ E VISA
chiuso lunedì, martedì a mezzogiorno e dal 15 al 25 luglio – **Pasto** carta 34/53000.

Mecenate, per ⑤ : 3,5 km ✉ 55050 Gattaiola ✆ 512167, Fax 512167, 🏵 – Ⓟ. AE Ⓢ ⓪ E VISA JCB. ✂
chiuso a mezzogiorno, lunedì e dal 2 al 15 novembre – **Pasto** carta 33/48000.

a San Macario in Piano per ⑥ : 6 km – ✉ **55056** Ponte San Pietro :

Solferino, ✆ 59118, Fax 329161, 🏵 – Ⓟ. AE Ⓢ ⓪ E VISA. ✂
chiuso mercoledì, giovedì a mezzogiorno, dall'11 al 18 gennaio e dal 18 al 23 agosto – **Pasto** carta 34/61000 (10%).

a Ponte a Moriano per ① : 9 km – ✉ **55029** :

✿ **La Mora,** a Sesto NO : 2,5 km ✆ 406402, Fax 406135, 🏵 – AE Ⓢ ⓪ E VISA. ✂
chiuso mercoledì e dal 10 al 30 ottobre – **Pasto** carta 40/65000
Spec. Tacconi al sugo di coniglio, Piccione in casseruola, Fracosta di manzo al vino rosso.

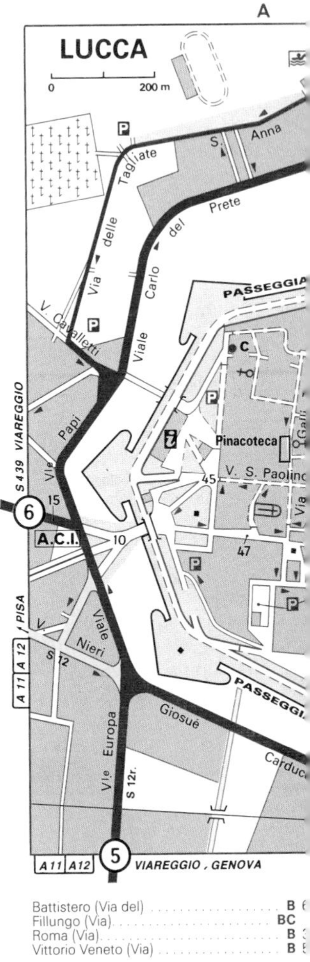

Antica Locanda di Sesto, a Sesto NO : 2,5 km ✆ 578181, Fax 406303 – Ⓟ. AE Ⓢ ⓪ VISA. ✂
chiuso sabato, dal 24 al 31 dicembre ed agosto – **Pasto** carta 36/51000.

LUCERA **71036** Foggia 988 ㉘, 431 C 28 – 36 063 ab. alt. 240 – ☏ 0881.

Vedere Castello★ – Museo Civico: statua di Venere★.

Roma 345 – ◆Foggia 20 – ◆Bari 150 – ◆Napoli 157.

Alhambra, via De Nicastri 10/14 ✆ 547066, Specialità di mare, « Ambiente caratteristico » – ▤. ✂
chiuso domenica sera e dal 1° al 20 settembre – **Pasto** carta 27/65000.

LUCUGNANO Lecce 431 H 36 – Vedere Tricase.

LUGANA Brescia – Vedere Sirmione.

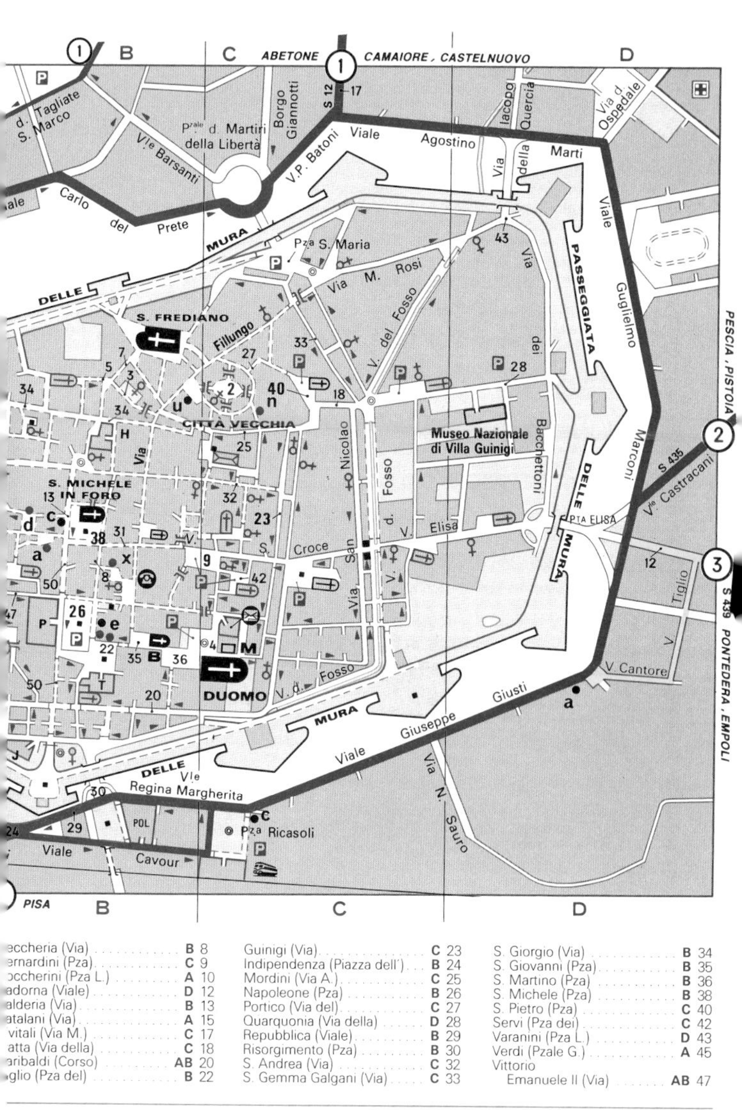

...ecchería (Via)	B 8	Guinigi (Via)	C 23	S. Giorgio (Via)	B 34
...ernardini (Pza)	C 9	Indipendenza (Piazza dell')	B 24	S. Giovanni (Pza)	B 35
...occherini (Pza L.)	A 10	Mordini (Via A.)	C 25	S. Martino (Pza)	B 36
...adorna (Viale)	D 12	Napoleone (Pza)	B 26	S. Michele (Pza)	B 38
...alderia (Via)	B 13	Portico (Via del)	C 27	S. Pietro (Pza)	C 40
...atalani (Via)	A 15	Quarquonia (Via della)	D 28	Servi (Pza dei)	C 42
...vitali (Via M.)	C 17	Repubblica (Viale)	B 29	Varanini (Pza L.)	D 43
...atta (Via della)	C 18	Risorgimento (Pza)	B 30	Verdi (Pzale G.)	A 45
...aribaldi (Corso)	AB 20	S. Andrea (Via)	C 32	Vittorio Emanuele II (Via)	AB 47
...iglio (Pza del)	B 22	S. Gemma Galgani (Via)	C 33		

LUGO Ravenna 988 ⑮, 429 430 I 17 – 32 078 ab. alt. 15 – ✉ **48022** Lugo di Ravenna – ☎ 0545.

...oma 385 – ♦Bologna 61 – ♦Ravenna 32 – Faenza 19 – ♦Ferrara 62 – Forlì 31 – ♦Milano 266.

San Francisco senza rist, via Amendola 14 ☎ 22324, Fax 32421 – 🚭 ▤ 📺 ☎. AE 🅂 ⓞ E VISA JCB. ✻
chiuso dal 24 dicembre al 6 gennaio e dal 10 al 25 agosto – ☕ 12000 – **28 cam** 88/150000, 2 appartamenti.

Ala d'Oro, corso Matteotti 56 ☎ 22388, Fax 30509 – 🛗 ▤ rist 📺 ☎ 🅟 – 🏛 25. AE 🅂 ⓞ E VISA. ✻ rist
Pasto *(chiuso lunedì ed agosto)* carta 35/53000 – ☕ 10000 – **43 cam** 95/130000 – 1/2 P 80/95000.

XX **San Francisco,** via Amendola 16 ☎ 25198 – 🏛 90. AE 🅂 ⓞ E VISA
chiuso giovedì e dal 12 al 25 agosto – **Pasto** 14000 bc (solo a mezzogiorno) e carta 28/54000.

LUINO 21016 Varese 988 ③, 428 E 8 – 14 640 ab. alt. 202 – ☎ 0332.

via Piero Chiara 1 ℘ 530019.

Roma 661 – Stresa 73 – Bellinzona 40 – ♦Lugano 23 – ♦Milano 84 – Novara 85 – Varese 28.

Camin Hotel Luino, viale Dante 35 ℘ 530118, Fax 537226, – 30. AE
chiuso novembre – **Pasto** *(chiuso martedì)* carta 55/95000 – **10 cam** 220/310000, 3 appartamenti – ½ P 195000.

Internazionale senza rist, viale Amendola ℘ 530193, Fax 537882 – E VISA
chiuso dal 15 gennaio a febbraio – 7500 – **40 cam** 68/82000.

Internazionale, piazza Marconi 18 ℘ 530037 – E VISA
chiuso martedì e dal 10 al 31 luglio – **Pasto** carta 35/48000.

a Colmegna N : 2,5 km – ✉ **21016** Luino :

Camin Hotel Colmegna, ℘ 510855, ←, « Parco in riva al lago » – AE E VISA
marzo-ottobre – **Pasto** *(chiuso mercoledì)* carta 48/68000 – **21 cam** 140/195000 – ½ P 105/135000.

LUMARZO 16024 Genova 428 I 9 – 1 527 ab. alt. 353 – ☎ 0185.

Roma 491 – ♦Genova 24 – ♦Milano 157 – Rapallo 27 – ♦La Spezia 93.

a Pannesi SO : 4 km – alt. 535 – ✉ **16024** Lumarzo :

Fuoco di Bosco, ℘ 94048, « In un bosco » –
chiuso giovedì e da gennaio al 15 marzo – **Pasto** carta 46/59000.

LURAGO D'ERBA 22040 Como 428 E 9 – 4 600 ab. alt. 351 – ☎ 031.

Roma 613 – Como 14 – ♦Bergamo 42 – ♦Milano 38.

La Corte con cam, via Mazzini 20 ℘ 699690, Fax 699755, – AE E VISA JCB.
chiuso dal 10 al 22 agosto – **Pasto** *(chiuso domenica sera e mercoledì)* 40/50000 (a mezzogiorno) 60/85000 (alla sera) e carta 41/85000 – **8 cam** 120/180000.

LURISIA Cuneo 988 ⑫, 428 J 5 – alt. 660 – ✉ **12088** Roccaforte Mondovì – Stazione termale (giugno-settembre), a.s. febbraio, Pasqua, luglio-15 settembre e Natale – Sport invernali 800/1 800 m 1 6 – ☎ 0174.

via Madame Curie 34 ℘ 683119, Fax 683400.

Roma 630 – Cuneo 22 – ♦Milano 226 – Savona 85 – ♦Torino 94.

Reale, ℘ 683105, Fax 683430, – 150. AE E VISA.
chiuso dal 15 ottobre al 15 dicembre – **Pasto** *(chiuso mercoledì in bassa stagione)* 25/30000 – 10000 – **80 cam** 70/100000 – ½ P 85000.

Topazio, ℘ 683107, Fax 683302, – E VISA. rist
20 dicembre-20 aprile e 20 maggio-settembre – **Pasto** *(chiuso lunedì escluso da giugno settembre)* carta 27/41000 – **45 cam** 65/87000 – P 75/85000.

Scoiattolo , ℘ 683103, Fax 683371, « Giardino ombreggiato » – VISA. rist
chiuso ottobre e novembre – **Pasto** *(chiuso martedì; prenotare)* carta 23/37000 – 8000 **22 cam** 60/95000 – ½ P 78000.

LUSERNA 38040 Trento 429 E 15 – 372 ab. alt. 1 333 – ☎ 0464.

Roma 590 – Trento 52 – ♦Bolzano 103 – ♦Verona 110 – Vicenza 83.

Montana, ℘ 789704, , Cucina di tradizione casalinga, prenotare –
chiuso giovedì – **Pasto** carta 27/39000.

LUSIA 45020 Rovigo 429 G 16 – 3 605 ab. alt. 12 – ☎ 0425.

Roma 461 – ♦Padova 47 – ♦Ferrara 45 – Rovigo 12 – ♦Venezia 85.

La Nespola, piazza Giovanni XXIII 1 ℘ 67778

in prossimità strada statale 499 :

Trattoria al Ponte, località Bornio S : 3 km ✉ 45020 ℘ 69890, Fax 69177 – AE E VISA JCB.
chiuso lunedì ed agosto – **Pasto** carta 27/37000.

MACERATA 62100 P 988 ⑯, 430 M 22 – 42 964 ab. alt. 311 – a.s. 10 luglio-13 settembre ☎ 0733.

via Garibaldi 87 ℘ 234807, Fax 230449.

A.C.I. via Roma 139 ℘ 31141.

Roma 256 – ♦Ancona 51 – Ascoli Piceno 92 – ♦Perugia 127 – ♦Pescara 138.

Claudiani senza rist, vicolo Ulissi 8 ✆ 261400, Fax 261380 – AE SI E VISA
15000 – **38 cam** 130/170000.

Da Secondo, via Pescheria Vecchia 26 ✆ 260912, – E VISA
chiuso lunedì e dal 14 al 30 agosto – **Pasto** carta 45/65000 (10%).

MACERATA FELTRIA 61023 Pesaro e Urbino 429 430 K 19 – 2 010 ab. alt. 321 – a.s. 25 giugno-agosto – ✆ 0722.

Roma 305 – Rimini 48 – ♦Ancona 145 – Arezzo 106 – ♦Perugia 139 – Pesaro 46.

Pitinum, ✆ 74496, Fax 74896 – rist SI E VISA
Pasto *(chiuso lunedì)* carta 26/35000 – 5000 – **20 cam** 60/75000 – P 75000.

MACUGNAGA 28030 Verbania 988 ②, 428 E 5 – 621 ab. alt. (frazione Staffa) 1 327 – a.s. 20 luglio-agosto e Natale – Sport invernali : 1 327/2 900 m 2 6, – ✆ 0324.

frazione Staffa, piazza Municipio ✆ 65119, Fax 65119.

Roma 716 – Aosta 231 – Domodossola 39 – ♦Milano 139 – Novara 108 – Orta San Giulio 65 – ♦Torino 182.

Flora, frazione Staffa ✆ 65037, Fax 65037 – AE SI E VISA
Pasto vedere rist **Chez Felice** – 15000 – **15 cam** 80/150000.

Alpi, frazione Borca ✆ 65135, Fax 65135, ≤, –
dicembre-aprile e giugno-settembre – **Pasto** (solo per clienti alloggiati) 30000 – 10000 – **13 cam** 60/100000 – ½ P 85000.

Chez Felice con cam, frazione Staffa ✆ 65229, Fax 65037, solo su prenotazione, « Locanda caratteristica », –
Pasto (menu suggeriti dal proprietario e *chiuso giovedì*) carta 50/60000 – 15000 – **11 cam** 60/80000 – ½ P 80/85000.

MADDALENA (Arcipelago della) Sassari 988 ㉓ ㉔, 433 D 10 – Vedere Sardegna alla fine dell'elenco alfabetico.

MADERNO Brescia – Vedere Toscolano-Maderno.

MADESIMO 23024 Sondrio 988 ③, 428 C 10 – 631 ab. alt. 1 536 – Sport invernali : 1 536/2 884 m 2, 15, – ✆ 0343.

Escursioni Strada del passo dello Spluga★★ : tratto Campodolcino-Pianazzo★★★ Sud e Nord.

via Carducci 27 ✆ 53015, Fax 53782.

Roma 703 – Sondrio 80 – ♦Bergamo 119 – ♦Milano 142 – Passo dello Spluga 15.

Emet, ✆ 53395, Fax 53303 – SI E VISA
dicembre-1° maggio e luglio-agosto – **Pasto** 40/50000 – 20000 – **39 cam** 110/160000 – ½ P 180000.

La Meridiana, ✆ 53160, Fax 54632, – AE SI E VISA JCB rist
dicembre-aprile e 25 giugno-10 settembre – **Pasto** al Rist. ***La Tavernetta*** carta 40/66000 – 15000 – **26 cam** 73/150000 – ½ P 125/150000.

Tec de l'Urs, ✆ 53283. AE SI E VISA
chiuso martedì, dal 1° al 20 maggio ed ottobre – **Pasto** carta 37/50000.

a Pianazzo O : 2 km – ✉ 23020 :

Bel Sit con cam, ✆ 53365, Fax 53365 – AE SI E VISA JCB
chiuso ottobre – **Pasto** *(chiuso giovedì)* carta 33/48000 – 10000 – **10 cam** 70/85000 – ½ P 95000.

MADONNA DEI FORNELLI Bologna 430 J 15 – Vedere San Benedetto Val di Sambro.

MADONNA DELLA CIVITA Latina 430 S 22 – Vedere Itri.

MADONNA DELL'OLMO Cuneo – Vedere Cuneo.

MADONNA DEL MONTE Massa Carrara – Vedere Mulazzo.

MADONNA DI CAMPIGLIO 38084 Trento 988 ④, 428 429 D 14 – alt. 1522 – a.s. dicembre-Epifania e febbraio-Pasqua – Sport invernali : 1 522/2 300 m 6 18, – ✆ 0465.

Vedere Località★★.

Escursioni Massiccio di Brenta★★★ Nord per la strada S 239.

(luglio-settembre) a Campo Carlo Magno ✆ 441003, Fax 440298, N : 2,5 km.

via Pradalago 4 ✆ 442000, Fax 440404.

Roma 645 – Trento 82 – ♦Bolzano 88 – ♦Brescia 118 – Merano 91 – ♦Milano 214.

Spinale Club Hotel, ℘ 441116, Fax 442189, ≤, ⅃ᵹ, ≘s, 🏊 – |‡| 📺 ☎ – 🅐 80. AE ⓢ ⓞ E VISA. ✻
3 dicembre-16 aprile e luglio-10 settembre – **Pasto** 50000 – ☕ 25000 – **55 cam** 225/310000, 4 appartamenti – ½ P 175/330000.

Savoia Palace, ℘ 441004, Fax 440549 – |‡| 📺 ☎ 🅟 – 🅐 60. AE ⓢ ⓞ VISA. ✻
4 dicembre-10 aprile e luglio-agosto – **Pasto** 52/58000 – **55 cam** ☕ 240/310000, 2 appartamenti – ½ P 145/280000.

Lorenzetti, ℘ 441404, Fax 441404, ≤, ⅃ᵹ, ≘s – |‡| 📺 ☎ 🅟 – 🅐 40. AE ⓢ ⓞ E VISA JCB. ✻
dicembre-aprile e luglio-settembre – **Pasto** carta 42/61000 – **46 cam** ☕ 165/220000, 6 appartamenti – P 100/200000.

Miramonti, ℘ 441021, Fax 440410, ≤, ≘s – |‡| 📺 ☎ 🅟. AE ⓢ ⓞ E VISA JCB. ✻
3 dicembre-25 aprile e 25 giugno-20 settembre – **Pasto** 35/65000 – **20 cam** ☕ 145/210000, 4 appartamenti – ½ P 150/265000.

Cristallo, ℘ 41132, Fax 40687, ≤, ≘s – |‡| 📺 ☎ 🅟 – 🅐 120. AE ⓢ ⓞ E VISA. ✻ rist
dicembre-20 aprile e 22 giugno-10 settembre – **Pasto** 45/55000 – **33 cam** ☕ 175/300000 – ½ P 115/265000.

Grifone, ℘ 442002, Fax 440540, ≘s – |‡| 📺 ☎. AE ⓢ ⓞ E VISA. ✻ rist
dicembre-19 aprile e 9 luglio-10 settembre – **Pasto** carta 45/60000 – **38 cam** ☕ 220/370000.

Cerana ⑤, ℘ 440552, Fax 440587 – |‡| 📺 ☎ 🅟. AE ⓢ E VISA. ✻
dicembre-20 aprile e luglio-20 settembre – **Pasto** (solo per clienti alloggiati) – **30 cam** ☕ 140/240000 – ½ P 150/180000.

Bertelli, ℘ 441013, Fax 440564, ≤, ≘s – |‡| ▤ 📺 ☎ 🅟. AE ⓢ ⓞ E VISA. ✻ rist
5 dicembre-8 aprile e luglio-10 settembre – **Pasto** carta 30/42000 – ☕ 10000 – **40 cam** 120/220000 – ½ P 150/240000.

Alpina, ℘ 441075, Fax 443464, ≘s, 🌳 – |‡| 📺 ☎ 🅟. ⓢ E VISA. ✻
dicembre-25 aprile e 15 giugno-20 settembre – **Pasto** 20/35000 – ☕ 14000 – **27 cam** 130/200000 – ½ P 120/160000.

Oberosler, ℘ 441136, Fax 443220, ≤ – |‡| 📺 ☎ 🅟. AE ⓢ E VISA. ✻
dicembre-20 aprile e luglio-15 settembre – **Pasto** carta 45/74000 – **38 cam** ☕ 160/270000 – ½ P 140/210000.

Diana, ℘ 441011, Fax 441049 – |‡| 📺 ☎ 🅟. ⓢ ⓞ E VISA JCB. ✻
dicembre-1° maggio e luglio-15 settembre – **Pasto** 20/30000 – **27 cam** ☕ 60/120000 – ½ P 120/190000.

Crozzon, ℘ 442217, Fax 442636 – |‡| 📺 ☎ 🅟 – 🅐 50. AE ⓢ ⓞ VISA. ✻ rist
dicembre-aprile e giugno-settembre – **Pasto** carta 38/53000 – **24 cam** ☕ 120/160000 – ½ P 95/115000.

La Baita, ℘ 441066, Fax 440750 – |‡| 📺 ☎. AE ⓢ ⓞ E VISA. ✻
dicembre-aprile e luglio-settembre – **Pasto** (solo per clienti alloggiati) 55/65000 – ☕ 30000 – **22 cam** 100/160000 – ½ P 180000.

Hermitage ⑤, ℘ 441558, Fax 441618, ≤ monti, « In un parco » – 📺 🅟. AE ⓢ E VISA. ✻
20 dicembre-Pasqua e luglio-settembre – **Pasto** carta 45/65000 – **14 cam** ☕ 125/170000 – ½ P 100/140000.

Dello Sportivo senza rist, ℘ 41101, Fax 40800 – 📺 ☎ 🅟. ⓢ E VISA. ✻
chiuso giugno e dal 5 al 30 novembre – **15 cam** ☕ 110/200000.

Bucaneve ⑤ senza rist, ℘ 441271, Fax 441672 – 📺 ☎. ⓢ E VISA
dicembre-aprile e luglio-settembre – **9 cam** ☕ 100/200000.

Vidi, ℘ 443344, Fax 40686, ≘s – |‡| 📺 ☎ 🅟. ⓢ E VISA. ✻
dicembre-aprile e luglio-20 settembre – **Pasto** 25/35000 – **25 cam** ☕ 123/200000 – ½ P 125/135000.

Arnica senza rist, ℘ 40377, Fax 42227 – |‡| 📺 ☎. AE ⓢ E VISA. ✻
chiuso maggio ed ottobre – **21 cam** ☕ 130/240000.

Artini, ℘ 440122 – AE ⓢ ⓞ E VISA
dicembre-aprile e luglio-settembre – **Pasto** carta 42/71000.

a Campo Carlo Magno N : 2,5 km – alt. 1682 – ✉ **38084** Madonna di Campiglio.

Vedere Posizione pittoresca★★ – ✻★★ sul massiccio di Brenta dal colle del Grostè SE per funivia :

Golf Hotel ⑤, ℘ 441003, Fax 440294, ≤ monti e pinete, 🌳, 🏌 – |‡| 📺 ☎ 🅟 – 🅐 200. AE ⓢ ⓞ E VISA. ✻
dicembre-10 aprile e luglio-10 settembre – **Pasto** 35/80000 – ☕ 21000 – **117 cam** 196/320000, 4 appartamenti – ½ P 270/335000.

Carlo Magno-Zeledria Hotel, ℘ 441010, Fax 440550, ≤ monti e pinete, ≘s, 🏊, 🌳 – |‡| 📺 ☎ 🅟. ⓢ ⓞ E VISA. ✻
4 dicembre-aprile e 24 giugno-23 settembre – **Pasto** 45/60000 – **104 cam** ☕ 250/340000 – ½ P 150/230000.

MADONNA DI SENALES **(UNSERFRAU)** Bolzano 218 ⑨ – Vedere Senales.

MAGAZZINI Livorno – Vedere Elba (Isola d') : Portoferraio.

MAGENTA 20013 Milano 988 ③, 428 F 8 – 23 577 ab. alt. 141 – ☎ 02.

Roma 599 – Milano 26 – Novara 21 – Pavia 43 – Torino 114 – Varese 46.

Excelsior, via Cattaneo 67 ☎ 97298651, Fax 97291617 – AE E VISA rist
Pasto *(chiuso sabato a mezzogiorno, domenica ed agosto)* carta 44/64000 – 15000 – **65 cam** 160/220000, appartamento – ½ P 140/155000.

L'Osteria, a Ponte Vecchio SO : 2 km ☎ 97298461, Coperti limitati; prenotare – AE E VISA
chiuso domenica sera, lunedì, dal 26 dicembre al 2 gennaio ed agosto – **Pasto** carta 63/96000.

Trattoria alla Fontana, via del Roccolo 5 (circonvallazione di Magenta) ☎ 9760826 – AE E VISA JCB
chiuso sabato a mezzogiorno e domenica – **Pasto** carta 59/94000.

MAGGIO Lecco 428 E 10, 219 ⑩ – Vedere Cremeno.

MAGGIORE (Lago) – Vedere Lago Maggiore.

MAGIONE 06063 Perugia 988 ⑮, 430 M 18 – 11 557 ab. alt. 299 – ☎ 075.

Roma 193 – Perugia 20 – Arezzo 58 – Orvieto 87 – Siena 90.

a San Feliciano SO : 8 km – ✉ 06060 :

Ali sul Lago senza rist, ☎ 8479246, Fax 8479252, ≤ – AE E VISA
chiuso gennaio e febbraio – 10000 – **30 cam** 100/115000, 15 appartamenti 115/140000.

Da Settimio con cam, ☎ 849104, Fax 849104, ≤,
chiuso novembre – **Pasto** *(chiuso giovedì escluso da giugno a settembre)* carta 35/47000 (10%) – **15 cam** 70000 – ½ P 65000.

MAGLIANO IN TOSCANA 58051 Grosseto 988 ㉕, 430 O 15 – 4 003 ab. alt. 130 – ☎ 0564.

Roma 163 – Grosseto 28 – Civitavecchia 118 – Viterbo 106.

Antica Trattoria Aurora, via Lavagnini 12/14 ☎ 592030, « Servizio estivo in giardino » – AE E VISA
chiuso mercoledì, febbraio e novembre – **Pasto** 25000 e carta 37/61000.

Da Guido, via dei Faggi 9 ☎ 592447, – AE E VISA
chiuso ottobre e martedì (escluso agosto) – **Pasto** carta 32/48000.

MAGLIANO SABINA 02046 Rieti 988 ㉖, 430 O 19 – 3 762 ab. alt. 222 – ☎ 0744.

Roma 69 – Terni 42 – Perugia 113 – Rieti 54 – Viterbo 48.

sulla strada statale 3 - via Flaminia NO : 3 km :

La Pergola con cam, ✉ 02046 ☎ 919841, Fax 919841 – AE E VISA
Pasto carta 34/55000 – **11 cam** 90/120000.

MAGNANO IN RIVIERA 33010 Udine 429 D 21 – 2 238 ab. alt. 200 – ☎ 0432.

Roma 658 – Udine 20 – Milano 397 – Trieste 91 – Venezia 147.

Green Hotel, località Colli SO : 2 km ☎ 792308, Fax 792312, , , , – – 30 a 350. AE E VISA rist
Pasto 35/50000 – **71 cam** 130/170000 – ½ P 130000.

MAIOLATI SPONTINI 60030 Ancona 430 L 21 – 5 410 ab. alt. 409 – ☎ 0731.

Roma 251 – Ancona 48 – Gubbio 69 – Macerata 57.

a Moie NE : 10 km – ✉ 60030 :

Tullio, ☎ 701068, , Specialità di mare – AE E VISA
chiuso domenica sera, lunedì, dal 25 al 31 dicembre e dal 15 al 30 agosto – **Pasto** carta 37/62000.

MAIORI 84010 Salerno 988 ㉗, 431 E 25 – 5 885 ab. – a.s. Pasqua, 15 giugno-15 settembre e Natale – ☎ 089.

Dintorni Capo d'Orso★ SE : 5 km.

via Capone 19 ☎ 877452, Fax 877452.

Roma 267 – Napoli 65 – Amalfi 5 – Salerno 20 – Sorrento 39.

Pietra di Luna, ☎ 877500, Fax 877483, ≤, , , – – 80 a 500. AE E VISA
aprile-ottobre – **Pasto** carta 40/72000 – **96 cam** 120/240000 – ½ P 110/150000.

Miramare senza rist, ✆ 877225, Fax 877490 – 🛗 TV ☎ P. AE 🄱 ⓓ E VISA. ✗
chiuso dal 7 gennaio al 2 marzo e dal 3 novembre al 27 dicembre – **46 cam** ☕ 112/184000

San Francesco, ✆ 877070, Fax 877070, 🏖, – 🛗 ☎ P. ✗ rist
aprile-ottobre – **Pasto** carta 32/46000 – ☕ 10000 – **44 cam** 60/90000 – ½ P 80/90000.

Mammato, ✆ 877036, Rist. e pizzeria – AE 🄱 ⓓ E VISA
chiuso dal 1° al 25 novembre e martedì (escluso da giugno a settembre) – **Pasto** carta 37/67000.

MAJANO 33030 Udine 429 D 21 – 5 950 ab. alt. 166 – ✆ 0432.

Roma 659 – Udine 23 – Pordenone 54 – Tarvisio 77 – ♦Venezia 147.

Dal Asìn con cam, ✆ 948107, Fax 948116, « Giardino ombreggiato » – TV ☎ P. VISA
Pasto *(chiuso giovedì, dal 15 gennaio al 15 febbraio e luglio)* carta 34/49000 – ☕ 8000 – **17 cam** 70/110000 – ½ P 70/75000.

MALALBERGO 40058 Bologna 988 ⑮, 429 H 16 – 6 510 ab. alt. 12 – ✆ 051.

Roma 403 – ♦ Bologna 33 – ♦Ferrara 12 – ♦Ravenna 84.

Rimondi, ✆ 872012, Specialità di mare – ▤. AE 🄱 ⓓ E VISA. ✗
chiuso lunedì sera, martedì e luglio – **Pasto** carta 41/69000.

MALBORGHETTO 33010 Udine 429 C 22 – 1 036 ab. alt. 787 – ✆ 0428.

Roma 710 – Udine 82 – Tarvisio 12 – Tolmezzo 50.

a Valbruna E : 6 km – ✉ **33010** :

Renzo ⛰ con cam ✆ 60123, Fax 60232 – ☎ ♿ P. AE 🄱 ⓓ E VISA. ✗ cam
Pasto *(chiuso lunedì escluso da Natale a gennaio, luglio ed agosto)* carta 35/54000 – **7 cam** ☕ 70/120000 – ½ P 65/80000.

MALCESINE 37018 Verona 988 ④, 428 429 E 14 – 3 587 ab. alt. 90 – ✆ 045.

Vedere ✻★★★ dal monte Baldo E : 15 mn di funivia – Castello Scaligero★.

ℹ via Capitanato del Porto 6/8 ✆ 7400044, Fax 7401633.

Roma 556 – Trento 53 – ♦Brescia 92 – Mantova 93 – ♦Milano 179 – ♦Venezia 179 – ♦Verona 67.

Park Hotel Querceto ⛰, località Campiano 17/19 (O : 5 km) ✆ 7400344, « Servizio rist. estivo in terrazza », – 🛗 ▤ rist TV ☎ P – 🎤 60. 🄱 E VISA. ✗ rist
chiuso da febbraio al 15 marzo e novembre – **Pasto** carta 55/92000 – ☕ 20000 – **20 cam** 155/230000 – ½ P 165000.

Vega, ✆ 7400151, Fax 7401604, ≤, « Giardino », 🏖 – 🛗 ▤ TV ☎ P. AE 🄱 ⓓ E VISA. ✗
aprile-ottobre – **Pasto** carta 32/51000 – **18 cam** ☕ 120/200000 – ½ P 110/130000.

Alpi ⛰, ✆ 7400717, Fax 7400529, « Giardino con 🏊 », ≘ – ☎ P. 🄱 E VISA. ✗
chiuso dal 20 gennaio a marzo e dal 15 novembre al 26 dicembre – **Pasto** *(chiuso lunedì)* 20/25000 – ☕ 20000 – **40 cam** 80/100000 – ½ P 85/95000.

Erika, ✆ 7400451, Fax 7400451, – 🚗. ✗ cam
chiuso novembre e dicembre – **Pasto** *(chiuso giovedì)* 20/30000 – ☕ 20000 – **14 cam** 85/100000 – ½ P 80/100000.

a Val di Sogno S : 2 km – ✉ **37018** Malcesine :

Maximilian ⛰, ✆ 7400317, Fax 6570117, ≤, « Giardino-oliveto in riva al lago », ≘, 🏊, 🏖, 🎾 – ▤ rist ☎ 🚗 P. ✗
28 marzo-24 ottobre – **Pasto** (solo per clienti alloggiati e *chiuso a mezzogiorno*) – **33 cam** ☕ 140/250000 – ½ P 125/140000.

Val di Sogno ⛰, ✆ 7400108, Fax 7401694, ≘, 🏊 riscaldata, 🏖, – 🛗 ▤ rist ☎ 🚗 P – 🎤 30. ✗
Pasqua-ottobre – **Pasto** carta 42/70000 – ☕ 20000 – **39 cam** 200/300000 – ½ P 180/200000.

sulla strada statale 249 :

Parc Hotel Eden, N : 5 km ✉ 37018 ✆ 954068, Fax 954341, 🏊 – 🛗 ▤ cam TV ☎ 🚗 P
stagionale – **28 cam.**

Piccolo Hotel, N : 3 km ✉ 37018 ✆ 7400264, Fax 7400264, ≤, 🏊 riscaldata, 🏖 – ☎ P. 🄱 E VISA. ✗
25 marzo-10 ottobre – **Pasto** (solo per clienti alloggiati) 27000 – ☕ 13000 – **21 cam** 55/86000 – ½ P 69000.

MICHELIN-Straßenkarten 1:400 000 :

428 Nordwest-Italien, 429 Nordost-Italien 430 Mitte,

431 Süd, 432 Sizilien, 433 Sardinien

Die auf den Karten rot unterstrichenen Orte sind im Hotelführer aufgeführt.

MALCONTENTA 30030 Venezia 429 F 18 – alt. 4 – ☎ 041.

Vedere Villa Foscari*.

Roma 523 – Venezia 14 – Milano 262 – Padova 32 – Treviso 28.

Gallimberti, ☎ 698099, Fax 5470163 – AE VISA JCB
Pasto vedere rist **Da Bepi el Ciosoto** – 7000 – **22 cam** 70/120000 – ½ P 90/95000.

Da Bepi el Ciosoto, ☎ 698997, Specialità di mare – AE E VISA JCB
chiuso domenica sera e lunedì a mezzogiorno – **Pasto** carta 50/75000.

MALÈ 38027 Trento 988 ④, 428 429 C 14 – 2 040 ab. alt. 738 – a.s. febbraio-Pasqua e Natale – ☎ 0463.

viale Marconi 7 ☎ 901280, Fax 901563.

Roma 641 – Bolzano 65 – Passo di Gavia 58 – Milano 236 – Sondrio 106 – Trento 59.

Henriette, ☎ 902110, Fax 902114, ≤, rist rist AE E VISA
20 dicembre-4 aprile e 20 maggio-settembre – **Pasto** carta 38/50000 – **39 cam** 100/140000 – ½ P 80/110000.

Rauzi, ☎ 901228, Fax 901228, ≤,
23 dicembre-24 marzo e 25 giugno-10 settembre – **Pasto** 33000 – 10500 – **42 cam** 59/99000 – ½ P 107000.

Conte Ramponi, località Magras NE : 1 km ☎ 901989, « Edificio cinquecentesco » – AE E VISA
chiuso lunedì, dal 1° al 15 giugno e dal 1° al 15 ottobre – **Pasto** carta 34/50000.

La Segosta, ☎ 902380, Fax 901390, – AE E VISA
chiuso lunedì sera, martedì, dal 1° al 18 giugno e dal 21 settembre al 21 ottobre – **Pasto** carta 35/50000.

Vedere anche : ***Monclassico*** SO : 2,5 Km.
Rabbi NO : 8 Km.

MALEO 20076 Lodi 428 429 G 11 – 3 370 ab. alt. 58 – ☎ 0377.

Roma 527 – Piacenza 19 – Cremona 23 – Milano 60 – Parma 77 – Pavia 51.

Sole con cam, ☎ 58142, Fax 458058, Coperti limitati; prenotare, « Antica locanda con servizio estivo all'aperto » – 28. AE E VISA
chiuso gennaio ed agosto – **Pasto** *(chiuso domenica sera e lunedì)* carta 57/83000 – **8 cam** 180/290000, appartamento – P 280000.

Leon d'Oro, ☎ 58149, Coperti limitati; prenotare – AE E VISA
chiuso mercoledì ed agosto – **Pasto** carta 48/84000.

MALESCO 28030 Verbania 428 D 7, 219 ⑥ ⑦ – 1 478 ab. alt. 761 – Sport invernali : 761/940 m 1, – ☎ 0324.

Roma 718 – Stresa 53 – Domodossola 20 – Locarno 29 – Milano 142 – Novara 111 – Torino 185.

Ramo Verde, ☎ 95012 –
chiuso dal 10 al 18 giugno, dal 1° al 15 ottobre e giovedì (escluso da luglio a settembre) – **Pasto** carta 27/38000.

MALGRATE 22040 Lecco 428 E 10, 219 ⑨ ⑩ – 4 196 ab. alt. 224 – ☎ 0341.

Roma 623 – Como 27 – Bellagio 20 – Lecco 2 – Milano 54.

Il Griso, ☎ 202040, Fax 202248, ≤ lago e monti, « Piccolo parco », – 30 a 150. AE E VISA
chiuso dal 20 dicembre al 6 gennaio – **Pasto** carta 50/105000 – 20000 – **47 cam** 160/190000 – ½ P 190000
Spec. Gamberoni al vapore in insalata con aceto di Champagne. Stufato di scampi con fonduta di porri. Petto d'anatra arrosto con aceto di Xeres.

MALLES VENOSTA (MALS) 39024 Bolzano 988 ④, 428 429 B 13 – 4 659 ab. alt. 1 050 – ☎ 0473.

Roma 721 – Sondrio 121 – Bolzano 84 – Bormio 57 – Milano 252 – Passo di Resia 22 – Trento 142.

Garberhof, ☎ 831399, Fax 831950, ≤ monti e vallata, AE E VISA rist
chiuso dal 10 novembre al 20 dicembre – **Pasto** *(chiuso lunedì)* 28/44000 – 19000 – **26 cam** 120/190000 – ½ P 99/108000.

a Burgusio (Burgeis) N : 3 km alt. 1 215 – ✉ **39024** Malles Venosta.

☎ 81422, Fax 81690 :

Plavina, ☎ 831223, Fax 830406, ≤,
chiuso dal 26 aprile al 22 maggio e dall'8 novembre al 26 dicembre – **Pasto** vedere rist **Al Moro** – **32 cam** 90/140000 – ½ P 78/95000.

Al Moro-Zum Mohren con cam, ☎ 831223, Fax 830406 –
chiuso dal 26 aprile al 22 maggio e dall'8 novembre al 26 dicembre – **Pasto** *(chiuso martedì)* 26/28000 – **9 cam** 67/120000 – ½ P 67/76000.

MALNATE 21046 Varese 428 E 8, 219 ⑧ – 14 655 ab. alt. 355 – ☎ 0332.
Roma 618 – Como 21 – ◆Lugano 32 – ◆Milano 50 – Varese 6.

XX **Crotto Valtellina,** localita' Valle ☎ 427258, Fax 861247, ☂, Specilità valtellinesi, prenotare – AE ⑧ ⊕ E VISA
chiuso martedi e mercoledì – **Pasto** carta 32/60000.

MALOSCO 38013 Trento 429 C 15, 218 ⑳ – 357 ab. alt. 1041 – a.s. 5 febbraio-5 marzo, Pasqua e Natale – ☎ 0463.
Roma 638 – ◆Bolzano 33 – Merano 40 – ◆Milano 295 – Trento 56.

Baita Fiorita ⑤, ☎ 831150, Fax 831150, ←, ☘ – Ⓟ
stagionale – **33 cam.**

Bel Soggiorno ⑤, ☎ 831205, Fax 831205, ←, ☘ – |‡| Ⓟ. ✻ rist
15 dicembre-15 gennaio e 15 giugno-15 ottobre – **Pasto** 20/28000 – ☐ 8000 – **32 cam** 56/100000 – 1/2 P 80/85000.

Rosalpina, ☎ 831186, ←, « Giardino ombreggiato » – |‡| Ⓟ. ✻
22 dicembre-15 marzo e 25 giugno-15 settembre – **Pasto** 25000 – ☐ 10000 – **19 cam** 100/120000 – 1/2 P 120000.

MALS = Malles Venosta.

MANAROLA 19010 La Spezia 428 429 J 11 – ☎ 0187.
Vedere Passeggiata★★ (15 mn a piedi dalla stazione).
Dintorni Regione delle Cinque Terre★★ NO e SE per ferrovia.
Roma 434 – ◆La Spezia 14 – ◆Genova 119 – ◆Milano 236.

Cà d'Andrean ⑤ senza rist, ☎ 920040, ☘ – ☎. ✻
chiuso dal 10 al 25 novembre – ☐ 9000 – **10 cam** 70/95000.

X **Marina Piccola** ⑤ con cam, ☎ 920103, Fax 920966, ←, ☂ – ☎. AE ⑧ ⊕ E VISA. ✻ cam
chiuso gennaio – **Pasto** *(chiuso giovedì)* carta 47/76000 (10%) – ☐ 10000 – **9 cam** 80/100000 – 1/2 P 100000.

X **Da Billy,** ☎ 920628, ←, ☂, Coperti limitati; prenotare – ✻
aprile-settembre; chiuso giovedì escluso luglio-agosto – **Pasto** carta 27/56000 (5%).

MANDELLO DEL LARIO 22054 Lecco 428 E 9, 219 ⑨ – 10 277 ab. alt. 203 – ☎ 0341.
Roma 631 – Como 40 – ◆Bergamo 44 – ◆Milano 67 – Sondrio 71.

a Olcio N : 2 km – ✉ 22054 Mandello del Lario :

XX ✿ **Ricciolo,** via Provinciale 165 ☎ 732546, Specialità di lago, Coperti limitati; prenotare « Servizio estivo all'aperto in riva al lago » – Ⓟ. AE ⑧ ⊕ E VISA. ✻
chiuso dicembre, dal 1° al 15 settembre, domenica e lunedì (escluso luglio-agosto) – **Pasto** carta 35/50000
Spec. Trittico "Ricciolo", Spaghetti con i missoltitt (pesce essiccato), Lucioperca in salsa rosa di pomodoro e peperone.

MANERBA DEL GARDA 25080 Brescia 428 429 F 13 – 2 967 ab. alt. 132 – a.s. Pasqua e luglio-15 settembre – ☎ 0365.
Roma 541 – ◆Brescia 32 – Mantova 80 – ◆Milano 131 – Trento 103 – ◆Verona 56.

XXX **Capriccio,** a Montinelle, piazza San Bernardo 6 ☎ 551124, Fax 551124, solo su prenotazione a mezzogiorno, « Servizio estivo all'aperto con ← lago » – ▤ Ⓟ. AE ⑧ ⊕ E VISA
chiuso gennaio, febbraio e martedì escluso da giugno a settembre – **Pasto** carta 50/75000.

MANFREDONIA 71043 Foggia 988 ㉘, 431 C 29 – 58 623 ab. – a.s. luglio-13 settembre – ☎ 0884.
Vedere Chiesa di Santa Maria di Siponto★ S : 3 km.
Dintorni Portale★ della chiesa di San Leonardo S : 10 km.
Escursioni Isole Tremiti★ (in battello) : ←★★★ sul litorale.
ℹ corso Manfredi 26 ☎ 581998, Fax 581998.
Roma 411 – ◆Foggia 44 – ◆Bari 119 – ◆Pescara 211.

Gargano, viale Beccarini 2 ☎ 587621, Fax 586021, ←, ⛱ – |‡| ▤ TV ☎ ⇔ Ⓟ – 🏛 100. ⑧ VISA. ✻ rist
aprile-ottobre – **Pasto** *(chiuso martedì)* carta 41/63000 (15%) – ☐ 10000 – **46 cam** 110/150000 – 1/2 P 120000.

XX **Trattoria il Baracchio,** corso Roma 38 ☎ 583874 – ⇔ ▤. AE ⑧ ⊕ E VISA. ✻
chiuso giovedì e dal 7 al 17 luglio – **Pasto** 25/40000 (a mezzogiorno) 23/35000 (alla sera) e carta 31/53000.

a Siponto SO : 3 km – ✉ 71040 :

Gabbiano, ☎ 542380, Fax 542554, ☂ – |‡| TV ☎ Ⓟ. ⑧ E VISA
Pasto carta 31/47000 (10%) – ☐ 8000 – **16 cam** 85/100000 – 1/2 P 91000.

MANGO **12056** Cuneo 428 H 6 – 1 326 ab. alt. 521 – ☎ 0141.

Roma 622 – ♦Genova 123 – ♦Torino 84 – Alessandria 60 – Asti 31 – Cuneo 86.

XX **Del Castello,** ✆ 89141, Fax 89141 – 🄱 E VISA
chiuso martedì e dal 10 al 30 gennaio – **Pasto** carta 40/65000.

MANTOVA **46100** P 988 ⑭, 428 429 G 14 – 51 496 ab. alt. 19 – ☎ 0376.

Vedere Palazzo Ducale★★★ BY – Piazza Sordello★ BY – Piazza delle Erbe★ : Rotonda di San Lorenzo★ BZ **B** – Basilica di Sant'Andrea★ BYZ – Palazzo Te★ AZ.

Dintorni Sabbioneta★ SO : 33 km.

🅸 piazza Andrea Mantegna 6 ✆ 328253, Fax 363292.

A.C.I. piazza 80° Fanteria 13 ✆ 325691.

Roma 469 ③ – ♦Verona 42 – ♦Brescia 66 ① – ♦Ferrara 89 ② – ♦Milano 158 ① – ♦Modena 67 ③ – ♦Parma 62 ④ – Piacenza 199 ④ – Reggio nell'Emilia 72 ③.

MANTOVA

Broletto (Via e Piazza) . . . . . . BZ 4
Libertà (Corso) . . . . AZ 12
Mantegna (Piazza Andrea) . . BZ 13
Roma (Via) . . . . AZ
Umberto (Corso) . . . . AZ

Accademia (Via) . . . . BY 2
Acerbi (Via) . . . . AZ 3
Canossa (Piazza) . . . . AY 5
Don Leoni (Piazza) . . . . AZ 6
Don Tazzoli (Via Enrico) . . . . BZ 7
Erbe (Piazza delle) . . . . BZ 8
Fratelli Cairoli (Via) . . . . BY 10
Marconi (Piazza) . . . . ABZ 15

Martiri di Belfiore (Piazza) . . . . AZ 16
Matteotti (Via) . . . . AZ 17
S. Giorgio (Via) . . . . BY 20
Sordello (Piazza) . . . . BY 21
Verdi (Via Giuseppe) . . . . AZ 24
Virgilio (Via) . . . . AY 25
20 Settembre (Via) . . . . BZ 27

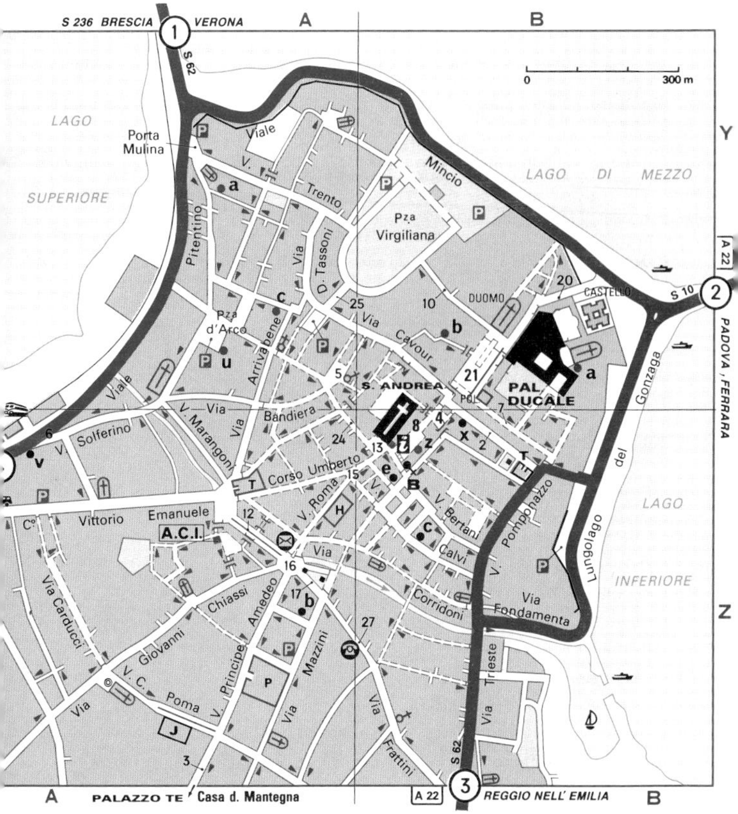

🏨 **San Lorenzo** senza rist, piazza Concordia 14 ✆ 220500, Fax 327194 – 🛗 ▤ TV ☎ 🚗. AE 🄱 ⦿ E VISA. ✗ BZ **e**
38 cam ☕ 220/260000, 2 appartamenti.

🏨 **Rechigi** senza rist, via Calvi 30 ✆ 320781, Fax 220291 – 🛗 ▤ TV ☎ ♿ 🚗 – 🎤 70. AE 🄱 ⦿ E VISA – ☕ 18000 – **60 cam** 160/210000. BZ **c**

Mantegna senza rist, via Fabio Filzi 10/b ☏ 328019, Fax 368564 – |♦| ▤ TV ☎ P. AE ⑤ ⓓ E VISA. ✻ AZ b
chiuso dal 24 dicembre al 7 gennaio – ☕ 15000 – **39 cam** 90/140000.

Apollo senza rist, piazza Don Leoni 17 ☏ 328114, Fax 221120 – |♦| ▤ TV ☎ ⇔ – 🎤 25. AE ⑤ ⓓ E VISA AZ v
☕ 12000 – **35 cam** 100/135000.

Broletto senza rist, via Accademia 1 ☏ 326784, Fax 221297 – |♦| ▤ TV ☎. AE ⑤ ⓓ E VISA JCB BZ x
chiuso dal 23 dicembre al 3 gennaio – ☕ 12000 – **16 cam** 90/135000.

XXX **San Gervasio,** via San Gervasio 13 ☏ 323873, Fax 327077, ☂, prenotare – ▤. AE ⑤ ⓓ E VISA JCB. ✻ AY a
chiuso mercoledì e dal 12 al 31 agosto – **Pasto** 28/30000 e carta 47/70000.

XXX ✿ **Aquila Nigra,** vicolo Bonacolsi 4 ☏ 327180, Fax 327180, prenotare – ▤. AE ⑤ ⓓ E VISA. ✻ BY b
chiuso dal 1° al 15 gennaio, dall'8 al 28 agosto, lunedì, domenica sera in aprile-maggio e settembre-ottobre, tutto il giorno negli altri mesi – **Pasto** carta 55/79000
Spec. Risotto con le rane, Coscia di faraona farcita in salsa al rosmarino, Bianco mangiare in salsa al caramello.

XX ✿ **Trattoria dei Martini,** piazza Carlo d'Arco 1 ☏ 327101, Fax 328528 – ▤. AE ⑤ ⓓ E VISA AY u
chiuso lunedì, martedì, dal 7 al 12 gennaio e dal 1° al 22 agosto – **Pasto** carta 55/75000
Spec. Bigoli con pancetta e fagioli, Cappone in agrodolce con insalatina, Luccio in salsa di verdure.

XX **La Villa,** Corte Alberotto-strada Ghisiolo 6 ☏ 245087, Fax 245124, « In una villa del 700 » – P. AE ⑤ ⓓ E VISA. ✻ 2,5 km per ②
chiuso domenica sera, lunedì, dal 1° al 12 gennaio e dal 1° al 21 agosto – **Pasto** carta 50/72000.

XX **Rigoletto,** strada Cipata 10 ☏ 371167, Fax 371167, « Servizio estivo in giardino » – P – 🎤 60 a 120. AE ⑤ E VISA. ✻ per ②
chiuso lunedì, dal 1° al 20 gennaio e dal 16 al 31 agosto – **Pasto** carta 41/64000.

XX **Campana,** via Santa Maria Nuova (Cittadella) ☏ 391885, Cucina tipica mantovana – ▤ P. ⑤ ⓓ E VISA. ✻ per ①
chiuso domenica sera, mercoledì e dal 1° al 14 agosto – **Pasto** carta 34/47000.

XX **Ritz,** viale Piave 2 ☏ 326474, ☂, Rist. e pizzeria – AE ⑤ ⓓ E VISA. ✻ per ④
chiuso lunedì e dal 20 al 27 febbraio – **Pasto** carta 30/55000.

XX **L'Ochina Bianca,** via Finzi 2 ☏ 323700 – AE ⑤ ⓓ E VISA. ✻ AY c
chiuso lunedì, martedì a mezzogiorno e dal 1° al 7 gennaio – **Pasto** carta 31/44000.

X **Cento Rampini,** piazza delle Erbe 11 ☏ 366349, Fax 366349, ☂ – AE ⑤ ⓓ E VISA ✻ BZ z
chiuso domenica sera, lunedì, dal 26 al 31 gennaio e dal 1° al 15 agosto – **Pasto** carta 38/50000.

X Chalet Te, piazzale Vittorio Veneto 6 ☏ 320268, Fax 320268, ☂ per via Acerbi

X **Trattoria Due Cavallini,** via Salnitro 5 ☏ 322084, Fax 322084, ☂ – AE. ✻ per ③
chiuso martedì e dal 15 luglio al 15 agosto – **Pasto** carta 33/45000.

X **Taberna Santa Barbara,** piazza Santa Barbara 19 ☏ 329496, Fax 329496 – P. ⑤. ✻ BY a
chiuso lunedì e martedì sera – **Pasto** carta 30/47000.

a Porto Mantovano per ① : 3 km – ✉ **46047** :

Ducale senza rist, ☏ 397756, Fax 396256 – |♦| ▤ TV ☎ ♿ ⇔ P. AE ⑤ ⓓ E VISA JCB. ✻
☕ 12000 – **26 cam** 95/130000.

a Cerese di Virgilio per ③ : 4 km – ✉ **46030** Virgilio :

Cristallo, ☏ 448391, Telex 302060, Fax 440748, 🏊, 🌳, 🎾 – |♦| ▤ TV ☎ ⇔ P – 🎤 30 a 120. AE ⑤ ⓓ E VISA. ✻
Pasto *(chiuso martedì e dal 1° al 15 agosto)* carta 42/61000 – ☕ 8000 – **69 cam** 95/130000 – ½ P 70/90000.

MANZANO 33044 Udine 429 E 22 – 7 206 ab. alt. 72 – ✆ 0432.

Roma 646 – Udine 16 – Gorizia 21 – ♦Trieste 52.

XX **Il Borgo** ⛰ con cam, a Soleschiano S : 2 km ☏ 754119, Fax 755417, prenotare, « Servizio estivo all'aperto », 🌳 – ☎ P. AE ⑤ E VISA JCB. ✻
Pasto *(chiuso martedì)* carta 42/75000 – ☕ 15000 – **10 cam** 70000 – ½ P 70000.

Non confondete :

Confort degli alberghi : 🏨🏨🏨 ... 🏠, 🏡
Confort dei ristoranti : XXXXX ... X
Qualità della tavola : ✿✿✿, ✿✿, ✿

MANZIANA 00066 Roma [988] ㉕, [430] P 18 – 5 554 ab. alt. 369 – ☎ 06.

Roma 56 – Viterbo 45 – Civitavecchia 49.

🍴 **Il Ponte,** ☎ 9962063, ☂, Rist. e pizzeria – [P]. [AE] [S] ⓞ [E] [VISA] [JCB]
chiuso mercoledì e dal 7 al 30 gennaio (escluso sabato sera e domenica a mezzogiorno) – **Pasto** carta 30/50000.

MARANELLO 41053 Modena [988] ⑭, [428] [429] [430] I 14 – 14 922 ab. alt. 137 – ☎ 0536.

Roma 411 – ◆Bologna 53 – ◆Firenze 137 – ◆Milano 179 – ◆Modena 16 – Reggio nell'Emilia 30.

🏨 **Domus** senza rist, via Libertà 38 ☎ 941071, Fax 942343 – [\$] ≡ [TV] ☎. [AE] [S] ⓞ [E] [VISA] [JCB]. ✗
☕ 10000 – **46 cam** 80/110000.

🍴🍴 **William,** via Flavio Gioia 1 ☎ 941027 – ≡. [AE] [S] ⓞ [E] [VISA] [JCB]. ✗
chiuso lunedì e dall'8 al 28 agosto – **Pasto** carta 40/78000 (10 %).

🍴🍴 **Cavallino,** di fronte alle Officine Ferrari ☎ 941160, Fax 942324 – ≡. [AE] [S] ⓞ [E] [VISA] [JCB]. ✗
chiuso domenica ed agosto – **Pasto** carta 49/72000.

sulla strada statale 12 - Nuova Estense SE : 4 km :

🍴🍴 **La Locanda del Mulino,** ✉ 41053 ☎ 948895, « Servizio estivo all'aperto » – [P]. [AE] [S] ⓞ [E] [VISA]. ✗
chiuso mercoledì, sabato a mezzogiorno ed in agosto aperto solo la sera – **Pasto** carta 37/55000.

MARANO LAGUNARE 33050 Udine [988] ⑥, [429] E 21 – 2 136 ab. – a.s. luglio-agosto – ☎ 0431.

Roma 626 – Udine 43 – Gorizia 51 – Latisana 21 – ◆Milano 365 – ◆Trieste 71.

🍴 **Alla Laguna-Vedova Raddi,** ☎ 67019, Specialità di mare – ✗
chiuso mercoledì e dal 25 settembre al 25 ottobre – **Pasto** carta 34/60000.

MARATEA 85046 Potenza [988] ㊳, [431] H 29 – 5 302 ab. alt. 311 – ☎ 0973.

Vedere Località★★ – ※★★ dalla basilica di San Biagio.

[i] piazza del Gesù 40 ✉ 85040 Fiumicello di Santa Venere ☎ 876908, Fax 877454.

Roma 423 – Potenza 147 – Castrovillari 88 – ◆Napoli 217 – ◆Reggio di Calabria 340 – Salerno 166 – ◆Taranto 231.

🏨 **La Locanda delle Donne Monache** ⛰, via Carlo Mazzei 4 ☎ 877487, Fax 877687, ☂, « In un convento del 18° secolo », 🏊, 🌳 – ≡ [TV] ☎ [P] – 🏛 35. [AE] [S] ⓞ [E] [VISA]. ✗ rist
aprile-ottobre – **Pasto** (solo su prenotazione) carta 60/99000 – **24 cam** ☕ 220/370000, 3 appartamenti – ½ P 190/210000.

a Fiumicello di Santa Venere O : 5 km – ✉ **85040** :

🏨 **Murmann,** ☎ 876931, Fax 876931, 🏊, 🌳 – [TV] ☎ [P]. [S] [E] [VISA]. ✗
marzo-ottobre – **Pasto** *(chiuso lunedì)* 25000 – **20 cam** ☕ 100/150000 – ½ P 130000.

🍴🍴 **Zà Mariuccia,** al Porto ☎ 876163, ≤, ☂ – [AE] [S] ⓞ [E] [VISA] [JCB]
marzo-novembre; chiuso giovedì (escluso da giugno a settembre) e in agosto anche a mezzogiorno – **Pasto** carta 44/80000 (15 %).

ad Acquafredda NO : 10 km – ✉ **85041** :

🏨 **Villa del Mare,** strada statale S : 1,5 km ☎ 878007, Fax 878102, ≤ mare e costa, « Terrazze fiorite con ascensore per la spiaggia », 🏊, 🏖 – [\$] ≡ [TV] ☎ [P] – 🏛 30 a 300. [AE] [S] ⓞ [E] [VISA]. ✗
aprile-15 ottobre – **Pasto** carta 40/62000 – **70 cam** ☕ 150/200000 – ½ P 220000.

🏨 **Villa Cheta Elite,** strada statale S : 1,5 km ☎ 878134, Fax 878135, ≤, « Terrazze fiorite e servizio rist. estivo in giardino » – ☎ [P]. [AE] [S] ⓞ [E] [VISA]. ✗ rist
20 marzo-ottobre – **Pasto** carta 39/59000 – ☕ 15000 – **20 cam** 135/155000 – ½ P 128/160000.

🏨 **Gabbiano** ⛰, via Luppa 24 ☎ 878011, Fax 878076, ≤, « Terrazza sul mare », 🏖 – [\$] ≡ [TV] ☎ [P]. [S] [E] [VISA]. ✗
aprile-ottobre – **Pasto** 55/60000 – ☕ 20000 – **31 cam** 100/130000 – ½ P 135/160000.

a Castrocucco SE : 10 km – ✉ **85040** Maratea Porto :

🍴🍴 **La Tana** con cam, ☎ 877288, Fax 871720 – ≡ rist [TV] ☎ [P]. [AE] [S] ⓞ [E] [VISA]. ✗
Pasto *(chiuso giovedì escluso dal 15 giugno al 15 settembre)* carta 37/66000 – ☕ 10000 – **30 cam** 80/100000 – ½ P 80/90000.

MARAZZINO Sassari [433] D 9 – Vedere Sardegna (Santa Teresa Gallura) alla fine dell'elenco alfabetico.

MARCELLI Ancona [430] L 22 – Vedere Numana.

MARCELLISE Verona [429] F 15 – Vedere San Martino Buon Albergo.

MARCIAGA Verona – Vedere Costermano.

MARCIANA e MARCIANA MARINA Livorno [988] ㉔, [430] N 12 – Vedere Elba (Isola d').

MAREBELLO Rimini [430] J 19 – Vedere Rimini.

MARGHERA Venezia – Vedere Mestre.

MARGNO **22050** Lecco [428] D 10, [219] ⑩ – 365 ab. alt. 730 – Sport invernali : a Pian delle Betulle : 1 503/1 800 m 🚡1 ⛷4, ⛷ – ☎ 0341.

Roma 650 – Como 59 – Sondrio 63 – Lecco 30 – ◆Milano 86.

a Pian delle Betulle E : 5 mn di funivia – alt. 1 503 :

🏨 **Baitock** 🌿, ✉ 22050 ✆ 803042, ≤ monti e pinete, 🌳 – ☎. [$] [E] [VISA]
Pasto *(chiuso lunedì)* carta 38/60000 – ☕ 8000 – **15 cam** 65/90000 – P 60/95000.

☞ *Pour voyager rapidement, utilisez les cartes Michelin "Grandes Routes" :*
[970] Europe, [976] République Tchèque-République Slovaque, [980] Grèce, [984] Allemagne, [985] Scandinavie-Finlande, [986] Grande-Bretagne-Irlande, [987] Allemagne-Autriche-Benelux, [988] Italie, [989] France, [990] Espagne-Portugal, [991] Yougoslavie.

MARIANO COMENSE **22066** Como [428] E 9, [219] ⑲ – 19 091 ab. alt. 250 – ☎ 031.

Roma 619 – Como 17 – ◆Bergamo 54 – Lecco 32 – ◆Milano 32.

🍴🍴🍴 ✿ **La Rimessa,** via Cardinal Ferrari 13/bis ✆ 749668, 🌳, « In una villa fine 800 » – 🅿. [AE] [$] [O] [E] [VISA]
chiuso domenica sera, lunedì, dal 2 al 10 gennaio ed agosto – **Pasto** 28/35000 bc (a mezzogiorno) 55/65000 (la sera) e carta 43/72000
Spec. Zuppetta di legumi e cappesante, Guazzetto di branzino, Lombo di coniglio "Vecchia Brianza".

🍴🍴 **San Maurizio,** via Matteotti 77 ✆ 745574, 🌳 – 🅿. [AE] [$]
chiuso mercoledì ed agosto – **Pasto** carta 50/60000.

MARILLEVA 900 Trento – Vedere Mezzana.

MARINA DEL CANTONE Napoli [431] F 25 – Vedere Massa Lubrense.

MARINA DI BELVEDERE MARITTIMO **87020** Cosenza [431] I 29 – ☎ 0985.

Roma 452 – ◆Cosenza 71 – Castrovillari 88 – Catanzaro 131 – Paola 37 – Sapri 68.

🏨 **La Castellana,** ✆ 82025, 🏊, 🎾, 🌳, 🍴 – 🛗 ▤ [TV] ☎ 🅿. [AE] [$] [O] [E] [VISA]. ✗ rist
Pasto carta 25/39000 – ☕ 6000 – **40 cam** 95/125000 – ½ P 60/125000.

MARINA DI BIBBONA Livorno [430] M 13 - Vedere Bibbona (Marina di).

MARINA DI CAMEROTA **84059** Salerno [988] ㊳, [431] G 28 – a.s. luglio-agosto – ☎ 0974.

Roma 385 – Potenza 148 – ◆Napoli 179 – Salerno 128 – Sapri 36.

🏨 **Delfino,** ✆ 932239, Fax 932239 – ☎ 🅿. [AE] [$] [O] [E] [VISA]. ✗ rist
Pasto 25/40000 – ☕ 7000 – **18 cam** 50/70000 – P 55/90000.

🏨 **Bolivar,** ✆ 932059, 🌳 – 🛗 ☎. [$] [VISA]. ✗
marzo-settembre – **Pasto** (aprile-settembre) 20/30000 – ☕ 10000 – **21 cam** 40/60000 – ½ P 50000.

🍴 **Valentone,** ✆ 932004, 🌳 – 🅿
chiuso domenica escluso da Pasqua a ottobre – **Pasto** carta 35/50000.

🍴 **Da Pepè** con cam, ✆ 932461, Fax 932716, 🌳 – 🅿. [AE] [$] [VISA]
Pasqua-settembre – **Pasto** carta 40/70000 – **22 cam** ☕ 80/95000 – P 80/110000.

MARINA DI CAMPO Livorno [988] ㉔, [430] N 12 – Vedere Elba (Isola d').

MARINA DI CARRARA Massa-Carrara [988] ⑭, [428] [429] [430] J 12 – Vedere Carrara (Marina di).

MARINA DI CASTAGNETO Livorno [988] ⑭, [430] M 13 – Vedere Castagneto Carducci.

MARINA DI CECINA Livorno [430] M 13 – Vedere Cecina (Marina di).

MARINA DI GROSSETO Grosseto [988] ㉔, [430] N 14 – Vedere Grosseto (Marina di).

MARINA DI LEUCA **73030** Lecce [988] ㉚ ㊵, [431] H 37 – a.s. luglio-agosto – ☎ 0833.
Roma 676 – ♦ Brindisi 109 – ♦ Bari 219 – Gallipoli 48 – Lecce 68 – ♦ Taranto 141.

🏨 **Terminal,** ☎ 758242, Fax 758242, ≤, 🏊, 🏖 – 🛗 ▤ 📺 ☎ – 🧑‍🏫 300. [AE] [E] [VISA]. 🚫🐕 rist
Pasto 23/30000 – **67 cam** ☕ 75/123000 – ½ P 110/130000.

MARINA DI MASSA Massa-Carrara [988] ⑭, [428] [429] [430] J 12 – Vedere Massa (Marina di).

MARINA DI MODICA Ragusa – Vedere Sicilia alla fine dell'elenco alfabetico.

MARINA DI MONTEMARCIANO **60016** Ancona [429] [430] L 22 – a.s. luglio-agosto – ☎ 071.
Roma 282 – ♦ Ancona 14 – ♦ Ravenna 134.

🍴🍴🍴 **Delle Rose,** ☎ 9198127, Fax 9198668, ≤, ⛱, 🏊, 🌳, 🎾 – ▤ 🅿 – 🧑‍🏫 40. [AE] [E] [VISA]
chiuso lunedì escluso da giugno a settembre – **Pasto** 65000 e carta 38/72000.

🍴🍴 **La Bastiglia,** ☎ 9198407 – ▤ 🅿 – 🧑‍🏫 30. [AE] [AE] [O] [E] [VISA]. 🚫🐕
chiuso mercoledì – **Pasto** carta 41/73000 (10 %).

MARINA DI PIETRASANTA Lucca [988] ⑭, [428] [429] [430] K 12 – Vedere Pietrasanta (Marina di).

MARINA DI PISA Pisa [988] ⑭, [428] [429] [430] K 12 – Vedere Pisa (Marina di).

MARINA DI RAGUSA Ragusa [988] ㊱ ㊲ – Vedere Sicilia (Ragusa, Marina di) alla fine dell'elenco alfabetico.

MARINA DI RAVENNA Ravenna [988] ⑮, [430] I 18 – Vedere Ravenna (Marina di).

MARINA DI SAN SALVO Chieti [430] P 26 – Vedere San Salvo.

MARINA DI SAN VITO **66035** Chieti [430] P 25 – a.s. 20 giugno-agosto – ☎ 0872.
Roma 234 – ♦ Pescara 30 – Chieti 43 – ♦ Foggia 154 – Isernia 127.

🏨 **Garden,** ☎ 61164, Fax 618908, 🏖 – 🛗 ▤ 📺 ☎ 🅿. [AE] [AE] [O] [E] [VISA]. 🚫🐕 rist
chiuso Natale – **Pasto** 25/35000 – **40 cam** ☕ 80/130000 – ½ P 70/90000.

🍴 **L'Angolino da Filippo,** ☎ 61632, Specialità di mare – ▤. [AE] [AE] [O] [E] [VISA]. 🚫🐕
chiuso lunedì e Natale – **Pasto** carta 31/54000.

MARINA DI VASTO Chieti [430] P 26 – Vedere Vasto (Marina di).

MARINA EQUA Napoli – Vedere Vico Equense.

MARINA GRANDE Napoli [431] F 24 – Vedere Capri (Isola di).

MARINA PICCOLA Napoli [431] F 24 – Vedere Capri (Isola di).

MARINA ROMEA Ravenna [430] I 18 – Vedere Ravenna (Marina di).

MARINELLA Trapani [988] ㉟, [432] O 20 – Vedere Sicilia (Selinunte) alla fine dell'elenco alfabetico.

MARINO **00047** Roma [988] ㉖, [430] Q 19 – 14 695 ab. alt. 355 – ☎ 06.
Roma 26 – Frosinone 73 – Latina 44.

🏨 **Grand Hotel Helio Cabala** 🔇, via Spinabella 13/15 (O : 3 km) ☎ 93661391, Fax 93661125, ≤, « Terrazza ombreggiata con 🏊 » – 🛗 ▤ 📺 ☎ 🅿 – 🧑‍🏫 25 a 300. [AE] [AE] [O] [E] [VISA]. 🚫🐕
Pasto 50/70000 e al Rist. ***Il Platina*** carta 60/90000 – **50 cam** ☕ 190/270000 – ½ P 125/135000.

LES GUIDES VERTS MICHELIN

Paysages, monuments
Routes touristiques
Géographie
Histoire, Art
Itinéraires de visite
Plans de villes et de monuments

MARLENGO **(MARLING) 39020** Bolzano 429 C 15, 218 ⑩ ⑳ – 2 114 ab. alt. 363 – ☎ 0473.

ℹ ☎ 47147, Fax 221775.

Roma 668 – ◆Bolzano 31 – Merano 3 – ◆Milano 329.

Pianta : vedere Merano

- **Oberwirt**, ☎ 447111, Fax 447130, « Servizio rist. estivo in giardino », riscaldata, – rist. A **n**
  15 marzo-10 novembre – **Pasto** carta 44/65000 – **20 cam** 140/230000, 13 appartamenti 240/280000.
- Sport Hotel Nörder e Residence Elisabeth, ☎ 47000, Fax 47370, ≤ monti e Merano, riscaldata, – 30 A **e**
  stagionale – **20 cam.**
- **Marlena**, ☎ 222266, Fax 447441, ≤ monti e Merano, riscaldata, – 45. rist A **k**
  marzo-novembre – **Pasto** (solo per clienti alloggiati) 36/48000 – **44 cam** 140/250000 – ½ P 120/147000.
- **Jagdhof**, ☎ 447177, Fax 445404, ≤ monti e Merano, – rist A **c**
  aprile-novembre – **Pasto** (solo per clienti alloggiati) – **24 cam** 160/280000 – ½ P 145/160000.
- Paradies, ☎ 45202, Fax 46467, – A **v**
  22 cam.

MARLING = Marlengo.

MARMOLADA (Massiccio della) Belluno e Trento 988 ⑤ – Vedere Guida Verde.

MARONTI Napoli 431 E 23 – Vedere Ischia (Isola d') : Barano.

MAROSTICA **36063** Vicenza 988 ⑤, 429 E 16 – 12 655 ab. alt. 105 – ☎ 0424.

Vedere Piazza Castello*.

Roma 550 – ◆Padova 60 – Belluno 87 – ◆Milano 243 – Treviso 54 – ◆Venezia 82 – Vicenza 28.

a Valle San Floriano N : 3 km – alt. 127 – ✉ **36060** :

- **La Rosina** con cam, N : 2 km ☎ 470360, Fax 470290, ≤ – – 120.
  chiuso dal 1° al 22 agosto – **Pasto** *(chiuso lunedì sera e martedì)* carta 32/46000 – 10000 – **15 cam** 90/120000.

MAROTTA **61035** Pesaro e Urbino 988 ⑯, 429 430 K 21 – a.s. 25 giugno-agosto – ☎ 0721.

ℹ (15 maggio-settembre) viale Cristoforo Colombo 31 ☎ 96591.

Roma 305 – ◆Ancona 38 – ◆Perugia 125 – Pesaro 25 – Urbino 61.

- **Imperial**, lungomare Faà di Bruno 119 ☎ 969445, Fax 96617, ≤, – rist
  20 maggio-settembre – **Pasto** 30000 – 11000 – **36 cam** 50/90000 – P 65/115000.
- **San Marco**, via Faà di Bruno 43 ☎ 969690, Fax 969690 –
  20 maggio-20 settembre – **Pasto** (solo per clienti alloggiati) 25/30000 – **29 cam** 120000 – ½ P 57/115000.
- **Caravel**, lungomare Faà di Bruno 135 ☎ 96670, ≤, –
  15 maggio-settembre – **Pasto** 22/29000 – 12000 – **32 cam** 55/96000 – ½ P 70/90000.
- **Levante**, lungomare Colombo 107 ☎ 96647, Fax 960502, ≤, – rist
  maggio-25 settembre – **Pasto** 30/52000 – 10000 – **36 cam** 85/100000 – ½ P 90/100000.
- **La Paglia**, via Tre Pini 40 (O : 2 km) ☎ 967632, , Specialità di mare, « Grazioso giardino », –
  Pasqua-settembre; chiuso lunedì escluso luglio-agosto – **Pasto** carta 35/52000.

MARRADI **50034** Firenze 988 ⑮, 430 J 16 – 3 829 ab. alt. 328 – ☎ 055.

Roma 332 – ◆Firenze 58 – ◆Bologna 85 – Faenza 36 – ◆Milano 301 – ◆Ravenna 67.

- **Il Camino**, viale Baccarini 38 ☎ 8045069 –
  chiuso mercoledì e dal 25 agosto al 10 settembre – **Pasto** carta 25/40000.

MARRARA Ferrara – Vedere Ferrara.

MARSALA Trapani 988 ㉟, 432 N 19 – Vedere Sicilia alla fine dell'elenco alfabetico.

I prezzi Per ogni chiarimento sui prezzi riportati in guida, consultate le pagine dell'introduzione.

MARSICO NUOVO 85052 Potenza 431 F 29 – 5 560 ab. alt. 780 – 0975.

Roma 371 – Potenza 58 – Napoli 165 – Taranto 176.

Gala Hotel, località Galaino S : 5 km 340107, Fax 340108 –
Pasto *(chiuso martedì)* carta 22/43000 – 5000 – **16 cam** 60/80000 – 1/2 P 65000.

MARSILIANA 58010 Grosseto 430 O 16 – alt. 32 – 0564.

Roma 155 – Grosseto 44 – Civitavecchia 76 – Orbetello 20 – Orvieto 92.

Petronio, 606345,

MARTANO 73025 Lecce 988 ㉚, 431 G 36 – 9 696 ab. alt. 91 – 0836.

Roma 588 – Brindisi 63 – Lecce 26 – Maglie 16 – Taranto 133.

La Lanterna, via Ofanto 53 571441,
chiuso mercoledì e dal 10 al 20 settembre – **Pasto** carta 21/38000.

MARTINA FRANCA 74015 Taranto 988 ㉙, 431 E 34 – 46 058 ab. alt. 431 – 080.

Vedere Via Cavour*.

Dintorni Regione dei Trulli*** N-NE.

piazza Roma 37 705702, Fax 705702.

Roma 524 – Bari 74 – Brindisi 57 – Alberobello 15 – Matera 83 – Potenza 182 – Taranto 32.

Park Hotel San Michele, viale Carella 9 8807053, Fax 8808895, « Grande parco con » – 350.
Pasto carta 37/61000 – **81 cam** 125/165000 – 1/2 P 105/120000.

Dell'Erba, viale dei Cedri 1 901055, Fax 901658, rist 60 a 500.
Pasto carta 40/63000 (15 %) – **49 cam** 135/155000 – 1/2 P 110000.

Villa Ducale, piazzetta Sant'Antonio 705055, Fax 705885 – 80.
Pasto 40/60000 – **24 cam** 100/140000 – 1/2 P 100000.

Trattoria delle Ruote, via Ceglie E : 4,5 km 8837473, Coperti limitati; prenotare, « Servizio estivo all'aperto » –
chiuso lunedì – **Pasto** carta 26/45000.

MARTINSICURO 64014 Teramo 430 N 23 – 12 683 ab. – a.s. luglio-agosto – 0861.

Roma 227 – Ascoli Piceno 35 – Ancona 98 – L'Aquila 118 – Pescara 64 – Teramo 45.

Pasqualò, via Colle di Marzio 40 760321, Specialità di mare –
chiuso domenica sera, lunedì ed agosto – **Pasto** carta 46/68000.

Leon d'Or, via Aldo Moro 55/57 797070, Fax 797695, Specialità di mare –
chiuso domenica sera, lunedì, dal 20 al 26 dicembre ed agosto – **Pasto** carta 46/66000.

a Villa Rosa S : 5 km – 64010 :

Olimpic, lungomare Italia 712390, Fax 710597, rist rist
maggio-settembre – **Pasto** 32/45000 – 10000 – **53 cam** 90/120000 – 1/2 P 100/120000.

Paradiso, via Ugo La Malfa 14 713888, Fax 751775,
20 maggio-23 settembre – **Pasto** (solo per clienti alloggiati) 20/35000 – **67 cam** 70/100000, 26 appartamenti 150/200000 – 1/2 P 75/105000.

Park Hotel, via Don Sturzo 9 714913, Fax 714913, rist
61 cam.

MARZABOTTO 40043 Bologna 429 430 I 15 – 5 732 ab. alt. 130 – 051.

Roma 363 – Bologna 24 – Firenze 94 – Pistoia 69.

Misa, piazza dei Martiri 1 932800, Fax 932284 – rist
Pasto carta 34/43000 – 10000 – **20 cam** 100/140000 – 1/2 P 70/90000.

MARZAGLIA Modena – Vedere Modena.

MASER 31010 Treviso 429 E 17 – 4 770 ab. alt. 147 – 0423.

Vedere Villa*** del Palladio.

Roma 562 – Padova 59 – Belluno 59 – Milano 258 – Trento 108 – Treviso 29 – Venezia 62 – Vicenza 54.

Da Bastian, località Muliparte 565400,
chiuso mercoledì sera, giovedì ed agosto – **Pasto** carta 30/42000.

MASERADA SUL PIAVE 31052 Treviso 429 E 18 – 6 495 ab. alt. 33 – ☎ 0422.
Roma 553 – Venezia 44 – Belluno 74 – Treviso 13.

XX **Antica Osteria Zanatta,** località Varago S : 1,5 km ☎ 778048, Fax 777687, – P. AE S O E VISA.
chiuso domenica sera, lunedì, dal 2 all'8 gennaio e dal 1° al 19 agosto – **Pasto** carta 30/45000.

MASIO 15024 Alessandria 428 H 7 – 1 538 ab. alt. 142 – ☎ 0131.
Roma 607 – Alessandria 22 – Asti 14 – Milano 118 – Torino 80.

XX **Trattoria Losanna,** via San Rocco 36 (E : 1 km) ☎ 799525, Fax 799074 – P. AE S E VISA.
chiuso lunedì e dal 1° al 20 agosto – **Pasto** carta 36/50000.

MASSA 54100 P 988 ⑭, 428 429 430 J 12 – 66 897 ab. alt. 65 – a.s. Pasqua e luglio-agosto – ☎ 0585.
A.C.I. via Aurelia Ovest 193 ☎ 831941.
Roma 389 – Pisa 46 – La Spezia 34 – Carrara 7 – Firenze 115 – Livorno 65 – Lucca 45 – Milano 235.

a Bergiola Maggiore N : 5,5 km – alt. 329 – ✉ **54100** Massa :

X **La Ruota,** ☎ 42030, ≤ città e litorale – P. AE S E VISA.
chiuso lunedì escluso da aprile a settembre – **Pasto** carta 29/47000.

MASSACIUCCOLI (Lago di) Lucca 428 429 430 K 13 – Vedere Torre del Lago Puccini.

MASSAFRA 74016 Taranto 988 ㉙, 431 F 33 – 31 017 ab. alt. 110 – ☎ 099.
Roma 508 – Matera 64 – Bari 76 – Brindisi 84 – Taranto 18.

X **La Ruota,** via Barulli 28 ☎ 8807710, Specialità di mare – ▤. AE S O E VISA JCB.
chiuso domenica sera, lunedì e dal 1° al 10 agosto – **Pasto** carta 30/60000.

sulla strada statale 7 NO : 2 km :

Appia Palace Hotel, ✉ 74016 ☎ 881501, Fax 881506, Ls, – ▤ ▤ TV ☎ & P – 30 a 350. AE S O E VISA.
Pasto carta 35/53000 – ☐ 8000 – **76 cam** 100/140000 – ½ P 120000.

MASSA LUBRENSE 80061 Napoli 431 F 25 – 12 417 ab. alt. 120 – a.s. aprile-settembre – ☎ 081.
Roma 263 – Napoli 55 – Positano 21 – Salerno 56 – Sorrento 6.

Delfino ⛵, SO : 3 km ☎ 8789261, Fax 8089074, ≤ mare ed isola di Capri, « In una pittoresca insenatura », ⛱, – ▤ ▤ rist ☎ P. AE S O E VISA.
aprile-dicembre – **Pasto** 30/40000 – **67 cam** ☐ 200/260000 – ½ P 140/160000.

Maria, S : 1 km ☎ 8789163, Fax 8789411, ≤ mare, « ⛱ su terrazza panoramica » – TV ☎ P. AE E VISA.
aprile-ottobre – **Pasto** *(chiuso venerdì)* carta 36/55000 (15%) – ☐ 15000 – **34 cam** 90/120000 – ½ P 85/100000.

XX **Antico Francischiello-da Peppino** con cam, N : 1,5 km ☎ 5339780, Fax 8071813, ≤ mare, « Locale caratteristico » – ▤ TV ☎ P. AE S O E VISA JCB.
Pasto *(chiuso mercoledì escluso da giugno a settembre)* carta 45/70000 (15%) – **8 cam** ☐ 130000 – ½ P 90000.

X **La Primavera** con cam, ☎ 8789125, ≤, – TV ☎. AE S E VISA
Pasto *(chiuso mercoledì)* carta 30/57000 (10%) – **8 cam** ☐ 90/120000 – ½ P 100000.

X **Del Pescatore,** località Marina della Lobra ☎ 8789392, Fax 8789392, Rist. e pizzeria – AE S E VISA
chiuso la sera (da novembre a gennaio, escluso i week-end), e mercoledì (escluso da giugno a settembre) – **Pasto** carta 32/54000.

a Nerano-Marina del Cantone SE : 11 km – ✉ **80068** Termini :

XX ✿ **Taverna del Capitano** con cam, ☎ 8081028, Fax 8081892, ≤, – ▤ cam TV ☎. AE S O E VISA.
chiuso dal 10 gennaio al 24 febbraio – **Pasto** carta 48/68000 – ☐ 15000 – **15 cam** 85/110000
Spec. Tagliatelle nere con fave e moscardini, Scorfano al forno con pomodorini, Orata alle erbe aromatiche in crosta di pane.

XX **Quattro Passi,** N : 1 km ☎ 8081271, – P. AE S E VISA
marzo-ottobre; chiuso mercoledì e in gennaio-febbraio aperto solo i week-end – **Pasto** carta 35/71000.

MASSA (Marina di) 54037 Massa-Carrara 988 ⑭, 430 J 12 – a.s. Pasqua e luglio-agosto – ☎ 0585.
☐ viale Vespucci 23 ☎ 240046, Fax 869015.
Roma 388 – Pisa 41 – La Spezia 32 – Firenze 114 – Livorno 64 – Lucca 44 – Massa 5 – Milano 234.

🏨🏨🏨 **Excelsior,** via Cesare Battisti 1 ☎ 8601, Fax 869795, 🏊 – 🛗 ❄ [TV] ☎ ♿ [P] – 👥 50 a 80. [AE] [S] ⓞ [E] [VISA]
Pasto 35/60000 e al Rist. ***Il Sestante*** carta 49/76000 – **66 cam** ☕ 200/285000, 5 appartamenti – ½ P 165/180000.

🏨🏨🏨 **Villa Irene** 🔇, a Poveromo, via delle Macchie 125 ☎ 309310, Fax 308038, 🌳, « Parco-giardino con 🏊 riscaldata », 🏖, 🎾 – ❄ cam [TV] ☎ [P]. 🐕 rist
aprile-ottobre – **Pasto** (solo per clienti alloggiati) – **38 cam** ☕ 200/250000 – ½ P 160/205000.

🏨🏨 **Cavalieri del Mare** 🔇, località Ronchi via Verdi 23 ☎ 868010, Fax 868015, « Giardino con 🏊 », 🏖 – ❄ [TV] ☎ [P]. [AE] [S] ⓞ [E] [VISA] [JCB]. 🐕
chiuso dal 5 al 14 gennaio e dal 4 al 18 novembre – **Pasto** *(aprile-settembre; solo per clienti alloggiati)* 30/40000 – **26 cam** ☕ 160/220000 – ½ P 150/160000.

🏨 **La Pergola,** a Poveromo, via Verdi 41 ☎ 240118, Fax 245720, « Giardino ombreggiato » – ☎ [P]. [AE] [S] ⓞ [E] [VISA]. 🐕 rist
Pasqua-20 settembre – **Pasto** carta 35/50000 – ☕ 10000 – **25 cam** 70/100000 – ½ P 100/110000.

🏨 **Matilde,** via Tagliamento 4 ☎ 241441, Fax 240488, 🌳 – [TV] ☎. [AE] [S] ⓞ [E] [VISA] [JCB]. 🐕
Pasto 50/70000 – ☕ 25000 – **15 cam** 150/200000 – ½ P 100/110000.

🏨 **Hermitage,** a Ronchi, via Verdi 15 ☎ 240856, « Giardino con 🏊 » – ☎ [P]. [S] [VISA]. 🐕
Pasqua-15 settembre – **Pasto** (solo per clienti alloggiati) 35/40000 – ☕ 10000 – **23 cam** 90/130000 – ½ P 100/110000.

🏨 **Gabrini,** via Don Luigi Sturzo 13 ☎ 240505, Fax 246661, 🌳 – 🛗 ☎ [P]. [S] [VISA]. 🐕
15 maggio-20 settembre – **Pasto** (solo per clienti alloggiati) 30/45000 – ☕ 15000 – **43 cam** 80/90000 – ½ P 90/100000.

🏨 **Miramonti,** via Montegrappa 7 ☎ 241067, Fax 246180, 🌳 – [TV] ☎ [P]. [AE] [S] ⓞ [E] [VISA]. 🐕 rist
Pasto *(giugno-settembre; solo per clienti alloggiati)* 30/35000 – ☕ 10000 – **14 cam** 80/120000 – ½ P 75/95000.

🍴🍴 **Da Riccà,** lungomare di Ponente ☎ 241070, 🌳, Specialità di mare – [P]. [AE] [S] ⓞ [E] [VISA] [JCB]. 🐕
chiuso lunedì e dal 20 dicembre al 10 gennaio – **Pasto** carta 60/80000 (10 %).

MASSA MARITTIMA 58024 Grosseto [988] ⑭ ㉔, [430] M 14 – 9 370 ab. alt. 400 – ☎ 0566.

Vedere Piazza Garibaldi★★ – Duomo★★ – Torre del Candeliere★, Fortezza ed Arco senesi★.

Roma 249 – Siena 62 – ✦Firenze 132 – Follonica 19 – Grosseto 62.

🏨🏨 **Il Sole** senza rist, via della Libertà 43 ☎ 901971, Fax 901959 – 🛗 [TV] ☎ 🚗 – 👥 150. [AE] [S] [E] [VISA]
50 cam ☕ 72/112000, appartamento.

🏨 **Duca del Mare,** piazza Dante Alighieri 1/2 ☎ 902284, Fax 901905, ≤, 🌳 – ☎ [P]. [AE] [S] [E] [VISA]. 🐕
Pasto *(chiuso lunedì, gennaio, febbraio e da novembre al 15 dicembre)* carta 32/52000 – ☕ 9000 – **19 cam** 50/80000 – ½ P 70000.

🍴🍴 Antica Trattoria Ricordi Riflessi, via Parenti 17 ☎ 902644, 🌳

🍴🍴 **Taverna del Vecchio Borgo,** via Parenti 12 ☎ 903950, « Tipica taverna in un'antica cantina » – [AE] [S] [E] [VISA]. 🐕
chiuso dal 15 gennaio al 15 febbraio, lunedì e da ottobre a luglio anche domenica sera – **Pasto** carta 33/61000.

🍴 **Osteria da Tronca,** vicolo Porte 5 ☎ 901991, Cucina rustica – [S] [E] [VISA]
chiuso a mezzogiorno, mercoledì e dal 10 novembre a gennaio – **Pasto** carta 29/36000.

a Ghirlanda NE : 2 km – ✉ **58020** :

🍴🍴 **Da Bracali,** ☎ 902318, Rist. con enoteca, prenotare – ❄ [P]. [AE] [S] ⓞ [E] [VISA]. 🐕
chiuso lunedì sera (escluso da Pasqua ad ottobre) e martedì – **Pasto** carta 53/77000.

a Prata NE : 12 km – ✉ **58020** :

🍴🍴 **La Schiusa,** ☎ 914012, Fax 914012 – [P]. [AE] [S] ⓞ [E] [VISA]
chiuso dall'8 gennaio al 10 febbraio e mercoledì (escluso da giugno a settembre) – **Pasto** carta 27/47000 (10 %).

MASSAROSA 55054 Lucca [988] ⑭, [428] [429] [430] K 12 – 19 501 ab. alt. 15 – a.s. Carnevale, Pasqua, 15 giugno-15 settembre e Natale – ☎ 0584.

Roma 363 – Pisa 29 – ✦Livorno 52 – Lucca 19 – ✦La Spezia 60.

🍴🍴 **La Chandelle,** ☎ 938290, Rist. elegante, prenotare – ❄ [P]. [S] [E] [VISA]. 🐕
chiuso lunedì – **Pasto** carta 43/77000.

🍴 **Da Ferro,** località Piano di Conca NO : 5,5 km ☎ 996622, 🌳 – [P]. [AE] [S] ⓞ [E] [VISA]. 🐕
chiuso martedì e dal 5 ottobre al 3 novembre – **Pasto** carta 30/40000.

a Massaciuccoli S : 4 km – ✉ **55050** Quiesa :

Le Rotonde ⛰, ☎ 975439, Fax 975754, ≪ – P. AE S VISA. ✂
Pasto *(chiuso mercoledì e novembre)* carta 30/52000 – ☐ 8000 – **14 cam** 60/100000 – ½ P 85/95000.

a Bargecchia NO : 9 km – ✉ **55040** Corsanico :

Rino, ☎ 954000, ≪ – AE S ⊙ E VISA. ✂
chiuso martedì da ottobre a giugno – **Pasto** carta 25/42000.

MASSINO VISCONTI **28040** Novara 428 E 7, 219 ⑦ – 979 ab. alt. 465 – ☎ 0322.

Roma 654 – Stresa 11 – ♦Milano 77 – Novara 52.

Lo Scoiattolo, via per Nebbiuno 8 ☎ 219184, Fax 219808, « Parco con ≤ lago e dintorni », ≪ – |‡| TV ☎ P. AE S E VISA. ✂
Pasto carta 31/48000 – ☐ 10000 – **30 cam** 90/100000 – ½ P 80000.

Trattoria San Michele, ☎ 219101, Coperti limitati; prenotare, « Servizio estivo in terrazza con ≤ lago e dintorni » – AE S E VISA. ✂
chiuso lunedì sera, martedì, dal 10 al 25 gennaio e dal 17 agosto al 6 settembre – **Pasto** carta 28/51000.

MATERA **75100** P 988 ㉙, 431 E 31 – 55 381 ab. alt. 401 – ☎ 0835.

Vedere I Sassi★★ – Strada dei Sassi★★ – Duomo★ – ≤★★ sulla città dalla strada delle chiese rupestri NE : 4 km.

i via De Viti de Marco 9 ☎ 331983, Fax 333452.

A.C.I. viale delle Nazioni Unite 47 ☎ 382322.

Roma 461 – ♦Bari 67 – ♦Cosenza 222 – ♦Foggia 178 – ♦Napoli 255 – Potenza 104.

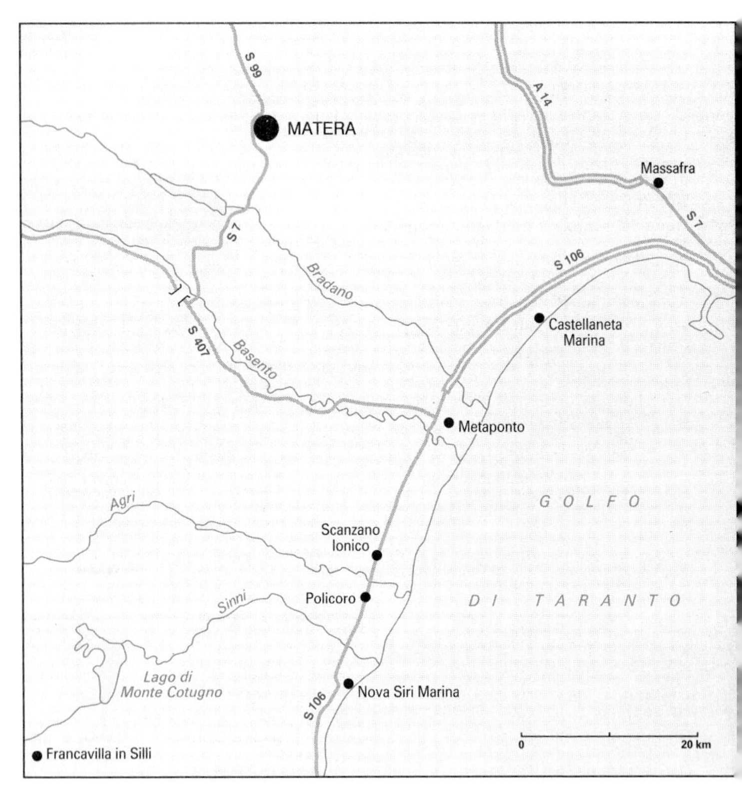

Italia, via Ridola 5 ✆ 333561, Fax 330087, ≤ I Sassi – rist – 90. AE E VISA. rist
Pasto 25/30000 e al Rist. ***Basilico*** carta 27/42000 – **31 cam** 98/125000 – ½ P 80/100000.

De Nicola, via Nazionale 158 ✆ 385111, Telex 812586, Fax 385113 – – 200. AE E VISA.
Pasto carta 32/45000 – 8000 – **119 cam** 110/134000 – ½ P 102000.

Il Piccolo Albergo senza rist, via De Sariis 11 ✆ 330201, Fax 330201 – E VISA.
11 cam 90/110000.

Casino del Diavolo-da Francolino, via La Martella O : 1,5 km ✆ 261986, –
chiuso lunedì – **Pasto** carta 29/50000.

Da Mario, via 20 Settembre 14 ✆ 336491 – AE E VISA.
chiuso domenica e dal 7 al 18 agosto – **Pasto** carta 30/44000.

Trattoria Lucana, via Lucana 48 ✆ 336117 – AE.
chiuso domenica e dal 25 agosto al 10 settembre – **Pasto** carta 27/49000.

a Venusio N : 7 km – ✉ **75100** Matera :

Venusio, ✆ 259081, Fax 259081, –

MATTARELLO Trento 429 D 15 – Vedere Trento.

MATTINATA **71030** Foggia 988 ㉘, 431 B 30 – 6 331 ab. alt. 77 – a.s. luglio-13 settembre – 0884.

Roma 430 – Foggia 58 – Bari 138 – Monte Sant'Angelo 19 – Pescara 222.

Apeneste, piazza Turati 3 ✆ 4743, Fax 4341, – AE E VISA JCB.
Pasto carta 40/58000 – **26 cam** 98/150000 – ½ P 120000.

Trattoria dalla Nonna, al lido E : 1 km ✆ 49205, ≤, – AE E VISA JCB.
chiuso dal 10 gennaio al 10 febbraio e lunedì (escluso da giugno a settembre) – **Pasto** carta 53/77000
Spec. Linguine ai frutti di mare al cartoccio. Grigliata di pesce misto. Crema fredda al caffè.

sulla strada litoranea NE : 17 km :

Baia delle Zagare , ✉ 71030 ✆ 4155, Fax 4884, ≤, « Palazzine fra gli olivi con ascensori per la spiaggia », – – 300. VISA. rist
giugno-15 settembre – **Pasto** 40000 – 15000 – **148 cam** 180000 – P 110/190000.

Dei Faraglioni , ✆ 49584, Fax 49651, « Spiaggia nella baia di Mergoli con ≤ sui faraglioni », – E VISA. rist
aprile-ottobre – **Pasto** carta 50/70000 – 15000 – **51 cam** 120/170000 – ½ P 107/157000.

MAULS = Mules.

MAZARA DEL VALLO Trapani 988 ㉟, 432 O 19 – Vedere Sicilia alla fine dell'elenco alfabetico.

MAZZARÒ Messina 988 ㊲, 432 N 27 – Vedere Sicilia (Taormina) alla fine dell'elenco alfabetico.

MAZZO DI VALTELLINA **23030** Sondrio 428 429 D 12, 218 ⑰ – 1 025 ab. alt. 552 – 0342.

Roma 734 – Sondrio 34 – Bolzano 172 – Bormio 29 – Milano 173.

La Rusticana, ✆ 861051 – E VISA
chiuso lunedì e dal 1° al 20 luglio – **Pasto** carta 36/57000.

MEANO Belluno – Vedere Santa Giustina.

MEINA **28046** Novara 988 ②, 428 E 7 – 2 086 ab. alt. 214 – ☎ 0322.

Roma 645 – Stresa 12 – Milano 68 – Novara 44 – Torino 120.

Villa Paradiso, ✆ 660488, Fax 660544, ≤, « Parco ombreggiato con piscina », – ascensore TV ☎ P. AE S O E VISA. rist
15 marzo-ottobre – **Pasto** carta 40/64000 – 20000 – **58 cam** 90/150000 – ½ P 98000.

Bel Sit, via Sempione 76 ✆ 660483, Fax 65855, ≤, « Servizio in terrazza sul lago », – ☎ P

a Nebbiuno NO : 4 km – alt. 430 – ✉ **28010** :

Tre Laghi, ✆ 58025, Fax 58703, ≤ lago e monti, « Servizio estivo in terrazza panoramica », – ascensore TV ☎ – 200. S O E VISA JCB. rist
chiuso dall'11 gennaio a febbraio – **Pasto** 30/40000 e al Rist. ***Azalea*** *(chiuso lunedì)* carta 45/71000 – 15000 – **43 cam** 105/150000 – ½ P 98/110000.

Vedere anche : ***Colazza*** O : 4 km.

MEL **32026** Belluno 988 ⑤ – 6 293 ab. alt. 353 – ☎ 0437.

Roma 609 – Belluno 18 – Milano 302 – Trento 95 – Treviso 67.

Antica Locanda al Cappello, piazza Papa Luciani 20 ✆ 753651, « Edificio seicentesco con affreschi originali »

MELDOLA **47014** Forlì 988 ⑮, 429 430 J 18 – 9 058 ab. alt. 57 – ☎ 0543.

Roma 418 – Ravenna 41 – Rimini 64 – Forlì 13.

Il Rustichello, via Vittorio Veneto 7 ✆ 495211 – ▤. AE S O E VISA.
chiuso lunedì sera, martedì e dal 1° al 25 agosto – **Pasto** carta 31/51000.

MELENDUGNO **73026** Lecce 988 ㉚, 431 G 37 – 9 194 ab. alt. 36 – a.s. luglio-agosto – ☎ 0832.

Roma 581 – Brindisi 55 – Gallipoli 51 – Lecce 19 – Taranto 105.

a San Foca E : 7 km – ✉ **73020**

Côte d'Est, ✆ 881146 – ascensore ☎. S VISA. rist
Pasto carta 26/37000 – 5000 – **33 cam** 70/120000 – ½ P 90000.

MELEZET Torino 428 G 2 – Vedere Bardonecchia.

MELFI **85025** Potenza 988 ㉘, 431 E 28 – 16 366 ab. alt. 531 – ☎ 0972.

Roma 351 – Foggia 67 – Potenza 51 – Bari 129 – Napoli 163.

Federico II, località San Nicola N : 16 km ✆ 78171, Fax 78174 – ascensore ▤ TV ☎ ♿ P – 50. S O VISA. rist
Pasto carta 32/52000 – **48 cam** 90/130000 – ½ P 85000.

MELITO DI PORTO SALVO **89063** Reggio di Calabria 988 ㊲, 431 N 29 – 10 944 ab. alt. 35 – ☎ 0965.

Roma 736 – Reggio di Calabria 27 – Catanzaro 192 – Napoli 530.

Casina dei Mille con cam, strada statale 106 (O : 3 km) ✆ 787434, Fax 787435, ≤ – TV ☎ P. AE S E VISA.
Pasto *(chiuso domenica escluso luglio-agosto)* carta 32/42000 – 5000 – **7 cam** 80/120000 – ½ P 80000.

MELITO IRPINO **83030** Avellino 431 D 27 – 2 126 ab. alt. 242 – ☎ 0825.

Roma 255 – Foggia 70 – Avellino 55 – Benevento 45 – Napoli 108 – Salerno 87.

Di Pietro, corso Italia 8 ✆ 472010, Trattoria rustica con cucina casalinga –
chiuso mercoledì – **Pasto** carta 23/37000.

MELS Udine – Vedere Colloredo di Monte Albano.

MELZO **20066** Milano 428 F 10, 219 ⑳ – 18 655 ab. alt. 119 – ☎ 02.

Roma 578 – Bergamo 34 – Milano 21 – Brescia 69.

Due Spade con cam, via Bianchi 19 ✆ 9550267, Fax 95737194 – TV ☎ P. AE S O E VISA JCB
Pasto *(chiuso domenica, dal 1° al 7 gennaio e dal 5 al 19 agosto)* carta 43/58000 – 10000 – **18 cam** 70/105000 – ½ P 93000.

MENAGGIO 22017 Como 988 ③, 428 D 9 – 3 128 ab. alt. 203 – ☎ 0344.

Vedere Località★★.

18 (marzo-novembre; chiuso martedì) a Grandola e Uniti ✉ 22010 ☎ 32103, Fax 32103, O : 4 km.

per Varenna giornalieri (15 mn) – Navigazione Lago di Como, al pontile ☎ 32255.

piazza Garibaldi 7 ☎ 32924.

Roma 661 – Como 35 – ◆Lugano 28 – ◆Milano 83 – Sondrio 68 – St-Moritz 98 – Passo dello Spluga 79.

Gd H. Victoria, lungolago Castelli 7/11 ☎ 32003 e rist ☎ 31166, Fax 32992, ←, , , – | – 100. AE 0 E VISA. ✻
Pasto al Rist. ***Le Tout Paris*** carta 59/93000 – 23000 – **49 cam** 165/240000, 4 appartamenti – ½ P 185000.

Gd H. Menaggio, via 4 Novembre 69 ☎ 30640, Fax 30619, ←, , riscaldata, – | cam – 25 a 270
stagionale – **56 cam.**

Bellavista, via 4 Novembre 21 ☎ 32136, Fax 31793, ← lago e monti, « Terrazza sul lago », – | . AE 0 E VISA JCB
15 marzo-ottobre – **Pasto** carta 43/65000 – **45 cam** 95/160000 – ½ P 95/110000.

a Loveno NO : 2 km – alt. 320 – ✉ **22017** Menaggio :

Royal , ☎ 31444, Fax 30161, ←, « Giardino con » – . AE E VISA. ✻ rist
25 marzo-4 novembre – **Pasto** 48/53000 al Rist. ***Chez Mario*** carta 46/75000 – 17500 – **10 cam** 105/120000 – ½ P 113/118000.

Loveno senza rist, ☎ 32110, ← lago e monti, « Piccolo giardino ombreggiato » – . E VISA
aprile-ottobre – 13000 – **12 cam** 70/115000.

MENFI Agrigento 988 ㉟, 432 O 20 – Vedere Sicilia alla fine dell'elenco alfabetico.

MERAN = Merano.

Des modifications et des améliorations sont constamment apportées au réseau routier italien.
Achetez l'édition la plus récente de la carte Michelin 988 *à 1/1 000 000.*

MERANO (MERAN) 39012 Bolzano 988 ④, 429 C 15 – 33 833 ab. alt. 323 – Stazione termale – Sport invernali : a Merano 2000 B : 1 946/2 302 m 2 6, – ☎ 0473.

Vedere Passeggiate d'Inverno e d'Estate★★ D – Passeggiata Tappeiner★★ CD – Volte gotiche★ e polittici★ nel Duomo D – Via Portici★ CD – Castello Principesco★ CC – Merano 2000★ accesso per funivia, E : 3 km B – Tirolo★ N : 4 km A.

Dintorni Avelengo★ SE : 10 km per via Val di Nova B – Val Passiria★ B.

corso della Libertà 45 ☎ 235223, Fax 235524.

Roma 665 ② – ◆Bolzano 28 ② – Brennero 73 ① – ◆Innsbruck 113 ① – ◆Milano 326 ② – Passo di Resia 79 ③ – Passo dello Stelvio 75 ③ – Trento 86 ②.

Pianta pagina seguente

Palace Hotel, via Cavour 2 ☎ 211300, Fax 234181, ←, « Parco ombreggiato con », , , , – | rist – 30 a 100. AE 0 E VISA JCB. ✻ rist D **h**
chiuso dal 7 al 31 gennaio e dal 21 novembre al 19 dicembre – **Pasto** 70000 (a mezzogiorno) 100000 (alla sera) e al Rist. ***Tiffany Schloss Maur*** *(chiuso a mezzogiorno, domenica e dal 20 giugno al 15 luglio)* carta 70/100000 – **110 cam** 235/400000, 7 appartamenti – ½ P 230/255000.

Meranerhof, via Manzoni 1 ☎ 230230, Fax 233312, « Giardino con riscaldata », – | rist – 70. AE 0 E VISA. ✻ rist C **b**
Pasto 45/60000 – **66 cam** 170/330000, 2 appartamenti – ½ P 150/180000.

Park Hotel Mignon , via Grabmayr 5 ☎ 230353, Fax 230644, ←, « Parco-giardino con riscaldata », , , – | rist . ✻ rist D **v**
15 marzo-5 novembre – **Pasto** (solo per clienti alloggiati) 45/75000 – **46 cam** 165/330000, 12 appartamenti – ½ P 210/250000.

Kurhotel Castel Rundegg, via Scena 2 ☎ 234100, Fax 237200, , « Giardino », , , – | . AE 0 E VISA. ✻ rist B **a**
chiuso dal 6 al 31 gennaio – **Pasto** 80/100000 – **28 cam** 179/358000, appartamento – ½ P 216/244000.

Meister's H. Irma , via Belvedere 17 ☎ 212000, Fax 231355, ←, , « Parco-giardino con riscaldata e », , , , – | rist . ✻ rist B **p**
chiuso dall'8 gennaio al 22 marzo – **Pasto** (solo per clienti alloggiati) 50/100000 – **50 cam** 193/384000, 2 appartamenti – ½ P 194/236000.

Villa Tivoli , via Verdi 72 ☎ 446282, Fax 446849, ← monti, , « Piccolo parco-giardino », , – | . E VISA. ✻ A **x**
16 marzo-15 novembre – **Pasto** *(chiuso domenica e lunedì sera)* 45/55000 – **17 cam** 125/240000, 4 appartamenti – ½ P 125/140000.

MERANO
E DINTORNI

Castel Gatto (Via) . . . . B 3
Christomannos . . . . B 5
Dante Alighieri (Via) . . . . B 7
Grabmayr (Via) . . . . B 9
Marlengo (Ponte di) . . . . A 14
Monte Benedetto (Via) . . . . . . B 16
Monte S. Zeno (Via) . . . . B 17
Parrocchia (Via della) . . . . . . B 20
Piave (Via) . . . . B 27
S. Caterina (Via) . . . . B 31
S. Maria del Conforto (Via) . . . B 32
S. Valentino (Via) . . . . B 34
Segheria (Via della) . . . . B 37
Val di Nova (Via) . . . . B 38
Virgilio (Via) . . . . B 39
IV Novembre (Via) . . . . A 41

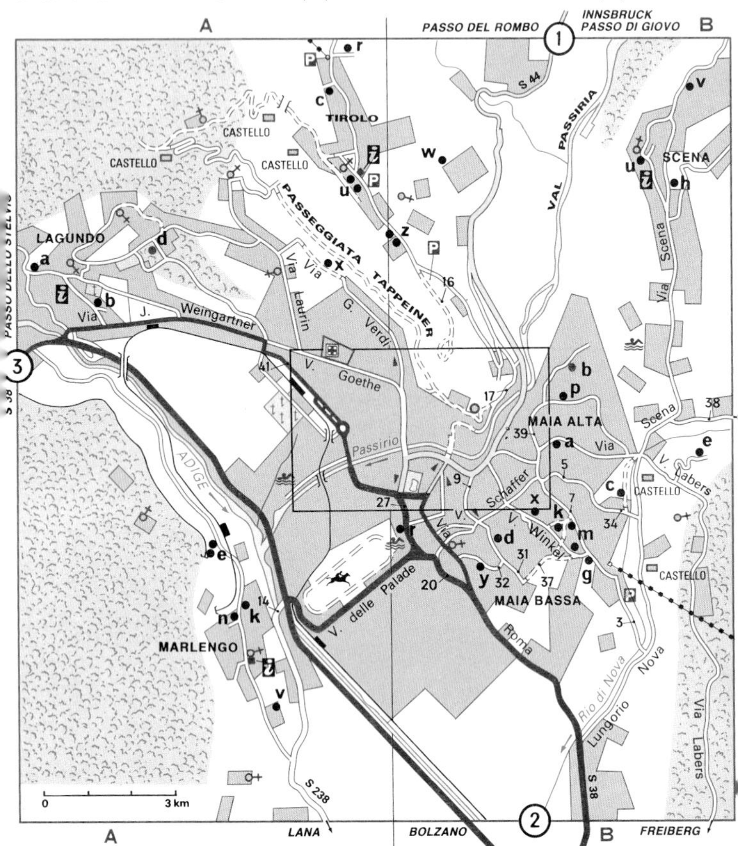

Adria , via Gilm 2 ☎ 236610, Fax 236687, ≤, rist D
marzo-ottobre – **Pasto** (solo per clienti alloggiati) – **48 cam** 158/316000, appartamento – ½ P 156/170000.

Anatol , via Castagni 3 ☎ 237511, Fax 237110, ≤, riscaldata, – rist B
23 marzo-6 novembre – **Pasto** (solo per clienti alloggiati) 40/65000 – **42 cam** 145/290000 – ½ P 125/170000.

Juliane , via dei Campi 6 ☎ 211700, Fax 230176, « Giardino con riscaldata », – rist B
15 marzo-5 novembre – **Pasto** (solo per clienti alloggiati) 45/70000 – **34 cam** 115/230000 – ½ P 120/142000.

Aurora, passeggiata Lungo Passirio 38 ☎ 211800, Fax 211113 – AE VISA. rist C
chiuso dal 21 al 27 dicembre e dal 9 gennaio al 14 marzo – **Pasto** carta 39/87000 – **33 cam** 180/320000 – ½ P 160/190000.

Pollinger , via Santa Maria del Conforto 30 ☎ 232226, Fax 210665, ≤, – rist B
10 marzo-17 novembre – **Pasto** 43000 – **33 cam** 125/200000 – ½ P 130000.

MERANO
CENTRO

Corse (Via delle) . . . . C 6
Libertà (Corso della) . . . . . . CD
Portici (Via) . . . . CD
Cassa di Risparmio . . . . C 2
Christomannos . . . . D 5
Duomo (Piazza del) . . . . D 8
Grabmayr (Via) . . . . D 9
Grano (Piazza del) . . . . C 10
Haller (Via) . . . . D 13
Marlengo (Via) . . . . C 15
Ortenstein (Via) . . . . D 18
Passeggiata d'Estate . . . . . . D 21
Passeggiata Gilf . . . . D 23
Passeggiata d'Inverno . . . . . D 24
Passeggiata Lungo Passirio . . . C 25
Rena (Piazza della) . . . . D 28
Rezia (Via) . . . . C 30
Scena (Via) . . . . D 35

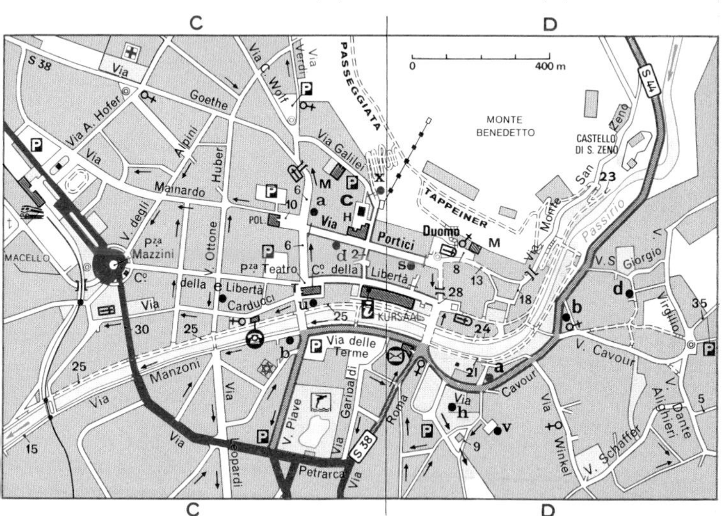

🏨 **Bavaria,** via salita alla Chiesa 15 ℘ 236375, Fax 236371, « Giardino », 🏊, 🏊 – 🛗 ⇔ rist 📺 ☎ 🅿. ✗ rist — D b
30 marzo-3 novembre – **Pasto** (solo per clienti alloggiati) 28/38000 – **51 cam** ☐ 134/264000 – ½ P 134/154000.

🏨 **Plantitscherhof** 🔇, via Dante 56 ℘ 230577, Fax 211922, « Giardino-vigneto con 🏊 » – 🛗 ⇔ rist 📺 ☎ 🚗 🅿. ✗ cam — B k
15 marzo-20 novembre **20 cam** solo ½ P 130/140000.

🏨 **Alexander** 🔇 via Dante 110 ℘ 232345, Fax 211455, ≘s, 🏊, 🌳 – 🛗 ⇔ rist 📺 ☎ 🚗 🅿. ✗ rist — B g
aprile-novembre – **Pasto** (solo per clienti alloggiati) – **19 cam** ☐ 115/230000, 2 appartamenti – ½ P 133/155000.

🏨 **Augusta,** via Ottone Huber 2 ℘ 222324, Fax 220029, 🌳 – 🛗 ⇔ rist ▤ rist 📺 ☎ 🅿. AE 🅢 E VISA. ✗ rist — C e
15 marzo-15 novembre – **Pasto** (solo per clienti alloggiati) 35/60000 – ☐ 12000 – **26 cam** 135/250000 – ½ P 120/140000.

🏨 **Castel Labers** 🔇, via Labers 25 ℘ 234484, Fax 234146, ≤, « Servizio rist. estivo in giardino », 🏊 riscaldata, 🌳, 🎾 – 🛗 ☎ 🅿. AE 🅢 ⓓ E VISA — B e
8 aprile-1° novembre – **Pasto** 35/50000 – **34 cam** ☐ 145/290000 – ½ P 140/165000.

🏨 **Nido** 🔇, via Gilm 6 ℘ 235100, Fax 235184, Fø, ≘s, 🏊 riscaldata, 🌳 – 🛗 📺 ☎ 🅿. AE 🅢 E VISA. ✗ rist — D d
marzo-novembre – **Pasto** 38/60000 – ☐ 12000 – **38 cam** 115/200000 – ½ P 126/135000.

🏨 **Mendelhof-Mendola,** via Winkel 45 ℘ 236130, Fax 236481, « Giardino ombreggiato con 🏊 » – 🛗 ☎ 🅿. AE. ✗ rist — B x
aprile-ottobre – **Pasto** (solo per clienti alloggiati) 30000 – **36 cam** ☐ 68/130000 – ½ P 92/98000.

🏨 **Graf Von Meran-Conte di Merano,** via delle Corse 78 ℘ 232181, Fax 211874, 🍽 – 📺 ☎ 🅿 – **Pasto** *(chiuso lunedì)* carta 38/58000 – **22 cam** ☐ 95/170000, appartamento – ½ P 95/100000. — C a

🏨 **Atlantic** 🔇, via Santa Caterina 7/a ℘ 233093, Fax 211230, « Giardino con 🏊 », Fø, 🏊 – ☎ 🚗 🅿. AE 🅢 E VISA. ✗ rist — B d
marzo-novembre – **Pasto** (solo per clienti alloggiati e *chiuso a mezzogiorno*) 25000 – **26 cam** ☐ 91/162000 – ½ P 98/111000.

🏨 **Isabella** senza rist, via Piave 58 ℘ 234700, Fax 211360, 🌳 – 🛗 📺 ☎ 🅿 — AB r
marzo-15 novembre – **25 cam** ☐ 85/160000, 2 appartamenti.

🏨 **Zima** 🔇 senza rist, via Winkel 83 ℘ 230408, Fax 236469, ≘s, 🏊 riscaldata, 🌳 – 🛗 ☎ 🅿. 🅢 E VISA. ✗ – *marzo-10 novembre* – **23 cam** ☐ 75/130000. — B m

XXX ❀ **Andrea,** via Galilei 44 ✆ 237400, Fax 212190, Coperti limitati; prenotare – ▤. AE ⓢ ⓞ E VISA. ✻ C **x**
chiuso lunedì e dal 4 al 25 febbraio – **Pasto** 55/65000 (a mezzogiorno) 67/78000 (alla sera) e carta 57/79000
Spec. Mousse di trota affumicata con rafano grattugiato, Orzo mantecato con erbe profumate, Gröstel (filetto di vitello con patate saltate).

XX **Flora,** via Portici 75 ✆ 231484, Fax 231484, Coperti limitati; prenotare – AE ⓢ ⓞ E VISA. ✻ D **s**
chiuso domenica, lunedì a mezzogiorno e dal 15 dicembre a febbraio – **Pasto** 40/69000 e carta 51/85000.

XX **Sissi,** via Plankestein 5 ✆ 231062, Coperti limitati; prenotare – ▤. AE ⓢ E VISA D **a**
chiuso lunedì, dal 28 febbraio al 6 marzo e luglio – **Pasto** 55000 (solo alla sera) e carta 42/54000.

X Weisses Kreuz, via delle Piante 2 ✆ 232554, ⛱ – Ⓟ B **b**
stagionale.

X **Terlaner Weinstube,** via Portici 231 ✆ 235571, Coperti limitati; prenotare – ✻ C **d**
chiuso mercoledì e dal 1° al 25 marzo – **Pasto** carta 38/74000.

a Freiberg SE : 7 km per via Labers B – alt. 800 – ✉ **39012** Merano :

Castel Freiberg ⛰, ✆ 244196, Fax 244488, ≤ monti e vallata, ⛹, ⛱, ⛱, ⛱, ✂ – ⛖ ☎ Ⓟ – 🏟 70. AE ⓢ ⓞ E VISA JCB. ✻
15 aprile-ottobre – **Pasto** carta 60/100000 – **30 cam** ☕ 200/370000 – ½ P 240/260000.

Fragsburg-Castel Verruca ⛰, ✆ 244071, Fax 244493, ≤ monti e vallata, « Servizio rist. estivo in terrazza panoramica », ≘s, ⛱ riscaldata, ⛱ – ⛖ 📺 ☎ Ⓟ. ✻ rist
3 aprile-5 novembre – **Pasto** *(chiuso lunedì)* carta 41/80000 – **18 cam** ☕ 140/260000 – ½ P 140/190000.

MERATE **22055** Lecco 428 E 10, 219 ⑳ – 14 101 ab. alt. 288 – ☎ 039.
Roma 594 – Bergamo 31 – Como 34 – Lecco 18 – ◆Milano 38.

Melas Hotel, senza rist, via Bergamo 37 ✆ 9903048, Fax 9903017 – ⛖ ▤ 📺 ☎ 🚗 – 🏟 90
40 cam.

MERCOGLIANO **83013** Avellino 431 E 26 – 10 457 ab. alt. 550 – ☎ 0825.
Roma 242 – ◆Napoli 55 – Avellino 6 – Benevento 31 – Salerno 45.

Green Park Hotel Titino ⛰, via Loreto 9 ✆ 788961, Fax 788965, ✂ – ⛖ ▤ 📺 ☎ ♿ Ⓟ – 🏟 100. AE ⓢ ⓞ E VISA
Pasto carta 32/48000 – **54 cam** ☕ 95/150000, 3 appartamenti – ½ P 95/100000.

in prossimità casello autostrada A16 Avellino Ovest S : 3 km :

Gd H. Irpinia, ✉ 83013 ✆ 683672, Fax 683676 – ⛖ ▤ 📺 ☎ 🚗 Ⓟ – 🏟 100. AE ⓢ E VISA
Pasto carta 32/48000 – **66 cam** ☕ 90/140000, 5 appartamenti – ½ P 110/120000.

MERGOZZO Novara – Vedere Verbania.

MERONE **22046** Como 428 E 9, 219 ⑨ ⑲ – 3 305 ab. alt. 284 – ☎ 031.
Roma 611 – Como 18 – Bellagio 32 – ◆Bergamo 47 – Lecco 19 – ◆Milano 43.

Il Corazziere ⛰, frazione Baggero ✆ 617181, Fax 617217, « In riva al fiume Lambro », ⛱ – ⛖ ▤ 📺 ☎ ♿ Ⓟ – 🏟 40. AE ⓢ ⓞ E VISA
chiuso dal 4 al 24 agosto – **Pasto** vedere rist **Il Corazziere** – **32 cam** ☕ 88/154000, 2 appartamenti – ½ P 160000.

XX **Il Corazziere,** frazione Baggero ✆ 650141, « Parco-pineta » – Ⓟ. AE ⓢ ⓞ E VISA
chiuso martedì e dal 4 al 24 agosto – **Pasto** carta 30/43000.

MESAGNE 72023 Brindisi 988 ㉚, 431 F 35 – 30 245 ab. alt. 72 – ☎ 0831.

Roma 574 – ◆Brindisi 15 – ◆Bari 125 – Lecce 42 – ◆Taranto 56.

Castello senza rist, piazza Vittorio Emanuele II, 2 ☎ 777500, Fax 777701 – AE E VISA
12 cam 65/98000.

MESE Sondrio – Vedere Chiavenna.

MESSINA P 988 ㊲ ㊳, 431 432 M 28 – Vedere Sicilia alla fine dell'elenco alfabetico.

MESTRE Venezia 988 ⑤, 429 F 18 – ✉ Venezia Mestre – ☎ 041.

18 e 9 Cá della Nave (chiuso martedì) a Martellago ✉ 30030 ☎ 5401555, Fax 5401926, per ⑧ : 8 km.

Marco Polo di Tessera, per ③ : 8 km ☎ 2609260.

☎ 715555.

rotonda Romea ✉ 30175 ☎ 937764.

A.C.I. via Cà Marcello 67/A ✉ 30172 ☎ 5310348.

Roma 522 ⑦ – ◆Venezia 9 ④ – ◆Milano 259 ⑦ – ◆Padova 32 ⑦ – Treviso 21 ① – ◆Trieste 150 ②.

Pianta pagina seguente

Ambasciatori, corso del Popolo 221 ✉ 30172 ☎ 5310699, Telex 410445, Fax 5310074 – 30 a 130. AE E VISA JCB. BY **b**
Pasto carta 46/68000 – 20000 – **95 cam** 170/245000, 2 appartamenti – ½ P 120/160000.

Michelangelo senza rist, via Forte Marghera 69 ✉ 30173 ☎ 986600, Telex 420288, Fax 986052 – 60 a 150. AE E VISA JCB BX **x**
51 cam 270/360000, 3 appartamenti.

Bologna, via Piave 214 ✉ 30171 ☎ 931000, Telex 410678, Fax 931095 – 30 a 180. AE E VISA. AY **e**
Pasto *(chiuso domenica e da Natale al 2 gennaio)* carta 55/78000 – **128 cam** 160/260000.

Plaza, viale Stazione 36 ✉ 30171 ☎ 929388, Telex 410490, Fax 929385 – 50 a 80. AE E VISA JCB. rist AY **f**
Pasto carta 40/65000 – **221 cam** 160/230000, appartamento.

President senza rist, via Forte Marghera 99/a ✉ 30173 ☎ 985655, Fax 985655 – AE E VISA. BXY **t**
17000 – **51 cam** 110/145000, appartamento.

Alexander, via Forte Marghera 193/c ✉ 30173 ☎ 5318288, Telex 420406, Fax 5318283 – 30 a 100. AE E VISA JCB. BY **g**
Pasto (solo per clienti alloggiati e *chiuso a mezzogiorno*) 30/50000 – 20000 – **61 cam** 150/200000 – ½ P 125/150000.

Venezia, via Teatro Vecchio 5 ✉ 30171 ☎ 985533, Fax 985490 – AE E VISA. BX **z**
Pasto (solo per clienti alloggiati e *chiuso a mezzogiorno*) carta 36/60000 – 20000 – **100 cam** 120/160000.

Club Hotel senza rist, via Villafranca 1 (Terraglio) ✉ 30174 ☎ 957722, Telex 411489, Fax 983990, – AE E VISA BZ **c**
19000 – **30 cam** 103/146000.

Ai Pini senza rist, via Miranese 176 ✉ 30171 ☎ 917722, Fax 912390, – 50. AE E VISA JCB. AY **b**
14000 – **16 cam** 130/170000.

Aurora senza rist, piazzetta Giordano Bruno 15 ✉ 30174 ☎ 989188, Fax 989832 – AE E VISA. BX **s**
13000 – **28 cam** 87/128000.

Garibaldi senza rist, viale Garibaldi 24 ✉ 30173 ☎ 5350455, Fax 5347565 – AE E VISA JCB. BX **b**
10000 – **28 cam** 105/150000.

Delle Rose senza rist, via Millosevich 46 ✉ 30173 ☎ 5317711, Fax 5317433 – E VISA JCB. BZ **b**
chiuso dal 1° dicembre al 15 gennaio – 13000 – **26 cam** 95/120000.

Paris senza rist, viale Venezia 11 ✉ 30171 ☎ 926037, Fax 926111 – AE E VISA AY **d**
chiuso dal 23 al 30 dicembre – 15000 – **18 cam** 105/145000.

Piave senza rist, via Col Moschin 6/10 ✉ 30171 ☎ 929287, Fax 929651 – AE E VISA ABY **a**
50 cam 99/139000.

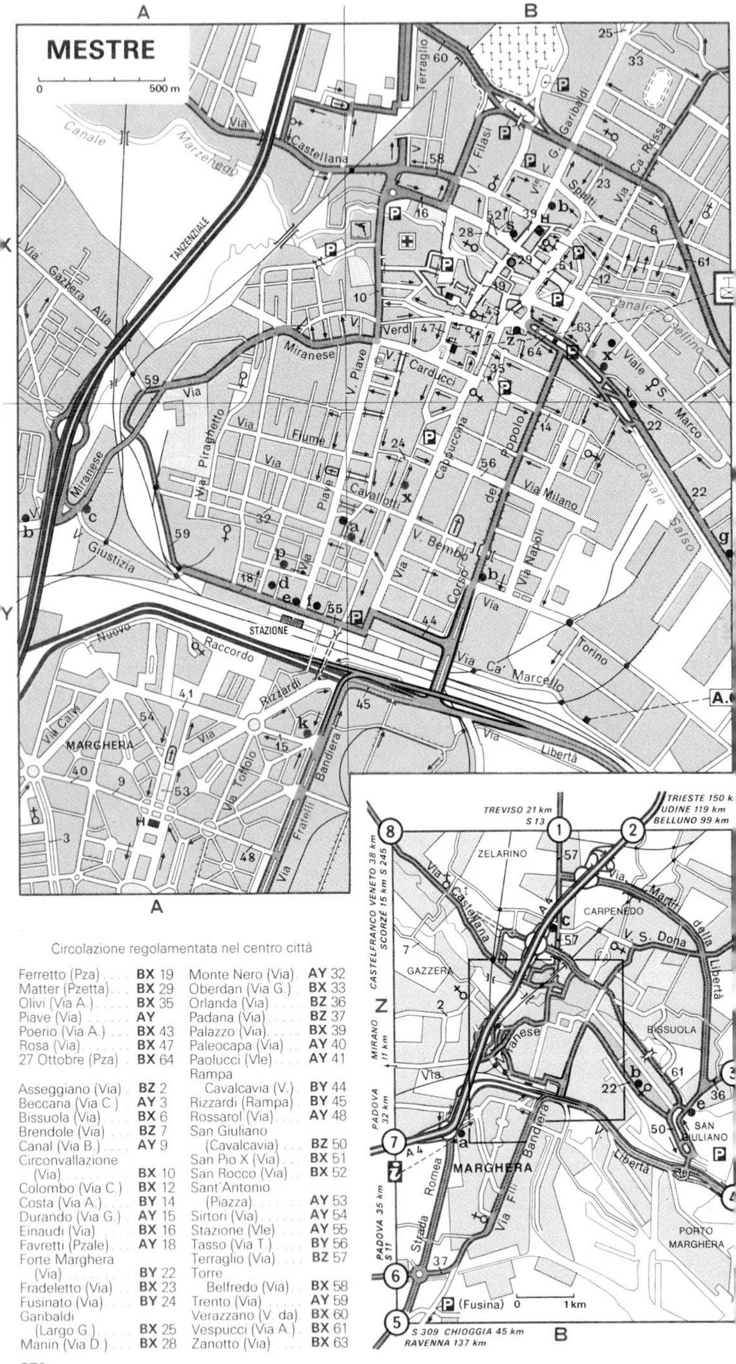

Circolazione regolamentata nel centro città

Ferretto (Pza) .... **BX** 19
Matter (Pzetta) .... **BX** 29
Olivi (Via A.) .... **BX** 35
Piave (Via) .... **AY**
Poerio (Via A.) .... **BX** 43
Rosa (Via) .... **BX** 47
27 Ottobre (Pza) .... **BX** 64

Asseggiano (Via) .... **BZ** 2
Beccaria (Via C.) .... **AY** 3
Bissuola (Via) .... **BX** 6
Brendole (Via) .... **BZ** 7
Canal (Via B.) .... **AY** 9
Circonvallazione (Via) .... **BX** 10
Colombo (Via C.) .... **BX** 12
Costa (Via A.) .... **BY** 14
Durando (Via G.) .... **AY** 15
Einaudi (Via) .... **BX** 16
Favretti (Pzale) .... **AY** 18
Forte Marghera (Via) .... **BY** 22
Fradeletto (Via) .... **BX** 23
Fusinato (Via) .... **BY** 24
Garibaldi (Largo G.) .... **BX** 25
Manin (Via D.) .... **BX** 28

Monte Nero (Via) .... **AY** 32
Oberdan (Via G.) .... **BX** 33
Orlanda (Via) .... **BZ** 36
Padana (Via) .... **BZ** 37
Palazzo (Via) .... **BX** 39
Paleocapa (Via) .... **AY** 40
Paolucci (Vle) .... **AY** 41
Rampa Cavalcavia (V.) .... **BY** 44
Rizzardi (Rampa) .... **BY** 45
Rossarol (Via) .... **AY** 48
San Giuliano (Cavalcavia) .... **BZ** 50
San Pio X (Via) .... **BX** 51
San Rocco (Via) .... **BX** 52
Sant'Antonio (Piazza) .... **AY** 53
Sirtori (Via) .... **AY** 54
Stazione (Vle) .... **AY** 55
Tasso (Via T.) .... **BY** 56
Terraglio (Via) .... **BZ** 57
Torre Belfredo (Via) .... **BX** 58
Trento (Via) .... **AY** 59
Verazzano (V. da) .... **BX** 60
Vespucci (Via A.) .... **BX** 61
Zanotto (Via) .... **BX** 63

XXX **Marco Polo,** via Forte Marghera 67 ✉ 30173 ℘ 989855, Fax 989855 – ▤. AE ⓢ ⓓ E VISA. ✻ BX x
chiuso domenica ed agosto – **Pasto** 35/80000 (a mezzogiorno) 45/100000 (alla sera) e carta 56/95000.

XX **Dall'Amelia,** via Miranese 113 ✉ 30171 ℘ 913955, Fax 5441111 – ▤. AE ⓢ ⓓ E VISA JCB AY c
chiuso mercoledì – **Pasto** 39/85000 bc (a mezzogiorno) 50/85000 (alla sera) e carta 53/90000.

XX **Valeriano,** via Col di Lana 18 ✉ 30171 ℘ 926474, Coperti limitati; prenotare – ▤. AE ⓢ ⓓ E VISA AY j
chiuso dal 6 al 22 agosto, domenica sera, lunedì ed in giugno-luglio anche domenica a mezzogiorno – **Pasto** carta 60/85000.

XX **Hostaria Dante,** via Dante 53 ✉ 30171 ℘ 959421 – ▤. AE ⓢ ⓓ E VISA BY x
chiuso dall'8 al 21 agosto, domenica e in luglio anche sabato – **Pasto** carta 34/54000.

X **Da Bepi Venesian,** via Sernaglia 27 ✉ 30171 ℘ 929357, Specialità di mare – ▤. AE ⓢ ⓓ E VISA JCB ABY a
chiuso domenica sera, lunedì, dal 1° a 7 gennaio e dal 5 al 20 agosto – **Pasto** carta 36/46000.

X **Fortuna,** via Terraglio 306 ✉ 30174 ℘ 943244, 🍽 – AE ⓢ E VISA. ✻ 2 km : per ①
chiuso domenica – **Pasto** carta 30/62000.

a Marghera S : 1 km BZ – ✉ **30175** Venezia Mestre :

🏨 **Forte Agip,** rotonda Romea 1 ℘ 936900, Telex 411418, Fax 936960 – |₿| ⇆ cam ▤ TV ☎ ♿ P – 🎤 50 a 180. AE ⓢ ⓓ E VISA JCB. ✻ rist BZ a
Pasto carta 58/74000 – **188 cam** ☕ 194/234000.

XX ✿ **Autoespresso,** via Fratelli Bandiera 34 ℘ 930214, Fax 930197, Specialità di mare, prenotare – ▤ P. AE ⓢ ⓓ E VISA. ✻ AY k
chiuso domenica, dal 22 dicembre al 6 gennaio ed agosto – **Pasto** carta 55/94000
Spec. "Orchidea nera" alla granseola, Spiedini di pesce misto, Baccalà in insalata.

a Chirignago O : 2 km – ✉ **30030** :

XX **Tre Garofani,** via Assegiano 308 ℘ 991307, 🍽, Coperti limitati; prenotare – P. AE ⓢ ⓓ E VISA. ✻
chiuso lunedì, dal 1° all'8 gennaio e dal 12 al 19 agosto – **Pasto** carta 45/58000.

a San Giuliano SE : 3 km BZ – ✉ **30173** Venezia Mestre :

🏨 **Ramada,** via Orlanda 4 ℘ 5310500, Telex 411484, Fax 5312278, Fa, ≘s, 🏊 – |₿| ⇆ cam ▤ TV ☎ ♿ P – 🎤 50 a 900. AE ⓢ ⓓ E VISA. ✻ BZ e
Pasto carta 49/83000 – **181 cam** ☕ 292/320000 – ½ P 100/170000.

a Campalto per ③ : 5 km – ✉ **30030** :

🏨 **Antony,** via Orlanda 182 ℘ 5420022, Telex 420277, Fax 901677 – |₿| ▤ TV ☎ ♿ P – 🎤 70. AE ⓢ ⓓ E VISA JCB. ✻ rist
Pasto 40/60000 – ☕ 20000 – **114 cam** 220000 – ½ P 120/150000.

META **80062** Napoli 431 F 25 – 7 487 ab. – a.s. aprile-settembre – ☎ 081.
Roma 253 – ♦Napoli 44 – Castellammare di Stabia 14 – Salerno 45 – Sorrento 5.

X **La Conchiglia,** ℘ 8786402, ≤, « Servizio estivo in terrazza sul mare » – AE ⓢ ⓓ E VISA
chiuso lunedì e dal 7 gennaio al 7 febbraio – **Pasto** carta 40/60000.

METANOPOLI Milano 988 ③ – Vedere San Donato Milanese.

METAPONTO 75010 Matera 988 ㉙, 431 F 32 – a.s. luglio-agosto – ☎ 0835.
ℹ (giugno-settembre) viale delle Sirene ☎ 741933.
Roma 469 – Matera 47 – •Bari 114 – •Cosenza 157 – Potenza 110 – •Taranto 48.

al lido SE : 2,5 km :

Turismo, ✉ 75010 ☎ 741918, Fax 741917, – AE VISA
aprile-settembre – **Pasto** carta 32/44000 – ☕ 8000 – **61 cam** 66/105000 – ½ P 85000.

MEZZANA Trento 428 429 D 14, 218 ⑱ ⑲ – 878 ab. alt. 941 – ✉ 38020 Mezzana in Val di Sole – a.s. febbraio-Pasqua e Natale – Sport invernali : a Marilleva : 925/2141 m 4 19, a Mezzana (vedere anche Folgarida) – ☎ 0463.
ℹ via Nazionale 77 ☎ 757134, Fax 757095.
Roma 652 – Trento 69 – •Bolzano 76 – •Milano 239 – Passo del Tonale 20.

Ravelli, ☎ 757122, Fax 757467, – AE E VISA rist
6 dicembre-10 aprile e 14 giugno-25 settembre – **Pasto** carta 30/47000 – **38 cam** ☕ 80/150000 – ½ P 110/125000.

Val di Sole, ☎ 757240, Fax 757240, – E VISA
dicembre-20 aprile e giugno-settembre – **Pasto** 27/30000 – ☕ 15000 – **63 cam** 66/101000 – P 80/158000.

Eccher, ☎ 757146, Fax 757257, – VISA.
dicembre-aprile e giugno-settembre – **Pasto** carta 27/42000 – **21 cam** ☕ 85/110000 – ½ P 63/90000.

a Marilleva 900 S : 1 km – ✉ 38020 Mezzana in Val di Sole :

Sporting Hotel Ravelli, ☎ 757159, Fax 757473, – AE E VISA rist
6 dicembre-15 aprile e 20 giugno-20 settembre – **Pasto** 26/35000 – **48 cam** ☕ 80/150000 – ½ P 98/130000.

Vedere anche : ***Commezzadura*** E : 3 Km.

MEZZANE DI SOTTO 37030 Verona 429 F 15 – 1 825 ab. alt. 129 – ☎ 045.
Roma 519 – •Verona 19 – •Milano 173 – •Padova 83 – Vicenza 53.

Bacco d'Oro, ☎ 8880269, Fax 8880269, « Servizio estivo in giardino » – AE E VISA
chiuso lunedì sera, martedì e dal 10 gennaio al 10 febbraio – **Pasto** carta 35/63000.

MEZZANINO 27040 Pavia 428 G 9 – 1 432 ab. alt. 62 – ☎ 0385.
Roma 560 – Piacenza 44 – Alessandria 74 – •Milano 50 – Pavia 12.

a Tornello E : 3 km – ✉ 27040 Mezzanino :

Dell'Angelo, strada statale 617 ☎ 71471 – AE E VISA.
chiuso martedì e dal 1° al 22 agosto – **Pasto** carta 36/64000.

MEZZANO SCOTTI 29020 Piacenza 428 H 10 – alt. 257 – ☎ 0523.
Roma 558 – Piacenza 40 – Alessandria 92 – •Genova 102 – •Milano 111.

Costa Filietto con cam, NE : 7 km alt. 600, ☎ 937104, – E VISA.
Pasto *(chiuso martedì)* carta 34/44000 – ☕ 5000 – **12 cam** 48/65000 – ½ P 48/55000.

MEZZOCANALE Belluno – Vedere Forno di Zoldo.

MEZZOCORONA 38016 Trento 429 D 15 – 4 431 ab. alt. 219 – a.s. dicembre-aprile – ☎ 0461.
Roma 604 – •Bolzano 44 – Trento 21.

La Cacciatora, in riva all'Adige SE : 2 km ☎ 650124, Fax 651080, – 30. AE E VISA
chiuso mercoledì e dal 15 al 31 luglio – **Pasto** carta 41/58000.

LES GUIDES VERTS MICHELIN

Paysages, monuments
Routes touristiques
Géographie
Histoire, Art
Itinéraires de visite
Plans de villes et de monuments

MEZZOLAGO 38060 Trento 428 429 E 14 – alt. 667 – a.s. Natale – ✆ 0464.
Roma 588 – Trento 56 – Brescia 88 – Milano 183 – Verona 100.

- **Mezzolago,** ✆ 508181, Fax 508689, ≤, « Terrazza sul lago », – 🛗 ☎ P. ✻
marzo-ottobre – **Pasto** *(chiuso martedì)* carta 30/45000 – **32 cam** ☕ 60/100000 – P 80000.

MEZZOLOMBARDO 38017 Trento 988 ④, 429 D 15 – 5 394 ab. alt. 227 – a.s. dicembre-aprile – ✆ 0461.
Roma 605 – Bolzano 45 – Trento 22 – Milano 261.

- XX Al Sole, con cam, via Rotaliana 5 ✆ 601103 – 🛗 TV ☎ P
17 cam.

MIANE 31050 Treviso 429 E 18 – 3 286 ab. alt. 259 – ✆ 0438.
Roma 587 – Belluno 33 – Milano 279 – Trento 116 – Treviso 39 – Udine 101 – Venezia 69.

- XX ✿ **Da Gigetto,** ✆ 960020, Fax 960111 – P. AE S ⊙ E VISA
chiuso lunedì sera, martedì, dal 7 al 22 gennaio e dal 1° al 22 agosto – **Pasto** carta 50/70000
Spec. Sopa coada (zuppa trevigiana). Nocette di vitello al basilico. Petto d'anatra al Cabernet.

MIGLIARA Napoli – Vedere Capri (Isola di) : Anacapri.

MIGNANEGO 16018 Genova – 3 502 ab. alt. 180 – ✆ 010.
Roma 516 – Genova 20 – Alessandria 73 – Milano 126.

al Santuario della Vittoria NE : 5 km :

- XX **Belvedere** ⛰ con cam, ✉ 16010 Giovi ✆ 7792285, ≤ – TV ☎. ✻
chiuso dal 1° al 15 marzo e dal 10 al 25 settembre – **Pasto** *(chiuso mercoledì)* carta 45/73000 – ☕ 12000 – **9 cam** 75/105000 – ½ P 95/105000.

Gli alberghi o ristoranti ameni sono indicati nella guida con un simbolo rosso.

Contribuite a mantenere la guida aggiornata segnalandoci gli alberghi ed i ristoranti dove avete soggiornato piacevolmente.

🏨🏨🏨 ... 🏨

XXXXX ... X

Milano

20100 P 988 ③, 428 F 9 – 1 334 171 ab. alt. 122 – ✆ 02

Vedere Duomo*** MZ – Museo del Duomo** MZ **M1** – Via e Piazza Mercanti* MZ **155** – Teatro alla Scala** MZ – Casa del Manzoni* MZ **M7** – Pinacoteca di Brera*** KV – Castello Sforzesco*** JV– Biblioteca Ambrosiana** MZ : ritratti*** di Gaffurio e Isabella d'Este, cartone preparatorio*** di Raffaello nella Pinacoteca – Museo Poldi-Pezzoli** KV **M2** : ritratto di donna*** del Pollaiolo – Museo di Storia Naturale* LV **M6** – Museo Nazionale della Scienza e della Tecnica Leonardo da Vinci* HX **M4** – Chiesa di Santa Maria delle Grazie* HX : Ultima Cena*** di Leonardo da Vinci – Basilica di Sant'Ambrogio** HJX : paliotto** – Chiesa di Sant'Eustorgio* JY : cappella Portinari** – Ospedale Maggiore* KXY – Basilica di San Satiro* : cupola* MZ – Chiesa di San Maurizio** JX – Basilica di San Lorenzo Maggiore* JY.

Dintorni Abbazia di Chiaravalle* SE : 7 km BP.

18 e 9 (chiuso lunedì) al Parco di Monza ✉20052 Monza ✆(039) 303081, Fax 304427, per ② : 20 km ;

18 Molinetto (chiuso lunedì) a Cernusco sul Naviglio ✉20063 ✆ 92105128, Fax 92106635, per ④ : 14 km ;

18 Barlassina (chiuso lunedì) a Birago di Camnago ✉20030 ✆(0362) 560621, Fax 560934, per ① : 26 km ;

18 (chiuso lunedì) a Zoate di Tribiano ✉20067 ✆90632183, Fax 90631861, per ⑥ : 20 km ;

18 Le Rovedine (chiuso lunedì) a Noverasco di Opera ✉20090 ✆57606420, Fax 57606405, per via Ripamonti BP.

Autodromo al Parco di Monza per ② : 20 km, ✆ (039) 22366, vedere la pianta di Monza.

✈ Forlanini di Linate E : 8 km CP ✆ 74852200 e della Malpensa per ⑬ : 45 km ✆74852200 – Alitalia, corso Como 15 ✉ 20154 ✆62818 e via Albricci 5 ✉ 20122 ✆ 62817.

🚗 ✆675001.

ℹ via Marconi 1 ✉ **20123** ✆ 809662, Fax 72022432 – Stazione Centrale ✉ 20124 ✆ 6690532.

A.C.I. corso Venezia 43 ✉ 20121 ✆ 77451.

Roma 572 ⑦ – ♦Genève 323 ⑫ – ♦Genova 142 ⑨ – ♦Torino 140 ⑫.

Alberghi e Ristoranti

(Elenco alfabetico : Milano p. 4 e 5)

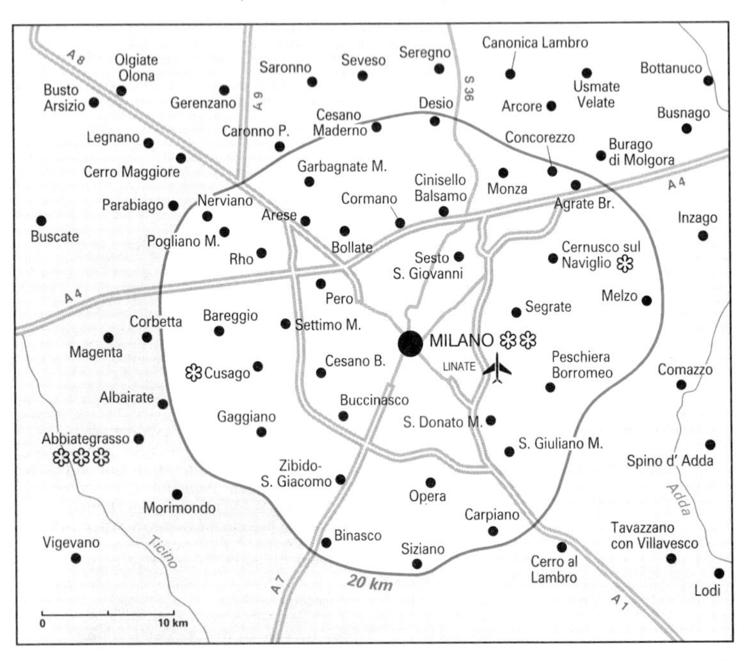

Centro Storico – Duomo, Scala, Castello Sforzesco, corso Magenta, via Torino, corso Vittorio Emanuele, via Manzoni

Four Seasons, via Gesù 8 ✉ 20121 ✆ 77088, Fax 77085000, – 280. AE E VISA JCB. rist KV **a**
Pasto al Rist. ***Il Teatro*** *(chiuso a mezzogiorno, domenica ed agosto)* carta 76/118000 e al Rist. ***La Veranda*** carta 62/94000 – 33000 – **77 cam** 737/913000, 16 appartamenti.

Grand Hotel et de Milan, via Manzoni 29 ✉ 20121 ✆ 723141, Fax 86460861 – 40 a 100. AE E VISA JCB. KV **g**
Pasto al Rist. ***Caruso*** *(chiuso la sera escluso domenica)* 90/120000 e carta 76/101000 vedere anche rist **Don Carlos** – 30000 – **87 cam** 550/693000, 8 appartamenti.

Jolly Hotel President, largo Augusto 10 ✉ 20122 ✆ 7746, Telex 312054, Fax 783449 – cam – 30 a 100. AE E VISA JCB. rist NZ **q**
Pasto carta 63/106000 – **220 cam** 425/505000 – ½ P 288/318000.

Brunelleschi, via Baracchini 12 ✉ 20123 ✆ 8843, Telex 312256, Fax 804924 – 40. AE E VISA JCB. MZ **z**
Pasto (solo per clienti alloggiati, *chiuso sabato ed agosto*) carta 60/83000 – **128 cam** 330/450000, 5 appartamenti.

Dei Cavalieri, piazza Missori 1 ✉ 20123 ✆ 8857, Telex 312040, Fax 72021683 – 40 a 60. AE E VISA JCB. rist MZ **m**
Pasto 45/50000 – **177 cam** 290/340000, 7 appartamenti.

Pierre Milano, via Edmondo de Amicis 32 ✉ 20123 ✆ 72000581, Fax 8052157 – JY **b**
45 cam.

Bonaparte Hotel, via Cusani 13 ✉ 20121 ✆ 8560, Fax 8693601 – 25. AE E VISA. rist JV **a**
Pasto carta 50/85000 – **43 cam** 360/440000, 13 appartamenti – ½ P 410000.

Grand Hotel Duomo, via San Raffaele 1 ✉ 20121 ✆ 8833, Telex 312086, Fax 86462027 – AE E VISA. rist MZ **u**
Pasto carta 66/96000 – **153 cam** 385/525000, 18 appartamenti.

Galileo senza rist, corso Europa 9 ✉ 20122 ✆ 7743, Telex 322095, Fax 76020584 – AE E VISA JCB. NZ **x**
89 cam 310/410000, 6 appartamenti.

Spadari al Duomo senza rist, via Spadari 11 ✉ 20123 ☎ 72002371, Fax 861184, « Raccolta di opere d'arte contemporanea » – AE VISA MZ **f**
38 cam 360/420000.

Sir Edward senza rist, via Mazzini 4 ✉ 20123 ☎ 877877, Fax 877844, – AE VISA MZ **h**
38 cam 290/390000, appartamento.

Regina senza rist, via Cesare Correnti 13 ✉ 20123 ☎ 58106913, Fax 58107033 – 40. AE VISA JY **a**
chiuso dal 24 dicembre al 2 gennaio ed agosto – **43 cam** 250/320000.

Cavour, via Fatebenefratelli 21 ✉ 20121 ☎ 6572051, Fax 6592263 – AE VISA JCB. rist KV **x**
Pasto 55000 e al Rist. ***Conte Camillo*** *(chiuso domenica)* 30/35000 (solo a mezzogiorno) e carta 65/80000 – 22000 – **113 cam** 240/300000, 2 appartamenti.

Starhotel Rosa senza rist, piazza Fontana ✉ 20122 ☎ 8831, Telex 316067, Fax 8057964 – 30 a 120. AE VISA JCB NZ **v**
184 cam 340/450000.

De la Ville senza rist, via Hoepli 6 ✉ 20121 ☎ 867651, Telex 312642, Fax 866609 – 60. AE VISA JCB. NZ **h**
chiuso dal 29 luglio al 29 agosto – **102 cam** 350/450000, 2 appartamenti.

Ascot, senza rist, via Lentasio 3/5 ✉ 20122 ☎ 58303300, Telex 311303, Fax 58303203 – KY **c**
63 cam.

Manzoni senza rist, via Santo Spirito 20 ✉ 20121 ☎ 76005700, Fax 784212 – AE VISA KV **s**
19000 – **49 cam** 160/210000, 3 appartamenti.

Ambrosiano senza rist, via Santa Sofia 9 ✉ 20122 ☎ 58306044, Telex 333872, Fax 58305067 – 35 a 60. AE VISA KY **f**
chiuso dal 23 dicembre al 1° gennaio – **78 cam** 155/230000.

Carrobbio senza rist, via Medici 3 ✉ 20123 ☎ 89010740, Fax 8053334 – AE VISA JCB JX **d**
chiuso dal 22 dicembre al 6 gennaio ed agosto – 21000 – **35 cam** 220/310000.

Zurigo senza rist, corso Italia 11/a ✉ 20122 ☎ 72022260, Telex 353091, Fax 72000013 – AE VISA JCB KY **j**
chiuso dal 24 dicembre al 7 gennaio – **41 cam** 167/249000.

Casa Svizzera senza rist, via San Raffaele 3 ✉ 20121 ☎ 8692246, Telex 316064, Fax 72004690 – AE VISA MZ **u**
chiuso dal 28 luglio al 24 agosto – **45 cam** 198/240000.

Canada senza rist, via Santa Sofia 16 ✉ 20122 ☎ 58304844, Fax 58300282 – AE VISA KY **f**
35 cam 175/260000.

Centro senza rist, via Broletto 46 ✉ 20121 ☎ 8692821, Telex 332632, Fax 875578 – AE VISA JCB MZ **a**
54 cam 145/200000.

Star senza rist, via dei Bossi 5 ✉ 20121 ☎ 801501, Fax 861787 – AE VISA. MZ **b**
chiuso agosto – **30 cam** 135/208000.

Lloyd senza rist, corso di Porta Romana 48 ✉ 20122 ☎ 58303332, Fax 58303365 – 100. AE VISA. KY **c**
52 cam 250/350000.

London, via Rovello 3 ✉ 20121 ☎ 72020166, Fax 8057037 – VISA.
chiuso dal 23 dicembre al 3 gennaio ed agosto – **Pasto** vedere rist **Opera Prima** – 12000 – **29 cam** 110/160000. JV **b**

Savini, galleria Vittorio Emanuele II ✉ 20121 ☎ 72003433, Fax 86461060, Locale storico-gran tradizione, prenotare, « Giardino d'inverno » – AE VISA JCB
chiuso domenica, dal 23 dicembre al 6 gennaio ed agosto – **Pasto** 65000 bc (a mezzogiorno) 80000 (alla sera) e carta 72/130000 (12 %). MZ **s**

Don Carlos - Hotel Grand Hotel et de Milan, vicolo Manzoni ✉ 20121 ☎ 72314640, Soupers – AE VISA JCB KV **g**
chiuso a mezzogiorno e domenica carta 57/87000.

Peck, via Victor Hugo 4 ✉ 20123 ☎ 876774, Fax 860408 – AE VISA JCB.
chiuso domenica, i giorni festivi, dal 1° al 10 gennaio e dal 2 al 23 luglio – **Pasto** 60/80000 e carta 71/115000 MZ **e**
Spec. Tartare di branzino e uova di quaglia, Risotto alla milanese, Scaloppa di branzino ai semi di finocchio.

Santini, corso Venezia 3 ✉ 20121 ☎ 782010, Fax 76014691, – AE VISA JCB. NZ **n**
chiuso domenica e dal 4 al 27 agosto – **Pasto** 55000 e carta 72/96000.

Biffi Scala-el Toulà, piazza della Scala ✉ 20121 ☎ 866651, Fax 866653, Soupers – AE VISA MZ **c**
chiuso sabato a mezzogiorno, domenica e dal 2 al 28 agosto – **Pasto** carta 63/97000 (12 %).

ELENCO ALFABETICO DEGLI ALBERGHI E RISTORANTI

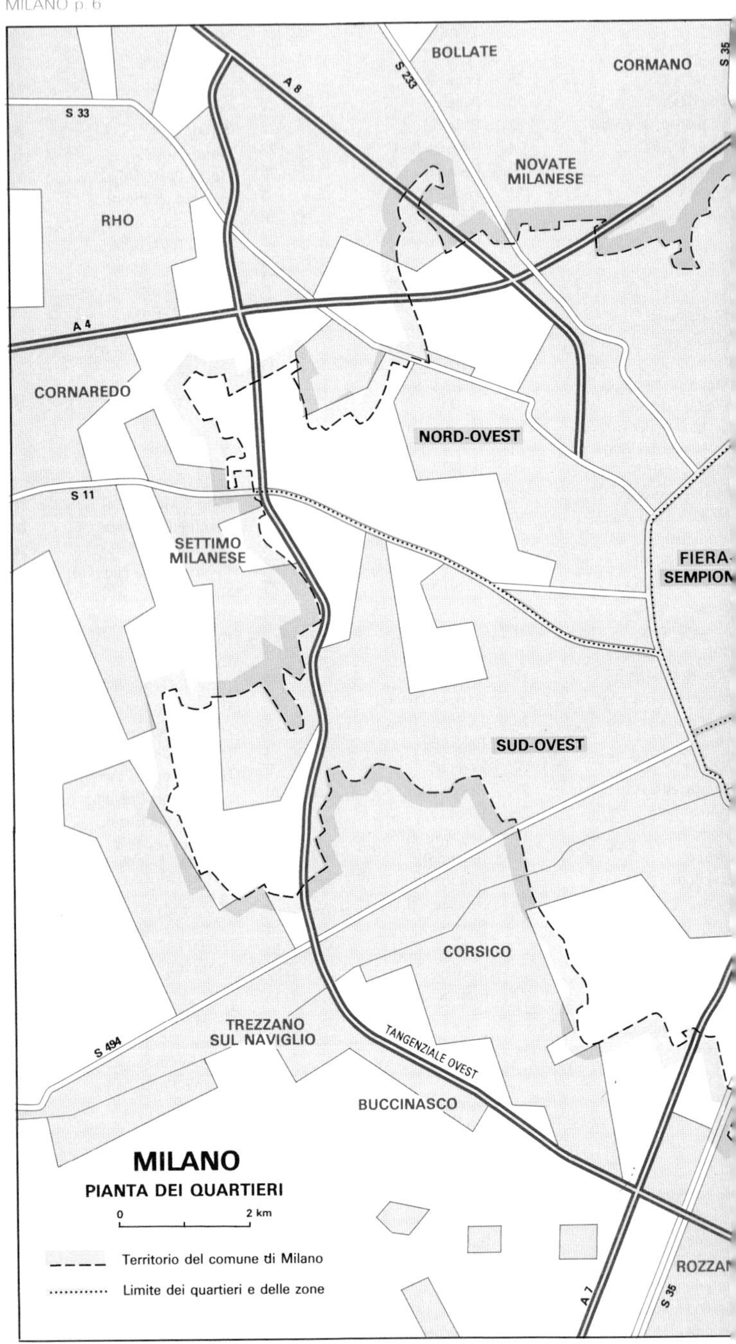
BOLLATE
CORMANO
S 35
S 233
A 8
S 33
NOVATE
MILANESE
RHO
A 4
CORNAREDO
NORD-OVEST
S 11
SETTIMO
MILANESE
FIERA-
SEMPION
SUD-OVEST
CORSICO
TREZZANO
SUL NAVIGLIO
TANGENZIALE OVEST
S 494
BUCCINASCO
MILANO
PIANTA DEI QUARTIERI
0
2 km
Territorio del comune di Milano
Limite dei quartieri e delle zone
ROZZA
A 7
S 35

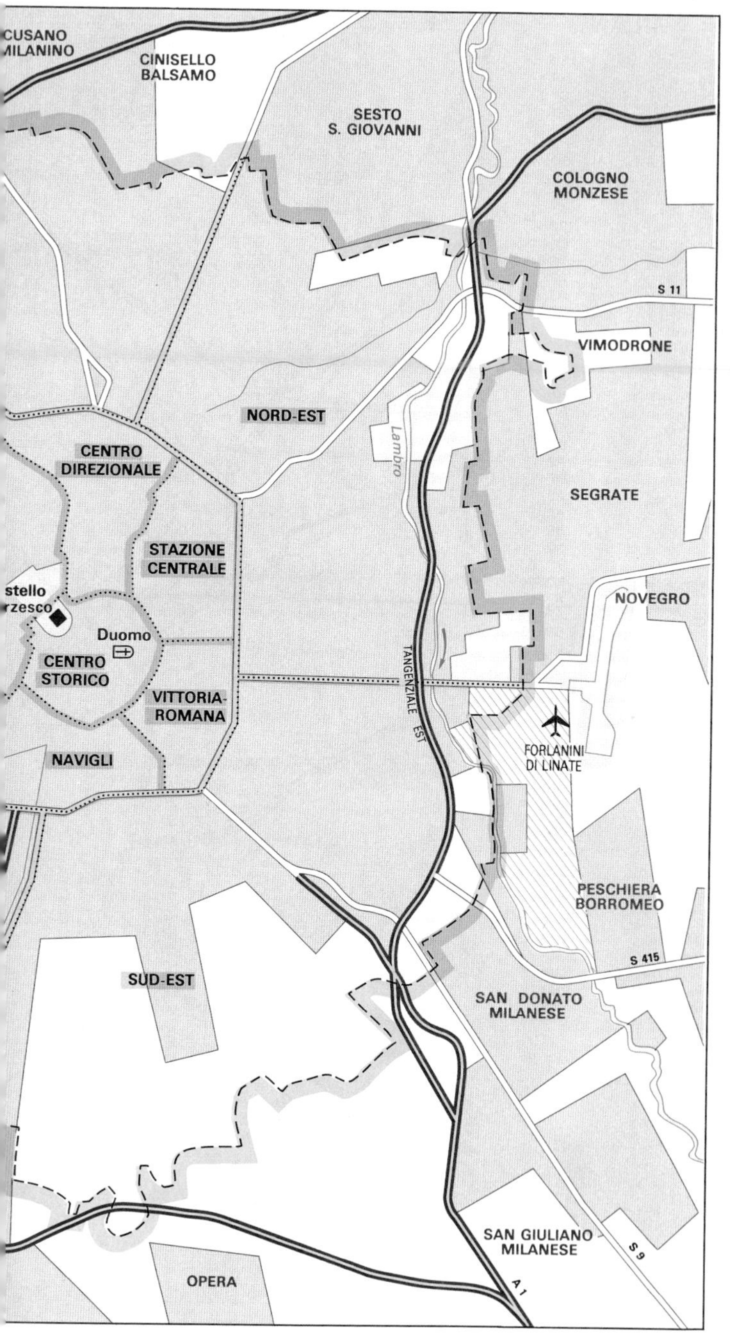
CUSANO
MILANINO
CINISELLO
BALSAMO
SESTO
S. GIOVANNI
COLOGNO
MONZESE
S 11
VIMODRONE
NORD-EST
Lambro
SEGRATE
CENTRO
DIREZIONALE
STAZIONE
CENTRALE
stello
rzesco
Duomo
CENTRO
STORICO
VITTORIA-
ROMANA
NOVEGRO
TANGENZIALE EST
FORLANINI
DI LINATE
NAVIGLI
PESCHIERA
BORROMEO
S 415
SUD-EST
SAN DONATO
MILANESE
SAN GIULIANO
MILANESE
S 9
A 1
OPERA

MILANO

Agrate (V. M. d') . . . . . **BP** 2
Antonini (V. G.) . . . . . . **BP** 8
Arcangelo Corelli (V.) . . **CP** 9
Bartolini (V.) . . . . **AO** 18
Bellini (V. G.) . . . . **AP** 23
Benefattori dell' Ospedale (V.) . . **BO** 24
Berna (V.) . . . . **AP** 29
Cà Granda (Vle) . . . . . . **BO** 44
Cardinale A. Sforza (V.) . . . . . . **BP** 50
Casiraghi (Vle Flli) . . . . **BO** 51
Cassinis (V. G. B.) . . . . **BP** 53
Cermenate (V. G. da) . . **BP** 60
Chiesa Rossa (V.) . . . . . **AP** 62
Comasinella (V.) . . . . . **BO** 68
Corsica (Vle) . . . . **BP** 74
Don L. Milani (Cavalcavia) . . . . **AP** 78
Faenza (Vle) . . . . **AP** 89
Famagosta (Vle) . . . . . . **AP** 90
Girardengo (V.) . . . . . . **AO** 103
Grassi (V. G. B.) . . . . . . **AO** 107
Graziano Imperatore . . . **BO** 108
Harar (V.) . . . . **AP** 112
Ippodromo (V.) . . . . . . **AOP** 117
La Spezia (V.) . . . . **AP** 119
Legioni Romane (Vle) . . **AP** 125
Lucania (Vle) . . . . **BP** 134
Mambretti (V.) . . . . **AO** 137
Marconi (V.) . . . . **BO** 143
Marelli (Vle) . . . . **BO** 146
Marochetti (V.) . . . . **BP** 149
Milano (V.) . . . . **AP** 161
Montegani (V.) . . . . **BP** 173
Omero (Vle) . . . . **BP** 186
Palizzi (V.) . . . . **AO** 192
Parenzo (V.) . . . . **AP** 194
Patroclo (V.) . . . . **AP** 196
Picardi (V. Flli) . . . . **BO** 200
Quaranta (V. B.) . . . . . . **BP** 209
Ravenna (V.) . . . . **BP** 212
Rembrandt (V.) . . . . **AP** 213
Rivoltana (Strada) . . . . **CP** 216
Rogoredo (V.) . . . . **CP** 218
Roma (V.) . . . . **BO** 219
Rospigliosi (V. dei) . . . . **AP** 221
Rubicone (Vle) . . . . **BO** 224
S. Arialdo (V.) . . . . **CP** 227
S. Elia (V. A.) . . . . **AO** 233
S. Rita da Cascia (V.) . . **AP** 239
Sauro (V. N.) . . . . **AO** 242
Solaroli (V.) . . . . **BP** 249
Stratico (V. S.) . . . . **AP** 252
Tucidide (V.) . . . . **CP** 263
Valasina (V.) . . . . **BO** 265
Vittorio Emanuele (V.) . **AP** 276

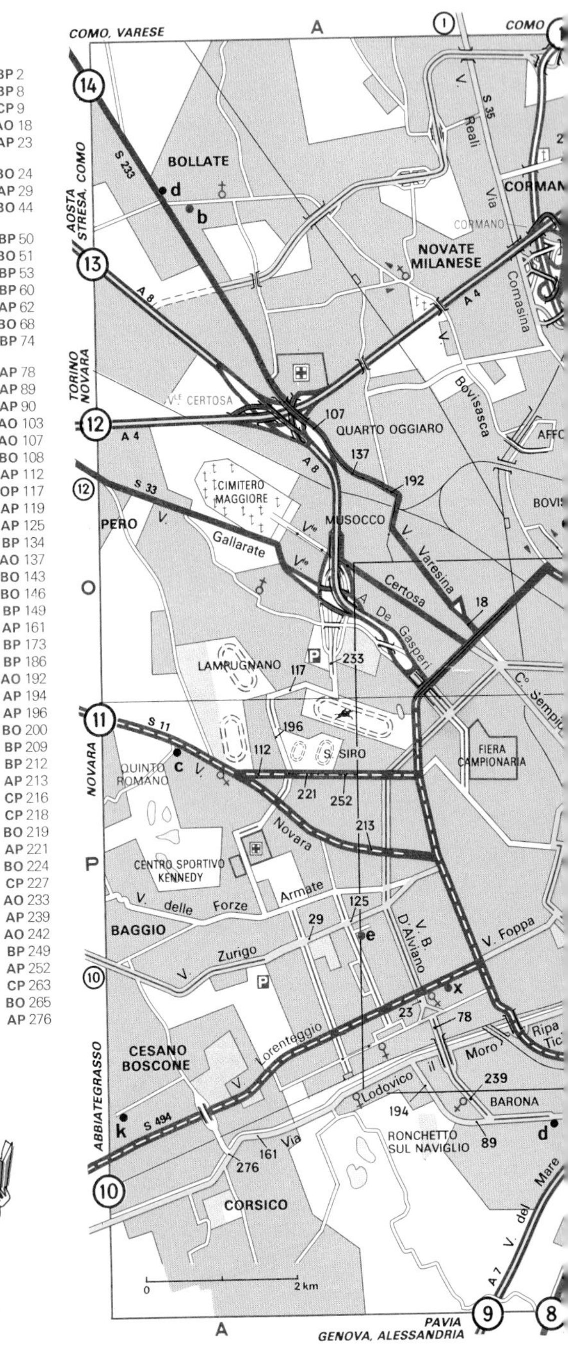

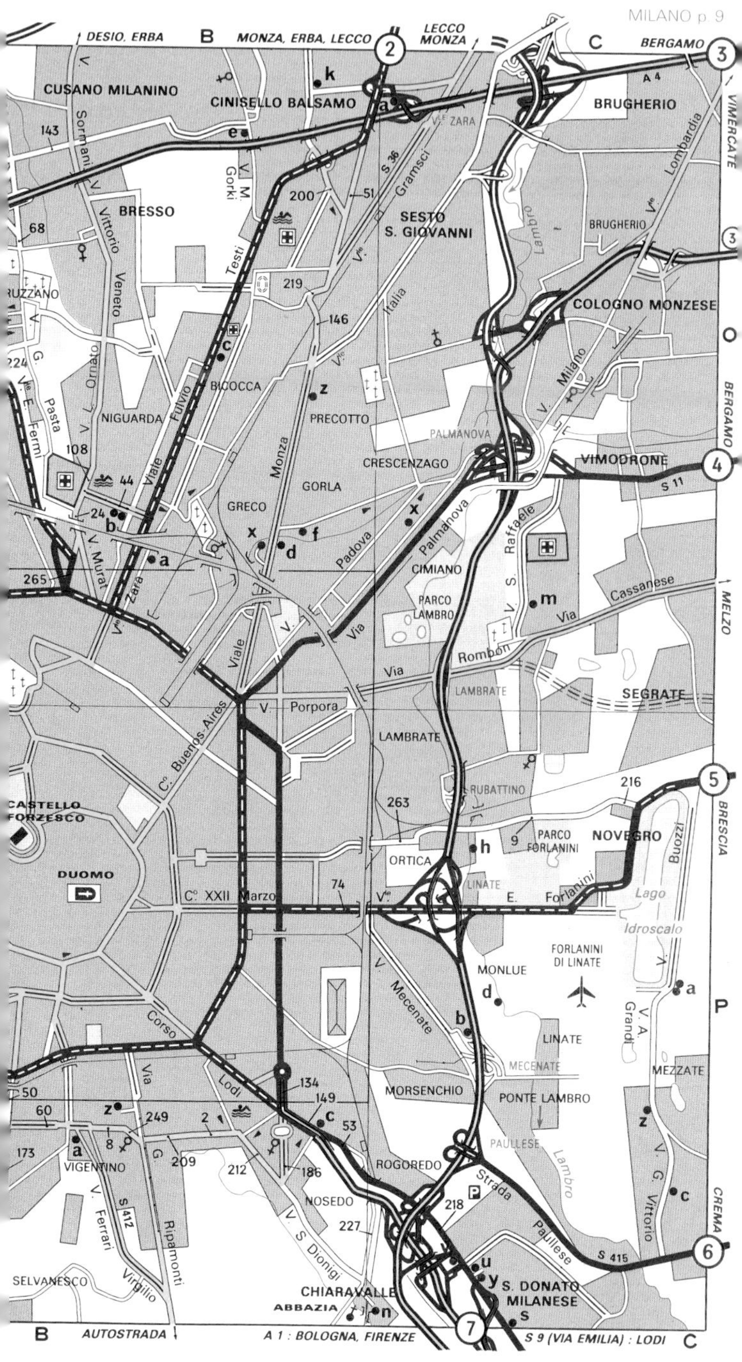
DESIO, ERBA
B
MONZA, ERBA, LECCO
LECCO MONZA
C
BERGAMO
CUSANO MILANINO
CINISELLO BALSAMO
BRUGHERIO
VIMERCATE
BRESSO
SESTO S. GIOVANNI
COLOGNO MONZESE
BICOCCA
NIGUARDA
PRECOTTO
CRESCENZAGO
VIMODRONE
GORLA
GRECO
CIMIANO
PARCO LAMBRO
MELZO
LAMBRATE
SEGRATE
RUBATTINO
CASTELLO SFORZESCO
DUOMO
ORTICA
NOVEGRO
PARCO FORLANINI
BRESCIA
FORLANINI DI LINATE
MONLUE
LINATE
MEZZATE
MORSENCHIO
PONTE LAMBRO
ROGOREDO
VIGENTINO
NOSEDO
CREMA
SELVANESCO
CHIARAVALLE
ABBAZIA
S. DONATO MILANESE
AUTOSTRADA
A 1 : BOLOGNA, FIRENZE
S 9 (VIA EMILIA) : LODI
Cº XXII Marzo
Corso Lodi
V. Porpora
Cº Buenos-Aires
Viale Monza
V.le E. Forlanini
V. Mecenate
Strada Paullese
Lago Idroscalo
Via Cassanese
Via Rombon

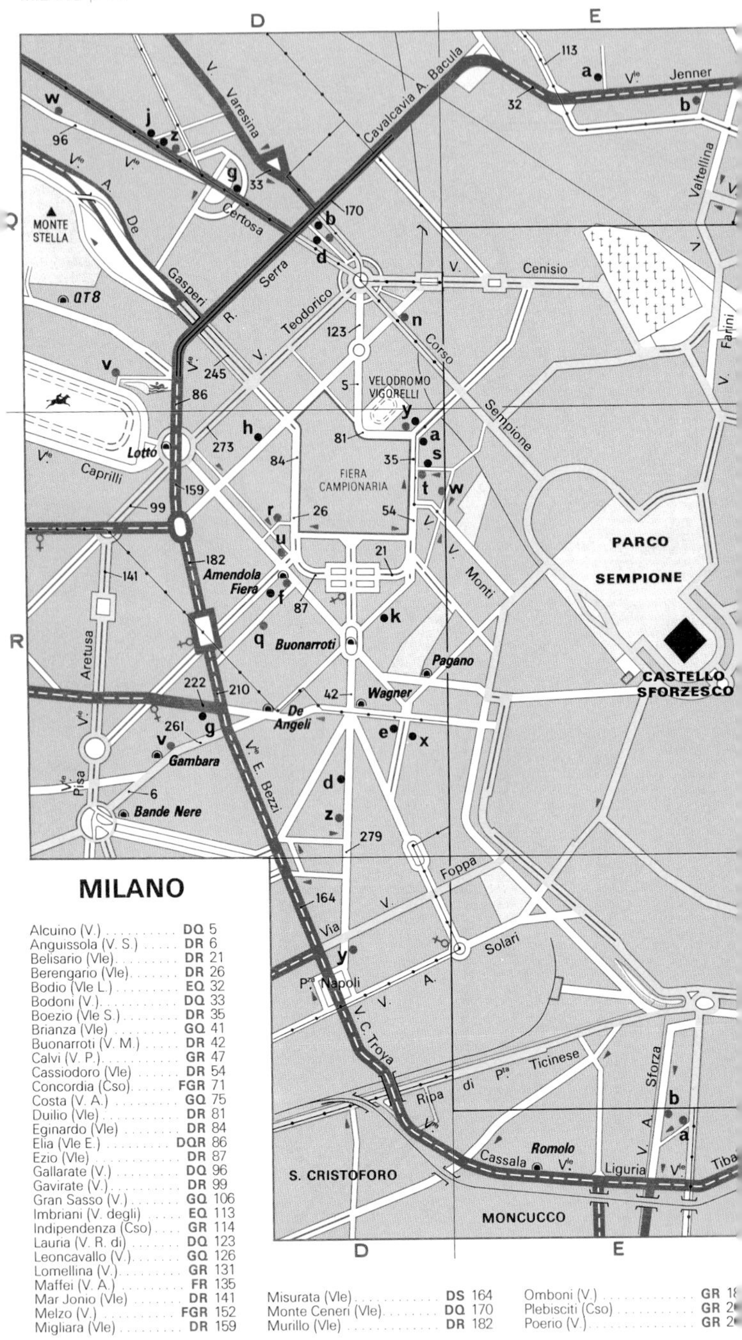

Alcuino (V.) . . . . DQ 5
Anguissola (V. S.) . . . . . DR 6
Belisario (Vle) . . . . DR 21
Berengario (Vle) . . . . DR 26
Bodio (Vle L.) . . . . EQ 32
Bodoni (V.) . . . . DQ 33
Boezio (Vle S.) . . . . DR 35
Brianza (Vle) . . . . GQ 41
Buonarroti (V. M.) . . . . . DR 42
Calvi (V. P.) . . . . GR 47
Cassiodoro (Vle) . . . . DR 54
Concordia (Cso) . . . . . . FGR 71
Costa (V. A.) . . . . GQ 75
Duilio (Vle) . . . . DR 81
Eginardo (Vle) . . . . DR 84
Elia (Vle E.) . . . . DQR 86
Ezio (Vle) . . . . DR 87
Gallarate (V.) . . . . DQ 96
Gavirate (V.) . . . . DR 99
Gran Sasso (V.) . . . . GQ 106
Imbriani (V. degli) . . . . . EQ 113
Indipendenza (Cso) . . . . GR 114
Lauria (V. R. di) . . . . DQ 123
Leoncavallo (V.) . . . . GQ 126
Lomellina (V.) . . . . GR 131
Maffei (V. A.) . . . . FR 135
Mar Jonio (Vle) . . . . DR 141
Melzo (V.) . . . . FGR 152
Migliara (Vle) . . . . DR 159
Misurata (Vle) . . . . DS 164
Monte Ceneri (Vle) . . . . DQ 170
Murillo (Vle) . . . . DR 182
Omboni (V.) . . . . GR 1
Plebisciti (Cso) . . . . GR 2
Poerio (V.) . . . . GR 2

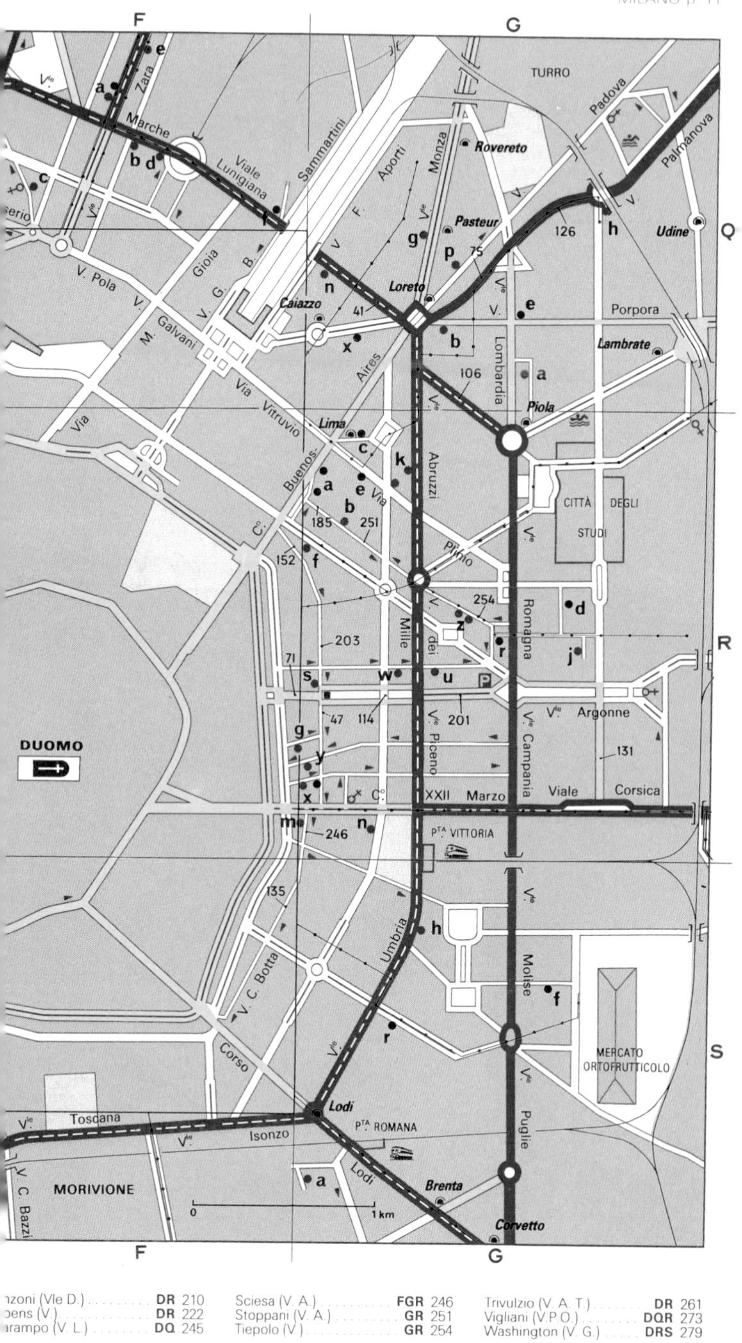
TURRO
Padova
Palmanova
Zara
Marche
Viale Lunigiana
Sammartini
Aporti
Monza
Rovereto
Pasteur
Udine
Loreto
Caiazzo
Gioia
V. Pola
M. Galvani
Via Vitruvio
Porpora
Lambrate
Lombardia
Piola
Lima
Buenos-Aires
Abruzzi
CITTÀ DEGLI STUDI
Plinio
Romagna
Mille
dei
Argonne
Campania
Piceno
XXII Marzo
Viale Corsica
DUOMO
Pta VITTORIA
Umbria
Molise
V. C. Botta
Corso
MERCATO ORTOFRUTTICOLO
Lodi
Toscana
Isonzo
Pta ROMANA
Puglie
Brenta
Corvetto
MORIVIONE
V. C. Bazzi
1 km
F
G
Q
R
S

MILANO

H
J
0
300 m
V. Mac Mahon
105
Via Cenisio
e
g
Via
m
u
Monviso
266
V. U.
b
Farini
CIMITERO MONUMENTALE
Messina
V. L. Nono
T
Via G. B. Losanna
116
Via
Fauche
C.
207
Via
p a
204
b
Procaccini
59
PORTA VOLTA
Via
h
Bertini
q
r
Viale
s
t
Via
Via
e
Sarpi
Vle
Pza Gramsci
Via G. B.
Via
Paolo
C.o
V. G. Prina
Via
Montello
V.
Bramante
Bastioni di Pta Volta
Vle
A. Volta
U
n
Sempione
j
V.
Melzi
Luigi D'Eril
Canonica
Mosca
Via
v
Massena
a
Elvezia
V.
Garibaldi
Via
Canova
Vle
Vle
Piazza Giovanni XXIII
c
k
ARENA
Legnano
Via
ARCO DELLA PACE
Byron
Corso
PARCO SEMPIONE
Via
Vle Milton
TORRE
ACQUARIO
S. Simplic
Pagano
Vle
PAL. D. ARTE
Gadio
d
Lanza
255
Via Mario
77
167
CASTELLO SFORZESCO
Vincenzo
Alemagna
Via
V
L. Ariosto
a
Settembre
Buonaparte
Via
20
e
Castello
Vi
Cu
V. Mascheroni
NORD
191
Pza
Monti
Via
Cadorna
Cairoli
a
Conciliazione
Foro
c
H
J

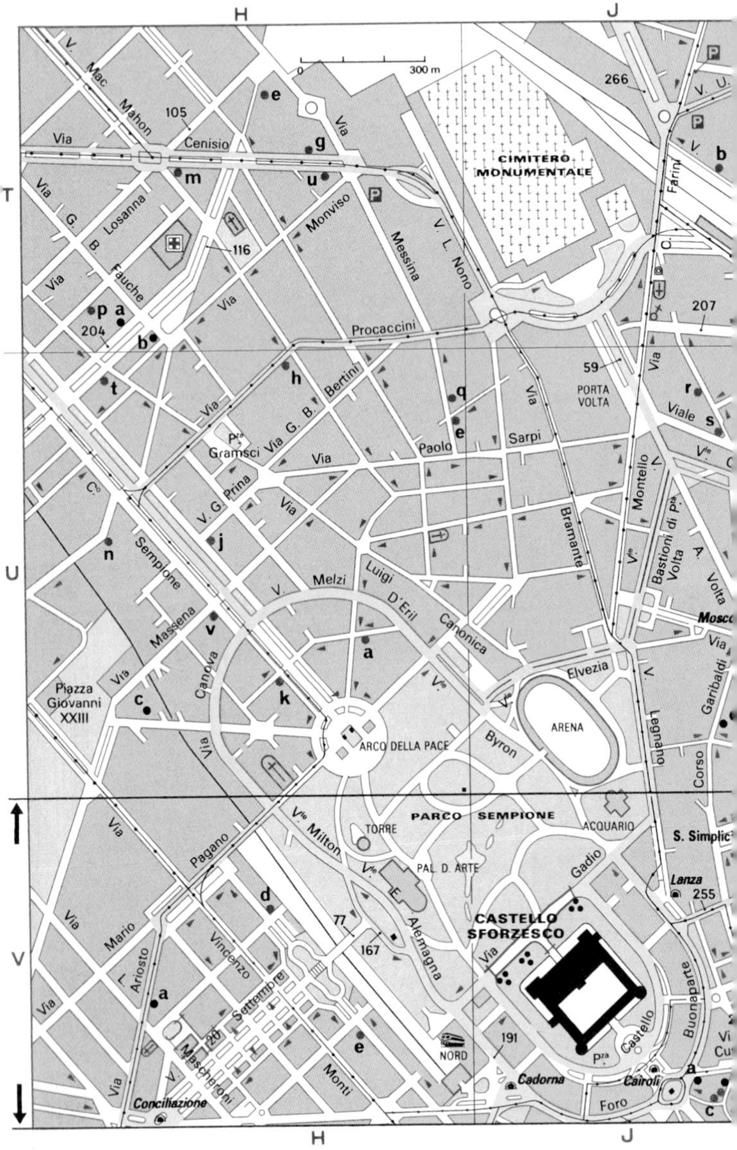

Lepetit (V.) . . . . . . LTU 128
Maffei (V. A.) . . . . . . LY 135
Melzo (V.) . . . . . . LU 152
Mercato (V.) . . . . . . JV 158
Modestino (V.) . . . . . . HY 165
Moliere (Vle E.) . . . . . . HV 167
Muratori (V. L.) . . . . . . LY 180
Oggiono (V. M. d') . . . . . . HJY 183
Orseolo (V.) . . . . . . HY 189
Paleocapa (V.) . . . . . . JV 191
Pastrengo (V.) . . . . . . KT 195
Perasto (V.) . . . . . . KT 198
Poliziano (V.) . . . . . . HTU 204
Ponte Vetero (V.) . . . . . . JV 205
Quadrio (V. M.) . . . . . . JT 207
Restelli (Vle F.) . . . . . . KT 214
Ruffini (V. Fratelli) . . . . . . HX 225
S. Babila (Pza) . . . . . . KX 228
S. Calimero (V.) . . . . . . KY 230
Savoia (Vle F. di) . . . . . . KU 243
Tivoli (V.) . . . . . . HV 255
Torchio (V.) . . . . . . JX 257
Torriani (V. N.) . . . . . . LU 258
Trau (V.) . . . . . . KT 260
Valtellina (V.) . . . . . . JT 266
Vercelli (Cso) . . . . . . HX 267
Verdi (V.) . . . . . . KV 269
Vittorio Veneto (Vle) . . . . . . KLU 278
Zezon (V.) . . . . . . LU 281

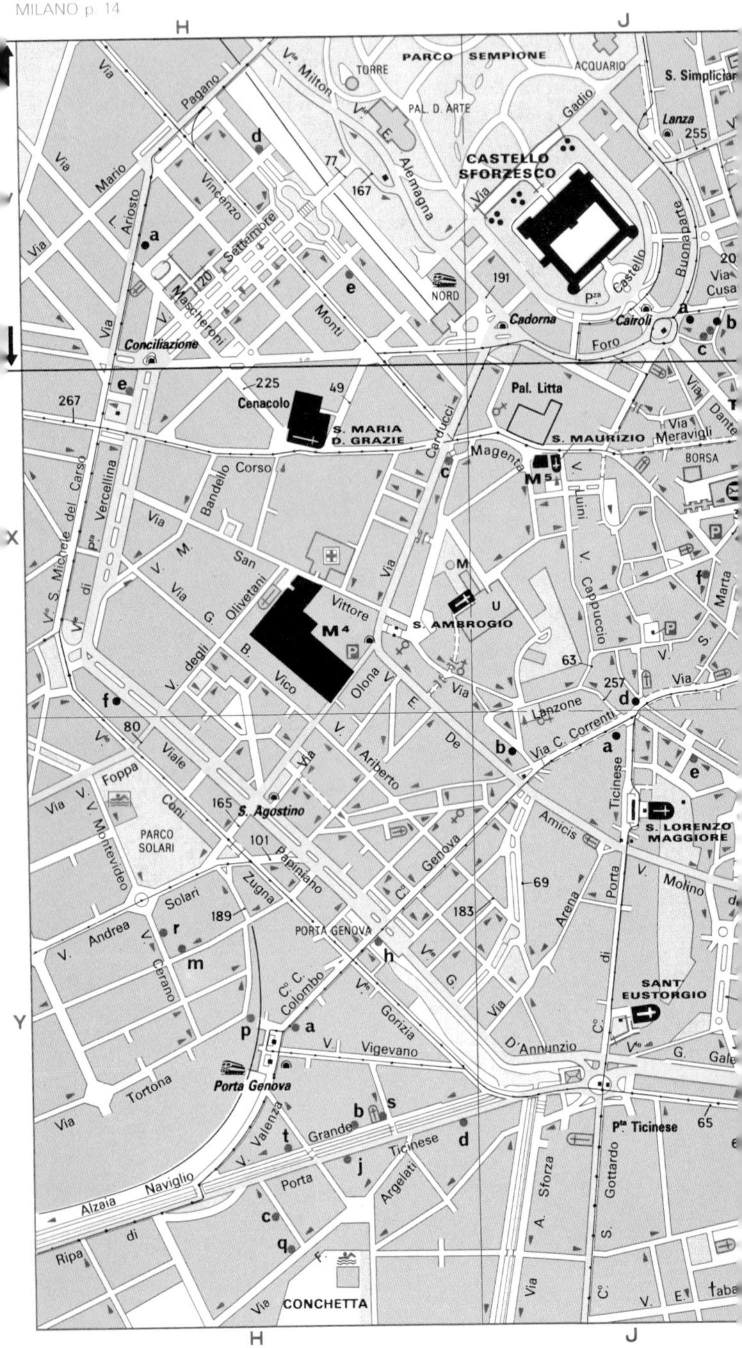

H J

PARCO SEMPIONE
TORRE
ACQUARIO
PAL. D. ARTE
S. Simpliciano
Lanza
255
V.le Milton
V.le E. Alemagna
Via Pagano
Via Mario
Via Ariosto
Via Vincenzo
Via Gadio
CASTELLO SFORZESCO
77
167
Via Settembre
120
V. Mascheroni
Via Monti
NORD
191
Cadorna
Cairoli
P.za Castello
Foro
Buonaparte
Via Cusani
Conciliazione
225
Cenacolo
49
S. MARIA D. GRAZIE
267
Pal. Litta
S. MAURIZIO
Via Meravigli
Via Dante
BORSA
Corso Magenta
Carducci
M⁵
V. Luini
Via Bandello
Via San Vittore
Via M. Olivetani
Via G. degli
V. B. Vico
V.le S. Michele del Carso
P.ta Vercellina
V.le di
V. Cappuccio
Via S. Marta
M⁴
S. AMBROGIO
U
Olona
V. E. De Amicis
63
257
Via Lanzone
Via C. Correnti
80
V.le Foppa
Viale Coni
V. Ariberto
Ticinese
S. LORENZO MAGGIORE
Via Montevideo
PARCO SOLARI
165
S. Agostino
101
Papiniano
Via Genova
V. Molino
69
Zugna
Solari
189
183
Arena
Porta
V. Andrea
V. Cerano
PORTA GENOVA
C.so C. Colombo
V.le Gorizia
V.le G.
Via D'Annunzio
SANT' EUSTORGIO
C.so di
V.le G. Galeazzo
V. Vigevano
Porta Genova
Via Tortona
Via Valenza
Grande
Ticinese
P.ta Ticinese
65
Alzaia Naviglio
Porta
Argelati
A. Sforza
S. Gottardo
Ripa di
CONCHETTA
Via
C.so
V. E. Tabacchi

H J

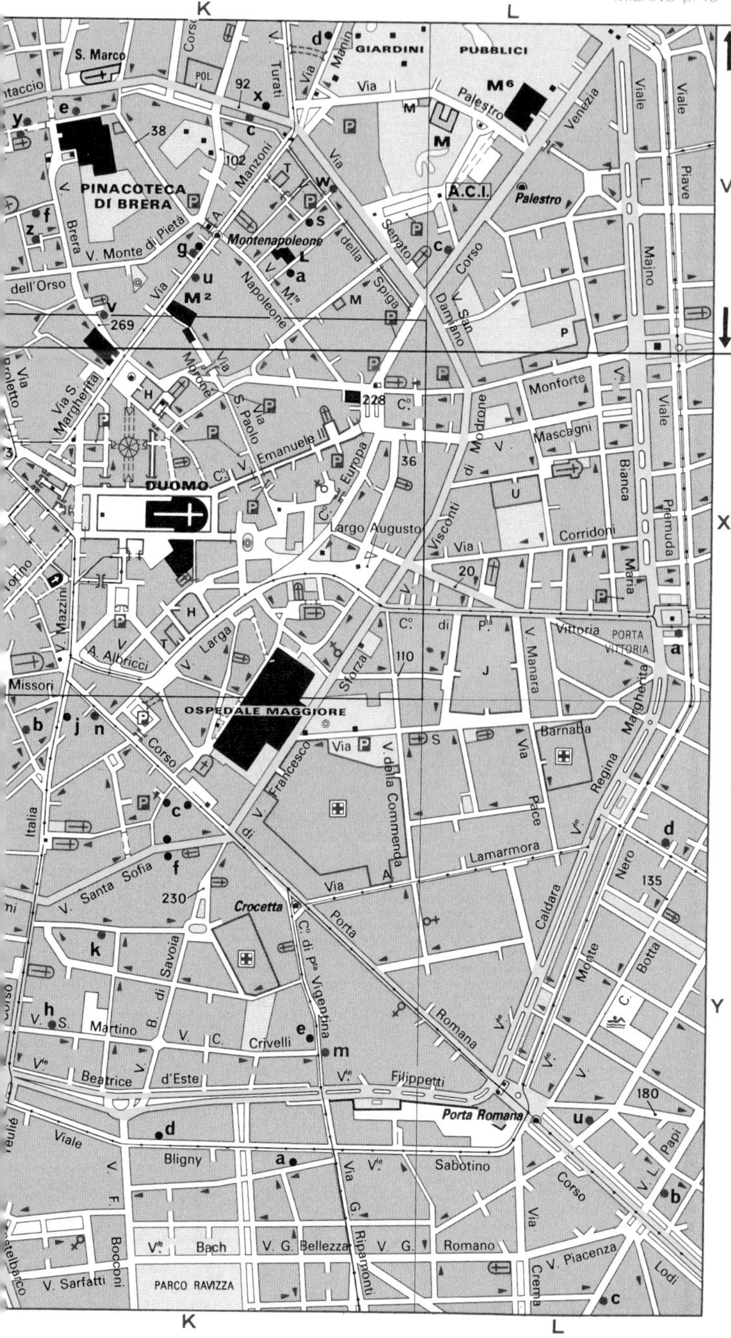
K
L
V
X
Y
S. Marco
GIARDINI
PUBBLICI
PINACOTECA
DI BRERA
Montenapoleone
Palestro
A.C.I.
Via Manin
Via Palestro
Via Turati
Corso Venezia
Viale Majno
Viale Piave
V. Monte di Pietà
dell'Orso
Via Manzoni
Napoleone
Via della Spiga
Via Senato
Corso V. San Damiano
Via Brera
Via Broletto
Via S. Margherita
Via Morone
Via S. Paolo
C° V. Emanuele II
C° Europa
Largo Augusto
DUOMO
Monforte
V. Mascagni
Via Visconti di Modrone
V. Corridoni
Viale Bianca Maria
Viale Premuda
V. Larga
A. Albricci
V. Mazzini
Missori
C° di P^ta Vittoria
PORTA VITTORIA
V. Manara
OSPEDALE MAGGIORE
Via Sforza
Via Francesco
V. della Commenda
Via Pace
Barnaba
V^le Regina Margherita
Via Lamarmora
Via Porta Romana
Crocetta
C° di P^ta Vigentina
V. Santa Sofia
Corso Italia
Via di Savoia
Caldara
V^le Monte Nero
Botta
V. S. Martino
V. C. Crivelli
V^le Beatrice d'Este
V^le Filippetti
Porta Romana
Viale Bligny
V^le Sabotino
Via G. Ripamonti
V^le Bach
V. G. Bellezza
V. G. Romano
V. Piacenza
Corso Lodi
V. L. Papi
Via Crema
V. F. Bocconi
V. Sarfatti
PARCO RAVIZZA
POL.
92
38
102
269
228
36
20
110
230
135
180

MILANO

XXX **Don Lisander,** via Manzoni 12/a ✉ 20121 ☎ 76020130, Fax 784573, prenotare, « Servizio estivo all'aperto » – ▤. AE ⓢ ⓓ E VISA JCB — KV
chiuso domenica, dal 24 dicembre al 10 gennaio e dal 12 al 22 agosto – **Pasto** carta 64/98000.

XXX Suntory, via Verdi 6 ✉ 20121 ☎ 8693022, Fax 72023282, Rist. giapponese ▤ — KV

XXX **Boeucc,** piazza Belgioioso 2 ✉ 20121 ☎ 76020224, Fax 796173, 🏠, prenotare – ▤. AE — NZ
chiuso sabato, domenica a mezzogiorno, dal 24 dicembre al 2 gennaio ed agosto – **Pasto** carta 63/101000.

XXX **Alfio,** via Senato 31 ✉ 20121 ☎ 780731, Fax 783446, « Giardino d'inverno » – ▤. AE ⓢ ⓓ E VISA JCB — KV
chiuso sabato, domenica a mezzogiorno, dal 23 dicembre al 3 gennaio ed agosto – **Pasto** carta 61/101000.

XXX **L'Ulmet,** via Disciplini ang. via Olmetto ✉ 20123 ☎ 86452718, prenotare ▤ — JY
chiuso domenica e lunedì a mezzogiorno – **Pasto** carta 65/104000.

XXX **San Vito da Nino,** via San Vito 5 ✉ 20123 ☎ 8376586, Coperti limitati; prenotare – ▤ AE ⓢ ⓓ E VISA JCB. — JY
chiuso lunedì ed agosto – **Pasto** carta 53/74000.

XXX **Peppino,** via Durini 7 ✉ 20122 ☎ 781729 – ▤. AE ⓢ ⓓ E VISA — NZ
chiuso venerdì, sabato a mezzogiorno e dal 10 al 31 luglio – **Pasto** carta 5 71000.

XX **La Dolce Vita,** via Bergamini 11 ✉ 20122 ✆ 58307418, prenotare la sera – ▤. AE ⑤ ⓓ E VISA. ✂ NZ **a**
chiuso sabato a mezzogiorno, domenica ed agosto – **Pasto** 20/30000 (a mezzogiorno) 50000 (alla sera) e carta 40/50000 bc.

XX La Bitta, via del Carmine 3 ✉ 20121 ✆ 72003185, Specialità di mare – ▤ KV **f**

XX **Bagutta,** via Bagutta 14 ✉ 20121 ✆ 76002767, Fax 799613, 佘, Ritrovo d'artisti, « Caratteristici dipinti e caricature » – AE ⑤ ⓓ E VISA. ✂ NZ **k**
chiuso domenica e dal 23 dicembre al 5 gennaio – **Pasto** carta 71/112000.

XX **Franco il Contadino,** via Fiori Chiari 20 ✉ 20121 ✆ 86463446, Rist. tipico e ritrovo d'artisti – ▤. AE ⑤ ⓓ E VISA KV **y**
chiuso martedì, mercoledì a mezzogiorno e luglio – **Pasto** 45/55000 (a mezzogiorno) 55/70000 (alla sera) e carta 55/77000.

XX Sogo-Brera, via Fiori Oscuri 3 ✉ 20121 ✆ 86465367, Rist. giapponese – ▤ KV **e**

XX **Rovello,** via Rovello 18 ✉ 20121 ✆ 864396 – ▤. AE ⓓ E VISA. ✂ JV **c**
chiuso sabato a mezzogiorno, domenica e in luglio-agosto anche sabato sera – **Pasto** carta 50/70000.

XX **Opera Prima,** via Rovello 3 ✉ 20121 ✆ 865235, Fax 8057037 – ▤. AE ⑤ ⓓ E VISA JCB JV **b**
chiuso sabato a mezzogiorno, domenica e dal 6 al 30 agosto – **Pasto** 50000 e carta 62/94000.

XX **Akasaka,** via Durini 23 ✉ 20122 ✆ 76023679, Fax 76020338, Rist. giapponese – ▤. AE ⑤ ⓓ E VISA JCB. ✂ NZ **c**
chiuso lunedì e dal 15 al 23 agosto – **Pasto** 25/70000 (10 %) a mezzogiorno 70/150000 (10 %) alla sera e carta 61/143000 (10 %).

XX **Al Mercante,** piazza Mercanti 17 ✉ 20123 ✆ 8052198, Fax 86465250, « Servizio estivo all'aperto » – AE ⑤ ⓓ E VISA MZ **d**
chiuso domenica e dal 1° al 25 agosto – **Pasto** carta 48/68000.

XX **Moon Fish,** via Bagutta 2 ✉ 20121 ✆ 76005780, 佘, Specialità di mare – ▤. ⑤ NZ **d**
chiuso domenica – **Pasto** carta 57/87000.

XX **Albric,** via Albricci 3 ✉ 20122 ✆ 86461329, Fax 86461329 – ▤. AE ⑤ ⓓ E VISA JCB. ✂ MZ **y**
chiuso sabato a mezzogiorno, domenica e dal 14 al 28 agosto – **Pasto** 50/60000 (a mezzogiorno) 60/80000 (alla sera) e carta 60/83000.

XX **Boccondivino,** via Carducci 17 ✉ 20123 ✆ 866040, Specialità salumi, formaggi e vini tipici, prenotare – ▤. ⑤ E VISA HX **c**
chiuso a mezzogiorno, domenica ed agosto – **Pasto** 50/80000.

XX **Santa Marta,** via Santa Marta 6 ✉ 20123 ✆ 8052090, Fax 8052090 – AE ⑤ ⓓ E VISA
chiuso domenica, Natale ed agosto – **Pasto** carta 52/71000. JX **f**

XX **Da Marino-al Conte Ugolino,** piazza Beccaria 6 ✉ 20122 ✆ 876134 – ▤. AE ⑤ ⓓ E VISA NZ **w**
chiuso domenica ed agosto – **Pasto** carta 53/70000 (11 %).

XX Alla Collina Pistoiese, via Amedei 1 ✉ 20123 ✆ 877248, Ambiente vecchia Milano – ▤ KY **b**

XX **Ciovassino,** viaCiovassino 5 ✉ 20121 ✆ 8053868 – ▤. AE ⑤ ⓓ E VISA KV **z**
chiuso sabato a mezzogiorno, domenica ed agosto – **Pasto** carta 49/77000.

XX **Maddalena,** Via Maddalena 3/5 ✉ 20122 ✆ 8056192 – ▤. AE ⑤ E VISA KY **n**
chiuso sabato a mezzogiorno e domenica – **Pasto** 40000 bc (solo a mezzogiorno) e carta 43/69000 (solo alla sera).

X **Francesco,** via Festa del Perdono 4 ✉ 20122 ✆ 58307404, 佘 – ▤. AE ⑤ ⓓ E VISA NZ **b**
chiuso domenica, dal 23 al 31 dicembre e dal 12 al 24 agosto – **Pasto** carta 41/66000.

X **La Tavernetta-da Elio,** via Fatebenefratelli 30 ✉ 20121 ✆ 653441, Specialità toscane – AE ⑤ E VISA KV **c**
chiuso domenica ed agosto – **Pasto** carta 48/68000.

X **Trattoria dell'Angolo,** via Fiori Chiari ang via Formentini ✉ 20121 ✆ 86460152 – ▤. AE ⑤ ⓓ E VISA KV **y**
chiuso sabato a mezzogiorno, domenica, dal 1° al 7 gennaio e dal 6 al 25 agosto – **Pasto** carta 50/78000.

Centro Direzionale – via della Moscova, via Solferino, via Melchiorre Gioia, viale Zara, via Carlo Farini

Executive, viale Luigi Sturzo 45 ✉ 20154 ☎ 6294, Telex 310191, Fax 29010238 – 25 a 800. AE VISA JCB. KTU e
Pasto carta 63/96000 – **414 cam** 180/220000, 6 appartamenti.

Carlyle Brera Hotel senza rist, corso Garibaldi 84 ✉ 20121 ☎ 29003888, Telex 323357, Fax 29003993 – AE VISA JCB. JU u
98 cam 355/395000.

Ritter, senza rist, corso Garibaldi 68 ✉ 20121 ☎ 29006860, Telex 326863, Fax 6571512 – JU c
88 cam.

Gianni e Dorina, via Pepe 38 ✉ 20159 ☎ 606340, Fax 606340, , solo su prenotazione –. AE E VISA JCB. JT b
chiuso sabato a mezzogiorno, domenica, dal 26 luglio al 15 settembre e Natale – **Pasto** carta 56/83000.

A Riccione, via Taramelli 70 ✉ 20124 ☎ 6686807, Specialità di mare, prenotare –. AE E VISA JCB FQ b
chiuso lunedì ed agosto – **Pasto** carta 65/106000.

Al Tronco, via Thaon di Revel 10 ✉ 20159 ☎ 606072 –. AE E VISA FQ c
chiuso sabato a mezzogiorno, domenica ed agosto – **Pasto** carta 38/62000.

Piccolo Teatro-Fuori Porta, viale Pasubio 8 ✉ 20154 ☎ 6572105, prenotare – JU n

San Fermo, via San Fermo della Battaglia 1 ✉ 20121 ☎ 29000901 – AE E VISA
chiuso dal 1° al 7 gennaio, domenica, sabato sera da giugno ad agosto e lunedì sera negli altri mesi – **Pasto** carta 44/68000. KU

Alla Cucina delle Langhe, corso Como 6 ✉ 20154 ☎ 6554279, Specialità piemontesi. KU

Al Garibaldi, viale Monte Grappa 7 ✉ 20124 ☎ 6598006 – KU n

Casa Fontana-23 Risotti, piazza Carbonari 5 ✉ 20125 ☎ 6704710, Coperti limitati; prenotare –. AE E VISA. FQ
chiuso dal 5 al 27 agosto, lunedì, sabato a mezzogiorno, in luglio anche sabato sera e domenica – **Pasto** carta 59/88000.

Il Verdi, piazza Mirabello 5 ✉ 20121 ☎ 6590797 – KU
Pasto 18/30000 a mezzogiorno e carta 40/62000.

Da Fumino, via Bernina 43 ✉ 20158 ☎ 606872, , Trattoria toscana –. AE VISA EQ
chiuso sabato a mezzogiorno, domenica ed agosto – **Pasto** carta 42/73000.

Rigolo, via Solferino 11 angolo largo Treves ✉ 20121 ☎ 86463220, Fax 86463220, Ris d'habitués –. AE E VISA. KU
chiuso lunedì ed agosto – **Pasto** carta 39/63000.

Trattoria della Pesa, viale Pasubio 10 ✉ 20154 ☎ 6555741, Fax 6555413, Tipica trattori vecchia Milano con cucina lombarda – JU

Da Rossano, via Maroncelli 15 ✉ 20154 ☎ 6571856, Trattoria toscana –. AE VISA JCB. JU
chiuso sabato – **Pasto** carta 29/78000.

Osteria de l'Isula, via Borsieri 27 ✉ 20159 ☎ 6080785, , Coperti limitati; prenotare AE KT
chiuso domenica e dal 10 al 25 agosto – **Pasto** carta 45/65000.

Stazione Centrale – corso Buenos Aires, via Vittor Pisani, piazza della Repubblica

Principe di Savoia, piazza della Repubblica 17 ✉ 20124 ☎ 6230 e rist 2909002 Telex 310052, Fax 6595838, – – 700. AE E VISA JCB KU
Pasto 90/110000 e al Rist. ***Galleria*** carta 95/145000 – 48500 – **235 cam** 506/69300 47 appartamenti.

Palace, piazza della Repubblica 20 ✉ 20124 ☎ 6336 e rist ☎ 29000803, Telex 31102 Fax 654485 – cam – 25 a 250. AE E VISA JCB rist LU
Pasto al Rist. ***Casanova Grill*** *(prenotare)* 100000 – 27500 – **208 cam** 424/60500 8 appartamenti.

Excelsior Gallia, piazza Duca d'Aosta 9 ✉ 20124 ℘ 6785, Telex 311160, Fax 66713239, – cam – 40 a 500. AE VISA JCB. LT a
Pasto carta 57/125000 – 35000 – **239 cam** 390/440000, 9 appartamenti.

Milano Hilton, via Galvani 12 ✉ 20124 ℘ 69831, Telex 330433, Fax 66710810 – cam – 30 a 250. AE VISA JCB. rist LT c
Pasto 60/65000 – 35000 – **321 cam** 407/514000.

Duca di Milano, piazza della Repubblica 13 ✉ 20124 ℘ 6284, Telex 325026, Fax 6555966 – – 40 a 60. AE VISA JCB. rist KU c
chiuso agosto – **Pasto** carta 80/110000 – 31000 – 99 appartamenti 451/616000.

Michelangelo, piazza Luigi di Savoia ang. via Scarlatti ✉ 20124 ℘ 6755, Telex 340330, Fax 6694232 – cam – 25 a 450. AE VISA JCB LTU s
chiuso agosto – **Pasto** carta 85/115000 – **300 cam** 360/500000, 7 appartamenti – ½ P 325/365000.

Century Tower Hotel, via Fabio Filzi 25/b ✉ 20124 ℘ 67504, Telex 330557, Fax 66980602 – – 40 a 60. AE VISA JCB. LT f
Pasto 48/55000 bc – 148 appartamenti 290/360000 – ½ P 228/338000.

Jolly Hotel Touring, via Tarchetti 2 ✉ 20121 ℘ 6335, Telex 320118, Fax 6592209 – – 25 a 120. AE VISA JCB. rist KU f
Pasto 65000 e al Rist. ***Amadeus*** carta 49/80000 – **317 cam** 350/430000 – ½ P 280000.

Starhotel Ritz, via Spallanzani 40 ✉ 20129 ℘ 2055, Telex 333116, Fax 29518679 – – 25 a 160. AE VISA JCB. rist GR a
Pasto (solo per clienti alloggiati) – **206 cam** 340/450000 – ½ P 160/400000.

Doria Grand Hotel, viale Andrea Doria 22 ✉ 20124 ℘ 6696696, Telex 360173, Fax 6696669 – – 25 a 70. AE VISA JCB. rist GQ x
Pasto *(chiuso agosto)* carta 60/114000 – **118 cam** 340/390000, 2 appartamenti.

Bristol senza rist, via Scarlatti 32 ✉ 20124 ℘ 6694141, Fax 6702942 – – 50. AE VISA LT m
chiuso agosto – **68 cam** 203/270000.

Atlantic senza rist, via Napo Torriani 24 ✉ 20124 ℘ 6691941, Telex 321451, Fax 6706533 – – 25. AE VISA JCB LU h
62 cam 260/360000.

Manin, via Manin 7 ✉ 20121 ℘ 6596511, Telex 320385, Fax 6552160, – – 25 a 100. AE VISA JCB. rist KV d
chiuso dal 24 dicembre al 7 gennaio e dal 3 al 18 agosto – **Pasto** *(chiuso sabato)* carta 53/91000 – 23000 – **112 cam** 240/310000, 6 appartamenti – ½ P 193/228000.

Augustus senza rist, via Napo Torriani 29 ✉ 20124 ℘ 66988271, Fax 6703096 – . AE VISA JCB LU q
chiuso dal 23 dicembre al 5 gennaio e dal 25 luglio al 25 agosto – **56 cam** 141/201000.

Mediolanum senza rist, via Mauro Macchi 1 ✉ 20124 ℘ 6705312, Telex 310448, Fax 66981921 – . AE VISA JCB LU n
52 cam 200/303000.

Sanpi senza rist, via Lazzaro Palazzi 18 ✉ 20124 ℘ 29513341, Fax 29402451 – – 30. AE VISA. LU e
chiuso dal 23 dicembre all'8 gennaio ed agosto – **61 cam** 241/310000, 2 appartamenti.

Berna senza rist, via Napo Torriani 18 ✉ 20124 ℘ 6691441, Telex 334695, Fax 6693892 – – 30 a 60. AE VISA JCB. LU h
115 cam 170/250000.

Auriga senza rist, via Pirelli 7 ✉ 20124 ℘ 66985851, Fax 66980698 – – 25. AE VISA JCB LTU k
chiuso agosto – **65 cam** 175/200000.

Madison senza rist, via Gasparotto 8 ✉ 20124 ℘ 67074150, Telex 326543, Fax 67075059 – – 100. AE VISA LT j
92 cam 205/305000, 8 appartamenti.

Galles, via Ozanam 1 ang. corso Buenos Aires ✉ 20129 ℘ 204841, Telex 322091, Fax 2048422, – – 25 a 150. AE VISA JCB. GR c
Pasto *(chiuso domenica)* carta 40/64000 – 14000 – **105 cam** 240/340000.

Albert senza rist, via Tonale 2 ang. via Sammartini ✉ 20125 ℘ 66985446, Fax 66985624 – – 35. AE VISA FQ f
62 cam 150/230000.

Demidoff senza rist, via Plinio 2 ✉ 20129 ℘ 29513889, Fax 29405816 – . AE VISA JCB GR e
chiuso dal 24 dicembre al 2 gennaio e dal 2 al 30 agosto – **36 cam** 140/200000.

New York senza rist, via Pirelli 5 ✉ 20124 ✆ 66985551, Fax 6697267 – |♦| ▤ TV ☎. AE ⓢ ⓓ E VISA LTU **k**
chiuso dal 24 dicembre al 5 gennaio e dal 1° al 28 agosto – **69 cam** ☐ 141/210000.

City senza rist, corso Buenos Aires 42/5 ✉ 20124 ✆ 29523382, Fax 2046957 – ▤ TV ☎. AE ⓢ VISA. ✗ GR **a**
chiuso dal 23 dicembre al 2 gennaio ed agosto – **55 cam** ☐ 170/240000.

Mini Hotel Aosta senza rist, piazza Duca d'Aosta 16 ✉ 20124 ✆ 6691951, Fax 6696215 – |♦| ▤ TV ☎. AE ⓢ ⓓ E VISA JCB LT **p**
63 cam ☐ 150/225000.

San Carlo senza rist, via Napo Torriani 28 ✉ 20124 ✆ 6693236, Telex 314324, Fax 6703116 – |♦| ▤ TV ☎ – 🧑‍🏫 30. AE ⓢ ⓓ E VISA JCB LU **u**
75 cam ☐ 145/200000.

Bolzano senza rist, via Boscovich 21 ✉ 20124 ✆ 6691451, Fax 6691455, 🌳 – |♦| ▤ TV ☎. AE ⓢ ⓓ E VISA JCB. ✗ LU **t**
☐ 15000 – **35 cam** 130/190000.

Sempione, via Finocchiaro Aprile 11 ✉ 20124 ✆ 6570323, Telex 340498, Fax 6575379 – |♦| ▤ TV ☎. AE ⓢ ⓓ E VISA JCB LU **r**
Pasto vedere rist **Piazza Repubblica** – **39 cam** ☐ 170/230000 – ½ P 150000.

Fenice senza rist, corso Buenos Aires 2 ✉ 20124 ✆ 29525541, Fax 29523942 – |♦| ▤ TV ☎. AE ⓢ ⓓ E VISA LU **x**
chiuso dal 22 dicembre al 6 gennaio ed agosto – **42 cam** ☐ 170/230000.

Florida senza rist, via Lepetit 33 ✉ 20124 ✆ 6705921, Telex 314102, Fax 6692867 – |♦| ▤ TV ☎. AE ⓢ ⓓ E VISA. ✗ LTU **s**
☐ 20000 – **52 cam** 147/204000.

Club Hotel senza rist, via Copernico 18 ✉ 20125 ✆ 67072221, Fax 67072050 – |♦| ▤ TV ☎. AE ⓢ E VISA LT **v**
chiuso dal 24 dicembre al 6 gennaio ed agosto – **53 cam** ☐ 100/150000.

Nino Arnaldo, via Poerio 3 ✉ 20129 ✆ 76005981, Coperti limitati; prenotare – ▤. AE ⓢ ⓓ E VISA GR **s**
chiuso sabato a mezzogiorno, domenica ed agosto – **Pasto** 50/60000 (a mezzogiorno) 60/80000 (alla sera) e carta 67/107000.

✿ **Joia**, via Panfilo Castaldi 18 ✉ 20124 ✆ 29522124, Cucina vegetariana, prenotare – ✗ ▤. AE ⓢ ⓓ E VISA JCB LU **c**
chiuso sabato a mezzogiorno, domenica, dal 26 dicembre al 3 gennaio ed agosto – **Pasto** 20/65000 (a mezzogiorno) 45/65000 (alla sera) e carta 54/80000
Spec. Bavarese di formaggio dolce con funghi al timo, Maccheroncini con dadolata di melanzane pinoli fave e code d scampi al finocchietto selvatico, Fritto leggero vegetariano o vegano.

Cavallini, via Mauro Macchi 2 ✉ 20124 ✆ 6693771, Fax 6693174, « Servizio estivo all'aperto » – AE ⓢ ⓓ E VISA LU **y**
chiuso sabato, domenica, dal 22 al 26 dicembre e dal 3 al 23 agosto – **Pasto** 4200(e all' ***Enoteca il Vigneto*** carta 48/79000.

Calajunco, via Stoppani 5 ✉ 20129 ✆ 2046003, prenotare – ▤. ⓢ ⓓ E VISA ✗ GR **b**
chiuso sabato a mezzogiorno, domenica, dal 23 dicembre al 4 gennaio e dal 10 al 31 agosto – **Pasto** 40/55000 (a mezzogiorno) 100/120000 (alla sera) e carta 76/110000.

Buriassi-da Lino, via Lecco 15 ✉ 20124 ✆ 29523227, prenotare la sera – ▤ – 🧑‍🏫 35. AE ⓢ E VISA LU **a**
chiuso sabato a mezzogiorno, domenica e dal 7 al 24 agosto – **Pasto** 35/45000 (a mezzogiorno) 45/55000 (alla sera) e carta 40/70000.

Al Girarrosto da Cesarina, corso Venezia 31 ✉ 20121 ✆ 76000481 – ▤ LV

13 Giugno, via Goldoni 44 ang. via Uberti ✉ 20129 ✆ 719654, 🌳, Specialità siciliane prenotare – ▤. AE ⓢ ⓓ E VISA JCB GR **v**
chiuso domenica – **Pasto** 40/55000 (solo a mezzogiorno) e 55/60000 (solo alla sera).

La Buca, via Antonio da Recanate ang. via Napo Torriani ✉ 20124 ✆ 6693774 – ▤. AE ⓢ ⓓ E VISA JCB LU
chiuso sabato, domenica a mezzogiorno, dal 25 dicembre al 6 gennaio ed agosto – **Past** 28000 (solo a mezzogiorno) e carta 40/70000.

Le 5 Terre, via Appiani 9 ✉ 20121 ✆ 6575177, Fax 653034, Specialità di mare – ▤. AE ⓢ ⓓ E VISA KU
chiuso sabato a mezzogiorno, domenica e dall'8 al 22 agosto – **Pasto** carta 52/87000.

Piazza Repubblica - Hotel Sempione, via Manuzio 11 ✉ 20124 ✆ 6552715 – ▤. AE ⓢ ⓓ VISA LU
chiuso sabato a mezzogiorno, domenica e dall'8 al 31 agosto – **Pasto** carta 40/63000.

Da Bimbi, viale Abruzzi 33 ✉ 20131 ✆ 29526103, Rist. d'habitués – ▤. AE ⓢ ⓓ E VISA ✗ GR
chiuso domenica, lunedì a mezzogiorno, dal 25 dicembre al 1° gennaio ed agosto – **Past** carta 54/92000.

XX **Giglio Rosso,** piazza Luigi di Savoia 2 ✉ 20124 ☎ 6694174, Fax 6694174, 余 – ▤. AE $ ◑ E VISA LT **p**
chiuso sabato, domenica a mezzogiorno, dal 24 dicembre al 6 gennaio ed agosto – **Pasto** carta 38/64000 (12%).

XX **Altopascio,** via Gustavo Fara 17 ✉ 20124 ☎ 6702458, Rist. toscano – ▤. AE $ ◑ E VISA KU **n**
chiuso sabato, domenica a mezzogiorno ed agosto – **Pasto** carta 42/61000.

XX **Osteria la Risacca 2,** viale Regina Giovanna 14 ✉ 20129 ☎ 29531801, Specialità di mare – ▤. AE $ E VISA. ✻ GR **f**
chiuso sabato a mezzogiorno, domenica e dal 1° al 25 agosto – **Pasto** carta 35/82000.

XX **Sukrity,** via Panfilo Castaldi 22 ✉ 20124 ☎ 201315, Rist. indiano, prenotare la sera – AE $ ◑ E VISA. ✻ LU **f**
chiuso lunedì – **Pasto** 18/28000 a mezzogiorno 34/40000 (10%) alla sera e carta 38/46000 (10%).

X **Canarino,** via Mauro Macchi 69 ✉ 20124 ☎ 6692376 – ▤. AE $ ◑ E VISA GQ **n**
chiuso sabato e dal 5 al 27 agosto – **Pasto** carta 40/68000.

X **Il Carpaccio,** via Lazzaro Palazzi 19 ✉ 20124 ☎ 29405982 – AE $ ◑ E VISA
chiuso domenica sera e lunedì; in luglio anche domenica a mezzogiorno – **Pasto** carta 47/71000. LU **e**

X **I 4 Toscani,** via Plinio 33 ✉ 20129 ☎ 29518130, 余 – AE $ ◑ E VISA GR **k**
chiuso domenica sera, lunedì, dal 29 dicembre al 4 gennaio ed agosto – **Pasto** carta 38/69000.

X **La Tana del Lupo,** viale Vittorio Veneto 30 ✉ 20124 ☎ 6599006, Taverna con specialità montanare venete, prenotare – ▤. $ VISA. ✻ KU **q**
chiuso a mezzogiorno, domenica, dal 1° al 7 gennaio ed agosto – **Pasto** 60000 bc.

X **Dalla Zia,** via Gustavo Fara 5 ✉ 20124 ☎ 66987081, Coperti limitati; prenotare – ▤. AE $ E VISA. ✻ KU **p**
chiuso sabato a mezzogiorno e domenica – **Pasto** carta 42/62000.

Romana-Vittoria – corso Porta Romana, corso Lodi, corso XXII Marzo, corso Porta Vittoria

XXX Giannino, via Amatore Sciesa 8 ✉ 20135 ☎ 55195582, Fax 55195790, Gran tradizione, « Originali decorazioni; giardino d'inverno » – ▤ Ⓟ FGR **m**

XX **Mauro,** via Colonnetta 5 ✉ 20122 ☎ 5461380 – ▤ NZ **r**
chiuso sabato a mezzogiorno, lunedì, dal 24 dicembre al 2 gennaio ed agosto – **Pasto** carta 50/87000.

XX **Hosteria del Cenacolo,** via Archimede 12 ✉ 20129 ☎ 5455536, « Servizio estivo in giardino » – AE $ E VISA. ✻ FGR **y**
chiuso sabato a mezzogiorno, domenica ed agosto – **Pasto** carta 49/71000.

XX **I Matteoni,** piazzale 5 Giornate 6 ✉ 20129 ☎ 55188293, Rist. d'habitués – ▤. AE $ ◑ E VISA LX **a**
chiuso domenica ed agosto – **Pasto** carta 40/60000.

XX **Seiperseo,** via Andrea Maffei 12 ✉ 20135 ☎ 55184212 – ▤. AE $ E VISA. ✻ LY **d**
chiuso sabato a mezzogiorno e domenica, in agosto aperto solo la sera – **Pasto** 20/35000 (solo a mezzogiorno) e carta 54/66000.

XX **Da Giacomo,** via B. Cellini ang. via Sottocorno 6 ☎ 76023313, prenotare – ▤. AE $ ◑ E VISA FGR **g**
chiuso lunedì, dal 24 dicembre al 2 gennaio ed agosto – **Pasto** carta 63/103000.

XX **La Risacca 6,** via Marcona 6 ✉ 20129 ☎ 55181658, Fax 55017796, 余, Specialità di mare – ▤. AE $ ◑ E VISA FGR **x**
chiuso domenica, lunedì a mezzogiorno, Natale ed agosto – **Pasto** carta 59/90000.

XX **Gazebo,** via Cadore 2 ✉ 20135 ☎ 59900029, Rist. e pizzeria – ▤. AE $ ◑ E VISA. ✻ GR **n**
chiuso sabato, domenica a mezzogiorno, dal 30 dicembre al 7 gennaio e dal 3 agosto al 1° settembre – **Pasto** carta 41/56000.

X **Masuelli San Marco,** viale Umbria 80 ✉ 20135 ☎ 55184138, Fax 55184138, prenotare la sera – ▤. AE $ E VISA GS **h**
chiuso domenica, lunedì a mezzogiorno, dal 25 dicembre al 6 gennaio e dal 16 agosto al 10 settembre – **Pasto** carta 45/68000.

X **Dongiò,** via Corio 3 ✉ 20135 ☎ 5511372 – ▤. AE $ ◑ E VISA LY **u**
chiuso sabato a mezzogiorno, domenica ed agosto – **Pasto** carta 38/62000.

X **Da Pietro la Rena,** via Adige 17 ✉ 20135 ☎ 59901232 – ▤. AE $ ◑ E VISA LY **c**
chiuso domenica sera, lunedì ed agosto – **Pasto** carta 38/56000.

X **Merluzzo Felice,** via Lazzaro Papi 6 ✉ 20135 ☎ 5454711, Specialità siciliane – AE $ VISA LY **b**
chiuso domenica – **Pasto** carta 27/65000.

Navigli – via Solari, Ripa di Porta Ticinese, viale Bligny, piazza XXIV Maggio

D'Este senza rist, viale Bligny 23 ✉ 20136 ✆ 58321001, Telex 324216, Fax 58321136 – 🛗 ▤ TV ☎ – 🏛 40 a 80. AE ⑤ ⊙ E VISA. ⛔ KY d
79 cam ☐ 230/318000.

Crivi's senza rist, corso Porta Vigentina 46 ✉ 20122 ✆ 582891, Telex 313255, Fax 58318182 – 🛗 ▤ TV ☎ 🚗 – 🏛 30 a 120. AE ⑤ ⊙ E VISA JCB KY e
chiuso agosto – **83 cam** ☐ 210/280000, 3 appartamenti.

Liberty senza rist, viale Bligny 56 ✉ 20136 ✆ 58318562, Fax 58319061 – 🛗 ▤ TV ☎ 🚗. AE ⑤ E VISA. ⛔ KY a
chiuso dal 10 al 25 agosto – ☐ 20000 – **52 cam** 160/230000.

XXX ✿ **Sadler,** via Ettore Troilo 14 angolo via Conchetta ✉ 20136 ✆ 58104451, Fax 58112343, 🏠 – ▤. ⑤ ⊙ E VISA JCB ES a
chiuso a mezzogiorno, domenica, dal 1° al 10 gennaio e dal 5 al 30 agosto – **Pasto** 80/120000 e carta 78/129000
Spec. Frittelle di fiori di zucchina farciti di mozzarella (primavera-estate), Maccheroni al torchio al ragù d'astice, Involtini di pescatrice farciti ai gamberi e avvolti nella melanzana (primavera-autunno).

XXX **Yar,** via Mercalli 22 ✉ 20122 ✆ 58309603, Cucina classica russa, prenotare – ▤. AE ⑤ E VISA KY k
chiuso domenica – **Pasto** 20000 (a mezzogiorno) 50/90000 (alla sera) e carta 50/68000.

XX **Al Porto,** piazzale Generale Cantore ✉ 20123 ✆ 89407425, Fax 8321481, Specialità di mare, prenotare – ▤. AE ⑤ ⊙ E VISA HY h
chiuso domenica, lunedì a mezzogiorno, dal 24 dicembre al 3 gennaio ed agosto – **Pasto** carta 58/83000.

XX **Osteria di Porta Cicca,** ripa di Porta Ticinese 51 ✉ 20143 ✆ 8372763, Fax 8372763, Coperti limitati; prenotare – ▤. ⑤ ⊙ E VISA. ⛔ HY j
chiuso domenica e dal 7 al 20 luglio – **Pasto** 35000 (a mezzogiorno) 50/70000 (alla sera) e carta 42/76000

XX **Tornavento,** Alzaia Naviglio Grande 36 ✉ 20144 ✆ 89406068, Rist. e piano-bar – ▤. AE ⑤ ⊙ E VISA. ⛔ HY b
chiuso a mezzogiorno, domenica e dal 10 al 31 agosto – **Pasto** carta 46/70000.

XX **Trattoria Aurora,** via Savona 23 ✉ 20144 ✆ 89404978, 🏠, Cucina tipica piemontese – AE ⑤ ⊙ E VISA HY m
chiuso lunedì – **Pasto** 30000 (a mezzogiorno) e 55000 bc (alla sera).

XX **Osteria del Binari,** via Tortona 1 ✉ 20144 ✆ 89409428, Fax 89407470, 🏠, Atmosfera vecchia Milano, prenotare – ▤. AE ⑤ ⊙ E VISA HY p
chiuso a mezzogiorno, domenica e dal 10 al 17 agosto – **Pasto** 59000.

XX **Le Buone Cose,** via San Martino 8 ✉ 20122 ✆ 58310589, Specialità di mare, Coperti limitati; prenotare – ▤. AE ⑤ E VISA KY h
chiuso sabato a mezzogiorno, domenica ed agosto – **Pasto** 40000 (a mezzogiorno) e carta 49/95000.

XX **Il Torchietto,** via Ascanio Sforza 47 ✉ 20136 ✆ 8372910, Specialità mantovane – ▤. AE ⑤ ⊙ E VISA. ⛔ ES b
chiuso lunedì, dal 26 dicembre al 3 gennaio ed agosto – **Pasto** 35000 (solo a mezzogiorno) e carta 51/71000.

XX **Al Capriccio,** via Washington 106 ✉ 20146 ✆ 48950655, Specialità di mare – ▤. AE ⑤ E VISA. ⛔ DS y
chiuso lunedì ed agosto – **Pasto** carta 61/88000.

XX **Shri Ganesh,** via Lombardini 8 ✉ 20143 ✆ 58110933, Rist. indiano – ▤. AE ⑤ ⊙ E VISA HY c
chiuso a mezzogiorno, domenica e dal 6 al 21 agosto – **Pasto** 30/45000.

X Alzaia 26, alzaia Naviglio Grande 26 ✉ 20144 ✆ 8323526 – ▤ HY s
chiuso a mezzogiorno.

X **La Topaia,** via Argelati 46 ✉ 20143 ✆ 8373469, 🏠 – AE ⑤ ⊙ VISA HY q
chiuso a mezzogiorno, domenica e dal 7 al 31 agosto – **Pasto** carta 38/62000.

X **Trattoria all'Antica,** via Montevideo 4 ✉ 20144 ✆ 58104860, Cucina lombarda – ▤. AE ⑤ E VISA. ⛔ HY r
chiuso sabato a mezzogiorno, domenica, dal 26 dicembre al 7 gennaio ed agosto – **Pasto** 25000 bc (solo a mezzogiorno) 45000 bc (solo alla sera) e carta 31/54000.

X **Gargantua,** corso Porta Vigentina 31 ✉ 20122 ✆ 58314888, prenotare – ▤. AE ⑤ E VISA KY m
chiuso sabato a mezzogiorno, domenica e dal 10 al 25 agosto – **Pasto** carta 48/73000.

Asso di Fiori-Osteria dei Formaggi, alzaia Naviglio Grande 54 ✉ 20144 ☎ 89409415 – AE ⑤ ⓓ VISA HY **t**
chiuso a mezzogiorno, domenica e dal 10 al 25 agosto – **Pasto** carta 41/61000.

Ponte Rosso, Ripa di Porta Ticinese 23 ✉ 20143 ☎ 8373132, Trattoria-bistrot con specialità triestine e lombarde HY **d**
chiuso domenica e alla sera (escluso giovedì e sabato) – **Pasto** 30/40000 (a mezzogiorno) e 50/60000 (alla sera).

Fiera-Sempione – corso Sempione, piazzale Carlo Magno, via Monte Rosa, via Washington

Hermitage, via Messina 10 ✉ 20154 ☎ 33107700, Fax 33107399, – 30 a 240. AE ⑤ ⓓ E VISA. HJU **q**
Pasto vedere rist **Il Sambuco** – **123 cam** 270/380000, 7 appartamenti.

Grand Hotel Fieramilano, viale Boezio 20 ✉ 20145 ☎ 336221, Telex 331426, Fax 314119, – 60. AE ⑤ ⓓ E VISA. rist DR **a**
Pasto carta 34/58000 – **238 cam** 280/350000.

Grand Hotel Ramada, via Washington 66 ✉ 20146 ☎ 48521, Fax 4818925 – cam – 1200. AE ⑤ ⓓ E VISA JCB. DR **d**
Pasto 55000 e al Rist. ***La Brasserie*** carta 50/79000 – **321 cam** 460/590000, appartamento.

Regency senza rist, via Arimondi 12 ✉ 20155 ☎ 39216021, Fax 39217734, « In una dimora nobiliare degli inizi del secolo » – – 50. AE ⑤ ⓓ E VISA. DQ **b**
chiuso agosto – **52 cam** 235/320000, 2 appartamenti.

Poliziano senza rist, via Poliziano 11 ✉ 20154 ☎ 33602494, Fax 33106410 – – 70. AE ⑤ ⓓ E VISA JCB HT **a**
chiuso dall'8 al 28 agosto – **98 cam** 195/300000, 2 appartamenti.

Capitol senza rist, via Cimarosa 6 ✉ 20144 ☎ 48003050, Telex 316150, Fax 4694724 – – 60. AE ⑤ ⓓ E VISA JCB DR **e**
96 cam 245/315000.

Ariosto senza rist, via Ariosto 22 ✉ 20145 ☎ 4817844, Fax 4980516 – – 40. AE ⑤ ⓓ E VISA HV **a**
15000 – **53 cam** 138/198000.

Domenichino senza rist, via Domenichino 41 ✉ 20149 ☎ 48009692, Fax 48003953 – – 50. AE ⑤ ⓓ E VISA JCB. DR **f**
chiuso dal 20 dicembre al 6 gennaio e dal 2 al 25 agosto – **62 cam** 160/230000, 4 appartamenti.

Mozart senza rist, piazza Gerusalemme 6 ✉ 20154 ☎ 33104215, Fax 33103231 – . AE ⑤ ⓓ E VISA. HT **b**
chiuso dall'8 al 28 agosto – **88 cam** 170/240000, 3 appartamenti.

Metrò senza rist, corso Vercelli 61 ✉ 20144 ☎ 468704, Fax 48010295 – – 35. AE ⑤ ⓓ E VISA JCB DR **x**
34 cam 160/220000.

Admiral senza rist, via Domodossola 16 ✉ 20145 ☎ 3492151, Fax 33106660 – – 65. AE ⑤ ⓓ E VISA DR **y**
chiuso dal 23 luglio al 28 agosto – **60 cam** 130/170000.

Lancaster senza rist, via Abbondio Sangiorgio 16 ✉ 20145 ☎ 344705, Fax 344649 – . AE ⑤ E VISA HU **c**
chiuso agosto – **30 cam** 155/240000.

Berlino senza rist, via Plana 33 ✉ 20155 ☎ 324141, Telex 312609, Fax 39210611 – . AE ⑤ ⓓ E VISA JCB DQ **d**
chiuso dal 24 dicembre al 3 gennaio e dal 26 luglio al 25 agosto – **47 cam** 160/230000.

Mini Hotel Portello senza rist, via Guglielmo Silva 12 ✉ 20152 ☎ 4814944, Fax 4819243 – – 50 a 100. AE ⑤ ⓓ E VISA JCB DR **h**
96 cam 150/225000.

Mini Hotel Tiziano senza rist, via Tiziano 6 ✉ 20145 ☎ 4699035, Fax 4812153, « Piccolo parco » – – 30. AE ⑤ ⓓ E VISA DR **k**
54 cam 150/225000.

Sant'Ambroeus senza rist, viale Papiniano 14 ✉ 20123 ☎ 48008989, Telex 313373, Fax 48008687 – – 50. AE ⑤ ⓓ E VISA HX **f**
15000 – **52 cam** 158/225000.

Johnny senza rist, via Prati 6 ✉ 20145 ☎ 341812, Fax 33610521 – . AE DR **s**
chiuso dal 24 dicembre al 6 gennaio ed agosto – **31 cam** 99/167000.

Il Sambuco - Hotel Hermitage, via Messina 10 ✉ 20154 ☎ 33610333, Fax 3319425 – . AE ⑤ ⓓ E VISA JCB. HU **q**
chiuso sabato a mezzogiorno, domenica, dal 27 dicembre al 3 gennaio e dal 1° al 20 agosto – **Pasto** carta 59/96000
Spec. Piatto di pesce e verdure alla ligure, Tagliolini con calamaretti e pomodoro fresco, Fritto di calamaretti zanchette acquadelle gamberi di laguna e merluzzetti.

Alfredo-Gran San Bernardo, via Borgese 14 ✉ 20154 ☎ 3319000, Fax 6555413, Specialità milanesi, prenotare – . AE ⑤ ⓓ VISA HT **e**
chiuso dal 23 dicembre al 9 gennaio, agosto, domenica ed in giugno-luglio anche sabato – **Pasto** carta 73/103000
Spec. Risotto alla milanese ed al salto, Stracotto al Barbaresco, Costoletta alla milanese.

XXX **Trattoria del Ruzante,** via Massena 1 ✉ 20145 ℘ 316102, prenotare – ▤. AE ⓢ ◐ E VISA. ✗ HU **v**
chiuso sabato a mezzogiorno, domenica ed agosto – **Pasto** 38/50000 (a mezzogiorno) 60/90000 (alla sera) e carta 54/93000.

XXX **Raffaello,** via Monte Amiata 4 ✉ 20149 ℘ 4814227 – ▤. AE ⓢ ◐ E VISA DR **r**
chiuso mercoledì e dal 1° al 24 agosto – **Pasto** carta 48/78000.

XXX **Dall'Antonio,** via Cenisio 8 ✉ 20154 ℘ 33101511, prenotare – ▤. AE ⓢ ◐ E VISA. ✗
chiuso domenica ed agosto – **Pasto** carta 60/85000. HT **g**

XX Gocce di Mare, via Petrarca 4 ✉ 20123 ℘ 4692487, Fax 433854 – ▤ HV **d**

XX **La Torre del Mangia,** via Procaccini 37 ✉ 20154 ℘ 33105587, prenotare – ▤. AE ⓢ E VISA. ✗ HU **h**
chiuso domenica sera, lunedì, Natale ed agosto – **Pasto** carta 46/70000.

XX **Montecristo,** corso Sempione angolo via Prina ✉ 20154 ℘ 312760, Fax 312760, Specialità di mare – ▤. ⓢ ◐ E VISA. ✗ HU **j**
chiuso martedì, sabato a mezzogiorno, dal 25 dicembre al 2 gennaio ed agosto – **Pasto** carta 70/88000.

XX **Al Vecchio Passeggero,** via Gherardini 1 ✉ 20145 ℘ 312461 – ▤. AE ⓢ ◐ E VISA
chiuso sabato a mezzogiorno, domenica, dal 25 dicembre al 1° gennaio e dal 7 al 27 agosto – **Pasto** carta 45/65000. HU **k**

XX **Taverna della Trisa,** via Francesco Ferruccio 1 ✉ 20145 ℘ 341304, ☂, Specialità trentine – ⓢ VISA HU **n**
chiuso lunedì ed agosto – **Pasto** carta 45/65000.

XX **Il Palio,** piazza Diocleziano ang. via San Galdino ✉ 20154 ℘ 33600687, ☂, Rist. toscano – ▤. AE ⓢ ◐ E VISA. ✗ HT **m**
chiuso sabato e dal 6 al 28 agosto – **Pasto** 30/45000 (a mezzogiorno) 35/60000 (alla sera) e carta 39/48000.

XX **Furio,** via Montebianco 2/A ✉ 20149 ℘ 4814677, Fax 4814677 – ▤. AE ⓢ ◐ E VISA JCB DR **u**
chiuso domenica ed agosto – **Pasto** 28000 (solo a mezzogiorno) e carta 40/70000.

XX **L'Infinito,** via Leopardi 25 ✉ 20123 ℘ 4692276 – ▤. AE ⓢ ◐ E VISA. ✗ HV **e**
chiuso sabato a mezzogiorno, domenica e dal 5 al 28 agosto – **Pasto** carta 46/75000.

XX **Settecupole,** via Ippolito Nievo 33 ✉ 20145 ℘ 341290 – ▤. AE ⓢ ◐ E VISA DR **t**
chiuso sabato a mezzogiorno, domenica e dal 3 al 25 agosto – **Pasto** carta 46/69000.

XX Kota Radja, piazzale Baracca 6 ✉ 20123 ℘ 468850, Rist. cinese – ▤ HX **e**

XX **La Nuova Piazzetta,** via Cirillo 16 ✉ 20154 ℘ 3319880 – ⓢ E VISA HU **a**
chiuso domenica ed agosto – **Pasto** carta 49/81000.

XX **Da Stefano il Marchigiano,** via Arimondi 1 angolo via Plana ✉ 20155 ℘ 33001863 – ▤. AE ⓢ ◐ E VISA. ✗ DQ **d**
chiuso venerdì sera, sabato ed agosto – **Pasto** carta 45/78000.

XX Da Gino e Franco, largo Domodossola 2 ✉ 20145 ℘ 312003, ☂ – ▤ DR **y**

XX Adriana, viale Boezio 10 ✉ 20145 ℘ 33603422 – ▤ DR **w**

XX **Le Pietre Cavate,** via Castelvetro 14 ✉ 20154 ℘ 344704 – ▤. AE ⓢ ◐ E VISA JCB. ✗ HT **p**
chiuso mercoledì, giovedì a mezzogiorno e dal 30 luglio al 29 agosto – **Pasto** carta 50/80000.

X **Al Vecchio Porco,** via Messina 8 ✉ 20154 ℘ 313862, ☂, Rist. e pizzeria – ▤. AE ⓢ ◐ E VISA HU **e**
chiuso domenica a mezzogiorno e lunedì – **Pasto** carta 50/70000.

X La Sirena, via Poliziano 10 ✉ 20154 ℘ 33603011, Specialità di mare – ▤ HU **t**

X **Trattoria del Previati,** via Gaetano Previati 21 ✉ 20149 ℘ 48000064 – ▤. AE ⓢ E VISA. ✗ DR **f**
chiuso dal 10 al 31 agosto – **Pasto** carta 36/61000.

X **Pechino,** via Cenisio 7 ✉ 20154 ℘ 33101668, Cucina pechinese, prenotare – ▤
chiuso lunedì, dal 20 dicembre al 2 gennaio, Pasqua e dal 15 luglio al 22 agosto – **Pasto** carta 32/49000 (12%). HT **u**

X **Pace,** via Washington 74 ✉ 20146 ℘ 468567, ☂, Rist. d'habitués – ▤. AE ⓢ ◐ E VISA. ✗ DR **z**
chiuso sabato a mezzogiorno, mercoledì, Natale e dal 1° al 23 agosto – **Pasto** carta 35/57000.

X **Al Vöttantott,** corso Sempione 88 ✉ 20154 ℘ 33603114 – ▤. AE ⓢ E VISA DQ **n**
chiuso domenica ed agosto – **Pasto** carta 31/64000.

Zone periferiche

Zona urbana nord-ovest – viale Fulvio Testi, Niguarda, viale Fermi, viale Certosa, San Siro, via Novara

Grand Hotel Brun, via Caldera 21 ✉ 20153 ✆ 45271 e rist ✆ 48203791, Telex 315370, Fax 48204746 – 25 a 500. rist
Pasto 55000 e al Rist. ***Don Giovanni*** *(chiuso domenica)* carta 74/104000 – **330 cam** 250/300000, 24 appartamenti. AP **c**

Leonardo da Vinci, via Senigallia 6 ✉ 20161 ✆ 64071, Telex 331552, Fax 64074839, – rist – 60 a 1200 AO **a**
750 cam.

Blaise e Francis, senza rist, via Butti 9 ✉ 20158 ✆ 66802366, Fax 66802909 – – 40 a 200 EQ **a**
110 cam.

Accademia senza rist, viale Certosa 68 ✉ 20155 ✆ 39211122, Telex 315550, Fax 33103878, « Camere affrescate » – DQ **g**
67 cam 250/370000.

Raffaello senza rist, viale Certosa 108 ✉ 20156 ✆ 3270146, Telex 315499, Fax 3270440 – – 180. DQ **j**
143 cam 200/300000, 2 appartamenti.

Novotel Milano Nord, viale Suzzani 13 ✉ 20162 ✆ 66101861, Telex 331292, Fax 66101961, – cam – 25 a 500. rist
Pasto carta 40/83000 – **172 cam** 215/260000 – ½ P 178000. BO **b**

Rubens senza rist, via Rubens 21 ✉ 20148 ✆ 40302, Telex 353617, Fax 48193114, « Camere affrescate » – – 25. DR **g**
chiuso dal 1° al 21 agosto – **87 cam** 270/385000.

Ibis senza rist, viale Suzzani 13/15 ✉ 20162 ✆ 66103000, Telex 360141, Fax 66102797 – cam – 50. BO **b**
132 cam 135/160000.

Mirage senza rist, via Casella 61 angolo viale Certosa ✉ 20156 ✆ 39210471, Fax 39210589 – – 30 a 60. DQ **z**
50 cam 200/265000, 5 appartamenti.

Al Solito Posto, via Bruni 13 ✉ 20158 ✆ 6888310, Coperti limitati; prenotare. AO **c**
chiuso a mezzogiorno.

La Pobbia, via Gallarate 92 ✉ 20151 ✆ 38006641, Fax 38006641, Rist. rustico moderno, « Servizio estivo all'aperto » – 40. DQ **w**
chiuso domenica ed agosto – **Pasto** carta 52/79000 (12 %).

Ribot, via Cremosano 41 ✉ 20148 ✆ 33001646, « Servizio estivo in giardino » – . DQ **v**
chiuso lunedì e dal 10 al 25 agosto – **Pasto** carta 48/60000.

Al Bimbo, via Marcantonio dal Re 38 (angolo via Certosa) ✉ 20156 ✆ 3272290, Fax 39216365 – . DQ **z**
chiuso sabato a mezzogiorno, domenica ed agosto – **Pasto** carta 46/74000.

Zona urbana nord-est – viale Monza, via Padova, via Porpora, viale Romagna, viale Argonne, viale Forlanini

Concorde senza rist, via Petrocchi 1 ang. viale Monza ✉ 20125 ✆ 26112020, Telex 315805, Fax 26147879 – . BO **d**
chiuso dal 1° al 24 agosto – **120 cam** 270/385000.

Starhotel Tourist, viale Fulvio Testi 300 ✉ 20126 ✆ 6437777, Telex 326852, Fax 6472516, – cam – 30 a 170. rist
Pasto carta 45/60000 – **139 cam** 250/340000 – ½ P 125/310000. BO **c**

Lombardia, viale Lombardia 74 ✉ 20131 ✆ 2824938, Fax 2893430 – – 30 a 100. rist GQ **e**
chiuso dal 7 al 21 agosto – **Pasto** *(chiuso sabato sera e domenica)* carta 31/66000 – **78 cam** 143/219000, 6 appartamenti – ½ P 135000.

Zefiro senza rist, via Gallina 12 ✉ 20129 ✆ 7384253, Fax 713811 – – 30. GR **r**
chiuso dal 23 dicembre al 3 gennaio ed agosto – **55 cam** 140/210000.

Gala senza rist, viale Zara 89 ✉ 20159 ✆ 66800891, Fax 66800463 – – 30. FQ **a**
chiuso agosto – 15000 – **23 cam** 110/160000.

Città Studi senza rist, via Saldini 24 ✉ 20133 ✆ 744666, Fax 713122 – . GR **d**
13000 – **45 cam** 90/120000.

L'Ami Berton, via Nullo 14 angolo via Goldoni ✉ 20129 ✆ 713669, prenotare – . GR **u**
chiuso sabato a mezzogiorno, domenica, agosto e Natale – **Pasto** 70/90000 (a mezzogiorno) 85/100000 (alla sera) e carta 63/106000
Spec. Insalatina di calamaretti e lenticchie, Bavette ai filetti di triglia e cipollotto fresco, Filetto di rombo con finferli e zafferano.

XX **Osteria Corte Regina,** via Rottole 60 ✉ 20132 ℰ 2593377, ⛱, Rist. rustico elegante con cucina lombarda CO x
chiuso sabato a mezzogiorno, domenica ed agosto – **Pasto** carta 60/80000.

XX **3 Pini,** via Tullo Morgagni 19 angolo via Arbe ✉ 20125 ℰ 66805413, Fax 66801346, prenotare, « Servizio estivo sotto un pergolato » – AE ⓢ ⓞ E VISA BO a
chiuso sabato, dal 25 dicembre al 4 gennaio e dal 5 al 31 agosto – **Pasto** carta 54/83000.

XX **Hostaria Mamma Lina,** viale Monza 256 ✉ 20128 ℰ 2574770, Fax 2550311, ⛱, Rist. e piano-bar con specialità pugliesi – AE ⓢ ⓞ E VISA JCB BO z
chiuso Natale, Pasqua e lunedì (escluso agosto) – **Pasto** carta 56/81000.

XX Montecatini Alto, viale Monza 7 ✉ 20125 ℰ 2846773 – ▤ GQ g

XX **Da Renzo,** piazza Sire Raul ang. via Teodosio ✉ 20131 ℰ 2846261, ⛱ – ▤. AE ⓢ ⓞ E VISA GQ h
chiuso lunedì sera, martedì, dal 26 dicembre al 2 gennaio ed agosto – **Pasto** carta 39/60000.

XX **L'Altra Scaletta,** viale Zara 116 ✉ 20125 ℰ 6888093, Fax 6888093 – ▤. AE ⓢ ⓞ E VISA. ℅ FQ e
chiuso sabato a mezzogiorno, domenica ed agosto – **Pasto** carta 45/60000.

XX **Baia Chia,** via Bazzini 37 ✉ 20131 ℰ 2361131, ⛱, Specialità di mare, prenotare – ▤. ⓢ E VISA. ℅ GQ a
chiuso domenica, Natale, Pasqua ed agosto – **Pasto** carta 40/81000.

XX Trattoria Vecchia Gorla-Franco l'Ostricaro, via Ponte Vecchio 6 ang. Monte San Gabriele ✉ 20127 ℰ 2572310, ⛱, Rist. tipico con specialità di mare. BO f

X **Al Grissino,** via Tiepolo 54 ✉ 20129 ℰ 730392, Specialità di mare – ⓢ E VISA GR z
chiuso domenica, lunedì a mezzogiorno e dal 1° al 26 agosto – **Pasto** carta 55/101000.

X **Piero e Pia,** piazza Aspari 2 ✉ 20129 ℰ 718541, ⛱, Trattoria con specialità piacentine – ▤. AE ⓢ E VISA GR z
chiuso domenica ed agosto – **Pasto** carta 43/65000.

X **La Paranza,** via Padova 3 ✉ 20127 ℰ 2613224, Specialità di mare, Coperti limitati; prenotare – ▤. AE ⓢ E VISA GQ p
chiuso lunedì ed agosto – **Pasto** carta 41/62000 (10%).

X **I Ricordi,** via Ricordi 8 ✉ 20131 ℰ 29516987, ⛱, Specialità di mare – AE ⓢ ⓞ E VISA
chiuso sabato a mezzogiorno, domenica, dal 1° al 7 gennaio e dal 1° al 23 agosto – **Pasto** carta 46/78000. GQ b

X **La Villetta,** viale Zara 87 ✉ 20159 ℰ 69007337, ⛱ – ⓢ E VISA FQ a
chiuso lunedì sera, martedì ed agosto – **Pasto** carta 30/50000.

X **Doge di Amalfi,** via Sangallo 41 ✉ 20133 ℰ 730286, ⛱, Rist. e pizzeria – ▤. AE ⓢ ⓞ E VISA JCB GR j
chiuso lunedì ed agosto – **Pasto** carta 31/60000.

X **Mykonos,** via Tofane 5 ✉ 20125 ℰ 2610209, Taverna con cucina greca, prenotare –
chiuso a mezzogiorno, martedì ed agosto – **Pasto** carta 33/43000. BO x

Zona urbana sud-est – viale Molise, corso Lodi, via Ripamonti, corso San Gottardo

🏨 **Quark,** via Lampedusa 11/a ✉ 20141 ℰ 84431, Telex 353448, Fax 8464190, ⛱, ⛱ – |♦| ⇆ cam ▤ TV ☎ 🚗 P – 🏛 25 a 1100. AE ⓢ ⓞ E VISA JCB. ℅ rist BP a
chiuso dal 22 luglio al 25 agosto – **Pasto** 59000 – **285 cam** ☕ 320/360000 – ½ P 329000.

🏨 **Novotel Milano Est Aeroporto,** via Mecenate 121 ✉ 20138 ℰ 58011085, Telex 331237, Fax 58011086, ⛱ – |♦| ⇆ cam ▤ TV ☎ ♿ P – 🏛 25 a 350. AE ⓢ ⓞ E VISA. ℅ rist CP b
Pasto carta 52/79000 – **206 cam** ☕ 260/350000.

🏨 **Molise** senza rist, via Cadibona 2/a ✉ 20137 ℰ 55181852, Fax 55184348 – |♦| ▤ TV ☎ P. AE ⓢ ⓞ E VISA GS f
chiuso dal 24 dicembre al 2 gennaio e dal 1° al 25 agosto – ☕ 15000 – **32 cam** 160/230000.

🏨 **Mec** senza rist, via Tito Livio 4 ✉ 20137 ℰ 5456715, Fax 5456718 – |♦| ▤ TV ☎. AE ⓢ ⓞ E VISA. ℅ HN r
chiuso agosto – **40 cam** ☕ 136/190000.

🏨 **Garden** senza rist, via Rutilia 6 ✉ 20141 ℰ 55212838, Fax 57300678 – TV ☎ P. AE ⓢ E VISA BP z
chiuso agosto – senza ☕ – **23 cam** 80/105000.

XX **Antica Trattoria Monluè,** via Monluè 75 ✉ 20143 ℰ 7610246, Trattoria di campagna con servizio estivo – ▤ P. AE ⓢ ⓞ E VISA. ℅ CP d
chiuso sabato a mezzogiorno, domenica e dal 4 al 20 agosto – **Pasto** carta 47/70000.

XX **La Plancia,** via Cassinis 13 ✉ 20139 ℰ 5390558, Specialità di mare e pizzeria – ▤. AE ⓢ ⓞ E VISA BP c
chiuso domenica ed agosto – **Pasto** carta 41/66000.

X **Taverna Calabiana,** via Calabiana 3 ✉ 20139 ℰ 55213075, Rist. e pizzeria – ▤. AE ⓢ VISA. ℅ FS a
chiuso domenica, lunedì, dal 24 dicembre al 5 gennaio, dal 16 al 21 aprile ed agosto – **Pasto** carta 43/62000.

Zona urbana sud-ovest – viale Famagosta, viale Liguria, via Lorenteggio, viale Forze Armate, via Novara

Holiday Inn, via Lorenteggio 278 ✉ 20152 ✆ 410014, Fax 48304729 – cam – 70. AE VISA JCB. rist AP
Pasto al Rist. ***L'Univers Gourmand*** carta 48/60000 – ☕ 33500 – **119 cam** 305/375000.

Green House senza rist, viale Famagosta 50 ✉ 20142 ✆ 8132451, Fax 816624 – AE VISA. AP **d**
☕ 15000 – **45 cam** 130/180000.

Aimo e Nadia, via Montecuccoli 6 ✉ 20147 ✆ 416886, Fax 48302005, Coperti limitati; prenotare – AE VISA. AP **e**
chiuso sabato a mezzogiorno, domenica, dal 1° al 6 gennaio ed agosto – **Pasto** 55/95000 (a mezzogiorno) 95000 (alla sera) e carta 95/130000
Spec. Fonduta di fiori di zucca e ricotta al sapore di tartufo (primavera-autunno). Bucatini in insalata di pomodorini pugliesi (primavera-estate). Petto di faraona al vino cotto e nocciole con fagottino di melanzane al rognone.

Da Leo, via Trivulzio 26 ✉ 20146 ✆ 40071445, Specialità di mare – DR **v**
chiuso domenica, lunedì sera, dal 25 dicembre al 6 gennaio e dal 7 al 30 agosto – **Pasto** carta 50/68000 (10%).

La Darsena, via Lorenteggio 47 ✉ 20146 ✆ 4231298 – AE VISA AP **x**
chiuso domenica e dal 1° al 29 agosto – **Pasto** carta 40/57000.

Dintorni di Milano

a Chiaravalle Milanese SE : 7 km (Pianta : Milano p. 9 BCP) :

Antica Trattoria San Bernardo, via San Bernardo 36 ✉ 20139 Milano ✆ 57409831, Rist. rustico elegante, « Servizio estivo all'aperto » – AE VISA. CP **n**
chiuso domenica sera, lunedì ed agosto – **Pasto** carta 63/91000.

sulla strada statale 35-quartiere Milanofiori per ⑧ : 10 km :

Jolly Hotel Milanofiori, Strada 2 ✉ 20090 Assago ✆ 82221, Telex 325314, Fax 89200946, – cam – 120. AE VISA. rist
chiuso dal 22 dicembre al 7 gennaio ed agosto – **Pasto** 52000 – **255 cam** ☕ 285/345000.

al Parco Forlanini (lato Ovest) E : 10 km (Pianta : Milano p. 9 CP) :

Osteria I Valtellina, via Taverna 34 ✉ 20134 Milano ✆ 7561139, Specialità valtellinesi, « Servizio estivo sotto un pergolato » – CP **h**
chiuso lunedì e dal 4 al 24 agosto – **Pasto** carta 53/90000.

sulla strada Nuova Vigevanese per ⑩ : 11 km per via Lorenteggio :

Eur senza rist, via Leonardo da Vinci 36 A ✉ 20090 Trezzano sul Naviglio ✆ 4451951, Fax 4451075 – – 70. AE VISA JCB
41 cam ☕ 140/180000.

Tiffany, via Leonardo da Vinci 207/209 ✉ 20090 Trezzano sul Naviglio ✆ 4452859, Fax 4450944, – cam – 70. AE VISA.
chiuso dall'11 al 21 agosto – **Pasto** *(chiuso sabato sera, domenica e dal 28 luglio al 29 agosto)* carta 45/92000 – **36 cam** ☕ 95/130000.

sulla tangenziale ovest-Assago per ⑩ : 14 km :

Forte Agip, ✉ 20094 Assago ✆ 4880441, Telex 325191, Fax 48843958, – cam – 300. AE VISA. rist
Pasto carta 30/64000 – **219 cam** ☕ 184/224000.

MICHELIN, a Pregnana Milanese, viale dell'Industria 23/25 (per strada statale 33 AO Milano p. 8) - ✉ 20010 Pregnana Milanese, ✆ 93590160, Fax 93590270.

MILANO 2 Milano – Vedere Segrate.

MILANO MARITTIMA Ravenna 988 ⑮, 430 J 19 – Vedere Cervia.

MILAZZO Messina 988 ㊲ ㊳, 432 M 27 – Vedere Sicilia alla fine dell'elenco alfabetico.

MINERBIO 40061 Bologna 988 ⑮, 429 430 I 16 – 6 976 ab. alt. 16 – ☎ 051.
Roma 399 – Bologna 23 – Ferrara 30 – Modena 59 – Ravenna 93.

Nanni, ✆ 878276, Fax 876094, – AE VISA.
Pasto *(chiuso dal 24 dicembre al 7 gennaio e dall'8 al 21 agosto)* carta 35/45000 – **35 cam** ☕ 120/170000 – ½ P 90/100000.

Osteria Dandy, località Tintoria NE : 2 km ✆ 876040, , prenotare – AE VISA.
chiuso agosto, domenica sera, lunedì e in luglio anche a mezzogiorno – **Pasto** carta 48/70000
Spec. Gramigna al torchio con salsiccia, Coniglio al forno, Filetto di puledro.

MINORI **84010** Salerno [431] E 25 – 3 046 ab. – a.s. Pasqua, 15 giugno-15 settembre e Natale – 📞 089.

Roma 269 – ♦Napoli 67 – Amalfi 3 – Salerno 22.

🏨 **Santa Lucia,** ℘ 853636, Fax 877142 – [TV] ☎ 🚗. AE [S] ⓞ E VISA. 🚫🐕 rist
marzo-ottobre – **Pasto** carta 32/50000 (10%) – ☕ 10000 – **27 cam** 75/90000 – ½ P 80/95000.

XX **Giardiniello,** corso Vittorio Emanuele 17 ℘ 877050, Fax 877050, Rist. e pizzeria, « Servizio estivo sotto un pergolato » – AE [S] ⓞ E VISA. 🚫🐕
chiuso dal 15 al 31 gennaio e mercoledì (escluso da giugno a settembre) – **Pasto** carta 36/60000 (10%).

X **L'Arsenale,** ℘ 851418, Rist. e pizzeria – AE [S] ⓞ E VISA. 🚫🐕
chiuso giovedì in bassa stagione – **Pasto** carta 34/61000.

MIRA **30034** Venezia [988] ⑤, [429] F 18 – 36 560 ab. alt. 6 – 📞 041.

Vedere Sala da ballo★ della Villa Widmann Foscari.

Escursioni Riviera del Brenta★★ per la strada S11.

ℹ via Don Minzoni 26 (Palazzo Principe Pio) ℘ 424973, Fax 423844.

Roma 514 – ♦Padova 22 – ♦Venezia 20 – Chioggia 39 – ♦Milano 253 – Treviso 35.

🏨 **Villa Margherita,** via Nazionale 416 ✉ 30030 Mira Porte ℘ 4265800, Fax 4265838, « Piccolo parco » – ▤ [TV] ☎ 🅿. AE [S] ⓞ E VISA
Pasto vedere rist **Margherita** – **18 cam** ☕ 175/285000 – ½ P 185000.

🏨 **Riviera dei Dogi** senza rist, via Don Minzoni 33 ✉ 30030 Mira Porte ℘ 424466, Fax 424428 – ▤ [TV] ☎ ♿ 🅿. AE [S] ⓞ E VISA
☕ 15000 – **28 cam** 95/150000.

XX **Margherita,** via Nazionale 312 ✉ 30030 Mira Porte ℘ 420879, Specialità di mare, 🏞 – ▤ 🅿 – 👥 80. AE [S] ⓞ E VISA. 🚫🐕
chiuso martedì sera, mercoledì e dal 1° al 20 gennaio – **Pasto** carta 48/65000.

XX **Nalin,** via Novissimo 29 ℘ 420083, Specialità di mare, 🏞 – ▤ 🅿. AE [S] ⓞ E VISA. 🚫🐕
chiuso domenica sera, lunedì, dal 26 dicembre al 5 gennaio ed agosto – **Pasto** carta 40/61000.

XX **Vecia Brenta** con cam, via Nazionale 403 ✉ 30030 Mira Porte ℘ 420114, Specialità di mare – ▤ [TV] 🅿. AE [S] ⓞ E VISA. 🚫🐕
chiuso gennaio – **Pasto** *(chiuso mercoledì)* carta 35/60000 – ☕ 9000 – **8 cam** 86/110000 – ½ P 84000.

X **Dall'Antonia,** via Argine Destro 75 (SE : 3 km) ℘ 5675618, Specialità di mare – ▤ 🅿. AE [S] E VISA
chiuso domenica sera, martedì, gennaio ed agosto – **Pasto** carta 50/100000.

X Anna e Otello, località Piazza Vecchia SE : 3 km ℘ 5675335, Specialità di mare – ▤

MIRABELLA ECLANO **86036** Avellino [431] D 26 – 8 535 ab. alt. 377 – 📞 0825.

Roma 244 – ♦Foggia 79 – Avellino 34 – Benevento 24 – ♦Napoli 87 – Salerno 66.

sull'autostrada A 16 Mirabella Sud N : 3 km :

🏨 **Mirabella Hotel,** ✉ 86036 ℘ 449724, Fax 449728 – 🛗 ▤ [TV] ☎ 🅿 – 👥 100. AE ⓞ E VISA
Pasto carta 30/56000 – ☕ 7000 – **37 cam** 80/120000 – ½ P 80000.

MIRAMARE Rimini [988] ⑮ ⑯, [430] J 19 – Vedere Rimini.

MIRANDOLA **41037** Modena [988] ⑭, [429] H 15 – 21 516 ab. alt. 18 – 📞 0535.

Roma 436 – ♦Bologna 56 – ♦Ferrara 58 – Mantova 55 – ♦Milano 202 – ♦Modena 32 – ♦Parma 88 – ♦Verona 70.

🏨 **Pico** senza rist, ℘ 20050, Fax 26873 – 🛗 ▤ [TV] ☎ 🅿. AE [S] ⓞ E VISA. 🚫🐕
chiuso dal 2 al 25 agosto – ☕ 16000 – **26 cam** 92/119000.

XX **Castello-da Toni,** piazza Marconi 22 ℘ 22918, Fax 22918, ⛱, Rist. e pizzeria – ▤. AE [S] ⓞ E VISA JCB. 🚫🐕
chiuso mercoledì e dal 1° al 20 agosto – **Pasto** carta 34/52000 (8%).

MIRANO **30035** Venezia [988] ⑤, [429] F 18 – 26 110 ab. alt. 9 – 📞 041.

Roma 516 – ♦Padova 26 – ♦Venezia 21 – ♦Milano 253 – Treviso 30 – ♦Trieste 158.

🏨 **Park Hotel Villa Giustinian** senza rist, via Miranese 85 ℘ 5700200, Fax 5700355, « Parco con 🏊 » – 🛗 ▤ [TV] ☎ 🅿. AE [S] ⓞ E VISA
28 cam 90/150000, 2 appartamenti, ▤ 10000.

🏨 **Patriarca,** via Miranese 25 ℘ 430006, Fax 5702077, 🏊, 🏞, 🎾 – ▤ [TV] ☎ 🅿. AE [S] ⓞ E VISA JCB. 🚫🐕 rist
Pasto carta 40/60000 – ☕ 10000 – **29 cam** 90/150000.

🏨 **Leon d'Oro** 🔇, via Canonici 3 (S : 3 km) ℘ 432777, Fax 431501, 🏊, 🏞 – 🚭 cam ▤ [TV] ☎ ♿ 🅿. AE [S] ⓞ E VISA. 🚫🐕 rist
Pasto (solo per clienti alloggiati) – **22 cam** ☕ 100/160000 – ½ P 85/95000.

X **19 al Paradiso,** via Luneo 37 (N : 2 km) ℘ 431939, ⛱ – ▤ 🅿. AE [S] ⓞ E VISA. 🚫🐕
chiuso lunedì ed agosto – **Pasto** carta 38/66000.

MISANO ADRIATICO **47046** Rimini [429] [430] K 20 – 8 866 ab. – a.s. 15 giugno-agosto – ☎ 0541.

ℹ via Platani 22 ℘ 615520, Fax 613295.

Roma 318 – Rimini 13 – ◆Bologna 126 – Forlì 65 – ◆Milano 337 – Pesaro 20 – ◆Ravenna 68 – San Marino 38.

🏨 **Atlantic,** via Sardegna 28 ℘ 614161, Fax 613748, 🏊 riscaldata – |‡| ▤ [TV] ☎ [P]. [S] E [VISA]. 🚫 rist
Pasqua-settembre – **Pasto** 30/50000 – ☕ 16000 – **39 cam** 120/160000 – P 80/130000.

🏨 **Gala,** via Pascoli 8 ℘ 615109, Fax 614800 – |‡| ▤ ☎ [P]. [AE] [S] ⓓ [VISA]. 🚫
aprile-settembre – **Pasto** (solo per clienti alloggiati) 25000 – **28 cam** ☕ 80/140000, ▤ 10000 – P 60/120000.

🏨 **Haway,** via Sardegna 21 ℘ 610309 – |‡| ▤ rist ☎ [P]. 🚫
15 maggio-20 settembre – **Pasto** 24/26000 – **39 cam** ☕ 60/95000 – ½ P 68/72000.

🏨 **Villa Rosa,** Litoranea Sud 4 ℘ 613601, Fax 615890, ← – |‡| ☎ [P]. 🚫 rist
15 maggio-20 settembre – **Pasto** (solo per clienti alloggiati) 29000 – ☕ 13000 – **33 cam** 105000 – ½ P 68/90000.

XX **Taverna del Marinaio,** via del Ciglio 16 ℘ 615658, ← – [P]. [AE] [S] ⓓ E [VISA]. 🚫
chiuso dal 20 ottobre al 20 dicembre e martedì escluso da giugno a settembre – **Pasto** carta 42/71000.

a Misano Monte O : 5 km – ✉ **47046** :

🏨 **I Girasoli** 🐦 senza rist, via Ca' Rastelli 13 ℘ 610724, Fax 610724, « Giardino ombreggiato con 🏊 riscaldata e 🎾 » – [TV] ☎ [P]. [AE] [S] ⓓ E [VISA]. 🚫
7 cam ☕ 220000.

MISSIANO **(MISSIAN)** Bolzano [218] ⑳ – Vedere Appiano.

MISURINA **32040** Belluno [988] ⑤, [429] C 18 – alt. 1 756 – Sport invernali : 1756/2 220 m ⛷4, ⛷ (vedere anche Auronzo di Cadore) – ☎ 0436.

Vedere Lago★★ – Paesaggio pittoresco★★★.

Roma 686 – Cortina d'Ampezzo 14 – Auronzo di Cadore 24 – Belluno 86 – ◆Milano 429 – ◆Venezia 176.

🏨 **Lavaredo** 🐦, ℘ 39227, Fax 39127, ← Dolomiti e lago, ≘s, 🎾 – [TV] ☎ [P]. [S] E [VISA]. 🚫
chiuso novembre – **Pasto** carta 32/76000 – ☕ 17000 – **32 cam** 130/160000 – ½ P 60/115000.

MODENA **41100** [P] [988] ⑭, [428] [429] [430] I 14 – 176 588 ab. alt. 35 – ☎ 059.

Vedere Duomo★★★ AY – Metope★★ nel museo del Duomo ABY **M1** – Galleria Estense★★, biblioteca Estense★, sala delle medaglie★ nel palazzo dei Musei AY **M2** – Palazzo Ducale★ BY **A**.

⛳18 e ⛳9 (chiuso martedì) a Colombaro di Formigine ✉ 41050 ℘ 5534 82, Fax 553696, per ④ : 10 km.

ℹ via Scudari 30 ℘ 222482, Fax 214591.

[A.C.I.] via Verdi 7 ℘ 239022.

Roma 404 ④ – ◆Bologna 40 ③ – ◆Ferrara 84 ④ – ◆Firenze 130 ④ – ◆Milano 170 ⑤ – ◆Parma 56 ⑤ – ◆Verona 101 ⑤.

Pianta pagina seguente

🏨 **Real Fini,** via Emilia Est 441 ℘ 238091, Telex 510286, Fax 364804 – |‡| ▤ [TV] ☎ ♿ 🚗 – 🪑 25 a 600. [AE] [S] ⓓ E [VISA] per ③
chiuso dal 21 dicembre all'8 gennaio e dal 20 luglio al 26 agosto – **Pasto** vedere rist **Fini** – ☕ 23000 – **91 cam** 230/340000, appartamento – ½ P 170/283000.

🏨 **Raffaello,** via per Cognento 5 ℘ 357035, Fax 354522 – |‡| ▤ [TV] ☎ 🚗 [P] – 🪑 25 a 350. [AE] [S] ⓓ E [VISA]. 🚫 3 km per ⑤
Pasto 30/33000 – **113 cam** ☕ 248/287000, 14 appartamenti – ½ P 177000.

🏨 Canalgrande, corso Canal Grande 6 ℘ 217160 e rist. ℘ 223313, Telex 510480, Fax 221674, « Sale settecentesche e giardino ombreggiato » – |‡| ▤ [TV] ☎ – 🪑 200 BZ **v**
79 cam.

🏨 **Central Park Hotel** senza rist, viale Vittorio Veneto 10 ℘ 225858, Telex 522225, Fax 225141 – |‡| ▤ [TV] ☎ [P]. [AE] [S] ⓓ E [VISA] AY **a**
chiuso dal 23 dicembre al 6 gennaio e dal 27 luglio al 26 agosto – **46 cam** ☕ 180/200000, 2 appartamenti.

🏨 **Donatello,** via Giardini 402 ℘ 344550, Fax 342803 – |‡| ▤ [TV] ☎ 🚗 – 🪑 50. [AE] [S] ⓓ E [VISA]. 🚫 rist per ⑤
Pasto al Rist. *La Gola (chiuso lunedì ed agosto)* carta 34/47000 – ☕ 20000 – **74 cam** 92/125000, ▤ 19000.

🏨 **Milano,** corso Vittorio Emanuele II 68 ℘ 223011, Fax 225136, 🏖 – |‡| ▤ [TV] ☎. [AE] [S] ⓓ E [VISA] [JCB] BY **a**
Pasto al Rist. ***Del Corso*** carta 30/55000 – ☕ 10000 – **63 cam** 75/100000, ▤ 25000 – ½ P 80/130000.

🏨 **Daunia** senza rist, via del Pozzo 158 ℘ 371182, Fax 374807 – |‡| ▤ [TV] ☎ [P]. [AE] [S] ⓓ E [VISA] [JCB]. 🚫 per ③
46 cam ☕ 95/145000.

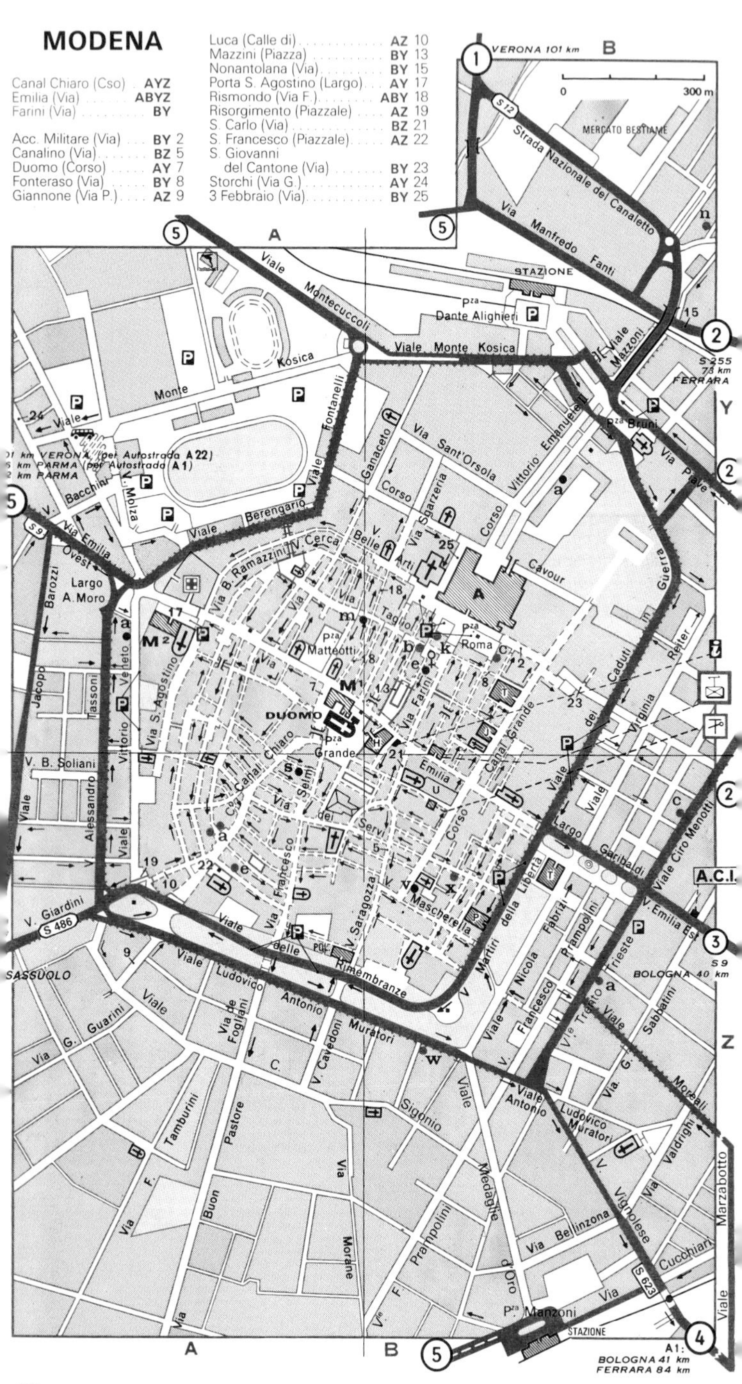
MODENA
Canal Chiaro (Cso) . . AYZ
Emilia (Via) . . . . . . ABYZ
Farini (Via) . . . . BY
Acc. Militare (Via) . . . BY 2
Canalino (Via) . . . . BZ 5
Duomo (Corso) . . . . . AY 7
Fonteraso (Via) . . . . . BY 8
Giannone (Via P.) . . . . AZ 9
Luca (Calle di) . . . . AZ 10
Mazzini (Piazza) . . . . BY 13
Nonantolana (Via) . . . . BY 15
Porta S. Agostino (Largo) . . . AY 17
Rismondo (Via F.) . . . . ABY 18
Risorgimento (Piazzale) . . . . AZ 19
S. Carlo (Via) . . . . BZ 21
S. Francesco (Piazzale) . . . . AZ 22
S. Giovanni del Cantone (Via) . . . BY 23
Storchi (Via G.) . . . . AY 24
3 Febbraio (Via) . . . . BY 25
VERONA 101 km
MERCATO BESTIAME
Strada Nazionale del Canaletto
Via Manfredo Fanti
STAZIONE
Pza Dante Alighieri
Viale Montecuccoli
Viale Monte Kosica
Viale Mazzoni
S 255
73 km
FERRARA
Pza Bruni
Via Piave
Viale Fontanelli
Viale Berengario
Via Sant'Orsola
Corso Vittorio Emanuele II
Corso Canalgrande
Cavour
Via Ganaceto
Via Sgarzeria
Via Emilia Ovest
Largo A. Moro
Via B. Ramazzini
V. Cerca
V. Belle Arti
Via Taglio
Pza Matteotti
Pza Roma
DUOMO
Pza Grande
Via Farini
Via S. Agostino
Viale Vittorio Veneto
Via Jacopo Barozzi
Tassoni
V. B. Soliani
Viale Alessandro
Corso Canal Chiaro
Via Selmi
Via del Servi
Viale dei Caduti in Guerra
Viale Reiter
Viale Virginia
Largo Garibaldi
Viale Ciro Menotti
A.C.I.
V. Emilia Est
S 9
BOLOGNA 40 km
V. Giardini
S 486
SASSUOLO
Viale delle Rimembranze
Viale Martiri della Libertà
Via Saragozza
Via Mascherella
Viale Ludovico Antonio Muratori
Viale Nicola Fabrizi
Via Prampolini
Viale Trento Trieste
Via G. Sabbatini
Viale Moreali
Via Valdrighi
Viale Marzabotto
Via Vignolese
S 623
Via Cucchiari
Via Bellinzona
Viale Medaglie d'Oro
Pza Manzoni
STAZIONE
Via G. Guarini
Via F. Tamburini
Via Buon Pastore
Via Morane
Viale Sigonio
Via de Fogliani
V. Cavedoni
Via Prampolini
A1:
BOLOGNA 41 km
FERRARA 84 km
SASSUOLO
01 km VERONA (per Autostrada A22)
5 km PARMA (per Autostrada A1)
2 km PARMA
Bacchini
Molza
Viale Monte Kosica

Centrale senza rist, via Rismondo 55 ✆ 218808, Fax 238201 – ABY **m**
15000 – **37 cam** 95/140000.

Libertà senza rist, via Blasia 10 ✆ 222365, Fax 222502 – BY **e**
chiuso dal 24 dicembre al 2 gennaio ed agosto – 15000 – **48 cam** 90/130000.

La Torre senza rist, via Cervetta 5 ✆ 222615, Fax 216316 – AZ **s**
12000 – **26 cam** 65/95000.

Fini, rua Frati Minori 54 ✆ 223314, Fax 220247, prenotare – AZ **e**
chiuso lunedì, martedì, dal 24 al 31 dicembre e dal 22 luglio al 27 agosto – **Pasto** carta 81/119000
Spec. Pasticcio di tortellini, Fritto misto all'italiana, Bollito misto dal carrello.

Modena Due-Sala Europa, via Scaglia 17 ✆ 342806, Fax 344874, Rist. panoramico, prenotare – – 80. per via Giardini AZ
chiuso a mezzogiorno, domenica, dal 24 al 30 dicembre ed agosto – **Pasto** carta 55/90000 e al Rist. ***Sala Italia*** *(chiuso la sera, sabato e domenica)* 38000 bc.

Borso d'Este, piazza Roma 5 ✆ 214114, prenotare – BY **k**
chiuso sabato a mezzogiorno, domenica ed agosto – **Pasto** carta 53/69000.

Bianca, via Spaccini 24 ✆ 311524, Fax 315520, – BY **n**
chiuso sabato a mezzogiorno, domenica, dal 23 dicembre al 1° gennaio, Pasqua e dal 5 al 20 agosto – **Pasto** carta 48/63000.

Osteria Toscana, via Gallucci 21 ✆ 211312 – BZ **x**
chiuso domenica, lunedì ed agosto – **Pasto** carta 47/70000.

Le Temps Perdu, via Sadoleto 3 ✆ 220353, Fax 210420, Specialità di mare; cucina mediterranea, prenotare, « Servizio estivo in giardino » – BZ **w**
chiuso a mezzogiorno, lunedì e dal 10 al 17 agosto – **Pasto** carta 68/110000.

Zelmira, largo San Giacomo 17 ✆ 222351, prenotare, « Servizio estivo in piazzetta » – AZ **a**
chiuso giovedì e dal 15 al 25 febbraio – **Pasto** carta 37/66000.

L'Incontro, largo San Giacomo 32 ✆ 218536, prenotare –
chiuso domenica, lunedì a mezzogiorno, dal 1° al 10 gennaio ed agosto – **Pasto** 30/45000 (a mezzogiorno) 45/50000 (alla sera) e carta 45/80000. AZ **a**

Lauro, via Menotti 61 ✆ 214264, Fax 223444 – BZ **c**
chiuso la sera (escluso giovedì-venerdì), domenica ed agosto – **Pasto** carta 44/57000.

Livi, via Trento e Trieste 71 ✆ 217114, Fax 226830 – BZ **a**
chiuso lunedì – **Pasto** carta 49/89000.

Oreste, piazza Roma 31 ✆ 243324, Fax 243324, Rist. di tradizione – 40. BY **c**
chiuso domenica sera, mercoledì e dal 10 al 31 luglio – **Pasto** 30000 bc e carta 48/76000.

Aurora, via Coltellini 24 ✆ 225191, , Specialità di mare, prenotare – BY **b**
chiuso lunedì, martedì a mezzogiorno e dal 17 agosto al 6 settembre – **Pasto** carta 42/58000 (10%).

Al Boschetto-da Loris, via Due Canali Nord 202 ✆ 251759, « Servizio estivo in giardino » – per ②
chiuso mercoledì, domenica sera ed agosto – **Pasto** carta 33/46000.

sulla strada statale 9 – ***via Emilia :***

Rechigi Park Hotel, via Emilia Est 1581 località Fossalta per ③ : 4 km ✉ 41100 Modena ✆ 283600, Fax 283910, – – 100.
Pasto vedere rist **Antica Moka** – 18000 – **76 cam** 170/240000.

Antica Moka - Rechigi Park Hotel, località Fossalta per ③ : 4 km ✉ 41100 Modena ✆ 284008, Fax 284048, , prenotare –
chiuso sabato a mezzogiorno, domenica, dal 1° all'8 gennaio ed agosto – **Pasto** 45000 bc e carta 50/72000.

Vinicio, località Fossalta per ③ : 4 km ✉ 41100 Modena ✆ 280313, Fax 281902, « Servizio estivo all'aperto » –
chiuso domenica, lunedì ed agosto – **Pasto** 30/40000 (a mezzogiorno) 40/60000 (alla sera) e carta 34/50000.

La Quercia di Rosa, località Fossalta per ③ : 4 km ✉ 41100 Modena ✆ 280730, « Servizio estivo all'aperto in giardino ombreggiato con laghetto » –
chiuso martedì, domenica sera, dal 24 al 26 dicembre e dall'8 al 22 agosto – **Pasto** carta 41/57000.

La Piola, strada Cave di Ramo 248 per ⑤ : 6 km ✉ 41100 Modena ✆ 848052, Vecchia cucina modenese, « Trattoria tipica con servizio estivo all'aperto »
chiuso a mezzogiorno (escluso domenica), lunedì, martedì e dal 10 al 22 agosto – **Pasto** 25/35000.

sull'autostrada A 1 – Secchia per ⑤ : 7 km :

Forte Agip senza rist, ✉ 41100 Modena ✆ 848221, Telex 522185, Fax 848522 – AE 🅂 ◑ E VISA JCB
184 cam ☐ 144/179000.

sulla strada statale 486 :

Al Caminetto-da Dino, strada Martiniana 240 per ⑤ : 9,5 km ✉ 41100 Modena ✆ 510152, – AE 🅂 ◑ E VISA
chiuso lunedì, dal 23 al 30 dicembre e dal 16 al 26 agosto – **Pasto** carta 47/68000.

sulla strada statale 12 :

Europa 92, stradello Nava 8 ✉ 41010 Vaciglio ✆ 460067, Fax 460067, – – 70. AE 🅂 ◑ E VISA.
chiuso lunedì, martedì a mezzogiorno, dal 10 al 25 gennaio e dal 1° al 18 agosto – **Pasto** carta 55/75000.

a Marzaglia per ⑤ : 10 km – ✉ **41010** :

La Masseria, ✆ 389262, Cucina tipica pugliese, prenotare la sera, « Servizio estivo in giardino » – AE 🅂 ◑ E VISA.
chiuso martedì e dal 24 dicembre al 5 gennaio – **Pasto** carta 42/65000.

sulla via Vignolese :

Castello senza rist, via Pica 321 ✉ 41100 Modena ✆ 361033, Fax 366024 – AE 🅂 ◑ E VISA.
chiuso dal 12 al 19 agosto – ☐ 10000 – **26 cam** 90/100000.

Baia del Re con cam, prossimità casello autostrada Modena Sud ✉ 41010 San Donnino ✆ 469135 – AE 🅂 ◑ E VISA
chiuso dal 24 dicembre al 16 gennaio e dal 1° al 20 agosto – **Pasto** *(chiuso domenica)* carta 67/96000 – ☐ 11000 – **14 cam** 60/95000.

Antica Trattoria la Busa, prossimità casello autostrada Modena Sud ✉ 41057 Spilamberto ✆ 469422, – AE 🅂 ◑ E VISA.
chiuso lunedì ed agosto – **Pasto** carta 37/54000.

MODICA Ragusa 988 ㊲, 432 Q 26 – Vedere Sicilia alla fine dell'elenco alfabetico.

MODUGNO **70026** Bari 988 ㉙, 431 D 32 – 37 421 ab. alt. 79 – ☎ 080.
Roma 443 – ◆Bari 11 – Barletta 56 – Matera 53 – ◆Taranto 93.

sulla strada statale 96 NE : 3 km :

H R, ✉ 70123 Bari Ovest ✆ 5057029, Fax 5057029, – – 25 a 150. AE 🅂 ◑ E VISA. rist
Pasto *(chiuso sabato sera e domenica)* carta 36/53000 – **86 cam** ☐ 135/212000 – P 220000.

MOENA **38035** Trento 988 ④ ⑤, 429 C 16 – 2 582 ab. alt. 1 184 – a.s. febbraio-Pasqua, Natale – Sport invernali : ad Alpe Lusia : 1 184/2 300 m 2 8 (vedere anche passo San Pellegrino) – ☎ 0462.
🅸 piazza Cesare Battisti ✆ 573122, Fax 574342.
Roma 671 – Belluno 71 – ◆Bolzano 44 – Cortina d'Ampezzo 74 – ◆Milano 329 – Trento 89.

Alpi, ✆ 573194, Fax 574412, ←, – AE 🅂 E VISA.
15 dicembre-20 aprile e 15 giugno-settembre – **Pasto** carta 35/51000 – ☐ 10000 – **37 cam** 90/160000 – ½ P 120/135000.

Patrizia , ✆ 573185, Fax 574087, ←, – 🅂 ◑ E VISA.
20 dicembre-Pasqua e 20 giugno-20 settembre – **Pasto** 32/42000 – ☐ 12000 – **34 cam** 100/180000 – ½ P 84/126000.

Monza , ✆ 573205, Fax 573609, ←, – AE 🅂 ◑ E VISA. rist
6 dicembre-20 aprile e 22 giugno-26 settembre – **Pasto** 26/40000 – ☐ 12000 – **16 cam** 120/165000, 2 appartamenti – ½ P 95/130000.

Post Hotel, ✆ 573760, Fax 573281 – AE 🅂 ◑ E VISA.
dicembre-Pasqua e 15 giugno-settembre – **Pasto** vedere rist **Tyrol** – ☐ 21000 – 15 appartamenti 120/260000 – ½ P 105/133000.

La Rondinella, ✆ 573258, Fax 574524 – rist
23 dicembre-13 aprile e 22 giugno-28 settembre – **Pasto** carta 28/47000 – ☐ 20000 – **20 cam** 100/160000 – P 100/150000.

Catinaccio , ✆ 573235, Fax 574474, ← Dolomiti, – AE 🅂 E VISA. rist
Pasto *(20 dicembre-Pasqua e luglio-15 settembre)* 39/50000 – **52 cam** ☐ 150/220000 – ½ P 110/165000.

Cavalletto, ✆ 573164, Fax 574625, –
dicembre-aprile e giugno-settembre – **Pasto** 25/30000 – **33 cam** ☐ 60/100000 – ½ P 100/110000.

Piedibosco, località Sorte 573389, Fax 574540, ≤ Dolomiti – ☎ P
stagionale – **23 cam.**

Leonardo, 573355, Fax 574611, ≤ Dolomiti – ☎ P. rist
20 dicembre-aprile e 15 giugno-settembre – **Pasto** carta 34/44000 – 12000 – **21 cam** 90/145000 – ½ P 105/115000.

Malga Panna, O : 1,5 km 573489, Fax 573489, ≤ Dolomiti – P. AE E VISA JCB.
Natale-Pasqua e giugno-settembre; chiuso lunedì (escluso luglio-agosto) – **Pasto** 50000 (a mezzogiorno) 70000 (alla sera) e carta 51/78000
Spec. Tartare di cervo al roquefort. Lasagnette croccanti alle zucchine e finferli. Cappelle di porcino arrosto alle erbe.

Tyrol, 573760 – AE E VISA.
dicembre-Pasqua e 15 giugno-settembre – **Pasto** carta 43/63000.

Ja Navalge, 573930, Fax 573930, prenotare – AE E VISA.
chiuso dal 1° al 15 giugno, dal 6 al 25 novembre e domenica sera-lunedì in bassa stagione – **Pasto** 40000 e carta 51/75000
Spec. Canederli di cervella di vitello al burro d'erba (autunno). Filetto di trota salmonata con schiuma d'agrumi pomodoro fresco e aglio verde (inverno). Involtini di capriolo con porcini arrosto e polenta morbida (estate).

Vedere anche : ***Soraga*** N : 2 km.
Costalunga (Passo di) E : 12,2 km.

MOGGIONA Arezzo 430 K 17 – Vedere Camaldoli.

MOGGIO UDINESE 33015 Udine 429 C 21 – 2 075 ab. alt. 337 – 0433.

Roma 677 – Udine 50 – Cortina d'Ampezzo 117 – Lienz 97 – Tarvisio 48.

Locanda San Gallo, 51078, – AE E VISA
chiuso martedì sera, mercoledì e dal 23 gennaio al 7 febbraio – **Pasto** carta 46/59000.

MOGLIANO VENETO 31021 Treviso 988 ⑤, 429 F 18 – 25 661 ab. – 041.

18 e 9 Villa Condulmer (chiuso lunedì) a Zerman ✉ 31020 457062, Fax 457202, NE : 4 km.

Roma 529 – Venezia 17 – Milano 268 – Padova 38 – Treviso 12 – Trieste 152 – Udine 121.

Villa Stucky, via Don Bosco 47 5904528, Fax 5904566, « Elegante villa d'epoca in un piccolo parco » – ☎ P – 40. AE E VISA JCB. cam
Pasto *(chiuso venerdì)* carta 51/81000 – **19 cam** 185/300000, appartamento – ½ P 200000.

Duca d'Aosta senza rist, piazza Duca d'Aosta 31 5904990, Fax 5904381 – ☎ P – 60. AE E VISA JCB.
15000 – **16 cam** 130/200000, 8 appartamenti.

Al Bacareto, via Marconi 83 5902122 – P. AE E VISA JCB
chiuso lunedì e luglio o agosto – **Pasto** carta 27/55000.

a Zerman NE : 4 km – ✉ **31020** :

Villa Condulmer, 457100, Fax 457134, « Villa veneta del 18° secolo in un parco », 9 18 – cam ☎ P – 80. AE E VISA. rist
Pasto carta 63/115000 – **52 cam** 170/400000 – ½ P 170/270000.

MOIA DI ALBOSAGGIA Sondrio – Vedere Sondrio.

MOIE Ancona 430 L 21 – Vedere Maiolati Spontini.

MOLA DI BARI 70042 Bari 988 ㉙, 431 D 33 – 25 956 ab. – 080.

Roma 436 – Bari 21 – Brindisi 93 – Taranto 105.

Niccolò Van Westerhout, via De Amicis 3/5 644253 – AE E VISA JCB
chiuso martedì – **Pasto** carta 33/50000.

MOLFETTA 70056 Bari 988 ㉙, 431 D 31 – 66 363 ab. – 080.

Roma 425 – Bari 30 – Barletta 30 – Foggia 108 – Matera 69 – Taranto 115.

Garden, via provinciale Terlizzi 941722, Fax 9349291, – ☎ P – 80. AE E VISA.
Pasto (solo per clienti alloggiati) – **60 cam** 88/125000 – P 103000.

Borgo Antico, piazza Municipio 20 9974379 – AE E VISA.
chiuso lunedì e dal 9 al 22 novembre – **Pasto** carta 40/60000.

Bistrot, via Dante 33 9975812 – AE E VISA
chiuso mercoledì – **Pasto** carta 25/44000.

MOLINELLA 40062 Bologna 429 430 I 17 – 12 165 ab. – 051.

Roma 413 – Bologna 38 – Ferrara 34 – Ravenna 54.

Mini Palace, via Circonvallazione Sud 2 881180, Fax 881180, – ☎ P. AE E VISA.
chiuso dal 23 dicembre al 3 gennaio e dal 10 al 20 agosto – **Pasto** *(chiuso domenica)* 30/45000 – **21 cam** 115/170000 – ½ P 130000.

MOLINI (MÜHLEN) Bolzano – Vedere Falzes.

MOLINI DI TURES (MÜHLEN) Bolzano – Vedere Campo Tures.

MOLITERNO 85047 Potenza 988 ㉘, 431 G 29 – 5 030 ab. alt. 879 – 0975.
Roma 390 – Potenza 85 – Lagonegro 32 – ♦Napoli 190 – Salerno 134.

XX Vecchio Ponte, località Piano di Maglie S : 7 km ☎ 64941, – P

MOLLIÈRES Torino – Vedere Cesana Torinese.

MOLTRASIO 22010 Como 428 E 9, 219 ⑧ ⑨ – 1 895 ab. alt. 247 – 031.
Roma 634 – Como 9 – Menaggio 26 – ♦Milano 57.

Grand Hotel Imperiale, via Durini ☎ 346111, Fax 346120, ≤, – cam P – 200. AE VISA.
Pasto 50/60000 – **90 cam** 200/295000, 2 appartamenti – ½ P 160/180000.

XXX **Imperialino,** via Antica Regina 26 ☎ 346600, ≤, – AE E VISA.
chiuso gennaio e lunedì (escluso da giugno a settembre) – **Pasto** carta 55/80000.

XX **Posta** con cam, ☎ 290444, Fax 290657, ≤, « Servizio estivo all'aperto » – AE E VISA
chiuso gennaio e febbraio – **Pasto** *(chiuso mercoledì)* carta 41/74000 – 15000 – **19 cam** 90/120000 – ½ P 100000.

MOLVENO 38018 Trento 988 ④, 428 429 D 14 – 1 016 ab. alt. 864 – a.s. Pasqua e Natale – Sport invernali : 864/1 500 m 1 2 (vedere anche Andalo e Fai della Paganella) – 0461.
Vedere Lago★★.
piazza Marconi 4 ☎ 586924, Fax 586221.
Roma 627 – Trento 44 – ♦Bolzano 65 – ♦Milano 211 – Riva del Garda 46.

Ischia, ☎ 586057, Fax 586985, ≤, « Giardino fiorito », – P. AE VISA. rist
20 dicembre-marzo e giugno-settembre – **Pasto** 32/35000 – 12000 – **35 cam** 90/160000 – ½ P 75/115000.

Du Lac, ☎ 586965, Fax 586247, ≤, – P. AE E VISA. rist
20 dicembre-10 gennaio e maggio-ottobre – **Pasto** 25/30000 – 10000 – **44 cam** 80/120000 – P 70/125000.

Alexander H. Cima Tosa, ☎ 586928, Fax 586950, ≤ Gruppo del Brenta e lago – P – 70. AE E VISA. rist
19 dicembre-10 gennaio, 7 febbraio-14 marzo e 10 aprile-2 novembre – **Pasto** carta 35/54000 – **36 cam** 80/130000 – ½ P 70/120000.

Belvedere, ☎ 586933, Fax 586044, ≤, – P. E VISA.
chiuso novembre – **Pasto** 35/45000 – 12000 – **52 cam** 194/292000 – ½ P 131000.

Lido, ☎ 586932, Fax 586143, « Grande giardino ombreggiato » – P – 100. AE. rist
15 maggio-15 ottobre – **Pasto** 24/30000 – **59 cam** 100/170000 – ½ P 78/115000.

Gloria , ☎ 586962, Fax 586079, ≤ Gruppo del Brenta e lago, – P. E VISA.
Natale e giugno-settembre – **Pasto** 30/38000 – **35 cam** 95/170000, 4 appartamenti – ½ P 80/120000.

Londra, ☎ 586943, Fax 586313, ≤, – P. E VISA. rist
chiuso dal 17 aprile al 15 maggio e novembre – **Pasto** 20/28000 – **39 cam** 67/114000 – ½ P 82/101000.

Villanova, senza rist, ☎ 586347, Fax 586347 – P
28 cam.

X **Antica Bosnia,** ☎ 586123, Cucina regionale, Coperti limitati; prenotare – E.
chiuso mercoledì escluso da giugno a settembre – **Pasto** carta 32/48000.

X **El Filò,** ☎ 586151, « Caratteristica stube » – E VISA JCB
Natale-6 gennaio e maggio-ottobre – **Pasto** carta 30/48000.

MOMBELLO MONFERRATO 15020 Alessandria – 1 130 ab. alt. 294 – 0142.
Roma 626 – Alessandria 48 – ♦Torino 61 – Asti 38 – ♦Milano 95 – Vercelli 39.

X **Hostaria dal Paluc,** località Zenevreto N : 2 km ☎ 944126, Fax 944126, solo su prenotazione, « Servizio estivo all'aperto con ≤ » – P. AE E VISA.
chiuso lunedì, martedì e da gennaio al 15 febbraio – **Pasto** carta 45/70000.

X **Dubini,** ☎ 944116, Fax 944116 – E VISA
chiuso mercoledì e dal 25 luglio al 18 agosto – **Pasto** carta 35/55000.

MOMBISAGGIO Alessandria – Vedere Tortona.

MOMO 28015 Novara 988 ②, 428 F 7 – 2 896 ab. alt. 213 – 0321.
Roma 640 – Stresa 46 – ♦Milano 66 – Novara 15 – ♦Torino 110.

XXX **Macallè** con cam, ☎ 926064, Fax 926828 – P. AE E VISA.
chiuso dal 5 al 15 gennaio e dal 16 al 30 agosto – **Pasto** *(chiuso mercoledì)* carta 42/72000 – 15000 – **8 cam** 90/150000 – ½ P 150000.

MOMPANTERO Torino – Vedere Susa.

MONASTIER DI TREVISO 31050 Treviso 429 F 19 – 3 444 ab. alt. 5 – ☎ 0422.
Roma 548 – Venezia 30 – Milano 287 – Padova 57 – Treviso 17 – Trieste 125 – Udine 96.

Menegaldo, località Pralongo E : 4 km ✆ 798025, Specialità di mare – ▤ P. AE ⑤ ⊙ E VISA
chiuso mercoledì e dal 25 luglio al 20 agosto – **Pasto** carta 29/53000.

MONCALIERI 10024 Torino 988 ⑫, 428 G 5 – 59 626 ab. alt. 260 – ☎ 011.
Roma 662 – Torino 10 – Asti 47 – Cuneo 86 – Milano 148.

Pianta d'insieme di Torino (Torino p. 3)

RestHotel Primevère, strada Palera 96 ✆ 6813331, Fax 6813344, – |‡| cam ▤ TV ☎ & P – 30 a 90. AE ⑤ ⊙ E VISA. HU **x**
Pasto 30000 – **80 cam** 145/180000.

Reginna Po, strada Torino 29 ✆ 641126, Fax 642218 – |‡| ▤ TV ☎ P. AE ⑤ ⊙ E VISA. rist GU **p**
Pasto *(chiuso domenica sera, lunedì e dal 10 al 20 agosto)* carta 45/78000 – **25 cam** 115/140000.

Ca' Mia, strada Revigliasco 138 ✆ 6472808, Fax 6472808, , – ▤ P – 70. AE ⑤ ⊙ E VISA GHU **c**
chiuso mercoledì – **Pasto** carta 40/64000.

All'Antica Vigna, località Testona E : 3 km ✆ 6470640, , Coperti limitati, prenotare, « Casa di caccia ottocentesca in un piccolo parco » – P. AE ⑤ ⊙ E VISA. HU **g**
chiuso lunedì e dall'8 al 23 agosto – **Pasto** carta 42/73000.

Rosa Rossa, via Carlo Alberto 5 ✆ 645873, Trattoria con cucina piemontese – AE ⑤ E VISA GU **r**
chiuso domenica sera, lunedì ed agosto – **Pasto** carta 44/57000.

a Revigliasco NE : 8 km – ✉ **10020** :

'L Vej Osto, via Beria 32 ✆ 8608224, , Coperti limitati, prenotare – ⑤ E VISA HU **a**
chiuso a mezzogiorno, domenica, dal 1° al 10 gennaio e dal 10 al 20 agosto – **Pasto** carta 33/51000.

Europe — Se il nome di un albergo è stampato in carattere magro, chiedete al vostro arrivo le condizioni che vi saranno praticate.

MONCALVO 14036 Asti 988 ⑫, 428 G 6 – 3 486 ab. alt. 305 – ☎ 0141.
Roma 633 – Alessandria 48 – Torino 74 – Asti 21 – Milano 98 – Vercelli 42.

Ametista, ✆ 917423 – AE ⑤ E VISA
chiuso mercoledì – **Pasto** carta 37/50000.

a Cioccaro SE : 5 km – ✉ **14030** Cioccaro di Penango :

Locanda del Sant'Uffizio-da Beppe , ✆ 916292, Fax 916068, , , « Antica fattoria con parco e », – TV ☎ & P – 30 a 80. ⑤ ⊙ E VISA.
chiuso dal 6 al 22 gennaio e dal 10 al 20 agosto – **Pasto** *(chiuso martedì)* 100000 – 20000 – **31 cam** 240000, 4 appartamenti – ½ P 240000
Spec. Gnocchetti ripieni di fonduta al tartufo bianco (autunno). Ravioloni di robiola e toma delle Langhe al tartufo nero (estate-autunno). Sella di sanato al forno.

MONCHIO DELLE CORTI 43010 Parma 428 429 I 12 – 1 398 ab. alt. 841 – ☎ 0521.
Roma 456 – La Spezia 61 – Parma 66.

a Trefiumi S : 5 km – alt. 938 – ✉ **43010** Monchio delle Corti :

Lo Scoiattolo, con cam, ✆ 899134 – P.
14 cam.

MONCLASSICO 38020 Trento 428 429 C 14, 218 ⑲ – 731 ab. alt. 782 – ☎ 0463.
Roma 635 – Bolzano 65 – Sondrio 102 – Trento 63.

Ariston, ✆ 974967, Fax 974968 – |‡| TV ☎ P. ⑤ E VISA. rist
20 dicembre-Pasqua e 15 giugno-20 settembre – **Pasto** carta 28/32000 – 9000 – **31 cam** 72/129000 – ½ P 60/75000.

MONDAVIO 61040 Pesaro e Urbino 430 K 20 – 3 825 ab. alt. 280 – ☎ 0721.
Roma 264 – Ancona 56 – Macerata 106 – Pesaro 44 – Urbino 45.

La Palomba, via Gramsci 13 ✆ 97105, Fax 977048 – ☎. AE ⑤ ⊙ E VISA JCB.
Pasto *(chiuso lunedì sera da novembre a marzo)* carta 28/39000 – 6000 – **16 cam** 50/70000 – ½ P 40/65000.

MONDELLO Palermo 988 ㉟, 432 M 21 – Vedere Sicilia alla fine dell'elenco alfabetico.

MONDOVI Cuneo 988 ⑫, 428 I 5 – 22 175 ab. alt. 559 – ✉ **12084** Mondovì Breo – ☎ 0174.

viale Vittorio Veneto 17 ☎ 40389, Fax 481266.

Roma 616 – Cuneo 27 – ◆Genova 117 – ◆Milano 212 – Savona 71 – ◆Torino 80.

Park Hotel, via del Vecchio 2 ☎ 46666, Fax 47771 – rist – 200. AE VISA
Pasto al Rist. ***Villa Nasi*** *(chiuso domenica sera, lunedì, dal 1° al 10 gennaio e dall'8 al 22 agosto)* carta 30/50000 – 10000 – **54 cam** 85/90000, 3 appartamenti – ½ P 70000.

Europa senza rist, via Torino 29-Borgo Aragno ☎ 44388, Fax 44389 – E VISA
10000 – **17 cam** 80/110000.

MONEGLIA **16030** Genova 428 J 10 – 2 682 ab. – ☎ 0185.

Roma 456 – ◆Genova 58 – ◆Milano 193 – Sestri Levante 12 – ◆La Spezia 58.

Mondial, O : 1 km ☎ 49339, Fax 49943, ← – rist
aprile-ottobre – **Pasto** 50000 – 12000 – **50 cam** 100/150000 – ½ P 115000.

Villa Edera, ☎ 49291, Fax 49470, ← – AE E VISA
marzo-5 novembre – **Pasto** (solo per clienti alloggiati) 30/40000 – **26 cam** 110/140000 – ½ P 100/105000.

Locanda Maggiore, ☎ 49355, ← – AE E VISA
25 marzo-settembre – **Pasto** 28/30000 – **33 cam** 70/95000 – ½ P 75/80000.

Piccolo Hotel, ☎ 49374, Fax 401292 – E VISA rist
marzo-25 ottobre – **Pasto** *(chiuso giovedì)* 35/50000 – 15000 – **26 cam** 90/120000 – ½ P 65/100000.

verso Lemeglio SE : 2 km :

La Ruota, alt. 200 ✉ 16030 ☎ 49565, Coperti limitati; prenotare, « Servizio estivo in terrazza con ← mare e Moneglia » –
chiuso novembre e mercoledì (escluso dal 15 giugno al 15 settembre) – **Pasto** 70/110000.

MONFALCONE **34074** Gorizia 988 ⑥, 429 E 22 – 27 035 ab. – ☎ 0481.

Roma 641 – Udine 42 – Gorizia 24 – Grado 24 – ◆Milano 380 – ◆Trieste 30 – ◆Venezia 130.

Sam senza rist, via Cosulich 3 ☎ 481671, Fax 485444 – – 40. AE E VISA
15000 – **64 cam** 95/125000.

Hannibal, via Bagni (Centro Motovelico) ☎ 798006 – AE E VISA JCB
chiuso lunedì e dal 10 al 30 gennaio – **Pasto** carta 38/62000.

Locanda ai Campi, via Napoli 7 ☎ 481937 – AE E VISA
chiuso lunedì – **Pasto** carta 30/56000.

MONFORTE D'ALBA **12065** Cuneo 428 I 5 – 1 983 ab. alt. 480 – ☎ 0173.

Roma 621 – Cuneo 62 – Asti 46 – ◆Milano 170 – Savona 77 – ◆Torino 75.

Giardino-da Felicin con cam, ☎ 78225, Fax 78225, ← colline e vigneti, , prenotare – E VISA
chiuso da gennaio al 15 febbraio e dal 1° al 14 luglio – **Pasto** *(chiuso domenica sera e lunedì)* carta 40/65000 – 10000 – **10 cam** 80/110000 – ½ P 130000
Spec. Antipasti alla piemontese, Tagliatelle con funghi (estate-autunno), Fonduta con tartufo (autunno).

Trattoria della Posta, ☎ 78120 – E VISA
chiuso giovedì e dal 24 luglio al 6 agosto – **Pasto** carta 21/45000.

MONFUMO **31010** Treviso 429 E 17 – 1 384 ab. alt. 230 – ☎ 0423.

Roma 561 – Belluno 57 – Treviso 38 – ◆Venezia 78 – Vicenza 54.

Osteria alla Chiesa-da Gerry, ☎ 545077, Fax 545077, , prenotare la sera – AE E VISA JCB
chiuso lunedì – **Pasto** carta 40/58000.

MONGHIDORO **40063** Bologna 429 430 J 15 – 3 022 ab. alt. 841 – ☎ 051.

Roma 333 – ◆Bologna 43 – ◆Firenze 65 – Imola 54 – ◆Modena 86.

Da Carlet, via Vittorio Emanuele 20 ☎ 6555506, – E VISA
chiuso lunedì sera, martedì e dal 7 al 31 gennaio – **Pasto** carta 38/63000.

carte stradali MICHELIN 1/400 000 :

428 ITALIA Nord-Ovest/ 429 ITALIA Nord-Est/ 430 ITALIA Centro

431 ITALIA Sud/ 432 SICILIA/ 433 SARDEGNA

Le località sottolineate in rosso su queste carte sono citate in guida.

MONGUELFO (WELSBERG) 39035 Bolzano 988 ⑤, 429 B 18 – 2 427 ab. alt. 1 087 – Sport invernali : Plan de Corones: 1 087/2 273 m 11 21, – 0474.

Palazzo del Comune 944118, Fax 944599.

Roma 732 – Cortina d'Ampezzo 42 – ◆Bolzano 94 – Brunico 17 – Dobbiaco 11 – ◆Milano 390 – Trento 154.

a Tesido (Taisten) N : 2 km – alt. 1 219 – 39035 Monguelfo :

Chalet Olympia, 944079, Fax 944650, ≤, – . E VISA. cam
chiuso maggio, giugno e novembre – **Pasto** *(chiuso lunedì)* carta 33/47000 – 15000 – **12 cam** 55/90000 – ½ P 80/95000.

Alpenhof, O : 1 km 944212, Fax 944775, ≤ monti, riscaldata, – . rist
20 dicembre-10 aprile e 25 maggio-10 ottobre – **Pasto** (solo per clienti alloggiati) – **13 cam** 70/130000 – ½ P 75/90000.

MONIGA DEL GARDA 25080 Brescia 428 429 F 13 – 1 461 ab. alt. 128 – a.s. Pasqua e luglio-15 settembre – 0365.

Roma 537 – ◆Brescia 28 – Mantova 76 – ◆Milano 127 – Trento 106 – ◆Verona 52.

Al Gallo D'Oro, 502405, Fax 502405, , Coperti limitati; prenotare.

La Pescatrice con cam, 502943, ≤, – .
Pasto *(chiuso lunedì)* carta 37/61000 – 7000 – **8 cam** 60/90000 – ½ P 70/80000.

MONOPOLI 70043 Bari 988 ㉙, 431 E 33 – 47 541 ab. – a.s. 21 giugno-settembre – 080.

Roma 494 – ◆Bari 45 – ◆Brindisi 70 – Matera 80 – ◆Taranto 60.

Il Melograno, contrada Torricella 345 (SO : 4 km) 6909030, Fax 747908, , « In un'antica masseria fortificata », , , , , – – 80 a 250
33 cam.

Vecchio Mulino, viale Aldo Moro 192 777133, Fax 777654, – – 25 a 250. AE E VISA.
Pasto carta 32/54000 – 10000 – **31 cam** 130/190000 – ½ P 115/125000.

Max, via Vittorio Veneto 241 802591, Fax 802591 – – 70. E VISA. rist
Pasto *(chiuso lunedì da novembre a marzo)* carta 26/43000 (10%) – 7000 – **33 cam** 80/122000 – ½ P 80000.

Lido Bianco, via Procaccia 3 8872167, ≤ – . AE E VISA
chiuso dal 15 dicembre al 15 gennaio e lunedì (escluso da giugno a settembre) – **Pasto** carta 29/48000.

verso Torre Egnazia :

Porto Giardino, contrada Lamandia 16/a (SE : 6,5 km) 70043 801500, Fax 801584, In un complesso turistico, , , – – 25 a 500. AE E VISA.
Pasto carta 35/55000 – 15000 – **35 cam** 135/160000 – ½ P 135000.

Lido Torre Egnazia, SE : 8,5 km 70043 801002, Fax 801595, ≤, , – . AE E VISA.
maggio-settembre – **Pasto** (solo per clienti alloggiati) 28000 – 11000 – **38 cam** 150000 – P 210000.

MONREALE Palermo 988 ㉟, 432 M 21 – Vedere Sicilia alla fine dell'elenco alfabetico.

MONRUPINO 34016 Trieste 429 E 23 – 858 ab. alt. 418 – 040.

Roma 669 – Udine 69 – Gorizia 45 – ◆Milano 408 – ◆Trieste 16 – ◆Venezia 158.

Furlan, 327125, , Cucina carsolina – .
chiuso lunedì, martedì, febbraio e luglio – **Pasto** carta 38/60000.

Krizman con cam, Rupingrande 76 327115, Fax 327370, – . AE E VISA.
Pasto *(chiuso martedì)* carta 28/44000 – 8000 – **17 cam** 60/90000 – ½ P 95000.

MONSAGRATI 55060 Lucca 428 K 13 – 0583.

Roma 352 – Lucca 4 – Pisa 26 – Viareggio 20.

Gina, 385651, Fax 38248 – – 30
37 cam.

MONSELICE 35043 Padova 988 ⑤, 429 G 17 – 17 406 ab. alt. 8 – 0429.

Vedere ≤★ dalla terrazza di Villa Balbi.

Roma 471 – ◆Padova 23 – ◆Ferrara 54 – Mantova 85 – ◆Venezia 64.

Ceffri, via Orti 7/b 783111, Fax 783100, , – – 40 a 200. AE E VISA.
Pasto 30/37000 bc e al Rist. ***Villa Corner*** carta 33/54000 – 13000 – **44 cam** 80/140000 – ½ P 87000.

La Torre, piazza Mazzini 14 73752, Coperti limitati; prenotare – . AE E VISA.
chiuso domenica sera, lunedì ed agosto – **Pasto** carta 40/66000.

[MONSUMMANO TERME] **51015** Pistoia [988] ⑭, [428] [429] [430] K 14 – 18 559 ab. alt. 23 – a.s. 18 luglio-settembre – ☎ 0572.

⛳ Montecatini (chiuso martedì) località Pievaccia ✉ 51015 Monsummano Terme ☎ 62218, Fax 617435.

Roma 323 – ♦Firenze 46 – Pisa 61 – Lucca 31 – ♦Milano 301 – Pistoia 13.

🏨 **Grotta Giusti** 🌿, E : 2 km ☎ 51165, Fax 51269, « Grande parco fiorito con 🏊 », 🏋, 🏊, 🎾, 🌳 – 🛗 ❄ 📺 ☎ ♿ 🅿 – 👥 30 a 100. [AE] [$] [E] [VISA]. 🚫 rist
marzo-novembre – **Pasto** 45/60000 – **70 cam** ☕ 200/250000 – ½ P 145/165000.

[MONTACUTO] **15050** Alessandria, [428] H 9 – 387 ab. alt. 556 – ☎ 0131.

Roma 585 – Alessandria 52 – ♦Genova 69 – Piacenza 106.

a Giarolo SE : 3,5 km – ✉ **15050** Montacuto :

🍴🍴 **Forlino,** ☎ 785151 – 🅿. [AE] [$] [O] [E] [VISA]. 🚫
chiuso lunedì e gennaio – **Pasto** carta 45/60000.

[MONTAGNA] **(MONTAN) 39040** Bolzano [429] D 15, [218] ⑳ – 1 424 ab. alt. 500 – ☎ 0471.

Roma 630 – ♦Bolzano 24 – ♦Milano 287 – Ora 6 – Trento 48.

🏨 **Tenz,** via Doladizza 3 (N : 2 km) ☎ 819782, Fax 819728, ≤ monti e vallata, 🏊, 🏊, 🏊, 🏊, 🌳, 🎾 – 🛗 📺 ☎ ♿ 🅿. [$] [E] [VISA]. 🚫 rist
chiuso dal 25 novembre al 5 febbraio – **Pasto** *(chiuso martedì)* carta 29/44000 – **40 cam** ☕ 82/155000 – ½ P 70/98000.

[MONTAGNANA] Firenze [429] [430] K 15 – Vedere Montespertoli.

[MONTAGNANA] Modena – Vedere Serramazzoni.

[MONTAGNANA] **35044** Padova [988] ④ ⑤, [429] G 16 – 9 438 ab. alt. 16 – ☎ 0429.

Vedere Cinta muraria★★.

Roma 475 – ♦Padova 49 – ♦Ferrara 57 – Mantova 60 – ♦Milano 213 – ♦Venezia 85 – ♦Verona 58 – Vicenza 45.

🍴🍴🍴 **Aldo Moro** con cam, via Marconi 27 ☎ 81351, Fax 82842 – ❄ rist 📺 ☎ 🚗 – 👥 30. [AE] [E] [VISA]. 🚫
chiuso dal 3 al 10 gennaio e dal 25 luglio al 10 agosto – **Pasto** *(chiuso lunedì)* carta 39/66000 – ☕ 12000 – **13 cam** 92/140000, 10 appartamenti 175000 – ½ P 110000.

[MONTAIONE] **50050** Firenze [988] ⑭, [428] [430] L 14 – 3 357 ab. alt. 342 – ☎ 0571.

Vedere Convento di San Vivaldo★ SO : 5 km.

⛳ Castelfalfi (chiuso lunedì da ottobre a marzo) località Castelfalfi ✉ 50050 Montaione ☎ 698093, Fax 698098.

Roma 289 – ♦Firenze 59 – Siena 61 – ♦Livorno 75.

🏨 **Vecchio Mulino** senza rist, viale Italia 10 ☎ 697966, Fax 697966, ≤ vallata, 🌳 – 📺 ☎. [AE] [$] [O] [E] [VISA]
11 cam ☕ 60/110000.

[MONTALCINO] **53024** Siena [988] ⑮, [430] M 16 – 5 085 ab. alt. 564 – ☎ 0577.

Vedere Abbazia di Sant'Antimo★ S : 10 km – Fortezza★★, Palazzo Comunale★.

Roma 213 – Siena 41 – Arezzo 86 – ♦Firenze 109 – Grosseto 57 – ♦Perugia 111.

🏨 **Al Brunello di Montalcino,** S : 1,5 km ☎ 849304, Fax 849430, ≤, 🏊, 🌳 – ❄ 📺 ☎ 🅿 – 👥 200. [$] [E] [VISA]. 🚫
Pasto 35/50000 – ☕ 15000 – **21 cam** 80/150000 – ½ P 140000.

🍴🍴🍴 ✿ **Poggio Antico,** località Poggio Antico SO : 4 km ☎ 849200, Fax 849200, ≤, prenotare – 🅿. 🚫
chiuso lunedì – **Pasto** 65/70000 e carta 60/90000
Spec. Gnocchetti al ragù bianco di cinghiale, Insalata di porcini con fonduta di taleggio (giugno-luglio), Piccione ripieno con salsa all'aceto di Vin Santo.

🍴🍴 La Cucina di Edgardo, ☎ 848232, Fax 848232, Coperti limitati; prenotare.

🍴🍴 **Taverna dei Barbi,** fattoria dei Barbi SE : 5 km ☎ 849357, Fax 849356 – 🅿. [AE] [$] [O] [VISA]
chiuso dal 15 al 31 gennaio, dal 1° al 15 luglio, martedì sera e mercoledì escluso agosto – **Pasto** carta 37/50000.

[MONTALE] **51037** Pistoia [429] [430] K 15 – 9 978 ab. alt. 85 – ☎ 0573.

Roma 303 – ♦Firenze 29 – Pistoia 9 – Prato 10.

🍴 **Il Cochino** con cam, via Fratelli Masini 15 ☎ 959280, Fax 959280, 🏊 – [AE] [$] [O] [E] [VISA] [JCB]. 🚫
chiuso dal 1° al 25 agosto – **Pasto** *(chiuso sabato)* carta 30/45000 – ☕ 10000 – **16 cam** 60/95000 – ½ P 75/80000.

[MONTALERO] Alessandria – Vedere Cerrina Monferrato.

MONTALTO **42030** Reggio nell'Emilia 429 430 I 13 – alt. 396 – ☎ 0522.
Roma 449 – ♦Parma 50 – ♦Milano 171 – ♦Modena 47 – Reggio nell'Emilia 22 – ♦La Spezia 113.

✗ Hostaria Venturi, località Casaratta ☎ 600157, ←, prenotare – P

MONTAN = Montagna.

MONTE (BERG) Bolzano 218 ⑳ – Vedere Appiano sulla Strada del Vino.

MONTE ... MONTI Vedere nome proprio del o dei monti.

MONTEBELLO Forlì 429 430 K 19 – alt. 452 – ✉ **47030** Torriana – ☎ 0541.
Roma 354 – Rimini 24 – ♦Bologna 129 – Forlì 68 – ♦Milano 340.

✗ **Pacini,** ☎ 675410, Fax 675236, ←, 🏡 – AE 🅂 ⓞ E VISA. ✂
chiuso mercoledì escluso agosto – **Pasto** carta 24/40000.

MONTEBELLO VICENTINO **36054** Vicenza 988 ④, 429 F 16 – 5 493 ab. alt. 48 – ☎ 0444.
Roma 534 – ♦Verona 35 – ♦Milano 188 – ♦Venezia 81 – Vicenza 17.

a Selva NO : 3 km – ✉ **36054** Montebello Vicentino :

✗✗ La Marescialla, ☎ 649216, Fax 649216 – P

Non viaggiate con la testa nel sacco :
le carte e le guide Michelin
vi assicurano un turismo senza spiacevoli sorprese.

MONTEBELLUNA **31044** Treviso 988 ⑤, 429 E 18 – 25 432 ab. alt. 109 – ☎ 0423.
Dintorni Villa del Palladio*** a Maser N : 12 km.
Roma 548 – ♦Padova 52 – Belluno 82 – Trento 113 – Treviso 22 – ♦Venezia 53 – Vicenza 49.

🏨 **Bellavista** 🔇, località Mercato Vecchio ☎ 301031, Fax 303612, ←, Fō, ≘s, 🌳 – |‡| ▤ cam 📺 ☎ 🚗 P – 🏛 50. AE 🅂 ⓞ E VISA JCB. ✂
chiuso dal 23 al 30 dicembre e dal 12 al 18 agosto – **Pasto** vedere rist **Al Tiglio d'Oro** – ☕ 15000 – **40 cam** 100/140000, 2 appartamenti – ½ P 110/120000.

✗✗ ✿ **Trattoria Marchi,** via Castellana 177 (SO : 2 km) ☎ 23875, Fax 303530, 🏡 – P. AE 🅂 ⓞ E VISA
chiuso martedì sera, mercoledì ed agosto – **Pasto** 30000 (a mezzogiorno) 65000 (alla sera) e carta 47/70000
Spec. Ravioli di cotechino e lingua con fonduta di formaggio e tartufo (autunno-inverno), Porcini gratinati con polenta al formaggio e funghi (estate-autunno), Filetto di puledro alle erbe aromatiche (primavera-estate).

✗✗ **Al Tiglio d'Oro,** località Mercato Vecchio ☎ 22419, « Servizio estivo in giardino » – P. AE 🅂 ⓞ E VISA. ✂
chiuso venerdì, dal 2 al 7 gennaio e dal 1° al 15 agosto – **Pasto** carta 35/53000.

MONTECALVO VERSIGGIA **27047** Pavia 428 H 9 – 569 ab. alt. 410 – ☎ 0385.
Roma 557 – Piacenza 44 – ♦Genova 133 – ♦Milano 76 – Pavia 38.

✗ **Prato Gaio** 🔇 con cam, località Versa E : 3 km (bivio per Volpara) ☎ 99726 – P
Pasto *(chiuso lunedì sera, martedì e gennaio)* carta 36/56000 – ☕ 6000 – **7 cam** 45/65000 – ½ P 60000.

MONTECARLO **55015** Lucca 428 429 430 K 14 – 4 185 ab. alt. 163 – ☎ 0583.
Roma 332 – Pisa 45 – ♦Firenze 58 – ♦Livorno 65 – Lucca 17 – ♦Milano 293 – Pistoia 27.

🏠 **Antica Casa dei Rassicurati** senza rist, via della Collegiata 2 ☎ 228901 – 📺. AE 🅂 ⓞ E VISA
☕ 7500 – **8 cam** 55/80000.

✗✗ **La Nina,** NO : 2,5 km ☎ 22178, Fax 22178, 🏡, 🌳 – P – 🏛 50. AE 🅂 ⓞ E VISA. ✂
chiuso lunedì sera, martedì, dal 2 al 17 gennaio e dal 7 al 23 agosto – **Pasto** carta 39/56000.

✗✗ Forassiepi, ☎ 22005, Fax 228890, ←, « Servizio estivo in giardino » – P

a San Martino in Colle NO : 4 km – ✉ **55015** Montecarlo :

✗✗ **La Legge,** ☎ 975601 – ▤ P. AE VISA
chiuso a mezzogiorno (escluso i giorni festivi), lunedì, dal 7 al 15 gennaio e dal 1° al 20 luglio – **Pasto** carta 38/56000 (10 %).

MONTECASSIANO **62010** Macerata 430 L 22 – 6 100 ab. alt. 215 – ☎ 0733.
Roma 258 – ♦Ancona 41 – Ascoli Piceno 103 – Macerata 11 – Porto Recanati 31.

🏨 **Villa Quiete** 🔇, località Vallecascia S : 3 km ☎ 599559, Fax 599559, « Parco ombreggiato » – |‡| 📺 ☎ P – 🏛 80 a 200. AE 🅂 ⓞ VISA. ✂ rist
Pasto carta 33/48000 – ☕ 9000 – **36 cam** 95/140000 – ½ P 110/120000.

MONTECASTELLI PISANO **56040** Pisa 430 M 14 – alt. 494 – ☎ 0588.

Roma 296 – Siena 57 – Pisa 122.

✗ **Santa Rosa-da Caterina,** S : 1 km ☎ 29929, ⛱ – **P**. 🅂 E VISA
chiuso lunedì e dal 16 agosto al 4 settembre – **Pasto** carta 31/43000.

MONTE CASTELLO DI VIBIO **06057** Perugia 430 N 19 – 1 719 ab. alt. 422 – ☎ 075.

Roma 144 – ♦Perugia 43 – Viterbo 96 – Assisi 53 – Spoleto 48 – Orvieto 38 – Terni 50.

Il Castello, piazza Marconi 5 ☎ 8780660, Fax 8780561 – |♦| ≡ TV ☎ – 🚶 50. AE 🅂 ⓞ E VISA
Pasto 40/50000 – ☕ 10000 – **17 cam** 130/150000 – ½ P 100/110000.

MONTECATINI TERME **51016** Pistoia 988 ⑭, 428 429 430 K 14 – 20 650 ab. alt. 27 – Stazione termale (maggio-ottobre), a.s. 18 luglio-settembre – ☎ 0572.

Vedere Guida Verde.

⛳18 (chiuso martedì) località Pievaccia ✉ 51015 Monsummano Terme ☎ 62218, Fax 617435, SE : 9 km.

ℹ viale Verdi 66/a ☎ 772244, Fax 70109.

Roma 323 ② – ♦Firenze 48 ② – ♦Pisa 55 ② – ♦Bologna 110 ① – ♦Livorno 73 ② – ♦Milano 301 ② – Pistoia 15 ①.

A B
S. MARCELLO PIST. 39 km
MONTECATINI ALTO 5 km

MONTECATINI
TERME

0 300 m

PARCO DELLE PANTERAIE
Bustichini
MONTECATINI ALTO
STABILIMENTO TORRETTA
V. della Vittoria
Baccelli
Baragiola
Viale
Fedeli
Diaz
Ponchielli
Via G. Donizetti
Via di Nofretti
Via Adua
Alighieri
Simoncini
Dante
Piave
Viale Amendola
Rosselli
STAB. TETTUCCIO
STABILIMENTO TAMERICI
STAB. REGINA
STAB. LEOPOLDINE
STABILIMENTO LA SALUTE
STABILIMENTO EXCELSIOR
Via Lucchese
435 km PESCIA
5 km COLLODI
7 km LUCCA
Corso
KURSAAL
Viale Verdi
Roma
Mazzini
Pza del Popolo
Viale dei Martiri
Pza Battisti
Garibaldi
Manin
Pza 20 Settembre
Cavallotti
Bicchierai
della Salute
Vle Marconi
Via Montebello
S. Marco
Viale Trieste
PISTOIA 15 km
Matteotti
STAB. REDI
STAZIONE
Pza Italia
STAZIONE
per Autostrada A 11
PISA 55 km
FIRENZE 48 km
Viale Ugo Foscolo
Torrente
Borra
Via L. Da Vinci
Marruota
Salsero
Via Tripoli
Viale Ugo Bassi
Via L. Cadorna
Via Cairoli
A B

Matteotti (Corso)	ABZ	D'Azeglio (Piazza M.)	AZ 8	Panteraie (Via)	AY 17
S. Martino (Via)	AZ 24	Grocco (Via)	BY 9	Puccini (Viale)	AY 19
4 Novembre (Viale)	AY 29	Libertà (Viale della)	AY 10	Saline (Via delle)	ABZ 20
		Manzoni (Viale)	BZ 13	S. Francesco d'Assisi (Viale)	AY 21
Bovio (Via G.)	AY 4	Martini (Viale)	AZ 14	Torretta (Via della)	AYZ 25
Bruceto (Via)	BY 6	Melani (Viale)	AYZ 15	Toti (Via)	AZ 26
Cavour (Via)	AZ 7	Minzoni (Viale Don)	AZ 16		

Gd H. e la Pace, via della Torretta 1 ☎ 75801, Fax 78451, « Parco fiorito con riscaldata », – 50 a 200. rist
aprile-ottobre – **Pasto** 70/90000 – 25000 – **150 cam** 280/470000, 14 appartamenti – ½ P 320/340000. AZ **y**

Gd H. Bellavista Palace e Golf, viale Fedeli 2 ☎ 78122, Telex 580395, Fax 73352, « Terrazze-giardino », – 30 a 250. rist BY **e**
chiuso febbraio – **Pasto** 70000 – **104 cam** 195/350000, 10 appartamenti – ½ P 250000.

Gd H. Tamerici e Principe, viale 4 Novembre 2 ☎ 71041, Telex 574263, Fax 72992, « Terrazza-giardino con riscaldata », – 100. rist AY **g**
aprile-novembre – **Pasto** 65000 – 20000 – **130 cam** 145/250000, 25 appartamenti 350000 – ½ P 120/185000.

Gd H. Croce di Malta, viale 4 Novembre 18 ☎ 75871, Telex 574041, Fax 767516, riscaldata, – 30 a 80. AY **x**
Pasto 50000 – **88 cam** 185/270000, 18 appartamenti – ½ P 150/170000.

Gd H. Plaza e Locanda Maggiore, piazza del Popolo 7 ☎ 75004, Telex 574177, Fax 767985, – 80. AZ **a**
Pasto 35/48000 – 16000 – **97 cam** 140/180000 – ½ P 120/145000.

Gd H. Panoramic, viale Bustichini 65 ☎ 78381, Fax 78598, – 250. rist BY **u**
aprile-ottobre – **Pasto** 60000 – **103 cam** 160/260000 – ½ P 95/145000.

Francia e Quirinale, viale 4 Novembre 77 ☎ 70271, Fax 70275, – 80. AY **v**
aprile-ottobre – **Pasto** 40/56000 – 15000 – **115 cam** 140/180000 – ½ P 145000.

Gd. H. Vittoria, viale della Libertà 2 ☎ 79271, Fax 910520, « Giardino con » – 100 a 500. rist AY **b**
Pasto 35/55000 – **82 cam** 200/270000 – ½ P 155000.

Gd H. Nizza et Suisse, viale Verdi 72 ☎ 79691, Fax 74324, – rist BY **n**
aprile-ottobre – **Pasto** (solo per clienti alloggiati) 45000 – **100 cam** 135/230000 – ½ P 155000.

Tettuccio, viale Verdi 74 ☎ 78051, Telex 572087, Fax 75711 – 25 a 70. rist BY **n**
Pasto carta 40/60000 – 20000 – **70 cam** 150/200000 – ½ P 150/160000.

Astoria, viale Fedeli 1 ☎ 71191, Fax 910900, « Giardino con riscaldata » – rist BY **z**
aprile-6 novembre – **Pasto** 45/60000 – 20000 – **65 cam** 100/180000 – ½ P 140/150000.

Belvedere, viale Fedeli 10 ☎ 70251, Fax 70252, « Giardino », – 50 a 120. rist BY **w**
Pasto 30/45000 – 14000 – **95 cam** 86/122000 – ½ P 85/99000.

Cristallino, viale Diaz 10 ☎ 72031, – 50. rist BY **x**
Pasqua-novembre – **Pasto** carta 40/55000 – **45 cam** 150/200000 – ½ P 130/150000.

Michelangelo, viale Fedeli 9 ☎ 74571, Fax 72885, riscaldata, – rist BY **f**
aprile-10 novembre – **Pasto** 35/45000 – 15000 – **73 cam** 100/120000 – ½ P 95/100000.

San Marco, viale Rosselli 3 ☎ 71221, Fax 770577 – rist AY **h**
aprile-novembre – **Pasto** 45000 – 13000 – **61 cam** 80/130000 – ½ P 100/120000.

Parma e Oriente, via Cavallotti 135 ☎ 72135, Fax 72137, riscaldata, – rist BY **k**
aprile-10 novembre – **Pasto** 30/40000 – 10000 – **51 cam** 83/140000 – ½ P 104000.

Imperial Garden, viale Puccini 20 ☎ 910862, Fax 910863, « Giardino ombreggiato e su terrazza panoramica » – rist AY **c**
chiuso dal 7 gennaio a febbraio – **Pasto** (solo per clienti alloggiati) 35000 – 10000 – **85 cam** 84/140000 – ½ P 123000.

Torretta, viale Bustichini 63 ☎ 70305, Fax 70307, « Giardino ombreggiato con riscaldata » – BY **p**
aprile-ottobre – **Pasto** (solo per clienti alloggiati) 38000 – 15000 – **63 cam** 85/140000 – ½ P 105000.

Cappelli-Croce di Savoia, viale Bicchierai 139 ☎ 71151, Fax 71154, riscaldata, – 70. rist BY **m**
aprile-15 novembre – **Pasto** 35/43000 – **72 cam** 95/170000 – ½ P 110000.

Mediterraneo, via Baragiola 1 ☎ 71321, « Giardino ombreggiato » – rist rist AY **a**
Pasqua-ottobre – **Pasto** 40/50000 – 14000 – **33 cam** 80/130000 – ½ P 95/115000.

Ercolini e Savi, via San Martino 18 ☎ 70331, Fax 71624 – rist – 25. AZ **t**
chiuso dall'8 gennaio a febbraio – **Pasto** (solo per clienti alloggiati) 25/45000 – **80 cam** 75/130000 – ½ P 90/100000.

Corallo, via Cavallotti 116 ℘ 79642, Fax 78288, – 40 a 100. AE rist BY **r**
Pasto 30/40000 – 10000 – **54 cam** 90/120000 – ½ P 95000.

Metropole, via della Torretta 13 ℘ 70092, Fax 910860, – AE E VISA AZ **e**
aprile-ottobre – **Pasto** 28/38000 – 10000 – **40 cam** 70/110000 – ½ P 85/95000.

Boston, viale Bicchierai 20 ℘ 70379, Fax 770208, – AE rist BZ **b**
aprile-ottobre – **Pasto** 30000 – 10000 – **60 cam** 70/100000 – ½ P 75/85000.

Augustus, viale Manzoni 21 ℘ 70119, Fax 71291 – – 50. AE E VISA rist BZ **c**
marzo-novembre – **Pasto** (solo per clienti alloggiati) 40000 – 10000 – **52 cam** 85/130000 – ½ P 100000.

Villa Ida, viale Marconi 55 ℘ 78201, Fax 772008 – AE E VISA rist BZ **q**
Pasto (solo per clienti alloggiati) 20/30000 – 10000 – **20 cam** 65/100000 – ½ P 70/80000.

Reale, via Palestro 7 ℘ 78073, Fax 78076, – – 50. AE E VISA rist AZ **d**
15 marzo-15 novembre – **Pasto** 40000 – 10000 – **53 cam** 80/130000 – P 60/110000.

President, corso Matteotti 119 ℘ 767201, Fax 767668, – AE E VISA BZ **g**
Pasto 30000 – 10000 – **37 cam** 85/120000 – ½ P 75/80000.

Settentrionale Esplanade, via Grocco 2 ℘ 70021, Fax 767486, – – 110. rist BY **d**
aprile-6 novembre – **Pasto** 35/39000 – 12000 – **99 cam** 130/200000 – P 110/130000.

Manzoni, viale Manzoni 28 ℘ 70175, Fax 911012, – – 60. AE E VISA rist BZ **c**
15 marzo-15 novembre – **Pasto** 35/38000 – 10000 – **57 cam** 80/130000 – ½ P 95000.

Casa Rossa, viale Fedeli 68 ℘ 79541 – VISA BY
Pasqua-ottobre – **Pasto** (solo per clienti alloggiati) – 7000 – **33 cam** 45/75000 – ½ P 60/75000.

Villa Splendor, viale San Francesco d'Assisi 15 ℘ 78630, Fax 78216 – rist VISA rist AY **m**
aprile-ottobre – **Pasto** 35/50000 – 6000 – **27 cam** 53/75000 – ½ P 72/77000.

Palo Alto, via Bruceto 10 ℘ 78554 – rist AE E VISA rist BY **v**
15 marzo-15 novembre – **Pasto** 25/30000 – 5000 – **12 cam** 50/80000 – ½ P 65/70000.

XXX **Gourmet,** viale Amendola 6 ℘ 771012, Coperti limitati; prenotare – AE E VISA AY **r**
chiuso martedì, dal 7 al 20 gennaio e dal 1° al 20 agosto – **Pasto** carta 64/100000 (12 %).

XX **Enoteca Giovanni,** via Garibaldi 25 ℘ 71695 – AE E VISA AZ **b**
chiuso lunedì (escluso dal 15 agosto al 15 ottobre) – **Pasto** carta 50/80000.

XX **San Francisco,** corso Roma 112 ℘ 79632, Fax 771227 – VISA AY **u**
chiuso giovedì e da luglio a settembre anche a mezzogiorno – **Pasto** carta 38/67000 (12 %).

X **Pietre Cavate,** località Pietre Cavate ℘ 73664, ≤ Montecatini e vallata, – AE VISA 2 km per viale Marconi BZ
chiuso a mezzogiorno escluso domenica e i giorni festivi – **Pasto** carta 38/58000.

X Egisto, con cam, piazza Cesare Battisti 13 ℘ 78413, Fax 78413, Rist. e pizzeria – – **10 cam.** AZ **c**

a Pieve a Nievole per ① : 2 km – ✉ **51018** :

Park Hotel Le Sorgenti, ℘ 951116, Telex 575487, Fax 952731, « Grande parco con » – – 30 a 150. AE E VISA rist
Pasto carta 48/71000 – **52 cam** 165/220000 – ½ P 148000.

X **Uno Più,** ℘ 951143 – E VISA
chiuso lunedì ed agosto – **Pasto** carta 35/60000.

a Montecatini Alto NE : 5 km BY – ✉ **51016** :

X **La Torre,** piazza Giusti 8/9 ℘ 70650, – E VISA
Pasto carta 36/53000 (10 %).

sulla via Marlianese per viale Fedeli :

X **Montaccolle,** N : 6,5 km ✉ 51016 ℘ 72480, ≤, – AE E VISA
chiuso a mezzogiorno (escluso i giorni festivi), lunedì e dal 6 novembre al 6 dicembre – **Pasto** carta 35/56000.

MONTECCHIA DI CROSARA 37030 Verona 429 F 15 – 3 956 ab. alt. 87 – 045.

Roma 534 – ◆Verona 34 – ◆Milano 188 – ◆Venezia 96 – Vicenza 33.

XXX **Baba-Jaga,** ℘ 7450222, ≤, – AE E VISA
chiuso domenica sera, lunedì, gennaio e dal 1° al 15 agosto – **Pasto** carta 45/75000.

al bivio per Roncà SE : 3 km :

Tregnago con cam, ✉ 37030 ✆ 7460036, « Giardino ombreggiato » – TV ☎ P – 300. AE 🅂 ⓓ VISA. ⛔
chiuso dal 25 luglio al 25 agosto – **Pasto** *(chiuso mercoledì)* carta 30/60000 – ☕ 15000 – **8 cam** 70/100000 – ½ P 70000.

MONTECCHIO MAGGIORE 36075 Vicenza 988 ④, 429 F 16 – 19 963 ab. alt. 72 – ☎ 0444.

Vedere ≤★ dai castelli – Salone★ della villa Cordellina-Lombardi.

Roma 544 – Verona 43 – Milano 196 – Venezia 77 – Vicenza 13.

sulla strada statale 11 E : 3 km :

Castelli, ✉ 36041 Alte di Montecchio Maggiore ✆ 697366, Telex 481366, Fax 490489, Fø, ≘s, 🏊, ⛳ – 🛗 ≡ TV ☎ ♿ P – 30 a 100
150 cam.

ad Alte SE : 3 km – ✉ **36041** :

San Marco con cam, ✆ 698417, Fax 698417, 🌳 – ≡ TV ☎ P. ⛔
chiuso dal 6 al 21 agosto – **Pasto** *(chiuso domenica)* carta 19/28000 – ☕ 5000 – **8 cam** 60/80000 – ½ P 58000.

MONTECCHIO PRECALCINO 36030 Vicenza 429 F 16 – 4 366 ab. alt. 86 – ☎ 0445.

Roma 544 – Padova 57 – Trento 84 – Treviso 67 – Vicenza 17.

La Locanda di Piero, strada per Dueville S : 1 km ✆ 864827, Fax 864828, prenotare – P. AE 🅂 ⓓ E VISA
chiuso domenica, i mezzogiorno di lunedì e sabato, dal 1° al 10 gennaio e dal 7 al 14 agosto – **Pasto** carta 45/76000.

MONTECELIO Roma 430 P 20 – Vedere Guidonia Montecelio.

MONTECOPIOLO 61014 Pesaro 429 430 K 19 – 1 220 ab. alt. 1 033 – a.s. 25 giugno-agosto – ☎ 0722.

Roma 330 – Rimini 41 – Pesaro 90.

Parco del Lago 🐦, località Villaggio del Lago ✆ 78561, Fax 78561, ≤, « Piccolo parco con laghetto », Fø, ≘s, 🏊, ⛳ – 🛗 TV ☎ P – 150. ⛔
20 dicembre-10 gennaio, Pasqua e maggio-15 ottobre – **Pasto** 30/40000 – **36 cam** ☕ 80/120000 – ½ P 98000.

MONTECOSARO 62010 Macerata 430 M 22 – 4 839 ab. alt. 252 – ☎ 0733.

Roma 266 – Ancona 60 – Macerata 25 – Perugia 147 – Pescara 121.

La Luma, via Bruscantini 1 ✆ 229701, Fax 229701, « In un convento del settecento » – ≡. AE 🅂 ⓓ E VISA JCB. ⛔
chiuso martedì e dal 15 al 31 gennaio – **Pasto** carta 48/77000.

MONTECRETO 41025 Modena 428 429 430 J 14 – 1 008 ab. alt. 868 – a.s. luglio-agosto e Natale – ☎ 0536.

Roma 387 – Bologna 89 – Milano 248 – Modena 79 – Pistoia 77 – Reggio nell'Emilia 93.

ad Acquaria NE : 7 km – ✉ **41020** :

Monteverde, ✆ 65052, Specialità ai funghi e al tartufo, prenotare – 🅂 ⓓ VISA. ⛔
chiuso dal 10 al 30 giugno e mercoledì (escluso luglio-agosto ed ottobbre) – **Pasto** carta 24/35000.

Maria con cam, ✆ 65007, ≤ – AE. ⛔ rist
chiuso 25 settembre al 25 ottobre – **Pasto** *(chiuso lunedì)* carta 29/40000 – ☕ 9000 – **21 cam** 50/75000 – ½ P 55/60000.

MONTE CROCE DI COMELICO (Passo) (KREUZBERGPASS) Belluno e Bolzano 988 ⑤, 429 C 19 – alt. 1 636 – a.s. febbraio-aprile, 15 luglio-15 settembre e Natale.

Roma 690 – Cortina d'Ampezzo 52 – Belluno 89 – Milano 432 – Sesto 7 – Venezia 179.

Passo Monte Croce-Kreuzbergpass 🐦, ✉ 39030 Sesto in Pusteria ✆ (0474) 710328, Fax 710383, ≤, Fø, ≘s, 🏊, ⛳ – TV ☎ P. AE 🅂 E VISA. ⛔ rist
dicembre-aprile e giugno-settembre – **Pasto** 40/45000 – **53 cam** ☕ 120/200000, 9 appartamenti – ½ P 140/180000.

MONTEFALCO 06036 Perugia 988 ⑯, 430 N 19 – 5 542 ab. alt. 473 – ☎ 0742.

Roma 145 – Perugia 46 – Assisi 30 – Foligno 12 – Orvieto 79 – Terni 57.

Villa Pambuffetti, ✆ 378503, Fax 379245, « Parco ombreggiato con 🏊 » – ≡ TV ☎ ♿ P – 100. AE 🅂 ⓓ E VISA. ⛔
Pasto (solo su prenotazione; *chiuso lunedì*) carta 50/65000 – **12 cam** ☕ 150/320000, 3 appartamenti.

Coccorone, largo Tempestivi ✆ 379535, Fax 379535, 🌳 – 🅂 VISA
chiuso mercoledì – **Pasto** 19000 e carta 27/51000.

MONTEFOLLONICO 53040 Siena 430 M 17 – alt. 567 – ☎ 0577.

Roma 187 – Siena 61 – ◆Firenze 112 – ◆Perugia 75.

XXX **La Chiusa** ⛰ con cam, ☎ 669668, Fax 669593, Coperti limitati; prenotare, « In un'antica fattoria » – TV ☎ P. AE 🏦 ◑ E VISA
chiuso dal 10 al 26 dicembre e dall'8 gennaio al 25 marzo – **Pasto** *(chiuso martedì)* carta 90/135000 – ☐ 20000 – **12 cam** 240/295000.

X **13 Gobbi,** ☎ 669755, 🏠 – AE 🏦 ◑ E VISA. ✂
chiuso dal 6 al 31 gennaio e mercoledì (escluso da giugno a settembre) – **Pasto** carta 35/65000.

MONTEFORTE D'ALPONE 37032 Verona 429 F 15 – 6 742 ab. alt. 35 – ☎ 045.

Roma 518 – ◆Verona 25 – ◆Brescia 92 – Trento 125 – Vicenza 29.

XX **Riondo,** NE : 1,5 km ☎ 7610638, 🏠, Coperti limitati; prenotare – P. ✂
chiuso lunedì, dal 15 al 30 gennaio ed agosto – **Pasto** carta 46/85000.

MONTEGALDELLA 36040 Vicenza 429 F 17 – 1 605 ab. alt. 24 – ☎ 0444.

Roma 521 – ◆Padova 20 – ◆Milano 221 – ◆Venezia 56 – ◆Verona 68 – Vicenza 21.

X **Da Cirillo,** viale Lampertico 26 (SO : 2 km) ☎ 636025, Fax 636004, « Servizio estivo sotto un pergolato » – P. AE 🏦 ◑ E VISA. ✂
chiuso mercoledì sera, giovedì, dal 26 dicembre al 6 gennaio e dal 27 luglio al 20 agosto – **Pasto** carta 37/50000.

MONTEGIORGIO 63025 Ascoli Piceno 988 ⑯, 430 M 22 – 6 689 ab. alt. 411 – ☎ 0734.

Roma 249 – Ascoli Piceno 69 – ◆Ancona 81 – Macerata 30 – ◆Pescara 124.

XX **Oscar e Amorina** con cam, strada statale 210 (S : 5 km) ☎ 968112, Fax 968345, 🏠, ⛱, 🌳 – ▤ TV ☎ P. 🏦 E VISA. ✂
Pasto *(chiuso lunedì)* carta 34/50000 – **14 cam** ☐ 70/80000, ▤ 8000 – ½ P 80/95000.

MONTEGRIDOLFO 47040 Rimini 429 430 K 20 – 882 ab. alt. 290 – ☎ 0541.

Roma 297 – Rimini 35 – ◆Ancona 89 – Pesaro 24 – ◆Ravenna 110.

🏨 **Palazzo Viviani** ⛰, via Roma 38 ☎ 855350, Fax 855340, ≤, 🏠, « Antico borgo Malatestiano con terrazza panoramica », ⛱, 🌳, 🎾 – ▤ cam TV ☎ P. AE 🏦 ◑ E VISA
Pasto carta 44/69000 – **15 cam** ☐ 195/310000, 6 appartamenti.

MONTEGROTTO TERME 35036 Padova 988 ⑤, 429 F 17 – 10 162 ab. alt. 11 – Stazione termale – ☎ 049.

Vedere Guida Verde.

ℹ viale Stazione 60 ☎ 793384, Fax 795276.

Roma 482 – ◆Padova 14 – Mantova 97 – ◆Milano 246 – Monselice 12 – Rovigo 32 – ◆Venezia 49.

🏨 **International Bertha** ⛰, largo Traiano 1 ☎ 8911700, Telex 430277, Fax 8911771, 🏠, « Giardino con ⛱ termale », Ⓕ, ≘s, ⛱, 🎾, ♆ – 🛗 ▤ TV ☎ ♿ 🚗 P – 🏛 120. AE 🏦 ◑ E VISA. ✂ rist
chiuso dall'8 gennaio al 3 marzo – **Pasto** carta 50/70000 – ☐ 17500 – **123 cam** 120/220000, 9 appartamenti – ½ P 165/180000.

🏨 **Gd H. Caesar Terme,** via Aureliana ☎ 793655, Fax 8910616, « Giardino con ⛱ termale », ≘s, ⛱, 🎾, ♆ – 🛗 ⚡ rist ▤ TV ☎ ♿ P – 🏛 30 a 150. AE 🏦 ◑ E VISA. ✂ rist
chiuso dal 7 gennaio a febbraio e dal 28 novembre al 19 dicembre – **Pasto** 55/60000 – **135 cam** ☐ 140/190000 – ½ P 125/145000.

🏨 **Esplanade Tergesteo,** via Roma 54 ☎ 8911777, Telex 430033, Fax 8910488, Ⓕ, ≘s, ⛱ termale, ⛱, 🌳, 🎾, ♆ – 🛗 ▤ TV ☎ ♿ P. AE 🏦 ◑ E VISA. ✂ rist
Pasto 53000 – ☐ 20000 – **139 cam** 149/231000, 5 appartamenti – ½ P 136/161000.

🏨 Terme Neroniane, via Neroniana 21/23 ☎ 8911666, Fax 8911715, 🏠, « Parco ombreggiato con ⛱ termale », Ⓕ, ≘s, ⛱, 🎾, ♆ – 🛗 ▤ rist ☎ P
89 cam.

🏨 **Garden Terme,** viale delle Terme 7 ☎ 8911699, Fax 8910182, « Parco-giardino con ⛱ termale », Ⓕ, ≘s, ⛱, 🎾, ♆ – 🛗 ▤ TV ☎ ♿ P. AE 🏦 E VISA JCB. ✂ rist
marzo-novembre – **Pasto** 40000 – ☐ 12000 – **112 cam** 102/148000, 7 appartamenti, ▤ 8000 – ½ P 125000.

🏨 Terme Miramonti, piazza Roma 19 ☎ 793455, Fax 793778, « Giardino con ⛱ termale », Ⓕ, ≘s, ⛱, ♆ – 🛗 ▤ TV ☎ P – 🏛 80 a 120
95 cam.

🏨 **Grand Hotel Terme,** viale Stazione 21 ☎ 8911444, Fax 8911444, ≘s, ⛱, ⛱, ♆ – ▤ TV ☎ P – 🏛 50. AE 🏦 ◑ E VISA. ✂ rist
Pasto (solo per clienti alloggiati) 50000 – ☐ 20000 – **125 cam** 105/170000, 4 appartamenti – ½ P 115/138000.

🏨 **Des Bains,** via Mezzavia 22 ☎ 793500, Fax 793340, Ⓕ, ⛱ termale, ⛱, 🌳, 🎾, ♆ – 🛗 ▤ TV ☎ ♿ P. AE 🏦 ◑ E VISA. ✂ rist
marzo-novembre – **Pasto** carta 35/45000 – ☐ 10000 – **99 cam** 95/155000 – ½ P 101/110000.

🏨 **Augustus Terme,** viale Stazione 150 ℘ 793200, Fax 793518, « Terrazza con 🏊 termale », 🏋, ♨, [🏊], 🌳, 🎾, ⛳ – 🛗 ❄ [TV] ☎ 🚗 [P] – 👥 100. [AE] [S] [O] [E] [VISA]. 🐕 rist
chiuso dal 7 gennaio al 24 febbraio e dal 16 novembre al 21 dicembre – **Pasto** 50/60000 – **125 cam** ☕ 95/170000, 3 appartamenti, ❄ 24000 – ½ P 114/120000.

🏨 **Montecarlo,** viale Stazione 109 ℘ 793233, Fax 793350, 🏊 termale, [🏊], 🌳, 🎾, ⛳ – 🛗 ❄ [TV] ☎ [P] – 👥 100. [AE] [S] [O] [E] [VISA]. 🐕 rist
Natale e 6 marzo-26 novembre – **Pasto** (solo per clienti alloggiati) 20/50000 – **101 cam** ☕ 86/150000, 5 appartamenti – ½ P 94/105000.

🏨 **Apollo** 🌙, via Pio X 4 ℘ 8911677, Fax 8910287, « Parco con 🏊 termale », 🏋, ♨, [🏊], 🎾, ⛳ – 🛗 🚭 rist ❄ ☎ ♿ 🚗 [P]. 🐕
chiuso dal 6 gennaio al 1° marzo – **Pasto** (solo per clienti alloggiati) 35/40000 – **194 cam** ☕ 80/140000, ❄ 7000 – ½ P 120000.

🏨 **Continental,** via Neroniana 8 ℘ 793522, Fax 8910683, « Parco con 🏊 termale », 🏋, ♨, [🏊], 🎾, ⛳ – 🛗 ❄ ☎ [P]. 🐕 rist
chiuso dal 7 gennaio al 17 febbraio – **Pasto** 35000 – **110 cam** ☕ 86/146000, 30 appartamenti, ❄ 6000 – ½ P 102000.

🏨 **Terme Sollievo,** viale Stazione 113 ℘ 793600, Fax 8910910, « Parco con 🏊 termale e 🎾 », 🏋, ♨, [🏊], ⛳ – 🛗 ❄ [TV] ☎ ♿ [P]. [AE] [S] [O] [E] [VISA]. 🐕 rist
chiuso dal 1° al 19 dicembre e dall'8 gennaio al 10 febbraio – **Pasto** 40000 – **128 cam** ☕ 80/160000 – ½ P 95/107000.

🏨 **Terme Cristallo,** via Roma 69 ℘ 8911788, Fax 8910291, 🏋, ♨, 🏊 termale, [🏊], 🌳, ⛳ – 🛗 ❄ rist ☎ ♿ [P]. [S] [E] [VISA]. 🐕 rist
marzo-novembre – **Pasto** carta 42/60000 – **119 cam** ☕ 80/140000 – ½ P 95/100000.

🏨 **Antoniano,** via Fasolo 12 ℘ 794177, Fax 794257, ♨, 🏊 termale, [🏊], 🌳, 🎾, ⛳ – 🛗 ❄ ☎ ♿ 🚗 [P]. 🐕 rist
chiuso dal 6 novembre al 22 dicembre – **Pasto** 34/35000 – **144 cam** ☕ 89/160000, 12 appartamenti, ❄ 5000 – ½ P 110/220000.

🏨 **Terme Petrarca,** piazza Roma 23 ℘ 8911767, Fax 8911698, ♨, 🏊 termale, [🏊], 🌳, 🎾, ⛳ – 🛗 🚭 rist ❄ ☎ [P] – 👥 200. [S] [VISA]. 🐕 rist
chiuso dall' 11 gennaio al 1° febbraio e dal 1° al 21 dicembre – **Pasto** 35/38000 – ☕ 15000 – **141 cam** 90/150000, ❄ 12000 – ½ P 110000.

🏨 Eliseo, viale Stazione 12/a ℘ 793425, Fax 795332, 🏋, ♨, 🏊 termale, [🏊], 🌳, ⛳ – 🛗 ❄ rist ☎ [P]
stagionale – **90 cam.**

🍴🍴 **Da Mario,** viale delle Terme 4 ℘ 794090, ☂, prenotare – ❄. [AE] [S] [O] [VISA]
chiuso martedì, dal 10 al 28 febbraio e dal 10 al 30 luglio – **Pasto** carta 41/55000.

🍴🍴 **Da Cencio,** via Fermi 11 ℘ 793470, ☂ – 🚭. [AE] [S] [E] [VISA]. 🐕
chiuso lunedì, dal 26 dicembre al 2 gennaio e dal 20 agosto al 5 settembre – **Pasto** carta 38/53000.

🍴 La Perla, via Sabbioni 24 ℘ 794577, ☂, Specialità di mare – [P]

MONTE ISOLA

MONTE ISOLA Brescia [428] [429] E 12 – 1 765 ab. alt. 190 – ✉ **25050** Peschiera Maraglio – a.s. Pasqua e luglio-15 settembre – ✆ 030.

Vedere ✳★★ dal santuario della Madonna della Ceriola.

Da Sulzano 10 mn di barca; da Sulzano : Roma 586 – ◆Brescia 28 – ◆Bergamo 44 – ◆Milano 88.

🍴 **Del Pesce-Archetti,** a Peschiera Maraglio ℘ 9886137, <
chiuso martedì e dal 3 al 20 novembre – **Pasto** carta 37/50000.

🍴 **Del Sole,** a Sensole ℘ 9886101, Fax 9886101, <, « Servizio estivo in terrazza », 🌳 – [AE] [S] [O] [E] [VISA]. 🐕
chiuso mercoledì e dal 1° al 20 dicembre – **Pasto** carta 39/57000.

MONTELEONE

MONTELEONE Pavia [428] G 10 – Vedere Inverno-Monteleone.

MONTELPARO

MONTELPARO **63020** Ascoli Piceno [430] M 22 – 978 ab. alt. 585 – ✆ 0734.

Roma 285 – Ascoli Piceno 46 – ◆Ancona 108.

🏨 **La Ginestra** 🌙, contrada Coste E : 3 km ℘ 780449, Fax 780706, < valli e colline, 🏊, 🌳, 🎾 – [P]. [S] [VISA]. 🐕 rist
marzo-ottobre – **Pasto** carta 28/41000 – ☕ 10000 – **13 cam** 80/95000, 21 appartamenti 120/150000 – ½ P 85/100000.

MONTELUPO FIORENTINO

MONTELUPO FIORENTINO **50056** Firenze [988] ⑭, [428] [429] [430] K 15 – 10 144 ab. alt. 40 – ✆ 0571.

Roma 295 – ◆Firenze 22 – ◆Livorno 66 – Siena 75.

🏨 **Baccio da Montelupo** senza rist, via Don Minzoni 3 ℘ 51215, Fax 51171 – 🛗 ❄ [TV] ☎ [P]. [AE] [S] [O] [E] [VISA]. 🐕
chiuso agosto – ☕ 10000 – **22 cam** 85/122000.

🍴 **Antica Osteria del Sole,** via 20 Settembre 35 ℘ 51130 – [AE] [S] [O] [E] [VISA]. 🐕
chiuso domenica e dal 10 al 25 agosto – **Pasto** carta 28/44000.

MONTEMAGNO 14030 Asti 988 ⑫, 428 G 6 – 1 198 ab. alt. 259 – ☎ 0141.
Roma 617 – Alessandria 47 – Asti 18 – ◆Milano 102 – ◆Torino 72 – Vercelli 50.

XXX **La Braja,** via San Giovanni Bosco 11 ☎ 63107, Fax 63605, 余, Coperti limitati; prenotare – ▤ P. AE Ⓢ ⓓ E VISA. ✗
chiuso lunedì, martedì, dal 7 al 27 gennaio e dal 26 luglio all'11 agosto – **Pasto** 80000 e carta 47/85000.

MONTEMARCELLO La Spezia 430 J 11 – Vedere Ameglia.

MONTEMARZINO 15050 Alessandria 428 H 8 – 358 ab. alt. 448 – ☎ 0131.
Roma 585 – Alessandria 41 – ◆Genova 89 – ◆Milano 89 – Piacenza 85.

X **Da Giuseppe,** ☎ 878135, Fax 878135 – AE Ⓢ E VISA. ✗
chiuso mercoledì e dal 2 al 31 gennaio – **Pasto** 40/60000.

MONTEMERANO 58050 Grosseto 430 O 16 – alt. 303 – ☎ 0564.
Roma 189 – Grosseto 50 – Orvieto 79 – Viterbo 85.

Villa Acquaviva ⛰ senza rist, strada Scansanese N : 1 km ☎ 602890, Fax 602895, ≤ campagna e colli, « Giardino ombreggiato » – TV ☎ P. Ⓢ VISA. ✗
7 cam ☐ 115/140000.

XXX ✿ **Da Caino,** ☎ 602817, Fax 602807, Rist. con enoteca, Coperti limitati; prenotare – AE ⓓ VISA. ✗
chiuso mercoledì e giovedì a mezzogiorno – **Pasto** 70/85000 e carta 69/128000
Spec. Insalata di animelle e fegato grasso con vinaigrette all'aspretto di ribes (primavera), Passata di ceci con cappelletti alla bottarga di muggine (estate-autunno), Lombatina d'agnello in manto di carciofi (inverno-primavera).

XX **Laudomia** con cam, località Poderi di Montemerano SE : 2,5 km ☎ 620062, Fax 620013, « Servizio estivo in terrazza » – ☎ P. AE Ⓢ ⓓ E VISA JCB. ✗
Pasto carta 30/62000 – ☐ 12000 – **12 cam** 60/90000 – 1/2 P 90000.

MONTE OLIVETO MAGGIORE 53020 Siena 430 M 16 – alt. 273 – ☎ 0577.
Vedere Affreschi★★ nel chiostro grande dell'abbazia – Stalli★★ nella chiesa abbaziale.
Roma 223 – Siena 37 – ◆Firenze 104 – ◆Perugia 121 – Viterbo 125.

X **La Torre,** ☎ 707022, Fax 707066, 余, 🌳 – P. AE Ⓢ ⓓ E VISA. ✗
chiuso martedì – **Pasto** carta 35/51000 (10%).

MONTEORTONE Padova – Vedere Abano Terme.

MONTEPAONE LIDO 88060 Catanzaro 431 K 31 – 4 215 ab. – ☎ 0967.
Roma 632 – Reggio di Calabria 158 – Catanzaro 33 – Crotone 85.

Il Pescatore, ☎ 576303, Fax 576304, ⛱ – |♦| ▤ TV ☎ – 🏛 70. AE Ⓢ VISA
Pasto *(chiuso lunedì da ottobre a maggio)* carta 32/45000 – ☐ 7000 – **51 cam** 70/130000, ▤ 10000 – 1/2 P 100000.

sulla strada statale 106 S : 3 km :

XX **A' Lumera** con cam, ✉ 88060 ☎ 576290, Fax 576090 – ▤ TV ☎ P. AE Ⓢ ⓓ E VISA. ✗
Pasto *(chiuso martedì escluso luglio-agosto)* carta 36/54000 – **20 cam** ☐ 85000, ▤ 8000 – P 80/90000.

MONTE PORZIO CATONE 00040 Roma 430 Q 20 – 8 007 ab. alt. 451 – a.s. luglio-13 settembre – ☎ 06.
Roma 24 – Frascati 4 – Frosinone 64 – Latina 55.

X **Da Franco,** via Duca degli Abruzzi 19 ☎ 9449205, Fax 9449234, ≤ – AE Ⓢ ⓓ E VISA. ✗
chiuso la sera dei giorni festivi, giovedì e dal 15 al 31 luglio – **Pasto** carta 35/55000.

MONTEPULCIANO 53045 Siena 988 ⑮, 430 M 17 – 14 030 ab. alt. 605 – ☎ 0578.
Vedere Città Antica★ – Piazza Grande★★ : ✻★★★ dalla torre del palazzo Comunale★, palazzo Nobili-Tarugi★, pozzo★ – Chiesa della Madonna di San Biagio★★ SE : 1 km.
Roma 176 – Siena 65 – Arezzo 60 – ◆Firenze 119 – ◆Perugia 74.

Granducato senza rist, via delle Lettere 62 ☎ 758597, Fax 758610 – |♦| TV ☎ ♿ 🚗 P – 🏛 60. AE Ⓢ ⓓ E VISA
51 cam ☐ 70/120000.

Il Marzocco, piazza Savonarola ☎ 757262, Fax 757530 – ☎. AE Ⓢ ⓓ E VISA. ✗ rist
chiuso dal 20 novembre al 5 dicembre – **Pasto** 35/50000 (10%) – ☐ 10000 – **16 cam** 64/98000 – 1/2 P 95000.

XX **La Grotta,** località San Biagio O : 1 km ☎ 757607, Fax 757607, 余, « Edificio cinquecentesco » – P. AE Ⓢ ⓓ E VISA JCB
chiuso mercoledì, gennaio e febbraio – **Pasto** carta 49/75000.

X **Diva e Maceo,** via di Gracciano nel Corso 92 ☎ 716951 – ✗
chiuso martedì e dal 1° al 18 luglio – **Pasto** carta 27/43000.

sull'autostrada A 1 - lato ovest o Montepulciano Stazione NE : 12 km :

Il Grifo, ✉ 53040 Montepulciano Stazione ☎ 738702, Fax 738408, 🌳 – |♦| TV ☎ 🚗 P. AE Ⓢ ⓓ E VISA
Pasto carta 28/40000 – **40 cam** ☐ 85/135000 – 1/2 P 110/160000.

MONTEREALE VALCELLINA 33086 Pordenone [988] ⑤, [429] D 19 – 4 532 ab. alt. 317 – a.s. 13 luglio-agosto – ☏ 0427.

Roma 627 – Udine 54 – ♦Milano 366 – Pordenone 23 – Treviso 77 – ♦Trieste 122 – ♦Venezia 116.

🍴 **Da Orsini,** località Grizzo SO : 1 km ☎ 79042 – [P]. [AE] [S] [O] [E] [VISA] [JCB]
chiuso lunedì, martedì a mezzogiorno e dal 2 al 16 gennaio – **Pasto** carta 36/48000.

MONTERIGGIONI 53035 Siena [988] ⑭ ⑮, [430] L 15 – 7 241 ab. alt. 274 – ☏ 0577.

Roma 245 – Siena 15 – ♦Firenze 55 – ♦Livorno 103 – Pisa 93.

🏨 **Monteriggioni** 🔕 senza rist, ☎ 305009, Fax 305011, « Giardino fiorito » – 🛗 ❄ [TV] ☎ [P]. [AE] [S] [O] [E] [VISA]. 🚫🐕
chiuso dal 10 gennaio al 15 febbraio – **12 cam** ☕ 200/290000.

🍴🍴 **Il Pozzo,** ☎ 304127, Fax 304701 – [AE] [S] [O] [E] [VISA]
chiuso domenica sera, lunedì, dall'8 gennaio al 5 febbraio e dal 30 luglio all'11 agosto – **Pasto** carta 41/68000 (15 %).

a Strove SO : 4 km – ✉ 53035 Monteriggioni :

🏨 **Casalta** 🔕, ☎ 301002 – ☎. 🚫🐕
marzo-ottobre – **Pasto** vedere rist **Casalta** – ☕ 12000 – **10 cam** 65/100000 – ½ P 95000.

🍴 **Casalta,** via Matteotti ☎ 301171, ⛱ – [S] [E] [VISA]
chiuso mercoledì e dal 10 gennaio al 10 febbraio – **Pasto** carta 32/52000.

MONTEROSSO AL MARE 19016 La Spezia [988] ⑬, [428] J 10 – 1 685 ab. – ☏ 0187.

[i] (Pasqua-ottobre) via Fegina ☎ 817506.

Roma 450 – ♦La Spezia 30 – ♦Genova 93 – ♦Milano 230.

🏨 **Porto Roca** 🔕, ☎ 817502, Fax 817692, < mare e costa, ⛱, 🏖, 🌳 – 🛗 ❄ [TV] ☎. [AE] [S] [E] [VISA]. 🚫🐕 rist
marzo-ottobre – **Pasto** 50/70000 – **42 cam** ☕ 210/295000 – ½ P 160/195000.

🏨 **La Colonnina** 🔕 senza rist, ☎ 817439, Fax 817439, « Piccolo giardino ombreggiato » – 🛗 [TV] ☎. 🚫🐕
Pasqua-ottobre – ☕ 15000 – **20 cam** 90/100000.

🏨 **Jolie** 🔕, ☎ 817539, Fax 817273, ⛱, 🌳 – [TV] ☎. [S] [E] [VISA]. 🚫🐕
chiuso gennaio o novembre – **Pasto** 30/45000 – ☕ 25000 – **31 cam** 160/235000 – ½ P 133000.

🍴🍴 **Miki,** ☎ 817608, Fax 817608, ⛱, Rist. e pizzeria – [S] [E] [VISA]
febbraio-ottobre; chiuso martedì escluso da giugno a settembre – **Pasto** carta 44/80000.

🍴 **La Cambusa,** ☎ 817546, Fax 817258, ⛱ – ❄. [AE] [S] [O] [E] [VISA]. 🚫🐕
15 marzo-15 ottobre; chiuso lunedì escluso dal 15 giugno al 15 settembre – **Pasto** carta 38/69000.

MONTEROSSO GRANA 12020 Cuneo [428] I 3 – 577 ab. alt. 720 – a.s. agosto – ☏ 0171.

Roma 664 – Cuneo 25 – ♦Milano 235 – Colle di Tenda 45 – ♦Torino 92.

🏨 **A la Posta,** ☎ 98720, Fax 98720, « Giardino ombreggiato » – 🛗 [P]. 🚫🐕 rist
aprile-ottobre e novembre-dicembre – **Pasto** carta 24/42000 – **50 cam** ☕ 50/70000 – ½ P 50/70000.

MONTEROTONDO 00015 Roma [988] ㉖, [430] P 19 – 30 968 ab. alt. 165 – ☏ 06.

Roma 27 – Rieti 55 – Terni 84 – Tivoli 32.

🍴 **Trattoria dei Leoni** con cam, piazza del Popolo ☎ 90627394 – ❄ rist [TV]. [AE] [S] [O] [E] [VISA]
chiuso dal 5 al 25 agosto – **Pasto** *(chiuso mercoledì)* carta 32/52000 – ☕ 8000 – **12 cam** 50/70000 – ½ P 53000.

MONTE SAN GIUSTO 62015 Macerata [430] M 22 – 7 085 ab. alt. 236 – ☏ 0733.

Roma 264 – ♦Ancona 65 – Ascoli Piceno 102 – Macerata 22.

🏨 Laurino senza rist, via Macerata 77 ☎ 530500, Fax 530477 – 🛗 [TV] ☎ 🚗 – 👥 30
32 cam.

MONTE SAN PIETRO (PETERSBERG) Bolzano – Vedere Nova Ponente.

MONTE SANT'ANGELO 71037 Foggia [988] ㉘, [431] B 29 – 14 754 ab. alt. 843 – a.s. luglio-13 settembre – ☏ 0884.

Vedere Posizione pittoresca★★ – Santuario di San Michele★ – Tomba di Rotari★.

Escursioni Promontorio del Gargano★★★ E-NE.

Roma 427 – ♦Foggia 59 – ♦Bari 135 – Manfredonia 16 – ♦Pescara 203 – San Severo 57.

🏨 **Rotary** 🔕, O : 1 km ☎ 562146, Fax 562146, < golfo di Manfredonia – ☎ [P]. [AE] [S] [E] [VISA]. 🚫🐕 rist
Pasto carta 33/47000 – ☕ 8000 – **24 cam** 70/90000 – ½ P 85/90000.

🍴 **Medioevo,** via Castello 21 ☎ 565356, Fax 565356 – [AE] [S] [E] [VISA]. 🚫🐕
chiuso lunedì (escluso da maggio a settembre) – **Pasto** 29/50000.

MONTESARCHIO **82016** Benevento [988] ㉗, [431] D 25 – 12 628 ab. alt. 300 – ☏ 0824.

Roma 223 – ♦ Napoli 53 – Avellino 54 – Benevento 18 – Caserta 30.

🏨 **Cristina Park Hotel,** via Benevento E : 0,8 km ✆ 835888, Fax 835888, 🌳 – 🛗 ❄ [TV] ☎ [P] – 🧑‍🤝‍🧑 300. [AE] [$] [D] [E] [VISA]. 🚫🐕
Pasto *(chiuso martedì)* carta 32/45000 (11 %) – **16 cam** ☕ 115/150000 – ½ P 130000.

MONTESCANO **27040** Pavia [428] G 9 – 387 ab. alt. 208 – ☏ 0385.

Roma 597 – Piacenza 42 – Alessandria 69 – ♦Genova 142 – Pavia 27.

🍴🍴🍴 ✪ **Al Pino,** ✆ 60479, Fax 60479, ≤ colline, Coperti limitati; prenotare – [P]. [AE] [$] [E] [VISA]. 🚫🐕
chiuso lunedì, martedì, mercoledì a mezzogiorno, dal 1° al 10 gennaio e dal 15 al 30 luglio – **Pasto** 40/50000 (a mezzogiorno) 50/70000 (alla sera) e carta 50/70000
Spec. Cosce di rana in crosta di pane e formaggio grana (marzo-ottobre),Risotto ai fiori di zucca e tartufo (maggio-dicembre), Ganascino di bue brasato alla pavese.

MONTESCUDAIO **56040** Pisa [430] M 13 – 1 367 ab. alt. 0586.

Roma 281 – Pisa 59 – ♦Livorno 45 – Cecina 10 – Piombino 59 – Grosseto 108 – Siena 80.

🍴 **Il Frantoio,** via della Madonna 11 ✆ 650381, Fax 650381 – [AE] [$] [E] [VISA]
chiuso a mezzogiorno (escluso i giorni festivi da ottobre a maggio) e lunedì – **Pasto** carta 35/46000.

MONTESILVANO MARINA **65016** Pescara [988] ㉗, [430] O 24 – 36 765 ab. – a.s. luglio-agosto – ☏ 085.

[i] via Romagna 6 ✆ 4492796, Fax 4454781.

Roma 215 – ♦ Pescara 13 – L'Aquila 112 – Chieti 26 – Teramo 50.

🏨 **Promenade,** viale Aldo Moro 63 ✆ 4452221, Fax 834800, 🏊, 🏖 – 🛗 ❄ [TV] ☎ [P] – 🧑‍🤝‍🧑 35 a 120. [AE] [$] [D] [E] [VISA]. 🚫🐕
Pasto carta 30/55000 – ☕ 15000 – **82 cam** 80/130000, 6 appartamenti – ½ P 110/130000.

🏨 **City,** viale Europa 77 ✆ 4452468, Fax 4491348, 🏊, 🏖 – 🛗 ❄ [TV] ☎ [P] – 🧑‍🤝‍🧑 70. [AE] [$] [D] [E] [VISA]. 🚫🐕
15 maggio-15 settembre – **Pasto** 30/50000 – ☕ 12000 – **40 cam** 100/160000 – ½ P 110/145000.

🏨 **Ariminum,** viale Kennedy 3 ✆ 4453736, Fax 837705 – 🛗 ❄ cam [TV] ☎ [P]. [AE] [$] [D] [E] [VISA]. 🚫🐕
Pasto *(chiuso sabato e domenica escluso da giugno a settembre)* carta 33/56000 – ☕ 10000 – **27 cam** 80/100000, ❄ 10000 – ½ P 75/95000.

🍴🍴 **Carlo Ferraioli,** via Aldo Moro 52 ✆ 4452296, ⛱, Specialità di mare – ❄. [AE] [$] [D] [E] [VISA]. 🚫🐕
chiuso lunedì – **Pasto** carta 39/53000.

MONTESPERTOLI **50025** Firenze [429] [430] L15 – 9 772 ab. alt. 257 – ☏ 0571.

Roma 287 – ♦ Firenze 34 – Siena 60 – ♦Livorno 79.

a Montagnana NE : 7 km – ✉ **50025** Montespertoli :

🍴 **Il Focolare,** ✆ 671132, Fax 671345, ⛱ – [AE] [$] [E] [VISA]
chiuso lunedì sera, martedì ed agosto – **Pasto** carta 37/65000.

MONTESPLUGA **23020** Sondrio [428] C 9, [218] ⑬ ⑭ – alt. 1 908 – ☏ 0343.

Roma 711 – Sondrio 89 – ♦Milano 150 – Passo dello Spluga 3.

🍴🍴 **Posta** 🛏 con cam, ✆ 54234, Fax 54234 – [TV] [P]. 🚫🐕
chiuso dal 15 gennaio al 20 febbraio – **Pasto** *(chiuso martedì)* carta 40/58000 – ☕ 10000 – **8 cam** 50/85000 – ½ P 85/90000.

MONTEVARCHI **52025** Arezzo [988] ⑮, [430] L 16 – 21 796 ab. alt. 144 – ☏ 055.

Roma 233 – ♦ Firenze 49 – Siena 50 – Arezzo 39.

🏨 **Delta** senza rist, viale Diaz 137 ✆ 901213, Fax 901727 – 🛗 ❄ [TV] ☎ 🚗 – 🧑‍🤝‍🧑 25 a 100. [AE] [$] [D] [E] [VISA]. 🚫🐕
40 cam ☕ 110/140000.

MONTIANO **47020** Forlì [429] [430] J 18 – 1 565 ab. alt. 159 – ☏ 0547.

Roma 327 – ♦ Ravenna 44 – Rimini 26 – Forlì 25.

🍴🍴 La Cittadella, ✆ 51347, Fax 51347 – [P]

☛ *Per spostarvi più rapidamente utilizzate le* carte Michelin "Grandi Strade" :
n° [970] Europa, *n°* [976] Rep. Ceca/Slovacchia, *n°* [980] Grecia, *n°* [984] Germania, *n°* [985] Scandinavia-Finlandia, *n°* [986] Gran Bretagna-Irlanda, *n°* [987] Germania-Austria-Benelux, *n°* [988] Italia, *n°* [989] Francia, *n°* [990] Spagna-Portogallo, *n°* [991] Jugoslavia.

MONTICELLI D'ONGINA 29010 Piacenza 428 429 G 11 – 5 389 ab. alt. 40 – ☎ 0523.

Roma 530 – Parma 57 – Piacenza 23 – Brescia 63 – Cremona 11 – Genova 171 – Milano 77.

a San Pietro in Corte S : 3 km – ✉ 29010 Monticelli d'Ongina :

X Le Giare, ☎ 820200, Coperti limitati; prenotare – ▤

MONTICELLI TERME 43023 Parma 428 429 H 13 – alt. 99 – Stazione termale (marzo-15 dicembre), a.s. 10 agosto-25 ottobre – ☎ 0521.

Roma 452 – Parma 13 – Bologna 92 – Milano 134 – Reggio nell'Emilia 25.

Delle Rose, ☎ 657425, Fax 658245, « Parco-pineta », ⅬⅬ, ≘s, ⛆, ♀ – |‡| ▤ rist TV ☎ P – 🔬 100. AE 🅂 ⓞ E VISA. ✻
chiuso dal 16 dicembre a febbraio – **Pasto** 38/43000 – **78 cam** ☐ 114/179000 – ½ P 117/136000.

MONTICHIARI 25018 Brescia 428 429 F 13 – 16 916 ab. alt. 104 – ☎ 030.

Roma 490 – Brescia 20 – Cremona 56 – Mantova 40 – Verona 52.

Elefante, via Trieste 41 ☎ 9962550, Fax 9981015 – |‡| ▤ TV ☎ P – 🔬 60. AE 🅂 ⓞ E VISA. ✻
Pasto *(chiuso a mezzogiorno e mercoledì)* carta 37/64000 – ☐ 10000 – **19 cam** 85/125000 – ½ P 95000.

X **Antica Osteria del Gambero,** via Cavallotti 28 ☎ 9962494 – ✻
chiuso domenica sera, lunedì, dal 2 al 9 gennaio e dal 13 al 17 agosto – **Pasto** carta 30/50000.

a Vighizzolo NO : 4 km – ✉ 25018 Montichiari :

X Da Rosy, ☎ 961010, Trattoria d'habitués, prenotare – P

a Novagli SE : 4 km – ✉ 25018 Montichiari :

X **La Tavernetta,** ☎ 964695, Cucina mantovana – P. 🅂 ⓞ E VISA. ✻
chiuso mercoledì – **Pasto** carta 29/46000.

MONTICIANO 53015 Siena 988 ⑮, 430 M 15 – 1 445 ab. alt. 381 – ☎ 0577.

Dintorni Abbazia di San Galgano★★ NO : 7 km.

Roma 245 – Siena 37 – Grosseto 58.

X **Da Vestro** con cam, ☎ 756618, Fax 756466, 🍴, « Giardino ombreggiato » – P. AE 🅂 ⓞ E VISA
Pasto *(chiuso lunedì)* carta 26/40000 – ☐ 9000 – **12 cam** 50/70000 – ½ P 65/70000.

sulla strada statale 223 E : 15 km :

La Locanda del Ponte, ✉ 53010 San Lorenzo a Merse ☎ 757108 e rist ☎ 757140, Fax 757110, 🍴, « Giardino e piccola spiaggia ai bordi del fiume » – ▤ TV ☎ P. AE 🅂 ⓞ E VISA
Pasto *(chiuso dal 10 gennaio al 10 febbraio e mercoledì escluso da maggio ad ottobre)* carta 47/84000 – **23 cam** ☐ 189/350000.

MONTIERI 58026 Grosseto 430 M 15 – 1 411 ab. alt. 750 – ☎ 0566.

Roma 269 – Siena 50 – Grosseto 51.

Rifugio Prategiano ⛰, N : 1 km ☎ 997703, Fax 997891, ≤, Turismo equestre, ⛆, 🌳, ✕ – TV ☎ P. 🅂 VISA. ✻ rist
chiuso dal 7 gennaio a Pasqua – **Pasto** *(chiuso mercoledì)* 35000 – ☐ 12000 – **24 cam** 122/188000 – ½ P 85/160000.

MONTIGNOSO 54038 Massa-Carrara 428 429 430 J 12 – 9 447 ab. alt. 132 – ☎ 0585.

Roma 386 – Pisa 39 – La Spezia 38 – Firenze 112 – Lucca 42 – Massa 5 – Milano 240.

XXXX ✿ **Il Bottaccio** ⛰ con cam, ☎ 340031, Fax 340103, 🍴, prenotare, « In un frantoio ad acqua del 700 », 🌳 – TV ☎ P. AE 🅂 ⓞ E VISA
Pasto (menu suggeriti) 90/120000 – ☐ 30000 – 8 appartamenti 380/620000 – ½ P 250/360000
Spec. Tortelloni di salsiccia in salsa di broccoletti (autunno-primavera), Funghetto di sogliola con cappella di porcino (estate-autunno), Petto d'anatra ai semi di sesamo.

a Cinquale SO : 5 km – ✉ 54030 – a.s. Pasqua e luglio-agosto :

Eden, ☎ 807676, Fax 807594, 🍴, 🌳 – |‡| ▤ TV ☎ ♿ P – 🔬 100. 🅂 ⓞ E VISA. ✻ rist
febbraio-ottobre – **Pasto** 40/80000 – **27 cam** ☐ 155/224000 – ½ P 155/170000.

Giulio Cesare ⛰ senza rist, ☎ 309318, Fax 807664, 🌳 – ▤ ☎ P. AE. ✻
Pasqua e 25 maggio-settembre – **12 cam** ☐ 120/132000.

MONTISI 53020 Siena 430 M 16 – alt. 413 – ☎ 0577.
Roma 197 – Siena 48 – Arezzo 58 – ♦Perugia 82.

La Romita, ☎ 824186, Fax 824201, Coperti limitati; prenotare, « Servizio estivo in giardino », – P. AE ⓢ ⊙ E VISA. ✻
chiuso mercoledì e febbraio – **Pasto** carta 60/84000 (10%).

MONTODINE 26010 Cremona 428 G 11 – 2 205 ab. alt. 66 – ☎ 0373.
Roma 536 – Piacenza 30 – ♦Bergamo 49 – ♦Brescia 57 – Crema 9 – Cremona 31 – ♦Milano 53.

Trattoria Umberto I-da Brambini, ☎ 66118 – ⓢ E VISA. ✻
chiuso mercoledì ed agosto – **Pasto** carta 34/58000.

MONTOGGIO 16026 Genova 988 ⑬, 428 I 9 – 1 986 ab. alt. 440 – ☎ 010.
Roma 538 – ♦Genova 38 – Alessandria 84 – ♦Milano 131.

Roma, ☎ 938925 – P. ✻
chiuso giovedì e dal 1° al 10 luglio – **Pasto** carta 35/50000.

MONTONE 06014 Perugia 430 L 18 – 1 565 ab. alt. 485 – ☎ 075.
Roma 208 – ♦Perugia 40 – Arezzo 61 – Gubbio 36.

a Santa Maria di Sette N : 3 km – ✉ 06014 Montone :

Il Rustichello, ☎ 9415291 – ▤ P. AE ⊙
chiuso martedì – **Pasto** carta 30/43000.

MONTOPOLI DI SABINA 02034 Rieti 430 P 20 – 3 614 ab. alt. 331 – ☎ 0765.
Roma 52 – Rieti 43 – Terni 79 – Viterbo 76.

Il Casale del Farfa, strada statale 313 (SO : 7 km) ☎ 322047, Fax 322047, ≤, « Servizio estivo in giardino » – P. AE
chiuso martedì, dal 22 dicembre al 4 gennaio e dal 4 al 20 luglio – **Pasto** carta 30/49000.

MONTOPOLI IN VAL D'ARNO 56020 Pisa 428 429 430 K 14 – 8 925 ab. alt. 98 – ☎ 0571.
Roma 307 – ♦Firenze 45 – Pisa 39 – ♦Livorno 44 – Lucca 40 – Pistoia 41 – Pontedera 12 – Siena 76.

Quattro Gigli con cam, piazza Michele 2 ☎ 466878, Fax 466879, ≤, « Originali terracotte » – TV ☎. AE ⓢ ⊙ E VISA JCB. ✻ cam
chiuso dal 25 al 31 gennaio e dal 10 al 25 agosto – **Pasto** *(chiuso domenica sera e lunedì)* carta 35/56000 – ☐ 8000 – **20 cam** 55/75000 – ½ P 75000.

MONTORFANO 22030 Como 428 E 9, 219 ⑨ – 2 387 ab. alt. 410 – ☎ 031.
18 Villa d'Este (chiuso gennaio, febbraio e martedì escluso agosto) ☎ 200200, Fax 200786.
Roma 631 – Como 9 – ♦Bergamo 50 – Lecco 24 – ♦Milano 49.

Santandrea Golf Hotel ♨ con cam, via Como 19 ☎ 200220, Fax 200220, ≤, prenotare, – TV ☎ P. AE ⓢ E VISA JCB. ✻
chiuso dal 27 dicembre al 21 febbraio – **Pasto** carta 65/89000 – **10 cam** ☐ 160/200000, appartamento

MONTORO INFERIORE 83025 Avellino 431 E 26 – 8 514 ab. alt. 195 – ☎ 0825.
Roma 265 – ♦Napoli 55 – Avellino 18 – Salerno 20.

La Foresta, svincolo superstrada ✉ 83020 Piazza di Pàndola ☎ 521005, Fax 523666 – |‡| ▤ TV ☎ ⇔ P – 🏔 25 a 150. AE ⓢ ⊙ E VISA
Pasto 45/55000 (16%) – **40 cam** ☐ 90/140000, 2 appartamenti – ½ P 100000.

MONTORSO VICENTINO 36050 Vicenza 429 F 16 – 2 718 ab. alt. 118 – ☎ 0444.
Roma 553 – ♦Verona 40 – ♦Milano 193 – ♦Venezia 81 – Vicenza 17.

Belvedere-da Bepi, ☎ 685415, – ▤. ✻
chiuso martedì sera, mercoledì e dal 1° al 25 agosto – **Pasto** carta 25/38000.

MONTÙ BECCARIA 27040 Pavia 428 G 9 – 1 748 ab. alt. 277 – ☎ 0385.
Roma 544 – Piacenza 34 – ♦Genova 123 – ♦Milano 66 – Pavia 28.

Colombi, località Loglio di Sotto SO : 5 km ☎ 60049, Fax 60204 – P. AE ⓢ ⊙ E VISA
Pasto carta 37/56000.

Les hôtels ou restaurants agréables sont indiqués dans le guide par un signe rouge.

Aidez-nous en nous signalant les maisons où, par expérience, vous savez qu'il fait bon vivre.

Votre guide Michelin sera encore meilleur.

MONZA 20052 Milano 988 ③, 428 F 9 – 120 882 ab. alt. 162 – ☎ 039.

Vedere Parco★★ della Villa Reale – Duomo★ : facciata★★, corona ferrea★★ dei re Longobardi.

18 e 9 (chiuso lunedì) al Parco ☎ 303081, Fax 304427, N : 5 km.

Autodromo al parco N : 5 km ☎ 22366.

Roma 592 – Milano 21 – Bergamo 38.

AUTODROMO DI MONZA

De la Ville, viale Regina Margherita 15 ☎ 382581, Fax 367647 – 25 a 220. AE VISA
chiuso dal 23 dicembre al 3 gennaio e dal 1° al 24 agosto – **Pasto** al Rist. ***Derby Grill*** *(chiuso a mezzogiorno, sabato e domenica)* carta 56/86000 – 24000 – **55 cam** 240/310000 – ½ P 165000.

Della Regione, via Elvezia (Rondò) 4 ☎ 387205, Fax 380254 – 25 a 80. AE VISA
Pasto carta 38/60000 – **90 cam** 180/240000 – ½ P 180000.

Alle Grazie, via Lecco 84 ☎ 387903, Fax 387650, – AE VISA
chiuso mercoledì e dal 5 al 25 agosto – **Pasto** carta 45/65000.

La Riserva, via Borgazzi 12 ☎ 386612, , Cucina piemontese, Coperti limitati; prenotare – VISA
chiuso venerdì, sabato a mezzogiorno, dal 24 dicembre al 6 gennaio e luglio – **Pasto** carta 41/70000.

MORBEGNO 23017 Sondrio 988 ③, 428 D 10 – 10 842 ab. alt. 255 – ☎ 0342.

Roma 673 – Sondrio 25 – Bolzano 194 – Lecco 57 – Lugano 71 – Milano 113 – Passo dello Spluga 66.

La Ruota, strada statale ☎ 612208, Fax 610117 – AE VISA
Pasto 20/35000 – 5000 – **23 cam** 50/75000 – ½ P 60000.

Margna, via Margna 36 ☎ 610377, Fax 615114 – AE VISA
Pasto *(chiuso lunedì)* carta 30/45000 – **36 cam** 60/95000 – ½ P 70/75000.

Vecchio Ristorante Fiume, contrada di Cima alle Case 3 ☎ 610248 – AE
chiuso martedì sera e mercoledì – **Pasto** carta 35/50000.

a Regoledo di Cosio Valtellino O : 1 km – ✉ **23013** :

Bellevue, statale dello Stelvio ☎ 635107 e rist ☎ 637270, Fax 635686, – rist – 55. AE VISA JCB. rist
Pasto *(chiuso lunedì)* carta 34/45000 – 12000 – **37 cam** 54/84000 – ½ P 72/74000.

MORCIANO DI ROMAGNA 47047 Rimini 988 ⑯, 429 430 K 19 – 5 414 ab. alt. 83 – ☎ 0541.

Roma 323 – Rimini 27 – Ancona 95 – Ravenna 92.

Tuf-Tuf, via Panoramica 34 ☎ 988770, Coperti limitati; prenotare – AE VISA
chiuso a mezzogiorno, lunedì e dal 20 maggio all'8 giugno – **Pasto** carta 55/85000.

MORDANO 40027 Bologna 429 430 I 17 – 3 897 ab. alt. 21 – ☎ 0542.

Roma 396 – Bologna 45 – Ravenna 45 – Forlì 35.

Panazza, ☎ 51434, Fax 52165, « Piccolo parco con laghetto », – 50. AE VISA
Pasto 25/30000 – 12000 – **40 cam** 80/100000 – ½ P 85/95000.

MORIMONDO 20081 Milano 428 F 8 – 1 101 ab. alt. 109 – ☎ 02.

Roma 587 – Alessandria 81 – Milano 30 – Novara 37 – Pavia 27 – Vercelli 55.

Trattoria Basiano, località Basiano S : 3 km ☎ 945295, Fax 945295, – VISA
chiuso lunedì sera, martedì, dal 24 al 26 dicembre, dal 1° al 7 gennaio e dal 16 agosto al 10 settembre – **Pasto** carta 30/50000.

MORLUPO 00067 Roma 430 P 19 – 6 296 ab. alt. 207 – ☎ 06.

Roma 34 – Terni 79 – Viterbo 64.

Agostino al Campanaccio, ☎ 9072111, – AE VISA
chiuso martedì e dal 17 agosto al 6 settembre – **Pasto** carta 37/55000.

MORNAGO 21020 Varese 428 E 8, 219 ⑰ – 3 696 ab. alt. 281 – ☎ 0331.

Roma 639 – Stresa 37 – Como 37 – ◆Lugano 45 – ◆Milano 58 – Novara 47 – Varese 11.

XX **Alla Corte Lombarda,** via De Amicis 13 ✆ 904376, Coperti limitati; prenotare – P. AE ⑤ ⓪ E VISA. ✻
chiuso lunedì e dal 7 al 28 agosto – **Pasto** carta 32/66000.

MORTARA 27036 Pavia 988 ⑬, 428 G 8 – 14 312 ab. alt. 108 – ☎ 0384.

Vedere Guida Verde.

Roma 601 – Alessandria 57 – ◆Milano 47 – Novara 24 – Pavia 38 – ◆Torino 94 – Vercelli 32.

XX **San Michele** con cam, corso Garibaldi 20 ✆ 98614, Fax 99106 – TV ☎ P. AE ⑤ E VISA
chiuso dal 23 dicembre al 6 gennaio ed agosto – **Pasto** *(chiuso sabato e a mezzogiorno escluso domenica)* carta 33/58000 – ☕ 10000 – **17 cam** 80/110000, appartamento – ½ P 75000.

XX **Guallina,** località Guallina E : 4 km ✆ 91962, Coperti limitati; prenotare – P. AE ⑤
chiuso lunedì, martedì a mezzogiorno, dal 1° al 20 gennaio e dal 20 al 30 giugno – **Pasto** carta 36/72000.

X **Torino,** corso Torino 140 ✆ 99600 – P. ⑤ ⓪ E VISA
chiuso domenica ed agosto – **Pasto** carta 29/50000.

MORTELLE Messina 431 432 M 28 – Vedere Sicilia (Messina) alla fine dell'elenco alfabetico.

MOSO (MOOS) Bolzano – Vedere Sesto.

MOSSA 34070 Gorizia 429 E 22 – 1 567 ab. alt. 73 – ☎ 0481.

Roma 656 – Udine 31 – Gorizia 6 – ◆Trieste 49.

X **Blanch,** via Blanchis 35 ✆ 80020, 🏠 – P. AE ⑤ ⓪ E VISA. ✻
chiuso mercoledì e dal 27 agosto al 26 settembre – **Pasto** carta 30/52000.

MOTTA DI LIVENZA 31045 Treviso 988 ⑤, 429 E 19 – 8 735 ab. – ☎ 0422.

Roma 562 – Venezia 55 – Pordenone 32 – Treviso 36 – ◆Trieste 109 – Udine 69.

🏨 **Bertacco,** via Ballarin 18 ✆ 861400, Fax 861790 – |‡| ▤ TV ☎ P – 🏛 30. AE ⑤ ⓪ E VISA JCB. ✻ rist
Pasto *(chiuso domenica sera, lunedì e dal 5 al 25 agosto)* carta 36/57000 – ☕ 7500 – **20 cam** 75/115000, appartamento – ½ P 100000.

MOTTARONE (Stresa) 28040 Novara 428 E 7, 219 ⑥ – alt. 1 491 – Sport invernali : 803/1 491 m 🚡1 ⛷6, ⛷ – ☎ 0323.

Vedere Guida Verde.

Roma 676 – Stresa 20 – ◆Milano 99 – Novara 61 – Orta San Giulio 18 – ◆Torino 135.

X **Miramonti** 🐦 con cam, ✆ 924822, ≤ Alpi – ✻ cam
Pasto *(chiuso la sera)* carta 35/56000 – ☕ 7000 – **9 cam** *(25 dicembre-Pasqua ed agosto)* 50/100000 – ½ P 80000.

Vedere anche : risorse alberghiere di Stresa.

MOZZO 24035 Bergamo 219 ⑳ – 6 385 ab. alt. 252 – ☎ 035.

Roma 607 – ◆Bergamo 8 – Lecco 28 – ◆Milano 49.

XX ✿ **Caprese,** via Crocette 38 ✆ 611148, Specialità di mare, prenotare – ▤ P. AE ⑤ ⓪ E VISA. ✻
chiuso domenica sera, lunedì, Natale e dal 10 al 31 agosto – **Pasto** carta 60/80000
Spec. Insalata di mare tiepida, Linguine ai totani, Fritto di calamaretti.

MUGGIA 34015 Trieste 988 ⑥, 429 F 23 – 13 243 ab. – ☎ 040.

Vedere Guida Verde.

ℹ (maggio-settembre) via Roma 20 ✆ 273259.

Roma 684 – Udine 82 – ◆Milano 423 – ◆Trieste 11 – ◆Venezia 173.

XX **La Risorta,** Riva De Amicis 1/a ✆ 271219, « Servizio estivo in terrazza con ≤ » – AE ⑤ ⓪ E VISA JCB
chiuso dal 1° al 21 gennaio, lunedì, domenica sera dal 15 settembre a giugno tutto il giorno negli altri mesi – **Pasto** carta 45/65000.

XX **All'Arciduca** 🐦 con cam, strada per Chiampore 46 ✆ 271019, Fax 275388, ≤, 🏠 – TV ☎ P. AE ⑤ ⓪ E VISA. ✻
chiuso dal 1° al 14 gennaio – **Pasto** *(chiuso venerdì e domenica sera)* carta 39/57000 – **12 cam** ☕ 65/95000 – ½ P 95/105000.

a Santa Barbara SE : 3 km – ✉ **34015** Muggia :

Taverna da Stelio "Cigui", via Colarich 92/D ✆ 273363, Fax 273363, 🍴, prenotare – Ⓟ. AE 🅂 VISA
chiuso mercoledì e dal 1° al 15 gennaio – **Pasto** carta 50/60000.

MÜHLBACH = Rio di Pusteria.

MÜHLWALD = Selva dei Molini.

MULAZZO **54026** Massa Carrara 428 429 430 J 11 – 2 627 ab. alt. 350 – 0187.
Roma 434 – ♦La Spezia 43 – ♦Genova 121 – ♦Parma 83.

a Madonna del Monte O : 8 km – alt. 870 – ✉ **54026** Mulazzo :

Rustichello con cam, ✆ 439759, ≤, prenotare – Ⓟ. rist
chiuso dall'8 gennaio a Carnevale – **Pasto** *(chiuso martedì escluso luglio-agosto)* carta 30/40000 – ☕ 9000 – **8 cam** 60/70000 – ½ P 60000.

MULES **(MAULS)** Bolzano 429 B 16 – alt. 905 – ✉ **39040** Campo di Trens – 0472.
Roma 699 – ♦Bolzano 56 – Brennero 23 – Brunico 44 – ♦Milano 360 – Trento 121 – Vipiteno 9.

Stafler, ✆ 771136, Fax 771094, « Parco ombreggiato », 🏊, 🏊, 🎾 – 🛗 TV ☎ Ⓟ – 🏛 30 a 40. 🅂 E VISA. rist
chiuso dal 24 giugno al 5 luglio e dal 3 novembre al 20 dicembre – **Pasto** *(chiuso mercoledì escluso da agosto ad ottobre)* carta 57/85000 – **36 cam** ☕ 130/190000, 2 appartamenti – ½ P 130/150000.

MURAGLIONE (Passo del) Firenze 429 430 K 16 – Vedere San Godenzo.

MURANO Venezia 988 ⑤ – Vedere Venezia.

MURAVERA Cagliari 988 ㉞, 433 I 10 – Vedere Sardegna alla fine dell'elenco alfabetico.

MURO LUCANO **85054** Potenza 988 ㉘, 431 E 28 – 6 347 ab. alt. 654 – 0976.
Roma 357 – Potenza 48 – ♦Bari 198 – ♦Foggia 113.

Delle Colline con cam, ✆ 2284, Fax 2192, ≤ – ▤ rist ☎ Ⓟ. AE 🅂 E VISA
Pasto carta 23/34000 – ☕ 5000 – **18 cam** 44/67000 – ½ P 54/67000.

MUSSOLENTE **36065** Vicenza 429 E 17 – 6 127 ab. alt. 127 – 0424.
Roma 548 – ♦Padova 51 – Belluno 85 – ♦Milano 239 – Trento 93 – Treviso 42 – ♦Venezia 72 – Vicenza 40.

Villa Palma , via Chemin Palma 30 (S : 1,5 km) ✆ 577407, Fax 87687, 🍴, 🌳 – 🛗 ▤ TV ☎ Ⓟ – 🏛 60. AE 🅂 ⓓ E VISA.
Pasto 35/45000 *(a mezzogiorno)* 45/55000 *(alla sera)* e al Rist. ***La Loggia*** *(chiuso dal 5 al 19 agosto)* carta 43/61000 – **20 cam** ☕ 195/280000, appartamento – ½ P 190000.

Volpara , NE : 2 km ✆ (0423) 567766, Fax 968841, ≤ – ▤ TV ☎ Ⓟ. AE 🅂 ⓓ E VISA JCB.
Pasto vedere rist **Volpara-Malga Verde** – ☕ 8000 – **10 cam** 45/70000.

Al Gambero-da Gerry, via dei Colli 18 ✆ 577044, Fax 577044, 🍴, 🌳 – Ⓟ. AE 🅂 ⓓ E VISA JCB.
chiuso martedì – **Pasto** carta 40/60000.

Volpara-Malga Verde, NE : 2 km ✆ 577019, ≤, 🍴 – Ⓟ – 🏛 30. AE 🅂 ⓓ E VISA
chiuso mercoledì e dal 1° al 20 agosto – **Pasto** carta 29/41000.

Napoli

80100 P 988 ㉗, 431 E 24 – 1 061 583 ab. – a.s. aprile-ottobre – ☎ 081

Vedere Museo Archeologico Nazionale★★★ KY – Castel Nuovo★★ KZ – Porto di Santa Lucia★★ BU : ≤★★ sul Vesuvio e sul golfo – ≤★★★ notturna dalla via Partenope sulle colline del Vomero e di Posillipo FX – Teatro San Carlo★ KZ T1 – Piazza del Plebiscito★ JKZ – Palazzo Reale★ KZ – Certosa di San Martino★★ JZ : ≤★★★ sul golfo di Napoli dalla sala n° 25 del museo.
Quartiere di Spacca-Napoli★★ KY – Tomba★★ del re Roberto il Saggio nella chiesa di Santa Chiara★ KY – Cariatidi★ di Tino da Camaino nella chiesa di San Domenico Maggiore KY – Sculture★ nella cappella di San Severo KY – Arco★, tomba★ di Caterina d'Austria, abside★ nella chiesa di San Lorenzo Maggiore LY – Palazzo e galleria di Capodimonte★★ BT.
Mergellina★ BU : ≤★★ sul golfo – Villa Floridiana★ EVX : ≤★ – Catacombe di San Gennaro★★ BT – Chiesa di Santa Maria Donnaregina★ LY – Chiesa di San Giovanni a Carbonara★ LY – Porta Capuana★ LMY – Palazzo Como★ LY – Sculture★ nella chiesa di Sant'Anna dei Lombardi KYZ– Posillipo★ AU – Marechiaro★ AU – ≤★★ sul golfo dal parco Virgiliano (o parco della Rimembranza) AU.

Escursioni Golfo di Napoli★★★ verso Campi Flegrei★★ per ⑦, verso penisola Sorrentina per ⑥ – Isola di Capri★★★ – Isola d'Ischia★★★.

9 (chiuso lunedì e martedì) ad Arco Felice ✉ 80072 ☎ 5264296, per ⑧ : 19 km.

✈ Ugo Niutta di Capodichino NE : 6 km CT (escluso sabato e domenica) ☎ 5425333 – Alitalia, via Medina 41 ✉ 80133 ☎ 5425222.

⛴ per Capri (1 h 15 mn), Ischia (1 h 15 mn) e Procida (1 h), giornalieri – Caremar-Travel and Holidays, molo Beverello ✉ 80133 ☎ 5513882, Fax 5522011 ; per Cagliari giovedì e dal 19 giugno al 17 settembre anche sabato (15 h 45 mn) e Palermo giornaliero (11 h) – Tirrenia Navigazione, Stazione Marittima, molo Angioino ✉ 80133 ☎ 7613688, Telex 710030, Fax 7201567 ; per Ischia giornalieri (1 h 15 mn) – Alilauro e Linee Lauro, molo Beverello ✉ 80133 ☎ 5522838, Fax 5513236 ; per le Isole Eolie mercoledì e venerdì, dal 15 giugno al 15 settembre lunedì, martedì, giovedì, venerdì, sabato e domenica (14 h) – Siremar-agenzia Genovese, via De Petris 78 ✉ 80133 ☎ 5512112, Telex 710196, Fax 5512114.

⛴ per Capri (45 mn), Ischia (45 mn) e Procida (35 mn), giornalieri – Caremar-Travel and Holidays, molo Beverello ✉ 80133 ☎ 5513882, Fax 5522011 ; per Ischia giornalieri (30 mn) e Capri giornalieri (40 mn) – Alilauro, via Caracciolo 11 ✉ 80122 ☎ 7611004, Fax 7614250 ; per Capri giornalieri (40 mn) – Navigazione Libera del Golfo, molo Beverello ✉ 80133 ☎ 5520763, Telex 722661, Fax 5525589 ; per Capri giornalieri (45 mn), le Isole Eolie giugno-settembre giornaliero (4 h) e Procida-Ischia giornalieri (35 mn) – Aliscafi SNAV, via Caracciolo 10 ✉ 80122 ☎ 7612348, Telex 720446, Fax 7612141.

ℹ piazza dei Martiri 58 ✉ 80121 ☎ 405311 – piazza del Plebiscito (Palazzo Reale) ✉ 80132 ☎ 418744, Fax 418619 – Stazione Centrale ✉ 80142 ☎ 268779 – Aeroporto di Capodichino ✉ 80133 ☎ 7805761 – piazza del Gesù Nuovo 7 ✉ 80135 ☎ 5523328 – Passaggio Castel dell'Ovo ✉ 80132 ☎ 7645688.

A.C.I. piazzale Tecchio 49/d ✉ 80125 ☎ 2394511.

Roma 219 ③ – ♦Bari 261 ④.

Piante : Napoli p. 4 a 9

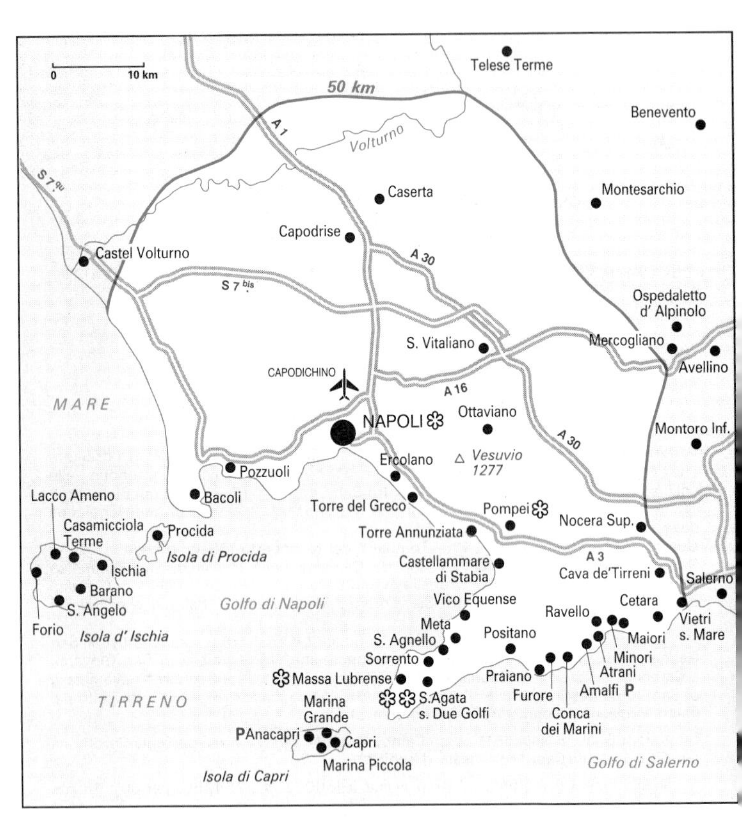

Grande Albergo Vesuvio, via Partenope 45 ✉ 80121 ✆ 7640044, Telex 710127, Fax 5890380, « Rist. roof-garden con ≤ golfo e Castel dell'Ovo » – |‡| ⇆ cam ▤ TV ☎ ⇔ – 🏛 40 a 400. AE ⓢ ⓞ E VISA. ✂ rist FX n
Pasto al Rist. ***Caruso*** *(chiuso lunedì)* carta 59/82000 – **167 cam** ▭ 290/420000, 16 appartamenti.

Gd H. Parker's, corso Vittorio Emanuele 135 ✉ 80121 ✆ 7612474, Telex 710578, Fax 663527, « Rist. roof-garden con ≤ città e golfo » – |‡| ▤ TV ☎ ⇔ – 🏛 50 a 250. AE ⓢ ⓞ E VISA. ✂ EX
Pasto *(chiuso domenica sera)* carta 56/86000 – **70 cam** ▭ 220/330000, 10 appartamenti.

Santa Lucia, via Partenope 46 ✉ 80121 ✆ 7640666, Telex 710595, Fax 7648580, ≤ golfo e Castel dell'Ovo – |‡| ▤ TV ☎ – 🏛 110. AE ⓢ ⓞ E VISA. ✂ GX w
Pasto 60/80000 e al Rist. ***Megaris*** *(chiuso domenica)* carta 62/96000 – **98 cam** ▭ 270/390000, 3 appartamenti – ½ P 240000.

Holiday Inn, centro direzionale Isola e/6 ✉ 80143 ✆ 2250111, Telex 720161, Fax 5628074 – |‡| ⇆ cam ▤ TV ☎ ♿ ⇔ – 🏛 150. AE ⓢ ⓞ E VISA JCB. ✂ CT a
Pasto 28/50000 e al Rist. ***Bistrot Victor*** carta 47/69000 – **298 cam** ▭ 240/280000, 32 appartamenti 340/380000 – ½ P 190/220000.

Oriente, via Diaz 44 ✉ 80134 ✆ 5512133, Telex 722398, Fax 5514915 – ▤ TV ☎ – 🏛 300. AE ⓢ ⓞ E VISA. ✂ KZ
Pasto (solo per clienti alloggiati e *chiuso a mezzogiorno, venerdì, sabato, domenica e agosto*) 45/60000 – **130 cam** ▭ 245/360000, 2 appartamenti.

Jolly Hotel Ambassador's, via Medina 70 ✉ 80133 ✆ 416000, Telex 720335, Fax 5518010, « Rist. roof-garden con ≤ città, golfo e Vesuvio » – |‡| ▤ TV ☎ – 🏛 250. AE ⓢ ⓞ E VISA JCB. ✂ rist KZ
Pasto carta 71/113000 – **251 cam** ▭ 245/290000 – ½ P 178/200000.

Grand Hotel Terminus, piazza Garibaldi 91 ✉ 80142 ☎ 286011, Telex 722270, Fax 206689, – 300. AE ⓢ ⓞ E VISA JCB. rist MY a
Pasto 32000 – **188 cam** 200/280000, 6 appartamenti – ½ P 150/180000.

Mercure senza rist, via Depretis 123 ✉ 80133 ☎ 5529500, Fax 5529509 –
85 cam. KZ b

Royal, via Partenope 38 ✉ 80121 ☎ 7644800, Telex 710167, Fax 7645707, ≤ golfo, Posillipo e Castel dell'Ovo, – 50 a 180. AE ⓢ ⓞ E VISA. rist
Pasto carta 70/90000 – **269 cam** 210/340000, 16 appartamenti. FX n

Continental senza rist, via Partenope 44 ✉ 80121 ☎ 7644636, Fax 7644661, ≤ golfo e Castel dell'Ovo – 600. AE ⓢ ⓞ E VISA. FX n
166 cam 210/340000.

Paradiso, via Catullo 11 ✉ 80122 ☎ 7614161, Fax 7613449, ≤ golfo, città e Vesuvio, – 80. AE ⓢ ⓞ E VISA. rist BU a
Pasto carta 44/68000 – **71 cam** 170/270000 – ½ P 135/160000.

Villa Capodimonte, via Moiariello 66 ✉ 80131 ☎ 459000, Fax 299344, ≤, – 50. AE ⓢ ⓞ E VISA JCB. rist BT a
Pasto *(chiuso a mezzogiorno)* carta 45/57000 – **58 cam** 150/240000.

Britannique, corso Vittorio Emanuele 133 ✉ 80121 ☎ 7614145, Telex 722281, Fax 660457, ≤ città e golfo, « Giardino » – 25 a 100. AE ⓢ ⓞ E VISA JCB. rist EX r
Pasto *(chiuso dal 5 al 27 agosto)* 40000 – 15000 – **80 cam** 142/215000, 8 appartamenti – ½ P 138000.

Miramare, via Nazario Sauro 24 ✉ 80132 ☎ 7647589, Fax 7640775, ≤ golfo e Vesuvio – AE ⓢ ⓞ E VISA JCB. GX e
Pasto *(chiuso dal 16 al 31 agosto)* 50/65000 – **30 cam** 240/350000 – ½ P 170/290000.

Majestic, largo Vasto a Chiaia 68 ✉ 80121 ☎ 416500, Telex 720408, Fax 416500 – 25 a 100. AE ⓢ ⓞ E VISA JCB. FX b
Pasto *(chiuso domenica)* carta 35/55000 – **130 cam** 190/280000.

Serius, viale Augusto 74 ✉ 80125 ☎ 2394844, Fax 2399251 – AE ⓢ E VISA. rist AU d
Pasto 45000 – **69 cam** 120/175000 – ½ P 170000.

Nuovo Rebecchino senza rist, corso Garibaldi 356 ✉ 80142 ☎ 5535327, Fax 268026 – AE ⓢ ⓞ E VISA JCB MY b
58 cam 160/200000.

Cavour, piazza Garibaldi 32 ✉ 80142 ☎ 283122, Fax 287488 – AE ⓢ ⓞ E VISA JCB. MY b
Pasto vedere rist **Cavour** – 10000 – **86 cam** 150/190000, 6 appartamenti – ½ P 130/155000.

Executive senza rist, via del Cerriglio 10 ✉ 80134 ☎ 5520611, Fax 5520611, – AE ⓢ ⓞ E VISA JCB KZ c
18 cam 135/180000, appartamento.

Rex senza rist, via Palepoli 12 ✉ 80132 ☎ 7649389, Fax 7649227 – AE ⓢ ⓞ E VISA GX r
38 cam 130/170000.

Belvedere, via Tito Angelini 51 ✉ 80129 ☎ 5788169, Fax 5785417, ≤ città e golfo, – cam AE ⓢ ⓞ E VISA. FV a
Pasto carta 38/70000 – **25 cam** 150/200000, 2 appartamenti – ½ P 130000.

Splendid, via Manzoni 96 ✉ 80123 ☎ 7141955, Fax 7146431, ≤ – AE ⓢ ⓞ E VISA JCB. BU c
Pasto 35000 – **48 cam** 150/195000 – ½ P 115000.

XXX La Sacrestia, via Orazio 116 ✉ 80122 ☎ 7611051, Fax 664186, Rist. elegante, « Servizio estivo in terrazza-giardino con ≤ » – BU k

XXX ✿ **La Cantinella**, via Cuma 42 ✉ 80132 ☎ 7648684, Fax 7648769 – AE ⓢ ⓞ E VISA JCB. GX v
chiuso domenica, dal 24 al 26 dicembre, Capodanno e dal 13 al 31 agosto – **Pasto** carta 46/86000 (12%)
Spec. Fagottino di pesce spada affumicato con scampi, "Occhio di lupo" (pasta) con cozze e piccoli fiori di zucca, Nodino di vitello alla "Cantinella".

XX **Ciro a Santa Brigida**, via Santa Brigida 73 ✉ 80132 ☎ 5524072, Fax 5528992, Rist. e pizzeria – AE ⓢ ⓞ E VISA JZ w
chiuso domenica e dal 14 al 29 agosto – **Pasto** carta 43/64000.

XX **Ciro a Mergellina**, via Mergellina 18/23 ✉ 80122 ☎ 681780 – AE ⓢ ⓞ E VISA
chiuso venerdì dal 15 luglio al 25 agosto e lunedì negli altri mesi – **Pasto** carta 51/72000 (12%). BU k

XX Giuseppone a Mare, via Ferdinando Russo 13-Capo Posillipo ✉ 80123 ☎ 5756002, Rist. marinaro con ≤ – AU p

XX **Il Posto Accanto-Rosolino**, via Nazario Sauro 2/7 ✉ 80132 ☎ 7649873, Fax 7640547, Rist. e pizzeria – 70. AE ⓢ ⓞ E VISA. GX a
chiuso domenica sera – **Pasto** carta 40/66000 (15%).

XX **San Carlo**, via Cesario Console 18/19 ✉ 80132 ☎ 7649757, prenotare – AE ⓢ ⓞ E VISA. KZ a
chiuso domenica e dal 3 agosto al 3 settembre – **Pasto** carta 60/87000.

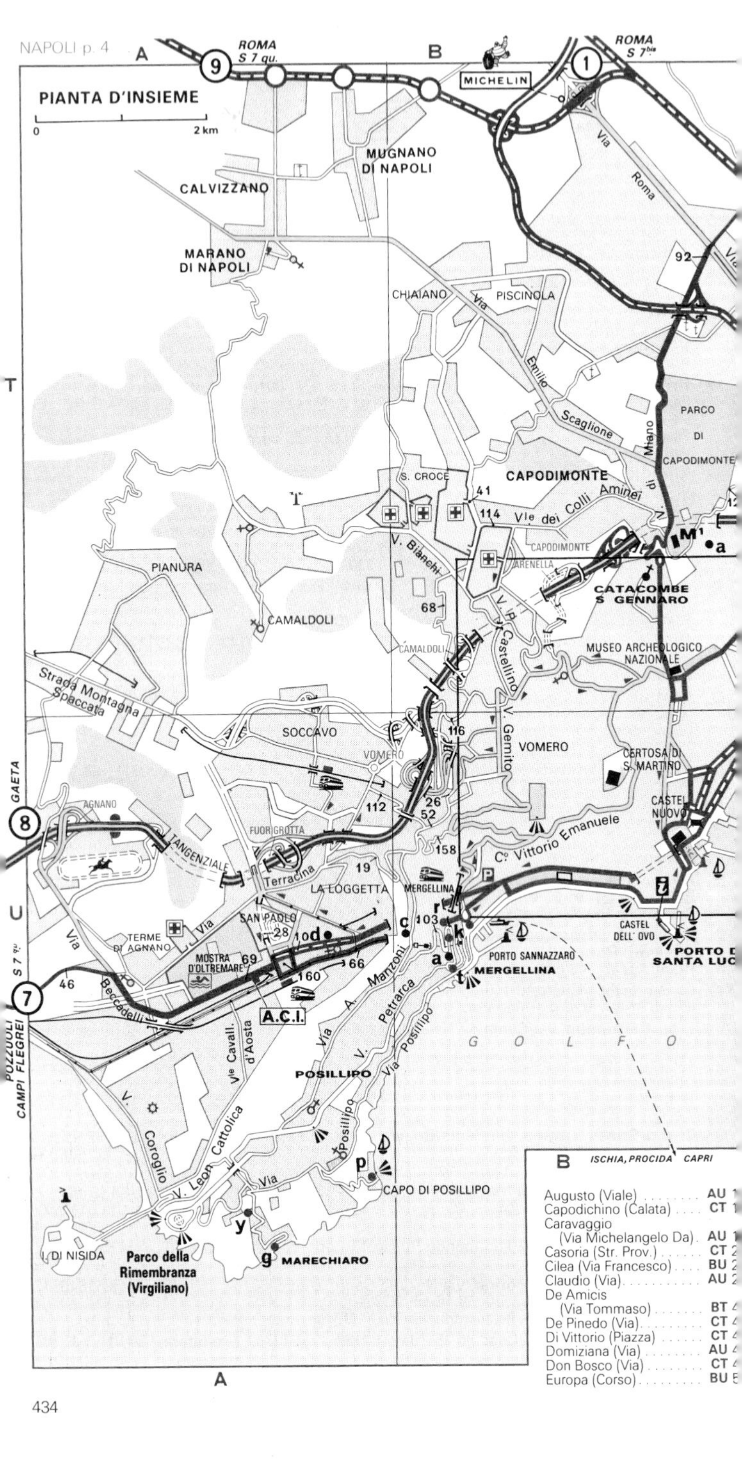
PIANTA D'INSIEME
0
2 km
ROMA S 7 qu.
ROMA S 7bis
MICHELIN
MUGNANO DI NAPOLI
CALVIZZANO
MARANO DI NAPOLI
Via Roma
CHIAIANO
PISCINOLA
Via Emilio Scaglione
di Miano
PARCO DI CAPODIMONTE
S. CROCE
CAPODIMONTE
Vle dei Colli Aminei
V. Bianchi
ARENELLA
CATACOMBE S GENNARO
PIANURA
CAMALDOLI
V. Castellino
MUSEO ARCHEOLOGICO NAZIONALE
Strada Montagna Spaccata
SOCCAVO
VOMERO
V. Gemito
CERTOSA DI S. MARTINO
GAETA
AGNANO
FUORIGROTTA
TANGENZIALE
Cº Vittorio Emanuele
CASTEL NUOVO
Terracina
LA LOGGETTA
MERGELLINA
SAN PAOLO
TERME DI AGNANO
MOSTRA D'OLTREMARE
CASTEL DELL' OVO
PORTO SANNAZZARO
PORTO DI SANTA LUC
Beccadelli
A.C.I.
Via A. Manzoni
V. Petrarca
Via Posillipo
G O L F O
POZZUOLI CAMPI FLEGREI
S 7 qu.
Vle Cavall. d'Aosta
POSILLIPO
V. Coroglio
V. Leon Cattolica
CAPO DI POSILLIPO
I. DI NISIDA
Parco della Rimembranza (Virgiliano)
MARECHIARO
ISCHIA, PROCIDA
CAPRI

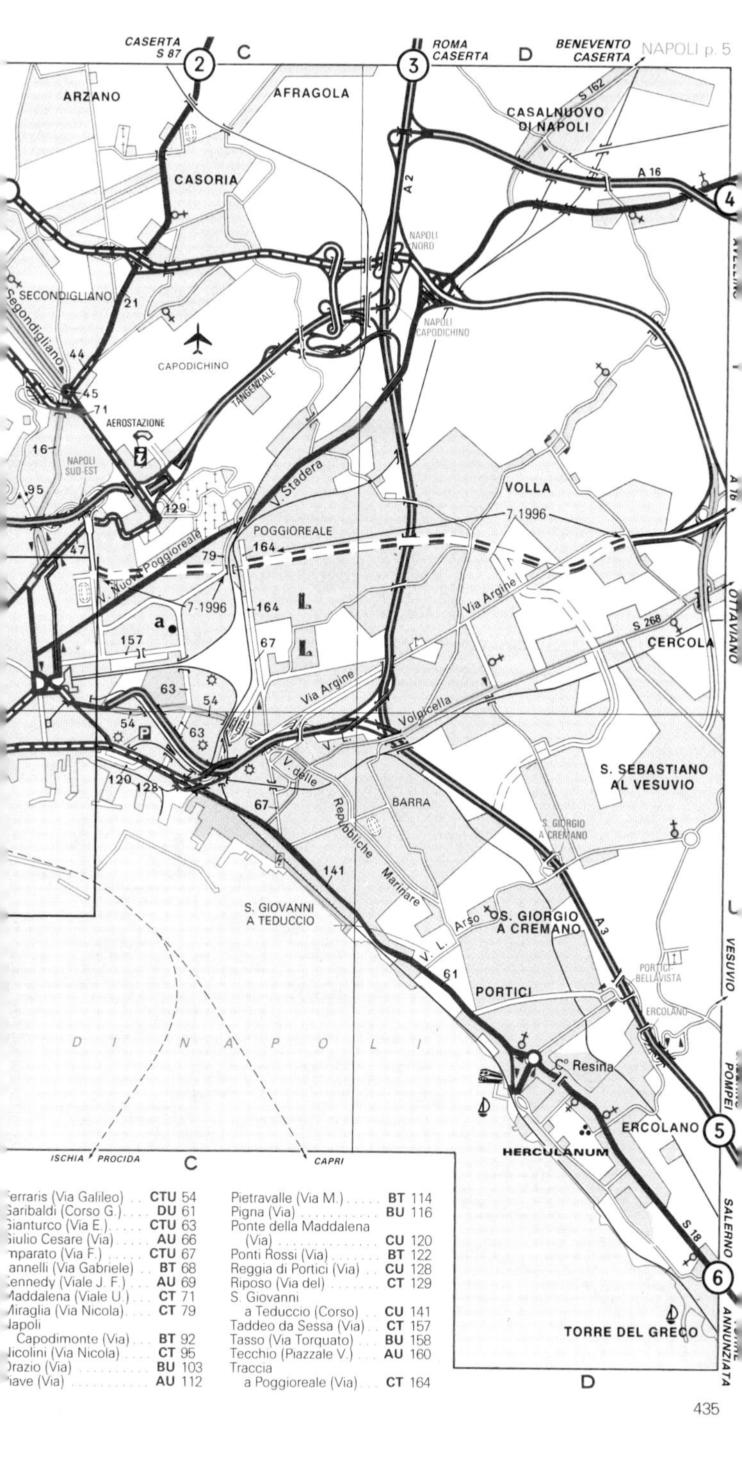
CASERTA
S 87
2
C
ROMA
CASERTA
3
D
BENEVENTO
CASERTA
ARZANO
AFRAGOLA
CASALNUOVO
DI NAPOLI
S 162
A 16
4
CASORIA
A 2
NAPOLI
NORD
SECONDIGLIANO
Secondigliano
21
CAPODICHINO
NAPOLI
CAPODICHINO
TANGENZIALE
44
45
71
AEROSTAZIONE
16
NAPOLI
SUD-EST
95
129
V. Stadera
VOLLA
7-1996
POGGIOREALE
164
79
47
V. Nuova Poggioreale
7-1996
164
Via Argine
a
157
67
S 268
CERCOLA
OTTAVIANO
63
54
Via Argine
Volpicella
54
P
63
V. L.
V. delle
Repubbliche
Marinare
120
128
67
BARRA
S. SEBASTIANO
AL VESUVIO
S. GIORGIO
A CREMANO
141
S. GIOVANNI
A TEDUCCIO
V. L. Arso
S. GIORGIO
A CREMANO
A 3
PORTICI-
BELLAVISTA
VESUVIO
61
PORTICI
ERCOLANO
D I N A P O L I
C° Resina
POMPEI
ERCOLANO
5
HERCULANUM
ISCHIA
PROCIDA
C
CAPRI
S 18
SALERNO
6
TORRE DEL GRECO
ANNUNZIATA
D

NAPOLI

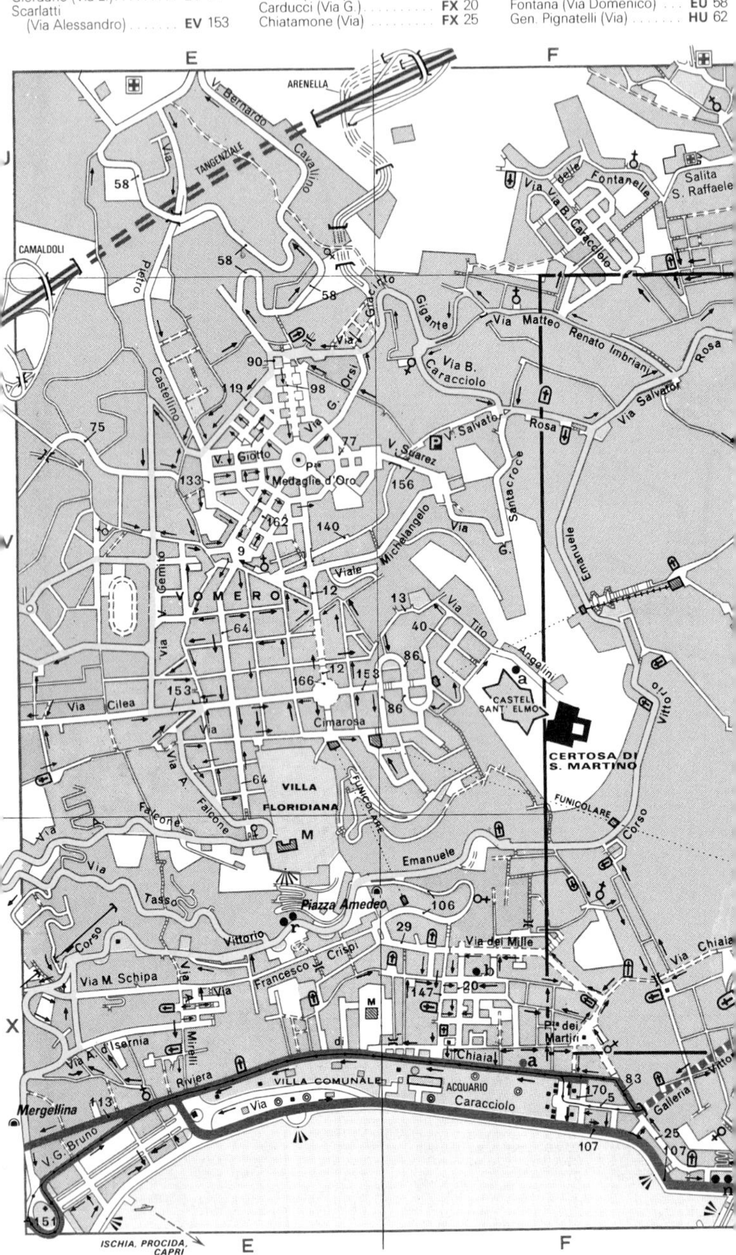

E
F
ARENELLA
V. Bernardo Cavallino
TANGENZIALE
CAMALDOLI
Via Pietro Castellino
Via Giacinto Gigante
Via delle Fontanelle
Via B. Caracciolo
Salita S. Raffaele
Via Matteo Renato Imbriani
Rosa
Via Salvator Rosa
V. Salvator Rosa
Via G. Orsi
V. Giotto
Pza Medaglie d'Oro
V. Suarez
Santacroce
Emanuele
Viale Michelangelo
Via G.
VOMERO
V. Gemito
Via Tito Angelini
CASTEL SANT' ELMO
CERTOSA DI S. MARTINO
Via Cilea
Via Cimarosa
Via A. Falcone
VILLA FLORIDIANA
FUNICOLARE
Corso Vittorio Emanuele
Via Tasso
Piazza Amedeo
Via dei Mille
Via Chiaia
Via Francesco Crispi
Via M. Schipa
Via Mirelli
Via A. d'Isernia
Riviera di Chiaia
Pza dei Martiri
VILLA COMUNALE
ACQUARIO
Via Caracciolo
Galleria Vittoria
Mergellina
V. G. Bruno
ISCHIA, PROCIDA, CAPRI
J
V
X

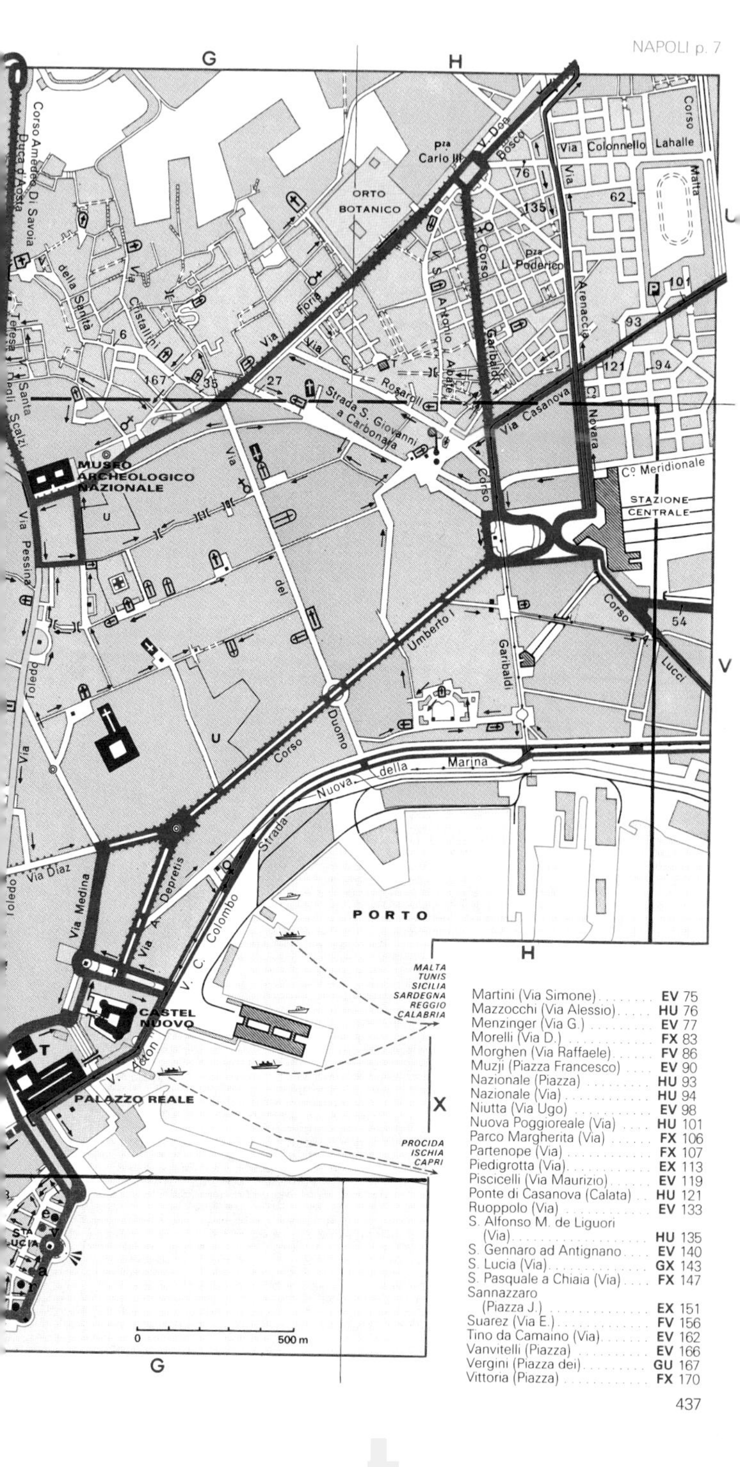

Martini (Via Simone)	EV	75
Mazzocchi (Via Alessio)	HU	76
Menzinger (Via G.)	EV	77
Morelli (Via D.)	FX	83
Morghen (Via Raffaele)	FV	86
Muzji (Piazza Francesco)	EV	90
Nazionale (Piazza)	HU	93
Nazionale (Via)	HU	94
Niutta (Via Ugo)	EV	98
Nuova Poggioreale (Via)	HU	101
Parco Margherita (Via)	FX	106
Partenope (Via)	FX	107
Piedigrotta (Via)	EX	113
Piscicelli (Via Maurizio)	EV	119
Ponte di Casanova (Calata)	HU	121
Ruoppolo (Via)	EV	133
S. Alfonso M. de Liguori (Via)	HU	135
S. Gennaro ad Antignano	EV	140
S. Lucia (Via)	GX	143
S. Pasquale a Chiaia (Via)	FX	147
Sannazzaro (Piazza J.)	EX	151
Suarez (Via E.)	FV	156
Tino da Camaino (Via)	EV	162
Vanvitelli (Piazza)	EV	166
Vergini (Piazza dei)	GU	167
Vittoria (Piazza)	FX	170

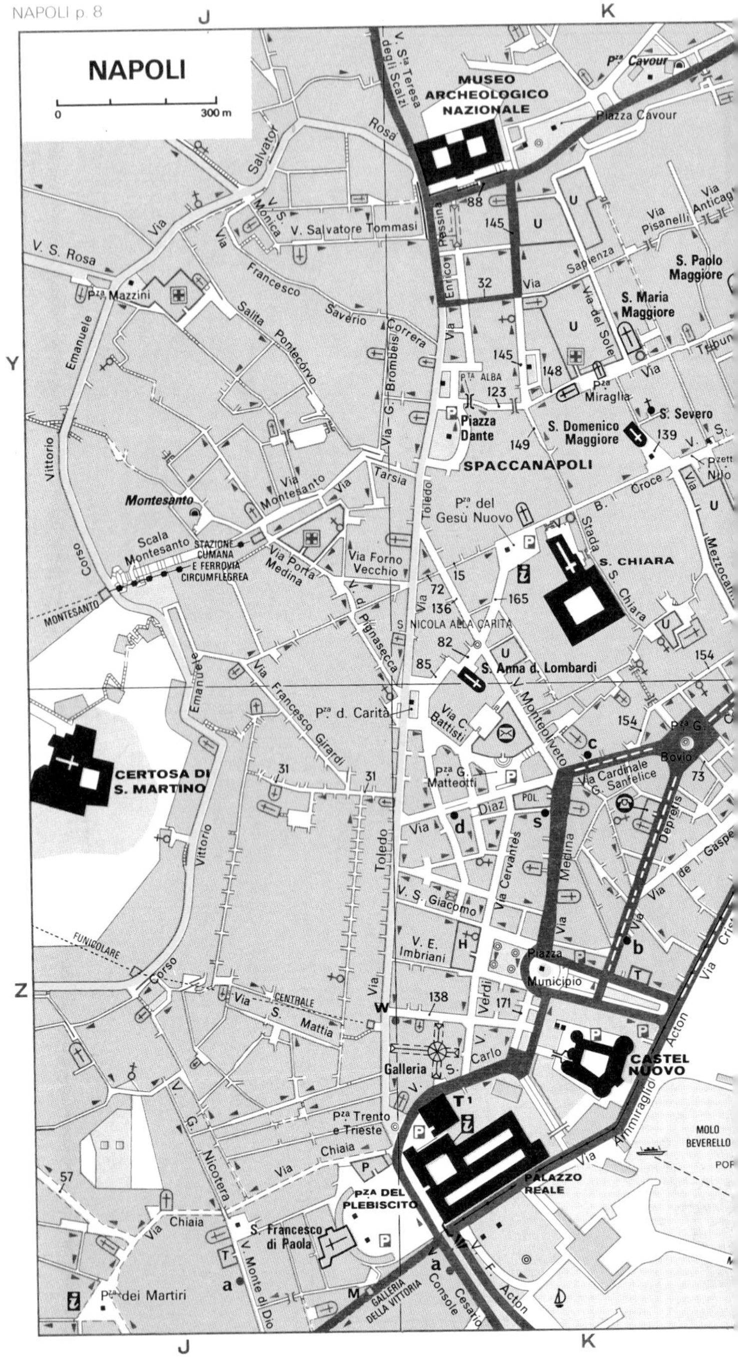
NAPOLI
0
300 m
MUSEO ARCHEOLOGICO NAZIONALE
Piazza Cavour
S. Paolo Maggiore
S. Maria Maggiore
Piazza Dante
S. Domenico Maggiore
S. Severo
SPACCANAPOLI
Montesanto
S. CHIARA
S. Anna d. Lombardi
CERTOSA DI S. MARTINO
P.za d. Carità
Piazza Municipio
CASTEL NUOVO
Galleria
P.za Trento e Trieste
P.ZA DEL PLEBISCITO
PALAZZO REALE
MOLO BEVERELLO
S. Francesco di Paola
P.za dei Martiri
Via Toledo
Via Chiaia
FUNICOLARE CENTRALE
STAZIONE CUMANA E FERROVIA CIRCUMFLEGREA

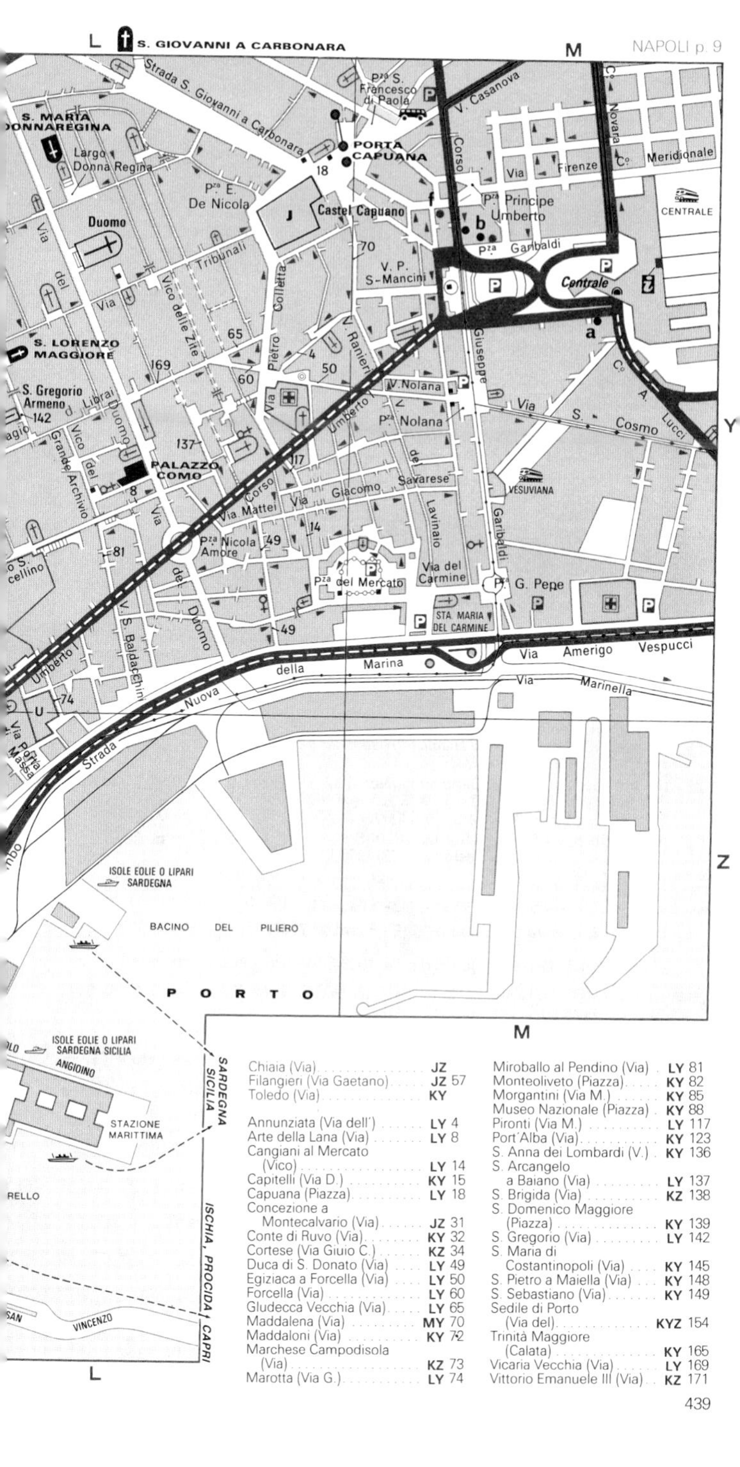
S. GIOVANNI A CARBONARA
Strada S. Giovanni a Carbonara
Pza S. Francesco di Paola
PORTA CAPUANA
S. MARIA DONNAREGINA
Largo Donna Regina
Pza E. De Nicola
Castel Capuano
Duomo
Tribunali
V. P. S-Mancini
Corso
V. Casanova
Co Novara
Co Meridionale
Via Firenze
Pza Principe Umberto
Pza Garibaldi
CENTRALE
Centrale
Vico delle Zite
Pietro Colletta
V. Ranieri
S. LORENZO MAGGIORE
S. Gregorio Armeno
Via del Duomo
V. Nolana
Pza Nolana
Giuseppe
Via S. Cosmo
Co A. Lucci
PALAZZO COMO
Grande Archivio
Vico del
Corso Umberto
Via Mattei
Via Giacomo Savarese
Lavinaio
VESUVIANA
Garibaldi
Pza Nicola Amore
Pza del Mercato
Via del Carmine
Pza G. Pepe
STA. MARIA DEL CARMINE
V. S. Baldacchini
Via Amerigo Vespucci
Via della Marina
Via Marinella
Via Nuova
Strada
Via Porta di Massa
ISOLE EOLIE O LIPARI SARDEGNA
BACINO DEL PILIERO
PORTO
ISOLE EOLIE O LIPARI SARDEGNA SICILIA
ANGIOINO
STAZIONE MARITTIMA
SARDEGNA SICILIA
ISCHIA, PROCIDA, CAPRI
VINCENZO
L
M
Y
Z

XX **Don Salvatore,** strada Mergellina 4 A ✉ 80122 ☎ 681817, Fax 7614329, Rist. e pizzeria – ▤. AE ⓢ ⓓ E VISA BU **t**
chiuso mercoledì – **Pasto** carta 42/65000.

XX **A' Fenestella,** calata Ponticello a Marechiaro ✉ 80123 ☎ 7690020, Fax 5750686, « Servizio estivo in terrazza sul mare » – Ⓟ. AE AU **g**
chiuso dal 12 al 17 agosto, a mezzogiorno in luglio-agosto (escluso domenica) e mercoledì negli altri mesi – **Pasto** carta 37/59000 (15%).

XX **Cavour,** piazza Garibaldi 34 ✉ 80142 ☎ 264730 – ▤. AE ⓢ ⓓ E VISA JCB. ✻ MY **b**
Pasto carta 36/60000.

X **Amici Miei,** via Monte di Dio 78 ✉ 80132 ☎ 7646063, Fax 7646063, Rist. d'habitués – AE ⓢ ⓓ E VISA JZ **a**
chiuso domenica sera, lunedì ed agosto – **Pasto** carta 25/51000 (15%).

X **La Fazenda,** via Marechiaro 58/a ✉ 80123 ☎ 5757420, 余 – Ⓟ. AE ⓢ VISA AU **y**
chiuso dal 12 al 19 agosto, domenica sera, lunedì a mezzogiorno da luglio a settembre, tutto il giorno negli altri mesi – **Pasto** carta 34/73000 (15%).

X **Marino,** via Santa Lucia 118 ✉ 80132 ☎ 7640280, Rist. e pizzeria – ▤. AE ⓢ E VISA. ✻
chiuso lunedì ed agosto – **Pasto** carta 24/54000 (15%). GX **b**

X **Salvatore alla Riviera,** riviera Chiaia 91 ✉ 80122 ☎ 680490, Fax 680494, Rist. e pizzeria – ▤. AE ⓢ ⓓ VISA FX **a**
chiuso martedì – **Pasto** carta 38/68000.

X **Da Mimì,** via Alfonso d'Aragona 21 ✉ 80139 ☎ 5538525 – ▤. AE ⓢ ⓓ E VISA
chiuso domenica e dal 10 al 20 agosto – **Pasto** carta 31/55000 (10%). MY **f**

X **Sbrescia,** rampe Sant'Antonio a Posillipo 109 ✉ 80122 ☎ 669140, Rist. tipico con ≤ città e golfo – AE ⓢ E VISA BU **r**
chiuso lunedì e dal 15 al 28 agosto – **Pasto** carta 37/60000 (13%).

ad Agnano O : 8 km AU – ✉ **80125** Napoli :

XX Le Due Palme, ☎ 5706040, Fax 7626128, Rist. e pizzeria, 余 – ▤ Ⓟ

MICHELIN, via Circumvallazione esterna, incrocio con statale 7 bis-Appia (BT Napoli p. 2) - ✉ 80017 Melito di Napoli, ☎ **7011755, Fax 7023715.**

NAPOLI (Golfo di) Napoli 988 ㉗, 431 E 24.
Vedere Guida Verde.

NARNI **05035** Terni 988 ㉖, 430 O 19 – 20 426 ab. alt. 240 – ☎ 0744.
Roma 89 – Terni 13 – ◆Perugia 84 – Viterbo 45.

🏨 **Dei Priori,** vicolo del Comune 4 ☎ 726843, Fax 726844, 余 – |‡| TV ☎. AE ⓢ ⓓ E VISA
Pasto 25/40000 e al Rist. ***La Loggia*** *(chiuso lunedì)* carta 32/53000 – **17 cam** ☕ 110/130000, appartamento – ½ P 85/95000.

🏨 **Il Minareto** ⛰, via dei Cappuccini Nuovi 32 ☎ 726343, 余, « Terrazza-giardino con ≤ dintorni » – ▤ TV ☎ Ⓟ. AE ⓢ ⓓ E VISA JCB. ✻
Pasto *(chiuso mercoledì)* carta 39/63000 – ☕ 6000 – **8 cam** 80/100000 – ½ P 75000.

X **Il Cavallino,** via Flaminia Romana 220 (S : 2 km) ☎ 722683, 余 – Ⓟ. AE ⓢ ⓓ E VISA. ✻
chiuso martedì e luglio – **Pasto** carta 32/49000.

NARZOLE **12068** Cuneo 428 I 5 – 3 119 ab. alt. 323 – ☎ 0173.
Roma 635 – Cuneo 45 – ◆Genova 135 – ◆Milano 149 – ◆Torino 64.

X **La Villa 2,** località Oltretanaro 16 (E : 3 km) ☎ 776277, Fax 776277, 余 – ▤ Ⓟ. ⓢ ⓓ E VISA
chiuso lunedì, dal 5 al 20 gennaio e dal 10 al 25 agosto – **Pasto** carta 20/40000.

NATURNO **(NATURNS) 39025** Bolzano 429 C 15, 218 ⑨ ⑲ – 4 753 ab. alt. 554 – ☎ 0473.
🅘 via Municipio ☎ 666077, Fax 666369.
Roma 680 – ◆Bolzano 41 – Merano 15 – ◆Milano 341 – Passo di Resia 64 – Trento 101.

🏨 **Lindenhof** ⛰, ☎ 666242, Fax 668298, ≤, « Giardino con 🏊 riscaldata », Fß, ≘s, 🏊 – |‡| ▤ rist TV ☎ ♿ 🚗 Ⓟ – 🎤 25. ✻ rist
marzo-novembre – **Pasto** 30/70000 – **35 cam** ☕ 150/260000 – ½ P 150/175000.

🏨 **Sunnwies** ⛰, ☎ 667157, Fax 667941, ≤, « Giardino con laghetto », Fß, ≘s, 🏊, 🎾 – |‡| 🚭 rist ☎ Ⓟ. ✻ rist
16 marzo-16 novembre – **Pasto** (solo per clienti alloggiati) – **40 cam** ☕ 170/340000 ½ P 140/220000.

🏨 **Feldhof,** ☎ 87264 (prenderà il 667264), Fax 87263 o 667263, ≘s, 🏊, 🏊, 🌳, 🎾 – TV ☎ Ⓟ. ✻ rist
aprile-novembre – **Pasto** (solo per clienti alloggiati) – **28 cam** solo ½ P 150/220000, 2 appartamenti.

🏨 **Preidlhof** ⛰, ☎ 87210 (prenderà il 667210), Fax 666105, ≤, Fß, ≘s, 🏊, 🏊, 🌳 – |‡| TV ☎ 🚗 Ⓟ. ✻ rist
15 marzo-10 novembre – **Pasto** (solo per clienti alloggiati) – **31 cam** ☕ 120/250000 ½ P 190000.

🏨 **Funggashof** ⛰, ☎ 667161, Fax 667930, ≤, 余, Fß, ≘s, 🏊, 🏊, 🌳 – |‡| TV ☎ Ⓟ. ✻ rist
Natale e marzo-novembre – **Pasto** (prenotare) 47/81000 – **33 cam** ☕ 85/150000, appartamento – ½ P 150/210000.

XX **Wiedenplatzer-Keller,** via Eich 59 (E : 1,5 km) ✆ 667431, Fax 667431, «Caratteristico ambiente» – P. VISA.
chiuso a mezzogiorno dal 10 febbraio al 21 aprile, martedì e dal 1° al 16 luglio – **Pasto** carta 51/79000.

X **Steghof,** ✆ 668224, Fax 668224, Coperti limitati; prenotare, «Stuben medioevali» – P. E.
chiuso a mezzogiorno, domenica, lunedì, dal 15 gennaio al 15 febbraio e luglio – **Pasto** carta 42/68000.

NATURNS = Naturno.

NAVA (Colle di) Imperia 988 ⑫, 428 J 5, 115 ⑩ – alt. 934.
oma 620 – Imperia 35 – Cuneo 95 – ♦Genova 121 – ♦Milano 244 – San Remo 60.

Colle di Nava-Lorenzina, ✉ 18020 Case di Nava ✆ (0183) 325044, Fax 325044, – P. rist
chiuso da novembre al 10 dicembre – **Pasto** *(chiuso martedì)* carta 35/58000 – ☕ 12000 – **31 cam** 60/95000 – ½ P 60/75000.

NAVE 25075 Brescia 988 ④, 428 K 13 – 9 927 ab. alt. 226 – ✆ 030.
oma 544 – ♦ Brescia 10 – ♦Bergamo 59 – ♦Milano 100.

X **Waifro,** via Monteclana 40 ✆ 2530184 – P. AE
chiuso giovedì ed agosto – **Pasto** carta 31/51000.

NE 16040 Genova 428 I 10 – 2 459 ab. alt. 186 – ✆ 0185.
oma 473 – ♦ Genova 50 – Rapallo 26 – ♦La Spezia 75.

X **La Brinca,** località Campo di Ne ✆ 337480, Fax 337639, prenotare – P. AE E VISA JCB.
chiuso lunedì, a mezzogiorno da martedì a giovedì, dall'8 al 28 marzo e dal 2 al 22 ottobre – **Pasto** 35000.

NEBBIUNO Novara 219 ⑥ ⑦ – Vedere Meina.

NEIVE 12057 Cuneo 428 H 6 – 2 797 ab. alt. 308 – ✆ 0173.
oma 643 – ♦ Genova 125 – ♦ Torino 70 – Asti 31 – Cuneo 96 – ♦Milano 155.

XX **La Luna nel Pozzo,** ✆ 67098, Fax 67098, prenotare – AE E VISA
chiuso mercoledì, dal 27 dicembre al 5 gennaio e dal 15 giugno al 15 luglio – **Pasto** carta 32/50000.

XX **La Contea,** ✆ 67126, Fax 67367, prenotare, «In un antico palazzo» – P. AE E VISA
chiuso dal 21 gennaio al 15 marzo, domenica sera e lunedì (escluso da settembre a novembre) – **Pasto** 45/55000 (a mezzogiorno) 55/85000 (alla sera) e carta 64/107000.

NEMI 00040 Roma 430 Q 20 – 1 644 ab. alt. 521 – ✆ 06.
oma 33 – Anzio 39 – Frosinone 72 – Latina 41.

Diana Park Hotel, via Nemorense 44 (S : 3 km) ✆ 9364041, Fax 9364063, «Servizio rist. estivo in terrazza con ≤ lago e dintorni», – P – 250. AE E VISA.
Pasto al Rist. ***Castagnone*** carta 45/80000 – **33 cam** ☕ 160/240000.

NERANO Napoli – Vedere Massa Lubrense.

NERVESA DELLA BATTAGLIA 31040 Treviso 988 ⑤, 429 E 18 – 6 469 ab. alt. 78 – ✆ 0422.
ma 568 – Belluno 68 – ♦Milano 307 – Treviso 20 – Udine 95 – ♦Venezia 51 – Vicenza 65.

XX **La Panoramica,** strada Panoramica NO : 2 km ✆ 885170, Fax 885170, ≤, «Servizio estivo all'aperto», – P – 30 a 150. AE E VISA.
chiuso lunedì, martedì, dal 3 al 19 gennaio e dal 10 al 26 luglio – **Pasto** carta 32/48000.

XX **Da Roberto Miron,** piazza Sant'Andrea 26 ✆ 885185, Fax 885165, – AE E VISA – *chiuso domenica sera, lunedì dal 14 al 30 gennaio e dal 1° al 18 agosto* – **Pasto** carta 32/54000.

NERVI Genova 988 ⑬, 428 I 9 – ✉ **16167** Genova-Nervi – ✆ 010.
ma 495 ① – ♦ Genova 11 ② – ♦Milano 147 ② – Savona 58 ② – ♦La Spezia 97 ①.

Pianta pagina seguente

Villa Pagoda, via Capolungo 15 ✆ 3726161, Fax 321218, ≤, «Piccolo parco ombreggiato» – P – 30 a 120. AE E VISA. rist **d**
Pasto *(chiuso lunedì)* carta 50/72000 – ☕ 18000 – **18 cam** 190/260000 – ½ P 170/210000.

Astor, viale delle Palme 16 ✆ 3728325, Fax 3728486, – P – 115. AE E VISA. **b**
Pasto carta 56/86000 – **41 cam** ☕ 180/245000 – ½ P 129/159000.

Savoia e Savoia senza rist, via E. Da Ros 8 ✆ 37291, Fax 3729200, «Piccolo parco con » – – 40. AE E VISA **a**
59 cam ☕ 175/350000, 2 appartamenti.

Nervi, piazza Pittaluga 1 ✆ 322751, Fax 3728022 – P **s**
38 cam.

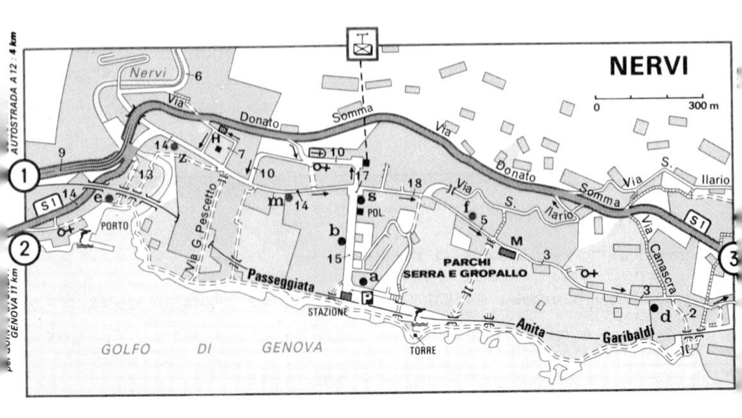

Ancona (Via) 2
Capolungo (Via) 3
Casotti (Via Aldo) 5
Commercio (Via del) 6
Duca degli Abruzzi (Piazza) . . . 7
Europa (Corso) 9
Franchini (Via Goffredo) 10
Gazzolo (Via Felice) 13
Oberdan (Via Guglielmo) 1
Palme (Viale delle) 1
Pittaluga (Piazza Antonio). 1
Sala (Via Marco) 1

XX **Dai Pescatori,** via Casotti 6/r ✆ 3726168 – ▤. AE ⓢ ⓓ E VISA. ✻
chiuso lunedì – **Pasto** carta 43/65000.

XX **La Ruota,** via Oberdan 215 r ✆ 3726027 – ▤. AE ⓢ ⓓ E VISA
chiuso lunedì ed agosto – **Pasto** carta 38/56000.

XX **Da Patan,** via Oberdan 157 r ✆ 3728162 – ⓢ E VISA. ✻
chiuso a mezzogiorno (dal 15 al 31 luglio), mercoledì ed agosto – **Pasto** carta 32/58000.

X **Da Pino,** al porticciolo-via Caboto 8 r ✆ 3726395, ☂ – ⓢ E VISA
chiuso giovedì e gennaio – **Pasto** carta 37/66000.

NERVIANO **20014** Milano 428 429 F 8, 219 ⑱ – 16 138 ab. alt. 175 – ✆ 02.

Roma 600 – ♦Milano 25 – Como 45 – Novara 34 – Pavia 57.

Antico Villoresi, strada statale Sempione 4 ✆ 559450, Fax 491906 – ▤ cam TV ☎ P
AE ⓢ ⓓ E VISA. ✻
Pasto carta 38/55000 – **19 cam** ☕ 110/160000 – ½ P 92/104000.

NETRO **13050** Biella 428 F 5 – 967 ab. alt. 606 – ✆ 015.

Roma 680 – Aosta 78 – Biella 14 – Novara 71 – ♦Torino 83 – Vercelli 54.

X **Le Selve** ⛰ con cam, località Castellazzo ✆ 65123, « In un boschetto » – ▤ P. ⓢ
VISA. ✻ rist
Pasto *(chiuso lunedì sera e martedì)* carta 30/61000 – ☕ 10000 – **9 cam** 60/90000
½ P 85/90000.

NETTUNO **00048** Roma 988 ㉖, 430 R 19 – 35 574 ab. – ✆ 06.

⛳18 (chiuso mercoledì) ✆ 9819419, Fax 9819419.

Roma 55 – Anzio 3 – Frosinone 78 – Latina 22.

Marocca, via della Liberazione ✆ 9854241, Fax 9854242, ≤, ⛱, |‡| ▤ TV ☎ 🚗. AE
ⓓ E VISA. ✻ rist
Pasto 25/35000 – ☕ 10000 – **28 cam** 80/100000 – ½ P 100000.

X **Al Giardino-da Salvatore,** via dei Volsci 22 ✆ 9804918, ☂ – AE ⓓ
chiuso novembre e giovedì (escluso luglio-agosto) – **Pasto** carta 31/44000.

NETTUNO (Grotta di) Sassari 988 ㉜ ㉝, 433 F 6 – Vedere Sardegna alla fine dell'elen
alfabetico.

NEUSTIFT = Novacella.

NEVEGAL Belluno 429 D 18 – alt. 1 000 – ✉ **32100** Belluno – a.s. febbraio-7 aprile, 14 lugli
agosto e Natale – Sport invernali : 1 000/1 675 m ≴11, ⛷ – ✆ 0437.

ℹ (20 dicembre-10 aprile e 15 luglio-agosto) piazzale Seggiovia ✆ 908149.

Roma 616 – Belluno 13 – Cortina d'Ampezzo 78 – ♦Milano 355 – Trento 124 – Treviso 76 – Udine 116 – ♦Venezia 1

Olivier ⛰, ✆ 908165, Fax 908162, ≤, Fá – |‡| ☎ P. ⓢ VISA. ✻
dicembre-15 aprile e giugno-settembre – **Pasto** 35/60000 – ☕ 20000 – **36 cam** 110/1600
– ½ P 130000.

X **Al Ghiro,** località Faverghera E : 4 km ✆ 908187, ≤ – P. ✻
chiuso dal 20 settembre al 25 novembre e da martedì a venerdì dal 19 aprile al 6 luglio
Pasto carta 25/40000.

NICASTRO Catanzaro 431 K 30 – Vedere Lamezia Terme.

NICOLA La Spezia – Vedere Ortonovo.

NICOSIA Enna 432 N 25 – Vedere Sicilia alla fine dell'elenco alfabetico.

NIEDERDORF = Villabassa.

NOALE 30033 Venezia 429 F 18 – 13 676 ab. alt. 18 – ☎ 041.
Roma 522 – ◆Padova 25 – Treviso 22 – ◆Venezia 20.

Garden senza rist, via Giacomo Tempesta 124 ☎ 4433299, Fax 442104 – AE VISA
66 cam 80/120000.

NOCERA SUPERIORE 84015 Salerno 431 E 26 – 22 922 ab. alt. 55 – ☎ 081.
Roma 252 – ◆Napoli 50 – Avellino 32 – Salerno 14.

Europa, via Nazionale 503 ☎ 933290, Fax 5143440, Rist. e pizzeria alla sera – AE E VISA
chiuso lunedì e dal 20 al 29 agosto – **Pasto** carta 22/51000 (15 %).

NOCERA TERINESE 88047 Catanzaro 988 ㊴, 431 J 30 – 4 974 ab. alt. 485 – ☎ 0968.
Roma 570 – ◆Cosenza 56 – Catanzaro 58 – ◆Reggio di Calabria 151.

al mare O : 11 km :

L'Aragosta, villaggio del Golfo ✉ 88047 ☎ 93385, Specialità di mare – AE E VISA
chiuso lunedì, dal 10 al 28 gennaio e dal 10 al 30 novembre – **Pasto** carta 60/80000.

NOCERA UMBRA 06025 Perugia 988 ⑯, 430 M 20 – 6 068 ab. alt. 548 – Stazione termale (maggio-settembre) – ☎ 0742.
Roma 179 – ◆Perugia 51 – ◆Ancona 112 – Assisi 37 – Foligno 22 – Macerata 80 – Terni 81.

a Bagnara E : 7 km – ✉ **06025** Nocera Umbra :

Pennino con cam, ☎ 813858, – AE E VISA cam
Pasto *(chiuso mercoledì escluso da luglio a settembre)* carta 35/55000 – 4000 – **9 cam** 50/70000 – P 65000.

NOCETO 43015 Parma 988 ⑭, 428 429 H 12 – 10 085 ab. alt. 76 – ☎ 0521.
Roma 472 – ◆Parma 13 – ◆Bologna 110 – ◆Milano 120 – Piacenza 59 – ◆La Spezia 104.

Aquila Romana, via Gramsci 6 ☎ 625398, Fax 625398, prenotare – AE E VISA JCB
chiuso lunedì e martedì – **Pasto** 65/75000 bc e carta 37/57000.

NOCI 70015 Bari 988 ㉙, 431 E 33 – 19 348 ab. alt. 424 – ☎ 080.
via Siciliani 43 ☎ 8978889.
Roma 497 – ◆Bari 49 – ◆Brindisi 79 – Matera 57 – ◆Taranto 47.

Cavaliere, via Siciliani 47 ☎ 8977589, Fax 8978007 – rist – 50. AE E VISA cam
chiuso dal 23 al 28 dicembre – **Pasto** 18/40000 – 5000 – **26 cam** 50/80000 – ½ P 58000.

NOGARÈ 31035 Treviso 429 E 18 – alt. 148 – ☎ 0423.
Roma 553 – Belluno 54 – ◆Milano 258 – ◆Padova 52 – Trento 110 – Treviso 27 – ◆Venezia 58 – Vicenza 57.

Villa Castagna, ☎ 868177, Fax 868177, « Villa veneta del 700 in un piccolo parco » – AE E VISA
chiuso lunedì, dal 1° al 26 gennaio e dall'11 al 22 agosto – **Pasto** carta 36/46000.

NOLI 17026 Savona 988 ⑫ ⑬, 428 J 7 – 2 991 ab. – ☎ 019.
Vedere Guida Verde.
corso Italia 8 ☎ 748931, Fax 748931.
Roma 563 – ◆Genova 64 – Imperia 61 – ◆Milano 187 – Savona 18.

Miramare, corso Italia 2 ☎ 748926, ≤, – AE E VISA rist
chiuso febbraio e dal 10 ottobre al 20 dicembre – **Pasto** *(chiuso martedì escluso da giugno a settembre)* 40/70000 – 12000 – **28 cam** 100/120000 – ½ P 110000.

Italia con cam, corso Italia 23 ☎ 748971, Fax 748971 – AE E VISA JCB cam
chiuso novembre – **Pasto** *(chiuso giovedì)* carta 55/90000 – 12000 – **15 cam** 100/120000 – ½ P 105000.

Ines con cam, via Vignolo 1 ☎ 748086, Fax 748086, Specialità di mare – VISA
Natale e Pasqua-ottobre – **Pasto** *(chiuso lunedì)* carta 56/70000 – 6000 – **16 cam** 80000, 2000 – ½ P 75000.

a Voze NO : 4 km – ✉ **17026** Noli :

XX ✪ **Lilliput,** ✆ 748009, « Giardino ombreggiato con minigolf » – ⇆ Ⓟ
chiuso a mezzogiorno (escluso sabato-domenica), lunedì e dal 9 gennaio al 10 febbraio –
Pasto carta 50/75000
Spec. Gnocchi al rosmarino, Branzino al piatto, Charlotte al cioccolato.

NONANTOLA **41015** Modena 429 430 H 15 – 11 338 ab. alt. 24 – ✆ 059.
Vedere Sculture romaniche★ nell'abbazia.
Roma 415 – ♦Bologna 34 – ♦Ferrara 62 – Mantova 77 – ♦Milano 180 – ♦Modena 10 – ♦Verona 111.

X **Osteria di Rubbiara,** località Rubbiara S : 5 km ✆ 549019, ☂, Coperti limitati; prenotare, « Ambiente tipico » – Ⓟ. ✂
chiuso domenica sera, martedì, giovedì sera, dal 20 dicembre al 10 gennaio ed agosto –
Pasto carta 25/38000.

NORCIA **06046** Perugia 988 ⑯ ㉖, 430 N 21 – 4 908 ab. alt. 604 – ✆ 0743.
Roma 157 – Ascoli Piceno 56 – L'Aquila 119 – ♦Perugia 99 – Spoleto 48 – Terni 68.

Salicone, ✆ 828076, Fax 828081, Fitness, ≘s, ☂ – |♦| ▤ TV ☎ ♿ 🚗 Ⓟ – 🏛 1800. AE 🄱 ⓘ E VISA JCB. ✂
Pasto vedere rist **Granaro del Monte** – ☐ 7000 – **71 cam** 150/200000 – ½ P 110/130000.

Palatino, ✆ 817343 – TV ☎ Ⓟ – 🏛 50
35 cam.

Grotta Azzurra, ✆ 816513, Fax 817342 – |♦| TV ☎ ♿ – 🏛 100. AE 🄱 ⓘ E VISA JCB
Pasto vedere rist **Granaro del Monte** – ☐ 7000 – **46 cam** 80/110000 – ½ P 90/100000.

Garden, ✆ 816687, Fax 816620 – |♦| TV ☎ – 🏛 50. AE 🄱 ⓘ E VISA JCB. ✂
Pasto carta 24/66000 – ☐ 8000 – **43 cam** 70/100000 – ½ P 80/110000.

Posta, ✆ 817434, Fax 817434, ☂, ☂ – |♦| TV ☎ – 🏛 80. AE 🄱 ⓘ E VISA. ✂ rist
Pasto carta 35/55000 (15 %) – **30 cam** ☐ 70/120000 – ½ P 100000.

X **Granaro del Monte,** ✆ 816590 – AE 🄱 ⓘ E VISA JCB
chiuso martedì – **Pasto** carta 32/58000 (12 %).

X **Dal Francese,** ✆ 816290, Fax 816290 – ▤. AE 🄱 E VISA. ✂
chiuso dal 10 al 22 giugno, dal 10 al 22 novembre e venerdì (escluso da luglio a settembre) –
Pasto carta 31/62000.

X **Taverna de' Massari,** ✆ 816218 – 🄱 E VISA. ✂
chiuso martedì escluso da luglio a settembre – **Pasto** carta 30/69000.

a Serravalle O : 7 km – ✉ **06040** Serravalle di Norcia :

X **Italia** con cam, ✆ 822355, ☂ – ☎ Ⓟ. ✂
Pasto *(chiuso martedì da ottobre a giugno)* carta 34/74000 – ☐ 5000 – **16 cam** 65/90000 –
½ P 65000.

NOSADELLO Cremona – Vedere Pandino.

NOTO Siracusa 988 ㊲, 432 Q 27 – Vedere Sicilia alla fine dell'elenco alfabetico.

NOVACELLA **(NEUSTIFT)** Bolzano 429 B 16 – alt. 590 – ✉ **39042** Bressanone – ✆ 0472.
Vedere Abbazia★★.
Roma 685 – ♦Bolzano 44 – Brennero 46 – Cortina d'Ampezzo 112 – ♦Milano 339 – Trento 103.

Pacher, ✆ 836570, Fax 834717, « Servizio rist. estivo in giardino », ≘s, 🏊 – |♦| TV ☎ Ⓟ
🄱 E VISA
chiuso dal 21 novembre al 20 dicembre – **Pasto** *(chiuso lunedì)* carta 30/54000 – **26 cam**
☐ 72/140000 – ½ P 80/95000.

Ponte-Brückenwirt, ✆ 836692, Fax 837587, 🏊 riscaldata, ☂ – TV ☎ Ⓟ. E. ✂
chiuso febbraio – **Pasto** *(chiuso mercoledì)* 24/34000 – **19 cam** ☐ 75/150000 – ½ P 90/
110000.

NOVAFELTRIA **61015** Pesaro e Urbino 988 ⑮, 429 430 K 18 – 6 543 ab. alt. 293 – a.s.
25 giugno-agosto – ✆ 0541.
Roma 315 – Rimini 32 – ♦Perugia 129 – Pesaro 83 – ♦Ravenna 73.

XX **Due Lanterne** ⛰ con cam, S : 2 km ✆ 920200 – TV ☎ 🚗 Ⓟ. 🄱 E VISA. ✂
chiuso dal 1° al 15 gennaio – **Pasto** *(chiuso lunedì)* carta 32/44000 – ☐ 5000 – **12 cam**
50/75000 – ½ P 65000.

X **Del Turista-da Marchesi** con cam, località Cà Gianessi O : 4 km ✆ 920148, prenotare la sera e i festivi – Ⓟ. AE 🄱 E VISA
chiuso dal 15 al 30 giugno – **Pasto** *(chiuso martedì)* carta 31/45000 – **12 cam** ☐ 45/65000 –
P 45/65000.

NOVAGLI Brescia – Vedere Montichiari.

NOVA LEVANTE (WELSCHNOFEN) 39056 Bolzano 988 ④, 429 C 16 – 1 733 ab. alt. 1 182 – Sport invernali : 1 182/2 313 m 1 13, (vedere anche passo di Costalunga) – 0471.

Vedere Guida Verde.

Dintorni Lago di Carezza★★★ SE : 5,5 km.

9 (13 maggio-15 ottobre) località Carezza ✉ 39056 Nova Levante ✆ 61220, Fax 612200, SE : 8 km.

via Carezza 21 ✆ 613126, Fax 613360.

Roma 665 – ◆Bolzano 19 – Cortina d'Ampezzo 89 – ◆Milano 324 – Trento 85.

- **Posta-Cavallino Bianco-Post Weisses Rössl,** ✆ 613113, Fax 613390, ←, , , , , – rist rist . VISA. rist
  19 dicembre-12 aprile e giugno-3 novembre – **Pasto** carta 51/82000 – **50 cam** solo ½ P 200000.
- **Angelo-Engel** , ✆ 613131, Fax 613404, ←, , , , – rist rist . E VISA. rist
  23 dicembre-9 aprile e 11 giugno-7 ottobre – **Pasto** 30/59000 – **37 cam** 130/240000 – ½ P 110/150000.
- **Central,** ✆ 613164, Fax 613530, riscaldata, – rist .
  21 dicembre-20 aprile e 7 giugno-10 ottobre – **Pasto** (solo per clienti alloggiati e *chiuso domenica*) 22/38000 – 10000 – **24 cam** 60/90000 – ½ P 85/90000.
- **Panorama** , ✆ 613232, Fax 613480, ←, , – .
  20 dicembre-10 aprile e 12 giugno-5 novembre – **Pasto** (solo per clienti alloggiati) – **20 cam** 70/120000 – ½ P 90000.
- **Stella-Stern,** ✆ 613125, Fax 613525, ←, , – . AE E VISA. rist
  20 dicembre-15 aprile e giugno-10 ottobre – **Pasto** (solo per clienti alloggiati) – **33 cam** 80/160000 – ½ P 65/105000.
- **Tyrol** , ✆ 613261, ← –
  Natale-Pasqua e giugno-ottobre – **Pasto** *(Pasqua-22 dicembre; chiuso giovedì)* carta 35/53000 – **12 cam** 55/100000 – ½ P 60/70000.
- **Rosengarten** con cam, NE : 1 km ✆ 613262, Fax 613510, ←, – . VISA. cam
  chiuso giugno e da novembre al 20 dicembre – **Pasto** *(chiuso lunedì e martedì a mezzogiorno)* carta 36/51000 – **10 cam** 50/90000 – ½ P 80000.

NOVA PONENTE (DEUTSCHNOFEN) 39050 Bolzano 429 C 16 – 3 292 ab. alt. 1 357 – 0471.

18 Petersberg (maggio-1° novembre) a Monte San Pietro ✉ 39040 ✆ 622, Fax 615229, O : 8 km.

✆ 616567, Fax 616727.

Roma 670 – ◆Bolzano 25 – ◆Milano 323 – Trento 84.

- **Pfösl** , E : 1,5 km ✆ 616537, Fax 616760, ← Dolomiti, , , –
  chiuso dal 15 aprile al 5 maggio e da novembre al 15 dicembre – **Pasto** 20/27000 – **27 cam** solo ½ P 72/89000.
- **Stella-Stern,** ✆ 616518, Fax 616766, ←, , – . rist
  chiuso novembre – **Pasto** *(chiuso martedì)* 30/40000 – **20 cam** 70/130000 – ½ P 90000.
- **Erica,** ✆ 616517, Fax 616516, ←, , , – – 60. E VISA. rist
  20 dicembre-Pasqua e 15 maggio-5 novembre – **Pasto** 23/33000 – **28 cam** 120/180000 – ½ P 115/125000.

a Monte San Pietro (Petersberg) O : 8 km – alt. 1 389 – ✉ **39040** :

- **Peter** , ✆ 615143, Fax 615246, ←, , , , – .
  chiuso dal 1° al 13 aprile e da novembre al 21 dicembre – **Pasto** carta 40/54000 – **39 cam** 100/200000, 3 appartamenti – ½ P 120/360000.

NOVARA 28100 P 988 ③, 428 F 7 – 102 768 ab. alt. 159 – 0321.

Vedere Basilica di San Gaudenzio★ AB : cupola★★ – Pavimento★ del Duomo AB.

via Dominioni 4 ✆ 623398, Fax 393291.

A.C.I. via Rosmini 36 ✆ 30321.

Roma 625 ① – Stresa 56 ① – Alessandria 78 ⑤ – ◆Milano 51 ① – ◆Torino 95 ⑥.

Pianta pagina seguente

- **Italia,** via Solaroli 10 ✆ 399316, Fax 399310 – – 50 a 200. AE E VISA. rist — B x
  Pasto al Rist. ***La Famiglia*** *(chiuso venerdì e dal 1° al 24 agosto)* carta 41/61000 – **55 cam** 140/180000, 7 appartamenti.
- **La Rotonda,** rotonda Massimo d'Azeglio 6 ✆ 399246, Fax 623695 – – 150. AE E VISA JCB — B k
  Pasto *(chiuso domenica e dal 10 al 18 agosto)* carta 37/62000 – **26 cam** 130/170000 – ½ P 125/140000.
- **Croce di Malta** senza rist, via Biglieri 2/a ✆ 32032, Fax 623475 – . AE E VISA. — A b
  11 cam 100/120000.

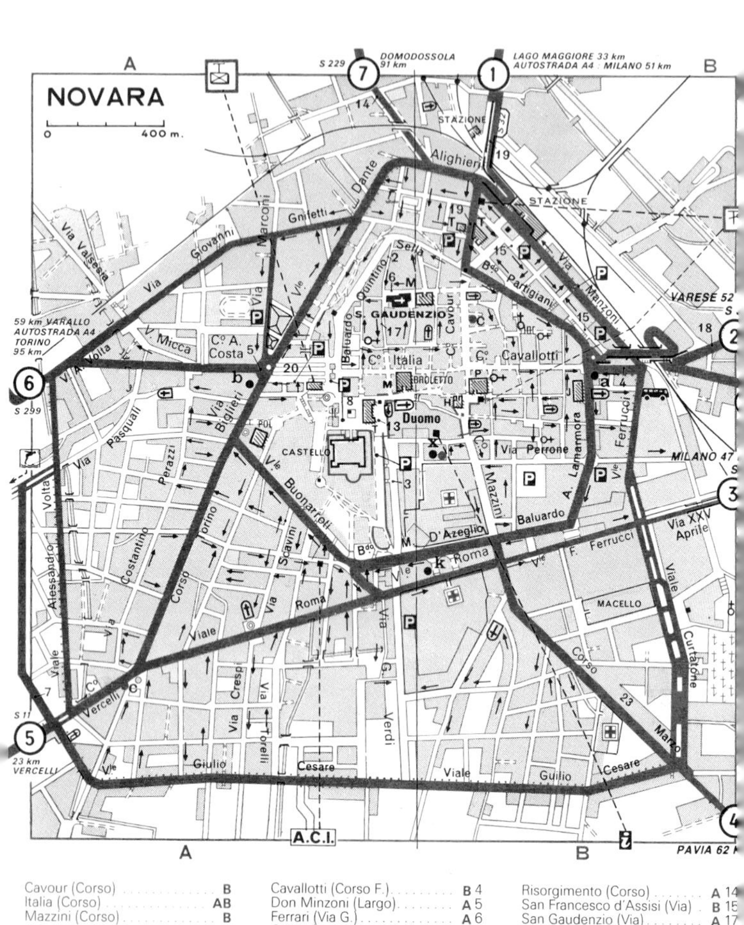

Cavour (Corso) . . . . B	Cavallotti (Corso F.) . . . . B 4	Risorgimento (Corso) . . . . A 14
Italia (Corso) . . . . AB	Don Minzoni (Largo) . . . . A 5	San Francesco d'Assisi (Via) . B 15
Mazzini (Corso) . . . . B	Ferrari (Via G.) . . . . A 6	San Gaudenzio (Via) . . . . A 17
	Galilei (Via Galileo) . . . . A 7	Trieste (Corso) . . . . B 18
Antonelli (Via) . . . . A 2	Martiri della Libertà (Piazza) . . A 8	Vittoria (Corso della) . . . . B 19
Bellini (Largo) . . . . A 3	Puccini (Via) . . . . A 13	20 Settembre (Corso) . . . . A 20

Europa, corso Cavallotti 38/a ✆ 35801, Fax 629933 – |♦| ▤ rist TV ☎ – 120. AE ⓢ E VISA — B a
Pasto *(chiuso a mezzogiorno e domenica)* carta 30/50000 – ▭ 10000 – **65 cam** 90/120000 – ½ P 85/110000.

Moronì, via Solaroli 6 ✆ 629278 – ▤. ✖ — B x
chiuso lunedì sera, martedì e dal 20 luglio al 20 agosto – **Pasto** carta 28/48000.

Monte Ariolo, vicolo Monte Ariolo 2/A ✆ 623394, Fax 623394 — B c

La Noce, corso Vercelli 1 ✆ 452378, Fax 452378, ☂ – AE ⓢ E VISA — A c
chiuso domenica – **Pasto** carta 25/47000.

NOVA SIRI MARINA 75020 Matera 988 ㉙, 431 G 31 – 6 163 ab. – ☎ 0835.

Roma 498 – ♦Bari 144 – ♦Cosenza 126 – Matera 76 – Potenza 139 – ♦Taranto 78.

La Trappola, ✆ 877021, ☂ – Ⓟ. AE ⓢ VISA. ✖
chiuso lunedì e dal 2 al 20 novembre – **Pasto** carta 22/48000.

NOVENTA DI PIAVE 30020 Venezia 429 F 19 – 5 774 ab. alt. 3 – ☎ 0421.

Roma 554 – ♦Venezia 41 – ♦Milano 293 – Treviso 30 – ♦Trieste 117 – Udine 86.

Leon d'Oro, ✆ 658491, Fax 658695 – ▤ TV ☎ Ⓟ. AE ⓢ ⓓ E VISA JCB. ✖
Pasto *(chiuso domenica)* carta 35/65000 – ▭ 18000 – **13 cam** 128/188000.

XX **Guaiane,** E : 2 km ✆ 65002, Fax 658818, ≋ – ▤ **P** – 🏃 50. AE 🔒 ⓞ E VISA. ✻
chiuso lunedì, martedì sera, dal 1° al 20 gennaio e dal 1° al 20 agosto – **Pasto** carta 46/77000.

XX La Consolata, via Romanziol 122 (NO : 2 km) ✆ 65160, Fax 65003, ≋ – **P**

NOVENTA PADOVANA **35027** Padova 429 F 17 – 7 571 ab. alt. 14 – ☎ 049.

Roma 501 – ♦Padova 8 – ♦Venezia 37.

XX **Boccadoro,** via della Resistenza 49 ✆ 625029, Fax 625782 – ▤. AE 🔒 ⓞ E VISA. ✻
chiuso martedì sera, mercoledì, dal 1° al 15 gennaio e dal 5 al 25 agosto – **Pasto** carta 40/62000.

verso Strà E : 4 km :

🏨 **Paradiso,** via Oltrebrenta 40 ✉ 35027 ✆ 9801366, Fax 9801371 – ▤ TV ☎ 🚗 **P**. AE 🔒 ⓞ E VISA JCB. ✻ rist
Pasto (solo per clienti alloggiati; *chiuso sabato e domenica*) 30/35000 – ☕ 10000 – **23 cam** 78/110000 – ½ P 75/78000.

NOVERASCO Milano – Vedere Opera.

NOVI LIGURE **15067** Alessandria 988 ⑬, 428 H 8 – 29 416 ab. alt. 197 – ☎ 0143.

⛳ Riasco (chiuso mercoledì dicembre e gennaio) località Fara Nuova ✉ 15060 Tassarolo ✆ 342331, Fax 342342, NO : 4 km.

Roma 552 – Alessandria 24 – ♦Genova 58 – ♦Milano 87 – Pavia 66 – Piacenza 94 – ♦Torino 125.

🏨 **Amedeo,** vicolo Cravenna 5 ✆ 741681, Fax 741682 – ☎ 🚗. AE 🔒 E VISA. ✻
Pasto *(chiuso lunedì ed agosto)* 30/55000 – ☕ 15000 – **25 cam** 60/90000 – ½ P 85/95000.

🏨 **Viaggiatori,** corso Marenco 83 ✆ 322800, Fax 2993 – |♦| TV ☎. 🔒 ⓞ E VISA
Pasto *(chiuso sabato)* carta 30/44000 – ☕ 10000 – **35 cam** 75/110000 – ½ P 90000.

a Pasturana O : 4 km – ✉ **15060** :

XX **Locanda San Martino,** via Roma 26 ✆ 58444, « Servizio estivo all'aperto » – **P**. AE 🔒 E VISA
chiuso lunedì sera, martedì, dal 1° al 15 gennaio e dal 25 agosto al 15 settembre – **Pasto** carta 40/68000.

NUCETTO **12070** Cuneo 428 I 6 – 473 ab. alt. 450 – ☎ 0174.

Roma 598 – Cuneo 52 – Imperia 77 – Savona 53 – ♦Torino 98.

X **Osteria Vecchia Cooperativa,** via Nazionale 54 ✆ 74279, Coperti limitati; prenotare – 🔒 E VISA. ✻
chiuso lunedì sera, martedì e settembre – **Pasto** carta 28/53000.

NUMANA **60026** Ancona 988 ⑯, 430 L 22 – 2 987 ab. – a.s. luglio-agosto – ☎ 071.

ℹ (giugno-settembre) piazza Santuario ✆ 9330612.

Roma 303 – ♦Ancona 20 – Loreto 15 – Macerata 42 – Porto Recanati 10.

🏨 **Eden Gigli** 🐚, ✆ 9330652, Fax 9330930, ≤ mare, « Parco con 🏊 e 🎾 », 🏖 – TV ☎ 🚗 **P** – 🏃 200. 🔒 E VISA. ✻
marzo-ottobre – **Pasto** 50000 – **30 cam** ☕ 120/180000 – ½ P 145/150000.

🏨 **Scogliera,** ✆ 9330622, Fax 9331403, ≤, 🏊, 🏖 – |♦| ▤ TV ☎ **P**. 🔒 E VISA. ✻
Pasqua-ottobre – **Pasto** carta 43/74000 – **36 cam** ☕ 120/190000 – P 110/165000.

🏨 **Fior di Mare** 🐚, ✆ 9330157, Fax 9331044, ≤, 🏖, ≋ – |♦| ☎ **P**. ✻
20 maggio-25 settembre – **Pasto** (solo per clienti alloggiati) 35/40000 – ☕ 12000 – **43 cam** 95/140000 – P 100/150000.

XX **La Costarella,** ✆ 7360297, Coperti limitati; prenotare – ✻
Pasqua-settembre – **Pasto** carta 56/78000.

X **Da Alvaro,** ✆ 9330749, ≋, Specialità di mare – ▤. AE 🔒 VISA
chiuso lunedì – **Pasto** carta 45/67000.

a Marcelli S : 2,5 km – ✉ **60026** Numana :

🏨 **Marcelli,** ✆ 7390125, Fax 7391322, ≤, 🏊, 🏖 – |♦| ☎ **P**. VISA. ✻
20 maggio-settembre – **Pasto** (solo per clienti alloggiati e *chiuso dal 20 al 31 maggio*) 40/50000 – ☕ 15000 – **38 cam** 130/160000 – ½ P 135/155000.

X **Mariolino,** ✆ 7390135, ≤ – 🔒 ⓞ E VISA. ✻
chiuso novembre e lunedì (escluso dal 15 giugno ad agosto) – **Pasto** carta 57/86000.

NUORO P 988 ㉝, 433 G 9 – Vedere Sardegna alla fine dell'elenco alfabetico.

OBEREGGEN = San Floriano.

OCCHIEPPO SUPERIORE **13056** Biella 428 F 6, 219 ⑮ – 2 836 ab. alt. 456 – ☎ 015.

Roma 679 – Aosta 98 – Biella 3 – Novara 59 – Stresa 75 – Vercelli 45.

X **Cip e Ciop,** ✆ 592740, Coperti limitati; prenotare – 🔒 E VISA
chiuso domenica, dal 15 al 28 febbraio e dal 15 al 30 settembre – **Pasto** carta 31/45000.

OCCHIOBELLO **45030** Rovigo 988 ⑮, 429 H 16 – 9 332 ab. alt. 8 – ☎ 0425.
Roma 432 – ♦Bologna 57 – ♦Padova 61 – ♦Verona 90.

in prossimità casello autostrada A13 E : 1 km :

Savonarola, via Eridania 36 ✉ 45030 ☎ 750767, Fax 750797, – |‡| ▤ TV ☎ P – 30 a 250. AE ⓢ ⓓ E VISA. ✻ rist
Pasto *(chiuso dal 2 al 12 gennaio e dal 1° all'11 agosto)* carta 34/49000 – ☐ 12000 – **36 cam** 110/170000 – ½ P 115/130000.

OFFANENGO **26010** Cremona 428 429 F 11 – 5 257 ab. alt. 83 – ☎ 0373.
Roma 551 – Piacenza 43 – ♦Bergamo 45 – ♦Brescia 46 – Cremona 40 – ♦Milano 49 – Pavia 57.

Mantovani, via Circonvallazione Sud 1 ☎ 780213, Fax 244550, , – |‡| ▤ TV ☎ P. AE ⓢ ⓓ E VISA. ✻
Pasto *(chiuso venerdì ed agosto)* carta 28/52000 – **39 cam** ☐ 80/120000 – ½ P 95000.

OGGIONO **22048** Lecco 988 ③, 428 E 10 – 7 543 ab. alt. 267 – ☎ 0341.
Roma 616 – Como 29 – ♦Bergamo 36 – Erba 11 – Lecco 10 – ♦Milano 48.

al lago di Annone N : 1 km :

XXX **Ca' Bianca** ⚘ con cam, ✉ 22048 ☎ 260601, Fax 578815, ≤, , – TV ☎ P. AE ⓢ ⓓ E VISA. ✻ cam
chiuso dal 5 al 20 agosto – **Pasto** carta 42/65000 (15%) – ☐ 15000 – **5 cam** 117/130000 – ½ P 135000.

XX **Le Fattorie di Stendhal** ⚘ con cam, ✉ 22048 ☎ 576561, Fax 260106, « Terrazza e giardino sul lago », – TV ☎ P. AE ⓢ ⓓ E VISA
Pasto *(chiuso venerdì)* carta 42/74000 – ☐ 10000 – **21 cam** 80/100000 – ½ P 90/95000.

OLANG = Valdaora.

OLBIA Sassari 988 ㉓ ㉔, 433 E 10 – Vedere Sardegna alla fine dell'elenco alfabetico.

OLCIO Lecco – Vedere Mandello del Lario.

OLDA IN VAL TALEGGIO **24010** Bergamo 428 E 10, 219 ⑩ – alt. 772 – a.s. luglio-agosto e Natale – ☎ 0345.
Roma 641 – ♦Bergamo 39 – Lecco 61 – ♦Milano 85 – San Pellegrino Terme 16.

Della Salute ⚘, ☎ 47006, Fax 47006, ≤, « Parco ombreggiato », – |‡| ☎ P. AE ⓢ ⓓ E VISA. ✻ rist
chiuso gennaio – **Pasto** *(chiuso lunedì)* carta 36/50000 – **41 cam** ☐ 55/95000 – ½ P 65/75000.

OLEGGIO **28047** Novara 988 ② ③, 428 F 7 – 11 426 ab. alt. 236 – ☎ 0321.
Roma 638 – Stresa 37 – ♦Milano 63 – Novara 18 – ♦Torino 107 – Varese 39.

XX **Hostaria della Circonvallazione,** via Gallarate 136 (E : 3 km) ☎ 91130, – P. ✻
chiuso martedì sera, mercoledì ed agosto – **Pasto** carta 28/52000.

X **Roma,** via Don Minzoni 51 ☎ 91175 – ⓢ E VISA
chiuso sabato e dal 1° al 20 agosto – **Pasto** carta 31/46000.

OLEGGIO CASTELLO Novara 428 E 7 – Vedere Arona.

OLGIATE OLONA **21057** Varese 428 F 8, 219 ⑱ – 10 134 ab. alt. 239 – ☎ 0331.
Roma 604 – ♦Milano 32 – Como 35 – Novara 38 – Varese 29.

XX **Idea Verde,** via San Francesco 17/19 (prossimità casello autostrada) ☎ 629487, Fax 629487, , – P. AE ⓢ ⓓ E VISA
chiuso domenica sera, lunedì, dal 27 dicembre al 5 gennaio ed agosto – **Pasto** carta 51/65000.

XX **Ma.Ri.Na.,** piazza San Gregorio 11 ☎ 640463, Specialità di mare, Coperti limitati; prenotare – ▤. AE ⓢ ⓓ E VISA JCB. ✻
chiuso a mezzogiorno (escluso i giorni festivi), mercoledì ed agosto – **Pasto** 110/120000 carta 60/110000.

OLIENA Nuoro 988 ㉝ ㉞, 433 G 10 – Vedere Sardegna alla fine dell'elenco alfabetico.

OLMO Firenze 430 K 16 – Vedere Fiesole.

OLMO Perugia – Vedere Perugia.

OLMO Vicenza – Vedere Vicenza.

OLMO GENTILE **14050** Asti 428 I 6 – 129 ab. alt. 615 – ☎ 0144.
Roma 606 – ♦Genova 103 – Acqui Terme 33 – Asti 52 – ♦Milano 163 – ♦Torino 103.

X **Della Posta,** ☎ 93034, prenotare – P
chiuso domenica sera, Natale e dal 1° al 15 gennaio – **Pasto** carta 20/45000.

OLTRE IL COLLE 24013 Bergamo 428 429 E 11 – 1 226 ab. alt. 1 030 – a.s. luglio-agosto e Natale – 0345.
Roma 642 – Bergamo 36 – Milano 83 – San Pellegrino Terme 24.

Manenti, 95005, Fax 95005, ←, – |♦| TV ☎ ⇔ P. VISA. ⅍
chiuso ottobre e novembre – **Pasto** *(chiuso giovedì)* carta 35/55000 – ☐ 10000 – **25 cam** 70/100000 – ½ P 85000.

OME 25050 Brescia 428 429 F 12 – 2 686 ab. alt. 240 – 030.
Roma 544 – Brescia 17 – Bergamo 45 – Milano 93.

Villa Carpino, alla terme O : 2,5 km 652114, – P. AE E VISA. ⅍
chiuso lunedì – **Pasto** carta 38/63000.

OMEGNA 28026 Verbania 988 ②, 428 E 7 – 15 417 ab. alt. 303 – 0323.
Vedere Lago d'Orta★★.
Roma 670 – Stresa 17 – Domodossola 36 – Milano 93 – Novara 55 – Torino 129.

Trattoria Toscana-da Franco, via Mazzini 153 62460, Specialità di mare, « Servizio estivo all'aperto » – AE ⓑ E VISA
chiuso mercoledì – **Pasto** carta 30/52000.

ONEGLIA Imperia 988 ⑫ – Vedere Imperia.

ONIGO DI PIAVE Treviso – Vedere Pederobba.

OPERA 20090 Milano 428 F 9, 219 ⑲ – 13 529 ab. alt. 99 – 02.
Le Rovedine (chiuso lunedì) a Noverasco di Opera ✉ 20090 57606420, Fax 57606405, : 2 km.
Roma 567 – Milano 14 – Novara 62 – Pavia 24 – Piacenza 59.

a Noverasco N : 2 km – ✉ 20090 Opera :

Sporting, 57601577, Telex 340811, Fax 57601416 – |♦| ☰ TV ☎ P – 120. AE ⓑ E VISA. ⅍
Pasto (solo per clienti alloggiati) 40/50000 – **80 cam** ☐ 210/320000 – ½ P 145/195000.

OPI 67030 L'Aquila 430 Q 23 – 544 ab. alt. 1 250 – 0863.
Roma 145 – Frosinone 62 – Avezzano 67 – Isernia 61 – L'Aquila 114.

La Pieja, via Salita la Croce 1 910756, Fax 912851, ← vallata e monti, – TV ☎. AE ⓑ E VISA. ⅍ rist
Pasto *(chiuso mercoledì da novembre a marzo)* carta 32/54000 – **14 cam** ☐ 80/130000 – ½ P 85/105000.

ORA (AUER) 39040 Bolzano 988 ④, 429 C 15 – 2 712 ab. alt. 263 – 0471.
Roma 624 – Bolzano 19 – Belluno 116 – Milano 282 – Trento 42.

Kaufmann, 810004, Fax 811128, – |♦| TV ☎ P – 25. E VISA. ⅍ rist
Pasto 20/50000 – ☐ 15000 – **35 cam** 90/120000 – ½ P 90000.

ORBASSANO 10043 Torino 988 ⑫, 428 G 4 – 21 310 ab. alt. 273 – 011.
Roma 673 – Torino 17 – Cuneo 99 – Milano 162.

Pianta d'insieme di Torino (Torino p. 2)

Eden senza rist, strada Rivalta 15 9034313, Fax 9003055 – TV ☎ P. E VISA EU **a**
34 cam ☐ 100/120000.

Il Galeone, strada antica di None 16 9016373, Fax 9035700, , Specialità di mare – P. AE ⓑ E VISA. ⅍ EU **d**
chiuso lunedì ed agosto – **Pasto** carta 29/59000.

ORBETELLO 58015 Grosseto 988 ㉕, 430 O 15 – 14 818 ab. – a.s. Pasqua e 15 giugno-15 settembre – 0564.
Vedere Guida Verde.
868010.
Roma 152 – Grosseto 44 – Civitavecchia 76 – Firenze 183 – Livorno 177 – Viterbo 88.

Presìdi, via Mura di Levante 34 867601, Fax 867601, ← – |♦| ☰ TV ☎ P
62 cam.

Sole senza rist, via Colombo angolo corso Italia 860410, Fax 860475 – |♦| ☰ TV ☎. AE E VISA
18 cam ☐ 115/150000.

Osteria del Lupacante, corso Italia 103 867618 – AE ⓑ E VISA
chiuso dal 20 dicembre all'8 gennaio e martedì (escluso da luglio a settembre) – **Pasto** carta 41/76000.

Da Egisto, corso Italia 190 867469 – E VISA
chiuso lunedì e novembre – **Pasto** carta 50/73000.

a Terrarossa SO : 2 km – ✉ **58019** Porto Santo Stefano :

La Posada, ✆ 820180 – . AE . *chiuso martedì e dal 10 al 28 dicembre* – **Pasto** carta 43/73000 (10%).

sulla strada statale 1 - via Aurelia NE : 7 km :

Locanda di Ansedonia con cam, ✉ 58016 Orbetello Scalo ✆ 881317, Fax 881727, « Giardino » – . AE E VISA JCB
chiuso febbraio – **Pasto** carta 41/84000 (10%) – **12 cam** 100/170000 – ½ P 130/150000.

La Ruota con cam, ✉ 58016 Orbetello Scalo ✆ 862137, Fax 864123, – . AE E VISA.
chiuso febbraio – **Pasto** *(chiuso giovedì)* carta 44/71000 – 9000 – **12 cam** 50/76000 – ½ P 83000.

ORIAGO 30030 Venezia 429 F 18 – alt. 4 – 041.

Roma 519 – Padova 26 – Venezia 16 – Mestre 8 – Milano 258 – Treviso 29.

Il Burchiello, ✆ 429555, Telex 410144, Fax 429728 – – 80. AE E VISA
Pasto vedere rist **Il Burchiello** – 15000 – **61 cam** 100/170000 – ½ P 140000.

Il Burchiello con cam, ✆ 472244 – rist – 100. AE E VISA. rist
Pasto *(chiuso lunedì)* carta 40/110000 – 11000 – **11 cam** 68/94000 – ½ P 88000.

Nadain ✆ 429665 – . AE.
chiuso mercoledì e luglio – **Pasto** carta 36/59000.

ORISTANO P 988 ㉝, 433 H 7 – Vedere Sardegna alla fine dell'elenco alfabetico.

ORMEA 12078 Cuneo 428 J 5 – 2 227 ab. alt. 719 – a.s. luglio-agosto e Natale – 0174.

Roma 626 – Cuneo 80 – Imperia 45 – Milano 250 – Torino 126.

Villa Pinus con cam, viale Piaggio 33 ✆ 392248, Coperti limitati; prenotare – 25. E VISA
Pasto *(chiuso giovedì)* 45/55000 – **3 cam** 80/110000 – ½ P 70/90000.

sulla strada statale 28 verso Ponte di Nava SO : 4,5 km :

San Carlo, ✉ 12078 Ormea ✆ 399917, Fax 399917, – . E VISA rist
chiuso gennaio, febbraio e dal 9 al 22 novembre – **Pasto** *(chiuso martedì)* carta 30/45000 – 10000 – **37 cam** 50/80000 – P 70/85000.

a Ponte di Nava SO : 6 km – ✉ **12070** :

Ponte di Nava-da Beppe con cam, ✆ 399924, – . E VISA
chiuso dal 7 al 31 gennaio e dal 10 al 20 giugno – **Pasto** *(chiuso mercoledì)* carta 28/57000 – 8000 – **16 cam** 50/80000 – ½ P 80/85000.

OROPA 13060 Vercelli 988 ②, 428 F 5 – alt. 1 180 – Sport invernali : 1 180/2 400 m 2, – 015.

Roma 689 – Aosta 101 – Biella 13 – Milano 115 – Novara 8769 – Vercelli Torino 55.

Croce Bianca con cam, ✆ 2455923, Fax 2455963, « Camere nella foresteria del Santuario » – – 150. AE .
Pasto *(chiuso mercoledì escluso da giugno al 15 settembre)* carta 40/53000 – 10000 – **30 cam** 80/100000, 2 appartamenti.

Stazione al Santuario, ✆ 2455937 – . AE .
chiuso mercoledì escluso da giugno al 15 settembre – **Pasto** carta 30/45000.

OROSEI Nuoro 988 ㉞, 433 F 11 – Vedere Sardegna alla fine dell'elenco alfabetico.

ORTA NOVA 71045 Foggia 988 ㉘, 431 D 29 – 17 235 ab. alt. 73 – 0885.

Roma 324 – Foggia 22 – Bari 113 – Benevento 103.

sulla strada statale 16 SE : 5,5 km :

Herdonia, ✉ 71045 ✆ 792956, Fax 792983, – – 25 a 250. AE E VISA.
Pasto *(chiuso domenica)* carta 31/50000 (10%) – 5000 – **78 cam** 72/88000 – ½ P 77000.

ORTA SAN GIULIO 28016 Novara 988 ②, 428 E 7 – 1 034 ab. alt. 293 – a.s. Pasqua e luglio-15 settembre – 0322.

Vedere Lago d'Orta★★ – Palazzotto★ – Sacro Monte d'Orta★ 1,5 km.

Escursioni Isola di San Giulio★★ : ambone★ nella chiesa.

via Olina 9/11 ✆ 911937, Fax 905678.

Roma 661 – Stresa 28 – Biella 58 – Domodossola 48 – Milano 84 – Novara 46 – Torino 119.

San Rocco , ✆ 911977, Fax 911964, isola San Giulio, « Terrazza fiorita in riva al lago con », , – – 30 a 150. AE E VISA.
Pasto carta 60/82000 – **74 cam** 220/340000 – ½ P 260000.

Orta, 90253, Fax 905646, ≤ isola San Giulio – TV. AE VISA
aprile-ottobre – **Pasto** carta 40/70000 – 15000 – **35 cam** 90/140000 – ½ P 100/110000.

La Bussola, 911913, Fax 911934, ≤ isola San Giulio, « Giardino fiorito con » – AE E VISA. rist
chiuso novembre – **Pasto** *(chiuso martedì escluso da marzo ad ottobre)* 40/65000 – **16 cam** solo ½ P 120/125000.

Villa Crespi con cam, E : 1,5 km 911902, Fax 911919, « Dimora ottocentesca in stile moresco », – cam TV. AE E VISA
Pasto 50/90000 (a mezzogiorno) 70/90000 (alla sera) e carta 65/83000 – **6 cam** 230/380000, 8 appartamenti 420/480000 – ½ P 240/290000
Spec. Millefoglie di patate spugnole e fegato grasso in salsa "caline", Raviolini del "plin" in cesto di parmigiano, Oca brasata su letto di verze (autunno-inverno).

Taverna Antico Agnello, 90259 – E VISA
chiuso dal 7 gennaio a febbraio e martedì (escluso agosto) – **Pasto** carta 36/65000.

al Sacro Monte E : 1 km :

Sacro Monte, 28016 90220, « Ambiente rustico in zona verdeggiante » – AE E VISA
chiuso dal 7 al 30 gennaio, martedì (escluso agosto) e da novembre a Pasqua anche lunedì sera – **Pasto** carta 41/62000 (10%).

ORTISEI (ST. ULRICH) 39046 Bolzano 988 ④, 429 C 17 – 4 303 ab. alt. 1 236 – Sport invernali : della Val Gardena : 1 236/2 499 m 11 68, (vedere anche Santa Cristina Val Gardena e Selva Val Gardena) – 0471.

Dintorni Val Gardena★★★ per la strada S 242 – Alpe di Siusi★★ per funivia.

piazza Stetteneck 796328, Fax 796749.

Roma 677 – Bolzano 36 – Bressanone 32 – Cortina d'Ampezzo 79 – Milano 334 – Trento 95 – Venezia 226.

Adler, 796203, Fax 796210, ≤, « Giardino ombreggiato », – rist TV. AE E VISA
20 dicembre-20 aprile e 15 maggio-30 ottobre – **Pasto** al Rist. ***Stube*** carta 43/71000 – **95 cam** 208/380000, 3 appartamenti – ½ P 294/464000.

Grien, via Mureda O : 1 km 796340, Fax 796303, ≤ Dolomiti e Ortisei, – cam TV – 40.
chiuso dal 10 al 25 giugno e dal 5 novembre al 5 dicembre – **Pasto** (solo su prenotazione) carta 35/62000 – **21 cam** 125/220000, 3 appartamenti – ½ P 184/239000.

Gardena-Grödnerhof, 796315, Fax 796513, ≤, – TV. E VISA.
20 dicembre-Pasqua e giugno-ottobre – **Pasto** 30/60000 – **45 cam** 165/310000 – ½ P 150/185000.

Hell, 796785, Fax 798196, ≤, « Giardino », – TV. E VISA.
15 dicembre-21 aprile e 4 giugno-15 ottobre – **Pasto** (solo per clienti alloggiati e *chiuso a mezzogiorno*) 31/35000 – **25 cam** 170/300000 – ½ P 220000.

La Perla, verso Castelrotto SO : 1 km 796421, Fax 798198, ≤, – TV. AE E VISA. rist
dicembre-aprile e giugno-ottobre – **Pasto** (solo per clienti alloggiati) – 15000 – **36 cam** 120/240000 – ½ P 155/165000.

Alpenhotel Rainell, 796145, Fax 796279, ≤ monti e Ortisei, – TV. E VISA. rist
20 dicembre-Pasqua e 15 giugno-settembre – **Pasto** 25/45000 – **28 cam** 130/250000 – ½ P 100/150000.

Genziana-Enzian, 796246, Fax 797598 – TV.
Natale-20 aprile e 15 maggio-15 ottobre – **Pasto** carta 27/60000 – **49 cam** 130/220000 – ½ P 155/165000.

Angelo-Engel, 796336, Fax 796323, ≤, – TV. AE E VISA. rist
chiuso novembre – **Pasto** (solo per clienti alloggiati) – **34 cam** 97/170000 – ½ P 106/143000.

Fortuna senza rist, 797978, Fax 798326, ≤ – TV. E VISA.
15 cam 136/232000.

Ronce, 796383, Fax 797890, ≤ monti e Ortisei, – .
20 dicembre-20 aprile e giugno-settembre – **Pasto** (solo per clienti alloggiati) – **24 cam** solo ½ P 95/115000.

Villa Luise, 796498, Fax 796217, ≤ monti e Sassolungo – TV.
chiuso dal 10 al 30 giugno e dal 15 ottobre al 15 dicembre – **13 cam** solo P 76/148000.

Pra' Palmer senza rist, 796710, Fax 797900, ≤, – TV
dicembre-Pasqua e 20 giugno-ottobre – **22 cam** 79/138000.

Cosmea, 796464, Fax 797805 – . cam
chiuso dal 20 ottobre al 5 dicembre – **Pasto** *(chiuso mercoledì in maggio, giugno ed ottobre)* 20/46000 – **21 cam** 95/170000 – ½ P 145000.

Piciuël, verso Castelrotto SO : 3 km 797351, Fax 797989, ≤ monti e Ortisei, – rist TV. VISA.
dicembre-Pasqua e giugno-ottobre – **12 cam** solo ½ P 115000.

XX **Concordia,** via Roma 41 ✆ 796276, Fax 796276 – rist. E VISA
dicembre-Pasqua e giugno-ottobre; chiuso mercoledì da ottobre a marzo – **Pasto** carta 32/56000.

a Bulla (Pufels) SO : 6 km – alt. 1 481 – ✉ **39040** Castelrotto :

Uhrerhof-Deur , ✆ 797335, Fax 797457, ≤ Ortisei e monti, , – TV ☎ P. VISA.
chiuso dal 15 aprile al 5 maggio e dal 4 novembre al 5 dicembre – **Pasto** (solo su prenotazione) carta 50/80000 – **7 cam** solo ½ P 140000, 3 appartamenti.

Sporthotel Platz , ✆ 796982, Fax 798228, ≤ Ortisei e monti, , , – ☎ P. E VISA. rist
20 dicembre-Pasqua e giugno-15 ottobre – **Pasto** carta 39/45000 – **22 cam** 120/220000 – ½ P 125000.

ORTONA **66026** Chieti 988 ㉗, 430 O 25 – 23 238 ab. – a.s. 20 giugno-agosto – 085.

per le Isole Tremiti 20 giugno-15 settembre giornaliero (1 h 45 mn) – Adriatica di Navigazione-agenzia Fratino, via Porto 34 ✆ 9063855, Telex 600173, Fax 9064186.

piazza Municipio ✆ 9063841, Fax 9063882.

Roma 227 – Pescara 20 – L'Aquila 126 – Campobasso 139 – Chieti 36 – Foggia 158.

Ideale senza rist, corso Garibaldi 65 ✆ 9063735, Fax 9066153, ≤ – TV ☎. AE E VISA.
12000 – **24 cam** 85/120000.

X **Cantina Aragonese,** corso Matteotti 88 ✆ 9063217, Solo su prenotazione a mezzogiorno – AE VISA
chiuso domenica – **Pasto** carta 27/51000.

X **Miramare,** largo Farnese 15 ✆ 9066556 – . E VISA.
chiuso domenica e dal 24 dicembre al 6 gennaio – **Pasto** carta 33/61000.

a Lido Riccio NO : 5,5 km – ✉ **66026** Ortona :

Mara , ✆ 9190416, Fax 9190522, ≤, « Giardino con », , – TV ☎ P – 100. AE. rist
15 maggio-20 settembre – **Pasto** 40/50000 e al Rist. ***Mara's Beach Club*** *(chiuso a mezzogiorno e lunedì)* carta 40/65000 – 15000 – **66 cam** 100/150000, 4 appartamenti – ½ P 100/150000.

ORTONOVO **19034** La Spezia 430 J 12 – 8 233 ab. – 0187.

Roma 405 – La Spezia 28 – Genova 110 – Parma 145 – Pisa 60.

a Nicola SO : 7 km – ✉ **19034** Ortonovo :

X Locanda Cervia, ✆ 660491, , Coperti limitati; prenotare.

ORVIETO **05018** Terni 988 ㉕, 430 N 18 – 21 143 ab. alt. 315 – 0763.

Vedere Posizione pittoresca★★★ – Duomo★★★ – Pozzo di San Patrizio★★ – Palazzo del Popolo★ – Quartiere vecchio★ – Palazzo dei Papi★ **M2** – Collezione etrusca★ nel museo Archeologico Faina **M1**.

piazza del Duomo 24 ✆ 41772, Fax 44433.

Roma 121 ① – Perugia 75 ① – Viterbo 50 ② – Arezzo 110 ① – Milano 462 ① – Siena 123 ① – Terni 75 ①.

Pianta pagina seguente

Maitani senza rist, via Maitani 5 ✆ 342011, Fax 342011 – TV ☎. AE E VISA. n
chiuso dal 7 al 22 gennaio – 15000 – **32 cam** 115/185000, 8 appartamenti.

Aquila Bianca senza rist, via Garibaldi 13 ✆ 41246, Fax 42273 – TV ☎ P – 60. AE E VISA JCB. m
15000 – **37 cam** 98/138000.

Valentino senza rist, via Angelo da Orvieto 30/32 ✆ 342464, Fax 342464 – TV ☎ . E VISA. a
10000 – **17 cam** 95/135000.

Filippeschi senza rist, via Filippeschi 19 ✆ 343275, Fax 343275 – TV ☎. AE E VISA JCB c
10000 – **15 cam** 80/115000.

XXX **Giglio d'Oro,** piazza Duomo 8 ✆ 341903 – . AE E VISA e
chiuso mercoledì – **Pasto** 35/60000 bc e carta 51/85000.

XX **Trattoria Etrusca,** via Maitani 10 ✆ 344016, Fax 341105, Cucina tipica locale – . AE E VISA. b
chiuso lunedì e dal 7 al 30 gennaio – **Pasto** carta 35/58000 (10%).

XX **Le Grotte del Funaro,** via Ripa Serancia 41 ✆ 343276, Fax 342898, Rist. pizzeria e piano bar, « In caratteristiche grotte di tufo » – . AE E VISA. t
chiuso lunedì escluso luglio ed agosto – **Pasto** carta 36/55000 (10%).

X **La Volpe e l'Uva,** via Ripa Corsica 1 ✆ 41612 – AE E VISA h
chiuso lunedì luglio o agosto – **Pasto** carta 26/39000.

X **Del Moro,** via San Leonardo 7 ✆ 342763 – AE E VISA r
chiuso venerdì e dal 15 al 30 giugno – **Pasto** carta 26/44000 (10%).

Cavour (Corso)
Duomo (Via del) 9
Alberici (Via degli) 2
Angelo da Orvieto (Via) 3
Cava (Via della) 5
Cavallotti (Via Felice) 6
Duomo (Pza del) 7
Garibaldi (Via) 10
Maitani (Via) 12
Malabranca (Via) 13
Nebbia (Via) 14
Popolo (Piazza del) 16
Pza del Popolo (Via di) 17
Repubblica (Pza della) 19

ad Orvieto Scalo per ① : 5 km – ✉ **05019.**

uscita casello autostradale ✆ 301507, Fax 301487

Gialletti, via Costanzi 71 ✆ 90381, Fax 92264 – TV ☎ P. AE S E VISA JCB.
Pasto carta 34/52000 – 12500 – **51 cam** 80/120000 – ½ P 88000.

Kristall senza rist, via Costanzi 69 ✆ 90703, Fax 91765 – TV ☎ P – 100. AE S E VISA JCB
15000 – **29 cam** 75/100000.

sulla strada statale 71 :

Villa Ciconia , per ① : 6 km ✉ 05019 Orvieto Scalo ✆ 92982, Fax 90677, « Villa cinquecentesca in parco secolare » – TV ☎ P – 30 a 100. AE S E VISA.
Pasto *(chiuso lunedì)* carta 41/68000 – 10000 – **10 cam** 140/180000 – ½ P 125/135000.

Girarrosto del Buongustaio, per ② : 5 km ✉ 05018 Orvieto ✆ 41935, « Servizio estivo in terrazza con ← » – P

OSIMO 60027 Ancona 988 ⑯, 430 L 22 – 28 581 ab. alt. 265 – ☎ 071.

Roma 308 – ♦Ancona 19 – Macerata 28 – Pesaro 82 – Porto Recanati 19.

sulla strada statale 16 E : 7,5 km :

La Cantinetta del Conero, ✉ 60028 Osimo Scalo ✆ 7108651 – P – 40. AE S E VISA.
chiuso sabato – **Pasto** carta 41/73000.

in prossimità casello autostrada A 14 N : 9 km :

Concorde, ✉ 60021 Camerano ✆ 95270, Fax 959476 – TV ☎ P. AE S E VISA.
Pasto *(chiuso domenica)* carta 38/60000 – 5000 – **22 cam** 130/170000 – ½ P 120000.

Palace del Conero, ✉ 60027 Osimo ✆ 7108312, Fax 7108312 – TV ☎ P – 50. AE S E VISA. rist
chiuso dal 24 dicembre al 2 gennaio – **Pasto** al Rist. ***Rita*** *(chiuso domenica)* carta 35/45000 – 10000 – **51 cam** 80/160000.

OSOPPO 33010 Udine 429 D 21 – 2 783 ab. alt. 185 – ☎ 0432.

Roma 665 – Udine 31 – ♦Milano 404.

Pittis, ✆ 975346, Fax 975916 – |‡| TV ☎ P. AE E VISA
Pasto *(chiuso domenica)* carta 35/48000 – ☐ 12000 – **40 cam** 70/100000 – ½ P 80/90000.

OSPEDALETTI 18014 Imperia 988 ⑫, 428 K 5 – 3 642 ab. – ☎ 0184.

ℹ corso Regina Margherita 13 ✆ 689085, Fax 684455.

Roma 650 – Imperia 40 – ♦Genova 151 – ♦Milano 274 – Ventimiglia 11.

Firenze, corso Regina Margherita 97 ✆ 689221, Fax 688140, ≤, « Terrazza-solarium », Fб – |‡| TV ☎. AE 🅂 ⓞ E VISA
Pasto 40/75000 e al Rist. ***Da Luisa*** *(chiuso lunedì)* carta 42/67000 – ☐ 12000 – **45 cam** 105/160000 – ½ P 80/140000.

Delle Rose, via de Medici 17 ✆ 689016, « Piccolo giardino con piante esotiche » – TV ☎. E. ✻
Pasto *(chiuso lunedì)* 35/40000 – ☐ 8000 – **14 cam** 85/100000 – ½ P 85/95000.

Floreal, corso Regina Margherita 83 ✆ 689638, Fax 689028 – |‡| TV ☎. 🅂 E VISA. ✻ rist
chiuso dal 5 novembre al 15 dicembre – **Pasto** 32/38000 – ☐ 8000 – **26 cam** 68/110000 – ½ P 80/100000.

Ventunesima Luna, corso Regina Margherita 104 ✆ 688903, 余 – ▤

OSPEDALETTO 38050 Trento 429 D 16 – 795 ab. alt. 340 – ☎ 0461.

Roma 539 – Belluno 67 – ♦Padova 89 – Trento 45 – Treviso 84.

Va' Pensiero, ✆ 768383, 余 – P. AE 🅂 E VISA. ✻
chiuso mercoledì e dal 20 ottobre al 10 novembre – **Pasto** carta 43/51000.

OSPEDALETTO Verona – Vedere Pescantina.

OSPEDALETTO D'ALPINOLO 83014 Avellino 431 E 26 – 1 605 ab. alt. 725 – ☎ 0825.

Roma 248 – ♦Napoli 58 – Avellino 11 – Benevento 27 – Salerno 50.

La Castagna ⛰, ✆ 691047, ≤, « Servizio rist. estivo in terrazza ombreggiata », 🌳 – P. VISA. ✻
marzo-novembre – **Pasto** *(chiuso martedì)* carta 33/50000 – ☐ 8000 – **20 cam** 50/70000 – ½ P 70000.

OSPEDALICCHIO Perugia 430 M 19 – Vedere Bastia.

OSPIATE Milano – Vedere Bollate.

OSPITALETTO 25035 Brescia 428 429 F 12 – 9 600 ab. alt. 155 – ☎ 030.

Roma 550 – ♦Brescia 12 – ♦Bergamo 45 – ♦Milano 96.

Hosteria Brescia, via Brescia 22 ✆ 640988 – AE 🅂 ⓞ E VISA
chiuso lunedì ed agosto – **Pasto** carta 34/55000.

OSSANA 38026 Trento 429 D 14 – 724 ab. alt. 1 003 – a.s. 29 gennaio-Pasqua e Natale – ☎ 0463.

Roma 659 – Trento 74 – ♦Bolzano 82 – Passo del Tonale 17.

Pangrazzi, frazione Fucine alt. 982 ✆ 751108, Fax 751359, 🌳 – |‡| ☎ 🚗 P. AE 🅂 ⓞ E VISA. ✻
dicembre-aprile e 15 giugno-settembre – **Pasto** carta 30/50000 – **30 cam** ☐ 90/150000 – ½ P 80000.

OSTELLATO 44020 Ferrara 429 H 17 – 7 393 ab. – ☎ 0533.

Roma 395 – ♦Bologna 63 – ♦Ravenna 65 – ♦Ferrara 33.

Locanda della Tamerice, via Argine Mezzano 2 (E : 1 km) ✆ 680795, Fax 680795, prenotare, « Nelle valli di Ostellato », 🏊, 🌳 – ▤ ☎ ♿ P. AE 🅂 ⓞ E VISA. ✻
chiuso mercoledì, dal 10 gennaio a febbraio e novembre – **Pasto** carta 40/88000.

OSTIA Roma – Vedere risorse di Roma, Lido di Ostia (o di Roma) ed Ostia Antica.

OSTIA ANTICA 00119 Roma 988 ㉕ ㉖, 430 Q 18 – ☎ 06.

Vedere Piazzale delle Corporazioni★★★ – Capitolium★★★ – Foro★★ – Domus di Amore e Psiche★★★ – Schola del Traiano★★★ – Terme dei Sette Sapienti★ – Terme del Foro★ – Casa di Diana★ – Museo★ – Thermopolium★★ – Horrea di Hortensius★ – Mosaici★★ nelle Terme di Nettuno.

Roma 25 – Anzio 49 – Civitavecchia 69 – Latina 73 – Lido di Ostia o di Roma 4.

Monumento, piazza Umberto I 8 ✆ 5650021

OSTIGLIA **46035** Mantova [988] ④ ⑭, [429] G 15 – 7 265 ab. alt. 15 – ☏ 0386.

Roma 460 – ♦Verona 46 – ♦Ferrara 56 – Mantova 33 – ♦Milano 208 – ♦Modena 56 – Rovigo 63.

sulla strada statale 12 N : 6 km :

🍴🍴 **Pontemolino-da Trida,** ✉ 46035 📞 802380, 🏞 – 🅿. [$] E VISA
chiuso lunedì sera, martedì, dal 7 al 31 gennaio e dal 10 luglio al 6 agosto – **Pasto** carta 36/50000.

OSTUNI **72017** Brindisi [988] ㉚, [431] E 34 – 33 623 ab. alt. 207 – a.s. luglio-15 settembre – ☏ 0831.

Vedere Facciata★ della Cattedrale.

Dintorni Regione dei Trulli★★★ Ovest.

[i] via Continelli 45 📞 303775 – (giugno-settembre) piazza della Libertà 📞 301268.

Roma 530 – ♦Brindisi 42 – ♦Bari 80 – Lecce 73 – Matera 101 – ♦Taranto 52.

🏨 **Novecento** 🔇, contrada Ramunno S : 1,5 km 📞 305666, Fax 305668, « In una villa d'epoca », 🏊, 🏞 – ▤ [TV] ☎ 🅿. AE [$] ① E VISA. 🚫 rist
Pasto 30/50000 – **16 cam** ☕ 130/160000 – ½ P 120000.

🍴🍴 **Porta Nova,** via Monte Grappa 📞 338983, « Servizio estivo in terrazza panoramica » – AE [$] ① E VISA JCB. 🚫
chiuso mercoledì e dal 15 gennaio al 15 febbraio – **Pasto** carta 33/61000.

🍴🍴 **Chez Elio,** via dei Colli 67 (NO : 1,5 km) 📞 302030, ≤ città, costa e mare, « Servizio estivo in terrazza » – 🅿. AE [$] ① E VISA
chiuso lunedì e settembre – **Pasto** carta 30/44000.

🍴 **Spessite,** via Clemente Brancasi 43 📞 302866, Fax 302866, « Ambiente caratteristico » – AE E VISA. 🚫
chiuso ottobre, a mezzogiorno (escluso luglio-agosto) e mercoledì in bassa stagione – **Pasto** 30000 bc.

🍴 **Osteria del Tempo Perso,** via G. Tanzarella 47 📞 303320, prenotare – AE [$] E VISA. 🚫
chiuso da gennaio al 15 febbraio, lunedì e a mezzogiorno (escluso domenica ed i giorni festivi) – **Pasto** carta 20/43000.

a Costa Merlata NE : 15 km – ✉ **72017** :

🏨🏨 Gd H. Masseria Santa Lucia 🔇, 📞 330418, Fax 339590, « In un'antica masseria fortificata », 🏊, 🏖, 🎾 ▤ [TV] ☎ ♿ 🅿 – 🎤 30 a 450
60 cam.

OTRANTO **73028** Lecce [988] ㉚, [431] G 37 – 5 263 ab. – ☏ 0836.

Vedere Cattedrale★ : pavimento★★★.

Escursioni Costa meridionale★ Sud per la strada S 173.

[i] 📞 801436.

Roma 642 – ♦Brindisi 84 – ♦Bari 192 – Gallipoli 47 – Lecce 41 – ♦Taranto 122.

🏨 **Degli Haethey,** 📞 801548, Fax 801576, 🏊 – [lift] ▤ [TV] ☎ 🅿. AE [$] ① E VISA. 🚫
Pasto 25000 – **21 cam** ☕ 99/159000 – ½ P 104000.

🏨 **Rosa Antico** senza rist, 📞 801563, Fax 801563, « Giardino-agrumeto » – ▤ [TV] ☎ 🅿. [$] E VISA. 🚫
☕ 15000 – **10 cam** 65/130000.

🏨 **Minerva** senza rist, 📞 804512 – ▤ [TV] ☎ 🚗
☕ 10000 – **10 cam** 60/100000.

🍴🍴 Acmet Pascià, 📞 801282, ≤, ⛱

🍴 **Vecchia Otranto,** 📞 801575, ⛱ – ▤. AE [$] ① E VISA. 🚫
chiuso novembre e lunedì (escluso dal 15 giugno al 15 settembre) – **Pasto** carta 40/64000.

OTTAVIANO **80044** Napoli [988] ㉗, [431] E 25 – 22 395 ab. alt. 190 – ☏ 081.

Roma 240 – ♦Napoli 22 – Benevento 70 – Caserta 47 – Salerno 42.

🏨 **Augustus** senza rist, viale Giovanni XXIII 61 📞 5288455, Fax 5288454 – [lift] ▤ [TV] ☎ 🚗 🅿. [$] ① E VISA JCB. 🚫
☕ 10000 – **41 cam** 140/240000.

🍴🍴 Al San Michele, piazza San Michele 16/18 📞 5288755, ⛱, Rist. e pizzeria

OTTONE Livorno – Vedere Elba (Isola d') : Portoferraio.

In questa guida
uno stesso simbolo, una stessa parola
stampati in rosso o in nero, in magro o in ***grassetto***
hanno un significato diverso.

Leggete attentamente le pagine esplicative.

OVADA **15076** Alessandria 988 ⑬, 428 I 7 – 12 170 ab. alt. 186 – ☎ 0143.

Dintorni Strada dei castelli dell'Alto Monferrato★ (o strada del vino) verso Serravalle Scrivia.

Roma 549 – ◆Genova 50 – Acqui Terme 24 – Alessandria 40 – ◆Milano 114 – Savona 61 – ◆Torino 125.

- **Italia,** via San Paolo 54 ℘ 86502, Fax 86503 – TV ☎ P. AE $ ⓓ E VISA JCB. ✻
  chiuso dal 1° al 15 febbraio – **Pasto** *(chiuso martedì)* carta 40/60000 – ☕ 8500 – **17 cam** 75/110000 – ½ P 115000.
- **La Volpina,** strada Volpina 1 ℘ 86008, Coperti limitati; prenotare, « Servizio estivo all'aperto » – P. $ ⓓ E VISA
  chiuso domenica sera, lunedì, dal 22 dicembre al 15 gennaio e dal 27 luglio al 15 agosto – **Pasto** carta 54/78000 (10 %).

OVINDOLI **67046** L'Aquila 988 ㉖, 430 P 22 – 1 230 ab. alt. 1 375 – a.s. 15 dicembre-12 aprile e luglio-22 settembre – Sport invernali : 1 375/2 000 m ⛷6 – ☎ 0863.

Roma 129 – L'Aquila 36 – Frosinone 109 – ◆Pescara 119 – Sulmona 55.

- **Magnola Palace Hotel** ⛰, NO : 3 km ℘ 705145, Fax 705147, ≤, 🌳, 🎾 – 🛗 TV ☎ P AE $ VISA. ✻
  chiuso novembre – **Pasto** 30000 (15 %) – ☕ 9000 – **80 cam** 80/100000 – P 60/110000.

PACENTRO **67030** L'Aquila 430 P 23 – 1 366 ab. alt. 650 – ☎ 0864.

Roma 171 – ◆Pescara 78 – Avezzano 66 – Isernia 82 – L'Aquila 76.

- **Taverna De Li Caldora,** piazza Umberto 13 ℘ 41139, Fax 41139, ⛱, « Servizio estivo in terrazza panoramica » – ▤. AE $ ⓓ E VISA. ✻
  chiuso domenica sera, martedì, dal 10 al 20 gennaio e dal 10 al 20 ottobre – **Pasto** carta 29/57000.

PACIANO **06060** Perugia 430 M 18 – 918 ab. alt. 391 – ☎ 075.

Roma 163 – Chianciano Terme 23 – ◆Perugia 45.

- **La Locanda della Rocca** con cam, viale Roma 4 ℘ 830236, Fax 830155, ≤, Coperti limitati; prenotare, 🌳 – P. $ ⓓ E VISA. ✻ rist
  chiuso dal 15 gennaio a febbraio – **Pasto** *(chiuso martedì)* carta 40/57000 – **7 cam** ☕ 100/150000 – ½ P 100/120000.

PADERNO D'ADDA **22050** Lecco 428 E 10, 219 ⑳ – 2 661 ab. alt. 266 – ☎ 039.

Roma 604 – ◆Bergamo 23 – Como 39 – Lecco 24 – ◆Milano 34.

- **Adda,** via Edison 27 ℘ 510141, Fax 510796, 🏊, 🎾 – 🛗 ▤ rist TV ☎ ♿ P – 🏛 100. AE $ ⓓ E VISA. ✻
  Pasto *(chiuso martedì)* carta 45/80000 – ☕ 8000 – **35 cam** 95/135000 – P 150000.

PADERNO DI PONZANO Treviso – Vedere Ponzano Veneto.

PADERNO FRANCIACORTA **25050** Brescia 428 F 12 – 2 902 ab. alt. 183 – ☎ 030.

Roma 550 – ◆Brescia 15 – ◆Milano 84 – ◆Verona 81.

- **Franciacorta** senza rist, via Donatori di Sangue 10 ℘ 6857085, Fax 6857082 – 🛗 ▤ TV ☎ P. E VISA
  ☕ 15000 – **25 cam** 100/130000.
- **Giardino-da Gregorio,** via San Gottardo 34 ℘ 657195, Fax 657424, ⛱, 🌳 – P. AE $ ⓓ E VISA. ✻
  chiuso martedì sera, mercoledì ed agosto – **Pasto** carta 34/40000.

PADOLA Belluno – Vedere Comelico Superiore.

PADOVA **35100** P 988 ⑤, 429 F 17 – 212 589 ab. alt. 12 – ☎ 049.

Vedere Affreschi di Giotto★★★, Vergine★ di Giovanni Pisano nella cappella degli Scrovegni DY – Basilica del Santo★★ DZ – Statua equestre del Gattamelata★★ DZ **A** – Palazzo della Ragione★ DZ **J** : salone★★ – Pinacoteca Civica★ DZ **M** – Chiesa degli Eremitani★ DY : affreschi di Guariento★★ – Oratorio di San Giorgio★ DZ **B** – Scuola di Sant'Antonio★ DZ **B** – Piazza della Frutta★ DZ **25** – Piazza delle Erbe★ DZ **20** – Torre dell'Orologio★ (in piazza dei Signori CYZ) – Pala d'altare★ nella chiesa di Santa Giustina DZ.

Dintorni Colli Euganei★ SO per ⑥.

⛳18 e ⛳9 Montecchia (chiuso lunedì) a Selvazzano Dentro ✉ 35030 ℘ 8055550, Fax 8055737 O : 8 km;

⛳18 Frassanelle (chiuso martedì) ✉ 35030 Frassanelle di Rovolon ℘ 9910722, Fax 9910691 SO : 20 km;

⛳18 (chiuso lunedì e gennaio) a Valsanzibio di Galzignano ✉ 35030 ℘ 9130078, Fax 9131193 E : 21 km.

ℹ Stazione Ferrovie Stato ✉ 35131 ℘ 8752077 – Museo Eremitani ℘ 8750655 – (marzo-ottobre) Prato della Valle (ex Foro Boario) ℘ 8753087.

A.C.I. via Enrico degli Scrovegni 19 ✉ 35131 ℘ 654935.

Roma 491 – ◆Milano 234 – ◆Venezia 42 – ◆Verona 81.

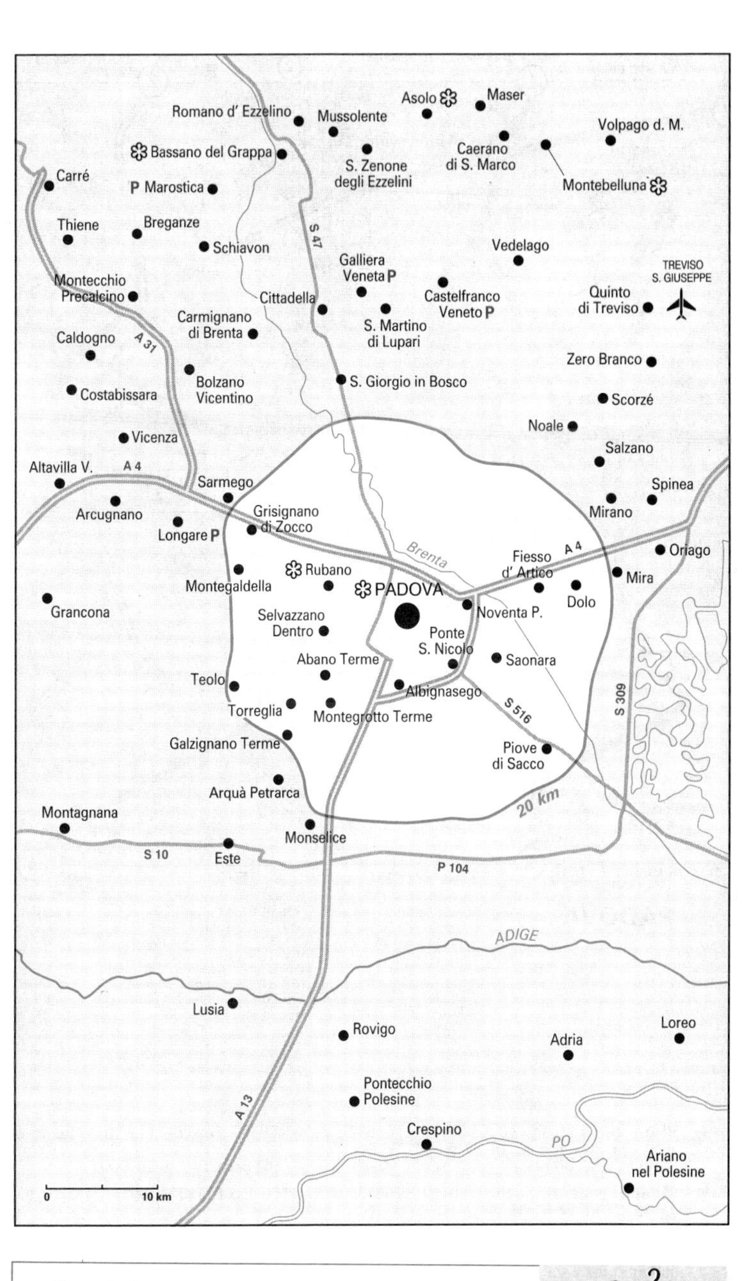

Ne confondez pas :

Confort des hôtels	: 🏨🏨🏨 ... 🏨, 🏠
Confort des restaurants	: XXXXX ... X
Qualité de la table	: ✿✿✿, ✿✿, ✿

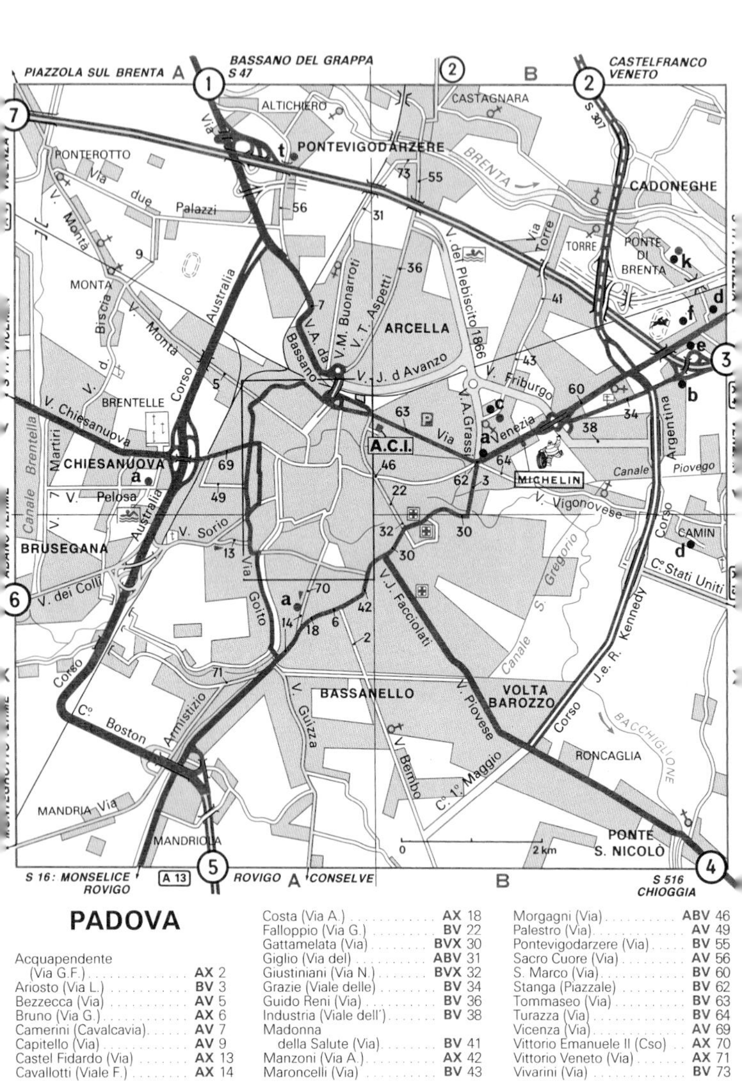

PADOVA

Acquapendente (Via G.F.)	AX	2
Ariosto (Via L.)	BV	3
Bezzecca (Via)	AV	5
Bruno (Via G.)	AX	6
Camerini (Cavalcavia)	AV	7
Capitello (Via)	AV	9
Castel Fidardo (Via)	AX	13
Cavallotti (Viale F.)	AX	14
Costa (Via A.)	AX	18
Falloppio (Via G.)	BV	22
Gattamelata (Via)	BVX	30
Giglio (Via del)	ABV	31
Giustiniani (Via N.)	BVX	32
Grazie (Viale delle)	BV	34
Guido Reni (Via)	BV	36
Industria (Viale dell')	BV	38
Madonna della Salute (Via)	BV	41
Manzoni (Via A.)	AX	42
Maroncelli (Via)	BV	43
Morgagni (Via)	ABV	46
Palestro (Via)	AV	49
Pontevigodarzere (Via)	BV	55
Sacro Cuore (Via)	AV	56
S. Marco (Via)	BV	60
Stanga (Piazzale)	BV	62
Tommaseo (Via)	BV	63
Turazza (Via)	BV	64
Vicenza (Via)	AV	69
Vittorio Emanuele II (Cso)	AX	70
Vittorio Veneto (Via)	AX	71
Vivarini (Via)	BV	73

Plaza, corso Milano 40 ✉ 35139 ☎ 656822, Telex 430360, Fax 661117 – 🛗 ▤ TV ☎ ♿ – 🚗 – 30 a 150. AE 🅂 ⦿ E VISA. ✻ rist — CY **m**
Pasto *(chiuso domenica ed agosto)* carta 55/77000 – **142 cam** ☐ 175/250000.

Milano senza rist, via Bronzetti 62 ✉ 35138 ☎ 8712555, Fax 8713923 – 🛗 ▤ TV ☎ ♿ 🅟 – 30. AE 🅂 ⦿ E VISA. ✻ — CY **g**
80 cam ☐ 140/180000.

Donatello, via del Santo 102/104 ✉ 35123 ☎ 8750634, Fax 8750829, ≤, « Servizio rist. estivo in terrazza » – 🛗 ▤ cam TV ☎ 🚗 – 20. AE 🅂 ⦿ E VISA JCB — DZ **z**
chiuso dal 15 dicembre al 15 gennaio – **Pasto** 40/55000 e al Rist. ***Sant'Antonio*** *(chiuso mercoledì e da dicembre al 23 gennaio)* carta 39/58000 (12%) – ☐ 17000 – **49 cam** 130/207000 – ½ P 152000.

Majestic Toscanelli senza rist, via dell'Arco 2 ✉ 35122 ☎ 663244, Fax 8760025 – 🛗 ▤ TV ☎. AE 🅂 ⦿ E VISA. ✻ — DZ **b**
29 cam ☐ 165/260000, 3 appartamenti.

PADOVA

Street	Grid	No.
Altinate (Via)	DYZ	
Cavour (Piazza e Via)	DY	15
Dante (Via)	CY	
Filiberto (Via E.)	DY	24
Garibaldi (Corso)	DY	27
Ponti Romani (Riviera dei)	DYZ	53
Roma (Via)	DZ	
S. Fermo (Via)	DY	
Carmine (Via del)	DY	10
Cesarotti (Via M)	DZ	17
Erbe (Piazza delle)	DZ	20
Eremitani (Piazza)	DY	21
Frutta (Piazza della)	DZ	25
Garibaldi (Piazza)	DY	28
Gasometro (Via dell'ex)	DY	29
Guariento (Via)	DY	35
Insurrezione (Piazza)	DY	39
Monte di Pietà (Via del)	CZ	45
Petrarca (Via)	CY	50
Ponte Molino (Vicolo)	CY	52
S. Canziano (Via)	DZ	57
S. Lucia (Via)	DY	59
Vandelli (Via D.)	CZ	66
Verdi (Via G.)	CY	67
Vittorio Emanuele II (Corso)	CZ	70
8 Febbraio (Via)	DZ	74
58 Fanteria (Via)	DZ	75

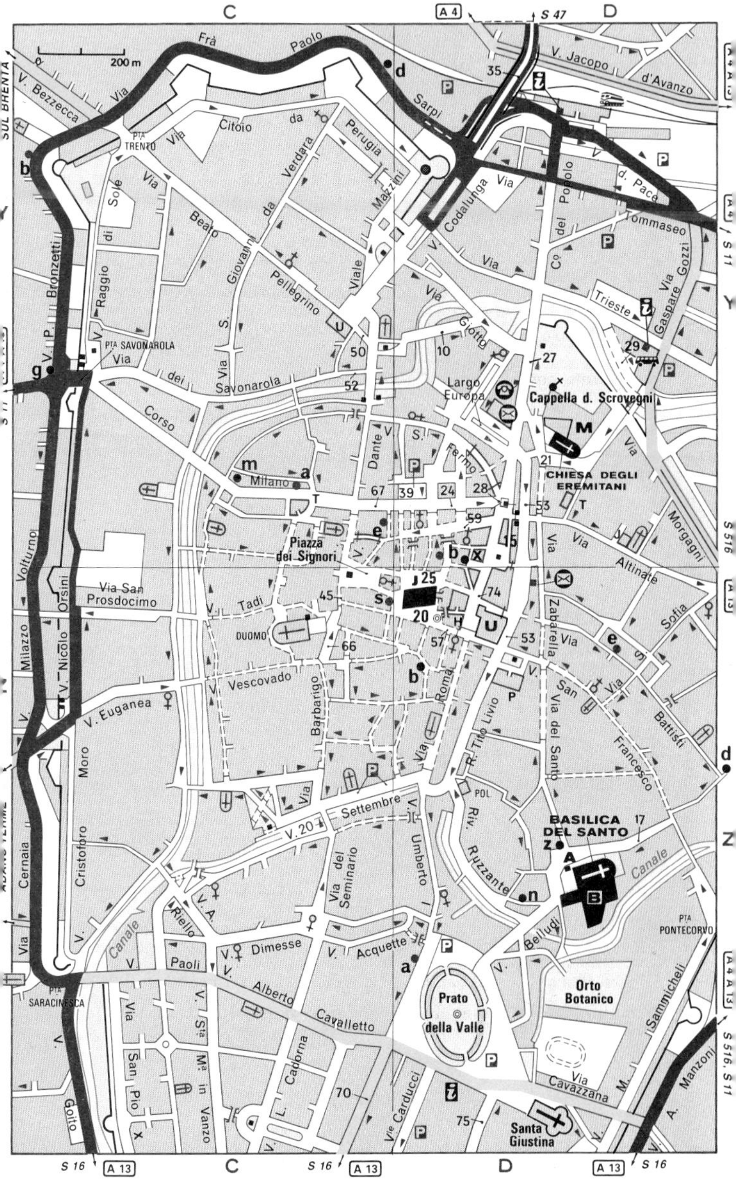

C
A 4
S 47
D
Frà Paolo Sarpi
0 200 m
V. Bezzecca
V. Jacopo d'Avanzo
35
PTA TRENTO
Via Citolo da Perugia
Via Verdara
Mazzini
Via Codalunga
V. d. Pace
Tommaseo
Via del Popolo
Co.
Via di Sole
Raggio di Sole
Via Beato Pellegrino
Via S. Giovanni da Verdara
Viale
Via Giotto
Via Trieste
Via Gaspare Gozzi
V. P. Bronzetti
PTA SAVONAROLA
Via dei Savonarola
50
52
10
27
29
Largo Europa
Cappella d. Scrovegni
M
Corso Milano
m
a
V. Dante
S. Fermo
67
39
24
28
21
53
CHIESA DEGLI EREMITANI
T
Via Morgagni
Via Altinate
59
e
15
Piazza dei Signori
b
x
25
45
s
20
H
74
U
Volturno
Orsini
Via San Prosdocimo
V. Tadi
DUOMO
66
57
Via Zabarella
V. San Francesco
Via Sofia
V. Cesare Battisti
Milazzo
V. Nicolò
Vescovado
Barbarigo
Via Roma
R. Tito Livio
Via del Santo
d
V. Euganea
Moro
Via Settembre
V. 20
V. Umberto I
Riv. Ruzzante
POL
BASILICA DEL SANTO
17
Z
A
B
Canale
n
Cernaia
Cristoforo
Via del Seminario
V. A. Riello
Dimesse
V. Acquette
a
Belludi
PTA PONTECORVO
V. Paoli
V. Alberto Cavalletto
Prato della Valle
Orto Botanico
Sammicheli
PTA SARACINESCA
Via San Pio X
V. Sta Ma in Vanzo
Cadorna
70
V.le Carducci
75
Via Cavazzana
Santa Giustina
A. Manzoni
Goito
S 16
A 13
S 11
S 516
A 4 A 13
S 516, S 11
SUL BRENTA
Y
Z

Giovanni senza rist, via Mamiani angolo via Manara 17 ✉ 35129 ✆ 8073382, Fax 8075657 – |♦| ▤ TV ☎ P – 30. AE ⑤ E VISA. ✻ BV c
chiuso agosto – **34 cam** ☑ 125/170000.

Biri, via Grassi 2 ✉ 35129 ✆ 776566 e rist ✆ 776270, Telex 432285, Fax 776566 – |♦| ▤ TV ☎ P – 30 a 50 BV a
86 cam.

Leon Bianco senza rist, piazzetta Pedrocchi 12 ✉ 35122 ✆ 8750814, Fax 8756184 – |♦| ▤ TV ☎. AE ⑤ ⓓ E VISA JCB DY x
☑ 15000 – **22 cam** 119/149000.

Al Cason, via Frà Paolo Sarpi 40 ✉ 35138 ✆ 662636, Fax 8754217 – |♦| ▤ TV ☎ – 30. AE ⑤ ⓓ VISA. ✻ CDY d
Pasto *(chiuso sabato, domenica, dal 24 dicembre al 1° gennaio e dal 28 luglio al 3 settembre)* carta 46/62000 – ☑ 7000 – **48 cam** 90/120000 – P 150/190000.

Igea senza rist, via Ospedale Civile 87 ✉ 35121 ✆ 8750577, Fax 660865 – |♦| ▤ TV ☎. AE ⑤ ⓓ E VISA JCB DZ d
☑ 10000 – **49 cam** 75/95000.

Al Fagiano senza rist, via Locatelli 45 ✉ 35123 ✆ 8753396, Fax 8753396, – |♦| TV ☎. AE ⑤ ⓓ VISA DZ n
☑ 10000 – **29 cam** 80/100000.

XXX ✿ **San Clemente,** corso Vittorio Emanuele II 142 ✉ 35123 ✆ 8803180, Fax 8803015, , solo su prenotazione a mezzogiorno, « Dimora del 500 » – ▤. AE ⑤ E VISA
chiuso domenica, lunedì a mezzogiorno, dal 20 dicembre al 2 gennaio ed agosto – **Pasto** 40000 (a mezzogiorno) 85/130000 bc (alla sera) e carta 65/99000 AX a
Spec. Storione marinato all'agresto, Risotto speziato con cappesante e zucchine, Pescatrice "all'acqua pazza".

XXX Belle Parti-Toulá, via Belle Parti 11 ✉ 35139 ✆ 8751822, Coperti limitati; prenotare – ▤ CDY e

XXX **Antico Brolo,** corso Milano 22 ✉ 35139 ✆ 656088, Fax 656088, , prenotare – ▤. AE ⑤ ⓓ E VISA CY a
chiuso lunedì e dall'8 al 28 agosto – **Pasto** 35/60000 (solo a mezzogiorno) e carta 50/91000.

XX **Ai Porteghi,** via Cesare Battisti 105 ✉ 35121 ✆ 8761720, prenotare – ▤. AE ⓓ. ✻ DZ e
chiuso domenica, lunedì a mezzogiorno e dal 1° al 20 agosto – **Pasto** carta 42/77000.

XX **Isola di Caprera,** via Marsilio da Padova 11/15 ✉ 35139 ✆ 8760244, Fax 6642824 – ▤. AE ⑤ ⓓ E VISA DY b
chiuso domenica – **Pasto** carta 32/62000 (10%).

XX **Bastioni del Moro,** via Bronzetti 18 ✉ 35138 ✆ 8710006, Fax 8710006 – ▤. AE ⑤ ⓓ E VISA. ✻ CY b
chiuso domenica – **Pasto** carta 34/56000.

XX Trattoria Isola Memmia, Prato della Valle 117 ✉ 35123 ✆ 651946 – ▤ DZ a

X **Giovanni,** via Maroncelli 22 ✉ 35129 ✆ 772620 – P. AE ⑤ E VISA. ✻ BV c
chiuso sabato a mezzogiorno, domenica, dal 24 dicembre al 2 gennaio e dal 26 luglio al 26 agosto – **Pasto** carta 45/64000.

X **Cavalca,** via Manin 8 ✉ 35139 ✆ 8760061 – ▤. AE ⑤ ⓓ E VISA. ✻ CDZ s
chiuso martedì sera, mercoledì, dal 16 al 25 gennaio e dal 5 al 26 luglio – **Pasto** carta 36/48000 (12%).

X **Trattoria Falcaro-da Lele,** via Pelosa 4 ✉ 35136 ✆ 8713898, – P. ✻ AV a
chiuso sabato a mezzogiorno, domenica, Natale, Capodanno e dal 5 al 20 agosto – **Pasto** carta 32/41000.

a Camin E : 4 km per A 4 BX – ✉ **35020** :

Admiral senza rist, ✆ 8700240, Fax 8700330 – |♦| ▤ TV ☎ ♿ P – 65 BX d
34 cam.

XX **Bion,** ✆ 8790064, Fax 8790064 – ▤ P. AE ⑤ ⓓ E VISA JCB. ✻
chiuso domenica, dal 1° al 6 gennaio e dal 4 al 25 agosto – **Pasto** carta 35/49000.
per via Vigonovese E : 1,5 km

in prossimità casello autostrada A 4 NE : 5 km per S 11 BV :

Sheraton Padova Hotel, ✉ 35020 Ponte di Brenta ✆ 8998299, Telex 432222, Fax 8070660 – |♦| ✻ cam ▤ TV ☎ ♿ P – 25 a 600. AE ⑤ ⓓ E VISA JCB ✻ rist BV b
Pasto *(chiuso domenica)* carta 55/100000 – **226 cam** ☑ 250/320000, 6 appartamenti.

ad Altichiero N : 6 km per S 47 AV – ✉ **35135** Padova :

X **Antica Trattoria Bertolini,** via Altichiero 162 ✆ 600357, Fax 8654140, – ▤ P. AE ⑤ ⓓ E VISA. ✻ AV t
chiuso venerdì sera, sabato e dal 1° al 20 agosto – **Pasto** carta 35/50000.

a Ponte di Brenta NE : 6 km per S 11 BV – ✉ **35020** :

Le Padovanelle, via Chilesotti ✆ 625622, Telex 430454, Fax 625320, – 70 a 200. rist BV **f**
Pasto *(chiuso domenica sera e lunedì)* carta 50/65000 – **40 cam** 185/245000 – ½ P 173000.

Antenore senza rist, via Bravi 14/b ✆ 629600, Fax 629600 – BV **d**
15000 – **23 cam** 115/170000.

Sagittario, località Torre via Randaccio 6 ✆ 725877, Fax 8932112 – 30. BV **k**
chiuso dal 24 dicembre al 1° gennaio e dal 30 luglio al 27 agosto – **Pasto** vedere rist **Dotto di Campagna** – 12000 – **43 cam** 95/140000.

Brenta senza rist, strada San Marco 128 ✆ 629800, Fax 628988 – BV **e**
18000 – **69 cam** 130/200000.

Dotto di Campagna, località Torre via Randaccio 4 ✆ 625469, Fax 8932112, – BV **k**
chiuso domenica sera, lunedì, dal 26 dicembre al 6 gennaio e dal 30 luglio al 27 agosto – **Pasto** carta 39/60000.

MICHELIN, via Venezia 104 BV - ✉ 35129, ✆ **8070072, Fax 778075.**

PAESTUM **84063** Salerno 988 ㉘, 431 F 27 – a.s. Pasqua e 15 giugno-15 settembre – 0828.

Vedere Rovine★★★ – Museo★★.

via Magna Grecia 151/156 (zona Archeologica) ✆ 811016, Fax 722322.

Roma 305 – Potenza 98 – ✦Napoli 99 – Salerno 48.

Ariston Hotel, a Laura ✆ 851333, Fax 851596, – 25 a 1200.
Pasto 40/60000 – 15000 – **110 cam** 130/160000, appartamento – ½ P 140000.

Mec Paestum Hotel, a Licinella, via Tiziano ✆ 722444, Fax 722305, – 25 a 1500. rist
Pasto carta 48/68000 (10 %) – **50 cam** 230/300000, 2 appartamenti – ½ P 190/230000.

Schuhmann, a Laura ✆ 851151, Fax 851183, ←, « Terrazza giardino in riva al mare », – cam – 100.
Pasto (solo per clienti alloggiati) 45/50000 – **36 cam** 150/200000 – ½ P 160000.

Le Palme, a Laura ✆ 851025, Telex 721397, Fax 851507, – 250. rist
aprile-ottobre – **Pasto** carta 32/49000 – **50 cam** 115/170000 – P 90/155000.

Esplanade, via Sterpina ✆ 851043, Fax 851600, « Giardino con » – – 120. rist
Pasto carta 33/50000 – **28 cam** 95/130000 – ½ P 100/135000.

Taverna dei Re, a Santa Venere ✆ 811555, Fax 811818, –
Pasto carta 40/60000 – 10000 – **15 cam** 110000 – ½ P 95/105000.

Villa Rita, zona Archeologica ✆ 811081, –
15 marzo-ottobre – **Pasto** (solo per clienti alloggiati) – 10000 – **12 cam** 50/75000 – ½ P 74/77000.

Nettuno, zona Archeologica ✆ 811028, Fax 811028, –
chiuso la sera e lunedì da settembre a giugno – **Pasto** carta 34/68000.

Oasi, zona Archeologica ✆ 811935, Rist. e pizzeria –
chiuso lunedì (escluso da aprile a settembre) – **Pasto** carta 26/45000 (10 %).

PAGANICA L'Aquila 430 O 22 – Vedere L'Aquila.

PALADINA Bergamo – Vedere Almè

PALAU Sassari 988 ㉓, 433 D 10 – Vedere Sardegna alla fine dell'elenco alfabetico.

PALAZZOLO ACREIDE Siracusa 988 ㊲, 432 P 26 – Vedere Sicilia alla fine dell'elenco alfabetico.

PALAZZOLO DELLO STELLA **33056** Udine 429 E 21 – 3 153 ab. – 0431.

Roma 594 – Udine 34 – Gorizia 51 – Portogruaro 22 – ✦Trieste 70 – ✦Venezia 89.

La Trattoria, strada statale 14 (O : 1,5 km) ✆ 588790, Fax 588790, , prenotare –
chiuso dal 1° al 10 gennaio, dal 15 al 31 ottobre, martedì a mezzogiorno da luglio al 14 settembre, anche le sere di lunedì e martedì negli altri mesi – **Pasto** carta 32/49000.

PALAZZOLO SULL'OGLIO **25036** Brescia 988 ③, 428 429 F 11 – 16 603 ab. alt. 166 – 030.

Roma 581 – ✦Bergamo 26 – ✦Brescia 32 – Cremona 77 – Lovere 38 – ✦Milano 69.

La Villa e Roma, via Bergamo 35 ✆ 731203, Fax 731574, « Parco-giardino » – rist
Pasto *(chiuso domenica sera, lunedì, dal 1° al 10 gennaio e dal 5 al 25 agosto)* carta 38/61000 – 8000 – **25 cam** 75/110000 – ½ P 100000.

a San Pancrazio NE : 3 km – ✉ **25036** Palazzolo sull'Oglio :

Hostaria al Portico, ☎ 7386164, – AE ⓢ ⓓ E VISA
chiuso domenica sera, lunedì ed agosto – **Pasto** carta 51/71000.

PALAZZUOLO SUL SENIO **50035** Firenze 988 ⑮, 430 I 16 – 1 328 ab. alt. 437 – ☎ 055.

Roma 318 – Firenze 56 – Bologna 86 – Faenza 46.

Locanda Senio con cam, borgo dell'Ore 1 ☎ 8046019, « Locale caratteristico con servizio estivo sotto un pergolato » – ☎. AE ⓢ ⓓ E VISA JCB
Pasto *(chiuso a mezzogiorno escluso i week-end, martedì e mercoledì escluso da giugno a settembre)* carta 43/78000 – **7 cam** 90/160000 – ½ P 105/115000.

PALERMO P 988 ⑮, 432 M 22 – Vedere Sicilia alla fine dell'elenco alfabetico.

PALESE **70057** Bari 431 D 32 – a.s. 21 giugno-settembre – ☎ 080.

SE : 2 km ☎ 5370910.

Roma 441 – Bari 10 – Foggia 124 – Matera 66 – Taranto 98.

Palumbo senza rist, via Vittorio Veneto 31/33 ☎ 5300222, Fax 5300222, – ☎ P. AE ⓢ ⓓ E VISA JCB.
13 cam 100/190000, 10000.

La Baia, via Vittorio Veneto 29/a ☎ 5300288, Fax 5301002, – cam ☎ P – 80. AE ⓢ ⓓ E VISA JCB. rist
Pasto carta 36/51000 (15%) – 12000 – **51 cam** 88/147000, 10000 – ½ P 90000.

Da Tommaso, lungomare Massaro ☎ 5300038, ≤, Specialità di mare, prenotare

PALESTRINA **00036** Roma 988 ㉖, 430 Q 20 – 16 312 ab. alt. 465 – ☎ 06.

Roma 39 – Anzio 69 – Frosinone 52 – Latina 58 – Rieti 91 – Tivoli 27.

Stella, piazzale della Liberazione 3 ☎ 9538172, Fax 9573360 – rist ☎. AE ⓢ ⓓ VISA
Pasto al Rist. ***Coccia*** carta 29/47000 (12%) – 7000 – **28 cam** 65/95000 – ½ P 70000.

PALINURO **84064** Salerno 988 ㊳, 431 G 27 – a.s. luglio-agosto – ☎ 0974.

Roma 376 – Potenza 173 – Napoli 170 – Salerno 119 – Sapri 49.

King's Residence , ☎ 931324, Fax 931418, ≤ mare e costa, – ☎ P. AE ⓢ ⓓ E VISA.
Natale e Pasqua-ottobre – **Pasto** 40/60000 – **36 cam** 220/330000 – ½ P 150/250000.

Gd H. San Pietro , ☎ 931914, Fax 931919, ≤ mare e costa, – ☎ P – 40 a 200. AE ⓢ ⓓ E VISA.
aprile-settembre – **Pasto** carta 49/80000 – **49 cam** 220/290000 – ½ P 140/180000.

La Conchiglia, ☎ 931018, Fax 931030, – ☎. rist
Pasqua-25 settembre – **Pasto** *(chiuso sino a maggio)* carta 30/40000 (15%) – **26 cam** 60/105000 – P 90/110000.

Lido Ficocella, ☎ 931051, Fax 931997, ≤ mare e costa – ☎. AE ⓢ ⓓ E VISA.
aprile-settembre – **Pasto** carta 28/40000 – 9000 – **31 cam** 49/78000 – ½ P 59/92000.

Da Carmelo, località Isca E : 2 km ☎ 931138, Fax 931138 – P. AE ⓢ VISA
chiuso lunedì e dal 10 ottobre al 20 dicembre – **Pasto** carta 38/57000 (10%).

sulla strada statale 447 r NO : 1,5 km :

Saline , ✉ 84064 ☎ 931112, Fax 931243, ≤, – ☎ P
stagionale – **54 cam.**

PALLANZA Verbania 988 ②, 428 E 7 – Vedere Verbania.

PALLUSIEUX Aosta 219 ① – Vedere Pré-Saint-Didier.

PALMA DI MONTECHIARO Agrigento 988 ㊱, 432 P 23 – Vedere Sicilia alla fine dell'elenco alfabetico.

PALMANOVA **33057** Udine 988 ⑥, 429 E 21 – 5 439 ab. alt. 26 – ☎ 0432.

Roma 612 – Udine 31 – Gorizia 33 – Grado 28 – Pordenone 57 – Trieste 50.

Commercio, borgo Cividale 15 ☎ 928200 e rist ☎ 928740, Fax 923568, Rist. e pizzeria – rist ☎. AE ⓢ ⓓ E VISA. rist
Pasto 18/25000 e al Rist. ***Da Gennaro*** *(chiuso mercoledì e dal 13 al 24 luglio)* carta 26/45000 – **34 cam** 58/93000 – ½ P 65000.

PANA (Monte) Bolzano – Vedere Santa Cristina Valgardena.

PANAREA (Isola) Messina 988 ㊲ e ㊳, 431 432 L 27 – Vedere Sicilia (Eolie,isole) alla fine dell'elenco alfabetico.

PANCHIÀ **38030** Trento 429 D 16 – 614 ab. alt. 981 – a.s. 23 gennaio-Pasqua e Natale – ☎ 0462.
(luglio-agosto) ☎ 241170.
Roma 656 – Bolzano 50 – Trento 59 – Belluno 84 – Canazei 31 – Milano 314.

Rio Bianco, ☎ 813077, Fax 813077, ←, « Giardino ombreggiato con riscaldata », – . E VISA.
dicembre-20 aprile e 20 giugno-15 settembre – **Pasto** (solo per clienti alloggiati) 30/40000 – 10000 – **37 cam** 80/130000 – ½ P 105000.

PANDINO **26025** Cremona 988 ③, 428 F 10 – 7 318 ab. alt. 85 – ☎ 0373.
Roma 556 – Bergamo 36 – Cremona 52 – Lodi 12 – Milano 35.

a Nosadello O : 2 km – ✉ **26025** Pandino :

Volpi, via Indipendenza 36 ☎ 90100, – . AE E VISA
chiuso domenica sera, lunedì, dal 1° al 10 gennaio e dal 15 al 30 agosto – **Pasto** carta 31/45000.

PANICALE **06064** Perugia 430 M 18 – 5 258 ab. alt. 441 – ☎ 075.
Roma 158 – Perugia 39 – Chianciano Terme 33.

Le Grotte di Boldrino con cam, via Virgilio Ceppari 30 ☎ 837161, Fax 837166 – – 50. AE E VISA
Pasto *(chiuso mercoledì da ottobre a marzo)* carta 34/54000 – 7000 – **11 cam** 85/100000 – ½ P 85/90000.

PANICAROLA Perugia 430 M 18 – Vedere Castiglione del Lago.

PANNESI Genova – Vedere Lumarzo.

PANTELLERIA (Isola di) Trapani 988 ㊱, 432 Q 18 – Vedere Sicilia alla fine dell'elenco alfabetico.

PANZA Napoli – Vedere Ischia (Isola d') : Forio.

PANZANO Firenze – Vedere Greve in Chianti.

PARABIAGO **20015** Milano 428 F 8, 219 ⑱ – 23 504 ab. alt. 180 – ☎ 0331.
Roma 598 – Milano 21 – Bergamo 73 – Como 40.

Del Riale senza rist, via S. Giuseppe 1 ☎ 554600, Fax 490667 – – 90. AE E VISA
chiuso dal 5 al 27 agosto – **37 cam** 140/200000.

Da Palmiro, via del Riale 16 ☎ 552024, Fax 553355, Specialità di mare –

PARADISO Udine – Vedere Pocenia.

PARAGGI **16038** Genova 428 J 9 – ☎ 0185.
Roma 484 – Genova 35 – Milano 170 – Rapallo 7 – La Spezia 86.

Paraggi, ☎ 289961, Fax 286745, – . AE E VISA. rist
Pasto carta 55/95000 (10%) – **18 cam** 188/326000 – ½ P 250/280000.

Baia, ☎ 285894, Fax 284848, ← mare – . AE E VISA JCB
chiuso gennaio e febbraio – **Pasto** vedere rist **Argentina** – 20000 – **10 cam** 180/270000.

Argentina con cam, ☎ 286708 – . AE E VISA
15 dicembre-10 gennaio e 15 marzo-ottobre – **Pasto** carta 45/70000 – **12 cam** 120/170000 – ½ P 170000.

PARATICO **25030** Brescia 428 429 F 11 – 3 307 ab. alt. 232 – a.s. Pasqua e luglio-15 settembre – ☎ 035.
Roma 582 – Bergamo 28 – Brescia 33 – Cremona 78 – Lovere 29 – Milano 70.

Franciacorta Golf Hotel, via XXIV Maggio 48 ☎ 913333, Fax 913600, , – – 50 a 100
40 cam.

PARCINES **(PARTSCHINS)** **39020** Bolzano 429 B 15, 218 ⑨ – 2 995 ab. alt. 641 – ☎ 0473.
via Spauregg 10 ☎ 967168, Fax 967798.
Roma 674 – Bolzano 35 – Merano 8,5 – Milano 335 – Trento 95.

Peter Mitterhofer , ☎ 967122, Fax 968025, , , , –
stagionale – **15 cam.**

a Tel (Töll) SE : 2 km – ✉ **39020** :

Museumstube-Onkel Taa, ☎ 967342, Fax 967771, Specialità lumache, prenotare, « Rist. rustico tirolese con raccolta oggetti di antiquariato » – . AE E VISA
chiuso lunedì, dal 20 novembre al 25 dicembre e dal 15 gennaio al 15 marzo – **Pasto** carta 48/72000.

PARCO NAZIONALE D'ABRUZZO L'Aquila-Isernia-Frosinone 988 ㉗, 430 Q 23.
Vedere Guida Verde.

PARETI Livorno – Vedere Elba (Isola d'): Capoliveri.

PARGHELIA 88035 Vibo Valentia 431 K 29 – 1 416 ab. – ☎ 0963.
Roma 633 – ♦Reggio di Calabria 115 – Catanzaro 89 – ♦Cosenza 118 – Tropea 3.

Baia Paraelios, località Fornaci O : 3 km ☎ 600004, Fax 600074, « Villini indipendenti in un parco mediterraneo digradante sul mare », – ☎ – 80 a 120 *stagionale* – **72 cam.**

PARMA 43100 P 988 ⑭, 428 429 H 12 – 169 299 ab. alt. 52 – ☎ 0521.

Vedere Complesso Episcopale★★★ CY : Duomo★★, Battistero★★ A – Galleria nazionale★★, teatro Farnese★★, museo nazionale di antichità★ nel palazzo della Pilotta BY – Affreschi★★ del Correggio nella chiesa di San Giovanni Evangelista CYZ D – Camera del Correggio★ CY – Museo Glauco Lombardi★ BY M1 – Affreschi★ del Parmigianino nella chiesa della Madonna della Steccata BZ E – Parco Ducale★ ABY – Casa Toscanini★ BY.

La Rocca (chiuso lunedì) a Sala Baganza ✉ 43038 ☎ 834037, Fax 834575, SO : 14 km.

di Fontana per ② : 3 km ☎ 994356 – Alitalia, via Mazza 21 ☎ 230063.

piazza Duomo 5 ☎ 234735, Fax 238605.

A.C.I. via Cantelli 15 ☎ 236672.

Roma 458 ① – ♦Bologna 96 ① – ♦Brescia 114 ① – ♦Genova 198 ⑤ – ♦Milano 122 ① – ♦Verona 101 ①.

Gd H. Baglioni, viale Piacenza 12/c ☎ 292929, Telex 532240, Fax 292828 – cam – 50 a 700. AE VISA. rist AY **a**
Pasto al Rist. ***Canova*** carta 60/80000 – **163 cam** 280/350000, 6 appartamenti.

Palace Hotel Maria Luigia, viale Mentana 140 ☎ 281032, Telex 531008, Fax 231126 – – 30 a 100. AE VISA. CY **z**
Pasto 45/55000 e al Rist. ***Maxim's*** *(chiuso domenica e dal 7 al 31 agosto)* carta 55/84000 – **91 cam** 240/360000, 10 appartamenti – ½ P 195/230000.

Verdi senza rist, via Pasini 18 ☎ 293539, Fax 293559 – . AE VISA. AY **b**
15000 – **17 cam** 175/255000, 3 appartamenti.

Park Hotel Stendhal, piazzetta Bodoni 3 ☎ 208057, Telex 531216, Fax 285655 – – 150. AE VISA. rist BY **r**
Pasto 38/47000 e al Rist. ***La Pilotta*** *(chiuso domenica sera, lunedì e dal 1° al 22 agosto)* carta 40/62000 – 19000 – **60 cam** 165/252000 – ½ P 150/170000.

Villa Ducale senza rist, via del Popolo 35 ☎ 272727, Fax 780756, « Parco ombreggiato » – – 50 a 150. AE VISA. 2 km per ① CY
chiuso dal 23 dicembre al 1° gennaio – **28 cam** 150/190000.

PARMA

Cavour (Strada) . . . . . . BY 3
Farini (Strada) . . . . . . BZ
Garibaldi (Via) . . . . . . BCY

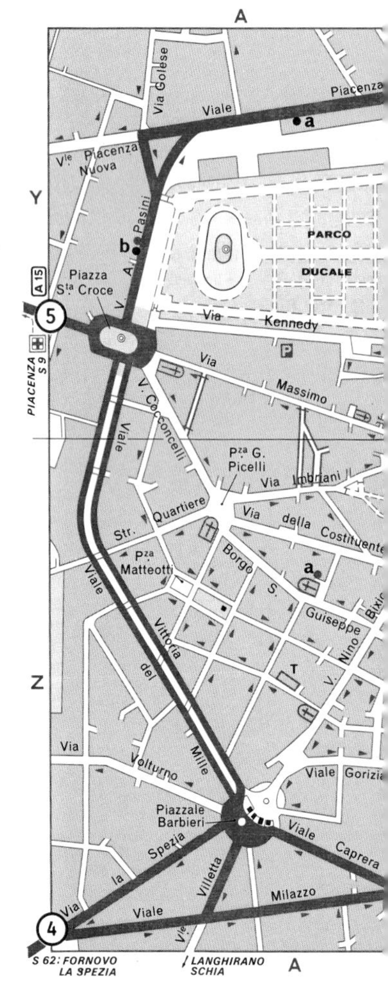

Park Hotel Toscanini senza rist, viale Toscanini 4 ☎ 289141, Fax 283143 – 🛗 ▤ TV ☎ 🚗 Ⓟ – 🧑‍🏫 40 a 60. AE 🅂 ◐ E VISA
BZ **e**
48 cam ☕ 180/260000.

Farnese International Hotel, via Reggio 51/a ☎ 994247, Fax 992317 – 🛗 ▤ TV ☎ 🚗 Ⓟ – 🧑‍🏫 70 a 120. AE 🅂 ◐ E VISA. ✂ rist
BY
Pasto *(chiuso domenica)* carta 34/46000 – **76 cam** ☕ 105/157000 – ½ P 100000.

Astoria Executive Hotel, via Trento 9 ☎ 272717, Fax 272724 – 🛗 ▤ TV ☎ 🚗 – 🧑‍🏫 25. AE 🅂 ◐ E VISA JCB. ✂
CY **a**
Pasto vedere rist **San Barnaba** – **80 cam** ☕ 105/160000, appartamento – ½ P 109000.

Torino senza rist, borgo Mazza 7 ☎ 281047, Fax 230725 – 🛗 ▤ TV ☎ 🚗. AE 🅂 ◐ E VISA JCB
BY **v**
chiuso dal 25 al 30 dicembre e dal 1° al 26 agosto – ☕ 12000 – **33 cam** 95/145000.

Mazzini (Strada) . . . . . **BZ** 13
Repubblica (Strada della) . . . **CZ**

Duomo (Strada al) . . . . . **CY** 8
Garibaldi (Piazza) . . . . . **BZ** 9
Pace (Pza della) . . . . . **BY** 15
Pilotta (Piazza) . . . . . **BY** 17
Ponte Caprazucca . . . . . **BZ** 19
Ponte Italia . . . . . **BZ** 20
Ponte di Mezzo . . . . . **BZ** 21
Ponte Verdi . . . . . **BY** 22
Reggio (Via) . . . . . **BY** 23
Rustici (Viale G.) . . . . . **BZ** 24
Salnitrara (Via) . . . . . **BZ** 26
Studi (Borgo degli) . . . . . **CY** 27
Toscanini (Viale) . . . . . **BZ** 28
Trento (Via) . . . . . **CY** 30
Varese (Via) . . . . . **BZ** 31

B
A1
MANTOVA
S 343
C
0
300 m
Via Palermo
Viale Bottego
Viale Mentana
Viale Antonio Fratti
Via Trieste
Pzale S. Allende
V. delle Fonderie
Vle IV Novembre
Via Paolo Toschi
Via Verdi
Via Garibaldi
Str. Cavallotti
Pal. della Pilotta
CAMERA DEL CORREGGIO
Pza Duomo
DUOMO
Bgo Colonne
Viale Saffi
Via Aurelio
Via Dalmazia
Viale Mariotti
D'Azeglio
Strada della Repubblica
Via 20 Marzo
Via Cairoli
Str. 22 Luglio
Borgo R. da Parma
Strada Farini
Viale Mentana
Viale Tanara
Pzale Vittorio Emanuele II
Lalatta
Bgo Regale
V. Padre Onorio Rosi
Viale S. Michele
Vle P. Maria Rossi
Vle Partigiani d'Italia
Piazzale Risorgimento
Borgo Felino
Str.
Pzale Rondani
PARMA
Viale Maria Luigia
Viale Basetti
A.C.I.
Viale Martiri della Libertà
Viale Berenini
Pzale 25 Aprile
Via Passo Buole
Vle Duca Alessandro
LANGHIRANO SCHIA
B
C
S 513
MONTICELLI TERME TRAVERSETOLO

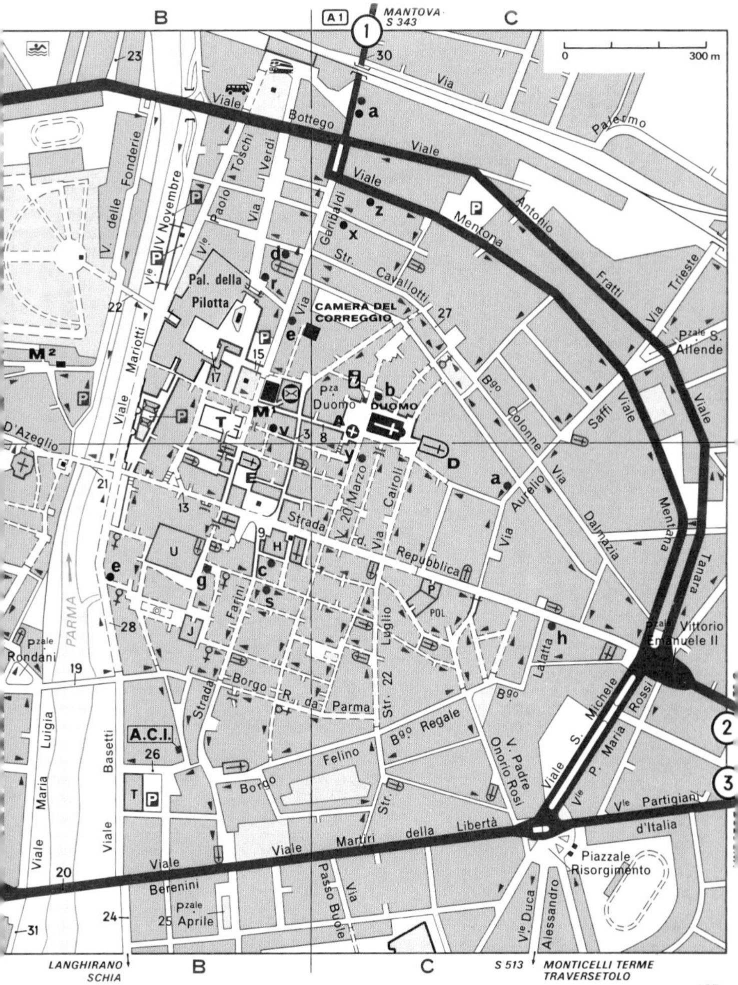

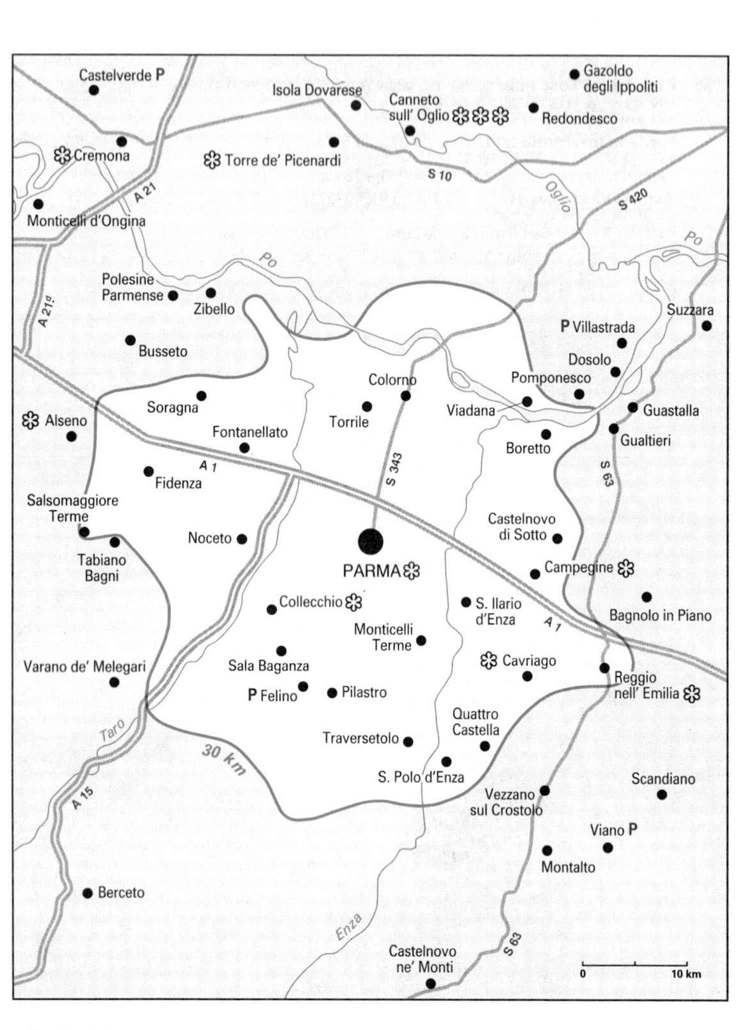

Daniel, via Gramsci 16 ang. via Abbeveratoia ✆ 995147, Fax 292606 – per ⑤
chiuso agosto – **Pasto** vedere rist **Cocchi** – **32 cam** 111/163000 – ½ P 100/115000.

Savoy senza rist, via 20 Settembre 3/a ✆ 281101, Fax 281103 – CY **x**
chiuso dal 23 dicembre al 1° gennaio ed agosto – **27 cam** 105/155000.

XXX ✿ **Parizzi,** strada della Repubblica 71 ✆ 285027, Fax 285952, prenotare – CZ **h**
chiuso Natale, lunedì e domenica da giugno ad agosto – **Pasto** carta 44/64000
Spec. Ravioli di parmigiano con sugo leggero di vitello, Petto di faraona in crosta di frutta secca, Involtino di rombo e pancetta affumicata con salsa di senape dolce (autunno-inverno).

XXX **Angiol d'Or,** vicolo Scutellari 1 ✆ 282632, Fax 282747, « Servizio estivo all'aperto » – CY **b**
chiuso domenica, dal 24 al 26 dicembre e dal 14 al 16 agosto – **Pasto** 45/60000 e carta 57/86000.

XXX **Santa Croce,** via Pasini 20 ✆ 293529, Fax 293520, – AY **b**
chiuso domenica e dal 5 al 20 agosto – **Pasto** 35/40000 (a mezzogiorno) e carta 48/63000.

XX ❀ **La Greppia,** strada Garibaldi 39/a ✆ 233686, prenotare – ▤. AE ⓈⓈ ⓞ E VISA JCB. ⌿ BY **e**
chiuso lunedì, martedì e luglio – **Pasto** carta 57/86000
Spec. Carpaccio di vitello in salsa di fichi (estate-autunno), Tortelli d'erbette alla parmigiana, Sella di coniglio alle amarene (estate).

XX **Il Cortile,** borgo Paglia 3 ✆ 285779, Coperti limitati; prenotare – ▤. AE ⓈⓈ ⓞ E VISA AZ **a**
chiuso domenica, lunedì a mezzogiorno e dal 1° al 22 agosto – **Pasto** 20000 (a mezzogiorno) e carta 38/55000.

XX Croce di Malta, borgo Palmia 8 ✆ 235643, prenotare, « Servizio estivo all'aperto » BZ **g**

XX **Cocchi,** via Gramsci 16/a ✆ 981990 – |‡| ▤ Ⓟ. AE ⓈⓈ ⓞ E VISA per ⑤
chiuso sabato, 25-26 dicembre ed agosto – **Pasto** carta 51/71000.

XX **La Filoma,** via 20 Marzo 15 ✆ 234269, Coperti limitati; prenotare – AE ⓈⓈ ⓞ E VISA
chiuso domenica e lunedì – **Pasto** carta 50/68000. CZ **y**

XX **Parma Rotta,** via Langhirano 158 ✆ 581323, « Servizio estivo sotto un pergolato » – ⇆ Ⓟ. AE ⓈⓈ ⓞ VISA. ⌿ per viale Rustici BZ
chiuso domenica da giugno ad agosto e lunedì negli altri mesi – **Pasto** carta 38/58000.

X **Al Canòn d'Or,** via Nazario Sauro 3 ✆ 285234, Fax 281471 – AE ⓈⓈ ⓞ E VISA JCB
chiuso mercoledì – **Pasto** carta 36/59000. BZ **s**

X **Gallo d'Oro,** borgo della Salina 3 ✆ 208846 – ▤. AE ⓈⓈ ⓞ E VISA BZ **c**
chiuso domenica – **Pasto** carta 30/47000.

X **I Tri Siochètt,** strada Farnese 74 ✆ 592194, ⛱ – Ⓟ. AE ⓈⓈ ⓞ E VISA
chiuso lunedì, dal 1° al 7 gennaio e dal 7 al 21 agosto – **Pasto** carta 28/43000.
per viale Villetta AZ

X **Da Marino,** via Affò 2/A ✆ 236905 – ▤. AE ⓈⓈ ⓞ E VISA JCB. ⌿ BY **d**
chiuso domenica, dal 24 dicembre al 3 gennaio e dal 13 agosto al 4 settembre – **Pasto** carta 44/58000.

X **San Barnaba,** via Trento 11 ✆ 270365 – AE ⓈⓈ ⓞ E VISA JCB. ⌿ CY **a**
Pasto carta 34/54000.

X **Osteria al 36,** via Borgo Retto ✆ 287061 CZ **a**
chiuso domenica – **Pasto** carta 28/43000.

a San Lazzaro Parmense per ③ : 3 km – ✉ **43026** :

XX ❀ **Al Tramezzino,** via Del Bono 5/b ✆ 45868, Fax 45868, ⛱ – AE ⓈⓈ ⓞ E VISA JCB
chiuso lunedì e dal 1° al 15 luglio – **Pasto** carta 46/75000
Spec. Nido di soncino con storione affumicato e granaglie tostate, Timballo di riso alle verdure con culatello e fonduta di parmigiano, Polpa di struzzo saltata in padella con porcini e patate al rosmarino.

sulla strada statale 9 - via Emilia per ③ : 5 km :

XX Charly, ✉ 43026 San Lazzaro Parmense ✆ 493974, ⛱, « Villa del 18° secolo » – Ⓟ

a Castelnovo di Baganzola per ① : 6 km – ✉ **43100** Parma :

X **Le Viole,** ✆ 601000, ⛱ – Ⓟ. AE ⓈⓈ ⓞ VISA. ⌿
chiuso mercoledì, giovedì a mezzogiorno, dal 15 gennaio al 10 febbraio e dal 12 al 18 agosto – **Pasto** carta 31/40000.

a Gaione SO : 6 km per viale Rustici BZ – ✉ **43010** :

X **Trattoria Antichi Sapori,** via Montanara 318 ✆ 648165, ⛱ – Ⓟ. AE ⓈⓈ ⓞ E VISA
chiuso martedì, dal 1° al 15 gennaio e dal 1° al 16 agosto – **Pasto** carta 33/47000.

MICHELIN, via Nobel 5/A - località Paradigna, insediamento S.P.I.P. per ① - ✉ 43100, ✆ 607717, Fax 607053.

PARPANESE Pavia – Vedere Arena Po.

PARTSCHINS = Parcines.

PASSIGNANO SUL TRASIMENO **06065** Perugia 988 ⑮, 430 M 18 – 4 920 ab. alt. 289 – ☎ 075.
Roma 211 – ◆Perugia 27 – Arezzo 48 – Siena 80.

- **La Vela,** via Rinascita 2 ☎ 827221, Fax 828211 – 🛗 ☎ 🚗 Ⓟ. AE 🅢 E VISA
  Pasto vedere rist **Il Fischio del Merlo** – ☕ 5000 – **31 cam** 60/80000.
- **Trasimeno** senza rist, via Roma 16/a ☎ 829355, Fax 829267 – 🛗 ☎ Ⓟ. AE 🅢 ⓓ E VISA. ✻
  ☕ 8000 – **30 cam** 60/80000.
- XX **Il Fischio del Merlo,** via Gramsci 14 ☎ 829283, Fax 829283, 🍽 – Ⓟ. AE 🅢 ⓓ E VISA
  chiuso martedì e dal 4 al 20 novembre – **Pasto** carta 29/58000.

PASSO Vedere nome proprio del passo.

PASSO LANCIANO Chieti 430 P 24 – alt. 1 306 – a.s. 4 febbraio-15 aprile, 25 luglio-20 agosto e Natale – Sport invernali : 1 306/2 000 m ⛷7.
Roma 200 – ◆Pescara 57 – Chieti 39 – Ortona 52.

- **La Maielletta** 🐦, alt. 1 280, ✉ 66010 Pretoro ☎ (0871) 896164, Fax (0871) 896141 – 🛗 ☎ Ⓟ. 🅢 E VISA. ✻
  dicembre-Pasqua e luglio-10 settembre – **Pasto** *(chiuso martedì)* carta 33/46000 (10%) – ☕ 10000 – **50 cam** 50/90000 – ½ P 85000.
- **Mamma Rosa** 🐦, via Maielletta S : 5 km, alt. 1 650, ✉ 66010 Pretoro ☎ (0871) 896143, Fax 896130, ≤ vallata, 🏔 – 📺 ☎ 🚗 Ⓟ. 🅢 ⓓ E VISA. ✻
  chiuso maggio – **Pasto** carta 29/41000 – ☕ 10000 – **40 cam** 80/100000 – ½ P 80/100000.

PASTENA **03020** Frosinone 430 R 22 – 1 715 ab. alt. 317 – ☎ 0776.
Roma 114 – Frosinone 32 – Latina 86 – ◆Napoli 138.

- X **Mattarocci,** ☎ 546537, ≤ – AE. ✻
  Pasto carta 23/41000.

PASTRENGO **37010** Verona 428 F 14 – 2 335 ab. alt. 192 – ☎ 045.
Roma 509 – ◆Verona 18 – Garda 16 – Mantova 49 – ◆Milano 144 – Trento 82 – ◆Venezia 135.

- XX **Stella d'Italia,** piazza Carlo Alberto ☎ 7170034, 🍽 – ▤. AE 🅢 ⓓ E VISA. ✻
  chiuso mercoledì e dal 9 al 16 agosto – **Pasto** carta 36/60000.

a Piovezzano N : 1,5 km – ✉ **37010** Pastrengo :

- X **Eva,** ☎ 7170110, 🍽 – ▤ Ⓟ. AE 🅢 E VISA. ✻
  chiuso martedì e dall'11 al 19 agosto – **Pasto** carta 32/46000.

PASTURANA Alessandria – Vedere Novi Ligure.

PATRICA **03010** Frosinone 430 R 21 – 2 735 ab. alt. 436 – ☎ 0775.
Roma 113 – Frosinone 20 – Latina 49.

sulla strada statale 156 SE : 11,5 km :

- XX **Dal Patricano,** ✉ 03010 ☎ 222459, Fax 222136 – ▤ Ⓟ. AE 🅢 ⓓ E VISA JCB. ✻
  chiuso lunedì – **Pasto** 25/35000 e carta 37/55000.

PATTI (Marina di) Messina 988 ㊲, 432 M 26 – Vedere Sicilia alla fine dell'elenco alfabetico.

PAVIA **27100** Ⓟ 988 ⑬, 428 G 9 – 75 747 ab. alt. 77 – ☎ 0382.
Vedere Castello Visconteo★ BY – Duomo★ AZ **D** – Chiesa di San Michele★BZ **B** – Arca di Sant'Agostino★ e portale★ della chiesa di San Pietro in Ciel d'Oro AY **E** – Tomba★ nella chiesa di San Lanfranco O : 2 km.
Dintorni Certosa di Pavia★★★ per ① : 9 km.
🅘 via Fabio Filzi 2 ☎ 22156, Fax 32221.
A.C.I. piazza Guicciardini 5 ☎ 301381.
Roma 563 ③ – Alessandria 66 ③ – ◆Genova 121 ④ – ◆Milano 38 ⑤ – Novara 62 ④ – Piacenza 54 ③.

Pianta pagina seguente

- **Moderno** senza rist, viale Vittorio Emanuele 41 ☎ 303401, Fax 25225 – 🛗 ▤ 📺 ☎ ♿ – 🏛 45. AE 🅢 ⓓ E VISA JCB. ✻ AY **a**
  chiuso dal 23 al 30 dicembre – ☕ 15000 – **54 cam** 135/180000.
- XXX ✿ **Locanda Vecchia Pavia,** via Cardinal Riboldi 2 ☎ 304132, Fax 304132, Coperti limitati; prenotare – ▤. AE 🅢 ⓓ E VISA. ✻ AZ **x**
  chiuso lunedì, mercoledì a mezzogiorno, dal 1° al 9 gennaio ed agosto – **Pasto** 50/100000 (a mezzogiorno) 70/105000 (alla sera) e carta 62/104000
  Spec. Fiori di zucchine farciti con fonduta di taleggio e insalata di porcini (aprile-ottobre), Fantasia di bavette con scampi e peperoni glassati, Filetto di cernia con pomodorini capperi e acciughe (aprile-novembre).

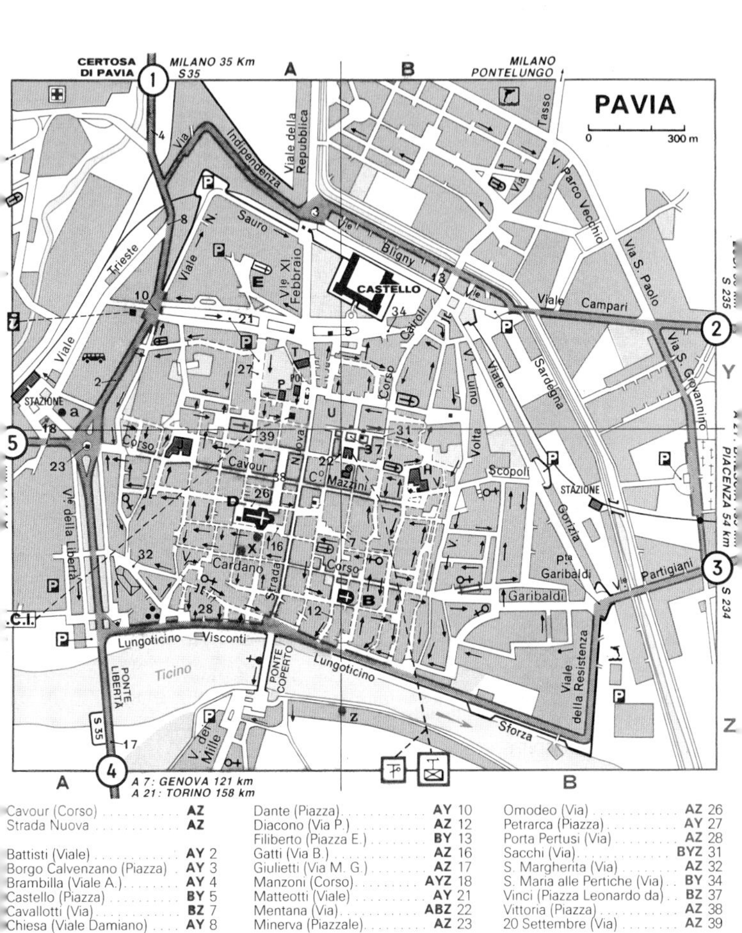

Cavour (Corso)	AZ	Dante (Piazza)	AY 10	Omodeo (Via)	AZ 26
Strada Nuova	AZ	Diacono (Via P.)	AZ 12	Petrarca (Piazza)	AY 27
		Filiberto (Piazza E.)	BY 13	Porta Pertusi (Via)	AZ 28
Battisti (Viale)	AY 2	Gatti (Via B.)	AZ 16	Sacchi (Via)	BYZ 31
Borgo Calvenzano (Piazza)	AY 3	Giulietti (Via M. G.)	AZ 17	S. Margherita (Via)	AZ 32
Brambilla (Viale A.)	AY 4	Manzoni (Corso)	AYZ 18	S. Maria alle Pertiche (Via)	BY 34
Castello (Piazza)	BY 5	Matteotti (Viale)	AY 21	Vinci (Piazza Leonardo da)	BZ 37
Cavallotti (Via)	BZ 7	Mentana (Via)	ABZ 22	Vittoria (Piazza)	AZ 38
Chiesa (Viale Damiano)	AY 8	Minerva (Piazzale)	AZ 23	20 Settembre (Via)	AZ 39

✗ **Osteria della Madonna da Peo,** via dei Liguri 28 ☎ 302833 – AE 🅢 ⓓ E VISA JCB. ✱ AZ **x**
chiuso domenica, Natale ed agosto – **Pasto** 45/60000.

✗ **Francescon,** via dei Mille 146 ☎ 22331 – Ⓟ. VISA. ✱ AZ
chiuso lunedì e dal 20 luglio al 15 agosto – **Pasto** carta 30/47000.

✗ **Antica Osteria del Previ,** località Borgo Ticino via Milazzo 65 ☎ 26203, prenotare – ▤. 🅢 ⓓ E VISA. ✱ ABZ **z**
chiuso domenica, dal 1° all'8 gennaio, dal 21 luglio al 6 agosto e a mezzogiorno dal 7 al 31 agosto – **Pasto** carta 40/70000.

sulla strada statale 35 : per ① : 4 km :

✗✗✗ **Al Cassinino,** ✉ 27100 ☎ 422097, Fax 422097, Coperti limitati; prenotare – ▤ Ⓟ. ✱
chiuso mercoledì – **Pasto** carta 65/90000.

PAVIA DI UDINE **33050** Udine 429 E 21 – 5 437 ab. alt. 68 – ☎ 0432.

Roma 635 – Udine 11 – Gorizia 29 – ♦Milano 374 – ♦Trieste 64 – ♦Venezia 124.

a Lauzacco SO : 3 km – ✉ **33050** Risano :

✗✗ **Al Gallo-da Paolo,** via Ippolito Nievo 7 ☎ 675161, 🏡 – ▤ Ⓟ. AE 🅢 ⓓ E VISA
chiuso lunedì, dal 1° al 17 gennaio e dall'8 al 22 agosto – **Pasto** carta 34/56000.

[PAVULLO NEL FRIGNANO] **41026** Modena [988] ⑭, [428] [429] [430] I 14 – 13 610 ab. alt. 682 – a.s. luglio-agosto e Natale – ☎ 0536.

Roma 411 – ♦ Bologna 77 – ♦Firenze 137 – ♦Milano 222 – ♦Modena 47 – Pistoia 101 – Reggio nell'Emilia 61.

🏨 **Vandelli,** via Giardini Sud 7 ✆ 20288, Fax 23608 – ⇅ 🚭 ▤ rist 📺 ☎ 🚗 🅿 – 🎤 120. [AE] [$] [E] [VISA]. 🐕
chiuso novembre – **Pasto** *(chiuso martedì)* carta 45/60000 – ☕ 20000 – **40 cam** 90/200000 – P 100/160000.

🏨 **Ferro di Cavallo,** via Bellini 4 ✆ 20098 – ⇅ ▤ rist 📺 ☎ 🚗 🅿. [AE] [$] ⓓ [E] [VISA]. 🐕 rist
chiuso dal 1° gennaio al 15 febbraio – **Pasto** *(chiuso lunedì)* 30/40000 – ☕ 20000 – **18 cam** 90/135000 – ½ P 90/100000.

🍴🍴 **Parco Corsini,** viale Martiri 11 ✆ 20129, Fax 23007 – [AE] [$] ⓓ [E] [VISA] [JCB]. 🐕
chiuso lunedì, dal 7 al 27 gennaio e dal 17 al 30 giugno – **Pasto** carta 29/44000.

🍴🍴 **Vecchia Trattoria,** località Querciagrossa S : 2,5 km ✆ 21585, « Servizio estivo in terrazza panoramica » – 🅿. [$] [E] [VISA]. 🐕
chiuso lunedì, dal 15 al 21 giugno e dal 6 al 20 settembre – **Pasto** carta 29/48000.

[PECORONE] Potenza [431] G 29 – Vedere Lauria.

[PEDASO] **63016** Ascoli Piceno [988] ⑯ ⑰, [430] M 23 – 1 954 ab. – ☎ 0734.

Roma 249 – Ascoli Piceno 57 – ♦Ancona 72 – Macerata 52 – ♦Pescara 86 – Porto San Giorgio 11.

🏨 **Valdaso,** ✆ 931349, Fax 931701, 🏋, 🏖 – ⇅ 📺 ☎ ♿ 🚗 🅿 – 🎤 50. [AE] [$] ⓓ [E] [VISA]
Pasto *(chiuso domenica da ottobre a giugno)* carta 20/34000 – ☕ 3000 – **27 cam** 45/65000 – ½ P 55000.

[PEDEMONTE] Verona [428] [429] F 14 – Vedere San Pietro in Cariano.

[PEDERIVA] Vicenza – Vedere Grancona.

[PEDEROBBA] **31040** Treviso [429] E 17 – 6 542 ab. alt. 225 – ☎ 0423.

Dintorni Possagno : Deposizione★ nel tempio di Canova O : 8,5 km.

Roma 560 – Belluno 46 – ♦Milano 265 – ♦Padova 59 – Treviso 35 – ♦Venezia 66.

ad Onigo di Piave SE : 3 km – ✉ **31050** :

🍴🍴 **Le Rive,** via Rive 46 ✆ 64267, « Servizio estivo all'aperto » – [AE] [$] [E] [VISA]
chiuso martedì e mercoledì – **Pasto** carta 25/36000.

[PEDRACES] **(PEDRATSCHES)** Bolzano – Vedere Badia.

[PEGLI] Genova – Vedere Genova.

[PEIO] **38020** Trento [988] ④, [428] [429] C 14 – 1 825 ab. alt. 1 389 – Stazione termale, a.s. 29 gennaio-12 marzo, Pasqua e Natale – Sport invernali : 1 389/2 300 m 🚡1 ⛷5, ⛷ – ☎ 0463.

[i] alle Terme ✆ 753100.

Roma 669 – Sondrio 103 – ♦Bolzano 93 – Passo di Gavia 54 – ♦Milano 256 – Trento 87.

a Cògolo E : 3 km – ✉ **38024** :

🏨 **Kristiania** 🐚, ✆ 754157, Fax 754400, ≤, 🏋, 🏖 – ⇅ 📺 ☎ 🚗 🅿. [AE] [$] ⓓ [E] [VISA]. 🐕
dicembre-aprile e 10 giugno-25 settembre – **Pasto** carta 30/44000 – ☕ 15000 – **40 cam** 85/130000 – ½ P 115000.

🏨 **Cevedale,** ✆ 754067, Fax 754067 – ⇅ 📺 ☎ 🅿. [$] [VISA]. 🐕 rist
chiuso maggio e novembre – **Pasto** carta 28/42000 – **33 cam** ☕ 75/120000 – ½ P 90/110000.

🏨 **Gran Zebrù** senza rist, ✆ 754433, Fax 754563 – ⇅ ☎ 🚗 🅿. 🐕
Natale-Pasqua e giugno-settembre – **22 cam** ☕ 65/120000.

🏨 **Biancaneve** 🐚, ✆ 754100, Fax 754100, ≤ – ⇅ ☎ 🚗 🅿. 🐕
20 dicembre-Pasqua e luglio-10 settembre – **Pasto** 25/28000 – ☕ 10000 – **23 cam** 75/100000 – ½ P 63/81000.

🍴 **Il Mulino,** al bivio per Comasine S : 3 km ✆ 754244 – 🅿. [AE] [$]
20 dicembre-20 aprile e 20 giugno-15 settembre; chiuso a mezzogiorno escluso Natale, Pasqua e dal 20 giugno al 15 settembre – **Pasto** carta 36/56000.

[PENNABILLI] **61016** Pesaro [988] ⑮, [429] [430] K 18 – 3 105 ab. alt. 550 – a.s. 25 giugno-agosto – ☎ 0541.

Roma 307 – Rimini 46 – ♦Perugia 121 – Pesaro 76.

🏨 **Parco,** ✆ 928446, Fax 928498, 🌳 – ⇅ ☎. [$]. 🐕
chiuso da novembre a gennaio – **Pasto** *(chiuso martedì)* carta 27/40000 – ☕ 6500 – **22 cam** 55/75000 – ½ P 65000.

🍴🍴 **Il Piastrino,** ✆ 928569, ☂ – 🅿. [AE] [$] [E] [VISA]
chiuso dal 1° al 10 gennaio e martedì (escluso da giugno a settembre) – **Pasto** carta 35/60000.

PENNE 65017 Pescara 988 ㉗, 430 O 23 – 12 312 ab. alt. 438 – ☎ 085.

Roma 228 – ◆Pescara 31 – L'Aquila 125 – Chieti 38 – Teramo 69.

✗ **Tatobbe,** corso Alessandrini 37 ✆ 8279512, prenotare – ✻
chiuso lunedì e dal 18 dicembre al 3 gennaio – **Pasto** carta 25/42000.

a Roccafinadamo NO : 17 km – ✉ **65010** :

✗ **La Rocca,** ✆ 823301 – ▤. ✻
chiuso mercoledì e dal 17 ottobre all'11 novembre – **Pasto** carta 20/33000.

PERA Trento – Vedere Pozza di Fassa.

PERGINE VALSUGANA 38057 Trento 988 ④, 429 D 15 – 15 277 ab. alt. 482 – a.s. Pasqua e Natale – ☎ 0461.

🅸 (15 giugno-settembre) piazza Garibaldi 5/B ✆ 531258.

Roma 599 – Trento 12 – Belluno 101 – ◆Bolzano 71 – ◆Milano 255 – ◆Venezia 152.

Al Ponte, via Maso Grillo 4 (NO : 1 km) ✆ 531317, Fax 531288, « Giardino con ⛱ » – |♦| TV ☎ ♿ P – 25 a 80. AE 🅂 ⦿ E VISA. ✻ rist
Pasto *(chiuso domenica)* carta 40/56000 – **49 cam** ☕ 90/120000, 6 appartamenti – ½ P 120000.

✗✗ Castel Pergine ♨ con cam, E : 2,5 km ✆ 531158, Fax 531158, ←, « Castello del 10° secolo », ☼ – ☎ P
stagionale – **21 cam.**

a Canzolino NE : 4 km – ✉ **38057** Pergine Valsugana :

Aurora ♨, ✆ 552145, Fax 552483, « Servizio estivo in terrazza con ← laghetto e monti » – |♦| TV ☎. 🅂 E VISA. ✻
chiuso dal 15 al 28 febbraio ed ottobre – **Pasto** *(chiuso martedì escluso da giugno ad agosto)* carta 30/40000 – **19 cam** ☕ 55/105000 – ½ P 75000.

PERGOLA 61045 Pesaro e Urbino 988 ⑯, 430 L 20 – 7 134 ab. alt. 264 – a.s. 25 giugno-agosto – ☎ 0721.

Roma 247 – Rimini 96 – ◆ Ancona 69 – ◆ Perugia 95 – Pesaro 61.

Silvi Palace Hotel, piazza Brodolini 6 ✆ 734724, Fax 734724 – TV ☎. AE 🅂 ⦿ E VISA. ✻
Pasto *(chiuso mercoledì)* 25000 – **20 cam** ☕ 50/75000 – ½ P 60000.

PERINALDO 18030 Imperia 428 K 5, 115 ⑲ – 832 ab. alt. 573 – ☎ 0184.

Roma 668 – Imperia 53 – ◆Genova 169 – ◆Milano 291 – San Remo 28 – Ventimiglia 17.

La Riana, ✆ 672015, ← vallata e mare, « Giardino oliveto » – P. ✻ cam
chiuso dal 15 ottobre a novembre – **Pasto** *(chiuso giovedì)* 40000 – ☕ 15000 – **8 cam** 40/60000 – ½ P 58/62000.

✗ **I Pianeti di Giove,** ✆ 672093, Fax 672494, ← vallata e mare, ☂, ☼ – AE 🅂 ⦿ E VISA
chiuso febbraio e mercoledì (escluso luglio-agosto) – **Pasto** carta 31/53000 (10%).

PERLEDO 22050 Lecco 219 ⑨ – 845 ab. alt. 407 – ☎ 0341.

Roma 644 – Como 53 – ◆Bergamo 57 – Chiavenna 47 – Lecco 24 – ◆Milano 80 – Sondrio 62.

✗ **Il Caminetto,** località Gittana ✆ 830626, prenotare – P. AE 🅂 ⦿ E VISA. ✻
chiuso mercoledì, da novembre a febbraio anche giovedì – **Pasto** carta 31/53000.

PERO 20016 Milano 428 F 9 – 10 747 ab. alt. 144 – ☎ 02.

Roma 578 – ◆Milano 10 – Como 29 – Novara 40 – Pavia 45 – ◆Torino 127.

Embassy Park Hotel, via Giovanni XXIII ✆ 38100386, Fax 33910424, « Giardino con ⛱ » – |♦| ▤ TV ☎ P. AE 🅂 E VISA. ✻
Pasto (solo per clienti alloggiati) – **50 cam** ☕ 110/160000.

PERTI ALTO Savona – Vedere Finale Ligure.

Le nuove ***guide Verdi turistiche Michelin*** *offrono :*

– un testo descrittivo più ricco,

– un'informazione pratica più chiara,

– piante, schemi e foto a colori.

... e naturalmente sono delle opere aggiornate costantemente.

Utilizzate sempre l'ultima edizione.

PERUGIA 06100 P 988 ⑮, 430 M 19 – 147 489 ab. alt. 493 – ☎ 075.

Vedere Piazza 4 Novembre** BY: fontana Maggiore**, palazzo dei Priori** **D** (galleria nazionale dell'Umbria**) – Chiesa di San Pietro** BZ – Oratorio di San Bernardino** AY – Museo Archeologico Nazionale dell'Umbria** BZ **M1** – Collegio del Cambio* BY **E**: affreschi** del Perugino – ≤** dai giardini Carducci AZ – Porta Marzia* e via Bagliona Sotterranea* BZ **Q** – Chiesa di San Domenico* BZ – Porta San Pietro* BZ – Via dei Priori* AY – Chiesa di Sant'Angelo* AY **R** – Arco Etrusco* BY **K** – Via Maestà delle Volte* ABY **29** – Cattedrale* BY **F** – Via delle Volte della Pace* BY **55**.

Dintorni Ipogeo dei Volumni* per ② : 6 km.

18 (chiuso lunedì) ad Ellera ✉ 06074 ☎ 5172204, Fax 5172370, per ③ : 9 km.

✈ di Sant'Egidio SE per ② : 17 km ☎ 6929447, Telex 662017, Fax 6929562 – Alitalia, via Fani 14 ✉ 06122 ☎ 5731226, Fax 5731000.

ℹ piazza 4 Novembre 3 ✉ 06123 ☎ 5723327 – **A.C.I.** via Mario Angeloni 1 ✉ 06124 ☎ 5006941.

Roma 172 ② – ♦Firenze 154 ③ – ♦Livorno 222 ③ – ♦Milano 449 ③ – ♦Pescara 281 ② – ♦Ravenna 196 ②.

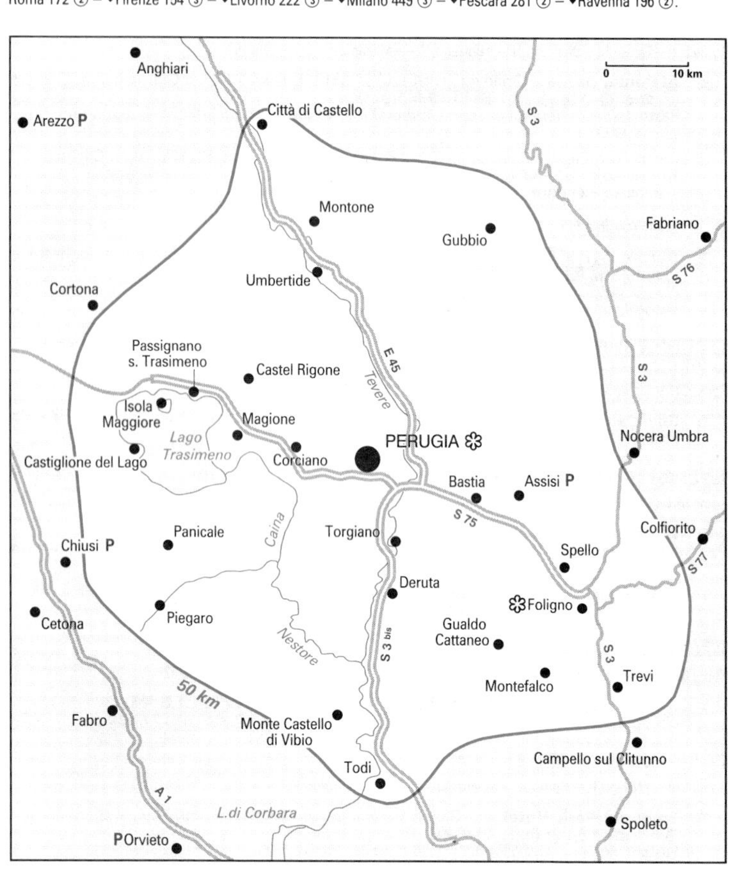

Brufani, piazza Italia 12 ✉ 06121 ☎ 5732541, Telex 662104, Fax 5720210, ≤ – 🛗 ▤ TV ☎ ♿ 🚗 – 🏛 40 a70. AE 🅂 ⓓ E VISA JCB. ✻ AZ **x**
Pasto carta 51/91000 – ☕ 28500 – **22 cam** 380/435000, 2 appartamenti.

Locanda della Posta senza rist, corso Vannucci 97 ✉ 06121 ☎ 5728925, Fax 5722413 – 🛗 ▤ TV ☎. AE 🅂 ⓓ E VISA AZ **s**
38 cam ☕ 187/285000, appartamento.

Perugia Plaza Hotel, via Palermo 88 ✉ 06129 ☎ 34643, Fax 30863, 🏊 – 🛗 ▤ TV ☎ ♿ 🚗 Ⓟ – 🏛 200. AE 🅂 ⓓ E VISA. ✻ rist per via dei Filosofi BZ
Pasto 30/38000 e al Rist. ***Fortebraccio*** carta 41/62000 – ☕ 17000 – **108 cam** 158/222000, 2 appartamenti – ½ P 130/165000.

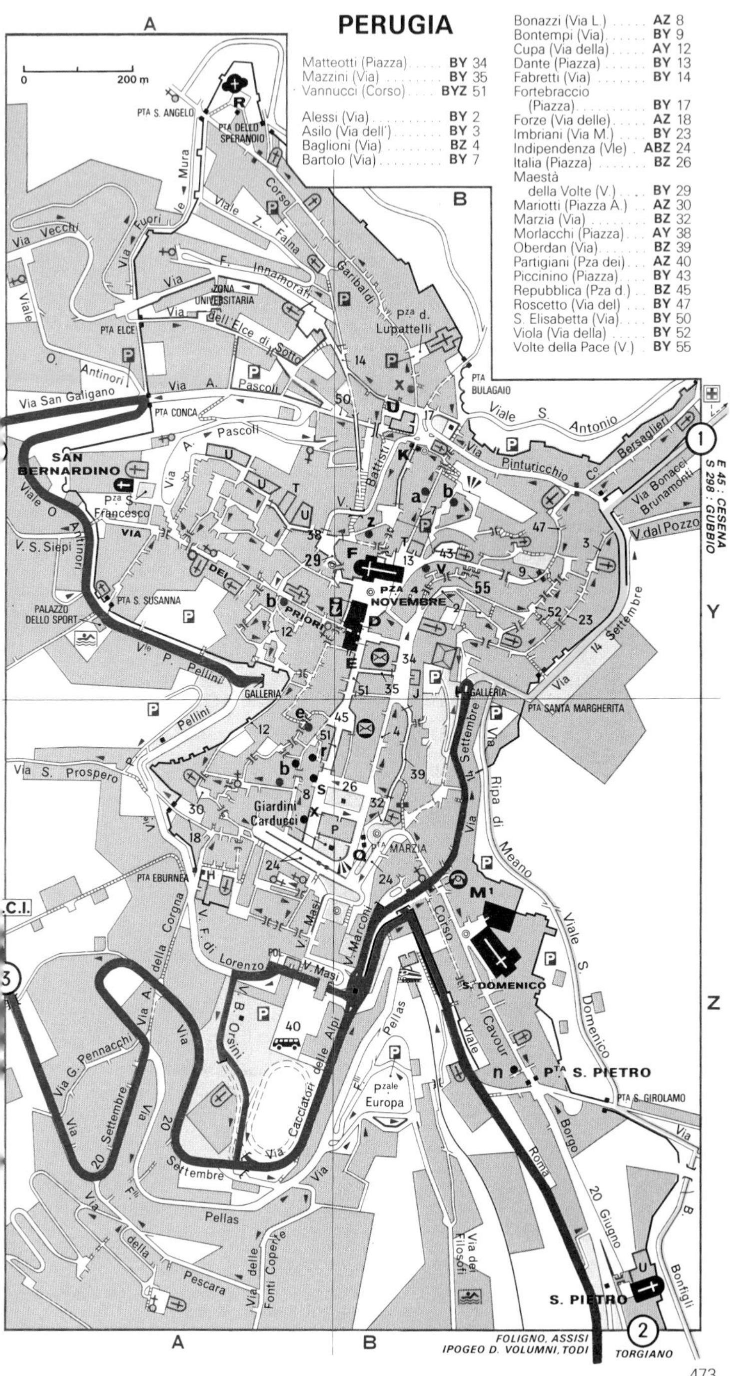
PERUGIA
Matteotti (Piazza) BY 34
Mazzini (Via) BY 35
Vannucci (Corso) BYZ 51
Alessi (Via) BY 2
Asilo (Via dell') BY 3
Baglioni (Via) BZ 4
Bartolo (Via) BY 7
Bonazzi (Via L.) AZ 8
Bontempi (Via) BY 9
Cupa (Via della) AY 12
Dante (Piazza) BY 13
Fabretti (Via) BY 14
Fortebraccio (Piazza) BY 17
Forze (Via delle) AZ 18
Imbriani (Via M.) BY 23
Indipendenza (Vle) ABZ 24
Italia (Piazza) BZ 26
Maestà della Volte (V.) BY 29
Mariotti (Piazza A.) AZ 30
Marzia (Via) BZ 32
Morlacchi (Piazza) AY 38
Oberdan (Via) BZ 39
Partigiani (Pza dei) AZ 40
Piccinino (Piazza) BY 43
Repubblica (Pza d.) BZ 45
Roscetto (Via del) BY 47
S. Elisabetta (Via) BY 50
Viola (Via della) BY 52
Volte della Pace (V.) BY 55
0
200 m
A
B
Y
Z
PTA S. ANGELO
PTA DELLO SPERANDIO
ZONA UNIVERSITARIA
PTA ELCE
PTA CONCA
PTA BULAGAIO
SAN BERNARDINO
Pza S. Francesco
PALAZZO DELLO SPORT
PTA S. SUSANNA
Pza 4 NOVEMBRE
Pza d. Lupattelli
GALLERIA
PTA SANTA MARGHERITA
Giardini Carducci
PTA MARZIA
PTA EBURNEA
S. DOMENICO
PTA S. PIETRO
PTA S. GIROLAMO
Pzale Europa
S. PIETRO
Via San Galigano
Viale S. Antonio
Via Pinturicchio
Corso Garibaldi
Corso Cavour
Borgo 20 Giugno
Via Cacciatori delle Alpi
Via Pellas
Via della Pescara
Via delle Fonti Coperte
Via dei Filosofi
Ripa di Meano
Viale S. Domenico
Via XX Settembre
Via dei Priori
E 45 : CESENA
S 298 : GUBBIO
FOLIGNO, ASSISI
IPOGEO D. VOLUMNI, TODI
TORGIANO

La Rosetta, piazza Italia 19 ✉ 06121 ℘ 5720841, Telex 660405, Fax 5720841 – 80. AE Ⓢ E VISA JCB. ⌘ rist AZ **r**
Pasto *(chiuso lunedì)* carta 33/49000 (15%) – **95 cam** ☐ 120/240000 – ½ P 133/156000.

Grifone, via Silvio Pellico 1 ✉ 06126 ℘ 5837616, Fax 5837619 – rist ⓟ. AE Ⓢ E VISA. ⌘ per via dei Filosofi BZ
Pasto *(chiuso domenica, dal 1° al 10 gennaio e dal 1° al 10 agosto)* carta 26/42000 – ☐ 12000 – **50 cam** 80/120000 – ½ P 80000.

Fortuna senza rist, via Bonazzi 19 ✉ 06123 ℘ 5722845, Fax 5735040, ← – AE Ⓢ E VISA AZ **b**
☐ 12000 – **28 cam** 85/146000.

Signa senza rist, via del Grillo 9 ✉ 06121 ℘ 5724180, Fax 5722632 – VISA. ⌘ BZ **n**
☐ 10000 – **23 cam** 72/96000.

Osteria del Bartolo, via Bartolo 30 ✉ 06122 ℘ 5731561, Coperti limitati; prenotare la sera – AE Ⓢ E VISA. ⌘ BY **a**
chiuso domenica, dal 7 al 25 gennaio e dal 25 luglio al 7 agosto – **Pasto** carta 63/84000
Spec. Terrina di coniglio con peperoni e agro di pomodoro, Caramelle di pasta fresca farcite di razza in salsa di vongole gamberi e pomodoro, Mosaico di vitello su letto di radicchio all'aceto di ciliegie (autunno-inverno).

La Taverna, via delle Streghe 8 ✉ 06123 ℘ 5724128, Fax 5735888 – AE Ⓢ E VISA JCB AZ **e**
chiuso lunedì – **Pasto** carta 43/57000 (12%).

Ubu Re, via Baldeschi 17 ✉ 06123 ℘ 5735461 – AE Ⓢ VISA BY **z**
chiuso a mezzogiorno, lunedì, dal 10 al 24 gennaio e dal 17 al 31 luglio – **Pasto** 36/39000 e carta 38/55000.

Ricciotto 1888, piazza Dante 19 ✉ 06122 ℘ 5721956 – AE Ⓢ E VISA. ⌘ BY **v**
chiuso domenica – **Pasto** carta 50/72000 (15%).

Altromondo, via Caporali 11 ✉ 06123 ℘ 5726157 – AE Ⓢ E VISA AZ **b**
chiuso domenica, dal 20 al 30 dicembre e dal 10 al 20 agosto – **Pasto** 25000 (solo a mezzogiorno) e carta 38/53000.

Da Giancarlo, via dei Priori 36 ✉ 06123 ℘ 5724314 – AE VISA AY **b**
chiuso venerdì e dal 20 agosto al 5 settembre – **Pasto** carta 35/75000.

Aladino, via delle Prome 11 ✉ 06122 ℘ 5720938 – AE Ⓢ E VISA JCB BY **b**
chiuso a mezzogiorno e lunedì – **Pasto** carta 37/53000.

Dal Mi' Cocco, corso Garibaldi 12 ✉ 06123 ℘ 5732511, Coperti limitati; prenotare – ⌘ BY **x**
chiuso lunedì e dal 25 luglio al 15 agosto – **Pasto** 22000 bc.

a Ferro di Cavallo per ③ : 6 km – alt. 287 – ✉ **06074** Ellera Umbra

Hit Hotel, strada Trasimeno Ovest 159 z/10 ℘ 5179247, Fax 5178947 – ⓟ – 200. AE Ⓢ E VISA. ⌘
Pasto *(chiuso domenica)* carta 40/52000 – ☐ 15000 – **80 cam** 110/160000 – ½ P 100000.

a Ponte San Giovanni per ② : 7 km – alt. 189 – ✉ **06087** :

Park Hotel, via Volta 1 ℘ 5990444, Telex 660112, Fax 5990455 – cam ⓟ – 30 a 260. AE Ⓢ E VISA. ⌘ rist
Pasto carta 35/58000 – ☐ 14000 – **140 cam** 150/200000 – ½ P 100/140000.

Deco, via del Pastificio 8 ℘ 5990950, Fax 5990950, – rist ⓟ – 80. AE Ⓢ VISA
Pasto *(chiuso domenica sera)* carta 48/65000 – ☐ 12000 – **15 cam** 120/180000 – ½ P 150000.

Tevere, via Manzoni 421 ℘ 394341, Fax 394342 – ⓟ – 100 a 150. AE Ⓢ E VISA. ⌘ cam
Pasto *(chiuso sabato)* carta 36/46000 – ☐ 12000 – **43 cam** 80/120000 – ½ P 120/130000.

Osteria Vecchio Ponte, via Manzoni 296 ℘ 393612 – AE Ⓢ E VISA
chiuso venerdì sera, domenica e dal 25 luglio al 13 agosto – **Pasto** carta 30/47000.

verso Città della Domenica per ③ : 5 km :

Sirius, località San Marco ✉ 06070 San Marco ℘ 690921, Fax 690923, ←, – ⓟ – 50. AE Ⓢ E VISA JCB. ⌘
Pasto (solo per clienti alloggiati e *chiuso a mezzogiorno*) 30/35000 – ☐ 7000 – **12 cam** 70/116000 – ½ P 90000.

a Cenerente O : 8 km per via Vecchi AY – ✉ **06070** :

Castello dell'Oscano, ℘ 690125, Fax 690666, ←, « Residenza d'epoca in un grande parco secolare » – cam ⓟ – 50 a 250. AE VISA. ⌘ rist
Pasto (solo per clienti alloggiati; *chiuso a mezzogiorno e dal 15 gennaio al 15 febbraio*) 50000 – **22 cam** ☐ 260/310000, 4 appartamenti – ½ P 150/205000.

ad Olmo per ③ : 8 km – alt. 284 – ✉ **06073** Corciano :

XX **Osteria dell'Olmo,** ✆ 5179140, Fax 5179903, « Servizio estivo all'aperto » – P – 40 a 100. AE S O E VISA JCB
chiuso lunedì escluso da maggio ad ottobre – **Pasto** carta 50/75000.

a Ponte Valleceppi per ① : 10 km – alt. 192 – ✉ **06078** :

Vegahotel, sulla strada statale 318 (NE : 2 km) ✆ 6929534, Fax 6929507, ⛱, – TV ☎ ♿ P – 50 a 100. AE S E VISA. ✻
chiuso dal 22 dicembre al 21 gennaio – **Pasto** *(chiuso domenica e dal 15 al 30 luglio)* carta 35/45000 – ☕ 14000 – **42 cam** 100/130000 – ½ P 98000.

a Santa Sabina per ③ : 11 km – ✉ **06100** Perugia :

X **Le Coq au Vin,** via Corcianese 94 ✆ 5287574, , Specialità francesi, prenotare – P. ✻
chiuso lunedì, dal 7 al 17 gennaio e dal 10 al 20 agosto – **Pasto** carta 40/55000 (15%).

a Bosco per ① : 12 km – ✉ **06080** :

Relais San Clemente , ✆ 5915100, Fax 5915001, « Antica dimora patrizia in un grande parco », ⛱, – ▤ TV ☎ P – 160. AE S O E VISA. ✻ rist
Pasto *(chiuso lunedì)* carta 50/70000 – **64 cam** ☕ 273/320000, appartamento – ½ P 145/205000.

Das italienische Straßennetz wird laufend verbessert.
Die rote Michelin-Straßenkarte *Nr.* 988 *im Maßstab 1:1 000 000*
trägt diesem Rechnung.
Beschaffen Sie sich immer die neuste Ausgabe.

PESARO 61100 P 988 ⑯, 429 430 K 20 – 87 899 ab. – a.s. 25 giugno-agosto – ☏ 0721.
Vedere Museo Civico★ : ceramiche★★ Z.
☐ piazzale della Libertà ✆ 69341, Fax 30462 – via Rossini 41 (15 giugno-agosto) ✆ 63690, Fax 69344.
A.C.I. via San Francesco 44 ✆ 33368.
Roma 300 ① – Rimini 39 ② – ♦Ancona 76 ① – ♦Firenze 196 ② – Forlì 87 ② – ♦Milano 359 ② – ♦Perugia 134 ① – ♦Ravenna 92 ②.

Pianta pagina seguente

Vittoria, piazzale della Libertà 2 ✆ 34343, Fax 65204, , , ⛱ – |♦| ▤ TV ☎ – 80 a 150. AE S O E VISA. ✻ Y e
Pasto *(chiuso domenica da ottobre a maggio)* carta 32/55000 – ☕ 20000 – **27 cam** 200/250000, 3 appartamenti.

Flaminio, via Parigi 8 ✆ 23303, Fax 26313, ≤, ⛱ – ▤ TV ☎ ♿ P – 60 a 600. per ②
78 cam.

Bristol senza rist, piazzale della Libertà 7 ✆ 30355, Fax 33893 – ▤ TV ☎ P – 40. AE S O E VISA Y c
chiuso dal 21 dicembre al 9 gennaio – **27 cam** ☕ 200/250000.

Savoy, viale della Repubblica 22 ✆ 67440, Fax 64429, ⛱ – |♦| ▤ TV ☎ ♿ – 50 a 400. AE S O E VISA. ✻ rist Z n
Pasto *(chiuso dal 20 settembre a maggio)* carta 30/50000 – ☕ 18000 – **54 cam** 160/200000, 3 appartamenti – ½ P 80/120000.

Imperial Sport Hotel, via Ninchi 6 ✆ 370077, Fax 34877, ⛱ – |♦| TV ☎ – 60. AE S E VISA. ✻ rist Y z
21 marzo-29 novembre – **Pasto** *(chiuso dal 30 ottobre al 10 aprile)* carta 30/43000 – ☕ 12000 – **48 cam** 110/130000 – ½ P 80/88000.

Spiaggia, viale Trieste 76 ✆ 32516, Fax 35419, ≤, ⛱ riscaldata – |♦| ▤ rist TV ☎ P. S E VISA. ✻ rist Z d
maggio-10 ottobre – **Pasto** 20/30000 – ☕ 10000 – **74 cam** 75/95000 – ½ P 83/92000.

Mamiani senza rist, via Mamiani 24 ✆ 35541, Fax 33563 – |♦| ▤ TV ☎ . AE S O E VISA. ✻ Z h
☕ 10000 – **40 cam** 85/130000.

Ambassador, viale Trieste 291 ✆ 34246, Fax 34248, ≤ – |♦| ▤ TV ☎. AE S O E VISA JCB. ✻ rist Y s
Pasto *(giugno-settembre;* solo per clienti alloggiati) – **39 cam** ☕ 85/120000 – P 85/110000.

Mediterraneo Ricci, viale Trieste 199 ✆ 31556, Fax 34148 – |♦| ☎ – 80. AE S O E VISA. ✻ rist Z c
Pasto carta 28/50000 – **40 cam** ☕ 85/140000 – ½ P 62/94000.

Des Bains, viale Trieste 221 ✆ 33665, Fax 34025, – |♦| ▤ TV ☎ – 40 a 70. AE S O E VISA. ✻ rist Y t
chiuso dal 23 dicembre al 2 gennaio – **Pasto** *(chiuso domenica escluso da giugno a settembre)* 28/40000 – **65 cam** ☕ 110/180000 – ½ P 100/130000.

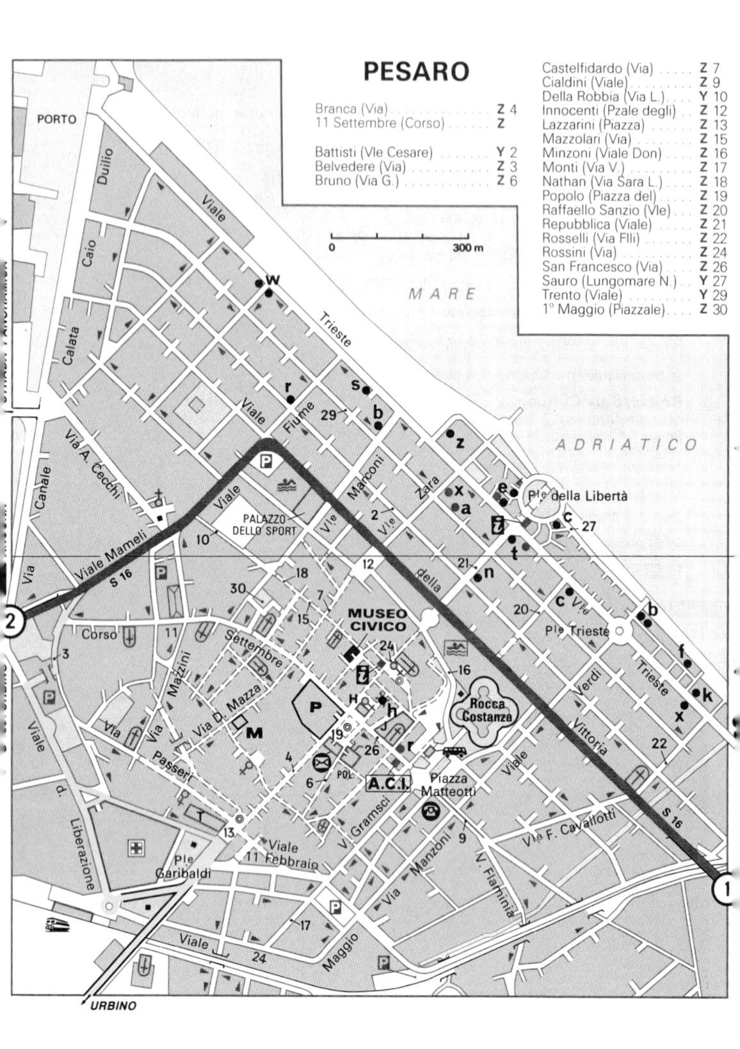

Principe, viale Trieste 180 ✆ 30096, Fax 31636 – 🛗 TV ☎. AE 🅢 ⓓ E VISA. ✂ rist
chiuso dal 20 dicembre a gennaio – **Pasto** 27/37000 vedere anche Rist. ***Da Teresa*** – **40 cam** ☕ 68/97000 – ½ P 65/90000. Y **e**

Villa Serena 🌿, strada San Nicola 6/3 ✆ 55211, Fax 55927, ≤, « Parco con 🏊 » – ☎ Ⓟ. AE 🅢 ⓓ E VISA 4 km per via Flaminia Z
Pasto 30/85000 – ☕ 15000 – **8 cam** 120/160000 – ½ P 170/190000.

Due Pavoni, viale Fiume 79 ✆ 370105, Fax 370105 – 🛗 ▤ TV ☎ 🚗 – 🏛 130. AE 🅢 ⓓ E VISA. ✂ Y **r**
Pasto *(chiuso a mezzogiorno e da ottobre a maggio anche venerdì, sabato e domenica)* 30/50000 – ☕ 10000 – **48 cam** 100/150000 – ½ P 54/108000.

Nettuno, viale Trieste 367 ✆ 400440, Fax 400440, ≤, 🏊 – 🛗 TV ☎ Ⓟ. 🅢 E VISA. ✂ rist
maggio-settembre – **Pasto** 32000 – ☕ 10000 – **65 cam** 65/950000 – ½ P 82000. Y **w**

Bellevue, viale Trieste 88 ✆ 31970, Fax 370144, ≤, 🏊 – 🛗 ▤ TV ☎ 🚗. AE 🅢 ⓓ E VISA. ✂ rist Z **k**
10 aprile-10 ottobre – **Pasto** carta 35/46000 – ☕ 13000 – **55 cam** 80/110000 – ½ P 86/96000.

Clipper, viale Marconi 53 ✆ 30915, Fax 33525 – 🛗 TV ☎ 🚗 Ⓟ. AE 🅢 E VISA. ✂ rist
aprile-settembre – **Pasto** 30000 – ☕ 12000 – **48 cam** 70/105000 – P 57/90000. Y **b**

Atlantic, viale Trieste 365 ℘ 370333, Fax 370373, ← – |‡| TV ☎ P. AE ⑤ ① E VISA. ⚘ rist
15 maggio-20 settembre – **Pasto** (solo per clienti alloggiati) 30/35000 – **45 cam** ☑ 90/100000 – ½ P 70/100000. Y **w**

Nautilus, viale Trieste 26 ℘ 30275, Fax 67125, ←, ⛱ riscaldata – |‡| ▤ cam ☎ ⇔. AE ⑤ E VISA. ⚘ rist Z
Pasto *(maggio-settembre)* 15/18000 – **55 cam** ☑ 75/110000 – ½ P 73/86000.

Flying, viale Verdi 126 ℘ 69219, Fax 67428, ← – |‡| TV ☎ ⇔. AE ⑤ E VISA. ⚘ rist Z **b**
aprile-20 settembre – **Pasto** 30000 – ☑ 16000 – **33 cam** 100/120000 – ½ P 70/90000.

President's, lungomare Nazario Sauro 33 ℘ 32976, ← – |‡| TV ☎ P. AE ⑤ VISA. ⚘ rist Z **b**
15 maggio-20 settembre – **Pasto** 30000 – ☑ 16000 – **50 cam** 100/120000 – ½ P 70/90000.

Caesar, viale Trieste 125 ℘ 69227, Fax 65183 – |‡| ☎ ⇔ P. AE ① VISA. ⚘ rist Z **x**
maggio-settembre – **Pasto** (solo per clienti alloggiati e *chiuso a mezzogiorno*) 25/40000 – ☑ 12000 – **40 cam** 75/95000 – ½ P 60/80000.

La Bussola, lungomare Nazario Sauro 43 ℘ 64937, Fax 64937, ← – |‡| ☎. AE. ⚘ Z **f**
15 aprile-25 settembre – **Pasto** 29/32000 – ☑ 13000 – **25 cam** 75/89000 – ½ P 63/77000.

XXX ✪ **Lo Scudiero,** via Baldassini 2 ℘ 64107 – AE ⑤ ① E VISA JCB Z **r**
chiuso domenica e luglio – **Pasto** 55000 (solo a mezzogiorno) e carta 55/85000
Spec. Antipasto di mare tiepido, Linguine al ragù di mare e scampi, Branzino al forno con patate e indivia brasata.

XX **Da Alceo,** via Panoramica Ardizio 101 ℘ 55875, Fax 51360, ←, 帝, Specialità di mare, prenotare – P. AE ⑤ ① VISA. ⚘ 6 km per ①
chiuso domenica sera e lunedì – **Pasto** carta 50/85000.

XX **Gibas,** viale Trieste 219 ℘ 69194, 帝 – ⚘ Y **t**
chiuso domenica e dicembre – **Pasto** carta 50/60000.

XX ✪ **Da Teresa,** viale Trieste 180 ℘ 30096, Fax 31636, Specialità di mare, Coperti limitati; prenotare – ▤. AE ⑤ ① E VISA. ⚘ Y **e**
marzo-novembre; chiuso domenica sera e lunedì – **Pasto** 27/37000 e carta 49/75000
Spec. Calamaro ripieno con passatina di ceci, Raviolo di sogliola al fegato d'oca (autunno), Brodetto alla pesarese.

XX **Il Castiglione,** viale Trento 148 ℘ 64934, « Servizio estivo in giardino ombreggiato » – AE ⑤ ① E VISA. ⚘ Y **a**
chiuso lunedì escluso da giugno al 15 settembre – **Pasto** carta 42/61000 (12%).

XX **Da Carlo,** viale Zara 54 ℘ 65355, Specialità di mare, « Servizio in giardino d'inverno » – AE ⑤ ① E VISA JCB Y **x**
chiuso mercoledì e gennaio – **Pasto** carta 38/60000.

PESCANTINA 37026 Verona 428 429 F 14 – 10 221 ab. alt. 80 – ✆ 045.

Roma 503 – ♦Verona 14 – ♦Brescia 69 – Trento 85.

ad Ospedaletto NO : 3 km – ✉ **37026** Pescantina :

Villa Quaranta Park Hotel, ℘ 6767300, Fax 6767301, 帝, « Chiesetta dell'11° secolo in un parco », Ⱡ₆, ≘s, ⛱, ⚘ – |‡| ▤ TV ☎ ♿ P – 🔬 25 a 150. AE ⑤ ① E VISA. ⚘
Pasto al Rist. **Borgo Antico** *(chiuso lunedì)* carta 46/69000 – **58 cam** ☑ 190/295000, 6 appartamenti – P 300/370000.

Goethe senza rist, ℘ 6767257, Fax 6702244, 屛 – ▤ TV ☎ P. AE ⑤ ① E VISA. ⚘
chiuso gennaio – ☑ 20000 – **26 cam** 130/200000.

XX **Alla Coà,** ℘ 6767402, prenotare – ▤. AE ⑤ ① E VISA. ⚘
chiuso domenica, lunedì, dal 20 dicembre al 15 gennaio ed agosto – **Pasto** carta 43/60000.

PESCARA 65100 P 988 ㉗, 430 O 24 – 120 613 ab. – a.s. luglio-agosto – ✆ 085.

(chiuso martedì) a Miglianico ✉ 66010 ℘ (0871) 950566, Fax 950363, S : 11 km.

Pasquale Liberi per ② : 4 km ℘ 4313341 – Alitalia, Agenzia Cagidemetrio, via Ravenna 3 ✉ 65122 ℘ 4213022, Telex 600008, Fax 4212278.

via Nicola Fabrizi 171 ✉ 65122 ℘ 4211707, Fax 298246.

A.C.I. via del Circuito 49 ✉ 65121 ℘ 4223841.

Roma 208 ② – ♦Ancona 156 ④ – ♦Foggia 180 ① – ♦Napoli 247 ② – ♦Perugia 281 ④ – Terni 198 ②.

Pianta pagina seguente

Esplanade, piazza 1° Maggio 46 ℘ 292141, Telex 601020, Fax 4217540 – |‡| ▤ rist TV ☎ – 🔬 30 a 200. AE ⑤ ① E VISA. ⚘ AX **a**
Pasto *(chiuso a mezzogiorno)* carta 30/50000 – **145 cam** ☑ 160/220000 – ½ P 135000.

Carlton, viale della Riviera 35 ✉ 65123 ℘ 373125, Telex 603023, Fax 4213922, ←, 🏖 – |‡| ▤ TV ☎ P – 🔬 35 a 150. AE ⑤ ① E VISA. ⚘ AX **g**
Pasto carta 32/60000 – **71 cam** ☑ 110/168000 – ½ P 110/120000.

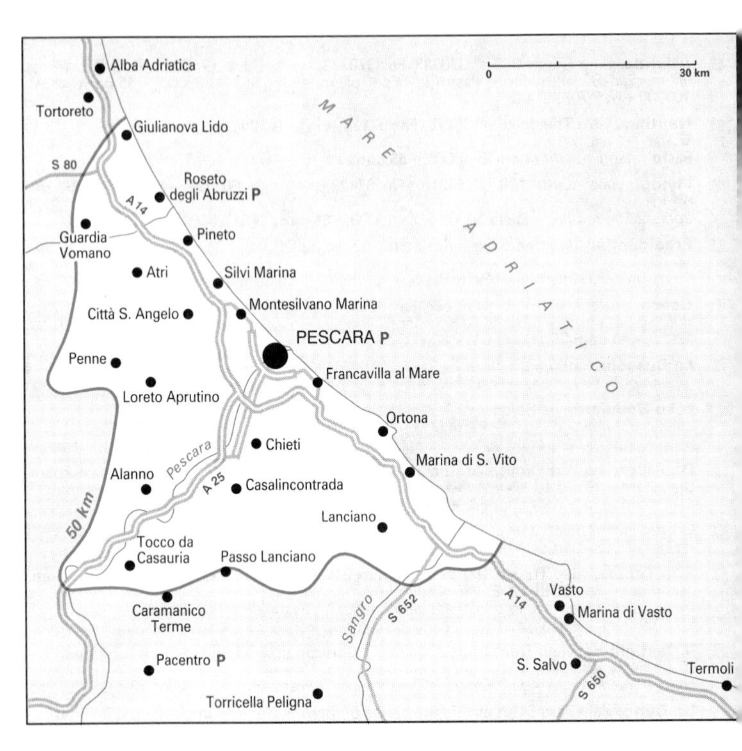

Maja senza rist, viale della Riviera 201 ✉ 65123 ☎ 4711545, Fax 77930, ←, – 60. AE VISA JCB. AX
47 cam 130/160000.

Plaza, piazza Sacro Cuore 55 ✉ 65122 ☎ 4214625, Fax 4213267 – 50. VISA. AX
Pasto carta 35/50000 – **66 cam** 103/163000 – ½ P 100/122000.

Bellariva, viale Riviera 213 ✉ 65123 ☎ 4710606, Fax 4712641 – TV. AE VISA rist AX
Pasto *(giugno-agosto; solo per clienti alloggiati)* – **33 cam** 90/125000 – P 80/130000.

Ambra, via Quarto dei Mille 28/30 ✉ 65122 ☎ 378247 e rist ☎ 387182, Fax 378183 – rist TV. AE VISA. AX
Pasto al Rist. ***Mediterraneo*** *(chiuso domenica escluso luglio-agosto)* carta 30/40000 – 4000 – **61 cam** 65/95000 – ½ P 70000.

Alba senza rist, via Forti 14 ✉ 65122 ☎ 389145, Fax 292163 – AE VISA AX
5000 – **49 cam** 65/100000.

XXX **Guerino,** viale della Riviera 4 ✉ 65123 ☎ 4212065, Fax 4212065, ←, – AE VISA AX
chiuso giovedì escluso luglio-agosto – **Pasto** carta 47/68000 (10%).

XX **La Regina del Porto,** via Paolucci 65 ✉ 65121 ☎ 389141, Fax 389141 – AE VISA. BY
chiuso lunedì, dal 1° al 15 gennaio e dal 1° al 25 agosto – **Pasto** carta 48/70000.

XX Duilio, viale Regina Margherita 9 ☎ 378278 – AX

X La Rete, via De Amicis 41 ✉ 65123 ☎ 27054, Specialità di mare, Coperti limitati; prenotare – AX

X **Taverna 58,** corso Manthone 58 ✉ 65127 ☎ 690724, Coperti limitati; prenotare – VISA. ABY
chiuso sabato a mezzogiorno, domenica, i giorni festivi, dal 24 dicembre al 1° gennaio e agosto – **Pasto** carta 30/47000.

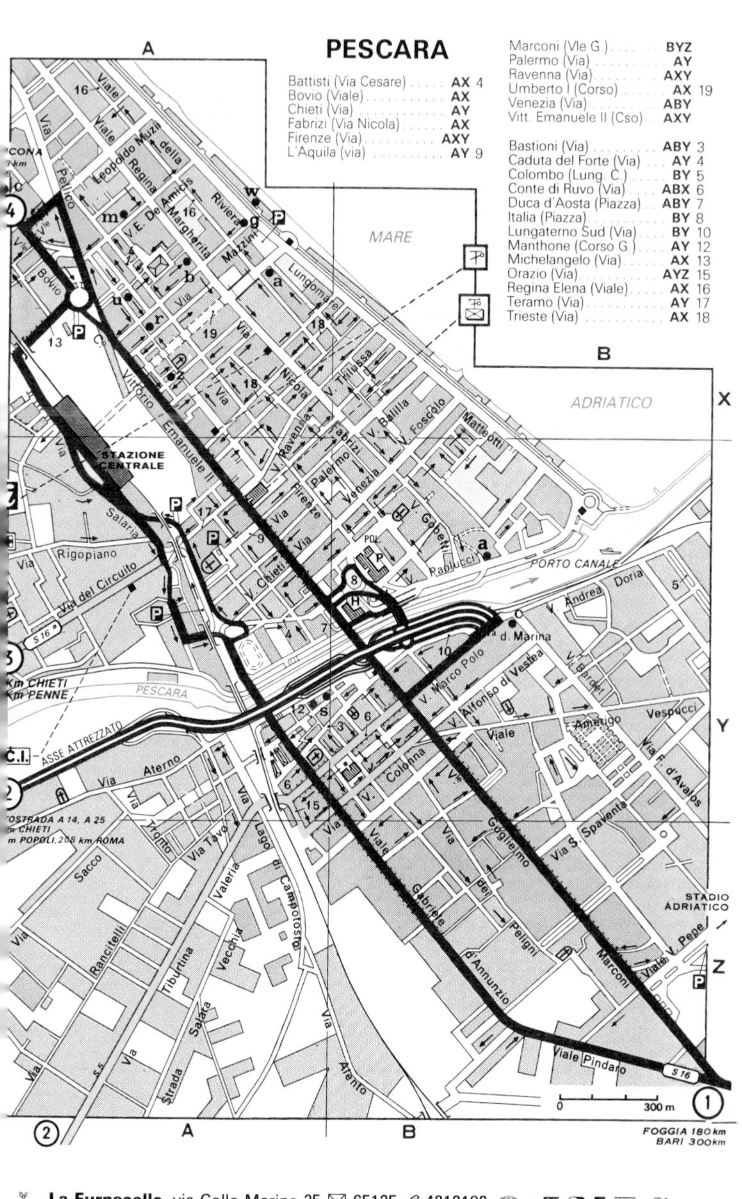

X **La Furnacelle,** via Colle Marino 25 ✉ 65125 ✆ 4212102, – AE ⓓ E VISA
chiuso giovedì escluso i giorni festivi – **Pasto** carta 31/52000. 4 km per ①

X Lu Scaricarelle, viale Bovio 116 ✆ 27876 – AX **c**

X **La Cantina di Jozz,** via delle Caserme 61 ✉ 65127 ✆ 690383, Fax 65295 – AE ⓓ E VISA AY **s**
chiuso domenica sera, lunedì, dal 22 dicembre al 6 gennaio e dal 27 giugno al 10 luglio – **Pasto** 30/35000 (10%).

X **Grotta del Marinaio,** via Bardet 6 ✆ 690454, prenotare – AE ⓓ VISA BY **c**
chiuso domenica sera e martedì – **Pasto** carta 31/46000.

ai colli O : 3 km per via Rigopiano AY :

✗ **La Terrazza Verde,** largo Madonna dei Sette Dolori 6 ✉ 65125 ✆ 413239, « Servizio estivo in giardino ombreggiato » – ▤. AE ⓢ ⓞ E VISA. ✂
chiuso mercoledì e Natale – **Pasto** carta 27/36000.

PESCASSEROLI 67032 L'Aquila 988 ㉗, 430 Q 23 – 2 281 ab. alt. 1 167 – a.s. febbraio-22 aprile, 15 luglio-agosto e Natale – Sport invernali : 1 167/1 945 m ⛷1 ⛷3; a Opi ⛷ – ☎ 0863.

Vedere Parco Nazionale d'Abruzzo★★★.

ℹ via Piave 7 ✆ 910461, Fax 910461.

Roma 163 – Frosinone 67 – L'Aquila 109 – Castel di Sangro 42 – Isernia 64 – ◆Pescara 128.

Mon Repos, via Santa Lucia 2 ✆ 912858, Fax 912818, « Residenza d'epoca in un parco » – TV ☎ P. AE ⓢ ⓞ E VISA. ✂
Pasto 30/50000 – **17 cam** ☐ 150/200000 – P 160/200000.

Gd H. del Parco, via Santa Lucia 3 ✆ 912745, Fax 912749, ≤, ⛱ riscaldata, ⛆ – ⬍ TV ☎ ⇔ P. AE ⓢ ⓞ E VISA. ✂ rist
20 dicembre-9 aprile e 21 guigno-9 settembre – **Pasto** carta 35/57000 – **110 cam** ☐ 190/250000 – ½ P 160/185000.

Pagnani, viale Cabinovia ✆ 912866, Fax 912870, Fь, ⛱ – ⬍ TV ☎ ♿ ⇔ – 🏛 220. AE ⓢ ⓞ E VISA. ✂ cam
Pasto carta 38/52000 – **24 cam** ☐ 130/160000 – ½ P 120000.

Sport Hotel Daniel, via Colli dell'Oro ✆ 912896, Fax 912896 – ⬍ TV ☎ ♿ ⇔ P. ⓢ ⓞ VISA. ✂
Pasto 35000 – **16 cam** ☐ 105/150000 – ½ P 115000.

Edelweiss, via Colli dell'Oro ✆ 912577, Fax 912798, ⛆ – ⬍ TV ☎ P. AE ⓢ ⓞ E VISA. ✂
Pasto 25/100000 – **23 cam** ☐ 130/180000 – ½ P 90000.

Orso Bianco ⛰, nel Parco Nazionale d'Abruzzo ✆ 912888, Fax 910449, ≤, ⛆ – ⬍ TV ☎ ⇔ P. AE ⓢ ⓞ E VISA. ✂
aprile-settembre; Natale e i week-end in bassa stagione – **Pasto** (solo per clienti alloggiati) – **36 cam** ☐ 120/150000 – ½ P 100/130000.

Alle Vecchie Arcate, via della Chiesa 57/a ✆ 910618, Fax 912598 – ⬍ TV ☎. AE ⓢ ⓞ E VISA. ✂
Pasto 25/40000 (10%) – ☐ 6000 – **33 cam** 60/80000 – ½ P 110000.

Pinguino ⛰, nel Parco Nazionale d'Abruzzo ✆ 912580, ≤ – TV ☎ P. AE ⓢ ⓞ E VISA. ✂ rist
Pasto (solo per clienti alloggiati) 15/25000 – **16 cam** ☐ 60/110000 – ½ P 80/110000.

✗ **Peppe di Sora** con cam, via Benedetto Croce 1 ✆ 91908, Fax 910023 – AE ⓢ ⓞ E VISA. ✂ cam
Pasto *(chiuso lunedì in bassa stagione)* carta 32/48000 (5%) – ☐ 8000 – **13 cam** 70/80000 – ½ P 80000.

PESCHE Isernia 431 C 24 – Vedere Isernia.

PESCHICI 71010 Foggia 988 ㉘, 431 B 30 – 4 336 ab. – a.s. luglio-13 settembre – ☎ 0884.

Vedere Guida Verde.

Escursioni Promontorio del Gargano★★★ SE.

Roma 400 – ◆ Foggia 114 – ◆Bari 199 – Manfredonia 80 – ◆Pescara 199.

D'Amato, località Spiaggia O : 1 km ✆ 963415, Fax 963391, Fь, ⛱, ⛆, ✂ – ▤ rist ☎ ♿ ⇔ P. ⓢ E VISA. ✂
Pasqua-settembre – **Pasto** 25/30000 – **50 cam** ☐ 70/140000 – ½ P 100/130000.

Morcavallo, via Marina 6 (O : 1 km) ✆ 964005, Fax 962081, ≤, ⛱ – ⬍ ▤ TV ☎ ⇔ P AE ⓢ ⓞ E VISA. ✂ rist
giugno-settembre – **Pasto** carta 33/51000 – ☐ 10000 – **41 cam** 80/110000 – ½ P 125/130000.

Timiama, via Libetta 71 ✆ 964321, Fax 962643, ⛱ – TV ☎ P. ⓢ VISA. ✂ rist
Pasqua-28 settembre – **Pasto** (solo per clienti alloggiati e *chiuso sino a maggio*) – **35 cam** ☐ 45/80000 – ½ P 65/120000.

Peschici, via San Martino 31 ✆ 964195, ≤ mare – ⬍ ☎ P. ⓢ E VISA. ✂
15 marzo-ottobre – **Pasto** (solo per clienti alloggiati) 30/40000 – ☐ 9000 – **42 cam** 65/90000 – ½ P 97/102000.

✗✗ **La Grotta delle Rondini,** sul molo O : 1 km ✆ 964007, « In una grotta naturale con servizio estivo in terrazza con ≤ mare » – AE ⓢ ⓞ E VISA. ✂
Pasqua-ottobre – **Pasto** carta 40/60000 (10%).

✗ Frà Stefano, via Forno 8 ✆ 964141, Cucina alla brace – ▤
stagionale.

sulla litoranea per Vieste:

Solemar, località San Nicola E : 3 km ✉ 71010 ☏ 964186, Fax 964188, ≤, « In pineta », – ☎ P. AE ⓢ ⓓ E VISA. rist
20 maggio-20 settembre – **Pasto** (solo per clienti alloggiati) – ☐ 8000 – **45 cam** 100/115000 – ½ P 100000.

Park Hotel Paglianza e Paradiso, E : 10,5 km ✉ 71010 ☏ 911018, Fax 911032, « In pineta », – ☎ P – 200. ⓢ E VISA.
maggio-settembre – **Pasto** (solo per clienti alloggiati) – **106 cam** ☐ 90/130000 – P 110/135000.

Gusmay E : 8,5 km ✉ 71010 ☏ 911016, Fax 911003, « In pineta », – ☎ P – 25. AE ⓢ ⓓ E VISA.
maggio-25 settembre – **Pasto** (solo per clienti alloggiati) – **61 cam** ☐ 105/200000 – P 85/165000.

Mira, E : 12 km ✉ 71010 ☏ 911042, – ☎ P. ⓢ E VISA.
Pasqua-settembre – **Pasto** 25/30000 – ☐ 10000 – **47 cam** 100/150000 – ½ P 115/130000.

La Rotonda, E : 8,5 km ✉ 71010 ☏ 911130, « Giardino pineta in riva al mare » – ☎ P. AE ⓢ ⓓ E VISA.
maggio-settembre – **Pasto** vedere hotel **Gusmay** – **16 cam** ☐ 150/200000 – P 85/165000.

La Collinetta con cam, SE : 2 km ✉ 71010 ☏ 964151, Fax 964151, ≤, Specialità di mare, « Servizio estivo in terrazza panoramica » – P. ⓢ E VISA
15 marzo-settembre – **Pasto** carta 48/70000 – **12 cam** ☐ 110/210000 – P 70/106000.

PESCHIERA BORROMEO 20068 Milano 428 F 9, 219 ⑲ – 19 249 ab. alt. 103 – ☎ 02.

Roma 573 – ♦Milano 18 – Piacenza 66.

Pianta d'insieme di Milano (Milano p. 7)

Country Hotel Borromeo, all'idroscalo-lato Est ☏ 5475121, Fax 55300708 – rist ☎ P – 25. AE ⓢ ⓓ E VISA. rist — CP a
Pasto carta 50/80000 – **70 cam** ☐ 228/310000, 3 appartamenti.

Montini senza rist, località Plasticopoli ☏ 5475031, Fax 55300610 – ☎ P. AE ⓢ ⓓ E VISA — CP c
chiuso dal 12 al 25 agosto – **51 cam** ☐ 148/223000.

RestHotel Primevère, all'idroscalo-lato Est ☏ 55302959, Fax 55302980, – cam ☎ P – 40 a 70. AE ⓢ ⓓ E VISA — CP a
Pasto 35000 – **125 cam** ☐ 195/240000, 5 appartamenti.

La Viscontina con cam, località Canzo ☏ 5470391, Fax 55302460, – ☎ P. AE ⓢ ⓓ E VISA — CP z
chiuso dal 10 al 20 agosto – **Pasto** *(chiuso mercoledì)* carta 49/70000 – ☐ 10000 – **14 cam** 120/170000 – ½ P 150000.

Dei Cacciatori, località Longhignana N : 4 km ☏ 7531154, Fax 7531274, In un cascinale lombardo, « Servizio estivo in giardino » – P. AE ⓢ ⓓ E VISA.
chiuso domenica sera, lunedì, dal 31 dicembre al 6 gennaio e dal 9 al 31 agosto – **Pasto** carta 35/65000.

PESCHIERA DEL GARDA 37019 Verona 988 ④, 428 429 F 14 – 8 508 ab. alt. 68 – ☎ 045.

piazza Municipio ☏ 7550381.

Roma 513 – ♦Verona 23 – ♦Brescia 46 – Mantova 52 – ♦Milano 133 – Trento 97 – ♦Venezia 138.

Fortuna, via Venezia 26 ☏ 7550111, Fax 7550111, – ☎ P – 150. AE ⓢ ⓓ E VISA. cam
Pasto *(chiuso lunedì da ottobre a marzo)* carta 40/77000 – ☐ 16000 – **45 cam** 120/170000 – ½ P 100/130000.

Residence Hotel Puccini senza rist, via Puccini 2 ☏ 6401428, Fax 6401419, – ☎ P. AE ⓢ ⓓ E VISA.
☐ 15000 – **32 cam** 135000.

San Marco, lungolago Mazzini 15 ☏ 7550077, Fax 7550336, ≤ – ☎ P – 60. AE ⓢ E VISA.
Pasto carta 28/41000 – ☐ 15000 – **47 cam** 100/130000 – ½ P 90/95000.

Vecchio Viola, via Milano 5/7 ☏ 7551666, Fax 6400063 – ☎ P. AE ⓢ E VISA.
Pasto *(chiuso lunedì sera e martedì)* carta 29/47000 – ☐ 8000 – **20 cam** 60/90000 – ½ P 65/75000.

Piccolo Mondo, piazza del Porto 6 ☏ 7550025, Fax 7552260, Specialità di mare – ⓢ E VISA
chiuso martedì sera, mercoledì, dal 22 dicembre al 15 gennaio e dal 21 al 30 giugno – **Pasto** carta 54/79000.

a San Benedetto O : 2,5 km – ✉ **37010** San Benedetto di Lugana :

Peschiera 🐕, via Parini 4 ☎ 7550526, Fax 7550444, ≤, 🏊, 🌳 – 🛗 ☎ ♿ [P]. [AE] [$] ⊙ E VISA JCB. 🐕
aprile-ottobre – **Pasto** *(chiuso a mezzogiorno e lunedì)* 33/50000 – ☕ 18000 – **30 cam** 80/90000 – ½ P 90/110000.

Papa con cam, via Bella Italia 40 ☎ 7550476, Fax 7550589, 🍴, 🏊 – 🛗 [TV] ☎ [P]. [AE] [$] E VISA. 🐕
chiuso dal 5 novembre al 10 dicembre – **Pasto** *(chiuso mercoledì)* carta 29/43000 – ☕ 7000 – **19 cam** 60/70000 – ½ P 60000.

Trattoria al Combattente, strada Bergamini 60 ☎ 7550410, 🍴 – [AE] [$] ⊙ E VISA
chiuso lunedì – **Pasto** carta 34/53000.

[PESCIA] 51017 Pistoia 988 ⑭, 428 429 430 K 14 – 18 055 ab. alt. 62 – ☎ 0572.
Roma 335 – ◆Firenze 57 – Pisa 39 – Lucca 19 – ◆Milano 299 – Montecatini Terme 8 – Pistoia 30.

Villa delle Rose 🐕, località Castellare ✉ 51012 Castellare di Pescia ☎ 451301, Fax 444003, « Parco con 🏊 » – 🛗 ≡ [TV] ☎ ♿ [P] – 🎤 150 a 250. [AE] [$] ⊙ E VISA JCB. 🐕
Pasto al Rist. ***Piazza Grande*** *(chiuso lunedì e martedì a mezzogiorno)* carta 39/52000 – ☕ 14000 – **106 cam** 98/123000, 3 appartamenti.

Cecco, via Forti 96 ☎ 477955, 🍴 – ≡. [AE] [$] E VISA
chiuso lunedì, dall'8 al 18 gennaio e dal 1° al 25 luglio – **Pasto** carta 31/53000 (13 %).

La Fortuna, via Colli per Uzzano 32/34 ☎ 477121, ≤, 🍴, Coperti limitati; prenotare – [P]. [AE]
chiuso a mezzogiorno (escluso i giorni festivi), lunedì ed agosto – **Pasto** carta 50/65000.

[PESE] Trieste 429 F 23 – alt. 474 – ✉ **34012** Basovizza – ☎ 040.
Roma 678 – Udine 77 – Gorizia 54 – ◆Milano 417 – Rijeka (Fiume) 63 – ◆Trieste 13.

a Draga Sant'Elia SO : 4,5 km – ✉ **34010** Sant'Antonio in Bosco :

Locanda Mario, ☎ 228173, 🍴 – [P]. [AE] [$] ⊙ E VISA. 🐕
chiuso martedì e dal 7 al 20 gennaio – **Pasto** carta 38/63000.

[PETRIGNANO] Perugia 430 M 19 – Vedere Assisi.

[PETTENASCO] **28028** Novara 428 E 7, 219 ⑥ – 1 235 ab. alt. 301 – ☎ 0323.
Roma 663 – Stresa 25 – ◆Milano 86 – Novara 48 – ◆Torino 122.

L'Approdo, ☎ 89346, Fax 89338, 🍴, « Grazioso giardino con ≤ lago e monti », 🏊 riscaldata, 🏖, 🌳, 🎾 – [TV] ☎ [P] – 🎤 50 a 300. [AE] [$] ⊙ E VISA. 🐕 rist
Pasto *(chiuso lunedì da ottobre a marzo)* carta 50/70000 – ☕ 20000 – **68 cam** 140/190000 – ½ P 145/165000.

Giardinetto con cam, ☎ 89482, Fax 89219, ≤ lago, « Servizio in terrazza », 🏊 riscaldata, 🏖, 🌳 – 🛗 [TV] ☎ [P]. [AE] [$] ⊙ E VISA
20 marzo-2 novembre – **Pasto** carta 40/65000 – ☕ 15000 – **50 cam** 110/150000 – ½ P 65/75000.

[PEZZAN] Treviso – Vedere Carbonera.

[PEZZO] Brescia 428 429 D 13 – Vedere Ponte di Legno.

[PFALZEN] = Falzes.

[PIACENZA] **29100** [P] 988 ⑬, 428 G 11 – 101 692 ab. alt. 61 – ☎ 0523.
Vedere Il Gotico★★ (palazzo del comune) : Statue equestri★★ B **D** – Duomo★ B **E**.
⛳ Croara (chiuso martedì) a Croara di Gazzola ✉ 29010 ☎ 977105, Fax 977105, per ④ : 21 km.
ℹ piazzetta dei Mercanti 10 ☎ 29324, Fax 334348.
[A.C.I.] via Chiapponi 37 ☎ 335343.
Roma 512 ② – ◆Bergamo 108 ① – ◆Brescia 85 ② – ◆Genova 148 ④ – ◆Milano 64 ① – ◆Parma 62 ②.

Pianta pagina seguente

Ovest senza rist, via I Maggio 82 ☎ 712222, Fax 711301 – 🛗 ≡ [TV] ☎ ♿ 🚗 [P] – 🎤 5… per (…
[AE] [$] ⊙ E VISA
chiuso dal 5 al 20 agosto – **38 cam** ☕ 135/160000, 3 appartamenti.

Nazionale senza rist, via Genova 35 ☎ 712000, Fax 456013 – 🛗 ≡ [TV] ☎ 🚗 – 🎤 60. … A
[$] ⊙ E VISA
69 cam ☕ 115/150000, 8 appartamenti.

RestHotel Primevère senza rist, via Emilia Pavese ☎ 499074, Fax 499115 – 🛗 ≡ [TV] … per (…
♿ 🚗 [P] – 🎤 65. [AE] [$] ⊙ E VISA
72 cam ☕ 140/170000.

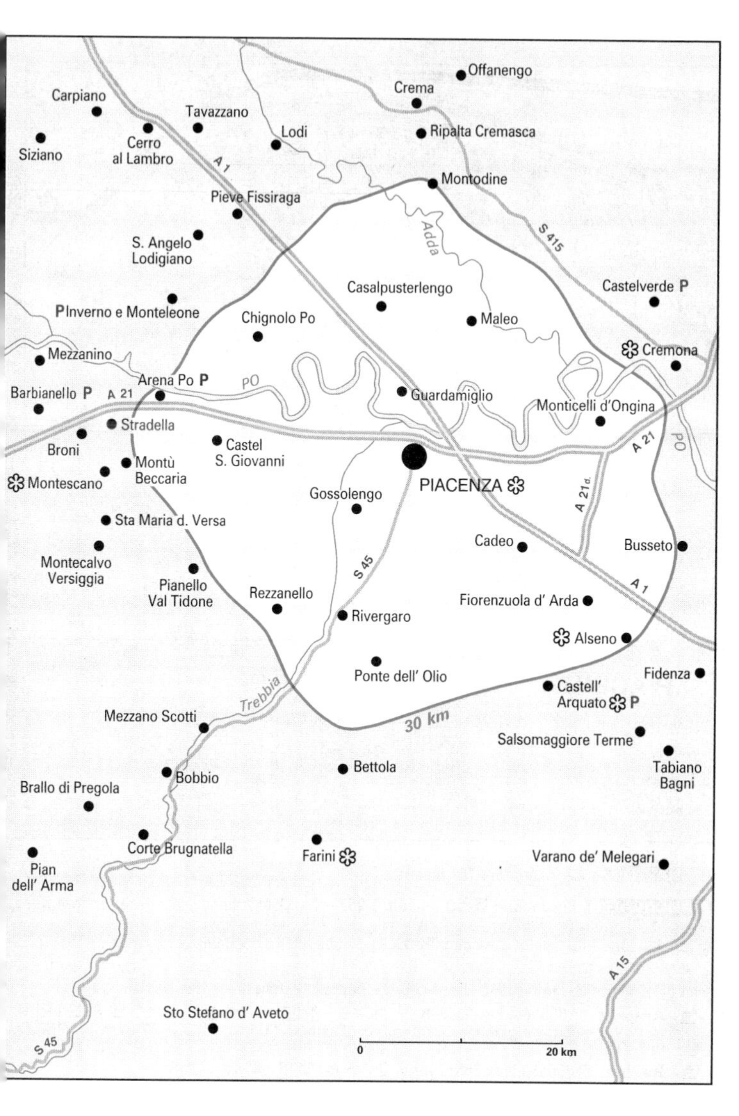

Milano senza rist, viale Risorgimento 47 ☎ 336843, Fax 385101 – TV ☎ AE ⓢ ⓓ E VISA B **e**
42 cam ☐ 110/145000.

XXX ✿ **Antica Osteria del Teatro,** via Verdi 16 ☎ 323777, Fax 384639, Coperti limitati; prenotare – ▤. AE ⓢ ⓓ E VISA. ✈ B **f**
chiuso domenica sera, lunedì, dal 1° al 15 gennaio e dal 1° al 25 agosto – **Pasto** 75/100000 e carta 68/126000
Spec. Treccia di branzino all'olio extravergine con timo pomodoro e sale grosso, Costolette d'agnello pré-salé agli aromi, Medaglione di fegato grasso d'oca marinato al Porto.

XX **Peppino,** via Roma 183 ☎ 329279, prenotare – AE ⓢ ⓓ E VISA. ✈ B **d**
chiuso lunedì, dal 1° al 10 gennaio e dal 23 luglio al 23 agosto – **Pasto** carta 38/73000.

XX Gotico, piazza Gioia 3 ☎ 321940 – ▤ B **w**

PIACENZA

PIANAZZO Sondrio – Vedere Madesimo.

PIANCAVALLO Pordenone 429 D 19 – alt. 1 267 – ✉ **33081** Aviano – a.s. 5 febbraio-4 marzo, 22 luglio-20 agosto e Natale – Sport invernali : 1 267/1 830 m 9, – 0434.

(chiuso lunedì) a Castel d'Aviano ✉ 33081 ✆ 652305, Fax 660496, S : 2 km.

✆ 655191, Fax 655354.

Roma 618 – Belluno 68 – ◆Milano 361 – Pordenone 30 – Treviso 81 – Udine 81 – ◆Venezia 111.

Antares, ✆ 655265, Fax 655265, <, – 250. AE VISA.
dicembre-Pasqua e giugno-10 settembre – **Pasto** 35000 – 15000 – **62 cam** 100/160000 – ½ P 130000.

Regina, ✆ 655166, Fax 655128, < – AE .
Pasto carta 25/48000 – 9000 – **47 cam** 80/89000 – ½ P 64/82000.

PIAN DELL'ARMÀ Pavia e Piacenza 428 H 9 – alt. 1 476 – ✉ **27050** S. Margherita di Staffora – a.s. 15 giugno-agosto – 0383.

Roma 604 – Piacenza 86 – Alessandria 82 – ◆Genova 90 – ◆Milano 118 – Pavia 86.

a Capannette di Pej SE : 3 km – alt. 1 449 – ✉ **29020** Zerba :

Capannette di Pej , ✆ (0523) 935129, <, Turismo equestre – E VISA.
chiuso novembre – **Pasto** *(chiuso martedì)* carta 28/41000 – 6000 – **23 cam** 50/70000 – ½ P 50/70000.

PIAN DELLE BETULLE Lecco 219 ⑩ – Vedere Margno.

PIANELLO VAL TIDONE **29010** Piacenza – 2 321 ab. alt. 190 – 0523.

Roma 547 – Piacenza 32 – ◆Genova 145 – ◆Milano 77 – Pavia 49.

Trattoria Chiarone, località Chiarone S : 5 km ✆ 998054 –
chiuso lunedì e luglio – **Pasto** carta 32/50000.

PIANFEI 12080 Cuneo [428] I 5 – 1 694 ab. alt. 503 – ☎ 0174.
Roma 629 – Cuneo 15 – ♦Genova 130 – Imperia 114 – ♦Torino 93.

- **La Ruota,** strada statale Monregalese 5 ✆ 585701, Fax 585700, ≘s, ⛱, 🌳, 🎾 – |♦| ▤ [TV] ☎ ♿ 🚗 [P] – 🏛 40 a 250. [AE] [S] ⓞ [E] [VISA] [JCB]
  Pasto vedere rist **La Ruota** – **61 cam** ☕ 105/140000, 6 appartamenti – ½ P 80/95000.
- 🍴 **La Ruota,** strada statale Monregalese 2 ✆ 585164 – ▤ [P]. [AE] [S] ⓞ [E] [VISA] [JCB]
  chiuso lunedì – **Pasto** carta 30/56000.

PIANI Imperia – Vedere Imperia.

PIANO D'ARTA Udine – Vedere Arta Terme.

PIANO DEL CANSIGLIO Belluno – Vedere Tambre.

PIANORO 40065 Bologna [988] ⑭ ⑮, [429] [430] I 16 – 14 781 ab. alt. 187 – ☎ 051.
Roma 372 – ♦Bologna 14 – ♦Firenze 95.

a Pianoro Vecchio S : 2 km – ✉ 40060 :

- 🍴🍴 **La Tortuga,** ✆ 777047, Coperti limitati; prenotare, « Servizio estivo in giardino ombreggiato » – [P]. [AE] [S] ⓞ [E] [VISA]
  chiuso a mezzogiorno (escluso domenica), lunedì ed agosto – **Pasto** carta 45/60000.

PIANOSINATICO 51020 Pistoia [428] [429] [430] J 14 – alt. 948 – a.s. Pasqua, luglio-agosto e Natale – ☎ 0573.
Roma 352 – ♦Firenze 79 – Pisa 77 – ♦Bologna 102 – Lucca 56 – ♦Milano 279 – ♦Modena 104 – Pistoia 42.

- **Quadrifoglio** senza rist, ✆ 629229, ≤
  ☕ 7000 – **14 cam** 45/70000.
- 🍴 **Silvio,** ✆ 629204 – [AE] [S] [E] [VISA]. ✻
  chiuso dal 17 al 24 aprile e dal 1° al 10 ottobre – **Pasto** 15/17000 e carta 27/36000.

PIANO TORRE Palermo – Vedere Sicilia (Piano Zucchi) alla fine dell'elenco alfabetico.

PIANO ZUCCHI Palermo [432] N 23 – Vedere Sicilia alla fine dell'elenco alfabetico.

PIAZZA ARMERINA Enna [988] ㊱, [432] O 25 – Vedere Sicilia alla fine dell'elenco alfabetico.

PIAZZATORRE 24010 Bergamo [428] E 11 – 490 ab. alt. 868 – a.s. 20 luglio-20 agosto e Natale – Sport invernali : 868/2 000 m 🚡1 ⛷4, ⛷ – ☎ 0345.
Roma 650 – ♦Bergamo 48 – Foppolo 31 – ♦Milano 91 – San Pellegrino Terme 24.

- **Milano,** ✆ 85027, Fax 85027, ≤ – |♦| ☎ [P]. [S] [E] [VISA]. ✻ rist
  chiuso ottobre e novembre – **Pasto** carta 32/48000 – ☕ 12000 – **27 cam** 60/95000 – ½ P 70/80000.

PIAZZE Siena [430] N 17 – Vedere Cetona.

PICCHIAIE Livorno – Vedere Elba (Isola d') : Portoferraio.

PICEDO Brescia – Vedere Polpenazze del Garda.

PIEDIMONTE SAN GERMANO 03030 Frosinone [430] R 23 – 4 776 ab. alt. 126 – ☎ 0776.
Roma 122 – Frosinone 47 – Formia 42 – Isernia 56 – ♦Napoli 104.

- **San Germano,** ✆ 404652, Fax 403319, 🏖, 🌳 – |♦| ▤ rist [TV] ☎ [P]. [AE] [S] ⓞ [E] [VISA] [JCB]
  Pasto *(chiuso dal 23 al 29 dicembre)* carta 35/53000 – **40 cam** ☕ 55/90000 – ½ P 60/70000.

PIEGARO 06066 Perugia [430] N 18 – 3 642 ab. alt. 356 – ☎ 075.
Roma 156 – ♦Perugia 40 – ♦Firenze 147 – Orvieto 42.

- **Da Elio,** N : 1 km ✆ 8358017, Fax 8358005, 🌳 – |♦| [TV] 🚗 [P]. [S] [VISA]
  Pasto *(chiuso lunedì escluso da luglio a settembre)* carta 33/45000 – **28 cam** ☕ 65/85000 – ½ P 55/60000.

PIENZA 53026 Siena [988] ⑮, [430] M 17 – 2 335 ab. alt. 491 – ☎ 0578.
Vedere Cattedrale★ : Assunzione★★ del Vecchietto – Palazzo Piccolomini★.
Roma 188 – Siena 52 – Arezzo 61 – Chianciano Terme 22 – ♦Firenze 120 – ♦Perugia 86.

- **Il Chiostro di Pienza,** corso Rossellino 26 ✆ 748400, Fax 748440, ≤, « Chiostro quattrocentesco », 🌳 – |♦| [TV] ☎. [AE] [S] ⓞ [E] [VISA]. ✻
  Pasto 45/100000 – **26 cam** ☕ 100/160000.
- **Corsignano,** via della Madonnina 11 ✆ 748501, Fax 748166 – [TV] ☎ [P]. [AE] [S] [E] [VISA]. ✻
  chiuso dal 10 gennaio al 10 marzo – **Pasto** *(chiuso martedì)* carta 27/59000 – **36 cam** ☕ 80/130000.
- 🍴 **Dal Falco,** piazza D. Alighieri 7 ✆ 748551, Fax 748551, 🏖 – [AE] [S] ⓞ [E] [VISA]. ✻
  Pasto carta 30/45000.
- 🍴 **La Buca delle Fate,** corso Rossellino 38/a ✆ 748448, Fax 748448 – [AE] [S] ⓞ [E] [VISA] [JCB]
  chiuso lunedì e dal 15 al 30 giugno – **Pasto** carta 31/40000.

12

sulla strada statale 146 NE 7,5 km :

🏨🏨 **La Saracina** 🐦 senza rist, ✉ 53026 ☎ 748022, Fax 748022, ≤, « In un antico podere », 🏊, 🌳 – [TV] ☏ [P]. [$] [E] [VISA]. ✗🐕
4 cam ☕ 280/320000, appartamento.

PIETRACAMELA **64047** Teramo [430] O 22 – 354 ab. alt. 1 005 – a.s. febbraio-marzo, 23 luglio-agosto e Natale – Sport invernali : a Prati di Tivo: 1 450/2 008 m ⛷6 – ☎ 0861.

Roma 174 – L'Aquila 61 – ◆Pescara 78 – Rieti 104 – Teramo 31.

a Prati di Tivo S : 6 km – alt. 1 450 – ✉ **64047** Pietracamela :

🏨 **Gran Sasso 3,** ☎ 959639, Fax 959669, ≤ – [TV] ☏ 🚗. [AE]. ✗🐕
Pasto 35/45000 (15 %) – ☕ 8000 – **10 cam** 60/95000 – ½ P 83000.

PIETRA LIGURE **17027** Savona [988] ⑫, [428] J 6 – 9 594 ab. – ☎ 019.

ℹ piazza Martiri della Libertà 31 ☎ 625222, Fax 625223.

Roma 576 – Imperia 44 – ◆Genova 77 – ◆Milano 200 – Savona 31.

🏨🏨 **Royal,** via Don Bado 129 ☎ 616192, Fax 616195, ≤, 🏖 – [lift] ▤ rist [TV] ☏. [AE] [$] [DC] [E] [VISA] ✗🐕 rist
chiuso dal 16 ottobre al 15 dicembre – **Pasto** (solo per clienti alloggiati) – ☕ 16000 – **102 cam** 115/140000, 4 appartamenti – ½ P 98/123000.

🏨🏨 **Paco,** via Crispi 63 ☎ 615715, Fax 615716, 🏊, 🎾 – [lift] [TV] ☏ 🚗 [P]. [AE] [$] [DC] [E] [VISA] ✗🐕 rist
5 maggio-settembre – **Pasto** (solo per clienti alloggiati) – ☕ 16000 – **44 cam** 110/140000 – ½ P 73/103000.

🏨 **Azucena,** viale della Repubblica 76 ☎ 615810 – [lift] ☏ [P]. [$] [E] [VISA]. ✗🐕
chiuso ottobre e novembre – **Pasto** *(chiuso martedì escluso da giugno a settembre)* 25000 – ☕ 12000 – **28 cam** 70/96000 – P 60/90000.

🍴🍴 **Bacco,** corso Italia 113 ☎ 615307, Specialità di mare, prenotare – ▤. [$] [DC] [E] [VISA]. ✗🐕
chiuso da gennaio al 10 febbraio e lunedì (escluso luglio-settembre) – **Pasto** carta 45/98000

🍴 **A Ciappa,** via N. C. Regina 5 ☎ 624231 – [$] [DC] [E] [VISA]
chiuso mercoledì e dal 4 al 30 novembre – **Pasto** carta 34/69000.

PIETRANSIERI L'Aquila [430] Q 24, [431] B 24 – Vedere Roccaraso.

PIETRASANTA **55045** Lucca [988] ⑭, [428] [429] [430] K 12 – 24 795 ab. alt. 20 – a.s. Carnevale, Pasqua, 15 giugno-15 settembre e Natale – ☎ 0584.

⛳18 Versilia ☎ 881574, Fax 752272.

Roma 376 – ◆Pisa 30 – ◆La Spezia 45 – ◆Firenze 104 – ◆Livorno 54 – Lucca 34 – Massa 11 – ◆Milano 241.

🏨🏨 **Palagi** senza rist, piazza Carducci 23 ☎ 70249, Fax 71198 – [lift] ▤ [TV] ☏ ♿. [AE] [$] [DC] [E] [VI
☕ 15000 – **19 cam** 90/140000.

🍴🍴 Martinatica, località Baccatoio S : 1 km ☎ 792534, 🌳, « In un antico frantoio » – [P]

🍴 **Trattoria San Martino,** via Garibaldi 17 ☎ 790190 – [AE]
chiuso gennaio e martedì; in luglio-agosto chiuso i mezzogiorno di mercoledì e giovedì **Pasto** carta 30/50000.

PIETRASANTA (Marina di) **55044** Lucca [988] ⑭, [430] K 12 – a.s. Carnevale, Pasqua, 15 giugno-15 settembre e Natale – ☎ 0584.

⛳18 Versilia ✉ 55045 Pietrasanta ☎ 881574, Fax 752272, N : 3 km.

ℹ a Tonfano, via Donizetti 14 ☎ 20331, Fax 24555.

Roma 378 – Pisa 33 – ◆La Spezia 53 – ◆Firenze 104 – ◆Livorno 54 – Lucca 34 – Massa 18 – ◆Milano 246.

🏨🏨 **Ermione,** a Tonfano, viale Roma 183 ☎ 745852, Fax 745906, ≤, 🌳, « Giardino con 🏊 riscaldata », 🏖 – [lift] ▤ [TV] ☏ [P]. [AE] [$] [DC] [E] [VISA]. ✗🐕 rist
24 maggio-settembre – **Pasto** (solo per clienti alloggiati) 60/70000 – **35 cam** ☕ 210/3100 – ½ P 150/205000.

🏨🏨 **Lombardi,** a Fiumetto, viale Roma 27 ☎ 745848, Fax 23382, ≤, 🏊 riscaldata, 🌳 – [lift] [TV] ☏ [P]. [AE] [$] [DC] [E] [VISA]. ✗🐕 rist
aprile-ottobre – **Pasto** (solo per clienti alloggiati) – ☕ 25000 – **38 cam** 240/340000 ½ P 200/230000.

Battelli, a Motrone, viale Versilia 189 ✆ 20010, Fax 23592, « Giardino ombreggiato », – |♦| ▤ cam ☎ ⇔ Ⓟ. ✂
15 maggio-settembre – **Pasto** (solo per clienti alloggiati) 60/70000 – ▭ 25000 – **38 cam** 120/160000 – ½ P 145000.

Joseph, a Motrone, viale Roma 323 ✆ 745862, Fax 22265, ≤, – |♦| ▤ TV ☎ Ⓟ. AE Ⓢ VISA. ✂ rist
Carnevale-ottobre – **Pasto** 25/40000 – ▭ 12000 – **36 cam** 80/120000 – ½ P 85/125000.

Venezia ⑤, a Motrone, via Firenze 48 ✆ 745757, Fax 745373, Ⅎ₆, – |♦| ▤ TV ☎ Ⓟ. Ⓢ VISA. ✂
25 maggio-20 settembre – **Pasto** (solo per clienti alloggiati) – ▭ 10000 – **34 cam** 80/130000 – ½ P 125000.

Grande Italia ⑤, a Tonfano, via Torino 5 ✆ 20046, – ☎ Ⓟ. ✂
giugno-19 settembre – **Pasto** 28/35000 – ▭ 10000 – **23 cam** 60/100000 – P 70/110000.

Il Baffardello, località Fiumetto via Ficalucci 46 ✆ 21034, , Rist. e pizzeria – Ⓟ. AE Ⓢ ⓞ E VISA
chiuso giovedì escluso da aprile a settembre – **Pasto** 50/70000.

PIETRELCINA 82020 Benevento 430 S 26, 431 D 26 – 3 085 ab. alt. 345 – ☎ 0824.
Roma 253 – Benevento 13 – ♦Foggia 109.

Lombardi, strada statale E : 1 km ✆ 991206 e rist ✆ 991144, Fax 991253, – ▤ TV ☎ ⇔ Ⓟ. AE Ⓢ ⓞ E VISA. ✂
Pasto *(chiuso martedì)* 25/50000 e al Rist. ***Cosimo's*** *(chiuso martedì)* carta 31/53000 (10 %) – **25 cam** ▭ 90/150000 – ½ P 100/120000.

PIEVE A NIEVOLE Pistoia 430 K 14 – Vedere Montecatini Terme.

PIEVE D'ALPAGO 32010 Belluno 429 D 19 – 2 027 ab. alt. 690 – ☎ 0437.
Roma 608 – Belluno 17 – Cortina d'Ampezzo 72 – ♦Milano 346 – Treviso 67 – ♦Venezia 96.

✿ **Dolada** ⑤ con cam, a Plois ✆ 479141, Fax 478068, ≤, prenotare, – TV ☎ Ⓟ. AE Ⓢ ⓞ E VISA JCB. ✂ cam
Pasto *(chiuso lunedì e martedì a mezzogiorno escluso luglio-agosto)* carta 48/80000 – ▭ 15000 – **6 cam** 150000, appartamento – P 150000
Spec. Terrina di fegatini alle erbe e tartufo nero, Zuppa "patora" d'orzo mais e fagioli, Filetto di cervo e gnocchetti di polenta.

Beyrouth ⑤ con cam, a Torres ✆ 478056 – |♦| ☎ Ⓟ. VISA. ✂
chiuso ottobre – **Pasto** *(chiuso lunedì)* carta 25/48000 – ▭ 6000 – **18 cam** 45/70000 – P 65/70000.

PIEVE DI CADORE 32044 Belluno 988 ⑤, 429 C 19 – 4 024 ab. alt. 878 – Sport invernali : 878/1400 m ⟡3 ⛷ – ☎ 0435 – Vedere Guida Verde.
via 20 Settembre 18 ✆ 31644, Fax 31645.
Roma 644 – Cortina d'Ampezzo 32 – Auronzo di Cadore 19 – Belluno 43 – ♦Milano 386 – Udine 143 – ♦Venezia 133.

✿ **Gardenia** ⑤ con cam, località Arzanie 14 ✆ 32488, Fax 32757, prenotare – TV ☎ ⇔ Ⓟ. AE Ⓢ E VISA. ✂
chiuso ottobre – **Pasto** *(chiuso lunedì escluso da giugno a settembre)* carta 35/55000 – **10 cam** ▭ 80/120000 – ½ P 40/80000
Spec. Ravioli d'anatra ai funghi, Filetto di cervo con polenta e confettura di mirtilli, Bavarese alla vaniglia.

a Pozzale O : 2 km – alt. 1 054 – ✉ **32040** :

La Pausa, ✆ 30080, Coperti limitati; prenotare, « Chalet sulle piste con ≤ monti e lago » – AE Ⓢ E VISA
chiuso domenica sera, lunedì e dal 10 al 30 ottobre – **Pasto** carta 42/63000.

PIEVE DI CENTO 40066 Bologna 429 430 H 15 – 6 589 ab. alt. 14 – ☎ 051.
Roma 408 – ♦Bologna 32 – ♦Ferrara 37 – ♦Milano 209 – ♦Modena 39 – ♦Padova 105.

Nuovo Gd H. Bologna e dei Congressi, via Ponte Nuovo 42 ✆ 6861070, Fax 974835, Ⅎ₆, ≘s, – |♦| ▤ TV ☎ Ⓟ – 30 a 2500. AE Ⓢ ⓞ E VISA. ✂
Pasto 45000 e al Rist. ***I Gabbiani*** carta 48/69000 – **130 cam** ▭ 210/315000, 12 appartamenti – ½ P 195000.

Il Caimano, via Campanini 14 ✆ 974403 – ▤. AE Ⓢ ⓞ E VISA
chiuso lunedì e dal 1° al 15 luglio – **Pasto** carta 26/39000.

Da Buriani, via Provinciale 2/a ✆ 975177, – AE Ⓢ ⓞ E VISA
chiuso venerdì e sabato a mezzogiorno – **Pasto** carta 34/58000.

PIEVE DI LIVINALLONGO 32020 Belluno 429 C 17 – alt. 1 475 – a.s. 15 febbraio-15 aprile, luglio-agosto e Natale – ☎ 0436.
Roma 716 – Cortina d'Ampezzo 28 – Belluno 68 – ♦Milano 373 – Passo del Pordoi 17 – ♦Venezia 174.

Cèsa Padon ⑤, ✆ 7109, Fax 7460, ≤ monti e pinete, solo su prenotazione a mezzogiorno – ☎ Ⓟ. VISA. ✂ cam
chiuso novembre – **Pasto** *(chiuso a mezzogiorno)* carta 29/40000 – ▭ 16000 – **14 cam** 60/90000 – ½ P 80/90000.

PIEVE DI SOLIGO 31053 Treviso [988] ⑤, [429] E 18 – 9 528 ab. alt. 132 – ☏ 0438.
Roma 579 – Belluno 38 – ◆Milano 318 – Trento 124 – Treviso 31 – Udine 95 – ◆Venezia 68.

🏨 **Contà** senza rist, Corte delle Caneve 4 ℘ 980435, Fax 980896, ⇐ – |♦| ▤ [TV] ☎ ♿ 🚗 – 🏢 100. [AE] [§] ⓞ [E] [VISA]
45 cam ☕ 95/150000, 5 appartamenti.

🏨 **Loris** 🐚, NE : 2 km ℘ 82880, Fax 842383, 🌳 – |♦| ▤ cam [TV] ☎ ♿ [P] – 🏢 150. [§] ⓞ [E] [VISA]. 🐕
Pasto *(chiuso martedì)* carta 45/70000 – ☕ 18000 – **36 cam** 85/150000 – ½ P 90/100000.

a Solighetto N : 2 km – ✉ **31050** :

XX **Da Lino** con cam, ℘ 842377, Fax 840577, 🍽, « Caratteristico ambiente » – [TV] ☎ [P] – 🏢 150. [AE] [§] ⓞ [E] [VISA]
chiuso dal 24 al 26 dicembre e luglio – **Pasto** *(chiuso lunedì)* carta 45/71000 – ☕ 15000 – **17 cam** 90/110000 – ½ P 145000.

PIEVE FISSIRAGA 20070 Lodi [428] G 10 – 944 ab. alt. 76 – ☏ 0371.
Roma 529 – Piacenza 41 – ◆Bergamo 42 – ◆Brescia 60 – Cremona 50 – ◆Milano 31 – Pavia 31.

X **La Sosta,** strada statale 235 O : 1,5 km ℘ 98046 – [P]. [§] [E] [VISA]
chiuso sabato – **Pasto** carta 25/45000.

PIEVE LIGURE 16030 Genova [428] I 9 – 2 666 ab. – ☏ 010.
Roma 490 – ◆Genova 14 – ◆Milano 151 – Portofino 22 – ◆La Spezia 93.

X **Picco,** a Pieve Alta N : 2,5 km ℘ 3460234, « Servizio estivo in terrazza con ⩽ mare e costa » – [P]. [AE] [§] ⓞ [E] [VISA]
chiuso martedì, dal 25 gennaio al 5 febbraio e dal 6 al 20 novembre – **Pasto** carta 40/65000.

PIEVEPELAGO 41027 Modena [988] ⑭, [428] [429] [430] J 13 – 2 134 ab. alt. 781 – a.s. luglio-agosto e Natale – ☏ 0536.
Roma 373 – Pisa 97 – ◆Bologna 100 – Lucca 77 – Massa 97 – ◆Milano 259 – ◆Modena 84 – Pistoia 63.

🏠 **Bucaneve,** ℘ 71383 – [TV] ☎ [P]. 🐕
chiuso novembre – **Pasto** *(chiuso martedì)* carta 30/40000 – ☕ 8000 – **25 cam** 52/84000 – ½ P 71000.

PIEVE SANTO STEFANO 52036 Arezzo [988] ⑮, [430] K 18 – 3 344 ab. alt. 431 – ☏ 0575.
Roma 247 – Rimini 112 – Arezzo 56 – ◆Firenze 100 – ◆Perugia 78 – Urbino 88.

X **Il Granducato** con cam, ℘ 799026, Fax 799026 – [TV] ☎ [P]. [AE] [§] ⓞ [E] [VISA]. 🐕
chiuso martedì escluso dal 15 giugno al 15 settembre – **Pasto** carta 22/58000 – ☕ 5000 – **7 cam** 45/75000 – ½ P 50/60000.

PIEVESCOLA Siena [430] M 15 – Vedere Casole d'Elsa.

PIGENO (PIGEN) Bolzano [218] ⑳ – Vedere Appiano sulla Strada del Vino.

PIGNA 18037 Imperia [988] ⑫, [428] K 4, [115] ⑲ – 1 063 ab. alt. 280 – ☏ 0184.
Roma 673 – Imperia 72 – ◆Genova 174 – ◆Milano 297 – San Remo 34 – Ventimiglia 21.

X **Terme** 🐚 con cam, SE : 0,5 km ℘ 241046 – ☎ [P]. [AE] [§] ⓞ [E] [VISA]
chiuso dal 10 gennaio all'11 febbraio – **Pasto** *(chiuso mercoledì escluso luglio-agosto e da novembre a maggio anche martedì sera)* carta 35/50000 – ☕ 10000 – **17 cam** 60/80000 – ½ P 75/80000.

Vedere anche : ***Melosa (Colle della)*** NE : 20 km.

PIGNOLA 85010 Potenza [431] F 29 – 4 943 ab. alt. 927 – ☏ 0971.
Roma 370 – Potenza 9.

XX Amici Miei, ℘ 420488, ⩽, prenotare – [P]

PILA Aosta [428] E 3, [219] ⑫ – Vedere Aosta.

PILA 13020 Vercelli [219] ⑤ – 115 ab. alt. 686 – ☏ 0163.
Roma 696 – Aosta 181 – ◆Milano 122 – Novara 76 – Vercelli 82.

X **Trattoria della Pace,** ℘ 71144 – 🐕
chiuso martedì – **Pasto** carta 26/49000.

PILASTRO 43010 Parma [428] [429] [430] H 12 – alt. 176 – a.s. luglio-agosto – ☏ 0521.
Roma 473 – ◆Parma 16 – ◆Milano 137 – Reggio nell'Emilia 36 – ◆La Spezia 113.

🏨 **Ai Tigli,** ℘ 639006, Fax 637742, 🏊, 🌳 – |♦| ▤ [TV] ☎ [P] – 🏢 100. [AE] [§] ⓞ [E] [VISA]. 🐕 ris
chiuso agosto – **Pasto** *(chiuso lunedì)* carta 39/59000 – ☕ 13000 – **22 cam** 80/115000 – ½ P 90/100000.

PILZONE 25040 Brescia [428] E 12 – alt. 195 – ☏ 030.
Roma 583 – ◆Brescia 25 – ◆Bergamo 41 – Edolo 75 – Iseo 2 – ◆Milano 82.

XX **La Fenice,** ℘ 981565, Coperti limitati; prenotare – [AE] [§] [VISA]
chiuso giovedì, Natale, Capodanno e dal 15 al 31 agosto – **Pasto** carta 58/83000.

PINARELLA Ravenna 430 J 19 – Vedere Cervia.

PINEROLO 10064 Torino 988 ⑫, 428 H 3 – 35 234 ab. alt. 376 – ☎ 0121.
Roma 694 – Torino 41 – Asti 80 – Cuneo 63 – Milano 185 – Sestriere 55.

Regina, piazza Barbieri 22 ☎ 322157, Fax 374165 – TV ☎ P. AE Ⓢ ◑ E VISA JCB
chiuso dal 1° al 21 agosto – **Pasto** (*chiuso domenica sera e lunedì a mezzogiorno*) carta 31/59000 – ☕ 14000 – **15 cam** 90/130000 – ½ P 95000.

Taverna degli Acaia, corso Torino 106 ☎ 794727, prenotare – ▤. AE Ⓢ ◑ E VISA JCB.
chiuso lunedì e dal 15 al 30 agosto – **Pasto** carta 41/56000.

PINETO 64025 Teramo 988 ⑰ ㉗, 430 O 24 – 12 370 ab. – a.s. luglio-agosto – ☎ 085.
viale D'Annunzio 123 ☎ 9491745, Fax 9491745.
Roma 216 – Ascoli Piceno 74 – Pescara 31 – Ancona 136 – L'Aquila 101 – Teramo 37.

Residence, viale D'Annunzio 207 ☎ 9490404, Fax 9490144, « Giardino ombreggiato con ⛱ », – |‡| TV ☎ P. AE Ⓢ ◑ E VISA.
giugno-settembre – **Pasto** 35/55000 – **52 cam** ☕ 150/200000 – ½ P 80/140000.

Ambasciatori, via XXV Aprile ☎ 9492900, Fax 9493250, ←, – ▤ TV ☎ P. AE Ⓢ VISA.
Pasto (*aprile-settembre; solo per clienti alloggiati*) 30/40000 – ☕ 13000 – **23 cam** 100/125000 – ½ P 85/120000.

Pier delle Vigne, a Borgo Santa Maria O : 2 km ☎ 9491071, « In campagna » – P
chiuso dal 10 gennaio al 10 febbraio, martedì e da novembre a maggio anche domenica sera e lunedì – **Pasto** carta 32/57000.

Leggete attentamente l'introduzione : è la « chiave » della guida.

PINO TORINESE 10025 Torino 428 G 5 – 8 741 ab. alt. 495 – ☎ 011.
Dintorni ←** su Torino dalla strada per Superga.
Roma 655 – Torino 10 – Asti 41 – Chieri 6 – Milano 149 – Vercelli 79.

Pianta d'insieme di Torino (Torino p. 3)

La Griglia, via Roma 77 ☎ 842540 – ▤. AE Ⓢ ◑ E VISA. HT p
chiuso mercoledì ed agosto – **Pasto** carta 39/73000.

Pigna d'Oro, via Roma 130 ☎ 841019, Fax 841053, « Servizio estivo in terrazza panoramica » – P. AE Ⓢ ◑ E VISA HT t
chiuso lunedì e gennaio – **Pasto** carta 47/68000.

PINZOLO 38086 Trento 988 ④, 428 429 D 14 – 2 947 ab. alt. 770 – a.s. 5 febbraio-Pasqua e Natale – Sport invernali : 770/2 100 m 1 6, – ☎ 0465.
Dintorni Val di Genova*** Ovest – Cascata di Nardis** O : 6,5 km.
via al Sole ☎ 501007, Fax 502778.
Roma 629 – Trento 56 – Bolzano 103 – Brescia 103 – Madonna di Campiglio 14 – Milano 194.

Quadrifoglio, ☎ 503600, Fax 503600, – |‡| TV ☎ & P. VISA. rist
4 dicembre-20 aprile e 15 giugno-settembre – **Pasto** (*solo per clienti alloggiati*) – **30 cam** ☕ 240/300000.

Centro Pineta, ☎ 502758, Fax 502311, – |‡| TV ☎ P. Ⓢ E VISA.
dicembre-aprile e giugno-settembre – **Pasto** 35/40000 – ☕ 11000 – **24 cam** 120/160000 – ½ P 77/130000.

Valgenova, ☎ 501542, Fax 503352, ←, – |‡| ▤ rist TV ☎ P. Ⓢ ◑ E VISA.
5 dicembre-25 aprile e 15 giugno-20 settembre – **Pasto** 35/40000 – ☕ 14000 – **50 cam** 92/160000 – ½ P 135000.

Pinzolo Dolomiti, ☎ 501024, Fax 501132 – |‡| TV ☎ P. AE Ⓢ ◑ E VISA.
dicembre-aprile e giugno-settembre – **Pasto** 30/45000 – ☕ 12000 – **45 cam** 70/120000 – ½ P 110/140000.

Europeo, ☎ 501115, Fax 502616, ←, – |‡| TV ☎ P. Ⓢ E VISA.
chiuso ottobre e novembre – **Pasto** 45/70000 – ☕ 20000 – **41 cam** 110/170000 – ½ P 160/180000.

Alpina, Telex 501010, Fax 501010 – |‡| TV ☎.
19 dicembre-13 aprile e 14 giugno-20 settembre – **Pasto** 30/35000 – ☕ 18000 – **30 cam** 80/130000 – ½ P 85/105000.

Corona, ☎ 501030, Fax 503853 – |‡| rist ☎ P. AE Ⓢ ◑ E VISA. rist
dicembre-aprile e giugno-settembre – **Pasto** 30/35000 – ☕ 15000 – **45 cam** 86/145000 – ½ P 119000.

Binelli senza rist, ☎ 503208, Fax 503208 – |‡| TV ☎ & P. AE Ⓢ VISA
dicembre-5 maggio e 15 giugno-settembre – **16 cam** ☕ 65/120000.

Bepy Hotel senza rist, S : 1 km ☎ 501641, Fax 501678, ← – |‡| TV ☎ P. Ⓢ VISA.
dicembre-aprile e 25 giugno-settembre – **22 cam** ☕ 50/100000.

Ferrari ☎ 502624, Fax 502624, ←, – |‡| ☎ P. AE Ⓢ ◑ E. rist
10 dicembre-Pasqua e giugno-settembre – **Pasto** 25000 – **20 cam** ☕ 89/151000.

🍴🍴 **Mildas,** località Vadaione S : 1 km ✆ 502104, ☂, Coperti limitati; prenotare – [P]. [S] [VISA]
chiuso lunedì, martedì a mezzogiorno, giugno ed ottobre – **Pasto** carta 54/89000.

🍴 **Shangri Là,** ✆ 501443, Fax 501443 – [AE] [S] [D] [E] [VISA]. 🚫
chiuso lunedì, giugno e novembre – **Pasto** 25/35000 (a mezzogiorno) 25/50000 (alla sera) e carta 32/49000.

🍴 **Alla Stube,** ✆ 501679, Coperti limitati; prenotare – 🚫
chiuso giovedì, dal 1° al 25 maggio e dal 10 al 30 ottobre – **Pasto** carta 32/47000.

a Sant'Antonio di Mavignola NE : 5 km – alt. 1 122 – ✉ **38086** :

🏨 **Maso Doss** 🪑, NE : 2,5 km ✆ 502758, « Ambiente rustico », ♨ – [P]. [S] [E] [VISA]. 🚫 rist
6 dicembre-aprile e 15 giugno-settembre – **Pasto** 35/50000 – **6 cam** ☕ 196000 – 1/2 P 78/115000.

PIODE **13020** Vercelli [428] E 6, [219] ⑤ – 184 ab. alt. 752 – ☏ 0163.

Roma 699 – Aosta 184 – ♦Milano 125 – Novara 79 – ♦Torino 141 – Varallo 20 – Vercelli 85.

🍴🍴 **Giardini,** ✆ 71135, Fax 71988, Coperti limitati; prenotare – [AE] [S] [E] [VISA]. 🚫
chiuso lunedì e dal 7 al 20 settembre – **Pasto** carta 35/50000.

🍴 **Dei Pescatori** con cam, ✆ 71156, Fax 71993 – ⇅ [TV] ☎. [S] [E] [VISA]. 🚫
Pasto *(chiuso martedì e dal 10 al 30 gennaio)* carta 32/57000 – ☕ 8000 – **24 cam** 50/80000 – 1/2 P 60/80000.

PIOMBINO **57025** Livorno [988] ⑭ ㉔, [430] N 13 – 36 176 ab. – a.s. 15 giugno-15 settembre – ☏ 0565.

Escursioni Isola d'Elba★.

⛴ per l'Isola d'Elba-Portoferraio giornalieri (1 h) – Navarma, via Pisacane 110 ✆ 225211 Elba Ferries, piazzale Premuda ✆ 220956, Fax 220996; per l'Isola d'Elba-Portoferraio giornalieri (1 h) e l'Isola d'Elba-Rio Marina-Porto Azzurro giornalieri (da 25 a 45 mn) – Toremar, piazzale Premuda 13/14 ✆ 31100, Telex 590387, Fax 35294.

🚤 per l'Isola d'Elba-Portoferraio giornalieri (30 mn) e l'Isola d'Elba-Cavo giornalieri (15 mn) – Toremar, piazzale Premuda 13/14 ✆ 31100, Telex 590387, Fax 35294.

Roma 264 – ♦Firenze 161 – Grosseto 77 – ♦Livorno 82 – ♦Milano 375 – Pisa 101 – Siena 114.

🏨 **Centrale,** piazza Verdi 2 ✆ 220188, Fax 220220 – ⇅ ❄ [TV] ☎ 🚗 – 🎤 60. [AE] [S] [D] [E] [VISA]. 🚫
Pasto vedere rist **Centrale** – **40 cam** ☕ 120/190000, appartamento – 1/2 P 130000.

🏨 **Collodi** senza rist, via Collodi 7 ✆ 224272, Fax 224382 – ⇅ ❄ [TV] ☎. [AE] [S] [E] [VISA]. 🚫
☕ 10000 – **27 cam** 80/110000.

🍴🍴 **Centrale** - Hotel Centrale, piazza Edison 2 ✆ 221825 – ❄. [AE] [S] [D] [E] [VISA]. 🚫
chiuso sabato, domenica e dal 22 dicembre al 7 gennaio – **Pasto** carta 46/69000.

a Baratti NO : 11,5 km – ✉ **57020** Populonia :

🍴 **Demos,** ✆ 29519, <, ☂ – [AE] [S] [D] [E] [VISA]. 🚫
chiuso martedì, gennaio e novembre – **Pasto** carta 39/54000.

PIOPPI **84060** Salerno [431] G 27 – a.s. luglio-agosto – ☏ 0974.

Dintorni Rovine di Velia★ SE : 10 km.

Roma 350 – Potenza 150 – Acciaroli 7 – ♦Napoli 144 – Salerno 98 – Sapri 108.

🏨 **La Vela,** ✆ 905025, Fax 905140, <, « Servizio rist. estivo sotto un pergolato », 🏖 – ⇅ ☎ [P]. 🚫
marzo-ottobre – **Pasto** 28/38000 (10%) e al Rist. ***Il Grigliaro*** carta 31/48000 (10%) – **42 cam** ☕ 50/100000 – 1/2 P 85/105000.

PIOVE DI SACCO **35028** Padova [988] ⑤, [429] G 18 – 17 348 ab. alt. 5 – ☏ 049.

Roma 514 – ♦Padova 19 – ♦Ferrara 88 – ♦Venezia 43.

🍴🍴 **Alla Botta,** via Botta 4 ✆ 5840827, Fax 9703761, Specialità di mare – ❄ [P]. [AE] [S] [D] [E] [VISA]. 🚫
chiuso lunedì sera, martedì e dal 15 al 31 agosto – **Pasto** carta 37/61000.

PIOVEZZANO Verona – Vedere Pastrengo.

PISA 56100 [P] 988 ⑭, 428 429 430 K 13 – 96 763 ab. alt. 4 – ☎ 050.

Vedere Torre Pendente★★★ AY – Battistero★★★ AY – Duomo★★ AY: facciata★★★, pulpito★★★ di Giovanni Pisano – Camposanto★★ AY: ciclo affreschi Il Trionfo della Morte★★★, Il Giudizio Universale★★, L'Inferno★ – Museo dell'Opera del Duomo★★ AY **M2** – Museo di San Matteo★★ BZ – Chiesa di Santa Maria della Spina★★ AZ – Museo delle Sinopie★ AY **M1** – Piazza dei Cavalieri★ AY : facciata★ del palazzo dei Cavalieri ABY **F** – Palazzo Agostini★ ABY – Facciata★ della chiesa di Santa Caterina BY – Facciata★ della chiesa di San Michele in Borgo BY **L** – Coro★ della chiesa del Santo Sepolcro BZ – Facciata★ della chiesa di San Paolo a Ripa d'Arno AZ.

Dintorni San Piero a Grado★ per ⑤ : 6 km.

✈ Galileo Galilei S : 3 km BZ ☎ 500707 – Alitalia, via Corridoni (piazza Stazione) ✉ 56125 ☎ 48027.

[i] piazza del Duomo ✉ 56126 ☎ 560464, Fax 40903.

[A.C.I.] via San Martino 1 ✉ 56125 ☎ 598600.

Roma 335 ③ – ♦Firenze 77 ③ – ♦Livorno 22 ⑤ – ♦Milano 275 ① – ♦La Spezia 75 ①.

Pianta pagina seguente

🏨 **Jolly Hotel Cavalieri,** piazza Stazione 2 ✉ 56125 ☎ 43290, Telex 590663, Fax 502242 – 🛗 ▤ [TV] ☎ – 🏛 30. [AE] [S] ⦿ [E] [VISA]. ✂ rist AZ **a**
Pasto 48000 – **100 cam** ☕ 265/360000 – ½ P 191/241000.

🏨 **Gd H. Duomo,** via Santa Maria 94 ✉ 56126 ☎ 561894, Telex 590039, Fax 560418 – 🛗 ▤ [TV] ☎ – 🏛 200. [AE] [S] ⦿ [E] [VISA]. ✂ rist AY **c**
Pasto carta 40/58000 – **94 cam** ☕ 195/260000 – ½ P 155000.

🏨 **D'Azeglio** senza rist, piazza Vittorio Emanuele II 18 ✉ 56125 ☎ 500310, Fax 28017 – 🛗 ▤ [TV] ☎. [AE] [S] ⦿ [E] [VISA]. ✂ AZ **u**
☕ 13000 – **29 cam** 150/190000.

🏨 **Terminus** senza rist, via Colombo 45 ✉ 56125 ☎ 500303, Fax 500303 – 🛗 [TV] ☎. [AE] [S] ⦿ [E] [VISA] BZ **z**
55 cam ☕ 102/144000.

🏨 **Europa Park Hotel** senza rist, via A. Pisano 23 ✉ 56122 ☎ 500732, Fax 554930, 🌳 – [TV] ☎ [P]. [AE] [S] ⦿ [E] [VISA]. ✂ AY **a**
☕ 11000 – **13 cam** 120/130000.

🏨 **Touring** senza rist, via Puccini 24 ✉ 56125 ☎ 46374, Fax 502148 – 🛗 ▤ [TV] ☎. [AE] [S] ⦿ [E] [VISA] AZ **x**
34 cam ☕ 100/140000.

🏨 **Amalfitana** senza rist, via Roma 44 ✉ 56126 ☎ 29000, Fax 25218 – 🛗 ▤ [TV] ☎. [AE] [S] [E] [VISA]. ✂ AY **z**
☕ 8000 – **21 cam** 65/90000.

🍴🍴 **Al Ristoro dei Vecchi Macelli,** via Volturno 49 ✉ 56126 ☎ 20424, Coperti limitati; prenotare – ▤. [AE] ⦿ [VISA]. ✂ AY **s**
chiuso domenica a mezzogiorno, mercoledì e dal 10 al 24 agosto – **Pasto** carta 50/76000.

🍴🍴 **Il Nuraghe,** via Mazzini 58 ✉ 56125 ☎ 44368, Rist. con specialità sarde – ▤. [AE] [S] ⦿ [E] [VISA]. ✂ AZ **b**
chiuso lunedì ed agosto – **Pasto** carta 36/57000.

🍴 **Osteria dei Cavalieri,** via San Frediano 16 ✉ 56126 ☎ 580858 – [AE] [S] ⦿ [E] [VISA]
chiuso sabato a mezzogiorno, domenica ed agosto – **Pasto** carta 29/46000. AY **e**

🍴 **Lo Schiaccianoci,** via Vespucci 104/a ✉ 56125 ☎ 21024, Coperti limitati; prenotare – [AE] [S] ⦿ [VISA]. ✂ ABZ **d**
chiuso agosto e lunedì (escluso da giugno a settembre) – **Pasto** carta 36/50000.

🍴 **Alla Giornata,** via Santa Bibbiana 11 ✉ 56127 ☎ 542504 – ▤. [AE] [S] ⦿ [E] [VISA]. ✂
chiuso domenica – **Pasto** carta 30/50000. BZ **c**

🍴 **Da Bruno,** via Bianchi 12 ✉ 56123 ☎ 560818, Fax 550607 – ▤. [AE] [S] ⦿ [VISA]. ✂
chiuso lunedì sera, martedì e dal 15 al 18 agosto – **Pasto** carta 36/60000. BY **z**

sulla strada statale 1 - via Aurelia

🏨 **RestHotel Primevère,** per ① : 7 km ✉ 56010 Migliarino Pisano ☎ 803310, Fax 803315, 🍽 – 🛗 🚭 cam ▤ [TV] ☎ ♿ [P] – 🏛 50. [AE] [S] ⦿ [E] [VISA]. ✂
Pasto 30000 – **60 cam** ☕ 145/180000.

🍴🍴 **La Rota,** per ① : 6,5 km ✉ 56010 Madonna dell'Acqua ☎ 804443, Fax 803181, 🍽 – ▤ [P]. [AE] [S] ⦿ [E] [VISA]
chiuso martedì – **Pasto** carta 34/57000.

🍴 **Da Ugo,** per ① : 7,5 km ✉ 56010 Migliarino Pisano ☎ 804455, Fax 804455, 🍽 – [P]. [AE] [S] ⦿ [E] [VISA]
chiuso lunedì – **Pasto** carta 32/63000.

sulla strada statale 206 per ④ : 10 km :

🍴 **Da Antonio,** via Arnaccio 105 ✉ 56023 Navacchio ☎ 742494 – [P]. [AE] [S] ⦿ [E] [VISA]
chiuso venerdì e dal 1° al 20 agosto – **Pasto** carta 35/50000.

Vedere anche : ***Tirrenia*** NO : 16 km.

MICHELIN, ad Ospedaletto per ④, via Barsanti 5/7 (zona artigianale) - ✉ 56014 Ospedaletto di Pisa, ☎ 981261, Fax 985212.

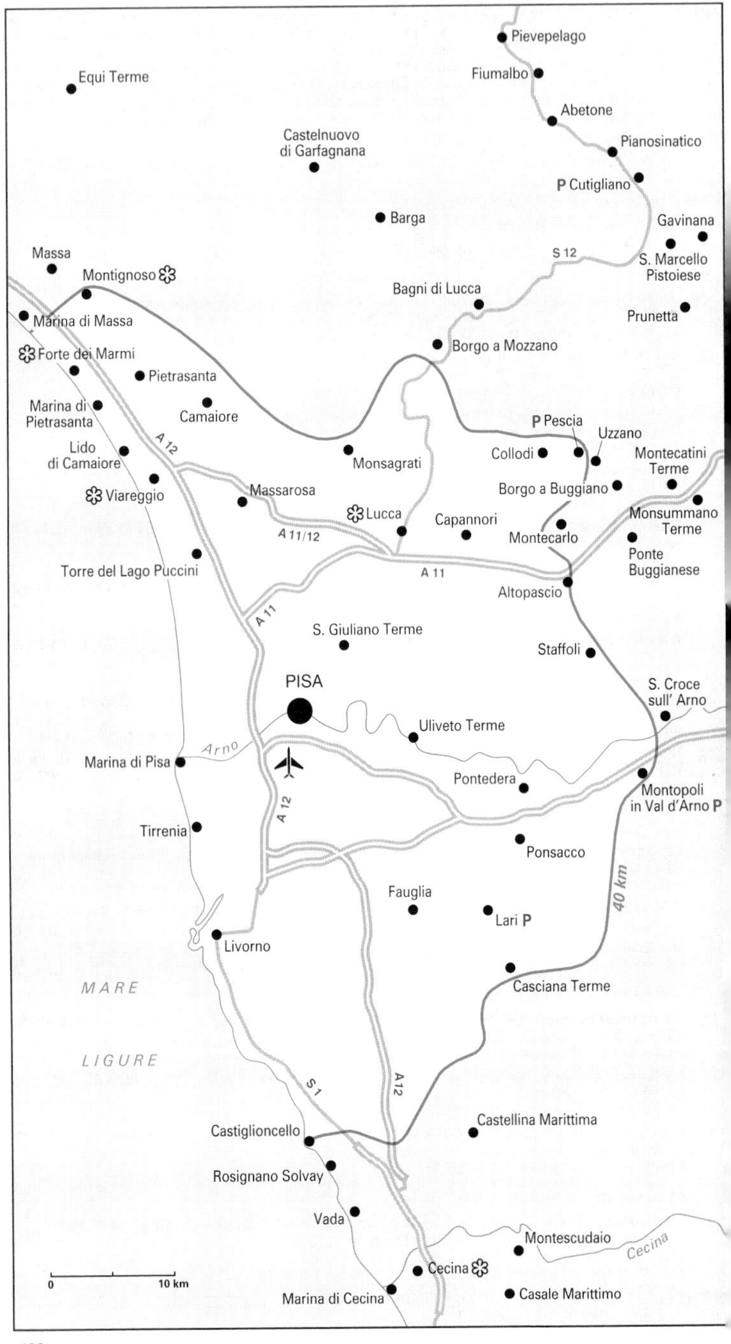

Pievepelago
Equi Terme
Fiumalbo
Abetone
Castelnuovo di Garfagnana
Pianosinatico
P Cutigliano
Barga
Gavinana
S 12
Massa
S. Marcello Pistoiese
Montignoso
Bagni di Lucca
Marina di Massa
Prunetta
Forte dei Marmi
Borgo a Mozzano
Pietrasanta
Marina di Pietrasanta
Camaiore
P Pescia
A 12
Uzzano
Lido di Camaiore
Collodi
Montecatini Terme
Monsagrati
Viareggio
Massarosa
Borgo a Buggiano
Lucca
Capannori
Monsummano Terme
A 11/12
Montecarlo
Torre del Lago Puccini
Ponte Buggianese
A 11
Altopascio
A 11
S. Giuliano Terme
Staffoli
PISA
S. Croce sull' Arno
Uliveto Terme
Arno
Marina di Pisa
Pontedera
Montopoli in Val d'Arno P
A 12
Tirrenia
Ponsacco
Fauglia
40 km
Lari P
Livorno
MARE
Casciana Terme
LIGURE
S 1
A 12
Castellina Marittima
Castiglioncello
Rosignano Solvay
Vada
Montescudaio
Cecina
Cecina
0
10 km
Casale Marittimo
Marina di Cecina

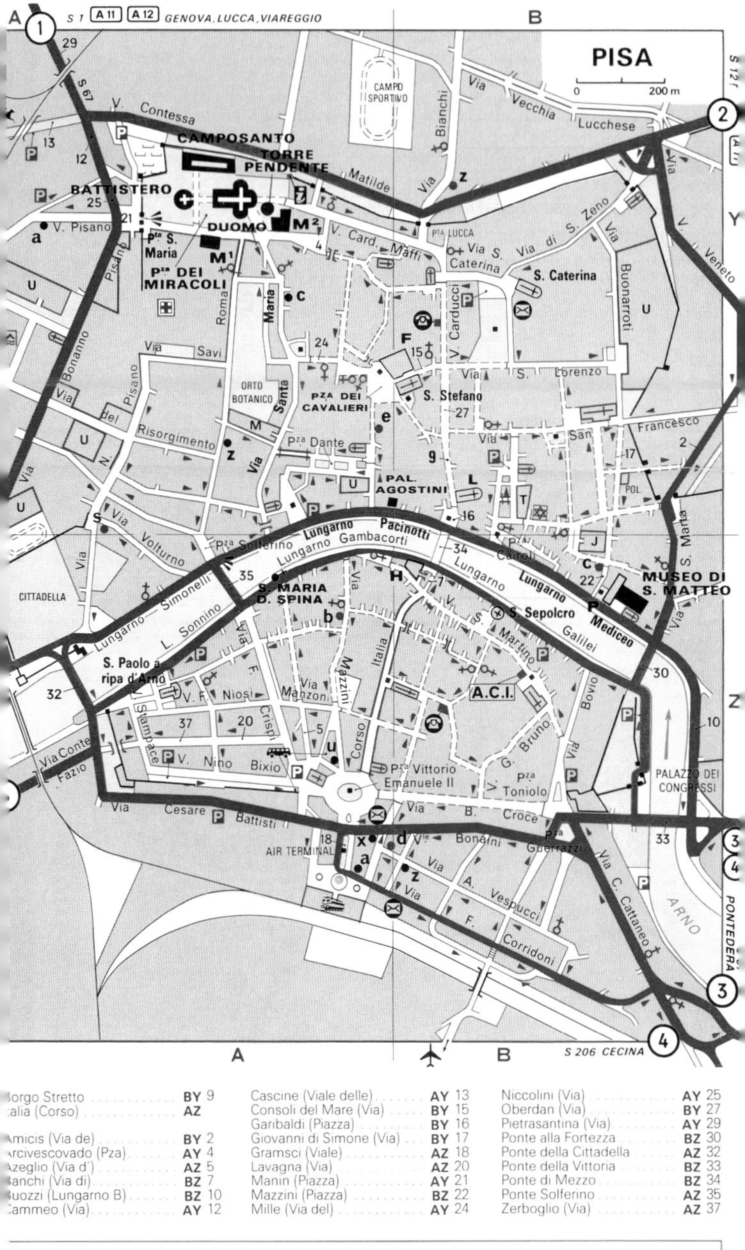

Le Ottime Tavole

Per voi abbiamo contraddistinto

alcuni alberghi (🏨 ... 🏨🏨🏨🏨🏨) e ristoranti (✗ ... ✗✗✗✗✗) con ✿, ✿✿ o ✿✿✿.

[PISA (Marina di)] 56013 Pisa [988] ⑭, [428] [429] [430] K 12 – a.s. luglio-agosto – ☎ 050.

Roma 346 – Pisa 13 – ♦Firenze 103 – ♦Livorno 16 – Viareggio 31.

🍴 **Gino,** via delle Curzolari 2 ☎ 35408, Specialità di mare – [AE] [SI] [DC] [E] [VISA] [JCB]. 🚫🐕
chiuso lunedì sera, martedì, dall'8 al 15 gennaio e settembre – **Pasto** carta 41/63000.

🍴 **L'Arsella,** via Padre Agostino 37 ☎ 36615, <, Specialità di mare – [AE] [SI] [DC] [E] [VISA]. 🚫🐕
chiuso martedì sera, mercoledì e dall'11 gennaio al 27 febbraio – **Pasto** carta 37/5600C (10%).

[PISOGNE] 25055 Brescia [988] ④, [428] [429] E 12 – 7 873 ab. alt. 199 – ☎ 0364.

Roma 567 – ♦Brescia 40 – ♦Bergamo 48 – Edolo 54 – ♦ Milano 97.

🍴🍴 Scaletta, ☎ 8286, Coperti limitati; prenotare.

[PISTOIA] 51100 [P] [988] ⑭, [428] [429] [430] K 14 – 86 958 ab. alt. 65 – ☎ 0573.

Vedere Duomo★ B : dossale di San Jacopo★★★ – Battistero★ B – Chiesa di Sant'Andrea★ A pulpito★★ di Giovanni Pisano – Basilica della Madonna dell'Umiltà★ A **A** – Fregio★★ dell'Ospedale del Ceppo B – Visitazione★★ (terracotta invetriata di Luca della Robbia), pulpito★ e fianco Nord★ della chiesa di San Giovanni Fuorcivitas B **D** – Facciata★ del palazzo del comune B **H**.

[i] piazza del Duomo (Palazzo dei Vescovi) ☎ 21622, Fax 34328.

[A.C.I.] via Ricciardetto 2 ☎ 976019.

Roma 311 ④ – ♦Firenze 36 ④ – ♦Bologna 94 ① – ♦Milano 295 ① – Pisa 61 ④ – ♦La Spezia 113 ④.

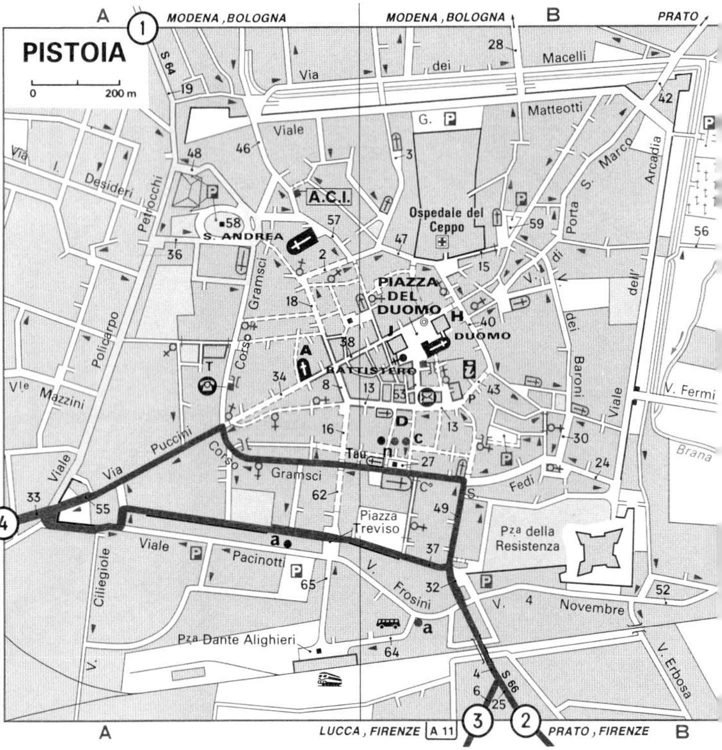
PISTOIA
0 200 m
MODENA, BOLOGNA
MODENA, BOLOGNA
PRATO
MONTECATINI TERME S 435
LUCCA, FIRENZE A 11
PRATO, FIRENZE
PIAZZA DEL DUOMO
DUOMO
BATTISTERO
S. ANDREA
Ospedale del Ceppo
A.C.I.
Piazza Treviso
Pza della Resistenza
Pza Dante Alighieri
Viale Matteotti
Via dei Macelli
Corso Gramsci
Viale Puccini
Viale Pacinotti
V. Frosini
V. 4 Novembre
V. Erbosa
V. Fermi
Viale Arcadia
Porta S. Marco
V. di Porta
V. dei Baroni
V. Fedi
V. Policarpo
V. Petrocchi
V. Desideri
V. Ciliegiole
V. Mazzini
Brana
S 64
S 66
Tau

Buozzi (Via Bruno) .... A 8
Cavour (Via) .... B 13
Cino (Via) .... A 16
Curtatone e Montanara (Via) .. A 18
Orafi (Via degli) .... AB 38
Vanucci (Via) .... A 62

Abbi Pazienza (Via) .... A 2
Armeni (Via degli) .... B 3
Battisti (Via Cesare) .... B 4
Bonellina (Via) .... B 6
Ceppo (Via del) .... B 15
Dalmazia (Via) .... A 19

Ferrucci (Via F.) .... B 24
Fiorentina (Via) .... B 25
Garibaldi (Piazza) .... B 27
Italia (Viale) .... B 28
Laudesi (Via) .... B 30
Leonardo da Vinci (Piazza) .... B 32
Macallè (Via) .... A 33
Madonna (Via della) .... A 34
Molinuzzo (Via del) .... A 36
Mura Urbane (Via) .... AB 37
Pacini (Via) .... B 40
Padre G. Antonelli (Via) .... B 42
Palestro (Via) .... B 43

Pappagalli (Via dei) .... A 4
Pappe (Via delle) .... B 4
Porta al Borgo (Via) .... A 4
Porta Carritica (V. di) .... B 4
Provinciale (Via) .... B 5
Roma (Via) .... B 5
Sacconi (Via Sergio) .... A 5
S. Agostino (Via di) .... B 5
S. Andrea (Via di) .... A 5
S. Francesco d'Assisi (Pza) .. A 5
S. Lorenzo (Piazza) .... B 5
Vittorio Veneto (Viale) ..... AB 6
20 Settembre (Viale) .... A 6

Milano senza rist, viale Pacinotti 10/12 ℘ 975700, Fax 32657 – 35. AE VISA. A a
12000 – **55 cam** 100/150000.

Patria, via Crispi 8 ℘ 25187, Fax 368168 – AE E VISA. rist B n
chiuso dal 24 dicembre al 6 gennaio – **Pasto** (solo per clienti alloggiati; *chiuso a mezzogiorno, sabato e domenica*) – 15000 – **28 cam** 80/120000.

Leon Rosso, via Panciatichi 4 ℘ 29230 – AE E VISA B c
chiuso domenica ed agosto – **Pasto** carta 36/50000.

La Casa degli Amici, via Bonellina 111 ℘ 380305, Fax 380305, – B

Corradossi, via Frosini 112 ℘ 25683, Fax 25683 – AE E VISA. B a
chiuso domenica, Natale, Capodanno e dal 14 al 16 agosto – **Pasto** carta 29/55000.

S. Jacopo, via Crispi 15 ℘ 27786, Fax 27786 – AE E VISA B n
chiuso lunedì sera e martedì – **Pasto** carta 26/55000.

Rafanelli, via di Sant'Agostino 47 ℘ 532046 – AE E VISA. B
chiuso domenica sera, lunedì e dal 1° al 22 agosto – **Pasto** carta 30/50000.

a Spazzavento O : per ④ 4 km – ✉ **51100** Pistoia :

Il Punto-dalla Sandra, via Provinciale Lucchese ℘ 570267 – E VISA
chiuso lunedì – **Pasto** carta 32/69000.

verso Montagnana E : 5 km per viale Mazzini A :

La Valle del Vincio-da Guido, località Pieve a Celle ✉ 51030 Montagnana ℘ 477012, « Giardino con laghetto » –
chiuso lunedì sera, martedì e novembre – **Pasto** carta 36/50000.

sulla strada statale 64 per ① : 9 km :

La Cugna, via Bolognese 236 ✉ 51020 Corbezzi ℘ 475000 – AE E VISA JCB.
chiuso mercoledì e dal 2 al 18 settembre – **Pasto** carta 28/45000 (7 %).

a Piteccio per ① : 10 km – ✉ **51030** :

Il Castagno di Pier Angelo, località Castagno O : 3 km ℘ 42214, Fax 42214, solo su prenotazione i mezzogiorno dei giorni festivi, « Servizio estivo all'aperto », – E VISA.
chiuso a mezzogiorno (escluso i giorni festivi), lunedì, dal 1° al 15 gennaio, dal 16 al 26 agosto e novembre – **Pasto** carta 35/64000
Spec. Guazzetto di porcini e calamari al timo, Ravioli di canellini al guanciale e basilico, Pollo ruspante in crocchette alle erbe aromatiche.

a Sammommè per ① : 13,5 km – alt. 553 – ✉ **51020** :

Arcobaleno , ℘ 470030, Fax 470147, ≤, , , , – 90. E VISA
chiuso dal 10 gennaio al 10 febbraio – **Pasto** *(chiuso mercoledì)* 15/35000 – **33 cam** 80/150000 – ½ P 60/100000.

PITIGLIANO 58017 Grosseto 988 ㉕, 430 O 16 – 4 404 ab. alt. 313 – 0564.

Roma 169 – Viterbo 55 – Civitavecchia 91 – Grosseto 75.

Guastini, piazza Petruccioli ℘ 616065, Fax 616652 – AE VISA
chiuso dal 20 gennaio al 5 febbraio – **Pasto** carta 34/46000 – 9000 – **25 cam** 44/72000 – ½ P 88000.

PIZZO 88026 Vibo Valentia 988 ㊴, 431 K 30 – 8 525 ab. alt. 107 – 0963.

Roma 603 – ◆Reggio di Calabria 105 – Catanzaro 59 – ◆Cosenza 88 – Lamezia Terme (Nicastro) 33 – Paola 85.

Marinella, riviera Prangi N : 4 km ℘ 534864, Fax 534884, , – .
AE E VISA JCB.
Pasto *(chiuso dal 23 dicembre al 2 gennaio)* carta 35/51000 – 8000 – **36 cam** 90/120000 – ½ P 103000.

Isolabella, riviera Prangi N : 4 km ℘ 264128, Fax 264128, – . E VISA.
chiuso lunedì escluso luglio-agosto – **Pasto** carta 33/44000 (10 %).

PLANAVAL Aosta 219 ⑪ – Vedere Valgrisenche.

Companions to this Guide :
- *Michelin Map 988 at a scale of 1:1 000 000.*
- *Michelin Maps 428, 429, 430, 431, 432, 433 at a scale of 1:400 000.*
- *The Michelin Green Guide "Italy" and "Rome" :*
  Touring programmes,
  Museums,
  Famous buildings and works of art.

[PLOSE] Bolzano – alt. 2 446 – Vedere ※★★★.
Roma 708 – ♦Bolzano 67 – Bressanone 27 – ♦Milano 363.

[POCENIA] **33050** Udine [429] E 21 – 2 560 ab. alt. 9 – ☎ 0432.
Roma 607 – Udine 35 – Gorizia 53 – ♦Milano 346 – Pordenone 51 – ♦Trieste 73.

a Paradiso NE : 7 km – ✉ **33050** Pocenia :

🍴 **Al Paradiso,** ☎ 777000, Fax 777270, « Ambiente tipico » – [P]
chiuso lunedì, martedì, dal 7 al 25 gennaio e dal 1° al 25 luglio – **Pasto** carta 30/47000.

[POCOL] Belluno – Vedere Cortina d'Ampezzo.

[PODENZANA] **54010** Massa [428] [429] [430] J 11 – 1651 ab. alt. 32 – ☎ 0187.
Roma 419 – ♦La Spezia 24 – ♦Genova 108 – ♦Parma 99.

🍴 **Gavarina d'Oro,** ☎ 410021, ≤ – [P]. [S] VISA. ⅋
chiuso mercoledì e dal 16 agosto al 10 settembre – **Pasto** carta 32/42000.

[POGGIBONSI] **53036** Siena [988] ⑭ ⑮, [430] L 15 – 26 499 ab. alt. 115 – ☎ 0577.
Roma 262 – ♦Firenze 44 – Siena 29 – ♦Livorno 89 – Pisa 79.

🏨 **Villa San Lucchese** ⑤, località San Lucchese S : 1,5 km ☎ 934231, Fax 934729, ≤ colline, 🌳, 🏊, 🌿 – |♦| ▤ [TV] ☎ [P] – 🏛 70. [AE] [S] ⓓ E VISA JCB. ⅋
chiuso dal 10 gennaio al 10 febbraio – **Pasto** *(chiuso martedì)* carta 39/52000 – **36 cam** ☕ 190/300000 – ½ P 160000.

🏨 **Europa** senza rist, via Senese 293 (S : 2 km) ☎ 933402, Fax 936069 – |♦| ▤ [TV] ☎ [P] – 🏛 100. [AE] [S] ⓓ E VISA JCB. ⅋
☕ 11000 – **58 cam** 70/108000.

🍴🍴 **La Galleria,** galleria Cavalieri Vittorio Veneto 20 ☎ 982356, 🌳 – ▤. [AE] [S] E VISA JCB. ⅋
chiuso martedì e dal 7 al 31 agosto – **Pasto** carta 44/70000.

🍴 **Il Sole,** via Trento 5 ☎ 936283 – [AE] [S] E VISA
chiuso lunedì e luglio o agosto – **Pasto** carta 28/44000 (10 %).

[POGGIO] Imperia – Vedere San Remo.

[POGGIO] Livorno [430] N 12 – Vedere Elba (Isola d') : Marciana.

[POGGIO A CAIANO] **50046** Prato [430] K 15 – 8 161 ab. alt. 57 – ☎ 055 – Vedere Villa★.
Roma 293 – ♦Firenze 17 – ♦Livorno 99 – ♦Milano 300 – Pisa 75 – Pistoia 18.

🏨 **Hermitage** ⑤, via Ginepraia 112 ☎ 877040, Fax 8797057, ≤, 🏊, 🌿 – |♦| ▤ [TV] ☎ [P] – 🏛 30 a 150. [AE] [S] ⓓ E VISA. ⅋ rist
Pasto *(chiuso domenica sera e venerdì)* carta 35/56000 – **61 cam** ☕ 100/120000 – ½ P 85/100000.

[POGGIO MIRTETO STAZIONE] **02040** Rieti [430] P 20 – alt. 242 – ☎ 0765.
⛳9 Colle dei Tetti a Poggio Catino ✉ 02040 ☎ 26267, Fax 26268, N : 4,5 km.
Roma 59 – Rieti 47 – Terni 44 – Viterbo 73.

🏨 **Borgo Paraelios** ⑤, località Valle Collicchia N : 4 km ☎ 26267, Fax 26268, ≘s, 🏊, 🏊 – ▤ cam [TV] ☎ [P]. [AE] [S] ⓓ E VISA. ⅋ rist
Pasto *(chiuso martedì)* 110/140000 – ☕ 35000 – **11 cam** 450/550000.

[POGGIO RUSCO] **46025** Mantova [988] ⑭, [429] H 15 – 6 198 ab. alt. 16 – ☎ 0386.
Roma 448 – ♦Verona 58 – ♦Ferrara 68 – Mantova 43 – ♦Milano 216 – ♦Modena 44.

🏨 **Savoia,** via Matteotti 248 ☎ 51033, Fax 51242 – [TV] ☎ [P]. [AE] [S] ⓓ E VISA JCB
Pasto *(chiuso domenica)* 20000 e carta 30/45000 – ☕ 10000 – **16 cam** 70/90000 – ½ P 70000.

[POGLIANO MILANESE] **20010** Milano [219] ⑱ – 7 698 ab. alt. 162 – ☎ 02.
Roma 595 – ♦Milano 20 – Como 41.

🍴🍴 **La Corte,** via Chiesa 36 ☎ 93258018, 🌳 – [AE] [S] E VISA. ⅋
chiuso domenica e dal 3 al 25 agosto – **Pasto** 35000 (a mezzogiorno) 50000 (alla sera) e carta 52/69000.

🍴 **Settimo,** strada statale del Sempione ☎ 9340395 – [P]. [S] E VISA
chiuso domenica e dal 5 al 20 agosto – **Pasto** 30/60000 (a mezzogiorno) e 50/80000 (alla sera).

[POGNANA LARIO] **22020** Como [428] E 9, [219] ⑨ – 872 ab. alt. 307 – ☎ 031.
Roma 638 – Como 12 – ♦Milano 61.

🍴 **La Meridiana,** ☎ 378333, « Servizio estivo in terrazza-giardino con ≤ lago e monti » – [P]. [S] E VISA
chiuso ottobre, dal 25 dicembre al 2 gennaio e mercoledì (escluso da giugno a settembre) – **Pasto** carta 34/54000.

POIRINO 10046 Torino 988 ⑫, 428 H 5 – 8 880 ab. alt. 249 – ☎ 011.
Roma 648 – Torino 29 – Asti 34 – Cuneo 94 – Milano 155.

a Favari O : 3 km – ✉ 10046 Poirino :

XX **Le Lune,** ☎ 9453150 – ▤ ℗. AE ⓢ ⓓ E VISA
chiuso agosto, domenica sera e lunedì (escluso i giorni festivi) – **Pasto** carta 29/50000.

POLCENIGO 33070 Pordenone 988 ⑤, 429 D 19 – 3 157 ab. alt. 40 – ☎ 0434.
Roma 592 – Belluno 61 – Milano 331 – Pordenone 17 – Treviso 52 – Trieste 129 – Udine 67 – Venezia 81.

XXX **Cial de Brent,** verso San Giovanni ☎ 748777, Fax 748778, 余 – ℗ – 🔏 150. AE ⓢ E VISA
chiuso a mezzogiorno (escluso domenica), lunedì, dal 1° al 20 gennaio e dal 1° al 20 agosto – **Pasto** carta 59/82000.

X **Al Gorgazzo-da Genio,** N : 1 km ☎ 74400, 余, 🌳 – ℗. AE ⓢ ⓓ E VISA
chiuso martedì e dal 15 gennaio al 10 febbraio – **Pasto** carta 24/54000.

POLESINE PARMENSE 43010 Parma 428 429 G 12 – 1 498 ab. alt. 35 – ☎ 0524.
Roma 496 – Parma 43 – Bologna 134 – Cremona 23 – Milano 97 – Piacenza 35.

XX **Al Cavallino Bianco,** ☎ 96136, Fax 96136 – ▤ ℗. AE ⓢ ⓓ E VISA
chiuso martedì e dal 7 al 22 gennaio – **Pasto** carta 40/61000.

a Santa Franca O : 2 km – ✉ 43010 Polesine Parmense :

XX **Da Colombo,** ☎ 98114, Fax 98003, 余, prenotare – ℗. AE ⓢ ⓓ E VISA. ✻
chiuso martedì, dal 10 al 30 gennaio e dal 20 luglio al 10 agosto – **Pasto** carta 40/60000.

POLICORO 75025 Matera 988 ㉙, 431 G 32 – 14 993 ab. alt. 31 – ☎ 0835.
Roma 487 – Matera 67 – Bari 134 – Cosenza 136 – Potenza 129 – Taranto 68.

🏨 **Callà 2,** via Lazio ☎ 981098, Fax 981090 – 🛗 ▤ TV ☎. AE VISA
Pasto *(chiuso venerdì)* carta 26/54000 – ☕ 10000 – **21 cam** 70/110000 – ½ P 85000.

POLIGNANO A MARE 70044 Bari 988 ㉙, 431 E 33 – 16 164 ab. – a.s. 21 giugno-settembre – ☎ 080.
Roma 486 – Bari 36 – Brindisi 77 – Matera 82 – Taranto 70.

🏨 **Grotta Palazzese** 🐚, via Narciso 59 ☎ 740677, Fax 740767, ≤, « Servizio rist. estivo in una grotta sul mare » – ▤ TV ☎. AE ⓢ ⓓ E VISA. ✻
Pasto carta 57/104000 – **19 cam** ☕ 130/180000 – ½ P 130/140000.

🏨 **Covo dei Saraceni,** via Conversano 1/1 A ☎ 741177, Fax 807010, ≤, 余 – 🛗 ▤ TV ☎ ♿ – 🔏 80 a 200. AE ⓢ ⓓ E VISA
Pasto carta 33/49000 – ☕ 10000 – **35 cam** 110/150000 – P 90/135000.

XX **Da Tuccino,** contrada Santa Caterina O : 1,5 km ☎ 741560, ≤, 余 – ℗. AE ⓢ ⓓ E VISA JCB. ✻
chiuso dal 16 dicembre a febbraio, lunedì a mezzogiorno in luglio-agosto, tutto il giorno negli altri mesi – **Pasto** carta 50/74000.

POLISTENA 89024 Reggio di Calabria 988 ㊴, 431 L 30 – 11 818 ab. alt. 239 – ☎ 0966.
Roma 652 – Reggio di Calabria 71 – Catanzaro 120 – Cosenza 138.

🏠 **Mommo,** ☎ 932233, Fax 932734 – 🛗 ▤ rist TV ☎ 🚗. AE ⓢ E VISA
Pasto carta 25/33000 – ☕ 7000 – **34 cam** 45/65000 – ½ P 70000.

POLLEIN Aosta – Vedere Aosta.

POLLONE 13057 Biella 428 F 5 – 2 163 ab. alt. 622 – ☎ 015.
Roma 671 – Aosta 92 – Biella 9 – Novara 62 – Torino 86 – Vercelli 52.

XX **Il Patio,** via Quintino Sella 12 ☎ 61568, 🌳 – ℗. AE ⓢ ⓓ E VISA
chiuso lunedì, martedì e dal 15 al 30 agosto – **Pasto** carta 33/54000.

XX **Il Faggio,** via Oremo 54 ☎ 61252 – ℗. AE ⓢ ⓓ E VISA. ✻
chiuso lunedì e dal 1° al 23 gennaio – **Pasto** carta 40/55000.

POLPENAZZE DEL GARDA 25080 Brescia 428 429 F 13 – 1 643 ab. alt. 207 – ☎ 0365.
Roma 540 – Brescia 36 – Mantova 79 – Milano 129 – Trento 104.

a Picedo E : 1,5 km – ✉ 25080 Polpenazze del Garda :

X **Taverna Picedo,** ☎ 674103, 余 – ℗. AE ⓢ E VISA
chiuso dal 7 gennaio al 15 febbraio, lunedì, martedì a mezzogiorno da giugno a settembre, tutto il giorno negli altri mesi – **Pasto** carta 36/54000.

POMEZIA 00040 Roma 988 ㉖, 430 Q 19 – 40 244 ab. alt. 108 – ☎ 06.
⛳ Torvaianica (chiuso lunedì) a Marina di Ardea ✉ 00040 ☎ 9133250, Fax 9133592, S : 8 km.
Roma 28 – Anzio 31 – Frosinone 105 – Latina 41 – Ostia Antica 32.

🏨 Selene, via Pontina ☎ 912901, Telex 613467, Fax 9121579, 🏊, 🌳, 🎾 – 🛗 ▤ TV ☎ ♿ ℗ – 🔏 25 a 400.
200 cam.

🏨🏨🏨 **Enea Hotel,** via del Mare 83 ℘ 9107021, Telex 616105, Fax 9107805, ♨, 🏊 – ⇅ ❄ [TV] ☎ ♿ [P] – 👥 25 a 300. [AE] [$] ⓓ [E] VISA. 🚫
Pasto carta 41/66000 – **92 cam** ☕ 180/240000 – ½ P 139000.

POMONTE
Livorno [430] N 12 – Vedere Elba (Isola d') : Marciana.

POMPEI
80045 Napoli [988] ㉗, [431] E 25 – 25 932 ab. alt. 16 – a.s. maggio-15 ottobre – ☏ 081.

Vedere Foro★★★ : Basilica★★, Tempio di Apollo★★, Tempio di Giove★★ – Terme Stabiane★★★ – Casa dei Vettii★★★ – Villa dei Misteri★★★ – Antiquarium★★ – Odeon★★ – Casa del Menandro★★ – Via dell'Abbondanza★★ – Fullonica Stephani★★ – Casa del Fauno★★ – Porta Ercolano★★ – Via dei Sepolcri★★ – Foro Triangolare★ – Teatro Grande★ – Tempio di Iside★ – Termopolio★ – Casa di Loreius Tiburtinus★ – Villa di Giulia Felice★ – Anfiteatro★ – Necropoli fuori Porta Nocera★ – Pistrinum★ – Casa degli Amorini Dorati★ – Torre di Mercurio★ : ⩽★★ – Casa del Poeta Tragico★ – Pitture★ nella casa dell'Ara Massima – Fontana★ nella casa della Fontana Grande.

Dintorni Villa romana di Oplanti★★★ a Torre Annunziata O : 6 km.

[i] via Sacra 1 ℘ 8507255; agli Scavi, piazza Esedra ℘ 8610913, Fax 86321101.

Roma 237 – ◆Napoli 29 – Avellino 49 – Caserta 50 – Salerno 29 – Sorrento 28.

🏨 **Villa Laura** senza rist, via della Salle 13 ℘ 8631024, Fax 8504893, 🌳 – ❄ [TV] ☎ 🚗. [AE] [$] ⓓ [E] VISA. 🚫
☕ 9000 – **24 cam** 85/120000.

🏨 **Forum,** via Roma 99 ℘ 8501170, Fax 8506132, 🌳 – ⇅ ❄ [TV] ☎. [AE] [$] ⓓ [E] VISA JCB. 🚫 rist
Pasto (solo per clienti alloggiati) – **19 cam** ☕ 90/120000.

🍴🍴🍴 ❀ **Il Principe,** piazza Bartolo Longo 8 ℘ 8505566, Fax 8633342 – ❄. [AE] [$] ⓓ [E] VISA JCB. 🚫
chiuso lunedì escluso dal 15 giugno al 10 ottobre – **Pasto** carta 49/73000
Spec. Insalata di polpo tiepida, Linguine alle vongole e zucchine, Trancio di spada alla griglia con radicchio brasato.

🍴🍴 **President,** piazza Schettino 12 ℘ 8507245, Fax 8638147, ⛱, Specialità di mare – ❄. [AE] [$] ⓓ [E] VISA. 🚫
chiuso lunedì e dal 10 al 25 agosto – **Pasto** carta 51/88000.

🍴 **Zì Caterina,** via Roma 20 ℘ 8507447, Fax 8502607 – ❄. [AE] [$] ⓓ [E] VISA
chiuso martedì e dal 28 giugno al 4 luglio – **Pasto** carta 28/57000.

in prossimità dello svincolo Scafati-Pompei :

🏨 **Giovanna** 🕊 senza rist, ✉ 80045 ℘ 8503535, Fax 8507323, 🌳 – ⇅ ❄ [TV] ☎ [P]. [$] [E] VISA. 🚫
☕ 20000 – **24 cam** 120/150000.

POMPONESCO
46030 Mantova [428] [429] H 13 – 1 453 ab. alt. 23 – ☏ 0375.

Roma 459 – ◆Parma 33 – Mantova 38 – ◆Milano 154 – ◆Modena 56.

🍴🍴🍴 **Il Leone** con cam, ℘ 86077, Fax 86770, « Caratteristiche decorazioni », 🏊 – [TV] ☎ – 👥 30. [AE] [$] ⓓ [E] VISA. 🚫 rist
chiuso dal 27 dicembre al 27 gennaio – **Pasto** *(chiuso domenica sera e lunedì)* carta 48/73000 – ☕ 9000 – **8 cam** 90/125000 – ½ P 120000.

PONDERANO
13058 Biella [219] ⑮ – 3 753 ab. alt. 357 – ☏ 015.

Roma 673 – Aosta 85 – Biella 4 – ◆Milano 100 – Vercelli 40.

🍴🍴 **Gran Paradiso-da Valdo,** via Mazzini 63 ℘ 541979 – ❄. [AE] [$] VISA. 🚫
chiuso mercoledì e dal 28 luglio al 22 agosto – **Pasto** carta 35/71000.

PONSACCO
56038 Pisa [988] ⑭, [428] [429] [430] L 13 – 12 239 ab. alt. 24 – ☏ 0587.

Roma 319 – Pisa 28 – ◆Firenze 59 – ◆Livorno 32 – Siena 88.

🏨 **Enrico,** via Gramsci 3 ℘ 731305, Fax 731305, ⛱ – [TV] ☎ [P]. [AE] [$] ⓓ [E] VISA. 🚫
Pasto *(chiuso domenica)* carta 28/47000 (10%) – ☕ 8500 – **10 cam** 68/90000 – ½ P 55/75000.

PONT
Aosta [219] ⑫ – Vedere Valsavarenche.

PONTASSIEVE
50065 Firenze [988] ⑮, [429] [430] K 16 – 20 344 ab. alt. 101 – ☏ 055.

Roma 263 – ◆Firenze 18 – Arezzo 67 – Forlì 91 – ◆Milano 317 – Siena 86.

🍴 **Girarrosto,** via Garibaldi 27 ℘ 8368048, ⛱ – [P]. [AE] [$] [E] VISA
chiuso lunedì – **Pasto** carta 39/55000.

PONTE A MORIANO
Lucca [428] [429] [430] K 13 – Vedere Lucca.

PONTE ARCHE
Trento [988] ④ – Vedere Lomaso.

PONTE BUGGIANESE
51019 Pistoia [428] [429] [430] K 14 – 7 409 ab. alt. 18 – ☏ 0572.

Roma 329 – ◆Firenze 57 – Pisa 48 – Lucca 23 – Pistoia 24.

🍴 **Meucci** con cam, via Matteotti 79 ℘ 635017, Fax 635017 – ⇅ [TV] ☎. [AE] [$] [E] VISA. 🚫 cam
Pasto *(chiuso mercoledì)* carta 30/56000 – ☕ 5000 – **15 cam** 62/89000 – ½ P 55/80000.

[PONTECAGNANO] **84098** Salerno [988] ㉘, [431] F 26 – 22 252 ab. alt. 28 – a.s. luglio-agosto – ☎ 089.
Roma 273 – Potenza 92 – Avellino 48 – ♦Napoli 68 – Salerno 9.

sulla strada statale 18 E : 2 km :

🏠 **1 + 1,** ✉ 84098 ✆ 384177, Fax 849123 – 🛗 [TV] ☎ [P] – 🏛 50. [AE] [S]. ✂
Pasto carta 24/31000 – ☕ 6000 – **40 cam** 60/90000 – ½ P 75000.

[PONTECCHIO POLESINE] **45030** Rovigo [429] G 17 – 1 386 ab. alt. 5 – ☎ 0425.
Roma 456 – Padova 47 – ♦Ravenna 104 – ♦Ferrara 31 – ♦Milano 287 – Rovigo 7.

🍴 Le Betulle, ✆ 492500

🍴 **La Vecia,** località San Pietro ✆ 492601 – [P]. [S] [E] [VISA]. ✂
chiuso lunedì, dal 2 al 10 gennaio ed agosto – **Pasto** carta 33/45000.

[PONTE DELL'OLIO] **29028** Piacenza [428] H 10 – 4 841 ab. alt. 210 – ☎ 0523.
Roma 548 – Piacenza 22 – ♦Genova 127 – ♦Milano 100.

🍴🍴 **Riva,** a Riva S : 2 km ✆ 87193, Coperti limitati; prenotare – ▤. [AE] [S] [O] [VISA]. ✂
chiuso giovedì – **Pasto** carta 32/62000.

🍴 **Locanda Cacciatori** ⛰ con cam, località Castione E : 3 km ✆ 87105, ☂ – ☎ 🚗 [P] – 🏛 100. [AE]. ✂
chiuso gennaio – **Pasto** *(chiuso mercoledì)* carta 33/47000 – ☕ 4000 – **12 cam** 45/55000 – ½ P 65/70000.

[PONTEDERA] **56025** Pisa [988] ⑭, [428] [429] [430] L 13 – 26 250 ab. alt. 14 – ☎ 0587.
Roma 314 – Pisa 25 – ♦Firenze 61 – ♦Livorno 32 – Lucca 28 – Pistoia 45 – Siena 86.

🏠 **Il Falchetto** senza rist, piazza Caduti di Cefalonia e Corfù 3 ✆ 212113, Fax 212113 – [TV] ☎. [AE] [S] [O] [E] [VISA]
☕ 12000 – **17 cam** 70/100000.

🍴 **La Polveriera,** via Marconcini 54 ✆ 54765, Specialità di mare – [AE] [S] [O] [E] [VISA]. ✂
chiuso lunedì – **Pasto** carta 47/75000.

🍴 **Aeroscalo,** via Roma 8 ✆ 52024 – [AE] [S] [O] [E] [VISA]. ✂
chiuso lunedì ed agosto – **Pasto** carta 38/53000.

🍴 **Baldini 2,** viale IV Novembre 12 ✆ 292722, ☂, Rist. e pizzeria – [AE] [S] [O] [E] [VISA]
chiuso mercoledì – **Pasto** carta 20/32000.

[PONTE DI BRENTA] Padova [429] F 17 – Vedere Padova.

[PONTE DI LEGNO] **25056** Brescia [988] ④, [428] [429] D 13 – 1 936 ab. alt. 1 258 – a.s. febbraio, Pasqua, luglio-agosto e Natale – Sport invernali : 1 258/1 920 m ⛷4, ⛷; a Passo del Tonale 1 883/2 700 m 🚡1 ⛷21, ⛷ (anche sci estivo) – ☎ 0364.
⛳9 (giugno-settembre) ✆ 900306, Fax 91110.
ℹ corso Milano 41 ✆ 91122, Fax 91949.
Roma 677 – Sondrio 65 – ♦Bolzano 107 – Bormio 42 – ♦Brescia 119 – ♦Milano 167.

🏨 Mirella, ✆ 900500, Fax 900530, ≤, 🏊, 🏋, 🌳, 🎾 – 🛗 [TV] ☎ ♿ 🚗 [P] – 🏛 30 a 300.
61 cam.

🏨 **Sorriso** ⛰, ✆ 900488, Fax 91538, ≤, 🌳, 🎾 – 🛗 [TV] ☎ 🚗 [P]. [AE] [S] [E] [VISA]. ✂
dicembre-Pasqua e giugno-settembre – **Pasto** (solo per clienti alloggiati) – **20 cam** ☕ 120/190000 – ½ P 155000.

🏨 **Mignon,** ✆ 900480, Fax 900480, ≤, 🌳 – 🛗 [TV] ☎ 🚗 [P]. [S] [E] [VISA]. ✂ rist
Pasto *(chiuso giovedì, maggio, ottobre e novembre)* 35000 – ☕ 10000 – **38 cam** 75/125000 – ½ P 110/115000.

🍴 **San Marco,** ✆ 910396 – [AE] [S] [O] [E] [VISA]. ✂
chiuso lunedì escluso da luglio al 15 settembre – **Pasto** carta 36/56000.

🍴 **Al Maniero** con cam, ✆ 900490, Fax 900490, ≤ – [TV] ☎ 🚗 [P]. [AE] [S] [O] [E] [VISA]. ✂ rist
chiuso dall'8 al 22 gennaio – **Pasto** *(chiuso lunedì)* carta 36/55000 – ☕ 8000 – **12 cam** 48/80000 – ½ P 70/105000.

🍴 **Sporting,** ✆ 91775, 🎾 – [P]. [AE] [S] [O] [E] [VISA]. ✂
chiuso martedì e dal 5 al 20 giugno – **Pasto** carta 36/50000.

a Pezzo (strada del Gavia) N : 5,5 km – ✉ **25056** Ponte di Legno :

🍴 **Da Giusy,** ✆ 92153, Coperti limitati; prenotare
chiuso martedì (escluso luglio-agosto), da ottobre a novembre aperto solo i week-end – **Pasto** carta 20/40000 bc.

[PONTE DI NAVA] Cuneo [428] J 5 – Vedere Ormea.

[PONTE DI PIAVE] **31047** Treviso [988] ⑤, [429] E 19 – 6 392 ab. alt. 10 – ☎ 0422.
Roma 563 – ♦Venezia 47 – ♦Milano 302 – Treviso 19 – ♦Trieste 126 – Udine 95.

a Levada N : 3 km – ✉ **31047** Ponte di Piave :

🍴🍴 **Al Gabbiano** con cam, ✆ 853205, Fax 853540, 🌳 – 🛗 ▤ [TV] ☎ ♿ [P]. [AE] [S] [O] [E] [VISA] [JCB]
Pasto *(chiuso domenica)* carta 35/54000 – ☕ 10000 – **28 cam** 65/110000 – ½ P 80000.

PONTE DI TURBIGO Novara [219] ⑰ – Vedere Galliate.

PONTE IN VALTELLINA **23026** Sondrio [428] [429] D 11 – 2 232 ab. alt. 500 – ☎ 0342.
Roma 709 – Sondrio 9 – Edolo 39 – ♦Milano 148 – Passo dello Stelvio 78.

🍴🍴 **Cerere,** ☎ 482294, ←, « In un'antica dimora » – [AE] [$] ⊙ [E] [VISA]
chiuso mercoledì (escluso agosto) e dal 1° al 25 luglio – **Pasto** carta 32/51000.

PONTE NELLE ALPI **32014** Belluno [988] ⑤ – 7 764 ab. alt. 400 – ☎ 0437.
Roma 609 – Belluno 8 – Cortina d'Ampezzo 63 – ♦Milano 348 – Treviso 69 – Udine 109 – ♦Venezia 98.

sulla strada statale 51 :

🍴🍴 **Da Benito** con cam, località Pian di Vedoia N : 3 km ✉ 32014 ☎ 99420, Fax 990472, ← – |♦| [TV] ☎ [P] – 🏛 80. [AE] ⊙ [E] [VISA]. ✗
chiuso dal 15 luglio all'8 agosto – **Pasto** *(chiuso domenica sera e lunedì)* carta 33/50000 (10%) – ☕ 10000 – **22 cam** 90/120000 – ½ P 50/100000.

🍴🍴 **Alla Vigna,** località Cadola E : 2 km ✉ 32014 ☎ 999593, Fax 990559 – [AE] [$] ⊙ [E] [VISA]
chiuso martedì sera, mercoledì e dal 20 agosto al 10 settembre – **Pasto** carta 34/51000.

PONTERANICA **24010** Bergamo [428] E 11 – 6 966 ab. alt. 381 – ☎ 035.
Roma 608 – ♦Bergamo 8 – ♦Milano 55.

🍴🍴 **Parco dei Colli,** via Fustina 13 ☎ 572227, Fax 575525, 🌳 – [P]. [AE] [$] ⊙ [E] [VISA]. ✗
chiuso mercoledì e dal 5 al 25 agosto – **Pasto** carta 26/52000.

🍴🍴 **Ristofante,** via IV Novembre 67 ☎ 577070, Specialità di mare – [P]. [$]
chiuso dal 10 al 20 gennaio, dal 10 al 20 agosto, lunedì e martedì a mezzogiorno – **Pasto** carta 36/55000.

Jährlich eine neue Ausgabe
Aktuellste Informationen,
jährlich für Sie!

PONTE SAN GIOVANNI Perugia [430] M 19 – Vedere Perugia.

PONTE SAN NICOLÒ **35020** Padova [429] F 17 – 11 038 ab. alt. 11 – ☎ 049.
Roma 498 – ♦Padova 8 – ♦Venezia 40.

Pianta : vedere Padova

🏨 **Marconi,** località Roncaglia ☎ 8961422, Fax 8961514 – |♦| ▤ [TV] ☎ 🚗 [P] – 🏛 80. [AE] [$] ⊙ [E] [VISA]. ✗ rist BX **x**
Pasto (solo per clienti alloggiati e *chiuso a mezzogiorno*) carta 43/69000 – ☕ 14000 – **41 cam** 105/149000 – ½ P 140/162000.

🍴🍴 **Alla Posta,** località Roncaiette (S : 2 km) ☎ 717409, Fax 8961012, 🌳, Specialità di mare – [P]. [AE] [$] [E] [VISA]. ✗
chiuso domenica, lunedì a mezzogiorno ed agosto – **Pasto** carta 50/85000.

PONTE SANTA LUCIA Perugia – Vedere Foligno.

PONTE VALLECEPPI Perugia [430] M 19 – Vedere Perugia.

PONTICINO **52020** Arezzo [430] L 17 – alt. 255 – ☎ 0575.
Roma 217 – ♦Firenze 64 – Siena 55 – Arezzo 15.

🏨 **Country,** ☎ 898444, Fax 898040, 🌳 – |♦| ▤ rist [TV] ☎ [P] – 🏛 50. [AE] [$] ⊙ [E] [VISA]. ✗
Pasto (solo per clienti alloggiati) – ☕ 5000 – **14 cam** 75/90000 – ½ P 70000.

PONTIDA **24030** Bergamo [428] E 10 – 2 745 ab. alt. 313 – ☎ 035.
Roma 609 – ♦Bergamo 18 – Como 43 – Lecco 26 – ♦Milano 52.

🍴 **Hosteria la Marina,** località Grombosco N : 2 km ☎ 795063 – [AE] [$] [E] [VISA]. ✗
chiuso martedì – **Pasto** carta 31/50000.

PONTINVREA **17040** Savona [988] ⑫, [428] I 7 – 798 ab. alt. 425 – ☎ 019.
Roma 546 – ♦Genova 61 – Alessandria 77 – ♦Milano 173 – Savona 24 – ♦Torino 149.

a Il Giovo SE : 4 km – ✉ **17040** Giovo Ligure :

🏨 **Ligure,** ☎ 705007 – [TV] [P]. [$] ⊙ [E] [VISA]. ✗
chiuso gennaio e febbraio – **Pasto** *(chiuso martedì da ottobre a giugno)* carta 24/38000 – ☕ 3500 – **30 cam** 35/70000 – ½ P 65000.

PONTREMOLI **54027** Massa-Carrara [988] ⑬ ⑭, [428] [429] [430] I 11 – 8 956 ab. alt. 236 – ☎ 0187.
Roma 438 – La Spezia 41 – Carrara 53 – ♦Firenze 164 – Massa 55 – ♦Milano 186 – ♦Parma 81.

🏨 **Golf Hotel** 🐚, via Pineta 32 (O : 1 km) ☎ 831573, Fax 831591, ←, 🌳 – |♦| [TV] ☎ [P] – 🏛 50 a 250. [AE] [$] ⊙ [E] [VISA] [JCB]. ✗ rist
Pasto *(chiuso venerdì)* carta 38/58000 – ☕ 10000 – **74 cam** 78/120000 – ½ P 95000.

XX Cà del Moro, via Casa Corvi ☎ 830588, – P

X **Trattoria Pelliccia,** via Garibaldi 137 ☎ 830577 – AE E VISA
chiuso martedì e febbraio – **Pasto** carta 31/56000.

X **Da Bussè,** piazza Duomo 31 ☎ 831371, prenotare sabato-domenica
chiuso dal 1° al 20 luglio, la sera (escluso sabato-domenica) e venerdì – **Pasto** carta 32/47000.

PONT SAINT MARTIN 11026 Aosta 988 ②, 428 F 5 – 3 870 ab. alt. 345 – a.s. luglio-agosto – ☎ 0125.

Vedere Guida Verde.

Roma 699 – Aosta 52 – Ivrea 24 – ◆Milano 137 – Novara 91 – ◆Torino 66.

Ponte Romano, piazza IV Novembre 14 ☎ 804320, Fax 807108 – TV ☎. AE VISA. rist
Pasto carta 28/48000 – ☐ 10000 – **13 cam** 62/87000.

PONZA (Isola di) Latina 988 ㉖, 430 ㉟ – 3 312 ab. – a.s. Pasqua e luglio-agosto – ☎ 0771 – La limitazione d'accesso degli autoveicoli è regolata da norme legislative.

Vedere Località★.

per Anzio 15 giugno-15 settembre giornalieri (2 h 30 mn) e Formia giornalieri (2 h 30 mn) – Caremar-agenzia Regine, molo Musco ☎ 80565, Fax 80565; per Terracina giornaliero (2 h 15 mn) – Trasporti Marittima Mazzella, via Santa Maria ☎ 809965 e Anxur Tours, viale della Vittoria 40 ☎ 723978, Telex 680594, Fax 726691.

per Formia giornalieri (1 h 20 mn) – Caremar-agenzia Regine, molo Musco ☎ 80565, Fax 80565 e Agenzia Helios, molo Musco ☎ 80549; per Anzio giornalieri (1 h 10 mn) – Trasporti Marittimi Mazzella, via Santa Maria ☎ 809965 e Agenzia Helios, molo Musco ☎ 80549.

Ponza – ✉ 04027

Cernia , ☎ 809951, Fax 809954, « Terrazza-giardino con », – TV ☎ P – 150. AE E VISA JCB.
aprile-ottobre – **Pasto** (solo per clienti alloggiati) 40/50000 – **48 cam** ☐ 195/350000 – ½ P 195/230000.

Bellavista , ☎ 80036, Fax 80395, ≤ scogliera e mare – TV ☎. AE E VISA.
chiuso dal 15 dicembre al 15 gennaio – **Pasto** 40/61000 – **24 cam** ☐ 114/160000 – ½ P 160/170000.

XX **Gennarino a Mare** con cam, ☎ 80071, Fax 80140, ≤ mare e porto, « Servizio estivo in terrazza sul mare » – TV ☎. AE E VISA JCB.
Pasto *(chiuso giovedì escluso da giugno a settembre)* carta 50/60000 – **12 cam** ☐ 250/305000 – P 195/270000.

X **Acqua Pazza,** ☎ 80643, ≤, , Coperti limitati; prenotare – AE E VISA
chiuso gennaio e febbraio – **Pasto** carta 50/82000 (10%).

X **La Kambusa,** ☎ 80280, Fax 80280, – VISA
giugno-settembre – **Pasto** carta 44/65000.

PONZANO VENETO 31050 Treviso 429 E 18 – 7 920 ab. alt. 28 – ☎ 0422.

Roma 546 – ◆Venezia 40 – Belluno 74 – Treviso 5 – Vicenza 62.

a Paderno di Ponzano NO : 2 km – ✉ 31050 Ponzano Veneto :

XXX **Relais el Toulà** con cam, via Postumia 63 (N : 1 km) ☎ 440751, Fax 440754, , prenotare, « Parco con » – TV ☎ P. AE E JCB. rist
Pasto carta 70/97000 (15%) – ☐ 25000 – **9 cam** 280/400000, appartamento – ½ P 255/300000.

XX **Trattoria da Sergio,** via Fanti 14 ☎ 967000, Fax 967000, – rist P. AE E VISA JCB.
chiuso domenica, dal 24 dicembre al 1° gennaio e dal 1° al 20 agosto – **Pasto** carta 30/47000.

PONZONE 15010 Alessandria 428 I 7 – 1 157 ab. alt. 606 – ☎ 0144.

Roma 579 – ◆Genova 87 – Acqui Terme 13 – Alessandria 47 – ◆Milano 143 – Savona 48.

X **Malò** con cam, piazza Garibaldi 1 ☎ 78124 –
Pasto *(chiuso mercoledì)* carta 25/40000 – ☐ 8000 – **14 cam** *(aprile-15 ottobre)* 40/65000 – ½ P 45/60000.

POPPI 52014 Arezzo 988 ⑮, 429 430 K 17 – 5 651 ab. alt. 437 – ☎ 0575.

Vedere Cortile★ del Castello★.

9 Casentino (chiuso martedì) ☎ 520167, Fax 520167.

Roma 247 – Arezzo 33 – ◆ Firenze 58 – ◆ Ravenna 118.

🏨 **Parc Hotel,** via Roma 214 (località Ponte) ✆ 529994, Fax 529984, ⛱, 🏊, 🌳 – ▤ [TV] ☎ 🚗 [P]. [AE] $ ◑ E VISA. ✂
Pasto *(chiuso venerdì escluso dal 15 giugno al 15 settembre)* carta 27/41000 – ☕ 10000 – **28 cam** 75/115000 – ½ P 85/95000.

🍴 **Campaldino** con cam, località Ponte, via Roma 95 ✆ 529008, Fax 529032 – [TV] ☎. [AE] $ ◑ E VISA. ✂
Pasto *(chiuso dal 1° al 15 luglio e mercoledì escluso agosto)* carta 27/52000 – ☕ 8000 – **10 cam** 55/80000 – ½ P 55/65000.

PORCIA 33080 Pordenone [429] E 19 – 13 310 ab. alt. 29 – ☎ 0434.

Roma 608 – Belluno 67 – ◆Milano 333 – Pordenone 4 – Treviso 54 – ◆Trieste 117.

🍴🍴 **Gildo,** ✆ 921212, ⛱, 🌳 – [P] – 🧑‍🏫 150. $ ◑ E VISA JCB. ✂
chiuso domenica sera, lunedì, dal 1° al 10 gennaio e dal 1° al 20 agosto – **Pasto** carta 40/60000.

🍴🍴 **Casetta,** località Palse S : 1 km ✆ 922720, Coperti limitati; prenotare – ▤ [P]. [AE] $ ◑ E VISA. ✂
chiuso mercoledì ed agosto – **Pasto** carta 28/35000.

PORDENONE 33170 [P] [988] [5], [429] E 20 – 49 721 ab. alt. 24 – ☎ 0434.

⛳ (chiuso lunedì) a Castel d'Aviano ✉ 33081 ✆ 652305, Fax 660496, NO : 10 km.

[i] corso Vittorio Emanuele 38 ✆ 521912, Fax 523814.

[A.C.I.] viale Dante 40 ✆ 208965.

Roma 605 – Udine 54 – Belluno 66 – ◆Milano 343 – Treviso 54 – ◆Trieste 113 – ◆Venezia 93.

🏨 **Villa Ottoboni,** piazzetta Ottoboni 2 ✆ 208891, Fax 208148 – |‡| ▤ [TV] ☎ 🚗 [P] – 🧑‍🏫 100. [AE] $ ◑ E VISA. ✂
Pasto *(chiuso sabato sera, domenica, dal 26 dicembre al 6 gennaio ed agosto)* carta 50/80000 – **93 cam** ☕ 140/180000, 3 appartamenti.

🏨 **Palace Hotel Moderno,** viale Martelli 1 ✆ 28215, Fax 520315 – |‡| ▤ rist [TV] ☎ – 🧑‍🏫 150. [AE] $ ◑ E VISA. ✂
Pasto *(chiuso venerdì)* carta 50/65000 – ☕ 20000 – **111 cam** 96/160000 – ½ P 110000.

🏨 **Park Hotel** senza rist, via Mazzini 43 ✆ 27901, Fax 522353 – |‡| ▤ [TV] ☎ ♿ [P]. [AE] $ ◑ E VISA. ✂
☕ 12000 – **64 cam** 90/140000.

🍴🍴 **Da Zelina,** piazza San Marco 13 ✆ 27290, Fax 27588 – [AE] ◑ VISA
chiuso sabato a mezzogiorno, lunedì e dal 14 al 30 agosto – **Pasto** carta 41/61000.

PORDOI (Passo del) Belluno e Trento – alt. 2 239.

Vedere Posizione pittoresca★★★.

Roma 699 – Cortina d'Ampezzo 46 – Belluno 85 – ◆Bolzano 63 – Canazei 12 – ◆Milano 356 – Trento 116.

PORLEZZA 22018 Como [428] D 9, [219] [9] – 4 020 ab. alt. 271 – ☎ 0344.

Vedere Lago di Lugano★★.

Roma 673 – Como 47 – ◆Lugano 16 – ◆Milano 95 – Sondrio 80.

🏨 **Regina,** ✆ 61228, Fax 61228, ← – |‡| [TV] ☎. [AE] $ ◑ E VISA
chiuso dall'11 gennaio a febbraio – **Pasto** *(chiuso lunedì escluso dal 15 giugno al 15 settembre)* 22000 e carta 40/50000 – ☕ 10000 – **24 cam** 80000 – ½ P 75000.

PORRETTA TERME 40046 Bologna [988] [14], [428] [429] [430] J 14 – 4 704 ab. alt. 349 – Stazione termale (maggio-ottobre), a.s. luglio-20 settembre – ☎ 0534.

[i] piazza Libertà 11 ✆ 22021, Fax 22021.

Roma 345 – ◆Bologna 59 – ◆Firenze 72 – ◆Milano 261 – ◆Modena 92 – Pistoia 35.

🏨 **Santoli,** via Roma 3 ✆ 23206, Fax 22744, 🌳, ⚕ – |‡| [TV] ☎ 🚗 – 🧑‍🏫 150. [AE] $ ◑ E VISA. ✂
Pasto *(chiuso lunedì)* carta 35/46000 – ☕ 15000 – **48 cam** 100/140000 – ½ P 80/98000.

PORTESE Brescia – Vedere San Felice del Benaco.

PORTICELLO Palermo [432] M 22 – Vedere Sicilia (Santa Flavia) alla fine dell'elenco alfabetico.

PORTICO DI ROMAGNA 47010 Forlì [429] [430] J 17 – alt. 301 – ☎ 0543.

Roma 320 – ◆Firenze 75 – Forlì 34 – ◆Ravenna 61.

🏨 **Al Vecchio Convento,** via Roma 7 ✆ 967157, Fax 967053 – ☎. [AE] $ ◑ E VISA JCB. ✂
Pasto *(chiuso mercoledì escluso da luglio al 15 settembre)* carta 44/68000 – ☕ 12500 – **9 cam** 80/110000 – ½ P 100000.

PORTO ALABE Oristano [433] G 7 – Vedere Sardegna (Tresnuraghes) alla fine dell'elenco alfabetico.

PORTO AZZURRO Livorno [988] [24], [430] N 13 – Vedere Elba (Isola d').

PORTOBUFFOLÈ 31019 Treviso 429 E 19 – 694 ab. alt. 11 – ☎ 0422.
Roma 567 – Belluno 58 – ♦Venezia 45 – Pordenone 15 – Treviso 37 – Udine 63.

Villa Giustinian ⛰, ☎ 850244, Fax 850260, « Prestigiosa villa veneta del 17° secolo in un parco » – ▤ ☐ ☎ Ⓟ – 150. AE ⓢ ⓞ E VISA. ✻
Pasto *(chiuso domenica sera, lunedì e dal 6 al 27 agosto)* carta 50/90000 – ☐ 14000 – **35 cam** 120/220000, 8 appartamenti – ½ P 179/224000.

PORTO CESAREO 73010 Lecce 988 ㉚, 431 G 35 – 4 254 ab. – a.s. luglio-agosto – ☎ 0833.
Roma 600 – ♦Brindisi 55 – Gallipoli 30 – Lecce 27 – Otranto 59 – ♦Taranto 65.

Lo Scoglio ⛰, su un isolotto raggiungibile in auto ☎ 569079, Fax 569078, ≤, – ▤ cam ☎ ♿ Ⓟ. AE ⓢ ⓞ E VISA. ✻
Pasto *(chiuso novembre e martedì escluso da giugno a settembre)* carta 33/54000 – **45 cam** ☐ 66/118000 – ½ P 83/98000.

Porto Cesareo, via Monti 146 ☎ 569094 – ☎ Ⓟ
41 cam.

Il Veliero, litoranea Sant'Isidoro ☎ 569201 – ▤

a Torre Lapillo NO : 5 km – ✉ 73050 Santa Chiara di Nardò :

L'Angolo di Beppe con cam, ☎ 565305 e hotel ☎ 565333, Fax 565331, – ▤ ☐ ☎ Ⓟ – 50. AE ⓢ ⓞ E VISA JCB. ✻
Pasto *(chiuso lunedì escluso luglio-agosto)* carta 31/62000 – **19 cam** ☐ 90/150000 – ½ P 100/120000.

PORTO CONTE Sassari 433 F 6 – Vedere Sardegna (Alghero) alla fine dell'elenco alfabetico.

PORTO D'ASCOLI Ascoli Piceno 430 N 23 – Vedere San Benedetto del Tronto.

PORTO ERCOLE 58018 Grosseto 430 O 15 – a.s. Pasqua e 15 giugno-15 settembre – ☎ 0564.
Vedere Guida Verde.
Roma 159 – Grosseto 50 – Civitavecchia 83 – ♦Firenze 190 – Orbetello 7 – Viterbo 95.

Don Pedro, ☎ 833914, Fax 833129, ≤ porto, – ▤ cam ☐ ☎ Ⓟ. AE ⓢ E VISA. ✻
Pasqua-ottobre – **Pasto** carta 51/72000 – **44 cam** ☐ 180/200000 – ½ P 150000.

Il Gambero Rosso, ☎ 832650, ≤, , Specialità di mare – AE ⓢ ⓞ E VISA
chiuso febbraio, mercoledì a mezzogiorno in luglio-agosto, tutto il giorno negli altri mesi – **Pasto** carta 45/64000.

sulla strada Panoramica SO : 4,5 km :

Il Pellicano ⛰, ✉ 58018 ☎ 833801, Fax 833418, ≤ mare e scogliere, « Terrazze fiorite », riscaldata, – ▤ ☎ Ⓟ. AE ⓢ ⓞ E VISA. ✻ rist
29 marzo-2 novembre – **Pasto** 100000 – **32 cam** ☐ 774000, 4 appartamenti – ½ P 472/526000.

PORTOFERRAIO Livorno 988 ㉔, 430 N 12 – Vedere Elba (Isola d').

PORTOFINO 16034 Genova 988 ⑬, 428 J 9 – 611 ab. – ☎ 0185.
Vedere Località e posizione pittoresca*** – ≤*** dal Castello.
Dintorni Passeggiata al faro*** E : 1 h a piedi AR – Strada panoramica*** per Santa Margherita Ligure Nord – Portofino Vetta** NO 14 km (strada a pedaggio) – San Fruttuoso** O : 20 mn di motobarca.
ℹ via Roma 35 ☎ 269024.
Roma 485 – ♦Genova 38 – ♦Milano 171 – Rapallo 8 – Santa Margherita Ligure 5 – ♦La Spezia 87.

Splendido ⛰, ☎ 269551, Telex 281057, Fax 269614, ≤ promontorio e mare, « Parco ombreggiato », riscaldata, – ▤ cam ☐ ☎ Ⓟ – 30 a 40. AE ⓢ ⓞ E VISA JCB. ✻ rist
chiuso dal 3 gennaio al 22 marzo – **Pasto** carta 112/175000 – **63 cam** ☐ 560/1040000, 15 appartamenti 1400/1850000 – ½ P 990/1240000.

Piccolo Hotel, ☎ 269015, Fax 269621, ≤, – ▤ rist ☐ ☎ Ⓟ. AE ⓢ ⓞ E VISA. ✻ rist
chiuso novembre – **Pasto** *(chiuso giovedì)* 40000 – **22 cam** ☐ 200/320000 – ½ P 200/240000.

Nazionale senza rist, ☎ 269575, Fax 269578 – ☐ ☎. ⓢ E VISA
16 marzo-novembre – ☐ 20000 – 10 appartamenti 350/450000.

Il Pitosforo, ☎ 269020, Fax 269020, « Veranda con ≤ porticciolo » – ▤. AE ⓢ ⓞ E VISA. ✻
chiuso lunedì, martedì e da giugno a settembre anche a mezzogiorno – **Pasto** carta 105/140000 (15 %).

Delfino, ☎ 269081, Fax 269394, ≤, – AE ⓢ ⓞ E VISA. ✻
chiuso da gennaio a marzo e lunedì (escluso da giugno al 15 ottobre) – **Pasto** carta 86/110000 (15 %).

Da Puny, ☎ 269037, ≤, – ✻
chiuso giovedì e dal 15 dicembre al 20 febbraio – **Pasto** carta 70/93000 (13 %).

PORTOFINO (Promontorio di) Genova – Vedere Guida Verde.

PORTO GARIBALDI Ferrara 988 ⑮, 430 H 18 – Vedere Comacchio.

PORTOGRUARO 30026 Venezia 988 ⑤, 429 E 20 – 24 686 ab. alt. 5 – ☎ 0421.

Vedere corso Martiri della Libertà★★.
Municipio★.

🅸 borgo Sant'Agnese 57 ✆ 274600, Fax 274600.

Roma 584 – Udine 50 – Belluno 95 – ◆Milano 323 – Pordenone 28 – Treviso 60 – ◆Trieste 93 – ◆Venezia 73.

- **Antico Spessotto,** via Roma 2 ✆ 71040, Fax 71053 – AE VISA
  Pasto vedere rist **Antico Spessotto** – ☕ 8000 – **46 cam** 75/100000.
- Antico Spessotto, via Garibaldi 60/a ✆ 75458
- **Alla Botte** con cam, viale Pordenone 46 ✆ 760122, Fax 74833, – 45. AE VISA JCB
  Pasto *(chiuso domenica escluso da giugno al 19 settembre)* 30/70000 (a mezzogiorno) e 35/100000 (alla sera) – ☕ 12000 – **24 cam** 68/105000.
- Cavallino, borgo Sant'Agnese 6 ✆ 73096

PORTO MANTOVANO Mantova – Vedere Mantova.

PORTO MAURIZIO Imperia 988 ⑫ – Vedere Imperia.

PORTONOVO Ancona 430 L 22 – Vedere Ancona.

PORTOPALO DI CAPO PASSERO Siracusa 432 Q 27 – Vedere Sicilia alla fine dell'elenco alfabetico.

PORTO POTENZA PICENA 62016 Macerata 430 L 23 – a.s. luglio-agosto – ☎ 0733.

Roma 284 – ◆Ancona 38 – Macerata 34 – ◆Pescara 120.

- **La Villa,** località Giardino Buonaccorsi O : 2,5 km ✉ 62018 Potenza Picena ✆ 688917, , prenotare, « In una villa patrizia del '700 con tipico giardino all'italiana » – AE VISA
  chiuso a mezzogiorno, martedì e dal 10 al 30 novembre – **Pasto** carta 48/70000 (10%).
- **Nettuno,** Lungomare ✆ 688258, ←, – AE
  chiuso lunedì e dal 1° al 20 gennaio – **Pasto** carta 45/71000.

PORTO RECANATI 62017 Macerata 988 ⑯, 430 L 22 – 8 383 ab. – a.s. luglio-agosto – ☎ 071.

🅸 corso Matteotti 111 ✆ 9799084.

Roma 292 – ◆Ancona 29 – Ascoli Piceno 96 – Macerata 32 – ◆Pescara 130.

- **Enzo,** corso Matteotti 21/23 ✆ 7590734 e rist ✆ 7590196, Fax 9799029 – 30. AE VISA JCB
  Pasto al Rist. ***Torcoletto*** *(chiuso gennaio e domenica sera dal 15 settembre a maggio)* carta 53/82000 – **21 cam** ☕ 110/180000, 2 appartamenti – ½ P 115000.
- **Fatatis,** via Vespucci 2 (N : 2 km) ✆ 9797442, Fax 9799366, – AE VISA
  chiuso dal 9 al 31 gennaio e lunedì (escluso da giugno a settembre) – **Pasto** carta 39/75000

PORTO ROTONDO Sassari 988 ㉔, 433 D 10 – Vedere Sardegna (Olbia) alla fine dell'elenco alfabetico.

PORTO SAN GIORGIO 63017 Ascoli Piceno 988 ⑯ ⑰, 430 M 23 – 15 830 ab. – a.s. luglio-agosto – ☎ 0734.

🅸 via Oberdan 5 ✆ 678461, Fax 678461.

Roma 258 – ◆Ancona 64 – Ascoli Piceno 61 – Macerata 42 – ◆Pescara 95.

- **Il Timone,** via Kennedy 61 ✆ 679505, Fax 679556 – 50 a 100. AE VISA rist
  Pasto 50/70000 – ☕ 10000 – **78 cam** 85/130000, appartamento, 10000 – ½ P 120000.
- **David Palace,** via Spontini ✆ 676848, Fax 676468, ←, – 120. AE VISA
  Pasto 35/45000 e al Rist. ***Davide*** carta 37/57000 – ☕ 10000 – **36 cam** 110/140000 – ½ P 90/140000.
- **Garden,** via Cesare Battisti 6 ✆ 679414, Fax 676457 – 100. AE VISA
  Pasto 35/55000 – ☕ 12000 – **61 cam** 130/150000, 8000 – ½ P 85/105000.
- **Il Caminetto,** lungomare Gramsci 283 ✆ 675558, Fax 673477, ← – rist AE VISA cam
  Pasto *(chiuso lunedì)* carta 40/65000 – ☕ 8000 – **26 cam** 90/140000 – P 80/140000.
- **Tritone,** via San Martino 26 ✆ 677104, Fax 677962, ←, – AE VISA
  Pasto carta 30/57000 – ☕ 8000 – **36 cam** 70/100000 – ½ P 70/90000.

🏨 **Lanterna,** via 20 Settembre 298 ℘ 679073, Fax 679097 – 🛗 ≡ cam ☎. 🚫🐕 rist
giugno-settembre – **Pasto** 25/35000 – ☕ 5000 – **39 cam** 60/100000 – P 68/88000.

🏨 **La Terrazza,** via Castelfidardo 2 ℘ 676005, Fax 672651, 🚗 – 🛗 ≡ rist [TV] ☎ [P]. [AE] [$] ● [VISA]
Pasto *(chiuso lunedì)* carta 30/50000 – ☕ 7000 – **30 cam** 70/90000 – ½ P 65/80000.

🍴🍴 **Al Capitano,** lungomare Gramsci 183 ℘ 678100 – [AE] [$] ● [E] [VISA]. 🚫🐕
chiuso lunedì, dal 24 al 29 dicembre e dal 4 al 19 settembre – **Pasto** carta 44/62000.

PORTO SAN PAOLO Sassari [433] E 10 – Vedere Sardegna alla fine dell'elenco alfabetico.

PORTO SANTA MARGHERITA Venezia – Vedere Caorle.

PORTO SANT'ELPIDIO **63018** Ascoli Piceno [988] ⑯, [430] M 23 – 21 219 ab. alt. 4 – ☎ 0734.
Roma 265 – ◆Ancona 53 – Ascoli Piceno 70 – ◆Pescara 103.

🍴🍴 **Il Gambero,** via Mazzini 1 ℘ 900238 – [$] [VISA]. 🚫🐕
chiuso domenica sera, lunedì ed agosto – **Pasto** carta 35/65000.

PORTO SANTO STEFANO **58019** Grosseto [988] ㉔ ㉕, [430] O 15 – a.s. Pasqua e 15 giugno-15 settembre – ☎ 0564.
Vedere ≤★ dal forte aragonese.
⛴ per l'Isola del Giglio giornalieri (1 h) – Toremar-agenzia Metrano, piazzale Candi ℘ 818506, Telex 590107, Fax 812242.
[i] corso Umberto 55/a ℘ 814208.
Roma 162 – Grosseto 41 – Civitavecchia 86 – ◆Firenze 193 – Orbetello 10 – Viterbo 98.

🏨 Vittoria 🐌, strada del Sole 65 ℘ 818580, Fax 818055, ≤ mare e costa, 🏊, 🎾 – 🛗 [TV] ☎ [P]
stagionale **28 cam.**

🏨 La Lucciola, via Panoramica 245 ℘ 812976, Fax 812298 – 🛗 [TV] ☎
59 cam.

🍴🍴 **La Bussola,** piazza Facchinetti 11 ℘ 814225, ⛱, Specialità di mare – [AE] [$] ● [E] [VISA] [JCB]. 🚫🐕
chiuso mercoledì e novembre – **Pasto** carta 30/44000.

🍴🍴 **Armando,** via Marconi 1/3 ℘ 812568, ⛱, Specialità di mare – [AE] [$] [E] [VISA]
chiuso mercoledì e dal 1° al 25 dicembre – **Pasto** carta 45/59000 (15 %).

🍴🍴 **Il Moresco,** via Panoramica località Cala Moresca SO : 6 km ℘ 824158, ≤ mare e Isola del Giglio, ⛱, Specialità di mare – [P]. [AE] [$] ● [E] [VISA]
chiuso martedì e febbraio – **Pasto** carta 45/91000.

🍴🍴 **Il Veliero,** via Panoramica 149 ℘ 812226, ⛱, Specialità di mare – [AE] [$] ● [E] [VISA]. 🚫🐕
chiuso lunedì e dall'8 gennaio al 1° febbraio – **Pasto** carta 39/58000.

🍴 **La Fontanina di San Pietro,** S : 3 km ℘ 825261, Fax 817620, ≤, « Servizio estivo sotto un pergolato » – [P]. [AE] [$] ● [E] [VISA]. 🚫🐕
chiuso mercoledì e gennaio – **Pasto** carta 40/70000 (12 %).

a Santa Liberata E : 4 km – ✉ **58010** :

🏨 **Villa Domizia,** ℘ 812735, Fax 812735, ≤ mare e costa, 🏖, 🌳 – ≡ [TV] ☎ [P]. [AE] [$] [E] [VISA]. 🚫🐕
aprile-15 ottobre – **Pasto** *(chiuso martedì)* carta 45/65000 – **24 cam** ☕ 175000 – ½ P 130/140000.

PORTOSCUSO Cagliari [988] ㉝, [433] J 7 – Vedere Sardegna alla fine dell'elenco alfabetico.

PORTO TOLLE **45018** Rovigo [988] ⑮ – 11 047 ab. alt. 2 – ☎ 0426.
Roma 491 – ◆Ravenna 72 – ◆Ferrara 72 – ◆Venezia 87.

🍴 **Da Brodon,** a Cà Dolfin E : 9 km ✉ 45010 Cà Dolfin ℘ 384240 – ≡ [P]. [AE] [$] ● [E] [VISA]. 🚫🐕
chiuso lunedì e dal 1° al 15 luglio – **Pasto** carta 30/68000.

PORTO TORRES Sassari [988] ㉓ ㉝, [433] E 7 – Vedere Sardegna alla fine dell'elenco alfabetico.

PORTOVENERE **19025** La Spezia [988] ⑬ ⑭, [428] [429] [430] J 11 – 4 591 ab. – ☎ 0187.
Vedere Località★★.
Roma 430 – ◆La Spezia 15 – ◆Genova 114 – Massa 47 – ◆Milano 232 – ◆Parma 127.

🏨 **Royal Sporting,** ℘ 790326, Fax 529060, « Terrazza con 🏊 e ≤ », 🌳, 🎾 – 🛗 ≡ [TV] ☎ ♿ 🚗 – 🏛 70. [AE] [$] ● [E] [VISA]. 🚫🐕 rist
Pasqua-15 ottobre – **Pasto** carta 65/90000 – **62 cam** ☕ 160/290000 – ½ P 200/220000.

🏨 **Gd H. Portovenere,** ℘ 792610, Fax 790661, ≤ – 🛗 ≡ [TV] ☎ ♿ [P]. [AE] [$] ● [E] [VISA] [JCB]. 🚫🐕
chiuso novembre – **Pasto** al Rist. ***Al Co*** *(chiuso lunedì)* carta 35/60000 – **44 cam** ☕ 160/220000, 10 appartamenti – ½ P 130/150000.

🏨 **Paradiso,** ℘ 900612, Fax 902582, ≤ – [TV] ☎ ♿. [AE] [$] ● [E] [VISA] [JCB]. 🚫🐕 rist
Pasto *(chiuso mercoledì)* carta 41/54000 (10 %) – **22 cam** ☕ 180000 – ½ P 100/120000.

XX **Taverna del Corsaro,** ℰ 790622, Fax 790622, ← – AE ⑤ ⓓ E VISA JCB
chiuso martedì e dal 10 novembre al 5 dicembre – **Pasto** carta 59/92000 (10%).

X Trattoria della Marina, ℰ 900686, ☂

a Le Grazie N : 3 km – ✉ **19022** Le Grazie Varignano :

Della Baia, ℰ 790797, Fax 790034, ←, ⛱ – TV ☎ P. E VISA. ✂
Pasto *(chiuso mercoledì e gennaio)* carta 39/64000 – **32 cam** ☐ 95/150000 – ½ P 115000.

X **Il Gambero,** ℰ 900325 – AE ⑤ E VISA
chiuso lunedì, dal 15 al 31 gennaio e novembre – **Pasto** carta 34/58000 (10%).

POSADA Nuoro 433 F 11 – Vedere Sardegna alla fine dell'elenco alfabetico.

POSITANO 84017 Salerno 988 ㉗, 431 F 25 – 3 766 ab. – a.s. Pasqua, giugno-settembre e Natale – ☎ 089.

Vedere Località★★.

Dintorni Vettica Maggiore : ←★★ SE : 5 km.

ℹ via del Saracino 4 ℰ 875067, Fax 875760.

Roma 266 – ◆Napoli 57 – Amalfi 17 – Salerno 42 – Sorrento 17.

Le Sirenuse ⛰, ℰ 875066, Telex 770066, Fax 811798, ← mare e costa, ☂, « Terrazza panoramica con ⛱ riscaldata », ⛱ – |‡| ▤ cam TV ☎ – 🏔 60. AE ⑤ ⓓ E VISA JCB. ✂ rist
Pasto carta 90/129000 – **56 cam** ☐ 480/640000, 2 appartamenti – ½ P 400000.

Le Agavi ⛰, località Belvedere Fornillo ℰ 875733, Telex 770186, Fax 875965, ← mare e costa, Ascensore per la spiaggia, ⛱, 🏖 – |‡| ▤ TV ☎ P – 🏔 150. AE ⑤ ⓓ E VISA. ✂
15 aprile-15 ottobre – **Pasto** carta 55/100000 – **70 cam** ☐ 320/420000, appartamento – ½ P 175/210000.

Poseidon, ℰ 811111, Telex 770058, Fax 875833, ← mare e costa, ☂, « Terrazza-giardino panoramica con ⛱ riscaldata », Fь, ≘s – |‡| ▤ cam TV ☎ 🚗 – 🏔 60. AE ⑤ ⓓ E VISA. ✂ rist
aprile-1° novembre – **Pasto** 50/60000 – **42 cam** ☐ 270/320000, 2 appartamenti – ½ P 220000.

Murat ⛰ senza rist, ℰ 875177, Fax 811419, ←, « Terrazza-giardino » – ▤ TV ☎. AE ⑤ ⓓ E VISA. ✂
Natale e Pasqua-novembre – **28 cam** ☐ 180/300000.

Villa Franca e Residence, ℰ 875655, Fax 875735, ← mare e costa, ⛱ – |‡| ▤ cam TV ☎. AE ⑤ ⓓ E VISA. ✂ rist
16 marzo-ottobre – **Pasto** 50000 – **38 cam** ☐ 300/320000 – ½ P 190/210000.

Buca di Bacco ⛰, ℰ 875699, Telex 722574, Fax 875731, ← mare e costa, ☂ – |‡| ▤ cam TV ☎. AE ⑤ ⓓ E VISA. ✂ rist
aprile-20 ottobre – **Pasto** carta 44/108000 – ☐ 20000 – **53 cam** 145/230000 – ½ P 160/185000.

Marincanto ⛰ senza rist, ℰ 875130, Fax 875595, ← mare e costa, « Terrazza-giardino » – |‡| TV ☎ P. AE ⑤ ⓓ E VISA JCB
aprile-13 ottobre – ☐ 15000 – **25 cam** 140000.

L'Ancora ⛰, ℰ 875318, Fax 811784, ← mare e costa, « Servizio rist. in terrazza » – TV ☎ P. AE ⑤ ⓓ E VISA JCB. ✂ rist
aprile-ottobre – **Pasto** (solo per clienti alloggiati) – **18 cam** ☐ 170/215000 – ½ P 135/155000.

Savoia senza rist, ℰ 875003, Fax 811844, ← – |‡| ☎. E VISA
aprile-15 ottobre – **43 cam** ☐ 100/170000.

Casa Albertina ⛰, ℰ 875143, Fax 811540, ← mare e costa – |‡| ▤ cam ☎. AE ⑤ ⓓ E VISA. ✂ rist
Pasto (solo per clienti alloggiati) 40/55000 – **20 cam** ☐ 160/190000 – ½ P 140/150000.

XX **Il Capitano,** ℰ 811351, ← mare e costa, « Servizio estivo in terrazza panoramica » – ✂ P. AE ⑤ ⓓ E VISA JCB
chiuso da novembre al 26 dicembre – **Pasto** carta 48/72000 (15%).

XX **Chez Black,** ℰ 875036, Fax 875789, ←, ☂, Rist. e pizzeria – AE ⑤ ⓓ E VISA JCB. ✂
chiuso dal 7 gennaio al 7 febbraio – **Pasto** carta 35/61000 (15%).

XX **La Cambusa,** ℰ 875432, Fax 875432, ←, ☂ – AE ⑤ ⓓ E VISA
chiuso dal 10 novembre al 25 dicembre – **Pasto** carta 40/70000 (15%).

sulla costiera Amalfitana E : 2 km :

San Pietro ⛰, ℰ 875455, Fax 811449, ← mare e costa, Ascensore per la spiaggia, ☂ « Terrazze fiorite », ⛱, 🏖, 🎾 – |‡| ▤ cam TV ☎ P. AE ⑤ ⓓ E VISA. ✂ rist
aprile-ottobre – **Pasto** carta 70/104000 (15%) – **52 cam** ☐ 500/680000, 6 appartamenti – ½ P 340/420000.

POSTA FIBRENO 03030 Frosinone 430 Q 23 – 1 369 ab. alt. 430 – ☎ 0776.

Roma 121 – Frosinone 40 – Avezzano 51 – Latina 91 – ♦Napoli 130.

sulla strada statale 627 O : 4 km :

XXX **Il Mantova del Lago,** ✉ 03030 ☎ 887344, Fax 887345, « Casolare in riva al lago », – P. AE $. ✗
chiuso domenica sera e lunedì – **Pasto** carta 46/68000.

POSTAL (BURGSTALL) 39014 Bolzano 429 C 15, 218 ⑳ – 1 309 ab. alt. 268 – ☎ 0473.

Roma 657 – ♦Bolzano 20 – Merano 8 – ♦Milano 318 – Trento 78.

XX **Förstlerhof** con cam, N : 1 km ☎ 292288, Fax 291247, – ☎ P. AE $ E VISA. ✗ cam
chiuso dal 16 dicembre a gennaio e dal 1° al 10 luglio – **Pasto** *(chiuso martedì)* carta 57/84000 – **27 cam** ☐ 75/160000 – ½ P 135/155000.

POTENZA 85100 P 988 ㉘, 431 F 29 – 65 713 ab. alt. 823 – ☎ 0971.

Vedere Portale★ della chiesa di San Francesco Y

ℹ via Alianelli angolo via Plebiscito ☎ 21812, Fax 36196.

A.C.I. viale del Basento ☎ 56466.

Roma 363 ③ – ♦Bari 151 ② – ♦Foggia 109 ① – ♦Napoli 157 ③ – Salerno 106 ③ – ♦Taranto 157 ②.

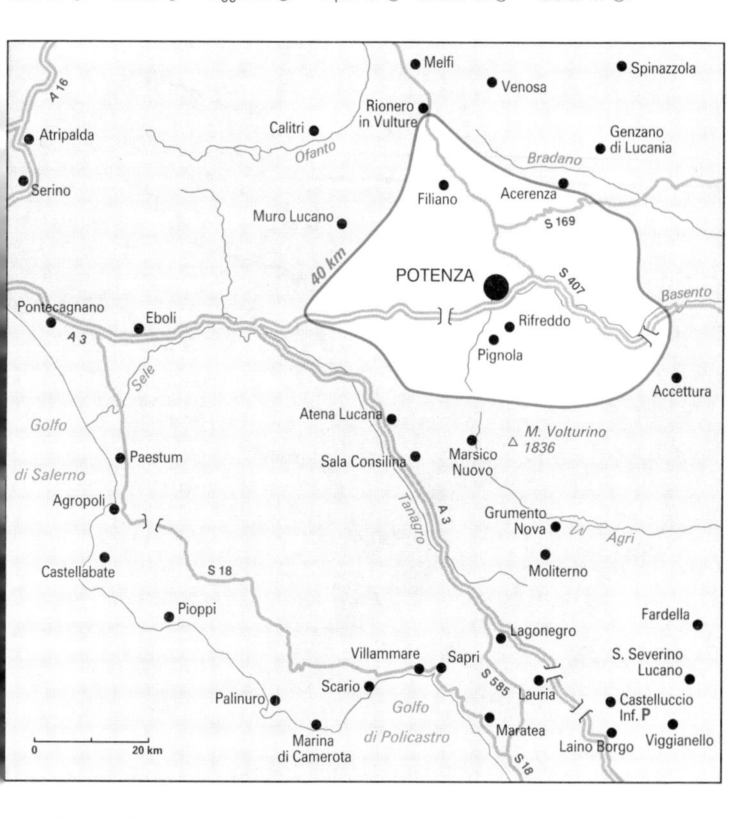

Grande Albergo, corso 18 Agosto 46 ☎ 410220, Fax 410220, ← – ☎ – 40 a 150. AE $ VISA. ✗ rist Y a
Pasto carta 36/58000 – **63 cam** ☐ 110/170000 – P 155/175000.

Vittoria, via della Tecnica ☎ 56632, Fax 56802 – ☎ P. AE $ E VISA JCB. ✗
Pasto *(chiuso domenica)* carta 27/43000 – **22 cam** ☐ 75/120000 – ½ P 95000. X a

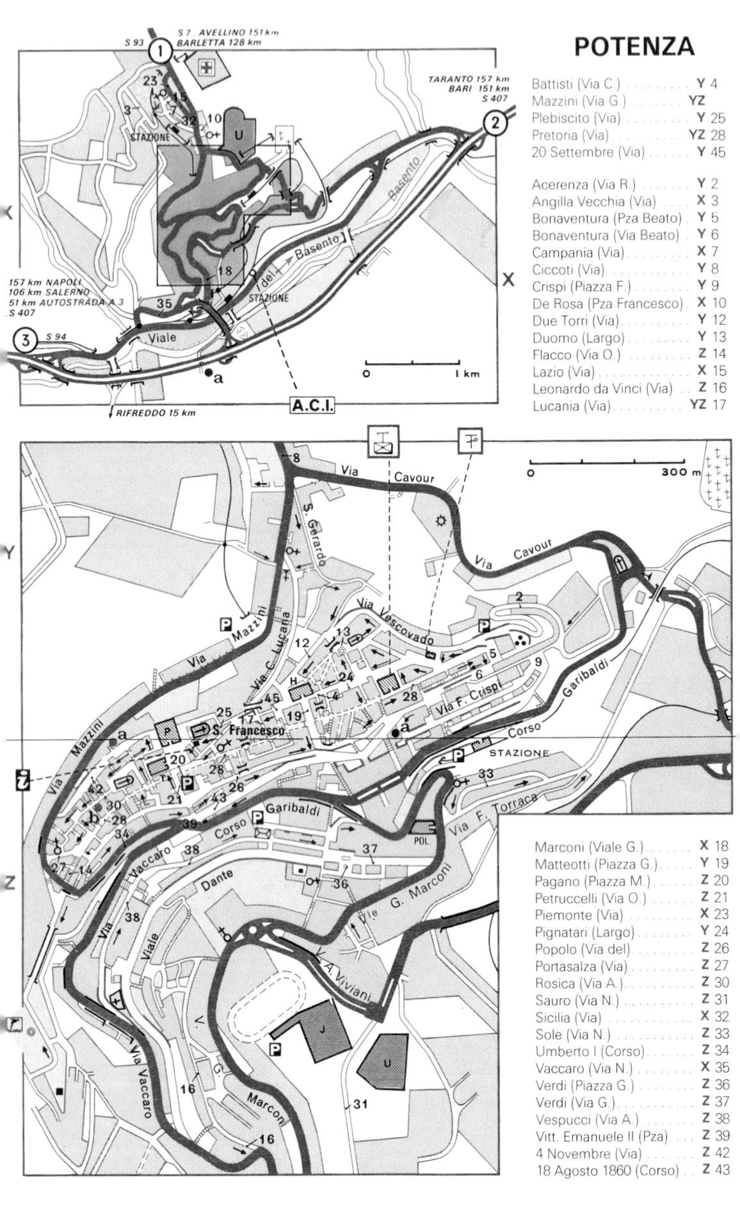

XX **Mimì,** via Rosica 22 ✆ 37592, Coperti limitati; prenotare — Z
chiuso domenica sera e lunedì – **Pasto** carta 38/55000.

XX **La Pergola,** contrada Macchia Romana ✆ 444982, Fax 444982, ≤ – ▤ Ⓟ – 300. ⓢ ⓞ E VISA. ✻ — 2 km per
chiuso martedì ed agosto – **Pasto** carta 35/50000 (15 %).

X **Fuori le Mura,** via IV Novembre 34 ✆ 25409 – AE ⓢ ⓞ E VISA. ✻ — Z
chiuso lunedì – **Pasto** carta 27/40000 (10 %).

POZZA DI FASSA **38036** Trento 429 C 17 – 1 684 ab. alt. 1 315 – a.s. 28 gennaio-11 marzo e Natale – Sport invernali : 1 315/2 100 m 1 5, (vedere anche Vigo di Fassa) – 0462.

piazza Municipio 1 764117, Fax 763717.

Roma 677 – Bolzano 40 – Canazei 10 – Milano 335 – Moena 6 – Trento 95.

Trento, 764279, Fax 764888, ≤, , – rist
20 dicembre-15 aprile e 20 giugno-5 ottobre – **Pasto** carta 42/57000 – 15000 – **63 cam** 120/220000 – ½ P 120/160000.

René , 764258, Fax 763594, ≤, , , –
18 dicembre-aprile e 20 giugno-settembre – **Pasto** 25/35000 – 8500 – **34 cam** 70/90000 – ½ P 68/80000.

Sport Hotel Majarè, 764760, Fax 63565 –
Pasto *(chiuso mercoledì in bassa stagione)* carta 32/53000 – 15000 – **33 cam** 80/140000 – ½ P 100/115000.

Antico Bagno , 763232, Fax 763232, ≤ monti, –
chiuso dal 5 ottobre al 4 dicembre – **Pasto** 28/35000 – 15000 – **18 cam** 75/140000 – P 65/110000.

Gran Baita, 764163, Fax 764745, ≤, « Giardino », –
20 dicembre-aprile e 15 giugno-20 settembre – **Pasto** (solo per clienti alloggiati) 35/55000 – **30 cam** 120/220000 – ½ P 160000.

Zirm, 763254, « Cucina tradizionale » –
chiuso dal 10 al 22 dicembre, dal 2 al 15 aprile e lunedì in bassa stagione – **Pasto** 23/40000 e carta 30/55000.

a Pera N : 1 km – **38030** Pera di Fassa :

Soreje, 64882, Fax 63790 – rist
chiuso da maggio al 9 giugno e dal 5 al 30 novembre – **Pasto** 20/25000 – 10000 – **16 cam** 45/75000 – ½ P 55/75000.

Crepei, 764103, Fax 764312, ≤, , –
20 dicembre-25 aprile e 20 giugno-settembre – **Pasto** 25/30000 – **36 cam** 105/130000 – ½ P 95/110000.

Si vous écrivez à un hôtel à l'étranger,

joignez à votre lettre un coupon-réponse international.

(disponible dans les bureaux de poste).

POZZALE Belluno – Vedere Pieve di Cadore.

POZZILLI **86077** Isernia 430 R 24, 431 C 24 – 2 066 ab. alt. 235 – 0865.

Roma 153 – Campobasso 68 – Avezzano 154 – Benevento 90 – Isernia 36 – Napoli 91.

sulla strada statale 85 SE : 4 km :

Dora, 86077 908006, Fax 927215, – – 150.
Pasto carta 32/49000 – **46 cam** 110/140000, 2 appartamenti.

POZZOLENGO **25010** Brescia 428 429 F 13 – 2 596 ab. alt. 135 – a.s. Pasqua e luglio-15 settembre – 030.

Roma 522 – Verona 37 – Brescia 40 – Mantova 36 – Milano 128.

Vecchio '800, 918176, , Coperti limitati; prenotare –
chiuso a mezzogiorno (escluso i giorni festivi e domenica), martedì e dal 15 al 30 luglio – **Pasto** carta 31/41000.

POZZOLO **46040** Mantova 428 429 G 14 – alt. 49 – 0376.

Roma 488 – Verona 34 – Brescia 149 – Mantova 20.

Ancilla, 460007 –
chiuso lunedì sera, martedì e novembre – **Pasto** 17/25000 (solo a mezzogiorno) e carta 30/49000.

POZZUOLI **80078** Napoli 988 ㉗, 431 E 24 – 77 586 ab. – Stazione termale, a.s. maggio-15 ottobre – 081.

Vedere Anfiteatro★★ – Solfatara★★ NE : 2 km – Tempio di Serapide★ – Tempio di Augusto★.

Dintorni Rovine di Cuma★ : Acropoli★★, Arco Felice★ NO : 6 km – Lago d'Averno★ NO : 7 km.

Escursioni Campi Flegrei★★ SO per la strada costiera – Isola d'Ischia★★★ e Isola di Procida★.

per Procida (30 mn) ed Ischia (1 h), giornalieri – Caremar-agenzia Ser.Mar. e Travel, banchina Emporio 5262711, Fax 5261335 e Alilauro, al porto 5267736, Fax 5268411; Ischia (1 h), giornalieri – Linee Lauro, al porto 5267736, Fax 5268411.

per Procida giornaliero (15 mn) – Caremar-agenzia Ser.Mar. e Travel, banchina Emporio 5262711, Fax 5261335.

via Campi Flegrei 3 5261481.

Roma 235 – Napoli 16 – Caserta 48 – Formia 74.

Villaverde, via Licola Patria 99 ☎ 8661342, Fax 8042292, ← – TV ☎ P. AE ⑤ ⓓ E VISA. ✻
Pasto 40/60000 (13%) – ☐ 6000 – **16 cam** 100/125000 – ½ P 100/110000.

Santa Marta, via Licola Patria 28 ☎ 8042404, Fax 8042406 – |‡| ▤ TV ☎ P. AE ⑤ ⓓ E VISA JCB
Pasto carta 35/69000 (15%) – **34 cam** ☐ 80/110000 – ½ P 83000.

Solfatara, via Solfatara 163 ☎ 5262666, Fax 5263365, ← – |‡| ▤ TV ☎ ♿ P – 🏠 100. AE ⑤ ⓓ E VISA. ✻ rist
Pasto *(chiuso domenica)* 30/40000 – **31 cam** ☐ 120/150000, ▤ 20000 – ½ P 80/100000.

Castello dei Barbari, via Fascione 4 (N : 1,5 km) ☎ 5266014, « Servizio estivo in terrazza con ← golfo » – P

PRADIPOZZO 30020 Venezia 429 E 20 – alt. 5 – ☎ 0421.
Roma 587 – Udine 56 – •Venezia 63 – •Milano 328 – Pordenone 33 – Treviso 49 – •Trieste 98.

Tavernetta del Tocai, ☎ 204280, Fax 204264 – P. AE ⑤ ⓓ VISA
chiuso lunedì – **Pasto** carta 25/40000.

PRAGS = Braies.

PRAIA A MARE 87028 Cosenza 988 ㊳, 431 H 29 – 6 472 ab. – ☎ 0985.
Escursioni Golfo di Policastro★★ Nord per la strada costiera.
Roma 417 – •Cosenza 100 – •Napoli 211 – Potenza 139 – Salerno 160 – •Taranto 230.

Germania, via Roma 44 ☎ 72016, Fax 72016, ←, 🏖 – |‡| ☎ ♿ P
stagionale – **62 cam.**

Garden, via Roma 8 ☎ 72828, 🏖 – ☎ P. E VISA
aprile-ottobre – **Pasto** 25/40000 (12%) – **40 cam** ☐ 80/100000 – ½ P 100000.

PRAIANO 84010 Salerno 431 F 25 – 1 912 ab. – a.s. Pasqua, giugno-settembre e Natale – ☎ 089.
Roma 274 – •Napoli 64 – Amalfi 9 – Salerno 34 – Sorrento 25.

Tramonto d'Oro, ☎ 874008, Telex 720397, Fax 874670, ← mare e costa, « Terrazza-solarium con 🏊 » – |‡| ▤ cam TV ☎ P. AE ⑤ ⓓ E VISA JCB. ✻ rist
Pasto carta 39/59000 (15%) – **40 cam** ☐ 150/180000 – ½ P 100/120000.

Le Fioriere senza rist, ☎ 874203, Fax 874343, ← – |‡| ▤ ☎ P. AE ⑤ E VISA. ✻
14 cam ☐ 60/100000.

Onda Verde 🐦, ☎ 874143, Fax 874125, ← mare e costa – TV ☎ P. AE ⑤ ⓓ E VISA JCB. ✻
Pasto carta 31/50000 – **16 cam** ☐ 88/98000 – ½ P 110000.

Margherita 🐦, ☎ 874227, Fax 874628, ← mare e costa – |‡| ☎ 🚗 P. AE ⑤ ⓓ E VISA. ✻ cam
Pasto (solo per clienti alloggiati) – **28 cam** ☐ 105000 – ½ P 90000.

Il Pino, ☎ 874389, ← mare e costa, 🌳 – ▤ TV. AE ⑤ VISA. ✻ rist
aprile-settembre – **Pasto** vedere rist **Il Pino** – **16 cam** ☐ 100/115000 – ½ P 85/90000.

La Brace, ☎ 874226, ←, 🌳 – P. AE ⑤ ⓓ E VISA. ✻
chiuso mercoledì escluso dal 15 marzo al 15 ottobre – **Pasto** carta 37/59000 (10%).

La Bugia, ☎ 874653, ← mare e costa, 🌳, Rist. e pizzeria alla sera.

Pino, ☎ 874884, ← mare e costa, 🌳, Rist. e pizzeria – ▤

sulla strada statale 163 O : 2 km :

Tritone 🐦, ✉ 84010 ☎ 874333, Fax 874374, ← mare e costa, 🌳, « Sulla scogliera dominante il mare, ascensore per la spiaggia », 🏊 riscaldata, 🏖 – |‡| ▤ ☎ P – 🏠 150. AE ⑤ ⓓ E VISA JCB. ✻ rist
Pasqua-25 ottobre – **Pasto** 55/80000 – **57 cam** ☐ 240/290000, 3 appartamenti – ½ P 170/200000.

PRALBOINO 25020 Brescia 428 429 I 8 – 2 547 ab. alt. 47 – ☎ 030.
Roma 550 – •Brescia 44 – Cremona 24 – Mantova 61 – •Milano 127.

✿ **Leon d'Oro,** ☎ 954156, « In un edificio seicentesco » – ⑤ ⓓ E VISA. ✻
chiuso domenica sera, lunedì, dal 20 al 30 gennaio ed agosto – **Pasto** 35/55000 e carta 51/79000
Spec. Fegato d'oca marinato su letto di insalata e mele, Tortino di zucchine, Nocette d'agnello in crosta di patate al timo.

PRALORMO 10040 Torino 428 H 5 – 1 651 ab. alt. 303 – ☎ 011.
Roma 654 – •Torino 37 – Asti 40 – Cuneo 82 – •Milano 165 – Savona 129.

Lo Scoiattolo, strada statale N : 1 km ☎ 9481148, Fax 9481481, 🌲 – ⇔ cam TV ☎ 🚗 P. ⑤ E VISA. ✻ cam
Pasto *(chiuso domenica sera, martedì a mezzogiorno ed agosto)* carta 25/58000 – ☐ 15000 – **52 cam** 80/110000 – ½ P 85000.

PRALUNGO 13050 Biella 428 F 6, 219 ⑮ – 2 739 ab. alt. 554 – ☎ 015.

Roma 681 – Aosta 92 – Biella 5 – ♦Milano 107 – Novara 61 – ♦Torino 79 – Vercelli 47.

a Sant'Eurosia N : 3 km – ✉ 13050 Pralungo :

Alp Hotel, ✆ 444122 e rist. ✆ 444309, Fax 444280 – 🛗 TV ☎ 🚗 P – 🏛 30. 🅂 E VISA. ✗ cam
chiuso dal 15 gennaio al 10 febbraio – **Pasto** 30/55000 – ☕ 5000 – **33 cam** 80/110000 – ½ P 110000.

PRASCORSANO 10080 Torino 428 F 4, 219 ⑬ – 651 ab. alt. 581 – ☎ 0124.

Roma 702 – ♦Torino 43 – Aosta 104 – Ivrea 27.

Società Prascorsano, via Villa 23 ✆ 698135, 🍽, Rist.tipico, prenotare – P. 🅂 ⓓ E VISA
chiuso martedì e dal 1° al 15 novembre – **Pasto** 50/65000 bc e carta 37/59000.

PRATA Grosseto 430 M 14 – Vedere Massa Marittima.

PRATA DI PORDENONE 33080 Pordenone 429 E 19 – 6 610 ab. alt. 18 – ☎ 0434.

Roma 581 – Belluno 74 – Pordenone 9 – Treviso 45 – Udine 60 – ♦Venezia 78.

Prata Verde senza rist, ✆ 621619, Fax 620277 – 🛗 TV ☎ ♿ P – 🏛 30. AE 🅂 ⓓ E VISA JCB
☕ 10000 – **45 cam** 65/90000.

a Villanova S : 5 km – ✉ 33080 Ghirano :

Secondo con cam, ✆ 626145, Fax 626147 – ▤ P. AE 🅂 ⓓ E VISA. ✗
chiuso dal 1° al 10 gennaio e dal 5 al 25 agosto – **Pasto** *(chiuso martedì sera e mercoledì)* carta 28/52000 – ☕ 10000 – **6 cam** 45/65000 – ½ P 80000.

Lisez attentivement l'introduction : c'est la clé du guide.

PRATI (WIESEN) Bolzano – Vedere Vipiteno.

PRATI DI TIVO Teramo 988 ㉖, 430 O 22 – Vedere Pietracamela.

PRATO 50047 P 988 ⑭, 429 430 K 15 – 166 305 ab. alt. 63 – ☎ 0574.

Vedere Duomo★ : affreschi★★ dell'abside (Banchetto di Erode★★★) – Palazzo Pretorio★ – Affreschi★ nella chiesa di San Francesco **D** – Pannelli★ al museo dell'Opera del Duomo **M** – Castello dell'Imperatore★ **A**.

ℹ via Cairoli 48 ✆ 24112.

Roma 293 ④ – ♦Firenze 17 ④ – ♦Bologna 99 ② – ♦Milano 293 ② – Pisa 81 ④ – Pistoia 18 ④ – Siena 84 ④.

Pianta pagina seguente

Art Hotel Museo, viale Repubblica ✆ 5787, Telex 573208, Fax 578880, 🏋, ≘s, 🏊, 🎾 – 🛗 ▤ TV ☎ ♿ 🚗 P – 🏛 200. AE 🅂 ⓓ E VISA. ✗ rist — per viale Monte Grappa
Pasto *(chiuso domenica e dal 7 al 21 agosto)* carta 46/63000 – **110 cam** ☕ 170/230000, 10 appartamenti.

Giardino senza rist, via Magnolfi 4 ✆ 606588, Fax 606591 – 🛗 ▤ TV ☎. AE 🅂 ⓓ E VISA
☕ 18000 – **28 cam** 130/150000. — **f**

Flora senza rist, via Cairoli 31 ✆ 33521, Fax 40289 – 🛗 ▤ TV ☎ 🚗. AE 🅂 ⓓ E VISA
☕ 15000 – **31 cam** 100/130000. — **r**

Moderno senza rist, via Balbo 11 ✆ 32351, Fax 22602 – 🛗 TV ☎. AE 🅂 E VISA. ✗
chiuso agosto – ☕ 9000 – **20 cam** 75/110000. — per via Gobetti

San Marco senza rist, piazza San Marco 48 ✆ 21321, Fax 22378 – 🛗 ▤ TV ☎. AE 🅂 ⓓ E VISA. ✗ — **v**
40 cam ☕ 85/130000.

✿ **Il Piraña**, via Tobia Bertini angolo via Valentini ✆ 25746, prenotare – ▤. AE 🅂 ⓓ E VISA. ✗ — per via Valentini
chiuso sabato a mezzogiorno, domenica ed agosto – **Pasto** carta 58/81000
Spec. Bavettine in caciucco, Zuppetta in bianco di pesci e crostacei, Sfogliatina con mela verde Calvados e crema Chantilly.

Osvaldo Baroncelli, via Fra Bartolomeo 13 ✆ 23810, Coperti limitati; prenotare — **c**
chiuso sabato a mezzogiorno, domenica ed agosto – **Pasto** carta 53/61000 (10%).

Tonio, piazza il Mercatale 161 ✆ 21266, Fax 21266, 🍽 – ▤. AE 🅂 ⓓ E VISA — **b**
chiuso domenica, lunedì, dal 23 dicembre al 7 gennaio ed agosto – **Pasto** carta 39/64000 (10%).

Villa Santa Cristina 🐦 con cam, via Poggio Secco 58 ✆ 595951, Fax 572623, ≤, « Edificio settecentesco con servizio rist. estivo all'aperto », 🏊, 🌳 – TV ☎ P — per ②
23 cam.

Baghino, via dell'Accademia 9 ✆ 27920 – ▤. AE 🅂 ⓓ E VISA — **u**
chiuso domenica e lunedì a mezzogiorno – **Pasto** carta 36/60000 (12%).

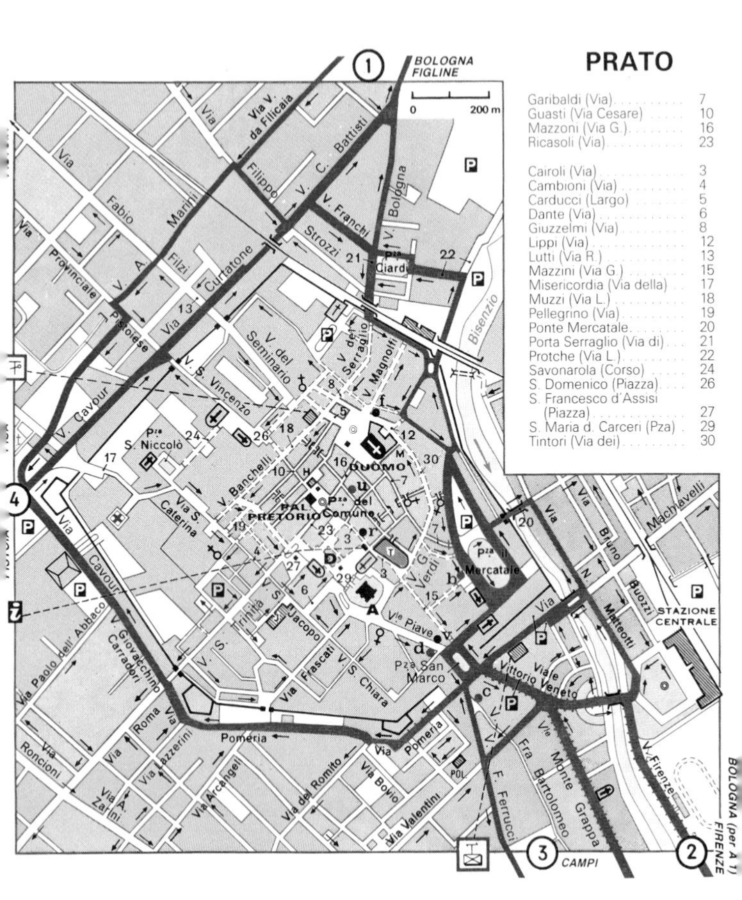

ꟾ **La Veranda,** via dell'Arco 10/12 ✆ 38235 – ▤. AE ⒮ ⓓ E VISA JCB — **d**
chiuso sabato a mezzogiorno, domenica ed agosto – **Pasto** carta 38/58000.

ꟾ **Trattoria la Fontana,** località Filettole ✆ 27282, ☂ – ▤ Ⓟ. ⒮ E VISA. ✂
chiuso venerdì, sabato a mezzogiorno e dall'8 al 24 agosto – **Pasto** carta 41/56000. — per via Buozzi

ꟾ **Logli Mario,** località Filettole ✆ 23010, ☂ – AE ⒮ ⓓ E VISA JCB. ✂ — 2 km per ②
chiuso lunedì sera, martedì ed agosto – **Pasto** carta 40/50000.

PRATOLINO **50036** Firenze 429 430 K 15 – alt. 476 – ☎ 055.

Roma 280 – ◆Firenze 12 – ◆Bologna 94.

verso Bivigliano NE : 2 km :

Demidoff, ✉ 50036 ✆ 409772, Telex 572643, Fax 409780, ⛳, ≘s, ⛱, ✂ – ⇅ ▤ TV ☎ Ⓟ – 🏊 50 a 600. AE ⒮ ⓓ E VISA. ✂
Pasto vedere rist **Villa Vecchia** – **98 cam** ☕ 260000, 2 appartamenti – 1/2 P 170000.

ꟾꟾ **Villa Vecchia,** ✉ 50036 ✆ 409246, Fax 409790, ☂, « Parco ombreggiato » – Ⓟ. AE ⒮ ⓓ E VISA. ✂
chiuso gennaio – **Pasto** carta 39/55000.

PRATOVECCHIO **52015** Arezzo 430 K 17 – 3 013 ab. alt. 420 – ☎ 0575.

Roma 261 – ◆Firenze 47 – Arezzo 46 – ◆Ravenna 129.

ꟾꟾ **Gli Accaniti,** ✆ 583345, Fax 583345, Coperti limitati; prenotare – Ⓟ. AE ⒮ E VISA. ✂
chiuso martedì e dal 1° al 20 novembre – **Pasto** carta 40/68000.

PREDAIA Trento – Vedere Vervò.

PREDAPPIO 47016 Forli' 988 ⑮, 429 430 J 17 – 5 932 ab. alt. 133 – ☎ 0543.

Roma 347 – ◆Ravenna 45 – ◆Rimini 65 – ◆Bologna 79 – ◆Firenze 102 – Forlì 16.

X Del Moro, viale Roma 8 ℘ 922257

PREDAZZO 38037 Trento 988 ④ ⑤, 429 D 16 – 4 131 ab. alt. 1 018 – a.s. 25 gennaio-Pasqua e Natale – Sport invernali : 1 018/1 121 m ≴1, ⛷ – ☎ 0462.

i piazza Santi Filippo e Giacomo 2 ℘ 501237, Fax 502093.

Roma 662 – ◆Bolzano 55 – Belluno 78 – Cortina d'Ampezzo 83 – ◆Milano 320 – Trento 80.

Ancora, via IX Novembre 1 ℘ 501651, Fax 502745, – ▯ ☎ – 🅿 – 100. AE ⓈⒾ ⓄⒹ E VISA JCB. ⛌
Pasto *(chiuso giovedì)* carta 35/50000 – **40 cam** ☕ 126/180000 – ½ P 125/135000.

Sporthotel Sass Maor, ℘ 501538, Fax 501538, – ▯ ☎ ♿ 🅿. AE ⓈⒾ ⓄⒹ E VISA JCB. ⛌
chiuso dal 15 al 30 novembre – **Pasto** *(chiuso martedì in bassa stagione)* carta 34/51000 – **24 cam** ☕ 90/140000 – ½ P 120000.

Montanara, ℘ 501116, Fax 502658, – ▯ ☎ 🅿. AE ⓈⒾ ⓄⒹ E VISA. ⛌ rist
chiuso dal 13 aprile al 15 giugno – **Pasto** 20/40000 – **40 cam** ☕ 120/140000 – ½ P 90/100000.

Bellaria, corso De Gasperi 20 ℘ 501369, Fax 501650, – ▯ ☎ 🅿. AE ⓈⒾ ⓄⒹ E VISA. ⛌
chiuso maggio, ottobre e novembre – **Pasto** 24/28000 – **58 cam** ☕ 100/190000 – ½ P 100/130000.

Vinella, via Mazzini 76 ℘ 501151, Fax 502330, – ▯ ☎ ♿ 🅿. AE VISA. ⛌
20 dicembre-20 aprile e 20 giugno-20 settembre – **Pasto** 28/35000 – ☕ 10000 – **29 cam** 85/170000 – ½ P 80/95000.

Read carefully the introduction it is the key to the Guide.

PREDORE 24060 Bergamo 428 429 E 12 – 1 641 ab. alt. 190 – a.s. luglio-agosto – ☎ 035.

Roma 590 – ◆Brescia 41 – ◆Bergamo 37 – ◆Milano 78.

Eurovil, via Sarnico 94 ℘ 938327, Fax 938327, – ▯ ☎ 🅿 – 150. AE ⓈⒾ E VISA. ⛌
Pasto 25000 – **23 cam** ☕ 70/110000 – ½ P 80000.

PREGANZIOL 31022 Treviso 429 F 18 – 13 684 ab. alt. 12 – ☎ 0422.

Roma 534 – ◆Venezia 22 – Mestre 13 – ◆Milano 273 – ◆Padova 43 – Treviso 7.

Park Hotel Bolognese-Villa Pace, N : 3 km ℘ 490390 e rist ℘ 381706, « Parco ombreggiato » – ▯ ☎ ♿ 🅿 – 120. AE ⓈⒾ ⓄⒹ E VISA. ⛌
Pasto al Rist. ***Bolognese*** *(chiuso dal 1° al 24 agosto)* carta 30/67000 – ☕ 20000 – **50 cam** 150/180000 – P 150000.

Magnolia, N : 1 km ℘ 93375, Fax 93713, – ▯ ☎ 🅿. AE ⓈⒾ E VISA. ⛌
Pasto vedere rist **Magnolia** – ☕ 10000 – **29 cam** 65/95000 – ½ P 83000.

XX **Magnolia,** N : 1 km ℘ 633131, Fax 330176, – 🅿. AE ⓈⒾ E VISA. ⛌
chiuso domenica sera, lunedì e dal 1° al 25 agosto – **Pasto** carta 41/58000.

a San Trovaso N : 2 km – ✉ **31022** :

Sole senza rist, ℘ 383126, Fax 383126 – ▯ ☎ 🅿. AE ⓈⒾ ⓄⒹ E VISA JCB. ⛌
☕ 8000 – **18 cam** 65/90000.

PREMADIO Sondrio 218 ⑰ – Vedere Valdidentro.

PREMENO 28057 Verbania 428 E 7, 219 ⑦ – 758 ab. alt. 817 – ☎ 0323.

⛳ Piandisole (aprile-novembre) ℘ 587100, Fax 587100.

Roma 681 – Stresa 30 – Locarno 49 – ◆Milano 104 – Novara 81 – ◆Torino 155 – Verbania 11.

Premeno ⛰, ℘ 587021, Fax 587328, ←, – ▯ ☎ 🅿. AE ⓈⒾ E VISA. ⛌
aprile-settembre – **Pasto** carta 32/49000 – ☕ 15000 – **57 cam** 85/120000 – ½ P 65/90000.

PRÉ SAINT DIDIER 11010 Aosta 988 ①, 428 E 2, 219 ① – 980 ab. alt. 1 000 – a.s. febbraio-Pasqua, 12 luglio-agosto e Natale – ☎ 0165.

Roma 779 – Aosta 30 – Courmayeur 5 – ◆Milano 217 – Colle del Piccolo San Bernardo 23.

Pianta : vedere Courmayeur

a Pallusieux N : 2,5 km – alt. 1 100 – ✉ **11010** Pré Saint Didier :

Beau Séjour ⛰, ℘ 87801, Fax 87961, ← Monte Bianco, – ☎ 🅿. AE ⓈⒾ E VISA. ⛌ rist BYZ **b**
dicembre-aprile e 15 giugno-settembre – **Pasto** 32/45000 – ☕ 10000 – **33 cam** 65/100000 – ½ P 90000.

Le Marmotte ⛰, ℘ 87049, ← – ▯ ☎ 🅿. ⛌ cam BZ **c**
dicembre-aprile e 15 giugno-ottobre – **Pasto** (solo per clienti alloggiati) 30/45000 – ☕ 10000 – **20 cam** 60/90000 – ½ P 80/90000.

[PRESOLANA (Passo della)] Bergamo e Brescia [988] ③ ④, [429] E 12 – alt. 1 289 – a.s. 15 luglio-agosto e Natale – Sport invernali : 1 286/2 220 m ⛷5.

Roma 650 – ◆Brescia 97 – ◆ Bergamo 49.

🍴 **Del Passo,** ✉ 24020 Colere ☎ (0346) 32081, prenotare – [P]
chiuso ottobre e martedì (escluso dal 15 giugno al 15 settembre) – **Pasto** carta 26/46000.

[PRESTINE] **25040** Brescia – 414 ab. alt. 604 – ☎ 0364.

Roma 600 – ◆Brescia 60 – ◆Bergamo 63 – ◆Milano 117 – Rovereto 114.

🍴 **Al Videt,** ☎ 300627.
chiuso dal 1° al 15 settembre e martedì (escluso dal 15 giugno ad agosto) – **Pasto** carta 29/54000.

[PRETURO] L'Aquila [430] O 21 – Vedere L'Aquila.

[PRIMIERO] Trento – Vedere Fiera di Primiero.

[PRINCIPINA A MARE] Grosseto [430] N 15 – Vedere Grosseto (Marina di).

[PRIOCCA D'ALBA] **12040** Cuneo [428] H 6 – 1 821 ab. alt. 253 – ☎ 0173.

Roma 631 – ◆Torino 59 – Alessandria 56 – Asti 24 – Cuneo 76.

🍴 **Centro,** via Umberto I 5 ☎ 616112, Fax 616112, prenotare – [AE] [S] [E] [VISA]. 🚫
chiuso martedì – **Pasto** carta 24/39000.

[PROCIDA (Isola di)] Napoli [431] E 24 – 10 803 ab. – a.s. maggio-15 ottobre – ☎ 081.

Vedere Guida Verde.

La limitazione d'accesso degli autoveicoli è regolata da norme legislative.

⛴ per Napoli giornalieri (1 h); per Pozzuoli ed Ischia (30 mn), giornalieri – Caremar-agenzia Lubrano, al porto ☎ 8967280; per Pozzuoli giornalieri (30 mn) – Alilauro, al porto ☎ 5267736, Fax 5268411.

🚤 per Napoli giornalieri (35 mn), Pozzuoli ed Ischia giornaliero (15 mn) – Caremar-agenzia Lubrano, al porto ☎ 8967280.

[i] via Roma 92 ☎ 8969594

[Procida] [988] ㉗ – ✉ **80079.**

🍴 **La Medusa,** via Roma 116 ☎ 8967481, ←, 🌂 – [AE] [S] [O] [E] [VISA]
chiuso gennaio, febbraio e martedì (escluso da maggio a settembre) – **Pasto** carta 35/57000 (10 %).

[PROH] Novara [219] ⑯ – Vedere Briona.

[PRUNETTA] **51020** Pistoia [988] ⑭, [428] [429] [430] J 14 – alt. 958 – a.s. luglio-agosto – ☎ 0573.

Roma 327 – ◆Firenze 51 – Pisa 82 – Lucca 48 – ◆Milano 291 – Pistoia 17 – San Marcello Pistoiese 14.

🏠 **Le Lari,** ☎ 672931, Fax 672931, « Giardino » – [P]. 🚫
Pasqua-15 ottobre – **Pasto** 30/35000 – ☕ 6000 – **25 cam** 35/62000 – ½ P 60/68000.

[PULA] Cagliari [988] ㉝, [433] J 9 – Vedere Sardegna alla fine dell'elenco alfabetico.

[PULFERO] **33046** Udine [429] D 22 – 1 357 ab. alt. 221 – ☎ 0432.

Roma 662 – Udine 28 – Gorizia 42 – Tarvisio 66.

🍴🍴 Al Vescovo, con cam, ☎ 726375, Fax 726376, « Terrazza ombreggiata in riva al fiume » – [TV] ☎
18 cam.

[PUNTA ALA] **58040** Grosseto [988] ㉔, [430] N 14 – a.s. Pasqua e 15 giugno-15 settembre – ☎ 0564.

⛳18 ☎ 922121, Fax 920182.

Roma 225 – Grosseto 43 – ◆Firenze 170 – Follonica 18 – Siena 102.

🏨 **Gallia Palace Hotel** 🔇, ☎ 922022, Fax 920229, ←, 🌂, « Giardino fiorito con 🏊 riscaldata », 🏖, 🎾 – [|$|] ▤ [TV] ☎ ♿ [P]. [AE] [S] [O] [E] [VISA]. 🚫
21 maggio-1° ottobre – **Pasto** 68/78000 – ☕ 30000 – **94 cam** 280/480000 – ½ P 290/380000.

🏨 **Piccolo Hotel Alleluja** 🔇, ☎ 922050, Telex 500449, « Parco ombreggiato e servizio rist. estivo all'aperto », 🏊, 🏖, 🎾 – [|$|] ▤ [TV] ☎ ♿ [P]. [AE] [S] [O] [E] [VISA]. 🚫
Pasto 70/80000 – **38 cam** ☕ 450/630000, appartamento – ½ P 410/450000.

🏨 **Cala del Porto** 🔇, ☎ 922455, Fax 920716, ←, 🌂, « Terrazze fiorite », 🏊, 🏖, 🌳 – ▤ [TV] ☎ [P]. [AE] [S] [O] [E] [VISA]. 🚫
aprile-settembre – **Pasto** carta 70/80000 – **36 cam** ☕ 750000, 5 appartamenti – P 415000.

🍴🍴 **Lo Scalino,** ☎ 922168, ←, 🌂, Specialità di mare – [S] [E] [VISA]. 🚫
marzo-ottobre; chiuso martedì in bassa stagione e a mezzogiorno in luglio-agosto – **Pasto** carta 49/86000.

[PUNTA DEL LAGO] Viterbo [430] P 18 – Vedere Ronciglione.

[PUNTALDIA] Nuoro – Vedere Sardegna (San Teodoro) alla fine dell'elenco alfabetico.

PUOS D'ALPAGO 32015 Belluno 429 D 19 – 2 298 ab. alt. 419 – ☎ 0437.
Roma 605 – Belluno 20 – Cortina d'Ampezzo 75 – Venezia 95.

XX **Locanda San Lorenzo** con cam, ☎ 454048, Fax 454049, prenotare – TV ☎ P. AE ⊕ ⊙ E VISA
Pasto *(chiuso mercoledì)* 35/60000 – ☐ 10000 – **11 cam** 80/120000, 2 appartamenti – P 100/120000.

PUTIGNANO 70017 Bari 988 ㉙, 431 E 33 – 27 184 ab. alt. 368 – ☎ 080.
Roma 490 – Bari 41 – Brindisi 81 – Taranto 54.

Plaza senza rist, via Roma ☎ 731266 – ⎮ ▤ TV ☎ – 🏛 80. AE ⊕ ⊙ E VISA. ✂
☐ 6500 – **41 cam** 87/120000.

QUARONA 13017 Vercelli 428 E 6, 219 ⑥ – 4 173 ab. alt. 415 – ☎ 0163.
Roma 668 – Stresa 49 – Milano 94 – Torino 110.

XX **Italia** ☎ 430147 – AE ⊕ ⊙ E VISA. ✂
chiuso lunedì – **Pasto** carta 35/62000.

QUARRATA 51039 Pistoia 428 429 430 K 14 – 21 267 ab. alt. 48 – ☎ 0573.
Roma 307 – Firenze 32 – Lucca 53 – Livorno 95 – Pistoia 13.

a Catena E : 4 km – ✉ **51030** :

XX **La Bussola-da Gino** con cam, ☎ 743128, Fax 743128, 🏠, ☂ – TV ☎ P. AE ⊕ ⊙ E VISA JCB. ✂ cam
Pasto *(chiuso domenica ed agosto)* carta 44/55000 – ☐ 8000 – **7 cam** 80/110000 – ½ P 85/100000.

QUARTACCIO Viterbo – Vedere Civita Castellana.

QUARTO CALDO Latina – Vedere San Felice Circeo.

QUARTO D'ALTINO 30020 Venezia 988 ⑤, 429 F 19 – 6 634 ab. alt. 5 – ☎ 0422.
Roma 537 – Venezia 24 – Milano 276 – Treviso 17 – Trieste 134.

XX **Da Odino,** via Roma 87 ☎ 825421, Fax 823777, « Piccolo parco » – ▤ P. AE ⊕ ⊙ E VISA
chiuso martedì sera e mercoledì – **Pasto** carta 35/55000.

X **Cà delle Anfore,** via Marconi 51 (SE : 3 km) ☎ 824153, « Giardino con laghetto », ☂ – ▤ P. ⊕ E VISA
chiuso lunedì, martedì e gennaio – **Pasto** carta 33/59000.

QUARTO DEI MILLE Genova – Vedere Genova.

QUARTU SANT'ELENA Cagliari 988 ㉝, 433 J 9 – Vedere Sardegna alla fine dell'elenco alfabetico.

QUART-VILLEFRANCHE Aosta 428 E 4, 219 ③ – Vedere Aosta.

QUATTRO CASTELLA 42020 Reggio nell'Emilia 428 429 I 13 – 9 781 ab. alt. 162 – ☎ 0522.
Roma 450 – Parma 29 – Modena 48.

Casa Matilde 🐦 senza rist, località Puianello SE : 6 km ✉ 42030 Puianello ☎ 889006, Fax 889006, ≤, « Elegante dimora patrizia in un parco-giardino » – TV ☎ P. AE ⊕ E VISA. ✂
6 cam ☐ 185/240000, appartamento 280000.

QUERCE AL PINO Siena 430 M 17 – Vedere Chiusi.

QUERCEGROSSA Siena 430 L 15 – Vedere Siena.

QUINCINETTO 10010 Torino 988 ②, 428 F 5 – 1 129 ab. alt. 295 – ☎ 0125.
Roma 694 – Aosta 55 – Ivrea 18 – Milano 131 – Novara 85 – Torino 60.

Mini Hotel Praiale 🐦 senza rist, ☎ 757188, Fax 757349 – TV ☎. AE ⊕ ⊙ E VISA
☐ 10000 – **9 cam** 65/80000.

XX Da Giovanni, località Montellina ☎ 757447, Fax 757447, 🏠 – P

XX **Da Marino,** località Montellina ☎ 757952, ≤, 🏠 – P. AE ⊕ ⊙ E VISA
chiuso lunedì, dal 1° al 15 febbraio e dal 1° al 15 settembre – **Pasto** carta 38/54000.

QUINTO AL MARE Genova – Vedere Genova.

QUINTO DI TREVISO 31055 Treviso 429 F 18 – 9 095 ab. alt. 17 – ☎ 0422.
Roma 548 – Padova 41 – Venezia 36 – Treviso 7 – Vicenza 57.

XX Locanda Righetto, con cam, ☎ 379101, Fax 470080 – ▤ TV ☎ P
11 cam.

QUISTELLO 46026 Mantova 428 429 G 14 – 5 892 ab. alt. 17 – ☎ 0376.

Roma 458 – Verona 65 – Ferrara 61 – Mantova 29 – Milano 203 – Modena 56.

XXX ❀❀ **Ambasciata,** via Martiri di Belfiore 33 ☎ 619003, Fax 618255, prenotare – ▤ P. AE Ⓢ ⓓ E VISA JCB. ✻
chiuso dal 1° al 16 gennaio, dal 1° al 24 agosto, domenica sera, lunedì e le sere di Natale, Capodanno e Pasqua – **Pasto** 80/120000
Spec. Carpaccio di puledro con salsa verde (giugno-agosto), Scaloppa di tacchinella con spugnole (marzo-maggio), Dorso di coniglio con crema e Cognac (settembre-novembre).

XX **Al Sole-Cincana,** piazza Semeghini 14 ☎ 618146, Coperti limitati; prenotare – Ⓢ E VISA
chiuso domenica sera, mercoledì, dal 29 dicembre al 10 gennaio e da luglio al 20 agosto – **Pasto** carta 50/90000.

RABBI 38020 Trento 428 429 C 14 – 1 472 ab. alt. 1 095 – ☎ 0463.

Roma 637 – Bolzano 67 – Merano 71 – Sondrio 114 – Trento 65.

Alpenrose, senza rist, località San Bernardo ☎ 985098, Fax 985098 – ▮ ☎ P
15 cam.

RADDA IN CHIANTI 53017 Siena 430 L 16 – 1 647 ab. alt. 531 – ☎ 0577.

Roma 261 – Firenze 54 – Siena 33 – Arezzo 57.

Fattoria Vignale senza rist, ☎ 738300, Fax 738592, ←, ⛱, ⛲ – ▤ ☎ P – 🏃 60. AE Ⓢ E VISA. ✻
22 marzo-4 novembre – **26 cam** ☐ 200/330000.

XX ❀ **Vignale,** ☎ 738094 – AE Ⓢ E VISA. ✻
marzo-novembre; chiuso giovedì – **Pasto** 75000 (15%) e carta 58/97000 (15%)
Spec. Ribollita (autunno-primavera), Baccalà in umido, Coniglio farcito al forno.

X **Le Vigne,** ☎ 738640, Fax 738640 – P. AE Ⓢ ⓓ E VISA JCB. ✻
marzo-ottobre – **Pasto** carta 35/53000 (15%).

sulla strada provinciale 429 O : 6,5 km :

Vescine senza rist, località Vescine ✉ 53017 ☎ 741144, Fax 740263, ←, « In un borgo antico », ⛱, ⛲, ⚔ – TV ☎ P. AE Ⓢ E VISA
Capodanno e marzo-novembre – **22 cam** ☐ 180/350000, 4 appartamenti.

RADICOFANI 53040 Siena 430 N 17 – 1 299 ab. alt. 896 – ☎ 0578.

Roma 169 – Siena 71 – Arezzo 93 – Perugia 113.

XX **La Palazzina** con cam, località Le Vigne E : 6 km ☎ 55771, Fax 53553, ←, Azienda agrituristica, Solo su prenotazione, « Fattoria del 18° secolo », ⛱, ⛲ – P. AE Ⓢ ⓓ E VISA
25 marzo-5 novembre – **Pasto** carta 32/42000 – **10 cam** solo ½ P 98/105000.

RAGUSA P 988 ㊲, 432 Q 26 – Vedere Sicilia alla fine dell'elenco alfabetio.

RAITO Salerno – Vedere Vietri sul Mare.

RANCIO VALCUVIA 21030 Varese 428 E 8, 219 ⑦ – 782 ab. alt. 296 – ☎ 0332.

Roma 651 – Stresa 59 – Lugano 28 – Luino 12 – Milano 74 – Varese 18.

XX **Gibigiana,** ☎ 995085, prenotare – P. Ⓢ E VISA. ✻
chiuso martedì e gennaio – **Pasto** carta 37/57000.

RANCO 21020 Varese 428 E 7, 219 ⑦ – 1 029 ab. alt. 214 – ☎ 0331.

Roma 644 – Stresa 37 – Laveno Mombello 21 – Milano 67 – Novara 51 – Sesto Calende 12 – Varese 27.

Conca Azzurra, ☎ 976526, Fax 976721, ←, ⛱, ⛱, ⛵, ⛲, ⚔ – ▤ cam TV ☎ P – 🏃 150. AE Ⓢ ⓓ E VISA. ✻ rist
chiuso gennaio e febbraio – **Pasto** *(chiuso venerdì da ottobre a maggio)* carta 41/68000 – **28 cam** ☐ 130/180000 – ½ P 105/130000.

XXX ❀❀ **Il Sole** con cam, ☎ 976507, Fax 976620, ←, Coperti limitati; prenotare, « Servizio estivo sotto un pergolato », ⛵, ⛲ – ▤ cam TV ☎ P. AE Ⓢ ⓓ E VISA. ✻
chiuso dicembre e gennaio – **Pasto** *(chiuso lunedì sera escluso da giugno a settembre e martedì)* 85/100000 (10%) a mezzogiorno 100/135000 (10%) alla sera e carta 85/135000 (10%) – ☐ 15000 – **4 cam** 210/300000, 4 appartamenti 340/360000 – ½ P 260/310000
Spec. Biscotto di sardine marinate, Lasagna multicolore con scampi e salsa al Sauternes, Rostin negàa.

RANDAZZO Catania 988 ㊲, 432 N 26 – Vedere Sicilia alla fine dell'elenco alfabetico.

RANICA Bergamo – Vedere Alzano Lombardo.

RANZANICO 24060 Bergamo 428 429 E 11 – 884 ab. alt. 510 – ☎ 035.

Roma 622 – Bergamo 30 – Brescia 62 – Milano 94.

XX **Pampero,** al lago ☎ 811304, ⛱, prenotare, « Giardino con laghetto » – P. AE Ⓢ ⓓ E VISA
chiuso lunedì, martedì a mezzogiorno e dall'8 al 23 gennaio – **Pasto** carta 40/67000.

RANZO **18028** Imperia 428 J 6 – 553 ab. alt. 300 – ☎ 0183.

Roma 595 – Imperia 30 – Savona 58 – ◆Torino 191.

XX **Moisello,** ☎ 318073 – P. ✻
chiuso lunedì sera e martedì – **Pasto** carta 33/48000.

RAPALLO **16035** Genova 988 ⑬, 428 I 9 – 28 176 ab. – a.s. 15 dicembre-febbraio, Pasqua e luglio-ottobre – ☎ 0185.

Vedere Lungomare Vittorio Veneto★.

Dintorni Penisola di Portofino★★★ per la strada panoramica★★ per Santa Margherita Ligure e Portofino SO per ②.

⛳18 (chiuso martedì e dal 7 al 23 febbraio) ☎ 261777, Fax 261779, per ④ : 2 km.

ℹ via Diaz 9 ☎ 54573, Fax 63051.

Roma 477 ④ – ◆Genova 37 ④ – ◆Milano 163 ④ – ◆Parma 142 ① – ◆La Spezia 79 ④.

Gd H. Bristol ⓢ, via Aurelia Orientale 369 ☎ 273313, Telex 270688, Fax 55800, « Rist. roof-garden con ≤ mare e golfo », ⌂, ⛱ riscaldata, ▲, ⚘ – |♦| ▤ TV ☎ ⇔ P – 🎓 250. AE ⓑ E VISA. ✻ rist per ①
chiuso gennaio e febbraio – **Pasto** 75000 e al Rist. ***Le Cupole*** carta 60/90000 – ☕ 25000 – **91 cam** 220/380000, 2 appartamenti – ½ P 220/250000.

Excelsior Palace Hotel ⓢ, via San Michele di Pagana 30 ☎ 230666, Fax 230214, ≤, ⌂, ⛱, ⛱, ▲ – ▤ TV ☎ ⇔ P – 🎓 450. AE ⓑ ⓞ E VISA JCB. ✻ rist **d**
Pasto carta 54/105000 – **127 cam** ☕ 290/420000 – ½ P 275000.

Eurotel, via Aurelia Ponente 22 ☎ 60981, Telex 283851, Fax 50635, ≤ mare, « Giardino con ⛱ » – |♦| ▤ TV ☎ ⇔ P – 🎓 100 a 150. AE ⓑ ⓞ E VISA JCB. ✻ rist **f**
Pasto 55000 – **65 cam** ☕ 145/210000 – ½ P 135000.

RAPALLO

Italia (Corso) 8
Matteotti (Corso) 13
Mazzini (Via) 14

Assereto (Corso) 2
Aurelia Levante (Via) 3
Cavour (Piazza) 4
Garibaldi (Piazza) 6
Gramsci (Via) 7
Lamarmora (Via) 10
Mameli (Via) 12
Milite Ignoto (Via) 15
Montebello (Viale) 16
Pastene (Piazza) 17
Zunino (Via) 20

Astoria senza rist, via Gramsci 4 ☎ 273533, Telex 272117, Fax 274093, ≤ – |♦| ▤ TV ☎ – 🎓 40. AE ⓑ ⓞ E VISA JCB. ✻ **r**
chiuso da dicembre al 10 gennaio – ☕ 21000 – **19 cam** 160/240000.

Rosabianca senza rist, lungomare Vittorio Veneto 42 ☎ 50390, Fax 65035, ≤ mare – |♦| ▤ TV ☎. AE ⓑ ⓞ E VISA. ✻ **b**
18 cam ☕ 130/250000, appartamento.

Riviera, piazza 4 Novembre 2 ☎ 50248, Fax 65668, ≤ mare – |♦| ▤ cam TV ☎. AE ⓑ E VISA JCB. ✻ rist **r**
chiuso da novembre al 22 dicembre – **Pasto** 50/55000 – **16 cam** ☕ 125/190000 – ½ P 115/160000.

Miramare, via Vittorio Veneto 27 ☎ 230261, Fax 273570, ≤ – |♦| TV ☎. AE ⓑ ⓞ E VISA. ✻ rist **v**
Pasto *(chiuso lunedì)* carta 50/80000 – ☕ 15000 – **28 cam** 95/150000 – ½ P 140000.

Minerva, corso Colombo 7 ☎ 230388, Fax 67078 – |♦| TV ☎ ♿ P. AE ⓑ E VISA. ✻ rist
chiuso da novembre al 20 dicembre – **Pasto** (solo per clienti alloggiati) 50000 – **35 cam** ☕ 100/160000 – ½ P 110000. **c**

Giulio Cesare, corso Colombo 52 ☎ 50685, Fax 60896 – |♦| TV ⇔. AE ⓑ E VISA. ✻ rist
chiuso da novembre al 19 dicembre – **Pasto** 40000 – ☕ 15000 – **33 cam** 90/110000 – ½ P 110000. **e**

Vittoria, via San Filippo Neri 11 ☎ 231030, Fax 66250 – |♦| TV ☎. AE ⓑ ⓞ E VISA. ✻ **a**
chiuso dal 6 al 30 novembre – **Pasto** 25/35000 – **40 cam** ☕ 71/122000 – ½ P 79000.

Stella senza rist, via Aurelia Ponente 6 ☎ 50367, Fax 272837 – |♦| TV ☎ ⇔. AE ⓑ E VISA
☕ 10000 – **31 cam** 65/98000. **u**

XX **Hostaria Vecchia Rapallo,** via Cairoli 20/24 ✆ 50053 – E t
chiuso giovedì – **Pasto** carta 49/70000 (5%).

XX **Da Monique,** lungomare Vittorio Veneto 6 ✆ 50541, ← – AE ⊙ E VISA s
chiuso martedì e dal 7 gennaio al 10 febbraio – **Pasto** carta 40/66000.

XX Roccabruna, località Savagna ✆ 261400, Fax 261400, Coperti limitati; prenotare – P 5 km per ④

X La Clocherie, vico della Rosa 8 ✆ 55309 x

a San Massimo per ④ : 3 km – ✉ **16035** Rapallo :

X **ü Giancu,** ✆ 261212, Fax 260505, solo su prenotazione, « Servizio estivo in giardino » – P. ⊙ E VISA
chiuso a mezzogiorno escluso sabato-domenica, mercoledì sera, dal 9 gennaio al 2 febbraio, dal 26 giugno al 5 luglio, dal 27 settembre al 4 ottobre e dal 6 novembre al 6 dicembre – **Pasto** carta 40/59000.

Companions to this Guide :
- *Michelin Map* 988 *at a scale of 1:1 000 000.*
- *Michelin Maps* 428, 429, 430, 431, 432, 433 *at a scale of 1:400 000.*
- *The Michelin Green Guide "Italy" and "Rome" :*
  Touring programmes,
  Museums,
  Famous buildings and works of art.

RAPOLANO TERME **53040** Siena 988 ⑮, 430 M 16 – 4 923 ab. alt. 334 – ✆ 0577.
Roma 202 – Siena 27 – Arezzo 48 – ♦Firenze 96 – ♦Perugia 81.

Grand Motel Serre, località Serre di Rapolano SE : 5 km ✆ 704777, Fax 704780, – TV P – 80. ⊙ E VISA
Pasto *(chiuso lunedì)* carta 31/46000 – 12000 – **46 cam** 120/180000, 4 appartamenti – ½ P 100/120000.

2 Mari, strada statale 326 (N : 0,5 km) ✆ 724070, Fax 725414, – TV P – 250. AE ⊙ E VISA.
chiuso dal 2 al 10 gennaio – **Pasto** *(chiuso martedì)* carta 27/44000 – 9000 – **42 cam** 65/100000 – ½ P 75/80000.

RASEN ANTHOLZ = Rasun Anterselva.

RASTELLINO Modena – Vedere Castelfranco Emilia.

RASUN ANTERSELVA **(RASEN ANTHOLZ) 39030** Bolzano 429 B 18 – 2 584 ab. alt. 1 000 – Sport invernali : Plan de Corones : 1 000/2 273 m 11 21, – ✆ 0474.
Roma 728 – Cortina d'Ampezzo 50 – ♦Bolzano 87 – Brunico 13 – Lienz 66 – ♦Milano 382.

a Rasun (Rasen) – alt. 1 030 – ✉ **39030.**
a Rasun di Sotto ✆ 496269, Fax 498099 :

Alpenhof , a Rasun di Sotto ✆ 496451, Fax 498047, ←, « Caratteristiche stuben tirolesi », – TV P. rist
7 dicembre-25 aprile e 21 maggio-22 ottobre – **Pasto** 35/45000 – **31 cam** 141/242000 – ½ P 126/141000.

ad Anterselva (Antholz) – alt. 1 100 – ✉ **39030.**
ad Anterselva di Mezzo ✆ 492116, Fax 492370 :

Antholzerhof , ad Anterselva di Sotto ✆ 492148, Fax 492344, ←, – rist P. rist
18 dicembre-8 aprile e 28 maggio-10 ottobre – **Pasto** carta 48/74000 – **26 cam** 135/230000 – ½ P 145/160000.

Bagni di Salomone-Bad Salomonsbrunn , ad Anterselva di Sotto SO : 1,5 km ✆ 492199, Fax 492378, – P. E VISA. rist
chiuso dal 1° al 20 giugno e dal 15 ottobre al 5 dicembre – **Pasto** *(chiuso giovedì)* 30/55000 – **24 cam** 80/130000 – ½ P 77000.

RAVASCLETTO **33020** Udine 429 C 20 – 724 ab. alt. 957 – a.s. 15 luglio-agosto e Natale – Sport invernali : 957/1 764 m 1 10, – ✆ 0433.
✆ 66477, Fax 66487.
Roma 712 – Udine 67 – ♦Milano 457 – Monte Croce Carnico 28 – Tolmezzo 24 – ♦Trieste 146.

Valcalda, ✆ 66120, Fax 66420, ←, – TV P. AE ⊙ E VISA.
chiuso maggio e novembre – **Pasto** *(chiuso giovedì in bassa stagione)* carta 26/41000 – 10000 – **32 cam** 70/110000 – ½ P 90000.

RAVELLO 84010 Salerno 988 ㉗, 431 F 25 – 2 458 ab. alt. 350 – a.s. Pasqua, giugno-settembre e Natale – ☎ 089.

Vedere Posizione e cornice pittoresche*** – Villa Rufolo*** : ※*** – Villa Cimbrone*** : ※*** – Pulpito** e porta in bronzo* del Duomo – Chiesa di San Giovanni del Toro*.

ℹ piazza Duomo 10 ☎ 857096, Fax 857977.

Roma 276 – ♦Napoli 59 – Amalfi 6 – Salerno 29 – Sorrento 40.

Palumbo ⛰, ☎ 857244, Fax 858133, ≤ golfo, Capo d'Orso e monti, 🌳, « Edificio del 12° secolo con terrazza-giardino fiorita » – ▤ TV ☎ 🚗. AE Ⓢ ⓓ E VISA JCB. ※ rist
Pasto *(chiuso gennaio e febbraio)* 90/130000 – **13 cam** ☕ 475/575000, 3 appartamenti – ½ P 370000.

Villa Maria ⛰, ☎ 857255, Fax 857071, « Servizio rist. estivo sotto un pergolato con ≤ mare e costa », 🌳 – ☎. AE Ⓢ ⓓ E VISA. ※
Pasto carta 42/64000 (15 %) – **17 cam** ☕ 195/225000 – ½ P 140/170000.

Rufolo ⛰, ☎ 857133, Fax 857935, ≤ golfo, Capo d'Orso e monti, 🌳, « Terrazza-giardino con 🏊 » – |♦| TV ☎ 🚗 P. AE Ⓢ E VISA. ※ rist
Pasto *(marzo-ottobre)* carta 48/68000 – **30 cam** ☕ 160/270000, 2 appartamenti – ½ P 160/180000.

Graal, ☎ 857222, Fax 857551, ≤ golfo, Capo d'Orso e monti, 🏊 – |♦| ▤ TV ☎ 🚗 – 🏛 250. AE Ⓢ ⓓ E VISA. ※ rist
Pasto *(marzo-ottobre e Natale)* carta 48/73000 – **32 cam** ☕ 110/180000, ▤ 20000 – ½ P 130/140000.

Giordano, ☎ 857255, Fax 857071, 🏊 riscaldata, 🌳 – P. AE Ⓢ ⓓ E VISA. ※
Pasto *(aprile settembre)* 53/68000 – **16 cam** ☕ 110/170000 – ½ P 110/140000.

Cumpa' Cosimo, ☎ 857156, Rist. e pizzeria serale – AE Ⓢ ⓓ E VISA
chiuso lunedì escluso da marzo al 10 novembre – **Pasto** carta 35/50000.

sulla costiera amalfitana S : 6 km :

Marmorata ⛰, ✉ 84010 ☎ 877777, Fax 851189, ≤ golfo, 🌳, « Ambiente in stile marinaro », 🏊, 🏖 – |♦| ▤ TV ☎ P – 🏛 50. AE Ⓢ ⓓ E VISA. ※ rist
Pasto *(Pasqua-ottobre)* 40/65000 – **40 cam** ☕ 240/330000 – ½ P 215000.

Das italienische Straßennetz wird laufend verbessert.
Die rote Michelin-Straßenkarte *Nr.* 988 *im Maßstab 1:1 000 000*
trägt diesem Rechnung.
Beschaffen Sie sich immer die neuste Ausgabe.

RAVENNA 48100 P 988 ⑮, 429 430 I 18 – 136 604 ab. alt. 3 – ☎ 0544.

Vedere Mausoleo di Galla Placidia*** Y – Chiesa di San Vitale** : mosaici*** Y – Battistero Neoniano* : mosaici*** Z – Basilica di Sant'Apollinare Nuovo* : mosaici*** Z – Mosaici*** nel Battistero degli Ariani Y **D** – Cattedra d'avorio** e cappella arcivescovile** nel museo dell'Arcivescovado Z **M2** – Mausoleo di Teodorico* Y **B** – Statua giacente* nella Pinacoteca Comunale Z.

Dintorni Basilica di Sant'Apollinare in Classe** : mosaici*** per ③ : 5 km.

ℹ via Salara 8/12 ☎ 35404, Fax 35094 – (maggio-settembre) viale delle Industrie 14 ☎ 451539.

A.C.I. piazza Mameli 4 ☎ 37333.

Roma 366 ④ – ♦Bologna 74 ⑤ – ♦Ferrara 74 ⑤ – ♦Firenze 136 ④ – ♦Milano 285 ⑤ – ♦Venezia 145 ①.

Pianta pagina seguente

Bisanzio senza rist, via Salara 30 ☎ 217111, Fax 32539, 🌳 – |♦| ▤ TV ☎ – 🏛 40. AE Ⓢ ⓓ E VISA — Y f
38 cam ☕ 135/198000.

Diana senza rist, via G. Rossi 47 ☎ 39164, Fax 30001 – |♦| ▤ TV ☎ ♿. AE Ⓢ ⓓ E VISA — Y b
☕ 12000 – **33 cam** 110/140000.

Italia senza rist, viale Pallavicini 4/6 ☎ 212363, Fax 217004 – ▤ TV ☎ ♿. AE Ⓢ ⓓ E VISA — Z a
☕ 15000 – **42 cam** 110/160000.

Centrale-Byron senza rist, via 4 Novembre 14 ☎ 212225, Telex 551070, Fax 34114 – |♦| ▤ TV ☎. AE Ⓢ ⓓ E VISA. ※ — Y e
☕ 7000 – **54 cam** 95/120000.

Tre Spade, via Faentina 136 ☎ 500522, Fax 500820, 🌳 – P. AE Ⓢ ⓓ E VISA. ※
chiuso domenica sera, lunedì e dal 1° al 21 agosto – **Pasto** carta 50/70000. — 2 km : per ⑤

Al Gallo, via Maggiore 87 ☎ 213775, Fax 213775, 🌳, Coperti limitati; prenotare – AE Ⓢ ⓓ E VISA JCB. ※ — Y t
chiuso dal 20 dicembre al 10 gennaio, Pasqua, lunedì sera, martedì e in luglio-agosto anche domenica sera e lunedì tutto il giorno – **Pasto** carta 40/60000.

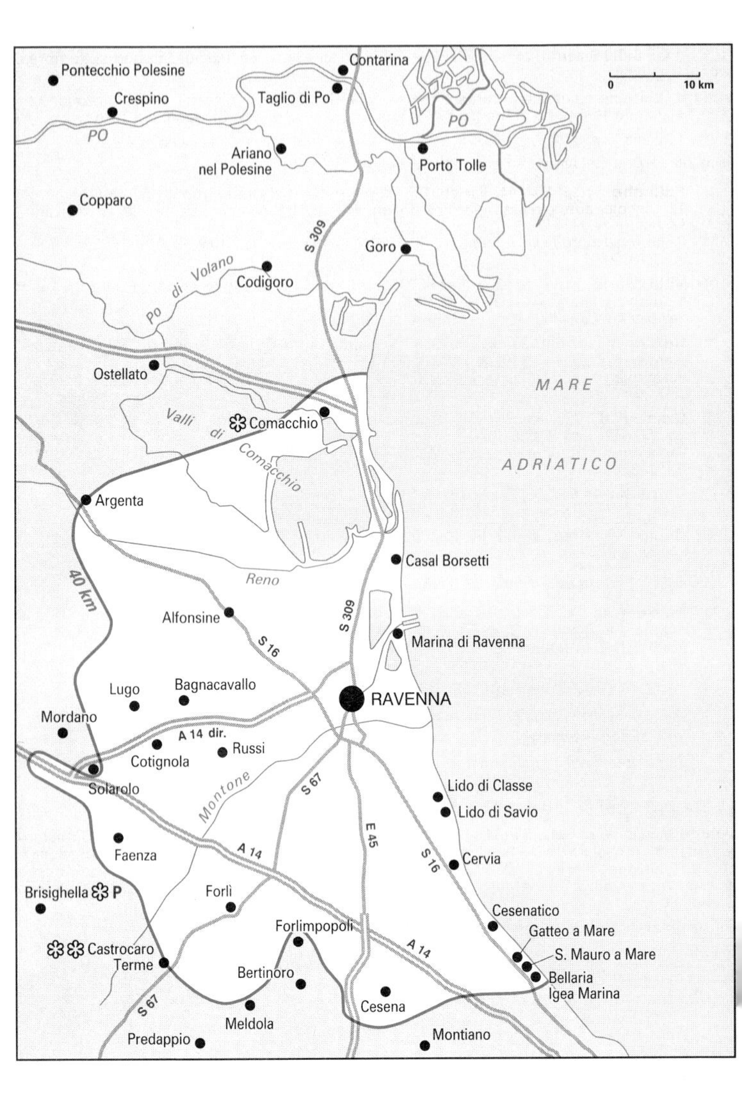

XX **Bella Venezia,** via 4 Novembre 16 ✆ 212746 – ▤. AE 🗐 ⊙ E VISA JCB Y e
chiuso domenica e dal 22 dicembre al 22 gennaio – **Pasto** 18/28000 e carta 38/63000.

XX **Chilò,** via Maggiore 62 ✆ 36206, 🏠 – ⇸. AE 🗐 ⊙ E VISA Y a
chiuso giovedì – **Pasto** carta 29/46000.

XX **Randi,** via Faentina 137 ✆ 463750 – Ⓟ. AE 🗐 ⊙ E VISA. ✗ 2 km : per ⑤
chiuso lunedì e dall'8 al 22 agosto – **Pasto** carta 26/36000.

X La Gardèla, via Ponte Marino 3 ✆ 217147 – ▤ Y u

sulla strada statale 309 per ① : 9,5 km :

XX **Ca' del Pino,** ✉ 48100 ✆ 446061, Fax 446061, « In pineta-piccolo zoo » – Ⓟ. AE 🗐 ⊙ E VISA. ✗
chiuso lunedì sera, martedì e dal 7 gennaio al 10 febbraio – **Pasto** carta 35/69000 (10%).

a San Romualdo per ① : 12 km – ✉ **48100** Ravenna :

X **Taverna San Romualdo,** ✆ 483447, Fax 483447 – AE 🗐 E VISA
chiuso martedì e dal 15 al 30 agosto – **Pasto** carta 35/50000.

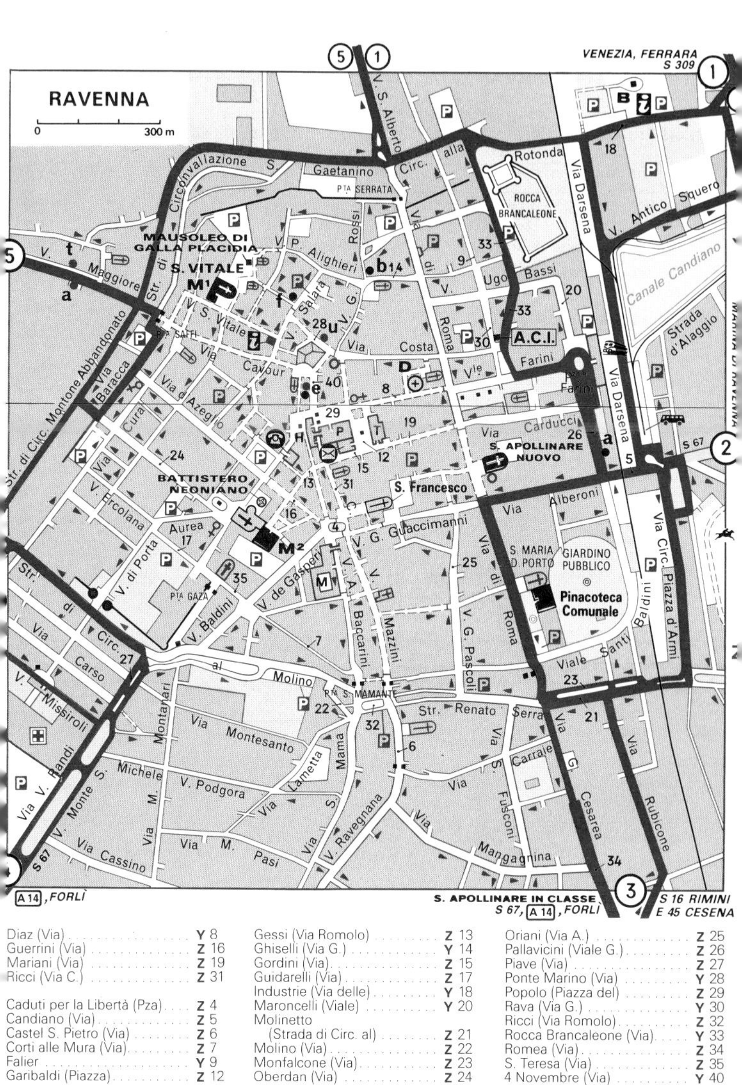

Diaz (Via)	**Y** 8	Gessi (Via Romolo)	**Z** 13	Oriani (Via A.)	**Z** 25
Guerrini (Via)	**Z** 16	Ghiselli (Via G.)	**Y** 14	Pallavicini (Viale G.)	**Z** 26
Mariani (Via)	**Z** 19	Gordini (Via)	**Z** 15	Piave (Via)	**Z** 27
Ricci (Via C.)	**Z** 31	Guidarelli (Via)	**Z** 17	Ponte Marino (Via)	**Y** 28
		Industrie (Via delle)	**Y** 18	Popolo (Piazza del)	**Z** 29
Caduti per la Libertà (Pza)	**Z** 4	Maroncelli (Viale)	**Y** 20	Rava (Via G.)	**Y** 30
Candiano (Via)	**Z** 5	Molinetto (Strada di Circ. al)	**Z** 21	Ricci (Via Romolo)	**Z** 32
Castel S. Pietro (Via)	**Z** 6	Molino (Via)	**Z** 22	Rocca Brancaleone (Via)	**Y** 33
Corti alle Mura (Via)	**Z** 7	Monfalcone (Via)	**Z** 23	Romea (Via)	**Z** 34
Falier	**Y** 9	Oberdan (Via)	**Z** 24	S. Teresa (Via)	**Z** 35
Garibaldi (Piazza)	**Z** 12			4 Novembre (Via)	**Y** 40

RAVENNA (Marina di) **48023** Ravenna 988 ⑮, 430 I 18 – a.s. Pasqua e 18 giugno-agosto – ☎ 0544.

i (maggio-settembre) viale delle Nazioni 159 ☎ 430117.

Roma 390 – ◆Ravenna 12 – ◆Bologna 103 – Forlì 42 – ◆Milano 314 – Rimini 61.

Park Hotel Ravenna, viale delle Nazioni 181 ☎ 531743, Telex 550185, Fax 530430, « Parco ombreggiato con piscina e tennis », – ascensore ≡ TV ☎ P – 40 a 500. AE ⓑ ⓓ E VISA.
marzo-novembre – **Pasto** 45000 – **144 cam** ☐ 175/270000 – ½ P 155000.

Bermuda, viale della Pace 363 ☎ 530560, Fax 531643 – ≡ TV ☎. AE ⓑ ⓓ E VISA.
chiuso dal 20 dicembre al 20 gennaio – **Pasto** (solo per clienti alloggiati e *chiuso a mezzogiorno da settembre a maggio*) 40000 – ☐ 12000 – **23 cam** 80/100000 – ½ P 90000.

XX **Gloria,** viale delle Nazioni 420 ℘ 530274, ☂, Specialità di mare, prenotare, « Whiskyteca e raccolta di quadri » – ▤ P. AE ⓢ ⓞ E VISA. ✂
chiuso mercoledì ed agosto – **Pasto** carta 42/77000 (12 %).

XX **Al Porto,** viale delle Nazioni 2 ℘ 530105, ☂ – ▤ P. AE ⓢ ⓞ E VISA
chiuso lunedì – **Pasto** carta 43/61000 (5 %).

X **Maddalena** con cam, viale delle Nazioni 345 ℘ 530431, Fax 530431 – AE ⓢ ⓞ VISA. ✂ rist
Pasto *(chiuso lunedì da settembre al 15 giugno)* carta 49/64000 – ☕ 10000 – **21 cam** *(Pasqua-settembre)* 50/90000 – ½ P 75/80000.

X Trattoria Cubana-da Irma e Pino, molo Dalmazia 35, Solo specialità di mare – ▤ P

a Marina Romea N : traghetto e 3 km – ✉ **48023.**

ℹ (maggio-settembre) viale Italia 112 ℘ 446035 :

🏨 **Columbia,** viale Italia 70 ℘ 446038, Fax 447202, ⛱, 🌳 – |♦| TV ☎ P. ✂
Pasto *(chiuso dicembre, gennaio e febbraio)* 18/50000 e al Rist. ***La Pioppa*** *(chiuso martedì)* carta 31/58000 – ☕ 10000 – **40 cam** 90/130000 – ½ P 65/90000.

RAVINA Trento – Vedere Trento.

RAZZES **(RATZES)** Bolzano – Vedere Siusi.

REANA DEL ROIALE **33010** Udine 429 D 21 – 4 828 ab. alt. 168 – ☎ 0432.
Roma 648 – Udine 12 – ♦Trieste 86.

a Cortale NE : 2 km – ✉ **33010** Reana del Roiale :

XX **Al Scus,** ℘ 853872, Fax 853872, Solo specialità di mare, « Ambiente caratteristico », 🌳 – P. ⓢ E VISA. ✂ – *chiuso lunedì sera, martedì, dal 16 al 27 gennaio e dal 1° al 23 agosto* – **Pasto** carta 49/84000.

RECANATI **62019** Macerata 988 ⑯, 430 L 22 – 19 518 ab. alt. 293 – a.s. 10 luglio-13 settembre – ☎ 071 – ℹ piazza Leopardi 5 ℘ 981471, Fax 981242.
Roma 271 – ♦Ancona 40 – Macerata 24 – Porto Recanati 12.

🏨 **La Ginestra,** via Calcagni 2 ℘ 980355, Fax 980594 – TV ☎. ⓢ VISA. ✂
Pasto *(chiuso martedì)* carta 26/36000 – ☕ 10000 – **27 cam** 63/85000 – ½ P 70/80000.

RECCO **16036** Genova 988 ⑬, 428 I 9 – 10 207 ab. – ☎ 0185.
Roma 484 – ♦Genova 32 – ♦Milano 160 – Portofino 15 – ♦La Spezia 86.

🏨 **Manuelina-La Villa,** via Roma 272 ℘ 720779, Fax 721095, 🏊 – |♦| ▤ TV ☎ ♿ 🚗 P – 🎤 25 a 80. AE ⓢ ⓞ E VISA JCB
Pasto al Rist. ***Manuelina*** carta 53/87000 – **23 cam** ☕ 180/240000 – ½ P 120/170000.

XX **Vitturin,** via dei Giustiniani 48 (N : 1,5 km) ℘ 720225, Fax 723686, ☂ – ▤ P – 🎤 80. AE ⓢ ⓞ E VISA JCB. ✂ – *chiuso lunedì* – **Pasto** carta 55/90000.

XX **Da ö Vittorio** con cam, via Roma 160 ℘ 74029, Fax 723605, ☂ – |♦| TV ☎. AE ⓢ ⓞ E VISA. ✂ cam
chiuso dal 24 novembre al 15 dicembre – **Pasto** *(chiuso giovedì)* 32/40000 e carta 39/84000 – ☕ 10000 – **23 cam** 90/120000 – ½ P 85/90000.

RECOARO TERME **36076** Vicenza 988 ④, 429 E 15 – 7 486 ab. alt. 445 – Stazione termale (giugno-settembre) – Sport invernali : a Recoaro Mille : 1 007/1 600 m ⛷4 – ☎ 0445.
ℹ via Roma 25 ℘ 75070, Fax 75158.
Roma 576 – ♦Verona 72 – ♦Milano 227 – Trento 78 – ♦Venezia 108 – Vicenza 44.

🏨 **Verona,** via Roma 60 ℘ 75065, Fax 75065 – |♦| TV ☎. AE VISA. ✂
maggio-settembre – **Pasto** carta 33/43000 – ☕ 7000 – **35 cam** 85/125000 – ½ P 75/82000.

🏨 **Pittore,** via Roma 58 ℘ 75039 – |♦| TV ☎. AE ⓢ VISA. ✂
maggio-5 ottobre – **Pasto** carta 30/41000 – **23 cam** ☕ 70/100000 – ½ P 70/75000.

REDAGNO **(RADEIN)** **39040** Bolzano 429 C 16 – alt. 1 566 – ☎ 0471.
Roma 630 – ♦Bolzano 38 – Belluno 111 – Trento 60.

🏨 **Zirmerhof** 🐦, ℘ 887215, Fax 887225, ≤ monti e vallata, « Antico maso nel verde », 🌳 – P. ✂ rist
26 dicembre-10 marzo e 20 maggio-6 novembre – **Pasto** carta 46/71000 – ☕ 17000 – **32 cam** 100/190000 – ½ P 110/145000.

REDONDESCO **46010** Mantova 428 429 G 13 – 1 427 ab. alt. 31 – ☎ 0376.
Roma 483 – ♦Parma 52 – ♦Brescia 64 – Mantova 30 – Piacenza 82 – ♦Verona 54.

X Da Bigio, via Bologne 48 (N: 3 Km) ℘ 954184 – P

REGGELLO **50066** Firenze 988 ⑮, 429 430 K 16 – 13 091 ab. alt. 390 – ☎ 055.
Roma 250 – ♦Firenze 38 – Siena 69 – Arezzo 58 – Forlì 128 – ♦Milano 339.

🏨 **Fattoria degli Usignoli** 🐦, località San Donato in Fronzano ℘ 8652018, Fax 8652270, ≤, ☂, « Antico Borgo del 1400 fra i vigneti », 🏊, 🌳, 🎾 – TV ☎ P – 🎤 130. AE ⓢ E VISA JCB. ✂
chiuso dall'11 al 31 gennaio, febbraio e novembre – **Pasto** carta 40/54000 – ☕ 10000 – 40 appartamenti 190000 – ½ P 120000.

🏨 **Archimede** ⛰, strada per Vallombrosa N : 3,5 km ✆ 869055, Fax 868584, 🌳, 🎾 – TV ☎ P. AE ⓈⒾ ⓞ E VISA. 🐕 – *chiuso dall'11 al 22 novembre* – **Pasto** vedere rist **Da Archimede** – ☕ 10000 – **18 cam** 95/130000 – ½ P 100000.

🍴🍴 **Da Archimede,** strada per Vallombrosa N : 3,5 km ✆ 8667500, ≤, « Ristorante caratteristico » – P. AE ⓈⒾ ⓞ E VISA. 🐕 – *chiuso dall'11 al 22 novembre e martedì (escluso da luglio al 15 settembre)* – **Pasto** carta 35/50000.

a Vaggio SO : 5 km – ✉ **50066** :

🏨 **Villa Rigacci** ⛰, ✆ 8656562, Fax 8656537, ≤, 🏊, 🌳 – ▤ TV ☎ P. AE ⓈⒾ ⓞ E VISA. 🐕 rist – **Pasto** al Rist. ***Relais le Vieux Pressoir*** *(prenotare)* carta 33/67000 – **20 cam** ☕ 130/260000 – ½ P 150/190000.

REGGIO DI CALABRIA 89100 P 988 ㊲ ㊴, 431 M 28 – 178 736 ab. – ☎ 0965.

Vedere Museo Nazionale★★ Y : Bronzi di Riace★★★ – Lungomare★ YZ.

✈ di Ravagnese per ③ : 4 km ✆ 643242 – Alitalia, Agenzia Simonetta, corso Garibaldi 521/525 ✉ 89127 ✆ 331445 – 🚗 a Villa San Giovanni, ✆ 751026-int. 393 – ⛴ per Messina giornalieri (45 mn) – Stazione Ferrovie Stato, ✆ 97957 – ⛴ per Messina-Isole Eolie giornalieri (da 15 mn a 2 h circa) – Aliscafi SNAV, Stazione Marittima ✉ 89100 ✆ 29568.

ℹ via Demetrio Tripepi 72 ✉ 89125 ✆ 98496 – all'Aeroporto ✆ 643291 – Stazione Centrale ✆ 27120.

A.C.I. via De Nava 43 ✉ 89122 ✆ 21431.

Roma 705 ② – Catanzaro 161 ② – ◆Napoli 499 ②.

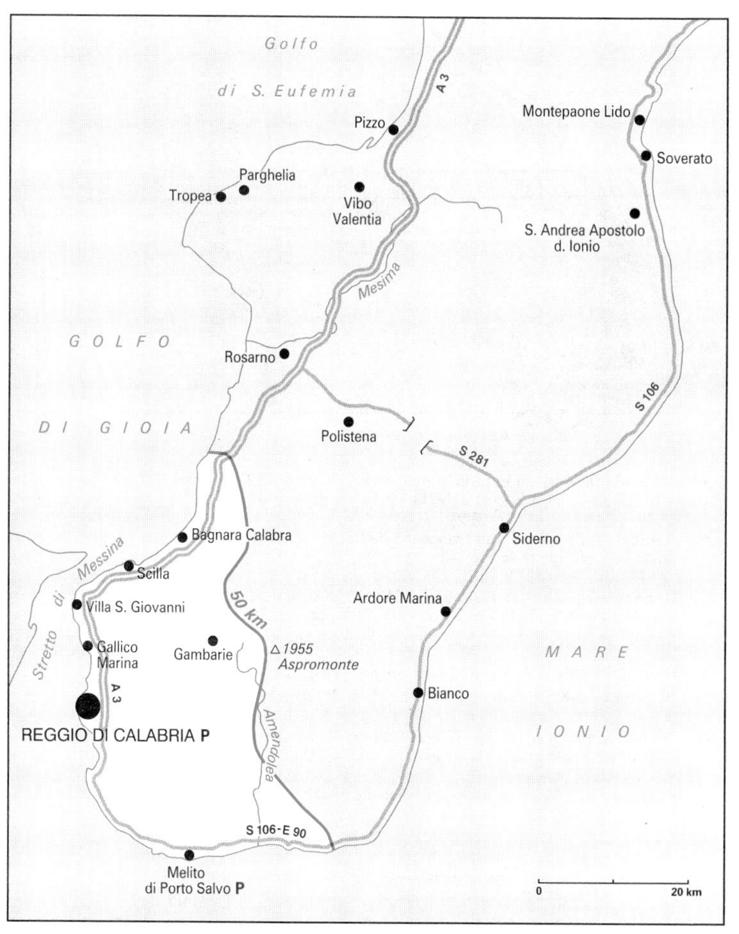

REGGIO DI CALABRIA

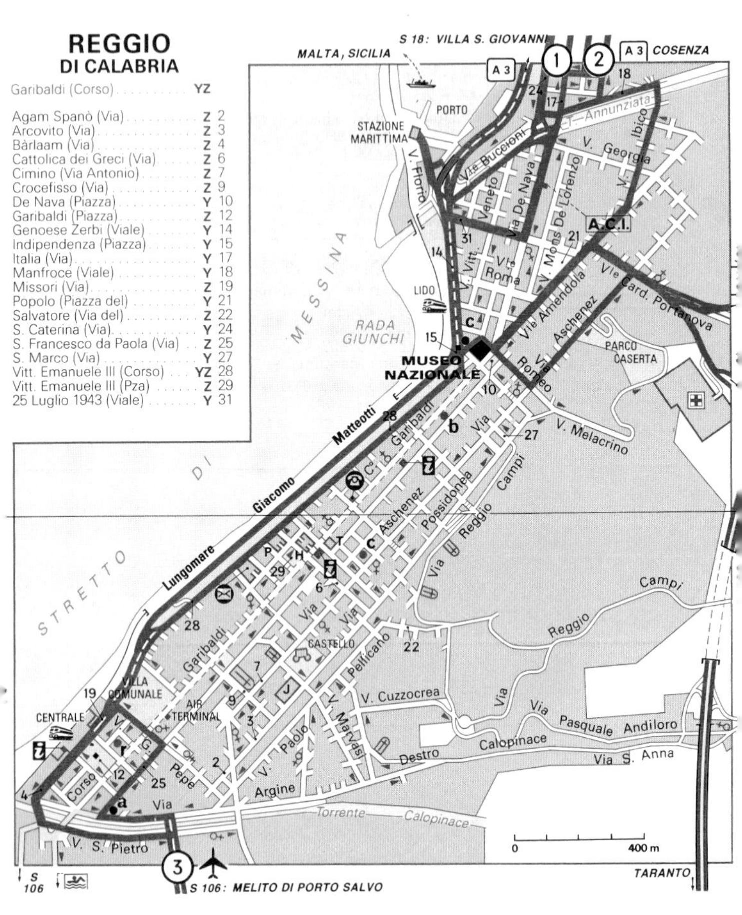

Gd H. Excelsior, via Vittorio Veneto 66 ✉ 89121 ✆ 812211, Telex 912583, Fax 893084 – 🛗 ▤ TV ☎ ♿ – 🎤 25 a 350. AE 🅂 ⊙ E VISA JCB. ✗ rist — Y **c**
Pasto carta 38/61000 – **84 cam** ☕ 260/320000, 8 appartamenti – P 190/220000.

Ascioti senza rist, via San Francesco da Paola 79 ✉ 89704 ✆ 897041, Fax 26063 – 🛗 ▤ TV ☎ 🚗. AE 🅂 ⊙ E VISA. ✗ — Z **a**
50 cam ☕ 160/198000.

Bonaccorso, via Nino Bixio 5 ✉ 89127 ✆ 896048 – ▤. AE 🅂 ⊙ E VISA JCB — Z **r**
chiuso domenica e dall'8 al 22 agosto – **Pasto** carta 31/55000 (15 %).

Baylik, vico Leone 1 ✉ 89121 ✆ 48624, Specialità di mare, prenotare – ▤. AE 🅂 ⊙ E VISA — per ①
chiuso giovedì e dal 26 luglio al 18 agosto – **Pasto** carta 35/70000 (15 %).

Rodrigo, via XXIV Maggio 25 ✉ 89125 ✆ 20170 – ▤. AE 🅂 ⊙ E VISA — Y **b**
chiuso domenica – **Pasto** carta 37/63000.

Da Giovanni, via Torrione 77 ✉ 89125 ✆ 25481, prenotare – 🅂 ⊙ E VISA. ✗ — Z **c**
chiuso domenica ed agosto – **Pasto** carta 36/52000.

Trattoria da Pepè, via Bligny 11 ✉ 89122 ✆ 44044 – ▤. ✗ — per ①
chiuso lunedì e dal 1° al 15 luglio – **Pasto** carta 29/45000.

I prezzi del pernottamento e della pensione possono subire aumenti in relazione all'andamento generale del costo della vita; quando prenotate fatevi precisare il prezzo dall'albergo.

[REGGIOLO] 42046 Reggio nell'Emilia [428] [429] H 14 – 8 067 ab. alt. 20 – ☎ 0522.
Roma 434 – Mantova 39 – ◆Modena 36 – ◆Verona 71.

🏨 **Nabila** senza rist, via Marconi 4 ☎ 973197, Fax 971222 – ▤ [TV] ☎ [P]. [AE] [VISA]
chiuso dal 1° al 21 agosto – ☕ 10000 – **26 cam** 80/115000, ▤ 9000.

🏨 **Cavallo Bianco,** via Italia 5 ☎ 972177, Fax 973798 – ▤ [TV] ☎ [P]. [AE] [VISA]
chiuso dal 1° al 10 gennaio ed agosto – **Pasto** *(chiuso sabato e domenica sera)* carta 40/69000 – **15 cam** ☕ 90/130000 – ½ P 100000.

🍴🍴🍴 **Ai Pavoni,** piazza Martiri 29 ☎ 973520, « Servizio estivo in giardino » – [P]. [AE] [VISA]
chiuso martedì ed agosto – **Pasto** carta 45/64000.

[REGGIO NELL'EMILIA] 42100 [P] [988] ⑭, [428] [429] [430] H 13 – 134 169 ab. alt. 58 – ☎ 0522.
Vedere Galleria Parmeggiani★ Y **M1**.
⛳18 Matilde di Canossa (chiuso lunedì) ☎ 371295, Fax 371204, per ④ : 6 km;
⛳9 San Valentino (chiuso martedì) località San Valentino ✉ 42014 Castellarano ☎ 854177, SE : 20 km.
ℹ piazza Prampolini 5/c ☎ 451152, Fax 436739.
[A.C.I.] via Secchi 9 ☎ 452565.
Roma 427 ② – ◆Parma 29 ⑤ – ◆Bologna 65 ② – ◆Milano 149 ②.

Pianta pagina seguente

🏨 **Gd H. Astoria,** viale Nobili 2 ☎ 435245, Telex 530534, Fax 453365, ≤, – ▤ [TV] ☎ [P] – 30 a 350. [AE] [VISA]. rist — Y f
Pasto 55000 e al Rist. Le Terrazze *(chiuso domenica ed agosto)* carta 55/73000 – ☕ 18000 – **108 cam** 190/240000, 3 appartamenti – ½ P 200000.

🏨 **Albergo delle Notarie,** via Palazzolo 5 ☎ 453500, Telex 530271, Fax 453737 – ▤ [TV] ☎ – 65. [AE] [VISA] [JCB]. — Z r
chiuso agosto – **Pasto** vedere rist **Delle Notarie** – ☕ 20000 – **28 cam** 170/210000, 6 appartamenti.

🏨 **Posta** senza rist, piazza Del Monte 2 già piazza Cesare Battisti ☎ 432944, Fax 452602 – ▤ cam [TV] ☎ – 120. [AE] [VISA] — Z c
chiuso agosto – **35 cam** ☕ 190/250000, 9 appartamenti.

🏨 **Cristallo** senza rist, viale Regina Margherita 30 ☎ 511811, Fax 513073 – ▤ [TV] ☎ [P] – 30 a 100. [AE] [VISA] [JCB]. — Y e
chiuso dal 23 dicembre al 2 gennaio, Pasqua e agosto – **80 cam** ☕ 110/160000.

🏨 **Park Hotel,** via De Ruggero 1/b ☎ 292141, Fax 292143 – ▤ [TV] ☎ [P] – 40. [AE] [VISA] [JCB]. rist — per ④
Pasto (solo per clienti alloggiati; *chiuso a mezzogiorno, domenica ed agosto)* 25/35000 – **41 cam** ☕ 95/140000 – ½ P 90000.

🍴🍴🍴 **Delle Notarie** - Albergo delle Notarie, via Aschieri 5 ☎ 453700, prenotare – ▤. [AE] [VISA] [JCB]. — Z r
chiuso domenica ed agosto – **Pasto** 45/50000 (a mezzogiorno) 50/70000 (alla sera) e carta 47/72000.

🍴🍴 ✿ **5 Pini-da Pelati,** viale Martiri di Cervarolo 46 ☎ 553663, Fax 553614, prenotare – ▤ [P]. [AE] [VISA]. — per viale Simonazzi Z
chiuso martedì sera, mercoledì e dal 1° al 20 agosto – **Pasto** carta 51/72000
Spec. Raviolini verdi di ricotta ed asparagi, Baccalà con pomodoro e aceto balsamico, Filetto di angus in salsa di porri all'aceto balsamico.

🍴🍴 **Caffe' Arti e Mestieri,** via Emilia San Pietro 16 ☎ 432202, , Rist. e caffetteria – ▤. [AE] [VISA] — Z y
chiuso domenica, lunedì, dal 24 al 30 dicembre e dal 7 al 23 agosto – **Pasto** carta 31/74000.

🍴 **Il Pozzo,** viale Allegri 7 ☎ 451300, Rist. con enoteca; cucina anche oltre la mezzanotte, « Servizio estivo all'aperto » – ▤. [VISA] — Y b
chiuso domenica a mezzogiorno, lunedì e dall'11 giugno al 3 luglio – **Pasto** carta 38/58000.

a Codemondo O : 6 km – ✉ 42020 :

🍴🍴 **La Brace,** ☎ 308800 – ▤ [P]. [AE] [VISA].
chiuso dal 1° al 6 gennaio, agosto, domenica ed in luglio anche sabato – **Pasto** carta 37/65000.

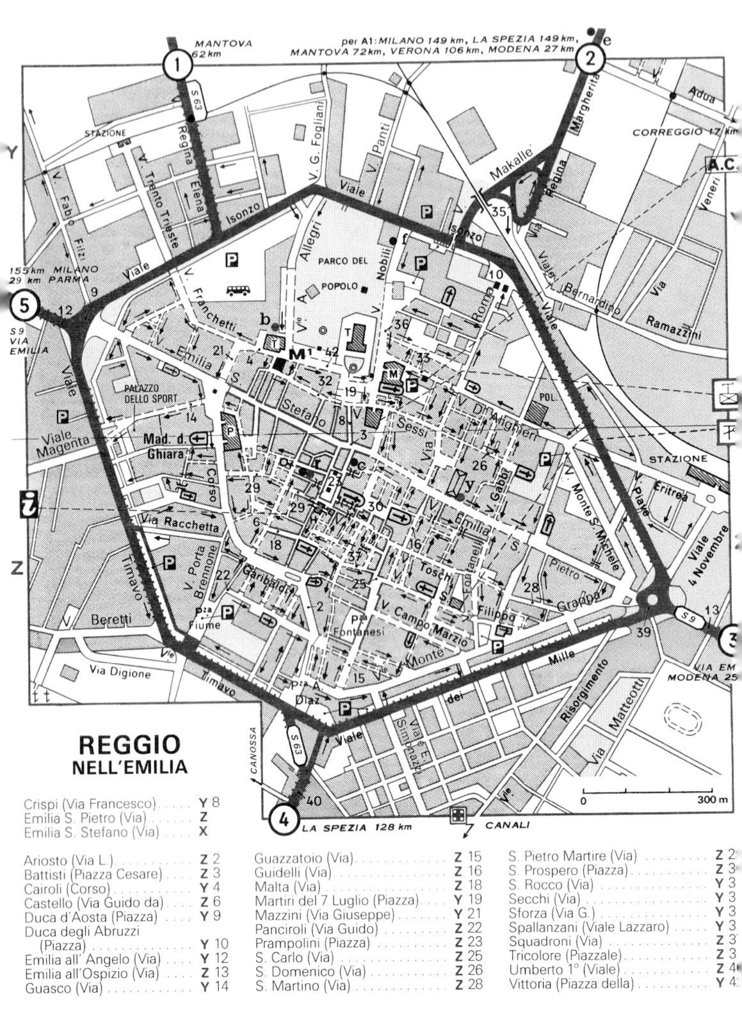

REGOLEDO DI COSIO VALTELLINO Sondrio 219 ⑩ – Vedere Morbegno.

RENON **(RITTEN)** Bolzano 429 C 16 – 6 341 ab. alt. (frazione Collalbo) 1 154 – ☎ 0471.

Da Collalbo : Roma 664 – ♦Bolzano 16 – Bressanone 52 – ♦Milano 319 – Trento 80.

a Collalbo (Klobenstein) – alt. 1 154 – ✉ **39054.**

Municipio ☎ 356100, Fax 356799 :

Bemelmans Post, ☎ 356127, Fax 356531, riscaldata, – ris – 40. AE E VISA. rist
20 dicembre-9 gennaio e 20 marzo-novembre – **Pasto** *(chiuso mercoledì)* 30000 – **50 ca**
94/160000 – 1/2 P 87/115000.

Kematen, località Caminata NO : 2,5 km ☎ 356356, Fax 356363, ← Dolomit
« Giardino con laghetto »,
15 cam.

Kematen, località Caminata NO : 2,5 km ☎ 346148,

a Costalovara (Wolfsgruben) SO : 5 km – alt. 1 206 – ✉ **39059** Soprabolzano :

Am Wolfsgrubener See ⑤, ✆ 345119, Fax 345065, ≤, « In riva al lago », – 🛗 📺 ☎ 🅿
chiuso marzo e novembre – **Pasto** *(chiuso lunedì)* 30/60000 – **25 cam** ☕ 90/180000 – ½ P 110000.

Maier ⑤, ✆ 345114, Fax 345615, ≤, « Giardino con riscaldata e », – 🛗 ☎ 🅿 rist
aprile-5 novembre – **Pasto** (solo per clienti alloggiati) 29/39000 – **24 cam** ☕ 72/136000 – ½ P 105000.

a Soprabolzano (Oberbozen) SO : 7 km – alt. 1 221 – ✉ **39059.**

ℹ (Pasqua-ottobre) ✆ 345245 :

Haus Fink, ✆ 345340, Fax 345074, ≤ Dolomiti e vallata, – 📺 ☎ 🅿. rist
24 dicembre-15 febbraio e 25 marzo-novembre – **Pasto** (solo per clienti alloggiati e *chiuso a mezzogiorno*) – **15 cam** ☕ 90/180000 – ½ P 110000.

Regina ⑤, ✆ 345142, Fax 345596, ≤ Dolomiti e vallata, – 🛗 📺 ☎ 🅿. E VISA. rist
16 dicembre-16 gennaio e aprile-14 novembre – **Pasto** (solo per clienti alloggiati) – **27 cam** ☕ 80/150000 – ½ P 80/89000.

RESCHEN = Resia.

RESIA **(RESCHEN)** Bolzano 428 429 B 13, 218 ⑧ – alt. 1 494 – ✉ **39027** Resia all'Adige – ☎ 0473.

ℹ ✆ 633101, Fax 633140.

Roma 742 – Sondrio 141 – Bolzano 105 – Landeck 49 – Milano 281 – Trento 163.

Al Moro-Zum Mohren, ✆ 633120, Fax 633550, – 🛗 📺 ☎ 🅿. E VISA. rist
chiuso dal 10 al 30 aprile e da novembre al 15 dicembre – **Pasto** carta 43/60000 – **26 cam** ☕ 105/210000 – ½ P 150000.

REVERE **46036** Mantova 429 G 15 – 2 633 ab. alt. 15 – ☎ 0386.

Roma 458 – Verona 48 – Ferrara 58 – Mantova 35 – Milano 210 – Modena 54.

XX **Il Tartufo,** via Guido Rossa 13 ✆ 46404, Coperti limitati; prenotare – AE E VISA.
chiuso giovedì e dal 5 al 20 gennaio – **Pasto** carta 41/72000.

REVIGLIASCO Torino – Vedere Moncalieri.

REVIGLIASCO D'ASTI **14010** Asti 428 H 6 – 841 ab. alt. 203 – ☎ 0141.

Roma 626 – Asti 11 – Alessandria 49 – Cuneo 91 – Torino 63.

XXX **Il Rustico,** ✆ 208210, Fax 208210, solo su prenotazione – AE VISA.
chiuso a mezzogiorno (escluso domenica), martedì ed agosto – **Pasto** 80000 bc.

REVINE **31020** Treviso 429 D 18 – alt. 260 – ☎ 0438.

Roma 590 – Belluno 37 – Milano 329 – Trento 131 – Treviso 50.

XX **Ai Cadelach-Hotel Giulia** con cam, ✆ 523011, Fax 523010, « Giardino con piscina » – ☎ 🅿. E VISA.
chiuso dal 1° al 15 novembre – **Pasto** *(chiuso lunedì)* carta 37/55000 – ☕ 10000 – **23 cam** 75/110000 – ½ P 85000.

REZZANELLO **29010** Piacenza 428 H 10 – alt. 380 – ☎ 0523.

Roma 538 – Piacenza 31 – Alessandria 102 – Milano 92.

X **Pineta** ⑤ con cam, ✆ 970277, ≤ – 📺 ☎ 🅿. AE VISA
chiuso dal 15 gennaio a febbraio – **Pasto** *(chiuso martedì)* carta 28/45000 – ☕ 12000 – **14 cam** 70/90000 – ½ P 65000.

REZZATO **25086** Brescia 428 429 F 12 – 11 765 ab. alt. 147 – ☎ 030.

Roma 558 – Brescia 9 – Bergamo 62 – Milano 103 – Trento 117.

X **Il Filatoio,** via Leonardo da Vinci ✆ 2590172 – 🅿. AE E VISA.
chiuso lunedì, dal 1° al 10 gennaio ed agosto – **Pasto** carta 26/43000.

RHÊMES-NOTRE-DAME **11010** Aosta 988 ① ②, 428 F 3 – 95 ab. alt. 1 723 – a.s. Pasqua, luglio-settembre e Natale – Sport invernali : 1 723/2 000 m 3, – ☎ 0165.

Roma 779 – Aosta 31 – Courmayeur 45 – Milano 216.

a Chanavey N : 1,5 km – alt. 1 696 – ✉ **11010** Rhêmes-Notre-Dame :

Granta Parey ⑤, ✆ 936104, Fax 936144, ≤ monti e vallata, – 🛗 📺 ☎ 🅿. E VISA. rist
chiuso maggio – **Pasto** carta 32/50000 – ☕ 12000 – **33 cam** 70/130000 – ½ P 90/110000.

RHO 20017 Milano 988 ③, 428 F 9 – 52 233 ab. alt. 158 – ☎ 02.

Green Club, a Lainate ✉ 20020 ✆ 9370869, Fax 9374401, N : 6 km.

Roma 590 – Milano 16 – Como 36 – Novara 38 – Pavia 49 – Torino 127.

Locanda dell'Angelo, via Matteotti ✆ 9303897, Fax 9313194, Specialità milanesi e lombarde, prenotare – AE VISA. *chiuso mercoledì, dal 26 dicembre al 3 gennaio e dal 10 al 22 agosto* – **Pasto** carta 40/55000.

RIBERA Agrigento 988 ㉟, 432 O 21 – Vedere Sicilia.

RICAVO Siena 430 L 15 – Vedere Castellina in Chianti.

RICCIONE 47036 Rimini 988 ⑮ ⑯, 429 430 J 19 – 33 322 ab. – a.s. 15 giugno-agosto – ☎ 0541.

piazzale Ceccarini 10 ✆ 693302, Fax 605750.

Roma 326 – Rimini 13 – Bologna 120 – Forlì 59 – Milano 331 – Pesaro 30 – Ravenna 64.

Gd H. Des Bains, viale Gramsci 56 ✆ 601650, Fax 606350, – 25 a 500. AE E VISA. **Pasto** carta 63/125000 – **64 cam** 260/450000, 6 appartamenti – ½ P 280/340000.

Atlantic, lungomare della Libertà 15 ✆ 601155, Fax 606402, ≤, riscaldata – TV – 25 a 250. AE E VISA. **Pasto** 55/75000 – **65 cam** 180/300000, 4 appartamenti – ½ P 180/190000.

Corallo, viale Gramsci 113 ✆ 600807, Fax 606400, riscaldata, – TV – 200. AE E VISA. rist *aprile-ottobre* – **Pasto** 30/45000 – **74 cam** 150/280000, 5 appartamenti – ½ P 178/220000.

Lungomare, lungomare della Libertà 7 ✆ 692880, Fax 692354, ≤, – TV – 70 a 200. AE E VISA. **Pasto** *(20 maggio-20 settembre)* 50/70000 – **50 cam** 180/220000, 6 appartamenti – ½ P 155/185000.

Nautico, lungomare della Libertà 19 ✆ 601237, Fax 606638, ≤, riscaldata – TV – 300. AE E VISA JCB. rist *maggio-settembre* – **Pasto** (solo per clienti alloggiati) 50/70000 – **66 cam** 180/250000, 2 appartamenti – ½ P 150/180000.

President, viale Virgilio 12 ✆ 692662, Fax 692662 – TV. AE VISA. **Pasto** *(giugno-settembre;* solo per clienti alloggiati) – 15000 – **26 cam** 140/270000 – ½ P 165000.

Roma, lungomare della Libertà 17 ✆ 693222, Fax 692503, ≤, riscaldata – TV. AE E VISA. rist **Pasto** *(20 maggio-25 settembre;* solo per clienti alloggiati) 40000 – **34 cam** 180/210000 4 appartamenti – ½ P 150000.

De la Ville, via Spalato 5 ✆ 692720, Fax 692580, « Giardino con » – TV – 60 a 100. AE E VISA. **Pasto** 40/60000 – **58 cam** 160/230000 – ½ P 140/150000.

Luna, viale Ariosto 5 ✆ 692150, Fax 692897, riscaldata – TV – 50 a 170. AE E VISA JCB. rist *chiuso gennaio* – **Pasto** *(maggio-ottobre;* solo per clienti alloggiati) 35/50000 – **59 cam** 160/200000 – ½ P 135/145000.

Diamond, viale Fratelli Bandiera 1 ✆ 602600, Fax 602935, – TV. E VISA. rist *Pasqua-settembre* – **Pasto** (solo per clienti alloggiati) 35/45000 – **40 cam** 110/200000 15000 – ½ P 80/135000.

Boemia, viale Gramsci 87 ✆ 691772, Fax 606232, ≤, – TV – 100. AE E VISA. rist *maggio-settembre* – **Pasto** (solo per clienti alloggiati) 40/50000 – **70 cam** 100/200000 – ½ P 120/150000.

Abner's, lungomare della Repubblica 7 ✆ 600601, Fax 605400, ≤, riscaldata, – TV. AE E VISA. **Pasto** 40/65000 – 20000 – **58 cam** 210/260000, 10000 – ½ P 116/180000.

Promenade, viale Milano 67 ✆ 600852, Fax 600502, ≤, – TV – 120. **40 cam.**

Alexandra-Plaza, viale Torino 61 ✆ 610344, Telex 550330, Fax 610483, ≤, « Giardino con riscaldata » – rist TV. AE E VISA. rist *aprile-settembre* – **Pasto** 25/60000 – 20000 – **60 cam** 150/230000 – ½ P 94/160000.

Sarti, piazzale San Martino 4 ✆ 600978, Fax 600357, ≤, riscaldata – TV. AE E VISA. rist **Pasto** *(chiuso gennaio-febbraio)* 40000 – **54 cam** 120/160000 – ½ P 130/160000.

Poker, viale D'Annunzio 61 ✆ 647710, Fax 648699, riscaldata – TV. AE E VISA. rist *marzo-settembre* – **Pasto** 35/50000 – 15000 – **64 cam** 75/140000 – ½ P 100000.

Michelangelo, via Ponchielli 1 ℘ 642887, Fax 643456, ≤ – |♦| ▤ TV ☎ – 🏔 60. AE 🅂 ⓓ E VISA. ✗ rist
maggio-settembre – **Pasto** (solo per clienti alloggiati e *chiuso sino al 15 maggio*) 30000 – **36 cam** ☐ 110/160000 – ½ P 135/145000.

Dory, viale Puccini 4 ℘ 642896, Fax 644588, ✦ – |♦| ▤ TV ☎ P. AE 🅂 ⓓ E VISA JCB. ✗ rist
Pasqua-20 settembre – **Pasto** 35/50000 – ☐ 30000 – **46 cam** 88/154000 – ½ P 77/121000.

Club Hotel, viale D'Annunzio 58 ℘ 648082, Fax 643240, ≤, 🏊 riscaldata – |♦| ☎ P. ✗ rist
Pasqua-settembre – **Pasto** (solo per clienti alloggiati) – ☐ 15000 – **68 cam** 100/160000 – P 70/110000.

Arizona, viale D'Annunzio 22 ℘ 644422, Fax 644108, ≤, ℱ₆, 🏊 – |♦| ▤ TV ☎ P – 🏔 120. 🅂 E VISA. ✗
Pasto 28/50000 – ☐ 12000 – **56 cam** 95/190000 – ½ P 95/140000.

Soraya, via Bramante 2 ℘ 600917, Fax 694033, ⛱, ✦ – |♦| TV ☎ P. 🅂 E VISA. ✗ rist
maggio-settembre – **Pasto** (solo per clienti alloggiati) 25000 – **42 cam** ☐ 120000 – ½ P 84/98000.

Gemma, viale D'Annunzio 82 ℘ 643436, Fax 644910, ≤, 🏊 riscaldata, ✦ – |♦| TV ☎ P. AE 🅂 ⓓ E VISA. ✗ rist
chiuso dicembre – **Pasto** (solo per clienti alloggiati e *chiuso sino al 15 marzo*) 30/50000 – **41 cam** ☐ 90/136000 – ½ P 81/103000.

Mon Cheri, viale Milano 9 ℘ 601104 – |♦| ▤ TV ☎ P. ✗ rist
Pasqua-settembre – **Pasto** (solo per clienti alloggiati) – ☐ 10000 – **52 cam** 70/120000 – ½ P 63/105000.

Strand Hotel, viale D'Annunzio 92 ℘ 646590, Fax 643488 – |♦| ▤ TV ☎ P. AE 🅂 ⓓ E VISA. ✗
Pasto carta 30/40000 – **47 cam** ☐ 65/110000, ▤ 10000 – ½ P 70/120000.

Maestri, viale Gorizia 4 ℘ 692486, Fax 691390, ≘s – |♦| ▤ TV ☎ P. AE 🅂 ⓓ VISA. ✗ rist
25 maggio-25 settembre – **Pasto** 45/50000 – ☐ 13000 – **51 cam** 80/140000, ▤ 5000 – P 69/120000.

Select, viale Gramsci 89 ℘ 600613, Fax 600613, ✦ – |♦| ▤ rist TV ☎ P. AE 🅂 E VISA. ✗
15 maggio-20 settembre – **Pasto** (solo per clienti alloggiati) 25/35000 – ☐ 15000 – **45 cam** 70/120000 – P 68/105000.

Marzia, viale De Amicis 18 ℘ 642287, Fax 643662, ≘s, 🏊, ✦ – |♦| ▤ TV ☎ ♿ P. AE 🅂 ⓓ VISA. ✗ rist
Pasto 27/40000 – ☐ 15000 – **37 cam** 77/145000, ▤ 8000 – ½ P 65/99000.

Ardea, viale Monti 77 ℘ 641846, Fax 641846, 🏊 riscaldata – |♦| ▤ TV ☎. ✗
Pasqua e maggio-settembre – **Pasto** (solo per clienti alloggiati) 20/25000 – ☐ 8000 – **40 cam** 80/120000, ▤ 10000 – P 60/95000.

Margareth, viale Mascagni 2 ℘ 645300, Fax 645369, ≤ – |♦| ☎ P. ✗ rist
25 aprile-settembre – **Pasto** (solo per clienti alloggiati) 37000 – ☐ 12500 – **50 cam** 68/108000 – P 65/105000.

Eliseo, viale Monteverdi 3 ℘ 646548, Fax 646548, ✦ – |♦| ☎ P. ✗
Pasqua-1° maggio e 15 maggio-22 settembre – **Pasto** (solo per clienti alloggiati e *chiuso sino al 14 maggio*) 30/40000 – ☐ 10000 – **32 cam** 70/110000 – ½ P 72/81000.

Desiré, viale Cesare Battisti 33 ℘ 600851 – |♦| ☎ P. ✗
10 giugno-14 settembre – **Pasto** (solo per clienti alloggiati) 20000 – ☐ 6000 – **34 cam** 67/125000 – ½ P 54/78000.

Atlas, viale Catalani 28 ℘ 646666, Fax 647674 – |♦| ▤ rist ☎ P. ✗
10 maggio-25 settembre – **Pasto** 15/25000 – ☐ 12000 – **34 cam** 68/136000 – ½ P 37/68000.

Romagna, viale Gramsci 64 ℘ 600604 – |♦| ☎ P. ✗
25 maggio-15 settembre – **Pasto** (solo per clienti alloggiati) 35/45000 – ☐ 15000 – **40 cam** 85/130000 – ½ P 80/90000.

Carignano, viale Oberdan 9 ℘ 691810 – |♦| TV ☎ P. ✗
Pasqua-settembre – **Pasto** (solo per clienti alloggiati) 35/40000 – ☐ 13000 – **36 cam** 55/110000 – ½ P 67/93000.

Ida, viale D'Annunzio 59 ℘ 647510 – |♦| ☎ P. ✗ rist
15 maggio-settembre – **Pasto** 25000 – ☐ 10000 – **38 cam** 80/110000 – ½ P 75000.

Lugano, viale Trento Trieste 75 ℘ 606611 – |♦| ▤ rist ☎ P. ✗
15 maggio-settembre – **Pasto** (solo per clienti alloggiati) 30000 – ☐ 10000 – **30 cam** 50/90000 – P 50/90000.

Al Pescatore, via Ippolito Nievo 11 ℘ 692717, ⛱, Specialità di mare – P

Il Casale, viale Abruzzi (Riccione alta) ℘ 604620, ≤, ⛱ – P. AE 🅂 ⓓ E VISA JCB. ✗
chiuso lunedì – **Pasto** carta 45/55000.

Da Bibo, via Parini 14 ℘ 692526, Fax 692526, Rist. e pizzeria – ▤. AE 🅂 ⓓ E VISA
chiuso giovedì in bassa stagione – **Pasto** carta 44/77000.

Da Fino, viale Galli 1 (Darsena) ℘ 648542, ≤, ⛱ – ▤. AE 🅂 ⓓ E VISA
chiuso dal 15 ottobre al 15 novembre e mercoledì in bassa stagione – **Pasto** carta 46/77000.

- **Gambero Rosso,** molo Levante ✆ 692674, ≤ – AE 🅂 ◑ VISA
  chiuso dal 2 gennaio al 7 febbraio e martedì in bassa stagione – **Pasto** carta 46/76000.
- **Azzurra,** piazzale Azzarita 2 ✆ 648604, Fax 648604, Specialità di mare – AE 🅂 ◑ E VISA
  chiuso lunedì escluso dal 20 maggio al 20 settembre – **Pasto** carta 24/69000.

RICCO' DEL GOLFO DI SPEZIA 19020 La Spezia 428 J 11 – 3 357 ab. alt. 145 – ☎ 0187.

Roma 430 – ♦La Spezia 10 – ♦Genova 103 – ♦Parma 128.

a Valgraveglia E : 6 km – ✉ **19020** Riccò del Golfo di Spezia :

- **La Casaccia,** ✆ 769700, – **P**
  chiuso mercoledì – **Pasto** carta 33/47000.

RIDANNA (**RIDNAUN**) Bolzano 218 ⑩ – Vedere Vipiteno.

Un consiglio Michelin:
per la buona riuscita di un viaggio, preparatelo in anticipo.
Le carte e le guide Michelin vi danno tutte le indicazioni
utili su: itinerari, curiosità, sistemazioni, prezzi, ecc.

RIETI 02100 **P** 988 ㉖, 430 O 20 – 45 315 ab. alt. 402 – ☎ 0746.

Vedere Giardino Pubblico★ in piazza Cesare Battisti – Volte★ del palazzo Vescovile.

ℹ piazza Vittorio Emanuele 17-portici del Comune ✆ 203220.

A.C.I. via Lucandri 26 ✆ 203339.

Roma 78 – Terni 32 – L'Aquila 58 – Ascoli Piceno 113 – ♦Milano 565 – ♦Pescara 166 – Viterbo 99.

- **Miramonti,** piazza Oberdan 5 ✆ 201333, Fax 205790 – TV ☎ – 50. AE 🅂 ◑ E VISA JCB.
  Pasto vedere rist **Da Checco al Calice d'Oro** – **24 cam** 110/170000, 2 appartamenti.
- **Grande Albergo Quattro Stagioni** senza rist, piazza Cesare Battisti 14 ✆ 271071, Fax 271090 – TV ☎. AE 🅂 ◑ E VISA.
  41 cam 120/150000.
- **Cavour** senza rist, via Velina ang. piazza Cavour ✆ 485252, Fax 484072 – TV ☎. AE 🅂 ◑ E VISA JCB
  36 cam 70/103000, 2 appartamenti.
- **Da Checco al Calice d'Oro** - Hotel Miramonti, via Marchetti 10 ✆ 204271 – AE 🅂 ◑ E VISA JCB.
  chiuso lunedì e luglio – **Pasto** carta 39/53000 (12%).
- **Bistrot,** piazza San Rufo 25 ✆ 498798, Coperti limitati; prenotare – AE 🅂 ◑ E VISA
  chiuso domenica, lunedì a mezzogiorno e dal 1° al 15 settembre – **Pasto** 30000 (a mezzogiorno) 35000 (alla sera).
- **La Pecora Nera,** via Terminillo 33 (NE : 1 km) ✆ 497669 – AE 🅂 ◑ E VISA.
  chiuso venerdì, dal 24 dicembre al 1° gennaio e dal 15 al 30 agosto – **Pasto** carta 28/53000.

RIFREDDO 85010 Potenza 431 F 29 – alt. 1 090 – ☎ 0971.

Roma 370 – Potenza 12.

- Giubileo, ✆ 479910, Fax 479910, « Parco », – TV ☎ **P** – 25 a 300.
  76 cam.

RIGOLI Pisa 430 K 13 – Vedere San Giuliano Terme.

RIMINI 47037 **P** 988 ⑮ ⑯, 429 430 J 19 – 130 006 ab. – a.s. 15 giugno-agosto – ☎ 0541.

Vedere Tempio Malatestiano★ ABZ **A**.

9 (chiuso gennaio e mercoledì da ottobre a marzo) a Villa Verucchio ✉ 47040 ✆ 678122, Fax 678122, SO : 14 km.

di Miramare (stagionale) per ① : 5 km ✆ 373132, Fax 377200 – Alitalia, Aeroporto Miramare ✆ 370017.

ℹ piazzale Indipendenza 3 ✆ 51101, Fax 26566.

A.C.I. via Italia 29 ✆ 742961.

Roma 334 ① – ♦Ancona 107 ① – ♦Milano 323 ④ – ♦Ravenna 52 ④.

Pianta pagina seguente

- **Duomo** senza rist, via Giordano Bruno 28/d ✆ 24215, Fax 27842 – TV ☎ – 50. AE 🅂 ◑ E VISA AZ
  43 cam 120/200000, 3 appartamenti.

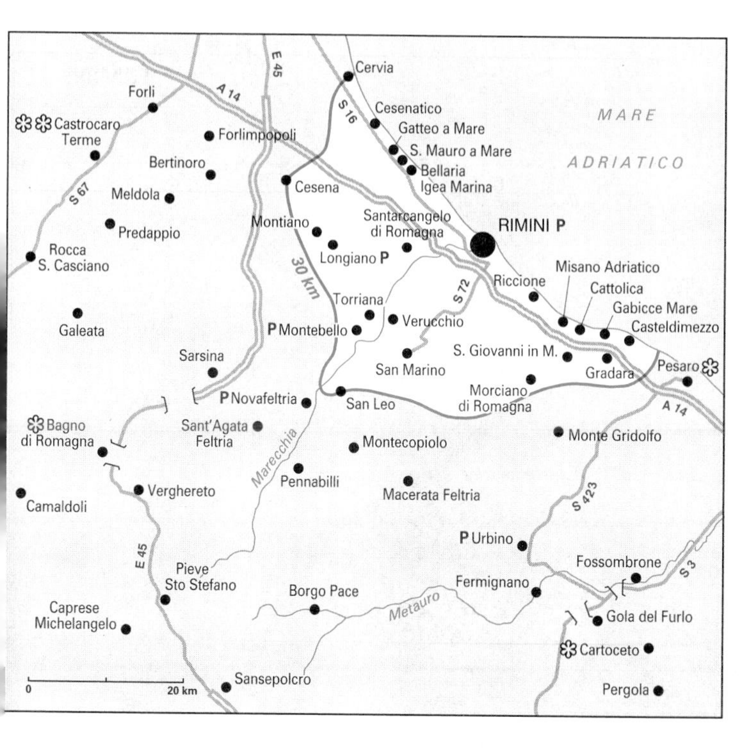

XXX **Rivadonda,** via Carlo Farini 13 ☏ 27657, 🍴, Coperti limitati; prenotare – AE 🗎 ⓓ E VISA AZ **a**
chiuso lunedì e dal 7 al 20 gennaio – **Pasto** carta 46/74000.

XX **Europa Piero e Gilberto,** via Roma 51 ☏ 28761 – ▤. AE 🗎 ⓓ E VISA. ✗ BZ **e**
chiuso domenica – **Pasto** carta 54/73000.

X **Dallo Zio,** via Santa Chiara 18 ☏ 786160, Fax 786160, Specialità di mare, Coperti limitati; prenotare – ▤. AE 🗎 ⓓ E VISA. ✗ AZ **b**
chiuso mercoledì e dal 15 luglio al 20 agosto – **Pasto** carta 48/80000.

X **Giorgini,** via Dante 18 ☏ 24322, « Servizio estivo all'aperto » – 🗎 E VISA. ✗ BZ **a**
chiuso mercoledì escluso giugno-settembre – **Pasto** carta 41/58000.

X **Osteria de Börg,** via Forzieri 12 ☏ 56074, 🍴 – AE 🗎 ⓓ E VISA AY **a**
chiuso a mezzogiorno (escluso i giorni festivi), lunedì e dal 15 al 31 luglio – **Pasto** carta 34/44000.

al mare :

Grand Hotel, piazzale Fellini 2 ☏ 56000, Fax 56866, ≤, « Giardino ombreggiato con 🏊 riscaldata », 🏖, 🎾 – 🛗 ▤ 📺 ☎ ♿ 🅿 – 🏛 30 a 350. AE 🗎 ⓓ E VISA. ✗ BY **g**
Pasto 70000 – ☐ 25000 – **117 cam** 290/480000, 3 appartamenti – ½ P 300000.

Ambasciatori, viale Vespucci 22 ☏ 55561, Telex 550132, Fax 23790, ≤, 🏊 riscaldata – 🛗 ▤ 📺 ☎ 🅿 – 🏛 40 a 200. AE 🗎 ⓓ E VISA. ✗ rist BY **e**
Pasto carta 51/84000 – **62 cam** ☐ 210/350000, 4 appartamenti – ½ P 176/275000.

Imperiale, viale Vespucci 16 ☏ 52255, Fax 28806, ≤, ≘s, 🏊 riscaldata, 🏖 – 🛗 ⇔ rist ▤ 📺 ☎ 🅿 – 🏛 30 a 220. AE 🗎 ⓓ E VISA JCB. ✗ rist BY **k**
Pasto carta 65/85000 – **56 cam** ☐ 190/290000, 8 appartamenti – ½ P 139/197000.

Continental e dei Congressi, viale Vespucci 40 ☏ 391300, Fax 391350, ≤, ≘s, 🏊, 🏖 – 🛗 ▤ 📺 ☎ ♿ 🚗 🅿 – 🏛 50 a 300. AE 🗎 ⓓ E VISA JCB. ✗ rist BY **b**
Pasto 40/80000 – **101 cam** ☐ 120/170000, 5 appartamenti – ½ P 150/200000.

National, viale Vespucci 42 ☏ 390940, Fax 390954, ≤, Fā, ≘s, 🏊 riscaldata, 🏖 – 🛗 ▤ 📺 ☎ 🅿 – 🏛 40 a 200. AE 🗎 ⓓ E VISA. ✗ rist BYZ **b**
chiuso dal 10 dicembre al 10 gennaio – **Pasto** *(maggio-ottobre; solo per clienti alloggiati)* 35/45000 – **80 cam** ☐ 150/250000, 3 appartamenti – ½ P 120/160000.

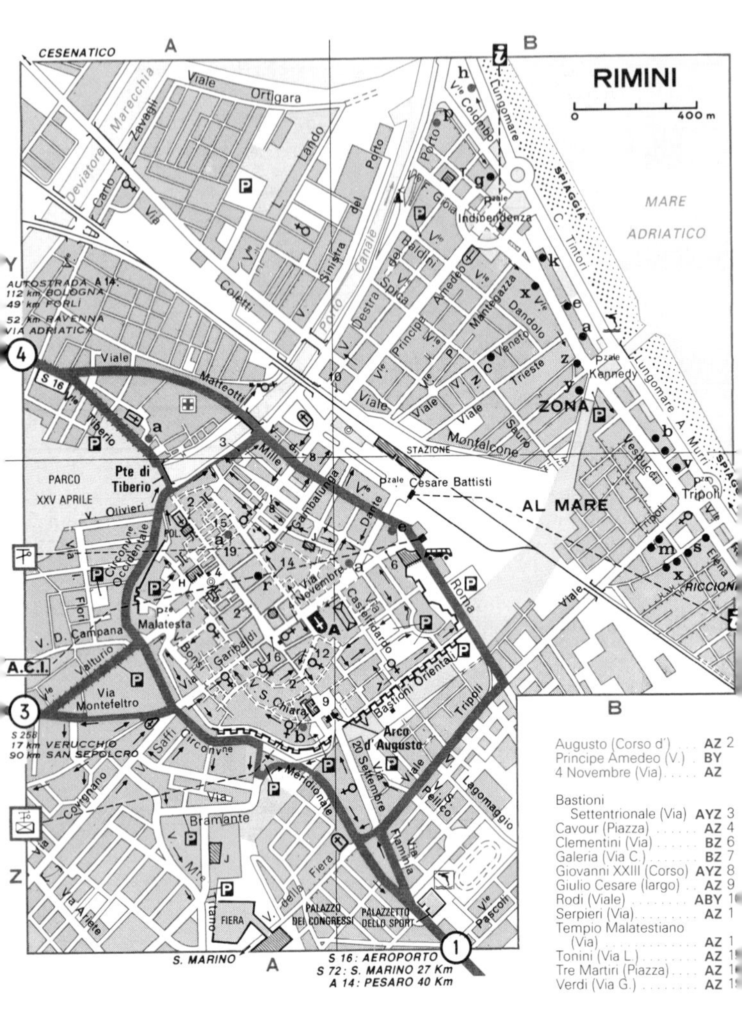

Polo, viale Vespucci 23 ☎ 51180, Fax 51202 – |‡| ⇔ ▤ TV ☎ P – 🏃 100. AE 🅂 ◐ E VISA ✂ BY
Pasto *(giugno-settembre; chiuso a mezzogiorno)* (solo per clienti alloggiati) 30/50000 – **63 cam** ☐ 150/260000, appartamento – ½ P 125/150000.

Club House, viale Vespucci 52 ☎ 391460, Fax 391442, ←, ⛱ riscaldata – |‡| ▤ TV ☎ P – 🏃 50. AE 🅂 ◐ E VISA JCB. ✂ rist BZ
Pasto *(giugno-10 settembre;* solo per clienti alloggiati) 45/60000 – **28 cam** ☐ 200/340000 – ½ P 145/190000.

Waldorf, viale Vespucci 28 ☎ 54725, Telex 551262, Fax 53153, ←, « Terrazza con ⛱ », 🚲, ≘s, 🛋, ✂ – |‡| ▤ TV ☎ P – 🏃 30 a 100. AE 🅂 ◐ E VISA JCB. ✂ rist BY
Pasto *(chiuso domenica)* carta 45/70000 – **60 cam** ☐ 240/300000 – ½ P 160/260000.

Diplomat Palace, viale Regina Elena 70 ☎ 380011, Fax 380414, ←, ⛱ – |‡| ▤ TV ☎ P 🏃 50. AE 🅂 ◐ E VISA. ✂ BZ
Pasto *(maggio-settembre)* 40/55000 – **75 cam** ☐ 200/250000 – ½ P 165000.

Villa Rosa Riviera, viale Vespucci 71 ☎ 22506, Fax 27940 – |‡| ▤ TV ☎ ♿ – 🏃 100. AE 🅂 ◐ E VISA. ✂ rist BY
Pasto *(chiuso mercoledì da ottobre a maggio)* 30/50000 – **60 cam** ☐ 150/190000 – ½ P 100/135000.

Vienna Ostenda, via Regina Elena 11 ☎ 391020, Fax 391032 – ▤ TV ☎ P – 120. AE S ⓓ E VISA JCB. ✻ BZ s
Pasto 35/70000 – **46 cam** ☕ 110/220000, 3 appartamenti – ½ P 90/160000.

Rosabianca senza rist, viale Tripoli 195 ☎ 390666, Fax 390666 – |‡| ▤ TV ☎ P – 60. AE S ⓓ E VISA JCB BZ m
chiuso dal 20 dicembre al 9 gennaio – ☕ 15000 – **52 cam** 100/170000.

Luxor, viale Tripoli 203 ☎ 390990, Fax 392490 – |‡| ▤ TV ☎ P. AE S E VISA. ✻ BZ m
Pasto (solo per clienti alloggiati) 22/35000 – **39 cam** ☕ 110/160000 – P 70/120000.

Levante, viale Regina Elena 88 ☎ 392554, Fax 383074, – |‡| ▤ TV ☎ P – 30. AE S ⓓ E VISA. ✻ rist BZ
Pasto *(maggio-settembre)* carta 35/50000 – **46 cam** ☕ 120/160000 – ½ P 105/115000.

Ariminum, viale Regina Elena 159 ☎ 380472, Fax 389301, ≘s – |‡| ▤ TV ☎ P – 60 a 120. AE S ⓓ E VISA JCB. ✻ BZ
Pasto *(15 maggio-settembre)* 25/35000 – ☕ 20000 – **47 cam** 90/110000, ▤ 10000 – ½ P 85/100000.

Tiberius, viale Cormons 6 ☎ 54226, Fax 27631 – |‡| ▤ TV ☎ P – 40 a 80. AE S ⓓ E VISA JCB. ✻ rist BY y
Pasto *(chiuso domenica)* 20/50000 – **49 cam** ☕ 120/160000 – ½ P 99/135000.

Junior, viale Parisano 40 ☎ 391462, Fax 391492 – |‡| ▤ TV ☎ P – 80. AE S ⓓ E VISA. ✻ rist BZ x
Pasto carta 31/45000 – ☕ 13000 – **54 cam** 65/92000, ▤ 10000 – ½ P 95000.

Marittima senza rist, via Parisano 24 ☎ 392525, Fax 390892 – |‡| ▤ TV ☎. AE S E VISA BZ s
40 cam ☕ 70/120000.

Acasamia, viale Parisano 34 ☎ 391370, Fax 391816 – |‡| ▤ TV ☎ P. AE S ⓓ E VISA JCB. ✻ rist BZ x
Pasto *(aprile-settembre; solo per clienti alloggiati)* 28/40000 – **40 cam** ☕ 90/150000 – P 60/11000.

Spiaggia Marconi, viale Regina Elena 100 ☎ 380368, Fax 380278, ≤, – |‡| ▤ rist TV ☎ P. ✻ rist BZ
Pasqua-settembre – **Pasto** 25/40000 – ☕ 15000 – **45 cam** 80/140000 – ½ P 85/95000.

Villa Lalla, viale Vittorio Veneto 22 ☎ 55155, Fax 23570 – ▤ TV ☎. AE S ⓓ E VISA. ✻ BY c
Pasto *(giugno-settembre)* 30/45000 – ☕ 10000 – **35 cam** 70/130000, ▤ 10000 – ½ P 90/100000.

Rondinella, via Neri 3 ☎ 380567, Fax 380567, – |‡| ▤ rist TV ☎ P. ✻ rist
Pasqua-settembre – **Pasto** 25000 – ☕ 7000 – **31 cam** 55/80000 – ½ P 50/71000.
per viale Regina Elena BZ

Viola, via Imperia 2 ☎ 380674, – |‡| ☎ P. ✻ rist per viale Regina Elena BZ
Pasto vedere hotel **Rondinella** – ☕ 7000 – **21 cam** 55/80000 – ½ P 50/71000.

XX **Lo Squero,** lungomare Tintori 7 ☎ 27676, ≤, , Specialità di mare – AE S ⓓ E VISA. ✻ BY h
chiuso novembre, dicembre e martedì in bassa stagione – **Pasto** carta 59/90000.

X **Da Oberdan-il Corsaro,** via Destra del Porto ☎ 27802, Specialità di mare – ▤. AE S ⓓ E VISA. ✻ BY p
marzo-novembre; chiuso mercoledì in bassa stagione – **Pasto** carta 52/82000.

a Rivabella per ④ 1,5 km – ✉ **47037** :

Caesar Paladium, viale Toscanelli 15 ☎ 54213, Fax 54213, , ≘s, , – |‡| TV ☎ P. AE S E VISA. ✻
Pasto carta 31/56000 – **38 cam** ☕ 75/130000 – ½ P 80000.

a Bellariva per ① : 2 km – ✉ **47037.**

viale Regina Elena 43 ☎ 371057 :

Acerboli, via Bertinoro 14 ☎ 373051 – |‡| ▤ TV ☎. AE S ⓓ E VISA. ✻ rist
giugno-20 settembre – **Pasto** (solo per clienti alloggiati) 25/30000 – **33 cam** ☕ 76/138000 – ½ P 55/75000.

a Marebello per ① : 3 km – ✉ **47037** Rimini :

Carlton, viale Regina Margherita 6 ☎ 372361, Fax 374540, ≤ – |‡| ▤ TV ☎ P – 80. ✻ rist
Pasto (Pasqua-settembre; solo per clienti alloggiati) 32000 – ☕ 10000 – **67 cam** 100/126000, ▤ 10000 – P 68/116000.

13

a Rivazzurra per ① : 4 km – ✉ **47037** :

De France, viale Regina Margherita 48 ☎ 371551, Fax 710001, ≤, – 🅿. AE 🅱 ⓓ E VISA. ✻ rist
9 aprile-settembre – **Pasto** (solo per clienti alloggiati e *chiuso a mezzogiorno*) 30/48000 – 17500 – **65 cam** 85/155000, 15000 – ½ P 85/130000.

Grand Meeting, viale Regina Margherita 46 ☎ 372123, Fax 371754, ≤, riscaldata – 🅿. 🅱 E VISA. ✻ rist
chiuso gennaio e febbraio – **Pasto** *(chiuso sino ad aprile)* 20/45000 – 15000 – **44 cam** 110/170000, 12000 – ½ P 70/100000.

Al Moccolo, via Catania 22 ☎ 375815, Rist. e pizzeria – 🅿. AE 🅱 VISA. ✻
Pasqua-ottobre; chiuso martedì – **Pasto** carta 30/58000.

a Viserba per ④ : 5 km – ✉ **47049** :

La Torre, senza rist, via Dati 52 ☎ 732855, Fax 732283 – 🅿
18 cam.

a Miramare per ① : 5 km – ✉ **47045** Miramare di Rimini.

via Martinelli 11/A ☎ 372112 :

Giglio, viale Principe di Piemonte 18 ☎ 372738, Fax 377490, ≤, – 🅿. AE 🅱 E VISA. ✻ rist
Pasqua-settembre – **Pasto** 30/35000 – 10000 – **42 cam** 75/120000, 10000 – ½ P 60/90000.

Miramare et de la Ville, viale Ivo Oliveti 93 ☎ 372510, Fax 375866 – AE 🅱 ⓓ VISA. ✻
19 marzo-ottobre – **Pasto** 30/40000 – 10000 – **60 cam** 55/90000, 5000 – P 60/85000.

Arno, via Martinelli 9 ☎ 372369, Fax 373106, riscaldata – rist 🅿. AE 🅱 ⓓ E VISA. ✻
15 maggio-15 settembre – **Pasto** (solo per clienti alloggiati) 30/50000 – 10000 – **48 cam** 120/140000 – ½ P 85/105000.

a Viserbella per ④ : 6 km – ✉ **47049** :

Sirio, via Spina 3 ☎ 734639, Fax 733370, « Giardino con », – rist 🅿. ✻
13 maggio-20 settembre – **Pasto** 25/30000 – **50 cam** 140000 – ½ P 75/93000.

Albatros, via Porto Palos 170 ☎ 720300, Fax 720549, ≤, riscaldata – 🅿. ✻ rist
10 maggio-20 settembre – **Pasto** 20/35000 – 12000 – **40 cam** 60/85000 – ½ P 75/88000.

Biagini, via Porto Palos 85 ☎ 721202, Fax 722366, ≤, – 🅿. AE 🅱 E VISA. ✻
10 maggio-settembre – **Pasto** 25/30000 – 20000 – **24 cam** 70/100000 – ½ P 63/91000.

Diana, via Porto Palos 15 ☎ 738158, Fax 738096, ≤, riscaldata – rist 🅿. AE 🅱 ⓓ E VISA. ✻ rist
aprile-settembre – **Pasto** 25/30000 – 8000 – **38 cam** 75/85000 – ½ P 55/82000.

a Torre Pedrera per ④ : 7 km – ✉ **47040**.

via San Salvador 44/E ☎ 720182 :

Doge, via San Salvador 156 ☎ 720170, Fax 330311, ≤, – rist 🅿. VISA. ✻ rist
10 maggio-settembre – **Pasto** (solo per clienti alloggiati) – 12000 – **50 cam** 95/120000 – ½ P 70/90000.

Graziella, via San Salvador 56 ☎ 720316, Fax 720316, ≤, – 🅿. ✻
20 maggio-20 settembre – **Pasto** (solo per clienti alloggiati) 25/29000 – 10000 – **81 cam** 65/110000, 10000 – ½ P 65/100000.

Du Lac, via Lago Tana 12 ☎ 720462, Fax 720274 – rist rist 🅿. 🅱 E VISA. ✻
15 maggio-20 settembre – **Pasto** 25/30000 – 12000 – **52 cam** 50/100000 – ½ P 80/90000.

Bolognese, via San Salvador 134 ☎ 720210, Fax 721240, ≤ – 🅿. AE 🅱 ⓓ E VISA JCB
✻ – *aprile-settembre* – **Pasto** (solo per clienti alloggiati) 35000 – 15000 – **40 cam** 70/120000 – ½ P 90000.

sulla superstrada per San Marino per ① : 11 km :

Cucina della Nonna, via S. Aquilina 77 ✉ 47037 ☎ 759125, ≤, – 🅿. AE 🅱 ⓓ E VISA
✻ – *chiuso mercoledì* – **Pasto** carta 40/66000.

RIO DI PUSTERIA (MÜHLBACH) 39037 Bolzano 429 B 16 – 2 482 ab. alt. 777 – Sport invernali : 777/2 010 m 8, – 0472.

☎ 849467, Fax 849849.

Roma 689 – Bolzano 48 – Brennero 43 – Brunico 25 – Milano 351 – Trento 112.

Ansitz Kandlburg, ☎ 849792, « Residenza nobiliare con origini del 13° secolo » – – 80. 🅱 VISA. ✻
Pasto (solo per clienti alloggiati) – **14 cam** 130/180000 – ½ P 85/140000.

🍴🍴 ✿ **Pichler,** ☎ 849458, Coperti limitati; prenotare – [P]. [$] [O] [E] [VISA]. ✗
chiuso lunedì, martedì a mezzogiorno e luglio – **Pasto** carta 54/89000
Spec. Gnocchi di formaggio di capra (estate-autunno). Cervo con frutti autunnali (autunno). Sella di coniglio con prugne all'aceto balsamico.

🍴 **Giglio Bianco-Weisse Lilie** con cam, ☎ 849740, Fax 849730 – [TV]. [AE] [$] [O] [E] [VISA]
chiuso dal 5 novembre al 20 dicembre – **Pasto** (*chiuso domenica e lunedì da ottobre a marzo*) carta 33/56000 – **13 cam** ☕ 60/110000 – ½ P 70/75000.

a Valles (Vals) NO : 7 km – alt. 1 354 – ✉ **39037** Rio di Pusteria :

🏨 **Masl** 🌙, ☎ 547187, Fax 547187, ≤, ≘s, [🏊], 🌳, 🎾 – 🚭 rist [TV] ☎ [P]. ✗
dicembre-aprile e giugno-ottobre – **Pasto** 25000 – **40 cam** ☕ 70/130000, appartamento – ½ P 80/100000.

🏨 **Huber,** ☎ 547186, Fax 547240, ≤ monti e vallata, ≘s, 🌳 – [TV] ☎ [P]. ✗ rist
chiuso dal 21 aprile al 19 maggio e dal 2 novembre al 19 dicembre – **Pasto** carta 34/50000 – **27 cam** ☕ 95/160000 – ½ P 68/128000.

RIOLO Lodi – Vedere Lodi.

RIOLO TERME **48025** Ravenna [988] ⑮, [429] [430] J 17 – 5 032 ab. alt. 98 – Stazione termale (15 aprile-ottobre), a.s. 20 luglio-settembre – ☏ 0546.

⛳18 La Torre ☎ 74035, Fax 74076.

[i] via Aldo Moro 2 ☎ 71044.

Roma 368 – ◆Bologna 52 – ◆Ferrara 97 – Forlì 30 – ◆Milano 265 – ◆Ravenna 48.

🏨 **Gd H. Terme,** ☎ 71041, Fax 71215, « Parco ombreggiato » – [$] [TV] ☎ 🚗 [P]. ✗
aprile-ottobre – **Pasto** (solo per clienti alloggiati) 45000 – **45 cam** ☕ 80/130000 – P 85/95000.

🏨 **Cristallo,** ☎ 71160, Fax 71879 – [$] ▤ rist [TV] ☎ [P]. [AE] [$] [O] [E] [VISA]. ✗
marzo-ottobre – **Pasto** carta 37/52000 – ☕ 15000 – **62 cam** 85/105000 – ½ P 75000.

RIOMAGGIORE **19017** La Spezia [988] ⑬ ⑭, [428] J 11 – 2 005 ab. – ☏ 0187.

Vedere Guida Verde.

Roma 432 – ◆La Spezia 10 – ◆Genova 49 – ◆Milano 234 – Massa.

🏨 **Due Gemelli** 🌙, località Campi E : 9 km ☎ 731320, Fax 731320, ≤ – ☎ [P]. ✗
Pasto (solo per clienti alloggiati; *chiuso martedì dal 15 settembre al 15 giugno*) carta 40/60000 – ☕ 7000 – **14 cam** 80/100000 – ½ P 90000.

🍴 **La Grotta,** via Colombo 247 ☎ 920187, prenotare – [AE] [$] [E] [VISA]
chiuso mercoledì escluso dal 16 giugno al 15 settembre – **Pasto** carta 29/51000.

RIO MARINA Livorno [430] N 13 – Vedere Elba (Isola d').

RIONERO IN VULTURE **85028** Potenza [988] ㉘, [431] E 29 – 13 662 ab. alt. 662 – ☏ 0972.

Roma 364 – Potenza 43 – ◆Foggia 133 – ◆Napoli 176 – ◆Bari 46.

🏨 **La Pergola,** via Lavista 27/31 ☎ 721179, Fax 721819 – [$] ▤ [TV] ☎ 🚗. [AE] [$] [O] [E] [VISA]. ✗
Pasto (*chiuso venerdì*) carta 25/36000 (10%) – ☕ 10000 – **48 cam** 68/95000 – ½ P 70/80000.

RIPALTA CREMASCA **26010** Cremona [428] G 11 – 2 978 ab. alt. 77 – ☏ 0373.

Roma 542 – Piacenza 36 – ◆Bergamo 44 – ◆Brescia 55 – Cremona 39 – ◆Milano 48.

a Bolzone NO : 3 km – ✉ **26010** Ripalta Cremasca :

🍴 **Via Vai,** ☎ 68697, 🌂, Coperti limitati; prenotare – [P]. [$]
chiuso martedì, mercoledì ed agosto – **Pasto** carta 35/53000.

RISCONE (REISCHACH) Bolzano – Vedere Brunico.

RITTEN = Renon.

RIVABELLA Forlì [429] [430] J 19 – Vedere Rimini.

RIVA DEI TESSALI Taranto [431] F 32 – Vedere Castellaneta Marina.

In questa guida

uno stesso simbolo, una stessa parola stampati in rosso o in nero, in magro o in ***grassetto*** hanno un significato diverso.

Leggete attentamente le pagine esplicative.

RIVA DEL GARDA 38066 Trento 988 ④, 428 429 E 14 – 13 662 ab. alt. 70 – a.s. dicembre-20 gennaio e Pasqua – ☎ 0464.

Vedere Lago di Garda*** – Città vecchia*.

Parco Lido ☎ 554444, Fax 520308.

Roma 576 – Trento 43 – Bolzano 103 – Brescia 75 – Milano 170 – Venezia 199 – Verona 87.

Du Lac et du Parc, viale Rovereto 44 ☎ 551500, Telex 400258, Fax 555200, ≤, « Grande parco con laghetti e riscaldata », rist – 60 a 250. rist
aprile-ottobre – **Pasto** *(chiuso lunedì)* 60000 – **172 cam** 190/420000, 6 appartamenti – ½ P 190/245000.

International Hotel Liberty, viale Carducci 3/5 ☎ 553581, Fax 551144, – rist
Pasto *(chiuso martedì in bassa stagione)* carta 39/55000 – **81 cam** 140/210000 – ½ P 120/140000.

Sole, piazza 3 Novembre 35 ☎ 552686, Fax 552811, ≤, – rist rist
chiuso da febbraio a Pasqua – **Pasto** 40/50000 – 20000 – **49 cam** 150/220000, 3 appartamenti – ½ P 140/160000.

Parc Hotel Flora, viale Rovereto 54 ☎ 553221, Fax 554434, « Giardino », riscaldata – – 45. rist
Pasto *(chiuso mercoledì)* 35/40000 – 10000 – **32 cam** 100/170000 – ½ P 100/120000.

Europa, piazza Catena 9 ☎ 555433, Fax 521777, ≤, – – 40 a 80. rist
Pasqua-ottobre – **Pasto** 33000 – **63 cam** 115/200000 – ½ P 100/120000.

Luise, viale Rovereto 9 ☎ 552796, Fax 554250, – rist
marzo-2 novembre – **Pasto** carta 28/50000 – **58 cam** 120/168000 – ½ P 95/105000.

Mirage, viale Rovereto 97/99 ☎ 552671, Fax 553211, ≤, riscaldata – rist – 100.
Pasqua-ottobre – **Pasto** 28000 – **55 cam** 100/170000 – ½ P 105000.

Riviera, viale Rovereto 95 ☎ 552279, Fax 554140, ≤, – rist
aprile-ottobre – **Pasto** 25000 – 13000 – **36 cam** 70/120000 – ½ P 80/86000.

Venezia, viale Rovereto 62 ☎ 552216, Fax 556031, – rist
10 marzo-ottobre – **Pasto** 43/46000 – **24 cam** 88/160000 – ½ P 100000.

Miravalle senza rist, via Monte Oro 9 ☎ 552335, Fax 521707, « Giardino ombreggiato » –
aprile-ottobre – **29 cam** 85/150000.

Villa Giuliana, via Belluno 12 ☎ 553338, Fax 521490, –
febbraio-ottobre – **Pasto** carta 35/57000 – **52 cam** 90/160000 – ½ P 90000.

Gardesana, via Brione 1 ☎ 552793, Fax 555814, – rist
aprile-ottobre – **Pasto** *(chiuso venerdì)* 21/28000 – **38 cam** 80/140000 – ½ P 75/80000.

Bellavista senza rist, piazza Cesare Battisti 4 ☎ 554271, Fax 555754, ≤ –
Pasqua-8 novembre – **31 cam** 160/212000.

Gabry, via Longa 6 ☎ 553600, Fax 553624, –
aprile-ottobre – **Pasto** (solo per clienti alloggiati e *chiuso a mezzogiorno*) 25000 – **39 cam** 100/140000 – ½ P 75/85000.

Vecchia Riva, via Bastione 3 ☎ 555061, Coperti limitati; prenotare –
chiuso martedì e mercoledì a mezzogiorno in bassa stagione – **Pasto** carta 43/64000.

Al Volt, via Fiume 73 ☎ 552570, Fax 552570 –
chiuso lunedì e febbraio – **Pasto** carta 41/56000.

La Rocca, piazza Cesare Battisti ☎ 552217, –
chiuso dal 15 novembre al 15 dicembre e mercoledì in bassa stagione – **Pasto** carta 44/59000.

RIVA DI SOLTO 24060 Bergamo 428 429 E 12 – 865 ab. alt. 190 – ☎ 035.

Roma 604 – Brescia 55 – Bergamo 40 – Lovere 7 – Milano 85.

Zu, località Zu S : 2 km ☎ 986004, « Servizio estivo in terrazza con ≤ lago d'Iseo » –
chiuso dal 1° al 20 gennaio e mercoledì (escluso luglio-agosto) – **Pasto** carta 38/59000.

a Zorzino NO : 1,5 km – alt. 329 – ✉ 24060 Riva di Solto :

Miranda-da Oreste, ☎ 986021, Fax 986021, ≤ lago d'Iseo e Monte Isola, « Servizio estivo in terrazza; giardino con » –
Pasto *(chiuso martedì da novembre a marzo)* carta 31/45000 – 7000 – **22 cam** 50/70000 – ½ P 60000.

RIVALTA DI TORINO 10040 Torino [428] G 4 – 16 898 ab. alt. 294 – ☎ 011.
Roma 675 – ◆Torino 16 – ◆Milano 155 – Susa 43.

Pianta d'insieme di Torino (Torino p. 2)

🏨 **Rio** senza rist, via Griva 75 ✆ 9091313, Fax 9091315 – ⇅ [TV] ☎ 🚗 [P]. [S] E [VISA]. 🐕
☕ 15000 – **76 cam** 90/120000. EU **b**

RIVANAZZANO 27055 Pavia [428] H 9 – 4 053 ab. alt. 157 – ☎ 0383.
Roma 581 – Alessandria 36 – ◆Genova 87 – ◆Milano 71 – Pavia 39 – Piacenza 71.

🍴🍴 **Selvatico** con cam, ✆ 944720 – ☎. [AE] [S] E [VISA]
chiuso dal 2 all'8 gennaio – **Pasto** *(chiuso domenica sera e lunedì)* carta 29/52000 – ☕ 5000 – **21 cam** 45/70000 – ½ P 60000.

RIVAROLO CANAVESE 10086 Torino [988] ⑫, [428] G 5 – 12 020 ab. alt. 304 – ☎ 0124.
Roma 726 – ◆Torino 29 – Aosta 88 – ◆Milano 138 – Vercelli 75.

🏨 **Europa,** viale Losego 22 ✆ 26097, Fax 25871, 🌳 – ⇅ [TV] ☎ 🚗 [P]. [AE] [S] E [VISA]. 🐕
chiuso agosto – **Pasto** *(chiuso domenica sera)* carta 42/58000 – ☕ 18000 – **28 cam** 90/110000 – ½ P 80000.

🍴 L'Oasi, via Favria 19 ✆ 26928, solo su prenotazione sabato a mezzogiorno – [P]

RIVAROSSA 10040 Torino [428] G 5 – 1 274 ab. alt. 286 – ☎ 011.
Roma 662 – ◆Torino 26 – Aosta 93.

🍴🍴 **Il Mandracchio,** via San Francesco al Campo O : 2 km ✆ 9888494, Fax 9888494 – [P]. [AE] [S] ⓓ E [VISA]. 🐕
chiuso lunedì e dal 5 al 27 agosto – **Pasto** 50/60000.

RIVA TRIGOSO Genova – Vedere Sestri Levante.

RIVAZZURRA Rimini [430] J 19 – Vedere Rimini.

RIVERGARO 29029 Piacenza [428] H 10 – 4 941 ab. alt. 140 – ☎ 0523.
Roma 531 – Piacenza 18 – ◆Bologna 169 – ◆Genova 121 – ◆Milano 84.

🍴🍴 **Castellaccio-da Attendolo,** dopo il ponte di Statto ✆ 957333, Fax 956424, ≤, 🌳 – [P]. [AE] [S] ⓓ E [VISA]
chiuso martedì, mercoledì a mezzogiorno, dal 10 al 31 gennaio e dal 1° al 10 agosto – **Pasto** carta 47/62000.

RIVIERA DI LEVANTE Genova e La Spezia [988] ⑬ ⑭ – Vedere Guida Verde.

RIVISONDOLI 67036 L'Aquila [988] ㉗, [430] Q 24, [431] B 24 – 786 ab. alt. 1 310 – a.s. febbraio-
0 aprile, 20 luglio-25 agosto e Natale – Sport invernali : a Monte Pratello : 1 365/2 035 m
1 ⛷5 – ☎ 0864.
piazza Municipio ✆ 69351.
Roma 188 – Campobasso 92 – L'Aquila 101 – Chieti 96 – ◆Pescara 107 – Sulmona 34.

🏨 **Como,** ✆ 641942, Fax 641941, ≤, 🌳 – ⇅ [TV] ☎ [P]. [AE] [S]. 🐕
chiuso maggio e giugno – **Pasto** *(chiuso lunedì)* 35/40000 – ☕ 10000 – **44 cam** 70/110000 – ½ P 90/110000.

🍴🍴 **Da Giocondo,** ✆ 69123, Coperti limitati; prenotare – [AE] [S] ⓓ E [VISA]. 🐕
chiuso giugno e martedì – **Pasto** carta 31/50000.

RIVODORA Torino – Vedere Baldissero Torinese.

RIVODUTRI 02010 Rieti [430] O 20 – 1 340 ab. alt. 560 – ☎ 0746.
Roma 97 – Terni 28 – L'Aquila 73 – Rieti 17.

🍴🍴 **La Trota,** località Piedicolle S : 2 km ✆ 685078, Fax 685078, « Grazioso giardino » – [P]. [AE] [S] [VISA]. 🐕
chiuso mercoledì e gennaio – **Pasto** carta 43/85000.

RIVOLI **10098** Torino 988 ⑫, 428 G 4 – 53 259 ab. alt. 386 – ☎ 011.
Roma 678 – ♦Torino 15 – Asti 64 – Cuneo 103 – ♦Milano 155 – Vercelli 82.

Pianta d'insieme di Torino (Torino p. 2)

XX **Nazionale,** corso Francia 4 ☎ 9580275, prenotare – AE 🅂 E VISA. ✻ ET a
chiuso sabato, domenica sera ed agosto – **Pasto** carta 47/82000.

XX Da Baston, corso Susa 12/14 ☎ 9580398, Specialità di mare, prenotare ET

ROANA **36010** Vicenza 429 E 16 – 3 731 ab. alt. 992 – Sport invernali : vedere Asiago – ☎ 0424
Roma 588 – Trento 64 – Asiago 6 – ♦Milano 270 – ♦Venezia 121 – Vicenza 54.

All'Amicizia, ☎ 66014 – ✻
Pasto *(chiuso mercoledì)* carta 26/38000 – **25 cam** 45/90000 – ½ P 70/75000.

ROASIO **13060** Vercelli 428 F 6 – 2 504 ab. alt. 300 – ☎ 0163.
Roma 659 – Biella 25 – ♦Milano 94 – Novara 51 – Stresa 51 – ♦Torino 85 – Vercelli 41.

sulla strada statale 143 SO : 3 km :

XX Piana di Monolo, ✉ 13060 ☎ 87232 – P

a Curavecchia SO : 4 km – ✉ **13060** Roasio :

XX **Cascina Ciocchetta,** ☎ 87273, Fax 87273 – P. AE 🅂 E VISA. ✻
chiuso domenica sera, lunedì, dall'8 al 22 gennaio e dal 5 al 26 agosto – **Pasto** carta 45
64000.

ROBBIO **27038** Pavia 428 G 7 – 6 405 ab. alt. 122 – ☎ 0384.
Roma 606 – Alessandria 61 – ♦Milano 60 – Novara 22 – Pavia 51 – ♦Torino 92 – Vercelli 16.

X **Da Mino,** via San Valeriano 5 ☎ 672216, prenotare. ✻
chiuso domenica sera, lunedì ed agosto – **Pasto** 35/50000 bc (a mezzogiorno) 50/65000 b
(alla sera).

ROCCABRUNA **12020** Cuneo 428 I 3 – 1 332 ab. alt. 700 – ☎ 0171.
Roma 673 – Cuneo 30 – ♦Genova 174 – ♦Torino 103.

a Sant'Anna N : 3 km – alt. 1 250 – ✉ **12020** Roccabruna :

XX **La Pineta** con cam, ☎ 905856 – TV ☎ P. ✻
chiuso gennaio – **Pasto** *(chiuso lunedì sera e martedì escluso luglio ed agosto)* 35/45000
5000 – **9 cam** 50/80000 – ½ P 65000.

ROCCA DELLE DONNE Alessandria – Vedere Camino.

ROCCA DI CAMBIO **67047** L'Aquila 430 P 22 – 446 ab. alt. 1 434 – ☎ 0862.
Roma 142 – L'Aquila 23 – Pescara 99.

Cristall Hotel, ☎ 918119, Fax 918119, ←, – P. 🅂 E VISA. ✻
chiuso maggio o novembre – **Pasto** carta 26/40000 – **19 cam** 70/95000 – ½ P 60/10500

ROCCA DI MEZZO **67048** L'Aquila 430 P 22 – 1 508 ab. alt. 1 329 – ☎ 0862.
Roma 138 – L'Aquila 28 – ♦Pescara 115 – Avezzano 29.

a Rovere S : 3,5 km – ✉ **67040** :

Green Rovere, ☎ 914038, Fax 911079 – TV ☎ P
49 cam.

ROCCAFINADAMO Pescara – Vedere Penne.

ROCCALBEGNA **58053** Grosseto 988 ㉕, 430 N 16 – 1 386 ab. alt. 522 – ☎ 0564.
Roma 182 – Grosseto 43 – Orvieto 92 – Siena 96.

a Triana E : 6 km – alt. 769 – ✉ **58050** :

XX ✻ **Osteria del Vecchio Castello,** ☎ 989192, Fax 989192, Coperti limitati; prenotare –
🅂 E VISA. ✻
chiuso mercoledì e febbraio – **Pasto** carta 46/70000
Spec. Sfogliatine alle erbe di campo, Gnocchi di ricotta con crema di funghi e prugnoli con lamelle di tartufo ne
Ventaglio di petto di piccione in salsa agrodolce.

ROCCA PIA 67030 L'Aquila 430 Q 23 – 253 ab. alt. 1 040 – ☎ 0864.

Roma 183 – Frosinone 120 – Avezzano 78 – Isernia 59 – L'Aquila 88 – Sulmona 18.

Antica Stalla, via Conte di Torino 45 ✆ 48658, Fax 48658 – ☎. ✱
Pasto carta 25/32000 – **18 cam** ☐ 45/80000 – 1/2 P 80000.

ROCCA PIETORE 32020 Belluno 429 C 17 – 1 558 ab. alt. 1 142 – Sport invernali : a Malga Ciapela : 1 428/3 270 m (Marmolada) 2 4 (anche sci estivo), ✱ – ☎ 0437.

Dintorni Marmolada★★★ : ✱★★★ sulle Api per funivia O : 7 km – Lago di Fedaia★ NO : 13 km.

a Rocca Pietore ✆ 721319, Fax 721319.

Roma 671 – Cortina d'Ampezzo 37 – Belluno 56 – ♦Milano 374 – Passo del Pordoi 30 – ♦Venezia 162.

Sport Hotel Töler, località Boscoverde O : 3 km, alt. 1 200 ✆ 722030, Fax 722188, ≤, ✱ – |‡| ☐ ☎ ⇔ P. ✱
dicembre-aprile e 15 giugno-settembre – **Pasto** carta 30/52000 – **26 cam** ☐ 80/150000 – 1/2 P 100000.

Rosalpina, località Bosco Verde O : 3 km ✆ 722004, Fax 722049, ✱ – ☐ ☎ P. ✱
dicembre-aprile e giugno-settembre – **Pasto** carta 29/41000 – **30 cam** ☐ 65/110000 – P 50/125000.

a Digonera N : 5,5 km – alt. 1 158 – ✉ 32020 Laste di Rocca Pietore :

Digonera, ✆ 529120, Fax 529150, ≤, ✱ – |‡| ☎ P. AE ✱ E VISA. ✱ rist
chiuso dal 20 maggio al 20 giugno e dal 10 novembre al 10 dicembre – **Pasto** *(chiuso lunedì)* carta 35/49000 – **22 cam** ☐ 120000 – 1/2 P 95000.

ROCCAPORENA Perugia 430 N 20 – Vedere Cascia.

ROCCA PRIORA 00040 Roma 430 Q 20 – 9 196 ab. alt. 768 – ☎ 06.

Roma 34 – Anzio 56 – Frosinone 65.

Villa la Rocca, via Dei Castelli Romani 1 ✆ 9472040, Fax 9471750, ✱ – |‡| ☐ ☎ P – ✱ 40. AE ✱ ⦿ E VISA JCB. ✱ rist
Pasto 70/110000 – **23 cam** ☐ 150/220000 – 1/2 P 180/200000.

ROCCARASO 67037 L'Aquila 988 ㉗, 430 Q 24, 431 B 24 – 1 642 ab. alt. 1 236 – a.s. febbraio-10 aprile, 20 luglio-25 agosto e Natale – Sport invernali : 1 236/2 200 m 1 15, ✱ – ☎ 0864.

via Mori 1 – Palazzo del Comune ✆ 62210, Fax 62210.

Roma 190 – Campobasso 90 – L'Aquila 102 – Chieti 98 – ♦Napoli 149 – ♦Pescara 109.

Cristal ✱, via Pietransieri ✆ 602333, Fax 63619, ≤ – ☐ ☎ ⇔ P – ✱ 120. ✱ E VISA. ✱
Pasto carta 27/46000 – **31 cam** ☐ 70/120000 – 1/2 P 110/150000.

Excelsior, via Roma 27 ✆ 602351, Fax 602351 – |‡| ☐ ☎ ⇔ P. ✱ E VISA. ✱
18 dicembre-15 aprile e 24 giugno-4 settembre – **Pasto** 35/40000 – ☐ 12000 – **38 cam** 120/150000 – P 110/160000.

Iris, viale Iris 5 ✆ 602366, Fax 602366 – |‡| ☐ ☎. AE ✱ ⦿ E VISA. ✱
Pasto carta 35/50000 – ☐ 10000 – **48 cam** 128/150000 – 1/2 P 150/155000.

Suisse, via Roma 22 ✆ 602347, Fax 602347 – |‡| ☐ ☎ ⇔. AE ✱ ⦿ VISA. ✱
Pasto 30/32000 – ☐ 8000 – **45 cam** 80/110000 – 1/2 P 120/150000.

Il Tratturo, via Pietransieri 5 ✆ 62666, Ristorante e pizzeria – P. AE ✱ ⦿ VISA. ✱
chiuso martedì escluso agosto-settembre – **Pasto** carta 29/52000.

La Galleria, via Roma ✆ 62278, prenotare – AE ✱ ⦿ E VISA
chiuso giugno e martedì in bassa stagione – **Pasto** carta 46/61000.

a Pietransieri E : 4 km – alt. 1 288 – ✉ 67030 :

La Preta, ✆ 62716, Fax 62716, Coperti limitati; prenotare – AE ✱ ⦿ E VISA. ✱
chiuso martedì in bassa stagione – **Pasto** carta 33/47000.

ad Aremogna SO : 9 km – alt. 1 622 – ✉ 67030 :

Pizzalto ✱, ✆ 602383, Fax 602383, ≤, ✱, ✱ – |‡| ☐ ☎ ⇔ P. AE ✱ E VISA. ✱
chiuso maggio e giugno; dal 15 settembre a novembre aperto solo sabato-domenica – **Pasto** carta 32/64000 – **53 cam** ☐ 180000 – 1/2 P 120/180000.

Boschetto ✱, ✆ 602367, Fax 602382, ≤, ✱, ✱, ✱ – |‡| ☐ ☎ ⇔ P. AE ✱ ⦿ E VISA. ✱
dicembre-Pasqua e 10 luglio-agosto – **Pasto** carta 35/53000 – ☐ 10000 – **48 cam** 60/100000 – 1/2 P 70/125000.

ROCCA SAN CASCIANO 47017 Forlì 988 ⑮, 429 430 J 17 – 2 119 ab. alt. 210 – ☎ 0543.

Roma 326 – Rimini 81 – ♦Bologna 91 – ♦Firenze 81 – Forlì 28.

La Pace, piazza Garibaldi 16 ✆ 960137 – AE E VISA
chiuso dal 15 al 30 gennaio e martedì (escluso agosto) – **Pasto** carta 16/30000 bc.

ROCCA SANT'ANGELO Perugia 430 M 19 – Vedere Assisi.

RODDI 12060 Cuneo 428 H 5 – 1 185 ab. alt. 284 – ☎ 0173.

Roma 650 – Cuneo 61 – ♦Torino 63 – Asti 35.

Enomotel il Convento, via Cavallotto 1 (E : 2 km) ☎ 615286, Fax 615286 – ☎ – 60. AE E VISA JCB.
Pasto *(chiuso a mezzogiorno)* 35/50000 – **27 cam** 90/150000, 2 appartamenti – 1/2 P 95000.

La Cròta, piazza Principe Amedeo 1 ☎ 615187, Fax 615187 – AE E VISA.
chiuso lunedì sera, martedì, dall'11 al 18 gennaio e dal 9 al 18 agosto – **Pasto** carta 23/52000.

RODI GARGANICO 71012 Foggia 988 ㉘, 431 B 29 – 4 035 ab. – a.s. luglio-13 settembre – ☎ 0884.

per le Isole Tremiti giugno-settembre giornaliero (50 mn) – Adriatica di Navigazione-agenzia VI.PI, corso Madonna della Libera 22 ☎ 966357.

Roma 385 – ♦Foggia 100 – ♦Bari 192 – Barletta 131 – ♦Pescara 184.

Baia Santa Barbara, O : 1,5 km ☎ 965253, Fax 965414, ←, « In pineta », – ☎
stagionale – **134 cam.**

Parco degli Aranci, E : 2 km ☎ 965033, Fax 98481, ←, « Parco-agrumeto », – ☎. AE E VISA.
Natale e aprile-ottobre – **Pasto** carta 25/38000 – 6000 – **72 cam** 90/110000 – 1/2 P 85/120000.

Da Franco, ☎ 965003, – E VISA
chiuso dal 5 al 25 novembre e lunedì (escluso da giugno ad agosto) – **Pasto** carta 40/55000

Bella Rodi, via Scalo Marittimo 49/51 ☎ 965786 – . E VISA.
chiuso dal 10 al 16 gennaio, dal 17 al 23 ottobre e mercoledì (escluso da giugno a settembre) – **Pasto** carta 36/60000.

ROGENO 22040 Lecco 219 ⑨ ⑲ – 2 440 ab. alt. 290 – ☎ 031.

Roma 613 – Como 20 – ♦Bergamo 45 – Erba 6 – Lecco 15 – ♦Milano 45.

5 Cerchi, località Maglio O :2 km ☎ 865587, Fax 865587, Ambiente caratteristico, prenotare – . VISA.
chiuso domenica sera, lunedì e dal 3 al 24 agosto – **Pasto** carta 39/61000.

ROLO 42047 Reggio nell'Emilia 428 429 H 14 – 3 347 ab. alt. 21 – ☎ 0522.

Roma 442 – Bologna 76 – Mantova 38 – ♦Modena 36 – ♦Verona 67.

L'Osteria dei Ricordi, ☎ 658111, , Coperti limitati; prenotare – . AE VISA
chiuso a mezzogiorno (escluso domenica), lunedì, gennaio ed agosto – **Pasto** carta 50/71000.

Besonders angenehme Hotels oder Restaurants sind im Führer rot gekennzeichnet.

Sie können uns helfen, wenn Sie uns die Häuser angeben, in denen Sie sich besonders wohl gefühlt haben.

Jährlich erscheint eine komplett überarbeitete Ausgabe aller Roten Michelin-Führer.

XXXXX ... X

Roma

00100 P 988 ㉖, 430 Q 19 – 2 687 881 ab. alt. 20 – ☎ 06

18 Parco de' Medici (chiuso martedì) ✉ 00148 Roma ☎ 6553477, Fax 6553344, SO : 4,5 km BR ;

18 (chiuso lunedì) ad Acquasanta ✉ 00178 Roma ☎ 7803407, Fax 78346219, SE : 12 km ;

18 e 18 Marco Simone (chiuso martedì) a Guidonia Montecelio ✉ 00012 ☎ (0774) 366469, Fax 366476, per ③ : 7 km ;

9 Arco di Costantino (chiuso martedì) ✉ 00188 Roma ☎ 33624440, Fax 33612919 per ② : 15 km ;

18 e 9 (chiuso lunedì) ad Olgiata ✉ 00123 Roma ☎ 30889141, Fax 30889968, per ⑩ : 19 km ;

18 Fioranello (chiuso mercoledì) a Santa Maria delle Mole ✉ 00040 ☎ 7138080, Fax 7138212, per S2 AQ : 19 km.

di Ciampino SE : 15 km BR ☎ 794941 e Leonardo da Vinci di Fiumicino per ⑧ : 26 km ☎ 65951 – Alitalia, via Bissolati 13 ✉ 00187 ☎ 46881 e via della Magliana 886 ✉ 00148 ☎ 65643.

Termini ☎ 4775 – Tiburtina ☎ 47301.

via Parigi 5 ✉ 00185 ☎ 48899200, Fax 4819316 : alla stazione Termini ☎ 4871270 : all'aeroporto di Fiumicino ☎ 65010255.

A.C.I. via Cristoforo Colombo 261 ✉ 00147 ☎ 514971 e via Marsala 8 ✉ 00185 ☎ 49981, Telex 610686, Fax 4998234.

Distanze : nel testo delle altre città elencate nella Guida è indicata la distanza chilometrica da Roma.

Per una visita turistica più dettagliata consultate la guida Verde Michelin Italia e in particolare la guida Verde Roma.

Pour une visite touristique plus détaillée, consultez le Guide Vert Italie et plus particulièrement le guide Vert Rome.

Eine ausführliche Beschreibung aller Sehenswürdigkeiten finden Sie im Grünen Reiseführer Italien.

For a more complete visit consult the Green Guides Italy and Rome.

CURIOSITÀ
CURIOSITÉS
SEHENSWÜRDIGKEITEN
SIGHTS

Museo Borghese★★★ ES **M**[6] – Villa Giulia★★★ DS – Catacombe★★★ BR – Santa Sabina★★ MZ – Villa Borghese★★ NOU – Terme di Caracalla★★ ET – San Lorenzo Fuori Le Mura★★ FST **E** – San Paolo Fuori Le Mura★★ BR – Via Appia Antica★★ BR – Galleria Nazionale d'Arte Moderna★ DS **M**[7] – Piramide di Caio Cestio★ DT – Porta San Paolo★ DT **B** – Sant'Agnese e Santa Costanza★ FS **C** – Santa Croce in Gerusalemme★ FT **D** – San Saba★ ET – E.U.R.★ BR – Museo della Civiltà Romana BR **M**[8].

ROMA ANTICA

Colosseo★★★ OYZ – Foro Romano★★★ NOY – Basilica di Massenzio★★★ OY **B** – Fori Imperiali★★★ NY – Colonna Traiana★★★ NY **C** – Palatino★★★ NOYZ – Pantheon★★★ MVX – Area Sacra del Largo Argentina★★ MY **W** – Ara Pacis Augustae★★ LU – Tempio di Apollo Sosiano★★ MY **X** – Teatro di Marcello★★ MY – Tempio della Fortuna Virile★ MZ **Y** – Tempio di Vesta★ MZ **Z** – Isola Tiberina★ MY

ROMA CRISTIANA

Gesù★★★ MY – Santa Maria Maggiore★★★ PX – San Giovanni in Laterano★★★ FT – Santa Maria d'Aracoeli★★ NY **A** – San Luigi dei Francesi★★ LV – Sant'Andrea al Quirinale★★ OV **F** – San Carlo alle Quattro Fontane★★ OV **K** – San Clemente★★ PZ – Sant'Ignazio★★ MV **L** – Santa Maria degli Angeli★★ PV **N** – Santa Maria della Vittoria★★ PV – Santa Susanna★★ OV – Santa Maria in Cosmedin★★ MNZ – Santa Maria in Trastevere★★ KZ **S** – Santa Maria sopra Minerva★★ MX **V** – Santa Maria del Popolo★ MU **D** – Chiesa Nuova★ KX – Sant'Agostino★ LV **G** – San Pietro in Vincoli★ OY – Santa Cecilia★ MZ – San Pietro in Montorio★ JZ ⋞★★★ – Sant'Andrea della Valle★ LY **Q** – Santa Maria della Pace★ KV **R**.

PALAZZI E MUSEI

Palazzo dei Conservatori★★★ MNY **M**[1] – Palazzo Nuovo★★★ (Museo Capitolino★★) NY **M**[1] – Palazzo Senatorio★★★ NY **H** – Castel Sant'Angelo★★★ JKV – Museo Nazionale Romano★★★ PV – Palazzo della Cancelleria★★ KX **A** – Palazzo Farnese★★ KY – Palazzo del Quirinale★★ NOV – Palazzo Barberini★★ OV – Villa Farnesina★★ KY – Palazzo Venezia★ MY **M**[3] – Palazzo Braschi★ KX **M**[4] – Palazzo Doria Pamphili★ MX **M**[5] – Palazzo Spada★ KY.

CITTÀ DEL VATICANO

Piazza San Pietro★★★ HV – Basilica di San Pietro★★★ (Duomo ⋞★★★) GV – Musei Vaticani★★★ (Cappella Sistina★★★) GHUV – Giardini Vaticani★★★ GV.

PASSEGGIATE

Pincio ⋞★★★ MU – Piazza del Campidoglio★★★ MNY – Piazza di Spagna★★★ MNU – Piazza Navona★★★ LVX – Fontana dei Fiumi★★★ LV **E** – Fontana di Trevi★★★ NV – Monumento Vittorio Emanuele (Vittoriano) ⋞★★ MNY – Piazza del Quirinale★★ NV – Piazza del Popolo★★ MU – Gianicolo★ JY – Via dei Coronari★ KV – Ponte Sant'Angelo★ JKV – Piazza Bocca della Verità★ MNZ – Piazza Campo dei Fiori★ KY **28** – Piazza Colonna★ MV **46** – Piazza di Porta Maggiore★ FT – Piazza Venezia★ MNY

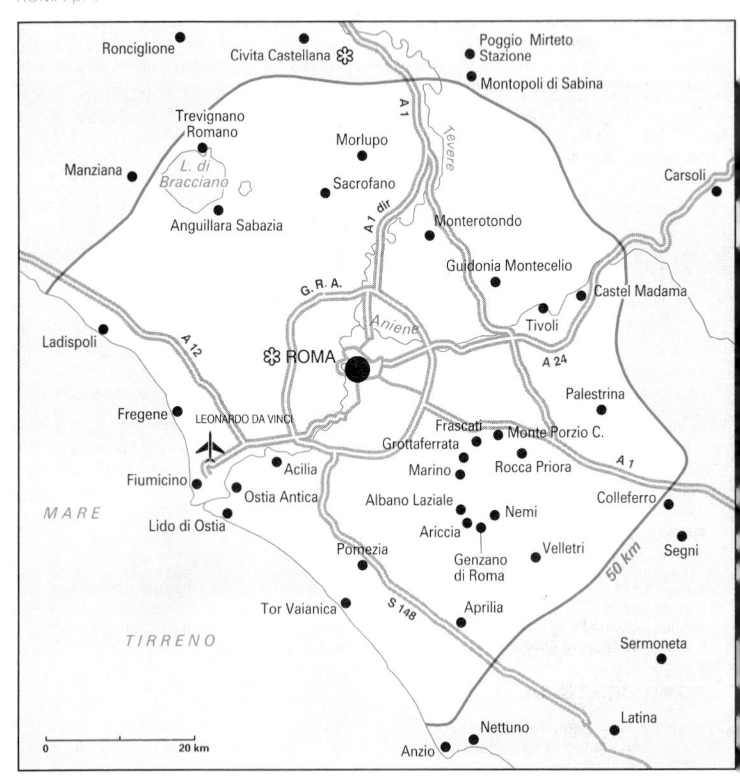

INDICE TOPONOMASTICO DELLE PIANTE DI ROMA

INDICE TOPONOMASTICO DELLE PIANTE DI ROMA

Un consiglio Michelin: per la buona riuscita di un viaggio, preparatelo in anticipo. Le carte e le guide Michelin vi danno tutte le indicazioni utili su: itinerari, curiosità, sistemazioni, prezzi, ecc.

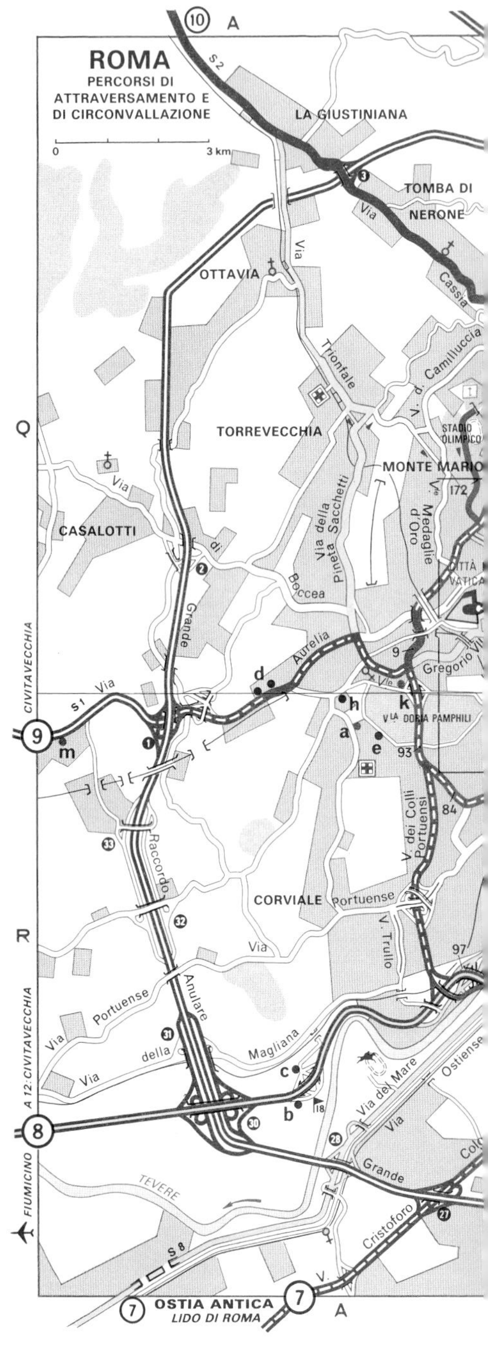

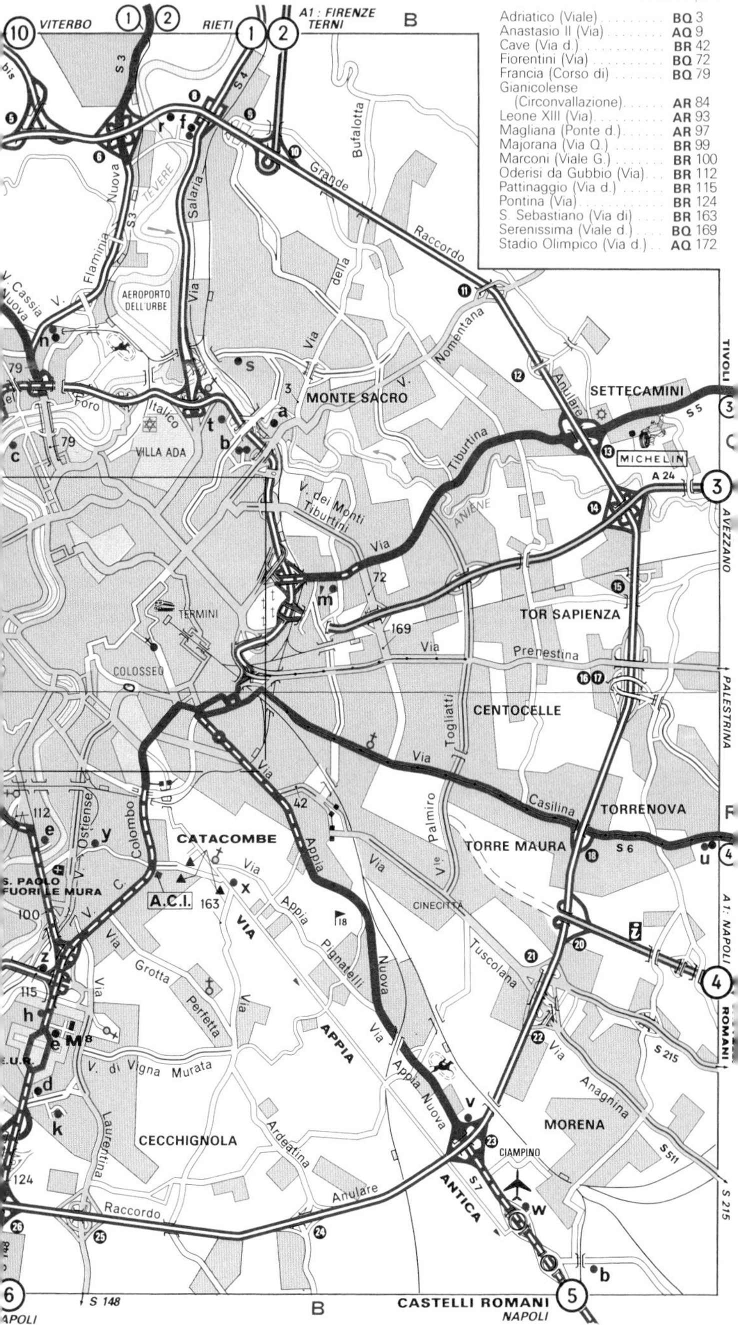

VITERBO
RIETI
A1 : FIRENZE TERNI
B
AEROPORTO DELL'URBE
MONTE SACRO
SETTECAMINI
TIVOLI
MICHELIN
A 24
AVEZZANO
VILLA ADA
TERMINI
COLOSSEO
TOR SAPIENZA
PALESTRINA
CENTOCELLE
TORRENOVA
CATACOMBE
TORRE MAURA
S. PAOLO FUORI LE MURA
A.C.I.
CINECITTÀ
A1 : NAPOLI
ROMANI
E.U.R.
MORENA
CECCHIGNOLA
CIAMPINO
ANTICA
CASTELLI ROMANI
NAPOLI
S 148

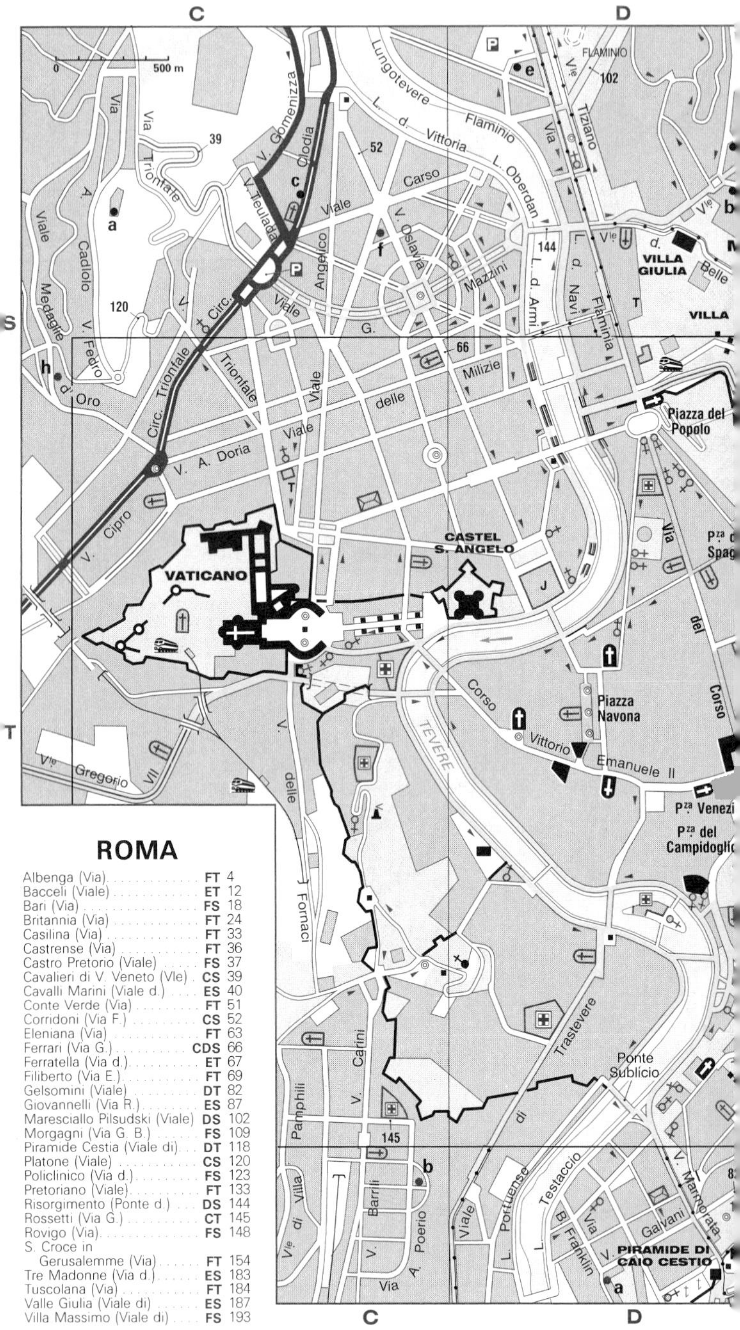

ROMA

Albenga (Via)	FT	4
Bacceli (Viale)	ET	12
Bari (Via)	FS	18
Britannia (Via)	FT	24
Casilina (Via)	FT	33
Castrense (Via)	FT	36
Castro Pretorio (Viale)	FS	37
Cavalieri di V. Veneto (Vle)	CS	39
Cavalli Marini (Viale d.)	ES	40
Conte Verde (Via)	FT	51
Corridoni (Via F.)	CS	52
Eleniana (Via)	FT	63
Ferrari (Via G.)	CDS	66
Ferratella (Via d.)	ET	67
Filiberto (Via E.)	FT	69
Gelsomini (Viale)	DT	82
Giovannelli (Via R.)	ES	87
Maresciallo Pilsudski (Viale)	DS	102
Morgagni (Via G. B.)	FS	109
Piramide Cestia (Viale di)	DT	118
Platone (Viale)	CS	120
Policlinico (Via d.)	FS	123
Pretoriano (Viale)	FT	133
Risorgimento (Ponte d.)	DS	144
Rossetti (Via G.)	CT	145
Rovigo (Via)	FS	148
S. Croce in Gerusalemme (Via)	FT	154
Tre Madonne (Via d.)	ES	183
Tuscolana (Via)	FT	184
Valle Giulia (Viale di)	ES	187
Villa Massimo (Viale di)	FS	193

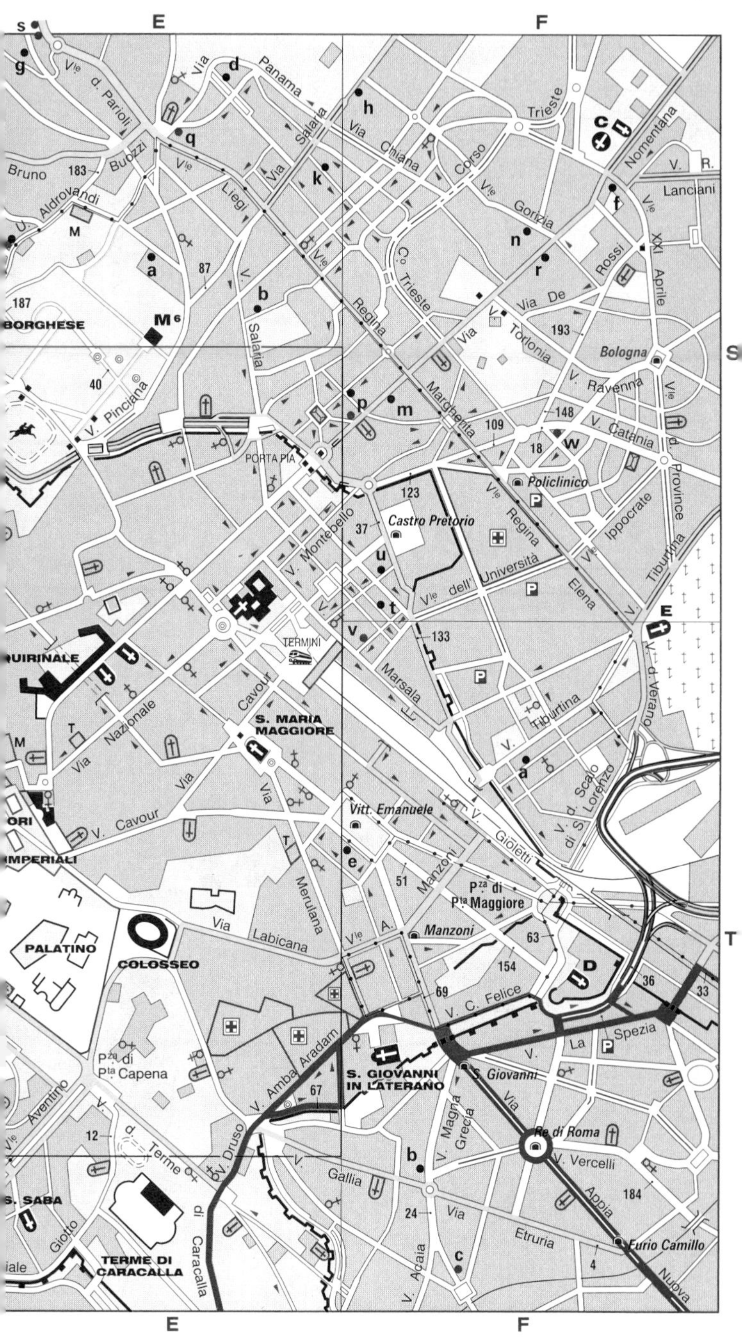
E
F
V.le d. Parioli
Bubzzi
Bruno
183
Aldrovandi
M
a
87
187
BORGHESE
M6
Via Panama
Via Salaria
Via Chiana
V.le Liegi
Via Salaria
Corso Trieste
V.le Gorizia
Nomentana
V. R.
Lanciani
V.le XXI Aprile
Rossi
Via De
C.o Trieste
Regina
Via Torlonia
193
Bologna
V. Ravenna
V.le d. Province
148
V. Catania
109
18
w
Policlinico
40
V. Pinciana
PORTA PIA
123
Castro Pretorio
37
V. Montebello
V.le Regina Elena
Ippocrate
Tiburtina
V.le dell' Università
V. d. Verano
133
TERMINI
Marsala
QUIRINALE
Via Nazionale
Cavour
S. MARIA MAGGIORE
Tiburtina
V. d. Scalo di S. Lorenzo
Via Cavour
Via Merulana
Vitt. Emanuele
V. Giolitti
ORI
IMPERIALI
51
Manzoni
P.za di P.ta Maggiore
Via Labicana
V.le A. Manzoni
63
154
D
36
33
T
PALATINO
COLOSSEO
69
V. C. Felice
V. La Spezia
P.za di P.ta Capena
V. Amba Aradam
67
S. GIOVANNI IN LATERANO
S. Giovanni
V. Magna Grecia
Via Appia Nuova
Re di Roma
V. Vercelli
Aventino
12
V. d. Terme di Caracalla
V. Druso
V. Gallia
184
S. SABA
TERME DI CARACALLA
24
Via Etruria
Furio Camillo
4
V. Acaia
Giotto
S

ROMA
CENTRO NORD
Circolazione regolamentata nel centro città

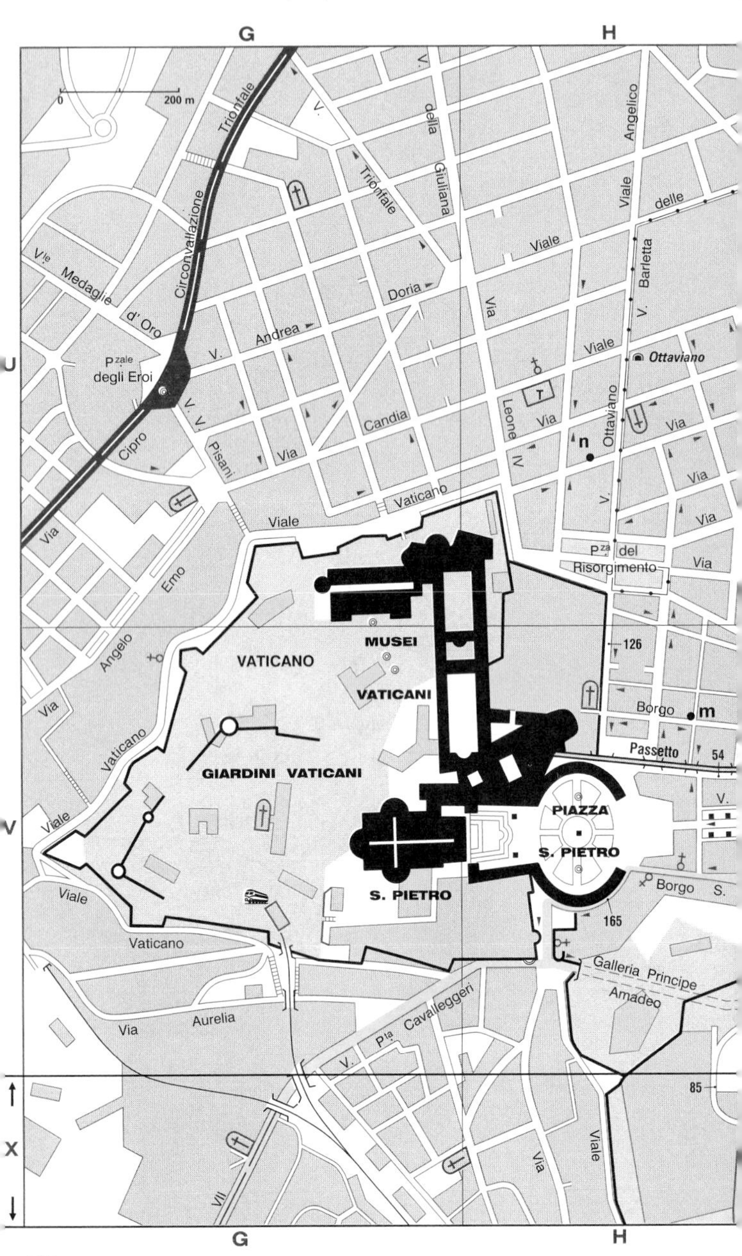

J
K
L
U
V
X
Milizie
V. Damiata
V. Lepanto
Lungotevere
L. A. da Brescia
73
V. Beccaria
111
Cesare
d
e
Lepanto
Via
Michelangelo
V. L. di Savoia
Magno
PZA DEL POPOLO
Giulio
h
Pompeo
Scipioni
Via
a
139
166
60
Pza della
gli
q
Colonna
Rienzo
Libertà
L. dei Mellini
L. in Augusta
Germanico
Gracchi
141
di
Via
Cesi
dei
Cola
V.
F.
b
p
TEVERE
Virgilio
Cicerone
f
ARA PACIS AUGUSTAE
Crescenzio
Piazza
Ripetta
Cavour
Ponte
Cavour
Piazza
s
48
Adriana
c
J
di
t
Pio
CASTEL
Prati
Passetto
Marzio
SANT'ANGELO
V.
L.
Conciliazione
151
108
Umberto
Ponte
p
34
P
Scrofa
190
Ponte S. Angelo
t
g
M
Spirito
195
7
L. Tor di Nona
G
199
in Sassia
16
m
d.
70
Via dei Coronari
43
u
R
S. LUIGI D. FRANCESI
57
135
r
Lgo Tassoni
142
13
PIAZZA
88
58
Via
PALAZZO MADAMA
L.
CHIESA NUOVA
E
V.
del
Vittorio
Co
NAVONA
Giulia
15
k
Gianicolense
della
Sangallo
88
Emanuele II
s
M4
30
A
142

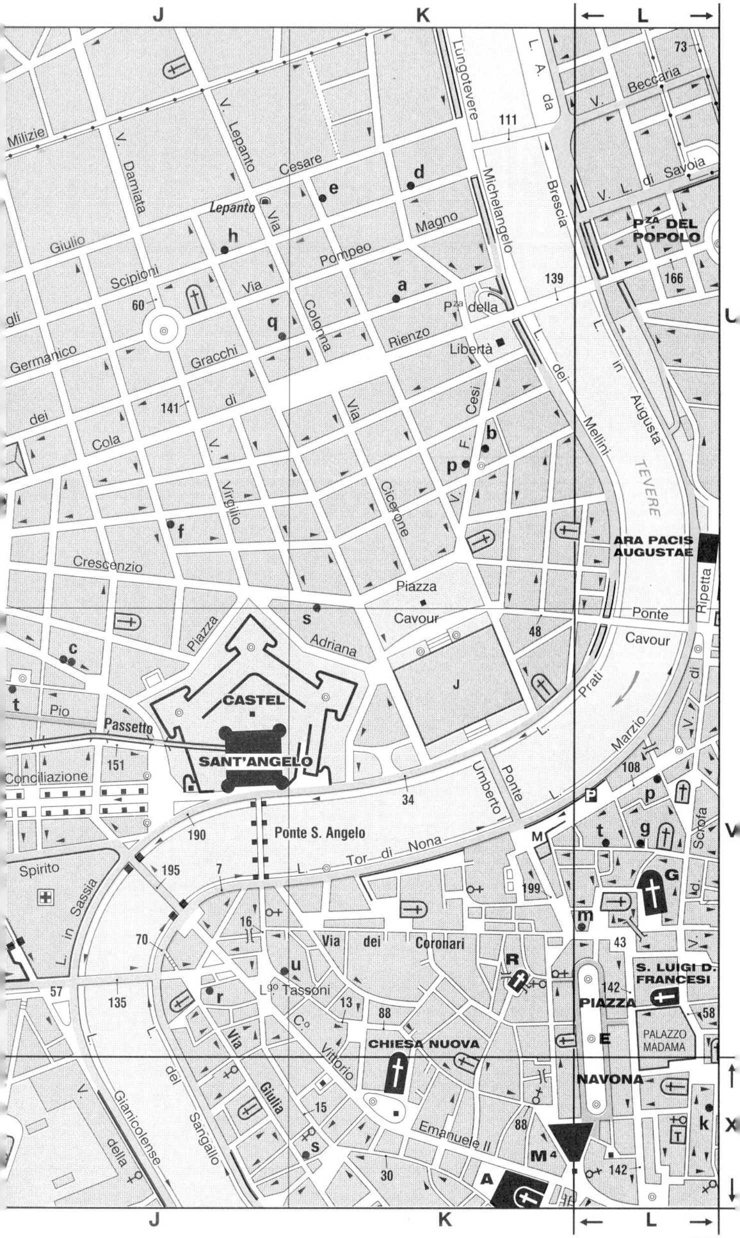

L M N

U V X

VITERBO
Flaminio
Viale del Muro Torto
VILLA
V. Beccaria
V. L. di Savoia
D
PINCIO
P^ZA DEL POPOLO
166
55
73
Via di Ripetta
Via del Corso
Via del Babuino
Via Margutta
V^le d. Trinità
VILLA MEDICI
Spagna
L. in Augusta
Mellini
TEVERE
ARA PACIS AUGUSTAE
MAUSOLEO DI AUGUSTO
P^ZA DI SPAGNA
TRINITÀ D. MONTI
Via d. Condotti
Via Frattina
Via Tomacelli
Ponte Cavour
Prati
Marzio
V. Sistina
V. Due Macelli
Tritone
Via del
PALAZZO DI MONTECITORIO
FONTANA DI TREVI
QUIRINALE
P^ZA DEL QUIRINALE
S. LUIGI D. FRANCESI
PIAZZA NAVONA
PALAZZO MADAMA
PANTHEON
Scrofa
V. 24 Maggio
76 45 108 181 186 174 46 43 142 58 168 156 31 147 153 180 19 201

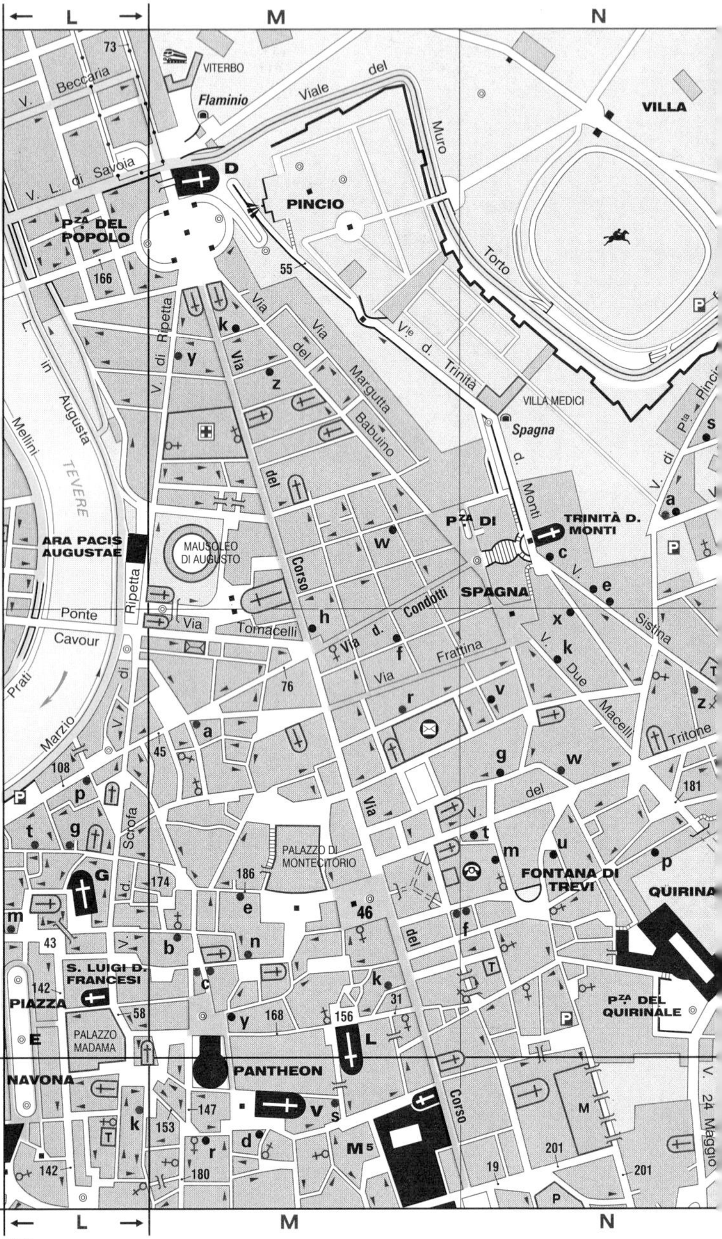

ROMA
CENTRO SUD
Circolazione regolamentata nel centro città

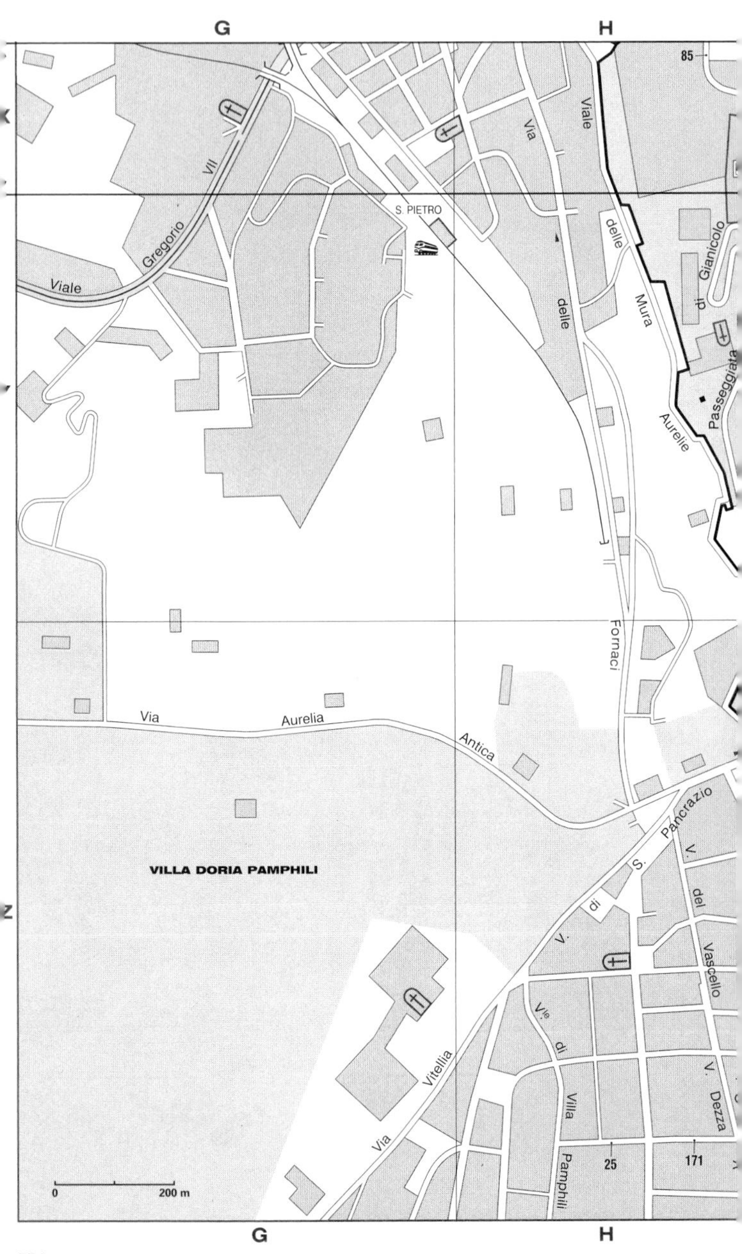

Campo dei Fiori (Piazza) . . . . KY 28
Cappellari (Via d.) . . . . KX 30
Consolazione (Via d.) . . . . . . NY 49
Fabricio (Ponte) . . . . MY 64
Florida (Via) . . . . MY 75
Foro Olitorio (Via d.) . . . . . . MY 78
Garibaldi (Ponte) . . . . LY 81
Gianicolo (Via d.) . . . . HX 85
Governo Vecchio (Via d.) . . . KX 88
Greca (Via d.) . . . . MZ 90
Jugario (Vico) . . . . MY 91
Lungaretta (Via d.) . . . . KZ 96
Mascherone (Via d.) . . . . . . KY 103
Massina (Via A.) . . . . JZ 105

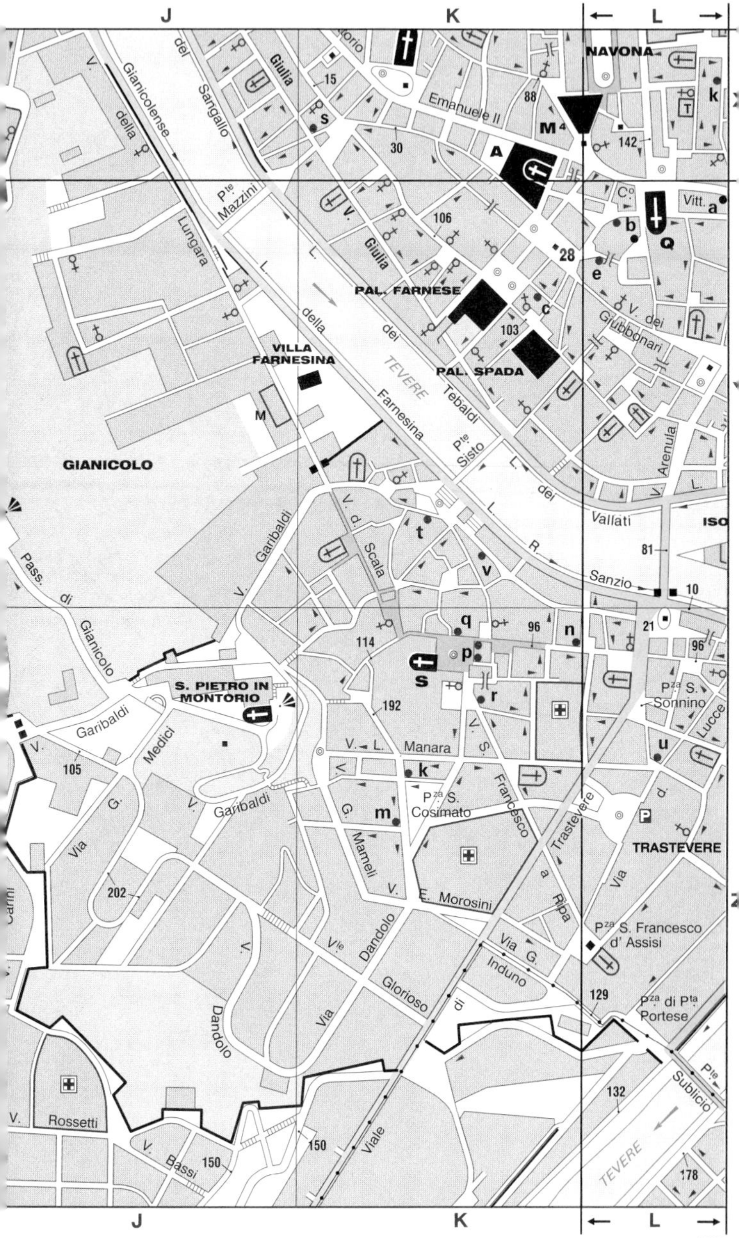

J
K
L
NAVONA
Giulia
15
s
Emanuele II
88
M4
142
k
30
A
Via della Gianicolense
del Sangallo
Pte Mazzini
Lungara
V. Giulia
106
Vitt.
a
b
Q
28
e
PAL. FARNESE
c
V. dei Giubbonari
103
VILLA FARNESINA
L. della Farnesina
dei Tebaldi
TEVERE
PAL. SPADA
M
Pte Sisto
Arenula
GIANICOLO
L. dei Vallati
ISO
V. d. Scala
t
v
R. Sanzio
81
10
V. Garibaldi
Pass. di Gianicolo
q
96
n
21
96
114
p
S
Pza S. Sonnino
Lucce
S. PIETRO IN MONTORIO
192
r
V. S. Francesco a Ripa
Garibaldi
Medici
V. L. Manara
u
V.
105
V. G. Mameli
k
m
Pza S. Cosimato
Trastevere
P
TRASTEVERE
Via
V. Garibaldi
Via G.
V. E. Morosini
202
Vle Dandolo
Via G. Induno
Pza S. Francesco d' Assisi
Carini
V.
Dandolo
Via Glorioso
di
129
Pza di Pta Portese
Pte Sublicio
132
TEVERE
V. Rossetti
V. Bassi
150
150
Viale
178

L
M
N
NAVONA
PANTHEON
147
153
k
T
v
s
d
r
M 5
Corso
M
V. 24 Maggio
142
180
19
201
201
P
PIAZZA VENEZIA
C°
Vitt.
a
b
Q
180
W
Emanuele II
P
121
GESÙ
M 3
C
FORI
e
V. dei
Giubbonari
75
22
157
VITTORIANO
b
IMPERIALI
A
Via
159
c
P^za DEL CAMPIDOGLIO
M 2
h
175
Arenula
x
H
130
FORO
M 1
Via
L.
dei
Cenci
TEATRO DI MARCELLO
ROMANO
V.
Vallati
ISOLA TIBERINA
49
Sac
81
64
91
g
S. Teodoro
Sanzio
10
78
V. Petroselli
P^te Cestio
PALATINO
21
117
96
6
di
P^te Palatino
Y
P^za S. Sonnino
P
P^za Bocca d. Verità
Lucce
y
Z
u
S. MARIA IN COSMEDIN
S. CECILIA
90
d.
P
Via
TRASTEVERE
Ripa
Aventino
CIRCO
dei
Via
V.
Cerchi
136
del
P^zale U. La Malfa
P^za S. Francesco d'Assisi
Sabina
MASSIMO
189
Lungotevere
S. SABINA
S.
Circo
129
P^za di P^ta Portese
Lungotevere
136
k
Massimo
V.
di
177
P^te Sublicio
162
132
V.
AVENTINO
127
S. Alessio
Aventino
m
V^le
TEVERE
178
162
L
M
N

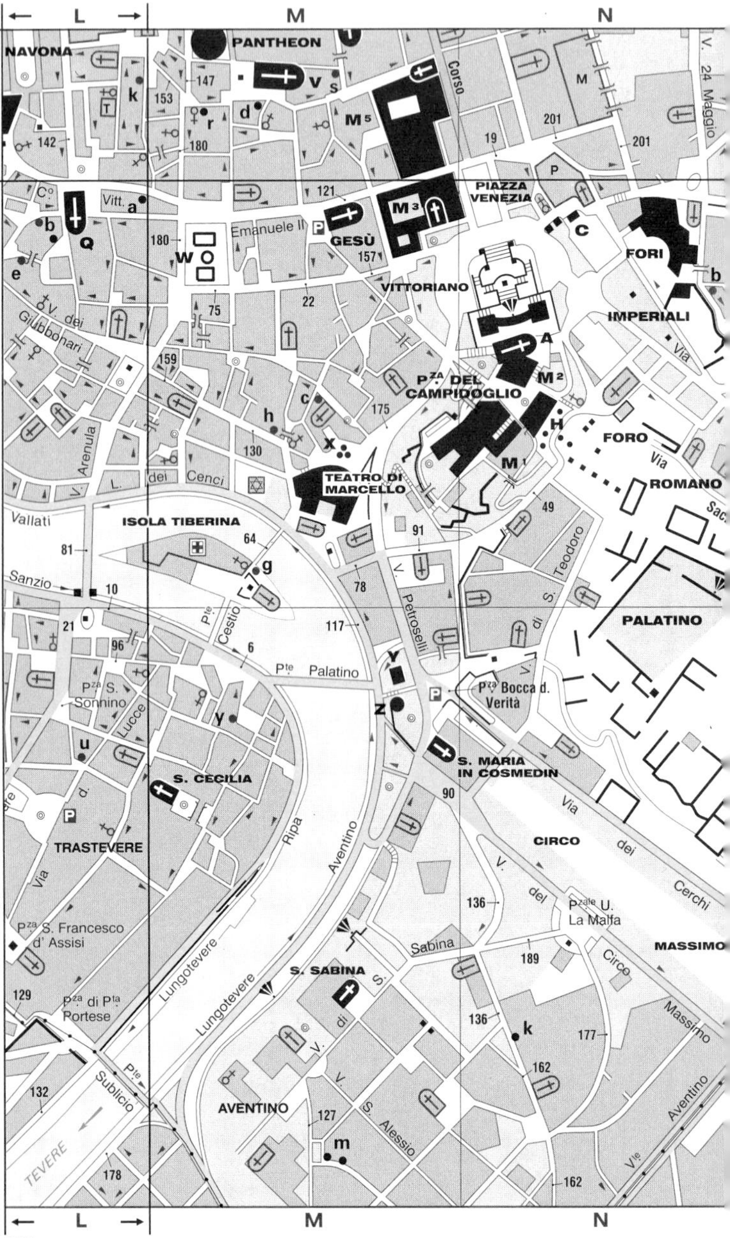

O
P
T
Via
n
k
Milano
Via
Panisperna
z
Cavour
160
S. MARIA MAGGIORE
k
h
d
Via
Cavour
Via G. Lanza
Via
V. d. Statuto
c
Cavour
a
Via
S. PIETRO IN VINCOLI
T
Mecenate
Merulana
Fori
Imperiali
B
DOMUS AUREA
Via
h
COLOSSEO
V. Domus Aurea
V. R. Bonghi
Via Labicana
V. di S. Giovanni in Laterano
ARCO DI COSTANTINO
S. CLEMENTE
V.
Gregorio
San
di
V.
Claudia
e
P
Rotondo
Stefano
S.
di
V.
Pza di Porta Capena
V.
d.
Navicella
Aradam
Amba
V. d. Ferratella
V.
V. Ipponio
V.
Vle d. Terme di Caracalla
Pza di Porta Metronia
V.
Gallia
0
200 m
O
P

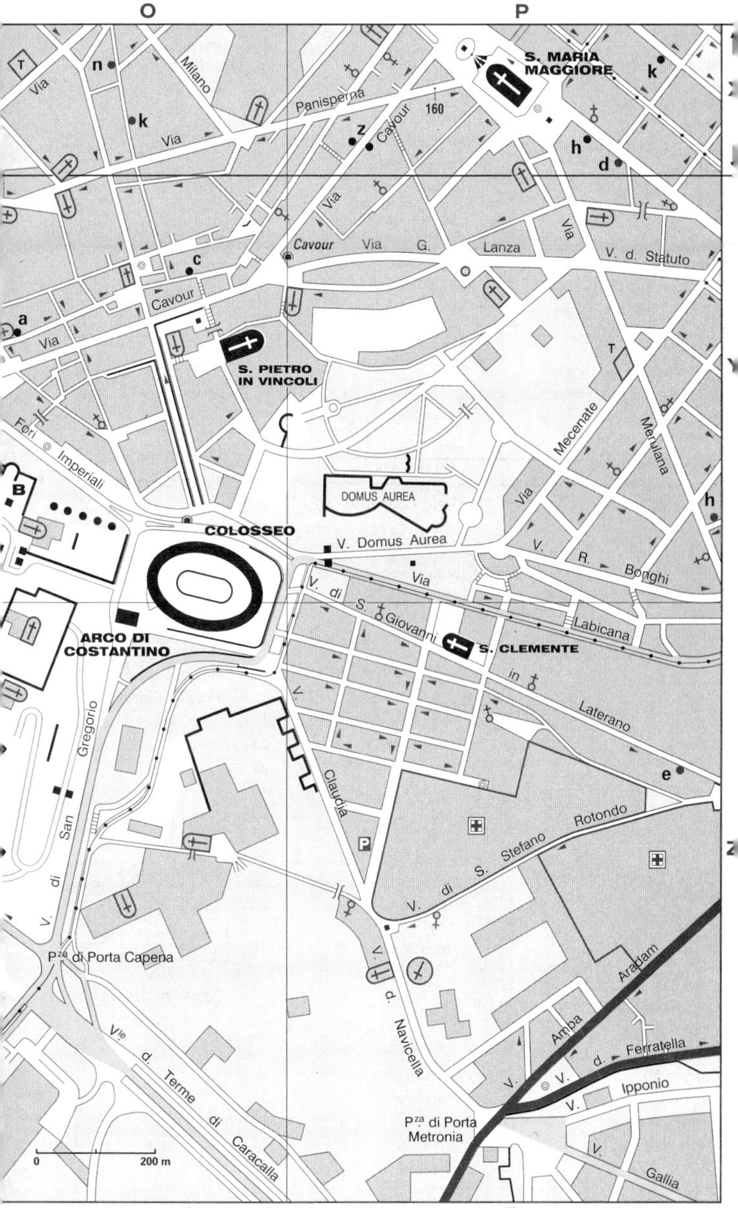

ELENCO ALFABETICO DEGLI ALBERGHI E RISTORANTI

M

N - O

P

Q - R

S

T - U

V - W

Zona nord - Monte Mario, Stadio Olimpico, via Flaminia-Parioli, Villa Borghese, via Salaria, via Nomentana (Pianta : Roma p. 7, 8 e 9, salvo indicazioni speciali) :

Cavalieri Hilton, via Cadlolo 101 ✉ 00136 ✆ 35091, Telex 625337, Fax 3509224, ≤ città, « Terrazze e parco », – 25 a 2100. AE VISA JCB. CS a
Pasto al Rist. ***La Pergola*** carta 86/137000 – ☐ 30000 – **359 cam** 399/540000, 17 appartamenti.

Lord Byron, via De Notaris 5 ✉ 00197 ✆ 3220404, Telex 611217, Fax 3220405 – AE E VISA JCB. DS b
Pasto vedere rist **Relais le Jardin** – **28 cam** ☐ 410/550000, 9 appartamenti.

Aldrovandi Palace Hotel, via Aldrovandi 15 ✉ 00197 ✆ 3223993, Telex 616141, Fax 3221435, « Piccolo parco ombreggiato » – 50 a 350. AE E VISA JCB. ES c
Pasto vedere rist **Relais La Piscine** – **128 cam** ☐ 500/550000, 10 appartamenti.

Parco dei Principi, via Gerolamo Frescobaldi 5 ✉ 00198 ✆ 854421, Telex 610517, Fax 8845104, ≤, « Piccolo parco botanico con », – 1000. AE E VISA. rist ES a
Pasto 65/70000 – **165 cam** ☐ 290/430000, 15 appartamenti – ½ P 280/355000.

Albani, via Adda 45 ✉ 00198 ✆ 84991, Telex 625594, Fax 8499399 – 80. ES b
155 cam.

Polo senza rist, piazza Gastaldi 4 ✉ 00197 ✆ 3221041, Telex 623107, Fax 3221359 – 70. AE E VISA. DS d
66 cam ☐ 320/360000.

Borromini, senza rist, via Lisbona 7 ✉ 00198 ✆ 8841321, Telex 621625, Fax 8417550 – 100. ES d
75 cam.

Degli Aranci, via Oriani 11 ✉ 00197 ✆ 8070202, Fax 8070704 – 40. AE E VISA. ES g
Pasto 33000 – ☐ 15000 – **54 cam** 225/320000.

Clodio senza rist, via di Santa Lucia 10 ✉ 00195 ✆ 3721122, Telex 625050, Fax 3250745 – 30. AE E VISA JCB. CS c
114 cam ☐ 180/250000.

Santa Costanza senza rist, viale 21 Aprile 4 ✉ 00162 ✆ 8600602, Fax 8602786, – 50. AE E VISA FS f
50 cam ☐ 150/200000.

Panama senza rist, via Salaria 336 ✉ 00199 ✆ 8552558, Telex 620189, Fax 8413929, – AE E VISA. FS h
43 cam ☐ 165/218000.

Villa Glori senza rist, via Celentano 11 ✉ 00196 ✆ 3227658, Fax 3219495 – AE E. DS e
38 cam ☐ 215/290000.

Buenos Aires senza rist, via Clitunno 9 ✉ 00198 ✆ 8554854, Telex 626239, Fax 8415272 – 35. AE E VISA ES k
48 cam ☐ 171/228000.

Villa Florence senza rist, via Nomentana 28 ✉ 00161 ✆ 4403036, Telex 624626, Fax 4402709, « In una villa patrizia della seconda metà dell'800, con collezione di reperti marmorei romani » – AE E VISA. FS m
33 cam ☐ 200/220000.

Fenix, viale Gorizia 5 ✉ 00198 ✆ 8540741, Fax 8543632, – AE E VISA. FS n
Pasto *(chiuso sabato sera, domenica ed agosto)* 32/38000 – **75 cam** ☐ 180/280000.

Lloyd senza rist, via Alessandria 110/a ✉ 00198 ✆ 8540432, Fax 8419846 – AE E VISA FS p
47 cam ☐ 150/200000.

Villa del Parco senza rist, via Nomentana 110 ✉ 00161 ✆ 44237773, Fax 44237572, – AE E VISA JCB FS r
23 cam ☐ 165/215000.

Helios senza rist, via Sacco Pastore 13 ✉ 00141 ✆ 8603982, Fax 8604355 – 60. AE E VISA BQ a
45 cam ☐ 165/230000, 5 appartamenti.

XXXX ✿ **Relais le Jardin** - Hotel Lord Byron, via De Notaris 5 ✉ 00197 ✆ 3220404, Fax 3220405, Rist. elegante, Coperti limitati; prenotare – AE E VISA JCB. DS b
chiuso domenica ed agosto – **Pasto** carta 70/136000
Spec. Gnocchi di semolino con trota salmonata e zucchine, Lombatina di vitello farcita con spugnole e carciofi in crosta di tagliolini (primavera), Tulipano di croccante con spuma di agrumi e noci.

XXX **Relais la Piscine** - Hotel Aldrovandi Palace, via Mangili 6 ✉ 00197 ✆ 3216126, « Servizio estivo all'aperto » – AE E VISA JCB. ES c
Pasto 60/80000 (a mezzogiorno) 80/100000 (alla sera) e carta 78/122000.

XX **Al Ceppo,** via Panama 2 ✉ 00198 ℘ 8419696, prenotare la sera – AE ⓢ ⓞ E VISA
chiuso lunedì e dall'8 al 30 agosto – **Pasto** carta 53/77000. ES **q**

XX **Il Caminetto,** viale dei Parioli 89 ✉ 00197 ℘ 8083946, ⛱ – ▤. AE ⓢ ⓞ VISA. ✻
Pasto carta 49/66000. ES **s**

XX **La Scala,** viale dei Parioli 79/d ✉ 00197 ℘ 8083978, ⛱ – ▤. AE ⓢ ⓞ E VISA. ✻
chiuso mercoledì e dal 2 al 25 agosto – **Pasto** carta 40/62000. ES **s**

XX **Al Fogher,** via Tevere 13/b ✉ 00198 ℘ 8417032, Rist. rustico con specialità venete – ▤. AE ⓢ ⓞ E VISA. ✻ Roma p. 13 PU **b**
chiuso sabato a mezzogiorno, domenica ed agosto – **Pasto** carta 56/80000.

XX Le Bistroquet, via Giuseppe Sacconi 53/57 ✉ 00196 ℘ 3220218, Specialità frutti di mare e crostacei, Coperti limitati; prenotare – ▤ BQ **c**
chiuso a mezzogiorno.

X **Delle Vittorie,** via Monte Santo 62/64 ✉ 00195 ℘ 3252776, ⛱ – AE ⓢ ⓞ E VISA JCB. ✻ CS **f**
chiuso domenica, dal 23 dicembre al 3 gennaio e dal 1° al 20 agosto – **Pasto** carta 46/65000.

X **A Tutta Birra,** piazza Callistio 5 ✉ 00199 ℘ 86208791, Fax 86208778, Cucina giudaico-romanesca – AE ⓢ E VISA. ✻ BQ **b**
chiuso lunedì e Ferragosto – **Pasto** carta 40/50000.

X **Nuraghe Sardo,** viale Medaglie d'Oro 50 ✉ 00136 ℘ 39736584, Specialità sarde e di mare – ▤. AE ⓞ. ✻ CS **h**
chiuso mercoledì, dal 23 al 31 dicembre, dal 16 al 22 aprile ed agosto – **Pasto** carta 34/60000.

Zona centro ovest – San Pietro (Città del Vaticano), Gianicolo, corso Vittorio Emanuele, piazza Venezia, Pantheon e Quirinale, Pincio e Villa Medici, piazza di Spagna, Palatino e Fori (Pianta : Roma p. 10, 11, 12, 14, 15 e 16, salvo indicazioni speciali) :

🏨🏨🏨🏨🏨 **Hassler,** piazza Trinità dei Monti 6 ✉ 00187 ℘ 6782651, Telex 610208, Fax 6789991, ≤ città dal rist. roof-garden – |♦| ▤ TV ☎ – 🏛 70. AE ⓞ E VISA JCB. ✻ NU **c**
Pasto *(chiuso domenica sera)* carta 135/191000 – ☕ 30000 – **100 cam** 450/900000, 14 appartamenti.

🏨🏨🏨🏨🏨 **Eden,** via Ludovisi 49 ✉ 00187 ℘ 478121, Telex 610567, Fax 4821584 – |♦| ✗ ▤ TV ☎ – 🏛 60. AE ⓢ ⓞ E VISA JCB. ✻ NU **a**
Pasto vedere rist **La Terrazza** – ☕ 28000 – **101 cam** 450/700000, 11 appartamenti.

🏨🏨🏨🏨 **Holiday Inn Minerva,** piazza della Minerva 69 ✉ 00186 ℘ 69941888, Telex 620091, Fax 6794165 – |♦| ✗ cam ▤ TV ☎ ♿ – 🏛 80. AE ⓢ ⓞ E VISA JCB. ✻ MX **d**
Pasto carta 62/105000 – ☕ 32000 – **131 cam** 415/590000, 3 appartamenti.

🏨🏨🏨🏨 **De la Ville Inter-Continental,** via Sistina 69 ✉ 00187 ℘ 67331, Telex 620836, Fax 6784213 – |♦| ▤ TV ☎ – 🏛 40 a 120. AE ⓢ ⓞ E VISA JCB. ✻ NU **e**
Pasto 70/100000 – **169 cam** ☕ 533/641000, 23 appartamenti.

🏨🏨🏨🏨 D'Inghilterra, via Bocca di Leone 14 ✉ 00187 ℘ 69981, Telex 614552, Fax 69922243, « Antica foresteria con arredamento d'epoca » – |♦| ▤ TV ☎
97 cam. MV **f**

🏨🏨🏨🏨 **Jolly Leonardo da Vinci,** via dei Gracchi 324 ✉ 00192 ℘ 32499, Telex 611182, Fax 3610138 – |♦| ✗ cam ▤ TV ☎ – 🏛 30 a 220. AE ⓢ ⓞ E VISA JCB. ✻ rist KU **a**
Pasto 60000 – **256 cam** ☕ 340/390000 – ½ P 240000.

🏨🏨🏨🏨 **Dei Borgognoni** senza rist, via del Bufalo 126 ✉ 00187 ℘ 69941505, Telex 623074, Fax 69941501 – |♦| ▤ TV ☎ 🚗 – 🏛 25 a 70. AE ⓢ ⓞ E VISA JCB. ✻ NV **g**
☕ 20000 – **50 cam** 390/470000.

🏨🏨🏨🏨 **Visconti Palace** senza rist, via Federico Cesi 37 ✉ 00193 ℘ 3684, Telex 622489, Fax 3200551 – |♦| ▤ TV ☎ ♿ 🚗 – 🏛 25 a 150. AE ⓢ ⓞ E VISA. ✻ KU **b**
234 cam ☕ 280/400000, 13 appartamenti.

🏨🏨🏨🏨 **Plaza** senza rist, via del Corso 126 ✉ 00186 ℘ 69921111, Telex 624669, Fax 69941575 – |♦| ▤ TV ☎ – 🏛 60. AE ⓢ ⓞ E VISA JCB MV **h**
☕ 37000 – **196 cam** 343/490000, 5 appartamenti.

🏨🏨🏨 **Atlante Star,** via Vitelleschi 34 ✉ 00193 ℘ 6873233, Telex 622355, Fax 6872300 – |♦| ▤ TV ☎ 🚗 – 🏛 50. AE ⓢ ⓞ E VISA JCB JV **c**
Pasto vedere rist **Les Etoiles** – **61 cam** ☕ 390/490000, 3 appartamenti – ½ P 232/330000.

🏨🏨🏨 **Valadier,** via della Fontanella 15 ✉ 00187 ℘ 3611998, Telex 620873, Fax 3201558 – |♦| ▤ TV ☎ – 🏛 35. AE ⓢ ⓞ E VISA JCB. ✻ MU **k**
Pasto carta 55/71000 – **35 cam** ☕ 330/450000, 3 appartamenti.

🏨🏨🏨 **Delle Nazioni** senza rist, via Poli 7 ✉ 00187 ℘ 6792441, Telex 614193, Fax 6782400 – |♦| ▤ TV ☎. AE ⓢ ⓞ E VISA. ✻ NV **m**
83 cam ☕ 305/385000, 4 appartamenti.

🏨🏨🏨 **Giulio Cesare** senza rist, via degli Scipioni 287 ✉ 00192 ℘ 3210751, Telex 613010, Fax 3211736, 🌳 – |♦| ▤ TV ☎ P – 🏛 40. AE ⓢ ⓞ E VISA JCB. ✻ KU **d**
80 cam ☕ 280/380000.

🏨🏨🏨 **Farnese** senza rist, via Alessandro Farnese 30 ✉ 00192 ℘ 3212553, Fax 3215129 – |♦| ▤ TV ☎ P. AE ⓢ ⓞ E VISA. ✻ KU **e**
22 cam ☕ 240/350000.

🏨🏨🏨 **White** senza rist, via Arcione 77 ✉ 00187 ℘ 6991242, Telex 626065, Fax 6788451 – ▤ TV ☎ – 🏛 40. AE ⓢ ⓞ E VISA. ✻ NV **p**
40 cam ☕ 250/300000.

Santa Chiara senza rist, via Santa Chiara 21 ✉ 00186 ☎ 6872979, Fax 6873144 – 🛗 ≡ 📺 ☎ – 🏛 40. AE 🄵 ⓓ E VISA JCB. ✻ MX r
93 cam ☕ 230/320000, 3 appartamenti.

Internazionale senza rist, via Sistina 79 ✉ 00187 ☎ 69941823, Fax 6784764 – 🛗 ≡ 📺 ☎. AE 🄵 E VISA JCB NU e
40 cam ☕ 210/295000, 2 appartamenti.

Arcangelo senza rist, via Boezio 15 ✉ 00192 ☎ 6874143, Fax 6893050 – 🛗 ≡ 📺 ☎ Ⓟ. AE 🄵 ⓓ E VISA. ✻ JU f
33 cam ☕ 185/250000.

Della Torre Argentina senza rist, corso Vittorio Emanuele 102 ✉ 00186 ☎ 6833886, Fax 68801641 – 🛗 ≡ 📺 ☎. AE 🄵 ⓓ E VISA JCB. ✻ LY a
52 cam ☕ 205/290000, appartamento.

Tritone senza rist, via del Tritone 210 ✉ 00187 ☎ 69922575, Telex 614254, Fax 6782624 – 🛗 ≡ 📺 ☎. AE 🄵 ⓓ VISA. ✻ NV t
43 cam ☕ 220/270000.

Olympic senza rist, via Properzio 2/a ✉ 00193 ☎ 6896650, Telex 623368, Fax 68308255 – 🛗 ≡ 📺 ☎. AE 🄵 ⓓ E VISA JCB JU g
52 cam ☕ 190/260000.

Gerber senza rist, via degli Scipioni 241 ✉ 00192 ☎ 3216485, Fax 3217048 – 🛗 📺 ☎. AE 🄵 ⓓ E VISA. ✻ JU h
27 cam ☕ 160/200000.

Columbus, via della Conciliazione 33 ✉ 00193 ☎ 6865435, Telex 620096, Fax 6864874, « Decorazioni d'epoca in una costruzione cinquecentesca », 🌳 – 🛗 ≡ 📺 ☎ Ⓟ – 🏛 30 a 200. AE 🄵 ⓓ E VISA JCB. ✻ JV k
Pasto carta 65/100000 – **105 cam** ☕ 205/270000 – P 210/250000.

Sant'Anna senza rist, borgo Pio 133 ✉ 00193 ☎ 68801602, Fax 68308717 – ≡ 📺 ☎. AE 🄵 ⓓ E VISA. ✻ HV m
20 cam ☕ 170/240000.

Accademia senza rist, piazza Accademia di San Luca 75 ✉ 00187 ☎ 69922607, Fax 6785897 – 🛗 ≡ 📺 ☎. AE 🄵 ⓓ VISA. ✻ NV u
58 cam ☕ 220/270000.

Madrid senza rist, via Mario de' Fiori 95 ✉ 00187 ☎ 6991511, Fax 6791653 – 🛗 ≡ 📺 ☎. AE 🄵 ⓓ E VISA JCB. ✻ NV v
19 cam ☕ 185/260000, 7 appartamenti.

Condotti senza rist, via Mario de' Fiori 37 ✉ 00187 ☎ 6794661, Fax 6790457 – 🛗 ≡ 📺 ☎. AE 🄵 ⓓ E VISA JCB. ✻ MU w
16 cam ☕ 270/350000.

City senza rist, via Due Macelli 97 ✉ 00187 ☎ 6784037, Fax 6797972 – 🛗 ⅹ ≡ 📺 ☎. AE 🄵 ⓓ E VISA JCB. ✻ NV k
29 cam ☕ 220/280000.

Teatro di Pompeo senza rist, largo del Pallaro 8 ✉ 00186 ☎ 68300170, Fax 68805531, « Volte del Teatro di Pompeo » – 🛗 ≡ 📺 ☎ – 🏛 30. AE 🄵 ⓓ E VISA. ✻ LY b
12 cam ☕ 200/260000.

Gregoriana senza rist, via Gregoriana 18 ✉ 00187 ☎ 6794269, Fax 6784258 – 🛗 ≡ 📺 ☎ NV x
19 cam ☕ 190/280000.

Senato senza rist, piazza della Rotonda 73 ✉ 00186 ☎ 6793231, Fax 69940297, ≤ Pantheon – 🛗 ≡ 📺 ☎. AE 🄵 ⓓ E VISA. ✻ MV y
51 cam ☕ 178/247000.

Amalia senza rist, via Germanico 66 ✉ 00192 ☎ 39723354, Fax 39723365 – 📺 ☎. AE 🄵 ⓓ E VISA JCB. ✻ HU n
25 cam ☕ 110/160000.

Margutta senza rist, via Laurina 34 ✉ 00187 ☎ 3223674 – 🛗 ☎. AE 🄵 ⓓ E VISA. ✻ MU z
21 cam ☕ 140000.

XXXX ✿ **La Terrazza** - Hotel Eden, via Ludovisi 49 ✉ 00187 ☎ 478121, Fax 4821584, « Roof-garden con ≤ città » – ≡. AE 🄵 ⓓ E VISA JCB. ✻ NU a
Pasto carta 95/145000
Spec. Carpaccio tiepido con funghi e rucola, Lasagnette gratinate con legumi e pesto, Scaloppa di orata in agrodolce con cipollotti.

XXX **El Toulà**, via della Lupa 29/b ✉ 00186 ☎ 6873498, Fax 6871115, Rist. elegante, prenotare – ≡. AE 🄵 ⓓ E VISA JCB. ✻ MV a
chiuso sabato a mezzogiorno, domenica, dal 24 al 26 dicembre ed agosto – **Pasto** carta 66/104000 (15%).

XXX **Les Etoiles** - Atlante Star, via dei Bastioni 1 ✉ 00193 ☎ 6893434, « Roof-garden e servizio estivo in terrazza con ≤ Basilica di San Pietro » – ≡. AE 🄵 ⓓ E VISA JCB. ✻
Pasto 70/120000 (a mezzogiorno) 90/170000 (alla sera) e carta 105/155000. JV c

XXX **Enoteca Capranica,** piazza Capranica 100 ✉ 00186 ☎ 69940992, Fax 69940989 – ▤. AE ⓢ ⓓ VISA JCB. ✻ MV **n**
chiuso domenica e sabato a mezzogiorno – **Pasto** 40000 (solo a mezzogiorno) e carta 55/70000.

XXX **Camponeschi,** piazza Farnese 50 ✉ 00186 ☎ 6874927, Fax 6865244, prenotare, « Servizio estivo con ≤ palazzo Farnese » – ▤. AE ⓢ ⓓ E VISA. ✻ KY **c**
chiuso a mezzogiorno, domenica e dal 13 al 22 agosto – **Pasto** carta 62/110000 (13%).

XX ✿ **Quinzi Gabrieli,** via delle Coppelle 6 ✉ 00186 ☎ 6879389, Fax 6874940, Specialità di mare, Coperti limitati; prenotare – AE ⓢ ⓓ E VISA. ✻ MV **b**
chiuso a mezzogiorno, domenica ed agosto – **Pasto** carta 80/120000 (10%)
Spec. Insalata di aragosta ai sapori mediterranei, Spaghetti alla Gregoriana, Moscardini alla diavola.

XX **La Rosetta,** via della Rosetta 9 ✉ 00187 ☎ 6861002, Fax 6872852, Specialità di mare, prenotare – ▤. AE ⓢ ⓓ E VISA JCB MV **c**
chiuso sabato a mezzogiorno, domenica e dal 5 al 25 agosto – **Pasto** carta 95/140000.

XX **Vecchia Roma,** via della Tribuna di Campitelli 18 ✉ 00186 ☎ 6864604, ☂, Rist. tipico con specialità romane e di mare – ▤. AE ⓓ MY **c**
chiuso mercoledì e dal 10 al 25 agosto – **Pasto** carta 51/87000 (12%).

XX ✿ **Il Convivio,** via dell'Orso 44 ✉ 00186 ☎ 6869432, Fax 6869432, Coperti limitati; prenotare – ▤. AE ⓢ ⓓ E VISA LV **g**
chiuso domenica – **Pasto** carta 73/109000 (12%)
Spec. Gamberi con passatina di canellini e peperone dolce, Mezze maniche alla gricia con fave, Piccione in casseruola al rosmarino e salsa di vino cotto.

XX **Lo Squalo Bianco,** via Federico Cesi 36 ✉ 00193 ☎ 3214700, Specialità di mare, prenotare – ▤. AE ⓢ ⓓ E VISA. ✻ KU **p**
chiuso domenica ed agosto – **Pasto** carta 50/80000.

XX **Piccola Roma,** via Uffici del Vicario 36 ✉ 00186 ☎ 6798606 – ▤. AE ⓢ ⓓ E VISA. ✻
chiuso domenica ed agosto – **Pasto** carta 42/63000. MV **e**

XX **Eau Vive,** via Monterone 85 ✉ 00186 ☎ 68801095, Fax 68802571, Missionarie laiche cattoliche-cucina internazionale, prenotare la sera, « Edificio cinquecentesco » – ▤. AE ⓢ E VISA. ✻ LX **k**
chiuso domenica ed agosto – **Pasto** carta 58/73000.

XX Dante Taberna de' Gracchi, via dei Gracchi 266 ✉ 00192 ☎ 3213126, Fax 3221976 – ▤ – 🏛 40. JU **q**

XX **Taverna Giulia,** vicolo dell'Oro 23 ✉ 00186 ☎ 6869768, Fax 6893720, Specialità liguri, prenotare la sera – ▤. AE ⓢ ⓓ E VISA JCB. ✻ JV **r**
chiuso domenica ed agosto – **Pasto** carta 47/68000.

XX **Passetto,** via Zanardelli 14 ✉ 00186 ☎ 68806569, Fax 68806569 – AE ⓢ ⓓ E VISA JCB. ✻ LV **m**
chiuso domenica escluso da giugno a settembre – **Pasto** carta 68/101000.

XX **Il Drappo,** vicolo del Malpasso 9 ✉ 00186 ☎ 6877365, ☂, Specialità sarde, prenotare – ▤. AE ⓢ E VISA. ✻ KX **s**
chiuso domenica ed agosto – **Pasto** 60000 bc.

XX **Da Pancrazio,** piazza del Biscione 92 ✉ 00186 ☎ 6861246, Fax 6861246, « Taverna ricostruita sui ruderi del Teatro di Pompeo » – ⇆. AE ⓢ ⓓ E VISA JCB. ✻ LY **e**
chiuso mercoledì, Natale e dal 1° al 20 agosto – **Pasto** carta 46/82000.

XX **Quirino,** via delle Muratte 84 ✉ 00187 ☎ 6794108 – ⓢ E VISA NV **f**
chiuso domenica ed agosto – **Pasto** carta 44/70000.

XX **Da Mario,** via della Vite 55 ✉ 00187 ☎ 6783818, Fax 6798419, Specialità toscane – ▤. AE ⓢ ⓓ E VISA. ✻ MV **r**
chiuso domenica ed agosto – **Pasto** carta 42/59000.

XX **Campana,** vicolo della Campana 18 ✉ 00186 ☎ 6867820, Trattoria d'habitués – ▤. AE ⓢ ⓓ VISA LV **p**
chiuso lunedì ed agosto – **Pasto** carta 48/55000.

XX Trattoria del Pantheon, via del Pantheon 55 ✉ 00186 ☎ 6792788 – ▤ MV **c**

XX **Sora Lella,** via di Ponte Quattro Capi 16 (Isola Tiberina) ✉ 00186 ☎ 6861601, Cucina tradizionale romana – ▤. AE ⓢ E VISA. ✻ MY **g**
chiuso domenica ed agosto – **Pasto** carta 46/84000.

X **Hostaria da Cesare,** via Crescenzio 13 ✉ 00193 ☎ 6861227, Trattoria-pizzeria con specialità di mare – ▤. AE ⓢ ⓓ E VISA. ✻ KUV **s**
chiuso domenica sera, lunedì, Natale, Pasqua ed agosto – **Pasto** carta 50/75000.

X **L'Orso 80,** via dell'Orso 33 ✉ 00186 ☎ 6864904 – ▤. AE ⓢ ⓓ E VISA. ✻ LV **t**
chiuso lunedì ed agosto – **Pasto** carta 45/67000.

X **Al Moro,** vicolo delle Bollette 13 ✉ 00187 ☎ 6783495, Trattoria romana, prenotare – ▤. ✻ NV **f**
chiuso domenica ed agosto – **Pasto** carta 49/80000.

X **Il Buco,** via Sant'Ignazio 8 ✉ 00186 ☎ 6793298, Specialità toscane – ▤. AE ⓢ ⓓ. ✻
chiuso lunedì e dal 15 al 31 agosto – **Pasto** carta 37/58000. MX **s**

Taverna Angelica, piazza delle Vaschette 14/a ✉ 00193 ☎ 6874514, Rist-soupers, cucina fino a mezzanotte, Coperti limitati; prenotare – AE E VISA JV **t**
chiuso sabato a mezzogiorno, domenica, dal 23 dicembre al 3 gennaio e dal 10 al 30 agosto – **Pasto** carta 45/74000.

Le Streghe, vicolo del Curato 13 ✉ 00186 ☎ 6878182, prenotare la sera – AE E VISA JKV **u**
chiuso domenica ed agosto – **Pasto** carta 44/77000.

Costanza, piazza del Paradiso 63/65 ✉ 00186 ☎ 6861717, « Resti del Teatro di Pompeo » – AE VISA LY **b**
chiuso domenica ed agosto – **Pasto** carta 44/66000.

Il Giardino, via Zucchelli 29 ✉ 00187 ☎ 4885202, – AE E VISA NV **z**
chiuso lunedì ed agosto – **Pasto** carta 35/61000.

La Tavernetta, via del Nazareno 3/4 ✉ 00187 ☎ 6793124 – AE E VISA JCB
chiuso lunedì ed agosto – **Pasto** carta 33/56000 (12 %). NV **w**

Da Giggetto, via del Portico d'Ottavia 21/a ✉ 00186 ☎ 6861105, , Trattoria tipica con specialità romane. MY **h**

Il Falchetto, via dei Montecatini 12/14 ✉ 00186 ☎ 6791160, Trattoria rustica – AE E VISA MV **k**
chiuso venerdì e dal 5 al 20 agosto – **Pasto** carta 40/60000.

La Buca di Ripetta, via di Ripetta 36 ✉ 00186 ☎ 3219391, Trattoria d'habitués – AE MU **y**
chiuso domenica sera, lunedì ed agosto – **Pasto** carta 37/52000.

Zona centro est - via Vittorio Veneto, via Nazionale, Viminale, Santa Maria Maggiore, Colosseo, Porta Pia, via Nomentana, Stazione Termini, Porta San Giovanni (Pianta : Roma p. 13 e 17, salvo indicazioni speciali) :

Excelsior, via Vittorio Veneto 125 ✉ 00187 ☎ 4708, Telex 610232, Fax 4826205 – – 25 a 600. AE E VISA JCB rist OU **d**
Pasto (solo per clienti alloggiati) carta 87/144000 – 31000 – **272 cam** 418/649000, 44 appartamenti.

Le Grand Hotel, via Vittorio Emanuele Orlando 3 ✉ 00185 ☎ 4709, Telex 610210, Fax 4747307 – – 40 a 300. AE E VISA JCB PV **c**
Pasto carta 100/140000 – 31000 – **134 cam** 429/638000, 35 appartamenti.

Majestic, via Vittorio Veneto 50 ✉ 00187 ☎ 486841, Telex 622262, Fax 4880984 – – 150. AE VISA JCB OU **e**
Pasto carta 65/100000 – **88 cam** 450/540000, 6 appartamenti.

Bernini Bristol, piazza Barberini 23 ✉ 00187 ☎ 4883051, Telex 610554, Fax 4824266 – cam – 40 a 100. AE E VISA JCB OV **f**
Pasto carta 62/105000 – 27500 – **110 cam** 385/506000, 14 appartamenti.

Ambasciatori Palace, via Vittorio Veneto 62 ✉ 00187 ☎ 47493, Telex 610241, Fax 4743601, – – 50 a 200. AE E VISA JCB rist OU **g**
Pasto carta 73/111000 – 25000 – **100 cam** 350/500000, 8 appartamenti.

Quirinale, via Nazionale 7 ✉ 00184 ☎ 4707, Telex 610332, Fax 4820099, « Servizio rist. estivo in giardino » – – 25 a 250. AE E VISA JCB PV **h**
Pasto carta 68/102000 – **189 cam** 280/400000, 3 appartamenti – ½ P 255000.

Artemide senza rist, via Nazionale 22 ✉ 00184 ☎ 489911, Telex 623061, Fax 48991700 – – 60 a 120. AE E VISA OV **b**
82 cam 300/430000, 5 appartamenti.

Jolly Vittorio Veneto, corso d'Italia 1 ✉ 00198 ☎ 8495, Telex 612293, Fax 8841104 – cam – 35 a 400. AE E VISA rist OU **k**
Pasto *(chiuso domenica sera ed agosto)* carta 74/111000 – **200 cam** 340/425000, 3 appartamenti.

Regina Baglioni, via Vittorio Veneto 72 ✉ 00187 ☎ 476851, Telex 620863, Fax 485483 – cam – 50. AE E VISA JCB OU **m**
Pasto carta 50/120000 – **130 cam** 360/520000, 7 appartamenti – ½ P 340000.

Mecenate Palace Hotel senza rist, via Carlo Alberto 3 ✉ 00185 ☎ 4461354, Fax 4461354 – – 25 a 30. AE E VISA PX **h**
59 cam 310/420000, 3 appartamenti.

Mediterraneo, via Cavour 15 ✉ 00184 ☎ 4884051, Fax 4744105 – – 25 a 90. AE E VISA JCB PV **n**
Pasto *(chiuso sabato)* 33/43000 – **257 cam** 325/435000, 10 appartamenti.

Starhotel Metropole, via Principe Amedeo 3 ✉ 00185 ☎ 4774, Telex 611061, Fax 4740413 – – 40 a 200. AE E VISA JCB rist PV **p**
Pasto carta 50/75000 – **268 cam** 330/430000 – ½ P 185/400000.

Forum, via Tor de' Conti 25 ✉ 00184 ☎ 6792446, Telex 622549, Fax 6786479, « Rist. roof-garden con ≤ Fori Imperiali » – – 100. AE E VISA JCB
Pasto *(chiuso domenica)* carta 78/129000 – **81 cam** 280/420000. OY **a**

Londra e Cargill, piazza Sallustio 18 ✉ 00187 ☎ 473871, Telex 622227, Fax 4746674 – – 25 a 200. AE E VISA PU **q**
Pasto *(chiuso agosto e i mezzogiorno di sabato e domenica)* carta 60/70000 – **105 cam** 250/320000, 4 appartamenti.

Genova senza rist, via Cavour 33 ✉ 00184 ☎ 476951, Telex 621599, Fax 4827580 – AE. VISA JCB. PV **r**
91 cam 245/360000.

Universo, via Principe Amedeo 5 ✉ 00185 ☎ 476811, Telex 610342, Fax 4745125 – 25 a 300. AE E VISA JCB. rist PV **p**
Pasto 50000 – **198 cam** 242/353000 – ½ P 227000.

Sofitel, via Lombardia 47 ✉ 00187 ☎ 478021 e rist ☎ 4818965, Telex 622247, Fax 4821019 – cam – 25 a 90.
124 cam. Roma p. 12 NU **s**

La Residenza senza rist, via Emilia 22 ✉ 00187 ☎ 4880789, Fax 485721 – AE E VISA. OU **t**
27 cam 130/270000.

Massimo D'Azeglio, via Cavour 18 ✉ 00184 ☎ 4870270, Telex 610556, Fax 4827386 – 200. AE E VISA JCB. PV **n**
Pasto *(chiuso domenica)* 43000 – **205 cam** 285/385000.

Eliseo senza rist, via di Porta Pinciana 30 ✉ 00187 ☎ 4870456, Telex 610693, Fax 4819629 – 25. AE E VISA JCB. OU **u**
51 cam 250/400000, 7 appartamenti.

Victoria, via Campania 41 ✉ 00187 ☎ 473931, Telex 610212, Fax 4871890, « Terrazza roof-garden » – 30. AE E VISA. rist OU **v**
Pasto 40000 – **110 cam** 250/350000 – ½ P 220000.

Britannia senza rist, via Napoli 64 ✉ 00184 ☎ 4883153, Telex 611292, Fax 4882343 – AE E VISA JCB PV **y**
32 cam 230/290000.

Napoleon, piazza Vittorio Emanuele 105 ✉ 00185 ☎ 4467264, Telex 611069, Fax 4467282 – 25 a 80. AE E VISA. Roma p. 9 FT **e**
Pasto (solo per clienti alloggiati e *chiuso a mezzogiorno*) 36000 – **79 cam** 220/320000 – ½ P 272/392000.

Imperiale, via Vittorio Veneto 24 ✉ 00187 ☎ 4826351, Telex 621071, Fax 4826351 – AE E VISA. OV **s**
Pasto 58000 – **95 cam** 330/460000.

Rex senza rist, via Torino 149 ✉ 00184 ☎ 4824828, Telex 620522, Fax 4882743 – 30 a 50. AE E VISA JCB PV **w**
46 cam 250/320000, 2 appartamenti.

Executive senza rist, via Aniene 3 ✉ 00198 ☎ 8552030, Telex 620415, Fax 8414078 – AE E VISA JCB PU **a**
54 cam 200/250000.

Turner senza rist, via Nomentana 29 ✉ 00161 ☎ 44250077, Fax 44250165 – AE E VISA JCB. PU **x**
37 cam 190/230000.

Borromeo senza rist, via Cavour 117 ✉ 00184 ☎ 485856, Fax 4882541 – AE E VISA JCB. PX **z**
28 cam 190/270000, appartamento.

Artdeco, via Palestro 19 ✉ 00185 ☎ 4457588, Fax 4441483, « Terrazza roof-garden » – PU **f**
Pasto vedere rist. **Il Pavone** – **49 cam.**

Venezia senza rist, via Varese 18 ✉ 00185 ☎ 4457101, Telex 616038, Fax 4957687 – AE E VISA JCB. Roma p. 9 FS **t**
59 cam 164/222000.

Diana, via Principe Amedeo 4 ✉ 00185 ☎ 4827541, Telex 611198, Fax 486998 – 25. AE E VISA JCB. PV **d**
Pasto 38000 – 18000 – **187 cam** 190/270000, 2 appartamenti – ½ P 158000.

Commodore senza rist, via Torino 1 ✉ 00184 ☎ 485656, Telex 612170, Fax 4747562 – AE E VISA. PV **e**
60 cam 265/395000.

Barocco senza rist, via della Purificazione 4 angolo piazza Barberini ✉ 00187 ☎ 4872001, Fax 485994 – AE E VISA JCB OV **a**
28 cam 280/380000.

Marcella senza rist, via Flavia 106 ✉ 00187 ☎ 4746451, Telex 621351, Fax 4815832 – AE E VISA JCB. PU **z**
68 cam 180/260000.

Valle senza rist, via Cavour 134 ✉ 00184 ☎ 4815736, Fax 4885837 – AE E VISA JCB. PX **z**
28 cam 198/275000.

Ariston senza rist, via Turati 16 ✉ 00185 ☎ 4465399, Telex 614479, Fax 4465396 – 100. AE E VISA JCB. PV **g**
97 cam 155/205000, 4 appartamenti.

Canada senza rist, via Vicenza 58 ✉ 00185 ☎ 4457770, Telex 613037, Fax 4450749 – AE E VISA JCB. Roma p. 9 FS **u**
74 cam 165/220000.

Siviglia senza rist, via Gaeta 12 ✉ 00185 ☎ 4441196, Fax 4441195 – 🛗 TV ☎. AE 🅂 ⓓ E VISA. ✻ PU s
41 cam ☕ 170/260000.

Sistina senza rist, via Sistina 136 ✉ 00187 ☎ 4745000, Fax 4818867 – 🛗 ▤ TV ☎. AE 🅂 ⓓ VISA. ✻ OV a
26 cam ☕ 260/315000.

Laurentia senza rist, largo degli Osci 63 ✉ 00185 ☎ 4450218, Fax 4453821 – 🛗 ▤ TV ☎. AE 🅂 ⓓ E VISA Roma p. 9 FT a
41 cam ☕ 165/180000.

Duca d'Alba senza rist, via Leonina 12 ✉ 00184 ☎ 484471, Telex 620401, Fax 4884840 – 🛗 ▤ TV ☎. AE 🅂 ⓓ E VISA JCB OY c
24 cam ☕ 130/180000, ▤ 20000.

Nord-Nuova Roma senza rist, via Amendola 3 ✉ 00185 ☎ 4885441, Fax 4817163 – 🛗 ▤ TV ☎. AE 🅂 ⓓ E VISA JCB. ✻ PV d
159 cam ☕ 205/275000.

Centro senza rist, via Firenze 12 ✉ 00184 ☎ 4828002, Telex 612125, Fax 4871902 – 🛗 ▤ TV ☎. AE 🅂 ⓓ E VISA. ✻ PV y
38 cam ☕ 160/240000.

Igea senza rist, via Principe Amedeo 97 ✉ 00185 ☎ 4466913, Fax 4466911 – 🛗 ▤ TV ☎. AE 🅂 E VISA. ✻ PX k
☕ 8000 – **42 cam** 100/130000.

XXXX **Sans Souci**, via Sicilia 20/24 ✉ 00187 ☎ 4821814, Fax 4821771, Rist. elegante-soupers, prenotare – ▤. AE 🅂 ⓓ E VISA JCB. ✻ OU a
chiuso a mezzogiorno, lunedì e dal 6 agosto al 3 settembre – **Pasto** carta 96/150000.

XXX Il Pavone - Hotel Artdeco, via Palestro 19/B ✉ 00185 ☎ 4465433, Stile Art Deco e cucina creativa – ▤ – 🏛 40. PU f

XXX **Grappolo d'Oro**, via Palestro 4/10 ✉ 00185 ☎ 4941441, Fax 4452350 – ▤. AE 🅂 ⓓ E VISA JCB PU c
chiuso domenica ed agosto – **Pasto** 30/50000 (a mezzogiorno) e carta 45/65000.

XX **Coriolano**, via Ancona 14 ✉ 00198 ☎ 44249863, Trattoria elegante, Coperti limitati; prenotare – ▤. AE 🅂 ⓓ E VISA JCB PU d
chiuso dal 5 al 30 agosto, domenica e in luglio anche sabato – **Pasto** carta 54/91000 (15%).

XX Edoardo, via Lucullo 2 ✉ 00187 ☎ 486428, Fax 486428 – ▤ OU h

XX **Agata e Romeo**, via Carlo Alberto 45 ✉ 00185 ☎ 4466115, Fax 4465842, Coperti limitati; prenotare – ▤. AE 🅂 ⓓ E VISA JCB. ✻ PX d
chiuso domenica, Natale ed agosto – **Pasto** carta 62/85000.

XX **Giovanni**, via Marche 64 ✉ 00187 ☎ 4821834, Fax 4817366, Rist. d'habitués – ▤. AE 🅂 E VISA OU a
chiuso venerdì sera, sabato ed agosto – **Pasto** carta 53/99000.

XX **Girarrosto Toscano**, via Campania 29 ✉ 00187 ☎ 4823835, Fax 4821899 – ▤. AE 🅂 ⓓ E VISA JCB. ✻ OU n
chiuso mercoledì – **Pasto** carta 52/87000.

XX **Mario's Hostaria**, piazza del Grillo 9 ✉ 00184 ☎ 6793725, 🌳, prenotare – ▤. AE 🅂 ⓓ E VISA. ✻ Roma p. 16 NY b
chiuso domenica – **Pasto** carta 37/69000.

XX **Cesarina**, via Piemonte 109 ✉ 00187 ☎ 4880073, Specialità bolognesi – ▤. AE 🅂 ⓓ E VISA. ✻ OU p
chiuso domenica – **Pasto** carta 44/77000.

XX **Bonne Nouvelle**, via del Boschetto 73 ✉ 00184 ☎ 486781, Specialità di mare, prenotare – ▤. AE 🅂 ⓓ E VISA JCB. ✻ OX k
chiuso domenica e dal 10 al 31 agosto – **Pasto** carta 47/72000.

XX **Dai Toscani**, via Forlì 41 ✉ 00161 ☎ 44231302, Specialità toscane – ▤. AE 🅂 ⓓ E VISA
chiuso domenica ed agosto – **Pasto** carta 48/70000 (10%). Roma p. 9 FS w

XX **Mangrovia**, via Milazzo 6/a ✉ 00185 ☎ 4452755, Telex 621357, Fax 4959204, Specialità di mare – ▤. AE 🅂 ⓓ E VISA JCB Roma p. 9 EFS v
Pasto carta 38/62000.

XX **Al Chianti**, via Ancona 17 ✉ 00198 ☎ 44291534, Trattoria toscana con taverna, prenotare – ▤. AE 🅂 ⓓ E VISA PU d
chiuso domenica e dal 6 al 22 agosto – **Pasto** carta 38/70000.

XX **Peppone**, via Emilia 60 ✉ 00187 ☎ 483976, Fax 483976, Rist. di tradizione – AE 🅂 ⓓ E VISA. ✻ OU r
chiuso sabato-domenica in agosto, solo domenica negli altri mesi – **Pasto** carta 47/94000 (15%).

XX **Charly's Saucière**, via di San Giovanni in Laterano 270 ✉ 00184 ☎ 70495666, Fax 70494700, Cucina franco-svizzera, Coperti limitati; prenotare – ▤. AE 🅂 ⓓ E VISA JCB. ✻ PZ e
chiuso dal 5 al 20 agosto, domenica e i mezzogiorno di sabato-lunedì – **Pasto** carta 48/74000.

XX **Tullio,** via di San Nicola da Tolentino 26 ✉ 00187 ☏ 4745560, Fax 4818564, Trattoria toscana con girarrosto – ▤. AE ⑤ ⓓ E VISA JCB. ✂ OV f
chiuso domenica ed agosto – **Pasto** carta 50/80000.

XX **Papà Baccus,** via Toscana 36 ✉ 00187 ☏ 4742808, Fax 4742808, Specialità di mare e toscane, prenotare – ▤. AE ⑤ ⓓ E VISA JCB. ✂ OU w
chiuso sabato a mezzogiorno, domenica, dal 1° al 10 gennaio e dal 10 al 20 agosto – **Pasto** carta 55/75000.

XX **Hostaria da Vincenzo,** via Castelfidardo 6 ✉ 00185 ☏ 484596, Fax 4870092 – ▤. AE ⑤ ⓓ E VISA JCB PU e
chiuso domenica ed agosto – **Pasto** carta 35/66000.

X **Hostaria Costa Balena,** via Messina 5/7 ✉ 00198 ☏ 8417686, Trattoria con specialità di mare – ▤. AE ⑤ ⓓ E VISA. ✂ Roma p. 9 FS p
chiuso sabato a mezzogiorno, domenica e dal 10 al 29 agosto – **Pasto** carta 37/65000.

X **Crisciotti-al Boschetto,** via del Boschetto 30 ✉ 00184 ☏ 4744770, Trattoria rustica, « Servizio estivo sotto un pergolato » – ⑤ E VISA OX n
chiuso venerdì sera, sabato, Natale ed agosto – **Pasto** carta 31/48000 (10%).

X **Colline Emiliane,** via degli Avignonesi 22 ✉ 00187 ☏ 4817538, Specialità emiliane, prenotare – ▤ Roma p. 12 NV d
chiuso venerdì ed agosto – **Pasto** carta 45/62000.

X **La Tana del Grillo,** via Alfieri 4/8 ✉ 00185 ☏ 70453517, Specialità ferraresi, prenotare – AE ⑤ ⓓ E VISA PY h
chiuso domenica e lunedì a mezzogiorno – **Pasto** carta 46/73000.

X **Al Bersagliere-da Raffone,** via Ancona 43 ✉ 00198 ☏ 44249846, Rist. rustico di tradizione – ▤. AE ⓓ VISA PU d
chiuso sabato e dal 5 al 20 agosto – **Pasto** carta 40/67000.

X **Cantina Cantarini,** piazza Sallustio 12 ✉ 00187 ☏ 485528, 🏖, prenotare – AE ⑤ ⓓ E VISA. ✂ PU y
chiuso domenica, dal 24 dicembre al 2 gennaio ed agosto – **Pasto** carta 34/61000.

X **Trimani il Wine Bar,** via Cernaia 37/b ✉ 00185 ☏ 4469630, Fax 4468351, Enoteca con ristorazione veloce – ▤. AE ⑤ ⓓ E VISA JCB PU m
chiuso domenica e dal 12 al 18 agosto – **Pasto** carta 33/59000.

Zona sud – Aventino, Porta San Paolo, Terme di Caracalla, via Appia Nuova (Pianta : Roma p. 8 e 9) :

🏨 **Domus Aventina** ⛰ senza rist, via Santa Prisca 11/b ✉ 00153 ☏ 5746135, Fax 57300044 – ▤ TV ☎. AE ⑤ ⓓ E VISA JCB. ✂ NZ k
26 cam ☕ 170/260000.

🏨 **Piccadilly** senza rist, via Magna Grecia 122 ✉ 00183 ☏ 77207017, Fax 70476686 – ▤ TV ☎. AE ⑤ ⓓ E VISA. ✂ FT b
55 cam ☕ 150/205000.

🏨 **Sant'Anselmo** ⛰ senza rist, piazza Sant'Anselmo 2 ✉ 00153 ☏ 5748119, Fax 5783604, 🌳 – TV ☎. AE ⑤ ⓓ E VISA. ✂ MZ m
45 cam ☕ 140/195000.

🏨 Villa San Pio ⛰ senza rist, via di Sant'Anselmo 19 ✉ 00153 ☏ 5743547, 🌳 – |≑| TV ☎ MZ m
59 cam.

XX ✿ **Checchino dal 1887,** via Monte Testaccio 30 ✉ 00153 ☏ 5743816, Fax 5743816, Locale storico, cucina romana, prenotare – AE ⑤ ⓓ E VISA. ✂ DT a
chiuso dal 24 dicembre al 3 gennaio, agosto, domenica sera, lunedì e da giugno a settembre anche domenica a mezzogiorno – **Pasto** carta 60/97000 (15%)
Spec. Rigatoni con la paiata, Coda alla vaccinara, Abbacchio alla cacciatora.

XX **Da Severino,** piazza Zama 5/c ✉ 00183 ☏ 7000872 – ▤. AE ⑤ ⓓ E VISA FT c
chiuso lunedì e dal 1° al 28 agosto – **Pasto** carta 50/60000.

XX **Il Cortile,** via Alberto Mario 26 ✉ 00152 ☏ 5803433 – AE ⑤ ⓓ VISA. ✂ CT b
chiuso domenica sera e lunedì – **Pasto** carta 44/61000.

Zona Trastevere (quartiere tipico) (Pianta : Roma p. 9) :

XXX **Alberto Ciarla,** piazza San Cosimato 40 ✉ 00153 ☏ 5818668, Fax 5884377, 🏖, Specialità di mare, Coperti limitati; prenotare – ▤. AE ⑤ ⓓ E VISA JCB. ✂ KZ k
chiuso a mezzogiorno, domenica, dal 1° al 13 gennaio e dal 1° al 15 agosto – **Pasto** 70/95000 (alla sera) e carta 71/116000.

XX **Corsetti-il Galeone,** piazza San Cosimato 27 ✉ 00153 ☏ 5816311, Fax 5896255, 🏖, Specialità romane e di mare, « Ambiente caratteristico » – ▤. AE ⑤ ⓓ E VISA JCB KZ m
Pasto carta 46/80000.

XX **Carlo Menta,** via della Lungaretta 101 ✉ 00153 ☏ 5884450, 🏖, Specialità di mare, prenotare – ▤. AE ⑤ ⓓ E VISA. ✂ KZ n
chiuso a mezzogiorno, lunedì e dal 16 luglio al 10 agosto – **Pasto** carta 58/82000 (15%).

XX Sabatini a Santa Maria in Trastevere, piazza di Santa Maria in Trastevere 13 ✉ 00153 ☏ 5812026, Fax 5898386, 🏖, Specialità romane e di mare – ▤ KZ p

XX **Galeassi,** piazza di Santa Maria in Trastevere 3 ✉ 00153 ☎ 5803775, ☂, Specialità romane e di mare – AE ⓢ ① E VISA. ✻ KZ **q**
chiuso lunedì e dal 20 dicembre al 20 gennaio – **Pasto** carta 46/78000.

XX **Paris,** piazza San Callisto 7/a ✉ 00153 ☎ 5815378, ☂ – ▤. AE ⓢ ① E VISA. ✻
chiuso domenica sera, lunedì ed agosto – **Pasto** carta 54/87000. KZ **r**

XX Sabatini, vicolo Santa Maria in Trastevere 18 ✉ 00153 ☎ 5818307, Specialità romane e di mare – ▤ KZ **p**

XX **Checco er Carettiere,** via Benedetta 10 ✉ 00153 ☎ 5817018, ☂, Rist. tipico con specialità romane e di mare – ▤. AE ⓢ ① E VISA KY **t**
chiuso domenica sera, lunedì, dal 2 al 10 gennaio e dal 10 al 30 agosto – **Pasto** carta 52/78000.

XX **Pastarellaro,** via di San Crisogono 33 ✉ 00153 ☎ 5810871, Specialità romane e di mare – ▤. AE ⓢ ① E VISA LZ **u**
chiuso mercoledì ed agosto – **Pasto** carta 45/80000 (12 %).

XX **Taverna Trilussa,** via del Politeama 23 ✉ 00153 ☎ 5818918, Fax 5811064, ☂, Rist. tipico con specialità romane – ▤. AE ⓢ ① VISA JCB KJ **v**
chiuso domenica sera, lunedì e dal 30 luglio al 28 agosto – **Pasto** carta 36/57000.

X **Peccati di Gola,** piazza dei Ponziani 7/a ✉ 00153 ☎ 5814529, Fax 5816840, ☂ – AE ⓢ ① E VISA. ✻ Roma p. 16 MZ **y**
chiuso lunedì, dal 2 al 16 gennaio e dal 4 al 18 settembre – **Pasto** carta 56/88000.

Dintorni di Roma

sulla strada statale 1 - via Aurelia (Pianta : Roma p. 6) :

Jolly Hotel Midas, via Aurelia al km 8 ✉ 00165 ☎ 66396, Telex 622821, Fax 66418457, ⛱, ☘, ✻ – |‡| ▤ TV ☎ P – 🚶 650. AE ⓢ ① E VISA. ✻ AQ **d**
Pasto carta 56/90000 – **342 cam** ☐ 220/240000, 5 appartamenti – ½ P 175000.

Villa Pamphili, via della Nocetta 105 ✉ 00164 ☎ 5862, Telex 626539, Fax 66157747, ⛱, ≘s, ⛱ (coperta d'inverno), ☘, ✻ – |‡| ▤ TV ☎ ♿ P – 🚶 25 a 500. AE ⓢ ① E VISA JCB. ✻ rist AR **e**
Pasto carta 55/82000 – **238 cam** ☐ 290/340000.

Holiday Inn St. Peter's, via Aurelia Antica 415 ✉ 00165 ☎ 6642, Telex 625434, Fax 6637190, ≘s, ⛱, ☘, ✻ – |‡| ⇆ cam ▤ TV ☎ ♿ P – 🚶 25 a 220. AE ⓢ ① E VISA JCB. ✻ AQR **h**
Pasto carta 58/88000 – ☐ 25000 – **321 cam** 310/430000 – ½ P 285/300000.

Forte Agip, via Aurelia al km 8 ✉ 00165 ☎ 66411200, Telex 613699, Fax 66414437, ⛱ – |‡| ▤ TV ☎ P – 🚶 25 a 150. AE ⓢ ① E VISA. ✻ rist AQ **d**
Pasto carta 39/64000 – **213 cam** ☐ 194/234000.

XX **La Maielletta,** via Aurelia Antica 270 ✉ 00165 ☎ 39366595, Fax 39366595, Rist. tipico con specialità abruzzesi – P. AE ⓢ ① E VISA JCB. ✻ AQR **k**
chiuso lunedì e dal 15 al 30 agosto – **Pasto** carta 28/43000.

XX **13 Da Checco,** via Aurelia al km 13 ✉ 00166 ☎ 66180096, Fax 66180040, ☂ – ▤ P. AE ⓢ E VISA AR **m**
chiuso domenica sera, lunedì ed agosto – **Pasto** carta 42/57000.

XX **Pietro al Forte,** via Dei Capasso 56/64 ✉ 00164 ☎ 66158531, Fax 66165101, Rist. e pizzeria – AE ⓢ ① E VISA. ✻ AR **a**
chiuso lunedì – **Pasto** carta 39/62000.

sulla strada statale 3 - via Flaminia Nuova (Pianta : Roma p. 7) :

Colony Flaminio, senza rist, via Monterosi 18 ✉ 00191 ☎ 36301843, Fax 36309495 – |‡| ▤ TV ☎ P – 🚶 90. AE ⓢ ① E VISA JCB BQ **n**
72 cam ☐ 155/200000, appartamento.

XX **Da Benito,** via Flaminia Nuova 230/232 ✉ 00191 ☎ 36307851, Fax 36306079 – ▤. AE ⓢ ① E VISA BQ **n**
chiuso domenica e dal 10 al 31 agosto – **Pasto** carta 45/70000.

sulla strada statale 4 - via Salaria (Pianta : Roma p. 7) :

Hotel la Giocca, via Salaria 1223 ✉ 00138 ☎ 8804365, Fax 8804495, ⛱ – |‡| ▤ TV ☎ 🚗 P – 🚶 40. AE ⓢ ① E VISA. ✻ BQ **f**
Pasto vedere rist **L'Elite** – ☐ 15000 – **59 cam** 155/178000, 3 appartamenti – ½ P 105/115000.

Eurogarden senza rist, raccordo anulare Salaria-Flaminia ✉ 00138 ☎ 8804507, Fax 8804417, ⛱, ☘ – ▤ TV ☎ P. AE ⓢ ① E VISA. ✻ BQ **r**
48 cam ☐ 164/192000.

La Pergola senza rist, via dei Prati Fiscali 55 ✉ 00141 ☎ 8863290, Fax 8124353 – ▤ TV ☎ – 🚶 90. AE ⓢ E VISA BQ **s**
92 cam ☐ 168/198000.

XX **L'Elite,** via Salaria 1223 ✉ 00138 ☎ 8804503 – ▤ P. AE ⓢ ① E VISA. ✻ BQ **f**
chiuso domenica, dal 23 dicembre al 6 gennaio e dall'8 al 28 agosto – **Pasto** carta 36/71000.

X **Franco l'Abruzzese,** via Anerio 23/25 ✉ 00199 ☎ 8600704, Trattoria d'habitués – AE ⓢ ① E VISA BQ **t**
chiuso domenica – **Pasto** carta 25/48000.

sulla strada statale 6 - via Casilina (Pianta: Roma p. 7) :

Myosotis, piazza Pupinia 2 ✉ 00133 ✆ 2054470, Fax 2053671, riscaldata – 35. AE VISA. BR u
Pasto vedere rist. Villa Marsili – **18 cam** 180/220000 – 1/2 P 140/150000.

Villa Marsili, via Casilina 1604 ✉ 00133 ✆ 2050200, Fax 2055176 – AE E VISA. BR u
chiuso mercoledì – **Pasto** carta 37/49000.

sulla strada statale 7 - via Appia Nuova (Pianta : Roma p. 7) :

Rinaldo all'Acquedotto, via Appia Nuova 1267 ✉ 00178 ✆ 7183910, Fax 7182968, – AE VISA. BR v
chiuso martedì e dal 1° al 15 agosto – **Pasto** carta 40/80000.

a Ciampino SE : 15 km BR – ✉ **00043** :

Da Giacobbe, via Appia Nuova 1681 ✆ 79340131, prenotare – AE E VISA. BR w
chiuso domenica sera, lunedì e dal 10 al 30 agosto – **Pasto** carta 40/58000.

sulla via Appia Antica (Pianta : Roma p. 7) :

Cecilia Metella, via Appia Antica 125/129 ✉ 00179 ✆ 5136743, Fax 5136743, « Giardino ombreggiato » – AE E VISA BR x
chiuso lunedì e dal 12 al 30 agosto – **Pasto** carta 42/66000.

sulla via Ostiense (Pianta : Roma p. 7) :

Angelino 3 Gatti, via delle Sette Chiese 68 ✉ 00145 ✆ 5135272, Coperti limitati; prenotare – BR y

all'E.U.R. Città Giardino (Pianta : Roma p. 7) :

Sheraton, viale del Pattinaggio ✉ 00144 ✆ 5453, Telex 626074, Fax 5940689, – 25 a 1800. AE E VISA JCB. BR z
Pasto carta 54/86000 – **609 cam** 390/470000, 14 appartamenti.

Shangri Là-Corsetti, viale Algeria 141 ✉ 00144 ✆ 5916441, Telex 614664, Fax 5413813, riscaldata, – 25 a 80. AE E VISA. BR d
Pasto *(chiuso dall'11 al 25 agosto)* carta 50/86000 – **52 cam** 266/330000, 11 appartamenti.

Dei Congressi, viale Shakespeare 29 ✉ 00144 ✆ 5926021, Fax 5911903 – 25 a 300. BR e
96 cam.

Vecchia America-Corsetti, piazza Marconi 32 ✉ 00144 ✆ 5926601, Fax 5922284, Rist. tipico con piano-bar e birreria – AE E VISA BR h
Pasto carta 45/76000.

Lime Light, via Vittorini 33/35 ✉ 00144 ✆ 5002934, Rist.-piano bar – BR k

sull'autostrada per Fiumicino in prossimità raccordo anulare (Pianta : Roma p. 6) :

Sheraton Golf, viale Parco de' Medici 22 ✉ 00148 ✆ 522408, Telex 620297, Fax 52240742 – 25 a 630. AE E VISA JCB. AR b
Pasto 72/90000 – 20000 – **248 cam** 420/490000, 14 appartamenti.

Holiday Inn-Parco Medici, viale Castello della Magliana 65 ✉ 00148 ✆ 65581, Telex 613302, Fax 6557005, – 650. AE E VISA JCB. AR c
Pasto carta 70/90000 – 16000 – **316 cam** 300/415000.

sulla via Tiburtina (Pianta : Roma p. 7) :

Gabriele, via Ottoboni 74 ✉ 00159 ✆ 4393498, Rist. e pizzeria – AE E VISA. BQ m
chiuso sabato ed agosto – **Pasto** carta 48/65000.

MICHELIN, via Corcolle 15 - località Settecamini (BQ Roma p. 7) - ✉ 00131, ✆ 4131625, Fax 4131645.

ROMAGNANO SESIA 28078 Novara 988 ②, 428 F 7 – 4 330 ab. alt. 268 – 0163.

Roma 650 – Biella 32 – Milano 76 – Novara 30 – Stresa 40 – Torino 94 – Vercelli 37.

Baiardo con cam, via Novara 337 (S : 2 km) ✆ 832000, Fax 832000, –
Pasto *(chiuso mercoledì ed agosto)* carta 32/54000 – 15000 – **9 cam** 80/110000 – 1/2 P 95/105000.

ROMANO D'EZZELINO 36060 Vicenza 429 E 17 – 12 785 ab. alt. 132 – 0424.

Roma 547 – Padova 54 – Belluno 81 – Milano 238 – Trento 89 – Treviso 51 – Venezia 80 – Vicenza 39.

Cá Takea, via Col Roigo 17 ✆ 33426, Coperti limitati; prenotare, – VISA
chiuso martedì e febbraio – **Pasto** carta 41/58000.

Da Giuliano, N : 1 km ✆ 36478 –
chiuso domenica sera, lunedì ed agosto – **Pasto** carta 30/43000.

[RONCADELLE] Brescia – Vedere Brescia.

[RONCHI DEI LEGIONARI] **34077** Gorizia [988] ⑥, [429] E 22 – 10 035 ab. alt. 11 – ✆ 0481.
✈ O : 2 km, ✆ 773224, Telex 460220, Fax 474150.
Roma 639 – Udine 39 – Gorizia 22 – ♦Milano 378 – ♦Trieste 31.

🏨 **Doge Inn,** viale Serenissima 71 ✆ 779401, Fax 474194 – ▤ [TV] ☎ ♿. [AE] [$] [O] [E] [VISA]. 🚫🐕 rist
chiuso dal 10 al 20 agosto – **Pasto** (solo su prenotazione a mezzogiorno e *chiuso domenica*) carta 28/44000 – ☕ 10000 – **22 cam** 100/135000 – ½ P 103/145000.

🍴 **Trattoria la Corte,** via Verdi 57 ✆ 777594, ⛱ – [P]. [AE] [$] [O] [E] [VISA]
chiuso martedì – **Pasto** carta 36/49000.

[RONCIGLIONE] **01037** Viterbo [988] ㉕, [430] P 18 – 7 477 ab. alt. 441 – ✆ 0761.
Vedere Lago di Vico★ NO : 2 km.
Dintorni Caprarola : scala elicoidale★★ della Villa Farnese★ NE : 6,5 km.
Roma 60 – Viterbo 20 – Civitavecchia 65 – Terni 80.

sulla via Cimina NE : 2 km :

🍴🍴 **Santa Lucia da Armando,** ✉ 01037 ✆ 612169, « Servizio estivo in giardino » – [P]. [$] [E] [VISA]. 🚫🐕
chiuso mercoledì, dal 7 al 31 gennaio e dal 10 al 30 giugno – **Pasto** carta 38/53000.

[RONCITELLI] Ancona [430] K 21 – Vedere Senigallia.

[RONZONE] **38010** Trento [429] C 15, [218] ⑳ – 324 ab. alt. 1097 – a.s. Pasqua e Natale – ✆ 0463.
Roma 634 – ♦Bolzano 33 – Merano 43 – ♦Milano 291 – Trento 52.

🍴🍴 **Orso Grigio,** ✆ 880625, ⛱ – [P]. [$] [O] [E] [VISA]
chiuso martedì e dal 10 gennaio al 10 febbraio – **Pasto** carta 47/69000.

[RORE] Cuneo – Vedere Sampèyre.

[ROSA] Pordenone – Vedere San Vito al Tagliamento.

[ROSARNO] **89025** Reggio di Calabria [988] ㊴, [431] L 29 – 13 184 ab. alt. 61 – ✆ 0966.
Roma 644 – ♦Reggio di Calabria 65 – Catanzaro 100 – ♦Cosenza 129.

🏨 **Vittoria,** via Nazionale 148 ✆ 712041, Fax 712045 – 🛗 ▤ [TV] ☎ 🚗 [P] – 🎤 30 a 200. [AE] [$] [O] [E] [VISA]. 🚫🐕 cam
Pasto carta 26/32000 – ☕ 10000 – **68 cam** 80/110000 – ½ P 80000.

[ROSETO DEGLI ABRUZZI] **64026** Teramo [988] ⑰ ㉗, [430] N 24 – 21 429 ab. – a.s. luglio-agosto – ✆ 085 – [i] piazza della Libertà 38 ✆ 8991157, Fax 8991157.
Roma 214 – Ascoli Piceno 59 – ♦Pescara 38 – ♦Ancona 131 – L'Aquila 99 – Chieti 51 – Teramo 32.

🏨 Palmarosa, lungomare Trento 3 ✆ 8941615, Fax 8941656, 🏖 – 🛗 ☎ 🚗 [P]
stagionale – **42 cam.**

🏨 **Radar,** lungomare Roma 14 ✆ 8992140, Fax 8999200, 🏖 – 🛗 [TV] ☎. [AE] [$] [E] [VISA]. 🚫🐕
Pasto 30000 – ☕ 10000 – **58 cam** 90/120000 – ½ P 105/110000.

🏠 La Perla, via Lucania 9 ✆ 8944173, Fax 8997216 – 🛗 [TV] ♿ [P]
19 cam.

🏠 **Tonino,** via Mazzini 15 ✆ 8993110, ⛱ – [TV] ☎ [P]. [AE] [$] [E] [VISA]. 🚫🐕 cam
chiuso dal 15 dicembre al 10 gennaio e dal 15 al 30 settembre – **Pasto** (*chiuso lunedì*) carta 32/60000 – ☕ 6000 – **20 cam** 50/75000 – ½ P 65/73000.

🍴🍴 **Tonino** con cam, via Volturno 11 ✆ 8990274, ⛱ – [TV]. [AE] [$] [O] [E] [VISA]. 🚫🐕 cam
chiuso dal 13 dicembre al 6 gennaio – **Pasto** (*chiuso lunedì*) carta 33/59000 – ☕ 5000 – **7 cam** 40/50000 – ½ P 65/75000.

🍴🍴 **Al Focolare di Bacco** 🐌 con cam, via Solagna 18 (NO : 3 km) ✆ 8941004, Fax 8941004, ≤, Specialità alla brace, 🌳 – ▤ [TV] ☎ ♿ 🚗 [P]. [AE] [$] [O] [E] [VISA] [JCB]. 🚫🐕
chiuso novembre – **Pasto** (*chiuso martedì e mercoledì*) carta 30/40000 – **9 cam** ☕ 70/110000 – ½ P 110000.

🍴 **Il Delfino,** strada Nazionale 241 ✆ 8942073, ⛱ – [AE] [$] [E] [VISA] [JCB]. 🚫🐕
chiuso lunedì e dal 23 dicembre al 10 gennaio – **Pasto** carta 41/56000.

nella zona industriale vicino Scerne SO : 4 km :

🍴 **Al Caminetto,** ✉ 64030 Casoli di Atri ✆ 8709243 – ▤ [P]. [AE] [$] [O] [VISA]. 🚫🐕
chiuso lunedì e gennaio – **Pasto** carta 22/42000.

[ROSIGNANO SOLVAY] **57013** Livorno [988] ⑭, [430] L 13 – a.s. 15 giugno-15 settembre – ✆ 0586.
Roma 294 – Pisa 43 – Grosseto 107 – ♦Livorno 24 – Siena 104.

🏨 **Elba Hotel** senza rist, via Aurelia 301 ✆ 760939, Fax 760915 – 🛗 ▤ [TV] ☎ [P]. [AE] [$] [O] [E] [VISA] [JCB]. 🚫🐕
☕ 15000 – **26 cam** 75/105000, ▤ 10000.

ROSOLINA 45010 Rovigo 429 G 18 – 5 816 ab. alt. 4 – ☎ 0426.

(chiuso martedì) all'Isola Albarella ✉ 45010 Rosolina ☎ 330124, Fax 330628, E : 16 km.

piazza Albertin 16 ☎ 664541, Fax 664543.

Roma 493 – ♦Venezia 67 – ♦Milano 298 – ♦Ravenna 78 – Rovigo 39.

all'isola Albarella E : 16 km – ✉ 45010 Rosolina :

Golf Hotel, ☎ 330373, Fax 330628, « Terrazza-giardino », – 50. AE VISA.
3 aprile-3 ottobre – **Pasto** 50000 – **22 cam** 150/260000 – ½ P 195000.

ROSTA 10090 Torino 428 G 4 – 3 747 ab. alt. 399 – ☎ 011.

Roma 677 – ♦Torino 17 – Alessandria 106 – Col du Mont Cenis 65 – Pinerolo 34.

Des Alpes, strada statale 25 del Moncenisio 55 (3,5 km) ☎ 9567777, Fax 9567780 – cam. AE VISA.
Pasto *(chiuso domenica)* carta 32/56000 – 12000 – **46 cam** 120/150000.

ROTA (Monte) (RADSBERG) Bolzano – Vedere Dobbiaco.

ROTA D'IMAGNA 24037 Bergamo 428 E 10, 219 ⑩ – 829 ab. alt. 665 – a.s. luglio-agosto – ☎ 035.

Roma 628 – ♦Bergamo 26 – Lecco 40 – ♦Milano 64.

Miramonti, ☎ 868000, ≤, – AE. rist
15 maggio-15 ottobre – **Pasto** carta 30/50000 – 6000 – **51 cam** 55/80000 – ½ P 75/85000.

Posta ☎ 868322, ≤ –
Pasto *(chiuso martedì in bassa stagione)* carta 30/52000 – 4000 – **36 cam** 40/75000 – P 70/85000.

I prezzi — Per ogni chiarimento sui prezzi riportati in guida, consultate le pagine dell'introduzione.

ROVATO 25038 Brescia 988 ③, 428 429 F 11 – 13 393 ab. alt. 172 – ☎ 030.

Roma 543 – ♦Brescia 19 – ♦Bergamo 33 – Cremona 71 – ♦Milano 76.

Due Colombe, via Bonomelli 17 ☎ 7721534. AE VISA.
chiuso lunedì sera, domenica ed agosto – **Pasto** carta 48/73000.

ROVENNA Como – Vedere Cernobbio.

ROVERE L'Aquila 430 P 22 – Vedere Rocca di Mezzo.

ROVERETO 38068 Trento 988 ④, 428 429 E 15 – 33 262 ab. alt. 212 – a.s. dicembre-aprile – ☎ 0464.

via Dante 63 ☎ 430363, telex 400280, Fax 435528.

Roma 561 – Trento 22 – ♦Bolzano 80 – ♦Brescia 129 – ♦Milano 216 – Riva del Garda 22 – ♦Verona 75 – Vicenza 72.

Rovereto, corso Rosmini 82 D ☎ 435222 e rist 435454, Fax 439644, – rist – 50 a 200.
49 cam.

Leon d'Oro senza rist, via Tacchi 2 ☎ 437333, Fax 423777 – – 70.
52 cam.

Al Borgo, via Garibaldi 13 ☎ 436300, Fax 436300, prenotare – AE VISA.
chiuso domenica sera, lunedì, dal 20 al 31 gennaio e dal 2 al 28 luglio – **Pasto** carta 68/92000
Spec. Carpaccio di cernia alla mediterranea, Ravioli d'anatra e castagne (autunno-inverno), Filetto di manzo in pasta sfoglia con carciofi (inverno).

Antico Filatoio, via Tartarotti 12 ☎ 437283, Coperti limitati; prenotare – AE VISA
chiuso a mezzogiorno, martedì e luglio – **Pasto** carta 38/48000.

San Colombano, via Vicenza 30 ☎ 436006, Fax 436006 – AE VISA.
chiuso domenica sera, lunedì e dal 6 al 21 agosto – **Pasto** carta 40/54000.

ROVERETO SULLA SECCHIA 41030 Modena 428 H 14 – alt. 22 – ☎ 059.

Roma 435 – ♦Bologna 68 – ♦Ferrara 68 – ♦Milano 186 – Modena 28 – Reggio nell'Emilia 37 – ♦Verona 97.

Belzebù, S : 2 km ☎ 671078, Solo specialità di mare – AE VISA
chiuso sabato a mezzogiorno e lunedì – **Pasto** 40/70000 (a mezzogiorno) 70/90000 (alla sera) e carta 39/74000
Spec. Antipasti di mare caldi, Riso "Belzebù", Piccolo fritto di moscardini e gamberi.

ROVETTA 24020 Bergamo 428 429 E 11 – 2 894 ab. alt. 658 – a.s. luglio-agosto – ☎ 0346.

Roma 638 – ♦Bergamo 38 – ♦Brescia 67 – Edolo 75 – ♦Milano 83.

S. Ambroeus, località Conca Verde O : 1 km ☎ 71228, Fax 71228 – rist
Pasto *(chiuso mercoledì)* carta 35/54000 – 8000 – **19 cam** 55/85000 – ½ P 75/85000.

ROVIGO 45100 P 988 ⑤ ⑮, 429 G 17 – 51 801 ab. alt. 6 – ☎ 0425.

ℹ via Dunant 10 ☎ 361481, Fax 30416 – piazza Vittorio Emanuele 3 ☎ 422400.

A.C.I. piazza 20 Settembre 9 ☎ 25833.

Roma 457 ④ – ◆Padova 41 ① – ◆Bologna 79 ④ – ◆Ferrara 33 ③ – ◆Milano 285 ① – ◆Venezia 78 ①.

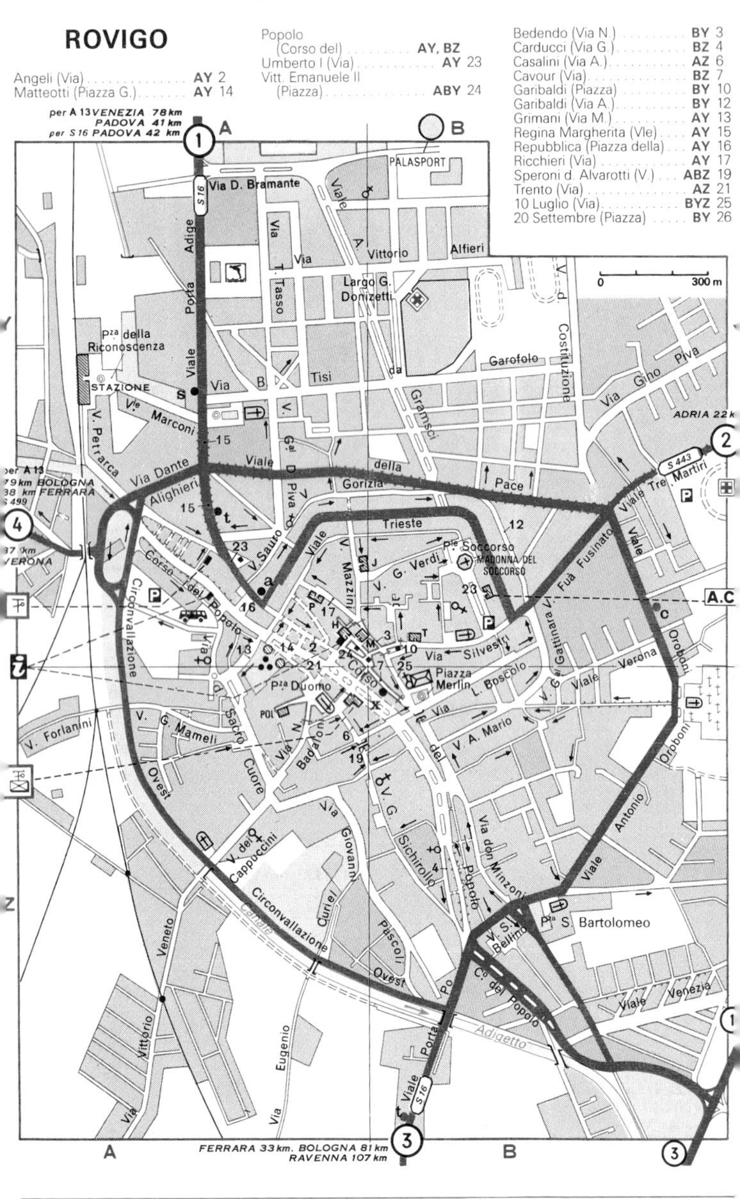

Le carte stradali Michelin sono costantemente aggiornate.

🏨🏨🏨 **Villa Regina Margherita,** viale Regina Margherita 6 ✆ 361540, Fax 31301 – 🛗 ❄ [TV] ☎ ♿ [P] – 🪑 30. [AE] [$] [O] E VISA. 🚫🐕 rist AY **t**
Pasto carta 35/63000 – ☕ 10000 – **19 cam** 140/160000, 2 appartamenti.

🏨🏨 **Corona Ferrea** senza rist, via Umberto I 21 ✆ 422433, Fax 422292 – 🛗 ❄ [TV] ☎ ♿ 🚗 – 🪑 50. [AE] [$] [O] E VISA AY **a**
28 cam ☕ 100/135000.

🏨🏨 **Cristallo,** viale Porta Adige 1 ✆ 30701, Fax 31083 – 🛗 ❄ [TV] ☎ [P] – 🪑 200. [AE] [$] [O] E VISA JCB AY **s**
Pasto *(chiuso venerdì)* carta 43/65000 (15%) – **43 cam** ☕ 110/150000 – ½ P 110/120000.

🏨 **Granatiere** senza rist, corso del Popolo 235 ✆ 22301, Fax 29388 – 🛗 ❄ [TV] ☎. [AE] [$] [O] E VISA JCB BZ **x**
20 cam ☕ 85/120000.

🍴🍴 **3 Pini,** viale Porta Po 68 ✆ 421111, 🌳 – ❄ [P]. [$] VISA. 🚫🐕 BZ **t**
chiuso domenica ed agosto – **Pasto** carta 32/58000.

🍴 **Cauccio** con cam, viale Oroboni 50 ✆ 31639 – [TV] ☎ [P]. 🚫🐕 BY **c**
Pasto *(chiuso lunedì)* carta 27/38000 – ☕ 6000 – **13 cam** 80/100000 – ½ P 90000.

RUBANO 35030 Padova – 13 032 ab. alt. 18 – ☏ 049.

Roma 499 – ◆Padova 8 – ◆Milano 224 – ◆Venezia 52 – ◆Verona 72 – Vicenza 25.

🏨🏨🏨 **La Bulesca** 🔇, via Fogazzaro 2 ✆ 8976388, Fax 8975543, 🌳 – 🛗 ❄ [TV] ☎ [P]. [AE] [$] [O] E VISA JCB. 🚫🐕
Pasto al Rist. ***Zuan*** carta 35/55000 – ☕ 15000 – **60 cam** 100/200000 – ½ P 125000.

🏨🏨 **El Rustego,** via Rossi 16 ✆ 631466, Fax 631558, 🌳 – 🛗 ❄ [TV] ☎ ♿ [P] – 🪑 60. [AE] [$] [O] E VISA. 🚫🐕 rist
Pasto *(chiuso domenica e dal 30 luglio al 27 agosto)* carta 35/53000 – **41 cam** ☕ 90/138000 – ½ P 101/111000.

a Sarmeola SE : 3 km – ✉ **35030** :

🏨 **Le Calandre** senza rist, via Liguria 1 A ✆ 635200, Fax 633026 – 🛗 ❄ [TV] ☎ [P]. [AE] [$] [O] E VISA
chiuso dal 23 dicembre al 6 gennaio – ☕ 13000 – **35 cam** 100/135000.

🍴🍴🍴 ✿ **Le Calandre,** via Liguria 1 ✆ 630303, Fax 633000, prenotare – ❄ [P]. [AE] [$] [O] E VISA
chiuso dal 1° al 15 gennaio, dal 6 al 20 agosto, domenica sera, lunedì e da giugno a settembre anche domenica a mezzogiorno – **Pasto** carta 58/114000
Spec. Gelatina di crostacei al caviale e mousse al cerfoglio (primavera-estate), Risotto alle rigaglie di piccione e cipolla fritta (autunno-inverno), Rombo ai vapori di verbena con purea aspra di patate (autunno-inverno).

RUBIERA 42048 Reggio nell'Emilia 988 ⑭, 428 429 430 I 14 – 9 670 ab. alt. 55 – ☏ 0522.

Roma 415 – ◆Bologna 61 – ◆Milano 162 – ◆Modena 12 – ◆Parma 40 – Reggio nell'Emilia 13.

🏨🏨 **Arnaldo,** piazza 24 Maggio 3 ✆ 626124, Fax 628145 – 🛗 ❄ [TV] ☎. [AE] [$] [O] E VISA JCB. 🚫🐕
chiuso Natale, Pasqua ed agosto – **Pasto** vedere rist **Arnaldo-Clinica Gastronomica** – ☕ 22000 – **32 cam** 100/155000.

🏨🏨 **La Corte** senza rist, via Brunelleschi 3 ✆ 627233, Fax 627255 – 🛗 ❄ [TV] ☎ 🚗 [P] – 🪑 70. [AE] [$] [O] E VISA. 🚫🐕
chiuso dal 10 al 20 agosto e dal 23 al 31 dicembre – **39 cam** ☕ 90/120000.

🍴🍴 ✿ **Arnaldo-Clinica Gastronomica,** piazza 24 Maggio 3 ✆ 626124, Fax 628145, Rist. di tradizione, Specialità al carrello – [AE] [$] [O] E VISA JCB. 🚫🐕
chiuso domenica e lunedì a mezzogiorno, Natale, Pasqua ed agosto – **Pasto** carta 50/78000 (15%)
Spec. Spugnolata (pasta), Arrosto al Barolo, Faraona al cartoccio.

RUMO 38020 Trento 428 429 C 15 – 842 ab. alt. 939 – a.s. Pasqua e Natale – ☏ 0463.

Roma 639 – ◆Bolzano 45 – ◆Milano 300 – Trento 55.

🍴🍴 **Du Parc** 🔇 con cam, località Mocenigo ✆ 530179, Fax 530059, ⩽, 🌳, 🌳 – ❄ rist ☎ [P]. [$] VISA. 🚫🐕
chiuso dal 10 gennaio al 10 febbraio – **Pasto** *(chiuso mercoledì)* carta 28/47000 – ☕ 12000 – **17 cam** 70/130000 – ½ P 75/80000.

RUSSI 48026 Ravenna 988 ⑮, 429 430 I 18 – 10 735 ab. alt. 13 – ☏ 0544.

Roma 374 – ◆Ravenna 17 – ◆Bologna 67 – Faenza 16 – ◆Ferrara 82 – Forlì 20 – ◆Milano 278.

a San Pancrazio SE : 5 km – ✉ **48020** :

🍴🍴 **La Cucoma,** via Molinaccio 175 ✆ 534147, Specialità di mare – 🚭 ❄ [P]. [AE] [$] [O] E VISA. 🚫🐕
chiuso domenica sera, lunedì e dal 20 luglio al 20 agosto – **Pasto** carta 36/60000.

RUTA Genova – Vedere Camogli.

RUTIGLIANO 70018 Bari 988 ㉙, 431 D 33 – 16 660 ab. alt. 122 – ☎ 080.
Roma 463 – ◆ Bari 19 – ◆Brindisi 100 – ◆Taranto 87.

XX **La Locanda,** via Leopardi 71 ☎ 662755, Fax 7870870 – AE 🅂 ⓓ E VISA
novembre-marzo; chiuso martedì – **Pasto** carta 32/55000.

RUTTARS Gorizia – Vedere Dolegna del Collio.

RUVO DI PUGLIA 70037 Bari 988 ㉙, 431 D 31 – 25 074 ab. alt. 256 – ☎ 080.
Vedere Cratere di Talos★★ nel museo Archeologico Jatta – Cattedrale★.
Roma 441 – ◆ Bari 36 – Barletta 32 – ◆Foggia 105 – Matera 64 – ◆Taranto 117.

Pineta ⚘, via Carlo Marx 5 ☎ 811578, Fax 811578 – ▤ rist TV ☎ P – 🏛 200. AE 🅂 ⓓ E VISA. ✻
chiuso novembre – **Pasto** *(chiuso venerdì)* carta 30/48000 (10%) – ☕ 10000 – **14 cam** 68/110000 – ½ P 92000.

X **Hostaria Pomponio,** vico Pomponio 3 ☎ 829970, solo su prenotazione a mezzogiorno, « Ambiente caratteristico » – ▤. 🅂 ⓓ E VISA
chiuso domenica – **Pasto** 35/50000 bc.

SABAUDIA 04016 Latina 988 ㉖, 430 S 21 – 15 136 ab. – a.s. Pasqua e luglio-agosto – ☎ 0773.
Roma 96 – Frosinone 54 – Latina 28 – ◆Napoli 149 – Terracina 26.

sul lungomare SO : 2 km :

Le Dune ⚘, ✉ 04016 ☎ 511511, Fax 515643, ≤, 🏖, 🏋, ≘s, ⛱, 🏕, 🏖, 🎾 – 🛗 ▤ TV ☎ P – 🏛 35. AE 🅂 E VISA. ✻
aprile-settembre – **Pasto** 61/85000 – ☕ 20000 – **70 cam** 170/280000, 2 appartamenti – P 195/280000.

SACCA Parma – Vedere Colorno.

SACILE 33077 Pordenone 988 ⑤, 429 E 19 – 16 961 ab. alt. 25 – ☎ 0434.
Roma 596 – Belluno 53 – Treviso 45 – ◆Trieste 126 – Udine 64.

XX Il Pedrocchino, piazza 4 Novembre 4 ☎ 70034

SACRA DI SAN MICHELE Torino 988 ⑫, 428 G 4 – alt. 962 – Vedere Abbazia★★★ : ≤★★★.
Roma 702 – Aosta 147 – Briançon 97 – Cuneo 102 – ◆Milano 174 – ◆Torino 37.

SACROFANO 00060 Roma 430 P 19 – 4 828 ab. alt. 260 – ☎ 06.
Roma 29 – Viterbo 59.

X **Al Grottino,** ☎ 9086263, 🏖, « Ambiente caratteristico » – AE
chiuso mercoledì e dal 10 al 30 agosto – **Pasto** carta 35/50000.

SACRO MONTE Novara 219 ⑥ – Vedere Orta San Giulio.

SACRO MONTE Vercelli 428 E 6, 219 ⑥ – Vedere Varallo.

SAINT CHRISTOPHE Aosta 428 E 4, 219 ② – Vedere Aosta.

SAINT VINCENT 11027 Aosta 988 ②, 428 E 4 – 4 989 ab. alt. 575 – Stazione termale (maggio-ottobre), a.s. 20 giugno-settembre e Natale – ☎ 0166.
🅘 via Roma 48 ☎ 512239, Fax 513149.
Roma 722 – Aosta 28 – Colle del Gran San Bernardo 61 – Ivrea 46 – ◆Milano 159 – ◆Torino 88 – Vercelli 97.

Gd H. Billia, viale Piemonte 18 ☎ 5231, Telex 212144, Fax 523799, ≤, 🏖, « Parco ombreggiato con ⛱ », 🏋, ≘s, 🎾 – 🛗 ▤ TV ☎ P – 🏛 50 a 430. AE 🅂 ⓓ E VISA. ✻
Pasto 80000 – **230 cam** ☕ 230/380000, 3 appartamenti – P 350000.

De La Ville senza rist, via Chanoux ☎ 511502, Fax 512142 – 🛗 TV ☎ ♿ 🚗 P. AE 🅂 ⓓ E VISA. ✻
☕ 15000 – **41 cam** 125/200000.

Elena senza rist, piazza Monte Zerbion ☎ 512140, Fax 537459 – 🛗 TV ☎. AE 🅂 ⓓ E VISA JCB. ✻
chiuso novembre – ☕ 13000 – **48 cam** 92/142000.

Les Saisons senza rist, via Ponte Romano ☎ 537335, Fax 512573, ≤ – TV ☎ ♿ P. 🅂 VISA
☕ 10000 – **21 cam** 90/110000.

Haiti senza rist, via Chanoux 15/17 ☎ 512114, Fax 512937 – TV ☎ 🚗. AE 🅂 ⓓ E VISA JCB. ✻
chiuso dal 15 gennaio al 15 febbraio – ☕ 15000 – **27 cam** 72/100000.

Posta, piazza 28 Aprile 1 ☎ 512250, Fax 537093 – 🛗 TV ☎. AE 🅂 ⓓ E VISA. ✻
Pasto *(chiuso giovedì)* 35000 – ☕ 12000 – **39 cam** 70/104000 – ½ P 88/98000.

Leon d'Oro, via Chanoux 26 ☎ 512202, Fax 537345, 🏖, 🏖 – TV ☎ P. AE 🅂 ⓓ E VISA JCB. ✻ rist
Pasto *(maggio-settembre)* 30000 – ☕ 8000 – **50 cam** 60/80000 – ½ P 75/80000.

XXX ✿ **Nuovo Batezar-da Renato,** via Marconi 1 ✆ 513164, prenotare – ▤. AE ⓢ ⓓ E VISA
chiuso a mezzogiorno (escluso sabato, domenica e i giorni festivi), mercoledì, dal 15 al 30 novembre e dal 15 al 30 giugno – **Pasto** 65/110000 e carta 72/120000
Spec. Antipasto "bizzarro" (primavera-estate). Ravioli di castagne (autunno). Piccione con porcini e polenta (estate-autunno).

XX **Le Grenier,** piazza Monte Zerbion 1 ✆ 512224, Fax 513198, « Ambiente caratteristico » – AE ⓢ ⓓ E VISA JCB
chiuso martedì, mercoledì a mezzogiorno, dal 10 al 26 gennaio e dal 10 al 31 luglio – **Pasto** carta 52/75000.

SALA BAGANZA 43038 Parma 428 429 H 12 – 4 292 ab. alt. 162 – ✆ 0521.

Dintorni Torrechiara★ : affreschi★ e ≤★ dalla terrazza del Castello SE : 10 km.

18 La Rocca (chiuso lunedì) ✆ 834037, Fax 834575.

Roma 472 – ◆Parma 12 – ◆Milano 136 – ◆La Spezia 105.

XX **Da Eletta,** via Campi 3 ✆ 833304, Fax 833304, prenotare – Ⓟ. ⓢ VISA
chiuso lunedì, le sere di martedì e domenica e dal 16 luglio al 24 agosto – **Pasto** carta 30/47000.

XX **I Pifferi,** via Zappata 62 (E : 1 km) ✆ 833243, « Servizio estivo all'aperto » – Ⓟ. ⓢ ⓓ E VISA. ✂
chiuso lunedì – **Pasto** carta 33/65000.

SALA BOLOGNESE 40010 Bologna 429 430 I 15 – 5 176 ab. alt. 23 – ✆ 051.

Roma 393 – ◆Bologna 20 – ◆Ferrara 54 – ◆Modena 42.

X **La Taiadèla,** località Bonconvento E : 4 km ✆ 828143, ☂ – Ⓟ. AE ⓢ ⓓ E VISA. ✂
chiuso mercoledì – **Pasto** carta 42/62000.

SALA CONSILINA 84036 Salerno 988 ㉘, 431 F 28 – 12 868 ab. alt. 614 – ✆ 0975.

Roma 350 – Potenza 74 – Castrovillari 104 – ◆Napoli 144 – Salerno 93.

sulla strada statale 19 SE : 3 km :

🏠 **La Pergola,** ✉ 84030 Trinità ✆ 45054, Fax 45329 – |‡| TV ⇐ Ⓟ. AE ⓢ ⓓ
Pasto 26000 (10%) – ☕ 9000 – **24 cam** 39/67000 – 1/2 P 70000.

SALERNO 84100 P 988 ㉗ ㉘, 431 E 26 – 146 456 ab. – ✆ 089.

Vedere Duomo★★ B – Via Mercanti★ AB – Lungomare Trieste★ AB.

Escursioni Costiera Amalfitana★★★.

ℹ piazza Ferrovia o Vittorio Veneto ✆ 231432 – via Roma 258 ✆ 224744.

A.C.I. via Giacinto Vicinanza 11 ✆ 232339.

Roma 263 ④ – ◆Napoli 52 ④ – ◆Foggia 154 ①.

Pianta pagina seguente

🏨 **Lloyd's Baia,** strada statale ✆ 210145, Telex 770043, Fax 210186, ≤ golfo di Salerno, Terrazze ed ascensore per la spiaggia, ☀, ⛱ – |‡| ▤ TV ☎ ⇐ Ⓟ – 🏛 30 a 250. AE ⓢ ⓓ E VISA. ✂ 3 km per ③
Pasto 50/60000 – **120 cam** ☕ 190/220000 – P 195/320000.

🏨 **Jolly,** lungomare Trieste 1 ✆ 225222, Telex 770050, Fax 237571, ≤ – |‡| ▤ TV ☎ – 🏛 120. AE ⓢ ⓓ E VISA JCB. ✂ rist A a
Pasto 60000 – **104 cam** ☕ 205/240000 – 1/2 P 190000.

🏨 **Plaza** senza rist, piazza Ferrovia o Vittorio Veneto ✆ 224477, Fax 237311 – |‡| TV ☎. AE ⓢ ⓓ E VISA. ✂ per corso Vittorio Emanuele B
☕ 12000 – **42 cam** 85/125000.

🏨 **Fiorenza** senza rist, a Mercatello via Trento 145 ✆ 338800, Fax 338800 – ▤ TV ☎ ⇐ Ⓟ – 🏛 150. AE ⓢ ⓓ E VISA per ②
☕ 12000 – **30 cam** 92/130000, ▤ 12000.

XX **Il Timone,** via Generale Clark 29/35 ✆ 335111 – ▤. AE ⓢ E VISA per ②
chiuso domenica sera, lunedì e dal 23 dicembre al 7 gennaio – **Pasto** carta 35/57000 (10%).

XX **Al Cenacolo,** piazza Alfano I° 4/6 ✆ 238818 – AE ⓢ ⓓ VISA. ✂ B a
chiuso domenica sera e lunedì – **Pasto** carta 45/66000.

XX **Glykys,** lungomare Trieste 86 ✆ 241791 – ▤. AE ⓢ ⓓ E VISA. ✂ B u
chiuso domenica – **Pasto** 25000 bc e carta 31/51000.

XX **La Brace,** lungomare Trieste 11 ✆ 225159 – ▤ Ⓟ. AE ⓢ ⓓ E VISA. ✂ A g
chiuso domenica e dal 20 al 31 dicembre – **Pasto** carta 39/59000 (12%).

X **Il Molo,** via Molo Manfredi 38 ✆ 231756, ☂ – ▤. AE ⓢ ⓓ E VISA. ✂ A b
chiuso domenica sera, lunedì, dal 22 dicembre al 6 gennaio e dal 13 agosto al 3 settembre – **Pasto** carta 29/55000.

Circolazione regolamentata nel centro città

Mercanti (Via)	AB	Duomo (Via)	B 8	Sabatini (Via A.)	A 19
Vittorio Emanuele (Corso)	B	Indipendenza (Via)	A 9	S. Eremita (Via)	B 20
		Lista (Via Stanislas)	A 10	S. Tommaso d'Aquino (Largo)	B 22
Abate Coforti (Largo)	AB 2	Luciani (Piazza M.)	A 12	Sedile del Campo (Pza)	A 23
Alfano 1° (Piazza)	B 3	Paglia (Via M.)	B 13	Sedile di Pta. Nuova (Pza)	B 24
Cavaliero (Via L.)	B 4	Plebiscito (Largo)	B 14	Sorgente (Via Camillo)	B 25
Cilento (Via A.)	B 6	Partacatena (Via)	A 15	Velia (Via)	B 26
Dogana Vecchia (Via)	A 7	Porta di Mare (Via)	A 16	24 Maggio (Piazza)	B 27

SALGAREDA **31040** Treviso 429 E 19 – 4 711 ab. – ☎ 0422.

Roma 547 – ◆Venezia 42 – Pordenone 36 – Treviso 23 – Udine 94.

- **Alle Marcandole,** via Argine Piave 9 O : 2 km ☎ 747026, – P. AE $ O E VISA
  chiuso giovedì – **Pasto** carta 34/68000.

SALICE SALENTINO **73015** Lecce 431 F 35 – 9 085 ab. alt. 48 – ☎ 0832.

Roma 566 – ◆Brindisi 34 – Lecce 21 – ◆Taranto 70.

- Villa Donna Lisa, con cam, via Marangi ☎ 732222, Fax 732224, – ▤ TV ☎ P
  20 cam.

SALICE TERME **27056** Pavia 988 ⑬, 428 H 9 – alt. 171 – Stazione termale (marzo-dicembre) – ☎ 0383.

ℹ via Marconi 20 ☎ 91207.

Roma 583 – Alessandria 39 – ◆Genova 89 – ◆Milano 73 – Pavia 41.

- **President Hotel Terme**, via Enrico Fermi 5 ☎ 91941, Fax 92342, – ▤ cam TV ☎ P – 350. AE $ O E VISA
  Pasto carta 50/60000 – ☐ 15000 – **122 cam** 128/178000 – ½ P 164000.

- **Roby,** via Cesare Battisti 15 ☎ 91323 – TV ☎ P. rist
  aprile-ottobre – **Pasto** *(chiuso mercoledì)* carta 25/44000 – ☐ 7500 – **27 cam** 60/75000 – ½ P 60000.

XXX **Il Caminetto,** via Cesare Battisti 11 ℘ 91391, 🌂 – ▤ [P]. [AE] [$] [O] [VISA]. ✗
chiuso lunedì e gennaio – **Pasto** carta 45/65000.

XX **Guado,** viale delle Terme 57 ℘ 91223, 🌂, prenotare – [AE] [$] [O] [E] [VISA]. ✗
chiuso mercoledì e dal 5 al 26 novembre – **Pasto** carta 44/63000.

[SALINA (Isola)] Messina [988] ㊱ ㊲ ㊳, [431] [432] L 26 – Vedere Sicilia (Eolie, isole) alla fine dell'elenco alfabetico.

[SALINE DI VOLTERRA] Pisa – Vedere Volterra.

[SALÒ] **25087** Brescia [988] ④, [428] [429] F 13 – 9 969 ab. alt. 75 – a.s. Pasqua e luglio-15 settembre – ☎ 0365.

Vedere Lago di Garda★★★ – Polittico★nel Duomo.

⛳18 e ⛳9 Gardagolf (chiuso lunedì da novembre ad aprile) a Soiano del Lago ✉ 25080 ℘ 674707, Fax 674788, N : 12 km.

[i] lungolago Zanardelli (presso Palazzo Comunale) ℘ 21423, Fax 21423.

Roma 548 – ◆Brescia 30 – ◆Bergamo 85 – ◆Milano 126 – Trento 94 – ◆Venezia 173 – ◆Verona 63.

🏨 **Laurin,** ℘ 22022, Telex 303342, Fax 22382, 🌂, « Villa inizio secolo con saloni affrescati e giardino con 🏊 » – |‡| ▤ cam [TV] ☎ [P] – 🧑‍🏫 25 a 30. [AE] [$] [O] [E] [VISA]. ✗ rist
chiuso dal 20 dicembre al 20 gennaio – **Pasto** carta 65/85000 – ☕ 25000 – **35 cam** 160/300000, 2 appartamenti – ½ P 170/200000.

🏨 **Salò du Parc,** ℘ 290043, Fax 520390, ≤, 🌂, « Giardino con 🏊 in riva al lago », 🏋, ≘s – |‡| ▤ [TV] ☎ 🚗. [AE] [$] [O] [E] [VISA] [JCB]. ✗ rist
Pasto (solo per clienti alloggiati) 40/50000 – **32 cam** ☕ 240/340000 – ½ P 150/170000.

🏨 **Duomo,** ℘ 21026, Fax 21028, ≤, 🌂, ≘s – |‡| [TV] ☎ – 🧑‍🏫 30. [AE] [$] [O] [E] [VISA] [JCB]. ✗ rist
Pasto *(chiuso dal 4 al 25 novembre, lunedì a mezzogiorno da giugno a settembre, anche la sera e martedì a mezzogiorno negli altri mesi)* carta 59/91000 – **22 cam** ☕ 150/196000 – ½ P 150000.

🏨 **Bellerive** senza rist, ℘ 520410, Fax 521969, « Giardino in riva al lago » – |‡| ▤ [TV] ☎ [P]. [AE] [$] [O] [E] [VISA]
☕ 25000 – **20 cam** 135/230000.

🏨 **Vigna,** ℘ 520144, Fax 20516, ≤ – |‡| ▤ rist ☎. [$] [O] [E] [VISA]. ✗ rist
aprile-14 novembre – **Pasto** *(chiuso giovedì in bassa stagione)* carta 36/59000 – ☕ 12500 – **22 cam** 75/115000 – ½ P 75/90000.

🏨 **Benaco,** ℘ 20308, Fax 20724, ≤ – |‡| [TV] ☎. [AE] [$] [O] [E] [VISA]. ✗ rist
Pasto (solo per clienti alloggiati) 35000 – **20 cam** ☕ 80/110000 – ½ P 90000.

XX **Lepanto** con cam, ℘ 20428, Fax 20428, ≤, 🌂 – [AE] [$] [O] [E] [VISA] [JCB]. ✗
chiuso dal 15 gennaio a febbraio – **Pasto** *(chiuso giovedì)* carta 42/51000 – ☕ 10000 – **7 cam** 50/72000 – ½ P 69/72000.

XX **Il Melograno,** località Campoverde O : 1 km ℘ 520421, 🌂 – [AE] [$] [O] [E] [VISA]
chiuso lunedì sera, martedì ed ottobre – **Pasto** carta 36/50000.

XX **Gallo Rosso,** ℘ 520757 – ▤. [AE] [$] [O] [E] [VISA] [JCB]. ✗
chiuso mercoledì e dal 3 al 13 luglio – **Pasto** 30000 bc.

XX **Antica Trattoria alle Rose,** ℘ 43220, Fax 43220, 🌂 – ▤. [AE] [$] [O] [E] [VISA]
chiuso mercoledì e novembre – **Pasto** carta 36/61000.

XX **Alla Campagnola,** ℘ 22153, 🌂, prenotare la sera – [AE] [$] [O] [E] [VISA]. ✗
chiuso lunedì, martedì a mezzogiorno e gennaio – **Pasto** carta 40/65000.

a Barbarano NE : 2,5 km verso Gardone Riviera – ✉ **25087** Salò :

🏨 **Spiaggia d'Oro** 🔇, ℘ 290034, Fax 290092, ≤, 🌂, « Giardino sul lago con 🏊 », ≘s – |‡| ▤ [TV] ☎ ♿ – 🧑‍🏫 25. [AE] [$] [O] [E] [VISA]. ✗
aprile-ottobre – **Pasto** 60000 – **39 cam** ☕ 160/320000 – ½ P 190000.

[SALSOMAGGIORE TERME] **43039** Parma [988] ⑬ ⑭, [428] [429] H 12 – 17 707 ab. alt. 160 – Stazione termale, a.s. agosto-25 ottobre – ☎ 0524.

⛳ (chiuso mercoledì e gannaio) località Contignaco-Pontegrosso ✉ 43039 Salsomaggiore Terme ℘ 574152, Fax 578649, S : 5 km.

[i] viale Romagnosi 7 ℘ 574416, Fax 574518.

Roma 488 ① – ◆Parma 30 ① – Piacenza 52 ① – Cremona 57 ① – ◆Milano 113 ① – ◆La Spezia 128 ①.

Pianta pagina seguente

🏨 **Gd H. et de Milan,** via Dante 1 ℘ 572241, Fax 573884, « Piccolo parco ombreggiato con 🏊 », 🏋, ≘s, ♆ – |‡| ▤ cam [TV] ☎ [P] – 🧑‍🏫 80. [AE] [$] [O] [E] [VISA]. ✗ rist Z a
aprile-novembre – **Pasto** 75000 – **120 cam** ☕ 210/360000, 6 appartamenti – ½ P 180/310000.

🏨 **Porro** 🔇, viale Porro 10 ℘ 578221, Fax 577878, « Parco ombreggiato », ♆ – |‡| ▤ rist [TV] ☎ [P] – 🧑‍🏫 50. [AE] [$] [O] [E] [VISA] [JCB]. ✗ rist Y b
chiuso dall'8 gennaio al 20 febbraio e dal 1° al 22 dicembre – **Pasto** 60000 – ☕ 20000 – **75 cam** 130/180000, 6 appartamenti – ½ P 150000.

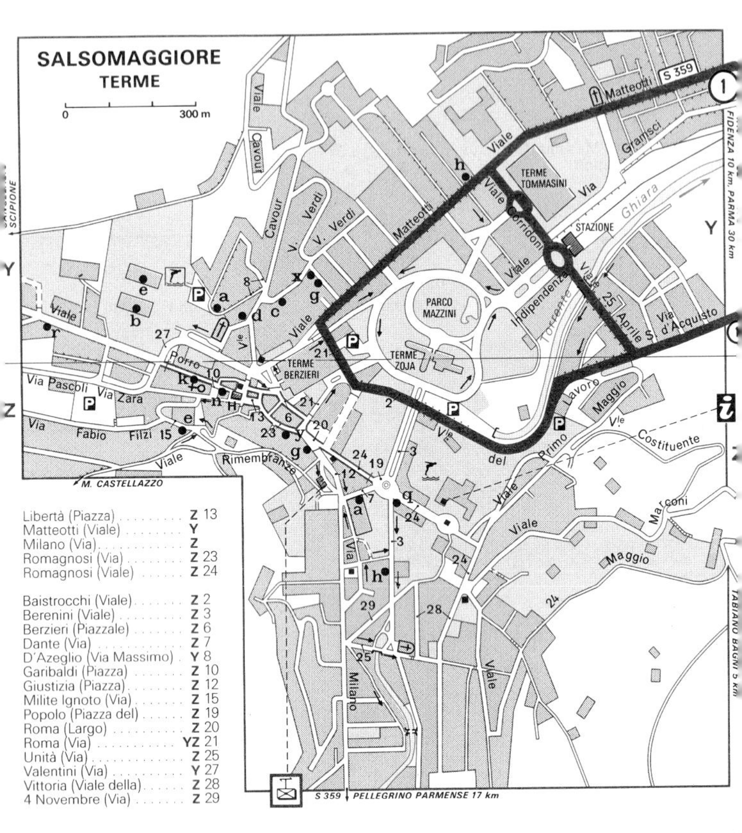

Excelsior, viale Berenini 3 ✆ 575641, Fax 573888, ⛹, 🏊 – 🛗 📺 ☎ 🚗 🅿 – 🏛 30 a 60. 💳 E VISA. ✂ Z
15 aprile-8 novembre – **Pasto** 45000 – **63 cam** ☕ 115/170000 – P 115/145000.

Valentini 🔇, viale Porro 10 ✆ 578251, Fax 578266, « Parco ombreggiato », 🌳 – 🛗 📺 ☎ 🅿 – 🏛 200. AE 💳 ⓓ E VISA JCB. ✂ rist Y
15 marzo-20 novembre – **Pasto** 55000 – ☕ 15000 – **126 cam** 90/120000 – ½ P 105000.

Regina, largo Roma 3 ✆ 571611, Fax 576941, ≘s, 🌳 – 🛗 📺 ☎ 🅿 – 🏛 80. AE 💳 ⓓ E VISA. ✂ rist Z
Pasto 50/60000 – **95 cam** ☕ 165/220000 – ½ P 130/150000.

Cristallo, via Rossini 1 ✆ 577241, Fax 574022, ⛹, ≘s, 🏊 – 🛗 ▤ 📺 ☎ 🅿. AE 💳 ⓓ E VISA. ✂ rist Y
marzo-novembre – **Pasto** 40/50000 – **78 cam** ☕ 110/150000 – ½ P 125/130000.

Daniel, via Massimo D'Azeglio 8 ✆ 572341, Fax 571768, 🏖 – 🛗 ▤ 📺 ☎ 🅿. AE 💳 ⓓ E VISA JCB. ✂ rist Y
10 aprile-10 novembre – **Pasto** 40000 – **36 cam** ☕ 100/150000 – ½ P 100/110000.

Tiffany's, viale Berenini 4 ✆ 577540, Fax 577549 – 🛗 ▤ 📺 ☎ 🅿. AE 💳 ⓓ E VISA. ✂ rist Z
marzo-novembre – **Pasto** 40/45000 – **30 cam** ☕ 120/170000 – ½ P 110000.

Roma, via Mascagni 10 ✆ 573371, Fax 573432 – 🛗 ▤ 📺 ☎ 🅿. AE 💳 ⓓ E VISA. ✂ rist Y
25 aprile-15 novembre – **Pasto** 30/35000 – **24 cam** ☕ 100/145000 – ½ P 90/120000.

Ritz, viale Milite Ignoto 5 ✆ 577744, Fax 574410, ≘s, 🏊 – 🛗 📺 ☎ ♿ 🅿. 💳 E VISA. ✂ rist Z
aprile-novembre – **Pasto** 37/48000 – ☕ 12000 – **27 cam** 110/115000 – ½ P 90000.

Rex, viale Porro 37 ✆ 573481, Fax 576553 – 🛗 🚭 rist 📺 ☎ 🅿 Y
stagionale – **28 cam.**

Nazionale, viale Matteotti 43 ✆ 573757, Fax 573114, 🏖 – 🛗 ▤ rist 📺 ☎. AE 💳 ⓓ E VISA. ✂ rist Y
marzo-novembre – **Pasto** 30/35000 – ☕ 10000 – **41 cam** 85/140000 – ½ P 95000.

Elite, viale Cavour 5 ☎ 579436 – cam AE VISA rist Y d
chiuso dal 16 dicembre a febbraio – **Pasto** 40/45000 – **28 cam** 90/120000 – ½ P 95000.

De la Ville, piazza Garibaldi 1 ☎ 573526, Fax 576449 – AE E VISA rist Z n
15 aprile-15 novembre – **Pasto** 28/35000 – **40 cam** 85/110000 – ½ P 80/85000.

Panda, via Mascagni 6 ☎ 574566, Fax 574567 – Y c
aprile-novembre – **Pasto** 25/30000 – 10000 – **27 cam** 75/110000 – ½ P 90000.

Suisse, viale Porro 5 ☎ 579077, Fax 576449, – AE E VISA Z k
20 marzo-15 novembre – **Pasto** *(chiuso martedì)* 30/35000 – **23 cam** 80/110000 – ½ P 78000.

Peracchi, via Romagnosi 8 ☎ 571406, Fax 572988, – AE E VISA rist
marzo-novembre – **Pasto** 35/40000 – **30 cam** 66/80000 – ½ P 85000. Z y

SALTINO Firenze 430 K 16 – Vedere Vallombrosa.

SALTUSIO (SALTAUS) Bolzano 218 ⑩ – Vedere San Martino in Passiria.

SALUZZO 12037 Cuneo 988 ⑫, 428 I 4 – 15 788 ab. alt. 395 – ☎ 0175.

Il Bricco (aprile-novembre; chiuso mercoledì) a Vernasca ✉ 12020 ☎ 567565, Fax 603647, NO : 16 km.

via Griselda 6 ☎ 46710, Fax 46718.

Roma 662 – Cuneo 32 – Torino 58 – Asti 76 – Milano 202 – Sestriere 86.

Griselda, corso 27 Aprile 13 ☎ 47484, Fax 47489 – – 80. AE E VISA
Pasto *(chiuso a mezzogiorno e domenica)* carta 30/55000 – 15000 – **34 cam** 90/130000 – ½ P 100/110000.

Astor senza rist, piazza Garibaldi 39 ☎ 45506, Fax 47450 – AE E VISA JCB
13000 – **22 cam** 80/120000, appartamento.

La Gargotta del Pellico, piazzetta Mondagli 5 ☎ 46833, Coperti limitati; prenotare – AE E VISA
chiuso martedì, mercoledì a mezzogiorno, dal 7 al 21 gennaio e dal 1° al 14 luglio – **Pasto** carta 38/58000.

La Taverna di Porti Scür, via Volta 14 ☎ 41961, Coperti limitati; prenotare – E VISA JCB
chiuso lunedì e martedì a mezzogiorno – **Pasto** carta 48/76000.

Corona Grossa, via Silvio Pellico 3 ☎ 45384 – 30. AE E VISA
chiuso lunedì sera, martedì e dal 20 luglio al 10 agosto – **Pasto** carta 30/54000.

L'Ostu dij Baloss, Via Gualtieri 33 ☎ 248618 – E VISA
chiuso domenica, lunedì a mezzogiorno, dall'8 al 18 gennaio e dal 5 al 22 agosto – **Pasto** carta 27/47000.

SALVAROSA Treviso – Vedere Castelfranco Veneto.

SALZANO 30030 Venezia 429 F 18 – 11 225 ab. alt. 11 – ☎ 041.

Roma 520 – Padova 30 – Venezia 14 – Treviso 34.

verso Noale NO : 4 km :

Da Flavio e Fabrizio, ✉ 30030 ☎ 440645 – AE E VISA
chiuso lunedì e dal 1° al 21 agosto – **Pasto** carta 38/59000.

SAMBOSETO Parma – Vedere Busseto.

SAMBUCA Firenze 430 L 15 – Vedere Tavarnelle Val di Pesa.

SAMMOMMÈ Pistoia 430 J 14 – Vedere Pistoia.

SAMPÈYRE 12020 Cuneo 428 I 3 – 1 308 ab. alt. 976 – a.s. luglio-agosto e Natale – ☎ 0175.

Roma 680 – Cuneo 49 – Milano 238 – Torino 88.

Torinetto, borgata Calchesio 7 (O : 1,5 km) ☎ 977181, Fax 977104, – – 100. AE E VISA
Pasto 25/30000 – 5000 – **61 cam** 70/100000 – ½ P 65/75000.

a Rore E : 3 km – alt. 883 – ✉ **12020** :

Amici con cam, ☎ 977119, –
Pasto *(chiuso giovedì escluso da luglio a settembre)* carta 25/35000 – 6000 – **14 cam** 40/60000 – ½ P 60000.

SAN BARTOLOMEO AL MARE **18016** Imperia 428 K 6 – 3 016 ab. – ☎ 0183.

piazza XXV Aprile 1 ☎ 400200, Fax 403050.

Roma 606 – Imperia 7 – ♦Genova 107 – ♦Milano 231 – San Remo 34.

Bergamo, ☎ 400060, Fax 401021, – . AE VISA.
7 gennaio-10 marzo e maggio-settembre – **Pasto** 35/45000 – 15000 – **54 cam** 80/110000 – 1/2 P 90000.

Il Frantoio, via Pairola 23 (N : 1 km) ☎ 402487, Specialità di mare, prenotare – . AE VISA.
chiuso giovedì – **Pasto** 50/100000 e carta 49/80000
Spec. Minestrone d'astice e aragosta, Buridda di seppia, Mazzancolle o gamberi alla rivierasca.

SAN BENEDETTO Verona – Vedere Peschiera del Garda.

SAN BENEDETTO DEL TRONTO **63039** Ascoli Piceno 988 ⑯ ⑰, 430 N 23 – 44 592 ab. – a.s luglio-settembre – ☎ 0735.

viale delle Tamerici 5 ☎ 592237, Fax 582893 – piazzale Stazione (giugno-15 settembre) ☎ 583487.

Roma 231 – Ascoli Piceno 39 – ♦Ancona 89 – L'Aquila 122 – Macerata 69 – ♦Pescara 68 – Teramo 49.

Regent senza rist, viale Gramsci 31 ☎ 582720, Fax 582805 – . AE VISA.
12000 – **23 cam** 90/140000.

Sabbiadoro, viale Marconi 46 ☎ 81911, Fax 81967, ←, « Terrazza panoramica con » – . AE VISA.
25 maggio-15 settembre – **Pasto** 40/50000 – 15000 – **63 cam** 90/130000 – 1/2 P 90/135000.

Garden, viale Buozzi 8 ☎ 588245, Fax 588762 – rist – 80. VISA.
Pasto carta 30/80000 – 8500 – **54 cam** 75/130000 – P 90/110000.

Roxy, viale Buozzi 6 ☎ 584441, Fax 584446, – . AE VISA.
Pasto *(luglio-agosto)* 43/50000 – **69 cam** 115/185000 – 1/2 P 93000.

Solarium, viale Europa 102 ☎ 81733, Fax 81616, ←, – . AE VISA JCB
chiuso dal 15 dicembre al 15 gennaio – **Pasto** *(chiuso lunedì a mezzogiorno)* 35000 – 10000 – **55 cam** 100/130000 – 1/2 P 115000.

Royal, via Ristori 24 ☎ 780196, Fax 780197, – .
maggio-settembre – **Pasto** (solo per clienti alloggiati) 28/40000 – 8000 – **30 cam** 60/90000 – 1/2 P 95000.

Giancarlo, via Cicerone 43 ☎ 81740, Fax 81792, – rist . VISA.
Pasqua-ottobre – **Pasto** carta 30/53000 – 8500 – **103 cam** 70/100000 – 1/2 P 80/110000.

Arlecchino, viale Trieste 22 ☎ 85635, Fax 85682 – . AE VISA JCB.
Pasto *(giugno-20 settembre* e solo per clienti alloggiati*)* 30/60000 – 10000 – **31 cam** 100/120000 – 1/2 P 88/115000.

Bahia, viale Europa 98 ☎ 81711, Fax 655298, ←, – rist . AE VISA rist
20 maggio-20 settembre – **Pasto** (solo per clienti alloggiati) 30000 – 10000 – **44 cam** 70/90000 – 1/2 P 90/110000.

Girasole, viale Europa 126 ☎ 82162, Fax 781266, ←, – . rist
15 maggio-20 settembre – **Pasto** 20/40000 – 7500 – **27 cam** 55/80000 – 1/2 P 65/100000

Il Pescatore, viale Trieste 27 ☎ 83782, Fax 83782, ←, – AE VISA JCB.
chiuso dal 25 dicembre al 15 gennaio, domenica sera e lunedì dal 15 settembre al 15 giugno – **Pasto** carta 49/76000.

Ristorantino da Vittorio, via Manara 102 ☎ 583344, Fax 583344, – . AE VISA.
chiuso lunedì – **Pasto** carta 37/74000.

La Stalla, contrada Marinuccia 21 (O : 1 km) ☎ 587344, « Servizio estivo in terrazza panoramica » – . VISA
chiuso lunedì – **Pasto** carta 30/50000.

a Porto d'Ascoli S : 5 km – ✉ **63037.**

(giugno-settembre) via del Mare ☎751798 :

Excelsior Gd H. des Bains, viale Rinascimento 137 ☎ 753246, Fax 655310, ←, – . VISA. rist
giugno-settembre – **Pasto** 38000 – 15000 – **126 cam** 90/120000 – 1/2 P 92/115000.

Ambassador, via Cimarosa 5 ☎ 659443, Fax 657758, ←, – . VISA. rist
maggio-settembre – **Pasto** 40/50000 – 15000 – **63 cam** 100/140000 – 1/2 P 120000.

Poseidon, via San Giacomo 34 ☎ 751696, Fax 655298, – rist . AE. rist
maggio-settembre – **Pasto** 30000 – 10000 – **35 cam** 70/75000 – 1/2 P 72/88000.

Sunrise, via San Giacomo 25 ☎ 657347, Fax 659133, ←, – . AE VISA. rist
Pasto 30/50000 – 8000 – **36 cam** 70/120000 – 1/2 P 100/110000.

sulla strada statale 16 S : 7 km :

🏨 **Quadrifoglio,** ✉ 63037 Porto d'Ascoli ℘ 655248, Fax 655247 – 🛗 ❄ [TV] ☎ [P] – 🎤 50 a 350. [§] [E] [VISA]. 🚫🐕
chiuso dal 23 dicembre all'8 gennaio – **Pasto** *(chiuso lunedì)* carta 35/64000 (15%) – ☕ 8000 – **40 cam** 100/140000 – ½ P 80/120000.

SAN BENEDETTO PO 46027 Mantova [988] [14], [428] [429] G 14 – 7 568 ab. alt. 18 – ☏ 0376.

Roma 447 – ◆Verona 68 – ◆ Ferrara 72 – Mantova 23 – ◆Modena 59.

a San Siro E: 4 Km – ✉ 46027 San Benedetto Po :

🍴 **Al Caret,** via Schiappa 51 ℘ 612141 – ❄ [P]
chiuso lunedì e dal 10 al 20 agosto – **Pasto** carta 31/44000.

SAN BENEDETTO VAL DI SAMBRO 40048 Bologna [429] [430] J 15 – 4 234 ab. alt. 612 – ☏ 0534.

Roma 350 – ◆Bologna 47 – ◆Firenze 73 – ◆Ravenna 123.

a Madonna dei Fornelli S : 3,5 km – ✉ 40048 :

🏨 **Musolesi,** ℘ 94100, Fax 94350 – 🛗 [TV] ☎ [P]. [AE] [§] [E] [VISA]
Pasto *(chiuso lunedì)* 25/30000 – **23 cam** ☕ 60/90000 – ½ P 55/65000.

SAN BERNARDINO Torino – Vedere Trana.

SAN BERNARDO Torino – Vedere Ivrea.

SAN BIAGIO Ravenna – Vedere Faenza.

SAN BIAGIO DI CALLALTA 31048 Treviso [429] E 19 – 11 036 ab. alt. 10 – ☏ 0422.

Roma 547 – ◆Venezia 40 – Pordenone 43 – Treviso 11 – ◆Trieste 134.

🍴 **L'Escargot,** località San Martino O : 3 km ✉ 31050 Olmi ℘ 899006, Specialità lumache e rane – [P]. [AE] [O] [E] [VISA]. 🚫🐕
chiuso lunedì sera, martedì e dal 10 agosto al 1° settembre – **Pasto** carta 35/48000.

🍴 **Da Procida,** località Spercenigo SO : 3 km ℘ 797818 – [P]. 🚫🐕
chiuso lunedì, martedì sera ed agosto – **Pasto** carta 28/49000.

SAN BONIFACIO 37047 Verona [988] [4], [429] F 15 – 15 935 ab. alt. 31 – ☏ 045.

Roma 523 – ◆Verona 24 – ◆Milano 177 – Rovigo 71 – ◆Venezia 94 – Vicenza 31.

🏨 **Bologna,** viale Trieste 55 (al quadrivio) ℘ 7610233, Fax 7613733, 🏊, 🌳 – 🛗 ❄ [TV] ☎ 🚗 [P] – 🎤 25 a 450. [§] [E] [VISA]. 🚫🐕
Pasto 30/35000 e al Rist. ***Caravel*** *(chiuso lunedì)* carta 34/45000 – ☕ 15000 – **58 cam** 90/125000.

🍴🍴🍴 **Relais Villabella** 🔇 con cam, località Villabella O : 2 km, ℘ 6101777, Fax 6101799, 🏡, 🌳 – ❄ [TV] ☎ [P] – 🎤 30 a 70. [AE] [§] [O] [E] [VISA]. 🚫🐕
chiuso dal 1° al 10 gennaio e dal 1° al 15 agosto – **Pasto** carta 46/86000 – **8 cam** ☕ 140/260000 – ½ P 165/180000.

SAN CANDIDO (INNICHEN) 39038 Bolzano [988] [5], [429] B 18 – 3 082 ab. alt. 1 175 – Sport invernali : 1 175/2 189 m 🚡1 ⛷8, ⛷; a Versciaco : 1 132/2 205 m 🚡1 ⛷10, ⛷ – ☏ 0474.

Vedere Guida Verde – ℹ piazza del Magistrato 2 ℘ 913149, Fax 913677.

Roma 710 – Cortina d'Ampezzo 38 – Belluno 109 – ◆Bolzano 110 – Lienz 42 – ◆Milano 409 – Trento 170.

🏨 **Cavallino Bianco-Weisses Rossl,** ℘ 913135, Fax 913733, ♨, 🏊 – 🛗 ❄ rist [TV] ☎ ♿ [P]. 🚫🐕 rist
22 dicembre-25 marzo e 22 giugno-1° ottobre – **Pasto** carta 53/70000 – **56 cam** ☕ 140/280000 – ½ P 165/225000.

🏨 **Orso Grigio-Grauer Bär,** ℘ 913115, Fax 914182, ‹, ♨ – 🛗 [TV] ☎. [§] [O] [E] [VISA]. 🚫🐕 cam
chiuso da maggio al 15 giugno – **Pasto** *(chiuso giovedì)* 25/50000 – **23 cam** ☕ 200/280000 – ½ P 140/160000.

🏨 **Park Hotel Sole Paradiso-Sonnenparadies** 🔇, ℘ 913120, Fax 913193, « Parco pineta », 🏋, ♨, 🏊, 🎾 – 🛗 🚭 rist [TV] ☎ [P]. [§] [E] [VISA]. 🚫🐕
22 dicembre-10 aprile e giugno-5 ottobre – **Pasto** (solo per clienti alloggiati) 55/70000 – **37 cam** ☕ 175/350000 – ½ P 205000.

🏨 **Panoramahotel Leitlhof** 🔇, ℘ 913440, Fax 913440, ‹ Dolomiti e vallata, 🏡, ♨, 🏊, 🌳 – 🛗 ❄ rist [TV] ☎ 🚗 [P]
Natale-Pasqua e giugno-10 ottobre – **Pasto** carta 39/76000 – **17 cam** ☕ 150/300000 – ½ P 200000.

🏨 **Posta-Post,** ℘ 913133, Fax 913635, ♨, 🏊 – 🛗 ❄ rist [TV] ☎ ♿ 🚗. [AE] [§] [O] [VISA]. 🚫🐕 rist
20 dicembre-25 aprile e 30 maggio-settembre – **Pasto** *(chiuso lunedì)* 28/40000 ed al Rist. ***Postillion*** carta 41/56000 – **39 cam** ☕ 130/230000 – ½ P 120/180000.

🏨 **Sporthotel Tyrol,** ℘ 913198, Fax 913593, 🏋, ♨, 🏊, 🌳, 🎾 – 🛗 ❄ rist [TV] ☎ [P]. [AE] [§] [E] [VISA]
7 dicembre-7 aprile e giugno-10 ottobre – **Pasto** *(chiuso martedì)* 40/60000 – ☕ 15000 – **28 cam** 160/220000 – ½ P 118/159000.

🏨 **Schmieder** 🌳, ☎ 913144, Fax 914080, 🌿 – [ascensore] ☎ [P]. [cards] E VISA. ✗
20 dicembre-10 aprile e giugno-15 ottobre – **Pasto** *(chiuso lunedì)* carta 45/60000 – **25 cam** ☕ 120/180000 – ½ P 100/160000.

🏨 **Letizia** senza rist, ☎ 913190, Fax 913372, ≤, [piscina], 🌿 – [ascensore] [TV] ☎ [P]
chiuso novembre – **13 cam** ☕ 78/136000.

🍴 **Kupferdachl,** ☎ 913711, [servizio all'aperto] – [P]. ✗
chiuso giovedì, dal 20 giugno al 10 luglio e dal 5 al 20 novembre – **Pasto** carta 35/65000.

sulla strada statale 52 SE : 4,5 km :

🍴🍴 **Alte Säge,** ✉ 39038 ☎ 710231, Fax 710231 – [P]. [AE] [cards] E VISA. ✗
chiuso lunedì e giugno – **Pasto** carta 45/71000.

SAN CANZIAN D'ISONZO **34075** Gorizia [429] E 22 – 5 813 ab. alt. 5 – ☎ 0481.
Roma 635 – Udine 46 – Gorizia 31 – Grado 21.

🍴 **Arcimboldo,** via Risiera S. Sabba 17 ☎ 76089 – [P]. [AE] [cards] [DC] E VISA. ✗
chiuso lunedì, dal 24 al 31 gennaio e dal 15 luglio al 15 agosto – **Pasto** carta 31/41000.

SAN CASCIANO IN VAL DI PESA **50026** Firenze [988] ⑭ ⑮, [429] [430] L 15 – 16 159 ab. alt. 306 – ☎ 055.
Roma 283 – ♦Firenze 17 – Siena 53 – ♦Livorno 84.

🍴🍴 **Il Fedino,** via Borromeo 9 ☎ 828612, [servizio all'aperto], prenotare, « In un palazzo del 15° secolo » – [P]. [AE] [cards] [DC] E VISA
chiuso a mezzogiorno (escluso i giorni festivi), lunedì e dal 15 ottobre al 15 novembre – **Pasto** carta 33/56000.

verso Mercatale Val di Pesa SE : 4 km :

🏨 **Salvadonica** 🌳 senza rist, via Grevigiana 82 ✉ 50024 Mercatale Val di Pesa ☎ 8218039, Fax 8218043, ≤, « Piccolo borgo agrituristico fra gli olivi », [piscina], 🌿, [tennis] – ☎ [P]. [AE] [cards] E VISA. ✗
26 dicembre-15 gennaio e marzo-ottobre – **5 cam** ☕ 110/160000, 10 appartamenti 150/205000.

🍴 **La Biscondola,** via Grevigiana ✉ 50026 ☎ 821381, « Servizio estivo all'aperto », 🌿 – [P]. [AE] [cards] [DC] E VISA JCB. ✗
chiuso lunedì, martedì a mezzogiorno e novembre – **Pasto** carta 34/55000.

a Cerbaia NO : 6 km – ✉ **50020** :

🍴🍴🍴 ✿ **La Tenda Rossa,** ☎ 826132, Fax 825210, prenotare – [aria condizionata]. [AE] [cards] [DC] E VISA JCB. ✗
chiuso mercoledì, giovedì a mezzogiorno e dal 5 al 28 agosto – **Pasto** carta 83/130000
Spec. Ostriche gratinate aromatizzate al ginepro (settembre-giugno), Tortelli di piccione in sfoglia allo zafferano con fegatini alla salvia, Gamberi rossi imperiali in manto di pancetta e salvia su letto di melanzane.

SAN CASSIANO **(ST. KASSIAN)** Bolzano – Vedere Badia.

SAN CATALDO Caltanissetta [988] ㊱, [432] O 23 – Vedere Sicilia alla fine dell'elenco alfabetico.

SAN CESARIO SUL PANARO **41018** Modena [428] [429] [430] I 15 – 5 181 ab. alt. 54 – ☎ 059.
Roma 382 – ♦Bologna 29 – ♦Ferrara 76 – ♦Modena 20 – Pistoia 115.

🏨 **Rocca Boschetti,** via Libertà 53 ☎ 933600 e rist ☎ 933422, Fax 933281, [servizio all'aperto] – [ascensore] [aria condizionata] [TV] ☎ [P] – 🏛 40 a 120. [AE] [cards] [DC] E VISA JCB. ✗ rist
chiuso dal 5 al 20 agosto – **Pasto** al Rist ***Antica Locanda Boschetti*** *(chiuso domenica sera lunedì)* carta 45/70000 – **35 cam** ☕ 125/155000 – ½ P 113000.

SAN CIPRIANO **(ST. ZYPRIAN)** Bolzano – Vedere Tires.

SAN CIPRIANO Genova [428] I 8 – alt. 239 – ✉ **16010** Serra Riccò – ☎ 010.
Roma 511 – Alessandria 75 – ♦Genova 16 – ♦Milano 136.

🍴🍴 **Ferrando,** ☎ 751925, Fax 750276, 🌿 – [P]. [cards] E VISA. ✗
chiuso dal 10 al 20 gennaio, dal 25 luglio al 15 agosto, lunedì e le sere di domenica mercoledì – **Pasto** carta 44/68000.

SAN CLEMENTE A CASAURIA (Abbazia di) Pescara [988] ㉗, [430] P 23.
Vedere Abbazia★★ : ciborio★★★.
Roma 172 – L'Aquila 68 – Chieti 29 – ♦Pescara 40 – Popoli 13.

SAN COSTANTINO **(ST. KONSTANTIN)** Bolzano - Vedere Fiè allo Sciliar.

SAN COSTANZO **61039** Pesaro [430] K 21 – 3 973 ab. alt. 150 – ☎ 0721.
Roma 268 – ♦Ancona 43 – Fano 12 – Gubbio 96 – Pesaro 23 – Urbino 52.

🍴 **Da Rolando,** ☎ 950990, [servizio all'aperto] – [P]. [AE] [cards]. ✗
chiuso mercoledì – **Pasto** 30/60000.

SAN DAMIANO D'ASTI 14015 Asti 988 ⑫, 428 H 6 – 7 352 ab. alt. 179 – ☎ 0141.
Roma 629 – ◆Torino 53 – Alessandria 51 – Asti 15 – Cuneo 80 – ◆Milano 142.

✗ **La Lanterna,** piazza 1275 n° 2 ☎ 982217, Coperti limitati; prenotare –
chiuso mercoledì – **Pasto** carta 23/44000.

SAN DANIELE DEL FRIULI 33038 Udine 988 ⑤ ⑥, 429 D 21 – 7 603 ab. alt. 252 – ☎ 0432.
Roma 632 – Udine 27 – ◆Milano 371 – Tarvisio 80 – Treviso 108 – ◆Trieste 92 – ◆Venezia 120.

Alla Torre senza rist, via del Lago 1 ☎ 954562, Fax 954562 – – 30. AE VISA
10000 – **27 cam** 80/120000.

✗✗ **Al Cantinon,** via Cesare Battisti 2 ☎ 955186, Fax 955186, « Ambiente rustico » – VISA
chiuso giovedì, ottobre o novembre – **Pasto** carta 45/57000.

✗✗ **Alle Vecchie Carceri,** via D'Artegna 25 ☎ 957403, Fax 957403, , prenotare – AE E VISA.
chiuso lunedì sera, martedì, dall'11 al 22 marzo e dal 2 al 10 settembre – **Pasto** carta 34/51000.

SAN DESIDERIO Genova – Vedere Genova.

SANDIGLIANO 13060 Biella 428 F 6, 219 ⑮ – 2 693 ab. alt. 323 – ☎ 015.
Roma 682 – Aosta 107 – Biella 6 – Novara 62 – Stresa 78 – ◆Torino 68.

Cascina Era, ☎ 2493085, Fax 2493266, – . AE E VISA. rist
Pasto *(chiuso lunedì)* carta 41/86000 – **29 cam** 150/190000, appartamento.

SAND IN TAUFERS = Campo Tures.

SAN DOMENICO Firenze – Vedere Fiesole.

SAN DOMENICO Verbania – Vedere Varzo.

SAN DOMINO (Isola) Foggia 431 B 28 – Vedere Tremiti (Isole).

SAN DONÀ DI PIAVE 30027 Venezia 988 ⑤, 429 F 19 – 34 090 ab. – ☎ 0421.
Roma 558 – ◆Venezia 38 – Lido di Jesolo 20 – ◆Milano 297 – ◆Padova 67 – Treviso 34 – ◆Trieste 121 – Udine 90.

Park Hotel Heraclia, via XIII Martiri 229 ☎ 43148, Fax 41728, – – 35 a 80. AE E VISA.
chiuso dal 21 dicembre al 16 gennaio – **Pasto** *(chiuso a mezzogiorno e domenica)* carta 31/45000 – 15000 – **30 cam** 80/115000.

Kristall senza rist, corso Trentin 16 ☎ 52861, Fax 53623 – – 50. AE E VISA
15000 – **42 cam** 95/130000, 15000.

Forte del 48, via Vizzotto 1 ☎ 44018, Fax 44244 – – 200. AE E VISA.
Pasto carta 22/42000 – 8000 – **45 cam** 70/95000 – ½ P 65/70000.

a Isiata SE : 4 km – ✉ 30027 San Donà di Piave :

✗ **Siesta Ramon,** ☎ 239030, Specialità di mare – . AE E VISA.
chiuso martedì, dal 2 all'8 gennaio e dal 3 al 24 luglio – **Pasto** carta 32/58000.

SAN DONATO IN POGGIO Firenze 430 L 15 – Vedere Tavarnelle Val di Pesa.

SAN DONATO MILANESE 20097 Milano 428 F 9, 219 ⑲ – 31 439 ab. alt. 102 – ☎ 02.
Roma 566 – ◆Milano 10 – Pavia 36 – Piacenza 57.

Pianta d'insieme di Milano (Milano p. 7)

Santa Barbara senza rist, piazzale Supercortemaggiore 4 ☎ 51891, Telex 326445, Fax 5279169 – . AE E VISA. CP **u**
146 cam 172/192000.

Delta, via Emilia 2/a ☎ 5231021, Fax 5231418 – – 45. AE E VISA JCB. CP **s**
Pasto (solo per clienti alloggiati e *chiuso a mezzogiorno*) carta 26/44000 – **52 cam** 180/210000.

✗✗ Osterietta, via Emilia 26 ☎ 5275082, Fax 55600831, – CP **y**

sull'autostrada A 1 - Metanopoli o per via Emilia :

Forte Crest Agip, ✉ 20097 ☎ 516001, Telex 320132, Fax 510115 – cam – 25 a 500. AE E VISA. rist CP **v**
Pasto al Rist. ***Il Giardino*** *(chiuso sabato e domenica)* carta 69/97000 e self-service – **445 cam** 265000, 14 appartamenti.

SAN FELICE CIRCEO **04017** Latina 988 ㉖, 430 S 21 – 8 474 ab. – a.s. Pasqua e luglio-agosto – ☎ 0773.

Roma 106 – Frosinone 62 – Latina 36 – ♦Napoli 141 – Terracina 18.

Maga Circe, ☎ 547821, Fax 546224, ≤, « Servizio rist. estivo all'aperto », – 250
65 cam.

Circeo Park Hotel, ☎ 548814, Fax 548028, ≤, – 120. AE E VISA.
Pasto vedere rist **La Stiva** – **44 cam** 190/280000, 2 appartamenti – ½ P 190000.

La Stiva, ☎ 547276, ≤, – AE E VISA.
chiuso martedì e da novembre al 2 dicembre – **Pasto** carta 50/68000.

a Quarto Caldo O : 4 km – ✉ **04017** San Felice Circeo :

Punta Rossa, ☎ 548085, Fax 548075, ≤, « Sulla scogliera », – 60. AE E VISA JCB.
Pasto carta 50/90000 – **33 cam** 225/450000, 7 appartamenti – ½ P 255000.

SAN FELICE DEL BENACO **25010** Brescia 428 429 F 13 – 2 556 ab. alt. 119 – a.s. Pasqua e luglio-15 settembre – ☎ 0365.

Roma 544 – ♦Brescia 36 – ♦Milano 134 – Salò 7 – Trento 102 – ♦Verona 59.

Garden Zorzi, località Porticcioli N : 3,5 km ☎ 43688, Fax 41489, ≤, « Terrazza-giardino sul lago », –
15 marzo-15 ottobre – **Pasto** (solo per clienti alloggiati) 30/50000 – 15000 – **29 cam** 80/120000 – ½ P 105000.

a Portese N : 1,5 km – ✉ **25010** San Felice del Benaco :

Piero Bella con cam, ☎ 626090, Fax 559358, ≤, « Servizio estivo in terrazza sul lago », – AE E VISA.
chiuso gennaio – **Pasto** *(chiuso lunedì)* carta 47/80000 – **14 cam** 200/260000 – ½ P 130/160000.

SAN FELICIANO Perugia 430 M 18 – Vedere Magione.

SAN FLORIANO **(OBEREGGEN)** Bolzano 429 C 16 – alt. 1 512 – ✉ **39050** Ponte Nova – Sport invernali : 1 512/2 172 m 7, – ☎ 0471.

☎ 615795, Fax 615848.

Roma 666 – ♦Bolzano 22 – Cortina d'Ampezzo 103 – ♦Milano 321 – Trento 82.

Sporthotel Obereggen, ☎ 615797, Fax 615673, ≤, – E VISA.
dicembre-aprile e giugno-ottobre – **Pasto** carta 41/53000 – 19000 – **51 cam** 150/220000 – ½ P 153/183000.

Cristal, ☎ 615627, Fax 615698, ≤ monti e pinete, –
dicembre-aprile e giugno-settembre – **Pasto** carta 35/62000 – **44 cam** 170/280000 – ½ P 130/160000.

Bewallerhof, verso Pievalle (Bewaller) NE : 2 km ☎ 615729, Fax 615840, ≤ monti e pinete, –
chiuso maggio e novembre – **20 cam** solo ½ P 90/99000.

SAN FLORIANO DEL COLLIO **34070** Gorizia 429 E 22 – 825 ab. alt. 278 – ☎ 0481.

9 (chiuso lunedì, gennaio e febbraio) ☎ 884252, Fax 884252.

Roma 653 – Udine 43 – Gorizia 4 – ♦Trieste 47.

Golf Hotel, via Oslavia 2 ☎ 884051, Fax 884052, « Parco con », – AE E VISA
chiuso da gennaio al 15 febbraio – **Pasto** vedere rist **Castello Formentini** – **14 cam** 160/290000, appartamento.

Castello Formentini, piazza Libertà 3 ☎ 884034, Fax 884034 – AE E VISA
chiuso lunedì e da gennaio al 15 febbraio – **Pasto** carta 52/74000.

SAN FOCA Lecce 431 G 37 – Vedere Melendugno.

SAN FRUTTUOSO Genova 428 J 9 – ✉ **16030** San Fruttuoso di Camogli – ☎ 0185.

Vedere Posizione pittoresca★★.

Camogli 30 mn di motobarca – Portofino 20 mn di motobarca.

Da Giovanni, ☎ 770047, ≤ piccolo golfo.
maggio-ottobre – **Pasto** carta 51/75000.

SAN GERMANO CHISONE **10065** Torino 428 H 3 – 1 757 ab. alt. 486 – ☎ 0121.

Roma 696 – ♦Torino 48 – Asti 87 – Cuneo 71 – Sestriere 48.

Malan, località Inverso Porte SE : 1 km ☎ 58822, Fax 58822, – AE E VISA
chiuso lunedì, dal 7 al 15 gennaio e dal 1° al 15 novembre – **Pasto** carta 42/63000.

[SAN GIACOMO] Cuneo – Vedere Boves.

[SAN GIACOMO] Perugia – Vedere Spoleto.

[SAN GIACOMO DI ROBURENT] Cuneo [428] J 5 – alt. 1 011 – ✉ **12080** Roburent – a.s. luglio-agosto e Natale – Sport invernali : 1 011/1 611 m ⛷9, ⛷ – ☎ 0174.

Roma 622 – Cuneo 52 – Savona 77 – ♦Torino 92.

🏨 **Nazionale,** ☎ 227127, Fax 227127, ⛰ – 🛗 ☎ 🅿. AE 🏦 ⊙ E VISA. 🚫 rist
chiuso maggio e novembre – **Pasto** carta 29/48000 – ☕ 10000 – **33 cam** 60/100000 – ½ P 80/90000.

[SAN GIACOMO DI TEGLIO] **23030** Sondrio [428] D 12 – alt. 394 – ☎ 0342.

Roma 712 – Sondrio 13 – Edolo 32 – ♦Milano 151 – Passo dello Stelvio 71.

🍴🍴 La Corna-da Pola, ☎ 786105, ⩤ – 🅿

[SAN GIACOMO PO] Mantova – Vedere Bagnolo San Vito.

[SAN GIMIGNANO] **53037** Siena [988] ⑭, [428] [430] L 15 – 7 052 ab. alt. 332 – ☎ 0577.

Vedere Località★★★ – Piazza della Cisterna★★ – Piazza del Duomo★★ : affreschi★★ di Barna da Siena nella Collegiata di Santa Maria Assunta★, ⩤★★ dalla torre del palazzo del Popolo★ H – Affreschi★★ nella chiesa di Sant'Agostino.

ℹ piazza Duomo 1 ☎ 940008, Fax 940903.

Roma 268 ② – ♦Firenze 57 ② – Siena 42 ② – ♦Livorno 89 ① – ♦Milano 350 ② – Pisa 79 ①.

🏨 **Relais Santa Chiara** 🐎 senza rist, via Matteotti 15 ☎ 940701, Fax 942096, ⩤ campagna, « Giardino con 🏊 » – 🛗 ▤ 📺 ☎ ♿ 🅿 – 🏛 70. AE 🏦 ⊙ E VISA. 🚫
0,5 km per ②
chiuso dall'8 gennaio al 24 febbraio – **41 cam** ☕ 170/230000.

🏨 **La Cisterna,** piazza della Cisterna 24 ☎ 940328, Fax 942080, ⩤, « Sala in stile trecentesco » – 🛗 📺 ☎. AE 🏦 ⊙ E VISA. 🚫 rist **e**
chiuso dall'11 gennaio al 9 marzo – **Pasto** 36/40000 e al Rist. ***Le Terrazze*** *(chiuso da novembre a marzo, martedì e mercoledì a mezzogiorno)* carta 52/73000 – ☕ 12000 – **47 cam** 85/140000, 2 appartamenti – ½ P 103/120000.

🏨 **L'Antico Pozzo** senza rist, via San Matteo 87 ☎ 942014, Fax 942117 – 🛗 ▤ 📺 ☎. AE 🏦 ⊙ E VISA JCB. 🚫 **a**
chiuso dal 20 gennaio al 20 febbraio – **18 cam** ☕ 120/220000.

🏨 **Leon Bianco** senza rist, piazza della Cisterna ☎ 941294, Fax 942123 – 🛗 ▤ 📺 ☎ 🚗. AE 🏦 ⊙ E VISA **s**
chiuso dal 15 gennaio a febbraio – ☕ 11000 – **25 cam** 100/125000, 2 appartamenti.

🏨 **Bel Soggiorno,** via San Giovanni 91 ☎ 940375, Fax 940375, ⩤ campagna – 🛗 ▤ 📺 ☎. AE 🏦 ⊙ E VISA JCB **n**
Pasto vedere rist **Bel Soggiorno** – ☕ 10000 – **17 cam** 110/135000, 2 appartamenti – ½ P 110/120000.

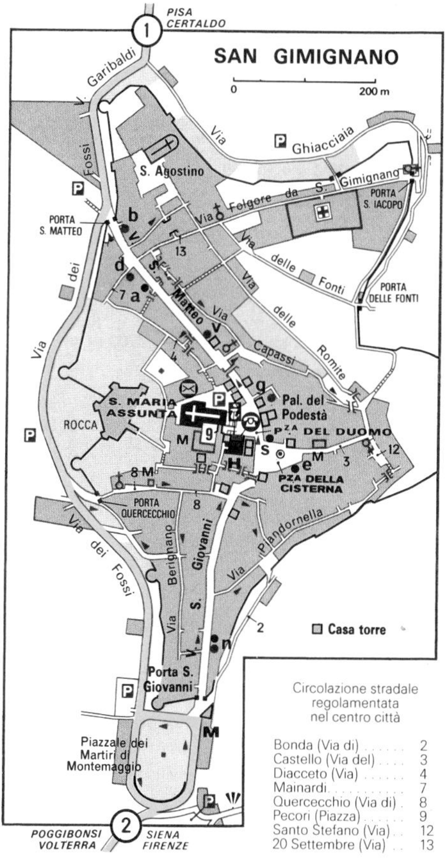

PISA
CERTALDO
SAN GIMIGNANO
0
200 m
Via Garibaldi
Via Ghiacciaia
S. Agostino
Via Folgore da S. Gimignano
PORTA S. IACOPO
PORTA S. MATTEO
Via delle Fonti
PORTA DELLE FONTI
Via delle Romite
Via S. Matteo
Via Capassi
Via dei Fossi
S. MARIA ASSUNTA
ROCCA
Pal. del Podestà
PZA DEL DUOMO
PZA DELLA CISTERNA
PORTA QUERCECCHIO
Via Berignano
Via S. Giovanni
Via Piandornella
Casa torre
Porta S. Giovanni
Piazzale dei Martiri di Montemaggio
POGGIBONSI
VOLTERRA
SIENA
FIRENZE
Circolazione stradale regolamentata nel centro città
Bonda (Via di) 2
Castello (Via del) 3
Diacceto (Via) 4
Mainardi 7
Quercecchio (Via di) 8
Pecori (Piazza) 9
Santo Stefano (Via) 12
20 Settembre (Via) 13

XX **Dorandò,** vicolo dell'Oro 2 ℘ 941862, Fax 941862, Antiche specialità toscane, Coperti limitati; prenotare – ▤. AE ⓢ ⊙ E VISA. ✄ **g**
chiuso lunedì e dal 10 gennaio al 10 febbraio – **Pasto** carta 45/70000 (10%).

XX **Bel Soggiorno** - Hotel Belvedere, via San Giovanni 91 ℘ 940375, « Ambiente trecentesco » – AE ⓢ ⊙ E VISA JCB. ✄ **n**
chiuso lunedì e dal 10 gennaio a febbraio – **Pasto** carta 43/65000 (10%).

XX **La Griglia,** via San Matteo 34/36 ℘ 940005, Fax 942131, ≤ campagna, ⛱ – AE ⓢ ⊙ E VISA **v**
chiuso giovedì e dal 15 dicembre al 1° marzo – **Pasto** carta 29/74000 (15%).

XX **Da Graziano** ⛰ con cam, via Matteotti 39 ℘ 940101, Fax 940655, ⛱ – TV ☎ P. AE ⓢ ⊙ E VISA. ✄ 0,5 km per ②
chiuso dall'11 gennaio al 21 febbraio – **Pasto** *(chiuso lunedì)* carta 31/70000 – ☕ 10000 – **10 cam** 95/115000 – ½ P 85/95000.

X **Il Pino,** via San Matteo 12 ℘ 940415, Fax 940415 – AE ⓢ ⊙ E VISA **b**
chiuso giovedì – **Pasto** carta 33/57000.

X **La Mangiatoia,** via Mainardi 5 ℘ 941528, Fax 941528 – AE ⓢ ⊙ E VISA **d**
chiuso lunedì e dal 1° al 20 dicembre – **Pasto** 25/50000.

verso Castel San Gimignano :

Pescille ⛰ senza rist, località Pescille ✉ 53037 ℘ 940186, Fax 940186, ≤ campagna e San Gimignano, « Rustico di campagna; raccolta di attrezzi agricoli », ⛲, ⛱, 🎾 – ☎ P. AE ⓢ ⊙ E VISA JCB. ✄ 4,5 km per ②
marzo-ottobre – ☕ 15000 – **31 cam** 100/135000.

Le Volpaie senza rist, via Nuova 9 ℘ 953140, Fax 953142, ≤ – TV ☎ 🚗 P. AE ⓢ ⊙ E VISA. ✄ 12 km per ②
chiuso dal 10 gennaio al 10 marzo – ☕ 10000 – **15 cam** 85/125000.

X **Franco,** località San Donato ✉ 53037 ℘ 940540, ⛱ – P. AE. ✄ 5,5 km per ②
chiuso lunedì e dal 10 novembre al 27 dicembre – **Pasto** carta 41/59000 (10%).

verso Certaldo :

Villa San Paolo ⛰ senza rist, ✉ 53037 ℘ 955100, Fax 955113, ≤, « Giardino fiorito con ⛲ », 🎾 – |‡| ▤ TV ☎ P. AE ⓢ ⊙ E VISA. ✄ 5 km per ①
chiuso dal 10 gennaio al 10 febbraio – **15 cam** ☕ 185/265000.

Le Renaie ⛰, località Pancole ✉ 53037 Pancole ℘ 955044, Fax 955126, ≤, ⛱, ⛲, ⛱ – TV ☎ P. AE ⓢ ⊙ E VISA. ✄ rist 6 km per ①
chiuso dal 5 novembre al 5 dicembre – **Pasto** 35/65000 e al Rist. ***Leonetto*** *(chiuso martedì)* carta 43/64000 – ☕ 12000 – **25 cam** 115/148000 – ½ P 110/120000.

SAN GINESIO 62026 Macerata 988 ⑯, 430 M 21 – 3 963 ab. alt. 687 – ☎ 0733.

ℹ (luglio-agosto) piazza Gentili ℘ 656014.

Roma 232 – Ascoli Piceno 58 – ♦Ancona 81 – Foligno 76 – Macerata 30.

Centrale, ℘ 656832, Fax 656832 – ☎. ⓢ VISA. ✄
Pasto *(chiuso mercoledì)* carta 27/47000 – ☕ 10000 – **10 cam** 50/85000 – ½ P 50/75000.

SANGINETO LIDO 87020 Cosenza 431 I 29 – 1 521 ab. – ☎ 0982.

Roma 456 – ♦Cosenza 66 – Castrovillari 88 – Catanzaro 126 – Sapri 72.

Cinque Stelle ⛰, via della Libertà 22 ℘ 96091, Fax 96027, ≤, ⛱, « Palazzine fra il verde », ⛲, 🏖, ⛱, 🎾 – ☎ P. AE. ✄ rist
Pasqua-15 ottobre – **Pasto** 35000 – ☕ 10000 – **144 cam** 90/110000 – P 70/140000.

SAN GIORGIO (ST. GEORGEN) Bolzano – Vedere Brunico.

SAN GIORGIO Verona – Vedere Sant'Ambrogio di Valpolicella.

SAN GIORGIO A LIRI 03047 Frosinone 430 R 23 – 3 100 ab. alt. 38 – ☎ 0776.

Roma 132 – Frosinone 59 – Caserta 75 – Gaeta 32 – Isernia 59 – ♦Napoli 85 – Sora 53.

sulla strada statale 630 SO : 3 km :

L'Espero, via Ausonia 114 ✉ 03047 ℘ 910123, Fax 911055 – |‡| ▤ TV ☎ P. AE ⓢ VISA. ✄
chiuso dal 23 dicembre al 3 gennaio – **Pasto** carta 26/43000 – ☕ 10000 – **9 cam** 80/120000 – ½ P 60/85000.

SAN GIORGIO DEL SANNIO 82018 Benevento 988 ㉘, 431 D 26 – 8 903 ab. alt. 380 – ☎ 0824.

Roma 276 – ♦Foggia 103 – Avellino 27 – Benevento 11.

Villa San Marco, uscita svincolo superstrada ℘ 40081, Fax 49601, ⛱ – TV ☎ P 🏛 100. AE ⓢ ⊙ E VISA. ✄ cam
Pasto *(chiuso martedì)* carta 26/47000 – **16 cam** ☕ 80/100000 – ½ P 85/95000.

SAN GIORGIO DI LIVENZA Venezia – Vedere Caorle.

[SAN GIORGIO IN BOSCO] 35010 Padova [429] F 17 – 5 421 ab. alt. 29 – ☎ 049.
Roma 511 – Padova 24 – Belluno 101 – Treviso 52 – Venezia 51.

sulla strada statale 47 S : 3 km :

Posta 77, ✉ 35010 ☎ 5996700, Fax 5996181 – ... – 200.
38 cam.

[SAN GIORGIO MONFERRATO] 15020 Alessandria [428] G 7 – 1 290 ab. alt. 281 – ☎ 0142.
Roma 610 – Alessandria 33 – Milano 83 – Pavia 74 – Torino 75 – Vercelli 31.

✿ **Castello di San Giorgio** con cam, via Cavalli d'Olivola 3 ☎ 806203, Fax 806505, prenotare, « Piccolo parco ombreggiato » – ... – 60. AE E VISA JCB
chiuso dal 2 all'11 gennaio e dal 1° al 20 agosto – **Pasto** *(chiuso lunedì)* 60/90000 e carta 61/98000 – ☕ 25000 – **10 cam** 130/200000, appartamento – ½ P 200/220000
Spec. Risotto al Barolo, Vitello tonnato alla monferrina, Petto di faraona farcito di pinoli e basilico.

[SAN GIORIO DI SUSA] 10050 Torino [428] G 3 – 912 ab. alt. 420 – ☎ 0122.
Roma 708 – Torino 44 – Milano 180 – Susa 11.

Castel Nuovo, ☎ 49507, Trattoria rustica con cucina piemontese – P.
chiuso lunedì e dal 25 settembre all'8 ottobre – **Pasto** carta 23/42000.

[SAN GIOVANNI] Livorno – Vedere Elba (Isola d'): Portoferraio.

[SAN GIOVANNI AL NATISONE] 33048 Udine [429] E 22 – 5 663 ab. alt. 66 – ☎ 0432.
Roma 653 – Udine 18 – Gorizia 19.

Campiello, via Nazionale 40 ☎ 757910, Fax 757426 – ... – 50. AE E VISA
chiuso dal 1° al 10 gennaio e dall'8 al 28 agosto – **Pasto** *(chiuso domenica)* carta 41/62000 – ☕ 12000 – **19 cam** 90/130000 – ½ P 100000.

Wiener senza rist, ☎ 757378, Fax 757359 – ... P. AE E VISA
chiuso dal 22 dicembre al 2 gennaio e dal 2 al 19 agosto – ☕ 12000 – **50 cam** 100/145000.

[SAN GIOVANNI IN PERSICETO] 40017 Bologna [988] ⑭, [429] [430] I 15 – 22 848 ab. alt. 21 – ☎ 051.
Roma 392 – Bologna 21 – Ferrara 49 – Milano 193 – Modena 23.

Giardinetto, circonvallazione Italia 20 ☎ 821590, Coperti limitati; prenotare – P. AE E VISA
chiuso lunedì e dal 16 agosto al 15 settembre – **Pasto** carta 37/59000.

[SAN GIOVANNI LUPATOTO] 37057 Verona [988] ④, [429] F 15 – 20 425 ab. alt. 42 – ☎ 045.
Roma 507 – Verona 9 – Mantova 46 – Milano 157.

City senza rist, ☎ 9251500, Fax 545044 – ... AE E VISA
39 cam ☕ 110/154000.

Alla Campagna con cam, ☎ 545513, Fax 9250680, – ... P. AE E VISA
Pasto *(chiuso martedì)* carta 33/55000 – ☕ 12000 – **13 cam** 85/120000 – P 110000.

[SAN GIOVANNI ROTONDO] 71013 Foggia [988] ㉘, [431] B 29 – 25 121 ab. alt. 557 – a.s. 18 agosto-settembre – ☎ 0882.
[i] piazza Europa 104 ☎ 456240, Fax 456240.
Roma 352 – Foggia 43 – Bari 142 – Manfredonia 23 – Termoli 86.

Parco delle Rose, via Aldo Moro 71 ☎ 456709, Fax 456405, – ... rist P – 200 a 500. AE E VISA rist
Pasto 30/40000 – ☕ 10000 – **210 cam** 65/90000 – ½ P 76000.

Colonne senza rist, viale Cappuccini 135 ☎ 412936, Fax 413268 – ... VISA.
☕ 10000 – **23 cam** 90000.

Gaggiano, viale Cappuccini 144 ☎ 453701, Fax 456650, – ... rist – 40. AE E VISA rist
Pasto carta 32/50000 – ☕ 9000 – **67 cam** 62/82000 – P 75/90000.

California, viale Cappuccini 69 ☎ 453983, Fax 454199 – ... P.
Pasto carta 34/60000 – ☕ 7000 – **25 cam** 60/80000 – ½ P 75/85000.

Da Costanzo, via Santa Croce 9 ☎ 452285 – ... AE E VISA
chiuso domenica sera, lunedì, dal 4 all'11 luglio e dall'8 al 28 novembre – **Pasto** carta 30/67000.

[SAN GIULIANO] Venezia – Vedere Mestre.

[SAN GIULIANO MILANESE] 20098 Milano [428] F 9, [219] ⑲ – 32 575 ab. alt. 97 – ☎ 02.
Roma 562 – Milano 12 – Bergamo 55 – Pavia 33 – Piacenza 54.

La Ruota, via Roma 57 ☎ 9848394, Fax 98241914, – ... P – 50. AE E VISA JCB
chiuso martedì ed agosto – **Pasto** carta 35/65000.

sulla strada statale 9 - via Emilia SE : 3 km :

XX **La Rampina,** ✉ 20098 ☎ 9833273, Fax 98231632, ⛱ – ▤ [P]. [AE] [$] ◑ E VISA. ⊘
chiuso mercoledì – **Pasto** carta 68/94000.

SAN GIULIANO TERME **56017** Pisa [428] [429] [430] K 13 – 28 446 ab. alt. 10 – ☎ 050.
Roma 358 – Pisa 9 – ◆Firenze 85 – Lucca 15 – ◆La Spezia 85.

a Rigoli NO : 2,5 km – ✉ **56010** :

🏨 **Villa di Corliano** ⛰ senza rist, ☎ 818193, Fax 818341, « In un parco, villa cinquecentesca con affreschi del 1600 » – [P] – 🪑 50 a 100. [$] E VISA
☕ 18000 – **13 cam** 150000, 2 appartamenti.

SAN GODENZO **50060** Firenze [429] [430] K 16 – 1 131 ab. alt. 430 – ☎ 055.
Roma 290 – ◆Firenze 46 – Arezzo 94 – ◆Bologna 121 – Forlì 64 – ◆Milano 314 – Siena 129.

X **Agnoletti,** ☎ 8374016 – [$]. ⊘
chiuso martedì e dal 1° al 20 settembre – **Pasto** carta 19/26000.

al Passo del Muraglione NE : 8,5 km – ✉ **50060** San Godenzo :

🏨 **Il Muraglione,** ☎ 8374393, Fax 8374393, ≤ – [TV] ☎ [P]. [$] ◑ E VISA. ⊘ cam
chiuso dal 7 gennaio al 7 febbraio – **Pasto** *(chiuso martedì)* 18/25000 – ☕ 8500 – **10 cam** 56/82000 – ½ P 82000.

SAN GREGORIO Lecce [431] H 36 – ✉ **73053** Patù – ☎ 0833.
Roma 682 – Brindisi 112 – Lecce 82 – ◆Taranto 141.

X **Da Mimì,** ☎ 765124, Specialità di mare, solo su prenotazione la sera da ottobre a marzo, « Servizio estivo su terrazza ombreggiata con ≤ mare » – [$] VISA
chiuso novembre – **Pasto** carta 26/39000.

SAN GREGORIO Perugia – Vedere Assisi.

SAN GREGORIO Verona – Vedere Veronella.

SANKTA CHRISTINA IN GRÖDEN = Santa Cristina Valgardena.

SANKT LEONHARD IN PASSEIER = San Leonardo in Passiria.

SANKT LORENZEN = San Lorenzo di Sebato.

SANKT MARTIN IN PASSEIER = San Martino in Passiria.

SANKT ULRICH = Ortisei.

SANKT VALENTIN AUF DER HAIDE = San Valentino alla Muta.

SANKT VIGIL ENNEBERG = San Vigilio di Marebbe.

SAN LAZZARO DI SAVENA **40068** Bologna [988] ⑭ ⑮, [429] [430] I 16 – 29 575 ab. alt. 62 – ☎ 051
Roma 390 – ◆Bologna 8 – Imola 27 – ◆Milano 219.

Pianta d'insieme di Bologna

🏨 **Le Siepi** ⛰ senza rist, località Idice via Emilia 514 ☎ 6256200, Fax 6256243, « Giardino ombreggiato » – [TV] ☎ ♿ [P] – 🪑 35. [AE] [$] ◑ E VISA GU e
chiuso dal 12 al 18 agosto – **39 cam** ☕ 190/295000.

XX **Il Cerfoglio,** via Kennedy 11 ☎ 463339, Fax 455684, Coperti limitati; prenotare – ▤. [AE] [$] ◑ E VISA. ⊘ GU c
chiuso sabato a mezzogiorno, domenica, dal 27 dicembre al 10 gennaio e dal 1° al 26 agosto – **Pasto** carta 45/65000.

SAN LAZZARO PARMENSE Parma – Vedere Parma.

SAN LEO **61018** Pesaro e Urbino [988] ⑮, [429] [430] K 19 – 2 585 ab. alt. 589 – a.s. 25 giugno-agosto – ☎ 0541.
Vedere Posizione pittoresca★★ – Forte★ : ☼★★★.
Roma 320 – Rimini 31 – ◆Ancona 142 – ◆Milano 351 – Pesaro 70 – San Marino 24.

🏨 **Castello** ⛰, ☎ 916214, Fax 926926, ≤ vallata – [TV] ☎. [AE] [$] ◑ E VISA. ⊘
chiuso novembre – **Pasto** *(chiuso giovedì)* carta 30/39000 – ☕ 10000 – **14 cam** 80/100000 – ½ P 70/100000.

SAN LEONARDO IN PASSIRIA **(ST. LEONHARD IN PASSEIER)** **39015** Bolzano [988] ④, [429] B 15 [218] ⑩ – 3 370 ab. alt. 689 – ☎ 0473.
Dintorni Strada del Passo di Monte Giovo★ : ≤★★ verso l'Austria NE : 20 km – Strada del Passo del Rombo★ NO.
Roma 685 – ◆Bolzano 47 – Brennero 53 – Bressanone 65 – Merano 20 – ◆Milano 346 – Trento 106.

verso Passo di Monte Giovo NE : 10 km – alt. 1 269 :

🍴 **Jägerhof** 🐦 con cam, località Valtina ✉ 39010 Valtina ☎ 656250, Fax 656822, ≤, 🌳, ≘ – ☎ [P]. 🚫 rist
chiuso da novembre al 4 dicembre – **Pasto** *(chiuso lunedì)* carta 29/51000 – **16 cam** ☕ 45/80000 – ½ P 60/70000.

SAN LEONE Agrigento [432] P 22 – Vedere Sicilia (Agrigento) alla fine dell'elenco alfabetico.

SAN LEONINO Siena – Vedere Castellina in Chianti.

SAN LORENZO DI SEBATO **(SANKT LORENZEN)** **39030** Bolzano [429] B 17 – 3 151 ab. alt. 810 – Sport invernali : Plan de Corones : 830/2 273 m 🚡 11 ⛷21, ⛷ – ☎ 0474.

ℹ Palazzo Comunale ☎ 474092, Fax 474106.

Roma 710 – Cortina d'Ampezzo 62 – ♦Bolzano 69 – Brunico 4 – Lienz 78.

a Santo Stefano (Stefansdorf) S : 2,5 km – ✉ **39030** San Lorenzo di Sebato :

🏠 **Mühlgarten** 🐦, ☎ 548330, Fax 548030, ≤, ≘, 🏊, 🌳 – 🛗 [TV] ☎ [P]. 💳 ⓓ E VISA. 🚫 rist
dicembre-aprile e giugno-settembre – **Pasto** carta 35/55000 – **22 cam** ☕ 95/190000 – ½ P 140000.

SAN LORENZO IN BANALE **38078** Trento [428] [429] D 14 – 1 080 ab. alt. 720 – a.s. Pasqua e Natale – ☎ 0465.

Roma 609 – Trento 37 – ♦Brescia 109 – ♦Milano 200 – Riva del Garda 35.

🏠 Soran, ☎ 734330, Fax 734564 – 🛗 [TV] ☎ ♿ [P]
stagionale – **13 cam.**

🏠 **Castel Mani** 🐦, ☎ 734017, Fax 734017, ≤ – 🛗 ☎ [P]. 🚫
Pasto (solo per clienti alloggiati e *chiuso giovedì*) 21/33000 – **40 cam** ☕ 61/110000 – ½ P 62/76000.

SAN LORENZO IN CAMPO **61047** Pesaro e Urbino [429] [430] L 20 – 3 357 ab. alt. 209 – a.s. 25 giugno-agosto – ☎ 0721.

Roma 257 – ♦Ancona 64 – ♦Perugia 105 – Pesaro 51.

🏠 ✿ **Giardino,** via Mattei 4 (O :1,5 km) ☎ 776803, Fax 776236, 🏊 – [TV] ☎ [P] – 🎪 30. AE 💳 ⓓ E VISA
chiuso 24-25 dicembre e dal 15 al 31 gennaio – **Pasto** *(chiuso lunedì; prenotare)* carta 38/51000 – **20 cam** ☕ 65/100000 – ½ P 70/90000
Spec. Involtini di melanzana con salsa di asparagi (primavera), Papardelle al sugo di coniglio, Costine d'agnello alla senape.

SAN MACARIO IN PIANO Lucca [430] K 13 – Vedere Lucca.

SAN MAMETE Como [219] ⑧ – Vedere Valsolda.

SAN MARCELLO PISTOIESE **51028** Pistoia [988] ⑭, [428] [429] [430] J 14 – 7 621 ab. alt. 623 – a.s. luglio-agosto – ☎ 0573.

ℹ via Marconi 28 ☎ 630145, Fax 622120.

Roma 340 – ♦Firenze 67 – Pisa 71 – ♦Bologna 90 – Lucca 50 – ♦Milano 291 – Pistoia 30.

🏠 **Il Cacciatore,** via Marconi 87 ☎ 630533, Fax 630134 – [TV] ☎ [P] – 🎪 40. AE 💳 ⓓ E VISA. 🚫
chiuso dal 10 al 31 gennaio e dal 5 al 30 novembre – **Pasto** *(chiuso lunedì)* carta 30/50000 – **17 cam** ☕ 80/100000 – ½ P 60/90000.

SAN MARCO Salerno [431] G 26 – Vedere Castellabate.

SAN MARINO **47031** Repubblica di San Marino [988] ⑮, [429] [430] K 19 – 4 385 ab. nella Capitale, 24 707 ab. nello Stato di San Marino, alt. 749 (monte Titano) – a.s. 15 giugno-settembre – ☎ 0549.

Vedere Posizione pittoresca★★★ – ≤★★★ sugli Appennini e il mare dalle Rocche.

ℹ palazzo del Turismo ☎ 882410.

[A.C.I.] a Serravalle via Quattro Giugno 99 ☎ 901767, Fax 901361.

Roma 355 ① – Rimini 22 ① – ♦Ancona 132 ① – ♦Bologna 135 ① – Forlì 74 ① – ♦Milano 346 ① – ♦Ravenna 78 ①.

Pianta pagina seguente

🏠 **Gd H. San Marino,** viale Antonio Onofri 31 ☎ 992400, Fax 992951, ≤ – 🛗 ❄ cam [TV] ☎ ♿ 🚗 – 🎪 60 a 150. AE 💳 ⓓ E VISA JCB. 🚫 rist — Z a
chiuso dal 22 al 27 dicembre – **Pasto** 35/75000 e al Rist. ***Arengo*** *(chiuso da dicembre al 10 febbraio)* carta 48/68000 – ☕ 15000 – **56 cam** 140/170000 – ½ P 115/125000.

🏠 **Titano** 🐦, contrada del Collegio 21 ☎ 991006, Fax 991375, « Terrazza rist. con ≤ » – 🛗 [TV] ☎. AE 💳 ⓓ E VISA JCB — Y u
15 marzo-15 novembre – **Pasto** carta 40/71000 – ☕ 12000 – **46 cam** 95/125000 – ½ P 105000.

Quercia Antica, via Cella Bella ☎ 991257, Fax 990044 – TV ☎ 🚗. AE 🅂 ⓓ E VISA Z v
⚹ rist
Pasto carta 40/50000 – **25 cam** ☐ 95/125000 – ½ P 80/90000.

Righi la Taverna, piazza della Libertà 10 ☎ 991196, Fax 990597, « Caratteristico arredamento » – ▤. AE 🅂 ⓓ E VISA Y n
chiuso Natale – **Pasto** 50/60000 e carta 46/70000.

La Fratta, via Salita alla Rocca 14 ☎ 991594, Fax 990320, 🍽 – AE 🅂 ⓓ E VISA. ⚹ Y a
chiuso febbraio, dal 10 al 25 novembre e mercoledì in bassa stagione – **Pasto** carta 35/65000.

Buca San Francesco, piazzetta Placito Feretrano 3 ☎ 991462, Fax 991462 – ⚹ Y x
chiuso la sera e dal 15 novembre al 15 dicembre – **Pasto** carta 28/41000.

a Domagnano per ① : 4 km – ✉ **47031** San Marino :

Rossi, ☎ 902263, Fax 906642, ≤ – |‡| ▤ cam TV ☎ 🅟. AE 🅂 ⓓ E VISA. ⚹
chiuso dal 1° al 15 novembre – **Pasto** *(chiuso dal 14 al 31 dicembre e sabato in bassa stagione)* carta 31/47000 – ☐ 10000 – **34 cam** 75/95000, ▤ 15000 – ½ P 80000.

SAN MARTINO Livorno 430 N 12 – Vedere Elba (Isola d') : Portoferraio.

SAN MARTINO AL CIMINO Viterbo 430 O 18 – Vedere Viterbo.

SAN MARTINO BUON ALBERGO **37036** Verona 429 F 15 – 13 172 ab. alt. 45 – ☎ 045.
Roma 510 – ◆Verona 8 – ◆Milano 164 – ◆Padova 74 – Vicenza 44.

Antica Trattoria da Momi, via Serena 38 ☎ 990752 – AE 🅂 ⓓ E VISA. ⚹
chiuso dal 5 al 25 agosto, lunedì e in luglio-agosto anche domenica – **Pasto** carta 35/48000.

a Marcellise N : 4 km – alt. 102 – ✉ **37030** :

Trattoria Grobberio con cam, via Mezzavilla 69 ✆ 8740096, Fax 8740096 – Ⓟ. AE Ⓢ ⓓ E VISA JCB. ✄
chiuso dal 1° al 15 settembre – **Pasto** *(chiuso venerdì e sabato a mezzogiorno)* carta 26/39000 – ☐ 7000 – **5 cam** 60/80000.

SAN MARTINO DELLA BATTAGLIA 25010 Brescia 428 429 F 13 – alt. 87 – ☎ 030.

Roma 515 – ♦Brescia 37 – ♦Verona 35 – ♦Milano 125.

Da Renato, ✆ 9910117 – ▤ Ⓟ. ✄
chiuso dal 1° al 15 luglio, martedì sera e mercoledì (escluso da Pasqua ad ottobre) – **Pasto** carta 25/37000 (10%).

SAN MARTINO DI CASTROZZA 38058 Trento 988 ⑤, 429 D 17 – alt. 1467 – a.s. 19 dicembre-Epifania, febbraio e Pasqua – Sport invernali : 1 467/2 600 m ⛷2 ⛷19, ⛷; al passo Rolle : 1 884/2 300 m ⛷2 ⛷19 – ☎ 0439.

Vedere Località★★.

ℹ via Passo Rolle 165/167 ✆ 768867, Fax 768814.

Roma 629 – Belluno 79 – Cortina d'Ampezzo 90 – ♦Bolzano 86 – ♦Milano 349 – Trento 109 – Treviso 105 – ♦Venezia 135.

San Martino, ✆ 68011, Fax 68841, ≤ gruppo delle Pale e vallata, ≘s, ⛆, ⛱, ✂ – |‡| TV ☎ ⇔ Ⓟ – 🏟 30. VISA. ✄ rist
20 dicembre-20 aprile e luglio-15 settembre – **Pasto** 25/40000 – **48 cam** ☐ 100/150000 – ½ P 130/150000.

Orsingher, ✆ 68544, Fax 769043, ≤ – |‡| TV ☎ ⇔ Ⓟ. Ⓢ ⓓ E VISA. ✄
20 dicembre-Pasqua e 28 giugno-25 settembre – **Pasto** 25/35000 – **31 cam** ☐ 92/160000, 2 appartamenti – ½ P 90/150000.

Paladin, ✆ 768680, Fax 768695, ≤ gruppo delle Pale e vallata, ≘s – |‡| TV ☎ ⇔ Ⓟ. ✄
20 dicembre-20 aprile e 20 giugno-15 settembre – **Pasto** 25/35000 – **28 cam** ☐ 80/140000 – ½ P 80/100000.

Panorama, ✆ 768667, Fax 768667, ≤ – |‡| TV ☎ ⇔ Ⓟ. Ⓢ ⓓ VISA. ✄
20 dicembre-15 aprile e 28 giugno-16 settembre – **Pasto** carta 32/45000 – **22 cam** ☐ 168000 – ½ P 80/150000.

Regina, ✆ 68221, Fax 68017, ≤ gruppo delle Pale – |‡| TV ☎ Ⓟ. AE Ⓢ E VISA. ✄ rist
20 dicembre-20 aprile e 15 giugno-20 settembre – **Pasto** 25/38000 – ☐ 12000 – **48 cam** 107/180000 – ½ P 95/157000.

Stalon, ✆ 68126, Fax 768738, ≤, ≘s – TV ☎ Ⓟ. Ⓢ VISA. ✄
dicembre-aprile e giugno-settembre – **Pasto** 30/35000 – **33 cam** ☐ 160000 – ½ P 135000.

Letizia, ✆ 768615, Fax 762386, ≤, Ⅎδ – |‡| TV ☎ ⇔ Ⓟ. Ⓢ VISA. ✄ rist
4 dicembre-Pasqua e 26 giugno-15 settembre – **Pasto** 20/25000 – **27 cam** ☐ 120000 – ½ P 80/150000.

Malga Ces, O : 3 km ✆ 68223, Fax 68223, ⛱ – Ⓟ. AE Ⓢ ⓓ E VISA. ✄
8 dicembre-15 aprile e 16 giugno-settembre – **Pasto** carta 36/57000.

SAN MARTINO DI LUPARI 35018 Padova 429 F 17 – 11 134 ab. alt. 60 – ☎ 049.

Roma 516 – ♦Padova 35 – Belluno 101 – Treviso 41 – ♦Venezia 50.

Da Belie, ✆ 9461088, ⛱ – ▤ Ⓟ. AE Ⓢ ⓓ E VISA. ✄
chiuso sabato sera, domenica, dal 31 dicembre al 7 gennaio e dal 1° al 21 agosto – **Pasto** carta 33/42000.

SAN MARTINO IN COLLE Lucca – Vedere Montecarlo.

SAN MARTINO IN PASSIRIA (ST. MARTIN IN PASSEIER) 39010 Bolzano 429 B 15, 218 ⑩ – 2 743 ab. alt. 597 – ☎ 0473.

Roma 682 – ♦Bolzano 43 – Merano 16 – ♦Milano 342 – Trento 102.

Quellenhof-Forellenhof e Landhaus, S : 5 km ✆ 645474, Fax 645499, ≤, ⛱, Golf 4 buche, Ⅎδ, ≘s, ⛆ riscaldata, ⛆, ⛱, ✂ – |‡| TV ☎ ♿ ⇔ Ⓟ
marzo-17 novembre – **Pasto** carta 57/103000 – **80 cam** ☐ 160/300000, 12 appartamenti – ½ P 135/260000.

Kennenhof ⛰, S : 5 km ✆ 645440, ≤, Golf 4 buche, ⛱, ✂ – TV ☎ Ⓟ
marzo-novembre – **Pasto** 30/55000 – **13 cam** solo ½ P 135/150000.

a Saltusio (Saltaus) S : 8 km – alt. 490 – ✉ **39010** :

Saltauserhof, ✆ 645403, Fax 645515, ≤, ⛱, Ⅎδ, ≘s, ⛆ riscaldata, ⛆, ⛱, ✂ – ☎ Ⓟ. ✄ rist
marzo-10 novembre – **Pasto** carta 35/44000 – ☐ 20000 – **24 cam** 90/150000, 4 appartamenti – ½ P 100/120000.

SAN MARTINO SICCOMARIO 27028 Pavia 428 G 9 – 4 721 ab. alt. 63 – ☎ 0382.
Roma 556 – Alessandria 63 – ♦Milano 43 – Pavia 4 – Piacenza 57.

Plaza senza rist, strada statale 35 ☎ 559413, Fax 556085 – 25.
53 cam 115/140000.

Antica Trattoria Goi, via Togliatti 2 ☎ 498887, Fax 498941, prenotare –
chiuso a mezzogiorno, domenica, dal 6 al 20 gennaio e dal 5 al 25 agosto – **Pasto** carta 50/72000.

SAN MASSIMO Genova – Vedere Rapallo.

SAN MAURIZIO CANAVESE 10077 Torino 428 G 4 – 6 677 ab. alt. 317 – ☎ 011.
Roma 697 – ♦Torino 17 – Aosta 111 – ♦Milano 142 – Vercelli 72.

La Credenza, via Cavour 22 ☎ 9278014, Fax 9278014 –
chiuso martedì – **Pasto** carta 43/75000.

La Crota, via Matteotti 6 ☎ 9278075 –
chiuso dal 7 al 14 gennaio, dal 5 al 25 agosto, lunedì e le sere di domenica, martedì e mercoledì – **Pasto** carta 30/60000.

SAN MAURIZIO D'OPAGLIO 28017 Novara 428 E 7, 219 ⑥ – 2 890 ab. alt. 373 – ☎ 0322.
Roma 657 – Stresa 34 – Alessandria 65 – ♦Genova 118 – ♦Milano 41 – Novara 43 – Piacenza 63.

Da Grissino, ☎ 96173 –
chiuso martedì sera, mercoledì e dal 1° al 25 agosto – **Pasto** carta 50/70000.

SAN MAURO A MARE 47030 Forlì 429 430 J 19 – a.s. 21 giugno-agosto – ☎ 0541.
(aprile-settembre) via Repubblica 8 ☎ 346392, Fax 346392.
Roma 353 – Rimini 16 – ♦Bologna 103 – Forlì 42 – ♦Milano 314 – ♦Ravenna 36.

Capitol, ☎ 345542, Telex 518516, Fax 345492, riscaldata – 80. rist
Pasto carta 40/65000 – **35 cam** 130/190000 – ½ P 100/120000.

Internazionale, ☎ 346475, Fax 346937, ←, – rist
maggio-20 settembre – **Pasto** (solo per clienti alloggiati) – 12000 – **36 cam** 90/110000 – P 60/100000.

Europa, ☎ 346312, Fax 346400, – rist rist
Pasqua-15 ottobre – **Pasto** (solo per clienti alloggiati) – **47 cam** 65/95000 – ½ P 65/95000.

SAN MAURO TORINESE 10099 Torino 428 G 5 – 17 477 ab. alt. 211 – ☎ 011.
Roma 666 – ♦Torino 9 – Asti 54 – ♦Milano 136 – Vercelli 66.

Pianta d'insieme di Torino (Torino p. 3)

La Pace senza rist, via Roma 36 ☎ 8221945, Fax 8222677 –
7000 – **35 cam** 75/95000. HT s

Bontan, via Canua 55 ☎ 8222680, Fax 8226658, Coperti limitati; prenotare, « Servizio estivo in giardino » – HT e
chiuso domenica, lunedì e dal 1° al 25 gennaio – **Pasto** carta 75/110000
Spec. Flan di porri e patate con chutney di arance (inverno), Tortelli di robiola e zucchine al burro di montagna con timo e maggiorana (primavera-estate), Filetto di fassone allo zabajone di aceto balsamico (autunno).

Frandin, via Settimo 14 ☎ 8221177, – HT a
chiuso martedì e dal 10 agosto al 9 settembre – **Pasto** carta 30/70000.

SAN MENAIO 71010 Foggia 431 B 29 – a.s. luglio-13 settembre – ☎ 0884.
Roma 389 – ♦Foggia 104 – ♦Bari 188 – San Severo 71.

Sole, via Lungomare 2 ☎ 98621, Fax 98624, –
aprile-settembre – **Pasto** carta 27/35000 – **45 cam** 70/120000 – ½ P 80/120000.

Park Hotel Villa Maria senza rist, via del Carbonaro 15 ☎ 98548, Fax 98558 –
aprile-15 ottobre – **15 cam** 120/150000.

SAN MICHELE (ST. MICHAEL) Bolzano 218 ⑳ – Vedere Appiano sulla Strada del Vino.

SAN MICHELE ALL'ADIGE 38010 Trento 988 ④, 429 D 15 – 2 146 ab. alt. 229 – a.s. dicembre-aprile – ☎ 0461.
Roma 603 – Trento 15 – ♦Bolzano 417 – ♦Milano 257 – Moena 70.

Lord Hotel senza rist, N : 1 km ☎ 650120, Fax 650138, ←, –
chiuso dal 24 dicembre al 5 gennaio – 6000 – **33 cam** 65/99000.

Da Silvio, N : 1 km ☎ 650324, Fax 650604, – – 45.
chiuso domenica sera, lunedì, dal 7 al 21 gennaio e dal 15 giugno al 2 luglio – **Pasto** carta 43/68000.

SAN MICHELE AL TAGLIAMENTO 30028 Venezia 429 E 20 – 11 858 ab. alt. 7 – ☎ 0431.
Roma 599 – Udine 43 – ♦Milano 338 – Pordenone 44 – ♦Trieste 81 – ♦Venezia 88.

XX **Mattarello,** strada statale ☎ 50450, Fax 50450 – ▤ P. 🅂 E VISA. ✻
chiuso lunedì – **Pasto** carta 49/81000.

SAN MICHELE DEL CARSO Gorizia – Vedere Savogna d'Isonzo.

SAN MICHELE DI GANZARIA Catania 432 P25 – Vedere Sicilia alla fine dell'elenco alfabetico.

SAN MINIATO 56027 Pisa 988 ⑭, 428 429 430 K 14 – 25 590 ab. alt. 140 – ☎ 0571.
Fontevivo (chiuso lunedì ed agosto) ☎ 419012, Fax 418734.
Roma 297 – ♦Firenze 37 – Siena 68 – ♦Livorno 52 – Pisa 42.

Miravalle ⛰, piazza Castello 3 ☎ 418075, Fax 419681, ← – |‡| TV ☎ – 🅰 60. AE 🅂 ⊙ E VISA JCB. ✻ rist
Pasto *(chiuso domenica e dal 6 al 24 agosto)* carta 40/63000 – ☐ 8500 – **18 cam** 100/170000.

SAN NICOLA ARCELLA 87020 Cosenza 431 H 29 – 1 363 ab. alt. 110 – ☎ 0985.
Roma 425 – ♦Cosenza 92 – Castrovillari 77 – Catanzaro 158 – ♦Napoli 217.

Principe, ☎ 3125, ← mare e costa, 🌳 – |‡| ☎ 🚗 P. 🅂 ⊙. ✻
Pasto carta 31/50000 – ☐ 5000 – **28 cam** 60/95000 – ½ P 70/80000.

SAN NICOLÒ **(ST. NIKOLAUS)** Bolzano 428 G 10, 218 ⑲ – Vedere Ultimo.

SAN NICOLÒ DI RICADI Vibo Valentia 431 L 29 – Vedere Tropea.

SAN PANCRAZIO Brescia – Vedere Palazzolo sull'Oglio.

SAN PANCRAZIO Ravenna 430 I 18 – Vedere Russi.

SAN PANTALEO Sassari 433 D 10 – Vedere Sardegna alla fine dell'elenco alfabetico.

SAN PAOLO **(ST. PAULS)** Bolzano 218 ⑳ – Vedere Appiano sulla Strada del Vino.

SAN PAOLO CERVO 13060 Biella 428 F 6, 219 ⑮ – 164 ab. alt. 795 – ☎ 015.
Roma 690 – Aosta 102 – Biella 14 – ♦Milano 116 – Novara 70 – ♦Torino 88 – Vercelli 56.

X **Asmara** ⛰ con cam, ☎ 60021, ← – P. ✻
Pasto *(chiuso martedì)* carta 30/45000 – ☐ 6000 – **7 cam** *(aprile-ottobre)* 44/80000 – ½ P 46/52000.

SAN PELLEGRINO (Passo di) Trento 988 ⑤, 429 C 17 – alt. 1 918 – ✉ **38035** Moena – a.s. febbraio-Pasqua e Natale – Sport invernali : 1 918/2 500 m 🚡1 ⛷19, ⛷ – ☎ 0462.
Roma 682 – Belluno 59 – Cortina d'Ampezzo 67 – ♦Bolzano 56 – ♦Milano 340 – Trento 100.

Monzoni ⛰, ☎ 573352, Fax 574490, ← Dolomiti, 🏋, ≘ – |‡| TV ☎ ♿ P – 🅰 120. AE 🅂 ⊙ E VISA. ✻
8 dicembre-10 aprile e 16 luglio-4 settembre – **Pasto** carta 49/67000 – ☐ 18000 – **87 cam** 136/199000 – ½ P 180000.

Costabella, ☎ 573326, Fax 574283, ← Dolomiti, 🌳 – |‡| ⇆ cam ☎ P. AE 🅂 E VISA. ✻ rist
dicembre-aprile e luglio-settembre – **Pasto** 30/60000 – ☐ 18000 – **23 cam** 100/180000 – ½ P 104000.

XX **Fuciade** ⛰ con cam, ☎ 574281, Servizio navetta invernale con motoslitta, prenotare alla sera, « Rifugio in un alpeggio con servizio estivo in terrazza e ← Dolomiti, 🌳 – ⊙. ✻
Natale-Pasqua e giugno-settembre – **Pasto** *(chiuso sabato e domenica in novembre-dicembre)* carta 39/66000 – **6 cam** ☐ 70/120000 – ½ P 90000.

SAN PELLEGRINO TERME 24016 Bergamo 988 ③, 428 E 10 – 5 230 ab. alt. 354 – Stazione termale (maggio-settembre), a.s. luglio-agosto e Natale – ☎ 0345.
Dintorni Val Brembana★ Nord e Sud per la strada S 470.
ℹ via Papa Giovanni XXIII 18 ☎ 23344.
Roma 626 – ♦Bergamo 24 – ♦Brescia 77 – Como 71 – ♦Milano 67.

Terme ⛰, ☎ 21125, Fax 21306, 🌳 – |‡| TV ☎ P – 🅰 50. AE ⊙. ✻
22 maggio-settembre – **Pasto** 65000 – ☐ 13000 – **49 cam** 120/150000 – ½ P 155000.

Bigio, ☎ 21058, Fax 23463, « Giardino ombreggiato » – |‡| ☎ P – 🅰 100. 🅂 E VISA. ✻
15 maggio-settembre – **Pasto** carta 33/58000 – ☐ 10000 – **50 cam** 75/100000 – ½ P 93000.

X **La Ruspinella** con cam, S : 1,5 km ☎ 21333, Fax 21333 – TV ☎ P. AE 🅂 ⊙ E VISA. ✻
chiuso dal 15 al 30 settembre – **Pasto** *(chiuso venerdì)* carta 29/63000 – ☐ 7000 – **18 cam** 60/90000 – ½ P 70000.

SAN PIERO A SIEVE **50037** Firenze [988] ⑮, [429] [430] K 15 – 3 832 ab. alt. 210 – ☏ 055.

Roma 318 – ◆Firenze 25 – ◆Bologna 82.

🍴 **La Felicina** con cam, ✆ 8498181, Fax 8498157 – ☎. [AE] [S] [E] [VISA]. 🐕
chiuso dal 1° al 7 marzo e dal 15 al 30 agosto – **Pasto** *(chiuso sabato)* carta 32/50000 – ☕ 10000 – **10 cam** 70/90000 – ½ P 70/80000.

SAN PIETRO Verona – Vedere Legnago.

SAN PIETRO (Isola di) Cagliari [988] ㉝, [433] J 6 – Vedere Sardegna alla fine dell'elenco alfabetico.

SAN PIETRO DI FELETTO **31020** Treviso [429] E 18 – 4 428 ab. alt. 264 – ☏ 0438.

Roma 577 – Belluno 47 – ◆Venezia 66 – Pordenone 39 – Treviso 34.

🍴🍴 **Al Doppio Fogher,** località San Michele S : 6 km ✆ 60157, 🌳, Specialità di mare – [P]. [AE] [S] [O] [E] [VISA] [JCB]. 🐕
chiuso domenica sera, lunedì, dal 7 al 23 gennaio e dal 9 al 26 agosto – **Pasto** carta 39/66000.

SAN PIETRO IN CARIANO **37029** Verona [428] [429] F 14 – 11 343 ab. alt. 160 – ☏ 045.

Roma 510 – ◆Verona 19 – ◆Brescia 77 – ◆Milano 164 – Trento 85.

🏨 **Valpolicella International** senza rist, ✆ 7703555, Fax 7703555 – [lift] ▤ [TV] ☎ 🚗 [P] – 🪑 30 a 200. [AE] [S] [E] [VISA]. 🐕
☕ 18000 – **42 cam** 147000.

a Pedemonte SO : 4 km – ✉ **37020** :

🏨 **Villa del Quar** 🌿, SE : 1,5 km ✆ 6800681, Fax 6800604, ≤, 🌳, 🏋, 🏊, 🌲 – [lift] ▤ [TV] ☎ ♿ [P] – 🪑 100. [AE] [S] [O] [E] [VISA]. 🐕
chiuso dal 7 gennaio al 15 febbraio – **Pasto** carta 63/98000 – **18 cam** ☕ 350000, 3 appartamenti – ½ P 240000.

SAN PIETRO IN CORTE Piacenza – Vedere Monticelli d'Ongina.

SAN POLO Parma – Vedere Torrile.

SAN POLO D'ENZA **42020** Reggio Emilia [988] ⑭, [428] [429] [430] I 13 – 4 756 ab. alt. 66 – ☏ 0522.

Roma 457 – ◆Parma 24 – ◆La Spezia 125 – Mantova 78 – ◆Modena 48 – Reggio nell'Emilia 23.

🍴🍴 **Mamma Rosa,** via 24 Maggio 1 ✆ 874760, 🌳, Specialità di mare – [P]. [AE] [S] [O] [E] [VISA] [JCB]
chiuso lunedì, dal 10 al 26 gennaio e dal 15 al 22 agosto – **Pasto** carta 40/85000.

SAN POLO DI PIAVE **31020** Treviso [429] E 19 – 4 051 ab. alt. 27 – ☏ 0422.

Roma 563 – ◆Venezia 54 – Belluno 65 – Cortina d'Ampezzo 120 – ◆Milano 302 – Treviso 23 – Udine 99.

🍴🍴 ✿ **Gambrinus,** ✆ 855043, Fax 855044, prenotare, « Servizio estivo nel parco con voliere e ruscello » – 🚭 ▤ [P] – 🪑 80. [AE] [S] [O] [E] [VISA] [JCB]. 🐕
chiuso lunedì (escluso i giorni festivi) e dal 7 al 21 gennaio – **Pasto** 30000 e carta 30/68000
Spec. Tartella al radicchio trevigiano (dicembre-febbraio), Rollè di ortiche, Faraona allo spiedo con salsa peverada.

SAN QUIRICO D'ORCIA **53027** Siena [988] ⑮, [430] M 16 – 2 381 ab. alt. 424 – ☏ 0577.

Roma 196 – Siena 44 – Chianciano Terme 31 – ◆Firenze 111 – ◆Perugia 96.

🏨 **Casanova** senza rist, ✆ 898177, Fax 898177, ≤ vallata, 🏋, [sauna], 🏊 – [lift] [TV] ☎ ♿ [P]. [AE] [S] [O] [E] [VISA]
chiuso novembre, gennaio e febbraio – ☕ 15000 – **11 cam** 110/160000, 26 appartamenti 130/200000.

🏨 **Palazzuolo** 🌿, ✆ 897080, Fax 898264, ≤, 🏊, 🌲 – [lift] [TV] ☎ ♿ [P] – 🪑 100. [AE] [S] [VISA]. 🐕 rist
chiuso dal 9 gennaio al 19 febbraio – **Pasto** carta 38/50000 – ☕ 12000 – **39 cam** 110/144000 – ½ P 104000.

a Bagno Vignoni SE : 5 km – ✉ **53020** :

🏨 **Posta-Marcucci** 🌿, ✆ 887112, Fax 887119, ≤, 🏋, [sauna], 🏊 termale, 🌲, 🎾 – [lift] ▤ rist [TV] ☎ ♿ [P] – 🪑 40. [AE] [S] [O] [E] [VISA]. 🐕 rist
chiuso dal 15 gennaio al 15 febbraio – **Pasto** 40/60000 – **46 cam** ☕ 120/220000 – ½ P 105/150000.

SAN QUIRINO **33080** Pordenone [429] D 20 – 3 767 ab. alt. 116 – ☏ 0434.

Roma 613 – Udine 65 – Belluno 75 – ◆Milano 352 – Pordenone 9 – Treviso 63 – ◆Trieste 121.

🍴🍴🍴 ✿ **La Primula** con cam, ✆ 91005, Fax 919280, 🌳 – ▤ rist [TV] ☎ [P] – 🪑 40. [AE] [S] [O] [E] [VISA]. 🐕
Pasto *(chiuso domenica sera, lunedì, dal 1° al 15 gennaio e dal 10 al 31 luglio)* 50/70000 e carta 52/74000 – ☕ 10000 – **7 cam** 90/130000
Spec. Tagliolini croccanti con scampi, Medaglione d'agnello ai porcini (estate-autunno), Semifreddo al miele e noci con salsa di cioccolato.

SAN REMO **18038** Imperia 988 ⑫, 428 K 5 – 57 060 ab. – ☎ 0184.

Vedere Località★★ – La Pigna★ (città alta) B : ≤★ dal santuario della Madonna della Costa.

Dintorni Monte Bignone★★ : ✵★★ N : 13 km – 18 (chiuso martedì) ☎ 557093, Fax 557388, N : 5 km.

ℹ corso Nuvoloni 1 ☎ 571571, Fax 507649 – **A.C.I.** corso Raimondo 47 ☎ 500295.

Roma 638 ① – Imperia 30 ① – ♦Milano 262 ① – ♦Nice 59 ② – Savona 93 ①.

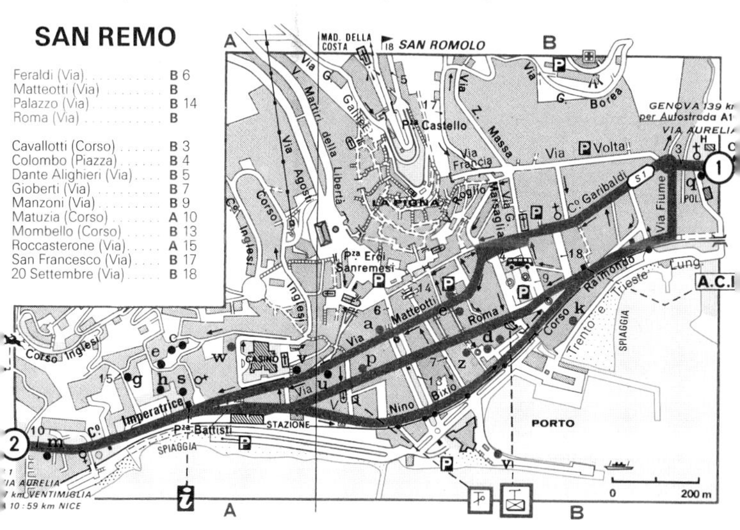

Royal, corso Imperatrice 80 ☎ 5391, Telex 270511, Fax 661445, ≤, « Giardino fiorito con riscaldata e servizio rist. estivo all'aperto », – – 25 a 300. AE VISA. ✻ rist — A h
chiuso dall'8 ottobre al 21 dicembre – **Pasto** 90000 – **147 cam** ☐ 292/474000, 15 appartamenti – ½ P 235/307000.

Méditerranée, corso Cavallotti 76 ☎ 571000, Fax 541106, , « Parco con » – ☎ – 40 a 250. AE VISA. ✻ rist — B q
Pasto 50/65000 – **61 cam** ☐ 150/250000, appartamento – ½ P 175000.

Nazionale, via Matteotti 5 ☎ 577577, Fax 541535 – ☎ – 40. AE VISA JCB. ✻ rist — A v
Pasto 40/80000 e al Rist. ***Panoramico*** *(chiuso mercoledì)* carta 55/92000 – ☐ 20000 – **72 cam** 200/220000, 6 appartamenti – ½ P 165/220000.

Villa Mafalda senza rist, corso Nuvoloni 18 ☎ 572572, Fax 572574, – ☎ . AE VISA. ✻ — A c
chiuso dal 21 ottobre al 21 novembre – ☐ 12500 – **34 cam** 155000.

Paradiso , via Roccasterone 12 ☎ 571211, Telex 272264, Fax 578176, – ☎ – 45. AE VISA. ✻ rist — A g
Pasto 26/45000 – ☐ 19000 – **41 cam** 120/170000 – ½ P 155000.

Lolli Palace Hotel, corso Imperatrice 70 ☎ 531496, Fax 541574, ≤ – ☎. AE VISA. ✻ rist — A s
chiuso dal 5 al 20 novembre – **Pasto** 40000 – **48 cam** ☐ 100/140000 – ½ P 115000.

Eveline-Portosole, corso Cavallotti 111 ☎ 503430, Fax 503431 – ☎. AE VISA JCB — B c
Pasto *(chiuso marzo e novembre)* carta 40/55000 – **24 cam** ☐ 120/180000 – ½ P 105/110000.

Nike senza rist, via F.lli Asquasciati 37 ☎ 531429, Fax 531428 – ☎ . AE VISA — A c
chiuso dal 20 novembre al 22 dicembre – ☐ 12000 – **42 cam** 100/155000.

Morandi, corso Matuzia 51 ☎ 667641, Fax 666567, – rist ☎ . AE VISA. ✻ rist — A m
Pasto 30/36000 – ☐ 12000 – **33 cam** 90/130000 – ½ P 90/120000.

Villa Maria , corso Nuvoloni 30 ☎ 531422, Fax 531425, – ☎ . AE VISA. ✻ — A e
Pasto 45000 – **39 cam** ☐ 110/180000 – ½ P 120000.

Eletto, via Matteotti 44 ☎ 531548, Fax 531506 – ☎ . AE VISA. ✻ rist — B u
Pasto 40000 – ☐ 8000 – **30 cam** 90/120000 – ½ P 100000.

XXX ✿ **Da Giannino,** lungomare Trento e Trieste 23 ☎ 504014, Coperti limitati; prenotare – ▤. AE ⓢ ⓓ E VISA JCB B **k**
chiuso domenica sera, lunedì e dal 15 maggio al 1° giugno – **Pasto** 48/60000 a mezzogiorno (15%) e carta 71/106000 (15%)
Spec. Bruschetta di verdure e pesce marinato, Tagliolini di crostacei con pomodoro e olio ligure, Coniglio disossato al forno con olive taggiasche e Vermentino.

XX ✿ **Paolo e Barbara,** via Roma 47 ☎ 531653, Fax 531653, Coperti limitati; prenotare – ▤. AE ⓢ ⓓ E VISA B **p**
chiuso Natale, mercoledì e da giugno a settembre anche giovedì a mezzogiorno; in luglio-agosto a mezzogiorno solo su prenotazione – **Pasto** 90000 e carta 76/116000
Spec. Stoccafisso "Brandacujun", Ciuppin di pesce crostacei e molluschi, Cinghiale della val Nervia al mosto d'uva (autunno-inverno).

XX **Il Bagatto,** via Matteotti 145 ☎ 531925, Fax 531925 – ▤. AE ⓢ ⓓ E VISA JCB B **e**
chiuso domenica e dal 15 giugno al 15 luglio – **Pasto** 40000 bc e carta 60/80000 (15%).

XX **La Pignese,** piazza Sardi 7 ☎ 501929, Telex 501929, 🏵 – AE ⓢ ⓓ E VISA JCB B **d**
chiuso lunedì e giugno – **Pasto** carta 54/80000 (10%).

XX **Da Vittorio,** piazza Bresca 16 ☎ 501924, 🏵 – ⓢ ⓓ E VISA. ⚘ B **d**
chiuso mercoledì, dal 12 al 20 giugno e dal 1° al 7 ottobre – **Pasto** carta 55/81000 (10%).

X **Vela d'Oro,** via Gaudio 9 ☎ 504302, Coperti limitati; prenotare – ▤. AE ⓢ ⓓ E VISA JCB B **e**
chiuso lunedì, giovedì sera (escluso agosto), dal 4 al 14 marzo e dal 22 luglio al 1° agosto – **Pasto** carta 52/78000.

X **La Lanterna,** via Molo di Ponente 16 ☎ 506855, 🏵 – AE ⓢ E VISA B **v**
chiuso giovedì e dal 15 novembre al 15 gennaio – **Pasto** carta 36/60000.

X Gambero Rosso, via Matteotti 71 ☎ 572469 – ▤ B **a**

X **Da Carluccio-Osteria del Marinaio,** via Gaudio 28 ☎ 501919, Coperti limitati; prenotare B **z**
chiuso lunedì e da ottobre a dicembre – **Pasto** carta 76/104000 (15%).

sulla strada statale 1 - Via Aurelia per ① 4 km :

🏨 **Ariston-Montecarlo,** ✉ 18038 ☎ 513655, Fax 510702, ≤, 🏊 – 🛗 📺 ☎ 🅿. AE ⓢ ⓓ E VISA. ⚘ rist
Pasto *(chiuso da novembre al 15 dicembre)* carta 48/76000 – ☕ 18000 – **44 cam** 165/170000 – P 115/165000.

a Poggio E : 5 km – ✉ **18038** San Remo :

X **Top Top,** via Peri 13 ☎ 510855, Trattoria con specialità alla griglia
chiuso lunedì e dal 5 al 15 ottobre – **Pasto** carta 30/47000.

a Bussana E : 5,5 km – ✉ **18032** :

XX **La Kambusa,** via al Mare 87 ☎ 514537, 🏵 – ⓢ ⓓ E VISA. ⚘
chiuso a mezzogiorno, mercoledì, dal 10 al 17 gennaio, dal 10 al 17 maggio e dal 20 settembre al 10 ottobre – **Pasto** carta 40/66000.

a San Romolo NO : 15 km B – alt. 786 – ✉ **18038** San Remo :

XX **Dall'Ava,** ☎ 669998, Fax 669998, prenotare, « Giardino ombreggiato con minigolf » – AE ⓢ ⓓ E VISA
chiuso giovedì, dal 15 al 27 febbraio e dal 15 al 27 novembre – **Pasto** carta 29/54000 (10%).

SAN ROCCO Genova – Vedere Camogli.

SAN ROMOLO Imperia 115 ⑳ – Vedere San Remo.

SAN ROMUALDO Ravenna – Vedere Ravenna.

SAN SALVO **66050** Chieti 988 ㉗, 430 P 26 – 15 999 ab. alt. 106 – ☎ 0873.
Roma 280 – ♦Pescara 83 – Campobasso 90 – Termoli 31.

a San Salvo Marina NE : 4,5 :km – ✉ **66050** San Salvo :

XX **Falcon's,** complesso le Nereidi ☎ 803431, Specialità di mare, Coperti limitati; prenotare – AE ⓢ ⓓ E VISA. ⚘
chiuso domenica sera, lunedì e dal 24 dicembre al 2 gennaio – **Pasto** carta 36/50000.

SAN SANO Siena – Vedere Gaiole in Chianti.

SAN SEBASTIANO CURONE **15056** Alessandria 428 H 9 – 605 ab. alt. 336 – ☎ 0131.
Roma 591 – Alessandria 47 – ♦Genova 75 – ♦Milano 97 – ♦Torino 135 – Tortona 24.

XX **Corona,** ☎ 786203 – AE ⓢ VISA
chiuso la sera, lunedì e dal 15 giugno al 10 luglio – **Pasto** carta 22/70000.

SAN SECONDO DI PINEROLO **10060** Torino 428 H 3 – 3 290 ab. alt. 413 – ☎ 0121.
Roma 675 – ♦Torino 45 – Asti 71 – Cuneo 100 – Sestriere 52.

XX **Hosteria Laciau,** via Castello Miradolo 2 ☎ 500611, 🏵 – ⓢ E VISA
chiuso mercoledì, dal 12 al 22 gennaio e dal 1° al 10 settembre – **Pasto** carta 38/55000.

SANSEPOLCRO 52037 Arezzo 988 ⑮, 430 L 18 – 15 728 ab. alt. 330 – ☎ 0575.

Vedere Museo Civico★★ : opere★★★ di Piero della Francesca – Deposizione★ nella chiesa di San Lorenzo – Case antiche★.

Roma 258 – Rimini 91 – Arezzo 39 – ◆Firenze 114 – ◆Perugia 69 – Urbino 71.

- **La Balestra,** via dei Montefeltro 29 ✆ 735151, Fax 740282, – 200. AE VISA. **Pasto** *(chiuso domenica sera e lunedì)* carta 33/45000 – ☐ 7000 – **54 cam** 90/110000 – ½ P 80/90000.
- **Fiorentino,** via Luca Pacioli 60 ✆ 740350, Fax 740370 – E VISA. **Pasto** *(chiuso venerdì e dal 20 giugno al 20 luglio)* carta 33/48000 (10 %) – ☐ 8000 – **26 cam** 50/80000 – ½ P 85000.
- **Oroscopo di Paola e Marco** con cam, località Pieve Vecchia NO : 1 km ✆ 735051, Fax 734875, Coperti limitati; prenotare – AE E VISA. **Pasto** *(chiuso a mezzogiorno, domenica e dall'8 luglio all'8 agosto)* carta 60/96000 – ☐ 18000 – **12 cam** 70/100000 – ½ P 125000.
- **Da Ventura** con cam, via Aggiunti 30 ✆ 742560 – AE E VISA. *chiuso sabato, dall'8 al 20 gennaio e dal 1° al 20 agosto* – **Pasto** carta 37/50000 – ☐ 4000 – **7 cam** 40/70000 – ½ P 55/70000.

SAN SEVERINO LUCANO 85030 Potenza 431 G 30 – 2 160 ab. alt. 884 – ☎ 0973.

Roma 406 – ◆Cosenza 152 – Potenza 113 – Matera 139 – Sapri 90 – ◆Taranto 142.

- **Paradiso**, ✆ 576586, Fax 576588, ≤ monti del Pollino, – AE E VISA JCB. **Pasto** *(chiuso mercoledì)* carta 23/41000 – **30 cam** ☐ 70/90000 – ½ P 70/75000.

SAN SEVERINO MARCHE 62019 Macerata 988 ⑯, 430 M 21 – 13 042 ab. alt. 343 – ☎ 0733.

Roma 228 – ◆Ancona 72 – Foligno 71 – Macerata 30.

- **Due Torri** con cam, via San Francesco 21 ✆ 645419, Fax 645439 – AE E VISA. **Pasto** *(chiuso lunedì e Natale)* carta 35/50000 – ☐ 6000 – **16 cam** 65/85000 – ½ P 75000.

SAN SEVERO 71016 Foggia 988 ㉘, 431 B 28 – 55 312 ab. alt. 89 – a.s. 25 giugno-luglio e settembre – ☎ 0882.

Roma 320 – ◆Foggia 36 – ◆Bari 153 – Monte Sant'Angelo 57 – ◆Pescara 151.

- **Le Arcate,** piazza Cavallotti 29 ✆ 226025, Fax 226025 – – 50. AE E VISA. *chiuso Ferragosto, lunedì sera e dal 4 luglio a settembre aperto solo a mezzogiorno* – **Pasto** carta 34/46000.

SAN SICARIO Torino – Vedere Cesana Torinese.

SAN SIGISMONDO (ST. SIGMUND) Bolzano – Vedere Chienes.

SAN SIRO Mantova – Vedere San Benedetto Po.

SANTA BARBARA Trieste – Vedere Muggia.

SANTA CATERINA PITTINURI Oristano 988 ㉝, 433 G 7 – Vedere Sardegna alla fine dell'elenco alfabetico.

SANTA CATERINA VALFURVA 23030 Sondrio 988 ④, 428 429 C 13 – alt. 1 738 – Sport invernali : 1 738/2 725 m 7, (anche sci estivo) – ☎ 0342.

piazza Migliavacca ✆ 935598, Fax 935598.

Roma 776 – Sondrio 77 – ◆Bolzano 136 – Bormio 13 – ◆Milano 215 – Passo dello Stelvio 33.

- **Santa Caterina**, ✆ 925123, Fax 925110, ≤, – AE E VISA. *dicembre-aprile e 20 giugno-20 settembre* – **Pasto** 38000 – ☐ 15000 – **34 cam** 80/120000 – ½ P 85/130000.
- **Alle 3 Baite,** ✆ 935545, Fax 935561 – AE E VISA. rist *dicembre-15 maggio e 25 giugno-15 settembre* – **Pasto** 30/50000 – ☐ 15000 – **24 cam** 70/120000 – ½ P 95/125000.
- San Matteo, ✆ 925121, Fax 925089 – *stagionale* – **15 cam.**
- **La Pigna,** ✆ 935567, Fax 925124 – AE E VISA. rist *chiuso ottobre e novembre* – **Pasto** 20/30000 – **18 cam** ☐ 107/194000 – ½ P 87/97000.

SANTA CESAREA TERME 73020 Lecce 988 ㉚, 431 G 37 – 3 030 ab. alt. 94 – ☎ 0836.

Roma 661 – ◆Brindisi 86 – ◆Bari 200 – Otranto 16 – ◆Taranto 126.

- Santa Lucia , ✆ 944045, Fax 944022, « Terrazza-solarium con », – – 100. **40 cam.**

SANTA CRISTINA VALGARDENA (ST. CHRISTINA IN GRÖDEN) 39047 Bolzano 429 C 17 – 1 629 ab. alt. 1 428 – Sport invernali : della Val Gardena 1 428/ 2 299 m 11 68, (vedere anche Ortisei e Selva di Val Gardena) – 0471.

Palazzo Comunale 793046, Fax 793198.

Roma 681 – Bolzano 41 – Cortina d'Ampezzo 75 – Milano 338 – Trento 99.

Sporthotel Maciaconi, 39048 Selva di Val Gardena 793500, Fax 793535, rist
Pasto *(chiuso martedì in maggio, giugno e ottobre)* carta 35/50000 – **40 cam** 100/190000 – ½ P 120/150000.

Interski, 793460, Fax 793391, ≤ Sassolungo e vallata,
20 dicembre-15 aprile e 30 giugno-5 ottobre – **Pasto** (solo per clienti alloggiati e *chiuso a mezzogiorno*) 30/48000 – **22 cam** 166/280000 – ½ P 166000.

Dosses, 793326, Fax 793711,
chiuso maggio e novembre – **49 cam** solo ½ P 135/148000.

Carmen, 792110, Fax 793522, ≤ Sassolungo,
23 dicembre-8 aprile e 15 giugno-13 ottobre – **Pasto** (solo per clienti alloggiati) – **35 cam** 110/200000 – ½ P 120/160000.

Villa Martha, 792088, Fax 792173, ≤ Sassolungo – rist
Natale-Pasqua e giugno-settembre – **Pasto** (solo per clienti alloggiati e *chiuso a mezzogiorno*) – **19 cam** 90/160000 – ½ P 90/130000.

sulla strada statale 242 O : 2 km :

Diamant, 39047 796780, Fax 793580, ≤ Sassolungo e pinete, 50. rist
3 dicembre-Pasqua e 20 giugno-10 ottobre – **35 cam** solo ½ P 80/100000.

al monte Pana S : 3 km – alt. 1 637 :

Sport Hotel Monte Pana, 39047 793600, Fax 793527, ≤ Sassolungo e pinete, 30. rist
20 dicembre-10 aprile e luglio-20 settembre – **Pasto** 45/55000 – **58 cam** 240/420000, 13 appartamenti 360/540000 – ½ P 240000.

all'arrivo della funivia Ruacia Sochers SE : 10 mn di funivia – alt. 1 985 :

Sochers Club, 39048 Selva di Val Gardena 792101, Fax 793537, ≤ Sassolungo
dicembre-9 aprile – **Pasto** (solo per clienti alloggiati) – **22 cam** solo ½ P 156/170000.

SANTA CROCE DEL LAGO 32010 Belluno 429 D 18 – alt. 401 – 0437.

Roma 596 – Belluno 22 – Cortina d'Ampezzo 76 – Milano 335 – Treviso 56 – Venezia 85.

La Baita, 471008, ≤
chiuso lunedì e da novembre al 7 dicembre – **Pasto** carta 30/52000.

SANTA CROCE SULL'ARNO 56029 Pisa 430 K 14 – 12 314 ab. alt. 16 – 0571.

Roma 316 – Firenze 43 – Pisa 42 – Livorno 46 – Pistoia 35 – Siena 74.

Cristallo senza rist, largo Galilei 11 366440, Fax 366420
chiuso dal 23 dicembre al 9 gennaio ed agosto – **36 cam** 140/200000.

SANTA FIORA 58037 Grosseto 988 ㉕, 430 N 16 – 2 951 ab. alt. 687 – 0564.

Roma 189 – Grosseto 67 – Siena 84 – Viterbo 75.

Il Barilotto, 977089
chiuso mercoledì e novembre – **Pasto** carta 31/45000.

SANTA FLAVIA Palermo 432 M 22 – Vedere Sicilia alla fine dell'elenco alfabetico.

SANTA FRANCA Parma – Vedere Polesine Parmense.

SANT'AGATA FELTRIA 61019 Pesaro 430 K 18 – 2 352 ab. alt. 607 – 0541.

Roma 278 – Rimini 49 – Arezzo 77 – Forlì 63 – Sansepolcro 47.

Perlini, piazza del Mercato 4 929637
chiuso sabato e settembre – **Pasto** carta 29/55000.

SANT'AGATA SUI DUE GOLFI 80064 Napoli 431 F 25 – alt. 391 – a.s. aprile-settembre – 081.

Dintorni Penisola Sorrentina★★ (circuito di 33 km) : ≤★★ su Sorrento dal capo di Sorrento (1 h a piedi AR), ≤★★ sul golfo di Napoli dalla strada S 163.

Roma 266 – Napoli 55 – Castellammare di Stabia 28 – Salerno 56 – Sorrento 9.

Sant'Agata, 8080363, Fax 8080800
15 marzo-ottobre – **Pasto** carta 30/44000 – 9000 – **28 cam** 50/80000 – ½ P 70000.

XXX ⚘⚘ **Don Alfonso 1890** con cam, ✆ 8780026, Fax 5330226, 🌂, prenotare – Ⓟ. AE ⓞ E VISA. ⚔
chiuso dal 10 gennaio al 25 febbraio – **Pasto** *(chiuso lunedì da giugno a settembre, anche martedì negli altri mesi)* carta 80/125000 – 3 appartamenti ☐ 160/240000
Spec. Astice in crosta di patate con maggiorana e cetrioli, Linguine alle vongole e zucchine, Casseruola di pesci di scoglio crostacei e frutti di mare.

SANTA GIUSTINA Belluno 429 D 18 – 6 242 ab. alt. 298 – ✉ **32035** Santa Giustina Bellunese – ☎ 0437.

Roma 607 – Belluno 17 – ◆Milano 302 – ◆Padova 107 – Trento 95 – ◆Venezia 97.

XX Al Porton, località San Martino ✆ 88524, prenotare – Ⓟ

a Meano NE : 2 km – ✉ **32030** :

XX **Da Nando,** ✆ 86142, 🌂, ⛰ – Ⓟ. AE 🅂 E VISA
chiuso lunedì – **Pasto** carta 38/55000.

SANT'AGNELLO **80065** Napoli 431 F 25 – 8 378 ab. – a.s. aprile-settembre – ☎ 081.

ℹ a Sorrento, via De Maio 35 ✆ 8074033, Fax 8773397.

Roma 255 – ◆Napoli 46 – Castellammare di Stabia 17 – Salerno 48 – Sorrento 2.

🏨 Cocumella 🔇, via Cocumella 7 ✆ 8782933, Telex 720370, Fax 8783712, « Agrumeto, giardino ed ascensore per la spiaggia », 🏋, ≘s, ⛱, 🏖, 🎾 – |♦| ▤ cam 📺 ☎ Ⓟ – 🏛 40 a 550.
50 cam.

🏨 **Alpha,** viale dei Pini 14 ✆ 8782033, Telex 722028, Fax 8785612, « Giardino-agrumeto con ⛱ » – |♦| 📺 ☎ 🚗. AE 🅂 ⓞ E VISA. ⚔ rist
marzo-novembre – **Pasto** 60000 – ☐ 20000 – **46 cam** 140/180000 – ½ P 90/130000.

🏨 **Caravel** 🔇, corso Marion Crawford 61 ✆ 8782955, Fax 8071557, ⛱ – |♦| ▤ 📺 ☎ Ⓟ. AE 🅂 ⓞ E VISA. ⚔
15 marzo-15 novembre – **Pasto** 40/60000 – **83 cam** ☐ 180/230000, ▤ 10000 – ½ P 100/130000.

X **Il Capanno,** rione Cappuccini 58 ✆ 8782453, 🌂 – AE E VISA. ⚔
marzo-11 novembre; chiuso lunedì – **Pasto** carta 42/74000.

SANT'AGOSTINO **44047** Ferrara 429 H 16 – 5 908 ab. alt. 15 – ☎ 0532.

Roma 428 – ◆Bologna 46 – ◆Ferrara 23 – ◆Milano 220 – ◆Modena 50 – ◆Padova 91.

XX ⚘ **Trattoria la Rosa,** ✆ 84098, Fax 84098 – ▤ Ⓟ. AE 🅂 ⓞ E VISA. ⚔
chiuso domenica sera, lunedì, dal 1° al 15 gennaio e dal 6 al 25 agosto – **Pasto** carta 39/75000
Spec. "Pasta doppia" con verdure di stagione, Fritto d'agnello e fiori di zucchine (primavera-estate), Torta di tagliatelle.

SANTA LIBERATA Grosseto 430 O 15 – Vedere Porto Santo Stefano.

SANTA LUCIA DEI MONTI Verona – Vedere Valeggio sul Mincio.

SANTA LUCIA DELLE SPIANATE Ravenna 430 J 17 – Vedere Faenza.

SANTA MARGHERITA Cagliari 988 ㉝, 433 K 8 – Vedere Sardegna (Pula) alla fine dell'elenco alfabetico.

SANTA MARGHERITA LIGURE **16038** Genova 988 ⑬, 428 J 9 – 10 990 ab. – a.s. 15 dicembre-15 gennaio, Pasqua e giugno-settembre – ☎ 0185.

Dintorni Penisola di Portofino*** per la strada panoramica** Sud – Strada panoramica** del golfo di Rapallo Nord.

ℹ via XXV Aprile 2/b ✆ 287485, Fax 290222.

Roma 480 – ◆Genova 40 – ◆Milano 166 – ◆Parma 149 – Portofino 5 – ◆La Spezia 82.

🏨 **Imperiale Palace Hotel,** via Pagana 19 ✆ 288991, Telex 271398, Fax 284223, ≤ golfo, 🌂, « Parco-giardino sul mare con ⛱ riscaldata », 🏖 – |♦| ▤ 📺 ☎ Ⓟ – 🏛 30 a 200. AE 🅂 ⓞ VISA. ⚔
marzo-novembre – **Pasto** carta 90/123000 – **89 cam** ☐ 285/515000, 6 appartamenti – ½ P 310/400000.

🏨 **Gd H. Miramare,** lungomare Milite Ignoto 30 ✆ 287013, Telex 270437, Fax 284651, ≤ golfo, « Parco fiorito e terrazza con ⛱ riscaldata », 🏖 – |♦| ▤ 📺 ☎ ♿ 🚗 Ⓟ – 🏛 420. AE 🅂 E VISA. ⚔ rist
Pasto 80000 – **75 cam** ☐ 270/430000, 9 appartamenti – ½ P 275000.

🏨 **Metropole,** via Pagana 2 ✆ 286134, Fax 283495, ≤, 🌂, « Parco fiorito sul mare », 🏖 – |♦| ▤ 📺 ☎ Ⓟ. AE 🅂 ⓞ E VISA. ⚔ rist
Pasto 60000 – **51 cam** ☐ 140/250000 – ½ P 150/170000.

🏨 **Continental,** via Pagana 8 ✆ 286512, Fax 284463, ≤ golfo, 🌂, « Parco sul mare », 🏖 – |♦| ▤ 📺 ☎ 🚗 Ⓟ. AE 🅂 ⓞ E VISA. ⚔ rist
Pasto 55/72000 – **76 cam** ☐ 166/290000 – ½ P 180/205000.

Regina Elena, lungomare Milite Ignoto 44 ✆ 287003, Fax 284473, ≤ mare e costa, – 25 a 200. AE VISA JCB. rist
Pasto 54/69000 – **93 cam** 160/276000 – ½ P 164/186000.

Lido Palace, via Doria 3 ✆ 285821, Fax 284708, ≤ – AE E VISA
chiuso dal 5 novembre al 2 dicembre – **Pasto** al Rist. ***La Ghiaia*** *(chiuso mercoledì e novembre)* carta 33/78000 – 15000 – **54 cam** 115/240000 – ½ P 170000.

Laurin senza rist, lungomare Marconi 3 ✆ 289971, Fax 285709, ≤ – AE E VISA
43 cam 150/230000.

Helios, via Gramsci 6 ✆ 287471, Telex 272346, Fax 284780, ≤ mare, – AE E VISA JCB.
chiuso dall'8 gennaio a febbraio – **Pasto** 50/65000 e al Rist. ***La Darsena*** *(chiuso mercoledì)* carta 57/93000 – 22000 – **20 cam** 210/250000 – ½ P 140/190000.

Minerva, via Maragliano 34/d ✆ 286073, Fax 281697 – cam . AE E VISA.
Pasto (solo per clienti alloggiati) 35/50000 – **28 cam** 116/179000 – ½ P 130000.

Tigullio et de Milan, viale Rainusso 3 ✆ 287455, Fax 281860 – AE E VISA.
chiuso dal 15 gennaio al 15 marzo – **Pasto** carta 41/66000 – **42 cam** 120/170000 – ½ P 125000.

Fiorina, piazza Mazzini 26 ✆ 287517, Fax 281855 – E VISA.
chiuso da novembre al 21 dicembre – **Pasto** *(chiuso lunedì)* 45000 – **45 cam** 100/156000 – ½ P 100/120000.

Fasce, via Bozzo 3 ✆ 286435, Fax 283580 – AE E VISA.
Pasto (solo per clienti alloggiati) 25/35000 – **16 cam** 80/128000 – ½ P 89000.

Conte Verde, via Zara 1 ✆ 287139, Fax 284211 – AE E VISA JCB. rist
chiuso dal 1º al 20 marzo e dal 5 novembre al 25 dicembre – **Pasto** 25/35000 – **35 cam** 100/150000 – ½ P 100/120000.

Europa, via Trento 5 ✆ 287187, Fax 280154 – AE E VISA. rist
chiuso dal 4 novembre al 6 dicembre – **Pasto** (solo per clienti alloggiati) 30000 – 10000 – **18 cam** 70/90000 – ½ P 65/80000.

Ulivi senza rist, via Maragliano 28 ✆ 287890, Fax 282525 – AE E VISA
chiuso da novembre al 4 dicembre – **8 cam** 90/110000.

Trattoria Cesarina, via Mameli 2/c ✆ 286059, prenotare – AE VISA.
chiuso mercoledì, dal 12 al 27 dicembre e dal 5 al 17 marzo – **Pasto** carta 50/80000.

L'Approdo da Felice, via Cairoli 26 ✆ 281789, prenotare – AE E VISA
chiuso lunedì, dal 10 al 20 dicembre e marzo – **Pasto** carta 55/100000 (10%).

Skipper, calata del Porto 6 ✆ 289950, , Coperti limitati; prenotare – AE E VISA
chiuso febbraio e mercoledì (escluso luglio-agosto) – **Pasto** carta 63/96000.

La Paranza, via Ruffini 46 ✆ 283686, ≤ – AE E VISA
chiuso giovedì e dal 10 al 25 dicembre – **Pasto** carta 49/90000.

SANTA MARIA (AUFKIRCHEN) Bolzano – Vedere Dobbiaco.

SANTA MARIA Salerno 431 G 26 – Vedere Castellabate.

SANTA MARIA AL BAGNO **73050** Lecce 431 G 35 – 0833.

Roma 621 – ♦Brindisi 85 – Gallipoli 10 – Lecce 31 – ♦Taranto 87.

Gd H. Riviera, ✆ 573221, Fax 573024, ≤, « Pineta », – rist – 200. AE E VISA JCB.
giugno-settembre – **Pasto** 50000 – 15000 – **105 cam** 80/150000 – ½ P 120/150000.

SANTA MARIA DEGLI ANGELI Perugia 988 ⑯, 430 M 19 – Vedere Assisi.

SANTA MARIA DELLA VERSA **27047** Pavia 988 ⑬, 428 H 9 – 2 569 ab. alt. 216 – 0385.

Roma 554 – Piacenza 47 – ♦Genova 128 – ♦Milano 71 – Pavia 33.

Al Ruinello, località Ruinello N : 3 km ✆ 798164, Coperti limitati; prenotare – AE E VISA.
chiuso lunedì sera, martedì, dal 1º al 10 gennaio e luglio – **Pasto** carta 36/53000.

SANTA MARIA DEL MONTE Chieti – Vedere Castiglione Messer Marino.

SANTA MARIA DI LEUCA Lecce 431 H 37 – Vedere Marina di Leuca.

SANTA MARIA DI SETTE Perugia 430 L 18 – Vedere Montone.

SANTA MARIA MAGGIORE 28038 Verbania 988 ②, 428 D 7 – 1 249 ab. alt. 816 – a.s. luglio-agosto e Natale – Sport invernali : a Piana di Vigezzo : 1 610/2 064 m 1 5, – 0324.

piazza Risorgimento 28 95091.

Roma 715 – Stresa 50 – Domodossola 17 – Locarno 32 – Milano 139 – Novara 108 – Torino 182.

- **Miramonti,** piazzale Diaz 8 95013, Fax 94283, – – 40. AE E VISA. rist
  chiuso novembre – **Pasto** *(chiuso mercoledì)* carta 41/74000 – 15000 – **31 cam** 95/120000 – 1/2 P 70/105000.

SANTA MARINELLA 00058 Roma 988 ㉕, 430 P 17 – 13 950 ab. – a.s. 15 giugno-agosto – 0766 – via Aurelia 737376, Fax 736630.

Roma 69 – Viterbo 67 – Lago di Bracciano 42 – Civitavecchia 10 – Ostia Antica 60.

- **Cavalluccio Marino,** lungomare Marconi 64 534888, Fax 534866, ←, , , – – 150. E VISA. rist
  chiuso dicembre – **Pasto** 45000 – **34 cam** 140/170000 – 1/2 P 160000.
- **Fernanda,** via Aurelia 575 536483, – AE E VISA.
  chiuso gennaio e martedì (escluso luglio-agosto) – **Pasto** carta 34/68000.
- **Mare Sole,** lungomare Marconi 104 535479, – AE E VISA
  chiuso dal 15 dicembre al 20 gennaio e mercoledì in luglio-agosto – **Pasto** carta 38/63000.
- Dei Cacciatori, via Aurelia 274 711777.

SANT'AMBROGIO DI VALPOLICELLA 37010 Verona 428 429 F 14 – 9 002 ab. alt. 180 – 045.

Roma 511 – Verona 20 – Brescia 65 – Garda 19 – Milano 152 – Trento 80 – Venezia 136.

- **Groto de Corgnan,** 7731372, Coperti limitati; prenotare –
  chiuso domenica, lunedì a mezzogiorno ed agosto – **Pasto** 40000 (a mezzogiorno) 60000 (alla sera) e carta 42/80000.

a San Giorgio NO : 1,5 km – ✉ 37010 Sant'Ambrogio di Valpolicella :

- **Dalla Rosa Alda** con cam, 7701018, Fax 6800411, – . AE E VISA.
  chiuso gennaio – **Pasto** *(chiuso lunedì da giugno a settembre anche domenica sera negli altri mesi)* carta 38/69000 – 15000 – **8 cam** 70/100000 – 1/2 P 80/100000.

SANT'ANDREA Cagliari 433 J 9 – Vedere Sardegna (Quartu Sant'Elena) alla fine dell'elenco alfabetico.

SANT'ANDREA Livorno 430 N 12 – Vedere Elba (Isola d') : Marciana.

SANT'ANDREA APOSTOLO DELLO IONIO 88066 Catanzaro 431 L 31 – 2 628 ab. alt. 310 – 0967.

Roma 615 – Reggio di Calabria 161 – Catanzaro 48 – Crotone 100.

sulla strada statale 106 E : 5 km :

- **Vediamoci da Mario,** ✉ 88066 45080 –
  chiuso lunedì e dal 20 settembre al 20 ottobre – **Pasto** carta 35/59000.

SANT'ANGELO Napoli 431 E 23 – Vedere Ischia (Isola d').

SANT'ANGELO IN PONTANO 62020 Macerata 430 M 22 – 1 531 ab. alt. 473 – 0733.

Roma 192 – Ascoli Piceno 65 – Ancona 119 – Macerata 29.

- **Pippo e Gabriella,** località contrada l'Immacolata 33 661120 – .
  chiuso lunedì, ottobre o novembre – **Pasto** carta 26/41000.

SANT'ANGELO LODIGIANO 20079 Lodi 988 ⑬, 428 G 10 – 11 408 ab. alt. 75 – 0371.

Roma 537 – Piacenza 43 – Bergamo 50 – Brescia 67 – Milano 38.

- **Antica Trattoria Ranera,** località Ranera S : 2 km 934240, Cucina vegetariana – . AE E VISA
  chiuso lunedì e dal 16 agosto al 15 settembre – **Pasto** carta 34/50000.

SANT'ANNA Cuneo – Vedere Roccabruna.

SANT'ANTIOCO Cagliari 988 ㉝, 433 J 7 – Vedere Sardegna alla fine dell'elenco alfabetico.

SANT'ANTONIO DI MAVIGNOLA Trento – Vedere Pinzolo.

SANTARCANGELO DI ROMAGNA 47038 Rimini 988 ⑮ – 17 489 ab. alt. 42 – 0541.

Roma 345 – Rimini 10 – Bologna 104 – Forlì 43 – Milano 315 – Ravenna 53.

- **Della Porta** senza rist, via Andrea Costa 85 622152, Fax 622168, , – – 60. AE E VISA JCB.
  20 cam 95/130000, 2 appartamenti.
- **Osteria la Sangiovesa,** via Saffi 27 620710, « Ambiente caratteristico » – . AE E VISA.
  chiuso a mezzogiorno, lunedì, Natale e Capodanno – **Pasto** carta 40/50000.
- La Buca, via Porta Cervese 626208,

SANTA REPARATA Sassari 433 D 9 – Vedere Sardegna (Santa Teresa Gallura) alla fine dell'elenco alfabetico.

SANTA SABINA Perugia – Vedere Perugia.

SANTA TECLA Catania 432 O 27 – Vedere Sicilia (Acireale) alla fine dell'elenco alfabetico.

SANTA TERESA GALLURA Sassari 988 ㉓, 433 D 9 – Vedere Sardegna alla fine dell'elenco alfabetico.

SANTA VITTORIA D'ALBA **12069** Cuneo 428 H 5 – 2 472 ab. alt. 346 – ☎ 0172.
Roma 655 – Cuneo 55 – ♦Torino 57 – Alba 10 – Asti 37 – ♦Milano 163.

Santa Vittoria, ☎ 478198, Fax 478465, ≤, ⛱, – |‡| TV ☎ P – 150. AE ⑤ ⓪ E VISA
chiuso da gennaio al 15 febbraio – **Pasto** vedere rist **Al Castello** – **40 cam** ☐ 95/140000 – ½ P 95000.

XX Al Castello, ☎ 478147, Fax 478147, – P

SANT'ELIA Palermo 432 N 25 – Vedere Sicilia (Santa Flavia) alla fine dell'elenco alfabetico.

SANT'ELIA FIUMERAPIDO **03049** Frosinone 430 R 23 – 6 327 ab. alt. 120 – ☎ 0776.
Roma 137 – Frosinone 59 – Cassino 7 – Gaeta 54 – Isernia 55.

Cirelli, ☎ 429801, Fax 350003 – |‡| ▤ TV ☎ P – 80. AE ⑤ ⓪ E VISA.
chiuso dal 23 dicembre al 3 gennaio – **Pasto** *(chiuso sabato)* 26/35000 – ☐ 10000 – **22 cam** 70/95000 – ½ P 70/75000.

SANTENA **10026** Torino 428 H 5 – 10 357 ab. alt. 237 – ☎ 011.
Roma 651 – ♦Torino 20 – Asti 37 – Cuneo 89 – ♦Milano 162.

XX **Andrea** con cam, via Torino 48 ☎ 9492783, Fax 9493257 – |‡| TV ☎ P. AE ⑤ ⓪ E VISA JCB. cam
chiuso dal 10 al 30 luglio – **Pasto** *(chiuso martedì)* carta 35/55000 – **12 cam** ☐ 84/110000.

SAN TEODORO Nuoro 433 E 11 – Vedere Sardegna alla fine dell'elenco alfabetico.

SANT'EUFEMIA DELLA FONTE Brescia – Vedere Brescia.

SANT'EUFEMIA LAMEZIA Catanzaro 988 ㊴, 431 K 30 – Vedere Lamezia Terme.

SANT'EUROSIA Biella 219 ⑮ – Vedere Pralungo.

SANTHIÀ **13048** Vercelli 988 ② ⑫, 428 F 6 – 9 275 ab. alt. 183 – ☎ 0161.
Roma 657 – ♦Torino 52 – Aosta 99 – Biella 27 – ♦Milano 93 – Novara 47 – Vercelli 20.

sulla variante della strada statale 143 NO : 1 km :

XX **San Massimo** con cam, ✉ 13048 ☎ 94617, Fax 94617, – P. AE ⑤ ⓪ E VISA
chiuso agosto – **Pasto** *(chiuso lunedì e martedì)* carta 30/55000 – ☐ 6000 – **7 cam** 55/70000 – ½ P 60/75000.

SANT'ILARIO D'ENZA **42049** Reggio nell'Emilia 428 429 H 13 – 9 361 ab. alt. 58 – ☎ 0522.
Roma 444 – ♦Parma 12 – ♦Bologna 82 – ♦Milano 134 – ♦Verona 113.

Forum senza rist, via Roma 4/a ☎ 671480, Fax 671475 – |‡| ▤ TV ☎ ♿ P – 60. AE ⑤ ⓪ E VISA.
chiuso dal 23 dicembre al 2 gennaio e dal 4 al 19 agosto – ☐ 12000 – **54 cam** 81/116000.

XXX **Prater,** via Roma 39 ☎ 672375, Fax 671236 – ▤ P. AE ⑤ ⓪ E VISA.
chiuso mercoledì ed agosto – **Pasto** carta 39/55000.

SANT'OLCESE **16010** Genova 428 I 8 – 6 312 ab. alt. 327 – ☎ 010.
Roma 515 – ♦Genova 21 – Alessandria 79 – ♦Milano 140.

X **Agnese** con cam, via Vicomorasso 22 (S : 1 km) ☎ 709895, – |‡| ☎ P. ⑤ E VISA. cam
chiuso dal 2 al 30 novembre – **Pasto** carta 42/61000 – ☐ 13000 – **15 cam** 80/100000 – ½ P 90/95000.

SANT'OMOBONO IMAGNA **24038** Bergamo 428 E 10, 219 ⑩ – 3 011 ab. alt. 498 – ☎ 035.
Roma 625 – ♦Bergamo 23 – Lecco 39 – ♦Milano 68.

XX **Taverna 800,** località Mazzoleni ☎ 851162, , « Ambiente rustico » – ⑤ E VISA.
chiuso martedì e dal 10 al 30 gennaio – **Pasto** carta 34/60000.

SANTO SPIRITO **70050** Bari 431 D 32 – ☎ 080.
Roma 439 – ♦Bari 11 – Barletta 44 – ♦Foggia 122.

X **L'Aragosta,** lungomare Colombo 235 ☎ 5335427, Fax 5335427, , Specialità di mare – ▤. AE ⑤ ⓪ E VISA.
chiuso lunedì e novembre – **Pasto** carta 29/43000 (15 %).

SANTO STEFANO **(STEFANSDORF)** Bolzano – Vedere San Lorenzo di Sebato.

SANTO STEFANO AL MARE 18010 Imperia 428 K 5 – 2 209 ab. – ☎ 0184.

Roma 628 – Imperia 18 – ♦Milano 252 – San Remo 12 – Savona 83 – ♦Torino 193.

XX **La Riserva,** ✆ 484134, Fax 484134, ☂, « Ambiente caratteristico » – AE ⑤ ⓓ E VISA JCB
chiuso domenica sera e lunedì – **Pasto** carta 46/78000.

SANTO STEFANO D'AVETO 16049 Genova 988 ⑬, 428 I 10 – 1 361 ab. alt. 1 017 – a.s. 15 giugno-agosto e Natale – Sport invernali : 1 017/1 800 m ⛷1 ⛷3, ⛷ – ☎ 0185.

ℹ piazza del Popolo 1 ✆ 98046.

Roma 512 – ♦Genova 88 – Piacenza 85 – ♦Milano 224 – Rapallo 64 – ♦La Spezia 114.

🏨 **Leon d'Oro,** ✆ 88073, Fax 88073 – |♦| ☎. ✂ cam
chiuso novembre – **Pasto** *(chiuso lunedì escluso da luglio al 14 settembre)* carta 28/42000 – ☕ 5000 – **32 cam** 45/90000 – P 70/90000.

X **Doria,** ✆ 88052 – Ⓟ. ✂
chiuso mercoledì e dal 20 ottobre al 20 dicembre – **Pasto** carta 31/45000.

SAN TROVASO Treviso – Vedere Preganziol.

SANTUARIO Vedere nome proprio del santuario.

SAN VALENTINO ALLA MUTA (ST. VALENTIN AUF DER HAIDE) 39020 Bolzano 988 ④, 428, 429 B 13, 218 ⑧ – alt. 1 488 – Sport invernali : 1 488/2 649 m ⛷1 ⛷12, ⛷ – ☎ 0473.

ℹ ✆ 634603, Fax 634713.

Roma 733 – Sondrio 133 – ♦Bolzano 96 – ♦Milano 272 – Passo di Resia 10 – Trento 154.

🏨 **Stocker,** ✆ 634632, Fax 634668, ≤, ☂ – ☎ Ⓟ. ⑤ E VISA. ✂
16 dicembre-aprile e giugno-3 ottobre – **Pasto** *(chiuso lunedì)* 23/40000 – **19 cam** ☕ 57/98000 – ½ P 68/74000.

🏨 **Sporthotel Laret,** ✆ 634666, Fax 634668, ≤ – ☎ Ⓟ. AE ⑤ E VISA. ✂
chiuso maggio e dal 10 ottobre al 15 dicembre – **Pasto** vedere hotel **Stocker** – **17 cam** ☕ 57/98000 – ½ P 68/74000.

SAN VIGILIO (VIGILJOCH) Bolzano 218 ⑳ – Vedere Lana.

SAN VIGILIO DI MAREBBE (ST. VIGIL ENNEBERG) 39030 Bolzano 988 ⑤, 429 B 17 – alt. 1 201 – Sport invernali : Plan de Corones : 1 201/2 273 m ⛷11 ⛷21, ⛷ – ☎ 0474.

ℹ Ciasa Dolomites, via al Plan 97 ✆ 501037, Fax 501566.

Roma 724 – Cortina d'Ampezzo 54 – ♦Bolzano 87 – Brunico 18 – ♦Milano 386 – Trento 147.

🏨 **Almhof-Hotel Call,** ✆ 501043, Fax 501569, ≤, ⛲, 🏊, ☂ – |♦| TV ☎ Ⓟ. ✂
dicembre-10 aprile e giugno-10 ottobre – **Pasto** 40/90000 – **36 cam** ☕ 180/290000 – ½ P 150/170000.

🏨 **Excelsior** 🐦, ✆ 501036, Fax 501655, ≤, ⛲, ☂ – |♦| ☎ Ⓟ. ⑤ E VISA. ✂
6 dicembre-15 aprile e 22 giugno-settembre – **Pasto** 32/70000 – **23 cam** ☕ 120/210000, 3 appartamenti – ½ P 120/130000.

🏨 **Monte Sella,** ✆ 501034, Fax 501714, ≤, ☂ – |♦| ⚡ rist TV ☎ Ⓟ. ⑤ E VISA. ✂ rist
dicembre-Pasqua e 15 giugno-settembre – **Pasto** (solo per clienti alloggiati) – **30 cam** ☕ 115/200000 – ½ P 135000.

🏨 **Floralp** 🐦, ✆ 501115, Fax 501633, ≤, ⛲, 🏊, ☂ – TV ☎ 🚗 Ⓟ. ⓓ. ✂
6 dicembre-11 aprile e 22 giugno-settembre – **Pasto** *(chiuso lunedì)* 35/60000 – **32 cam** ☕ 105/210000 – ½ P 115/130000.

🏨 **Olympia** 🐦, ✆ 501028, Fax 501028, ≤ – ☎ 🚗 Ⓟ. ⑤ ⓓ. ✂ rist
dicembre-aprile e luglio-settembre – **Pasto** 20/25000 – **20 cam** ☕ 50/100000 – ½ P 90/100000.

XX **Tabarel** ✆ 501210, Fax 501210 – ⑤ E VISA
chiuso da maggio al 15 giugno, novembre e martedì da ottobre a marzo – **Pasto** carta 38/64000.

X **Fana Ladina,** ✆ 501175, ☂, Rist. rustico con cucina ladina – Ⓟ
20 dicembre-10 aprile e luglio-settembre; chiuso a mezzogiorno (escluso sabato-domenica) e mercoledì – **Pasto** carta 35/49000.

X **Da Attilio,** ✆ 501109 – Ⓟ. ⑤ E VISA
4 dicembre-Pasqua e 28 giugno-25 settembre – **Pasto** carta 35/47000.

SAN VINCENZO 57027 Livorno 988 ⑭, 430 M 13 – 7 230 ab. – a.s. 15 giugno-15 settembre – ☎ 0565.

ℹ via Beatrice Alliata 2 ✆ 701533, Fax 701533.

Roma 260 – ♦Firenze 146 – Grosseto 73 – ♦Livorno 60 – Piombino 21 – Siena 109.

🏨 **Park Hotel I Lecci** 🐦, via della Principessa 114 (S : 1,7 km) ✆ 704111, Fax 703224, ☂, « Grande parco sul mare con 🏊 e 🎾 », Fà, ⛲, 🏖 – |♦| ▤ TV ☎ ♿ Ⓟ – 🏛 100. AE ⑤ ⓓ E VISA. ✂ rist
Pasto 50/60000 ed al Rist. ***La Campigiana*** *(chiuso a mezzogiorno da novembre a febbraio)* carta 50/70000 – **74 cam** ☕ 220/290000 – ½ P 190/220000.

Riva degli Etruschi ⚘, via della Principessa 120 (S : 2,5 km) ✆ 702351, Telex 500362, Fax 704011, « Villette in un grande parco sul mare », – TV ☎ ♿ P. VISA.
Pasto 40/51000 – **95 cam** solo ½ P 160/210000.

Kon Tiki, via Umbria 2 ✆ 701714, Fax 705014, – TV ☎ ♿ P. AE E VISA. rist
Pasto carta 33/55000 – **25 cam** 110/150000 – ½ P 90/140000.

Villa Marcella, via Palombo 1 ✆ 701646, Fax 702154, – TV ☎. AE E VISA JCB. rist
Pasto *(chiuso mercoledì)* carta 46/63000 – **33 cam** 90/150000 – ½ P 122/138000.

La Coccinella senza rist, via Indipendenza 1 ✆ 701794, Fax 701794, – TV ☎ P. AE E VISA.
20 aprile-15 ottobre – **27 cam** 90/150000.

Il Delfino, via Cristoforo Colombo 15 ✆ 701179, Fax 701383, ≤, – TV ☎. AE E VISA.
Pasto al Rist. ***Il Delfino*** *(maggio-settembre)* carta 33/53000 – 12000 – **39 cam** 90/140000 – ½ P 100/125000.

XXX ✿ **Gambero Rosso,** piazza della Vittoria 13 ✆ 701021, Fax 704542, ≤, Coperti limitati; prenotare – AE E VISA.
chiuso martedì e novembre – **Pasto** 85/100000 (10%) e carta 75/110000 (10%)
Spec. Cappesante "alla coque" con olio e limone , Ravioli ai pomodori e pecorino con aglio verde, Piccione in casseruola.

SAN VITALIANO 80030 Napoli – 5 418 ab. alt. 31 – ✆ 081.

Roma 215 – Napoli 30 – Avellino 38 – Caserta 35 – Salerno 50.

Ferrari, via Nazionale 125 ✆ 5198083, Fax 5197021 – TV ☎ ♿ P – 25 a 300. AE E VISA.
Pasto carta 32/48000 (10%) – **50 cam** 120/170000 – P 150/170000.

SAN VITO AL TAGLIAMENTO 33078 Pordenone 988 ⑤, 429 E 20 – 12 648 ab. alt. 31 – ✆ 0434.

Roma 600 – Udine 42 – Belluno 89 – Milano 339 – Trieste 109 – Venezia 89.

Patriarca senza rist, via Pascatti 6 ✆ 875555, Fax 875353, – TV ☎ ♿ P – 30 a 50. AE VISA.
28 cam 99/145000, appartamento.

a Rosa NE : 2,5 km – ✉ 33078 San Vito al Tagliamento :

XX **Griglia d'Oro,** ✆ 80301, Fax 82842, prenotare – P. AE E VISA JCB.
chiuso domenica sera e martedì – **Pasto** carta 35/58000.

SAN VITO DEI NORMANNI 72019 Brindisi 988 ㉚, 431 F 35 – 20 877 ab. alt. 110 – ✆ 0831.

Roma 488 – Brindisi 21 – Bari 96 – Taranto 55.

sulla strada provinciale per Francavilla Fontana SO : 8 km :

XX **Taverna del Cacciatore,** ✆ 966984, – P – 100. AE E VISA.
chiuso lunedì sera e martedì – **Pasto** carta 29/52000.

SAN VITO DI CADORE 32046 Belluno 988 ⑤, 429 C 18 – 1 674 ab. alt. 1 010 – ✆ 0436.

Vedere Guida Verde – via Nazionale 9 ✆ 9119, Fax 99345.

Roma 661 – Cortina d'Ampezzo 11 – Belluno 60 – Milano 403 – Treviso 121 – Venezia 150.

Ladinia ⚘, via Ladinia 14 ✆ 890450, Fax 99211, ≤ Dolomiti e pinete, – TV ☎ P. E VISA.
20 dicembre-20 aprile e 15 giugno-15 settembre – **Pasto** 35/50000 – 20000 – **36 cam** 140/240000, 8 appartamenti – ½ P 60/200000.

Dolomiti, via Roma 33 ✆ 890184, Fax 890184, ≤, – TV ☎ P. AE E VISA. rist
20 dicembre-Pasqua e 20 giugno 20 settembre – **Pasto** 28/30000 – 15000 – **30 cam** 90/140000 – ½ P 70/110000.

Nevada, corso Italia 26 ✆ 890400, Fax 890400 – TV ☎. AE.
chiuso maggio e novembre – **Pasto** 25/33000 – 9000 – **27 cam** 60/100000 – ½ P 70/120000.

SAN VITO LO CAPO Trapani 988 ㉟, 432 M 20 – Vedere Sicilia alla fine dell'elenco alfabetico.

SAN VITTORE DEL LAZIO 03040 Frosinone 988 ㉗, 430 R 23 – 2 606 ab. alt. 210 – ✆ 0776.

Roma 137 – Frosinone 62 – Caserta 62 – Gaeta 65 – Isernia 38 – Napoli 91.

X **All'Oliveto,** ✆ 335226, Fax 335447, – P. AE E VISA.
chiuso lunedì – **Pasto** carta 39/59000.

SAN ZENO DI MONTAGNA 37010 Verona 428 429 F 14 – 1 140 ab. alt. 590 – ✆ 045.

Roma 544 – Verona 46 – Garda 17 – Milano 168 – Riva del Garda 48 – Venezia 168.

Diana, ✆ 7285113, Fax 7285211, ≤, « Boschetto-giardino » – ☎ P. VISA.
Natale, Pasqua e giugno-settembre – **Pasto** 30000 – 15000 – **44 cam** 120000 – ½ P 70/120000.

SAN ZENONE DEGLI EZZELINI 31020 Treviso 429 E 17 – 5 607 ab. alt. 117 – ☎ 0423.

Roma 551 – ◆ Padova 53 – Belluno 71 – ◆Milano 247 – Trento 96 – Treviso 39 – ◆Venezia 89 – Vicenza 43.

XX **Alla Torre,** località Sopracastello N : 2 km ☎ 567086, Fax 567086, « Servizio estivo sotto un pergolato con ≤ » – P. AE S O VISA. ✻
chiuso martedì, mercoledì a mezzogiorno e dal 1° al 15 novembre – **Pasto** carta 32/55000.

SAONARA 35020 Padova 429 F 17 – 7 614 ab. alt. 10 – ☎ 049.

Roma 498 – ◆ Padova 15 – Chioggia 35 – ◆Milano 245 – ◆Padova 12 – ◆Venezia 40.

X **Antica Trattoria al Bosco,** via Valmarana 13 ☎ 640021, Fax 8790841, « Servizio estivo sotto un pergolato » – P. AE S E VISA. ✻
chiuso martedì – **Pasto** carta 38/60000.

SAPPADA 32047 Belluno 988 ⑤, 429 C 20 – 1 414 ab. alt. 1 250 – Sport invernali : 1 250/2 032 m ≴16, ✻ – ☎ 0435.

ℹ via Bach 20 ☎ 469131, Fax 66233.

Roma 680 – Udine 92 – Belluno 79 – Cortina d'Ampezzo 66 – ◆Milano 422 – Tarvisio 110 – ◆Venezia 169.

Haus Michaela, borgata Fontana 40 ☎ 469377, Fax 66131, ≤ monti, Ls, ≘s, ⛱ riscaldata, ✻ – |♦| TV ☎ P. S E VISA. ✻
dicembre-Pasqua e giugno-settembre – **Pasto** (solo per clienti alloggiati) 30/35000 – ☐ 10000 – **16 cam** 90/140000, 3 appartamenti – ½ P 78/127000.

Corona Ferrea, borgata Kratten 11/12 ☎ 469103, Fax 469103, ≤, ✻ – |♦| TV ☎ P. AE. ✻
20 dicembre-marzo e luglio-settembre – **Pasto** 25/35000 – ☐ 10000 – **25 cam** 60/120000 – ½ P 120000.

Posta, via Palù 22 ☎ 469116, Fax 469577, ≤ – TV ☎ P. AE O. ✻
dicembre-aprile e giugno-settembre – **Pasto** carta 28/42000 – ☐ 15000 – **15 cam** 65/100000 – ½ P 80/120000.

Cristina ✻, borgata Hoffe 19 ☎ 469711, Fax 469430, ≤ – TV ☎ P. S E VISA. ✻
chiuso maggio e novembre – **Pasto** *(chiuso lunedì escluso dicembre, luglio ed agosto)* carta 32/56000 – ☐ 12000 – **8 cam** 90/150000 – ½ P 100/130000.

XX **Keisn,** borgata Kratten 3 ☎ 469070, Coperti limitati; prenotare – AE S O E VISA. ✻
chiuso mercoledì, giovedì a mezzogiorno, giugno ed ottobre – **Pasto** carta 47/55000.

a Cima Sappada E : 4 km – alt. 1 295 – ✉ 32047 Sappada :

Belvedere, ☎ 469112, Fax 469112, ≤, Ls, ≘s – |♦| TV ☎ P. VISA. ✻
dicembre-Pasqua e 20 giugno-25 settembre – **Pasto** carta 50/75000 – **18 cam** ☐ 70/140000 – ½ P 95/135000.

Bellavista ✻, ☎ 469175, Fax 66194, ≤ monti e vallata – |♦| TV ☎ P. ✻
dicembre-15 aprile e 15 giugno-settembre – **Pasto** *(chiuso martedì)* 25/28000 – ☐ 10000 – **28 cam** 100/150000 – ½ P 65/110000.

SAPRI 84073 Salerno 988 ㊳, 431 G 28 – 7 169 ab. – a.s. luglio-agosto – ☎ 0973.

Escursioni Golfo di Policastro★★ Sud per la strada costiera.

Roma 407 – Potenza 131 – Castrovillari 94 – ◆Napoli 201 – Salerno 150.

Mediterraneo, ☎ 391774, Fax 391157, ≤, ✻ – ☎ P. ✻
maggio-settembre – **Pasto** carta 34/51000 – ☐ 12000 – **20 cam** 75/97000 – ½ P 80/110000.

SARDEGNA (Isola) 988 ㉓ ㉔ ㉝ ㉞, 433 – Vedere alla fine dell'elenco alfabetico.

SARENTINO (SARNTHEIN) 39058 Bolzano 988 ④, 429 C 16 – 6 400 ab. alt. 966 – ☎ 0471.

Roma 662 – ◆ Bolzano 23 – ◆Milano 316.

XX **Bad Schörgau** ✻ con cam, S : 2 km ☎ 623048, Fax 622442, « Servizio estivo all'aperto », ✻ – TV ☎ P. S E VISA. ✻
chiuso dal 10 gennaio al 7 febbraio – **Pasto** (solo per clienti alloggiati; *chiuso lunedì e martedì a mezzogiorno escluso agosto)* – **10 cam** ☐ 75/130000 – ½ P 95000.

X **Auener Hof** ✻ con cam, O : 7 km, alt. 1 600, ☎ 623055, Fax 623055, ≤ Dolomiti e pinete, ✻, Turismo equestre, ✻ – ☎ P. S E VISA
chiuso dal 3 novembre al 19 dicembre – **Pasto** carta 34/62000 – ☐ 11000 – **7 cam** 85/175000 – ½ P 81000.

SARMEGO Vicenza 429 F 17 – alt. 27 – ✉ 36040 Grumolo delle Abbadesse – ☎ 0444.

Roma 521 – ◆ Padova 21 – ◆Milano 213 – Trento 104 – Treviso 64 – ◆Venezia 55 – Vicenza 12.

X **Ai Cacciatori,** ☎ 389018 – P. AE S O VISA
chiuso martedì sera, mercoledì e luglio – **Pasto** carta 25/35000.

SARMEOLA Padova – Vedere Rubano.

[SARNANO] **62028** Macerata [988] ⑯, [430] M 21 – 3 410 ab. alt. 539 – Stazione termale, a.s. 5 luglio-agosto e Natale – Sport invernali : a Sassotetto e Maddalena : 1 287/1 585 m ⛷5 – ☎ 0733.

ℹ largo Enrico Ricciardi ☎ 657144, Fax 657390.

Roma 237 – Ascoli Piceno 54 – ◆Ancona 89 – Macerata 39 – Porto San Giorgio 68.

- **Eden** 🔇, O : 1 km ☎ 657197, Fax 657124, ≤, « Giardino e pinetina » – 🛗 ☎ 🅿. AE $ ⓓ VISA. ✻
  Pasto *(chiuso mercoledì)* 28/30000 – **33 cam** ☕ 50/80000 – ½ P 70000.
- **Terme,** piazza della Libertà 82 ☎ 657166, Fax 657427 – 🛗 📺 ☎. E VISA. ✻
  chiuso dal 3 novembre al 21 dicembre – **Pasto** 23/27000 e al Rist. ***Il Girarrosto*** *(chiuso martedì)* carta 28/40000 – ☕ 4000 – **23 cam** 55/90000 – ½ P 71/82000.
- 🍴🍴 **La Picassera,** vicolo Brunforte 191/a ☎ 657484, 🏖 – $ ⓓ E VISA. ✻
  chiuso mercoledì e dal 1° al 15 ottobre – **Pasto** carta 33/50000.

[SARNICO] **24067** Bergamo [988] ③, [428] [429] E 11 – 5 736 ab. alt. 197 – ☎ 035.

Roma 585 – ◆Bergamo 28 – ◆Brescia 36 – Iseo 10 – Lovere 26 – ◆Milano 73.

- 🍴🍴 Al Tram, ☎ 910117, 🏖 – 🅿

[SARNTHEIN] = Sarentino.

[SARONNO] **21047** Varese [988] ③, [428] F 9 – 38 250 ab. alt. 212 – ☎ 02.

⛳18 e ⛳9 Green Club, a Lainate ✉ 20020 ☎ 9370869, Fax 9374401, S : 6 km.

Roma 603 – ◆Milano 26 – ◆Bergamo 67 – Como 26 – Novara 54 – Varese 29.

- **Albergo della Rotonda,** via Novara 53 svincolo autostrada ☎ 96703232, Telex 316187, Fax 96702770 – 🛗 ❄ 📺 ☎ ♿ 🅿 – 🎤 25 a 150. AE $ ⓓ E VISA
  chiuso dal 23 dicembre al 7 gennaio e dal 26 luglio al 25 agosto – **Pasto** vedere rist **Mezzaluna-La Rotonda di Saronno** – **92 cam** ☕ 250/300000.
- **Cyrano** senza rist, via IV Novembre 11/13 ☎ 96700081, Fax 96704513 – 🛗 🚭 cam ❄ 📺 ☎ 🚗 – 🎤 40. AE $ ⓓ E VISA. ✻
  40 cam ☕ 165/210000.
- **Mercurio** senza rist, via Hermada 2 ☎ 9602795, Fax 9609330 – ❄ 📺 ☎ 🚗. AE $ ⓓ E VISA JCB
  chiuso dal 24 dicembre al 1° gennaio – ☕ 7000 – **24 cam** 85/110000.
- 🍴🍴 **Mezzaluna-La Rotonda di Saronno,** svincolo autostrada ☎ 96424418, Fax 96703782 – ❄ 🅿. AE $ ⓓ E VISA. ✻
  chiuso sabato e dal 1° al 28 agosto – **Pasto** carta 44/62000.
- 🍴🍴 **Boeucc,** via Mazzini 17 ☎ 9623227 – ❄. $ E VISA
  chiuso domenica e dal 10 al 25 agosto – **Pasto** 28000 e carta 40/69000.

[SARRE] **11010** Aosta [428] E 3, [219] ② – 3 832 ab. alt. 780 – ☎ 0165.

Roma 752 – Aosta 7 – Courmayeur 32 – ◆Milano 190 – Colle del Piccolo San Bernardo 50.

- **Etoile du Nord,** frazione Arensod 11/a ☎ 258219, Fax 258225 – 🛗 ❄ 📺 ☎ ♿ 🅿 – 🎤 130. AE $ ⓓ E VISA. ✻ rist
  Pasto *(chiuso lunedì)* carta 39/66000 – **60 cam** ☕ 100/150000 – ½ P 105000.
- **Sarre,** sulla strada statale ☎ 257096, Fax 257795, ≤ – ☎ 🚗 🅿. AE $ E VISA. ✻
  Pasto *(chiuso giovedì)* 30000 – ☕ 10000 – **27 cam** 100000 – ½ P 40/50000.
- 🍴🍴 **Mille Miglia,** sulla strada statale ☎ 257227, prenotare – 🅿. AE $ E VISA. ✻
  chiuso lunedì, dal 1° al 15 febbraio e dal 1° al 15 luglio – **Pasto** carta 35/57000.

a Ville sur Sarre N : 7 km – alt. 1 212 – ✉ **11010** Sarre :

- **Mont Fallère** 🔇, frazione Bellon O : 2,5 km ☎ 257255, Fax 257255, ≤ monte Grivola e vallata – ☎ 🅿. ✻
  aprile-15 ottobre; solo su prenotazione negli altri mesi – **Pasto** *(chiuso martedì dal 15 settembre al 16 giugno)* 28000 – ☕ 9000 – **16 cam** 40/80000 – ½ P 63/73000.

[SARZANA] **19038** La Spezia [988] ⑭, [428] [429] [430] J 11 – 19 926 ab. alt. 27 – ☎ 0187.

Vedere Pala scolpita★ e crocifisso★ nella Cattedrale – Fortezza di Sarzanello★ : ☼★★ NE : 1 km.

Roma 403 – ◆La Spezia 16 – ◆Genova 102 – Massa 20 – ◆Milano 219 – Pisa 60 – Reggio nell'Emilia 148.

- Forte Agip, Nuova Circonvallazione Aurelia 32 ☎ 621491, Telex 272350, Fax 621494 – 🛗 ❄ 📺 ☎ 🅿
  51 cam.
- 🍴 **Girarrosto-da Paolo,** via dei Molini 388 (N : 2,5 km) ☎ 621088, Fax 621088 – 🅿. AE $ VISA
  chiuso mercoledì e luglio – **Pasto** carta 25/35000.

[SASSARI] [P] [988] ㉝, [433] E 7 – Vedere Sardegna alla fine dell'elenco alfabetico.

[SASSELLA] Sondrio – Vedere Sondrio.

SASSETTA 57020 Livorno [988] ⑭, [430] M 13 – 591 ab. alt. 337 – a.s. 15 giugno-15 settembre – ☎ 0565.

Roma 279 – Grosseto 77 – ♦Livorno 64 – Piombino 40.

🍴 **Il Castagno,** via Campagna Sud 72 (S : 1 km) ✆ 794219, 🌳 – [P]. ✈
chiuso lunedì e marzo – **Pasto** carta 28/58000.

SASSO MARCONI 40037 Bologna [988] ⑭, [429] [430] I 15 – 13 239 ab. alt. 124 – ☎ 051.

Roma 361 – ♦Bologna 16 – ♦Firenze 87 – ♦Milano 218 – Pistoia 78.

🏨 **3 Galletti,** via Val di Setta 148 ✆ 841128, Fax 841128 – [TV] ☎ [P]. [AE] [$] ⓓ [E] [VISA]. ✈
Pasto *(chiuso domenica sera e lunedì)* 38/50000 (10 %) – ☕ 10000 – **24 cam** 105/140000.

SASSUOLO 41049 Modena [988] ⑭, [428] [429] [430] I 14 – 40 641 ab. alt. 123 – ☎ 0536.

⛳ San Valentino (chiuso martedì) località San Valentino ✉ 42014 Castellarano ✆ 854177, SO : 14 km.

Roma 427 – ♦Bologna 67 – Lucca 153 – ♦Modena 17 – Reggio nell'Emilia 23.

🍴🍴 **La Paggeria,** piazzale della Rosa 19 ✆ 805190, Fax 805190 – [AE] [$] ⓓ [E] [VISA] [JCB]. ✈
chiuso sabato a mezzogiorno, domenica, dal 1° all'8 gennaio ed agosto – **Pasto** carta 33/55000.

🍴🍴 Da Ernesto, via Fabio Filzi 11 ✆ 885511, Specialità di mare.

SATURNIA 58050 Grosseto [430] O 16 – alt. 294 – ☎ 0564.

Roma 195 – Grosseto 57 – Orvieto 85 – Viterbo 91.

🏨 **Villa Clodia** 🔇 senza rist, ✆ 601212, ≤, 🏊, 🌳 – [TV] ☎. [VISA]. ✈
chiuso febbraio – **10 cam** ☕ 80/120000.

🏨 **Villa Garden** 🔇 senza rist, S : 1 km ✆ 601182, 🌳 – [TV] ☎ [P]. [AE] [$] ⓓ [E] [VISA]. ✈
chiuso dal 10 al 20 dicembre – **8 cam** ☕ 80/110000, appartamento.

🍴🍴 **I Due Cippi-da Michele,** piazza Veneto 26/a ✆ 601074, Fax 601207, 🌳 – [AE] [$] ⓓ [E] [VISA]. ✈
chiuso dal 10 al 24 dicembre e martedì (escluso da luglio a settembre) – **Pasto** carta 42/62000.

alle terme SE : 3 km :

🏨 **Terme di Saturnia** 🔇, ✆ 601061, Fax 601266, ≤, « Giardino ombreggiato », 🏋, ♨, 🏊 termale, 🎾, 🏌 – 🛗 ⊭ rist ▤ [TV] ☎ [P] – 🏛 90. [AE] [$] ⓓ [E] [VISA]. ✈
Pasto *(chiuso lunedì)* 75000 – ☕ 25000 – **92 cam** 255/460000, 4 appartamenti – P 510/620000.

SAURIS 33020 Udine [988] ⑤, [429] C 20 – 448 ab. alt. 1 390 – a.s. 15 luglio-agosto e Natale – Sport invernali : 1 200/1 450 m ⛷5, ⛷ – ☎ 0433.

Roma 723 – Udine 84 – Cortina d'Ampezzo 102.

🏨 **Morgenleit,** località Sauris di Sotto ✆ 86166, Fax 86167, ≤, ♨ – 🛗 [TV] ☎. [AE] [$] ⓓ [E] [VISA]. ✈ rist
Pasto carta 38/53000 – **20 cam** ☕ 90/120000 – 1/2 P 90/95000.

🍴 **Alla Pace,** località Sauris di Sotto ✆ 86010
chiuso mercoledì (escluso luglio-agosto), dal 10 al 31 maggio e dal 10 al 20 novembre – **Pasto** carta 36/54000.

SAUZE D'OULX 10050 Torino [988] ⑪, [428] G 2 – 1 013 ab. alt. 1 509 – a.s. febbraio-marzo e Natale – Sport invernali : 1 509/2 507 m ⛷21, ⛷ – ☎ 0122.

[i] piazza Assietta 18 ✆ 858009, Fax 850497.

Roma 746 – Briançon 37 – Cuneo 145 – ♦Milano 218 – Sestriere 27 – Susa 28 – ♦Torino 81.

a Le Clotes 5 mn di seggiovia o E : 2 km (solo in estate) – alt. 1 790 – ✉ **10050** Sauze d'Oulx :

🏨 **Il Capricorno** 🔇, ✆ 850273, Fax 850273, ≤ monti e vallate, 🌳, « In pineta » – [TV] ☎. [$] [E] [VISA]. ✈ cam
dicembre-aprile e 15 giugno-15 settembre – **Pasto** carta 56/100000 – **7 cam** ☕ 200/240000 – 1/2 P 180000.

SAVELLETRI 72015 Brindisi [431] E 34 – a.s. 20 giugno-agosto – ☎ 080.

Roma 509 – ♦Bari 65 – ♦Brindisi 54 – Matera 92 – ♦Taranto 55.

🍴🍴 **Da Renzina,** ✆ 729075, Fax 729075, ≤ – ▤ [P]. [AE] [$] ⓓ [E] [VISA]
chiuso venerdì e gennaio – **Pasto** carta 39/63000 (15 %).

SAVIGLIANO 12038 Cuneo [988] ⑫, [428] I 4 – 19 110 ab. alt. 321 – ☎ 0172.

Roma 650 – Cuneo 33 – ♦Torino 54 – Asti 63 – Savona 104.

🏨 **Granbaita,** via Cuneo 25 ✆ 711500, Fax 711518, 🏊, 🌳, 🎾 – ▤ [TV] ☎ ♿ [P] – 🏛 40 a 100. [AE] [$] ⓓ [E] [VISA] [JCB]
Pasto vedere rist **Granbaita** – ☕ 15000 – **44 cam** 105/130000, 2 appartamenti.

XX **Granbaita,** via Cuneo 23 ✆ 712060, – P. AE ⑤ ⓞ E VISA JCB.
Pasto carta 38/58000.

XX **Eden** con cam, via Novellis 43 ✆ 712379, Fax 716439 – rist TV ☎. AE ⑤ ⓞ E VISA
Pasto *(chiuso dal 1° al 20 gennaio e dal 10 al 20 agosto)* 35/50000 – 15000 – **21 cam** 100/120000 – 1/2 P 95/110000.

XX **Locanda Due Mori,** piazza Cesare Battisti 5 ✆ 31521
chiuso mercoledì e gennaio – **Pasto** carta 25/47000.

SAVIGNANO SUL PANARO 41056 Modena 429 430 I 15 – 7 833 ab. alt. 102 – 059.

Roma 394 – ◆Bologna 29 – ◆Milano 196 – ◆Modena 26 – Pistoia 110 – Reggio nell'Emilia 52.

XX **Il Formicone,** verso Vignola SO : 1 km ✆ 771506 – P. ⑤ E VISA
chiuso martedì e dal 20 luglio al 13 agosto – **Pasto** carta 46/70000.

SAVIGNO 40060 Bologna 429 430 I 15 – 2 302 ab. alt. 259 – 051.

Roma 394 – ◆Bologna 39 – ◆Modena 40 – Pistoia 80.

X **Trattoria da Amerigo,** ✆ 6708326, Fax 6708326, prenotare – AE ⑤ ⓞ E VISA
chiuso lunedì e a mezzogiorno da martedì a sabato (escluso i giorni festivi) – **Pasto** carta 32/50000.

SAVOGNA D'ISONZO 34070 Gorizia – 1 773 ab. alt. 40 – 0481.

Roma 639 – Udine 40 – Gorizia 5 – ◆Trieste 29.

a Gabria S : 2 km – ✉ **34070** Savogna d'Isonzo :

XX **Da Tommaso** con cam, S : 1 km ✆ 882004, Fax 882321, , – TV ☎ P. AE ⑤ ⓞ E VISA
Pasto *(chiuso domenica sera e lunedì)* carta 34/51000 – 10000 – **12 cam** 75/110000 – 1/2 P 80/90000.

a San Michele del Carso SO : 4 km – ✉ **34070** :

XX **Trattoria Gostilna Devetak,** ✆ 882005, Fax 882488, – P – 25. AE ⑤ ⓞ E VISA.
chiuso lunedì e martedì – **Pasto** carta 30/46000.

SAVONA 17100 P 988 ⑫ ⑬, 428 J 7 – 66 080 ab. – 019.

Vedere Guida Verde.

via Paleocapa 23/6 ✆ 820522, Fax 827805.

A.C.I. via Guidobono 23 ✆ 807669.

Roma 545 ② – ◆Genova 48 ② – ◆Milano 169 ②.

Pianta pagina a lato

Mare, via Nizza 89/r ✆ 264065, Fax 263277, ≤, – TV ☎ – P – 40 a 80. AE ⑤ ⓞ E VISA JCB AY c
Pasto vedere rist **A Spurcacciun-a** – 8000 – **57 cam** 120/170000, 8 appartamenti.

Riviera Suisse, via Paleocapa 24 ✆ 850853, Fax 853435 – TV ☎ – 70. AE ⑤ ⓞ E VISA. rist BY v
chiuso dal 23 al 27 dicembre – **Pasto** *(chiuso a mezzogiorno e domenica)* 20/35000 – **80 cam** 110/165000, 10000 – 1/2 P 80/100000.

Ariston senza rist, via Giordano 11 r ✆ 805633, Fax 853271 – TV ☎ P. AE ⑤ ⓞ E VISA JCB BX x
10000 – **16 cam** 100/130000.

XX **A Spurcacciun-a** - Hotel Mare, via Nizza 89/r ✆ 264065, Fax 263277, ≤, Specialità di mare, « Servizio estivo in giardino » – P. AE ⑤ ⓞ E VISA JCB AY c
chiuso mercoledì e dal 24 dicembre al 24 gennaio – **Pasto** carta 55/108000.

X **Da Cesco,** via Nizza 162 r ✆ 862198, Fax 853592 – AE ⑤ ⓞ E VISA AY u
chiuso martedì e novembre – **Pasto** carta 43/93000.

X **Antica Osteria Bosco delle Ninfe,** via Ranco 10 ✆ 823976, Coperti limitati; prenotare, « Servizio estivo sotto un pergolato » – P BV b
chiuso domenica sera, lunedì e a mezzogiorno (escluso i giorni festivi); da luglio a settembre chiuso solo a mezzogiorno – **Pasto** 45/60000.

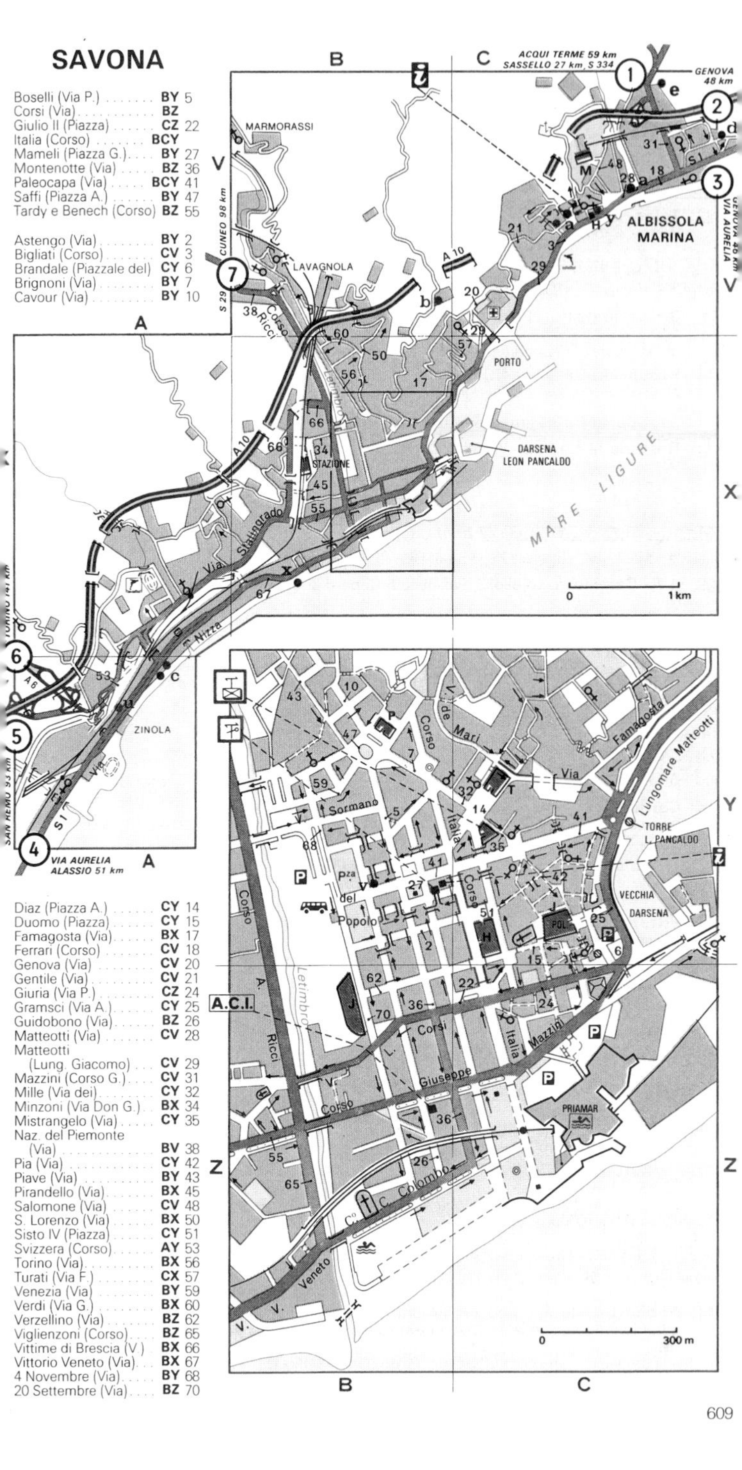
SAVONA
Boselli (Via P.) BY 5
Corsi (Via) BZ
Giulio II (Piazza) CZ 22
Italia (Corso) BCY
Mameli (Piazza G.) BY 27
Montenotte (Via) BZ 36
Paleocapa (Via) BCY 41
Saffi (Piazza A.) BY 47
Tardy e Benech (Corso) BZ 55
Astengo (Via) BY 2
Bigliati (Corso) CV 3
Brandale (Piazzale del) CY 6
Brignoni (Via) BY 7
Cavour (Via) BY 10
Diaz (Piazza A.) CY 14
Duomo (Piazza) CY 15
Famagosta (Via) BX 17
Ferrari (Corso) CV 18
Genova (Via) CV 20
Gentile (Via) CV 21
Giuria (Via P.) CZ 24
Gramsci (Via A.) CY 25
Guidobono (Via) BZ 26
Matteotti (Via) CV 28
Matteotti (Lung. Giacomo) CV 29
Mazzini (Corso G.) CV 31
Mille (Via dei) CY 32
Minzoni (Via Don G.) BX 34
Mistrangelo (Via) CY 35
Naz. del Piemonte (Via) BV 38
Pia (Via) CY 42
Piave (Via) BY 43
Pirandello (Via) BX 45
Salomone (Via) CV 48
S. Lorenzo (Via) BX 50
Sisto IV (Piazza) CY 51
Svizzera (Corso) AY 53
Torino (Via) BX 56
Turati (Via F.) CX 57
Venezia (Via) BY 59
Verdi (Via G.) BX 60
Verzellino (Via) BZ 62
Viglienzoni (Corso) BZ 65
Vittime di Brescia (V.) BX 66
Vittorio Veneto (Via) BX 67
4 Novembre (Via) BY 68
20 Settembre (Via) BZ 70
ACQUI TERME 59 km
SASSELLO 27 km, S 334
GENOVA 48 km
GENOVA 46 km VIA AURELIA
CUNEO 98 km
S 29
VIA AURELIA
ALASSIO 51 km
MARMORASSI
LAVAGNOLA
ALBISSOLA MARINA
PORTO
DARSENA LEON PANCALDO
MARE LIGURE
STAZIONE
ZINOLA
0 1 km
A.C.I.
TORRE L. PANCALDO
VECCHIA DARSENA
PRIAMAR
0 300 m

SCAGLIERI Livorno 430 N 12 – Vedere Elba (Isola d') : Portoferraio.

SCALEA **87029** Cosenza 988 (38), 431 H 29 – 9 336 ab. – ☎ 0985.

Roma 428 – Cosenza 87 – Castrovillari 72 – Catanzaro 153 – Napoli 222.

Gd H. De Rose, ☎ 20273, Fax 920194, ←, « in giardino pensile », – rist
chiuso da dicembre al 15 febbraio – **Pasto** carta 40/57000 – 10000 – **66 cam** 90/170000 – ½ P 166/181000.

Talao, ☎ 20444, Fax 21702, ←, – 45. rist
Pasto 22/35000 – 7000 – **44 cam** 80/130000 – ½ P 61/117000.

SCANDIANO **42019** Reggio nell'Emilia 988 (14), 428 429 430 I 14 – 22 249 ab. alt. 95 – ☎ 0522.

Roma 426 – Parma 51 – Bologna 64 – Milano 162 – Modena 23 – Reggio nell'Emilia 13.

Sirio senza rist, via Palazzina 30 ☎ 981144, Fax 984084
chiuso Natale, Capodanno e dal 6 al 21 agosto – 9000 – **32 cam** 79/103000.

Bosco, località Bosco NO : 4 km ☎ 857242
chiuso martedì, dal 7 al 14 gennaio e dal 1° al 20 agosto – **Pasto** carta 36/55000.

ad Arceto NE : 3,5 km – ✉ **42010** :

Rostaria al Castello, ☎ 989157, Coperti limitati; prenotare
chiuso lunedì, martedì a mezzogiorno, dal 9 al 17 gennaio e dal 10 al 25 luglio – **Pasto** carta 42/59000.

SCANDOLARA RIPA D'OGLIO **26047** Cremona 428 429 G 12 – 667 ab. alt. 47 – ☎ 0372.

Roma 528 – Brescia 50 – Cremona 15 – Parma 68.

Al Caminetto ☎ 89589, Fax 89589, Coperti limitati; prenotare
chiuso lunedì, martedì, dal 1° al 10 gennaio e dal 1° al 25 agosto – **Pasto** carta 53/70000
Spec. Galantina di faraona aromatizzata al Madera, Cannelloni di pasta verde ripieni di verdure brasate, Filetti di pesce gatto in salsa al prezzemolo.

SCANNO **67038** L'Aquila 988 (27), 430 Q 23 – 2 271 ab. alt. 1 050 – ☎ 0864.

Vedere Lago di Scanno* NO : 2 km.

Dintorni Gole del Sagittario** NO : 6 km.

piazza Santa Maria della Valle 12 ☎ 74317, Fax 747121.

Roma 155 – Frosinone 99 – L'Aquila 101 – Campobasso 124 – Chieti 87 – Pescara 98 – Sulmona 31.

Garden, ☎ 74382, Fax 747488
20 dicembre-10 gennaio, Pasqua e luglio-settembre – **Pasto** 38/48000 – 15000 – **35 cam** 90/140000, 5 appartamenti – ½ P 100/125000.

Miramonti, ☎ 74369, Fax 74417, ← – 200.
Natale e Pasqua-settembre – **Pasto** carta 29/43000 – 15000 – **38 cam** 90/110000 – ½ P 100000.

Vittoria, ☎ 74398, ←
20 dicembre-10 gennaio, Pasqua e 15 maggio-15 settembre – **Pasto** 25/35000 – 20000 – **27 cam** 80/110000 – ½ P 90/95000.

Grotta dei Colombi, ☎ 74393, Fax 74393, ←
Pasto *(chiuso mercoledì)* carta 25/37000 – 8000 – **16 cam** 50/70000 – ½ P 63000.

Lo Sgabello, ☎ 747476
chiuso mercoledì escluso da giugno a settembre – **Pasto** carta 25/36000.

al lago N : 3 km :

Del Lago, ✉ 67038 ☎ 747427, Fax 747651, ←, In riva al lago
20 dicembre-10 gennaio e Pasqua-15 ottobre – **Pasto** *(chiuso mercoledì escluso luglio-agosto)* carta 40/65000 – 15000 – **23 cam** 90/110000 – ½ P 95000.

Park Hotel, ✉ 67038 ☎ 74624, Fax 74608, ← lago – 100.
20 dicembre-10 gennaio, Pasqua e giugno-settembre – **Pasto** carta 29/40000 – 15000 – **65 cam** 90/100000 – ½ P 100000.

SCANSANO **58054** Grosseto 988 (25), 430 N 16 – 4 641 ab. alt. 500 – ☎ 0564.

Roma 180 – Grosseto 29 – Civitavecchia 114 – Viterbo 98.

Antico Casale con cam, località Castagneta SE : 4 km ☎ 507219, Fax 507805, ←, « In campagna, servizio estivo in terrazza e maneggio » – cam
chiuso dal 15 gennaio a febbraio – **Pasto** carta 33/49000 (10%) – **15 cam** 125/195000 – ½ P 140000.

verso Montemerano SE : 12 km :

Saturnia Country Club, località Pomonte ✉ 58050 Pomonte ✆ 599188, Fax 599214, « In una riserva naturale con piscina, maneggio e laghetto per la pesca » – TV ☎ P – 60. AE VISA. rist
Pasto carta 30/45000 – **20 cam** 107/174000 – P 135/165000.

SCANZANO IONICO 75020 Matera 988 ㉙, 431 G 32 – 6 393 ab. alt. 14 – 0835.

Roma 483 – Matera 63 – Potenza 125 – ♦ Taranto 64.

Motel Due Palme, strada statale 106 ✉ 75020 ✆ 953024, Fax 954025 – TV ☎ P. AE E VISA.
Pasto 30/40000 – 5000 – **29 cam** 55/89000 – ½ P 75000.

SCANZOROSCIATE 24020 Bergamo 428 429 E 11 – 8 382 ab. alt. 279 – 035.

Roma 606 – ♦Bergamo 7 – ♦Brescia 49 – ♦Milano 54.

✕✕ ✿ **La Taverna,** via Martinengo Colleoni 35 ✆ 661068, Fax 661068, Coperti limitati; prenotare – P. AE E VISA.
chiuso domenica sera, lunedì e dal 1° al 20 agosto – **Pasto** 40/70000 bc (solo a mezzogionro) e carta 50/78000
Spec. Insalata delicata di verdure e pesci, Filetti di triglia di scoglio al pomodoro e basilico, Salmone farcito con gamberi in salsa di sedano.

SCAPEZZANO Ancona 430 K 21 – Vedere Senigallia.

SCARIO 84070 Salerno 431 G 28 – a.s. luglio-agosto – 0974.

Roma 421 – Potenza 126 – ♦Napoli 216 – Salerno 165 – Sapri 15.

Marcaneto Palace Hotel, località Marcaneto ✆ 986353, Fax 986512, ≤, – TV ☎ P – 300. AE E VISA.
giugno-settembre – **Pasto** carta 51/92000 – 15000 – **61 cam** 150/230000 – ½ P 95/135000.

Approdo, ✆ 986070, ≤, – cam TV ☎ P. AE E VISA.
aprile-settembre – **Pasto** (solo per clienti alloggiati e *chiuso sino a maggio*) – 10000 – **25 cam** 70/100000 – P 110/115000.

SCARLINO 58020 Grosseto 430 N 14 – 2 909 ab. alt. 230 – 0566.

Roma 231 – Grosseto 43 – Siena 91 – ♦Livorno 97.

✕✕ **Da Balbo,** ✆ 37204, – AE E VISA.
chiuso martedì ed ottobre – **Pasto** 35/45000 (10%).

SCENA (SCHENNA) 39017 Bolzano 429 B 15, 218 ⑩ – 2 578 ab. alt. 640 – 0473.

✆ 95669, Fax 95581.

Roma 670 – ♦Bolzano 33 – Merano 5 – ♦Milano 331.

Pianta : vedere Merano

Hohenwart, ✆ 945629, Fax 945996, ≤ monti e vallata, , « Giardino con piscina », – rist TV ☎ P – 35 B h
chiuso dal 10 gennaio al 15 marzo – **Pasto** *(chiuso mercoledì)* carta 46/66000 – **57 cam** 220/420000, 5 appartamenti – ½ P 185/210000.

Gutenberg, N : 1 km ✆ 945950, Fax 945511, ≤, – TV ☎ P. rist B a
chiuso dall'11 gennaio al 1° febbraio e dal 19 novembre al 20 dicembre – **Pasto** (solo per clienti alloggiati) – **22 cam** 102/204000 – ½ P 125000.

Schlosswirt, ✆ 945620, Fax 945538, ≤, , piscina riscaldata, – ☎ P. rist B u
chiuso dal 15 gennaio al 7 marzo – **Pasto** *(chiuso lunedì)* carta 35/62000 – **31 cam** 85/190000 – ½ P 70/110000.

SCHENNA = Scena.

SCHIAVON 36060 Vicenza 429 E 16 – 2 239 ab. alt. 74 – 0444.

Roma 554 – ♦Padova 54 – ♦Milano 237 – Treviso 60 – Vicenza 24.

a Longa S : 2 km – ✉ **36060** :

Alla Veneziana, ✆ 665500, Fax 665766 – TV ☎ P. AE E VISA JCB
Pasto *(chiuso lunedì)* carta 30/70000 – 12000 – **43 cam** 110/130000 – ½ P 75/100000.

SCHIO 36015 Vicenza 988 ④, 429 E 16 – 36 508 ab. alt. 200 – 0445.

Roma 562 – ♦Verona 70 – ♦Milano 225 – ♦Padova 61 – Trento 72 – ♦Venezia 94 – Vicenza 23.

Nuovo Miramonti senza rist, via Marconi 3 ✆ 529900, Fax 528134 – TV ☎. AE E VISA JCB.
60 cam 150/175000.

✕✕ Nuovo Miramonti-da Bruno, via Marconi 5 ✆ 520119 –

SCHIRANNA Varese 219 ⑦ – Vedere Varese.

SCHLANDERS = Silandro.

SCHNALS = Senales.

SCIACCA Agrigento 988 ㉟, 432 O 21 – Vedere Sicilia alla fine dell'elenco alfabetico.

SCILLA **89058** Reggio di Calabria 988 ㊴, 431 M 29 – 5 566 ab. alt. 91 – ☎ 0965.
Roma 642 – ◆Reggio di Calabria 23 – Rosarno 44.

XX **Grotta Azzurra-U Bais,** lungomare Cristoforo Colombo ☎ 754889, ≤, ☂, Specialità di mare – ▤. AE 🅂 E VISA. ✻
chiuso lunedì e dicembre – **Pasto** carta 35/52000.

SCOGLITTI Ragusa 432 Q 25 – Vedere Sicilia (Vittoria) alla fine dell'elenco alfabetico.

SCOPELLO **13028** Vercelli 988 ②, 428 E 6 – 452 ab. alt. 659 – a.s. Natale-febbraio e 15 luglio-17 agosto – Sport invernali : 659/1 742 m ⛷7, ⛷ – ☎ 0163.

⛳ Mera (giugno-settembre) località Alpe di Mera ✉ 13028 Scopello ☎ 72324, Fax 72324, S : 20 mn di funivia.

Roma 695 – Aosta 180 – ◆Milano 121 – Novara 75 – ◆Torino 137 – Varallo 16 – Vercelli 81.

Rosetta, ☎ 71136, Fax 71136, ≤ – ☎ Ⓟ. 🅂 VISA. ✻ rist
chiuso ottobre e novembre – **Pasto** carta 28/42000 – ☕ 7000 – **37 cam** 60/85000 – ½ P 80/90000.

ad Alpe di Mera S : 20 mn di seggiovia – alt. 1 570 :

Sport Hotel Camparient ♨, ✉ 13028 ☎ 78002, Fax 78190, ≤ Monte Rosa e vallata – |‡| ☎. AE 🅂 E VISA. ✻
dicembre-aprile e luglio-settembre – **Pasto** carta 45/65000 – ☕ 12000 – **34 cam** 65/120000 – ½ P 135000.

SCORZÈ **30037** Venezia 988 ⑤, 429 F 18 – 16 012 ab. alt. 16 – ☎ 041.
Roma 527 – ◆Padova 30 – ◆Venezia 24 – ◆Milano 266 – Treviso 17.

Villa Conestabile, via Roma 1 ☎ 445027, Fax 5840088, « Parco e laghetto » – TV ☎ Ⓟ – 🔔 25 a 150. AE 🅂 ⓓ E VISA
Pasto *(chiuso domenica e dal 1° al 20 agosto)* carta 40/67000 – **22 cam** ☕ 100/150000 – ½ P 110000.

Piccolo Hotel, via Moglianese 37 ☎ 5840700, Fax 5840347 – ▤ TV ☎ Ⓟ. AE 🅂 E VISA. ✻
Pasto *(chiuso sabato, domenica ed agosto)* carta 33/44000 – **25 cam** ☕ 90/125000 – ½ P 90/110000.

SCURCOLA MARSICANA **67068** L'Aquila 430 P 22 – 2 423 ab. alt. 730 – ☎ 0863.
Roma 114 – L'Aquila 56 – ◆Pescara 116 – Avezzano 10 – Frosinone 82.

a Cappelle E : 3,5 km – ✉ **67060** :

Olimpia, sulla strada statale 5 ☎ 412222 – ▤ TV ☎ 🚗 Ⓟ – 🔔 350. AE 🅂 E VISA. ✻ – **Pasto** carta 40/64000 – **53 cam** ☕ 110/140000, 4 appartamenti – ½ P 100000.

SEBINO Vedere Iseo (Lago d').

SECCAGRANDE Agrigento 432 O21 – Vedere Sicilia (Ribera) alla fine dell'elenco alfabetico.

SECCHETO Livorno Vedere Elba (Isola d') : Marina di Campo.

SEGESTA Trapani 988 ㉟, 432 N 20 – Vedere Sicilia alla fine dell'elenco alfabetico.

SEGGIANO **58038** Grosseto 430 N 16 – 1 101 ab. alt. 497 – ☎ 0564.
Roma 199 – Grosseto 61 – Siena 66 – Orvieto 109.

XX **Silene** ♨ con cam, località La Pescina E : 3 km ☎ 950805, Fax 950553, ☂ – TV ☎ Ⓟ. AE 🅂 ⓓ E VISA JCB. ✻
chiuso dal 15 al 30 giugno e novembre – **Pasto** *(chiuso lunedì)* carta 30/44000 – ☕ 6000 – **7 cam** 60/80000 – ½ P 65000.

SEGNI **00037** Roma 988 ㉖, 430 Q 21 – 8 530 ab. alt. 650 – ☎ 06.
Roma 57 – Frosinone 43 – Latina 52 – ◆Napoli 176.

La Pace ♨, ☎ 9767125, Fax 9766262 – |‡| TV ☎ Ⓟ – 🔔 150. AE 🅂 ⓓ E VISA. ✻
Pasto 25/30000 – ☕ 6000 – **82 cam** 60/75000 – ½ P 75000.

SEGRATE **20090** Milano 428 F 9, 219 ⑲ – 32 866 ab. alt. 116 – ☎ 02.
Roma 575 – ◆Milano 10 – ◆Bergamo 48.

Pianta d'insieme di Milano (Milano p. 7)

a Milano 2 NO : 3 km – ✉ **20090** Segrate :

Jolly Hotel Milano 2 ♨, ☎ 2175, Telex 321266, Fax 26410115 – |‡| ▤ TV ☎ – 🔔 450. AE 🅂 ⓓ E VISA. ✻ rist
Pasto 65000 – **149 cam** ☕ 310/370000 – ½ P 210/250000.

CO m

SEGUSINO 31040 Treviso 429 E 17 – 1 985 ab. alt. 219 – ☎ 0423.

Roma 560 – Belluno 38 – ♦Padova 73 – Trento 92 – Treviso 42 – Vicenza 69.

XX **Villa Finadri,** ✆ 979674 – P. AE ⑤ E VISA. ✂
chiuso lunedì sera, martedì e dal 7 al 15 gennaio – **Pasto** carta 30/50000.

SEIS AM SCHLERN = Siusi allo Sciliar.

SEISER ALM = Alpe di Siusi.

SELARGIUS Cagliari 433 J 9 – Vedere Sardegna alla fine dell'elenco alfabetico.

SELINUNTE Trapani 988 ㉟, 432 O 20 – Vedere Sicilia alla fine dell'elenco alfabetico.

SELLA (Passo di) (**SELLA JOCH**) Bolzano 988 ⑤ – alt. 2 240.

Vedere ☼★★★.

Roma 694 – ♦Bolzano 53 – Canazei 12 – Cortina d'Ampezzo 60 – ♦Milano 352 – Trento 113.

SELVA Brindisi 431 E 34 – Vedere Fasano.

SELVA Vicenza – Vedere Montebello Vicentino.

SELVA DEI MOLINI (**MÜHLWALD**) **39030** Bolzano 429 B 17 – 1 437 ab. alt. 1 229 – ☎ 0474.

Roma 724 – Cortina d'Ampezzo 77 – ♦Bolzano 92 – Dobbiaco 47.

Mühlwald ⛰, ✆ 653129, Fax 653346, ≤, ≘s, ⛶ – |‡| ⇍ rist ☎ ⇐ P
stagionale – **22 cam.**

SELVA DI VAL GARDENA (**WOLKENSTEIN IN GRÖDEN**) **39048** Bolzano 988 ⑤, 429 C 17 – 2 391 ab. alt. 1 567 – Sport invernali : della Val Gardena 1 567/2 682 m ⛡11 ⛷68, ⛸ (vedere anche Ortisei e Santa Cristina Val Gardena) – ☎ 0471.

Vedere Postergale★ nella chiesa.

Dintorni Passo Sella★★★ : ☼★★★ S : 10,5 km – Val Gardena★★★ per la strada S 242.

ℹ palazzo Cassa Rurale ✆ 795122, Fax 794245.

Roma 684 – ♦Bolzano 42 – Brunico 59 – Canazei 23 – Cortina d'Ampezzo 72 – ♦Milano 341 – Trento 102.

Tyrol ⛰, ✆ 795270, Fax 794022, ≤ Dolomiti, Lδ, ≘s, ⛶, ⛱ – |‡| TV ☎ ⇐ P. ✂ rist
18 dicembre-20 aprile e 16 giugno-5 ottobre – **Pasto** (solo per clienti alloggiati e *chiuso lunedì*) 35/50000 – ☐ 25000 – **34 cam** 150/260000, 8 appartamenti – ½ P 145/280000.

Gran Baita ⛰, ✆ 795210, Fax 795080, ≤ Dolomiti, ≘s, ⛶, ⛱, ✂ – |‡| TV ☎ ⇐ P. AE ⑤ ⓪ E VISA. ✂ rist
20 dicembre-18 aprile e 20 giugno-10 ottobre – **Pasto** *(chiuso mercoledì)* carta 40/66000 – **57 cam** ☐ 80/150000 – ½ P 170/225000.

Genziana, ✆ 795187, Fax 794330, ≤, ≘s, ⛶, ⛱ – |‡| TV ☎ P. ✂
20 dicembre-20 aprile e 25 giugno-settembre – **Pasto** (solo per clienti alloggiati e *chiuso a mezzogiorno*) – **27 cam** ☐ 250000 – ½ P 160/200000.

Sporthotel Granvara ⛰, SO : 1 km ✆ 795250, Fax 794336, ≤ Dolomiti e Selva, Lδ, ≘s, ⛶, ⛱ – |‡| TV ☎ ⇐ P – 🔬 60. ⑤ E VISA. ✂ rist
3 dicembre-20 aprile e giugno-settembre – **Pasto** (solo per clienti alloggiati) 50/80000 – **28 cam** ☐ 155/260000, 2 appartamenti – ½ P 160/200000.

Oswald, ✆ 795151, Fax 794131, ≤, ≘s – |‡| TV ☎ P. AE ⑤ ⓪ E VISA. ✂
8 dicembre-15 aprile e 23 giugno-settembre – **Pasto** carta 35/58000 – ☐ 15000 – **63 cam** 120/240000 – ½ P 120000.

Chalet Portillo, ✆ 795205, Fax 794360, ≤, Lδ, ≘s, ⛱, ✂ – |‡| TV ☎ P. ⑤ E VISA. ✂
dicembre-17 aprile e 26 giugno-26 settembre – **Pasto** (solo per clienti alloggiati) – **27 cam** ☐ 100/180000 – ½ P 135/170000.

Dorfer ⛰, ✆ 795204, Fax 795068, ≤ Dolomiti, ≘s, ⛱ – TV ☎ P. ⑤ VISA. ✂ rist
18 dicembre-15 aprile e 14 giugno-settembre – **Pasto** carta 45/58000 – **30 cam** ☐ 85/190000 – ½ P 110/160000.

Astor, ✆ 795207, Fax 794396, ≤ Dolomiti, ≘s – TV ☎ P. ✂ rist
dicembre-aprile e 15 giugno-settembre – **24 cam** solo ½ P 130/170000.

Armin, ✆ 795347, Fax 794363 – |‡| TV ☎ P. ⑤ VISA. ✂ rist
5 dicembre-15 aprile e 5 luglio-settembre – **Pasto** (solo per clienti alloggiati) 50/70000 e al Rist. ***Grillstube*** *(chiuso a mezzogiorno, lunedì e dal 5 luglio a settembre)* carta 45/71000 – **25 cam** ☐ 120/220000 – ½ P 130/170000.

Malleier ⛰, ✆ 795296, Fax 794364, ≤ Dolomiti, ⛱ – |‡| ☎ P. ✂
dicembre-aprile e giugno-settembre – **Pasto** (solo per clienti alloggiati) – **18 cam** ☐ 200000, 7 appartamenti – ½ P 125/140000.

Mignon, ✆ 795092, Fax 794356, ≘s, ⛱ – |‡| TV ☎ P. ✂ cam
dicembre-aprile e luglio-settembre – **Pasto** (solo per clienti alloggiati) – **24 cam** ☐ 90/180000, appartamento – P 110/170000.

Pralong, 795370, Fax 794103, ←, ≘, – |‡| TV ☎ P. ✻
dicembre-aprile e luglio-settembre – **Pasto** (solo per clienti alloggiati) – **25 cam** ☐ 90/170000 – 1/2 P 130000.

Garni Waltoy, senza rist., 795082, Fax 794482, – ☎ P
12 cam.

verso Passo Gardena (Grödner Joch) SE : 6 km :

Gerard con cam, ✉ 39048 795274, Fax 794508, ← Dolomiti, – TV ☎ P. ✻ cam
18 dicembre-15 aprile e 25 giugno-15 ottobre – **Pasto** carta 36/57000 – **7 cam** ☐ 65/120000 – 1/2 P 98/110000.

SELVAZZANO DENTRO **35030** Padova 429 F 17 – 18 774 ab. alt. 16 – ☎ 049.

Roma 492 – ◆ Padova 12 – ◆ Venezia 52 – Vicenza 27.

El Medievolo, via Scapacchiò 49 8055635, , Rist. caratteristico con specialità spagnole – AE E VISA. ✻
chiuso dal 1° al 20 luglio, lunedì e a mezzogiorno (escluso i giorni festivi) – **Pasto** carta 41/66000.

a Tencarola E : 3 km – ✉ **35030** :

Piroga, 637966, Fax 637966, – ▤ TV ☎ P – 40 a 150. AE E VISA
Pasto *(chiuso lunedì e dall'8 al 15 agosto)* carta 35/50000 – **25 cam** ☐ 100/130000 – 1/2 P 80/100000.

SELVINO **24020** Bergamo 988 ③, 428 429 E 11 – 1 920 ab. alt. 956 – a.s. luglio-agosto e Natale – Sport invernali : 956/1 400 m 2 4 – ☎ 035.

(chiuso giovedì) corso Milano 19 763362.

Roma 622 – ◆ Bergamo 22 – ◆ Brescia 73 – ◆ Milano 68.

Elvezia , 761058, Fax 761058, – TV ☎ P. VISA. ✻
chiuso dal 10 al 30 gennaio e dal 1° al 20 settembre – **Pasto** *(chiuso lunedì)* carta 30/40000 – ☐ 12000 – **17 cam** 95/120000 – 1/2 P 100000.

Marcellino, 763013, Fax 763013, – |‡| TV ☎ P. VISA
Pasto *(chiuso martedì)* 35/60000 – ☐ 10000 – **33 cam** 90/120000 – 1/2 P 80/100000.

SEMOGO Sondrio 218 ⑰ – Vedere Valdidentro.

SENALES **(SCHNALS)** **39020** Bolzano 428 429 B 14, 218 ⑨ – 1 413 ab. alt. (frazione Certosa) 1 327 – Sport invernali : a Maso Corto : 2 009/3 260 m 1 8 (anche sci estivo), – ☎ 0473.

a Certosa 89148, Fax 89177.

Da Certosa : Roma 692 – ◆ Bolzano 55 – Merano 27 – ◆ Milano 353 – Passo di Resia 70 – Trento 113.

a Madonna di Senales (Unserfrau) NO : 4 km – alt. 1 500 – ✉ **39020** Senales :

Berghotel Tyrol , 669690, Fax 669743, ←, ≘, – |‡| ☎ P. ✻
chiuso maggio – **Pasto** (solo per clienti alloggiati) – **25 cam** ☐ 105/180000 – 1/2 P 98000.

a Vernago (Vernagt) NO : 7 km – alt. 1 700 – ✉ **39020** Senales :

Vernagt , 669636, Fax 669720, ← lago e monti, , ≘, – |‡| TV ☎ P. ✻
chiuso dal 2 maggio al 16 giugno e dal 20 novembre al 22 dicembre – **Pasto** 35/58000 – **43 cam** ☐ 135/258000, 4 appartamenti – 1/2 P 108/150000.

SENIGALLIA **60019** Ancona 988 ⑯, 429 430 K 21 – 41 393 ab. – a.s. luglio-agosto – ☎ 071.

piazzale Giardini Morandi 2 7922725, Fax 7924930.

Roma 296 – ◆ Ancona 29 – Fano 28 – Macerata 79 – ◆ Perugia 153 – Pesaro 39.

Duchi della Rovere, via Corridoni 3 7927623, Fax 7927784 – |‡| ▤ TV ☎ & – 50 a 80. AE E VISA. ✻
Pasto carta 45/70000 – **44 cam** ☐ 135/190000, 7 appartamenti – P 165/175000.

Ritz, lungomare Dante Alighieri 142 63563, Fax 7922080, ←, « Giardino con percorso vita », riscaldata, , – |‡| ▤ rist ☎ & P – 30 a 280. AE E VISA
11 maggio-15 settembre – **Pasto** (solo per clienti alloggiati) 50000 – **140 cam** ☐ 120/200000 – 1/2 P 110/140000.

Metropol, lungomare Leonardo da Vinci 11 7925991, Fax 7925991, ←, , – |‡| ▤ rist TV ☎ P. AE E VISA. ✻
maggio-settembre – **Pasto** (solo per clienti alloggiati) – ☐ 15000 – **64 cam** 110/160000 – 1/2 P 92/129000.

Senb Hotel, viale Bonopera 32 7927500, Fax 64814 – |‡| ▤ TV ☎ – 50 a 200. AE E VISA JCB. ✻ rist
Pasto *(chiuso venerdì e domenica sera)* carta 38/56000 – ☐ 12000 – **51 cam** 110/150000 – 1/2 P 85/115000.

Cristallo, lungomare Dante Alighieri 2 7925767, Fax 7925767, ←, – |‡| ▤ rist TV ☎. AE E VISA. ✻ rist
maggio-settembre – **Pasto** carta 30/47000 (15 %) – ☐ 10000 – **57 cam** 75/99000 – 1/2 P 72/92000.

Palace Hotel, piazza della Libertà 7 ☏ 7926792, Fax 7925969, ≤ – ♦ TV ☎. AE ⓢ ⓞ E VISA. ✻ rist
Pasto *(chiuso venerdì)* 40/50000 – ☐ 12000 – **56 cam** 90/130000 – ½ P 80/100000.

Bologna, lungomare Mameli 57 ☏ 7923590, Fax 7921212, ▲ – ♦ ≡ TV ☎ ♿. AE ⓢ ⓞ E VISA. ✻
Pasto 25/35000 – **37 cam** ☐ 80/125000 – ½ P 75/135000.

Baltic, lungomare Dante Alighieri 66 ☏ 7925757, ≤ – ♦ ☎ P. AE ⓢ E VISA. ✻ rist
maggio-settembre – **Pasto** carta 31/47000 (15 %) – ☐ 10000 – **64 cam** 80/98000 – ½ P 80/92000.

Mareblù, lungomare Mameli 50 ☏ 7920104, Fax 7925402, ≤, ⛱ – ♦ ≡ rist TV ☎ P. ⓢ ⓞ E VISA. ✻
Pasqua-settembre – **Pasto** 30/38000 – ☐ 12000 – **57 cam** 80/120000 – ½ P 90/100000.

Europa, lungomare Dante Alighieri 108 ☏ 7926791, ≤ – ♦ ☎. AE ⓢ ⓞ E VISA. ✻ rist
giugno-15 settembre – **Pasto** carta 28/49000 – ☐ 10000 – **60 cam** 85/120000 – ½ P 78/82000.

Argentina, lungomare Dante Alighieri 82 ☏ 7924665, Fax 7925414, ≤ – ♦ ≡ rist ☎. AE ⓢ E VISA. ✻
15 aprile-20 settembre – **Pasto** 20/30000 – ☐ 6000 – **37 cam** 60/65000 – ½ P 90/95000.

XX **Riccardone's,** via Rieti 69 ☏ 64762, ⛱, Specialità di mare – ≡. AE ⓢ ⓞ E VISA JCB
chiuso lunedì in bassa stagione – **Pasto** carta 38/68000.

XX ✿ **La Madonnina del Pescatore,** lungomare Italia 11 a Marzocca SE : 6 km ☏ 698267, Fax 698484, Specialità di mare – ≡. AE ⓢ ⓞ E VISA
chiuso lunedì e dal 1° al 15 gennaio – **Pasto** carta 51/74000
Spec. Cappesante brasate su spuma di patate, Tagliatelle nere ai frutti di mare, Filetto di rombo alle melanzane.

XX ✿ **Uliassi,** banchina di Levante ☏ 65463, ⛱, Specialità di mare – ⓢ ⓞ VISA. ✻
chiuso gennaio, febbraio e lunedì (escluso luglio-agosto) – **Pasto** carta 51/76000
Spec. Piccola frittura dell'Adriatico, Scampi al dragoncello, Coda di rospo con tortino di carciofi.

a Cesano NO : 5 km – ✉ **60012** Cesano di Senigallia :

X **Pongetti,** strada statale ☏ 660064, Specialità di mare – P. AE ⓢ VISA. ✻
chiuso domenica sera, lunedì e dal 10 al 30 settembre – **Pasto** carta 37/60000.

a Scapezzano O : 6 km – ✉ **60010** :

Bel Sit ✧, ☏ 660032, Fax 6608335, « Terrazza-giardino con ≤ mare e dintorni », ⛱, ✻ – ☎ P. AE E VISA. ✻
18 maggio-22 settembre – **Pasto** carta 32/54000 – ☐ 10000 – **27 cam** 80/110000 – ½ P 72/90000.

a Roncitelli O : 8 km – ✉ **60010** :

X **Degli Ulivi,** ☏ 7919670 – AE ⓢ VISA. ✻
chiuso martedì e dal 15 al 30 gennaio – **Pasto** carta 38/70000.

SENORBÌ
Cagliari 988 ㉝, 433 I 9 – Vedere Sardegna alla fine dell'elenco alfabetico.

SEQUALS
33090 Pordenone 429 D 20 – 2 024 ab. alt. 234 – ☏ 0427.
Roma 642 – Udine 39 – ♦Milano 380 – Pordenone 37.

Belvedere, via Odorico 54 ☏ 93016, Fax 938994, « Servizio rist. estivo all'aperto » – TV ☎ P. AE ⓢ ⓞ E VISA
Pasto *(chiuso lunedì)* 25/30000 – ☐ 8000 – **22 cam** 65/100000 – ½ P 60/70000.

SEREGNO
20038 Milano 988 ③, 428 F 9 – 39 302 ab. alt. 224 – ☏ 0362.
Roma 594 – Como 23 – ♦Milano 25 – ♦Bergamo 51 – Lecco 31 – Novara 66.

Umberto Primo via Dante 63 ☏ 223377, Telex 350214, Fax 221931 – ♦ ≡ TV ☎ P – 🏛 30 a 60.
68 cam.

SERINA
24017 Bergamo 428 429 E 11 – 2 166 ab. alt. 820 – a.s. luglio-agosto e Natale – ☏ 0345.
Roma 632 – ♦Bergamo 30 – ♦Milano 73 – San Pellegrino Terme 14.

Rosalpina, ☏ 66020, Fax 66020 – ☎ P. ✻
dicembre-aprile e giugno-settembre – **Pasto** *(chiuso lunedì escluso da giugno a settembre)* carta 31/43000 – ☐ 7000 – **24 cam** 60/90000 – ½ P 65/70000.

SERINO
83028 Avellino 431 E 26 – 7 116 ab. alt. 415 – ☏ 0825.
Roma 260 – ♦Napoli 55 – Avellino 14 – Potenza 126 – Salerno 28.

Serino ✧, per via Terminio 119 (E : 4 km) ☏ 594901, Fax 594116, « Giardino con ⛱ » – ♦ ≡ TV ☎ P – 🏛 200 a 400. AE ⓢ ⓞ E VISA. ✻
Pasto al Rist. ***Antica Osteria "O Calabrisuotto"*** carta 28/42000 – **42 cam** ☐ 150000, 2 appartamenti – ½ P 95/105000.

SERLE **25080** Brescia 428 429 F 13 – 2 805 ab. alt. 493 – ☎ 030.
Roma 550 – ♦Brescia 21 – ♦Verona 73.

a Castello NO : 3 km – ✉ **25080** :

✗ **Trattoria Castello,** ☎ 6910001, Fax 6910001, prenotare – P. AE ⓓ
chiuso martedì, dal 15 al 30 gennaio e dal 15 al 30 agosto – **Pasto** carta 32/47000.

SERMONETA **04010** Latina 988 ㉖, 430 R 20 – 6 577 ab. alt. 257 – ☎ 0773.
Roma 77 – Frosinone 65 – Latina 17.

Principe Serrone senza rist, ☎ 30342, Fax 30336, ≤ vallata – TV ☎. AE S E VISA. ✗
8000 – **13 cam** 80/120000.

SERPIOLLE Firenze – Vedere Firenze.

SERRAMAZZONI **41028** Modena 428 429 430 I 14 – 5 660 ab. alt. 822 – ☎ 0536.
Roma 357 – ♦Bologna 77 – ♦Modena 33 – Pistoia 101.

a Montagnana N : 10 km – ✉ **41020** :

✗✗ **La Noce,** ☎ 957174, Fax 957266, solo su prenotazione a mezzogiorno – P. AE S ⓓ E VISA. ✗
chiuso domenica e dal 1° al 10 settembre – **Pasto** 40/55000 bc e carta 46/60000.

SERRAVALLE Perugia 430 N 21 – Vedere Norcia.

SERRAVALLE PISTOIESE **51030** Pistoia 428 429 430 K 14 – 8 952 ab. alt. 182 – ☎ 0573.
Roma 320 – ♦Firenze 40 – ♦Livorno 75 – Lucca 34 – Pistoia 8 – Pisa 51.

Lago Verde , via Castellani 4 ☎ 518262, Fax 518227, « Laghetto », – TV ☎ P – 120. AE S ⓓ E VISA. ✗
Pasto *(chiuso a mezzogiorno e domenica)* carta 36/52000 – 14000 – **85 cam** 90/123000.

SERVIGLIANO **63029** Ascoli Piceno 988 ⑯, 430 M 22 – 2 329 ab. alt. 216 – ☎ 0734.
Roma 224 – Ascoli Piceno 56 – ♦Ancona 85 – Macerata 43.

San Marco, ☎ 750761, Fax 750740 – TV ☎. AE S ⓓ VISA. ✗
chiuso gennaio – **Pasto** *(chiuso giovedì)* carta 30/40000 – 6000 – **18 cam** 45/75000 – P 75000.

SESTO (SEXTEN) **39030** Bolzano 988 ⑤, 429 B 19 – 1 839 ab. alt. 1 311 – Sport invernali : 1 311/2 205 m 1 5, ; a Versciaco : 1 132/2 050 m 1 2 – ☎ 0474.
Dintorni Val di Sesto** Nord per la strada S 52 e Sud verso Campo Fiscalino.
via Dolomiti 9 (palazzo del Comune) ☎ 710310, Fax 710318.
Roma 697 – Cortina d'Ampezzo 44 – Belluno 96 – ♦Bolzano 116 – ♦Milano 439 – Trento 173.

San Vito-St. Veit , ☎ 710390, Fax 710072, ≤ Dolomiti e vallata, , , – TV ☎ P. ✗ rist
Natale-Pasqua e giugno-15 ottobre – **Pasto** 23/40000 – **26 cam** solo ½ P 95/120000.

Monika , ☎ 710384, Fax 710177, ≤, , – rist ☎ P. ✗
20 dicembre-8 aprile e 20 maggio-10 ottobre – **Pasto** 25/32000 – **27 cam** 108/186000 – ½ P 120000.

a Moso (Moos) SE : 2 km – alt. 1 339 – ✉ **39030** Sesto :

Rainer, ☎ 710366, Fax 710163, ≤ Dolomiti e valle Fiscalina, , , , – rist TV ☎ P. ✗ rist
20 dicembre-18 aprile e 20 maggio-10 ottobre – **Pasto** carta 41/70000 – **40 cam** solo ½ P 150/190000.

Sport e Kurhotel Bad Moos , ☎ 710365, Fax 710509, ≤ Dolomiti, « Ristorante serale in stuben del 15° e 16° secolo », , , , , , – rist TV ☎ P – 50 a 100. ✗ rist
15 dicembre-Pasqua e 25 maggio-20 ottobre – **Pasto** carta 36/76000 – **72 cam** 203/372000 – ½ P 146/202000.

Berghotel Tirol , ☎ 710386, Fax 710455, ≤ Dolomiti e valle Fiscalina, , – rist TV ☎ P. ✗
20 dicembre-Pasqua e 25 maggio-10 ottobre – **28 cam** solo ½ P 140/160000.

Alpi , ☎ 710378, Fax 710009, ≤, – rist ☎ . ✗ rist
20 dicembre-Pasqua e giugno-15 ottobre – **Pasto** (solo per clienti alloggiati) – 8500 – **24 cam** 50/80000 – ½ P 105000.

✗✗ **Patzenfeld** con cam, strada provinciale 52 (SE : 5 km) ☎ 710444, Fax 710053, ≤, – TV ☎ P. S E VISA
Natale-Pasqua e giugno-ottobre – **Pasto** carta 40/79000 – **3 cam** 85/130000, 6 appartamenti 160/210000.

a Campo Fiscalino (Fischleinboden) S : 4 km – alt. 1 451 – ✉ **39030** Sesto :

Dolomiti-Dolomitenhof , ☎ 710364, Fax 710131, ≤ pinete e Dolomiti, , , – TV ☎ P. S E VISA
18 dicembre-7 aprile e giugno-7 ottobre – **Pasto** carta 33/62000 – **30 cam** 140/260000 – ½ P 130/140000.

SESTO CALENDE 21018 Varese [988] ② ③, [428] E 7 – 9 597 ab. alt. 198 – ☎ 0331.
Roma 632 – Stresa 25 – Como 50 – ♦Milano 55 – Novara 39 – Varese 23.

🏨 **Tre Re,** piazza Garibaldi 25 ✆ 924229, Fax 913023, ≤ – ⇅ [TV] ☎. [AE] [$] [D] [E] [VISA]. ✗ rist
marzo-novembre – **Pasto** *(chiuso venerdì)* carta 44/71000 – ☕ 15000 – **34 cam** 100/140000 – ½ P 110/120000.

🏨 **David,** via Roma 56 ✆ 920182, Fax 920182 – ⇅ [TV] ☎ 🚗 [P]. [AE] [$] [D] [E] [VISA]. ✗
chiuso dicembre – **Pasto** *(chiuso lunedì)* carta 34/64000 – ☕ 15000 – **13 cam** 95/110000 – ½ P 100000.

🍴🍴 **La Biscia,** piazza De Cristoforis 1 ✆ 924435, ☂ – [AE] [$] [D] [E] [VISA] [JCB]
chiuso lunedì e novembre – **Pasto** carta 46/103000.

a Lisanza NO : 3 km – ✉ **21018** Sesto Calende :

🍴🍴🍴 ✿ **Da Mosè,** ✆ 977210, Fax 977210, prenotare – [P]. [AE] [$] [D] [E] [VISA]. ✗
chiuso da gennaio al 6 febbraio, lunedì, martedì e in luglio-agosto anche a mezzogiorno (escluso domenica) – **Pasto** 45/60000 (a mezzogiorno) 70/90000 (alla sera) e carta 58/107000 (10 %)
Spec. Fiori di zucchine ripieni di salmerino e gamberi (giugno-settembre). Tagliolini "delizia del mare". Zuppa di pesce alla "Mosè" con salsa di patate e crostini.

SESTOLA 41029 Modena [988] ⑭, [428] [429] [430] J 14 – 2 771 ab. alt. 1 020 – a.s. febbraio-15 marzo, 15 luglio-agosto e Natale – Sport invernali : 1 020/2 000 m ⛷1 ⛷23, ⛷ – ☎ 0536.
[i] piazza Pier Maria Passerini 18 ✆ 62324, Fax 61621.
Roma 387 – ♦Bologna 90 – ♦Firenze 113 – Lucca 99 – ♦Milano 240 – ♦Modena 71 – Pistoia 77.

🏨 **Tirolo** 🐦, via delle Rose 2 ✆ 62523, Fax 62523, ≤, 🌳, ✗ – [TV] ☎ [P]. [$] [E] [VISA]. ✗
23 dicembre-15 aprile e 15 giugno-15 settembre – **Pasto** 25/30000 – ☕ 12000 – **39 cam** 55/85000 – ½ P 85000.

🏨 Capriolo, ✆ 62325, Fax 60920, ≤ – ☎ [P]
stagionale – **26 cam.**

🏨 **Nuovo Parco,** corso Umberto I n.61 ✆ 62322, Fax 60943, ≤, « Piccolo parco » – ☎ [P]. ✗
chiuso maggio ed ottobre – **Pasto** 25/35000 – ☕ 8000 – **39 cam** 60/85000 – ½ P 65/80000.

🍴🍴 **San Rocco** con cam, corso Umberto I ✆ 62382, Coperti limitati; prenotare – [TV] ☎ 🚗. [AE] [$] [D] [E] [VISA] [JCB]. ✗
dicembre-aprile e 15 giugno-settembre – **Pasto** *(chiuso lunedì)* carta 55/75000 – ☕ 15000 – **11 cam** 90/115000 – P 100/120000.

🍴 **Il Faggio,** ✆ 61566 – [AE] [$] [D] [E] [VISA]. ✗
chiuso lunedì e giugno – **Pasto** carta 43/48000.

SESTO SAN GIOVANNI 20099 Milano [428] F 9 – 84 922 ab. alt. 137 – ☎ 02.
Roma 565 – ♦Milano 9 – ♦Bergamo 43.

🏨 **Abacus** senza rist, via Monte Grappa 39 ✆ 26225858, Fax 26225860, ≘s, 🏊 – ⇅ ≡ [TV] ☎ ♿ [P] – 🏛 35. [AE] [$] [D] [E] [VISA]. ✗
chiuso Natale ed agosto – **84 cam** ☕ 200/270000, 2 appartamenti.

SESTRIERE 10058 Torino [988] ⑪, [428] H 2 – 836 ab. alt. 2 033 – a.s. 6 febbraio-6 marzo, Pasqua e Natale – Sport invernali : 2 035/2 823 m ⛷1 ⛷55, ⛷ – ☎ 0122.
⛳18 (15 giugno-15 settembre) ✆ 755170, Fax 76294.
[i] piazza Agnelli 11 ✆ 755444, Fax 755171.
Roma 750 – Briançon 32 – Cuneo 118 – ♦Milano 240 – ♦Torino 93.

🏨 Gd H. Principi di Piemonte 🐦, via Sauze ✆ 7941, Fax 755411, ≤, ≘s – ⇅ [TV] ☎ 🚗 [P] – 🏛 70.
stagionale – **94 cam.**

🏨 **Du Col,** via Pinerolo 12 ✆ 755200, Fax 755473 – ⇅ [TV] ☎ 🚗. [AE] [$] [D] [E] [VISA] [JCB]. ✗ rist
Natale-Pasqua – **Pasto** carta 35/45000 – **70 cam** ☕ 150/260000 – ½ P 170000.

🏨 **Miramonti,** via Cesana 3 ✆ 755333, Fax 755375, ≤ – ⇅ [TV] ☎ ♿ 🚗. [$] [D] [E] [VISA]. ✗ rist
Pasto *(dicembre-10 aprile e 10 luglio-27 agosto)* 25/50000 – **30 cam** ☕ 120/170000 – ½ P 145000.

🏨 **Belvedere,** ✆ 77091, Fax 76299, ☂ – ⇅ [TV] ☎ 🚗 [P]. [$] [D] [E] [VISA]. ✗ rist
chiuso ottobre – **Pasto** *(dicembre-aprile e luglio-settembre)* 30/40000 – **30 cam** ☕ 150/220000 – ½ P 155000.

🏨 **Olimpic,** via Monterotta 9 ✆ 77344, Fax 76133 – [TV] ☎. [$] [E] [VISA]. ✗ rist
dicembre-aprile e luglio-25 agosto – **Pasto** (solo per clienti alloggiati) – **28 cam** ☕ 100/140000 – ½ P 140000.

🍴🍴 **Tre Rubinetti,** piazza Agnelli 4/b ✆ 77397 – [AE] [$] [E] [VISA]
novembre-aprile e giugno-15 settembre; chiuso a mezzogiorno – **Pasto** carta 57/67000.

🍴🍴 **Last Tango,** via La Glesia 5/a ✆ 76337, Coperti limitati; prenotare – [$] [D] [VISA]
chiuso dal 4 al 30 novembre e martedì in bassa stagione – **Pasto** carta 35/68000.

a Champlas-Janvier SO : 5 km – ✉ **10058** Sestriere :

✗ **Du Grand Père,** via Forte Seguin 14 ☏ 755970, Coperti limitati; prenotare – VISA.
dicembre-aprile e giugno-settembre; chiuso martedì – **Pasto** carta 48/63000.

SESTRI LEVANTE **16039** Genova 988 ⑬, 428 J 10 – 20 295 ab. – ☎ 0185.

viale 20 Settembre 33 ☏ 41422.

Roma 457 – Genova 50 – Milano 183 – Portofino 34 – La Spezia 59.

Gd H. dei Castelli ⑤, via alla Penisola 26 ☏ 485780, Fax 44767, ⩦, – ⅰ TV ☎ P. AE VISA. rist
maggio-10 ottobre – **Pasto** carta 62/90000 – ☐ 20000 – **25 cam** 250/315000, 5 appartamenti – ½ P 220/265000.

Gd H. Villa Balbi, viale Rimembranza 1 ☏ 42941, Fax 482459, ⩦, « Parco-giardino con riscaldata », – TV ☎ P – 30 a 80. AE VISA.
aprile-ottobre – **Pasto** *(aprile-settembre)* 65/75000 – **92 cam** ☐ 170/300000 – ½ P 185/230000.

Miramare ⑤, via Cappellini 9 ☏ 480855, Fax 41055, ≤ baia del Silenzio, – TV ☎ – 40 a 80. AE VISA.
Pasto 60000 – **31 cam** ☐ 175/280000 – ½ P 180/200000.

Vis à Vis ⑤, via della Chiusa 28 ☏ 42661, Fax 480853, ≤ mare e città, riscaldata, – TV ☎ P – 180. AE VISA. rist
chiuso dal 1° al 20 dicembre – **Pasto** 60/80000 – **47 cam** ☐ 160/230000, 15000 – ½ P 170/190000.

Due Mari, vico del Coro 18 ☏ 42695, Fax 42698, ≤, – TV ☎ – 50. AE VISA. rist
chiuso da novembre al 21 dicembre – **Pasto** 40/50000 – ☐ 12500 – **26 cam** 100/130000 – ½ P 115000.

Helvetia ⑤ senza rist, via Cappuccini 43 ☏ 41175, Fax 457216, ≤ baia del Silenzio, « Terrazze-giardino fiorite », – TV ☎. VISA
chiuso dal 16 novembre al 14 dicembre – ☐ 20000 – **24 cam** 150/180000.

Sereno ⑤, via Val di Canepa 96 ☏ 43303, Fax 457301 – TV ☎. AE VISA
Pasto 35000 – ☐ 11000 – **10 cam** 90/100000 – P 78/100000.

✗✗ **Santi's,** viale Rimembranza 46 ☏ 485019 – AE VISA
chiuso lunedì e novembre – **Pasto** carta 43/72000.

✗✗ **San Marco,** al porto ☏ 41459, ≤, ⩦ – VISA JCB
chiuso mercoledì (in agosto solo a mezzogiorno), dal 1° al 15 febbraio e dal 15 a 30 novembre – **Pasto** carta 39/63000.

a Riva Trigoso SE : 2 km – ✉ **16037** :

✗✗ ✿ **Fiammenghilla Fieschi,** località Trigoso via Pestella 6 ☏ 481041, Coperti limitati; prenotare, – P – 25. AE VISA
chiuso a mezzogiorno (escluso i giorni festivi), lunedì, dal 23 gennaio al 6 febbraio e dal 23 ottobre al 6 novembre – **Pasto** carta 57/96000
Spec. Scampetti e verdure in pastella, Stracciate (pasta) con novellini e porcini (estate), Zuppa di pesce di scoglio.

✗✗ **Asseü,** via G. B. da Ponzerone 2-strada per Moneglia ☏ 42342, ≤, « Servizio estivo in terrazza sul mare » – P. VISA
chiuso mercoledì e novembre – **Pasto** carta 47/75000.

SESTRI PONENTE Genova – Vedere Genova.

SETTEQUERCE (SIEBENEICH) Bolzano 218 ⑳ – Vedere Terlano.

SETTIMO MILANESE **20019** Milano 428 F 9, 219 ⑱ – 15 434 ab. alt. 134 – ☎ 02.

Roma 586 – Milano 13 – Novara 43 – Pavia 45 – Varese 51.

✗ **Olonella,** via Gramsci 3 ☏ 32812672, Fax 33500872, ⩦ – P. AE VISA
chiuso sabato ed agosto – **Pasto** carta 33/63000.

SETTIMO TORINESE **10036** Torino 988 ⑫, 428 G 5 – 47 571 ab. alt. 207 – ☎ 011.

Roma 698 – Torino 12 – Aosta 109 – Milano 132 – Novara 86 – Vercelli 62.

Pianta d'insieme di Torino (Torino p. 3)

✗✗ **Trattoria Tipica Boschetti,** via Leinì 17 ☏ 8972373, prenotare la sera – VISA. per via Torino HT
chiuso sabato sera, domenica ed agosto – **Pasto** carta 36/64000.

sull'autostrada al bivio A4 - A5 O : 5 km :

Forte Agip, ✉ 10036 ☏ 8977966, Telex 214546, Fax 8977371 – cam TV ☎ P – 30 a 60. AE VISA. rist HT n
Pasto carta 39/64000 – **100 cam** ☐ 164/204000.

[SETTIMO VITTONE] **10010** Torino [428] F 9, [219] ⑭ – 1 671 ab. alt. 282 – ☎ 0125.

Roma 693 – Aosta 57 – Ivrea 10 – ◆Milano 125 – Novara 79 – ◆Torino 59.

🍴🍴 **Prà Giulì,** località Campiglie NE : 5 km ☎ 658222, prenotare – [P]. [AE] [S] [O] [E] [VISA]
chiuso mercoledì e gennaio – **Pasto** carta 30/55000.

🍴🍴 **Gambino** con cam, strada statale S : 1 km ☎ 658508, Fax 658429, ≤, 🌳, 🌳 – [TV] ☎ [P]. [AE] [S] [O] [E] [VISA]. 🚫
Pasto *(chiuso lunedì)* carta 29/46000 – ☕ 7000 – **8 cam** 70/80000 – ½ P 70000.

🍴 **Locanda dell'Angelo,** via Marconi 6 ☎ 658453, 🌳 – [AE] [S] [VISA]
chiuso mercoledì e luglio – **Pasto** carta 27/59000.

🍴 **La Baracca,** località Cornaley NE : 4 km ☎ 658109, ≤, 🌳, 🌳 – [P]. [AE] [S] [O] [E] [VISA]. 🚫
chiuso lunedì e dal 15 gennaio al 15 febbraio – **Pasto** carta 33/61000.

[SEVESO] **20030** Milano [988] ③, [428] F 9 – 7 942 ab. alt. 207 – ☎ 0362.

Roma 595 – Como 22 – ◆Milano 21 – Monza 15 – Varese 41.

🍴🍴 **Osteria delle Bocce,** piazza Verdi 7 ☎ 502282, 🌳 – [AE] [S] [E] [VISA]
chiuso lunedì, sabato a mezzogiorno e dal 1° al 20 agosto – **Pasto** carta 46/80000.

[SEXTEN] = Sesto.

[SIBARI] **87070** Cosenza [988] ㊴, [431] H 31 – ☎ 0981.

Roma 488 – ◆Cosenza 69 – Potenza 186 – Taranto 126.

ai Laghi di Sibari SE : 7 km :

🏨 Oleandro 🐦, ✉ 87070 ☎ 79141, 🌳 – [TV] ☎ [P]
23 cam.

[SICILIA (Isola di)] [988] ㉟ ㊱ ㊲, [432] – Vedere alla fine dell'elenco alfabetico.

[SIDERNO] **89048** Reggio di Calabria [988] ㊴, [431] M 30 – 16 449 ab. – ☎ 0964.

Roma 697 – ◆Reggio di Calabria 103 – Catanzaro 93 – Crotone 144.

🏨 **Gd H. President,** strada statale 106 (SO : 2 km) ☎ 343191, Telex 890020, Fax 342746, ≤, 🏊, 🏖, 🌳, 🎾 – 🛗 ❄ [TV] ☎ [P] – 🏛 400. [AE] [S] [O] [E] [VISA]. 🚫
Pasto carta 38/50000 – **86 cam** ☕ 110/180000, 15 appartamenti 200/280000, ❄ 10000 – ½ P 115000.

[SIEBENEICH] = Settequerce.

[SIENA] **53100** [P] [988] ⑮, [430] M 16 – 56 518 ab. alt. 322 – ☎ 0577.

Vedere Piazza del Campo★★★ BX : palazzo Pubblico★★★ **H**, ※★★ dalla Torre del Mangia – Duomo★★★ AX – Museo dell'Opera Metropolitana★★ ABX **M1** – Battistero di San Giovanni★ : fonte battesimale★★ AX **A** – Palazzo Buonsignori★ : pinacoteca★★★ BX – Via di Città★ BX – Via Banchi di Sopra★ BVX – Piazza Salimbeni★ BV – Basilica di San Domenico★ : tabernacolo★ di Giovanni di Stefano e affreschi★ del Sodoma AVX – Adorazione del Crocifisso★ del Perugino, opere★ di Ambrogio Lorenzetti, Matteo di Giovanni e Sodoma nella chiesa di Sant'Agostino BX.

[i] piazza del Campo 56 ☎ 280551, Fax 270676 – [A.C.I.] viale Vittorio Veneto 47 ☎ 49001.

Roma 230 ② – ◆Firenze 68 ⑤ – ◆Livorno 116 ⑤ – ◆Milano 363 ⑤ – ◆Perugia 107 ② – Pisa 106 ⑤.

Pianta pagina seguente

🏨 **Park Hotel Siena** 🐦, via di Marciano 18 ☎ 44803, Telex 571005, Fax 49020, ≤, 🌳, « Costruzione del 15° secolo in un parco », 🏊, 🎾 – 🛗 ❄ [TV] ☎ ♿ [P] – 🏛 100. [AE] [S] [O] [E] [VISA]. 🚫 rist — T **a**
Pasto carta 64/94000 – ☕ 27500 – **69 cam** 330/440000, 2 appartamenti.

🏨 **Certosa di Maggiano** 🐦, strada di Certosa 82 ☎ 288180, Fax 288189, ≤, 🌳, « Certosa del 14° secolo; giardino con 🏊 riscaldata », 🎾 – ❄ [TV] ☎ [P]. [AE] [S] [O] [E] [VISA]. 🚫
Pasto carta 95/118000 – **6 cam** ☕ 500/700000, 9 appartamenti 700/850000 – ½ P 385/535000. — U **m**

🏨 **Jolly Excelsior,** piazza La Lizza 1 ☎ 288448, Telex 573345, Fax 41272, ≤ – 🛗 ❄ [TV] ☎ – 🏛 30 a 220. [AE] [S] [O] [E] [VISA] [JCB]. 🚫 rist — AV **a**
Pasto 40000 – **123 cam** ☕ 270/400000, 3 appartamenti.

🏨 **Villa Scacciapensieri** 🐦, via di Scacciapensieri 10 ☎ 41441, Fax 270854, « Servizio rist. estivo in giardino fiorito e parco con ≤ città e colli », 🏊, 🎾 – 🛗 ❄ [TV] ☎ ♿ [P] – 🏛 40. [AE] [S] [O] [E] [VISA]. 🚫 rist — T **k**
chiuso da gennaio al 14 marzo – **Pasto** *(chiuso mercoledì)* carta 59/82000 – **29 cam** ☕ 210/330000, 2 appartamenti – ½ P 185/220000.

🏨 **Gd H. Villa Patrizia** 🐦, via Fiorentina 58 ☎ 50431, Telex 574366, Fax 50431, ≤, 🌳, « Parco », 🏊, 🎾 – 🛗 ❄ [TV] ☎ ♿ [P] – 🏛 80. [AE] [S] [O] [E] [VISA]. 🚫 rist — T **d**
Pasto *(novembre-febbraio)* 45/55000 – **33 cam** ☕ 250/320000 – ½ P 190/210000.

🏨 **Executive,** via Orlandi 32 ☎ 333173, Telex 572163, Fax 333178 – 🛗 ❄ [TV] ☎ [P] – 🏛 150. [AE] [S] [O] [VISA]. 🚫 rist — T **f**
Pasto 30/45000 – **73 cam** ☕ 233/268000 – ½ P 164000.

SIENA

Circolazione regolamentata nel centro città

Banchi di Sopra (Via) . . . **BVX** 4
Banchi di Sotto (Via) . . . . **BX** 6
Città (Via di) . . . . **BX**
Montanini (Via dei) . . . . . **AV**

Aretina (Via) . . . . **U** 3
Beccafumi (Via D.) . . . . . . **BV** 9
Bracci (Viale Mario) . . . . . . **T** 12
Cantine (Via delle) . . . . . . **BX** 15
Capitano (Via del) . . . . **AX** 17
Casato di Sopra . . . . **BX** 18
Cavour (Vle C. Benso di) . . . **T** 21
Esterna di Fontebranda (Via) . . . . **U** 26
Fiorentina (Via) . . . . **T** 28
Fusari (Via dei) . . . . **AX** 31
Galluzza (Via della) . . . . . . **AX** 32
Gazzani (Via) . . . . **AV** 33
Gigli (Via Girolamo) . . . . . . **U** 35
Maitani (Via Lorenzo) . . . . **BV** 39
Malizia (Strada di) . . . . **T** 40
Montluc (Via Biagio di) . . **AV** 45
Orlandi (Via Nazareno) . . . . **T** 47
Orti (Via degli) . . . . **BV** 49
Pellegrini (Via dei) . . . . . . **BX** 50
Peruzzi (Via B.) . . . . **TU** 52
Pian dei Mantellini . . . . . . **AX** 53
Pian d'Ovile . . . . **ABV** 54
Piccolomini (Via E.S.) . . . . . **U** 57
Porrione (Via del) . . . . **BX** 59
Ricasoli (Via) . . . . **T** 63
Rinaldini (Via) . . . . **BX** 64
S. Caterina (Via di) . . . . . . **AX** 67
S. Girolamo (Via) . . . . **BX** 68
Sardegna (Viale) . . . . **T** 73
Scacciapensieri (Strada) . . . **T** 74
Sclavo (Via Achille) . . . . **T** 75
Tolomei (Piazza) . . . . **BV** 78
Tufi (Via dei) . . . . **U** 82
Vittorio Emanuele II (Vle) . **AV** 85
Vittorio Veneto (Viale) . . . . . **T** 87

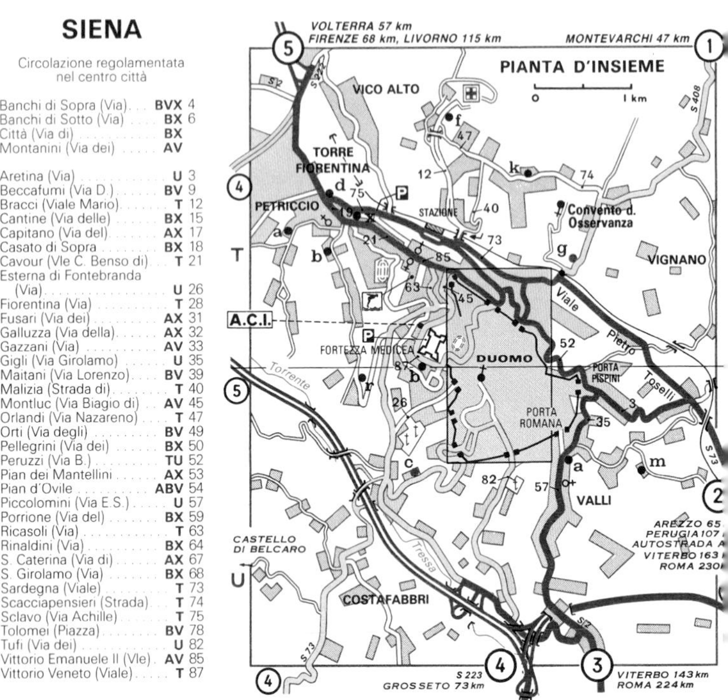

Garden, via Custoza 2 ☎ 47056, Fax 46050, « Parco », – 50 a 400. AE VISA JCB. rist — T **b**
Pasto 25/45000 – 17000 – **136 cam** 105/254000 – ½ P 150/165000.

Villa Liberty senza rist, viale Vittorio Veneto 11 ☎ 44966 – AE VISA — TU **b**
12 cam 117/190000, 10000.

Castagneto senza rist, via dei Cappuccini 39 ☎ 45103, Fax 283266, ≤ città e colli, – — U **r**
chiuso dal 10 gennaio al 20 marzo – 15000 – **11 cam** 110/150000.

Santa Caterina senza rist, via Piccolomini 7 ☎ 221105, Fax 271087, « Giardino » – AE E VISA — U **a**
chiuso dall'8 gennaio al 7 marzo – **19 cam** 150/190000.

Minerva senza rist, via Garibaldi 72 ☎ 284474, Fax 284474, ≤ – AE E VISA — BV **s**
10000 – **49 cam** 100/118000.

Arcobaleno, via Fiorentina 32/40 ☎ 271092, Fax 271423, – AE E VISA — T **x**
Pasto carta 30/48000 – 12000 – **12 cam** 90/120000 – ½ P 100000.

Duomo senza rist, via Stalloreggi 38 ☎ 289088, Fax 43043, ≤ – AE E VISA JCB — AX **e**
23 cam 130/170000.

Antica Torre senza rist, via Fieravecchia 7 ☎ 222255, Fax 222255 – AE E VISA — BX **c**
13000 – **8 cam** 100/150000.

Antica Trattoria Botteganova, via Chiantigiana 29 ☎ 284230, Coperti limitati; prenotare – AE E VISA JCB — T **g**
chiuso domenica, lunedì a mezzogiorno, dal 1º al 10 gennaio e dal 1º al 10 agosto – **Pasto** carta 48/82000 (10%).

Al Mangia, piazza del Campo 42 ☎ 281121, Fax 43997, ≤ piazza, – AE E VISA JCB — BX **u**
chiuso febbraio e lunedì (escluso da aprile al 5 novembre) – **Pasto** carta 47/73000.

Il Biondo, via del Rustichetto 10 ☎ 280739, Fax 280739, – AE E VISA — AV **c**
chiuso mercoledì, dal 7 al 31 gennaio e dal 5 al 13 luglio – **Pasto** carta 38/59000 (12%).

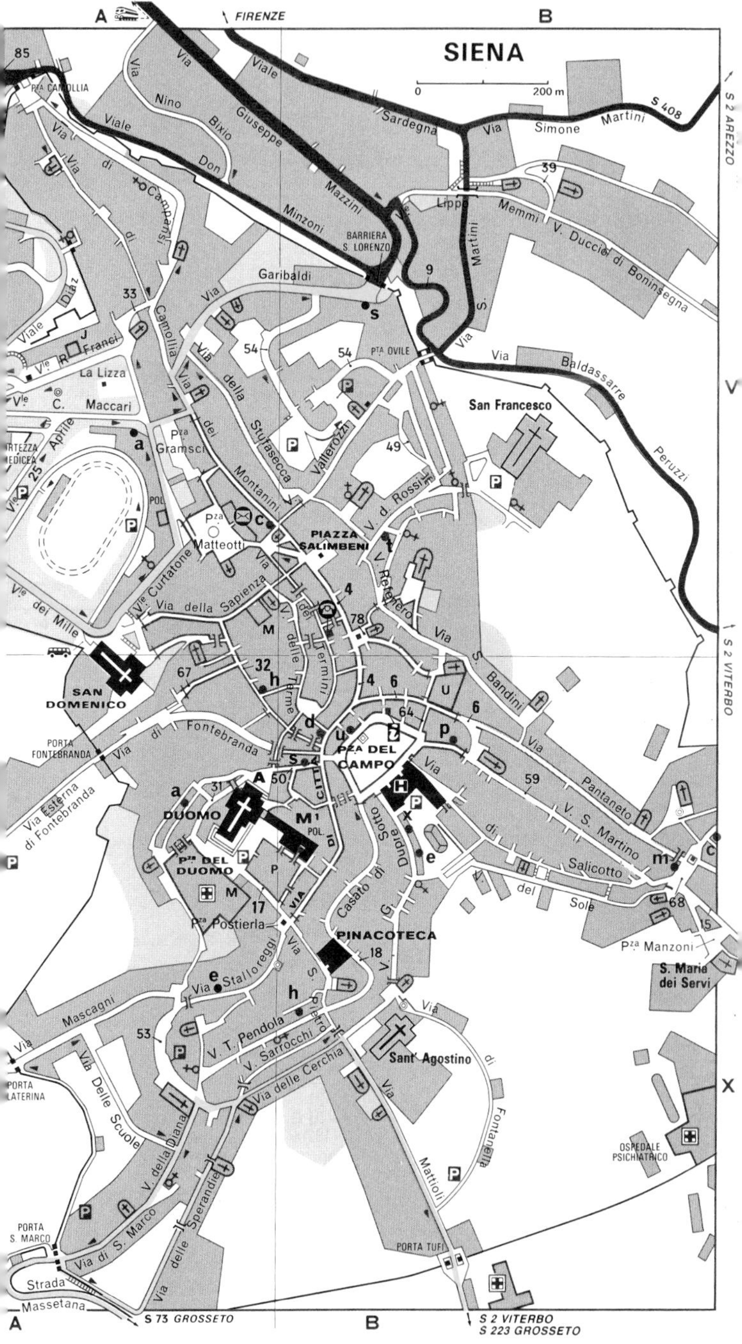
SIENA
FIRENZE
S 2 AREZZO
S 2 VITERBO
S 73 GROSSETO
S 2 VITERBO
S 223 GROSSETO
Viale Sardegna
Via Simone Martini
Via Giuseppe Mazzini
Viale Don Minzoni
Via Nino Bixio
Via di Camollia
Viale Diaz
Via Garibaldi
Via Camollia
BARRIERA S. LORENZO
Via Baldassarre Peruzzi
Lippo Memmi
V. Duccio di Boninsegna
Via S. Martini
Pta CAMOLLIA
Pta OVILE
San Francesco
La Lizza
C. Maccari
Pza Gramsci
Via della Stufasecca
Vallerozzi
Via dei Montanini
V. d. Rossi
PIAZZA SALIMBENI
Pza Matteotti
V. Ruffuolo
Vle Curtatone
Via della Sapienza
Vle dei Mille
V. delle Terme
Via dei Termini
Via S. Bandini
SAN DOMENICO
PORTA FONTEBRANDA
Via di Fontebranda
Via Esterna di Fontebranda
Pza DEL CAMPO
DUOMO
Pza DEL DUOMO
Via di Città
Casato di Sotto
V. G. Duprè
Via Pantaneto
V. S. Martino
Via di Salicotto
V. del Sole
Pza Manzoni
S. Maria dei Servi
PINACOTECA
Pza Postierla
Via S. Pietro
Via Stalloreggi
Via Mascagni
V. T. Pendola
V. Sarrocchi
Via delle Cerchia
Sant' Agostino
Via di Fontanella
Via Mattioli
PORTA LATERINA
Via Delle Scuole
V. della Diana
Via delle Sperandie
PORTA S. MARCO
Via di S. Marco
Strada Massetana
PORTA TUFI
OSPEDALE PSICHIATRICO

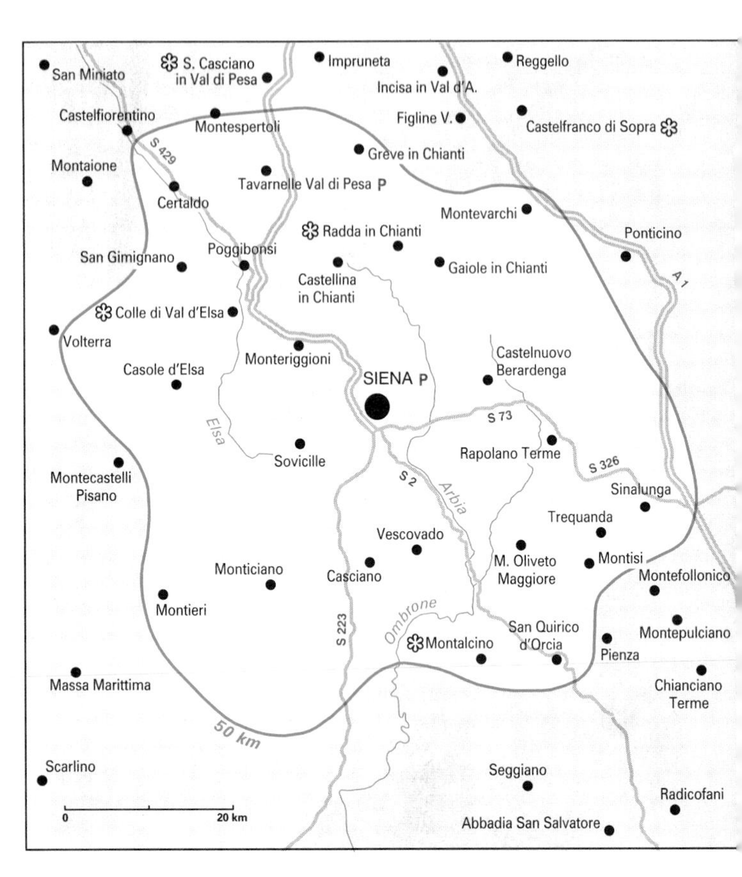

XX **Mariotti-da Mugolone,** via dei Pellegrini 8 ✆ 283235 – AE 🅂 ⦿ E VISA. ✻ BX
chiuso giovedì e dal 15 luglio al 1° agosto – **Pasto** carta 33/49000 (13%).

XX **Medio Evo,** via dei Rossi 40 ✆ 280315, Fax 45376, « In un antico palazzo dell'11 secolo » – 50. AE 🅂 ⦿ E VISA. ✻ BV
chiuso giovedì e gennaio – **Pasto** carta 36/60000 (15%).

X **Da Divo,** via Franciosa 25 ✆ 286054, « In cantine medioevali con volte di tufo » – ▤. 🅂 E VISA. ✻ AX
chiuso domenica escluso da aprile ad ottobre – **Pasto** carta 31/50000 (10%).

X **Il Ghibellino,** via dei Pellegrini 26 ✆ 288079 – AE 🅂 E VISA. ✻ BX
chiuso lunedì – **Pasto** carta 28/43000 (10%).

X **La Finestra,** piazza del Mercato 14 ✆ 42093, ⛱ – AE 🅂 ⦿ E VISA BX
chiuso domenica – **Pasto** carta 38/50000 (10%).

X **Antica Trattoria Papei,** piazza del Mercato 6 ✆ 280894, ⛱ – 🅂 E VISA BX
chiuso lunedì – **Pasto** carta 31/49000.

X **Il Giuggiolo,** via Massetana 30 ✆ 284295 – 🅂 E VISA. ✻ U
chiuso mercoledì ed agosto – **Pasto** carta 31/48000 (10%).

X **Osteria le Logge,** via del Porrione 33 ✆ 48013 – AE 🅂 ⦿ E VISA BX
chiuso domenica e i giorni festivi – carta 46/60000 (10%).

X **Osteria Castelvecchio,** via Castelvecchio 65 ✆ 49586 – AE 🅂 ⦿ E VISA. ✻ BX
chiuso martedì – **Pasto** carta 35/48000.

X **Cane e Gatto,** via Pagliaresi 6 ✆ 287545, Fax 270227, Coperti limitati; solo su prenotazione a mezzogiorno – AE 🅂 ⦿ E VISA BX
chiuso giovedì – **Pasto** (menu suggeriti dal proprietario) carta 45/70000.

X **Grotta Santa Caterina-da Bagoga,** via della Galluzza 26 ✆ 282208, Fax 271179 – AE 🅂 E VISA AX
chiuso domenica sera, lunedì e dal 20 al 30 luglio – **Pasto** carta 28/44000 (10%).

a Vagliagli NE : 11,5 km per S 222 T – ✉ 53019 :

La Taverna del Chianti, ✆ 322532, Fax 322757, Coperti limitati; prenotare – AE ⑤ ⊙ E VISA. ✻
chiuso lunedì e dall'8 gennaio al 9 febbraio – **Pasto** carta 31/49000.

a Quercegrossa N : 8 km per S 222 T – ✉ 53010 :

Villa Gloria senza rist, S : 0,5 km ✆ 327103, Fax 327004, ≤ colli, – ☎ P. AE ⑤ ⊙ E VISA
chiuso novembre – **12 cam** ☐ 150/200000.

SILANDRO (SCHLANDERS) 39028 Bolzano 988 ④, 428 429 C 14 – 5 435 ab. alt. 721 – ✆ 0473.
ℹ via Cappuccini 10 ✆ 730155, Fax 621615.
Roma 699 – ♦Bolzano 62 – Merano 34 – ♦Milano 272 – Passo di Resia 45 – Trento 120.

Vier Jahreszeiten, ✆ 621400, Fax 621533, ≤, – |‡| ▤ rist TV ☎ & P – 40.
stagionale – **45 cam.**

a Vezzano (Vezzan) E : 4 km – ✉ 39028 Silandro :

Sporthotel Vetzan , ✆ 742525, Fax 742467, ≤, – |‡| TV ☎ ⑤ E VISA. ✻ rist
Pasqua-ottobre – **Pasto** (solo per clienti alloggiati) 40/70000 – **20 cam** ☐ 150/260000 – ½ P 130000.

SILEA 31057 Treviso 429 F 18 – 8 647 ab. – ✆ 0422.
Roma 541 – ♦Venezia 26 – ♦Padova 50 – Treviso 5.

Da Dino, via Lanzaghe 17 ✆ 360765, prenotare – P. ✻
chiuso martedì sera, mercoledì, dal 24 al 31 dicembre e dal 1° al 20 agosto – **Pasto** carta 35/48000.

SILVI MARINA 64029 Teramo 988 ㉗, 430 O 24 – 13 396 ab. – a.s. luglio-agosto – ✆ 085.
Dintorni Atri : Cattedrale★★ NO : 11 km – Paesaggio★★ (Bolge), NO : 12 km.
ℹ lungomare Garibaldi 158 ✆ 930343, Fax 930026.
Roma 216 – ♦Pescara 19 – L'Aquila 114 – Ascoli Piceno 77 – Teramo 45.

Mion, via Garibaldi 22 ✆ 9350935, Fax 9350864, ≤, « Servizio rist. estivo in terrazza fiorita », – |‡| TV ☎ P. AE ⑤ ⊙ E VISA. ✻
maggio-settembre – **Pasto** carta 58/83000 – **64 cam** ☐ 120/200000, 5 appartamenti – ½ P 120/175000.

Parco delle Rose, viale Garibaldi 36 ✆ 9350989, Fax 9350987, ≤, – |‡| TV ☎ P. AE ⑤ ⊙ E VISA. ✻
27 maggio-15 settembre – **Pasto** 35/45000 – **63 cam** ☐ 150/180000, 10 appartamenti – ½ P 130/150000.

Miramare, via Garibaldi 90 ✆ 930235, Fax 9351533, ≤, – |‡| ☎. AE ⑤ E VISA
aprile-settembre – **Pasto** carta 25/30000 – **55 cam** ☐ 55/90000 – ½ P 105000.

Florida, via La Marmora ✆ 930153, Fax 9350252, – TV ☎ P. AE. ✻ rist
Pasto 30/35000 – ☐ 7000 – **23 cam** 55/90000 – P 55/95000.

Asplenio, via Roma 310 ✆ 9352446, – AE VISA. ✻
chiuso mercoledì – **Pasto** carta 35/55000.

a Silvi Paese NO : 5,5 km – alt. 242 – ✉ 64028 :

Vecchia Silvi, ✆ 930141, Fax 9353880, – P – 80. AE ⑤ ⊙ E VISA. ✻
chiuso martedì escluso da giugno a settembre – **Pasto** carta 31/54000.

SINALUNGA 53048 Siena 988 ⑮, 430 M 17 – 11 682 ab. alt. 365 – ✆ 0577.
Roma 188 – Siena 45 – Arezzo 44 – ♦Firenze 103 – ♦Perugia 65.

Da Santorotto, E : 1 km ✆ 679012, Fax 679012 – TV ☎ P. ⑤ E VISA. ✻ rist
Pasto (solo per clienti alloggiati) 22/26000 – ☐ 5000 – **22 cam** 45/75000 – ½ P 64/66000.

Locanda dell'Amorosa con cam, S : 2 km ✆ 679497, Fax 678216, prenotare, « In un'antica fattoria », – ▤ cam TV ☎ P – 80. AE ⑤ ⊙ E VISA. ✻ rist
Pasto *(chiuso lunedì, martedì a mezzogiorno e dall'11 gennaio a febbraio)* 65/90000 e carta 67/100000 – **12 cam** ☐ 260/320000, 4 appartamenti – ½ P 325000.

SINISCOLA Nuoro [988] ㉞, [433] F 11 – Vedere Sardegna alla fine dell'elenco alfabetico.

SIPONTO Foggia – Vedere Manfredonia.

SIRACUSA [P] [988] ㊲, [432] P 27 – Vedere Sicilia alla fine dell'elenco alfabetico.

SIRIO (Lago) Torino [219] ⑭ – Vedere Ivrea.

SIRMIONE **25019** Brescia [988] ④, [428] [429] F 13 – 5 459 ab. alt. 68 – Stazione termale (marzo-novembre), a.s. Pasqua e luglio-settembre – ☏ 030.

La limitazione d'accesso degli autoveicoli al centro storico è regolata da norme legislative.

Vedere Località★★ – Grotte di Catullo : cornice pittoresca★★ – Rocca Scaligera★.

[i] viale Marconi 2 ☎ 916245, Fax 916222.

Roma 524 – ◆Brescia 39 – ◆Verona 35 – ◆Bergamo 86 – ◆Milano 127 – Trento 108 – ◆Venezia 149.

🏨🏨🏨🏨 **Villa Cortine** 🔇, via Grotte 12 ☎ 9905890, Fax 916390, 🍽, « Grande parco digradante sul lago », 🏊 riscaldata, 🎾, 🍴 – ⇅ ❄ [TV] ☎ [P]. [AE] [$] [O] [E] [VISA]. 🚫 rist
Pasqua-25 ottobre – **Pasto** 80/90000 – ☕ 30000 – **53 cam** 300/500000, 2 appartamenti – ½ P 350000.

🏨🏨🏨 **Gd H. Terme,** viale Marconi 7 ☎ 916261, Fax 916568, <, « Giardino in riva al lago con 🏊 riscaldata », 🏋, 🎾, ⚓ – ⇅ ❄ [TV] ☎ [P] – 👥 100 a 140. [AE] [$] [O] [E] [VISA]. 🚫 rist
aprile-24 ottobre – **Pasto** 70/80000 – **57 cam** ☕ 360/380000, appartamento – ½ P 325000.

🏨🏨🏨 **Olivi** 🔇, via San Pietro 5 ☎ 9905365, Fax 916472, <, « Giardino ombreggiato con 🏊 » – ⇅ ❄ [TV] ☎ [P] – 👥 50 a 150. [AE] [$] [E] [VISA]. 🚫 rist
chiuso gennaio – **Pasto** 50000 – ☕ 17000 – **58 cam** 110/160000 – ½ P 143/153000.

🏨🏨🏨 **Fonte Boiola,** viale Marconi 11 ☎ 916431, Fax 916435, <, « Giardino in riva al lago », 🎾, ⚓ – ⇅ ❄ [TV] ☎ [P]. [AE] [$] [O] [E] [VISA] [JCB]. 🚫
Pasto 40/50000 – **60 cam** ☕ 105/170000 – ½ P 120/140000.

🏨🏨🏨 **Sirmione,** piazza Castello 19 ☎ 916331, Fax 916558, <, 🍽, « Pergolato in riva al lago », 🏊 riscaldata, ⚓ – ⇅ ❄ [TV] ☎ [P]. [AE] [$] [O] [E] [VISA] [JCB]. 🚫 rist
Pasqua-ottobre – **Pasto** carta 60/80000 – **72 cam** ☕ 150/240000 – ½ P 145/165000.

🏨🏨🏨 **Eden** senza rist, piazza Carducci 17/18 ☎ 916481, Fax 916483, <, 🎾, 🌳 – ⇅ ❄ [TV] ☎ 🚗 [P]. [AE] [$] [O] [E] [VISA]
chiuso dal 20 novembre al 20 febbraio – ☕ 15000 – **33 cam** 100/160000.

🏨🏨 **Catullo,** piazza Flaminia 7 ☎ 9905811, Fax 916444, <, « Giardino in riva al lago », 🎾, 🌳 – ⇅ ❄ [TV] ☎ ♿ [P]. [AE] [$] [O] [E] [VISA]. 🚫 rist
chiuso dal 10 gennaio a febbraio – **Pasto** (solo per clienti alloggiati) 35/50000 – **57 cam** ☕ 110/160000 – ½ P 105/112000.

🏨🏨 **Ideal** 🔇, via Catullo 31 ☎ 9904245, Fax 9904245, <, « Giardino-uliveto con discesa al lago », 🎾 – ⇅ ☎ [P]. [AE] [$] [E] [VISA]. 🚫
aprile-ottobre – **Pasto** 50000 – **33 cam** ☕ 130/180000 – ½ P 110/140000.

🏨🏨 **Du Lac,** via 25 Aprile 60 ☎ 916026, Fax 916582, <, 🏊, 🎾, 🌳 – [TV] ☎ [P]. [VISA]. 🚫
aprile-24 ottobre – **Pasto** (solo per clienti alloggiati e *chiuso a mezzogiorno*) 50/55000 – **36 cam** ☕ 100/160000 – ½ P 100/110000.

🏨🏨 **Golf e Suisse** senza rist, via Condominio 2 ☎ 9904590, Fax 916304, 🎾, 🌳 – ⇅ [TV] ☎ 🚗 [P]. [AE] [$] [O] [E] [VISA]
4 marzo-27 ottobre – ☕ 17500 – **30 cam** 103/115000.

🏨🏨 **Desiree** 🔇, via San Pietro 2 ☎ 916142, Fax 916241, <, 🌳 – ⇅ ❄ [TV] ☎ [P]. [$] [E] [VISA]. 🚫 rist
marzo-ottobre – **Pasto** carta 31/43000 – ☕ 10000 – **34 cam** 80/100000, ❄ 10000 – ½ P 86/95000.

🏨 **Miramar,** via 25 Aprile 22 ☎ 916239, Fax 916593, <, « Giardino in riva al lago », 🎾 – ☎ [P]. [$] [E] [VISA]. 🚫
chiuso gennaio e febbraio – **Pasto** (solo per clienti alloggiati e *chiuso marzo, novembre e dicembre*) 33000 – **30 cam** ☕ 50/124000 – ½ P 90/95000.

🏨 **Mon Repos** 🔇, via Arici 2 ☎ 9905290, Fax 916546, <, « Giardino-uliveto con 🏊 » – [TV] ☎ [P]. [AE] [$] [E] [VISA]. 🚫 rist
15 marzo-15 novembre – **Pasto** 40/45000 – ☕ 15000 – **24 cam** 100/140000 – ½ P 120000.

🏨 **La Paül,** via 25 Aprile 32 ☎ 916077, Fax 9905505, <, 🎾, 🌳 – ⇅ ❄ [TV] ☎ [P]. [AE] [$] [O] [E] [VISA]. 🚫 rist
chiuso febbraio e marzo – **Pasto** *(15 giugno-settembre; solo per clienti alloggiati)* carta 29/41000 – **29 cam** ☕ 110/160000 – ½ P 110000.

🏨 **Villa Maria** 🔇, via San Pietro in Mavino 8 ☎ 916090, Fax 916123 – ⇅ [TV] ☎ [P]. [AE] [$] [VISA] 🚫
30 marzo-3 novembre – **Pasto** (solo per clienti alloggiati) 40000 – **25 cam** ☕ 70/100000 – ½ P 85000.

🏨 **Garten Lido,** via 25 Aprile 4 ☎ 916102, Fax 916170, <, 🍽, 🎾, 🌳 – ❄ cam [TV] ☎ [P] [AE] [$] [E] [VISA]. 🚫 rist
marzo-novembre – **Pasto** 30/40000 – **21 cam** ☕ 90/140000 – ½ P 90/95000.

🏨 **Speranza** senza rist, via Casello 6 ☎ 916116, Fax 916403 – ⇅ ❄ [TV] ☎. [AE] [$] [O] [E] [VISA] [JCB]
marzo-novembre – ☕ 10000 – **13 cam** 65/75000.

XXX **Signori,** via Romagnoli 23 ✆ 916017, Fax 916193, ≤, « Servizio estivo in terrazza sul lago » – AE ⓢ ⊙ E VISA JCB. ⋇
16 marzo-9 novembre; chiuso lunedì – **Pasto** 35/50000 (a mezzogiorno) 55/85000 (alla sera) e carta 50/80000.

XXX La Rucola, vicolo Strentelle 7 ✆ 916326, Fax 916326, prenotare – ▤

XX **Trattoria Antica Contrada,** via Colombare 23 ✆ 9904369, 🝊 – AE ⓢ ⊙ E VISA
chiuso lunedì, martedì a mezzogiorno e gennaio – **Pasto** carta 55/69000.

XX **San Salvatore,** via San Salvatore 5 ✆ 916248 – AE ⓢ ⊙ E VISA JCB
chiuso mercoledì e dal 17 novembre a gennaio – **Pasto** carta 42/84000 (15%).

X **Grifone,** vicolo delle Bisse 5 ✆ 916097, Fax 916548, ≤, « Servizio estivo in terrazza in riva al lago » – AE ⓢ ⊙ E VISA
10 marzo-ottobre – **Pasto** carta 36/57000 (15%).

X **Risorgimento-dal Rösa,** piazza Carducci 5 ✆ 916325, 🝊 – AE ⓢ ⊙ E VISA
marzo-15 novembre; chiuso martedì – **Pasto** carta 36/57000 (15%).

a Colombare S : 3,5 km – ✉ **25010** Colombare di Sirmione :

🏨 **Europa** ⛰, ✆ 919047, Fax 9196472, ≤, 🏊, 🏖, 🌳 – ▤ TV ☎ P. AE ⓢ ⊙ E VISA. ⋇
aprile-ottobre – **Pasto** (solo per clienti alloggiati) – **25 cam** ▭ 90/150000 – ½ P 110000.

🏨 **Florida,** via Colombare 91 ✆ 919018, Fax 9904254, « Giardino con 🏊 » – TV ☎ P. ⓢ E VISA. ⋇ rist
aprile-ottobre – **Pasto** carta 30/45000 – ▭ 15000 – **26 cam** 85/120000 – ½ P 90000.

🏨 **Mirage** senza rist, ✆ 9196504, Fax 9196245 – |≑| ▤ TV ☎ 🚗. AE ⓢ E VISA JCB. ⋇
chiuso dal 6 gennaio al 20 marzo – ▭ 15000 – **16 cam** 87/115000.

XX **La Griglia,** ✆ 919223 – P. ⓢ ⊙ E VISA JCB
chiuso martedì e da gennaio al 15 febbraio – **Pasto** 25000 e carta 35/60000.

a Lugana SE : 5 km – ✉ **25010** Colombare di Sirmione:

🏨 **Arena** senza rist, via Verona 90 ✆ 9904828, Fax 9904821 – ▤ TV ☎ ♿ 🚗. AE ⓢ E VISA. ⋇
chiuso da gennaio al 6 marzo – ▭ 10000 – **25 cam** 85/120000.

🏨 **Derby,** ✆ 919482, Fax 9906631 – ▤ cam TV ☎ 🚗 P. AE ⓢ E VISA. ⋇
chiuso dal 10 dicembre a gennaio – **Pasto** (solo per clienti alloggiati e *chiuso a mezzogiorno*) 25000 – ▭ 14000 – **14 cam** 70/90000 – ½ P 80000.

XX ✿ **Vecchia Lugana,** ✆ 919012, Fax 9904045, « Servizio estivo in terrazza sul lago » – P – 🏛 50. AE ⓢ ⊙ E VISA JCB. ⋇
chiuso lunedì sera, martedì e dal 9 gennaio al 22 febbraio – **Pasto** 60000 (a mezzogiorno) 80000 (alla sera) e carta 49/82000 (15%)
Spec. Terrina di pesci gardesani e verdure con salsa alle erbe aromatiche, Carni e pesci gardesani alla griglia, Crostate di frutta fresca.

SIROLO 60020 Ancona 988 ⑯, 430 L 22 – 3 135 ab. – a.s. luglio-agosto – ☎ 071.
ɪ̈ e ⛳9 Conero (chiuso lunedì e dal 15 gennaio al 15 febbraio) ✆ 7360613, Fax 7360380.
(giugno-settembre) piazza Vittorio Veneto ✆ 9330611.
oma 304 – ♦Ancona 18 – Loreto 16 – Macerata 43 – Porto Recanati 11.

🏨 **La Conchiglia Verde,** ✆ 9330018, Fax 9330019, 🏊 riscaldata, 🌳 – TV ☎ P. AE ⓢ ⊙ E VISA JCB. ⋇ rist
Pasto 40/60000 – **26 cam** ▭ 100/150000 – ½ P 110000.

🏨 **Beatrice,** ✆ 9330731, ≤ – P. ⋇
giugno-settembre – **Pasto** (solo per clienti alloggiati) – ▭ 6000 – **27 cam** 90/95000 – ½ P 95/100000.

al monte Conero (Badia di San Pietro) NO : 5,5 km – alt. 572 – ✉ **60020** Sirolo :

🏨 Monteconero ⛰, ✆ 9330592, Fax 9330365, ≤ mare e costa, « In un'antica abbazia camaldolese », 🏊, 🌳, 🎾 – |≑| ▤ rist ☎ P – 🏛 70.
stagionale – **46 cam.**

SISTIANA Trieste 988 ⑥, 429 E 22 – Vedere Duino Aurisina.

SIUSI ALLO SCILIAR (SEIS AM SCHLERN) 39040 Bolzano 988 ④, 429 C 16 – alt. 988 – Sport invernali : vedere Alpe di Siusi – ☎ 0471.

ℹ ☎ 706124, Fax 707134.

Roma 664 – ♦Bolzano 24 – Bressanone 29 – ♦Milano 322 – Ortisei 15 – Trento 83.

- Genziana-Enzian, ☎ 705050, Fax 707010, ≤, ℱ₆, ≘s, ⊠, ☞ – |‡| ▤ rist ▣ ☎ ℗
  stagionale – **32 cam.**
- **Sporthotel Europa,** ☎ 706174, Fax 707222, ≤, ℱ₆, ≘s, ☞ – |‡| ▣ ☎ ℗. ✻ rist
  chiuso dal 14 aprile al 16 maggio e dal 3 novembre al 15 dicembre – **Pasto** (solo per clienti alloggiati) – **33 cam** ☐ 85/160000, 2 appartamenti – ½ P 130/150000.
- **Dolomiti-Dolomitenhof** ⊗, ☎ 706128, Fax 706163, ≤ Sciliar, Vacanze-salute, ≘s, ⊠, ☞ – |‡| ▣ ☎ ℗. AE ⊙ VISA. ✻ rist
  16 dicembre-14 aprile e giugno-ottobre – **Pasto** (solo per clienti alloggiati) 38/51000 – ☐ 32000 – **27 cam** 77/154000 – ½ P 118/138000.
- **Florian** ⊗, ☎ 706137, Fax 707505, ≤ Sciliar, ≘s, ⊼ riscaldata, ☞ – ☎ ℗. ✻ rist
  20 dicembre-20 aprile e giugno-15 ottobre – **Pasto** (solo per clienti alloggiati) 30/40000 – **24 cam** ☐ 130/260000 – ½ P 120000.

a Razzes (Ratzes) SE : 3 km – alt. 1 205 – ✉ 39040 Siusi :

- **Bad Ratzes** ⊗, ☎ 706131, Fax 706131, ≤ Sciliar e pinete, « Prato-giardino », ≘s, ⊠ – |‡| ▤ rist ▣ ☎ ⇔ ℗. ✻ cam
  17 dicembre-23 aprile e 20 maggio-1° ottobre – **Pasto** *(chiuso lunedì)* carta 43/59000 – **51 cam** ☐ 92/184000 – ½ P 106/141000.

☞ *Inclusion in the* **Michelin Guide** *cannot be achieved by pulling strings or by offering favours.*

SIZIANO 27010 Pavia 988 ③ ⑬, 428 G 9 – 4 398 ab. alt. 93 – ☎ 0382.

Roma 570 – ♦Milano 22 – Piacenza 59 – Novara 71 – Pavia 18.

a Campomorto S : 2 km – ✉ 27010 Siziano :

- ✕ **Cipperimerlo,** ☎ 67161, ☂ – ℗. AE ⑤ ⊙ VISA
  chiuso martedì sera, mercoledì ed agosto – **Pasto** carta 35/57000.

SIZZANO 28070 Novara 428 F 13, 219 ⑯ – 1 452 ab. alt. 225 – ☎ 0321.

Roma 641 – Stresa 50 – Biella 42 – ♦Milano 66 – Novara 20.

- ✕ **Impero,** via Roma 13 ☎ 820290 – AE ⑤ E VISA
  chiuso lunedì, dal 15 febbraio al 1° marzo ed agosto – **Pasto** carta 33/55000.

SOAVE 37038 Verona 988 ④, 429 F 15 – 6 085 ab. alt. 40 – ☎ 045.

Roma 524 – ♦Verona 22 – ♦Milano 178 – Rovigo 76 – ♦Venezia 95 – Vicenza 32.

- ✕✕ **Lo Scudo,** via San Matteo 46 ☎ 7680766, Coperti limitati; prenotare – ▤ ℗. AE ⑤ VISA ✻
  chiuso domenica sera e lunedì – **Pasto** carta 37/55000.
- ✕✕ **Al Gambero** con cam, corso Vittorio Emanuele 5 ☎ 7680010, Fax 7680010 – ▤ rist – 🕭 30. AE ⑤ E VISA. ✻ cam
  Pasto *(chiuso martedì sera e mercoledì)* carta 28/37000 – **13 cam** ☐ 50/70000 – ½ P 70000

SOIANO DEL LAGO 25080 Brescia 428 F13 – 1 278 ab. alt. 203 – ☎ 0365.

Roma 538 – ♦Brescia 27 – Mantova 77 – ♦Milano 128 – Trento 106 – ♦Verona 53.

- ✕✕ **Il Grillo Parlante,** S : 1,5 km ☎ 502312, Fax 502312, ☂ – ℗. AE ⑤ ⊙ E VISA. ✻
  chiuso dal 10 al 20 gennaio e lunedì (escluso luglio-agosto) – **Pasto** 20/50000 (a mezzogiorno) 25/90000 (alla sera) e carta 33/56000.
- ✕✕ **Aurora,** ☎ 674101, ☂ – ℗. AE ⑤ ⊙ E VISA
  chiuso mercoledì – **Pasto** carta 29/46000.

SOLAROLO 48027 Ravenna 429 430 I 17 – 4 068 ab. alt. 24 – ☎ 0546.

Roma 373 – ♦Bologna 50 – ♦Ravenna 41 – Forlì 29 – Rimini 72.

- ✕ **L'Ustarejà di Du Butò-Centrale** con cam, ☎ 51109, Fax 51364 – ▣ ☎ – 🕭 25. AE ⑤ ⊙ E VISA. ✻
  Pasto *(chiuso lunedì)* carta 31/54000 – ☐ 12000 – **15 cam** 63/85000 – ½ P 65/75000.

SOLAROLO RAINERIO 26030 Cremona 428 G 13 – 975 ab. alt. 28 – ☎ 0375.

Roma 487 – ♦Brescia 67 – Cremona 27 – Mantova 42 – ♦Parma 36.

- ✕✕ **La Clochette** con cam, ☎ 91010, Fax 310151, ☂, ☞ – ▤ ▣ ☎ ℗. AE ⑤ ⊙ E VISA. ✻ rist
  chiuso dal 1° al 16 agosto – **Pasto** *(chiuso martedì)* carta 33/57000 – ☐ 7000 – **12 cam** 55/90000 – ½ P 75/85000.

SOLDA (SULDEN) 39029 Bolzano 988 ④, 428 429 C 13 – alt. 1 906 – Sport invernali : 1 906/3 150 m 1 12, – 0473.

613015, Fax 613182.

Roma 733 – Sondrio 115 – Bolzano 96 – Merano 68 – Milano 281 – Passo di Resia 50 – Passo dello Stelvio 29 – Trento 154.

Marlet , 613075, Fax 613190, gruppo Ortles e vallata, , – .
28 novembre-10 maggio e luglio-settembre – **Pasto** (solo per clienti alloggiati) 30000 – **23 cam** solo ½ P 110/118000.

Eller, 613021, Fax 613181, , , – . E VISA.
dicembre-5 maggio e luglio-29 settembre – **Pasto** *(chiuso a mezzogiorno da dicembre a marzo)* carta 50/68000 – **50 cam** 75/140000 – ½ P 115000.

Mignon, 613045, Fax 613194, gruppo Ortles, – . E VISA.
28 novembre-2 maggio e 26 giugno-25 settembre – **Pasto** (solo per clienti alloggiati e *chiuso martedì*) 24/40000 – **19 cam** 90/170000 – ½ P 92/100000.

Hartmanns Weinstube, 613133, Fax 613195, , « Ambiente caratteristico » –

SOLFERINO 46040 Mantova 988 ④, 428 429 F 13 – 2 118 ab. alt. 131 – 0376.

Roma 506 – Brescia 37 – Cremona 59 – Mantova 36 – Milano 127 – Parma 80 – Verona 44.

Da Claudio-al Nido del Falco, 854249 – .
chiuso domenica ed agosto – **Pasto** carta 33/47000.

Leggete attentamente l'introduzione : è la « chiave » della guida.

SOLIERA 41019 Modena 428 429 H 14 – 11 498 ab. alt. 29 – 059.

Roma 420 – Bologna 56 – Milano 176 – Modena 12 – Reggio nell'Emilia 33 – Verona 91.

Lancellotti con cam, via Grandi 120 567406, Fax 565431, prenotare – rist . E VISA. rist
chiuso dal 24 dicembre al 7 gennaio e dal 1° al 19 agosto – **Pasto** *(chiuso domenica e lunedì)* carta 54/78000 – 10000 – **13 cam** 80/110000, 3 appartamenti
Spec. Tortellini in brodo, Straccetti alle erbe odorose e aceto balsamico tradizionale, Misto di insalate erbe aromatiche fiori di nasturzio e borragine.

a Limidi N : 3 km – 41010 :

La Baita, 561633, Specialità di mare – . E VISA.
chiuso domenica ed agosto – **Pasto** carta 80/120000.

SOLIGHETTO Treviso – Vedere Pieve di Soligo.

SOLIGO Treviso – Vedere Farra di Soligo.

SOMERARO Verbania 219 ⑥ – Vedere Stresa.

SOMMACAMPAGNA 37066 Verona 428 429 F 14 – 11 078 ab. alt. 121 – 045.

18 (chiuso martedì) 510060, Fax 510242.

Roma 500 – Verona 15 – Brescia 56 – Mantova 39 – Milano 144.

Merica con cam, località Palazzo 515160 – rist . E VISA.
chiuso dal 1° al 25 agosto – **Pasto** *(chiuso lunedì e giovedì sera)* carta 36/56000 – 10000 – **11 cam** 60/100000.

sull'autostrada A 4 - Monte Baldo Nord NE : 3 km :

Quadrante Europa senza rist, 37066 Sommacampagna 8581400, Fax 8581402, , – – 400. E VISA JCB.
15000 – **120 cam** 155/195000, 6 appartamenti.

SOMMA LOMBARDO 21019 Varese 428 E 8, 219 ⑰ – 16 519 ab. alt. 281 – 0331.

Roma 626 – Stresa 35 – Como 58 – Milano 49 – Novara 38 – Varese 26.

a Coarezza O : 6 km – 21010 Golasecca :

Da Pio, via Alzaia 22 256667, – . E VISA.
chiuso mercoledì, dal 2 al 20 gennaio e dal 16 al 25 agosto – **Pasto** carta 47/75000.

a Case Nuove S : 6 km – 21019 Somma Lombardo :

La Quercia, via per Tornavento 11 230808 – . E VISA.
chiuso lunedì sera, martedì, dal 22 dicembre all'8 gennaio ed agosto – **Pasto** carta 41/61000.

SOMMARIVA PERNO 12040 Cuneo 428 H 5 – 2 349 ab. alt. 389 – 0172.

Roma 648 – Torino 50 – Alessandria 77 – Asti 42 – Cuneo 53 – Savona 110.

Roero Park Hotel , 468822, Fax 468815, – – 100 a 500. E VISA
Pasto carta 32/46000 – **60 cam** 120/160000, 2 appartamenti – ½ P 105000.

SONA **37060** Verona 429 F 14 – 13 012 ab. alt. 169 – ☎ 045.

Roma 433 – ◆Verona 15 – ◆Brescia 57 – Mantova 39.

✕ **Gabriella,** località Valle di Sona ☎ 6081561, – P. AE ⓢ ⓓ E VISA. ✻
chiuso giovedì e dal 20 luglio al 20 agosto – **Pasto** carta 31/47000.

SONDRIO **23100** P 988 ③, 428 429 D 11 – 21 940 ab. alt. 307 – ☎ 0342.

ℹ via Cesare Battisti 12 ☎ 512500, Fax 212590.

A.C.I. viale Milano 12 ☎ 212213.

Roma 698 – ◆Bergamo 115 – ◆Bolzano 171 – Bormio 64 – ◆Lugano 96 – ◆Milano 138 – St-Moritz 110.

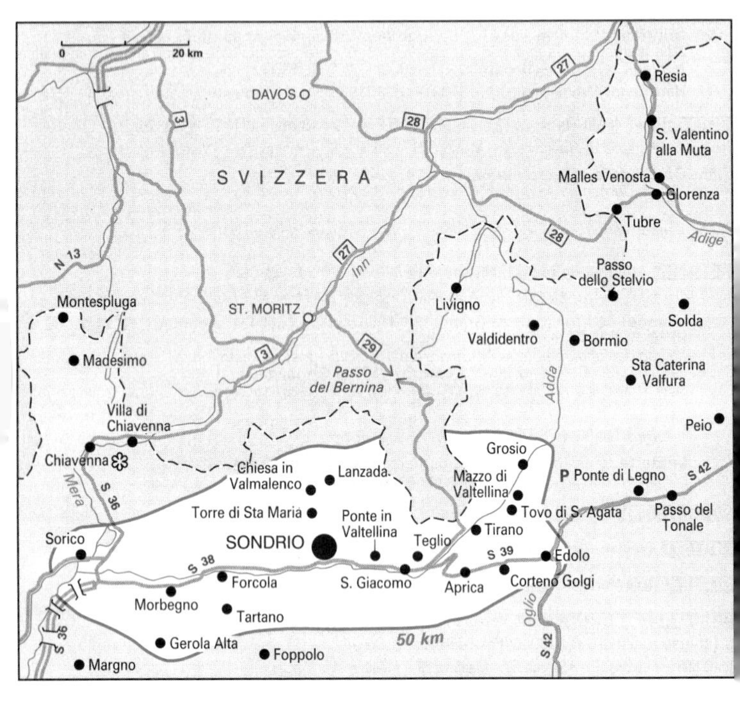

Della Posta, piazza Garibaldi 19 ☎ 510404, Fax 510210, – |‡| ▤ TV ☎ ♿ P – 🏛 70 AE ⓢ ⓓ E VISA. ✻ rist
Pasto 50/60000 e al Rist. ***Sozzani*** *(chiuso dal 25 luglio al 24 agosto)* carta 57/81000 – ☕ 20000 – **39 cam** 115/190000, appartamento – ½ P 150/165000.

Europa, lungo Mallero Cadorna 27 ☎ 515010, Fax 512895 – |‡| ▤ TV ☎ P. AE ⓢ ⓓ E VISA. ✻ rist
Pasto *(chiuso domenica)* carta 40/57000 – ☕ 14000 – **44 cam** 80/115000 – ½ P 90/110000

verso Montagna in Valtellina NE : 2 km – alt. 567 – ✉ **23020** Montagna in Valtellina :

✕✕ **Dei Castelli,** ☎ 380445, prenotare – P. AE ⓢ E VISA. ✻
chiuso domenica sera, lunedì, dal 6 al 20 maggio e dal 1° al 15 ottobre – **Pasto** carta 46/77000.

a Sassella O : 3 km – ✉ **23100** Sondrio :

✕✕ **Torre della Sassella,** ☎ 218500, Fax 218500, ≤, « In una torre del XV secolo » – |‡|. AE ⓢ E VISA
chiuso martedì sera, mercoledì e dal 13 luglio al 9 agosto – **Pasto** carta 50/69000.

a Moia di Albosaggia S : 5 km – alt. 409 – ✉ **23100** Sondrio :

Campelli ✈, ☎ 510662, Fax 213101, ≤, Lò, ≘s, – |‡| ▤ TV ☎ ♿ ⇔ P – 🏛 50. AE ⓢ ⓓ E VISA JCB. ✻
chiuso dal 1° al 20 agosto – **Pasto** *(chiuso domenica sera e lunedì a mezzogiorno)* 55000 – ☕ 15000 – **34 cam** 75/120000, appartamento.

SOPRABOLZANO **(OBERBOZEN)** Bolzano – Vedere Renon.

[SORA] 03039 Frosinone [988] [26] [27], [430] Q 22 – 26 537 ab. alt. 300 – ☎ 0776.

Roma 111 – Frosinone 31 – Avezzano 55 – Latina 86 – ♦Napoli 138 – Terracina 85.

🏨 **Valentino,** viale San Domenico 1 ℘ 824442, Fax 831071 – 🛗 ❄ [TV] ☎ 🚗 [P]. [AE] [S] [VISA]
Pasto 25/30000 – ☕ 10000 – **70 cam** 65/90000 – ½ P 60/70000.

🍴🍴 **Griglia d'Oro-Cercine,** via Campo Boario 7 ℘ 831512, ☂ – [P]
chiuso lunedì – **Pasto** carta 35/57000 (10%).

[SORAGNA] 43019 Parma [988] [14], [428] H 12 – 4 202 ab. alt. 47 – ☎ 0524.

Roma 480 – ♦Milano 104 – ♦Parma 27 – ♦Bologna 118 – Cremona 35 – Fidenza 10.

🏨 **Locanda del Lupo,** ℘ 690444, Fax 69350 – ❄ [TV] ☎ – 🎤 60 a 150. [AE] [S] ⓓ [E] [VISA]. 🚫 rist
chiuso dal 31 luglio al 27 agosto – **Pasto** 45000 – ☕ 8000 – **45 cam** 120/200000, appartamento – ½ P 140000.

🍴 **Stella d'Oro** con cam, ℘ 69238 – ☎. [S] ⓓ [E] [VISA]
chiuso dal 1° al 7 dicembre, dal 4 all'11 giugno e dal 16 al 30 novembre – **Pasto** *(chiuso martedì)* carta 32/55000 – ☕ 5000 – **14 cam** 55/100000 – ½ P 80000.

🍴 **Antica Osteria Ardenga,** località Diolo N : 5 km ℘ 599337, ☂ – [S] ⓓ [VISA]. 🚫
chiuso martedì – **Pasto** carta 28/45000.

[SORGONO] Nuoro [988] [33], [433] G 9 – Vedere Sardegna alla fine dell'elenco alfabetico.

[SORI] 16030 Genova [428] I 9 – 4 548 ab. – ☎ 0185.

Roma 488 – ♦Genova 17 – ♦Milano 153 – Portofino 20 – ♦La Spezia 91.

🍴 Al Boschetto, ℘ 700659

[SORIANO NEL CIMINO] 01038 Viterbo [988] [25], [430] O 18 – 8 168 ab. alt. 510 – ☎ 0761.

Roma 95 – Viterbo 17 – Terni 50.

🍴🍴 **Gli Oleandri** con cam, ℘ 748383, Fax 748222, 🏞 – [TV] ☎ [P]. [S] [E] [VISA]. 🚫
chiuso dal 15 al 27 dicembre – **Pasto** *(chiuso martedì)* carta 30/45000 – ☕ 6000 – **16 cam** 60/90000, 2 appartamenti – ½ P 90000.

[SORICO] 22010 Como [428] D 10, [219] [10] – 1 190 ab. alt. 208 – ☎ 0344.

Roma 686 – Como 75 – Sondrio 43 – ♦Lugano 53 – ♦Milano 109.

🍴 **Beccaccino,** località Boschetto SE : 2,5 km ℘ 84241, Specialità pesce di lago – [P]
chiuso lunedì sera, martedì e gennaio – **Pasto** carta 25/39000.

[SORISO] 28018 Novara [428] E 7, [219] [16] – 745 ab. alt. 452 – ☎ 0322.

Roma 654 – Stresa 35 – ♦Torino 114 – Arona 20 – ♦Milano 78 – Novara 40 – Varese 46.

🍴🍴🍴🍴 ✿✿ **Al Sorriso** con cam, ℘ 983228, Fax 983328, prenotare – ❄ rist [TV] ☎. [AE] [S] ⓓ [E] [VISA]. 🚫
chiuso dall'8 al 22 gennaio e dal 5 al 22 agosto – **Pasto** *(chiuso lunedì e martedì a mezzogiorno)* carta 97/132000 – **8 cam** ☕ 150/210000 – ½ P 220000
Spec. Sfogliata di patate gratinata con pesce persico al prezzemolo (marzo-dicembre), Filetto di rombo laccato al miele con porcini e piselli (marzo-novembre), Piccione rosolato all'aceto balsamico e finferli (giugno-novembre).

[SORRENTO] 80067 Napoli [988] [27], [431] F 25 – 16 911 ab. – a.s. aprile-settembre – ☎ 081.

Vedere Villa Comunale : ≤★★ A – Belvedere di Correale ≤★★ B **A** – Museo Correale di Terranova★ B **M** – Chiostro★ della chiesa di San Francesco A **F**.

Dintorni Penisola Sorrentina★★ : ≤★★ su Sorrento dal capo di Sorrento (1 h a piedi AR), ≤★★ sul golfo di Napoli dalla strada S 163 per [2] (circuito di 33 km).

Escursioni Costiera Amalfitana★★★ – Isola di Capri★★★.

⛴ per Capri giornalieri (45 mn) – Caremar-agenzia Morelli, piazza Marinai d'Italia ℘ 8073077, Fax 8072479.

🚤 per Capri giornalieri (da 20 mn a 1 h) – Alilauro, al porto ℘ 8073024, Fax 8072009 e Navigazione Libera del Golfo, al porto ℘ 8781861, Fax 8781861.

[i] via De Maio 35 ℘ 8074033, Fax 8773397.

Roma 257 [1] – ♦Napoli 49 [1] – Avellino 69 [1] – Caserta 74 [1] – Castellammare di Stabia 19 [1] – Salerno 50 [1].

Pianta pagina seguente

🏨 **Gd H. Excelsior Vittoria** 🕊, piazza Tasso 34 ℘ 8071044, Telex 720368, Fax 8771206, ≤ golfo di Napoli e Vesuvio, « Giardino-agrumeto con 🏊 » – 🛗 [TV] ☎ [P] – 🎤 90. [AE] [S] ⓓ [E] [VISA] [JCB]. 🚫 rist — B **u**
Pasto 74000 – **106 cam** ☕ 320/510000 – ½ P 260/315000.

🏨 **Sorrento Palace** 🕊, via Sant'Antonio ℘ 8784141, Telex 722025, Fax 8783933, ≤, ☂, « Giardino-agrumeto con 🏊 », 🏊, 🎾 – 🛗 ❄ [TV] ☎ ♿ [P] – 🎤 180 a 1700. [AE] [S] ⓓ [E] [VISA]. 🚫 — A **n**
Pasto carta 40/77000 – **400 cam** ☕ 252/347000, 10 appartamenti.

SORRENTO

De Maio (Via) . . . . . B 3
Italia (Corso) . . . . . AB
S. Cesareo (Via) . . . AB 7
S. Antonino (Piazza) . B 6
S. Maria d. Grazie (V.) A 8
Vittoria (Pza della) . . . A 9

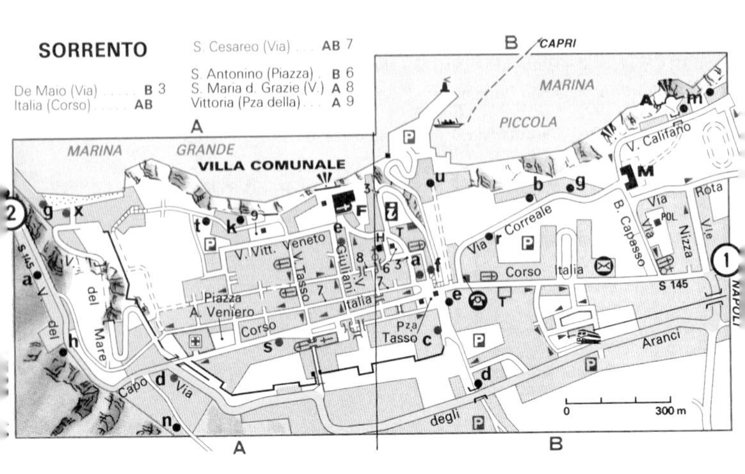

🏨 **Gd H. Capodimonte,** via del Capo 14 ✆ 8784555, Telex 721210, Fax 8071193, ≤ golfo di Napoli e Vesuvio, 🍴, « Agrumeto e terrazze fiorite con 🏊 » – 🛗 ▤ 📺 ☎ 🅿 – 🏊 30 a 250. AE VISA. ✻ rist — A h
aprile-ottobre – **Pasto** 60000 – **128 cam** ☐ 210/330000, 3 appartamenti – ½ P 230/250000.

🏨 **Gd H. Riviera** 🌿, via Califano 22 ✆ 8783220, Telex 710532, Fax 8772100, ≤ golfo di Napoli e Vesuvio, Ascensore per la spiaggia, 🏊, 🏖, 🪑 – ▤ 📺 ☎ – 🏊 400. AE 🅢 ⓞ E VISA. ✻ — B m
aprile-ottobre – **Pasto** carta 60/85000 – ☐ 20000 – **94 cam** 190/280000, appartamento – ½ P 210000.

🏨 **Bristol,** via del Capo 22 ✆ 8784522, Telex 710687, Fax 8071910, ≤ golfo di Napoli e Vesuvio, « Terrazza panoramica con 🏊 » – 🛗 ▤ 📺 ☎ 🅿 – 🏊 80. AE 🅢 ⓞ E VISA. ✻ rist
Pasto carta 45/74000 – **130 cam** ☐ 185/330000, 5 appartamenti – ½ P 130/180000. — A a

🏨 **Bel Air,** via del Capo 29 ✆ 8071622, Fax 8071467, ≤ golfo di Napoli e Vesuvio, « Piccole terrazze fiorite con 🏊 » – 🛗 📺 ☎ 🅿. AE 🅢 ⓞ E VISA JCB. ✻ — A y
aprile-ottobre – **Pasto** carta 47/68000 – **41 cam** ☐ 230/300000, 2 appartamenti – ½ P 200000.

🏨 **Carlton International,** via Correale 15 ✆ 8072669, Fax 8071073, « Giardino con 🏊 » – 🛗 ▤ 📺 ☎ 🅿. AE 🅢 ⓞ E VISA. ✻ — B r
marzo-novembre – **Pasto** carta 42/56000 (15 %) – ☐ 21000 – **76 cam** 199/218000 – ½ P 170000.

🏨 **Bellevue Syrene** 🌿, piazza della Vittoria 5 ✆ 8781024, Fax 8783963, ≤ golfo di Napoli e Vesuvio, « Giardino, terrazze fiorite ed ascensore per la spiaggia », 🏖 – 🛗 ▤ 📺 ☎ 🅿. AE 🅢 ⓞ E VISA. ✻ — A k
Pasto 45000 – **65 cam** ☐ 220/295000.

🏨 **Royal,** via Correale 42 ✆ 8073434, Telex 722345, Fax 8772905, ≤ golfo di Napoli e Vesuvio, 🍴, « Giardino-agrumeto con 🏊 ed ascensore per la spiaggia », 🏖 – 🛗 ▤ 📺 ☎. AE ⓞ E VISA. ✻ rist — B g
Pasto *(marzo-ottobre)* 60000 – **96 cam** ☐ 300/370000, appartamento – ½ P 250/270000.

🏨 **Gd H. Ambasciatori,** via Califano 18 ✆ 8782025, Telex 710645, Fax 8071021, ≤ golfo di Napoli e Vesuvio, « Terrazze fiorite, agrumeto con 🏊 ed ascensore per la spiaggia », 🏖 – 🛗 ▤ 📺 ☎ 🅿 – 🏊 200. AE VISA. ✻ rist — B m
Pasto 60000 – **103 cam** ☐ 280/350000, 6 appartamenti – ½ P 240/260000.

🏨 Gd H. Europa Palace, via Correale 34 ✆ 8781501, Fax 8781855, ≤ golfo di Napoli e Vesuvio, « Ampia terrazza panoramica e ascensore per la spiaggia », 🏖, 🪑 – 🛗 📺 ☎ 🅿 — B b
71 cam.

🏨 **Gd H. Cesare Augusto,** via degli Aranci 108 ✆ 8782700, Telex 720056, Fax 8071029, « Terrazza panoramica con 🏊 », 🪑 – 🛗 ▤ cam 📺 ☎ 🚗 – 🏊 40 a 170. AE 🅢 ⓞ E VISA JCB. ✻ rist — B d
Pasto 50000 – **120 cam** ☐ 250/287000 – ½ P 285000.

🏨 Regina 🌿 senza rist, via Marina Grande 10 ✆ 8782722, Fax 8782721, ≤, « Piacevole giardino-agrumeto », 🪑 – 🛗 ☎ 🚗 — A t
stagionale – **36 cam.**

🏨 **Villa di Sorrento** senza rist, via Fuorimura 4 ✆ 8781068, Fax 8072679 – 🛗 ☎. AE 🅢 ⓞ E VISA JCB — B e
☐ 16000 – **21 cam** 86/147000.

🏨 **La Solara,** via del Capo 118 (O : 2 km) ✉ 80060 Capo di Sorrento ✆ 5338000, Telex 721465, Fax 8071501, ≤, 🏊 – 🛗 ▤ rist 📺 ☎ 🅿 – 🏊 250. AE 🅢 ⓞ E VISA JCB. ✻ rist
Pasto 50/60000 – **37 cam** ☐ 230/310000, 3 appartamenti – ½ P 200/260000. — per ②

Gardenia, corso Italia 258 ℘ 8772365, Fax 8071035, – AE VISA. per ①
Pasto *(aprile-ottobre; solo per clienti alloggiati)* 20/30000 – 15000 – **27 cam** 120/150000 – ½ P 85/115000.

Désirée senza rist, via del Capo 31/bis ℘ 8781563, Fax 8781563, ≤, Ascensore per la spiaggia, – ℗. A y
aprile-ottobre – **22 cam** 70/120000.

Caruso, via Sant'Antonino 12 ℘ 8073156 – AE VISA JCB. B f
chiuso lunedì escluso da luglio a settembre – **Pasto** 50/70000 e carta 49/77000.

L'Antica Trattoria, via Padre R. Giuliani 33 ℘ 8071082, – A e
chiuso gennaio e lunedì (escluso da luglio a settembre) – **Pasto** carta 49/87000.

La Lanterna Mare, via Marina Grande 44 ℘ 8073033, – AE VISA A g
chiuso gennaio, febbraio e lunedì (escluso luglio-agosto) – **Pasto** carta 44/69000.

La Favorita-o' Parrucchiano, corso Italia 71 ℘ 8781321, « Servizio estivo in giardino » – ℗. VISA A s
chiuso mercoledì in bassa stagione – **Pasto** carta 27/49000 (15 %).

Il Glicine, via Sant'Antonio 2 ℘ 8772519, Fax 8772519 – . A z

Taverna Azzurra, via Marina Grande 166 ℘ 8772510, , Cucina marinara, prenotare – A x
chiuso martedì escluso dal 15 giugno al 15 settembre – **Pasto** carta 26/50000.

Russo-Zi'ntonio, via De Maio 11 ℘ 8781623, Fax 8781623 – AE VISA B a
chiuso martedì – **Pasto** carta 40/60000.

La Fenice, via Degli Aranci 11 ℘ 8781652, , Rist.-pizzeria – AE VISA. A d
chiuso lunedì escluso da luglio a settembre – **Pasto** carta 25/54000.

Il Mulino, via Fuorimura 7 ℘ 8781216, Fax 8072899, – AE VISA JCB B c
chiuso martedì escluso da giugno a settembre – **Pasto** carta 44/77000.

sulla strada statale 145 per ② :

Gd H. Vesuvio, via Nastro Verde 7 (O : 1 km) ✉ 80067 Sorrento ℘ 8782645, Fax 8071170, ≤ golfo di Napoli e Vesuvio, – ℗ – 500. AE VISA. rist
chiuso gennaio e febbraio – **Pasto** 50000 – **194 cam** 260/320000, 10 appartamenti – ½ P 170/190000.

President , via Nastro Verde 26 (O : 3 km) ✉ 80067 Sorrento ℘ 8782262, Fax 8785411, ≤ golfo di Napoli e Vesuvio, « Giardino fiorito e terrazze con » – ℗. AE VISA JCB.
15 marzo-ottobre – **Pasto** carta 40/60000 – **82 cam** 240/350000, 2 appartamenti – ½ P 140/220000.

Vedere anche : ***Sant'Agnello*** per ① : 2 km.
Vico Equense per ① : 9 km.
Massa Lubrense per ② : 6 km.
Sant'Agata sui Due Golfi per ② : 9 km.

SOSPIROLO 32037 Belluno 429 D 18 – 3 366 ab. alt. 457 – 0437.

Roma 629 – Belluno 15.

Sospirolo Park Hotel , località Susin ℘ 89185, Fax 899137, ≤, « Parco », – ℗ – 30 a 100. AE VISA.
Pasto *(chiuso domenica sera e lunedì a mezzogiorno da ottobre a marzo, anche lunedì sera negli altri mesi)* carta 25/50000 – **20 cam** 80/110000, appartamento – ½ P 75/85000.

SOVANA 58010 Grosseto 430 O 16 – alt. 291 – 0564.

Roma 172 – Viterbo 63 – ♦Firenze 226 – Grosseto 82 – Orbetello 70 – Orvieto 61.

Taverna Etrusca con cam, ℘ 616183, Fax 614193, – . AE VISA.
chiuso gennaio e febbraio – **Pasto** *(chiuso lunedì)* carta 37/60000 – 12000 – **8 cam** 70/120000 – ½ P 125000.

Scilla, ℘ 616531, Fax 614329, , – ℗ – 100.

SOVERATO 88068 Catanzaro 988 ㊴, 431 K 31 – 10 439 ab. – ☎ 0967.

via San Giovanni Bosco 192 ☎ 25432.

Roma 636 – ◆Reggio di Calabria 153 – Catanzaro 32 – ◆Cosenza 123 – Crotone 83.

San Domenico, via della Galleria ☎ 23121, Fax 521109, ≤, – – 200. AE VISA
chiuso dal 20 dicembre a gennaio – **Pasto** carta 43/58000 – ☐ 10000 – **80 cam** 120/16500(– ½ P 125/145000.

Gli Ulivi, via Aldo Moro 1 ☎ 21487, Fax 521194, – – 30. AE E VISA
chiuso dal 20 dicembre al 7 gennaio – **Pasto** carta 26/56000 – ☐ 10000 – **44 cam** 110, 145000 – ½ P 110000.

Il Palazzo, corso Umberto I 40 ☎ 25336, – . AE E VISA
chiuso lunedì e dal 1° al 22 novembre – **Pasto** carta 36/56000.

Don Pedro, via Dopo Lungomare ☎ 25888, ≤, – . AE E VISA
chiuso mercoledì ed ottobre – **Pasto** carta 39/58000.

SOVICILLE 53018 Siena 430 M 15 – 7 836 ab. alt. 265 – ☎ 0577.

Roma 240 – Siena 14 – ◆Firenze 78 – ◆Livorno 122 – ◆Perugia 117.

Borgo Pretale , località Pretale SO : 7 km ☎ 345401, Fax 345625, « Grande parc(con , , campo pratica golf e tiro con l'arco », , – – 60. AE VISA
15 marzo-15 novembre – **Pasto** 60000 – **28 cam** ☐ 220/320000, 5 appartamenti – ½ P 220000.

SPARONE 10080 Torino 428 F 4, 219 ⑬ – 1 233 ab. alt. 552 – ☎ 0124.

Roma 708 – ◆Torino 48 – Aosta 97 – ◆Milano 146.

La Rocca, ☎ 808867, prenotare – . AE E VISA
chiuso giovedì e dal 15 gennaio al 15 marzo – **Pasto** carta 44/72000.

SPARTAIA Livorno – Vedere Elba (Isola d') : Marciana Marina.

SPAZZAVENTO Pistoia – Vedere Pistoia.

SPELLO 06038 Perugia 988 ⑯, 430 N 20 – 7 978 ab. alt. 314 – ☎ 0742.

Vedere Affreschi★★ del Pinturicchio nella chiesa di Santa Maria Maggiore.

Roma 165 – ◆Perugia 31 – Assisi 12 – Foligno 5 – Terni 66.

Palazzo Bocci, via Cavour 17 ☎ 301021, Fax 301464, ≤ – – 25. AE E VISA JCB
Pasto vedere rist **Il Molino** – **17 cam** ☐ 130/220000, 6 appartamenti.

La Bastiglia , via dei Molini 17 ☎ 651277, Fax 651277, ≤, – . AE VISA
Pasto *(chiuso dal 15 gennaio al 15 febbraio e mercoledì da ottobre a marzo)* carta 34/5000 – **22 cam** ☐ 110/120000 – ½ P 95000.

Del Teatro, via Giulia 24 ☎ 301140, Fax 301612 – – 30. AE E VISA
Pasto vedere rist **Il Cacciatore** – ☐ 10000 – **11 cam** 95/130000.

Il Molino, piazza Matteotti 6/7 ☎ 651305, – AE E VISA JCB
chiuso martedì – **Pasto** carta 40/55000.

Il Cacciatore con cam, via Giulia 42 ☎ 651141, Fax 301603, ≤, – . AE E VISA
chiuso lunedì e dal 6 al 20 luglio – **Pasto** carta 33/50000 – ☐ 6000 – **17 cam** 65/90000 ½ P 80/85000.

SPERLONGA 04029 Latina 988 ㉖, 430 S 22 – 3 539 ab. – a.s. Pasqua e luglio-agosto – ☎ 077

Roma 127 – Frosinone 76 – Latina 57 – ◆Napoli 106 – Terracina 18.

Parkhotel Fiorelle , O : 1 km ☎ 549246, Fax 54092, « Giardino », , – rist
Pasqua-settembre – **Pasto** 35000 – ☐ 10000 – **33 cam** 120/140000 – ½ P 110000.

La Sirenella, via Cristoforo Colombo 25 ☎ 549186, Fax 549189, ≤, – cam AE E VISA
Pasto (solo per clienti alloggiati) 35/45000 – **40 cam** ☐ 150000 – P 115/150000.

Major, via I Romita 4 ☎ 549245, Fax 549244, , , – . AE VISA
Pasto (solo per clienti alloggiati) 45/55000 – **16 cam** ☐ 90/130000 – ½ P 130/150000.

La Bisaccia, via I Romita 25 ☎ 54576 – . AE E VISA JCB
chiuso novembre e martedì (escluso dal 15 giugno a settembre) – **Pasto** carta 35/580((10%).

SPEZZANO PICCOLO 87050 Cosenza 431 J 31 – 1 937 ab. alt. 720 – ☎ 0984.

Roma 529 – ◆Cosenza 15 – Catanzaro 110.

Petite Etoile, contrada Acqua Coperta NE : 2 km ☎ 435912, Fax 435912 – .
Pasto carta 27/38000 – ☐ 3000 – **21 cam** 50/80000 – P 80000.

SPIAZZO 38088 Trento 428 429 D 14 – 1 105 ab. alt. 650 – a.s. 12 febbraio-12 marzo, Pasqua e Natale – ☎ 0465.

Roma 622 – Trento 49 – Bolzano 112 – Brescia 96 – Madonna di Campiglio 21 – Milano 187.

XX **Mezzosoldo** con cam, a Mortaso N : 1 km ☎ 801067, Fax 801078 – |♦| TV ☎ P. VISA. ⚘
5 dicembre-15 aprile e 10 giugno-25 settembre – **Pasto** *(chiuso giovedì)* carta 36/49000 – **26 cam** ☐ 80/130000 – 1/2 P 90/95000.

X **La Pila,** località Fisto ☎ 801341 – P. ⚘
chiuso martedì sera, mercoledì ed ottobre – **Pasto** carta 32/49000.

SPILAMBERTO 41057 Modena 428 429 430 I 15 – 10 641 ab. alt. 69 – ☎ 059.

Roma 408 – Bologna 38 – Modena 16.

XX **Da Cesare,** via San Giovanni 38 ☎ 784259, Coperti limitati; prenotare – AE ₪ E VISA. ⚘
chiuso domenica sera, lunedì, dal 1° al 15 gennaio e dal 20 luglio al 20 agosto – **Pasto** carta 30/50000.

SPILIMBERGO 33097 Pordenone 988 ⑤, 429 D 20 – 10 941 ab. alt. 132 – ☎ 0427.

Roma 625 – Udine 30 – Milano 364 – Pordenone 33 – Tarvisio 97 – Treviso 101 – Trieste 98.

🏨 **Gd H. President,** via Cividale ☎ 50050, Fax 50333, ≘s – |♦| ≡ TV ☎ ♿ P – 🔺 120. AE ₪ ⓓ E VISA. ⚘
Pasto *(chiuso venerdì)* carta 34/59000 – ☐ 14000 – **33 cam** 95/150000 – 1/2 P 120/130000.

XX **La Torre,** piazza Castello ☎ 50555, Fax 2998, Coperti limitati; prenotare, « In un castello medioevale » – ≡. AE ₪ E VISA. ⚘
chiuso domenica sera e lunedì – **Pasto** carta 38/56000.

Lisez attentivement l'introduction : c'est la clé du guide.

SPINAZZOLA 70058 Bari 988 ㉘, 431 E 30 – 7 779 ab. alt. 435 – ☎ 0883.

Roma 395 – Potenza 79 – Foggia 80 – Bari 80 – Taranto 134.

🏨 **Golden Ear,** via Coppa 27 ☎ 981525, Fax 981261 – |♦| TV ☎ P. ₪ VISA. ⚘
Pasto *(chiuso domenica sera)* 35/40000 – ☐ 10000 – **21 cam** 60/80000 – 1/2 P 70000.

SPINEA 30038 Venezia 429 F 18 – 25 242 ab. – ☎ 041.

Roma 507 – Padova 34 – Venezia 18 – Mestre 7.

🏨 **Raffaello** senza rist, via Roma 305 ☎ 5411660, Fax 5411511 – |♦| ≡ TV ☎ ♿ P – 🔺 100. AE ₪ ⓓ E VISA. ⚘
8000 – **27 cam** 90/140000.

SPINO D'ADDA 26016 Cremona 428 F 10, 219 ⑳ – 5 514 ab. alt. 84 – ☎ 0373.

Roma 558 – Bergamo 41 – Milano 30 – Cremona 54 – Piacenza 51.

XX **Paredes y Cereda,** ☎ 965041, Fax 965041, 🌳 – P. AE ₪ E VISA. ⚘
chiuso lunedì, dal 1° al 22 gennaio e dal 6 al 16 agosto – **Pasto** carta 45/62000.

SPIRANO 24050 Bergamo 428 F 11 – 4 126 ab. alt. 156 – ☎ 035.

Roma 591 – Bergamo 16 – Brescia 48 – Milano 42 – Piacenza 75.

X **Le 3 Noci-da Camillo,** ☎ 877158, 🌳 – P. AE ₪ ⓓ E VISA. ⚘
chiuso domenica sera, lunedì e dal 1° al 20 agosto – **Pasto** carta 36/64000.

SPOLETO 06049 Perugia 988 ⑯ ㉖, 430 N 20 – 37 868 ab. alt. 405 – ☎ 0743.

Vedere Piazza del Duomo★ : Duomo★★ Y – Ponte delle Torri★★ Z – Chiesa di San Gregorio Maggiore★ Y **D** – Basilica di San Salvatore★ Y **B**.

Dintorni Strada★ per Monteluco per ②.

ℹ piazza Libertà 7 ☎ 220311, Fax 46241.

Roma 130 ② – Perugia 63 ① – Terni 28 ② – Ascoli Piceno 123 ① – Assisi 48 ① – Foligno 28 ① – Orvieto 84 ③ – Rieti 58 ②.

Pianta pagina seguente

🏨 **Albornoz Palace Hotel,** viale Matteotti ☎ 221221, Fax 221600, ≤, 🌳, 🌲 – |♦| ≡ TV ☎ ♿ 🚗 P – 🔺 400. AE ₪ ⓓ E VISA. ⚘ — 1 km per ②
Pasto *(chiuso lunedì)* carta 46/68000 – ☐ 20000 – **92 cam** 130/150000, 4 appartamenti – 1/2 P 135000.

🏨 **Dei Duchi,** viale Matteotti 4 ☎ 44541, Fax 44543, ≤, 🌳 – |♦| TV ☎ ♿ P – 🔺 50 a 70. AE ₪ ⓓ E VISA. ⚘ rist — Z **c**
Pasto *(chiuso martedì)* 35/50000 – **46 cam** ☐ 150/170000 – 1/2 P 135000.

🏨 **Il Barbarossa,** via Licina 12 ☎ 43644, Fax 222060 – ≡ TV ☎ P – 🔺 60. AE ₪ ⓓ E VISA. ⚘ — per ①
Pasto *(chiuso lunedì)* carta 34/51000 – **10 cam** ☐ 140/180000 – 1/2 P 150000.

🏨 **Gattapone** 🐚 senza rist, via del Ponte 6 ☎ 223447, Fax 223448, ≤, 🌲 – ≡ TV ☎ – 🔺 40. AE ₪ ⓓ E VISA JCB — Z **d**
☐ 15000 – **6 cam** 145/180000, 7 appartamenti 250/280000.

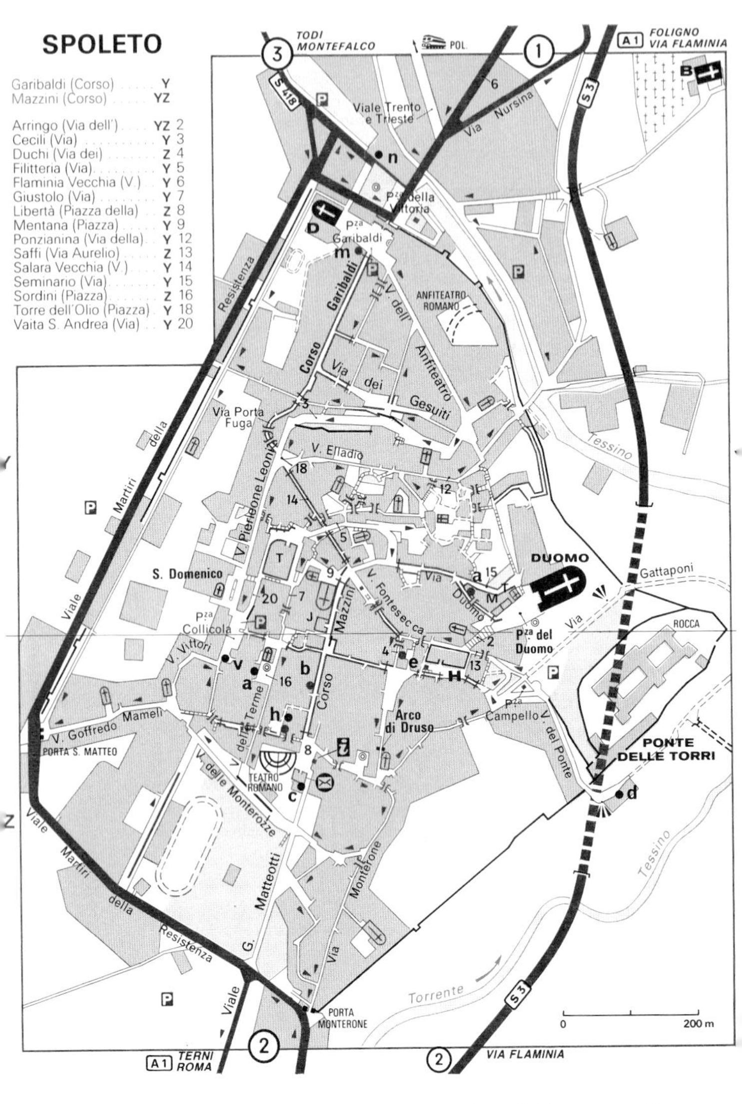

Charleston senza rist, piazza Collicola 10 ✆ 220052, Fax 222010, ≘s – |♦| TV ☎ – 40. AE ⑤ ◑ E VISA JCB — Z v
18 cam ⊒ 100/130000.

Clarici senza rist, piazza della Vittoria 32 ✆ 223311, Fax 222010 – |♦| ▤ TV ☎ P. AE ⑤ ◑ E VISA JCB — Y n
24 cam ⊒ 100/130000.

Aurora, via Apollinare 3 ✆ 223004, Fax 221815 – TV ☎. AE ⑤ ◑ E VISA JCB. ⋙ — Z h
Pasto vedere rist **Apollinare** – ⊒ 5000 – **15 cam** 75/95000 – ½ P 60/80000.

Europa senza rist, viale Trento e Trieste 201 ✆ 46949, Fax 221654 – |♦| ▤ TV ☎. ⑤ ◑ E VISA — Y
⊒ 15000 – **24 cam** 90/100000.

Nuovo Clitunno, piazza Sordini 8 ✆ 223340, Fax 222663 – TV ☎. AE ⑤ ◑ E VISA — Z a
Pasto *(chiuso mercoledì)* 20/25000 – ⊒ 15000 – **32 cam** 110/125000 – ½ P 85/125000.

XXX **Apollinare** - Hotel Aurora, via Sant'Agata 14 ✆ 223256 – AE ⓢ ⓞ E VISA JCB. ✻ Z h
chiuso martedì – **Pasto** carta 34/50000.

XX **Il Tartufo,** piazza Garibaldi 24 ✆ 40236, Fax 40236 – ▤. AE ⓢ ⓞ E VISA. ✻ Y m
chiuso mercoledì e dal 15 al 31 luglio – **Pasto** carta 35/60000.

XX **Sabatini,** corso Mazzini 52/54 ✆ 221831, « Servizio estivo all'aperto » – AE ⓢ ⓞ E VISA Z b
chiuso lunedì e dal 1° al 10 agosto – **Pasto** carta 41/68000.

X **La Barcaccia,** piazza Fratelli Bandiera 3 ✆ 221171, 🍽 – AE ⓢ ⓞ E VISA JCB Z e
chiuso martedì e dal 6 al 25 gennaio – **Pasto** carta 35/48000 (15%).

X **Panciolle** con cam, via del Duomo 4 ✆ 45598, ≤, « Servizio estivo in terrazza » – AE ⓢ E VISA Y a
Pasto *(chiuso mercoledì e dal 1° al 14 agosto)* carta 30/40000 – ☕ 7000 – **6 cam** 55/80000.

sulla strada statale 3 - via Flaminia :

X **Il Capanno,** località Torrecola per ② : 8 km ✉ 06049 ✆ 54119, Fax 54119, prenotare, « Servizio estivo all'aperto » – Ⓟ. AE ⓢ ⓞ E VISA. ✻
chiuso lunedì – **Pasto** carta 30/56000.

a San Giacomo per ① : 8 km – ✉ **06048** :

X **Al Palazzaccio-da Piero,** ✆ 520168, Fax 520845, 🍽 – Ⓟ. ⓢ E VISA. ✻
chiuso lunedì e Natale – **Pasto** carta 32/45000.

Vedere anche : ***Campello sul Clitunno*** per ① : 11 km.

SPOTORNO **17028** Savona 988 ⑫ ⑬, 428 J 7 – 4 339 ab. – ☎ 019.
ℹ piazza Matteotti 3 ✆ 745128, Fax 745128.
Roma 560 – ◆ Genova 61 – Cuneo 105 – Imperia 61 – ◆Milano 184 – Savona 15.

🏨 **Royal,** lungomare Kennedy 125 ✆ 745074, Fax 745075, ≤, ⛲, 🏊, 🏖, 🌳 – |♦| ▤ rist 📺 ☎ Ⓟ – 🏛 200. AE ⓢ ⓞ E VISA. ✻ rist
Pasqua-ottobre – **Pasto** 45/70000 – ☕ 20000 – **105 cam** 120/250000 – ½ P 125000.

🏨 **Tirreno,** via Aurelia 2 ✆ 745106, Fax 745061, ≤, 🏖 – |♦| ▤ rist 📺 ☎ – 🏛 50. AE ⓢ ⓞ E VISA. ✻ rist
aprile-ottobre – **Pasto** carta 39/57000 – ☕ 15000 – **38 cam** 100/150000 – ½ P 130/150000.

🏨 **Riviera,** via Berninzoni 18 ✆ 745320, Fax 747782, 🏊, 🌳, 🎾 – |♦| ▤ rist 📺 ☎ 🚗. AE ⓢ ⓞ E VISA. ✻ rist
Pasto carta 30/60000 – **48 cam** ☕ 90/120000 – ½ P 70/90000.

🏨 **Premuda,** piazza Rizzo 10 ✆ 745157, Fax 747416, ≤, 🏖 – 📺 ☎ Ⓟ. AE ⓢ ⓞ VISA. ✻ rist
Pasqua-settembre – **Pasto** carta 34/52000 – ☕ 15000 – **23 cam** 100/130000 – ½ P 90/105000.

🏨 **Ligure,** piazza della Vittoria 1 ✆ 745118, Fax 745110, ≤ – |♦| 📺 ☎. AE ⓢ ⓞ E VISA. ✻ rist
aprile-settembre – **Pasto** carta 39/54000 – **36 cam** ☕ 100/130000 – ½ P 100000.

🏨 **Zunino,** via Serra 23 ✆ 745441, Fax 743301, 🍽 – |♦| ▤ 📺 ☎. AE ⓢ VISA. ✻ rist
Pasto carta 31/60000 – **29 cam** ☕ 97/100000 – ½ P 63/93000.

🏨 **Miramare,** via Aurelia 70 ✆ 745116, Fax 745142, 🌳 – |♦| 📺 ☎ Ⓟ. AE ⓢ ⓞ E VISA
Pasto (solo per clienti alloggiati; giugno-settembre) 25/35000 – ☕ 25000 – **24 cam** 110/150000 – ½ P 80/110000.

🏨 **Aurora,** piazza Rizzo 9 ✆ 745169, Fax 745832, 🏖 – 📺 ☎. AE ⓢ ⓞ E VISA. ✻ rist
Pasto 30/40000 – ☕ 12000 – **33 cam** 85/100000 – P 65/105000.

🏨 **Vallega,** via 25 Aprile 12 ✆ 745137, Fax 745138 – |♦| ☎. AE ⓢ ⓞ E VISA. ✻ rist
chiuso dal 15 ottobre al 15 gennaio – **Pasto** carta 45/62000 – **23 cam** ☕ 75/110000 – ½ P 100000.

X **A Sigögna,** via Garibaldi 13 ✆ 745016, 🍽, Specialità di mare – AE ⓢ ⓞ E VISA. ✻
chiuso da ottobre al 10 dicembre e martedì (escluso dal 10 giugno al 10 settembre) – **Pasto** carta 34/58000.

SPRESIANO **31027** Treviso 429 E 18 – 8 879 ab. alt. 56 – ☎ 0422.
Roma 558 – ◆ Venezia 44 – Belluno 64 – Treviso 14 – Vicenza 72.

XX **Da Domenico,** località Lovadina SE : 3 km ✆ 881261, Fax 887074, « Servizio estivo in giardino e laghetto con pesca sportiva » – Ⓟ – 🏛 30. AE ⓢ ⓞ E VISA. ✻
chiuso lunedì sera, martedì e dal 15 al 30 luglio – **Pasto** carta 28/50000.

STAFFOLI **56020** Pisa 430 K 14 – alt. 28 – ☎ 0571.
Roma 312 – ◆ Firenze 52 – Pisa 36 – ◆Livorno 46 – Pistoia 33 – Siena 85.

XX Da Beppe, ✆ 37002, 🍽 – ▤

STALLAVENA Verona 428 429 F 14 – Vedere Grezzana.

STEINEGG = Collepietra.

STELVIO (Passo dello) **(STILFSER JOCH)** Bolzano e Sondrio 988 ④, 428 429 C 13 – alt. 2 757 – Sport invernali : solo sci estivo (giugno-ottobre) : 2 757/3 400 m 3 14.
Roma 740 – Sondrio 85 – ♦Bolzano 103 – Bormio 20 – Merano 75 – ♦Milano 222 – Trento 161.

Passo dello Stelvio-Stilfserjoch, ✉ 39020 Stelvio ☎ (0342) 903162, Fax 903664, ≤ gruppo Ortles e vallata, –
stagionale – **60 cam.**

STENICO **38070** Trento 428 429 D 14 – 1 022 ab. alt. 660 – a.s. Pasqua e Natale – 0465.
Roma 603 – Trento 31 – ♦Brescia 103 – ♦Milano 194 – Riva del Garda 29.

a Villa Banale E : 3 km – ✉ **38070** :

Alpino, ☎ 701459, Fax 702599 – . E VISA.
Pasto *(chiuso martedì e da novembre a marzo)* 25/28000 – 9000 – **33 cam** 50/90000 – ½ P 65/80000.

STERZING = Vipiteno.

STILFSER JOCH = Stelvio (Passo dello).

STINTINO Sassari 988 ㉓, 433 E 6 – Vedere Sardegna alla fine dell'elenco alfabetico.

STRADELLA **27049** Pavia 988 ⑬, 428 G 9 – 11 201 ab. alt. 101 – 0385.
Roma 547 – Piacenza 37 – Alessandria 62 – ♦Genova 116 – ♦Milano 59 – Pavia 21.

Italia, via Mazzini 4 ☎ 245178, Fax 48474 – – 80. AE E VISA JCB
Pasto *(chiuso domenica)* carta 27/50000 – 8000 – **30 cam** 80/130000 – ½ P 80/118000.

STRESA **28049** Verbania 988 ②, 428 E 7 – 4 798 ab. alt. 200 – Sport invernali : vedere Mottarone – 0323.
Vedere Cornice pittoresca★★ – Villa Pallavicino★ Y.
Escursioni Isole Borromee★★★ : giro turistico da 5 a 30 mn di battello – Mottarone★★★ O : 29 km (strada di Armeno) o 18 km (strada panoramica di Alpino, a pedaggio da Alpino) o 15 mn di funivia Y.

18 Des Iles Borromeés (chiuso gennaio, febbraio e lunedì escluso luglio-agosto) località Mott. Rossa ✉ 28010 Brovello Carpugnino ☎ 929285, Fax 929480, per ① : 5 km;

9 Alpino (aprile-novembre; chiuso martedì escluso dal 27 giugno al 5settembre) a Vezzo ✉ 28040 ☎ 20642, Fax 20642, per ② : 7,5 km.

per le Isole Borromee giornalieri (30 mn) – Navigazione Lago Maggiore-agenzia Borroni, corso Umberto I 4 ☎ 30251, Telex 223334, Fax 33398.

via Principe Tomaso 70/72 ☎ 30150, Fax 32561.

Roma 657 ① – Brig 108 ③ – Como 75 ① – Locarno 55 ③ – ♦Milano 80 ① – Novara 56 ① – ♦Torino 134 ①.

Pianta pagina seguente

Des Iles Borromées, lungolago Umberto I 67 ☎ 30431, Telex 200377, Fax 32405, « Parco e giardino fiorito con ≤ isole Borromee », , , , – – 30 a 250. AE E VISA. rist Y v
Pasto 100000 – **161 cam** 351/545000, 11 appartamenti – ½ P 350000.

La Palma, lungolago Umberto I 33 ☎ 933906, Fax 933930, ≤ isole Borromee e monti, « Piccolo giardino con riscaldata direttamente sul lago », , – cam – 30 a 250. AE E VISA JCB. rist Y
marzo-novembre – **Pasto** 45/53000 – 19500 – **116 cam** 230/275000, 5 appartamenti – ½ P 130/180000.

Astoria, lungolago Umberto I 31 ☎ 32566, Telex 200085, Fax 933785, ≤ isole Borromee, « Parco e giardino fiorito con riscaldata », , – – 30 a 60. AE E VISA JCB. rist Y
aprile-25 ottobre – **Pasto** 45000 – **96 cam** 210/280000 – ½ P 140/170000.

Bristol, lungolago Umberto I 73 ☎ 32601, Telex 200217, Fax 33622, ≤ lago e monti, « Parco », , , , – cam – 30 a 300. AE E VISA. rist
15 marzo-7 novembre – **Pasto** carta 50/75000 – 22000 – **244 cam** 180/280000, 4 appartamenti – ½ P 100/190000. Y

Milan e Speranza au Lac, piazza Imbarcadero ☎ 31190, Fax 32729, ≤ lago, monti isole Borromee – – 30 a 100. AE E VISA. rist Y
23 marzo-ottobre – **Pasto** 40/45000 – 17500 – **160 cam** 140/220000 – ½ P 90/155000.

Royal, strada statale del Sempione 22 ☎ 32777, Fax 33633, ≤, , « Giardino fiorito » – 60. E VISA. Y
aprile-ottobre – **Pasto** 30/45000 – 18000 – **45 cam** 140/160000 – ½ P 110/125000.

La Fontana senza rist, strada statale del Sempione 1 ☎ 32707, Fax 32708, ≤, « Piccolo parco ombreggiato » – . E VISA Y
chiuso novembre – 13000 – **19 cam** 90/105000.

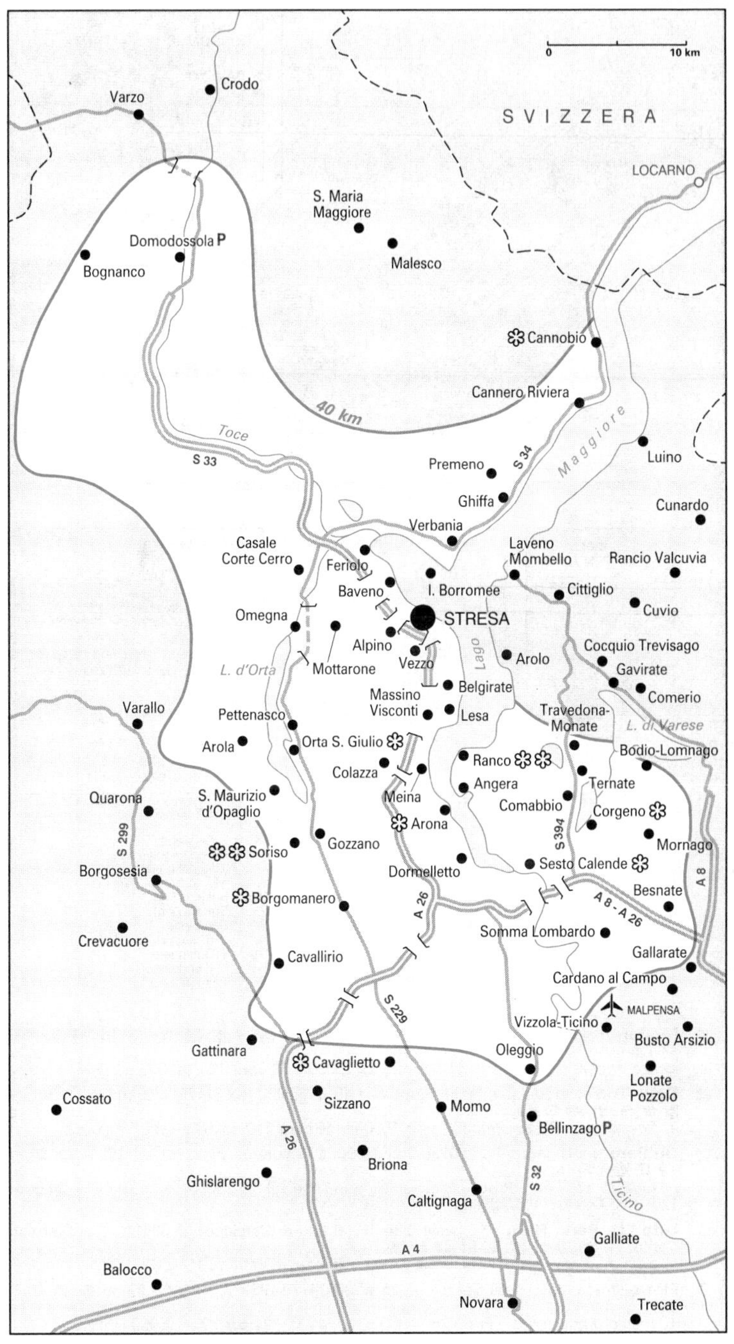
0
10 km
SVIZZERA
Crodo
Varzo
LOCARNO
S. Maria
Maggiore
Malesco
Domodossola P
Bognanco
Cannobio
Cannero Riviera
40 km
Toce
S 33
Maggiore
Luino
Premeno
S 34
Ghiffa
Cunardo
Verbania
Casale
Corte Cerro
Feriolo
Laveno
Mombello
Rancio Valcuvia
Baveno
I. Borromee
Cittiglio
Cuvio
Omegna
STRESA
Alpino
Vezzo
Lago
Arolo
Cocquio Trevisago
Gavirate
Comerio
L. d'Orta
Mottarone
Belgirate
Massino
Visconti
Lesa
Travedona-
Monate
L. di Varese
Varallo
Pettenasco
Arola
Orta S. Giulio
Ranco
Bodio-Lomnago
Colazza
Angera
Ternate
Quarona
S. Maurizio
d'Opaglio
Meina
Comabbio
Corgeno
Arona
S 394
Mornago
S 299
Soriso
Gozzano
Dormelletto
Sesto Calende
Borgosesia
A 8
Borgomanero
A 26
Besnate
A 8 - A 26
Crevacuore
Somma Lombardo
Cavallirio
Gallarate
Cardano al Campo
S 229
MALPENSA
Vizzola-Ticino
Busto Arsizio
Gattinara
Oleggio
Cavaglietto
Lonate
Pozzolo
Cossato
Sizzano
Momo
Bellinzago P
A 26
Briona
Ghislarengo
S 32
Ticino
Caltignaga
Galliate
A 4
Balocco
Novara
Trecate

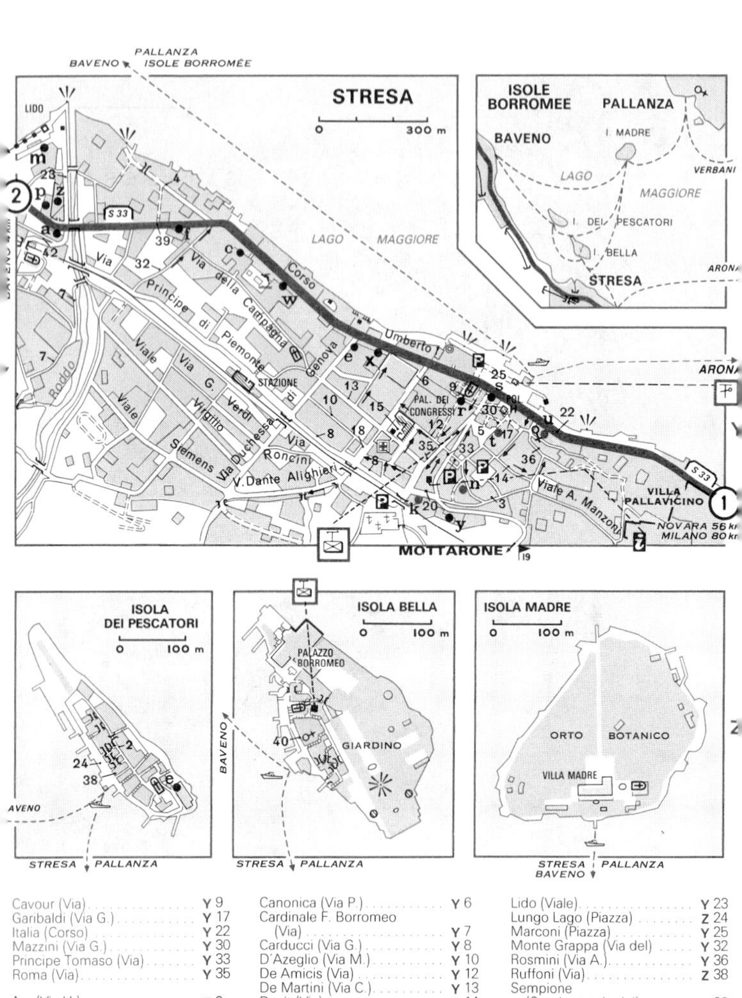

Cavour (Via) . . . . . Y 9
Garibaldi (Via G.) . . . . . Y 17
Italia (Corso) . . . . . Y 22
Mazzini (Via G.) . . . . . Y 30
Principe Tomaso (Via) . . . . . Y 33
Roma (Via) . . . . . Y 35

Ara (Via U.) . . . . . Z 2
Bolongaro (Via L.) . . . . . Y 3
Borromeo (Via G.) . . . . . Y 4
Cadorna (Piazza) . . . . . Y 5
Canonica (Via P.) . . . . . Y 6
Cardinale F. Borromeo (Via) . . . . . Y 7
Carducci (Via G.) . . . . . Y 8
D'Azeglio (Via M.) . . . . . Y 10
De Amicis (Via) . . . . . Y 12
De Martini (Via C.) . . . . . Y 13
Devit (Via) . . . . . Y 14
Europa (Piazzale) . . . . . Y 15
Fulgosi (Via) . . . . . Y 18
Gignous (Via) . . . . . Y 20
Lido (Viale) . . . . . Y 23
Lungo Lago (Piazza) . . . . . Z 24
Marconi (Piazza) . . . . . Y 25
Monte Grappa (Via del) . . . . . Y 32
Rosmini (Via A.) . . . . . Y 36
Ruffoni (Via) . . . . . Z 38
Sempione (Strada statale del) . . . . . Y 39
V. Emanuele III (Lungolago) . . . . . Z 40
Volta (Via A.) . . . . . Y 42

Moderno, via Cavour 33 ℘ 933773, Fax 933775, – AE VISA. rist — Y **r**
marzo-ottobre – **Pasto** carta 38/60000 – 15000 – **53 cam** 120/140000 – ½ P 80/125000.

Della Torre, strada statale del Sempione 45 ℘ 32555, Fax 31175, « Giardino fiorito » – VISA. rist — Y **a**
aprile-ottobre – **Pasto** 28/40000 – 15000 – **44 cam** 110/130000 – ½ P 110000.

Du Parc, via Gignous 1 ℘ 30335, Fax 33596, « Piccolo parco », – AE VISA. rist — Y **y**
Pasqua-15 ottobre – **Pasto** (solo per clienti alloggiati) 25/35000 – 15000 – **34 cam** 120/160000 – ½ P 105/120000.

Lido "La Perla Nera", viale Lido 15 (al lido di Carciano) ℘ 33611, « Giardino fiorito » – AE VISA JCB. rist — Y **m**
Pasqua-ottobre – **Pasto** 38000 – 15000 – **26 cam** 120/140000 – ½ P 110000.

Flora, strada statale del Sempione 26 ℘ 30524, Fax 33372, – AE VISA — Y **p**
16 marzo-3 novembre – **Pasto** 28/45000 – 14000 – **21 cam** 75/105000 – ½ P 95000.

XXX **L'Emiliano,** corso Italia 50 ✆ 31396, Fax 33474, prenotare – AE ⓢ ⓓ E VISA. ✗ Y u
chiuso martedì, mercoledì a mezzogiorno, dal 10 gennaio al 16 febbraio e dal 15 novembre al 4 dicembre – **Pasto** 55000 e carta 55/116000 (10%).

XX **Piemontese,** via Mazzini 25 ✆ 30235, Fax 30235, « Servizio estivo all'aperto » – AE ⓢ ⓓ E VISA Y t
chiuso lunedì e da gennaio al 15 febbraio – **Pasto** carta 48/69000 (10%).

X **Del Pescatore,** vicolo del Poncivo 3 ✆ 31986, Specialità di mare – ⓢ E VISA Y n
chiuso giovedì e Natale – **Pasto** carta 27/54000.

X **Il Triangolo,** via Roma 61 ✆ 32736, ☂, Rist. e pizzeria – AE ⓢ VISA. ✗ Y k
chiuso dal 15 al 30 novembre e martedì escluso da giugno a settembre – **Pasto** carta 36/53000.

sulla strada statale 33 per ③ : 1,5 km :

Villaminta, strada statale del Sempione 123 ✉ 28049 ✆ 933818, Fax 933955, ≤ isole Borromee, ☂, « Parco fiorito e terrazza con ⛱ riscaldata », ⛺, ✗ – |♦| TV ☎ P – 🏔 40. AE ⓢ ⓓ E VISA. ✗ rist
aprile-ottobre – **Pasto** 55000 – **58 cam** ☕ 250/300000, 4 appartamenti – ½ P 100/175000.

a Someraro NO : 4 km per via Duchessa di Genova Y – ✉ **28049** Stresa :

XX **Al Rustico,** ✆ 32172, Coperti limitati; prenotare, « Ambiente romantico » – P. AE ⓢ ⓓ E VISA. ✗
chiuso mercoledì – **Pasto** carta 32/54000.

Vedere anche : ***Borromee (Isole)*** N : da 5 a 30 mn di battello.

STROMBOLI (Isola) Messina 988 ㊲ ㊳, 431 432 K 27 – Vedere Sicilia (Eolie, isole) alla fine dell'elenco alfabetico.

STRONCONE **05039** Terni 430 O 20 – alt. 451 – ☎ 0744.
Roma 112 – Terni 12 – Rieti 45.

X **Taverna de Porta Nova,** ✆ 60496, « In un convento quattrocentesco » – ⓢ E VISA. ✗
chiuso a mezzogiorno (escluso i giorni festivi), mercoledì e dal 15 al 30 luglio – **Pasto** carta 31/56000.

STROVE Siena 430 L 15 – Vedere Monteriggioni.

STROZZACAPPONI Perugia – Vedere Corciano.

STUPINIGI **10040** Torino 428 G 4 – alt. 244 – ☎ 011.
Vedere Palazzina Mauriziana★.
⛳ (chiuso lunedì) ✆ 3472640, Fax 3978038, NE : 2 km FU k (vedere Torino p. 1);
⛳ (chiuso lunedì e dal 21 dicembre al 9 gennaio) a Vinovo ✉ 10048 ✆ 9653880, Fax 9623748, S : 2 km FU (vedere Torino p.1).
Roma 668 – ♦Torino 16 – Cuneo 92 – ♦Milano 161 – Sestriere 81.

Pianta d'insieme di Torino (Torino p. 2)

XX **Le Cascine,** O : 2 km ✆ 9002581, Fax 9002360, ☂, « Parco fiorito con laghetto » – P. AE ⓢ ⓓ E VISA FU v
aprile-ottobre; chiuso lunedì – **Pasto** 35/50000 (a mezzogiorno) e 48/60000 (alla sera).

STURLA Genova – Vedere Genova.

SU GOLOGONE Nuoro 433 G 10 – Vedere Sardegna (Oliena) alla fine dell'elenco alfabetico.

SULDEN = Solda.

SULMONA **67039** L'Aquila 988 ㉗, 430 P 23 – 25 671 ab. alt. 375 – ☎ 0864.
Vedere Palazzo dell'Annunziata★★ – Porta Napoli★.
Dintorni itinerario nel Massiccio degli Abruzzi★★★.
ℹ corso Ovidio 208 ✆ 53276, Fax 53276.
Roma 154 – L'Aquila 73 – Avezzano 57 – Chieti 62 – Isernia 76 – ♦Napoli 186 – ♦Pescara 73.

Armando's, via Montenero 15 ✆ 210783 – |♦| TV ☎ P. AE ⓢ ⓓ E VISA. ✗
Pasto (solo per clienti alloggiati e *chiuso dal 23 dicembre al 7 gennaio e Pasqua*) – **21 cam** ☕ 70/120000.

XX **Rigoletto,** via Stazione Introdacqua 46 ✆ 55529, « Servizio estivo all'aperto » – ▤. AE ⓢ ⓓ E VISA. ✗
chiuso domenica sera, martedì, dal 23 dicembre al 5 gennaio e dal 15 al 31 luglio – **Pasto** carta 33/45000.

X **Gino,** piazza Plebiscito 12 ✆ 52289 – ▤. ✗
chiuso la sera e domenica – **Pasto** carta 31/43000.

[SULZANO] **25058** Brescia [428] [429] E 12 – 1 373 ab. alt. 205 – a.s. Pasqua e luglio-15 settembre – ☎ 030.

Roma 586 – ◆Brescia 28 – ◆Bergamo 44 – Edolo 72 – ◆Milano 85.

- **Aquila,** ℘ 985383, 🍴, ⛱ – [P]. ✗
  chiuso gennaio e febbraio – **Pasto** *(chiuso lunedì in bassa stagione)* carta 33/66000 – ☕ 8000 – **19 cam** 45/94000 – ½ P 65/75000.
- 🍴🍴 **Le Palafitte,** S : 1,5 km ℘ 985145, Fax 985295, ≤, 🍴, prenotare, « Padiglione su lago » – [P]. [AE] [S] [VISA]
  chiuso lunedì sera, martedì e gennaio – **Pasto** carta 39/70000.

[SUPERGA] Torino – alt. 670.

Vedere Basilica★ : ≤★★★, tombe reali★.

Roma 662 – Asti 48 – ◆Milano 144 – ◆Torino 10 – Vercelli 75.

[SUSA] **10059** Torino [988] ⑪, [428] G 3 – 6 744 ab. alt. 503 – a.s. giugno-settembre e Natale – ☎ 0122.

Roma 718 – Briançon 55 – ◆Milano 190 – Col du Mont Cenis 30 – ◆Torino 53.

- **Napoleon,** via Mazzini 44 ℘ 622855, Fax 31900 – [TV] ☎ 🚗. [AE] [S] [E] [VISA]. ✗ rist
  Pasto *(chiuso gennaio e sabato escluso da luglio a settembre)* 32/45000 – ☕ 14000 – **62 cam** 100/130000 – ½ P 100000.

  a Mompantero N : 2 km – ✉ **10059** :

- 🍴 **Da Camillo,** ℘ 622954, Fax 622954 – [P]. [AE] [S] [E] [VISA]. ✗
  chiuso mercoledì e dal 10 al 31 agosto – **Pasto** carta 20/40000.

[SUSEGANA] **31058** Treviso [429] E 18 – 9 890 ab. alt. 77 – ☎ 0438.

Roma 572 – Belluno 57 – Trento 143 – Treviso 22.

- 🍴 **La Vigna,** via Barriera 20 (N : 2 km) ℘ 62430, Fax 62430, ≤, « Servizio estivo all'aperto » – [P]. [AE] [S] [E] [VISA]. ✗
  chiuso lunedì e domenica sera (escluso da maggio a settembre) – **Pasto** carta 31/50000.

[SUZZARA] **46029** Mantova [988] ⑭, [428] [429] I 9 – 17 585 ab. alt. 20 – ☎ 0376.

Roma 453 – ◆Parma 48 – ◆Verona 64 – Cremona 74 – Mantova 21 – ◆Milano 167 – ◆Modena 51 – Reggio nell'Emilia 41.

- 🍴🍴 **Cavallino Bianco** con cam, via Luppi Menotti 11 ℘ 531676, Fax 531148, « Raccolta di quadri moderni » – ▤ [TV] ☎. [AE] [S] ⓞ [E] [VISA]. ✗ rist
  chiuso dal 1° al 20 agosto – **Pasto** *(chiuso sabato)* carta 35/49000 – ☕ 5000 – **16 cam** 50/85000 – P 85000.
- 🍴 **Da Battista,** piazza Castello 14/a ℘ 531225 – [S] ⓞ [E] [VISA]. ✗
  chiuso domenica ed agosto – **Pasto** carta 29/49000.

[TABIANO BAGNI] **43030** Parma [428] [429] H 12 – alt. 162 – Stazione termale (marzo-novembre) a.s. agosto-25 ottobre – ☎ 0524.

[i] (agosto-ottobre) viale delle Fonti ℘ 565482.

Roma 486 – ◆Parma 31 – Piacenza 57 – ◆Bologna 124 – Fidenza 8 – ◆Milano 110 – Salsomaggiore Terme 5.

- **Grande Albergo Astro** 🐦, ℘ 565523, Telex 532297, Fax 565497, ≤, 🏋, ≘s, ⛱ – ▤ cam [TV] ☎ 🚗 [P] – 🏛 30 a 850. [AE] [S] ⓞ [E] [VISA]. ✗ rist
  Pasto carta 52/74000 – **115 cam** ☕ 150/200000 – ½ P 130/160000.
- **Napoleon,** ℘ 565261, Fax 565230, 🏋, ≘s, 🏊, ⛱ – ✗ rist ▤ rist [TV] ☎ [P] – 🏛 25 a 60. [AE] [S] ⓞ [VISA]. ✗ rist
  Pasto 40/50000 – ☕ 19000 – **56 cam** 110/130000 – ½ P 75/85000.
- **Ducale,** ℘ 565132, Fax 565150, ≤ – [TV] ☎ [P]. [AE] [S] ⓞ [E] [VISA]. ✗
  25 aprile-5 novembre – **Pasto** 30/45000 – ☕ 15000 – **104 cam** 90/140000 – ½ P 75/90000.
- **Pandos** 🐦, ℘ 565276, Fax 565287, 🏊, ⛱ – ✗ rist [TV] ☎ [P]. [S] ⓞ [E] [VISA]. ✗ rist
  15 aprile-4 novembre – **Pasto** 38/45000 – **57 cam** ☕ 95/120000 – ½ P 75000.
- **Park Hotel Fantoni** 🐦, ℘ 565141, Fax 565141, 🏊, ⛱ – ▤ cam [TV] ☎ 🚗 [P]. [S] ⓞ [E] [VISA]. ✗
  aprile-novembre – **Pasto** 30/40000 – ☕ 10000 – **34 cam** 68/100000 – ½ P 85000.
- **Quisisana,** ℘ 565252, Fax 565101, ⛱ – [TV] ☎ [P]. [S] [E] [VISA]. ✗ rist
  15 aprile-15 novembre – **Pasto** 25/30000 – ☕ 10000 – **49 cam** 70/110000 – ½ P 83000.
- **Rossini** 🐦, ℘ 565173, Fax 565734 – ✗ rist [TV] ☎ [P]. ✗ rist
  aprile-novembre – **Pasto** 40000 – ☕ 8000 – **57 cam** 70/100000 – P 82/89000.
- **Panoramik,** ℘ 565423, Fax 565594, ≤, 🏊, ⛱ – [TV] ☎ [P]. [S] [E] [VISA]. ✗
  marzo-novembre – **Pasto** carta 31/48000 – ☕ 10000 – **37 cam** 78/100000 – ½ P 78/92000.
- Tabiano, ℘ 565188, Fax 565293 – [TV] ☎ [P]
  36 cam.
- 🍴 **Locanda del Colle-da Oscar,** al Castello S : 3,5 km ℘ 565702, 🍴, Coperti limitati, prenotare – [P]. [AE] [S] ⓞ [E] [VISA] [JCB]. ✗
  chiuso dal 1° al 15 febbraio e lunedì (escluso da agosto a settembre) – **Pasto** carta 37/54000.

[TAGLIATA] Ravenna – Vedere Cervia.

TAGLIO DI PO **45019** Rovigo 988 ⑮, 429 G 18 – 8 560 ab. – ☎ 0426.

Roma 425 – ♦Ravenna 73 – Chioggia 27 – Rovigo 38.

Tessarin, piazza Venezia 4 ☎ 346347, Fax 346346 – ⌧ ▤ TV ☎ ♿ P – 🏛 80. AE ⓑ ⓞ E VISA JCB. ✻ cam
Pasto *(chiuso venerdì escluso luglio-agosto)* carta 34/63000 – **32 cam** ☐ 90/120000, 2 appartamenti – ½ P 80/95000.

TAGLIOLO MONFERRATO **15070** Alessandria 428 I 8 – 1 431 ab. alt. 315 – ☎ 0143.

Roma 552 – ♦Genova 54 – Acqui Terme 27 – Alessandria 43 – ♦Milano 117 – Savona 64 – ♦Torino 128.

Parco Colma ⚘, strada panoramica Colma 15 (S : 2 km) ☎ 896309, ⛱ – TV ☎ P
15 cam.

TALAMONE Grosseto 430 O 15 – Vedere Fonteblanda.

TALSANO **74029** Taranto 431 F 33 – alt. 24 – ☎ 099.

Roma 507 – ♦Brindisi 65 – Lecce 82 – ♦Taranto 11.

Bel Sit, S : 1,5 km ☎ 6556362, Fax 7717335, ⛱ – ▤ TV ☎ ♿ P
38 cam.

a Lama SO : 3,5 km – ✉ **74020** :

Le Vecchie Cantine, via Girasoli 23 ☎ 7772589, ⛱, prenotare – P. AE ⓑ ⓞ VISA. ✻
chiuso mercoledì e a mezzogiorno (escluso dal 20 giugno al 20 settembre) – **Pasto** carta 30/57000.

TAMBRE Belluno 429 D 19 – 1 670 ab. alt. 922 – ✉ **32010** Tambre d'Alpago – ☎ 0437.

⛳ Cansiglio (aprile-novembre) a Pian del Cansiglio ✉ 31029 Vittorio Veneto ☎ (0438) 585398, S : 11 km.

ℹ piazza 11 Gennaio 1945 ☎ 49277, Fax 49246.

Roma 613 – Belluno 30 – Cortina d'Ampezzo 83 – ♦Milano 352 – Treviso 73 – ♦Venezia 102.

Alle Alpi, via Campei 32 ☎ 49022, ≘s, ⛱, ✻ – ⌧ TV P. ✻
chiuso ottobre e novembre – **Pasto** *(chiuso mercoledì)* 25/35000 – ☐ 10000 – **28 cam** 80/100000 – P 60/110000.

Col Indes ⚘ con cam, SE : 5 km, alt. 1 250 ☎ 49274, Fax 49601, ← – ☎ P. ✻
20 dicembre-20 gennaio e 25 giugno-settembre – **Pasto** carta 29/43000 – **6 cam** ☐ 70/100000 – ½ P 55/65000.

a Piano del Cansiglio S : 11 km – alt. 1 028 – ✉ **32010** Spert d'Alpago :

Rifugio Sant'Osvaldo ⚘, ☎ (0438) 585353, ← – ☎ P. AE ⓑ ⓞ E VISA. ✻
chiuso dal 1° al 10 giugno, dal 10 al 25 novembre, martedì sera e mercoledì (escluso dal 20 dicembre al 10 gennaio e dal 15 giugno al 15 settembre) – **Pasto** carta 31/59000.

TAMION Trento – Vedere Vigo di Fassa.

TAORMINA Messina 988 ㊲, 432 N 27 – Vedere Sicilia alla fine dell'elenco alfabetico.

TARANTO **74100** P 988 ㉙, 431 F 33 – 213 933 ab. – ☎ 099.

Vedere Museo Nazionale★★ : ceramiche★★★, sala degli ori★★★ – Lungomare Vittorio Emanuele★★ – Giardini Comunali★ – Cappella di San Cataldo★ nel Duomo.

⛳ (chiuso martedì da ottobre a maggio) a Riva dei Tessali ✉ 74011 Castellaneta ☎ 6439251, Telex 860086, Fax 6439255, per ③ : 34 km.

ℹ corso Umberto 113 ☎ 4532392, Fax 4532397.

A.C.I. via Giustino Fortunato ☎ 7796434.

Roma 532 ③ – ♦Brindisi 70 ① – ♦Bari 94 ③ – ♦Napoli 344 ③.

Pianta pagina seguente

Gd H. Delfino, viale Virgilio 66 ☎ 7323232, Telex 860113, Fax 7304654, ←, ⛱, ⛱ – ⌧ ▤ TV ☎ ♿ P – 🏛 25 a 350. AE ⓑ ⓞ E VISA. ✻ rist **d**
Pasto carta 51/74000 – **198 cam** ☐ 140/180000, 6 appartamenti – ½ P 130000.

Palace, viale Virgilio 10 ☎ 4594771, Fax 4594771, ← – ⌧ ▤ TV ☎ 🚗 P – 🏛 25 a 300. AE ⓑ ⓞ E VISA **s**
Pasto carta 38/65000 – **73 cam** ☐ 178/267000 – ½ P 115000.

Plaza, via d'Aquino 46 ☎ 4590775, Fax 4590675 – ⌧ ▤ TV ☎ – 🏛 70 a 250. AE ⓑ ⓞ E VISA. ✻ **z**
Pasto carta 23/39000 – **112 cam** ☐ 120/160000 – ½ P 98000.

Monsieur Mimmo, viale Virgilio 101 ☎ 372691 – ▤ P. AE ⓑ ⓞ E VISA. ✻ per ②
chiuso lunedì – **Pasto** 60/80000 e carta 41/60000.

La Fattoria, via Abruzzo 9 ☎ 362560 – ▤ per ②

Al Gambero, vico del Ponte 4 ☎ 4711190, ←, ⛱ – AE ⓞ E VISA. ✻ **f**
chiuso lunedì e novembre – **Pasto** carta 32/65000 (15 %).

Al Faro, via Galeso 126 ☎ 4714444, Specialità di mare – ▤. AE ⓑ ⓞ E VISA **e**
chiuso domenica – **Pasto** carta 39/66000.

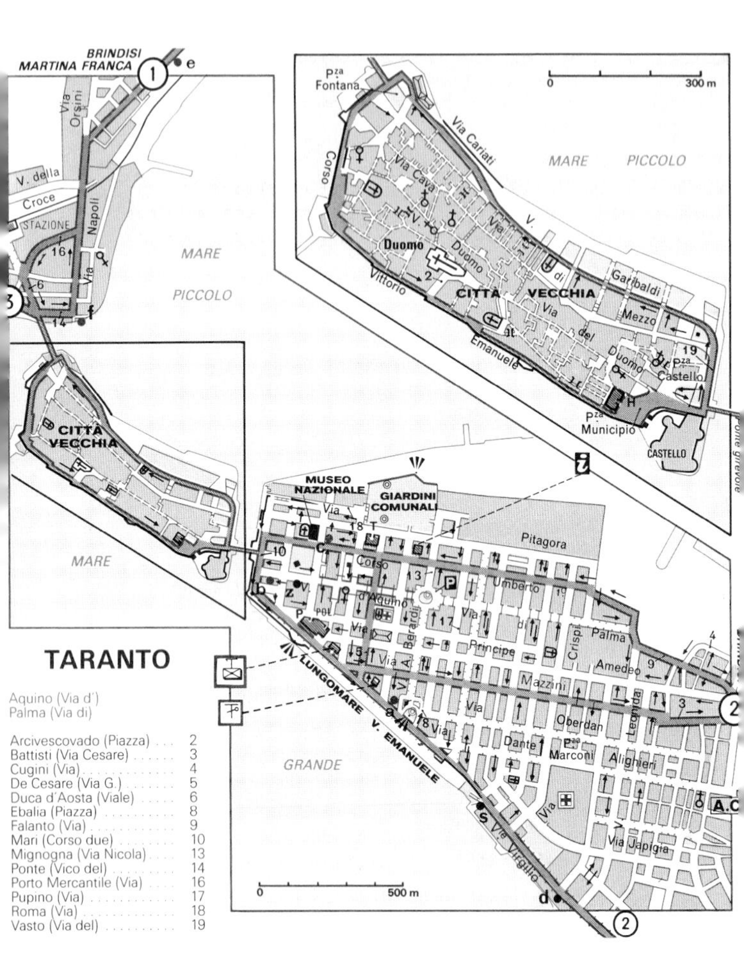

XX **Il Caffè,** via d'Aquino 8 ☎ 4525097, Rist. e pizzeria – ▤. AE 🅂 ⓓ E VISA JCB — **b**
chiuso domenica sera e lunedì a mezzogiorno – **Pasto** carta 30/53000.

XX **Marcaurelio,** via Cavour 17 ☎ 4527893, Rist. e pizzeria – ▤. AE 🅂 ⓓ E VISA JCB. ✂ — **c**
chiuso martedì, dal 24 al 28 dicembre e dal 12 al 17 agosto – **Pasto** carta 20/60000.

XX **L'Assassino,** lungomare Vittorio Emanuele III 29 ☎ 4593447 – ▤. AE 🅂 ⓓ E VISA. ✂ — **a**
chiuso domenica, Natale e Ferragosto – **Pasto** carta 35/55000.

TARCENTO 33017 Udine 988 ⑥, 429 D 21 – 8 430 ab. alt. 230 – a.s. luglio-agosto – ☎ 0432.

Roma 657 – Udine 19 – ♦Milano 396 – Tarvisio 76 – ♦Trieste 90 – ♦Venezia 146.

XX **Al Mulin Vieri,** ☎ 785076, ≤, 🌳 – 🅟. AE 🅂 ⓓ E VISA JCB
chiuso lunedì sera, martedì e dal 10 al 28 ottobre – **Pasto** carta 39/58000.

X **Osteria di Villafredda,** località Loneriacco S : 2 km ☎ 792153, « Casa di campagna con servizio estivo in giardino » – 🅟. VISA
chiuso domenica sera, lunedì, dal 10 al 25 gennaio e dal 1° al 21 agosto – **Pasto** carta 36/53000.

X **Ostarie di Santine,** località Pradandons SE : 2,5 km ☎ 785119, Fax 785119, 🌳, 🛏 – 🅟. AE 🅂 ⓓ VISA
chiuso martedì sera, mercoledì e dal 23 agosto al 15 settembre – **Pasto** carta 30/48000.

X **Da Gaspar,** località Zomeais N : 2,5 km ☎ 785950, prenotare – ✂
chiuso lunedì, martedì e dal 15 giugno al 15 luglio – **Pasto** carta 34/49000.

Read carefully the introduction it is the key to the Guide.

TARQUINIA 01016 Viterbo [988] ㉕, [430] P 17 – 14 548 ab. alt. 133 – ☎ 0766.

Vedere Necropoli Etrusca★★ : pitture★★★ nelle camere funerarie SE : 4 km – Palazzo Vitelleschi★ : cavalli alati★★★ nel museo Nazionale Tarquiniense★ – Chiesa di Santa Maria in Castello★.

⛳9 (chiuso martedì) località Marina Velca ✉ 01016 Tarquinia ☎ 812109, Fax 812109.

ℹ piazza Cavour 1 ☎ 856384, Fax 846479.

Roma 96 – Viterbo 45 – Civitavecchia 20 – Grosseto 92 – Orvieto 90.

XX **Il Bersagliere**, via Benedetto Croce 2 ☎ 856047, ☂, Specialità di mare, 🌳 – 🅿. [AE] $ ⓓ E VISA. ✂
chiuso domenica sera, lunedì, dal 16 al 31 dicembre e dal 16 al 31 luglio – **Pasto** carta 41/65000 (10%).

a Lido di Tarquinia SO : 6 km – ✉ **01010** :

🏨 **Velcamare**, ☎ 864380, Fax 864024, « Servizio estivo all'aperto », 🏊, 🌳 – ▤ 📺 ☎ ♿ 🅿. [AE] $ ⓓ E VISA JCB. ✂ rist
febbraio-ottobre – **Pasto** *(chiuso martedì escluso da giugno a settembre)* carta 47/87000 (10%) – **20 cam** ☕ 110/170000 – ½ P 140/150000.

🏨 **La Torraccia** senza rist, ☎ 864375, Fax 864296, 🌳 – 📺 ☎ – 🧑‍🏫 50. [AE] $ ⓓ E VISA. ✂
chiuso dal 20 dicembre all'8 gennaio – **18 cam** ☕ 120/145000.

X **Gradinoro**, lungomare dei Tirreni 17 ☎ 864045 – ▤. [AE] $ ⓓ E VISA
marzo-10 novembre – **Pasto** carta 30/74000.

TARSOGNO 43050 Parma [428] I 10 – alt. 822 – a.s. luglio-agosto – ☎ 0525.

Roma 472 – ◆La Spezia 73 – ◆Bologna 182 – ◆Genova 108 – ◆Milano 161 – ◆Parma 86 – Piacenza 97.

🏨 **Sole**, ☎ 89142, Fax 89398, ≤ – |‡| ☎ ♿ 🅿. ✂ rist
chiuso ottobre – **Pasto** *(chiuso giovedì)* carta 30/49000 – ☕ 10000 – **24 cam** 80/100000 – ½ P 80/100000.

TARTANO 23010 Sondrio [428] D 11 – 311 ab. alt. 1 147 – ☎ 0342.

Roma 695 – Sondrio 34 – Chiavenna 61 – Lecco 77 – ◆Milano 133.

🏨 **La Gran Baita** 🐚, ☎ 645043, Fax 645043, ≤, 🌳 – |‡| ⇆ rist ☎ 🅿. [AE] $ E VISA. ✂ rist
chiuso dal 6 gennaio a Pasqua – **Pasto** carta 27/43000 – ☕ 6000 – **33 cam** 33/57000 – ½ P 48000.

TARVISIO 33018 Udine [988] ⑥, [429] C 22 – 6 005 ab. alt. 754 – a.s. luglio-agosto e Natale – Sport invernali : 754/1 730 m ⛷1 ⛷5, ⛷ – ☎ 0428.

⛳9 (aprile-ottobre) ☎ 2047, Fax 41051.

ℹ via Roma 10 ☎ 2135, Fax 2972.

Roma 730 – Udine 95 – Cortina d'Ampezzo 170 – Gorizia 133 – Klagenfurt 67 – Ljubljana 100 – ◆Milano 469.

🏨 **Nevada**, ☎ 2332, Fax 40566 – |‡| 📺 ☎ 🚗 🅿. [AE] $ ⓓ E VISA. ✂
Pasto carta 34/59000 – ☕ 10000 – **60 cam** 70/110000 – ½ P 95000.

X **Italia**, ☎ 2041 – 🧑‍🏫 25. [AE] ⓓ VISA. ✂
chiuso martedì sera, mercoledì, dal 15 maggio al 15 giugno e dal 15 ottobre al 15 novembre – **Pasto** carta 33/55000.

TAUFERS IM MÜNSTERTAL = Tubre.

TAVAGNACCO 33010 Udine [429] D 21 – 11 637 ab. alt. 137 – ☎ 0432.

Roma 645 – Udine 9 – Tarvisio 84 – ◆Trieste 78 – ◆Venezia 134.

XX **Al Grop**, ☎ 660240, Fax 650158, ☂ – 🅿. [AE] $ ⓓ E VISA JCB
chiuso mercoledì sera, giovedì e dal 1° al 15 agosto – **Pasto** carta 44/63000.

TAVAGNASCO 10010 Torino [219] ⑭ – 844 ab. alt. 280 – ☎ 0125.

Roma 693 – Aosta 69 – Ivrea 10 – ◆Milano 125 – ◆Torino 60.

XX **Miramonti**, ☎ 658213 – ▤. [AE] $ E VISA
Pasto carta 22/35000.

TAVARNELLE VAL DI PESA 50028 Firenze [988] ⑭ ⑮, [430] L 15 – 7 032 ab. alt. 378 – ☎ 055.

Roma 268 – ◆Firenze 29 – Siena 41 – ◆Livorno 92.

X **La Gramola**, via delle Fonti 1 ☎ 8050321, Fax 8050321, ☂ – [AE] $ E VISA
chiuso a mezzogiorno (escluso i giorni festivi), martedì e gennaio – **Pasto** carta 24/44000.

a Sambuca E : 4 km – ✉ **50020** :

🏨 **Torricelle-Zucchi** senza rist, ☎ 8071780, Fax 8071102 – 📺 ☎ 🅿
chiuso dal 20 dicembre al 14 gennaio – ☕ 12000 – **13 cam** 65/84000.

in prossimità uscita superstrada Firenze-Siena NE : 5 km :

🏨 **Park Hotel Chianti** senza rist, ✉ 50028 ☎ 8070106, Fax 8070121, 🏊 – |‡| ▤ 📺 ☎ 🅿. $ E VISA. ✂
☕ 14000 – **43 cam** 133000.

a San Donato in Poggio SE : 7 km – ✉ **50020** :

La Toppa, ☎ 8072900, – AE 🅂 E VISA
chiuso lunedì e dal 3 gennaio al 2 febbraio – **Pasto** carta 32/47000 (10%).

TAVAZZANO CON VILLAVESCO **20080** Lodi 428 G 10 – 4 575 ab. alt. 80 – ☎ 0371.
Roma 543 – ♦Milano 29 – Piacenza 48 – ♦Bergamo 56 – ♦Brescia 74 – Cremona 64 – Pavia 39.

Napoleon senza rist, ☎ 760824, Fax 76827 – AE 🅂 E VISA
26 cam 110/140000.

TAVERNELLE Modena – Vedere Vignola.

TEGLIO **23036** Sondrio 428 429 D 12 – 5 106 ab. alt. 856 – ☎ 0342.
Roma 719 – Sondrio 20 – Edolo 37 – ♦ Milano 158 – Passo dello Stelvio 76.

Combolo, ☎ 780083, Fax 781190, « Terrazza-giardino », – AE 🅂 E VISA
Pasto *(chiuso martedì escluso da maggio a settembre)* carta 40/55000 – 8000 – **51 cam** 80/105000 – ½ P 85/110000.

Meden, ☎ 780080, – AE 🅂 VISA
luglio-ottobre – **Pasto** 35/45000 – 5000 – **36 cam** 50/100000 – ½ P 90/100000.

TEL (TÖLL) Bolzano 218 ⑩ – Vedere Parcines.

TELESE TERME **82037** Benevento 988 ㉗, 430 S 25, 431 D 25 – 4 650 ab. alt. 50 – ☎ 0824.
Roma 218 – ♦Napoli 59 – Benevento 23 – Salerno 98.

Gd H. Telese, N : 2 km ☎ 940500, Fax 940504, « Grande parco con e », – 30 a 150. AE 🅂 E VISA rist
Pasto carta 40/53000 – **72 cam** 160/205000, 3 appartamenti – ½ P 130/150000.

TELGATE **24060** Bergamo 428 429 F 11 – 3 810 ab. alt. 181 – ☎ 035.
Roma 574 – ♦Bergamo 19 – ♦Brescia 32 – Cremona 84 – ♦Milano 67.

Il Leone d'Oro con cam, via Dante Alighieri 17 ☎ 4420803, Fax 4420198 – 200. AE 🅂 E VISA JCB
chiuso agosto – **Pasto** *(chiuso martedì)* carta 34/64000 – **9 cam** 85/115000 – ½ P 90/95000.

TELLARO La Spezia 428 429 430 J 11 – Vedere Lerici.

TEMPIO PAUSANIA Sassari 988 ㉓, 433 E 9 – Vedere Sardegna alla fine dell'elenco alfabetico.

TENCAROLA Padova – Vedere Selvazzano Dentro.

TENNA **38050** Trento 429 D 15 – 750 ab. alt. 556 – a.s. Pasqua e Natale – ☎ 0461.
(giugno-15 settembre) ☎ 706396.
Roma 607 – Trento 18 – Belluno 93 – ♦Bolzano 79 – ♦Milano 263 – ♦Venezia 144.

Margherita, NO : 2 km ☎ 706445, Fax 707854, « In pineta », – 150. AE 🅂 E VISA cam
aprile-ottobre – **Pasto** carta 40/56000 – **50 cam** 70/130000 – ½ P 85/95000.

TENNO **38060** Trento 428 429 E 14 – 1 706 ab. alt. 435 – a.s. Natale-20 gennaio e Pasqua – ☎ 0464.
Roma 585 – Trento 41 – ♦Brescia 84 – ♦Milano 179 – Riva del Garda 9.

Clubhotel Lago di Tenno, NO : 3,5 km ☎ 502031, Fax 502101, ≤, « Servizio rist. estivo all'aperto », – AE 🅂 E VISA cam
aprile-ottobre – **Pasto** *(chiuso martedì)* carta 36/56000 – 20000 – **44 cam** 65/100000 – ½ P 100/120000.

Foci, località le Foci S : 4,5 km ☎ 555725, Fax 555725 – 🅂 VISA
chiuso luglio e lunedì (escluso agosto) – **Pasto** carta 28/38000.

TEOLO **35037** Padova 988 ⑤, 429 F 17 – 7 966 ab. alt. 175 – ☎ 049.
Roma 498 – ♦Padova 21 – Abano Terme 14 – ♦Ferrara 83 – Mantova 95 – ♦Milano 240 – ♦Venezia 57.

Alla Posta, ☎ 9925003, Fax 9925575, ≤, – rist
Pasto carta 34/50000 – **36 cam** *(aprile-dicembre)* 70/120000 – ½ P 85000.

a Castelnuovo SE : 3 km – ✉ **35037**

Trattoria al Sasso di Ronco, ☎ 9925073 – 🅂 VISA
chiuso mercoledì – **Pasto** carta 36/51000.

TERAMO **64100** P 988 ㉖ ㉗, 430 O 23 – 51 834 ab. alt. 265 – ☎ 0861.
via del Castello 10 ☎ 244222, Fax 244357.
A.C.I. corso Cerulli 81 ☎ 243244.
Roma 182 – Ascoli Piceno 39 – ♦Ancona 137 – L'Aquila 66 – Chieti 72 – ♦Pescara 57.

XX **Duomo,** via Stazio 9 ✆ 241774, Fax 241774 – ▤. AE Ⓢ ⓓ E VISA JCB. ✂
chiuso lunedì – **Pasto** carta 31/52000.

X **Moderno,** Coste Sant'Agostino ✆ 414559 – ▤ Ⓟ. AE Ⓢ ⓓ E VISA. ✂
chiuso mercoledì, dal 23 dicembre al 10 gennaio e dal 10 al 20 agosto – **Pasto** carta 29/55000.

TERENTO (TERENTEN) 39030 Bolzano 429 B 17 – 1 457 ab. alt. 1 210 – ✆ 0472.

ℹ ✆ 546140, Fax 546340.

Roma 692 – Cortina d'Ampezzo 76 – ◆Bolzano 64 – Brunico 13 – Lienz 86.

🏨 **Wiedenhofer,** ✆ 546116, Fax 546366, ≤, Ⓕ, ≘s, ⛾, 🌳 – |♦| ☎ Ⓟ. Ⓢ ⓓ E VISA. ✂ rist
chiuso da novembre a Natale – **Pasto** 30000 – **32 cam** ☐ 68/168000 – ½ P 84000.

TERLAGO 38070 Trento 428 429 D 15 – 1 404 ab. alt. 456 – ✆ 0461.

Roma 578 – Trento 8 – Bolzano 61 – ◆Brescia 107 – Rovereto 28.

X **Al Portico,** ✆ 860900, Fax 860900, 🏡, Rist. e pizzeria – AE Ⓢ ⓓ VISA. ✂
chiuso martedì – **Pasto** carta 35/61000.

TERLANO (TERLAN) 39018 Bolzano 429 C 15, 218 ⑳ – 3 250 ab. alt. 246 – ✆ 0471.

ℹ ✆ 257165, Fax 257830.

Roma 646 – ◆ Bolzano 9 – Merano 19 – ◆Milano 307 – Trento 67.

🏨 **Weingarten,** ✆ 257174, Fax 257776, 🏡, « Giardino ombreggiato con ⛱ riscaldata » – ☎ Ⓟ. Ⓢ E VISA
15 marzo-15 novembre – **Pasto** *(chiuso domenica)* carta 34/55000 – **18 cam** ☐ 75/138000 – ½ P 85/96000.

a Settequerce (Siebeneich) SE : 3 km : – ✉ **39018** :

🏨 **Greifenstein** senza rist, ✆ 918451, Fax 201584, ≤, ⛱, 🌳 – ☎ Ⓟ. Ⓢ E VISA. ✂
10 marzo-10 novembre – **12 cam** ☐ 63/105000.

X **Patauner,** ✆ 918502, 🏡 – Ⓟ. Ⓢ E VISA
chiuso giovedì, dal 1° al 20 febbraio e dal 5 al 20 luglio – **Pasto** carta 30/48000.

a Vilpiano (Vilpian) NO : 4 km : – ✉ **39010** Bolzano :

🏨 **Sparerhof,** via Nalles 2 ✆ 678671, Fax 678342, 🏡, « Galleria d'arte contemporanea », ≘s, ⛱ riscaldata, 🌳 – 📺 ☎ Ⓟ. Ⓢ E VISA. ✂ rist
Pasto *(chiuso domenica, lunedì a mezzogiorno e gennaio)* carta 32/57000 – **21 cam** ☐ 70/120000 – ½ P 75000.

TERME – Vedere di seguito o al nome proprio della località termale.

TERME LUIGIANE Cosenza 988 ㊴, 431 I 29 – alt. 178 – ✉ **87020** Acquappesa – Stazione termale (maggio-ottobre) – ✆ 0982.

Roma 475 – ◆ Cosenza 49 – Castrovillari 107 – Catanzaro 110 – Paola 16.

🏨 **Parco delle Rose,** ✆ 94090, Fax 94479, ⛱, 🎾 – |♦| ☎ Ⓟ. AE Ⓢ ⓓ E VISA. ✂
maggio-15 novembre – **Pasto** carta 27/43000 – **50 cam** ☐ 85/120000 – P 65/110000.

TERMENO SULLA STRADA DEL VINO (TRAMIN AN DER WEINSTRASSE) 39040 Bolzano 429 C 15, 218 ⑳ – 3 001 ab. alt. 276 – ✆ 0471.

ℹ piazza Municipio 11 ✆ 860131, Fax 860820.

Roma 630 – ◆ Bolzano 24 – ◆Milano 288 – Trento 48.

🏨 **Mühle-Mayer** ⛰, ✆ 860219, Fax 860946, ≤, 🏡, Ⓕ, ≘s, ⛾, 🌳 – 📺 ☎ Ⓟ. Ⓢ E VISA. ✂
20 marzo-10 novembre – **Pasto** (solo per clienti alloggiati e *chiuso a mezzogiorno*) 35/55000 – **14 cam** ☐ 130/220000, appartamento – ½ P 110/130000.

🏨 **Arndt,** ✆ 860336, Fax 860901, ≤, ≘s, ⛱ riscaldata, 🌳 – |♦| 📺 ☎ Ⓟ. Ⓢ E VISA. ✂
aprile-10 novembre – **Pasto** 30/40000 – **22 cam** ☐ 78/156000 – ½ P 95000.

🏨 **Traminer Hof,** ✆ 860384, Fax 860844, ⛱, 🌳 – |♦| ▤ rist ☎ 🚗 Ⓟ. AE Ⓢ E VISA. ✂ rist
aprile-ottobre – **Pasto** 25/40000 – **39 cam** ☐ 100/200000 – ½ P 90/115000.

🏨 **Tirolerhof,** ✆ 860163, Fax 860154, ≤, 🏡, ≘s, ⛱ riscaldata, 🌳 – 📺 ☎ Ⓟ. ✂ rist
Pasqua-ottobre – **Pasto** (solo per clienti alloggiati) – **25 cam** ☐ 115/230000 – ½ P 95/115000.

TERME VIGLIATORE Messina, 432 M 27 – Vedere Sicilia alla fine dell'elenco alfabetico.

TERMINI IMERESE Palermo 432 N 23 – Vedere Sicilia alla fine dell'elenco alfabetico.

TERMINILLO 02017 Rieti 988 ㉖, 430 O 20 – alt. 1 620 – Sport invernali : 1620/2 105 m 1 11, – 0746.

(dicembre-marzo e giugno-settembre) a Pian de' Valli via Covemese 261121.

Roma 99 – Terni 53 – L'Aquila 79 – Rieti 21 – Viterbo 120.

Cristallo, 261112, Fax 261392 – . AE E VISA.
20 dicembre-15 aprile e luglio-15 settembre – **Pasto** 40000 – 15000 – **50 cam** 160/210000 – ½ P 170/180000.

Togo Palace, 261271, Fax 261279 – . AE E VISA JCB.
dicembre-aprile e luglio-agosto – **Pasto** carta 33/68000 – **35 cam** 140/180000 – P 100/160000.

Il Bucaneve senza rist, 261237, vallata – .
dicembre-aprile e giugno-settembre – 10000 – **14 cam** 70/100000.

TERMOLI 86039 Campobasso 988 ㉗ ㉘, 430 P 26, 431 A 26 – 29 236 ab. – 0875.

per le Isole Tremiti maggio-settembre giornalieri (1 h 30 mn) – Navigazione Libera del Golfo, al porto 704859, Fax 704648.

per le Isole Tremiti giornalieri (da 45 mn a 1 h 40 mn) – Adriatica di Navigazione-agenzia Intercontinental Viaggi, corso Umberto I 93 705341, Telex 602051, Fax 706429.

piazza Bega 706754.

Roma 300 – Pescara 98 – Campobasso 69 – Foggia 88 – Isernia 112 – Napoli 200.

Mistral, lungomare Cristoforo Colombo 50 705246, Fax 705220, – cam . AE E VISA.
Pasto *(chiuso a mezzogiorno e lunedì escluso da aprile a settembre)* carta 41/70000 – **61 cam** 135/200000, 2 appartamenti – ½ P 130000.

Gd H. Somerist via Vincenzo Cuoco 14 706760, Fax 706760, – – 60 a 150. AE E VISA. rist
Pasto al Rist. ***Ippocampo*** *(18 aprile-dicembre; chiuso lunedì)* carta 36/51000 – 15000 – **20 cam** 140/195000 – ½ P 150000.

Corona, via Mario Milano 2/a 84041 – . AE E VISA JCB. cam
Pasto al Rist. ***Bel Ami*** *(chiuso dal 20 dicembre al 10 gennaio)* carta 39/66000 – **39 cam** 120/180000 – ½ P 120000.

Rosa dei Venti, Contrada Casa La Croce S : 2,5 km 752131, Fax 752056 – – 150. AE E VISA
Pasto 35/50000 – **40 cam** 130/180000 – ½ P 110/130000.

San Carlo, piazza Duomo 705295, Specialità di mare – AE E VISA JCB
chiuso martedì escluso dal 16 luglio ad agosto – **Pasto** menu suggerito dal proprietario 35/45000 (a mezzogiorno) 35/60000 (alla sera) e carta 34/60000.

Bellevue, via Fratelli Brigida 28 706632, Specialità di mare, Coperti limitati; prenotare – . E VISA
chiuso lunedì – **Pasto** carta 36/56000.

Borgo, via Borgo 10 707347, – AE E.
chiuso novembre e lunedì da ottobre a marzo – **Pasto** carta 33/60000.

Da Noi Tre, via Fratelli Brigida 34 703639 – . AE E VISA.
chiuso lunedì e dal 24 dicembre al 10 gennaio – **Pasto** carta 25/50000.

Da Nicolino, via Roma 13 706804 –

sulla strada statale 87 SE : 4 km :

Europa, 86039 751815, Fax 751781 – rist – 100. AE E VISA.
Pasto 25/35000 – 10000 – **33 cam** 60/90000 – ½ P 75000.

sulla strada statale 16 :

Jet, O : 4 km 86039 52354, Fax 52354, , – – **41 cam.**

Glower, O : 6 km 86039 52528, Fax 52520, , – . AE E VISA.
Pasto carta 31/57000 – **22 cam** 75/100000 – ½ P 85/95000.

Torre Sinarca, O: 3 km 703318, , Specialità di mare, « In una torre del 16° secolo », – . AE
chiuso lunedì e novembre – **Pasto** carta 40/60000.

TERNATE 21020 Varese 219 ⑦ – 2 245 ab. alt. 281 – 0332.

Roma 626 – Stresa 35 – Como 45 – Laveno Mombello 22 – Lugano 54 – Varese 29.

Locanda del Lago, via Motta 24 960864, , Specialità pesce dilago –

Les Bonnes Tables

Nous distinguons à votre intention

certains hôtels (...) et restaurants (...) par , ou .

TERNI 05100 P 988 ㉖, 430 O 19 – 108 294 ab. alt. 130 – ☎ 0744.

Dintorni Cascata delle Marmore★★ per ③ : 7 km.

☐ viale Cesare Battisti 7 ℘ 423047, Fax 427259.

A.C.I. viale Cesare Battisti 121 ℘ 425746.

Roma 103 ⑤ – ◆Napoli 316 ⑤ – ◆Perugia 82 ⑤.

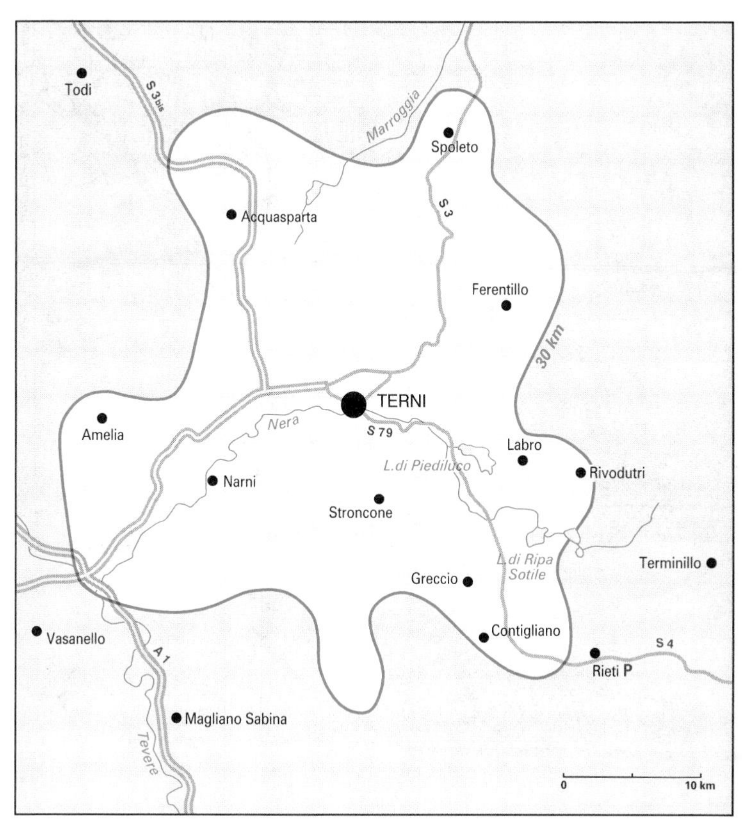

🏨 **Garden,** viale Bramante 4 ℘ 300041, Fax 300414, 🏊 riscaldata, 🌳 – 🛗 ▤ TV ☎ 🚗 P – 🏛 30 a 300. AE 🅢 ⓞ E VISA. ✂ per via Cesare Battisti
Pasto *(chiuso domenica sera)* 32/38000 – **91 cam** ☕ 136/188000, 3 appartamenti – ½ P 105/150000.

✕✕ **Alfio,** via Galileo Galilei 4 ℘ 420120 – AE 🅢 ⓞ E VISA — AY **a**
chiuso domenica e dal 1° al 24 agosto – **Pasto** carta 35/47000.

✕✕ Quo Vadis, via Castello 2 ℘ 425597, Fax 409793, Specialità di mare, Coperti limitati; prenotare – ▤ — BY **g**

sulla strada statale 209 per ② :

🏨 **Fonte Gaia** 🐦, località Racognano E : 13 km ✉ 05030 Montefranco ℘ 388621, Fax 388598, ☂, 🌳 – TV ☎ P – 🏛 50. AE 🅢 ⓞ E VISA. ✂ cam
Pasto carta 26/45000 – **20 cam** ☕ 85/125000, 3 appartamenti – ½ P 80/85000.

🏠 Rossi, località Casteldilago E : 11 km ✉ 05031 Arrone ℘ 388372 e rist ℘ 389105, Fax 388305, ☂, 🌳 – TV ☎ P
16 cam.

✕✕ **Villa Graziani,** località Papigno E : 4 km ✉ 05031 Arrone ℘ 67138, Fax 67653, ☂, prenotare – P
chiuso domenica sera, lunedì e dal 2 al 26 agosto – **Pasto** carta 40/60000.

✕ **Grottino del Nera,** E : 11 km ✉ 05031 Arrone ℘ 389104 – P. ✂
chiuso mercoledì – **Pasto** carta 31/49000.

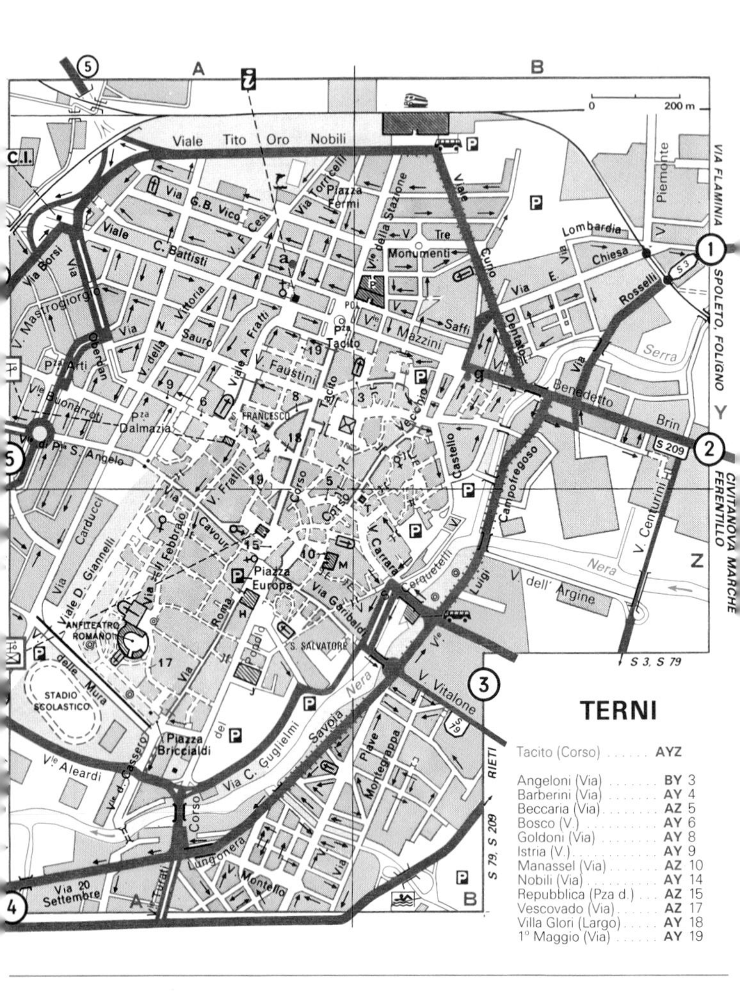

TERNO D'ISOLA **24030** Bergamo 428 E 10, 219 ⑳ – 3 615 ab. alt. 229 – ☎ 035.

Roma 612 – ◆Bergamo 14 – Lecco 29 – ◆Milano 51.

✗ **2 Camini,** strada provinciale ☎ 904165, 🏡 – **P**. AE E VISA. ✂
chiuso mercoledì e dal 25 luglio al 10 agosto – **Pasto** carta 42/64000.

TERRACINA **04019** Latina 988 ㉖, 430 S 21 – 37 372 ab. – a.s. Pasqua e luglio-agosto – ☎ 0773.

Vedere Tempio di Giove Anxur★ : ※★★ E : 4 km e 15 mn a piedi AR – Candelabro pasquale★ nel Duomo.

⛴ per Ponza giornaliero (2 h 15 mn) – Anxur Tours, viale della Vittoria 40 ☎ 723978, Telex 680594, Fax 726691.

ℹ via Leopardi ☎ 727759, Fax 727964.

Roma 109 – Frosinone 58 – Gaeta 35 – Latina 39 – ◆Napoli 123.

✗✗ **Meson Feliz** ⛰ con cam, via Pontina al km 105 (O : 6 km) ☎ 764491, 🏡, 🌳, ✗ – ☎ **P**. AE ⑤ ⓓ E VISA. ✂
Pasto *(chiuso lunedì)* carta 35/58000 (10%) – ☕ 8000 – **14 cam** 50/80000 – ½ P 100/110000.

✗✗ **Il Grappolo d'Uva,** lungomare Matteotti 1 ☎ 703839, Fax 702531, ≤ – ▤ **P**. ⑤ ⓓ E VISA
chiuso mercoledì, gennaio o novembre – **Pasto** carta 31/76000 (10%).

XX **L'Incontro da Baffone** con cam, via Appia al km 104.500 (E : 2 km) ✆ 726007, ←, – P. AE.
Pasto *(chiuso martedì)* carta 38/60000 – ☐ 10000 – **8 cam** *(Pasqua-ottobre)* 80/130000 – ½ P 70/80000.

XX **La Tartana-da Mario l'Ostricaro,** via Appia al km 102 ✆ 702461, Fax 703656, ←, , Specialità frutti di mare – P.
chiuso martedì – **Pasto** carta 69/95000 (15%).

X **Hostaria Gambero Rosso,** via Badino ✆ 700687, – AE E VISA JCB.
chiuso martedì – **Pasto** carta 39/49000.

X **Da Antonio al Geranio,** via Tripoli 36 ✆ 700101 –
chiuso dal 3 al 20 ottobre e lunedì in bassa stagione – **Pasto** carta 48/78000.

TERRANOVA DI POLLINO 85030 Potenza 988 ㊴, 431 H 30 – 1 861 ab. alt. 920 – 0973.
Roma 467 – ♦Cosenza 157 – Matera 136 – Potenza 152 – Sapri 116 – ♦Taranto 145.

Picchio Nero, ✆ 93170, Fax 93170, ← – TV P. AE E VISA.
Pasto carta 24/43000 – **25 cam** ☐ 63/85000 – ½ P 60000.

X **Luna Rossa,** ✆ 93254, Fax 93406, « Servizio estivo in terrazza panoramica » – VISA
chiuso mercoledì – **Pasto** carta 25/35000.

TERRAROSSA Grosseto – Vedere Orbetello.

TERRASINI Palermo 432 M 21 – Vedere Sicilia alla fine dell'elenco alfabetico.

TERRUGGIA 15030 Alessandria 428 G 7 – 801 ab. alt. 199 – 0142.
Roma 623 – Alessandria 34 – Asti 38 – ♦Milano 125 – ♦Torino 92.

XX **Ariotto** con cam, ✆ 801200, Fax 801307, ← – TV P. E VISA
Pasto *(chiuso mercoledì)* carta 42/62000 – ☐ 18000 – **15 cam** 75/125000 – ½ P 125000.

TESERO Trento 429 D 16 – Vedere Cavalese.

TESIDO (TAISTEN) Bolzano – Vedere Monguelfo.

TESIMO (TISENS) 39010 Bolzano 429 C 15, 218 ⑳ – 1 707 ab. alt. 631 – 0473.
Roma 648 – ♦Bolzano 20 – Merano 20 – Trento 77.

XX **Zum Löewn,** via Centro 72 ✆ 920927, Fax 920927, , prenotare – E VISA
chiuso lunedì, martedì a mezzogiorno, dal 19 al 25 febbraio e dal 15 giugno al 7 luglio – **Pasto** carta 51/75000.

TESTACCIO Napoli – Vedere Ischia (Isola d') : Barano.

TEULADA Cagliari 988 ㉝, 433 K 8 – Vedere Sardegna alla fine dell'elenco alfabetico.

THIENE 36016 Vicenza 988 ④ ⑤, 429 E 16 – 20 234 ab. alt. 147 – 0445.
Roma 559 – ♦Padova 58 – Belluno 105 – ♦Milano 241 – Trento 70 – ♦Treviso 72 – ♦Venezia 91 – Vicenza20.

Ariane, via Cappuccini 9 ✆ 362982, Fax 361477 – TV P – 60. AE E VISA.
Pasto *(chiuso agosto)* 30/50000 – **38 cam** ☐ 125/190000.

TIERS = Tires.

TIGLIETO 16010 Genova 428 I 7 – 622 ab. alt. 510 – 010.
Roma 550 – ♦Genova 51 – Alessandria 54 – ♦Milano 130 – Savona 52.

Pigan, ✆ 929015, « Boschetto » – P.
Pasto *(chiuso martedì escluso da luglio a settembre)* carta 35/50000 – ☐ 10000 – **11 cam** 80/110000 – P 86/92000.

TIGLIOLE 14016 Asti 428 H 6 – 1 557 ab. alt. 239 – 0141.
Roma 628 – ♦Torino 60 – Alessandria 49 – Asti 14 – Cuneo 91 – ♦Milano 139.

XXX **Vittoria,** ✆ 667123, Fax 667123, – AE E VISA.
chiuso lunedì, gennaio e dal 14 al 28 agosto – **Pasto** carta 40/70000.

TIGNALE 25080 Brescia 428 429 E 14 – 1 248 ab. alt. 560 – a.s. Pasqua e luglio-15 settembre – 0365.
Roma 574 – Trento 72 – ♦Brescia 57 – ♦Milano 152 – Salò 26.

Bellavista, località Gardola ✆ 760194, Fax 760214, ← lago e monte Baldo, , – P. AE E VISA.
10 aprile-ottobre – **Pasto** 22/25000 – ☐ 12000 – **39 cam** 58/84000 – ½ P 60/75000.

La Rotonda, località Gardola ✆ 760066, Fax 760214, ←, , – P. AE E VISA.
marzo-ottobre – **Pasto** carta 27/42000 – ☐ 12000 – **39 cam** 56/82000 – ½ P 60/74000.

sulla strada statale 45 bis E : 11,5 km :

Forbisicle, ✉ 25010 Campione del Garda ✆ 73022, Fax 73407, ≤ lago, 🏖, 🏊, 🎾, 🌳 – TV ☎ P. AE 🅱 ⊙ E VISA. ✗
aprile-ottobre – **Pasto** carta 39/56000 – **22 cam** ☐ 120/160000 – ½ P 90/100000.

TIMOLINE Brescia – Vedere Corte Franca.

TIONE DI TRENTO 38079 Trento 988 ④, 428 429 D 14 – 3 280 ab. alt. 565 – a.s. 22 gennaio-18 marzo, Pasqua e Natale – ☎ 0465.

Dintorni Valle Rendena★ Nord per la strada S 239.

Roma 614 – Trento 41 – ◆Bolzano 96 – ◆Brescia 86.

Park Hotel, via Pinzolo 32 ✆ 21075, Fax 24830, 🌳 – 🛗 TV ☎ 🚗 P
Pasto carta 28/47000 – **45 cam** ☐ 70/120000 – ½ P 60/95000.

TIRANO 23037 Sondrio 988 ③ ④, 428 429 D 12 – 8 901 ab. alt. 450 – ☎ 0342.

Roma 725 – Sondrio 26 – Passo del Bernina 35 – ◆Bolzano 163 – ◆Milano 164 – Passo dello Stelvio 58.

Piccolo Mondo 🌲, Porta Milanese 81 ✆ 701489, Fax 701489, 🌳 – ▤ TV ☎ P. AE 🅱 ⊙ E VISA
Pasto 35/45000 e al Rist. ***Le Clochard*** *(chiuso le sere di domenica e lunedì)* carta 35/57000 – ☐ 10000 – **13 cam** 55/85000 – ½ P 80000.

Bernina con cam, piazza Stazione ✆ 701302, Fax 701430, 🏖 – ▤ rist TV ☎. AE 🅱 ⊙ E VISA
chiuso dal 9 al 31 gennaio – **Pasto** *(chiuso lunedì escluso da giugno a novembre)* carta 38/61000 (15%) – ☐ 12000 – **11 cam** 60/80000 – ½ P 80/85000.

Ai Portici, viale Italia 87 ✆ 701255, Fax 701255, 🏖 – ✗
chiuso dal 9 al 31 gennaio e lunedì (escluso da giugno a settembre) – **Pasto** carta 30/53000

TIRES (TIERS) 39050 Bolzano 429 C 16 – 844 ab. alt. 1 028 – ☎ 0471.

ℹ ✆ 642127, Fax 642005.

Roma 658 – ◆Bolzano 16 – Bressanone 40 – ◆Milano 316 – Trento 77.

a San Cipriano (St. Zyprian) E : 3 km – ✉ 39050 Tires :

Stefaner 🌲, ✆ 642175, Fax 642175, ≤ Catinaccio e pinete, 🌳 – 🛗 P
15 cam.

Cyprianerhof 🌲 con cam, ✆ 642143, Fax 642141, ≤ Catinaccio e pinete, 🏖, 🌳 – ☎ P. ✗ rist
chiuso dal 10 novembre al 25 dicembre e dal 10 al 30 gennaio – **Pasto** *(chiuso giovedì escluso giugno-ottobre)* carta 35/80000 – **11 cam** solo ½ P 115000.

TIROLO (TIROL) 39019 Bolzano 429 B 15, 218 ⑩ – 2 281 ab. alt. 592 – ☎ 0473.

ℹ via Principale 31 ✆ 923314, Fax 923012.

Roma 669 – ◆Bolzano 32 – Merano 4 – ◆Milano 330.

Pianta : vedere Merano

Castel 🌲, ✆ 923693, Fax 923113, ≤ monti e Merano, Fø, ≘s, 🏊 riscaldata, 🏊, 🌳, 🎾 – 🛗 ⇔ rist ▤ TV ☎ 🚗 – 🏛 70. ✗ A
marzo-novembre – **Pasto** (solo per clienti alloggiati e *chiuso a mezzogiorno*) – **32 cam** ☐ 250/350000, 5 appartamenti – ½ P 220000.

Erika, ✆ 923338, Fax 923066, ≤ monti e Merano, « Giardino con 🏊 riscaldata », Fø, ≘s, 🏊, 🎾 – 🛗 ⇔ rist ▤ rist TV ☎ 🚗 P. ✗ rist A
chiuso gennaio e febbraio – **54 cam** solo ½ P 160/270000.

Gartner, ✆ 923414, Fax 923120, ≤ monti e Merano, « Giardino con 🏊 », Fø, ≘s, 🏊 – 🛗 ⇔ rist TV ☎ P. ✗ rist AB
marzo-novembre – **Pasto** 50/60000 – **30 cam** ☐ 160/324000 – ½ P 155/177000.

Patrizia 🌲, ✆ 923485, Fax 923144, ≤ monti e Merano, « Giardino con 🏊 », ≘s, 🏊 – 🛗 ⇔ rist TV ☎ ♿ P. ✗ rist A
marzo-novembre – **Pasto** (solo per clienti alloggiati) – **24 cam** solo ½ P 130/180000.

Küglerhof 🌲, ✆ 923428, Fax 923699, ≤ monti e vallata, « Giardino con 🏊 riscaldata », ≘s – 🛗 TV ☎ P. AE 🅱 E VISA. ✗ A
26 marzo-12 novembre – **Pasto** (solo per clienti alloggiati e *chiuso a mezzogiorno*) – **24 cam** solo ½ P 145/180000.

Lisetta, ✆ 923422, Fax 923150, Fø, ≘s, 🏊, 🏊, 🌳, 🎾 – 🛗 ▤ rist TV ☎ P. ✗ rist
aprile-7 novembre – **Pasto** (solo per clienti alloggiati) carta 51/71000 – **30 cam** ☐ 200000, 3 appartamenti – ½ P 100/130000. B

Golserhof, ✆ 923294, Fax 923211, ≘s, 🏊, 🌳 – ⇔ rist ☎ 🚗 P. ✗ rist B
23 marzo-9 novembre – **Pasto** (solo per clienti alloggiati) – **25 cam** ☐ 115/230000 – ½ P 105/120000.

TIRRENIA **56018** Pisa [988] ⑭, [428] [429] [430] L 12 – a.s. luglio-agosto – ☎ 050.

⛳18 Cosmopolitan (chiuso lunedì dal 16 settembre al 14 giugno) ☎ 33633, Fax 33085.

⛳9 (chiuso ottobre-marzo; chiuso martedì) ☎ 37518, Fax 33286.

Roma 332 – Pisa 18 – ◆Firenze 108 – ◆Livorno 11 – Siena 123 – Viareggio 36.

🏨 **Gd H. Golf** 🌿, via dell'Edera 29 ☎ 37545, Telex 502080, Fax 32111, « Parco con 🏊 e 🎾 », 🏋, 🧖, 🏖 – 🛗 ▤ 📺 ☎ 🚗 🅿 – 🏛 80 a 200. [AE] [§] ⓞ [E] [VISA]. 🚫 rist
Pasto *(chiuso dal 15 novembre a gennaio)* 40/50000 – **77 cam** ☕ 180/250000 – ½ P 160000.

🏨 **Gd H. Continental,** largo Belvedere 26 ☎ 37031, Telex 500103, Fax 37283, ≤, 🧖, 🏊, 🏖, 🌳, 🎾 – 🛗 ▤ 📺 ☎ 🚗 – 🏛 30 a 280. [AE] [§] ⓞ [E] [VISA]. 🚫 rist
Pasto (solo per clienti alloggiati) 30/50000 – **175 cam** ☕ 210/280000, 2 appartamenti – ½ P 180000.

🏨 **San Francesco** 🌿, via delle Salvie 50 ☎ 33572, Fax 33630, 🏊, 🌳 – 🛗 ▤ 📺 ☎ 🅿 – 🏛 30. [AE] [§] ⓞ [E] [VISA]. 🚫 rist
Pasto *(Pasqua-ottobre)* 45/65000 – **25 cam** ☕ 135/230000 – ½ P 150000.

🏨 **Il Gabbiano** senza rist, via della Bigattiera 14 ☎ 32223, Fax 33064, 🌳 – ▤ 📺 ☎ 🅿 – 🏛 40. [AE] [§] ⓞ [E] [VISA]
16 cam ☕ 110/150000.

🏨 **Bristol** senza rist, via delle Felci 38 ☎ 37161, Fax 37138, 🎾 – 🛗 ▤ 📺 ☎ 🅿. [AE] [§] ⓞ [E] [VISA]. 🚫
☕ 10000 – **36 cam** 110/140000.

🏨 **Medusa,** via degli Oleandri 37 ☎ 37125, Fax 30400, 🌳 – 📺 ☎ 🅿. [AE] [§] ⓞ [E] [VISA]. 🚫 rist
Pasqua-ottobre – **Pasto** (solo per clienti alloggiati) 32000 – ☕ 8500 – **32 cam** 80/118000 – ½ P 95000.

🍴🍴 **Dante e Ivana,** via del Tirreno 207/c ☎ 32549, Fax 32549, Specialità di mare – ▤. [AE] [§] ⓞ [E] [VISA] [JCB]. 🚫
chiuso domenica e dal 7 al 30 gennaio – **Pasto** carta 46/71000.

🍴 **Martini,** via dell'Edera 16 ☎ 37592 – ▤. [AE] [§] ⓞ [E] [VISA]
chiuso lunedì a mezzogiorno e martedì – **Pasto** carta 40/70000 bc (12 %).

TIVOLI **00019** Roma [988] ㉖, [430] Q 20 – 52 763 ab. alt. 225 – ☎ 0774.

Vedere Località★★★ – Villa d'Este★★★ – Villa Gregoriana★★ : grande cascata★★.

Dintorni Villa Adriana★★★ per ③ : 6 km.

🅸 largo Garibaldi ☎ 21249, Fax 331294.

Roma 36 ③ – Avezzano 74 ② – Frosinone 79 ③ – ◆Pescara 180 ② – Rieti 76 ③.

🍴🍴 **5 Statue,** largo Sant'Angelo 1 ☎ 20366, 🌳 – [AE] [§] ⓞ [E] [VISA] [JCB] x
chiuso dal 15 agosto al 5 settembre, venerdì e le sere di domenica e lunedì – **Pasto** carta 36/55000 (12 %).

a Villa Adriana per ③ : 6 km – ✉ **00010** :

🏨 **Maniero,** ☎ 530208, Fax 533797 – ▤ 📺 ☎ 🅿. [AE] [§] [VISA]. 🚫
Pasto carta 25/32000 – **34 cam** ☕ 110/140000 – P 100000.

🍴🍴🍴 **Adriano** con cam, ☎ 382235, Fax 535122, « Servizio estivo all'aperto », 🌳, 🎾 – ▤ cam 📺 ☎ 🅿. [AE] [§] ⓞ [E] [VISA] [JCB]. 🚫 cam
Pasto carta 60/88000 – **7 cam** ☕ 130/160000, 3 appartamenti.

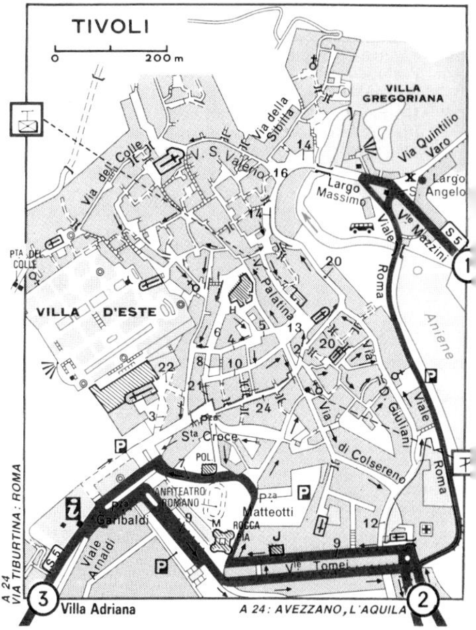

Circolazione stradale regolamentata nel centro città

Trevio (Via del)	24	Nazioni Unite (Viale delle)	9
		Parmegiani (Via A.)	10
Battisti (Largo Cesare)	2	Parrozzani (Via A.)	12
Boselli (Via)	3	Plebiscito (Piazza)	13
Collegio (Via del)	4	Ponte Gregoriano (Via)	14
Gesù (Via del)	5	Rivarola (Piazza)	16
Lione (Via)	6	Sosii (Via dei)	20
Moro (Via)	7	Todini (Vicolo)	21
Munazio Planco (Via)	8	Trento (Piazza)	22

a Bagni di Tivoli O : 9 km – ✉ **00011** :

Grand Hotel Duca d'Este, via Tiburtina Valeria 330 ☎ 3883, Fax 388101 – 40 a 400. AE VISA.
Pasto carta 50/73000 – **176 cam** 160/220000, 8 appartamenti – ½ P 150000.

TOANO **42010** Reggio nell'Emilia 428 429 I 13 – 3 984 ab. alt. 844 – a.s. luglio-13 settembre – 0522.

Roma 455 – Bologna 93 – Milano 205 – Modena 54 – Reggio nell'Emilia 56.

Miramonti, ☎ 805511, Fax 805540 – VISA.
Pasto *(chiuso lunedì escluso dal 6 giugno all'11 settembre)* carta 29/43000 – 10000 – **27 cam** 60/100000 – P 95000.

TOBLACH = Dobbiaco.

TOCCO DA CASAURIA **65028** Pescara 430 P 23 – 2 965 ab. alt. 356 – 085.

Roma 185 – Pescara 51 – Chieti 30 – L'Aquila 72 – Sulmona 25.

Villa dei Venti, contrada Mangiabuono 9 ☎ 8809395, « Giardino-pineta » – .
chiuso lunedì – **Pasto** carta 31/48000.

TODI **06059** Perugia 988 ㉕ ㉖, 430 N 19 – 16 803 ab. alt. 411 – 075.

Vedere Piazza del Popolo★★ : palazzo dei Priori★, palazzo del Capitano★, palazzo del Popolo★ – Chiesa di San Fortunato★★ – ≤★★ sulla vallata da piazza Garibaldi – Duomo★ – Chiesa di Santa Maria della Consolazione★ O : 1 km per la strada di Orvieto.

piazza del Popolo 38 ☎ 8942526.

Roma 130 – Perugia 47 – Terni 42 – Viterbo 88 – Assisi 60 – Orvieto 39 – Spoleto 45.

Bramante, via Orvietana 48 ☎ 8948382, Telex 661043, Fax 8948074, « Servizio estivo in terrazza con ≤ », – 50 a 120. AE VISA
Pasto *(chiuso lunedì)* 45/60000 – 15000 – **43 cam** 180/200000 – ½ P 140000.

Villaluisa, via Cortesi 147 ☎ 8948571, Fax 8948472, « Parco » – 30 a 100. AE E VISA.
Pasto *(chiuso mercoledì da ottobre a marzo)* 30/45000 – 10000 – **43 cam** 90/130000 – ½ P 90000.

Umbria, via San Bonaventura 13 ☎ 8942737, « Servizio estivo in terrazza con ≤ » – AE E VISA.
chiuso martedì e dal 19 dicembre all'8 gennaio – **Pasto** carta 46/64000.

Le Scalette, via delle Scalette 1 ☎ 8944422,

Jacopone-da Peppino, piazza Jacopone 5 ☎ 8942366 – VISA.
chiuso lunedì e dal 10 al 30 luglio – **Pasto** carta 38/57000.

TOFANA DI MEZZO Belluno – alt. 3 244.

Vedere ★★★.

Cortina d'Ampezzo 15 mn di funivia.

TOLE' **40040** Bologna 429 430 J 15 – 051.

Roma 374 – Bologna 42 – Modena 48 – Pistoia 66.

Falco D'Oro, ☎ 919084, Fax 919068, – AE E VISA
Pasto carta 34/55000 – **60 cam** 120/180000 – ½ P 80/87000.

TOLENTINO **62029** Macerata 988 ⑯, 430 M 21 – 18 395 ab. alt. 224 – a.s. 10 luglio-13 settembre – 0733.

Vedere Basilica di San Nicola★★.

piazza Libertà 19 ☎ 973002.

Roma 246 – Ancona 88 – Ascoli Piceno 90 – Macerata 18.

Bell'Antonio, via San Nicola 68/70 ☎ 969829 – AE E VISA.
chiuso domenica ed agosto – **Pasto** carta 38/56000.

TOLMEZZO **33028** Udine 988 ⑤ ⑥, 429 C 21 – 10 669 ab. alt. 323 – 0433.

Roma 688 – Udine 48 – Cortina d'Ampezzo 105 – Milano 427 – Tarvisio 63 – Trieste 121 – Venezia 177.

Cimenti, via della Vittoria 28 ☎ 2926, Fax 43069 – AE E VISA.
chiuso dal 29 giugno al 15 luglio – **Pasto** *(chiuso sabato e domenica sera)* carta 43/59000 – 16000 – **11 cam** 90/133000 – ½ P 85/110000.

Roma con cam, piazza 20 settembre 14 ☎ 2081, Fax 43316, Coperti limitati; prenotare – rist AE E VISA.
chiuso dal 1° al 20 ottobre – **Pasto** *(chiuso domenica sera e lunedì)* carta 58/82000 – 10000 – **12 cam** 70/120000 – ½ P 120000.

TONALE (Passo del) Trento e Brescia 988 ④, 428 429 D 13 – alt. 1 883 – a.s. febbraio-aprile e Natale – Sport invernali : 1 883/2 700 m 1 20 (anche sci estivo).

via Nazionale 18 ✆ (0364) 903838, Fax 903895.

Roma 688 – Sondrio 76 – Bolzano 94 – Brescia 130 – Milano 177 – Ponte di Legno 11 – Trento 90.

- **La Mirandola**, ⊠ 38020 Passo del Tonale ✆ (0364) 903933, Fax 903922, <, Stagione invernale raggiungibile solo con gatto delle nevi – TV ☎ P. E VISA.
  dicembre-aprile e giugno-settembre – **Pasto** carta 37/61000 – **27 cam** 163/250000 – ½ P 130000.
- **Sporting**, ⊠ 38020 Passo del Tonale ✆ (0364) 903781, Fax 903782, < – TV ☎.
  dicembre-aprile e giugno-settembre – **Pasto** carta 24/34000 – **43 cam** solo ½ P 130/140000.
- **Sole**, ⊠ 38020 Passo del Tonale ✆ (0364) 903970, Fax 903944, < – TV ☎ P. VISA.
  chiuso maggio e ottobre – **Pasto** carta 38/53000 – 20000 – **30 cam** 65/110000 – ½ P 80/110000.
- **Dolomiti**, ⊠ 25056 Ponte di Legno ✆ (0364) 900251, Fax 900260, < – TV ☎ P. AE E VISA. rist
  – **Pasto** *(novembre-aprile e giugno-settembre)* carta 31/53000 – **36 cam** 80/120000 – ½ P 75/110000.

TONDI DI FALORIA Belluno – alt. 2 343.

Vedere ★★★.

Cortina d'Ampezzo 20 mn di funivia.

Lesen Sie die Einleitung, sie ist der Schlüssel zu diesem Führer.

TORBOLE 38069 Trento 988 ④, 428 429 E 14 – alt. 85 – a.s. 23 dicembre-20 gennaio e Pasqua – 0464.

Vedere Guida Verde.

lungolago Verona 19 ✆ 505177, Fax 505643.

Roma 569 – Trento 39 – Brescia 79 – Milano 174 – Verona 83.

- **Piccolo Mondo**, ✆ 505271, Fax 505295 – TV ☎ P. E VISA. rist
  chiuso dal 20 gennaio al 15 marzo – **Pasto** carta 53/72000 – 25000 – **36 cam** 120/200000 – ½ P 140000.
- Club Hotel la Vela, ✆ 505940, Fax 505958 – rist TV ☎ P – 40.
  stagionale – **39 cam.**
- **Lido Blu**, ✆ 505180, Fax 505931, < – rist TV ☎ P – 50. AE E VISA. rist
  chiuso dal 10 novembre al 20 dicembre – **Pasto** carta 36/54000 – 15000 – **40 cam** 145/260000 – ½ P 130/145000.
- **Caravel**, ✆ 505724, Fax 505935 – rist TV ☎ P. AE E VISA. rist
  marzo-novembre – **Pasto** carta 30/45000 – 15000 – **58 cam** 100/130000 – ½ P 85/115000.
- **Villa Magnolia** senza rist, ✆ 505050, Fax 505050 – ☎ P.
  aprile-4 novembre – 9000 – **21 cam** 54/88000.
- **Da Sergio**, a Nago località Coe NE : 3 km ⊠ 38060 ✆ 505301, Fax 505301, Specialità di mare, Coperti limitati; prenotare – AE E VISA JCB
  chiuso mercoledì e dal 1° al 20 febbraio – **Pasto** carta 46/76000.
- **La Terrazza**, via Pasubio 15 ✆ 506083, Fax 505142, prenotare, « Servizio in veranda con < lago » – AE E VISA
  chiuso martedì, febbraio, marzo e novembre – **Pasto** carta 41/63000.

TORCELLO Venezia 988 ⑤ – Vedere Venezia.

TORGIANO 06089 Perugia 430 M 19 – 5 079 ab. alt. 219 – 075.

Vedere Museo del Vino★.

Roma 158 – Perugia 15 – Assisi 27 – Orvieto 60 – Terni 69.

- **Le Tre Vaselle**, ✆ 9880447, Fax 9880214, < – TV ☎ P – 40 a 200. AE E VISA.
  Pasto (prenotare) carta 60/85000 – **47 cam** 260/290000, appartamento – ½ P 215000.

TORGNON 11020 Aosta 428 E 4, 219 ③ – 471 ab. alt. 1 489 – a.s. luglio-agosto, Pasqua e Natale – 0166.

Roma 737 – Aosta 42 – Breuil-Cervinia 26 – Milano 173 – Torino 102.

- Panoramique, ✆ 540215, Fax 540215, < – TV ☎ P
  stagionale – **31 cam.**

Torino

10100 P 988 ⑫, 428 G 5 – 945 551 ab. alt. 239 ☎ 011

Vedere Piazza San Carlo** CXY – Museo Egizio**, galleria Sabauda** nel palazzo dell'Accademia delle Scienze CX **M1** – Duomo* VX : reliquia della Sacra Sindone*** – Mole Antonelliana* : ** DX – Palazzo Madama* : museo d'Arte Antica* CX **A** – Palazzo Reale* : Armeria Reale* CDVX– Museo del Risorgimento* a palazzo Carignano CX **M2** – Museo dell'Automobile Carlo Biscaretti di Ruffia* GU **M5** – Borgo Medioevale* nel parco del Valentino CDZ.

Dintorni Basilica di Superga* : ***, tombe reali* HT – Circuito della Maddalena* GHTU : ** sulla città dalla strada Superga-Pino Torinese, * sulla città dalla strada Colle della Maddalena-Cavoretto.

18 e 9 I Roveri (marzo-novembre ; chiuso lunedì) a La Mandria ✉ 10070 Fiano ☎ 9235719, Fax 9235669, per ① : 18 km ;

18 e 18 (chiuso lunedì, gennaio e febbraio) a Fiano Torinese ✉ 10070 ☎ 9235440, Fax 9235886, per ① : 20 km ;

18 Le Fronde (chiuso martedì, gennaio e febbraio) ad Avigliana ✉ 10051 ☎ 935083, Fax 930928, O : 24 km ;

9 Stupinigi (chiuso lunedì) ☎ 3472640, Fax 3978038 FU ;

9 (chiuso lunedì e dal 21 dicembre al 9 gennaio) a Vinovo ✉ 10048 ☎ 9653880, Fax 9623748 FU.

Città di Torino di Caselle per ① : 15 km ☎ 5676361, Telex 225119, Fax 5676420 – Alitalia, via Lagrange 35 ✉ 10123 ☎ 57698.

☎ 6651111-int. 2611.

via Roma 226 (piazza C.L.N.) ✉ 10121 ☎ 535901, Fax 530070 – Stazione Porta Nuova ✉ 10125 ☎ 531327.

A.C.I. via Giovanni Giolitti 15 ✉ 10123 ☎ 57791.

Roma 669 ⑦ – Briançon 108 ⑪ – Chambéry 209 ⑪ – ♦Genève 252 ③ – ♦Genova 170 ⑦ – ♦Grenoble 224 ⑪ – ♦Milano 140 ③ – ♦Nice 220 ⑨.

Piante : Torino p. 4 a 9

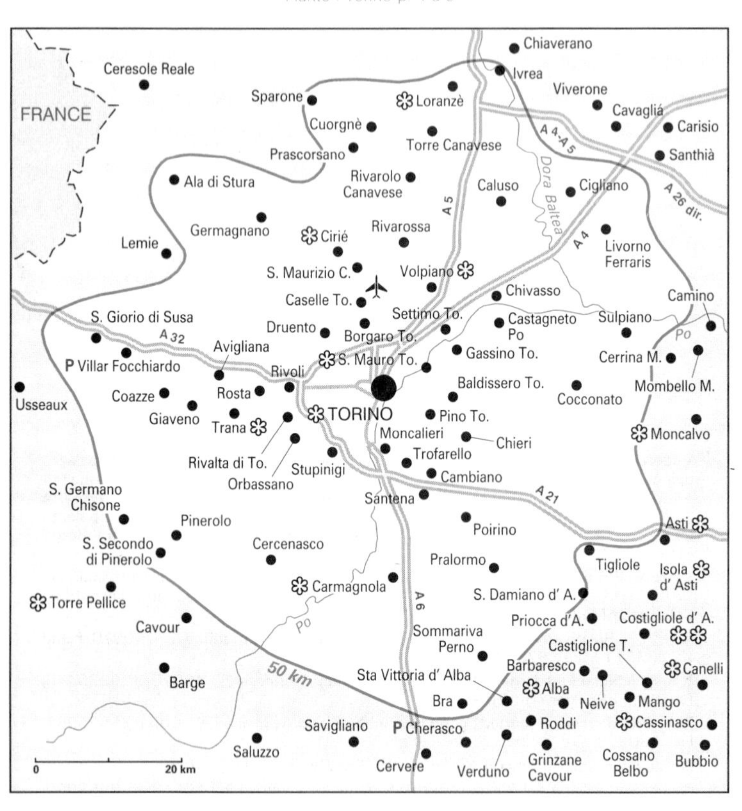

Turin Palace Hotel, via Sacchi 8 ✉ 10128 ℰ 5625511, Fax 5612187 – ▤ TV ☎ ♿ – 🚗 – 30 a 200. AE ⓢ ⦿ E VISA. ✗ rist — CY **u**
Pasto *(chiuso agosto)* carta 65/105000 – ☕ 28000 – **122 cam** 280/330000, 2 appartamenti – ½ P 230/330000.

Jolly Principi di Piemonte, via Gobetti 15 ✉ 10123 ℰ 5629693, Telex 221120, Fax 5620270 – |‡| ▤ TV ☎ – 30 a 300. AE ⓢ ⦿ E VISA JCB. ✗ rist — CY **z**
Pasto 65/75000 – **107 cam** ☕ 408/430000, 8 appartamenti – ½ P 270/290000.

Le Meridien Lingotto, via Nizza 262 ✉ 10126 ℰ 6642000, Fax 6642001 – |‡| ⇔ cam ▤ TV ☎ ♿ – 35. AE ⓢ ⦿ E VISA. ✗ — GU **a**
Pasto carta 63/128000 – **244 cam** ☕ 350000.

Gd H. Sitea, via Carlo Alberto 35 ✉ 10123 ℰ 5170171, Fax 548090 – |‡| ▤ TV ☎ – 30 a 100. AE ⓢ ⦿ E VISA JCB. ✗ rist — CY **t**
Pasto carta 65/90000 – **117 cam** ☕ 270/360000 – ½ P 230/300000.

Jolly Ambasciatori, corso Vittorio Emanuele II 104 ✉ 10121 ℰ 5752, Telex 221296, Fax 544978 – |‡| ⇔ cam ▤ TV ☎ 🚗 – 25 a 400. AE ⓢ ⦿ E VISA JCB. ✗ rist
Pasto 50/60000 – **199 cam** ☕ 295/360000, 4 appartamenti – ½ P 203/235000. — BX **a**

Diplomatic, via Cernaia 42 ✉ 10122 ℰ 5612444, Telex 225445, Fax 540472 – |‡| ▤ TV ☎ 🚗 – 50 a 200. — BX **g**
126 cam.

Jolly Hotel Ligure, piazza Carlo Felice 85 ✉ 10123 ℰ 55641, Telex 220167, Fax 535438 – |‡| ▤ TV ☎ – 50 a 200. AE ⓢ ⦿ E VISA. ✗ rist — CY **b**
Pasto carta 59/94000 – **169 cam** ☕ 310/370000, 2 appartamenti – ½ P 210/240000.

City, via Juvarra 25 ✉ 10122 ℰ 540546, Fax 548188 – |‡| ▤ TV ☎. AE ⓢ ⦿ E VISA
Pasto (solo per clienti alloggiati) 40/80000 – ☕ 15000 – **57 cam** 240/320000 – ½ P 150/200000. — BV **e**

Starhotel Majestic senza rist, corso Vittorio Emanuele II 54 ✉ 10123 ℘ 539153, Telex 216260, Fax 534963 – AE E VISA JCB CY e
152 cam 290/340000.

Concord, via Lagrange 47 ✉ 10123 ℘ 5176756, Telex 221323, Fax 5176305 – 180. AE E VISA. rist CY s
Pasto 58000 – **135 cam** 260/335000, 3 appartamenti – ½ P 198/278000.

Victoria senza rist, via Nino Costa 4 ✉ 10123 ℘ 5611909, Fax 5611806 – AE E VISA. CY v
90 cam 180/230000.

Holiday Inn Turin City Centre senza rist, via Assietta 3 ✉ 10121 ℘ 5167111, Fax 5167699 – 50. AE E VISA JCB CY a
57 cam 250/350000.

Genio senza rist, corso Vittorio Emanuele II 47 ✉ 10125 ℘ 6505771, Fax 6508264 – 25. AE E VISA JCB CYZ w
90 cam 150/200000, 10000.

Royal, corso Regina Margherita 249 ✉ 10144 ℘ 4376777, Telex 220259, Fax 4376393 – 25 a 600. AE E VISA BV u
chiuso dal 1° al 28 agosto – **Pasto** carta 35/57000 – **73 cam** 180/250000 – ½ P 115/130000.

Boston senza rist, via Massena 70 ✉ 10128 ℘ 500359, Fax 599358, – AE E VISA BZ c
51 cam 150/200000, 2 appartamenti, 10000.

Luxor senza rist, corso Stati Uniti 7 ✉ 10128 ℘ 5620777, Fax 5628324 – AE E VISA CZ s
71 cam 170/220000, 2 appartamenti.

Genova e Stazione senza rist, via Sacchi 14/b ✉ 10128 ℘ 5629400, Fax 5629896 – 40 a 60. AE E VISA. CZ b
chiuso dal 1° al 18 agosto – **58 cam** 145/200000, 10000.

President senza rist, via Cecchi 67 ✉ 10152 ℘ 859555, Fax 2480465 – AE E VISA CV s
72 cam 130/170000.

Alexandra senza rist, lungo Dora Napoli 14 ✉ 10152 ℘ 858327, Fax 2483805 – AE E VISA CV c
56 cam 155/200000.

Crimea senza rist, via Mentana 3 ✉ 10133 ℘ 6604700, Fax 6604912 – AE E VISA JCB. DZ e
49 cam 170/210000.

Gran Mogol senza rist, via Guarini 2 ✉ 10123 ℘ 5612120, Fax 5623160 – AE E VISA JCB CY r
chiuso agosto – **45 cam** 150/200000, 10000.

Piemontese senza rist, via Berthollet 21 ✉ 10125 ℘ 6698101, Fax 6690571 – AE E VISA JCB. CZ x
35 cam 145/190000.

Venezia senza rist, via 20 Settembre 70 ✉ 10122 ℘ 5623384, Fax 5623726 – 60. AE E VISA CX r
66 cam 150/210000.

Des Artistes senza rist, via Principe Amedeo 21 ✉ 10123 ℘ 8124416, Fax 8124466 – AE E VISA. DY c
22 cam 130/170000.

Giotto senza rist, via Giotto 27 ✉ 10126 ℘ 6637172, Fax 6637173 – 50. AE E VISA CZ c
20000 – **50 cam** 120/155000, 20000.

Cairo senza rist, via La Loggia 6 ✉ 10134 ℘ 3171555, Fax 3172027 – AE E VISA. GU v
chiuso dal 1° al 28 agosto – 15000 – **49 cam** 120/160000.

Tourist senza rist, via Alpignano 3 angolo corso Francia 92 ✉ 10143 ℘ 7761740, Fax 7493431 – AE E VISA AV a
chiuso dal 28 luglio al 5 settembre – **28 cam** 150/200000, 10000.

Due Mondi senza rist, via Saluzzo 3 ✉ 10125 ℘ 6698981, Fax 6699383 – AE E VISA JCB CZ k
chiuso dal 10 al 20 agosto – 15000 – **36 cam** 125/160000.

Lancaster senza rist, corso Filippo Turati 8 ✉ 10128 ℘ 5681982, Fax 5683019 – AE E VISA BZ r
chiuso dal 5 al 31 agosto – **77 cam** 140/190000.

Giada senza rist, via Gasparo Barbera 6 ✉ 10135 ℘ 3489383, Fax 3489383 – E VISA FU u
28 cam 100/130000, 8000.

Montevecchio senza rist, via Montevecchio 13 ✉ 10128 ℘ 5620023, Fax 5623047 – AE E VISA CZ t
chiuso dal 1° al 20 agosto – 8000 – **29 cam** 90/120000.

TORINO
PIANTA D'INSIEME

Aeroporto (Strada dell') GT 2
Agnelli (Corso G.) FU 3
Agudio (Via T.) HT 5
Bogino (Via) GU 8
Borgaro (Via) GT 9
Cebrosa (Str. d.) HT 22
Cosenza (Corso) FGU 29
De Sanctis (Via F.) FT 30
Garibaldi (Corso) GT 36
Grosseto (Corso) GT 39
Lazio (Lungo Stura) HT 41
Maroncelli (Corso P.) GU 43
Potenza (Corso) GT 58
Rebaudengo (P. Conti) GT 59
Regio Parco (Corso) HT 61
S.M. Mazzarello (Via) FT 68
Sansovino (Via A.) FGT 71
Savona (Corso) GU 72
Sestriere (Via) GU 74
Stampini (Via E.) GT 78
Stradella (Via) GT 79
Thovez (Viale E.) GHT 80
Torino (Strada) GU 81
Torino (Viale) FU 82
Unità d'Italia (Corso) GU 86
Vercelli (Corso) HT 89
Voghera (Lungo Dora) HT 92

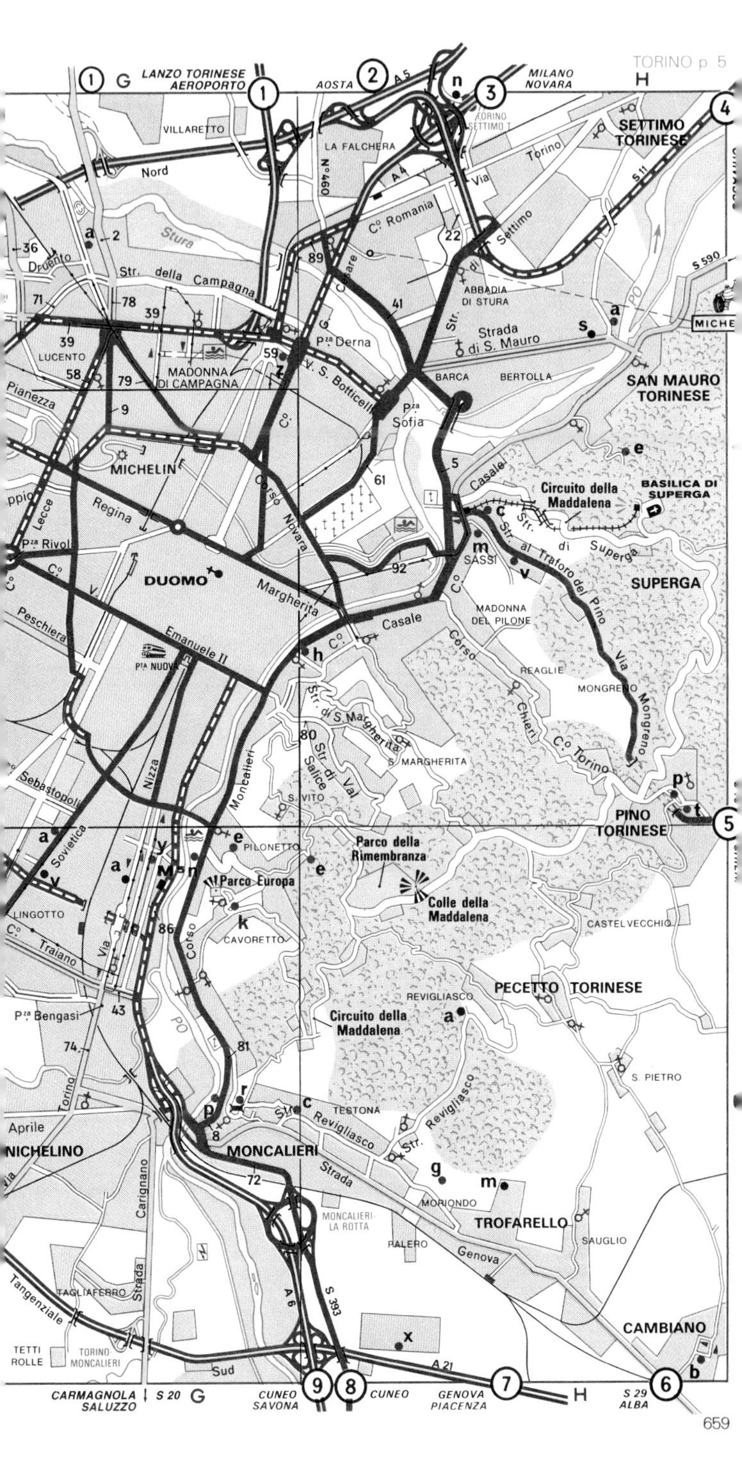
LANZO TORINESE
AEROPORTO
AOSTA
MILANO
NOVARA
SETTIMO TORINESE
VILLARETTO
LA FALCHERA
TORINO SETTIMO T.
Nord
Stura
Druento
Str. della Campagna
C° Romania
Via Torino
di Settimo
ABBADIA DI STURA
Strada di S. Mauro
LUCENTO
MADONNA DI CAMPAGNA
P.za Derna
V. S. Botticelli
BARCA
BERTOLLA
SAN MAURO TORINESE
Pianezza
MICHELIN
P.za Sofia
Corso Novara
Casale
Circuito della Maddalena
BASILICA DI SUPERGA
Regina
P.za Rivoli
Lecce
DUOMO
Margherita
SASSI
Str. al Traforo del Pino
Str. di Superga
SUPERGA
Peschiera
Emanuele II
P.za NUOVA
C° Casale
MADONNA DEL PILONE
Corso Chieri
REAGLIE
Via Mongreno
MONGRENO
Str. di S. Margherita
S. MARGHERITA
Str. di Val Salice
S. VITO
C° Torino
PINO TORINESE
Sebastopoli
Nizza
Moncalieri
Sovietica
PILONETTO
Parco della Rimembranza
Parco Europa
Colle della Maddalena
LINGOTTO
C° Traiano
Via
CAVORETTO
CASTELVECCHIO
Corso
PECETTO TORINESE
REVIGLIASCO
P.za Bengasi
PO
Circuito della Maddalena
S. PIETRO
Torino
Aprile
NICHELINO
TESTONA
Str. Revigliasco
MONCALIERI
Strada
MORIONDO
TROFARELLO
SAUGLIO
Carignano
MONCALIERI LA ROTTA
PALERO
Genova
Tangenziale
TAGLIAFERRO
Strada
CAMBIANO
TETTI ROLLE
TORINO-MONCALIERI
Sud
A 21
CARMAGNOLA
SALUZZO
S 20
CUNEO
SAVONA
CUNEO
GENOVA
PIACENZA
S 29
ALBA

TORINO
Carlo Felice (Piazza) . . . . CY 16
Roma (Via) . . . . CXY
S. Carlo (Piazza) . . . . . . CXY
Alfieri (Via) . . . . CY 6
Cadorna (Lungo Po L.) . . . DY 10
Carignano (Piazza) . . . . . CX 12
Carlo Emanuele II (Pza) . . DY 13
Casale (Corso) . . . . DY 18
Castello (Piazza) . . . . CX 19
Cesare Augusto (Piazza) . . . . CV 23
Consolata (Via della) . . . . CV 27
Diaz (Lungo Po A.) . . . . . . DY 32
Gran Madre di Dio (Piazza) . . . . DY 38
Milano (Via) . . . . CV 46
Ponte Vitt. Emanuele I . . . DY 55
Repubblica (Pza della) . . . CV 62
S. Francesco d'Assisi (Via) . . . . CX 66
Solferino (Piazza) . . . . CX 75
Vitt. Emanuele II (Lgo) . . BCY 90
4 Marzo (Via) . . . . CX 93
20 Settembre (Via) . . . . . CXY 96
A
B
Via Potenza
Via Borgaro
Verolengo
Val della Torre
Via Nole
Corso Mortara
Via Orvieto
Corso Svizzera
Riparia
Corso Pianezza
Corso Livorno
MICHELIN
Dora
Corso Regina Margherita
Via Umbria
Corso Appio Claudio
V. Michele Lessona
Via Lecce
Via Svizzera
Via Nicola Fabrizi
Via Tassoni
Via San Donato
Via Cibrario
Pza Chironi
Via Giacomo Medici
Corso Francia
Via d' Acaja
Via Principi
Corso Inghilterra
Pza Rivoli
Pza Bernini
Via Duchessa Jolanda
Pza SUSA
Corso Trapani
Corso E. Cialdini
Corso Ferrucci
Via G. Cavalli
Pza Adriano
Corso Vittorio Emanuele II
Via Fréjus
Via Racconigi
Via Cesana
Via Frassineto
Via Nanni
Via Vigone
Corso Francesco
Via Boggio
Via Vinzaglio
Corso Castelfidardo
Via degli Abruzzi
V. Vigone
Pza Sabotino
Via Monginevro
Via Di Nanni
Via Paolo
Via Peschiera
Corso P. Carlo
Corso Duca degli Abruzzi
Corso Stati
Ferraris
Via San Paolo
90
A
B

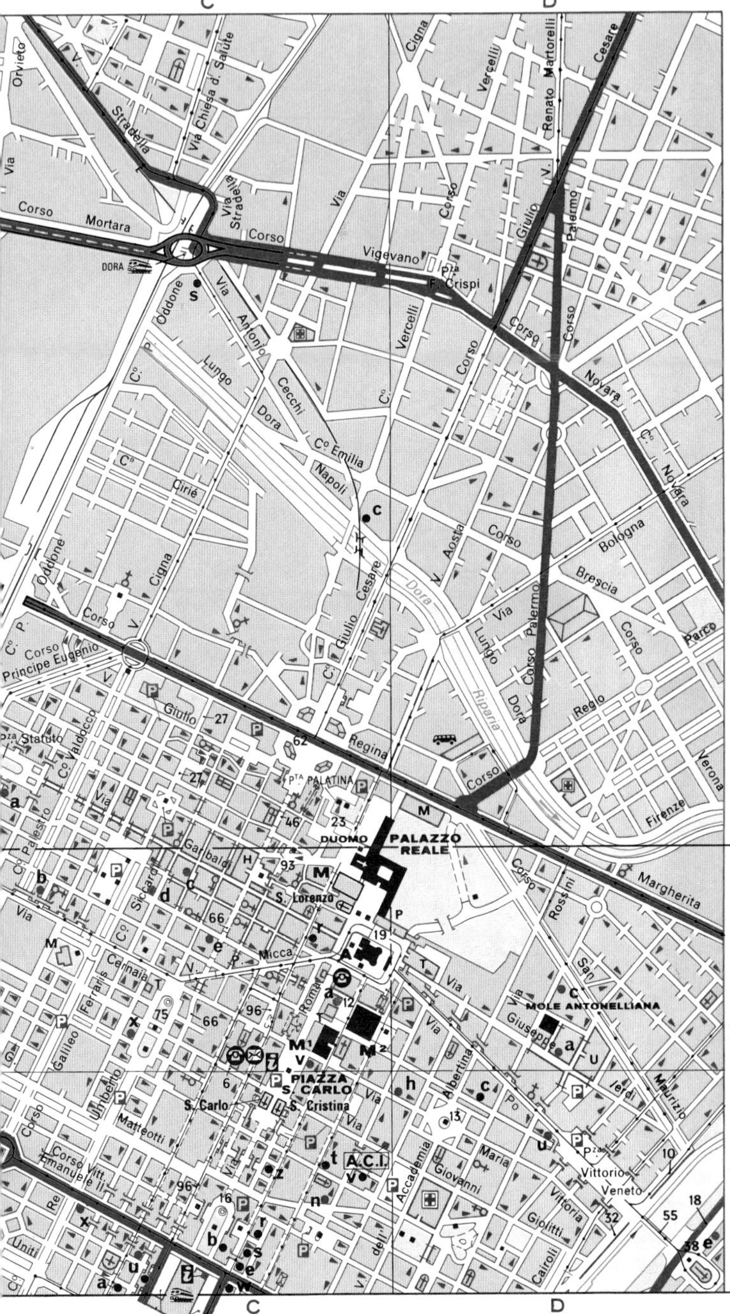
C
D
Corso Mortara
DORA
Via Stradella
Via Chiesa d. Salute
Corso Vigevano
Pza F. Crispi
Via Cigna
Corso Vercelli
Renato Martorelli
V. Giulio
Corso Palermo
Corso Novara
Lungo Dora
Via Antonio Cecchi
Cº Emilia
Napoli
Corso Oddone
Cº Ciriè
Corso Principe Eugenio
Via Giulio Cesare
Corso Aosta
Corso Bologna
Brescia
Corso Parco
Via Cigna
Dora
Riparia
Corso Regio Parco
Corso Regina
Pza Statuto
Cº Valdocco
Corso Verona
Corso Firenze
Pta PALATINA
DUOMO
PALAZZO REALE
Corso Margherita
Garibaldi
S. Lorenzo
Micca
Cernaia
Via Roma
Corso San Maurizio
MOLE ANTONELLIANA
Via Giuseppe Verdi
Galileo Ferraris
Umberto
PIAZZA S. CARLO
S. Carlo
S. Cristina
Matteotti
Via Po
A.C.I.
Accademia
Albertina
Via Maria Vittoria
Giovanni Giolitti
Cairoli
Pza Vittorio Veneto
Corso Vitt. Emanuele II
Re Uniti
C
D

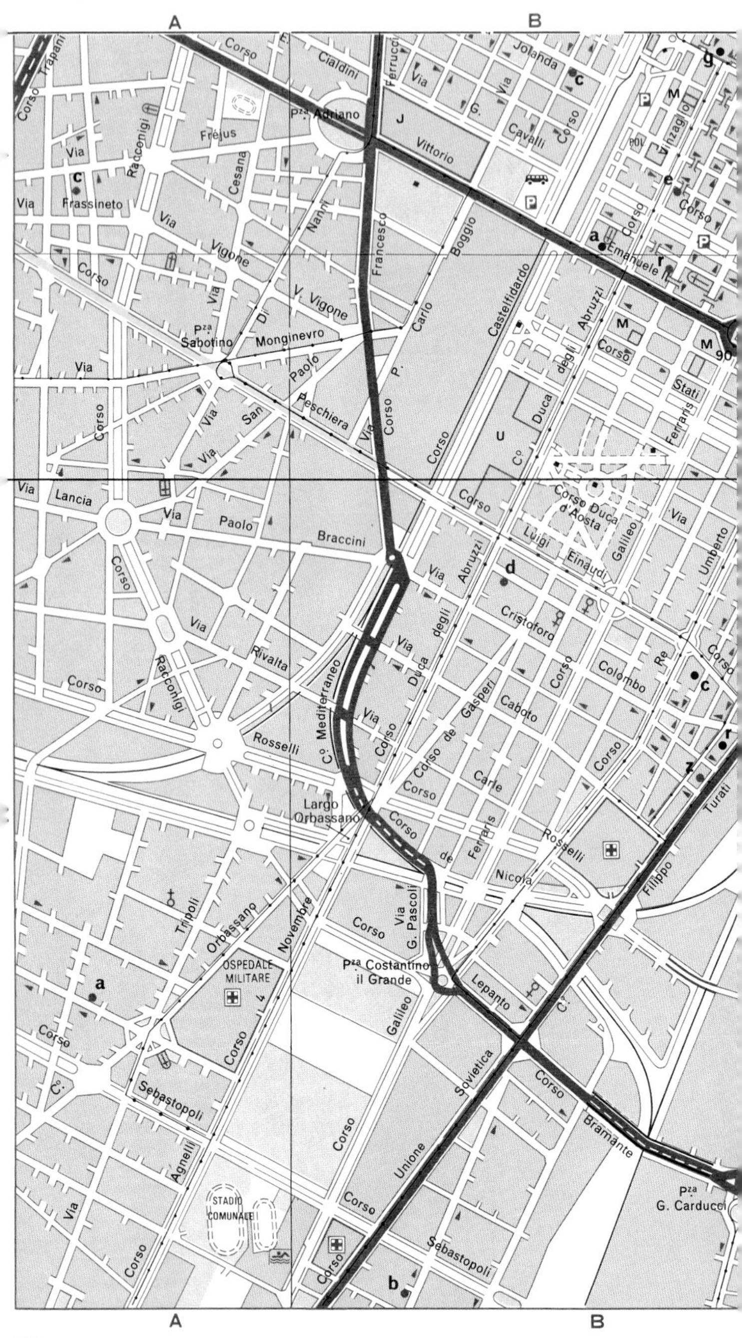
A
B
Corso Trapani
Corso Cialdini
Ferrucci
Via Jolanda
Pza Adriano
Corso Vittorio Emanuele II
Via G. Cavalli
Corso Vinzaglio
Via Frassineto
Via Racconigi
Fréjus
Via Cesana
Via Vigone
Corso Nanni
Corso Francesco
Corso Boggio
V. Vigone
Corso Castelfidardo
Pza Sabotino
Monginevro
Via Di Nanni
Via Carlo
Via Paolo Sarpi
Via Peschiera
Corso P.
Via Corso
Via Abruzzi
Corso degli Abruzzi
Corso Duca
Corso Stati
Ferraris
Via San Paolo
Via Lancia
Via Paolo
Braccini
Corso Duca d'Aosta
Luigi Einaudi
Galileo
Via Umberto
Corso Racconigi
Via Rivalta
Via Duca degli Abruzzi
Cristoforo
Colombo
Re
Corso Mediterraneo
Corso de Gasperi
Caboto
Corso Rosselli
Carle
Largo Orbassano
Corso de Nicola
Ferraris
Rosselli
Filippo
Turati
Corso Orbassano
Tripoli
Novembre
Via G. Pascoli
Pza Costantino il Grande
Lepanto
OSPEDALE MILITARE
Corso IV
Galileo
Corso Sovietica
Corso Bramante
Corso Sebastopoli
Agnelli
Corso Unione
STADIO COMUNALE
Pza G. Carducci
Via Corso
J
U
M
POL
90
a
b
c
d
e
g
r
z

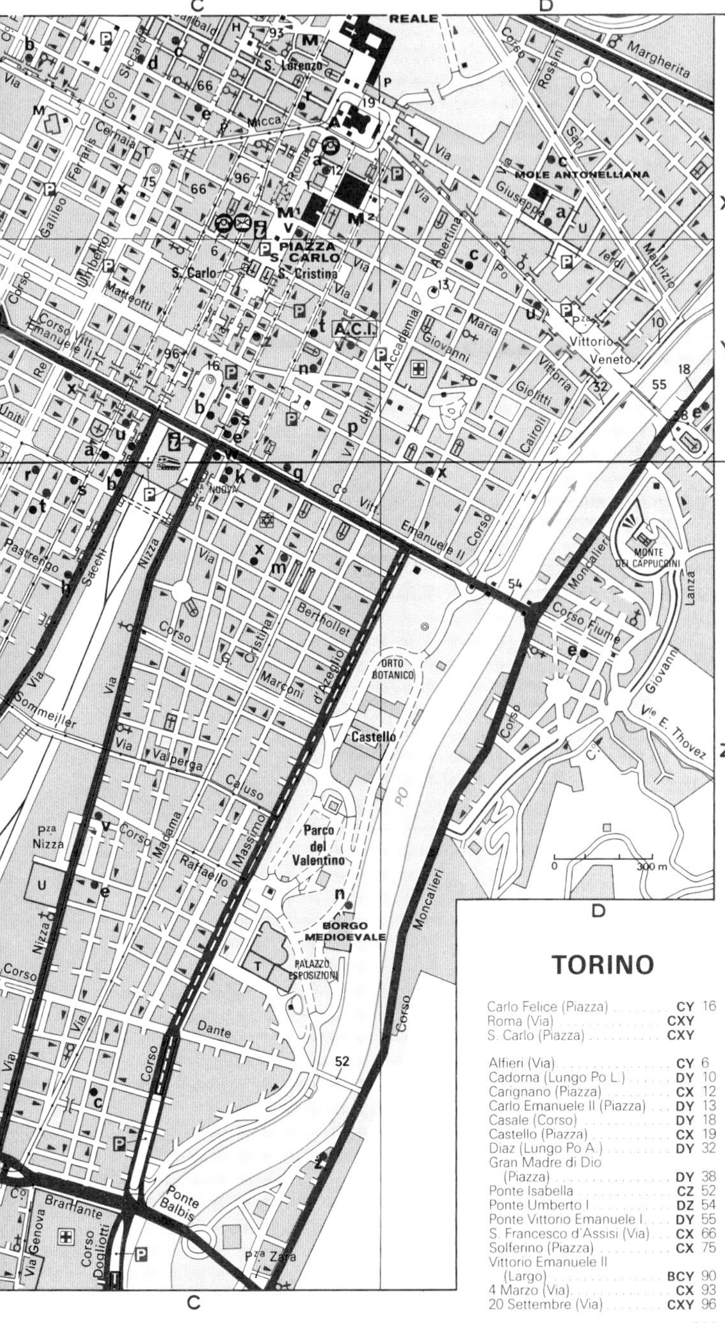

TORINO

Carlo Felice (Piazza) . . . . **CY** 16
Roma (Via) . . . . **CXY**
S. Carlo (Piazza) . . . . **CXY**

Alfieri (Via) . . . . **CY** 6
Cadorna (Lungo Po L.) . . . . . . **DY** 10
Carignano (Piazza) . . . . **CX** 12
Carlo Emanuele II (Piazza) . . . **DY** 13
Casale (Corso) . . . . **DY** 18
Castello (Piazza) . . . . **CX** 19
Diaz (Lungo Po A.) . . . . **DY** 32
Gran Madre di Dio (Piazza) . . . . **DY** 38
Ponte Isabella . . . . **CZ** 52
Ponte Umberto I . . . . **DZ** 54
Ponte Vittorio Emanuele I . . . . **DY** 55
S. Francesco d'Assisi (Via) . . . **CX** 66
Solferino (Piazza) . . . . **CX** 75
Vittorio Emanuele II (Largo) . . . . **BCY** 90
4 Marzo (Via) . . . . **CX** 93
20 Settembre (Via) . . . . **CXY** 96

XXXX **Villa Sassi-El Toulà** con cam, strada al Traforo del Pino 47 ✉ 10132 ✆ 8980556, Fax 8980095, « Villa settecentesca in un grande parco » – cam – 200. AE VISA. HT **c**
chiuso agosto – **Pasto** *(chiuso domenica)* carta 75/109000 – 20000 – **15 cam** 270/400000, appartamento – ½ P 270000.

XXXX **Del Cambio,** piazza Carignano 2 ✉ 10123 ✆ 546690, Fax 535282, Locale storico-gran tradizione, prenotare, « Decorazioni ottocentesche » – AE E VISA. CX **a**
chiuso domenica e dal 27 luglio al 27 agosto – **Pasto** 65/95000 (a mezzogiorno) 85/105000 (alla sera) e carta 62/108000 (15%).

XXX ✿ **Vecchia Lanterna,** corso Re Umberto 21 ✉ 10128 ✆ 537047, Fax 530391, Confort accurato, prenotare – E VISA. CY **x**
chiuso sabato a mezzogiorno, domenica e dal 10 al 20 agosto – **Pasto** carta 65/110000
Spec. Cappella di porcino su zoccolo di semolino farcito di fonduta, Timballo di risotto mantecato al fegato d'anatra in salsa piemontese, Carrè d'agnello all'aceto balsamico con croccante di basilico.

XXX ✿ **Balbo,** via Andrea Doria 11 ✉ 10123 ✆ 8125566, Fax 8127524, prenotare – AE VISA JCB. CY **n**
chiuso lunedì e dal 1° al 22 agosto – **Pasto** carta 60/110000
Spec. Tortino di storione all'olio extravergine, Agnolotti del "plin" ai profumi dell'orto, Fritto misto alla torinese (ottobre-aprile).

XXX ✿ **Neuv Caval 'd Brôns,** piazza San Carlo 151 ✉ 10123 ✆ 5627483, Fax 543610, prenotare – AE E VISA JCB. CXY **v**
chiuso sabato a mezzogiorno, domenica e dal 10 al 24 agosto – **Pasto** 50/80000 (a mezzogiorno) 60/80000 (alla sera) e carta 105/155000
Spec. Flan di Castelmagno (ottobre-maggio), Riso al Barolo, Manzo di Carrù.

XXX **Rendez Vous,** corso Vittorio Emanuele II 38 ✉ 10123 ✆ 887666, Fax 889362 – AE E VISA. CZ **g**
chiuso sabato a mezzogiorno e domenica – **Pasto** 35/80000 (a mezzogiorno) 60/90000 (alla sera) e carta 52/82000.

XXX **Villa Somis,** strada Val Pattonera 138 ✉ 10133 ✆ 6613086, Fax 6614626, prenotare, « In una villa settecentesca con parco; servizio estivo sotto un pergolato » – AE E VISA HU **e**
chiuso dal 2 al 9 gennaio, dal 5 al 26 agosto, lunedì e da ottobre a maggio anche a mezzogiorno (escluso i week-end) – **Pasto** carta 40/65000.

XXX **Tiffany,** piazza Solferino 16/h ✉ 10121 ✆ 535948 – AE E VISA. CX **x**
chiuso sabato a mezzogiorno, domenica ed agosto – **Pasto** 40/50000 (a mezzogiorno) 50/70000 (alla sera) e carta 56/92000.

XXX ✿ **La Prima Smarrita,** corso Unione Sovietica 244 ✉ 10134 ✆ 3179657, Fax 3179191, Coperti limitati; prenotare – AE E VISA. GTU **a**
chiuso lunedì e dal 3 al 27 agosto – **Pasto** 45000 (a mezzogiorno) 60000 (alla sera) e carta 60/89000
Spec. Filetti di triglia con piccole verdure e pinoli tostati, Maltagliati con vongole rucola e pomodoro, Rombo con punte di asparagi e calamari.

XXX **La Cloche,** strada al Traforo del Pino 106 ✉ 10132 ✆ 8994213, Fax 8981522, Ambiente tipico – – 100. AE E VISA. HT **v**
chiuso domenica sera e lunedì – **Pasto** (menu a sorpresa) 30/50000 e 60/120000.

XXX **Trait d'Union,** via degli Stampatori 4 ✉ 10122 ✆ 541979, , Coperti limitati; prenotare – E VISA. CX **c**
chiuso sabato a mezzogiorno, domenica ed agosto – **Pasto** 25/38000 (solo a mezzogiorno) e carta 43/64000.

XXX **Al Gatto Nero,** corso Filippo Turati 14 ✉ 10128 ✆ 590414, Fax 590477 – AE E VISA. BZ **z**
chiuso domenica ed agosto – **Pasto** carta 60/80000.

XX **Al Bue Rosso,** corso Casale 10 ✉ 10131 ✆ 8191393 – AE E VISA DY **e**
chiuso sabato a mezzogiorno, lunedì ed agosto – **Pasto** carta 57/78000 (10%).

XX **Perbacco,** via Mazzini 31 ✉ 10123 ✆ 882110 – AE E VISA DZ **x**
chiuso a mezzogiorno, domenica ed agosto – **Pasto** carta 47/67000.

XX **Galante,** corso Palestro 15 ✉ 10122 ✆ 537757 – AE E VISA JCB CX **b**
chiuso sabato a mezzogiorno, domenica ed agosto – **Pasto** carta 50/80000.

XX Gran Carlo, via Magenta 2 ✉ 10134 ✆ 535359, Fax 535359 – CY **u**

XX **Due Mondi-da Ilio,** via Saluzzo 3 angolo via San Pio V ✉ 10125 ✆ 6692056 – AE E VISA CZ **k**
chiuso lunedì e dal 1° al 15 agosto – **Pasto** carta 40/83000.

XX **Porta Rossa,** via Passalacqua 3/b ✉ 10122 ✆ 530816 – AE E VISA CV **a**
chiuso sabato a mezzogiorno, domenica ed agosto – **Pasto** 22/25000 (solo a mezzogeorno) e carta 35/79000.

XX **Il Porticciolo,** via Barletta 58 ✉ 10136 ✆ 321601, Specialità di mare – AE E VISA. AZ **a**
chiuso sabato a mezzogiorno, domenica ed agosto – **Pasto** carta 48/78000.

XX **Duchesse,** via Duchessa Jolanda 7 angolo via Beaumont ✉ 10138 ✆ 4346494, Fax 4346494 – AE E VISA JCB BX **c**
chiuso domenica sera, lunedì, dal 25 dicembre al 3 gennaio ed agosto – **Pasto** carta 42/73000.

XX **Al Ghibellin Fuggiasco,** via Tunisi 50 ✉ 10134 ✆ 3196115, Fax 3196115 – AE E VISA JCB BZ **b**
chiuso domenica sera, lunedì, dal 1° al 10 gennaio e dal 5 al 20 agosto – **Pasto** carta 42/65000.

XX **Gianfaldoni,** via Pastrengo 2 ✉ 10128 ✆ 5175041, Fax 5175041 – AE E VISA CZ **h**
chiuso mercoledì ed agosto – **Pasto** carta 39/67000.

XX **Biribissi,** corso San Martino 8 ✉ 10122 ✆ 5620260 – AE E VISA. BV **r**
chiuso domenica ed agosto – **Pasto** carta 37/55000.

XX **Mara e Felice,** via Foglizzo 8 ✉ 10149 ✆ 731719, Specialità di mare – AE E VISA AV **s**
chiuso sabato a mezzogiorno, domenica ed agosto – **Pasto** carta 44/75000.

XX **Da Benito,** corso Siracusa 142 ✉ 10137 ✆ 3090353, Specialità di mare – AE E VISA JCB. FT **v**
chiuso lunedì ed agosto – **Pasto** carta 45/65000.

XX **Da Giovanni,** via Gioberti 24 ✉ 10128 ✆ 539842 – AE E VISA. CZ **t**
chiuso domenica ed agosto – **Pasto** carta 40/65000.

XX **Mina,** via Ellero 36 ✉ 10126 ✆ 6963608, Fax 6960459, Specialità piemontesi – AE E VISA. GU **y**
chiuso agosto, lunedì e dal 15 giugno al 31 luglio anche domenica sera – **Pasto** carta 49/70000.

XX **La Gondola,** corso Moncalieri 190 ✉ 10133 ✆ 6614805, Specialità di mare – AE E VISA. CZ **z**
chiuso domenica, lunedì a mezzogiorno e dal 10 agosto al 10 settembre – **Pasto** carta 51/87000.

XX **Il Ciacolon,** viale 25 Aprile 11 ✉ 10133 ✆ 6610911, Specialità venete – AE E VISA JCB GU **e**
chiuso a mezzogiorno, domenica sera, lunedì ed agosto – **Pasto** (menu a sorpresa) 50000.

XX **La Pace,** via Galliari 22 ✉ 10125 ✆ 6505325 – E VISA CZ **m**
chiuso domenica, lunedì a mezzogiorno, dal 1° al 4 gennaio ed agosto – **Pasto** carta 35/56000.

XX **Mon Ami,** via San Dalmazzo 16 angolo via Santa Maria ✉ 10122 ✆ 538288 – AE E VISA CX **d**
chiuso domenica sera e lunedì – **Pasto** carta 24/54000.

XX **L'Idrovolante,** viale Virgilio 105 ✉ 10126 ✆ 6687602, Coperti limitati; prenotare, « Servizio estivo in terrazza in riva al fiume » – AE E VISA CZ **n**
chiuso domenica sera, lunedì a mezzogiorno e dal 15 ottobre al 10 novembre – **Pasto** carta 42/66000.

X **Alberoni,** corso Moncalieri 288 ✉ 10133 ✆ 6615433 – AE E VISA GU **n**
chiuso domenica sera, lunedì e gennaio – **Pasto** carta 32/49000.

X **Taverna delle Rose,** via Massena 24 ✉ 10128 ✆ 538345 – AE E VISA CZ **r**
chiuso sabato a mezzogiorno, domenica ed agosto – **Pasto** carta 40/82000.

X **La Capannina,** via Donati 1 ✉ 10121 ✆ 545405, Fax 547451, Specialità piemontesi – E VISA BY **r**
chiuso domenica ed agosto – **Pasto** carta 35/60000.

X **Crocetta,** via Marco Polo 21 ✉ 10129 ✆ 5817665 – AE E VISA. BZ **d**
chiuso domenica ed agosto – **Pasto** carta 35/56000.

X **Le Due Isole,** via Saluzzo 82 angolo via Michelangelo ✉ 10126 ✆ 6692591, Specialità di mare – VISA. CZ **e**
chiuso domenica, lunedì a mezzogiorno ed agosto – **Pasto** carta 38/69000.

X **Trômlin,** a Cavoretto, via alla Parrocchia 7 ✉ 10133 ✆ 6613050, Coperti limitati; prenotare GU **k**
chiuso a mezzogiorno (escluso i giorni festivi), lunedì ed agosto – **Pasto** (menu a sorpresa) 50000 bc.

X **Al 24,** via Montebello 24 ✉ 10124 ✆ 8122981 – AE DX **c**
chiuso lunedì, martedì a mezzogiorno e dal 20 giugno al 15 luglio – **Pasto** carta 40/50000.

X **Trattoria Abetone,** corso Raffaello 0 ✉ 10126 ✆ 655598 CZ **v**
chiuso martedì ed agosto – **Pasto** carta 37/57000.

X **C'era una volta,** corso Vittorio Emanuele II 41 ✉ 10125 ✆ 655498, Specialità piemontesi, prenotare – AE E VISA CZ **k**
chiuso a mezzogiorno, domenica ed agosto – **Pasto** 35/45000.

X **Spada Reale,** via Principe Amedeo 53 ✉ 10123 ✆ 8171363 – AE E VISA DY **u**
chiuso domenica – **Pasto** carta 33/65000.

X **Anaconda,** via Angiolino 16 (corso Potenza) ✉ 10143 ✆ 752903, Trattoria rustica, « Servizio estivo all'aperto » – AE E VISA JCB BV **m**
chiuso venerdì sera, sabato ed agosto – **Pasto** 50000 bc.

Ⅹ **Le Maschere,** via Vandalino 16 ✉ 10141 ☎ 728928 – ▤. AE ⑤ ⓓ E VISA FT **a**
chiuso domenica e mercoledì sera – **Pasto** carta 27/53000.

Ⅹ **Osteria del Corso,** corso Regina Margherita 252 ✉ 10144 ☎ 480665 – ▤. ⑤ VISA BV **a**
chiuso domenica e dal 5 al 23 agosto – **Pasto** carta 29/46000.

Ⅹ **Marinella,** via Verdi 33/g ✉ 10124 ☎ 8174324, ⛱, Trattoria d'habitués – AE ⑤ ⓓ E VISA
chiuso sabato, domenica a mezzogiorno e gennaio – **Pasto** carta 31/56000. DX **a**

Ⅹ **Piero e Federico,** via Monte di Pietà 23 ✉ 10122 ☎ 535880, Specialità sarde – AE ⑤ ⓓ E VISA CX **e**
chiuso domenica e dal 15 agosto al 15 settembre – **Pasto** carta 35/53000.

Ⅹ **Del Buongustaio,** corso Taranto 14 ✉ 10155 ☎ 2463284 – ▤. ✻ GT **z**
chiuso lunedì e dall'8 al 28 agosto – **Pasto** carta 25/40000.

Ⅹ **Antiche Sere,** via Cenischia 9/b ✉ 10139 ☎ 3854347, ⛱, Osteria con specialità regionali AX **c**
chiuso a mezzogiorno, domenica ed agosto – **Pasto** carta 35/47000.

Ⅹ **Vecchio Piemonte,** via Revel 2 ✉ 10121 ☎ 538338 – ✻. AE ⑤ ⓓ VISA BX **e**
chiuso domenica ed agosto – **Pasto** 30000.

Ⅹ **Trattoria della Posta,** strada Mongreno 16 ✉ 10132 ☎ 8980193, Trattoria d'habitués con specialità formaggi piemontesi – ▤. ✻ HT **m**
chiuso domenica sera, lunedì e luglio o agosto – **Pasto** carta 39/69000.

Ⅹ **Osteria Val Granda,** via Lanzo 88 ✉ 10148 ☎ 2264420, ⛱, Trattoria rustica con specialità piemontesi – ⑤ ⓓ VISA GT **a**
chiuso domenica e dal 10 al 30 agosto – **Pasto** carta 35/50000.

MICHELIN, corso Giulio Cesare 424 int. 15 (HT Torino p. 5) - ✉ 10156, ☎ 2624447, Fax 2622176.

TORNELLO Pavia – Vedere Mezzanino.

TORNO 22020 Como 428 E 9, 219 ⑨ – 1 174 ab. alt. 225 – ☎ 031.

Vedere Portale★ della chiesa di San Giovanni.

Roma 633 – Como 7 – Bellagio 23 – ♦Lugano 40 – ♦Milano 56.

🏨 **Villa Flora** ⛰, ☎ 419222, Fax 418318, ≤, ⛱, ⛵, ⛴, 🌳 – 📺 ☎ Ⓟ. AE ⑤ E VISA. ✻
chiuso gennaio e febbraio – **Pasto** *(chiuso martedì escluso dal 15 giugno al 15 settembre)* carta 40/60000 – ☕ 14000 – **20 cam** 75/100000 – ½ P 85000.

ⅩⅩ **Vapore** ⛰ con cam, ☎ 419311, Fax 419031, ≤, « Servizio estivo in terrazza ombreggiata in riva al lago » – 🛗 📺 ☎. E VISA. ✻
chiuso febbraio e novembre – **Pasto** *(chiuso mercoledì)* carta 36/64000 – ☕ 10000 – **12 cam** 70/90000.

TORRE A MARE 70045 Bari 431 D 33 – ☎ 080.

Roma 463 – ♦Bari 12 – ♦Brindisi 101 – ♦Foggia 144 – ♦Taranto 94.

🏨 **Apelusion,** via Bari ☎ 5430600, Fax 5430600, ⛱ – 🛗 ▤ 📺 ☎ Ⓟ – 🏛 150. AE ⑤ E VISA. ✻ rist
Pasto 28/35000 – **51 cam** ☕ 110/150000 – ½ P 95/100000.

ⅩⅩ **Donna Mattia,** ☎ 5430999, ⛱, prenotare – AE ⑤ ⓓ E VISA
chiuso lunedì e da giugno a settembre anche domenica sera – **Pasto** carta 29/49000.

Ⅹ **Da Nicola,** ☎ 5430043, Fax 5430043, ≤, ⛱, Specialità di mare – Ⓟ. AE ⑤ ⓓ E VISA. ✻
chiuso lunedì e dal 20 dicembre al 20 gennaio – **Pasto** carta 35/54000 (15 %).

TORRE ANNUNZIATA 80058 Napoli 988 ㉗, 431 E 25 – 51 500 ab. alt. 14 – ☎ 081.

Vedere Villa di Oplontis★★.

Roma 240 – ♦Napoli 27 – Avellino 53 – Caserta 53 – Salerno 28 – Sorrento 26.

🏨 **Grillo Verde,** piazza Imbriani 19 ☎ 8611290, Fax 8611290, 🌳 – 🛗 ▤ cam 📺 ☎ Ⓟ. AE ⑤ ⓓ E VISA
Pasto *(chiuso martedì)* carta 33/51000 (10 %) – ☕ 8000 – **15 cam** 69/100000, ▤ 10000 – ½ P 60/69000.

TORREBELVICINO 36036 Vicenza 429 E 15 – 5 037 ab. alt. 260 – ☎ 0445.

Roma 568 – ♦Verona 75 – Trento 70 – Vicenza 26.

ⅩⅩ **Elisa e Fausto,** a Pievebelvicino SE : 2 km ☎ 661302, Specialità di mare, Coperti limitati; prenotare – Ⓟ. ⑤ E VISA. ✻
chiuso sabato a mezzogiorno, lunedì e dal 1° al 20 agosto – **Pasto** carta 48/79000.

TORRE BERETTI E CASTELLARO 27030 Pavia 988 ⑬, 428 G 8 – 635 ab. alt. 93 – ☎ 0384.

Roma 602 – Alessandria 26 – ♦Milano 74 – Pavia 46 – ♦Torino 112.

Ⅹ **Da Agostino,** via Stazione 43 ☎ 84194, solo su prenotazione – AE ⑤ E VISA. ✻
chiuso mercoledì, dal 7 al 20 gennaio ed agosto – **Pasto** 55000 (a mezzogiorno) 65000 (alla sera).

TORRE CANAVESE **10010** Torino [219] ⑭ – 603 ab. alt. 418 – ☎ 0124.

Roma 689 – ♦Torino 41 – Aosta 85 – Ivrea 18.

🍴 **Italia,** ℘ 501076 – [P]. AE [S] E VISA. ✂
chiuso lunedì, dal 1° al 15 gennaio e dal 16 al 31 agosto – **Pasto** carta 29/49000.

TORRE CANNE **72010** Brindisi [988] ㉙ ㉚, [431] E 34 – Stazione termale (marzo-ottobre), a.s. 20 giugno-agosto – ☎ 080.

Roma 517 – ♦Brindisi 47 – ♦Bari 67 – ♦Taranto 57.

🏨 **Del Levante** 🌙, ℘ 9329800, Telex 813881, Fax 720096, ←, 🏊, 🏖, 🌳, 🎾 – 🛗 ▤ [TV] ☎ ♿ [P] – 🎤 100 a 300. AE [S] ⓓ E VISA. ✂
Pasto 35/45000 – ☕ 11000 – **145 cam** 162000 – ½ P 144/160000.

🏨 **Eden,** ℘ 9329822, Fax 720330, « Terrazza-solarium con 🏊 », 🏖 – 🛗 ▤ ☎ [P] – 🎤 150. AE [S] ⓓ E VISA. ✂
2 aprile-settembre – **Pasto** 25/30000 – **87 cam** ☕ 130/180000 – ½ P 130000.

TORRE DEL GRECO **80059** Napoli [988] ㉗, [431] E 25 – 99 971 ab. – a.s. maggio-15 ottobre – ☎ 081.

Vedere Scavi di Ercolano★★ NO : 3 km.

Dintorni Vesuvio★★★ NE : 13 km e 45 mn a piedi AR.

Roma 227 – ♦Napoli 15 – Caserta 40 – Castellammare di Stabia 17 – Salerno 43.

in prossimità casello autostrada A 3 :

🏨 **Sakura** 🌙, via De Nicola 26/28 ✉ 80059 ℘ 8493144, Fax 8491122, « Parco » – 🛗 ▤ [TV] ☎ [P] – 🎤 140. AE [S] ⓓ E VISA JCB. ✂ rist
Pasto carta 50/71000 – **60 cam** ☕ 200/245000 – ½ P 172000.

🏨 **Marad,** via San Sebastiano 24 ✉ 80059 ℘ 8492168, Fax 8828716, 🏊, 🌳 – 🛗 ▤ [TV] ☎ [P] – 🎤 30 a 120. AE [S] ⓓ E VISA. ✂
Pasto 38/50000 – **79 cam** ☕ 126/160000, ▤ 20000 – ½ P 108/118000.

TORRE DEL LAGO PUCCINI **55048** Lucca [428] [430] K 12 – a.s. Carnevale, Pasqua, 15 giugno-15 settembre e Natale – ☎ 0584.

Roma 369 – Pisa 14 – ♦Firenze 95 – Lucca 25 – Massa 31 – ♦Milano 260 – Viareggio 5.

🍴🍴 **Lombardi,** via Aurelia 127 ℘ 341044, Specialità di mare – ▤ [P]. AE [S] ⓓ E VISA. ✂
chiuso martedì – **Pasto** carta 34/59000.

🍴🍴 **La Bufalina,** via Aurelia 1 (S : 1 km) ℘ 869005, 🌳 – [P]. AE [S] ⓓ E VISA JCB
chiuso giovedì e novembre – **Pasto** carta 36/63000 (10 %).

al lago di Massaciuccoli E : 1 km :

🍴 **Da Cecco,** ✉ 55048 ℘ 341022 – AE [S] E VISA
chiuso domenica sera, lunedì e dal 20 novembre al 15 dicembre – **Pasto** carta 32/46000.

🍴 **Butterfly** con cam, ✉ 55048 ℘ 341024, Fax 341024, Specialità sarde, 🌳 – ☎ [P]. AE [S] ⓓ E VISA. ✂ cam
chiuso dal 26 novembre al 10 dicembre – **Pasto** *(chiuso giovedì)* carta 29/42000 (10 %) – ☕ 7000 – **10 cam** 45/70000 – ½ P 73000.

al mare O : 2 km :

🍴🍴 Il Pescatore, ℘ 340610, Specialità di mare

🍴🍴 Calimero, ℘ 340264, ⛱, Specialità di mare

TORRE DE' PICENARDI **26038** Cremona [428] [429] G 12 – 1 925 ab. alt. 39 – ☎ 0375.

Roma 498 – ♦Parma 48 – ♦Brescia 52 – Cremona 23 – Mantova 43.

🍴🍴 ✿ **Italia,** ℘ 94108, Fax 394060 – [P]. AE [S] ⓓ E VISA JCB
chiuso domenica sera, lunedì, dal 2 al 12 gennaio e dal 25 luglio al 15 agosto – **Pasto** carta 35/52000
Spec. Timballo d'anatra selvatica in crosta e salsa al timo (autunno-inverno), Marubini ai profumi dell'orto, Sovrana di faraona in reticella alle erbe.

TORRE DI BARI' Nuoro [433] H 11 – Vedere Sardegna (Bari Sardo) alla fine dell'elenco alfabetico.

TORRE DI SANTA MARIA **23020** Sondrio [428] [429] D 11, [218] ⑮ – 956 ab. alt. 796 – ☎ 0342.

Roma 708 – ♦Brescia 157 – Sondrio 9 – Saint-Moritz 88.

🍴🍴 **Il Gourmet,** S : 3 km ℘ 558271, Coperti limitati; prenotare – [P]. AE [S] ⓓ E VISA
chiuso dal 1° al 20 giugno e mercoledì (escluso luglio-agosto) – **Pasto** carta 35/52000.

TORREGLIA **35038** Padova [429] F 17 – 5 688 ab. alt. 18 – ☎ 049.

Roma 486 – ♦Padova 16 – Abano Terme 5 – ♦Milano 251 – Rovigo 36 – ♦Venezia 54.

🍴🍴 **Antica Trattoria Ballotta,** O : 1 km ℘ 5212970, Fax 5211385, « Servizio estivo sotto un pergolato » – [P]. AE [S] ⓓ E VISA
chiuso martedì e gennaio – **Pasto** carta 31/47000.

🍴 **Al Castelletto-da Tàparo,** S : 1,5 km ℘ 5211060, Fax 5211685, « Servizio estivo sotto un pergolato », 🌳 – [P]. AE [S] ⓓ E VISA
chiuso lunedì e dal 15 gennaio al 15 febbraio – **Pasto** carta 28/43000.

a Torreglia Alta SO : 2 km – alt. 300 – ✉ **35038** Torreglia :

XX **Rifugio Monte Rua,** S : 1 km ☎ 5211049, Fax 5211049, « Servizio estivo in terrazza con ≤ colli Euganei e pianura » – P. AE $ ⓘ E VISA. ✻
chiuso martedì – **Pasto** carta 22/50000.

TORRE GRANDE Oristano 988 ㉝ – Vedere Sardegna (Oristano) alla fine dell'elenco alfabetico.

TORREGROTTA Messina 432 M 28 – Vedere Sicilia alla fine dell'elenco alfabetico.

TORRE LAPILLO Lecce 431 G 35 – Vedere Porto Cesareo.

TORREMAGGIORE **71017** Foggia 988 ㉘, 431 B 27 – 17 453 ab. alt. 169 – ☎ 0882.

Roma 325 – ♦Foggia 43 – ♦Bari 161 – ♦Pescara 159 – Termoli 67.

X **Da Alfonso,** via Costituente 66 ☎ 391324, prenotare la sera – ✻
chiuso lunedì sera, martedì e novembre – **Pasto** carta 22/35000 (15 %).

TORRE PEDRERA Rimini 430 J 19 – Vedere Rimini.

TORRE PELLICE **10066** Torino 988 ⑫, 428 H 3 – 4 649 ab. alt. 516 – ☎ 0121.

Roma 708 – ♦Torino 58 – Cuneo 64 – ♦Milano 201 – Sestriere 71.

Gilly, corso Lombardini 1 ☎ 932477, Fax 932924, ≘s, ⊠, ✈ – |♦| TV ☎ P – 🏛 25 a 120. AE $ ⓘ E VISA. ✻ rist
chiuso dal 20 dicembre al 10 gennaio – **Pasto** carta 45/76000 – ☐ 15000 – **50 cam** 160/180000, appartamento – ½ P 160000.

XX ✿ **Flipot,** corso Gramsci 17 ☎ 91236, Fax 91236 – AE $ ⓘ E VISA
chiuso martedì e dal 15 gennaio al 15 febbraio – **Pasto** carta 50/84000
Spec. Fiori di zucchine farciti con ratatouille e dadini di sogliola, Filetto di pesce persico con ragù di verdure, Sfogliatina ai lamponi profumata alla menta.

TORRE SAN GIOVANNI Lecce 431 H 36 – ✉ **73059** Ugento – a.s. luglio-agosto – ☎ 0833.

Roma 652 – ♦Brindisi 105 – Gallipoli 24 – Lecce 62 – Otranto 50 – ♦Taranto 117.

Hyencos Calòs e Callyon, ☎ 931088, Fax 931097, ≤, ⛱, 🏖 – |♦| ▤ TV ☎ P – 🏛 100. AE $ ⓘ E VISA. ✻ rist
aprile-settembre – **Pasto** carta 50/65000 – **63 cam** ☐ 105/180000 – ½ P 200000.

Parco dei Principi, NO : 1 km ☎ 931144, Fax 931818, ≤, Centro bioenergetico, ⛱, 🏖, ✈, ✂ – ▤ TV ☎ P
43 cam.

Tito, NO : 1,5 km ☎ 931054, Fax 931225, ≤, 🏖, ✈ – |♦| ▤ TV ☎ 🚗 P. AE $ ⓘ E VISA JCB. ✻ rist
aprile-ottobre – **Pasto** 34/40000 – ☐ 20000 – **40 cam** 100/110000 – ½ P 94/131000.

TORRETTE Ancona 430 L 22 – Vedere Ancona.

TORRIANA **47030** Rimini 429 430 K 19 – 1 064 ab. alt. 337 – ☎ 0541.

Roma 307 – Rimini 21 – Forlì 56 – ♦Ravenna 60.

X Osteria del Povero Diavolo, via Roma 30 ☎ 675060, 🏕
chiuso a mezzogiorno.

TORRI DEL BENACO **37010** Verona 988 ④, 428 429 F 14 – 2 516 ab. alt. 68 – ☎ 045.

⛴ per Toscolano-Maderno giornalieri (30 mn) – a Toscolano Maderno, Navigazione Lago di Garda, Imbarcadero ☎ 641389.

🅘 via Gardesana 5 ☎ 6296482, Fax 7226482.

Roma 535 – ♦Verona 37 – ♦Brescia 72 – Mantova 73 – ♦Milano 159 – Trento 81 – ♦Venezia 159.

Gardesana, ☎ 7225411, Fax 7225771, ≤, 🏕 – |♦| ▤ TV ☎ ♿ P. AE $ ⓘ E VISA. ✻
chiuso dal 15 gennaio a febbraio e dal 2 novembre al 28 dicembre – **Pasto** *(aprile-ottobre chiuso a mezzogiorno)* carta 50/77000 – **34 cam** ☐ 95/190000.

Galvani, località Pontirola 5 ☎ 7225103, Fax 6296618, ≤, 🏕, ⛱, ✈ – ▤ cam TV ☎ P. $ E VISA. ✻
chiuso dal 6 gennaio al 15 febbraio – **Pasto** *(chiuso martedì)* carta 40/54000 – ☐ 16000 – **22 cam** 92/120000 – ½ P 98000.

Europa ⛰, ☎ 7225086, Fax 6296632, ≤, « Parco-oliveto », ⛱ – ☎ P. ✻
Pasqua-10 ottobre – **18 cam** solo ½ P 105/111000.

Al Castello, ☎ 7225065, Fax 7225065 – |♦| TV ♿ P. $ E VISA. ✻
chiuso dal 7 al 31 gennaio – **Pasto** *(chiuso lunedì da ottobre a marzo)* carta 35/53000 – **23 cam** ☐ 60/100000 – ½ P 70/75000.

XX **Al Caval** con cam, ☎ 7225666, Fax 6296570 – ▤ cam TV ☎ P. AE $ ⓘ E VISA. ✻ rist
chiuso dal 15 gennaio al 20 marzo – **Pasto** *(chiuso lunedì)* carta 38/66000 – ☐ 16500 – **22 cam** 105/140000 – ½ P 80/110000.

ad Albisano NE : 4,5 km – ✉ **37010** Torri del Benaco :

Panorama, ✆ 7225102, Fax 6290162, ≤ lago, – ☎ P. E VISA
Natale e aprile-ottobre – **Pasto** *(chiuso lunedì da novembre a marzo)* carta 30/43000 – 12000 – **26 cam** 64/79000 – ½ P 57/69000.

TORRILE **43030** Parma 428 429 H 12 – 5 045 ab. alt. 32 – 0521.
Roma 470 – Parma 13 – Mantova 51 – Milano 134.

a San Polo SE : 4 km – ✉ **43056** :

Ducathotel, via Achille Grandi 7 ✆ 819929, Fax 813482 – 🛗 ▤ TV ☎ P – 🔬 40. AE E VISA. rist
Pasto *(chiuso a mezzogiorno e venerdì sera)* 25/35000 – 18000 – **18 cam** 68/95000, ▤ 7000 – ½ P 75/80000.

TORTOLÌ Nuoro 988 ㉞, 433 H 10 – Vedere Sardegna alla fine dell'elenco alfabetico.

TORTONA **15057** Alessandria 988 ⑬, 428 H 8 – 27 094 ab. alt. 114 – 0131.
Roma 567 – Alessandria 22 – Genova 73 – Milano 73 – Novara 71 – Pavia 52 – Piacenza 76 – Torino 112.

Villa Giulia, corso Alessandria 3/A ✆ 862396, Fax 868561, – 🛗 ▤ TV ☎ ♿ P – 25.
12 cam.

Vittoria senza rist, corso Romita 57 ✆ 861325, Fax 820714 – 🛗 TV ☎ P. AE E VISA.
15000 – **26 cam** 85/120000.

Cavallino San Marziano, corso Romita 83 ✆ 862308, Fax 811485 – ▤ P. E VISA
chiuso lunedì, dal 1° al 10 gennaio, dal 24 luglio al 24 agosto e Natale – **Pasto** carta 52/83000.

Il Portico, corso Montebello 27 ✆ 822515, Rist. d'habitués – E VISA.
chiuso dal 1° all'8 gennaio, dal 1° al 27 agosto e domenica – **Pasto** carta 25/35000.

sulla strada statale 35 S : 1,5 km :

Aurora-Girarrosto con cam, ✉ 15057 ✆ 863033, Fax 821323 – 🛗 ▤ rist TV ☎ P – 60. AE E VISA JCB
Pasto *(chiuso lunedì)* carta 50/77000 – **16 cam** 100/140000.

a Mombisaggio SE : 5,5 km – ✉ **15057** Tortona :

Montecarlo, ✆ 889114 – P – 100.
chiuso martedì ed agosto – **Pasto** carta 38/65000.

verso Sale NO : 6 km :

Motel 2 senza rist, strada statale per Sale 14 ✉ 15057 ✆ 881019, Fax 881020 – ▤ TV ☎ P. AE E VISA JCB.
12000 – **27 cam** 75/110000.

Hostaria ai Due Gioghi, ✉ 15057 ✆ 815369 – P. AE E VISA.
chiuso lunedì, dal 1° all'8 gennaio e dal 7 al 22 agosto – **Pasto** carta 34/51000.

TORTORETO **64018** Teramo 430 N 23 – 7 302 ab. alt. 227 – a.s. luglio-agosto – 0861.
Roma 215 – Ascoli Piceno 47 – Pescara 57 – Ancona 108 – L'Aquila 106 – Teramo 33.

a Tortoreto Lido E : 3 km – ✉ **64019** :

Costa Verde, ✆ 787096, Fax 786647, ≤, , – 🛗 ▤ rist ☎ P. rist
maggio-settembre – **Pasto** 28/35000 – 12000 – **50 cam** 90/120000 – P 80/120000.

River, ✆ 786125, Fax 787348, – 🛗 ☎ P.
maggio-settembre – **Pasto** (solo per clienti alloggiati) – 10000 – **27 cam** 70/95000 – ½ P 70/80000.

Lady G, via Amerigo Vespucci 21/23 ✆ 788008, Fax 788670, , – 🛗 ☎ P.
stagionale – **34 cam.**

TOR VAIANICA **00040** Roma 430 R 19 – 06.
(chiuso lunedì) a Marina di Ardea ✉ 00040 ✆ 9133250, Fax 9133592.
Roma 34 – Anzio 25 – Latina 50 – Lido di Ostia 20.

Zi Checco, lungomare delle Sirene 1 ✆ 9157157, ≤, , Specialità di mare, – P. AE E VISA.
chiuso giovedì e novembre – **Pasto** carta 42/61000.

TOSCANELLA Bologna 430 I 16 – Vedere Dozza.

TOSCOLANO-MADERNO Brescia 988 ④, 428 429 F 13 – 6 881 ab. alt. 80 – a.s. Pasqua e luglio-15 settembre – ☎ 0365.

per Torri del Benaco giornalieri (30 mn) – Navigazione Lago di Garda, Imbarcadero ℘ 641389.

a Maderno, via lungolago Zanardelli ✉ 25080 ℘ 641330.

Roma 556 – ◆ Brescia 39 – ◆ Verona 44 – ◆ Bergamo 93 – Mantova 95 – ◆ Milano 134 – Trento 86.

a Maderno – ✉ 25080 :

- **Milano,** ℘ 540595, Fax 641223, ≤, « Giardino ombreggiato » – 🛗 TV ☎ P. AE VISA. ✻ rist
  23 marzo-20 ottobre – **Pasto** (solo per clienti alloggiati) 30000 – ☐ 18000 – **38 cam** 100/130000 – ½ P 105000.
- **Maderno,** ℘ 641070, Fax 644277, « Giardino ombreggiato con ⛱ » – 🛗 TV ☎ P. AE 🅂 ⊙ E VISA. ✻ rist
  aprile-settembre – **Pasto** 38/43000 – ☐ 20000 – **33 cam** 90/130000 – ½ P 125000.
- **San Marco** con cam, ℘ 641103, Fax 540592, ≤, 🍽 – 🛗 TV ☎. AE 🅂 ⊙ E VISA JCB
  Pasto carta 36/56000 (10%) – ☐ 10000 – **21 cam** *(chiuso novembre)* 60/70000 – ½ P 65/75000.
- **Vecchia Padella,** ℘ 641042, Fax 541212, 🍽 – AE 🅂 ⊙ E VISA
  chiuso gennaio, febbraio e mercoledì (escluso da giugno al 27 settembre) – **Pasto** carta 42/77000.

TOSSIGNANO 40020 Bologna 429 430 J 16 – alt. 272 – ☎ 0542.

Roma 382 – ◆ Bologna 51 – ◆ Firenze 84 – Forlì 44 – ◆ Ravenna 59.

- ✿ **Locanda della Colonna,** via Nuova 10/11 ℘ 91006, 🍽, Coperti limitati; prenotare, « Costruzione del 15° secolo » – AE 🅂 ⊙ E VISA. ✻
  chiuso a mezzogiorno, domenica, lunedì, dal 10 gennaio al 10 febbraio ed agosto – **Pasto** carta 50/75000
  Spec. Fegato d'anatra con pan brioche tostato, Ricottini di spinaci al sugo d'arrosto, Anatra glassata.

TOVEL (Lago di) Trento 988 ④, 428 429 D 14 – Vedere Guida Verde.

TOVO DI SANT'AGATA 23030 Sondrio 428 D 12, 218 ⑰ – 533 ab. alt. 531 – ☎ 0342.

Roma 680 – Sondrio 33 – Bormio 31.

- **Franca,** ℘ 770064, Fax 770064 – P. VISA. ✻
  chiuso dal 15 giugno al 6 luglio e domenica (escluso luglio-agosto) – **Pasto** carta 36/54000.

TRADATE 21049 Varese 428 E 8, 219 ⑱ – 15 897 ab. alt. 303 – ☎ 0331.

Roma 614 – Como 29 – Gallarate 12 – ◆ Milano 39 – Varese 14.

- **Antico Ostello Lombardo,** via Vincenzo Monti 8 ℘ 842832, 🍽, Coperti limitati; prenotare – ✻
  chiuso sabato a mezzogiorno, lunedì, dal 1° al 12 gennaio ed agosto – **Pasto** carta 56/83000.
- **Tradate,** via Volta 20 ℘ 811225, Fax 841401 – AE 🅂 ⊙ E VISA JCB. ✻
  chiuso domenica, dal 24 dicembre al 5 gennaio ed agosto – **Pasto** carta 48/98000.

TRAMIN AN DER WEINSTRASSE = Termeno sulla Strada del Vino.

TRANA 10090 Torino 428 G 4 – 3 164 ab. alt. 372 – ☎ 011.

Roma 685 – ◆ Torino 32 – Briançon 90 – ◆ Milano 167.

a San Bernardino E : 3 km – ✉ 10090 Trana :

- ✿ **La Betulla,** ℘ 933106, prenotare – P. 🅂 E VISA. ✻
  chiuso gennaio, martedì e da ottobre a maggio anche lunedì sera – **Pasto** carta 40/60000
  Spec. Ratatouille di verdure con filetto di branzino in salsa vellutata di sogliola (primavera-estate), Agnolotti al sugo d'arrosto, Capretto al timo.

TRANI 70059 Bari 988 ㉙, 431 D 31 – 51 812 ab. – ☎ 0883.

Vedere Cattedrale★★ – Giardino pubblico★.

piazza della Repubblica ℘ 43295, Fax 588830.

Roma 414 – ◆ Bari 46 – Barletta 13 – ◆ Foggia 97 – Matera 78 – ◆ Taranto 132.

- **Royal,** via De Robertis 29 ℘ 588777, Fax 582224 – 🛗 ▤ TV ☎ 🚗. AE 🅂 ⊙ E VISA. ✻ rist
  Pasto 30/60000 – **42 cam** ☐ 109/179000 – P 110/135000.
- **Trani,** corso Imbriani 137 ℘ 588010, Fax 587625 – 🛗 TV ☎ 🚗 – 🏛 160. AE 🅂 ⊙ E VISA. ✻
  Pasto carta 35/62000 – ☐ 9500 – **50 cam** 75/118000 – ½ P 99000.
- **Torrente Antico,** via Fusco 3 ℘ 47911, Coperti limitati; prenotare – ▤. AE 🅂 E VISA
  chiuso domenica sera, lunedì dal 7 al 14 gennaio e dal 15 al 30 luglio – **Pasto** carta 50/70000
- **Il Melograno,** via Bovio 189 ℘ 46966, 🍽 – AE 🅂 ⊙ VISA
  chiuso mercoledì e novembre – **Pasto** carta 25/47000.

TRAPANI P 988 ㉟, 432 M 19 – Vedere Sicilia alla fine dell'elenco alfabetico.

[TRAVEDONA-MONATE] 21028 Varese [428] E 8, [219] ⑦ – 3 339 ab. alt. 273 – ☎ 0332.
⛳18 Dei Laghi (chiuso martedì e gennaio) ☎ 978101, Fax 977532.
Roma 638 – Stresa 39 – ♦Milano 61 – Varese 19.

🍴🍴 **Antica Trattoria-da Cesare,** via Aldo Moro 25, ☂ – [AE] $ E VISA
chiuso lunedì – **Pasto** carta 47/65000.

[TRAVERSELLA] 10080 Torino [428] F 5, [219] ⑭ – 444 ab. alt. 827 – ☎ 0125.
Roma 703 – Aosta 85 – ♦Milano 142 – ♦Torino 70.

🍴🍴 **Miniere** 🔇 con cam, ☎ 749005, Fax 749195, ≤ vallata, ☂ – |‡| ☎. [AE] $ E VISA. ✗
chiuso dal 6 gennaio al 6 febbraio – **Pasto** *(chiuso lunedì)* carta 36/52000 – ☕ 6000 – **25 cam** 45/80000 – 1/2 P 65000.

[TRAVERSETOLO] 43029 Parma [429] I 13 – 7 109 ab. alt. 170 – ☎ 0521.
Roma 448 – ♦Parma 20 – ♦La Spezia 125 – ♦Modena 50.

🍴 Colibrì, ☎ 842585 – ▤ [P]

[TREBBO DI RENO] Bologna [429] [430] I 15 – Vedere Castel Maggiore.

[TREBIANO] La Spezia [428] J 11 – alt. 170 – ✉ 19030 Romito – ☎ 0187.
Roma 403 – ♦La Spezia 8 – ♦Livorno 79 – Lucca 69.

🍴 **Trattoria delle 7 Lune,** salita al Castello ☎ 988566, ≤, « Servizio estivo all'aperto »
chiuso a mezzogiorno (escluso sabato-domenica), lunedì, martedì ed ottobre – **Pasto** carta 33/52000.

[TREBISACCE] 87075 Cosenza [988] ㊴, [431] H 31 – 9 098 ab. – ☎ 0981.
Roma 484 – ♦Cosenza 85 – Castrovillari 40 – Catanzaro 183 – ♦Napoli 278 – ♦Taranto 115.

🏨 **Stellato,** ☎ 500440, Fax 500770, ≤, 🏖 – |‡| [TV] ☎ 🚗 [P]. [AE] $ ⓓ E VISA. ✗
Pasto *(chiuso lunedì)* carta 31/44000 – ☕ 10000 – **21 cam** 80/120000 – 1/2 P 88000.

🍴 **Trattoria del Sole,** via Piave 14 bis ☎ 51797, ☂ – $ VISA
chiuso domenica (escluso dal 15 giugno al 15 settembre) – **Pasto** carta 25/40000.

[TRECATE] 28069 Novara [988] ③, [428] F 8 – 15 233 ab. alt. 136 – ☎ 0321.
Roma 621 – Stresa 62 – ♦Milano 47 – ♦Torino 102.

🏨 **Moderno,** via Mazzini 8 ☎ 770130, Fax 770160 – ☎ [P] – 🎤 30. [AE] $ ⓓ E VISA. ✗
Pasto *(chiuso martedì)* carta 28/45000 – **13 cam** ☕ 50/80000 – 1/2 P 65000.

[TREDOZIO] 47019 Forlì [988] ⑮, [429] [430] J 17 – 1 427 ab. alt. 334 – ☎ 0546.
Roma 327 – ♦Firenze 89 – ♦Bologna 80 – Forlì 43.

🍴🍴 **Mulino San Michele,** via Perisauli 6 ☎ 93677, Coperti limitati; prenotare – ✗
chiuso a mezzogiorno, lunedì e dal 20 giugno al 15 luglio – **Pasto** 65000 bc.

[TREFIUMI] Parma – Vedere Monchio delle Corti.

[TREISO] 12050 Cuneo [428] H 6 – 716 ab. alt. 412 – ☎ 0173.
Roma 644 – Alba 6 – Alessandria 65 – Cuneo 68 – Savona 105 – ♦Torino 65.

🍴🍴 **Tornavento,** piazza Baracco 7 ☎ 638333, Fax 638352, ☂ – $ ⓓ E VISA. ✗
chiuso martedì e dal 7 gennaio al 7 febbraio – **Pasto** carta 35/55000.

[TREMEZZO] 22019 Como [988] ③, [428] E 9 – 1 412 ab. alt. 245 – ☎ 0344.
Vedere Località★★★ – Villa Carlotta★★★ – Parco comunale★.
Dintorni Cadenabbia★★ : ≤★★ dalla cappella di San Martino (1 h e 30 mn a piedi AR).
ℹ (maggio-ottobre) piazzale Trieste 1 ☎ 40493.
Roma 655 – Como 31 – ♦Lugano 33 – Menaggio 5 – ♦Milano 78 – Sondrio 73.

🏨 **Gd H. Tremezzo Palace,** ☎ 40446, Fax 40201, ≤ lago, ☂, « Parco », 🏊 riscaldata, 🎾 – |‡| ▤ cam [TV] ☎ [P] – 🎤 70 a 300. [AE] $ ⓓ E VISA JCB. ✗ rist
marzo-novembre – **Pasto** carta 55/96000 – **96 cam** ☕ 220/310000 – 1/2 P 180/200000.

🏨 **Villa Edy** 🔇 senza rist, località Bolvedro O : 1 km ☎ 40161, Fax 40015, 🏊, ☂, 🎾 – [TV] ☎ [P]. $ E VISA. ✗
aprile-ottobre – ☕ 15000 – **12 cam** 90/110000.

🏨 **Rusall** 🔇, località Rogaro O : 1,5 km ☎ 40408, Fax 40447, ≤ lago e monti, « Terrazza-giardino », 🎾 – ☎ [P]. [AE] $ ⓓ E VISA. ✗ rist
chiuso dal 2 gennaio al 19 marzo – **Pasto** *(chiuso mercoledì escluso dal 15 giugno al 15 settembre)* carta 33/56000 – ☕ 12000 – **18 cam** 70/110000 – 1/2 P 90000.

🍴🍴 **Al Veluu,** località Rogaro O : 1,5 km ☎ 40510, ≤ lago e monti, « Servizio estivo in terrazza panoramica » – [P]. [AE] VISA
marzo-ottobre; chiuso martedì – **Pasto** carta 47/72000.

🍴 **La Fagurida,** località Rogaro O : 1,5 km ☎ 40676, ☂, Trattoria tipica con cucina casalinga – [P]. [AE] $ E VISA. ✗
chiuso lunedì e dal 25 dicembre al 15 febbraio – **Pasto** 61000.

TREMITI (Isole) Foggia 988 ㉘, 431 A 28 – 374 ab. alt. da 0 a 116 – a.s. luglio-13 settembre – ☎ 0882.
La limitazione d'accesso degli autoveicoli è regolata da norme legislative.

Vedere Isola di San Domino★ – Isola di San Nicola★.

per Termoli maggio-settembre giornalieri (1 h 30 mn) – Navigazione Libera del Golfo, al porto.

per Termoli giornalieri (da 45 mn a 1 h 40 mn); per Ortona 20 giugno-15 settembre giornaliero (1 h 45 mn); per Rodi Garganico giugno-settembre giornaliero (50 mn); per Punta Penna di Vasto 15 giugno-15 settembre giornaliero (1 h) – Adriatica di Navigazione-agenzia Domenichelli, via degli Abbati 10 ✆ 663008, Fax 663008.

San Domino (Isola) – ✉ 71040 San Nicola di Tremiti :

Kyrie, ✆ 663241, Fax 663415, « In pineta », – TV ☎
stagionale – **61 cam.**

Gabbiano, ✆ 663410, Fax 663428, ≤ mare e isola di San Nicola, – TV ☎ – 50. AE ⓢ ⓞ E VISA. rist
Pasto carta 53/72000 – **40 cam** 140/170000, 10000 – ½ P 105/125000.

San Domino, ✆ 663404, Fax 663221 – rist ☎. ⓢ E VISA.
Pasto 32/35000 – **24 cam** 130000 – ½ P 135000.

TREMOSINE 25010 Brescia 428 429 E 14 – 1 880 ab. alt. 414 – a.s. Pasqua e luglio-15 settembre – ☎ 0365.

Roma 581 – Trento 62 – ◆Brescia 64 – ◆Milano 159 – Riva del Garda 19.

Le Balze, a Campi-Voltino alt. 690 ✆ 917179, Fax 917033, ≤ lago e monte Baldo, – TV ☎ P. ⓢ ⓞ E VISA. rist
28 marzo-4 novembre – **Pasto** carta 46/68000 – 15000 – **76 cam** 85/132000 – ½ P 85/110000.

Pineta Campi, a Campi-Voltino alt. 690 ✆ 917158, Fax 917015, ≤ lago e monte Baldo, – ☎ P – 50. rist
15 marzo-ottobre – **Pasto** carta 28/42000 – 10000 – **66 cam** 65/110000 – ½ P 52/83000.

Park Hotel Faver, a Voltino alt. 560 ✆ 917017, Fax 917019, ≤, – ☎ P – 80.
26 dicembre-1° gennaio e 9 marzo-11 novembre – **Pasto** carta 27/35000 – 9000 – **30 cam** 51/74000 – ½ P 88/104000.

Lucia, ad Arias alt. 460 ✆ 953088, Fax 953421, ≤ lago e monte Baldo, – TV ☎ P. ⓢ E VISA. rist
marzo-novembre – **Pasto** carta 32/51000 – 10000 – **26 cam** 55/75000 – ½ P 58/71000.

Miralago e Benaco, a Pieve alt. 433 ✆ 953001, Fax 953046, ≤ lago e monte Baldo – TV ☎. ⓢ E VISA
Pasto *(chiuso giovedì escluso da aprile ad ottobre)* carta 28/46000 – 10000 – **25 cam** 50/80000 – ½ P 70000.

XX **Villa Selene** con cam, a Pregasio alt. 478 ✆ 953036, Fax 918078, – TV ☎ P. AE ⓢ E VISA. cam
Pasto *(chiuso martedì)* carta 25/45000 – **6 cam** 100/145000.

TRENTO 38100 P 988 ④, 429 D 15 – 103 063 ab. alt. 194 – a.s. dicembre-aprile – Sport invernali : vedere Bondone (Monte) – ☎ 0461.

Vedere Piazza del Duomo★ BZ : Duomo★, museo Diocesano★ **M1** – Castello del Buon Consiglio★ BYZ – Palazzo Tabarelli★ BZ **F**.

Escursioni Massiccio di Brenta★★★ per ⑤.

via Alfieri 4 ✆ 983880, Telex 400289, Fax 984508.

A.C.I. via Pozzo 6 ✆ 982118.

Roma 588 ⑥ – ◆Bolzano 57 ⑥ – ◆Brescia 117 ⑤ – ◆Milano 230 ⑤ – ◆Verona 101 ⑥ – Vicenza 96 ③.

Pianta pagina seguente

Buonconsiglio senza rist, via Romagnosi 16/18 ✆ 980089, Fax 980038 – TV ☎ – 40. AE ⓢ ⓞ E VISA BY
chiuso dal 10 al 25 agosto – 15000 – **45 cam** 155/210000, appartamento.

Accademia, vicolo Colico 4/6 ✆ 233600, Fax 230174, – TV ☎ – 50. AE ⓢ ⓞ E VISA BZ
Pasto *(chiuso domenica)* 35/55000 – **41 cam** 175/245000, 2 appartamenti.

America, via Torre Verde 50 ✆ 983010, Fax 230603 – TV ☎ P – 60. AE ⓢ ⓞ E VISA BYZ
Pasto *(chiuso domenica)* carta 33/62000 – 12000 – **50 cam** 110/150000 – ½ P 100/113000.

Aquila d'Oro senza rist, via Belenzani 76 ✆ 986282, Fax 986282 – TV ☎. AE ⓢ ⓞ E VISA. BZ
chiuso dal 23 al 31 dicembre – 25000 – **18 cam** 110/170000.

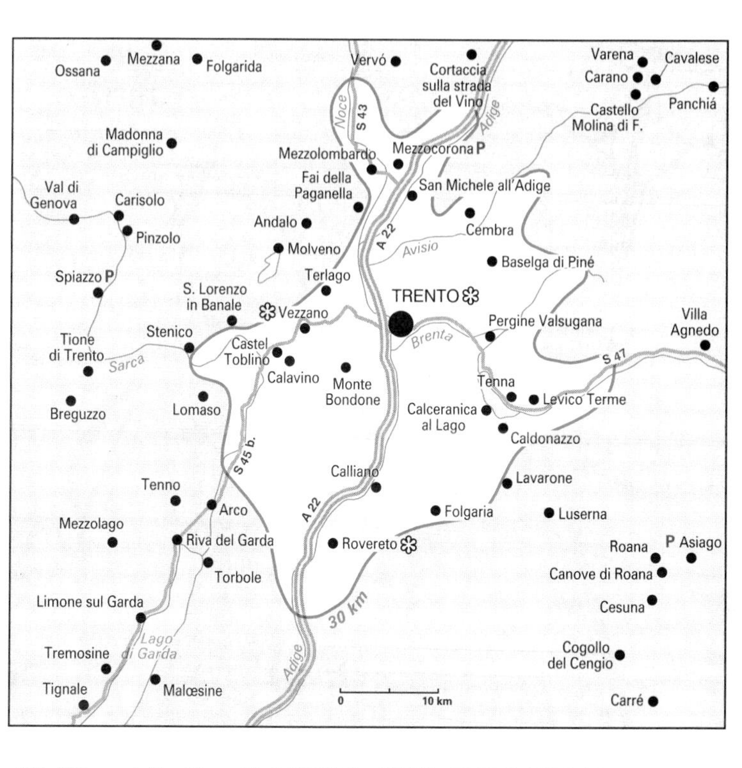

XXX **Chiesa,** via San Marco 64 ☎ 238766, Fax 986169 – AE 🅂 ⓓ E VISA JCB BZ **k**
chiuso domenica e mercoledì sera – **Pasto** 35/58000 e carta 49/85000.

XX ✿ **Osteria a Le Due Spade,** via Don Rizzi 11 ☎ 234343, Coperti limitati; prenotare – AE 🅂 ⓓ E VISA JCB BZ **v**
chiuso domenica, lunedì a mezzogiorno e dal 14 al 21 agosto – **Pasto** carta 59/89000
Spec. Mocetta di camoscio con noce di ricotta e salsa al tartufo scorzone, Astice normanno arrosto con farina di arachidi e spezie alla caponatina di frutta e verdure, Bianco di fagianella ai finferli trifolati con fichi glassati ripieni.

XX **Antica Trattoria Due Mori,** via San Marco 11 ☎ 984251, Fax 984251 – ▤. AE 🅂 ⓓ E VISA. ✗ BZ **c**
chiuso lunedì – **Pasto** carta 36/52000.

XX Orso Grigio, via degli Orti 19 ☎ 984400, 🏠, Cucina francese BZ **n**

a Ravina SO : 2,5 km AZ – ✉ **38040** :

🏨 **Castello** 🐦, ☎ 912593, Fax 912593, 🏠 – ▤ rist 📺 ☎ 🅿. AE 🅂 ⓓ E VISA. ✗
Pasto *(chiuso domenica sera e lunedì)* carta 37/55000 – ☕ 10000 – **13 cam** 80/120000 – ½ P 88000.

a Cognola per ② : 3 km – ✉ **38050** Cognola di Trento :

🏨 **Villa Madruzzo** 🐦, ☎ 986220, Fax 986361, ≤, 🏠, « Villa ottocentesca in un parco ombreggiato » – 🛗 📺 ☎ ♿ 🅿 – 🏛 80. AE 🅂 ⓓ E VISA
Pasto *(chiuso domenica)* carta 40/60000 – **51 cam** ☕ 100/150000 – ½ P 120000.

a Mattarello per ④ : 5 km – ✉ **38060** :

🏨 **Adige,** N : 1 km ☎ 944545, Fax 944520, ⛹, 🏊 – 🛗 ▤ 📺 ☎ 🚗 🅿 – 🏛 50 a 130. AE 🅂 ⓓ E VISA. ✗
Pasto carta 34/50000 – **71 cam** ☕ 110/160000 – ½ P 100000.

a Civezzano per ② : 5,5 km – ✉ **38045** :

XX Maso Cantanghel, O : 1 km ☎ 858714, Fax 859050, Coperti limitati; prenotare, « In un'azienda agricola » – 🅿

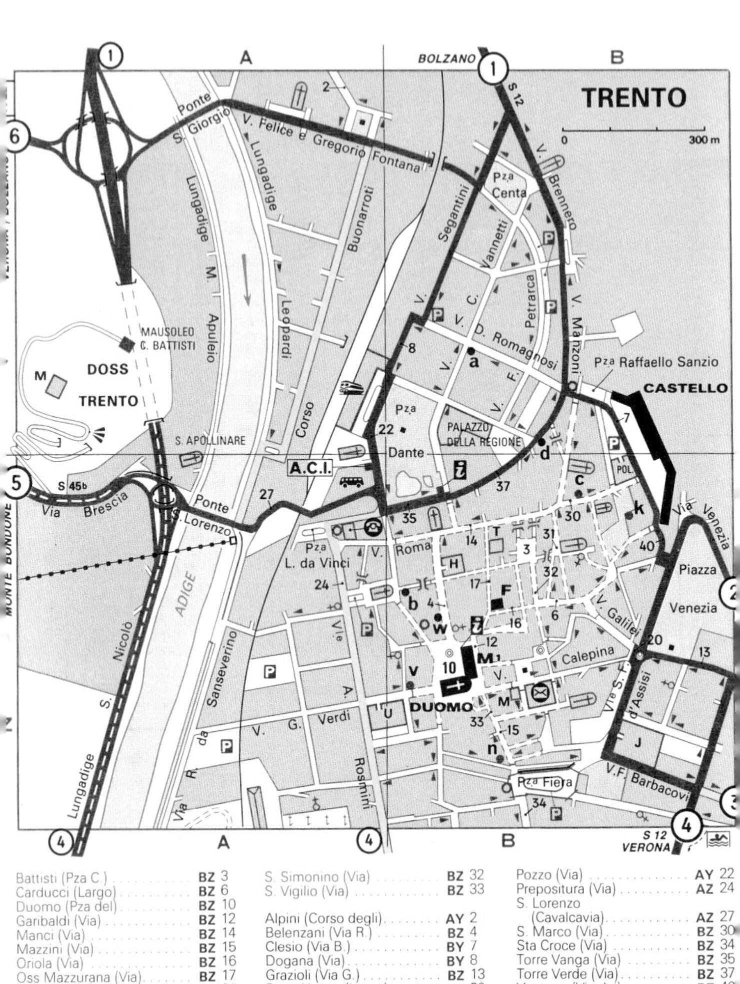

Battisti (Pza C.) . . . . BZ 3
Carducci (Largo) . . . . BZ 6
Duomo (Pza del) . . . . BZ 10
Garibaldi (Via) . . . . BZ 12
Manci (Via) . . . . BZ 14
Mazzini (Via) . . . . BZ 15
Oriola (Via) . . . . BZ 16
Oss Mazzurana (Via) . . . . BZ 17
S. Pietro (Via) . . . . BZ 31
S. Simonino (Via) . . . . BZ 32
S. Vigilio (Via) . . . . BZ 33

Alpini (Corso degli) . . . . AY 2
Belenzani (Via R.) . . . . BZ 4
Clesio (Via B.) . . . . BY 7
Dogana (Via) . . . . BY 8
Grazioli (Via G.) . . . . BZ 13
Porta Nuova (Largo) . . . . BZ 20
Pozzo (Via) . . . . AY 22
Prepositura (Via) . . . . AZ 24
S. Lorenzo (Cavalcavia) . . . . AZ 27
S. Marco (Via) . . . . BZ 30
Sta Croce (Via) . . . . BZ 34
Torre Vanga (Via) . . . . BZ 35
Torre Verde (Via) . . . . BZ 37
Ventuno (Via dei) . . . . BZ 40

TRENZANO 25030 Brescia 428 429 F 12 – 4 541 ab. alt. 108 – ☎ 030.

Roma 570 – ◆Brescia 19 – ◆Bergamo – 45 – ◆Milano 77.

✕ **Convento,** località Convento N : 2 km ✆ 9977598, ☂, Specialità di mare, Coperti limitati; prenotare – AE 🅢 E VISA. ✂
chiuso mercoledì e dal 5 al 25 agosto – **Pasto** carta 42/87000.

TREQUANDA 53020 Siena 430 M 17 – 1 388 ab. alt. 462 – ☎ 0577.

Roma 202 – Siena 55 – Arezzo 53 – ◆Perugia 77.

✕ **Il Conte Matto,** ✆ 662079, prenotare – AE 🅢 ⊙ E VISA. ✂
chiuso martedì – **Pasto** carta 26/41000.

TRESCORE BALNEARIO 24069 Bergamo 988 ③, 428 429 E 11 – 7 225 ab. alt. 271 – a.s. luglio-agosto – ☎ 035.

Roma 593 – ◆Bergamo 15 – ◆Brescia 49 – Lovere 27 – ◆Milano 60.

🏨 **Della Torre,** piazza Cavour 26 ✆ 941365, Fax 941365, ☂, « Giardino » – TV ☎ 🚗 🅟 – 🏛 200. AE 🅢 ⊙ E VISA. ✂
Pasto *(chiuso lunedì escluso luglio-agosto e domenica sera)* carta 34/74000 – ☕ 10000 – **29 cam** 80/120000 – ½ P 100/110000.

TRESCORE CREMASCO 26017 Cremona 428 F 10, 219 ⑳ – 2 224 ab. alt. 86 – ✆ 0373.
oma 554 – ♦ Bergamo 37 – ♦Brescia 54 – Cremona 45 – ♦Milano 42 – Piacenza 45.

XX ✿ **Trattoria del Fulmine,** ✆ 273103, Fax 273103, 🌂, Coperti limitati; prenotare – ▤. AE 🅂 ⊙ E VISA. ✂
chiuso domenica sera, lunedì, dal 1° al 10 gennaio ed agosto – **Pasto** carta 62/90000
Spec. Minestra di cotenne e fagioli (autunno-inverno). Anatra al profumo di spezie e vino rosso. Scaloppa di fegato d'oca alla cremasca.

XX **Bistek,** ✆ 273046, Fax 273046, 🌂, prenotare – ▤ 🅟. AE 🅂 ⊙ E VISA. ✂
chiuso martedì sera, mercoledì, dal 1° al 10 gennaio e dal 22 luglio al 16 agosto – **Pasto** carta 35/55000.

TRESNURAGHES Oristano 433 G 7 – Vedere Sardegna alla fine dell'elenco alfabetico.

TREVI 06039 Perugia 988 ⑯, 430 N 20 – 7 517 ab. alt. 412 – ✆ 0742.
oma 150 – ♦ Perugia 48 – Foligno 13 – Spoleto 21 – Terni 52.

X **L'Ulivo,** N : 3 km ✆ 78969, 🌂 – 🅟. AE 🅂 ⊙. ✂
chiuso lunedì e martedì – **Pasto** (menu tipici suggeriti dal proprietario) 50000 bc.

TREVIGLIO 24047 Bergamo 988 ③, 428 F 10 – 25 285 ab. alt. 126 – ✆ 0363.
oma 576 – ♦ Bergamo 21 – ♦Brescia 57 – Cremona 62 – ♦Milano 37 – Piacenza 68.

🏨 **Treviglio,** piazza Verdi 7 ✆ 43744 – 🛗 ▤ TV ☎ 🅟. AE 🅂 ⊙ E VISA
chiuso dal 26 dicembre al 10 gennaio e dal 7 al 29 agosto – **Pasto** carta 38/54000 – **16 cam** ☕ 80/100000, ▤ 5000 – ½ P 70/75000.

XXX ✿ **San Martino,** viale Cesare Battisti 3 ✆ 49075, Fax 301572, prenotare – ▤. AE 🅂 ⊙ E VISA. ✂
chiuso domenica sera, lunedì, dal 1° al 15 gennaio ed agosto – **Pasto** 70/90000 e carta 70/100000
Spec. Cosce di rana in foglie d'erbe aromatiche e petali d'aglio dolce fritti. Scorfano farcito e brasato in brodo alle bacche di coriandolo. Coscia d'agnello di Normandia al forno con scalogni glassati.

XX **Taverna Colleoni,** via Portaluppi 75 ✆ 43384, prenotare – 🅂 E VISA. ✂
chiuso agosto, domenica sera, lunedì e a mezzogiorno da martedì a sabato – **Pasto** carta 45/80000.

XX **Cafe' Nazionale,** via Roma 10 ✆ 48720 – AE 🅂 ⊙ E VISA. ✂
chiuso lunedì, domenica, Natale ed agosto – **Pasto** carta 35/61000.

TREVIGNANO ROMANO 00069 Roma 988 ㉕, 430 P 18 – 3 954 ab. alt. 166 – ✆ 06.
oma 49 – Viterbo 44 – Civitavecchia 63 – Terni 86.

X Villa Valentina 🐦 con cam, via della Rena 67 ✆ 9997647, Fax 9997647, ≤, « Servizio estivo all'aperto », 🌳 – ☎ 🅟
21 cam.

X **La Grotta Azzurra,** piazza Vittorio Emanuele 18 ✆ 9999420, Fax 9985072, ≤, 🌂, prenotare, « Servizio estivo in giardino » – AE 🅂 E VISA. ✂
chiuso martedì, dal 24 dicembre al 4 gennaio e settembre – **Pasto** carta 42/57000.

TREVILLE 15030 Alessandria 428 G 7 – 291 ab. alt. 310 – ✆ 0142.
oma 614 – Alessandria 37 – ♦Milano 87 – Pavia 78 – ♦Torino 79 – Vercelli 35.

X **Sauro e Donatella,** ✆ 487825, prenotare – 🅟. 🅂 E VISA
chiuso mercoledì, venerdì a mezzogiorno ed agosto – **Pasto** 45000.

TREVISO 31100 P 988 ⑤, 429 E 18 – 81 946 ab. alt. 15 – ✆ 0422.
edere Piazza dei Signori★ BY **21** : palazzo dei Trecento★ **A**, affreschi★ nella chiesa di Santa ucia **B** – Chiesa di San Nicolò★ AZ – Museo Civico Bailo★ AY **M.**
e ⛳ Villa Condulmer (chiuso lunedì) a Zerman ✉ 31020 ✆ (041) 4570622, Fax (041) 457202, er ④ : 13 km.
✈ San Giuseppe, SO : 5 km AZ ✆ 20393 – Alitalia, via Collalto 3 ✆ 410103.
via Toniolo 41 ✆ 547632, Fax 541397.
A.C.I. piazza San Pio X 6 ✆ 547801.
ma 541 ④ – ♦ Venezia 30 ④ – ♦Bolzano 197 ⑤ – ♦Milano 264 ④ – ♦Padova 50 ④ – ♦Trieste 145 ②.

Pianta pagina seguente

🏨 **Al Foghèr,** viale della Repubblica 10 ✆ 432950 e rist ✆ 432970, Fax 430391 – 🛗 ▤ TV ☎ ♿ 🅟 – 🏛 80. AE 🅂 ⊙ E VISA JCB per ⑤
Pasto *(chiuso domenica ed agosto)* carta 42/61000 – **54 cam** ☕ 125/200000, appartamento – ½ P 125/140000.

🏨 **Cà del Galletto,** via Santa Bona Vecchia 30 ✆ 432550, Fax 432510, 🎾 – 🛗 ▤ TV ☎ ♿ 🅟 – 🏛 25 a 200. AE 🅂 ⊙ E VISA JCB. ✂ per viale Luzzatti AY
Pasto vedere rist **Da Marian** – **58 cam** ☕ 135/190000.

🏨 **Scala,** viale Felissent 1 ✆ 307600, Fax 305048, Coperti limitati; prenotare – ▤ TV ☎ 🅟 – 🏛 30. AE 🅂 ⊙ E VISA. ✂ rist per ①
Pasto al Rist. ***Al Ristoro*** *(chiuso lunedì e dal 2 al 22 agosto)* carta 38/51000 – ☕ 13000 – **20 cam** 95/145000 – ½ P 115000.

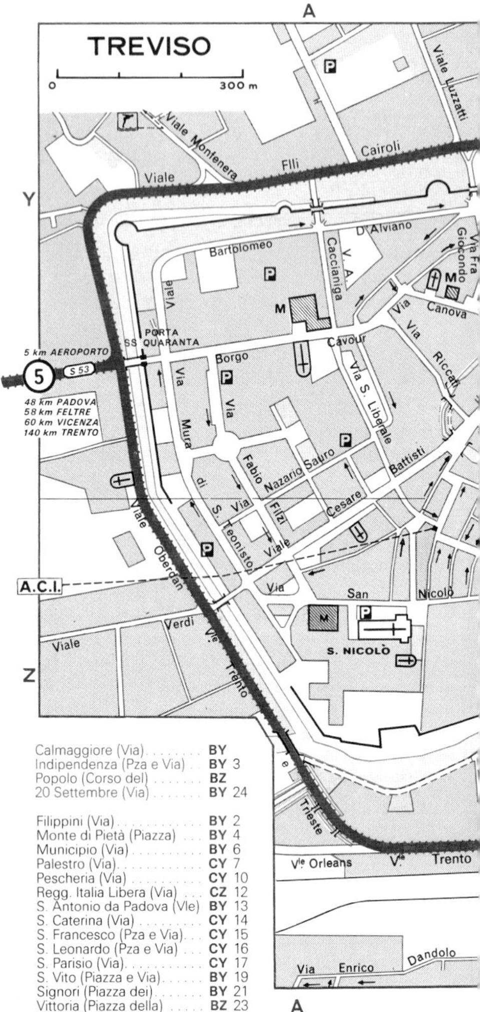

Al Giardino, via S. Antonino 300/a ✆ 406406, Fax 406406, – ▤ TV ☎ ♿ P. AE 🅂 ⦿ E VISA. Pasto *(chiuso lunedì)* carta 26/40000 – ☕ 8000 – **30 cam** 65/95000 – ½ P 145/155000. per ③

Alfredo-Relais El Toulà, via Collalto 26 ✆ 540275, Fax 540275 – ▤. AE ⦿ VISA BZ **r**
chiuso domenica sera, lunedì e dall'8 al 24 agosto – **Pasto** carta 53/77000 (13%).

Al Bersagliere, via Barberia 21 ✆ 541988, Fax 51706, Coperti limitati; prenotare – ▤. AE 🅂 ⦿ E VISA BY **b**
chiuso sabato a mezzogiorno, domenica, dal 1° al 12 gennaio e dal 5 al 20 agosto – **Pasto** carta 38/68000.

Beccherie, piazza Ancillotto 10 ✆ 56601, Fax 540871, 🍴 – ▤. AE 🅂 ⦿ E VISA JCB. BY **c**
chiuso domenica sera, lunedì e dal 15 al 30 luglio – **Pasto** carta 42/61000.

L'Incontro, largo Porta Altinia 13 ✆ 547717, Fax 547623 – ▤. AE 🅂 ⦿ E VISA JCB. BZ **a**
chiuso mercoledì, giovedì a mezzogiorno e dal 10 al 31 agosto – **Pasto** carta 43/68000 (12%).

All'Antica Torre, via Inferiore 55 ✆ 53694, Trattoria con specialità di mare – ▤. AE 🅂 ⦿ E VISA BY **a**
chiuso domenica ed agosto – **Pasto** 30000 e carta 40/77000.

Da Marian, via Santa Bona Vecchia 30 ✆ 260372 – ▤ P. AE 🅂 ⦿ E VISA
chiuso domenica sera, mercoledì, dal 2 al 7 gennaio e dal 3 al 23 agosto – **Pasto** carta 3 49000. per viale Luzzati AY

Albertini, piazza San Vito 8 ✆ 579268, Specialità di mare – ▤. AE 🅂 ⦿ E VISA BY
chiuso sabato a mezzogiorno, domenica e dal 22 al 30 gennaio – **Pasto** carta 44/64000.

Toni del Spin, via Inferiore 7 ✆ 543829, Trattoria tipica, prenotare – AE 🅂 E V JCB BY
chiuso domenica, lunedì a mezzogiorno e dal 7 al 27 agosto – **Pasto** carta 32/49000.

Vedere anche : ***Preganziol*** per ④ : 7 km.

TREZZO SULL'ADDA

20056 Milano 988 ③, 428 F 10 – 11 215 ab. alt. 187 – ☎ 02.
Roma 586 – Bergamo 17 – Lecco 45 – Milano 37.

San Martino, via Brasca 47 ✆ 9090612, Fax 9091978, Rist. e pizzeria – ▤ P. AE 🅂 ⦿ VISA.
chiuso lunedì – **Pasto** carta 34/65000.

TRIANA

Grosseto 430 N 16 – Vedere Roccalbegna.

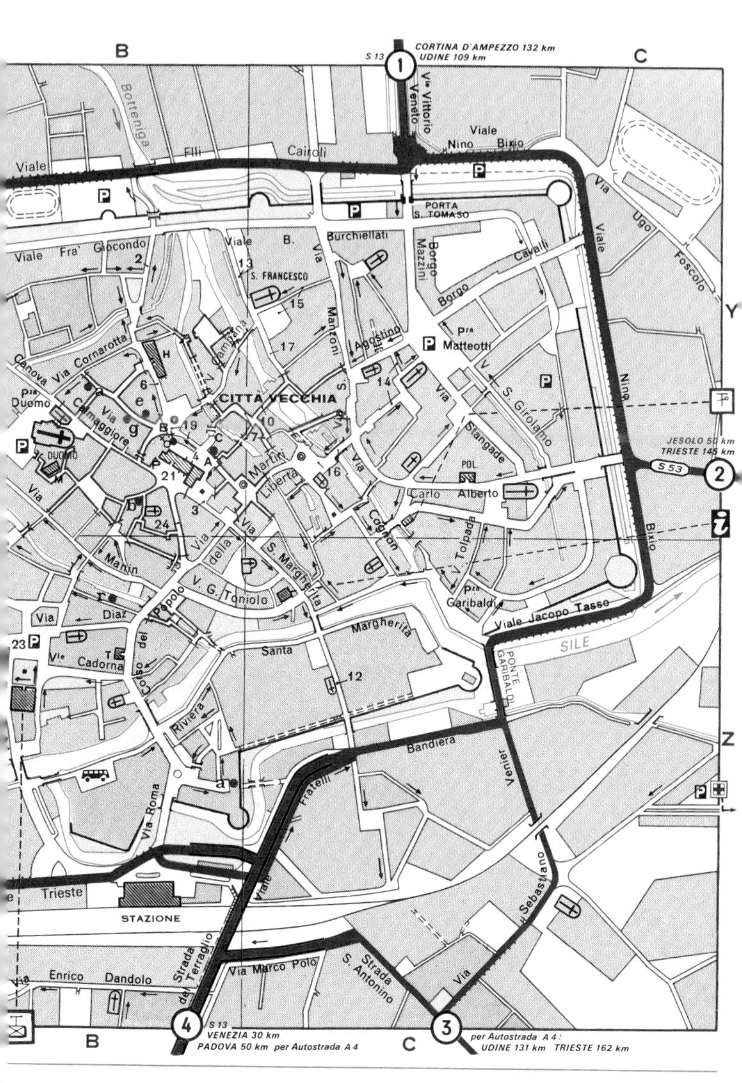

TRICASE 73039 Lecce 988 ㉚, 431 H 37 – 16 851 ab. alt. 97 – ☎ 0833.

Roma 670 – ◆Brindisi 95 – Lecce 52 – ◆Taranto 139.

- **Adriatico,** via Tartini 34 ☎ 544737, Fax 544737 – |♦| ▤ rist ▭ ☎ P – 🏂 100. Ⓢ E VISA. ✂ cam
  Pasto *(chiuso domenica escluso da giugno a settembre)* 22/55000 – ☕ 6000 – **18 cam** 50/90000 – ½ P 60/70000.

a Lucugnano O : 4 km – ✉ **73030** :

- **Trattoria Iolanda,** ☎ 784164, 🌂
  chiuso mercoledì escluso da giugno a settembre – **Pasto** carta 20/35000.

TRICESIMO 33019 Udine 988 ⑥, 429 D 21 – 7 017 ab. alt. 198 – ☎ 0432.

Roma 642 – Udine 12 – Pordenone 64 – Tarvisio 86 – Tolmezzo 38.

- **Da Toso,** località Leonacco SO : 2 km ☎ 852515, 🌂 – ▤ P. VISA
  chiuso martedì sera, mercoledì, dal 24 gennaio al 14 febbraio e dal 15agosto al 15 settembre – **Pasto** carta 33/49000.

16

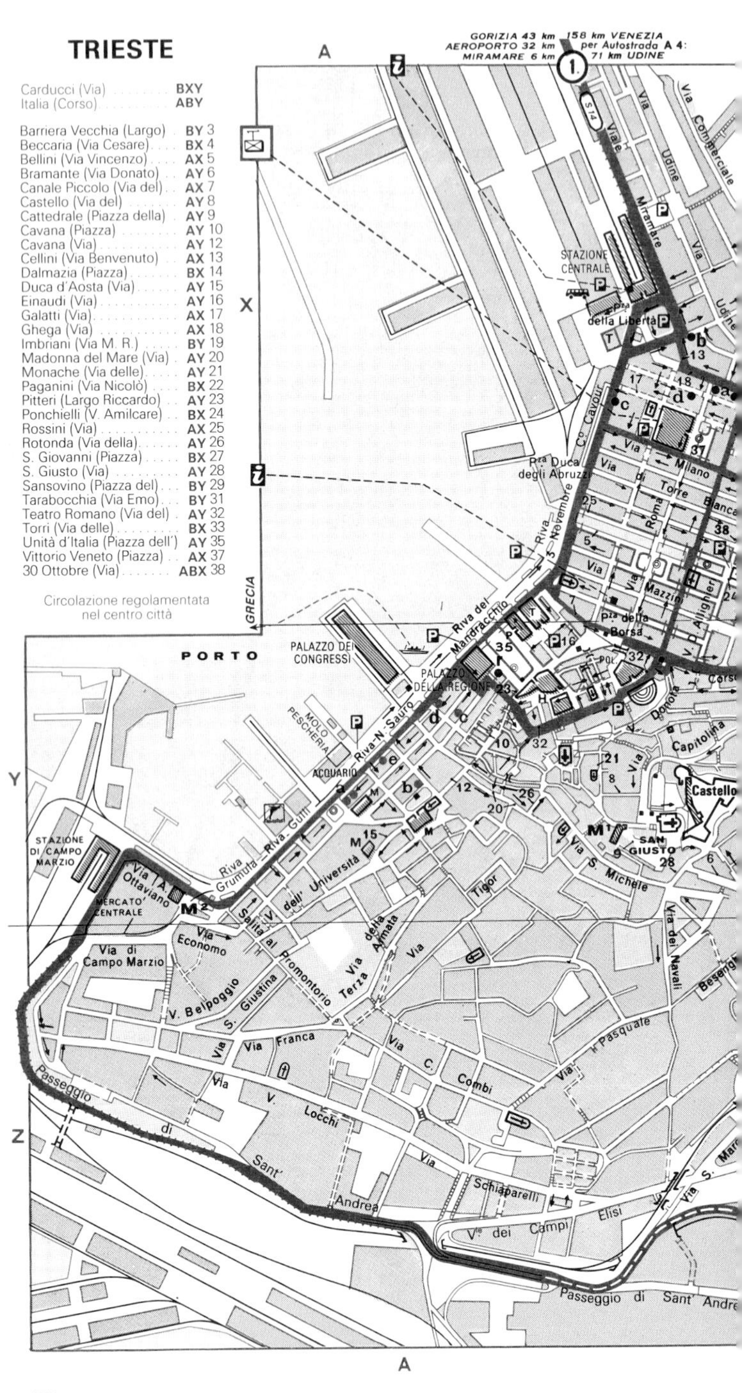
TRIESTE
Carducci (Via) BXY
Italia (Corso) ABY
Barriera Vecchia (Largo) BY 3
Beccaria (Via Cesare) BX 4
Bellini (Via Vincenzo) AX 5
Bramante (Via Donato) AY 6
Canale Piccolo (Via del) AX 7
Castello (Via del) AY 8
Cattedrale (Piazza della) AY 9
Cavana (Piazza) AY 10
Cavana (Via) AY 12
Cellini (Via Benvenuto) AX 13
Dalmazia (Piazza) BX 14
Duca d'Aosta (Via) AY 15
Einaudi (Via) AY 16
Galatti (Via) AX 17
Ghega (Via) AX 18
Imbriani (Via M. R.) BY 19
Madonna del Mare (Via) AY 20
Monache (Via delle) AY 21
Paganini (Via Nicolò) BX 22
Pitteri (Largo Riccardo) AY 23
Ponchielli (V. Amilcare) BX 24
Rossini (Via) AX 25
Rotonda (Via della) AY 26
S. Giovanni (Piazza) BX 27
S. Giusto (Via) AY 28
Sansovino (Piazza del) BY 29
Tarabocchia (Via Emo) BY 31
Teatro Romano (Via del) AY 32
Torri (Via delle) BX 33
Unità d'Italia (Piazza dell') AY 35
Vittorio Veneto (Piazza) AX 37
30 Ottobre (Via) ABX 38
Circolazione regolamentata nel centro città
GORIZIA 43 km
AEROPORTO 32 km
MIRAMARE 6 km
158 km VENEZIA per Autostrada A 4
71 km UDINE
A
X
Y
Z
GRECIA
PORTO
STAZIONE CENTRALE
P^za della Libertà
Viale Miramare
Via Udine
Via Commerciale
Via Milano
Via di Torre Bianca
Via Roma
Via Mazzini
V. D. Alighieri
P^za Duca degli Abruzzi
Riva 3 Novembre
C^o Cavour
P^za della Borsa
Riva del Mandracchio
PALAZZO DEI CONGRESSI
PALAZZO DELLA REGIONE
MOLO PESCHERIA
ACQUARIO
Riva N. Sauro
Riva Grumula
Riva Gulli
STAZIONE DI CAMPO MARZIO
Via A. Ottaviano
MERCATO CENTRALE
Via dell' Università
Via Economo
Via di Campo Marzio
V. Belpoggio
Via S. Giustina
Salita al Promontorio
Via della Annata
Via Terza
Via Tigor
Via S. Michele
Via Capitolina
Castello
SAN GIUSTO
Via dei Navali
Via Franca
Via C. Combi
Via Pasquale Besenghi
Via V. Locchi
Via Schiaparelli
V^le dei Campi Elisi
Passeggio di Sant' Andrea
Via S. Marco
Corso
Donota

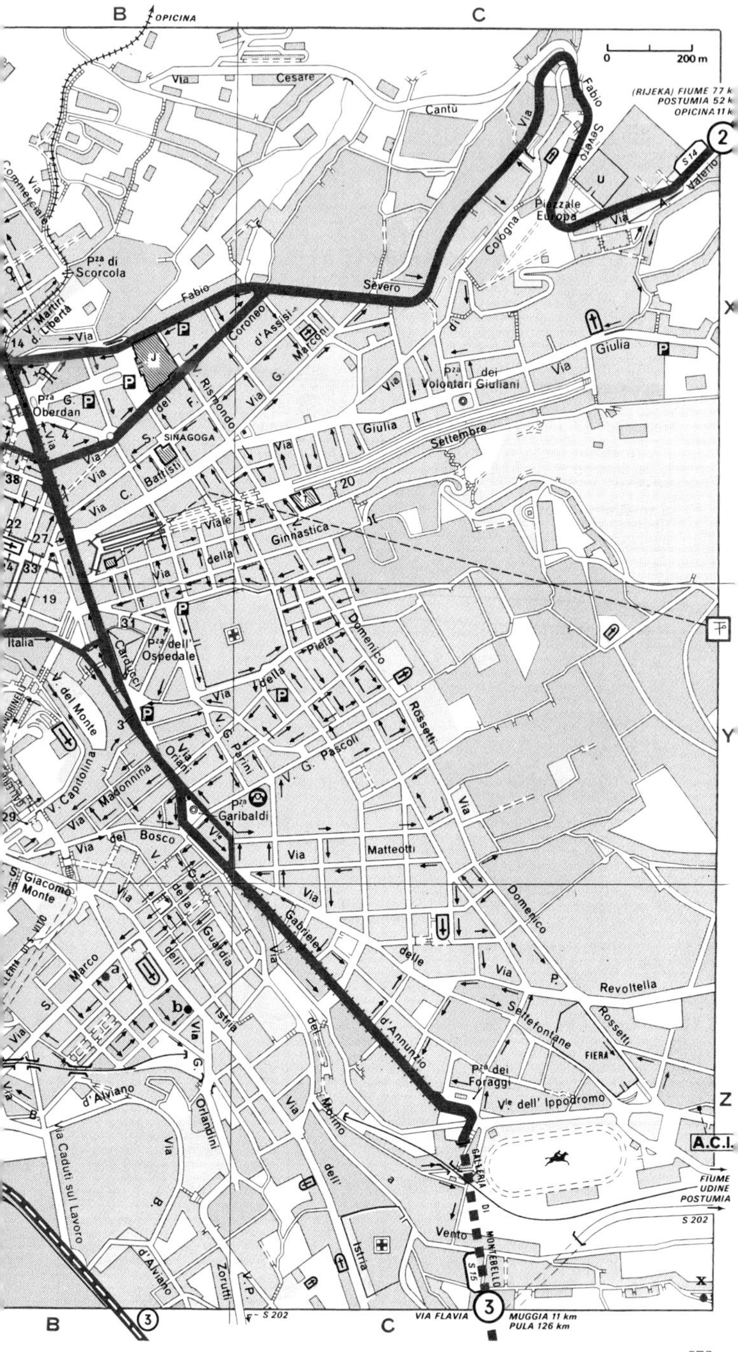
B
OPICINA
C
0
200 m
(RIJEKA) FIUME 77 k
POSTUMIA 52 k
OPICINA 11 k
S 14
Via Cesare Cantù
Via Fabio Severo
Piazzale Europa
Via Valerio
Via Commerciale
Pza di Scorcola
V. Martiri d. Libertà
Via Fabio Severo
Via Coroneo
Via d'Assisi
Via G. Marconi
Via di Cologna
Pza dei Volontari Giuliani
Via Giulia
Pza G. Oberdan
Via F. Rismondo
SINAGOGA
Via C. Battisti
Via Giulia
Via XX Settembre
Viale
Ginnastica
Via della
Pza dell' Ospedale
Carducci
Italia
V. del Monte
Via della Pietà
Domenico Rossetti
V. G. Parini
Via Oriani
V. G. Pascoli
Via Madonnina
V. Capitolina
Pza Garibaldi
Vle
Via del Bosco
Via Matteotti
S. Giacomo in Monte
Via Gabriele d'Annunzio
Via delle Sette fontane
Via Domenico Rossetti
P. Revoltella
FIERA
Pza dei Foraggi
Vle dell' Ippodromo
A.C.I.
FIUME
UDINE
POSTUMIA
S 202
GALLERIA DI MONTEBELLO
Vento
S 15
VIA FLAVIA
MUGGIA 11 km
PULA 126 km
S. Marco
Via C. della Guardia
Via dell'
Via Istria
Via del Molino a Vento
Via dell' Istria
Via d'Alviano
Via Caduti sul Lavoro
Via B. d'Alviano
Via G. Orlandini
Zorutti
V. P.
S 202
B
C
X
Y
Z
U
J
14
4
38
22
27
33
19
31
3
29
20
b
c
x

TRIESTE 34100 P 988 ⑥, 429 F 23 – 226 707 ab. – ☎ 040.

Vedere Colle San Giusto★★ AY – Piazza della Cattedrale★ AY **9** – Basilica di San Giusto★ AY : mosaico★★ nell'abside, ≤★ su Trieste dal campanile – Collezioni di armi antiche★ nel castello AY – Vasi greci★ e bronzetti★ nel museo di Storia e d'Arte AY **M1** – Piazza dell'Unità d'Italia★ AY **35** – Museo del Mare★ AY **M2** : sezione della pesca★★.

Dintorni Castello di Miramare★ : giardino★ per ① : 8 km – ≤★★ su Trieste e il golfo dal Belvedere di Villa Opicina per ② : 9 km – ✲★★ dal santuario del Monte Grisa per ① : 10 km.

9 (chiuso martedì) ✆ 226159,Fax 226159, per ② : 7 km.

✈ di Ronchi dei Legionari per ① : 32 km ✆ (0481) 773224, Telex 460220, Fax 474150 – Alitalia, Agenzia Cosulich, piazza Sant'Antonio 1 ✉ 34122 ✆ 631100.

ℹ via San Nicolò 20 ✉ 34121 ✆ 369881, Fax 369981 – Stazione Centrale ✉ 34132 ✆ 420182.

A.C.I. via Cumano 2 ✉ 34139 ✆ 393224.

Roma 669 ① – Udine 68 ① – Ljubljana 100 ② – ♦Milano 408 ① – ♦Venezia 158 ① – ♦Zagreb 236 ②.

Piante pagine precedenti

Duchi d'Aosta, via dell'Orologio 2 ✉ 34121 ✆ 7600011, Telex 460358, Fax 366092, « Servizio estivo all'aperto » – |♦| ⇔ cam ▤ TV ☎ – 🏃 30. AE ⓢ ⓞ E VISA. ✂ rist AY r
Pasto al Rist. ***Harry's Grill*** carta 68/101000 – **50 cam** ☕ 248/330000, 2 appartamenti.

Jolly Hotel, corso Cavour 7 ✉ 34132 ✆ 7600055, Telex 460139, Fax 362699 – |♦| ⇔ cam ▤ TV ☎ ♿ – 🏃 50 a 250. AE ⓢ ⓞ E VISA JCB. ✂ rist AX c
Pasto 52/93000 – **170 cam** ☕ 270/310000, 4 appartamenti – ½ P 200000.

Novo Hotel Impero senza rist, via Sant'Anastasio 1 ✉ 34132 ✆ 364242, Fax 365023 – |♦| ▤ cam TV ☎. AE ⓢ ⓞ E VISA AX b
48 cam ☕ 150/180000, 2 appartamenti.

San Giusto senza rist, via Belli 3 ✉ 34137 ✆ 762661, Fax 7606585 – |♦| ▤ TV ☎ 🚗. AE ⓢ ⓞ E VISA BZ b
62 cam ☕ 130/185000.

Colombia senza rist, via della Geppa 18 ✉ 34132 ✆ 369333, Fax 369644 – |♦| ▤ TV ☎ ♿. AE ⓢ ⓞ E VISA AX a
40 cam ☕ 150/220000.

Italia senza rist, via della Geppa 15 ✆ 369900, Fax 630540 – |♦| ▤ TV ☎. AE ⓢ ⓞ E VISA AX d
☕ 14000 – **38 cam** 140/147000.

Abbazia senza rist, via della Geppa 20 ✉ 34132 ✆ 369464, Fax 369769 – |♦| TV ☎. AE ⓢ ⓞ E VISA AX a
21 cam ☕ 130/180000.

Ai Fiori, piazza Hortis 7 ✉ 34124 ✆ 300633, Fax 300633 – ▤. AE ⓢ ⓞ E VISA JCB AY b
chiuso domenica, lunedì, dal 25 dicembre al 1° gennaio e dal 6 al 26 luglio – **Pasto** carta 41/65000.

Nastro Azzurro, via Nazario Sauro 12 ✆ 305789 – AE ⓢ ⓞ E VISA AY e
chiuso domenica, dal 25 dicembre al 2 gennaio e dal 10 al 25 agosto – **Pasto** carta 37/73000 (12 %).

Città di Cherso, via Cadorna 6 ✉ 34124 ✆ 366044, prenotare AY c

Montecarlo, via San Marco 10 ✉ 34144 ✆ 662545, 余 – ⓢ E VISA BZ a
chiuso lunedì ed ottobre – **Pasto** carta 30/45000.

Al Bragozzo, via Nazario Sauro 22 ✉ 34123 ✆ 303001, 余 – ▤. AE ⓢ ⓞ E VISA JCB AY a
chiuso domenica, lunedì, dal 20 dicembre al 10 gennaio e dal 20 giugno al 10 luglio – **Pasto** carta 51/72000 (12 %).

Al Granzo, piazza Venezia 7 ✉ 34123 ✆ 306788, 余 – AE ⓢ ⓞ E VISA AY a
chiuso domenica sera e mercoledì – **Pasto** carta 45/65000.

L'Ambasciata d'Abruzzo, via Furlani 6 ✉ 34149 ✆ 395050, Specialità abruzzesi – P ⓢ E VISA CZ x
chiuso lunedì ed agosto – **Pasto** carta 46/51000.

Bandierette, via Nazario Sauro 2 ✉ 34143 ✆ 300686, 余 – ▤ AY

Taverna "Al Coboldo", via del Rivo 3 ✉ 34137 ✆ 637342, « Servizio estivo sotto un pergolato » – AE ⓢ ⓞ E VISA BYZ
chiuso domenica e dal 1° al 25 agosto – **Pasto** carta 32/41000.

Benutzen Sie für weite Fahrten in Europa die ***Michelin-Länderkarten*** *:*

970 Europa, 976 Tschechische Republik-Slowakische Republik, 980 Griechenland, 984 Deutschland, 985 Skandinavien-Finnland, 986 Großbritannien-Irland, 987 Deutschland-Österreich-Benelux, 988 Italien, 989 Frankreich, 990 Spanien-Portugal, 991 Jugoslawien.

TRINITÀ D'AGULTU Sassari 988 ㉓, 433 E 8 – Vedere Sardegna alla fine dell'elenco alfabetico.

TRIORA 18010 Imperia 988 ⑫, 428 K 5 – 424 ab. alt. 776 – ☎ 0184.
Roma 661 – Imperia 51 – ◆Genova 162 – ◆Milano 285 – San Remo 37.

Colomba d'Oro, ✆ 94051, Fax 94089, ←, prenotare, – ☎
Pasto *(chiuso lunedì, martedì e dall'8 gennaio a Pasqua)* carta 30/50000 – ☕ 6000 – **28 cam** *(15 aprile-15 ottobre)* 55/70000 – ½ P 65000.

TRISSINO 36070 Vicenza 429 F 16 – 7 473 ab. alt. 221 – ☎ 0445.
Roma 550 – ◆ Verona 49 – ◆Milano 204 – Vicenza 21.

XXX ✿ **Cà Masieri** con cam, O : 2 km ✆ 962100 e hotel ✆ 490122, Fax 490455, prenotare, « Servizio estivo all'aperto », – ☎ Ⓟ. AE E VISA
chiuso dal 21 gennaio all'11 febbraio – **Pasto** *(chiuso domenica e lunedì a mezzogiorno)* 83000 e carta 55/93000 – ☕ 12000 – **7 cam** 100/140000, appartamento
Spec. Astice tiepido al Recioto (primavera-estate), Risi e bisi con fiori di zucchine (estate), Petto di piccione novello con mandorle tostate.

TRIVENTO 86029 Campobasso 988 ㉗, 430 Q 25, 431 B 25 – 5 234 ab. alt. 599 – ☎ 0874.
Roma 211 – Campobasso 45 – ◆Foggia 148 – ◆Napoli 141 – ◆Pescara 124.

sulla Fondo Valle Trigno NE : 6 km :

XX **Meo,** ✉ 86029 ✆ 871430, Fax 871430, – Ⓟ. AE VISA.
chiuso lunedì e dal 1° al 15 gennaio – **Pasto** carta 25/55000.

TROFARELLO 10028 Torino 428 H 5 – 8 904 ab. alt. 276 – ☎ 011.
Roma 656 – ◆ Torino 15 – Asti 46 – Cuneo 76.

Pianta d'insieme di Torino (Torino p. 5)

Park Hotel Villa Salzea, via Vicoforte 2 ✆ 6497809, Fax 6498549, « Villa settecentesca con parco ombreggiato », – ☎ Ⓟ – 50 a 100. AE E VISA.
HU m
Pasto carta 35/62000 – **22 cam** ☕ 140/170000 – ½ P 115000.

TROPEA 88038 Vibo Valentia 988 ㊲ ㊳, 431 K 29 – 6 983 ab. – ☎ 0963.
Vedere Cattedrale★.
Roma 636 – ◆ Reggio di Calabria 140 – Catanzaro 92 – ◆Cosenza 121 – Gioia Tauro 77.

XX **Pimm's,** ✆ 666105, Coperti limitati; prenotare – E VISA.
chiuso dal 7 al 31 gennaio e lunedì (escluso luglio-agosto) – **Pasto** 30000 e carta 39/64000.

a San Nicolò di Ricadi SO : 9 km – ✉ 88030 :

X **La Fattoria,** località Torre Ruffa ✆ 663070 – Ⓟ.
giugno-settembre – **Pasto** carta 29/38000.

a Capo Vaticano SO : 10 km – ✉ 88030 San Nicolò di Ricadi :

Punta Faro, ✆ 663139, Fax 663968, – ☎ Ⓟ.
giugno-settembre – **Pasto** 25/35000 – **25 cam** ☕ 70/100000 – ½ P 95000.

TRULLI (Regione dei) Bari e Taranto 431 E 33 – Vedere Guida Verde.

TUBRE (TAUFERS IM MÜNSTERTAL) 39020 Bolzano 988 ④, 428 429 C 13 – 951 ab. alt. 1 230 – ☎ 0473.
Roma 728 – Sondrio 119 – ◆Bolzano 91 – Merano 63 – ◆Milano 246 – Passo di Resia 37 – Trento 149.

Agnello-Lamm, ✆ 832168, Fax 832353, ←, – ☎ Ⓟ. E VISA
chiuso dal 12 gennaio al 1° febbraio e dal 10 novembre al 20 dicembre – **Pasto** *(chiuso mercoledì)* carta 32/44000 – **29 cam** ☕ 80/140000 – ½ P 79/86000.

TUENNO 38019 Trento 428 D 15, 218 ⑲ – 2 223 ab. alt. 629 – a.s. dicembre-aprile – ☎ 0463.
Dintorni Lago di Tovel★★★ SO : 11 km.
Roma 621 – ◆ Bolzano 66 – ◆Milano 275 – Trento 37.

Tuenno, ✆ 450454, Fax 451606 – ☎. AE E VISA.
chiuso dal 7 al 14 gennaio – **Pasto** carta 29/53000 – ☕ 8000 – **18 cam** 60/100000 – P 80/90000.

TULVE (TULFER) Bolzano – Vedere Vipiteno.

TURCHINO (Passo del) Genova 428 I 8 – alt. 582.
Roma 533 – ◆ Genova 28 – Alessandria 83.

X **Da Mario,** ✉ 16010 Mele ✆ (010) 631824, Fax 631821 – Ⓟ.
chiuso lunedì sera, martedì, gennaio e febbraio – **Pasto** carta 40/65000.

TUSCANIA 01017 Viterbo 988 ㉕, 430 O 17 – 7 807 ab. alt. 166 – ☎ 0761.

Vedere Chiesa di San Pietro★★ : cripta★★ – Chiesa di Santa Maria Maggiore★ : portali★★.

Roma 89 – Viterbo 24 – Civitavecchia 44 – Orvieto 54 – Siena 144 – Tarquinia 25.

XX ✿ **Al Gallo** ⛱ con cam, via del Gallo 22 ✆ 443388, Fax 435028 – |‡| TV ☎ P. AE 🅱 ⓞ E VISA – **Pasto** carta 42/68000 – ☕ 10000 – **12 cam** 110/158000 – ½ P 105/118000

Spec. Tonnarelli con asparagi zucchine e pecorino (primavera), Involtini di manzo alla brace con pesto e alloro, Fagottini di pollo tartufati con dadolata di melanzane al Vin Santo.

UDINE 33100 **P** 988 ⑥, 429 D 21 – 96 973 ab.
☎ 0432.

Vedere Piazza della Libertà★★ AY **14** – Decorazioni interne★ nel Duomo ABY **B** – Affreschi★ nel palazzo Arcivescovile BY **A**.

Dintorni Passariano : Villa Manin★★ SO : 30 km.

⛳ (chiuso martedì) a Fagagna-Villaverde ✉ 33034 ✆ 800418, Fax 800418, O : 15 km per via Martignacco AY.

✈ di Ronchi dei Legionari per ③ : 37 km ✆ (0481) 773224, Telex 460220, Fax 474150 – Alitalia, Agenzia Boem e Paretti, via Cavour 1 ✆ 510340.

ℹ piazza I Maggio 6 ✆ 295972 Fax 504743 – **A.C.I.** viale Tricesimo 46 per ① ✆ 482565.

Roma 638 ④ – ◆Milano 377 ④ – ◆Trieste 71 ④ – ◆Venezia 127 ④.

Pianta pagina a lato

UDINE

Libertà (Piazza della) . . . . . . AY 14
Mercato Vecchio (Via) . . . . . AY 19
Vittorio Veneto (Via) . . . . BY 23

Bartolini (Riva) . . . . AY 3
Calzolai (Via) . . . . BZ 4
Carducci (Via) . . . . BZ 5
Cavour (Via) . . . . AY 7
Cavedalis (Piazzale G.B.) . . . AY 6
D'Annunzio (Piazzale) . . . . . . BZ 8
Diacono (Piazzale Paolo) . . . AY 9
Gelso (Via del) . . . . AZ 12
Leopardi (Viale G.) . . . . BZ 13
Manin (Via) . . . . BY 16
Marconi (Piazza) . . . . AY 17
Matteotti (Piazza) . . . . AY 18
Patriarcato (Piazza) . . . . BY 20
Piave (Via) . . . . BYZ 21
Rialto (Via) . . . . AY 22
26 Luglio (Piazzale) . . . . AZ 24

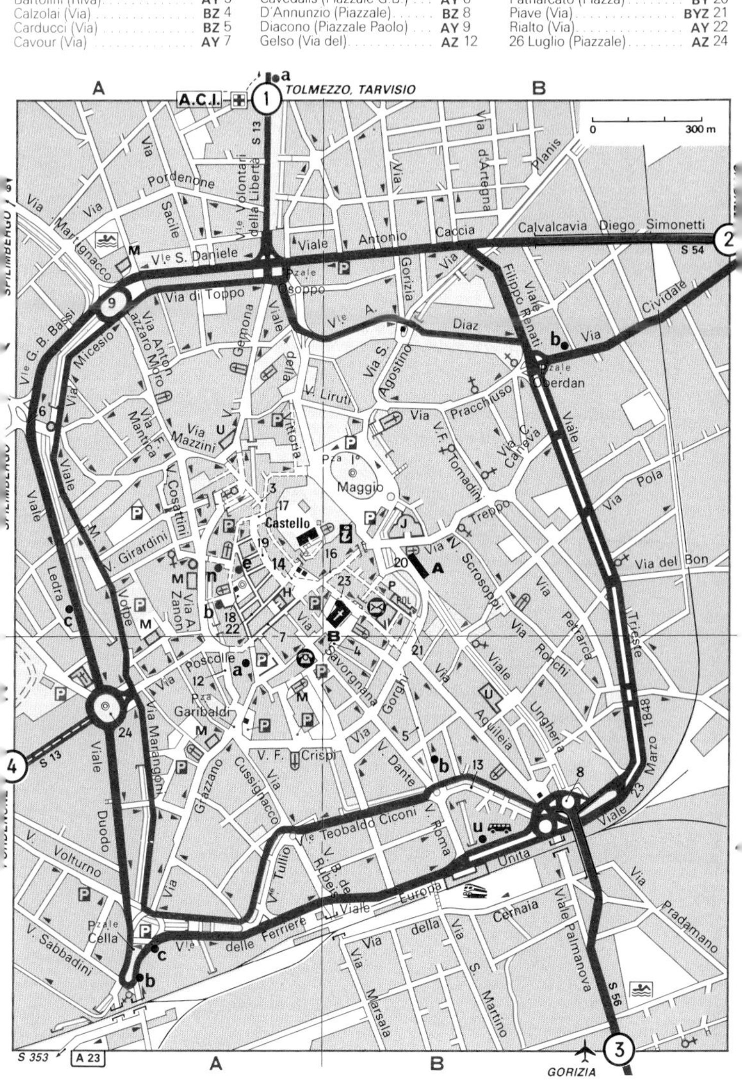

Astoria Hotel Italia, piazza 20 Settembre 24 ☏ 505091, Fax 509070 – |☰| ▤ TV ☎ ♿ – 🏨 50 a 150. AE ⓢ ⓞ E VISA. ✂ rist — AZ **a**
Pasto carta 49/69000 – ☕ 18000 – **71 cam** 185/250000, 4 appartamenti – ½ P 145/240000.

Ambassador Palace, via Carducci 46 ☏ 503777, Fax 503711 – |☰| ▤ TV ☎ – 🏨 100. AE ⓢ ⓞ E VISA — BZ **b**
Pasto *(chiuso domenica, lunedì a mezzogiorno ed agosto)* carta 54/85000 – **85 cam** ☕ 180/230000, appartamento.

Friuli, viale Ledra 24 ☎ 234351, Fax 234606 – AE VISA. rist — AY **c**
Pasto *(chiuso domenica)* carta 37/54000 – 16000 – **91 cam** 99/155000 – ½ P 102/124000.

Là di Moret, viale Tricesimo 276 ☎ 545096, Fax 545096 – 45 a 200. AE VISA. rist — per ①
Pasto *(chiuso domenica sera e lunedì a mezzogiorno)* carta 40/60000 – 10000 – **60 cam** 105/160000 – ½ P 110000.

President senza rist, via Duino 8 ☎ 509905, Fax 507287 – 70. AE VISA. — BY **b**
12500 – **67 cam** 115/145000, 8000.

San Giorgio, piazzale Cella 4 ☎ 505577, Fax 506110 – AE VISA JCB. rist — AZ **c**
Pasto *(chiuso lunedì)* carta 36/57000 – 15000 – **37 cam** 93/147000 – P 166000.

Sport Hotel senza rist, via Podgora 16 ☎ 235612, Fax 235612 – AE VISA JCB — per ④
chiuso dal 19 dicembre al 6 gennaio – 16000 – **49 cam** 85/120000.

Principe senza rist, viale Europa Unita 51 ☎ 506000, Fax 502221 – AE VISA JCB — BZ **u**
12000 – **29 cam** 90/140000, 10000.

Quo Vadis senza rist, piazzale Cella 28 ☎ 21091, Fax 21092 – — AZ **b**
8000 – **25 cam** 50/85000.

Antica Maddalena, via Pelliccerie 4 ☎ 25111 — AY **e**

Vitello d'Oro, via Valvason 4 ☎ 508982, Fax 508982 – AE VISA — AY **n**
chiuso mercoledì e luglio – **Pasto** carta 40/64000 (12%).

Alla Vedova, via Tavagnacco 9 ☎ 470291, Fax 470291, « Servizio estivo in giardino » – VISA — per ①
chiuso domenica sera, lunedì e dal 10 al 19 agosto – **Pasto** carta 36/56000.

Al Passeggio, viale Volontari della Libertà 49 ☎ 46216, prenotare — AY **a**

Alla Ghiacciaia, via Zanon 13 ☎ 508937, « Piccola terrazza in riva al canale » – AE VISA — AY **b**
chiuso lunedì, dal 1° al 7 maggio e dal 10 al 17 ottobre – **Pasto** carta 44/68000.

a Godia NE : 6 km – ✉ **33100** :

Agli amici, ☎ 565411, prenotare – AE VISA
chiuso lunedì e dal 1° al 7 agosto – **Pasto** carta 42/62000.

ULIVETO TERME

56010 Pisa 428 430 K 13 – alt. 8 – 050.
Roma 312 – Pisa 13 – Firenze 66 – Livorno 33 – Siena 104.

Osteria Vecchia Noce, località Noce E : 1 km ☎ 788229, Fax 788229 – AE
chiuso martedì sera, mercoledì e dal 5 al 25 agosto – **Pasto** carta 36/56000.

ULTEN

= Ultimo.

ULTIMO

(ULTEN) Bolzano 428 429 C 15, 218 ⑲ – 2 980 ab. alt. (frazione Santa Valburga) 1 190 – 0473.
Da Santa Valburga : Roma 680 – Bolzano 46 – Merano 28 – Milano 341 – Trento 102.

a San Nicolò (St. Nikolaus) SO : 8 km – alt. 1 256 – ✉ **39010** :

Waltershof ☎ 790144, Fax 790387 – VISA. rist
20 dicembre-14 aprile e giugno-5 novembre – **Pasto** (solo per clienti alloggiati e *chiuso a mezzogiorno*) 35/45000 – **20 cam** 126/228000 – ½ P 129000.

UMBERTIDE

06019 Perugia 988 ⑮, 430 M 18 – 14 543 ab. alt. 247 – 075.
Roma 200 – Perugia 26 – Arezzo 63 – Siena 109.

Rio, strada statale S : 2 km ☎ 9415033, Fax 9417029 – 100 a 700. AE VISA JCB.
Pasto *(chiuso lunedì)* 30/60000 – 12000 – **40 cam** 80/120000 – ½ P 70/90000.

Les nouveaux guides Verts touristiques Michelin, c'est :
– un texte descriptif plus riche,
– une information pratique plus claire,
– des plans, des schémas et des photos en couleurs,
– ... et, bien sûr, une actualisation détaillée et fréquente.
Utilisez toujours la dernière édition.

URBINO **61029** Pesaro e Urbino 988 ⑮ ⑯, 429 430 K 19 – 15 171 ab. alt. 451 – a.s. luglio-settembre – ☎ 0722.

Vedere Palazzo Ducale★★★ : galleria nazionale delle Marche★★ **M** – Strada panoramica★★ : ≤★★ – Affreschi★ nella chiesa-oratorio di San Giovanni Battista **F** – Presepio★ nella chiesa di San Giuseppe **B** – Casa di Raffaello★ **A**.

ℹ via Puccinotti 35 ☎ 2613, Fax 2441.

Roma 270 ② – Rimini 61 ① – ♦Ancona 103 ① – Arezzo 107 ③ – Fano 47 ② – ♦Perugia 101 ② – Pesaro 36 ①.

URBINO

Vitt. Veneto (Via) 27

Barocci (Via) 2
Chiara (Via) 3
Comandino (Viale) 4
Don Minzoni (Viale) 5
Duca Federico (Pza) 6
Gerolamo (Via) 7
Giro dei Debitori (Via) . . . 8
Matteotti (Via) 10
Mazzini (Via) 12
Mercatale (Borgo) 13
Nazionale (Via) 14
Piave (Via) 16
Puccinotti (Via) 17
Raffaello (Via) 19
Repubblica (Pza) 20
Rinascimento (Pza) 22
S. Francesco (Pza) 23
Virgili (Via) 25

Non fate rumore
negli alberghi :
i vicini vi saranno
riconoscenti.

Ne faites pas de bruit
à l'hôtel,
vos voisins
vous en sauront gré.

Mamiani ⛰, via Bernini ☎ 322309, Fax 327742, ≤ – 🛗 ⇹ cam ▤ cam 📺 ☎ ♿ 🅟 – 🏛 120.
72 cam. per via Gramsci

Bonconte, via delle Mura 28 ☎ 2463, Fax 4782 – ▤ 📺 ☎. AE 🅢 ⓞ E VISA. ✂ rist **n**
Pasto *(chiuso a mezzogiorno e domenica da ottobre ad aprile)* carta 30/50000 – ☕ 20000 – **23 cam** 120/200000, appartamento.

Vecchia Urbino, via dei Vasari 3/5 ☎ 4447, Fax 4447 – AE 🅢 ⓞ E VISA. ✂ **b**
chiuso martedì escluso da aprile a settembre – **Pasto** carta 52/72000.

Vanda, Castel Cavallino ☎ 349117, ≤ – 🅟. AE 🅢 E VISA. ✂ 7 km per viale Gramsci
chiuso mercoledì, dal 22 dicembre al 4 gennaio e dall'8 al 21 luglio – **Pasto** carta 34/55000.

Nenè, via Crocicchio ☎ 2996, Fax 350161 – 🅟. AE 🅢 ⓞ E VISA. ✂ 2,5 km per ③
chiuso lunedì e dal 7 al 26 gennaio – **Pasto** carta 21/39000.

Ne confondez pas :

Confort des hôtels : 🏨🏨🏨 ... 🏨, 🏠
Confort des restaurants : ✕✕✕✕✕ ... ✕
Qualité de la table : ✿✿✿, ✿✿, ✿

USMATE VELATE 20040 Milano 428 F 10, 219 ⑲ – 7 193 ab. alt. 231 – ☎ 039.

Brianza (chiuso lunedì) località Cascina Cazzù ✉ 20040 Usmate Velate ☎ 6829079, Fax 6829059, O : 2 km.

Roma 596 – Como 41 – ◆Milano 32 – ◆Bergamo 30 – Lecco 26 – Monza 9.

XX **Il Chiodo,** ☎ 674275, – P. VISA
chiuso lunedì e dal 10 al 20 agosto – **Pasto** carta 41/60000.

USSEAUX 10060 Torino 428 G 3 – 226 ab. alt. 1 217 – a.s. luglio-agosto e Natale – ☎ 0121.

Roma 806 – ◆Torino 79 – Sestriere 18.

X **Lago Laux** con cam, ☎ 83944, solo su prenotazione, « In riva ad un laghetto » – P. E VISA
chiuso ottobre – **Pasto** *(chiuso mercoledì)* carta 36/58000 – 10000 – **8 cam** 100/110000 – ½ P 110000.

UZZANO 51017 Pistoia 429 K 14 – 4 068 ab. alt. 261 – ☎ 0572.

Roma 336 – Pisa 42 – ◆Firenze 59 – Lucca 20 – Montecatini Terme 9 – Pistoia 31.

XX **Mason,** località San Allucio ☎ 451363, Coperti limitati; prenotare – P. AE E VISA
chiuso mercoledì, sabato a mezzogiorno ed agosto – **Pasto** carta 43/74000 bc.

VADA 57018 Livorno 430 L 13 – a.s. 15 giugno-15 settembre – ☎ 0586.

Roma 292 – Pisa 48 – ◆Firenze 143 – ◆Livorno 29 – Piombino 53 – Siena 101.

Quisisana, via di Marina 37 ☎ 788220, Fax 788441, – TV P. E VISA. rist
chiuso novembre – **Pasto** 30000 – 8000 – **32 cam** 95/140000 – ½ P 80/110000.

XX **Il Ducale,** piazza Garibaldi 33 ☎ 788600, Specialità di mare, Coperti limitati; prenotare – P. AE E VISA JCB.
chiuso lunedì e dal 1° all'8 gennaio – **Pasto** carta 50/63000.

VAGGIO Firenze 430 L 16 – Vedere Reggello.

VAGLIA 50030 Firenze 429 430 K 15 – 4 536 ab. alt. 308 – ☎ 055.

Roma 295 – ◆Firenze 18 – ◆Bologna 88 – ◆Milano 282.

Padellino , ☎ 407902, – P. AE E VISA. rist
Pasto *(chiuso venerdì)* carta 31/46000 – 12000 – **15 cam** 70/95000 – ½ P 75000.

VAGLIAGLI Siena – Vedere Siena.

VAGLIO Biella 219 ⑮ – Vedere Biella.

VAHRN = Varna.

VALBREMBO 24030 Bergamo 219 ⑳ – 3 435 ab. alt. 260 – ☎ 035.

Roma 606 – ◆Bergamo 11 – Lecco 29 – ◆Milano 47.

XX **Ponte di Briolo,** località Briolo O : 1,5 km ☎ 611197, Fax 615944, – P. AE E VISA.
chiuso domenica sera, mercoledì, dal 1° al 10 gennaio ed agosto – **Pasto** carta 46/66000.

VALBREVENNA 16010 Genova 428 I 29 – 694 ab. alt. 601 – ☎ 010.

Roma 527 – ◆Genova 40 – Alessandria 72 – Bobbio 86 – ◆La Spezia 133.

XX Da Italo, località Nenno SO : 3 km ☎ 9690959, Coperti limitati; prenotare – P

VALBRUNA Udine 429 C 22 – Vedere Malborghetto.

VAL CANALI Trento – Vedere Fiera di Primiero.

VALDAGNO 36078 Vicenza 429 F 15 – 27 419 ab. alt. 266 – ☎ 0445.

Roma 561 – ◆Verona 62 – ◆Milano 219 – Trento 86 – Vicenza 34.

Pasubio senza rist, via dello Sport 6 ☎ 408042, Fax 402182 – TV P. AE E VISA
8000 – **30 cam** 70/120000.

X **Hostaria a le Bele,** località Maso O : 4 km ☎ 970270, prenotare, « Trattoria tipica » – P. VISA.
chiuso lunedì, martedì a mezzogiorno ed agosto – **Pasto** carta 35/43000.

[VALDAORA] (OLANG) 39030 Bolzano [429] B 18 – 2 633 ab. alt. 1 083 – Sport invernali : Plan de Corones : 1 083/2 273 m 🚡11 ⛷21, ⛷ – ✆ 0474.

[i] a Valdaora di Mezzo-Palazzo del Comune ✆ 496277, Fax 498005.

Roma 726 – Cortina d'Ampezzo 51 – ♦Bolzano 88 – Brunico 11 – Dobbiaco 19 – ♦Milano 387 – Trento 148.

🏨 **Mirabell**, a Valdaora di Mezzo ✆ 496191, Fax 498227, ≤, 🏊, [🏊], 🌳, 🎾 – 🚭 rist [TV] ☎ 🚗 [P]. 🚫 rist
20 dicembre-10 aprile e 20 maggio-10 ottobre – **Pasto** (solo per clienti alloggiati) 52/65000 – ☕ 18000 – **32 cam** 110/210000 – ½ P 105/165000.

🏨 **Post**, a Valdaora di Sopra ✆ 496127, Fax 498019, ≤, Maneggio con scuola di equitazione, « [🏊] riscaldata », 🏊 – [lift] [TV] ☎ 🚗 [P]
7 dicembre-14 aprile e 20 maggio-25 ottobre – **Pasto** *(chiuso mercoledì)* carta 38/64000 – **36 cam** ☕ 124/224000 – ½ P 123/133000.

🏨 **Berghotel Zirm** 🐦, a Sorafurcia, alt. 1 360 ✆ 592054, Fax 592051, ≤ vallata e monti, 🏋, 🏊, [🏊] – [TV] ☎ 🚗 [P]. [$]. 🚫 rist
dicembre-20 aprile e giugno-20 ottobre – **Pasto** (solo per clienti alloggiati) 25/50000 – **23 cam** ☕ 110/220000 – ½ P 125/150000.

🏨 **Markushof** 🐦, a Valdaora di Sopra ✆ 496250, Fax 498241, ≤ vallata e monte Plan de Corones, 🏊, 🌳 – 🚭 rist [TV] ☎ 🚗 [P]. [$] [E] [VISA]. 🚫 rist
20 dicembre-21 aprile e 19 maggio-20 ottobre – **Pasto** (solo per clienti alloggiati e *chiuso giovedì*) 28/38000 – ☕ 15000 – **26 cam** 65/130000 – ½ P 110/135000.

🏨 **Messnerwirt**, a Valdaora di Sopra ✆ 496178, Fax 498087, 🏊, 🌳 – [TV] ☎ [P]. [$] [CB] [E] [VISA]
chiuso dal 7 novembre al 17 dicembre – **Pasto** carta 42/69000 – **19 cam** ☕ 115/186000 – ½ P 115000.

[VALDERICE] Trapani [432] M 19 – Vedere Sicilia alla fine dell'elenco alfabetico.

[VALDIDENTRO] 23038 Sondrio [428] [429] C 12, [218] ⑰ – 3 759 ab. alt. (frazione Isolaccia) 1 345 – ✆ 0342.

⛳9 (15 aprile-1° novembre) a Bormio ✉ 23032 ✆ 910730 o ✆ 903768, Fax 903790, SE : 8 km.

Roma 774 – Sondrio 73 – Bormio 11 – ♦Milano 213.

ad Isolaccia – ✉ 23038 Valdidentro :

🏨 **Cima Piazzi**, ✆ 985050, ≤ – ☎ 🚗 [P]. 🚫
chiuso giugno – **Pasto** carta 31/47000 – ☕ 5000 – **20 cam** 48/85000 – ½ P 55/70000.

a Semogo O : 2 km – ✉ 23030 :

🏨 **Del Cardo**, località San Carlo S : 1,5 km ✆ 927171, Fax 985898, ≤ – [lift] ☎ 🚗 [P]. [AE] [$] [CB] [E] [VISA]. 🚫 rist
chiuso dal 16 maggio al 19 giugno e novembre – **Pasto** *(chiuso mercoledì)* 23/40000 – ☕ 8000 – **40 cam** ☕ 52/78000 – ½ P 75000.

a Premadio E : 6 km – ✉ 23038 Valdidentro :

🍴 **La Baita**, ✆ 904258 – [P]. [AE] [$] [CB] [E] [VISA]. 🚫
chiuso maggio, novembre e lunedì (escluso da aprile a settembre) – **Pasto** carta 28/47000.

[VAL DI GENOVA] Trento [988] ④, [428] D 13.

Vedere Vallata★★★ – Cascata di Nardis★★.

Roma 636 – Trento 66 – ♦Bolzano 106 – ♦Brescia 110 – Madonna di Campiglio 17 – ♦Milano 201.

🍴 **Cascata Nardis**, alt. 945 ✉ 38080 Carisolo ✆ (0465) 51454, ≤ cascata, 🌳 – [P]. 🚫
20 aprile-20 ottobre – **Pasto** carta 41/60000.

[VAL DI SOGNO] Verona – Vedere Malcesine.

[VALDOBBIADENE] 31049 Treviso [988] ⑤, [429] E 17 – 10 686 ab. alt. 252 – Sport invernali : a Pianezze: 1 070/1 570 m ⛷4 – ✆ 0423.

Roma 563 – Belluno 47 – ♦Milano 268 – Trento 105 – Treviso 36 – Udine 112 – ♦Venezia 66.

🏨 **Diana**, via Roma 49 ✆ 976222 e rist. ✆ 975990, Fax 972237 – [lift] ▤ [TV] ☎ 🚗 – 🏛 60. [AE] [$] [E] [VISA]. 🚫 rist
Pasto 35/60000 e al Rist. ***Le Piramidi del Diana*** carta 30/60000 – ☕ 12000 – **47 cam** 110/130000 – P 175/185000.

a Bigolino S : 5 km – ✉ 31030 :

🍴🍴 **Tre Noghere**, ✆ 980316, Fax 981333 – [P]. [AE] [$] [VISA]. 🚫
chiuso domenica sera, lunedì, dal 1° al 6 gennaio ed agosto – **Pasto** carta 41/58000.

[VALEGGIO SUL MINCIO] 37067 Verona [988] ④ ⑭, [428] [429] F 14 – 9 551 ab. alt. 88 – ✆ 045.

Vedere Parco Giardino Sigurtà★★.

Roma 496 – ♦Verona 28 – ♦Brescia 56 – Mantova 25 – ♦Milano 143 – ♦Venezia 147.

🍴🍴 **Lepre**, via Marsala 5 ✆ 7950011, Fax 6370735 – [AE] [$] [CB] [E] [VISA] [JCB]
chiuso mercoledì, giovedì a mezzogiorno e dal 15 al 31 gennaio – **Pasto** carta 37/59000.

🍴🍴 **Borsa**, via Goito 2 ✆ 7950093, Fax 7950776 – ▤ [P]. [$] [E] [VISA]. 🚫
chiuso martedì sera, mercoledì e dal 10 luglio al 10 agosto – **Pasto** carta 36/54000.

a Borghetto O : 1 km – alt. 68 – ✉ **37067** Valeggio sul Mincio :

Faccioli, via Tiepolo 4 ℘ 6370605, Fax 6370571 – ▤ 🅃🅅 ☎ 🅟. AE 🅂 ⓞ E VISA
chiuso dal 6 al 16 gennaio – **Pasto** vedere rist **Gatto Moro** – **9 cam** ☕ 90/130000.

XX **Antica Locanda Mincio,** ℘ 7950059, « Servizio estivo in terrazza ombreggiata in riva al fiume » – AE 🅂 ⓞ E VISA
chiuso mercoledì sera, giovedì, dal 1° al 15 febbraio e dal 2 al 16 novembre – **Pasto** carta 45/65000.

X **Gatto Moro,** ℘ 6370570, Fax 6370571, 🏖 – 🅟. AE 🅂 ⓞ E VISA
chiuso martedì sera, mercoledì, dal 30 gennaio al 15 febbraio e dal 1° al 10 agosto – **Pasto** carta 44/55000.

a Santa Lucia dei Monti NE : 5 km – alt. 145 – ✉ **37067** Valeggio sul Mincio :

X **Belvedere** 🐦 con cam, ℘ 6301019, Fax 6303652, ≤, « Servizio estivo in giardino » – ▤ cam ☎ 🅟. AE 🅂 E VISA. ✻
chiuso dal 25 gennaio al 10 febbraio e dal 15 giugno al 10 luglio – **Pasto** *(chiuso mercoledì e giovedì)* carta 32/44000 – ☕ 12000 – **7 cam** 55/80000, ▤ 5000 – ½ P 80/100000.

VAL FERRET Aosta 219 ① – Vedere Courmayeur.

VALGRAVEGLIA La Spezia – Vedere Riccò del Golfo di Spezia.

VALGRISENCHE **11010** Aosta 428 F 3, 219 ⑪ – 189 ab. alt. 1 664 – a.s. 9 gennaio-marzo e luglio-agosto – ☎ 0165.
Roma 776 – Aosta 30 – Courmayeur 39 – ◆Milano 215 – Colle del Piccolo San Bernardo 57.

X **Grande Sassière** 🐦 con cam, frazione Gerbelle N : 1 km ℘ 97113, ≤ – 🅟. ✻
Pasto *(chiuso lunedì)* carta 34/51000 – ☕ 10000 – **25 cam** 60/95000 – ½ P 68/77000.

a Planaval NE : 5 km – alt. 1 557 – ✉ **11010** Valgrisenche :

Paramont 🐦, ℘ 97106, ≤, 🌳 – 🚗 🅟. ✻
Pasto *(chiuso lunedì)* 25/30000 – ☕ 10000 – **20 cam** 55/90000 – ½ P 85000.

VALLADA AGORDINA **32020** Belluno – 581 ab. alt. 969 – ☎ 0437.
Roma 660 – Belluno 47 – Cortina d'Ampezzo 55 – ◆Bolzano 71 – ◆Milano 361 – Trento 115 – ◆Venezia 149.

X **Val Biois,** frazione Celat ℘ 591233, Fax 591233 – 🅟. AE 🅂 ⓞ E VISA. ✻
chiuso ottobre, lunedì, a mezzogiorno e domenica sera escluso da luglio a settembre – **Pasto** carta 42/73000.

VALLE AURINA **(AHRNTAL) 39030** Bolzano 429 B 17 – 5 315 ab. alt. 1457 – ☎ 0474.
ℹ strada statale Lutago ℘ 671136, Fax 671666.
Roma 726 – Cortina d'Ampezzo 78 – ◆Bolzano 94 – Dobbiaco 48.

Schwarzenstein 🐦, a Lutago ℘ 671124, Fax 671726, ≤, 🏋, 🏊, 🏊 – 🛗 ☎ 🚗 🅟
50 cam.

Sporthotel Linderhof 🐦, a Cadipietra ℘ 652190, Fax 652414, ≤, 🏊, 🏊, 🌳 – 🛗 🅃🅅 ☎ 🅟
37 cam.

VALLEBONA **18012** Imperia – 966 ab. alt. 149 – ☎ 0184.
Roma 654 – Imperia 44 – Monte Carlo 26.

X **Degli Amici,** ℘ 253526, 🏖
chiuso lunedì e dal 15 settembre al 15 ottobre – **Pasto** carta 26/42000.

VALLECROSIA **18019** Imperia 428 K 4 – 7 403 ab. alt. 45 – ☎ 0184.
Roma 652 – Imperia 46 – Bordighera 2 – Cuneo 94 – Monte Carlo 26 – San Remo 14.

XX **Giappun,** via Maonaira 7 ℘ 250560, prenotare – ▤. AE 🅂 ⓞ E VISA JCB
chiuso mercoledì e dal 1° al 20 luglio – **Pasto** carta 42/92000.

VALLE DI CADORE **32040** Belluno 429 C 18 – 2 057 ab. alt. 819 – ☎ 0435.
Roma 646 – Cortina d'Ampezzo 27 – Belluno 45 – ◆Bolzano 159.

XX **Il Portico,** ℘ 30236, Rist. e pizzeria – 🅟. AE 🅂 ⓞ E VISA
chiuso dal 15 giugno al 10 luglio e lunedì da ottobre a marzo – **Pasto** carta 36/53000.

VALLE DI CASIES **(GSIES) 39030** Bolzano 429 B 18 – 2 006 ab. – Sport invernali : Plan de Corones : 1 200/2 273 m 🚡11 ⛷21, ⛷ – ☎ 0474.
Roma 746 – Cortina d'Ampezzo 59 – Brunico 31.

Quelle 🐦, a Santa Maddalena alt. 1 398 ℘ 948002, Fax 948091, ≤, 🏋, 🏊, 🏊, 🌳 – 🛗 🅃🅅 ☎ ♿ 🅟. 🅂 E VISA. ✻ rist
chiuso dal 30 marzo al 21 maggio e dal 4 novembre al 15 dicembre – **Pasto** carta 35/53000 – ☕ 16000 – **33 cam** 70/130000 – ½ P 125/160000.

X **Durnwald,** a Planca di Sotto alt. 1 223 ℘ 746920, 🏖 – 🅟
chiuso lunedì e giugno – **Pasto** carta 33/62000.

VALLEDORIA Sassari 433 E 8 – Vedere Sardegna alla fine dell'elenco alfabetico.

VALLERANO 01030 Viterbo 430 O 18 – 2 455 ab. alt. 403 – ☎ 0761.
Roma 75 – Viterbo 15 – Civitavecchia 83 – Terni 54.

XX **Al Poggio,** via Janni 7 ☎ 751248, – ▤. E VISA
chiuso martedì – **Pasto** 25/60000 e carta 38/62000.

VALLES (VALS) Bolzano – Vedere Rio di Pusteria.

VALLESACCARDA 83050 Avellino 431 D 27 – 1 827 ab. alt. 600 – ☎ 0827.
Roma 301 – Foggia 65 – Avellino 60 – ♦Napoli 115 – Salerno 96.

XX **Minicuccio** con cam, ☎ 97030, Fax 97030 – ▤ TV ☎ P – 150. AE E VISA.
chiuso dal 27 giugno al 14 luglio – **Pasto** *(chiuso lunedì)* carta 26/37000 – ☕ 5000 – **10 cam** 50/70000 – ½ P 65000.

X **Oasis,** ☎ 97021, Antica cucina irpina – AE E VISA.
chiuso giovedì e luglio – **Pasto** carta 20/35000.

VALLE SAN FLORIANO Vicenza – Vedere Marostica.

VALLOMBROSA 50060 Firenze 988 ⑮, 430 K 16 – alt. 958 – ☎ 055.
Roma 263 – ♦ Firenze 35 – Arezzo 71 – Forlì 106 – ♦Milano 332 – Siena 81.

a Saltino O : 1 km – ✉ **50060.**

(15 giugno-15 ottobre) ☎ 862003 :

Gd H. Vallombrosa , ☎ 862012, Fax 862035, ≤ vallata, « Parco ombreggiato » – ☎ P.
15 giugno-4 settembre – **Pasto** 50000 – ☕ 20000 – **76 cam** 100/160000 – ½ P 175000.

Croce di Savoia , ☎ 862035, Fax 862035, , – P. AE.
15 giugno-5 settembre – **Pasto** 35/40000 – ☕ 12000 – **82 cam** 80/115000 – ½ P 130000.

VALLONGA Trento – Vedere Vigo di Fassa.

VALMADRERA 22049 Lecco 428 E 10, 219 ⑨ – 10 628 ab. alt. 237 – ☎ 0341.
Roma 633 – Como 26 – Lecco 3 – ♦Milano 56.

Al Terrazzo, via Parè 69 ☎ 583106, Fax 201118, « Servizio rist. estivo in terrazza sul lago », – TV ☎ P – 30 a 60. AE E VISA
Pasto *(chiuso dal 1° al 10 gennaio e dal 10 al 20 agosto)* carta 68/90000 – ☕ 15000 – **12 cam** 99/160000 – ½ P 130/140000.

VALNONTEY Aosta 428 F 4 – Vedere Cogne.

VALSAVARENCHE 11010 Aosta 988 ① ②, 428 F 3 – 201 ab. alt. 1 540 – a.s. Pasqua, luglio-agosto e Natale – ☎ 0165.
Roma 776 – Aosta 29 – Courmayeur 42 – ♦Milano 214.

Parco Nazionale, località Degioz ☎ 905706, Fax 905805, ≤ – ☎ . E VISA.
chiuso novembre – **Pasto** 30/45000 – ☕ 15000 – **23 cam** 50/100000 – ½ P 95000.

a Eau Rousse S : 3 km Aosta – ✉ **11010** :

A l' Hostellerie du Paradis , ☎ 905972, Fax 905971, prenotare, « Caratteristico borgo di montagna », , – TV ☎. AE E VISA. rist
Pasto carta 33/62000 – ☕ 10000 – **33 cam** 65/90000, appartamento – ½ P 95000.

a Pont S : 9 km – alt. 1 946 – ✉ **11010** Valsavarenche :

Genzianella , ☎ 95393 e rist ☎ 95934, ≤ Gran Paradiso – ☎ P. rist
15 giugno-20 settembre – **Pasto** carta 41/60000 – ☕ 17000 – **25 cam** 65/105000 – ½ P 92/98000.

VALSOLDA 22010 Como 428 D 9, 219 ⑧ – 1 899 ab. alt. (frazione San Mamete) 265 – ☎ 0344.
Roma 664 – Como 41 – ♦Lugano 9 – Menaggio 18 – ♦Milano 87.

ad Albogasio :

Riviera, ☎ 68156, Fax 68156, « Servizio rist. estivo in terrazza sul lago » – ☎
20 cam.

XX **Ombretta** con cam, ☎ 68275, Fax 68275, ≤, , « Terrazza-giardino sul lago », – P. AE E VISA JCB
aprile-15 ottobre – **Pasto** carta 45/85000 – **10 cam** ☕ 96/120000 – ½ P 80000.

a San Mamete :

Stella d'Italia, ☎ 68139, Fax 68729, ≤, , « Terrazza-giardino sul lago » – ☎ . AE E VISA. rist
10 aprile-5 ottobre – **Pasto** 35000 – **35 cam** ☕ 85/165000 – ½ P 105/115000.

VALTOURNENCHE **11028** Aosta [988] ②, [428] E 4 – 2 263 ab. alt. 1 524 – a.s. febbraio-Pasqua, 20 luglio-agosto e Natale – Sport invernali : 1 524/2 988 m 1 9, (anche sci estivo a Breuil-Cervinia) – ☎ 0166.

[i] via Roma 48 ☎ 92029, Fax 92430.

Roma 740 – Aosta 47 – Breuil-Cervinia 9 – ♦Milano 178 – ♦Torino 107.

- **Bijou,** ☎ 92109, Fax 92264, ≤ – ☎ [P]. [AE] [S] [E] [VISA]. ✻ rist
  chiuso maggio ed ottobre – **Pasto** *(chiuso lunedì in bassa stagione)* carta 29/43000 – ☕ 11000 – **20 cam** 53/92000 – ½ P 78/86000.
- **Punta Margherita,** ☎ 92087, ≤ – ☎ [P]. ✻ rist
  dicembre-10 maggio e 20 giugno-20 settembre – **Pasto** *(chiuso giovedì in bassa stagione)* 25/26000 – ☕ 10000 – **18 cam** 50/90000 – ½ P 72/75000.
- **Delle Alpi,** ☎ 92230, Fax 92053, ≤ – ☎ [P]. [S] [E] [VISA]. ✻ rist
  chiuso dal 15 maggio al 15 giugno – **Pasto** *(chiuso giovedì)* 27000 – ☕ 10000 – **25 cam** 50/80000 – P 70/80000.
- 🍴 **Jaj Alaj,** ☎ 92185 – [AE] [S] [E] [VISA]. ✻
  chiuso dal 10 al 30 giugno e giovedì in bassa stagione – **Pasto** carta 37/56000.

VAL VENY Aosta [219] ① – Vedere Courmayeur.

VALVERDE Forlì [430] J 19 – Vedere Cesenatico.

VARALLO **13019** Vercelli [988] ②, [428] E 6, [219] ⑥ – 7 795 ab. alt. 451 – a.s. luglio-agosto e Natale – ☎ 0163.

Vedere Sacro Monte★★.

[i] corso Roma 38 ☎ 51280, Fax 53091.

Roma 679 – Stresa 43 – Biella 59 – ♦Milano 105 – Novara 59 – ♦Torino 121 – Vercelli 65.

- **Ellebi Club Hotel** senza rist, ☎ 53992, Fax 53992 – [TV] ☎ [P]. [S] [E] [VISA]
  ☕ 15000 – **38 cam** 90/120000.
- 🍴 **Piane Belle,** località Pianebelle ☎ 51320, Trattoria di paese – [P]. ✻
  chiuso lunedì, martedì sera e dal 1° al 20 settembre – **Pasto** carta 30/50000.

a Crosa E : 3 km – ✉ **13019** Varallo :

- 🍴 **Delzanno,** ☎ 51439, – [AE] [S] [E] [VISA]. ✻
  chiuso lunedì e dal 1° al 10 settembre – **Pasto** carta 37/60000.

a Sacro Monte N : 4 km – ✉ **13019** Varallo :

- **Sacro Monte** , ☎ 54254, Fax 51189, – [TV] ☎ [P]. [AE] [S] [E] [VISA]. ✻ rist
  marzo-novembre – **Pasto** *(chiuso lunedì escluso da maggio a settembre)* carta 33/55000 – ☕ 12000 – **24 cam** 70/120000 – ½ P 70/75000.

VARANO DE' MELEGARI **43040** Parma [988] ⑭, [428] [429] [430] H 12 – 2 088 ab. alt. 190 – ☎ 0525.

Roma 489 – ♦Parma 36 – Piacenza 79 – Cremona 85 – ♦La Spezia 97.

- 🍴🍴 **Castello,** ☎ 53156, solo su prenotazione – [P]. [S] [E] [VISA]. ✻
  chiuso lunedì – **Pasto** carta 45/68000.

VARAZZE **17019** Savona [988] ⑬, [428] I 7 – 14 162 ab. – ☎ 019.

[i] viale Nazioni Unite (Palazzo Municipio) ☎ 934609, Fax 97298.

Roma 534 – ♦Genova 36 – Alessandria 82 – Cuneo 112 – ♦Milano 158 – Savona 12 – ♦Torino 153.

- El Chico, via Aurelia 63 (E : 1 km) ☎ 931388, Fax 932423, ≤, « Parco ombreggiato con », – [TV] ☎ [P] – 30 a 150.
  41 cam.
- **Eden,** via Villagrande 1 ☎ 932888, Fax 96315 – [TV] ☎ [P] – 30 a 60. [AE] [S] [E] [VISA] [JCB]. ✻
  Pasto *(15 giugno-15 settembre)* carta 40/56000 e vedere anche rist **Antico Genovese** – ☕ 10000 – **45 cam** 80/140000 – ½ P 100/130000.
- **Cristallo,** via Cilea 4 ☎ 97264, Fax 96392, – [TV] ☎ [P] – 25 a 60. [AE] [S] [E] [VISA] [JCB]. ✻ rist
  Pasto carta 40/55000 – ☕ 12000 – **45 cam** 100/160000 – ½ P 120/130000.
- **Royal,** via Cavour 25 ☎ 931166, Fax 96664, ≤ – [TV] ☎ [P]. [AE] [S] [E] [VISA] [JCB]. ✻ rist
  Pasto carta 44/67000 – **31 cam** ☕ 120/150000 – ½ P 80/120000.
- **Manila,** via Villagrande 3 ☎ 934656, – [TV] ☎ [P]. [AE] [S] [E] [VISA]. ✻ rist
  chiuso dal 20 settembre al 20 dicembre – **Pasto** carta 44/64000 – ☕ 10000 – **14 cam** 110/130000 – ½ P 100/110000.

XX **Antico Genovese,** corso Colombo 70 ☎ 96482, Fax 95965, solo su prenotazione a mezzogiorno – ▤. AE ⓢ ⓞ E VISA JCB. ⚹
chiuso dal 17 al 26 settembre e domenica sera (escluso da luglio a settembre) – **Pasto** carta 54/78000.

XX **Santa Caterina,** piazza Santa Caterina 4 ☎ 934672, 🏠 – ▤. AE ⓢ ⓞ E VISA JCB
chiuso lunedì e dal 5 novembre al 5 dicembre – **Pasto** carta 55/106000.

XX **La Mola,** via Guglielmo Marconi 17 ☎ 932469, 🏠, Specialità di mare – AE ⓢ ⓞ E VISA
chiuso lunedì e dal 25 novembre al 15 dicembre – **Pasto** carta 41/60000.

X **Cavetto,** piazza Santa Caterina 7 ☎ 97311, 🏠, Specialità di mare, prenotare – AE ⓢ ⓞ E VISA
chiuso giovedì, dal 15 al 30 gennaio e dal 1° al 15 novembre – **Pasto** carta 43/77000.

VARENA 38030 Trento 429 D 16 – 786 ab. alt. 1155 – ✆ 0462.

Roma 638 – Trento 64 – ◆Bolzano 44 – Cortina d'Ampezzo 104.

🏠 Alpino, via Mercato 8 ☎ 340640, Fax 340640, ≤, 🌳 – TV ☎
25 cam.

VARENNA 22050 Lecco 988 ③, 428 D 9 – 828 ab. alt. 220 – ✆ 0341.

Vedere Giardini** di villa Monastero.

⛴ per Menaggio (15 mn) e Bellagio (da 15 a 30 mn), giornalieri – Navigazione Lago di Como, via La Riva ☎ 830270.

Roma 642 – Como 50 – ◆Bergamo 55 – Chiavenna 45 – Lecco 22 – ◆Milano 78 – Sondrio 60.

🏨 **Royal Victoria,** ☎ 830102, Fax 830722, ≤, 🌳 – |♿| TV ☎ – 🪑 90. AE ⓢ E VISA. ⚹
Pasto 42000 e al Rist. ***Victoria Grill*** *(chiuso lunedì)* carta 51/83000 – **43 cam** ☕ 180/250000 – ½ P 140/150000.

🏨 **Du Lac** 🔇, ☎ 830238, Fax 831081, ≤, 🏠 – |♿| TV ☎ 🚗 Ⓟ. AE ⓢ ⓞ E VISA. ⚹ rist
chiuso gennaio e febbraio – **Pasto** *(chiuso da novembre a marzo)* 52000 – ☕ 19000 – **18 cam** 135/225000, appartamento – ½ P 170/190000.

XX **Vecchia Varenna,** ☎ 830793, Fax 830793, « Servizio estivo in terrazza sul porticciolo con ≤ lago e monti » – AE ⓢ E VISA. ⚹
chiuso gennaio, lunedì, anche martedì da febbraio al 10 marzo – **Pasto** carta 48/64000.

VARESE 21100 P 988 ③, 428 E 8, 219 ⑧ – 85 617 ab. alt. 382 – ✆ 0332.

Dintorni Sacro Monte** : ≤** NO : 8 km – Campo dei Fiori** : ✳** NO : 10 km.

⛳18 a Luvinate ✉ 21020 ☎ 229302, Fax 222107, per ⑤ : 6 km.

ℹ via Carrobio 1 ☎ 283604 – viale Ippodromo 9 ☎ 284624, Fax 238093.

A.C.I. viale Milano 25 ☎ 285150.

Roma 633 ④ – Como 27 ② – Bellinzona 65 ② – ◆Lugano 32 ① – ◆Milano 56 ④ – Novara 53 ③ – Stresa 48 ③.

Piante pagine seguenti

🏨 **Palace Hotel** 🔇, a Colle Campigli ☎ 312600, Telex 380163, Fax 312870, ≤, « Parco », 🎾 – |♿| TV ☎ Ⓟ – 🪑 25 a 250. AE ⓢ ⓞ E VISA JCB. ⚹ per ⑤
Pasto carta 60/120000 – **112 cam** ☕ 350/370000, appartamento.

🏨 **City Hotel** senza rist, via Medaglie d'Oro 35 ☎ 281304, Fax 232882 – |♿| TV ☎ 🚗 – 🪑 25 a 50. AE ⓢ E VISA m
47 cam ☕ 154/210000.

🏨 **Acquario,** via Giusti 7 ☎ 811600, Fax 811780, Rist. e pizzeria – |♿| ▤ TV ☎ Ⓟ – 🪑 50 a 200. AE ⓢ E VISA. ⚹ rist per ③
chiuso agosto – **Pasto** al Rist. ***La Medusa*** carta 35/58000 – **41 cam** ☕ 100/130000.

🏠 **Bologna,** via Broggi 7 ☎ 234362, Fax 287500, 🏠 – |♿| ▤ TV ☎ ♿ Ⓟ. AE ⓢ ⓞ E VISA c
chiuso dal 1° al 15 agosto – **Pasto** *(chiuso sabato)* carta 37/65000 – **14 cam** ☕ 85/105000 – ½ P 120/135000.

XXX ✿ **Lago Maggiore,** via Carrobbio 19 ☎ 231183, Fax 231183, Coperti limitati; prenotare – ▤. AE ⓢ ⓞ E VISA. ⚹ b
chiuso domenica, lunedì a mezzogiorno, 25-26 dicembre, 1° gennaio e luglio – **Pasto** carta 68/110000
Spec. Stoccafisso mantecato all'olio extravergine, Raviolone integrale con trevisana brasata e taleggio, Piccione in salsa all'aglio cucinato in padella.

XX **Teatro,** via Croce 3 ☎ 241124, Fax 280994 – ▤. AE ⓢ ⓞ E VISA JCB a
chiuso martedì e dal 25 luglio al 25 agosto – **Pasto** carta 61/88000.

XX **Al Vecchio Convento,** viale Borri 348 ☎ 261005, Fax 810701 – Ⓟ. AE ⓢ ⓞ E VISA. ⚹ per ③
chiuso domenica sera, lunedì, dal 1° al 7 gennaio e dal 10 al 20 agosto – **Pasto** 35/40000 e carta 47/64000.

XX **Montello,** via Montello 8 ☎ 286181, Fax 287895, 🏠, 🌳 – Ⓟ. AE ⓢ ⓞ E VISA
chiuso lunedì – **Pasto** carta 40/60000. per viale Aguggiari

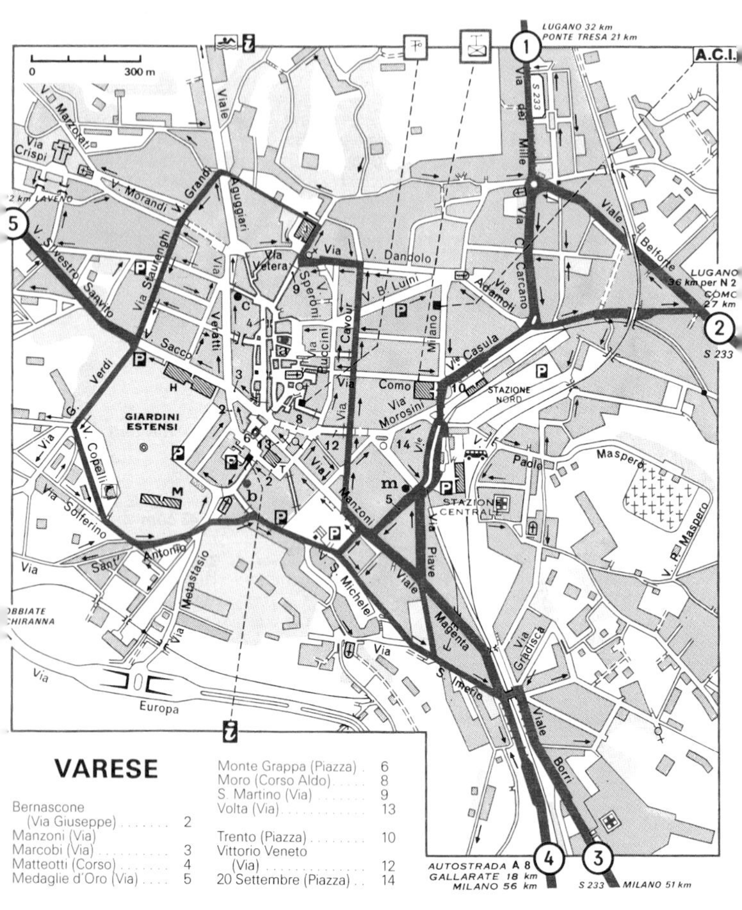

VARESE

Bernascone (Via Giuseppe) 2
Manzoni (Via)
Marcobi (Via) 3
Matteotti (Corso) 4
Medaglie d'Oro (Via) 5
Monte Grappa (Piazza) . . 6
Moro (Corso Aldo) 8
S. Martino (Via) 9
Volta (Via) 13
Trento (Piazza) 10
Vittorio Veneto (Via) 12
20 Settembre (Piazza) . . 14

a Schiranna O : 3,5 km – ✉ **21100** Varese :

🏠 **Vecchia Riva,** ☎ 311375, Fax 310452 – ▤ TV ☎ P. AE ⑤ ◑ E VISA JCB. ✂
Pasto *(chiuso mercoledì)* carta 35/45000 – **11 cam** ☕ 100/120000 – ½ P 100000.

a Capolago SO : 5 km – ✉ **21100** Varese :

✕✕ **Da Annetta,** ☎ 490230, 🌳 – ▤ P. AE ⑤ ◑ E VISA. ✂
chiuso martedì sera, mercoledì e dall'8 al 20 agosto – **Pasto** carta 45/58000.

VARESE LIGURE **19028** La Spezia 988 ⑬, 428 I 10 – 2 582 ab. alt. 353 – ☎ 0187.
Roma 457 – ◆La Spezia 57 – ◆Bologna 194 – ◆Genova 90 – ◆Milano 203 – ◆Parma 98 – Piacenza 139.

🏠 **Amici,** via Garibaldi 80 ☎ 842139, Fax 842168 – ☎ P. AE ⑤ E VISA
chiuso dal 24 dicembre al 2 gennaio – **Pasto** *(chiuso mercoledì)* 25/30000 – ☕ 9000 – **31 cam** 50/75000 – ½ P 55/70000.

VARIGOTTI 17029 Savona 428 J 7 – 019.

(giugno-settembre) via Aurelia 79 698013.

Roma 567 – Genova 68 – Imperia 58 – Milano 191 – Savona 22.

Borgovecchio, via al Capo 45 698010, Fax 698559, – *stagionale* – **28 cam.**

Muraglia-Conchiglia d'Oro, via Aurelia 133 698015, Specialità di mare – . AE E VISA JCB.
chiuso dal 15 gennaio al 15 febbraio, mercoledì e da ottobre a maggio anche martedì – **Pasto** carta 60/85000
Spec. Minestra d'orzo con gallinella di mare e gamberi al profumo di maggiorana, "Paciugo" di pesci crostacei e molluschi, Buridda di branzino (estate).

La Caravella, via Aurelia 56 698028, ←, – . AE VISA.
chiuso lunedì e novembre – **Pasto** carta 37/67000.

VARNA (VAHRN) 39040 Bolzano 429 B 16 – 3 304 ab. alt. 670 – 0472.

Roma 683 – Bolzano 47 – Cortina d'Ampezzo 107 – Trento 102.

Clara, 833777, Fax 835582, ←, , – . E VISA. rist
chiuso dal 1° al 22 dicembre – **Pasto** carta 37/47000 – **30 cam** 70/112000 – ½ P 78000.

VARZO 28039 Verbania 428 D 6, 217 ⑲ – 2 374 ab. alt. 568 – 0324.

Roma 711 – Stresa 45 – Domodossola 13 – Iselle 13 – Novara 55 – Milano 104 – Torino 176.

a San Domenico NO : 11 km – alt. 1 420 – 28039 Varzo :

Cuccini , 7061, Fax 7061, ←, – .
20 dicembre-10 aprile e giugno-settembre – **Pasto** *(chiuso mercoledì)* carta 31/51000 (10%) – 10000 – **23 cam** 40/80000 – ½ P 60/65000.

Usate le carte Michelin 428, 429, 430, 431, 432, 433
per programmare agevolmente i vostri viaggi in Italia.

VASANELLO 01030 Viterbo 430 O 19 – 3 735 ab. alt. 265 – 0761.

Roma 85 – Terni 39 – Viterbo 35 – Perugia 106.

Il Sassolino, via Cesare Battisti 6 409558, Rist. e rosticceria – .
chiuso lunedì e dal 20 agosto al 10 settembre – **Pasto** carta 25/40000.

VASON Trento – Vedere Bondone (Monte).

VASTO 66054 Chieti 988 ㉗, 430 P 26 – 33 861 ab. alt. 144 – a.s. 20 giugno-agosto – 0873.

da Punta Penna per le Isole Tremiti 15 giugno-15 settembre giornaliero (1 h) – Adriatica di Navigazione-agenzia Massacesi, piazza Diomede 3 362680, Telex 600205, Fax 69380.

piazza del Popolo 18 367312.

Roma 271 – Pescara 70 – L'Aquila 166 – Campobasso 96 – Chieti 75 – Foggia 118.

Castello Aragona, via San Michele 105 69885, Specialità di mare, « Servizio estivo in terrazza-giardino ombreggiato con ← mare » – . AE E VISA.
chiuso lunedì e dal 24 al 28 dicembre – **Pasto** carta 37/61000.

Lo Scudo, corso Garibaldi 39 367782, Fax 367782, – AE E VISA
chiuso dal 24 dicembre al 3 gennaio e martedì in bassa stagione – **Pasto** carta 35/50000 (10%).

Del Torrione, via Cavour 13 367444, Specialità di mare – . AE E VISA.
chiuso lunedì, dal 7 al 14 settembre e dal 23 al 29 dicembre – **Pasto** carta 37/72000.

VASTO (Marina di) 66055 Chieti 430 P 26 – a.s. 20 giugno-agosto – 0873.

(15 giugno-settembre) rotonda lungomare Dalmazia 801751.

Roma 275 – Pescara 72 – Chieti 74 – Vasto 3.

Baiocco, viale Dalmazia 137 801976, Fax 802376, – – 30. AE E VISA. rist
Pasto carta 29/45000 – 6000 – **32 cam** 75/100000 – ½ P 75/95000.

sulla strada statale 16 :

Sabrina, S : 1,5 km 66055 802020, Fax 802211, ←, – rist – 120. AE E VISA. rist
Pasto 20/25000 – 8000 – **70 cam** 110000 – ½ P 100000.

Sporting, S : 2,5 km 66055 801908, Fax 801404, « Terrazza-giardino fiorita », – . AE E VISA.
Pasto carta 37/55000 – 9500 – **22 cam** 85/115000 – ½ P 92000.

Rio, S : 1,5 km 66055 801409, Fax 801960, ←, – rist – 100. AE E VISA. rist
Pasto 25/35000 – 8000 – **58 cam** 77/110000 – ½ P 70/90000.

XXX Villa Vignola con cam, località Vignola N : 6 km ✉ 66054 Vasto ✆ 310050, Fax 310060, ←, Specialità di mare, prenotare, « Giardino con accesso diretto al mare » – ▤ TV ☎ P
4 cam.

XX **Il Corsaro,** località Punta Penna-Porto di Vasto N : 8 km ✉ 66054 Vasto ✆ 310113, ←, Specialità di mare, prenotare, « Servizio estivo in terrazza sul mare », – P. AE ⓢ.
chiuso lunedì (escluso da aprile ad ottobre) – **Pasto** carta 65/80000 (10%).

VEDELAGO 31050 Treviso 988 ⑤, 429 E 18 – 13 172 ab. alt. 43 – ☎ 0423.

Roma 534 – ♦Padova 43 – Bassano del Grappa 28 – Belluno 28 – Treviso 18.

Antica Postumia, via Monte Grappa 36 (NE : 3 km) ✆ 476278, Fax 476278, – ▤ TV ☎ – P – 30 a 100. AE ⓢ E VISA. rist
Pasto *(chiuso mercoledì a mezzogiorno)* carta 32/40000 – **25 cam** 90/120000 – ½ P 78/85000.

VEDOLE Parma – Vedere Colorno.

VELLETRI 00049 Roma 988 ㉖, 430 Q 20 – 47 574 ab. alt. 352 – ☎ 06.

Escursioni Castelli romani★★ NO per la via dei Laghi o per la strada S 7, Appia Antica (circuito di 60 km).

viale dei Volsci 8 ✆ 9630896.

Roma 36 – Anzio 43 – Frosinone 61 – Latina 29 – Terracina 63 – Tivoli 56.

XXX **Da Benito al Bosco** con cam, contrada Morice 20 ✆ 9633991, Fax 9641414, , « Piccolo parco con » – ▤ rist TV ☎ P. AE ⓢ E VISA JCB.
Pasto *(chiuso martedì da ottobre a marzo)* carta 35/54000 – 6000 – **16 cam** 60/85000 – ½ P 100000.

XX Da Benito, via Lata 241 ✆ 9632220.

VELLO Brescia 428 E 12 – alt. 190 – ✉ 25054 Marone – ☎ 030.

Roma 591 – ♦Brescia 34 – ♦Milano 100.

X **Trattoria Glisenti,** ✆ 987222, , Specialità pesce di lago
chiuso giovedì e gennaio – **Pasto** carta 36/49000.

VELTURNO (FELDTHURNS) 39040 Bolzano 429 B 16 – 2 346 ab. alt. 851 – ☎ 0472.

Roma 664 – ♦Bolzano 33 – Bressanone 8 – Cortina d'Ampezzo 84.

Feldthurner Hof, ✆ 855333, Fax 855483, ←, , , – ☎ P. ⓢ E VISA. rist
Pasto carta 28/65000 – **28 cam** 59/118000 – ½ P 67/76000.

VENAFRO 86079 Isernia 988 ㉗, 430 R 24, 431 C 24 – 10 406 ab. alt. 220 – ☎ 0865.

Roma 147 – Campobasso 70 – Avezzano 149 – Benevento 85 – Isernia 28 – ♦Napoli 86.

Venafro Palace Hotel, strada statale 85 (S : 1 km) ✆ 900182, Fax 903709, – ▤ TV ☎ P – 80. AE ⓢ E VISA.
Pasto carta 30/45000 – **50 cam** 90/110000 – ½ P 110000.

Venezia

30100 P 988 ⑤, 429 F 19 – 309 041 ab. – ☎ 041

Vedere Piazza San Marco*** FGZ – Basilica*** GZ – Palazzo Ducale*** GZ – Campanile** : ※** FGZ F – Procuratie** FZ – Libreria Vecchia* GZ – Museo Correr** FZ **M** – Torre dell'Orologio* FZ **K** – Ponte dei Sospiri** GZ.

Canal Grande*** :

Ponte di Rialto** FY – Riva destra : Cà d'Oro*** EX – Palazzo Vendramin-Calergi* BT – Cà Loredan** EY **H** – Palazzo Grimani** EY – Palazzo Corner-Spinelli** BTU – Palazzo Grassi* BU – Riva sinistra : gallerie dell'Accademia*** BV – Palazzo Dario* BV **S** – Collezione Peggy Guggenheim* nel palazzo Venier dei Leoni BV **M1** – Palazzo Rezzonico** : Museo del Settecento Veneziano** AU – Palazzo Querini-Stampalia* GY – Palazzo Giustinian** AU **X** – Cà Foscari** AU **Y** – Palazzo Bernardo** BT – Palazzo dei Camerlenghi** FX **A** – Cà Pesaro* EX.

Chiese :

Santa Maria della Salute** BV – San Giorgio Maggiore** : ※*** dal campanile** CV – San Zanipolo** GX – Santa Maria Gloriosa dei Frari*** AT – San Zaccaria** GZ – Decorazione interna** del Veronese nella chiesa di San Sebastiano AU – Dipinti* del Guardi nella chiesa dell'Angelo Raffaele AU – Soffitto* della chiesa di San Pantaleone AT – Santa Maria dei Miracoli* GX – San Francesco della Vigna* DT – Redentore* (isola della Giudecca) AV.

Ghetto** ABT – Scuola di San Rocco*** AT – Scuola di San Giorgio degli Schiavoni*** DT – Scuola dei Carmini* AU – Rio dei Mendicanti* GX – Facciata* della scuola di San Marco GX – Palazzo Labia** AT.

Lido** – Murano** : museo Vetrario*, chiesa dei Santi Maria e Donato** – Burano** – Torcello** : mosaici** nella cattedrale di Santa Maria Assunta.

18 (chiuso lunedì) al Lido Alberoni ✉ 30011 ☎ 731333, Fax 731339, 15 mn di vaporetto e 9 km ;

18 e 9 Cá della Nave (chiuso martedì) a Martellago ✉ 30030 ☎ 5401555, Fax 5401926, NO : 12 km ;

18 e 9 Villa Condulmer (chiuso lunedì) a Zerman ✉ 31020 ☎ 457062, Fax 457202, N : 17 km.

✈ Marco Polo di Tessera, NE : 13 km ☎ 2609260 – Alitalia, San Marco-Bacino Orseolo 1166 ✉ 30124 ☎ 5216333.

⛴ da piazzale Roma (Tronchetto) per il Lido-San Nicolò giornalieri (35 mn) ; dal Lido Alberoni per l'Isola di Pellestrina-Santa Maria del Mare giornalieri (15 mn).

⛴ da Riva degli Schiavoni per Punta Sabbioni giornalieri (40 mn) ; da Punta Sabbiani per le Isole di Burano (30 mn), Torcello (40 mn), Murano (1 h 10 mn), giornalieri dalle Fondamenta Nuove per le Isole di Murano (10 mn), Burano (50 mn), Torcello (50 mn), giornalieri ; dalle Fondamenta Nuove per Treporti di Cavallino giornalieri (1 h 10 mn) ; da Treporti di Cavallino per Venezia-Fondamenta Nuove (1 h 10 mn) per le Isole di Murano (1 h), Burano (20 mn), Torcello (25 mn), giornalieri – Informazioni : ACTV-Azienda Consorzio Trasporti Veneziano, piazzale Roma ✉ 30135 ☎ 5287886, Fax 5207135.

🅘 Palazzetto Selva-Molo di San Marco 71/c ✉ 30124 ☎ 5226356 – Stazione Santa Lucia ✉ 30121 ☎ 719078.

Roma 528 ① – ♦Bologna 152 ① – ♦Milano 267 ① – ♦Trieste 158 ①.

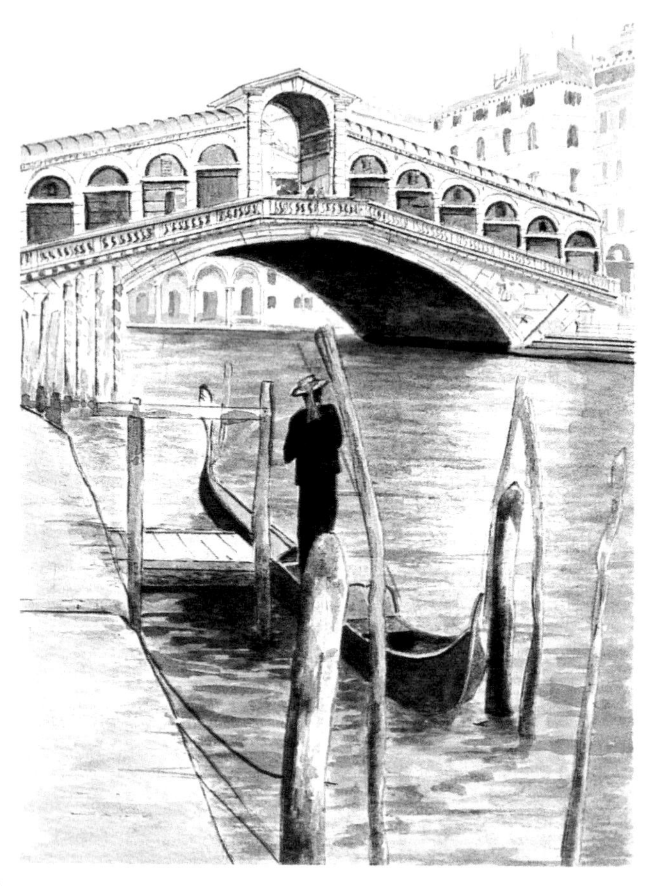

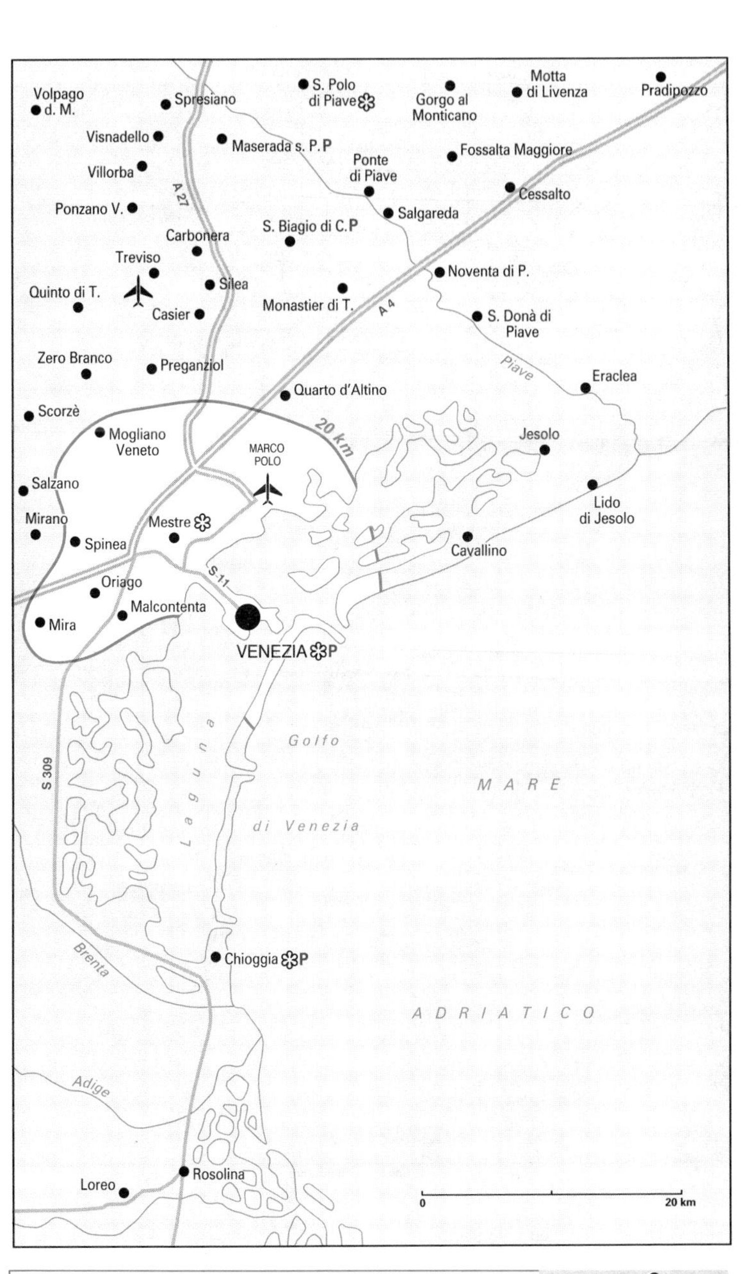

Non confondete :

Confort degli alberghi : ... ,
Confort dei ristoranti : ...
Qualità della tavola : ✿✿✿, ✿✿, ✿

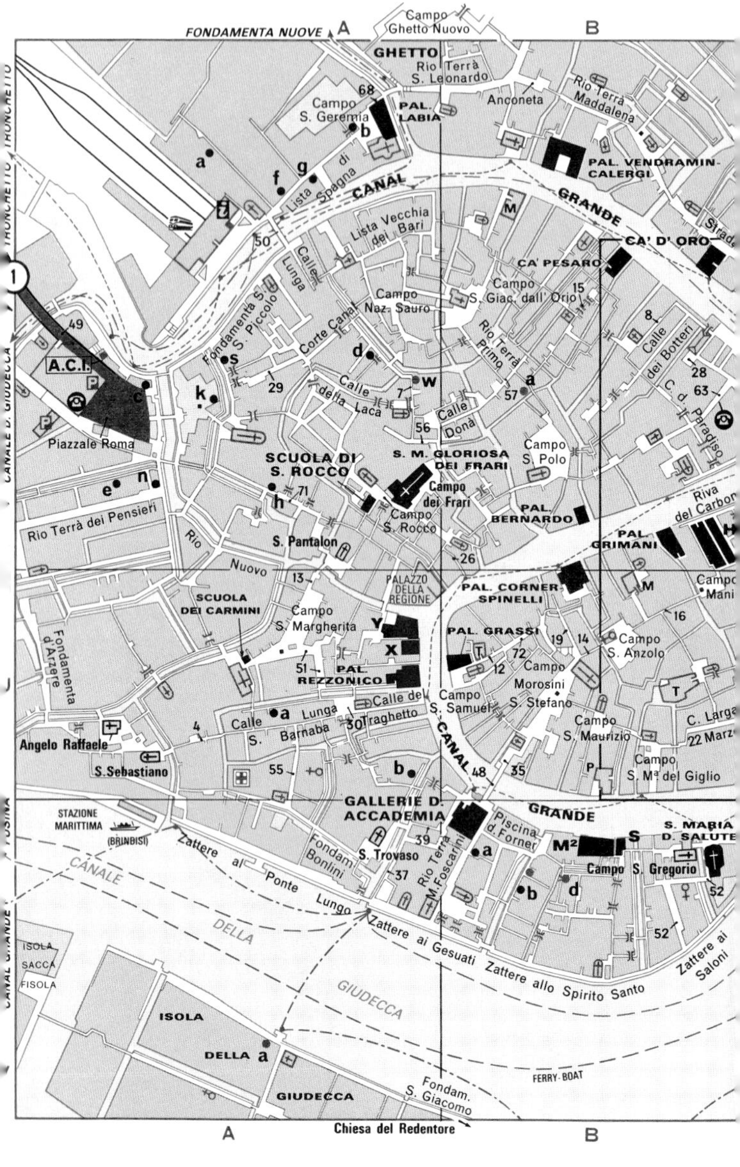
FONDAMENTA NUOVE
A
B
Campo Ghetto Nuovo
GHETTO
Rio Terrà S. Leonardo
Campo S. Geremia
PAL. LABIA
Anconeta
Rio Terrà Maddalena
PAL. VENDRAMIN-CALERGI
Lista di Spagna
CANAL GRANDE
Lista Vecchia dei Bari
Calle Lunga
CA' D' ORO
CA' PESARO
Campo S. Giac. dall' Orio
Campo Naz. Sauro
Fondamenta S. S. Piccolo
Corte Canal
Rio Terrà Primo
Calle dei Botteri
C. d. Paradiso
A.C.I.
Calle della Laca
Calle Donà
Piazzale Roma
SCUOLA DI S. ROCCO
S. M. GLORIOSA DEI FRARI
Campo S. Polo
Campo dei Frari
Campo S. Rocco
PAL. BERNARDO
Riva del Carbon
PAL. GRIMANI
Rio Terrà dei Pensieri
Rio Nuovo
S. Pantalon
PALAZZO DELLA REGIONE
PAL. CORNER-SPINELLI
Campo Mani
SCUOLA DEI CARMINI
Campo S. Margherita
PAL. GRASSI
Campo S. Anzolo
Fondamenta d'Arzere
PAL. REZZONICO
Campo Morosini S. Stefano
Calle del Traghetto
Campo S. Samuele
Calle Lunga S. Barnaba
Campo S. Maurizio
C. Larga 22 Marzo
Angelo Raffaele
S.Sebastiano
Campo S. Ma del Giglio
STAZIONE MARITTIMA
(BRINDISI)
GALLERIE D. ACCADEMIA
Piscina d. Forner
GRANDE
S. MARIA D. SALUTE
Zattere al Ponte Lungo
Fondam. Bonlini
S. Trovaso
Rio Terrà M. Foscarini
Campo S. Gregorio
CANALE DELLA GIUDECCA
Zattere ai Gesuati
Zattere allo Spirito Santo
Zattere ai Saloni
ISOLA SACCA FISOLA
ISOLA DELLA GIUDECCA
FERRY-BOAT
Fondam. S. Giacomo
Chiesa del Redentore
CANALE D. GIUDECCA
TRONCHETTO

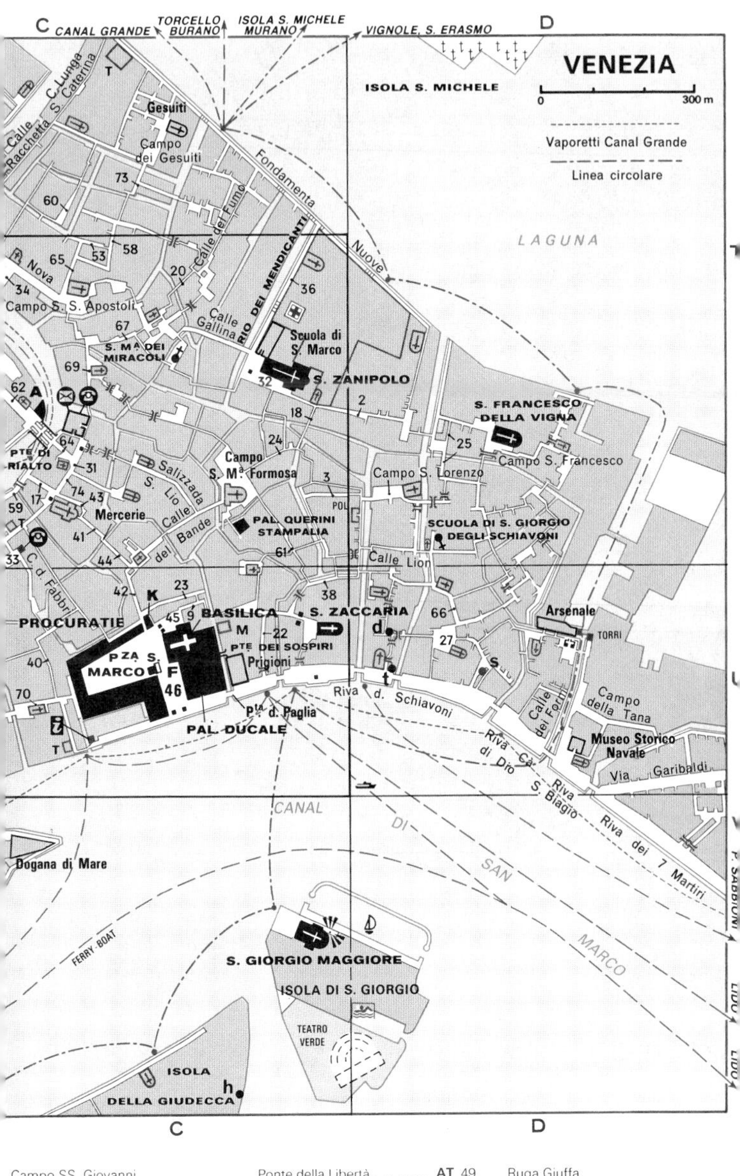
C
CANAL GRANDE
TORCELLO BURANO
ISOLA S. MICHELE MURANO
VIGNOLE, S. ERASMO
D
VENEZIA
0
300 m
ISOLA S. MICHELE
Vaporetti Canal Grande
Linea circolare
LAGUNA
Gesuiti
Campo dei Gesuiti
Fondamenta Nuove
RIO DEI MENDICANTI
Scuola di S. Marco
S. ZANIPOLO
Calle Gallina
Campo S.S. Apostoli
S. Mª DEI MIRACOLI
S. FRANCESCO DELLA VIGNA
Campo S. Francesco
Campo S. Lorenzo
Campo S. Mª Formosa
Salizzada S. Lio
PAL. QUERINI STAMPALIA
SCUOLA DI S. GIORGIO DEGLI SCHIAVONI
Calle Lion
Mercerie
Calle del Bande
PTE DI RIALTO
PROCURATIE
BASILICA
S. ZACCARIA
PTE DEI SOSPIRI
Prigioni
Pza S. MARCO
PAL. DUCALE
Pta d. Paglia
Riva d. Schiavoni
Riva Cà di Dio
Riva S. Biagio
Riva dei 7 Martiri
Arsenale
TORRI
Calle dei Forni
Campo della Tana
Museo Storico Navale
Via Garibaldi
CANAL DI SAN MARCO
Dogana di Mare
FERRY-BOAT
S. GIORGIO MAGGIORE
ISOLA DI S. GIORGIO
TEATRO VERDE
ISOLA DELLA GIUDECCA
LIDO
P. SABBIONI
C
D

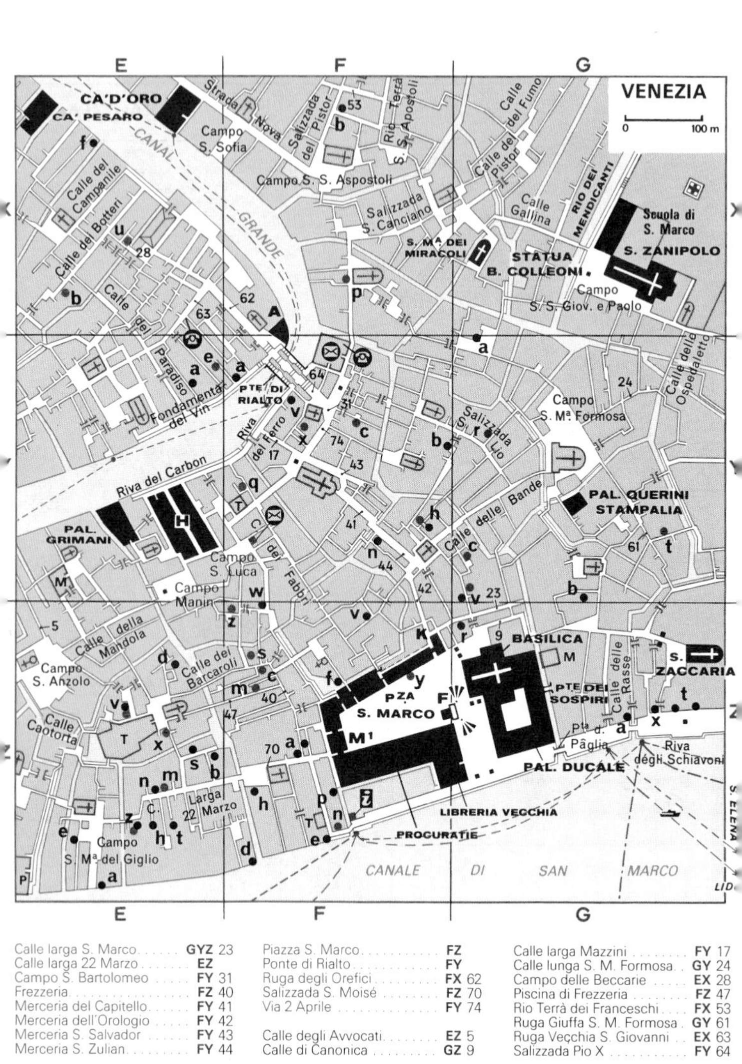

Calle larga S. Marco . . . . . . GYZ 23
Calle larga 22 Marzo . . . . . . EZ
Campo S. Bartolomeo . . . . . FY 31
Frezzeria . . . . FZ 40
Merceria del Capitello . . . . . FY 41
Merceria dell'Orologio . . . . FY 42
Merceria S. Salvador . . . . . FY 43
Merceria S. Zulian . . . . FY 44

Piazza S. Marco . . . . FZ
Ponte di Rialto . . . . FY
Ruga degli Orefici . . . . FX 62
Salizzada S. Moisé . . . . FZ 70
Via 2 Aprile . . . . FY 74

Calle degli Avvocati . . . . EZ 5
Calle di Canonica . . . . GZ 9

Calle larga Mazzini . . . . FY 17
Calle lunga S. M. Formosa . . GY 24
Campo delle Beccarie . . . . . EX 28
Piscina di Frezzeria . . . . FZ 47
Rio Terrà dei Franceschi . . . . FX 53
Ruga Giuffa S. M. Formosa . GY 61
Ruga Vecchia S. Giovanni . . EX 63
Salizzada Pio X . . . . FY 64

Cipriani, isola della Giudecca 10 ✉ 30133 ✆ 5207744, Telex 410162, Fax 5203930, ≤, « Giardino fiorito con riscaldata », – 80. AE ⓢ ⓞ E VISA
CV **h**
chiuso dal 9 gennaio al 24 febbraio – **Pasto** *(chiuso sono al 15 marzo)* carta 120/170000 – **92 cam** 1000/1200000, 5 appartamenti (**Palazzo Vendramin** 7 appartamenti).

Danieli, riva degli Schiavoni 4196 ✉ 30122 ✆ 5226480, Telex 410077, Fax 5200208, ≤ canale di San Marco, « Hall in cortiletto stile veneziano e servizio rist. estivo in terrazza panoramica » – 70 a 150. AE ⓢ ⓞ E VISA JCB. rist GZ **a**
Pasto carta 123/202000 – 53000 – **221 cam** 396/759000, 9 appartamenti.

Gritti Palace, campo Santa Maria del Giglio 2467 ✉ 30124 ✆ 794611, Telex 410125, Fax 5200942, ≤ Canal Grande, « Servizio rist. estivo all'aperto sul Canal Grande » – cam – 50. AE ⓢ ⓞ E VISA JCB.
EZ **a**
Pasto *(chiuso lunedì)* carta 96/140000 – **93 cam** 554/898000, 2 appartamenti.

Bauer Grünwald, campo San Moisè 1459 ✉ 30124 ✆ 5207022, Telex 410075, Fax 5207557, ≤ Canal Grande, – 25 a 150. AE ⓢ ⓞ E VISA. rist
FZ **h**
Pasto carta 90/140000 – **214 cam** 350/650000, 3 appartamenti.

DINTORNI DI VENEZIA CON RISORSE ALBERGHIERE

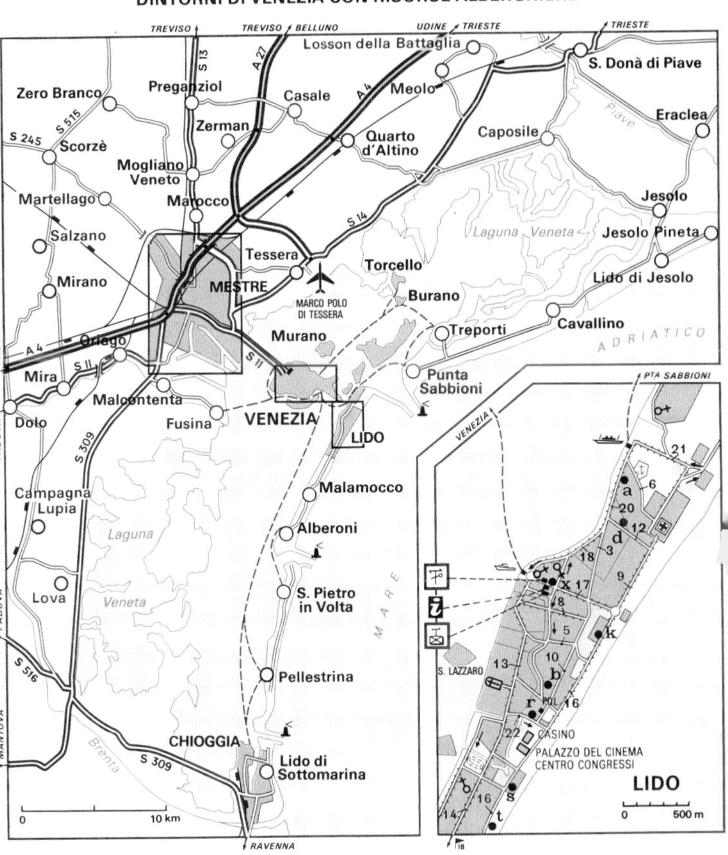

Aquileia (Via) 3
Bragadin (Via M.A.) 5
Cipro (Via) 6
Dandolo (Viale E.) 8
D'Annunzio (Lungomare) 9
Dardanelli (Via) 10
Duodo (Via F.) 12
Gallo (Via S.) 13
Malamocco (Via) 14
Marconi (Lungomare) 16
S. M. Elisabetta (Gr. Viale) 17
S. M. Elisabetta (Riviera) 18
S. Nicolò (Riviera) 20
Selva (Via G.) 21
4 Fontane (Via) 22

Londra Palace, riva degli Schiavoni 4171 ✉ 30122 ☎ 5200533, Telex 420681, Fax 5225032, ⋞ canale di San Marco – ▤ TV ☎. AE ⓢ ⓞ E VISA JCB GZ t
Pasto al Rist. ***Do Leoni*** (Rist. elegante coperti limitati prenotare) carta 84/136000 – **57 cam** ☕ 350/410000.

Europa e Regina Cigahotel, calle larga 22 Marzo 2159 ✉ 30124 ☎ 5200477, Telex 410123, Fax 5231533, ⋞ Canal Grande, « Servizio rist. estivo all'aperto sul Canal Grande » – ▤ TV ☎ ♿ – 30 a 140. AE ⓢ ⓞ E VISA JCB. ✻ rist FZ d
Pasto 85/90000 – ☕ 26000 – **192 cam** 363/583000, 13 appartamenti.

Monaco e Grand Canal, calle Vallaresso 1325 ✉ 30124 ☎ 5200211, Telex 410450, Fax 5200501, ⋞ Canal Grande e Chiesa di Santa Maria della Salute, « Servizio rist estivo all'aperto sul Canal Grande » – ▤ TV ☎ ♿ – 40. AE ⓢ ⓞ E VISA JCB ✻ cam FZ e
Pasto al Rist. ***Grand Canal*** carta 100/145000 – **70 cam** ☕ 350/520000, 2 appartamenti.

Metropole, riva degli Schiavoni 4149 ✉ 30122 ☎ 5205044, Telex 410340, Fax 5223679 ⋞ canale di San Marco, « Collezioni di piccoli oggetti d'epoca » – ▤ TV ☎ – 40. AE ⓢ ⓞ E VISA JCB DU
Pasto 51000 – **74 cam** ☕ 450/540000 – ½ P 321000.

Luna Hotel Baglioni, calle larga dell'Ascensione 1243 ✉ 30124 ℘ 5289840, Telex 410236, Fax 5287160 – |♦| ⇌ cam ▤ TV ☎ – 🏛 30 a 150. AE ⓢ ⦿ E VISA JCB. ✻ rist FZ **p**
Pasto 90/110000 e al Rist. ***Canova*** carta 67/115000 – **87 cam** ☕ 340/595000, 6 appartamenti.

Sofitel, giardini Papadopoli, Santa Croce 245 ✉ 30135 ℘ 710400, Telex 410310, Fax 710394 – |♦| ⇌ cam ▤ TV ☎ – 🏛 60. AE ⓢ ⦿ E VISA. ✻ rist AT **k**
Pasto carta 75/115000 – **92 cam** ☕ 380/480000 – ½ P 315000.

Starhotel Splendid-Suisse, San Marco-Mercerie 760 ✉ 30124 ℘ 5200755, Telex 410590, Fax 5286498 – |♦| ⇌ ▤ TV ☎ – 🏛 80. AE ⓢ ⦿ E VISA JCB. ✻ rist FY **n**
Pasto (solo per clienti alloggiati) – **157 cam** ☕ 410/600000 – ½ P 350000.

Saturnia e International, calle larga 22 Marzo 2398 ✉ 30124 ℘ 5208377, Fax 5207131, 🏠, « Palazzo patrizio del 14° secolo » – |♦| ▤ TV ☎ – 🏛 60. AE ⓢ ⦿ E VISA JCB. ✻ rist
Pasto vedere rist **La Caravella** – **95 cam** ☕ 380/494000. EZ **n**

Bellini senza rist, Cannaregio 116-Lista di Spagna ✉ 30121 ℘ 5242488, Fax 715193 – |♦| ▤ TV ☎. AE ⓢ ⦿ E VISA JCB. ✻ AT **f**
67 cam ☕ 270/390000, 3 appartamenti.

Amadeus, Lista di Spagna 227 ✉ 30121 ℘ 715300, Telex 420811, Fax 5240841, « Giardino » – |♦| ▤ TV ☎ – 🏛 40 a 150. AE ⓢ ⦿ E VISA JCB AT **b**
Pasto 55/75000 ed al Rist. ***Il Papageno*** *(chiuso mercoledì escluso da maggio a settembre)* carta 47/81000 (12%) – **63 cam** ☕ 270/380000.

Cavalletto, calle del Cavalletto 1107 ✉ 30124 ℘ 5200955, Telex 410684, Fax 5238184, ← – |♦| ▤ TV ☎. AE ⓢ ⦿ E VISA. ✻ rist FZ **f**
Pasto carta 63/129000 (12%) – **96 cam** ☕ 330/440000 – ½ P 270000.

La Fenice et des Artistes senza rist, campiello de la Fenice 1936 ✉ 30124 ℘ 5232333, Fax 5203721 – |♦| ▤ TV ☎. AE ⓢ ⦿ E VISA EZ **v**
65 cam ☕ 190/300000, 3 appartamenti.

Rialto, riva del Ferro 5149 ✉ 30124 ℘ 5209166, Telex 420809, Fax 5238958, ← Ponte di Rialto – ▤ TV ☎. AE ⓢ ⦿ E VISA JCB. ✻ FY **v**
Pasto *(chiuso giovedì e da novembre al 20 marzo)* carta 45/69000 (12%) – **71 cam** ☕ 220/310000.

Concordia senza rist, calle larga San Marco 367 ✉ 30124 ℘ 5206866, Telex 411069, Fax 5206775 – |♦| ▤ TV ☎. AE ⓢ ⦿ E VISA JCB GZ **r**
55 cam ☕ 300/450000.

Giorgione senza rist, SS. Apostoli 4587 ✉ 30131 ℘ 5225810, Telex 420598, Fax 5239092 – |♦| ▤ TV ☎. AE ⓢ ⦿ E VISA JCB. ✻ FX **b**
58 cam ☕ 210/300000, 10 appartamenti.

Flora 🐚 senza rist, calle larga 22 Marzo 2283/a ✉ 30124 ℘ 5205844, Telex 410401, Fax 5228217, « Piccolo giardino fiorito » – |♦| ▤ TV ☎. AE ⓢ ⦿ E VISA JCB EZ **t**
44 cam ☕ 210/280000.

Marconi senza rist, San Polo 729 ✉ 30125 ℘ 5222068, Telex 410073, Fax 5229700 – ▤ TV ☎. AE ⓢ ⦿ E VISA JCB FY **a**
26 cam ☕ 218/311000.

Santa Chiara senza rist, Santa Croce 548 ✉ 30125 ℘ 5206955, Telex 420690, Fax 5228799 – |♦| ▤ TV ☎ Ⓟ. AE ⓢ ⦿ E VISA. ✻ AT **c**
☕ 20000 – **28 cam** 270/295000.

San Cassiano-Cà Favretto senza rist, Santa Croce 2232 ✉ 30135 ℘ 5241768, Telex 420810, Fax 721033, ← – ▤ TV ☎. AE ⓢ E VISA JCB EX **f**
35 cam ☕ 218/311000.

Spagna senza rist, lista di Spagna 184 ✉ 30121 ℘ 715011, Telex 420360, Fax 715318 – |♦| ▤ TV ☎. AE ⓢ ⦿ E VISA JCB AT **g**
19 cam ☕ 190/270000.

Firenze senza rist, San Marco 1490 ✉ 30124 ℘ 5222858, Telex 410627, Fax 5202668 – |♦| ▤ TV ☎. AE ⓢ E VISA JCB. ✻ FZ **a**
25 cam ☕ 210/305000.

Ala senza rist, campo Santa Maria del Giglio 2494 ✉ 30124 ℘ 5208333, Telex 410275, Fax 5206390 – |♦| ▤ TV ☎. AE ⓢ ⦿ E VISA JCB. ✻ EZ **e**
85 cam ☕ 180/250000.

Panada senza rist, San Marco-calle dei Specchieri 646 ✉ 30124 ℘ 5209088, Telex 410153, Fax 5209619 – |♦| ▤ TV ☎. AE ⓢ ⦿ E VISA JCB GY **v**
48 cam ☕ 200/300000.

Pausania senza rist, Dorsoduro 2824-fondamenta Gherardini ✉ 30123 ℘ 5222083, Telex 420178, Fax 5222989 – ▤ TV ☎. AE ⓢ E VISA JCB AU **a**
23 cam ☕ 190/280000.

Savoia e Jolanda, riva degli Schiavoni 4187 ✉ 30122 ℘ 5206644, Telex 410620, Fax 5207494, ← canale di San Marco, 🏠 – |♦| ▤ ☎. AE ⓢ ⦿ E VISA. ✻ rist GZ **x**
Pasto *(chiuso martedì)* 45000 – **80 cam** ☕ 210/290000 – ½ P 190000.

Bisanzio 🐚 senza rist, calle della Pietà 3651 ✉ 30122 ℘ 5203100, Telex 420099, Fax 5204114 – |♦| ▤ TV ☎. AE ⓢ ⦿ E VISA JCB DU **d**
39 cam ☕ 200/280000.

Santa Marina senza rist, campo Santa Marina 6068 ✉ 30122 ℰ 5239202, Fax 5200907 – ▤ TV ☎. AE (§) (D) E VISA JCB. ✂ GXY **a**
16 cam ☐ 200/300000.

Castello senza rist, Castello-calle Figher 4365 ✉ 30122 ℰ 5230217, Fax 5211023 – ▤ TV ☎. AE (§) (D) E VISA. ✂ GY **b**
26 cam ☐ 200/300000.

Torino senza rist, calle delle Ostreghe 2356 ✉ 30124 ℰ 5205222, Fax 5228227 – ▤ TV ☎. AE (§) (D) E VISA EZ **z**
19 cam ☐ 195/280000.

Gardena senza rist, fondamenta dei Tolentini 239 ✉ 30135 ℰ 5235549, Fax 5220782 – |‡| ▤ TV ☎. AE (§) (D) E VISA JCB. ✂ AT **s**
22 cam ☐ 170/260000.

Do Pozzi, calle larga 22 Marzo 2373 ✉ 30124 ℰ 5207855, Fax 5229413 – |‡| ▤ TV ☎. AE (§) (D) E VISA JCB EZ **h**
chiuso dal 7 al 31 gennaio – **Pasto** vedere rist **Da Raffaele** – **29 cam** ☐ 180/240000.

American senza rist, San Vio 628 ✉ 30123 ℰ 5204733, Telex 410508, Fax 5204048 – ▤ TV ☎. AE (§) E VISA. ✂ BV **b**
29 cam ☐ 190/290000.

Kette senza rist, San Marco-piscina San Moisè 2053 ✉ 30124 ℰ 5207766, Telex 420653, Fax 5228964 – |‡| ▤ TV ☎. AE (§) (D) E VISA. ✂ EZ **s**
44 cam ☐ 190/280000.

Olimpia senza rist, Santa Croce 395-fondamenta delle Burchielle ✉ 30135 ℰ 711041, Telex 420847, Fax 5220945, ⛴ – |‡| ▤ TV ☎. AE (§) (D) E VISA JCB AT **e**
31 cam ☐ 190/280000.

Abbazia senza rist, calle Priuli 68 ✉ 30121 ℰ 717333, Telex 420680, Fax 717949, ⛴ – ▤ TV ☎. AE (§) (D) E VISA. ✂ AT **a**
39 cam ☐ 190/240000.

Arlecchino senza rist, Santa Croce 390 ✉ 30135 ℰ 5203065 – ▤ TV ☎. AE (§) (D) E VISA JCB AT **n**
21 cam ☐ 190/280000.

Casanova senza rist, San Marco-Frezzeria 1284 ✉ 30124 ℰ 5206855, Fax 5206413 – |‡| ▤ TV ☎. AE (§) (D) E VISA JCB FZ **a**
45 cam ☐ 215/330000.

San Moisè senza rist, San Marco 2058 ✉ 30124 ℰ 5203755, Telex 420655, Fax 5210670 – ▤ TV ☎. AE (§) (D) E VISA JCB EZ **b**
16 cam ☐ 218/311000.

Locanda Sturion senza rist, San Polo-calle Sturion 679 ✉ 30125 ℰ 5236243, Fax 5228378 – ▤ TV ☎. AE (§) E VISA JCB EY **a**
11 cam ☐ 160/240000.

Falier senza rist, salizzada San Pantalon 130 ✉ 30135 ℰ 710882, Fax 5206554 – ☎. AE (§) (D) E VISA. ✂ AT **h**
19 cam ☐ 160/185000.

Ateneo senza rist, San Marco 1876-calle Minelli ✉ 30124 ℰ 5200777, Fax 5228550 – ▤ TV ☎. AE (§) (D) E VISA JCB EZ **d**
20 cam ☐ 218/311000.

Canaletto senza rist, Castello San Lio 5487 ✉ 30122 ℰ 5220518, Fax 5229023 – ▤ TV ☎. AE (§) E VISA FY **b**
20 cam ☐ 150/200000.

Agli Alboretti, Accademia 884 ✉ 30123 ℰ 5230058, Fax 5210158, ⛱ – ☎. AE (§) (D) E VISA BV **a**
Pasto *(chiuso a mezzogiorno escluso dal 15 aprile al 15 ottobre, mercoledì, gennaio e dal 1° al 21 agosto)* carta 54/103000 – **20 cam** ☐ 130/200000 – ½ P 150000.

San Zulian senza rist, San Marco 535 ✉ 30124 ℰ 5225872, Fax 5232265 – ▤ TV ☎. AE (§) (D) E VISA JCB FY **h**
18 cam ☐ 170/200000.

Paganelli senza rist, riva degli Schiavoni 4687 ✉ 30122 ℰ 5224324, Fax 5239267 – ▤ ☎. AE (§) E VISA. ✂ GZ **t**
22 cam ☐ 130/190000.

Accademia senza rist, Dorsoduro-fondamenta Bollani 1058 ✉ 30123 ℰ 5237846, Fax 5239152, « Giardino » – ▤ ☎. AE (§) (D) E VISA. ✂ AU **b**
27 cam ☐ 145/225000.

Basilea senza rist, rio Marin 817 ✉ 30135 ℰ 718477, Telex 420320, Fax 720851 – ▤ TV ☎. (§) VISA. ✂ AT **d**
30 cam ☐ 180/250000.

Serenissima senza rist, calle Goldoni 4486 ✉ 30124 ℰ 5200011, Fax 5223292 – ▤ ☎. AE (§) E VISA FYZ **w**
chiuso dal 15 novembre al 25 dicembre e dal 7 gennaio al 1° febbraio – **34 cam** ☐ 140/190000.

Astoria senza rist, calle Fiubera 951 ✉ 30124 ℰ 5225381, Fax 5200771 – TV ☎. AE (§) (D) E VISA JCB. ✂ FZ **v**
15 marzo-15 novembre – **28 cam** ☐ 120/170000.

XXXX **Caffè Quadri,** piazza San Marco 120 ✉ 30124 ☎ 5289299, Fax 5208041 – AE ⓢ ⓓ VISA JCB. ✻ FZ **y**
chiuso lunedì – **Pasto** carta 93/150000.

XXXX **Antico Martini,** campo San Fantin 1983 ✉ 30124 ☎ 5224121, Fax 5289857, 宀 – ▤. AE ⓢ ⓓ E VISA JCB. ✻ EZ **x**
chiuso a mezzogiorno dal 24 novembre a marzo – **Pasto** carta 74/120000 (15 %).

XXX ✿ **Harry's Bar,** calle Vallaresso 1323 ✉ 30124 ☎ 5285777, Fax 5208822, Rist.-american bar – ▤. AE ⓢ ⓓ E VISA FZ **n**
chiuso lunedì da novembre a marzo – **Pasto** carta 123/188000 (10 %)
Spec. Risotto alle seppie. Scampi alla Thermidor. Pasticceria della casa.

XXX **La Caravella** - Hotel Saturnia e International, calle larga 22 Marzo 2397 ✉ 30124 ☎ 5208901, 宀, Rist. caratteristico, Coperti limitati; prenotare – ▤. AE ⓢ ⓓ E VISA JCB. ✻ EZ **m**
chiuso mercoledì escluso da giugno a settembre – **Pasto** carta 75/132000.

XXX **La Colomba,** piscina di Frezzeria 1665 ✉ 30124 ☎ 5221175, Fax 5221468, 宀, « Raccolta di quadri d'arte contemporanea » – ▤ – 🅰 60. AE ⓢ ⓓ E VISA JCB. ✻ FZ **m**
chiuso mercoledì escluso maggio-giugno e settembre-ottobre – **Pasto** carta 78/133000 (15 %).

XXX **Taverna la Fenice,** campiello de la Fenice ✉ 30124 ☎ 5223856, Fax 5236866, « Servizio estivo all'aperto » – AE ⓢ ⓓ E VISA. ✻ EZ **v**
chiuso domenica, lunedì a mezzogiorno e dal 10 al 31 gennaio – **Pasto** 40/60000 (15 %) a mezzogiorno 55/75000 (15 %) alla sera e carta 53/86000 (15 %).

XXX Al Campiello, calle dei Fuseri 4346 ✉ 30124 ☎ 5206396, Fax 5206396, Rist.-american-bar-soupers, Coperti limitati; prenotare – ▤ FZ **z**

XX **Do Forni,** calle dei Specchieri 457/468 ✉ 30124 ☎ 5237729, Fax 5288132 – ▤. AE ⓢ ⓓ E VISA JCB GY **c**
Pasto carta 60/90000 (12 %).

XX **Harry's Dolci,** Giudecca 773 ✉ 30133 ☎ 522484, Fax 5222322, « Servizio estivo all'aperto sul Canale della Giudecca » – ▤. AE ⓓ E VISA AV **a**
aprile-6 novembre; chiuso martedì – **Pasto** 75000 e carta 70/119000 (12 %).

XX ✿ **Osteria da Fiore,** San Polo-calle del Scaleter 2202/A ✉ 30125 ☎ 721308, Fax 721343, Specialità di mare, Coperti limitati, prenotare – ▤. AE ⓢ ⓓ E VISA BT **a**
chiuso domenica, lunedì, dal 23 dicembre all'11 gennaio ed agosto – **Pasto** carta 66/111000
Spec. Spaghetti coi caparossoli. Filetto di rombo in crosta di patate profumate al rosmarino. Cialda croccante con crema e frutti di bosco.

XX **Al Covo,** campiello della Pescaria 3968 ✉ 30122 ☎ 5223812 – ⚡. AE ⓢ E VISA DU **s**
chiuso mercoledì, giovedì e dal 10 al 20 agosto – **Pasto** 40000 e carta 60/87000.

XX **Ai Gondolieri,** Dorsoduro-San Vio 366 ✉ 30123 ☎ 5286396 – AE ⓢ ⓓ E VISA. ✻ BV **d**
chiuso martedì – **Pasto** carta 47/71000 (10 %).

XX **Ai Mercanti,** San Polo 1588 ✉ 30125 ☎ 5240282, Fax 5240282 – ▤ EX **u**
chiuso domenica e lunedì a mezzogiorno – **Pasto** carta 56/79000 (12 %).

XX Antico Pignolo, calle dei Specchieri 451 ✉ 30124 ☎ 5228123, Fax 5209007 – ▤ GY **v**

XX **Cantinone Storico,** Dorsoduro-San Vio 660/661 ✉ 30123 ☎ 5239577, Fax 5239577 – AE ⓢ E VISA. ✻ BV **b**
chiuso domenica – **Pasto** carta 40/60000.

XX **Al Graspo de Ua,** calle dei Bombaseri 5094 ✉ 30124 ☎ 5200150, Fax 5233917, Taverna caratteristica – ▤. AE ⓢ ⓓ E VISA FY **x**
chiuso lunedì, martedì, dal 20 dicembre al 13 gennaio e dal 1º al 18 agosto – **Pasto** carta 52/83000 (16 %).

XX **Fiaschetteria Toscana,** San Giovanni Crisostomo 5719 ✉ 30121 ☎ 5285281, Fax 5285521, 宀 – ▤. AE ⓢ ⓓ E VISA FX **p**
chiuso martedì e dal 6 luglio al 2 agosto – **Pasto** carta 43/70000 (12 %).

XX **Caffè Orientale,** San Polo-calle del Caffettier 2426 ✉ 30125 ☎ 719804, Fax 715167, 宀 – AE ⓢ ⓓ E VISA AT **w**
chiuso domenica sera e lunedì – **Pasto** carta 45/76000.

XX **Vini da Gigio,** Cannaregio 3628/a - Fondamenta San Felice ✉ 30131 ☎ 5285140, Coperti limitati; prenotare – AE ⓢ ⓓ E VISA BT
chiuso lunedì, dal 7 al 21 gennaio e dal 7 al 21 agosto – **Pasto** carta 39/73000.

XX **Da Mario-alla Fava,** San Bartolomeo-calle Stagneri 5242 ✉ 30124 ☎ 5285147 – AE ⓢ ⓓ E VISA FY **c**
chiuso dal 7 al 31 gennaio, domenica in luglio-agosto e mercoledì negli altri mesi – **Pasto** 28000 e carta 47/74000 (12 %).

XX **Da Ivo,** San Marco-calle dei Fuseri 1809 ✉ 30124 ☎ 5285004, Fax 5205889, Coperti limitati; prenotare – ▤. AE ⓢ ⓓ E VISA. ✻ FZ **s**
chiuso domenica e gennaio – **Pasto** carta 70/107000 (14 %).

XX **Da Raffaele,** calle larga 22 Marzo 2347 ✉ 30124 ✆ 5232317, 🍽, « Collezione di armi antiche, ceramiche ed oggetti in rame » – ▤. AE 🅂 ⓘ E VISA JCB EZ **z**
chiuso giovedì e dal 10 dicembre al 25 gennaio – **Pasto** carta 50/80000 (12%).

XX **Hostaria da Franz,** Castello-fondamenta San Isepo 754 ✉ 30122 ✆ 5227505, Coperti limitati; prenotare – 🅂 ⓘ E VISA per Riva dei 7 Martiri DV
chiuso martedì e gennaio – **Pasto** carta 63/88000.

X **Agli Amici,** San Polo-calle Botteri 1544 ✉ 30125 ✆ 5241309, Coperti limitati; prenotare – VISA EX **b**
chiuso mercoledì – **Pasto** carta 43/65000 (10%).

X **Trattoria alla Madonna,** calle della Madonna 594 ✉ 30125 ✆ 5223824, Fax 5210167, Trattoria veneziana – AE 🅂 E VISA JCB. ✂ EY **e**
chiuso mercoledì, dal 24 dicembre a gennaio e dal 4 al 17 agosto – **Pasto** carta 38/59000 (12%).

X **Al Conte Pescaor,** piscina San Zulian 544 ✉ 30124 ✆ 5221483, Rist. rustico – ▤
chiuso domenica e dal 7 gennaio al 7 febbraio – **Pasto** carta 42/71000. FY **h**

X **Antica Carbonera,** calle Bembo 4648 ✉ 30124 ✆ 5225479, Trattoria veneziana – ▤. AE 🅂 ⓘ E VISA JCB FY **q**
chiuso dall'8 gennaio al 2 febbraio, dal 20 luglio al 10 agosto, domenica in luglio-agosto e martedì negli altri mesi – **Pasto** carta 43/80000 (12%).

X **Da Bruno,** Castello-calle del Paradiso 5731 ✉ 30122 ✆ 5221480 – ▤. AE 🅂 VISA JCB GY **r**
chiuso martedì, dal 15 al 31 gennaio e dal 15 al 30 luglio – **Pasto** carta 33/46000 (10%).

X **Al Giardinetto-da Severino,** ruga Giuffa 4928 ✉ 30122 ✆ 5285332, « Servizio estivo all'aperto sotto un pergolato » – AE 🅂 ⓘ E VISA JCB GY **t**
chiuso giovedì e dal 7 gennaio al 7 febbraio – **Pasto** carta 43/58000 (12%).

X **Da Nico,** piscina di Frezzeria 1702 ✉ 30124 ✆ 5221543, Fax 5221543 – ▤. AE 🅂 ⓘ E VISA FZ **c**
chiuso domenica, dal 10 gennaio al 10 febbraio e dal 30 luglio al 14 agosto – **Pasto** carta 49/81000 (12%).

al Lido 15 mn di vaporetto da San Marco FZ – ✉ **30126** Venezia Lido.

Accesso consentito agli autoveicoli durante tutto l'anno da Piazzale Roma.

🅘 Gran Viale S. M. Elisabetta 6 ✆ 5265721 :

Excelsior, lungomare Marconi 41 ✆ 5260201, Telex 410023, Fax 5267276, ≤, 🍽, 🏊, 🏖, 🏌18 – 🛗 ▤ 📺 ☎ ♿ 🚗 🅿 – 🏛 40 a 600. **s**
stagionale – **197 cam.**

Des Bains, lungomare Marconi 17 ✆ 5265921, Telex 410142, Fax 5260113, ≤, 🍽, « Parco fiorito con 🏊 riscaldata e 🎾 », ≘s, 🏖 – 🛗 ▤ 📺 ☎ 🅿 – 🏛 90 a 380. AE 🅂 ⓘ E VISA. ✂ rist **k**
aprile-ottobre – **Pasto** 90/120000 – ☕ 29500 – **191 cam** 412/495000, appartamento – ½ P 342/424000.

Villa Mabapa, riviera San Nicolò 16 ✆ 5260590, Telex 410357, Fax 5269441, « Servizio rist. estivo in giardino » – 🛗 ▤ 📺 ☎ ♿ – 🏛 85. AE 🅂 ⓘ E VISA JCB. ✂ rist **a**
chiuso dal 9 gennaio al 9 febbraio – **Pasto** carta 50/76000 – **61 cam** ☕ 260/380000 – ½ P 150/210000.

Quattro Fontane 🌿, via 4 Fontane 16 ✆ 5260227, Telex 411006, Fax 5260726, « Servizio estivo in giardino », 🎾 – ▤ 📺 ☎ 🅿 – 🏛 40. AE 🅂 ⓘ E VISA. ✂ rist **r**
5 aprile-ottobre – **Pasto** carta 85/131000 – **62 cam** ☕ 250/400000 – ½ P 230/270000.

Le Boulevard senza rist, Gran Viale S. M. Elisabetta 41 ✆ 5261990, Telex 410185, Fax 5261917 – 🛗 ▤ 📺 ☎ 🅿 – 🏛 60. AE 🅂 ⓘ E VISA JCB. ✂ **x**
45 cam ☕ 310/420000.

La Meridiana senza rist, via Lepanto 45 ✆ 5260343, Fax 5269240, 🌳 – 🛗 ▤ 📺 ☎. AE 🅂 ⓘ E VISA **b**
chiuso dal 15 novembre al 27 dicembre e dal 7 gennaio al 10 febbraio – **33 cam** ☕ 185/250000, ▤ 20000.

Petit Palais senza rist, lungomare Marconi 54 ✆ 5265993, Fax 5260781, ≤ – 🛗 ▤ 📺 ☎. AE 🅂 ⓘ E VISA **t**
chiuso dal 7 gennaio al 9 febbraio – **26 cam** ☕ 220/260000.

X **Trattoria Favorita,** via Francesco Duodo 33 ✆ 5261626, Fax 5267296, « Servizio estivo all'aperto » – AE 🅂 ⓘ E VISA **d**
chiuso lunedì e dal 15 gennaio al 15 febbraio – **Pasto** carta 46/74000.

X **Al Vecio Cantier,** via della Droma 76 località Alberoni S : 10 km ✉ 30011 Alberoni ✆ 5268130, 🍽, Specialità di mare, prenotare – AE 🅂 E VISA
febbraio-ottobre; chiuso lunedì e martedì, da luglio a settembre aperto martedì sera – **Pasto** carta 43/92000.

a Murano 10 mn di vaporetto da Fondamenta Nuove CT e 1 h 10 mn di vaporetto da Punta Sabbioni – ✉ **30121** :

X **Ai Frati,** ✆ 736694, 🍽, Trattoria marinara
chiuso giovedì e febbraio – **Pasto** carta 40/65000 (12%).

a Burano 50 mn di vaporetto da Fondamenta Nuove CT e 32 mn di vaporetto da Punta Sabbioni – ✉ **30012** :

✗ **Al Gatto Nero-da Ruggero,** ✆ 730120, Fax 735570, ☂, Trattoria tipica – AE 🅂 ⓓ E VISA
chiuso lunedì, dal 30 gennaio al 10 febbraio e dal 30 ottobre al 15 novembre – **Pasto** carta 43/75000.

✗ **Galuppi,** ✆ 730081, Fax 730081, ☂ – AE 🅂 E VISA
chiuso dal 15 gennaio al 15 febbraio e giovedì (escluso da aprile a settembre) – **Pasto** carta 43/66000 (10 %).

a Torcello 45 mn di vaporetto da Fondamenta Nuove CT e 37 mn di vaporetto da Punta Sabbioni – ✉ **30012** Burano :

✗✗ **Locanda Cipriani,** ✆ 730150, Fax 735433, « Servizio estivo in giardino » – ▤. AE 🅂 ⓓ E VISA
chiuso martedì e da gennaio al 18 febbraio – **Pasto** carta 82/115000 (15 %).

✗✗ **Ostaria al Ponte del Diavolo,** ✆ 730401, Fax 730250, « Servizio estivo all'aperto », ☂ – AE 🅂 E VISA JCB
chiuso gennaio, febbraio, giovedì e la sera (escluso sabato) – **Pasto** carta 57/89000 (10 %).

☛ *Per spostarvi più rapidamente utilizzate le* *carte Michelin "Grandi Strade"* :
n° 970 Europa, *n°* 976 Rep. Ceca/Slovacchia, *n°* 980 Grecia, *n°* 984 Germania,
n° 985 Scandinavia-Finlandia, *n°* 986 Gran Bretagna-Irlanda, *n°* 987 Germania-Austria-Benelux,
n° 988 Italia, *n°* 989 Francia, *n°* 990 Spagna-Portogallo, *n°* 991 Jugoslavia.

VENOSA **85029** Potenza 988 ㉘, 431 E 29 – 12 369 ab. alt. 412 – ✆ 0972.

Roma 327 – ◆Bari 128 – ◆Foggia 74 – ◆Napoli 139 – Potenza 68.

Il Guiscardo, via Accademia dei Rinascenti 106 ✆ 32362, Fax 32916 – |‡| ▤ TV ☎ P – 🔑 200. AE 🅂 E VISA. ⚘
Pasto carta 25/40000 – ☕ 5000 – **36 cam** 87/98000 – ½ P 82000.

Villa del Sorriso, via Appia 135 ✆ 35975, Fax 35976 – TV ☎ 🚗 P. 🅂 ⓓ E VISA. ⚘ cam
Pasto 18/25000 – ☕ 7000 – **29 cam** 40/65000 – ½ P 60/65000.

VENTIMIGLIA **18039** Imperia 988 ⑫, 428 K 4 – 26 685 ab. – ✆ 0184.

Dintorni Giardini Hanbury★★ a Mortola Inferiore O : 6 km.

Escursioni Riviera di Ponente★ Est.

ℹ via Cavour 59 ✆ 351183.

Roma 658 ① – Imperia 48 ② – Cuneo 89 ① – ◆Genova 159 ① – ◆Milano 282 ① – ◆Nice 40 ① – San Remo 17 ②.

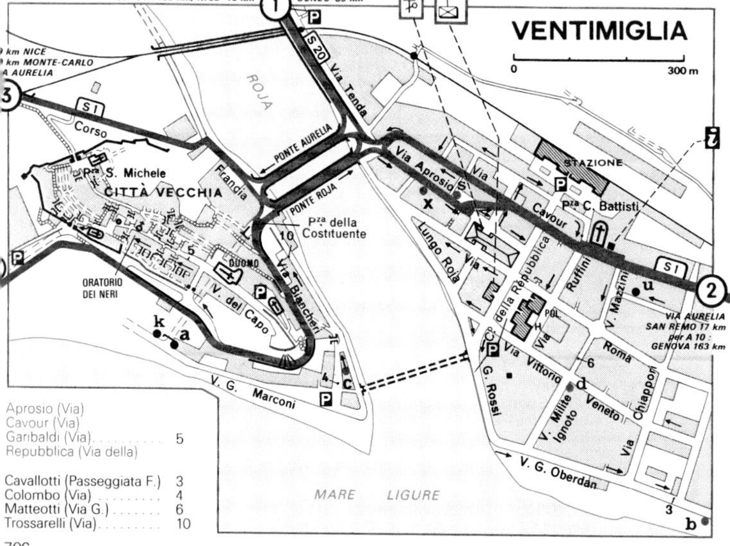

Kaly, lungomare Trento e Trieste 44 ℘ 295218, Fax 295218, ≤ – |♦| TV ☎ P. AE ⑤ ① E VISA. ✻ per via G. Oberdan
Pasto 35/45000 – ☐ 7500 – **27 cam** 73/100000 – ½ P 95000.

Sole Mare, via Marconi 12 ℘ 351854, Fax 230988, ≤ – |♦| TV ☎ ☏. AE ⑤ ① E VISA. ✻ cam **a**
chiuso dal 5 novembre al 20 dicembre – **Pasto *al Rist. Pasta e Basta*** (solo primi piatti) *chiuso a mezzogiorno (escluso sabato-domenica) e mercoledì* carta 17/23000 – ☐ 10000 – **28 cam** 100/110000.

Sea Gull senza rist, via Marconi 24 ℘ 351726, Fax 231217, ≤ – |♦| TV ☎. AE ⑤ ① E VISA **k**
☐ 9000 – **27 cam** 90/100000.

Posta senza rist, via Sottoconvento 15 ℘ 351218, Fax 231600 – |♦| TV ☎. ⑤ E VISA. ✻ **u**
chiuso dal 7 gennaio al 20 marzo – **18 cam** ☐ 60/100000.

Marco Polo, passeggiata Cavallotti ℘ 352678, Fax 355684, 余, ⛱ – AE ⑤ ① E VISA **b**
chiuso dall'8 gennaio a febbraio, domenica sera e lunedì (escluso luglio-agosto) – **Pasto** 34000 e carta 47/70000.

Ustaria d'a Porta Marina, via Trossarelli 22 ℘ 351650, 余 – AE ⑤ ① E VISA JCB **c**
chiuso dal 13 novembre al 7 dicembre, martedì sera e mercoledì (escluso luglio-agosto) – **Pasto** carta 45/68000 (15%).

Nanni, via Milite Ignoto 3/d ℘ 33230, Fax 33230, 余 – ⑤ ① E VISA **d**
chiuso le sere di domenica e lunedì (escluso luglio-agosto) – **Pasto** carta 40/52000.

Cuneo, via Aprosio 16 ℘ 33576 – ▤ **x**
chiuso martedì sera, mercoledì e giugno – **Pasto** carta 41/84000 (10%).

Bolognese, via Aprosio 21/a ℘ 351779 **s**
chiuso la sera, lunedì e dal 10 dicembre al 20 gennaio – **Pasto** carta 32/59000.

a Castel d'Appio per ③ : 5 km – alt. 344 – ✉ **18039** :

La Riserva ⛰ con cam, ℘ 229533, Fax 229712, ≤ mare e costa, « Servizio rist. estivo in terrazza panoramica », ⛱, 🌳 – TV ☎ P. AE ⑤ ① E VISA. ✻
18 dicembre-6 gennaio e 10 aprile-20 settembre – **Pasto** carta 53/89000 (15%) – **25 cam** ☐ 140/180000 – ½ P 135000.

verso la frontiera di Ponte San Ludovico :

✿✿ **Balzi Rossi,** alla frontiera per ③ : 8 km ✉ 18039 Ventimiglia ℘ 38132, Fax 38532, Coperti limitati; prenotare, « Servizio estivo in terrazza con ≤ mare e costa » – ▤. AE ⑤ ① E VISA
chiuso dal 1° al 15 marzo, dal 13 novembre al 1° dicembre, lunedì, martedì a mezzogiorno ed in luglio-agosto anche domenica a mezzogiorno – **Pasto** 75000 bc (escluso sabato sera) 155000 bc e carta 94/155000
Spec. "Cundiun" con crostacei e bottarga (maggio-ottobre), Ravioli di verdure e coniglio con olive nere taggiasche all'aroma di basilico, Bianco di branzino in padella con patate e carciofi brasati al sugo di stinco (maggio-ottobre).

✿ **Baia Beniamin** ⛰ con cam, corso Europa 63 località Grimaldi Inferiore per ③ : 6 km ✉ 18039 Ventimiglia ℘ 38002, Fax 38002, ≤, 余, Coperti limitati; prenotare, « In una piccola baia-terrazze fiorite digradanti verso il mare », ⛱ – TV ☎ P. AE ⑤ ① E VISA. ✻
chiuso dal 6 al 20 novembre – **Pasto** *(chiuso lunedì)* 90000 e carta 60/120000 – **5 cam** ☐ 300/400000, 2 appartamenti
Spec. Tortelloni di magro con burro e maggiorana, Bianco di rombo con tortino di patate e porcini (autunno), Sfogliatina calda alle pere con crema inglese (inverno).

VENUSIO Matera 431 E 31 – Vedere Matera.

VERBANIA P 988 ②, 428 E 7 – 30 181 ab. alt. 197 (frazione Pallanza) – ☎ 0323.

Vedere Pallanza★★ – Lungolago★★ – Villa Taranto★★.

Escursioni Isole Borromee★★★ (giro turistico : da Intra 25-50 mn di battello e da Pallanza 10-30 mn di battello).

⛳ Piandisole (aprile-novembre) a Premeno ✉ 28057 ℘ 587100, Fax 587100, NE : 11 km.

⛴ da Intra per Laveno-Mombello giornalieri (20 mm); da Pallanza per le Isole Borromee giornalieri (30 mn) – Navigazione Lago Maggiore: a Intra ℘ 402321 e a Pallanza ℘ 503220.

ℹ a Pallanza, corso Zanitello 8 ℘ 503249, Fax 503249.

Roma 674 – Stresa 17 – Domodossola 38 – Locarno 42 – ♦Milano 95 – Novara 72 – ♦Torino 146.

a Pallanza – ✉ **28048** :

Majestic, via Vittorio Veneto 32 ✆ 504305, Telex 223339, Fax 556379, ≤, « Giardino in riva al lago », ⛱, 🏊, 🎾, 🎾 – 🛗 ▤ rist 📺 ☎ 🅿 – 🏟 30 a 200. AE 🅂 ⓓ E VISA JCB. 🚫 rist
Pasqua-ottobre – **Pasto** carta 53/87000 – **119 cam** ☕ 170/290000 – ½ P 175/175000.

Europalace, viale delle Magnolie 16 ✆ 556441, Fax 556442, ≤ – 🛗 📺 ☎. AE 🅂 ⓓ E VISA
Pasto vedere rist **La Cave** – ☕ 15000 – **44 cam** 140/170000 – ½ P 120/130000.

Belvedere, piazza Imbarcadero ✆ 503202, Fax 504466, ≤ – 🛗 ☎. AE 🅂 ⓓ E VISA. 🚫 rist
marzo-ottobre – **Pasto** 37/45000 – ☕ 12500 – **52 cam** 100/130000 – ½ P 100/110000.

San Gottardo, piazza Imbarcadero ✆ 504465, ≤ – 🛗 ☎. AE 🅂 ⓓ E VISA. 🚫 rist
marzo-ottobre – **Pasto** 37/45000 – ☕ 12500 – **37 cam** 100/130000 – ½ P 100/110000.

La Cave, viale delle Magnolie 16 ✆ 503346, Fax 556442 – AE 🅂 ⓓ E VISA
chiuso mercoledì e gennaio o novembre – **Pasto** carta 43/72000 (10%).

Il Torchio, via Manzoni 20 ✆ 503352, Fax 503352, Coperti limitati; prenotare – AE 🅂 ⓓ E VISA
chiuso lunedì – **Pasto** carta 46/70000.

Paper Moons, piazza Garibaldi 35 ✆ 556362, 🏠, Coperti limitati; prenotare – AE 🅂 E VISA
chiuso lunedì e gennaio – **Pasto** carta 33/47000.

Pace con cam, via Cietti 1 ✆ 557207, Fax 557341, ≤ lago e monti – 🛗 📺 ☎ – 🏟 60. AE 🅂 E VISA
Pasto *(chiuso martedì da ottobre a maggio)* carta 45/65000 – ☕ 12500 – **9 cam** 125000 – ½ P 105000.

a Intra NE : 3 km – ✉ **28044** :

Ancora senza rist, corso Mameli 65 ✆ 53951, Fax 53978, ≤ – 🛗 📺 ☎. AE 🅂 ⓓ E VISA
☕ 20000 – **21 cam** 130/180000, appartamento.

Intra senza rist, corso Mameli 135 ✆ 581393, Fax 581404 – 🛗 📺 ☎ ♿. 🅂 ⓓ E VISA
☕ 15000 – **34 cam** 85/140000.

Touring, corso Garibaldi 26 ✆ 404040, Fax 519001 – ▤ rist 📺 ☎ 🚗 🅿. 🅂 E VISA
chiuso dal 23 dicembre al 23 gennaio – **Pasto** *(chiuso domenica)* carta 29/43000 – ☕ 10000 – **24 cam** 70/100000 – ½ P 80000.

a Fondotoce NO : 6 km – ✉ **28040** :

Piccolo Lago con cam, al lago di Mergozzo NO : 2 km ✆ 496045, Fax 496313, ≤, « Servizio estivo in terrazza sul lago », 🎾, 🏖 – 📺 ☎ 🅿. AE 🅂 ⓓ E VISA
chiuso gennaio – **Pasto** *(chiuso lunedì escluso da aprile a ottobre)* carta 45/87000 (10%) – ☕ 12000 – **12 cam** *(aprile-ottobre)* 85/110000 – ½ P 105000.

a Mergozzo NO : 12 km – ✉ **28040** :

Due Palme, via Pallanza 1 ✆ 80112, Fax 80298, ≤ lago e monti, « Servizio rist. estivo in terrazza sul lago », 🎾 – 🛗 📺 ☎. AE 🅂 ⓓ E VISA
marzo-ottobre – **Pasto** carta 43/88000 – **31 cam** ☕ 90/140000 – ½ P 100000.

La Quartina con cam, via Pallanza 20 ✆ 80118, Fax 80743, « Servizio estivo in terrazza con ≤ lago » – 📺 ☎ 🅿. AE 🅂 ⓓ E VISA JCB
chiuso gennaio e febbraio – **Pasto** *(chiuso mercoledì escluso da giugno ad agosto)* carta 51/77000 – ☕ 12000 – **11 cam** 80/115000 – ½ P 85000.

Vedere anche : ***Borromee (Isole)*** SO : da 10 a 50 mn di battello.

VERBANO Vedere Lago Maggiore.

VERCELLI 13100 🅿 988 ② ⑫, 428 G 7 – 49 167 ab. alt. 131 – ☎ 0161.

ℹ viale Garibaldi 90 ✆ 58002, Fax 257899.

A.C.I. corso Fiume 73 ✆ 255153.

Roma 633 ⑤ – Alessandria 55 ③ – Aosta 121 ③ – ♦Milano 74 ⑤ – Novara 23 ① – Pavia 70 ① – ♦Torino 80 ③.

Piante pagine seguenti

Giardinetto con cam, via Sereno 3 ✆ 257230, Fax 259311, 🏖 – ▤ 📺 ☎. AE 🅂 ⓓ E VISA. 🚫 **c**
chiuso dall'11 al 26 agosto – **Pasto** *(chiuso lunedì)* carta 39/73000 – ☕ 12000 – **8 cam** 80/115000, ▤ 13000 – ½ P 90/100000.

Trattoria San Giovanni, via Trino 49 ✆ 392073 – ▤ 🅿. 🚫 per ③
chiuso lunedì ed agosto – **Pasto** carta 24/49000.

VERCELLI

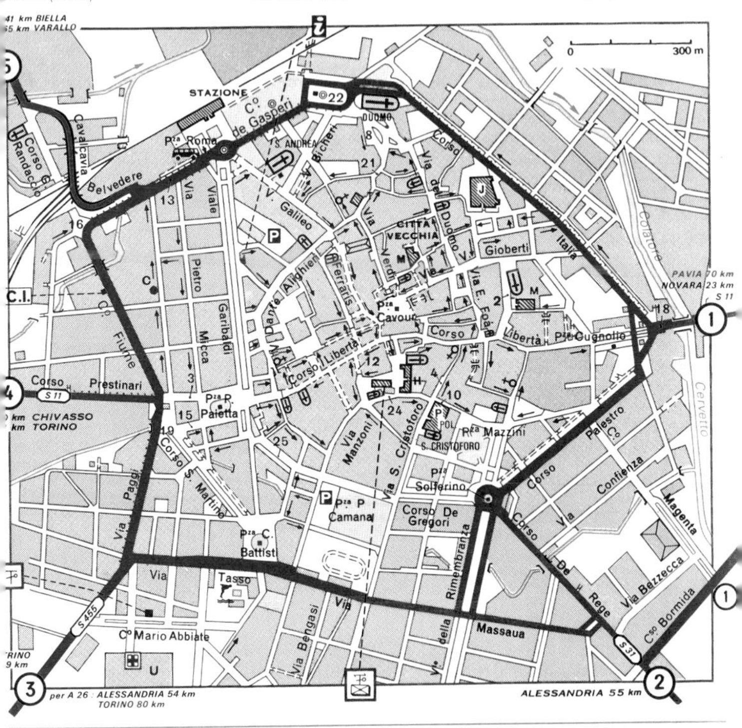

VERDUNO 12060 Cuneo 428 I 5 – 440 ab. alt. 378 – ☎ 0172.
Roma 645 – Cuneo 59 – ◆Torino 61 – Asti 45 – ◆Milano 165 – Savona 98.

- **Real Castello** , ☎ 470125, Fax 470298, – . AE E VISA. rist
  marzo-novembre – **Pasto** (solo su prenotazione) carta 55/88000 – **11 cam** 150/190000, 2 appartamenti – ½ P 120/150000.
- **Il Falstaff**, ☎ 470244, Fax 470244, solo su prenotazione – AE E VISA.
  chiuso lunedì, gennaio e dal 1º al 15 agosto – **Pasto** 75000.

VERGHERETO 47028 Forlì 429 430 K 18 – 2 257 ab. alt. 812 – ☎ 0543.
Roma 287 – Rimini 97 – Arezzo 72 – ◆Firenze 97 – Forlì 72 – ◆Milano 354 – ◆Ravenna 96.

a Balze SE : 12,5 km – alt. 1 091 – ✉ **47020** :

- **Monte Fumaiolo** , NO : 1,5 km, alt. 1 227, ☎ 906614, Fax 906614, ←, – TV ☎ – 100. VISA.
  aprile-ottobre – **Pasto** 28/32000 – **49 cam** 48/95000 – ½ P 102/148000.
- **Paradiso** , NO : 3 km, alt. 1 408, ☎ 906653, Fax 906653, ←, – TV .
  chiuso novembre – **Pasto** carta 40/56000 – 8000 – **12 cam** 100000 – ½ P 75/100000.

VERNAGO (VERNAGT) Bolzano 218 ⑨ – Vedere Senales.

VERNAZZA 19018 La Spezia 428 J 11 – 1 155 ab. – ☎ 0187.
Vedere Località★★.
Dintorni Regione delle Cinque Terre★★ SE e O per ferrovia.
Monterosso al Mare 5 mn di ferrovia – Riomaggiore 10 mn di ferrovia.
Roma 454 – ◆La Spezia 29 – ◆Genova 97.

Gianni Franzi, ℘ 812228, Fax 812228, ≤ porticciolo e costa, – AE Ⓢ ⓞ E VISA
chiuso dall'8 gennaio all'8 marzo e mercoledì (escluso da luglio al 15 settembre) – **Pasto** carta 46/84000.

Al Castello, ℘ 812296,
25 aprile-25 ottobre; chiuso mercoledì escluso luglio-agosto – **Pasto** carta 45/61000.

VERONA 37100 P 988 ④, 428 429 F 14 – 256 756 ab. alt. 59 – ☎ 045.

Vedere Chiesa di San Zeno Maggiore★★ : porte★★★, trittico del Mantegna★★ AY – Piazza delle Erbe★★ CY – Piazza dei Signori★★ CY – Arche Scaligere★★ CYK – Arena★★ : ✳★★ BCYZ – Castelvecchio★★ : museo d'Arte★★ BY – Ponte Scaligero★★ BY – Chiesa di Sant'Anastasia★ : affresco★★ di Pisanello CY **F** – ≤★★ dalle terrazze di Castel San Pietro CY **D** – Teatro Romano★ CY **C** – Duomo★ CY **A** – Chiesa di San Fermo Maggiore★ CYZ **B**.

18 (chiuso martedì) a Sommacampagna ✉ 37066 ℘ 510060, Fax 510242, O : 13 km.

✈ di Villafranca, per ③ : 12 km ℘ 8095666 – Alitalia, corso Porta Nuova 61 ✉ 37122 ℘ 8035700 – ℘ 590688.

ℹ via Leoncino 61 (Palazzo Barbieri) ✉ 37121 ℘ 592828, Fax 8003638 – piazza delle Erbe 42 ✉ 37121 ℘ 8030086.

A.C.I. via della Valverde 34 ✉ 37122 ℘ 595333.

Roma 503 ③ – ♦Milano 157 ③ – ♦Venezia 114 ②.

Piante pagine seguenti

Due Torri Baglioni, piazza Sant'Anastasia 4 ✉ 37121 ℘ 595044, Telex 480524, Fax 8004130, « Elegante arredamento » – ▤ TV ☎ – 50 a 200. AE Ⓢ ⓞ E VISA. rist
Pasto 65/80000 ed al Rist. ***L'Aquila*** carta 65/97000 – **91 cam** ☐ 480/580000, 9 appartamenti. CY **x**

Gabbia d'Oro senza rist, corso Porta Borsari 4/a ✉ 37121 ℘ 8003060, Fax 590293 – ▤ TV ☎. AE Ⓢ ⓞ E VISA CY **t**
☐ 40000 – **27 cam** 400/540000 , 19 appartamenti 410/980000.

Montresor Hotel Palace, via Galvani 19 ✉ 37138 ℘ 575700, Fax 576667 – ▤ TV ☎ – 25 a 100. AE Ⓢ ⓞ E VISA JCB. rist AY **x**
Pasto carta 40/66000 – **64 cam** ☐ 200/300000 – ½ P 190/240000.

Accademia, via Scala 12 ✉ 37121 ℘ 596222, Telex 480874, Fax 596222 – ▤ TV ☎ – 25 a 110. AE Ⓢ ⓞ E VISA JCB. CY **d**
Pasto vedere rist **Accademia** – **91 cam** ☐ 215/370000, 4 appartamenti.

Montresor Hotel Giberti senza rist, via Giberti 7 ✉ 37122 ℘ 8006900, Telex 482210, Fax 8003302 – ▤ TV ☎ P. AE Ⓢ ⓞ E VISA JCB. BZ **e**
80 cam ☐ 250/300000.

Victoria senza rist, via Adua 6 ✉ 37121 ℘ 590566, Telex 480531, Fax 590155, – ▤ TV ☎ BY **r**
43 cam.

Grand Hotel senza rist, corso Porta Nuova 105 ✉ 37122 ℘ 595600, Fax 596385 – ▤ TV ☎ – 170. AE Ⓢ ⓞ E VISA. BZ **b**
65 cam ☐ 205/310000, 5 appartamenti.

Leopardi, via Leopardi 16 ✉ 37138 ℘ 8101444, Fax 8100523 – ▤ TV ☎ P – 30 a 80. AE Ⓢ ⓞ E VISA AY **a**
Pasto vedere rist **La Ginestra** – **81 cam** ☐ 250/300000 – ½ P 150/210000.

Colomba d'Oro senza rist, via Cattaneo 10 ✉ 37121 ℘ 595300, Telex 480872, Fax 594974 – ▤ TV ☎ – 50. AE Ⓢ ⓞ E VISA. BY **n**
☐ 22000 – **49 cam** 190/310000, 2 appartamenti.

San Marco senza rist, via Longhena 42 ✉ 37138 ℘ 569011, Telex 481562, Fax 572299, – ▤ TV ☎ – 100. AE Ⓢ ⓞ E VISA. AY **n**
62 cam ☐ 220/300000.

Firenze senza rist, corso Porta Nuova 88 ✉ 37122 ℘ 8011510, Fax 8011510 – ▤ TV ☎ – 50. AE Ⓢ ⓞ E VISA JCB BZ **d**
☐ 21000 – **59 cam** 180/220000, 2 appartamenti.

Piccolo Hotel e Martini senza rist, via Camuzzoni 3/b ✉ 37138 ℘ 569128, Telex 482036, Fax 577620 – ▤ TV ☎. AE Ⓢ ⓞ E VISA. AZ **p**
80 cam ☐ 200/250000, ▤ 10000.

Giulietta e Romeo senza rist, vicolo Tre Marchetti 3 ✉ 37121 ℘ 8003554, Fax 8010862 – ▤ TV ☎ – 25. AE Ⓢ ⓞ E VISA. CY **z**
30 cam ☐ 130/170000.

Mastino senza rist, corso Porta Nuova 16 ✉ 37131 ℘ 595388, Fax 597718 – ▤ TV ☎ – 25. AE Ⓢ ⓞ E VISA BZ **a**
33 cam ☐ 165/212000.

Montresor Hotel San Pietro senza rist, via Santa Teresa 1 ✉ 37135 ℘ 582600, Fax 582313 – ▤ TV ☎ ♿ P. AE Ⓢ ⓞ E VISA JCB. 1 km per ③
53 cam ☐ 160/220000.

San Luca, senza rist, vicolo Volto San Luca 8 ✉ 37122 ℘ 591333, Telex 481464, Fax 8002143 – ▤ TV ☎ BZ **a**
41 cam.

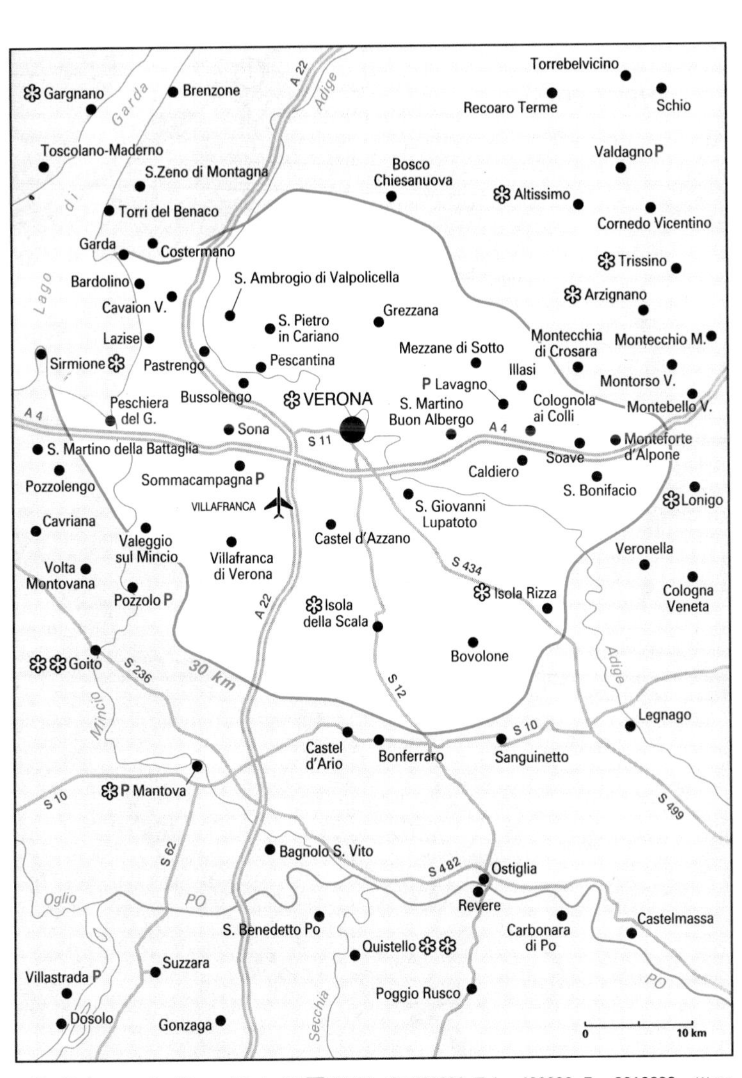

Bologna, via Alberto Mario 18 ✉ 37121 ✆ 8006830, Telex 480838, Fax 8010602 – 🛗 ▤ 📺 ☎. AE 💳 ⓓ E VISA. ✂ BY **x**
Pasto vedere rist **Rubiani** – ☕ 15000 – **31 cam** 145/190000 – P 184/279000.

Italia, via Mameli 58/64 ✉ 37126 ✆ 918088, Fax 8348028 – 🛗 ▤ 📺 ☎ 🚗. AE 💳 ⓓ E VISA. ✂ cam BY **p**
Pasto *(chiuso domenica)* carta 38/56000 – ☕ 15000 – **51 cam** 145/190000.

De' Capuleti senza rist, via del Pontiere 26 ✉ 37122 ✆ 8000154, Fax 8032970 – 🛗 ▤ 📺 ☎ – 🏛 30. AE 💳 ⓓ E VISA. ✂ CZ **s**
chiuso dal 24 dicembre al 10 gennaio – **42 cam** ☕ 160/220000.

Novo Hotel Rossi senza rist, via delle Coste 2 ✉ 37138 ✆ 569022, Fax 578297 – 🛗 ▤ 📺 ☎ ♿ 🅿. AE 💳 ⓓ E VISA AZ **a**
☕ 15000 – **38 cam** 115/165000.

Milano senza rist, vicolo Tre Marchetti 11 ✉ 37121 ✆ 596011, Fax 8011299 – 🛗 ▤ 📺 ☎ 🚗. AE 💳 ⓓ E VISA CY **z**
☕ 15000 – **49 cam** 130/160000.

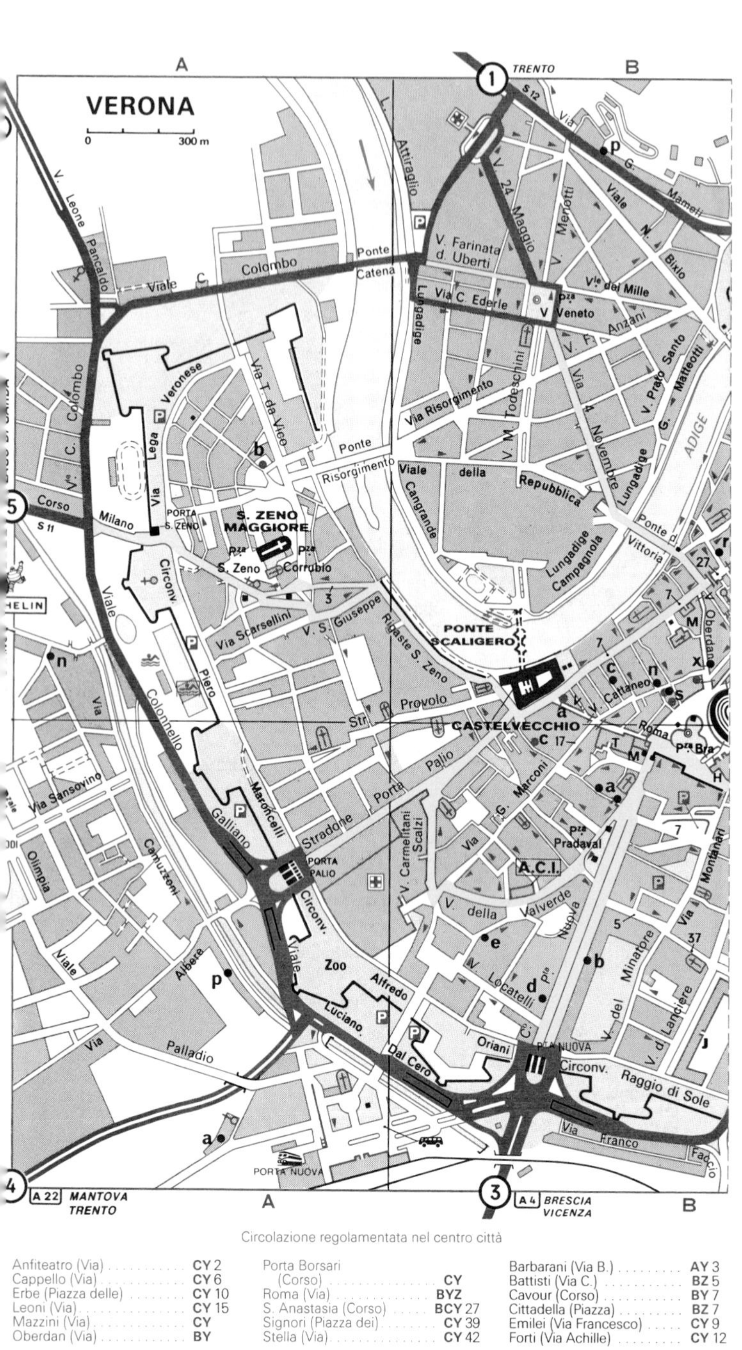

Circolazione regolamentata nel centro città

Anfiteatro (Via)	CY 2	Porta Borsari (Corso)	CY	Barbarani (Via B.)	AY 3
Cappello (Via)	CY 6	Roma (Via)	BYZ	Battisti (Via C.)	BZ 5
Erbe (Piazza delle)	CY 10	S. Anastasia (Corso)	BCY 27	Cavour (Corso)	BY 7
Leoni (Via)	CY 15	Signori (Piazza dei)	CY 39	Cittadella (Piazza)	BZ 7
Mazzini (Via)	CY	Stella (Via)	CY 42	Emilei (Via Francesco)	CY 9
Oberdan (Via)	BY			Forti (Via Achille)	CY 12

Per visitare una città o una regione : utilizzate le ***guide Verdi Michelin.***

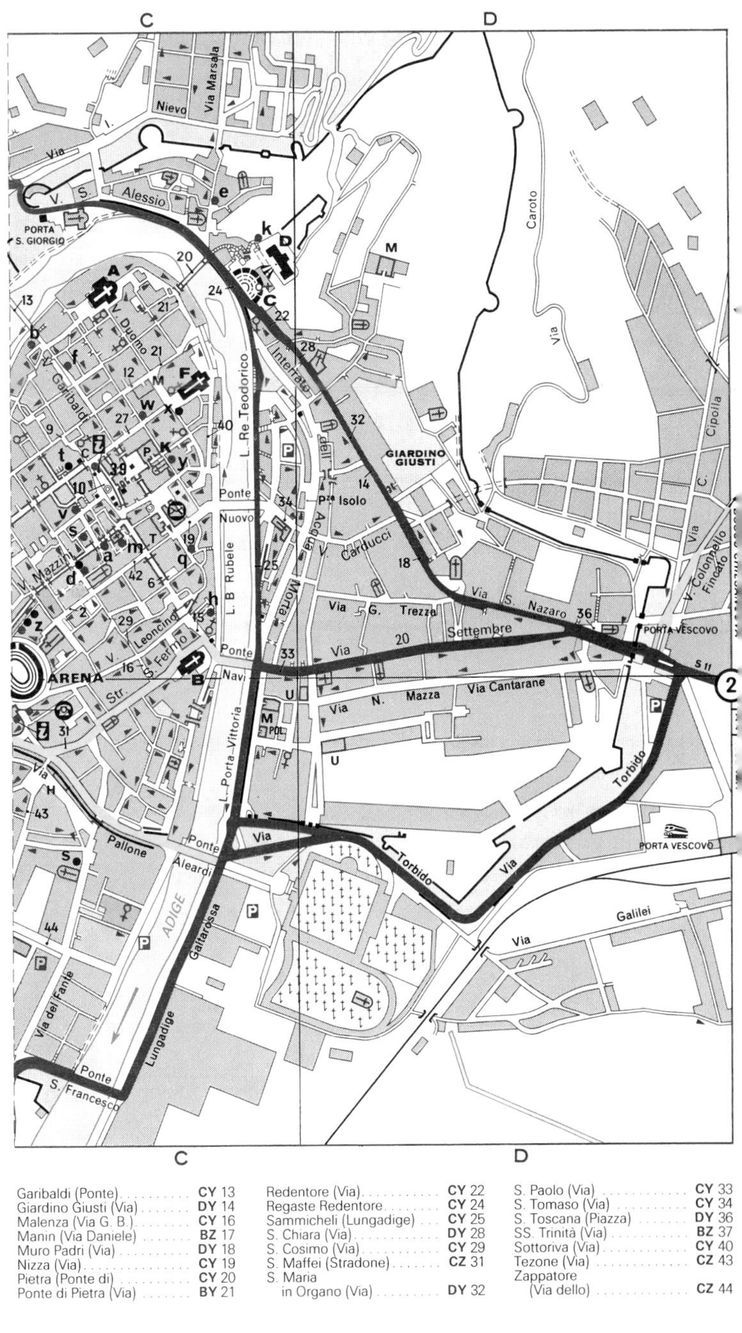

Pour visiter une ville ou une région : utilisez les ***guides Verts Michelin.***

Maxim senza rist, via Belviglieri 42 ✉ 37131 ℘ 8401800, Fax 8401818 – ▮ ▤ ▣ ☎ ♿ 🅿 – 🏋 25 a 100. AE ⓢ ⓓ E VISA JCB. ✗ 2 km per ②
chiuso dal 20 dicembre al 10 gennaio – **145 cam** ☕ 170/190000, appartamento.

Torcolo senza rist, vicolo Listone 3 ✉ 37121 ℘ 8007512, Fax 8004058 – ▮ ▤ ▣ ☎. ⓢ E VISA BY **s**
chiuso dal 15 al 30 gennaio – ☕ 14000 – **19 cam** 95/120000.

Cavour senza rist, vicolo Chiodo 4 ✉ 37121 ℘ 590166 – ▤ ☎. ✗ BY **c**
☕ 13000 – **17 cam** 125000.

✿ **Il Desco,** via Dietro San Sebastiano 7 ✉ 37121 ℘ 595358, Fax 590236 – ▤. AE ⓢ ⓓ E VISA JCB. ✗ CY **q**
chiuso domenica, 25-26 dicembre, dal 1° al 7 gennaio, Pasqua e dal 17 al 30 giugno – **Pasto** carta 74/115000 (15%)
Spec. Fegato grasso d'oca all'uva, Gnocchi di patate con cipolla fondente, Baccalà alla vicentina con polenta (ottobre-aprile).

12 Apostoli, corticella San Marco 3 ✉ 37121 ℘ 596999, Fax 591530 – ▤. AE ⓢ ⓓ E VISA CY **v**
chiuso dal 2 all'8 gennaio, dal 15 giugno al 5 luglio, lunedì e domenica sera – **Pasto** carta 71/106000 (15%).

La Ginestra, corso Milano 101 ✉ 37138 ℘ 575455, Fax 575455 – ▤ 🅿. AE ⓢ ⓓ E VISA JCB. ✗ AY **a**
chiuso dal 23 dicembre al 15 gennaio, lunedì in luglio-agosto, sabato a mezzogiorno e domenica negli altri mesi – **Pasto** carta 49/68000.

Arche, via Arche Scaligere 6 ✉ 37121 ℘ 8007415, Fax 8007415, Specialità di mare, Coperti limitati; prenotare – AE ⓢ ⓓ E VISA JCB. ✗ CY **y**
chiuso domenica, lunedì a mezzogiorno e gennaio – **Pasto** 80/100000 e carta 70/100000 (16%).

Maffei, piazza delle Erbe 38 ✉ 37121 ℘ 8010015, Fax 8005124 – ▤. AE ⓢ ⓓ E VISA JCB CY **c**
chiuso lunedì in luglio-agosto e domenica negli altri mesi – **Pasto** 36/50000 (a mezzogiorno) 50/85000 (alla sera) e carta 47/74000 (15%).

Tre Corone, piazza Brà 16 ✉ 37121 ℘ 8002462, Fax 8011810, 🏠 – AE ⓢ ⓓ E VISA. ✗ BY **s**
chiuso giovedì e dal 1° al 20 gennaio – **Pasto** carta 57/87000 (15%).

Baracca, via Legnago 120 ✉ 37134 ℘ 500013, 🏠, Specialità di mare, prenotare – 🅿. ⓢ ⓓ E VISA. ✗ 2,5 km per ③
chiuso domenica – **Pasto** carta 53/83000.

Accademia, via Scala 10 ✉ 37121 ℘ 8006072, Fax 8006072 – ▤. AE ⓢ ⓓ E VISA CY **d**
chiuso mercoledì sera (escluso luglio-agosto) e domenica – **Pasto** carta 59/97000.

El Cantinon, via San Rocchetto 11 ✉ 37121 ℘ 595291, Fax 595291 – ▤. AE ⓢ ⓓ E VISA. ✗ CY **s**
chiuso febbraio, lunedì in luglio-agosto, mercoledì negli altri mesi – **Pasto** carta 45/84000.

Re Teodorico, piazzale Castel San Pietro ✉ 37129 ℘ 8349990, Fax 8349990, ≤ città e fiume Adige, « Servizio estivo in terrazza » – AE ⓢ ⓓ E VISA. ✗ CY **k**
chiuso mercoledì e dal 7 al 31 gennaio – **Pasto** carta 49/77000 (15%).

Torcolo, via Cattaneo 11 ✉ 37121 ℘ 8030018, Fax 8011083 – ▤. AE ⓢ E VISA. ✗ BY **s**
chiuso lunedì escluso luglio-agosto – **Pasto** carta 49/69000.

Rubiani, piazzetta Scalette Rubiani 3 ✉ 37121 ℘ 8006830, Fax 8010602, 🏠 – AE ⓢ ⓓ E VISA. ✗ BY **x**
chiuso venerdì e dal 24 dicembre a febbraio – **Pasto** carta 48/66000 (15%).

Trattoria Sant'Anastasia, corso Sant'Anastasia 27 ✉ 37121 ℘ 8009177 – ▤. AE ⓢ ⓓ E VISA JCB CY **w**
chiuso domenica e mercoledì sera da maggio a settembre, domenica sera e mercoledì negli altri mesi – **Pasto** carta 41/55000.

Locanda di Castelvecchio, corso Cavour 49 ✉ 37121 ℘ 8030097, 🏠 – ▤. AE ⓢ ⓓ E VISA JCB. ✗ BY **a**
chiuso martedì, mercoledì a mezzogiorno, dal 26 dicembre al 4 gennaio e dal 25 giugno al 10 luglio – **Pasto** carta 40/60000.

Greppia, vicolo Samaritana 3 ✉ 37121 ℘ 8004577 – ▤. AE ⓢ ⓓ E VISA CY **m**
chiuso lunedì e dal 15 al 30 giugno – **Pasto** carta 40/55000.

XX **Antica Trattoria-da l'Amelia,** lungadige Rubele 32 ✉ 37121 ☎ 8005526 – AE ⑤ ⓓ E VISA JCB. ✗ CY **h**
chiuso domenica, dal 7 al 15 gennaio ed agosto – **Pasto** carta 36/57000.

XX **Antico Tripoli,** via Spagna 2/b ✉ 37123 ☎ 8035756, Fax 8035756, ♣ – AE ⑤ ⓓ E VISA AY **b**
chiuso martedì, mercoledì a mezzogiorno e dall'8 al 21 agosto – **Pasto** carta 40/65000.

X **Tre Marchetti,** vicolo Tre Marchetti 19/b ✉ 37121 ☎ 8030463 – AE ⑤ ⓓ E VISA. ✗ CY **z**
chiuso dal 1° al 15 settembre e domenica (escluso luglio-agosto) – **Pasto** carta 43/58000 (12%).

X **Alla Fiera-da Ruggero,** via Scopoli 9 ✉ 37136 ☎ 508808, ♣, Specialità di mare – ▤ – 🏛 60. AE ⑤ ⓓ E VISA 1 km per ③
chiuso domenica, dal 1° al 10 gennaio e dal 15 al 30 agosto – **Pasto** carta 47/70000.

X **Alla Pergola,** piazzetta Santa Maria in Solaro 10 ✉ 37121 ☎ 8004744 – AE ⑤ ⓓ E VISA. ✗ CY **b**
chiuso mercoledì ed agosto – **Pasto** carta 34/55000.

X **Pane e Vino,** via Garibaldi 16/a ✉ 37121 ☎ 8031548, Fax 8031548 – ▤. AE ⑤ ⓓ E VISA CY **f**
chiuso domenica escluso luglio-agosto – **Pasto** carta 41/72000.

X **Osteria la Fontanina,** Portichetti Fontanelle Santo Stefano 3 ✉ 37129 ☎ 913305, prenotare la sera – AE ⑤ E VISA CY **e**
chiuso domenica, lunedì a mezzogiorno e dall'8 al 31 agosto – **Pasto** carta 45/80000 (10%).

X **Bottega del Vino,** via Scudo di Francia 3 ✉ 37121 ☎ 8004535, Fax 8012273, « Tipica taverna con mescita vini » – AE ⑤ ⓓ E VISA. ✗ CY **a**
chiuso martedì – **Pasto** carta 49/93000.

X **Osteria all'Oste Scuro,** vicolo San Silvestro 10 ✉ 37122 ☎ 592650 – AE ⑤ ⓓ E VISA JCB. ✗ BZ **c**
chiuso dal 25 dicembre al 3 gennaio, dal 7 al 20 agosto, sabato a mezzogiorno, domenica e in luglio-agosto anche sabato sera – **Pasto** carta 34/56000.

sulla strada statale 11 :

🏨 **Forte Agip,** via Unità d'Italia 346 (per ② : 4 km) ✉ 37132 San Michele Extra ☎ 972033, Telex 482064, Fax 972677 – |‡| ▤ TV ☎ P – 🏛 25 a 100. AE ⑤ ⓓ E VISA. ✗
Pasto carta 39/70000 – **116 cam** ☐ 179/194000.

🏨 **Euromotel Crocebianca** senza rist, via Bresciana 2 (per ⑤ : 4 km) ✉ 37139 Verona ☎ 8903890, Fax 8903999 – |‡| ▤ TV ☎ ♿ P. AE ⑤ ⓓ E VISA JCB
☐ 20000 – **71 cam** 155/198000.

🏨 **Gardenia,** via Unità d'Italia 350 (per ② : 4 km) ✉ 37132 San Michele Extra ☎ 972122, Fax 8920157 – |‡| ▤ TV ☎ ♿ 🚗 P. AE ⑤ ⓓ E VISA JCB. ✗
Pasto vedere rist **Gardenia** – **28 cam** ☐ 150/184000 – 1/2 P 120000.

XX **Elefante** con cam, via Bresciana 27 (per ⑤ : 5 km) ✉ 37139 Verona ☎ 8903700, Fax 8903900, ♣, 🌳 – TV ☎ P. AE ⑤ ⓓ E VISA. ✗
Pasto *(chiuso sabato sera, domenica e dal 10 al 25 agosto)* carta 37/52000 – ☐ 15000 – **10 cam** 85/120000 – 1/2 P 110000.

XX **Gardenia** con cam, via Unità d'Italia 350/a (per ② : 4 km) ✉ 37132 San Michele Extra ☎ 972122 – ▤ P. AE ⑤ ⓓ E VISA JCB. ✗
Pasto *(chiuso domenica)* carta 32/46000 – **28 cam** ☐ 120/147000 – 1/2 P 95000.

XX **Cà de l'Ebreo,** via Bresciana 48/b-Verona Nord (per ⑤ : 5,5 km) ✉ 37139 Verona ☎ 8510240, Fax 8510033, ♣ – P. AE ⑤ ⓓ E VISA JCB. ✗
chiuso lunedì sera, martedì e dal 1° al 21 agosto – **Pasto** 40/60000.

X **Trattoria dal Gal,** via Don Segala 39/a rione San Massimo ✉ 37139 Verona ☎ 8903097 – ✗
chiuso domenica sera, lunedì ed agosto – **Pasto** carta 30/47000.

in prossimità casello autostrada A 4-Verona Sud per ③ : 5 km :

🏨 **Ibis,** via Fermi 11/c ✉ 37135 ☎ 8203720, Fax 8203720 – |‡| ⇔ cam ▤ TV ☎ ♿ 🚗 P – 🏛 25 a 160. AE ⑤ ⓓ E VISA. ✗
Pasto carta 36/72000 – **145 cam** ☐ 170/200000.

🏨 Sud Point Hotel, via Fermi 13/b ✉ 37135 ☎ 8200922, Fax 8200933 – |‡| ▤ TV ☎ ♿ 🚗 P – 🏛 25 a 50 – **64 cam.**

XX Al Palatino, via Pacinotti 7 ✉ 37135 ☎ 509364, ♣ – ▤ P

sulla strada statale 62 per ③ : 10 km :

XX **Cavour,** ✉ 37062 Dossobuono ☎ 513038 – ▤ P. AE ⑤ ⓓ E VISA. ✗
chiuso dal 10 al 24 agosto, domenica in luglio-agosto e mercoledì negli altri mesi – **Pasto** carta 41/57000.

MICHELIN, via della Scienza 12 Z.A.I.2 - località Basson per ④ - ✉ 37139, ☎ 8510570, Fax 957075.

VERONELLA **37040** Verona 429 G 15 – 3 434 ab. alt. 22 – ☎ 0442.
Roma 512 – Verona 37 – Mantova 62 – Milano 184 – Padova 62 – Vicenza 38.

a San Gregorio NO : 2 km – ✉ **37040** :

Bassotto, ✆ 47177, Specialità di mare – P
chiuso domenica, lunedì e dal 1° al 15 luglio – **Pasto** carta 40/56000.

VERRÈS **11029** Aosta 988 ②, 428 F 5 – 2 694 ab. alt. 395 – a.s. luglio-agosto – ☎ 0125.
Roma 711 – Aosta 38 – Ivrea 35 – Milano 149 – Torino 78.

Da Pierre, via Martorey 73 ✆ 929376, Fax 920404, « Servizio estivo in giardino » – rist TV ☎ P. AE ⑤ ⓓ E VISA JCB. ✻
Pasto *(chiuso martedì)* carta 53/75000 – ☕ 12000 – **12 cam** 70/115000 – ½ P 125000.

Evançon, via Circonvallazione 33 ✆ 929152, Fax 929259, « Giardino » – TV ☎ P – 70. AE ⑤ ⓓ E VISA JCB. ✻
Pasto *(chiuso lunedì escluso dal 16 luglio al 15 settembre)* carta 31/57000 – ☕ 9500 – **20 cam** 75/104000 – ½ P 79/94000.

VERUCCHIO **47040** Rimini 988 ⑮, 429 430 K 19 – 7 697 ab. alt. 333 – ☎ 0541.
⛳ (chiuso gennaio e mercoledì da ottobre a marzo) ✆ 678122, Fax 678122.
Roma 351 – Rimini 18 – Bologna 125 – Forlì 64 – Milano 336 – Ravenna 66.

La Rocca, ✆ 679850, ← – ▤. AE ⓓ. ✻
chiuso mercoledì e dicembre – **Pasto** carta 35/50000.

a Villa Verucchio NE : 3 km – ✉ **47040** :

Zanni, ✆ 678449, Fax 679454, « Ambiente caratteristico » – P. AE ⑤ ⓓ E VISA. ✻
chiuso martedì escluso da giugno al 15 settembre – **Pasto** carta 37/53000.

VERVÒ **38010** Trento 429 D 15, 218 ⑳ – 648 ab. alt. 886 – a.s. dicembre-aprile – ☎ 0463.
Roma 626 – Bolzano 65 – Trento 40 – Milano 282.

a Predaia E : 3 km – alt. 1 200 – ✉ **38010** Vervò :

Rifugio Sores ⛰, ✆ 463147, Fax 463500, – TV P. ⑤ E VISA. ✻
chiuso novembre – **Pasto** *(chiuso martedì)* carta 30/45000 – **26 cam** ☕ 75/130000 – ½ P 60/75000.

VERZUOLO **12039** Cuneo 988 ⑫, 428 I 4 – 6 039 ab. alt. 420 – ☎ 0175.
Roma 668 – Cuneo 26 – Asti 82 – Sestriere 92 – Torino 58.

La Scala, via Provinciale Cuneo 4 ✆ 85194, Specialità di mare – ⑤ E VISA. ✻
chiuso lunedì ed agosto – **Pasto** carta 36/53000.

VESCOVADO Siena 430 M 16 – alt. 317 – ✉ **53016** Murlo – ☎ 0577.
Roma 233 – Siena 24 – Grosseto 64.

Di Murlo, via Martiri di Rigosecco 1 ✆ 814033, Fax 814243, ←, 🏊, ✻ – ☎ P. AE ⑤ ⓓ E VISA. ✻
marzo-6 novembre – **Pasto** *(chiuso lunedì a mezzogiorno)* carta 30/42000 (10 %) – ☕ 9000 – **24 cam** 70/100000 – ½ P 70/80000.

VESUVIO Napoli 988 ㉗, 431 E 25 – Vedere Guida Verde.

VETRIOLO TERME Trento 988 ④ – Vedere Levico Terme.

VEZZA D'ALBA **12040** Cuneo – 2 008 ab. alt. 353 – ☎ 0173.
Roma 641 – Asti 30 – Cuneo 68 – Milano 170 – Torino 54.

La Pergola, località Borgonuovo ✆ 65178, Fax 65178, solo su prenotazione – ⑤ E VISA
chiuso martedì – **Pasto** 40/55000 e carta 53/78000.

VEZZANO (VEZZAN) Bolzano 428 429 D 14, 218 ⑱ ⑲ – Vedere Silandro.

VEZZANO **38070** Trento 988 ④, 428 429 D 14 – 1 797 ab. alt. 385 – a.s. dicembre-aprile – ☎ 0461.
Vedere Lago di Toblino★ S : 4 km.
Roma 599 – Trento 11 – Bolzano 68 – Brescia 104 – Milano 197.

✿ **Fior di Roccia,** località Lon N : 2,5 km ✆ 864029, prenotare – P. AE ⑤ ⓓ E VISA JCB
chiuso domenica sera e lunedì – **Pasto** carta 46/55000
Spec. Gnocchi di ricotta e zucca alla crema di gorgonzola, Filetto di maiale alle erbe aromatiche, Petto d'anatra all'aceto di lamponi e rape rosse.

Al Vecchio Mulino, E : 2 km ✆ 864277, « Laghetto con pesca sportiva » – P. AE ⑤ ⓓ E VISA. ✻
chiuso mercoledì e dall'8 al 30 gennaio – **Pasto** carta 34/58000.

VEZZANO SUL CROSTOLO 42030 Reggio nell'Emilia [428] [429] [430] I 13 – 3 445 ab. alt. 165 – ☎ 0522.

Roma 441 – ◆Parma 43 – ◆Milano 163 – Reggio nell'Emilia 14 – ◆La Spezia 114.

🍴 **Antica Locanda Posta,** ☎ 601141 – [S] E VISA. ✗
chiuso martedì e dall'8 al 25 agosto – **Pasto** carta 32/46000.

VEZZO 28040 Novara [428] E 7, [219] ⑥ ⑦ – alt. 530 – ☎ 0323.

⛳ Alpino (aprile-novembre; chiuso martedì escluso dal 27 giugno al 5 settembre) ☎ 20642, Fax 20642, O : 2,5 km.

Roma 662 – Stresa 5 – ◆Milano 85 – Novara 61 – ◆Torino 139.

🏠 **Bel Soggiorno** ⛰, ☎ 20226, Fax 20021 – ☎ P. AE [S] E VISA. ✗ rist
aprile-settembre – **Pasto** *(chiuso lunedì)* 28/32000 – ☕ 15000 – **26 cam** 70/110000 – ½ P 80/85000.

VIADANA 46019 Mantova [988] ⑭, [428] [429] H 13 – 15 971 ab. alt. 26 – ☎ 0375.

Roma 458 – ◆Parma 27 – Cremona 52 – Mantova 39 – ◆Milano 149 – ◆Modena 56 – Reggio nell'Emilia 33.

🏠 **Europa,** vicolo Ginnasio 9 ☎ 780404, Fax 780404 – ▤ rist [TV] ☎ P. AE [S] ◑ E VISA. ✗
chiuso dal 24 dicembre al 6 gennaio ed agosto – **Pasto** *(chiuso martedì e domenica sera)* carta 36/63000 – **18 cam** ☕ 77/115000 – ½ P 93/103000.

a Cicognara NO : 2 km – ✉ **46015** :

🏠 **Vittoria,** ☎ 790222, Fax 790232 – [♦] ▤ cam [TV] ☎ P – 🏛 60. [S] ◑ E VISA. ✗
chiuso dal 1° al 15 gennaio – **Pasto** 25000 e al Rist. ***Davide*** *(chiuso mercoledì)* carta 37/53000 – **11 cam** ☕ 70/90000 – ½ P 75000.

VIANO 42030 Reggio nell'Emilia [428] [430] I 13 – 2 739 ab. alt. 275 – ☎ 0522.

Roma 435 – ◆Parma 59 – ◆Milano 171 – ◆Modena 35 – Reggio nell'Emilia 22.

🍴 **La Capannina,** ☎ 988526 – P. [S]
chiuso domenica, lunedì, dal 24 dicembre al 6 gennaio e dal 17 luglio al 23 agosto – **Pasto** carta 32/45000.

VIAREGGIO 55049 Lucca [988] ⑭, [428] [429] [430] K 12 – 57 793 ab. – a.s. Carnevale, Pasqua, 15 giugno-15 settembre e Natale – ☎ 0584.

ℹ viale Carducci 10 ☎ 962233, Fax 47336.

Roma 371 ② – ◆La Spezia 65 ① – Pisa 21 ② – ◆Bologna 180 ② – ◆Firenze 97 ② – ◆Livorno 39 ③.

Pianta pagina seguente

🏠 **Astor,** viale Carducci 54 ☎ 50301, Telex 501031, Fax 55181, ⛱, 🏋, ≘s, 🏊 – [♦] ▤ [TV] ☎ ♿ 🚗 – 🏛 40 a 120. AE [S] ◑ E VISA JCB. ✗ Y f
Pasto carta 50/75000 – **50 cam** ☕ 265/380000, 9 appartamenti.

🏠 **Plaza** senza rist, piazza d'Azeglio 1 ☎ 44449, Fax 44031 – [♦] ▤ [TV] ☎ ♿ – 🏛 90. AE [S] ◑ E VISA Z t
49 cam ☕ 240/350000, 3 appartamenti.

🏠 **Excelsior,** viale Carducci 88 ☎ 50726, Fax 50729, ≤ – [♦] ▤ [TV] ☎ ♿. AE [S] ◑ E VISA. ✗ rist Y b
aprile-ottobre – **Pasto** 40/50000 – **83 cam** ☕ 180/300000, 6 appartamenti – ½ P 160/190000.

🏠 Principe di Piemonte, piazza Puccini 1 ☎ 50122, Telex 501285, Fax 54183, ≤, ⛱, 🏋, ≘s, 🏊 – [♦] ▤ rist [TV] ☎ P Y a
stagionale – **83 cam.**

🏠 **Palace Hotel,** via Flavio Gioia 2 ☎ 46134 e rist ☎ 31320, Telex 501044, Fax 47351, « Terrazza-solarium » – [♦] ▤ [TV] ☎ – 🏛 30 a 150. AE [S] ◑ E VISA. ✗ rist Z k
Pasto 55000 e al Rist. ***Il Cancello*** *(chiuso lunedì in bassa stagione)* carta 52/80000 – **66 cam** ☕ 200/290000, appartamento – ½ P 160/180000.

🏠 **Eden** senza rist, viale Manin 27 ☎ 30902, Fax 30905 – [♦] ▤ [TV] ☎. AE [S] ◑ E VISA Z p
42 cam ☕ 110/185000.

🏠 **London** senza rist, viale Manin 16 ☎ 49841, Fax 47522 – [♦] [TV] ☎. AE [S] ◑ E VISA Z s
22 cam ☕ 105/170000.

🏠 **Bristol** senza rist, viale Manin 14 ☎ 46442, Fax 46441 – [♦] [TV] ☎. AE [S] ◑ E VISA JCB Z t
32 cam ☕ 110/170000.

🏠 **Lupori** senza rist, via Galvani 9 ☎ 962266, Fax 962267 – [♦] [TV] ☎ 🚗. AE [S] ◑ E VISA. ✗ Z w
☕ 11000 – **19 cam** 65/100000.

🏠 **Arcangelo,** via Carrara 23 ☎ 47123, Fax 48386 – [TV] ☎. AE [S] ◑ E VISA. ✗ rist Y x
15 aprile-20 settembre – **Pasto** (solo per clienti alloggiati e *chiuso sino a maggio*) 30/35000 – ☕ 10000 – **19 cam** 75/100000 – ½ P 83/93000.

🍴🍴🍴 **Il Patriarca,** viale Carducci 79 ☎ 53126, Fax 53168, prenotare – ▤. AE [S] ◑ E VISA
chiuso mercoledì, giovedì a mezzogiorno e dal 2 al 31 gennaio – **Pasto** 50/100000 (a mezzogiorno) 60/110000 (alla sera) e carta 66/106000. Y c

🍴🍴🍴 **Tito del Molo,** lungomolo Corrado del Greco 3 ☎ 962016, Fax 962016, ⛱ – 🏛 50 a 100. AE [S] ◑ E VISA. ✗ Z z
chiuso mercoledì e gennaio – **Pasto** 70000 e carta 65/90000 (18 %).

🍴🍴🍴 ✿ **Romano,** via Mazzini 120 ☎ 31382, Fax 31382, prenotare – ▤. AE [S] ◑ E VISA
chiuso lunedì e dall'8 al 26 gennaio – **Pasto** carta 72/110000 Z m
Spec. Calamaretti ripieni di verdure e crostacei, Bavettine agli scampi, Branzino "all'acqua pazza".

XX **Gusmano,** via Regia 58/64 ☎ 31233, Fax 31233 – ▤. AE 🅂 ⓓ E VISA JCB — Z w
chiuso martedì e novembre – **Pasto** carta 50/75000.

XX **Montecatini,** viale Manin 8 ☎ 962129, ☂ – AE 🅂 E VISA — Z
chiuso lunedì escluso da luglio al 15 settembre – **Pasto** 35/60000 (solo a mezzogiorno) e carta 55/80000.

XX **Scintilla,** via Nicola Pisano 33 ☎ 387096, Specialità di mare – ▤. AE 🅂 ⓓ E VISA
chiuso lunedì, Natale e dal 10 al 20 agosto – **Pasto** carta 55/73000. — Z e

XX **Mirage** con cam, via Zanardelli 12/14 ☎ 48446 e hotel ☎ 32222, Fax 30348 – |‡| ▤ TV ☎ AE 🅂 ⓓ E VISA — Z
Pasto *(chiuso martedì e gennaio)* carta 45/75000 – **10 cam** ☐ 105/175000.

XX **Il Garibaldino,** via Fratti 66 ℘ 961337, prenotare – AE ⑤ ⓞ E VISA Z y
chiuso dal 12 al 28 ottobre, lunedì, in luglio ed agosto anche a mezzogiorno (escluso sabato-domenica) – **Pasto** carta 45/76000.

XX **Pino,** via Matteotti 18 ℘ 961356 – ▤. AE ⑤ ⓞ E VISA JCB. ✻ Z b
chiuso mercoledì, giovedì a mezzogiorno e dal 20 dicembre al 20 gennaio – **Pasto** carta 55/80000.

X **Da Giorgio,** via Zanardelli 71 ℘ 44493 – AE ⑤ ⓞ E VISA. ✻ Z v
chiuso mercoledì, dall'8 al 18 ottobre e dal 5 al 20 dicembre – **Pasto** carta 42/70000.

X **Bombetta,** via Fratti 27 ℘ 961380, Specialità di mare – AE ⑤ ⓞ E VISA. ✻ Z y
chiuso lunedì sera, martedì e novembre – **Pasto** carta 50/70000.

X **Da Remo,** via Paolina Bonaparte 49 ℘ 48440 – ▤. AE ⑤ ⓞ E VISA Z x
chiuso lunedì e dal 15 al 30 novembre – **Pasto** carta 39/59000.

X **Il Puntodivino,** via Mazzini 229 ℘ 31046 – ⑤ ⓞ E VISA Z c
chiuso lunedì e dal 25 dicembre al 25 gennaio – **Pasto** carta 30/45000.

VIBO VALENTIA 88018 P 988 ㊴, 431 K 30 – 35 080 ab. alt. 476 – ✆ 0963.

i via Forgiani ℘ 42008.

Roma 613 – ♦Reggio di Calabria 94 – Catanzaro 69 – ♦Cosenza 98 – Gioia Tauro 40.

501 Hotel, via Madonnella ℘ 43951, Fax 43400, ≤, ⛱ – |♦| ▤ TV ☎ P – 🏛 40 a 350. AE ⑤ E VISA
Pasto carta 34/56000 – **114 cam** ☐ 149/199000, 5 appartamenti – P 115000.

a Vibo Valentia Marina N : 10 km – ✉ **88019** :

XXX **L'Approdo,** ℘ 572640, Fax 572640, 🏠 – ▤. AE ⑤ ⓞ E VISA. ✻
chiuso lunedì escluso da maggio al 15 settembre – **Pasto** carta 43/62000.

XX **Maria Rosa,** ℘ 572538, 🏠 – AE ⑤ ⓞ E VISA
chiuso dal 15 dicembre al 15 gennaio e lunedì (escluso dal 15 giugno al 15 settembre) – **Pasto** carta 32/61000.

VICCHIO 50039 Firenze 429 K 16 – 6 473 ab. alt. 203 – ✆ 055.

Roma 301 – ♦Firenze 32 – ♦Bologna 96.

a Campestri S : 5 km – ✉ **50039** Vicchio :

Villa Campestri 🐎 ℘ 8490107, Fax 8490108, ⛱, 🐎 – TV ☎ P – 🏛 100. AE ⑤ E VISA. ✻
aprile-dicembre – **Pasto** *(chiuso lunedì escluso luglio-agosto)* carta 44/61000 – **9 cam** ☐ 190/220000 – ½ P 130/150000.

VICENO Verbania 217 ⑲ – Vedere Crodo.

VICENZA 36100 P 988 ④ ⑤, 429 F 16 – 108 013 ab. alt. 40 – ✆ 0444.

Vedere Teatro Olimpico★★ BY **A** : scena★★★ – Piazza dei Signori★★ BYZ **34** : Basilica★★ BZ **B**, Torre Bissara★ BZ **C**, Loggia del Capitanio★ BZ **D** – Museo Civico★ BY **M** : Crocifissione★★ di Memling – Battesimo di Cristo★★ del Bellini, Adorazione dei Magi★★ del Veronese, soffitto★ nella chiesa della Santa Corona BY **E** – Corso Andrea Palladio★ ABYZ – Polittico★ nel Duomo AZ **F** – Villa Valmarana "ai Nani"★★ : affreschi del Tiepolo★★★ per ④ : 2 km – La Rotonda★ del Palladio per ④ : 2 km – Basilica di Monte Berico★ : ✻★★ 2 km BZ.

⛳9 Colli Berici (chiuso lunedì) a Brendola ✉ 36040 ℘ 601780, Fax 501780.

⛳9 (chiuso lunedì) a Creazzo ✉ 36051 ℘ 340448 , O : 7 km.

i piazza Matteotti 12 ℘ 320854, Telex 480223, Fax 325001 – **A.C.I.** viale della Pace 260 ℘ 510501.

Roma 523 ③ – ♦Padova 37 ③ – ♦Milano 204 ⑤ – ♦Verona 51 ⑤.

Pianta pagina seguente

Jolly Hotel Europa, viale San Lazzaro 11 ℘ 564111, Fax 564382, Fō – |♦| ⇔ cam ▤ TV ☎ ♿ 🚗 P – 🏛 40 a 200. AE ⑤ ⓞ E VISA. ✻ rist 2 km per ⑤
Pasto *(chiuso sabato)* carta 51/80000 – **120 cam** ☐ 235/330000, 6 appartamenti – ½ P 160/207000.

Cristina senza rist, corso SS. Felice e Fortunato 32 ℘ 323751, Fax 543656, ≘ – |♦| ▤ TV ☎ P. AE ⑤ ⓞ E VISA AZ r
33 cam ☐ 135/175000.

XXX **Cinzia e Valerio,** piazzetta Porta Padova 65/67 ℘ 505213, Fax 512796, Specialità di mare – ▤. AE ⑤ ⓞ E VISA. ✻ BY s
chiuso lunedì, dal 1° al 7 gennaio ed agosto – **Pasto** carta 60/90000

XX **Scudo di Francia,** contrà Piancoli 4 ℘ 323322 – AE ⑤ ⓞ E VISA BZ c
chiuso domenica sera, lunedì ed agosto – **Pasto** carta 47/64000.

XX **Storione,** via Pasubio 62/64 ℘ 566506, 🏠 , Specialità di mare – P. AE ⑤ ⓞ E VISA. ✻
chiuso domenica – **Pasto** carta 60/120000. 2 km per ⑥

XX **Agli Schioppi,** contrà del Castello 26 ℘ 543701, Fax 543701 – AE ⑤ ⓞ E VISA. ✻
chiuso sabato sera, domenica, dal 1° al 6 gennaio e dal 1° al 20 agosto – **Pasto** 25/30000 e carta 35/55000. AZ c

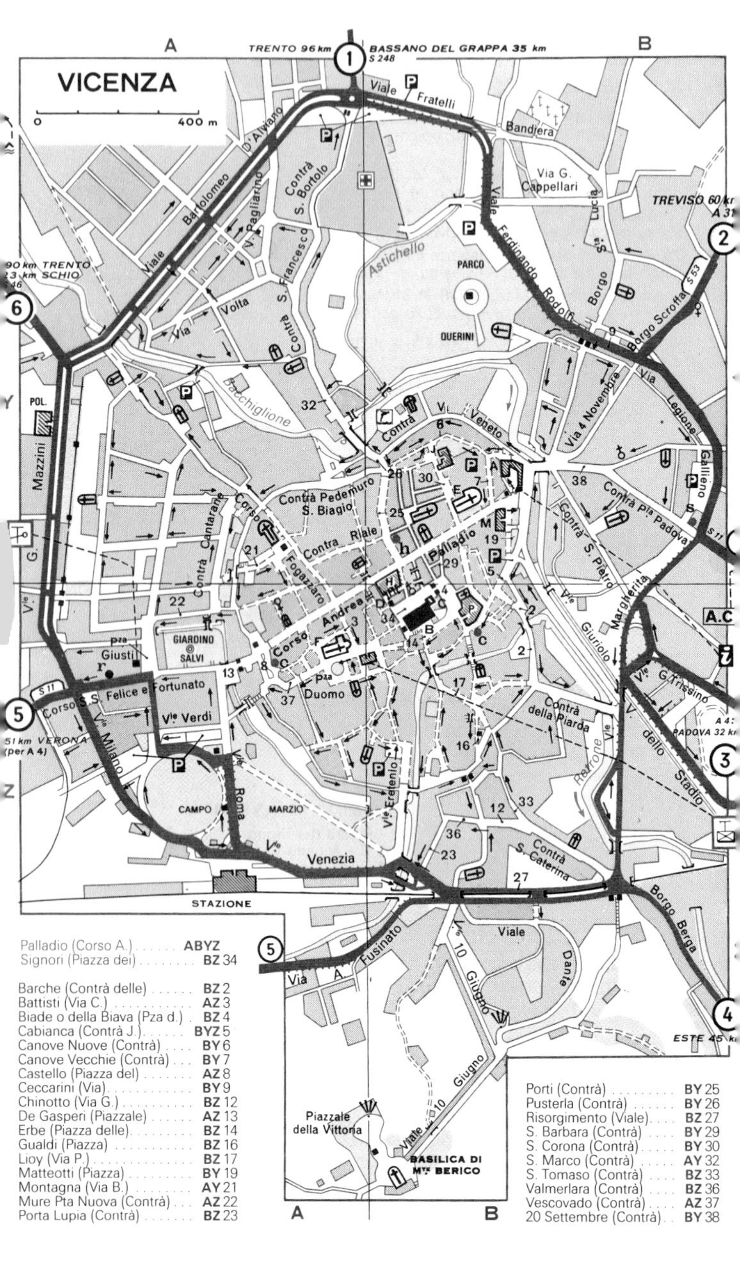

Palladio (Corso A.) . . . . . . ABYZ
Signori (Piazza dei) . . . . BZ 34

Barche (Contrà delle) . . . . . . BZ 2
Battisti (Via C.) . . . . AZ 3
Biade o della Biava (Pza d.) . . BZ 4
Cabianca (Contrà J.) . . . . . . BYZ 5
Canove Nuove (Contrà) . . . . BY 6
Canove Vecchie (Contrà) . . . BY 7
Castello (Piazza del) . . . . AZ 8
Ceccarini (Via) . . . . BY 9
Chinotto (Via G.) . . . . BZ 12
De Gasperi (Piazzale) . . . . . . AZ 13
Erbe (Piazza delle) . . . . BZ 14
Gualdi (Piazza) . . . . BZ 16
Lioy (Via P.) . . . . BZ 17
Matteotti (Piazza) . . . . BY 19
Montagna (Via B.) . . . . AY 21
Mure Pta Nuova (Contrà) . . . AZ 22
Porta Lupia (Contrà) . . . . BZ 23

Porti (Contrà) . . . . BY 25
Pusterla (Contrà) . . . . BY 26
Risorgimento (Viale) . . . . BZ 27
S. Barbara (Contrà) . . . . . BY 29
S. Corona (Contrà) . . . . . . BY 30
S. Marco (Contrà) . . . . AY 32
S. Tomaso (Contrà) . . . . . . BZ 33
Valmerlara (Contrà) . . . . . . BZ 36
Vescovado (Contrà) . . . . . . AZ 37
20 Settembre (Contrà) . . . BY 38

X **Tre Visi,** contrà Porti 6 ☎ 324868, Fax 324868 – AE Ⓢ ⓞ E VISA. ✈ BY h
chiuso domenica sera, lunedì, dal 26 dicembre al 1° gennaio e da luglio al 1° agosto – **Pasto** carta 45/64000 (10%).

X **Il Tinello,** corso Padova 181 ☎ 500325, Fax 500325 – ▤. AE Ⓢ ⓞ E VISA
chiuso domenica sera, lunedì ed agosto – **Pasto** carta 31/54000. 2 km per ③

in prossimità casello autostrada A 4 - Vicenza Ovest per ⑤ : 3 km :

Alfa Hotel, via dell'Oreficeria 50 ✉ 36100 ☎ 565455 e rist ☎ 571577, Telex 483052, Fax 566027, – ▯ ▤ ▣ ☎ ♿ 🅿 – 25 a 270. AE 🅂 ● E VISA. ✻ rist
Pasto carta 40/50000 – **83 cam** ☕ 200/254000, 2 appartamenti – ½ P 157000.

Forte Agip, viale degli Scaligeri 64 ✉ 36100 ☎ 564711, Telex 482111, Fax 566852 – ▯ cam ▤ ▣ ☎ ♿ 🅿 – 100. AE 🅂 ● E VISA. ✻ rist
Pasto carta 39/71000 – **130 cam** ☕ 154/194000 – ½ P 239/264000.

ad Olmo per ⑤ : 4 km – ✉ **36050** :

De Gobbi, ☎ 520509 – ▤ 🅿. AE 🅂 ● VISA. ✻
chiuso venerdì, sabato a mezzogiorno e dal 1° al 25 agosto – **Pasto** carta 35/51000.

Story, ☎ 521065 – 🅿. AE 🅂 ● E VISA. ✻
chiuso lunedì e dal 1° al 22 agosto – **Pasto** carta 30/47000.

sulla strada statale 11 per ③ : 5 km :

Victoria senza rist, ✉ 36100 ☎ 912299, Fax 912570 – ▯ ▤ ▣ ☎ ♿ 🅿 – 100. AE 🅂 ● E VISA
☕ 10000 – **57 cam** 110/170000.

Da Remo, via Caimpenta 14 ✉ 36100 ☎ 911007, Fax 911856, « Casa colonica con servizio estivo all'aperto » – 🅿. AE 🅂 ● E VISA
chiuso domenica sera, lunedì, dal 23 dicembre al 7 gennaio e dal 30 luglio al 28 agosto – **Pasto** carta 32/50000.

in prossimità casello autostrada A 4-Vicenza Est per ③ : 7 km :

Quality Inn Viest Motel senza rist, via Pelosa 241 ✉ 36100 ☎ 582677, Telex 481819, Fax 582434, – ▤ ▣ ☎ ♿ 🅿. AE 🅂 ● E VISA
☕ 20000 – **61 cam** 168/215000.

a Cavazzale per ① : 7 km – ✉ **36010** :

Rizzi, ☎ 946099, Fax 945669 – ▯ ▤ rist ▣ ☎. AE 🅂 ● E VISA. ✻
Pasto 20/28000 e al Rist. ***Da Giancarlo*** *(chiuso martedì)* carta 25/42000 – ☕ 7000 – **12 cam** 90/115000 – ½ P 80000.

Al Giardinetto, ☎ 595044, – 🅿. AE 🅂 ● E VISA. ✻
chiuso martedì sera, mercoledì, dal 25 gennaio al 6 febbraio e dal 20 luglio al 20 agosto – **Pasto** carta 28/43000.

VICO EQUENSE **80069** Napoli 988 ㉗, 431 F 25 – 19 655 ab. – a.s. luglio-settembre – ☎ 081.
Dintorni Monte Faito★★ : ✵★★★ dal belvedere dei Capi e ✵★★★ dalla cappella di San Michele E : 14 km.
via San Ciro 16 ☎ 8015751.
Roma 248 – ♦ Napoli 40 – Castellammare di Stabia 10 – Salerno 41 – Sorrento 9.

Sporting, ☎ 8015186, Fax 8790465, ≤ mare, – ▯ ▤ ▣ ☎ 🅿 – 90
43 cam.

San Vincenzo, località Montechiaro S : 3 km ☎ 8028001, ≤, – 🅿

a Marina Equa S : 2,5 km – ✉ **80069** Vico Equense :

Le Axidie , ☎ 8028562, Fax 8028565, ≤, , , , , – ▤ ▣ ☎ 🅿. AE 🅂 E VISA. ✻ rist
marzo-ottobre – **Pasto** 40/50000 – ☕ 15000 – **29 cam** 160/240000 – ½ P 155/190000.

Eden Bleu, ☎ 8028550, Fax 8028574 – ▯ ☎ 🅿. AE ● E VISA. ✻ rist
aprile-ottobre – **Pasto** carta 40/65000 – ☕ 12500 – **17 cam** 100/135000, 4 appartamenti – ½ P 80/120000.

a Capo la Gala N : 3 km – ✉ **80069** Vico Equense :

Capo la Gala , ☎ 8015758, Fax 8798747, ≤ mare, , « Sulla scogliera », , , – ▯ ▣ ☎ 🅿. AE 🅂 E VISA. ✻
aprile-ottobre – **Pasto** 60/80000 (18%) – **18 cam** ☕ 165/240000 – ½ P 160/170000.

VIDICIATICO Bologna 430 J 14 – Vedere Lizzano in Belvedere.

VIESTE **71019** Foggia 988 ㉘, 431 B 30 – 13 499 ab. – a.s. luglio-13 settembre – ☎ 0884.
Vedere ≤★ sulla cala di San Felice dalla Testa del Gargano S : 8 km.
Escursioni Strada panoramica★★ per Mattinata SO.
piazza Kennedy ☎ 708806, Fax 707130.
Roma 420 – ♦ Foggia 92 – ♦ Bari 179 – San Severo 101 – Termoli 127.

Pizzomunno Vieste Palace Hotel, ☎ 708741, Telex 810267, Fax 707325, , « Giardino ombreggiato con », , , , – ▯ ▤ ▣ ☎ 🅿 – 250. AE 🅂 ● E VISA. ✻ rist
4 aprile-settembre – **Pasto** carta 70/80000 – **150 cam** ☕ 230/410000 – ½ P 210/400000.

Degli Aranci, piazza Santa Maria delle Grazie 10 ℘ 708557, Fax 707326, – AE E VISA
Pasto 25/30000 – **79 cam** 108/185000 – ½ P 137/172000.

Seggio, via Veste 7 ℘ 708123, Fax 708727, ←, – AE E VISA
aprile-ottobre – **Pasto** carta 30/50000 – **24 cam** 120000 – ½ P 121000.

Svevo senza rist, via Fratelli Bandiera 10 ℘ 708830, Fax 708830, ← – cam E VISA
30 maggio-15 ottobre – **30 cam** 130/180000.

Al Dragone, via Duomo 8 ℘ 701212, Fax 701212, « In una grotta naturale » – AE E VISA
aprile-10 ottobre – **Pasto** carta 32/56000 (10%).

San Michele, viale 24 Maggio 72 ℘ 708143, – AE E VISA
chiuso lunedì, gennaio e febbraio – **Pasto** carta 37/43000 (10%).

Taverna al Cantinone, via Mafrolla 26 ℘ 707940 – E VISA
Pasqua-ottobre; chiuso venerdì sino a maggio – **Pasto** carta 26/48000.

a Lido di Portonuovo SE : 5 km – ✉ **71019** Vieste :

Gargano, ℘ 700911, Fax 700912, ← mare, isolotti e Vieste, –
5 aprile-settembre – **Pasto** 35/40000 – **76 cam** solo ½ P 175000.

sulla strada litoranea NO : 10 km :

Sfinalicchio, ✉ 71019 ℘ 706529, Fax 706529, – E VISA
Pasqua-ottobre – **Pasto** carta 23/46000 – 5000 – **24 cam** 90/140000 – ½ P 85/120000.

VIETRI SUL MARE 84019 Salerno 988 ㉗ ㉘, 431 E 26 – 9 324 ab. – a.s. Pasqua, giugno-settembre e Natale – 089.

Vedere ←★ sulla costiera amalfitana.

Roma 259 – Napoli 50 – Amalfi 20 – Avellino 41 – Salerno 5.

La Sosta, via Costiera 6 ℘ 211790, Specialità di mare – AE VISA
chiuso mercoledì e gennaio – **Pasto** carta 30/40000 (12%).

a Raito O : 3 km – alt. 100 – ✉ **84010** :

Raito, ℘ 210033, Telex 770125, Fax 211434, ← golfo di Salerno, – – 25 a 300. AE E VISA rist
Pasto carta 50/78000 – 15000 – **50 cam** 180/280000 – P 200/240000.

VIGANÒ 22060 Lecco 219 ⑲ – 1 686 ab. alt. 395 – 039.

Roma 607 – Como 30 – Bergamo 33 – Lecco 20 – Milano 38.

Pierino Penati, ℘ 956020, Fax 9211400, ← – – 50. AE VISA
chiuso domenica sera, lunedì, dal 2 all'11 gennaio e dal 2 al 23 agosto – **Pasto** 50000 (a mezzogiorno) 75000 (alla sera) e carta 33/85000.

VIGARANO MAINARDA 44049 Ferrara 429 H 16 – 6 632 ab. alt. 11 – 0532.

Roma 435 – Bologna 60 – Ferrara 12 – Milano 230 – Modena 60 – Padova 80.

Elsa, via Cento 318 ℘ 43222, – . AE E VISA
chiuso martedì escluso dal 15 giugno al 15 settembre – **Pasto** carta 22/59000.

VIGEVANO 27029 Pavia 988 ③ ⑬, 428 G 8 – 59 792 ab. alt. 116 – 0381.

Vedere Piazza Ducale★★.

18 Santa Martretta (chiuso lunedì) ℘ 346628, Fax 346091, SE : 3 km.

A.C.I. viale Mazzini 40 ℘ 85120.

Roma 601 – Alessandria 69 – Milano 35 – Novara 27 – Pavia 37 – Torino 106 – Vercelli 44.

Europa senza rist, via Trivulzio 8 ℘ 690483, Fax 87054 – – 25. AE E VISA
chiuso dal 7 al 21 agosto – 15000 – **42 cam** 130/160000.

I Castagni, via Ottobiano 8/20 (S : 2 km) ℘ 42860, Coperti limitati; prenotare, – E VISA
chiuso domenica sera, lunedì, dal 1° al 7 gennaio ed agosto – **Pasto** 55000 e carta 50/80000.

VIGGIANELLO 85040 Potenza 431 H 30 – 3 910 ab. alt. 500 – 0973.

Roma 423 – Cosenza 130 – Lagonegro 45 – Potenza 135.

Parco Hotel Pollino, ℘ 664018, Fax 664019, – – 150. VISA
Pasto carta 20/32000 – **30 cam** 55/85000 – ½ P 60/70000.

VIGHIZZOLO Brescia 428 429 F 13 – Vedere Montichiari.

VIGNA DI VALLE Roma 430 P 18 – Vedere Anguillara Sabazia.

VIGNOLA 41058 Modena [988] ⑭, [428] [429] [430] I 15 – 20 140 ab. alt. 125 – ☏ 059.

Roma 398 – ◆Bologna 43 – ◆Milano 192 – ◆Modena 22 – Pistoia 110 – Reggio nell'Emilia 47.

🍴 **La Bolognese,** via Muratori 1 📞 771207 – [$] [O] [E] [VISA]. ✗
chiuso venerdì sera, sabato ed agosto – **Pasto** carta 37/49000.

a Tavernelle SO : 3 km – ✉ 41058 Vignola :

🍴🍴 **Antica Trattoria Moretto,** via Frignanese 2373 📞 772785, ⛱ – [P]. [$] [E] [VISA]. ✗
chiuso dal 10 al 20 gennaio – **Pasto** carta 35/50000.

VIGO DI CADORE 32040 Belluno [429] C 19 – 1 701 ab. alt. 951 – ☏ 0435.

[i] (giugno-15 settembre) 📞 77058.

Roma 658 – Cortina d'Ampezzo 46 – Belluno 57 – ◆Milano 400 – ◆Venezia 147.

🏨 **Sporting** 🐦, a Pelos 📞 77103, Fax 77103, <, 🏊 riscaldata, 🌳 – [TV] ☎ [P]. ✗
15 giugno-15 settembre – **Pasto** carta 39/54000 – ☕ 15000 – **24 cam** 125/170000 – P 92/140000.

VIGO DI FASSA 38039 Trento [988] ④ ⑤, [429] C 17 – 939 ab. alt. 1 342 – a.s. 28 gennaio-11 marzo e Natale – Sport invernali : 1 382/2 100 m 🚡1 ⛷6, ⛷ (vedere anche Pozza di Fassa) – ☏ 0462 – Vedere Guida Verde.

[i] via Roma 2 📞 64093, Fax 64877.

Roma 676 – ◆Bolzano 36 – Canazei 13 – Passo di Costalunga 9 – ◆Milano 334 – Trento 94.

🏨 **Park Hotel Corona,** 📞 764211, Telex 400180, Fax 764777, <, ♨, 🏊, 🌳, 🎾 – [lift] [TV] ☎ [P]. ✗
18 dicembre-11 aprile e 18 giugno-10 ottobre – **Pasto** (solo per clienti alloggiati) 45/60000 – **70 cam** ☕ 200/280000, 10 appartamenti – ½ P 180/200000.

🏨 **Catinaccio,** 📞 764209, Fax 763712, <, ♨ – [lift] [TV] ☎ [P]. ✗
dicembre-20 aprile e giugno-25 settembre – **Pasto** *(chiuso venerdì a mezzogiorno in bassa stagione)* 25/30000 – **22 cam** ☕ 160000 – ½ P 85/120000.

🏨 **Andes,** 📞 764575, Fax 764598, <, 🏋, ♨ – [lift] ☎ 🚗 [P]. ✗
chiuso maggio e novembre – **Pasto** *(chiuso lunedì in bassa stagione)* carta 29/42000 – ☕ 13500 – **31 cam** 90/156000 – ½ P 90/112000.

🏨 **Olympic,** 📞 764225, Fax 764636, <, 🌳 – [lift] 🚭 rist [TV] ☎ [P]. [$] [E] [VISA]. ✗
chiuso dal 15 al 30 giugno e novembre – **Pasto** *(chiuso lunedì a mezzogiorno)* carta 34/51000 – **27 cam** ☕ 90/150000 – ½ P 75/110000.

a Vallonga SO : 2,5 km – ✉ 38039 Vigo di Fassa :

🏨 **Millefiori,** 📞 769000, Fax 769119, < Dolomiti e pinete, ⛱ – [TV] ☎ 🚗 [P]. [E] [VISA]. ✗ rist
chiuso dal 4 novembre al 4 dicembre e dal 25 maggio al 20 giugno – **Pasto** carta 24/40000 – **14 cam** ☕ 50/100000 – ½ P 70/80000.

a Tamion SO : 3,5 km – ✉ 38039 Vigo di Fassa :

🏨 **Gran Mugon** 🐦, 📞 769108, <, ♨ – 🚭 rist [TV] ☎ [P]. [$] [E] [VISA]. ✗ rist
20 dicembre-24 aprile e 25 giugno-15 ottobre – **Pasto** (solo per clienti alloggiati) 25/28000 – **21 cam** ☕ 85/11000 – ½ P 76/93000.

Vedere anche : ***Costalunga (Passo di)*** SO : 10,2 km.

VILLA Brescia – Vedere Gargnano.

VILLA ADRIANA Roma [988] ㉖, [430] Q 20 – Vedere Tivoli.

VILLA AGNEDO 38050 Trento [429] D 16 – 677 ab. alt. 351 – a.s. dicembre-aprile – ☏ 0461.

Roma 591 – Trento 41 – Belluno 71 – Treviso 100 – Venezia 130.

🏨 **Cà Bianca 2** 🐦, NE : 2 km 📞 762788, Fax 763450, < vallata, ⛱, 🌳 – [TV] ☎ 🚗 [P]. [AE] [$] [O] [E] [VISA]. ✗
Pasto carta 45/75000 – ☕ 10000 – **15 cam** 50/90000 – ½ P 90000.

VILLA BANALE Trento – Vedere Stenico.

VILLABASSA (NIEDERDORF) 39039 Bolzano [429] B 18 – 1 281 ab. alt. 1 158 – ☏ 0474.

[i] Palazzo del Comune 📞 745136, Fax 745283.

Roma 738 – Cortina d'Ampezzo 36 – ◆Bolzano 100 – Brunico 23 – ◆Milano 399 – Trento 160.

🏨 **Aquila-Adler,** 📞 745128, Fax 745278, ♨, 🏊 – [lift] [TV] ☎ [P]. [AE] [$] [E] [VISA]
chiuso dal 5 novembre al 18 dicembre ed aprile – **Pasto** vedere rist **Aquila-Adler** – **48 cam** ☕ 105/170000 – ½ P 90/140000.

🍴🍴 **Aquila-Adler** - Hotel Aquila-Adler, 📞 745128, prenotare – [P]. [AE] [$] [E] [VISA]. ✗
chiuso martedì e dal 5 novembre al 18 dicembre – **Pasto** carta 38/68000.

VILLA D'ALMÈ 24018 Bergamo [428] E 10 – 5 896 ab. alt. 289 – ☏ 035.

Roma 601 – ◆Bergamo 14 – Lecco 31 – ◆Milano 58.

🍴🍴 Osteria della Brughiera, via Brughiera 49 📞 638008, « Servizio estivo in giardino »

[VILLA DI CHIAVENNA] **23029** Sondrio [428] C 10, [218] ⑭ – 1 136 ab. alt. 625 – ☏ 0343.
Roma 692 – Sondrio 69 – Chiavenna 8 – ♦Milano 131 – Saint Moritz 41.

🍴🍴 **La Lanterna Verde,** a San Barnaba SE : 2 km ✆ 38588, Fax 38593, 🌳 – [P]. [AE] [S] [E] [VISA]. 🚫
chiuso mercoledì, giovedì a mezzogiorno, dal 5 al 20 giugno e dal 5 al 20 novembre – **Pasto** carta 35/60000.

[VILLA DI SERIO] **24020** Bergamo – 5 412 ab. alt. 275 – ☏ 035.
Roma 575 – ♦Bergamo 8 – ♦Brescia 51 – ♦Milano 58.

🍴🍴 **Le Canard,** via Papa Giovanni XXIII 47 ✆ 655068, Cucina francese, Coperti limitati; prenotare – [AE] [S] [O] [E] [VISA]
chiuso domenica – **Pasto** 28/40000 (solo a mezzogiorno) 35/55000 (solo alla sera) e carta 50/66000.

[VILLAFRANCA DI VERONA] **37069** Verona [988] ④, [429] F 14 – 27 467 ab. alt. 54 – ☏ 045.
Roma 483 – ♦Verona 19 – ♦Brescia 61 – Mantova 22 – Vicenza 70.

🍴🍴 Cà 21, via Quadrato 21 ✆ 6304079 – [P]

[VILLAMARINA] Forlì [430] J 19 – Vedere Cesenatico.

[VILLAMMARE] **84070** Salerno [431] G 28 – a.s. luglio-agosto – ☏ 0973.
Roma 411 – Potenza 135 – ♦Napoli 205 – Salerno 154 – Sapri 4.

🏠 **Rivamare,** ✆ 365282, ≤, 🏖, 🌳 – ☎ [P]. 🚫
Pasto *(13 giugno-15 settembre; solo per clienti alloggiati)* – ☕ 6000 – **20 cam** 65/70000 – ½ P 75/80000.

[VILLANDRO] **(VILLANDERS) 39043** Bolzano [429] C 16 – 1 770 ab. alt. 880 – ☏ 0472.
Roma 669 – ♦Bolzano 28 – Bressanone 13 – Cortina d'Ampezzo 100 – Trento 88.

🍴🍴 **Ansitz Zum Steinbock** con cam, ✆ 843111, Fax 843468, ≤, « Edificio del 18° secolo con servizio estivo all'aperto » – ☎ [P]. [S] [E] [VISA]
chiuso dal 6 gennaio al 5 marzo – **Pasto** *(chiuso lunedì)* carta 40/82000 – **16 cam** ☕ 80/110000 – ½ P 80000.

[VILLANOVA] Bologna [430] I 16 – Vedere Bologna.

[VILLANOVA] Pordenone – Vedere Prata di Pordenone.

[VILLANOVAFORRU] Cagliari [433] I 8 – Vedere Sardegna alla fine dell'elenco alfabetico.

[VILLA OPICINA] **34016** Trieste [988] ⑥, [429] E 23 – alt. 348 – ☏ 040.
Vedere ≤★★ su Trieste e il golfo – Grotta Gigante★ NO : 3 km.
Roma 664 – Udine 64 – Gorizia 40 – ♦Milano 403 – ♦Trieste 11 – ♦Venezia 153.

🍴 **Daneu** con cam, ✆ 214214, « Servizio estivo all'aperto », 🌳 – [TV] ☎ [P]. [AE] [S] [O] [E] [VISA]. 🚫
Pasto *(chiuso lunedì)* carta 35/60000 – ☕ 5000 – **17 cam** 70/100000 – ½ P 70/80000.

[VILLAR FOCCHIARDO] **10050** Torino [428] G 3 – alt. 450 – ☏ 011.
Roma 703 – ♦Torino 42 – Susa 16.

🍴🍴 **La Giaconera,** ✆ 9645000 – [P]. [S] [E] [VISA]. 🚫
chiuso lunedì, martedì ed agosto – **Pasto** 30/65000 e carta 25/60000.

[VILLA ROSA] Teramo [430] N 23 – Vedere Martinsicuro.

[VILLA SAN GIOVANNI] **89018** Reggio di Calabria [988] ㊲ ㊴, [431] M 28 – 12 842 ab. alt. 21 – ☏ 0965.
Escursioni Costa Viola★ a Nord per la strada S 18.
🚗 ✆ 751026-int. 393.
⛴ per Messina giornalieri (35 mn) – Società Caronte, via Marina 30 ✆ 751413, Telex 890132, Fax 751651 e Stazione Ferrovie Stato, piazza Stazione ✆ 758241.
Roma 653 – ♦Reggio di Calabria 14.

🏨 **Gd H. De la Ville,** via Ammiraglio Curzon prolungamento Sud ✆ 795600, Fax 795640 – [lift] 🚭 cam ▤ [TV] ☎ 🚗 [P]. [AE] [S] [O] [E] [VISA]. 🚫 rist
Pasto carta 42/80000 – **50 cam** ☕ 210/275000, 10 appartamenti – ½ P 160/180000.

[VILLASIMIUS] Cagliari [988] ㉞, [433] J 10 – Vedere Sardegna alla fine dell'elenco alfabetico.

[VILLASTRADA] **46030** Mantova [428] [429] H 13 – alt. 22 – ☏ 0375.
Roma 461 – ♦Parma 40 – ♦Verona 74 – Mantova 33 – ♦Milano 161 – ♦Modena 58 – Reggio nell'Emilia 38.

🍴🍴 **Nizzoli,** ✆ 89150, Fax 89150 – [AE] [VISA]. 🚫
chiuso mercoledì e dal 24 al 29 dicembre – **Pasto** carta 36/53000.

[VILLA VERUCCHIO] Rimini [430] J 19 – Vedere Verucchio.

[VILLE SUR SARRE] Aosta [219] ② – Vedere Sarre.

VILLETTA BARREA 67030 L'Aquila [988] ㉗, [430] Q 23, [431] B 23 – 610 ab. alt. 990 – ✆ 0864.
Roma 179 – Frosinone 72 – L'Aquila 151 – Isernia 50 – ◆Pescara 138.

🏨🏨 **Il Pescatore,** via Roma ℘ 89347, Fax 89253 – [TV] ☎ ♿ [P]. [$] [E] [VISA]. ✗
Pasto carta 32/43000 – **30 cam** ☕ 40/70000 – P 70/85000.

🏨 **Degli Olmi,** via Fossato 8/b ℘ 89159, Fax 89185 – [TV] ☎ [P]. [AE] [E] [VISA]. ✗ rist
Pasto carta 20/30000 – **20 cam** ☕ 45/90000 – ½ P 80000.

🏨 **Il Vecchio Pescatore,** via Benedetto Virgilio ℘ 89274, Fax 89255 – [TV] ☎. [AE] [$] [E] [VISA]. ✗
Pasto (solo per clienti alloggiati) 27/38000 – **12 cam** ☕ 50/80000 – ½ P 75000.

🍴 **Trattoria del Pescatore,** via Benedetto Virgilio 175 ℘ 89152, prenotare – [$] [E] [VISA]. ✗
Pasto carta 28/37000.

VILLNOSS = Funes.

VILLORBA 31050 Treviso [429] E 18 – 15 664 ab. alt. 38 – ✆ 0422.
Roma 554 – ◆Venezia 49 – Belluno 71 – Trento 134 – Treviso 10.

a Fontane S : 6 km – ✉ 31020 :

🍴🍴 **Da Dino,** via Doberdò 3 ℘ 300792, ⛱, prenotare – [P]. [AE] [$] [E] [VISA]. ✗
chiuso domenica e dal 5 al 20 agosto – **Pasto** carta 35/49000.

VILPIAN = Vilpiano.

VILPIANO (VILPIAN) Bolzano [429] C 15, [218] ⑳ – Vedere Terlano.

VINCI 50059 Firenze [988] ⑭, [429] [430] K 14 – 13 686 ab. alt. 98 – ✆ 0571.
Roma 304 – ◆Firenze 40 – Lucca 54 – ◆Livorno 72 – Pistoia 25.

🏨🏨 **Alexandra,** via Dei Martiri 38 ℘ 56224, Fax 567972 – ❄ [TV] ☎ [P] – 🧑‍🏫 30. [AE] [$] [DC] [E] [VISA]. ✗
Pasto carta 29/41000 – ☕ 10000 – **37 cam** 85/110000, ❄ 10000 – ½ P 70/100000.

VIPITENO (STERZING) 39049 Bolzano [988] ④, [429] B 16 – 5 603 ab. alt. 948 – Sport invernali : 948/2 161 m ⛡1 ⛷5, ⛷ – ✆ 0472.
Vedere Via Città Nuova★.
[i] piazza Città 3 ℘ 765325, Fax 765441.
Roma 708 – ◆Bolzano 66 – Brennero 13 – Bressanone 30 – Merano 58 – ◆Milano 369 – Trento 130.

🏨🏨🏨 **Aquila Nera-Schwarzer Adler,** ℘ 764064, Fax 766522, ≘s, 🏊 – [TV] ☎ [P] – 🧑‍🏫 30. [$] [E] [VISA]
chiuso dal 26 giugno al 13 luglio e dall'8 novembre al 20 dicembre – **Pasto** *(chiuso lunedì)* carta 59/83000 – **29 cam** ☕ 140/200000, 6 appartamenti – ½ P 170000.

a Casateia (Gasteig) SO : 2,5 km – alt. 970 – ✉ 39040 Racines :

🏨🏨 **Gasteigerhof,** ℘ 765701, Fax 766943, ≤, ⛱, 🏋, ≘s, 🌳 – [TV] ☎ [P]. [$] [DC] [E] [VISA]. ✗ rist
chiuso dal 15 al 29 giugno e dal 3 novembre al 6 dicembre – **Pasto** carta 42/91000 – **30 cam** ☕ 90/170000 – ½ P 102/113000.

a Prati (Wiesen) E : 3 km – alt. 948 – ✉ 39049 Vipiteno :

🏨🏨 **Wiesnerhof,** ℘ 765222, Fax 765703, ≤, 🏋, ≘s, 🏊, 🌳, 🎾 – [lift] [TV] ☎ [P]. [$] [E] [VISA]. ✗ rist
chiuso dal 10 novembre al 26 dicembre – **Pasto** *(chiuso lunedì)* 28/65000 – **34 cam** ☕ 100/170000 – ½ P 95/100000.

🏨 **Rose,** ℘ 764300, Fax 764639, 🏋, ≘s – [lift] [TV] ☎ [P]. ✗ rist
Natale-Pasqua e 15 maggio-settembre – **Pasto** (solo per clienti alloggiati) 25/40000 – **22 cam** ☕ 100/160000 – ½ P 85/95000.

a Tulve (Tulfer) E : 8 km – alt. 1 280 – ✉ 39049 Vipiteno :

🍴🍴 **Pretzhof,** ℘ 764455, Fax 764455, ≤, ⛱, « Ambiente caratteristico » – [P]. [$] [E] [VISA]
chiuso dal 15 al 24 dicembre, gennaio, dal 15 al 25 giugno, lunedì e martedì – **Pasto** carta 36/60000.

a Calice (Kalch) SO : 10 km – alt. 1 443 – ✉ 39040 Racines :

🏨🏨 Kalcherhof 🐦, ℘ 756615, Fax 756330, ≤ monti e vallata, ≘s, 🏊 – [lift] [TV] ☎ 🚗 [P]
20 cam.

a Ridanna (Ridnaun) O : 12 km – alt. 1 342 – ✉ 39040 :

🏨🏨 **Sonklarhof** 🐦, ℘ 656212, Fax 656224, ≤, 🏋, ≘s, 🏊, 🌳, 🎾 – [lift] 🚭 rist [TV] ☎ [P]. ✗ rist
20 dicembre-10 aprile e 15 maggio-27 ottobre – **Pasto** carta 28/46000 – **45 cam** ☕ 120/145000, 5 appartamenti – ½ P 130000.

VISERBA Rimini [988] ⑮, [430] J 19 – Vedere Rimini.

VISERBELLA Rimini [988] ⑮, [430] J 19 – Vedere Rimini.

VISNADELLO 31050 Treviso 429 E 18 – alt. 46 – ☎ 0422.

Roma 555 – ♦ Venezia 41 – Belluno 67 – Treviso 11 – Vicenza 69.

XX **Da Nano,** ✆ 928911, Specialità di mare – ▤ P. AE SI ⓓ E VISA JCB
chiuso domenica sera, lunedì ed agosto – **Pasto** carta 50/80000.

VITERBO 01100 P 988 ㉕, 430 O 18 – 59 951 ab. alt. 327 – ☎ 0761.

Vedere Piazza San Lorenzo★★ Z – Palazzo dei Papi★★ Z – Quartiere San Pellegrino★★ Z.

Dintorni Villa Lante★★ a Bagnaia per ① : 5 km – Teatro romano★ di Ferento 9 km a Nord per viale Baracca Y.

ℹ piazzale dei Caduti 14 ✆ 304795, Fax 326206 – piazza Verdi 4/a ✆ 226666, Fax 346029.

A.C.I. via Marini 16 ✆ 324806.

Roma 104 ③ – Chianciano Terme 100 ④ – Civitavecchia 58 ③ – Grosseto 123 ③ – ♦Milano 508 ④ – Orvieto 45 ④ – ♦Perugia 127 ④ – Siena 143 ④ – Terni 62 ①.

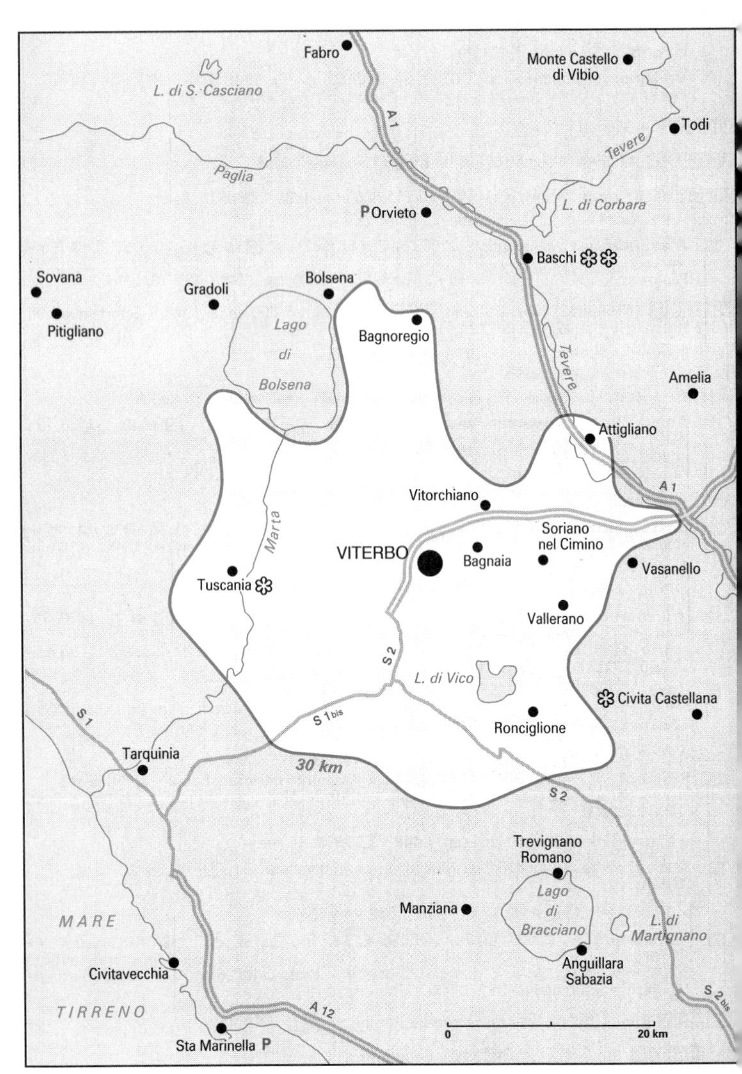

VITERBO

Italia (Corso) . . . . Y
Marconi (Via G.) . . . . Y
Matteotti (Via G.) . . . . Y

Ascenzi (Via F.) . . . . Y 2
Caduti (Piazza dei) . . . . Y 3
Cardinale La Fontaine (Via) . . . . Z 4
Carmine (Via del) . . . . Z 6
Crispi (Piazza F.) . . . . Y 7
Fabbriche (Via delle) . . . . Z 10
Gesù (Piazza del) . . . . Z 12
Lorenzo da Viterbo (Via) . . . . . . Z 13
Maria SS. Liberatrice (Via) . . . . Y 15
Meone (Via del) . . . . Z 16
Mille (Via dei) . . . . Z 17
Morte (Piazza della) . . . . Z 18
Orologio Vecchio (Via) . . . . Y 19
Pace (Via della) . . . . Z 20
Piaggiarelle (Via D.) . . . . Z 23
Pianoscarano (Via di) . . . . Z 24
Pietra del Presce (Via) . . . . Z 25
Plebiscito (Piazza del) . . . . Y 26
Roma (Via) . . . . Y 27
Rosselli (Via Fratelli) . . . . Y 28
Saffi (Via) . . . . YZ 29
San Bonaventura (Via) . . . . Y 32
San Carluccio (Piazza) . . . . Z 33
San Leonardo (Via) . . . . Z 36
San Pellegrino (Piazza) . . . . Z 37
San Pellegrino (Via) . . . . Z 39
Trinità (Piazza della) . . . . Y 40
Vallepiatta (Via) . . . . Y 41
Verità (Via della) . . . . Y 43

Circolazione stradale regolamentata nel centro città

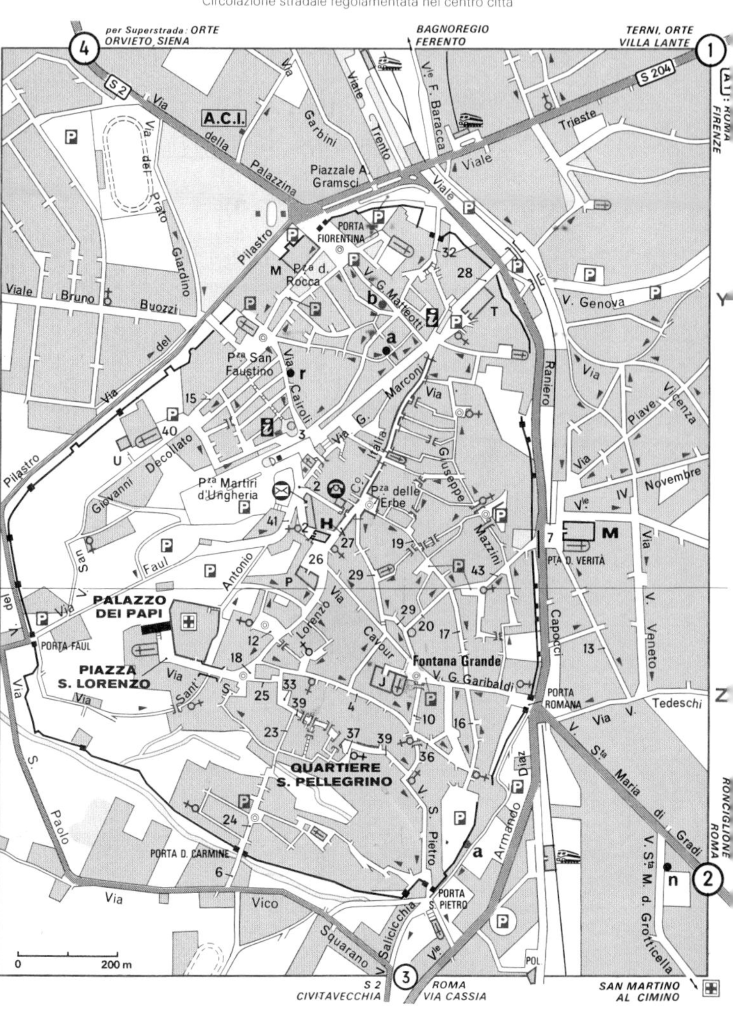

Balletti Palace Hotel senza rist, viale Francesco Molini 8 ℘ 344777, Fax 344777 – |$| TV ☎ – 200. AE ⓢ ⓞ E VISA. ✻ Y
103 cam ☐ 130/157000.

Mini Palace Hotel senza rist, via Santa Maria della Grotticella 2 ℘ 309742, Fax 344715 – |$| ▤ TV ☎ 🚗 Ⓟ – 25. AE ⓢ ⓞ E VISA. ✻ Z **n**
38 cam ☐ 120/190000.

Tuscia senza rist, via Cairoli 41 ℘ 344400, Fax 345976 – AE VISA
12000 – **37 cam** 75/120000. Y r

Milano 3 senza rist, via del Pavone 23 ℘ 303367, Fax 303356 – AE E VISA
15000 – **15 cam** 100/150000. Y a

Il Grottino, via della Cava 7 ℘ 308188, Coperti limitati; prenotare – AE
chiuso martedì – **Pasto** carta 46/67000. Y b

Aquila Nera, via delle Fortezze ℘ 344220, « Servizio estivo all'aperto » Z a
chiuso domenica e dal 5 al 25 agosto – **Pasto** 18/22000 (solo a mezzogiorno) 20/25000 (solo alla sera) e carta 32/55000.

a San Martino al Cimino S : 6,5 km Z – alt. 561 – ✉ **01030** :

Balletti Park Hotel, ℘ 3771, Telex 623059, Fax 379496, ←, riscaldata, – 30a 350. AE E VISA
Pasto carta 39/58000 – **114 cam** 115/285000, 26 appartamenti – ½ P 84/146000.

sulla strada statale 2 - via Cassia per ③ : 5 km :

Il Portico, ✉ 01100 ℘ 263041 – VISA
chiuso lunedì, dal 7 al 20 gennaio e dal 1° al 20 luglio – **Pasto** carta 32/57000.

VITICCIO Livorno – Vedere Elba (Isola d') : Portoferraio.

VITORCHIANO **01030** Viterbo 430 O 18 – 2 726 ab. alt. 285 – 0761.
Roma 113 – Viterbo 11 – Orvieto 45 – Terni 55.

Al Pallone, strada statale Ortana al quadrivio S : 3 km ℘ 370344, Fax 371111, – AE E VISA
chiuso domenica sera, mercoledì, dal 1° al 15 gennaio e dal 6 al 21 luglio – **Pasto** carta 31/69000.

VITTORIA Ragusa 432 Q 25 – Vedere Sicilia.

VITTORIA (Santuario della) Genova – Vedere Mignanego.

VITTORIO VENETO **31029** Treviso 988 ⑤, 429 E 18 – 29 009 ab. alt. 136 – 0438.
Vedere Affreschi★ nella chiesa di San Giovanni.
Cansiglio (aprile-novembre) a Pian del Cansiglio ✉ 31029 Vittorio Veneto ℘ 585398, NE : 21 km.
piazza del Popolo ℘ 57243, Fax 53629.
Roma 581 – Belluno 37 – Cortina d'Ampezzo 92 – ◆Milano 320 – Treviso 41 – Udine 80 – ◆Venezia 70.

Terme, via delle Terme 4 ℘ 554345, Fax 554347, – 200. AE E VISA
Pasto *(chiuso lunedì)* carta 45/70000 – 15000 – **39 cam** 110/150000 – ½ P 130000.

Locanda al Postiglione, via Cavour 39 ℘ 556924 – AE E VISA
chiuso martedì e dal 20 luglio al 10 agosto – **Pasto** carta 31/45000.

Leon d'Oro, con cam, via Cavour 8 ℘ 940740 –
11 cam.

VIVERONE **13040** Biella 428 F 6, 219 ⑮ – 1 372 ab. alt. 407 – a.s. luglio-13 settembre – 0161.
Roma 661 – ◆Torino 58 – Biella 23 – Ivrea 16 – ◆Milano 97 – Novara 51 – Vercelli 32.

Marina, frazione Comuna ℘ 987577, Fax 98689, ←, « Giardino in riva al lago », – 300. AE E VISA
Pasto carta 43/57000 – 15000 – **41 cam** 120/140000 – ½ P 120000.

Royal, al lido ℘ 98142, Fax 987038, ←, – 40 a 300. AE E VISA JCB
Pasto carta 31/49000 – 8000 – **47 cam** 90/120000 – P 110000.

VIZZOLA TICINO **21010** Varese 428 F 8, 219 ⑰ – 413 ab. alt. 221 – 0331.
Roma 619 – Stresa 42 – Como 55 – ◆Milano 51 – Novara 27 – Varese 33.

a Castelnovate NO : 2,5 km – ✉ **21010** Vizzola Ticino :

Concorde, via Mazzini 2 ℘ 230839, « Trattoria rustica »
chiuso mercoledì ed agosto – **Pasto** carta 29/50000.

VOBARNO **25079** Brescia 428 429 F 13 – 7 384 ab. alt. 246 – 0365.
Roma 555 – ◆Brescia 41 – ◆Milano 126 – Trento 96 – ◆Verona 69.

Eureka, località Carpeneda NO : 2 km ℘ 61066 –
chiuso dal 7 al 30 gennaio – **Pasto** carta 25/44000 – 9000 – **17 cam** 65/84000 – ½ P 75000.

VODO CADORE **32040** Belluno 429 C 18 – 937 ab. alt. 901 – 0435.
Roma 654 – Cortina d'Ampezzo 17 – Belluno 49 – ◆Milano 392 – ◆Venezia 139.

Al Capriolo, ℘ 489207 – AE E VISA
5 dicembre-20 aprile e 20 giugno-10 ottobre; chiuso martedì e mercoledì a mezzogiorno in gennaio-febbraio – **Pasto** carta 40/55000.

VOGHERA 27058 Pavia [988] ⑬, [428] G 9 – 40 564 ab. alt. 93 – ☎ 0383.
Roma 574 – Alessandria 38 – ◆Genova 94 – ◆Milano 64 – Pavia 32 – Piacenza 64.

sulla strada statale 10 SO : 2 km :

🏨 **Rallye,** via Tortona 51 ✉ 27058 ☎ 45321, Fax 49647, 🌳, 🌲 – ❄ rist 📺 ☎ 🅿. [AE] [$] [O] [E] [VISA]. 🐕 rist
chiuso dal 20 dicembre al 10 gennaio e dal 10 al 20 agosto – **Pasto** *(chiuso lunedì)* carta 34/59000 – ☕ 15000 – **34 cam** 75/110000 – ½ P 80/90000.

VOGHIERA 44019 Ferrara [429] H 17 – 4 095 ab. – ☎ 0532.
Roma 444 – ◆ Bologna 60 – ◆Ferrara 16 – ◆Ravenna 61.

🍴🍴 **Trattoria del Belriguardo,** ☎ 815503 – ❄. [AE] [$] [O] [E] [VISA]
chiuso mercoledì, dal 17 al 31 gennaio e dal 15 al 30 agosto – **Pasto** carta 28/49000.

🍴 **Al Pirata,** ☎ 818281, Specialità di mare – ❄. [AE] [$] [O] [E] [VISA]. 🐕
chiuso domenica sera, lunedì, dal 20 al 30 gennaio e dal 1° al 20 agosto – **Pasto** carta 62/98000.

VOLPAGO DEL MONTELLO 31040 Treviso [429] E 18 – 8 665 ab. alt. 90 – ☎ 0423.
Roma 552 – ◆ Padova 57 – ◆ Venezia 56 – Belluno 74 – Vicenza 54 – Treviso 16.

🍴 **La Paesana,** ☎ 620313, Fax 620313, 🌳 – 🅿. [AE] [$] [O] [E] [VISA]. 🐕
chiuso mercoledì sera, giovedì e dal 23 luglio al 16 agosto – **Pasto** carta 31/41000.

VOLPEDO 15059 Alessandria [428] H 8 – 1 225 ab. alt. 182 – ☎ 0131.
Roma 578 – Alessandria 33 – ◆Genova 84 – Piacenza 87.

🍴🍴 **La Palmana,** ☎ 80222, 🌳 – [AE] [$] [O] [E] [VISA] [JCB]. 🐕
chiuso mercoledì e dal 7 al 31 gennaio – **Pasto** 35/45000 (a mezzogiorno) 50/60000 (alla sera) carta 45/65000.

VOLPIANO 10088 Torino [988] ⑫, [428] G 5 – 12 724 ab. alt. 219 – ☎ 011.
Roma 687 – ◆ Torino 17 – Aosta 97 – ◆Milano 126.

🏨 **RestHotel Primevère,** via Brandizzo 115 ☎ 9952369, Fax 9951992 – ❄ 📺 ☎ 🚗 🅿 – 🎤 40. [AE] [$] [O] [E] [VISA]. 🐕 – **Pasto** 28000 – **40 cam** ☕ 135/160000.

🍴🍴 ✿ **La Noce,** corso Regina Margherita 19 ☎ 9882383, Specialità di mare, solo su prenotazione – ❄. [AE] [$] [O] [E] [VISA]. 🐕
chiuso domenica, lunedì e dal 7 al 30 agosto – **Pasto** (menu suggerito dal proprietario) 60/85000 (a mezzogiorno) 90/110000 (alla sera)
Spec. Mazzancolle all'alloro e insalata belga, Orecchiette al ragù di gallinella di mare e broccoletti (inverno), Bianco di rombo al pesto di lattuga.

VÖLS AM SCHLERN = Fiè allo Sciliar.

VOLTAGGIO 15060 Alessandria [428] I 8 – 806 ab. alt. 342 – ☎ 010.
Roma 528 – ◆ Genova 40 – Acqui Terme 56 – ◆Milano 112 – Savona 77 – ◆Torino 134.

🍴 **La Filanda,** via Filanda 84 ☎ 9601137, 🌳 – 🅿. [AE] [$] [O] [E] [VISA]. 🐕
chiuso lunedì e febbraio – **Pasto** carta 30/40000.

VOLTA MANTOVANA 46049 Mantova [428] [429] G 13 – 6 014 ab. alt. 127 – ☎ 0376.
Roma 488 – ◆ Verona 39 – ◆Brescia 60 – Mantova 25.

🏨 **Buca di Bacco,** via San Martino ☎ 801277, Fax 801664 – 🛗 ❄ 📺 ☎ 🅿 – 🎤 40. [$] [E] [VISA]. 🐕
Pasto *(chiuso martedì)* carta 27/38000 – ☕ 8000 – **37 cam** 65/95000 – ½ P 60/65000.

VOLTERRA 56048 Pisa [988] ⑭, [430] L 14 – 12 652 ab. alt. 531 – ☎ 0588.
Vedere Piazza dei Priori★★ – Duomo★: Deposizione lignea★★ – Battistero★ A – ≤★★ dal viale dei Ponti – Museo Etrusco Guarnacci★ – Porta all'Arco★ – [i] via Turazza 2 ☎ 86150, Fax 86150.
Roma 287 ② – ◆ Firenze 76 ② – Siena 50 ② – ◆Livorno 73 ③ – ◆Milano 377 ② – Pisa 64 ①.

Pianta pagina seguente

🏨 **San Lino,** via San Lino 26 ☎ 85250, Fax 80620, 🏊 – 🛗 ❄ 📺 ☎ 🚗. [AE] [$] [O] [E] [VISA]. 🐕
Pasto *(chiuso a mezzogiorno, mercoledì e dal 3 novembre a marzo)* carta 35/50000 – **44 cam** ☕ 140/180000 – ½ P 105/125000. **n**

🏨 **Sole** 🔇 senza rist, via dei Cappuccini 10 ☎ 84000, Fax 84000, 🌲 – 📺 ☎ 🅿. [E] [VISA]. 🐕
☕ 10000 – **10 cam** 80/105000. **f**

🏨 **Villa Nencini** 🔇 senza rist, borgo Santo Stefano 55 ☎ 86386, Fax 80601, ≤, « Giardino e boschetto con 🏊 » – ☎ 🅿. [$] [E] [VISA] – ☕ 10000 – **14 cam** 95/105000. **b**

🏨 **Villa Rioddi** 🔇 senza rist, località Rioddi ☎ 88053, Fax 88074, ≤, 🌲 – ❄ 📺 ☎ 🅿. [AE] [$] [O] [E] [VISA]. 🐕 2 km per ③
chiuso dal 10 al 30 novembre – ☕ 10000 – **9 cam** 90/105000.

🏨 **Nazionale,** via dei Marchesi 11 ☎ 86284, Fax 84097 – 🛗 📺 ☎ ♿. [$] [O] [E] [VISA] **e**
Pasto *(chiuso venerdì)* carta 34/47000 (12%) – ☕ 10000 – **36 cam** 90/105000 – ½ P 85000.

🍴🍴 **Il Sacco Fiorentino,** piazza 20 Settembre 18 ☎ 88537 – [AE] [$] [O] [E] [VISA] **c**
chiuso venerdì e febbraio – **Pasto** carta 31/56000.

🍴🍴 **Osteria dei Poeti,** via Matteotti 55 ☎ 86029 – [AE] [$] [O] [E] [VISA] [JCB] **z**
chiuso giovedì e dal 10 al 30 novembre – **Pasto** carta 42/64000 (10%).

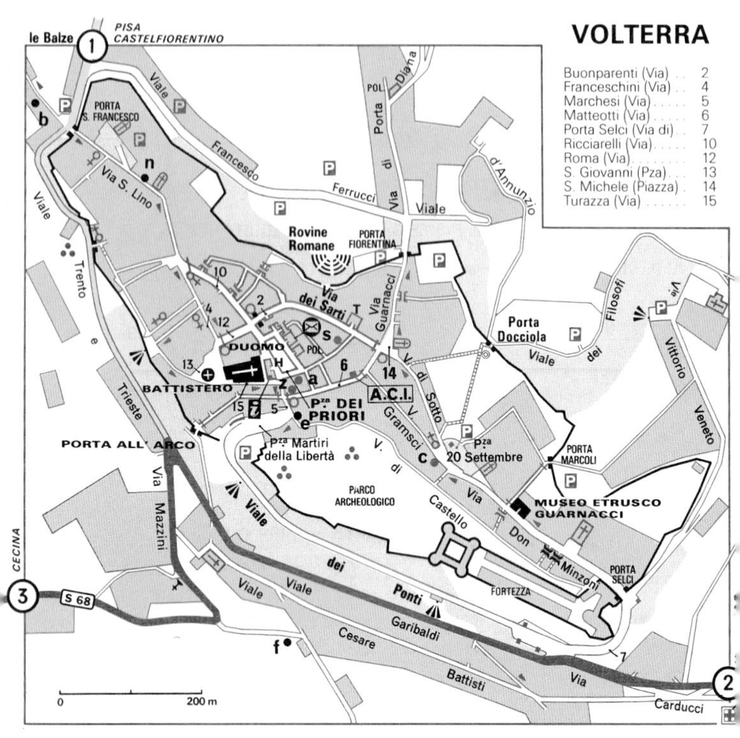

Circolazione stradale regolamentata nel centro città

✗ **Da Beppino,** via delle Prigioni 15/19 ✆ 86051, Fax 86051, Rist. e pizzeria – AE ⓢ ⓓ E VISA s
chiuso mercoledì e dal 10 al 20 gennaio – **Pasto** carta 30/43000 (10%).

✗ **Biscondola,** strada statale 68 ✆ 85197, ☂ – **P**. AE ⓢ ⓓ E VISA JCB 2 km per ③
chiuso lunedì e dal 9 al 31 gennaio – **Pasto** carta 26/50000.

a Saline di Volterra SO : 9 km – ✉ **56047** :

🏠 **Africa,** ✆ 44193, Fax 44193 – TV ☎ **P**. AE ⓢ E VISA JCB
Pasto *(chiuso domenica)* carta 27/47000 – ☕ 10000 – **11 cam** 65/80000 – ½ P 55/75000.

✗✗ **Il Vecchio Mulino** con cam, ✆ 44060, Fax 44060, ☂ – TV ☎ **P**. AE ⓢ ⓓ E VISA. ✂
Pasto *(chiuso venerdì)* carta 34/65000 – ☕ 10000 – **5 cam** 75/105000 – ½ P 95/100000.

VOZE Savona – Vedere Noli.

VULCANO (Isola) Messina 988 ㊲ ㊳, 431 432 L 26 – Vedere Sicilia (Eolie, isole) alla fine dell'elenco alfabetico.

WELSBERG = Monguelfo.

WELSCHNOFEN = Nova Levante.

WOLKENSTEIN IN GRÖDEN = Selva di Val Gardena.

ZADINA PINETA Forlì – Vedere Cesenatico.

ZAFFERANA ETNEA Catania 432 N 27 – Vedere Sicilia alla fine dell'elenco alfabetico.

ZERMAN Treviso – Vedere Mogliano Veneto.

ZERO BRANCO **31059** Treviso 429 F 18 – 7 763 ab. alt. 18 – ☎ 0422.
Roma 538 – ♦Padova 35 – ♦Venezia 29 – ♦Milano 271 – Treviso 13.

✗✗✗ **Cá Busatti,** via Gallese 26 (NO : 3 km) ✆ 97629, ☂, Coperti limitati; prenotare, ❄ – **P**
chiuso domenica sera, lunedì e dal 10 al 30 gennaio – **Pasto** carta 46/63000.

✗✗ **Virgilio da Sauro,** piazza Umberto I 30 ✆ 97715, Fax 97116, Specialità mantovane e venete – ▤. VISA. ✂ – *chiuso lunedì sera e martedì* – **Pasto** carta 31/50000.

ZIANO DI FIEMME 38030 Trento 429 D 16 – 1 367 ab. alt. 953 – a.s. 25 gennaio-Pasqua e Natale – Sport invernali : 1 354/1 800 m 2, – 0462 – piazza Italia 502890.
Roma 657 – Bolzano 53 – Belluno 83 – Canazei 30 – Milano 315 – Trento 75.

Polo, 571131, Fax 571833, – rist . AE VISA.
18 dicembre-25 aprile e giugno-20 ottobre – **Pasto** *(chiuso giovedì)* carta 32/47000 – **40 cam** 90/120000 – ½ P 100/120000.

ZIBELLO 43010 Parma 428 429 G 12 – 2 155 ab. alt. 35 – 0524.
Roma 493 – Parma 36 – Cremona 28 – Milano 103 – Piacenza 41.

Trattoria la Buca, 99214, prenotare – .
chiuso lunedì sera, martedì e dal 1° al 15 luglio – **Pasto** carta 47/68000.

ZIBIDO SAN GIACOMO 20080 Milano 428 F 9 – 4 840 ab. alt. 103 – 02.
Roma 559 – Alessandria 78 – Milano 15 – Novara 60 – Pavia 21 – Vigevano 29.

Antica Osteria di Moirago, strada statale 35 90002174, Fax 90003399, – . AE VISA JCB
chiuso domenica sera e lunedì – **Pasto** carta 58/85000.

ZINZULUSA (Grotta) Lecce 431 G 37 – Vedere Castro Marina.

ZOCCA 41059 Modena 428 429 430 I 14 – 4 336 ab. alt. 758 – a.s. luglio-agosto – 059.
Roma 385 – Bologna 57 – Milano 218 – Modena 49 – Pistoia 84 – Reggio nell'Emilia 75.

Panoramic, via Tesi 690 987010, – . VISA.
chiuso dal 7 gennaio al 15 febbraio – **Pasto** *(chiuso lunedì escluso da giugno al 15 settembre)* carta 28/47000 – 8000 – **36 cam** 70/100000 – ½ P 50/90000.

a Ciano NE : 12 km – 41010 :

Bonfiglioli, con cam, 988451, « Servizio estivo in terrazza panoramica » – **7 cam.**

ZOGNO 24019 Bergamo 428 E 10 – 8 772 ab. alt. 334 – 0345.
Roma 619 – Bergamo 18 – Brescia 70 – Como 64 – Milano 60 – San Pellegrino Terme 7.

ad Ambria NE : 2 km – 24019 Zogno :

Da Gianni con cam, 91093, Fax 93675 – . AE VISA
chiuso dal 15 al 30 giugno – **Pasto** *(chiuso lunedì escluso agosto)* carta 27/46000 – 8000 – **9 cam** 50/70000 – ½ P 60000.

ZOLA PREDOSA 40069 Bologna 429 430 I 15 – 15 957 ab. alt. 82 – 051.
Roma 378 – Bologna 12 – Milano 209 – Modena 33.

Zolahotel senza rist, via Risorgimento 186 751101, Fax 751101 – – 50 a 150. AE VISA. – **108 cam** 182/275000.

Masetti, località Gesso S :1 km 755131, – . AE VISA.
chiuso venerdì, sabato a mezzogiorno, dal 15 al 30 gennaio ed agosto – **Pasto** carta 34/52000.

ZOLDO ALTO 32010 Belluno 429 C 18 – 1 303 ab. alt. (frazione Fusine) 1 177 – Sport invernali : 1 177/2 050 m 1 10, (vedere anche Alleghe) – 0437 – frazione Mareson 789145.
Roma 646 – Belluno 40 – Cortina d'Ampezzo 48 – Milano 388 – Pieve di Cadore 39 – Venezia 135.

Sporting, frazione Pecol, alt. 1 375 789484, Fax 788616, – . VISA.
dicembre-Pasqua e luglio-15 settembre – **Pasto** (solo per clienti alloggiati) 40000 – 15000 – **24 cam** 100/150000 – ½ P 70/140000.

Corona, frazione Mareson, alt. 1 338 789290, Fax 789490 – .
dicembre-Pasqua e 20 giugno-10 settembre – **Pasto** (solo per clienti alloggiati) 28000 – **40 cam** 85/150000 – ½ P 95000.

Bosco Verde , frazione Pecol, alt. 1 375 789151, Fax 788757 – rist . AE VISA.
giugno-ottobre – **Pasto** carta 31/47000 – **22 cam** 70/130000 – ½ P 80/85000.

La Baita senza rist, frazione Pecol, alt. 1 375 789445, – .
12 cam 78/145000.

Maè, frazione Mareson, alt. 1 338 789189, Fax 789117, – .
4 dicembre-15 aprile e luglio-15 settembre – **Pasto** *(chiuso a mezzogiorno da ottobre a marzo)* 30/35000 – **19 cam** 90/115000 – ½ P 95/100000.

ZORZINO Bergamo – Vedere Riva di Solto.

ZUCCARELLO 17039 Savona 428 J 6 – 303 ab. alt. 120 – 0182.
Roma 592 – Imperia 35 – Cuneo 91 – Genova 93 – San Remo 60 – Savona 47.

La Cittadella, 79056, Coperti limitati; prenotare – VISA
chiuso a mezzogiorno (escluso i giorni festivi) e lunedì – **Pasto** 50/65000.

ZWISCHENWASSER = Longega.

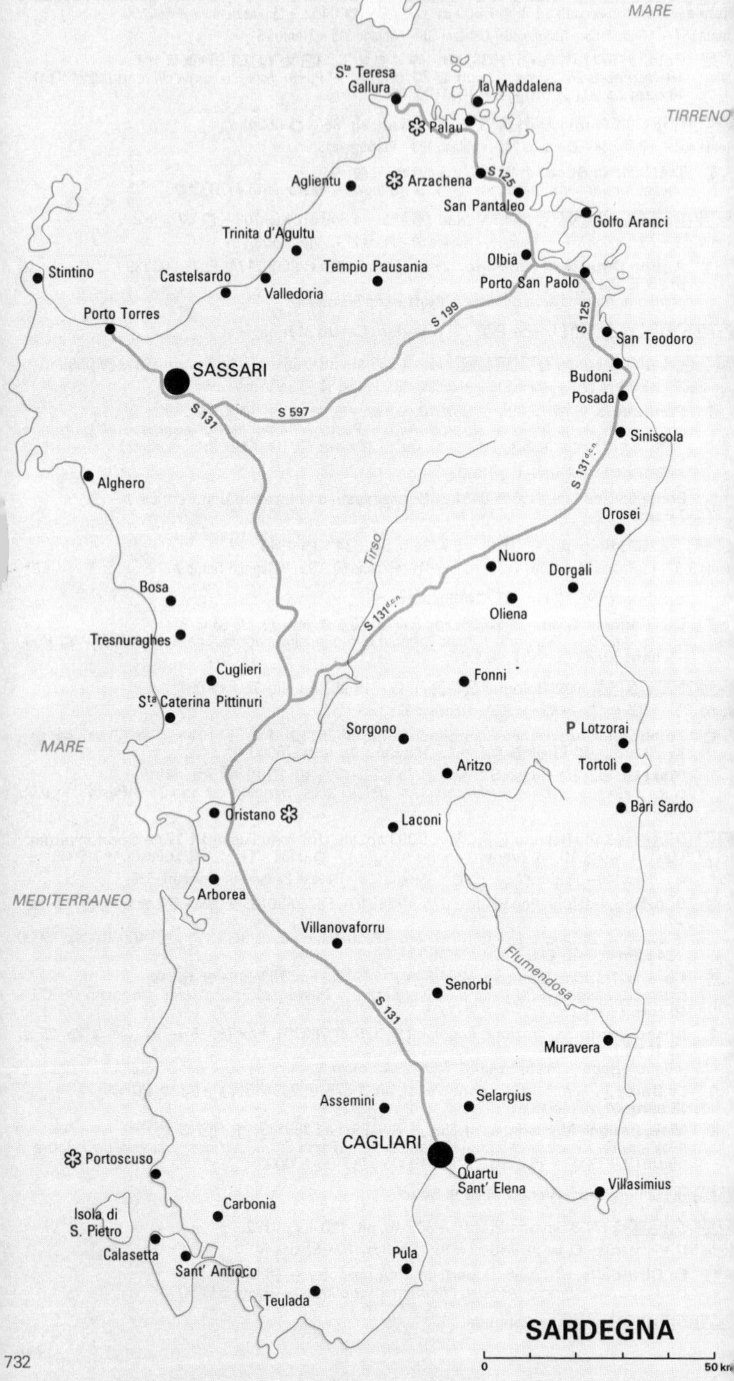

CORSE
MARE
TIRRENO
Sta Teresa Gallura
la Maddalena
Palau
Aglientu
Arzachena
S 125
San Pantaleo
Golfo Aranci
Trinita d'Agultu
Olbia
Stintino
Castelsardo
Tempio Pausania
Porto San Paolo
Valledoria
Porto Torres
S 199
S 125
San Teodoro
SASSARI
Budoni
Posada
S 131
S 597
Siniscola
S 131 d.c.n.
Alghero
Orosei
Tirso
Nuoro
Dorgali
Bosa
S 131 d.c.n.
Oliena
Tresnuraghes
Cuglieri
Fonni
Sta Caterina Pittinuri
MARE
Sorgono
P Lotzorai
Aritzo
Tortoli
Bari Sardo
Oristano
Laconi
MEDITERRANEO
Arborea
Villanovaforru
Flumendosa
Senorbí
S 131
Muravera
Assemini
Selargius
CAGLIARI
Portoscuso
Quartu Sant' Elena
Villasimius
Carbonia
Isola di S. Pietro
Calasetta
Sant' Antioco
Pula
Teulada
SARDEGNA
0
50 km

988 ㉓ ㉔ ㉝ ㉞, 433 – 1 657 375 ab. alt. da 0 a 1 834 (Punta La Marmora, monti del Gennargentu).

vedere : Alghero, Cagliari, Olbia e Sassari.

per la Sardegna vedere : Civitavecchia, Genova, La Spezia, Livorno, Palermo, Trapani; **dalla Sardegna vedere** : Cagliari, Golfo Aranci, Olbia, Porto Torres, Tortolì (Arbatax).

AGLIENTU **07020** Sassari 433 D 9 – 1 092 ab. – 079.

♦Cagliari 253 – ♦Olbia 70 – ♦Sassari 88.

Lu Fraili, 654369 – ▤. 🅂 E VISA. ✻
maggio-settembre; chiuso lunedì – **Pasto** carta 31/62000.

ALGHERO **07041** Sassari 988 ㉝, 433 F 6 – 39 795 ab. – a.s. 20 giugno-15 settembre – 079.

Vedere Città vecchia★.

Dintorni Grotta di Nettuno★★★ NO : 26,5 km – Strada per Capo Caccia ≤★★ – Nuraghe Palmavera★ NO : 10 km.

di Fertilia NO : 11 km 935033.

piazza Portaterra 9 979054, Fax 974881.

♦Cagliari 227 – ♦Nuoro 136 – ♦Olbia 137 – Porto Torres 35 – ♦Sassari 35.

Calabona, località Calabona 975728, Telex 790242, Fax 981046, ≤, ℱ₆, ≘s, ⛱, ▲ₙ – |♦| ▤ TV ☎ P – 🔺 30 a 400. AE 🅂 ⓞ E VISA. ✻ rist
aprile-ottobre – **Pasto** 45000 – **110 cam** ☐ 160/220000 – ½ P 160/175000.

Rina, 984240, Telex 791021, Fax 984297, ⛱ – |♦| ▤ TV ☎ – 🔺 50 a 120. AE 🅂 ⓞ E VISA. ✻
Pasto 45/55000 – ☐ 15000 – **80 cam** 164/193000 – ½ P 140/150000.

Villa Las Tronas ⊗, lungomare Valencia 1 981818, Fax 981044, ≤ mare e scogliere, « Giardino », ⛱, ▲ₙ – |♦| ▤ TV ☎ P. AE 🅂 ⓞ E VISA. ✻
Pasto 55/65000 – **29 cam** ☐ 190/300000 – ½ P 190/200000.

Florida, via Lido 15 950535, Fax 985424, ≤, ⛱ – |♦| ▤ TV ☎ P. 🅂 E VISA. ✻ rist
Pasto *(aprile-ottobre e solo per clienti alloggiati)* 30000 – ☐ 10000 – **78 cam** 119/140000 – ½ P 110/130000.

Continental senza rist, via Fratelli Kennedy 66 975250, ☐ – |♦| ☎ P. AE 🅂 ⓞ E VISA
22 maggio-settembre – **32 cam** ☐ 100/140000.

La Lepanto, via Carlo Alberto 135 979116, ☂ – ▤. AE 🅂 ⓞ E VISA
chiuso lunedì escluso dal 16 giugno al 14 settembre – **Pasto** carta 38/59000.

Il Pavone, piazza Sulis 3/4 979584, ☂ – ▤. AE ⓞ. ✻
chiuso mercoledì e dal 20 dicembre al 20 gennaio – **Pasto** carta 46/70000.

Al Tuguri, via Maiorca 113/115 976772 – ▤. 🅂 E VISA. ✻
chiuso domenica e dal 20 dicembre al 20 gennaio – **Pasto** carta 38/52000 (15 %).

Rafel, via Lido 20 950385, ≤ – AE 🅂 E VISA. ✻
chiuso novembre e giovedì in bassa stagione – **Pasto** carta 46/65000.

a Fertilia NO : 6 km – ✉ **07040** :

Dei Pini ⊗, località Le Bombarde O : 3 km 930157, Telex 790057, Fax 930259, ≤ mare e pineta, « In pineta », ▲ₙ, ✂ – ▤ ☎ P. AE 🅂 E VISA. ✻
aprile-ottobre – **Pasto** 40/70000 – ☐ 28000 – **91 cam** 180/220000 – ½ P 150/205000.

a Porto Conte NO : 13 km 433 F 6 – ✉ **07041** Alghero :

El Faro ⊗, 942010, Fax 942030, ≤ golfo, ☂, ⛱, ▲ₙ, ✂ – |♦| ▤ ☎ P – 🔺 25 a 150. AE 🅂 ⓞ E VISA. ✻ rist
12 maggio-15 ottobre – **Pasto** 75000 – **92 cam** ☐ 220/430000, 5 appartamenti – ½ P 210/240000.

ARBOREA **09092** Oristano 988 ㉝, 433 H 7 – 3 813 ab. – a.s. luglio-13 settembre – 0783.

♦Cagliari 85 – ♦Olbia 210 – ♦Oristano 17 – Porto Torres 154.

al mare NO : 4,5 km :

Ala Birdi ⊗, ✉ 09092 801084, Fax 801086, Villini nel verde, ⛱, ▲ₙ, ☐, ✂ – ▤ rist ☎ P – 🔺 50 a 100. AE 🅂 ⓞ E VISA. ✻ rist
Pasto carta 41/65000 – **81 cam** ☐ 98/150000 – ½ P 158000.

ARITZO **08031** Nuoro 988 ㉝, 433 H 9 – 1 644 ab. alt. 796 – a.s. luglio-10 settembre – 0784.

Escursioni Monti del Gennargentu★★ NE – Strada per Villanova Tulo : ≤★★ sul lago di Flumendosa.

♦Cagliari 114 – ♦Nuoro 80 – ♦Olbia 184 – ♦Oristano 85 – Porto Torres 177.

Park Hotel, 629201, Fax 629318, ≤ – |♦| TV ☎. AE 🅂 E VISA. ✻
Pasto 25/27000 – ☐ 6000 – **20 cam** 45/70000 – ½ P 70/80000.

ARZACHENA 07021 Sassari 988 ㉓, 433 D 10 – 9 675 ab. alt. 83 – a.s. 20 giugno-15 settembre – ☎ 0789.

Dintorni Costa Smeralda** – Tomba dei Giganti di Li Muri* SO : 10 km per la strada di Luogosanto.

18 Pevero (chiuso martedì da novembre a marzo) a Porto Cervo (Costa Smeralda) ✉ 07020, ☎ 96210, Fax 96572, NE : 18,5 km.

della Costa Smeralda : vedere Olbia.

piazza Risorgimento ☎ 82624, Fax 81090.

♦Cagliari 311 – ♦Olbia 26 – Palau 14 – Porto Torres 147 – ♦Sassari 129.

Citti senza rist, viale Costa Smeralda 197 ☎ 82662, Fax 81920, – ☎ P. 6000 – **50 cam** 64/100000.

sulla strada per Baia Sardinia NE : 8,5 km :

XXX ✿ **Grazia Deledda** con cam, ✉ 07021 Arzachena ☎ 98988, Fax 98990, prenotare – ☎ P. AE VISA.
marzo-novembre – **Pasto** carta 68/124000 – 25000 – **11 cam** 156/220000 – ½ P 250000
Spec. Linguine alla granseola (estate), Spigola alla mediterranea, Porcellino alla barbaricina (estate).

a Baia Sardinia NE : 16,5 km – ✉ 07021 Arzachena – a.s. 20 giugno-15 settembre :

Club Hotel, ☎ 99006, Telex 792108, Fax 99286, ←, – ☎ P. AE E VISA. rist
chiuso dal 3 gennaio a Pasqua – **Pasto** al Rist. ***Casablanca*** *(maggio-settembre; chiuso a mezzogiorno)* carta 70/90000 – **85 cam** 180/280000 – P 220/280000.

La Bisaccia, ☎ 99002, Telex 790331, Fax 99162, ← arcipelago della Maddalena, « Giardino », – ☎ P – 80
stagionale – **49 cam.**

Mon Repos, ☎ 99011, Fax 99050, ←, – ☎ P. E VISA.
Pasqua-15 ottobre – **Pasto** 50000 – 20000 – **46 cam** 150/190000 – ½ P 90/100000.

La Jacia, ☎ 99810, Fax 99803, – ☎ P. AE E VISA. rist
maggio-settembre – **Pasto** 35000 – **24 cam** 163/250000 – ½ P 125/165000.

Olimpia senza rist, ☎ 99176, Fax 99191, – P. AE VISA
10 maggio-settembre – 16500 – **17 cam** 115/220000.

XXX **Casablanca,** ☎ 99006, Rist.-piano bar, Coperti limitati; prenotare – AE E VISA.
10 maggio-2 ottobre; chiuso a mezzogiorno – **Pasto** carta 80/95000.

sulla Costa Smeralda – ✉ 07020 Porto Cervo – a.s. 20 giugno-15 settembre :

Cala di Volpe, a Cala di Volpe E : 16,5 km ☎ 96083, Telex 790274, Fax 96442, ← baia e porticciolo, – ☎ P. AE E VISA JCB.
10 maggio-6 ottobre – **123 cam** solo ½ P 677000.

Pitrizza, a Pitrizza NE : 19 km ☎ 91500, Telex 792079, Fax 91629, ← baia, « Ville indipendenti », – ☎ P – 50. AE E VISA JCB.
15 maggio-6 ottobre – **51 cam** solo ½ P 737000.

Romazzino, a Romazzino E : 19 km ☎ 96020, Telex 790059, Fax 96258, ← mare ed isolotti, « Giardino con », – ☎ P. AE E VISA JCB.
3 maggio-13 ottobre – **86 cam** solo ½ P 671000, appartamento.

Cervo, a Porto Cervo NE : 18,5 km ☎ 92003, Telex 790037, Fax 92593, ←, « Piccolo patio » – ☎. AE E VISA JCB.
aprile-27 ottobre – **Pasto** al Rist. ***Cervo Grill*** *(giugno-settembre)* carta 105/155000 – **90 cam** 550/726000 – ½ P 440000.

Le Ginestre, verso Porto Cervo NE : 17 km ☎ 92030, Fax 94087, ←, riscaldata, – ☎ P – 200. AE E VISA.
maggio-settembre – **Pasto** 55/70000 – **78 cam** 350/600000, 2 appartamenti – ½ P 350/390000.

Cervo Tennis Club senza rist, a Porto Cervo NE : 18,5 km ☎ 92244, Fax 94013, ←, – ☎ P – 80 a 200. AE E VISA JCB.
16 cam 396000.

XX Il Pescatore, a Porto Cervo NE : 18,5 km ☎ 92296, « Servizio all'aperto sul porticciolo »
stagionale; chiuso a mezzogiorno.

X **Dante,** località Sottovento E : 17,5 km ☎ 92432 – P. AE E VISA
15 marzo-settembre – **Pasto** carta 48/71000 (10%).

ASSEMINI 09032 Cagliari 988 ㉝, 433 J 8 – 21 427 ab. – ☎ 070.

♦Cagliari 14.

Grillo, via Carmine 132 ☎ 946350, Fax 946826 – ☎ P – 50 a 250. AE E VISA.
chiuso agosto – **Pasto** *(chiuso domenica da giugno a settembre)* carta 26/49000 – 8000 – **72 cam** 120/180000 – P 110/140000.

BAIA SARDINIA Sassari 988 ㉓ ㉔, 433 D 10 – Vedere Arzachena.

BARI SARDO 08042 Nuoro 433 H 10 – 4 058 ab. alt. 50 – a.s. luglio-10 settembre – ☎ 0782.
♦Cagliari 130 – Muravera 66 – ♦Nuoro 106 – ♦Olbia 187 – Porto Torres 244 – ♦Sassari 226.

a Torre di Bari E : 4,5 km – ✉ 08042 Bari Sardo

La Torre, ✆ 28030, Fax 29577, – 150
45 cam.

BOSA 08013 Nuoro 988 ㉝, 433 G 7 – 8 513 ab. alt. 10 – ☎ 0785.
Alghero 64 – ♦Cagliari 172 – ♦Nuoro 86 – ♦Olbia 151 – ♦Oristano 64 – Porto Torres 99 – ♦Sassari 99.

Mannu, viale Alghero ✆ 375307, Fax 375308 –
Pasto carta 27/42000 – **28 cam** 70/110000 – ½ P 90/100000.

a Bosa Marina SO : 2,5 km – ✉ **08013** – a.s. luglio-10 settembre :

Al Gabbiano, ✆ 374123, Fax 374123, – rist . AE E VISA.
Pasto *(chiuso da novembre a marzo)* carta 34/52000 – 10000 – **30 cam** 80/100000 – ½ P 65/110000.

BUDONI 08020 Nuoro 433 E 11 – 3 799 ab. – a.s. luglio-10 settembre – ☎ 0784.
♦Cagliari 248 – ♦Nuoro 67 – ♦Olbia 37 – Porto Torres 154 – ♦Sassari 136.

Isabella, ✆ 844048, Fax 844409, – rist . AE VISA
Pasto *(maggio-settembre)* carta 39/42000 – 8000 – **26 cam** 70/95000 – P 60/115000.

Il Portico, ✆ 844450, – . AE E VISA.
chiuso dal 10 ottobre al 20 novembre e lunedì in bassa stagione – **Pasto** carta 30/67000 (10%).

Benutzen Sie für weite Fahrten in Europa die ***Michelin-Länderkarten*** *:*
970 Europa, 976 Tschechische Republik-Slowakische Republik, 980 Griechenland, 984 Deutschland, 985 Skandinavien-Finnland, 986 Großbritannien-Irland, 987 Deutschland-Österreich-Benelux, 988 Italien, 989 Frankreich, 990 Spanien-Portugal, 991 Jugoslawien.

CAGLIARI 09100 P 988 ㉝, 433 J 9 – 178 063 ab. – ☎ 070.
Vedere Museo Nazionale Archeologico★ : bronzetti★★★ Y – ≤★★ dalla terrazza Umberto I Z – Pulpiti★★ nella Cattedrale Y – Torre di San Pancrazio★ Y – Torre dell'Elefante★ Y.
Escursioni Strada★★★ per Muravera per ①.
✈ di Elmas per ② : 6 km ✆ 240079 – Alitalia, via Caprera 14 ✉ 09123 ✆ 60108.
⛴ per Civitavecchia giornaliero (13 h 30 mn)) e Genova 18 giugno-17 settembre mercoledì e domenica (20 h 45 mn); per Napoli mercoledì e dal 19 giugno al 17 settembre anche venerdì (15 h 45 mn); per Palermo venerdì (14 h 30 mn) e Trapani domenica (11 h) – Tirrenia Navigazione-agenzia Agenave, molo Sabaudo ✆ 669501, Fax 652337.
ℹ piazza Matteotti 9 ✉ 09123 ✆ 669255 – Aeroporto di Elmas ✉ 09132 ✆ 240200.
A.C.I. via San Simone 60 ✉ 09122 ✆ 283000.
♦Nuoro 182 ② – Porto Torres 229 ② – ♦Sassari 211 ②.

Pianta pagina seguente

Regina Margherita senza rist, viale Regina Margherita 44 ✉ 09124 ✆ 670342, Fax 668325 – – 30 a 350. AE E VISA. Z g
99 cam 195/235000.

Mediterraneo, lungomare Cristoforo Colombo 46 ✉ 09125 ✆ 301271, Telex 790180, Fax 301274, ≤, – – 50 a 650. AE E VISA. rist Z s
Pasto *(chiuso domenica)* 52000 e al Rist. ***Al Golfo*** carta 50/77000 – 20000 – **124 cam** 178/210000, 12 appartamenti – ½ P 155000.

Panorama, viale Armando Diaz 231 ✉ 09126 ✆ 307691, Fax 305413, – – 30 a 150 Z
97 cam.

Forte Agip, circonvallazione Nuova ✉ 09134 Pirri ✆ 521373, Telex 792104, Fax 502222 – – 200. AE E VISA. rist 4 km per via Dante Y
Pasto carta 39/64000 – **129 cam** 154/194000.

Sardegna, via Lunigiana 50 ✉ 09122 ✆ 286245, Telex 792152, Fax 290469 – – 30 a 120. AE E VISA. rist 2 km per viale Trieste YZ
Pasto *(chiuso dal 20 dicembre al 6 gennaio)* carta 35/51000 (20%) – **90 cam** 129/195000 – ½ P 127000.

Quadrifoglio, via Peretti 8/10 - Circonvallazione Nuova (c/o Ospedale Civile) ✉ 09047 Selargius ✆ 543093, Fax 543036 – – 30 a 60. AE E VISA.
Pasto *(chiuso lunedì e dal 1° al 20 agosto)* carta 35/55000 (10%) – **87 cam** 86/123000. per via Dante Y

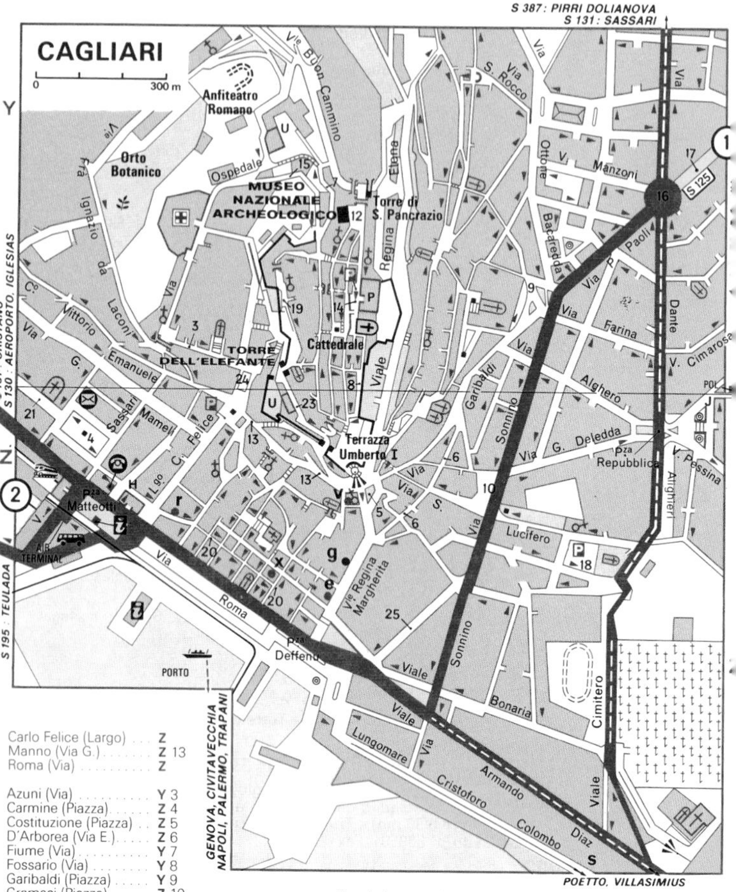

CAGLIARI

Circolazione regolamentata nel centro città

Carlo Felice (Largo)	Z
Manno (Via G.)	Z 13
Roma (Via)	Z
Azuni (Via)	Y 3
Carmine (Piazza)	Z 4
Costituzione (Piazza)	Z 5
D'Arborea (Via E.)	Z 6
Fiume (Via)	Y 7
Fossario (Via)	Y 8
Garibaldi (Piazza)	Y 9
Gramsci (Piazza)	Z 10
Indipendenza (Piazza)	Y 12
Martini (Via)	Y 14
Porceli (Via)	Y 15
S. Benedetto (Piazza)	Y 16
S. Benedetto (Via)	Y 17
S. Cosimo (Piazza)	Z 18
S. Croce (Via)	Y 19
Sardegna (Via)	Z 20
Trieste (Viale)	Z 21
Università (Via)	Z 23
Yenne (Piazza)	Y 24
20 Settembre (Via)	Z 25

XXX **Dal Corsaro,** viale Regina Margherita 28 ✉ 09124 ℰ 664318, Fax 653439 – ▤. AE ⑤ ⓪ E VISA. ✻ — Z e
chiuso domenica, dal 23 dicembre al 6 gennaio ed agosto – **Pasto** carta 55/74000 (10%).

XX **Antica Hostaria,** via Cavour 60 ✉ 09124 ℰ 665870, « Collezione di quadri » – ▤. AE ⑤ ⓪ E VISA. ✻ — Z x
chiuso domenica ed agosto – **Pasto** carta 40/57000 (12%).

XX **St. Remy,** via Torino 16 ✉ 09124 ℰ 657377 – ▤. AE ⑤ ⓪ E VISA. ✻ — Z v
Pasto carta 40/70000 (10%).

X **Italia,** via Sardegna 30 ✉ 09124 ℰ 657987 – ▤. AE ⑤ ⓪ E VISA — Z r
chiuso domenica e Ferragosto – **Pasto** carta 31/58000.

al bivio per Capoterra per ② : 12 km :

XX **Sa Cardiga e Su Schironi,** ✉ 09012 Capoterra ℰ 71652, Fax 71613, Specialità di mare – ▤ Ⓟ. AE ⑤ ⓪ E VISA
chiuso lunedì e dal 10 al 30 novembre – **Pasto** carta 38/68000.

Vedere anche : ***Quartu Sant'Elena*** E : 7 km.

MICHELIN, a Sestu, strada statale 131 km 7,200 per ② - ✉ 09028 Sestu, ℰ 22122, Fax 22602.

CALA GINEPRO Nuoro – Vedere Orosei.

CALA GONONE Nuoro 988 ㉞, 433 G 10 – Vedere Dorgali.

CALASETTA 09011 Cagliari 988 ㉝, 433 J 7 – 2 721 ab. alt. 10 – ✆ 0781.

per l'Isola di San Pietro-Carloforte giornalieri (30 mn) – Saremar-agenzia Ser.Ma.Sa., al porto ✆ 88430.

per l'Isola di San Pietro-Carloforte giornalieri (10 mn) – Saremar-agenzia Ser.Ma.Sa., al porto ✆ 88430.

◆Cagliari 105 – ◆Oristano 145.

Stella del Sud, località Spiaggia Grande ✆ 810188, Fax 810148, ≤, – ▤ TV ☎ P. AE ⑤ ⓓ E VISA. ✗ rist
chiuso dicembre – **Pasto** *(aprile-ottobre)* carta 38/58000 – **49 cam** ☐ 140/164000 – ½ P 120/155000.

Cala di Seta, via Regina Margherita 31 ✆ 88304, – ▤ ☎. AE ⑤ E VISA. ✗ rist
Pasto *(aprile-ottobre)* carta 24/50000 – ☐ 8000 – **17 cam** 75/100000 – ½ P 95000.

Bellavista con cam, ✆ 88971, Fax 88211, ≤, – ▤. ⑤
chiuso dal 4 novembre al 15 dicembre – **Pasto** *(chiuso lunedì da ottobre ad aprile)* carta 35/50000 – ☐ 11000 – **12 cam** 80/105000, ▤ 5000 – P 98/126000.

CAPO D'ORSO Sassari – Vedere Palau.

CARBONIA 09013 Cagliari 988 ㉝, 433 J 7 – 32 926 ab. alt. 100 – ✆ 0781.

◆Cagliari 71 – ◆Oristano 121.

Bovo-da Tonino, via Costituente 18 ✆ 62217, – ▤. ✗
chiuso domenica e i giorni festivi – **Pasto** carta 31/56000.

CARLOFORTE Cagliari 988 ㉝, 433 J 6 – Vedere San Pietro (Isola di).

CASTELSARDO 07031 Sassari 988 ㉓, 433 E 8 – 5 301 ab. – a.s. 20 giugno-15 settembre – ✆ 079.

◆Cagliari 243 – ◆Nuoro 152 – ◆Olbia 100 – Porto Torres 34 – ◆Sassari 32.

Riviera da Fofò, ✆ 470143, Fax 470270, ≤ – |‡| ▤ cam TV ☎ P – 60. AE ⑤ ⓓ E VISA. ✗ rist
Pasto *(chiuso mercoledì da novembre ad aprile)* carta 36/70000 – ☐ 10000 – **31 cam** 90/145000 – ½ P 85/130000.

Sa Ferula, località Lu Bagnu SO : 4 km ✆ 474049, Fax 474049, ≤, – P. AE ⑤ ⓓ E VISA. ✗
chiuso mercoledì e dal 15 al 30 novembre – **Pasto** carta 35/59000.

COSTA DORATA Sassari 433 E 10 – Vedere Porto San Paolo.

COSTA PARADISO Sassari 433 D 8 – Vedere Trinità d'Agultu.

COSTA REI Cagliari 433 J 10 – Vedere Muravera.

COSTA SMERALDA Sassari 988 ㉓ ㉔, 433 D 10 – Vedere Arzachena.

CUGLIERI 09073 Oristano 433 G 7 – 3 341 ab. alt. 479 – ✆ 0785.

◆Cagliari 133 – Alghero 68 – ◆Oristano 40 – ◆Sassari 106.

Pedras-Longas, strada statale 292 (NE : 6,5 km) ✆ 38433, ≤, – ▤ P. AE ⑤ E VISA. ✗
chiuso martedì da ottobre a marzo – **Pasto** carta 32/59000 (10%).

La Meridiana, ✆ 39400, – ✗
chiuso mercoledì, dal 15 al 30 gennaio e dal 15 al 30 ottobre – **Pasto** carta 43/75000.

DORGALI 08022 Nuoro 988 ㉞, 433 G 10 – 8 134 ab. alt. 387 – a.s. luglio-10 settembre – ✆ 0784.

Vedere Dolmen Motorra★ N : 4 km.

Dintorni Grotta di Ispinigoli : colonna★★ N : 8 km – Strada★★ per Cala Gonone E : 10 km – Nuraghi di Serra Orios★ NO : 10 km – Strada★★★ per Arbatax Sud.

◆Cagliari 213 – ◆Nuoro 32 – ◆Olbia 114 – Porto Torres 170 – ◆Sassari 152.

Il Querceto, NO : 1 km ✆ 96509, Fax 95254, – TV ☎ P. AE ⑤ E VISA. ✗ rist
2 aprile-ottobre – **Pasto** carta 34/52000 (10%) – ☐ 7500 – **20 cam** 85/120000 – ½ P 120000.

Colibrì, ✆ 96054, – ✗
chiuso da dicembre a febbraio e domenica da ottobre a maggio – **Pasto** carta 38/56000.

a Cala Gonone E : 9 km – ✉ **08020** :

Costa Dorada, ✆ 93332, Fax 93445, ← – ⇔ rist ▤ TV ☎. AE 🅂 ⓓ E VISA. ⛌ rist
Pasqua-ottobre – **Pasto** (solo per clienti alloggiati) 30/45000 – ☕ 15000 – **26 cam** 120/170000, appartamento – ½ P 120/145000.

Miramare, ✆ 93140, Fax 93469, ← – 🛗 TV ☎. AE 🅂 ⓓ E VISA. ⛌ rist
aprile-10 ottobre – **Pasto** *(chiuso sino a maggio e dal 1° al 10 ottobre)* carta 30/48000 (10 %) – **35 cam** ☕ 85/120000 – ½ P 130000.

L'Oasi ⛯, ✆ 93111, Fax 93444, ← mare e costa, 🏖, « Giardino fiorito a terrazze » – ▤ ☎ 🅿 – 🏛 25 a 60. VISA. ⛌
Pasqua-10 ottobre – **Pasto** (solo per clienti alloggiati) 25/27000 – ☕ 12500 – **32 cam** 75/90000, ▤ 11000 – ½ P 90000.

Aquarius, ✆ 93428, 🏖 – ▤. AE 🅂 E VISA
20-31 dicembre e Pasqua-ottobre; chiuso giovedì escluso da maggio a settembre – **Pasto** carta 40/62000.

Il Pescatore, ✆ 93174, ←, 🏖, prenotare – 🅂 E VISA
chiuso febbraio – **Pasto** carta 44/73000.

Ferienreisen wollen gut vorbereitet sein.
*Die **Straßenkarten** und **Führer** von **Michelin***
geben Ihnen Anregungen und praktische Hinweise zur Gestaltung Ihrer Reise :
Streckenvorschläge, Auswahl und Besichtigungsbedingungen
der Sehenswürdigkeiten, Unterkunft, Preise... u. a. m.

FERTILIA Sassari 988 ㉝, 433 F 6 – Vedere Alghero.

FONNI 08023 Nuoro 988 ㉝, 433 G 9 – 4 566 ab. alt. 1 000 – ☎ 0784.
Escursioni Monti del Gennargentu** Sud.
♦Cagliari 161 – ♦Nuoro 33 – ♦Olbia 137 – Porto Torres 149 – ♦Sassari 131.

Cualbu, viale del Lavoro 21 ✆ 57054, Fax 58403 – 🛗 ☎ 🅿 – 🏛 200. ⛌
Pasto carta 28/42000 – ☕ 8000 – **60 cam** 60/80000 – ½ P 76/80000.

GOLFO ARANCI 07020 Sassari 988 ㉔, 433 E 10 – 1 978 ab. – a.s. 20 giugno-15 settembre – ☎ 0789.
⛴ per Livorno aprile-settembre giornalieri (9 h 15 mn) – Sardinia Ferries, molo Sud ✆ 46780.
♦Cagliari 304 – ♦Olbia 19 – PortoTorres 140 – ♦Sassari 122 – Tempio Pausania 64.

Margherita senza rist, ✆ 46906, Fax 46851, ←, 🏊, 🌳 – 🛗 ▤ TV ☎ 🅿. AE 🅂 ⓓ E VISA
26 cam ☕ 178/236000.

GOLFO DI MARINELLA Sassari 433 D 10 – Vedere Olbia.

IS MOLAS Cagliari – Vedere Pula.

LA CALETTA Nuoro 433 F 11 – Vedere Siniscola.

LACONI 08034 Nuoro 988 ㉝, 433 H 9 – 2 433 ab. alt. 555 – ☎ 0782.
♦Cagliari 86 – ♦Nuoro 108 – ♦Olbia 212 – ♦Oristano 59 – Porto Torres 189 – ♦Sassari 171.

Sardegna, ✆ 869033, Fax 869033 – ⛌
Pasto carta 31/45000.

LOTZORAI 08040 Nuoro 433 H 10 – 2 055 ab. alt. 16 – a.s.luglio-10 settembre – ☎ 0782.
♦Cagliari 145 – Arbatax 9,5 – ♦Nuoro 91.

L'Isolotto, ✆ 669431, 🏖 – 🅿. AE 🅂 ⓓ E VISA
giugno-settembre; chiuso lunedì – **Pasto** carta 35/60000 (5 %).

MADDALENA (Arcipelago della) Sassari 988 ㉓ ㉔, 433 D 10 – alt. da 0 a 212 (monte Teialone). La limitazione d'accesso degli autoveicoli è regolata da norme legislative.
Vedere Isola della Maddalena** – Isola di Caprera* : casa-museo* di Garibaldi.

La Maddalena Sassari 988 ㉓ ㉔, 433 D 10 – 11 146 ab. – ✉ **07024** – a.s. 20 giugno-15 settembre – ☎ 0789.
⛴ per Palau giornalieri (15 mn) – Saremar-agenzia Contemar, via Amendola 15 ✆ 737660, Fax 736449.
ℹ via XX Settembre 24 ✆ 736321

Cala Lunga ⛱, a Porto Massimo N : 6 km ☎ 734042, Fax 734033, ≤, ⛱, – 🛗 ☎ 🅿. 🅢 ⓓ E VISA. ✂
20 maggio-6 ottobre – **Pasto** 40/50000 – **72 cam** ☕ 260000 – ½ P 205000.

Nido d'Aquila ⛱, O : 3 km ☎ 722130, Fax 722159, ≤ mare e costa – 🛗 ▤ TV ☎ 🅿. AE 🅢 E VISA. ✂
chiuso dal 23 dicembre al 6 gennaio – **Pasto** *(aprile-ottobre)* carta 36/54000 – **36 cam** ☕ 123/156000 – ½ P 118000.

Garibaldi ⛱ senza rist, ☎ 737314, Fax 737314 – 🛗 ▤ TV ☎. AE 🅢 ⓓ E VISA. ✂
☕ 12500 – **19 cam** 125/172000.

Mistral, ☎ 738088, Fax 738088 – ▤. AE 🅢 ⓓ E VISA. ✂
chiuso novembre e venerdì (escluso dal 12 aprile a settembre) – **Pasto** carta 47/74000.

Mangana, ☎ 738477 – ▤. AE 🅢 ⓓ E VISA. ✂
chiuso dal 20 dicembre al 20 gennaio e mercoledì (escluso luglio-agosto) – **Pasto** carta 35/66000.

MARAZZINO Sassari 433 D 9 – Vedere Santa Teresa Gallura.

MURAVERA **09043** Cagliari 988 ㉞, 433 I 10 – 4 435 ab. alt. 11 – ☎ 070.

Escursioni Strada*** per Cagliari SO.

ℹ via Europa 22 ☎ 9930760, Fax 9931286.

♦Cagliari 64 – ♦Nuoro 166 – ♦Olbia 253 – Porto Torres 288.

a Costa Rei S : 31 km – ✉ **09043** Muravera.

ℹ (giugno-ottobre) piazza Italia 12 ☎ 991350 :

Sa Cardiga e Su Pisci, ☎ 991108, 🏖 – ▤ 🅿. AE 🅢 E VISA. ✂
febbraio-ottobre; chiuso giovedì (escluso agosto) e a mezzogiorno da luglio a settembre – **Pasto** carta 37/76000.

NETTUNO (Grotta di) Sassari 988 ㉜ ㉝, 433 F 6 – Vedere Guida Verde.

NUORO **08100** 🅿 988 ㉝, 433 G 9 – 37 727 ab. alt. 553 – a.s. luglio-10 settembre – ☎ 0784.

Vedere Museo della vita e delle tradizioni popolari sarde*.

Dintorni Monte Ortobene* E : 9 km.

ℹ piazza Italia 19 ☎ 30083, Fax 33432.

A.C.I. via Sicilia 39 ☎ 30034.

♦Cagliari 182 – ♦Sassari 120.

Grillo, via Monsignor Melas 14 ☎ 38678, Fax 32005 – 🛗 TV ☎. AE 🅢 ⓓ E VISA. ✂ rist
Pasto carta 25/46000 – ☕ 8000 – **46 cam** 70/92000 – ½ P 75000.

L'Ambasciata, via Dessanay ☎ 202745 – AE 🅢
chiuso domenica – **Pasto** carta 35/61000.

Canne al Vento, viale Repubblica 66 ☎ 201762.

Sa Bertula, via Deffenu 119 ☎ 37690.

Il Rifugio, vicolo del Pozzo 4 ☎ 232355 – 🅢 ⓓ E VISA
chiuso mercoledì – **Pasto** carta 22/42000.

OLBIA **07026** Sassari 988 ㉓ ㉔, 433 E 10 – 42 103 ab. – a.s. 20 giugno-15 settembre – ☎ 0789.

✈ della Costa Smeralda SO : 4 km ☎ 52600 – Alisarda, corso Umberto 193 ☎ 66155.

⛴ da Golfo Aranci per Livorno aprile-ottobre giornalieri (9 h 15 mn) – Sardinia Ferries, corso Umberto 4 ☎ 25200, Fax 24146; per Civitavecchia giornaliero (da 3 h 30 mn a 7 h 30 mn); per Genova giugno-settembre giornalieri , negli altri mesi martedì, giovedì e sabato (13 h) e La Spezia giugno-5 settembre giornaliero (5 h 30 mn) – Tirrenia Navigazione, stazione marittima Isola Bianca ☎ 24691, Telex 790023, Fax 22688.

ℹ via Catello Piro 1 ☎ 21453,Fax 22221.

♦Cagliari 268 – ♦Nuoro 102 – ♦Sassari 103.

Mediterraneo, via Montello 3 ☎ 24173, Telex 792017, Fax 24162 – 🛗 ▤ TV ☎ 🅿. AE 🅢 ⓓ E VISA. ✂
Pasto carta 35/70000 – **74 cam** ☕ 133/186000 – ½ P 128/168000.

Centrale senza rist, corso Umberto 85 ☎ 23017, Fax 26464 – ▤ TV ☎ 🅿. 🅢 E VISA. ✂
☕ 10000 – **23 cam** 110/150000.

Leone e Anna, via Barcellona 90 ☎ 26333 – ▤. AE 🅢 E VISA
chiuso gennaio e mercoledì (escluso da maggio a settembre) – **Pasto** carta 48/87000.

Bacchus, via Gabriele d'Annunzio ☎ 21612 – ▤. AE 🅢 ⓓ E VISA. ✂
chiuso domenica a mezzogiorno dal 15 giugno a settembre, tutto il giorno negli altri mesi – **Pasto** carta 40/68000.

Gallura, con cam, corso Umberto 145 ☎ 24648, Fax 24629 – TV ☎ – 🏛 50
16 cam.

La Palma, via del Castagno 51549, – AE E VISA.
chiuso domenica e dal 20 dicembre al 10 gennaio – **Pasto** carta 47/71000.

Canne al Vento, via Vignola 33 51609 – P. AE E VISA.
chiuso domenica, Natale e Pasqua – **Pasto** carta 32/52000 (10%).

sulla via Panoramica NE : 4 km :

Stefania, località Pittulongu 07026 39027, Fax 39186, ≤ mare, – P. AE E VISA.
Pasto vedere rist **Da Nino's** – **28 cam** 230/260000 – ½ P 160/195000.

Da Nino's, località Pittulongu 07026 39027 – P. AE E VISA.
chiuso mercoledì escluso da giugno a settembre – **Pasto** carta 50/98000 (10%).

Trattoria Rossi, località Pittulongu 07026 39042, ≤ mare, – . AE E VISA.
chiuso novembre e giovedì in bassa stagione – **Pasto** carta 38/65000.

a Golfo di Marinella NE : 13 km – 07026 Olbia :

Abi d'Oru , 32001, Fax 32044, ≤ baia, , « Giardino fiorito con », , –
P
stagionale – **103 cam.**

a Porto Rotondo N : 15,5 km – **07020** :

Sporting , 34005, Telex 790113, Fax 34383, ≤ mare e costa, , , , –
P. AE E VISA JCB.
15 maggio-settembre – **Pasto** (solo per clienti alloggiati) – **27 cam** solo ½ P 567000.

Locanda da Giovannino, 35280, – . AE E VISA
chiuso gennaio e lunedì in bassa stagione – **Pasto** carta 85/125000 (15%).

Vedere anche : ***Porto San Paolo*** SE : 15 km.
Golfo Aranci NE : 19 km.
San Pantaleo N : 20 km.

LIENA **08025** Nuoro 988 ㉝ ㉞, 433 G 10 – 7 745 ab. alt. 378 – a.s. luglio-10 settembre – 0784.

Dintorni Sorgente Su Gologone★ NE : 8 km.

◆Cagliari 193 – ◆Nuoro 12 – ◆Olbia 116 – Porto Torres 150.

Enis con cam, località Monte Maccione E : 4 km 288363, ≤ su Badda Manna e monte Ortobene, – P. rist
Pasto carta 28/47000 – 6000 – **17 cam** 48/75000 – ½ P 60/65000.

alla sorgente Su Gologone NE : 8 km :

Su Gologone con cam, 08025 287512, Telex 792110, Fax 287668, ≤, , , , – P – 50 a 200. AE E VISA
marzo-ottobre – **Pasto** carta 42/58000 (10%) – **65 cam** 150/180000 – ½ P 170000.

ORISTANO **09170** P 988 ㉝, 433 H 7 – 31 519 ab. – 0783.

Vedere Opere d'arte★ nella chiesa di San Francesco – Basilica di Santa Giusta★ S : 3 km.

via Cagliari 278 74191, Fax 302518.

A.C.I. via Cagliari 39 212458.

Alghero 137 – ◆Cagliari 93 – Iglesias 97 – ◆Nuoro 92 – ◆Sassari 121.

Mistral 2, via 20 Settembre 210389, Fax 211000, – – 350. AE E VISA. rist
Pasto carta 31/59000 – **132 cam** 98/148000 – ½ P 75/95000.

Mistral, via Martiri di Belfiore 212505, Fax 210058 – P – 50. AE E VISA. rist
Pasto (solo per clienti alloggiati) carta 25/48000 – **48 cam** 70/112000 – ½ P 75/78000.

Il Faro, via Bellini 25 70002, Coperti limitati; prenotare – . E VISA.
chiuso domenica e dall'11 al 25 luglio – **Pasto** 50/80000 (15%) a mezzogiorno 60/90000 (15%) alla sera e carta 55/68000 (15%)
Spec. Granseola con grano duro all'olio extravergine (aprile-ottobre), Raviolini neri di San Pietro al ragù di seppie e gamberi al profumo di basilico (ottobre-aprile), Agnello da latte con carciofi e finocchietto selvatico (ottobre-aprile).

La Forchetta d'Oro, via Giovanni XXIII 8 302731, Fax 302731 – . AE E VISA.
chiuso domenica – **Pasto** carta 31/57000.

Da Salvatore, vico Mariano 2 71309 –

sulla strada statale 131 :

XX Tucano, al bivio per Arborea S : 5 km ✉ 09096 Santa Giusta ☎ 358105, Fax 358906 – ▤

a Torre Grande O : 8,5 km – ✉ **09072** – a.s. luglio-agosto :

Del Sole, ☎ 22000, Fax 22217, ≤, ⛱, – |‡| ☎ ♿ 🅟 – 🏰 90 a 180. Ⓢ ⓞ E VISA. ✂ rist
aprile-ottobre – **Pasto** carta 41/58000 – ☕ 15000 – **54 cam** 89/136000 – ½ P 116000.

OROSEI 08028 Nuoro 988 ㉞, 433 F 11 – 5 435 ab. alt. 19 – a.s. luglio-10 settembre – ☎ 0784.
Dorgali 18 – ◆Nuoro 40 – ◆Olbia 93.

Maria Rosaria, via Grazia Deledda 13 ☎ 98657, Fax 98596, – ▤ TV ☎ 🅟. AE Ⓢ E VISA. ✂
Pasto carta 35/60000 – ☕ 10000 – **61 cam** 120/180000 – ½ P 120/180000.

a Cala Ginepro NE : 14 km – ✉ **08028** Orosei :

Club Hotel Torre Moresca 🐦, ☎ 91230, Fax 91270, ⛱, ✂ – ▤ TV ☎ 🅟 – 🏰 400.
stagionale – **140 cam.**

Un conseil **Michelin** *:*
pour réussir vos voyages, préparez-les à l'avance.
Les **cartes** *et* **guides Michelin,** *vous donnent toutes indications utiles sur :*
itinéraires, visite des curiosités, logement, prix, etc.

PALAU 07020 Sassari 988 ㉓, 433 D 10 – 3 218 ab. – a.s. 20 giugno-15 settembre – ☎ 0789.
Dintorni Arcipelago della Maddalena★★ – Costa Smeralda★★.
⛴ per La Maddalena giornalieri (15 mn) – Saremar-agenzia D'Oriano, piazza del Molo ☎ 709270, Fax 709270.
ℹ via Nazionale 94 ☎ 709570, Fax 709570.
◆Cagliari 325 – ◆Nuoro 144 – ◆Olbia 40 – Porto Torres 127 – ◆Sassari 117 – Tempio Pausania 48.

Palau, via Baragge ☎ 708468, Fax 709817, ≤ mare, ⛱ – ▤ TV ☎ 🅟 – 🏰 250. AE Ⓢ ⓞ E VISA. ✂
aprile-ottobre – **Pasto** 30/60000 – **95 cam** ☕ 147/234000 – ½ P 120/140000.

Piccada senza rist, ☎ 709344, Fax 709344 – TV ☎ 🚗. AE Ⓢ E VISA. ✂
☕ 12000 – **19 cam** 100/120000.

XXX **Da Franco,** ☎ 709558 – ▤. Ⓢ ⓞ E VISA. ✂
chiuso dal 19 al 25 dicembre e lunedì (escluso da giugno a settembre) – **Pasto** 45000 (15%) a mezzogiorno 60000 (15%) alla sera e carta 55/80000 (15%).

XX ✿ **La Gritta,** ☎ 708045, ≤ mare e isole, – 🅟. AE Ⓢ ⓞ E VISA. ✂
aprile-ottobre; chiuso mercoledì da aprile al 15 giugno – **Pasto** carta 61/76000
Spec. Linguine al pesce cappone, Aragosta alla catalana, Porcetto gallurese allo spiedo.

XX **Faro,** località Porto Faro ☎ 709565, ≤ – Ⓢ ⓞ E. ✂
giugno-settembre – **Pasto** carta 47/65000.

X **La Taverna,** ☎ 709289 – ▤. AE Ⓢ ⓞ E VISA. ✂
marzo-novembre; chiuso martedì escluso da giugno a settembre – **Pasto** carta 48/88000.

a Capo d'Orso E : 5 km – ✉ **07020** Palau :

Capo d'Orso 🐦, ☎ 702000, Telex 791124, Fax 702009, ≤, « In pineta », ⛱, ✂ – ▤ TV ☎ 🅟 – 🏰 150. AE Ⓢ VISA. ✂
Pasqua-ottobre – **Pasto** *(chiuso a mezzogiorno)* 60000 – **62 cam** ☕ 400000 – ½ P 170/280000.

PORTO ALABE Oristano 433 G 7 – Vedere Tresnuraghes.

PORTO CONTE Sassari 433 F 6 – Vedere Alghero.

PORTO ROTONDO Sassari 988 ㉔, 433 D 10 – Vedere Olbia.

PORTO SAN PAOLO Sassari 433 E 10 – ✉ **07020** Vaccileddi – a.s. 20 giugno-15 settembre – ☎ 0789.
◆Cagliari 268 – ◆Nuoro 87 – ◆Olbia 15 – ◆Sassari 114.

San Paolo, ☎ 40001, Fax 40622, ≤ mare ed isola di Tavolara, – ☎ 🅟
stagionale – **39 cam.**

X **Cala Junco,** ☎ 40260 – ▤. AE Ⓢ ⓞ E VISA. ✂
chiuso martedì (escluso da maggio a settembre) – **Pasto** carta 47/63000.

a Costa Dorata SE : 1,5 km – ✉ **07020** Vaccileddi :

Don Diego ⛰, ☎ 40007, Fax 40026, ≤ mare ed isola di Tavolara, « Villini indipendenti e terrazze fiorite con ⛱ », ▲, ✂ – ▤ TV ☎ P. AE ⓢ ⓞ VISA. ✂
maggio-settembre – **Pasto** (solo per clienti alloggiati) – ☕ 25000 – **60 cam** 400/500000, 6 appartamenti – ½ P 310/360000.

PORTOSCUSO **09010** Cagliari 988 ㉝, 433 J 7 – 5 769 ab. – ☎ 0781.

⛴ da Portovesme per l'Isola di San Pietro-Carloforte giornalieri (40 mn) – a Portovesme, Saremar-agenzia Ser.Ma.Sa., al porto ☎ 509065.

⛴ da Portovesme per l'Isola di San Pietro-Carloforte giornalieri (10 mn) – a Portovesme, Saremar-agenzia Ser.Ma.Sa., al porto ☎ 509065.

♦Cagliari 77 – ♦Oristano 119.

Panorama, senza rist, via Giulio Cesare 42 ☎ 508077, Fax 509327, ≤ – |♦| ▤ TV ☎
37 cam.

XXX ✿ **La Ghinghetta** con cam, via Cavour 26 ☎ 508143, Fax 508144, ≤, Coperti limitati; prenotare – ▤ TV ☎. AE ⓢ ⓞ E VISA. ✂
maggio-settembre – **Pasto** *(chiuso domenica)* carta 61/83000 – **8 cam** ☕ 150/180000 – ½ P 155/165000
Spec. Tonno "di corsa", Trofiette carlofortine, Guazzetto di crostacei.

☛ *Per spostarvi più rapidamente utilizzate le* **carte Michelin "Grandi Strade"** *:*
n° 970 Europa, *n°* 976 Rep. Ceca/Slovacchia, *n°* 980 Grecia, *n°* 984 Germania,
n° 985 Scandinavia-Finlandia, *n°* 986 Gran Bretagna-Irlanda, *n°* 987 Germania-Austria-Benelux,
n° 988 Italia, *n°* 989 Francia, *n°* 990 Spagna-Portogallo, *n°* 991 Jugoslavia.

PORTO TORRES **07046** Sassari 988 ㉓ ㉝, 433 E 7 – 21 359 ab. – ☎ 079.

Vedere Chiesa di San Gavino★.

⛴ per Genova giornalieri (12 h) – Tirrenia Navigazione, Stazione Marittima ☎ 514107, Telex 790019, Fax 514109.

Alghero 35 – ♦Sassari 19.

sulla strada statale 131 :

Libyssonis, SE : 2 km ✉ 07046 ☎ 501613, Fax 501613, ⛱, ✿ – |♦| ▤ TV ☎ P. AE ⓢ E VISA. ✂
Pasto *(chiuso lunedì)* carta 41/60000 – ☕ 11000 – **36 cam** 86/121000 – ½ P 100000.

XX **Li Lioni,** SE : 3 km ✉ 07046 ☎ 502286, Fax 512242, ☂, ✿ – ✂ P. AE ⓢ ⓞ E VISA. ✂
chiuso mercoledì e ottobre o novembre – **Pasto** carta 42/60000.

POSADA **08020** Nuoro 433 F 11 – 2 195 ab. – ☎ 0784.

♦Nuoro 54 – ♦Olbia 47.

Donatella, via Gramsci ☎ 854145, Fax 854433 – TV ☎ P. ⓢ E VISA. ✂
chiuso dal 20 al 30 dicembre – **Pasto** carta 27/44000 – ☕ 8000 – **19 cam** 70/90000 – ½ P 100000.

PULA **09010** Cagliari 988 ㉝, 433 J 9 – 5 907 ab. alt. 10 – ☎ 070.

⛳18 Is Molas, Casella Postale 49 ✉ 09010 Pula ☎ 9241013, Fax 9241015, SO : 6 km.

♦Cagliari 29 – ♦Nuoro 210 – ♦Olbia 314 – ♦Oristano 122 – Porto Torres 258.

Nora Club Hotel ⛰ senza rist, strada per Nora ☎ 9245450, Fax 9209129, ⛱, ✿ – ▤ TV ☎ P. AE ⓢ E VISA
25 cam ☕ 115/190000.

a Is Molas O : 4 km – ✉ **09010** Pula :

Is Molas Golf Hotel ⛰, ☎ 9241006, Telex 791059, Fax 9241002, ⛱, ✿, ⛳9 ⛳18 – ▤ TV ☎ P. AE ⓢ ⓞ E VISA. ✂
chiuso sino al 25 febbraio – **Pasto** 60000 – ☕ 25000 – **84 cam** 230/460000 – ½ P 260000.

a Santa Margherita SO : 6 km – ✉ **09010** Pula :

Is Morus ⛰, ☎ 921171, Telex 791053, Fax 921596, ≤, « In pineta », ⛱, ▲, ✂ – ▤ ☎ P. AE ⓢ ⓞ E VISA. ✂
Pasqua-15 ottobre – **Pasto** (solo per clienti alloggiati) – ☕ 30000 – **77 cam** 260/520000 – ½ P 230/260000.

Abamar ⛰, ☎ 921555, Fax 921145, ≤, ☂, « In pineta », ⛱, ▲, ✂ – |♦| ▤ ☎ P. AE ⓢ VISA
15 maggio-settembre – **Pasto** 35/45000 – ☕ 15000 – **79 cam** 98/185000, 6 appartamenti – ½ P 164/185000.

X **Urru,** ☎ 921491, « Servizio estivo in terrazza », ✿ – P. AE ⓢ ⓞ E VISA. ✂
chiuso lunedì e dall'8 gennaio all'8 febbraio – **Pasto** carta 29/53000 (12 %).

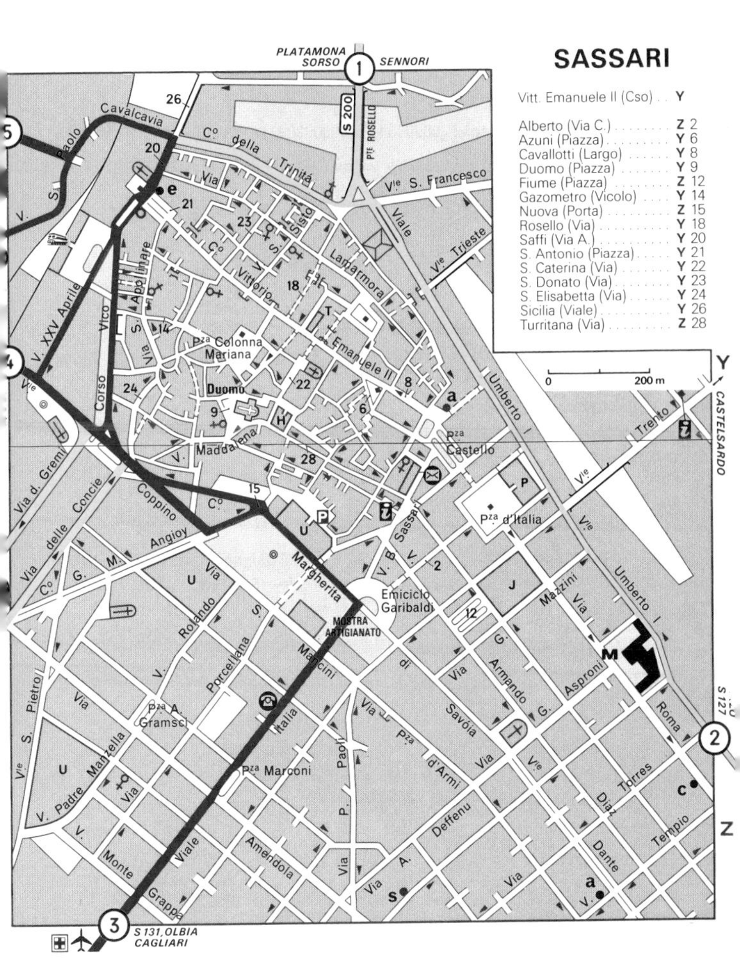

✕✕ **Trattoria del Giamaranto di Gianni e Amedeo,** via Alghero 69 ✆ 274598, prenotare – ▤. AE 🅢 ◑ E VISA. ✈ Z **s**
chiuso dal 22 luglio al 30 agosto, sabato sera e domenica da giugno a settembre – **Pasto** carta 41/67000.

✕✕ **Castello,** piazza Castello 6/7 ✆ 232041, Fax 232041 – ▤. 🅢 ◑ E VISA. ✈ Y **a**
chiuso mercoledì escluso giugno-settembre – **Pasto** carta 49/72000.

SELARGIUS **09047** Cagliari 433 J 9 – 24 284 ab. alt. 11 – ✆ 070.
♦Cagliari 8 – ♦Oristano 98.

Hinterland, viale Vienna angolo viale Trieste ✆ 853009, Fax 853151, ≋ – |♦| ▤ TV ☎ P – 🏛 50 a 250. AE 🅢 ◑ E VISA. ✈ rist
Pasto *(chiuso lunedì)* 34/65000 – ☕ 15000 – **60 cam** 110/150000 – ½ P 150000.

SENORBÌ **09040** Cagliari 988 ㉝, 433 I 9 – 4 275 ab. alt. 204 – 070.

♦Cagliari 41 – ♦Oristano 75.

Sporting Hotel Trexenta, 9809384, Fax 9809383, – AE E VISA.
Pasto 25/30000 e al Rist. ***Da Severino*** *(chiuso lunedì)* carta 30/50000 – **32 cam** 65/100000, 2 appartamenti – P 120000.

Da Severino, 9808181, Fax 9808181, – AE VISA.
chiuso lunedì – **Pasto** carta 35/50000.

SINISCOLA 08029 Nuoro 988 ㉞, 433 F 11 – 10 549 ab. alt. 42 – a.s. luglio-10 settembre – 0784.

♦Nuoro 47 – ♦Olbia 57.

a La Caletta NE : 6,5 km – ✉ **08029** Siniscola :

L'Aragosta, 810129, Fax 810576, – – 120. AE E VISA JCB.
Pasto carta 36/58000 – **26 cam** 90/110000 – P 110/150000.

SORGONO **08038** Nuoro 988 ㉝, 433 G 9 – 2 082 ab. alt. 688 – 0784.

♦Cagliari 124 – ♦Nuoro 70 – ♦Olbia 174 – Porto Torres 155 – ♦Sassari 137.

Villa Fiorita, 60129, – E VISA.
Pasto carta 32/47000 – **19 cam** 55/90000 – ½ P 68000.

Da Nino con cam, 60127, Fax 60127 – .
Pasto carta 30/59000 – **10 cam** 50/90000 – P 75/80000.

STINTINO **07040** Sassari 988 ㉓, 433 E 6 1 138 ab. – a.s. 20 giugno-15 settembre – 079.

'ghero 53 – ♦Cagliari 258 – ♦Nuoro 167 – ♦Olbia 150 – Porto Torres 29 – ♦Sassari 48.

Silvestrino con cam, 523007 – AE E VISA JCB.
chiuso dicembre e gennaio – **Pasto** *(chiuso giovedì escluso da giugno a settembre)* carta 39/72000 – 15000 – **10 cam** 70/130000 – ½ P 100/140000.

SU GOLOGONE Nuoro 433 G 10 – Vedere Oliena.

TEMPIO PAUSANIA **07029** Sassari 988 ㉓, 433 E 9 – 13 956 ab. alt. 566 – 079.

♦Cagliari 253 – ♦Nuoro 135 – ♦Olbia 45 – Palau 48 – Porto Torres 89 – ♦Sassari 69.

Petit Hotel, piazza De Gasperi 10 631134, Fax 631760 – AE E VISA.
Pasto carta 30/52000 – **58 cam** 130/180000 – ½ P 107/120000.

TEULADA **09019** Cagliari 988 ㉝433 K 8 – 4 542 ab. alt. 50 – 070.

♦Cagliari 62 – ♦Oristano 141.

Sebera con cam, 9270876, Fax 9270020 – rist E VISA.
Pasto *(chiuso lunedì escluso da luglio a settembre)* carta 31/42000 – 6000 – **10 cam** 60/70000 – ½ P 68000.

TORRE DI BARI Nuoro 433 H 11 – Vedere Bari Sardo.

TORRE GRANDE Oristano 988 ㉝ – Vedere Oristano.

TORTOLÌ **08048** Nuoro 988 ㉞, 433 H 10 – 9 332 ab. alt. 15 – a.s. luglio-10 settembre – 0782.

Dintorni Strada per Dorgali★★★ Nord.

da Arbatax per: Civitavecchia 25 luglio-18 settembre martedì, venerdì e domenica, negli altri mesi mercoledì e domenica (10 h 30 mn) e Genova giugno-settembre giovedì e sabato, negli altri mesi martedì e sabato (18 h 30 mn) – Tirrenia Navigazione-agenzia Torchiani, via Venezia 10 667062, Fax 667047.

♦Cagliari 140 – Muravera 76 – ♦Nuoro 96 – ♦Olbia 177 – Porto Torres 234 – ♦Sassari 216.

Victoria, 623457, Fax 624116, – – 35. AE E VISA.
Pasto *(chiuso domenica)* carta 30/50000 – **60 cam** 125/160000 – ½ P 120/150000.

TRESNURAGHES **09079** Oristano 433 G 7 – 1 419 ab. alt. 257 – a.s. luglio-10 settembre – 0785.

♦Cagliari 144 – ♦Nuoro 83 – ♦Oristano 51 – ♦Sassari 88.

a Porto Alabe O : 5,5 km – ✉ **09079** Tresnuraghes :

Porto Alabe, 359056, Fax 359080, –
chiuso da novembre al 20 dicembre – **Pasto** 35/50000 – 10000 – **20 cam** 80/100000.

TRINITÀ D'AGULTU **07038** Sassari 988 ㉓, 433 E 8 – 1 992 ab. alt. 365 – a.s. 20 giugno-15 settembre – ☎ 079.

♦Cagliari 271 – ♦Nuoro 180 – ♦Olbia 73 – Porto Torres 62 – ♦Sassari 60.

sulla Costa Paradiso NE : 16 km :

Li Rosi Marini ⛰, ✉ 07038 ✆ 689731, Fax 689732, ≤ mare e scogliere, ⛱, ☖, ✂ – ☎ Ⓟ. ✻ rist
Pasto *(chiuso martedì)* 30000 – **30 cam** ☕ 90/130000 – ½ P 130000.

VALLEDORIA **07038** Sassari 433 E 8 – 3 630 ab. alt. 16 – ☎ 079.

♦Cagliari 235 – ♦Olbia 81 – ♦Sassari 42.

XX **Park Hotel** con cam, ✆ 582800, Fax 582600, ☖ – TV ☎ Ⓟ. Ⓢ E VISA. ✻ rist
Pasto *(chiuso mercoledì)* carta 33/60000 – ☕ 10000 – **7 cam** 60/95000 – ½ P 90/100000.

VILLANOVAFORRU **09020** Cagliari 433 I 8 – 730 ab. alt. 324 – ☎ 070.

♦Cagliari 62 – Iglesias 71 – ♦Nuoro 142 – ♦Olbia 246 – Porto Torres 190 – ♦Sassari 170.

XX **Le Colline** ⛰ con cam, ✆ 9300123, Fax 9300134 – ▤ TV ☎ Ⓟ. AE Ⓢ E VISA. ✻
chiuso dal 20 al 27 dicembre – **Pasto** carta 33/49000 – ☕ 8000 – **20 cam** 70/95000 – ½ P 90000.

VILLASIMIUS **09049** Cagliari 988 ㉞, 433 J 10 – 2 694 ab. alt. 44 – ☎ 070.

♦Cagliari 49 – Muravera 43 – ♦Nuoro 225 – ♦Olbia 296 – Porto Torres 273 – ♦Sassari 255.

X **La Lanterna,** ✆ 791659 – AE Ⓢ E VISA
aprile-novembre; chiuso lunedì – **Pasto** carta 31/54000.

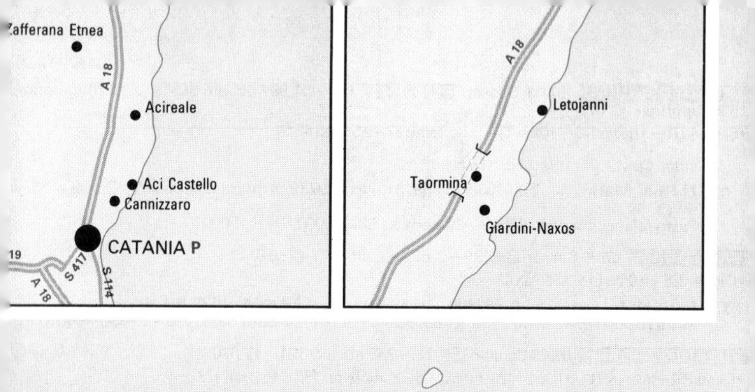

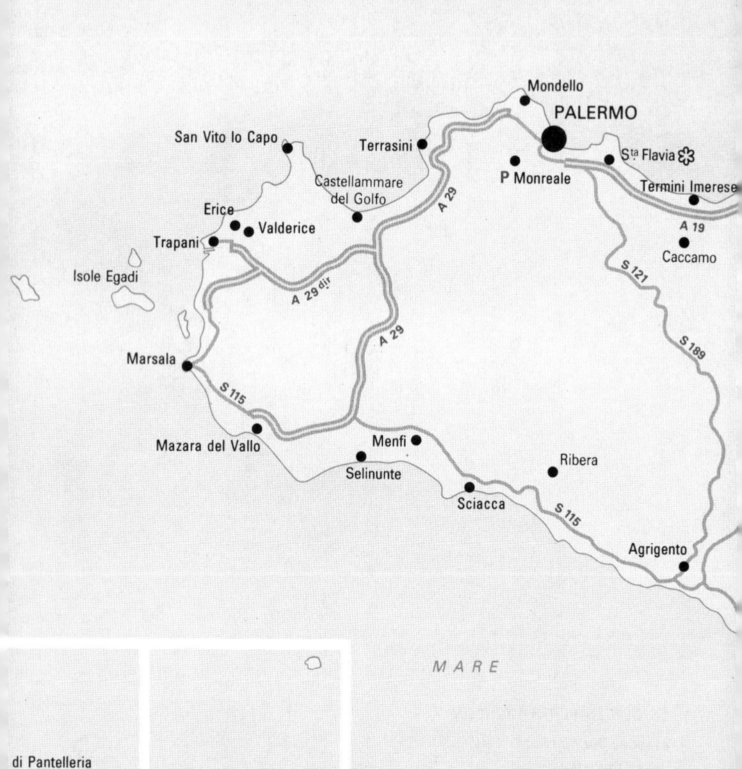

MARE

di Pantelleria

I. di Lampedusa

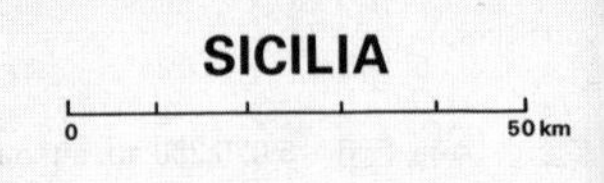
SICILIA
0
50 km

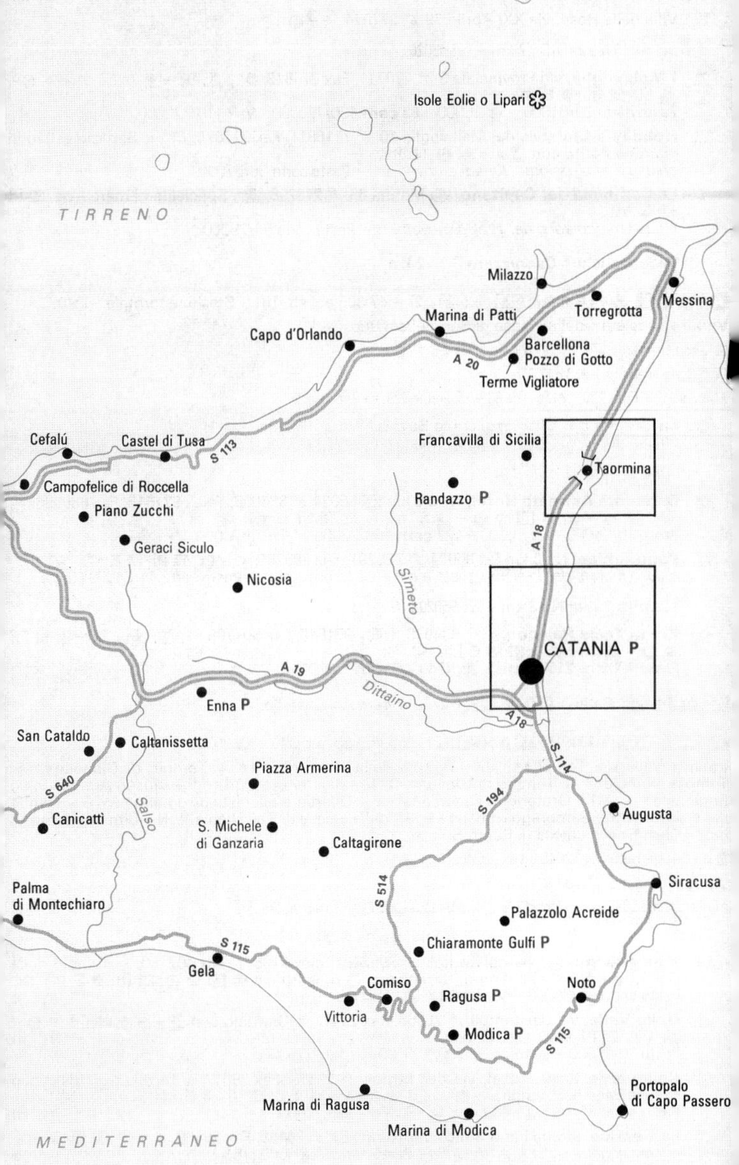
Isole Eolie o Lipari
TIRRENO
Milazzo
Messina
Torregrotta
Marina di Patti
Capo d'Orlando
Barcellona
Pozzo di Gotto
A 20
Terme Vigliatore
Cefalú
Castel di Tusa
S 113
Francavilla di Sicilia
Taormina
Campofelice di Roccella
Randazzo P
Piano Zucchi
Geraci Siculo
A 18
Nicosia
Simeto
CATANIA P
A 19
Dittaino
Enna P
A 18
San Cataldo
Caltanissetta
S 114
S 640
Piazza Armerina
S 194
Salso
Augusta
Canicattì
S. Michele
di Ganzaria
Caltagirone
Palma
di Montechiaro
S 514
Siracusa
Palazzolo Acreide
S 115
Chiaramonte Gulfi P
Gela
Comiso
Noto
Ragusa P
Vittoria
Modica P
S 115
Marina di Ragusa
Portopalo
di Capo Passero
Marina di Modica
MEDITERRANEO

988 ㉟ ㊱ ㊲, 432 – 5 025 280 ab. alt. da 0 a 3 340 (monte Etna).

vedere : Catania, Lampedusa, Marsala, Palermo, Pantelleria, Trapani.

per la Sicilia vedere : Cagliari, Genova, Livorno, Napoli, Reggio di Calabria, Villa San Giovanni; **dalla Sicilia vedere** Isole Eolie, Messina, Palermo, Trapani.

ACI CASTELLO **95021** Catania 988 ㊲, 432 O 27 – 18 944 ab. – 095.

♦Catania 9 – Enna 92 – ♦Messina 95 – ♦Palermo 217 – ♦Siracusa 68.

XX Villa delle Rose, via XXI Aprile 79 ℘ 271024, ≤ – P

ad Aci Trezza NE : 2 km – ✉ **95026** :

I Malavoglia, via Provinciale 3 ℘ 276711, Fax 276873, , , – | TV P – 50. AE VISA. ✻ rist
Pasto carta 39/61000 – 15000 – **83 cam** 130/170000 – ½ P 110/120000.

XX **Holiday's Club,** via dei Malavoglia 10 ℘ 7116811, Fax 277874, , « Servizio estivo in giardino fiorito con » – P. AE VISA
chiuso a mezzogiorno, lunedì e novembre – **Pasto** carta 36/57000.

X **La Cambusa del Capitano,** via Marina 65 ℘ 276298, , Specialità di mare – . AE VISA
chiuso mercoledì e dal 1° al 20 novembre – **Pasto** carta 54/75000.

Vedere anche : *Cannizzaro* SO : 2 km.

ACIREALE **95024** Catania 988 ㊲, 432 O 27 – 47 365 ab. alt. 161 – Stazione termale – 095.

Vedere Facciata★ della chiesa di San Sebastiano.

corso Umberto 179 ℘ 604521, Fax 604306.

A.C.I. via Mancini 1 ℘ 7647777.

♦Catania 17 – Enna 100 – ♦Messina 86 – ♦Palermo 225 – ♦Siracusa 76.

XX **La Brocca d'u Cinc'oru,** corso Savoia 49/a ℘ 607196 – . AE. ✻
chiuso domenica sera e lunedì – **Pasto** carta 47/66000.

sulla strada statale 114 :

Orizzonte Acireale Hotel, N : 2,5 km ✉ 95024 ℘ 886006, Telex 971515, Fax 886006, ≤, , , – | TV P – 30 a 200. AE VISA. ✻
Pasto 50/55000 – 15000 – **127 cam** 180/220000 – ½ P 150000.

XX **Panoramico,** N : 3 km ✉ 95024 ℘ 885291, Fax 885280, ≤ – P. AE VISA. ✻
chiuso lunedì, dal 1° al 15 agosto e dal 1° al 15 novembre – **Pasto** carta 41/64000 (15%).

a Santa Tecla N : 3 km – ✉ **95020** :

Santa Tecla Palace , ℘ 604933, Telex 971548, Fax 607705, ≤, , , – | TV P – 30 a 450. AE VISA. ✻ rist
Pasto 40000 – **215 cam** 200/240000 – ½ P 160000.

ACI TREZZA Catania 988 ㊲, 432 O 27 – Vedere Aci Castello.

AGRIGENTO **92100** P 988 ㊱, 432 P 22 – 55 455 ab. alt. 326 – 0922.

Vedere Valle dei Templi★★★ BY : Tempio della Concordia★★★ **A**, Tempio di Giunone★★ **B**, Tempio d'Ercole★★ **C**, Tempio di Giove★★ **D**, Tempio dei Dioscuri★★ **E** – Museo Archeologico Regionale★ BY **M1** – Oratorio di Falaride★ BY **F** – Quartiere ellenistico-romano★ BY **G** – Tomba di Terone★ BY **K** – Sarcofago romano★ e ≤★ dalla chiesa di San Nicola BY **N** – Città moderna★ : bassorilievi★ nella chiesa di Santo Spirito BZ.

via Cesare Battisti ℘ 20454, Fax 20246.

A.C.I. via Cimarra S.N. 38 ℘ 604284.

♦Caltanissetta 58 ③ – ♦Palermo 128 ② – ♦Siracusa 212 ③ – ♦Trapani 175 ⑤.

Pianta pagina seguente

Villa Athena , via dei Templi ℘ 596288, Telex 910617, Fax 402180, ≤ Tempio della Concordia, , « Giardino-agrumeto con » | rist TV P. AE VISA. ✻
Pasto carta 39/66000 – **40 cam** 170/250000. BY **c**

Della Valle, via dei Templi ℘ 26966, Fax 26412, « Giardino con » – | TV P – 150. AE VISA. ✻ rist
Pasto 30/46000 – **90 cam** 200/260000 – P 180/275000. BY **m**

Colleverde Park Hotel, via dei Templi ℘ 29555, Fax 29012, « Terrazza-giardino con ≤ sulla valle dei Templi » – | TV P – 150. AE VISA JCB. ✻ rist
Pasto carta 31/48000 – **48 cam** 190000 – ½ P 150000. BY **m**

XX **Le Caprice,** strada Panoramica dei Templi 51 ℘ 26469, Fax 26469, ≤ – . AE VISA
chiuso venerdì e dal 1° al 15 luglio – **Pasto** carta 32/60000 (15%). BY **e**

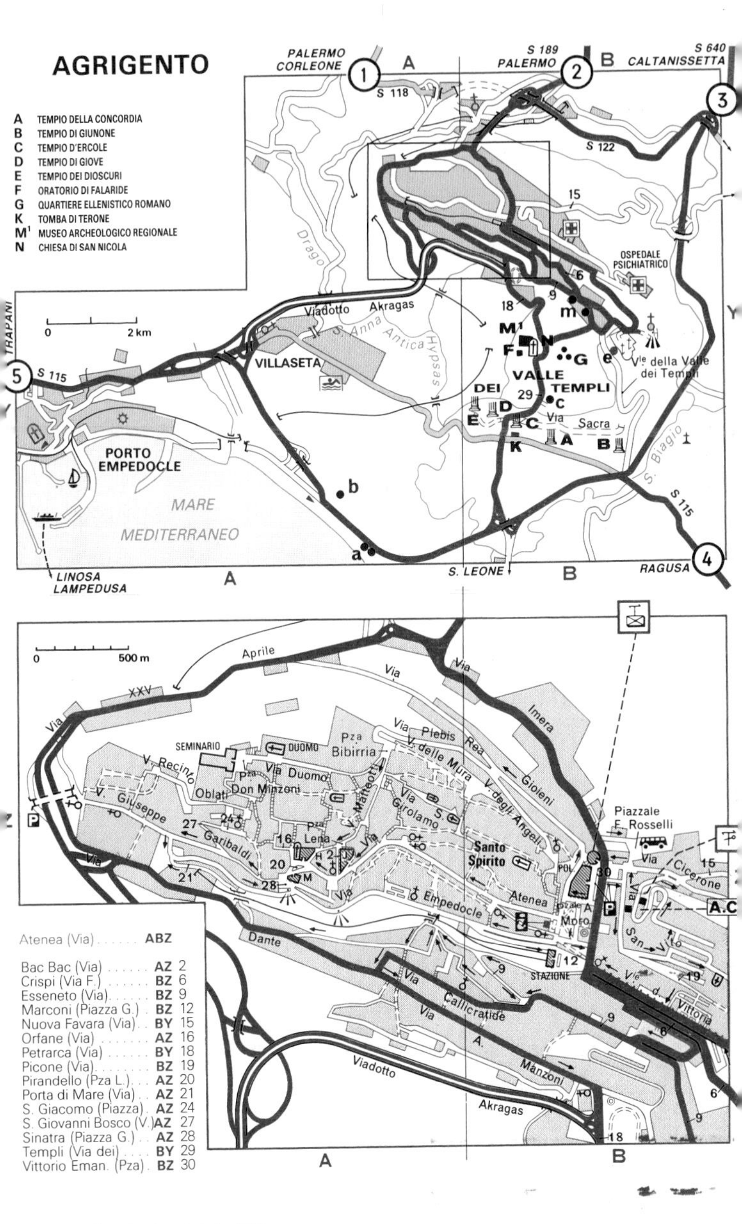

sulla strada statale 115 :

Kaos, ✉ 92100 ✆ 598622, Telex 911280, Fax 598770, ≤, « Giardino fiorito con 🏊 », ✂ – 🛗 ▤ TV ☎ P – 🏃 100 a 1000. AE 🅂 ⊙ E VISA. ✂ AY
Pasto carta 45/62000 – **105 cam** ☐ 180/220000 – ½ P 160000.

Baglio della Luna 🐎, ✉ 92100 ✆ 511061, Fax 598802, 🌴, « In una vecchia torre d'avvistamento con giardino fiorito e ≤ sulla valle dei Templi » – ▤ TV ☎ P. AE 🅂 VISA ✂ rist AY
Pasto carta 54/75000 – **23 cam** ☐ 230/290000, appartamento – ½ P 190/205000.

Villa Eos , ✉ 92100 ✆ 597170, Fax 597188, ≤, , , – ▤ ▣ ☎ P. AE ⑤ ① E VISA. ⚘ AY a
Pasto carta 31/47000 – **23 cam** ☐ 100/170000 – ½ P 110/120000.

al Villaggio Mosè : per ④ : 8 km

Grand Hotel Mosè, ✉ 92100 ✆ 608388, Fax 608377, – |‡| ▤ ▣ ☎ P – 100. AE ⑤ ① E VISA. ⚘ rist
Pasto carta 45/66000 – **102 cam** ☐ 120/160000 – P 140000.

Jolly dei Templi, ✉ 92100 ✆ 606144, Telex 910086, Fax 606685, – |‡| cam ▤ ▣ ☎ P – 50 a 400. AE ⑤ ① E VISA JCB. ⚘ rist
Pasto carta 49/78000 – **146 cam** ☐ 185/235000, 2 appartamenti – P 179/204000.

a San Leone S : 7 km BY – ✉ **92100** Agrigento :

Costazzurra, ✆ 411222, Fax 414040 – |‡| ▤ ▣ ☎ P. AE ⑤ ① E VISA JCB. ⚘
Pasto 25/45000 – ☐ 10000 – **32 cam** 100/120000 – ½ P 90/100000.

Leon d'Oro, ✆ 414400, Fax 414400, – ▤. AE ⑤ ① E VISA
chiuso lunedì e dal 20 ottobre al 15 novembre – **Pasto** carta 27/48000 (15 %).

AUGUSTA **96011** Siracusa 988 ㊲, 432 P 27 – 34 062 ab. – ✆ 0931.
◆Catania 42 – ◆Messina 139 – ◆Palermo 250 – Ragusa 103 – ◆Siracusa 32.

Donna Ina, località Faro Santa Croce E : 6,5 km ✆ 983422, Fax 998727, Specialità di mare
chiuso lunedì e dall' 8 al 14 gennaio – **Pasto** carta 33/49000 (15 %).

BARCELLONA POZZO DI GOTTO **98051** Messina 988 ㊲ ㊳, 432 M 27 – 40 988 ab. alt. 60 – ✆ 090.
◆Catania 130 – Enna 181 – ◆Messina 39 – Milazzo 12 – ◆Palermo 195 – Taormina 85.

Conca d'Oro, località Spinesante N : 3 km ✆ 9710128, Fax 9710618, – ▤ ▣ ☎ P. AE ⑤ E VISA. ⚘
chiuso novembre – **Pasto** *(chiuso lunedì)* carta 30/50000 – ☐ 8000 – **13 cam** 65/100000, 3 appartamenti – ½ P 85000.

CACCAMO **90012** Palermo 988 ㊱, 432 N 22 – 8 691 ab. alt. 521 – ✆ 091.
◆Agrigento 93 – ◆Palermo 43 – Termini Imerese 10.

La Spiga d'Oro, via Margherita 74 ✆ 8148968, Fax 8148968 – |‡| ▤ ▣ ☎ P. AE ⑤ E VISA. ⚘
Pasto *(chiuso mercoledì)* carta 24/30000 – **14 cam** ☐ 60/95000 – ½ P 70/80000.

CALTAGIRONE **95041** Catania 988 ㊱ ㊲, 432 P 25 – 37 648 ab. alt. 608 – ✆ 0933.
Palazzo Libertini ✆ 53809, Fax 54610.
◆Agrigento 153 – ◆Catania 64 – Enna 75 – Ragusa 71 – ◆Siracusa 100.

Gd H. Villa San Mauro , via Portosalvo 10 ✆ 26500, Fax 31661, – |‡| ▤ ▣ ☎ P – 300. AE ⑤ ① E VISA. ⚘ rist
Pasto 35/50000 – **92 cam** ☐ 130/150000 – P 145000.

San Giorgio, viale Regina Elena 15 ✆ 55228 – ▤. ⑤ E VISA
chiuso martedì ed agosto – **Pasto** carta 26/45000 (10 %).

CALTANISSETTA **93100** P 988 ㊱, 432 O 24 – 62 015 ab. alt. 588 – ✆ 0934.
viale Conte Testasecca 21 ✆ 21089, Fax 21239.
A.C.I. viale Lo Monaco 8 ✆ 501218.
◆Catania 109 – ◆Palermo 127.

San Michele, via Fasci Siciliani ✆ 553750, Fax 598791, ≤, – |‡| ▤ ▣ ☎ ♿ P – 30 a 300. AE ⑤ ① E VISA. ⚘ rist
Pasto carta 46/65000 – **122 cam** ☐ 120/165000, 12 appartamenti – ½ P 110000.

Ventura, strada statale 640 (SO : 1,5 km) ✆ 553780, Fax 553785 – |‡| ▤ ▣ ☎ P – 200. AE ⑤ E VISA. ⚘
Pasto 25/35000 – ☐ 5000 – **34 cam** 80/110000 – ½ P 85/90000.

Plaza senza rist, via Berengario Gaetani 5 ✆ 583877, Fax 583877 – |‡| ▤ ▣ ☎ ♿ – 40. AE ⑤ ① E VISA
21 cam ☐ 90/125000.

Cortese, viale Sicilia 166 ✆ 591686 – ▤. ⑤ E VISA
chiuso lunedì – **Pasto** carta 36/50000.

Vedere anche : ***San Cataldo*** SO : 8 km.

CAMPOFELICE DI ROCCELLA **90010** Palermo 432 N 23 – 5 562 ab. alt. 50 – ✆ 0921.
◆Palermo 53 – ◆Caltanissetta 83 – ◆Catania 164.

Plaia d'Himera Park Hotel , strada statale 113, contrada Pistavecchia ✆ 933815, Fax 933843, ≤, « caratteristica in ampio giardino-solarium », , , – |‡| ▤ ▣ ☎ P
stagionale – **139 cam.**

CANICATTÌ **92024** Agrigento 988 ㊱, 432 O 23 – 33 123 ab. alt. 470 – ☎ 0922.

◆Agrigento 39 – ◆Caltanissetta 28 – ◆Catania 137 – Ragusa 133.

Collina del Faro, via La Marmora 30 ☎ 853062, Fax 851160, – ▤ TV ☎ P. VISA.
Pasto *(chiuso lunedì e dal 10 al 22 agosto)* carta 27/43000 – **27 cam** ☐ 50/80000 – ½ P 65000.

CANNIZZARO **95020** Catania 432 O 27 – ☎ 095.

◆Catania 7 – Enna 90 – ◆Messina 97 – ◆Palermo 215 – ◆Siracusa 66.

Sheraton Catania Hotel, ☎ 271557, Telex 971438, Fax 271380, ←, – ▤ TV ☎ – 50 a 900. AE E VISA.
Pasto al Rist. ***Il Timo*** carta 56/96000 – **167 cam** ☐ 280/330000, 2 appartamenti – ½ P 220/280000.

Gd H. Baia Verde, ☎ 491522, Fax 494464, ←, « Sulla scogliera », – ▤ TV ☎ P – 30 a 400. AE VISA.
Pasto 60000 – **124 cam** ☐ 310/350000 – ½ P 175000.

Selene, via Mollica 24/26 ☎ 494444, Fax 492209, ←, Specialità di mare, « Servizio estivo in terrazza sul mare » – P. AE E VISA.
chiuso martedì e dal 4 al 27 agosto – **Pasto** carta 41/64000 (15 %).

CAPO D'ORLANDO **98071** Messina 988 ㊱ ㊲ ㊳, 432 M 26 – 12 231 ab. – ☎ 0941.

via Piave 71 A/B ☎ 912784, Fax 912517.

◆Catania 135 – Enna 143 – ◆Messina 88 – ◆Palermo 149 – Taormina 132.

La Meridiana, località Piana SO : 3 km ☎ 957713, Fax 957713, – ▤ TV ☎ P – 200. AE E VISA.
Pasto *(chiuso domenica da novembre a marzo)* carta 35/55000 – ☐ 10000 – **45 cam** 120/170000 – P 94/160000.

Il Mulino, via Andrea Doria 46 ☎ 902431, Fax 911614, ←, – ▤ TV ☎. AE E VISA.
Pasto carta 36/54000 – ☐ 10000 – **70 cam** 110/170000, 6 appartamenti – ½ P 80/135000.

La Tartaruga con cam, contrada Lido San Gregorio ☎ 955012, Fax 955056, con acqua di mare – ▤ TV ☎. AE VISA. cam
Pasto carta 43/67000 – ☐ 8000 – **52 cam** 140/190000 – ½ P 155000.

Trattoria La Tettoia, contrada Certari 13 (S : 2,5 km) ☎ 902146, Cucina casalinga, « Servizio estivo in terrazza con ← mare e costa » – P

a Fiumara SE : 10 km – ✉ **98074** Naso :

Bontempo, ☎ 961188, Fax 961189, prenotare – ▤ P. AE VISA.
chiuso lunedì – **Pasto** 45/90000.

CASTEL DI TUSA **98070** Messina 432 M 24 – ☎ 0921.

◆ Agrigento 163 – Cefalù 23 – ◆ Messina 143 – ◆ Palermo 90.

Grand Hotel Atelier sul Mare, ☎ 334295, Fax 334283, ←, « Piccolo museo con camere arredate da artisti contemporanei », – ☎ P
stagionale – **40 cam.**

CASTELLAMMARE DEL GOLFO **91014** Trapani 988 ㉟, 432 M 20 – 13 878 ab. – ☎ 0924.

Dintorni Rovine di Segesta*** S : 16 km.

◆Agrigento 144 – ◆Catania 269 – ◆Messina 295 – ◆Palermo 61 – ◆Trapani 34.

Al Madarig, ☎ 33533, Fax 33790 – ▤ TV ☎ – 90. AE E VISA
Pasto carta 31/46000 – ☐ 10000 – **33 cam** 95/130000 – ½ P 98000.

CASTELMOLA Messina – Vedere Taormina.

CATANIA **95100** P 988 ㊲, 432 O 27 – 327 163 ab. – ☎ 095.

Vedere Via Etnea* : villa Bellini* DXY – Piazza del Duomo* DZ – Castello Ursino* DZ.

Escursioni Etna*** Nord per Nicolosi.

di Fontana Rossa S : 4 km BV ☎ 252111 – Alitalia, corso Sicilia 111 ✉ 95131 ☎ 252333.

largo Paisiello 5 ✉ 95124 ☎ 310888, Fax 316407 – Stazione Ferrovie Stato ✉ 95129 ☎ 531802 – Aeroporto Civile Fontanarossa ☎ 341900.

A.C.I. via Mascagni 73/A ✉ 95168 ☎ 533381.

◆Messina 97 ① – ◆Siracusa 59 ③.

CATANIA

Alagona Artale (Viale) . . . . . CU 2
Angelo Custode (Via) . . . . . . BV 3
Aurora (Via) . . . . BV 4
Barcellona (Via) . . . . BV 6
Beccaria (Via Cesare) . . . . . . BU 8
Belfiore (Via) . . . . BV 10
Bosco (Via del) . . . . BU 13
Cantone (Via) . . . . BU 16
Caracciolo
(Via Amm. Antonio) . . . . . BV 17
Cavour (Piazza) . . . . BU 23
Colombo (Via Cristoforo) . . . BV 24
D'Annunzio (Via Gabriele) . . CU 27
Europa (Piazza) . . . . CU 29
Filocomo (Via) . . . . BU 31
Filzi (Via Fabio) . . . . BV 32
Forlanini (Via Carlo) . . . . BV 33
Galatioto (Via) . . . . CU 36
Giovanni XXIII
(Piazza Papa) . . . . CV 38
Giuffrida (Via Vincenzo) . . . . CU 39
Grassi (Via Battista) . . . . BU 41
Imbriani
(Via Matteo Renato) . . . . . BU 43
Indipendenza (Corso) . . . . . . BV 44
Lavaggi (Via Giovanni) . . . . . BV 45
Maria SS. Assunta (Via) . . . . BV 48
Marotta (Via Erasmo) . . . . . . CU 49
Martelli Castaldi
(Via Sabato) . . . . BV 51
Martiri della
Libertà (Corso) . . . . CV 52
Monserrato (Via) . . . . BU 55
Montenero (Via) . . . . BV 56
Nava (Via Cardinale) . . . . BU 57
Odorico da Pordenone
(Viale) . . . . BU 59
Palestro (Piazza) . . . . BV 61
Passo Gravina (Via) . . . . BU 64
Plaja (Via) . . . . BV 65
Plebiscito (Via) . . . . BV 67
Regina Margherita
(Viale) . . . . BV 71
Regione (Viale della) . . . . BV 72
Risorgimento (Piazza) . . . . . . BV 73
Roccaromana (Via) . . . . BV 75
Rotolo (Viale del) . . . . CU 76
Ruggero di Lauria (Vle) . . . . CU 77
San Nicolò
al Borgo (Via) . . . . BU 81
Santa Maria
della Catena (Via) . . . . BV 84
Sanzio (Viale Raffaello) . . . . CU 85
Stadio (Via dello) . . . . BV 88
Stella Polare (Via) . . . . BV 89
Tempio (Via Domenico) . . . . BV 93
Vivaldi (Viale Fratelli) . . . . . . BU 99

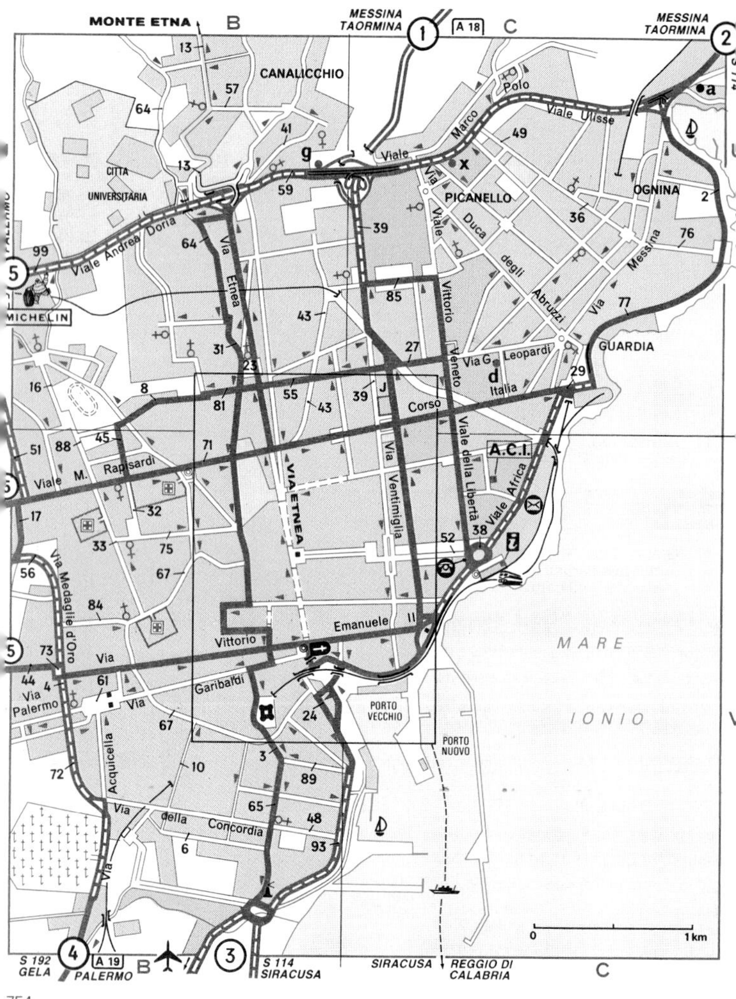

CATANIA

Street	Grid	No.
Etnea (Via)	DXY	
Umberto I (Via)	DEX	
Angelo Custode (Via)	DZ	3
Biondi (Via)	EY	12
Bovio (Piazza G.)	EY	15
Carlo Alberto (Piazza)	EY	19
Castello Ursino (Via)	DZ	21
Conte di Torino (Via)	EY	25
Cutelli (Piazza)	EZ	26
Dante (Piazza)	DY	28
Giuffrida (Via Vincenzo)	EX	39
Guardie (Piazza delle)	EY	42
Imbriani (Via Matteo Renato)	DEX	43
Lupo (Piazza Pietro)	EY	47
Orlando (V. Vitt. E.)	EX	60
Porticello (Via)	EZ	68
Rabbordone (Via)	EY	69
Rapisarda (Via Michele)	EY	70
San Francesco (Piazza)	DZ	78
San Gaetano alle Grotte (Via)	DEY	79
San Giuseppe al Duomo (Via)	DZ	80
Spirito Santo (Piazza)	EY	87
Stesicoro (Piazza)	DY	91
Teatro Massimo (Via)	EYZ	92
Trento (Piazza)	EX	95
Università (Piazza dell')	DZ	96
Verga (Piazza)	EX	98
Vittorio Emanuele III (Piazza)	EY	100

Jolly, piazza Trento 13 ✉ 95129 ✆ 316933, Telex 970080, Fax 316832 – 30 a 180. AE ⓢ ⓓ E VISA. rist EX **n**
Pasto 46000 – **159 cam** 182/233000 – ½ P 137/147000.

Forte Agip senza rist, via Messina 626 località Ognina ✆ 7122300, Telex 972379, Fax 7121856 – 30 a 80. AE ⓢ ⓓ E VISA. CU **a**
56 cam 164/204000.

Poggio Ducale con cam, via Paolo Gaifami 5 ✉ 95126 ✆ 330016, Fax 580103 – AE ⓢ ⓓ E VISA JCB. BU **g**
Pasto *(chiuso domenica sera e lunedì a mezzogiorno)* carta 40/70000 – **25 cam** 110/170000 – ½ P 135000.

La Siciliana, viale Marco Polo 52/a ✉ 95126 ✆ 376400, Fax 7221300, prenotare, « Servizio estivo in giardino » – AE ⓢ ⓓ E VISA CU **x**
chiuso la sera dei giorni festivi e dal 5 al 18 agosto – **Pasto** carta 48/61000 (15%).

La Lampara, via Pasubio 49 ✉ 95127 ✆ 383237 – ⓢ VISA. CU **d**
chiuso mercoledì ed agosto – **Pasto** carta 33/50000.

Pagano, via De Roberto 37 ✉ 95129 ✆ 537045 – AE ⓢ ⓓ E VISA EX **t**
chiuso sabato e dal 10 al 20 agosto – **Pasto** carta 34/52000 (15%).

Da Rinaldo, via Simili 59 ✉ 95129 ✆ 532312, « Ambiente tipico » – AE ⓢ E VISA EX **u**
chiuso dal 5 agosto al 10 settembre, martedì da ottobre a maggio e domenica negli altri mesi – **Pasto** carta 36/51000.

in prossimità casello autostrada Catania Nord uscita Etna-San Gregorio per ① : 4 km :

Garden, ✉ 95030 Trappeto ✆ 7177767, Fax 7177991, – 250. AE ⓢ E VISA.
Pasto carta 41/72000 – **95 cam** 161/212000, appartamento – ½ P 170000.

Vedere anche : ***Cannizzaro*** per ② : 7 km.

MICHELIN, a Misterbianco, per ⑤ : 5 km, corso Carlo Marx 71 - ✉ 95045 Misterbianco, ✆ 471133, Fax 7291123.

CEFALÙ 90015 Palermo 988 ㊱, 432 M 24 – 13 943 ab. – ☎ 0921.

Vedere Posizione pittoresca** – Cattedrale**.

per le Isole Eolie giugno-settembre giovedì, venerdì e sabato (1 h 30 mn) – Aliscafi SNAV-agenzia Barbaro, corso Ruggero 76 ✆ 21595, Telex 910205.

corso Ruggero 77 ✆ 21050, Fax 22386.

Agrigento 140 – ♦Caltanissetta 101 – ♦Catania 182 – Enna 107 – ♦Messina 166 – ♦Palermo 68.

Riva del Sole, lungomare Colombo 25 ✆ 21230, Fax 21984, ≤, – 100. AE ⓢ E VISA.
chiuso novembre – **Pasto** carta 35/62000 (10%) – 10000 – **28 cam** 150000, 10000 – ½ P 130000.

Vecchia Marina, via Vittorio Emanuele 73 ✆ 20388, – AE ⓢ ⓓ E VISA JCB
chiuso novembre e lunedì (escluso dal 15 giugno al 15 settembre) – **Pasto** carta 41/62000.

La Brace, via 25 Novembre 10 ✆ 23570, prenotare – AE ⓢ ⓓ E VISA
chiuso lunedì e dal 15 dicembre al 15 gennaio – **Pasto** carta 28/59000.

Ostaria del Duomo, via Seminario 5 ✆ 21838, « Servizio estivo sulla piazza » – AE ⓢ E VISA
chiuso dal 15 dicembre al 20 gennaio e lunedì (escluso da giugno a settembre) – **Pasto** carta 42/62000.

sulla strada statale 113 O : 3 km :

La Villa del Vescovo, contrada Santa Lucia ✉ 90015 Cefalù ✆ 921803, Fax 921803, ≤ Cefalù e costa, – AE VISA
chiuso lunedì e in luglio-agosto anche a mezzogiorno – **Pasto** carta 34/61000.

CHIARAMONTE GULFI 97012 Ragusa 988 ㊲, 432 P 26 – 8 372 ab. alt. 668 – ☎ 0932.

♦Agrigento 133 – ♦Catania 88 – ♦Messina 185 – ♦Palermo 257 – Ragusa 20 – ♦Siracusa 77.

Majore, ✆ 928019, Fax 928019 – AE ⓢ E VISA
chiuso lunedì e luglio – **Pasto** carta 19/32000.

COMISO 97013 Ragusa 988 ㊲, 432 Q 25 – 29 160 ab. alt. 246 – ☎ 0932.

♦Agrigento 121 – ♦Catania 121 – ♦Siracusa 96 – ♦Palermo 250.

Cordial Hotel senza rist, strada statale 115 (O : 1 km) ✆ 967866, Fax 967867, – 90. AE ⓢ ⓓ E VISA.
6000 – **37 cam** 58/95000.

EGADI (Isole) Trapani 988 ㉟, 432 N 18 19 – 4 621 ab. alt. da 0 a 686 (monte Falcone nell'isola di Marettimo) – 0923.

Vedere Favignana★ : Cave di Tufo★, Grotta Azzurra★ – Levanzo★ – Marettimo★ : porto★.

Favignana (Isola) 988 ㉟, 432 N 18 – ✉ **91023.**

Vedere Cave di Tufo★, Grotta Azzurra★.

per Trapani giornalieri (da 1 h a 2 h 45 mn) – a Favignana, Siremar-agenzia Catalano, molo San Leonardo ✆ 921368, Fax 921368.

per Trapani giornalieri (da 15 mn a 1 h) – a Favignana, Siremar-agenzia Catalano, molo San Leonardo ✆ 921368, Fax 921368.

Aegusa, via Garibaldi 11 ✆ 922430, Fax 922430, – TV ☎. E VISA. cam
10 aprile-10 ottobre – **Pasto** *(chiuso sino a maggio)* carta 41/55000 – **11 cam** 110/160000 – ½ P 90/125000.

Egadi con cam, ✆ 921232 – cam TV ☎.
Pasto *(aprile-ottobre; chiuso a mezzogiorno)* carta 42/52000 – 8000 – **11 cam** 50/90000 – ½ P 95000.

ENNA **94100** P 988 ㊱, 432 O 24 – 28 370 ab. alt. 942 – 0935.

Vedere Posizione pittoresca★★ – Castello★ : ✱★★★ – ≤★ dal belvedere.

via Roma 413 ✆ 500544, Fax 500720 – piazza Colaianni ✆ 500875, Fax 26119.

A.C.I. via Roma 200 ✆ 26299.

♦Agrigento 92 – ♦Caltanissetta 34 – ♦Catania 83 – ♦Messina 180 – ♦Palermo 133 – Ragusa 138 – ♦Siracusa 136 – ♦Trapani 237.

Grande Albergo Sicilia, senza rist, piazza Colaianni 7 ✆ 500850, Fax 500488 – TV ☎ – 30 a 120
70 cam.

Centrale, piazza 6 Dicembre 9 ✆ 500963 – AE ⓓ E VISA JCB
chiuso sabato escluso da giugno a settembre – **Pasto** carta 30/53000 (10%).

EOLIE o LIPARI (Isole) Messina 988 ㊱ ㊲ ㊳, 431 K 26 27, 432 L 26 27 – 12 945 ab. alt. da 0 a 962 (monte Fossa delle Felci nell'isola di Salina) – 090.

Vedere Vulcano★★★ : gran cratere★★★ (2-3 h a piedi AR) – Stromboli★★★ – Lipari★★ : ✱★★★ dal belvedere di Quattrocchi, giro dell'isola in macchina★★, escursione in battello★★ lungo la costa SO, museo★.

per Milazzo giornalieri (da 1 h 30 mn a 4 h) e Napoli lunedì e giovedì, dal 15 giugno al 15 settembre lunedì, mercoledì, giovedì, venerdì, sabato e domenica (14 h) – a Lipari, Siremar-agenzia Eolian Tours, via Amendola ✆ 9811312, Fax 9880170.

per Milazzo giornalieri (da 40 mn a 2 h 10 mn) – a Lipari, Siremar-agenzia Eolian Tours, via Amendola ✆ 9811312, Fax 9880170; Aliscafi SNAV-agenzia Eoltravel, via Vittorio Emanuele 116 ✆ 9811122, Fax 9880311; per Messina-Reggio di Calabria giornalieri (2 h), Cefalù giugno-settembre giovedì, venerdì e sabato (1 h 30 mn) e Palermo giugno-settembre giornaliero (1 h 50 mn); per Napoli giugno-settembre giornaliero (4 h) – a Lipari, Aliscafi SNAV-agenzia Eoltravel, via Vittorio Emanuele 116 ✆ 9811122, Fax 9880311.

Lipari (Isola) 988 ㊲ ㊳, 431 432 L 26 – 10 564 ab. – ✉ **98055.**

La limitazione d'accesso degli autoveicoli è regolata da norme legislative.

via Vittorio Emanuele 202 ✆ 9880095, Telex 980133, Fax 9811190

Carasco, a Porto delle Genti ✆ 9811605, Telex 980095, Fax 9811828, ≤ mare e costa, « su terrazza panoramica », – rist ☎ P. AE ⓓ E VISA.
Pasto 30/50000 – 20000 – **86 cam** 150/280000, 2 appartamenti – ½ P 190000.

Meligunis, via Marte ✆ 9812426, Telex 981117, Fax 9880149, ≤, – TV ☎. AE ⓓ E VISA.
marzo-ottobre – **Pasto** (solo per clienti alloggiati) – **32 cam** 225/300000, 2 appartamenti – ½ P 195000.

Gattopardo Park Hotel, via Diana ✆ 9811035, Telex 981030, Fax 9880207 « Terrazze fiorite », – ☎. E VISA.
marzo-ottobre – **Pasto** 25/40000 – 8000 – **60 cam** 100/170000 – ½ P 150000.

Giardino sul Mare, via Maddalena 65 ✆ 9811004, Fax 9880150, ≤ mare e costa, « su terrazza fiorita », – TV ☎. AE ⓓ E VISA.
22 marzo-3 novembre – **Pasto** 30/45000 – **40 cam** 175/280000 – ½ P 120/170000.

Augustus senza rist, vico Ausonia 7 ✆ 9811232, Fax 9812233, – TV ☎ P. E VISA JCB.
marzo-ottobre – **34 cam** 130/190000.

Poseidon senza rist, via Ausonia ✆ 9812876, Fax 9880252 – ☎. E VISA
marzo-ottobre – 15000 – **15 cam** 90/150000.

Oriente senza rist, via Marconi 35 ✆ 9811493, Fax 9880198, « Giardino ombreggiato raccolta di materiale etnografico » – ☎. AE ⓓ E VISA JCB
Pasqua-ottobre – **32 cam** 120/170000.

XX ❀ **Filippino,** piazza Municipio ✆ 9811002, Fax 9812878, – AE ⓢ ⓞ E VISA JCB. ✻
chiuso dal 16 novembre al 15 dicembre e lunedì (escluso da giugno a settembre) – **Pasto** 35/45000 (12%) e carta 50/67000 (12%)
Spec. Ravioloni di cernia in salsa paesana (marzo-ottobre), Zuppa di pesce alla pescatora (febbraio-ottobre), Cupolette di pesce spada al basilico (aprile-ottobre).

XX **E Pulera,** via Diana ✆ 9811158, Fax 9811158, Cucina tipica isolana, prenotare, « Servizio estivo in giardino fiorito con pergolato » – AE ⓢ E VISA. ✻
giugno-ottobre; chiuso a mezzogiorno – **Pasto** carta 49/64000 (15%).

X **La Nassa,** via Franza 36 ✆ 9811319, Fax 9811617, – ▤. ✻
chiuso giovedì, novembre, gennaio e febbraio – **Pasto** carta 36/64000.

Panarea (Isola) 988 ㊲ ㊳, 431 432 L 27 – ✉ **98050.**
La limitazione d'accesso degli autoveicoli è regolata da norme legislative.

Cincotta ⑤, ✆ 983014, Fax 983211, ≤ mare ed isolotti, , – TV ☎ – 100. AE ⓢ E VISA. ✻
Pasqua-settembre – **Pasto** carta 50/67000 – **29 cam** ☐ 280/300000 – ½ P 190000.

La Piazza ⑤ senza rist, ✆ 983176, Fax 983003, ≤ mare ed isolotti, , – ☎
stagionale – **25 cam.**

Lisca Bianca ⑤ senza rist, ✆ 983004, Fax 983291, ≤ mare ed isolotti – ☎. AE ⓢ VISA
Pasqua-ottobre – ☐ 20000 – **25 cam** 200000.

Salina (Isola) 988 ㊱ ㊲ ㊳, 431 432 L 26 – 2 381 ab.

Signum ⑤, a Malfa ✉ 98050 Malfa ✆ 9844222, Fax 9844102, ≤ mare e costa, , – ☎. ⓢ E VISA. ✻
Natale, Capodanno e Pasqua-ottobre – **Pasto** (solo per clienti alloggiati e *chiuso a mezzogiorno*) 35/45000 – **16 cam** ☐ 180/260000 – ½ P 160000.

X L'Ariana, con cam, Rinella ✉ 98050 Leni ✆ 9809075, Fax 9809250, ≤, – ☎
15 cam.

X **Porto Bello,** a Santa Marina Salina ✉ 98050 Leni ✆ 9843125, ≤, Cucina tipica eoliana, « Servizio estivo sotto un pergolato » – AE ⓢ ⓞ E VISA. ✻
chiuso dal 1° al 30 novembre e mercoledì (escluso da giugno a settembre) – **Pasto** carta 40/56000.

Stromboli (Isola) 988 ㊲ ㊳, 431 432 K 27 – ✉ **98050.**
La limitazione d'accesso degli autoveicoli è regolata da norme legislative.

La Sirenetta-Park Hotel ⑤, a Ficogrande ✆ 986025, Fax 986124, ≤ isolotto di Strombolicchio, , – ☎. AE ⓢ ⓞ E VISA. ✻ rist
aprile-ottobre – **Pasto** 40/65000 – **43 cam** ☐ 140/260000 – P 140/220000.

La Sciara Residence ⑤, a Piscità ✆ 986005, Fax 986284, ≤ isolotto di Strombolicchio, , « d'acqua di mare in un piacevole giardino tropicale », , – ☎. AE ⓢ ⓞ E VISA JCB. ✻
15 maggio-10 ottobre – **Pasto** 50000 (5%) – **62 cam** ☐ 130/200000 – ½ P 215000.

Vulcano (Isola) 988 ㊲ ㊳, 431 432 L 26 – ✉ **98050.**
La limitazione d'accesso degli autoveicoli è regolata da norme legislative.
(luglio-settembre) a Porto Levante ✆ 9852028.

Les Sables Noirs ⑤, a Porto Ponente ✆ 9850, Fax 9852454, ≤, , , , – ▤ TV ☎. AE ⓢ ⓞ E VISA. ✻
20 maggio-5 ottobre – **Pasto** 48/96000 – **33 cam** ☐ 240/300000 – ½ P 245000.

Eolian ⑤, a Porto Ponente ✆ 9852151, Telex 980119, Fax 9852153, ≤, , acqua di mare, , – ▤ cam ☎ Ⓟ. AE ⓢ ⓞ E VISA JCB. ✻ rist
maggio-settembre – **Pasto** 52000 – **88 cam** ☐ 156/256000 – ½ P 164/190000.

Conti ⑤, a Porto Ponente ✆ 9852012, Fax 9852012, – ☎. E VISA. ✻ rist
maggio-20 ottobre – **Pasto** 25/37000 – ☐ 10000 – **67 cam** 140/170000 – ½ P 115000.

ERICE 91016 Trapani 988 ㉟, 432 M 19 – 30 658 ab. alt. 751 – ☎ 0923.

Vedere Posizione pittoresca★★★ – ≤★★ dal castello di Venere.

viale Conte Pepoli 11 ✆ 869388, Fax 869544.

◆Catania 304 – Marsala 45 – ◆Messina 330 – ◆Palermo 96 – ◆Trapani 14.

Elimo, via Vittorio Emanuele 75 ✆ 869377, Fax 869252, ≤ – |‡| TV ☎. AE ⓢ ⓞ E VISA. ✻
Pasto *(chiuso gennaio)* carta 47/79000 – **21 cam** ☐ 120/190000 – ½ P 130/150000.

Moderno, via Vittorio Emanuele 63 ✆ 869300, Fax 869139 – |‡| TV ☎. AE ⓢ ⓞ E VISA. ✻ rist
Pasto carta 43/62000 – **40 cam** ☐ 120/180000 – ½ P 110/140000.

XX **Monte San Giuliano,** vicolo San Rocco 7 ✆ 869595, Fax 869595, ≤ – AE ⓢ ⓞ E VISA. ✻
chiuso lunedì e dal 10 gennaio al 20 febbraio – **Pasto** carta 41/60000.

XX **Cortile di Venere,** via Sales 31 ✆ 869362, « Servizio estivo in un caratteristico patio » – AE ⓞ
chiuso mercoledì – **Pasto** carta 33/58000.

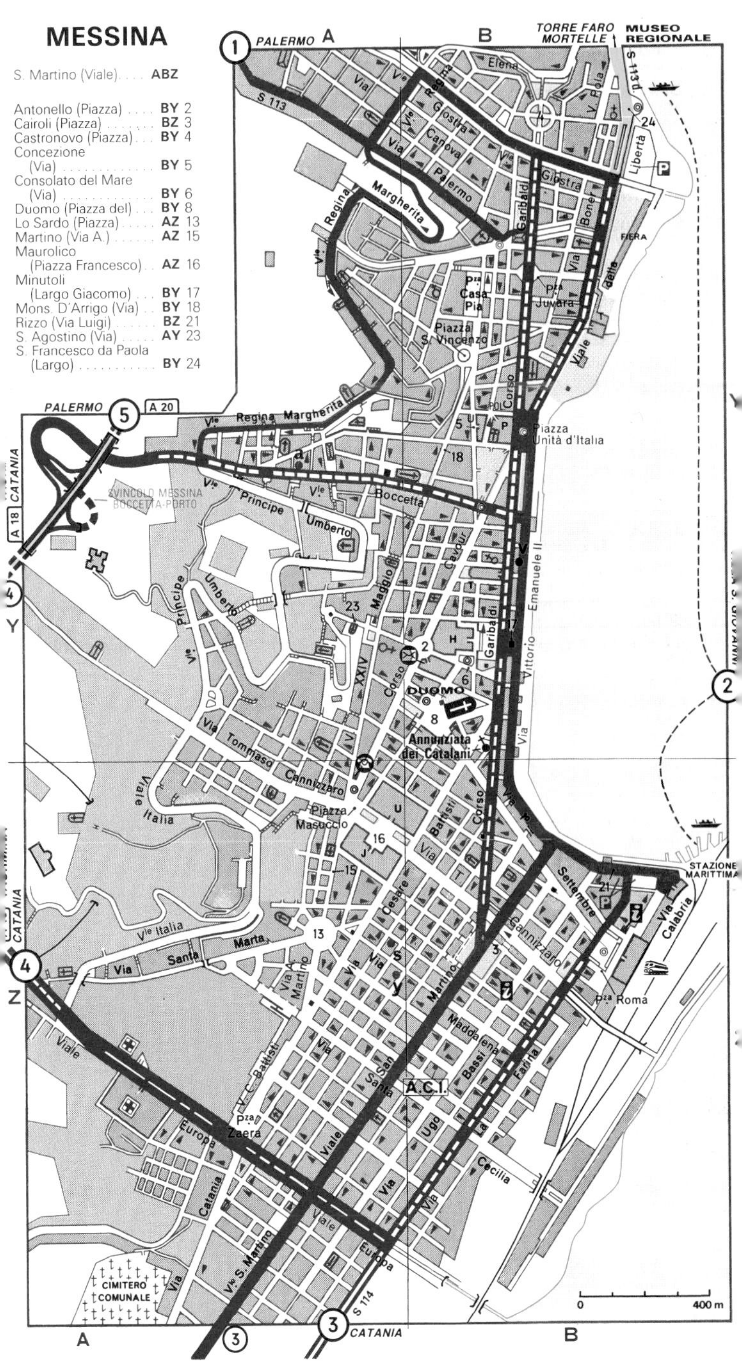
MESSINA
S. Martino (Viale) .... ABZ
Antonello (Piazza) .... BY 2
Cairoli (Piazza) .... BZ 3
Castronovo (Piazza) ... BY 4
Concezione
(Via) .... BY 5
Consolato del Mare
(Via) .... BY 6
Duomo (Piazza del) ... BY 8
Lo Sardo (Piazza) ..... AZ 13
Martino (Via A.) .... AZ 15
Maurolico
(Piazza Francesco) .. AZ 16
Minutoli
(Largo Giacomo) ... BY 17
Mons. D'Arrigo (Via) .. BY 18
Rizzo (Via Luigi) ...... BZ 21
S. Agostino (Via) ...... AY 23
S. Francesco da Paola
(Largo) .... BY 24
PALERMO
TORRE FARO MORTELLE
MUSEO REGIONALE
S 113
S 113 d
Elena
Via Regina
Giostra
Canova
Via Palermo
Margherita
Libertà
Garibaldi
Boner
FIERA
Viale della Libertà
Pza Casa Pia
Pza Juvara
Piazza S. Vincenzo
Corso
POL
Piazza Unità d'Italia
PALERMO
A 20
CATANIA
A 18
SVINCOLO MESSINA BOCCETTA-PORTO
Vle Regina Margherita
Vle Principe Umberto
Vle Boccetta
Cavour
Maggio
XXIV
Vittorio Emanuele II
DUOMO
Annunziata dei Catalani
Via Tommaso Cannizzaro
Viale Italia
Piazza Masuccio
Battisti
Via I Settembre
STAZIONE MARITTIMA
Via Calabria
Pza Roma
Cannizzaro
Vle Italia
Via Santa Marta
Via A. Martino
Via Cesare
Maddalena
Bassi
La Farina
Via Santa
A.C.I.
V. C. Battisti
Pza Zaera
Europa
Viale San Martino
Catania
Cecilia
Ugo
Viale Europa
S 114
CIMITERO COMUNALE
Vle S. Martino
CATANIA
0
400 m
A
B
Y
Z

XX **Piero,** via Ghibellina 121 ✉ 98123 ☎ 718365 – ▤. AE ⑤ E VISA AZ **s**
chiuso domenica ed agosto – **Pasto** carta 41/62000.

XX **Giardino d'Inverno,** via Lascaris ✉ 98122 ☎ 362413, Fax 362413 – AE ⑤ ⓪ E VISA JCB. ✻ AY **a**
chiuso domenica da luglio ad ottobre e lunedì negli altri mesi – **Pasto** carta 40/55000.

X **Orchidea,** via Risorgimento 106/108 ✉ 98123 ☎ 771537 – ▤. AE ⑤ E VISA. ✻ AZ **y**
chiuso venerdì escluso agosto – **Pasto** carta 30/70000.

a Mortelle NE : 12 km BY – ✉ **98164**

XXX **Sporting-Alberto,** ☎ 321009, Fax 321009, ≤ – ▤ Ⓟ. AE ⑤ ⓪ VISA. ✻
chiuso lunedì e dal 3 gennaio al 4 febbraio – **Pasto** carta 55/90000.

MILAZZO **98057** Messina 988 ㊲ ㊳, 432 M 27 – 31 744 ab. – ☎ 090.

Escursioni Isole Eolie★★★ per motonave o aliscafo.

⛴ per le Isole Eolie giornalieri (da 1 h 30 mn a 4 h) – Siremar-agenzia Alliatour, via dei Mille ☎ 9283242, Fax 9283243.

⛴ per le Isole Eolie giornalieri (da 40 mn a 2 h 45 mn) – Siremar-agenzia Alliatour, via dei Mille ☎ 9283242, Fax 9283243; Aliscafi SNAV-agenzia Delfo Viaggi, via Rizzo 9/10 ☎ 9287728, Fax 9281798.

ℹ piazza Caio Duilio 20 ☎ 9222865, Fax 9222790.

◆Catania 130 – Enna 193 – ◆Messina 41 – ◆Palermo 209 – Taormina 85.

🏨 **La Bussola,** via XX Luglio 29 ☎ 9221244, Fax 9282955 – ▤ TV ☎ 🚗. AE ⑤ ⓪ E VISA
Pasto 30/40000 – ☕ 15000 – **16 cam** 80/110000 – P 100/130000.

🏨 **Jack's Hotel** senza rist, via Colonnello Magistri 47 ☎ 9283300, Fax 9287219 – ▤ TV ☎. AE ⑤ E VISA JCB. ✻
☕ 6000 – **14 cam** 80/115000.

XXX **Villa Esperanza,** via Baronia 191 ☎ 9222916, Fax 9222916, « Servizio estivo in terrazza con ≤ costa e isole di Lipari e Vulcano » – Ⓟ. ⑤ VISA. ✻
chiuso lunedì e novembre – **Pasto** 50/70000 (a mezzogiorno) 70/90000 (alla sera) e carta 60/88000.

XX **Il Covo del Pirata,** via Marina Garibaldi 2 ☎ 9284437, Rist. e pizzeria – ▤. AE ⑤ ⓪ E VISA. ✻
chiuso mercoledì escluso agosto – **Pasto** carta 35/54000 (15%).

X **Al Pescatore,** via Marina Garibaldi 176 ☎ 9286595, 🏖, Rist. e pizzeria – AE ⑤ E VISA JCB
chiuso giovedì escluso dal 16 giugno al 14 settembre – **Pasto** carta 32/60000 (10%).

MODICA **97015** Ragusa 988 ㊲, 432 Q 26 – 51 073 ab. alt. 381 – ☎ 0932.

◆Agrigento 153 – ◆Catania 119 – ◆Messina 216 – ◆Palermo 282 – Ragusa 15 – ◆Siracusa 71.

X **Fattoria delle Torri,** a Modica Alta via Nativo 30 ☎ 751286, prenotare – AE ⓪ VISA
chiuso lunedì e dal 25 giugno al 15 luglio – **Pasto** carta 28/42000.

MODICA (Marina di) **97010** Ragusa 432 O 26 – ☎ 0932.

Agrigento 155 – ◆Catania 121 – Ragusa 24.

X **Le Alghe,** piazza Mediterraneo 10 ☎ 902282, ≤, 🏖 – ▤
chiuso martedì e novembre – **Pasto** carta 34/49000.

MONDELLO Palermo 988 ㉟, 432 M 21 – ✉ Palermo – ☎ 091.

◆Catania 219 – Marsala 117 – ◆Messina 245 – ◆Palermo 11 – ◆Trapani 97.

Pianta di Palermo : pianta d'insieme

🏨 **Mondello Palace,** viale Principe di Scalea 2 ✉ 90151 ☎ 450001 (prenderà il 6840001), Fax 450657, « Piccolo parco con 🏊 », 🏖 – 🛗 ▤ TV ☎ Ⓟ – 🏛 30 a 300. AE ⑤ ⓪. ✻
Pasto 60000 – **77 cam** ☕ 170/250000, 8 appartamenti – P 210/265000. EU **c**

🏨 **La Torre,** via Piano Gallo 11 ✉ 90151 ☎ 450222, Telex 910183, Fax 450033, ≤, 🏖, « Terrazze fiorite sulla scogliera », 🏊, 🌳, 🎾 – 🛗 ▤ TV ☎ Ⓟ – 🏛 30 a 300. AE ⑤ ⓪ E VISA. ✻ EU **z**
Pasto carta 46/55000 – **178 cam** ☕ 166/186000 – P 144/163000.

XXX **Charleston le Terrazze,** viale Regina Elena ✉ 90151 ☎ 450171, ≤, 🏖, « Terrazza sul mare » – AE ⑤ ⓪ E VISA. ✻ EU **v**
giugno-settembre – **Pasto** carta 70/100000

X **Al Gabbiano,** via Piano Gallo 1 ✉ 90151 ☎ 450313, ≤, 🏖 – AE ⑤ ⓪ E VISA EU **e**
chiuso mercoledì e gennaio – **Pasto** carta 34/49000 (15%).

X **La Barcaccia,** via Piano di Gallo 4/6 ✉ 90151 ☎ 451519 – ▤. AE EU **a**
chiuso martedì – **Pasto** carta 30/40000.

When visiting northern Italy use Michelin maps 428 *and* 429.

MONREALE **90046** Palermo 988 ㉟, 432 M 21 – 27 217 ab. alt. 301 – ☎ 091.

Vedere Località★★★ – Duomo★★★ – Chiostro★★★ – ≤★★ dalle terrazze.

♦Agrigento 136 – ♦Catania 216 – Marsala 108 – ♦Messina 242 – ♦Palermo 8 – ♦Trapani 88.

✗ **Taverna del Pavone,** vicolo Pensato 18 ☎ 6406209, 帝 – AE ⑤ ⓞ E VISA. ⅍
chiuso lunedì e dal 26 settembre al 10 ottobre – **Pasto** carta 27/32000.

sulla strada statale 186 :

✗✗ **La Botte,** SO : 3 km ✉ 90046 ☎ 414051, solo su prenotazione a mezzogiorno, « Servizio estivo all'aperto » – Ⓟ. AE ⑤ ⓞ E VISA. ⅍
chiuso dal 20 giugno al 20 settembre, lunedì e a mezzogiorno (escluso sabato-domenica) – **Pasto** carta 38/52000.

✗ **Villa 3 Fontane,** NE : 2 km ✉ 90046 ☎ 6405400, ≤ – ▤ Ⓟ. AE ⑤ ⓞ E VISA. ⅍
chiuso martedì e dal 10 al 25 agosto – **Pasto** carta 35/47000.

I prezzi — Per ogni chiarimento sui prezzi riportati in guida, consultate le pagine dell'introduzione.

MORTELLE Messina 431 432 M 28 – Vedere Messina.

NICOSIA **94014** Enna 988 ㊱, 432 N 25 – 15 035 ab. alt. 700 – ☎ 0935.

♦Catania 103 – Enna 48 – ♦Messina 174 – ♦Palermo 150.

🏨 **Pineta** ⛰, ☎ 647002, Fax 646927, ≤ – |‡| TV ☎ ♿ Ⓟ – 🏛 100. AE ⑤ ⓞ E VISA. ⅍
Pasto 25/35000 – ☕ 10000 – **48 cam** 45/70000 – ½ P 65000.

NOTO **96017** Siracusa 988 ㊲, 432 Q 27 – 21 803 ab. alt. 159 – ☎ 0931.

Vedere Corso Vittorio Emanuele★★ – Via Corrado Nicolaci★.

ℹ piazza XVI Maggio ☎ 836744, Fax 836744.

♦Catania 91 – ♦Messina 188 – ♦Palermo 299 – Ragusa 53 – ♦Siracusa 32.

a Noto Marina SE : 8 km – ✉ **96017** Noto :

🏨 **Hotel Club Helios** ⛰, viale Lido ☎ 812366, Fax 812378, ≤, 🏋, 🏊, 🏖, ⅍ – |‡| ▤ TV ☎ Ⓟ – 🏛 50 a 500. AE ⑤ ⓞ E VISA JCB. ⅍ rist
aprile-ottobre – **Pasto** 35/60000 – **147 cam** ☕ 150/200000 – ½ P 130000.

PALAZZOLO ACREIDE **96010** Siracusa 988 ㊲, 432 P 26 – 9 427 ab. alt. 697 – ☎ 0931.

♦Agrigento 220 – ♦Catania 90 – Enna 142 – Ragusa 40 – ♦Siracusa 49.

✗✗ **Valentino,** via Galeno ang. Ronco Pisacane ☎ 881840, Fax 881840 – ▤. ⅍
chiuso mercoledì e dal 31 agosto al 15 settembre – **Pasto** carta 34/56000.

sulla strada statale 287 SE : 7 km :

✗✗ **La Trota,** ✉ 96010 ☎ 883433, Fax 875694, 帝, Rist. e pizzeria, « Prato con laghetto per la pesca sportiva » – ▤ Ⓟ. AE ⑤ ⓞ E VISA. ⅍
chiuso lunedì – **Pasto** carta 33/46000.

PALERMO **90100** Ⓟ 988 ㉟, 432 M 22 – 694 749 ab. – ☎ 091.

Vedere Palazzo dei Normanni★★ : cappella Palatina★★★, mosaici★★★ AZ – Galleria Regionale della Sicilia★★ nel palazzo Abbatellis★ : affresco del Trionfo della Morte★★★ CY – Piazza Bellini★ BY: chiesa della Martorana★★, chiesa di San Cataldo★★ – Chiesa di San Giovanni degli Eremiti★★ AZ – Catacombe dei Cappuccini★★ EV – Piazza Pretoria★ BY: fontana★★ – Museo Archeologico★ : metope dei Templi di Selinunte★★, ariete★★ BY – Palazzo Chiaramonte★ : ficus magnolioides★★ nel giardino Garibaldi CY – Oratorio di San Lorenzo★ CY – Quattro Canti★ BY – Cattedrale★ AYZ – Palazzo Mirto★ CY **B** – Villa Bonanno★ AZ – Palazzo della Zisa★ EV – Orto Botanico★ CDZ – Museo Internazionale delle Marionette★ CY **A** – Carretti siciliani★ al museo Etnografico EU **M**.

Dintorni Monreale★★★ EV per ③ : 8 km – Monte Pellegrino★★ FU per ④ : 14 km.

✈ di Punta Raisi per ④ : 30 km ☎ 591690, Fax 595030 – Alitalia, via Mazzini 59 ✉ 90139 ☎ 6019333.

⛴ per Genova lunedì e mercoledì (22 h) e Livorno lunedì, mercoledì e venerdì (19 h) – Grandi Traghetti, via Mariano Stabile 53 ✉ 90141 ☎ 587939, Telex 910098, Fax 589629; per Napoli giornaliero (11 h), Genova lunedì, mercoledì, venerdì e dal 18 giugno al 31 dicembre anche domenica (24 h) e Cagliari sabato (14 h 30 mn) – Tirrenia Navigazione, calata Marinai d'Italia ✉ 90133 ☎ 6021213, Telex 910057, Fax 6021221.

⛴ per le Isole Eolie giugno-settembre giornaliero (1 h 50 mn) – Aliscafi SNAV-agenzia Barbaro, piazza Principe di Belmonte 51/55 ✉ 90139 ☎ 586533, Fax 584830.

ℹ piazza Castelnuovo 34 ✉ 90141 ☎ 583847, Telex 910179, Fax 331854 – Aeroporto Punta Raisi a Cinisi ☎ 591698 – piazza Giulio Cesare (Stazione Centrale) ✉ 90127 ☎ 6165914.

A.C.I. via delle Alpi 6 ✉ 90144 ☎ 300468.

♦Messina 235 ①.

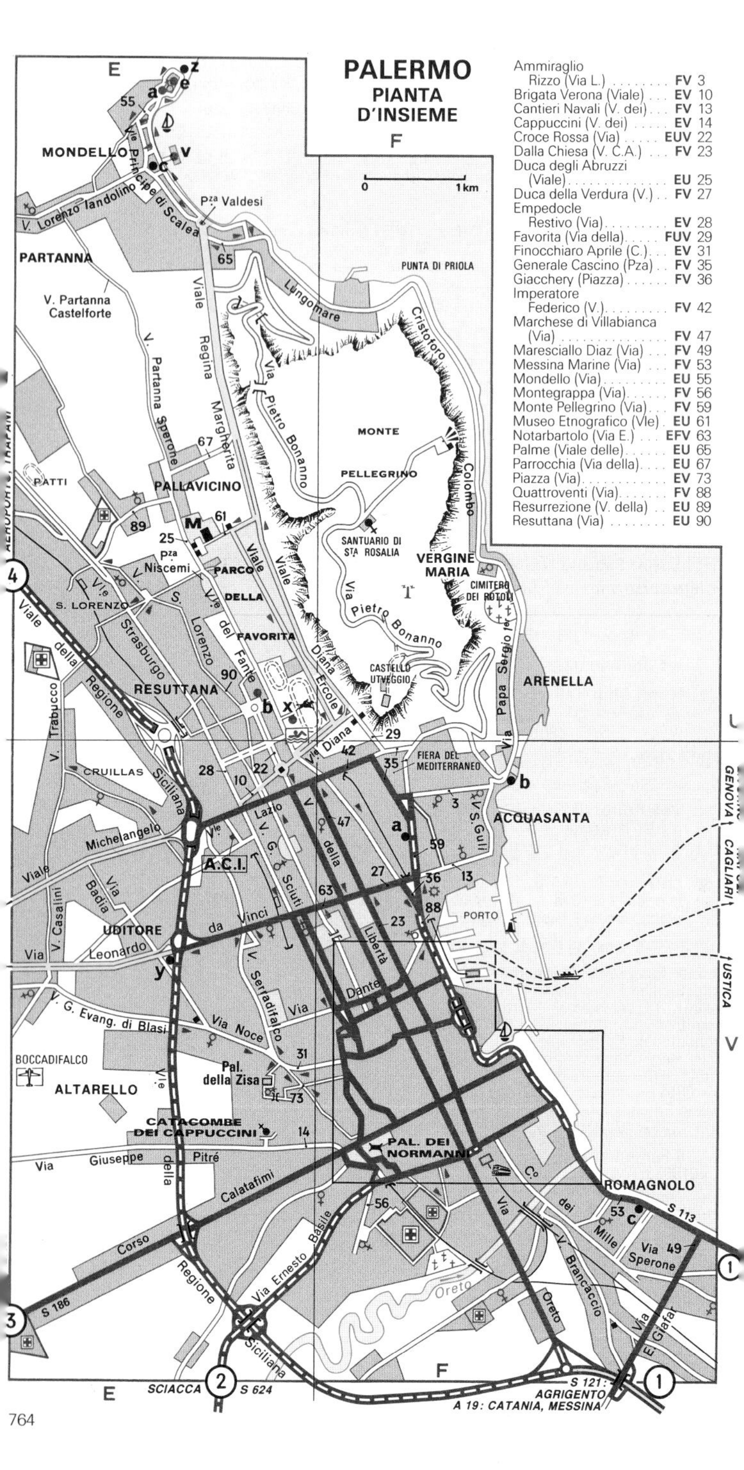

PALERMO
PIANTA D'INSIEME
Ammiraglio Rizzo (Via L.) FV 3
Brigata Verona (Viale) EV 10
Cantieri Navali (V. dei) FV 13
Cappuccini (V. dei) EV 14
Croce Rossa (Via) EUV 22
Dalla Chiesa (V. C.A.) FV 23
Duca degli Abruzzi (Viale) EU 25
Duca della Verdura (V.) FV 27
Empedocle Restivo (Via) EV 28
Favorita (Via della) FUV 29
Finocchiaro Aprile (C.) EV 31
Generale Cascino (Pza) FV 35
Giacchery (Piazza) FV 36
Imperatore Federico (V.) FV 42
Marchese di Villabianca (Via) FV 47
Maresciallo Diaz (Via) FV 49
Messina Marine (Via) FV 53
Mondello (Via) EU 55
Montegrappa (Via) FV 56
Monte Pellegrino (Via) FV 59
Museo Etnografico (Vle) EU 61
Notarbartolo (Via E.) EFV 63
Palme (Viale delle) EU 65
Parrocchia (Via della) EU 67
Piazza (Via) EV 73
Quattroventi (Via) FV 88
Resurrezione (V. della) EU 89
Resuttana (Via) EU 90
MONDELLO
PARTANNA
PALLAVICINO
RESUTTANA
S. LORENZO
CRUILLAS
UDITORE
BOCCADIFALCO
ALTARELLO
MONTE PELLEGRINO
SANTUARIO DI STA ROSALIA
VERGINE MARIA
CIMITERO DEI ROTOLI
CASTELLO UTVEGGIO
PUNTA DI PRIOLA
ARENELLA
ACQUASANTA
FIERA DEL MEDITERRANEO
PORTO
PARCO DELLA FAVORITA
A.C.I.
Pal. della Zisa
CATACOMBE DEI CAPPUCCINI
PAL. DEI NORMANNI
ROMAGNOLO
GENOVA
CAGLIARI
USTICA
SCIACCA S 624
S 186
S 113
S 121: AGRIGENTO
A 19: CATANIA, MESSINA
AEROPORTO, TRAPANI

Astoria Palace, via Monte Pellegrino 62 ✉ 90142 ℘ 6371820, Telex 911045, Fax 6372178 – |‡| ▤ TV ☎ ♿ P – 🔑 30 a 800. AE ⑤ ⓞ E VISA. ✻ FV **a**
Pasto 50/85000 e al Rist. ***Il Cedro*** carta 50/85000 – **326 cam** ☐ 182/256000, 8 appartamenti – ½ P 192000.

Villa Igiea Gd H., salita Belmonte 43 ✉ 90142 ℘ 543744, Telex 910092, Fax 547654, ≤, « Terrazze fiorite sul mare con ⛱ », ⛱, ✗ – |‡| ▤ TV ☎ ♿ P – 🔑 50 a 400. AE ⑤ ⓞ E VISA. ✻ rist FV **b**
Pasto 70000 – **110 cam** ☐ 230/350000, 6 appartamenti – ½ P 235000.

Jolly, Foro Italico 22 ✉ 90133 ℘ 6165090, Telex 910076, Fax 6161441, ⛱, ⛱ – |‡| ▤ TV ☎ P – 🔑 50 a 300. AE ⑤ ⓞ E VISA. ✻ rist DY **s**
Pasto carta 49/76000 – **272 cam** ☐ 177/225000 – ½ P 132/156000.

San Paolo Palace, via Messina Marine 91 ✉ 90123 ℘ 6211112, Telex 910069, Fax 6215300, ≤, « Rist. roof-garden », Fŏ, ≘s, ⛱, ✗ – |‡| ▤ TV ☎ ♿ ⇔ P – 🔑 50 a 1500. AE ⑤ ⓞ E VISA. ✻ FV **c**
Pasto 45000 – **274 cam** ☐ 160/207000, 9 appartamenti – ½ P 143000.

Centrale Palace Hotel senza rist, corso Vittorio Emanuele 327 ✉ 90134 ℘ 336666, Fax 334881, « In un palazzo del 1600 » – |‡| ▤ TV ☎. AE ⓞ E VISA. ✻ BY **b**
☐ 20000 – **61 cam** 130/200000, appartamento.

Politeama Palace, piazza Ruggero Settimo 15 ✉ 90139 ℘ 322777, Telex 911053, Fax 6111589 – |‡| ▤ TV ☎ – 🔑 50 a 130 AX **s**
102 cam.

Villa D'Amato, via Messina Marine 180 ✉ 90123 ℘ 6212767, Fax 6212767 – |‡| ▤ TV ☎ P – 🔑 100. AE ⑤ ⓞ E VISA. ✻ 1,5 km per ①
Pasto *(chiuso domenica)* carta 45/64000 – **25 cam** ☐ 110/160000, 12 appartamenti – ½ P 90/120000.

Forte Agip, viale della Regione Siciliana 2620 ✉ 90145 ℘ 552033, Telex 911196, Fax 408198 – |‡| ▤ TV ☎ P – 🔑 90. AE ⑤ ⓞ E VISA. ✻ rist EV **y**
Pasto carta 39/64000 – **105 cam** ☐ 164/204000.

Cristal Palace, via Roma 477/d ✉ 90139 ℘ 6112580, Fax 6112589 – |‡| ▤ TV ☎ – 🔑 30 a 130. AE ⑤ ⓞ E VISA JCB. ✻ BX **m**
Pasto 45000 – **90 cam** ☐ 127/181000 – ½ P 125000.

Moderno senza rist, via Roma 276 ✉ 90133 ℘ 588683, Fax 588683 – |‡| TV ☎. AE ⑤ ⓞ E VISA BY **a**
38 cam ☐ 70/100000.

Sausele senza rist, via Vincenzo Errante 12 ✉ 90127 ℘ 6161308, Fax 6167525 – |‡| ☎ ⇔. AE ⑤ ⓞ E VISA BZ **u**
☐ 10000 – **37 cam** 70/105000.

XXXX **Charleston,** piazzale Ungheria 30 ✉ 90141 ℘ 321366, Fax 321347 – ▤. AE ⑤ ⓞ E VISA. ✻ AY **r**
chiuso domenica e da giugno a settembre – **Pasto** carta 70/100000.

XXX **La Scuderia,** viale del Fante 9 ✉ 90146 ℘ 520323, Fax 520467 – ▤ P. AE ⑤ ⓞ E VISA
chiuso domenica – **Pasto** carta 54/85000. EU **x**

XXX **Gourmand's,** via della Libertà 37/e ✉ 90139 ℘ 323431, Fax 322507 – ▤. AE ⑤ ⓞ E VISA. ✻ AX **e**
chiuso domenica e dal 5 al 25 agosto – **Pasto** carta 50/75000.

XX **Friend's Bar,** via Brunelleschi 138 ✉ 90145 ℘ 201066, ⛱, prenotare – ▤. AE ⑤ ⓞ. ✻ per viale Michelangelo EV
chiuso lunedì e dal 16 al 31 agosto – **Pasto** carta 50/67000.

XX **A Cuccagna,** via Principe Granatelli 21/a ✉ 90139 ℘ 587267, Rist. caratteristico – ▤. AE ⑤ ⓞ E VISA JCB. ✻ BX **m**
chiuso dal 14 al 31 agosto e venerdì (escluso da giugno a settembre) – **Pasto** carta 35/60000.

XX **Il Ristorantino,** piazza De Gasperi 19 ✉ 90146 ℘ 512861, Fax 6702999, ⛱ – ▤. AE ⑤ ⓞ E VISA EU **b**
chiuso lunedì ed agosto – **Pasto** carta 44/78000.

XX **Regine,** via Trapani 4/a ✉ 90141 ℘ 586566 – ▤. AE ⑤ ⓞ E VISA. ✻ AX **d**
chiuso domenica ed agosto – **Pasto** carta 41/58000.

X **Trattoria Biondo,** via Carducci 15 ✉ 90141 ℘ 583662 – ▤. AE ⑤ E VISA. ✻ AX **a**
chiuso mercoledì e dal 15 luglio al 15 settembre – **Pasto** carta 34/47000 (15 %).

X **Il Vespro,** via B. D'Acquisto 9 ✉ 90141 ℘ 589932, Rist. e pizzeria – ▤. AE ⑤ ⓞ E VISA. ✻ AX **b**
chiuso lunedì ed agosto – **Pasto** carta 37/49000.

Vedere anche : ***Monreale*** per ② : 8 km.
Mondello N : 11 km EU.
Santa Flavia per ② : 18 km.

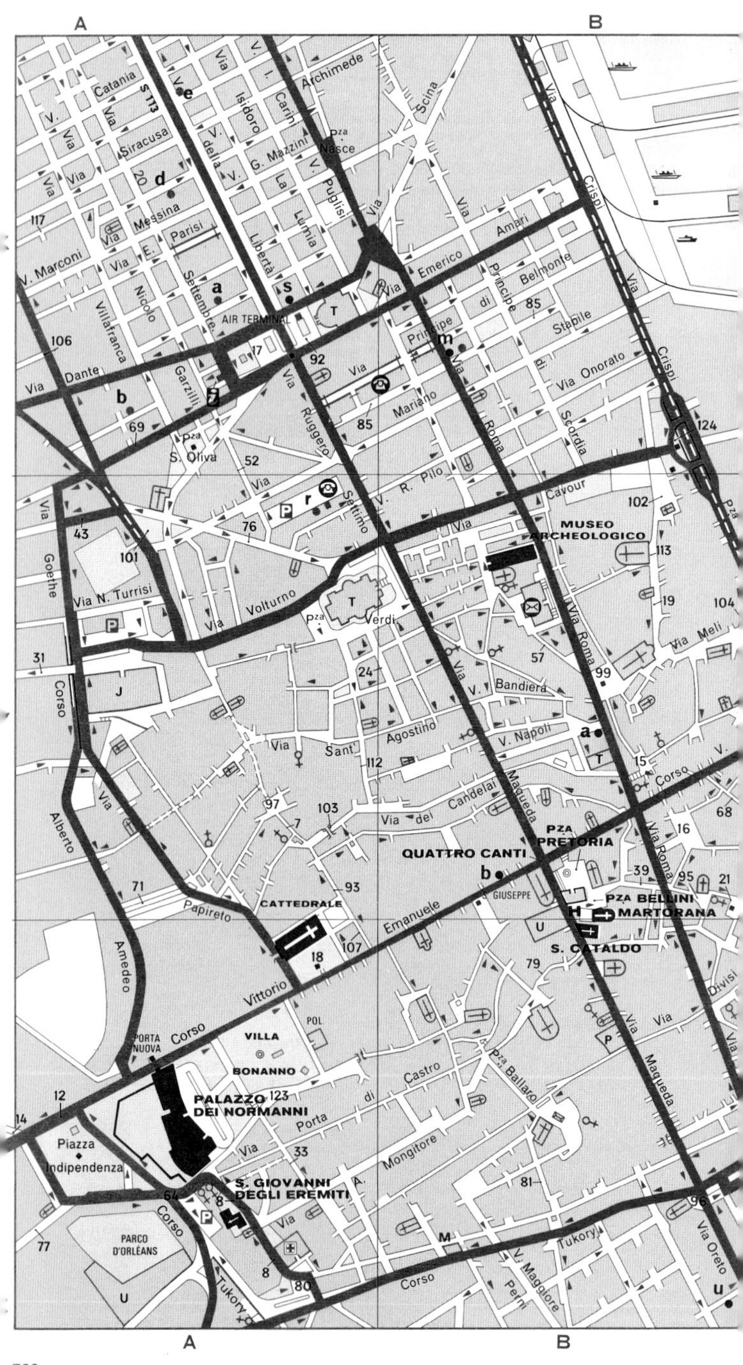
A
B
Via Catania
Via Siracusa
Via Messina
V. Marconi
Via Villafranca
Via Nicolò
Via E. Parisi
Via Settembre
Via Garzilli
Via Dante
Via della Libertà
Via Isidoro La Lumia
V. Carini
V. G. Mazzini
V. Puglisi
Archimede
Pza Nasce
Via Scinà
Via Amari
Via Emerico
Via Principe di Belmonte
Via Stabile
Via Principe
Via Mariano
Via Ruggero Settimo
Via Roma
Via Onorato
Via Scordia
Via Crispi
AIR TERMINAL
Pza S. Oliva
V. R. Pilo
Via Cavour
MUSEO ARCHEOLOGICO
Via Goethe
Via N. Turrisi
Via Volturno
Pza Verdi
Via Meli
Via Bandiera
V. Napoli
Via Sant' Agostino
Via Maqueda
Corso
Via Alberto
Via dei Candelai
Corso V. Emanuele
QUATTRO CANTI
PZA PRETORIA
PZA BELLINI
MARTORANA
S. CATALDO
S. GIUSEPPE
CATTEDRALE
Papireto
Amedeo
Corso Vittorio Emanuele
PORTA NUOVA
VILLA BONANNO
POL.
PALAZZO DEI NORMANNI
Piazza Indipendenza
S. GIOVANNI DEGLI EREMITI
Via Porta di Castro
Pza Ballarò
Via Mongitore
Via A.
Divisi
Via Oreto
Corso Tukory
V. Maggiore Perni
PARCO D'ORLÉANS
S 113
117
106
69
52
76
43
101
31
17
92
85
24
57
99
102
113
19
104
112
97
103
7
71
93
107
18
79
15
68
16
39
95
21
12
14
123
33
64
8
77
80
81
96
a
b
d
e
s
m
r
u
M
T
J
U
P
H

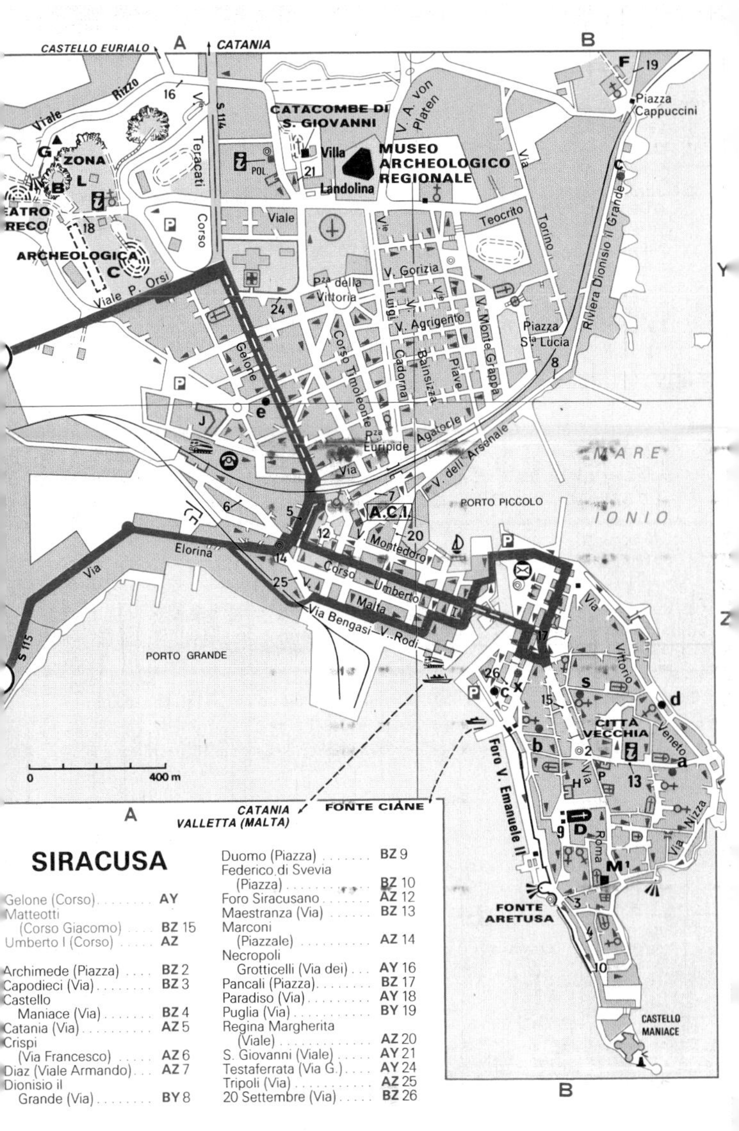

SIRACUSA

Gelone (Corso)	AY
Matteotti (Corso Giacomo)	BZ 15
Umberto I (Corso)	AZ
Archimede (Piazza)	BZ 2
Capodieci (Via)	BZ 3
Castello Maniace (Via)	BZ 4
Catania (Via)	AZ 5
Crispi (Via Francesco)	AZ 6
Diaz (Viale Armando)	AZ 7
Dionisio il Grande (Via)	BY 8
Duomo (Piazza)	BZ 9
Federico di Svevia (Piazza)	BZ 10
Foro Siracusano	AZ 12
Maestranza (Via)	BZ 13
Marconi (Piazzale)	AZ 14
Necropoli Grotticelli (Via dei)	AY 16
Pancali (Piazza)	BZ 17
Paradiso (Via)	AY 18
Puglia (Via)	BY 19
Regina Margherita (Viale)	AZ 20
S. Giovanni (Viale)	AY 21
Testaferrata (Via G.)	AY 24
Tripoli (Via)	AZ 25
20 Settembre (Via)	BZ 26

Grand Hotel, viale Mazzini 12 ✆ 464600, Fax 464611, « Servizio rist. in terrazza panoramica » – |⇕| ▤ TV ☎ ♿ P – 🅰 50. AE 🅂 ⊙ E VISA. ✂ — BZ **c**
Pasto 50/80000 – **31 cam** ☕ 200/270000, 19 appartamenti 450000 – ½ P 180000.

Jolly, corso Gelone 45 ✆ 461111, Telex 970108, Fax 461126 – |⇕| ▤ TV ☎ P – 🅰 100. AE 🅂 ⊙ E VISA JCB. ✂ rist — AYZ **e**
Pasto carta 52/85000 – **100 cam** ☕ 200/230000 – ½ P 143/158000.

Palace Hotel Helios, viale Scala Greca 201 ✆ 491566, Fax 756612 – |⇕| ▤ TV ☎ P – 🅰 60 a 250. AE 🅂 ⊙ E VISA JCB. ✂ rist — per ②
Pasto 40/60000 – **136 cam** ☕ 150/200000 – ½ P 125/140000.

Domus Mariae, via Vittorio Veneto 76 ✆ 24854, Fax 24858 – ▤ TV ☎ – 🅰 30 — BZ **d**
Pasto (solo per clienti alloggiati) 30/35000 – **12 cam** ☕ 90/130000 – ½ P 110/120000.

Relax, viale Epipoli 159 ✆ 740122, Fax 740933, ⛱, 🌳 – |⇕| ▤ TV ☎ ♿ P — 2 km : per ②
40 cam.

XX **Don Camillo,** via Maestranza 92/100 ✆ 67133, Fax 67133 – ▤. AE 🅂 ⓓ E VISA BZ a
chiuso domenica – **Pasto** carta 37/61000 (15%).

XX **Archimede,** via Gemellaro 8 ✆ 69701, Fax 69701 – ▤. AE 🅂 ⓓ E VISA. ✂ BZ b
Pasto carta 30/40000 (10%).

XX **Dafne,** via Elorina ✆ 21616, Fax 21628, 🏞 – ▤. AE 🅂 VISA. ✂ 1 km per ①
chiuso lunedì e dal 1° al 15 novembre – **Pasto** carta 36/52000.

XX **Jonico-a Rutta e Ciauli,** riviera Dionisio il Grande 194 ✆ 65540, Cucina tipica siciliana « Servizio estivo in terrazza con ⩽ mare e scogliera » – AE 🅂 E VISA BY c
chiuso martedì, Natale, Capodanno, Pasqua e Ferragosto – **Pasto** carta 41/65000.

XX **Minosse,** via Mirabella 6 ✆ 66366, Fax 66366 – ▤. AE 🅂 E VISA JCB BZ s
chiuso lunedì e dal 1° al 15 novembre – **Pasto** carta 40/60000.

a Fontane Bianche per ① : 15 km – ✉ **96010** Cassibile :

X **La Spiaggetta,** ✆ 790334, Fax 790317, ⩽ – ▤ Ⓟ. AE 🅂 ⓓ E VISA JCB. ✂
chiuso martedì escluso da aprile a settembre – **Pasto** carta 38/48000.

STROMBOLI (Isola) Messina 988 ㊲ ㊳, 431 432 K 27 – Vedere Eolie (Isole).

Companions to this Guide :
- *Michelin Map* 988 *at a scale of 1:1 000 000.*
- *Michelin Maps* 428, 429, 430, 431, 432, 433 *at a scale of 1:400 000.*
- *The Michelin Green Guide "Italy" and "Rome" :*
  Touring programmes,
  Museums,
  Famous buildings and works of art.

TAORMINA **98039** Messina 988 ㊲, 432 N 27 – 10 115 ab. alt. 250 – ☎ 0942.

Vedere Località*** – Teatro Greco** : ⩽*** B – Giardino pubblico** B – ✳** dalla piazza 9 Aprile A 13 – Corso Umberto* A – Belvedere* B – Castello* : ⩽* A.

Escursioni Etna*** SO per Linguaglossa.

⛳18 Picciolo, contrada Rovitello ✉ 95012 Castiglione di Sicilia ✆ 986171, O : 25 km.

🅘 piazza Santa Caterina (Palazzo Corvaja) ✆ 23243, Fax 24941.

♦Catania 52 ② – Enna 135 ② – ♦Messina 52 ① – ♦Palermo 255 ② – ♦Siracusa 111 ② – ♦Trapani 359 ②.

TAORMINA

Umberto (Corso) . . . A	Cappuccini (Via) . . . A 2	S. Antonio (Piazza) . . . A 9
	Crocifisso (Via) . . . A 3	Vinci (V. Leonardo da) . . . A 10
	Dionisio (Via) . . . A 5	Vittorio Emanuele II (Pza) . . . B 12
	Duomo (Piazza) . . . A 6	9 Aprile (Piazza) . . . A 13

Circolazione regolamentata nel centro città da giugno a settembre

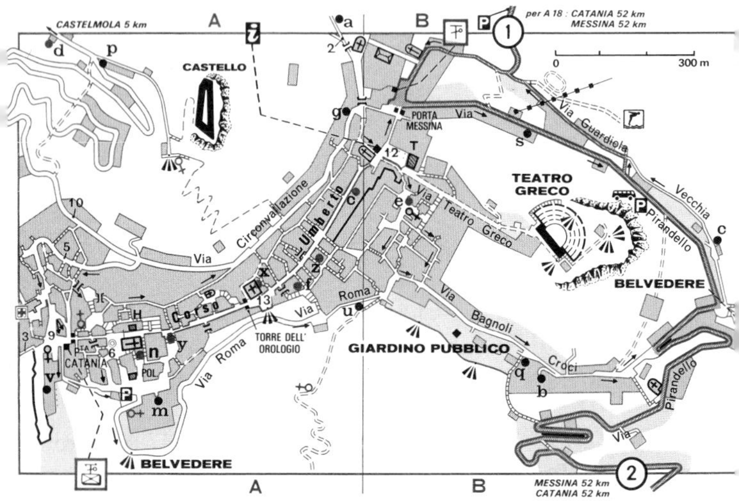

San Domenico Palace, piazza San Domenico 5 23701, Telex 980013, Fax 625506, « Convento del 15° secolo con giardino fiorito e mare, costa ed Etna », riscaldata – 400. AE VISA. A **m**
Pasto 95000 – **111 cam** 350/620000, 6 appartamenti – ½ P 400000.

Excelsior Palace, via Toselli 8 23975, Telex 980185, Fax 23978, mare, costa ed Etna, « Piccolo parco e riscaldata su terrazza panoramica » – 100 A **v**
89 cam.

Gd H. Miramare, via Guardiola Vecchia 27 23401, Fax 626223, mare e costa, riscaldata, – B **c**
67 cam.

Monte Tauro, via Madonna delle Grazie 3 24402, Telex 980048, Fax 24403, mare e costa, – 100. AE VISA JCB. AB **u**
Pasto 35000 – **70 cam** 210/280000 – ½ P 165000.

Jolly Diodoro, via Bagnoli Croci 75 23312, Telex 980028, Fax 23391, mare, costa ed Etna, « su terrazza panoramica », – 250 B **q**
102 cam.

Villa Ducale senza rist, via Leonardo da Vinci 60 28153, Fax 28710, mare, costa ed Etna – AE VISA A **p**
chiuso dal 10 gennaio al 20 febbraio – **10 cam** 190/300000.

Villa Fiorita senza rist, via Pirandello 39 24122, Fax 625967, mare e costa, – AE VISA B **s**
24 cam 140/150000.

Villa Belvedere senza rist, via Bagnoli Croci 79 23791, Fax 625830, giardini, mare ed Etna, « su terrazza panoramica », – VISA B **b**
chiuso dal 16 gennaio a febbraio e dall'11 novembre al 14 dicembre – **44 cam** 144/225000.

Villa Sirina, contrada Sirina 51776, Fax 51671, – AE VISA. 2 km per via Crocifisso A
chiuso da novembre al 20 dicembre – **Pasto** (solo per clienti alloggiati e *chiuso a mezzogiorno*) – **15 cam** 150/180000 – ½ P 120000.

Andromaco senza rist, via Fontana Vecchia 23436, Fax 24985, – AE VISA. per via Cappuccini A
20 cam 70/130000.

La Campanella senza rist, via Circonvallazione 3 23381, Fax 625248, « Collezione d'acquerelli d'autore » – A **g**
12 cam 75/120000.

Condor senza rist, via Dietro Cappuccini 25 23124, Fax 625726, – AE VISA A **a**
12 cam 70/120000.

La Giara, vico la Floresta 1 23360, Fax 23233, Rist. e piano-bar – AE VISA JCB. A **f**
chiuso a mezzogiorno e lunedì (escluso da luglio a settembre) – **Pasto** carta 53/81000.

La Griglia, corso Umberto 54 23980, Fax 626047 – AE VISA. A **c**
chiuso martedì e dal 20 novembre al 20 dicembre – **Pasto** carta 40/60000.

A' Zammàra, via Fratelli Bandiera 15 24408, Fax 24408, « Servizio estivo in un piccolo giardino ombreggiato » – AE VISA JCB. A **z**
chiuso dal 5 al 20 gennaio e mercoledì (escluso da giugno a settembre) – **Pasto** carta 32/62000.

Da Lorenzo, via Michele Amari 4 23480, – AE VISA A **n**
chiuso dal 1° al 15 novembre e mercoledì (escluso da giugno a settembre) – **Pasto** carta 36/61000.

Il Ciclope, corso Umberto 23263, Fax 625910, – AE VISA JCB. A **y**
chiuso mercoledì e dal 10 al 31 gennaio – **Pasto** carta 32/46000.

Il Baccanale, piazzetta Filea 1 625390, – VISA. B **e**
chiuso giovedì escluso da luglio a settembre – **Pasto** carta 30/52000.

La Chioccia d'Oro, via Leonardo da Vinci 28066, A **d**
chiuso giovedì e novembre – **Pasto** carta 27/47000.

Vicolo Stretto, via Vicolo Stretto 23849, – VISA. A **x**
chiuso dall'8 gennaio all'8 febbraio e lunedì (escluso dal 15 luglio a settembre) – **Pasto** carta 32/53000.

a Castelmola NO : 5 km A – alt. 550 – ✉ **98030** :

Il Faro, contrada Petralia 28193, prenotare, « Servizio estivo in terrazza con mare e costa » –

a Mazzarò per ② : 5,5 km – ✉ **98030** :

Mazzarò Sea Palace, ✆ 24004, Fax 626237, ≤ piccola baia, 🏖, 🏊, 🏖 – 🛗 ▤ TV ☎ 🚗 – 🎤 90. AE ⓢ ⓞ E VISA. ✻
aprile-ottobre – **Pasto** carta 75/90000 – **84 cam** solo ½ P 275000, 3 appartamenti.

La Plage, via Nazionale 107 A ✆ 626095, Fax 625850, ≤ baia di Isolabella, 🏖, « Boungalows in pineta e terazze-solarium fiorite », 🏖 – ▤ TV ☎ P. AE ⓢ E VISA. ✻ rist
marzo-ottobre – **Pasto** 40000 e al Rist. ***Re Artù*** carta 40/81000 – **64 cam** ☕ 160/230000 – ½ P 180000.

Il Delfino-da Angelo, ✆ 23004, ≤ piccola baia, 🏖 – AE ⓢ ⓞ E VISA
15 marzo-ottobre – **Pasto** carta 54/55000.

Da Giovanni, ✆ 23531, ≤ mare ed Isolabella – AE ⓢ ⓞ E VISA JCB. ✻
chiuso lunedì e dal 7 gennaio al 10 febbraio – **Pasto** carta 46/77000.

Il Pescatore, ✆ 23460, ≤ mare, scogliere ed Isolabella – P. AE ⓢ E VISA
chiuso dal 7 gennaio a febbraio, sabato-domenica da novembre al 6 gennaio e lunedì da giugno a settembre – **Pasto** carta 36/61000.

a Lido di Spisone per ① : 7 km – ✉ **98030** Mazzarò :

Lido Caparena, via Nazionale 189 ✆ 652033, Fax 652033, ≤, « Ampio giardino fiorito con servizio rist. estivo all'aperto », 🏊, 🏖 – 🛗 ▤ TV ☎ ♿ P – 🎤 40 a 200. AE ⓢ ⓞ E VISA JCB. ✻
Pasto carta 45/74000 – **88 cam** ☕ 230/300000 – ½ P 170/190000.

Lido Méditerranée, ✆ 24422, Telex 980175, Fax 24774, ≤, 🏖, 🏖 – 🛗 ▤ TV ☎ P – 🎤 100. AE ⓢ ⓞ E VISA. ✻ rist
aprile-ottobre – **Pasto** 60000 – **72 cam** ☕ 250/350000 – ½ P 120/200000.

Bay Palace, ✆ 626200, Fax 626199, « Terrazze-solarium con 🏊 panoramica » – 🛗 ▤ ☎. AE ⓢ ⓞ E VISA. ✻ rist
Pasto *(chiuso a mezzogiorno)* 30/60000 – **47 cam** ☕ 140/200000 – ½ P 90/130000.

Vedere anche : ***Giardini-Naxos*** per ② : 5 km.
Letojanni per ② : 8 km.

TERME VIGLIATORE **98050** Messina 432 M 27 – 6 058 ab. – ☎ 090.
♦Catania 123 – Enna 174 – ♦Messina 50 – ♦Palermo 184.

Il Gabbiano, località Lido Marchesana ✆ 9782343, Fax 9781385 – 🛗 ▤ TV ☎ P. AE ⓢ E VISA. ✻
aprile-ottobre – **Pasto** 28/35000 – ☕ 8000 – **26 cam** 75/90000 – ½ P 90000

TERMINI IMERESE **90018** Palermo 988 ㊱, 432 N 23 – 26 603 ab. alt. 113 – ☎ 091.
♦ Agrigento 150 – ♦ Messina 202 – ♦ Palermo 36.

Gd H. delle Terme, piazza Bagni 2 ✆ 8113557, Fax 8113107, « Giardino fiorito con 🏊 e terrazza panoramica con ≤ », 🏋, ♨, 🌴 – 🛗 ▤ TV ☎ P – 🎤 50 a 150. AE ⓢ ⓞ E VISA. ✻ rist
Pasto carta 51/63000 – **70 cam** ☕ 160000, 11 appartamenti – ½ P 160000.

Il Gabbiano senza rist, via Libertà 221 ✆ 8113262, Fax 8114225 – ▤ TV ☎ P. AE ⓢ E VISA. ✻
20 cam ☕ 90/120000.

TERRASINI **90049** Palermo 432 M 21 – 10 557 ab. alt. 35 – ☎ 091.
Vedere Museo del carretto siciliano★.
♦Palermo 29 – ♦Trapani 71.

Azzolini Palm Beach, ✆ 8682033, Fax 8682618, ≤, 🏖, 🌳 – 🛗 ▤ TV ☎ P – 🎤 50 a 150. AE ⓢ ⓞ E VISA. ✻
Pasto 30/35000 – **37 cam** ☕ 110/180000 – ½ P 115000.

TORREGROTTA **98040** Messina 432 M 28 – 6 063 ab. alt. 48 – ☎ 090.
♦Catania 141 – ♦Messina 29 – ♦Palermo 215.

Thomas, località Scala ✆ 9981947, Fax 9982273 – TV ☎. ⓢ VISA. ✻
chiuso dicembre – **Pasto** *(chiuso lunedì)* carta 29/51000 – ☕ 4500 – **18 cam** 50/75000 – ½ P 75000.

Distanze

Qualche chiarimento

Nel testo di ciascuna località troverete la distanza dalle città limitrofe e da Roma. Quando queste città sono quelle della tabella a lato, il loro nome è preceduto da una losanga ◆. Le distanze fra le città di questa tabella completano quelle indicate nel testo di ciascuna località.

La distanza da una località ad un'altra non è sempre ripetuta in senso inverso : guardate al testo dell'una o dell'altra. Utilizzate anche le distanze riportate a margine delle piante.

Le distanze sono calcolate a partire dal centro delle città e seguendo la strada più pratica, ossia quella che offre le migliori condizioni di viaggio ma che non è necessariamente la più breve.

Distances

Quelques précisions

Au texte de chaque localité vous trouverez la distance des villes environnantes et celle de Rome. Lorsque ces villes sont celles du tableau ci-contre, leur nom est précédé d'un losange noir ◆. Les distances intervilles de ce tableau complètent ainsi celles données au texte de chaque localité.

La distance d'une localité à une autre n'est pas toujours répétée en sens inverse : voyez au texte de l'une ou de l'autre. Utilisez aussi les distances portées en bordure des plans.

Les distances sont comptées à partir du centre-ville et par la route la plus pratique, c'est-à-dire celle qui offre les meilleures conditions de roulage, mais qui n'est pas nécessairement la plus courte.

Entfernungen

Einige Erklärungen

In jedem Ortstext finden Sie Entfernungen zu größeren Städten in der Umgebung und nach Rom. Wenn diese Städte auf der nebenstehenden Tabelle aufgeführt sind, sind sie durch eine schwarze Raute ◆ gekennzeichnet. Die Kilometerangaben dieser Tabelle ergänzen somit die Angaben des Ortstextes.

Da die Entfernung von einer Stadt zu einer anderen nicht immer unter beiden Städten zugleich aufgeführt ist, sehen Sie bitte unter beiden entsprechenden Ortstexten nach. Eine weitere Hilfe sind die am Rande der Stadtpläne erwähnten Kilometerangaben.

Die Entfernungen gelten ab Stadtmitte unter Berücksichtigung der günstigsten (nicht immer kürzesten) Strecke.

Distances

Commentary

The text on each town includes its distance from its immediate neighbours and from Rome. Those cited opposite are preceded by a diamond ◆ in the text. The kilometrage in the table completes that given under individual town headings for calculating total distances.

A town's distance from another is not necessarily repeated in the text under both town names, you may have to look, therefore, under one or the other to find it. Note also that some distances appear in the margins of the town plans.

Distances are calculated from centres and along the best roads from a motoring point of view not necessarily the shortest.

Distanze tra le principali città
Distances entre principales villes
Entfernungen zwischen den grösseren Städten
Distances between major towns

Bergamo - Lugano: 107 km

	Ancona	Bari	Bergamo	Bern	Bologna	Bolzano	Brescia	Brindisi	Cosenza	Ferrara	Firenze	Foggia	Genève	Genova	Innsbruck	Livorno	Lugano	Milano	Modena	Napoli	Nice	Padova	Parma	Perugia	Pescara	Ravenna	Reggio di Calabria	Roma	La Spezia	Taranto	Torino	Trieste	Venezia	Verona	Zagreb
Bari	466																																		
Bergamo	433	887																																	
Bern	740	1194	344																																
Bologna	217	671	216	523																															
Bolzano	491	946	234	427	274																														
Brescia	386	841	49	388	169	188																													
Brindisi	580	114	1002	1309	786	1060	955																												
Cosenza	693	256	1070	1377	867	1129	1024	264																											
Ferrara	225	680	206	546	51	247	160	794	917																										
Firenze	265	663	305	612	101	363	258	777	765	152																									
Foggia	346	136	768	1075	552	826	721	250	344	560	555																								
Genève	742	1196	356	166	525	586	401	1311	1368	572	602	1077																							
Genova	508	900	194	443	291	409	232	1014	1002	339	236	793	377																						
Innsbruck	607	1061	350	405	390	116	303	1176	1244	362	479	942	567	524																					
Livorno	396	744	335	621	176	438	291	858	846	227	84	637	555	188	554																				
Lugano	503	957	107	237	286	337	151	1072	1140	309	375	838	354	216	355	375																			
Milano	424	878	52	312	207	282	96	993	1061	255	296	759	317	146	397	296	75																		
Modena	258	712	178	485	41	236	131	827	895	89	130	593	488	253	352	205	248	169																	
Napoli	396	256	774	1081	570	832	727	370	315	621	468	173	1072	705	948	549	844	765	599																
Nice	681	1085	367	524	464	582	405	1199	1187	512	421	978	458	195	697	373	389	319	426	890															
Padova	325	779	193	533	116	188	147	894	982	72	216	660	546	368	303	291	296	241	153	685	541														
Parma	313	768	158	436	96	243	114	882	951	144	185	648	439	202	359	193	199	120	58	654	377	185													
Perugia	140	566	456	763	252	514	409	680	668	248	150	449	754	387	630	231	526	447	281	371	572	325	336												
Pescara	162	301	584	891	368	642	537	415	528	376	411	181	894	659	758	492	654	575	409	235	832	476	464	265											
Ravenna	156	611	294	601	78	352	247	725	845	70	182	491	604	369	468	257	364	285	119	548	542	136	174	179	307										
Reggio di Calabria	840	440	1217	1524	1014	1276	1171	448	188	1064	912	491	1516	1149	1391	993	1287	1208	1042	462	1334	1129	1098	815	675	993									
Roma	307	413	573	880	369	631	526	528	515	420	267	306	871	504	747	307	643	564	398	219	689	484	453	170	213	348	662								
La Spezia	427	812	256	542	210	357	212	926	914	258	148	705	476	109	473	100	297	218	172	617	294	299	114	299	578	288	1061	416							
Taranto	548	97	970	1277	754	1028	923	70	199	762	745	218	1280	982	1144	826	1040	961	795	310	1167	862	850	648	383	693	383	496	894						
Torino	542	996	179	313	325	409	223	1111	1160	373	394	877	247	168	524	346	175	138	287	863	213	368	238	545	693	403	1307	662	267	1079					
Trieste	439	894	362	702	291	294	316	1008	1157	247	391	774	715	537	343	466	465	410	328	860	710	176	354	464	590	283	1304	659	468	976	537				
Venezia	301	756	226	565	154	218	179	870	1020	110	255	636	579	400	315	330	328	273	192	724	573	39	217	326	452	145	1167	523	331	838	400	154			
Verona	354	809	115	454	137	151	68	923	992	95	226	689	468	289	267	301	217	162	99	695	462	82	106	377	505	170	1139	494	220	891	289	251	114		
Zagreb	670	1122	588	981	514	577	542	1236	1403	472	616	1002	947	760	571	710	701	629	551	1103	935	399	576	767	814	507	1589	890	690	1205	764	236	379	476	
Zürich	707	1162	311	126	490	304	356	1276	1345	513	579	1042	288	421	282	580	204	279	452	1048	594	500	403	730	858	568	1492	847	501	1244	380	669	533	422	918

SICILIA

	Agrigento	Caltanissetta	Catania	Messina	Palermo	Siracusa
Caltanissetta	59					
Catania	178	124				
Messina	263	209	91			
Palermo	132	136	217	232		
Siracusa	235	181	70	161	274	
Trapani	166	231	312	328	109	369

SARDEGNA

	Nuoro	Olbia	Oristano	Sassari
Cagliari	182	282	95	217
Nuoro		103	87	118
Olbia			187	103
Oristano				121

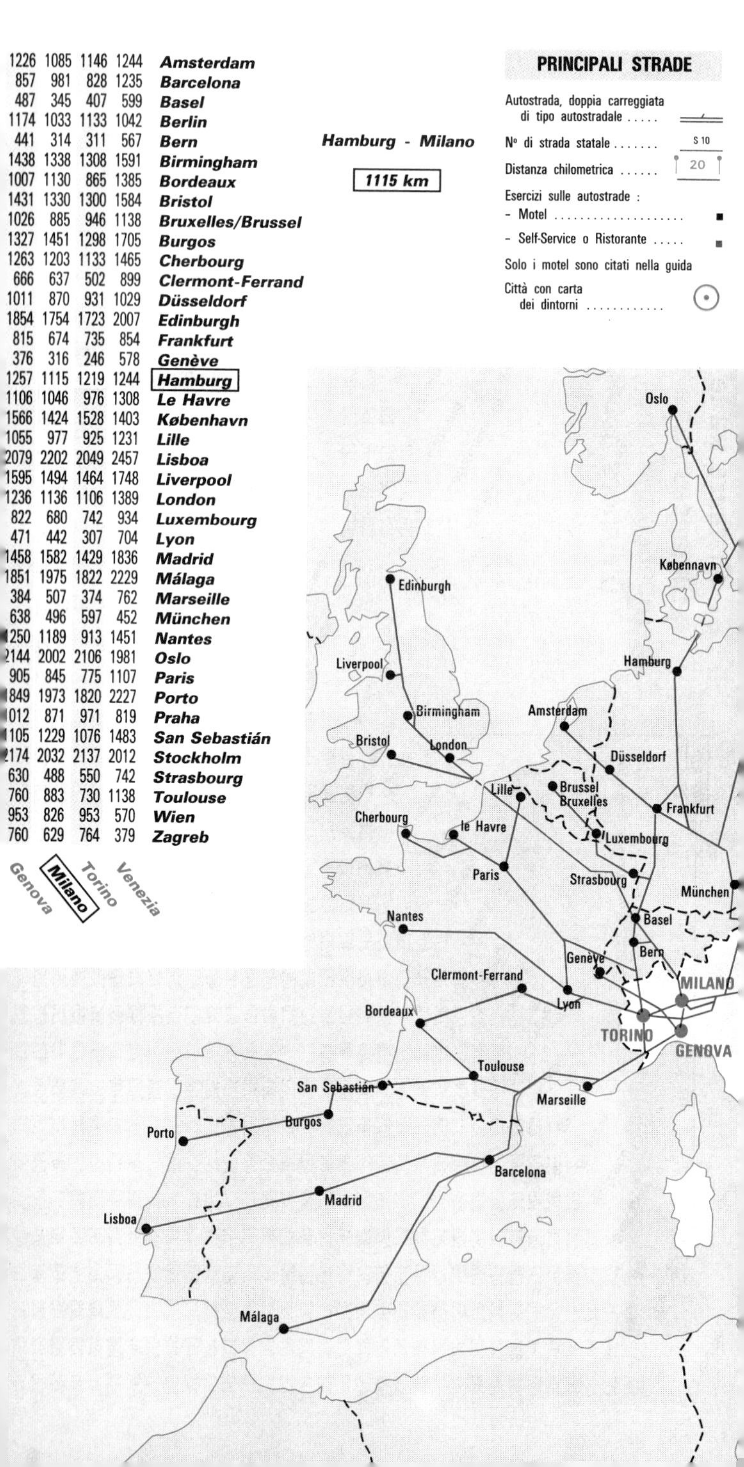

Genova	Milano	Torino	Venezia	
1226	1085	1146	1244	**Amsterdam**
857	981	828	1235	**Barcelona**
487	345	407	599	**Basel**
1174	1033	1133	1042	**Berlin**
441	314	311	567	**Bern**
1438	1338	1308	1591	**Birmingham**
1007	1130	865	1385	**Bordeaux**
1431	1330	1300	1584	**Bristol**
1026	885	946	1138	**Bruxelles/Brussel**
1327	1451	1298	1705	**Burgos**
1263	1203	1133	1465	**Cherbourg**
666	637	502	899	**Clermont-Ferrand**
1011	870	931	1029	**Düsseldorf**
1854	1754	1723	2007	**Edinburgh**
815	674	735	854	**Frankfurt**
376	316	246	578	**Genève**
1257	1115	1219	1244	**Hamburg**
1106	1046	976	1308	**Le Havre**
1566	1424	1528	1403	**København**
1055	977	925	1231	**Lille**
2079	2202	2049	2457	**Lisboa**
1595	1494	1464	1748	**Liverpool**
1236	1136	1106	1389	**London**
822	680	742	934	**Luxembourg**
471	442	307	704	**Lyon**
1458	1582	1429	1836	**Madrid**
1851	1975	1822	2229	**Málaga**
384	507	374	762	**Marseille**
638	496	597	452	**München**
1250	1189	913	1451	**Nantes**
2144	2002	2106	1981	**Oslo**
905	845	775	1107	**Paris**
1849	1973	1820	2227	**Porto**
1012	871	971	819	**Praha**
1105	1229	1076	1483	**San Sebastián**
2174	2032	2137	2012	**Stockholm**
630	488	550	742	**Strasbourg**
760	883	730	1138	**Toulouse**
953	826	953	570	**Wien**
760	629	764	379	**Zagreb**

Hamburg - Milano

1115 km

PRINCIPALI STRADE

Autostrada, doppia carreggiata di tipo autostradale .....

N° di strada statale .... S 10

Distanza chilometrica 20

Esercizi sulle autostrade :
- Motel ....
- Self-Service o Ristorante .....

Solo i motel sono citati nella guida

Città con carta dei dintorni ....

PRINCIPALES ROUTES

Autoroute, double chaussée de type autoroutier .....

Nº de route d'Etat .... S 10

Distance en kilomètres 20

Hôtels et restaurants d'autoroute :

- Hôtel .... ■
- Self-Service ou restaurant .... ■

Seuls les hôtels sont cités dans le guide

Carte de voisinage : voir à la ville choisie ......

HAUPVERKEHRSSTRASSEN

Autobahn, Schnellstraße mit getrennten Fahrbahnen

Nummer der Staatsstraße .. S 10

Entfernung in Kilometern ... 20

Hotels und Restaurants an der Autobahn :

- Motel .... ■
- Selbstbedienungsrestaurant oder Restaurant .... ■

In diesem Führer werden nur die Motels erwähnt

Stadt mit Umgebungskarte ....

MAIN ROADS

Motorway, dual carriageway with motorway characteristics .

State road number .... S 10

Distance in kilometres 20

Hotels and restaurants on motorways :

- Motel .... ■
- Self-service or restaurant ..... ■

Only the motels are listed in the guide

Town with a local map ....

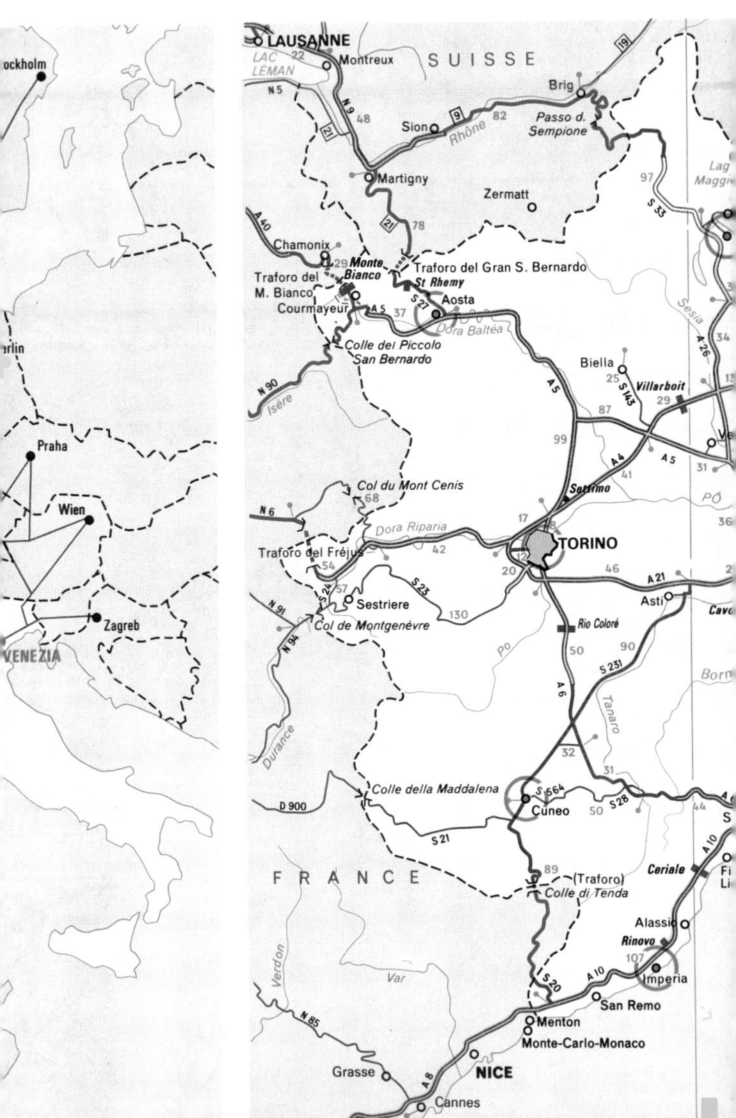

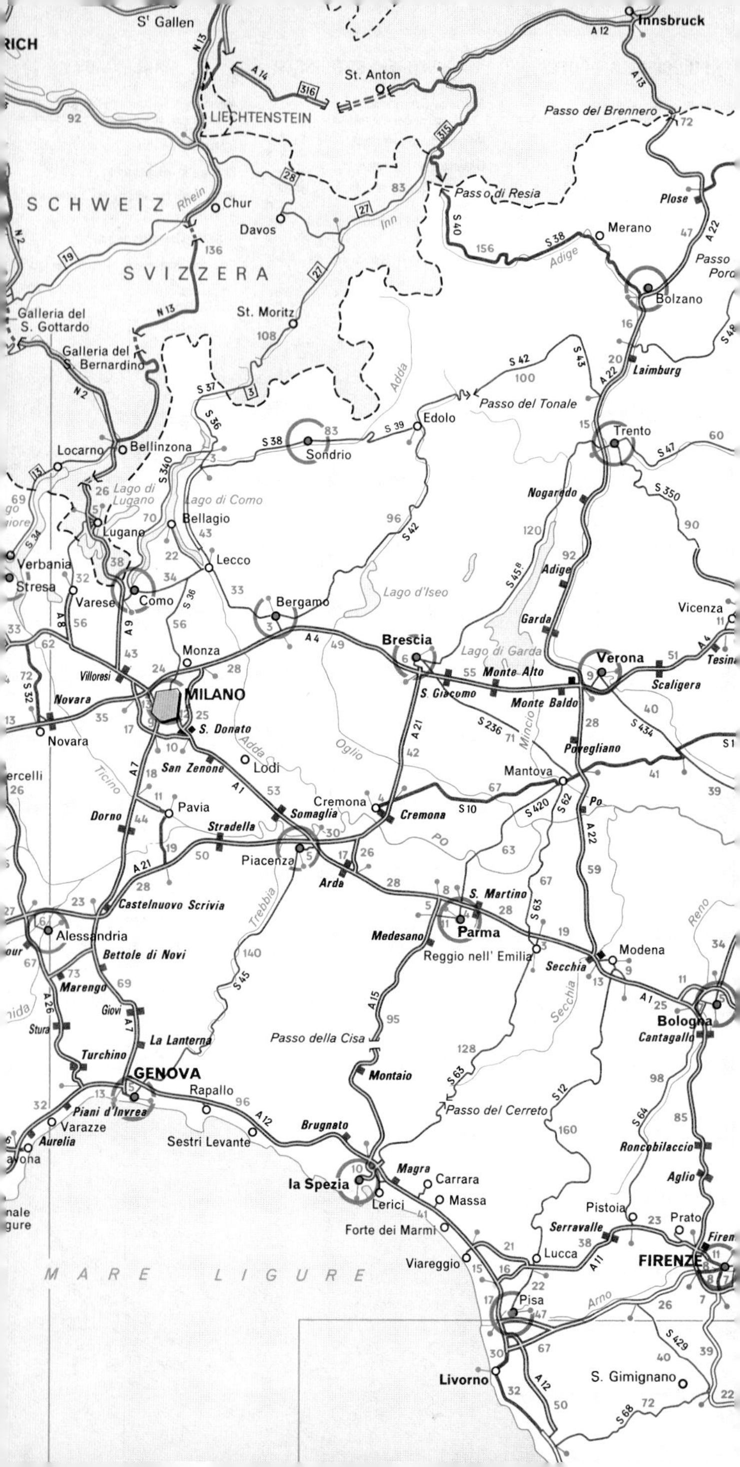

St Gallen
Innsbruck
St. Anton
LIECHTENSTEIN
Passo del Brennero
SCHWEIZ
SVIZZERA
Chur
Davos
Passo di Resia
Merano
Bolzano
Plose
Passo Pordoi
Galleria del S. Gottardo
Galleria del S. Bernardino
St. Moritz
Laimburg
Passo del Tonale
Edolo
Trento
Locarno
Bellinzona
Sondrio
Lago di Lugano
Lago di Como
Lugano
Bellagio
Nogaredo
Lecco
Verbania
Stresa
Varese
Como
Bergamo
Lago d'Iseo
Adige
Garda
Vicenza
Lago di Garda
Brescia
Verona
Monza
Villoresi
MILANO
Novara
S. Donato
S. Giacomo
Monte Alto
Monte Baldo
Scaligera
Tesina
Povegliano
San Zenone
Lodi
Mantova
Pavia
Dorno
Cremona
Somaglia
Stradella
Po
Piacenza
Arda
S. Martino
Castelnuovo Scrivia
Parma
Medesano
Reggio nell' Emilia
Modena
Secchia
Alessandria
Bettole di Novi
Marengo
Giovi
Stura
Bologna
Cantagallo
La Lanterna
Turchino
Passo della Cisa
Montaio
GENOVA
Rapallo
Piani d'Invrea
Varazze
Aurelia
Sestri Levante
Brugnato
Passo del Cerreto
Roncobilaccio
Magra
Carrara
la Spezia
Lerici
Massa
Aglio
Pistoia
Prato
Forte dei Marmi
Serravalle
MARE LIGURE
Viareggio
Lucca
FIRENZE
Pisa
Livorno
S. Gimignano

Katschberg-Tunnel
ÖSTERREICH
Lienz
Passo di Monte Croce Carnico
Villach
Wörther See
Klagenfurt
Drau
Passo di Tre Croci
Cortina-d'Ampezzo
Campiolo
Carnia
Sava
Ljubljana
SLOVENIJA
Belluno
Udine
Tagliamento
Pordenone
Gorizia
Gonars
Duino
Primolano
Piave
Fratta
Trieste
Calstorta
Treviso
Opatija
Rijeka
Bazzera
Arino
Villabona
Limenella
VENEZIA
Padova
Brenta
HRVATSKA
S. Pelagio
Chioggia
ADIGE
Rovigo
PO
Pula
Po
Ferrara
Valli di Comacchio
MARE
ADRIATICO
Sillaro
Ravenna
Santerno
Faenza
Forlì
Bevano
Cesena
Rimini
Riccione
Pesaro
Montefeltro
S. Marino
Fano
Senigallia
Metauro
Ancona
Conero
Chianti
Reggello
Sansepolcro
Civitanova Marche
Macerata
Arezzo
Gubbio
Badia al Pino
Chienti
Siena
Lucignano
Perugia

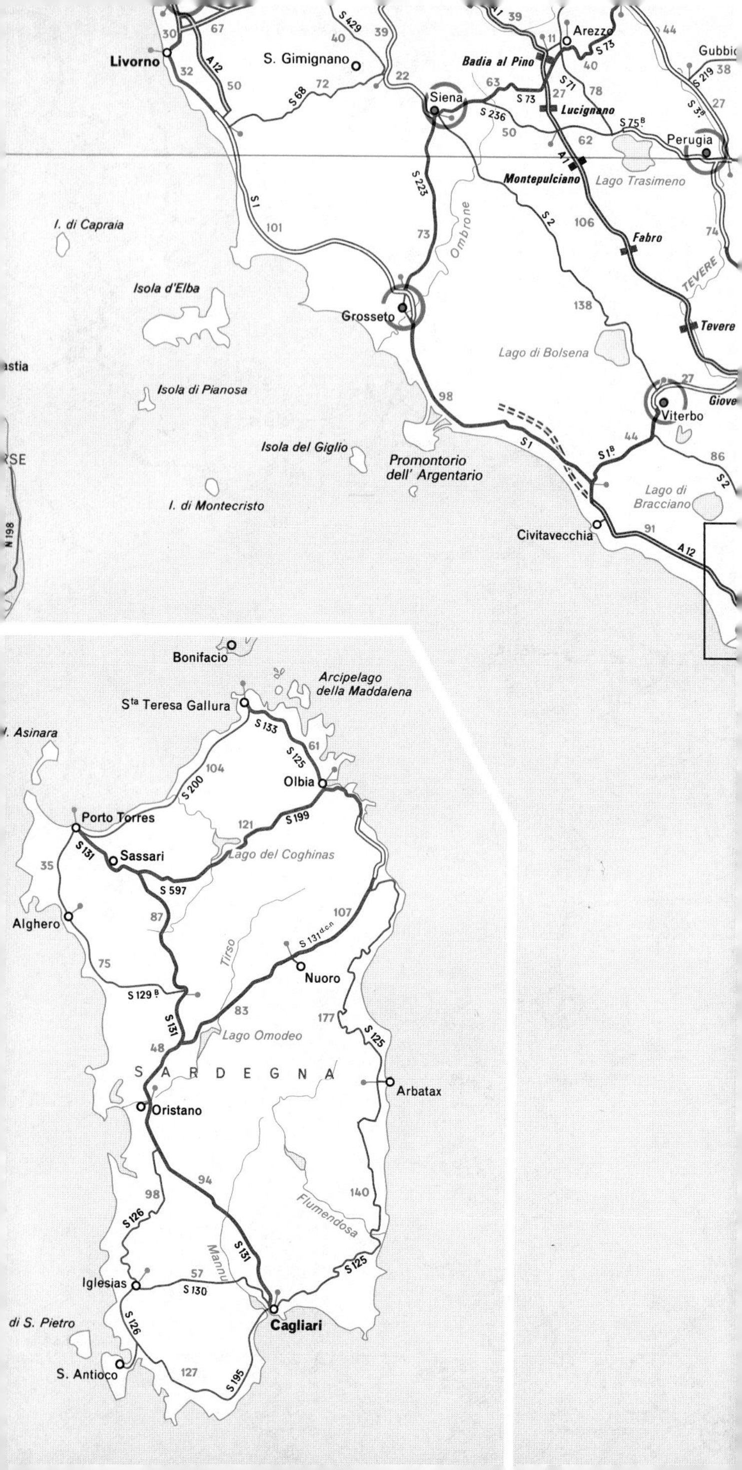

Livorno
S. Gimignano
Arezzo
Gubbio
Badia al Pino
Siena
Lucignano
Perugia
Montepulciano
Lago Trasimeno
Fabro
Ombrone
I. di Capraia
Isola d'Elba
Grosseto
TEVERE
Tevere
Lago di Bolsena
Isola di Pianosa
Viterbo
Isola del Giglio
Promontorio
dell' Argentario
Lago di
Bracciano
I. di Montecristo
Civitavecchia
Bonifacio
Arcipelago
della Maddalena
Sta Teresa Gallura
Olbia
Porto Torres
Sassari
Lago del Coghinas
Alghero
Tirso
Nuoro
Lago Omodeo
SARDEGNA
Arbatax
Oristano
Flumendosa
Mannu
Iglesias
Cagliari
di S. Pietro
S. Antioco

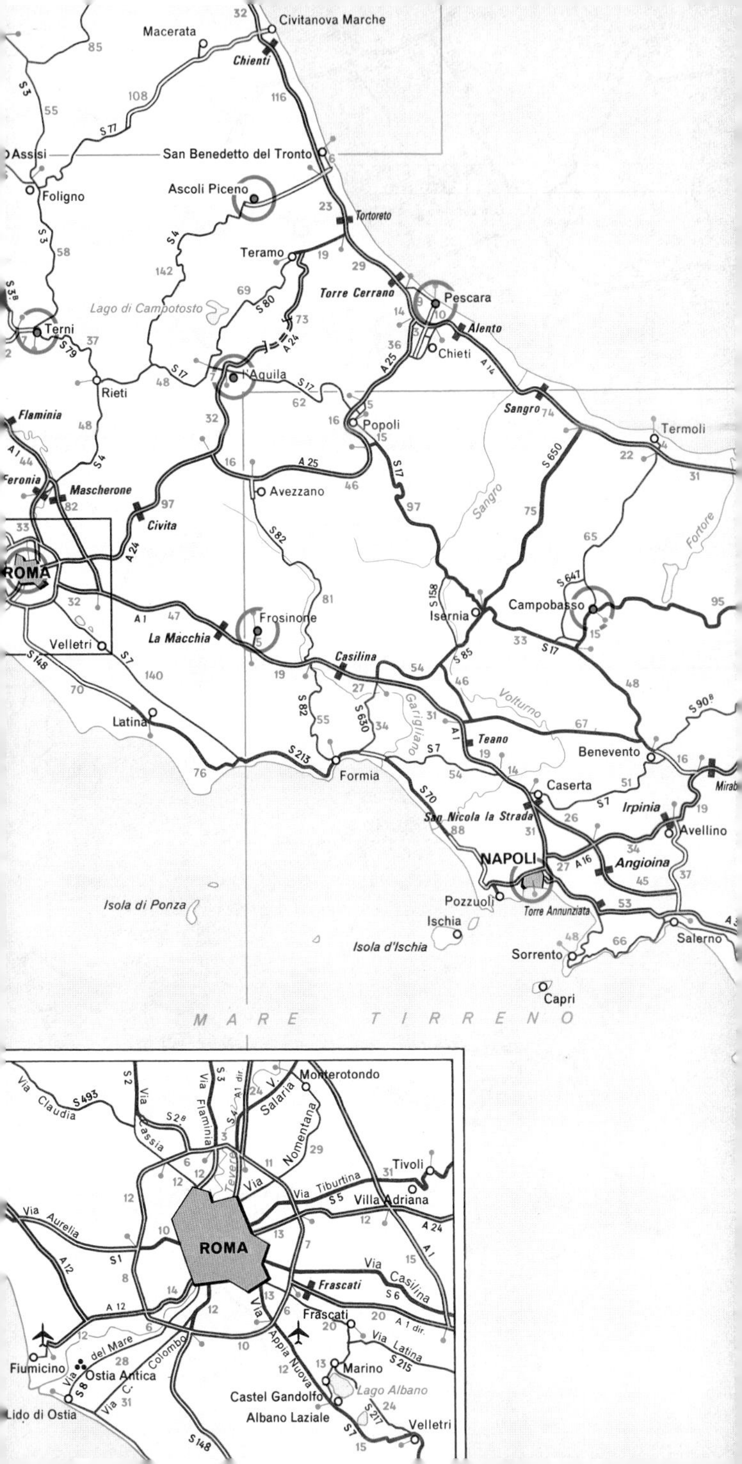

Civitanova Marche
Macerata
Chienti
Assisi
San Benedetto del Tronto
Foligno
Ascoli Piceno
Tortoreto
Teramo
Torre Cerrano
Pescara
Lago di Campotosto
Terni
Alento
Chieti
Rieti
l'Aquila
Popoli
Sangro
Termoli
Flaminia
Feronia
Mascherone
Avezzano
Civita
ROMA
Velletri
La Macchia
Frosinone
Isernia
Campobasso
Casilina
Volturno
Fortore
Garigliano
Latina
Teano
Benevento
Formia
Caserta
San Nicola la Strada
Irpinia
Avellino
NAPOLI
Angioina
Pozzuoli
Torre Annunziata
Ischia
Isola di Ponza
Isola d'Ischia
Salerno
Sorrento
Capri
MARE TIRRENO
Monterotondo
Via Claudia
Via Cassia
Via Flaminia
Tevere
Salaria
Nomentana
Tivoli
Via Tiburtina
Villa Adriana
Via Aurelia
ROMA
Via Casilina
Frascati
Via Appia Nuova
Via Latina
Fiumicino
Via del Mare
Ostia Antica
Via C. Colombo
Marino
Lago Albano
Castel Gandolfo
Albano Laziale
Lido di Ostia
Velletri

Popoli
Sangro
I. Tremiti
Termoli
Vieste
Lago di Varano
L. di Lesina
A 25
S 17
S 650
Sangro
Fortore
S 89
Foggia
Campobasso
Isernia
S 158
S 647
S 17
Barlett
A 14
S 85
Casilina
S 655
S 90
S 90B
A 16
Ofanto
S 82
S 630
Garigliano
Volturno
A 1
Teano
S 213
Formia
S 7
Benevento
Mirabella
Caserta
S 70
Irpinia
Ofanto
San Nicola la Strada
Avellino
S 169
NAPOLI
A 16
Angioina
Potenza
Pozzuoli
Torre Annunziata
Ischia
A 3
Salerno
Isola d'Ischia
Sorrento
S 18
Capri
A 3
MARE TIRRENO
S 585
I. di Ustica
Isole Eolie o Lipari
Milazzo
Messina
Tremestieri
MARE TIRRENO
A 20
A 18
S 116
PALERMO
Cefalù
Randazzo
Taormina
S 121
A 20
S 120
A 19
S 284
Trapani
Alcamo
A 29
Simeto
SICILIA
Adrano
S 115
A 19
A 19
S 121
Catania
Marsala
S 189
Enna
Dittaino
Caltanissetta
Piazza Armerina
S 115
Platani
S 460
S 117B
S 417
S 194
S 114
Caltagirone
Salso
Siracusa
Agrigento
S 115
S 117b
S 514
Gela
Ragusa
S 115

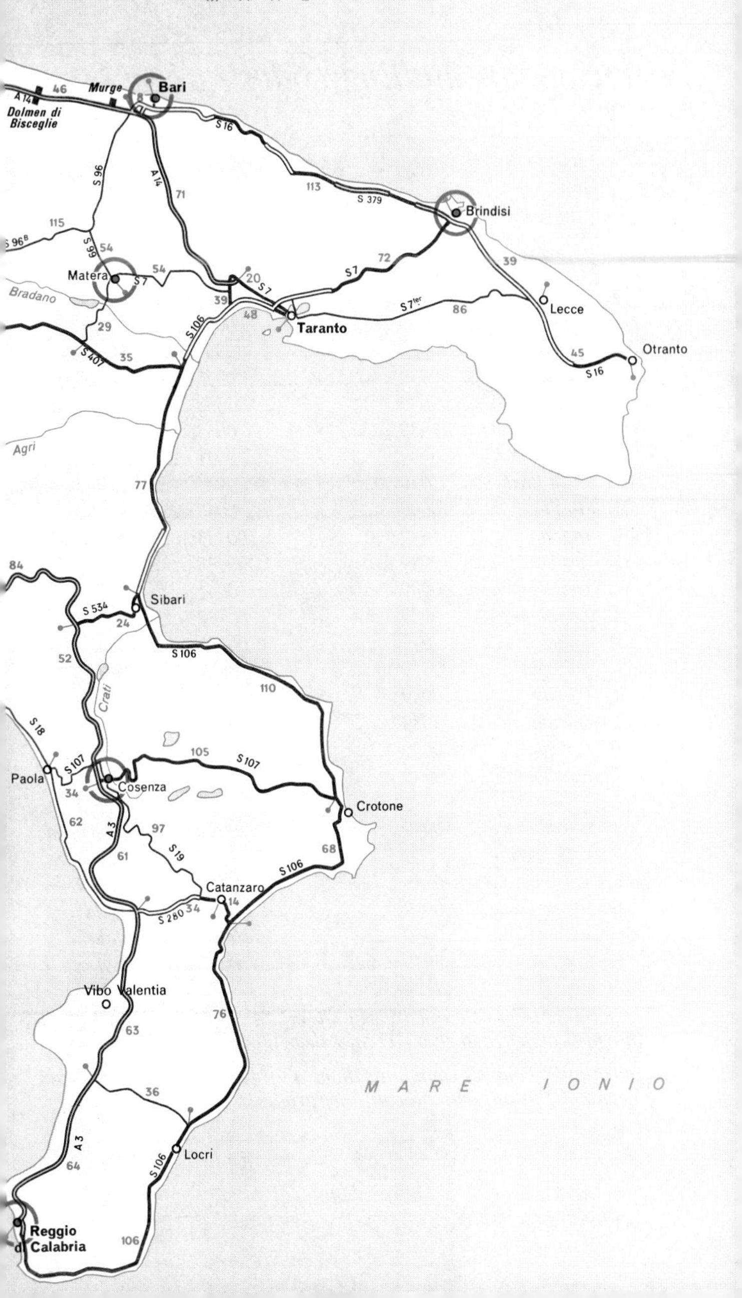

MARE ADRIATICO
Bari
Murge
Dolmen di Bisceglie
A 14
46
S 16
S 96
A 14
71
113
S 379
Brindisi
115
S 96B
S 99
54
Matera
S 7
54
Bradano
20
S 7
72
S 7
39
39
S 7ter
86
Lecce
48
Taranto
S 106
29
S 407
35
45
S 16
Otranto
Agri
77
84
Sibari
S 534
24
S 106
52
110
Crati
S 18
105
S 107
Paola
S 107
Cosenza
34
Crotone
62
A 3
97
S 19
68
61
S 106
Catanzaro
14
S 280
34
Vibo Valentia
76
63
MARE IONIO
36
A 3
Locri
S 106
64
Reggio di Calabria
106

Indicativi telefonici dei paesi europei
Indicatifs téléphoniques européens
Telefon-Vorwahlnummern europäischer Länder
European dialling codes

	da / de / von / from		in / en / nach / to	dall' / de / von / from	in / en / nach / to
A	Austria	040	Italia	0043	Austria
B	Belgio	0039	»	0032	Belgio
BG	Bulgaria	0039	»	00359	Bulgaria
DK	Danimarca	00939	»	0045	Danimarca
SF	Finlandia	99039	»	00358	Finlandia
F	Francia	1939	»	0033	Franci
D	Germania	0039	»	0049	Germania
GB	Gran Bretagna	01039	»	0044	Gran Bretagna
GR	Grecia	0039	»	0030	Grecia
IRL	Irlanda	1639	»	00353	Irlanda
YU	Jugoslavia	9939	»	0038	Jugoslavia
FL	Liechtenstein	0039	»	0041	Liechtenstein
L	Lussemburgo	0039	»	00352	Lussemburgo
M	Malta	039	»	00356	Malta
N	Norvegia	09539	»	0047	Norvegia
NL	Olanda	0939	»	0031	Olanda
PL	Polonia	8039	»	0048	Polonia
P	Portogallo	0039	»	00351	Portogallo
CZ	Repubblica Ceca	0039	»	0042	Repubblica Ceca
SK	Repubblica Slovacca	0039	»	0042	Repubblica Slovacca
E	Spagna	0739	»	0034	Spagna
S	Svezia	00939	»	0046	Svezia
CH	Svizzera	0039	»	0041	Svizzera
H	Ungheria	0039	»	0036	Ungheria

Importante : Per comunicare con l'Italia da un paese straniero non bisogna comporre lo zero (0) iniziale dell'indicativo interurbano.

Important : Pour les communications d'un pays étranger vers l'Italie, le zéro (0) initial de l'indicatif interurbain n'est pas à chiffrer.

Wichtig : Bei Gesprächen vom Ausland nach Italien darf die voranstehende Null (0) der Ortsnetzkennzahl nicht gewählt werden.

Note : When making an international call to Italy do not dial the first « 0 » of the city codes.

Appunti
Notes
Notizen

Appunti
Notes
Notizen

Manufacture française des pneumatiques Michelin
Société en commandite par actions au capital de 2 000 000 000 de F.
Place des Carmes-Déchaux – 63 Clermont-Ferrand (France)
R.C.S. Clermont-Fd B 855 200 507

Michelin et Cie, Propriétaires-Éditeurs 1996

Dépôt légal décembre 95 – ISBN 2-06-006769-3

Printed in Italia 11-95

Carte e piante disegnate dall' Ufficio Cartografico Michelin
Piante topografiche : autorizzazione I.G.M. Nr. 3 del 12-1-1995
Controllato ai sensi della legge 2.2.1960 N. 68.
Nulla-osta alla diffusione n. 03 in data 12/01/1995.

Fotocomposizione : APS, 37000 Tours (Francia)
Stampa e rilegatura – Officine Grafiche De Agostini – Novara

Fonti dei disegni : da p. 4 a p. 13 – da p. 16 a p. 25 – da p. 28 a p. 37 – da p. 40 a p. 49 Illustration Cécile Imbert / MICHELIN
p. 254 – 374 – 430 – 542 – 654 – 696 Illustration Rodolphe Corbel

Les cartes et les guides Michelin sont complémentaires, utilisez-les ensemble.

Michelin maps and guides are complementary publications. Use them together.

Los mapas y las guías Michelin se complementan, utilícelos juntos.

Le carte e le guide Michelin sono complementari : utilizzatele insieme

De Michelin kaarten en gidsen vullen elkaar aan. Gebruik ze samen.

Die Karten, Reise- und Hotelführer von Michelin ergänzen sich. Benutzen Sie sie zusammen.